DU MÊME AUTEUR

Aux Éditions Gallimard

A. O. BARNABOOTH. SES ŒUVRES COMPLÈTES : Un Conte – Ses Poésies – Son Journal intime.

ENFANTINES (« L'imaginaire », *n° 8*).

AMANTS, HEUREUX AMANTS *précédé de* BEAUTÉ MON BEAU SOUCI *et suivi de* MON PLUS SECRET CONSEIL... (« Folio », *n° 1279* » ; « L'imaginaire », *n° 298*).

LES POÉSIES DE A. O. BARNABOOTH.

FERMINA MÁRQUEZ (« Folio », *n° 225*).

JAUNE BLEU BLANC (« L'Imaginaire », *n° 259*).

ALLEN.

DEUX ARTISTES LYRIQUES. *Illustrations d'A. Grinevsky.*

LE PAUVRE CHEMISIER. *Illustrations d'Eyre de Lanux.*

TECHNIQUES (« Les Essais »).

CE VICE IMPUNI, LA LECTURE... Domaine anglais. *Édition de Béatrice Moush.* Nouvelle édition revue et complétée de *Pages retrouvées* en 1998.

AUX COULEURS DE ROME (« L'Imaginaire », *n° 368*).

CE VICE IMPUNI, LA LECTURE... Domaine français.

SOUS L'INVOCATION DE SAINT JÉRÔME (« Tel », *n° 290*. Édition augmentée de textes annexes en 1997.

ŒUVRES COMPLÈTES, I à X (tirages restreints).

JOURNAL (1912-1935). *Préface et notes de Robert Mallet.*

LES POÉSIES DE A. O. BARNABOOTH *suivi de* POÉSIES DIVERSES. *Préface de Robert Mallet.* Contient les *Poèmes de A. O. Barnabooth* éliminés de l'édition de 1913 (« Poésie/Gallimard »).

LE CŒUR DE L'ANGLETERRE *suivi de* LUIS LOSADA. *Édition de Frida Weissman.*

CORRESPONDANCE AVEC G. JEAN-AUBRY (1920-1935). *Introduction et notes de Frida Weissman.*

CORRESPONDANCE AVEC LÉON-PAUL FARGUE (1910-1946). *Édition de Th. Alajouanine.*

CORRESPONDANCE AVEC MARCEL RAY. *Édition de Françoise Lioure.*

Tome I, 1899-1909.

Tome II, 1910-1920.

Tome III, 1921-1937.

CORRESPONDANCE AVEC ANDRÉ GIDE (1905-1938). *Édition et introduction de Françoise Lioure.*

LETTRES DE PARIS POUR LE « NEW WEEKLY ».

DU NAVIRE D'ARGENT. Chroniques.

Suite des œuvres de Valery Larbaud en fin de volume.

JOURNAL

VALERY LARBAUD

JOURNAL

Édition définitive

Texte établi, préfacé et annoté
par Paule Moron

Ouvrage publié avec le concours
du Centre national du livre

nrf

GALLIMARD

Avant-propos

Le journal de Valery Larbaud n'est pas totalement inconnu du public puisqu'il compose, sous le titre *Journal inédit*, les deux derniers volumes des *Œuvres complètes* de l'écrivain, publiées aux Éditions Gallimard. Cette première édition, entreprise par le biographe et ami fidèle de Larbaud G. Jean-Aubry[1], fut terminée et publiée, en 1954, par Robert Mallet. Sachant que l'écrivain a fait disparaître un grand nombre de ses premiers cahiers — dont nous n'avons plus que des « *charred remains* » (des vestiges calcinés) —, on pourrait penser qu'il ne reste plus rien à découvrir.

Or il n'en est rien. La publication récente et intégrale de deux journaux, *D'Annecy à Corfou* (septembre 1931-avril 1932) et *Valbois - Berg-op-Zoom - montagne Sainte-Geneviève*, établis et annotés par Claire Paulhan et Patrick Fréchet, aux Éditions Claire Paulhan, en 1998 et 1999, a fait connaître tout ce qui manquait aux *Œuvres complètes*, c'est-à-dire, dans chacun des cas, au moins la moitié du texte. C'est la constatation que nous avions également faite, quelques années auparavant, au cours d'un travail universitaire qui nous avait amenée à faire l'établissement du texte et l'annotation du premier de ces deux journaux. Nous nous proposons donc ici de livrer au public l'intégralité des journaux de Valery Larbaud.

Pour suivre l'histoire des différents journaux, nous allons nous en remettre à G. Jean-Aubry. C'est en 1933 qu'il commence son travail de biographe et collecte ses premières notes. Larbaud écrit

1. Nous aimerions, d'emblée, préciser un point au sujet de ce nom. Jean-Philippe Segonds nous a communiqué une lettre que Mme Paule Jean-Aubry lui avait adressée le 15 janvier 1970 et dans laquelle elle écrivait ceci : « Voulez-vous noter, pour l'exactitude, que le G. de Jean-Aubry n'est pas Georges, pas plus d'ailleurs que Gontrand, Gaston, Gaëtan, etc. Ce G n'est qu'un G qui devait lui permettre de mettre un trait d'union entre Jean et Aubry et faire qu'il n'y ait plus, ou moins, de confusion avec Octave Aubry, ce qui était constant et gênant pour tous deux.

Si vous en avez l'occasion, expliquez cela autour de vous à ceux que cela pourrait intéresser et je vous souhaite bonne réussite. »

d'ailleurs à son éditeur hollandais, A.A.M. Stols, en mai 1933, qu'il met à la disposition de Jean-Aubry « tout ce qu'[il a] comme documents : ceux de [ses] "journaux" qu'[il n'a] pas encore détruits, de gros albums de cartes postales qu'[il a] envoyées à sa tante Jane ; les manuscrits de choses écrites de 15 à 20 ans et qu'[il n'a] pas publiés ; [ses] lettres à [sa] mère et à [sa] tante, etc.[1] ». Dans le manuscrit CLXXXIII, le premier des deux cahiers verts, cartonnés, dans lesquels Jean-Aubry consigne les notes pour son essai sur Larbaud, on lit qu'elles ont été prises « d'après des *Diaries* de 1901, 1917, 1918, 1919, et *1920* (celui-ci se terminant le 4 mars) lus par V.L. en avril et octobre 1933 ». Pour la seconde période, à laquelle s'intéresse le manuscrit CLXXXIV, second cahier qui débute avec l'année 1927, il donne la liste des journaux suivants « tenus par V.L. » :

« *1°D'Annecy à Corfou 1931-32 (7 sept. 31-mars 32).*
Genève-Zurich 15-24 juin 1933.[2]
2° Paris. Langar Genève (31 janv. 1934-3 juill. 34).
3° Valbois Berg op Zoom... (5 nov. 1934-2 avril 35).
4° Albanie juin 1935. »

Toutefois il faudra attendre août 1949 pour que Jean-Aubry établisse la liste des « Journaux manuscrits, trouvés à Valbois ». Quatre journaux y figurent dans un premier temps : « Como and Saint-Yorre V.L. 1912 » ; « Cette, Mèze, Montpellier, février 1914 » ; « V.L. Alicante San Vicente » (1917) ; « V.L. — Paris Langar Genève » (1934). Le bas de la page dactylographiée portait cette mention : « Fin de la liste des journaux manuscrits trouvés à Valbois, août 1949. » À cette liste fut ajouté un feuillet dactylographié portant le titre « Supplément » sur lequel était décrit le manuscrit « V.L. Alicante Paris Londres Alicante », journal des années 1918-1920.

Cet inventaire nous permet de constater l'absence, chez l'écrivain, de plusieurs manuscrits de journaux : « D'Annecy à Corfou » (1931-1932) ; « Genève-Zurich » (juin 1933) ; « Valbois - Berg-op-Zoom - montagne Sainte-Geneviève » (1934-1935) ; « Albanie » (1935). Tous ont été lus par Larbaud à Jean-Aubry en 1933, consultés par ce dernier, mais manquent à l'appel. En outre on ne trouve nulle trace d'un autre petit journal, dans la continuité chronologique du « Genève-Zurich » (qui deviendra le « Giro dell' Oca »), en juin-juillet 1933 : le « Journal de Vaduz », journal d'un voyage au Liechtenstein. On peut donc conclure que ces documents n'étaient plus alors en la possession de Larbaud.

Quels sont les manuscrits dont nous disposons actuellement ?

1. Voir Valery Larbaud-A.A.M. Stols, *Correspondance (1925-1951)*, édition établie par Christiane et Marc Kopylov avec une introduction de Pierre Mahillon, Éditions des Cendres, 1986, vol. 1, p. 286.
2. Fait l'objet d'un ajout entre les lignes.

Le fonds Larbaud à Vichy en possède une bonne partie. Citons-les :

— 1912. Côme et Saint-Yorre (Ms XVI)
— 1914. Cette, Mèze, Montpellier, février 1914 (Ms CLXXXVIII)
— 1917. Alicante-San Vicente (Ms XII)
— 1918-1920. Alicante-Paris-Londres-Alicante (Ms CXXXVIII)
— 1931-1932. D'Annecy à Corfou (Ms CCXXIV)
— 1934. Paris-Langar-Genève (Ms XXIV)
— 1935. La nostra settimana albanese (Ms CCLXXIV).

Nous avons pu, par ailleurs, situer trois autres manuscrits : « Valbois - Berg-op-Zoom - montagne Sainte-Geneviève » (auquel l'accès nous a été obligeamment donné par le propriétaire, ce qui nous a permis de travailler avec le texte original), « Genève-Zurich » et le « Journal de Vaduz ». Ces deux derniers manuscrits, que leur propriétaire avait fait relier, nous les avons eus entre les mains mais nous n'avons pas eu la possibilité d'y travailler à loisir. Nous avons pu toutefois y constater les modifications apportées depuis que G. Jean-Aubry les avait examinés. Le « cahier noir avec le brouillon de quelques articles », que Jean-Aubry avait lu le 6 octobre 1935, se trouvait complété par des pages de l'édition de « Giro dell' Oca », parue chez Ides et Calendes, à Genève, en 1947 : en regard de chaque page du texte manuscrit (copie mise au propre par l'écrivain avant publication) se trouvait une page blanche, occupée par le texte correspondant dans l'édition imprimée... qui permettait d'en confirmer l'exactitude. Pour le « Journal de Vaduz », en page de garde et en dernière page, une copie en couleurs d'une planche de drapeaux avait été collée ; on avait également enlevé la couverture arrière du cahier du manuscrit et inséré, à la suite de celui-ci, de nombreuses coupures de journaux sur Vaduz et le prince régnant... Toutefois, en dépit des difficultés de consultation des manuscrits, nous avons pu nous assurer de la fiabilité des copies qui ont été la base de notre travail.

Nous savons que Larbaud n'a pas été un diariste régulier. Ne déclare-t-il pas à un journaliste — propos qu'il rapporte ensuite dans son journal (15 octobre 1931) : « [Ce diary] je ne l'ai tenu, en français, que dans les années 1896-1897 (voyage en Russie), 1899-1901, irrégulièrement de 1904 à 1910 ; puis en anglais et en français très irrégulièrement entre 1912 et 1920 (régulièrement de 1917 à 1920) ; enfin tout à fait irrégulièrement et sommairement depuis. »

Nous ne pourrons pas présenter une édition du journal commençant en 1896, car rien ne subsiste de cette période ; pas plus que nous ne donnerons un journal chronologiquement continu. En revanche nous ajouterons à la présente édition divers documents qui n'avaient pas été retenus pour les *Œuvres complètes*.

Nous avons choisi d'intégrer des fragments de journaux, les plus anciens possible, qui pouvaient subsister ici ou là, et d'en rechercher d'autres qui auraient pu rester tout à fait inédits. La manie bien connue qu'avait Larbaud de faire relier *alla rinfusa* (pêle-mêle) ses manuscrits ne pouvait nous faciliter la tâche. Nous avons entrepris (avec la collaboration particulièrement précieuse d'Isabelle Minard, responsable des fonds patrimoniaux à la médiathèque de Vichy) leur examen détaillé et approfondi. Nous avons retrouvé dans le manuscrit S.E. 8[1], au milieu de documents divers (notes de lectures, projets d'articles...), la « copie abrégée de quelques mois de 1901 », qui, sous le titre « Ambustae capsarum reliquiae », occupe les pages 116 à 129 de ce document ; ces pages sont suivies de six feuillets (p. 129-134) qui reprennent ce titre latin, suivi de sa traduction en anglais (« Ambustae capsarum reliquiae » « The *charred remains* of old Diaries and Copybooks »[2]) : il s'agit là davantage de notes de voyage que d'un journal ; certaines des lignes concernant l'Angleterre datent de 1902, mais d'autres ont probablement été écrites plus tard, en 1907 ou 1908. Il faut ensuite parvenir aux pages 314-315, pour trouver, sous le titre « Fragments d'un journal détruit », des pages datant de 1914.

Un autre manuscrit, S.E. 7, nous donne quelques pages concernant l'année 1903 : cinq grandes feuilles, qui présentent une datation régulière, mais dont la suite ne respecte pas l'ordre logique du texte, et pour lesquelles nous avons fait plusieurs tentatives d'assemblage avant de nous conformer à l'édition imprimée qui en a été donnée.

Ces pages dispersées ne sont pas inédites, même si certaines d'entre elles ont attendu des années avant d'être publiées, comme c'est le cas pour les pages de 1901 qu'Anne Chevalier a données dans le *Cahier de l'Herne Valery Larbaud*, en 1992. La lecture de celles de 1903, « Venise-Trieste », nous a été proposée pour la première fois en 1949 par Jean-Aubry dans sa biographie de l'écrivain, *Valery Larbaud, sa vie et son œuvre : la jeunesse (1881-1920)*[3] ; Bernard Delvaille, en 1963, puis Patrick Mauriès, en 1990, nous ont également permis de les lire[4].

On trouvera également ici des pages de 1911 que Jean-Aubry a fait connaître dans son ouvrage sur Larbaud. C'est la relation d'un voyage que l'écrivain entreprit au printemps 1911 avec son ami Léon-Paul Fargue dans sa limousine nommée Quasie. Larbaud le présente ainsi : « Ceci est le journal de bord d'une jeune limousine

1. Les manuscrits dont la cote commence par S.E. proviennent de la Société d'émulation du Bourbonnais, qui les avait reçus de Valery Larbaud et qui en a fait don au fonds Larbaud à Vichy.

2. « Les *vestiges calcinés* de vieux journaux et cahiers ».

3. Éditions du Rocher, Monaco.

4. Bernard Delvaille, *Essai sur Valery Larbaud*, Pierre Seghers, coll. « Poètes d'aujourd'hui », 1963. Valery Larbaud, *Pages arrachées à un journal de route (Venise-Trieste-Marseille)*, préface de Patrick Mauriès, Le Promeneur-Quai Voltaire, 1990 (pp. IX-XXV).

peinte en bleu de roi à filets bleu clair, et qui a reçu son nom d'une petite fille nommée Quasie. » Le manuscrit de ce journal a été détruit, mais Larbaud en a communiqué, en décembre 1913, une copie dactylographiée à Henri Buriot-Darsiles, en vue d'une publication dans les *Cahiers du Bourbonnais* (il a, par la suite, renoncé à cette publication). Des années plus tard, Buriot-Darsiles en a transmis la copie à Jean-Aubry, chez qui nous avons repris ces pages qui nous semblent avoir leur place tout indiquée ici. Le voyage, de Paris vers le Bourbonnais, se poursuit ensuite vers Montbrison, où Larbaud et Fargue désiraient rencontrer les parents du poète Henry J.-M. Levet pour obtenir l'autorisation de publier ses œuvres. Larbaud tira de cette rencontre un récit émouvant, que nous avons conservé dans le journal : le « Récit de la mort d'Henry Levet par sa mère », prélude à la « Conversation de Léon-Paul Fargue et Valery Larbaud » publiée, en tête des œuvres de Levet que les deux amis parvinrent à faire paraître, en 1921, à la Maison des Amis des livres. Ce morceau est néanmoins connu, depuis 1974, puisqu'il a paru dans les *Cahiers des Amis de Valery Larbaud* sous le titre « Récit de la visite aux parents de Henry J.-M. Levet »[1].

Figurait dans la liste d'août 1949 un manuscrit intitulé « Cette, Mèze, Montpellier, février 1914 », que Robert Mallet réclame à Larbaud après la mort de Jean-Aubry : « [...] un tout petit cahier rédigé en février 1914 (une trentaine de pages, je crois) et qui est situé à Sète, Mèze et Montpellier ». C'est le manuscrit CLXXXVIII, qui couvre trois journées (9, 10, 11 février 1914) et qui comporte quarante-trois feuillets, une copie sans ratures, destinée à la publication et dont on trouve mainte trace dans « Septimanie » (chapitre IX de *Jaune bleu blanc*). Cette copie aurait été faite le 24 février 1914 à Montpellier, si l'on en croit Larbaud, qui note à cette date dans son journal : « Voici définitivement copiés, pour servir aux visites de J.B. Pralois à la "ville" les extraits de mes "journaux" de Montpellier, détruits depuis un an déjà au moins, et je détruirai la première copie. » Mais il faut associer à ces pages la page du manuscrit LXXII (f° 17) qui relate la journée du dimanche 8 février à Cette (Sète), ainsi que celles du manuscrit S.E. 9 (f°s 70-76) qui concernent « Marseille ; pages arrachées à un journal de route ». Il va de soi que nous y avons joint les pages du journal tenu au Granville Cottage de Sandgate, qui comportent des notes qui vont de mai à juillet 1914 et que nous avons déjà signalées dans le manuscrit S.E. 8.

Toutes ont connu des publications antérieures : les pages de Marseille, sous le titre « Marseille ; Pages arrachées à un journal de route », ont paru en 1950 dans les *Cahiers du Sud* (n° 300) ; puis en 1990, aux Éditions Le Promeneur, à la suite des pages de 1903. Les pages inédites de Cette et Mèze ont été données dans le *Cahier de*

1. *Cahier des Amis de Valery Larbaud*, n° 12, mars 1974, pp. 3-8.

l'Herne Valery Larbaud : « Cette-Mèze, carnet de travail, 8-22 février 1914 ». Nous avons conservé l'ordre du texte établi par Anne Chevalier pour cette édition car il était le seul logique.

On ne reviendra pas sur les deux petits journaux de 1933, le « Giro dell' Oca », qu'on connaît depuis l'édition d'Ides et Calendes en 1947, et le « Journal de Vaduz », publié en 2004 par Béatrice Mousli dans son ouvrage *Valery Larbaud, le vagabond sédentaire*, aux Éditions Louis Vuitton-La Quinzaine littéraire, dans la collection « Voyager autrement ». Ils ont tous les deux pris leur place au milieu des journaux des années 1930.

On peut donc le constater, les ajouts de cette édition au *Journal inédit* de 1954 ne sont pas négligeables. Et si l'on se souvient que le texte édité jusqu'ici (à quelques exceptions près : les publications récentes) ne représente qu'à peine la moitié du texte existant, on prend la mesure de l'apport qui est fait et on s'interroge alors sur les choix d'édition qui ont conduit à la suppression de telle ou telle page, de tel ou tel passage. Nous avons donc examiné le texte attentivement, tentant de dégager une règle, sinon un fil conducteur, justifiant les disparitions, mais nous n'avons trouvé aucune explication qui nous satisfasse en dehors d'éventuelles contraintes de place (ne pas dépasser un certain nombre de pages par volume de journal) imposées par la publication.

En revanche, il paraît intéressant de regarder les altérations (mutilations ou destructions) que Larbaud a opérées sur ses propres journaux. Il avoue lui-même qu'il a fait disparaître des années entières, notamment tout ce qui avait pu lui servir pour *A.O. Barnabooth.* Sans aller jusqu'à la destruction complète du document, il a procédé, d'autres fois, à des prélèvements que l'on observe en particulier dans les journaux de la période espagnole : dix-sept feuillets manquent dans le journal de 1917 (Ms XII) — dont dix ont disparu depuis le relevé que G. Jean-Aubry avait fait en octobre 1946... ; pour le journal 1918-1920 (Ms CXXXVIII), cent vingt-huit pages sont absentes et onze feuillets présentent des déchirures. On peut d'ailleurs trouver une justification de ces disparitions sous la plume de Larbaud, lors de son séjour à Naples, en février 1932 : « En écrivant à Mme de B. l'idée m'est venue, cette fois tout à fait claire, de scinder en deux parties les pages de mon Diary espagnol que j'ai depuis longtemps détachées pour les publier éventuellement [...]. »

Ainsi ces journaux espagnols, dont certaines pages ont été détachées et recopiées, ont servi de réservoir pour des publications diverses. À preuve les deux copies dactylographiées, identiques, dans les manuscrits I et X ; l'une est corrigée, l'autre pas. Elles présentent une sélection d'une vingtaine de pages du manuscrit XII (1917), intitulée « Benalúa » et couvrant la période du 2 juin au

15 juillet 1917. Cette sélection, préparée dans les années 1930, ne semble pas avoir été jamais publiée.

Dans le manuscrit CXXXVIII (1918-1920), on observe de nombreuses marques au crayon rouge, signes de travail et de préparation du texte dont nous trouvons quelques traces, mais très peu nombreuses, de publication. Larbaud, en février 1932, précisait son intention de donner l'extrait de son « diary espagnol » au *Manuscrit autographe*. Il collaborait en effet à la revue de son ami Jean Royère et, de 1926 à 1932, y a envoyé une série de courts articles qu'il a appelée « Bouts de papier », faite, disait-il, « de petites histoires, anecdotes, remarques sur ceci ou cela ». C'est ainsi que nous avons retrouvé, grâce au *Cahier de l'Herne* dans lequel Anne Chevalier a repris des pages intitulées « Un fragment de mon journal ; Madrid, été 1919 », un passage qui provient des soixante-dix-neuf pages manquant en... mai 1918. Ces pages se trouvaient dans le manuscrit I, aux feuillets 164-174. C'est une série de recoupements portant sur les noms de personnes que l'écrivain a fait figurer dans son index, à la fin du manuscrit CXXVIII, qui nous a permis de dater ces pages : nous nous sommes interrogée sur un certain nombre de noms qui y figuraient mais que nous n'avions pas relevés dans notre propre index ; des noms de peintres, notamment, se voyaient cités avec une référence de page entre 105 et 182 (pages détachées du manuscrit) ; nous en avons retrouvé quelques-uns dans ces pages du journal de Madrid, dans le manuscrit I. Il était dès lors facile d'en situer la date... En dehors de la publication dans *L'Herne*, rien n'a paru de ce passage, à l'exception d'une page, qui en a été détachée pour le *Manuscrit autographe* (n° 40, octobre-novembre-décembre 1932) que Larbaud présente ainsi : « Une page d'un journal tenu à Madrid dans l'été de 1919. (Un jugement peut-être un peu hâtif sur *Pride and Prejudice* de Jane Austen). »

On constate également des mutilations dans les manuscrits CCXXIV (1931-1932) et XXIV (1934). Le premier se voit privé de sept feuillets et présente des déchirures sur deux autres. On a tout lieu de penser que Larbaud s'est censuré pour s'être laissé aller à des mouvements d'humeur contre d'anciennes relations : il est brouillé depuis 1928 avec Adrienne Monnier et s'est également coupé de tous ceux qu'il pensait être proches d'elle. Il malmène son ancienne éditrice et amie, usant à son égard de qualificatifs peu amènes comme « Dirty Cow » ou « Mucca sporca » (« sale vache », en anglais et en italien), alors qu'en français il parle de la « mère M. et des crasseux de sa bande »... Pour les autres il recourt bien souvent à un code : le nom de Sibilla Aleramo est ainsi masqué sous les initiales T.B. ; parfois encore il donne les initiales du nom en caractères grecs. Mais d'ordinaire la règle de discrétion prévaut : les noms sont souvent caviardés, réduits à leur initiale en français. Les lignes et les passages raturés qu'on rencontre sont généralement en relation avec le délire de persécution dont il souffre à l'époque. La réduction à l'initiale, il est vrai, joue aussi pour les noms très fréquemment utilisés ; le docteur Vercoustre, le médecin qu'il consulte plusieurs fois par semaine à Paris, est appelé, la plupart du temps, « Dr V. ». Mais Larbaud nomme clairement ses amis : Marcel Ray, Jean-Aubry, Jean Paulhan, Alexis Leger, Gaston Gallimard ou Emmanuel Lochac...

Doit-on voir aussi dans l'usage des langues étrangères, si fréquent dans ses journaux, un code de masquage ? On l'a dit, mais cela nous paraît loin d'être certain. Et il faut faire la différence entre l'usage continu d'une langue étrangère, l'anglais, pour la rédaction du journal et le recours épisodique à diverses autres langues (espagnol, allemand, italien, portugais, latin ou grec...).

À partir de 1912 et jusqu'en 1920, Larbaud tient son journal en anglais. Il confesse, quelques années plus tard, que ses séjours fréquents en Angleterre et ses lectures régulières, pour ses articles, ses travaux, lui avaient donné l'habitude de s'exprimer spontanément dans cette langue et évoque le « volumineux "Journal intime", de six ou huit cahiers de trois cents pages chacun, qu'[il s'est] amusé à rédiger en anglais[1] ». Mme Renée Villoteau avait été chargée de sa traduction pour l'édition de 1954, mais l'apport dans cette édition d'une quantité au moins égale de texte inédit, et non encore traduit, nous a contrainte à une nouvelle traduction, que Jean-Louis Chevalier a accepté de réviser. Pour les passages en espagnol, notre ami Pascal Autet a bien voulu nous accorder sa collaboration, ainsi que Rose Duroux, qui nous a donné de précieux renseignements. Monique Bigot nous a éclairée pour ce qui était de l'allemand, et Dietrich Lucköff, bon connaisseur de Larbaud, a pu compléter certains points. Jean Joinet a été notre guide et traducteur pour le domaine italien. Nous nous sommes adressée à Pierre Rivas pour les questions portugaises. Le latin et le grec n'ont pas posé de grosses difficultés et nous avons pu, en ces matières, nous appuyer sur les références des traductions consultées par Larbaud.

Notons ici, pour l'usage de l'anglais, que Larbaud ne parle nullement de « se masquer » mais bien plutôt de « s'amuser ». D'ailleurs, si les journaux « Como and Saint-Yorre », en 1912, ou « Septimanie » en 1914, sont écrits en anglais alors que Larbaud se trouve en France, la partie la plus importante rédigée en anglais reste celle des trois années espagnoles, celle des journaux tenus de 1917 à 1920, alors que l'écrivain était éloigné de ses proches (notamment des regards indiscrets de Mme Larbaud mère) et que son entourage, à Alicante, ne lisait ni ne parlait probablement le français, à l'exception de son ami Eduardo Irles. Il nous faut donc considérer

1. *Ce vice impuni, la lecture. Domaine français, O. C.*, t. VII, Gallimard, 1953, pp. 19-20.

cet usage de l'anglais comme un exercice linguistique, une pratique qui lui permet de conserver sa familiarité avec la langue et son aisance d'expression. Parallèlement d'ailleurs, Larbaud entretient son français, et considère certaines lectures comme essentielles à la bonne traduction des ouvrages de Samuel Butler, tâche à laquelle il consacre la majeure partie de son temps et de son énergie à cette époque. Il relit Pascal et s'en inspire ; il lit également Chamfort, pour se « mettre du français dans l'oreille en préparation à la révision d'Erewhon », Rivarol, ou encore Maupertuis, dont les études et la pensée lui semblent en rapport avec la réflexion de Butler sur les théories biologiques et le déterminisme, et dont la langue ne démérite pas (« Quel merveilleux écrivain que Maupertuis ! »).

Qu'en est-il des autres langues que nous rencontrons au fil du texte ? Deux périodes s'opposent : la période espagnole (1917-1920) et la période italienne (les années 1930). À Alicante, ce sont bien souvent des mots, des expressions, plus rarement des phrases ou des passages entiers qui apparaissent dans le journal. Mais il arrive que Larbaud se surprenne à écrire tout un passage en espagnol. Dans les années 1930, l'italien prédomine ; langue de sa compagne, Maria Nebbia, et de la jeune Angioletta, qu'il surnomme Laeta (« joyeuse » en latin), petite-fille de Maria, qui vient vivre avec le couple à partir de 1933 ; c'est alors la langue du quotidien et elle s'immisce dans le journal (notation du jour, des moments de la journée ; morceaux de dialogues avec Maria, ou avec Laeta, propos entendus et rapportés...).

En règle générale, les autres langues apparaissent sous forme de citations. Peu d'allemand, sauf à Vaduz ou à Berne, pays germanophones. Des citations grecques et surtout latines. On ne doit pas s'en étonner. Larbaud ne déclare-t-il pas : « Un beau vers, une phrase bien venue, que j'ai retenus, que je me suis souvent récités, c'est comme un objet d'art ou un tableau que j'aurais acheté [...][1] » ? Il expose ainsi son patrimoine... Ces citations, qu'il possède depuis si longtemps, l'habitent et se glissent, à son insu presque, sous sa plume. Dans les derniers journaux, à partir de « D'Annecy à Corfou », on assiste même à un tissage de langues et de citations. Ainsi cette simple ligne :

> *Casa, al fin, et le Desideratus lectus ! But she is, per se stessa, « Casa ».*
> (Paris, 30 septembre 1931)

où se mêlent italien, latin, anglais, en même temps que des citations voilées de Catulle et du poète anglais Matthew Prior.

Aucune affectation donc dans l'usage des langues étrangères

1. *Sous l'invocation de saint Jérôme, O.C.*, t. VIII, « Des citations », p. 246.

chez Larbaud. Mode d'expression naturel, il complète le portrait de l'homme, qui se dessine à travers son journal, portrait qui, dans les pages inédites, ne nous réserve néanmoins pas de véritable révélation : nous y trouvons un homme entré en littérature (création et traduction) comme on entre en religion. Tous ces manuscrits en témoignent, la grande affaire de la vie de Larbaud, c'est le travail littéraire et les journaux sont là pour le servir. Il le reconnaît lui-même sans détours : « J'ai mentionné les "journaux intimes", parce que ç'a été pour moi, avec les traductions, un excellent exercice : des descriptions de villes et de paysages, des observations d'individus et de types, des critiques de livres, ont eu pour origine, pour première version, des pages de ces journaux intimes » (lettre à A.A.M. Stols, 27 septembre 1926).

Les rappels sont nombreux entre le journal et l'œuvre. Nous les avons signalés clairement car ils permettent de voir comment l'œuvre s'élabore, disparaît, réapparaît. On pourra suivre notamment, de 1914 à 1935, la longue maturation de « Henri de Septimanie » : en 1914, Valery Larbaud déclare, dans son journal, jouer l'« espion littéraire » pour cette œuvre et rassemble, à Mèze, Cette, Montpellier, une documentation qui nous paraît très détaillée pour le personnage de Jean-Baptiste Pralois, qui en est un des protagonistes, sa maison, ses rencontres... En 1935 encore, dans le train qui l'emmène à Brindisi, d'où il compte s'embarquer pour l'Albanie, il évoque ce travail : « Quitté Milan à 3 p.m. par le direttissimo pour Brindisi, auquel nos billets nous donnaient accès. Piacenza, Fidenza, Parme, Modène, Bologne, Faienza, Forli, Cesena, — arrivant ici in orario, c.à.d. vers 7 h 3/4 p.m. Beaucoup travaillé mentalement, en route, à deux chapitres de *S. Jérôme* ; mais aussi avec digressions vers Henri de Septimanie. Le spectacle de l'arrangement et des travaux agricoles, surtout depuis le passage du Pô jusqu'à Faenza, m'a certainement aidé. J'ai réorganisé quelques paragraphes, et plusieurs phrases se sont présentées sous un nouvel aspect » (vendredi 21 juin 1935).

Mais c'est sans doute sur l'expression « travaillé mentalement » qu'il faut s'attarder. Ce mode de composition « mentale », qu'il souligne à d'autres reprises dans son journal (« Nuit complète d'insomnie (24-25 [juin 1934]) mais dans le ravissement du travail, sans cependant me lever du lit. Les notes sur D[ondey] de S[anteny] se faisaient, se découvraient en enfilade devant moi, avec leurs limites, leurs divisions et subdivisions, leurs titres [...] »), lui a peut-être fait présenter des œuvres comme étant pratiquement terminées (« Violettes de Parme » ou « L'Amour et la Monarchie »...) alors que leur achèvement n'avait été que « mental »... Mais cela reste une hypothèse, difficile à vérifier.

L'œuvre est donc omniprésente, mais la vie est là aussi et le journal, qu'il est arrivé à Larbaud d'appeler (c'était en janvier 1918)

« mon cher exutoire », dévoile des aspects de l'homme au quotidien avec ses manies, ses tics, ses travers. Ainsi on ne peut ignorer le caractère quasi obsessionnel de ses notations : heure du lever, du coucher ; itinéraire de ses promenades bi-quotidiennes dans Paris avec son chien ; nombre de ses pulsations cardiaques, de ses visites au médecin. Valery Larbaud a été l'enfant unique d'un père âgé, de presque soixante ans, et d'une mère qui approchait la quarantaine à sa naissance. De santé fragile, il a constamment été protégé, tenu à l'écart des autres enfants, dispensé des exercices physiques qui auraient pu renforcer sa santé ; il a été éduqué à l'écoute de son corps, à l'observation minutieuse de ses moindres troubles. On sait qu'il souffrait des séquelles d'un paludisme contracté à Saint-Yorre, de crises épisodiques de rhumatisme articulaire, probablement consécutif à des angines survenues dans son enfance (époque lointaine où l'usage des antibiotiques, encore inconnus, ne permettait pas d'éviter cette complication) ; ces affections lui rendent parfois la vie pénible, mais il en tire des bénéfices secondaires.

Dans l'isolement où on le confinait, il a développé « trop d'excitabilité cérébrale et il a besoin d'être modéré par l'exercice ou la fatigue corporelle », déclarait, en 1894, le docteur Cornil[1], son subrogé tuteur, qui dispensait, bien en vain !, quelques conseils à Mme Larbaud et lui recommandait d'éviter de se faire trop d'inquiétude au sujet de son fils. Cette hyperexcitabilité cérébrale continue de se manifester au cours de sa vie d'adulte et doit être responsable de ces crises de « Mood », si fréquentes dans les années espagnoles. « Mood » (que nous avons décidé de traduire simplement par « Humeur », en conservant sa majuscule), mot par lequel Larbaud désigne les troubles de l'humeur auxquels il est sujet, qui le paralysent à certains moments et le poussent à se retirer de toute vie sociale. En même temps cette hyperexcitabilité le porte à la création littéraire et le sauve de l'enfermement total dans la maladie…

L'homme au quotidien, c'est aussi le gourmand impénitent qui connaît les bonnes pâtisseries de Rome ou de Naples (comme la Perugina, où l'on rencontre « de bien belles dames napolitaines »), le familier du D'Harcourt, où il va chaque jour prendre un chocolat, à Paris, l'amateur de café-crème authentique pour qui « la Suisse [est] le seul pays où l'expression "café-crème" ne soit pas un effronté et habituel, et toléré, mensonge ». Il sait apprécier le vin de Vaduz, le vin de Seyssel, ou le vin de Saint-Jean à Annecy. À l'automne 1919, à Paris, il se réjouit de s'être arrêté chez Fauchon, sur le chemin du retour, et d'être ainsi capable d'offrir à son ami Léon-Paul Fargue, débarqué à l'improviste, un repas fin. Il semble

1. Lettre du 2 avril 1894, citée par Jean-Philippe Segonds dans son introduction aux *Lettres d'un enfant*, *Cahier des Amis de Valery Larbaud*, nouvelle série n° 3, Éditions des Cendres, 2003, p. 20.

d'ailleurs être passé aux travaux pratiques parfois puisque, à Alicante, on le voit montrer à la cuisinière comment faire cuire des petits pois nouveaux, et préparer lui-même du café, dans sa cafetière électrique (!), pour ses visiteurs... La gourmandise a néanmoins son revers : le diabète... Pour tenter d'y remédier, il cherche, à Rome, à se procurer de la saccharine, qu'il ne pourra obtenir qu'avec l'aide du prince de Bassiano.

En fait Larbaud ne semble pas totalement dépourvu de sens pratique. En 1934, il fait réaliser, sur un modèle qu'il a conçu et dont il est fier, des échelles pour sa bibliothèque, dont il refait tout l'agencement à Valbois. Il participe aux travaux de peinture, entrepris sur son domaine : « [...] on voit le Prince grimper aux échelles, manier le pinceau pendant des heures, etc., on voit le résultat de son travail [...] », note-t-il le 5 novembre 1934 dans son journal. Après la mort de sa mère, en octobre 1930, c'est pour lui un devoir de piété filiale d'administrer sa propriété de Valbois. Il discute donc servines et fermages avec Melin et Challeton, ses fermiers, s'entretient avec eux de l'évolution de la profession d'agriculteur et rapporte, en italien, les conversations sur la vie dissolue et la triste fin de hobereaux bourbonnais.

Valbois, c'est aussi le domaine des souvenirs d'enfance, une enfance que Larbaud n'a jamais quittée. Il continue de fréquenter les magasins de jouets, tenus en majorité par des veuves, en Suisse..., et poursuit sa quête de figurines de plomb pour lesquelles se pose l'importante question de la peinture et du choix du peintre (Mme Roze ou M. Prévost ?). Toutefois l'esprit d'enfance, il l'observe maintenant chez les enfants, notamment dans les années 1917 à 1920, en Espagne. Larbaud se plaît en leur compagnie. Il aime les regarder jouer, entendre les rondes et les chansons des petites filles de son quartier. À Alicante il accompagne les enfants de ses amis au spectacle, au cinéma au Salón Moderno. « Je me suis vraiment bien amusé, surtout parce qu'il y avait autour de moi beaucoup d'enfants », confie-t-il à Noël 1918, au retour de chez don Higinio, son médecin et ami, chez qui il vient de passer la soirée. Il donne des cours de français au jeune Higinito, fils de don Higinio, l'emmène en excursion à Elche et Orihuela, en janvier 1920, et joue avec lui à se faire passer pour valencien, ou français ; il lui fait partager sans doute son amour des soldats de plomb, et ensemble ils peignent de petits drapeaux... Cependant c'est de petites filles qu'il s'éprend : la blonde « Kiddie », en 1917, qu'il rencontre fréquemment, « charmante et jolie comme toujours, les cheveux dénoués sur les épaules » ; en 1918, la petite Carmin : « Je me sentais très heureux de l'avoir auprès de moi, j'aime son doux visage, rayonnant, solennel. » Et surtout Araceli, combien de fois citée ! « Ce soir, chez don H[iginio] où j'ai vu Araceli et me suis baigné dans la lumière de ses yeux. » Carmin est une enfant ; Kiddie et Araceli, de très jeunes filles, et Larbaud rejette bien loin l'idée de se compromettre : « [...] je suis un homme bien élevé et ne dois pas profiter de l'inexpérience de ces jeunes, trop jeunes, petites femmes. [...] des gens que j'aime et respecte ont en moi une confiance si entière et si noble, que la pensée même de me conduire autrement que je ne le fais me donne un sentiment de malaise. » Pas de baisers volés, de simples regards, mais d'une telle intensité ! Les histoires d'amour, les « lios », ont alors pour protagonistes Dolorès, ou Ella (« la seule et unique »). Mais ces amours ne sont que des brouillons ; il faudra attendre les années 1930 pour que s'exprime véritablement, dans le journal, le sentiment amoureux, pour Maria, la compagne choisie pour la vie.

L'enfance débarque chez Larbaud et sa compagne sous les traits d'une petite fille. Au bout d'une dizaine d'années de vie commune, le couple qu'il forme avec Maria se voit confier la petite-fille de Maria, Angioletta, que Larbaud surnommera Laeta, et l'élève comme sa propre fille. On voit alors Larbaud se muer en pédagogue, se jeter dans la lecture de Piaget, Claparède..., soucieux d'être bien informé et de bien faire tant pour l'éducation sociale, le savoir-vivre que pour les apprentissages scolaires ou la formation de l'esprit et de la sensibilité. Laeta est inscrite à Sainte-Barbe, institution dont Larbaud a fréquenté le collège à Fontenay-aux-Roses. À Paris, outre les visites au parc, il l'emmène au Muséum d'histoire naturelle, au Musée colonial. À Milan, il lui montre le *Saint François* de bronze, sur la place devant San Angelo : « Je pense qu'un détail comme cette statue penchée sur une belle fontaine doit donner à un enfant de cet âge une bonne idée de la beauté de la ville qu'elle parcourt ; et le fait même que la fontaine n'est pas, bêtement, au centre de la place, et qu'elle est ombragée, etc. Cela peut-être la prépare à regarder avec intelligence et sensibilité des architectures et des peintures d'une inspiration plus complexe et plus enrichissante » (21 juin 1934).

Dans le souci qu'il manifeste de développer chez l'enfant la sensibilité artistique et les aptitudes à apprécier une œuvre plastique, on reconnaît un trait caractéristique de Larbaud. Il n'est pas de voyage sans visites de musées, de galeries, d'édifices. À Bruges, Anvers, Milan, Rome ou Naples, il va voir ou revoir les œuvres qu'il aime et qui vont réapparaître, ici ou là, dans son journal et dans son œuvre. Il en est ainsi pour une *Vierge à l'enfant* de Bugiardini (peintre florentin des XVe-XVIe siècles), et il en va de même pour une œuvre méconnue de Goya, *La Marqueza de Lazán*, restée dans une collection privée, qui lui fit grand effet quand il la découvrit, à Madrid, au printemps 1918 : « Impossible de démêler ce qui me plaisait tant dans ce tableau. Il me semble que Goya y a triomphalement exprimé son idée de la *real hembra*. [...] Bon, c'est à peine si j'ai pu songer à autre chose de toute la journée [...]. Je viens de rentrer du Théâtre de la Zarzuela ; [...] tout le spectacle, musique, chant, femmes, éclairages, etc., a été entièrement éclipsé pour moi par le souvenir du tableau de Goya. »

Ces émotions vives, dans le domaine visuel, nourrissent son écriture, comme il le reconnaît lui-même : « Il se peut que "L'Acteur et le Traducteur" bénéficie de la peinture que j'ai regardée, du mouvement des rues de Milan, et des champs de blé mûr à l'ombre des vignes-ormeaux », et il ajoute : « Comme "L'Amour et la Traduction" a bénéficié du paysage savoisien et de ces deux jolis morceaux de D[éodat] de Séverac entendus dans le jardin de Beauséjour, à Challes, et qui, — ces deux morceaux, — ont dénoué comme par enchantement les difficultés qui m'arrêtaient dans la composition de ce chapitre. » On voit donc liées ici la sensibilité visuelle, à la peinture, à la lumière, et la sensibilité musicale. C'est peut-être dans la période espagnole qu'on en a le meilleur témoignage. À Alicante, alors qu'il est privé de musique, Larbaud est poursuivi par l'*Hommage à Rameau* de Debussy, qu'il entend jusque dans ses rêves. Dans ses conversations avec le compositeur alicantin Oscar Esplá ou avec Ricardo Viñes, pianiste espagnol, ami de Fargue, qui vient donner des concerts dans la ville, il parle de Ravel, de Florent Schmitt, d'Albéniz. Il fait découvrir Erik Satie à son amie Ella, ne manque pas les deux récitals du chanteur Joaquín Turina et de Jenny Dufau. Mais la musique à laquelle il se montre tout particulièrement réceptif et attentif est celle de la langue.

Il aime entendre les *corros* (« rondes ») d'enfants dans la rue, à Alicante, et les fera retentir à nouveau, quelques années plus tard, dans « Rouge, jaune, rouge », un des textes du recueil *Jaune bleu blanc*. Les accents sonnent à ses oreilles, l'accent agréable de Genève, à Thiers l'accent auvergnat qui donne un tour particulier au français, langue littéraire, et les voix des *popolane* en Italie. À Vaduz il termine son journal sur les notes de la cantilène « Quand les gens disent A-dieu et A-tien. A... dio ! ».

On pourrait s'attarder sur d'autres aspects de Larbaud : le lecteur boulimique, le traducteur scrupuleux et passionné, que l'on découvrira aussi au fil des pages de ce journal... Mais nous avons simplement retenu quelques traits pour esquisser la figure de l'homme au quotidien, d'où l'écrivain et l'œuvre littéraire semblent ne jamais totalement disparaître. Citons néanmoins ces quelques lignes, écrites à Londres, à l'automne 1919 : « Si je n'avais pas G., tant de quintessence de littérature, s'ajoutant à mes douleurs, me dégoûterait de la vie. C'est étonnant comme ça prend vite l'air d'un métier, d'une affaire, la littérature ! On a envie de dire : N'en jetez plus ! Et on finit par savoir, avec tant de gens, tant de choses si parfaitement inutiles au plaisir de vivre, qu'on a envie de se faire désinfecter, ou tout au moins bien laver, — avec un "champoing" à l'eau du Léthé. »

Plaisanterie ou exaspération ? Quoi qu'il en soit, la révolte annoncée ici ne sera jamais menée à terme et la littérature constituera toujours, pour Larbaud, un élément essentiel au plaisir de vivre.

Paule Moron

Remarques sur l'établissement du texte

Nous avons essayé, autant que faire se peut, de rester fidèle aux caractéristiques graphiques et lexicales de l'écriture de Valery Larbaud.

Toutes les altérations du texte (pages déchirées, découpées ; mots et lignes biffés ou caviardés) ont été signalées.

Nous avons conservé, sans distinction graphique particulière, tous les mots et expressions en langue étrangère, qu'il s'agisse de l'anglais, de l'espagnol, de l'italien, du latin, du grec ou de l'allemand, respectant ainsi la manière de l'écrivain, pour qui le recours à la langue étrangère était tout à fait naturel. Néanmoins nous n'avons pas manqué de faire figurer en bas de page la mention de la langue et la traduction des segments concernés en français.

Relevons ici certains traits de la langue de Larbaud :

— La désignation de l'heure, selon l'usage anglo-saxon, en *a.m.* (*ante meridiem* : heures comprises entre minuit et midi) et *p.m.* (*post meridiem* : heures situées entre midi et minuit).

— L'abréviation fréquente de « manuscrit » en *ms* ou *Ms* ; *mss* ou *Mss*, pour le pluriel.

— L'usage particulier qu'il fait des majuscules (dans « ma Mère », notamment, que lui reprochait son ami Marcel Ray). Les termes relatifs au travail littéraire sont fréquemment affectés de cette majuscule à l'initiale : Poëte, Préface... À l'imitation de l'usage anglais, jours, mois et points cardinaux commencent généralement par une majuscule. En ce qui concerne la date, elle se trouve souvent écrite en anglais, ou en italien, même dans les journaux rédigés en français ; nous en avons toujours conservé le libellé original.

— Caractéristique également est l'emploi de la ponctuation à l'intérieur de parenthèses, là où on l'attendrait après la fermeture. Nous l'avons respecté. De même nous avons reproduit les traits d'union avec lesquels il arrive à Larbaud de composer de nouveaux syntagmes (« petit-prodige »), ou de noter des couleurs (« grands autocars bleu-ciel », « le tout-vert et le tout-blanc »...).

— Les archaïsmes ne sont pas rares. Larbaud préfère « *vagon* » à « *wagon* », « *poëte* » à « *poète* », « *après dîné* » à « *après dîner* ». Nous les reproduisons, les signalant par une note.

— Les abréviations italiennes, qui ponctuent son emploi du temps à partir du journal « *D'Annecy à Corfou* » (1931-1932) : *Alz.* pour *alzato* (« levé ») ; *Sveg.* pour *svegliato* (« réveillé ») ; *Ric.* pour *ricevuto* (« reçu ») ; *Sped.* pour *spedito* (« envoyé ») ; *v.* pour *via* (« rue »).

— La réduction de certains noms de personnes à leur initiale. Lors de la première occurrence nous avons complété, lorsque nous le savions, le nom (entre crochets). Pour les noms fréquemment répétés, une fois le repérage fait, nous nous en sommes tenue à l'initiale.

En revanche, nous avons estimé, lorsque nous avons rencontré des problèmes d'accord, d'orthographe d'usage, assez peu fréquents en somme, pouvoir les corriger.

Enfin, bien que nous nous soyons efforcée d'écrire en toutes lettres les titres des textes de l'écrivain auxquels nos notes renvoient, le lecteur pourra néanmoins rencontrer les abréviations *A.O.B.* pour *A.O. Barnabooth, F.M.* pour *Fermina Márquez, B.M.S.* pour *Beauté, mon beau souci…, A.H.A.* pour *Amants, heureux amants…, M.P.S.C.* pour *Mon plus secret conseil…, J.B.B.* pour *Jaune bleu blanc, S.J.* pour *Sous l'invocation de saint Jérôme, Domaine anglais* pour *Ce vice impuni, la lecture (Domaine anglais), Domaine français* pour *Ce vice impuni, la lecture (Domaine français).*

Les Cahiers des Amis de Valery Larbaud, fréquemment cités, peuvent se trouver abrégés en *C.A.V.L.*

Il va de soi que ce travail ne pouvait se dispenser d'index. Nous en avons établi trois : un index des noms cités, un index des titres cités (dans ce dernier nous avons réservé une place à part aux titres et textes, publiés et non publiés (n.p.) de Larbaud), et un index des toponymes.

Chaque journal est accompagné des documents annexes qui figuraient dans le manuscrit où il se trouvait. Si ces documents sont en langue étrangère, nous en donnons la traduction à la suite de chacun en italique.

Notre référence principale, pour les renvois à l'œuvre de Larbaud, a été le volume publié aux Éditions Gallimard dans la « Bibliothèque de la Pléiade » ; nous l'avons parfois abrégé en L.P. Pour ce qui n'a pas été publié dans cette édition, nous renvoyons aux *Œuvres complètes*, publiées en dix volumes, aux Éditions Gallimard, entre 1950 et 1954.

Remerciements

Nous tenons à remercier tout particulièrement Roger Grenier, qui nous a marqué sa confiance en nous proposant ce travail d'édition.

Pendant toutes les années qu'il nous a occupée, Anne Chevalier nous a accordé son soutien et son aide ; nous lui en sommes très reconnaissante.

Le fonds Larbaud de la médiathèque de Vichy, et la Ville de Vichy, ont mis à notre disposition leur grande richesse de documentation (manuscrits, correspondance, revues, issus de la bibliothèque de l'écrivain, ou collectés et classés depuis la création du fonds) et la compétence de leur personnel. Nous savons tout particulièrement gré à Isabelle Minard, responsable du fonds Larbaud, secondée par Martine Chosson, d'avoir grandement aidé nos recherches et montré une disponibilité constante et amicale à toutes nos demandes. Que Monique Kuntz, qui nous avait accueillie au départ en ces lieux, et Françoise Galland-Tunali, qui lui a succédé, trouvent ici le témoignage de notre gratitude. Qu'il en soit de même pour tous ceux et celles qui nous ont apporté soutien, aide et écoute : Pascal Autet, Élisabeth Catala, Jean-Louis Chevalier, Rose Duroux, Jean Joinet, Françoise Lioure, Dietrich Lücköff, Marie Montreuil, Michel Moron, Béatrice Mousli, Élisabeth Royer, Jean-Philippe Segonds, Marcel Troulay.

Nous avons une pensée spéciale pour Bernard Delvaille, qui nous manifestait régulièrement son intérêt pour ce travail mais qui n'en aura pas vu l'achèvement. Nous avons été attristée par deux autres disparitions ; celle de Jean-Philippe Segonds, qui ne nous avait pas ménagé son aide et nous avait apporté ses lumières, puis celle, plus récente encore, de Jean-Louis Chevalier.

I

1901-1914

1901, 1902, 1907, 1908 (?)

Nous réunissons ici des pages des années 1901 et 1902, qui nous ont posé quelques difficultés d'établissement de texte. En effet, le manuscrit S.E. 8, cahier de format 22 × 34, rassemble, alla rinfusa, *des pages de journal de 1901 et 1902, au milieu d'autres travaux. La numérotation des pages va de 1 à 486, avec des pages blanches, et d'autres supprimées (la mention « Pages manquantes », écrite de la main de Larbaud, apparaît à plusieurs reprises).*

Ce manuscrit s'ouvre sur des notes concernant Pope, puis Spenser, Marlowe, le Bréviaire d'esthétique *de Benedetto Croce ; elles sont suivies de notes sur Sainte-Beuve et Francesco De Sanctis (pour une comparaison entre le critique français et le critique italien). On parvient enfin aux pages du journal, intitulées « Ambustae capsarum reliquiae » (pp. 116-129), pour 1901 ; leur font suite six feuillets (pp. 129-134) qui reprennent ce titre latin (suivi de sa traduction en anglais : « The "charred remains" of old Diaries and Copybooks »[a]) : notes de voyage davantage qu'un journal ; certaines des lignes concernant l'Angleterre datent de 1902, mais d'autres ont probablement été écrites plus tard, en 1907 ou 1908... De la page 134, on passe directement à la page 199, puis à une série de feuilles blanches jusqu'aux pages 213-214, consacrées à* Paradise Lost *de Milton. De nouvelles pages blanches, puis des pages découpées, nous font accéder aux pages 314-315, qui portent le titre « Fragments d'un journal détruit » et sont datées de 1914 (nous les avons mises à leur place chronologique).*

Le premier tome du « Journal inédit » (O.C., *t. IX) n'avait rien repris de tout cela. Le* Cahier de l'Herne Valery Larbaud *dirigé par Anne Chevalier (Éditions de l'Herne, 1992) a toutefois donné ces pages à lire sous le titre « Ambustae capsarum reliquiae » :*

a. « Les *vestiges calcinés* de vieux journaux et cahiers ».

« I. Passages d'un journal tenu de mai à novembre 1901 et détruit ensuite » (pp. 76-88) ;

« II. The "charred remains" of old Diaries and Copybooks » (pp. 89-95).

AMBUSTAE CAPSARUM RELIQUIAE

Passages tirés d'un journal tenu de Mai à Novembre 1901 et détruit ensuite

(I keep them because they will show me what I was during part of my 20th year—not so very different from what I am now in my 30th year[a].)

Paris, 18, rue du Ct Marchand. — 14 mai. Installé chez M. Frappa[1]. Fenêtre sur l'angle de la rue du Ct Marchand et de la rue Berlioz.

15 (dimanche). À la Cie française avec Jean. Visite à M. Sylvain dans sa loge.

16. Commencé un récit intitulé « L'attaque de Galata » (histoire de chiens)[2].

22 (mercredi). Visite d'un fou.

23. Lettre de M. Karl Boès acceptant mes traductions pour *La Plume*[3]. Repris une nouvelle intitulée « Le poëte ». Le soir à l'Odéon avec M. Frappa et Jean. Visite à M. Albert Lambert.

24 mai. Envoi de mes traductions à *La Plume.*

30 mai. Soirée avec Jean chez Mme Jacques Naurouze.

2 juin. Trouvé l'ouvrage sur « Le titrage des solutions sucrées » pour la nouvelle projetée, « Quarante-Sous ». Soirée chez M. l'abbé Garnier, au « Peuple français ».

3 juin. Ennuis d'argent.

4 juin. Assisté à une pièce *Pour l'Empereur !*, d'un ami de J. (à la Renaissance). Salle de Bonapartistes hurleurs. C'était la première ; succès d'estime. Parlé à —, un des acteurs, enthousiasmé par la pièce, disant que c'était un chef-d'œuvre, etc.

Dans l'après-midi j'ai lu : *Le Jugement dernier des rois* de Sylvain-Maréchal[4] (1792) et *Madame Angot ou la Poissarde parvenue* (1795).

a. Anglais : « Je les garde parce qu'ils montreront ce que j'étais pendant une partie de ma 20e année, — pas tellement différent de ce que je suis maintenant dans ma 30e année. »

8 juin (samedi). Déjeuné avec M. Goubet, inventeur d'un sous-marin. Je lis la Correspondance de Shelley.

9 juin. Correspondance de Shelley.

10 juin. Projet d'une nouvelle intitulée « Elsa » (sur les bals d'enfants des villes d'eaux ; c'est l'histoire d'Ada. (NORDLING).

11 (lundi). Travaillé à « Elsa ». Ce soir Jean recevait ses amis en l'absence de ses parents. Nous étions dix : six acteurs, deux fils de peintre, étudiants en droit, M. Ginisty. Bonne soirée. Nous venons de les reconduire. Lecture de Shelley : a discourse on the manner of the Ancients[5].

12. Rue d'Ulm toute la matinée. Au déjeuné, M. Sylvain. Il a raconté que Moréas était venu chez lui pour lui lire une *Iphigénie*[6] qu'il « vient de traduire du grec ». Moréas, qui lit très lentement, a fait durer l'audition de sa pièce de 2 h à 6 h de l'après-midi. Il n'avait pas trouvé que le salon ou le cabinet de M. Sylvain fût un lieu assez secret, et avait tenu à lire sa pièce dans la chambre de Mme Sylvain.

13 juin. À la C[omédie] F[rançaise] avec M. Frappa et Jean. Rencontré Boyer, Loyau, C. de Raisy etc.

15. Rue d'Ulm. Ennuis d'argent ; obligé de vendre quelques livres. Dîné avec M. de Marty et M. Poncet (du théâtre de Cluny) remarquables causeurs. Commencé à recopier « Elsa »[7].

16. Correspondance de Shelley.

17. V. m'apprend que Karl Boès demande l'autorisation de reproduire des fragments de la trad. de A.M[8].

20 juin. Recopié un grand morceau d'« Elsa ». Promenade au loin avec Jean, de bonne heure.

21. Écrit à L[9]. (à Port-Saïd).

22. Lu des vers de Blair Thaw (médiocrité.) Achevé de recopier « Elsa ». J'en suis de plus en plus mécontent, malgré mes retouches.

23. Cherché dans tout Paris, avec Bernard, des *mangues*. Enfin, il y en avait 4 chez Hédiard — mais pourries. Lu *Les Lionnes pauvres*.

Rue d'Ulm. Marcel R[ay] lit Carducci[10]. Causerie sur les sonnets de Salvatore Rosa[11]. Il me conseille de traduire les Shorter Songs of Robert Burns[12] ; dit que ça n'est pas connu en France. Visité M. à Lariboisière. (Va beaucoup mieux.) Correspondance de Shelley. Je remâche encore « Elsa ».

24. Une nouvelle suite de détails pour « Elsa ». Bernard quitte Paris.

25. Pendant notre promenade au Bois (avec Jean) nous avons assisté à une rafle. Les rôdeurs, menottes aux poignets. Après-midi, lu les 2 premiers actes de la *Médée* de Lamartine. Songé, sans ordre, aux projets : « Galata », « Le poëte », « Quarante-Sous ». « Elsa » n'est plus que du travail matériel.

26 juin. Dîné avec M. Adler, de New-York. (Très important : sa tenue, ses manières à table.)

27 juin. Achevé la *Médée*[13] de Lamartine. Arrivée de M. Stengelin[14]. Je lui cède ma chambre, et partage celle de Jean, ce qui nous rappelle notre ménage cet hiver à Florence[15].

28. Départ inattendu de M. Stengelin ; il a été mécontent de voir, sur son tableau, des ombres. Lu *L'Habit vert*[16].

29. Découvert, à la vitrine d'un libraire, une histoire d'Haïti, par un historien haïtien. Le soir, monôme des élèves de Sainte-Croix à Neuilly. (L'après-midi, c'était la fête du Père Supérieur.) Les patrons des baraques nous suppliaient d'entrer chez eux, offrant des réductions énormes. Inscriptions des baraques : Le secret de Fatma, Le harem montmartrois, La petite Américaine, etc. celle-ci surtout :

Amour — Jalousie
ΤΕΟΡΙΑ Ν ΠΡΑΚΤΙΚΝ

Je n'ai pas eu le temps de demander une explication au patron, et malheureusement le monôme n'y est pas entré. Achevé la nuit à l'Excelsior Bar.

30 juin. Rue d'Ulm. Tous les élèves fatigués à cause de l'appro che du concours d'agrégation. Marcel R[ay] connaissait l'historien haïtien ! Il m'a lu des poésies de Schopenhauer. Commencé le discours de Shelley sur le Christianisme[17]. J'aurai bientôt fait connaissance avec toute la prose de Shelley. Travaillé à « Elsa ». Il y a encore beaucoup à faire. — Aperçu, ce matin, sur un tramway, le petit S— (connu à Louis-le-Grand.)

1er juillet. Travaillé à « Elsa ».

Divonne (Ain). 21 août. De Bellegarde à Divonne, 2 h ½ de train ultra omnibus. Arrivés ici (ma mère et moi et C.) à 9 h ½ du soir.

22 (jeudi). Réveillé par l'arrivée du Dr Roland. À pied jusqu'à la frontière et un peu au-delà. Traitement. De nos fenêtres on voit le Mt Blanc. Le docteur R. me trouve très neurasthénique et me défend tout travail.

24 août. L'hôtel est dans le parc même, où tout se fait, car l'Établissement thermal et les sources y sont. Surtout des marronniers et de beaux sapins. Les dames descendent en cheveux au village. Extrême élégance, le soir. Guère plus de trois cents étrangers, surtout des Américains. Beaucoup d'enfants. Les conversations du salon de lecture ! La très jeune fille qui dit au valet : « Est-ce un vieux ou un jeune TYPE ? » (qui lui faisait demander un journal). Petit garçon français amoureux d'une extravagante Américaine de douze ans. Il se tient debout près d'elle pendant qu'elle joue aux dames. Tics affreux et manies dégoûtantes de quelques neurasthéniques.

25 août. Traitement. Le dimanche, on ne douche pas, le soir. Promenade en voiture avec ma mère : sortis de France par Chavannes-de-Bogis, rentrés par Versenoix, après avoir traversé Coppet en suivant le lac, avec arrêts à Céligny et à Nyon. Nous avons pour voisin de table, au restaurant, M. Viviani, homme politique[18].

26. Promenade à Plan. Appris la nomination de H. au lycée de Montpellier.

Mardi 27. Promenade à Crassier (Suisse). Après midi, avec ma mère, promenade à Saint-Gix (pentes du Jura). Fête dans le parc. Drapeaux français, américains, et du canton de Genève.

28. — Allé, par l'eau des routes, et dans un paysage lourd de montagnes voilées, jusqu'à Crassier. Le Dr R. me trouve mieux. Cette nuit, à deux heures, j'aurai 20 ANS.

29 août 1901 (jeudi). MY BIRTHDAY. Reçu le n° de *La Plume* contenant mes traductions. Promenade jusqu'à la douane suisse de Chavannes-de-Bogis. Les garçons des douaniers se baignaient dans la rivière. Le soir, bal au salon des fêtes. Je n'y vais pas : j'ai toujours l'horreur des foules. Manque de volonté, dégoûts, et the blues. Lu le *Times* — par hasard.

30. Camaraderie avec un petit chien nommé Cascaret ; chaque matin il vient gratter à ma porte et me demander du sucre. Sur la note d'hôtel figure cette chose mystérieuse qu'on n'a pas demandée et qui s'appelle tantôt « courrier », ou « bagages » (en Russie, quelque chose comme « Waldemar ») — ici, CELA s'appelle « St Georges » et nous en avions pour quatre francs. Fête dans le parc. Conflit entre le petit Français et un petit Anglais à propos de la petite Américaine.

31 août. Acheté, à Crassier, un permis de circuler à bicyclette sur le territoire suisse. Douches très froides maintenant, et qui me causent un grand plaisir. « Quid aquis dici formosius potest ? » (Pétrone[19]). Les journaux annoncent qu'on vient de retrouver le sarcophage de Pétrone. Soirée au salon. Petite pièce intitulée *Tous Toqués* et pleine d'allusions aux malades de Divonne.

1er septembre. Promenade en voiture : Sauverny, Versoix, Coppet, où j'ai bu de la bonne bière sous une charmille couverte de glycines et où pendaient des araignées énormes, d'un jaune tendre. Rentrés par Chavannes-de-Bogis. De Coppet, on distingue assez bien Hermance, sur l'autre rive. Shelley décrit ce village dans ses lettres. Lettre de Marcel Ray[20], il lit et traduit le *Faust* de Lenau[21].

2 sept. Je suis malade. Cascaret, que les petites filles ont fait enrager, me tient compagnie en se reposant sur mon lit. Mal à la gorge, courbatures. On commence à quitter Divonne. Il paraît que le Khédive[a] est parti hier soir. (Il occupait une villa dans le parc.)

3. Un peu mieux ; promenade jusqu'à la frontière. L'après-midi au parc.

a. Titre porté par le vice-roi d'Égypte entre 1867 et 1922.

4. Mieux. Mais le mauvais temps m'empêche de continuer les douches froides. Ma mère est fatiguée de Divonne. Il fait froid.

Genève, 5 septembre (jeudi). En voiture de Divonne à Coppet ; le reste en chemin de fer. Jeûne cantonal ; soleil ardent sur les rues désertes. Je vais beaucoup mieux. Ma mère très heureuse de revoir son vieux Genève. Vu la maison de mon grand-père et les appartements des principaux proscrits[22]. Soirée au Kursaal.

7 septembre. Il pleut. Mais je suis guéri. Courses en ville.

Vichy 8 septembre. Arrivés ici. Le soir à l'Eden[23] (Charlotte Wiehe).

9. Arrivée de Marcel Ray.

11. Nous lisons (Marcel et moi) *Philaster*[24] dans la Thébaïde. Le soir, à la kermesse de l'Éden, Gribouval[25] et quelques actrices du Casino tenaient les comptoirs. Gribouval nous a offert du champagne.

15. Thébaïde. Parc. Restauration. Avec : Gribouval, Henri Ménabréa[26], Louis Biernawski[27] et Marcel Ray.

18. Écrit le plan d'un acte en prose : « Le Châtiment ».

20. Renoncé au « Châtiment ».

21. Lu une vie du Tasse (de la collection Sonzogno).

Paris, 23 septembre. Revu Jean Frappa, étonné de me trouver si bien portant. Marcel avec nous, fatigué. Mon passeport pas encore prêt.

22 septembre. Achat et lecture des poèmes de SIDNEY LANIER[28]. Marcel, malade, me laisse dans l'incertitude au sujet de notre départ. Tombé sur une adaptation d'une œuvre hongroise de Ferencz Temesvàry, *À contre-fil,* type de la traduction ridicule, mine de sottises à dérider les plus chagrins[29].

Bruxelles, 26 septembre. — Musée Royal avec Marcel[30], et Bois de la Cambre. Le soir, vaudeville.

27. Musée Royal. Quentin Metsys[31]. Musée Wiertz[32] ; des verres de lambic (pouah !) sur la Grand'Place.

Ostende, samedi soir. — Journée passée à Bruges ; marché : les canaux puent : mariage d'une grosse demoiselle avec un bel officier de lanciers. Annonces-affiches de décès, noires et blanches, collées aux murs ; — le passage d'une berline toute noire ; — grands manteaux noirs des femmes ; crasse amassée sur les dorures des cafés ; orgues de barbarie. Bu de la bière au café, noir et or, de la « Civière d'Or ». Musée de l'hôpital St Jean. Memling. À Ostende, fin de saison. Les enfants traînent en courant de vieux chaudrons sur les pavés déserts. Marcel malade. De plus : s'est brûlé la langue en déjeunant ; a mis le pied dans un trou d'eau sur la plage ; a depuis hier soir une escarbille dans l'œil. Tristesse ! Demain nous fuirons vers Gand ou Anvers. Des gamins crient lamentablement sur la place des Herbes Potagères. Lecture d'une traduction de Strindberg. Un carillon aigre (les soirs d'étude sur la Montagne Ste Geneviève).

Anvers, dimanche. Levés tôt, ce matin, à Ostende. Et cherché à partir dès que possible. Dernière longue promenade sur les plages désertées. Partis enfin à 11 a.m. pour arriver ici à 3 h ½ p.m. Ville admirable. Des fanfares passent, et des cortèges de fillettes en blanc bondissent autour ou les précèdent. « Beauté des femmes[33]... » Rues animées, larges, coulantes. Le port à la nuit tombante ! Les millions de feux multicolores. Vu la fontaine de Q. Metsys. Dîné chez Weber ; station chez Bols où j'ai cassé un verre. Très fatigués.

Lundi. — Bonne journée. Reçu, au lit, des lettres de ma mère. Toute la matinée au Musée Royal. Memling ! Memling[34] ! Triptyque de Q. Metsys, mal éclairé. Quelques Italiens : Giotto, Fra Angelico et un Titien : la robe NOIRE d'un prêtre, dans ce tableau, plus éclatante que toutes les pourpres des Jordaens et des Rubens d'alentour. De Vos. Visite de St Paul et de la cathédrale. Pris le thé à la Tête de Flandres. Marcel malade toute la nuit ; mais un docteur polyglotte nous a fait rire. J'ai dû aller réveiller un pharmacien. Grande fatigue. « Ça est de la neurasthénie », a dit notre docteur.

1er octobre. Nous allons mieux. Franz Hals et de Vos nous ont guéris. Rotterdam. Traversé le Moerdjik — son gris — nous faisons connaissance avec le paysage hollandais. Courte visite à Dordrecht : le silence impossible à troubler. Ici, mauvais hôtel. Parcouru la Hoogstraat à la recherche d'un libraire. Acheté : Marcel, *Der Mäcen*, de Detlev von Liliencron[35], et moi *A Midsummer-night dream* dans la petite édition du Chiswick Shakespeare. À la brasserie, M. me lit du Liliencron, un « Midi » de Paul Barsch et surtout des vers de Henckell qui m'enthousiasment. Trouvé les œuvres complètes de « Multatuli » (Douwes Dekker[36]) mais trop chères pour ce que nous avons d'argent (c'est une trad. allemande).

2 octobre. Musée, assez pauvre. Van Eyck. Commencement des relations avec Rembrandt (quelques ébauches). Un de Witte sublime ; un seul Francken, et qui me plaît beaucoup. Une vue de Dordrecht par Ruysdael. Mauve, Israels, Mesdag et d'autres modernes. Un mauvais Ary Scheffer. Koekkoek ; Van Goyen.

La Haye. — Excursion à Delft, sous la pluie, au bord des canaux, sur des pavés abreuvés de silence. La Haye ; grande noblesse européenne. Nous sommes au Vieux Doelen, où le thé est très bon. Marcel vient d'écrire à F. Brunetière au sujet des Jean de Schelandre[37].

Après-midi au Mauritshuis[38]. Rembrandt enfin. Nous préférons le *Saül* à la *Leçon d'Anatomie*. Van Dyck semble misérable au sortir de tout cela. Les Potter nous ont délassés. Je suis très emballé par Dou et par Troost (le n° 181 ! ! !) Et par la lumière fraîche de Vermaer [*sic*]. Discussion avec Marcel, qui n'aime pas la tête de femme de Palma. J. Breughel ! je ne sais pourquoi je l'aime tant ; mais ma vieille admiration du Musée de Madrid est revenue. (Je crois que c'est à Toulouse, en 1896, que j'ai vu les premiers Breughels[39].) *La*

Ménagerie de Steen ; les petits Van Ostade. Holbein (joie complète). Les ciels de Both.

Au soir tombant, en tramway jusqu'à Scheveningue[40]. Ramassé des coquillages près de la mer qui montait. Ciel gris, fin de saison. Nous nous sommes réchauffés dans un petit bar. Ce soir, j'ai fini le livre de Strindberg.

4 octobre. Matinée devant l'*Homère*[41], au Mauritshuis. Memling, mais ceux de Bruges sont les meilleurs. Promenade en ville. Puis, après déjeuner, en voiture à la maison du Bois, où ont eu lieu les conférences du congrès de la Paix. Puis à la maison élevée sur l'emplacement de celle de Spinoza. Rencontré là un passant qui nous a donné des renseignements précieux. Jusqu'à ces derniers temps un canal passait dans cette rue, au milieu, et d'un bout à l'autre. Il a été comblé il y a six semaines. Le passant, qui parlait allemand, nous a dit qu'il était un simple « privatier ». Il nous enverra, à Berlin, des photographies de la Spinoza Huis faites par son fils.

Passé quelques heures dans un Panoptikum[42]. Un officier de l'armée des Indes orientales néerlandaises, blessé : il respire et à chaque expiration le sang sort de sa blessure. Une femme nue dans l'Eiserne Jungfrau, la porte s'ouvre et se referme à demi, déchirant les seins avec ses pointes d'acier. Elle respire. Grande collection de maladies monstrueuses. — Dîné au Grand Hôtel (très mauvais). Au dessert Marcel me lit des vers de Bodenstedt et de Heine[43]. Parlé du Jordaens de la Maison du Bois. Nous relisons Fromentin[44]. Commencé *Le Crépuscule des dieux*, d'Élémir Bourges, qui vient d'être « élu » Prince des Prosateurs français[45]. C'est tout doré, avec des reflets de Saint-Simon.

Amsterdam. – Passé cet après-midi à Haarlem, à cause des Frans Hals du Musée[46]. Fait le tour de Saint-Bavon. Non loin, un libraire de seconde-main vend des épaves de la littérature française du Second Empire. Marcel a racheté un Mérimée presque propre. Tous deux très absorbés par les Frans Hals ; il préfère ceux de l'extrême vieillesse. Le silence de Haarlem.

Ici, froid et vent. Marcel malade. Nous nous tenons au fumoir de l'hôtel. Regrettons le Vieux Doelen.

6 octobre. — Le chapeau de Marcel s'envole et va se poser dans une boue infecte ; mes souliers boivent la fange ; le vent retourne mon parapluie, et enfin, sur le Dam, je roule sous une voiture. Rentré, sale et meurtri, à notre auberge. L'après-midi au fumoir, dont les colonnes de marbre menacent de tomber sur nous. Dans un tramway, des enfants, nous entendant parler français, se sont mêlés à notre conversation, et ont parlé un français correct, sans trop d'accent. Ils ont de 12 à 14 ans. — Fini Élémir Bourges. Les personnages changent de caractère à chaque instant. Nous lisons *Things will take a turn* de Béatrice Harraden[47]. Le titre nous paraît de bon augure, dans les circonstances où nous nous trouvons.

Lundi temps froid, soleil pâle, rafales violentes. Pris un yacht d'excursion, qui, par des canaux très calmes, puis par le Zuidersee houleux, nous a conduits à Marken avec arrêts à Broek et à Monnickendam. L'île de Marken semblait avoir été à demi submergée par les orages de ces derniers jours. Les lames sautaient sur le pont et beaucoup de passagers étaient malades. Les filles de Marken[48] ont des costumes de couleurs vives, extraordinaires. Du bateau, ce sont des images saintes, toutes azur, pourpre et or ; la blancheur de la peau, la haute taille, la belle démarche des filles de 13 à 17 ans. De près on s'aperçoit qu'elles ont de grandes plaques d'un mal rougeâtre, et suintantes, sur le visage et sur les bras, qu'elles ont nus jusqu'à l'aisselle. Les moulins tournaient rageusement et le vent bousculait d'énormes nuages gris. Partis à 10 h a.m. nous sommes rentrés à Amsterdam à 4 h p.m. Erré dans la ville ; arrêt chez Bols, Kaverstraat, où nous avons bu un verre de Haf-am-haf. Le soir, visite d'un panoptikum : grands hommes et assassins en cire, deux pleins étages, les lumières basses, et nous y étions presque seuls.

8 octobre. Toute la journée au Rijksmuseum[49], et déjeuner dans un restaurant tout voisin. Vu enfin *La Ronde de nuit*[50]. Violence de la lumière. Je préfère le portrait d'Elisabeth Bas. Une découverte : Pieter Hooch. Both finit par m'ennuyer. De Witte, ici, n'est plus ce qu'il est à La Haye. Autant de Paul Potter. Le Van Der Helst m'a plu ; aussi *La Vache au taureau* de Bergen[51].

Dernières promenades, au soir tombant, dans Amsterdam.

Hambourg, mercredi soir. Un grand portrait de l'empereur et un grand poêle en faïence, mais moins grand que ceux de Russie, sur lesquels on peut se coucher. Jusqu'à midi nous avons roulé sur la plate Hollande. Traversé la Westphalie et la Lande de Luneboug ; frôlé Brême. Arrivés ici presque sans argent. Trouvé des lettres : ma mère, ma tante ; F. Brunetière répondant à Marcel au sujet de Jean de Schelandre. Ma tante m'envoie 50 francs. Ce soir, au théâtre d'Altona : *Mariage de Figaro* de Mozart.

Jeudi. — Navigation : les deux Alster et le port encombré de gros navires[52]. Ce soir au Carl Schultze theater, où nous avons entendu des chansons de Liliencron, O.J. Bierbaum[53], Wolzogen, etc. Succès remarquable, bien que ce soit de la bonne littérature. Liliencron surtout est populaire ; on n'a même pas besoin de dire son nom après le titre de ses chansons. L'argent que nous attendions est allé à Hombourg-les-Bains[54]. Je suis souffrant : crampes dans les mains, douleurs dans les épaules, mal de tête. Marcel aussi ne va pas très bien.

Vendredi. — Things have taken a turn[a] ! L'argent est arrivé et nous allons un peu mieux. Visité un paquebot qui fait le service entre Hambourg et New-York. Prodigious ! kolossal ! pyramida-

a. Anglais : « La situation s'est améliorée ! »

lisch ! On peut y déjeuner, mais cela coûte trop cher pour nos seigneuries. Lectures dans l'après-midi. Commencé une traduction anglaise d'*Anna Karénine*. Marcel lit Bierbaum. Soirée au Stadt-Theater : *Othello* de Verdi.

Samedi. — Nouvelles de P. — Temps bien employé à l'Alster-Pavilion (Thee mit Shan) et dans les librairies. J'ai acheté plusieurs Tauchnitz[55] et Marcel *Anna Karénine* dans une traduction allemande. Celle-ci, comparée à la traduction anglaise que je lis en ce moment, est très supérieure, et surtout plus complète. Il est à peu près impossible d'avoir des traductions exactes et surtout complètes des romans russes ; les traductions allemandes semblent être les plus RELIABLE[a], et encore !

Journaux. Laurent Tailhade condamné à un an de prison ; Zola acclamé ; Ibsen mourant[56].

On boit trop de mauvais bordeaux ici ; pourquoi ne boivent-ils pas leur « petit vin blanc » ? Ils sont au moins GENUINE[b]. Nous souffrons toujours de nos douleurs et de nos troubles nerveux.

Lübeck, dimanche. Matinée passée à Kiel ; traversé la partie danoise de Schleswig « entouré de la mer ». Le bateau de Copenhague partait, amère dérision ! Visité un cuirassé de la flotte allemande, sous les regards bien inutilement soupçonneux d'un officier. Cela ne présente aucun intérêt, et c'est à peine propre. Déjeuné au Rathaus-Keller[57], plein d'officiers d'infanterie de marine, aux uniformes noirs ornés de parements blancs. Quitté Kiel vers 2 h p.m. ; arrivés ici à 5 heures, très fatigués ; j'ai été même assez malade en arrivant à l'hôtel. Mais le dîner nous a rendu des forces, et nous avons fini la soirée, après une tentative vaine d'obtenir des places pour le *Hollandais-volant*[58] au Stadt Theater, dans le Ratsweinkeller.

Berlin, mardi. Rien écrit hier (à Lübeck).

[des pages manquent[c]]

Berlin, jeudi. — content d'être dans cette pension[59], au milieu de gens mystérieux, sans affaires ni nationalité précises. Je me mets à l'étude sur Walt Whitman, demandée par M. Karl Boès[60].

Vendredi. Beau temps. Promenade à pied aux Tilleuls, au Tiergarten ; rentrés par le métropolitain. À la devanture d'une papeterie, un grand Tagebuch[d] tout doré, pareil à un livre de distribution de prix. Au déjeuner (à 2 h p.m.) ont paru les deux Misses M[61]. — Miss Frost est assise près de moi à table (son nom lui va bien[e]).

Samedi. Promenade aux Tilleuls. Goûté au café Victoria. Au

a. Anglais : « fiables ».

b. Anglais : « d'origine ». Nous avons ici un petit problème d'accord : il est question du « petit vin blanc » qui, à la phrase suivante devient « ils ».

c. Annotation de Larbaud.

d. Allemand : cahier pour journal intime.

e. *Frost* en anglais signifie « givre ».

dîner, Miss —— a voulu nous faire savoir qu'elle lit le latin et le grec à livre ouvert. Le père de Max Modern[62] est venu. Il a longtemps habité Belgrade (Serbie). Reçu les lettres pour l'ambassade. Discussion avec Marcel au sujet d'Anatole France.

Dimanche. — Beau temps. En tramway à Halensee, goûté dans une restauration. Sur la porte, à la sortie, on lit : Auf wiedersehen ! Beaucoup de couples. Mrs F.[63] est un peu dure d'oreille. Elle et les Misses —— admirent l'ignoble plafond électrique du Wintergarten. Mégalomanie de tous nos compagnons chez Frau K[urtzig]. Refait la promenade faite à mon premier passage ici (1897). Comme alors, ample provision de petits papiers donnant des adresses de mauvais lieux. « Au n° —— de la Zimmerstrasse, les clients seront servis par de jeunes dames internationales (!!) en costume (international ?) ; on y trouve aussi cinq belles dames russes et une jeune Polonaise de seize ans. » Sur la porte dudit café, la jeune POLIN est annoncée en lettres énormes comme sont annoncées les huîtres ou les moules sur les vitres des bistros parisiens. Visité la « Grotte des Fées » : salles enfumées ; on boit du vin du Rhin fort cher, à côté d'une femme maigre très décolletée qui se croit obligée de vous embrasser. Attendu Marcel au café Victoria, en buvant un Knickebein[64] et en lisant Tolstoï.

— (s.d.) *Les Chants de l'ancienne Rome* de Macaulay[65] ; cela est bien mauvais ! Chez Ascher, que Marcel appelle « la providence des anglicistes égarés à Berlin », il a acheté un petit *Hamlet* de poche ; et moi le Fitzgerald que je désirais connaître depuis si longtemps[a66]. Dans Leipzigerstrasse M. a acheté tout le théâtre de Maurice Maeterlink[67] [*sic*], une de nos plus anciennes lectures — ensemble, à Valbois en 1892 ou 93. *La Plume* est en vente dans une librairie de Leipzigerstrasse. Miss —— est venue demander des renseignements au sujet des inscriptions universitaires.

Mardi. — Je l'avais prévu : le voisinage de Miss Frost m'a enrhumé ! Travaillé à mon étude sur Walt Whitman. Nous avons reçu les photographies de la Spinozashuis, de La Haye. Frau K. me reproche de manger trop peu, et m'a apporté des fruits, ce soir, dans notre chambre. M. Haguenin est maître de conférence à l'université, ici.

Mercredi. — Composé deux strophes — mal venues, détestables ! Lettres : de ma mère ; de Jean Frappa. — Malade, fatigué, et tout barbouillé par

Il rimembrar delle passate cose[68]

Après midi, chez nous, à inventer des étymologies burlesques : bear (l'ours) de φερω, etc., etc. Et discuté à propos de Michelet, que j'ai appelé « crapuleux » !

a. Note de Larbaud : « My first reading of Omar Kayyam. » [Ma première lecture d'Omar Kayyam.]

24 octobre. — Malade au lit. Je lis Tolstoï. Marcel étant sorti, Frau K. est venue, par pitié pour ma solitude. Marcel revient et m'apporte des citrons frais.

25. Mieux. Beaucoup mieux. Passé la soirée avec Max Modern et Frau K—.

26 octobre. Sortis ensemble de bonne heure. Vu la relève de la garde devant le Palais impérial. Visité le musée. Grande discussion en anglais entre Marcel et Miss —. Travaillé tout l'après-midi (Walt Whitman). Discussion avec M. sur l'intelligence, Platon, etc. Je joue le rôle du philosophe de « Rasselas[69] ». Lettre : de Louis Biernawski.

27. Fêté le dimanche. Promenades au milieu des jeux d'enfants au Zoologischer Garten. Le soir au théâtre Metropol :

Berlin, Berlin, du wunderschöne Stadt[70] !

On fait ce qu'on peut pour ressembler à Paris. Oh, j'ai la nostalgie de Rome ! En sortant, au Kaiser-Keller. Voisin de table intéressant : Russe ayant fait ses études à Lausanne (son français s'en ressent). Marcel malade. Tristesse. Peur d'être obligé de « rentrer » bientôt. Cela me rappelle les mauvais jours de Grenade, et le RETOUR DÉTESTÉ. Et ce dernier long hiver à Paris (boulevard Haussmann). Acheté un supplément du *Journal* de Marie Bashkirtseff[71], et cela m'a achevé. J'ai eu un soupçon horrible, en lisant une des pages de ce *Journal*. Prêté le Bret Harte[72] aux Misses —.

30 octobre. Départ remis à plus tard. Marcel en discussions avec la Police pour un pardessus qu'il a perdu au vestiaire de l'université.

3 novembre. — Matinée au Zoologischer Garten. Le soir, avec Max Modern. Lu Marie Bashkirtseff.

5 novembre. Lettre de M. José Frappa m'offrant de nouveau l'hospitalité à Paris.

AMBUSTAE CAPSARUM RELIQUIAE II

(Fragments de Journaux détruits, gardés pour différentes raisons.)
The *charred remains* of Old Diaries and Copybooks

I. LONDRES. S.D.

Beginning another diary. I wonder whether I shall go on for a long time, or whether I shall stop next week. Home again ! I had a good passage. Splendid weather all along ; smooth sea. On the deck, stretched in the shade of the steamer's smoke. It was black, thick smoke, and the wind kept throwing it down on the water, so that it looked very much like the smoke of a naval battle in the old pictures[a].

For a moment I thought of staying in Dover just for the night — the trains were so crowded — but I wanted to get here as soon as possible.

In the Pullmann-car. There was a Russian family I have seen somewhere already (man, wife, and a Kalmouke daughter of the Barbara Lapoukhine type.)

An Englishman was bringing back from the continent a rather pretty Spanish girl who couldn't speak English. HE spoke Spanish with a funny accent. As we were passing through Folkestone she

a. Anglais : « Je commence un nouveau journal. Je me demande si je continuerai longtemps, ou si j'arrêterai la semaine prochaine. De retour à la maison ! J'ai fait une bonne traversée. Temps splendide tout du long ; mer calme. Sur le pont, je me suis allongé à l'ombre de la fumée du vapeur. C'était une fumée noire, épaisse, et le vent la rabattait constamment sur l'eau, si bien qu'on aurait dit la fumée d'une bataille navale dans les tableaux anciens.

« Un instant j'ai pensé rester à Douvres pour la nuit — les trains étaient tellement bondés — mais je voulais arriver ici dès que possible.

« Dans la voiture Pullmann. Il y avait une famille russe que j'ai déjà vue quelque part (l'homme, sa femme, et une fille kalmouke du genre Barbara Lapoukhine).

« Un Anglais ramenait du continent une jeune Espagnole, plutôt jolie, qui ne parlait pas anglais. Lui parlait espagnol avec un drôle d'accent. En passant Folkestone elle a déclaré que c'était "muy original" (En dira-t-elle autant le mois prochain ? Je me le demande.) Un bel oiseau, juste un peu ébouriffé par la traversée (et les premiers signes de la maturité apparaissaient). Néanmoins splendide. »

said it was "MUY ORIGINAL". (I wonder, will she say so next month ?) A beautiful bird, just a little ruffled by the sea-passage, (and then coming maturity appeared.) Still a splendid thing.

II. VILLES, SITES, ETC.[1]

Entre Ilfracombe[2] et Barnstaple. Le chemin de fer traversant un plateau. Au bas de la falaise une mer laiteuse qui paraît immobile. Plus loin l'île de Lundy, un simple trait bleuâtre ; au-delà, la mer encore, à perte de vue. Une chaude lumière grise sur cette étendue que le soleil paraît traverser obliquement. (Il se lève sur les côtes américaines, en ce moment.)

THE SPANISH MAIN ! L'océan espagnol ! étalé sans interruption de cette côte du Devonshire aux Indes Occidentales...

Bristol est une Séville pauvre. La Séville des pirates.

Bristol. — Dans le marbre d'une statue couchée sur un tombeau à St Mary Redcliffe — quelqu'un a gravé ceci : « Mary, Mother of God, a prayer for the conversion of England[a] ! (Dans la tête de la statue ; le tombeau est à droite de la nef, face à l'autel. C'est déjà ancien.)

Mot d'une Italienne voyant pour la première fois Notre-Dame de Paris :

— Com'è brutto[b] !

Promenade à Pignola (Basilicate)[3]. La ville sur la colline plate, comme un navire peint en blanc, avec une grande quantité de hublots et de sabords ; les belles routes en lacets — mais larges, blanches, plus belles même que les routes françaises. On contourne ces hautes collines DÉTACHÉES, abruptes, de la Grande-Grèce (rien de semblable ailleurs — cela explique les villes, et peut-être l'histoire du royaume de Naples aux XVIIe, XVIIIe et XIXe siècles — le RETARD sur la capitale ; le brigandage, la société provinciale). Pignola est un village perché sur une de ces collines isolées de Lucanie. Comme Brindisi di Basilicata, Ferrandina — à l'écart de Basento — chacune sans joie sur sa colline aride dominant une vallée humide et noire et froide. La place du village, ridiculement petite et très sale, s'appelle — probablement à cause du voyage classique de Brindes — Piazza Orazio Flacco[4].

Londres au printemps. — The town is dusty and would be very hot but for a strong sea-breeze (you can smell the brine in each

a. Anglais : « Marie, mère de Dieu, une prière pour la conversion de l'Angleterre ! »

b. Italien : « Comme c'est laid ! » Larbaud citera cette réflexion à plusieurs reprises, au cours des années.

gust of wind.) Walked up Charing X Rd, then to the Museum (for the first time this year) ; experienced a great pleasure in waving my hand at the dear funny face from the Isles de Pâques, under the colonnade[a].

Ibidem. s.d. Yesterday in a bus from Highgate to Kensington. A little boy got in with Pa and Ma. Pa, a clergyman. The boy singing all the time, humming hymn-tunes, etc. Suddenly he turned toward his father and said very coolly, in the tones of a grown man : — Pa, do you call this careful driving[b] ?

Chester

fait penser à un ouvrage de bois sculpté très délicat, et en même temps solide, massif, noirci par le temps. On y a l'impression de vivre sur une étagère[5].

Shrewsbury

est rose pâle et jaune pâle et d'un blanc mat. Mais on dirait qu'elle se garde dans ces tons faibles exprès pour ne pas diminuer la tendresse des tons de la Severn et de sa vallée[6].

Bristol

a un grand air d'objet ancien, le vieil-or des bijoux de Musées, la teinte pelure-d'oignon des vins très vieux. On imagine Robinson Crusoe flânant dans Baldwin street.

Wells

se tient sagement et dignement à côté de la grande pelouse étendue comme un tapis devant la cathédrale. Rues étroites, maisons basses, hauts murs et voûtes sous lesquelles on passe. L'Angleterre du temps des George reste là embaumée — le Somerset de Fielding, mais avec le recul de l'ère victorienne. La cathédrale est belle surtout parce qu'elle est toute seule, au seuil de la longue plaine bleue, aux pentes des Mendips, seule au milieu de ses pelouses, de ses jardins pleins de ruines en fleurs[7].

Congresbury (Somerset)

souvenir d'un jour d'été et de fête (harvest home) passé dans ce village[8]. La grande tente dressée sur le communal au bord de la petite rivière Yeo. On paie deux shillings à l'entrée de la tente, on s'assied parmi les campagnards attablés, et on reçoit de grandes assiettes pleines de PRESSED BEEF[c] (deux tonneaux en sont rem-

a. Anglais : « La ville est poussiéreuse et serait très chaude sans une forte brise marine (on sent les embruns dans chaque bouffée d'air). Remonté Charing Cross Road, puis allé au musée (pour la première fois cette année) ; ressenti un grand plaisir à agiter la main devant le cher drôle de visage d'une statue de l'île de Pâques, sous la colonnade. »

b. Anglais : « Même endroit. S[ans] d[ate]. Hier dans un bus de Highgate à Kensington. Un petit garçon est monté, avec papa et maman ; Papa, pasteur. Le petit garçon chantant sans arrêt, fredonnant des hymnes, etc. Soudain, il s'est tourné vers son père et a déclaré, calmement, à la façon d'un adulte : "Papa, appelles-tu cela conduire prudemment ?" »

c. Bœuf salé, bouilli et moulé.

plis), puis du JUNKET[a], et surtout beaucoup de bière. Les gros propriétaires sont assis à une table à part, au centre de la tente ; le curé à la droite d'une dame, qui est la plus éminente personne du lieu. Au dessert on trinque à la santé du Roi. Puis une hymne est chantée. Ensuite il y a des courses en sac, etc. — sur le communal.

Monmouth

Le calme, le silence, les petits hôtels particuliers et les petits monuments (chapelles, etc.) fermés. On devine le respect et l'influence des grandes et vieilles familles. Là commence la vallée merveilleuse.

Tintern Abbey[9]

— la ruine énorme au fond d'un trou de verdure ; le grand Vestige humain dans la solitude verte de la rive boisée et au bord de l'eau sauvage.

Llandaff

Après avoir traversé Cardiff — Bute street, une rue du port de Liverpool — une rue pauvre, avec les auberges japonaises, les bouges chinois, les hôtels grecs, après le château (les bêtes de pierre de la grille) et les jardins et parcs où recommence le grand jardin britannique — on trouve la cathédrale de Llandaff, tout en haut du village — mais à moitié enterrée dans un ravin.

Londres et Claude Monet

On voit d'abord une masse confuse de tons brouillés, un Parlement réduit aux proportions d'une église de village. À mi-hauteur de la Tour-Victoria, un morne disque blanc représente le soleil pris dans une masse de brouillard figé. — C'est la toute première impression.

Peu à peu, ce brouillard se réalise. Il s'approfondit ; il nous enveloppe à notre tour. On sent l'étendue de l'air et les souffles qui le remuent. Tout Londres et vingt milles au-delà des banlieues, vers le Nord Ouest, et toute l'Angleterre derrière ce brouillard, dans ce brouillard, que les hommes respirent, où les cheminées fument, où des mouettes s'égarent, où trempent les feuillages, où se dressent pesamment les collines, une à une, avec les grands arbres et le bétail sur les pentes, — d'ici à Liverpool, à la mer d'Irlande. — À l'avant-poste de toute cette Angleterre, la maison impériale, le Parlement, au bord des eaux, une armée de tours et de clochetons rangée en bataille, une armée de pierre debout au centre du brouillard. Et, à des milliards de lieues au fond de ce brouillard, le soleil qui éblouit, tout blanc et rond.

a. Lait caillé.

Notes

AMBUSTAE CAPSARUM RELIQUIAE

1. José Frappa (1854-1904), peintre de renom, possédait une villa à Vichy et son épouse s'était liée d'amitié avec Mme Larbaud, c'est ainsi que les Frappa offrirent d'accueillir Valery à Paris. Il avait échoué l'année précédente au baccalauréat, après s'être fait renvoyer du lycée Louis-le-Grand, et il était convenu qu'il finisse de préparer, avec Jean-José, le fils des Frappa, son baccalauréat. Jean-José préparait également le concours du Conservatoire, ce qui permet de comprendre la présence des acteurs et les sorties fréquentes au théâtre qui sont mentionnées dans ces lignes.

2. Ce récit, on va le voir, n'aboutira pas. G. Jean-Aubry, le premier biographe de Larbaud (*Valery Larbaud, sa vie et son œuvre : la jeunesse...*), Monaco, Éditions du Rocher, 1947, évoque l'influence de Rudyard Kipling dans la conception de ce texte.

3. Karl Boès dirigeait, depuis 1900, la revue symboliste, fondée en 1889, *La Plume*, revue ouverte aux jeunes talents, à laquelle Larbaud avait proposé des traductions de « chansons populaires d'Écosse et d'Irlande » ; en août, il recevra un numéro de la revue, daté du 15 août 1901, où sont publiées ses traductions de « Ballads and Songs ».

4. Sylvain Maréchal (1750-1803) est décrit comme « sophiste, sous-bibliothécaire du collège Mazarin, avocat au parlement » dans *La France littéraire ou Dictionnaire bibliographique*, par J.M. Quérard, Paris, G.P. Maisonneuve et Larose, Éditeurs, rééd. 1964. *Le Jugement dernier des rois* est une prophétie en un acte et en prose qui est datée de 1794.

5. Larbaud possédait une édition, en deux volumes, des œuvres en prose de Shelley : *The Prose Works of Percy Bysshe Shelley from the original editions*, edited, prefaced and annotated by Richard Herne Shepherd, London, Chatto & Windus, 1897. Ces volumes contiennent également la correspondance. Le titre exact du texte que Larbaud lit est « Essay on the literature, the arts, and the manners of the Athenians ».

6. Cette *Iphigénie en Tauride* fut représentée en 1903. Jean Moréas était le pseudonyme de Jean Papadiamantopoulos (Athènes 1856 - Saint-Mandé 1910). Issu de grandes familles grecques, venu à Paris pour y faire des études de droit, Jean Moréas fréquenta surtout les cafés et cercles littéraires de la capitale et ne put, en 1878, se réadapter à la vie athénienne. Après un séjour en Allemagne, il revint à Paris, où il publia des recueils de poésie, *Les Syrtes* (1884), *Les Cantilènes* (1886). En 1886 toujours, il publia, dans *Le Figaro*, un manifeste en réaction à la froideur de l'expression parnassienne où il formulait l'esthétique du mouvement symboliste. Il évolua ensuite vers un retour à la tradition classique française et fonda, avec Charles Maurras, l'école romane, qui n'eut pas le même retentissement.

7. Ce travail, qui semble bien avancé, ne verra cependant pas le jour comme tel. Mais on pense à « Elsa » dans les pages consacrées aux stations thermales, aux bals

d'enfants, à Solange, dans l'une des *Enfantines,* « Devoirs de vacances » (L.P., pp. 480-506).

8. Il s'agit vraisemblablement de la traduction de *The Rhyme of the Ancient Mariner* de S.T. Coleridge, que Larbaud venait de traduire et pour laquelle il avait rédigé, au cours de son voyage en Italie avec Jean-José Frappa, au printemps de cette même année, une notice. Elle sera publiée chez Léon Vanier, Paris, 1901. Larbaud en donnera une nouvelle traduction chez l'éditeur V. Beaumont, dans la « Nouvelle collection britannique » en 1911.

9. En 1892, Larbaud était entré comme élève au collège Sainte-Barbe à Fontenay-aux-Roses, collège qu'il décrira dans *Fermina Márquez.* G. Jean-Aubry (*op. cit.*, p. 18) cite en note une liste de camarades de classe au collège que Larbaud adressait à sa tante en février 1892 ; on y voit figurer un certain Lassia, de Port-Saïd, dont il peut être question ici, mais sur qui nous n'avons pas d'autres renseignements.

10. Giosué Carducci (1835-1907) est présent dans la bibliothèque de Larbaud avec *Poésie, 1850-1900* (9e édition, Bologna, Zanichelli, 1911). Rendu très célèbre par sa poésie, dont il publia un certain nombre d'ouvrages entre 1860 et 1890, il fut également professeur à l'université de Bologne et publia quelques ouvrages critiques que Larbaud étudia (voir notes dans Ms S.E. 8 dans les pages concernant F. De Sanctis). Il obtint le prix Nobel de littérature en 1906.

11. Salvatore Rosa (Naples 1615 - Rome 1673), peintre et poète, s'illustra tout particulièrement dans la satire. L'une d'elles, *Babilonia,* dirigée contre le tout-puissant Bernin, le rendit célèbre. Larbaud possède un exemplaire de ses œuvres : *Satire, liriche, lettere,* con note di A.M. Salvini e di altri, pref. di L. Corio, Milano, E. Sonzogno, 1892.

12. Robert Burns (1759-1796) peut être considéré comme le poète écossais par excellence. Fils de laboureur, laboureur lui-même, mais ayant reçu une certaine instruction et épris de poésie, il composa des poèmes où le dialecte écossais s'alliait à l'anglais. Il connut un grand succès en Écosse. Amateur de boisson à l'excès et compromis dans de multiples aventures amoureuses, il usa sa santé et mourut à trente-sept ans.

Larbaud possède l'œuvre intégrale de Robert Burns, éditée en quatre volumes par William Ernest Henley et Thomas F. Henderson (Edinburgh, T.C. and E.C. Jack, 1896), mais si elle contient de nombreuses chansons, aucun recueil n'apparaît cependant sous le nom de « Shorter Songs » (chansons courtes). On peut donc penser que Marcel Ray engageait son ami à faire connaître Burns en France, en opérant une sélection parmi ces chansons qu'il lui proposait de traduire. Larbaud ne retiendra pas la suggestion, et Burns restera un poète peu connu et peu étudié en France.

13. Cette tragédie antique, écrite dans les années 1810, fut une des premières œuvres du poète romantique.

14. Alphonse Stengelin (1852-1938), peintre de paysages et de marines, de portraits et d'animaux, connut une relative renommée et certaines de ses œuvres sont présentes dans différents musées. On lui doit en particulier des vues du Nord et de la Meuse, ainsi que des paysages hollandais.

15. Ce n'est pas à l'hiver mais au printemps 1901 que Larbaud (de son propre aveu dans *Mon itinéraire, août 1881-septembre*, 1926, Paris, Éditions des Cendres, 1986) et Jean-José Frappa passèrent six semaines en Italie, visitant successivement Gênes, Pise, Rome, Naples, Florence, Rimini, San Marino, Bologne, Venise et Milan.

16. Nous sommes en pleine période de lectures théâtrales, sous influence de Jean-José Frappa, car la comédie en quatre actes de Robert de Flers et Gaston Arman de Caillavet, satire de l'Académie française, tout comme les œuvres de Sylvain Maréchal plus haut, ne sont pas de celles qui obtiennent généralement les suffrages de Larbaud.

17. Il s'agit probablement de « A refutation of deism » [Une réfutation du déisme], publié en 1814, dialogue entre Eusèbe et Théosophus dont Shelley déclare, dans sa préface, qu'il a pour objet de « prouver que le système du déisme ne tient pas. On essaie de montrer qu'il n'y a pas d'alternative entre athéisme et christianisme ; que les preuves de l'existence de Dieu ne peuvent reposer sur rien d'autre que sur la révélation divine ».

18. René Viviani (1863-1925) fut effectivement une des personnalités marquantes du monde politique français du premier quart du XXe siècle. Député socialiste, à l'époque où Larbaud et sa mère le rencontrent, il fut ministre du Travail (1906-1910), puis de l'Instruction publique (1913-1914) avant d'être appelé à la présidence du Conseil en 1914. C'est lui qui déclara la mobilisation générale en août 1914. Il forma ensuite un cabinet d'Union sacrée (avec Delcassé, Briand, Doumergue, Millerand...) et fut remplacé en 1915 par A. Briand. Entre 1915 et 1917 il fut ministre de la Justice. Et en 1920-1921, il représenta la France à la SDN. Il fut élu sénateur en 1922.

19. Pétrone, *Satiricon*, C. : « Quoi de plus charmant que les eaux ? »

20. Marcel Ray, Vichyssois, aîné de trois ans de Valery Larbaud, fils du directeur de l'école Carnot à Vichy où Larbaud fut élève, avait été invité en 1894 par Mme Larbaud à passer quelques semaines de vacances à Vichy auprès de son fils. Même si cette première expérience ne fut pas un franc succès, les deux jeunes nouèrent des liens d'amitié et Marcel Ray fut un des proches de l'écrivain, sinon son confident. Ils entretinrent une correspondance suivie, éditée en trois volumes par Françoise Lioure : Valery Larbaud-Marcel Ray, *Correspondance, 1899-1937*, Gallimard, 1980. Agrégé d'allemand, il fut d'abord professeur, puis journaliste, avant de se trouver engagé dans une carrière diplomatique qui le fit beaucoup se déplacer et séjourner à l'étranger. En 1935, Larbaud ira lui rendre visite en Albanie et rapportera de cette visite un journal, qui sera le dernier, « Nostra settimana albanese ».

21. Voir cette lettre (n° 8, pp. 56-57) dans la *Correspondance* Valery Larbaud-Marcel Ray, t. I. Le *Faust* de Lenau est un poème dramatique, achevé en 1840, qui présente un héros révolté, plus proche de Byron que du *Faust* de Goethe.

22. Le grand-père de Larbaud, Valery Bureau des Etivaux, préfet de la République, se vit expulser de France après le coup d'État de Louis-Napoléon Bonaparte, le 2 décembre 1851. Il gagna Annecy, où il résida avec sa famille, sa femme et ses deux filles jumelles, Jane et Isabelle (cette dernière deviendra Mme Nicolas Larbaud), de 1852 à 1860. Puis, lors du rattachement de la Savoie à la France (« nouvelle annexion », dit Larbaud) en 1860, la famille Bureau des Etivaux dut se réfugier à Genève, où elle demeura jusqu'à ce que l'amnistie fût prononcée, en septembre 1864. Elle rentra alors en France et s'installa à Gannat, près de Vichy.

23. Le Théâtre de l'Éden (devenu le Casino des Fleurs, puis dans les années 1970, un centre commercial bien défraîchi maintenant) était situé rue Montaret, face à l'hôpital militaire, tout près de la pharmacie de Nicolas Larbaud, maison dans laquelle Valery avait vu le jour.

24. Drame anglais, représenté en 1611 et publié en 1620, il fut écrit par deux auteurs, Francis Beaumont (1585-1616) et John Fletcher (1579-1625). Il raconte l'histoire de Philaster, héritier légitime du trône de Sicile que le roi de Calabre a usurpé. Philaster est amoureux d'Aréthuse, la fille de l'usurpateur, que son père destine à un autre. Des passages rappellent *Othello, Hamlet* ; certains personnages, *La Nuit des rois*. Mais l'œuvre, à laquelle son style et sa veine poétique ont valu un grand succès, n'atteint pas à la force des œuvres de Shakespeare.

25. Acteur, que Larbaud avait connu par Jean-José Frappa.

26. Henri Ménabréa, qui habitait Cusset, est un ami de jeunesse de Larbaud. Il sera conservateur de bibliothèque. En 1910, à l'occasion de la parution d'un recueil de nouvelles de son ami, Larbaud fera un compte rendu dans *La Phalange* (« *Le Muletier et son mulet*, par Henri Ménabréa », 5e année, n° 49, 20 juillet 1910, *Le Mois du littérateur*, pp. 76-77). Henri Ménabréa est aussi l'auteur de plusieurs romans.

27. Louis Biernawski, fils d'un médecin polonais réfugié en France, fut l'une des amitiés vichyssoises de Larbaud ; une correspondance (vingt-six lettres de 1902 à 1929) en témoigne. C'est chez le docteur Biernawski, nous dit Jean-Aubry, que l'écrivain avait rencontré le marquis de Virville qui inspira le personnage de Putouarey dans *A.O. Barnabooth*. Louis Biernawski devint archiviste du département de la Loire.

28. Cet ouvrage figure toujours dans le fonds Larbaud : *Poems of Sidney Lanier*, edited by his wife Mary D. Lanier, New York, C. Scribner's Sons, 1903. Sidney Lanier (1842-1881), né en Géorgie aux États-Unis, partagea sa vie, courte et difficile, entre la poésie et la musique. Son premier volume de vers parut en 1876. Parmi ses

poésies les plus célèbres, on retient : *Les Marais de Glynn, Le Lever du soleil, Blé, Le Chant des Cattahoochie*. Très versé dans la poésie et la musique de l'époque élisabéthaine, il se vit offrir, vers la fin de sa vie, la chaire de professeur de littérature anglaise à l'université John Hopkins et écrivit des essais tels *La Science du vers anglais* (1880) — que Larbaud possédait dans une édition de 1903 —, *Le Roman anglais* (1883), *Shakespeare et ses précurseurs* (1902), ouvrages appréciés, mais qui furent publiés, en bonne partie, de façon posthume.

29. Cette œuvre, « adaptée du hongrois, avec la collaboration de l'auteur par F.V. Skioerborg », est définie comme une action scénique en sept épisodes. Elle fut publiée à Paris, chez V. Havard, en 1901.

30. Le programme que Marcel Ray proposait, dans sa lettre à Larbaud, le 3 août 1901, se réalise enfin : « Si le cœur vous en dit, nous verrons ensemble le bois de la Cambre, où le bon Verlaine traîna ses rêveries de pochard sentimental, et les moulins à vent de Hollande, les tourbières, les tulipes et les musées, et les mouettes de la mer du Nord, chères à Henri Heine, et Hambourg où les armateurs bedonnants dînent six fois par jour ; peut-être irons-nous voir le pays des Skaldes, et kodakiser l'ombre du père d'Hamlet sur la terrasse d'Elseneur. Au bout de tout cela, Berlin où les jarls boivent la bonne bière : ceux qui ne sont pas "jarls" en font autant ; ainsi ferons-nous pendant une semaine ou deux, puis un beau jour, j'irai vous embarquer à Dresde dans un rapide aux roues ailées [...]. » C'est un tour de l'art néerlandais que feront les deux amis. Ils en visitent tous les hauts lieux : Bruxelles, Bruges, Anvers, Dordrecht, Rotterdam, La Haye et Amsterdam, et se précipitent dans les musées pour contempler les œuvres des maîtres flamands et hollandais. Ils sont cités en grand nombre mais nous ne les détaillerons pas tous. Un certain nombre d'images de ce voyage passeront dans les *Poèmes de Barnabooth.*

31. Quentin Metsys (Louvain, 1466 - entre le 13 juil. et le 16 sept. 1530). Né à Louvain, il passa la majeure partie de sa vie à Anvers et on le considère comme le maître incontesté de l'école d'Anvers, où s'achèvera la grande période de peinture primitive flamande. Le triptyque dont il sera question quelques lignes plus bas semble être *La Légende de sainte Anne,* considéré comme une des œuvres capitales du peintre.

32. En 1850, à la demande de l'artiste belge Antoine Wiertz, peintre, sculpteur et homme de lettres romantique, l'État belge fit construire un vaste atelier (les œuvres étant, pour la plupart, de grandes dimensions). Wiertz, en échange, s'engageait à léguer l'ensemble qui se trouvait dans cet atelier à l'État. Devenu musée après sa mort, l'ancien atelier, agrandi de trois salons, est désormais rattaché aux Musées royaux de peinture et de sculpture de Belgique.

33. Incipit d'un sonnet de Paul Verlaine dans *Sagesse* (I, 5) :

« *Beauté des femmes, leur faiblesse, et ces mains pâles*
Qui font souvent le bien et peuvent tout le mal. »

34. Hans ou Jean Memling (Memlingen, entre 1425 et 1440 - Bruges, 11 août 1494). Il est l'un des meilleurs représentants de la dernière période de Bruges. C'est au musée de l'Hôpital Saint-Jean que se trouvent trois de ses œuvres les plus représentatives : *La Châsse de sainte Ursule, Le Mariage mystique de sainte Catherine* et *L'Adoration des Mages.*

35. Detlev von Liliencron (1844-1909) découvrit sa vocation poétique sur le tard. Il publia sa première œuvre, *Chevauchée d'un aide de camp et autres poésies*, en 1883 et se consacra par la suite à la profession d'écrivain. Il entra en relation avec les milieux littéraires de Munich, notamment le courant naturaliste. Sa production poétique fut très abondante et il atteignit la célébrité.

Der Mäcen, publié en 1889, est un roman qui est, en partie, le journal intime d'un homme riche, grand mécène, trouvé après sa mort par l'ami qui écrit le roman ; il comporte également une petite anthologie des poèmes que Wulff Gadendorp (l'homme qui vient de mourir) a aimés. C'est ainsi que s'y trouvent cités Paul Barsch (1860-1931) et Karl Henckell (1864-1929), poètes maintenant tombés dans l'oubli... Faudrait-il approfondir un peu et tenter d'y voir une des possibles sources d'inspiration pour *Barnabooth* ?

36. Edward Douwes Dekker (pseudonyme Multatuli) (1820-1887) est un écrivain hollandais. Il fut nommé vice-résident à Java (dans la région Bantam) en 1840 mais

n'y resta que deux mois et fut mis en congé en raison d'un différend qui l'opposa au résident : il accusait ce dernier, à juste titre, de connivence avec le régent aux dépens de la population mais la justesse de ses accusations ne fut reconnue que plus tard. De cette amère expérience il tira un roman autobiographique, *Max Havelaar*, qui fit date. Un musée portant son nom fut institué en 1910 à la bibliothèque de l'université d'Amsterdam.

37. Jean de Schelandre (1585-1635) écrivit sous le pseudonyme de Daniel d'Anchères ou des Anchères. Militaire de carrière, il mourut vers l'âge de cinquante ans des suites de blessures. Il fut le représentant de la tragédie française avant Corneille. Sa tragédie *Tyr et Sidon* (1608, refondue en 1628) lui vaut de ne pas être totalement oublié.

38. Le Mauritshuis, musée royal de peinture à La Haye depuis 1822, est le second plus important musée après le Rijksmuseum d'Amsterdam. La moitié uniquement de ses collections est exposée.

39. Accord au pluriel, comme en anglais... !

40. Voir « Scheveningue, morte-saison » dans *Les Poésies de A.O. Barnabooth* :

Dans le clair petit bar aux meubles bien cirés,
Nous avons longuement bu des boissons anglaises ;
C'était intime et chaud sous les rideaux tirés.
Dehors le vent de mer faisait trembler les chaises.

41. Il doit s'agir de l'*Homère* de Rembrandt.

42. Le mot allemand *Panoptikum* désigne un musée de cires ; le second établissement que Larbaud et Marcel Ray visiteront se présente bien comme tel, mais ici nous avons l'impression d'un spectacle animé... S'agissant d'un nom allemand, Larbaud lui conserve ici sa majuscule.

43. Nous ne nous attarderons pas sur l'attrait que présente pour le germaniste qu'est Marcel Ray le grand poète romantique allemand Heinrich Heine (1797-1856), créateur de *La Lorelei*, mais nous dirons quelques mots de Friedrich Martin von Bodenstedt (1819-1892), beaucoup plus méconnu. Doué pour les langues, il fit en Russie un séjour de deux ans pendant lequel il voyagea et apprit le tartare, le géorgien et l'arménien. Il fut plus tard nommé professeur de langues slaves à l'université de Munich. Dans son œuvre, vaste et diverse, on s'intéresse plus spécialement aux études sur le monde slave et à ses traductions de Lermontov, Pouchkine et Tourgueniev.

44. Dans une lettre du 31 août 1901, Marcel Ray écrivait à Larbaud : « [...] je relis du Fromentin. Je l'aime beaucoup, et vous ? Il y a dans *Les Maîtres d'autrefois* des paysages hollandais à la pointe sèche qui valent du Flaubert, sans être du Flaubert. » Publié en 1876, cet ouvrage est un recueil d'impressions et de jugements sur la peinture flamande et hollandaise, écrit à l'occasion d'un voyage en Belgique et en Hollande. Il semble bien que Larbaud et Ray aient suivi les pas d'Eugène Fromentin dans leur voyage.

45. Larbaud consacra à Élémir Bourges (1852-1925) une chronique dans le journal argentin *La Nación*, dans le numéro du 11 décembre 1923. Cette chronique, traduite en français par Marcelle Auclair, avait été publiée dans *La Revue européenne*, le 1er mars 1925 ; nous pouvons maintenant la retrouver dans *Du Navire d'argent*, qui rassemble toutes ces chroniques, traduites de l'espagnol par Martine et Bernard Fouques, et dont l'introduction, l'établissement du texte et les notes ont été faits par Anne Chevalier (Gallimard, 2003, pp. 343-364).

En ce qui concerne l'élection d'Élémir Bourges, voici ce que Larbaud en dit : « Pour obliger les journaux à imprimer les noms les plus dignes d'une renommée nationale, ils procédèrent, avec toute la publicité de circonstance, à l'élection d'un "Prince des poètes" et d'un "Prince des prosateurs". Ils choisirent eux-mêmes les noms des candidats. Le grand public apprit ainsi que l'*élite* préférait Mallarmé à Edmond Rostand et qu'à la trinité des romanciers consacrés, Bourget, Prévost, Loti, les *connaisseurs* ajoutaient le nom inconnu jusqu'alors d'Élémir Bourges » (*op. cit.*, p. 345).

46. Il y a à Haarlem, où Frans Hals mourut en 1666, un musée consacré au peintre pour qui Eugène Fromentin exprimait sa profonde admiration : « Jamais on n'a mieux peint, on ne peindra pas mieux. »

47. Béatrice Harraden (1864-1936), écrivain anglais, est l'auteur de romans sentimentaux. Le titre de celui-ci peut se traduire par *Les choses vont s'arranger.*

48. Le souvenir des filles de Marken s'est inscrit dans les *Poésies de A.O. Barnabooth* :

Il y a quelques années, je fus amoureux de vous toutes,
Comme j'ai été amoureux des bouquetières romaines
Des jeunes filles de l'île de Marken, qu'on va voir
d'Amsterdam [...]
(L.P., Europe, VI Stockholm, p. 75).

49. C'est le principal musée d'Amsterdam, le musée qui renferme la plus riche collection d'art néerlandais au monde. Il possède, notamment, des œuvres marquantes de Rembrandt, Van Dyck, Gérard Dou, Jan Van Goyen, Frans Hals, Van Ostade, Ruysdael, Vermeer.

50. Célèbre tableau de Rembrandt (auquel Fromentin a consacré un certain nombre de pages dans son *Maîtres d'autrefois*), son plus grand portrait collectif, exécuté sur commande en 1642. Son titre exact est *La Compagnie du capitaine Frans Banning Cocq ;* le titre *Ronde de nuit* lui fut attribué au XIXe siècle. Il se démarque de la tradition en donnant du groupe un portrait en action et en y ajoutant des détails insolites et porte un fort éclairage sur le premier plan, qui nous permet de comprendre l'impression que ressent Larbaud.

51. Le nom de ce peintre est généralement écrit *Berghem.* Le Hollandais Nicolaes Berghem (1620-1683) est en effet un peintre de la nature qui campe de souriantes idylles où bergers et troupeaux, laitières et paysannes évoluent dans une atmosphère ensoleillée.

52. Dans une lettre du 18 octobre, à sa tante, Larbaud donne une description de Hambourg avec « d'un côté un très grand port marchand, sur l'Elbe » et l'autre partie de la ville « plus intéressante encore, car elle a, en son beau milieu, deux vastes lacs séparés par un pont énorme ; l'un, l'Alster intérieur, est entouré de boulevards très actifs, et c'était sur ses quais que notre hôtel était situé ; l'autre lac, l'Alster extérieur, est plus grand que le premier, et tout bordé de beaux jardins et de villas peintes de couleurs gaies » (cité dans *L'Herne*, p. 87).

53. Otto Julius Bierbaum (1865-1910) fonda la revue *Die Insel*, d'où sortit plus tard une grande maison d'édition. Il s'occupa de théâtre et écrivit des comédies et des livrets mais se rendit surtout célèbre par des petits poèmes satiriques et populaires. Comme Liliencron, il fut très populaire à son époque ; il réunit dans *Le Labyrinthe d'amour* des chansons légères, sentimentales et humoristiques.

54. Le 12 octobre, Larbaud écrivait à sa mère : « À l'heure qu'il est (10 h du matin), nous attendons encore la lettre et l'argent égarés à Homburg-les-Bains, près Mayence [...]. » La ville de Bad Homburg se trouve plus près de Francfort, au nord de laquelle elle se situe, que de Mayence.

55. Il s'agit d'une édition allemande ; Larbaud aura toujours plaisir à acheter des Tauchnitz, comme on le constatera tout au long du *Journal.*

56. Laurent Tailhade (1854-1919), parnassien lié à Samain, Verlaine et Moréas, proclama ses sympathies anarchistes en 1893, à l'occasion de l'attentat anarchiste de Vaillant, qui plongea Paris dans l'horreur. Quelques mois plus tard, il fut lui-même grièvement blessé lorsqu'une bombe anarchiste fut lancée dans un restaurant parisien où il se trouvait. Il se lança ensuite dans toutes les querelles littéraires et politiques, affichant un anticléricalisme et un anarchisme virulents. On ne peut donc s'étonner de la nouvelle annoncée ici. En revanche, celle qui a trait à Henrik Ibsen est un peu prématurée puisque le dramaturge mourra, à Christiana, le 23 mai 1906...

Pour Zola c'est la fin de l'affaire Dreyfus. Une amnistie (contre laquelle Zola s'éleva car il réclamait la réhabilitation pure et simple du capitaine Dreyfus) fut votée le 24 décembre 1900. En 1901, Zola écrivit, sur l'affaire Dreyfus, *La Vérité en marche*, qui justifie peut-être la remarque de Larbaud.

57. Beaucoup de mairies, dans les villes allemandes, ont installé dans leur sous-sol un genre de café-restaurant, qu'on appelle *Rathauskeller* ou *Ratsweinkeller*, où l'on sert de la boisson et des repas de bonne qualité. À Kiel, mairie et théâtre se côtoient

et l'on comprend que les deux amis se soient réfugiés dans cet établissement après leur échec pour obtenir des places de théâtre.

58. Il s'agit probablement (car les autres soirées sont consacrées à l'opéra — Mozart et Verdi) de l'opéra de Wagner *Der fliegende Holländer*, connu en français sous le titre *Le Vaisseau fantôme* (1843) et dont le sujet, la légende d'un capitaine condamné à errer sur les mers dans son bateau fantôme, fut transcrit par Heine dans une ballade dont Richard Wagner s'inspira.

59. La lettre à sa tante du 18 octobre 1901 (citée plus haut) nous apporte les précisions suivantes : « Nous habitons en effet au n° 1, Würnberger Strasse, Berlin-West, quartier du Jardin Zoologique, le plus aristocratiquement calme de la capitale germanique, à l'entresol, une chambre à deux lits donnant sur une cour et prenant pension des repas chez la propriétaire elle-même, Frau Kurtzig. »

60. Cette étude sur Walt Whitman ne parut pas dans *La Plume*. Larbaud s'en expliquera dans un article qu'il publiera à *La Phalange* (4e année, n° 34, 20 avril 1909) : « [...] l'article que je destinais à *La Plume* (et que son directeur a longtemps attendu), fut retardé de mois en mois par des circonstances indépendantes de ma volonté, jusqu'à la disparition de *La Plume* et ne fut jamais achevé. »

61. La correspondance de Marcel Ray nous permet de savoir que ces *misses* se nomment Maschke. Voici ce qu'il en dit dans une lettre du 13 novembre 1901, après que Larbaud l'a laissé à Berlin : « J'ai appris hier soir, avec une stupeur que vous partagerez, que les Maschke sont d'origine polonaise. Quand je vous disais que ce n'étaient pas des gens sérieux ! A-t-on idée de ça, des Polonais allemands qui vivent en Californie ? À part ça, ce sont d'assez aimables gens. Ils sont ou elles sont pleines d'attentions pour moi, et m'invitent, le soir à croquer des raisins secs en compagnie d'un tas d'invraisemblables parents qui les viennent visiter. »

62. Max Modern, violoniste, logeait lui aussi à la Pension Kurtzig.

63. Ce *Mrs* doit être un lapsus, car il ne peut s'agir que de *miss* Frost.

64. Cocktail dont le nom traduit, « brise-jambe », ne souligne pas le caractère inoffensif ; il se compose d'un alcool fort associé à une liqueur dont il est séparé par un jaune d'œuf. Son inventeur était surnommé « Knickebein » parce qu'il marchait en fléchissant les genoux. Avant ou après avoir pris sa boisson ?

65. Thomas Macaulay (1800-1859) était le neuvième enfant du philanthrope antiesclavagiste Zachary Macaulay. Après une carrière en Inde, il revint en Angleterre, où il fit une carrière politique. Il se fit connaître en 1842 par ces *Chants héroïques de la Rome antique* (que Larbaud n'apprécie guère), mais son œuvre maîtresse est l'*Histoire d'Angleterre depuis l'avènement de Jacques II*, dont le dernier volume fut publié après sa mort.

66. Edward Fitzgerald (1809-1883), orientaliste anglais, a traduit du persan les *Rubaiyyàt d'Omar Khayyam transposés en anglais*. Ce livre, paru en 1859, devint célèbre après la découverte qu'en firent Swinburne et Rossetti, et demeure l'un des livres les plus lus dans les pays anglo-saxons. Ce sont des quatrains en langue persane attribués à Khayyam, mathématicien et astronome des cinquième et sixième siècles de l'Hégire (vers 1050-1123 apr. J-C.). Une édition de Sadegh Hedayat, traduit par F. Farzaneh et Jean Malaplate, a été publiée en 1993 aux Éditions Corti.

67. Le théâtre tient une grande part dans l'œuvre, et la renommée, du poète belge de langue française Maurice Maeterlinck (1862-1949), qui sera le plus grand représentant du symbolisme au théâtre. En 1902 il fera jouer *Monna Vanna*, pièce sur laquelle Marcel Ray demandera son opinion à son ami en précisant qu'« on en dit du bien ». En 1911, il se verra décerner le prix Nobel.

68. Avant-dernier vers de « Alla Luna », poème du poète italien Giacomo Leopardi (1798-1837), à qui Larbaud voue une grande admiration :

il rimembrar delle passate cose
ancor che triste, e che l'affanno duri !

Dans les lignes qu'il consacre à Leopardi, dans sa « Lettre d'Italie » (bien des années plus tard, puisque ce texte, dédié à la princesse de Bassiano, paraîtra en 1924, dans le n° III de *Commerce*, revue de la princesse), Larbaud cite à nouveau ce vers : « C'est la découverte du souvenir (*Il rimembrar delle passate cose*), la reconquête voulue et consciente du passé » (L.P., p. 815).

69. Allusion au roman de Samuel Johnson, *Histoire de Rasselas, prince d'Abyssinie*, paru en 1759.

70. On retrouve cette même exclamation dans une lettre que Larbaud envoie de Paris à son ami Marcel Ray le 14 février 1902 : « Oh ! Berlin, Berlin, du, wunderschöne Stadt ! » (Oh ! Berlin, Berlin, ville merveilleuse).

71. Le *Journal* de Marie Bashkirtseff (1860-1884) est une œuvre connue. Née en Russie, elle émigra en France dès 1871 avec sa famille. Sa vie fut écourtée par la tuberculose. Elle réalisa cependant un œuvre de peintre, principalement de portraitiste, et le journal qu'elle laissa témoigne de son esprit précoce et de sa vive intelligence.

72. Francis Bret Harte (1838-1902) est un écrivain des États-Unis qui vécut en Californie (comme les demoiselles Maschke), où il exerça divers métiers, dont celui de journaliste. Il est, l'auteur de nouvelles, dont les plus célèbres furent réunies dans les *Récits des Argonautes* (1870). Il quitta les États-unis et mourut en Angleterre en 1902. Marcel Ray en annonce la nouvelle à son ami, dans une lettre de Munich en mai 1902.

AMBUSTAE CAPSARUM RELIQUIAE II

1. Simples notes de voyage ici. Elles laisseront des empreintes dans d'autres textes : « Douze villes ou paysages », pages que Larbaud donna en 1926 à la revue de Jean Royère *Le Manuscrit autographe* (Ire année, n° 3, mai-juin 1926) et qui seront reprises plus tard dans le recueil *Jaune bleu blanc* (L.P., pp. 846-849), également dans *Le Cœur de l'Angleterre* (ouvrage posthume, voir plus bas), et des traces ici ou là, au détour d'une des *Enfantines*, de *Tan Callando...* ou du *Vaisseau de Thésée*.

2. Pour Ilfracombe, seul le nom est repris dans « Douze villes ou paysages », il est ainsi précisé : « Ilfracombe (Devon septentrional) » (L.P., p. 848).

3. On retrouve beaucoup de ces lignes dans « Douze villes ou paysages ». Qu'on en juge :

« Pignola (Basilicate) — Les longs et larges lacets blancs des routes, avec des tournants pareils à des bastions, montent vers le navire peint en blanc, avec ses hublots et ses sabords, échoué sur la colline aride et isolée. Pignola est située, comme Potenza, Ferrandina, Brindisi di Basilicata, au-dessus de vallées qui ressemblent au fond d'une mer disparue où se traînent de faibles cours d'eau, où stagne l'eau sombre et morte du Lac Noir. [...] Pignola domine une vallée humide et noire. Hameau par sa population, ses ruelles dures et sales, c'est une ville par la hauteur de ses tristes maisons et sa place : Piazza Orazio Flacco ! » (L.P., p. 847).

4. Orazio Flacco est, italianisé, le nom de Q. Horatius Flaccus, c'est-à-dire le poète latin Horace qui relate dans la *Satire* I, son voyage à Brindes, en compagnie de Mécène et de Virgile.

5. « [...] Chester fait penser à un ouvrage en bois sculpté, finement travaillé, agréablement culotté. À Chester on dirait qu'on se promène, qu'on vit sur une étagère... » (L.P., p. 846).

6. « Shrewsbury est rose pâle et d'un blanc mat. On dirait qu'elle se garde dans ces tons faibles et doux pour ne pas être trop visible dans le paysage délicat, aux couleurs tendres, de la Severn et de sa vallée » (L.P., p. 846).

7. « Wells se tient sagement et dignement à côté de la grande pelouse étendue comme un tapis devant sa cathédrale. Voûtes fleuries, rues étroites, maisons basses. C'est encore le Somerset de Fielding, le paysage net et pur, avec son ciel d'Atlantique, toujours en mouvement, étroitement reflété dans l'eau paisible des longs "rhines". La blancheur, la clarté (de veilleuse) de la cathédrale, va bien avec la longue, large, douce plaine étendue entre les pentes bleues des Mendips et des Quantocks, — la cathédrale toute seule au fond de la vallée, au milieu de ses gazons, de ses jardins, des ruines couvertes de roses » (L.P., p. 847).

8. Dans « Till we meet », un des textes du *Cœur de l'Angleterre*, retrouvés et édités par Frida Weisman (*Le Cœur de l'Angleterre*, suivi de *Luis Losada*, textes établis, présentés et annotés par Frida Weissman, Gallimard, 1971), nous retrouvons cette description, un peu modifiée : « Dans un mois on commencera les moissons, et j'assisterai, ailleurs, aux fêtes de la moisson, au service religieux où les enfants apportent

des épis ; je prendrai part aux banquets servis sous une tente dressée sur le Communal, au bord des limpides ruisseaux de l'Ouest ; à ces banquets où le « bœuf pressé » se sert en tonneaux, et où la bière coule en torrents dans la gorge des convives. Le Squire et sa femme sont assis, avec le Vicaire, au haut bout de la table. Malgré leur présence, on rit sans retenue. Et on n'écoute pas le discours du Vicaire ; mais on applaudit. C'est la Joyeuse Angleterre qui revit pour quelques heures » (p. 37).

9. « Tintern Abbey. — Le grand vestige humain, dans un trou de verdure, dans la solitude de la rive boisée. Avec ses voûtes et ses fenêtres que traverse le vol des oiseaux » (L.P., p. 847).

1903

Le manuscrit S.E. 7, « Venise-Trieste », se présente sous le même format que le manuscrit S.E. 8 (22 × 34 cm) et regroupe, alla rinfusa, *des documents, manuscrits ou imprimés, d'époques diverses (notamment un livret de distribution des prix de 1889). Les pages qui nous intéressent sont foliotées de 14 à 18 mais leur suite, dans le manuscrit, ne respecte pas l'ordre chronologique du texte. Nous reprenons ici la version de G. Jean-Aubry, « relevée sur un manuscrit en deux états : brouillon et copie, reliés dans un album portant au dos l'indication "V. Larbaud, Manuscrit VII (Bibliothèque de Valbois)" » (*Valery Larbaud, sa vie, son œuvre, op. cit., *p. 86). Nous ferons suivre ces pages des lignes intitulées « L'Adriatique », qui figurent sous la rubrique « charred remains » dans le manuscrit S.E. 8. Elles leur sont en effet postérieures puisque Larbaud précise, à la fin du journal « Veniste-Trieste », qu'il a « pris des billets au Lloyd pour Cattaro », le bateau partant le lendemain matin.*

Ces pages relèvent sans conteste du genre diariste : elles offrent une datation régulière. Elles relatent le voyage de l'une à l'autre ville et le séjour que Larbaud fit à Trieste avec une compagne, dont la présence est à peine marquée, qui a fourni de nombreux traits à l'Isabelle de Mon plus secret conseil… *Elles ont fait l'objet de trois publications : la première par G. Jean-Aubry dans* Valery Larbaud, sa vie et son œuvre : la jeunesse (1881-1920), op. cit., *pp. 78-86 ; la deuxième par Bernard Delvaille dans son* Essai sur Valery Larbaud *(Seghers, 1963, coll. « Poètes d'aujourd'hui »), sous le titre « Pages de journal » (pp. 157-169) ; la troisième enfin par Patrick Mauriès dans* Pages arrachées à un journal de route (Venise-Trieste-Marseille) *(Le Promeneur, 1990). Patrick Mauriès a repris, pour les pages de 1903, le titre donné par Bernard Delvaille, « Pages de journal », et le texte s'étend de la page 9 à la page 25.*

VENISE - TRIESTE

Venise, dix heures du soir (samedi)[1]. — À bord de la *Vénus*, Lloyd autrichien. On est déjà vraiment en Autriche ; le matelot qui m'a conduit à ma cabine m'a demandé : « *Erste Klasse ?...* » Sur la table du salon où j'écris, j'ai des journaux allemands tout autour de moi ; des vues du Tyrol, des visages d'actrices du Trianon-Theater de Berlin. Mon regard, promené au hasard, tombe sur un poème :

Blauer Forellenbach...

La *Vénus* sous pression tremble toute ; on sera demain matin à sept heures à Trieste.

La promenade dans les petits coins du navire est toujours amusante ; c'est très propre et très brillant : tout luit, à l'intérieur ; le vernis blanc des cabines, les bois et les glaces des salons, les branches métalliques des lampes. Des avis affichés font penser, rédigés en grec, en serbe, en allemand, en italien, à toute l'activité maritime de l'Adriatique. C'est l'Orient et l'Occident mêlés. Et si l'on se sent en pays allemand au fond de ce steamer, on n'a qu'à remonter sur le pont pour retrouver, tout près, l'Italie. Des gondoles approchent, chargées de passagers et de bagages : les faisceaux des becs électriques au quai des Esclavons, allongeant des reflets blancs sur la lagune pareille à du papier glacé noir, éclairent assez distinctement le Jardin royal, le palais rose des Doges, la façade rouge du Danieli, et, en face, la Piazzetta. L'embarquement se fait sans bruit ; les gondoles viennent frôler le flanc du navire tourné vers la ville, et les porteurs montent, sans cris, les grosses malles, le long du petit escalier qui pend sur l'eau. De Venise, toujours silencieuse, aucune rumeur ne vient, et les flots sont trop faibles et trop lents pour clapoter... Pleine de chanteurs, une gondole s'arrête au bas de l'escalier volant. La légère musique italienne : les cordes pincées d'une mandoline, deux voix d'hommes et une voix de femme se mettent à courir de ce brave petit pas alerte et tremblant que l'on connaît si bien. Ils chantent les chansons entendues partout, et dont beaucoup de voyageurs étrangers fredonnent les refrains, en écoutant, debout, sur le pont, ils chantent, naturellement, *Santa Lucia, Addio, mia bella Napoli, Margherita,* mais c'est l'Italie qui nous salue ainsi à notre départ, avec sa musique toute spirituelle, dont on ne sait pas au juste si c'est de la joie contenue ou des larmes prêtes à couler.

Minuit sonne à Saint-Marc ; c'est le seul bruit que Venise nous envoie. Les habituels préparatifs de la mise en marche s'accomplissent sans trop de grincement. Un petit torpilleur, avec trois lanternes aux couleurs italiennes, s'est placé derrière la *Vénus* et, au départ, il nous escorte rasant le bord extrême d'écume blanche que fait l'hélice en mouvement.

En mer. Une heure du matin. — Je monte sur le pont désert. Les vers de Laforgue

Ah ! que la nuit est lointainement pleine
De silencieuse infinité claire[2]...

Viennent naturellement à l'esprit : la pleine lune, dans le ciel pur, confond la mer et le ciel en une même teinte grise, transparente et délicate. On ne voit plus rien de la côte, qu'un phare lointain, sur la gauche. Le petit torpilleur avec ses lumières verte, blanche et rouge, ne nous suit plus. Le navire est tout seul dans la vaste clarté lunaire.

Trieste. Dimanche. — Me voici donc l'ennemi juré du sentiment ruskinien ; j'allais déjà chercher des impressions de poétique mélancolie au palais de Cristal[3], près de Londres, et maintenant je vais dire franchement que Trieste me plaît, plus que Venise. On ne soupçonnera point les boutiques sans doute mieux fournies d'y être pour quelque chose ; je n'en ai vu que les volets ; et ce dimanche, presque aussi sévère que les dimanches allemands, enlève à la ville tout le charme moderne d'affairement qu'elle pourrait avoir ; Trieste, tout entière est « fermée ». Mais du bateau, ce matin en arrivant, j'ai vu, dans un magnifique soleil rouge, des collines vertes, mouchetées de villas gaies, des montagnes aux contours non sans grâce, et, au pied, posés sur le rivage plat, de hauts palais rangés en bon ordre, de grands cubes de maisons peintes en brun clair, des places larges plantées d'arbres, enfin tout un ensemble où l'on pressentait le confort et la vie commode des grandes villes. Le luxe de l'hôtel où je m'installe, et quelques courses qui m'ont fait connaître le quai Carciotti, la place du Pont-Rouge, la place Saint-Jean, la via Stadion, et, plus loin encore, la longue via Giulia, n'ont pu que fortifier cette première impression. Voici la modernité, les rues claires, les hautes maisons ; mais, pour aujourd'hui, tout est suspendu : du monde endimanché circule sans hâte, en soulevant une poussière paresseuse, sous le soleil trop chaud ; il faut aller loin pour trouver un bureau de tabac qui soit resté ouvert, et il passe tant de promeneurs dans toutes les voies que je ne puis découvrir quelle est, en temps ordinaire, la plus fréquentée, le cœur même de Trieste.

Lundi. — Si j'avais, en quittant Venise, à bord de la *Vénus*, la bonne volonté de me croire en Autriche, ici, je suis bien forcé de voir, au contraire, que Trieste est une ville italienne : on n'entend parler que l'italien, les noms des rues, les réclames des marchands, les inscriptions des gamins sur les murs. Tout en italien. Des Autrichiens, portant jusqu'ici l'élégance et l'affectation viennoises ne semblent que des touristes, des étrangers, plus étrangers que nous-mêmes qui sommes des Latins. À vrai dire, toutes les affiches et tous les règlements exposés en public sont écrits dans les deux langues, italien et allemand accolés, les débits des produits monopolisés par l'État s'ornent d'atroces et longues plaques jaunes maculées d'un hideux aigle noir, et les petits soldats (des Italiens pourtant, eux aussi) promènent sous cet éclatant soleil des uniformes d'un bleu aigre et aigu à faire suer les yeux. Oui, mais, de même que l'Asie Mineure, la Macédoine et les rivages de la mer Noire sont grecs, l'Istrie et (je ne sais encore) peut-être toutes les côtes de l'Adriatique sont italiennes et l'ont toujours été : la possession allemande n'est que nominale : les Barbares ont débordé les frontières de l'empire, et, d'un commun accord, on a décidé que, pour un temps, ils camperaient là[4].

J'ai découvert le centre de la ville : c'est le Corso, naturellement ; il joint la Piazza Grande à la Piazza della Legna ; la Piazza Grande est bordée de palais, carrée avec une sorte de square, le quai au-delà et la mer ; la Piazza della Legna est triangulaire, triste et comme écrasée. De la première à la seconde de ces places, le Corso décrit une faible courbe, et monte un peu ; il est large, mais sans exagération, du moins pour une ville de cent cinquante mille habitants ; il n'y a que des boutiques. Le soir surtout, l'animation y est grande, et, de six à huit heures, c'est peut-être la rue du monde la mieux éclairée, grâce à une sorte d'électricité probablement impure, puisqu'elle donne des rayons jaunâtres et roses, mais si intenses, et avec une telle profusion que la vue en est blessée, et qu'on est vaguement inquiet. Assurément le Strand[5] est moins brillant, qui l'est pourtant beaucoup plus que les boulevards. En redescendant de la Piazza della Legna, c'est dans les rues à droite qu'il faut aller, jusqu'aux quais, pour retrouver le grand mouvement des affaires.

Le reste de la ville sent un peu la province, et le jardin public, à gauche au bout de la via Stadion, quoique fort beau, devient, par sa situation, quelque chose de misérable, indigne de Trieste. Quelle poussière et quel vent ! C'est la grande incommodité de presque tous les ports, et de Trieste en particulier. On rentre avec des vêtements tout gris, et les yeux rouges et douloureux.

Où fuir ? Des tramways mènent à Barcola sur le chemin de Miramar, à Obcina[6], dans l'intérieur. Mais plus près, au sud de la ville, passés le port et les arsenaux, le Passegio di S. Andrea longe les collines tout en jardins de Chiarrolà ; c'est à la fois un quartier élégant, et la pleine campagne — un quartier romain même. Les villas éparses dans d'immenses parcs, un Pincio en plus petit, et une viale dei Colli en plus grand ; c'est-à-dire que même en ceci l'Italie se sent. Malheureusement, la vue paisible de la mer est cachée par des industries, à droite de la belle route, et le maudit vent gâte bientôt votre promenade.

J'ai rencontré dans l'hôtel le prince M. Monténégrin, ~~père~~ oncle d'un prince du même nom, mon camarade de collège à Paris[7]. C'est un vieil homme simple en tout, mais chez qui l'on sent un grand effet d'éducation. Nous avons longuement causé, en français, qu'il parle sans aucun accent. Il a longtemps vécu à Paris, et se distrait de Cettigne en venant séjourner ici. « Trieste me plaît, m'a-t-il dit ; c'est une belle ville cosmopolite. Avez-vous remarqué à quel point elle est cosmopolite ? C'est vraiment Trieste, et non Venise, la capitale de l'Adriatique. »

Le soir au Théâtre La Fenice, qui est pour le moment un cirque, nous retrouvons des amis, ~~artistes~~ des écuyers italiens, toute la famille. Nous avons d'abord reconnu la femme : vêtue de la livrée rouge ordinaire, elle figurait, avec les autres artistes en dehors de leurs exercices, à l'entrée de la piste. C'est encore une chose d'Italie ; il n'y a guère en effet qu'en Italie où l'usage soit que les femmes « fassent la barrière ». Tout le dialogue des clowns est italien, et les applaudissements du public aussi[8].

Mardi. — Ce matin, seul, et avec des dispositions à la joie, j'ai parcouru Trieste. Des gens se rendaient avec douceur à leur travail : le port, plein de vaisseaux, s'animait, tout le long des quais ; sur les différents môles, on chargeait et déchargeait des marchandises, et de lourdes voitures en sortaient, portant en ville des colis et des caisses. Les petits vapeurs blancs — qui font les services des ports sur toute la côte — débarquaient des paysans venant approvisionner les marchés ; à l'extrémité nord de la rade, la gare faisait entendre sa vie active. Le plus grand port autrichien. En effet, il fait bien à lui seul toute la puissance maritime du vaste empire ; et l'Autriche y est bien seule : on ne voit partout que le pavillon austro-hongrois, mi-partie à bandes horizontales rouge et blanche, et mi-partie rouge, blanc et vert, avec l'écusson de Hongrie. Ce double drapeau, de là, se répand dans tout l'Orient, et il n'est point de port, depuis Athènes jusqu'à Odessa, où on ne le rencontre. Presque inconnu en Occident et dans le Nord de l'Europe, je crois bien qu'après les pavillons grec et russe, il est le plus commun dans le Levant méditerranéen. Et, rentrant au cœur de la ville, il m'apparaît tout à coup que Trieste a devant elle un avenir prodigieux. Son maximum de puissance est loin encore d'être atteint ; de beaucoup de choses encore Vienne et Milan la fournissent ; il viendra un jour où elle n'aura plus besoin de s'adresser à Milan et où elle approvisionnera Vienne. Sans doute elle est située au fond d'une mer qui n'est qu'une division, qu'un allongement de la Méditerranée : les terres qui entourent cette mer sont improductives, en général, et presque entièrement en dehors du grand mouvement industriel de l'Europe. Mais, d'autre part, l'Adriatique pénètre profondément au centre du Continent, offre une route facile et libre vers l'Orient, et, par son manque de ports commodes, laisse Trieste sans rivales.

L'Autriche et la Hongrie seules étaient assez riches pour assumer tout le commerce de l'Adriatique. La compagnie du Lloyd a fait quelque chose des deux grandes nations, sur la mer, et, soutenue par la puissance de l'argent, elle finira par accaparer tout l'est de la Méditerranée, grâce, justement, à la position de Trieste en pleine Europe centrale.

En regardant autour de moi, je vois, comme dans ces grandes cités en développement si rapide, Barcelone, devenue le plus grand entrepôt de l'Espagne, Marseille passée au rang de seconde ville de France, les traces de l'argent gagné en masse et gâché aussitôt en luxe stupide, dans l'idée fixe de « faire grand ». Comme Barcelone, comme Marseille, Trieste veut posséder tout ce que possèdent les grandes capitales, *être capitale*. Les parcs privés et publics, les magasins, l'architecture, le vêtement des habitants, tout en témoigne ; tout ce qu'il y a de financiers, d'armateurs, de parvenus, marche au Corso et va à ses affaires d'un air d'élégance aussi gourmé, d'une tenue aussi irréprochable que s'ils paradaient sur les rings de Vienne. Les redingotes et les chapeaux hauts de forme abondent. Le palais des Postes est ridiculement colossal ; la Bourse, à l'extrémité basse du Corso, rivalise avec la Poste ; les cafés se donnent de grands airs, et les magasins du Corso mettent à l'étalage des choses coûteuses. Les théâtres sont nombreux ; il y a beaucoup d'équipages, dont quelques-uns fort beaux. L'hôtel où nous sommes vaut les meilleurs de Paris.

Mais n'oublions point que nous sommes en Italie : la cuisine du restaurant, d'apparence si riche, est souvent négligée, les garçons ont des taches à leurs habits neufs, et la nappe aussi, quelquefois ; l'immense café, d'extérieur engageant, ne semble pas très propre si l'on y pénètre ; et beaucoup de beaux objets, dans les boutiques, ne coûtent cher que parce qu'ils viennent de loin.

J'ai feuilleté le livre des adresses (rédigé en italien) ; toutes les industries, tous les arts domestiques[a] y sont largement représentés ;

a. Il semble qu'il y ait ici une mauvaise lecture du mot chez Jean-Aubry. Le manuscrit (brouillon) que nous avons donne, clairement, « domestiques » (qui semble bien convenir avec l'énumération qui suit), et non « dramatiques » comme Jean-Aubry l'avait écrit. Nous avons donc rétabli l'adjectif « domestiques ».

les sociétés d'assurances, les diverses agences sont nombreuses. Il y a des journaux, la plupart italiens : le *Piccolo*, principalement, est le plus lu, et, m'a-t-on dit, « il est le véritable organe de toute l'Adriatique ». Enfin, de tout cela, et de la rue ensoleillée où les gens vont vite, se lève une forte impression de grande puissance en formation, d'activité qui s'élargit.

— Croyez-vous, me dit le prince M..., à qui je confiais mon enthousiasme, croyez-vous que les Italiens aient pu à eux seuls faire Trieste ? Vous allez me parler de l'argent autrichien et des efforts des empereurs de Vienne ; mais il n'y a pas que cela. Je vous l'ai dit : Trieste est une ville cosmopolite ; cherchez donc l'élément étranger ; il existe, et c'est nous qui le fournissons ; nous, c'est-à-dire les peuples slaves de la côte orientale de l'Adriatique ; Dalmates, Bosniens, Monténégrins. Les Allemands résidant ici se regardent comme des exilés ; tandis qu'on vient à Trieste, de Zara, de Raguse, d'Antivari, comme, en France, on vient de province à Paris pour chercher des places et tenter la fortune. Ajoutez à cela les Albanais de la Turquie occidentale et les Grecs, et vous aurez en un bloc une bonne partie des habitants non italiens de Trieste.

Rien n'est, je pense, plus juste, surtout en faisant, dans la nomenclature, une place plus large aux Allemands (catholiques et juifs). En effet, sur vingt noms de négociants pris au hasard, soit au passage, sur les enseignes, soit dans la *Guida Generale*, on voit qu'en moyenne dix sont italiens, deux allemands, deux grecs, et six slaves.

J'ai rencontré, un peu partout, de ces derniers, vêtus de leurs costumes nationaux, de couleurs vives ; mais ils sont peu ; c'est au visage qu'on les reconnaît malgré leurs vêtements d'Occident.

La prédominance italienne reste la chose remarquable ; la langue est partout comprise ; tout le monde lit le *Piccolo* ; les étrangers établis ici ont italianisé leurs prénoms : un commerçant, chez qui j'ai acheté aujourd'hui un excellent vin rouge d'Istrie, signe et imprime toujours son prénom « Giovanni », bien que son nom de famille ait une terminaison en « itch » qui ne trompe point sur son origine slave. Il est probable, d'autre part, qu'on se ferait comprendre partout en parlant le serbe ; l'anglais est inconnu ; le français, aussi répandu qu'en Italie.

En allant faire visite à mes amis les écuyers du cirque, j'ai eu l'occasion de pénétrer dans un appartement ordinaire, plutôt modeste, de cette ville. En somme cette architecture, qui fait, extérieurement, une belle impression, est bien pauvre en ressources, et bien peu pratique dans la distribution intérieure. C'est froid, et il y fait froid, en hiver ; le grand poêle à l'allemande se garnit et s'allume par une ouverture carrée percée dans le mur, extérieurement à l'appartement, en sorte que l'antichambre s'en trouve, du même coup, chauffée ; mais les résultats de cet arrangement ne sont pas bons. C'est d'un poêle ainsi fait, et dans une telle salle, sans doute, que Stendhal gagna la migraine dont il se plaint, dans une note brève datée de Trieste.

Nous avons fait des emplettes, de cinq à sept heures, les dames étant en majorité. Tout ce qui, d'Allemagne ou de France, vient ici par l'intermédiaire de Milan, est en général fort cher ; les livres français se vendent quatre et cinq florins, qu'on a pour trois francs à Paris ! Les objets fabriqués sur place et les produits du pays sont, seuls, à plus bas prix (le vin, les conserves, les dentelles, certaines étoffes d'usages domestiques).

Le vent et la poussière persistent à ennuyer les promeneurs ; l'électricité éclaire d'une façon inquiétante ; des quais, la mer, étant un peu agitée, se voit très loin.

Mercredi. — Le matin, promenade sans but dans la ville. Il y a des pigeons ici, comme à Venise, de cette belle espèce des *piccioni salvatici*, que le dictionnaire traduit en français par « mordorés ». Ce sont les vieux amis des grandes façades, pleines d'ornements et de sculptures, où ils s'accrochent et se blottissent dans l'air couleur d'azur et d'or. Ils font pour ainsi dire partie de la noble architecture latine, massive et haute ; la Piazza Grande leur offre une aire vaste et commode, et leur ombre y tombe, grise et rapide, à chaque pas qu'on fait. Cette place est fort agréable ; on y trouve le plaisir de pouvoir regarder, sans être gêné par une trop grande activité citadine, un port parfaitement bleu et doux, avec, derrière soi et de chaque côté, trois murs de beaux palais neufs, de tons adoucis. Seul un peu d'ombrage manque ; le petit square parallèle à la mer, fatigué de soleil et de vent, n'en donne pas assez ; il suffit cependant à couper de feuillages verts la perspective profonde des flots, et, pour un amant de la couleur, cela n'est pas sans importance. C'est de là que je conseillerais de partir, pour une visite un peu méthodique de la ville. Le Corso est la rue qui s'ouvre au fond de la place, à gauche en tournant le dos à la mer. En le suivant, on passe devant la Bourse, sur une place, qui n'est qu'un renflement du Corso. De là, il monte à droite, vers le nord. Mais la montagne se dresse au milieu même de la ville : tout près du Corso, à droite, derrière le Teatro Filodrammatico, la colline rude du Castello crève de sa nudité la masse des maisons. Et, en allant jusqu'au bout de toutes les rues embranchées à la droite de la via Torrente (immédiatement après la Piazza della Legna) on se heurte indistinctement au mur que dressent ces hauteurs dont on admire, du large, les gracieux contours.

Dans la partie plate de la ville, la rue des Postes est intéressante, surtout parce qu'elle mène à la Piazza del Ponte Rosso. Elle est vaste, mais trop de pierres la rendent froide et nue ; un marché s'y tient. Son grand charme est d'être limitée sur tout le côté nord par le Canal Grande, que coupe le ponte Rosso, mobile. Ce canal amène la mer jusqu'au centre de la ville, et fait aux grandes barques à voiles une rue d'eau parmi les rues de pierres ensoleillées. Et les barques y sont si nombreuses toutes amarrées et immobiles, qu'on ne voit point l'eau, qu'à peine, entre les coques sombres. Les voiles colorées peuplent tout ce coin de ville, et rendent agréables la place et les rues qui s'y confondent : on a voulu bien recevoir l'Adriatique qu'on invitait ainsi dans Trieste, et il y a une église au bout du Canal Grande ; mais elle donne une impression pénible de pauvreté. Quelques taches d'ocre et de carmin dans la perspective des voiles, effacent presque sa façade pâle, où le soleil ne vient point.

Au sud de la ville, jusqu'à la baie de Muggia, la montagne reparaît. Vers la mer, elle étale les beaux jardins en pente de Chiarrola, tandis que, du côté de la ville, de vraies rues italiennes, étroites et tordues, la grimpent péniblement ; elles commencent à droite, au fond de la Piazza Grande, avec la rue St Sébastien ; on y trouve de la fraîcheur, et moins de vent.

L'après-midi, l'excursion classique à Miramar. — J'oubliais de dire qu'il y a bien moins de touristes ici qu'à Venise ; cela s'explique aisément, mais les deux villes sont si près, surtout avec le chemin de fer, que j'avais peur de retrouver, de ce côté-ci de la mer, la maudite espèce. La promenade de Miramar est la grande attraction de Trieste. La route, une fois dégagée de la ville, après les longs bâtiments de la gare, suit de près la mer, et, s'incurvant avec le rivage, comme la route de Naples à Pausilippe, aboutit au célèbre château de Maximilien, empereur du Mexique[9]. Auprès de la route de Pausilippe, celle de Miramar, en y faisant trop songer, paraît sans beauté. Mais elle est commode et tranquille. À mi-chemin se trouve Barcola, groupe de maisons élégantes, sur un sommet ; il y a des bains et un restaurant. Puis de gros rochers gris s'égrènent, à moitié hors de la mer. Des barques, tirées au rivage, dressent des proues noires sur ce bleu qui sert de fond à l'*Iliade*.

L'entrée du château ferme la route dans toute sa largeur, entre une haute colline et la mer. C'est une porte de grandes dimensions, soutenue de deux piliers de maçonnerie neuve ; comme elle arrête la vue, on dirait qu'elle n'ouvre que sur l'horizon. J'ai bien étonné le gardien et mon cocher en refusant d'entrer, pour visiter ; à quoi bon secouer l'engourdissement heureux où le mouvement égal de la voiture, la grande lumière, les couleurs douces, nous avaient plongés ? Tout près, un petit restaurant dominait la route ; de la terrasse surélevée, vu Trieste, au couchant, en teintes d'un jaune trouble et doux, au milieu d'une poussière d'outre-mer foncé. En face, un vapeur fumait, près du ciel ; derrière nous, un petit train de wagons montait en soufflant à travers les vignes, vers un tunnel. Nous sommes rentrés en ville. J'ai pris des billets, au Lloyd, pour Cattaro ; le bateau part demain matin, du môle de San Carlo.

L'Adriatique. —

En allant de Trieste à Miramar, on voit des barques noires tirées sur le rivage, au bord de ce bleu sans limites où pendent les caps de Provence et les murs de Tarente, la mer qui remplit l'*Odyssée*.

Mais ici c'est une mer à l'écart, une mer locale — on n'y voit guère flotter que deux pavillons — une grande impasse maritime, au fond de laquelle les navires austro-hongrois, répandus dans l'Orient tout entier et presque inconnus sur l'Atlantique, ont leurs ports d'attache. Les Grecs qui viennent en France et la traversent (de Patras à Brindisi) ne se considèrent « en Europe » qu'une fois débarqués sur la terre italienne.

À l'ouest, l'Italie vivante semble tourner le dos à cette mer déserte et sans grandes îles : Adria et Ravenne sont cachées au centre des sables et des marais. De loin en loin quelques villes d'aspect maussade, isolées comme l'est Ancône, à l'écart de l'activité occidentale, tendent des jetées silencieuses à peu de navires. Un chemin de fer où passent des trains paresseux (la vieille RETE ADRIATICA) longe cette côte de repos et d'ennui.

À l'est, des vapeurs austro-hongrois promènent les touristes allemands à travers le bel archipel. La nuit, et par un clair de lune, le navire paraît glisser sur les allées liquides et brillantes d'un parc, où se dressent, comme des massifs et des bosquets obscurs, cent dos noirs d'îles endormies. De jour, c'est comme un grand lac d'eau bleue tout rempli d'une multitude d'îlots. De jeunes bourgeois de Vienne ou de Graz font de la bicyclette sur les routes étroites et bien tracées. Le gazon est poussé de la veille, et on dirait que les villages sont tout neufs.

Sur la côte, le petit espace compris entre le rivage et l'escarpement des rochers gris ou noirs de Croatie et de Dalmatie, est arrangé en jardins et en pelouses gaies. Mais, juste au-dessus la montagne se hérisse de vieilles forteresses vénitiennes, qui paraissent inaccessibles — on se demande même comment les hommes ont pu les bâtir. Dès que la montagne s'écarte un peu du rivage, un petit chemin de fer local se risque vers l'intérieur, mais il ne va pas loin. Et à la crête des hauts rocs, commence la grande Table balkanique, l'orient européen, impénétrable et glacé.

Et même cette bande étroite de rivage n'est pas une terre occidentale. C'est un préside européen. L'Autriche y possède des entrepôts, des casernes, des parcs d'artillerie, un chemin de fer militaire. Mais la conquête, l'établissement du Préside européen est l'œuvre de Venise ; — et jusqu'aux Bouches de Cattaro, et plus loin même, le long des côtes albanaises où chaque port a un nom turc, un nom slave et un nom italien, jusqu'au golfe d'Arta, tout ce rivage est encore vénitien. Le vieux drapeau cra[moi]si de Saint-Marc semble y flotter encore.

Seul fragment conservé d'un ms. de 150 pp. écrit à Cettigne en 1903.

Notes

1. Le 14 mars 1903.

2. La mémoire de Larbaud n'est pas totalement fidèle ; le poème de Jules Laforgue « Au large » (in *L'Imitation de Notre-Dame la Lune*) débute ainsi :

Comme la nuit est lointainement pleine
De silencieuse infinité claire !
Pas le moindre écho des gens de la terre,
Sous la Lune méditerranéenne !

3. En décembre 1903, Larbaud offre ses services à Marcel Clavié, directeur de *L'Œuvre d'art international* et lui dit : « Depuis mars 1902, je n'ai fait que voyager — résultats :

« Une dissertation morale sociale métaphysique et sentimentale en prose et vers à propos du Palais de Cristal — près de Londres : un Journal de bord d'une croisière ou d'un mois dans l'Adriatique (Venise, Trieste, la Dalmatie, le Monténégro, Corfou, la Grande-Grèce).

« Des quantités de poèmes » (lettre du 16 décembre 1903, cité dans *C.A.V.L.*, n° 37, dirigé par Monique Kuntz et Françoise Lioure, 2000).

4. L'histoire de Trieste, et sa situation géographique, ne sont pas simples. Trieste se développa à travers les siècles dans un statut de « commune libre » et, rattachée au domaine des Habsbourg, puis à l'Autriche, parvint à conserver une certaine autonomie avec son statut de port franc, jusqu'aux guerres napoléoniennes. Elle devint ensuite la « Cité impériale libre de Trieste », avant d'être rattachée à l'Italie après la Première Guerre mondiale.

Au début du XXe siècle, à l'époque où Larbaud découvre cette ville, c'était un centre portuaire, et de construction navale, particulièrement prospère, la capitale de la région autrichienne du littoral adriatique. Internationale par sa situation — proche de l'Italie, on y parlait un dialecte italien, le triestin ; en bordure de la Slovénie, une partie de la population de la région parlait le slovène ; son rattachement à l'Empire faisait de l'allemand la troisième langue parlée —, elle l'était également sur le plan artistique et connaissait une grande activité littéraire et musicale. Italo Svevo, Scipio Slataper, James Joyce, Roberto Bazlen et Rainer Maria Rilke, notamment, y ont vécu. Larbaud insiste, dans ces lignes, sur le cosmopolitisme des lieux, qui ajoute, pour lui, à leur attrait.

5. Grande avenue de Londres, très animée, commerçante, que prolongent Fleet Street et la City et où Larbaud aime flâner.

6. Ou Opicina, sur les cartes actuelles.

7. Au lycée Louis-le-Grand (note de G. Jean-Aubry).

8. G. Jean-Aubry : « Il y a peut-être comme un souvenir de ceci dans "Deux artistes lyriques" (voir *Aux couleurs de Rome,* L.P., pp. 986-997).

9. Ferdinand Joseph de Habsbourg (1832-1867), frère cadet de l'empereur Fran-

çois-Joseph, fit construire ce château entre 1856 et 1860. Il s'embarqua en 1864 sur le *Novara* pour devenir empereur du Mexique sous le nom de Maximilien. Son accession au trône avait été imposée par Napoléon III, avec le soutien des conservateurs mexicains, mais, renversé par les libéraux que conduisait Juárez, il fut ensuite fusillé, en 1867.

1911

Aucune copie autographe du « Journal de Quasie » ne nous est parvenue. L'histoire de ce journal de voyage — entrepris avec son ami Léon-Paul Fargue — que Larbaud a tenu au printemps 1911 est en effet un peu particulière : il en a détruit le manuscrit mais en a communiqué, en décembre 1913, à Henri Buriot-Darsiles, une copie dactylographiée, en vue d'une publication dans les Cahiers du Bourbonnais *— publication à laquelle il a renoncé par la suite. Buriot-Darsiles a, des années plus tard, transmis la copie à Jean-Aubry, qui a cité ces pages dans son ouvrage* Valery Larbaud, sa vie et son œuvre : la jeunesse (1881-1920), op. cit., *pp. 151-158. Nous les avons transcrites à partir du manuscrit CLXXXIII, un des deux cahiers de notes laissés par G. Jean-Aubry, et reprises car elles nous semblent avoir tout leur intérêt dans le contexte général du* Journal.

Le voyage débute le 11 février, « de Paris en Bourbonnais par l'Yonne et la Nièvre », connaît une halte de quelques jours à Vichy, reprend par « le Forez », le 28 février, vers Montbrison, qui est une étape essentielle puisque Larbaud et Fargue veulent y rencontrer les parents du poète Henry J.-M. Levet. Un autre morceau trouve ici sa place : le « Récit de la mort d'Henry Levet, par sa mère », « recopié vraisemblablement sur cinq pages d'un assez grand registre (pp. 136 à 140) », que Larbaud a communiqué à Jean-Aubry en mai 1946. Une copie dactylographiée (Ms LXVIII) nous en est parvenue : trois pages, portant la date du 2 mars 1911 avec une note de Larbaud qui précise que le texte « a été réservé pour une biographie future de Henry J.-M. Levet » mais qu'il ne veut « pas prendre sur [lui] de la publier, tôt ou tard ». Il ne semble pas que ces lignes aient jamais été utilisées pour une biographie de Henry J.-M. Levet, mais elles ont certainement nourri la « Conversation de Léon-Paul Fargue et Valery Larbaud sur Henry J.-M. Levet », publiée en 1921 en introduction aux Poèmes *de Levet à la Maison des Amis des livres et qui relate la conversation qu'ont tenue, le 2 mars 1911, les deux amis au cours de leur voyage à Montbrison. Nous avons replacé le « récit », à l'endroit qui est chronologiquement le sien, dans le « Journal de Quasie ». Notons qu'il a été publié, en mai 1974, dans le* Cahier des Amis de Valery Larbaud *(n° 12), entièrement consacré à Henry J.-M. Levet.*

Suivent de nouvelles notes de voyage de ce printemps 1911 : « Du Bourbonnais à Paris par Orléans » ; « De Paris à Lyon par Dijon » ; le journal se termine le 19 mars dans la ville de Lyon.

Un mot sur Henry J.-M. Levet. Né en 1874 à Montbrison, dans la Loire, d'une famille de bonne bourgeoisie — son père, Georges Levet, était « député inamovible » du département —, Henry J.-M. Levet se retrouva à la fin du siècle à Paris où il fit la connaissance de Léon-Paul Fargue. En 1902 il s'engagea dans la carrière consulaire et fut nommé vice-consul à Manille ; il y resta jusqu'en 1905. Envoyé alors à Las Palmas, aux Canaries, il en revint, souffrant de tuberculose, en septembre 1906. En novembre il quitta Paris pour Menton et s'y éteignit, en décembre de la même année.

Son œuvre est assez mince : quelques poésies et des articles de critique théâtrale donnés, en 1895-1896, au Courrier français *;* Le Drame de l'allée *et* Le Pavillon ou la Saison de Thomas W. Lance, *publiés en 1897 à compte d'auteur ; et surtout les* Cartes postales, *que Larbaud découvrit avec enthousiasme dans* L'Effort *(revue éphémère), en 1902. Outre la publication de 1921 par Larbaud et Fargue, il faut citer l'édition que Bernard Delvaille a donnée de l'œuvre de Levet sous le titre* Cartes postales et autres textes *(Gallimard, coll. « Poésie »), dans laquelle la « Conversation » a été reproduite. Cette « Conversation » figure aussi dans les* Œuvres complètes *(*Domaine français, *t. VII, pp. 379-405).*

JOURNAL DE QUASIE

Et les grands pays bleus du ciel, et les fontaines,
Balsamiques miroirs
Des étoiles que boit dans des auges trop pleines
Le vieux bouc aux yeux noirs.

Léo Larguier

Bourbonnais, the sweetest part of France.

Sterne, *Le Voyage sentimental.*

Ceci est le journal de bord d'une jeune limousine peinte en bleu de roi à filets bleu clair, et qui a reçu son nom d'une petite fille surnommée Quasie[1].

DE PARIS EN BOURBONNAIS PAR L'YONNE ET LA NIÈVRE

11 février 1911. — Pluie. + 5°. Troyes. Hôtel des Courriers.

Nogent, quelques « Arnoult » sur les boutiques. — Arrivé à Troyes, promené à pied dans les rues. — La province apparaît tout de suite : une vitrine de photographe isolée dans un square. (Il n'y a rien de plus triste que cela[2].) — En gros Troyes semble une ville agréable. — Longues excursions à travers les quartiers : en plein mystère ; on sent que les choses les plus extraordinaires arrivent.

Le lendemain, 12 février, c'est au Grand Café de Nevers que le voyageur met à jour son « Journal ». Parti de Troyes à neuf heures du matin, à travers un épais brouillard blanc, il a traversé Tonnerre, déjeuné à l'hôtel du Chapeau rouge à Avallon, où l'ère Louis-Quatorzième (le seul règne moderne qui ait embelli les villes françaises) a laissé de fortes traces : Vézelay, Clamecy, Poiseux, Guérigny, Nevers (Grand Hôtel).

Le 13 février, c'est la campagne sous la neige, « les routes roses et orangées du Cher », Sancoins, pays natal de Marguerite Audoux[3], Lurcy-Lévis, Ygrande, « visite à Guillaumin[4], » « une des plus jolies églises de village, que j'ai vue en France, » « le plus charmant des hommes. » Déjeuné à Cosne-sur-l'Œil[a] à l'hôtel du Lion d'Or, dans une salle mal chauffée. Valbois, Saint-Pourçain-sur-Sioule, Vichy à cinq heures[b].

LE FOREZ

28 février (mardi gras). — Parti avec Léon-Paul Fargue de Vichy, à une heure et demie, en auto. But du voyage : Montbrison, pour avoir une entrevue avec M. Levet au sujet de la publication des œuvres de son fils Henry J.-M. Levet.

De Vichy à Montbrison, la route en trois heures, temps superbe, le printemps, ciel bleu. Touffes d'ellébores en fleurs le long de la route. Saint-Yorre, Puy-Guillaume, Thiers, Noirétable (vallée de la Dore), Boën, Montbrison (Hôtel du Lion-d'Or).

Visite au cimetière : caveau de famille des Levet[5] ; déposé des cinéraires en fleurs. Des rayons de soleil dans tout le cimetière. Mauvais dîner. Après dîner au Café du Théâtre. Nous y étions seuls : parlé de Levet avec le patron.

1er mars. — Montbrison. Restés au Lion d'Or jusqu'à midi dans nos chambres. La ville est triste : courte promenade. Bon déjeuner à l'hôtel. Visite aux Levet. Saint-Étienne. Dîner. Soirée à l'Éden-Théâtre ; une revue locale. Sous tout cela le récit de la mort de Levet et le souvenir de l'entrevue de Montbrison. Couché Hôtel de France, place Dorian.

2 mars 1911[6] (Saint-Étienne, Hôtel de France, place Dorian).

Grande habitation, avec double porte au vestibule : la porte d'entrée, et une porte intérieure, vitrée, avec des losanges de couleurs. M. Levet est fatigué. Tandis qu'on lui porte nos cartes, au premier étage, nous attendons au bas de l'escalier. Par la porte vitrée qui donne sur le jardin, nous regardons le mouvement d'une petite cascade blanche sur les rochers d'une grotte artificielle (mais nous n'entendons aucun bruit). On nous reçoit et nous montons un escalier aux marches nues. M. et Mme Levet sont dans une petite

a. Jean-Aubry aurait-il transformé Cosne-d'Allier (nord-ouest de Saint-Pourçain) en Cosne-sur-l'Œil ?

b. Ces deux paragraphes sont de G.J.-A. Nous les conservons parce qu'ils permettent de suivre la chronologie du voyage.

chambre que la cheminée, deux corps de bibliothèque, un guéridon et une petite commode, rendent presque étroite. Ce qu'on voit des murs est encombré de cadres. Au milieu de la pièce, petit bureau ministre couvert de papiers en désordre. Quatre fauteuils font la haie devant la cheminée. Le plancher n'est pas ciré. Des deux fenêtres, celle qui est le plus près de la cheminée a ses volets fermés. M. Levet, enveloppé de vêtements sombres, d'une espèce de pardessus jeté sur ses épaules, lui tourne le dos. L'autre fenêtre laisse voir un coin de prairie verte sous un air un peu ensoleillé (on ne sait pas si c'est un coin du jardin au-dessus de la petite cascade qu'on voyait d'en bas, ou bien déjà la pleine campagne).

Fargue est entré sans rien dire. Mme Levet, qui ne l'avait pas vu depuis la mort de son fils (exactement : depuis la veille du dernier départ pour le Midi, novembre 1906 ; ils avaient dîné tous ensemble au restaurant Garnier. Henri [*sic*] Levet habitait à l'hôtel du Printemps, rue du Havre[7]), — Mme Levet lui a pris la main en sanglotant, — mais s'est remise aussitôt. Fargue m'a présenté à M. Levet, puis à Mme Levet, qui m'a demandé si j'avais connu son fils. F. a répondu que non, mais que j'étais grand admirateur des ouvrages d'Henry. Nous nous sommes assis dans les deux fauteuils vides.

M. Levet a fort peu parlé. Il souffre d'une maladie de cœur « à laquelle le médecin de la famille ne comprend rien ». Il n'avait pas dormi de la nuit. Il était là, enfoncé dans son fauteuil, le visage mou et les yeux tristes, respirant mal. En pleine lutte contre la maladie et s'interdisant toute émotion. J'étais gêné d'être devant lui. Lui aussi peut-être, d'être vu dans cet état par un étranger. Il ne m'a pas parlé de ma lettre, et je n'en ai rien dit. F. est persuadé qu'il ne l'a pas reçue.

Mme Levet a demandé des nouvelles de tous les amis que son fils avait à Paris. Fabre (très malade en ce moment), Abric, Pierre de Lavernière, Eugène Tardieu. Elle a reproché doucement à Fargue de n'être pas venu la voir depuis l'événement, et a dit aussi qu'elle avait été déçue en ne voyant pas venir Francis Jourdain[8]. Mais il y avait des malentendus... D'abord, ni Fargue ni Fr. Jourdain n'avaient su que les Levet avaient passé deux ans encore à Paris après 1906. De plus, les Levet ne leur ayant pas même écrit pour leur apprendre la mort d'Henry, ils avaient cru que, pour toutes sortes de raisons, les Levet désiraient ne plus les voir. F. a expliqué un peu les choses, mais par allusions et de loin. Il était impossible de tout dire.

Pour nous (Fargue et moi) nous aurions dû bien poser que nous étions venus à Montbrison exprès pour voir la famille d'Henry Levet. Nous avions un peu l'air d'être entrés en passant. Mais, ma lettre de 1908 étant restée sans réponse, nous n'avions pas osé nous annoncer, la veille, par un mot ou un billet que le domestique de l'hôtel aurait porté au boulevard Chavassieu ; nous avions peur de n'être pas reçus. Dès qu'il a été question de la réunion et de la publication des ouvrages d'Henry Levet, nous avons été rassurés. M. Levet nous a donné l'autorisation que je désirais depuis si longtemps. Il ne voit même aucune objection à la publication d'un choix de lettres. Tous les papiers, qu'il possède, de son fils, sont restés dans leur appartement de Paris, mais il peut les faire venir. Il nous montre alors les quelques souvenirs qu'il a dans cette chambre où nous sommes : deux photographies de Henry Levet en uniforme de Consul de France : une de face et tête nue ; l'autre de profil et coiffé du bicorne à plumes. Fargue me dit ensuite qu'elles ne gardent rien de la personnalité de Levet. Encore : un mauvais fusain fait par un « artiste-express », en 20 minutes, devant le Grand Café de Montbrison. La personnalité du dessinateur y est plus marquée que celle du modèle : l'homme du peuple qui sait manier le crayon ; romantisme de province. Levet y est en chapeau haut-de-forme (comme le Laforgue de Skarbina). Fargue ne trouve pas le portrait ressemblant.

Autres souvenirs (ce fut peut-être la chambre ou le cabinet de travail de H. Levet pendant ses séjours à Montbrison) : des photographies de rajahs données à Levet pendant son voyage dans l'Inde ; elles sont dédicacées (en anglais). Celle de l'ancien rajah de Kapurthala[9] est très remarquable. — Une photographie du buste d'Arthur Rimbaud, faite par Levet lui-même. — Une photographie, dédicacée, de Léandre, le dessinateur, qui fut un des amis de Levet. — C'est tout ce que nous a fait voir M. Levet.

Mais il y a des jouets exotiques sur les guéridons et aux poignées des portes vitrées de la bibliothèque. Piqué dans un vase qui est sur la commode, il y a un petit drapeau de la République de Saint-Domingue en soie, très vieux et très fané (peut-être acheté au Paradis des Enfants, rue de Rivoli). Sur tous les objets qui nous entouraient ou que M. Levet nous montrait, il y avait une épaisse couche de poussière blonde, feutrée.

Mme Levet nous a raconté la mort de son fils, les derniers instants, à Menton, « dans une villa à perron qui donnait sur le boulevard du Midi », le 14 décembre (1906).

Il s'était levé, comme d'habitude, pour déjeuner avec sa mère. Il était très faible, mais assez gai. Il a mangé une aile de faisan (midi et demie). Vers deux heures le médecin est venu faire une piqûre de cacodylate, comme d'habitude. Il savait que c'était la fin, mais il ne dit rien à Mme L. Il se contenta de dire à Henry L. : « Mettez-vous au lit, la piqûre vous fera plus de bien que si vous restiez debout : vous l'absorberez mieux. » Il aurait voulu se relever pour dîner avec sa mère, mais le médecin s'y opposa. L. dit à sa mère : « Vous me donnerez la becquée, maman », comme il disait quand il se sentait trop faible pour rester assis. Vers sept heures il mangea de bon appétit deux petites côtelettes d'agneau. Puis il désira dormir : « Maman, surtout, ne vous éloignez pas. » Sa mère resta près du lit. Vers neuf heures il dit qu'il avait très froid. On lui mit une bouillotte chaude sur le ventre. Sa mère s'aperçut alors que les pieds et le bas des jambes étaient violacés. Elle fit venir le médecin. Le médecin vint, s'assit au chevet et tint le pouls du malade. La mère était debout à côté, soutenant la tête de L., qui parut s'endormir sur son épaule. Insensiblement la tête glissait. Tout à coup, il ouvrit les yeux, les fixa sur sa mère et cria très haut : « Maman ! » Mme L., voyant qu'il n'ajoutait rien, lui dit : « Eh bien, quoi ? parle, dis ce que tu veux ? » Pas de réponse. Les yeux grands ouverts étaient toujours fixés sur la mère. Au bout d'un moment le médecin dit : « C'est fini, fermez-lui les yeux. »

« Je n'ai pas pu les lui fermer, dit Mme L. Je les ai embrassés. J'aimais mieux qu'ils restent ouverts. J'ai pu le garder plus longtemps qu'on ne les garde d'habitude à Menton... La veille, un jardinier m'avait dit : "Vous voyez là-bas ce nuage sur la Corse ; c'est le sirocco, il sera sur nous cette nuit, et toutes mes roses seront brûlées." Le lendemain, le sirocco avait passé ; les roses étaient toujours fraîches mais le mien n'était plus là... »

Un peu après, Mme L. a dit : « Ma vie est finie. Ce sont de ces douleurs qui s'enfoncent dans le cœur comme un tire-bouchon, en déchirant toujours plus profondément. » M. Levet baissait la tête entre ses épaules courbées. (Le jour calme et blanc dans la chambre : la lumière rouge du feu.)

Comme nous descendions, Mme Levet, qui nous a accompagnés jusqu'à la porte, nous a dit que son mari était très fatigué ; elle a fait comprendre que ce serait bientôt fini. Mme L. m'a permis de lui écrire au sujet de l'édition des Œuvres. Elle n'a presque rien lu de son fils. À deux reprises, M. Levet a dit : « Il ne nous donnait jamais ce qu'il publiait. » Il a indiqué *Le Courrier français*[10] comme une des publications auxquelles son fils avait donné ses premiers ouvrages.

Remarques[11]. — Notre visite à la famille Levet a duré moins d'une demi-heure. Nous étions arrivés la veille (1er mars) à Montbrison, Fargue et moi. Descendus au Lion d'Or, quai des Eaux Minérales, le long du Vizezy. Nous avions porté des pots de fleurs sur la tombe de Henry Levet ; visité la ville ; vu la maison des Levet. Le 2 mars, après la visite, nous sommes allés déjeuner à Saint-Étienne que nous avons visitée en détail ; et le récit de la visite a été écrit le soir même (2 mars) à l'hôtel, en rentrant du théâtre. — J'ai oublié ceci : que, au début de son séjour à Menton, Levet avait refusé de se laisser photographier par un de ces photographes ambulants des villes d'hiver, il avait dit : « QUAND J'IRAI MIEUX. » Il faut noter aussi la ressemblance de Henry Levet avec sa mère. Sa mère, c'est presque certainement le fond de son caractère, c'est-à-dire tout lui, sauf le génie poétique. Une sensibilité extrêmement vive, mais contenue par une espèce de hauteur franche, une hauteur intérieure et naturelle (extérieurement, la plus grande simplicité). Fargue m'avait donné une photographie manquée, sur laquelle deux vues différentes se mêlaient. Levet debout au bord d'un trottoir, à Paris ; et Levet assis sur le plancher de la chambre de sa mère, la tête appuyée sur l'épaule de sa mère assise, et la regardant (la position dans laquelle il est mort). J'avais noté la ressemblance de la mère et du fils.

À la fin de notre excursion, c'est-à-dire le 3 ou le 4 mars, en arrivant à Vichy, nous avons trouvé une lettre de M. Levet nous priant de ne pas nous occuper de publier les ouvrages de son fils ; que ses amis l'appréciaient assez, qu'il n'était pas besoin de réunir ses poésies, etc. etc. Il est difficile de savoir ce que le père et la mère s'étaient imaginé, et sur ma démarche et sur mes intentions. La lettre était adressée à Fargue ; pas un mot pour moi. Je suppose que M. Levet avait eu l'intention de refuser et l'autorisation de publier et la communication des lettres et papiers, dès que nous lui en avions parlé mais pour s'éviter la fatigue d'une discussion, pour défendre son cœur malade, il avait dit oui à tout. Il mourut huit ou dix mois plus tard. — Bien d'autres choses pourraient être dites, mais il y aurait indiscrétion.

2 mars. — Dix heures, partis de Saint-Étienne. Roanne. Au buffet de la gare de Roanne, Fargue ayant vu dans la main d'un inconnu une canne d'ébène singulière, a demandé à en voir de près le pommeau d'ivoire japonais, très curieusement sculpté. Nous avons fait connaissance et déjeuné à la même table. Présentations. M..., directeur de la circonscription pénitentiaire de Lyon[12]. Un homme fin, très Français, très sympathique qui avait beaucoup connu Banville, Moréas, Paul Arène, Frémine, Jean Ajalbert, Mallarmé... Il m'a donné un mot de recommandation auprès du préfet du département des Basses-Pyrénées[13] où je dois aller bientôt. Quitté Roanne à deux heures et demie ; à cinq heures à Vichy.

DU BOURBONNAIS À PARIS PAR ORLÉANS

6 mars. — Parti de Vichy à deux heures. Traversé Moulins, Nevers, Fourchambault, Pougues-les-Eaux, La Charité. En traversant cette petite ville cet hiver (par la rue des Hôtelleries) je n'avais vu que des rues transversales aboutissant à un grand fleuve chargé de blocs de glace et encombré d'îlots neigeux. La ville est toute bâtie sur le flanc d'un coteau assez long, et elle contient des choses admirables : quelques vieilles maisons et une tour romane à trois

étages d'arcades, d'une couleur et d'une architecture très belles. Pouilly. Cosne-sur-Loire [*en fait Cosne-d'Allier*] où dîner.

7 mars. — Partis de Cosne à neuf heures et quart après avoir fait avec Guillaumin[14] visite à un jeune professeur du collège, son parent. Un degré au-dessus de zéro.

Fargue a trouvé dans le sous-main de sa chambre le brouillon d'une lettre en espagnol. C'est un enfant qui écrit à sa tante.

Gien. — Arrêt d'une demi-heure pour montrer à Guillaumin l'église qui est une des plus jolies du Centre (l'intérieur surtout avec ses piliers peints en rose, et ses plafonds où le rose et le bleu dominent ; l'église de Manon ; intérieur de boîte à bijoux capitonnée[15].

Saint-Aignan, Châteauneuf, Saint-Denis-de-l'Hôtel, Orléans. Déjeuner à l'hôtel Saint-Aignan d'où vue sur l'église Saint-Paterne : été voir la cathédrale. Repartis à deux heures et demie. Arrêt à Angerville. Traversée rapide de la banlieue : Bourg-la-Reine. Arcueil, le pays que j'ai connu autrefois. L'aqueduc qui a tenu tant de place dans mon enfance m'a beaucoup ému. (Pas vu depuis 1902.) Paris, à sept heures du soir.

DE PARIS À LYON PAR DIJON

17 mars. Auxerre. Hôtel Touring. — Parti le matin à onze heures. Déjeuné au Grand Monarque à Melun, traversé Montereau, Sens, Villeneuve, Joigny, Auxerre à quatre heures. La ville me fait penser à Coventry ; mais il y a les rues de maisons bourgeoises, les jardins et les mails qui manquent à Coventry. Les boulevards qui tournent autour des villes (Montbrison, etc.), voilà la grande supériorité des villes françaises sur les villes anglaises.

18 mars. Dijon. Hôtel de la Cloche. — Parti d'Auxerre à neuf heures. Traversé Avallon sans s'y arrêter. Revu la statue de Vauban, les promenades bordées de grands arbres et même la jolie patronne du Chapeau-Rouge.

Grosbois. Sombernon. Dijon à une heure.

De deux heures à sept heures visite au musée, aux églises. Je croyais, d'après Aloysius Bertrand, que Dijon était une ville noire, escarpée, hérissée de tours, de poivrières, de flèches et de beffrois — une Aigues-Mortes noire. Ce n'est absolument rien de tout cela. Tout y est du gris doux de France et plein d'une dignité gracieuse. Promenade au parc... Je ne puis pas ôter de ma mémoire les yeux féroces, les yeux aplatis — l'iris semble attaché à la paupière inférieure — aux prunelles de bête, du portrait de Charles le Téméraire.

19 mars. — Dijon. Traversée des grands vignobles de la Côte d'Or. Chalon-sur-Saône, Tournus, Mâcon. Déjeuner. Visite à la mai-

son de Lamartine. Mâcon a l'air d'un port méditerranéen de l'ouest : Grau-du-Roi, Palavas, le Grao de Valence, Pueblo Nuevo del Mar, etc..., égaré en pleine France septentrionale. Le vent, digne des plus beaux jours de Cette, aidait à l'illusion ; mais la peinture des façades était bien maritime, et de ce maritime particulier à la côte de Septimanie ; Je n'avais jamais pensé que Lamartine pût être né dans ce caboulot de marins d'eau douce. Il y a des rues qui ne laissent rien à désirer aux villes anglaiscs (ruc de la Piété filiale, par exemple). À Lyon à trois heures.

Notes

1. Cette petite fille est la nièce de Marguerite Audoux (voir infra n. 3).

2. Note de Jean-Aubry : « On retrouve ceci dans *Allen* : "Oh ! et à Auxerre, ou à Sens ? cette vitrine de photographe dans le jardin public désert, quelle idée, comme c'est triste !" » (chap. III, Gallimard, 1927).

3. Marguerite Audoux (1863-1937) était issue d'un milieu très humble : orpheline de mère et abandonnée par son père, elle avait été placée comme bergère dans une ferme de Sologne à l'âge de treize ans. À dix-huit ans, elle alla à Paris exercer le métier de couturière. Elle fut alors introduite dans le groupe des amis de Philippe et Philippe lui-même l'encouragea à écrire *Marie-Claire*, roman autobiographique qui connut le succès. Larbaud écrivit, en 1922, un article intitulé « L'Atelier de Marie-Claire » (in *Les Primaires*, 3e série, 4e année, n° 8, août 1922, pp. 333-336), qui a été repris dans *Domaine français* sous le titre « Marguerite Audoux » et figure dans les *O.C.* (t. VII).

4. Ami de Charles-Louis Philippe, tout comme Marguerite Audoux, paysan bourbonnais et écrivain, Émile Guillaumin (1873-1951) écrivit et publia pendant un certain temps tout en poursuivant ses activités de paysan, qu'il finit par abandonner pour se consacrer entièrement à l'écriture. Le plus connu de ses ouvrages demeure *La Vie d'un simple* (1905). Il était en correspondance avec Larbaud, qui estimait en lui l'écrivain bourbonnais et l'ami de C.-L. Philippe.

5. Dans la « Conversation entre Léon-Paul Fargue et Valery Larbaud sur Henry J.M. Levet » on relève ces lignes : « À propos, as-tu remarqué combien le caveau de la famille ressemblait à l'hôtel de la famille, — hier soir, au cimetière ? C'était l'hôtel de la famille plus petit, en réduction, comme un ex-voto, — et aveugle, et tout blanc... » (*O.C.*, t. VII, p. 380).

6. Nous insérons ici, à sa place chronologique, le « Récit de la mort d'Henry Levet, par sa mère » (Ms LXVIII), dont nous avons une copie dactylographiée, transmise par Jean-Aubry. C'est un texte que Valery Larbaud a communiqué à Jean-Aubry, « quatre feuilles d'un grand registre », manuscrites, précédées d'une note : « Le récit détaillé de cette visite a été réservé pour une biographie future de Henri [*sic*] J.M. Levet. Il y aurait indiscrétion à la publier maintenant ». J'ajouterai que je ne veux pas prendre sur moi de la publier, tôt ou tard. Si un jour quelqu'un s'attelle à la biographie de Levet, il pourra trouver ce récit ici. J'ai détruit le ms. du JOURNAL DE QUASIE, et détruirai aussi cette partie secrète, dès que je l'aurai recopiée ici. »

Ce récit a été publié dans le *Cahier des Amis de Valery Larbaud*, n° 12, 1974, « Henry J.-M. Levet/1874-1906 » (pp. 3-8).

7. Citons ces propos de Fargue, tirés de la « Conversation » : « Le lendemain de sa mort, — je ne l'avais pas apprise, j'ai su, un peu plus tard, qu'il était mort la veille de ce jour-là, — je m'aperçus que je passais devant l'Hôtel du Printemps : je regarde, je lève les yeux aux fenêtres : plus d'Hôtel du Printemps, plus d'enseigne, plus de gran-

des lettres d'or. La maison méconnaissable, repeinte, transformée, avec des rideaux rouge sombre à toutes les fenêtres. Un changement à vue, tu sais... » (*op. cit.*, p. 404).

8. Francis Jourdain (1876-1958), fils de l'architecte et décorateur Franz Jourdain, fut lui-même peintre, décorateur de théâtre et illustrateur. Ami de jeunesse de Léon-Paul Fargue, il devint également l'ami de Larbaud, avec qui il restera en contact jusque dans les années 1930, époque à laquelle Larbaud et Fargue, fâchés depuis quelques années, ne se voient plus.

9. Évoqué dans « British India », un des poèmes des *Sonnets torrides* :

Sur son trône d'or, étincelant de rubis et d'émeraudes,
S.A. le Maharadjah de Kapurthala
Regrette Liane de Pougy et Cléo de Mérode
Dont les photographies dédicacées sont là...

10. Levet avait commencé à collaborer au *Courrier français* en 1895, mais ce qu'il y avait donné, « ses poésies chatnoiresques », écrit Larbaud, « ne val[ai]ent pas la peine d'être publiées ».

11. Ces « remarques » ont été écrites bien après la visite aux parents Levet mais nous les conservons ici car elles forment la conclusion à cette visite.

12. Note de G. J-A. : « Léon-Paul Fargue nous a précisé qu'il se nommait Ogliastroni. »

13. Larbaud avait l'intention d'aller rendre visite à Francis Jammes à Orthez, et aussi d'aller faire la connaissance d'un jeune poète dont il avait lu, dans *La NRF* d'avril 1910, des poèmes en prose, *Éloges*, qui avaient retenu son attention. Ce jeune poète se nommait Alexis Saint-Leger Leger, qui prendra quelques années plus tard le pseudonyme Saint-John Perse. Larbaud publiera, en décembre de cette année 1911, le premier article critique paru sur le poète dans *La Phalange*. Ce voyage fut entrepris au début d'avril 1911.

14. Larbaud et Fargue avaient décidé Émile Guillaumin à quitter sa campagne et à faire avec eux le voyage à Paris.

15. Note de G. J-A : « On retrouve une allusion à l'église de Gien, presque dans les mêmes termes au début du chapitre III d'*Allen* (N.R.F., 1927). »

1912

Le journal de 1912, ou plutôt de l'été 1912, « Como and Saint-Yorre », est contenu dans un cahier, ligné, de format 15 × 21, à couverture bleue : le manuscrit XVI. Il a été acheté à Milan ; le type et la marque sont donnés dans un cartouche en bas de la couverture : Modello 270 C / Carta Sopraffina / Cartiere / Ambrogio Binda & C. / Milano. Il est numéroté toutes les deux pages, sur la page de droite, au tampon encreur, de 1 à 35, et se termine par sept feuilles déchirées sur lesquelles on peut discerner des traces d'écriture. C'est le premier cahier entièrement rédigé en anglais.

Ce journal figure dans le tome IX des Œuvres complètes, *mais de façon très fragmentaire puisque seules 296 lignes sur les 600 qu'il comporte ont été éditées.*

Plusieurs passages ont fait l'objet d'une édition séparée. Larbaud lui-même en a tiré des pages qu'il a intitulées « Une journée » et qu'il a données à la revue Intentions *en 1922 (1re année, n° 9, pp. 58-64). Elles ont été reprises en 1927 dans* Crayons de couleurs, *puis dans* Jaune bleu blanc *et figurent, à ce titre, dans les* Œuvres complètes (t. I) *et dans l'édition de la Pléiade (pp. 838-845). Béatrice Mousli en a présenté plusieurs extraits dans* Valery Larbaud, le vagabond sédentaire (op. cit.), *aux pages 193 et 194.*

Ce journal commence au retour d'un séjour de plusieurs mois à Florence ; Larbaud y repartira à la fin septembre et y restera jusqu'à la mi-janvier 1913 — nous ne possédons pas de journal pour cette période, pas plus que pour l'année 1913, qui sera celle de la publication de A.O. Barnabooth.

COMO AND SAINT-YORRE

Diary begun at Como, July 11th.

> (It goes on to the 15th of August, including a few entries concerning Francis Jammes.
> The record of a few happy summer days at Como and Saint-Yorre.)
>
> V. L.

Como 11. — Up at 8. After breakfast in the tram to Chiasso (Switzerland) ; bought some postcards, and some cigarettes (smoked 2). When returning to the train, on the Italian side, I was taken into the customs building by the guardia finanza who asked me whether I was Italian or foreign. He seemed to look suspiciously at my pockets ; I emptied them before him and so he was satisfied. Suppose he only wanted to show his zeal. Got back at about 10. To the Post Office. [*Sept lignes et demie caviardées.*]

Dopo pranzo went to P. Did rather well ; picked up some pearls. Back to my rooms to work. Tea in my rooms at about 5. After dinner to the public gardens and along the lake. The fine sound of the girls' wooden shoes on the stone pavement. The military band is playing on Piazza Cavour (67° di fanteria). Wrote to Mother and at intervals went on with *Fraternity*. Not quite satisfying ; he puts the whole frame of social life into motion, just to show diminutive men and women. I can't see the point, nor where he is going to. There is the gentle, kindly, mad old man of the Dickensian novel. But we shall see. Found a good saying that could be made to serve as a motto for [*Une ligne caviardée.*]

"Now and then, some member, violating every sense of decency, would take a violent liking for another member's books. This he would express in words, to the discomfort of his fellows, who, with a sudden [chilly] feeling in the stomach, would wonder why it was not their books that he was praising" (chap. XII).

While reading the third or fourth chapter, I felt very strongly that it would really be impossible for me to live in a house I had furnished and decorated after my taste. There would be — there is — such a sense of the definitive, of the BORNÉ in such houses. There is nothing but postcards, chocolate and tobacco in the shops at Chiasso.

The lake — throwing out to the town, just that sheet of calm and clear water. Rather, playing at hide-and-seek with us, so that we feel him there, peering round the corner of the rocks, in a childish, hushed, expectant way. And always that impression, that the boats are too big for the lake.

12. Friday.

Rose rather late (breakfast at 9). A fine day. Went to Cernobbio in a little boat ; it took two hours, of which 1 ½ on water. Many white butterflies ON the lake : crossing from shore to shore, and sometimes following the boats. Spent some time in the Villa d'Este gardens, and tried to find the HIGH WHITE WALL the Princess of Wales had built to conceal parts of the gardens from the people sailing by. The hotel concierge (Villa d'Este being a hotel) told me there had been so many changes made when the villa was turned into its present use, that there were very little chances etc... The gardens are really worth seeing.

[*Quatre lignes caviardées.*] from 11 to 12 ½ and from 2 ½ to 5 ½. Then to the baths of le Terme Canensi. Back to dinner. A batch of English people had arrived [*Deux mots caviardés.*]

Wrote to Mother and Aunt, (about a book sent to me at Valbois, of which she told me in her last letter, from what she calls some "consœur" of mine, with a Russian name ; I wonder who it may be).

Had coffee at the usual place (near the Duomo) ; [*Une ligne caviardée*] bought at last the expensive Carducci.

Long stroll this evening, smoking and eating cioccolata al latte, up to Porta Vittoria.

Went on with Galsworthy's novel. A curious detail I had from the barcaiolo : Molti signori hanno la loro bandiera private ; but they fly it (on a pole, near the landing steps of the villa) only when they are OUT ; it means "Signore fuori".

I begin to like Como very much. The sound of the children's wooden shoes on the large soft flat stones of the pavement is something wonderful ; somehow it gives some hints of the wearer's sex, age, personality. I went to a Cinematografo this evening. I have bought a local paper : *La Provincia di Como*. There has been a big fraud affair discovered recently, smuggling of some sort ; this explains why the guardia finanzia wanted to see the inside of my pockets, yesterday at Chiasso.

13. Sat[urday].

[*Deux mots caviardés.*] Immediately after breakfast went on board of one of the small steamships (The "Adda"), which goes to Torno, calling at Cernobbio, Blevio and Moltrasso. I went through all the run, getting back to Como at about 10 ½, having been nearly 2 hours on the lake.

No letters. [*Trois mots caviardés.*] Worked well : from 10 ½ to 12 and from 2 to 7 without interruption ; and then, after dinner, from 10 to 12. Bought a pair of Alpine shoes ; received and payed for the flag ordered yesterday. This evening from 8 ½ to 10 took a long walk through all the town, up to the river. Spent a few minutes in a Cinematografo, just to be among people. There has been music on piazza Cavour this evening (the town band — not so good as the military one). A little boy was selling a new paper — the first number of a new paper : *La Frontiera*. I was unable to know the result of the ESTRAZIONE DEL LOTTO of Milan : the newspapers shops being closed at the time when the Milano papers ought to have arrived here.

At leisure moments read Galsworthy. Rather indecent ; of course knowingly so ; still it is really bad ; and will make a bad name for the modern English novel. They don't know how to refer to sexual things. That applies also to Wells. The episode of the dogs is filthy, nothing more or less.

I was disgusted with the vulgarity, the coarseness, the ready-made appearance of the middle-class well-to-do men, this morning on the boat. The only decent person was a workman in soiled clothes. Beautiful things seen in the water of the lake : a half opened red rose and a handful of golden dead leaves (olive-tree leaves) just appearing for an instant on a wave.

Saw the splendid face of an old priest, this evening on the Piazza.

14. Sunday.

Woke at 9. (This must not go on). Had a letter from mother containing two others sent from boul Montparnasse : one from Mme E., the other from Thomas B., the poet (it is Jammes who gave him my address — he tells me : mais il ne m'a pas appris votre nom que je place depuis longtemps parmi ceux de mes écrivains favoris. A nice compliment — making allowance for the fact he is writing to me — but somewhat disturbing when the ÉCRIVAIN is just thinking at another book.)

Mother can't come to join me at Geneva and bring me back to la Thébaïde in her motor-car. So that I shall go straight to boulevard Montparnasse when I leave here. I went to the post-office to send her a wire on that subject. The lady there, seeing my telegram written in French ~~tried~~ made an attempt to speak French with me but failed utterly ; I had to prompt her in a most pitiful way, telling her in French what I wanted and then translating my sentences in Italian in a half abstracted way, as if speaking to myself.

Then to high mass at the Duomo ; the sermon, too long (color che vogliano sostituire la morale di Mazzini alla morale di Gesù-Cristo) ; the music good.

Followed a girl who was sitting near me at church. Respectable-looking people (the mother and the girl). They spoke to a coachman, and I went immediately to ask the coachman what these ladies had told him. Only : where they could buy a paper. So they were strangers and so I left chasing them, not being much interested, and then it was time to get back to lunch. She reminded me of —. At church she sat yawning, fingering sometimes her beads ; prayed once, and once told her mother the sermon was really too long. A nice girl, quite BOURGEOIS — very sweet to look at.

Dopo pranzo, missed the big boat for Bellaggio and went up NELLA FUNICOLARE to Brunate : Sat there, on a café terrace for about an hour, reading Galsworthy ; From a certain place when going back, ALL THE STREETS OF COMO may be seen at one glance.

Worked for an hour. Then to E. (too short, but rather interesting). Then to T.C. — forgot the time and remained 1 ½ in my bath.

La cena was made remarkable this evening by my neigh. (the Bébés, as the waiters call them) having flowers on their table, champagne glasses, and flags : one large French flag, and two tiny ones : Italian and Argentine. Of course they were celebrating the 14th of July. I can't make out their nationality (they speak French between themselves and to the waiters — Italian with an Italian gentleman). The lady is very interesting. There's something of the South-American lady about her (the way in which the hair is done — and the colour, etc.). The eyes, wonderful. All her story in them. [*Trois lignes caviardées*.]

This evening, walked along the railway line of the Nord-Milan R. — then sat at a small booth of burattini, just outside and near the Porta Vittoria. Gioppino. Three acts — Gioppino speaking in the Bergamasc dialect — Many children, of course ; and two very sweet little girls near me. The name of Federico suggesting at once to one of them the name of Federico Barbarossa. Il padrone (he who plays the principal parts) asked me matches to light his theatre. The incident of the rice : just before the show began two boys came to ask the burattini people whether they had not stolen from the trattoria in which they had had their dinner five CHILI of rice. A sort of row ensued "Five chili of rice, indeed !" It seemed to be all got up to secure two seats gratis for the boys of the trattoria. — The little girl who came near me at the beginning just to see what sort I was ; she had a fan. The man — a workman with just his fill of wine — with his dog Farmè and his wooden leg. The children outside, the pretty servant girl.

There has been a concert again on Piazza this time, a band in a sort of admiral uniform, la lucerna con penne bianchi.

There are darling old houses, about here ; especially Piazza S. Fedele, several with arcades, and one painted red ; they give one a longing to kiss them, pat them on their sweet old faces.

Had a p.c. from Jacques Rivière about the proofs of the *Matador*. Hope he'll be able to send them here : don't wish to have anything of the kind to do in France.

[*Un paragraphe d'environ neuf lignes caviardées, barrées*.]

15 Mon[day].

Woke at 5 ½ but could not get up before eight. Worked much ; indeed I filled all the pockets of my day. Walk out after breakfast ; worked from 10 to 12 ; from two to 5 ½ — bath — then again at work from 6 ½ to 7 ¼, and a little just after dinner. Went to porta Vittoria. Bought some apricots which I ate walking then to the Cinematografo. There is about here a pretty race of tall, fair-haired girls. It seems rather queer to hear them talk Italian with all the MADONNA ! MA GUARDA ! etc.

Put out my flag at the balcony. I think today is the birthday of the Queen — I'm not sure whether it is the Queen Mother or the King's wife.

Went on with Galsworthy's novel ; always that indecent talk about sex, etc. However the novel is rather good — in the CLEVER manner, though.

Wrote to Mother. I had a p.c. from her. Had the *Nouvelle Revue française* from Gaston Gallimard. Read Fargue's poem : *Solitude*. There are wonderful things : "faire provision de cette femme", etc. [*Une ligne et demie caviardée*.]

Discovered and explored a second-hand bookshop. Nothing very interesting.

Had a glass of tamarindo in ghiaccio at the German restaurant before going home. Rather fishy stuff.

16. Tuesday.

Woke at 6 ½ ; got up at 6 ¾. Worked till breakfast. Then to Chiasso in the tram to buy 3 CASTLES cigarettes. This time I was SEARCHED by the guardia finanza, just like any common thief. As the experience was new and rather exciting, I did not protest. It was all done with great politeness and no sort of brutality whatever. I think they select me, not because they find my appearance strange, or because they really suspect me, but because they are, on the contrary, almost sure that they shall not find any unlawful matters about me. Thus they show their zeal, do the thing they are paid for, and do not get into any scrape. I sat at a little caffè in front of the custom-house, on the Italian side and watched them : they did not search any of the people that came in their way.

Was back here at 9 ½. I think there is still an advantage in going to Chiasso to buy the cigarettes : they cost only 45 centesimi the small tin box of them. Besides, they don't sell 3 CASTLES here in Como.

Letter from Mother, including a bill from the bookseller of Paternoster Row. [*Deux lignes et demie caviardées.*]

Worked from 10 to 12 and from 2 to 5 ½. Then to the T.C. (watched from my place the soldiers bathing). Back to work before dinner. Took a stroll after (discovered new and strange parts of the town : beautiful old courtyards, palaces, chiassi [*Quatre lignes et demie caviardées.*] Had wine this evening at dinner (I had not touched any wine since I left Florence).

Read again Fargue's poem *Solitude*, and found new things in it. Went through that translation of Keat's letters to Fanny ; rather good, I should think. On with Galsworthy's novel.

17 Wedn[esday].

Bad night ; suppose it was the heat and the want of exercise. I do not dare to open the shutters before day, from fear of letting in some "creepy-crawly" thing. I opened them at dawn, though (3 ½ I think). Still I was up at 7 ½. [*Un mot caviardé.*] I must take exercise and not indulge in long baths. Worked all day : before breakfast ; then received the proofs of the *Matador* ; corrected them (between 8 and 10), sent them to J. Rivière with a letter asking whether it was possible to get three separate copies of it : one for Arnold Bennett, the second for Cipa Godebski, the third for me. — Sent it under a sealed envelope. The man at the post office said a rather clever thing, proving that he, at least, knows a little French. As the letter was addressed to "Monsieur — etc — Département du CHER" ; he said, seeing the envelope was sealed and I must pay as much as if it were a letter : That will be CHER davvero ! (In fact it cost me 2,25 — but I am sure it will reach Rivière and be sent in time to the printer.)

Worked from 10 to 12, from 2 to 6 ½ ; and did much work, with spirit.

New arrivals here. Found the Bébés vulgar, etc (not at all what I thought them to be).

Discovered new courtyards, etc. Some palaces are really wonderful.

Had a letter from Mother. Answered ; sent p.c. to Aunt, answered a letter from the *Argus* (included in my mother's letter). I tell them I don't want to have anything to do with them. Their bills come too often and are evidently exaggerated.

The waiter asked me ("Dirà che sono curioso, ma —") what was the flag I put out at my window. I daresay he is puzzled about my nationality : hears me speak Italian, and address him and everybody in Italian, with an accent ; sees me reading English books, and receiving letters with French, English, Italian, Belgian stamps on the envelope, etc. He thought I was Argentine (the conclusions are logical). I told him it was my own colours, which he understood at once, as "molti signori, qui, hanno la lora bandiera privata, ecc."

Indeed, everybody here in Como knows some words of French : Merci, deux francs, bonnsoar, etc. But it doesn't go farther. Today, passing by the big toy-shop, I saw the red fishes in the little tank of the "Bagno" toy nearly dead for the heat and the foulness of that water, which is never changed. I entered the shop to buy something, carried all the business in Italian, but when I paid the lady-cashier said "Merci". Thereupon, I told her about the fishes, that they were "Presque morts, qu'il fallait changer l'eau", etc. — She did not understand one SINGLE word. I had to explain the whole thing again in Italian. They seemed surprised that anyone should care for the life and comfort of those fishes.

Tonight, to the Gioppino booth. The same public as Sunday last ; workmen's children. The two children near me : brother and sister kissing each other in the most innocent way but continually. Hooligans. Beautiful boys. The play was a comedy ; scene : Florence, via de' Serragli ; two acts, on cicisbeismo (against — must be very old). Then a farce, with Gioppino, Brighella, and Colombine, as the principal characters. I understood the dialect much better than the first time. I am used to the man's voice now. The beautiful family : the little girl with her beautiful young mother. Birra chiara.

I changed very little in the *Matador*. The biggest SPROPOSITI came from M. Michalet (the copist) who could not always read my handwriting.

I did not know there was that something of the BEAU-PARLEUR in the character (I mean the classical character) of Brighella.

18 Thursday.

Up at 7 ¼ (had a good night, but the zanzare had been at work again on my face and hands). [*Une ligne caviardée.*] No afternoon bath, today.

Had a copy (sent by Gallimard) of Pierre Hamp's new book *Vieille Histoire* ; saw the preface ; rather funny : "Les romans d'amour disparaîtront comme les chansons à boire... Le poids de la femme sur le monde est égal à celui de la guerre"... etc. It looks rather wild and boyish. Still there IS an idea in this boyish talk : the idea that the *Nouvelle Héloïse* and the Romantic way of seeing and describing love has decayed into a mere convention, that there are other aspects of the question of the relation of sexes still to be examined and described. "Le poète des temps futurs sortira des hommes noirs de la fabrique". It would be interesting to trace to its origin that fad about artisan-poets ; I saw something of that sort in the *Histoire de la littérature anglaise* of Chateaubriand (he was speaking of course of the labourer poets). The prophecy of M. Pierre Hamp has the same meaning : that real poetry is not a thing of refinement. [*Trois lignes caviardées.*] An old truth. These short tales seem rather good ; his NOVEL is.

Had also : p.c. from Rivière, asking me to send the proofs to his Paris address (answered they had been sent to his CHER address already.) Short letter from Aunt explaining about the book sent by the lady with a Russian name. P.c. from mother. Answered. Sent p.c. to Aunt, Mother, Régis Gignoux, Arnold Bennett.

After breakfast, walked on the Albate road to San Rocco. A wonderful plebeian part of the town, fuori delle mura. There was an ardent and beautiful life going on there : pleasures, looks, etc. Three men sang a poor patriotic song. They were treated as poets ought to be treated by the aristocracy : everybody bought the song, smiled at them, feasted them, sang with them. It was this :

Bella ti lascio addio
Io parto per la Guerra ecc...

And the burden :

Tripoli mia
Libera sorgi
Al grido di Guerra
Morte al Musulman !
Non è più forte
Di noi la morte :
Tra i feriti e i morti
Sorge la libertà !

It looks like an old song of the Indipendenza wars, galvanized into new life. If so, it is just like all their false enthusiasm about this wretched business with the Turks.

Bought there a pair of wooden shoes to take back with me to France and show them. Waiting for a tram to take me back to Piazza Cavour, talked with a woman who was waiting too. She pronounced Cantù (the town) as a Frenchman would have pronounced it : u. I like their language[a] [*Deux mots caviardés*]. Entering a

a. Cette phrase n'est pas reprise dans la traduction que Larbaud donne du passage.

curious and beautiful courtyard, I stumbled on the Gioppino man who was painting new some of his old burattini.

Worked from 11 to 12. Then from 1 ½ to 6 ½, and well. Out again for exercise. This evening to the cinematografo, not long (the smell too strong). Then along the lake. From the Campo di Marte : — it had rained about 5 ½ — 6 — nothing visible but the lights. So that there seemed to be SOMETHING NEW in the sky : a slightly slanting line of big stars going up to mix in a shining array of fifty other bright big stars. And along the first line of stars, two luminous bodies creeping slowly, one up the other down. — Of course : the FUNICOLARE and Brunate on the top of the mountain over Como. Sometimes long and large flashes of lightening lighted everything and showed the boundaries between the mountains and the sky. Otherwise, there was no outline visible : all the same grey-blue mist.

Galsworthy's novel over. Clever to the end. Of course it gives only constatations about a certain class of people, with which the author seems to sympathise. Still it is somewhat marred by the fact that the great discovery which is so much insisted on by the writer is only this : that there is a mutual attraction between the sexes and that Spring is the season when this attraction is the strongest. He flouts this in the reader's face as if it were ~~a great~~ something new and as if it were heroic to have the boldness of attracting his attention towards that fact. Why, by the side of the Préface of Monsieur Pierre Hamp, these English novelists seem to be fifty years backwards of our own. — Then a fact struck me, that the value of a ~~book~~ novel depends much on the value of the characters it introduces and describes. This is what Philippe meant when he said he felt he was "capable of writing a life of Napoleon."

So many things could be said against the composition of such a book as *Fraternity* : the spraying of poetical touches and descriptive felicities, as Cayenne pepper thrown here and there to please cultivated minds, etc. Still there is something in that book. It suggests MUSSET, in its attitude, etc.

19 Friday.

Again a very bad night owing to the storm that began at about midnight and did not cease till 4 ½ this afternoon, with thunderclaps, rain pouring down etc. Woke at 6, but did not get up till near 8 o'clock.

Had a letter from Mother, including one from Aunt. That's all.

Out between two showers on Piazza. The green hills of a much lighter colour than the sky, and clouds which look like ashes fallen thick on the shoulders of the mountains. Finished the greater part of my work (from 10 to 12 and 2 to 4 ½). But shall have to begin copying tomorrow (and finish — if possible : about 60 pp. !).

Began, in the spare time and during meals, the *Jean-Arthur Rimbaud, le poète,* which I bought at Milano the other day. Very interesting of course ; but how wretchedly written ! There is scarcely one sentence which does not contain any un-grammatical or un-French form of speech. He [*Trois mots caviardés*] does not hesitate to write such words as : EMMI, ÉPISTOLE, INCITÉ À, etc. But there are wonderful things from Rimbaud's papers, school-exercises, etc. It seems wonderful to find such grand work as "Les Poètes de sept ans" or "Le Bateau ivre" set in between such rubbish as Berrichon's decadent prose. I should like to see some sample of the Latin verses by Rimbaud.

Went to see the girl I [*Un mot caviardé*] met on the first day. Had a long talk with her [*Une ligne caviardée*] she has a curious accent, the principal characteristic of which is the o pronounced ö (or as EU in French) and the dropping of all the finals : allör', cinq ör'. It is very ugly and reminds me of the ugliest patois of France. [*Six lignes caviardées.*]

To take me quite away from my work, when it was finished, I went to Chiasso again. Strolled a little on the Swiss side, sent p.c. : to Mother and to M. Deruy ; sort of fair, with booths, on the Italian side. [*Deux lignes caviardées.*] Was not searched this time by the guardia finanza, too busy with people in motor-cars. Back to Como at 6 ½.

Ho comprato una piccolo casa di legna (Svizzera) per fare una casa all' [enquesos] et una sveglia economica (2,25) which, I hope, won't disturb too much my neighbours, as I mean to be up tomorrow at 6. Mind to go to the second-hand bookshop t.m. The man there wants to give me the catalogue just to be issued tomorrow morning and make a note of my address, etc.

Went to the pictures this evening. Bébés going away. The Belgians, who belched upon each other their indecent dialect, have disappeared. Many Germans, all speaking Italian pretty well. Wrote to Deruy again and to L.-P. Fargue. Tired.

20 Saturday.

La sveglia mi sveglio alle SEI E MEZZO — which is really early for me. Worked immensely : from 7 to 8 ½, from 9 ½ to 12, from 1 ½ to 5 ½, from 6 ½ to 7 ¼, and a little just now. Have copied more than 70 pp. The only rest I gave myself was spent walking under the arcades of via Plinio, and at the T.C. (the water, rather colder than usual — owing to the storm, I think); felt rather weak when I got out. Ate a great deal just after and feel well now. Very good fish from the lake.

Went on with P. Berrichon. Had a p.c. from Mother, and a letter from G. Gallimard. Am very glad (article on Fargue by H. de Régnier in les *Débats* — that's good). Answered both.

Basle. 21 Sunday.

I write this at a table in the Buffet of the central station, Basle. 11 ½ p.m. and I shall start again at 12,20 — this time straight to Paris where I shall arrive tomorrow at 7 ½ a.m.

Up at 6. Finished copying at 12. Had letter with money at 9 ½. Paid hotel bill, etc. Left Como at 1 ½. Passed St Gothard at about 4. Very cold. — Under the tunnels, I finished Berrichon's *Arthur Rimbaud*. Got here at 9 ½ p.m. Sent p.c. to Aunt, Mother, Marcel Ray. Wrote something about the *Rimbaud* (a rather severe critique of the book, intended for the notes of *La Nouv. Rev. française*, but it does not satisfy me. [*Deux mots caviardés.*] The two main points were : Berrichon insists too much on the calumnies about the Verlaine and Rimbaud friendship — trying to rehabilitate R., who does not want to be rehabilitated ; then polemics take too much room in the book : the quarrels between V. and R. seem to be continued there. Thirdly "Madame Rimbaud", the worst witness to call in, is too conspicuous throughout the book. Conclusion : we ~~wish~~ long for a scientifical[a] biography of one of our greatest poets. There must be documents of some sort on the life lead by Rimbaud in London.)

Fellow passengers : German girls, the Italian week-enders (Campione, Lugano) ; the Dutchman who spoke French ; the healthy-looking old man, dressed as an alpinist, with knickerbockers, feathered hat, and who had a mortal fear of draughts, open windows, etc.

Saint-Yorre Wednesday ~~August 1st~~ July 31.

Not quite settled yet here, but I feel much more quiet than during the Paris and Vichy days that followed my return from Italy. Left la Thébaïde at 10 a.m. in the smaller motorcar. Lunch with Mr. Voldoire with whom I came back to La Thébaïde at 5 p.m. to take some books, clothes, etc. Back here at 6 ½, in time to dress for dinner. Aunt here, too. Did not work much : a little in the afternoon and this evening. Letters and p. c. from Marcel Ray (in the Spreewald with a poet, Bermogeiger), Cipa Godebski, L.P. Fargue (I hope he will be able to come) and an old p.c. from Mother sent back from Como. Weather hot and wet as usual here.

August 1. (Thursday).

Got up at 7 ; stormy night ; Mother had to shut my window. Wet day. Very unwell, feverish all the morning, and really ill before dinner. Worked a little from 8 ½ to 11 ½ a.m. Then from 2 ½ to 3 ½ ; then slept till about 4. The letters came only once, and after 6

a. Mot non attesté. L'adjectif est *scientific*.

p.m. ! In my spare time and after dinner went on with *La Vita di Giacomo Leopardi* scritta da G. Chiarini, and Walker (very bad). Letters from : L.-P. Fargue (coming at last) ; and the answer from the *Argus de la Presse* people ; they owe me about seven francs. I shall tell them again I want my name to be struck off their list. Wrote to : L.-P.F. ; Louis Chadourne ; Quasie. Played ; played cards with Aunt ; thought about E.M. and Weston-super-Mare ; and a new idea for "La Grande Époque".

Destroyed several old mss of an old version of Barnabooth's poems and "Propos de Table" (the description of B's Table). A sad, chilly day.

Now that the trees along the Nîmes road have been felled, there is more unity in the landscape we see from the front windows : the slope may be followed from the small red-roofed houses on the hill-top down to our porch. The effect, to me, is wonderful : it is like an explanation, the true nature of something at last revealed ; mi piace.

Friday Aug[ust] 2.

Somewhat better ; weather still wet and cold, no sun. Up at 7. Worked regularly at both things — one before lunch, the other 1 ½ h after. V. came bringing books arrived for me, photographs, etc. I went back with him to Vichy and came back here, — all between 4 ½ and 5 ½. Played (the old boats on the big water tank, and soldiers, etc.). Cards with Aunt. Went on with Chiarini (just about to leave Recanati — at last.) [*Quelques mots caviardés.*]

This morning, while working, such names as the Wye Valley, Llanthony, etc. brought me very near — [*Deux initiales caviardées*] and the old memories. [*Six lignes caviardées*] e molte altre sciocchezze.

To the post-office (new) after dinner. There are many new buildings, shops, etc. in St Yorre. Heard there were even strangers staying at the best inn and going every morning to Vichy in their motor-cars.

Sunday Aug[ust] 4.

Did not write here yesterday, as I was very upset and ill. Had a restless night. Today much better in spite of a dreadful rainstorm which lasted all day (and goes on). Aunt went away yesterday. Rose late this morning (8). And as it was Sunday did little. Had my English papers, a letter from Jean Royère asking for what I promised him. [*Cinq lignes caviardées.*] Yesterday, wrote letters to the book-binders at Lyons and Paris [*Quelques mots caviardés.*] Today spent all day in "my" study, talking with mother, playing, reading a little and working by turns.

Thought of a series of tales about some solitary man coming to live in such a place as this, with only a butler. He would live as a sort of king in exile, changing dress three or four times a day, without ever going out of his park. Would have his butler dressed in sort of livrée de cour, etc. What they would say of such a man in the village cafés. Then, after some years, he is really called to a foreign throne.

5 Aug[ust]. Mon[day].

Am all right now ; weather still wet and chilly (especially this evening just before dinner when I went to the post-office to fetch the letters). Worked a little this morning. Then V. came to lunch ; we played together at the water-tank ; then he went down. Started together at 4 p.m. in the motor car. Went to Ch. (le NOTAIRE) ; then la Thébaïde ; then alone back here. Heard Mme F. was dying at the hospital (saw F. upset, haggard, eyes red and swollen ; did not find anything to tell him.) — Expected at least a wire from L.-P. Fargue ; nothing came. Had a very kind letter from Cipa Godebski thanking me for the dedication of the transl. from Arnold Bennett to him. Item from Lortic saying the books have arrived.

I like the breakfasts in Mother's room between 7 ½ and 8 a.m. (what there is to be seen from the window, etc.) It is curious how long it has taken me to find again something interesting or indeed worthy to be loved about here where I have been so long as a prisoner and in these places which I had come to hate so much. Besides the early years during my father's lifetime (with the girls and boys of the Park) I have only two good reminiscences from St Yorre : one of a certain afternoon, the year that preceded my liberation, when I spent four or five hours in complete solitude, reading, I think, *Prior's Poems* ! and feeling by anticipation how I felt after my liberation (in London, August and September 1902). Then the days, five years ago, when I was copying these parts of *Barnabooth* which will not be published, and I worked with such delight. (As to Vichy, all my memories of it are bad — and, with Moulins, the worst in my life.) I wish I could embody this somewhere : make a study of a young man such as I was then, etc.

All this, of course, suggested by the reading of Chiarini's *Vita di Leopardi*, where the Recanati home and days cannot but make me think about my own bad times. Really, I wonder how I could suffer so much without losing anything of my optimistic view of life. I wish I could express in a general way, and quite outside of my own personality, how I have suffered from that want of freedom (and from that alone) while everything about me seemed to be made on purpose to make me happy. (That is to say : "How a young man can suffer from such want of freedom" etc.) Mother and generally my educators (but of course M. especially) thought they had crushed my will : they had only postponed the realisation of my wishes. I am quite sure now that M. was quite unconscious of all that ; thought me very happy ; did not imagine for one minute that I could suffer deeply when my will and ends had been defeated by her (perhaps thought I repented or was corrected and amended by the defeat). The best proof of that state of mind, is, that when at last I won my freedom, she thought I had been influenced by a personal enemy of hers who had found this way of hurting her (through me). She believes in that version of the affair TO THIS VERY DAY. I can't say I regret anything, generally ; only what happened was bound to happen : I myself could not have averted it : THERE WAS ONLY ONE OTHER WAY. I wonder who of us suffered most : I from 14 to 21, or she during the "année infernale" ; I recall that I too suffered during that year (I wish I could express the feelings of that young man when, everything being ready, he ~~left~~ said his mother good-bye at Charing Cross St. and thought he had seen her face for the last time, and when precisely during that last hour she had been as sweet and good and frank with him as when he was a little boy.) At that moment he thought : I cannot do otherwise ; and had given anything to be able to do otherwise.

There would be something in it : I mean, no partial views, no hints to parents and educators ; only the facts : but ALL the facts.

Aug[ust] 6. Tuesday.

Weather better, but still wet — and cold after dinner. Up at 7 ¾. Breakfast in Mother's room. Walk in the garden thinking about my work. Worked from 10 to 11 ; lunch. Mother went to Vichy between 2 and 5 p.m. I wrote letters : one to Swansea, and went to the post-office to post them. Met two girls on the way : one a child, the other a little woman of 13. The elder talked to the younger, but so that I might hear what she was saying : an awkward made-up tale about a lad and a girl playing "l'autre jour, avec une bêche, comme ça ; et elle avait peur ; et ils s'envoyaient des baisers"... the last words spoken in a very high voice so as to draw my attention. She seemed to enjoy very much speaking of kisses in the hearing of a young man. — Received : my green-and-red blazer ; letters from : Quasi, Louis Chadourne ; M. Deruy, including some cuttings from the *Argus de la Presse* in spite of what I wrote them ; four copies of the long number of *La N.R.F.* with the translation of *The Matador of the Five Towns*, printed almost without blunders. Went twice in all to the post-office, once to the field where they were working ; once in the Park, and visited the springs. Worked a little in the afternoon. Mother brought from Vichy the latest batch of books I ordered : the whole Seton Merriman series ; the two Seccombe Manuals I had not yet got in my collection ; the two other books, and the *Ghost-Ship* by Middleton, in which I read, before and after dinner, four or five tales ; not what I expected from the eulogies of the NEKROLOGS ;

still two of these tales are decidedly GOOD : *The Ghost-Ship* itself and *Story of a book*. OF COURSE, nothing from L.-P. Fargue. I expected him all day, or a wire from him. I am known as an author at the post-office here ! The lady told me, this evening, she had a brother-in-law (I think) who is a great reader of literature and who spoke highly of my works ; the man said he supposed this young man had seen "de mes morceaux". I tried to thank them and not look silly.

Wednesday, 7.

Up at 7. Walk in the garden. Another grey and rainy day. No letters, nothing. Worked very little : ten lines in all. Excuses for my idleness : V. came ; then I went with him to Vichy (just not to let the chauffeur alone with the motor car) ; then came back to find A. (from Algiers) come when we thought he had gone by train, and had to bring him back to Vichy, and returned here for the second time today at 6 ½ p.m. En route, talked with A. about Algiers (where I knew him in 1905 — March I think. — Went to la Kasbah together, etc.). Also : wrote letters : Louis Ch., Cipa Godebski, and A. Bennett.

At Vichy, the airman was flying over La Thébaïde (I suppose he can see the flag — perhaps is guided by it). Then coming back for the second time, saw him landing in a beautiful way. Streets full of people at Vichy.

I brought back the 2nd volume of Teubner's Livy, and began reading it (lib. VII, I) this evening. It gave me a great joy. I think that, now, I have lived enough and am old enough to enjoy fully the Roman historians. I believe I understand perfectly the point of view of Livy ; and then the style and language ! When one comes out of this, any modern language seems poor stuff. (The Italian of *La Vita di Leopardi*, which I took immediately afterwards). I went on with Chiarini, and read four or five other tales in Richard Middleton's book. Why, what strikes me most in them is the poetic genius they exhibit, and only this. From them, I should be inclined to think his poetry must be the best part of his work ; but all the reviewers affirmed it was precisely the contrary that was true : the poetry rather tame, and the short stories very good. That's queer. As yet, what I have read has not the essential qualities of good prose : the stories illustrate common places, and the best of them in form and treatment are the slightest in argument. I like this sentence of L.'s Appunti : "Sono nato di nobile famiglia in una ignobile città delle Marche." I don't think Stendhal ever found anything so good to say about "le plat Grenoble".

Thursday, Aug[ust] 8.

Another rainy, cold day. Up at 6 ¾, breakfast, etc. Walk in the garden. [*Deux lignes caviardées.*] Before lunch : Livy, and work.

After lunch and in spite of the rain, in the car (with Mother, her maid and the dogs) to Thiers, Where I saw L — and bought a knife (very pretty : Thiers steel and mother-of-pearl). Sent postcards to : Aunt, Léon Werth and L.-P. Fargue (with three or five ?) Of course we still expect him any moment. I never thought Thiers was so large a town. Fine girls : tall and blonde, lilies and roses, etc. There is something quite unique and beautiful in Auvergne towns : for instance, a street corner : the high grey houses, with their facings of Volvic stones, of a rich and deep grey which seems always dry, and expresses, not dullness, rather an austere happiness[a] ; it is massive, and yet does not seem heavy ; and such houses look more worthy of a great capital than many modern houses in Paris. The wonder of hearing French spoken in the streets (with the Auvergne accent, of course) but there's something strange to hear a language which one has grown to look upon as a literary language, as a means of artistic expression, used thus by peasants, workmen. The relation of popular and written languages : exactly the relation of body and mind, one cannot live without the other. Yet, how artificial : it is XVIIIth Century French taught to children by schoolmasters : just as correct modern Greek is Xenophontian Greek taught by schoolmasters, themselves taught at Athens, etc. — Many Germans visiting Thiers and the steel factories. Small towns really seem to expand in summer : Puy-Guillaume seemed to me larger than it appeared in December when I went to Thiers with Werth.

Back at St Yorre at 5 p.m. Work. Then to the post-office in the rain. Had a review and a Dorbon catalogue which I read through this evening. Went on with Chiarini. Somehow I think he lacks insight. Of course IL NOSTRO was not really in love with "the coachman's daughter" ; but if it had been, what then ? Why insist on the fact that Leopardi only loved SIGNORE and not POPOLANE? Of course he had "un faible" for la Fattorini, and of course it was not real love ; still there is nothing discreditable in that tender feeling for that girl. — Richard Middleton (read it on the way to Thiers, and almost finished it.) There are really very good things : "ON THE BRIGHTON ROAD" is splendid. Sometimes (in the children stories) he is very near what I tried sometimes to do (there is one sentence which is almost word for word the translation of a sentence I wrote in *Fermina*). Still it does not satisfy me completely ; I think he is at his best in the SHORTER tales, and among these, in those in which he does not try to prove, or illustrate, things and loci communes, etc. The towel which "smelt of childhood and home" is a marvelous find.

Enjoyed very much the Thiers afternoon.

a. En marge, ces quelques mots : "Such courtyards as I have seen in Clermont-Ferrand during winter, grey-black with a fine blue fog everywhere."

Friday, Aug[ust] 9. Rain, of course.

Up at 6. Finished R. Middleton's book before breakfast. Then Livy. Then to Vichy with M[other]. Then to Cusset to see Henri Ménabréa. Had to go by tram as one of the tyres burst, just past the railway st. Found H. M. in bed with a bad cold, something the matter with his stomach, tongue very white, can't eat at all. Has been like that for six days, is better. Did not look very ill, though ; hope I did not tire him. Back to Vichy in the tram[a]. Found the car and Mother near the station. She had met the dreadful G. (two of the ghosts from the bad dreams of my childhood, loud middle-class people etc. — models at the best) and they shall come tomorrow to lunch (man and wife — I shudder at the thought — they will spoil my day). Going out of the vulgar watering-place, saw another of the ghosts, G., another middle-class model. Really it's a blessing to be here at St Yorre, as the monsters cannot come so easily[b]. Worked from 3 to 6 (had a nap after lunch : V. lunched with us) : eight small pages — very hard ; rugged etc. Tonight after dinner, Chiarini. — During dinner at last ! a wire from Fargue. He says he will come in a few days.

Sat[urday] 10. Rain and cold.

Up at seven ; breakfast, etc. as usual, and rain (cobweb-rain, very thin and rather cold) as usual. The dreaded visit did not come : when M. was about to go and fetch them in the car, a wire came, saying they were ill, and went direct to Néris. M. went to see them and came back to lunch. Of course I pity them ; but still they are utter strangers to me, in spite of all. Worked all day (nearly twelve pages, but a draft had been made of them last week). After lunch : cigarette, then played billiards (the room is very musty, and I must learn all the game again ; no breaks worthy to speak of.) Then Livy, with growing interest. I was upset by a visit (at about 5 p.m.) from M. [*Nom caviardé*], full of politics, etc. [*Un mot caviardé*] He tried to make me pleased with him by telling me in an indirect way, he should like to see me made mayor of St Yorre, etc. Letters : from L. Ch. (who will be able to come only Wednesday or Thursday), and Aunt. Then, after dinner, saw the name of M. and Mme F. Jammes, Orthez, in La liste des Étrangers. Danced for joy, and wrote immediately to tell him I am here. Of course he thinks I am still in Italy, otherwise he would have let me know he was coming. I'll go and see him tomorrow morning. I hope he'll make a long stay and Fargue may meet him.

a. Ce devrait être : *on the tram.*
b. Note de Larbaud : "And then it is much less noisy and vulgar than Vichy."

11 Sunday.

Up at 6 ½. Mother went to Vichy in the car, between 7 and 8, to fetch things to eat, etc. Morning very cold, but the afternoon was sunny and warm. Went to Vichy in the car at 10 ; Mme Jammes saw me first, then, F. J. came downstairs. He said he had preferred not to tell me of his coming, because of what I wrote him from Florence about Mother and romanizing tendencies, etc. Waited, while Mme J. went to her bath, in La Thébaïde. Talked about Bernadette, Gide and Claudel. Then back here together. Lunch very good. M. as usual talked too much, and gave misrepresentations of me, (as usual still) and of L.-P. Fargue, which is rather awkward, as Jammes, I think, did not see through what M. said, and took it in whole, in spite of all the grossness and evident exaggeration and misconstruction. Had a long talk together in the park, while M. and Mme J. kept each other company. Gide and Claudel : J. said some very clever things, showing he can see far and deep. About Patmore and E.A. Poe he spoke of "le clair de lune en plein jour et les bosquets phosphorescents" of some English poems. Baudelaire, quite different from E.A. Poe : "le grand jour de midi ou la nuit noire". Religion : too long and too much to note here. He said some clever things PRO St Sulpice art. Then, the poor family (I protested) still, well meaning of course. Curiously enough I was thinking all the time about the Titus Manlius episode, read this morning in Livy, and thinking of it in a religious light ; it looks grander still. Really, Livy is EXALTANT ; and I think again of a series of selections from him, the text of course, illustrated by a clever man, and sold as keepsakes, prize books, Xmas gift books for children. That would be a way to contribute to "le relèvement des études latines" etc. Of course no[a] publisher would MARCHER.

Back with J. and Mme to Vichy, where he lent me a book by H. Brémond of which he spoke highly. Wants to know what I think of it. I was back at St Yorre for dinner. Had a p.c. from Marcel Ray back to Berlin. Thinks I am staying at Valbois. I wrote to Louis Chadourne ; hope he'll come on Wednes. or Thurs. next. For all these reasons, M. has decided to go and stay at Vichy ; — Other topics talked about with J. : Léger, Barrès, Dante.

Vichy Monday 12.

Forgot to mention that J. told me about Agnès Tobin ; she has been dangerously ill lately ; Symons too is very very low. He told me about Crackanthorpe (various anecdotes). He is wonderful ; I mean full of wit and humour ; all his anecdotes are beautiful, and

a. Ce « no » a été écrit avec une grosse épaisseur de trait au-dessus d'un mot caviardé.

there is sap and nourishment in them (Carrière, Claudel, O. Redon etc.). He showed me he had seen through M.'s talk [*Deux lignes et demie caviardées*] and of course does not accept wholly M.'s version of my story. I was glad of that, though of course I ought to be perfectly indifferent[a]. [*Sept lignes caviardées*] the fun of it, and enjoyed that fun — quite equal to the situation, and superior to it from our point of view. I think he understands the whole position as it is. [*Une ligne et demie caviardée.*] It is very interesting : just as in me AT ALL TIME OF MY LIFE, [*Quatre lignes caviardées.*] Always la petite méchanceté de vivre. It is very interesting and worthy of pity "NOT VEXING THEE IN DEATH". I suppose J. must think of that and see it in the same light.

Finished Digby Dolben this morning ; I mean I have reached the final fullstop and I'll have to work AT it now, and copy, and I am afraid my time will be much crowded now ; at least for about the next ten or twelve days. But so long as I enjoy J.'s talk I'll not grumble. I could not read much of H. Brémond ; I hate that way of writing : franche et soudaine, etc. It is another sort of decadent style, but "as used by" the clergy. Of course it made me wish to read Ste Chantal's works.

Left St Yorre by the 3 ½ train. The station was bathed in the perfume of our little pine-wood. The bell : like bubbles rising up in still water. Thought about the names written on the stations' walls all over Europe.

Found Vichy full of bad smells, and so sad (the parts near the station) and hopelessly shabby, vulgar, with the prostitutes and the cafés. Still J. makes it much less distressing to me. We met two friends of his : Bauche and Lacoste, two painters. Bauche has taken a fancy for a small place near Thiers, in the large woods of La Montagne Noire, and lives there all the year round (has lived there these two years), sometimes going to Paris for a few days. He leads there a solitary and ascetic life ; and Lacoste went to join him a few days ago. We shall go and see them there tomorrow. Bauche has lived long in Spain and I was glad to speak about Spain in this dreadful place ; he knows Valencia, could almost see the place where I lived (calle de la Nave — it seems so long ago !) and likes, too, the little square with the statue of dom Jaime de Aragon among the palm trees. They missed their return train, and will sleep here and go tomorrow morning very early. — After dinner we went out (of course I dined with M. alone) and had beer at the Alhambra.

[*En marge :*] I forget to mention I had a long and interesting letter from Bennett this morning.

a. Le passage qui suit, caviardé à différents endroits, manque de suite. Nous reproduisons cependant ce qui en reste lisible.

Tues[day] 13.

Very cold, west wind. All the same we went to Celles. Left Vichy (J. and I) at 10 ¼ a.m. and arrived (owing to some mishaps) at 1 p.m. Lunch with Bauche and Lacoste (saw paintings by both). B. was reading Claudel. Jammes full of spirit and wit, pouring anecdotes ; he said very good things by the way : the Auvergnat villages "très leçon de dessin" and the road very much like "un jeu de l'oie, avec le pont, l'auberge etc." He said he had never seen anything like "ce pays" before. Full of fun : spoke about the literary world at Paris in a very amusing way : project of a "Revue des Gens Bien Élevés". Of course the life led by B. at Celles is admirable : really austere, as he himself said, and quite pure etc. On our way home we visited Thiers, which J. liked very much. Back at La Thébaïde at about 6 ½ p.m. had a letter from J. Copeau, a p.c. from L.-P. Fargue (from Gallimard's place in Calvados) ; a letter from G. himself together with the three separate copies of *Le Matador* ; and a wire from Louis Ch. (he'll come tomorrow ; that is to say, I'll fetch him tomorrow at Clermont-Ferrand.) Did not work at all. Thought about *Digby Dolben* and found something that will do, I think.

Bad dreams last night. I was with "Gertrude Hansker" in her room ; she was showing indecent pictures etc ; then there was a fire, people rushing, the Uffizi seen in a dreadful red glare, etc. Then an old man in a dreadfully modern workhouse (the staring corridors, etc. — the smell) — he was a poet : two lines of his run thus : "Du retour du vert et du bleu, / je ne me soucie guère !"

Talked about money-matters with M. Of course she readily admitted the sit. was far from being as she described it to J. the other day.

Thursday, 15 Aug[ust].

I cannot go on writing this diary, as my days are too crowded to leave me any leisure and I am much too tired to do anything just before going to sleep. I went yesterday in the car to Clermont-Ferrand, met Louis Chadourne at the appointed place, came back with him, and I think I shall go with him to La Bourboule, Brives and Tulle next week. Tomorrow we go (Jammes, Chadourne and I) to Châteldon ; Saturday to Moulins, Bourbon-l'Archambault, Souvigny, Ygrande and Cérilly. [*Une ligne caviardée.*]

[*Sept feuillets déchirés.*]

CÔME ET SAINT-YORRE

Journal commencé à Côme, le 11 juillet[a]

> (Il va jusqu'au 15 août et comporte quelques « entrées » sur Francis Jammes.
> Recueil de quelques journées estivales heureuses à Côme et Saint-Yorre.)
>
> V. L.

Côme le 11. — Levé à 8 heures. En tram à Chiasso (Suisse[1]) après le petit-déjeuner ; acheté quelques cartes postales et des cigarettes (en ai fumé 2). À mon retour au tram, côté italien, un douanier m'a emmené dans l'hôtel des douanes où l'on m'a demandé si j'étais italien ou étranger. Mes poches semblaient susciter les soupçons du douanier ; je les ai vidées devant lui et cela l'a rassuré. Il devait simplement vouloir montrer son zèle. De retour vers dix heures. À la poste. [*Sept lignes et demie caviardées.*]

DOPO PRANZO[b] je suis allé à P. Ne me suis pas mal débrouillé ; récolté quelques perles. Retour à ma chambre pour travailler. Thé dans ma chambre vers 5 heures. Après dîner au jardin public et le long du lac. Le bruit agréable des sabots des jeunes filles sur le pavé. La fanfare militaire joue Piazza Cavour[2] (67e di fanteria). Écrit à ma Mère, et continué la lecture de *Fraternity*, par intervalles. Pas vraiment satisfaisant ; il fait vivre une société devant nos yeux simplement pour montrer des hommes et des femmes médiocres. Je n'en vois pas l'intérêt, ni où il veut en venir. Il y a le doux vieillard illuminé des romans de Dickens. Mais nous verrons. Trouvé une bonne expression qui pourrait servir d'épigraphe pour [*Une ligne caviardée.*]

a. Des précisions sur la transcription des textes de Larbaud sont portées à la connaissance du lecteur dans les notes infrapaginales de chaque version originale en anglais.

b. Italien : « Après le déjeuner ».

« De temps en temps, un membre, en dépit de toute bienséance, se prenait de passion pour les ouvrages d'un autre membre et s'exprimait là-dessus, créant un sentiment de malaise chez ses confrères qui se demandaient avec un pincement au cœur pourquoi il ne faisait pas l'éloge de leurs livres à eux » (chap. XII).

En lisant le troisième ou le quatrième chapitre, j'ai ressenti très fort qu'il me serait impossible de vivre dans une maison que j'aurais moi-même meublée et décorée selon mes goûts. Il y aurait — il y a — une telle idée de définitif, de BORNÉ dans des maisons de ce genre ! Il n'y a rien que des cartes postales, du chocolat et du tabac dans les magasins de Chiasso.

Le lac[a], ne jetant à la ville que cette nappe d'eau calme et claire. Ou plutôt, jouant à cache-cache avec nous ; de telle sorte que nous le sentons là, nous épiant de derrière les rochers, d'une manière puérile, en silence et dans l'attente[3]. Et toujours cette impression : que les bateaux sont trop grands pour le lac.

Vendredi 12.

Me suis levé assez tard (petit-déjeuner à 9 h). Une belle journée. Suis allé à Cernobbio[4] dans un petit bateau ; cela a pris deux heures, dont 1 ½ sur l'eau. Beaucoup de papillons blancs SUR le lac : ils vont d'un rivage à l'autre, et suivent parfois les bateaux. Passé du temps dans le jardin de la Villa d'Este où j'ai essayé de trouver LE HAUT MUR BLANC que la princesse de Galles avait fait construire pour cacher le jardin à la vue des gens qui passent en bateau sur le lac. Le concierge de l'hôtel (la Villa d'Este est maintenant un hôtel) m'a dit qu'il y avait eu beaucoup de transformations faites au moment où la villa a changé de destination, qu'il y avait peu de chances que etc. Le jardin vaut vraiment le coup d'œil.

[*Quatre lignes caviardées.*] de 11 h à 12 ½ et de 2 ½ à 5 ½. Puis aux bains des Terme Canensi[b]. Retour pour le dîner. Un groupe d'Anglais était arrivé. [*Deux mots caviardés.*]

Écrit à ma Mère et à ma Tante, (à propos d'un livre envoyé à Valbois, dont elle m'avait parlé dans sa dernière lettre, par ce qu'elle appelle une « consœur », au nom russe. Je me demande qui cela peut bien être).

Pris le café à l'endroit habituel (près du Duomo) ; [*Une ligne caviardée*] fini par acheter le coûteux Carducci[5].

Longue promenade ce soir jusqu'à la Porta Vittoria, tout en fumant et en mangeant du cioccolata al latte[c].

Continué le roman de Galsworthy[6].Un détail intéressant confié

a. Nous reprenons ici la traduction que Larbaud lui-même a donnée de ce passage dans « Une journée ».

b. Larbaud conserve ici le nom italien des thermes Canensi.

c. Italien : « chocolat au lait ».

par le barcaiolo[a] : molti signori hanno la loro bandiera privata[b] qui flotte sur un mât placé à côté du perron ; cela veut dire « Signore fuori[c] ».

Côme commence à beaucoup me plaire. Le bruit des sabots de bois des enfants sur les grandes pierres lisses du pavé est quelque chose de merveilleux ; il donne un peu l'idée du sexe, de l'âge, du caractère de la personne qui les porte[7]. Je suis allé au Cinématographe ce soir. J'ai acheté un journal local : *La Provincia di Como*. On a récemment découvert une importante affaire de fraude, un genre de contrebande, ce qui explique pourquoi la douane voulait savoir ce que contenaient mes poches, hier à Chiasso.

Sam[edi] 13.

[*Trois mots caviardés.*] Aussitôt après le petit-déjeuner suis monté à bord d'un des petits vapeurs (l'*Adda*), qui va à Torno, avec des arrêts à Cernobbio, Blevio et Moltrasio[8]. J'ai fait toute l'excursion et suis rentré à Côme vers 10 h ½ après avoir passé pratiquement deux heures sur le lac.

Pas de lettres. [*Deux mots caviardés.*] Bien travaillé : de 10 h ½ à midi et de 2 h à 7 h sans interruption ; puis, après dîner, de 10 heures à minuit. Acheté une paire de chaussures de montagne ; reçu et payé le drapeau commandé hier. Ce soir, de 8 h ½ à 10 h j'ai fait une longue promenade dans la ville, jusqu'à la rivière. Passé quelques minutes dans un cinématographe, simplement pour un bain de foule. Il y a eu de la musique sur la piazza Cavour ce soir (la fanfare municipale — moins bonne que la fanfare militaire). Un petit garçon vendait un nouveau journal : *La Frontiera*. Je n'ai pas pu connaître les résultats du TIRAGE DU LOTO de Milan car les boutiques de journaux étaient fermées à l'heure où les journaux de Milan auraient dû arriver.

À mes moments de loisir j'ai lu Galsworthy. Plutôt indécent, et en connaissance de cause, bien entendu. Mais c'est vraiment mauvais et cela contribuera à donner une mauvaise réputation au roman moderne anglais. On ne sait pas parler de sexualité. Cela vaut aussi pour Wells. L'épisode des chiens est tout bonnement répugnant.

La vulgarité, la grossièreté, l'allure stéréotypée des hommes aisés de classe moyenne m'a dégoûté ce matin sur le bateau. La seule personne correcte était un ouvrier en vêtements sales. Vu de belles choses dans l'eau du lac : une rose mi-épanouie et une poignée dorée de feuilles mortes (des feuilles d'olivier) faisant une rapide apparition dans une vague.

Vu le visage magnifique d'un vieux prêtre, ce soir sur la Piazza.

a. Italien : « batelier ».
b. Italien : « Beaucoup de messieurs ont leur propre pavillon ».
c. Italien : « Maîtres absents ».

Dimanche 14.

Réveillé à 9 heures. (Ça ne doit pas continuer.) Reçu une lettre de ma Mère qui en faisait suivre deux autres arrivées du boul. Montparnasse : l'une de Mme E., l'autre de Thomas B., le poète (c'est Jammes qui lui a donné mon adresse, me dit-il : mais il ne m'a pas appris votre nom que je place depuis longtemps parmi ceux de mes écrivains favoris. Un beau compliment — qui excuse la liberté qu'il prend de m'écrire — mais un peu inquiétant quand l'ÉCRIVAIN en question a un projet de livre en cours.)

Ma Mère ne peut venir me rejoindre à Genève pour me ramener à la Thébaïde en voiture. Je devrai donc me rendre directement boulevard Montparnasse quand je partirai d'ici. Je suis allé à la poste pour lui envoyer un télégramme à ce propos. La dame de la poste, à la vue de mon télégramme écrit en français ~~essaya~~ fit une tentative pour parler français qui échoua complètement ; j'ai dû lui souffler de façon tout à fait lamentable, disant en français ce que je voulais et traduisant ensuite mes phrases en italien, d'un air un peu distrait, comme si je me parlais à moi-même.

Puis à la grand-messe au Duomo ; le sermon, trop long (color che vogliano sostituire la morale di Mazzini[9] alla morale di Gesù-Cristo[a]) ; la musique, bonne.

Suivi une jeune fille qui était assise à côté de moi à l'église. Des gens à l'air respectable (la mère et la fille). Elles ont parlé à un cocher, et j'ai aussitôt demandé au cocher ce que ces dames lui avaient dit. Simplement où elles pouvaient trouver un journal. C'étaient donc des étrangères, et j'ai abandonné ma poursuite, par manque d'intérêt, et il était alors l'heure de rentrer déjeuner. Elle me rappelait ––. À l'église elle bâillait, égrenant de temps à autre son chapelet ; elle a prié une fois, et une fois elle a dit à sa mère que le sermon était vraiment trop long. Une fille charmante, tout à fait BOURGEOISE — très agréable à regarder.

Dopo pranzo[b], manqué le grand bateau pour Bellagio et monté à Brunate NELLA FUNICOLARE[c]. J'y ai passé environ une heure, assis à la terrasse d'un café, à lire Galsworthy. À un endroit précis, au retour, on peut voir d'un seul coup d'œil TOUTES LES RUES DE CÔME.

J'ai travaillé pendant une heure. Puis je suis allé à E. (trop court mais assez intéressant). Puis aux T[hermes] C[anensi] — oublié l'heure et suis resté 1 H ½ dans le bain.

Mes voisins (les Bébés, comme les appellent les serveurs) ont fait de la cena[d] un événement remarquable ce soir, avec leur table

a. Italien : « avec l'impression qu'on voulait substituer la morale de Mazzini à la morale de Jésus-Christ ».

b. Italien : « Après le déjeuner ».

c. Italien : « en funiculaire ».

d. Italien : « du dîner ».

fleurie, leurs coupes de champagne, et des drapeaux : un grand drapeau français et deux tout petits : italien et argentin. Ils fêtaient, bien évidemment, le 14 juillet. Je n'arrive pas à savoir de quelle nationalité ils sont (ils parlent français entre eux et avec les serveurs — italien avec un Italien). La dame est très intéressante. Elle a quelque chose de la femme sud-américaine (sa façon de se coiffer — et la couleur de ses cheveux, etc.). Des yeux merveilleux. Ils disent toute son histoire. [*Trois lignes caviardées.*]

Ce soir, longé la voie ferrée du réseau Nord-Milan — puis je suis allé m'asseoir à un théâtre de burattini[a], à l'extérieur, près de la porta Vittoria. Gioppino. Trois actes — Gioppino parlait le bergamasque. — Beaucoup d'enfants, bien sûr ; et deux adorables petites filles près de moi. Le nom de Frédéric suggéra immédiatement, à l'une d'elles, le nom de Frédéric Barberousse. Il padrone[b] (celui qui joue les rôles principaux) m'a demandé des allumettes pour éclairer son théâtre. L'incident du riz : juste avant le début du spectacle deux garçons sont venus demander à la troupe des marionnettistes s'ils n'avaient pas volé cinq chili[c] de riz à la trattoria où ils avaient mangé. Une espèce de dispute s'en est suivie : « Oui, cinq chili de riz ! » Toute l'affaire semblait avoir été montée pour obtenir deux sièges gratuits pour les garçons de la trattoria. — La petite fille qui s'est approchée de moi au début, simplement pour voir à quoi je ressemblais ; elle tenait un éventail. L'homme — un ouvrier bien aviné — avec son chien Farmé et sa jambe de bois. Les enfants dehors, la jolie servante.

Il y a eu un autre concert, sur la place cette fois-ci, un orchestre avec des musiciens portant une espèce d'uniforme d'amiral : la lucerna con penne bianchi[d].

Il y a d'adorables maisons anciennes ici ; particulièrement place S. Fedele, plusieurs avec des arcades, et une peinte en rouge ; elles donnent envie de les embrasser, de tapoter gentiment leur doux vieux visage.

Reçu une c[arte] p[ostale] de Jacques Rivière[10] à propos des épreuves du *Matador*[11]. J'espère qu'il va pouvoir me les envoyer ici ; aucune envie de faire quoi que ce soit de ce genre en France.

[*Un paragraphe d'environ neuf lignes caviardées, barrées.*]

Lundi 15.

Réveillé à 5 h ½ sans pouvoir me lever avant 8 h. Beaucoup travaillé ; en fait j'ai rempli mon contrat pour la journée. Promenade après le petit-déjeuner ; travaillé de 10 h à 12 h ; de 2 h à 5 h ½ — au bain — puis à nouveau au travail de 6 h ½ à 7 h ¼, et

a. Italien : « marionnettes ».
b. Italien : « Le patron ».
c. Italien : « kilos ».
d. Italien : « le tricorne à plumes blanches ».

un peu juste après le dîner. Allé à la porta Vittoria. Acheté des abricots que j'ai mangés en allant au cinématographe. Il y a ici un joli type de grandes filles aux cheveux blonds. Ça fait un peu bizarre de les entendre parler un italien ponctué de MADONNA ! MA GUARDA ! etc.

Mis mon drapeau au balcon. Je crois qu'aujourd'hui c'est l'anniversaire de la reine mais je ne sais pas au juste si c'est la reine-mère ou la femme du roi.

Continué le roman de Galsworthy ; toujours ce discours indécent sur la sexualité. Cependant c'est plutôt un bon roman — mais HABILE.

Écrit à ma Mère. J'avais reçu une c. p. d'elle. Gaston Gallimard[12] m'a fait envoyer la *Nouvelle Revue française*. Lu le poème de Fargue, « Solitude[13] ». Il y a des choses merveilleuses : « faire provision de cette femme », etc. [*Une ligne et demie caviardée.*]

Découvert et exploré une librairie d'occasion. Rien de très intéressant.

Pris un verre de tamarindo in ghiaccio[a] au restaurant allemand avant de rentrer. Pas très agréable au goût.

Mardi 16.

Réveillé à 6 h ½ ; levé à 7 h moins le quart. Travaillé jusqu'au petit-déjeuner. Puis à Chiasso en tram pour acheter des cigarettes 3 CASTLES. Cette fois j'ai été FOUILLÉ par la douane, comme un vulgaire voleur. Comme c'était une expérience nouvelle et plutôt intéressante, je n'ai pas protesté. Tout s'est fait avec beaucoup de politesse et sans brutalité aucune. Je pense qu'ils me choisissent, non pas parce qu'ils me trouvent une allure étrange ou parce qu'ils me soupçonnent vraiment, mais parce que, au contraire, ils sont pratiquement certains de ne rien trouver d'illégal sur moi. De cette façon, ils font preuve de zèle, font ce pour quoi on les paye, et ne risquent pas de s'attirer d'ennuis. Je me suis attablé dans un petit café, juste en face de la douane, côté italien, et je les ai observés : ils n'ont fouillé personne qui venait vers eux.

De retour à 9 h ½. Je pense qu'il est quand même avantageux d'aller à Chiasso acheter les cigarettes : elles ne coûtent que 45 centimes la boîte. Par ailleurs, on ne vend pas de 3 CASTLES ici à Côme.

Une lettre de ma Mère, avec la facture d'un libraire de Paternoster Row[14]. [*Deux lignes et demie caviardées.*]

Travaillé de 10 h à 12 h et de 2 h à 5 h ½. Puis aux T[hermes] C[anensi] (regardé d'où j'étais les soldats se baigner). Retourné au travail avant dîner. Une balade après (découvert de nouveaux endroits inconnus dans la ville : de belles et anciennes cours inté-

a. Italien : « tamarin glacé ».

rieures, des palais, des ruelles [*Quatre lignes et demie caviardées.*] J'ai bu du vin ce soir au dîner (je n'en avais pas pris une goutte depuis mon départ de Florence).

Relu le poème de Fargue, « Solitude », et y ai trouvé de nouvelles choses. Parcouru la traduction des lettres de Keats à Fanny[15] ; je la trouve plutôt bonne. Continué le roman de Galsworthy.

Mercredi 17.

Mauvaise nuit ; sans doute à cause de la chaleur et du manque d'exercice. Je n'ose pas ouvrir les volets avant qu'il fasse jour par peur de laisser entrer quelque affreuse « bête rampante ». Je les ai pourtant ouverts à l'aube (vers 3 h ½ je crois). Mais je me suis levé à 7 h ½ [*Un mot caviardé*]. Il faut que je prenne de l'exercice et que je m'interdise les bains trop longs. Travaillé toute la journée : avant le petit-déjeuner ; reçu ensuite les épreuves du *Matador* ; les ai corrigées (entre 8 h et 10 h), envoyées à Jacques Rivière avec une lettre lui demandant s'il était possible d'en avoir trois exemplaires différents : un pour Arnold Bennett, le second pour Cipa Godebski[16] ; le troisième pour moi. — Envoyé cela sous enveloppe cachetée. L'employé de la poste m'a fait une réflexion assez fine, prouvant que lui, au moins, connaît un peu de français. Comme la lettre était adressée à « Monsieur — etc. — Département du CHER » ; il a dit, voyant que l'enveloppe était cachetée et que je devais payer le prix d'une lettre : Cela va être CHER davvero[a] ! (en fait cela m'a coûté 2,25 — mais je suis certain qu'elle parviendra à Rivière et sera envoyée à temps à l'imprimeur.)

Travaillé de 10 h à 12 h, de 2 h à 6 h ½ ; et bien avancé, avec entrain.

Nouvelles arrivées ici. Trouvé les Bébés vulgaires, etc. (pas du tout comme je les croyais).

Découvert de nouvelles cours, etc. Certains palais sont vraiment magnifiques.

Reçu une lettre de ma Mère. Répondu ; envoyé une c. p. à ma Tante, répondu à une lettre de l'*Argus* (jointe à la lettre de ma mère). Je leur dis que je ne veux pas avoir affaire à eux. Leurs factures sont trop fréquentes et, de toute évidence, grossies.

Le garçon m'a demandé (« Dirà che sono curioso, ma[b]... ») quel était le drapeau que j'avais mis à ma fenêtre. Je dois dire que ma nationalité le rend perplexe : il m'entend parler italien, m'adresser à lui et à tout le monde en italien, avec un accent ; me voit lire des livres anglais, et recevoir des lettres dont les enveloppes portent des timbres français, anglais, italiens, belges, etc. Il me croyait argentin (conclusion logique). Je lui ai dit que c'était mes couleurs person-

a. Italien : « assurément ».

b. Italien : « Je ne voudrais pas paraître curieux, mais...

nelles, ce qu'il a immédiatement compris, car « molti signori, qui, hanno la lora bandiera privata, ecc.[a] ».

De fait, tout le monde ici à Côme connaît quelques mots de français : Merci, deux francs, bonnsoar, etc. Mais ça ne va pas plus loin. Aujourd'hui, passant devant le grand magasin de jouets, j'ai vu les poissons rouges dans le bagno[b] miniature presque morts à cause de la chaleur et de l'insalubrité de l'eau, qui n'est jamais changée. Je suis entré dans le magasin pour acheter quelque chose, ai tout fait en italien, mais quand j'ai payé la caissière a dit « Merci ». Sur ce, je lui ai parlé des poissons, qu'ils étaient presque morts, qu'il fallait changer l'eau, etc. — Elle n'a pas compris UN TRAÎTRE mot et j'ai dû reprendre toute mon explication en italien. Ils ont eu l'air surpris de constater qu'on pouvait se soucier de la vie et du bien-être de ces poissons.

Ce soir, au théâtre de Gioppino. Le même public que dimanche dernier ; des enfants d'ouvriers. Les deux enfants près de moi : frère et sœur s'embrassant de la façon la plus innocente, mais continuellement. Des voyous — De beaux garçons. On jouait une comédie ; le lieu de l'action : Florence, via de' Serragli, deux actes, sur le cicisbeismo[c] (contre — ça doit être très ancien). Puis une farce, avec Gioppino, Brighella, et Colombine comme protagonistes. J'ai beaucoup mieux compris le dialecte que la dernière fois. Je suis maintenant habitué à la voix de l'homme. La belle famille ; la petite fille avec sa jeune mère, splendide. Birra chiara[d].

J'ai changé très peu de choses dans le *Matador*. C'est M. Michalet (le copiste), qui avait du mal à me lire, qui est responsable des plus grosses SPROPOSITI[e].

Je ne savais pas que le personnage de Brighella (je veux dire le personnage classique) tenait du BEAU-PARLEUR.

Jeudi 18.

Levé à 7 h ¼ (passé une bonne nuit, mais les zanzare[f] m'ont attaqué le visage et les mains). [*Une ligne caviardée.*] Pas de bain cet après-midi.

Reçu un exemplaire (envoyé par Gallimard) du dernier livre de Pierre Hamp, *Vieille Histoire*[17] ; vu la préface ; assez drôle : « Les romans d'amour disparaîtront comme les chansons à boire... Le poids de la femme sur le monde est égal à celui de la guerre... etc. » Ça fait un peu extravagant et puéril, mais pourtant il y A de

a. Italien : « Beaucoup de messieurs ici ont leur propre pavillon, etc. »

b. Italien : le bac de l'aquarium.

c. Italien : « sigisbéisme ». En Italie, les femmes de l'aristocratie se faisaient accompagner d'un sigisbée, cavalier servant.

d. Italien : « Bière claire ». Larbaud aurait-il glissé ici de *cara* (chère) à *chiara* (claire) ?

e. Italien : « fautes ».

f. Italien : « moustiques ».

l'idée dans tout ce discours puéril : l'idée que *La Nouvelle Héloïse* et la vision et la description romantiques de l'amour ne sont plus maintenant qu'un discours affadi, qu'il y a d'autres aspects de la question de la relation entre les sexes qui restent encore à examiner et à décrire. « Le poète des temps futurs sortira des hommes noirs de la fabrique. » Il serait intéressant de remonter aux origines de cette toquade pour les poètes-artisans ; j'ai vu quelque chose du genre dans l'*Histoire de la littérature anglaise* de Chateaubriand[18] (il parlait, bien entendu, des poètes-ouvriers). La prophétie de M. Pierre Hamp a le même sens : la véritable poésie n'est pas une affaire de raffinement [*Trois lignes caviardées*] une vérité ancienne. Ces histoires brèves semblent plutôt bonnes ; son ROMAN est bon.

Reçu également : c. p. de Rivière me demandant de lui envoyer les épreuves à son adresse parisienne (répondu qu'elles avaient déjà été envoyées à son adresse du CHER.) Courte lettre de ma Tante donnant des explications concernant le livre envoyé par la dame avec un nom russe. C. p. de ma Mère. Répondu. Envoyé c. p. à ma Tante, ma Mère, Régis Gignoux, Arnold Bennett.

[19]Après déjeuner, à pied sur la route d'Albate, jusqu'à San Rocco. Un admirable quartier populaire, hors les murs. Il y avait là une belle vie ardente, plaisirs, regards, etc. Trois hommes chantaient une pauvre chanson patriotique. Ils étaient traités comme les poètes devraient l'être par l'aristocratie : tout le monde achetait la chanson, leur souriait, les fêtait, chantait avec eux. Cela disait :

Bella, ti lascio ; addio :
Io parto per la guerra...

Et le refrain :

Tripoli mia,
Libera sorgi
Al grido di guerra :
Morte al Musulman !
Non è piu forte
Di noi la morte :
Tra i feriti e i morti
Sorge la libertà[20] *!*

On dirait une vieille chanson des guerres d'Indépendance à laquelle on aurait redonné artificiellement une vie nouvelle. Si c'est bien ça, c'est tout à fait dans le genre de tout ce faux enthousiasme à propos de cette lamentable affaire avec les Turcs[21]. Acheté là une paire de sabots pour les emporter en France et les montrer. Attendant un tramway pour retourner à la place Cavour, causé avec une femme qui attendait aussi. Elle a prononcé « Cantù » (la ville) comme un Français l'aurait fait : ü. Entrant dans une belle et curieuse cour intérieure, je suis tombé sur l'homme de Gioppino qui était en train de repeindre à neuf quelques-unes de ses vieilles marionnettes.

[22]Travaillé de 11 heures à 12 heures. Puis de 1 h ½ à 6 h ½, et bien travaillé. Courte promenade avant le dîner. Ce soir, au cinématographe ; pas longtemps (trop chaud). Puis le long du lac. Du Campo di Marte, — il avait plu entre 5 h ½ et 6 heures, — rien de visible, que les lumières. De sorte qu'on aurait dit qu'il y avait *quelque chose de nouveau*[23] dans le ciel : une file légèrement oblique de grandes étoiles montant se mêler à un resplendissant arroi de cinquante autres grandes étoiles. Et le long de cette première file d'étoiles, deux corps lumineux qui rampaient lentement, l'un montant et l'autre descendant. Naturellement : le funiculaire, et Brunate au sommet de la montagne qui domine Côme. Par instants, de grands éclairs illuminaient tout, et montraient les frontières entre les montagnes et le ciel. Autrement, il n'y avait aucun contour visible : tout dans la même brume gris-bleu.

Terminé le roman de Galsworthy. Habile jusqu'à la fin. Il ne fait, bien entendu, que des constatations sur une certaine classe sociale, pour laquelle l'auteur semble avoir de la sympathie. Mais ce qui gâche cependant tout cela c'est que la grande découverte, sur laquelle il insiste tant, se réduit à ceci : il y a une attirance mutuelle entre les sexes et le printemps est la saison où cette attirance est la plus forte. Il envoie cela à la tête du lecteur comme si c'était une ~~grande~~ nouveauté et qu'il était héroïque d'oser attirer son attention sur ce point. Eh bien, à côté de la préface de Monsieur Pierre Hamp, ces romanciers anglais donnent l'impression d'avoir cinquante ans de retard sur les nôtres. — Et puis un fait m'a frappé, c'est que la valeur d'un ~~livre~~ roman dépend beaucoup de la valeur des personnages qu'il présente et qu'il décrit. C'est ce que Philippe[24] voulait dire quand il disait se sentir « capable d'écrire une vie de Napoléon ».

On pourrait porter beaucoup de critiques à la composition d'un livre tel que *Fraternity* : le saupoudrage de touches poétiques et de descriptions heureuses, comme du poivre de Cayenne qu'on parsème pour flatter les esprits cultivés, etc. — Il y a néanmoins quelque chose dans cet ouvrage. Il fait penser à MUSSET, dans son attitude, etc.

Vendredi 19.

Encore une mauvaise nuit en raison de la tempête qui a commencé vers minuit et ne s'est terminée qu'à 4 h ½ cet après-midi, avec du tonnerre, des trombes d'eau etc. Réveillé à 6 h, mais pas levé avant presque 8 h.

Reçu une lettre de ma Mère, et une de ma Tante dans la même enveloppe. C'est tout.

Sorti sur la piazza entre deux averses. Les collines vertes beaucoup plus claires que le ciel, et des nuages comme une épaisse couche de cendres sur les épaules des montagnes. Terminé le plus gros de mon travail (de 10 h à midi et de 2 h à 4 h ½). Mais il va me falloir commencer à copier demain (et terminer — si possible : une soixantaine de pages !)

Commencé la lecture, à mes moments perdus et pendant les repas, de *Jean-Arthur Rimbaud, le poète*[25], que j'ai acheté à Milan l'autre jour. Très intéressant, cela va de soi ; mais terriblement mal écrit ! On n'y trouve presque pas de phrase sans faute de grammaire ou de français. Il n'hésite pas à employer des mots comme : emmi, épistole, incité à, etc. Mais on y découvre des choses admirables, tirées des papiers et des exercices scolaires de Rimbaud. Cela semble merveilleux de trouver, perdues au milieu de la mauvaise prose décadente de Berrichon, des pièces magnifiques comme « Les Poètes de sept ans » ou « Le Bateau ivre ». J'aimerais voir quelques vers latins écrits par Rimbaud.

Je suis allé voir la jeune fille que j'ai rencontrée[a] le premier jour. Longuement parlé avec elle. [*Une ligne caviardée.*] Elle a un curieux accent, dont la principale caractéristique est le o prononcé ö (ou comme EU en français) et la chute de toutes les finales : allör', cinq ör'. C'est très laid et me rappelle les pires patois français. [*Six lignes caviardées.*]

Pour me distraire de mon travail, après avoir terminé, je suis retourné à Chiasso. Petite promenade côté suisse, envoyé des c. p. à ma Mère et à M. Deruy ; une espèce de foire, avec des baraques, côté italien. [*Deux lignes caviardées.*] Pas été fouillé cette fois par la douane, trop occupée avec les automobilistes. De retour à Côme à 6 h ½.

Ho comprato una piccola casa di legna (Svizzera) per fare una casa all' [enquesos], e una sveglia economica (2,25)[b] qui, j'espère, ne dérangera pas trop mes voisins, car j'ai l'intention de me lever à 6 h demain matin. Ne pas oublier d'aller à la librairie de livres d'occasion demain ; le libraire veut me donner le catalogue qui doit sortir demain matin et noter mon adresse, etc.

Été au cinéma ce soir. Les Bébés s'en vont. Les Belges, qui se parlaient dans un dialecte éructant et indécent, ont disparu. Beaucoup d'Allemands, qui parlent bien italien. Écrit à nouveau à Deruy et à L.-P. Fargue. Fatigué.

Samedi 20.

La sveglia mi sveglio alle SEI E MEZZO[c] ce qui est vraiment tôt pour moi. Énormément travaillé : de 7 h à 8 h ½, de 9 h ½ à midi, de 1 h ½ à 5 h ½, de 6 h ½ à 7 h ¼, et un peu à l'instant. Copié plus

a. Au mot caviardé a été substitué, juste au-dessus, le verbe anglais *met on*, que nous avons traduit.

b. Italien : « J'ai acheté un petit chalet en bois (Suisse) pour faire [...] et un réveil bon marché (2,25) ». Nous n'avons pu percer le mystère d'*enquesos*.

c. Italien : « Le réveil m'a réveillé à SIX HEURES ET DEMIE ».

de 70 pages. J'ai passé le seul repos que je me suis accordé à marcher sous les arcades de la via Plinio, et aux T[hermes] C[anensi] (l'eau plus fraîche que d'habitude — en raison de la tempête, je pense) ; me suis senti un peu faible en sortant. Bien mangé, aussitôt après, et me sens bien maintenant. Très bon poisson du lac.

Continué P. Berrichon. Reçu une c. p. de ma Mère, et une lettre de G. Gallimard. Suis très content (article sur Fargue de H. de Régnier dans les *Débats*[26] — c'est bien). Répondu aux deux.

Bâle, dimanche 21.

J'écris ceci à une table du buffet de la gare centrale de Bâle. 11 h ½ et je vais repartir à minuit vingt. — Cette fois directement à Paris (où j'arriverai demain matin à 7 h ½).

Levé à 6 h. Fini de copier à midi. Reçu une lettre avec de l'argent à 9 h ½. Réglé ma note d'hôtel, etc. Quitté Côme à 1 h ½. Franchi le St Gothard vers 4 h. Très froid. — Dans les tunnels, j'ai terminé le *Arthur Rimbaud* de Berrichon. Arrivé ici à 9 h du soir. Envoyé des c. p. à ma Tante, ma Mère, Marcel Ray. Écrit quelque chose sur le *Rimbaud* (une critique assez sévère de l'ouvrage, destinée aux Notes de *La Nouvelle Revue française*, mais cela ne me satisfait pas[27]. [*Deux mots caviardés.*] Les deux points essentiels étaient : la trop grande insistance de Berrichon sur les calomnies concernant l'amitié de Verlaine et Rimbaud — il essaie de réhabiliter Rimbaud, qui n'a pas besoin de l'être ; ensuite la place trop importante prise par les polémiques dans le livre : on a l'impression que les disputes entre Verlaine et Rimbaud s'y poursuivent. Troisièmement « Madame Rimbaud », le pire témoin à convoquer, tient trop de place tout au long du livre. Conclusion : nous ~~souhaitons~~ attendons impatiemment une biographie scientifique de l'un de nos plus grands poètes. Il doit bien y avoir des documents sur la vie menée par Rimbaud à Londres).

Compagnons de voyage : des jeunes filles allemandes, des Italiens en week-end (de Campione, Lugano) ; le Hollandais qui parlait français ; l'homme âgé, bien portant, en costume d'alpiniste avec des knickerbockers, un chapeau à plume, et qui avait une peur bleue des courants d'air, des fenêtres ouvertes, etc.

Saint-Yorre, mercredi ~~1er août~~ 31 juillet.

Pas encore tout à fait installé ici, mais je me sens beaucoup plus calme qu'à Paris et à Vichy dans les jours qui ont suivi mon retour d'Italie. Quitté la Thébaïde à 10 h du matin dans la petite automobile. Déjeuné avec M. Voldoire[28], avec qui je suis retourné à la Thébaïde à 5 h pour prendre des livres, des vêtements, etc. De retour ici à 6 h ½, à temps pour m'habiller pour le dîner. Ma Tante ici, également. Pas beaucoup travaillé : un peu dans l'après-midi et ce soir. Lettres et c. p. de Marcel Ray[29] (dans le Spreewald avec un poète Bermogeiger), Cipa Godebski, L.-P. Fargue (j'espère qu'il va pouvoir venir) et une c. p. ancienne de ma Mère, renvoyée de Côme. Temps chaud et humide comme d'habitude ici.

1er août (jeudi).

Levé à 7 h ; nuit d'orage ; ma Mère a dû fermer ma fenêtre. Journée humide. Souffrant, fiévreux toute la matinée, et vraiment malade avant le dîner. Travaillé un peu de 8 h ½ à 11 h ½. Puis de 2 h ½ à 3 h ½ : dormi ensuite jusque vers 4 h. Une seule distribution de courrier, et après 6 h ! À mes moments perdus et après le dîner, poursuivi la lecture de *La Vita di Giacomo Leopardi* scritta da G. Chiarini[a], and Walker (très mauvais). Lettres de : L.-P. Fargue (qui vient enfin) ; et la réponse des gens de *L'Argus de la Presse* ; ils me doivent environ sept francs. Je leur redirai que je veux que mon nom soit rayé de leurs listes. Écrit à : L.-P.F. ; Louis Chadourne ; Quasie[30]. Joué ; joué aux cartes avec ma Tante ; pensé à E.M. et Weston-super-Mare ; et une nouvelle idée pour « La Grande Époque ».

Détruit plusieurs vieux manuscrits d'une ancienne version des *Poèmes de Barnabooth*[31] et « Propos de Table » (la description de la table de B.). Une journée triste, fraîche.

Maintenant que les arbres le long de la route de Nîmes ont été abattus, il y a davantage d'unité dans le paysage que nous voyons de nos fenêtres : on peut suivre la pente des petites maisons aux toits rouges en haut de la colline jusqu'à notre porche. L'effet, pour moi, est merveilleux : c'est comme une explication, la révélation, enfin, de la véritable nature de l'endroit ; mi piace[b].

Vendredi 2 août.

Sensiblement mieux ; le temps est toujours humide et froid, sans soleil. Debout à 7 h. Travaillé de façon régulière aux deux tâches — l'une avant le déjeuner, l'autre 1 h ½ après. V[oldoire] est venu, apportant des livres arrivés pour moi, des photographies, etc. Je suis allé avec lui à Vichy et je suis rentré ici, — le tout entre 4 h ½ et 5 h ½. Joué (les vieux bateaux dans le grand bassin, et les soldats, etc.). Joué aux cartes avec ma Tante. Poursuivi ma lecture de Chiarini (moment où Leopardi quitte Recanati — enfin.) [*Quelques mots caviardés.*]

Ce matin, alors que je travaillais, des noms comme ceux de la Wye Valley, Llanthony[32] m'ont ramené tout près de — [*Deux initiales caviardées*] et les vieux souvenirs. [*Six lignes caviardées*] e molte altre sciocchezze[c].

a. Italien : « écrite par G. Chiarini ».
b. Italien : « cela me plaît ».
c. Italien : « et beaucoup d'autres sottises ».

À la poste (neuve) après le dîner. Il y a beaucoup de nouveaux bâtiments, magasins, etc., à Saint-Yorre. Entendu dire qu'il y avait même des étrangers qui séjournaient dans le meilleur hôtel et qui se rendaient à Vichy tous les matins en automobile.

Dimanche 4 août.

Pas écrit dans ce cahier hier, car j'étais déprimé et malade. J'avais passé une nuit agitée. Beaucoup mieux aujourd'hui en dépit d'une abominable tempête qui a duré toute la journée (et dure encore). Ma Tante est partie hier. Levé tard ce matin (8 h). Et comme c'était dimanche, fait peu de choses. Reçu mes journaux anglais, une lettre de Jean Royère me demandant ce que je lui ai promis[33]. [*Cinq lignes caviardées.*] Hier j'ai écrit des lettres aux relieurs de Lyon et de Paris. [*Quelques mots caviardés.*] Aujourd'hui j'ai passé toute la journée dans « mon » bureau, à parler avec ma Mère, jouer, lire un peu et travailler, tour à tour.

Pensé à une série d'histoires sur un solitaire qui viendrait vivre dans un endroit comme celui-ci, avec un seul domestique. Il vivrait un peu comme un roi en exil, changeant de tenue trois ou quatre fois par jour, sans jamais sortir de son parc. Son domestique porterait un genre de « livrée de cour », etc. Ce qu'on raconterait sur cet homme dans les cafés du village. Puis, après plusieurs années, il est vraiment appelé sur un trône étranger.

Lundi 5 août.

Vais bien maintenant ; le temps est toujours humide et frais (particulièrement ce soir juste avant le dîner quand je suis allé chercher les lettres à la poste). Travaillé un peu ce matin. Puis V[oldoire] est venu déjeuner ; nous avons joué ensemble au bassin ; puis il est descendu. Sommes montés en voiture, lui et moi, à 4 h. Allés chez Ch[âteau] (le NOTAIRE) ; puis à la Thébaïde ; et je suis rentré seul ici. Entendu dire que Mme F. était mourante à l'hôpital (vu F. dans tous ses états, la mine défaite, les yeux rouges et gonflés ; n'ai rien trouvé à lui dire.) — J'attendais au moins un câble de L.-P. Fargue ; rien n'est venu. Reçu une lettre fort aimable de Cipa Godebski me remerciant pour la dédicace que je lui avais faite de ma traduction d'Arnold Bennett. Lettre de Lortic aussi disant que les livres sont arrivés.

J'aime les petits déjeuners dans la chambre de ma Mère, entre 7 h ½ et 8 h (ce qu'on peut voir par la fenêtre, etc.). C'est curieux le temps qu'il m'a fallu pour trouver à nouveau ici où j'ai vécu si longtemps prisonnier, et dans ces endroits que j'étais arrivé à détester si vivement, quelque chose d'intéressant et de digne d'être aimé. En dehors des premières années, du temps de mon père (avec les filles et les garçons du Parc), je ne conserve que deux bons souvenirs de Saint-Yorre : l'un d'un certain après-midi, l'année qui précéda ma libération, où j'ai passé quatre ou cinq heures de complète solitude, plongé dans la lecture, je crois, des *Poèmes* de Prior ! ressentant par anticipation ce que j'ai ressenti après ma libération (à Londres, en août et septembre 1902). Puis les journées, il y a cinq ans, lorsque je copiais ces pages de *Barnabooth* qui ne seront pas publiées, et que je travaillais avec tant de plaisir. (Comme pour Vichy, tous les souvenirs que j'en ai sont mauvais — et, avec Moulins, les pires de ma vie.) J'aimerais parvenir à exprimer cela quelque part ; composer une étude sur un jeune homme comme je l'étais alors, etc.

Tout cela, bien entendu, suggéré par la lecture de la *Vita di Leopardi*[34] de Chiarini où la maison et la période du séjour à Recanati ne peuvent que m'évoquer les mauvais moments que j'ai vécus moi-même. Je me demande vraiment comment j'ai pu autant souffrir sans rien perdre de ma conception optimiste de la vie. J'aimerais trouver le moyen d'exprimer, de façon très générale, et relativement objective, combien j'ai souffert de ce manque de liberté (et uniquement de cela) alors que tout, autour de moi, semblait fait pour assurer mon bonheur. (C'est-à-dire : « Comment un jeune homme peut souffrir d'un tel manque de liberté », etc. !!) Ma Mère et mes éducateurs en général (mais tout spécialement ma M bien sûr) pensaient avoir réduit ma volonté à néant ; ils n'avaient fait que repousser la réalisation de mes désirs. Je suis tout à fait sûr maintenant que ma M était parfaitement inconsciente de tout cela ; me croyait très heureux ; ne pouvait imaginer un instant que je souffrais profondément quand elle eut vaincu mes désirs et mes projets (peut-être pensait-elle que je me repentais, ou que la défaite m'avait corrigé et amélioré). La meilleure preuve en est que, lorsque j'ai fini par gagner ma liberté, elle a pensé que j'avais été influencé par un de ses ennemis personnels qui avait ainsi trouvé le moyen de lui faire mal (à travers moi). Et JUSQU'À CE JOUR elle en reste persuadée. Je ne peux pas dire que je regrette quoi que ce soit, dans l'ensemble ; simplement, ce qui est arrivé devait arriver : même moi, je n'aurais pu l'empêcher ; IL N'Y AVAIT QU'UN SEUL AUTRE MOYEN. Je me demande qui de nous a le plus souffert : Moi, de 14 à 21 ans, ou elle pendant l'« année infernale ». Je me souviens avoir souffert également cette année-là (j'aimerais pouvoir dire ce que ressentait ce jeune homme quand, tout étant réglé, il ~~quitta~~ prit congé de sa mère à la gare de Charing Cross et pensa qu'il l'avait vue pour la dernière fois, et ce alors qu'elle venait de se montrer, dans l'heure écoulée, douce, bonne et franche comme elle l'était avec lui lorsqu'il était petit.) À cet instant il pensa : Je ne puis faire autrement ; et il aurait donné n'importe quoi pour faire autrement.

Cela donnerait quelque chose : pas de prise de position subjective, pas de conseils aux parents et éducateurs, j'entends ; les faits uniquement : mais TOUS les faits.

Mardi 6 août.

Temps meilleur, mais toujours humide — et froid après dîner. Levé à 8 h moins le quart. Petit déjeuner dans la chambre de ma Mère. Promenade dans le jardin en pensant à mon travail. Travaillé de 10 h à 11 h. Déjeuner. Ma Mère est allée à Vichy entre 2 h et 5 h. J'ai écrit des lettres : une à Swansea, et suis allé les mettre à la poste. Rencontré deux fillettes en chemin : l'une enfant, l'autre, petite femme de 13 ans. L'aînée parlait à la plus jeune, mais de façon que j'entende ce qu'elle disait : une vague histoire de garçon et de fille qui jouaient « l'autre jour, avec une bêche, comme ça ; et elle avait peur ; et ils s'envoyaient des baisers »... Les derniers mots étaient prononcés d'une voix forte, pour attirer mon attention. Ça semblait lui faire plaisir de parler de baisers en présence d'un jeune homme. — Reçu : mon blazer vert-et-rouge ; des lettres de : Quasi[a], Louis Chadourne ; M. Deruy, avec des coupures de *L'Argus de la Presse*, malgré ce que je leur ai écrit ; quatre exemplaires de la *N.R.F.* avec la traduction de *The Matador of the Five Towns*, imprimée presque sans fautes. En tout je suis allé deux fois à la poste, une fois dans le champ où on travaillait ; une fois dans le Parc, et j'ai visité les sources. Travaillé un peu l'après-midi. Ma Mère a rapporté de Vichy ma dernière commande de livres : toute la série des Seton Merriman ; les deux manuels de Seccombe qui ne faisaient pas encore partie de ma collection ; deux autres livres, et le *Ghost Ship* de Middleton[35], dans lequel j'ai lu quatre ou cinq récits, avant et après dîner ; ce n'est pas ce que m'avaient fait attendre les panégyriques des NÉCROLOGIES ; toutefois deux de ces récits sont incontestablement bons : « The Ghost Ship » lui-même et « Story of a book »[b]. Rien de L.-P. Fargue, BIEN ÉVIDEMMENT. Je l'ai attendu toute la journée, ou un télégramme de lui. À la poste ici, on me connaît comme auteur. La dame, ce soir, m'a dit qu'elle avait un beau-frère (je crois) qui est grand amateur de littérature et qui disait beaucoup de bien de mes travaux ; l'homme a ajouté qu'il pensait que ce jeune homme avait vu « de mes morceaux ». J'ai essayé de les remercier sans avoir l'air stupide.

Mercredi 7.

Levé à 7 h. Promenade dans le jardin. Une nouvelle journée grise et pluvieuse. Pas de lettres, rien. Très peu travaillé : dix lignes en tout. Les excuses pour ma paresse : venue de V[oldoire] ; puis voyage avec lui à Vichy (simplement pour ne pas laisser le chauffeur seul avec la voiture) ; puis de retour pour trouver A. (d'Alger) arrivé alors que nous pensions qu'il était parti en train ; il a fallu le

a. Généralement écrit « Quasie ».

b. Pour plus de commodité : « Le bâteau fantôme » et « L'histoire d'un livre ».

reconduire à Vichy, et je suis revenu ici pour la deuxième fois aujourd'hui à 6 h et demie. En route, parlé avec A. d'Alger (où je l'ai connu en 1905 — en mars, je crois — étions allés ensemble à la Kasbah, etc.)[36]. Aussi : j'ai écrit des lettres : Louis Ch[adourne][37], Cipa Godebski, et A. Bennett.

À Vichy, l'aéronaute survolait La Thébaïde (je suppose qu'il voit le pavillon — peut-être lui sert-il de repère). Puis à mon deuxième voyage, l'ai vu faire un bel atterrissage. Rues bondées à Vichy.

J'ai rapporté le 2e volume du Tite-Live de Teubner, et j'ai commencé à le lire (Liv. VII, I), ce soir. Cela m'a donné beaucoup de plaisir. Je pense que j'ai maintenant atteint un âge et acquis une expérience de la vie suffisants pour apprécier pleinement les historiens romains. Je pense bien comprendre le point de vue de Tite-Live ; et puis le style et la langue ! Quand on sort de là, tout ce qu'on écrit maintenant paraît médiocre. (L'italien de la *Vie de Leopardi*, que j'ai pris juste après.) J'ai continué Chiarini et j'ai lu cinq ou six autres récits dans le livre de Richard Middleton. Eh bien ce qui me frappe dans ces récits, c'est le génie poétique qu'ils mettent en lumière, et cela uniquement. Ils m'inciteraient à penser que le meilleur chez lui ce doit être la poésie ; mais tous les critiques ont justement soutenu le contraire : sa poésie est plutôt insipide, et ses nouvelles excellentes. C'est bizarre. Et pourtant ce que j'en ai lu ne possède pas les qualités essentielles d'une bonne prose : les intrigues sont banales, et les meilleures d'entre elles, par leur composition et leur développement, sont celles dont le thème est le plus mince. J'aime cette phrase tirée des *Appunti* de L[eopardi] : « Sono nato di nobile famiglia in una ignobile città delle Marche[a]. » Je ne crois pas que Stendhal ait jamais rien trouvé d'aussi bon pour évoquer le « plat Grenoble ».

Jeudi 8 août.

Une autre journée pluvieuse et froide ; Levé à 7 h moins le quart, petit-déjeuner, etc. Promenade dans le jardin. [*Deux lignes caviardées.*] Avant le déjeuner : Tite-Live, et travail. Après le déjeuner et malgré la pluie, en automobile (avec ma Mère, sa bonne et les chiens) à Thiers, où j'ai vu L— et où j'ai acheté un couteau (très joli : acier de Thiers et nacre). Envoyé des cartes postales à : ma Tante, Léon Werth[38] et L.-P. Fargue (avec trois ou cinq ?). Bien sûr nous continuons de l'attendre d'un moment à l'autre. Je ne croyais pas que la ville de Thiers était aussi grande. De belles filles, grandes et blondes, lis et roses, etc. Les villes d'Auvergne ont quelque chose de particulièrement singulier et remarquable : prenons un coin de rue : de hautes maisons grises aux façades en

a. Larbaud en donne la traduction dans la « Lettre d'Italie » : « Je suis né d'une famille noble, [à Recanati], ville ignoble des Marches » (L.P., p. 813).

pierre de Volvic, d'un gris riche et profond qui semble toujours sec et exprime, non pas la morosité, mais bien plutôt la joie austère ; c'est massif, mais ça ne paraît pas lourd ; et de telles maisons paraissent plus dignes d'une grande capitale que bien des maisons modernes à Paris[a]. — L'étonnement d'entendre parler français dans les rues (avec l'accent auvergnat, cela va de soi) mais cela fait bizarre d'entendre ainsi des paysans et des ouvriers parler une langue qu'on a toujours considérée comme une langue littéraire, un moyen d'expression artistique. La relation entre la langue écrite et la langue populaire, semblable à celle qui existe entre le corps et l'esprit, l'un ne peut exister sans l'autre. Et cependant, comme c'est artificiel : c'est le français du XVIIIe siècle enseigné aux enfants par les maîtres d'école, tout comme le grec moderne correct est la langue de Xénophon enseignée par des maîtres, eux-mêmes formés à Athènes, etc. — Beaucoup d'Allemands à visiter Thiers et les aciéries — Les petites villes ont vraiment l'air de prendre de l'extension en été ; Puy-Guillaume me semblait plus grand qu'il ne m'avait paru en décembre lors de mon passage à Thiers avec Werth.

De retour à Saint-Yorre à 5 h. Travail. Puis à la poste sous la pluie. Reçu un compte rendu et un catalogue de Dorbon que j'ai parcourus ce soir. Continué Chiarini. Je pense qu'il manque un peu de finesse. Il est certain que IL NOSTRO[b] n'était pas vraiment amoureux de la « fille du cocher » ; mais s'il l'avait été, alors ? Pourquoi insister sur le fait que Leopardi n'aimait que les SIGNORE[c], pas les POPOLANE ? Il est certain qu'il avait « un faible » pour la Fattorini, et bien entendu ce n'était pas du véritable amour ; mais il n'y a rien de déshonorant dans ce sentiment qu'on porte à une jeune fille. — Richard Middleton (l'ai lu en allant à Thiers, et presque terminé). Il y a vraiment de très bonnes choses : « ON THE BRIGHTON ROAD[d] » est magnifique. Parfois (dans ses histoires d'enfants) il se rapproche de ce que j'ai quelquefois tenté (il y a une phrase qui est presque mot pour mot la traduction d'une phrase de *Fermina*). Pourtant cela ne me satisfait pas totalement ; je pense qu'il excelle dans les récits COURTS, et parmi eux, dans ceux où il n'essaie pas de démontrer, ou d'illustrer, des banalités et des lieux communs, etc. La serviette qui « avait l'odeur de l'enfance et de la maison » est une merveilleuse trouvaille.

Beaucoup aimé l'après-midi à Thiers.

a. En marge cette note : « Des cours comme j'en ai vu à Clermont-Ferrand, l'hiver, gris-noir, baignant dans un fin brouillard bleu. »

b. Italien : « le nôtre », sans doute faut-il entendre ici : notre auteur, c'est-à-dire Leopardi.

c. Italien : *signore*, les « dames », s'oppose à *popolane*, les « femmes du peuple ».

d. « Sur la route de Brighton ».

Vendredi 9 août. PLUIE, bien entendu.

Levé à 6 h. Terminé le livre de R. Middleton avant le petit-déjeuner. Tite-Live ensuite. Puis à Vichy avec ma M[ère]. Et à Cusset pour voir Henri Ménabréa. J'ai dû y aller en tram car un pneu a éclaté juste après la rue de la gare. Trouvé H. M. au lit suite à un refroidissement, un problème gastrique, langue très blanche, ne peut absolument pas manger. Comme cela depuis six jours, va mieux. N'avait pourtant pas l'air très malade ; j'espère que je ne l'ai pas fatigué. De retour à Vichy en tram. Trouvé la voiture et ma Mère près de la gare. Elle avait rencontré les abominables G. (deux des fantômes qui hantaient mes mauvais rêves d'enfance, des bourgeois vulgaires etc. — au mieux des modèles) et ils viendront déjeuner demain (l'homme et la femme — la seule pensée me fait frémir — ils vont me gâcher ma journée). En sortant de cette ville d'eaux vulgaire, vu un autre fantôme, G., autre modèle de bourgeois. Quelle bénédiction que nous soyons ici à Saint-Yorre où les monstres ne peuvent nous rendre visite aussi facilement. Et la ville est également beaucoup moins bruyante et vulgaire que Vichy. Travaillé de 3 h à 6 h (fait une petite sieste après le déjeuner ; V[oldoire] a déjeuné avec nous) : huit petites pages — très difficile ; raboteux etc. Ce soir, après dîner, Chiarini. — Pendant le dîner, enfin ! un câble de Fargue. Il dit qu'il viendra dans quelques jours[39].

Samedi 10 août. Pluie et froid.

Levé à sept heures ; petit-déjeuner etc. comme d'habitude, et pluie (une pluie en toile d'araignée, très fine et assez froide) comme d'habitude. La visite redoutée n'a pas eu lieu : alors que ma M[ère] était sur le point d'aller les chercher en voiture, une dépêche est arrivée disant qu'ils étaient malades et allaient directement à Néris. Ma M[ère] est allée les voir et est rentrée à l'heure du déjeuner. Bien sûr je les plains ; mais, malgré tout, ils restent de parfaits étrangers pour moi. Travaillé toute la journée (presque douze pages, mais un brouillon en avait été fait la semaine dernière). Après déjeuner : cigarette, puis partie de billard (la pièce sent le renfermé, et je dois complètement réapprendre à jouer ; pas de coups dignes d'être commentés). Puis Tite-Live, avec un intérêt croissant. La visite de M. [*Nom caviardé*], ne parlant que politique, etc., m'a énervé. [*Un mot caviardé.*] Il a essayé de s'attirer ma sympathie en me faisant comprendre, de façon détournée, qu'il me verrait bien maire de Saint-Yorre, etc. Lettres : de L[ouis] Ch[adourne] (qui ne pourra venir que mercredi ou jeudi), et de Tante. Puis, après dîner, vu le nom de M. et Mme F[rancis] Jammes, Orthez[40], sur LA LISTE DES ÉTRANGERS. J'en ai sauté de joie et j'ai aussitôt écrit pour lui dire que j'étais ici. Il me croit, bien évidemment, en Italie, sinon il m'aurait fait savoir qu'il venait. J'irai le voir demain matin[41]. J'espère qu'il va faire un long séjour et que Fargue pourra le rencontrer.

Dimanche 11.

Levé à 6 h ½. Ma Mère est allée en voiture à Vichy, entre 7 et 8, pour faire des provisions, etc. Matinée très froide, mais l'après-midi a été ensoleillée et chaude. Parti pour Vichy, en voiture, à dix heures ; c'est Mme Jammes qui m'a vu la première, F[rancis] J[ammes] est ensuite descendu. Il m'a dit qu'il avait préféré ne pas m'annoncer sa venue, à cause de ce que je lui avais écrit de Florence sur ma Mère et sa tendance à vouloir convertir[42], etc. Attendu, pendant que Mme J. allait prendre son bain, à La Thébaïde. Parlé de Bernadette[43], de Gide et de Claudel. Puis nous sommes revenus ici ensemble. Très bon déjeuner. Ma M, comme d'habitude, a trop parlé, et a brossé un tableau tout à fait inexact de moi (comme d'habitude) et de L.-P. Fargue, ce qui est plutôt embarrassant, car Jammes, je crois, n'a pas vu plus loin que ce que Mère disait, et a tout pris en bloc, malgré les énormités, les exagérations flagrantes et les erreurs d'interprétation. Nous avons eu une longue conversation dans le parc, tandis que ma M et Mme Jammes se tenaient compagnie. Gide et Claudel ; J. a dit des choses très fines, montrant sa clairvoyance et sa pénétration. À propos de Patmore[44] et E.A. Poe il a évoqué « le clair de lune en plein jour et les bosquets phosphorescents » de certains poèmes anglais. Baudelaire, tout à fait différent d'E.A. Poe : « le grand jour de midi ou la nuit noire ». La religion : trop long et prolixe pour le rapporter ici. Il a dit de bonnes choses EN FAVEUR de l'art sulpicien. Puis, la famille toujours pauvre (j'ai élevé des protestations), plein de bonnes intentions, cela va de soi. Assez curieusement, pendant tout ce temps, je pensais à l'épisode Titus Manlius, lu ce matin dans Tite-Live[45], et j'y pensais d'un point de vue religieux ; cela lui donnait encore davantage de grandeur. Vraiment, Tite-Live est PASSIONNANT ; et je pense encore à une série de morceaux choisis de ses textes, illustrés par quelqu'un d'habile, et vendus comme livres souvenir, livres de prix, cadeaux de Noël pour les enfants. Cela pourrait contribuer au « relèvement des études latines » etc. Bien entendu, AUCUN éditeur ne voudrait MARCHER.

Ramené J[ammes] et Mme à Vichy, où il m'a prêté un livre de H. Brémond[46] dont il a dit beaucoup de bien. Veut savoir ce que j'en pense. J'étais de retour à Saint-Yorre pour dîner. Reçu une c.p. de Marcel Ray rentré à Berlin. Pense que je suis à Valbois. J'ai écrit à Louis Chadourne ; j'espère qu'il viendra mercredi ou jeudi prochain. Pour toutes ces raisons, ma M a décidé de rester à Vichy. — Autres sujets de conversations abordés avec J. : Leger[47], Barrès, Dante.

Vichy, lundi 12.

Oublié de noter que J. m'a parlé d'Agnès Tobin[48] ; elle a été gravement malade récemment ; Symons aussi est très mal. Il m'a parlé de Crackanthorpe[49] (des anecdotes surprenantes). Il est merveilleux, plein d'esprit et d'humour ; toutes sont belles et on y trouve de la sève et de la saveur (Carrière, Claudel, O. Redon). Il m'a fait comprendre qu'il a percé à jour les propos de ma M [*Deux lignes et demie caviardées*] et qu'il ne prend pas pour argent comptant sa version de mon histoire. Cela m'a fait plaisir, bien que, naturellement, cela devrait me laisser parfaitement indifférent. [*Sept lignes caviardées*] la drôlerie de la situation, et profité de cela — tout à fait équivalent à la situation, et même supérieur à elle de notre point de vue. Je pense qu'il comprend bien les choses comme elles sont[50]. [*Une ligne et demie caviardée.*] C'est très intéressant : comme pour moi À TOUT MOMENT DE MA VIE, [*Quatre lignes caviardées.*] Toujours la petite méchanceté de vivre. C'est très intéressant et digne de compassion. « NOT VEXING THEE IN DEATH[51]. » Je pense que J[ammes] doit y penser et le considérer sous le même point de vue.

Terminé « Digby Dolben[52] » ce matin. Je veux dire que j'y ai mis un point final. Mais il va maintenant falloir que j'y travaille, et que je le copie, et j'ai peur de voir mon temps compté maintenant, au moins pour les dix ou douze jours à venir. Mais tant que je prendrai plaisir à la conversation de J[ammes], je ne me plaindrai pas. Je ne suis pas allé bien loin dans ma lecture de H. Brémond. J'ai horreur de ce type d'écriture : franche et brusque, etc. C'est un autre genre de style décadent, mais « en usage » dans le clergé. Bien entendu cela m'a donné envie de lire les œuvres de Ste Chantal.

Quitté Saint-Yorre par le train de 3 h ½. Le parfum de notre petite sapinière baignait la gare. La cloche : comme des bulles qui éclatent à la surface d'une eau tranquille. Pensé aux noms écrits sur le mur des gares partout en Europe.

Trouvé Vichy pleine de mauvaises odeurs, et si triste (le quartier de la gare) et désespérément minable, vulgaire, avec les prostituées et les cafés. Cependant J[ammes] me la rend moins pénible. Nous avons rencontré deux de ses amis : Bauche[53] et Lacoste, deux peintres. Bauche s'est entiché d'un petit coin près de Thiers, dans les grands bois de la Montagne Noire, et il y vit toute l'année (cela fait deux ans qu'il y est), allant passer quelques jours à Paris de temps en temps. Il y mène une vie solitaire et ascétique ; et Lacoste est venu le rejoindre il y a quelques jours. Nous irons leur rendre visite là-bas demain. Bauche a longtemps vécu en Espagne et cela m'a fait plaisir de parler de l'Espagne dans cet affreux endroit ; il connaît Valence[54], voyait presque l'endroit où je vivais (calle de la

Nave — cela semble si loin !) et lui aussi aime le petit square avec la statue de don Jaime d'Aragon au milieu des palmiers. Ils ont manqué leur train de retour, et vont passer la nuit ici et partir très tôt demain matin. — Après dîner nous sommes sortis (bien sûr j'ai dîné seul avec ma M[ère]) et nous avons pris une bière à l'Alhambra.

[*En marge :*] J'ai oublié de mentionner que j'ai reçu ce matin une longue et intéressante lettre de Bennett.

Mardi 13.

Très froid, vent d'ouest. Quoi qu'il en soit nous sommes allés à Celles. Quitté Vichy (J[ammes] et moi) à 10 h ¼ et arrivés (à cause de quelques contretemps) à 1 h. Déjeuner avec Bauche et Lacoste (vu des tableaux de tous deux). B[auche] lisait Claudel. Jammes, plein d'esprit et de verve, nous abreuvait d'anecdotes. Il a d'ailleurs fait d'excellentes remarques : les villages auvergnats « très leçon de dessin » et la route qui ressemble tout à fait à « un jeu de l'oie, avec le pont l'auberge etc. ». Il a dit qu'il n'avait jamais rien vu comme « ce pays » auparavant. Très enjoué : a parlé du monde littéraire parisien de façon très amusante : projet d'une « Revue des Gens Bien Élevés ». Il va de soi que la vie que mène B[auche] à Celles est admirable : vraiment austère, comme il le dit lui-même, et tout à fait pure etc. Sur la route du retour nous avons visité Thiers, qui a beaucoup plu à J[ammes]. Retour à La Thébaïde vers 6 h ½. Reçu : une lettre de J. Copeau[55], une c.p. de L.-P. Fargue (de la propriété de Gallimard dans le Calvados) ; une lettre de G[allimard] lui-même, accompagnée des trois exemplaires du *Matador* ; et une dépêche de Louis Ch[adourne] (il arrive demain ; c'est-à-dire que j'irai le chercher demain à Clermont-Ferrand). Absolument pas travaillé. Pensé à « Digby Dolben » et trouvé quelque chose qui devrait convenir, je pense.

De mauvais rêves la nuit dernière. J'étais avec « Gertrude Hansker[56] » dans sa chambre ; elle montrait des photos pornographiques (des gravures érotiques) etc. ; puis le feu s'est déclaré, les gens se précipitant, les Offices dans une terrible lueur rouge, etc. Puis un vieil homme dans un affreux hospice moderne (les couloirs aux couleurs criardes, etc.) — c'était un poète, dont j'ai retenu deux vers : « Du retour du vert et du bleu, / je ne me soucie guère. »

Parlé argent avec ma M. Naturellement elle a admis sans difficulté que la sit[uation] était loin d'être aussi brillante qu'elle l'a décrite l'autre jour à J[ammes].

Jeudi 15 août.

Je ne puis continuer à tenir ce journal, car mes journées sont trop occupées pour me laisser le moindre loisir et je suis trop fatigué pour faire quoi que ce soit avant de me coucher. Je suis allé hier en voiture à Clermont-Ferrand, j'y ai trouvé Louis Chadourne à l'endroit convenu, suis revenu ici avec lui et je pense que j'irai avec lui la semaine prochaine à La Bourboule, Brive et Tulle. Demain (Jammes, Chadourne et moi) allons à Châteldon ; samedi à Moulins, Bourbon-l'Archambault, Souvigny, Ygrande et Cérilly[57]. [*Une ligne caviardée.*] [*Sept feuillets déchirés.*]

UNE JOURNÉE

Il semble intéressant d'ajouter ce texte, qui parut pour la première fois en 1922 dans la revue Intentions *(n° 9, pp. 58-64), fut repris en 1927 dans* Crayons de couleurs *(Liège, À La Lampe d'Aladin) et la même année dans* Jaune bleu blanc *(Éditions de la NRF) — il figure également dans le volume de la « Bibliothèque de la Pléiade » (pp. 838-845) —, au journal « Côme et Saint-Yorre » parce qu'il en reprend quelques pages, qu'il traduit en français, qu'il présente le cahier dont ce journal est issu et qu'il en resitue les pages dans leur époque.*

En cherchant, pour les offrir en témoignage de reconnaissance à mes amis, quelques pages non publiées, qui fussent aussi personnelles, aussi voisines de ma vie quotidienne que possible, j'ai eu la surprise de retrouver un mince cahier sur la couverture duquel j'ai vu, écrit de ma main, mais d'une écriture qui diffère un peu de mon écriture d'à présent, ceci :

DIARY
Begun at Como, July 11, 1912

Au-dessous, dans un cartouche, on lit, imprimé à l'encre bleue sur le fond bleu de la couverture :

Modello 270 C
Carta Sopraffina
Cartiere
Ambrogio Binda & C.
Milano

Ce cahier d'une soixantaine de pages est tout ce que j'ai gardé d'un assez long journal intime, rédigé d'un bout à l'autre en un anglais pas trop incorrect, çà et là un peu maladroit, familier mais poli, — pour tout dire : cursif, — comme si je n'avais pas voulu aller chercher les beaux mots français, les mots de mes journées. Car ce journal n'est que cela : ce que j'ai vu, entendu ou fait, et non pas ce que j'ai pensé, ce que j'ai éprouvé, ce que j'ai senti. C'est le journal aide-mémoire, et non pas le journal confidentiel, sentimental, introspectif et « psychologique », forme que j'avais utilisée quelque temps auparavant pour décrire d'aussi près que possible la vie intime, les crises et le développement d'un personnage imaginaire : par là m'interdisant l'usage de cette forme pour mon propre compte, y renonçant, m'en éloignant à jamais.

Tel qu'il est, j'ai éprouvé un certain plaisir à le relire, et je me demande si, en traduisant une page prise au hasard, et en l'accompagnant des explications qui la rendraient aussi claire pour le lecteur qu'elle l'est pour moi, je n'en pourrais pas tirer une image exacte d'une ancienne journée, ressusciter une journée d'il y a dix ans, une journée qui fut toute de calme, de beau temps, de flânerie et de travail alternés, et de ce bonheur qui consiste non pas tant dans le sentiment d'un avantage remporté, d'un profit encaissé, que dans la conscience d'une entière liberté et l'absence de toute gêne.

Je vais traduire chacun des trois paragraphes qui figurent sous la date du jeudi 18 juillet, et je les commenterai l'un après l'autre. Il est nécessaire de dire, tout d'abord, que j'étais arrivé à Côme depuis une douzaine de jours, venant de Florence où j'avais passé les cinq mois précédents, occupé surtout à chercher les traces de Walter Savage Landor : les maisons qu'il avait habitées, les plans et descriptions de la ville telle qu'il l'avait connue (entre 1823 et 1864), et ce que les archives du Buon Governo contenaient à son sujet. J'avais eu la chance de trouver l'explication de plusieurs points obscurs de sa biographie, et quelques lettres inédites de lui, en italien, très caractéristiques de sa manière bien qu'écrites dans une langue étrangère. Après cela, je n'ai pas besoin d'ajouter que j'étais extrêmement content de moi : les landoriens d'Angleterre n'avaient qu'à bien se tenir ! (Il est probable que si j'avais eu un ami avec moi, je me serais rendu, avec Landor et ma vanité satisfaite, complètement insupportable.)

Ah ! j'oubliais : si j'avais choisi Côme pour y passer une partie de mes vacances, c'était parce que la ville et le lac étaient nouveaux pour moi, que j'étais à peu près sûr d'être seul à l'hôtel et de vivre, dans une ville sans touristes, la vie des gens du pays ; enfin, mon compagnon invisible, W.S. Landor lui-même, y a vécu trois ans, avant d'aller s'installer à Florence, et il y a dans son œuvre de nombreuses traces de ce séjour à Côme. Bien que je dusse rentrer en octobre à Florence où j'avais des amis charmants, je n'y avais pas gardé de logement, et ma seule chaîne, mon unique chez moi, ne se rappelaient à mon souvenir que lorsque tintaient, au fond d'une valise où je les avais depuis six mois reléguées et cachées sous des choses, les « clés de Paris » ; chaîne bien légère : les clés de ma cabine à bord du Navire d'Argent. — Mais voici la traduction du premier paragraphe, — une impression du matin, écrite probablement après avoir passé quelques instants au balcon, en pyjama, dans la solitude et la fraîcheur de la place Cavour, à sept heures du matin.

« Le lac, ne jetant à la ville que cette nappe d'eau calme et claire. Ou plutôt, jouant à cache-cache avec nous ; de telle sorte que nous le sentons là, nous épiant de derrière les rochers, d'une manière puérile, en silence et dans l'attente. Et toujours cette impression : que les bateaux sont trop grands pour le lac. »

(Si je n'ai pas eu plus de chance avec Whitman, Landor et Butler que je viens d'en avoir avec moi-même, je serai reçu plutôt fraîchement, aux Champs-Élysées, par ces têtes laurées. Ma traduction a complètement raté même cette pauvre phrase sur le lac : « *Peering round the corner of the rocks, in a childish, hushed, expectant way* », dont j'ai dû être assez content quand je l'ai écrite.) Et voici le second paragraphe :

« Après déjeuner, à pied sur la route d'Albate, jusqu'à San Rocco. Un admirable quartier populaire, hors les murs. Il y avait là une belle vie ardente, plaisirs, regards, etc. Trois hommes chantaient une pauvre chanson patriotique. Ils étaient traités comme les poètes devraient l'être par l'aristocratie : tout le monde achetait la chanson, leur souriait, les fêtait, chantait avec eux. Cela disait :

Bella, ti lascio ; addio :
Io parto per la guerra...
Tripoli mia,
Libera sorgi
Al grido di guerra :
Morte al Musulman !
Non è piu forte
Di noi la morte :
Tra i feriti e i morti
Sorge la libertà !

« On dirait une vieille chanson des guerres d'Indépendance à laquelle on aurait redonné artificiellement une vie nouvelle. Si c'est bien ça, c'est tout à fait dans le genre de tout ce faux enthousiasme à propos de cette lamentable affaire avec les Turcs. Acheté là une paire de sabots pour les emporter en France et les montrer. Attendant un tramway pour retourner à la place Cavour, causé avec une femme qui attendait aussi. Elle a prononcé "Cantù" (la ville) comme un Français l'aurait fait : ü. Entrant dans une belle et curieuse cour intérieure, je suis tombé sur l'homme de Gioppino qui était en train de repeindre à neuf quelques-unes de ses vieilles marionnettes. »

C'était la première fois que j'allais de ce côté de la ville. Ce quartier est assez loin au-delà de cette belle porte à plusieurs rangs d'arcs superposés qui est, pour les gens qui viennent de Milan, la porte de Côme. Jusqu'alors, sauf une visite à S. Abbondio (que W.S. Landor appelle : « le lieu le plus frais d'Italie »), j'étais resté dans l'intérieur de la ville, que maintenant je connaissais bien ; et d'autre part, les promenades sur le lac m'avaient pris beaucoup de temps.

Je ne crois pas m'être trompé au sujet de la chanson patriotique. C'était bien une chose remise à neuf. Il y avait eu *Italia* où on disait *Tripoli* et *Tedesco* où on disait *Musulman.* C'est ce qu'on peut appeler une chanson patriotique vraiment pratique, et il serait à souhaiter que toutes les nations eussent une chanson dans ce genre-là, une chanson du type *Bella, ti lascio,* à noms propres changeables à volonté. En tout cas, l'auteur y avait pris moins de peine et était arrivé à un bien meilleur résultat que cet écolier anglais qui avait écrit, pour une fête de collège, une longue ballade dont le refrain était :

The sun in England always shines ;
It never shines in France !

(Le soleil en Angleterre brille toujours ;
Il ne brille jamais en France !)

J'ai complètement oublié le visage et l'air de la femme qui attendait le tramway ; et complètement oublié ce qu'elle m'a dit et ce que je lui ai dit. Oui, elle a dû me dire qu'elle venait de Cantù, ou qu'elle y retournait. Et elle m'a parlé en italien parce qu'elle a bien vu que j'étais étranger. À moins qu'elle n'ait commencé par me parler en dialecte et, voyant que je ne comprenais pas... Elle a dû m'oublier, et avec quelle rapidité !

Quelques jours après, revenant de Chiasso où j'étais allé acheter des cigarettes que la régie italienne ne vendait pas, le douanier italien qui m'avait demandé si j'avais quelque chose à déclarer, après avoir bavardé un moment avec moi me dit : « *Ma è italiano Lei !* » Flatterie subtile, après laquelle on se complimente réciproquement : « Si je n'étais pas... je voudrais être... », « Et moi, si je n'étais pas... », etc., etc.

Les sabots ou plus exactement les socques, étaient très petits, faciles à transporter. Comme tous ceux de la région de Côme, ils étaient faits d'une semelle de bois à talon assez haut, et d'une pièce de cuir verni de la largeur de trois centimètres environ, placée, quand le pied est chaussé, entre la naissance des doigts et l'endroit où la cambrure commence. De la sorte, à chaque pas, la partie du talon se détache du pied et frappe légèrement les grandes pierres lisses qui forment deux trottoirs étroits entre trois bandes de pavés assez rugueux, d'un bout à l'autre des rues de Côme. Cela fait un bruit plein et doux, discret, musical, et on pense toujours, quand on l'entend de loin ou du fond de la chambre, que la femme qui vient, ou celle qui passe, en faisant ce bruit-là, doit être jeune et jolie ; et avec un peu d'habitude on arrive à distinguer le pas d'une femme de celui d'une enfant.

Du reste, toutes les chaussures de bois, même les sabots des pays du Nord, ont un charme particulier. De moins en moins portés, ils font de plus en plus songer aux sabots de théâtre ; ils travestissent gentiment les jambes fines, et leur rudesse fait un contraste touchant avec la délicatesse du pied féminin. Pendant longtemps, quand j'avais à acheter des fleurs, j'allais les choisir dans un magasin, boulevard Haussmann, dont les vendeuses étaient presque toujours en sabots. Quelle bonne idée il avait eu ce marchand de fleurs ! Cela complétait l'arrangement luxueux de sa boutique. Ces jolis socques de Côme, je les ai donnés à un ami, un poète français.

Je ne sais plus ce qu'avait de beau et de curieux cette cour intérieure d'une maison de faubourg, mais je me souviens bien de « l'homme de Gioppino » et de ses marionnettes. Il avait installé son petit théâtre sur le boulevard planté d'arbres qui contourne les murs de la ville, du côté opposé à la rive du lac. Les représentations avaient lieu vers neuf heures du soir, et deux jets d'acétylène enflammé éclairaient la petite scène. Sa femme et ses deux fils l'aidaient. Ses marionnettes étaient celles de la Comédie italienne, les « maschere » des différentes régions de l'Italie : Arlequin, Gianduja, Brighella, etc. Les familles de la ville y envoyaient leurs enfants, dont beaucoup étaient d'une grande beauté, avec les servantes qui riaient de si bon cœur parce qu'elles comprenaient bien le dialecte dans lequel les comédies étaient jouées. La seule de ces comédies que j'aie suffisamment comprise se passait à Florence, via de' Serragli ; plusieurs personnages parlaient l'italien, et ainsi je parvenais à deviner le sens des répliques en dialecte.

Ce devait être une vieille comédie, car c'était une satire du « sigisbéisme » : les ménages à trois y étaient tournés en ridicule, et la femme, embêtée à la fois par son mari et par son amant, faisait une figure assez drôle. J'y ai pensé, depuis, en lisant, dans une comédie de Ramón de la Cruz, cette réplique d'un amant qui n'arrive pas à imposer sa volonté à sa maîtresse, et qui, en désespoir de cause, se tourne vers le mari et lui dit : « Mais enfin, faites-la obéir : vous êtes son mari, après tout ! »

Quelques jours avant il y avait eu un gros incident, juste au moment où la représentation commençait. Deux jeunes garçons, l'air effronté et la physionomie friponne, vinrent réclamer, avec de grands cris, trois kilos de riz que le patron du théâtre avait volés, disaient-ils, dans l'auberge de leur père. Ce fut une belle querelle. Les deux gamins parlaient italien, comme pour donner plus de noblesse et de dignité à leur indignation. Nous entendîmes de beaux morceaux d'éloquence, des argumentations subtiles, et bientôt une série de blasphèmes horribles. Et puis, tout à coup, après quelques mots, en dialecte et sotto voce, du patron de théâtre, ce grand orage se calma, et les deux gamins, tout souriants, prirent place sur les deux chaises vides qui étaient à côté de moi. Ils avaient obtenu — c'était tout ce qu'ils voulaient, — deux entrées de faveur. Et Brighella, ce beau parleur, ce curieux cuisinier de fantaisie, à rayures vertes et jaunes, rentra en scène.

Le troisième et dernier paragraphe décrit surtout une promenade de nuit sur la rive du lac, et n'a pas besoin d'être commenté. (Le travail dont il est question consistait à classer les fiches et à recopier les documents concernant W.S. Landor et la Florence de son temps.)

« Travaillé de 11 heures à 12 heures. Puis de 1 h ½ à 6 h ½. Courte promenade avant le dîner. Ce soir, au cinématographe ; pas longtemps (trop chaud). Puis le long du lac. Du Campo di Marte, — il avait plu entre 5 h ½ et 6 heures, — rien de visible, que les lumières. De sorte qu'on aurait dit qu'il y avait *quelque chose de nouveau* dans le ciel : une file légèrement oblique de grandes étoiles montant se mêler à un resplendissant arroi de cinquante autres grandes étoiles. Et le long de cette première file d'étoiles, deux corps lumineux qui rampaient lentement, l'un montant et l'autre descendant. Naturellement : le funiculaire, et Brunate au sommet de la montagne qui domine Côme. Par instants, de grands éclairs illuminaient tout, et montraient les frontières entre les montagnes et le ciel. Autrement, il n'y avait aucun contour visible : tout dans la même brume gris-bleu. »

Me voici arrivé à la fin de la page où j'avais essayé, à la hâte et avant de m'endormir, de matérialiser, pour l'y retrouver plus tard, le souvenir de cette journée ; — et le lecteur qui a bien voulu me suivre jusqu'ici, il faut que je le quitte au bord du lac de Côme caché dans la nuit, sous la constellation de Brunate.

Été 1922

Notes

1. « La frontière suisse est tout près : le chemin de fer y va en une demi-heure, et il y a aussi un tramway », écrivait, le jour même, Larbaud à sa tante Jane des Étivaux, lui disant qu'il était allé le matin, après le petit-déjeuner, à Chiasso.

2. La piazza Cavour à Côme avait été ouverte en 1872 ; c'était donc, en 1912, une place assez récente. C'est le véritable centre de la ville ; entourée d'hôtels, dont l'hôtel Volta *primissimo ordine*, où séjourne Larbaud, et de magasins ; bordée par le lac, elle découvre le panorama des eaux et des montagnes.

3. Larbaud ajoute cette remarque dans « Une journée » : « Si je n'ai pas eu plus de chance avec Whitman, Landor et Butler que je viens d'en avoir avec moi-même, je serai reçu plutôt fraîchement, aux Champs-Élysées, par ces têtes laurées. Ma traduction a complètement raté même cette pauvre phrase sur le lac : *"peering round the corner of the rocks, in a childish, hushed, expectant way"*, dont j'ai dû être assez content quand je l'ai écrite » (L.P., p. 840).

4. Cernobbio est une localité élégante, sur la rive ouest de la branche sud-ouest du lac de Côme. Parmi ses nombreux hôtels le plus connu est celui que cite ici Larbaud. La Villa d'Este fut construite en 1750 par Pellegrino Tibaldi pour le cardinal Tolomeo Gallio. Elle abrita, à partir de 1815, les amours de Caroline de Brunswick, descendante des Este, épouse divorcée de George IV d'Angleterre (Larbaud la confond avec la princesse de Galles car voici ce qu'il écrit à sa tante dans la lettre citée plus haut : « Une princesse de Galles aussi a vécu à Côme, en même temps que Landor. Elle couchait avec son valet de chambre, un Italien pour qui elle a fait construire une très belle villa au bord du lac »).

5. Giosué Carducci, poète et critique italien que Marcel Ray lisait le 23 juin 1901, rue d'Ulm.

6. Ce roman, Larbaud l'a déjà évoqué, est *Fraternity*, publié en 1908. Larbaud avait fait la connaissance de John Galsworthy au début de l'année 1912 chez Arnold Bennett, qu'il fréquentait beaucoup lors de son séjour à Cannes. Il écrivait à Marcel Ray, le 17 février 1912 : « Ici je ne vois que les Bennett et leurs amis : Selwyn (un auteur dramatique populaire des États-Unis) et John Galsworthy qui n'a fait que passer. »

John Galsworthy (1867-1933), issu d'une famille de l'aristocratie, fit des études à Oxford. Dans sa jeunesse, il rencontra Joseph Conrad, qui exerça de l'influence sur lui. Galsworthy commença, en 1898, par faire paraître des romans sous le nom de John Sinjohn, mais, à partir de 1904, il débuta sa véritable carrière sous son propre nom. Le thème essentiel de son œuvre est la critique des classes riches, de leur pharisaïsme, de leur arrogance, de leur mercantilisme inhumain. *La Saga des Forsyte* reste son œuvre la plus connue. En 1912, il collaborait avec Bennett à la revue *New Age*, où les idées socialistes et la Société fabienne avaient, à cette époque, beaucoup de poids. Il obtint le prix Nobel en 1932.

7. Voir page 133 les quelques lignes consacrées à ces sabots dans « Une journée ».

8. Toutes ces localités se trouvent sur la branche occidentale du lac de Côme et sont peu éloignées de la ville de Côme.

9. Giuseppe Mazzini (1805-1872) était un homme de lettres mais aussi un fervent patriote italien qui voulut concilier son idéal démocratique avec son idéal religieux.

10. La correspondance Larbaud-Rivière vient d'être publiée au début de l'année 2006 : Valery Larbaud-Jacques Rivière, *Correspondance 1912-1924, Le Bénédictin et l'Homme de barre*, édition établie, présentée et annotée par Françoise Lioure, Paris, Éditions Claire Paulhan. Nous y retrouvons ce mot, adressé par Jacques Rivière à Larbaud : « *Paris le 12 juillet* [1912]

Cher Monsieur,

Je suis désolé. Les épreuves du Matador *ne sont pas encore arrivées.*

Tâchez de me donner une nouvelle adresse.

Croyez, cher Monsieur, à ma respectueuse sympathie.

Jacques Rivière. »

Jacques Rivière, qui devait mourir prématurément en 1925, travaillait à *La NRF*, dirigée par Jacques Copeau, à qui il allait succéder de 1919 à 1925.

11. Larbaud venait d'achever la traduction du *Matador des cinq villes* d'Arnold Bennett, qui parut dans *La NRF* du 1er août 1912 (pp. 272-327). Cette nouvelle donnait son titre au recueil de nouvelles où elle se trouvait.

Larbaud connaissait depuis quelques mois l'Anglais Arnold Bennett (1867-1931) ; il l'avait rencontré à Paris et fréquenté assidûment à Cannes en février 1912. Romancier de renom, Bennett s'était fait connaître dès 1902 par *Anna of the Five Towns* (*Anna des cinq villes*) et connut un grand succès avec *Old Wives' Tales* (*Contes de vieilles femmes*) en 1908. Il publia beaucoup ; son journal parut à titre posthume en 1934. Il en sera question dans la partie « Paris, Langar, Genève » du *Journal* de Larbaud.

12. Gaston Gallimard (1881-1975) vient de se voir confier, en 1911, la direction des Éditions de la NRF qui se lancent. Larbaud et Fargue sont également de l'aventure.

13. Ce poème de Fargue parut en effet dans *La NRF* de juillet 1912 que Gaston Gallimard lui faisait parvenir. Et cette même année, la NRF éditait le recueil *Poèmes* dont la publication se faisait attendre depuis plusieurs années.

C'est en décembre 1909, aux obsèques de Charles-Louis Philippe, que se « cristallisa à l'accéléré » (pour reprendre l'expression de Fargue) l'amitié entre les deux poètes, amitié qui les unit jusqu'en 1924, date à laquelle Larbaud prit ses distances avec son ami pour « incompatibilité d'humeurs ». Léon-Paul Fargue (1876-1947) est en effet une personnalité originale, fantasque, attachante qui, à certains moments, entraînera Larbaud dans un tourbillon incessant, comme on pourra le voir à l'été 1919. Larbaud éprouve une grande admiration pour le poète et l'exprime à de nombreuses reprises dans son journal (ici en 1912 ; plus tard dans les années espagnoles, de 1917 à 1920). Les deux hommes ont entretenu une importante correspondance, éditée en 1971 : Léon-Paul Fargue-Valery Larbaud, *Correspondance, 1910-1946*, texte établi, présenté et annoté par T. Alajouanine, Gallimard, 1971.

14. À Londres, où il commandait des livres. En juin 1907, il écrivait en effet à Marcel Ray : « J'ai disgracié Brentano, et mon libraire attitré, jusques à mon plaisir, sera Hunter, 1 et 2 Ivy Lane, Paternoster Row » (Valery Larbaud-Marcel Ray, *Correspondance*, t. I, *op. cit.*, p. 174).

15. Les Éditions de la NRF venaient de faire paraître, en 1912, les *Lettres à Fanny Brawne* du poète anglais dans une traduction de Marie-Louyse Des Garets.

16. Larbaud avait fait la connaissance de Cipa Godebski (1877-1937), peintre et sculpteur, par l'intermédiaire de Léon-Paul Fargue. Godebski était un ami intime du romancier anglais Arnold Bennett, qu'il avait fait connaître à Larbaud en 1911. Le 12 mars 1912, Larbaud lui avait annoncé qu'il avait « achevé la traduction du *Matador des cinq villes* et [qu'il] en [était] assez content. Elle paraîtra [...] dans le numéro de mai ou de juin de *La NRF*. Le livre auquel elle donne son titre, *The Matador of the Five Towns*, vient de paraître en Angleterre. »

On verra plus loin que Larbaud dédiera cette traduction à son ami Godebski.

17. Pierre Hamp, pseudonyme de Henri Bourillon (1876-1962), est un écrivain un peu atypique. Ouvrier lui-même, longtemps chef de gare dans le nord de la France, il écrivit toute une série de romans (27 volumes) intitulée *La Peine des hommes*. Cette série compose une fresque des groupes sociaux du début du XXe siècle, plus particulièrement du milieu des travailleurs. On trouve un certain nombre de ses œuvres, dédicacées, au fonds Larbaud. On peut y lire également la seule lettre que Hamp adressa à Larbaud, en août 1950, à l'occasion de la nomination de l'écrivain au grade de commandeur de la Légion d'honneur. On y lit ceci : « J'ai été profondément ému par ce que [Philippe Fontaine, le fils d'Arthur Fontaine] m'a dit de vos épreuves. Vous êtes un des hommes que j'ai le plus regretté de ne jamais avoir rencontré, empêché en cela par votre réputation de vie fastueuse qui intimidait l'ouvrier à vie difficile que j'étais. »

Vieille Histoire est un recueil de *Contes écrits dans le Nord* (sous-titre du livre).

18. Sans doute l'*Essai sur la littérature anglaise* qui précédait la traduction que Chateaubriand avait donnée du *Paradis perdu* de Milton, en 1836.

19. Nous reprenons ici (jusqu'à « vieilles marionnettes. ») le passage traduit par Larbaud dans « Une journée ».

20. Italien : « *Belle, je te quitte, adieu,*
Je pars pour la guerre...
Tripoli mienne,
Surgis libre
Au cri de guerre :
Mort au Musulman !
La mort ne sera pas
Plus forte que nous :
D'entre les blessés et les morts
Surgit la liberté ! »

21. Tripoli, actuelle capitale de la Libye, fut prise aux Turcs par les Italiens en 1911.

22. Nous reprenons également la traduction de Larbaud pour ce paragraphe, qui ne fait pas suite au précédent dans « Une journée » mais se trouve rejeté presque à la fin du texte. Comme on peut le constater en comparant version anglaise et traduction, de petites modifications sont apparues : « *and well* », dans la première phrase, n'est pas traduit ; la notation concernant l'odeur des lieux (« *The smell too strong* ») s'est transformée en allusion à la chaleur (« trop chaud »).

23. Dans ces mots soulignés, Ortensia Ruggiero, auteur de *Valery Larbaud et l'Italie* (Nizet, Paris, 1963), voit le souvenir d'un vers du poète italien Giovanni Pascoli : « *C'è qualchosa di nuovo oggi nel sole — anzi d'antico : io vivo altrove, e sento — che sono intorno nate le viole* » (« L'Aquilone », *I Primi Poemetti*, 1897).

24. Le romancier Charles-Louis Philippe (1874-1909), né à Cérilly en Bourbonnais, est un écrivain pour qui Larbaud professe une grande admiration. Auteur de *La Mère et l'Enfant*, *Bubu de Montparnasse*, *Charles Blanchard*, il fut présenté à Larbaud par son ami Marcel Ray. Il mourut prématurément en décembre 1909 ; Larbaud lui consacra un article, paru dans *La Phalange* en janvier 1910 : « In memoriam Charles-Louis Philippe » (cet article a été repris dans *Ce vice impuni, la lecture, Domaine français*, *O.C.*, t. VII). En avril 1911, il fera une conférence à Moulins intitulée « Charles-Louis Philippe », qu'il fera éditer à Cérilly (Georges Bodard Libraire-Éditeur, 1911, 48 pages). Il restera toujours fidèle à la mémoire de son ami, qu'on verra évoqué à différentes reprises dans le *Journal*.

25. *Jean-Arthur Rimbaud, le poète*, de Paterne Berrichon, fut publié à Paris en 1897, soit six années seulement après la mort du poète. Ce livre a été réédité en 2004 par Pierre Brunel, spécialiste de Rimbaud, qui déclarait au *Monde*, en septembre 2004 : « En rééditant cette rentrée l'un des livres de Paterne Berrichon, *Rimbaud, le poète*, j'ai voulu montrer qu'on pouvait faire un usage prudent et nuancé d'un livre qui, qu'on le veuille ou non, a marqué son temps, qui était devenu introuvable et qui peut encore parler à l'esprit et au cœur. »

26. Nous n'avons pas retrouvé l'article du *Journal des Débats*, mais voici ce que Fargue déclarait à ce sujet à son ami Cipa Godebski dans une lettre du 30 juillet

1912 : « J'ai eu un article épatant de Henri de Régnier dans les *Débats* (il y a déjà pas mal de temps). »

27. Il ne semble pas avoir rien publié de tel.

28. M. Voldoire, né en 1856, était l'homme de confiance de Nicolas Larbaud et devint, après la mort de ce dernier en 1889, l'administrateur des biens de la famille ; il le restera jusqu'à sa mort en 1935. En 1898, il avait accompagné Valery, mandé par Mme Larbaud, dans le « tour d'Europe » de quatre mois et demi qui, à partir de juillet, les avait menés à Liège, Berlin, Saint-Pétersbourg, Moscou, Kharkov, Sébastopol, Yalta, Odessa, Constantinople, Belgrade, Budapest et Vienne.

29. Après avoir enseigné au lycée, puis à l'université de Montpellier, Marcel Ray avait pris un congé pour terminer ses thèses en Allemagne : une thèse principale et une thèse complémentaire sur Liliencron ; il vient d'achever cette dernière à Berlin, où il réside depuis l'automne 1911.

Le Spreewald est une région située au sud de Berlin, que traverse la Sprée, près de la frontière polonaise.

30. Écrit *Quasi* parfois, *Quasie* ici, ce nom est celui de la nièce de Marguerite Audoux. C'est également, on l'a vu en 1911, le nom de la voiture de Larbaud.

31. Larbaud prépare une nouvelle édition de *Barnabooth.* On se souvient que l'édition de 1908 s'intitulait *Le Livre de M. Barnabooth. Prose et vers* et, outre les poèmes, se composait d'une biographie de Barnabooth par X.M. Tournier de Zamble (personnage de fiction, comme Barnabooth). Cette biographie va laisser la place à un « journal », auquel Larbaud pense depuis plusieurs années mais qu'il a mis au point au début de 1912, au cours de son séjour à Cannes, et qui occupe les trois quarts de l'ouvrage. Il a également effectué un grand tri parmi les poèmes : un tiers des poèmes composant les « Borborygmes » a disparu ; « Ievropa », maintenant « Europe », n'a perdu que trois poèmes, mais sur les onze qui restent, bon nombre ont été raccourcis. Entre février et juin 1913, l'œuvre va paraître dans *La NRF* sous le titre « Journal d'un milliardaire, de A.O. Barnabooth ». Le volume sortira pendant l'été 1913.

32. Région au sud de Birmingham, où vécut Digby Dolben, le jeune poète anglais, mort à dix-neuf ans (1848-1867), dont Larbaud retrace la vie dans une étude qui paraîtra dans *La Phalange* quelques semaines plus tard (n° 76, 20 octobre 1912, pp. 314-335). Elle figure parmi les essais réunis dans *Ce vice impuni, la lecture (Domaine anglais)*, édition publiée en 1936 chez Gallimard, puis, plus récemment, chez le même éditeur, dans une édition revue et augmentée par Béatrice Mousli (1998, pp. 126-143).

33. Larbaud déclarera le 9 septembre à Jean Royère qu'il a fini une étude sur Digby Dolben.

34. On ne peut manquer de s'attarder sur le parallèle que Larbaud établit ici entre la vie de Giacomo Leopardi (1798-1837) et la sienne : reclus à Recanati (« la détestée Recanati, archétype immortel de ces petites villes »), Leopardi est maintenu par ses parents dans « une interminable enfance [...] épié, REDOUTÉ, comme l'héritier qui pouvait "manger" le patrimoine si on le laissait libre » (cf. « La lettre d'Italie », L.P., p. 816). Larbaud échappe à Vichy, où on ne le contraint pas à de trop longs séjours, mais il lui a été bien difficile de se libérer de la tutelle maternelle et il a dû se battre au cours de cette « année infernale » qu'il évoque à Saint-Yorre.

35. Richard Middleton (1882-1911), romancier anglais, venait de mourir et le recueil de nouvelles *The Ghost Ship and other stories* était une parution posthume.

36. Il semble plutôt que ce soit en avril 1905, car Larbaud arriva à Alger le 5 avril. Mais nous n'avons pas retrouvé trace de ce « A. »

37. Louis Chadourne répondra à cette lettre le 9 août en annonçant sa venue pour le 14 ou le 15 août.

Larbaud avait rencontré Louis Chadourne (1891-1925) à Florence dans les mois précédents. C'est ainsi qu'il le présente, dans une lettre du 14 août 1912 à son ami Marcel Ray : « J'attends (aujourd'hui) un de mes amis français de Florence, Louis Chadourne, rencontré dans l'entourage de Luchaire, très gentil. Vous avez lu sans doute de ses vers dans la *N.R.F.* » La *NRF* d'août 1914 publiait en effet *Ports*, des vers de Chadourne. Blessé en 1915, il verra dès lors sa santé mentale compromise ; en proie à des hallucinations, sombrant dans la folie, il mourra en 1925. La maladie lui aura permis toutefois, dans ses périodes d'accalmie, de travailler. Il publiera des poèmes et aussi quelques romans : *Le Maître du navire* (1919), *Inquiète adolescence* (1920), *Terre de Chanaan* (1921), *Le Pot au noir* (1922) et un recueil de nouvelles, *Le Conquérant du dernier jour*, ouvrage posthume, préfacé par Larbaud, qui paraîtra en 1928. Les Éditions des Cendres ont publié ses *Carnets* en 1994 dans une édition établie par Christiane Kopylov, avec une biographie et aussi une émouvante préface de Benjamin Crémieux.

38. Larbaud était alors en relations assez étroites avec Léon Werth, qu'il avait recueilli dans son appartement parisien à sa sortie de maison de santé, après une hospitalisation de plus de deux mois ; en décembre 1911, Léon Werth avait passé quelques jours à Vichy qui avaient contribué à son entier rétablissement.

Léon Werth (1878-1955) faisait partie du groupe des amis de C.-L. Philippe, de la « famille », comme Larbaud les désignait avec ses correspondants (Fargue et Ray, plus particulièrement). Collaborateur et proche de Mirbeau, il était entré à *Paris-Journal.* Il était responsable de la chronique d'art à *La Phalange*, et laissa une œuvre importante dans ce domaine. Il contribua à animer les *Cahiers d'aujourd'hui* avec George Besson et s'y verra consacrer un numéro spécial auquel Larbaud participera. Léon Werth fut également romancier : *La Maison blanche* (1914) ; et la série des Clavel (*Clavel soldat, Clavel chez les majors*) après la Première Guerre mondiale.

39. Larbaud attendait son ami depuis le début de son séjour à Vichy. Il écrivait le 12 août à Marcel Ray : « J'attendais Fargue ici : il devait me suivre de près sur la ligne du Bourbonnais. Il a écrit à ma mère pour demander la permission de venir ; on a répondu par le retour du courrier ; il devait télégraphier l'heure de son arrivée ; pas de dépêche (on l'attendait tous les jours). Enfin il télégraphie : départ retardé, lettre suit ; Pas de lettre, naturellement. Enfin Gallimard m'écrit, avant-hier : « Fargue vient d'arriver chez moi » (en Normandie). [...] J'espère qu'il viendra enfin, et alors je l'enfermerai dans la Thébaïde avec de l'encre, des plumes et du papier blanc » (Valery Larbaud-Marcel Ray, *Correspondance*, *op. cit.*, p. 195).

40. Grand admirateur de Francis Jammes, Larbaud, après un échange de correspondance, était allé lui rendre visite à Orthez, dans les Pyrénées-Atlantiques, en avril 1911. Leur correspondance, qui se poursuivra jusqu'en 1932, a été publiée en 1947 aux éditions A.A.M. Stols avec une introduction et des notes de G. Jean-Aubry.

Francis Jammes (1868-1938) choisit de rester dans le calme de sa province, à l'écart du monde littéraire et de ses disputes, à Orthez, où de nombreux amis venaient lui rendre visite. Poète, il se fit connaître en 1868 par un recueil intitulé *De l'Angélus de l'aube à l'Angélus du soir.* Sa poésie est imprégnée de religiosité, comme le montre le titre de certaines de ses œuvres, *Géorgiques chrétiennes* (1912), *La Vierge et les Sonnets* (1919). On le verra d'ailleurs, en 1931, déclarer qu'il refuse d'être publié dans *Les Nouvelles littéraires*, où André Suarès avait tenu, disait-il, des propos « blasphématoires contre Notre Seigneur ».

41. Le soir de ce 10 août, Larbaud expédiait à Jammes cette lettre :

« *Mon cher Jammes,*

Je viens de lire votre nom sur la liste des étrangers, avec joie !

Je suis revenu d'Italie il y a douze jours. J'irai vous voir demain matin vers dix heures, un peu après que vous aurez eu cette lettre.

Ma mère, qui m'entend parler de vous depuis quinze ans, sera très contente de vous voir. Enfin je voudrais bien pouvoir vous emmener, vous et Madame Jammes, déjeuner ici, — le train va partir, je vous serre la main. »

42. On se souvient que Mme Larbaud était de confession protestante et a élevé son fils dans sa religion. Larbaud n'a jamais pu révéler à sa mère sa conversion au catholicisme.

43. Enfant des Jammes pour laquelle Larbaud s'était pris d'affection.

44. En 1911, sur la suggestion d'André Gide qui lui disait qu'il serait intéressant de publier les poèmes de Coventry Patmore traduits par Claudel, précédés d'une introduction que Larbaud écrirait, Larbaud rédigea une étude sur le poète anglais qui parut dans les numéros de septembre et d'octobre de *La NRF.* L'année suivante, en 1912, cette étude était en tête du volume des *Poèmes* de Coventry Patmore, traduits par Claudel et publiés aux Éditions de la NRF. Elle a ensuite été recueillie dans *Ce*

vice impuni, la lecture (Domaine anglais) par Albert Messein Éditeur, 1925, coll. « La Phalange » ; puis dans les *Œuvres complètes*, t. III (Gallimard, 1951) et enfin dans l'édition la plus récente de *Ce vice impuni, la lecture (Domaine anglais)* suivi de *Pages retrouvées*, édition revue et augmentée par Béatrice Mousli, 1998, Gallimard.

45. C'est dans le livre VII (chap. 5) de l'*Histoire romaine* de Tite-Live que l'on rencontre Titus Manlius. Fils de Lucius Manlius Imperiosus, il délivra son père des attaques du tribun Pomponius en faisant promettre à ce dernier de cesser ses poursuites sous la menace d'un couteau.

On le retrouve quelques pages plus loin (VII, 10), alors que Rome se trouvait menacée par les Gaulois. Seul parmi les « illustres guerriers romains », il accepta le défi d'un colosse gaulois et l'affronta en un combat singulier, qu'il remporta. « Dès qu'il le vit mort, s'abstenant de toute insulte, il se contenta de lui ôter son hausse-col qu'il mit à son cou. » On peut penser que Larbaud fut frappé par la noblesse de son attitude.

46. L'abbé Henri Brémond (1865-1933) est l'auteur d'essais d'histoire religieuse et littéraire. Son œuvre principale est une *Histoire littéraire du sentiment religieux en France depuis la fin des guerres religieuses*, en onze volumes publiés de 1916 à 1933. Il fut élu à l'Académie française en 1923. En 1925, il adressa les quelques lignes que voici à Larbaud qui lui avait fait parvenir un exemplaire de *Ce vice impuni, la lecture (Domaine anglais)* : « Cher Monsieur, je suis tout confus de ne pas vous avoir encor remercié du *Vice impuni* que vous m'avez fait l'amitié de m'envoyer — et plus confus encor de ne pas vous avoir dit depuis longtemps avec quel plaisir je suivais vos études anglaises — avec un peu de jalousie aussi — songez que Hardy, Henley, Stevenson, Butler lui-même — je les aimais dès avant votre naissance — et qu'ayant toujours rêvé de les célébrer, j'ai bien dû reconnaître que j'avais eu raison de vous attendre. / Croyez bien, je vous prie, que nul ne suit avec plus de sympathie que moi l'aventure de votre beau talent. / Henri Brémond »

47. Larbaud avait rencontré Alexis Saint-Leger Leger (nommé Léger ici) à Pau, en avril 1911, et avait écrit à son ami Marcel Ray, à la suite de cette rencontre : « C'est quelqu'un d'aussi grand et d'aussi prodigieux que Rimbaud » (Valery Larbaud-Marcel Ray, *Correspondance*, t. II, p. 96). Enthousiasmé par son premier recueil, *Éloges*, il en fit la critique dans *La Phalange*, en décembre 1911. En dépit de l'éloignement provoqué par la carrière diplomatique que Saint-Leger Leger embrasse en 1914, les relations entre les deux hommes ne s'interrompront pas et on le verra cité à plusieurs reprises dans le *Journal*, notamment en 1931, lorsque Larbaud dira le prix qu'il attache à son amitié.

Alexis Saint-Leger Leger (il tient à l'absence d'accent : cf. *Saint-John Perse*, « Bibliothèque de la Pléiade ») choisira le pseudonyme Saint-John Perse et sera couronné par le prix Nobel en 1960. Né en 1887, il mourut en 1975.

48. C'est Francis Jammes qui avait fait connaître miss Tobin à Larbaud, qui écrivait à Jammes le 6 juillet 1911 : « Mon cher Jammes, quelle bonne idée vous avez eue de donner mon adresse à Miss Agnès Tobin ! [...] Miss Agnès Tobin est très américaine, très californienne et cela dit tout. Un peu dilettante peut-être en littérature, mais d'une piété très sincère pour être transatlantique. Elle a beaucoup lu et beaucoup voyagé, sans rien perdre de sa personnalité. » Avec Gide, il était allé rendre visite au poète et essayiste Arthur Symons dans le comté de Kent.

49. Hubert Crackanthorpe, fils de lord Montague, était un jeune poète anglais, venu en vacances à Orthez en 1889. Il y avait rencontré Francis Jammes et l'avait encouragé. Après un séjour prolongé à Orthez, il était retourné à Paris et avait publié un recueil de contes, *Wreckage*. Il mourut tragiquement, et de façon brutale, en se jetant dans la Seine.

50. Il est intéressant de lire ces lignes que Jammes adressa, fin décembre 1912, à Mme Larbaud : « Allons ! ce m'est encore un regret dans la vie que ces visites que nous vous rendions, Ginette et moi, quand vos petits chiens dormaient sur la table et quand les épaules de Valery avaient à supporter les remontrances maternelles faites avec tant d'esprit et d'indulgence, au souvenir de l'"année infernale". »

51. Citation d'un vers de Coventry Patmore tiré du poème « The Toys » (traduit « Les Joujoux », et ce vers : « *Ne vous causant plus de fâcherie dans la mort* ») qui

faisait partie de la série de neuf poèmes traduits en 1910 par Paul Claudel et introduits par une étude de Larbaud. Ils parurent dans les n°s 32 et 33 de *La NRF*, en septembre et octobre 1911 avant d'être publiés en volume, aux Éditions de la NRF, en 1912, toujours précédés par l'étude de Larbaud. On retrouve cette dernière dans *Ce vice impuni, la lecture (Domaine anglais)* (pp. 61 à 99, dans l'édition récente).

52. Voir *supra* n. 32.

53. Le Bénézit nous donne quelques renseignements sur « Henri Bauche, peintre, né à Paris, travaillant au XXe siècle. Il exposa des paysages au Salon des indépendants en 1932 et 1937 et à la Nationale des Beaux-Arts en 1938 ». Bauche était alors installé à Celles, dans les bois de la montagne Noire, depuis deux ans, après avoir vécu plusieurs années en Espagne.

54. Larbaud y avait passé l'hiver 1905-1906, en compagnie de la danseuse que nous connaissons sous le nom d'Inga (cf. *Amants, heureux amants...*). Ils occupaient un appartement au 34 de la calle de la Nave, près de la place Principe Alfonso, où se trouve la statue équestre de don Jaime d'Aragon.

55. Jacques Copeau (1879-1949), qui faisait partie, depuis février 1909, du comité directeur de *La NRF*, en était alors le principal responsable. C'est à lui qu'au début de novembre 1912 Larbaud enverra le manuscrit de *A.O. Barnabooth*.

Jacques Copeau fondera, en 1914, le théâtre du Vieux-Colombier, et, par la suite, se consacrera entièrement au théâtre et permettra au sien de tenir une place prépondérante dans la création théâtrale de l'entre-deux-guerres.

56. Dans *A.O.B.*, Gertrude Hansker est une femme « belle, libre et terrible », que Barnabooth considère comme une amazone. C'est un personnage de contraste chez qui s'unissent le profil innocent et la cruauté dépravée quand on la voit traîner la nuit, habillée en homme, dans des bouges infâmes, infligeant à une prostituée qui refuse d'exécuter les ordres qu'elle lui donne une blessure avec des ciseaux (voir L.P., pp. 230-243).

57. Larbaud put réaliser son projet et emmener ses amis dans un tour de son duché, qu'il proposera plus tard à ses lecteurs dans *Allen* (publié d'abord en revue dans *La NRF* des 1er février et 1er mars 1927, puis en édition définitive en 1929, aux Éditions de la NRF). Il accompagnera ensuite Louis Chadourne en Corrèze et, entre le 20 et le 24 août, voyagera d'Ussel à Brive-la-Gaillarde, Sarlat, puis La Roque-Gageac, où se trouvait la maison de campagne des Chadourne.

1914

L'année 1914 ne figure pas dans l'édition du journal que Robert Mallet a donnée dans les Œuvres complètes, *mais les pages que nous avons choisi d'intégrer au journal, car elles en portent les caractéristiques, ne sont pas pour autant inédites. On aimerait les intituler « Journal de Septimanie » car, à l'exception des trois dernières, qui proviennent du manuscrit S.E. 8 (nous avons évoqué leur présence dans la présentation des « premiers journaux »), elles concernent la Septimanie, à plusieurs titres : elles se déroulent dans cette ancienne province romaine de la Gaule narbonnaise à laquelle Larbaud a redonné le nom qui fut longtemps le sien, Septimanie ; s'y retrouvent et s'y mêlent les souvenirs de nombreux séjours dans cette région où l'écrivain venait trouver refuge contre les rigueurs de l'hiver ; et surtout, elles se composent de notes qui donneront naissance à « Septimanie », suite de huit morceaux, qui parut en 1925 dans la revue montpelliéraine* L'Âne d'or, *et dont on fit, la même année, un tirage en plaquette, en nombre très limité. En 1927, « Septimanie » fut intégré dans le recueil* Jaune bleu blanc *publié aux Éditions de la NRF et se retrouve dans l'édition de la « Bibliothèque de la Pléiade ».*

Cependant le mode de reliure alla rinfusa, *que Larbaud aime tant, ne nous a pas facilité la tâche. Pour cette période, en effet, nous avons trouvé des feuilles éparpillées dans trois manuscrits : dans le manuscrit S.E. 9 (f°s 70-76) pour la partie qui concerne Marseille et qui porte la mention « Pages arrachées à un journal de route » ; dans le manuscrit LXXII (f° 17) pour la journée du dimanche 8 février à Cette ; dans le manuscrit CLXXXVIII pour les journées des 9, 10, 11 février 1914. Ce manuscrit (petit carnet quadrillé de format 10 × 17, dont la numérotation va de 1 à 43 sur les pages de droite) est le seul des trois manuscrits consultés qui soit entièrement consacré au journal. Toutefois il en est une copie, sans ratures, destinée à la publication : « C'est tout ce que j'ai trouvé d'utilisable dans un Journal tenu assidûment pendant trois mois, et qui était contenu dans un gros cahier » (f° 35), déclare l'auteur.*

Le S.E. 8, où se trouve le morceau « Fragments d'un journal détruit » (f°s 85 verso et 86 recto), tenu à Granville Cottage, à Sandgate, constitue le quatrième manuscrit. Il couvre une période de plusieurs mois (de mai au 18 juillet 1914), mais, très bref, il ne nous présente que des fragments du journal tenu à l'époque (des notes pour le travail, etc.). On le retrouve dans le Cahier de l'Herne *(pp. 94-95).*

Jean-Aubry avait préparé, peu avant sa mort, les pages de Marseille qui furent publiées dans les Cahiers du Sud *en 1950 (37e année, n° 300). Elles ont connu une nouvelle publication en 1990 sous le titre* Pages arrachées à un journal de route (Venise-Trieste-Marseille) *aux Éditions Le Promeneur, à la suite des pages du journal de 1903.*

Sous le titre « Cette-Mèze, carnet de travail, 8-22 février 1914 », le Cahier de l'Herne *consacré à Larbaud a donné une partie des pages restées inédites jusque-là. Les dernières pages (du f° 35 au f° 42) n'ont pas encore été publiées à ce jour. Pour la publication des premières, Anne Chevalier avait remis en ordre le texte des manuscrits LXXII et CLXXXVIII : Cette (1), f° 17 de LXXII, commençant cette partie et se poursuivant par le f° 8, recto, du CLXXXVIII. Nous avons repris cet ordre, qui était le seul possible pour la logique du texte.*

Bien qu'elles portent une datation qui s'étend du 8 février au dimanche 8 mars 1914, ces lignes relèvent davantage du montage que du « journal » pur. Elles confirment en fait le qualificatif « carnet de travail » qui leur a été attribué et apparaissent un peu comme le journal d'un autre journal. Larbaud reprend, en effet, des notes de 1907 et 1909, les sélectionne, copie, complète ou abrège, bien souvent. Et nous finissons par nous perdre dans ce temps entremêlé : « C'était le grand délassement de mes journées il y a deux ans », lit-on, et le renvoi à la note en bas de page précise : « Écrit en 1909 ». Pourtant nous sommes censés nous trouver en 1914, et la période évoquée est... 1907. Les dernières lignes, sur Nîmes, balayent les années 1896-1897 jusqu'à 1914 ; le texte se termine avec le retour à Paris, en mars 1914.

Reconnaissons-le, la chronologie un peu fantaisiste de l'ensemble ne nous permet pas toujours de savoir à quelle époque nous nous situons, la langue elle-même change parfois (certains passages sont en anglais), mais la cohérence du texte est néanmoins assurée par la permanence du thème : visite en Septimanie.

Larbaud quitta Montpellier à la fin du mois de mars 1914 et resta quelques semaines à Paris, sans doute très occupées par ses collaborations mensuelles à La NRF *et hebdomadaires, en anglais, au* New Weekly.

Début mai, il décida de partir pour l'Angleterre avec l'intention de s'installer pour l'été au bord de la Manche. Il trouva à se loger à Sandgate dans une petite maison appelée « Granville Cottage » (où nous le retrouvons dans les lignes qui vont suivre). Après un saut à Londres, il retourna à Paris pour quelques semaines et termina alors une étude sur Walt Whitman, déjà projetée à Berlin en 1901 mais jamais menée à bout jusque-là (en raison de la guerre qui allait se déclarer, cette étude ne paraîtra qu'en 1918). Le 6 juillet, il reprit son journal.

JOURNAL DE SEPTIMANIE

MARSEILLE

Pages arrachées à un journal de route.

Marseille, sam. 7 fév. 1914. — Au Café Riche, d'après des notes déjà prises la veille, au crayon. — Attendant de repartir pour Mèze, avec un arrêt à Cette. — Yesterday a very crowded day. Slept at the Astoria h[otel] ; g[ood] but expensive ; left as soon as I could. — Revisiting places[a].

Passages :

1892 ou 93[1]. — Retrouvé Louise... aux allées Meilhan. Nous avait reconnus, ma mère et moi.

1903[2]. — Pour prendre le cargo pour Le Pirée. Les dernières courses sous la pluie ; l'embarquement sous la pluie tiède.

1904. — Retour de Naples sur le bateau hongrois ; l'h. Franco-Russe. [*Un segment de phrase illisible.*]

1905. — Départ pour Oran, et retour de Tunis. [*Un segment de phrase illisible.*] Malade au retour. Seul.

1906. — Retour de Valence sur L'ALEIRA. H. du Petit-Louvre. La fenêtre fermée. [*Un segment de phrase illisible.*]

1907. — Venu de Montpellier. H. Noailles. Seul.

1908. — Arrêt entre S. Remo et Montpellier, quand les navires de guerre américains étaient là. Seul.

1913. — Retour d'Italie[b].

Revisiting places (yesterday.) Les figures qu'on revoit ici ; dans les restaurants, aux terrasses des cafés : l'homme vu à la gare-frontière russe ; l'homme du bateau hongrois, « la spia[c] » (il était assis

a. Anglais : « Hier journée très occupée. Dormi à l'hôtel Astoria ; bien mais cher ; quitté dès que j'ai pu. — Revu des endroits. »

b. Au-dessus de deux lignes caviardées.

c. Italien : « l'espion ».

à cette table). À la brasserie de la rue de Paradis, en 1906, retrouvé le médecin de bord du cargo-boat. [*Quatre mots environ caviardés.*]

L'h[ôtel] Franco-russe a encore changé de nom : Transatlantique, et la façade repeinte en blanc. Mais ne semble pas beaucoup plus respectable. L'agence du M[ont] de Piété. Quelque chose de changé à la brasserie de la r. Paradis. Pas retrouvé l'agence de la Cie Valencienne de navigation. J'aurais voulu revoir ce drapeau blanc et bleu avec la chauve-souris, — si triste dans le gros temps, — comme tous les souvenirs de ce retour. — Au Jardin Botanique, revu les vieux échassiers. Le lion. Il tournait en rond, aujourd'hui. Donné des butter-creams[a] à l'ours brun de Russie. À peu près le même temps que l'année dernière au retour ~~de Florence~~ d'Italie ; gris, doux chaud ; pas de vent. — redescendu à pied les Allées de Meilhan. Du haut naturellement, J.B.P.[b] ne peut voir qu'une place d'eau libre au milieu du Vieux-Port.

Acheté des butter-creams à la petite boutique de l'année dernière, av. de la République. Elle paraît aussi ennuyeuse que le B. Haussmann ou l'av. de Friedland. Mais ses boutiques ne sont pas ennuyeuses. Au moment le plus désespéré on voit de la couleur. Rappelle beaucoup Liverpool, où il y a des montées larges et grises comme celle-là. Le palais de la douane à Liverpool transporté d'~~un magasin~~ une fabrique de monuments pseudo-classiques ; mais les grandes flambées de caisses et d'emballages dans les cours ; ici, on pourrait voir cela.

Traversé le port dans le petit bateau à un sou. Parcouru quelques ruelles derrière l'Hot. de Ville, cherchant, mais sans empressement, la Via Rossa. Beaucoup de rues dans son genre. Les drapeaux italiens et grecs. Les petites filles à genoux à même le pavé sale et gras, leur tablier étalé devant elles, plein de citrons. — Autre agence du M[ont] de P[iété] — À la poste. L'écrivain public en face : sa baraque peinte en bleu clair comme les bars grecs, et avec les lettres en blanc.

Funny that I did not remember, at first, having been here at all on my way to Algeria in 1905. I did not think ONCE about it to-day. Now I remember quite well having been here, and the weather, and everything. I had an idea that everybody laughed at me. Asking for my cases at the l[ost] l[uggage] off. at the station, they laughed at me[c]. — Dans le tram du Jardin Botanique un homme parlait grec

a. Anglais : « caramels ».

b. Note de Larbaud : « Un personnage imaginaire. » Sous ces initiales, en fait, se cache J.-B. Pralois, personnage autour duquel Larbaud tentait de construire un texte (voir pages de Mèze (1), 1909).

c. Anglais : « Bizarre que je ne me sois pas souvenu, au début, être venu ici lors de mon voyage pour l'Algérie en 1905. Je n'y ai pas pensé UNE SEULE FOIS aujourd'hui. Maintenant je me rappelle très bien être venu ici, et le temps, et tout. J'avais l'impression que tout le monde se moquait de moi. Quand je suis allé récupérer mes valises à la consigne à la gare, on s'est moqué de moi. »

avec un enfant. Le mot Δοξα sur le béret de l'enfant. En sortant l'homme lui dit en français : Tu viens, Marius ? — Changements : la boutique de Cassoute rue de Noailles. Les galeries. La papeterie n'est plus où elle était. L'air bazar a disparu : grand magasin. Le char-réclame du Palais de Cristal, repeint.

Choses entendues. — Au « Salon de décrottage » (what an ugly name for these places[a] !) un chasseur de café : « J'ai eu vingt francs pour aller là. Tu parles d'un miché ! Des michés comme ça, c'est rare ! » — Deux vieux hommes dans la rue ; l'un d'une voix plaintive : « Il a renié la patrie... il a nié la patrie ». (Ne savait pas bien la différence entre renier et nier.)

Ce qui marque le mieux la différence entre le Marseille de 1903-1906 et celui de 1914 : une affiche annonçant (le mois dernier) une représentation d'un drame de Paul Claudel. Effet de voyage dans le temps ; prédictions et utopies réalisées ; secret divulgué.

A new development : as I must wait for ~~Glad~~. G^3. to come from Monte Carlo[b], je suis allé coucher dans un petit hôtel au-dessus de la gare. L'impolitesse du garçon. Lit dur. On entend tout à travers les cloisons. Soleil et pluie. Une femme chante en italien. Je traîne à la Canebière un peu[c] de malaise, fièvre, moiteur. Compte bien être enfin demain soir à Cette. — L'étonnement de ~~E~~.T. devant les chevaux français (grandis encore par le haut collier, — les chevaux de roulage). Come sono grandi questi cavalli[d] ! Un peu effrayée, mais moins que devant la grise et noire et barbare horreur de Notre-Dame de Paris. Com'è brutto[e] !

Grecque plus que napolitaine, T.[f] ; coloniale grecque ; en retard sur Athènes et autres métropoles. C'est l'idée de C~~amille~~ Jullian sur Marseille : représentant, à l'époque de César, un état antérieur de l'hellénisme. Impression, ou résultat de recherches ? Peut-être une loi historique : la poésie australienne moderne, etc.

Ceci au retour du rest. du C[ours] Belsunce (Le Bœuf à la Mode, — very cheap). Ce qui doit frapper J. B. P. : l'importance et la grandeur des parfumeries (il y en a peu d'aussi grandes à Paris) ; le clinquant des étalages ; le claquement des brosses dans les mains des décrotteurs. À Paris ces « salons » sont dans des passages et on les voit moins. Déjà Barcelone, Madrid, Séville. Cela manque à

a. Anglais : « Quel nom affreux pour ce type d'endroit ! »

b. Anglais : « Un changement : comme je dois attendre l'arrivée de G[ladys] de Monte-Carlo. »

c. Le f° 75 *bis* précède le f° 75 (p. 7 avant p. 6).

d. Italien : « Qu'ils sont grands, ces chevaux ! »

e. Italien toujours ; une expression déjà utilisée : « Que c'est laid ! »

f. Nom caviardé.

Paris[a] et à Londres, villes de gens à chaussures ternes. Le Vieux Port, qui semble sans issue vers la mer. — Les rues perp. à la Canebière : Rome, plébéienne ; Saint-Ferréol, rue de la Paix avec les caractères lyonnais et méditerranéen mêlés ; Paradis, bourgeoise et bohème. — Les Africains et les Asiatiques (beaucoup, chauffeurs sur les paquebots). — Le prix des restaurants « modestes » comme celui-ci où J. B. P. a pour très peu d'argent plus et mieux qu'il n'aurait dans un « bouillon » parisien.

Dimanche, 8. —

Presque tout revu. Basso. La porte de la maison — sans la reconnaître, mais sachant encore le numéro. Une telle démarche ! — Sauf le terrain de l'Exposition coloniale de 1906 ; et de 1904 le quai où aborda le bateau hongrois. — La pharmacie où j'étais entré demander... pour F.-A..., la femme m'a reconnu ; s'est rappelé la bouteille cassée : « J'en avais fait une pastice ! » » M'a demandé des nouvelles de Leslie[4] et de G. — Le garçon de boutique, Esprit (un idiot), était là, et les enfants, regardant.

Retourné au petit restaurant de l'année dernière, c[ours] Belsunce. D'autres garçons. Nos voisins de table d'alors, surpris, non, scandalisés de nous entendre parler, ~~M. et moi.~~ Dans un grand port, ces purs Français, méfiants, ennemis de l'étranger. — J. B. P. est surpris de voir beaucoup de poudre de riz trop blanche sur la peau brune des femmes du peuple, d'une classe du peuple dont les femmes, à Paris, ne se poudrent jamais. Et dans les ruelles du quartier Saint-Laurent : « Deux sous la livre ! » Le parler de l'Île de France arrivé jusque-là.

L'impression morale n'est pas absolument liée à Marseille : accumulations de souvenirs très différents aux mêmes lieux. Cela se passait, non : PASSAIT — à Marseille. Mais la plus vive reste celle de 1892 : le Cours Belsunce et son bruit, de bonne heure, et deux grandes filles en jupons de couleurs, à rayures, mangeant tout crus des fruits de mer roses et velus[b].

CETTE (1)

Cette[5]. Dimanche, 8 février[c].
Grand hôtel.

a. « Paris » est souligné au crayon rouge, et le reste du paragraphe est sélectionné au crayon rouge, en marge.

b. Paragraphe sélectionné au crayon rouge, en marge.

c. Ajouté au crayon : « 1914 » — est-ce une mention de Larbaud ? Débutent ici les pages du manuscrit LXXII.

Arrivée, hier vers minuit. Le vent dès la sortie de la gare. Cette agitation de l'air plaît d'abord ; au bout d'une matinée, on en est fatigué.

Visites précédentes :

❖ 1896 — avec ma mère. Passé une nuit en attendant de repartir pour Toulouse. Quel hôtel ? Je me rappelle surtout la plage — pas les canaux. Souvenir d'un « bain de mer » de troisième ordre.

❖ 1907-1909 plusieurs visites de Montpellier et une fois au retour de Mèze.

Je retrouve le vent de ce pays : sortir, c'est comme, en mer, monter sur le pont[6]. Il s'en prend à vous etc. Fait flotter les drapeaux ; les tentures noires et blanches à la porte d'une maison où quelqu'un est mort ; le linge qui sèche aux balcons. La vie précaire des réverbères ; leur lumière sans cesse menacée, le tremblement de leurs vitres.

Des années de Montpellier, presque tout revu, sauf l'Antireligieuse. Fait enfin le tour complet du Mont Saint-Clair. L'air EN RUINES de la route de la corniche, avec les forts, leurs formes de solides géométriques. Les horribles guinguettes : « Monte-Carlo » etc. (very much like the small drinking booths on the way to Palavas[a].)

C'est Carnaval. Chevaux de bois et tirs sur l'Esplanade. Quelques beaux masques. Deux démons tout vêtus de noir, costumes très collants, probablement des élèves de l'école navale, qui savent qu'ils sont bien tournés. Des filles de douze à vingt ans costumées dans l'uniforme de l'école des Mousses, exactement reproduit ; c'est aux cheveux pendant sur les dos qu'on reconnaît le sexe. (Pour les autres, comme toujours, aux jambes et aux bottines[7].)

Coming from Marseille, it seems all awfully SHABBY[b]. Un air villageois, sale, négligé. L'air d'un grand entrepôt maritime, sans ville qui lui corresponde : p. ex. Leith sans Édimbourg. On est surpris de trouver, dans la salle à manger du grand hôtel, une assemblée de gens très bien vêtus. Comment la ville les produit-elle ?

The fishing-boats in the old basin near the Bateau-Ecole : the nets (brown) draping the masts and the sails rolled[c] round the pole, slanting, like quills sticking out of an inkpot. All the little rags and flags a-flutter[8].

Les trois grues de fer à l'entrée de la darse de la Peyrade — une longue avenue d'eau, coupée de ponts et bordée de maisons basses, tristes avec l'aridité de certaines gravures comme celles de l'Album de Corrado Ricci[9]. Deux drapeaux espagnols, très haut, flottant au

a. Anglais : « très semblables aux petites buvettes de la route qui mène à Palavas ».

b. Anglais : « Après Marseille, ça fait terriblement misérable. »

c. Fin du feuillet du ms LXXII ; reprise au f° 2 du ms CLXXXVIII.

Anglais : « Les bateaux de pêche dans le vieux bassin près du bateau-école : les filets (bruns) drapant les mâts et les voiles enroulées sur le mât, incliné, comme des plumes dans un encrier. Tous les petits fanions déchirés et pavillons qui battent au vent. »

bord de cette avenue. Les grandes façades à ornements, les entrées à effets, plus tristes encore que les maisons nues : impression de gaspillage : cela n'est vu de personne ; on a trop à faire à se défendre contre le vent. Et la nuit, la ville est trop pauvrement éclairée. Toujours la même sensation de provisoire et de ville où l'on ne fait que passer. À l'hôtel on s'étonne parce que j'ai dit que je resterais plusieurs jours[10].

Traits de provinciaux : un marchand auquel je commande quelque chose me dit : « Je vous le porterai bien, si l'adresse que vous me donnez est bien celle où vous êtes. » Reçu plusieurs démentis ; des bousculades ou des heurts sans s'excuser, etc. Mauvaise grâce des marchands, des employés. Les garçons de l'hôtel sont les seuls employés polis qu'il y ait ici.

Le petit jardin public du Château d'eau, avec une grotte artificielle et un bec de gaz en prison, protégé contre les voyous. Les longues rues droites, tristes ; de la Fraternité, très pauvre et misérable, naturellement (en France les rues qui ont les noms de la trinité républicaine sont des rues de bouges ou de slums[a].) L'absence d'arbres au bord des canaux. Les tonneaux partout, le long des canaux, le long des rues allant vers les deux Bassins (Rues Neuve du Sud, Neuve du Nord ; quai du Sud ; quai d'Alger.) C'est la rue Gambetta, entre l'Esplanade et le marché, qui est la belle rue (et non pas ce qui s'appelle la « Grande Rue ».) Rue nationale, dans « l'île » longue. Deux ou trois boutiques un peu propres et bien éclairées (r. Gambetta). Même les boutiques où on vend les accessoires de jeux ne sont pas belles, et cependant l'Olympique Cettois est une des plus fameuses équipes de Foot-ball[b] de la région, peut-être du Midi tout entier (drapeau et blazer rouge-et-bleu.) Pas de librairies. Le soir et probablement toute la nuit, un phare, derrière la ville[c] comme au-dessus des toits ses lames d'éventail.

Quand j'étais à Montpellier, je fuyais Cette, au bout d'une heure ou deux de promenade entre le Mt St-Clair et la plage, comme une ville ennemie.

Une porte cochère s'ouvre et on voit un grand vestibule assez mal éclairé, mais théâtral, avec une sorte de perron intérieur, des colonnes, le tout assez propre. Cela étonne au milieu de ces docks. Le Grand Hôtel est un palazzo dans ce genre.

On sent les traces du vent : les mauvais coins où il pousse toujours ses poussières, ses papiers salis, ses pailles, son fumier : deux ou trois grandes bâtisses encrassées, aux portes déteintes, les fenêtres aveuglées de crasse, au bord de terrains vagues. Elles sont habitées quotidiennement[11].

a. Anglais : « taudis ».
b. Nous conservons la graphie de Larbaud (avec la majuscule...).
c. F° 4 du Ms CLXXXVIII, où l'on trouve la fin des premières notes sur Cette.

D'autres aspects de Cette. À cinq heures sur le quai de Bosc, l'air citadin, la détente dans les affaires, et même dans le vent. Des dames avec des enfants. Une nourrice avec des bébés ; elle est en uniforme, col blanc, voile bleu. Cela étonne ici.

MÈZE (1)

Lundi, 9 février.

Au « plus grand café de France », sur l'Esplanade. Pris le bateau de 11 h 1/4 ce matin à Cette. Arrivé à midi moins cinq. Tout retrouvé :

le caractère de l'étang : la boue ; l'eau de mer : à l'avant les grains de grêle s'écrasant sur le plancher de verre noir. Le bateau même, plus déteint encore que je ne l'avais vu. La cabine en bas. Quand on baisse la cheminée, c'est un ponton horrible à voir. Un peu de remous en arrivant à l'entrée du port de Mèze. D'autres bateaux vont à Bouzigues et à Balaruc. Le bastingage très bas. En bas, à la cabine, deux femmes parlant : vieille paysanne au visage immobile, très peu de gestes ; elle parle presque toujours en dialecte ; une femme plus jeune, citadine, passant du français (avec accent très fort) au dialecte, avec rapidité ; quelquefois traduisant pour la vieille (qui du reste comprend aussi le français) : « Il y a une entrée — es un entrado ». D'autres fois c'est quand elle devient confidentielle qu'elle emploie le dialecte. Mais aussi elle mélange la langue et le dialecte très comiquement. Elle a éprouvé le besoin de traduire, pour la galerie : telegrafo sin (ou sen) filo ! Ménage pauvre (d'après ce qu'elle disait) : mère malade, enfant de 3 mois. À Frontignan, où elle habitait avant de venir se fixer à Cette (rue Lazare Carnot, dans l'île longue) elle ramassait son bois de chauffage dans la garrigue. À Cette elle a pour 8 sous de charbon de bois par jour (Résultat de l'insulation (?) de Cette). Ton impoli du contrôleur des billets sur le bateau.

On se sent trop grand pour le bateau. Vers Cette on trouve la flottille des barques de pêche (relevées aux deux bouts, comme les barques qu'on fait avec du papier — ; peintes en noir)[a]. De partout sur l'étang on voit le Mt St-Clair. De Mèze aussi, dès la gare. Ce qu'on voit d'abord de Mèze, c'est la tour carrée de l'église avec une cloche dans une sorte de petite cage de fer, en forme de pain de sucre. C'est aussi ce qu'on voit, en contrebas, de la gare.

Arrivée par le port : un bateau encore plus abîmé que celui dont on sort, qui doit être hors de service. Puis des rues étroites,

a. Note de Larbaud : « Ils les appellent des nacelles. »

pavées, couvertes d'une boue rougeâtre, collante. Quelques fenêtres grillées à l'italienne, quelques fenêtres protégées par un tamis rouillé, (contre les moustiques sans doute). La poste est dans un recoin de ces rues. Puis la place de la mairie, avec une fontaine au bas de laquelle sont inscrits les noms des conseillers municipaux d'alors (un Julien Jeanjean). On sent l'aspiration passionnée à la noblesse sociale dans toute cette petite bourgeoisie méridionale. Ils font des tonneaux. — Le bateau s'appelle « Ville de Mèze ». — Derrière la Mairie commence l'autre grande place (beaucoup plus grande que celle de la Mairie) — l'Esplanade, avec deux grands cafés, dont celui-ci, café de ville de foire à vinasse. Un tournant, puis la place de Villebois-Mareuil avec l'Hôtel du Grand-Galion. J'ai très bien reconnu toute cette partie de la ville et n'ai pas une fois demandé mon chemin (sauf pour la poste). De là à la gare. J'ai revu le calvaire. Le Christ et les S[aintes] Femmes sont déteints. — Effet de voyage dans le temps : à ma dernière visite (1907 ou 1908) les couleurs m'avaient paru beaucoup plus ~~claires~~ vives. La colonne et la statue qui tient le bec de gaz s'appellent : La Colonne de Juillet. Quelques choses s'étaient déformées dans mon souvenir, surtout la grande porte sur laquelle est gravé le mot CAVALLERIE. Guère probable que ça date de l'Empire. Ça doit être antérieur : c'est une ruine. À l'intérieur il y a des logements à demi paysans. J'avais vu un café — ou cru possible de placer un café près de la gare ; mais il n'y a d'abord que des VIGNES, à droite et à gauche (en contre-bas, la route était en remblai). La première maison est une chose méridionale, blanche, à 3 étages avec une grande porte qu'on a dû transformer en baie vitrée ; le seul signe indiquant que ce pût être une porte est une pierre de seuil, incompréhensible sous cette fenêtre. De la sortie de la gare on voit : le pays en ondulations, vignes, grisaille, quelques pins maritimes. Vers la ville, les toits bruns noirs et les longs murs gris-blancs, combinaison de solides géométriques, bourgade hellène, impression de sécheresse et de poussière. Le petit chemin d'accès à la place de la mairie entre des murs — très grec. On voit aussi la tour carrée de l'église, et au-dessus et en arrière, le Mt-St Clair. Le bateau de une heure ½ fait crier trois fois sa sirène en colère. — Du côté de Bouzigues, au-delà de murs au bout de la rue, l'étang bleu-gendarme et brun, hérissé, mauvais.

On vit pour le vin et par le vin, comme à Cette. Noté dans la petite notice historique du *Guide de l'Hérault* (1914) :

On trouve l'orthographe Mèze pour la 1re fois en 1625. En 1693 l'évêque d'Agde se fit appeler baron de Mèze. En 1790 Mèze est rattaché au canton de Béziers et un mois plus tard (définitivement) au canton de Montpellier. Il y a un syndicat maritime, des distilleries, des salins, etc. Surtout la tonnellerie. L'église est du XIVe siècle. « Les habitants sont intelligents, actifs, affairés même, doux cependant, et liants sans obstination[a]. » 6 000 hab. liants sans obstination. 32 kil. de Montpellier. Comme curiosités on indique : Le Castellas, l'abbaye de Valmagne, Source du Sesquié, Chapelle des Pénitents blancs (c'est la triste église qui ressemble à un temple protestant).

Le marché a lieu le jeudi (pour le vin). Il y a 5 syndicats ouvriers (dockers, tonneliers, SOUTIREURS, etc.). La famille Pontevès-Sabran a un château, ou une villa sur le territoire de Mèze (à 9 kil.).

Au restaurant du Grand Galion, un homme disait qu'il avait acheté un piano à Agde. —

C'est la première fois que je fais délibérément ce métier d'espion littéraire, et j'ai une certaine gêne ; mais je vois bien que mes souvenirs de Mèze ne sont pas assez nombreux ni précis pour me servir de ce décor sans le connaître un peu mieux. Surtout — où loger J.B. Pralois et l'Amiral[12]. — Néanmoins, j'ai tellement pensé à Mèze en relation avec ce livre, qu'il me semble voir un rêve se réaliser. Retour de la chasse. Je rentre à Cette par le bateau de 4 h, donc vers 5 h là-bas.

Tour de la ville (j'écris au retour à Cette, à l'hôtel). Chaussée le long de l'étang vers Bouzigues, un chemin coursier lui est parallèle, à travers des tas de détritus et d'algues desséchées, traversé des vignes pour rejoindre la route. C'est vers cette entrée de Mèze qu'est la maison de l'amiral. Elle a des thuyas (?) dans le jardin qui l'isole de la route ; la grille est très haute. Vu aussi la maison du Notaire, et trouvé son nom. Maître Olombel (je crois que le notaire qui habite là s'appelle Séverac). C'est une maison à jardin, très à l'écart de la rue. Noms de rues bons à garder : des Artistes, du 14 juillet.

Chevaux ~~peints~~ en terre cuite recouverte d'ÉMAIL VERT. Sur les portes la plaque bleue, ronde : avec ceci : Label : Confédération générale des Vignerons.

Le sol des rues et la boue des pavés n'est pas naturellement rouge ; cela est dû au passage de tombereaux remplis de BAUXITE (orth. ?) dont on extrait l'aluminium (un ouvrier m'a dit cela). Les tombereaux sont rouges, le fouet du charretier même est rouge ; ce minerai semble être fin comme une poudre ; on dirait de la couleur en poudre.

Partout où on a vue libre sur l'Étang, le Mont Saint-Clair semble être une île, et deux ou trois éminences, au bout de la bande qui relie le Mt Saint-Clair à la terre vers Narbonne, paraissent être des îlots. Cela des deux côtés, route de Bouzigues (et Montpellier) et de l'autre côté du port, dans le terrain vague au bout duquel est le lavoir (bouquet de pins).

a. Cette expression « liants sans obstination » se retrouve en alignement sur la ligne inférieure. Trait d'ironie ? Lapsus en copiant ?

L'Étang vu du rivage : bande jaune sale, puis vert trouble, et enfin pourpre ; noir sous la pluie. (Mais je l'ai vu à peu près bleu.)

La tonnellerie à gauche du port : un grand bâtiment ouvert, tout noir, la lumière tombant de quelques vasistas, très haut, ou plutôt de jours dans la toiture. Pour faire tourner le « Ville de Mèze » à l'embarcadère, on se sert d'une bourde[a] ordinaire, comme s'il s'agissait d'une barque.

À droite du port (face à Mèze) est le quartier le moins triste, probablement le plus ancien : petites rues crooked[b], avec les maisons serrées, assez propres et jolies : chevaux verts, un peu de couleur surtout le vert, dans les entrées, l'escalier partant directement de la porte qui ouvre sur la rue. On est à l'abri du vent, et ce sont plutôt des passages et des couloirs que des rues. C'est le quartier de l'église des Pénitents. Les rues neuves, avant l'escalier qui monte à ce quartier, aboutissent à l'étang directement.

Still it is all very bleak, and just what I wanted for J.B. Pralois (I thought of it as soon as I saw Mèze, and was glad I had come to such a place. I remember leaving Montpellier for Mèze on a Sunday morning.) Very few trees. In winter only a few pines to be seen about the town (there is a large garden, though, but all surrounded by somewhat high walls.) Not ONE carriage in the whole place. I was making fun yest[erday] about the places : SMART CETTE and[c]

A mighty Mèze but not without a plan, but it IS without a plan : I couldn't find one single map of the town in the two small newspaper shops (not bookshops) on Place de la Mairie and l'Esplanade[d].

The standing features are :

Mt Saint Clair ;

The square tower of the parish church ;

the Colonne de Juillet with that funny statue holding an ordinary street lamp ;

the red mud ;

the barrel-factories ;

a. Terme de marine : mât pour soutenir un bâtiment échoué (Littré, 1873). Il doit donc s'agir ici d'une grosse gaffe.

b. Anglais : « tortueuses ».

c. Anglais : « Et pourtant tout est très morne, tout à fait ce que je voulais pour J.B. Pralois (j'y ai pensé dès que j'ai vu Mèze et j'étais heureux d'être venu dans un tel endroit. Je me souviens de mon départ de Montpellier pour Mèze un dimanche matin). Très peu d'arbres. En hiver on ne voit que quelques pins en ville (il y a cependant un grand jardin, mais tout entouré de hauts murs). Pas UNE SEULE voiture dans toute la ville. Je m'amusais hier avec le nom des lieux : SMART CETTE et »

d. Anglais : « Une Mèze forte mais pas dépourvue de plan, mais il N'Y EN A PAS, de plan : je n'ai pas pu trouver un seul plan de la ville dans les deux petites boutiques de journaux (pas des librairies) place de la Mairie et l'Esplanade. »

Now it is very fine that there are actually large BOURGEOIS houses in gardens behind long high walls : that is my opportunity[a].

Je suis obligé de bâtir pour J.B. Pralois une maison sur la route de Béziers. Mais je suis content d'avoir logé M. de Canzac.

La gêne éprouvée à faire cette enquête vient de ne pas satisfaire franchement ma curiosité, comme partout jusqu'à présent ; derrière mon attention, les questions posées aux inconnus, etc., il y a la préoccupation du livre. Espèce de commis-voyageur littéraire. Mais pas moyen de faire autrement. Du reste, s'il ne s'agissait pas du décor, je n'aurais jamais pensé à revoir Mèze.

Retour dans le « Ville de Mèze », sous la pluie. Grosses vagues, le pont aspergé, et un peu de roulis. Occupé de la conversation de trois très belles vieilles femmes, en partie en dialecte ; Ou comme ceci, sur le divorce :

— Ça n'est pas par rapport à toi, mais par rapport à TES (tèss) pichouns ; il faut qu'ils puissent dire : c'est mon papa.

Elles s'appelaient « ma mie ». Des femmes d'âge, figures très dignes, avec le calme qui vient de ne pas se servir des traits pour exprimer les sentiments : les yeux regardent, la bouche mange et parle — c'est tout. Grasses ; beaux fronts lisses ; la coiffe noire des saintes veuves ; la bouche un peu serrée, économe de sourires. On parlait français, uniquement, à la petite fille (8 ans).

Un des noms qui paraissent dominer à Mèze : Fulcrand. Aussi : un Saboureau.

Dans le salon du bateau : la vulgarité d'une bourgeoise endimanchée qui a dit qu'elle était allée faire des visites — à Mèze !!!

La porte au-dessus de laquelle est écrit « Cavallerie[13] », vue du bout de la Rue des Casernes ressemble à une porte de ville. — Ces belles vieilles paysannes me rappellent d'autres, de Montpellier. Celle qui gémissait, toute rouge et essoufflée, un jour de fête religieuse, près de la place d'Aviler : « Mon dieu, nous n'arriverons jamais pour la bénédiction. » Elles ont des existences sérieuses, avec la passion religieuse et les occupations de ménagères, de mères, etc. Beaucoup à dire d'elles.

De quand datent les « casernes » ? I had got an idea (from what ?) that they had been built by Napoleon during the wars with

a. Anglais : « On y remarque :
le mont Saint-Clair ;
la tour carrée de l'église paroissiale ;
la colonne de Juillet avec sa drôle de statue qui tient un banal lampadaire ;
la boue rouge ;
les tonnelleries.

Et c'est une excellente chose qu'il y ait vraiment de grandes maisons BOURGEOISES avec jardin, derrière de hauts et longs murs ; c'est quelque chose que je peux utiliser. »

Spain (I had even written something to that effect in the first draft of J.B. Pralois.) Try to know for sure[a].

L'Imbécile est, précisément, l'homme qui trouverait ces vieilles femmes du peuple moins « distinguées » que l'odieuse femme de boutiquier enrichi qui était assise près d'elles dans le bateau. L'homme qui, par exemple, avouerait avec gêne une parenté avec les paysannes, et avec plaisir une parenté avec la bourgeoise. Mr S — y par exemple.

Ai-je noté, à Mèze, quelques enseignes de boutiques ? Une toute petite boutique à la devanture à demi bouchée par un volet plein, et dans laquelle on voit deux ou trois petits bocaux de bonbons très anciens, s'appelle :

Aux Milliards de Friandises.

CETTE(2)

Mardi 10 fév[rier]

La pluie depuis hier soir ; elle a fini par abattre un peu le vent. Cette ressemble à Cardiff. Quand j'y venais de Montpellier, c'était autre chose : le soleil, et le ciel comme un réflecteur blanc, toute la ville écrasée de lumière, les ombres noires, le vent hérissant les canaux verts et bleus. Aujourd'hui même le Mt St-Clair était caché sous une épaisse brume blanche. La citadelle, de la jetée, toute grise sur un ciel noir.

Ai-je noté les soldats d'infanterie de marine, des nègres ? Ce matin à la table d'hôte mon voisin m'a renseigné : des Martiniquais. On va les rapatrier. Revu la Grand'rue, la jetée, le navire-école des mousses (le GABÈS). Passé le pont tournant en face de la gare ; on le construisait en 1907-09 et il fallait aller prendre le tramway au commencement de l'avenue. — L'impolitesse et la brusquerie des gens.

THE TWO BALARUC

(Cette, Wednesday Feb[ruary] 11.)

Left Cette at 11.10 a.m. for Balaruc-les-Bains. The boat is smaller than the Ville-de-Mèze, and her name is : LA MOUCHE[14].

a. Anglais : « J'avais l'idée (mais d'où me venait-elle ?) qu'elles avaient été construites par Napoléon pendant les guerres d'Espagne (j'avais même écrit quelque chose de ce genre dans ma première version de J.B. Pralois). Il faut que j'en aie le cœur net. »

Through the fishing nacelles. Then to the little curved pier of Balaruc. Aspect, at the same time more modern and more rural than Mèze. Straight streets (only two or three) with neat peasants' houses, a few little inns. A new, small post-office ; a brand-new market, bricks and iron, painted red and light blue. A large (for the place) hotel — hôtel des Bains I think, with a covered bridge connecting it with the buildings of the Établissement Thermal, the garden of which is a very pretty place, planted with big pine trees, shrubs etc., all very green and fresh ; one of those dear little κῆποι[15] so few and so sweet in that part of the South. There was even the smell of grass and wet plants ; I thought of going either to Mèze via Bouzigues or back to Cette to lunch. But at the station of the Midi railway where I went to enquire (about one mile from Balaruc itself — along the Étang) there was no train before a late hour in the afternoon. Went back. Had lunch : a few good things, but a dreadful wine, a kind of dark red ink, a few drops of which would turn to a bright red, a glassful of water. Then they gave me a dreadful fish, looking like a big toad cut into the shape of a sole or plaice ; so stinking that I dared to refuse to touch it. The coffee was rather grey than black. The inn was called restaurant Burniot, I think ; the man, or waiter, very polite. I had, from what he told me, two ways to go to Mèze : one by getting somewhere with a little boat to take me to Bouzigues, then go to the station and by the local train to Mèze ; the other, by walking to Balaruc-le-Vieux (one mile and a half) and then to the station (one mile more) ; I would find there a train taking me to Mèze at about 3 ½, that is half an hour before the boat would leave for Cette. I chose to walk.

Balaruc-le-Vieux is a musty looking place, with old grey walls, high houses huddled together on a little height with a very sad-looking church, and a kind of wall, with three long windows. C'est le clocher, qui ressemble à un gibet[16].

When I reached the station, I saw that the train I expected to take would arrive at Mèze at 4.6 p.m. only, that is 6 minutes after the last boat had left. The silly people ! The only thing I had to do was to wait for a train from Béziers to Montpellier, where I could find a fast train to come back to Cette. I had two hours to wait at the little station. Luckily I had taken a book with me : *Los Intereses creados*, by Jacinto Benavente[17], and I read it all, either in the waiting-room or in the train, which went from Balaruc-le-Vieux to Montpellier in more than one hour and a half. I was sorry to be so late at Cette, and especially to have seen so little of the country. However the walk through the vines and villages was useful. And also the journey by train : the olive-trees and the garrigue I wanted to see again.

Walked through Montpellier, from the Chaptal to the P.L.M. station[18]. I found my way quite easily, but began to remember things only at the boulevard Gambetta. Went up the Grande Rue, through the Place du Théâtre (with a side glance at l'Œuf) down rue Maguelonne, and the Jardin de la Gare. It was a queer sensation to go so fast through almost the whole of the dear old place, where so many familiar things met my eyes everywhere — and no time to stop and go about. I missed the fast train and spent some time in the buffet, reading a local paper. Was back at Cette at 8 o.c. p.m[19].

MÈZE(2)

(Cette, jeudi 12 février 1914.)

Seconde visite à Gach. Pris le « Ville-de-Mèze » à 11 h ¼ au quai de la Bordigue. Le beau temps est venu en route. Et tout a été dans le bleu : l'Étang, le dôme du Mt Saint-Clair, le clocher carré de Mèze. Je vois moins laids, moins déteints, les deux bateaux de l'Étang. La couleur du V[ille] de M[èze] est : blanc, avec un liseré jaune à la partie renflée de la coque ; le mot V[ille] de M[èze] est en blanc sur un cartouche vert. Le bastingage et l'intérieur sont peints en brun clair. Bancs à l'arrière ; c'est là que j'ai dû me tenir avec l'homme qui est devenu le garçon coiffeur au Quéserre dans J.B. Pralois.

En avançant, on voit d'abord la vieille ville, le couvent des pénitents (ex-) les chais (de longs bâtiments) et au milieu l'église des pénitents blancs, son tertre derrière un mur. Il faut contourner presque toute la ville pour entrer dans le port :

La Notice historique, qui prétend qu'il y a d'élégantes maisons autour du port est idiote. Ce qu'il y a de bien, c'est la vieille ville, avec ses rues étroites où on fait la lessive, où le linge sèche : c'est étroit, serré, bien en famille, comme les villages de pêcheurs dans tout l'Occident. Il y a même une espèce de vieil hôtel particulier, très impressionnant, et qui a peut-être quelque chose à voir avec la caserne de « cavallerie ». (I must go to Montpellier and see whether there is anything, historical or descriptive, in Mèze, at the bibliothèque Fabre[a].)

a. Anglais : « Il faut que j'aille à Montpellier voir s'il n'y a rien d'historique, ou de descriptif, concernant Mèze, à la bibliothèque Fabre. »

À la poste. Visite de l'église paroissiale. Les Saintes-Maries dans leur barque[20] ; une petite nacelle en ex-voto. Je regardais cette chapelle ; le dernier [*sic*] de St Pierre[21] s'y trouve ; le bedeau m'a mis à la porte, me prenant pour un dévaliseur d'église, sans doute.

Puis, par l'esplanade (rue Sadi-Carnot) à l'Hôtel du Grand-Galion. Même menu. Vu la maison de l'Amiral, voici son aspect extérieur :

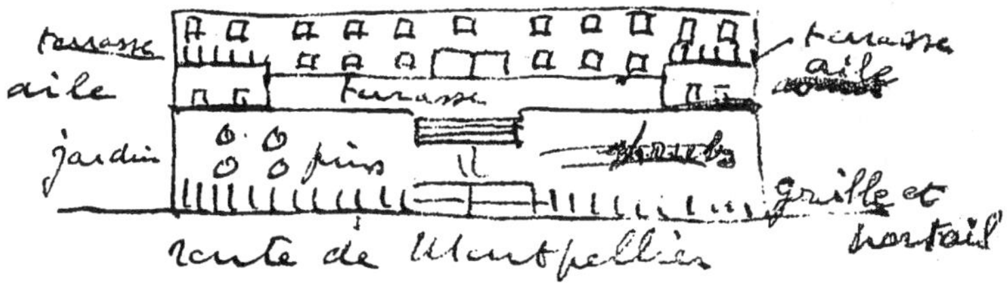

[*Lire, à gauche :* terrasse / aile / jardin.
À droite : terrasse / aile / grille et portail.
À l'intérieur : terrasse / pins / shrubs *(= arbustes)*.]

Rez-de-chaussée (sur la terrasse) et premier étage. Tout l'étage est fermé. Volets verts déteints. Une ou deux fenêtres ouvertes. Si elle est cambriolée avant la fin de la semaine, je serai dénoncé par les voisines qui ont paru trouver très suspect mon examen des lieux.

Café au café de la Terrasse (le plus grand c[afé] de France est « De la Paix ») ; « la Terrasse » a un réflecteur ; « la Paix » a un cinéma. Revisité l'église paroissiale ; obtenu le renseignement sur les Saintes-Maries à la petite librairie religieuse. Revisité le quartier des pêcheurs, et visité la chapelle des Pénitents blancs. Il y a des maisons à louer et à vendre sur la petite place. La femme qui balayait la chapelle m'a dit qu'il n'y avait pas de couvent, qu'il n'y en avait jamais eu[22]. Visité le terre-plain[a] derrière la chapelle. La chapelle est nue, blanche, avec des peintures assez vives sur toutes les parois intérieures de l'abside. Derrière sur le terre-plain, dans une niche de l'abside, est une Vierge. L'Étang cette fois très bleu, au bout des rues ; la douceur, l'œil à demi fermé. Retour au café, where I had left my book, papers and overcoat. Then to a barber's shop, then to a TABAC shop, then back to the harbour. The "Ville-de-Mèze" had just arrived and people were ~~coming~~ landing, carrying boxes and baskets full of small eels, all alive[b].

a. *Terre-plein* est la graphie usuelle, mais Larbaud lui préfère généralement celle, archaïsante, de *terre-plain*, qu'on retrouve à plusieurs reprises sous sa plume.

b. Anglais : « où j'avais laissé mon livre, mes papiers et mon pardessus. Puis chez le barbier, au bureau de tabac et retour au port. Le *Ville-de-Mèze* venait d'arriver et les gens débarquaient, chargés de boîtes et de paniers remplis de petits vers vivants. »

Parti en suivant la jolie courbe : de nouveau le long de l'ancien couvent des pénitents, leur chapelle, et le quartier [*Un mot raturé*] des pêcheurs. On voyait le train de Béziers à Montpellier (local) sur les collines nues. La tranche de la côte avant Bouzigues : d'un jaune riche (la Côte d'Or). L'Étang très bleu. Bouzigues, un Mèze plus petit, plus pauvre, plus serré, reflété dans l'eau. Plus loin Balaruc sur sa presqu'île : l'air neuf, les toits rouges, et surtout la verdure des bouquets de pins, si rares dans tout ce pays. On voit surtout, dans le jaune et gris des collines nues, les poteaux télégraphiques, blancs, comme de grands jalons.

Les toits de Mèze sont en tuile brune (il n'y a qu'un seul toit rouge, et les deux petites ailes de la maison de campagne, sur la droite). Cette tuile a été brunie, rendue plus foncée par le temps : de sorte que les toits ont l'air d'être de la même substance que les maisons, mais la même substance exposée aux intempéries, patinée, durcie, noircie par un usage plus difficile. (I know what I mean[a].) De Cette on voit, en arrivant : la caserne de l'inf[anterie] coloniale, et trois grandes cheminées. La station zoologique. Dans le renfoncement de l'Étang, entre Bouzigues et Balaruc, Frontignan.

Un passager parlait d'une transformation possible de toute la partie de l'étang comprise entre Cette et Balaruc en un ~~grand~~ bassin pour les grands bateaux[23].

Sur l'Étang, quelques gros voiliers chargés et surchargés de tonneaux.

J. B. Pralois ne peut aller à Montpellier que par Cette ; le train local est trop mauvais. Aller et retour de Cette à Mèze 1,25 ; de Cette à Balaruc 0,60[24].

Jeudi : quelques enfants sur la place de Mèze (l'Esplanade). Dans le café peint en vert sur la même Esplanade : c'est le siège du Comité Radical-Socialiste. On ne vit pas tout à fait la vie de la France du Centre et du Nord, c.à.d. la vie de Paris ; mais on est très attaché à la république, à cause de cette aspiration à la noblesse sociale.

Beaucoup plus avancé dans la connaissance de Mèze (surtout la couleur) qu'à mes deux précédentes visites. Cela s'organise. Le beau temps semblait fait exprès pour moi.

La bauxite s'entrepose, en blocs rouges, sur le quai de gauche du port de Mèze.

a. Anglais : « Je sais ce que je veux dire. » La notation est suffisante pour que Larbaud puisse reprendre ultérieurement sa description.

RENSEIGNEMENTS HISTORIQUES SUR MÈZE

Montpellier, 17 février.

Je suis venu de Cette pour l'après-midi à Montpellier. J'écris ceci à la Bibliothèque du Musée Fabre en attendant l'*Histoire de Mèze* par Albert Fabre. It seems so funny to be again here, sitting in that library, at that desk, just as if I had left it yesterday. And to think that several YEARS have gone by, since[a].

(Hist. pop. des comm. de l'Hérault) Histoire de Mèze (arrondissement de Montpellier) par Albert Fabre, avec une notice géologique par M. Paul de Rouville, et une notice sur la flore, par M. Barrandon. — etc., NÎMES, 1881. (imprimerie Clavel-Ballivet.)

Exagération. Il appelle l'Étang de Thau : « Cette mer intérieure[25] ! »

Le Mt Saint-Clair parsemé de « mazets[b] ».

À g[auche]. Loupian
Bouzigues
Balaruc-les-Bains
Les hauts-fourneaux de Balaruc

« Des nacelles sortent tous les matins de ces ports... »

Pays des Tectosages[26].

Volcans. Taur : montagne en Celte ou (et ?) en phénicien.

Un inspecteur du port de Cette, M. Cauvy, a eu l'idée de transformer la moitié de l'Étang en un port ; il a fait faire des sondages : les plongeurs ont trouvé à 15 pieds de la maçonnerie, les restes d'un aqueduc qui aurait amené les eaux de la source d'Issanka[27] à une ville submergée dans l'Étang. Le port avait de l'importance au temps de la foire de Beaucaire.

Grands travaux du port entre 1705-1706.

Mèze = Μεσον (de l'Étang) ?

Ch. Lenthéric (*Les Villes mortes du Golfe de Lyon*[28]) : Cette a pris le rôle qu'avait autrefois Mèze.

Xxx Les casernes :

Construites aux frais de la communauté de Mèze et de la commune de Loupian, « AFIN DE LOGER LES SOLDATS DE PASSAGE et de soulager les habitants de ces deux localités. » Pour « se libérer de la

a. Anglais : « Cela me fait tout drôle de me retrouver ici, assis dans la bibliothèque, à ce bureau, comme si je l'avais quitté hier. Et de penser que plusieurs ANNÉES se sont en fait écoulées depuis. »

b. « Mazet » ou « maset » : « maisonnette rustique aux environs de Montpellier ou de Nîmes » (Roger Barthe, *Lexique occitan-français*, Collège d'Occitanie, Espacesud Éditions, Montpellier, 1988).

souffrance de l'étape. » Casernes construites en 1696, pour 36.000 livres. L'ameublement coûta 6.000 livres.

(Il y avait une compagnie de gardes-côtes (1734 —) et une compagnie de canonniers, mais cela n'a rien à faire avec les casernes.)

Homonymes de Mèze :
Mèzo (Morbihan)
Mézos (Landes)
Mézy (Aisne, S et Oise)
Mézin, Mézens (Lot-et-Garonne) (Tarn)
Mézel (Basses-Alpes. Puy-de-Dôme)
et Méza en Espagne.

L'évêque d'Agde haut-justicier. Viguier à Mèze. Prisons au lieu dit Las Mourgos.

Mèze était fortifiée. (Vue dans le livre d'Albert Fabre. Aussi, vue de l'abside de N.-D. des Pénitents.)

Fête le 19 août et le jour de ST HILAIRE (janvier).

Pendant le blocus continental, le plus fameux industriel de Mèze, Privat, fabriqua du sirop de raisin, établit des comptoirs au Brésil, etc.

La pêche, BOULIECH est le nom d'une sorte de filet. Plusieurs familles de la ville s'appellent Bouliech.

La tradition du passage de Molière à Mèze, — mais rien d'écrit ; « le déjeuner de Mèze. »

La compagnie des PÉNITENTS date de 1588, placée sous l'invocation de Notre-Dame-des-Battus.

Les remparts avaient 2,50 d'épaisseur. Il y en a des restes en contre-bas de la rue Vieille des remparts. Aujourd'hui un quartier nouveau s'élève entre l'étang et les remparts.

La vieille façade à sculptures : r. des Pénitents, en face de la rue Gratte-Coudes. (Du XIIIe siècle, dit l'auteur.)

Une chasuble de 1550 par Guillaume Godofre. (À St Hilaire.)

Rue des Trois-Pigeons, une maison du XVIIIe siècle appelée populairement la Maison du Gouverneur.

La caserne de « Cavallerie » aurait été construite sur les plans de Vauban.

Les casernes ont été finies en 1699. C'est là que Privat avait établi sa fabrique d'appareils de distillation.

L'ancienne mairie, rue de l'Horloge, aujourd'hui magasin.

C'est à Mèze que furent construits les premiers CHAIX [*sic*].

Aux environs, le Château de Creissels (XVIIe s.).

Il y a une thèse de 1802 :

Essai sur la topographie médicale de Mèze, Montpellier, an X. Avec une histoire de la ville de Mèze, p. 618. État sanitaire assez mauvais.

Aussi : *Voyage historique et pittoresque autour de l'Étang de Thau*, Montpellier 1846.

Ceci à Cette au retour de Montpellier. Tout excité par ce court passage dans une ville où j'ai eu de si bons moments, j'ai reconnu les heures, les couleurs etc. Traversé l'Œuf[29]. Suivi l'Esplanade jusqu'au Musée Fabre. Le petit jardin. Les palissades du Corso étaient là. C'était marché. J'avais oublié le pont et le viaduc du chemin de fer de Palavas, au bout de la rue Baudin, et de ces rues, l'Observance, etc. ; l'église transformée en garage ; la couleur et l'atm[osphère] morale de ces rues : l'ennui, on croirait des rues comme Villersexel, St Dominique (à Paris) mais elles ont quelque chose d'aventureux et de romanesque. Tour rue de la Loge, rue Maguelonne. Monté dans le tour-de-ville.

Le livre d'Albert Fabre m'a bien renseigné sur Mèze. Je n'ai noté que le principal. Il confirme mon impression : a poor little heap of rubbish[a]. Le petit tas de vieilles choses balayées dans un coin, pas assez belles pour être conservées, seulement laissées là, à pourrir. Et c'était bien mon impression, à la première visite.

CETTE (3)

19 février — soir.

Obligé de rester ici, au milieu de grands (etc. etc. por falta de dinero y otras cosas[b]). Better not to note anything concerning it, but I shall remember. Especially the old respectable lady and all her talk, questions, etc all very rude, but had to be swallowed. Quelle charogne ! Better note about this place[c].

L'air inhabité des maisons ; abandonné aussi, le gris clair ; l'air d'être peintes, « pas vraies » de certaines façades à ornements et à sculptures.

a. Anglais : « un pauvre petit tas de détritus ». Larbaud adapte cette expression en français dans la phrase suivante.

b. Espagnol : « par manque d'argent et autres choses ».

c. Anglais : « Autant ne rien noter là-dessus, mais je m'en souviendrai. Particulièrement la vieille dame respectable et sa conversation, ses questions, etc., le tout très impoli, mais il fallait avaler ça. [...] Mieux vaut écrire quelques notes sur cet endroit. »

L'activité des canaux : les remorqueurs. Je commence à en connaître quelques-uns. Celui dont la cheminée a une gouttière, où elle vient s'allonger (pour passer sous les ponts) d'une seule pièce, et reste couchée là comme une momie. Le petit, peint en gris, très vite, qui fouille et divise l'eau avec son museau fin[30]. De la jetée j'en ai vu un tirer un grand bateau (allemand, le drapeau très sale, presque « illisible »), tirer la grosse bête gauche, se laisser devancer, prendre congé au milieu de grosses bouffées de fumée (deux fumeurs) et revenir, rentrer au port, l'air important, mais aussi l'air d'avoir autre chose à faire. Toujours très beau. Ai-je noté les promenades sur les quais ? le bateau danois ? Les vapeurs esp[agnols] Pi et Cullera. Il y a de grands algériens un peu lourds, vieux modèles, pas les longs rapides fins Marseille-Alger ou Marseille-Tunis. Quelques petits yachts à voile ou à vapeur (quite a lot, just as there is a lot of motor cars about[a].) Le retour des bateaux de pêche est aussi très bien.

Le petit tronçon de la rue Gambetta, entre le marché et l'esplanade, toujours plein de monde : on dirait que les gens y défilent en rangs. Une vieille impression (notée peut-être déjà in the first draft of J.B. Pralois[b]) : ils ont l'air de s'être réfugiés là, à l'abri du vent.

Monté hier au haut du Mont Saint-Clair (2 h ½ aller et retour). Derrière le collège, passée une villa riche (Villa Erialc, anag[ramme] de Claire) avec parc, pins maritimes. Chemin montant, assez mauvais. Odeurs rurales. Ensuite des marches de maçonnerie. L'observatoire. Pierre grise et touffes de pins maritimes, et l'air ensoleillé mais sans rayons, sans ombres portées sur le sol. De là-haut on voit l'Étang, Bouzigues, Balaruc-les-Bains. La ville. On saisit la direction des canaux. On voit la ligne de côte, toute ravagée d'eau, la limite incertaine entre la mer et la terre, le tracé des routes, des canaux À TRAVERS les étangs. L'activité du port, des canaux (au bout de la lorgnette) et l'activité de la gare, tout cela visible, rapetissé, comme les tableaux muraux des écoles. La masse CLAIRE de Cette. Le théâtre bien en vue. Malheureusement, temps couvert, et ma petite Goerz[31] décidément trop petite.

Aujourd'hui, dans la partie haute de la ville. Très triste place. L'église. Tout près une petite boutique de campagne, une fenêtre avec des bonbons avariés, des cartes postales décolorées, et au-dessus de cette fenêtre, exactement ceci :

ΑΚΡΟΠΟΛΙΣ[32]

Après la triste place, sans arbre, blanche (Jeu de boule) les escaliers qui descendent au port. Un bordel, horrible à voir : quatre fenêtres très petites, volets fermés, noirs et des barreaux énormes, comme on en opposerait à des bêtes féroces ou à des fous furieux.

a. Anglais : « assez nombreux, tout comme les automobiles par ici ».
b. Anglais : « dans la première ébauche de J.B. Pralois ».

Entre les deux fenêtres du bas, une porte entièrement bouchée par une femme en jupons rouges, hideuse. Cela doit valoir la peine d'être visité. Les femmes doivent avoir plus de soixante ans, et la lèpre.

Je commence à bien connaître la ville ; certaines figures de gens ; certaines habitudes. Les petites ouvrières de l'imprimerie, rue de la poste. Elles sautent à la corde entre midi et midi et demie devant la porte. Les vieux, bourgeois en chapeau melon. La Grand'rue. Il n'y a que deux endroits où l'on trouve à acheter des livres : la gare et la librairie catholique, place de l'hôtel-de-ville. Et à la librairie catholique, ils sont cachés derrière des sacs de dame, des cartes postales assez grivoises, etc.

Le grand mugissement des sirènes des très gros bateaux, sourd, un bruit de gong, un appel si grave, si triste, si important (pas très haut) qu'on pense à des départs pour d'autres planètes[33].

MÈZE (3)

20 février. Café de la terrasse, sur l'Esplanade.

Départ de Cette à 11.15. Panne du « Ville de Mèze » au milieu du canal. Plaisanteries des gens sur les quais. Enfin cela se remet en marche. Temps chaud, vent de terre, mais l'Étang tout bleu. Les nuages par STRATA au-dessus de la terre ; mais l'Étang et le Mt Saint-Clair baignés de bleu. La flottille des nacelles.

Remarqué l'espèce de lagune et les maisons à toits rouges, et quelques champs vert-tendre à la sortie de Cette. Du haut du Mt Saint-Clair, l'autre jour, j'ai vu que c'était une presqu'île, une langue de terre plate, très étroite, tendue en avant de Cette du côté de l'étang. Mais du bateau on ne s'en rend pas compte. — Sur le pont, sans pardessus. Trois élèves de l'école des Mousses ; accent du midi. Entre 14 et 16 ans. Very self-conscious, as young girls might be[a]. Avant Mèze, la flottille des nacelles mézoises : « Jouet des flots » — « Hugo Victor » (sic.) Un remorqueur entre derrière nous dans le port. La ligne rouge de la bauxite. Enfant en souliers rouges. La couleur arrive par hasard ; et alors elle paraît triste.

Déjeuné au Grand-Galion (aussi Hôtel Laurez). Des gens parlaient du Capitole. Le grand bavard a dit qu'il était « presque Toulousain ». Je n'ai reconnu aucun nom de chanteur. Je me demande ce que sont devenus ceux de 1904-05. « Le cinéma ruine le Capitole. »

Xxx En sortant trouvé la MAISON DE J.B. PRALOIS : n° 11 boulevard des casernes :

a. Anglais : « Très poseurs, comme des jeunes filles pourraient l'être. »

Deux balcons. L'air simple. Les fenêtres en plein-cintre. Le rouge de la bauxite dans toute la rue. La porte de la Cavallerie au fond. Il y a deux initiales P.C. dans la ferronnerie du balcon. Elle est à vendre. Elle a vraiment un air de grande dignité (je vais la revoir) et les deux balcons promettent. Elle remplit toutes les conditions : en pleine ville, sur rue directement, avec la porte des Casernes bien en vue, pas loin de la place de la mairie, de l'esplanade, etc. La moins prétentieuse des maisons modernes de Gach, celle dont on n'a pas honte. Pas loin, le bureau de l'enregistrement, et des maisons bourgeoises. Son air. Tout à fait ça.

Le notaire doit s'appeler Bouliech. Olombel est trop important pour un personnage épisodique.

Revisité les casernes. Aperçu l'inscription 1699. Pierre jaune dorée ; pas de semblable ailleurs. Le soleil mange les couleurs, n'en veut pas, veut être seul partout.

Les mousses ; le plus fin répétait sans cesse : « La Russie ! La Russie. » Il a dû voir quelques ports de la Mer Noire. Il y a de ça ; mais je crois que la Crimée, Eupatoria, Odessa, sont beaucoup plus blanches, et d'aspect FRIABLE, que ceci. C'est rudement le Languedoc, la vinasse, pas autre chose. Et c'est très bien comme ça.

La maison de J. B. Pralois, beaucoup moins grande que celle de M. de Canzac.

Petite boutique de fruits dans l'avenue où est la maison de l'A[miral] : Aux jardins de l'Espagne. — Le petit lézard sur l'Esplanade. Je vais revoir et voir.

(De retour à Cette). — Vu quelques restes des remparts de Mèze. — Le port des nacelles, sous l'ancien couvent des « frères » (il y a une affiche, Boulevard du port, annonçant la mise aux enchères des travaux de réfection et d'agrandissement de ce port.) Revu tout le vieux Mèze, les maisons anciennes. La servante du café de la Terrasse n'a rien su me dire : « Il y a tellement de petites rues et d'impasses de ce côté-là, qu'on ne sait pas tous les noms. »

Les quatre Catalans. Ils étaient sur le bateau, au retour. Les mauvaises coquilles au beurre et à la sauce blanche, au Grand-Galion. Conversation des voyageurs, au retour.

Ne pas oublier la terrasse du café de la terrasse, au premier, le profil est ceci

Le grand jardin, à côté, une vieille dame trop bien habillée s'y promenait, suivie d'une servante.

Il y a réellement une rue Émile Zola, et pas très loin de chez M. de Canzac (était-ce donc un souvenir, mais sans conscience nette ?) Des fenêtres de gauche, M. de C. peut voir, au fond de la rue Émile Zola, l'avenue de pins de la villa de la vieille dame.

Les femmes des pêcheurs ; leurs mouchoirs sur la tête.

Il y a deux villes : le vieux Mèze, avec les ruelles, les Pénitents, le port des nacelles ; et le nouveau Mèze, avec la gare et le port à ses deux extrémités, l'esplanade et la place de la mairie comme noyau central ; c'est à la fois : la vinasse, les affaires, les commis-voyageurs, les chaix [*sic*], et la bauxite en transit par le port. Dans le vieux Mèze, le poisson et les coquillages dominent exclusivement.

Enseigne :

« ALPHONSE B—

LE PRÉNOM EST DE RIGUEUR. »

La maison de J. B. Pralois : l'étage supérieur est un peu en retrait, et toute la journée le soleil donne sur les trois fenêtres.

Près de la poste, il y a une maison dont la façade est peinte à fresque dans des tons brunâtres. Dans le Vieux Mèze il y a quelques toits à l'italienne. Une maison, là, est datée 1891.

Un des vieux bateaux notés déjà au port de Mèze a été repeint, la coque d'abord, en blanc à filet jaune clair, et on repeint le bastingage, le treillis en blanc, les bancs en brun, noir, et brun-rouge foncé ; la cheminée aussi, espérons-le. Cela fait plaisir. Probablement cette vieille machine est destinée à remplacer le « Ville de Gach » ; à l'arrière on lit : « Nouveau-Courrier » — Mèze. Il est beaucoup plus grand.

Acheté quelques c[artes] p[ostales] qui manquaient à la collection. La vendeuse dit que les deux ruisseaux s'appellent le Grand-Pont et le Petit-Pont.

LE JOUR DE ST HILAIRE est en janvier.

La FÊTE LOCALE le 19 août.

J'ai compris ce que l'A. de la notice historique dans l'Annuaire de l'Hérault entend par d'élégantes maisons autour du port !!!

Encore un aspect de Cette. Ce soir à la grande épicerie où j'ach[etais] les choses du thé : grande jeune femme bien vêtue : complet tailleur brun foncé, cravate de fourrure, chapeau élégant etc. — suivie d'une servante-intendante qui tenait un chien. Elles parlaient italien entre elles ; la jeune femme, français (avec un accent languedocien très faible, et la voix pas encore très assurée, encore très PENSIONNAIRE, de la nouvelle mariée) à l'épicier. Quelque chose était arrivé au chien. Poverino ! tutto bagnato ! Elle habite Cette : et ce fameux parmesan, que vous devez me faire porter chez moi... ? Au chien qui flairait : giù[34] !

Cette forme d'inscript[ions] murales et pissotiériques : Fernand aime Louise, Adrienne aime René, etc. est très en vogue à Mèze.

L'Éclair de Montpellier annonce que l'OLYMPIQUE MÉZOISE a battu (au foot-ball) l'équipe sportive Cettoise par 3 à zéro. — Donne aussi la statistique de l'abattoir (considérable pour cette petite ville).

[*Une page blanche.*]

DERNIÈRES NOTES SUR CETTE

Dimanche 22 février. À Montpellier, hôtel Gervais ; une chambre carrelée sans tapis, la mauvaise odeur, la DEMI-PROPRETÉ, la recommandation manuscrite sur la porte, de ne cracher ni par terre « ni sur les murs » ; mais les draps sont propres. Content d'échapper à Cette pour au moins quatre raisons.

Tempête en mer ; bateaux échoués ; la mer toute blanche, très agitée, paraissant bouillir. Les lagunes très calmes, les petits chemins à travers les étangs, les canaux, tout cela paisible ; et, de l'autre côté de la barre côtière, the raging sea[a]. Left C[ette] by the 15.00 train ; got here at nearly four p.m. Quite Montpellierain weather : gusts of wind, then pioggia dirrotta, then a cold spell, a wintry quality in the air, that makes you shiver. I had much to do : going to see a man (about —) ; bust of the Pope on the Chimney piece ; the *Éclair*[35] on the table ; the *Vie montpelliéraine,* which has

a. Anglais : « la mer en furie ».

changed its cover[a] ; mais tout le vieux temps m'est revenu en la lisant. Le carnet rose. Les mariages ; Le bal des étudiants grecs ; toutes les étudiantes bulgares y étaient. Description de ce qui s'est passé et de ce qui va se passer pendant ce carnaval. La salle de tango. Il faut me procurer les journaux des étudiants. Quelques masques dans les rues, mais bien mouillés. Les grosses bonnes en jupes courtes roses, bleues, vert pâle, les cheveux noirs, épais, collés aux épaules par la pluie. Un ou deux beaux enfants en cowboys. Mes courses m'ont mené : aux Arceaux, Place d'Aviler, et depuis le Peyrou jusqu'à la gare P.L.M. Revu les figures connues, sensiblement vieillies quelques-unes (la libraire de la rue Nationale) ; des couleurs qui étaient vives et sont un peu effacées maintenant. Entré sous un prétexte quelconque à l'Hôtel de la Métropole. Le garçon m'a reconnu. La caissière a été froide, sèche, sans politesse, probablement ne se rappelant plus guère mes séjours, et me méprisant à cause de ma casquette. La Grand'rue. La prison et le palais de justice, et bien des boutiques, me rappellent las hazañas de la Condesa (je suis content d'avoir trouvé cette façon de dire. « Les exploits de la Comtesse » ne va pas aussi bien : on devine trop vite qu'il s'agit d'escroquerie. Tandis que Las hazañas de la Condesa[36] a un joli petit air « Conquista », « Dernier des Abencérages », etc.).

Je note les dernières impressions de Cette.

I knew at last why the milkman was so rude. He is a "Membre du Syndicat", as a plate on his door told me, this morning[b]. Il est endoctriné de socialisme, et croit se respecter en étant impoli avec le bourgeois. C'est un des mauvais côtés des popolani français : serviles et insolents à la fois. Un Espagnol m'aurait traité en égal, le vilain prolo français me traite en INFÉRIEUR. Mais ma visite lui a fait plaisir ; il s'est déridé, m'a souhaité bon voyage, etc. avec une affabilité qui m'a vraiment touché, après toute sa rudesse, ses soupçons sur mon honnêteté, etc.

Traversé le marché, qui fait honneur à Cette. C'est aux marchés qu'on voit la richesse des villes, et de la France. Tout bien propre, bien arrangé ; des artichauts nouveaux ; des patates confites à l'espagnole.

Là aussi, on manque de peinture.

Une vieille impression retrouvée : les épaulettes jaunes des sol-

a. Ces quelques lignes en anglais : « Quitté Cette par le train de 15 heures ; arrivé ici autour de 4 heures de l'après-midi. Un temps tout à fait montpelliérain : rafales de vent, puis pioggia dirotta [*italien : « pluie drue »*], suivie d'un passage de froid, un petit côté hivernal dans l'air, qui fait frissonner. J'avais beaucoup à faire : voir un homme (à propos de…) ; le buste du pape sur la cheminée ; l'*Éclair* sur la table ; *La Vie montpelliéraine*, qui a changé de couverture. »

b. Anglais : « J'ai fini par savoir pourquoi le laitier était aussi impoli. Il est "membre du syndicat", comme une plaque sur sa porte me l'a indiqué ce matin. »

dats d'infanterie de marine, le DIMANCHE seulement. En effet, c'est le dimanche que je venais en promenade à Cette, de Montpellier[37].

Le vent, et les petits paquets de poussière dans les yeux. Les canaux tout hérissés. Une toiture prête à tomber, dans la rue qui va du quai au marché.

Le restaurant du Grand Café, où J. B. Pralois et les amis de Paris déjeunent : la lumière bleue, froide. Une belle cheminée, grande, presque carrée (transformée en chauffe-assiettes). Le brun triste et ennuyeux des peintures murales.

Ce qu'il y a de plus remarquable, mais inutile pour J. B. P. : le magasin d'objets d'habillement tenu par une famille juive très adaptée à la vie et aux races du Roussillon : Simon, Isaac, etc. Ils ont trois ou quatre magasins dans la rue Gambetta (la R[ue] P[rincipale]) un surtout tire l'œil. Clientèle de marins. Quand j'y suis entré pour la première fois, un soir de pluie, première semaine à Cette, la femme m'a aussitôt salué en anglais (horrible accent, à croire que le plafond allait lui tomber sur la tête). Il y avait alors un ou deux grands bateaux anglais dans le port. Pour être moins trompé j'ai fait la sottise de laisser voir que je parlais français, et cela au mauvais moment. Ce matin encore ils m'ont parfaitement roulé en français, et avec l'accent, boudiou ! J'avais cru reconnaître, dans la boutique à marins, des choses espagnoles : couvertures, cache-nez, chemises, bas noirs brodés de feuilles vertes, etc., et l'idée que c'était de la contrebande m'avait traversé l'esprit. Vérifiée ce matin (conversation entre trois ouvriers ou débardeurs catalans : « Cosas de contrabando »).

Je dois retourner à Cette mardi. Parti mortellement brouillé avec plusieurs domestiques du Grand hôtel, surtout la servante, dont j'ai puni les bavardages et le peu d'empressement par la suppression complète du pourboire. And I am very glad I dared do it[a].

C'est, je crois, le troisième carnaval que je passe à Montpellier.

« Le grand coup d'aile de l'œil noir, à la rencontre[38]. »

[*Une page blanche.*]

MONTPELLIER

24 février. — Maintenant à l'Hôtel du Palais, sur une petite place, pas loin de celle qui me fait toujours penser aux « Petites vieilles » et au poème de Fargue (la place au crépuscule et des vieilles ; « un chat… comme une fumée grasse » etc.[39]). Un petit

a. Anglais : « Et je suis très content d'avoir osé le faire. »

h[ôtel] de troisième ordre ; grande chambre au second, tapis, mais pas chauffée, 5 francs par jour ; repas 0,75 et 2,50. Il n'a pas cessé de pleuvoir et le Carnaval est dans l'eau. Il y aura sans doute du monde aux bals et aux redoutes[40] ; mais rien à l'Esplanade. Je n'ai pas manqué, naturellement, de rencontrer Ch. Eymar[41]. Ret[our] d'Espagne (Alicante). Cet après-midi, sous la pluie, au Jardin Botanique et à l'allée Cusson. Curieux, d'être là, où j'ai tant de souvenirs[42]. Les matins de 11 à 12 et aussi après le déjeuner, q[uel]q[ue]fois tard dans l'après-midi. Les lectures et les flâneries de deux hivers. Me voici déjà réaccoutumé à la Loge, à l'Œuf, aux gens et aux choses de cette ville admirable. On a enfin détruit le vilain marché aux poissons (et aux légumes ?) avec ses piliers. Changements de quelques boutiques. Retrouvé les étudiants en bérets ; la boutique de Menton qui a causé un grand dommage à mes dents ; les quelques palmiers que le mistral malmène ; les Galeries ; tout. La poissarde qui avait dit, rue de la Loge, en me désignant à d'autres : « Bien habillé, mais pas un sou dans la poche[43] ! »

Voici, définitivement copiés, pour servir aux visites de J.B. Pralois à la « ville » les extraits de mes « journaux » de Montpellier, détruits depuis un an déjà au moins, et je détruirai la première copie.

I.

Le jardin des Plantes. L'allée Cusson. C'était le grand délassement de mes journées il y a deux ans[a] : de 1 h ½ de l'après-midi à 2 h ½, quelquefois 3 heures… Mais le temps le plus agréable, dans l'allée Cusson, est de 10 h du matin à midi. Le soleil éclaire l'allée dans toute son étendue, et en travers. J'y suis tout seul, et le toit bigarré de la Cathédrale reçoit la lumière de telle sorte que ses couleurs vives se voient bien, entre les verdures. Je connais maintenant tous les arbres qui bordent et ombragent l'allée en toute saison. Surtout, j'ai conscience d'être venu là avec des préoccupations diverses, dont je suis aujourd'hui libéré ; et ainsi je goûte mieux mon grand loisir d'à présent. Je me revois lisant, tout en allant doucement d'un bout à l'autre de cette allée surélevée au cœur des verdures, et mes journées toutes semblables, divisées en heures de travail et de repos, pleines et monotones[44].

Elle est toute à moi, surtout le matin (l'après-midi il y a des bonnes d'enfants — toutes bavardes). Quelquefois deux jeunes gens viennent s'asseoir sur un banc : un étudiant russe qui enseigne sa

a. Note de Larbaud : « Écrit en 1909 », ce qui signifie que Larbaud fait allusion à son séjour de 1907.

langue à un camarade français ; mes allées et venues les gênent, et ils vont ailleurs. Un jour une très belle jeune fille est venue s'asseoir sur les marches qui montent à l'allée ; elle est restée ainsi près d'une heure, immobile ; et elle est partie sans que je l'aie vue s'éloigner.

II. Environs et Banlieue

Après le déjeuner, chez Marcel Ray, nous sommes allés tous quatre dans la campagne. Suivi des petits chemins blancs, compris entre des murs bas, en pierres sèches, chauds. Puis marché entre des plantations d'oliviers, et des cyprès. Une ville entourée d'une terrasse dominant les champs m'a rappelé vivement le casino Petruccelli[45]...

Elle est entourée d'un de ces bosquets épais de hauts pins maritimes, feuillage semblable à des plumes (Balzac : « des pins au noir plumage » dans *Séraphîta*). Petit bois sacré qui fait penser à l'architecture grecque. Tout ce pays ressemble à la campagne autour d'Athènes et de Mégare. Nous avons passé une heure, assis au soleil, sous les pins, au milieu des buis et des romarins ; l'air très pur, et Lattes, et la lagune, et Palavas même, visibles au loin[46].

III. La Garrigue

Sur une terre blanche, brûlante, sèche à l'excès, une végétation courte, sombre, comme ratatinée et écrasée par un poids de lumière aveuglante, à perte de vue. Quels parfums !

IV. Carnaval

Place de la Comédie, sans autre verdure que les volets et les jalousies, peints en vert, de quelques maisons aperçues dans les rues qui descendent vers la route de Palavas. Le refuge qui est au milieu de la Place, et où est la jolie fontaine des Trois-Grâces (elle m'a donné de grands plaisirs[47]) — l'ŒUF, est encombré de gens masqués, déguisés grossièrement. Beaucoup de servantes ; leurs gros mollets nus ; les cheveux durs et noirs sur les larges épaules languedociennes.

V. Palavas

Je n'y étais pas allé depuis le printemps 1907. Noté de curieuses auberges sur la route, et au bord de la lagune, et le long du

Lez : Lou Péta-tran, la Pépida, etc. — Palavas d'hiver, désolé et en proie au vent d'airain que la mer incessamment pousse du fond de son horizon. Du soleil et du ciel bleu quand même ; des deux côtés du Lez canalisé, les petites maisons roses et vertes résistent — très passivement ! — à l'éternel ouragan TIÈDE. De minces colonnes de fer soutiennent les terrasses affaissées et protègent les cafés malpropres. Un village de la côte italienne, mais très spécialement pauvre et malpropre. Le Grau-du-Roi, près d'Aigues-Mortes, est un village de la même famille, plus pauvre encore et d'aspect plus triste. Y a-t-il rien de plus triste que des maisons peintes en rose ? Les docks de Naples !

VI. Placandis Narcissae Manibus[48]

Trouvé ceci dans *Les Nourritures terrestres* d'André Gide, achetées chez Mme Cohen, rue Nationale (je les lisais alors — 1909 — pour la première fois) :

« À Montpellier, le jardin botanique. Je me souviens qu'avec Ambroise, un soir, comme aux jardins d'Academus, nous nous assîmes sur une tombe ancienne, qui y est tout entourée de cyprès ; et nous causions lentement en mâchant des pétales de rose. Nous avons, une nuit, vu du Peyrou, la mer lointaine et que la lune argentait ; auprès de nous s'ébruitaient les cascades du château d'eau de la ville ; des cignes noirs frangés d'argent nageaient sur le bassin calme » (p. 69. Le typographe a écrit : le Pérou). La tombe était peut-être celle de la fille d'Young ; ou celle de cet ancien Recteur, près du puits[49] ?

VII. L'Esplanade — La Pluie

... Ce ciel du Nord qui vient parfois en cette saison s'interposer entre nous et le bleu cru du ciel méditerranéen. Aujourd'hui il était d'un gris lumineux, mais épais et profond ; et abondant, laissant traîner des nuées blanchâtres sur les collines, parmi les maisons blanches à terrasse et les bosquets de chênes-verts et de pins maritimes. Un ciel du Nord se posant sur la terre du Midi, baignant dans ses brouillards les vergers d'oliviers. L'air était sans âpreté, et en marchant on s'apercevait avec surprise qu'il n'y avait pas de vent. De l'Esplanade, on voyait les deux rangées de platanes qui bordent la route de Nîmes, dénudées, hautes, d'un brun rougeâtre sur l'horizon blanc[50].

LA PLUIE. Intarissable, longue, tiède, forte et claquante. Reverdit les jalousies, et les palmiers devant la Préfecture.

VIII. Le Peyrou

De grands arbres qui ne donnent pas d'ombre au sable nu du vaste terrain. Le reste une solitude d'eau prisonnière et de pierres rongées de lumière. On regrette les ombrages de la profonde Fontaine de Nîmes. Mais il y a l'aqueduc, le grand mille-pattes de pierre blanche qui part de là pour enjamber la plaine, les collines, l'horizon[51].

[IX]. La Place d'Aviler

Aussi espagnole que son nom[52].

X. Bibliographie ; Histoire

L'inscription de la Tour des Pins ; Don Jaime Ier[53], mon ancien voisin de la Glorieta. — Profonde histoire de la ville. Cela se sent dans ces rues étroites, entre des murs aveugles et nus, et qui ont des noms de Papes ou de Docteurs.

Il y a, à la bibliothèque du Musée Fabre, à l'Esplanade, un livre intitulé *Le Jardin des Plantes de Montpellier*, poème. Deux auteurs, Montpelliérains. La préface, très romantique, semble une parodie des préfaces d'Hugo : après chaque courte phrase, un point, à la ligne. Ton oraculaire. Mais le poème lui-même est dans la pure tradition Delillienne. Une vague allusion (?) à l'allée Cusson, mais le poème pourrait aussi bien servir pour n'importe quel jardin botanique de province[54]

Parfois le Philosophe ou le Cosmopolite
Passe, et jette en passant un regard d'Héraclite
Sur ce charmant séjour etc.
Etc..... et sourit de bonheur.

XI. Impressions

1 — Aura Favoni[a]. Au théâtre, une dame me fait remarquer qu'on a senti « quelque chose du printemps » toute la journée dans les rues de la ville.

2 — Rues solitaires au crépuscule de printemps. On glisse sans bruit, dans un vieux landau découvert, dans des rues désertes, lar-

a. Latin : « Le souffle du Zéphyr ».

ges, blanches, entre deux grands murs blancs que dépassent d'épaisses rangées d'ifs ou de cyprès. Épaisse couche de poussière blanche sur la chaussée sans trottoirs ; une poussière lourde et indolente que la marche de la voiture ne soulève pas. À la pointe des arbres noirs, le ciel tendre avec deux ou trois étoiles hésitantes[55].

C'est tout ce que j'ai trouvé d'utilisable dans un Journal tenu assidûment pendant trois mois, et qui était contenu dans un gros cahier. Mais c'était surtout un memorandum personnel. Le garder aurait pu me servir, comme aide-mémoire : le jour où ceci fut écrit, tel aspect du temps, telle impression, etc.

Mes toutes premières impressions (1907) furent très vives : après plusieurs années d'absence (hivers en Italie, en Grèce, en Espagne, à Paris) je retrouvais le Midi français, et quelque chose de plus violent que Toulouse, me semblait-il (mais NON). La première course (sous la pluie) et tout senti d'un seul coup : l'action, la vie et même THE WICKEDNESS of the place[a]. Rien n'en est ennuyeux, même la ligne des boulevards, même le quartier d'outre-gare, qui est sauvé par quelques vieilles villas et les rues de prostitution.

C'est l'ère Louis-quatorzienne qui a fourni la donnée et imprimé le branle. Et c'est merveilleux comme toute cette architecture et ces jardins conviennent au paysage, au ciel, à l'horizon[56].

Les impressions du premier séjour restent les plus vives : la fraîcheur des bords du Lez ; les soldats du génie construisant un pont de bateaux ; les cafés aux terrasses reflétées dans l'eau calme, verte, profonde.

Les paniers d'anguilles à Palavas ; aussi à la gare (« l'embarcadère ») P.L.M. ; l'anguille qui réussit à s'échapper, et alla se terrer sous un rail.

Le porche de la cathédrale, effrayant.

Las hazañas de la Condesa : LES HAUTS FAITS DE LA COMTESSE. C'est la meilleure trad : le titre français pour la Comédie.

Retrouvé un des garçons de la Métropole.

Parlé de la Comtesse. Il se rappelle les « pièces de cent sous » qu'elle lui donnait.

À propos de Montpellier, il m'est arrivé de penser : une des petites capitales secrètes de la France. Mais ce n'est pas juste. Pourtant[b] Marseille, Toulouse, Bordeaux, sont décevantes ; leur célébrité, leur étendue, la dispersion de leurs monuments, et trop de quartiers à vie lente font qu'on les trouve moins grandes, moins importantes qu'on ne les attendait. Pour Montpellier, c'est le contraire qui se passe ; et réellement la ville est plus peuplée, plus

a. Anglais : « la perversité de l'endroit ».

b. Le début de ce paragraphe est marqué de signes à la plume dans la marge ; ici un grand X précède le nom « Marseille ».

active, plus intelligente, plus importante que ses monuments et son étendue ne feraient croire. Réellement, vitalement, elle vaut mieux que son apparence extérieure, que son état matériel. On la croit pareille à Nîmes, Béziers, Narbonne, etc. Mais on sent tout de suite qu'elle est plus importante. Cela est dû en grande partie à l'université ; aussi au peu d'étendue de la ville ; enfin à la réforme architecturale de Louis XIV. On a le sentiment d'une ville qui pourrait aisément être plus grande et plus belle, donc qui le deviendra ; dans Toulouse, la ville morale, vitale, n'arrive pas à remplir, à donner le branle à toute la ville matérielle. Voilà ce qui rend Montpellier si aimable[57].

(Vu aujourd'hui chez mon relieur deux dessins représ[entant] l'ancien observatoire en 1786 et 1860. C'est maintenant cette espèce de grande porte triste sur laquelle était peinte une réclame pour l'eau de Vichy, heureusement un peu effacée maintenant — ; l'air sérieux, rude, sur la défensive, de cette vieille bâtisse était cruellement défiguré par cette réclame.)

AUTRES VILLES

Lunel (1907)

Le blanc. La sécheresse des murs. La couleur uniforme ; comme dans un moulin la farine sur tout ; ici la poussière.

Les tonneaux. Le pauvre petit jardin (qui doit être délicieux en été) avec cette statue du Remords.

Les arènes de bois. Un dimanche. Une fille en rouge, la chevelure collée au sucre. Un grand gaillard en béret tricolore excitait une vache, et tous les gamins le suivaient. Quand la vache chargeait, l'homme l'esquivait, et les gamins se retiraient en criant, quelques-uns tombant sur les autres[58].

Béziers (1907-1909)

Première visite : une traversée en voiture. Montée de la gare, et soudain les allées Riquet, larges, pleines de monde, l'air grande ville ; tout à fait comme lorsqu'on fouille une fourmilière on tombe tout d'un coup sur l'endroit le plus peuplé, l'endroit des œufs, puis un éboulement le recouvre. Ensuite nous sonnons dans une rue sombre, à la porte d'un grand hôtel de famille noble.

Deuxième visite. Entre deux trains, au retour de Barcelone. La montée du Jardin des Poëtes : la gare très inhospitalière, l'air maussade, même de ces jardins. Les allées Riquet moins impressionnantes. Déjeuné là dans un grand café.

Une ville surélevée, dominant une plaine sans verdure ; cette ville semble cacher sa propre importance, ne vouloir exister grandement qu'à son centre ; à l'abri, et au-dessus, de la plaine[59].

Narbonne

Du train, en route vers Barcelone (1909 ?), la plaine sèche, et la ville blanche, et la cathédrale, énorme, haute, à elle seule disant la capitale d'une riche et grande région[60].

Lou Clapas again[61]

1er mars (dimanche). Repris aisément ma vie montpelliéraine. Il n'y a pas de ville en France qui soit plus aimable. Réhabitué à la Loge, aux jardins etc. On fait des fouilles dans l'emplacement du marché démoli. Il y a les restes d'une église, paraît-il. Le carnaval se fait aujourd'hui. Divers incidents. Hier à l'Eldorado (le rideau avec la vue de l'arc triomphal, et le fond de scène qui représente le château d'eau du Peyrou). Deux journées, SIMPLY LOVELY[a]. Cet après-midi au Lez (l'ancien paysage retrouvé, etc.). C'est curieux combien de gens on trouve, en France et peut-être plus encore à l'étranger, qui connaissent Montpellier, l'ont habité, y ont fait leurs études. L'ancienne renommée de Montpellier (la fac. de médecine et ensuite le climat, — surfait) : tant de MONTPELIER STREETS dans les villes anglaises[62]. C'est la seule ville de Septimanie qui ait l'air grande ville, même Nîmes ne peut être comparée ; cependant Nîmes rayonne sur tout ce Midi (À NÎMES, sur le bateau de Mèze).

4 mars (soir). Autre changement d'adresse : boulevard des Arceaux. Mon quatrième domicile dans Montpellier. Du reste je vais déjeuner en ville, reçois des lettres à deux autres adresses, etc.

J'apprends à connaître ce quartier en plaine, sous le Peyrou. Traversé autrefois, pour aller chez M. Joseph Delcourt[63], avenue Chanal ; mais je n'en avais pas senti le caractère comme j'apprends à le connaître ces jours-ci. Un quartier écrasé, médiocre, ouvrier au sud de l'aqueduc, résidentiel au nord. La partie ouvrière très athénienne : blancheur, poussière ; et sauvée aussi la partie bourgeoise par des terrasses, la verdure des pins et des bambous, les hauts murs, la limpidité de l'air : les rues droites, vues jusqu'au bout, net-

a. Anglais : « tout bonnement délicieuses ».

tes, claires, tous les détails, et en cette saison le secret bonheur qui les tient éveillées, attentives, tard dans le crépuscule. Il y a :

l'aqueduc, avec son sol de terre battue, et les joueurs de boules ; l'ombre amusante que font les deux étages d'arceaux. La nuit c'est une œuvre surhumaine, un chemin noir bâti en plein ciel par des géants.

des villas, l'Intendance, etc., demeures de rentiers, de hauts fonctionnaires. J'ai reconnu les villas dont Charles Groz m'avait montré les photographies à Nice[64].

une école de filles. À certaines heures, le bruit ; the coo-ing call of the little girls[a] : hou-hou !

de petites épiceries qui font plus d'affaires qu'elles n'en ont l'air.

des maisons, du côté sud, où vivent tous les gitans, joueurs d'orgues de barbarie, etc., de la ville : enfants presque noirs, jupes de couleurs vives, hommes à boucles d'oreilles, filles portant à la ceinture des carnets d'horoscopes.

Surtout, c'est un quartier très russe. On y entend parler russe toute la journée, et le soir. La vieille ISBA n'est pas loin. Les têtes et les types qu'on voit. Une ou deux très belles jeunes filles. L'élément bulgare, grec aussi. Mais surtout, pour le boulevard des Arceaux, russe[65].

Auj[ourd'hui] passé plus d'une heure avec Charles Eymar sur l'Esplanade. Nouvelle statue d'Auguste Comte au jardin, devant la Caserne d'artillerie. More about the Arceaux to-morrow[b].

5 mars. — L'histoire de Montpellier, sixains[66], îles, etc. franchises municipales, etc. — moins intéressante que l'histoire de la situation morale de Montpellier en France, dans le monde méditerranéen et en Europe. La faculté de médecine. Les grands médecins ; les grands botanistes. Passages et séjours de Rabelais, J.-J. Rousseau ; l'enfance de Paul Verlaine ici ; parmi les contemporains, Gide ; Le séjour de Joseph Conrad avec sa femme et ses fils. Charles Eymar l'a connu. « Le dernier Anglais qui soit venu à Montpellier », dit-il.

Le Musée avec les Cabanel[67], petit Rubens etc. Les copies et qq. originaux rapportés d'Italie par F.-X. Fabre. Il y a quelque chose de digne, d'honnêtement anti-artistique dans ses deux portraits de l'Alfieri : le Monsieur très chic qui ne se compromet pas, l'homme qui ne se donne pas — donc le contraire de l'artiste[68].

Longue conversation, aujourd'hui, avec M. L. (r. de la Loge) sur la Comtesse.

Il dit qu'elle a été condamnée à 3 ans de prison ; qu'on l'a ramenée de Nîmes à Montpellier ; qu'elle n'a pas fait tout son temps

a. Anglais : « les appels des petites filles ».
b. Anglais : « Davantage sur les Arceaux demain. »

etc. — Ensuite elle est allée « se faire pincer » en Bretagne. Elle le flattait, avait voulu le recevoir étant au bain, etc. Il a confirmé la plainte déposée par le libraire, et l'affaire des gouvernantes à Paris. Une des grandes raisons pour lesquelles beaucoup de commerçants n'ont pas porté plainte : ils avaient refusé du crédit à des personnes connues de toute la ville : lesquelles auraient su qu'ils avaient DONNÉ des marchandises à une aventurière. Détail inédit : les centaines de brioches envoyées aux goûters des enfants des patronages ; la promenade donnant le bras au curé de —. Intervention de la sœur du curé, qui était sur le point de donner 30.000 à la Comtesse. Elle se confessait à lui, il la communiait régulièrement, etc. Elle devait à Palavas 1 200 francs de goûters ; 12 000 chez le fleuriste. Elle avait payé 7 000 à l'hôtel de la Métropole. Mme C. de F. lui avait prêté de quoi aller à Paris (affaire des gouvernantes à l'hôtel du Louvre[69].)

Ce soir au Théâtre. Faust. Reconnu plusieurs personnes.

Palavas

7 mars. —

Hier après-midi à Palavas. La route entre les villas. Des carrés de blé vert. Un autre mot : the lazy Lez. Du reste « Mazy Mèze » n'est pas mal non plus[70]. Il y a un nouveau pont. Cela en fait SEPT (la route, le canal, les chemins de halage, etc.) sur un espace, de trois à quatre cents mètres carrés. Fargue serait content. Palavas dans le vent qui secouait méchamment des stores et des jalousies de bois, cassées, au long des terrasses et des vérandas. L'embouchure du Lez entre les deux courtes jetées de pierre. Les hôtels fermés. Les vérandas sont très nombreuses, premier et même second étage ainsi, ouvert, les portes et fenêtres en retrait. C'EST CELA QU'IMITE LE CAFÉ DE LA TERRASSE, À MÈZE.

J'imagine le Palavas d'été, colonie montpelliéraine. Toutes les belles jeunes dames brunes, grandes, qui aiment s'habiller de couleurs foncées l'hiver — en blanc et en costume de bain sur le sable et dans le vent tièdes[71].

Dernières Notes de Montpellier

7 mars. — courses. Départ demain soir pour Paris. (J'avais d'abord cru pouvoir prendre un train du matin, mais il n'a pas de 3es ; c'est un nouvel express de nuit, dép. 6.07, arrivée à 7 h du matin à Paris.)

Vu le Verdanson à sec ; le quartier de l'hôpital. Retrouvé, QUE je cherchais depuis mon arrivée, le buste du poète languedocien, autrefois face à la gare, dans le jardin d'Éliane[72] (et mentionné dans la nouvelle). Il est maintenant dans le jardin de la tour des Pins, face à la porte des archives.

M. Arthur Verdier, homme de lettres et fondateur d'une revue, *Aréthuse*, dont le 1er n° paraît la semaine proch[aine] ayant appris par Lucien Rohmer que j'étais ici, m'avait écrit à mon adresse en ville pour me demander qq. chose pour sa revue ; je l'ai rencontré aujourd'hui, à la poste centrale, où il a un emploi. Il a déjà collaboré à diverses revues méridionales ; est de l'Hérault ; connaît bien la Provence : Orange, Arles, Marseille ; habite Tarbes une partie de l'année. Il monte cette nouvelle revue montpelliéraine avec un ami, et ils se partagent les frais. Se rattache au symbolisme. Très au fait de tout ce qui se passe en littérature et en musique. Un aristocrate ; [*Deux mots raturés, illisibles*] tout à fait désintéressé. M'a mené voir la plaque nouvellement posée à la mémoire de Charles Bordes par la Schola. Parlé de Bordes. Je me rappelle l'avoir vu : un étroit petit pardessus court, râpé ; et un bras tout raide (hémiplégie[73].)

M. Verdier m'a parlé de Montpellier. Il attribue l'intellectualisme de la ville à la colonie étrangère, russe surtout. Son secrétaire (pour la Revue) est un médecin, montpelliérain, a épousé une Russe, d.m.[a] elle aussi. Surtout la musique, à Montpellier. La Schola et les réunions dont Marcel Ray m'avait parlé.

Ce matin, montant l'escalier du Peyrou, deux ménagères : « Nous ne pourrions rien faire sans les étrangers ; dans le nord, c'est la même chose, ils sont envahis par les Belges et les Allemands ; ici c'est les Espagnols. » En effet on voit beaucoup plus d'ouvriers espagnols (les espadrilles blanches, la courte blouse et le grand cache-nez) qu'autrefois. — Elle n'a pas dit à quoi elle attribuait ce fait.

Dernières heures ici, dimanche. Le calme ; le grand soleil, les oiseaux et la verdure commençante. Les joueurs de boules. Ils parlent un dialecte plein de terribles chuintantes. La retraite militaire, hier soir, les uniformes sales et usés des soldats. Au restaurant et chez le coiffeur, les acteurs. The one who made the time-honoured joke[b] : la scène charriait des glaçons. Échos de Toulouse.

Forcément J. B. Pralois est attiré par Montpellier : le Peyrou, l'allée Cusson, le mouvement des rues Maguelonne, de la Loge et Nationale ; l'Esplanade[c], la douce banlieue blanche et endormie sous les pins noirs dans la poussière blanche, sous le bleu parfait, pur, foncé du ciel et des derniers contreforts des Cévennes. De Cette, et de Narbonne et de Béziers, et même de Nîmes on y viendrait. À plus forte raison de Mèze.

a. Abréviation pour « docteur en médecine » ?
b. Anglais : « Celui qui a fait la vieille plaisanterie ».
c. Présence d'un trait vertical en marge depuis le début du paragraphe.

Montpellier doit avoir une petite place dans la littérature russe, comme Vichy en a une.

The little garden, the leaves, the lace-shadow of a tree and roof on a red wall. And to-morrow Paris. So I leave once again, lou Clapas, lasciandovi i pegni[a].

Nîmes

Première visite en 1896 ou 97. Fausse idée de la ville : seulement les Musées et les Antiquités. (Ma mère avait dû prendre un guide, ou un cocher qui servait de guide aux étrangers.) La Maison Carrée. Une espèce de vilain musée où un disciple des Carolus-Duran[74] exposait ses propres œuvres. Le pont du Gard (je n'y suis plus retourné.)

Puis en 1909, au retour de Barcelone et allant en Angleterre. La ville sainte de la Provence : la Fontaine, et les canaux ; l'eau précieuse, profonde, verte et transparente, entre la pierre toute blanche et pénétrée de soleil. Cette région, plutôt ce quartier de canaux et de rues droites bordées de maisons bourgeoises riches, et la Fontaine aussitôt après, — au printemps, dans la chaleur et la lumière déjà chez elles, triomphantes, installées — les voyageurs de commerce attablés devant des boissons fraîches aux terrasses de cafés — les ombres bien noires, à l'encre de Chine, et les frontons et les corniches dans la clarté, et tous les détails d'architecture et de perspectives bien en vue, bien détachées.

— Et ce même quartier, il y a deux mois à peine, la nuit, sous la neige, les rues glissantes, personne dehors ; un ou deux cafés ouverts.

(Paris — back to rue Feuillet[b]) — En passant, de la gare, vu les longs boulevards, les villas, quelques-unes presque des palais, mais d'aspect dur, de cette dureté particulière du blanc et de la poussière de ce pays. On pense tout de suite au vent et au soleil, même par un temps calme, et la nuit.

[*Le dernier folio écrit est le f°42. Suivent quatre feuillets, le premier écrit simplement au dos et le dernier uniquement au verso, découpés proprement. Le reste du carnet est folioté de 43 à 57 ; il est vierge.*]

a. Si la première phrase est uniquement en anglais, la seconde se partage entre anglais, occitan (lou Clapas) et italien : « Le petit jardin, les feuilles, l'ombre dentelée d'un arbre et d'un toit sur un mur rouge. Et demain Paris. Je quitte donc lou Clapas une nouvelle fois, en y laissant des gages. »

b. Anglais : « de retour rue Feuillet ».

FRAGMENTS D'UN JOURNAL DÉTRUIT

Granville Cottage, Sandgate. Mai 1914

Envie d'amorcer un cahier de souvenirs de séjours en Angleterre, comme j'ai fait pour la région de Montpellier et pour le Centre. Laisser Londres en dehors ; souvenir de l'Ouest, du Nord ; Écosse, île de Man, Dublin.

Arrivé de Paris [à Folkestone] vendredi à 2 heures. Chasse (infructueuse) aux logements : à Lyminge, à l'entrée de la vallée d'Elham, pays de l'odieux « Ingoldsby », mais que j'aimerais mieux connaître. Chasse encore le lendemain (hier) avec déjeuner au Royal Kent, High street. La vue sur la petite parade et la mer m'a décidé ; aussi la petite chambre (le papier au plafond). La femme, propre comme un sou, bavarde, sympathisante ; femme de soldat ; le mari gigantesque ; ils ont vécu aux Indes ; petite fille de 12 ou 13 ans, avec des traits rudes, yeux bleu tendre, les cheveux rouges ; elle va dans une « convent school[a] », joue du piano (le piano est dans le petit salon avec tous les bibelots familiers). Il y a aussi une amie de la petite fille. Monsieur est franc-maçon du rite écossais. La Grand'Rue. Librairie : le dernier livre de Mrs Moring[1], avec une lettre de l'évêque de Londres (copiée de sa main (Mrs M.'s) : reconnu l'écriture ; il la remercie de l'envoi de son livre). — La grande propriété doit être Radnor. — La gare de Sandgate est à Hythe ; pas de communications possibles. Isolement. — Je vais commencer ma lettre de cette semaine pour *The New Weekly*[2] ; c'est la première qui ne sera pas écrite de Paris.

6 mai (à Londres). Écrit ce journal à l'Authors' Club, travaillant à une des petites tables en face des fenêtres du War-Office ; temps gris dans les rues noires et solennelles. Visite à Streatham. Lu une pièce de St John Hankin[3] ; pas grand'chose.

a. Elle va à l'école chez les religieuses.

Sandgate, 6 juillet. Rentré depuis plusieurs jours. Malade de jeudi à dimanche. Promenades à Dymchurch, Hythe et Folkestone. Du reste je songe à aller ailleurs. C'est trop cher pour manquer des choses les plus nécessaires. Pas d'eau pour se laver ! Et Mrs S. (son mari parti le mois dernier pour le Canada — reste seule avec Elsie) m'invite à aller à la cuisine, pour travailler, quand il n'y a personne.

Dymchurch. Cottages épars, quelques « lanes[a] » assez ombragées ; le village séparé de la plage par le remblai de la route qui traverse le Romney Marsh (c'est le trait caractéristique du pays.)

Hythe. Tristes maisons du front de mer, noircies par le vent et l'embrun ; baraques à vent ; maisons de tempête et de hurlements. Mais en arrière la calme petite ville au long du beau canal, large, paisible, abandonné par les chalands ; rangées d'arbres sur les talus herbeux. La ville s'ouvre sur ces allées, cette eau, ces verdures, cet ombrage ; de plain-pied avec les ombrages. Visite de logements ; maison trop chère ; les maîtres absents, sont R[oman] C[atholics] (statuettes de SS. François et Ignace de Loyola.)

8 juillet. Même incertitude. Il y a une villa, 9 Mount Street ; je suis en pourparlers. Aujourd'hui, 2 fois à Folkestone, et une fois à Hythe. Depuis lundi, travail régulier. Demain à Londres pour deux jours.

17 juillet. — Dernier jour à Sandgate. Loué, mardi dernier, un appartement à Hastings, White Rock place : salle de bain, lumière électrique ; grande pièce sur la parade et la mer. Le voyage au char à banc m'a fait revoir Hythe, Dymchurch, Rye, Winchelsea et Ore. Dans le Kent, belle route bien goudronnée, mais étroite ; à la limite du Sussex, route blanche et poudreuse. Près de Rye, moulin à vent à louer. Le Romney Marsh peut donner à un Anglais l'idée de la sauvagerie ; mais pour un Continental, ce n'est qu'un coin négligé du jardin anglais. Grandes côtes et éperons de collines entre Rye et Hastings.

Hastings. La maison de Coventry Patmore est toujours à louer[4].

Hastings. 18 juillet 1914. (White Rock Place). Dans le sitting-room du petit appartement qui me paraît d'un luxe prodigieux après Granville Cottage. Il y a une « French Gala Week » à Hastings ; drapeaux français partout ; air de kermesse. Changé à Ashford. Traversé des grands pâturages. Tous les moutons ont été tondus et sont d'une blancheur parfaite (quelques-uns avec la tache faite par les excréments des oiseaux qui se perchent sur leur dos.) Trouvé un coin pour mes livres et l'« exercice de ma profession ». Papier neuf aux murs, mais les vieilles sonnettes à levier. Les ta-

a. Anglais : « ruelles ».

bleaux aux murs : *Where Sea-Gulls Gather*[a] ; Dante et Béatrice avec l'Arno, qui rappelle à Gladys[5] les canaux de Cette !

Sur Sandgate : village de pêche tassé entre la mer et les collines abruptes, bâti sur la marge laissée par deux ou trois parcs seigneuriaux et le camp de Shorncliffe[6]. On vit (deux ou trois mois) de quelques baigneurs « purée » comme moi, et des gens qui ont ce chien noir chez Mrs Who's it. Les hôtels (Norfolk et Kent) vivent des familles qui viennent voir des parents ou des fils officiers en garnison à Shorncliffe (comme Hythe vit de son école militaire.) Le Continent ne fait pas sentir son voisinage. Sandgate, c'est Soundgate (porte du détroit) et non Sand-Gate.

a. « Là où se rassemblent les mouettes ».

Notes

JOURNAL DE SEPTIMANIE

1. « Plus exactement, février 1894, en se rendant à Nice » (G.J.-A.).

2. « En janvier 1904 » (G.J.-A.).

3. Sous cette initiale, ou ce prénom commencé, se cache Gladys, amie anglaise dont Larbaud avait fait la connaissance en 1912. En octobre 1912, il écrivait à son ami Léon-Paul Fargue : « Je regrette d'avoir dû quitter Paris sans te faire connaître l'amie qui est avec moi en ce moment. [...] C'est tout juste une jeune femme *ordinaire*, très douce, très femme, très confiante, avec un grand besoin d'affection, — d'en donner et d'en recevoir — mais résistante à la vie ; une faiblesse non sans défense, tu comprends, entièrement et loyalement mon *alliée* ; pleine de bons sentiments » (Léon-Paul Fargue-Valery Larbaud, *Correspondance, 1910-1946*, texte établi, présenté et annoté par T. Alajouanine, Gallimard, 1971).

4. Gladys avait un enfant, le petit Leslie, dont nous rencontrerons le nom à diverses reprises dans le *Journal*.

5. C'est ainsi que s'écrivait le nom de cette ville qui, depuis 1927, s'écrit désormais « Sète ».

6. Voir le début des lignes consacrées à « Cette » dans *Septimanie* (L.P., p. 877) : « Sortir, c'est, comme en mer, monter sur le pont du navire. Le vent s'en prend à vous, vous étouffe, veut vous barrer la route. Il rebrousse l'eau exaspérée des canaux, fait flotter rageusement les drapeaux et les oriflammes des mâts, le linge qui sèche aux balcons, soulève et secoue des tentures noires et blanches au portail d'une maison où quelqu'un est mort. »

7. « En temps de carnaval, les filles se déguisent-elles encore en mousses du navire-école ? Et les mousses du "Gabès" se déguisent-ils encore en diables rouges ? » (« Cette », *Septimanie*, L.P., p. 878).

8. À rapprocher de cette phrase de « Cette » : « Les bateaux de pêcheurs, leurs mâts drapés de filets bruns, inclinés, fichés dans les coques comme des porte-plume dans l'encrier » (L.P., p. 878). La phrase qui suit n'est pas reprise.

9. Corrado Ricci (1858-1934), Italien, historien d'art, archéologue et administrateur, se vit confier la direction des galeries et du musée de Florence en 1903 avant d'être nommé directeur des Antiquités et des Beaux-Arts ; à ce titre il a été responsable des travaux de restauration et de conservation des forums impériaux de Rome.

10. « Air de provisoire, de perpétuel passage. À quoi bon ces avenues de palais neufs et peints, ces frontons, ces corniches, ces cours intérieures avec des perrons et des portiques ? Personne ne les voit ; on a trop à faire de se défendre contre le vent » (« Cette », L.P., p. 878).

11. « Dans les accalmies, on voit ses traces, les coins où il pousse d'habitude ses poussières, ses papiers déchiquetés, ses pailles, son fumier » (« Cette », L.P., p. 877).

12. On constate ici que le projet de J. B. Pralois semble bien avancé. Larbaud nous

dit, un peu plus loin, qu'il en a déjà fait une première ébauche ; par ailleurs il justifie son séjour, son déplacement, par l'obligation que lui crée son travail d'exercer le métier d'« espion littéraire ».

13. Nous rencontrons ce mot pour la deuxième fois, avec sa graphie italienne, à laquelle Larbaud semble tenir mais qui n'est pas conservée dans l'édition de la « Bibliothèque de la Pléiade ». Elle l'est, en revanche, dans les *Œuvres complètes* (t. 1, p. 182). Notons d'ailleurs ici les quelques lignes qui sont restées de toutes ces notes dans *Septimanie* : « Mèze, principal port de l'étang ; Mèze, les pieds dans sa poussière rouge. "Caserne de Cavallerie" avec une porte qui ressemble à une entrée de ville. On aime son petit port, et les deux ou trois vapeurs qui font le service de Cette ; aussi la flotte des nacelles ; une église, des restes de remparts. Il y a aussi le vieux rêve d'un port aussi grand que l'étang et celui de la ville engloutie sous l'étang. »

14. Le *Guide bleu Centre et Sud*, Hachette, 1923, parle de « bateau-mouche » pour évoquer ces petits bateaux qui faisaient de nombreuses traversées quotidiennes. Ce nom « La Mouche », doit en même temps désigner la fonction du bateau.

15. « Les Deux Balaruc », qui ne comprend que quatre lignes dans l'édition de la Pléiade (p. 879), évoque ainsi cet endroit : « Le jardin frais de Balaruc-les-Bains, surprenant, au milieu du grand pays jaune clair sans verdure. » Et dans *Amants, heureux amants...*, on trouve également une description de ces κῆποι : « Et que je leur montre de plus près ces jardins de la banlieue blanche. Οἱ κῆποι. Tout à fait ça : derrière les murs blancs, que longe une rue profondément tapissée de poussière, il y a le joli κηπος frais, plein de verdure et d'eaux vives » (L.P., p. 619). O κηπος désigne, en grec, le « jardin ».

16. En français cette fois, et en deux lignes et demie, voici la fin des « Deux Balaruc » : « La tour de l'église, qui de loin ressemble à un gibet, de Balaruc-le-Vieux amoncelé sur la colline et qui méprise l'aurore sur l'étang » (L.P., p. 879).

17. Jacinto Benavente y Martinez (Madrid 1866-1954), auteur dramatique espagnol, obtint le prix Nobel en 1922. Larbaud possédait plusieurs de ses ouvrages et on retrouve dans *Teatro*, t. XVI, cette pièce *Los Intereses Creados*, traduite en français sous le titre *Les Intérêts d'autrui qu'il est bon de servir*, qu'on considère comme une de ses plus grandes réussites.

18. Il est peut-être bon de rappeler ici que les Chemins de fer n'ayant pas encore été nationalisés différentes sociétés se trouvaient en concurrence. À Montpellier la gare Chaptal était la gare de la Compagnie des chemins de fer de l'Hérault, compagnie de trains locaux, alors que la compagnie P.-L.-M. (Paris-Lyon-Marseille) faisait fonctionner des trains rapides et express sur de grandes lignes et avait sa gare place de l'Embarcadère.

19. La traduction de ce passage peut difficilement se mettre en bas de page :

« Quitté Cette à 11 h 10 pour Balaruc-les-Bains. Le bateau est plus petit que le *Ville-de-Mèze* et s'appelle *La Mouche*. Passé à travers les nacelles de pêche. Allé ensuite jusqu'à la petite jetée courbe de Balaruc. Aspect tout à la fois plus moderne et plus rural que Mèze. Des rues droites (uniquement deux ou trois) avec de petites maisons paysannes toutes propres, quelques tavernes. Une petite poste neuve ; un marché tout neuf, en briques et métal, peint en rouge et bleu clair. Un grand (pour l'endroit) hôtel — l'Hôtel des Bains, je crois, avec un pont couvert qui le relie aux bâtiments de l'Établissement thermal, dont le jardin est très joli, planté de grands pins, de buissons, etc. ; le tout très vert et frais : un de ces adorables petits κῆποι, si rares et si agréables dans cette région du Sud. S'en dégageait une odeur d'herbe et de plantes humides ; j'avais l'intention d'aller soit à Mèze, par Bouzigues, ou de retourner à Cette pour déjeuner. Mais à la gare des Chemins de fer du Midi, où je suis allé me renseigner (à environ 1,5 km de Balaruc — le long de l'étang), il n'y avait pas de train avant une heure tardive de l'après-midi. Je suis revenu sur mes pas. J'ai déjeuné : quelques bonnes choses, mais un vin abominable, couleur d'encre rouge foncé, dont simplement quelques gouttes changeraient un verre d'eau claire en rouge vif. Ensuite on m'a servi un affreux poisson, on aurait dit un gros crapaud taillé en filets comme une sole ou une plie ; à l'odeur si repoussante que j'ai refusé d'y toucher. Le café était plus gris que noir. L'auberge s'appelait le Restaurant Burniot, je crois ; l'homme, ou le serveur, très poli. J'avais le choix, me dit-il, entre deux façons de me rendre à Mèze : prendre un petit bateau pour aller à Bouzigues et de là me rendre à la gare et prendre le petit train pour Mèze ; ou alors aller à pied à Balaruc-le-Vieux (2 km), puis à la gare (1,5 km de plus) ; je trouverais un train pour Mèze à environ 3 h 1/2, c'est-à-dire ½ heure avant le départ du bateau pour Cette. J'ai choisi de marcher.

« Balaruc-le-Vieux a l'air de sentir le moisi, avec ses vieux murs gris, ses hautes maisons toutes serrées sur une petite éminence avec une église à l'air lugubre, et un mur percé de trois longues fenêtres. [...]

« Quand je suis arrivé à la gare, j'ai vu que le train que je comptais prendre n'arriverait à Mèze qu'à 4 h 06, c'est-à-dire six minutes après le départ du dernier bateau. Quelle sottise ! Il ne me restait plus qu'à attendre le train de la ligne Béziers-Montpellier qui me permettait de prendre un train rapide pour rentrer à Cette. J'avais deux heures d'attente à la petite gare. Par chance j'avais pris un livre, *Los Intereses Creados* de Jacinto Benavente, et je l'ai lu en entier, dans la salle d'attente ou dans le train qui allait de Balaruc-le-Vieux à Montpellier en plus d'une heure et demie. Je regrettais d'arriver si tard à Cette, et particulièrement d'avoir si peu vu le pays. Mais la marche à travers les vignes et les villages a été utile. Et aussi le trajet en train avec les oliviers et la garrigue que je voulais revoir.

« Traversé Montpellier à pied, de Chaptal à la gare PLM. Trouvé mon chemin assez facilement, mais je n'ai reconnu les lieux qu'à partir du boulevard Gambetta. Remonté la Grande Rue, traversé la place du Théâtre (avec un coup d'œil à l'Œuf en passant), descendu la rue Maguelonne et le jardin de la Gare. Cela me faisait drôle de parcourir si rapidement ces lieux qui me sont chers, où mes yeux rencontraient partout des objets familiers — sans avoir le temps de m'arrêter et de flâner. J'ai raté le train rapide et j'ai passé du temps au buffet, à lire le journal local. J'étais de retour à Cette à 8 h du soir. »

20. La vénération pour Les Saintes-Maries, outre le village même, où deux pèlerinages annuels ont lieu, s'étend dans toute la région. Marie-Jacobé et Marie-Salomé, victimes de persécutions en Palestine au début de notre ère, furent arrêtées et embarquées dans un bateau sans voile ni rames qui parvint néanmoins sur le rivage provençal.

21. Il faut lire le « denier de saint Pierre », bien évidemment. Mais l'œuvre en question ne semble pas être une œuvre connue.

22. Cette femme avait raison. La confrérie des Pénitents blancs, comme nombre de confréries, est apparue après l'implantation de la Réforme en Languedoc à la suite d'un sursaut de réaction des catholiques. Coiffés de cagoules et vêtus de robes blanches, les confrères, laïques dévots, manifestaient leur piété dans des processions, mais aussi par des actions de charité et une aide morale envers les plus démunis. Le premier pénitent fut reçu en 1588 (Larbaud est bien renseigné sur la date de création), mais ce n'est qu'en 1602 que l'évêque d'Agde accorda aux pénitents le droit d'utiliser la chapelle du château. Cette chapelle connut des avatars pendant la Révolution mais fut rachetée par un ancien pénitent en 1802. En 1912 la confrérie, qui ne comptait plus qu'un seul membre, disparut.

23. On ne peut oublier que Sète était, et reste, le deuxième port français sur la Méditerranée, après Marseille.

24. Prix indiqués en francs, cela va de soi.

25. Peut-être parce que l'eau en est salée.

26. Ce nom était celui du peuple volce (ou volque), de la Gaule indépendante, qui habitait la Narbonnaise (les Volces établis dans la haute vallée de la Garonne étaient les Arécomiques).

27. Cette source, qui alimente encore la ville de Sète, était déjà exploitée par les Romains.

28. Lapsus sans doute ; on doit parler ici du golfe du Lion, qui borde la Méditerranée dans cette région du Languedoc. Nous n'avons pas retrouvé trace de cet ouvrage dans la bibliographie de Charles Lenthéric, qui, ingénieur de formation, s'intéressa à l'histoire du Rhône, de la Saône, de la Provence, mais aussi aux côtes et aux ports de l'Atlantique et de la Manche.

29. Il s'agit de la place de la Comédie, à Montpellier, connue sous le nom d'Œuf en raison de sa forme. Mais le rond-point autour duquel se faisait la circulation et qui

en accentuait le caractère ovoïde a disparu avec les aménagements récents ; il reste toutefois matérialisé par une ligne de marbre rouge.

30. Dans les pages consacrées à Cette : « Les remorqueurs passent sur les allées vert bleu, entre les îles de maisons : de celui-ci, la cheminée va s'étendre, d'une seule pièce, comme une momie, dans sa gouttière ; cet autre, peint en gris, très vite, fouille et divise l'eau avec son museau fin » (L.P., *Septimanie,* p. 878).

31. La lorgnette évoquée deux lignes plus haut.

32. « Et la petite boutique (vieux bonbons et cartes postales décolorées) qui a pour enseigne le mot *Acropolis* écrit en caractères grecs ? » (*idem,* p. 879).

33. « La nuit, le mugissement des sirènes : sourd, un bruit de gong, un appel si grave, si triste, si important (pas très haut), qu'on songe à des départs pour d'autres planètes » (*idem*, p. 878).

34. Reprise de cette anecdote dans *Amants, heureux amants*... : « Ah, le chien de Cerri a bougé. Sa chute, hier, à Palavas. "Poverino ! tutto bagnato ! Giù !" » (L.P., p. 619).

35. Le nom du journal *L'Éclair* est souligné dans le texte. Dans sa correspondance avec Larbaud (*op. cit.*, p. 225), Marcel Ray, en poste à Montpellier, où il vient d'arriver à la rentrée scolaire 1907, se plaint auprès de Larbaud : « [...] ma seule lecture, quand j'ai regagné ma colline, est le Baedeker que je vous ai volé ou encore *L'Éclair du Midi*, journal royaliste, le mieux informé. »

Marcel Ray resta à Montpellier jusqu'à la rentrée 1911, où un professeur de Nancy, avec des appuis politiques, intrigua pour obtenir son poste à la faculté. Voir Valery Larbaud-Marcel Ray, *Correspondance*, t. II.

36. Ces « hauts faits de la comtesse » sont repris dans « 200 chambres, 200 salles de bains », que Larbaud écrira en 1926 (L.P., *Jaune bleu blanc,* pp. 891-907).

37. À l'article « Cette » de *Septimanie*, ce court paragraphe : « Avant 1914, le dimanche, des rues avaient deux couleurs caractéristiques : bleu foncé et jaune clair : les capotes et les épaulettes de l'infanterie de marine » (L.P., p. 878).

38. Dans *A.H.A.* (L.P., p. 628) : « Le grand coup d'aile de l'œil noir, à la rencontre. Un vers, et mauvais. » Repris, à nouveau, quelques lignes plus loin : « Elle aurait vite appris ; un an de Paris... Encore ! Encore "le grand coup d'aile", etc. ? »

C'est ici que s'arrête le texte publié dans le *Cahier de l'Herne.*

39. Dans le poème « Dans les villes jaunes sur un ciel d'orage » (Léon-Paul Fargue, *Poèmes*, Éditions de la NRF, 1912) : « Un chat rampa le long/d'un mur comme un flocon de fumée grasse... »

40. Ce mot est tout à fait inusité de nos jours dans le sens où Larbaud l'utilise ici. De « lieu où l'on donne des fêtes », au départ, la redoute a fini par désigner ces fêtes elles-mêmes.

41. Frère de Suzanne Eymar, l'épouse de Marcel Ray, ami de Larbaud, Charles Eymar, Montpelliérain avec qui Larbaud resta toujours en relation, fut le dédicataire des pages de *Septimanie.*

42. Ce jardin, le plus ancien jardin botanique de France, fondé en 1593 par une lettre patente d'Henri IV, fait l'objet de cette déclaration de Larbaud à son ami Marcel Ray : « Pour moi, ce jardin est une des plus belles choses du monde. Nulle part je n'ai eu plus de sensations exotiques » (*Correspondance*, *op. cit.*, t. I, p. 227).

43. Anecdote présentée ainsi dans *A.H.A.* : « L'autre jour, la grosse marchande de poisson qui a dit, en me montrant à la femme qui était avec elle : "Bienn habillé, mais pas lé sou dann lla pôche !" » (L.P., p. 642).

44. Ici encore ces lignes ont glissé dans *A.H.A.* : « Oh ! il va y avoir de bonnes matinées paisibles, et aussi les premières heures de l'après-midi, à l'ombre des chênes de l'allée Cusson, tout seul dans ce beau jardin édifié avec amour par les grands botanistes de France, sous les lauriers du tombeau de Narcisse, et lisant lentement, tout entier à la pensée d'un autre, ou bien épiant les démarches de son esprit » (L.P., p. 639).

45. En 1903, lors de son séjour à Potenza, début mars, Larbaud avait loué une petite villa dans la campagne, le Casino Petruccelli.

46. Notations réutilisées dans *A.H.A.* : « Et les bois sacrés sur les collines, la campagne civilisée, arrangée par les architectes pour servir de fond aux rues, aux avenues et aux terrasses de la ville. Entre les panaches des pins maritimes, la ville toute

raide et archaïque regarde la garrigue tachetée de touffes de buis et de romarin, et plus bas les oliviers et les cyprès, et plus loin Lattes, et les lagunes, et Maguelone, et le long, mince reflet de fer-blanc au bord du ciel. La campagne autour de Mégare » (L.P., p. 619).

47. Plaisirs que Larbaud évoque a contrario dans *A.H.A.*, faisant allusion à l'inculture et au manque de sensibilité de Romana Cerri : « Hier elle a admiré Palavas et quand, traversant l'Œuf avec elles, je lui ai montré le groupe des Trois Grâces, elle l'a à peine regardé » (L.P., p. 623). Ce groupe en marbre, qui fait l'admiration de Larbaud, fut réalisé, en 1776, par un sculpteur né à Carpentras en 1737, Étienne Antoine.

48. On peut traduire ainsi cette expression latine : « Pour apaiser les mânes de Narcisse. » L'idée en est reprise dans *A.H.A.* par Felice Francia, dont l'esprit est agité par la pensée des femmes qui peuplent sa vie : « Ah, il est calmant, le bruit de l'eau dans les bassins noirs dont les margelles luisent encore faiblement. Et des feuillages frémissent, là-bas, au-dessus des mânes apaisés de Narcisse » (L.P., p. 644). Narcisse était la fille du poète anglais Edward Young (1683-1765). Elle mourut jeune et on raconte que Young serait venu l'ensevelir, de nuit, dans le jardin Botanique. Cette légende fit rêver André Gide et Paul Valéry.

49. Reprise partielle de ces lignes dans *Septimanie* : « André Gide a parlé du Peyrou dans *Les Nourritures terrestres* (p. 69 de la première édition, Mercure de France) : "Nous avons, une nuit, vu, du Peyrou, la mer lointaine et que la lune argentait." (Le typographe a imprimé : Pérou.) »

50. On retrouve ces lignes, telles quelles, dans l'article « Montpellier » de *Septimanie* (L.P., pp. 880-881).

51. Le Peyrou, ancienne butte située en dehors de l'enceinte de la ville, fut transformé en promenade et destiné à accueillir la statue équestre de Louis XIV. On y entrait par la porte du Peyrou, porte d'apparat, avec pont et rampes d'accès, construite à la fin du XVIIe et on y construisit, au milieu du XVIIIe, l'aqueduc des Arceaux que Larbaud évoque ici.

52. Développé et un peu modifié dans *Septimanie* : « La place d'Aviler est aussi espagnole, ou catalane, que son nom » (L.P., p. 282). Charles Augustin Daviler, ou d'Aviler (1635-1701), fut nommé architecte de la province du Languedoc ; il est l'auteur d'un *Cours d'architecture* (1691) qui fait encore référence.

53. La tour des Pins et la tour de la Barbote sont, des vingt-cinq tours d'enceinte de la ville, les seules qui subsistent. Surmontée de cyprès, la tour des Pins se dresse face au Jardin des Plantes. Une de ses façades porte une inscription en langue romane, commémorant la naissance à Montpellier de Jacques Ier le Conquérant (Don Jaime Ier), roi d'Aragon de 1213 à 1276, qui conquit les Baléares, les royaumes de Valence et de Murcie. Par le traité de Corbeil (1258), il renonça à toute prétention outre-Pyrénées, sauf Montpellier.

54. Paragraphe ainsi repris dans *Septimanie* : « Il existe à la bibliothèque du musée Fabre un livre intitulé : *Le Jardin des Plantes de Montpellier*, poème. La préface a le ton romantique des Préfaces de Victor Hugo ; le poème est dans la pure tradition delillienne, et on est surpris d'y voir, d'y entrevoir plutôt, une allusion à l'allée Cusson, tant ce poème pourrait convenir à n'importe quel jardin botanique. La poésie des jardins de Montpellier, c'est Paul Valéry qui l'a exprimée dans deux ou trois de ses poèmes » (L.P., p. 881).

55. *Septimanie* : « Rues solitaires aux crépuscules de printemps. On glisse sans aucun bruit, en landau découvert, dans ces rues larges, blanches, qui vont vers la douce banlieue blanche, entre des murs que dépassent des têtes de rangées d'ifs et de cyprès. Épais tapis de poussière lourde et fine que la voiture ne soulève pas. Au-dessus des hauts créneaux des cyprès, la première étoile » (L.P., p. 882).

56. Un peu modifiée, cette allusion à la grande époque du Roi-Soleil donne ceci : « Ici, l'architecture louis-quatorzienne a trouvé son milieu idéal, son ciel, son climat. Voilà comment la monarchie française aurait orné le Midi et restauré la Grèce si... » (L.P., p. 881).

57. Autre paragraphe repris et un peu modifié dans *Septimanie* : « Montpellier, une des petites capitales secrètes de la France. Toulouse est décevante, a trop de quar-

tiers à vie lente, est trop dispersée. À Montpellier, la vie morale et intellectuelle de la ville la remplit toute. C'est cela que signifie la phrase de Stendhal : « Montpellier est la seule ville française de l'intérieur qui n'ait pas l'air stupide » (L.P., p. 881).

58. Dans le texte définitif, c'est l'image de la « fille en rouge » qui est développée, dans une opposition de couleurs : « Comme dans un moulin la farine surtout, ici la poussière. Entre la sécheresse des longs murs blancs, du fond de l'épaisse et poudreuse piste, une fille toute de rouge vêtue s'avance et grandit. À défaut de l'azur (transformé en réflecteur), son ombre bleue, pénétrée de soleil, à ses pieds, complète la cocarde républicaine. Elle passe, d'un profil épais et haut porté ; lente et lourde, plutôt que grasse. Très lourde. Va-t-elle au jardin public voir la statue du Remords ? » (L.P., p. 877).

59. Réorganisation de ces notes sur Béziers : « Traversée en voiture. Après le quartier inhospitalier de la gare, après le Jardin des Poètes, maussade sur sa pente ensoleillée, tout à coup les allées Paul-Riquet, pleines de monde, mouvantes ; l'air de grande ville. Ainsi, en remuant une fourmilière, on tombe soudain sur l'endroit où sont les œufs, l'endroit noir, et tournoyant, avec ces visages blancs qu'on cache ; puis un éboulement le recouvre : arrêt dans une sombre rue vide, devant le portail fermé d'un vieil hôtel noble. Béziers, ville épicuréiste, cache sa vie, ne consent à vivre qu'en son centre, à l'abri, et au-dessus de la plaine » (L.P., p. 877).

60. Narbonne n'est pas évoquée dans *Septimanie*.

61. Montpellier est désignée sous ce nom à différentes reprises dans la correspondance Larbaud-Marcel Ray. Terme occitan, *lou Clapas* désigne un tas de pierre, et, par extension, une petite colline rocailleuse ou un mont pelé, donc... Montpellier.

62. « Pas de station thermale anglaise sans une Montpelier Road ou Montpelier Street, écrit ainsi, avec un seul "l". Cela perpétue la renommée de Montpellier comme centre médical et ville d'hiver » (L.P., p. 882).

63. Professeur d'anglais au lycée de Montpellier, avec qui Larbaud prépara sa licence en 1906-1907, pendant l'hiver qu'il passa à Montpellier.

64. Professeur de lettres au lycée de Nice, Charles Groz, dont nous savons peu de choses, est un proche de *La NRF*, où il publiera quelques poèmes. Dans la *Correspondance* de Valery Larbaud et Léon-Paul Fargue (lettre 218, du 14 juin 1916, p. 200) nous avons trouvé cette image : « Pendant que je t'écris, Groz cause d'édition, de librairie, de bibliothèque circulante, etc., avec Gaston. Nous sommes à la revue qui s'est transformée en une véritable bataille navale : escadres de ballots et flottilles de livres. »

65. « Dans la littérature russe Montpellier doit avoir une petite place, comme San Remo, Nice et Vichy. Il serait intéressant de rechercher cela, ces traces des liens très réels qui relient l'Université de Montpellier à la vie intellectuelle de la Russie » (L.P., p. 882).

66. C'est une division ancienne de Montpellier qui organisait les quartiers autour de six églises importantes de la ville.

67. Il serait sans doute difficile de comparer les œuvres de Cabanel, et celles de Rubens... Alexandre Cabanel, qui naquit à Montpellier en 1823 et mourut à Paris en 1889, fut très célèbre en son temps. Académicien et professeur, il laissa des tableaux d'histoire et de mythologie, des décors muraux et des portraits. Trois de ses tableaux figurent au musée d'Orsay : *Naissance de Vénus, La Mort de Francesca de Rimini et de Paolo Malatesta, La Comtesse de Keller.*

68. Le peintre François-Xavier Fabre (Montpellier 1766-1837) fut lauréat du Grand Prix de Rome en 1787. Il resta ensuite en Italie pour se perfectionner (Rome, Naples) et devint professeur à l'École des beaux-arts de Florence. Il se lia avec le poète italien Alfieri, par qui il fit la connaissance de la comtesse d'Albany, qu'il épousa après la mort d'Alfieri. À la mort de cette dernière, en 1824, il hérita de ses collections et en fit don à la ville de Montpellier, qui appela son musée et sa bibliothèque du nom de son premier donateur.

69. La « Comtesse », dont les aventures sont détaillées dans « 200 chambres, 200 salles de bains », passe comme une ombre dans *Septimanie* : « Bon vieux landau ; peut-être celui-là même qui venait attendre X devant notre porte. Le cocher, qui m'a conduit à Rimbaud, avait de cette histoire une version déjà légendaire » (L.P.,

p. 883) ; dans la première version, celle de *L'Âne d'or* (1925), il s'attardait davantage : « Bon vieux landau ; peut-être celui-là même qui venait attendre Madame la Comtesse d'Anglemont devant l'Hôtel de la Métropole, — et la portait par les blanches routes vers les villages où elle distribuait des cadeaux aux enfants des orphelinats. »

70. Jeux de mots qui reposent sur des homophonies rapprochant anglais et français et qui perdent de leur saveur une fois traduits : « le Lez paresseux » et « Mèze labyrinthique » (*mazy* est un adjectif que Larbaud forme à partir de *maze*, « labyrinthe »).

71. « Palavas-les-Flots. Le vent de mars secoue et traîne des stores et des jalousies de bois, cassées, le long des terrasses roses et des vérandas vert pâle, et il s'oppose de toutes ses forces à l'entrée du Lez dans la mer. (Les vérandas et ces terrasses élevées, c'est cela qu'imite le café de la Terrasse, à Mèze.) Dans ce Palavas désert, on songe au Palavas d'été, colonie montpelliéraine. Ces belles jeunes femmes, grandes, brunes, toujours vêtues de couleurs sombres en hiver, ces femmes qui ressemblent tant aux Romaines d'à présent [...] » (L.P., p. 879).

72. « Il n'est pas très grand, ce jardin ; mais il est beau comme ceux de l'Asie Mineure, au milieu des régions désolées. La pelouse, avec ses rideaux de bambous, enserre une pièce d'eau profonde, toujours agitée par un jet d'eau en gerbe. [...] Au milieu des bambous, le buste d'un poète languedocien sur une colonne de marbre » (« Portrait d'Éliane à quatorze ans », L.P., p. 507).

73. Charles Bordes (1863-1909), compositeur français, élève de César Franck. Maître de chapelle à Saint-Gervais, il fonda l'Association des chanteurs de Saint-Gervais et contribua à la renaissance de la musique polyphonique des XVe, XVIe et XVIIe siècles. Avec Vincent d'Indy et Alexandre Guilmant, il participa à la fondation de la Schola Cantorum.

74. Ce pluriel montre bien le peu d'estime que Larbaud porte au peintre. Charles Durand, dit Carolus-Duran (1837-1917), fut un représentant de la peinture académique. Peintre officiel et mondain, il connut un très grand succès.

FRAGMENTS D'UN JOURNAL DÉTRUIT

1. En 1907, à Londres, Larbaud avait fait la connaissance de M. et Mme Moring (ainsi que celle de Daniel O'Connor, à qui Maxime de Claremoris dans *Barnabooth* devait emprunter certains de ses traits). Il les présentait ainsi à son ami Marcel Ray : « [...] M. Moring, le directeur et propriétaire de la De More Press (les "Kings's Classics", vous savez ?). Sa femme écrit. Elle prépare une étude sur George Sand. » (*Correspondance*, *op. cit.*, t. I, p. 175).

2. Introduit par Arnold Bennett auprès de R.A. Scott James, directeur du *New Weekly*, revue hebdomadaire qui venait de se créer et qui voulait faire connaître à ses lecteurs les événements de la vie littéraire et artistique de Paris, Larbaud donna, entre mars et août 1914, des « lettres de Paris » hebdomadaires, écrites directement en anglais. Ces chroniques ont été recueillies par Anne Chevalier, et traduites par Jean-Louis Chevalier, et ont été éditées en 2001 aux Éditions Gallimard sous le titre *Lettres de Paris*.

3. St John Hankin (1869-1909) débuta comme critique dramatique au *Times* et à *Punch* avant de devenir auteur dramatique lui-même. Ses œuvres, satires sociales généralement, dans lesquelles on sent parfois l'influence de G. B. Shaw, furent appréciées à leur époque.

4. Dans son article sur Coventry Patmore, Larbaud nous renseigne sur cette maison : « À partir de 1875, il est installé à Hastings, dans The Milward Mansion, une grande maison située en pleine ville, mais entourée d'un jardin dont la disposition l'isole et en fait presque une maison de campagne » (*Domaine anglais*, édition 1998, p. 88).

5. On retrouve ici l'amie anglaise qui avait accompagné Larbaud à Monaco et l'avait rejoint à Cette. Elle sera présente dans le *Journal* jusqu'en 1920.

6. Camp militaire qui existe toujours à cet endroit.

II

1917-1920

1917

Larbaud, réformé pour raisons de santé, ne parvenant pas à obtenir le poste d'interprète qui lui donnerait le sentiment d'être utile, découragé par son travail de soins aux blessés à l'hôpital n° 47 à Vichy, se fait confier une mission pour l'Espagne, où il restera jusqu'après la fin des hostilités.

Le manuscrit XII est le journal de la première année espagnole, l'année 1917. Après avoir circulé quelques mois entre Barcelone, Valence et Alicante, l'écrivain choisit de s'établir définitivement dans cette dernière ville vers la fin de l'année 1916. Le journal, entièrement rédigé en anglais, débute en février 1917.

Le Ms XII, qui en contient les pages, se compose de cahiers, de format 15 × 21, reliés sous parchemin à étiquette bleue. Il comprend 114 feuilles, dont 113 écrites recto verso, suivies de pages d'index ; l'ensemble a été paginé par Larbaud de 1 à 277. Tout cela nous donne 3 000 lignes dactylographiées, dont 1 990 sont inédites à ce jour. G. Jean-Aubry (Ms CXXXIII, f° 146), à qui Larbaud avait confié son manuscrit, le présente ainsi :

« Pour cette année, j'ai eu un "diary" tenu en anglais par Valery Larbaud et prêté par lui en mai 1933. Ce journal commence le 17 février 1917.

« J'ai relu ce "diary" en octobre 1946. Il semble que des pages ont été arrachées depuis mai 1933. Numéroté 1-130 (sans interruption) : une déchirure p. 125 ; [131-132 manque] ; 133-192 ; [193-194 manque] ; 195-226 ; [227-234 manquent] ; 235-258 ; [259-262 manquent] ; 263.

« Un "Index of names" de 11 pages. »

Cette énumération précise nous a permis de constater les modifications intervenues dans le manuscrit depuis 1946. Nous en donnons le relevé, reprenant, à l'exemple de Jean-Aubry, la pagination de Larbaud :

— La pagination passe de 20 à 25, alors qu'un seul feuillet semble déchiré.

— Entre la page 38 et la page 41, disparition d'un feuillet.

— Déchirures : au bas de la page 103-104 (2 lignes) ; en haut de la page 104-105 (3 lignes).

— Après la page 106, 3 feuillets découpés. La reprise se fait à la page 113.

— Après la page 140, un feuillet manque.

— Après la page 182, deux feuillets ont été déchirés.

— Après la page 192, un feuillet manque.

— Après la page 206, un feuillet manque.

Rien ne nous permet de dire qui est l'auteur de ces mutilations ; nous savons seulement que le manuscrit n'était plus, à l'époque, en possession de Larbaud...

Deux documents y sont insérés : une lettre autographe de Gabriel Miró, en date du 18 décembre 1917 (f° 78) et une lettre dactylographiée de Henry Festing Jones du 30 novembre 1917 (f° 107).

Jean-Aubry, attentif aux mutilations subies par le manuscrit, n'évoque à aucun moment les marques que nous y avons relevées : marques au crayon noir et au crayon rouge (pages ou lignes encadrées, soulignements dans la marge, lignes écartées ici ou là...), qui témoignent d'un travail sur le texte ; cependant rien ne nous semble correspondre exactement au choix fait pour l'édition de ce manuscrit dans les Œuvres complètes. *Larbaud procède de trois manières différentes :*

On remarque d'emblée que les cinquante-trois premières pages manuscrites (jusqu'en mai) sont soulignées en marge. À l'intérieur de cette sélection l'encadrement de quelques lignes, à divers endroits, sembleraient exclure celles-ci d'une utilisation ultérieure de la part de leur auteur.

Un second ensemble va des pages 54 à 78 (mai-juin 1917) ; nous y ajouterons la dernière partie du manuscrit, de la page 140 à la page 257 (15 juillet-30 décembre 1917). Nous avons pu remarquer qu'en général Larbaud y sélectionnait ce qui lui paraissait avoir de l'intérêt pour lui, ce qu'il voulait retenir pour son travail, qu'il s'agît d'anecdotes, de portraits ou de réflexions sur ses lectures.

Le troisième ensemble occupe le milieu du manuscrit, il va de la page 79 à la page 138 (2 juin-15 juillet), et nous savons que Larbaud avait préparé ce passage pour la publication. Nous l'avons d'ailleurs retrouvé dans deux autres manuscrits : le Ms I et le Ms X, où il occupe, dans chaque cas, une vingtaine de pages dactylographiées. La sélection du Ms I (f°s 142-163) porte le titre autographe « Benalúa » et présente de multiples annotations, encadrements, ratures de la main de l'auteur. Le Ms X (f°s 82-109) est une copie carbone de la dactylographie que G. Jean-Aubry présente ainsi : « Copie carbone non retouchée du n° 14 du volume 1 préparé pour un volume projeté par René Laporte et contenant l'article de M. Thiébaut, projet non réalisé. » Larbaud parlera de ce travail au début de l'année 1934. Pour l'année 1917, qui nous concerne ici, ces deux dactylographies nous ont été très utiles car nous y avons retrouvé des pages, ou des lignes, qui ont disparu du Ms XII et que nous avons pu réintégrer à leur place.

Dans le manuscrit, il est courant, sinon systématique, que les noms des personnes qui entourent Larbaud, amis ou fréquentations alicantines, soient réduits à leur simple initiale. Nous respecterons cet usage dans la version originale, mais faciliterons la lecture de la traduction française en donnant les noms en toutes lettres.

Le Ms XII « Alicante - San Vicente » a été publié, de façon très partielle, nous l'avons souligné, dans le tome IX des Œuvres complètes, *premier volume du* Journal inédit.

Les seuls extraits de ce journal de 1917 que nous ayons trouvés, en dehors de cette première édition, figurent dans l'ouvrage de Béatrice Mousli, Valery Larbaud, le vagabond sédentaire (op. cit.). *Ils sont au nombre de quatre : un extrait du 20 décembre 1917, « L'espagnol, c'est la première langue étrangère dont j'ai su quelque chose » (p. 122) ; divers extraits à la page 130 : 6 avril 1917, « Jueves Santo » ; début mars 1917, une commande de papier ; un extrait du bilan de l'année 1917 (p. 142).*

ALICANTE - SAN VICENTE

[FEBRUARY]

Begun February 1917, at Alakant

Saturday, February 17

Worked from 11 to 12, not much ; went to see don H, but he was not at home. Worked again from 3 ½ to nearly 8, alone in the saloncito with doña Dolores. I got to page 240 of the translation of *The Way of All Flesh*, and did not find many difficulties. To-night, re-read all I had transl[ated] yesterday and to-day, and worked a little at "Martre". I thought much about "Henri" too. Been unwell in the late afternoon.

Sunday 18. —

Felt very ill to-day, and my illness grew towards the night. From 11 to 1 ½ : Postiguet and Explanada, where I met Eduardo and his friend Manolo. We talked of Mirbeau. The news of his death came this morning in the papers. I have many good memories of him ; but the difference in years was an obstacle to our growing exactly friends. I met him first when *Marie-Claire* was in the press. Lately I had had news of him through Francis Jourdain, Léon Werth and Marguerite. All the dailies here gave him articles or at least a few lines. *El Día* published his portrait. Another called him "Mirabeau" ! I suppose he was, with Léon Bloy, the best "continuateur" of Louis Veuillot. But there is something of the vulgar middle-class Frenchman in his books (in the most famous ones, not the best) which I find repulsive.

We were seven at dinner : doña Dolores, Lola, Pepita, Elisa, Carmen, Eduardo and I. Then three of the girls retired to put on disguise and masks, and we went to doña Madalena's, where there was a ball. I stayed in the crowded rooms for about ½ hour with doña Dolores. There were about twenty girls and as many boys. Amparito, "the one of the many novios", was there. Doña Dolores counted about seven or eight "mantones de manila". But the heat made me nearly sick, and we went home, and I slept my headache away, in my bedroom. When I came out again, I found that Lisita and Carmen had gone[a]. The rest of the day has been awful for me. However I have read some pages of *Los Trabajos de Pío Cid*, by Ángel Ganivet.

Monday 19. —

I have been unwell all day, and did not work ; I saw don H~~iginio~~, who insisted on my giving articles to his review, of which he lent me a number. But I felt so ill that I did not feel inclined to work, even at S. B.

Wednesday 21. —

I feel better, and have worked a little. At lunch-time Eduardo came with the news of the death of Joaquín Dicenta, which occurred last night at 3 a.m. I had gone to see him with Sig. A~~rduini~~ and Sig. Angelo A~~lesina~~, of Milano, a few days before Xmas (I did not keep my diary then). He looked very ill, so small on his bed, under a woollen rug ; he looked like a child of 10. He was very hard, then, on the French public ; he said that the French public practically ignored the modern Spanish authors. He spoke as Georg Brandes and other people of that kind who wrote about France without even knowing the names of Laforgue and Rimbaud. "Muro de la China", etc., etc. I let that pass, and later on I asked him which of his works he should like to see translated first into French, and he answered it was not for him to judge of that. But I think he seemed to point to one of his dramas (probably *Juan José*) while I was thinking chiefly of his novels. It was plain that he felt uneasy at not having been recognised by Paris. His mistress, who was present, told us that his books had been translated into almost all European languages BUT FRENCH. Of course I could not say what I thought about it ; I mean : that his books are already too French to make it worthwhile translating them into French ; but then, they have translated things which are far worse than Dicenta's novels. He expressed surprise at seeing I could speak Spanish ; I had been introduced to him (by Signor A~~rduini~~) as a correspondent of the *Figaro*, and he could hardly believe that a correspondent of the *Figaro* could know any other language than French. Sig. A~~lesina~~ had been introduced as correspondent of the *Capitan Fracassa*. There was the intellectual look about Dicenta's manners and

a. Les deux phrases qui précèdent sont exclues de la sélection qui court jusqu'au début mai.

speech, and it was clear that he was "des nôtres". His mistress was a nice woman of about 30, rather stout, but still very attractive.

Worked for about three hours in the afternoon ; and don H~~iginio~~ came and stayed for about an hour, talking of his review and a projected journey to Andalucia. Then I worked again till dinner-time. Mrs Jupp will, I think, give me a good deal of trouble.

Friday 23. —

I write this in bed, as I cannot sleep. I have felt very ill all day, and this has upset all my work. Lola woke me at 7 ½ and I read Ganivet's *Idearium* in bed till nearly 9. Out for a short walk under the olive trees on the fine sward at the end of calle Bazan. Worked from 9 ½ to 11 ; then out for a walk : Explanada, Postiguet, etc. But then I began to feel very ill, and went home.

Saturday 24. —

I could not sleep till 5 a.m., and woke at 7 ½, still very unwell. The afternoon has been horrible. However I worked from 5 to 8, but did very little. I have got to page 264 of *The Way*.

Sunday, 25. —

Got up at 8 ½. We went to San Vicente, Eduardo and I, in order to visit a house they have offered to let to us for the summer months. First we called on the señor G~~uardiola, a barrister, and the leader of the Republican Party here~~. He lives in a beautiful "finca" with a garden full of orange-trees, lemon-trees, some pines and a few tall and fine olive-trees ; there is much shade and large patches of grass, and a pond, extremely clear and clean, with a "bordure" of rough-hewn stones and AZULEJOS in the Sevilla style ; in fact, one of the finest gardens I have seen since I left Valencia. ~~The house is a summer house, of course very far from what an Englishman would call "cosy", but quite comfortable in its way, and very typical of the "Levantine" country house~~. Mr G~~uardiola~~ was very kind to me, and lent me a book by Gabriel Miró, *El Abuelo del Rey*. (I told him I had read *Las Cerezas del Cementerio*.) He is a great friend of Miró's, ~~and has helped him a good deal when he was in difficulties, before his first successes~~.

We then visited the village itself or rather town (it has a very large church, a "plaza del Ayuntamiento", etc.). The house we came to see is a fine one, very large. But it will not do, as it is in the midst of San Vicente, in a street, and cannot be called a country-house at all. Besides, the rent is too high.

We went back to the house of Señor G., who wanted to keep us all day, and whose daughter (a very young girl, who is proficient in French, they told me, but who did not venture to speak it with me) gave us big bunches of violets. The violets lay in heaps on the wet stone table of the "cantarera". Mr. G. seemed to me a remarkable man, very gentlemanly and cultured; they told me he is a self-made man. There is something of Francis Jammes in his appearance and in his manner. Besides, he is a "gourmet", and publishes RECETTES DE CUISINE in the local papers.

Went back in the tram, coming home in time to lunch. Just after lunch, the MOOD assailed me again, and I fought against it by going to the Casino, where I wrote part of the article I have promised to contribute to D. H~~iginio~~'s review. I call it "La Mujer vestida". There will be five parts, or five short articles. I write it in French, but with a view to help the translator; indeed I thought almost the whole of what I wrote to-day, in Spanish, except a few words or expressions, about which I should be in doubt. But I never liked to write in Spanish. I felt very ill while writing these articles, and as soon as I ceased to work, the Mood rose in wrath against me. I have never composed anything so frivolous a "genre" while feeling so ill and depressed. However, working did me good, and I came home in better spirits, completing at once Part 2 and writing three-quarters of Part 3. To-night, I feel almost well.

Tuesday 27. —

Did not write anything here yesterday. — The girls came to invite us to a game of LA ADUANA at doña Madalena's, and we played till 12 ½ a.m.; so that I felt too tired to write when I came back. I must remember the Andalucian gentleman and his Malagueña wife (his spirits, his "chistes", etc.). There was an English girl, but we were not introduced to each other and she sat at the other end of the table. However her accent in speaking Spanish did me a great deal of good. Worked for 4 hours in the afternoon. Today the bad weather kept me indoors, and D. Higinio came to see me. I worked a good deal (S.B.). I think I have passed over eight hours at my table, writing all the time. I feel better. Yesterday I received a long and kind letter from Gladys.

MARCH

Friday 2. —

With the warm weather and a clear sky, and a whiff of the "Spirit of Delight"

(*"Rarely, rarely doest thou come,*
Spirit of Delight")

I have had a very happy day. Lola woke me at 7. Read, in bed, *El Abuelo del Rey* till 9. Out at 9 ½ or sooner. Strolled about the harbour, the Postiguet, and the central streets. The sea was choppy, but of a very deep blue. Home. Worked from 12 to 2. Out again after lunch, but the breeze was too strong and I went home again. Spent all the afternoon either at work, or with doña Dolores and ~~señorita~~ Rafaela in the saloncito, or pacing up and down the recibidor (there is a lucky corner where I generally find the word I am looking for.) After dinner, Eduardo talked about Bécquer, Espronceda, Larra, etc.

Saturday 3. —

I have got to the last page of my English paper ; and now I must wait for the 200 sheets which I ordered 3 weeks ago from London. I cannot proceed on a different paper ; it would spoil my ms. Here, all I could find was a Swedish paper, better than the common Spanish foolscap, but too thin and crispy. Well, I must wait, but I am not too displeased with this "paro forzado". I have got to page 284 of *The Way* — and there are, thus, 136 pp. left. I have immediately begun the translation of *The Note-Books*, just as I began translating *The Way* last year on the very night when I finished translating *Erewhon Re-visited* — and for the same reasons. The afternoon has been rather windy and cold, so that I did not go out again. Finished reading *El Abuelo del Rey*. Miró, I hope, will come to be considered as the best writer they have got here, since Bécquer and Larra. He is infinitely more cultured than their Echegaray, Galdós, Benavente, and other AFRANCESADOS (I mean literary AFRANCESADOS, of course.) — I have worked con ánimo, and have been perfectly happy and free from the Mood, today. I have thought much about "Henry" and a little about "Martre". With me, to think of these two books, is a sign of returning health[a].

Sunday 4. —

Went to San Vicente, doña Dolores, Eduardo and I. Put up at Mr. G~~uardiola~~'s house. I gave him back *El Abuelo del Rey*. He said he preferred *Las Cerezas*. Of course, he is a better judge than I am. Indeed, I did not understand *Las Cerezas* very well, and little Asunción was quite right, when she told me that it was "too hard" for me.

We went to see La Gachupina, and thought it would do nicely for our summer residence. But then, to-night, we have been to see its owner (a lady) and the owner will never do. Mr. G~~uardiola~~'s bro-

a. Les deux phrases qui précèdent sont exclues de la sélection.

ther called her la Tía Larga. She is the most comical and tremendous parvenue I have ever seen. A Mexican Celestina, who speaks Andalucian, Valencian, Catalan, French, and Castilian, all vulgarly. I must remember her : the story of the barber, and her haciendas in Mexico, and her houses in Paris, etc, etc.

This took place between 7 and 8 ½. I had felt rather unwell before lunch ; but the TURRÓN of Jijona, the sweets, and part of the afternoon spent with Socorro and Carmen, put me quite right again. Then, la Gachupina misma, y la cucaracha que yo veía venir hacia mi, y que rechacé dos veces con mi bastón, mientras la Gachupina hablaba de su hacienda de Méjico, etc. I enjoyed it all very much.

Monday 5. —

Another happy day for the Most Serene Republic. There has been a short fight against the Mood, but it passed away sooner than I had expected. Out at 8 ½ and to the Explanada, where I idled among the palm-trees, and along the harbour, so empty and silent under a soft grey sky. Till 11 a.m. I did nothing. It was all wandering and idling. Then I went to the PAPELERIA in front of St Nicholas', and resolved the problem of "la falta de papel". That is to say, I bought 250 sheets of the best Spanish foolscap to be had. It is "papel de barba", but ruled ; very large, just hard enough, just smooth enough ; with a look as something old, which makes me imagine that it was first manufactured in the admirable times of Isabel II. It is a great change from the luxurious cream-coloured ~~softness~~ smoothness of my old "Kingstone" paper. But I like that change. It bought all I shall want for the ms. of the translation of the *Note-Books*, without being obliged to wait for more of the same paper. As my "Vilaseca" foolscap is by itself so different from the "Kingstone" one, I need not change the colour of my ink, and I have transcribed all I wrote on Saturday night, using the old blue-black American ink. — Coming home, I found a letter from Marcelle J. It was a great and pleasant surprise ; I answered at once. I worked a little before lunch, and then from 4 p.m. to 9. Doña Dolores is somewhat unwell to-day. Just after lunch, there came another little Marujita, very shy and pretty.

Tuesday 6. —

The rain kept me at home all the afternoon. I worked for about 6 hours. Eduardo has lent me his copy of *Obermann* and I have read George Sand's Introduction. I intend to read *Obermann* — about which I have never felt any curiosity, — a few pages every day preparatory to translating S.B. — A calm and happy day, singularly free from the Mood.

Wednesday 7. —

Last night had been very bad, and to-day has been horrible. I had the usual quarrel with the watchman about my open window, and then I could not sleep till 4 a.m. I took up *Obermann* and read about 50 pp. of it. What a bookie ! Of course I was prepared to what I have found in it ; but I did not think it would be so good. I do not like that "style coulant" and other characteristics of early XIXth Century French ; it oppresses me. However, one gets fine things as one goes along patiently. I like the following : "Là, l'éther indiscernable laissait la vue se perdre dans l'immensité sans bornes ; au milieu de l'éclat du soleil et des glaciers, chercher d'autres mondes et d'autres soleils comme sous le vaste ciel des nuits ; et par-dessus l'atmosphère embrasée des feux du jour, pénétrer un univers nocturne." This is grand.

I managed to get up early in spite of my bad night, but neither the warm weather nor the Explanada could save me from the Mood. Still, I have had a few good hours, and before going home to work, I explored the whole of the Arrabal Roig (the fishermen's BARRIO). I bought "canelones" from Jijona, and a neatly printed copy of the New Testament, a Spanish version based on that of Cipriano [de] Valera, and printed at Los Angeles, U.S.A. I paid one real only for it. — To-night I have suddenly found a good rendering for one of Mrs Jupp's sayings, much better than the one I had found first ; so that I made the correction at once.

Thursday 8. —

A windy day. I felt very ill all day, and could not work, except for two hours, late in the afternoon. I sat in the saloncito, reading a short novel by Gabriel Miró, his prize-novel *Nómada*.

Friday, 9. —

I feel better, but I did not work to-day ; I did not feel like it, and so I did nothing at all. However I thought over a chapter of "Martre", while walking along the Explanada and the Postiguet[a]. — The afternoon, at San Vicente, with d. H~~iginio~~. We talked of La Gachupina — the house and the woman ; don H. called her "una tía indecente." Back at 6. Spent all the rest of the evening in the large drawing-room with Doña Dolores, Lola, Pepita, Rafaela and Eulalia, talking about the last "movies" they had seen.

I must note the Madrileña, the other day, at don Higinio's, and the way she talked, saying anything to anybody, but with much "donaire" and such expressions as "Anda, morena !" and how she called the boy Santos "Santito", etc. I suppose she was doing her

a. La phrase qui précède est exclue de la sélection.

best to make us provincials wonder at her and think something like this :

Il n'est bon bec que de Madrid.

The two most important events, to-day, have been : 1° the arrival of a letter from London, telling me that "owing to the shortage of paper", they have been unable to find the 200 sheets of "Kingstone" foolscap, and, 2° a long game of "loteria" in the drawing-room with doña Dolores, Lola, Pepita, Rafaela and Eulalia. I lost two pence.

Monday 12. —

I am reading Blasco Ibañez's *La Barraca*. — Out at 8 ½, a long walk along the Explanada and the Postiguet. In the afternoon, I read 4 pp. of *Obermann* and worked at S.B.

Tuesday. —

Woke at 7. Read in bed. I like watching the sun rise from behind the Castillo. — *La Barraca* is a very good novel, written by a follower of Zola, who is not "au fait" of the literary "procédés" of his master — and much better for this very reason. What I like best in it are the un-prepared, or at least un-announced, descriptions of the Huerta, and of Valencia itself. — After dinner, I translated one of my articles ("La Mujer vestida") into very bad and shaky Spanish. — I have thought a little about "Martre", and read my 4 pages of *Obermann* before tackling S.B. I like this : "Quand sous le ciel d'été, dans un jour sans nuages, une voix de femme chante à quatre heures, un peu au loin..." While we were dining, there came, with Elodia, another little girl : "Teresa —— y ——, para server a Dios y[a]

[*Quatre pages manquantes*.]

joined us in the saloncito, we had a talk in French, Eduardo and I ; he speaks French quite well, but does not dare to speak it very fast ; and, of course, he knows much more than he believes he knows. This is what generally happens. I remember having seen, in some magazine, two drawings : one was called : "Ce qu'un homme croit savoir", and there was a whole library ; the second said : "Ce qu'il sait", and there were two or three books and a few printed sheets. Now, it is exactly the contrary that is true. And then, if we go to instinct — there is no end to a man's knowledge.

Later on, the ladies having joined us, we talked of postage-stamp collections, and I described the new one in the British

a. La pagination de la main de Larbaud s'arrête ici à 20 et reprend à 25, alors que la foliotation continue, normalement, avec 11 ; cela pourrait signifier que les pages absentes ont été enlevées du manuscrit par Larbaud lui-même.

Museum, and this set me musing about England ; to-night I feel a kind of longing toward London. No it is not a longing ; I am perfectly happy here ; but it makes me happier still when I remember London. I wish I had a letter from Gladys, soon.

Friday 16. —

Another fine day, and a happy one for the Most Serene. Yesterday night I finished reading *La Barraca.* To-day at 7 Lola woke me, but I slept for an hour more, and did not go out before nearly eleven. The usual thing. Then at 1 p.m. I went to the Ayuntamiento, where I met Eduardo, and we looked at the uniforms of the Central-American and South-American armies in the big Espasa Cyclopaedia. I read the article on Walter Savage Landor, a very bad one, with his biography all distorted : they make him come twice to Spain, say he was an intimate friend of Buonaparte's, etc. I made a note of the works of Quatrefages, which I shall soon want. — In the afternoon, four pp. of *Obermann* and work as usual.

I must copy out here, or I shall lose it, the fine poem by Rubén Darío which I found in a review, or magazine, early in January.

Ajena al dolor y al sentir artero,
llena de la ilusión que da la fe,
lazarillo de Dios en mi sendero,
Francisca Sánchez, acompañame...

En mi pensar de duelo y de martirio,
casi inconsciente me pusiste miel ;
multiplicaste pétalos de lirio,
y refrescaste la hoja de laurel.

Ser cuidadora del dolor supiste,
y elevarte al amor sin comprender ;
enciendes luy en las horas del triste,
pones pasión donde no puede haber...

Seguramente Dios te ha conducido
para regar el árbol de mi fe ;
hacia la fuente de noche y de olvido,
Francisca Sánchez, acompañame.

I do not like "regar el árbol de mi fe", but the last two lines are unforgettable.

The ladies have been to Novedades in the afternoon, and after dinner, Lola told us what they had seen. It was a "movie" in 4 or 5 parts, called "Marcela". I liked the way Lola told it, because she translates into Spanish life all that passes in the story, for instance : when — the scene being in Paris, — the people are playing at cards, Lola says : "They were playing a game of tresillo" ; and she interprets the exclamations of the French actress thus : Ay ! Dios mío... qué miedo... qué susto... por Dios ! etc., etc. And the young man "pide relaciones" to the girl. I told her why all this "me hacia gracia" and she laughed. — I feel singularly happy, with a great love for my work, and thinking much about "Henry de Septimanie" and "Martre", which is a sign of returning health.

Monday 19. St Joseph's Day.

I don't feel inclined to go on regularly with this diary. My days are all alike : wandering about the harbour and the streets, working, seeing a few friends, reading, sitting in the evenings in the saloncito with doña Dolores and her daughters, etc. etc. — however, I want to keep a record of this (St Joseph's) day, always dear to me.

Before going out, I got a long and kind letter from Marcelle J. with good news and love from almost all my Paris friends. The letters I receive from Marcelle, and from Gladys, always bring me joy and help me to feel happy. — Went out at 11 ½ and bought a birthday present for Pepita. There was much animation in the streets — yesterday they began selling BUÑUELOS, as they do in Valencia. After lunch, numerous visitors called ; among them, a few nice girls. On the whole, Pepita's birthday has been a success.

I leave this diary here ; the next entry will be the one of April 1st. I feel better than I did a month ago ; and the Mood does not reappear. It is always so, when I get near the longer days. At any rate, if it returns, neither my peace nor my work will have to suffer from it, as I shall fight it most resolutely. — I have worked a little at "Martre", and I have found a few interpretations, which will do better than the first I had found, for *Erewhon* and *Erewhon Revisited.* I think I shall re-write my two translations of these works. The parts I have translated while at Sevilla are all right, but the parts I have translated while in France do not satisfy me : I worked hastily and among uncongenial surroundings ; besides, it was the first time I attempted to interpret S. Butler, and, as I had read him very recently, his style was not so familiar to me as it is now. Then I shall translate *Life and Habit,* so that when I come back to where there are books, I shall have little to do in order to give them the final touch ; as to the short articles for Don H~~iginio~~'s review, it is very light work.

APRIL

Sunday 1. — "Diumenge de rames"

The third I spend in Spain. The first was in 1906 at Valencia ; the second at Barcelona in 1909, when I found Encarnación, Doña

Fermina's niece, and spent the day with her and doña Isabel up the Tibidabo. Last year, I spent it in part (3 or 4 hours) at Cette, and slept at Lyons, ~~in the~~ Hotel Terminus.

To-day I have reached page 62 of the *Note-Books*. I badly feel the want of a good public library, and I long for the British Museum reading-room. — I have received the books I ordered from London : the two *Erewhons*, of which I did not possess a copy (the ones I used when translating them belonged to the "Nouvelle Revue française"), *Life and Habit*, and *Ex-Voto*. They have been unable to find the 200 sheets of foolscap, so that I must see whether I can find something "muy parecido" here. In the meantime, I go on slowly with the *Note-Books*, on my new system : writing first in pencil on the "bloque para notas", then copying out on the Vilaseca sheets. Besides, I am reading, and shall re-read once or twice *Life and Habit*. — During the last week of March, I worked at "Martre" again, going through Parts II and III, revising and adding. I had a few good afternoons at Benalúa, and one, yesterday, at Villafranqueza. Lola's day (March 30) was a success. — I have received a very kind letter from Gladys.

April, 6. —

To-day I received Sotheran's Catalogue, and on reading it, I learnt that W.S.L.'s son (Charles Landor, the old gentleman) had died in February last. Curiously enough, during the last fortnight, I had been thinking very frequently of Henry Savage Landor, and remembering very vividly the occasions on which we met at via Farini and in Paris.

In this week's *Mundo Gráfico* or *Nuevo Mundo* (I forget which) there is an article by Unamuno about Borrow. It is the first time I see the name of Borrow in a Spanish paper ; and I do not know whether they have translated *The Bible in Spain*, but I believe they have not. I noticed a curious mistake, the other day, in vol. III of Unamuno's *Essays* : writing about Carlyle and the nicknames he used to give to many of his heroes, Unamuno writes : "He calls Beaumarchais 'Caron' de Beaumarchais", thinking that Caron is a nickname given by Carlyle to Beaumarchais. It is exactly what happened when I forgot that "couleur-de-rose" was masculine ; I was "mistake hunting", and made a mistake myself. That article on Carlyle is very good, especially the two or three paragraphs about Taine. He calls him "a professional FALSIFICADOR".

The other day, at San Vicente, a little boy of eleven was telling me all he knew about the churches of Alicante, and, speaking of San Nicolas', he said : "Es una verdadera iglesia del tiempo de los Cristianos."

On JUEVES SANTO, I went to St Nicholas', where I had not been since October last. The Bilbaina was there. The church looked like a harem, full of Princesses and Sultanas all dressed in shiny black, black silks, black veils, black laces from the top of the high comb down to the hips. It is one of the most impressive things that can be seen in Spain, and the dear NENAS know it well. On this day, they look like rich black fans, downward, half-open. The Swell (El Hombre elegante) was there too, and we looked at each other as usual, probably as believers in the same creed, — but HE belongs to the PLEIN AIR sect.

Wednesday, 11. —

I write this being in bed ; I caught a severe cold, the other day, while watching the "pasos" of the procession, and have a new attack of fever, with blood-spitting, and all that — and feel almost as ill as I felt in December last ; but I do my best to re-act. — Last night, as I could not sleep at all, I wrote a sort of sentimental essay about —–, which appears to me, now, as the work of a bad imitator of Charles Lamb, and which I shall destroy to-morrow.

I knew it would not be very serious. To-day I was able to sit up in the saloncito with Eduardo, and we have had a long talk. As he happened to quote Alfred de Musset, he went to fetch *Nouvelles Poésies* in his room, and we read a good many poems. I re-read "Jamais" a sonnet I had not read since (I believe) the year 1899. It was the favourite poem of little Jean de Charry, who had made me read it. During all these years, I had thought of that sonnet as of a very fine poem, full of a subtle feeling and almost worthy of Baudelaire. To-day it appeared to me as rather cheap. The beginning is really fine ; then it becomes very silly-sentimental ; then it passes to a flat "Delille-ism". — However, I read four very good lines, which I did not remember having noticed when I used to read Musset. I quote from memory, as the book is now in the saloncito, adjoining the ladies' rooms and it is late :

Quand, par un soir de pluie, un oiseau de passage
Vole en jetant son cri dans un chemin perdu,
Dans la forêt en fleurs, de son nid de feuillage,
Un rossignol pensif a parfois répondu...

The lines which follow show that this is but the first clause of a comparison, and all poetry vanishes in consequence. But these four lines are really fine.

Eduardo told me that Campoamor, when he was a Gobernador here, was remarkable for using bad, or at least very vulgar, language. This is a redeeming trait.

To-day I felt so well that I went to see don Ramón at Benalúa, and lent him Ganivet's *Idearium.* I took a volume of don Ramón's copy of the works of Saint-Évremond, as I shall probably finish reading *Obermann* before the end of this week. The wonder with *Obermann* is that one reads it to the end. Of course, the essays and a few anecdotes help much. But there is no development, no progress, in that man's mind. Only, towards the end, he finds that he was born to write a book. But would it not have been better to say outright : There you have it ! It is what Henry shall say, if I live to make him say it. However, *Obermann* is one of the Rare Books, an Ancestor.

I have found something for "Martre" to-day, while looking at don Ramón's photos. — The other day, at don ~~Higinio~~'s, there was a woman suckling her baby, and she kept her fore-finger on her naked breast, just as the Vergine in Bugiardini's picture. There must be some physiological reason for that. — As to Obermann, it is useless to tell him, with the Psalmist : "Viriliter agite", or to quote the proverb : "Anima effeminatorum semper esuriens". We are too apt to forget that it requires much more strength of character to "ne pas en être" than to "en être". Obermann does not know his own greatness, and neither does Ordinov.

Another instance of the re-discovery by modern authors of things already said by the French Moralistes. The following is by Saint-Évremond, and looks very Butlerian :

"La morale n'est propre qu'à former méthodiquement une bonne conscience ; et j'ai vu sortir de son école des gens graves et composés qui donnaient un tour fort ridicule à la prud'homie. Les vrais honnêtes gens n'ont que faire de ses leçons. Ils connaissent le bien par la seule justesse de leur goût, et s'y portent de leur propre mouvement. Ce n'est pas qu'il y ait de certaines occasions où son aide n'est pas à rejeter ; mais où l'on peut avoir besoin de son aide, on se

[*Un feuillet arraché.*]

réfection" which is still better than "réparation", at least in that place, and for the sake of the general harmony of the sentence. This is a typical case of mistaken memory : I had retained a memory of the difficulty, and of the effort, but I had entirely forgotten that I had solved the problem. — However, while re-reading my translation, I found a few mistakes (such as a forgotten accent or letter, etc.) and even a few words which I had omitted to translate — six words in all, a short clause, at the top of a page, which I had not SEEN while translating that page. Of course, I saw them, then, in the book, and perceived at once that they were new to me, and that I must have omitted them. So that my 3 hour search was not quite thrown away.

I have received, and begun re-reading *The Origin of Species*, in order to compare it with Moulinié's translation. I shall then make a list of the best renderings of all the technical terms used both by Darwin and S. B. Then, these renderings will be tested by the terms used by Quatrefages and Edmond Perrier. I mean, that I wish to choose these renderings only which are commonly used by the greatest French authorities on Evolution.

A ver si un día me acordaré de este jeroglífico : El hombre Bizco (poesí-a) ; Juana y Soledad ; Amparito ; el desengaño que tuve esta tarde hablando con Juana[a].

April 21. —

In the late afternoon, I went to see don Ramón. On my way to the tram line I met Amparito. She was with an old woman and did not look at me, but a little later, when she had entered a shop, and I was passing along, she turned and smiled. I found don Ramón alone, and we talked for about 3 hours. He lent me another volume of Saint-Évremond, and gave me back the *Idearium Español*[b]. I explained to him, roughly, Butler's *Life and Habit* theory and he seemed much interested. A PROPOS, I think that the idea of the "Book of the Machines" may have first presented itself before S.B. when he read the following sentence in *The Origin of Species* : "Almost every part of every organic being is so beautifully related to its complex conditions of life, that it seems as improbable that any part should have been suddenly produced perfect, AS THAT A COMPLEX MACHINE SHOULD HAVE BEEN INVENTED BY MAN IN A PERFECT STATE."

I feel better, but still it is not the degree of health I have known at other times. I wish I were already at San Vicente.

Tuesday 24. —

This has been a very happy day, quite typical of the best days of the M.S.R. Lola woke me at 8 a.m., and just after breakfast, I finished reading E. Perrier's Introduction to Quatrefages. Then I went out for a short paseo, then to the Casino where I had a long and delightful bath, and then a large glass of milk and coffee ; then I had a second interview with Amparo. She pleases me immensely, chiefly because she is so characteristically Valencian, both physically and in her ways of talking, walking, doing her hair, etc. Besides, she wears "hábito", which throws a sort of monastic look over the youthful "plénitude" of her body, and which reminds me of Dolores A— (non oblitus amorum !) Amparito is a six months' vow.

a. Paragraphe exclu de la sélection.
b. Ces deux phrases sont exclues de la sélection.

Worked before lunch, then out again after lunch. I spent two hours between the tailor's (the new one from Madrid) where I revelled among the samples of summer things, ordering a very light, grey-green, gabardine suit, — and the hosier's (Benavent) where I bought a few things. Then home again, and at work from 4 to 8 ½, reaching page 100 of *The Note-Books*. (I read some letters and poems of)[a] Saint-Évremond. I remembered vaguely about the Duchesse de Mazarin and the life of the French exiles in London ; but this brings them quite near one. What a life they led in the London of those days ! I read several times the "Fable" "à la manière" of La Fontaine : "Les Poules de Lesbos", and it seems to me that there is a suppressed line, the one at the end of the fable :

Je vais partir, et vous ordonne
(Sous peine de désobéir
En rebelles à ma personne)
De vous voir et vous réunir :
Poules, obéissez à l'ordre que je donne (,)

. . . .

I have tried, vainly, to supply the missing line. It must have been "algo gordo."

"Quand Maintenon jetait sur la France ravie" :

Vous trembleriez au sacré nom
De Maintenon
Pour le sermon ;
Trop heureuse de la servir
Dame suivante
Ou gouvernante
De son Saint-Cyr.
(Saint-Évremond à la D[chesse] de Mazarin)

(La France n'était pas si ravie que cela.)

Wednesday 25. —

I have had such a bad night that I could not work to-day, and slept for two hours in the afternoon. However, I have been able to do a few things. I have, at last !, been able to find the paper I wanted for *The Way*, since they have not been able to find it in London. But it was not easy. First I went to the Papeleria Española, where they had absolutely nothing ; "porqueria" pure and simple ; a

a. Parenthèses ajoutées au crayon (par Larbaud ?).

paper, very thin and ugly, which they call "The better (sic) writing paper" was the only thing that looked a little like my old Kingstone ; that is, it looked like it from a great distance, but when it came to touch, all likeness disappeared. So that I went to the Viuda de Esplá. I had to insist, but at last they found a sample-book from a manufactory of Barcelona, and I found in it something very like my Kingstone, but I shall have to wait at least 8 days before they forward it. At any rate, I think I shall be able to proceed with *The Way* when once settled at San Vicente. Also, I have found a new kind of India-rubber which is the nearest thing to pressed crumb.

At the barber's shop, there were, of course, many aficionados talking about the tremendous "Cogida" and the death of Ballesteros. These people (at the barber's) seem to me to deserve the name of "toréadors" — it seems to express them so well, as if it had been coined expressly for them : not "aficionados", but "toréadors", the French word, with accent on the last syllable[a].

In the late afternoon, after having slept and read Saint-Évremond, I joined Eduardo in the saloncito ; his friend Manolito was there, and we talked for about 3 hours. Manolo had brought me three volumes of poetry, two of Rubén Darío and one by Pujol. In spite of all, and especially in spite of himself, Rubén is a great poet. True, he is very vulgar, writes anything that comes into his head, especially the modish talk of his days, and almost all his poetry seems to have been written in order to testify to his lack of real culture. And yet, there is, sometimes, the pulse of life in it — just as in Aubrey Beardsley's drawings — of which his poetry reminds me, more than of anything else. It may be said, perhaps, that he was, above all, a "transposeur", from the French Décadents into a very literary but very cosmopolitan Spanish. He would have been an admirable translator — perhaps not, as he lacked patience. But this is of no importance whatever, for who should read his translations, outside of Spain and the Americas ? He has had faith enough, and has ignored the fear of ridicule to such an extent that he has written "comme un sourd" — or as a man who, not knowing anything of music, would try to reproduce, on a very good piano, the tunes he had heard, sometimes mixing with them, motu proprio, a few bars, really inspired, and made up of so many reminiscences, that they can be said to be original. Indeed, what I like in his poetry, is this : 1° the reminiscences ; 2° the transposition of the French tunes into a Spanish "pot-pourri". To read him, is like reading a great poet who has written in a dialect — Burns for example ; but then the charms of dialect is a poor help, while the resources of a

a. Paragraphe exclu de la sélection.

great organised language give infinite opportunities. There is a song I heard in Dublin :

"Play me something Irish on the grand..."

Dario plays something French on a very expensive Spanish grand. Still, he has treated the Spanish language as Burns did treat the Highland dialect (is it Highland or Lowland dialect ? I forget). But I don't think there is another case, like Dario's, of a writer who makes the language he writes in, not a means, but a mere ORNAMENT. Of course, there is Frederick II of Prussia, Hamilton, Beckford, Mme de Krudener ; but THESE never thought of transposing from one language into another. They just wrote in French, SANS ARRIÈRE-PENSÉE ; they were French writers. All this becomes clear when one thinks what rank would have been Darío's if he had written in French. Something like that man, the Peruvian of "le quipocamayo e la coricoya". But he knew what he was about, and he wrote in Spanish.

At about 8, Lola and Pepita came back from Villafranqueza, bringing big bunches of roses and lilacs.

Just after reading pages and pages of Rubén Darío, I took up Fargue's *Poèmes* (which Eduardo received the other day from Irún) — what a difference ! This is creation and not transposition ; creations for the next South-American or Japanese Darío to come and transpose it into his own language. Darío's poetry is of a happy go-lucky kind ; Fargue's ne laisse rien au hasard.

A good instance of the stupidity of so many newspaper critics : "Neither *Erewhon* nor *The Way of All Flesh*, but the posthumous book entitled *Note-Books* will stand, in our judgment, as the decisive contribution of S. Butler to the thought of his age." It is an extract from the *Nation* paper. LA SAGESSE DES NATIONS, once more[a] !

The other day, at the tailor's, they asked for my name and address, and I said : I'll write it down for you, as it is a foreign name. The clerk said : Oh, you are Italian, I should think ? I said I was French. But he did not believe me, and, to make sure, he asked : Alors, vous parlez français, Monsieur ? The change of language was too ~~abrupt~~ sudden for me, and I answered : Mais oui, Monsieur, — with difficulty and a foreign accent ; so that I left him under the impression that I had told him a lie.

This morning I went to the little garden on the terrace overlooking the railway, the Postiguet and the sea ; it is full of flowers, and

a. Ce paragraphe et sa phrase d'introduction sont exclus de la sélection.

is certainly one of the nicest sub-tropical gardens I have ever seen, and finer, to be sure, than the gardens before the Casino at Monte-Carlo, or even than the botanical garden of Naples. The perfume was almost too strong. — I have seen with pleasure that the town-council's works are proceeding rapidly. Since I came they have built the truly monumental steps at the end of calle Jorge Juan — it was a heap of rubbish when I saw it in October last. They are pulling down some walls in order to make room for the new post-office building, plaza de Isabel Segunda. They have renewed the pavement of three streets : two alongside the Square in Plaza Isabel II, and the one which connects calle Jorge Juan with the railway and the Postiguet. At the end of the Postiguet itself, they have done much to remove the "escombros", and they have even completed the road. Private enterprise has done much, too. But they do not know how to water their gardens : the new one on the right side of the Teatro Principal could be very fine, but they drown the plants, everyday, under a deluge which makes the whole plaza impassable for hours.

Teresita is here again, back from Benidorm. She looks prettier than ever, and is certainly taller[a].

MAY

May 4. —

My last night here ; to-morrow we shall all sleep at San Vicente. I expect much good from the change of air and from that summer spent in the Huerta, both for my health and for my work. To-day I have packed my things, clothes, books and mss. Almost all the books I had ordered from London and from Paris have come, and the rest are on their way. — On the whole, I am satisfied with my stay of 4 months at Calle Bazan. Doña Dolores and her family have treated me well, and D. Higinio's friendship has done me a great deal of good. It has helped me to fight against the Mood. Besides he has lent me a few books I wanted sadly, and, lately, he has put his microscope at my disposal. All the neighbours have shown themselves very kind to me, and when I was ill, in January and early in February, the girls used to come down to spend the evening with us in order to help Lola and Pepita to make me comfortable. About the middle of February I have been able to go about, and I have had long and delightful strolls about the town,

a. Fin de la sélection matérialisée par un trait épais, horizontal, sur toute la largeur de la page.

along the harbour, and especially in the Postiguet. Then, I have made the acquaintance of two remarkable men : D. José Guardiola Ortiz and D. Ramón Ferrerés. In spite of the mood and ill health, I have enjoyed a good average of "bienestar", morally and intellectually speaking : I have enjoyed my bath, my meals, my bed, and have felt almost continuously happy — except during the attacks from the Mood. I have read some good books : Gabriel Miró, Azorín, Leopoldo Alas, Pío Baroja, the three or four volumes of Ángel Ganivet ; then came *Obermann* and Saint-Évremond. I have enjoyed the society of many nice girls, the friends of Doña Dolores' daughters, and have almost always had children about me. As to work : I have written about 100 pp. of "Martre" ; and translated 130 pp. from *The Way of All Flesh,* and 110 from *The Note-Books of Samuel Butler.* I may add to that list of my "trabajos" my having taught Lola how to make porridge and how to cook potatoes "à la maître d'hôtel".

I like going to live at San Vicente. Villa Rafaela itself, the garden, the village, the Huerta, the people I know there, everything seems to promise me a very good "temporada".

Villa Rafaela. San Vicente.

Sunday 13. —

This has been a "transition week". We left Alicante on Saturday afternoon, and the removal took place under a drizzling rain. However, the weather has been generally fine, since. I have had two or three bad days (especially Tuesday.) But on Friday I began to feel better. I have been twice to Alicante, chiefly to see D. Higinio and to get a few things[a].

I find that I have been able to find almost all I wanted as to hosiery, suits of clothes, hats and shoes. To dress in a small town like Alakant is something like painting a sketch with a box of eight or ten colours only : it requires much "mixing together", i.e. going to many shops to buy a small number of things. — Here, I have had to arrange my rooms, and did it well enough. Besides, I have ordered a small book-case, a table and an "armario" from the village carpenter. The book-case is already here, but I shall want another one.

In general, I have got up early, and have strolled about the garden and in the fields, making the acquaintance of the plants and insects of the Huerta. There are many sorts of spiders. Once I have reached the outskirts of the Sierra, generally I follow the "acequias" (the canals for the irrigation of the fields). There are many fine and very old olive-trees, and almost all the plants common to Morocco and Algiers. All this makes me think often of my long

a. Sélectionné depuis « Sunday 13. — ».

walks up and down Warwickshire, in the year 1909, and I note the differences and the likenesses. We have had two or three "close" afternoons (tardes tapaditas) which reminded me of England.

We have taken Vicenta (the cook) with us, and one of her little girls (Asuncioneta — 12 years old.) Doña Dolores manages everything in the house, and about the garden.

I have translated a little more than one page a day of *The Way* ; besides I have been going on with the re-reading of *The Origin of Species*, and have begun another of Miró's books : *Del vivir.* My time-table is this : get up before 7 ; breakfast ; when well enough out for a walk ; working between 10 and lunch-time (1 ½ or 2) ; stay for about an hour in the garden after lunch ; then work or read till tea-time ; after tea, going to one of the two great tertulias there are here : on Sundays at Villa Avelina ; on week days at doña Josefa's where there is a lot of nice girls and children ; then, dinner ; and after sitting up for about two hours in the drawing-room with the ladies, bed-time. I am glad there is no watchman here to make me shut my window at night. — To go about the fields I wear "Alpargatas :[a]"

Friday 18. —

I like San Vicente more and more every day. The Huerta spring is something different from the sea-side spring. We have had at least 2 or 3 close afternoons, and it rained twice — showers of thin rain, almost a "Scotch mist". These were almost English afternoons, with the perfumes and the sweet breezes of the Downs. There were even CLOUDS low on the mountains. But the sierra, even mixed with those long and soft clouds, looked like nothing else, — very Spanish indeed. It had nothing to do with Switzerland, nor even with Wales : it was a sort of sullen grandeur. There have been hot mornings too, during one of which I went to the first of all the groups of hills, coming from the sea-side, the "little Sierra" (LA SERRETA) they call it here. It is a ridge, which seems, indeed, a miniature Sierra, and looks, when one comes nearer, like a high ruined wall. I climbed half way up, and sat down to smoke. There was a very strong smell of thyme and of a multitude of other plants. It was on Ascension Day, when the girls go out about the fields to gather medicinal plants, and the day on which, so they say here, the leaves of the olive-trees, all at once, at the same hour, cross each other. I went there through the fields, following the acequias, and noticing many plants which were new to me. The system of irrigation, with the stone acequias and the big "balsas" (réservoirs) give a look of high civilisation to this country-side. Indeed, it looks much more carefully cultivated than most English

a. Paragraphe sélectionné en marge.

country-sides. However, there are many open, uncultivated spaces, and stiles are, happily, unknown.

On Monday I received, at last, E. Perrier's book (*La Philosophie Zoologique,*) and, at the same time, two presentation copies : one from M. Jacques-Émile Blanche, *Cahiers d'un Artiste* — IIIrd Series (1915,) and *La jeune Parque*, a poem, by Paul Valéry. The first of these books makes very pleasant reading, and reminded me of Paris during the years 1915-1916 : the sights, the conversations, the news, the atmosphere of those days, and even the "petits restaurants", known by a few swells only, and much frequented by the higher class of British officers, such as "the Chinese umbrella". Valéry's poem is something quite different. It has taken possession of me, and I know much of it "par cœur" already. It is not poetry, it is magic, "hechicería". I believe that nothing equals, in any language, the beauty of some passages, such as this one, for instance, on the shadow of the human body :

> [...] *à mes pieds l'ennemie,*
> *Mon ombre ! la mobile et la souple momie,*
> *De mon absence peinte effleurait sans effort*
> *La terre où je fuyais cette légère mort.*
> *Entre la rose et moi, je la vois qui s'abrite ;*
> *Sur la poudre qui danse, elle glisse, et n'irrite*
> *Nul feuillage, mais passe, et se brise partout...*
> *Glisse ! barque funèbre...*

Or the finale :

> [...] *si je viens, en vêtements ravis,*
> *Sur ce bord, sans horreur, humer la haute écume,*
> *Boire des yeux l'immense et riante amertume,*
> *L'être contre le vent, dans le plus vif de l'air,*
> *Recevant au visage un appel de la mer ;*
> *Si l'âme intense souffle, et renfle furibonde*
> *L'onde abrupte sur l'onde abattue, et si l'onde*
> *Au cap tonne, et me trempe à l'insulte des jeux*
> *Immortels ! immolant un monstre d'or neigeux, etc.*

If it were all like that, I would go at once to the Elche bridge, and not even leave my hat on the wall. But, thank God, there are bad lines, such as this :

> *Oh dangereusement de son regard la proie !*

However, it IS a great poem, and the more I think about it, the more I feel inclined to believe that French poetry, from Gérard de

Nerval and Baudelaire and Rimbaud down to Claudel, Fargue Saint-Leger Leger, and Valéry is the finest, the truest, the most poetical that has appeared, as yet, in the world[a]. I hope it will be recognised as such, at last, when France will have ceased to exist as a nation, and when the French language has become transformed to such an extent that our contemporary French will be treated as a dead language. Then it will be seen that these poets have been the first to discover a new and more complete expression. I wonder what Samuel Butler, who said : "The last thing a poet will do in these days is to write verses" or something to that effect[b] — would think of Valéry's poem. He too, I suppose, would think of going to the bridge on the road to Elche.

On Tuesday, I had a letter from Gaston Gallimard, giving me good news of all my French friends. Copeau triumphs in New-York, where they have made him manager of the Garrick Theatre. Before leaving for Brazil, Claudel has given him (Gaston) the mss. of two dramas. Gaston approves of my project of translating *Life and Habit* ; he says he is quite "excited" about what I told him of Miró, and wants to buy at once the copyright of las *Figuras de la Pasión del Señor*. Besides he wants to publish my *Enfantines*. — We have had some pleasant afternoons with a few girls who live here, and who play the piano, sing, and even dance Andalucian dances, and jotas. Avelinita, D. Higinio's little daughter, plays quite remarkably. There are animated tertulias at doña Josefa's and at the house of Mr. R.[c] I have enjoyed it all very much, having had two bad days only, precisely those on which I went to Alakant : the journey, three quarters of an hour in a bad tramcar drawn by mules and driven by a ROARING coachman, proved too much for me.

I have got to page 308 of *The Way*, and have begun reading Quatrefages' *Les Précurseurs de Darwin*, having concluded *The Origin of Species* on Monday. I like Miró's *Del vivir*, at least as much as *El Abuelo del Rey*. Things like the following are frequently met with, and I think they are very fine : (he is describing a street where lepers live, in a village called Parcent, somewhere in the "Marina" part of this Province). "Y rieron. La mujer, también ; la humilde mujer ; pensó que así debía convenir al general bullicio y regocijo. Si, había que reir, que todos reían ; Y su mirada blanca no se apartaba de su marido monstruoso."

Besides the book by Edmond Perrier, I have received three of Butler's works which I did not possess : *Luck or Cunning ?*, *Unconscious Memory*, and *Alps and Sanctuaries*[d].

a. Sélectionné depuis « On Monday ».
b. Note de Larbaud : "He said : the last thing a GREAT poet will do etc."
c. Nom caviardé, qui pourrait être Rafaello.
d. Sélectionné depuis "I wonder".

Saturday 19. —

I spent — or rather lost — all the morning in Alakant, and when I came back I was so tired that I did not feel inclined to work ; so I wrote letters, went on with the reading of Quatrefages' *Précurseurs*, and idled about the garden with the ladies.

The carpenter brought the table and "armario" I ordered eight or ten days ago. I felt a little disappointed ; I had hoped he would have followed my indications and made something pretty, or at least that these pieces of furniture would have something like a "Salon d'Automne" look about them. However they will serve their purpose all the same, and I shall have a place where to keep my papers and mss. The carpenter's bill proved to be "las cuentas del Gran Capitan" : 68-75 + one DURO for the American lock I bought the other day. I gave him a cheque for 65 pesetas only, and he went away quite satisfied.

I see from what Quatrefages says, that, as I suspected, many of S.B.'s ideas are not new. They have much in common with those of de Maillet, Robinet, and other French "philosophes", and "rêveurs" of the XVIIIth Century. However, he gives them a much more serious basis, and all the clearness and strength of his style, and that is all we really care for[a].

Thinking of Mrs Jupp, the other day, I came to the conclusion that the real Mrs Jupp (a Mrs Boss) must have been "Proveedora de la Real Casa" to S.B. Of course, H.F. Jones, when I see him, shall tell me. If I have guessed right, it will amuse him.

Friday 25. —

The weather has been warm and fine since Sunday last, when I went to the tertulia at Villa A. There were many girls, and even a French Mademoiselle, a former pupil of the Paris Sacré-Cœur. She was very nice and all that, but she and her sister, a young widow, displayed, in the course of a game at crocket, an unusual amount of "prepotenza" (unusual here, I mean,) so that when they were gone the Spanish girls felt more at ease, and sang and danced to their hearts' content, while we sat around, and cried "Olé !" from time to time.

On Monday I had to go to Alakant, so that I did not work much on that day, and came home very tired. But a big letter from Gladys, which I found on my writing table, made me feel better at once.

ON TUESDAY ELISA CAME AND STAYED TO dinner with us. In the interval between her coming and dinner-time, I went to Alakant, where I bought a few things. In the afternoon we went (Lola,

a. Paragraphe sélectionné.

Pepita, Elisita, Asuncioneta and I) to doña Luggarda's country-house, and then to El Palamo, where we found Elisa's sisters Carmen and Marita, with a lot of other children. The garden at El Palamo is admirable ; there are long walls of white and pink roses, very thick-set, and much shade. It is an old garden (set out, I should think, in the early days of the reign of Alfonso XII). I took photographs of the girls among the rose-trees[a].

The walk had tired me so much, that I spent part of the following day in bed. However, I went to Alakant again before dinner, and bought two rackets (English ones, and rather good, but very expensive) and a few tennis balls, in order to play, Eduardo, the girls and I, in the patio behind the villa. We don't play tennis, but PELOTA, only with tennis rackets instead of the hands.

Yesterday (Thursday) we went to the "Serreta negra". There were 12 of us : four men and eight ladies. But this excursion proved a failure ; partly through the fault of an old gentleman who wanted to act as guide and who did not know the way, partly through my own fault, as, after having followed the wrong track on one side of the hills, I felt too tired to climb another time, and had, much to my regret (and to the "enojo" of the ladies) to stay below, and that disturbed the whole thing. We had started at about 6 a.m. and came home at 10 ½ and took refrescos. But I had to spend the rest of the day on my bed, where I finished reading Quatrefages' *Précurseurs*.

To-day has been "a day of books", as Tuesday was a day of roses and children. I received that last book I had ordered from Paternoster Row : Darwin's *Animals and Plants*, and S.B.'s *Evolution, Old and New*. — At Alicante, where I went in order to see D. Higinio, I spent some minutes in Pastor's bookshop and found, among the latest arrivals, a translation of G.K. Chesterton's *Orthodoxy* by Alfonso Reyes. The book was so tastefully printed that I could not help buying a copy. So I re-read, on the journey home in the tram, a few chapters of this my former love. I like it still very much, though I have seen, since, what G.K.C. was really about[b]. Morally, he belongs to that class of men "useful perhaps in their way, but to be carefully watched by all who value freedom of thought and person, lest with opportunity they develop into persecutors of the worst type." (S.B., paraphrased by Marcus Hartog in his Introduction to *Unconscious Memory*. Still, G.K.C. is — or was at least when he wrote *Heretics* and *Orthodoxy* — deeper than he thought, and much of what he says tells strongly against his own conclusions. In fact, all his "pulling down" is splendid work ; but his "building up" is a failure, — not "Catholic" enough. I have bought

a. Paragraphe sélectionné.
b. Phrase sélectionnée.

that book, not only because its get-up is so good (the editor is Calleja), but also to make Eduardo read it. I am curious to see what he will think of it. The translation seems very good, but there is the almost inevitable ~~error~~ mistake about the "Heart of Midlothian".

I am going on with Miró's *Del vivir*. Here is a fine thing (he describes the classical "partida de pelota de todas las tardes" which we see here in San Vicente, as it can be seen in all the villages of the Kingdom of Valencia) :

En la calle había momentos de silencio de altura...

I am still full of Valéry's poem, and as soon as I wake up, I begin reciting it aloud. It brings me happiness, peace of mind, and even physical strength[a].

The other day at Alakant, an old woman stopped me in the street, and asked me :

— JOVE ¿ QUINA HORA ES ?

I was rather pleased. But the she was old enough to call even a man of fifty "JOVE".

On Tuesday, early in the morning, while I was at work, the village ALGUACIL came in, bringing a wire for don Vicente M. (the owner of Villa Rafaela). After chatting for a while he asked, suddenly :

— Es V. francés verdad ? Se le conoce al hablar.

And he proceeded to tell me how he had lived for some years "in France" ; I asked him in what part of France, and he answered "In Algiers". To many people here, North Africa is France.

Here is a good instance of the ideas they have, here, among the lower classes, concerning the Castillan language. On coming back from the Serreta excursion, I exclaimed :

— Que perdut estic !

(which is Valencian). Vicenta, the cook, who happened to hear me, exclaimed :

— Eso sí que es ESPAÑOL !

They look upon Castillan as upon a semi-foreign language.

Saturday 26. —

A fine day. I worked "regular". At about five p.m. two of the XX[b] came and we had a short game at "pelota" in the patio. Eduardo and I wrote to Gabriel Miró about the N.R.F. propositions. I have begun reading Darwin's *Descent of Man.*

Sunday 27. —

A good day's work. I received the first batch of books from Paris (Le Dantec, Weismann, etc.). After tea, "pelota" at D. José's [*Une demi-ligne copieusement caviardée.*]

a. Sélectionné depuis « Still, G.K.C. ».

b. Sous ces XX un nom caviardé (qui semble commencer par G).

Monday 28. —

A rainy day, with clouds half-way up the big sierras. Worked all the morning and part of the afternoon[a]. Pelota at D. José's. [*Deux mots caviardés.*] He had received a letter from G. Miró, telling him that the N.R.F. people had written to his publisher (Domenech) about translating las *Figuras* into French. I was glad, because I think that this, coming just before my letter, will decide both Miró and his publisher. We spent a delicious "fin d'après-midi" at don José's. There were over 10 children ; many nice girls[b]. My favourite one is Pepita (12 years old) of whom I use to think as "Kiddie"[c].

Tuesday 29. —

A rainy day. It was MEDITERRANEAN rain, and not "Scotch mist". Went to Alakant where I saw don Higinio, and went to have a look at the second-hand books in the shop under the arcades (Plaza de Ayuntamiento.) I had heard from Eduardo that they had just bought part of the private library of the late Dr Campello. I spent about an hour looking at the books, the majority of which are French and Italian. I saw early XIXth Century editions of Bossuet, Fénelon, Tiraboschi, Dante, Montalembert, and some volumes (uncut) of the Collection Didot. But the shopkeeper seemed unwilling to sell them separately. However he told me that if I come again on Friday or Saturday, he will be able to tell me prices etc. I came back with Eduardo in the 2 o'c. tram, so that I had dinner at 3, and worked for about an hour only, between dinner and tea-time. Then we went to don José's, and found that he had had a real tennis court prepared, with net, etc. so that we played for about two hours. (Two sets of six). Eduardo acted as referee. I had taken my overcoat, and put it on as soon as the game was over. Tonight I finish reading *Del vivir.*

Thursday 31. —

The month's last day. Rather hot, but breezy. Yesterday afternoon Manolo came and left me two small books of the "cuentos" of G. Miró : *Del Huerto Provinciano* and another one which forms part of the Colección Díamante. I have read two of these cuentos, and they please me. Miró is CERTAINLY a great writer, the greatest they have had in Spain since Ganivet — and better, I should think, than Ganivet. He has identified himself with this country — I mean, with the Provincia de Alicante. And as D. José Guardiola remarked

a. Ces deux phrases sélectionnées.

b. Ces deux phrases sélectionnées.

c. La forme verbale *I use*, qui est incorrecte ici, a été corrigée dans *O.C. IX* en *whom I usually think of as "Kiddie".*

the other day, Alicante has produced the two greatest artists of contemporary Spain : Miró in literature and Óscar Esplá in music. (Esplá's father called on Doña Dolores the other day, and I hope I shall meet his son next month.) I lent Valéry's poem to Manolo, calling his attention to several passages, such as the one which begins thus :

Les dieux m'ont-ils donné ce maternel contour...

To-day I worked from 9 a.m. to 2 ½ p.m., and again after lunch between 5 and 6 ½ ; Then I went with Eduardo and Pepita to [*Une ligne et demie caviardée*] and then the girls and the younger men played games, "coros", etc., and then danced and sang habaneras, guajiras, malagueñas, etc. ; don José choosing the most old-fashioned love-songs, in order to burlesque them. (I suppose that the best translation of "cursi" is "old-fashioned".) Then the girls danced jotas, while D. José's CASERO, Cento, played on the guitar and D. José kept time with his castanets. The beautiful garden looked wonderfully romantic while the moon was rising above the pine-trees. The servants, big, dark girls with flower in their hair, sat around the casero and joined in our choruses. Rafaelita danced remarkably well, but "Kiddie" would not dance, and sat very quiet. (Earlier in the day, the news had come from Alicante that she has passed successfully her last exam. She was "sobresaliente" in the Latin exercise, and felt justly proud.) After supper, we went for a walk on the Agost road, and before coming home, we spent a quarter of an hour at doña Concha's.

Yesterday and to-day I have been comparing technical expressions in *The Origin of Species* and *Animals and Plants* with their interpretation in Ed. Barbier's French translation of these works. There are some "cas de conscience" : "sports" is "variations brusques" in Barbier. But Naudin (quoted by A. de Quatrefages) seems to have invented the expression "variation désordonnée", which comes to the same thing as "sports". Which of the two MUST I use ? I suppose I must reject "variation désordonnée" on the same principle which made me reject "transformisme" — that is, as CONTINENTAL expressions. The English School (at least in the days of S.B.) used "Evolution" and "Evolutionism", and not "Transformisme" ; it used "sports" and not "variation désordonnée" ; and where Continental authors say "hybridation" they said "hybrids". Still I am sorry to have to give up "variation désordonnée".

In the intervals between meals and work, I go on with *The Descent of Man*. It is a really bad book, almost despicable, with its cheap psychology and cheaper philosophy[a]. As it is, it seems to

a. Sélectionné depuis « Yesterday ».

have been, with the New Testament, one of the text-books of S.B. Besides, it is a good résumé of the thought of the age in which it was written : Herbert Spencer, Huxley, Haeckel, Sir John Lubbock. And when we read it nowadays, we realize the progress made by geology, zoology, etc. — Un-scientific as he is, Butler is by far the greater man of the two, and Darwin looks sadly "officiel" when compared with S.B.

JUNE

June 2. (Saturday)[a].

Yesterday I went to Alakant, where I spent the greater part of the day, going to Benalúa in the afternoon. I went to the second-hand bookshop under the Arcades and saw more of the books bought from the heirs of Dr. Lopez Campello. There was a 20 vols Diderot which pleased me, but too expensive. However I bought the four volumes on China, by Huc, which I wanted to read since October last, when Leger went as vice-consul of France to Peking. The China he is now living in must differ very much from that described by Huc ; but there must linger something of that older and more picturesque China. Besides it will make me think of Leger — We dined, E(duardo[b]) and I, at the restaurant of the bathing establishment La Diana, at the end of the pier, almost "out at sea". The sea was splendid, and the "arroz con pollo" » very good. Later in the afternoon we went to see Don R[amón] F[errerés] at Benalúa, and spent about two hours in his studio. We were back at San Vicente at about 7. But all day long I suffered from a kind of "conjunctivitis" in the right eye, so that I had to buy glasses. To-day I feel better, and could work and read as usual, though I took care not to go out in the sun. — I went on with the transl. of *The Way*[c], reaching page 336. — I received G. Miró's answer. He says : "Como la propiedad de las *Figuras de la Pasión del Señor* es mía, no necesita La Nouvelle Revue française el consentimiento de mi editor. Ustedes y yo podemos puntualizar el convenio. Y yo pongo todas las condiciones en manos de Vd. Sea también Vd. quien escoja el traductor ¿ No podria recaer la elección en Vd. mismo ? Yo lo cele-

a. Début de la sélection du 2 juin au 15 juillet 1917, dactylographiée (dans le Ms X, f°s 82-109 et Ms I, f°s 142-163). Notons que l'édition des *O.C.*, t. IX, ne reprend le journal qu'à la date du 7 juin.

b. Dans ce texte qu'il a préparé pour la publication, Larbaud tient à ne conserver que l'initiale des noms ; nous utilisons des crochets pour représenter le cerclage qu'il a opéré.

c. Note de Larbaud : « Samuel Butler's *The Way of All Flesh.* »

braría grandemente por... la comprensión que tiene Vd. del mío (his mind)... etc. Además, su residencia en mi pais facilita nuestros diálogos, y la compañia de E[duardo Irles] añade un vinculo entre nosotros...etc."

Thus writes my hero. But now it all depends on Gaston Gallimard, I mean, as to the translation of the *Figuras*, which I shall not attempt, as I have already too much to attend to with S.B. Miró, at the end of his letter, invites us (Eduardo and I) to go and see him in Barcelona. But I hope he will come here before, as we are both unable to leave San Vicente.

To-day I put ducks for the first time this year, and white socks too. A warm but quiet day : work from 10 to 2, reading from 3 ½ to 4 ½ ; then the barber came ; then work again from 5 to 6 ; then a bath ; then to Don José's where we had a game of tennis (one set only : E. and I against Don José and his elder son), then tertulia, and a long talk with D. José about cooking. He gave me, orally, several "recettes", told me where jelly was to be had in Alicante, etc. I told him how to make "œufs à la gelée", and he described a way he has found of preparing roast fowls. As we came back, we met D. H[iginio]'s wife and children, who had just come from Alakant. This morning in Alicante, E[duardo] met Eugenio Noël, the well known ANTIFLAMENQUISTA writer.

Monday 4.

Woke at 4 ½ and took up Darwin, reading on till about 6. But I fell asleep over the lengthy description of "secondary characters", and got up just in time for breakfast. Worked from 10 to 1 ½, and one hour more in the late afternoon. Then went to Villa Avelina, and then to D. J[osé] G[uardiola]'s where we played tennis and had the usual tertulia. After supper, we went to Doña Pepita's.

Tuesday.

Woke at 5 and read till 6, when I got up and worked a little before breakfast. Although I went to Alicante to see D. H[iginio], coming home at 3 p.m., I managed to translate 3 pages of *The Way*. On the journey I read S.B.'s *Evolution Old and New*. What a wonderful book ! I certainly prefer *Life and Habit* and this one to the two *Erewhons*. I should think I would place Butler's books in this order : *The Way* first (the best of all), then *Life and Habit*, then *Evolution Old and New*, then *Erewhon*. *Erewhon Revisited* last — even after the *Note-Books*.

Early this morning they brought me the photos, just come from Madrid. They are satisfactory, but the Kodak C^y^ charge too much : one peseta each post-card.

We had four games at tennis, and then a great tertulia, with choruses, dances, etc. D. José's housemaids danced while the

CASERO played jotas on his guitar. I shall never forget Marieta dancing : the dark, tall, big girl, with flowers in her hair, and a very modest and grave look on her face. Among the others, she looked like an elephant, but she danced very well, without any clumsiness. She is a Murciana. "Kiddie" showed herself less shy than on the first occasions ; indeed she made fun of me, once or twice, though I played better than usual.

Recently came, in the papers, the news of the death of José Enrique Rodó, the Uruguayan critic and essayist. E[duardo] says he was "too French". He died in Italy. — To-night we had tertulia here.

To-night Eduardo quoted, and then recited a fine poem by Icaza. But I have forgotten it.

Quatrefages and S.B. !!! It makes me think of one of Fargue's poem : "avec l'estime d'un travailleur pour un autre", etc.

I must note here, in order to find the reference at once when I write to Henry Festing Jones, the two mistakes I have found in S.B. :

1° "BISHOP Gurgoyle's pamphlet" (*Erewhon Revisited*, p. 143 ; l. 7)

2° "the true hundred-handed [gyges] of the poets." (*Note-Books*, p. 52)

The errors have no more importance than a forgotten comma — except to little minds and those critics who go in for accurateness.

To-day I have written a long letter (eleven pp.) to Gaston Gallimard, about a) G. Miró's translation "pourparlers" ; b) my plan about the translations and the publication of S.B.'s five works ; c) the publication of *Enfantines*. The weather is very hot and I think it will rain soon. I have been taken by storm by *Evolution Old and New* and am reading it at full speed.

Thursday 7.

I wish all my days were like this one as it has passed so happily for me. I woke at 6, feeling very well, and a quarter of an hour later, I heard the rain pouring down on the garden. I took up *The Descent of Man* and read it in bed till 7 ½. There is much padding in that famous book, and much which is mere "lettura amena"... for "hommes du monde" and schoolmasters. It seems to confirm Quatrefages' conclusion about Darwin ; that the "struggle for existence" and "natural selection" theory is the only sound part of Darwinism. But in the more popular *Descent of Man*, it seems as if Darwin had tried to do what Buffon did in the exoteric part of his works ; only that Buffon did it much better. As soon as I had had breakfast I began to work, till D. H[iginio] called, just before dinner-time (2 p.m.) and I worked again after dinner till the barber came (4 ½). Then I went to Villa Adelina where there was a numerous tertulia. I staid there till 6 ½. Then I went with E. and the ladies to see the Corpus Christi procession. They took out a few "pasos", rather cheaply adorned, except a big Holy Virgin with natural hair and fine silk robes, white and blue, with gold embroidery ; I took six or seven photos of the pasos and of little girls with mantillas and a candle in their hands. Then we went to D. José's and had two games at tennis. Then we adjourned to the villa and had tertulia. D. José quoting various French poets and describing his method of cooking a few soups. We had a long talk on cheeses from various countries. It appears that they have never seen, here, a really nice and creamy camembert ; that is to say, that camembert never has reached them in that condition, but only as some yellow, hard, strong-smelling stuff. D. José and his family, who leave to-morrow for San Juan, has invited us to use his tennis court while he is away, and we have arranged to go, wind and weather permitting, every day, E[duardo], Paquita, Encarnación and I. To-night, till 11, we have had tertulia at home : Don J[osé and family] came. Kiddie came, as nice and pretty as ever, with her hair loose about her shoulders (and she showed it with pride to Pepita). Going about the village, I met various persons : Doña Concha, Manola, Marieta, the carpenter, the barber, all dressed in their best "atours". I have felt singularly well, and even in high spirits all day.

Monday 11.

What with tennis and pelota, and going about in shirt sleeves and staying out late at Doña J[osefa]'s, I am once more in bed with a "resfriado" or something of that sort ; and write this on the corner of my blue table, which Lola put near my bed as soon as she saw that I should not be able to get up. Last night was horrible. The nightmares, full of voices and of noises almost real, etc, and when I started up from a two-minutes' slumber, fever clanging in my ears and preventing me from hearing the clock's ticking (this is the great test of fever). I was much alarmed, and concentrated all my thoughts on the problem of facing that new attack. And by dint of "aspirine" and quinine, I have managed to get better to-night. Still my hands are very hot to-night and I am far from feeling well.

All the morning, up to 12, has been taken up by a fight for... perspiration. As soon as it came I felt more comfortable and began enjoying being ill. I took up *Evolution, Old and New* and finished reading it : 300 pages "de un tirón". I believe it is a great book, and the appendix makes it perfect. I was taken aback, to-night, when I read the last pages about Rome and Pantheism ; I had never expected to find S.B. so Continental and so Catholic. Now indeed he is "mon homme" and dearer than ever to me. I should like to translate this one too (a sixth volume). — But then would it not be "el cuento de no acabar" ? And then if I have many days like this... However, I should think that his treatment of Buffon is too ingenious, and I could not help imagining another Butler, about the year 1979, treating Darwin in the same way in order to disparage another Darwin. However, this does not apply to his sketches of Erasmus Darwin, Lamarck and the two Geoffroy St Hilaire.

During these last few days I have been going on with the chapters on "Birds" in *The Descent of Man* and found there the origin (or the descent) of a few modern poems, such as that one, by Robert Bridges, which begins thus :

The birds that sing on autumn eves
Among the golden tinted leaves, etc.

where occur these two fine lines :

They sang for love the whole day long,
But now their love is all for song.

These chapters make agreeable and even pleasant reading ; they are "les amours des oiseaux", just as his grandfather's "Botanic garden" was "les amours des plantes". But there is no theory at all, and it looks a little like a pot-boiler, only written by an amateur with leisure and money. (¡ Olé !)

Indeed, I have become much attached to S.B. That man whom I knew only vaguely before 1915, appears to me, now, as "une âme sœur" — almost. Well he feels like me on :

a) The relations between parents and children ;

b) Money and rich people ;

c) Europe "une et indivisible" ;

d) Rome and the Church[a].

Besides there is his way of putting things, which pleases me certainly more than I can express it in my translation (MORE THAN I AM ABLE TO EXPRESS IT, I should say). But I remember how I was repelled, at first, by a few coarse jokes in *Erewhon.* Anyhow (muy Americano eso !) I daresay the five books will go a long way towards... what they were written for —

I cannot sleep, and that fever is coming on again. Besides I have starved myself, on principle, to-day.

I cannot sleep, but I can hear the despertador ticking and this

a. Note de Larbaud : « e) His love for London and Italy, and f) his taste for French literature. »

makes me feel quite comfortable : no fever, or very little. I forgot to note that on Friday afternooon, last week, I received news from Dolores A— (through D.J.M.M.). That was the epilogue ; and I am sorry I have destroyed the diary I kept in September-November last ; with what I used to write about that affair, it would have made a nice novel, with a happy ending. However it is not quite "le dernier mot" ; I must remember the date : April 29. — It has been a strange episode. M., when he wrote to announce the result gave me "la enhorabuena". Personally I don't know what to think of it. I saw it all as a story, and at the same time I knew that it was happening to me. It gave me days and days of worry and anxiety, though I managed both to fight against the thing itself and to react against the anxiety it gave me. Still it will have been my chief preoccupation from the end of October to the 6th or 8th of March this year, though I ceased to allude to it in my diary. Now it is over and well over. But I shall certainly see HER once more, hear what she has to say, and then,... till we meet, till we me-e-e-t ! About two weeks ago I heard from Pepita S. what had happened in M's family, and I knew at once why he had taken so much interest in the case of "doña Dolores", and why he must have judged me rather severely at first. Well, it is over. She will have played a large [part[a]] in my life, and I in hers. Apart from the *lio* which has just had such a happy ending, my best memories of her will be of two or three visits to the Church of the Carmel, at the close of day : I sat on a pew, and she knelt close to me, praying and fanning herself at the same time. All the church was dim, only, above the choir, LES VITRAUX NOUS REGARDAIENT. This, and nothing else, is worth remembering. Besides, many of her sayings, with all the "sal" and the "gracia" she used to put in them. Well, now, shall I regret that things have ended so well ??

Thursday 14. —

I have fought well against this last attack, and I feel much better to-day. Still I have been unable to work and even to eat (except to-night, when I drank a cup of broth and a glass of soda-water) from Tuesday up to to-day. But I have been reading *The Descent of Man*, and finished it to-night. There has been tertulia at Doña Concha's.

Vicenta, the cook, left us this morning. I must note the episode with the Administrador de Correos and the alguacil.

a. Lapsus de Larbaud, on lit dans Ms XII : « She will have played a large *paper* in my life ». Nous avons rétabli le mot attendu (ce qui avait également été fait dans *O.C.*, t. IX).

Sunday 17.

I feel so much better that I can rise early, work, and even go about a little. I have resumed my old habit of waking at about 5 a.m., make coffee, and read in bed till breakfast time. Then I begin working till about dinner-time. I am deep in Le Dantec's *Néo-Lamarckiens et Néo-Darwiniens*, but I constantly recur to Quatrefages, as he seems to me the best critic on these questions. When one reads Le Dantec, Weismann (and consequently S.B.) is nowhere.

Today we have had visits : Don Alfredo D. and his family and Mr. T. with his wife and daughter. I took two photographs.

The other day Pepita S. told us an amusing story. She had heard screams coming from the house of one of her neighbours and she went and knocked at the door. Presently a man came, with a whip in his hand and a bad look on his face. Pepita asked him what was the matter ? and the man answered :

— Res. Coses de familia. (Nothing. Family affairs.)

She was told, afterwards, that this man used to whip his eighteen year-old daughter because the young man of her choice was not "del gusto" of her parents. Three days ago that girl ran away to the "juez" and she will soon get married to her novio.

I am afraid the Mood is returning in spite of all. I must react, and for this I have two means at my disposal : work and the kindness of P—. If .... Well, to-day I saw both of them here ; they kissed each other when they met. [*Deux lignes caviardées*.]

I suppose that if a diagram were to be drawn in order to show the different stages in the history of evolution we should see, according to the opinions of men so different from one another as Quatrefages and Le Dantec, something like this : a central line with Buffon at the top, and a little lower, on the sides of the sheet, the names of men like De Maillet and Robinet. Then would come, in the central line, Lamarck, and lower down, Darwin ; then one genealogical list under each of these last two names : a Lamarckian one and a Darwinian-Wallacean one ; and near these two lists, just as in the case of De Maillet and Robinet, the names of Weismann, Hering, S. Butler, each of them heading a short dynasty (S.B., Rignagno and Richard Semon ?) but apart from the main line, occupied by the "accroissement" and the "assimilation fonctionnelle" people, from Quatrefages to Le Dantec. — All this comes to say that I am afraid S.B. is too much of an outsider, scientifically. But from a literary point of view, he is not. Indeed, he belongs to the highest and best tradition, and I think we cannot ask for something more than this.

The Mood has passed away sooner than I expected, so that now I am almost well again. A long tertulia at Villa Avelina, and a night with D. Vicente playing jotas on his guitar, and his servant, Julia, dancing in the patio ; the good smell from the garden, the melancholy of Andalucian songs, and a passing thought of England ; then good news ; a letter from G(ladys) with a present from her (she went to Drew's to buy it, so that I suppose she must be rather well off) — that has been enough to cure me of the Mood. I have just finished reading Le Dantec's *Lamarckiens et Darwiniens*. I go all the way with him up to "assimilation fonctionnelle" (inclusively) ; but when it comes to the "coefficients quantitatifs du plastide", I cannot follow him, nor even understand what he means. — To-night we went to play tennis at Don José's, Pepita, Pepe C., Encarna, H[iginito] and I, but found that they were repairing the court, so that we played "pelota" in the larger avenue of the garden. It was a merry game, and we laughed so much that we could not play well. Higinito pretended to speak French, gesticulating, bowing very low, pulling at an imaginary moustache, and giving us a good representation of the typical Frenchman as they see him here. It appears that the most characteristic gallicism used by Frenchmen when they speak Spanish is : "Se comprende". It is to Spaniards what "Parleyvoo ?" is to Englishmen.

Wednesday 20.

Midnight. I write this in bed, just coming back from a tertulia at Doña Pepita's, who told us about the novios she had when she was in her teens. She is a very remarkable woman, fair, with pale grey eyes, full-bodied, but not quite stout, and very graceful, with much "donaire" and "gracia". [*Deux lignes et demie caviardées.*] Indeed she looks very pretty for a woman of 46. She has been a widow these three months. When I saw her for the first time, for Xmas, her husband was with her. From the photos of her which I have seen, she must have been a splendid woman (the one with mantilla, sitting at a "mesa petitoria"). A rich husband, few cares, no children, and living for years in various large towns of the Peninsula, has made her what she is. She ought to marry again. — She mentioned M. as if casually, and looked hard at me, but I did not wince, nor said anything. I daresay she should like to know more about that than she does[a]. But when she meets him, he will certainly tell her all about it.

I woke at 5 ½ a.m., made coffee, washed, dressed, breakfasted, and then began to work, SIN PARAR, up to dinner-time. I spent two hours on my GANDULONA chair, then worked again. Then we went to D. J[osé]'s where we played tennis for an hour. Then, as there was tertulia in front of the house, we joined the ladies. Kiddie was not there. When we came home we found tertulia at our own house

a. Complétive se substituant à une ligne caviardée et placée au-dessus d'elle.

(Pepita S., Maria, A. etc.) I am reading Quatrefages' *Émules*, and have just finished the long chapter on A.R. Wallace.

Thursday 21. —

A good day's work, though I did not feel very well. Up to 6 p.m. I kept indoors ; then many children came and I went with them to the ERA behind the villa ; they played pelota, and then organised a mock bull-fight. After dinner their parents, and some of our neighbours came and we had tertulia till nearly twelve o'.c. There were D. Joaquim, Paco G., their wives, their six children (3 boys and 3 girls), Doña Pepita S., Mariana, etc. We were 18 in all.

The day before yesterday D. José G(uardiola) told me he had met the sister of Mons. G(illes) who has translated Miró's *Nómada*, and he told her that I had mentioned her as a desirable translator for *Figuras de la Pasión del Señor*. She said : "Why does he not translate them ?" D. José answered that I had many "compromisos" (the Butlers, of course), and that, besides, I did not think I knew enough of Spanish to tackle that job. But she did not say positively that she was disposed to translate any more from Miró. I wish she would.

Saturday 23.

Yesterday I went to Alakant, reading *Unconscious Memory* during the journey. I went through the various "compras" I had to do, and went to see Don H. Then I met E. at the Ayuntamiento, and we went to the Explanada where we had dinner. We met Sig. Luigi A(rduini) and then Óscar Esplá [*Quatre mots caviardés*.] There is something imperious in his figure and looks. A friend of his was to play some fragments of his (Esplá's) last composition ("El Ciclope"), and I should have liked to go ; but I felt so tired that I could not possibly face the trial of being introduced to ten or twelve persons and hear music in a crowded room. E(duardo) told Esplá about that, and then it was decided that Esplá will let us know when we may come to his country-house, E. and I, to hear "El Ciclope" "entre intimes".

When I came home, I found a letter from Gaston Gallimard, answering the long one I wrote on the 5th or 6th of this month. It is about G. Miró, my *Enfantines*, and Jules Romains. André Gide is considering the parts of my letter which referred to Miró [and when he has made up his mind about this matter, Gaston will let me know what[a]] they have resolved to do. — As to *Enfantines*, he means to send me the copies of the *N.R.F.* and of *La Phalange* which contain the six published *Enfantines* together with the Ms.

a. Ms abîmé ; du texte manque également dans Ms I ; nous le restituons à partir du f° 12 du Ms X.

of the one I sent him from Hastings in July 1914. — Then he tells me that M. Jules Romains shall come to Spain in August-September to give lectures on French art and literature, and that he wants letters of introduction for people of influence in Madrid. J[ules] R[omains] has arranged to take with him pictures and sketches by over 50 French (contemporary) artists, which he means to exhibit in the Villa Y Corte. He has been asked to come over to Spain by M. Diez-Canedo and the *España*[a] review people.

To-day I have received from Maloine's a copy of Eugenio Rignagno's *Transmissibilité des Caractères acquis*. At the same time I had asked for a copy of Richard Semon's *Die Mneme, etc.*, and on the bill they send me, they have written : "Pas d'ouvrages ALLEMANDS" (underlined).

To-day (St John's Day) has been rather eventful. I worked a little before dinner. Then I took a photo of our new servant, Dolores. Then came the barber's son. His father was spending the day in Alicante. He came back from Melilla two days ago. He was there on Sanitary Service. He says Melilla is a fine town now. He shaves much better than his father does. — I went on with *Unconscious Memory* till 7 p.m., reading S.B.'s translation from Ewald Hering. Hering is much more convincing than S.B., but very inferior to him as a writer. However I do not dare to trust anyone of these "metabiologists", especially when I see them quote Bonnet.

At 7 I went to Don J[osé]'s, and we played tennis for about 1 hour (one set of six.) Later Don J[osé] gave me the ms of a French translation of Miró's *Nómada* by Madame K[lotz] (M. G[illes]'s sister). I shall look through it and report to Gaston and Gide. — After supper we went to the ~~great~~ grand party at Don J.'s. There were fireworks, songs, dances, jotas, etc. We were 46 (with the servants), and the fine garden was very tastefully illuminated[b], especially about the pond. I made the acquaintance of Coronel L.[c] and of his three sons, one of whom is a fine, tall lad of 18. There were twelve little girls. "Kiddie" and Victoria were the prettiest of them all. We have just come home, accompanied by D. P[aco] and his family.

Sunday 24. —

The festivities of St John's Day have prevented me to work to my heart's content, and I feel rather dissatisfied with myself. However I have been able to read Quatrefages' chapters on Naudin and Romanes. I like the clearness of thought and expression of Monsieur Armand de Quatrefages. I happened to look at Carl Vogt's preface to the French translation of *Animals and Plants*, and

a. Note de Larbaud : « A magazine published at Madrid. »
b. Fin du texte recopié sur le Ms X.
c. Nom caviardé.

I could not help finding his enthusiasm rather vulgar. I feel that, somehow, Quatrefages is right, while almost all the English Evolutionists were[a] wrong. Still, I am amused, from time to time, when I find a passage which reminds me of S.B.'s remarks on Darwin and on his followers.

At 7 ½ Pepita woke me, and by 8 we were all in Don Alfredo D.'s carriage on the way to the station, where we arrived just in time to welcome D. A.'s eldest son, who is a pupil of the Military School of Toledo. Then we came back to the village and had AGUA CEBADA at the Casino. Then we all came home. A short time after we had dinner with Doña J. and at about 6 ½ p.m. we went to Villa A[velina], where there was a large party. We had fireworks, music, songs, dances and a bonfire. We have just come home (1 a.m.).

I must note this. The expression : "Les enfants terribles du darwinisme" is Claparède's phrase (about ?). It is in *Revue des Cours scientifiques*, August 6, 1890. (Quoted by Cl.)

It is 4 o'c. a.m. and I have just come back from a stroll in the garden, after a sleepless night. I must note this, as it will help me to make up my mind about certain things, and will prove of some interest to me later on. But, of course, all this comes from idleness and St John's festivals.

Tuesday 26

Much better. The greater part of the day in Alicante. I met Salomé, the servant I had when I lived in Calle Jorge Juan in October last. She told me that her sister Mercedes wanted to see me. So I went (among many things I did) and there she was, and there was little Merceditas, who has grown a good deal. This poor girl (Mercedes, the mother) has grown much thinner, and is still awaiting the release of her husband, that brute who "had the disgrace of killing a man". I wish I could do something for Merceditas. But with L. I have got my hands full and my purse is very light. However, it was not about any money matter that M. wanted to see me. — Here is a list of the things I did between 10 a.m. and 4 p.m. : limpiabotas, photos, (twice) Boti, Pastor, estanco, café (where I had coffee and a panecillo), don H[iginio]'s (where I spent at least three quarters of an hour. He is going to Madrid) ; to the papeleria de Vda de Esplá (where I ordered paper for the mss. I shall have soon to prepare) then to the esterería (twice), Valensianeta, plaza del Ayuntamiento (for the small esterita). Then to Leopoldo's, then to Hotel Samper, where Pepe had English tobacco to sell ; then din-

a. Nous arrivons en bas de page. Larbaud a paginé ici « 104 » ; le feuillet suivant reprend à « 113 ». Quatre pages ont été déchirées, mais le Ms I nous permet cependant de retrouver la continuité du texte entre « wrong » et, plus bas, « papeleria de Vda ».

ner at hotel Samper, then again to the esterería, and at last to the papeleria once more.

However I was able to go to D. José's at 7 p.m. We had tennis and tertulia. To-night, after dinner, tertulia at Doña Josefa's.

Wednesday 27. —

Woke rather late (7 a.m.) and was very ill part of the morning. Still I was able to work a little, but not enough. I did not read anything to-day. I supposed I bathed too soon after having had breakfast. Had a letter from G., but an old one (the post-mark was dated London, 29th of May). Went to Don José's and had 2 games at tennis. Kiddie played against me. To-night we have had tertulia at home[a].

Saturday 30

June's last day. On the 6th of next month, it will be two months since we came to live at Villa Rafaela, and I am not quite satisfied with myself, because I have worked very little.

Otium, Catulle, tibi molestum est,
Otio exultas nimiumque gestis
Otium prius reges et beatas
Perdidit urbes.

(I have Catullus on the brain, these days, and have taken to pouring out the "Carmen Nuptiale" almost every morning while bathing :

Ludite ut lubet ac brevi
Liberos date. Non decet
Tam vetus sine liberis
Nomen esse ; sed indidem
Semper ingenerari.

How fine ! I shall not resist the temptation of quoting some of it in "M~~artre~~"[b]). I wish I had a copy of his *Carmina,* in order to get by heart the poem which concludes thus :

Desideratoque acquiescere lecto...

To-day I got to page 390 of *The Way*, and finished reading Quatrefages' chapter on Carl Vogt. But this is not enough. I cannot

a. Note de Larbaud : « Don José, D. Paco, their wives and 6 children, together with Mr. Banyuls the sculptor. »

b. Note de Larbaud : «"M" stands for the first title of what was to become *Beauté, mon beau souci...* »

keep to regular hours, and find excuses to leave my writing table and go about the house, the garden, and even down the road to see people off at the terminus of the trams (twice during the morning to-day — spending about ½ hour each time in the house of [...[a]] Mariana.) I have tried to work during the night, but what with getting up early and playing tennis, I feel sleepy and cannot go on for more than an hour. During the day, the weather is too hot, etc, etc. To-day such a simple sentence as : "On Sunday he went to church AS A MATTER OF COURSE" puzzled me for more than a quarter of an hour. It was only while playing at tennis that it occurred to me that the best rendering could be not other than : "BIEN ENTENDU, le dimanche il alla à l'église." The fact is that I am tired of translating, that I live among surroundings that make me feel too intensely alive to "externals" : the garden, the heat, the glorious sunsets, so many beautiful children, the gracefulness of the girls and women, the fruits, the meals (the day before yesterday, the GAZPACHOS we had for dinner), exercise, tertulias, etc, etc., all this takes me irresistibly away from my writing-table, and makes me think too much about another kind of work ; I mean "M~~artre~~". Last night I could not sleep for thinking about "M", and I felt as if I were about to write several chapters of it. All I shall be able to do will be this : finish *The Way*, finish reading Mme K[lotz]'s translation of *Nómada*, copy out the 4th of my articles for D. H[iginio]'s magazine (articles n° 1 and n° 2 have appeared full of errata and printer's mistakes.) Then I shall feel quite free, and shall give the whole of next month to "M[artre]". I think it is better than to take up again and go on with the *Note-Books*.

E[duardo] and I played remarkably well to-night at D. José's (5 to 6). What a fine court it is, with the Sierras behind, and the shadow and smell of the pines. Kiddie was there, and Victoria too. After supper we went to Doña Josefa's where we met two nice girls. One the ladies pronounced to be a little "boba" (silly) ; she said she had put on new shoes and had got a swollen foot in consequence. She talked much about the "llaguita" she had on her heel, and showed us her naked foot ; all this very innocently (she is about to get married) and with much indolence, and in a slow voice. I liked her.

The boys of D. Paco and those of Coronel L. have put up a weekly paper which they call *La Colonia* and which they print themselves — or rather type. They write very fluently. It is all about the families from Alicante who are spending the summer at San Vicente ; they give sporting intelligence and describe the parties at the ~~homes of the gentry~~ villas.

a. Les trois lettres du mot sont raturées. Nous croyons lire « Sta », mais cela fait-il sens ?

Yesterday D. J[osé] talked a good deal about Castelar, whom he has known personally.

[*Huit lignes raturées*.]

I see with pleasure that our new servant, Dolores, is growing stronger and prettier every day. It seems that her former masters did not give her enough to eat.

JULY

Sunday. 1st of July.

A nice Sunday, with cool weather. We went to see the market, spent an hour at D. J[osé]'s, then home. We had a very good dinner, served by Dolores, with pretty flowers in her hair. I slept and worked by turns during the early afternoon. Then to D. J[osé]'s again. (He had been to Sax on business, and came at night.) We had a grand game at tennis : Paquita and I against D. Paco and Encarna. We won. — To-night, tertulia at home. We were 27.

Thursday, 5.

On Monday last, I began working by night. That is : from 11 or 12 to 4 or 5 a.m., going to bed by broad daylight. This suits me better, because of the heat. Thus, during the day, till tea-time, which is often HORCHATA-time, I live a life of sleep and "engourdissement", which makes me think of Dormer Row, near the Park, at Leamington. It is just that kind of dreamy, distant dullness, interrupted by dinner at 3 o'c., with the ladies. I read a little. Thus I have gone through Quatrefages' chapters on Carl Vogt and Filippo de Filippi, and am now going on with his critical essay on Häckel. He is not hard enough on that vulgar PLAISANTIN. Now I go all lengths with Monsieur Armand de Quatrefages de Bréau, and must therefore consider as without any scientific value every system (such as S.B.'s) based on the Lamarckian or Darwinian theories. But that does not prevent me from admiring the boldness of thought or the poetical value of such theories as those of Lamarck, Darwin, Carl Vogt, Ewald Hering, Richard Semon, Eugenio Rignano, and, of course, S.B. I do like the way in which Quatrefages "dés-explique" everything. But of all the men who seem to me to have been boldest in propounding evolutionist theories, I prefer S.B., and then, as in some way akin to him, — but much below him as a writer — the Swiss Carl Vogt. However, I like Robin (who said in the French Institut : "Il y a cent zoologistes qui ont plus de titres à être reçus parmi nous", (he was speaking of Charles Darwin), and I like those old French "High Priests of Science"

(S.B.'s expression) who refused to take Darwin's books seriously. A great deal of what S.B. himself says about Darwinism (especially in *Evolution, Old and New* and in *Luck, or Cunning ?* — which I have begun reading) would have delighted them, — and this fact is enough to show Butler's broadness of views.

On Tuesday I spent all the afternoon with don Ramón at Benalúa. I found him worse than ever. He had given up all kind of work — painting and writing, — and lay prostrated, only thinking of his (mostly imaginary) diseases. He has taken to collecting advertisements of quack medicines, and showed me some of them, asking for my advice. I tried to make him think of something else. I like him, and I wish I could do something for him. I suppose he wants a total change, and as he has plenty of money, the only obstacle is in his lack of energy. He gave me one of his etchings of some houses at Granada.

We have had the usual games at tennis at D. José's, and have founded the "Raspeig Tennis Club" (R.T.C.). Our colours are blue-and-red, and we have begun wearing them (neckties, belts, etc.)

Yesterday night, numerous tertulia at Doña Josefa's. There was a total eclipse of the moon, and it was curious to see, from the patio, the moon that looked exactly like a fresh ink stain when the blotting paper has just been applied to it.

To-day I gave back to Don José the ms of the French translation of Miró's *Nómada* by Mme K[lotz]. I have made a few corrections, and written some remarks up and down the margins. It is evident that she has worked at full speed, and without the help of a good dictionary. Still I believe she will be able to translate las *Figuras* very well, because it is clear that she understands Miró's style ~~very well~~ thoroughly, and besides, she seems to be the only Frenchwoman with literary taste and culture who knows the Levantine country and the Alicantine landscape. Well, if the N.R.F. people choose to publish las *Figuras* I'll do my utmost to make them accept her as translator. And then I shall excite her to do it well, and by and by, I'll prevail on her to translate all the Spanish books I should like to see translated into French : *El Abuelo del Rey, Las Cerezas del Cementerio* ; Ángel Ganivet's *Granada la Bella* and *Los Trabajos de Pío Cid* ; then, perhaps, selected passages from Sarmiento's *Facundo* (that book is so big and so full of crude Argentine "hors d'œuvre").

To-night we had tertulia at home. We were 33. There were songs and dances and coros, and "jeux innocents". Mr. Banyuls, the sculptor, sang Italian songs, very well. They played on the guitar that waltz which I heard for the first time on the journey to Athens in 1904 ("Las olas del mar",) and this made me rather thoughtful. "Souvenir, souvenir, que me veux-tu ? L'automne..."

Friday 6. —

To Alakant, where I saw don H[iginio], just come back from Madrid. We talked a good deal. Then to see Mercedes ; Salomé was with her sister. Coming back, or rather, as I was leaving, I saw Óscar Esplá, and he saw me too, but the tramcar was just leaving the station. On the way I read *Luck, or Cunning ?* I have bought a copy of Blanco Fombona's book. (I ordered it two weeks ago, and found it to-day at Pastor's). It consists of five essays on : Andrés Bello (Venezuela), Sarmiento (Argentine Rep.), Hostos (Puerto-Rico), Juan Montalvo (Equator Rep.) and M.G. Prada (Peru). I knew the essays on Sarmiento and Prada (the one is a great writer, the other is a poor "reflet" of various French writers from J.-J. Rousseau to Ernest Renan.) Many critics seem to think a lot of the Ecuadorian author Juan Montalvo ("un coloso" etc.) I am always on the look-out for a real "coloso" from South America, but till now, except Sarmiento and a few pages of Jorge Isaacs, I have been disappointed. Tal vez ese Montalvo ? Bueno, veremos....

I have been reading in the review *España* an article on José Enrique Rodo (the Uruguayan critic). It is the kind of article that used to be seen about the year 1900 in *Le Mercure de France* : they make a god of a writer without saying anything about his works, so that the reader is left in the dark.

That thing used to tell, about 20 years ago. The review *España* makes me sick ; it is a poor vestige of the French 1910-1914 spirit, a mixture of NÉO-CLASSICISME, "la terre et les morts", Sarah Bernhardt, "énergie, objectivisme", "culte du moi" and the war-fashion. It is mere "actualité" and, what is worse, out-of-date "actualité" — for there is such a thing — well all "actualité", when taken too seriously[a], is, ipso facto, out of date. It is for that reason that I like M. de Quatrefages. "Lorsque je commençai mon enseignement, les théories polygénistes étaient aussi en faveur que l'est le transformisme aujourd'hui... Je combattis ces théories au nom de la science seule. Aujourd'hui, au moins en France, le polygénisme n'a plus que de rares partisans" (*Émules*, t. 1er).

Sunday morning, 4,40 a.m.

Worked from 12 till now, and write this by daylight. [*Une ligne biffée.*] I'll go out for a stroll about the garden, and then to bed. I worked and slept by turns from 8 a.m. to 3 p.m. yesterday. [Then to Don José's. After dinner, we went to Donã Josefa's where there was a numerous tertulia. D. Paco and family were there, Paquita, Esperanza, etc. Doña Pepita made punch for us to drink before we

a. Neuf lignes déchirées, au milieu de la page ; nous les avons retrouvées et copiées à partir du Ms X.

left. What a nice garden ; and what a night with a sky[a]] so pure, so neat, and the all-pervading perfume of the jasmines everywhere !

(I must note the love-affair at Doña Pepita's : the run-away girl who is living in her house pending the proceedings that will allow her to marry the young man of her choice. I must remember it. She is very pretty — la llaguita — and what she said to-night.)

Note. H.C. de Varigny, when he has got to translate the English word : "versatile", writes, in French "versatile". "S'il est un ancêtre dont je serais honteux, ce serait d'un homme doué d'une intelligence versatile et agitée qui..." (A note to the article on Huxley in Quatrefages' *Émules*, t. II, p. 135, from : *Vie et Correspondance de Ch. Darwin*, p. 187.) — However it is to the human hand that S.B. applies (in *Erewhon*, *Note-Books*, etc.) the adj. "versatile". Flexible ? ? ?

Tuesday 10 — 6 a.m.

I have just put the last full stop to my translation of *The Way of All Flesh*. Alabado sea Dios.

Doña Dolores, whom I met on my way to the kitchen (where I went to see whether they were preparing hot water for my bath) and to whom I said I had just finished a "faena" on which I had been engaged for months and months, gave me the enhorabuena and told me that I was "más valiente que el Cid Campeador".

It was my having worked all the night through and my talking about going to Alicante as soon as I should have had my bath that made her so enthusiastic. Indeed it was something worth living for, getting to the last sentences of page 420 of *The Way*, just as the sun began to throw a first ray over the garden wall and the first birds began to sing. Of course I shall have to work at *The Way* again, before it comes to correcting printer's proofs ; but then it will be a very different kind of work ; it will be like pruning ; or like brushing one's clothes. The actual work of translating was like driving a huge motor-car through a hilly country-side.

These last days have been all lucky days for me, and the wonderful nights, the perfume of the flowers, the animated tertulias with the pretty girls singing habaneras and malagueñas, all that has got mixed with my work.

Thursday 12. —

I am enjoying the few days rest I have allowed myself on concluding the translation of *The Way*. I have been twice to Alakant, and today I am invited for dinner and the whole afternoon at D. J[osé]'s. I have had a series of lucky days and glorious nights. It began about St Firmin's day and concluded yesterday. I had hoped to finish *The*

a. Lacune (depuis « Then to ») consécutive à la déchirure signalée plus haut, mais texte rétabli grâce au Ms X.

Way on St Firmin's day, but it was as well, since I received good news and had motives to be happy on the day after that day,

quem semper acerbum
Semper honoratum, sic Dii voluistis, habebo.

I still feel happy. I am reading Ganivet's *Granada,* which is an invigorating book, as all Ganivet's works are. I have left far behind me my PENCHANT for —— (she herself cured me, on that memorable St John's Sunday at D. H.'s.) Even "Kiddie" has passed out of my thoughts, and now I am in love with her sister, with whom I played yesterday, and to whom I always give my racket when the "serious" game is over. My attentions seem to please her. As to ——, she has noted my change of feelings, and keeps to her chief occupations : flirting and the recitation of the Rosary. Also to the safe love-investments… (I met Aug. yesterday on Plaza de la Constitución and patted her on her head — and D. Joaquim whom I had not seen, marvelled at me.)

I have two causes of uneasiness ; first : no letter from Gladys since I got that old one two weeks ago ; second : I don't see any way of getting the ms. of *The Way* into French territory without the Censor's people opening it, which would involve terrible risks for that ms ; still I hope I'll find some means of running the blockade.

[*Page arrachée et deux lignes caviardées*.]

I have had two splendid days in Alakant, with strolls on the Esplanada and about the harbour, shopping, good meals, admirable "horchatas" and "agua cebada" from Tío Quico's, etc. ; the first-rate dinner at D. José's ; [*Quatre lignes caviardées.*] Besides I feel well, and as if I were about to take up "Martre" again. Indeed my good luck is such that even the National Lottery has taken to me : today I saw that I had won eight duros, which shall be paid to me to-morrow morning.

Sunday 15.

Still no news from Gladys. I feel very uneasy. I wish to suppose that it is due to the Censor having purposely detained all letters from England to Spain. Apart from this, I have no cause of worry. The holiday I had given myself in order to celebrate my having finished the translation of *The Way* will last till to-morrow, which is the Carmens' day. Yesterday I gave a verbena to all the friends and acquaintances I wanted to please. Of course I could not choose better than to have it on the Fourteenth of July, and I spent much time, on the 13th, and some money (the 8 duros from the National Lottery and 10 more from my account in the Banco de Cartagena) in order to buy all that was necessary. The girls fell in heartily with the idea and prepared everything : small paper flags, garlands, etc, etc. They even learnt and rehearsed several times, the "Marseillaise" (in Spanish, of course.) It was a typical verbena, where the girls came draped in their large Manila shawls, and danced national dances. We were about 60. Kiddie and her sister came, in Manila shawls, high combs, and all. There were over 20 of these "manolas". Because of the political character of the thing, and, above all, because we did not like to advertise ourselves, we did all that strictly "entre nosotros", but left the garden door ajar, and allowed the people from the village to pass freely. Thus there was, at one end of the patio, a small crowd (from 80 to 100) of lookers-on, who seemed to enjoy seeing the ball, the lights, the flags, etc. Here is an account of the verbena from *La Colonia* : "El Sábado último, en la elegante morada del Sr. Larbó, se celebró una pintoresca y animada verbena. La terraza y jardín de la casa, estaban artísticamente adornadas con profusión de banderitas y farolillos de colores. Asistieron las distinguidas familias de los Srs. Irles, Don José, Don Francisco y D. Joaquin Guardiola, de Carreras, de Poveda, de Luciañez, de Formigós, de Daguino, de Román, etc, etc. Las bellísimas y simpáticas señoritas, ataviadas con elegantes mantones de manila, hacián resaltar su belleza. Al son de las cadenciosas notas de un pianillo de manubrio, se bailó hasta las altas horas de la noche. [In fact till 2 a.m.] La concurrencia fué obsequiada esplendidamente con todas clases de dulces y licores. Nuestra más enhorabuena al Sr. Larbó por la brillantez de la fiesta." —

The preparatives[a] for the verbena pleased me almost as much as the verbena itself, (during which I felt disturbed by the thought : "Do my guests enjoy themselves or not ?") The patio of Villa Rafaela looked like a workshop : from fifteen to twenty girls and ladies working at the garlands, while they sang guajira after guajira, or malagueñas, or that fine habanera which dates from the times of the war with the U.S.A. :

... La prenda querida
Que en España dejé...

There was a soft breeze from the sierras, and the flags flapped about the windows and the trees (there was a fine cluster of French tricolors, which, at night, above the lights, looked quite Revolutionary) and the pavement strewn with little bits of paper, white, yellow, red, green and blue — I enjoyed it very much[b]

a. Ce mot n'existe que sous la forme *preparations* en anglais. Il a été ainsi corrigé dans l'édition de Robert Mallet.

b. C'est ici que Larbaud a voulu terminer sa sélection. À la fin de ce paragraphe, sur le Ms I, on lit, en majuscules manuscrites : THE END mais la copie s'est poursuivie jusqu'à la fin du paragraphe suivant (« the best Ganivet »).

In the midst of all this, I have been able to read all what Quatrefages has to say about Huxley ; to finish reading Ganivet's *Granada*, and to read a novel by Pío Baroja, *La Dama errante*. Ganivet's little book is a sort of appendix to his *Idearium Español* : it is idea-mongering, just as Chesterton and Unamuno, and the older I grow the less I like it. This is a sample of what I don't like : "He notado también que de los edificios monumentales, los antiquos son : una iglesia, un convento, una casa comunal ó una lúgubre prisión, donde se conservan piadosamente viejos instrumentos de tortura ; y los modernos son : un banco, una cárcel modelo, un cuartel ó un tribunal de justicia. La lucha sigue ; pero el centro de gravedad de la especie humana se ha bajado desde la cabeza hasta el vientre." It is not true. Besides, another idea-monger could find much to say on the other side : that the Bank represents as much faith as the Church did once, etc, etc. I can imagine G.K. Chesterton growing enthusiastic on the Bank, and extolling the high idealism of the barracks. However the chapter on WATER (from : "En Granada un aguador tiene que ser a su modo hombre de genio..." to the end of the chapter, page 33) is of the best Ganivet.

Baroja's *Dama errante* pleased me more than *La Ciudad de la niebla* by the same ; there is no idea-mongering in that man's works, but they are very superficial. He calls that : to be "impresionista" ; but in fact he is slovenly and perfunctory, and too easily satisfied. For instance : Dr Arcil and his daughter Maria, having got into a scrape on account of their acquaintance with several anarchists, escape from Madrid and make towards the Portuguese frontier, disguised as peasants and, sleeping in the woods, swimming across rivers, live, for about a month, as do the heroes of R.L. Stevenson's novel, *Kidnapped !* Then, once in Portugal, they get into the "Sud-Express" train, and thus go to Lisbon. — Now, all the "escape" chapters are unconvincing ; but then there was the contrast between that life in the sierra and that last journey in the Sud-Express, which afforded a good opportunity. But Baroja does not avail himself of that opportunity. Nowhere could I find the telling detail which I expected to come. It was just what anyone would have said ; it looked like the libretto of a drama for the "movies". Baroja's books are not written ; they are typed. If it is that people call "a novel", well !....

This morning I received a book by Louis Chadourne, with a ms dedication. It is a poem ~~entitled~~ : "Commémoration d'un Mort de Printemps."

Monday 16. —

I have been rather unwell to-day. I got up late, and spent the greater part of the morning and of the afternoon on the "gandulona" chair, reading. I read Quatrefages' chapter on Owen, and the three essays of R. Blanco Fombona on Andrés Bello, E.M. Hostos, and Juan Montalvo. He follows Menendez-Pelayo on A. Bello ; but in "Hostos" and "Montalvo" he is more original, but does not satisfy me. He describes these American writers in a way which gives the impression that they were on a level with the typical provincial journalists of Europe, and nothing better than this. He does not say anything about their works, or at least about the literary qualities of their works. He shows them as upstart schoolmasters with their heads full of the philosophical and literary cants of Europe, and then he proceeds to compare them to Goethe, to Renan, to Leonardo da Vinci. He pretends to show that Sir Herbert Beerbohm Tree plagiarized Hostos in an essay on *Hamlet* ; but his quotations do not support his assertion : they are, in the case of both authors, dull commonplaces, which[a]

It is interesting to compare what he says about Erasmus Darwin and Lamarck to what S.B. writes on the same subject in *Evolution Old and New*. For instance, S.B. writes :

"The resemblance between the two writers — that is to say the complete coincidence of their views, — is so remarkable that the question is forced upon us how far Lamarck knew the substance of Dr Darwin's theory. Lamarck knew Buffon personally... How can we account for Lamarck's having had Buffon's theory of Descent with Modification before him for so many years, and yet remaining a partisan of immutability till 1801 ?.... I am inclined to think that the secret of this sudden conversion must be found in a French translation by M. Deleuze of Darwin's poem *The Loves of the plants* which appeared in 1800. Lamarck, — the most eminent botanist of his time, — was sure to have heard of and seen this, and would probably know the translator, who would be able to give him a fair idea of the *Zoonomia*... etc."[b]

« On ne trouvera rien [says M. de Quatrefages] dans les ouvrages de Lamarck qui rappelle de près ou de loin ces conceptions d'Érasme Darwin. Tout au contraire... » (*Émules*, t. II, p. 269).

Again : « Je n'ai pas besoin d'insister sur les différences capitales qui séparent encore ici Lamarck et Érasme Darwin, QUELLE QUE SOIT LA THÉORIE DE CE DERNIER QUE L'ON CONSIDÈRE » (*Émules*, t. II, p. 278). (He alludes to the theory expounded in the Appendix to E.D.'s *Zoonomia*.)

Again : « Voici en réalité le seul passage qui permette de rapprocher et de comparer Érasme Darwin et Lamarck... [quotation from *Zoonomia*, p. 283]... En outre, ce qu'Érasme Darwin dit des

a. Feuillet déchiré : le texte passe de la page 140 à la page 143. Jean-Aubry n'en avait pas relevé l'absence, ce qui signifie que ce feuillet a été déchiré après 1946.

b. Note de Larbaud : « *Evolution, Old and New*, pp. 258-259. »

caractères spéciaux présentés par la musculature des forgerons... etc,... touche de près aux opinions de Lamarck et de Charles Darwin au sujet des résultats amenés par l'exercice ou le défaut d'exercice. Mais Érasme Darwin se borne à signaler les faits, tandis que Lamarck en recherche les causes et s'efforce de les expliquer » (*Émules*, t. II, p. 281.)

(By the way, S. B. does not seem to be aware that there is a French translation of E.D.'s *Zoonomia*, by Joseph-François Kluystens, and that it was published at Gand in 1810.)

As to what S.B. says (pp. 8-9 of *Unconscious Memory* about the probable influence of the works of Erasmus Darwin on his grandson's theories, I think that IL NOSTRO is right against Quatrefages, who writes : "Certes ces ressemblances sont frappantes. En conclura-t-on que Charles Darwin et Wallace ont pris sciemment à Érasme Darwin les idées développées dans leurs ouvrages et que je viens de rappeler ? Pour ma part je suis absolument convaincu qu'il n'en est rien. À coup sûr si Darwin avait emprunté à son grand-père les notions de l'archétype et de la sélection sexuelle, il eût été le premier à le proclamer ; la parfaite loyauté dont il a donné tant de preuves en est un sûr garant."

This is Char. Darwin's "terrible candour" and "happy simplicity". Quatrefages seems to have been taken in by it ; and yet I don't know. M. de Quatrefages is "devilish sly" at times. However between Charles Darwin's candour, Quatrefages' slyness and S.B.'s bluntness, and the conflicting theories, and the polemics, HAY QUE ANDAR CON MUCHO CUIDADITO.

I do not think I shall re-read the whole of *Les Émules,* but I am sure I shall often go back to *Les Précurseurs*, especially to Part II, where Quatrefages gives a very good résumé of Charles D.'s theory, and then pulls it nicely down. That part of his critical work on Evolution is "the main building to which the other writings are buttresses or, at most, annexes" (Marcus Hartog on *Life and Habit*). Against all that M. de Quatrefages calls "les entraînements de l'intelligence" he gives us EN BLOC in *Les Précurseurs* and then EN DÉTAIL in *Les Émules*, a good panacea, and makes his "vieille garde" — Broca, Pasteur, Gratiolet, Alix, Dareste, etc,... — move strategically and very effectively in "le vaste champ des hypothèses". It is excellent critical work, and will always be of service, — at least to the historians of Evolution. Then, again, it does justice to some very remarkable men — remarkable at least from an artistic point of view if not as scientists : bold speculators and imaginative minds such as Carl Vogt and Thury and Kölliker, — far greater men than the vulgarians, Haeckel and Huxley, who would have been very poor writers if they had taken that line.

Besides, there is a gold mine in those theories, and consequently in Quatrefages' reviews and analysis of them — I mean a gold mine for writers like J. Verne, Wells and Maurice Renard. As I was reading *Les Émules* I often thought of the "good subjects" they afforded ; for instance :

From A.R. Wallace : a case of imperfect, or mistaken, mimicry. — From Häckel : a burlesque describing the imaginary Continent Lemuria, with its imaginary fauna : the provertebrate, the protamnion, etc. — From the following footnote to the chapter on Huxley : "On s'est demandé bien des fois quel est le singe que Linné a appelé HOMO NOCTURNUS. En général on a pensé qu'il s'agit de l'orang ou du chimpanzé. Isidore Geoffroy croit que c'est un gibbon... Mais dans le *Systema Naturae* Linné dit : 'Manuum digiti in erecto attingentes genua', trait qui ne peut se rapporter à un gibbon. D'autre part il attribue à son Homo nocturnus UN PELAGE BLANC, etc." (What a tale ! Linné might have seen the H. nocturnus in a dream, or during his childhood... ?) — From the following, à propos of Kölliker's theories : "On a imaginé un germe colossal, recouvert d'une sorte d'écorce, à l'intérieur duquel se seraient développés tous les êtres... Karl Snell, invoquant les faits que présente l'histoire des insectes, pense au contraire que l'Homme et les animaux supérieurs ont vécu longtemps sous des formes larvaires..." — From Kölliker himself : his interpretation of the phenomena of alternate generation. — And then Thury's hypothesis about "les germes telluriques" : "On peut concevoir que l'homme lui-même laisse après sa mort un germe tellurique incorruptible capable de se développer plus tard." (This last would do wonderfully for one of Maurice Renard's tales.) There is a text from the New Testament which applies remarkably well to that hypothesis.

Eduardo has just received a presentation copy from Miró's last book, *Libro de Sigüenza*. It is tastefully got up. — The other day at Alicante, while I was with Don Higinio in his study, there came two ladies, who, he told me, will soon come over to San Vicente to spend the summer in a house not far from Villa Rafaela. After introducing me to them he said, laughing :

— ¿ Verdad, Larbaud, que son bonitas las españolas ?

Thus the ice was broken at once and we had an animated chat. To-day, while we were playing at D. José's (Don José C. and I against D. Paco and Eduardo I.) these ladies came in and stayed a short time watching the game. They are very pretty, sisters, one married, the other a girl of about 22. Tuesday, the Kodak.

Sunday, 22. —

I have just finished reading *Luck, or Cunning ?* and my first impression is that it is as great a book as *Life and Habit* (from a purely literary point of view, of course.) S.B.'s treatment of Herbert Spencer, Romanes and Charles Darwin is admirable. "This is the same confused and confusing utterance which Mr. Spencer has been giving us any time these thirty years." The book is amorphous, "straggling", (is it English in that meaning ?) but full of the very best Butlerian spirit and "sabiduría". Ça sent le grand écrivain. Of course it is not always good and there are some pages, here and there, that are really poor stuff. What struck me when I read the chapters on Buffon in *Evolution, Old and New* — I mean S.B.'s seeing more in a text than there is — struck me again here, for instance, at the end of the chapter entitled "The factors of organic evolution". He quoted something from Spencer's *Principles of Biology*[a] the gist of which lies in the following concluding sentences : "... It appears to me that as fast as the number of bodily and mental faculties increases, and as fast as the maintenance of life comes to depend less on the amount of any one and more on the combined action of all, so fast does the production of specialities of character by natural selection alone become difficult. Particularly does this seem to be so with a species so multitudinous in power as mankind ; and above all does it seem to be so with much of the human powers as have but minor shares in aiding the struggle for life : the aesthetic faculties, for example." Then S.B. proceeds to say : "It should be observed that the passage given in the last paragraph but one appeared in 1864, only five years after the first edition of the *Origin of Species*, but, CRUSHING AS IT IS, Mr. Darwin never answered it." Now, S.B. wrote this about 1885-1886, and the first edition of *The Descent of Man* had appeared in 1871 ; that is to say, that, as early as 1871 Charles Darwin had invented his theory of "sexual selection" precisely to answer these "crushing" arguments. Otra cosa : S.B., always good when talking of "organs and tools" overdoes it in the chapters entitled "Property, common sense, and protoplasm" ; he means to be funny and is almost stupid. Still I think that he was right when he called man a "machinate mammal" (in *Erewhon*). Quatrefages seems to think that the difference between Man and Animals consists in the higher moral sense of Man, and he quotes some instances of heroism, and tells a story of an Indian [*Quatre ou cinq mots caviardés*] chieftain who seems to have been another Regulus. For S.B. the only difference seems to have been the use of tools, or, as he calls them, "extracorporal limbs". I think Quatrefages is wrong and S.B. right. I daresay heroism, abnegation, and especially the action which has made Regulus immortal, must be quite current[b] among the communities of insects (ants, bees, etc ;) and then, there are dogs, the lion of Florence, etc. Neither courage nor even pity are exclusively

a. Note de Larbaud : « 1864 ».

b. Note de Larbaud : « !!! "Eran las dos de la mañana..." (well-known Spanish tune). »

human, while TOOLS are. — About Bathybius "who died at Norwhich in the autumn of 1879," here is what Quatrefages says about it : "[Le] prétendu Bathybius Haeckelii, espèce de monère géante ou agrégation de monères, que l'on a cru un moment tapisser le fond de la mer de ses ramifications et qui s'est trouvée n'être en définitive qu'un précipité de sulfate de chaux, d'apparence gélatineuse... HUXLEY, qui en a parlé le premier, a franchement reconnu son erreur, et Haeckel paraît avoir fait de même, depuis la publication de son livre" (*Émules*, p. 101, note).

Here is an important paragraph which I must well bear in mind when I re-write my translation of *Erewhon* :

"When I advocated the theory of the livingness, or quasi-livingness, of machines, in the chapters of *Erewhon* OF WHICH ALL ELSE THAT I HAVE WRITTEN ON BIOLOGICAL SUBJECTS IS A DEVELOPMENT, I took care that people should see the position in its extreme form ; the non-livingness of bodily organs is to the full as startling a paradox as the livingness of non-bodily ones, and we have a right to expect the fullest explicitness from those who advance it. Of course IT MUST BE BORNE IN MIND THAT A MACHINE CAN ONLY CLAIM ANY APPRECIABLE EVEN AROMA OF LIVINGNESS SO LONG AS IT'S IN ACTUAL USE. IN *EREWHON* I DID NOT THINK IT NECESSARY TO INSIST ON THIS, AND DID NOT, INDEED, YET FULLY KNOW WHAT I WAS DRIVING AT."

The sentence on vulgarity and culture pleased me, as it certainly refers to S.B. himself, and shows that he knew very well "who he was" ("Yo sé quien soy" — says don Quixotte.) : "[Reason and faith]... neither can stand alone or dispense with the other, ANY MORE THAN CULTURE OR VULGARITY CAN STAND UNALLOYED WITH ONE ANOTHER WITHOUT MUCH DANGER OF MISCHANCE", p. 132). Romanes, Spencer, Grant Allen, Charles Darwin are the heroes of *Luck, or Cunning ?* as much as Ernest, Theobald, Christina, Ellen, etc., are the heroes of *The Way*. Especially Charles Darwin : "His success was, no doubt, in great measure due to the fact that he knew our little ways, and humoured them ; but if he had not had little ways of his own, he never could have been so much AU FAIT with ours." Again : "it would almost [tu quoque... ?] seem as if Mr Darwin had reversed the usual practice of philosophers and given his esoteric doctrine to the world, while reserving the exoteric for his most intimate and faithful adherents." There are other and finer things throughout the book. Shall I one day translate it too ?

Yesterday at Alakant I bought *El Conde de Alarcos* by Jacinto Grau. I had read a long article about it in *La Corres*, where the critic said it was a grand work, complained of the indifference of the Spanish public, and compared Jacinto Grau to Gabriel Miró. *El Conde de Alarcos* disappointed me. It is a bombastic drama in prose, without any characterisation, without any poetic quality, and looks like one of the dullest dramas of W.S. Landor. Indeed, even in the worst dramas of W.S.L. there is much more real poetry than in *El Conde de Alarcos.*

D. José is in San Juan, but we have not interrupted the meetings at his garden. After dinner, there is generally tertulia at Villa Rafaela : from six to ten children, four or five "señoritas", the fathers and the mothers. To-day —— has gone to Novelda, in order to follow, BAREFOOT, the procession of the H. Virgin of the Carmel. I missed her. It is not that [*Quatre lignes caviardées.*]

Another thing which I have noticed : S.B. knew French very well. I had already remarked how well he has translated pages and pages of Lamarck in *Evolution Old and New,* and how almost always, he has known the exact value of the French words or phrases which he has thrown in here and there in his books, especially in *The Way,* where I have [*Trois mots caviardés*] let them stand (except in two or three instances) just as they were in the English text. In *Luck, or Cunning ?* he writes : "Que messieurs les néo-Darwiniens commencent." I suppose he had seen the word "Darwiniens" in Viarma de Lima's book. However he did not [*Une ligne caviardée*] make the almost inevitable mistake of writing "Darwinians". As soon as I shall be able to get at a copy of Lamarck's *Philosophie zoologique* I shall compare the passages S.B. has quoted in *Evolution, Old and New* with his translation of the same passages. Thus I shall know : 1° his exact value as a translator ; 2° How stand in the French text the phrases which he has translated into favourite expressions of his. This will help me a good deal, and it will be "doing as he bade". I have written till a quarter past four a.m. and do not feel sleepy at all. I think I'll go for a stroll about the garden, and then to bed.

Wednesday, 25.

Nothing from England. [*Deux lignes et demie caviardées.*] I have had two letters from Gaston, about his editions. They have decided to publish the Walt Whitman book, — Laforgue's translations, etc. — with the essay I began in Berlin in 1901 and concluded in 1914, when she was with me. What a strange coincidence ! This morning I saw in *Mundo Gráfico* a scene of the recent political events, a photograph, in which appeared D. in the act of receiving the insignias of "Alcalde accidental" of Barcelona, so that I was reminded of Dolores A——, and the letters D. wrote to me in February last, and all that silly affair. — Now the heat, the fine breeze in the afternoon, the incident with Doña Dolores and Mariana, and answering to Gaston, and playing at croquet at Don Higinio's, and reacting Ed. Perrier's *Philosophie zoologique,* and the long night-tertulias in our patio, with the guitar and the girls singing guajiras. —— came back to-night. "Ni siquiera se me hincharon los pies." I am about to answer a letter from M. Ernest Raynaud, the poet, who says he intends to write an article on my works and should like to be supplied with some "renseignements biographiques." How difficult it is to write about oneself ! Of course I shall make a mess of it, but it is interesting to try and be sincere while not saying too much. — singing :

Que te quiero con el alma
Y el alma nunca se muere …

Tuesday, July 31.

[*Deux lignes caviardées.*] First, on the 28th I have at last received a letter from Gladys. It had left London on the 1st of July and told me of two letters she had sent me before that one, and which never reached me. I answered at once, and now I feel more comfortable ; I know that I must wait 28 days for a letter from her. We have had animated tertulias, and I have been able to get some English tobacco from a big Norwegian boat now in the harbour at Alakant. I have had two good afternoons at Villa Avelina, where they play croquet ; I took several good photos. I have spent two half-days at Alakant (the Casino, el chocolate de Obispo y horchata de almendra). Mme Klotz is translating las *Figuras*. I have read a few of Miró's tales in *Libro de Sigüenza* (I like "Viaje de bodas"). I got (and answered) a letter from Ch. Eymar.

As to work : I have answered M. Raynaud's letter giving him, on four closely written pages a résumé of all that past of my life which has been given to literary work, and a condensed exposition of my present views on several literary questions, or rather, on THE literary question ("Le plaisir avant tout.") What will he do with it ? I don't know, nor care ; but I enjoyed writing it, showing "en raccourci" the whole processus in my case. Then came the numbers of the reviews in which appeared the 6 published "Enfantines" and I have begun correcting erratas, classifying the tales, etc. It will, I think, take me about 15 days to complete that work. The manuscript parts have not reached me yet. — To-day I completed Part 4 of "La Mujer vestida". I wrote it in Spanish and took it to Don Ramón with whom I spent part of the afternoon. He found very few faults in this article.

I am reading a short novel by J. Peréz Bojart, a friend of Eduardo's. It is entitled *Fabián Airón*. In Edmond Perrier's *Philosoph. zool.* I have reached the chapter on Georges Cuvier. The first chapters supplied me with a valuable fact : it seems that S.B.'s *Life and Habit* theory has been anticipated by Maupertuis in his essay on "La formation des êtres organisés". To-day I went to the Ayuntamiento Library and looked at the notice of Maupertuis in the big

Espasa Cyclopoedia. I must read Maupertuis' essay. He is Voltaire's "Docteur Akakia". Voltaire seems to have been, for the scientific writers of his times, what Francisque Sarcey has been for the poets of his day.

AUGUST

Monday, August 6. —

I have been rather busy this week. [*Une ligne et demie caviardée.*] I have received, to-day, a long and kind letter from Jean Frappa, who had not written to me twice during the last fifteen years. [*Une ligne caviardée.*] — We have had tertulias almost every day ; one at Don José C.'s, another one at D. Higinio's, and a third one at Doña Josefa's, musical tertulias the three of them, the last one being the best (the gentleman-guitarist from Madrid.) I am busy classifying, collecting, copying out, etc, — the different parts of *Enfantines*, and trying to have done with them before the 20th of this month, as Gaston wrote to tell me he wanted them as soon as possible. But on the other hand, much of my time is taken up by sea-bathing. This is a "specimen day" of these first weeks of August : the casera, or Lola, wakes me at about 5 a.m. I dress hastily and go to Alakant in the 5.45 a.m. tram, which is generally full of "cigarreras" (the workers of the Tobacco-factory "El Señoret fará lloc"). As soon as I get to Alakant, I go to the Postiguet, and then to the Diana bathing-establishment. The sea generally rough, and rather turbid — something like Weston-super-mare. There are very few foreigners, so that I see all the shop-girls I used to see dressed and "muy formales", during the winter-months, now half-naked, laughing and splashing and screaming in the dirty water, where I do much the same as they. I generally stay in Alakant (in the Casino, where I breakfast and work a little) till 10 or 11. Then back to San Vicente. Then from 12 to 2 I give a French lesson to Higinito. After dinner, I feel so sleepy that I generally have "siesta" till 5 ½ or 6, or later. Then, work again. Supper (very light). Tertulia. On the way to and from Alakant, I read Huc's *Empire chinois*, comparing what he says with E. Reclus' *Asie orientale*, which I have found second-hand at Alakant, and very cheap (one douro, bound.) — The Saint-Yorre business obliges me to write long letters, and I shall have to see a lawyer, the French consul, etc, etc. I go on reading Ed. Perrier's book. I have finished reading *Fabián Airón*. (The author is in Alicante, but I have not met him.) To-day I have had a letter from M. V. García-Calderón, the Peruvian author who sent me, two years ago, a "questionnaire" on *Don Quixote*. Now he proposes that I should translate about 200 pp. of Rubén Darío's poems, to be published in Paris together with an introduction by himself and a translation, by M. de Miomandre, of selections from the works of J.E. Rodó. It will be a 3,50 volume, and the publisher would give me 5 %. I hesitate : 1° I am afraid I shall not be able to do it WELL ; 2° it will certainly prevent me from working at the transl[ation] of S.B.'s *Note-Books* for two months at least ; 3° they pay very little. — I had expected to be able to work exclusively at : 1° the *Note-Books*, 2° the ms. of *Enfantines,* or rather getting *Enfantines* ready for publication ; 3° (perhaps) a translation of R. Darío's poems. And the sea-bathing, the tertulias, the course of reading on *Evolution.* — [*Quatre lignes caviardées.*]

Saturday 11. —

[*Deux lignes et demie caviardées.*] To-day I take up the correcting of the typed copy of "Eliane". Thus I am clear of a good part of my work. I wrote to Mr. García Calderón, telling him I could not translate Rubén, as I do not know enough of Spanish ; however, if he chose to make up his "Pages choisies" of translations by several people, as the N^elle^ *Revue française* does in the case of Walt Whitman, I should try to translate a few of Rubén's shorter poems, which he could accept or reject as he pleased, and I should do that gratis. — So that now my principal business is with the Ms. of *Enfantines.* I have given up the idea of including "La colline du dimanche", but I saw that the "Devoirs de vacances" piece insisted to be written at last, and I am writing it. I have felt almost inclined to exclude "Dolly" and "Rachel Frutiger", as "Devoirs de vacances", as to length, compensates for both. But then Gide likes "Rachel", and I shall keep "Dolly" because it was the first "Enfantine" that appeared in the N^elle^ *Revue française.*

Thursday, August 16. —

Busy writing "Devoirs de vacances". I write it at full speed, as I had thought so much about it, at a time when I did not think it would take that shape. It is a mixture of "LA COLLINE DU DIMANCHE" and "CAHIERS APPARTENANT À ...". I enjoy doing it at last. As I have not been to Alicante since Sunday last, I have worked steadily every day. Tertulias at D. Higinio's, at D. José C. and at D. José G. Songs, dances, "palabras de doble sentido" (yesterday I gave them "marta"). They are rehearsing the "danza" (a Valencian country-dance of much effect, when danced well.) The little girls foot it well, especially Miguelita G. (the sister of R. and of M. — "Kiddie" — who was in Sevilla, and has come back with an accent ; she is almost as fair as R. and looks more as an English "Kiddie" than even R. or M. does.) I give French lessons to Higinito, and he has already lost much of his bad accent. I am rather well.

Yesterday, at night, after the tertulia here, I finished reading Edmond Perrier's *Philos. zool.* It gives a useful "vue d'ensemble" on the evolution of... *Evolution.* But the author is too much a follower of the "doctrines transformistes" to give an unbiased interpretation of the facts. However, that book has given me two important clues : MAUPERTUIS and RICHARD OWEN. It is to be supposed that S.B. has read Owen's *Lectures on Physiology* and his *Parthenogenesis* (1849, 1856). But on the whole, the more moderate view taken by Edmond Perrier is that of E. Geoffroy St Hilaire, and what S.B. says of Geoffroy applies equally well to E. Perrier. This morning I took up F. Le Dantec's *Évolution individuelle et hérédité*, and looked at the introduction : I found at once that it was something better, "stronger", than Perrier's book.

As I shall not write anything here till I have finished "Devoirs de vacances" and sent the whole of the ms. of *Enfantines* to Gaston Gallimard, I may as well note a few things I had forgotten to include in the entries of these last weeks. The "llaguita" affair not concluded, and Doña J. invisible. Her brother M. very ill. ~~D. José Carreras' new house and the tertulias there~~. Signor Arduini promoted to the Italian vice-consulate in Palma de Mallorca. I am sorry I did not see him before he left Alakant. An Italian, a very young man, and promoted — three reasons for admiring him, and being more than ever interested in him.

I have got to the end of vol. I of Huc's *Empire chinois.* Lettura amena. S.B.'s Hanky and Panky travelling in the China of the period 1845-1855. I have had news of Claudel through *La Corres*, which described his arrival at Rio-de-Janeiro. No news from St Leger Leger. Bad news from Marcel Ray. — I see I had forgotten to note that I have learnt, sometimes ago, through an advertisement in *ABC* that there is now a large grocery shop in the next house to that in which Doña Fermina lived in Madrid when I knew her. This will give quite a new aspect to that fashionable neighbourhood. — I have got Sotheran's last catalogue (a big one, 224 pp.) It is Sir Lawrence G.'s library. I saw in it an edition of Gaudry's *Enchaînements*, a translation of Elzéar Ortolan's *Histoire de la législation romaine* (what a coincidence, just when I am preparing *Enfantines* for publication !) The only thing that really interested me was an edition (Clarendon Press, 1914) of Apuleius' *Apologia* WITH COMMENTARY. The man who wrote that catalogue EN A DE BONNES : (on "Warwickshire") : "Coventry munition-workers will have had a particularly large share in bringing Prussian devilry to its appointed end." (On an edition by Kuno Meyer of an Irish poem) : "Professor Kuno Meyer will never again enjoy the fleshpots and honours of England." (Have they killed him ?) Y muchas cosas por el estilo.

SEPTEMBER

Wednesday, Sept. 5. —

From the 18th of August until now I have been unwell, and even ill. However, I have been able to finish writing "Devoirs de vacances" and to send the ms. of *Enfantines* to Gaston[a].

Saturday, Sept. 29.

I've just cut out from this diary the few pages I wrote during this month. They contained matters concerning several people, and reflected too well the period of illness and of moral crisis through which I have passed since I have concluded "Devoirs de vacances". I have already known such crisis, coinciding, generally, with periods of bad health. I have acted without reflection, getting myself into a tremendous scrape, out of which, as usual, I have been MIRACULOUSLY rescued. "No se mueve la hoja del árbol sin el permiso de Dios." I have suffered acutely, both morally and physically (rheumatism and bronchial troubles). The Angel has protected me, and has saved my freedom from a great danger. For the THIRD TIME this year. It is wonderful. But as don H. used to say : Los pillos tienen suerte. As it was all of a sentimental nature, I may be said to have done what Léon Werth would call "vivre" — and some day it may be useful in a book — ; at any rate, it has taken me away from my work and even from books — for one whole month. Still, I have read the last volume of Huc, and the whole of S.B.'s *Alps and Sanctuaries.* But I daresay I have felt, for three weeks at least, a sort of "asco" towards every kind of literature, science, or intellectual life. It cost me much to read Mme K.'s translation of las *Figuras*, which is really good. For this month I must note :

the verbena, on the night of the 1st of September ; — Doña Antonia's stay with us ; — letters from Copeau and from Gaston Gallimard ; — my visit to Mme Klotz and doña Enriqueta at Las Palmas. — And now, the Most Serene again !

OCTOBER

Wednesday October, 3. —

My last night at villa Rafaela (which was called, before d. Vicente M. bought it : San Isidro). To-morrow, we shall all sleep

a. Nous sommes à un bas de page ; plusieurs feuilles ont été découpées, bien que la pagination ne connaisse pas d'interruption, mais Larbaud nous en donne l'explication quelques lignes plus bas. Entre deux de ces pages découpées se trouve une lettre de Gabriel Miró (voir annexes, p. 375).

at calle Bazan, n° 173. The nights are growing very cold and damp, and my rheumatic troubles were growing worse and worse every day, so that don Higinio told me I had better leave at once.

I am not quite satisfied with the use to which I have turned the five months I have spent here. Especially during the last month (September). Ill-health is no excuse. What is, for instance, my excuse for not having kept up my epistolary relations with G. Miró ? Or for not having translated any of Rubén Darío's poems, as I had promised d. Ventura García Calderón to do ? A silly "surprise", a passing fancy for ——. I have suffered, and I have caused uneasiness in other people. On the whole this is what I have done :

as to work : transl[ated] the last 130 pages of *The Way of All Flesh.*

reading and correcting Mme Klotz's translations of Miró's *Nómada* and las *Figuras* (vol. I) — I wrote "Devoirs de vacances" and prepared the Ms of *Enfantines* for publication. — I have read a good deal on the subject of *Evolution*, from Quatrefages up to Le Dantec. — I don't mention smaller works and LETTURE AMENE. — On the other hand : from the end of August until now, I have been more or less ill, and have wasted away my strength and my time. Still, I suppose I must not regret anything, as I am quite sure I can profit by it. "Live and learn".

Today I have answered Gide's letter. The Madrid publishers, Calleja and C°, want to publish a Spanish translation of his *Porte Étroite*, and he wishes me to take that matter in hand, and ask Calleja who the translator shall be, etc. — This morning I have received the first proofs of *Enfantines*. There were many mistakes. A man who knows German, but not well enough, has corrected my correction on "mein", so that I must take care. Besides, the titles stand out in ridiculously big characters. I shall have to look sharp. — I have packed up my books and "ropa", and have destroyed and burnt papers — and am dead tired.

Alicante again

Thursday Oct. 4. — We arrived here at 11 a.m. Had COMIDA, E. and I, at the Casino. Suffered all day ; my fingers are so twisted by the "reuma" that I cannot write for long together. Had a letter from Gladys. To-night, a reason for being happy.

Wednesday 10. —

A windy day. — At last, I am a little better ; I suffer less, and am able to eat a little, and to go about for an hour every morning. But I pass dreadful nights, sleepless, and with horrible pains in the articulations. On Monday, I sent the second part of the proofs of

Enfantines to Gaston and wrote another letter to Berthe. It was full of erratas, and I am afraid the book will make me sick when I see it. [*Fin de ligne caviardée.*] It would be better if they had all their printing done in Switzerland or in Spain ; because it is evident that this art is entirely forgotten in France, England, etc. I suppose it would be too expensive. But I shall look to that business as far as my book is concerned : I have asked for second proofs.

To-day at don Higinio's I met doña Enriqueta, who told me Mme Klotz had written from Paris, and that she was all right. Then we went, d. H., don Ramón and I, to the tailor's. Then I went alone to see our new flat in the calle Mayor. On my way home I bought a pretty Japanese box, and had it filled with chocolates, and after lunch the ladies went to San Vicente and gave it to Paquita D., telling her that I was still so ill that I had been unable to go myself. — During the afternoon, I went to post a letter and then for a walk in Campoamor. Later on I sat in a rocking-chair, smoking, while Dolores, the maid, was sewing nearby, so that I felt less lonely. The wind was raging outside, and gave heavy blows in the windows (then Dolores : "Maria Santísima !"); the dog was sleeping at my feet. I enjoyed it. — I am reading Le Dantec's *Théorie nouvelle de la Vie*. At last, there is a book of his which I am able to understand entirely ! It gives a complete "exposé" of his doctrine, which is to be found in fragments in his other books. The effect it produces on me can be expressed thus : while thinking over it, the vitalists, and S.B. among the rest, appear to me as beautiful old lamps, oil-lamps, or petroleum-lamps, made of brass, copper, or silver, with fine ornaments ; while Le Dantec is like the electric-light "lampe de bureau", which gives more light under a less artistic guise, a rather crude light though, but better on the whole. It is very interesting, much more so than Quatrefages or Darwin ; but it is just another sham explanation. I am sure I shall like Yves Delage better, from what I have read of him already, but as to arguments and (pseudo) proofs, Le Dantec beats him [*Trois mots caviardés*] nicely.

I have been reading Ramón y Cajal's *Memoirs*, the first vol., which I bought on the recommendation of Dr Roque Ruiz. It is written in a very heavy way, but there are good things here and there.

I see I have forgotten to note my project of writing something about Villiers for the American papers under the influence of Jacques Copeau. Well, I was thinking of it at Hastings in June and July 1914. I have been reading or re-reading *Le Nouveau Monde, Tribulat Bonhomet*, most of the *Contes*, and chapters of *L'Ève future*. What a mixture of utterly bad writing and the most magnificent poetry !

I did not note how I lent Eduardo Irles a copy of my translation of the Serena Bruchi letters in Landor's *H. and L. C. in I.*, and how he liked it enough to set himself to translate it into Spanish. However, he works so slowly and gives so little of his time to work that I shall be quite surprised if he goes on with it. If he gets to the end of the little book, I shall write a 3 or 4 pp. introduction in Spanish, and he will try and get it published either in Madrid or in Barcelona. But I don't think he will go on with the translation. Did I note that I received a letter from a "professeur" at lycée Michelet, I believe, asking me to authorize him to reproduce my transl. of S. T. C.'s *Ancient Mariner* in a cheap collection called "Les chefs-d'œuvre étrangers" ? Of course I said yes. — The ms. of *The Way of All Flesh* (my transl.) has been entrusted by Mme K. to the French embassy in Madrid and sent to Paris through the "valise diplomatique". But I shall not feel quite comfortable till I hear it has got safely into the hands of the N.R.F. representatives.

Well, peace of mind is returning ; once [*Deux feuillets déchirés*] quite center of the "capital", and in the VERY QUIET end of the most "animated" street. I have had very good news to-day, so that I feel quite comfortable as concerns ––. I went at once to don H. to show him the reassuring wire. I had gone to see him already in the morning, and had met don Ramón, with whom I spent about 1 hour, lounging about calle de la Princesa, calle Mayor, and the Explanada. He is reading Ramón y Cajal's *Memoirs*. In the afternoon I went to the tailor's to try ; then I met N––, who told me a good deal about doña C–– and d. R––. That meeting was really surprising. It came as one of the coincidences in Dickens' novels. Thus I learnt everything about the wedding, etc. Of ––, she did not seem to know much. After tea-time I spent more than 2 hours with Doña Dolores in the saloncito (for the last time) ; doña Josefina came, and told us about [Archena]. She had just seen doña Antonia in Madrid. She spoke incessantly. — Last night, as I could not sleep at all, I had a good look at two or three of A. Weismann's Essays (in Varigny's translation ; the one on "La Durée de la vie", another on "Reproduction sexuelle", another on "L'Hérédité".) It looks all very romantic, after Le Dantec's *Théorie nouvelle*. Trains of thought suggested by Darwin's and Häckel's theories.

Saturday 20. —

Yesterday I had a long and kind letter from Marcelle J––. Her friendship is one of my most precious possessions. In the midst of so many scheming, husband-hunting girls, and what a man can find[a] among the so-called respectable women who "se deján tocar", how rare and sweet it is to meet with such a frank and warm friendship. It was all about my Paris flat (the porter had written to

a. Ce *find* (infinitif normal) est noté au-dessus de la ligne où *found* (participe passé) avait été écrit. Il y a un renvoi en bas de page : "so sorry !"

her, telling her about Dr Thomas, who was then to come and live in my flat) ; she gives me news from Maney, Copeau, and a few other friends. Besides, she tells me she is correcting the proofs of my book. I wrote immediately to thank her, and tell her about these proofs, and what I want, and which mistakes I have detected, and what corrections I must insist on (the ö of the name Röschen ; the "mein" and not "meine" ; a whole sentence omitted in "Devoirs de vacances", etc. etc.) I hope my letter will reach her in time before she has given back the proofs to the ~~damned~~ French printers. But I am afraid the book will be something awful to look at, with all the mistakes left in it, and I shall have to take to my bed when I receive it.

I have had a letter from don Ventura García Calderón, accepting Mme K.'s translations of Rubén, and insisting on his determination that I should translate at least two of R.'s poems. I think I shall, for I feel better now, and am ashamed of not having kept my word.

I have slept three nights here in the new flat (calle Mayor n° 63). Everything is still "por el medio", and I shall have much to do to get the rooms decent before the end of the month. I am paying bills — to the rate of ten duros a day, and little by little things are shaping themselves. But I want to have a nice room to live, work and sleep in, and that will cost me many pesetas. All things considered, there is no comparison possible between my four months at calle Bazan and the new surroundings we are now living in. Besides I am AT HOME, since I pay the rent and almost everything else ; Doña Dolores' money going such a little way to pay for the family expenses. In fact, I am "head" of the family. How many "families" have I had already in that way ! At least this one has the great merit of being perfectly decent and honourable ; but I could not live more than two years with them. (How many real heads of family are in the same predicament ! and they cannot get rid of their real families...)

I have resumed my mode of living of last winter : never going out after sunset. In the morning, between 11 and 12, I go to Don H.'s where I generally meet don R. and we go out together for a walk about c. Mayor, c. Altamira, the Explanada, etc. He then goes to Benalúa, and I have a good hour's stroll between the Casino and calle Mayor. Then home. After lunch, another short "paseo" ; then home again. But what with the noise made by the carpenters, and the state the rooms are in, I cannot work, and not even read with attention. I have been looking at various books (Eduardo's) that lay about the rooms : *Fray Gerundio* (a weekly pamphlet of the early years of Queen Isabel II's reign), Espronceda, and Compoamor. *Fray Gerundio* gives the impression of the culture and freedom of the times in which it was written : what a difference with the times we are living in (to-day I got my copy of *Lloyd's Weekly*, and thus the contrast struck me with greater force.) Espronceda is a kind of A. de Musset (*El Diablo mundo*) ; Campoamor's *Doloras* I was utterly unable to read ; but his "Cantares" and "Humoradas" are interesting. That little book, *The Best Poems of C.* has an introduction by Jacinto Benavente, in which the dramatist attributes to Ronsard (sic) the line : "Mais où sont les neiges d'antan." I showed Eduardo the mistake. He says he will write a short note about it and publish it in the *Diario*.

To-day I have got a middle-size pot of Capstan English tobacco, from a Danish boat now in the harbour.

Dolores and Maria (the cook) left to-day, after a sharp passage with Lola. I am sorry Maria left. But Dolores was taking to bad ways since we had come to town again. She worked very little, she did not care to be shown how to cook, nor anything that could have made her able to earn higher wages ; she only thought of going to balls and picture-palaces, she accepted presents from several young men (soldiers, etc.). In fact she will not be long in going down. Both are illiterate. In fact, there is as much difference between an English (or German, or Scandinavian) maid-servant and [*Un feuillet manquant*.]

Sunday 21. —

Woke at 6 a.m. suffering much ; it lasted for about an hour, and then I could sleep till 8 ½. Don H. was not at home, but I met there the children and don Ramón, with whom I lounged on the Explanada from 12 to 1. I did not go out in the afternoon. More English tobacco came, better for cigarettes than Capstan ; a dark-brown, fluffy mixture. Among the books that lie straggling about the house, I met with a review, *Nómada* of Córdoba, in which I read a poem by Ramón del Valle-Inclán, an article by M. de Unamuno, and a short tale by Eduardo Irles ; he says he does not like it now, but it pleased Miró when he read it. It is of the year 1912. The review was a very short-lived one : two numbers. The Mood came back after lunch, but I slept it away. I have been reading a "discurso", or lecture, delivered in June 1913 at Madrid by Ramón y Cajál. It is curious, as it is a view of his ideas on the higher problems of histology. I have written to Gide about the Calleja business.

Thursday, 25. —

I have suffered so much, these past days, that I have been unable to write anything here. To-night, a strong dose of aspirin seems to have given me a few hours of respite ; at last ! Still I went to see don H. very regularly at about twelve, meeting there don Ramón, and then going about with him. I bought a few things for my room, and he accompanied me from shop to shop. But illness has prevented me from enjoying that shopping, and indeed everything else.

To-night I felt as if I could translate Rubén's *Canción de otoño en primavera* ; but after having made a mess of five stanzas, I gave it up : what little poetry there is in it cannot pass into my French translation. I am absolutely unable to work.

Sleepless nights, days spent in an armchair, sometimes too ill even to move — I must wait till I am better. — Yesterday I saw —— (after 20 days). Illness, and my "winter life", and everything, has removed me so far from her that it all looked like a dream. What does she think ? And THEY ? I am quite adrift from all that summer life, which seems to continue for them. Well, after all, I must be thankful, I suppose ; but I feel so weak, so lonely... And then, there is —— (no, better not to write anything about these two stories.)

No letters (these three or four days). To-day, or rather to-night I had a great joy. I looked at the small French Anthology of Eduardo (*Les Cent Meilleurs poèmes lyriques,* etc. — Nelson's edition), and [*Un ou deux mots caviardés*] met with that old delight of mine : that hymn of Racine's which begins thus :

Tandis que le sommeil, réparant la Nature
Tient enchaînés le travail et le bruit,
Nous rompons ses liens, ô clarté toujours pure,
Pour te louer dans la profonde nuit, etc.

I had forgotten almost every line of it, but after reading it twice I knew it entirely. It is wonderful : there is the very essence of the last dark hour that precedes the break of day ; the sky, very slowly, takes on the first white colour of the dawn, and in the last stanza, the pure ray of the early dawn breaks through the church windows :

Dieu, qui tout éclatant de ta propre lumière...

There is even the half-sleeping half-chanting faithful, who says :

Fais que, t'ayant chanté dans ce séjour de larmes
Nous te chantions dans le repos des cieux...

I re-read "La Belle Vieille" ; there is no finer poem in the whole range of French literature. For the first time I perceived the whole force of the line :

Consulte ton miroir avec des yeux contents.

To think that Maynard's name is so little known ! "France oublieuse..." (Sainte-Beuve.) — In general, the poems are ill-chosen : either too often quoted, or among the worst of a great modern poet (for instance, their choice as concerns Gérard de Nerval : "Homme, libre-penseur !" when they've got *Les Chimères* !) Marceline Desbordes-Valmore occupies much room. There is a terrible "Berceuse" by her, where there are enough menaces to drive a child mad with terror ("If you don't go to sleep", etc.) Well, it is the NATURAL thing. I have had a good look at Banville's "Nous n'irons plus au bois", and I have seen that the magic of this short poem lies essentially in the rhymes, and in the return of such sounds as : ou, oi. True, the meaning too conveys admirably the colour and the odour of the French gardens and parks in the month of November. — Ramón y Cajal's lecture on histology has made a strong impression on me (and on don Ramón too). But his conclusion is simply infamous ; or it may be only "automatisme mental" ; at any rate it gives a poor idea of his moral character.

Saturday 27. —

The usual thing. My first "winter" breakfast : porridge, marmalade and tea. (The people here do not understand those things !) Went to don Higinio's, where I met don Ramón, etc. Did not go out in the afternoon. Got a letter from Diez-Canedo, very kind, about the Calleja business. He invites me to come and see him in Madrid. He writes admirably in French. I wrote to Gide, telling him what I knew about the Calleja business. I have nothing more to do with it ; only I wish I could go to Madrid and see some pages of Diez-Canedo's translation of *La Porte étroite*, and ask him what he thinks of the reception the book is likely to get here. I wrote to Gladys too (I had a letter from her yesterday.) I feel a little better, thanks to this "formula" : Fenacetina, 15 ; Piramidon, 25 ; Antipirina, 25. —

Sunday 28.

I feel so poorly to-day that I am afraid I shall be unable to get up to-morrow morning. From about 2 a.m. last night till 8 p.m. to-day, there blows a strong arid very cold wind, and I felt at once its influence. I have been unable to eat, and though I have gone out to take exercise twice to-day, I have felt very ill. I went to don H.'s at about 11 ½, and he told me to go on with the syrup and the anti-neuralgic receipt[a]. He then showed me a letter from don R. and doña C. It was a great joy, and I thought of going to Benalúa in the afternoon, where I was to meet d. H. again. Coming home, as I was passing along the railing of the Isabel II square, I heard Pepito G.'s voice calling me ; I turned and saw all the children in the mirador. They greeted me. Just at this instant I was thinking about doña C.'s words, and I felt so glad that —— may have mistaken the expression

a. Sans doute pour *recipe*.

of my face, and thought that —— (Well, again, I must leave that alone ; only I may say that I knew something about ——). Her father was right, after all, when he obliged her to sew up again her skirt and untie her hair. Poor man, he must have been “horrorized” when she showed him my “billet-doux” ! E. who told me of the new developments, concluded by saying that it was all “mañacadas”. Of course, doña C.'s letter has taken me entirely away, and at once, from these “mañacadas”. I did not go to Benalúa in the afternoon, but went for a short “paseo” on the admirable terrace of the Arrabal Roig. From that place, the view is much grander than that on the terrace at Monte-Carlo, and there is as much sun. Only, they don't know how to take advantage of it, and the Arrabal Roig, the best, warmest part of Alicante, is one of the most dirty “barrios” of the town.

I could not work, but I have finished reading Le Dantec's *Théorie nouvelle de la Vie.* The last chapters, the conclusion, seem to have been written hastily. All his critiques on Claude Bernard and Yves Delage are good and interesting, but he is not convincing when he turns to the question of heredity. For instance when he says : “La structure du système nerveux varie à chaque instant de la vie ; l'épiphénomène de conscience varie aussi à chaque instant ; seulement, ce qui relie ces divers états successifs les uns aux autres, C'EST LA PARTICULARITÉ PHYSIOLOGIQUE APPELÉE MÉMOIRE [= unconscious memory]. La mémoire physiologique est une conséquence naturelle de l'assimilation fonctionnelle ; le même épiphénomène de conscience accompagnant toujours le même phénomène physiologique, la mémoire psychologique découle naturellement [??][a] de la mémoire physiologique.” That passage showed me that S. Butler's theory may be tested by Le Dantec's theory, and still keep some appearance of firmness. ~~More “mindless” than Le Dantec's theory~~ No theory can possibly be more “mindless” than Le Dantec's, and yet the vitalistic theory of S.B. as exposed in *Life and Habit* can still find some place in a theory like Le Dantec's. But then, all Le Dantec's explanation is a sham explanation. Only, looking more “mindless” than any other, it seems to be more scientific. There is a parallelism between the “Evolution” movement and the Romantic movement in literature. The origin of both movements can be traced back to the XVIIIth Century “philosophes” ; later on, the literature of Evolution gets more and more scientific, just as Romantic poetry and literature get more and more “egocentric”. In the history of this movement, Le Dantec plays the part of the Réaliste School (the French one), that is to say, he is just a neo-romantic. Now, I don't know whether I should read Yves Delage's book first, or begin at once with Le Dantec's

a. Annotation de Larbaud.

Évolution individuelle et hérédité. I think that I shall take up Delage first, and then see what Le Dantec has to say about his "théorie des causes actuelles".

Tuesday, 30. —

A little better, but not much. Still I went to see Don Higinio at about 12. That is to say, as I thought he had gone, I went to see his family and meet Don Ramón ; but Santos told me the Doctor had not left. He left to-night for Madrid. A cold, windy day. I did not go out in the afternoon.

Doña Antonia sent me from Madrid a book of poems by her uncle, Ventura Ruiz Aguilera, and I read part of his once famous *Elegias*. I suppose Ruiz Aguilera may be described as a poeta minor of the Isabeline period. Pastor had received vol. II of Cajál's *Memorias*, and I read about 100 pp. of them. It is much more interesting than vol. I, but as wretchedly written. It is the history of his scientifical researches, and there are great things here and there : "muchas veces me he preguntado si no hubiera sido mejor para mi porvenir moral y económico haber cedido a la sugestión de la moda, abandonando definitivamente, a ejemplo de muchos, la célula por el microbio, etc." Kölliker's letter, which he quotes in a footnote, — about the ignorance of the Spanish Professors of Biology circa 1849 — is really amusing.

I feel so depressed and unwell that I don't know what to do. Sometimes I wish I could re-act and proclaim a month of State Life, with thanksgivings and the wearing of a scapulary ; but I cannot even pray regularly.

NOVEMBER

Thursday, November 1. —

Yesterday I had a very kind letter from A. Gide about the Calleja business ; but more about his friendly feelings towards "le petit père" as he calls me (alluding to the Russian way of greeting friends.) About Miró he says "Jusqu'à présent je n'ai pas beaucoup mordu à la cuisine espagnole ; mais [*Un feuillet déchiré.*]

a little unbalanced. We talked about Jules Renard (I had lent him Diez-Canedo's translation of *Poil de Carotte*). His taste is good and his judgments do not lack "sal" (piquancy I suppose, in English). A silly afternoon. People going about ; a few nice girls. I have beeen going on with Cajál's *Memoirs*. The following made me think of M. de Quatrefages and comforted me : "Todo el precedente preámbulo... se encamina a disculpar, en lo posible, mis escarceos especulativos, — pocos por fortuna, — y explicar el cómo un fanático irreductible de la religión de los hechos, ha caído, de vez en cuando, en la debilidad de sacrificar al ídolo de la teoría deslumbrante, no obstante hallarse íntimamente persuadido de su irreparable fugacidad, y a despecho de haber declarado repetidamente : que, SI POR AZARES DE LA SUERTE, nos vemos compelidos a forjar hipótesis, PROCUREMOS AL MENOS NO CREER DEMESIADO EN ELLAS" (p. 311, 312).

Saturday 3. —

A little better. I have finished reading R. Cajal's *Recuerdos de mi vida* ; wretchedly written to the end, but very interesting at times, that is when he deals with his discoveries and, generally with his methods of working. A fact is to be noted : the more he discovered, and the more adverse he became to all sorts of hypothesis on the great problems of biology. However, he announces a book on *La Verdad y el Error en la doctrina de la evolución*. I must be on the look out for it. Eduardo just came back from his night stroll. He had met his friend don Rafael B., to whom he lent my copy of S.B.'s *Alps and Sanctuaries*. B. likes the book, and I think I shall make him read *The Way* when he gives me back *Alps and Sanctuaries*. Thus I shall have found readers here for : S. Butler, Paul Valéry, L.-P. Fargue, Walter Savage Landor, etc.

Monday, 5. —

A rainy day ; the pelting rain of the Mediterranean sea-coast. The pains in my legs woke me at 5 a.m. ; still, yesterday and to-day I have felt better, reading a good deal, but unable to do anything else.

Yesterday I received five nice books, a present from Mrss. Calleja and C°. One of them, a book on *Berruquete y su obra* I lent at once to don Ramón F. The others are translations from the French. I shall be glad to see *La Puerta estrecha* by André Gide, in this neat collection. — I am reading the first part of Yves Delage's book, *Les Faits* (on the cell etc.) keeping well in mind what I learnt from Le Dantec's *Théorie nouvelle* about "le préjugé individualiste." Delage seems to be "brilliant and superficial", as cheap critics say. I have seen his Index, made without order, and, I suspect, mainly from books (or authors) which he has not read. It may be, also, that he has copied out part of the index at the end of Darwin's *Animals and Plants*. He too has hit upon Maupertuis, but he quotes another work of his : *Vénus physique* (1748), different from the one quoted by Edmond Perrier. I had already seen that he quotes S.B. in a footnote, casually, and in the same sentence where he gives a short account of Hering's *Gedächtnis als eine allgemeine Funktion der organisierten Materie*, (which, ~~by the bye~~, appeared in 1870).

Yesterday — came from San Vicente, with a very ugly "amiguita" of hers. She blushed when she saw me. How distant I feel, now, from all that summer life ! What with the change of surroundings, bad health, voluntary solitude, and returning "ganas de trabajar", I live really apart from the world, NOWHERE, — and all the ordinary pursuits of life seem impossibilities, silly dreams, to me. Add to this that "la frontera francesa continúa cerrada" (so say the papers) and that nothing reaches us from the rest of Europe[a]. I am in the midst of a Pacific Sea of Solitude and silence, and would be perfectly happy but for those dreadful pains in my legs and feet. In fact, I enter one of these periods during which, being bound to material life by physical suffering only, [*Cinq lignes caviardées*] there is no place for the world. "Mon enfant, fermez bien votre petit cœur à tous les bruits du monde ; N'ÉCOUTEZ PAS CE QUE LE MONDE DIT ; NE FAITES PAS CE QUE LE MONDE FAIT ; NE CROYEZ PAS CE QUE LE MONDE CROIT." This is the greatest of all maxims, the Golden Rule itself. Of course, I should be glad to hear again from Doña C., or to see a way of — ; but, as it is, I feel very happy ; and physical suffering makes my happiness perfect.

Tuesday, 6. —

Another rainy day. I went on with the reading of Delage's book, and it occurred to me that I should do well to read very carefully the famous "Chapter XXVIII" of *Animals and Plants*, which contains Darwin's Provisional Hypothesis of Pangenesis. So I read it during the afternoon, and found that, 1° the exposition of the facts is analogous to that given by Delage, who, indeed, has taken from it[b] a few instances, and a whole paragraph, in order to illustrate what he says about the re-growth of amputed parts, the graft-hybrids, etc. 2° that Pangenesis is a typical "romantico-biological" theory such as those the critical examination of which forms the main part od Delage's book ; and 3° (incidentally) that Barbier's translation shirks the verb "to sport", and takes advantage of the fact that Darwin has said "to sport into" to translate thus : "produit".

Wednesday 7. — Don H. came back from Madrid, with a cold. From there he wrote to Doña C.'s husband, sending I know not what serum. He found me better, but I have spent a dreadful afternoon, with the pains in my legs. I could neither stand nor sit down. I had to spend nearly 5 hours on my bed.

a. Cette dernière proposition est écrite au-dessus d'une ligne caviardée.

b. Note de Larbaud : « *L'Hérédité et les grands problèmes de la biologie générale*, pp. 101-103. — *Animals and Plants* etc., II 357-359. »

I have read about 50 pp. of Delage's book. His language is astonishingly unaccurate, as when he says : "L'ovogénèse EST CALQUÉE sur la spermatogénèse", and many expressions of the same vagueness. However, his RÉSUMÉS are clear ; what he says about Weismann's "Keimplasma" is clearer than what Weismann himself says. The abundant footnotes are almost always interesting.

To-night Don Alfredo D., Doña Luzgarda, and their children called.

Thursday 15. —

I have spent a whole week in a state of prostration such, that I have been unable to do anything.

The pains in my head were so acute that I feared it was otitis. I could scarcely sleep, nor eat, and I had a very high temperature during the greater part of the afternoons. I have spent the best part of the time in bed. To-day I feel a little better, but far from well, and I am almost deaf — though I cannot determine whether this comes from the pains in my head or from the quinine I have absorbed, together with the aspirin, in order to get a few hours' respite every night. I fought well, and to-day I have made an effort in order to be better, getting up at 8 ½, going out, etc, as if I had been alright. Don H. does not know what to think of those pains. I knew, all the time, that there was something the matter with my ears and head, but I could not find the strength of will necessary to fight against illness until to-day.

Friday 16. —

The fighting goes on with some success, and I feel really better. This is due, too, in some measure, to the admirable weather we are enjoying. But I too did much : I acted as if I were alright. Thus : Lola woke me at 8 ½ with the porridge, the tea, and marmalade. I got up when the barber came, at 9 ¾. Then I went out : Explanada, etc ; then to don H.'s where I found don Ramón. We went out together, first to the terrace of the Casino, and then to the "PASEITO Isabel SEGUNDITA", where we went up and down among the pretty children at play. It reminded me of last year's walks with don Angel and the general. Then I went home and found letters ; old ones, of course, after so many days during which Spain has remained isolated. A post-card from Gide, a letter (October 30) from Mme K., with news from various friends, and the re-assuring news (at last !) that the French "valise diplomatique" has delivered safely the ms. of *Ainsi va toute chair* into the hands of the N.R.F. people.

I did not go out during the afternoon ; it would have been too much for me ; I finished reading Huc's *Voyage dans la Tartarie et le Thibet*, much more interesting than his *Empire chinois*. I have "devoured" (I like that Gallicism) these two volumes during the few moments of respite I have had this last week. I received two old numbers of *Lloyd's Weekly News* and read them. There is an interesting crime in Bloomsbury. How will historians laugh, sixty or seventy years hence when they read the newspapers of today ! Tonight I felt so much better [*Trois lignes caviardées*] but my silly "lio" of September, and the change of season, have wounded me very seriously. Don H. thinks I shall soon be well enough to go to Murcia.

Saturday 17. —

Fought gallantly. Much better ; and the wish to work coming back (: I have removed the litter of books, papers, letters, etc, that covered my writing-table, and have bought "writing implements", and shall buy more on Monday morning.)

The usual thing : Casino, Don H., Don R., the paseito Isabel Segunda, home to lunch ; then shopping after lunch.

I have been reading Delage's book. Part II is a collection of theories on the cell, its composition, the causes of the motions of the amoeba, the mechanism and causes of the various forms of reproduction etc. I noticed that, without mentioning such men as Berthold, Verworn, His, Strasburger, Nägeli, etc, Le Dantec owes much to them. Would he be just a vulgarisator of old German theories, which he presents as quite new, and as his ? Van Rees' theories attracted my attention. They are the most striking and the most daring. It is a pity that his books are written in Dutch. — Tonight I answered Mme K.'s letter, and wrote — at last — to Henry Festing Jones. But shall my letter reach him ? And when ?

I have lent Huc's books to Don Ramón.

Tuesday, 20. —

A little better ; at least, better than on Sunday. — What a fine weather, and the sea so calm, so blue, "plate comme avec la main", (Henry J.M. Levet) ; The long and limpid vistas of the Explanada... ; everything so pure in so clean a light. A sign that I am better is that I can see how sunny and gay my bedroom looks when I get up, at about 8 ½ with the sun streaming in through the mirador. — I have spent about 2 hours with don Ramón on the terrace of the Casino, and in the afternoon I have read Delage's book. His exposition of Buffon's theories is the work of a man who knows what he is about.

Friday 23. —

After an illness, and after some sentimental experience out of which we emerge, free at last, but still a little "crumpled" (if not crippled), one day there comes back the Wish to Work. We had thought we should never be able to work again. But at last the wish has come, it is here. We wake earlier, feeling just a little better, though very weak ; but there is sun in our room and we get up. We begin by re-arranging our writing-table. This is not the work of one day only. Another day, we change the old and rusty pens in our pen-holders (these were the pens we used THEN) ; another day we buy a few implements, such as : some sheets of blotting paper, a new pencil (of some good American mark), india-rubber, etc. And at last comes the day when we take up Work again. Then a great, sweet, innocent silence falls around us. We have found again our "raison de vivre". The world cannot, has not right to interfere with us ; we do not care for what it does, or thinks, or says. We live in our work, and are in peace with ourselves, with our neighbours, with the town we live in. The hours we give to lounging, to the conversation of a few friends, we feel that we have earned them, that we deserve their calm, their peace, their emptiness. [*Deux lignes et demie caviardées.*]

All this is very superficial ; but I note it here, in order to see if, one day, I shall be able to do something with it. It occupied me (I mean these trains of thought) yesterday and to-day. As it is, — and I have written it at full speed, and with little reflection — thinking part of it in French and part in Spanish, — it is worthless, the mere shadow of what I intend it to be. I feel better, but not well. I have been reading Delage, his "résumés" and criticism of the theories of Béchamp, Haacke, Erlsberg (this one very interesting and suggestive ; an American of Scandinavian parentage I suppose. The Germans are really DULL), and am about to read what he says of Häckel. — Yesterday, spent the afternoon at Benalúa with Don R. and Don H. — No letters. Splendid weather. —

Sat. 24. —

I have read in *España* a "nekrolog" of Léon Bloy, and heard thus of his recent death. So, the old lights of French literature (Mirbeau...) of French art (Rodin...) and of French society (Paul Hervieu...) are going out one by one. One need not be a prophet to know that Bloy's works will outlive the works of the great majority of his more famous contemporaries (Zola, P. Bourget, M. Barrès, etc.) He began as a rather countrified disciple of Villiers de L'Isle-Adam, Barbey d'Aurevilly and Louis Veuillot. He was then heavy and sometimes dull, in fact too earnest and too little "dégrossi". Then he read — so he says — Carlyle, from whom he learned how to free himself from the old "eloquence" of the day. Then, the frequent reading and re-reading of the Bible, both in Latin and in French (Lemaistre de Sacy's version) helped him to shape his style and to become one of the great masters of the French tongue. This is the technical point of view, and it is from the technical point of view that he must be judged. The substance of his work is but a "rajeunissement" of the old themes of the Christian Oratory, mainly taken from the Epistles of St Paul. Such technical mastery, so much art, at the service of these themes could not fail to make them appear as quite new and to give them great strength, in the midst of the almost universal platitude of the literature of "free-thought". Thus he could convert many people, and he has been of great utility to me in various circumstances, when I could not possibly swallow any of the "official" commentaries of the Epistles. At first it was refreshing, it was the opening of a window. But, little by little, there came in that flavour, or odour, of the French coffee-house, which I find so repulsive. He "gueules" too much. But then, "gueuler" is always too much. This is one of the disagreeable traits of middle-class French character. Like their terrible beards and mustacchios that do not agree with the very benignant and sometimes sheepish expression of their face. They make a great noise, they "gueulent" much, against this and the other ; and then comes in the "agent", or the "gendarme", and they shut up immediately, and will allow themselves to be driven where "l'autorité" pleases, indeed, like sheep to the shambles. We shall not see again men like Léon Bloy, I mean, men believing in themselves with so much passion and such blindness. From that point of view, he seems far older than Samuel Butler. But there is much artifice, insincerity, "truc" in Léon Bloy ; and this too makes him look older. His master, Villiers de L'Isle-Adam, looks younger, for instance. Perhaps this comes from the fact that Villiers is never "midddle-class". Degraded, "en-niaisé" by Bohemianism, to a certain point ; but still a nobleman. Bloy is — in spite of all his efforts — a little "bourgeois" still. But then, compare him to the authors he has criticised in *Les Dernières Colonnes* !!!!

Two hours with Don Ramón. I did not feel well, and slept during the afternoon. Later on I read Delage's book. He treats Häckel as he deserves. It is evident that Hering's theory has influenced Häckel (so he himself says), and Cope, and Orr ; so that the list of authors given by Marcus Hartog as influenced by the Hering-Butler theory is far from being exhaustive (he mentions Orr, but says nothing of Cope.)

Tuesday 27. —

Ill again ; and absolutely unable to work ; and not fighting well against illness. It is another sort of mood. During these past few days : news from various friends ; hours (mainly philological) with don Ramón Ferrerés. He is much better. He lent me about 30 numbers of *Gil Blas* a Madrid paper of the years 1915-1916, where I read articles and short notes by Ramón Gómez de la Serna. Some are really

[*Deux feuillets découpés, suivis de deux feuillets déchirés*[a].]

a. Signalé par G. Jean-Aubry.

old Chaucer, is included among the "immoral" novelists. The little book is replete with unconscious humour and did me a great deal of good, because it made me laugh heartily. Thus I heard that Mr. Paul Bourget has been "immoral up to the year 1887" ("inmoral hasta 1887".) Léon Bloy is "más dañoso que de provecho". Philippe (Carlos-Luis) is "muy deshonesto". Flaubert is "atrevido y grosero". Mr. Léon Hennique is "deshonesto, [solaesco]". Huysmans is "peligroso, desequilibrado", etc. Dostoiewsky, though "extravagant" and almost mad, "can be read", or "may be read" ("se puede leer"). The personal enemies of the Company are treated savagely, Castelar for instance, who is a "falsificador de la Historia, enemigo de Dios, etc." Countess Blessington (the poor dear woman !) is "mundana, inmoral", etc. There is even a writer, unknown to me, or whose name has been mispelt, who "may be read, EXCEPT AS CONCERNS SUICIDE." An English author, unknown to me, is called by the padre "a mad novelist". I wonder who it may be ; the foreign names are so badly spelt. Of course, when he gets to Voltaire, the padre writes : Infame ! Infame ! Infame ! — thus, three times. That poor, "bien-pensante" scribbler, Pierre de Coulevain, is "más dañoso (the Padre does not know she was a lady) que de provecho." Well, after that, try and be good !

[DECEMBER]

Wednesday, 5. —

Yesterday St Barbara's day ; to-day St Nicolas' vigil. The girls here go to the church of that name and pray that they may find a novio and get married in the course of the year. — Another wet day ; yet, I got up early and went to the Postiguet, the Explanada, etc. These walks do me a great deal of good, and then the sea, the harbour, the sea-coast are very entertaining to look at. One cannot feel the dullness of a provincial town, when there is such a panorama so near at hand. I feel better. But I must not feel too confident ; there is no place for illusions : I shall not be able to take up work again this week, nor the next. So I have decided to leave that idea entirely aside till January, and till then think only of my health, and the fight against illness. Still, yesterday and this morning, while walking along the sea, on the soft, wet sand, I felt the wish to work. Besides, there is a something that is shaping itself obscurely in the current of my life, a something which would embody the old themes of Solitude, "la piantina", days out at sea, days in Montpellier, Marseille, San Remo, Barcelona, etc. Yesterday came an awakening shock, when the little girl, in the calle

Mayor, came along and walked at my side under my umbrella. But it wants other shocks in order to "DÉCLANCHE" itself. — Teresa is sewing my new "batín" ; it will be quite "comfy".

I am going on with Delage's book, and have at last understood in what consists Weismann's importance. Oh, and I have been reading or re-reading many of W.S.L.'s shorter poems. What a mastery over the language he writes in ! His grand use of the word "architrave" in a short and rather sportive epigram ! But this is for the "happy few", and the feelings are generally shallow, conventional, and even coarse at times. Well, the true feeling is in that very use of the word "architrave". When "la critique" understands this... ! Here is the epigram :

According to eternal laws
('Tis useless to enquire the cause)
The gates of fame and of the grave
Stand under the same architrave ;
So I would rather some time yet
Play on with you, my little pet !

It is in Forster's edition, vol. II.

Thursday, 6. —

Though not much better, I have felt happy all day long (without immediate cause). A wet and windy day. The usual thing ; not going out in the afternoon. I have finished reading Delage on Char. Darwin's *Pangenesis*, and what little he says about Maupertuis. "Il est vraiment admirable, says Delage, ce petit in-12, où, sous le titre singulier de *Vénus physique, dissertation à l'occasion du nègre blanc*, Maupertuis expose son système en quelques pages... Geoffroy Saint-Hilaire pourrait signer sa loi de la tératogénèse ; Lamarck ses idées sur la variation ; Darwin son système des germes représentatifs. Et tout cela a été dit par lui [Maupertuis] un siècle avant eux !" (pp. 583-584). Later on he writes : "Mais on peut reprocher à Maupertuis des lacunes et des imperfections que lui-même aurait pu voir. Ainsi on comprend l'origine des germes conformes au type individuel ; mais d'où viennent ceux qui reproduisent les traits des aïeux... et ceux surtout qui s'écartent du type de l'espèce ?" This paragraph shows that Delage does not know the pamphlet in which Maupertuis exposes his "unconscious memory" explanation of some of these facts. Strange, that neither Charles Darwin, nor Butler, nor Francis Darwin ever ~~heard of~~[a] said anything about Maupertuis. Of course, it is ~~absolutely~~ almost certain

a. Corrigé au crayon entre les lignes, au-dessus de la rature, comme *almost* pour *absolutely* quelques mots plus loin.

that they did not know him. But that so many men, scholars, writers, etc., who have written about evolution, should have ~~missed him~~ passed by such a great precursor without knowing of his existence, is very strange indeed. Both Edmond Perrier and Yves Delage seem to believe that they are discovering him. — I have received and read *Lloyd's Weekly News*. It gave me just that whiff of London air of which Kipling speaks in one of his poems. There are really very good things in Kipling's poems sometimes ; the "blue goodness of the Weald" for instance.

Saturday, 8. —

The Purísima's day, and the Conchas' day. Last year it was a fine day, with a calm and blue sky, and warm weather ; I was ill in my room at Samper's, and looked idly from my closed window on the passing crowd on the Explanada. This year, it is a wet and rainy day, with "chaparrones" (showers) every half hour, and I am in my room, not so ill as last year, but awaiting the dreadful pains in my head, which come surely at night on wet days. I have not strength enough to work, but go on with Delage's book. However it is a relief to write here, almost without giving attention to what I am writing, but just jotting down a few reflections I made yesterday and to-day. First, about the XVIIIth Century. It seems that its great men are about to reach their maturity, and that it will be the business of the XXth Century critics to understand them and to cause people to read and understand them. Then Voltaire and Rousseau will be looked at in another light, and second-rank men such as Fontenelle, Diderot, Maupertuis etc, will come into their own. It may be that even the XVIIIth Century poets (the French ones) will find readers, and critics to study them.

While thinking of this, I have read an article on Pío Baroja's last book. It appears that Baroja, who is a rather poor writer, is one of those impulsive men of imagination such as W.S.L., and almost all the XIXth Century men (calling "men" only those who have got into their work). Baroja is only one of so many of them, typical of the XIXth Century. The gist of the article lay in its printing out a contradiction between two of Baroja's sentences : "La sociedad no es buena ni mala. Cuando resulta mala para un hombre, es que éste tiene una sensibilidad excesiva para su época, y en tal caso, no es un ser normal, es un enfermo." And then : "Dice el autor [P. Baroja] que la sociedad lo ha desquiciado, sumiéndole en la enfermedad y en la histeria... 'Por eso la odio cordialmente y la devuelvo en cuanto puedo todo el veneno de que dispongo'."

This is the typical XIXth Century contradiction. They had not "fermé leur cœur à tous les bruits du monde", as I believe WE have — we, men of the XXth Century. In this respect, S.B. is already a man of the XXth Century. But there is much to be written about these questions. — Five p.m. How I have lost this afternoon ! How hard is the fight against illness ! The hours lost in that fight ! And what it means : when I am well enough to work, Alicante is not a provincial town without life and that great "seriousness" of the capitals "où s'élabore le progrès" ; Alicante is a town where something important is taking place : the translating of Samuel Butler's books into French. But on a day such as this, with the rain, the well-dressed people going to church or to the theatre, it looks like any provincial town, — like San Remo, or Leghorn, or Toulon, or Málaga, and the sadness of it all grows upon me. I daresay Baroja has never felt this ; he lives too much in the world. Oh, we ought to be like workmen, like business-men, ignoring everything that is not our work, our business ! Then God shall bless us.

Sunday, 9. —

This morning I received a letter from Mr. H. F. Jones. As it is an important document, as coming from a personal friend of S.B., I have pasted it in this copybook[a]. I don't know Streatfeild's address in London. — Another wet day. Did not go out, except for 20 minutes, between 1 ½ and 2 (Postiguet, calle de la Princesa, calle Mayor.) I felt better in the afternoon, and read more than usual, over 50 pp. in Delage's book (all he says about Nägeli's system). Then I had a look at some passages of my transl. of the first parts of the *Note-Books*, correcting one expression. Then I took up Delage again. I must note a quotation from HALLEZ in his exposition of that scholar's theory : "C'est, si l'on veut, la mémoire inconsciente de Häckel". (Delage says, just before, quoting Hallez's opinion : "Les particularités somatiques héréditaires deviennent telles par suite d'une impression exercée à distance sur les molécules de l'œuf.") (page 620). Hallez's chief work is entitled : *Pourquoi nous ressemblons à nos parents* (Paris, 1886), P. Hallez.

After dinner, played at "loteria" with Doña Dolores, Lola, etc.

Monday 10. —

A wet and cold day. Morning : Doña Enriqueta came while I was out, but left a note. Shall go to-morrow. Afternoon : Mlle Yssanjou came and asked money for the Queen's "Ropero" ; gave her five duros, but kept her for ½ hour, Carmen (the maid) having gone out to fetch change.

Wednesday, 12. —

Good news : yesterday I went to see Doña Enriqueta, who told me Mme Klotz had written that Miró's *Figuras* had been accepted

a. Ce document, collé sur la page suivante, dans la marge de gauche, se trouve en annexe p. 374.

by the N.R.F., and this very morning she sent me a letter from Mme K. to me (sent through the French valise diplomatique). Mme K. wrote to say that, after reading ONE chapter from her translation of the *Figuras*, Fargue had accepted the whole book. Only he told her to revise a little her translation, and he sent the ms. of vol. I to Gide (I have got here the ms. of vol. II). I should have liked to know more, as I had really given up the whole thing after receiving Gaston's last letter. *Nómada* had not pleased them, and they considered it as an error on my part. But then, seeing a few pages from las *Figuras*, Fargue changed his mind at once, and thus I see that I was right after all. To-morrow Eduardo and I shall write to Miró.

A fine day, quite warm, and clear and sunny.

Two hours with Don Ramón about the Postiguet, along the sea-side and in Diana. Worked at the *Note-Books* in the afternoon. After dinner, had a look at Quevedo's *Páginas escogídas* in the Calleja collection. His criticism on the Góngora school are amusing, but I should have preferred to read *Las Soledades* once more. — A few days ago I re-read the whole of the ms. of *Devant l'Ange*, and thought I could perhaps re-write it, under the former title of "Beauté mon beau souci..."[a].

Last week I wrote here : "There is a something that is shaping itself..." Well, unconsciously I was approaching again that unfortunate book. I think I'll do it at last ; but I have found a new arrangement for the story in it. This means re-writing entirely. I begun last night in bed, and wrote ½ page (with a pencil — just as I translated S.B. using a pencil to-day) ; I must have worked hard (between 11 and 12 ½), for I got excited and could not sleep till 3 ½ a.m. — All this means that I AM better, whatever my dear doctor may say to the contrary.

I wish it could last ; then I could work regularly at the transl. of S.B., at the course of reading on *Evolution,* and at "Beauté..."

Thursday, thirteenth.

A fine morning, but it rained during the afternoon. Went on with Delage's book ; Weismann again. Miss Elisa D. came to lunch and spent the afternoon with us : we played at "bisbis", a local game, a kind of lottery. Later on, I worked at the *Note-Books* ; I don't think I shall go on with this diary, at least with the daily entries. My days are, now, all the same : I am better, — at least nothing prevents me absolutely from working, and I feel I am fairly off that time of moral and physical suffering through which I have passed since September last. I lead a very quiet life, with work always in my thoughts, that is, over and above every sentimental

a. Note de Larbaud : « It has been published in the n^os^ for July and August, 1920, of the *N.R.F.* »

consideration. I live by, and in, my work : S.B. as "material" work ; "Beauté..." (or whatever it may be called) as "living" work (that is, containing both experience and criticism, or auto-criticism) ; and the reading of Evolution books as satisfying curiosity, and giving, in some fashion or other, PABULUM to reflection and thought. It has been hard to get well enough to reach this Peaceful District of the Most Serene ; "A weary time, a weary time !" to think that I have given thought to politics ! — No, when I say "living" work (as applied to the re-writing of "Devant l'Ange") I mean : not only experience, but ADVENTURE : it is something risky, difficult and yet tempting ; one may fall into an ambuscade, and yet one wants to go on, etc. It is action, research, worry, delight, all that makes life worth living and book-writing a part of life.

Monday 17. — I have just finished reading Delage's admirable criticism of Weismann's second theory. Thus he has done with the *Organicists* (including Darwin's gemmules, Nägeli's and De Vries' systems.) — I am still far from well and am fighting hourly against illness. However, I have worked a little at the *Note-Books* and at "L'Ange". But I do not dare to work while feeling unwell. I think I ought to wait till I am better.

Wilhem Roux's theory is striking but disappointing in the end. As he admits heredity (without explaining it) I suppose he would admit some kind of unconscious memory —, so that the Hering-Butler theory finds place in almost all the systems : animist, evolutionist, micromerist and organicist alike. However it ought to be called the MAUPERTUIS-HERING-BUTLER theory.

To-day (Thursday, 20.) I have received a[a] letter from Miró ~~which I have pasted next to p. 172 of this diary~~ He is only partly right. Mme Klotz must revise her translation and compare it with a faultless — or rather, corrected, — copy of las *Figuras*. But as to his question : "¿ Se aviene su temperamento con el mío, y con el mío en las *Figuras* ?" — I think he wants too much ; in fact, what he wants is a French Miró to translate las *Figuras* ; and this he will never find.

A translation cannot be but an approximation, Mrs Klotz, helped by Doña Enriqueta knows enough of Spanish, and writes correctly enough in French, and is sufficiently cultured not to make a mess of a work which describes, essentially, LANDSCAPES among which that lady has lived for several years, and which she "feels" as intensely as a woman, and a Jewish-Parisian woman can feel them. Eduardo tells me that, all along, Miró has wanted ME to translate

a. Larbaud a substitué, au crayon, l'article indéfini au *the* qu'il avait spontanément écrit à l'encre.

his book (or books). But then I have S.B. And even if I had not S.B. I should not think of translating a Spanish book. Simply, because I cannot. It was the first foreign language of which I knew something, and I have spoken it for months together ; some of the most important and decisive talks, conversations, etc, I have had in my life have been carried on in Spanish, and I am constantly speaking it at home — and yet I cannot translate any literary work from Spanish into French. This is due to two causes : I have never STUDIED any classical writer and know very little of Spanish classical literatures ; and then : I NEVER THINK in Spanish. While I have STUDIED such writers as Addison, Dr Johnson, Shakespeare, S.T. Coleridge and W.S. Landor (but especially Addison) ; and I continually, or almost continually, THINK in English. (When I told Joseph Conrad about Addison, he seemed to take it as a joke.) Well, to-night I have written a long letter to Berthe L., about the new development in the "affaire Miró", — but also asking for news from my Paris friends (how can they live in that atmosphere ?! The winds that come from over there stink so !) Great news : the ruins of El Dorado have been discovered.

Saturday 22. — I have finished reading Delage's big book. I do not think highly of his *Théorie des causes actuelles*, at least as an explanation of the facts. He seems to take for granted what he calls "heterogenous partition" (division hétérogène), but he does not look for the causes of it. Besides he himself confesses that the intra-uterine formation of such an organ as the eye, and all the cases of re-growth are not explained by his hypothesis. However, there is real merit in his exposition of the theory : clearness, and even a certain artistic warmth in the style he uses. But after such elaborate systems as those of Weismann and Nägeli, the simplification he introduces cannot but shock us. — I think I shall wait a little before beginning Le Dantec's *Évolution individuelle* ; it would be too much biology for me. — I am really better, and I think we shall have a warm and glorious Xmas.

Thursday 27. — Don Higinio forbids me absolutely to travel — even to go so near as Cartagena, where I had intended to go and spend two or three days, just for a change. And indeed, I don't feel well at all. The Xmas festivities (nochebuena, and "la pava", etc.) and ill health have made me leave off work during these last days. I have read a French novel : *Une Parisienne chez les anthropophages*, by "le Docteur Thiercelin" (1872) which Don Ramón lent to me the day I went to see him at Benalúa. It is of the same light and untertaining kind as J.-J. Frappa's novel. It must have been a success, since this copy belongs to the 10th thousand (1874). Now I am re-reading, carefully and slowly, *Life and Habit*, and, as a pastime, the *Examen de Ingeníos* of Juan Huarte. The two books may prove to have something in common. — Don Angel's sudden re-appearance. The re-aperture of Paseo Ysabel 2. The felicidades, the aguinaldos, etc. etc.

Friday, 28. — We have what the Alicantines call "un frio horroroso" : + 2 ° (centigrade) all day in the calle Mayor ; and + 13 at home, with both the brasero and the "Hotpoint" stove lit. Yet, as I felt better, I have had a good time of it. Read Huarte in bed till 10 ½.

Dressed. Went to see D.H., with whom I went back home part of the way ; we met Mons. Yss. ; then to the Casino where I read the papers. There was an article on Benedetto Croce, in *El Sol*, where Fr. De Sanctis was quoted. Ate very little, owing to my stomach and liver trouble. Out again after lunch ; Postiguet ; then to buy another (cheap) brasero. In the afternoon, worked at "L'Ange", or "Beauté..." or whatever it shall be. —

After dinner, read *Life and Habit*. S.B. seems to come in among the crowds of what Delage calls Micromerists and Mecanicists, as an old-world Anismist, or at best as a "vital principle" philosopher of the Montpellier school. I suppose it is what he calls : "the re-introduction of teleology into organic life." And it is not so gross an error, since it is quite clear that micromerists (such as Häckel), or neo-lamarckians (such as Cope), or partisans of "functional assimilation" (such as Le Dantec), all admit a kind of unconscious memory. But *Life and Habit* is much more than a theory ! Huarte has striking sentences and supreme abilities : "Porque hay orden y concierto en las causas naturales, que si los padres al tiempo de engendrar tienen cuidado de guardarle, saldrán todos sus hijos sabios, sin que falte ninguno" (Chapter IV)

Sunday 30. — Rain, but very cold : + 5 ° (centigrade) in the calle Mayor all day ; and + 12 ° only in the rooms. Working at "Beauté..." and thinking about it, prevented me to sleep well ; in fact, from 12 to 3 a.m. I tossed about in my bed in a state of high excitement. So I slept on till 10 a.m., getting up too late to go to Mass.

Out at (about) 12. A talk with Don Paco G. — Then to the Casino ; the papers (uninteresting). Then to Don Higinio's. Home again. After lunch, to see Mercedes, at whose rooms I met Vicenta M. (18), a typical Mediterranean (or rather South-Mediterranean) girl ; would look like a goddess on the stage ; morally, uninteresting ; even dull. Got a circular from the Authors' Club. Home again (spent about 3 hours at Mercedes'). *Life and Habit* ; Huarte. *Life and Habit* is one of the grandest books of the XIXth Century, and, indeed of the last 300 years. It covers an immense area of life, thought and experience. Indeed it seems as if Lamarck, Darwin and all the Evolution writers had been sent only to prepare the way for *Life and Habit* — to announce it and to make it possible. It ought to be, in the long run, as prolific as Montaigne's *Essays*. What people like in G.K. Chesterton is but that part of his thought and style which comes, more or less di —

[*Deux feuillets arrachés*.]

surroundings, then from these to a country-house in the Huerta, and then to higher middle-class surroundings and life in town ; agreeable relations with a few people (Spanish, Italian and French) ; "la considération des gens" (owing, of course, to paid bills, and my mode of living ; dressing ; and education,) and last, but not least, learning how to live, and that without many shocks nor much worry. These things only "ont manqué à mon bonheur" : long excursions ; a large library and musical concerts (= Madrid) ; a truly loveable girl or woman.

Et statuit super petram pedes meos, et direxit gressus meos.

[*Un feuillet blanc*.]

Index of Names

(badly arranged, since most of the numbers refer to pages where just the name appears, and since a few names have been entirely omitted[a].)

[*Un feuillet blanc à la suite des onze pages d'index*.]

I may as well copy out here, at the end of this diary, a draught I made, early in February (this year) of the Chronology of my projected novel "Henri de Septimanie".

a. Cette remarque (« mal organisé car la plupart des numéros se rapportent à des pages où le nom seul apparaît et car quelques noms ont été omis ») est suivie d'un index des noms cités de onze pages (onze de ces noms ont pour référence des pages manquant au manuscrit). Nous ne reprenons pas l'index ici ; le lecteur trouvera tous les noms dans les index de fin d'ouvrage.

ALICANTE - SAN VICENTE

[FÉVRIER]

Commencé en février 1917 à Alakant

Samedi, 17 février.

Travaillé de 11 à 12, pas beaucoup ; suis allé voir don H[iginio][1], mais il n'était pas chez lui. Travaillé à nouveau de 3 h ½ à presque 8 heures, seul dans le saloncito[a] avec doña Dolores. Je suis arrivé à la page 240 de la traduction de *Ainsi va toute chair,* et n'ai pas rencontré beaucoup de difficultés. Ce soir, relu tout ce que j'avais traduit hier et aujourd'hui, et travaillé un peu à « Martre[2] ». J'ai également beaucoup pensé à « Henri[3] ». Souffrant en fin d'après-midi.

Dimanche 18. —

Très mal aujourd'hui, et mon état a empiré en soirée. De 11 h à 1 h ½ : Postiguet et l'Explanada[4], où j'ai rencontré Eduardo et son ami Manolo. Nous avons parlé de Mirbeau. La nouvelle de sa mort a été annoncée ce matin dans les journaux. J'ai beaucoup de bons souvenirs de lui[5] ; mais la différence d'âge nous empêcha de devenir véritablement amis. Je l'ai rencontré la première fois alors que *Marie-Claire* était sous presse. Récemment j'avais eu de ses nouvelles par Francis Jourdain, Léon Werth et Marguerite [Audoux]. Tous les quotidiens ici lui ont consacré des articles, ou au moins quelques lignes. *El Día* a publié son portrait. Un autre journal l'a appelé « Mirabeau » ! Il était, à mon sens, avec Léon Bloy[6], le meilleur « continuateur » de Louis Veuillot[7]. Mais on trouve dans ses livres (les plus connus, pas les meilleurs) l'esprit petit-bourgeois français, vulgaire, que je ne peux supporter.

a. Espagnol : « petit salon ».

Nous étions sept au dîner : doña Dolores, Lola, Pepita, Elisa, Carmen, Eduardo et moi[8]. Puis trois des jeunes filles sont allées se déguiser et mettre des masques, et nous sommes allés chez doña Madaleña où l'on donnait un bal. Je suis resté environ une demi-heure dans des salles bondées avec doña Dolores. Il y avait une vingtaine de jeunes filles, et autant de garçons. Amparito, « la jeune fille aux nombreux novios[a] », était là. Doña Dolores a compté sept ou huit « mantones de manila[b] ». Mais la chaleur m'a rendu presque malade, et nous sommes rentrés ; et dans ma chambre je me suis débarrassé du mal de tête en dormant. Quand j'en suis ressorti, j'ai constaté que Lisita et Carmen étaient parties. J'ai passé une très mauvaise fin de journée. Cependant j'ai lu quelques pages de *Los Trabajos de Pío Cid* d'Ángel Ganivet[9].

Lundi 19. —

J'ai été souffrant toute la journée, et n'ai pas travaillé. J'ai vu don H~~iginio~~, qui a insisté pour que je donne des articles à sa revue, dont il m'a prêté un exemplaire. Mais je me sentais si malade que je n'avais aucune envie de travailler, pas même à S[amuel] B[utler][10].

Mercredi 21. —

Je me sens mieux et j'ai travaillé un peu. Au déjeuner, Eduardo est arrivé avec la nouvelle de la mort de Joaquín Dicenta[11], survenue la nuit dernière à 3 heures. Je lui avais rendu visite avec le signor A~~rduini~~ et le signor Angelo A~~lesina~~ de Milan, quelques jours avant Noël (je ne tenais pas de journal à cette période). Il semblait très malade, si petit sur son lit et sous une couverture de laine ; on aurait dit un enfant de dix ans. Il s'était montré très sévère, alors, pour le public français ; il dit que le public français ignorait presque complètement les auteurs espagnols modernes. Il s'exprimait comme Georg Brandès[12] et les critiques du même genre qui traitaient de la littérature française sans même connaître les noms de Laforgue et Rimbaud. « Muro de la China[c] », etc., etc. Je l'ai laissé dire, et par la suite je lui ai demandé lequel de ses ouvrages il aimerait voir d'abord traduit en français ; il répondit que ce n'était pas à lui d'en juger. Mais il me semble qu'il pensait tout particulièrement à un de ses drames (*Juan José*, probablement) alors que je songeais surtout à ses romans. De toute évidence il souffrait de n'avoir pas reçu la consécration de Paris. Sa maîtresse, qui était présente, nous dit que ses ouvrages avaient été traduits dans presque toutes les langues européennes SAUF EN FRANÇAIS. Il m'était,

a. Espagnol : « amoureux ».

b. Espagnol : châles en soie brodée.

c. « Muraille de Chine », sans doute pour exprimer l'idée d'une séparation totale entre les deux littératures.

bien entendu, impossible de dire ce que j'en pensais : c'est que ses livres sont déjà trop français pour qu'il vaille la peine de les traduire ; néanmoins on a traduit des œuvres bien pires que les romans de Dicenta. Il exprima sa surprise en constatant que je parlais espagnol ; je lui avais été présenté par le signor A~~rduini~~ comme correspondant du *Figaro*, et il avait du mal à croire qu'un correspondant du *Figaro* puisse parler une autre langue que le français. Le signor A~~lesina~~ avait été présenté comme le correspondant du *Capitan Fracassa*. Dicenta avait les manières et la façon de s'exprimer d'un intellectuel, et il était manifestement « des nôtres ». Sa maîtresse était une belle femme d'une trentaine d'années, assez forte, mais néanmoins très séduisante.

Trois heures de travail cet après-midi ; et don H~~iginio~~ est venu passer environ une heure, à parler de sa revue et d'un projet de voyage en Andalousie. Ensuite je me suis remis au travail jusqu'au dîner. Je crois que Mrs Jupp[13] va me donner du fil à retordre.

Vendredi 23. —

J'écris ceci au lit, car je ne parviens pas à dormir. Je me suis senti très malade toute la journée, et cela a perturbé mon travail. — Lola m'a réveillé à 7 h ½ et j'ai lu *Idearium*[14] de Ganivet au lit jusqu'à presque neuf heures. Je suis sorti pour une courte promenade sur la belle pelouse sous les oliviers, au bout de la calle Bazán. Travail de 9 h ½ à 11 h ; puis promenade : Explanada, Postiguet, etc. Mais c'est alors que j'ai commencé à me sentir très mal, et je suis rentré.

Samedi 24. —

Je n'ai pas pu m'endormir avant 5 heures du matin, et me suis réveillé à 7 h ½, toujours très souffrant. L'après-midi a été horrible. J'ai cependant travaillé de 5 à 8 heures, mais très peu. Je suis parvenu à la page 264 de *Ainsi va*.

Dimanche, 25. —

Levé à 8 h ½. Nous sommes allés, Eduardo et moi, à San Vicente[15] visiter une maison qu'on a proposé de nous louer pour les mois d'été. Nous sommes d'abord allés voir le señor G~~uardiola, avocat et chef du parti républicain ici~~. Il habite une belle « finca[a] » au jardin planté d'orangers, de citronniers, avec des pins et quelques grands et beaux oliviers ; beaucoup d'ombre et de grandes pelouses, et un bassin, avec de l'eau claire et propre, entouré d'une bordure de pierres grossièrement taillées et d'azulejos[b] à la mode sévillane ; en fait, l'un des plus beaux jardins que j'ai vus depuis

a. Espagnol : « propriété à la campagne ».
b. Espagnol : « céramiques peintes ».

mon départ de Valence. ~~C'est une résidence d'été, qui n'a rien du confort anglais, mais qui est néanmoins agréable à vivre, et tout à fait typique de la maison de campagne levantine~~[16]. M. G~~uardiola~~ s'est montré très aimable avec moi et m'a prêté un livre de Gabriel Miró, *El Abuelo del Rey*. (Je lui ai dit que j'avais lu *Las Cerezas del Cementerio*[17].) C'est un grand ami de Miró, ~~et il l'a beaucoup aidé quand il était dans une situation difficile, avant ses premiers succès~~.

Puis nous avons visité le village, ou plutôt la ville (qui possède une grande église, une « plaza del Ayuntamiento[a] », etc.). La maison que nous sommes venus voir est belle, très grande. Mais elle ne conviendra pas car elle est dans le centre de San Vicente, dans une rue, et n'est pas du tout ce qu'on peut appeler une maison de campagne. Par ailleurs, le loyer est trop élevé.

Nous sommes retournés chez le señor G., qui voulait nous garder pour la journée, et dont la fille (une très jeune fille, qui, m'a-t-on dit, parle bien français, mais ne s'est pas risquée à le parler avec moi) nous a donné de gros bouquets de violettes. Les violettes s'amoncelaient sur la table de pierre mouillée de la « cantarera[b] ». M. G. m'est apparu comme un homme remarquable, très courtois et cultivé ; on m'a dit que c'était un self-made man. Il a quelque chose de Francis Jammes dans son apparence et son comportement. Par ailleurs, c'est un gourmet et il publie des RECETTES DE CUISINE dans les journaux locaux.

Rentrés en tram, à temps pour le déjeuner. Aussitôt après le déjeuner, l'Humeur[18] m'a assailli à nouveau, et j'ai lutté en allant au casino[19], où j'ai rédigé en partie l'article que j'avais promis pour la revue de don H~~iginio~~. Je l'ai intitulé « La Mujer vestida[20] ». Il comprendra cinq parties, ou cinq courts articles. Je l'écris en français mais avec le souci de faciliter la tâche au traducteur ; en fait c'est en espagnol que j'ai pensé presque la totalité de ce que j'ai écrit aujourd'hui, à quelques mots ou expressions près, dont je n'étais pas sûr. Mais je n'ai jamais aimé écrire en espagnol. J'étais vraiment très mal en écrivant ces articles, et dès que j'ai cessé de travailler, l'humeur m'a furieusement assailli. Je n'ai jamais rien composé d'aussi frivole, comme genre, en me sentant aussi mal et aussi déprimé. Toutefois le travail m'a fait du bien, et je suis rentré chez moi avec un meilleur moral, achevant aussitôt la 2e partie et rédigeant les trois quarts de la 3e partie. Ce soir, je me sens presque bien.

Mardi 27. —

Rien écrit dans ce cahier hier. — Les jeunes filles sont venues nous inviter à aller jouer à LA ADUANA[21] chez doña Madaleña, et

a. Espagnol : « place de l'Hôtel-de-Ville ».

b. Meuble sur lequel on dépose les cruches à eau.

nous avons joué jusqu'à midi et demi ; si bien que j'étais trop fatigué pour écrire quand je suis rentré. Il faut que je me souvienne de cet Andalou et de sa femme, native de Málaga (sa belle humeur, ses « chistes[a] », etc.). Il y avait une jeune Anglaise, mais nous n'avons pas été présentés et elle était placée à l'autre bout de la table. Néanmoins son accent en espagnol m'a fait beaucoup de bien. Travaillé 4 heures l'après-midi. Aujourd'hui le mauvais temps m'a retenu à la maison, et d. Higinio est venu me voir. J'ai bien travaillé (S. B.). Je pense que j'ai passé plus de huit heures à ma table sans cesser d'écrire. Je me sens mieux. Hier j'ai reçu une bonne et longue lettre de Gladys[22].

MARS

Vendredi 2. —

Temps chaud et ciel clair, et un effluve de « Spirit of Delight »

(« *Rarely, rarely doest thou come,*
Spirit of Delight »[23])

m'ont donné une belle journée. Lola m'a réveillé à 7 heures. Lu, au lit, *El Abuelo del Rey* jusqu'à 9 heures. Sorti à 9 h ½ ou avant. Balade dans le port, le Postiguet, et les rues du centre. La mer était un peu agitée, mais d'un bleu très profond. Retour chez moi. Travaillé de midi à deux heures. Nouvelle sortie après le déjeuner, mais la brise trop forte m'a ramené à la maison. Passé mon après-midi soit au travail, soit avec doña Dolorès et ~~señorita~~ Rafaela dans le saloncito, soit encore à arpenter le recibidor[b], de long en large (il y a un coin magique où je trouve généralement le mot que je cher che). Après dîner, Eduardo a parlé de Bécquer, Espronceda, Larra[24], etc.

Samedi 3. —

Je suis arrivé à la dernière page de mon papier anglais ; et il me faut maintenant attendre les 200 feuilles que j'ai commandées à Londres il y a trois semaines. Je ne peux pas continuer sur un papier différent ; cela gâcherait mon ms. Tout ce que je pouvais trouver ici c'était un papier suédois, meilleur que le papier ministre[25] espagnol ordinaire, mais trop fin et raide. Eh bien, il me faut attendre, mais ce « paro forzado[c] » ne me déplaît pas trop. J'en suis à la page 284 de *Ainsi va...* — ce qui fait qu'il me reste encore

a. Espagnol : « bonnes histoires ».
b. Espagnol : « vestibule ».
c. Espagnol : « arrêt forcé ».

136 pp. J'ai immédiatement entrepris la traduction des *Carnets,* tout comme j'avais commencé celle de *Ainsi va...,* l'année dernière, la nuit même où j'avais terminé de traduire *Nouveaux Voyages en Erewhon* — et pour les mêmes raisons. L'après-midi venteux et froid m'a dissuadé de sortir. Terminé la lecture de *El Abuelo del Rey*. Miró, je l'espère, en viendra à être considéré comme le meilleur écrivain qu'ils ont ici, depuis Bécquer et Larra. Il est infiniment plus cultivé que leurs Echegaray, Galdós[26], Benavente, et autres AFRANCESADOS[27] (j'entends : AFRANCESADOS littéraires, bien évidemment). — J'ai travaillé con ánimo[a], et j'ai été parfaitement heureux et préservé de l'Humeur, aujourd'hui. J'ai beaucoup pensé à « Henry » et un peu à « Martre ». Pour moi, penser à ces deux ouvrages est signe de retour de la santé.

Dimanche 4. —

Doña Dolores, Eduardo et moi sommes allés à San Vicente. Me suis présenté chez M. G[uardiola] et lui ai rendu *El Abuelo del Rey*. Il a dit qu'il préférait *Las Cerezas*. Naturellement il est meilleur juge que moi. En fait je n'ai pas très bien compris *Las Cerezas*, et la petite Asuncíon avait raison quand elle m'a dit que c'était « trop dur » pour moi.

Nous sommes allés visiter La Gachupina[b], et avons trouvé que cela ferait une bonne résidence d'été. Mais ensuite, ce soir, nous sommes allés voir sa propriétaire (une dame) et la propriétaire ne convient absolument pas. Le frère de M. G[uardiola] l'a appelée la Tía Larga. Je n'ai jamais vu pire parvenue, ni plus comique. Une Célestine mexicaine, qui parle andalou, valencien, catalan, français, et castillan, tout cela de façon vulgaire. Il faut que je me souvienne d'elle : l'histoire du barbier, ses propriétés au Mexique, ses maisons à Paris, etc., etc.

Cette visite a eu lieu entre 7 heures et 8 heures ½. Je m'étais senti assez mal avant le déjeuner ; mais le TURRÓN[28] de Jijona, les bonbons, et l'après-midi passé en partie avec Socorro et Carmen, m'ont remis d'aplomb. Puis, la Gachupina misma, y la cucaracha que yo veía venir hacia mí, y que rechacé dos veces con mi bastón, mientras la Gachupina hablaba de su hacienda de Méjico[c], etc. Ça m'a beaucoup plu.

Lundi 5. —

Une autre bonne journée pour la République Sérénissime[29]. Il y a eu un bref combat contre l'Humeur, mais elle s'est dissipée plus

a. Espagnol : « avec entrain ».

b. Nom que l'on donne à l'émigré espagnol qui a fait fortune en Amérique.

c. Espagnol : « Puis la Gachupina elle-même, et la blatte que je voyais venir vers moi et que j'ai repoussée deux fois avec ma canne pendant que la Gachupina parlait de sa propriété au Mexique, etc. »

vite que je ne l'aurais cru. Sorti à 8 h ½ pour aller sur l'Explanada où j'ai flâné sur la promenade des palmiers et le long du port, si vide et silencieux sous un ciel gris et doux. Jusqu'à onze heures je n'ai rien fait sinon flâner au hasard des rues. Puis je suis allé à la PAPELERIA[a] en face de Saint-Nicolas, et j'ai résolu mon problème de « la falta de papel[b] ». C'est-à-dire que j'ai acheté 250 feuilles du meilleur papier ministre espagnol qu'on puisse trouver. C'est du « papel de barba », mais ligné ; très grand, juste assez raide, juste assez souple ; avec un petit air ancien qui me permet d'imaginer qu'on a pu le fabriquer à la grande époque d'Isabelle II. Il est bien différent de mon vieux papier « Kingstone », ~~doux~~ bien souple, de couleur crème. Mais le changement me plaît. J'ai acheté tout ce dont j'ai besoin pour le manuscrit de ma traduction des *Carnets*, ainsi je n'aurai pas besoin d'attendre une nouvelle livraison du même papier. Comme mon papier « Vilaseca » est, en soi, si différent du « Kingstone », je n'ai pas besoin de changer de couleur d'encre, et j'ai transcrit tout ce que j'ai écrit samedi soir, avec ma vieille encre bleu-noir américaine. — En rentrant, j'ai trouvé une lettre de Marcelle J[eanniot][30]. C'était une grande surprise, très agréable ; j'ai répondu tout de suite. J'ai un peu travaillé avant le déjeuner, puis de 4 à 9 h. Doña Dolores est un peu souffrante aujourd'hui. Juste après le déjeuner, est venue une autre petite Marujita, toute timide et toute jolie.

Mardi 6. —

La pluie m'a retenu à la maison tout l'après-midi. J'ai travaillé environ six heures. Eduardo m'a prêté son exemplaire d'*Obermann*[31] et j'ai lu l'introduction de George Sand. J'ai l'intention de lire *Obermann* — qui n'a jamais suscité aucune curiosité chez moi, — quelques pages chaque jour avant de me mettre à la traduction de S.B. — Une journée calme et heureuse, et singulièrement dépourvue de menace de l'Humeur.

Mercredi 7. —

La nuit dernière a été très mauvaise, et j'ai passé une journée affreuse. J'ai eu ma dispute habituelle avec le gardien de nuit au sujet de ma fenêtre ouverte, et ensuite je n'ai pas pu m'endormir avant 4 heures. J'ai pris *Obermann* et j'en ai lu une cinquantaine de pages. Quel bouquin ! Bien sûr je m'attendais à ce que j'y ai trouvé : mais je ne pensais pas que ce serait aussi bon. Je n'aime pas le « style coulant » et autres caractéristiques du début du XIXe siècle français ; cela m'accable. Cependant, au fil de la lecture,

a. Espagnol : « papeterie ».
b. Espagnol : « manque de papier ».

on trouve d'excellentes choses. J'aime ceci : « Là, l'éther indiscernable laissait la vue se perdre dans l'immensité sans bornes ; au milieu de l'éclat du soleil et des glaciers, chercher d'autres mondes et d'autres soleils comme sous le vaste ciel des nuits ; et par-dessus l'atmosphère embrasée des feux du jour, pénétrer un univers nocturne. » C'est magnifique.

J'ai réussi à me lever tôt en dépit de ma mauvaise nuit, mais ni la chaleur, ni l'Explanada n'ont pu m'épargner l'Humeur. Pourtant, j'ai eu quelques bonnes heures, et avant de rentrer travailler, j'ai exploré de fond en comble l'Arrabal Roig (le BARRIO[a] des pêcheurs). J'ai acheté des « canelones[b] » de Jijona, et une jolie édition du Nouveau Testament, une version espagnole d'après celle de Cipriano [de] Valera[32], publiée à Los Angeles, U.S.A. Je ne l'ai payée qu'un réal. — Ce soir j'ai soudain trouvé une bonne façon de rendre une des expressions de Mrs Jupp, bien meilleure que ce que j'avais d'abord trouvé ; j'ai donc fait la correction aussitôt.

Jeudi 8. —

Journée venteuse. Je me suis vraiment senti mal toute la journée, et n'ai pas pu travailler, sauf deux heures, en fin d'après-midi. Je suis resté au saloncito à lire un court roman de Gabriel Miró, celui qui lui a valu un prix, *Nómada*[33].

Vendredi, 9. —

Je me sens mieux, mais n'ai pas travaillé aujourd'hui ; je n'en avais pas envie, donc je n'ai absolument rien fait. Toutefois j'ai pensé à un chapitre de « Martre », en marchant le long de l'Explanada et du Postiguet. — Après-midi à San Vicente, avec D. H~~iginio~~. Nous avons parlé de la Gachupina — la maison et la femme ; don H. l'a appelée « una tía indecente[c] ». Retour à 6 h. Passé le reste de la soirée au grand salon avec doña Dolores, Lola, Pepita, Rafaela et Eulalia, à parler des derniers films qu'elles ont vus.

Il faut que j'écrive quelques notes sur la Madrilène, l'autre jour, chez don Higinio, sa façon de s'adresser à chacun pour dire des banalités, mais avec beaucoup de « donaire[d] » et des expressions comme « Anda, morena[e] ! » ; et sa façon d'appeler Santos, le garçon, « Santito », etc. Je pense qu'elle faisait de son mieux pour nous émerveiller, nous les provinciaux, et nous amener à penser quelque chose comme :

a. Espagnol : « quartier ».
b. Espagnol pour l'italien *canneloni*.
c. Espagnol : « une bonne femme inconvenante ».
d. Espagnol : « charme ».
e. Espagnol : « Eh bien, ma belle ! »

Il n'est bon bec que de Madrid[34].

Les deux événements les plus importants aujourd'hui ont été : 1° L'arrivée d'une lettre de Londres me disant que « en raison de la pénurie de papier », on n'a pu me trouver les 200 feuilles de papier ministre « Kingstone », et, 2° une longue partie de « loteria » dans le salon avec doña Dolores, Lola, Pepita, Rafaela et Eulalia. J'ai perdu deux pence.

Lundi 12. —

Je lis *La Barraca* de Blasco Ibañez[35]. — Sorti à 8 h ½ pour une longue promenade le long de l'Explanada et du Postiguet. Dans l'après-midi, j'ai lu 4 pp. d'*Obermann* et travaillé à S.B.

Mardi. —

Réveillé à 7 h. Lu au lit. J'aime regarder le soleil se lever derrière le Castillo[36]. — *La Barraca* est un très bon roman, écrit par un disciple de Zola, qui n'est pas *au fait* des *procédés* littéraires de son maître — et qui n'en est que meilleur. Ce que je préfère, ce sont les descriptions impromptues, ou du moins que rien n'annonçait, de la Huerta, et de Valence elle-même. — Après dîner, j'ai traduit un de mes articles, « La Mujer vestida », en un espagnol très mauvais et très hésitant. — J'ai un peu pensé à « Martre », et lu mes 4 pages d'*Obermann* avant de m'attaquer à S.B. Ceci me plaît : « Quand sous le ciel d'été, dans un jour sans nuages, une voix de femme chante à quatre heures, un peu au loin... » Pendant que nous dînions, Elodia est venue accompagnée d'une autre petite fille : « Teresa —— et ——, para servir a Dios y[a]

[*Quatre pages manquantes.*]

nous a rejoints dans le saloncito. Eduardo et moi avons eu une conversation en français ; il parle très bien le français, mais n'ose pas le parler très vite ; et, bien sûr, il le connaît beaucoup mieux qu'il ne le croit. C'est ce qui se produit généralement. Je me souviens de deux dessins, dans un magazine, l'un avait pour légende : « Ce qu'un homme croit savoir », et il représentait toute une bibliothèque ; le second : « Ce qu'il sait », et on voyait deux ou trois livres et quelques feuilles imprimées. Or c'est exactement le contraire qui est vrai. Et s'agissant de l'instinct, il n'y a pas de limite à ce que connaît un homme.

Plus tard, après que les dames nous ont rejoints, nous avons parlé de collections de timbres, et j'ai décrit la nouvelle collection du British Museum, ce qui m'a fait songer à l'Angleterre ; ce soir je ressens une sorte de nostalgie de Londres. Non, pas de nostalgie ;

a. Nous traduirons par : « Teresa, pour vous servir. »

je suis parfaitement heureux ici ; mais cela me rend encore plus heureux de penser à Londres. J'aimerais recevoir une lettre de Gladys, bientôt.

Vendredi 16. —

Une autre belle journée, et heureuse pour la Sérénissime. Hier soir j'ai terminé la lecture de *La Barraca*. Aujourd'hui Lola m'a réveillé à 7 heures, mais j'ai dormi une heure de plus, et je ne suis pas sorti avant presque onze heures. Occupations habituelles. Puis à 1 heure, je suis allé à l'Ayuntamiento, où j'ai rencontré Eduardo, et nous avons regardé les uniformes des armées d'Amérique centrale et d'Amérique du Sud dans la grande encyclopédie Espasa. J'ai lu l'article sur Walter Savage Landor[37], qui est très mauvais avec une biographie totalement erronée : on le fait venir deux fois en Espagne, on dit qu'il était l'intime de Bonaparte, etc. J'ai pris en note les travaux de Quatrefages[38], dont je vais avoir besoin prochainement. — L'après-midi, quatre pp. d'*Obermann* et travail comme d'habitude.

Il faut que je copie ici, sinon je vais le perdre, le beau poème de Rubén Darío[39] que j'ai trouvé dans une revue, ou un magazine, début janvier.

Ajena al dolor y al sentir artero,
llena de la ilusión que da la fe,
lazarillo de Dios en mi sendero,
Francisca Sánchez, acompañame...

En mi pensar de duelo y de martirio,
casi inconsciente me pusiste miel ;
multiplicaste pétalos de lirio,
y refrescaste la hoja de laurel.

Ser cuidadora del dolor supiste,
y elevarte al amor sin comprender ;
enciendes luy en las horas del triste,
pones pasión donde no puede haber...

Seguramente Dios te ha conducido
para regar el árbol de mi fe ;
hacia la fuente de noche y de olvido,
Francisca Sánchez, acompañame[40].

Je n'aime pas « *regar el árbol de mi fe* », mais les deux derniers vers sont inoubliables.

Les dames sont allées aux Novedades[a] dans l'après-midi, et après le dîner Lola nous a raconté ce qu'elle avait vu. C'était un

a. C'est le nom du cinéma.

film en 4 ou 5 parties, intitulé *Marcela*. J'ai bien aimé la façon dont Lola le racontait, parce qu'elle transpose tout ce qui se passe dans l'histoire dans un cadre de vie espagnol ; par exemple : quand — la scène se passe à Paris, — les gens jouent aux cartes, Lola dit : « Ils faisaient une partie de tresillo[41] » ; et elle interprète ainsi les exclamations de l'actrice française : Ay ! Dios mío... qué miedo... qué susto, ... por Dios[a] ! etc, etc. Et le jeune homme *pide relaciones*[b] à la jeune fille. Je lui ai dit pourquoi tout cela *me hacia gracia*[c] et elle s'est mise à rire. — Je me sens singulièrement heureux, avec un grand amour pour mon travail, et je pense beaucoup à « Henry de Septimanie » et à « Martre », ce qui est signe de santé retrouvée.

Lundi 19. Saint-Joseph.

Je ne me sens pas disposé à continuer de tenir régulièrement ce journal. Toutes mes journées se ressemblent : flânerie dans le port et dans les rues, travail, rencontres avec quelques amis, lecture, soirées dans le saloncito avec doña Dolores et ses filles, etc. etc. — néanmoins je désire rappeler ici cette Saint-Joseph, jour qui m'est toujours cher.

Avant de sortir, j'ai reçu une longue lettre sympathique de Marcelle J[eanniot][42] avec de bonnes nouvelles et le bon souvenir de presque tous mes amis de Paris. Les lettres que je reçois de Marcelle, et de Gladys, m'apportent de la joie et m'aident à me sentir heureux. — Suis sorti à 11 h ½ et j'ai acheté un cadeau d'anniversaire pour Pepita. Les rues étaient très animées — hier on a commencé à vendre des BUÑUELOS[d], comme à Valence. Après le déjeuner, il y a eu de nombreuses visites, dont celles de quelques jolies jeunes filles. Dans l'ensemble l'anniversaire de Pepita a été un succès.

Je laisse ici ce journal ; la prochaine entrée sera celle du 1er avril. Je me sens mieux qu'il y a un mois ; et l'Humeur ne se manifeste plus. Il en va toujours ainsi, pour moi, quand les jours commencent à rallonger. En tout cas, si elle revient, ni ma tranquillité d'esprit, ni mon travail n'en seront affectés, car je la combattrai avec la plus grande détermination. — J'ai un peu travaillé à « Martre », et j'ai trouvé quelques interprétations qui conviendront mieux que celles que j'avais d'abord trouvées, pour *Erewhon* et *Nouveaux Voyages en Erewhon*. Je pense que je vais réécrire ma traduction de ces deux ouvrages. Les parties que j'ai traduites à Séville[43] vont bien, mais je ne suis pas satisfait de celles que j'ai faites au cours de mon séjour en France : c'est un travail fait à la hâte

a. Espagnol : « Hélas ! Mon Dieu... Quelle peur... quelle frayeur,... Grand Dieu ! »
b. Espagnol : « demande à la jeune fille de lui accorder son amitié ».
c. Espagnol : « m'amusait ».
d. Espagnol : « beignets ».

et dans un milieu peu propice ; par ailleurs, c'était ma première tentative de traduction de l'œuvre de S. Butler[44] et, comme je venais de le lire, son style ne m'était pas aussi familier qu'il l'est maintenant. Ensuite je traduirai *La Vie et l'Habitude,* si bien que, lorsque je reviendrai dans un endroit où il y a des livres, je n'aurai que peu de choses à faire pour y apporter la touche finale ; quant aux articles pour don H~~iginio~~, ce n'est pas un gros travail du tout.

AVRIL

Dimanche 1. — « Diumenge de rames[a] »

Le troisième que je passe en Espagne. Le premier, c'était en 1906 à Valence ; le second à Barcelone en 1909, quand j'ai retrouvé Encarnación, la nièce de doña Fermina, et que j'ai passé la journée avec elle et doña Isabel sur la hauteur du Tibidabo[45]. L'an dernier, je l'ai passé en partie (3 ou 4 heures) à Cette, et j'ai couché à Lyon, ~~à l'~~Hôtel Terminus.

Je suis arrivé aujourd'hui à la page 62 des *Carnets*. Je ressens cruellement l'absence d'une bonne bibliothèque publique, et je me languis de la salle de lecture du British Museum. — J'ai reçu les livres que j'avais commandés à Londres : les deux *Erewhon,* dont je ne possédais pas d'exemplaires (ceux que j'utilisais pour ma traduction appartenaient à la « Nouvelle Revue Française »), *La Vie et l'Habitude* et *Ex-Voto.* On n'a pas pu me procurer 200 feuilles de papier ministre, il faut donc que je voie si je peux trouver quelque chose de « muy parecido[b] » ici. Entre-temps, je continue lentement mon travail sur les *Carnets*, selon ma nouvelle technique : écrire d'abord au crayon sur le « bloque para notas[c] », copier ensuite le texte sur le papier Vilaseca. En outre, je lis, et relirai une ou deux fois, *La Vie et l'Habitude*. — Pendant la dernière semaine de mars, j'ai à nouveau travaillé à « Martre », revoyant les deuxième et troisième parties, révisant mon texte et faisant des ajouts. J'ai passé quelques bons après-midi à Benalúa, et un, hier, à Villafranqueza. La fête de Lola (le 30 mars) a été très réussie. — J'ai reçu une très gentille lettre de Gladys.

6 avril. —

Aujourd'hui j'ai reçu le catalogue de Sotheran[46], et en le lisant, j'ai appris que le fils de W[alter] S[avage] L[andor] (Charles Landor, le vieux monsieur) était mort en février dernier. Chose curieuse, pendant ces quinze derniers jours, j'ai pensé très fréquemment à Henry Savage Landor, et le souvenir des occasions où

a. Catalan : « Dimanche des Rameaux ».
b. Espagnol : « très approchant ».
c. Espagnol : « bloc-notes ».

nous nous sommes rencontrés via Farini et à Paris m'est nettement revenu en mémoire.

Dans le *Mundo Gráfico* ou le *Nuevo Mundo* (je ne sais plus lequel) de cette semaine, il y a un article d'Unamuno[47] sur Borrow[48]. C'est la première fois que je rencontre le nom de Borrow dans un journal espagnol ; et j'ignore si l'on a traduit *La Bible en Espagne*, mais je crois que non. J'ai remarqué une erreur bizarre, l'autre jour, dans le vol. III des *Essais* d'Unamuno : citant Carlyle[49] et les surnoms qu'il donnait à beaucoup de ses héros, Unamuno écrit : « Il appelle Beaumarchais "Caron" de Beaumarchais », pensant que « Caron » est un surnom donné par Carlyle à Beaumarchais. C'est exactement ce qui m'est arrivé quand j'ai oublié que « couleur-de-rose » était un masculin ; je faisais la « chasse aux fautes », et j'en ai moi-même commis une. Cet article sur Carlyle est très bon, particulièrement les deux ou trois paragraphes qui concernent Taine. Il le traite de « FALSIFICADOR[a] professionnel ».

L'autre jour, à San Vicente, un petit garçon de onze ans me racontait tout ce qu'il savait sur les églises d'Alicante, et, parlant de Saint-Nicolas, il dit : « Es una verdadera iglesia del tiempo de los Cristianos[b]. »

JUEVES SANTO[c], je suis allé à Saint-Nicolas, où je n'avais pas été depuis octobre dernier. La Bilbaina[d] y était. L'église ressemblait à un harem, plein de princesses et de sultanes toutes vêtues de noir brillant, soie noire, voiles noirs, dentelles noires tombant du sommet de leur haut peigne jusqu'aux hanches. C'est une des scènes les plus impressionnantes qu'on puisse voir en Espagne, et les chères NENAS[e] le savent bien. Ce jour-là elles ressemblent à de riches éventails noirs renversés, à demi ouverts[50]. L'Homme Chic (El Hombre elegante) était également présent, et nous avons échangé un regard comme d'habitude, probablement comme des coreligionnaires, — mais lui appartient à la secte du PLEIN AIR.

Mercredi, 11. —

J'écris ceci au lit ; j'ai attrapé un mauvais rhume, l'autre jour, en regardant les « pasos » de la procession, et j'ai un nouvel accès de fièvre, avec crachement de sang, et ce qui s'ensuit — et je me sens presque aussi mal qu'en décembre dernier ; mais je fais de mon mieux pour réagir. — La nuit dernière, ne pouvant m'endormir, j'ai écrit un genre d'essai sentimental sur —, qui m'apparaît

a. Espagnol : « falsificateur ».
b. Espagnol : « C'est une église qui date vraiment de l'époque des chrétiens. »
c. Espagnol : « Jeudi saint ».
d. Espagnol : « Femme de Bilbao ».
e. Espagnol : « petites ».

maintenant comme une pâle imitation de Charles Lamb[51], et que je détruirai demain.

Je savais que ce ne serait pas très grave. Aujourd'hui j'ai pu me tenir au saloncito avec Eduardo, et nous avons longuement discuté. Citant Alfred de Musset, il est allé chercher *Nouvelles Poésies* dans sa chambre et nous en avons lu de nombreux poèmes. J'ai relu « Jamais », sonnet que je n'avais pas lu depuis (je pense) l'année 1899. C'était le poème préféré du petit Jean de Charry, qui me l'avait fait lire. Depuis lors, j'avais toujours considéré ce sonnet comme un très beau poème, pénétré d'une émotion délicate et presque digne de Baudelaire. Aujourd'hui il m'a semblé plutôt médiocre. Le début est vraiment beau ; puis il tourne au sentimentalisme niais et donne dans un « delillisme » plat. — Néanmoins j'ai lu quatre bons vers, que je ne me souvenais pas avoir remarqués quand je lisais Musset. Je les cite de mémoire, car le livre se trouve maintenant dans le saloncito, qui jouxte les chambres des dames et il est tard :

Quand, par un soir de pluie, un oiseau de passage
Vole en jetant son cri dans un chemin perdu
Dans la forêt en fleurs, de son nid de feuillage
Un rossignol pensif a parfois répondu[52]...

Les vers qui suivent montrent qu'il ne s'agit là que du premier terme d'une comparaison, et de ce fait toute poésie s'évanouit. Mais ces quatre vers sont vraiment beaux.

Eduardo m'a rapporté que Campoamor[53], lorsqu'il était gouverneur ici, avait la réputation de parler grossièrement, ou du moins de façon très vulgaire. C'est un trait qui le rachète.

Aujourd'hui je me sentais si bien que je suis allé voir don Ramón à Benalúa, et je lui ai prêté *Idearium* de Ganivet. J'ai pris un volume de son édition des œuvres de Saint-Évremond, car je vais probablement finir de lire *Obermann* avant la fin de la semaine. Ce qui me surprend avec *Obermann*, c'est qu'on le lise jusqu'au bout. Il est certain que les essais et quelques anecdotes y sont pour beaucoup. Mais on n'observe aucun développement, aucun progrès dans l'esprit de cet homme. Simplement, vers la fin, il découvre qu'il était fait pour écrire un livre. Mais n'aurait-il pas mieux valu le dire d'emblée : voilà, c'est cela ! C'est ce que Henry dira, si je vis assez longtemps pour le lui faire dire. Néanmoins *Obermann* est un des Livres Rares, un Ancêtre.

J'ai trouvé quelque chose pour « Martre » aujourd'hui, en regardant les photos de don Ramón. — L'autre jour chez don H~~iginio~~ il y avait une femme qui allaitait son bébé, et elle gardait l'index sur son sein nu, comme la Vierge dans le tableau de Bugiardini[54]. Il y a certainement une raison physiologique à cela. — Pour Obermann, il ne sert à rien de lui dire, avec le Psalmiste : « Viriliter agite[55] », ou de citer le proverbe « Anima effeminatorum semper esuriens[56] ». Nous avons trop facilement tendance à oublier que « ne pas en être » demande beaucoup plus de force de caractère que « en être ». Obermann ne connaît pas sa propre grandeur, et Ordinov[57] non plus.

Un autre exemple de la re-découverte par les écrivains modernes de choses déjà dites par les moralistes français. Ce qui suit est de Saint-Évremond[58], et paraît très butlérien :

« La morale n'est propre qu'à former méthodiquement une bonne conscience ; et j'ai vu sortir de son école des gens graves et composés qui donnaient un tour fort ridicule à la prud'homie. Les vrais honnêtes gens n'ont que faire de ses leçons. Ils connaissent le bien par la seule justesse de leur goût, et s'y portent de leur propre mouvement. Ce n'est pas qu'il y ait de certaines occasions où son aide n'est pas à rejeter ; mais où l'on peut avoir besoin de son aide, on se

[*Un feuillet arraché.*]

réfection », qui est encore mieux que « réparation », du moins à cet endroit et pour conserver l'harmonie générale de la phrase. Voici un cas typique de mémoire prise en défaut : j'avais conservé le souvenir de la difficulté et de l'effort, mais j'avais totalement oublié que j'avais résolu le problème. — Néanmoins, en relisant ma traduction, j'ai trouvé quelques erreurs (accent ou lettre oubliés, etc.), et même quelques mots que j'avais omis de traduire — six mots en tout, une courte proposition en haut d'une page, que je n'avais pas VUE en traduisant cette page. Je les ai vus, bien entendu, plus tard, dans le livre, et je me suis rendu compte qu'ils ne m'étaient pas connus et que j'avais dû les omettre. De sorte que mes trois heures de recherche n'ont pas été en pure perte.

J'ai reçu, et commencé à relire, *L'Origine des espèces*, pour le comparer avec la traduction de Moulinié. Je vais ensuite établir une liste des meilleures traductions de tous les termes techniques utilisés tant par Darwin que par S.B. Puis je les rapprocherai des termes utilisés par Quatrefages et Edmond Perrier[59]. Ce que je veux dire, c'est que je ne désire retenir que les termes couramment utilisés par les plus grandes autorités dans le domaine de l'Évolution.

A ver si un día me acordaré de este jeroglífico : El hombre Bizco (poesí-a) ; Juana y Soledad ; Amparito ; el desengaño que tuve esta tarde hablando con Juana[a].

a. Espagnol : « Voyons si un jour je me souviendrai de ce rébus : l'homme Bigle (poési-e) : Juana et Soledad ; Amparito ; la déception que j'ai eue cet après-midi en parlant avec Juana. »

21 avril.

À la fin de l'après-midi je suis allé voir don Ramón. En allant prendre le tram j'ai rencontré Amparito. Elle était avec une vieille femme et ne m'a pas regardé, mais un peu plus tard, alors qu'elle se trouvait dans une boutique devant laquelle je passais, elle s'est retournée et m'a souri.

J'ai trouvé don Ramón seul, et nous avons discuté environ trois heures. Il m'a prêté un autre volume de Saint-Évremond, et m'a rendu l'*Idearium español*. Je lui ai expliqué, dans les grandes lignes, la théorie de Butler dans *La Vie et l'Habitude* et il a semblé très intéressé. À PROPOS, je pense que l'idée du « Livre des machines » a dû se présenter à Butler à la lecture de la phrase suivante dans *L'Origine des espèces* : « Chaque partie, ou presque, de tout être organisé est si merveilleusement adaptée à la complexité de ses conditions de vie qu'il paraît aussi improbable qu'aucune d'entre elles ait pu surgir soudain dans sa perfection, QU'UNE MACHINE COMPLEXE AIT PU ÊTRE INVENTÉE PAR L'HOMME À L'ÉTAT PARFAIT. »

Je me sens mieux, mais pas encore en aussi bonne santé que j'ai pu l'être à d'autres moments. Je voudrais déjà être à San Vicente.

Mardi 24.

La journée d'aujourd'hui a été très heureuse, à l'exemple des meilleures de la S[érénissime] R[épublique]. Lola m'a réveillé à 8 heures ce matin, et immédiatement après le petit-déjeuner, j'ai terminé l'introduction de E. Perrier à Quatrefages. J'ai fait ensuite un rapide paseo[a], puis je suis allé prendre un bain, long et merveilleux, au casino avant de boire un grand verre de café au lait ; j'ai eu alors un second entretien avec Amparito. Elle me plaît énormément, principalement parce qu'elle est typiquement valencienne, autant physiquement que dans sa façon de parler, de marcher, de se coiffer, etc. Mais aussi elle porte l'« hábito[b] » qui confère à la jeune plénitude de son corps une sorte d'air monastique, et qui me rappelle Dolores A—— (non oblitus amorum[60] !). Amparito a fait un vœu pour six mois.

Travaillé avant le déjeuner, puis sorti à nouveau après le déjeuner. J'ai passé deux heures chez le tailleur (le nouveau, celui qui vient de Madrid) où j'ai pris plaisir à fouiller dans les échantillons d'étoffes d'été, commandant un costume en gabardine vert-gris, très légère, — et chez le bonnetier (Benavent) où j'ai acheté quelques articles. Puis retour à la maison, et au travail de 4 heures à 8 heures ½ ; j'ai atteint la page 100 des *Carnets*. J'ai lu des lettres et

a. Espagnol : « une promenade ».

b. Espagnol : habit de vœu. Porte-t-elle « l'habit Notre-Dame-des-Douleurs, noir, avec le cordon noir à la ceinture et, au corsage, l'agrafe d'argent représentant le Sacré Cœur de Marie percé de sept poignards », décrit pour Amparito Llorca dans *Luis Losada* (p. 188) ?

des poèmes de Saint-Évremond. Je me souvenais vaguement de la Duchesse de Mazarin[61] et de la vie des exilés français à Londres ; mais cela nous les rend très proches. Quelle vie ils menaient dans le Londres de cette époque ! J'ai lu plusieurs fois la « fable à la manière de » La Fontaine : « Les Poules de Lesbos », et j'ai l'impression qu'on a supprimé un vers, le vers final :

Je vais partir, et vous ordonne
(Sous peine de désobéir
En rebelles à ma personne)
De vous voir et vous réunir :
Poules, obéissez à l'ordre que je donne (,)
....

J'ai essayé, vainement, de remplacer le vers manquant. Ce devait être « algo gordo[a] ».

« Quand Maintenon jetait sur la France ravie » :

Vous trembleriez au sacré nom
De Maintenon
Pour le sermon ;
Trop heureuse de la servir,
Dame suivante
Ou gouvernante
De son Saint-Cyr.
(Saint-Évremond à la Duchesse de Mazarin.)

(La France n'était pas si ravie que cela.)

Mercredi 25. —

J'ai passé une si mauvaise nuit qu'il m'a été impossible de travailler aujourd'hui, et que j'ai dormi deux heures cet après-midi. Néanmoins, j'ai réussi à faire quelques petites choses. J'ai, enfin !, pu trouver le papier que je cherchais pour *Ainsi va*, depuis qu'on avait été incapable de me le trouver à Londres. Mais cela n'a pas été facile. D'abord je suis allé à la Papeleria Española[b], où ils n'avaient absolument rien ; « porqueria[c] » pure et simple ; un papier, très fin et laid, qu'ils appelaient « le plus bon (sic) papier à lettres[d] », était la seule chose qui ressemblait un peu à mon ancien Kingstone ; mais qui y ressemblait de très loin, car au toucher

a. Espagnol : « Quelque chose de gros ».
b. Espagnol : Papeterie espagnole.
c. Espagnol : « de la cochonnerie ».
d. « *The better* » ici indique en fait que ce papier n'est pas le meilleur de tous, mais simplement le meilleur dans un choix de deux... Il y a donc une faute d'expression grammaticale.

toute ressemblance disparaissait. Je suis donc allé chez la Veuve Esplá. Il a fallu que j'insiste, mais ils ont fini par trouver le catalogue d'une manufacture de Barcelone, et j'y ai trouvé quelque chose de très semblable à mon Kingstone, cependant il va me falloir attendre au moins huit jours avant qu'on l'expédie. De toute façon, je pense que je pourrai continuer mon travail sur *Ainsi va* une fois installé à San Vicente. J'ai également trouvé une nouvelle gomme presque identique à la mie de pain.

Chez le barbier, il y avait, bien entendu, de nombreux aficionados[a] qui parlaient du terrible cogida[b] et de la mort de Ballesteros. Ces gens (chez le barbier) me paraissent mériter le nom de « toréadors » — il me semble qu'il les représente parfaitement, comme s'il avait été forgé exprès pour eux : pas des « aficionados », mais des « toréadors », le mot français, avec l'accent sur la dernière syllabe.

À la fin de l'après-midi, après avoir dormi et lu Saint-Évremond, j'ai rejoint Eduardo dans le saloncito ; son ami Manolito s'y trouvait, et nous avons causé pendant trois heures environ. Manolo m'avait apporté trois livres de poésie, deux de Rubén Darío et un de Pujol. Malgré tout, et malgré lui surtout, Rubén est un grand poète. Certes, il est très vulgaire, écrit tout ce qui lui passe par la tête, et notamment emploie le langage à la mode à son époque, et presque toute sa poésie semble avoir été écrite pour témoigner de son absence de véritable culture. Pourtant, on y sent, parfois, palpiter la vie — comme dans les dessins d'Aubrey Beardsley — auxquels sa poésie me fait penser, plus qu'à n'importe quoi d'autre. On peut dire de lui, peut-être, que c'était, avant tout, un « transposeur », qu'il transposait les décadents français en un espagnol très littéraire, mais très cosmopolite. Il aurait été un admirable traducteur — peut-être pas, car il manquait de patience. Mais cela n'a aucune importance, car qui lirait ses traductions en dehors de l'Espagne et des Amériques ? Sa confiance en soi, l'absence de crainte du ridicule l'ont fait écrire « comme un sourd » — ou comme un homme qui, sans rien connaître de la musique, essaierait de reproduire sur un très bon piano les airs qu'il a entendus, y mêlant parfois, motu proprio[c], quelques mesures avec beaucoup d'inspiration, faites de tant de réminiscences qu'on peut les considérer comme originales. En fait ce que j'aime dans sa poésie, c'est cela : 1° les réminiscences ; 2° la transposition d'airs français dans un « pot-pourri » espagnol. Le lire, c'est lire un grand poète qui a écrit en dialecte — Burns, par exemple ; mais les charmes du dialecte sont de peu de secours, alors que les ressources offertes par

a. Le mot espagnol est maintenant passé dans l'usage français et désigne les passionnés de corridas.

b. Espagnol : « coup de corne ».

c. Latin : « spontanément ».

une grande langue structurée donnent des possibilités infinies. Il y a une chanson que j'ai entendue dans Dublin :

« Joue-moi quelque chose d'irlandais sur le piano de concert... »

Darío joue un morceau français sur un très luxueux piano de concert espagnol. Et cependant, il a traité la langue espagnole comme Burns a traité le dialecte des Highlands (est-ce le dialecte des Highlands ou celui des Lowlands ? Je ne sais plus). Mais je ne pense pas qu'il y ait d'autre cas d'écrivain qui, comme Darío, fait de la langue dans laquelle il écrit non pas un moyen, mais un ORNEMENT. Bien sûr, il y a Frédéric II de Prusse, Hamilton, Beckford, Mme de Krudener[62] ; mais CEUX-LÀ n'ont jamais pensé à transposer d'une langue dans une autre. Ils écrivaient tout bonnement en français, SANS ARRIÈRE-PENSÉE ; c'étaient des écrivains français. Tout cela apparaît clairement quand on pense au rang que Darío aurait occupé s'il avait écrit en français. Un peu comme cet homme, le Péruvien de « le quipocamayo e la coricoya[63] ». Mais il savait ce qu'il en était et il a écrit en espagnol[64].

Vers 8 heures, Lola et Pepita sont rentrées de Villafranqueza, portant de gros bouquets de roses et de lilas.

Juste après avoir lu des pages et des pages de Rubén Darío, j'ai pris les *Poèmes* de Fargue (qu'Eduardo a reçus d'Irún l'autre jour) — Quelle différence ! C'est de la création, pas de la transposition ; des créations que le prochain Darío sud-américain ou japonais pourra transposer dans sa propre langue. La poésie de Darío va au petit bonheur la chance ; celle de Fargue ne laisse rien au hasard.

Un bon exemple de la stupidité de tant de critiques de presse :

« Ce n'est ni *Erewhon*, ni *Ainsi va toute chair,* mais le livre posthume intitulé *Carnets* qui restera, selon nous, la contribution décisive de Samuel Butler à la pensée de son époque. » C'est un extrait du journal *La Nation*. LA SAGESSE DES NATIONS, une fois de plus !

L'autre jour, chez le tailleur, on m'a demandé mon nom et mon adresse, et j'ai répondu : je vais vous l'écrire, car c'est un nom étranger. L'employé m'a dit : Oh, vous êtes italien, à ce que je vois. J'ai dit que j'étais français. Mais il ne m'a pas cru, et, pour vérifier, il m'a demandé : Alors vous parlez français, Monsieur ? Le changement de langue a été trop ~~brutal~~ soudain pour moi, et je lui ai répondu : Mais oui, Monsieur, — avec peine et avec un accent étranger, si bien que je lui ai donné l'impression que j'avais menti.

Ce matin je suis allé au petit jardin sur la terrasse qui donne sur la voie ferrée, le Postiguet et la mer ; il est couvert de fleurs, et c'est certainement l'un des plus beaux jardins subtropicaux que j'aie jamais vus, plus beau, sans aucun doute, que les jardins devant le Casino de Monte-Carlo, ou même que le jardin botanique de Naples. Le parfum était presque trop fort. — J'ai constaté avec plaisir que les travaux entrepris par la municipalité progressaient rapidement. Depuis mon arrivée ici on a construit l'escalier véritablement monumental à l'extrémité de la calle Jorge Juan — ce n'était qu'un tas d'ordures quand je l'avais vu en octobre dernier. On abat des murs pour faire place au nouveau bâtiment des postes, plaza Isabel Segunda. On a refait le pavage de trois rues : deux qui longent le square de la Plaza Isabel II, et celle qui rejoint la calle Jorge Juan à la voie ferrée et au Postiguet. Et à l'extrémité du Postiguet, on a enlevé une bonne partie des « escombros[a] », et même achevé la route. Il y a eu aussi beaucoup de travaux faits par le privé. — Mais on ne sait pas arroser les jardins : le nouveau, à droite du Teatro Príncipal, pourrait être très beau, mais on en noie les plantations, chaque jour, sous un déluge qui rend la plaza entière impraticable pendant des heures.

Teresita est de nouveau ici, revenue de Benidorm. Elle paraît plus jolie que jamais, et a certainement grandi.

MAI

4 mai.

Ma dernière nuit ici ; demain nous dormirons tous à San Vicente. J'attends beaucoup du changement d'air et de l'été que nous allons passer dans la Huerta[b], tant pour ma santé que pour mon travail. Aujourd'hui j'ai fait mes bagages, vêtements, livres et mss. Presque tous les livres que j'avais commandés à Londres et à Paris sont arrivés, et le reste est en route. — Dans l'ensemble, je suis satisfait de mon séjour de 4 mois Calle Bazan. Doña Dolores et sa famille m'ont bien traité, et l'amitié de D. Higinio m'a été très bénéfique. Elle m'a aidé à lutter contre l'Humeur. En outre il m'a prêté quelques livres dont j'avais terriblement besoin, et, récemment, il a mis son microscope à ma disposition. Tous les voisins se sont montrés très gentils avec moi, et quand j'ai été malade, en janvier et au début de février, les jeunes filles venaient passer la soirée avec nous pour aider Lola et Pepita à assurer mon confort. J'ai été sur pied vers la mi-février, et j'ai fait de longues promenades, très agréables, en ville, dans le port, et surtout sur le Postiguet. Puis j'ai fait la connaissance de deux hommes remarquables : D. José Guar-

a. Espagnol : « décombres ».
b. C'est ainsi qu'on désigne l'arrière-pays.

diola Ortiz et D. Ramón Ferrerés. Malgré l'Humeur et la mauvaise santé, je peux dire que j'ai connu le « bienestar [a]», sur le plan moral comme sur le plan intellectuel : j'ai apprécié mon bain, mes repas, mon lit et me suis senti presque continûment heureux — à l'exception des accès d'Humeur. J'ai lu de bons livres : Gabriel Miró, Azorín, Leopoldo Alas, Pío Baroja[65], les trois ou quatre volumes d'Ángel Ganivet ; ensuite il y a eu *Obermann* et Saint-Évremond. J'ai apprécié la compagnie d'un grand nombre de belles jeunes filles, les amies des filles de Doña Dolores, et j'ai presque toujours été entouré d'enfants. Pour le travail : j'ai écrit une centaine de pages de « Martre » ; et traduit 130 pp. de *Ainsi va toute chair*, et 110 des *Carnets* de Samuel Butler. Je peux ajouter à la liste de mes « trabajos[b] » d'avoir initié Lola à la confection du porridge et à la cuisson des pommes de terre « à la maître d'hôtel ».

La perspective d'aller vivre à San Vicente me plaît. La Villa Rafaela, le jardin, le village, la Huerta, les gens que je connais là-bas, tout semble me promettre une très bonne « temporada[c] ».

Villa Rafaela. San Vicente

Dimanche 13. —

La semaine passée a été une « semaine de transition ». Nous avons quitté Alicante le samedi après-midi, et le déménagement s'est effectué sous une bruine persistante. Cependant, il a fait beau, en général, depuis. J'ai passé deux ou trois mauvaises journées (particulièrement mardi). Mais vendredi j'ai commencé à me sentir mieux. Je suis allé deux fois à Alicante, principalement pour voir D. Higinio et prendre quelques affaires.

Je constate que j'ai pu me procurer presque tout ce que je voulais en matière de bonneterie, de complets, de chapeaux et de chaussures. S'habiller, dans une petite ville comme Alicante, c'est comme peindre une esquisse avec une boîte qui ne contient que huit ou dix couleurs : cela demande beaucoup de « mélanges », en l'occurrence aller dans quantité de boutiques pour de petits achats à chaque fois. — Ici, j'ai dû aménager mon appartement, et je me suis assez bien débrouillé. En outre, j'ai commandé une petite étagère, une table, et une « armario[d] » au menuisier du village. L'étagère est déjà arrivée, mais il va m'en falloir une autre.

En général, je me suis levé de bonne heure, et me suis promené dans le jardin et dans les champs, faisant connaissance avec les plantes et les insectes de la Huerta. Il y a de nombreuses espèces d'araignées. Une fois que j'ai atteint les abords de la Sierra, je suis

a. Espagnol : « bien-être ».
b. Espagnol : « travaux ».
c. Espagnol : « saison ».
d. Espagnol : « armoire ».

généralement les « acequias » (canaux d'irrigation des champs). Il y a beaucoup de très anciens oliviers, magnifiques, et presque toute la végétation qu'on trouve au Maroc et à Alger. Tout cela me rappelle souvent mes longues marches dans les collines du Warwickshire, l'année 1909, et je remarque les différences et les similitudes. Nous avons eu deux ou trois après-midi de temps « couvert » (tardes tapaditas) qui m'ont fait penser à l'Angleterre.

Nous avons amené Vicenta (la cuisinière) avec nous, et l'une de ses petites filles (Asuncioneta, 12 ans). C'est Doña Dolores qui s'occupe de tout à la maison et au jardin.

J'ai traduit un peu plus d'une page par jour de *Ainsi va* ; j'ai également poursuivi ma relecture de *L'Origine des espèces*, et commencé un autre livre de Miró : *Del vivir*. Voici mon emploi du temps : lever avant 7 heures ; petit déjeuner ; promenade, quand je vais assez bien ; travail entre 10 heures et l'heure du déjeuner (1 h 1/2 ou 2 h) ; une heure au jardin après le déjeuner ; puis travail ou lecture jusqu'à l'heure du thé ; après le thé, je me rends à l'une des deux grandes « tertulias[66] » qui se tiennent ici : le dimanche à la Villa Avelina ; en semaine chez doña Josefa où il y a beaucoup de belles jeunes filles et d'enfants ; puis le dîner ; et après être resté environ deux heures au salon avec les dames, coucher. Je suis content qu'il n'y ait pas de veilleur de nuit ici pour m'obliger à fermer la fenêtre la nuit. — Pour me promener dans les champs, je porte des « alpargatas[a] ».

Vendredi 18. —

San Vicente me plaît davantage chaque jour. Le printemps de la Huerta est différent du printemps de la côte. Nous avons eu au moins deux ou trois après-midi de temps couvert, et il a plu deux fois — des averses de pluie fine, presque un « Scotch mist[b] ». On aurait dit des après-midi anglais, avec les parfums et les douces brises des Downs[67]. Il y avait même des NUAGES bas sur les montagnes. Mais la Sierra, même baignée dans ces longs nuages moelleux, ne ressemblait à rien d'autre et restait très espagnole. Rien à voir avec la Suisse, ni même avec le Pays de Galles : c'était une sorte de morne grandeur. Il y a eu des matins chauds aussi ; l'un de ces matins j'ai marché jusqu'aux collines qui bordent la côte et qu'on appelle ici « la petite Sierra » (LA SERRETA). Elles forment une crête qui a tout d'une Sierra miniature et qui, quand on s'en approche, ressemble à une haute muraille en ruine. J'ai grimpé à mi-pente et me suis assis pour fumer. Régnait une forte odeur de thym mêlée à celles d'une multitude de plantes. C'était le jeudi de l'Ascension, jour où les jeunes filles partent faire la cueillette des

a. Espagnol : « espadrilles ».

b. Larbaud tient expressément au terme anglais, que nous conservons mais qu'on pourrait traduire par « bruine écossaise ».

plantes médicinales et où, — dit-on ici — les feuilles d'oliviers, toutes ensemble, à la même heure, s'entrecroisent. Je me suis promené dans les champs, en suivant les acequias, et j'y ai vu de nombreuses plantes qui m'étaient inconnues. Le système d'irrigation, avec ses acequias de pierre et ses gros « balsas » (réservoirs), donne à la campagne un air de haute civilisation. En fait, elle semble beaucoup mieux cultivée que bien des campagnes anglaises. Cependant il reste de larges espaces en friche, et les clôtures y sont, heureusement, inconnues.

Lundi j'ai fini par recevoir le livre d'E. Perrier (*La Philosophie zoologique*), en même temps que deux exemplaires de presse : un de M. Jacques-Émile Blanche, *Cahiers d'un artiste,* IIIe série (1915), et *La Jeune Parque*, poème de Paul Valéry. Le premier de ces livres est d'une lecture très agréable et me rappelle Paris pendant les années 1915-1916 : les endroits touristiques, les conversations, les nouvelles, l'atmosphère de cette époque, et même les « petits restaurants » qui ne sont connus que d'une élite, fréquentés par la crème des officiers britanniques, comme L'Ombrelle Chinoise[68]. Le poème de Valéry est tout à fait différent. Il m'a conquis, et je le connais déjà en grande partie « par cœur ». Ce n'est pas de la poésie, c'est de la magie, « hechicería[a] ». Je crois que rien n'égale, dans aucune autre langue, la beauté de certains passages, tel celui-ci, par exemple, sur l'ombre du corps humain :

> [...] *à mes pieds l'ennemie,*
> *Mon ombre ! la mobile et la souple momie,*
> *De mon absence peinte effleurait sans effort*
> *La terre où je fuyais cette légère mort.*
> *Entre la rose et moi, je la vois qui s'abrite ;*
> *Sur la poudre qui danse, elle glisse, et n'irrite*
> *Nul feuillage, mais passe, et se brise partout..*
> *Glisse ! barque funèbre...*

Ou le finale :

> [...] *si je viens, en vêtements ravis,*
> *Sur ce bord, sans horreur, humer la haute écume,*
> *Boire des yeux l'immense et riante amertume,*
> *L'être contre le vent, dans le plus vif de l'air,*
> *Recevant au visage un appel de la mer ;*
> *Si l'âme intense souffle, et renfle furibonde*
> *L'onde abrupte sur l'onde abattue, et si l'onde*
> *Au cap tonne, et me trempe à l'insulte des jeux*
> *Immortels ! immolant un monstre d'or neigeux*[69], *etc.*

a. Espagnol : « sorcellerie ».

Si tout était comme cela, j'irais immédiatement me jeter du pont d'Elche[70], sans même laisser mon chapeau sur le parapet. Mais, Dieu merci, il y a de mauvais vers, comme celui-ci :

Oh dangereusement de son regard la proie !

Mais C'EST un poème magnifique, et plus j'y pense, plus j'ai tendance à penser que la poésie française, de Gérard de Nerval, Baudelaire et Rimbaud jusqu'à Claudel, Fargue, Saint-Leger Leger[71] et Valéry est la plus belle, la plus vraie, la plus poétique jamais apparue jusqu'à ce jour au monde. J'espère qu'elle sera reconnue pour telle, au bout du compte, quand la France aura cessé d'exister en tant que nation, et que le français se sera transformé au point que notre français actuel sera considéré comme une langue morte. On verra alors que ces poètes ont été les premiers à découvrir un mode d'expression nouveau et abouti. Je me demande ce que Samuel Butler, qui a dit : « La dernière chose que fera un poète de nos jours c'est écrire des vers », ou quelque chose d'approchant[a] — penserait du poème de Valéry. Lui aussi, je suppose, songerait à se rendre au pont sur la route d'Elche.

Mardi j'ai reçu une lettre de Gaston Gallimard[72], qui me donne de bonnes nouvelles de tous mes amis français. Copeau triomphe à New York, où on l'a nommé directeur du Garrick Theatre. Avant de partir pour le Brésil, Claudel lui a donné (à Gaston) les mss de deux drames[73]. Gaston approuve mon projet de traduction de *La Vie et l'Habitude* ; il se déclare très « excité » par ce que je lui ai dit de Miró et désire acheter sans tarder les droits de las *Figuras de la Pasión del Señor*. Par ailleurs il veut publier mes *Enfantines*.

Nous avons passé d'agréables après-midi avec des jeunes filles qui habitent ici, et qui jouent du piano, chantent, et même dansent des danses andalouses et des jotas. La petite Avelinita, la fille de D. Higinio, joue remarquablement bien. Il y a des tertulias animées chez doña Josefa et chez M. R. J'y ai pris beaucoup de plaisir et n'ai eu que deux mauvaises journées, précisément celles où je suis allé à Alicante : le trajet, trois quarts d'heure dans un mauvais tramway tiré par des mules et conduit par un cocher braillard, s'est avéré trop pour moi.

Je suis arrivé à la page 308 de *Ainsi va...* et j'ai commencé la lecture des *Précurseurs de Darwin* de Quatrefages, après avoir terminé *L'Origine des espèces* lundi. *Del vivir* de Miró me plaît, au moins autant que *El Abuelo del Rey*. Voici quelques exemples de ce qu'on rencontre fréquemment dans ses œuvres et que je trouve très beaux : (Il décrit une rue où vivent des lépreux, dans un village du

a. Note de Larbaud : « Il a dit : La dernière chose qu'un GRAND poète fera etc. »

nom de Parcent, quelque part dans la partie maritime de cette province) : « Y rieron. La mujer, también ; la humilde mujer ; pensó que así debía convenir al general bullicio y regocijo. Si, había que reir, que todos reían ; Y su mirada blanca no se apartaba de su marido monstruoso[a]. »

Outre le livre d'Edmond Perrier, j'ai reçu trois ouvrages de Butler que je ne possédais pas : *La Chance ou l'Adresse ?*, *La Mémoire inconsciente* et *Les Alpes et les Sanctuaires du Piémont et du Tessin*[74].

Samedi 19. —

J'ai passé — ou plutôt perdu — toute la matinée à Alicante, et au retour j'étais si fatigué que je ne me suis pas senti le courage de travailler ; j'ai donc écrit des lettres, continué ma lecture des *Précurseurs* de Quatrefages et flâné au jardin avec les dames.

Le menuisier a apporté la table et l'« armario » que j'avais commandées il y a huit ou dix jours. J'ai été un peu déçu ; j'avais espéré qu'il aurait suivi mes indications et fabriqué quelque chose de joli, ou tout au moins que ces meubles auraient un petit air « Salon d'automne ». Mais ils rempliront tout de même leur fonction et j'aurai un endroit pour ranger mes papiers et mes mss. La note du menuisier s'est avérée être « las cuentas del Gran Capitan » : 68.75 et un DOURO pour le cadenas américain que j'ai acheté l'autre jour. Je lui ai remis un chèque de 65 pesetas seulement, et il est parti satisfait.

Je constate, d'après ce que dit Quatrefages, que, comme je le soupçonnais, bien des idées de Samuel Butler n'ont rien de neuf. Elles doivent beaucoup à celles de Maillet, Robinet[75], et autres « philosophes » et « rêveurs » du XVIII[e] siècle. Il leur donne néanmoins une base plus sérieuse, toute la clarté et la force de son style, et c'est ce qui compte pour nous.

En pensant à Mme Jupp l'autre jour, j'en suis arrivé à la conclusion que la véritable Mme Jupp (une certaine Mme Boss) avait dû être « Proveedora de la Real Casa[b] » pour S[amuel] B[utler]. Bien sûr H.F. Jones[76], quand je le verrai, me le dira. Et si j'ai deviné juste, cela l'amusera.

Vendredi 25. —

Il fait beau et chaud depuis dimanche dernier, jour où je suis allé à la tertulia[77] à la villa A. Il y avait beaucoup de jeunes filles, et même une Mademoiselle française, ancienne élève du Sacré-Cœur de Paris. Elle était très charmante et tout et tout, mais elle et sa

a. Espagnol : « Ils rirent. La femme aussi ; l'humble femme ; elle pensa qu'ainsi elle devait être en accord avec le brouhaha et l'allégresse générale. Oui, il fallait rire, et tous riaient. Et son regard blanc ne se détachait pas de son monstrueux mari. »

b. Espagnol : « Fournisseur de la maison royale ».

sœur, une jeune veuve, ont manifesté, au cours d'une partie de croquet, une dose de « prepotenza[a] » inhabituelle (inhabituelle ici, je veux dire), si bien qu'après leur départ, les jeunes Espagnoles se sont senties plus à l'aise, et ont chanté et dansé à cœur joie, tandis que nous faisions cercle autour d'elles et lancions un « Olé ! » de temps en temps.

Lundi j'ai dû aller à Alicante, de sorte que je n'ai pas beaucoup travaillé ce jour-là, et je suis rentré très fatigué. Mais une longue lettre de Gladys, que j'ai trouvée sur ma table de travail, m'a aussitôt rétabli.

MARDI ELISA EST VENUE ET EST RESTÉE DÎNER AVEC NOUS. Entre son arrivée et l'heure du dîner, je suis allé à Alicante où j'ai fait quelques achats. Dans l'après-midi nous sommes allés (Lola, Pepita, Elisita, Asuncioneta et moi) à la maison de campagne de doña Luzgarda, puis à El Palamo, où nous avons trouvé les sœurs d'Elisa, Carmen et Marita, avec un grand nombre d'enfants. Le jardin d'El Palamo est admirable ; il y a de longs murs de rosiers blancs et roses, très touffus, et beaucoup d'ombre. C'est un ancien jardin (créé, me semble-t-il, au tout début du règne d'Alphonse XII[78]). J'ai pris des photographies des jeunes filles au milieu des rosiers.

La promenade m'avait tellement fatigué que j'ai passé une partie de la journée suivante au lit. Néanmoins je suis retourné à Alicante avant dîner, et j'ai acheté deux raquettes (anglaises, assez bonnes, mais très chères) et quelques balles de tennis, pour qu'Eduardo, les jeunes filles et moi, jouions dans le patio derrière la villa. Nous ne jouons pas au tennis, mais à la PELOTA[b], avec des raquettes de tennis au lieu de jouer à main nue.

Hier (jeudi) nous sommes allés à la « Serreta negra ». Nous étions douze : quatre hommes et huit dames. Mais cette excursion s'est avérée un fiasco ; en partie par la faute d'un vieux monsieur qui a voulu nous servir de guide sans connaître le chemin, en partie par ma faute, car après avoir emprunté le mauvais chemin d'un côté des collines, je me suis senti trop fatigué pour recommencer l'ascension, et j'ai dû, à mon grand regret (et à l'« enojo[c] » des dames), rester derrière, et cela a gâché la promenade. Nous étions partis vers 6 heures du matin et sommes rentrés à 10 heures et demie et avons pris des refrescos[d]. Mais j'ai dû passer le reste de la journée sur mon lit où j'ai fini de lire *Les Précurseurs* de Quatrefages.

a. Italien : « arrogance ».

b. Espagnol : « pelote », jeu de balle pratiqué en Espagne, et en France, au Pays basque.

c. Espagnol : « contrariété ».

d. Espagnol : « rafraîchissements ».

Aujourd'hui une « journée de livres », comme mardi avait été une journée de roses et d'enfants. J'ai reçu le dernier livre que j'avais commandé à Paternoster Row[79] : *Les Animaux et les Plantes* de Darwin, et *L'Évolution, autrefois et aujourd'hui* de S[amuel] B[utler]. — À Alicante, où je suis allé pour voir D. Higinio, j'ai passé quelques minutes à la librairie Pastor et trouvé, dans les dernières nouveautés, une traduction de *Orthodoxie* de G.K. Chesterton[80] par Alfonso Reyes. Ce livre était si joliment imprimé que je n'ai pas pu m'empêcher de l'acheter. J'ai donc relu, dans le tram au retour, quelques chapitres de cet ancien amour. Je l'apprécie encore beaucoup, bien que j'aie compris depuis où G.K. Chesterton voulait en venir. Sur le plan moral, il appartient à cette espèce d'hommes « peut-être utiles à leur façon, mais que doivent surveiller attentivement tous ceux qui attachent du prix à la liberté de la pensée et de l'individu de peur que l'occasion ne les transforme en persécuteurs de la pire espèce » (S.B. paraphrasé par Marcus Hartog dans son introduction à *La Mémoire inconsciente*.) Pourtant G.K.C. est — ou du moins était quand il écrivit *Les Hérétiques* et *Orthodoxie* — plus pénétrant qu'il ne le pensait, et une bonne partie de ses propos dément catégoriquement ses propres conclusions. En fait, tout ce qui est « démolition » est magnifique ; mais sa « construction » est un échec — pas assez « catholique ». J'ai acheté ce livre non seulement pour sa présentation (il est édité par Calleja), mais aussi pour le faire lire à Eduardo. Je suis curieux de voir ce qu'il va en penser. La traduction semble très bonne, mais on y trouve ~~l'erreur~~ la faute, pratiquement inévitable, en ce qui concerne le « Heart of the Midlothian[81] ».

Je continue la lecture de *Del vivir* de Miró. Voici un bel exemple : (il décrit la classique « partida de pelota de todas las tardes[a] » que nous voyons ici à San Vicente, comme on peut la voir dans tous les villages du royaume de Valence) :

En la calle había momentos de silencio de altura[b]...

Je suis encore pénétré du poème de Valéry, et, dès le réveil, je commence à le réciter à voix haute. Il m'apporte le bonheur, la paix de l'esprit, et même la force physique.

L'autre jour, à Alicante, une vieille femme m'a arrêté dans la rue pour me demander :

— JOVE, ¿ QUINA HORA ES[c] ?

Ça m'a fait plaisir. Mais il faut dire qu'elle était assez âgée pour appeler même un homme de cinquante ans « JOVE ».

Mardi, de bonne heure le matin, alors que je travaillais, l'ALGUACIL[d] du village est venu apporter un télégramme pour don

a. Espagnol : « partie de pelote de tous les après-midi ».
b. Espagnol : « Dans la rue il y avait des moments de silence grandiose... »
c. Espagnol : « Jeune homme, quelle heure est-il ? »
d. Espagnol : « secrétaire de mairie ».

Vicente M. (le propriétaire de la Villa Rafaela). Après avoir bavardé un instant, il m'a demandé, brusquement :

— Es V. francés, verdad ? Se le conoce al hablar[a].

Et il s'est mis à me raconter qu'il avait vécu quelques années « en France ». Je lui ai demandé dans quelle région de France, et il m'a répondu : « à Alger ». Beaucoup de gens ici considèrent que l'Afrique du Nord c'est la France.

Voici un bon exemple des idées des classes populaires d'ici sur le castillan. En rentrant de l'excursion dans la Serreta, je me suis exclamé :

— Que perdut estic !

(ce qui est du valencien). Vicenta, la cuisinière, qui m'avait entendu, s'est écriée :

— Eso sí que es ESPAÑOL[b] !

Ils considèrent le castillan comme une langue à moitié étrangère.

Samedi 26. —

Belle journée. J'ai travaillé « normalement ». Vers cinq heures deux des XX [*Nom caviardé*] sont venus et nous avons fait une petite partie de « pelota » dans le patio. Eduardo et moi avons écrit à Gabriel Miró pour lui faire part des propositions de la N.R.F. J'ai commencé la lecture de *La Descendance de l'Homme* de Darwin.

Dimanche 27. —

Bonne journée de travail. J'ai reçu le premier lot de livres de Paris (Le Dantec, Weismann, etc.). Après le thé, « pelota » chez D. José. [*Une demi-ligne copieusement caviardée.*]

Lundi 28. —

Journée pluvieuse, des nuages enveloppant les grandes sierras jusqu'à mi-hauteur. Travaillé toute la matinée et une partie de l'après-midi. Pelota chez D. José. [*Deux mots caviardés.*] Il avait reçu une lettre de G. Miró lui disant que la N.R.F. avait écrit à son éditeur (Domenech) à propos de la traduction en français de las *Figuras*. J'étais content parce que je pense que ce courrier, précédant tout juste ma lettre, décidera Miró aussi bien que son éditeur.

Nous avons passé une délicieuse « fin d'après-midi » chez don José. Il y avait plus de dix enfants ; beaucoup de charmantes petites filles. Celle que je préfère est Pepita (12 ans) qu'en secret j'appelle « Kiddie[82] ».

a. Espagnol : « Vous êtes français, n'est-ce pas ? Cela s'entend à votre accent. »

b. Espagnol : « Ça oui, c'est espagnol. »

Mardi 29. —

Journée pluvieuse. C'était une pluie MÉDITERRANÉENNE, pas une « Scotch mist ». Suis allé à Alicante où j'ai vu don Higinio, puis suis allé jeter un coup d'œil aux livres d'occasion dans le magasin sous les arcades (Plaza del Ayuntamiento). Eduardo m'avait dit qu'ils venaient d'acheter une partie de la bibliothèque particulière du défunt Dr Campello. J'ai passé environ une heure à regarder les livres, dont la majorité sont français et italiens. J'ai vu des éditions de Bossuet, Fénelon, Tiraboschi[83], Dante, Montalembert, qui datent du début du XIXe siècle, et des volumes (non coupés) de la collection Didot. Mais le marchand ne semblait pas désireux de les vendre séparément. Néanmoins il m'a dit que si je reviens vendredi ou samedi, il pourra me donner les prix etc. Je suis revenu avec Eduardo par le tram de 2 heures, si bien que j'ai déjeuné à 3 heures, et que je n'ai travaillé qu'une heure entre le déjeuner et l'heure du thé. Nous sommes ensuite allés chez don José, et avons découvert qu'il avait fait installer un véritable court de tennis, avec filet, etc. ce qui fait que nous avons joué pendant deux heures. (Deux sets de six). Eduardo servait d'arbitre. J'avais emporté mon pardessus, et l'ai mis dès la fin de la partie. Ce soir je termine la lecture de *Del vivir*.

Jeudi 31. —

Dernier jour du mois. Temps plutôt chaud, mais il y a de l'air. Hier après-midi Manolo est venu et m'a laissé deux petits recueils de « cuentos[a] » de G. Miró : *Del Huerto Provinciano* et un autre dans la Collección Diamante. J'ai lu deux de ces cuentos, et ils me plaisent. Miró est CERTAINEMENT un grand écrivain, le plus grand qu'il y ait eu en Espagne depuis Ganivet — meilleur même, je pense, que Ganivet. Il s'est identifié à ce pays — c'est-à-dire à la province d'Alicante. Et, comme le faisait remarquer D. José Guardiola l'autre jour, Alicante a donné à l'Espagne ses deux plus grands artistes contemporains : Miró en littérature et Oscar Esplá[84] en musique. (Le père d'Esplá est venu rendre visite à Doña Dolores l'autre jour, et j'espère bien faire la connaissance de son fils le mois prochain...) J'ai prêté le poème de Valéry à Manolo, en attirant son attention sur plusieurs passages, comme celui qui commence ainsi :

Les dieux m'ont-ils donné ce maternel contour[85]...

Aujourd'hui j'ai travaillé de 9 heures à 2 h ½, et à nouveau après le déjeuner, entre 5 et 6 h ½. Puis je suis allé avec Eduardo et Pepita chez [*Une ligne et demie caviardée*] alors les jeunes filles et les hommes les plus jeunes ont fait des jeux, des « coros[b] », etc.,

a. Espagnol : « contes ».
b. Espagnol : « chœurs ».

puis ils ont dansé et chanté des habaneras, guajiras, malagueñas[a], etc. ; don José choisissait les chansons d'amour les plus démodées pour les parodier. (La meilleure traduction, me semble-t-il, pour « cursi[b] » est « démodé ».) Les jeunes filles ont ensuite dansé des jotas que le CASERO[c] de don José, Cento, accompagnait à la guitare tandis que D. José donnait la cadence avec ses castagnettes. Le magnifique jardin prenait un aspect merveilleusement romantique à la clarté de la lune qui s'élevait au-dessus des pins. Les servantes, de grandes filles brunes aux cheveux piqués de fleurs, étaient assises autour du casero et reprenaient les refrains en chœur. Rafaelita a dansé de façon remarquable, mais « Kiddie » n'a pas voulu danser et est restée assise tranquillement. (Plus tôt dans la journée, était venue d'Alicante la nouvelle de son succès à son dernier examen. Elle avait obtenu la mention « sobresaliente[d] » à l'épreuve de latin, et en était fière, à juste titre.) Après dîner nous sommes allés nous promener sur la route d'Agost[86], et avant de rentrer nous nous sommes arrêtés un quart d'heure chez doña Concha.

Hier et aujourd'hui j'ai comparé les expressions techniques dans *L'Origine des espèces* et *Les Animaux et les Plantes* avec l'interprétation qu'en donne Ed. Barbier dans sa traduction française de ces ouvrages. Il y a des « cas de conscience » : Barbier traduit *sports* par « variations brusques », alors que Naudin (que cite A. de Quatrefages) semble avoir inventé l'expression « variation désordonnée », qui est un équivalent de *sports*. Laquelle de ces deux expressions DOIS-JE utiliser ? Je crois qu'il me faut rejeter « variation désordonnée » en suivant le principe qui m'a fait rejeter « transformisme » — ce sont des expressions CONTINENTALES. L'école anglaise (du moins à l'époque de S[amuel] B[utler]) utilisait *Evolution* et *Evolutionism*, et non pas « Transformisme » ; elle utilisait *sports* et non pas « variation désordonnée » ; et là où les auteurs continentaux disent « hybridation », elle disait *hybrids*. Néanmoins cela m'ennuie d'avoir à renoncer à « variation désordonnée »[87].

Dans l'intervalle entre les repas et le travail, je continue la lecture de *La Descendance de l'Homme*. C'est vraiment un mauvais livre, presque méprisable avec sa psychologie de bas étage et sa philosophie pire encore. En fait, il semble avoir été, avec Le Nouveau Testament, un des livres d'étude de S.B. Par ailleurs, il résume bien la pensée de l'époque à laquelle il a été écrit : Herbert Spencer, Huxley, Haeckel, sir John Lubbock[88]. Et quand on le lit maintenant, on se rend compte du progrès accompli par la géologie, la zoologie, etc. — Si peu scientifique qu'il soit, Butler est de loin le

a. Espagnol : *Guajiras* et *habaneras* sont d'origine cubaine, airs populaires et danses. La *malagueña* est une chanson populaire de la région de Málaga.

b. Espagnol : le dictionnaire donne « maniéré ».

c. Espagnol : « intendant ».

d. Espagnol : mention « très bien ».

plus grand homme des deux, et Darwin, comparé à S.B., a un air tristement « officiel ».

JUIN[89]

2 juin (samedi).

Hier je suis allé à Alicante, où j'ai passé la majeure partie de la journée, allant à Benalúa[90] l'après-midi. Je suis allé chez le bouquiniste sous les Arcades et j'ai vu d'autres livres achetés aux héritiers du Dr Lopez Campello. Il y avait un Diderot en 20 volumes qui me plaisait, mais trop cher. Toutefois, j'ai acheté les quatre volumes de Huc[91] sur la Chine, que j'avais envie de lire depuis octobre, quand Leger est parti comme vice-consul à Pékin. La Chine où il vit actuellement doit être bien différente de celle que décrivait Huc ; mais il doit rester quelques vestiges de cette Chine plus ancienne et plus pittoresque. De plus cela me fera penser à Leger. Eduardo et moi avons dîné au restaurant de l'établissement de bains La Diana, à l'extrémité de la jetée, presque « en mer ». La mer était magnifique et le « arroz con pollo[a] » très bon. Plus tard dans l'après-midi nous sommes allés voir Don R[amón] F[errerés] à Benalúa, et avons passé environ deux heures dans son atelier. Nous étions de retour à San Vicente vers 7 heures. Mais toute la journée j'ai souffert d'une espèce de « conjonctivite » de l'œil droit qui m'a contraint à acheter des lunettes. Aujourd'hui je me sens mieux, et pourrais travailler et lire comme d'habitude mais j'ai pris soin de ne pas sortir en pleine lumière. — J'ai continué la traduction de *Ainsi va* jusqu'à la page 336. — J'ai reçu une réponse de G. Miró. Il dit : « Como la propiedad de las *Figuras de la Pasión del Señor* es mía, no necesita la Nouvelle Revue française el consentimiento de mi editor. Ustedes y yo podemos puntualizar el convenio. Y yo pongo todas las condiciones en manos de Vd. Sea también Vd. quien escoja el traductor ¿ No podria recaer la elección en Vd. mismo ? Yo lo celebraría grandemente por.... la comprensión que tiene Vd. del mío (his mind)... etc. Además, su residencia en mi pais facilita nuestros diálogos, y la compañia de E[duardo Irles] añade un vinculo entre nosotros... etc. »[92].

Ainsi s'exprime mon héros. Mais maintenant tout dépend de Gaston Gallimard, pour la traduction de *Figuras* je veux dire, car je ne l'entreprendrai pas ayant déjà trop à faire avec S.B. Miró, à la fin de sa lettre, nous invite (Eduardo et moi) à aller le voir à Barcelone.

a. Espagnol : « poulet au riz ».

Mais j'espère qu'il viendra ici avant, car nous sommes tous deux dans l'impossibilité de quitter San Vicente.

Aujourd'hui, pour la première fois de l'année, j'ai mis un pantalon de toile, et des chaussettes blanches. Journée chaude mais calme : travail de 10 heures à 2 heures ; lecture de 3 h ½ à 4 h ½ ; venue du barbier ; puis travail encore de 5 à 6 ; puis un bain ; puis chez D. José où nous avons joué au tennis (un seul set : Eduardo et moi contre don José et son fils aîné) ; puis tertulia, et une longue conversation avec D. José sur la cuisine. Il m'a donné, oralement, quelques « recettes », m'a indiqué où se procurer de la gelée à Alicante, etc. Je lui ai indiqué comment faire des « œufs en gelée », et il m'a expliqué la manière qu'il a trouvée de faire rôtir la volaille. Au retour, nous avons rencontré la femme et les enfants de D. H[iginio] qui venaient de rentrer d'Alicante. — Ce matin à Alicante, E[duardo] a rencontré Eugenio Noël[93], l'écrivain ANTI-FLAMENQUISTA bien connu.

Lundi 4.

Réveillé à 4 h ½ j'ai pris Darwin et lu jusque vers 6 heures, mais je me suis endormi sur une description à n'en plus finir de « personnages secondaires », et me suis levé juste à temps pour le petit déjeuner. Travaillé de 10 h à 1 h ½, et une heure de plus en fin d'après-midi. Puis suis allé à la villa Avelina, et chez D. J[osé] G[uardiola] où nous avons joué au tennis et tenu la tertulia habituelle. Après dîner, nous sommes allés chez Doña Pepita.

Mardi.

Réveillé à 5 h, lu jusqu'à 6 h, heure à laquelle je me suis levé et j'ai travaillé un peu avant le petit déjeuner. Bien que je sois allé à Alicante voir D. H[iginio] et sois rentré à 3 h, j'ai réussi à traduire 3 pages de *Ainsi va*. Pendant le trajet j'ai lu *L'Évolution, autrefois et aujourd'hui* de S.B. — Quel livre merveilleux ! Assurément, je le préfère, avec *La Vie et l'Habitude,* aux deux *Erewhon.* Voilà comment je crois que je classerais les ouvrages de Butler : en premier, *Ainsi va* (le meilleur), puis *La Vie et l'Habitude,* puis *L'Évolution, autrefois et aujourd'hui* puis *Erewhon*. Je mettrais *Nouveaux Voyages en Erewhon* en dernier — même après les *Carnets*.

De bonne heure ce matin on m'a apporté les photos, juste arrivées de Madrid. Elles me satisfont, mais la société Kodak a des tarifs excessifs : une peseta la carte postale.

Nous avons joué quatre parties de tennis, puis tenu une grande tertulia, avec des chœurs, des danses, etc. Les servantes de D. José dansaient les jotas que le CASERO jouait à la guitare. Je n'oublierai jamais Marieta : cette grande et solide fille brune, aux cheveux piqués de fleurs, dansait avec un visage empreint tout à la fois de gravité et de modestie. Au milieu des autres, elle avait tout d'un éléphant, mais elle dansait si bien que toute sa gaucherie disparaissait. Elle est originaire de la province de Murcie. « Kiddie » s'est montrée moins timide que les premières fois ; en fait elle s'est moquée de moi, à une ou deux reprises, bien que j'aie mieux joué que d'habitude.

Récemment, dans les journaux, nous avons appris la mort de José Enrique Rodó[94], le critique et essayiste uruguayen. E[duardo] dit qu'il était « trop français ». Il est mort en Italie. Ce soir nous avons une tertulia ici.

Ce soir Eduardo a cité, puis récité un beau poème d'Icaza[95]. Mais je l'ai oublié.

Quatrefages et S.B. !!! Cela me fait penser à un poème de Fargue : « avec l'estime d'un travailleur pour un autre[96] », etc.

Il faut que je note ici, pour retrouver tout de suite la référence quand j'écrirai à Henry Festing Jones, les deux fautes que j'ai trouvées dans S.B. :

1° « La brochure de l'ÉVÊQUE Gargouille[97] » (*Nouveaux Voyages en Erewhon*, p. 143, l. 7)

2° « le véritable GYGÈS AUX CENT MAINS des poètes » (*Carnets*, p. 52)

Ces erreurs n'ont pas plus d'importance qu'une virgule oubliée — excepté pour les esprits étriqués et les critiques pointilleux sur l'exactitude.

Aujourd'hui j'ai écrit une longue lettre (onze pages) à Gaston Gallimard concernant : a) les pourparlers pour la traduction de G. Miró ; b) mon programme de traduction et de publication des cinq ouvrages de S.B. ; c) la publication d'*Enfantines*. Il fait très chaud et je crois qu'il va bientôt pleuvoir. *L'Évolution, autrefois et aujourd'hui* fait sur moi l'effet d'une tempête et je le lis à toute vitesse.

Jeudi 7.

J'aimerais que toutes mes journées ressemblent à celle-ci qui a été si heureuse pour moi. Je me suis réveillé à six heures, en très bonne forme, et un quart d'heure plus tard j'entendais la pluie tomber à verse dans le jardin. J'ai pris *La Descendance de l'Homme* et j'ai lu au lit jusqu'à 7 h ½ . Il y a beaucoup de remplissage dans ce livre célèbre, et beaucoup de choses qui en font une simple « lettura amena[a] » pour « hommes du monde » et maîtres d'école. Cela semble confirmer la conclusion de Quatrefages sur Darwin, à savoir que la seule partie sensée du darwinisme c'est la théorie de la « lutte pour la vie » et de la « sélection naturelle ». Mais dans la

a. Italien : « lecture agréable ».

Descendance de l'Homme, ouvrage plus accessible, Darwin, semble-t-il, a tenté ce que Buffon a fait dans les parties populaires de son œuvre ; seulement Buffon a beaucoup mieux réussi. Tout de suite après le petit déjeuner je me suis mis au travail, jusqu'à la visite de D. H[iginio], peu avant le déjeuner (2 heures) et je me suis remis au travail après le repas jusqu'à l'arrivée du barbier (4 heures et demie). Je suis ensuite allé à la Villa Adelina[a] où la tertulia réunissait beaucoup de monde et j'y suis resté jusqu'à 6 heures et demie. Puis je suis allé avec Eduardo et les dames voir la procession de la Fête-Dieu. On a sorti quelques pasos[b], assez médiocrement parés, à l'exception d'une grande Sainte Vierge aux cheveux naturels, avec une magnifique robe de soie, bleu et blanc, brodée d'or. J'ai pris six ou sept photos des pasos et des fillettes à la tête couverte d'une mantille, qui tenaient un cierge à la main. Puis nous sommes allés chez D. José où nous avons fait deux parties de tennis, avant de rejoindre le salon pour la tertulia. D. José a cité divers poètes français et expliqué comment il prépare quelques soupes. Nous avons longuement parlé des fromages de différents pays. Il semblerait qu'on n'a jamais vu ici un beau camembert crémeux ; c'est-à-dire que le camembert n'est jamais arrivé ainsi, mais uniquement sous la forme d'une substance jaune, dure et malodorante. Don José, qui part demain pour San Juan avec sa famille, nous a invités à utiliser son court de tennis pendant son absence, et nous nous sommes entendus pour y aller tous les jours (Eduardo, Paquita, Encarnación et moi), si le temps et le vent le permettent. Ce soir, jusqu'à onze heures, nous avons tenu une tertulia à la maison : D. José et sa famille sont venus. Kiddie est venue, charmante et jolie comme toujours, les cheveux dénoués sur les épaules (qu'elle montrait avec fierté à Pepita). En me promenant dans le village, j'ai rencontré diverses personnes : doña Concha, Manola, Marieta, le menuisier, le barbier, tous vêtus de leurs plus beaux atours. Je me suis senti particulièrement bien, et même très joyeux, toute la journée.

Lundi 11.

À force de jouer au tennis et à la pelota, de me promener en manches courtes, de m'attarder le soir chez Doña Josefa, me voici à nouveau au lit avec un « resfriado[c] » ou quelque chose de ce genre ; et j'écris ceci sur le coin de la table bleue, que Lola a approchée de mon lit dès qu'elle a vu que je ne pourrais pas me lever. La nuit dernière a été horrible : des cauchemars emplis de voix et de

a. C'est ainsi clairement écrit, alors que nous avons coutume de voir Larbaud fréquenter la « villa Avelina ».

b. Espagnol : effigies de saints destinées à être présentées, sur les épaules de porteurs, lors des processions.

c. Espagnol : « rhume ».

bruits presque réels, etc., et quand je me suis réveillé d'un somme de deux minutes, la fièvre battait à mes oreilles, étouffant le tic-tac de la pendule (c'est la preuve même de la fièvre). Cela m'a beaucoup inquiété et j'ai mobilisé toute mon énergie pour affronter cette nouvelle crise. À force d'aspirine et de quinine, j'ai réussi à me rétablir un peu ce soir. J'ai cependant les mains très chaudes ce soir et je suis loin de me sentir bien.

Toute la matinée, jusqu'à midi, a été employée à lutter pour... transpirer. Dès que cela s'est fait, je me suis senti plus à l'aise et j'ai commencé à prendre plaisir à être malade. J'ai repris *L'Évolution, autrefois et aujourd'hui* et j'en ai terminé la lecture : 300 pp. « de un tirón[a] ». Je crois que c'est un grand livre, et l'appendice en fait une œuvre parfaite. Les dernières pages sur Rome et le panthéisme m'ont décontenancé quand je les ai lues ce soir ; je ne m'étais jamais attendu à trouver S.B. si continental et si catholique. C'est bien « mon homme » maintenant et il m'est plus cher que jamais. J'aimerais traduire ce livre aussi (un sixième volume). — Mais cela ne ferait-il pas « el cuento de no acabar[b] » ? Et puis si je passe par beaucoup de journées comme celle-ci... Néanmoins j'aurais tendance à penser qu'il y a trop d'habileté dans sa façon de traiter Buffon et je ne peux m'empêcher d'imaginer un nouveau Butler, vers l'an 1979, qui traiterait Darwin de la même façon pour déprécier un nouveau Darwin. Quoi qu'il en soit cela ne vaut pas pour ses essais sur Erasmus Darwin, Lamarck et les deux Geoffroy Saint-Hilaire[98].

Ces derniers jours, j'ai continué avec les chapitres sur les oiseaux dans *La Descendance de l'Homme*, et j'y ai trouvé l'origine (ou la descendance) de quelques poèmes modernes, comme celui-ci de Robert Bridges[99], qui commence ainsi :

Les oiseaux qui chantent les soirs d'automne
Parmi les feuilles aux teintes d'or, etc.

dans lequel se trouvent ces deux vers admirables :

En quête d'amour ils chantèrent tout le jour
Et maintenant c'est au chant que va tout leur amour.

Ces chapitres sont d'une lecture agréable et même attrayante ; ce sont « Les amours des oiseaux », tout comme le *Jardin Botanique* de son grand-père était « Les amours des plantes ». Mais la théorie en est totalement absente et on sent un peu l'œuvre alimen-

a. Espagnol : « d'un trait ».

b. Espagnol : « Une histoire à n'en plus finir ». L'expression la plus courante est « el cuento de nunca acabar », reprise comme titre d'un article de *Sous l'invocation de saint Jérôme* (« L'Art et le Métier », *O.C.*, t. VIII, pp. 114-116).

taire, à ceci près qu'elle est écrite par un amateur qui a des loisirs et de l'argent. (¡ Olé !)

Je me suis vraiment pris d'affection pour S.B. Cet homme que je ne connaissais que vaguement avant 1915 me fait maintenant l'effet d'une « âme sœur » — presque. En fait il a les mêmes opinions que moi sur :

a) les relations entre parents et enfants ;
b) l'argent et les riches ;
c) l'Europe « une et indivisible » ;
d) Rome et l'Église[a].

Par ailleurs, il y a sa façon de présenter les choses qui me plaît certainement plus que je ne puis l'exprimer dans ma traduction (DAVANTAGE QUE JE N'AI LES MOYENS DE L'EXPRIMER, DEVRAIS-JE DIRE). Mais je me souviens combien, au début, des plaisanteries grossières dans *Erewhon* m'ont rebuté. Quoi qu'il en soit (muy americano eso ![b]) je peux dire que les cinq volumes feront triompher... ce pour quoi ils ont été écrits. —

Je ne parviens pas à m'endormir et la fièvre revient encore. Et puis, je suis resté à la diète aujourd'hui, par principe.

Je ne trouve pas le sommeil, mais j'entends le tic-tac du despertador[c] et j'en ressens du bien-être : pas de fièvre, ou très peu. J'ai oublié de noter que vendredi après-midi, la semaine dernière, j'ai reçu des nouvelles de Dolores A— (par l'intermédiaire de D.J.M.M.). C'était l'épilogue ; et je regrette d'avoir détruit le journal que j'ai tenu en septembre-novembre l'an passé ; ce que j'écrivais sur cette aventure aurait fait un bon roman, avec une fin heureuse. Cependant ce n'est pas vraiment le « dernier mot ». Il faut que je retienne la date : 29 avril — Ç'a été un épisode étrange. M., en m'écrivant pour me donner le résultat, m'avait adressé « la enhorabuena[d] ». Personnellement, je ne sais quoi en penser. J'ai considéré cela comme une histoire, et en même temps je savais que ça m'arrivait à moi. J'ai vécu des jours et des jours de souci et d'angoisse tout en réussissant à lutter contre la chose elle-même et à réagir contre l'angoisse qu'elle me causait. Et pourtant, cela aura été ma principale préoccupation de la fin d'octobre au 6 ou 8 mars de cette année, bien que j'aie cessé d'y faire allusion dans mon journal. C'est maintenant terminé, et bien terminé. Mais je LA reverrai certainement une fois encore, j'écouterai ce qu'elle a à dire, et ensuite... au revoir, au revoi-oir[100] ! Il y a environ deux semaines, j'ai appris de la bouche de Pepita S. ce qui s'était passé chez M., et j'ai tout de suite compris pourquoi il s'était autant intéressé au cas

a. Note de Larbaud : « e) son amour pour Londres et l'Italie, f) son goût pour la littérature française.

b. Espagnol : « très américain, cela ! »

c. Espagnol : « réveil ».

d. Espagnol : « félicitations ».

de « doña Dolores », et pourquoi il avait dû commencer par me juger assez sévèrement. Mais c'est fini. Elle aura joué un grand rôle dans ma vie, et moi dans la sienne. En dehors de ce lio[a] qui vient de se terminer si bien, les meilleurs souvenirs que je garderai d'elle seront les deux ou trois visites à l'église du Carmel, à la tombée du jour ; je m'asseyais sur un banc, et elle s'agenouillait près de moi, priant et s'éventant à la fois. L'église baignait dans l'obscurité, mais, au-dessus du chœur, LES VITRAUX NOUS REGARDAIENT. C'est cela et rien d'autre qui mérite d'être retenu. Et aussi nombre de ses expressions, avec tout le « sal » et la « gracia [b]» qu'elle y mettait. Eh bien, maintenant, dois-je regretter que tout se soit aussi bien terminé ?

Jeudi 14. —

J'ai bien combattu ce dernier accès de fièvre, et je me sens beaucoup mieux aujourd'hui. Pourtant j'ai été incapable de travailler et même de manger (sauf ce soir, où j'ai bu une tasse de bouillon et un verre d'eau gazeuse) depuis mardi jusqu'à aujourd'hui. Mais j'ai lu *La Descendance de l'Homme* et l'ai terminé aujourd'hui. Il y a eu une tertulia chez Doña Concha.

Vicenta, la cuisinière, nous a quittés ce matin. Il faut que je note l'épisode avec l'Administrador de Correos et l'alguacil[c].—

Dimanche 17.

Je me sens tellement mieux que je peux me lever tôt, travailler, et même me promener un peu. J'ai repris ma vieille habitude de me lever vers 5 heures, me faire du café, et lire au lit jusqu'à l'heure du petit-déjeuner. Je me mets alors au travail, jusqu'à l'heure du déjeuner environ. Je suis plongé dans *Néo-Lamarckiens et Néo-Darwiniens* de Le Dantec, mais j'en reviens constamment à Quatrefages, car il me semble le meilleur critique sur ces questions. Quand on lit Le Dantec, Weismann[101] (et en conséquence S.B.) n'apparaît nulle part.

Aujourd'hui nous avons eu des visites : Don Alfredo D. et sa famille, et M. T. avec sa femme et sa fille. J'ai pris deux photographies.

L'autre jour Pepita S. nous a raconté une histoire amusante. Elle avait entendu des cris venant de la maison d'un de ses voisins, et elle est allée frapper à la porte. Un homme est venu au bout de quelque temps, un fouet à la main et le regard mauvais. Pepita lui a demandé ce qui se passait. Et l'homme a répondu :

a. Espagnol : « imbroglio ».
b. Espagnol : le « sel » et l'« humour ».
c. Espagnol : le directeur de la Poste et le secrétaire de mairie.

— Res. Coses de familia. (Rien. Des histoires de famille[a].)

On lui a raconté, par la suite, que cet homme avait l'habitude de fouetter sa fille de dix-huit ans parce que le jeune homme de son choix n'était pas « del gusto[b] » de ses parents. Il y a trois jours, cette jeune fille s'est réfugiée auprès du « juez[c] » et elle va bientôt épouser son novio[d].

Je crains que malgré tout l'Humeur ne revienne. Il me faut réagir, et pour cela j'ai deux moyens à ma disposition : le travail et la gentillesse de P—. Si .... Eh bien aujourd'hui je les ai vues ici toutes les deux ; elles se sont embrassées quand elles se sont rencontrées. [*Deux lignes caviardées.*]

Je pense que si l'on établissait un diagramme pour montrer les différentes étapes de l'histoire de l'évolution, nous verrions, selon l'opinion d'hommes aussi différents l'un de l'autre que Quatrefages et Le Dantec, quelque chose de ce type : en haut et au milieu une ligne avec Buffon, et un peu plus bas, en bordure de la feuille, les noms d'hommes comme de Maillet et Robinet. Puis, sur une ligne au centre, Lamarck et, au-dessous, Darwin ; une liste généalogique partirait ensuite sous chacun de ces noms : lamarckienne, d'une part, et darwinienne-wallacéenne, de l'autre ; et, proches de chacune de ces listes, mais en bordure de feuille, comme pour de Maillet et Robinet, les noms de Weismann, Hering, S. Butler, chacun à la tête d'une petite dynastie (S.B. : Rignano et Richard Semon ?), mais à l'écart de la ligne principale occupée par les tenants de « l'accroissement » et de « l'assimilation fonctionnelle », de Quatrefages à Le Dantec. — Tout cela revient à dire que je crains que S.B. ne soit trop marginal sur le plan scientifique. Mais, d'un point de vue littéraire, il ne l'est pas. Il appartient véritablement à la plus haute et à la meilleure tradition ; et je pense qu'on ne peut demander davantage.

L'Humeur s'est terminée plus vite que je ne l'espérais, et je suis à nouveau presque bien. Longue tertulia à la Villa Avelina, et une soirée avec D. Vicente jouant des jotas à la guitare tandis que sa servante, Julia, dansait dans le patio ; la bonne odeur du jardin, la mélancolie des chants andalous et la pensée fugitive de l'Angleterre ; puis de bonnes nouvelles ; une lettre de Gladys accompagnée d'un cadeau (elle est allée l'acheter chez Drew ; je suppose donc qu'elle n'a pas de problème d'argent) — cela a suffi à me guérir de l'Humeur. Je viens de terminer la lecture de *Lamarckiens et Darwiniens* de Le Dantec. J'adhère totalement à sa pensée jusqu'à « l'assi-

a. La traduction est de Larbaud. On aurait attendu « nada » au lieu de « res ».
b. Espagnol : « du goût ».
c. Espagnol : « juge ».
d. Espagnol : « petit ami ».

milation fonctionnelle », incluse ; mais lorsqu'il en arrive aux « coefficients quantitatifs du plastide », je ne le suis plus, et je ne comprends même pas ce qu'il entend par là. — Ce soir nous sommes allés jouer au tennis chez D. José, Pepita, Pepe C., Encarna, H[iginito] et moi, mais nous avons trouvé le court en travaux ; nous avons donc joué à la « pelota » dans la grande avenue du jardin. La partie fut joyeuse et nous riions tellement que nous ne parvenions pas à jouer convenablement. Higinito faisait semblant de parler français avec force gesticulations, saluts profonds, tout en tirant sur une moustache imaginaire, parodiant le Français typique, tel qu'on se le représente ici. Le gallicisme le plus courant, semble-t-il, utilisé par les Français qui parlent espagnol est « Se comprende ». C'est pour les Espagnols l'équivalent de « Parleyvoo ? » pour les Anglais.

Mercredi 20.

Minuit. J'écris ceci au lit, au retour d'une tertulia chez Doña Pepita, qui nous a parlé des novios qu'elle avait dans son adolescence. C'est une femme tout à fait remarquable, blonde aux yeux gris clair, bien en chair mais sans trop d'embonpoint, élégante, avec beaucoup de « donaire[a] » et de « gracia ». [*Deux lignes caviardées.*] Elle est vraiment très jolie pour une femme de 46 ans. Elle est veuve depuis trois mois. Quand je l'ai vue pour la première fois, à Noël, son mari était avec elle. D'après les photos que j'ai vues d'elle, elle a dû être une femme magnifique (celle avec une mantille, assise à la « mesa petitoria[b] »). Un mari riche, peu de soucis, pas d'enfants, et de nombreuses années vécues dans l'une ou l'autre des grandes villes de la péninsule ont fait d'elle ce qu'elle est. Elle devrait se remarier. — Elle a mentionné M., comme par hasard, et m'a regardé bien en face, mais je n'ai pas sourcillé, je n'ai rien dit. Je crois qu'elle aimerait savoir plus qu'elle ne sait là-dessus. Mais quand elle le verra, il lui racontera probablement tout.

Je me suis réveillé à 5 heures ½ du matin, j'ai fait du café, me suis lavé et habillé, ai pris mon petit-déjeuner, et me suis mis au travail, SIN PARAR[c], jusqu'à l'heure du déjeuner. J'ai passé deux heures dans mon fauteuil GANDULONA[d], puis j'ai repris le travail. Nous sommes alors allés chez Don J[osé] où nous avons joué au tennis pendant une heure. Puis, comme on tenait une tertulia devant la maison, nous avons rejoint les dames. Kiddie n'y était pas. En rentrant nous avons trouvé une tertulia chez nous (Pepita S.,

a. Espagnol : « charme ».

b. Nos recherches ne nous ont pas permis de savoir ce qu'était une *mesa petitoria*.

c. Espagnol : « sans arrêt ».

d. Mot non attesté dans les différents dictionnaires consultés, mais l'adjectif *gandul* signifie « paresseux ». Peut-on traduire par « chaise longue » ? Il semblerait que ce soit l'idée.

Maria, A[velinita], etc.). Je lis actuellement *Émules* [*de Darwin*] de Quatrefages et viens de terminer le long chapitre sur J.R. Wallace[102].

Jeudi 21. —

Une bonne journée de travail, bien que je ne me sois pas senti très bien. Jusqu'à six heures ce soir je suis resté à la maison ; puis de nombreux enfants sont venus et je les ai accompagnés à l'ERA[a] derrière la villa ; ils ont joué à la pelota, et ont organisé une parodie de corrida. Après dîner leurs parents et quelques-uns de nos voisins sont venus, et nous avons eu une tertulia jusqu'à presque minuit. Il y avait D. Joaquin, Paco G., leurs femmes, leurs six enfants (trois garçons et trois filles), Doña Pepita S., Mariana, etc. Nous étions 18 en tout.

Avant-hier D. José G[uardiola] m'a dit qu'il avait rencontré la sœur de Mons[ieur] G[illes], qui a traduit *Nómada* de Miró, et qu'il lui avait dit que je l'avais citée comme traducteur souhaité pour *Figuras de la Pasión del Señor*. « Pourquoi ne le traduit-il pas lui-même ? » a-t-elle demandé. D. José a répondu que j'avais de nombreux « compromisos[b] » (les Butler, bien entendu), et que, par ailleurs, je ne croyais pas savoir assez l'espagnol pour entreprendre ce travail. Mais elle n'a pas dit clairement qu'elle était disposée à faire une autre traduction de Miró. Si seulement elle le faisait.

Samedi 23.

Je suis allé hier à Alicante et j'ai lu *La Mémoire inconsciente* pendant le trajet. J'ai fait les différents « compras[c] » que je devais faire, et suis allé voir don H[iginio]. J'ai ensuite retrouvé E[duardo] à l'Ayuntamiento et nous sommes allés déjeuner à l'Explanada. Nous avons rencontré Sig[nor] Luigi A[rduini], puis Oscar Esplá. [*Quatre mots caviardés.*] Une certaine autorité se dégage de son allure et de son expression. Un de ses amis devait jouer des extraits de sa (à lui, Esplá) dernière composition (*El Ciclope*), et j'aurais aimé y aller ; mais j'étais si fatigué que je ne me sentais pas le courage d'affronter dix ou douze personnes, auxquelles on me présenterait, avant d'écouter la musique dans une salle bondée. E[duardo] l'a expliqué à Esplá, et il a été convenu qu'Esplá nous dirait quand nous pourrions aller à sa maison de campagne, E. et moi, écouter *El Ciclope* « entre intimes ».

À mon retour, j'ai trouvé une lettre de Gaston Gallimard, en réponse à la longue lettre que je lui ai écrite le 5 ou le 6 de ce mois. Elle parle de G. Miró, mes *Enfantines*, et Jules Romains. André

a. Espagnol : « terrain ».
b. Espagnol : « engagements ».
c. Espagnol : « achats ».

Gide examine les passages de ma lettre qui concernent Miró et quand il aura pris une décision concernant cette affaire, Gaston me dira ce qu'ils comptent faire. — Pour *Enfantines,* il veut m'envoyer les exemplaires de la *N.R.F.* et de *La Phalange* qui contiennent les six « Enfantines » publiées ainsi que le manuscrit de celle que je lui ai envoyée d'Hastings en juillet 1914[103]. — Il m'annonce ensuite que M. Jules Romains viendra en Espagne en août-septembre faire des conférences sur la littérature et l'art français, et qu'il a besoin de lettres d'introduction auprès de personnes influentes à Madrid. J. R. a prévu d'apporter avec lui des tableaux et des croquis de plus de cinquante artistes français (contemporains), qu'il veut exposer à la Villa y Corte. Ce sont M. Diez-Canedo[104] et les gens de la revue *España* qui l'ont invité à venir en Espagne.

Aujourd'hui j'ai reçu de la maison d'édition Maloine un exemplaire de *La Transmissibilité des caractères acquis* d'Eugenio Rignano. J'avais demandé en même temps un exemplaire de *Die Mneme* etc. de Richard Semon[105], et sur la facture qu'on m'envoie, on a écrit : « Pas d'ouvrages ALLEMANDS » (souligné).

Aujourd'hui (fête de Saint-Jean) a été une journée plutôt animée. J'ai travaillé un peu avant le repas. Ensuite j'ai pris une photo de notre nouvelle servante, Dolores. Puis le fils du barbier est venu. Son père était allé passer la journée à Alicante. Lui est revenu de Melilla[106] il y a deux jours. Il y était au service sanitaire. Il dit que Melilla est maintenant une belle ville. Il rase beaucoup mieux que son père. — J'ai continué *La Mémoire inconsciente* jusqu'à sept heures, et j'ai lu la traduction que S[amuel] B[utler] a faite de Ewald Hering[107]. Hering est beaucoup plus convaincant que S.B., mais il lui est bien inférieur comme écrivain. Pourtant je n'ose pas faire confiance à ces « méta-biologistes », particulièrement quand je vois qu'ils citent Bonnet[108].

À 7 heures je suis allé chez Don J[osé], et nous avons joué au tennis pendant environ une heure (un set de six). Plus tard Don J[osé] m'a donné le manuscrit d'une traduction française de *Nómada* de Miró par Madame K[lotz] (la sœur de M. G[illes][109]). Je vais la regarder et en faire un compte rendu à Gaston et à Gide. — Après dîner nous sommes allés à la fête magnifique donnée chez Don J[osé] : feu d'artifice, chansons, danses, jotas, etc. Nous étions 46 (avec les domestiques), et le beau jardin était illuminé avec beaucoup de goût, en particulier autour du bassin. J'ai fait la connaissance du Coronel[a] L. et de ses trois fils, dont l'un est un grand et beau garçon de 18 ans. Il y avait douze fillettes. « Kiddie » et Victoria étaient les plus jolies de toutes. Nous venons de rentrer, accompagnés par D. P[aco] et sa famille.

a. Espagnol : « colonel ».

Dimanche 24. —

Les festivités de la Saint-Jean m'ont empêché de travailler tout mon soûl, et je me sens assez mécontent de moi. Cependant j'ai réussi à lire les chapitres de Quatrefages sur Naudin et Romanes. J'apprécie la clarté de pensée et d'expression de Monsieur Armand de Quatrefages. J'ai, incidemment, jeté un coup d'œil à la préface de Carl Vogt[110] à la traduction française de *Animaux et plantes*, et je n'ai pas pu m'empêcher de trouver son enthousiasme plutôt vulgaire. Je crois que, d'une certaine façon, Quatrefages a raison, alors que presque tous les évolutionnistes anglais avaient tort. Pourtant cela m'amuse, de temps en temps, quand je trouve un passage qui me rappelle les remarques de S.B. sur Darwin et ses successeurs.

Pepita m'a réveillé à 7 heures et demie, et à 8 heures nous étions tous dans la voiture de Don Alfredo D. pour aller à la gare ; nous y sommes arrivés juste à temps pour accueillir le fils aîné de D. A[lfredo], qui est élève à l'école militaire de Tolède. Puis nous sommes rentrés au village et avons bu de l'AGUA CEBADA[a] au casino. Ensuite nous avons tous gagné la maison. Peu après nous avons déjeuné avec Doña J. et vers 6 heures et demie nous nous sommes rendus à la Villa A[velina], où se tenait une grande fête. Nous avons eu un feu d'artifice, de la musique, des chants, des danses et un feu de joie. Nous venons de rentrer (1 heure du matin).

Il faut que je note ceci. L'expression les « enfants terribles du darwinisme » est une expression de Claparède (à propos de ?)[111]. C'est dans la *Revue des cours scientifiques*, 6 août 1890. (cité par Cl.)

Il est 4 heures du matin et je viens de faire un tour dans le jardin, après une nuit d'insomnie. Il faut que je le note, car cela m'aidera à prendre des décisions pour certaines situations, et cela me sera utile plus tard. Mais, bien entendu, c'est le désœuvrement et les fêtes de la Saint-Jean qui sont responsables.

Mardi 26

Beaucoup mieux. La plus grande partie de la journée à Alicante. J'ai rencontré Salomé, la servante que j'avais quand j'habitais Calle Jorge Juan, en octobre dernier. Elle m'a dit que sa sœur Mercedes désirait me voir. J'y suis donc allé (parmi les nombreuses choses que j'ai faites) et je l'ai trouvée, j'ai vu aussi la petite Merceditas, qui a bien grandi. Cette pauvre fille (Mercedes, la mère) a bien maigri, et elle reste dans l'attente de la libération de son mari, cette brute « qui s'est déshonorée en tuant un homme ». J'aimerais pouvoir faire quelque chose pour Merceditas. Mais j'ai déjà L.[112] sur les bras et une très maigre bourse. Quoi qu'il en soit, ce n'était pas pour des questions d'argent que M. voulait me voir. — Voici la

a. Espagnol : « eau d'orge ». Quelques pages plus loin il sera aussi question d'*horchata* (sirop d'orgeat).

liste des choses que j'ai faites entre 10 heures du matin et 4 heures de l'après-midi : limpiabotas[a], des photos, Boti (deux fois), Pastor, estanco[b], café (où j'ai pris du café et un panecillo[c]), chez don H[iginio] (où j'ai bien passé trois quarts d'heure. Il va à Madrid) ; à la papeterie de Vda de Esplá (où j'ai commandé du papier pour le manuscrit dont il va falloir que je m'occupe), puis à l'estercría[d] (deux fois), Valensianeta, plaza del Ayuntamiento (pour la petite esterita), ensuite chez Leopoldo, à l'hôtel Samper[113], où Pepe avait du tabac anglais à vendre ; repas à l'hôtel Samper ; l'esterería à nouveau, et finalement une nouvelle fois à la papeterie.

J'ai quand même pu aller chez D. José à sept heures. Nous avons joué au tennis et avons eu une tertulia. Ce soir, après dîner, tertulia chez doña Josefa.

Mercredi 27. —

Travaillé assez tard (7 heures du matin) et très malade une partie de la matinée. J'ai pourtant été capable de travailler un peu, mais pas assez. Je n'ai rien lu aujourd'hui. Je pense que je me suis baigné trop vite après le petit-déjeuner. Reçu une lettre de G[ladys], mais ancienne (affranchie à Londres le 29 mai). Suis allé chez don José et fait deux parties de tennis, avec Kiddie comme adversaire. Ce soir nous avons eu une tertulia à la maison[e].

Samedi 30

Dernier jour de juin. Le 6 du mois qui vient cela fera deux mois que nous sommes arrivés à la villa Rafaela, et je ne suis pas vraiment content de moi parce que j'ai très peu travaillé.

Otium, Catulle, tibi molestum est,
Otio exsultas nimiumque gestis.
Otium prius reges et beatas
Perdidit urbes[114].

(J'ai Catulle en tête, en ce moment, et je récite le *Carmen nuptiale* presque tous les matins en prenant mon bain :

Ludite ut lubet ac brevi
Liberos date. Non decet
Tam vetus sine liberis
Nomen esse ; sed indidem
Semper ingenerari[115].

a. Espagnol : « cireur de chaussures ».
b. Espagnol : « bureau de tabac ».
c. Espagnol : « petit pain ».
d. Espagnol : chez le nattier, le fabricant de tapis.
e. Note de Larbaud : « Don José, D. Paco, leur femme et six enfants, ainsi que M. Banyuls, le sculpteur. »

Comme c'est beau ! Je ne résisterai pas à la tentation d'en citer quelques vers dans « M~~artre~~[a] »). J'aimerais avoir un exemplaire de ses *Carmina* pour connaître par cœur le poème qui se termine ainsi :

Desideratoque acquiescere lecto[116]...

Aujourd'hui je suis parvenu à la page 390 de *Ainsi va*, et j'ai fini de lire le chapitre de Quatrefages consacré à Carl Vogt. Mais c'est insuffisant. Je n'arrive pas à m'en tenir à des heures régulières, et je trouve des excuses pour quitter ma table de travail et me promener dans la maison, le jardin, et même descendre la route pour accompagner les gens au terminus du tram (deux fois ce matin — et chaque fois j'ai passé à peu près une demi-heure à la maison de Mariana). J'ai essayé de travailler la nuit, mais comme je me lève tôt et que je joue au tennis, j'ai sommeil et ne tiens pas plus d'une heure. Dans la journée il fait trop chaud, etc., etc. Aujourd'hui une phrase aussi simple que : « On Sunday he went to church AS A MATTER OF COURSE » m'a tracassé pendant plus d'un quart d'heure. Ce n'est qu'en jouant au tennis qu'il m'est apparu que la meilleure façon de la traduire ne pouvait être que : « BIEN ENTENDU, le dimanche il alla à l'église. » Le fait est que je suis fatigué de traduire, que je vis dans un environnement qui me rend trop intensément sensible aux « influences du dehors » : le jardin, la chaleur, les couchers de soleil grandioses, tant de beaux enfants, la grâce des jeunes filles et des femmes, les fruits, les repas (avant-hier, le GAZPACHO que nous avons eu au dîner), l'exercice, les tertulias, etc., etc., tout cela me retient inévitablement loin de ma table de travail, et m'incite trop à penser à un autre travail ; je veux dire à « M~~artre~~ ». La nuit dernière je ne pouvais dormir parce que je pensais à « M[artre] » ; j'avais l'impression de pouvoir en écrire plusieurs chapitres. Tout ce que je serai capable de faire sera : finir *Ainsi va*, finir la lecture de la traduction de *Nómada* par Mme K[lotz], recopier mon 4e article pour le magazine de D. H[iginio] (les articles 1 et 2 sont parus, pleins d'errata et de fautes d'impression). Alors je me sentirai libéré et je consacrerai tout le mois prochain à « M[artre] ». Je pense que cela vaut mieux que de reprendre et poursuivre mon travail sur les *Carnets*.

E[duardo] et moi avons particulièrement bien joué ce soir chez D. José (de 5 à 6). Quel beau court cela fait, avec les sierras dans le fond, l'ombre et l'odeur des pins. Kiddie était là, ainsi que Victoria. Après dîner nous sommes allés chez Doña Josefa où nous avons rencontré deux charmantes jeunes filles. L'une d'elles, que les

a. Note de Larbaud : « "M..." est l'initiale qui désigne le premier titre de ce qui devait devenir *Beauté, mon beau souci...* »

dames avaient dite un peu « boba » (stupide), nous a raconté qu'elle avait mis des chaussures neuves et qu'elle avait donc le pied enflé. Elle a beaucoup parlé de la « llaguita[a] » qu'elle avait au talon, et nous a montré son pied nu ; le tout de façon très innocente (elle va bientôt se marier), très indolente, d'une voix lente. Elle m'a plu.

Les garçons de D. Paco et ceux du Coronel L. ont créé un journal hebdomadaire qu'ils appellent *La Colonia* et qu'ils impriment eux-mêmes — ou plutôt qu'ils dactylographient. Ils écrivent avec beaucoup de facilité et s'intéressent aux familles d'Alicante qui viennent passer l'été à San Vicente ; ils décrivent les fêtes dans les ~~maisons de la noblesse~~ villas avec intelligence et vivacité.

Hier D. J[osé] a beaucoup parlé de Castelar[117] qu'il a connu personnellement.

[*Huit lignes raturées.*]

Je constate avec plaisir que notre nouvelle servante, Dolorès, devient chaque jour plus forte et plus jolie. On dirait que ses maîtres précédents ne la nourrissaient pas suffisamment.

JUILLET

Dimanche 1er juillet.

Dimanche agréable, temps frais. Nous sommes allés voir le marché, avons passé une heure chez D. J[osé], puis sommes rentrés. Nous avons eu un très bon repas, servi par Dolorès, qui avait de jolies fleurs dans les cheveux. J'ai dormi et travaillé, tour à tour, en début d'après-midi. Puis je suis retourné chez D. J[osé]. (Il était allé en voyage d'affaires à Sax[118] et était revenu dans la nuit.) Nous avons fait une belle partie de tennis : Paquita et moi contre D. Paco et Encarna. Nous avons gagné. — Ce soir, tertulia à la maison. Nous étions 27.

Jeudi, 5.

Lundi dernier j'ai commencé à travailler la nuit. C'est-à-dire de 11 h ou minuit jusqu'à 4 ou 5 heures du matin, me couchant au jour déjà bien levé. Cela me convient mieux, à cause de la chaleur. De cette façon, pendant la journée, jusqu'à l'heure du thé, qui est souvent l'heure de HORCHATA, je mène une vie de sommeil et d'« engourdissement », qui m'évoque Dormer Row, près du parc à Leamington[119]. C'est tout à fait cette espèce de léthargie rêveuse et lointaine, interrompue par le repas à 3 heures avec les dames. Je lis un peu. Ainsi j'ai terminé les chapitres de Quatrefages concernant Carl Vogt et Filippo De Filippi[120], et je continue maintenant avec

a. Espagnol : « petite blessure, bobo ».

son essai critique sur Häckel. Il n'est pas assez sévère avec ce vulgaire PLAISANTIN. Maintenant je suis en tout point Monsieur Armand de Quatrefages de Bréau, et je dois en conséquence considérer comme dénué de valeur scientifique tout système (comme celui de S.B.) fondé sur les théories lamarckienne ou darwinienne. Mais cela ne n'empêche pas d'admirer la vigueur de pensée ou la valeur poétique de théories comme celles de Lamarck, Darwin, Carl Vogt, Ewald Hering, Richard Semon, Eugenio Rignano, et, bien entendu, S.B. J'aime beaucoup la façon dont Quatrefages « désexplique » tout. Mais de tous les hommes qui me paraissent avoir exposé les théories évolutionnistes avec le plus d'audace, c'est S.B. que je préfère, et ensuite, un peu de la même espèce, — mais bien inférieur comme écrivain — le Suisse Carl Vogt. Cependant j'aime bien Robin (qui a déclaré à l'Institut français : « Il y a cent zoologistes qui ont plus de titres à être reçus parmi nous »), (il parlait de Charles Darwin), ainsi que ces vieux « grands prêtres de la Science » (expression de S.B.) français qui ont refusé de prendre au sérieux les livres de Darwin. Une bonne partie de ce que S.B. lui-même dit du darwinisme (particulièrement dans *L'Évolution, autrefois et aujourd'hui* et dans *La Chance ou l'adresse* — que j'ai commencés à lire) les aurait réjouis, — et cela suffit pour montrer la largeur de vue de Butler.

Mardi j'ai passé tout l'après-midi avec don Ramón à Benalúa. Je l'ai trouvé plus mal que jamais. Il avait renoncé à toute forme de travail — peinture ou écriture, — et restait prostré, préoccupé uniquement par ses maladies (en bonne partie imaginaires). Il s'est mis à conserver toutes les réclames de traitements charlatanesques, m'en a montré quelques-unes et m'a demandé mon avis. J'ai essayé de lui changer un peu les idées. Je l'aime bien et je voudrais pouvoir faire quelque chose pour lui. Je pense qu'il a besoin d'un changement total, et comme il a beaucoup d'argent, son absence d'énergie est le seul obstacle. Il m'a donné une de ses gravures de maisons à Grenade.

Nous avons fait nos habituelles parties de tennis chez D. José, et avons fondé le « Raspeig Tennis Club » (R.T.C.). Nos couleurs sont le bleu et le rouge, et nous avons commencé à les porter (cravates, ceintures, etc.)

Hier soir la tertulia a rassemblé beaucoup de monde chez Doña Josefa. Il y avait une éclipse totale de lune et il était intéressant d'observer du patio la lune, semblable à une tache d'encre toute fraîche, quand on vient d'y appliquer le buvard.

Aujourd'hui j'ai rendu à Don José le ms de la traduction française, par Mme K[lotz], de *Nómada* de Miró. J'ai fait quelques corrections, et écrit quelques remarques dans les marges. On voit bien qu'elle a travaillé très vite, et sans l'aide d'un bon dictionnaire. Pourtant je crois qu'elle sera capable de donner une bonne traduction de las *Figuras*, parce qu'elle manifeste une compréhension ~~très bonne~~ très fine du style de Miró, et que, par ailleurs, elle semble être la seule Française avec du goût et de la culture littéraire qui connaisse l'Espagne levantine et les paysages alicantins. Eh bien, si les gens de la N.R.F. décident de publier las *Figuras*, je ferai tout mon possible pour la faire accepter comme traductrice. Alors je l'inciterai à faire un bon travail et, plus tard, je la persuaderai de traduire tous les ouvrages espagnols que j'aimerais voir traduits en français : *El Abuelo del Rey, Las Cerezas del cementerio* ; *Granada la Bella* et *Los Trabajos de Pío Cid* d'Ángel Ganivet[121] ; puis, peut-être, des passages de *Facundo* de Sarmiento[122] (c'est un gros livre rempli de grossiers « hors-d'œuvre » argentins).

Ce soir nous avons eu une tertulia à la maison. Nous étions 33. Il y a eu des chansons, des danses, des coros[a] et des « jeux innocents ». M. Banyuls, le sculpteur, a très bien chanté des chansons italiennes. On a joué à la guitare cette valse que j'ai entendue pour la première fois à Athènes en 1904 (« Las olas del mar[b] »), et cela m'a rendu assez pensif... « Souvenir, Souvenir, que me veux-tu ; l'automne[123]... »

Vendredi 6. —

À Alicante, où j'ai vu don H[iginio] qui revenait de Madrid. Nous avons beaucoup parlé. Ensuite suis allé voir Mercedes ; Salomé était avec sa sœur. Au retour, ou plutôt, en partant, j'ai aperçu Oscar Esplá, et lui aussi m'a vu, mais le tram quittait alors la gare. En chemin j'ai lu *La Chance ou l'Adresse*. J'ai acheté un exemplaire du livre de Blanco Fombona. (Je l'avais commandé il y a deux semaines, et l'ai trouvé aujourd'hui chez Pastor). Il se compose de cinq essais sur : Andrés Bello (Venezuela), Sarmiento (République argentine), Hostos (Porto Rico), Juan Montalvo (République équatorienne) et M.G. Prada (Pérou)[124]. Je connaissais les essais sur Sarmiento et sur Prada (le premier est un grand écrivain, l'autre est un mauvais reflet de divers écrivains français de Jean-Jacques Rousseau à Ernest Renan). De nombreux critiques semblent penser beaucoup de bien de l'auteur équatorien Juan Montalvo (« un coloso[c] » etc.). Je suis toujours à l'affût d'un véritable « coloso » d'Amérique du Sud, mais jusqu'à maintenant, à l'exception de Sarmiento et de quelques pages de Jorge Isaacs[125], j'ai été déçu. Tal vez ese Montalvo ? Bueno, veremos[d]...

J'ai lu dans la revue *España* un article sur José Enrique Rodó (le critique uruguayen). C'est le genre d'article qu'on voyait com-

a. Espagnol : « chœurs ».
b. « Les vagues de la mer ».
c. Espagnol : « un colosse ».
d. Espagnol : « Peut-être ce Montalvo ? Bon, nous verrons. »

munément, autour de l'année 1900, dans *Le Mercure de France* : on porte un écrivain au pinacle, sans rien dire de ses œuvres, si bien que le lecteur reste dans l'ignorance.

C'est ce qui se faisait, il y a environ vingt ans. La revue *España* me rend malade ; c'est un médiocre vestige de l'esprit français des années 1910-1914, un mélange de NÉO-CLASSICISME, « la terre et les morts », Sarah Bernhardt, énergie, objectivisme, « culte du moi » et de la mode de la guerre. Ce n'est que de l'actualité et, ce qui est pire, de l'actualité dépassée, — car c'est quelque chose qui existe — toute actualité, quand on la prend trop au sérieux est, ipso facto, dépassée. C'est pour cette raison que j'apprécie M. de Quatrefages. « Lorsque je commençai mon enseignement, les théories polygénistes étaient aussi en faveur que l'est le transformisme aujourd'hui... Je combattis ces théories au nom de la science seule. Aujourd'hui, au moins en France, le polygénisme n'a plus que de rares partisans » (*Émules* [*de Darwin*], t. 1er).

Dimanche matin, 4 h 40.

Travaillé de minuit jusqu'à maintenant, et j'écris ceci le jour levé. [*Une ligne biffée*]. Je vais sortir marcher un peu dans le jardin puis j'irai au lit. J'ai travaillé et dormi, tour à tour, de 8 heures du matin à 3 heures de l'après-midi hier. Puis chez don José. Après dîner, nous sommes allés chez Doña Josefa où la tertulia rassemblait beaucoup de monde. D. Paco y était avec sa famille, Paquita, Esperanza, etc. Doña Pepita nous a offert du punch avant que nous ne partions. Quel beau jardin ; et la nuit au ciel si pur, si clair, et partout le parfum pénétrant des jasmins !

(Il faut que je note « l'histoire d'amour » chez Doña Pepita : la jeune fille qui a fui sa famille vit chez elle en attendant le résultat des démarches qui vont lui permettre d'épouser le jeune homme de son choix. Il faut que je m'en souvienne. Elle est très jolie — la llaguita — et ce qu'elle a dit ce soir).

Note — H.C. de Varigny, quand il lui faut traduire le mot anglais *versatile*, écrit, en français, « versatile ». « S'il est un ancêtre dont je serais honteux, ce serait d'un homme doué d'une intelligence versatile et agitée qui... » (note pour l'article sur Huxley dans *Émules*, t. II, p. 135, de Quatrefages tiré de : *Vie et correspondance de Ch. Darwin*, p. 187.) — Mais c'est à la main humaine que S.B. applique l'adjectif *versatile* (dans *Erewhon*, les *Carnets*, etc.). Flexible ???

Mardi 10 — 6 heures du matin.

Je viens de mettre le point final à ma traduction de *Ainsi va toute chair*. Alabado sea Dios[a].

a. Espagnol : « Dieu soit loué ».

Doña Dolorès que j'ai rencontrée en allant à la cuisine (où j'allais voir si on préparait l'eau chaude pour mon bain) et à qui j'ai dit que je venais de terminer une « faena[a] » à laquelle j'étais attelé depuis des mois et des mois, m'a adressé « la enhorabuena[b] » et m'a dit que j'étais « más valiente que el Cid Campeador[c] ».

C'est que j'aie travaillé toute la nuit et que je parle d'aller à Alicante aussitôt après mon bain, qui la rendait aussi enthousiaste. Cela valait bien la peine d'être vécu : parvenir aux dernières phrases de la page 420 de *Ainsi va...* au moment où le soleil lançait son premier rayon par-dessus le mur du jardin et où les premiers oiseaux se mettaient à chanter. J'aurai bien sûr encore du travail à faire avec *Ainsi va...* avant de corriger les épreuves d'imprimerie ; mais ce sera un travail tout différent, comme faire de l'élagage dans le jardin, ou brosser ses vêtements. La traduction proprement dite c'était la conduite d'une grosse automobile dans un pays au relief accidenté.

Ces derniers jours ont été pour moi des jours heureux, et les nuits magnifiques, le parfum des fleurs, les tertulias animées par les chants (habaneras, malagueñas) de jolies filles, tout cela s'est confondu avec mon travail.

Jeudi 12. —

Je savoure les quelques jours de repos que je me suis accordés en terminant ma traduction de *Ainsi va...* Je suis allé deux fois à Alicante, et aujourd'hui je suis invité à déjeuner et à passer l'après-midi chez D. J[osé]. J'ai connu une suite de jours heureux et de nuits magnifiques. Cela a commencé à la Saint-Firmin et s'est terminé hier. J'avais espéré terminer *Ainsi va...* à la Saint-Firmin, mais ce fut aussi bien, puisque j'ai reçu de bonnes nouvelles et eu des raisons d'être heureux le lendemain de ce jour-là

quem semper acerbum
Semper honoratum, sic Dii voluistis, habebo[126].

Je continue de me sentir heureux. Je lis *Granada* de Ganivet ; c'est un livre tonifiant, comme le sont tous les ouvrages de Ganivet. J'ai totalement oublié mon PENCHANT pour —— (elle m'en a elle-même guéri, en ce dimanche mémorable de la Saint-Jean chez D. H[iginio]). Même Kiddie a disparu de mes pensées, et maintenant je suis amoureux de sa sœur, avec qui j'ai joué hier et à qui je donne toujours ma raquette quand la partie « sérieuse » est terminée. Mes attentions semblent lui plaire. En ce qui concerne ——, elle a remarqué mon changement d'attitude, et elle se tient à ses

a. Espagnol : « tâche ».
b. Espagnol : « ses félicitations ».
c. Espagnol : « plus vaillant que le Cid Campeador ».

activités principales : le flirt et la récitation du rosaire. — Pour les investissements sûrs en matière d'amour... (j'ai rencontré Aug. hier, place de la Constitution et lui ai tapoté la tête — et D. Joaquin, que je n'avais pas vu, en était tout étonné.)

J'ai deux causes d'inquiétude : la première : pas de lettre de Gladys depuis cette ancienne lettre arrivée il y a deux semaines ; la seconde : je ne vois aucun moyen pour faire passer le ms. de *Ainsi va...* en territoire français sans qu'il soit ouvert par la Censure, ce qui représenterait un grand risque pour ce ms ; et pourtant j'espère trouver un moyen de forcer le blocus.

[*Page arrachée et deux lignes caviardées.*]

J'ai passé deux merveilleuses journées à Alicante avec promenades sur l'Explanada et du côté du port, achats, bons repas, admirables « horchatas » et « agua cebada[a] » de chez Tío Quico, etc. ; le repas fin chez D. José ; [*Quatre lignes caviardées.*] Et puis aussi je me sens bien, et comme prêt à reprendre « Martre ». D'ailleurs j'ai tellement de chance que même la loterie nationale m'accorde ses faveurs : aujourd'hui j'ai vu que j'avais gagné huit douros, qui me seront payés demain matin.

Dimanche 15.

Toujours pas de nouvelles de Gladys. Je suis très inquiet. Je voudrais croire que c'est dû à la Censure qui a délibérément bloqué tout le courrier d'Angleterre à destination de l'Espagne. En dehors de cela, je n'ai aucune raison de me faire du souci. Les vacances que je me suis accordées pour fêter la fin de ma traduction de *Ainsi va...* prendront fin demain, jour de la Sainte-Carmen. Hier j'ai offert une verbena[b] à tous les amis et relations à qui je voulais faire plaisir. Je ne pouvais, évidemment, choisir de meilleure date que le 14 juillet pour cette soirée, et j'ai passé beaucoup de temps le 13 juillet, et dépensé de l'argent (les huit douros de la loterie nationale, plus dix autres tirés sur mon compte à la Banque de Carthagène) pour acheter tout ce qu'il fallait. Mon idée a beaucoup plu aux jeunes filles, qui ont tout préparé : petits drapeaux en papier, guirlandes, etc., etc. Elles ont même appris, et répété plusieurs fois, *La Marseillaise* (en espagnol, cela va de soi). Ce fut une vraie verbena, où les jeunes filles sont venues drapées dans leurs grands châles de Manille, et ont dansé des danses traditionnelles. Nous étions environ 60. Kiddie et sa sœur sont venues, avec des châles de Manille, de hauts peignes, et tout et tout. Il y avait plus de vingt de ces « manolas ». En raison du caractère politique de la réunion, et surtout parce que nous ne tenions pas à nous afficher, nous avons

a. Voir note a, p. 324.
b. Espagnol : « fête ».

fait cela strictement « entre nosotros[a] », mais nous avons laissé la porte du jardin entrouverte et permis aux gens du village d'entrer librement. Ainsi, à l'une des extrémités du patio, se trouvait un petit groupe de 50 à 100 spectateurs qui semblaient prendre plaisir à contempler le bal, les lumières, les drapeaux, etc. Voici le compte rendu de la verbena donné par *La Colonia* : « El Sábado último, en la elegante morada del Sr. Larbó, se celebró una pintoresca y animada verbena. La terraza y jardín de la casa, estaban artísticamente adornadas con profusión de banderitas y farolillos de colores. Asistieron las distinguidas familias de los Srs. Irles, Don José, Don Francisco y D. Joaquin Guardiola, de Carreras, de Poveda, de Luciañez, de Formigós, de Daguino, de Román, etc, etc. Las bellísimas y simpáticas señoritas, ataviadas con elegantes mantones de manila, hacián resaltar su belleza. Al son de las cadenciosas notas de un pianillo de manubrio, se bailó hasta las altas horas de la noche. [En fait jusqu'à deux heures du matin.] La concurrencia fué obsequiada esplendidamente con todas clases de dulces y licores. Nuestra más enhorabuena al Sr. Larbó por la brillantez de la fiesta[127]. »

J'ai pris presque autant de plaisir à ses préparatifs qu'à la verbena elle-même (pendant laquelle la pensée : « Mes invités s'amusent-ils ou non ? » me poursuivait). Le patio de la Villa Rafaela avait tout l'air d'un atelier : de quinze à vingt jeunes filles et dames y confectionnaient des guirlandes en chantant guajira sur guajira, ou malagueñas, ou cette jolie habanera qui date de l'époque de la guerre avec les U.S.A. :

... la prenda querida
Que en España dejé[b]...

Une brise douce soufflait des sierras et les drapeaux battaient sur les fenêtres et sur les arbres (il y avait une belle grappe de drapeaux tricolores français qui, la nuit, sous l'effet des lumières, prenaient un air tout à fait révolutionnaire) et le dallage était jonché de petits morceaux de papier blanc, jaune, rouge, vert et bleu. Cela m'a beaucoup plu.

Au milieu de tout cela, j'ai pu lire tout ce que Quatrefages a à dire sur Huxley ; finir de lire *Granada* de Ganivet, et lire un roman de Pío Baroja, *La Dama errante*. Le petit livre de Ganivet est un genre d'appendice à son *Idearium español* : c'est du brassage d'idées, tout comme Chesterton et Unamuno, et plus j'avance en âge, moins j'aime ça. Voici un échantillon de ce que je n'aime pas : « He notado también que de los edificios monumentales, los antiguos son : una iglesia, un convento, una casa comunal o una lúgu-

a. Espagnol : « entre nous ».
b. Espagnol : « la maîtresse chérie / qu'en Espagne j'ai laissée... »

bre prisión, donde se conservan piadosamente viejos instrumentos de tortura ; y los modernos son : un banco, una cárcel modelo, un cuartel ó un tribunal de justicia. La lucha sigue ; pero el centro de gravedad de la especie humana se ha bajado desde la cabeza hasta el vientre[a]. » Ce n'est pas vrai. En outre, un autre brasseur d'idées pourrait avoir beaucoup à dire sur la thèse adverse : que la Banque est aussi représentative de la foi que l'Église le fut jadis, etc., etc. Je puis m'imaginer G.K. Chesterton se prenant d'enthousiasme pour la Banque, et vantant le haut idéalisme des casernes. Toutefois le chapitre sur l'EAU (de : « En Granada un aguador tiene que ser a su modo hombre de genio...[b] » jusqu'à la fin du chapitre, page 33) est du meilleur Ganivet.

J'ai mieux aimé *La Dama errante* de Baroja que *La Ciudad de la niebla* du même ; il n'y a pas de brassage d'idées dans les ouvrages de cet homme-là, mais ils sont très superficiels[128]. Il appelle cela être « impresionista » ; mais c'est du travail bâclé, négligent, trop vite satisfait de lui. Par exemple : le Dr Aracil et sa fille Maria, se trouvant dans une situation difficile en raison de leurs relations avec plusieurs anarchistes, s'enfuient de Madrid, et se dirigent vers la frontière portugaise déguisés en paysans ; ils dorment dans les bois, traversent des rivières à la nage, pendant environ un mois, comme les héros de R.L. Stevenson dans *Kidnapped !* Puis, une fois arrivés au Portugal, ils prennent le Sud-Express et se rendent ainsi à Lisbonne. — Eh bien, tous les chapitres qui concernent la « fuite » manquent de vraisemblance ; pourtant, il y avait le contraste entre cette vie dans la sierra et ce dernier voyage dans le Sud-Express, qui offrait une belle occasion. Mais Baroja ne s'en saisit pas. Nulle part je n'ai trouvé le détail significatif que j'attendais. C'était tout simplement ce que n'importe qui aurait dit ; on eût dit le livret d'un drame pour le « cinéma ». Les livres de Baroja ne sont pas manuscrits ; ils sont dactylographiés. Si c'est ça qu'on appelle « un roman », eh bien !....

Ce matin j'ai reçu un livre de Louis Chadourne, avec une dédicace manuscrite. C'est un poème ~~intitulé~~ : *Commémoration d'un mort de printemps*[129].

Lundi 16. —

J'ai été assez souffrant aujourd'hui. Je me suis levé tard, et j'ai passé la plus grande partie de la matinée et de l'après-midi sur la

a. « J'ai remarqué aussi que les anciens édifices monumentaux sont : une église, un couvent, une maison communale ou une prison lugubre où on conserve pieusement de vieux instruments de torture ; et les modernes : une banque, une prison modèle, une caserne ou un tribunal de justice. La lutte continue ; mais le centre de gravité de l'espèce humaine s'est déplacé de la tête au ventre. »

b. Nous proposons ceci : « À Grenade un porteur d'eau est forcément, à sa façon, un homme de génie... »

chaise « gandulona[a] » à lire. J'ai lu le chapitre de Quatrefages sur Owen, et les trois essais de R. Blanco Fombona sur Andrés Bello, E.M. Hostos, et Juan Montalvo. Il suit l'opinion de Menéndez-Pelayo[130] sur A. Bello ; mais dans les essais sur Hostos et Montalvo, il fait preuve de davantage d'originalité, sans toutefois me satisfaire. Il décrit ces écrivains américains d'une façon qui donne l'impression qu'ils étaient au même niveau que les journalistes provinciaux typiques d'Europe, et rien de mieux. Il ne parle pas de leurs ouvrages, ou au moins des qualités littéraires de ces ouvrages. Il les dépeint comme des maîtres d'école arrivistes, à la tête farcie des clichés philosophiques et littéraires de l'Europe, puis il poursuit en les comparant à Goethe, à Renan, à Léonard de Vinci. Il prétend montrer que sir Herbert Beerbohm Tree[131] a plagié Hostos dans un essai sur *Hamlet* ; mais ses citations ne démontrent pas du tout sa thèse : ce sont, dans le cas des deux auteurs, de banals clichés [*Un feuillet déchiré.*]

Il est intéressant de comparer ce qu'il dit à propos d'Erasmus Darwin et de Lamarck à ce qu'écrit S.B. sur le même sujet dans *L'Évolution, autrefois et aujourd'hui*. Par exemple, S.B. écrit :

« La ressemblance entre les deux écrivains, — c'est-à-dire la concordance totale de leurs vues, — est si remarquable que nous ne pouvons nous empêcher de nous demander quelle connaissance Lamarck possédait des éléments de la théorie du Dr Darwin. Lamarck connaissait personnellement Buffon. Comment expliquer que Lamarck, à qui la théorie de la descendance avec modification de Buffon était familière depuis des années, fût néanmoins resté partisan du fixisme jusqu'en 1801 ?.... J'ai tendance à penser que l'on doit trouver le secret de sa soudaine conversion dans la traduction française de M. Deleuze du poème de Darwin *Les Amours des plantes*[132] qui parut en 1800. Lamarck, le plus éminent botaniste de son époque, en avait certainement entendu parler et l'avait vu, et il connaissait probablement le traducteur qui pouvait lui donner une idée juste de ce qu'était *Zoonomia*...[b] » etc.

« On ne trouvera rien [dit M. de Quatrefages] dans les ouvrages de Lamarck qui rappelle de près ou de loin ces conceptions d'Érasme Darwin. Tout au contraire... » (*Émules*, t. II, p. 269).

Et encore : « Je n'ai pas besoin d'insister sur les différences capitales qui séparent encore ici Lamarck et Érasme Darwin, QUELLE QUE SOIT LA THÉORIE DE CE DERNIER QUE L'ON CONSIDÈRE » (*Émules*, t. II, p. 278). (Il fait allusion à la théorie exposée dans l'appendice de *Zoonomia* d'E.D.)

a. Voir note d, p. 321.
b. Note de Larbaud : « *L'Évolution, autrefois et aujourd'hui*, pp. 258-259. »

Encore : « Voici en réalité le seul passage qui permette de rapprocher et de comparer Érasme Darwin et Lamarck… [citation de *Zoonomia*, p. 283]… En outre, ce qu'Érasme Darwin dit des caractères spéciaux présentés par la musculature des forgerons… etc, … touche de près aux opinions de Lamarck et de Charles Darwin au sujet des résultats amenés par l'exercice ou le défaut d'exercice. Mais Érasme Darwin se borne à signaler les faits, tandis que Lamarck en recherche les causes et s'efforce de les expliquer » (*Émules*, t. II, p. 281).

(À propos, S.B. ne semble pas avoir su qu'il y a une traduction française de *Zoonomia* d'É. D., due à François Kluyskens, et qu'elle a été publiée à Gand en 1810.)

En ce qui concerne ce que S.B. dit (pp. 8-9 dans *La Mémoire inconsciente*) de l'influence probable des travaux d'Erasmus Darwin sur les théories de son petit-fils, je pense que IL NOSTRO[a] a raison contre Quatrefages qui écrit : « Certes ces ressemblances sont frappantes. En conclura-t-on que Charles Darwin et Wallace ont pris sciemment à Érasme Darwin les idées développées dans leurs ouvrages et que je viens de rappeler ? Pour ma part je suis absolument convaincu qu'il n'en est rien. À coup sûr si Darwin avait emprunté à son grand-père les notions de l'archétype et de la sélection sexuelle, il eût été le premier à le proclamer ; la parfaite loyauté dont il a donné tant de preuves en est un sûr garant. »

C'est « la terrible franchise » et « l'heureuse simplicité » de Charles Darwin. Quatrefages semble s'y être laissé prendre ; et pourtant je n'en suis pas certain. M. de Quatrefages est « rusé en diable » par moments. Quoi qu'il en soit entre la sincérité de Darwin, la malice de Quatrefages et le franc-parler de S.B., et la contradiction des théories et les polémiques qu'elles suscitent, HAY QUE ANDAR CON MUCHO CUIDADITO[b].

Je ne pense pas que je relirai la totalité des *Émules*, mais je suis certain que je regarderai souvent *Les Précurseurs*, particulièrement la 2e partie, dans laquelle Quatrefages donne un très bon résumé de la doctrine de Charles D., avant d'en faire un éreintement en règle. Cette partie de son travail critique sur l'Évolution est « l'édifice principal dont les autres écrits sont les arcs-boutants ou, au plus, les annexes » (Marcus Hartog[133] à propos de *La Vie et l'Habitude*). Contre tout cela M. de Quatrefages appelle « les entraînements de l'intelligence », qu'il nous donne EN BLOC dans *Les Précurseurs*, puis EN DÉTAIL dans *Les Émules,* une bonne panacée et il fait avancer sa « vieille garde » — Broca, Pasteur, Gratiolet, Alix, Dareste, etc.,… — de façon stratégique et très efficace, dans « le vaste champ des hypothèses ». C'est de l'excellent travail critique, et

a. Italien : « le nôtre », c'est-à-dire Samuel Butler.
b. Espagnol : « Il faut marcher avec beaucoup de précaution. »

cela rendra toujours service — au moins aux historiens de l'Évolution. Puis, une nouvelle fois, il rend justice à des hommes tout à fait remarquables — remarquables au moins d'un point de vue artistique, sinon comme scientifiques : de hardis spéculateurs à l'esprit imaginatif comme Carl Vogt, Thury et Kölliker[134], des hommes beaucoup plus grands que Häckel et Huxley qui sont tout à fait communs et auraient été de bien médiocres écrivains s'ils avaient pris cette voie.

Par ailleurs, ces théories sont une mine d'or, et en conséquence les comptes rendus et les analyses que Quatrefages en fait le sont aussi — j'entends une mine d'or pour des écrivains comme J. Verne, Wells et Maurice Renard[135]. En lisant *Les Émules* je pensais souvent aux « bons sujets » qu'ils offraient. Par exemple :

Chez A.R. Wallace : un cas de mimétisme imparfait ou de faux mimétisme. — Chez Häckel : une parodie qui décrirait le continent imaginaire Lémurie, avec sa faune imaginaire : le provertébré, le protamnion, etc. — À partir de cette note de bas de page chez Huxley : « On s'est demandé bien des fois quel est le singe que Linné[136] a appelé HOMO NOCTURNUS. En général on a pensé qu'il s'agit de l'orang ou du chimpanzé. Isidore Geoffroy[137] croit que c'est un gibbon... Mais dans le *Systema Naturae* Linné dit : "Manuum digiti in erecto attingentes genua[a]", trait qui ne peut se rapporter à un gibbon. D'autre part il attribue à son Homo nocturnus UN PELAGE BLANC , etc. » (Quelle histoire ! Linné a peut-être vu l'H. nocturnus en rêve, ou dans son enfance... ?) — Et à partir de ceci, sur les théories de Kölliker : « On a imaginé un germe colossal, recouvert d'une sorte d'écorce, à l'intérieur duquel se seraient développés tous les êtres... Karl Snell, invoquant les faits que présente l'histoire des insectes, pense au contraire que l'Homme et les animaux supérieurs ont vécu longtemps sous des formes larvaires... » — Chez Kölliker lui-même : son interprétation du phénomène de la génération alternée. — Et aussi l'hypothèse de Thury sur « les germes telluriques » : « On peut concevoir que l'homme lui-même laisse après sa mort un germe tellurique incorruptible capable de se développer plus tard. » (Ceci conviendrait fort bien à Maurice Renard pour un de ses contes.) Il y a un texte du Nouveau Testament qui s'applique remarquablement bien à cette hypothèse.

Eduardo vient de recevoir en cadeau un exemplaire du dernier livre de Miró, *Libro de Sigüenza*. C'est un beau livre, bien fait. — L'autre jour à Alicante, alors que j'étais avec Don Higinio dans son bureau, sont venues deux dames qui, m'a-t-il dit, viendraient bientôt à San Vicente passer l'été dans une maison pas très éloignée de la Villa Rafaela. Après m'avoir présenté, il a ajouté, en riant :

a. Latin : « En position debout, ses doigts touchent les genoux. »

— ¿ Verdad, Larbaud, que son bonitas las españolas[a] ?

Du coup la glace fut immédiatement brisée et nous avons eu une conversation animée. Aujourd'hui, alors que nous jouions chez D. José (D. José C. et moi contre D. Paco et Eduardo I.) ces dames sont venues et sont restées un court moment à regarder la partie. Elles sont sœurs, très jolies ; l'une est mariée, l'autre a environ 22 ans. Mardi, le Kodak.

Dimanche, 22. —

Je viens de terminer la lecture de *La Chance ou l'Adresse ?* et ma première impression est que c'est un grand livre, comme *La Vie et l'Habitude* (d'un point de vue purement littéraire, cela va de soi). La présentation que S.B. fait d'Herbert Spencer, Romanes[138] et Charles Darwin est admirable. « C'est la même expression, embrouillée et embrouillante, que M. Spencer nous donne toujours depuis trente ans. » Le livre est informe, et « part dans tous les sens[b] » (est-ce bien anglais dans cette acception ?), mais pénétré du meilleur esprit butlérien et de sa « sabiduria[c] ». Ça sent le grand écrivain. Bien entendu, ce n'est pas toujours bon, et il y a des pages, ici et là, qui ne valent vraiment pas grand-chose. Ce qui m'a frappé à la lecture des chapitres sur Buffon dans *L'Évolution, autrefois et aujourd'hui* — S.B. voyant dans un texte davantage que ce qui y est — m'a de nouveau frappé ici, par exemple à la fin du chapitre intitulé « Les Facteurs de l'évolution organique ». Il cite des propos de Spencer tirés des *Principes de biologie*[d] dont la conclusion qui suit donne l'essentiel : « Il m'apparaît que, aussi rapidement que croît le nombre des facultés physiques et mentales et aussi rapidement que le maintien de la vie en vient à moins dépendre d'une seule d'entre elles et davantage de leur action combinée, aussi rapidement s'accroît la difficulté de production des spécificités de caractère par la seule sélection naturelle. Cela semble tout particulièrement être le cas pour une espèce capable de se reproduire autant que le peut l'espèce humaine ; et surtout cela paraît bien le cas pour beaucoup de pouvoirs humains qui sont d'une aide insignifiante dans le combat pour la vie : les facultés esthétiques, par exemple. » Puis S.B. poursuit : « Il est à observer que le passage cité dans l'avant-dernier paragraphe est paru en 1864, cinq ans seulement après la première édition de *L'Origine des espèces*, mais, SI CONFONDANT SOIT-IL, Darwin n'y a jamais répondu. » Or S.B. a écrit ceci vers 1885-1886, et la première édition de *La Descendance de l'homme* était parue en 1871 ; ce qui signifie que, dès 1871, Charles Darwin avait inventé sa

a. Espagnol : « N'est-ce pas, Larbaud, qu'elles sont jolies, les Espagnoles ? »

b. Le mot anglais *straggling* comporte une idée de désordre, de croissance au hasard, tout en longueur, qui s'applique d'abord au végétal.

c. Espagnol : « sagesse ».

d. Note de Larbaud : « 1864. »

théorie de la « sélection sexuelle » précisément pour apporter une réponse à ces arguments « confondants». Otra cosa[a] : S.B., toujours bon quand il parle d'« organes » et d'« outils », force un peu dans les chapitres intitulés « Propriété, bon sens et protoplasme » ; il se veut drôle et en est presque bête. Néanmoins je pense qu'il avait raison de considérer l'homme comme un « mammifère machiné[139] » (dans *Erewhon*). Quatrefages semble penser que la différence entre l'homme et les animaux réside dans le sens moral supérieur de l'homme, et il cite quelques exemples d'héroïsme ; il raconte notamment l'histoire d'un chef indien [*Quatre ou cinq mots caviardés*] qui ressemble beaucoup à celle de Regulus[140]. Pour S.B. la seule différence semble tenir à l'usage des outils, ou, comme il les nomme, « membres extra-corporels[141] ». Je pense que Quatrefages a tort et que S.B. a raison. Je dirai même que l'héroïsme, l'abnégation, et tout particulièrement l'action qui a rendu Regulus immortel, doivent être assez fréquents[b] dans les communautés d'insectes (fourmis, abeilles, etc.) ; il y a aussi les chiens, le lion de Florence, etc. Ni le courage, ni même la pitié ne sont exclusivement humains, alors que les OUTILS le sont. — Sur Bathybius « qui mourut à Norwich à l'automne 1879 », voici ce que dit Quatrefages : « [Le] prétendu Bathybius Haeckelii, espèce de monère[142] géante ou agrégation de monères, que l'on a cru un moment tapisser le fond de la mer de ses ramifications et qui s'est trouvé n'être en définitive qu'un précipité de sulfate de chaux, d'apparence gélatineuse... HUXLEY, qui en a parlé le premier, a franchement reconnu son erreur, et Haeckel paraît avoir fait de même, depuis la publication de son livre » (*Émules*, p. 101, note).

Voici un paragraphe important qu'il me faudra avoir bien présent à l'esprit quand je récrirai ma traduction d'*Erewhon* :

« Quand je me suis fait le défenseur de la théorie du caractère vivant, ou quasi vivant, des machines, dans les chapitres d'*Erewhon* DONT TOUT CE QUE J'AI ÉCRIT D'AUTRE SUR CE QUI TOUCHE AUX QUESTIONS BIOLOGIQUES EST LE DÉVELOPPEMENT, j'ai pris soin qu'on voie le raisonnement poussé à l'extrême ; le caractère non vivant des organes corporels est un paradoxe tout aussi surprenant que le caractère vivant d'organes non corporels, et nous sommes en droit d'attendre de ceux qui avancent cette théorie l'explicitation la plus complète. IL VA DE SOI QU'IL NE FAUT PAS OUBLIER QU'UNE MACHINE NE PEUT REVENDIQUER MÊME UNE ONCE DE CARACTÈRE VIVANT QUE TANT QU'ELLE EST EN USAGE. DANS *EREWHON* JE N'AI PAS JUGÉ NÉCESSAIRE D'INSISTER SUR CE POINT ET, À VRAI DIRE, JE NE SAVAIS PAS ENCORE TRÈS BIEN OÙ J'ALLAIS EN VENIR. »

La phrase sur la vulgarité et la culture m'a fait plaisir car elle

a. Espagnol : autre chose.

b. Note de Larbaud : « !!! "Eran las dos de la mañana..." (air espagnol bien connu). »

a sûrement un rapport avec S.B. lui-même et elle montre qu'il savait très bien « qui il était » (« Yo sé quien soy » — dit Don Quichotte) : « [La raison et la foi… ne peuvent exister seules ni se passer l'une de l'autre, PAS PLUS QUE LA CULTURE OU LA VULGARITÉ NE PEUVENT RESTER DISSOCIÉES SANS VÉRITABLE RISQUE », p. 132.) Romanes, Spencer, Grant Allen, Charles Darwin sont les héros de *La Chance ou l'Adresse ?* autant que Ernest, Theobald, Christina, Ellen, etc., sont les héros de *Ainsi va…* Particulièrement Charles Darwin : « Son succès était, sans aucun doute, dû en grande partie à ce qu'il connaissait nos manies et les flattait ; mais s'il n'avait pas lui-même eu des manies, il n'aurait jamais pu être AU FAIT des nôtres. » Et encore : « On pourrait presque penser [tu quoque… ?] que M. Darwin avait fait l'opposé de ce que font généralement les philosophes et avait livré au public les aspects ésotériques de sa doctrine tout en gardant les éléments les plus simples pour ses partisans les plus proches et les plus fidèles. » On trouve d'autres exemples, et meilleurs encore, tout au long du livre. Devrai-je un jour le traduire également[143] ?

Hier à Alicante, j'ai acheté *El Conde de Alarcos* de Jacinto Grau[144]. J'avais lu dans *La Corres* un long article sur cet ouvrage que le critique tenait pour grand, en regrettant l'indifférence du public espagnol à son égard ; il comparait Jacinto Grau à Gabriel Miró. *El Conde de Alarcos* m'a déçu. C'est un drame en prose grandiloquent, sans peinture de caractères, dépourvu de toute qualité poétique ; il ressemble aux plus ennuyeux des drames de W.S. Landor. Et pourtant, même dans les pires drames de W.S. Landor, on trouve plus de vraie poésie que dans *El Conde de Alarcos*.

D. José est à San Juan, mais nous n'avons pas interrompu les rencontres dans son jardin. Après dîner, il y a généralement une tertulia à la Villa Rafaela : de six à dix enfants, quatre ou cinq « señoritas », les pères et les mères. Aujourd'hui —— est allée à Novelda suivre, PIEDS NUS, la procession de la Ste Vierge du Carmel. Elle m'a manqué. Ce n'est pas que [*Quatre lignes caviardées*.]

Une autre chose que j'ai constatée : S.B. connaissait très bien le français. J'avais déjà remarqué, dans *L'Évolution, autrefois et aujourd'hui*, l'excellente traduction qu'il avait donnée de nombreuses pages de Lamarck et la connaissance exacte qu'il montrait, presque toujours, de mots ou d'expressions françaises qu'il mettait çà et là dans ses livres, particulièrement dans *Ainsi va…*, où je les ai [*Trois mots caviardés*] laissés (sauf dans deux ou trois cas) tels qu'ils apparaissaient dans le texte anglais. Dans *La Chance ou l'Adresse ?* il écrit : « Que messieurs les néo-darwiniens commencent. » Je suppose qu'il avait vu le mot « darwiniens » dans le livre de Viarma de Lima. Néanmoins il n'a pas commis [*Une ligne caviardée*] la faute, presque inévitable, d'écrire « darwinians ». Dès que je pourrai me procurer un exemplaire de la *Philosophie zoologique* de Lamarck, je comparerai les passages que S.B. a cités dans *L'Évolution, autrefois et aujourd'hui* avec sa traduction des mêmes passages. Ainsi je saurai : 1° ce qu'il vaut exactement comme traducteur ; 2° quelles sont, dans le texte français, les expressions qu'il a traduites par certaines de ses expressions favorites. Cela me sera d'un grand secours, et ce sera agir « selon ses vœux ». J'ai écrit jusqu'à quatre heures et quart du matin et n'ai pas du tout sommeil. Je crois que je vais aller marcher un peu dans le jardin, puis me mettre au lit.

Mercredi, 25.

Rien d'Angleterre. [*Deux lignes et demie caviardées.*] J'ai reçu deux lettres de Gaston, à propos de ses éditions. Ils ont décidé de publier le livre de Walt Whitman — dans la traduction de Laforgue, etc — avec l'essai que j'avais commencé à Berlin en 1901 et terminé en 1914[145], quand elle était avec moi. Quelle étrange coïncidence ! Ce matin j'ai vu dans *Mundo Gráfico* une scène des récents événements politiques, une photographie où l'on voyait D. recevoir les insignes d'« Alcalde accidental[a] » de Barcelone, et cela m'a fait penser à Dolores A—— et aux lettres que D. m'écrivait en février dernier, et à toute cette histoire absurde. — Et maintenant la chaleur, la belle brise de l'après-midi, l'incident avec Doña Dolores et Mariana, la réponse à Gaston, la partie de croquet chez Don Higinio, la lecture de *Philosophie zoologique* [*avant Darwin*] de Ed. Perrier, et les longues soirées de tertulias dans notre patio, avec la guitare et les jeunes filles qui chantent des guajiras. —— est revenue ce soir. « Ni siquiera se me hincharon los pies[b]. » Je vais répondre à la lettre de M. Ernest Raynaud, le poète, qui me fait part de son intention d'écrire un article sur mes ouvrages et qui aimerait que je lui fournisse quelques « renseignements biographiques ». Comme il est difficile d'écrire sur soi ! Ce sera certainement du mauvais travail, mais il est intéressant de s'essayer à la sincérité, sans en dire trop. — chanter :

Que te quiero con el alma
Y el alma nunca se muere[c]*...*

Mardi, 31 juillet.

[*Deux lignes caviardées.*] D'abord, le 28, j'ai enfin reçu une lettre de Gladys. Elle était partie de Londres le 1er JUILLET et il y était question de deux lettres qu'elle m'avait envoyées avant celle-ci et qui ne me sont jamais parvenues. J'ai répondu immédiatement, et maintenant je me sens mieux ; je sais qu'il me faut attendre 28 jours pour recevoir une lettre d'elle. Nous avons eu des tertulias animées et j'ai pu me procurer du tabac anglais sur un gros bateau

a. Espagnol : « maire intérimaire ».
b. Espagnol : « Je n'ai même pas les pieds enflés. »
c. Espagnol : « Que je t'aime de toute mon âme
Et l'âme ne meurt jamais... »

norvégien qui se trouve actuellement dans le port d'Alicante. J'ai passé deux bons après-midi à la Villa Avelina, où l'on joue au croquet ; j'ai pris plusieurs bonnes photos. J'ai passé deux demi-journées à Alicante (le casino, el chocolate de Obispo y horchata de almendra[a]). Mme Klotz traduit las *Figuras*. J'ai lu quelques-uns des récits du *Libro de Sigüenza* de Miró[146] (« Viaje de bodas » me plaît). J'ai reçu une lettre de Ch. Eymar (et j'y ai répondu).

En ce qui concerne le travail : j'ai répondu à la lettre de M. Raynaud en lui donnant, en quatre pages d'une écriture serrée, un résumé de la part de ma vie consacrée au travail littéraire, et une synthèse de mes idées actuelles sur plusieurs questions littéraires, ou plutôt, sur LA question littéraire (« Le plaisir avant tout »). Qu'en fera-t-il ? Je l'ignore et ne m'en soucie pas ; mais j'ai pris plaisir à l'écrire et à montrer « en raccourci » tout le processus de mon évolution[147]. Ensuite sont arrivés les numéros des revues dans lesquelles les six « Enfantines » publiées sont parues ; j'ai commencé à corriger les erratas [*sic*], classer les nouvelles, etc. Il me faudra environ quinze jours, je pense, pour terminer ce travail. Je n'ai pas encore reçu les parties manuscrites. — Aujourd'hui j'ai terminé la 4e partie de « La Mujer vestida »[148]. Je l'ai écrite en espagnol et l'ai portée à Don Ramón avec qui j'ai passé une partie de l'après-midi. Il a relevé très peu de fautes dans l'article.

Je lis en ce moment un court roman de J. Peréz Bojart, un ami d'Eduardo. Il s'intitule *Fabián Airón*. Dans *Philosophie zoologique* d'Edmond Perrier j'en suis arrivé au chapitre concernant Georges Cuvier[149]. Les premiers chapitres m'ont fourni un renseignement d'importance : il semblerait que la théorie que S.B. développe dans *La Vie et l'Habitude* avait déjà été exposée par Maupertuis dans son étude *La Formation des êtres organisés*. Aujourd'hui je suis allé à la bibliothèque de l'Ayuntamiento[b] consulter l'article sur Maupertuis dans la grosse *Espasa Cyclopoedia*. Il faut que je lise l'étude de Maupertuis[150]. C'est le « docteur Akakia » de Voltaire. Voltaire semble avoir été pour les écrivains scientifiques de son temps ce que Francisque Sarcey a été pour les poètes de son époque[151].

AOÛT

Lundi, 6 août. —

J'ai été assez occupé cette semaine. [*Une ligne et demie caviardée.*] J'ai reçu aujourd'hui une longue lettre amicale de Jean Frappa,

a. Espagnol : « le chocolat d'Obispo et le sirop aux amandes ».
b. Espagnol : « la mairie ».

qui ne m'avait pas écrit deux fois en quinze ans[152]. [*Une ligne caviardée.*] Nous avons eu des tertulias presque tous les jours ; une chez Don José C., une autre chez Don Higinio, et une troisième chez Doña Josefa, musicales toutes les trois, la dernière étant la meilleure (le guitariste de Madrid). Je suis occupé à classer, rassembler, copier, etc, — les différentes parties des *Enfantines*, et je vais essayer d'en avoir terminé pour le 20 de ce mois car Gaston m'a écrit qu'il les voulait dès que possible. Mais, d'un autre côté, je passe beaucoup de temps à me baigner. Voici une « journée-type » de ces premières semaines d'août : la casera[a], ou Lola, me réveille vers 5 heures. Après m'être rapidement habillé, je vais à Alicante par le tram de 5 h 45, qui est généralement plein de « cigarreras » (les ouvrières de l'usine de tabac : « El señoret farà lloc »[153]). À mon arrivée à Alicante, je vais au Postiguet, puis à l'établissement de bains Diana. La mer est généralement agitée et un peu trouble — un peu comme à Weston-super-Mare. Il y a très peu d'étrangers, ce qui me permet de rencontrer les vendeuses, que je voyais habillées et « muy formales[b] », pendant les mois d'hiver, à moitié nues maintenant, qui rient, s'éclaboussent, poussent des cris perçants dans l'eau sale, où je fais de même à peu de chose près. Je reste généralement à Alicante (au casino, où je prends mon petit déjeuner et travaille un peu) jusqu'à 10 ou 11 heures. Puis retour à San Vicente. Puis, de midi à deux heures, je donne une leçon de français à Higinito. Après le déjeuner, j'ai tellement sommeil que je fais habituellement la « siesta » jusqu'à 5 h ½ ou 6 h, ou plus tard. Puis reprise du travail. Dîner (très léger). Tertulia. À l'aller et au retour d'Alicante, je lis *L'Empire chinois* de Huc, en comparant ses propos avec ceux d'E. Reclus dans *Asie orientale*[154], que j'ai trouvé d'occasion, et très peu cher (un douro, relié), à Alicante. — L'affaire de Saint-Yorre m'oblige à écrire de longues lettres et il va falloir que je rencontre un avocat, le consul de France, etc, etc. Je continue la lecture du livre d'Ed. Perrier. J'ai terminé *Fabián Airón*. (L'auteur est à Alicante, mais je n'ai pas fait sa connaissance.) Aujourd'hui j'ai reçu une lettre de M. V. García Calderón[155], l'auteur péruvien qui m'a adressé, il y a deux ans, un « questionnaire » sur *Don Quichotte*. Il me propose maintenant de traduire environ 200 pages de poèmes de Rubén Darío qu'on publierait à Paris en même temps qu'une introduction dont il se chargerait et de la traduction, par M. de Miomandre, de morceaux choisis de J.E. Rodó[156]. Le livre coûtera 3,50 et l'éditeur me donnerait 5 %. J'hésite : 1° je crains de ne pas être capable de faire BIEN ce travail ; 2° cela m'empêchera certainement de travailler à la trad. des *Carnets* de S.B. pendant au moins deux mois ; 3° c'est très mal payé. — J'avais pensé me con-

a. Espagnol : « la gouvernante ».
b. Espagnol : « très sérieuses ».

sacrer exclusivement à : 1° les *Carnets* ; 2° « Martre ». Et je me retrouve maintenant avec : 1° l'affaire Frappa ; 2° les mss. des *Enfantines*, ou plutôt la préparation des *Enfantines* pour la publication ; 3° (peut-être) une traduction de poèmes de R. Darío. Et il y a aussi les bains de mer, les tertulias, les lectures à poursuivre autour de l'Évolution. [*Quatre lignes caviardées.*]

Samedi 11. —

[*Deux lignes et demie caviardées.*] Aujourd'hui je m'occupe de la correction de la dactylographie de « Éliane ». Ainsi je suis débarrassé d'une bonne partie de mon travail. J'ai écrit à M. García Calderón et je lui ai dit que je ne pouvais pas traduire Rubén car je ne connais pas suffisamment l'espagnol ; néanmoins, s'il choisissait de faire traduire ses « Pages choisies » par plusieurs personnes, comme le fait la *N^lle^ Revue française* pour Walt Whitman, j'essaierais de traduire quelques courts poèmes de Rubén, qu'il accepterait ou refuserait à son gré, et je ferais cela gratis. — Donc maintenant mon principal travail est celui du ms. d'*Enfantines.* J'ai renoncé à l'idée d'y inclure « La Colline du dimanche », mais j'ai constaté que « Devoirs de vacances » désirait être enfin écrit, et je l'écris à présent. J'ai presque eu envie d'exclure « Dolly » et « Rachel Frutiger », car, en nombre de pages, « Devoirs de vacances » les compense toutes deux. Mais Gide aime « Rachel », et je garderai « Dolly » parce qu'elle a été la première « Enfantine » publiée dans la *N^lle^ Revue française*[157].

Jeudi, 16 août. —

Occupé à écrire « Devoirs de vacances ». Je l'écris à toute vitesse, car j'y avais beaucoup pensé, à un moment où je ne pensais pas que cela prendrait cette forme. C'est un mélange de « LA COLLINE DU DIMANCHE » et de « CAHIERS APPARTENANT À... ». Je prends plaisir à le faire enfin. Comme je ne suis pas allé à Alicante depuis dimanche dernier, j'ai travaillé assidûment tous les jours. Tertulias chez D. Higinio, chez D. José C. et D. José G. Chansons, danses, « palabras de doble sentido[a] » (hier je leur ai donné « marta »). On répète la « danza » (une danse de Valence qui fait beaucoup d'effet, quand elle est bien dansée). Les fillettes l'interprètent bien, spécialement Miguelita G. (la sœur de R. et de M. — « Kiddie » — qui était à Séville, et qui est revenue avec un accent ; elle est presque aussi blonde que R. et ressemble même plus à une « Kiddie » anglaise que R. ou M.). Je donne des leçons de français à Higinito,

a. Espagnol : « mots à double sens ». Le mot que Larbaud donne ici, *marta*, désigne le petit mammifère connu sous le nom de martre et dont la fourrure est appréciée, et le prénom féminin Marthe. Y aurait-il également une allusion, toute personnelle et malicieuse, à l'œuvre en cours, « Martre », qui ne verra pas le jour mais passera, en partie, dans « Beauté, mon beau souci... » ?

et il a déjà beaucoup perdu de son mauvais accent. Je vais plutôt bien.

Hier soir, après la tertulia ici, j'ai terminé la lecture de *Philosophie zoologique* d'Edmond Perrier. Cela donne une bonne vue d'ensemble sur l'évolution de… l'Évolution. Mais l'auteur est trop partisan des « doctrines transformistes » pour donner une interprétation impartiale des faits. Néanmoins ce livre m'a mis sur deux pistes importantes : MAUPERTUIS et RICHARD OWEN[158]. On peut supposer que S.B. avait lu *Lectures on Physiology* d'Owen ainsi que sa *Parthénogénèse* (1849, 1856). Mais, dans l'ensemble, le point de vue plus modéré adopté par Edmond Perrier est celui de E. Geoffroy Saint-Hilaire, et ce que S.B. dit de Geoffroy s'applique également à E. Perrier. Ce matin j'ai commencé *Évolution individuelle et hérédité* de F. Le Dantec et regardé l'introduction : je me suis immédiatement rendu compte que c'était meilleur, « plus fort », que l'ouvrage de Perrier.

Comme je n'écrirai rien ici jusqu'à ce que j'aie fini « Devoirs de vacances » et envoyé la totalité du manuscrit d'*Enfantines* à Gaston Gallimard, je puis aussi bien noter quelques faits dont j'ai oublié de parler dans les entrées de ces dernières semaines. L'histoire de la « llaguita » non terminée, et Doña J. invisible. Son frère M. très malade. ~~La nouvelle maison de D. José Carreras et les tertulias qui s'y sont déroulées.~~ La promotion du Signor Arduini au vice-consulat italien de Palma de Majorque. Je regrette de ne l'avoir pas vu avant son départ d'Alicante. Un Italien, homme très jeune, et promu — trois raisons pour l'admirer, et pour s'intéresser à lui plus que jamais.

Je suis arrivé à la fin du vol. I de *L'Empire chinois* de Huc. Lettura amena[a]. Les Pincemi et Pincemoi de S.B. en voyage en Chine dans la période 1845-1855. J'ai eu des nouvelles de Claudel par *La Corres*, qui décrivait son arrivée à Rio de Janeiro[159]. Pas de nouvelles de Saint-Leger Leger. De mauvaises nouvelles de Marcel Ray. — Je me rends compte que j'avais oublié de noter que j'ai appris, il y a quelque temps, par une réclame dans *ABC*, qu'il y a maintenant une grande épicerie dans la maison à côté de celle où habitait Doña Fermina à Madrid quand je l'ai connue. Ça va certainement donner une allure différente à ce quartier chic. — J'ai reçu le dernier catalogue Sotheran (un gros catalogue, 224 p.). C'est la bibliothèque de sir Lawrence G[ourne[160]]. J'y ai vu une édition des *Enchaînements* de Gaudry[161], une traduction de l'*Histoire de la législation romaine* d'Elzéar Ortolan[162] (quelle coïncidence, juste au moment où je prépare *Enfantines* pour la publication !). La seule chose qui m'a vraiment intéressé c'est une édition (Clarendon Press, 1914) de l'*Apologie* d'Apulée[163] AVEC COMMENTAIRE. L'homme qui a rédigé le catalogue

a. Italien : « lecture agréable ».

EN A DE BONNES : (À propos du « Warwickshire ») : « Les ouvriers de l'armement à Coventry auront largement contribué à l'anéantissement de la diabolique puissance prussienne. » (À propos de l'édition de Kuno Meyer[164] d'un poème irlandais) : « Le professeur Kuno Meyer ne jouira plus jamais des plaisirs et des honneurs de l'Angleterre. » (L'ont-ils tué ?) Y muchas cosas por el estilo[a].

SEPTEMBRE

Mercredi, 5 sept. —

Du 18 août jusqu'à maintenant, j'ai été souffrant, et même malade. Cependant j'ai pu finir la rédaction de « Devoirs de vacances » et envoyer le ms. d'*Enfantines* à Gaston[165].

Samedi, 29 sept.

Je viens de retrancher de ce journal les quelques pages que j'ai écrites ce mois. Elles contenaient des questions relatives à plusieurs personnes, et ne reflétaient que trop la période de maladie et de crise morale que j'ai traversée depuis que j'ai terminé « Devoirs de vacances ». J'ai déjà connu de telles crises, qui coïncidaient généralement avec des périodes de mauvaise santé. J'ai agi sans réflexion et me suis mis dans un bourbier dont, comme d'habitude, je n'ai été tiré que PAR MIRACLE. « No se mueve la hoja del árbol sin el permiso de Dios[b]. » J'ai connu de vives douleurs, tant morales que physiques (rhumatismes et ennuis bronchiques). L'Ange m'a protégé et a sauvé ma liberté d'un grand danger. Pour LA TROISIÈME FOIS cette année. C'est merveilleux. Mais comme don H. le disait : Los pillos tienen suerte[c]. Comme il s'agissait d'un problème sentimental, on peut dire que j'ai fait ce que Léon Werth appellerait « vivre » — et un jour cela pourra me servir dans un livre ; en tout cas, cela m'a éloigné de mon travail et même des livres — pendant tout un mois. Pourtant j'ai lu le dernier volume de Huc, et *Les Alpes et les Sanctuaires*[166] de S.B. en entier. Mais je dois dire que pendant au moins trois semaines, j'ai ressenti un genre de « asco[d] » à l'égard de toute littérature, science ou vie intellectuelle. Cela m'a beaucoup coûté de lire la traduction de las *Figuras* de Mme K[lotz], qui est vraiment bonne. Pour ce mois-ci je dois noter :

la verbena, dans la soirée du 1er septembre ; — le séjour de Doña Antonia avec nous ; — des lettres de Copeau et de Gaston Galli-

a. Espagnol : « Et beaucoup de choses du même style ».
b. Espagnol : « La feuille de l'arbre ne bouge pas sans la permission de Dieu. »
c. Espagnol : « Les coquins ont de la chance. »
d. Espagnol : « dégoût ».

mard ; — ma visite à Mme Klotz et à doña Enriqueta à Las Palmas. — Et maintenant, la Sérénissime à nouveau !

OCTOBRE

Mercredi 3 octobre. —

Ma dernière nuit à la Villa Rafaela (qu'on appelait, avant que d. Vicente M. ne l'achetât : San Isidro). Demain, nous dormirons tous au n° 113 de la calle Bazan. Les nuits deviennent très froides et humides, et mes douleurs rhumatismales empiraient chaque jour si bien que don Higinio m'a conseillé de partir immédiatement.

Je ne suis pas vraiment satisfait de l'emploi des cinq derniers mois que j'ai passés ici. Tout particulièrement de ce dernier mois (septembre). La mauvaise santé n'est pas une excuse. Quelle excuse ai-je, par exemple, de ne pas avoir poursuivi mes relations épistolaires avec G. Miró ? Ou de n'avoir traduit aucun des poèmes de Rubén Darío, comme j'avais promis à don Ventura García Calderón de le faire ? Une « surprise » stupide, une passade pour —— . J'ai souffert et j'ai mis d'autres personnes dans l'embarras.

Voici, en gros, ce que j'ai fait :

Comme travail : trad. des 130 dernières pages de *Ainsi va toute chair*.

Lecture et correction des traductions de *Nómada* et las *Figuras* (vol. 1) de Miró par Mme Klotz — J'ai écrit « Devoirs de vacances » et préparé le ms. d'*Enfantines* pour la publication. — J'ai beaucoup lu sur l'Évolution, de Quatrefages à Le Dantec. — Je laisse de côté les petits travaux et les LETTURE AMENE — D'autre part : de la fin d'août jusqu'à maintenant, j'ai été plus ou moins souffrant, et j'ai gaspillé mes forces et mon temps. Néanmoins je pense que je n'ai rien à regretter, car je suis vraiment certain de pouvoir y gagner quelque chose. « Vis et apprends. »

Aujourd'hui j'ai répondu à la lettre de Gide[167]. La maison d'édition madrilène, Calleja et C°, veut publier une traduction espagnole de sa *Porte étroite*, et il aimerait que je prenne l'affaire en main et demande à Calleja qui sera le traducteur, etc. — Ce matin j'ai reçu les premières épreuves d'*Enfantines*. Il y avait beaucoup de fautes. Un homme qui connaît l'allemand, mais pas assez bien, a corrigé ma correction de « mein », donc il faut que je fasse attention. Par ailleurs, les titres se détachent en caractères ridiculement grands. Il faudra que je sois très attentif. — J'ai emballé mes livres et ma « ropa[a] », j'ai détruit et brûlé des papiers — et je suis mort de fatigue.

a. Espagnol : « vêtements ».

Retour à Alicante

Jeudi 4 oct. — Nous sommes arrivés ici à 11 heures. COMIDA[a] au casino avec E[duardo]. Souffert toute la journée ; j'ai les doigts tellement tordus par le « reuma[b] » qu'il m'est impossible d'écrire longtemps de suite. Reçu une lettre de Gladys. Ce soir, une raison d'être heureux.

Mercredi 10. —

Journée venteuse. — Enfin je suis un peu mieux ; je souffre moins, je peux manger un peu et marcher une heure le matin. Mais je passe des nuits abominables, sans sommeil, en proie à d'horribles douleurs articulaires. Lundi j'ai envoyé la deuxième partie des épreuves d'*Enfantines* à Gaston et j'ai écrit une autre lettre à Berthe[168]. Elles étaient remplies d'errata, et je crains que le livre ne me rende malade quand je le verrai terminé [*Fin de ligne caviardée.*] Il vaudrait mieux qu'ils donnent toute l'impression à faire en Suisse ou en Espagne parce qu'il est évident que cet art s'est complètement perdu en France, Angleterre, etc. Je pense que cela reviendrait trop cher. Mais je vais suivre cela de près en ce qui concerne mon livre : j'ai demandé des secondes épreuves.

Aujourd'hui chez don Higinio j'ai rencontré doña Enriqueta, qui m'a dit que Mme Klotz lui avait écrit de Paris, et qu'elle allait bien. Ensuite, avec d. H. et don Ramón, je suis allé chez le tailleur. Puis je suis allé seul voir notre nouvel appartement calle Mayor. Au retour j'ai acheté une jolie boîte japonaise que j'ai fait remplir de chocolats, et après déjeuner les dames sont allées à San Vicente la donner à Paquita D. en lui disant que j'étais encore trop souffrant pour la lui remettre moi-même. — Dans l'après midi, je suis sorti poster une lettre et puis faire une petite promenade à Campoamor[169]. Et plus tard, je me suis assis dans le rocking-chair et j'ai fumé, pendant que près de moi Dolorès, la bonne, cousait ; ainsi je me sentais moins seul. Le vent faisait rage dehors et de fortes bourrasques faisaient vibrer les vitres (et Dolorès de s'écrier : « Maria Santísima ! ») ; le chien dormait à mes pieds. J'étais bien. — Je lis *Théorie nouvelle de la Vie* de Le Dantec. Voici au moins un de ses livres que je peux entièrement comprendre ! Il donne un exposé complet de sa doctrine, qu'on trouve par fragments dans ses autres livres. C'est ainsi que j'exprimerais l'effet produit sur moi : les vitalistes, et S.B. avec eux, m'apparaissent, quand j'y réfléchis, comme de belles lampes anciennes, lampes à huile, à pétrole, en bronze, en cuivre ou en argent, finement décorées ; alors que Le Dantec ressemble à la lampe de bureau électrique, qui donne davantage de lumière

a. Espagnol : « déjeuner ».
b. Espagnol : « rhumatisme ».

mais crée moins d'effet artistique, une lumière assez crue certes, mais meilleure au total. C'est très intéressant, beaucoup plus que Quatrefages ou Darwin ; mais ce n'est qu'une fausse tentative d'explication. Je suis sûr qu'Yves Delage me plaira mieux, d'après ce que j'ai déjà lu de lui, mais pour les arguments et les (pseudo) preuves, Le Dantec l'emporte largement sur lui [*Trois mots caviardés.*]

J'ai lu le premier volume des *Mémoires* de Ramón y Cajál[170], que j'ai acheté sur la recommandation du Dr Roque Ruiz. Le style en est très lourd, mais il y a de bonnes choses ici et là.

Je me rends compte que j'ai oublié de noter mon projet d'article sur Villiers[171] pour les journaux américains sous l'influence de Jacques Copeau. Eh bien, c'est une chose à laquelle je pensais à Hastings en juin et juillet 1914. J'ai lu ou relu *Le Nouveau Monde, Tribulat Bonhomet*, la plupart des *Contes*, et des chapitres de *L'Ève future.* Quel mélange de l'écriture la plus détestable et de la poésie la plus magnifique !

Je n'ai pas noté que j'avais prêté à Eduardo Irles un exemplaire de ma traduction des lettres de Serena Bruchi dans *Hautes et Basses Classes en Italie* de Landor[172] et que cela lui avait plu au point de le décider à se mettre à le traduire en espagnol. Cependant il travaille si lentement et consacre si peu de temps au travail que je serai très surpris s'il continue. S'il arrive à la fin de ce petit livre, j'écrirai 3 ou 4 pages d'introduction en espagnol, et il essaiera de faire publier cela à Madrid ou à Barcelone. Mais je ne pense pas qu'il va continuer cette traduction. Ai-je signalé que j'ai reçu une lettre d'un professeur du lycée Michelet, je crois, qui me demande l'autorisation de reproduire ma trad[uction] du *Vieux Marin* de S.T. Coleridge dans une collection bon marché qui s'appelle « Les Chefs-d'œuvre étrangers »[173] ? Bien sûr j'ai dit oui. — Le ms. de *Ainsi va toute chair* (ma trad.) a été confié par Mme Klotz à l'ambassade française de Madrid et envoyé à Paris par la valise diplomatique. Mais je ne serai pas tranquille tant que je n'aurai pas appris que le manuscrit est bien parvenu entre les mains des représentants de la N.R.F.

Bon, la tranquillité d'esprit revient ; jadis [*Deux feuillets déchirés*] presque centre de la « capitale », et à l'extrémité TRÈS TRANQUILLE d'une des rues les plus animées[174]. J'ai reçu d'excellentes nouvelles aujourd'hui, ce qui me rassure totalement au sujet de ——. Je suis immédiatement allé chez don H. pour lui montrer le câble qui me rassurait. J'étais déjà allé le voir le matin, et avais rencontré don Ramón, avec qui j'ai passé environ une heure à flâner calle de la Princesa, calle Mayor et sur l'Explanada. Il lit les *Mémoires* de Ramón y Cajál. Dans l'après-midi je suis allé faire un essayage chez le tailleur ; puis j'ai rencontré N—, qui m'a beaucoup parlé de doña C— et de d. R—. Cette rencontre était vraiment inattendue.

Comme les coïncidences qui se produisent dans les romans de Dickens. Cela m'a permis de tout savoir sur le mariage, etc. De —, elle ne semblait pas savoir grand-chose. Après le thé, j'ai passé plus de deux heures avec Doña Dolores au saloncito (pour la dernière fois) ; doña Josefina est venue et nous a parlé d'Archena. Elle venait de voir doña Antonia à Madrid. Elle a parlé sans arrêt. — La nuit dernière, comme je ne parvenais pas du tout à dormir, j'ai lu attentivement deux ou trois essais d'A. Weismann (dans la traduction de Varigny ; l'essai sur « La Durée de la vie », un autre sur la « Reproduction sexuelle », et un autre sur « L'Hérédité »). Tout cela semble très romanesque après *La Théorie nouvelle* de Le Dantec. S'en sont suivies des pensées suscitées par les théories de Darwin et d'Häckel.

Samedi 20. —

Hier j'ai eu une longue et gentille lettre de Marcelle J[eanniot]. Son amitié est l'un de mes biens les plus précieux. Au milieu de tant de jeunes filles intrigantes, à la chasse au mari, et de tout ce qu'un homme peut trouver parmi les femmes qu'on dit respectables et qui « se deján tocar [a]», qu'il est rare et doux de rencontrer une amitié aussi franche et aussi chaleureuse. La lettre concernait mon appartement de Paris (le concierge lui avait écrit au sujet du Dr Thomas, qui devait alors venir occuper mon appartement) ; elle me donne des nouvelles de Maney[175], Copeau et quelques autres amis. Elle me dit également qu'elle corrige les épreuves de mon livre. Je lui ai aussitôt écrit pour la remercier et lui parler de ces épreuves : ce que je veux et les fautes que j'ai relevées, les corrections sur lesquelles il me faut insister (le ö du nom de Röschen ; le « mein » et non « meine »[176] ; une phrase entière omise dans « Devoirs de vacances », etc. etc.) J'espère qu'elle recevra ma lettre à temps, avant d'avoir rendu les épreuves à ces ~~satanés~~ imprimeurs français. Mais je crains que le livre soit horrible à voir, bourré de fautes qu'on y aura laissées, et qu'il me faille de nouveau m'aliter quand je le recevrai.

J'ai reçu une lettre de don Ventura García Calderón qui accepte les traductions que Mme K[lotz] a faites de Rubén, et qui persiste à me demander de traduire au moins deux poèmes de R. Je pense le faire, maintenant que je me sens mieux, et suis honteux de n'avoir pas tenu parole.

Cela fait trois nuits que je dors dans le nouvel appartement (calle Mayor n° 63). Tout est encore « por el medio[b] », et je vais avoir fort à faire pour que les pièces aient l'air convenable avant la fin du mois. Je paie les factures — à raison de dix douros par jour, et petit à petit les choses prennent forme. Mais je tiens à avoir une

a. Espagnol : « se laissent toucher ».
b. Espagnol : « en désordre ».

chambre agréable pour y vivre, travailler et dormir, et cela va me coûter beaucoup de pesetas. Tout bien considéré, il n'y a aucune comparaison possible entre l'appartement de calle Bazán où j'ai passé quatre mois et notre nouveau cadre de vie. De plus je suis CHEZ MOI, puisque c'est moi qui paie le loyer et presque tout le reste, l'argent de doña Dolores ne couvrant qu'une petite partie des dépenses de la famille. En fait je suis « chef » de famille. Combien de familles ai-je déjà eues comme cela ! Au moins celle-ci a le grand mérite d'être tout à fait convenable et honorable ; mais je ne pourrai vivre plus de deux ans avec eux. (Combien de vrais chefs de famille se trouvent dans la même situation ! et ils ne peuvent pas se débarrasser de leur vraie famille...)

J'ai retrouvé mon mode de vie de l'hiver dernier : ne jamais sortir après le coucher du soleil. Le matin, entre 11 heures et midi, je vais chez don H[iginio] où je rencontre généralement don R[amón] et nous sortons nous promener dans c. Mayor, c. Altamira, l'Explanada, etc. Il va ensuite à Benalúa et j'ai une bonne heure de marche entre le casino et calle Mayor. Puis retour chez moi. Après déjeuner, un autre court « paseo[a] » ; et de nouveau à la maison. Mais avec le bruit que font les menuisiers et le désordre des pièces, je ne peux travailler, ni même me concentrer pour lire. J'ai regardé différents livres (ceux d'Eduardo) qui traînent dans les pièces : *Fray Gerundio* (un hebdomadaire satirique des premières années du règne de la reine Isabelle II), Espronceda et Campoamor. *Fray Gerundio* traduit l'impression de culture et de liberté de l'époque à laquelle il a été écrit : quelle différence avec notre époque (j'ai reçu aujourd'hui mon exemplaire de *Lloyd's Weekly* et cela m'a encore fait davantage sentir le contraste). Espronceda[177] est un genre d'Alfred de Musset (*El Diablo mundo*) ; j'ai été complètement incapable de lire *Doloras* de Campoamor[178] ; mais ses *Cantares* et *Humoradas* sont intéressants. Ce petit livre (*Les Meilleurs Poèmes de Campoamor*) a une introduction de Jacinto Benavente, dans laquelle le dramaturge attribue à Ronsard (sic) le vers : « Mais où sont les neiges d'antan[179]. » J'ai montré l'erreur à Eduardo. Il m'a dit qu'il écrirait quelques lignes là-dessus qu'il ferait paraître dans le *Diario*.

Aujourd'hui je me suis procuré un pot de tabac anglais Capstan, de taille moyenne, sur un bateau danois actuellement dans le port.

Dolorès et Maria (la cuisinière) nous ont quittés aujourd'hui, après une altercation avec Lola. Je regrette que Maria soit partie. Mais Dolorès prenait de mauvaises manières depuis notre retour en ville. Elle travaillait très peu, n'acceptait pas qu'on lui montre comment faire la cuisine, ni rien d'autre qui aurait pu lui permettre d'augmenter ses gages ; elle ne pensait qu'à aller au bal et au

a. Espagnol : « promenade ».

cinéma, elle acceptait des cadeaux de différents jeunes gens (des soldats, etc.). En fait elle ne va pas tarder à mal tourner. Toutes les deux sont illettrées. C'est qu'il y a une grande différence entre une bonne anglaise (ou allemande, ou scandinave) et [*Un feuillet manquant.*]

Dimanche 21.—

Réveillé à six heures, avec de fortes douleurs ; cela a duré environ une heure, puis j'ai pu me rendormir jusqu'à 8 heures ½. Don H. n'était pas chez lui, mais j'ai vu les enfants et don Ramón, avec qui je me suis promené sur l'Explanada de midi à une heure. Je ne suis pas sorti dans l'après-midi. Encore du tabac anglais, meilleur pour les cigarettes que le Capstan ; un mélange brun foncé, léger. Parmi les livres qui traînent dans la maison, j'ai découvert une revue, *Nómada* de Cordoue, dans laquelle j'ai lu un poème de Ramón del Valle-Inclán[180], un article de M. de Unamuno, et un court récit d'Eduardo Irles ; il dit qu'il ne l'aime plus, mais ce récit avait plu à Miró quand il l'avait lu. Il date de 1912. La revue eut une vie très brève : deux numéros. L'Humeur est revenue après le déjeuner, mais je l'ai combattue par le sommeil. Je lis un « discurso », ou conférence, donnée en juin 1913 à Madrid par Ramón y Cajál. C'est curieux, car il y donne son point de vue sur les grandes questions d'histologie. J'ai écrit à Gide à propos de l'affaire Calleja.

Jeudi, 25. —

J'ai tellement souffert ces derniers jours que je n'ai rien pu noter ici. Ce soir, une forte dose d'aspirine semble m'avoir donné quelques heures de répit ; enfin ! Pourtant j'ai rendu visite à don H., très régulièrement, vers midi, y rencontrant don Ramón, et sortant me promener avec lui. J'ai fait quelques achats pour ma chambre, et il m'a accompagné de boutique en boutique. Mais la maladie ne m'a pas permis de tirer profit de ces emplettes, ni d'ailleurs de quoi que ce soit. Ce soir j'ai cru pouvoir traduire le « Canción de Otoño en primavera » de Rubén ; mais après avoir massacré cinq strophes, j'ai abandonné : le peu de poésie qui s'y trouve ne parvient pas à passer dans ma traduction. Je suis totalement incapable de travailler.

Nuits sans sommeil, journées passées dans un fauteuil, trop malade parfois pour seulement bouger — Il faut que j'attende d'aller mieux. — Hier j'ai vu —— (au bout de 20 jours). La maladie, ma « vie d'hiver », tout enfin, m'a tellement éloigné d'elle qu'on aurait cru un rêve. Que pense-t-elle ? Et EUX ? Je suis bien loin de toute cette vie estivale qui semble se poursuivre pour eux. Bon, après tout, je crois que je dois m'estimer heureux ; mais je me sens si faible, si seul... Et puis, il y a — (non, il est préférable de ne rien écrire sur ces deux histoires.)

Pas de lettres (ces trois ou quatre derniers jours). Aujourd'hui, ou plutôt ce soir, j'ai éprouvé une grande joie. Je regardais la petite anthologie française d'Eduardo (*Les Cent Meilleurs poèmes lyriques*, etc. — édition Nelson), et suis tombé sur cette hymne de Racine qui fit jadis mes délices et qui commence ainsi :

Tandis que le sommeil, réparant la Nature
Tient enchaînés le travail et le bruit,
Nous rompons ses liens, ô clarté toujours pure,
Pour te louer dans la profonde nuit, etc.

J'en avais oublié presque tous les vers, mais après l'avoir lue deux fois, je la savais en entier. C'est merveilleux : il y a là l'essence même de la dernière heure d'obscurité qui précède le point du jour ; le ciel, tout doucement, se revêt de la première lueur de l'aube, et dans la dernière strophe, le rayon pur de l'aurore naissante perce les vitraux de l'église :

Dieu, qui tout éclatant de ta propre lumière...

Il y a même le fidèle qui psalmodie, dans un demi-sommeil :

Fais que, t'ayant chanté dans ce séjour de larmes
Nous te chantions dans le repos des cieux[181]...

J'ai relu « La Belle Vieille » ; il n'y a pas plus beau poème dans toute la littérature française. Pour la première fois j'ai perçu toute la force du vers :

Consulte ton miroir avec des yeux contents.

Quand on pense que le nom de Maynard[182] est si peu connu ! « France oublieuse... » (Sainte-Beuve). — En général les poèmes sont mal choisis : ou ils ont été trop souvent cités, ou bien ce sont les plus mauvais d'un grand poète moderne (par exemple, pour Gérard de Nerval, on a choisi : « Homme, libre penseur » !, alors qu'il y a *Les Chimères* !) Marceline Desbordes-Valmore tient beaucoup de place. On donne d'elle une terrible « Berceuse » remplie de menaces à rendre un enfant fou de terreur (« Si tu ne t'endors pas », etc.) Bon, c'est NATUREL. J'ai bien regardé le poème de Banville « Nous n'irons plus au bois », et j'ai constaté que la magie de ce court poème tient aux rimes et à la fréquence des sons en : ou, oi. Il est exact aussi que le sens traduit admirablement la couleur et l'odeur des jardins et des parcs français en novembre[183]. — La conférence de Ramón y Cajál sur l'histologie m'a fait grande impression (et à don Ramón aussi). Mais sa conclusion est tout bonnement lamentable ; à moins que ce ne soit de l'« automatisme mental » ; quoi qu'il en soit cela donne une piètre idée de l'auteur sur le plan moral.

Samedi 27. —

La routine. — Mon premier petit déjeuner « d'hiver » : porridge, marmelade et thé. (Ici on ne comprend pas ces choses-là !). Suis allé chez don Higinio et y ai rencontré don Ramón, etc. Pas sorti de l'après-midi. Reçu une lettre de Diez-Canedo, très gentille, pour l'affaire Calleja. Il m'invite à aller le voir à Madrid. Il écrit un excellent français. J'ai écrit à Gide pour lui dire ce que je savais de l'affaire Calleja. Elle ne me concerne plus ; j'aimerais simplement aller à Madrid lire quelques pages de la traduction de Diez-Canedo de *La Porte étroite*, et lui demander quelle réception le livre est susceptible d'avoir en Espagne. J'ai également écrit à Gladys (j'ai reçu une lettre d'elle hier). Je me sens un peu mieux, grâce à la « formula » suivante : Ferracetina, 15 ; Piramidon, 25 ; Antipirina, 25[a]. —

Dimanche 28.

Je me sens si mal aujourd'hui que je crains de ne pouvoir me lever demain matin. Depuis 2 heures du matin hier jusqu'à huit heures ce matin un vent fort et glacial a soufflé, et j'en ai immédiatement senti l'effet. Je suis incapable de manger, et bien que je sois sorti à deux reprises pour prendre un peu d'exercice, je me sens très malade. Je suis allé chez don H. à 11 h ½ et il m'a recommandé de continuer le sirop et la préparation anti-névralgique. Il m'a ensuite montré une lettre de don R. et donã C. Cela m'a causé une grande joie, et donné envie d'aller dans l'après-midi à Benalúa où je devais revoir d. H. Au retour, comme je longeais la barrière du square Isabel II, j'ai entendu la voix de Pepito G. qui m'appelait ; je me suis retourné et ai vu tous les enfants dans le mirador. Ils m'ont salué. C'était au moment où je pensais à ce qu'avait dit doña C., et me suis senti si content que —— s'est peut-être méprise sur mon expression et a pu penser que —— (Bien, une fois encore, je dois laisser cela de côté ; je peux simplement dire que je savais quelque chose de ——). Son père avait raison, après tout, quand il l'a obligée à raccourcir sa jupe et à dénouer ses cheveux sur les épaules[184]. Le pauvre homme, il a dû être saisi d'horreur quand elle lui a montré mon billet doux ! E. qui m'a donné les derniers développements de l'histoire en a conclu que tout cela n'était que « mañacadas[b] ». Bien entendu, la lettre de doña C. m'a tenu com-

a. Nous traduirons *formula* par « préparation », dont les composants, en français, sont les suivants : phénacétine, pyramidon et antipyrine.

b. Terme valencien ? dialectal ? Nous n'avons pu en trouver l'origine ni la traduction. Le contexte nous fait penser à quelque chose comme « manigances ».

plètement à l'écart, et immédiatement, de ces « mañacadas ». Je ne suis pas allé à Benalúa cet après-midi, mais j'ai fait un court « paseo » sur la magnifique terrasse de l'Arrabal Roig. De cet endroit on a une vue bien plus grandiose que celle de la terrasse de Monte-Carlo, et tout aussi baignée de soleil. Seulement on ne sait pas en tirer parti, et l'Arrabal Roig, le meilleur quartier d'Alicante et le plus chaud, est l'un des « barrios[a] » les plus sales de la ville.

J'étais incapable de travailler, mais j'ai terminé la lecture de *Théorie nouvelle de la vie* de Le Dantec. Les derniers chapitres, la conclusion, paraissent avoir été écrits à la hâte. Toutes ses critiques de Claude Bernard et Yves Delage sont bonnes et intéressantes, mais il n'est pas convaincant quand il aborde la question de l'hérédité. Par exemple quand il dit : « La structure du système nerveux varie à chaque instant de la vie ; l'épiphénomène de conscience varie aussi à chaque instant ; seulement, ce qui relie ces divers états successifs les uns aux autres, C'EST LA PARTICULARITÉ PHYSIOLOGIQUE APPELÉE MÉMOIRE [= mémoire inconsciente]. La mémoire physiologique est une conséquence naturelle de l'assimilation fonctionnelle ; le même épiphénomène de conscience accompagnant toujours le même phénomène physiologique, la mémoire psychologique découle naturellement [??] de la mémoire physiologique. » Ce passage m'a montré que la théorie de S. Butler peut être mise à l'épreuve par la théorie de Le Dantec, et conserver cependant une apparence de fermeté. ~~Une théorie qui tienne moins compte~~ de ~~l'esprit que celle de Le Dantec~~. Aucune théorie ne peut véritablement exclure davantage l'esprit que celle de Le Dantec, et pourtant la théorie vitaliste de S.B. telle qu'elle est présentée dans *La Vie et l'Habitude* peut encore trouver sa place dans une théorie comme celle de Le Dantec. Mais alors toute l'explication de Le Dantec est une construction de l'esprit. Néanmoins, comme elle paraît mettre l'esprit plus à l'écart qu'aucune autre, elle en paraît aussi plus scientifique. Il y a un parallélisme entre le mouvement évolutionniste et le mouvement romantique en littérature. L'origine des deux mouvements remonte aux philosophes du XVIIIe siècle ; ensuite la littérature concernant l'Évolution devient de plus en plus scientifique, tout comme la poésie et la littérature romantiques acquièrent un caractère de plus en plus « égocentrique ». Dans l'histoire de ce mouvement, Le Dantec joue le rôle de l'école réaliste (la française), c'est-à-dire qu'il est juste un néo-romantique. Maintenant, je ne sais pas si je dois commencer par lire le livre d'Yves Delage ou me lancer dans *Évolution individuelle et hérédité* de Le Dantec. Je pense que je vais prendre Delage d'abord, ensuite je verrai ce que Le Dantec a à dire sur sa « théorie des causes actuelles ».

a. Espagnol : « quartiers ».

Mardi, 30. —

Un peu mieux, mais pas beaucoup. Pourtant je suis allé voir don Higinio autour de midi. En fait, comme je le croyais parti, je suis allé voir sa famille et rencontrer don Ramón ; mais Santos m'a dit que le docteur n'était pas parti. Il est parti ce soir pour Madrid. Journée froide et venteuse. Je ne suis pas sorti cet après-midi.

Doña Antonia m'a envoyé un livre de poèmes de son oncle, Ventura Ruiz Aguilera, et j'ai lu une partie de ses *Elegias* qui ont connu leur heure de célébrité. Je pense qu'on peut décrire Ruiz Aguilera comme un poète mineur du règne d'Isabelle II. Pastor avait reçu le volume II des *Mémoires* de Cajál, et j'en ai lu une centaine de pages. C'est beaucoup plus intéressant que le volume I, mais aussi abominablement mal écrit. C'est l'histoire de ses recherches scientifiques et on trouve d'excellentes choses ici et là : « muchas veces me he preguntado si no hubiera sido mejor para mi porvenir moral y económico haber cedido a la sugestión de la moda, abandonando definitivamente, a ejemplo de muchos, la célula por el microbio, etc.[a] » La lettre de Kölliker, qu'il cite en note, — concernant l'ignorance des professeurs de biologie espagnols autour de 1849 — est vraiment très amusante.

Je me sens si déprimé et si souffrant que je ne sais que faire. Parfois j'aimerais réagir et décréter un mois de State Life[185], avec des actions de grâces et le port d'un scapulaire ; mais je n'arrive même pas à prier régulièrement.

NOVEMBRE

Jeudi, 1er novembre. —

Hier j'ai reçu une très gentille lettre d'A. Gide[186] concernant l'affaire Calleja ; mais dans laquelle surtout il exprime son amitié à l'égard du « petit père », comme il m'appelle (faisant allusion à la façon dont les Russes saluent leurs amis). À propos de Miró il dit : « Jusqu'à présent je n'ai pas beaucoup mordu à la cuisine espagnole ; mais [*Un feuillet déchiré.*]

un peu déséquilibré. Nous avons parlé de Jules Renard (je lui avais prêté la traduction de *Poil de Carotte* par Diez-Canedo). Il a bon goût et ses jugements ne manquent pas de « sal » (« piquant », je suppose, en anglais). Après-midi sans intérêt. Des gens qui passent ; quelques jolies jeunes filles. Je continue la lecture des *Mémoi-*

a. « Souvent je me suis demandé s'il n'aurait pas été meilleur pour mon avenir moral et économique d'avoir cédé à la suggestion de la mode en abandonnant définitivement, à l'exemple de beaucoup, la cellule pour le microbe, etc. »

res de Cajál. Ce qui suit m'a rappelé M. de Quatrefages et m'a réconforté : « Todo el precedente preámbulo... se encamina a disculpar, en lo posible, mis escarceos especulativos, — pocos por fortuna, — y explicar el cómo un fanático irreductible de la religión de los hechos, ha caído, de vez en cuando, en la debilidad de sacrificar al ídolo de la teoría deslumbrante, no obstante hallarse íntimamente persuadido de su irreparable fugacidad, y a despecho de haber declarado repetidamente : que, SI POR AZARES DE LA SUERTE, nos vemos compelidos a forjar hipótesis, PROCUREMOS AL MENOS NO CREER DEMASIADO EN ELLAS » (p. 311, 312)[187].

Samedi 3. —

Un peu mieux. J'ai fini de lire *Recuerdos de mi vida* de R. Cajál ; style déplorable jusqu'à la fin, mais lecture très intéressante par moments, en particulier quand il parle de ses découvertes et, généralement, de ses méthodes de travail. Il faut retenir ceci : plus il fait de découvertes, et plus il s'oppose à toutes les hypothèses qu'on peut émettre sur les grands problèmes de la biologie. Cependant il annonce un livre sur *La Verdad y el Error en la doctrina de la evolución*[a]. Il faut que je le guette. Eduardo vient de rentrer de sa promenade du soir. Il a rencontré son ami don Rafael B., à qui il avait prêté mon exemplaire de *Les Alpes et les Sanctuaires* de S.B. B. aime le livre, et je pense que je lui ferai lire *Ainsi va* quand il me rendra *Les Alpes et les Sanctuaires.* Ainsi j'aurai trouvé des lecteurs ici pour : S. Butler, Paul Valéry, L.-P. Fargue, Walter Savage Landor, etc.

Lundi, 5. —

Journée pluvieuse ; la pluie battante de la côte méditerranéenne. Les douleurs dans les jambes m'ont réveillé à cinq heures du matin ; et pourtant, hier et aujourd'hui je me suis senti mieux, lisant beaucoup, mais incapable de faire quoi que ce soit d'autre.

Hier j'ai reçu cinq beaux livres, un cadeau de Messieurs Calleja et Cie. J'en ai immédiatement prêté un, un livre sur *Berruquete y su obra,* à don Ramón F. Les autres sont des traductions du français. Je serai content de voir *La Puerta estrecha* d'André Gide dans cette belle collection. — Je lis la première partie du livre d'Yves Delage *Les Faits* (sur la cellule etc.) en gardant à l'esprit ce que j'ai appris dans *Théorie nouvelle* de Le Dantec sur le « préjugé individualiste ». Delage semble « brillant et superficiel », comme disent les critiques médiocres. J'ai vu son index, établi sans ordre, et, j'imagine, principalement à partir de livres (ou d'auteurs) qu'il n'a pas lus. Il pourrait se faire aussi qu'il ait copié une partie de son index sur celui qui se trouve à la fin de *Les Animaux et les Plantes* de Darwin. Il a

a. Espagnol : *La Vérité et l'Erreur dans la doctrine de l'évolution.*

également découvert Maupertuis, mais il en cite un autre ouvrage, *Vénus physique* (1748), différent de celui que donnait Edmond Perrier. J'avais déjà remarqué qu'il cite S.B. en note, incidemment, et dans la phrase même où il fait un bref compte rendu de *Gedächtnis als eine allgemeine Funktion der organisierten Materie* de Hering[188] (qui, en ~~passant,~~ a paru en 1870).

Hier — est venue de San Vicente, en compagnie d'une « amiguita » très laide. Elle a rougi en me voyant. Comme je me sens détaché maintenant de toute cette vie estivale ! Mon nouveau cadre de vie, ma mauvaise santé, une solitude volontaire, et le retour de « ganas de trabajar[a] » font que je vis véritablement hors du monde, NULLE PART, — et toutes les activités ordinaires de la vie me semblent impossibles, des rêves ridicules. Si l'on ajoute à cela que « la frontera francesa continúa cerrada[b] » (comme l'affirment les journaux) et que rien ne nous parvient du reste de l'Europe [*Une ligne caviardée*] je me trouve au milieu d'un océan Pacifique de solitude et de silence, et je serais parfaitement heureux n'étaient ces abominables douleurs aux jambes et aux pieds. En fait j'aborde une de ces périodes où, n'étant rattaché à la vie matérielle que par la douleur physique, [*cinq lignes caviardées*] il n'y a plus de place pour le monde. « Mon enfant, fermez bien votre petit cœur à tous les bruits du monde ; N'ÉCOUTEZ PAS CE QUE LE MONDE DIT ; NE FAITES PAS CE QUE LE MONDE FAIT ; NE CROYEZ PAS CE QUE LE MONDE CROIT[189]. » C'est la plus grande de toutes les maximes, la Règle d'Or même. Il va de soi que je serais heureux d'avoir des nouvelles de doña C., ou de trouver un moyen de — ; mais, les choses étant ce qu'elles sont, je me sens très heureux ; et la souffrance physique rend mon bonheur parfait.

Mardi, 6.

Nouvelle journée de pluie. J'ai continué la lecture du livre de Delage, et il m'est apparu que je ferais bien de lire très attentivement le fameux « chapitre XXVII » de *Les Animaux et les Plantes*, qui contient l'hypothèse provisoire de la pangenèse[190] de Darwin. Je l'ai donc lu cet après-midi et j'ai découvert que : 1° l'exposition des faits est analogue à celle que donne Delage, qui, en fait, en a tiré[c] quelques exemples, et un paragraphe entier, pour illustrer ses propos sur la repousse de parties amputées, les hybrides obtenus par greffe, etc. 2° que la pangenèse est une théorie « romantico-biologique » typique, semblable à celles dont l'examen critique forme l'essentiel du livre de Delage ; et 3° (incidemment) que la traduction de Barbier escamote le verbe *to sport*, et qu'il s'appuie sur

a. Espagnol : « envie de travailler ».

b. Espagnol : « la frontière française reste fermée ».

c. Note de Larbaud : « *L'Hérédité et les grands problèmes de la biologie générale*, pp. 101-103. — *Animals and Plants* etc., II, 357-359. »

le fait que Darwin a écrit *to sport into* pour traduire par « produit »[a].

Mercredi 7. — Don H. est rentré de Madrid avec un rhume. De là-bas il avait écrit au mari de Doña C. pour lui envoyer je ne sais quel sérum. Il m'a trouvé mieux, mais j'ai passé un après-midi épouvantable, avec des douleurs dans les jambes. Je ne pouvais me lever ni m'asseoir. J'ai dû passer près de cinq heures au lit.

J'ai lu une cinquantaine de pages du livre de Delage. Son style est étonnamment imprécis ; il écrit par exemple : « L'ovogénèse EST CALQUÉE sur la spermatogénèse », et utilise maintes expressions tout aussi vagues. Néanmoins ses résumés sont clairs ; ce qu'il dit du « keimplasma » de Weismann est plus clair que ce que Weismann lui-même en dit. Les abondantes notes sont presque toujours intéressantes.

Ce soir Don Alfredo D., Doña Luzgarda, et leurs enfants sont venus nous rendre visite.

Jeudi 15. —

J'ai passé la semaine entière dans un état de prostration tel que j'ai été incapable de faire quoi que ce soit. J'avais des maux de tête si vifs que je craignais une otite. Je pouvais à peine dormir, ou manger, et l'après-midi j'avais une très forte température. J'ai passé le plus clair de mon temps au lit. Aujourd'hui je me sens un peu mieux, mais je suis loin de me sentir bien et je suis pratiquement sourd — mais il m'est difficile de savoir si ce sont les maux de tête, ou la quinine que j'ai prise, avec de l'aspirine, pour avoir quelques heures de répit la nuit, qui en sont responsables. J'ai bien combattu mon état, et aujourd'hui j'ai fait l'effort, pour me sentir mieux, de me lever à 8 h ½, de sortir, etc., comme si j'étais en bonne santé. Don H. ne sait quoi penser de ces douleurs. Pendant tout ce temps, je savais que j'avais quelque chose aux oreilles et à la tête, mais, jusqu'à aujourd'hui, je n'ai pu trouver l'énergie nécessaire pour combattre la maladie.

Vendredi 16. —

Le combat continue, avec un certain succès, et je me sens vraiment mieux. C'est dû, en partie, au temps magnifique dont nous jouissons. Mais je pense que j'y suis aussi pour beaucoup. J'ai fait comme si j'étais en bonne santé. Ainsi Lola m'a réveillé à 8 h ½ avec du porridge, du thé et de la marmelade. Je me suis levé quand

a. Il semble effectivement difficile, surtout hors contexte, de traduire le verbe *to sport*, qui, dans le domaine biologique, signifie « produire de façon anormale pour l'espèce, opérer une variation biologique ».

le barbier est arrivé, à 9 h ¾. Puis je suis sorti : Explanada, etc. ; puis je suis allé chez don H. où j'ai rencontré don Ramón. Nous sommes allés ensemble d'abord à la terrasse du casino, puis sur le « PASEITO Isabel SEGUNDITA » que nous avons arpenté au milieu des charmants enfants qui jouaient. Cela m'a rappelé les promenades de l'année dernière avec don Angel et le général. Puis je suis rentré et j'ai trouvé mon courrier : d'anciennes lettres, bien sûr, après toute cette période d'isolement que l'Espagne a connue. Une carte postale de Gide, une lettre (du 30 octobre) de Mme K[lotz] qui me donne des nouvelles de différents amis et me rassure (enfin !) : la « valise diplomatique » a mené le ms. de *Ainsi va toute chair* à bon port et l'a remis entre les mains des gens de la N.R.F.

Je ne suis pas sorti cet après-midi ; ç'aurait été trop pour moi ; j'ai terminé la lecture de *Voyage dans la Tartarie et le Thibet* de Huc, beaucoup plus intéressant que son *Empire chinois.* J'ai « dévoré » (j'aime ce gallicisme) les deux volumes pendant les quelques moments de répit de la semaine écoulée. J'ai reçu deux anciens numéros du *Lloyd's Weekly News* et les ai lus. Il y a un crime intéressant à Bloomsbury. Cela fera bien rire les historiens, dans soixante ou soixante-dix ans, quand ils liront nos journaux actuels ! Ce soir je me sens tellement mieux [*Trois lignes caviardées*] mais mon stupide « lio[a] » de septembre, et le changement de saison, m'ont gravement blessé. Don H. pense que je serai bientôt en assez bonne santé pour me rendre à Murcia.

Samedi 17. —

Combattu vaillamment. Beaucoup mieux ; l'envie de travailler revient (: j'ai débarrassé ma table de travail du fatras de livres, papiers, lettres, etc. qui l'encombrait, j'ai acheté des fournitures, et j'en achèterai d'autres lundi matin).

La routine : casino, don H., don R., le paseito Isabel Segunda, puis rentré déjeuner ; puis courses après le déjeuner.

Je lis le livre de Delage. La deuxième partie est un recueil de théories sur la cellule, sa composition, les causes du déplacement des amibes, le mécanisme et les causes des différentes formes de reproduction etc. J'ai remarqué que sans citer des gens comme Berthold, Verworn, His, Strasburger, Nägeli, etc, Le Dantec leur doit beaucoup. Serait-il un simple vulgarisateur d'anciennes théories allemandes qu'il présente comme tout à fait récentes, et comme les siennes ? Les théories de Van Rees ont retenu mon attention. Ce sont les plus saisissantes et les plus audacieuses. Quel dommage que ses livres soient écrits en néerlandais. — Ce soir j'ai répondu à la lettre de Mme K[lotz], et écrit — enfin — à

a. Espagnol : « aventure amoureuse ».

Henry Festing Jones. Mais ma lettre lui parviendra-t-elle ? et quand ?

J'ai prêté les livres de Huc à don Ramón.

Jeudi, 20. —

Un peu mieux ; du moins, mieux que dimanche. — Quel temps splendide, et la mer si calme, si bleue, « plate comme avec la main » (Henry J.M. Levet)[191]. Les longues perspectives limpides de l'Explanada… ; tout est si pur dans une lumière si propre. Signe de meilleure santé, je me rends compte, quand je me lève, vers 8 h ½, comme ma chambre paraît ensoleillée et gaie, inondée du soleil qui traverse le mirador. — J'ai passé environ deux heures avec don Ramón sur la terrasse du casino, et l'après-midi j'ai lu le livre de Delage. Sa présentation des théories de Buffon est l'œuvre de quelqu'un qui connaît son affaire.

Vendredi 23. —

Après une maladie, et après une expérience sentimentale dont on sort libre enfin, mais encore une peu « chiffonné» (sinon estropié), un beau jour l'Envie de Travailler revient. On avait pensé ne jamais pouvoir se remettre au travail. Mais enfin l'envie est revenue, elle est là. On se réveille plus tôt, se sentant un tout petit peu mieux, bien que très faible encore ; mais il y a du soleil dans la chambre, et on se lève. On commence par mettre de l'ordre sur la table de travail. Et ce n'est pas l'œuvre d'une seule journée. Un autre jour, on change les vieilles plumes rouillées des porte-plumes (c'étaient les plumes qu'on utilisait ALORS) ; un autre jour encore on achète un peu de matériel : des feuilles de papier buvard, un crayon neuf (d'une bonne marque américaine), une gomme, etc. Et vient enfin le jour où l'on se remet au travail. Alors un grand silence nous enveloppe de sa douceur et de son innocence. Nous avons retrouvé notre raison de vivre. Le monde ne peut pas, et il n'en a pas le droit, nous importuner ; nous nous moquons de ce qu'il fait, pense ou dit. Nous vivons dans notre travail, et sommes en paix avec nous-mêmes, avec nos voisins, avec la ville où nous vivons. Les heures consacrées à la flânerie, à la conversation avec quelques amis, nous savons que nous les avons gagnées, que nous méritons leur calme, leur paix, leur vide. [*Deux lignes et demie caviardées.*]

Tout ceci est très superficiel ; mais je le note ici pour voir si, un jour, je ne pourrai pas en tirer quelque chose. Cela m'a occupé (je parle de cette suite d'idées) hier et aujourd'hui. Tel quel, — j'ai écrit cela à toute vitesse, et sans trop réfléchir — pensant partie en français, partie en espagnol, — cela n'a aucune valeur, et ce n'est que l'ombre de ce que je voudrais en faire. Je me sens mieux, mais pas rétabli. Je lis Delage, ses résumés et sa critique des théories de

Béchamp, Haacke, Erlsberg (ce dernier très intéressant et intellectuellement stimulant ; un Américain d'origine scandinave, je pense. Les Allemands sont vraiment ENNUYEUX) et je m'apprête à lire ce qu'il dit de Häckel. — Hier, passé l'après-midi à Benalúa avec don R. et don H. — Pas de lettres. Temps splendide. —

Sam[edi] 24. —

J'ai lu dans *España* un « nekrolog » de Léon Bloy[192] et j'ai ainsi appris sa mort récente. Les anciennes gloires de la littérature française (Mirbeau...), de l'art français (Rodin...) et de la société française (Paul Hervieu...) disparaissent donc l'une après l'autre. Il n'est pas besoin d'être prophète pour savoir que les œuvres de Bloy survivront à celles de la grande majorité de ses contemporains plus célèbres (Zola, P. Bourget, M. Barrès, etc.). Il débuta comme disciple un peu rustique de Villiers de L'Isle-Adam, Barbey d'Aurevilly et Louis Veuillot. Il était alors un peu maladroit et parfois ennuyeux, trop sérieux en fait et pas assez « dégrossi ». Puis il se mit à lire — à ce qu'il dit — Carlyle, qui lui apprit à se libérer de la vieille « éloquence » de l'époque. Par la suite la fréquentation assidue de la Bible, en latin et en français (dans la version de Lemaistre de Sacy), l'a aidé à polir son style et à devenir un des grands maîtres de la langue française. C'est le point de vue technique, et c'est d'après ce point de vue technique qu'il doit être jugé. L'essentiel de son travail consiste dans le rajeunissement des vieux thèmes de l'art oratoire chrétien, principalement à partir des Épîtres de saint Paul. Une telle maîtrise technique, un art aussi accompli, au service de ces thèmes ne pouvaient manquer de leur donner l'apparence de la nouveauté et de leur conférer une grande force, au milieu de la platitude quasi universelle de la littérature de la « libre pensée ». C'est ainsi qu'il a pu convertir un grand nombre de gens, et qu'il m'a été d'une grande utilité en diverses circonstances, alors qu'il m'était impossible d'avaler aucun des commentaires « officiels » des Épîtres. C'était d'abord rafraîchissant, comme lorsqu'on ouvre une fenêtre. Mais, peu à peu, l'atmosphère, l'odeur des cafés français, que je trouve si repoussante, pénétrait. Il gueule trop. Mais « gueuler » est forcément trop. C'est l'un des traits de caractère déplaisants de la petite bourgeoisie française. Comme leurs barbes et leurs mustacchios[a] effrayantes qui ne s'accordent pas avec l'expression bénigne et parfois même bêlante de leur visage. Ils font du tapage, ils gueulent fort, contre une chose ou une autre ; et quand l'« agent », ou le « gendarme », arrive, ils se taisent immédiatement, et laissent l'« autorité » les conduire où elle veut, vraiment comme des moutons à l'abattoir. Nous ne reverrons plus d'hommes comme Léon Bloy, je veux dire des hommes déterminés,

a. Italien : « moustaches », évidemment.

si passionnés et si aveugles. De ce point de vue il semble beaucoup plus vieux que Samuel Butler. Mais il y a beaucoup d'artifice, d'hypocrisie, de « truc » chez Léon Bloy ; et cela aussi le fait paraître plus vieux. Son maître, Villiers de L'Isle-Adam, paraît plus jeune, par exemple. Cela provient peut-être de ce que Villiers n'est jamais « petit bourgeois ». Déchu, « en-niaisé » par la vie de bohème, jusqu'à un certain point, il reste cependant un aristocrate. Bloy — en dépit de tous ses efforts — est un petit bourgeois. Mais il faut le comparer aux auteurs qu'il a critiqués dans *Les Dernières Colonnes*[193] !!!!

Deux heures avec don Ramón. Je ne me sentais pas bien, et j'ai dormi cet après-midi. Plus tard j'ai lu le livre de Delage. Il traite Häckel comme il le mérite. Il est évident que la théorie de Hering a influencé Häckel (il le dit lui-même), et Cope, et Orr de sorte que la liste que dresse Marcus Hartog des auteurs influencés par la théorie Hering-Butler est loin d'être exhaustive (il mentionne Orr, mais ne dit rien de Cope).

Mardi 27. —

Encore malade ; et absolument incapable de travailler ; je ne me défends pas bien contre la maladie. C'est une autre sorte d'humeur. Pendant les quelques jours qui viennent de s'écouler : nouvelles de divers amis ; des heures (à thème philologique surtout) passées avec don Ramón Ferrerés. Il va beaucoup mieux. Il m'a prêté une trentaine de numéros de *Gil Blas*, journal madrilène des années 1915-1916, où j'ai lu des articles et de courtes notes de Ramón Gómez de la Serna[194]. Quelques-uns sont vraiment

[*Deux feuillets découpés, suivis de deux feuillets déchirés.*]

le vieux Chaucer, est classé parmi les romanciers « immoraux ». Le petit livre déborde d'un humour inconscient et m'a fait énormément de bien parce qu'il m'a fait rire de bon cœur. C'est ainsi que j'ai appris que M. Paul Bourget a été « immoral jusqu'en 1887 » (« inmoral hasta 1887 »). Léon Bloy est « más dañoso que de provecho[a] ». Philippe (Carlos-Luis) est « muy deshonesto[b] ». Flaubert est « atrevido y grosero[c] ». M. Léon Hennique est « deshonesto, [solaesco] ». Huysmans est « peligroso, desequilibrado[d] », etc. Dostoiewsky[e], quoique « extravagant » et presque fou, « peut se lire» ou « peut éventuellement se lire » (« se puede leer »). Les ennemis personnels de la Compagnie sont traités sans ménagement : Castelar, par exemple, qui est un « falsificador de la Historia, enemigo de Dios[f] », etc.

a. Espagnol : « plus nocif qu'utile ».
b. Espagnol : « très malhonnête ».
c. Espagnol : « osé et grossier ».
d. Espagnol : « dangereux, déséquilibré ».
e. Nous conservons ici la graphie adoptée par Larbaud.
f. Espagnol : « falsificateur de l'Histoire et ennemi de Dieu ».

La comtesse Blessington[195] (la pauvre chère femme !) est « mundana, inmoral », etc. Il y a même un écrivain, inconnu de moi, ou dont le nom a été écorché, qui « peut éventuellement se lire, SAUF EN CE QUI CONCERNE LE SUICIDE ». Un auteur anglais, que je ne connais pas, est traité de « romancier fou » par le padre. Je me demande qui cela peut bien être ; l'orthographe des noms étrangers n'est pas respectée. Et bien évidemment quand il arrive à Voltaire, le padre écrit : Infame ! Infame ! Infame[a] ! — ainsi, trois fois. La pauvre plumitive BIEN PENSANTE Pierre de Coulevain est « mas dañoso (le padre ne sait pas que c'était une femme) que de provecho ». Eh bien, après tout cela, on n'a qu'à bien se tenir[196] !

[DÉCEMBRE]

Mercredi, 5. —

Hier la Sainte-Barbe ; aujourd'hui vigile de la Saint-Nicolas. Les jeunes filles d'ici vont à l'église qui porte ce nom et prient pour trouver un novio et se marier dans l'année. — Une nouvelle journée humide ; pourtant je me suis levé tôt et suis allé au Postiguet, sur l'Explanada, etc. Ces promenades me font beaucoup de bien, et la vue de la mer, du port, de la côte me distrait. On ne ressent pas l'ennui d'une ville de province quand on a un tel panorama sous les yeux. Je me sens mieux. Mais il ne faut pas que je sois trop sûr de moi ; il n'y a pas de place pour les illusions : je ne pourrai pas reprendre le travail cette semaine, ni la prochaine. J'ai donc décidé d'en abandonner l'idée jusqu'en janvier, et d'ici là de me consacrer entièrement à ma santé et au combat contre la maladie. Pourtant hier et ce matin, en marchant le long de la mer, sur le sable doux et humide, j'ai ressenti le désir de travailler. Par ailleurs, il y a quelque chose qui prend forme, obscurément, dans le cours de ma vie ; une chose qui engloberait les vieux thèmes de la solitude, « la piantina[b] », les journées en mer, les jours passés à Montpellier, Marseille, San Remo, Barcelone, etc. Hier, j'ai ressenti une brutale prise de conscience quand la petite fille est venue s'abriter sous mon parapluie, calle Major, et marcher près de moi. Mais il faut d'autres chocs de ce type pour que le processus se DÉCLANCHE[c] . — Teresa me fait ma nouvelle « batin[d] » ; elle sera bien douillette.

a. Il s'agit, on le voit, de la graphie espagnole.

b. Italien : « le plan ».

c. Nous gardons ici la graphie adoptée par Larbaud, et attestée dans *Le Grand Robert de la langue française*, pour ce verbe que nous rencontrons généralement sous la forme *déclencher*.

d. Espagnol : « veste d'intérieur ».

Je continue ma lecture du livre de Delage, et j'ai enfin compris en quoi consiste l'importance de Weismann. Oh, je lis ou relis aussi beaucoup de courts poèmes de W[alter] S[avage] L[andor]. Il possède une telle maîtrise de la langue dans laquelle il écrit ! L'usage magnifique qu'il fait du mot « architrave » dans une courte épigramme, plutôt badine ! Mais cela est réservé aux « happy few », et les sentiments exprimés sont généralement superficiels, conventionnels et même vulgaires à certains moments. En fait, c'est le mot « architrave » lui-même qui crée l'émotion authentique. Quand la critique comprendra cela... ! Voici l'épigramme :

According to eternal laws
('Tis useless to enquire the cause)
The gates of fame and of the grave
Stand under the same architrave ;
So I would rather some time yet
Play on with you, my little pet[197] *!*

C'est dans l'édition Forster, vol. II.

Jeudi, 6. —

Guère mieux mais je me suis senti heureux toute la journée (sans cause directe). Journée de pluie et de vent. Routine habituelle : pas de sortie l'après-midi. J'ai fini de lire ce que Delage a écrit sur la pangenèse de Char[les] Darwin, et le peu qu'il dit de Maupertuis. « Il est vraiment admirable, dit Delage, ce petit in-12, où, sous le titre singulier *Vénus physique, dissertation à l'occasion du nègre blanc*, Maupertuis expose son système en quelques pages... Geoffroy Saint-Hilaire pourrait signer sa loi de la tératogénèse ; Lamarck ses idées sur la variation ; Darwin son système des germes représentatifs. Et tout cela a été dit par lui [Maupertuis] un siècle avant eux ! » (pp. 583-584). Plus loin il écrit : « Mais on peut reprocher à Maupertuis des lacunes et des imperfections que lui-même aurait pu voir. Ainsi on comprend l'origine des germes conformes au type individuel ; mais d'où viennent ceux qui reproduisent les traits des aïeux... et ceux surtout qui s'écartent du type de l'espèce ? » Ce paragraphe montre que Delage ne connaît pas le pamphlet dans lequel Maupertuis propose une explication de certains de ces faits par le processus de la « mémoire inconsciente ». Il est étrange que ni Charles Darwin, ni Butler, ni Francis Darwin[198] n'aient jamais ~~entendu parler~~ rien dit de Maupertuis. Bien entendu, il est ~~absolument~~ presque certain qu'ils ne le connaissaient pas. Mais qu'autant d'hommes, savants, écrivains, etc., qui ont écrit sur l'Évolution, aient pu ~~l'avoir manqué~~ passer à côté d'un aussi grand précurseur sans en connaître l'existence est chose vraiment étrange. Edmond Perrier et Yves Delage semblent tous deux croire qu'ils le découvrent. — J'ai reçu et lu le *Lloyd's Weekly News*. Cela m'a donné cette bouffée d'air londonien dont Kipling parle dans un de ses poèmes. Il y a vraiment de très bonnes choses dans les poèmes de Kipling parfois ; la « blue goodness of the Weald[199] », par exemple.

Samedi, 8. —

Fête de la Purísima et des Conchas. L'année dernière c'était une belle journée, avec un ciel bleu, calme et une température agréable ; malade, je gardais la chambre au Samper[200] et je regardais nonchalamment, derrière ma fenêtre fermée, la foule qui passait sur l'Explanada. Cette année c'est une journée humide et pluvieuse, avec des « chaparrones » (averses) toutes les demi-heures, et je suis dans ma chambre, moins malade que l'année dernière, mais dans l'attente des maux de tête affreux, qui ne manquent pas de survenir, le soir, les jours d'humidité. Je n'ai pas assez de force pour travailler, mais je poursuis ma lecture de Delage. Quoi qu'il en soit, cela me soulage d'écrire ici, presque sans prêter attention à ce que j'écris, de noter simplement quelques réflexions que j'ai faites hier et aujourd'hui. D'abord, sur le XVIIIe siècle. Il semble que ses grands hommes sont sur le point d'atteindre leur maturité, et que ce sera la tâche des critiques du XXe siècle de les comprendre, d'amener le public à les lire et à les comprendre. Ensuite on considérera Voltaire et Rousseau sous un autre jour, et des écrivains de second rang comme Fontenelle, Diderot, Maupertuis etc., prendront la place qui leur revient. Il se peut même que les poètes du XVIIIe siècle (les français) trouvent des lecteurs et des critiques pour les étudier.

En pensant à tout cela, j'ai lu un article sur le dernier livre de Pío Baroja. Il semble bien que Baroja, qui est un écrivain plutôt médiocre, soit un de ces hommes d'imagination impulsifs, comme l'était W[alter] S[avage] L[andor], et presque tous les hommes du XIXe (je désigne par « hommes » seulement ceux qui ont produit une œuvre). Baroja n'est qu'un parmi beaucoup, typiques du XIXe siècle. La mise en évidence de la contradiction qui existe entre deux phrases de Baroja : « La sociedad no es buena ni mala. Cuando resulta mala para un hombre, es que éste tiene una sensibilidad excesiva para su época, y en tal caso, no es un ser normal, es un enfermo. » Et : « dice el autor [P. Baroja] que la sociedad lo ha desquiciado, sumiéndole en la enfermedad y en la histeria... "Por eso la odio cordialmente y la devuelvo en cuanto puedo todo el veneno de que dispongo"[a] ! » forme le fond de cet article.

a. « La société n'est ni bonne ni mauvaise. Quand elle est mauvaise pour un homme, c'est qu'il présente une sensibilité excessive pour son époque, et en ce cas-là ce n'est pas un être normal, c'est un malade. » Et : « L'auteur [Pío Baroja] dit que la société l'a déséquilibré, le plongeant dans la maladie et la folie... "C'est pour cela que je la hais cordialement et que je lui rends, dès que je le peux, tout le venin dont je dispose" ! »

C'est la contradiction typique du XIXe siècle. Ils n'avaient pas « fermé leur cœur à tous les bruits du monde[201] », comme je pense que NOUS l'avons fait — nous, hommes du XXe siècle. À cet égard, S.B. est déjà un homme du XXe. Mais il y a encore beaucoup à écrire là-dessus. — Cinq heures. J'ai bien perdu cet après-midi ! Qu'il est difficile de se défendre contre la maladie ! Combien d'heures on y perd ! Et ce que cela signifie : quand je suis assez bien pour travailler, Alicante n'est pas une ville de province sans vie et ce grand « sérieux » des capitales « où s'élabore le progrès » ; Alicante est une ville où il se passe quelque chose d'important : la traduction des *Carnets* de Samuel Butler en français. Mais en un jour comme celui-ci, avec la pluie, les gens endimanchés qui vont à l'église ou au théâtre, la ville ressemble à toutes les villes de province, — San Remo, Livourne, Toulon, ou Málaga, et la tristesse ambiante déteint sur moi. Baroja n'a sans doute jamais éprouvé cela ; il vit trop dans le monde. Oh, nous devrions être comme les ouvriers, comme les hommes d'affaires : ignorer tout ce qui n'est pas notre travail, nos affaires ! Alors Dieu nous bénira.

Dimanche, 9. —

Ce matin j'ai reçu une lettre de M. H[enry] F[esting] Jones[202]. Comme c'est un document important, puisqu'il vient d'un ami intime de S.B., je l'ai collé ici dans ce cahier. Je ne connais pas l'adresse de Streatfeild à Londres. — Une autre journée humide. Ne suis pas sorti, si ce n'est 20 minutes entre 1 h ½ et 2 h (Postiguet, calle de la Princesa, calle Mayor). Je me suis senti mieux dans l'après-midi, et j'ai pu lire plus que d'habitude, plus de 50 pages du livre de Delage (tout ce qu'il dit du système de Nägeli). Puis j'ai parcouru quelques passages de ma trad. des premières parties des *Carnets*, et j'ai corrigé une expression. Ensuite j'ai repris Delage. Il me faut noter la citation de Hallez, dans l'exposé qu'il fait de la théorie de ce savant : « C'est, si l'on veut, la mémoire inconsciente de Häckel. » (Delage dit, juste avant, en citant l'opinion de Hallez : « Les particularités somatiques héréditaires deviennent telles par suite d'une impression exercée à distance sur les molécules de l'œuf. ») (page 620). L'œuvre principale de Hallez[203] a pour titre : *Pourquoi nous ressemblons à nos parents* (Paris, 1886), P. Hallez.

Après dîner, joué à la « loteria » avec doña Dolores, Lola, etc.

Lundi 10. —

Journée humide et froide. Le matin : Doña Enriqueta est venue pendant que j'étais sorti, mais elle a laissé un mot. J'irai demain. L'après-midi : Mlle Yssanjou est venue me demander de l'argent pour le « Ropero[a] » de la reine ; je lui ai donné cinq douros, mais je l'ai gardée une demi-heure, Carmen (la bonne) étant sortie pour chercher de la monnaie.

Mercredi, 12. —

Bonne nouvelle : hier je suis allé voir doña Enriqueta, qui m'a dit que Mme Klotz avait écrit que *Figuras* de Miró avait été accepté par la N.R.F., et ce matin même, elle m'a envoyé une lettre de Mme K. pour moi (envoyée par la valise diplomatique française). Mme K. y dit que, après avoir lu UN SEUL chapitre de sa traduction de las *Figuras*, Fargue avait accepté tout le livre. Il lui a simplement demandé de revoir un peu sa traduction, et il a envoyé le manuscrit du vol. I à Gide (j'ai ici le ms. du vol. II). J'aurais aimé en savoir davantage car j'avais vraiment renoncé à toute cette affaire après avoir reçu la dernière lettre de Gaston. *Nómada* ne leur avait pas plu, et ils pensaient que c'était une erreur de ma part. Mais ensuite, en voyant quelques pages de las *Figuras*, Fargue a aussitôt changé d'avis, et ainsi je constate que j'avais raison après tout. Demain Eduardo et moi écrirons à Miró.

Belle journée, plutôt chaude, claire et ensoleillée.

Deux heures avec don Ramón du côté du Postiguet, le long de la mer et à Diana[204]. Travaillé aux *Carnets* l'après-midi. Après dîner, j'ai jeté un coup d'œil sur *Pagidas escogidas* de Quevedo, dans la collection de Calleja. Sa critique de l'école de Góngora est amusante, mais j'aurais préféré relire *Las Soledades*[205]. — Il y a quelques jours j'ai relu tout le ms. de « Devant l'Ange[206] », et j'ai pensé que je pourrais le récrire sous son titre précédent, « Beauté mon beau souci[b]... »

La semaine dernière j'ai noté ici : « Il y a quelque chose qui prend forme... » Eh bien, inconsciemment, je revenais encore à ce malheureux livre. Je pense que je vais finalement le faire ; mais j'ai trouvé une nouvelle façon de traiter l'histoire, ce qui implique de le récrire entièrement. J'ai commencé hier soir au lit, et j'en ai écrit ½ page (au crayon à papier — tout comme j'ai traduit S.B. avec un crayon aujourd'hui). J'ai dû travailler dur (entre 11 h et minuit et demi), car j'étais énervé et n'ai pas pu m'endormir avant 3 h ½ du matin. — Tout ceci signifie que je VAIS MIEUX, quelque opinion contraire qu'en ait mon médecin. J'aimerais que cela dure, ce qui me permettrait de travailler régulièrement à la trad. de S.B., à la poursuite de mes lectures sur l'Évolution, et à « Beauté... »

a. Ce *Ropero*, placé sous le patronage de la reine d'Espagne, est une sorte d'association de bienfaisance qui distribuait des vêtements aux indigents et des ornements aux églises pauvres.

b. Note de Larbaud : « Il a été publié dans les numéros de juillet et août 1920 de la *N.R.F.* »

Jeudi, 13.

Une belle matinée, mais il a plu l'après-midi. Continué le livre de Delage ; Weismann à nouveau. Mlle Elisa D. est venue déjeuner et a passé l'après-midi avec nous ; nous avons joué au « bisbis », un jeu local, un genre de loterie. Plus tard j'ai travaillé aux *Carnets*. Je ne pense pas continuer ce journal, du moins pas quotidiennement. Mes journées se ressemblent toutes maintenant : je vais mieux, — du moins je n'ai pas d'empêchement majeur pour travailler, et j'ai le sentiment d'être sorti de cette période de souffrance physique et morale que j'ai traversée depuis septembre dernier. Je mène une vie très tranquille, avec la pensée permanente du travail, c'est-à-dire que cette pensée domine toute autre considération d'ordre sentimental. Je vis par et dans mon travail : S.B. comme travail « matériel » ; « Beauté... » (ou autre titre que ce texte portera) comme travail « vivant » (je veux dire un travail qui met en jeu à la fois expérience et critique, ou auto-critique) ; et la lecture d'ouvrages sur l'Évolution qui satisfont ma curiosité et donnent, d'une manière ou d'une autre, du PABULUM[a] à la réflexion et à la pensée. Il n'a pas été facile de me rétablir suffisamment pour atteindre la Région paisible de la Sérénissime. « Un temps pénible, un temps pénible[207] ! » Quand je pense que j'ai pu songer à la politique ! — Non, quand je dis travail « vivant » (et cela s'applique à la réécriture de « Devant l'Ange ») je ne parle pas uniquement d'expérience, mais d'AVENTURE ; c'est une entreprise hasardeuse, difficile et néanmoins tentante ; on peut tomber dans une embuscade et pourtant conserver le désir de continuer, etc. C'est l'action, la recherche, le tracas, le plaisir, tout ce qui rend la vie digne d'être vécue et fait de l'écriture une partie de la vie.

Lundi 17. — Je viens de terminer la lecture de l'admirable critique que fait Delage de la seconde théorie de Weismann. Ainsi il en a terminé avec les ORGANICISTES (y compris les gemmules de Darwin, et les systèmes de Nägeli et de De Vries). — Je suis loin d'aller bien et je me bats heure par heure contre la maladie. Néanmoins j'ai un peu travaillé aux *Carnets* et à « L'Ange ». Mais je n'ose pas travailler quand je me sens souffrant. Je crois qu'il faut que j'attende d'être mieux.

La théorie de Wilhelm Roux[208] est impressionnante mais finit par décevoir. Comme il admet l'hérédité (sans l'expliquer), je suppose qu'il admettrait une forme de mémoire inconsciente —, de telle façon que la théorie de Hering-Butler s'intègre dans presque tous les systèmes : animiste, évolutionniste, microməriste[209] et

a. Latin : « nourriture, aliment ».

également organiciste. Néanmoins elle devrait porter le nom de « théorie de Maupertuis-Hering-Butler ».

Aujourd'hui (jeudi 20) j'ai reçu une lettre de Miró ~~que j'ai collée à côté de la p. 172 de ce journal~~. Il n'a que partiellement raison. Mme Klotz doit revoir sa traduction et la comparer à une version sans faute — ou plutôt, corrigée — de las *Figuras*. Mais en ce qui concerne sa question : « ¿ Se aviene su temperamento con el mío, y con el mío en las *Figuras*[210] ? » — je crois qu'il en demande trop ; en fait, ce qu'il veut c'est un Miró français pour traduire las *Figuras* ; et cela il ne l'aura jamais.

Une traduction ne peut jamais être qu'approximative. Mme Klotz, avec l'aide de doña Enriqueta, connaît suffisamment l'espagnol, écrit un français suffisamment correct et possède une culture suffisante pour ne pas gâcher une œuvre qui consiste, pour l'essentiel, en descriptions de PAYSAGES parmi lesquels cette dame vit depuis plusieurs années, et auxquels elle est extrêmement sensible, autant qu'une femme, qui plus est une femme juive et parisienne, peut l'être. Eduardo me dit que, depuis le début, Miró désire que ce soit MOI qui traduise son livre (ou ses livres). Mais j'ai S.B. Et même si je n'avais pas S.B. je ne songerais pas à traduire un livre espagnol. Tout bonnement parce que je ne peux pas. C'est la première langue étrangère dont j'ai eu quelques notions, et je l'ai parlée sans cesse pendant des mois ; c'est en espagnol que j'ai tenu quelques-unes des discussions et des conversations les plus importantes et les plus décisives de ma vie, et je parle constamment espagnol chez moi — et cependant je suis incapable de traduire aucune œuvre littéraire de l'espagnol en français. Il y a deux raisons à cela : je n'ai jamais ÉTUDIÉ un auteur classique et connais très peu la littérature classique espagnole ; ensuite : JE NE PENSE JAMAIS en espagnol. Alors que j'ai ÉTUDIÉ des écrivains comme Addison, le Dr Johnson, Shakespeare, S. T. Coleridge et W. S. Landor (mais tout spécialement Addison)[211] ; et JE PENSE continuellement, ou presque continuellement EN ANGLAIS. (Quand j'ai parlé à Joseph Conrad[212] d'Addison, il a semblé prendre cela pour une plaisanterie.) Bon, ce soir j'ai écrit une longue lettre à Berthe L[emarié] au sujet des rebondissements dans l'affaire Miró — mais aussi pour lui demander des nouvelles de mes amis de Paris (Comment parviennent-ils à vivre dans cette ambiance ? ! Les vents qui nous viennent de là-bas dégagent une telle puanteur !) Bonne nouvelle : on a découvert les ruines de l'El Dorado.

Samedi 22. — J'ai terminé le gros livre de Delage. Je n'ai pas une très haute idée de sa *Théorie des causes actuelles*, du moins comme explication des faits. Il a l'air de prendre pour acquis ce qu'il appelle la « division hétérogène », mais il n'en recherche pas les causes. Par ailleurs il confesse que le développement intra-utérin d'un organe comme l'œil, et tous les cas de repousse ne trouvent pas d'explication dans son hypothèse. Néanmoins son exposé de la théorie possède un réel mérite de clarté, et même une certaine couleur artistique dans le style qu'il y emploie. Mais après des systèmes aussi élaborés que ceux de Weismann et de Nägeli, la simplification qu'il introduit ne peut manquer de nous choquer. — Je pense que je vais attendre un peu avant de commencer *L'Évolution individuelle* de Le Dantec ; cela me ferait trop de biologie. — Je vais vraiment mieux, et je crois que nous aurons un Noël chaud et magnifique.

Jeudi 27. — Don Higinio m'interdit formellement de voyager — même d'aller aussi près que Carthagène où j'avais eu l'intention d'aller passer deux ou trois jours, rien que pour me changer les idées. Et il est vrai que je ne me sens pas bien du tout. Les fêtes de Noël (Nochebuena, et « la pava[a] ») et la mauvaise santé m'ont obligé à abandonner mon travail ces derniers jours. J'ai lu un roman français : *Une Parisienne chez les anthropophages* du docteur Thiercelin (1872) que don Ramón m'a prêté quand je suis allé le voir à Benalúa. C'est dans le même genre, léger et amusant, que le roman de J.-J. Frappa. Et cela a dû être un succès de librairie puisqu'il s'agit du 10e mille (1874). Actuellement je relis, attentivement et lentement, *La Vie et l'Habitude* et, comme passe-temps, *Examen de Ingenios* de Juan Huarte[213]. Il se pourrait que ces deux livres aient un point commun. — Réapparition soudaine de don Angel. Réouverture du Paseo Ysabel 2. Les felicidades, les aguinaldos[b], etc. etc.

Vendredi 28. — Nous connaissons ce que les Alicantins appellent « un frio horroroso[c] » : + 2° (centigrades) toute la journée dans calle Mayor ; et + 13 à la maison, avec tout à la fois le brasero et le poêle allumés. Pourtant, comme j'allais mieux, j'ai apprécié le froid. Lu Huarte au lit jusqu'à 10 h ½.

Me suis habillé. Rendu visite à D. H., en compagnie de qui j'ai fait une bonne partie du retour à la maison ; nous avons rencontré Mons. Yss[anjou] ; puis je suis allé au casino où j'ai lu les journaux. Il y avait un article sur Benedetto Croce dans *El Sol,* et on y citait F. De Sanctis[214]. Très peu mangé, en raison de mes ennuis d'estomac et de foie. Nouvelle sortie après déjeuner ; Postiguet ; puis pour acheter un autre brasero (bon marché). L'après-midi travaillé à « L'Ange », ou « Beauté... » (quel que soit son futur titre...).

Après dîner lu *La Vie et l'Habitude*. Dans la foule de ceux que

a. Espagnol : Nochebuena est la nuit de Noël. Existe aussi la tradition de la dinde (la *pava*).

b. Espagnol : « les vœux, les étrennes ».

c. Espagnol : « un froid épouvantable ».

Delage appelle microméristes et mécanicistes, S.B. apparaît comme un vieil animiste, ou au mieux comme un philosophe du « principe vital » de l'école philosophique de Montpellier. Je pense que c'est ce qu'il appelle « la réintroduction de la téléologie dans la vie organique ». Et l'erreur n'est pas si grossière puisqu'il est évident que les microméristes (tel Häckel), ou les néo-lamarckiens (tel Cope), ou encore les partisans de « l'assimilation fonctionnelle » (tel Le Dantec), reconnaissent tous une forme de mémoire inconsciente. Mais *La Vie et l'Habitude* est beaucoup plus qu'une théorie ! Huarte a des phrases remarquables et une grande habileté : « Porque hay orden y concierto en las causas naturales, que si los padres al tiempo de engendrar tienen cuidado de guardarle, saldrán todos sus hijos sabios, sin que falte ninguno[a] » (chapitre IV).

Dimanche 30. — De la pluie, mais temps très froid : + 5 ° (centigrades) dans la calle Mayor toute la journée ; et + 12 ° seulement dans l'appartement. Travailler et penser à « Beauté... » m'a empêché de bien dormir ; en fait, je me suis tourné et retourné dans mon lit, dans un état de grande excitation, de minuit à 3 h du matin. Cela fait que j'ai dormi jusqu'à dix heures et que je me suis levé trop tard pour aller à la messe.

Sorti vers midi. Conversation avec don Paco G. — Puis au casino ; les journaux (sans intérêt). Visite chez don Higinio. Retour à la maison. Après déjeuner visite chez Mercedes chez qui j'ai rencontré Vicenta M. (18 ans), le type même de la jeune fille méditerranéenne (ou plutôt de la jeune Méditerranéenne du Sud) ; sur scène elle aurait tout d'une déesse ; moralement inintéressante, et même ennuyeuse. Reçu une circulaire de l'Authors' Club. Retour à la maison (passé près de 3 heures chez Mercedes). *La Vie et l'Habitude* ; Huarte. *La Vie et l'Habitude* est un des livres les plus remarquables du XIXe, et même des 300 dernières années. Il couvre une période immense de la vie, de la pensée et de l'expérience. Et il semble bien que Lamarck, Darwin et tous les écrivains de la théorie de l'Évolution n'ont jamais existé que pour ouvrir la voie à *La Vie et l'Habitude* — l'annoncer et le rendre possible. Ce livre devrait être, à longue échéance, aussi fécond que les *Essais* de Montaigne. Ce qu'on aime chez G. K. Chesterton c'est uniquement cette partie de sa pensée et de son style qui vient, plus ou moins

[*Deux feuillets arrachés*.]

ensuite de cet environnement à une maison de campagne dans la Huerta, puis dans un quartier bourgeois de la ville ; agréables relations avec plusieurs personnes (espagnoles, italiennes et françai-

a. « Parce qu'il y a un ordre et une harmonie dans les causes naturelles, et si les parents au moment d'engendrer ont soin de conserver cet ordre et cette harmonie, tous leurs enfants naîtront sages, sans exception. »

ses) ; la considération des gens (due, cela va de soi, aux factures régulièrement acquittées et à mon mode de vie, mon habillement, mon éducation) ; enfin, et ce n'est pas ce qui compte le moins, j'ai appris à vivre, et cela sans trop de chocs ni trop d'angoisse. Seuls ont manqué à mon bonheur les longues excursions, une grande bibliothèque, des concerts de musique (= Madrid) et une jeune fille ou une femme que je puisse vraiment aimer.

Et statuit super petram pedes meos, et direxit gressus meos[215].

[*Un feuillet blanc.*]

Index des Noms

(mal organisé car la plupart des numéros se rapportent à des pages où le nom seul apparaît, et car quelques noms ont été omis.)

[*Un feuillet blanc à la suite des onze pages d'index.*]

Je ferais aussi bien de copier ici, à la fin de ce journal, l'ébauche que j'ai faite, au début de février (cette année), de chronologie pour le roman que je projette, « Henri de Septimanie »[216].

ANNEXES

LETTRE DE HENRY FESTING JONES DU 30 NOVEMBRE 1917

120 Maida Vale,
W.9
Nov. 30th, 1917.

Dear Mr. Larbaud,

Thank you for your letter. It is good news that the manuscript of your translation of *The Way of All Flesh* is now in Paris in the hands of the publisher.

I am sorry you have been unwell ; but all the same it seems to me you have been very industrious, and I hope the amount of work has not been the cause of your illhealth. I send you my best wishes for the progress of the NOTE-BOOKS and *Life and Habit.*

I quite understand your finding passages that required thought in Mrs. Jupp's monologues. Thank you for telling me about Maupertuis. I must have a look at him.

I do not know whether you have written to Streatfeild, but I am writing to him with the substance of your letter. I regret to say that he is very ill and has gone away ; but he would like to hear of the progress you are making.

Believe me,
Yours sincerely,
Henry Festing Jones

Cher M. Larbaud,

Merci pour votre lettre. C'est une bonne nouvelle d'apprendre que le manuscrit de votre traduction de Ainsi va toute chair *est maintenant à Paris, entre les mains de l'éditeur.*

Je suis désolé de savoir que vous avez été souffrant, mais il me semble néanmoins que vous avez beaucoup travaillé, et j'espère que ce gros travail n'est pas responsable de votre mauvaise santé. Je vous adresse mes meilleurs vœux pour la poursuite des CARNETS *et de* La Vie et l'Habitude.

Je comprends tout à fait que certains passages des monologues de Mrs Jupp vous aient posé des difficultés. Merci pour ce que vous me dites de Maupertuis. Il va falloir que je m'intéresse à lui.

Je ne sais pas si vous avez écrit à Streatfeild, mais je lui écris pour lui donner l'essentiel de votre lettre. Je regrette de devoir vous dire qu'il est très malade et qu'il est parti, mais il aimerait être tenu au courant du progrès de votre travail.

Croyez-moi sincèrement vôtre,

H.Festing Jones.

LETTRE DE GABRIEL MIRÓ DU 18 DÉCEMBRE 1917

Sr. Valery Larbaud

Amigo, señor mío : gracias por el afán generoso que nuevamente me prueba Vd. en su carta. Como yo no comprendo la amistad sin llanera, y me halaga mucho ser amigo de Vd. necesito hablarle en términos diáfanos.

Yo no dudo de que Mme Klotz se halle dotada de las prendas que Vd. elogia. Mujer singular me parece según las noticias que de ella me han dado los que la conocen. Rápidamente hablamos en uno de sus viajes a Barcelona, y ya la tuve por un espíritu de una primorosa sutilidad. Pero con todos estos encantos y méritos, ¿ se aviene su temperamento con el mío y con el mío en las *Figuras* ? Demasiado, sabe Vd., que no hay esoterismo de tan complicado matiz como el de la emoción. En mis libros, a falta de grandes virtudes literarias, existe una intimidad, una como ENCARNACIÓN de la idea en la palabra que no se descubre sólo a la fría luz del Diccionario. — Ha sido una lástima que, residiendo Mme Klotz en mi tierra, no me previniese de su labor de traductora, porque yo, sin rigores ni cominerías de fiscal le habría dado mi compañía en todo su camino, comenzando por ofrecerle un texto limpio de erratas.

¿No podría ver yo la traducción antes de darla a la imprenta ? Ya sé que este envío de erastillas retarda su publicación, pero a mi no me quede.

Las “condiciones” no debo yo imponerlas ; ya las puse en sus manos desde el primer instante. Unicamente me permito pedirle que el convenio se ciña a un primer tírese cuya importancia debe fijar la casa editora.

Le escribo con demasiada rapidez ; me limita el poco tiempo y el mucho frío de griposo sin calefacción.

Gracias mil veces

A Vd. y Eduardo Irles le abraza su devoto,

Gabriel Miró

18 XII 1917

Cher monsieur et ami,

Merci du dévouement dont votre lettre me donne une nouvelle preuve. Étant donné que je ne conçois pas l'amitié sans franc-parler, et que je suis très flatté d'être votre ami, j'ai besoin de vous parler en termes très clairs.

Je ne doute pas que Mme Klotz soit douée de toutes les qualités dont vous faites l'éloge. Une femme singulière d'après les renseignements que m'ont fournis ceux qui la connaissent. Nous avons bavardé brièvement lors d'un de ses voyages à Barcelone, et d'emblée elle m'est apparue comme un esprit d'une merveilleuse subtilité. Mais malgré tous ses charmes et mérites son tempérament s'accorde-t-il avec le mien ? avec le mien dans Figuras *? Vous ne savez que trop qu'il n'est pas d'ésotérisme dont la nuance soit plus compliquée que celle de l'émotion. Or dans mes livres, à défaut de grandes vertus littéraires, il existe une intimité, une sorte d'incarnation de l'idée dans le mot qui ne se découvre pas seulement à la froide lumière du dictionnaire. Quel dommage que Mme Klotz,* *alors qu'elle résidait dans ma région, ne m'ait pas prévenu de son travail de traduction, car moi, sans les scrupules excessifs et la sévérité d'un censeur, je lui aurais proposé de l'accompagner tout au long de son cheminement, et pour commencer je lui aurais offert un texte exempt d'errata.*

Ne pourrais-je voir moi-même la traduction avant qu'elle parte à l'impression ? Je sais bien qu'un tel envoi retarde la publication, mais cela ne me chagrine pas.

Quant aux « conditions », je ne dois pas les imposer ; je les ai remises entre vos mains dès le premier instant. Je me permets seulement de vous demander que la convention respecte un premier bon à tirer, dont l'importance doit être fixée par la maison d'édition.

Je vous écris avec trop de hâte, limité par le temps trop bref et le froid trop grand d'un grippé *sans chauffage.*

Mille fois merci.

À vous et à Eduardo Irles une franche accolade de votre dévoué

Gabriel Miró

Notes

1. Larbaud a revu ce journal avec le projet de le publier, on y retrouve donc d'assez nombreux signes au crayon (et leur interprétation n'est pas forcément claire) ; les noms des personnes que Larbaud fréquente se trouvent souvent réduits à leur initiale.

Don Higinio Formigos Latorre était le médecin du consulat français à Alicante et il aidera Larbaud à s'installer dans la ville. C'est lui qui lui a fait connaître la famille Irles chez qui Larbaud réside, 113 calle Bazan, à l'époque de ce journal, à Alicante.

2. Premier titre envisagé pour ce qui deviendra *Beauté, mon beau souci...*, ainsi que Larbaud le précisera lui-même plus loin. On le verra évoquer fréquemment ce travail dans ce journal et énoncer les différents titres qu'il envisage : « Martre » longtemps, « L'Ange » un moment, et finalement « Beauté, mon beau souci... ».

3. « Henri de Septimanie », œuvre dont il a déjà été question dans le journal de 1914 et qui ne verra pas le jour. On la verra évoluer dans le *Journal* au long des années, entre 1917 et 1920.

4. L'Explanada de España est une longue promenade qui longe le port et le Postiguet, plage d'Alicante.

5. Octave Mirbeau (1848-1917) fut romancier, auteur dramatique et essayiste, mais son œuvre est tombée dans l'oubli. En 1913, juré du prix Goncourt, il avait donné sa voix à *Fermina Marquez*. Larbaud lui consacra un court article, qui parut d'abord dans *Les Cahiers d'aujourd'hui* (5e année, n° 9, juillet 1922) avant d'être recueilli dans *Domaine français* (*O.C.*, t. VII, pp. 278-283) ; il y reprend les mêmes propos : « [Mirbeau] aurait désiré, je crois, que nous nous vissions plus souvent. Mais il y avait entre nous une différence d'âge qui rendait toute intimité impossible. »

6. Léon Bloy mourra quelques mois plus tard et Larbaud lui consacrera quelques pages, que nous trouverons plus loin.

7. Louis Veuillot (1813-1883), journaliste et écrivain, était un catholique militant. Il fut rédacteur en chef de *L'Univers*, dont il fit un organe ultramontain de grande audience auprès du bas clergé. Il soutint avec ardeur la cause du pouvoir temporel de l'Église. Son nom sera fréquemment cité dans le journal de Larbaud à Rome, en 1932 ; il évoquera, à plusieurs reprises, *Parfum de Rome*, un ouvrage de Louis Veuillot.

8. Début janvier 1917, Larbaud a quitté l'hôtel Samper, où il avait vue sur le port d'Alicante, pour un appartement chez l'habitant. Il loge donc, nous l'avons vu, 113, calle Bazán, chez doña Dolores et sa famille. Il y noue des liens d'amitié avec le fils, Eduardo Irles, qui, comme lui, préoccupé de littérature, publie des articles à caractère littéraire. Grâce à ce dernier, il rencontrera des personnes qui s'intéressent de près à la littérature.

9. Essayiste et philosophe espagnol, Ángel Ganivet (1865-1898) se suicida à l'âge de trente-trois ans. Il laissait cependant, à sa mort, une œuvre importante. Sa culture littéraire et intellectuelle, avec un intérêt marqué pour les littératures germanique et

française, sa carrière consulaire en firent un Européen avant la lettre qui restait avant tout un ardent défenseur de la culture et de l'esprit espagnols.

Les Travaux de l'infatigable créateur Pío Cid (telle est la traduction du titre de cet ouvrage) furent écrits en 1898 et Rose Duroux (in *CAVL* n° 36, année 1999, la Médiathèque de Vichy. Fonds Larbaud. « Domaine espagnol ») a relevé, dans la bibliothèque hispanique de Larbaud, la présence de leurs deux tomes dans une édition de 1911 (Madrid, V. Suarez).

10. Larbaud, qui cite fréquemment le nom de Samuel Butler, se limite généralement aux seules initiales. Nous l'imiterons, à moins d'ambiguïté auquel cas nous écrirons le nom en toutes lettres.

11. Joaquín Dicenta y Benedicto (1863-1917), romancier et dramaturge espagnol, dont l'œuvre la plus connue semble *Juan José* (dont il est question un peu plus bas), considérée comme le premier drame social espagnol.

12. Georg Brandès (1842-1927) était un critique danois qui se fit le défenseur du naturalisme et du radicalisme politique. Ses articles, dans lesquels il développait une critique subjective et polémique, eurent une grande influence sur toute la vie culturelle scandinave.

13. Comme on le verra plus loin, Mrs Jupp est un des personnages de *The Way of All Flesh (Ainsi va toute chair)*.

14. *Idearium español* (1897) ; un exemplaire de cet ouvrage (Madrid, V. Suarez, 1915) est encore présent dans la bibliothèque de Larbaud.

15. San Vicente del Raspeig, une petite localité située à quelques kilomètres au nord d'Alicante.

16. L'adjectif « levantin(e) » qualifie la région sud-orientale de l'Espagne.

17. *Les Cerises du cimetière* (1910). On voit à cette époque se déclencher l'enthousiasme de Larbaud pour l'écrivain alicantin Gabriel Miró (1879-1930). Larbaud, en effet, se dépensa sans compter pour faire traduire et publier en français l'œuvre de Miró. La traductrice qu'il avait trouvée à Alicante était-elle à la hauteur de sa tâche ? Le caractère religieux de l'œuvre rebuta-t-il l'éditeur ? Toujours est-il que le projet n'eut pas de suite.

18. Larbaud souffrait de dépression chronique marquée par des épisodes de crises qu'il appelait « *the Mood* », mot qui a jusqu'ici été traduit par « humeur noire ». Nous avons fait le choix de le traduire par le simple mot « Humeur », avec une majuscule pour caractériser cet état bien particulier.

19. En Espagne, le casino est un genre de club, réservé aux hommes qui, moyennant le paiement d'une cotisation, peuvent en utiliser les locaux et les services. Nous conserverons le terme espagnol *casino*, qui est celui que Larbaud utilise en anglais, pour le désigner.

20. La revue pour laquelle don Higinio sollicitait sa collaboration était une revue madrilène de médecine et de soins de beauté, *Higiene y Belleza*, qu'il dirigeait. G. Jean-Aubry nous révèle (in *Valery Larbaud, sa vie et son œuvre : la jeunesse (1881-1920)*, Monaco, Éditions du Rocher, 1949, p. 255) que le titre « La Mujer vestida » était inspiré des représentations qu'on venait de donner à Madrid, sous le titre *La Mujer desnuda*, de *La Femme nue* d'Henry Bataille. Il y avait en outre, dans le titre de Larbaud, un rappel des tableaux de Goya : *La Maja vestida* et *La Maja desnuda*.

21. C'est un jeu de hasard auquel on joue avec huit dés et cinq cartons.

22. Gladys Day, son amie anglaise, avec qui il a entretenu une liaison entre 1912 et 1921, dont le lecteur a déjà rencontré le nom dans le journal de 1914.

23. Citation de deux vers d'un poème lyrique de l'Anglais Shelley (1792-1822), « To a Skylark » (« À une alouette »), qui fut écrit en 1820. Nous retrouverons fréquemment cité le *spirit of delight*, expression par laquelle Larbaud exprime l'état d'exaltation joyeuse dans lequel il se trouve parfois.

24. Ces trois noms sont ceux de poètes espagnols, marqués par le romantisme, et qui, tous trois, moururent jeunes. José de Espronceda (1808-1842) est considéré comme un poète romantique ; Gustavo Adolfo Bécquer (1836-1870), poète également, postérieur au précédent, exerça une grande influence sur les poètes espagnols du début du XXe siècle, et notamment sur Rubén Darío, dont nous rencontrerons le nom un peu plus loin ; Mariano José Larra (1809-1837) fut surtout le chroniqueur de

la vie sociale espagnole de son époque. Romantique, il ne séparait pas la vie de la littérature et se suicida à l'âge de vingt-huit ans.

25. Format d'une feuille de papier ministre : 0, 22 x 0,34 cm.

26. Larbaud n'a pas toujours été aussi sévère avec Benito Perez Galdós. Dans le texte donné quelques années plus tard (1923) à *La Nación* et recueilli dans *Du navire d'argent*, ouvrage où Anne Chevalier a rassemblé, annoté et préfacé les chroniques données au journal argentin (Gallimard, Paris, 2003), « Souvenirs d'un conférencier à Paris », il évoque « le tableau [qu'il fit] de l'immense œuvre de Galdos » devant le public réuni au théâtre du Vieux-Colombier.

27. Larbaud rassemble ici, sous le terme plutôt péjoratif, semble-t-il, *afrancesados* (c'est-à-dire : de style français), des écrivains différents, dont deux sont d'abord connus comme auteurs dramatiques.

José Echegaray (1832-1916), de formation scientifique (il fut ingénieur et professeur de mathématiques), mena parallèlement à sa carrière littéraire, où il rencontra le succès, une brillante carrière politique ; il fut député, et ministre à plusieurs reprises. En littérature, il débuta comme poète, mais il écrivit par la suite un grand nombre de pièces, très influencées par le drame romantique ; on retient surtout *El Gran Galeoto*, qui fut traduit en français (*Le Grand Galeoto*). En 1904, il partagea le prix Nobel avec Frédéric Mistral.

Jacinto Benavente s'intéressa également, dans ses débuts, à la poésie, mais il se consacra principalement au théâtre. Nous avons vu Larbaud, à Cette, en 1914, lire *Los Intereses creados*.

Benito Pérez Galdós (1843-1920) composa une importante œuvre romanesque et bien qu'il eût lui aussi écrit pour le théâtre, il laisse avant tout l'image d'un romancier, que Jean Cassou définit ainsi : « Galdós est le type même du romancier du XIXe siècle, l'égal de Balzac, de Tolstoï, de Dostoïevsky, Dickens. Il y a le Madrid de Galdós comme il y a le Paris de Balzac et le Londres de Dickens. »

28. Sorte de nougat fabriqué dans la petite ville de Jijona, au nord d'Alicante.

29. La « République sérénissime » était le titre attribué à la République de Venise (vers 1117). Larbaud a repris cette expression et l'a détournée à son propre usage. « Ma Sérénissime République », qu'il abrège parfois en M.S.R., s'applique à son bien-être psychologique et désigne un état de paix intérieure, propice à la vie et au travail.

30. Marcelle Jeanniot (1881-1965), épouse divorcée de l'écrivain et député André Lebey, était, depuis quelques années, l'amie de Léon-Paul Fargue. Larbaud avait pour elle de l'amitié et lui demandait quelques services. Elle fut notamment chargée par lui de s'occuper de son garde-meuble et de lui trouver un appartement à Paris, qu'elle prit plaisir à meubler et décorer. Elle quitta Léon-Paul Fargue quelques mois plus tard pour suivre l'acteur Charles Dullin à New York et son nom n'apparaîtra plus guère dans le *Journal*.

Marcelle Jeanniot est la dédicataire de l'« Enfantine » « Devoirs de vacances », que Larbaud écrivit lors de son séjour à San Vicente del Raspeig en 1917.

31. *Obermann*, roman par lettres publié en 1804, est la seule œuvre passée à la postérité d'Étienne Pivert de Senancour (1770-1846). Très marqué par l'influence de Rousseau, Senancour est reconnu comme l'un des préromantiques les plus importants. Sainte-Beuve, en 1833, puis George Sand, en 1840, par leurs préfaces à de nouvelles éditions ont contribué à faire connaître cette œuvre.

32. Cipriano de Valera est un érudit espagnol de la seconde moitié du XVIe siècle qui, après s'être converti au protestantisme, donna la première version de la Bible en langue castillane (1596).

33. En 1908, Gabriel Miró avait concouru pour le prix décerné par *El Cuento Semanal*, et l'avait remporté pour *Nómada*. Le jury était composé des écrivains Valle-Inclán, Pío Baroja et Felipe Trigo.

34. Larbaud reprend et adapte ici un vers de François Villon, tiré de sa « Ballade des femmes de Paris », passé en proverbe dans la langue :

« Quoiqu'on die d'Italiennes
Il n'est bon bec que de Paris. »

35. Vicente Blasco Ibañez (1867-1928). D'idées républicaines, il avait débuté dans le journalisme et la politique avant de se tourner vers les lettres. Ses premiers romans furent d'inspiration régionaliste ; il se tourna ensuite vers le roman social (*Arènes sanglantes*, 1908) avant de faire un séjour en Argentine et en Amérique hispanique, d'où il rapporta des œuvres comme *Les Argonautes* (1914). Partisan de la France et des alliés pendant la Première Guerre mondiale, il publia la trilogie *Les Quatre Cavaliers de l'Apocalypse*, *Mare Nostrum* et *Les Ennemis de la femme*, traduite en plusieurs langues, qui lui valut un succès international. Opposant à la dictature de Primo de Rivera, il quitta l'Espagne pour la France en 1923 et mourut à Menton en 1928. On s'accorde généralement pour trouver à ses œuvres de la vie et de la couleur mais pour déplorer la négligence de son style.

36. Le castillo de Santa Barbara domine le port.

37. Larbaud s'est beaucoup intéressé à l'écrivain anglais Walter Savage Landor (1775-1864) à partir de 1908, date à laquelle il avait déposé un sujet de thèse : « Les Dialogues de W.S. Landor », travail qui justifia de nombreux séjours tant à Florence qu'à Londres et qui, sans déboucher sur la thèse prévue, aboutit cependant, en 1911, à la publication d'un fragment, traduit et préfacé par Larbaud, chez l'éditeur Victor Beaumont : Walter Savage Landor, *Hautes et Basses Classes en Italie*, qui parut également, en juin de la même année à la NRF. Cet ouvrage a connu une nouvelle publication en 1989, aux éditions Fata Morgana. On trouve encore au fonds Larbaud les fiches de travail de l'écrivain.

38. Armand de Quatrefages de Bréau (1810-1892) passa son doctorat de mathématique à l'âge de dix-neuf ans et soutint une nouvelle thèse de doctorat, en sciences naturelles, en 1840. Naturaliste, professeur de zoologie et d'anthropologie, il occupera la dernière période de sa vie à combattre les idées de Darwin. Larbaud étudiera ses thèses pour son travail sur Butler et citera souvent son nom.

39. Félix Rubén García Sarmiento dit Rubén Darío (1867-1916) est considéré comme l'un des grands poètes de langue espagnole du XXe siècle. Né au Nicaragua, à Metapa (aujourd'hui Ciudad Darío), il commença une carrière de journaliste, qui l'amena en Espagne en 1892. Il y revint pour le journal argentin *La Nación* en 1898 et fréquenta alors les écrivains espagnols Unamuno, Azorín, Pío Baroja, Juan Ramón Jimenez, Ramón Valle-Inclán ..., autant de noms que nous rencontrerons dans ces pages espagnoles. Il passa ensuite quelques années à Paris et reçut l'influence du symbolisme français et surtout de Verlaine. Chef de file du modernisme (mouvement où se retrouvent les influences du romantisme, du symbolisme et du Parnasse), il passe pour le père de la poésie américaine. D'abord poète, il se fit connaître par le recueil *Cantos de vida y esperanza* (*Chants de vie et d'espérance*), 1905, que Larbaud possédait de même qu'un ouvrage en prose composé de portraits d'écrivains, *Los Raros* (1896), le tome 2 d'*Obras escogidas* (*Œuvres choisies*) et *Tierras Solares* (1905), un récit de voyage.

40. Nous n'avons pu trouver de traduction de ce poème de Darío et nous préférons laisser le lecteur en goûter le rythme et la mélodie dans le texte original plutôt que le déflorer par une traduction dépourvue de qualités poétiques.

41. Ce jeu de cartes espagnol, jeu de l'hombre en français, fut en faveur en France au XVIIe siècle ; il se joue à trois, chaque joueur se voyant distribuer neuf cartes. Le gagnant est celui qui fait le plus grand nombre de plis.

42. On regrette de ne plus trouver de cette correspondance de Marcelle Jeanniot que deux lettres, toutes les deux antérieures à 1917 : l'une est datée du 25 janvier 1916 ; l'autre du 14 novembre (vraisemblablement de la même année).

43. Larbaud séjourna à Séville de janvier à mars 1916.

44. C'est en 1915 que Larbaud, sur les conseils de Gide, découvrit Samuel Butler avec la lecture d'*Erewhon*, qu'il entreprit bientôt de traduire. Nous reprendrons ici la présentation qu'il fait de son travail en « Avant-propos » à la traduction des *Carnets* de Butler, parue aux Éditions Gallimard en 1936 :

« Cette traduction de *The Note-Books of Samuel Butler* d'après la première édition (Londres, 1912) complète la série des cinq ouvrages de l'auteur d'*Erewhon* [...].

Je les ai traduits dans l'ordre suivant : *Erewhon* en 1915 ; *Nouveaux Voyages en Erewhon* en 1915-1916 ; *Ainsi va toute chair* en 1916-1917 ; *Les Carnets de Samuel Butler* en 1917-1918 ; *La Vie et l'Habitude* en 1918-1919.

Les quatre ouvrages parurent aux Éditions de la Nouvelle Revue Française : *Erewhon* en 1920 ; *Ainsi va toute chair* (en deux volumes) en 1921 ; *La Vie et l'Habitude* en 1922 ; *Nouveaux Voyages en Erewhon* en 1924. »

45. Colline qui domine Barcelone dont elle permet d'admirer le vaste panorama. Il existe aussi sur le Tibidabo, depuis 1908, un parc d'attractions très fréquenté des Barcelonais. Dans sa correspondance avec Marcel Ray, Larbaud évoque cette journée (lettre du 21 avril 1909) et le flirt engagé avec la jeune Encarnación qui, plus tard, inspirera le personnage de Fermina Márquez.

46. La librairie Sotheran, fondée à York en 1761, était établie à Londres depuis 1815. Prestigieuse, spécialisée dans le livre ancien, elle avait assuré, entre autres ventes illustres, celle de la bibliothèque de Laurence Sterne en 1768 et celle de Charles Dickens en 1870.

47. Miguel de Unamuno (1864-1936) est une personnalité intellectuelle marquante de l'Espagne du XXe siècle. Considéré comme le maître de la génération de 1898 (date qui marqua la fin de l'empire colonial espagnol et le retrait de l'Espagne sur elle-même), il fut recteur de l'université de Salamanque jusqu'en 1914 puis destitué de son poste et exilé aux Canaries par le dictateur Primo de Rivera. Dans un article publié dans *Les Nouvelles littéraires* (n° 73, 8 mars 1924) intitulé « La déportation de Miguel de Unamuno », Larbaud protesta contre cet exil (cf. *Cahier de L'Herne « Valery Larbaud », op. cit.*, pp. 222-223). Miguel de Unamuno publia de nombreux essais, dont le plus célèbre reste *Le Sentiment tragique de la vie* (1914).

48. George Borrow (1803-1881), écrivain anglais, fut un grand voyageur et visita la France, l'Espagne, l'Allemagne, la Russie et l'Orient comme agent de l'English and Foreign Bible Society. *La Bible en Espagne* est le récit pittoresque de ses aventures en Espagne et au Portugal.

49. À cette époque où Larbaud évoque parfois son travail sur l'œuvre qui deviendra *Beauté, mon beau souci...*, cette allusion à Carlyle, via Unamuno, ne surprend pas. Thomas Carlyle (1795-1881), écrivain d'origine écossaise, est l'une des effigies qui se dresse, « prophète tonnant et grondant du culte des Héros », dans le quartier de Chelsea, à la première page de *Beauté, mon beau souci...* (L.P., p. 539).

50. On trouve dans *Luis Losada* (roman inachevé dont Frida Weissman a retrouvé et publié le manuscrit — Gallimard, 1971) des lignes très proches de celles du *Journal* :

« Qu'elles étaient belles à voir les jeunes filles de Lucenta, le Jeudi Saint, lorsque, parées de tous les bijoux de la famille et vêtues de soie noire, la gorge fine, le corsage paré de fleurs, et droites et cambrées sous le voile de dentelle noire qui de la couronne du haut peigne leur descendait à grands plis légers jusqu'aux hanches, elles allaient gravement baiser les pieds du Seigneur étendu, dans sa nudité sanglante, sous un voile pareil à celui qui les couvrait. Elles apparaissaient grandies (de toute la hauteur du peigne), plus minces et plus fragiles, comme de longs éventails de dentelle noire aux branches d'ivoire, et chaque église était un harem rempli de princesses agenouillées » (p. 185).

51. Charles Lamb (1775-1834) fut l'ami de Coleridge (dont Larbaud traduisit *La Complainte du vieux marin* en 1901). Il écrivit de nombreux contes, en collaboration avec sa sœur, Mary, tels les *Contes tirés de Shakespeare* (1807), *Aventures d'Ulysse* (1808), d'après l'*Odyssée*, mais établit surtout sa renommée comme essayiste (*Les Essais d'Elia*, 1823 et 1833). Il fut l'un des premiers à s'intéresser à nouveau et à commenter les dramaturges élisabéthains. Doté d'une sensibilité très vive (évoquée ici), il savait également user de l'humour.

52. Ce sont les vers du premier quatrain du second des sonnets « À Madame N. Ménessier ». Ils furent écrits en mai 1843. *Nouvelles Poésies* rassemble de nombreuses pièces, dont la première, « Rolla » (1833), conféra à Alfred de Musset sa renommée ; la dernière date de 1851.

53. Ramón de Campoamor (1817-1901), dramaturge et poète espagnol, fut également gouverneur de Valence. Larbaud citera son nom à nouveau, plus loin, dans ce journal, et évoquera son œuvre.

54. Giuliano Bugiardini (1472-1554) est un peintre florentin dont les œuvres, peu nombreuses, sont dispersées dans les grands musées du monde : Saint-Pétersbourg, New York, Turin... Nous avons trouvé chez Larbaud une reproduction (sépia, d'assez mauvaise qualité) de la Vierge qu'il évoque ici : c'est une Vierge au visage triste, dont l'Enfant Jésus presse le sein et tient la main gauche. L'index, simplement posé sur la poitrine et sur lequel l'enfant repose sa main, ne semble pas remplir une quelconque fonction physiologique...

55. Latin : «Agissez avec courage» (psaume XXX, 31).

56. Latin : « L'âme des faibles est toujours affamée. »

57. Larbaud désigne sous le nom d'Ordinov, le héros du *Sous-Sol* de Dostoïevski, héros qui, dans le roman, ne porte en réalité pas de nom. En février 1920, il découvrira, avec stupéfaction, dans un article du *London Mercury*, que le nom du « biographe supposé » dans cet ouvrage « n'apparaît pas » et il le notera dans son journal. Anne Chevalier, dans une note (n° 23, p. 466 in *Du navire d'argent, op. cit.*), attribue cette méprise à une traduction de 1886 (par Halpérine), qui crée une confusion entre deux textes de Dostoïevski : *La Logeuse* et *Le Sous-Sol.*

58. On n'est pas très sûr de la date de naissance de Charles de Saint-Évremond : 1613, comme l'indique le catalogue de la Bibliothèque nationale, ou 1616, comme l'avancent plusieurs auteurs. Nous sommes certains cependant qu'il mourut, à un âge très avancé, en 1703. Quoi qu'il en soit, si les quelques lignes que Larbaud cite ici lui paraissent très « butlériennes », elles n'en sont pas moins un bon exemple de l'indépendance d'esprit qui contraignit ce seigneur français à s'exiler. Il partit d'abord pour la Hollande, en 1665, et y passa quelques années avant de gagner l'Angleterre, où il prit une part active à la vie intellectuelle, et mourut. Une édition complète de ses œuvres a paru, à Paris, entre 1963 et 1969 par les soins de Roger Ternois.

59. Edmond Perrier (1884-1921), naturaliste, était directeur du Muséum d'histoire naturelle. Larbaud lit et commente ses ouvrages tout au long de ce journal.

60. Citation du vers 334 au chant V de l'*Énéide* : « *Non tamen Euryali, non ille oblitus amorum* » (« Mais il n'oublie pas Euryale, il n'oublie pas ses amours »).

61. Hortense Mancini, duchesse de Mazarin (et nièce du cardinal), avait émigré à Londres en 1661. Femme belle et spirituelle, elle avait su s'entourer d'une société de beaux esprits où Saint-Évremond trouva sa place. Il lia avec la duchesse une relation très étroite.

62. Le roi de Prusse Frédéric II (1712-1786) était un passionné de littérature, tout spécialement de littérature française classique ; il attira d'ailleurs et retint Voltaire à sa cour. Il écrivit de nombreux poèmes en français et publia, en prose, des petits traités de politique et de philosophie. Il a également laissé une *Correspondance* très intéressante.

Le comte Antoine de Hamilton (1648-1720) est un écrivain français d'origine irlandaise, qui se réfugia en France après l'exécution de Charles Ier. Les *Mémoires de la vie du comte de Grammont* (1660-1665) restent le principal témoignage de sa production littéraire.

La baronne de Krudener (1764-1824) était originaire de Livonie (qui correspond aux actuelles Lettonie et Estonie) et fut très liée avec Mme de Staël, Mme Récamier et Chateaubriand. Elle publia en 1803 un roman, *Valérie*, qui connut un grand succès.

Il faut ici faire une place à part à William Beckford (1760-1844) et à son *Vathek*, conte oriental écrit directement en français par le jeune et fastueux aristocrate qu'il était en 1880. Larbaud se trouva engagé, en 1913, dans une dispute à propos de *Vathek* déclenchée par Lucien Lavault, qui contestait à Beckford la paternité de ce conte. C'est ainsi que, dans *La NRF* du 1er mai 1913, Larbaud publia un article « Qui a écrit *Vathek* ? » dans lequel, par une étude précise et attentive du texte, il en rétablissait la paternité à Beckford. En juin de la même année il reviendra sur le sujet dans « Le dossier *Vathek* » (*NRF* du 1er juin 1913) qui proposait un échange de vues entre Gide, Lavault, Lewis Melville (biographe de Beckford, dont il avait publié en 1912 *The Episodes of Vathek*) et Larbaud, qui défendit à nouveau l'auteur.

63. Cette allusion, qu'en dépit de nos recherches nous n'avons pu traduire, reste obscure.

64. C'est un jugement qui paraît un peu sévère pour un poète qu'on s'accorde à reconnaître comme une des principales figures de la poésie de langue espagnole du XXe siècle. Citons ce qu'en dit Jean Cassou dans un article consacré à la poésie de langue espagnole : « *[Darío] reçut l'influence du symbolisme français et surtout de Verlaine, qu'il combine avec sa sensibilité indienne pour créer un lyrisme d'une tonalité musicale tout à fait inouïe en espagnol. Il est le père de toute la poésie américaine, comme il est l'apôtre et le prophète de la latinité contre l'impérialisme yankee* » (in *Encyclopædia Universalis*, t. 8, p. 788).

65. Voici réunis ici, avec Gabriel Miró, que Larbaud vient de découvrir, quelques grands noms de la littérature espagnole du XIXe et du début du XXe siècle, noms que Larbaud cite d'ailleurs dans ses « Souvenirs d'un conférencier à Paris » (in *Du navire d'argent*, *op. cit.*, pp. 490-502).

Leopoldo Alas (1852-1901) est connu sous le pseudonyme de Clarín. Critique, romancier, auteur dramatique, son influence fut grande sur les écrivains espagnols.

José Martinez Ruiz (1873-1967) est désigné ici sous le pseudonyme d'Azorín, qu'il adopta après 1901. Critique littéraire et essayiste, il fut également auteur dramatique et romancier. Tout comme le fécond romancier Pío Baroja (1872-1956), dont il sera à nouveau question plus loin, il est l'un des esprits brillants de la « génération de 98 » (date qui marque l'effondrement de l'empire colonial espagnol et le repli de l'Espagne sur elle-même).

66. Il est indispensable de s'attarder ici sur le mot *tertulia*, qui désigne une réunion amicale de voisinage. Les tertulias occuperont tant de soirées dans ce *Journal* ! La *tertulia* est une réunion qui rassemble un cercle d'amis ou de relations et au cours de laquelle on discute de différents sujets. Ramón Gómez de la Serna, grande admiration littéraire de Larbaud, tenait ses tertulias au Café Pombo, à Madrid ; il y réunissait autour de lui un certain nombre d'habitués pour parler art et littérature.

67. Région de collines calcaires dans le sud-est de l'Angleterre.

68. Dans une lettre de septembre 1915, Larbaud annonce à Léon-Paul Fargue le passage de Chadourne à Paris et conseille à son ami : « Mène-le donc à l'ombrelle chinoise — tu sais, le restaurant américain ? » (*Correspondance*, *op. cit.*, l. 201, p. 187).

69. On remarque que la version définitive du poème de Valéry diffère un peu pour le finale de la citation de Larbaud : « Si l'âme intense souffle, et renfle furibonde / L'onde abrupte sur l'onde abattue, ici l'onde / Au cap tonne, immolant un monstre de candeur, / Et vient des hautes mers vomir la profondeur [...]. »

70. Elche, ville au sud-ouest de Valence, qui possédait un pont où de nombreux suicides avaient lieu.

71. Voir note 47, p. 140.

72. C'est une lettre en date du 5 mai 1917, dont nous copions ici un extrait :

« *En ce qui concerne les traductions, je suis ravi de savoir que votre travail avance, ravi aussi de lire peut-être bientôt* The Way of All Flesh. *Les quelques pages que vous nous avez lues m'ont mis l'eau à la bouche. Je suis tout à fait d'accord avec vous pour le faire précéder d'une préface de Perrier. Le connaissez-vous ? Voulez-vous lui écrire ou voyez-vous quelque moyen de l'atteindre et de le décider ?*

Pour les deux Erewhon, *ils sont tous deux dans mon armoire, bien en sûreté. J'ai fait revenir votre manuscrit de Lausanne et je pourrai vous les envoyer quand vous le voudrez. Mais qu'entendez-vous par "refaire les traductions" ? De toute façon dans le nouveau catalogue que je vais faire je vais annoncer la publication de ces volumes.*

Fargue et moi nous nous réjouissons que le travail de traduction ne vous détourne pas de votre œuvre personnelle. À ce propos êtes-vous toujours opposé à la publication de Enfantines. *Je vous assure qu'il ne me paraît plus qu'il y ait aucune raison d'attendre ; cela me paraît même fâcheux. Je ferai pourtant ce que vous voudrez.*

Ce que vous me dites de Gabriel Miró m'excite beaucoup (!) Je voudrais bien l'éditer, je voudrais surtout qu'un autre ne l'édite pas. Ne voyez-vous personne qui puisse nous faire cette traduction, je ne sais à qui m'adresser. Je ne connais pas les spécialistes hispanisants ; Où les trouve-t-on ? »

Comme on peut le constater, il n'est pas question de *La Vie et l'Habitude*, dans cette lettre. Pas plus que de l'achat des droits pour las *Figuras*. La seule traduction de Miró que Larbaud parvint à faire paraître en France fut celle de *Semaine sainte*, en 1925, par Noémi Larthe, avec qui il collabora. Il rédigea une préface pour le livre que les Éditions du Sagittaire publièrent. Il avait néanmoins présenté l'œuvre dès 1923, en choisissant des extraits traduits pour la revue *Intentions* (nos 12 et 13, février et mars) et, toujours désireux de faire connaître Miró en France, il donna à *L'Âne d'or*, en février 1924, la traduction d'un fragment de *El Libro de Sigüenza*, « Une matinée ».

73. *Le Pain dur* et *Le Père humilié*. Ils seront respectivement publiés en 1918 et en 1919.

74. Nous reprenons les titres français que Larbaud donne pour ces œuvres dans son introduction aux *Carnets* de Samuel Butler (Paris, Gallimard, 1936).

75. Benoît de Maillet (1656-1738) est considéré comme un utopiste. On publia, après sa mort, un ouvrage de lui intitulé *Telliame ou Entretien d'un philosophe indien avec un missionnaire français* (1748), où les vues exposées sur l'histoire de la nature et de l'homme contredisent la tradition religieuse.

René Robinet (1735-1820) est postérieur d'un siècle à Maillet. Philosophe, traducteur de l'anglais, il fit scandale avec la publication de *De la Nature* (1761). Il publia également des *Considérations... sur la gradation naturelle des formes de l'Être* qui faisaient suite à l'ouvrage précédent et dans lesquelles on peut voir une préfiguration aux théories de l'évolution.

76. Henry Festing Jones (1849-1928) fut l'ami et le biographe de Samuel Butler. Il consacra sa vie, après 1902 (date de la mort de Samuel Butler), à la mémoire de l'écrivain. Larbaud le rencontra à Londres pour la première fois en 1919.

77. Voir plus haut, note 66.

78. Le roi Alphonse XII d'Espagne monta sur le trône en 1874 et régna jusqu'en 1885.

79. Librairie attitrée de Larbaud, qui déclare, dans une lettre à Marcel Ray : « J'ai disgracié Brentano, et mon libraire attitré, jusques à mon plaisir, sera Hunter, 1 et 2 Ivy Lane, Paternoster Row » (à Londres, cela va de soi).

80. Larbaud avait publié un premier article sur G.K. Chesterton dans *La Phalange* en 1908, « Notes sur G.K. Chesterton » ; puis, en 1910, il avait donné une note de lecture à *La Phalange*, « *George Bernard Shaw* par G.K. Chesterton » et avait fait, pour *La NRF* cette fois, une notice de présentation de la traduction que Paul Claudel donnait du chapitre VI d'*Orthodoxy* sous le titre « Les Paradoxes du christianisme » (ces articles figurent dans l'édition récente que Béatrice Mousli a donnée de *Ce vice impuni, la lecture (Domaine anglais)* au chapitre des « Pages retrouvées »). Il rencontra l'écrivain anglais en 1911 et en fit un portrait, dans une lettre à Paul Claudel datée du 19 juin 1911, que l'on retrouve également dans les « Pages retrouvées » du *Domaine anglais* sous le titre « Chez Chesterton ». On comprend donc l'intérêt qu'il porte à cet ouvrage en le découvrant à Alicante dans une édition espagnole.

81. Dans une lettre du 29 mars 1910, Paul Claudel remercie Larbaud de lui avoir signalé l'erreur de lecture et de traduction qu'il avait faite sur le mot *Mercia* (ancien nom de la province où se trouve Birmingham, et non Murcie, en Espagne). Claudel ajoutait : « Un passage me laisse en suspens : les flocons de neige qui tombent *into the shape of the Midlothian*, cela veut-il dire qu'ils ont eux-mêmes cette forme, ou qu'ils couvrent un espace de terrain ayant cette forme (le deuxième sens est sans doute le bon, qu'en pensez-vous ?) »

82. Le mot anglais *kid*, et son diminutif *kiddy* ou *kiddie* ici, désigne à la fois un chevreau et un(e) jeune enfant. On le trouve également sous la plume de Larbaud, traduit, dans *Beauté, mon beau souci*... quand Edith Crosland, le voyant partir avec la jeune Queenie et son amie Ruby, s'exclame : « Oh, monsieur Fournier, c'est si drôle de vous voir avec ces deux chevreaux ! » Et dans un cas comme dans l'autre, il renvoie à l'attrait du jeune homme pour de très jeunes filles.

83. Dans cette énumération nous nous arrêterons simplement sur le nom de Girolamo Tiraboschi (1731-1794), historien italien de la littérature, auteur d'une *Histoire de la littérature italienne* qui part de la littérature latine pour s'étendre jusqu'à 1700.

84. Oscar Esplá (1886-1976) fut un compositeur espagnol de renom qui fit une carrière internationale. Sa musique, dans laquelle on retrouve les influences de Debussy et de Stravinsky, s'inspirait également du folklore de la province d'Alicante, où il était né.

85. Petite erreur de citation : « Les dieux m'ont-ils formé ce maternel contour... »

86. Petite localité au nord-ouest de San Vicente.

87. Larbaud adoptera la traduction de Barbier « variation brusque » dans les *Carnets*. Mais il semble qu'on ait désormais adopté la traduction « mutations spontanées » pour *sports*.

88. Ces hommes de science du XIXe sont proches des travaux et de la pensée de Charles Darwin.

Herbert Spencer (1820-1903), anglais, est considéré plus comme philosophe que comme naturaliste. Il est avant tout défenseur de l'idéologie du progrès. Il a, par ailleurs, cherché à combler le fossé qui sépare les sciences de la nature des sciences de l'homme et a jeté les fondements de la sociologie. Dans le chapitre IX des *Carnets* de Samuel Butler, on lit ceci concernant Herbert Spencer : « Il produit sur moi le même effet que la nature sur Fuseli : il m'éteint. »

Thomas Henry Huxley (1825-1895), physiologiste anglais, était ami de Darwin et a vigoureusement défendu sa théorie de l'évolution.

Ernst Haeckel, ou Häckel (1834-1919), naturaliste allemand, était également un fervent darwiniste. Éminent embryologiste, il a énoncé la loi biogénétique fondamentale après avoir constaté que l'animal passe rapidement par les états embryonnaires de ses ancêtres.

Sir John Lubbock (1834-1913), naturaliste anglais, s'est tout particulièrement intéressé à l'entomologie et à l'anthropologie et a publié, en 1865, un ouvrage intitulé *Prehistoric Times*, qui resta longtemps un manuel de référence. Parallèlement à sa carrière scientifique, il mena avec succès une carrière politique qui le conduisit à la chambre des Communes.

89. Les pages qui suivent (du 2 juin au 15 juillet 1917) ont fait l'objet d'une sélection par Larbaud pour une publication que lui proposait Marcel Thiébaut, en 1932 : « [...] mon ami Laporte aurait souhaité faire un petit livre avec mon étude et un petit inédit de Valery Larbaud (inédit en librairie, bien entendu) », écrivait-il à Larbaud, le 9 décembre 1932. Et le 18 novembre 1933, il ajoutait encore ces lignes, en post-scriptum : « Laporte vous enverra bientôt les épreuves de vos textes. Le tout (mon étude, vos textes) formera deux petits livres vendus. (Nous avons l'agrément de Gallimard). »

L'étude de Marcel Thiébaut avait été publiée le 15 décembre 1932 dans *La Revue de Paris*. Mais le projet d'édition de René Laporte ne verra pas le jour.

Pourtant nous avons retrouvé deux dactylographies des pages sélectionnées par Larbaud : l'une, Ms I, f°s 142-163, est un exemplaire qui porte des corrections de la main de Larbaud ; l'autre, Ms X, f°s 82-109, est une copie au carbone de cette première dactylographie, non retouchée.

Nous avons pu observer, à la lecture, que certaines des pages écartées du Ms I sont conservées dans le Ms X, mais aussi que des pages disparues du manuscrit original y figurent encore. Nous les signalerons au passage.

90. Quartier sud-est d'Alicante, qui se trouve en arrière de la zone portuaire et de la gare ferroviaire.

91. Évariste Régis Huc (1813-1860) fut missionnaire en Chine et publia, après son retour, en 1850, ses récits de voyage et de séjour : *Souvenirs d'un voyage dans la Tartarie, le Tibet et la Chine pendant les années 1844, 1845 et 1846.*

92. « Comme je détiens les droits des *Figuras de la Pasión del Señor,* la *Nouvelle Revue Française* n'a pas besoin de l'agrément de mon éditeur. Vous et moi pouvons régler cette affaire. Et je vous laisse le soin de décider des conditions. [Ne pourriez-vous également être le traducteur ?...] En outre le fait que vous séjournez dans mon

pays facilite le dialogue entre nous, et la compagnie d'E[duardo Irles] nous rapproche encore. »

93. Eugenio Noël Muñoz (1885-1936), écrivain castillan, écrivit de nombreux romans et fut un opposant acharné aux courses de taureaux, ce que laisse entendre le terme « anti-flamenquista ».

94. José Enrique Rodó, né à Montevideo en 1872, venait de mourir à Palerme (1917). Il s'était acquis une grande autorité dans le monde hispanique et était tenu pour le penseur du groupe moderniste dont Rubén Darío était le chef de file. Très influencé par la littérature française, de Montaigne à Anatole France, il a néanmoins été considéré comme un des meilleurs représentants de la littérature urugayenne à son époque. Son livre *Ariel* (1910) servit de guide à la jeunesse hispano-américaine.

95. Il s'agit sans doute ici de Francisco A. de Icaza (1863-1925) et non de Jorge Icaza dont Larbaud commentera un roman dans son journal en 1934. Diplomate mexicain, historien de la littérature, mais également poète, il a laissé une œuvre marquée par la tradition populaire, *Le Chant du chemin* en 1906, et, à la fin de sa vie, en 1925, *Chants de la vie profonde.*

96. Citation tirée du recueil de Léon-Paul Fargue *Poèmes* (Paris, NRF, 1912) et du poème « On a trouvé sur le cadavre des lettres » (p. 94) : « Je le vois encore, dans son clair pouvoir, un soir de travail... Il causait avec mon père. On sentait passer dans leur voix contrainte une délicate certitude et toute l'estime d'un travailleur pour un autre... » Ce recueil porte la dédicace suivante : « À mon père, à mes amis Pierre Haour et Valery Larbaud sont dédiées ces études. »

97. Gargouille, théoricien de la « Doctrine du Filsdusoleil », ne porte pas le titre d'évêque, mais simplement celui de docteur (cf. chap. XI de *Nouveaux Voyages en Erewhon*). Quant à Gygès, il est, dans la mythologie grecque, un des géants aux cent bras.

98. Erasmus Darwin (1731-1802) est le grand-père de Charles Darwin ; médecin célèbre, physiologiste mais aussi poète, il publia en 1795 un recueil de poèmes, *Le Jardin Botanique* ; son ouvrage le plus connu est en prose, *Zoonomia ou Lois de la vie organique* (1796).

Jean-Baptiste Monet, chevalier de Lamarck (1744-1829), se fit d'abord connaître comme botaniste avant de devenir, en 1794, professeur de zoologie chargé de l'enseignement de la zoologie des invertébrés au Muséum d'histoire naturelle. Il publia, en 1801, la première édition du *Système des animaux sans vertèbres,* avant de formuler, en 1809, la première théorie de l'évolution organique dans *La Philosophie zoologique.*

Comme Lamarck, Étienne Geoffroy Saint-Hilaire (1772-1844) fut professeur de zoologie au Muséum d'histoire naturelle, où il occupait la chaire de zoologie des vertébrés. Les travaux qu'il réalisa en font un des grands noms et un des grands esprits de la discipline.

Nous ne pouvons nous empêcher de citer Samuel Butler lui-même, dans la conclusion du chapitre XXIV, « La Vie future », avant-dernier chapitre des *Carnets* : « Si, lorsque je descendrai chez Pluton, les ombres de ceux à qui j'ai rendu quelque service pendant mon séjour sur cette terre, venaient à ma rencontre pour me souhaiter la bienvenue, je serais reçu par un groupe assez illustre : [...] Il y aurait encore Buffon, Érasme Darwin et Lamarck. Shakespeare y serait aussi, et Handel. Je ne pourrais guère souhaiter de me trouver en une compagnie plus à mon goût et si, en me voyant venir, l'ombre de Charles Darwin se détourne et disparaît d'un air maussade, je ne le prendrai pas trop à cœur » (traduction et préface de Valery Larbaud, Gallimard, 1936, p. 369).

99. Robert Seymour Bridges (1844-1930), médecin, abandonna son métier après de nombreuses années d'exercice pour se consacrer à la littérature. Il fut d'abord poète : *Poésies brèves* (1894), *Œuvres poétiques* (1898-1905), puis également dramaturge.

Dans l'article que Larbaud consacra au poète Digby Dolben (« Digby Dolben », *La Phalange*, 20 octobre 1912 ; repris en 1936 dans *Domaine anglais*), il évoque l'amitié entre Digby Dolben et son cousin Robert Bridges et cite ces vers de Bridges.

100. Nous avons choisi de traduire littéralement cette expression riche de connotations chez Larbaud. « Till we meet again » est le titre du chapitre du *Cœur de l'An-*

gleterre, recueil de textes écrits en 1909 mais qui ne furent édités qu'en 1971 par Frida Weissman (Valery Larbaud *Le Cœur de l'Angleterre* suivi de *Luis Losada*, textes établis, présentés et annotés par Frida Weissman, Gallimard, 1971, pp. 36-42). Dans ces quelques pages, Larbaud évoque les dimanches anglais, ponctués par le chant des hymnes. Dans l'« Enfantine » « Gwenny-toute-seule », écrite en 1912, c'est l'hymne qui clôt le texte, hymne 226, jouée par le mendiant au cornet à piston : « Dieu soit avec vous jusqu'à notre prochaine rencontre » (L.P., p. 532) ou, en anglais cette fois : "God be with you till we meet again !"

C'est aussi, dans « Le Vaisseau de Thésée », bien des années plus tard, en 1931, le « chant de départ » de Bonsignor (L.P., p. 1104).

101. Biologiste français, Félix Le Dantec (1869-1917) fut un lamarckien convaincu. Il publia de nombreux ouvrages de philosophie biologique et générale.

August Weismann (1834-1914) peut être considéré comme l'un des pères de la génétique moderne. Protégeant les faits de la reproduction de l'action perturbatrice du milieu, il a montré que les variations héréditaires affectaient le matériel génétique et qu'elles opéraient de façon aléatoire.

102. Petite erreur ici, il ne s'agit pas de J.R. Wallace, mais de Alfred Russell Wallace (les initiales seront restituées quelques pages plus loin). Né en 1823, mort en 1913, ce naturaliste britannique conçut, sans avoir eu connaissance des recherches de Darwin, et presque en même temps que ce dernier, le principe de la sélection naturelle (*Contributions to the Theory of Natural Selection*, 1870). Ses travaux de géographie zoologique ont souligné le rôle du morcellement des terres d'Océanie dans la distribution et l'évolution des espèces.

103. Il s'agit ici de « L'Heure avec la figure», nouvelle composée en juillet 1914 à Hastings et qui est la deuxième du recueil publié.

104. Enrique Diez-Canedo (1879-1944), poète et critique espagnol, a vécu à Paris entre 1909 et 1911 et s'y est intéressé à la vie littéraire française et à des revues telles que *Le Mercure de France*, ou encore *La NRF* qui debutait. C'est ici la première mention de son nom dans le journal, mais nous allons le rencontrer à d'autres reprises car Larbaud restera en relation avec lui, notamment pour ce qui concerne la traduction de *La Porte étroite*, dont Gide lui demandera de s'occuper avec l'éditeur Calleja. Diez-Canedo traduira également Larbaud, commençant par une des *Enfantines*, « Dolly », en 1919, et poursuivant, en 1922, par la publication de la traduction de *Fermina Márquez*. Il collaborait à la revue *España*, sur laquelle Larbaud donnera son opinion, un peu plus loin. Dans l'article qu'il donnera à *La NRF*, en juillet 1920 (« Poètes espagnols et hispano-américains contemporains »), Larbaud le désignera comme « le premier d'entre les critiques espagnols contemporains ».

Une édition annotée de la correspondance de Diez-Canedo à Larbaud a été publiée, en 2000, par les soins de Claire Monnier, « Un traducteur et son auteur : lettres de Enrique Diez-Canedo à Valery Larbaud » in *Homenaje a Diez-Canedo Reixa*, *Cauce* (revista de filologia), Universidad de Sevilla, n° 22-23, pp. 253-269.

105. On peut constater ici à quel point Larbaud est plongé dans les réflexions sur la « mémoire inconsciente » (c'est-à-dire sur la possibilité de l'hérédité des caractères biologiques acquis), réflexions qui ont nourri de vives polémiques dans les milieux de la biologie et de la philosophie depuis le XIXe siècle jusqu'à nos jours, et sur lesquelles Samuel Butler s'attarde dans les chapitres IV (La Mémoire et l'Intention), V (Vibrations) et VI (L'Esprit et la Matière) des *Carnets* que Larbaud traduit alors et qui ne seront publiés qu'en 1936 (*op. cit.*).

Eugenio Rignano (1870-1930) est un philosophe italien dont Larbaud cite ici le premier ouvrage sur la mémoire biologique, *Transmissibilité des caractères acquis*, paru en France en 1906 aux Éditions F. Alcan. Il cite également, bien qu'il ne puisse se le procurer, l'ouvrage le plus connu de Richard Semon, *Die Mneme*, paru en 1904. Richard Semon (1859-1918) est un biologiste et physiologiste allemand qui enseigna, notamment, à l'université d'Iéna.

106. Enclave espagnole, dans le nord du Maroc, sur la côte méditerranéenne.

107. Butler connaissait bien les travaux du professeur Ewald Hering (1866-1948), médecin autrichien, professeur de physiologie, qui s'est notamment illustré en neurologie. Dans les *Carnets* (chap. V, Vibrations) il explique comment la conférence de

Hering sur « La Mémoire considérée comme une des fonctions universelles de la matière organisée » l'a amené à écrire *La Mémoire inconsciente*, ouvrage publié en 1880.

108. Charles Bonnet (1720-1793), naturaliste suisse, découvrit en 1740 la parthénogenèse des pucerons. Son ouvrage principal, *Contemplation de la nature* (1764), défend la théorie de la préexistence et de l'évolution des germes.

109. Ce serait la présence de M. Gilles qui aurait poussé Larbaud à s'installer à Alicante à l'automne 1916 : « J'étais tellement sûr de faire connaissance de M. Gilles et de sa famille, et de ses amis et connaissances, que dès le lendemain de mon arrivée [...] je louais un confortable petit appartement meublé, donnant sur une place au centre de la ville [...] j'ai pris une voiture pour aller à la villa de M. Gilles, hors la ville et près de sa fabrique de conserves. Je n'ai trouvé que son administrateur, un vieil Anglais, qui m'a dit que M. Gilles était parti dès le 2 août 1914, et n'était plus revenu [...] », écrivait-il à L.-P. Fargue. Et quelques semaines plus tard, installé en front de mer à l'hôtel Samper, il ajoutait : « En arrivant ici j'ai enfin vu la sœur de M. Gilles. M. Gilles est mobilisé dans l'administration militaire (achats de fournitures) et il est en France. Sa sœur est très aimable. » Cette sœur est donc Mme Klotz, à qui Larbaud va demander de faire les traductions de Miró.

110. Carl Vogt (1817-1895), éminent naturaliste de son époque, défenseur du darwinisme, est un personnage un peu particulier. Il débuta sa carrière en enseignant à l'université de Giessen, sa ville natale. Élu député au parlement de Francfort en 1848, il dut s'exiler quelque temps plus tard en raison de ses idées socialisantes et trouva refuge à Genève, où il obtint une chaire d'enseignement d'histoire naturelle. Il poursuivit néanmoins ses activités politiques. En 1859, il attaqua Karl Marx, alors réfugié à Londres, l'accusant de corruption, mais se vit à son tour, dans un pamphlet que Karl Marx prit le temps d'élaborer — *Monsieur Vogt* (1860) —, l'objet d'une riposte sévère : Marx avançait que Vogt serait un agent provocateur à la solde de Napoléon III. Des documents découverts au cours des événements de la Commune de Paris confirmeront la véracité de l'accusation de Marx ; Vogt avait reçu la somme de 40 000 francs or sur les fonds secrets de Napoléon III en 1859.

111. Il ne semble pas que ce Claparède soit le fondateur de l'École de psychologie et de sciences de l'éducation de Genève, mais plutôt son oncle, Édouard Claparède également, qui était zoologiste.

112. S'agit-il de Leslie, le fils de son amie anglaise Gladys ?

113. Hôtel, on s'en souvient, où Larbaud s'était établi au début de son séjour à Alicante.

114. On trouve encore deux éditions des *Carmina* de Catulle dans la bibliothèque de Larbaud. L'édition en est due à Georges Lafaye (Paris, 1919, Société Les Belles Lettres). Ces vers (13-16) sont tirés du chant 51. En voici la traduction : « L'oisiveté, Catulle, t'est néfaste ; / L'oisiveté fait naître en toi trop de transports / C'est l'oisiveté qui, avant toi, a perdu des rois et des villes prospères. »

Ce ne sera pas Catulle mais Théocrite, le poète grec du IIIe siècle avant J.-C., et sa première *Idylle*, que Larbaud évoquera dans *Beauté, mon beau souci...*

115. Chant 61, v. 211-215 : « Livrez-vous au plaisir tant que vous voulez / et donnez bientôt des enfants. / Un nom aussi ancien ne doit pas rester sans postérité / mais demeurer la source de la lignée. »

116. C'est la première apparition de cette citation de Catulle, qui restera présente à l'esprit de Larbaud et qu'on retrouvera dans son journal en septembre 1932. Voici la citation un peu plus étendue du chant 31 :

O quid solutis est beatius curis,
Cum mens onus reponit ac peregrino
Labore fessi venimus laren ad nostrum
Desideratoque acquiescimus lecto.

Qu'on peut traduire ainsi : « Y a-t-il plus grand bonheur que d'être délivré de tout souci quand l'esprit dépose son fardeau et que, épuisés par les fatigues à l'étranger, nous arrivons au foyer pour y trouver le repos sur le lit longtemps désiré ? »

117. Emilio Castelar (1832-1899) fut un homme politique de premier plan en Espagne au XIXe siècle. Après avoir été condamné à mort et contraint à s'exiler à Paris pour sa participation à un complot révolutionnaire en 1866, il rentra en Espagne au

triomphe de la révolution en 1868 et devint chef de l'exécutif en 1873. Il dut encore abandonner son pays à la chute de la république et revint sous le règne d'Alphonse XII ; demeuré partisan de la république, mais d'esprit conservateur, il fut alors le chef de l'opposition. Il fut le défenseur du suffrage universel et de la tolérance religieuse.

118. Petit village à environ 40 km au nord-ouest d'Alicante sur la route d'Albacete.

119. Larbaud a consacré quelques pages à Leamington dans *Le Cœur de l'Angleterre*. Il présente ainsi Dormer Row : « Une belle allée de grands tilleuls, la Linden Avenue, sépare cette pelouse et ses massifs de fleurs de Victoria Terrace et de Dormer Row » (*op. cit.*, p. 30).

120. Filippo De Filippi (1814-1867), médecin italien, professeur de zoologie et d'anatomie comparée à l'université de Turin. Il s'embarqua, en 1865, pour une expédition scientifique autour du monde et mourut du choléra à Hong-Kong en 1867.

121. Ces projets, on le verra, n'aboutiront pas car Larbaud ne pourra faire accepter la traduction des œuvres de Miró. Avec Ganivet la chance ne lui sourira pas davantage. En 1920 Mathilde Pomès, avec qui il a traduit *Échantillons* de Ramón Gómez de la Serna, a voulu se lancer dans la traduction des *Trabajos del infatigable creador Pío Cid*, mais n'a pu obtenir du fils de l'écrivain qu'il abaisse les droits de traduction à un montant acceptable ; elle renoncera donc à son projet (voir la correspondance Valery Larbaud-Mathilde Pomès, 1920-1929, présentée et annotée par Béatrice Mousli in *CAVL*, n° 30, année 1992).

122. Domingo Faustino Sarmiento (1811-1888), écrivain et homme politique argentin. *Facundo ou Civilisation et barbarie* (1845) est une sorte d'épopée de la pampa, inspirée du romantisme.

123. Citation du premier vers du poème de Verlaine « Nevermore », deuxième sonnet des *Poèmes saturniens*.

124. Cet ouvrage de Rufino Blanco Fombona, *Grandes Escritores de América* (Madrid, Renacimiento, 1917) comprend cinq essais sur les grands noms de la littérature hispano-américaine jusqu'au début du XXe siècle que Larbaud cite :

Andrés Bello (1781-1865), poète, philosophe et grammairien vénézuelien, ami de Bolivar, fut l'un des maîtres de la pensée hispano-américaine ;

Sarmiento (voir *supra* note 122) ;

Eugenio María de Hostos (1839-1903), né à Porto Rico mais qui, après quelques années à Madrid, regagna l'Amérique, où il séjourna de New York à Buenos Aires, en passant par Santiago de Cuba, Caracas et Saint-Domingue et fut un promoteur du panaméricanisme ; il fut surtout un essayiste, mais son nom semble maintenant tombé dans l'oubli.

Juan Montalvo (1832-1889), écrivain équatorien, est considéré comme l'un des maîtres de la prose espagnole au XIXe siècle. Dans l'opposition aux dictateurs de son pays (Garcia Moreno, puis le général Veintemilla), il passa de nombreuses années en exil et mourut à Paris en 1889. *Les Sept Traités*, avec l'ouvrage posthume *Geometría moral*, représentent la partie la plus importante de son œuvre. Il fut l'auteur d'une œuvre en prose lyrique et combative ;

Manuel Gonzáles Prada (1848-1918), péruvien, fut poète mais aussi polémiste ; il se lança dans la défense des humbles contre la classe des puissants, dont il était issu.

L'ouvrage cité ici ne fait pas partie des œuvres de Blanco Fombona que Larbaud possède (pas moins de dix-huit au total d'après le relevé de Rose Duroux — voir *CAVL* n° 36, année 1997) dont le nombre marque l'intérêt qu'il portait à l'écrivain argentin. En 1924, il envisagera même d'écrire une préface à *El Hombre de Oro* mais l'absence de traduction française de l'ouvrage ne permettra pas la réalisation de ce projet.

Rufino Blanco Fombona (1874-1944) était poète, conteur et critique littéraire. Il écrivit de nombreux essais historiques et littéraires. Après une carrière diplomatique et politique assez mouvementée, il fut contraint à l'exil en Espagne et fonda une maison d'édition à Madrid, Editorial America, dans le but de faire connaître l'histoire de l'Amérique du Sud.

125. En 1912, dans *La Phalange* (n° 67, janvier 1912), Larbaud avait publié un compte rendu du roman *Maria* de l'écrivain colombien Jorge Isaacs (1837-1895). *Maria*, qui évoquait l'Amérique primitive et la nature sauvage de la Colombie tout en

attestant l'influence de Chateaubriand et des romantiques français, avait été publié en 1867 et fut, par la suite, traduit en de nombreuses langues.

126. Citation de l'*Énéide* de Virgile. Au livre V, Énée, devant le rivage de Sicile, évoque l'anniversaire de la mort de son père Anchise et déclare qu'est revenu le jour « qui [lui] sera douloureux à jamais et qu'à jamais [il] honorer[a] de pieux sacrifices ».

127. « Samedi dernier, dans l'élégante demeure de M. Larbó on a donné une fête pittoresque et animée. La terrasse et le jardin de la maison étaient abondamment décorés de petits drapeaux et de lampions multicolores. Y assistaient les distinguées familles des Srs. Irles, Don José, Don Francisco et D. Joaquin Guardiola, de Carreras, de Poveda, de Luciañez, de Formigós, de Daguino, de Román, etc. Les très belles et sympathiques demoiselles, parées d'élégants châles de Manille, mettaient leur beauté en valeur. Au son de la musique cadencée d'un piano mécanique on dansa jusqu'à une heure avancée de la nuit. On régala l'assistance de toutes sortes de friandises et de liqueurs. Nos plus vives félicitations au Señor Larbó pour cette fête magnifique. »

128. Larbaud reviendra sur cette œuvre dans ses « Souvenirs d'un conférencier à Paris » et écrira, à propos de Pío Baroja : « Je regrette à présent de n'avoir pas plus insisté sur ses meilleurs romans de la veine de *La Busca* et *Aurora roja* et de m'être arrêté davantage à faire une critique quelque peu acerbe des romans de la série que j'appellerai "cinématographique", *La Dama errante* et *La Ciudad de la niebla*. Mais en une heure juste je ne pouvais pas rattraper une erreur que je confesse aujourd'hui. »

129. Ce poème avait été publié de façon quasi clandestine à l'imprimerie Sainte-Catherine de Bruges, en mai 1917. Il était dédié à son ami Robert Toulemon, mort dans une tranchée en mars 1915, trois mois avant que Louis Chadourne ne fût lui-même blessé et réformé, et soumis aux accès d'une maladie psychiatrique qui l'emporterait en 1925.

130. Menéndez-Pelayo était l'auteur de l'*Antología de poetas hispanoamericanos* (4 vol., Madrid, Ed. Ribadeneyra, 1893-1895) que Larbaud connaissait et qu'il avait évoquée en 1907 dans un article écrit en espagnol pour *El Nuevo Mercuro* (avril 1907, n° 4) : « La Influencia francesa en las literaturas de lengua castellana ». Ces ouvrages se trouvent encore dans sa bibliothèque.

131. Sir Herbert Beerbohm Tree, acteur, était le frère de l'écrivain Max Beerbohm que Larbaud évoque dans un article intitulé « Max Beerbohm, Stendhal et Massillon » dans *Sous l'invocation de saint Jérôme* (*O.C.*, t. VIII, pp. 221-223).

132. En fait ce poème, le premier publié d'Erasmus Darwin, parut d'abord en 1789 ; il fut suivi, en 1792, par *L'Économie de la végétation*. En 1795 ces poèmes furent réunis dans *Le Jardin botanique*. Mais c'est surtout dans *Zoonomia* qu'on a cru voir l'idée d'une transformation des espèces, qui serait reprise, dans la seconde partie du XIXe siècle, par son petit-fils, Charles Darwin.

133. Marcus Hartog, professeur de zoologie à l'université de Cork, est l'auteur de l'introduction à *La Mémoire inconsciente*, paru en 1910.

134. De Kölliker (1817-1909) nous savons qu'il était suisse allemand, embryologiste, et qu'il était adversaire convaincu de Darwin. Pour Thury nos recherches n'ont pas abouti.

135. Si les œuvres de science-fiction et les noms de Jules Verne et de H.G. Wells nous sont bien connus, celui de Maurice Renard (1875-1939) l'est beaucoup moins. Il fut pourtant, en France, l'un des créateurs du genre auquel il consacra une réflexion qu'il développa notamment dans *Du roman merveilleux scientifique et de son action sur l'intelligence du progrès* (1909). Parmi ses œuvres de « merveilleux scientifique », on retient : *Le Docteur Lerne* (1908), *Le Voyage immobile* (1909) et *Le Péril bleu* (1912).

136. Carl von Linné (1707-1778), éminent naturaliste et médecin suédois à qui l'on doit la description très précise d'un grand nombre d'espèces végétales et animales qui font l'objet d'une nomenclature binominale (chacune d'elles s'est vu attribuer un double nom latin, générique et spécifique) toujours en usage.

137. C'est le second Geoffroy Saint-Hilaire, beaucoup moins connu que son frère Étienne.

138. Autre darwinien, George John Romanes (1848-1894) fut l'assistant du maître de 1874 à la mort de Darwin, 1882.

139. Nous reprenons ici la traduction que Larbaud a donnée pour « machinate mammal » dans *Erewhon* (« Le Livre des machines », chap. XXV, p. 263 dans l'édition Gallimard, coll. « L'Imaginaire »).

140. Après avoir entendu une diatribe contre les machines (qui devait être responsable de la destruction de toutes les machines en Erewhon), un contradicteur prit la parole : « Il dit : "Que les machines devraient être considérées comme une partie de la propre nature physique de l'homme, n'étant en réalité pas autre chose que des membres extra-corporels." L'homme, selon lui, était un "mammifère machiné". »

141. Ce général romain, fait prisonnier par les Carthaginois en 256 av. J.-C., au cours de la première guerre punique, fut envoyé à Rome pour négocier la paix et un rachat des prisonniers, mais il dissuada le Sénat d'accepter les conditions des Carthaginois et retourna à Carthage, où il mourut dans les tortures.

142. Ce terme, créé par Haeckel (ou Häckel), désigne un être vivant hypothétique, constitué d'une seule cellule sans noyau, qui représenterait la forme la plus simple de la matière organique.

143. Larbaud ne le fera pas (voir *supra* note 44).

144. Jacinto Grau (Barcelone, 1877-Buenos Aires, 1958) débuta par le roman avant de se tourner, dès le début du XXe siècle, vers le théâtre. On lui reconnaît généralement des qualités poétiques, que Larbaud lui dénie ici, et une certaine justesse dans la peinture des caractères. Son œuvre ne fut pas très abondante. *El Conde Alarcos* (*Le Comte Alarcos*) parut en 1917.

145. La NRF publia en 1918 un volume intitulé Walt Whitman, *Œuvres choisies*, poèmes et prose traduits par Louis Fabulet, André Gide, Jules Laforgue, Valery Larbaud, Jean Schlumberger, Francis Vielé-Griffin. Cet ouvrage était précédé de l'essai sur Walt Whitman que Larbaud évoque ici et qui sera recueilli, en 1925, dans la première édition de *Ce vice impuni la lecture (Domaine anglais)* (Paris, Messein, 1925, coll. La Phalange, 7).

146. *Le Livre de Sigüenza*, recueil de souvenirs, d'aventures autobiographiques à peine romancées, venait de paraître cette année 1917 ; Larbaud en traduira un fragment, quelques années plus tard, qui ne sera pas « Voyage de noces » (« Viaje de bodas ») mais « Une matinée » (in *L'Âne d'or*, 3e année, 1924, pp. 432-434).

147. Ce texte est le texte que nous avons choisi pour introduire le journal. Quant à l'allusion « au plaisir avant tout », elle y est ainsi formulée : « J'ai reconnu depuis déjà assez longtemps que l'abus de travail est comme tous les autres abus, et que, pour donner du plaisir, toute œuvre d'art doit être basée sur une longue expérience du plaisir. Aussi, dès que l'élément plaisir disparaît, je renonce à la littérature. » Ces notes, nous l'avons mentionné, n'ont jamais été publiées.

L'article d'Ernest Raynaud fut publié dans *Le Manuscrit autographe* en 1927 (n° 7, janvier-février, pp. 91-101) ; il sera repris dans le volume qu'Ernest Raynaud fit paraître au Mercure de France, en 1936, *En marge de la mêlée symboliste* (pp. 259-276).

148. Larbaud annonçait cinq articles (voir journée du 25 février) mais il s'est en fait arrêté à ce quatrième article ; le premier, paru dans le numéro d'*Higiene y Belleza* d'avril 1917 (Madrid, 3e année, n° 30) concerne la mode féminine européenne ; le deuxième (n° 32, mai) fait le portrait de Marie, qui incarne la mode parisienne ; le troisième (n° 33, juin), celui de Gladys pour la mode anglaise et le quatrième (n° 34, juillet) est consacré à Lola, qui représente la mode espagnole. Ces articles ont été recueillis et traduits par Anne Poÿlo et publiés dans *La Revue des deux mondes* (1er octobre 1969). Réunis en plaquette, ils sont parus dans *La Revue des Belles Lettres* (Lausanne, 1970).

149. Le nom de Cuvier aurait manqué au tableau des grands naturalistes des XVIIIe et XIXe siècles. Georges Cuvier (1769-1832) est en effet considéré comme le fondateur de l'anatomie comparée et de la paléontologie. Il a joui, tant en France qu'à l'étranger, d'une notoriété considérable et a reçu, à son époque, les plus grands honneurs auxquels un scientifique peut prétendre.

150. Pierre Louis Moreau de Maupertuis (1698-1759) est d'abord un mathématicien illustre qui, en 1737, fut envoyé au pôle Nord pour y mesurer un degré du mé-

ridien terrestre ; il put ensuite conclure, après l'expédition que Condamine mena au Pérou pour procéder à la même opération, que la Terre était aplatie à ses deux extrémités.

En 1751, une dispute opposa Maupertuis au professeur Koenig, membre de l'Académie de Berlin, qui vint contester, avec l'appui de Leibniz, le principe émis par Maupertuis en 1744 dans un *Mémoire sur la moindre action.* Koenig obtint le soutien de Voltaire, qui ridiculisa Maupertuis dans *Micromégas*, puis dans la *Diatribe du docteur Akakia, médecin du pape*, ce qui conduit Larbaud à laisser entendre ici que les critiques de Voltaire intimidaient les écrivains scientifiques de son temps.

151. L'influence des jugements de Francisque Sarcey se fit sans doute davantage sentir sur les auteurs dramatiques que sur les poètes. Né en 1827, il prit, en 1867, la suite de Sainte-Beuve au *Temps* et y tint la chronique théâtrale pendant trente ans. Il acquit une grande notoriété comme critique mais son attachement exclusif à la « pièce bien faite » le ferma à toutes les innovations qui pouvaient renouveler l'art dramatique.

152. Quinze ans, c'est à peu près le temps qui sépare Larbaud de l'année 1901, où il résidait à Paris chez les Frappa. Cette lettre, datée du 30 juillet 1917, que Larbaud juge avant tout « amicale », est en fait une lettre d'affaires : Jean-José Frappa, qui s'est porté acquéreur de la propriété de Saint-Yorre et de la source Prunelle, biens de la famille Larbaud, désire obtenir l'appui de Valery, indispensable, pour conclure l'affaire avec Mme Larbaud, qui avait antérieurement reçu une proposition d'un certain M. Blum. Jean-José Frappa y déploie toute sa force de persuasion. « Je suis persuadé, écrit-il, que tu préféreras voir ta maison entre nos mains. Nous lui conserverons ses belles traditions françaises et le nom de ton père ne risquera rien. » Après avoir exposé ses titres de guerre (citation en 1914, décoration en 1915, nomination comme capitaine en 1916 et nouvelle décoration, en 1917, de l'Aigle Blanc de Serbie), ainsi que les mérites de son associé, il ajoute : « Tu vois que tu vendras ton industrie à des gens qui ont fait tout ce qu'ils ont pu pour le pays et risqué plusieurs fois leur vie... et la risqueront encore avant la fin de la guerre ; — je sais que, de ton côté, tu fais du bon travail pour la France et que tu dépenses sans compter ton temps et tes efforts à nous conquérir les esprits en Espagne. » Quelques semaines plus tard, le 4 septembre, il informera Larbaud de l'heureuse issue de l'affaire.

153. G. Jean-Aubry donne ici la note suivante : « Devrait s'écrire : senyoret faraloc, et signifie : Monsieur Tête-Vide ».

154. Comparaison du point de vue d'un jésuite et d'un anarchiste sur l'Asie... Élisée Reclus (1830-1905), illustre géographe, auteur d'une monumentale *Nouvelle Géographie universelle* (1876-1894), connut, en raison de ses activités de militant anarchiste, une vie très mouvementée.

155. Ventura García Calderón (1886-1959), écrivain et diplomate péruvien, fit beaucoup pour aider les jeunes écrivains d'Amérique latine et diffuser la littérature de ce continent. Il collabora notamment à la *Revue de l'Amérique latine* et à la revue *Hispania.* La présence de sept de ses ouvrages espagnols (dont six dédicacés) ainsi que de dix traductions, a été relevée par Rose Duroux dans la bibliothèque de Larbaud ; il existe, par ailleurs, une correspondance importante entre les deux écrivains. La lettre que Larbaud évoque ici porte la date du 29 juillet 1917.

156. Il venait de mourir à Palerme en mai 1917, comme nous l'avons vu plus haut. Il avait publié divers essais littéraires (dont un consacré à Rubén Darío). Les *Pages choisies* de J.E. Rodó, traduites par F. de Miomandre, parurent en 1918.

157. On verra un peu plus loin que « Devoirs de vacances », « Rachel Frutiger » et « Dolly » font bien partie du recueil de nouvelles publié en 1918. En ce qui concerne « Rachel Frutiger », voici ce que Gide avait écrit à Larbaud, en mars 1914 : « Si j'avais su où vous écrire, précédemment, je vous aurais dit mon ravissement à la lecture de votre dernière *Enfantine.* Admirable portrait d'Eugène Sue ; admirable l'errance des deux petites, etc. etc. J'en ai donné lecture à haute voix, un soir, à quelques personnes dignes de vous aimer, avec le plus vif succès. »

158. Richard Owen (1804-1892) fut un naturaliste anglais très célèbre au XIXe siècle grâce, notamment, aux conférences d'anatomie comparée, suivies par la meilleure société, qu'il donna à partir de 1837. Considérant qu'il existe une structure

commune à tous les vertébrés et pour chaque classe de vertébrés, il en dégagea un archétype. Mais cette idée d'archétype était en totale opposition avec le transformisme de Darwin : l'esprit divin avait créé l'archétype et prévu les différentes formes qu'il prendrait. Owen réalisa, par ailleurs, un important travail de taxinomie en décrivant et nommant un nombre considérable d'espèces, vivantes et fossiles, de vertébrés.

159. Claudel était arrivé à Rio de Janeiro en février 1917.

160. Cette lecture nous laisse dans l'incertitude, et nous n'avons pu trouver aucun renseignement à ce sujet.

161. Albert Gaudry (1827-1908) était professeur au Muséum d'histoire naturelle. *Les Enchaînements du monde animal dans les temps géologiques* ont été publiés en trois volumes : le premier en 1878 concernait les mammifères tertiaires ; le second, en 1883, les fossiles primaires ; et le dernier, concernant les fossiles secondaires, parut en 1890.

162. Joseph-Louis-Elzéar Ortolan fit paraître, vers 1840, une *Histoire de la législation romaine depuis son origine jusqu'à la législation moderne,* suivie d'une *Généralisation du droit romain* et de l'*Explication historique des Instituts de Justinien.* Cet ouvrage obtint certainement un grand succès puisqu'on en publiait la onzième édition en 1880, mais la relation entre l'ouvrage et *Enfantines* ne saute pas aux yeux...

163. Apulée (v. 125-apr. 170), né en Numidie, alla étudier la philosophie à Athènes et séjourna à Rome avant de retourner en Afrique. Son œuvre la plus célèbre est *L'Âne d'or*. *Apologie* ou *De magia* est un plaidoyer que l'écrivain rédigea pour se défendre, en se réclamant du nom de « philosophe », d'avoir par magie obtenu la main d'une riche veuve.

164. Kuno Meyer (1858-1911), né à Hambourg, était un grand spécialiste de la langue gaélique. Professeur et traducteur de poèmes celtiques, il fut aussi éditeur de revues celtiques en Allemagne. Il fut nommé à l'université de Dublin en 1911 et ne put donc jouir, après cette date, « des plaisirs et des honneurs de l'Angleterre »... Perce ici l'irritation que Larbaud ressent contre un chauvinisme stupide.

165. Gaston Gallimard accuse réception du manuscrit dans une lettre du 4 septembre et, le 23 octobre, il informe Larbaud qu'il a envoyé le bon à tirer pour *Enfantines.* Le recueil comprend huit nouvelles : six nouvelles parues entre 1908 et 1914 (« Portrait d'Éliane à quatorze ans », *La Phalange*, 1908 ; « Dolly », *N.R.F.*, 1909 ; « Le Couperet », *La Phalange*, 1910 ; « Rose Lourdin », *N.R.F.*, 1911 ; « La Grande Époque », *La Phalange,* 1913 ; « Rachel Frutiger », *N.R.F.*, 1914) et deux nouvelles inédites : « L'Heure avec la figure », écrite à Hastings en 1914, et « Devoirs de vacances » que Larbaud vient juste de terminer.

166. Le titre entier du livre est : *Les Alpes et les Sanctuaires du Piémont et du Tessin*. Ce récit des voyages de Butler dans cette région fut illustré par Butler lui-même et ses amis Charles Gogin et Henry Festing Jones. Il parut en 1881.

167. Voici ce que Gide écrivait de Cuverville à Larbaud dans une lettre datée du 21 septembre 1917 : « Veuillez prendre connaissance de cette lettre du *Mercure*. Vous comprendrez mon anxiété. Évidemment je souhaite d'être traduit en langue espagnole, mais, comme je l'écris à Vallette, je préfère *rien* à une mauvaise ou seulement médiocre traduction. Et ne connaissant à peu près rien à la littérature contemporaine espagnole, et me souvenant que vous en connaissez à peu près tout, j'en appelle à votre amitié pour m'aider de votre conseil. Je demande que la Casa editorial Calleja entre en rapport avec vous et je vous demande instamment de bien vouloir juger d'après le nom du traducteur proposé (que j'ignore encore) s'il vous est déjà connu — ou d'après un spécimen de traduction que vous exigeriez — si cette traduction vous paraît devoir être comestible » (*Cahiers André Gide*, « Correspondance A. Gide-V. Larbaud »).

168. Berthe Lemarié s'était vu déléguer, pendant la guerre, une partie de ses pouvoirs par Gaston Gallimard, qui avait alors d'importants problèmes de santé. Elle connaissait tout de la NRF et assura le secrétariat de la maison pendant toute la durée des hostilités.

169. La promenade est décrite dans *Luis Losada* (*op. cit.*, p. 207) : « Ils se dirigèrent ensemble vers la promenade de Campoamor, large avenue où des poivriers font

de petits tas d'ombres légères sur le sol blanc, et que des murs bas séparent de la route qui monte vers le bourg de Los Angeles. » Il ne semble pas que cette promenade porte toujours le même nom (ce pourrait être l'Avenida de Alcoy), mais il reste un « marché Campoamor » à Alicante.

170. Santiago Ramón y Cajál (1852-1934) n'était pas écrivain mais professeur de médecine. Il fit une brillante carrière d'anatomo-pathologiste et obtint, en 1906, conjointement avec Camillo Golgi, le prix Nobel de médecine pour leurs travaux sur la structure du système nerveux.

171. Le 11 septembre 1917, avant son départ pour New York, Jacques Copeau avait adressé une lettre à Larbaud (en réponse à celle qu'il avait reçue quelques jours plus tôt). Il lui disait : « Cher Larbaud, j'approuve entièrement votre plan d'articles : Villiers, Paul Valéry, Saint-Leger, Fargue, etc. Je sais que vous avez été fort souffrant et que vous travaillez beaucoup : aussi je ne veux nullement vous presser. Quand votre article sera fait, ce sera parfait. Si vous voulez l'écrire directement en anglais, je sais que vous le pouvez : et il y aura certainement un débouché pour vous dans les revues américaines. » Larbaud ne semble pas avoir donné suite à son projet concernant Villiers de L'Isle-Adam, même s'il poursuivit quelque temps ses lectures. En revanche les trois autres articles, qui ont d'abord fait l'objet de publications en revues, seront intégrés à *Ce vice impuni la lecture (Domaine français)* lors de sa publication en 1941.

172. Larbaud avait fait imprimer ces lettres, fragment de *Hautes et Basses Classes en Italie*, échangées entre un jeune Anglais amoureux et une Italienne de quatorze ans, chez l'imprimeur de Saint-Pourçain-sur-Sioule, en 1911. C'est un antiquaire, Victor Beaumont, qui se chargea de la mise en vente. La plaquette n'eut pas beaucoup de succès.

173. La traduction paraîtra donc dans *Les Poëtes Lakistes*, collection des « Cent chefs-d'œuvre étrangers », Librairie de France, Paris, 1921.

174. Il semble, en dépit d'un contexte bien pauvre (dont les pages déchirées — après 1946, donc par quelqu'un qui n'est ni Larbaud ni G. Jean-Aubry — sont responsables), que Larbaud évoque ici sa nouvelle installation à Alicante, dans la calle Mayor, c'est-à-dire dans une rue du centre historique, entre le port et l'Explanada et le château Santa Barbara.

175. Emmanuel Couvreux, ami de jeunesse de Jacques Gallimard à Centrale, fit ensuite la connaissance de Gaston Gallimard et fut l'un des cinq actionnaires (avec André Gide, Jean Schlumberger et les deux frères Gallimard) de la Librairie Gallimard en juillet 1919. On voit Larbaud s'inquiéter de cet ami, en 1916, auprès de Léon-Paul Fargue.

176. Larbaud revient ici sur l'*Enfantine* « Rose Lourdin » qu'il évoquait un peu plus haut. Rosa Kessler, qu'on appelle « Röschen », est dans la classe au-dessus de celle de Rose Lourdin, la narratrice, qui lui porte une amoureuse admiration et ose, à un moment, l'appeler par son diminutif : « mein Rosele ».

177. José de Espronceda est un des poètes espagnols qui incarne le mieux l'idéal du romantisme, autant dans sa vie que dans son œuvre. On retrouve dans son lyrisme passionné l'influence de Byron. *El Diablo mundo* (*Le Diable monde*), que Larbaud évoque ici, est un poème inachevé qui date de 1840.

178. Nous avons déjà rencontré le nom de Campoamor, qui fut gouverneur de la province d'Alicante. Également écrivain, auteur dramatique, il semble que ce furent ses recueils de poèmes (entre autres ceux que Larbaud cite ici, *Cantares, Humoradas*), dans lesquels il peint la réalité quotidienne avec une distance ironique et bienveillante, qui lui valurent sa célébrité.

179. Vers de Villon comme chacun sait… et refrain de la « Ballade des dames du temps jadis ».

180. Ramón del Valle-Inclán (1866-1936) est une personnalité originale (il fut amputé d'un bras à la suite d'une rixe avec l'écrivain Manuel Bueno) de la littérature espagnole de son époque. « Artiste baroque, d'une langue fastueuse », dit de lui Jean Cassou, il fut marqué par son expérience mexicaine et sut exploiter les ressources que lui offrait la langue hispano-américaine. Auteur de nouvelles (*Les Amours du*

marquis de Bradomin) et de romans (cycle de *L'Arène ibérique*), il fut également le poète de sa terre natale, la Galice. Il eut pour biographe Ramón Gómez de la Serna.

181. Hymne 170, « Le Lundi à Matines » des *Hymnes traduites du Bréviaire romain.*

182. François Maynard (1582-1646) fut l'élève de Malherbe et un des premiers académiciens. Il a laissé un roman pastoral, *Philandre* (1619), des *Épigrammes*, des *Odes*, et des *Poésies*, et contribua, entre 1600 et 1623, à nombre de recueils licencieux. Le poème dont Larbaud fait ici l'éloge est adressé à la belle veuve Cloris, qu'il avait passionnément aimée, mais sans succès, dans sa jeunesse et qu'il voudrait conquérir. Citons-en deux quatrains :

Ce n'est pas d'aujourd'hui que je suis ta Conqueste ;
Huict lustres ont suivy le jour que tu me pris.
Et j'ai fidellement aymé ta belle Teste
Sous des cheveux chasteins et sous des cheveux gris.
[...]
Regarde sans frayeur la fin de toutes choses.
Consulte le Miroir avec des yeux contens.
On ne voit point tomber ny tes lys, ny tes roses
Et l'hyver de ta vie est ton second printemps.

Ce poème sert également de description pour Edith Crosland dans *Beauté, mon beau souci...* (L.P., p. 549), auquel Larbaud travaille à cette époque et dont il parle souvent dans son journal.

183. La brièveté du poème de Banville nous permet de le citer en entier :

Nous n'irons plus au bois, les lauriers sont coupés.
Les Amours de bassins, les Naïades en groupe
Voient reluire au soleil en cristaux découpés
Les flots silencieux qui coulaient de leur coupe.
Les lauriers sont coupés, et le cerf aux abois
Tressaille au son du cor ; nous n'irons plus au bois,
Où des enfants joueurs riait la folle troupe
Parmi les lys d'argent aux pleurs du ciel trempés ;
Voici l'herbe qu'on fauche, les lauriers sont coupés.

184. Cela ne nous fait-il pas penser au « Portrait d'Éliane à quatorze ans » : « Mais elle est déjà si grande pour son âge, si ronde et si forte, que bientôt on ne verra plus, éparse sur ses épaules et battant son dos, cette grande chevelure soyeuse et dorée que nous admirons — et il est probable qu'à l'automne sa mère la mettra en robe longue » ? (L.P., p. 508).

185. Nous conservons cette expression en anglais car nous n'avons pu lui trouver de correspondance exacte. Dans ce contexte religieux, Larbaud, désespéré par son état, aimerait pouvoir décréter une période de prières destinées à obtenir de Dieu la santé qui lui fait défaut pour vivre et travailler sans difficulté...

186. Voici cette lettre, écrite à Cuverville le 23 octobre 1917 :

« *Mon doux petit père*

Vous êtes exquis. Vos conseils me sont d'un précieux secours. Il se trouve, et vous le savez déjà sans doute puisque éditeur et traducteur me disent être entrés en rapport avec vous — il se trouve que c'est précisément M. Diez-Canedo qui se propose. Tout va bien et je lui fais confiance. La Casa Calleja écrit à Vallette et se propose déjà d'éditer ensuite d'autres livres de moi, si toutefois ce premier a le succès qu'on espère. Puisse-t-il !

Me voici de retour à Cuverville (depuis hier) où je vais replonger dans un travail dont je me suis distrait depuis le milieu de l'été. Quel bûcheur vous faites ! Quoi donc, il a fallu des rhumatismes pour vous contraindre à dételer tout un mois ! Oui, j'admire votre travail ; mais comme je suppose que votre vie n'en est tout de même pas uniquement remplie, j'aimerais connaître un peu le reste... J'ai toujours été déplorablement indiscret. Mais vous savez qu'il entre aussi beaucoup d'affection dans ma curiosité. Ah ! si l'Espagne n'était si loin et si... avec quelle joie j'irais vous rejoindre. On doit si bien travailler près de vous !

Avec quelle impatience j'attends vos Enfantines *! Oui certes je lirai les pages de Miró que vous me tendez. Jusqu'à présent je n'ai pas beaucoup mordu à la cuisine espagnole ; mais enfin si vous m'y poussez…*

Je vous embrasse et suis bien votre

André Gide. »

187. La longueur de ce passage nous incite à en donner la traduction ici : « Tout le précédent préambule tend à disculper, dans la mesure du possible, mes revirements spéculatifs, peu nombreux, fort heureusement, et expliquer comment un fanatique forcené de la religion des faits est tombé, de temps en temps, dans la faiblesse de sacrifier à l'idole de la théorie éblouissante, bien que je sois intimement persuadé de son irréparable fugacité et en dépit d'avoir souvent répété : que, si par les hasards du sort nous nous voyons contraints à forger des hypothèses, efforçons-nous au moins de ne pas trop y croire. »

188. Le titre exact de cet ouvrage du neurobiologiste Ewald Hering est *Über das Gedächtnis als eine allgemeine Funktion der organisierten Materie.*

189. Citation tirée de *La Vie de Mélanie Calvet, bergère de la Salette écrite par elle-même en 1900. Son enfance (1831-1846),* Paris, Mercure de France, 1912, ouvrage dont la lecture a fait forte impression sur Larbaud et auquel il a consacré une note dans *La NRF* (t. VII, 1er avril 1912), reprise dans le *Domaine français* (*O.C.*, t. VII, pp. 275-277), où il s'émerveille devant la simplicité du style : « Sa simplicité est d'une espèce très rare, et combien d'écrivains de métier souhaiteraient d'écrire comme cette illettrée ! » On retrouve, ici ou là dans son journal, le rappel de cette citation.

190. La pangenèse, théorie désormais totalement abandonnée, fut proposée par Charles Darwin en 1868. Elle repose sur l'idée que chaque cellule peut produire un petit germe, ou gemmule, qui provoque la formation d'une partie analogue à celle dont il provient.

191. Dernier vers du premier quatrain du poème « Outwards », dédié à Francis Jammes et publié, avec trois autres poèmes de Levet, dans la revue *La Vogue,* le 15 mars 1900 :

*L'*Armand-Béhic *(des Messageries maritimes)*
File quatorze nœuds sur l'océan Indien…
Le soleil se couche en des confitures de crimes,
Dans cette mer plate comme avec la main.

192. Né en 1846, Léon Bloy venait de mourir le 3 novembre 1917. Pamphlétaire talentueux, chrétien intransigeant, il déclarait dans son *Journal (1892-1917)* : « Je suis forcé de vociférer jusqu'à la fin, étant missionné pour le Témoignage. Nul moyen d'échapper. » L'œuvre qu'il a laissée derrière lui, contrairement à la prédiction de Larbaud, n'a pas connu une grande postérité. Néanmoins, un regain d'intérêt semble se manifester puisque son *Journal* a fait l'objet de publications récentes (Éditions Robert Laffont, coll. « Bouquins », 1999, 2 vol., et Éditions L'Âge d'Homme, Lausanne, 1996-2000, 2 vol.) et qu'un numéro spécial de la revue *Cancer !* lui a été consacré en juin 2003. Notons également que Léon Bloy était l'auteur de l'introduction à *La Vie de Mélanie Calvet, bergère de la Salette,* ouvrage mentionné un peu plus haut.

193. L'ouvrage *Les Dernières Colonnes de l'Église* était paru au Mercure de France, en 1903, quelques mois avant la loi de séparation de l'Église et de l'État.

194. Voici la première apparition d'un écrivain espagnol qui souleva l'enthousiasme de Larbaud, qui fit son possible pour le traduire, faire traduire et faire connaître en France.

195. La comtesse Blessington (1789-1849) appartenait à la haute société anglaise. Auteur de romans, poèmes, récits de voyages, elle fut l'amie de Byron, de Walter Savage Landor (qu'elle fréquenta à Florence en 1825 notamment). Grande cosmopolite, elle voyageait beaucoup et séjournait fréquemment en Europe.

196. L'index rapide (et lacunaire) établi par Larbaud à la fin du manuscrit nous donne l'identité de l'auteur de ces jugements : le père jésuite Ladrón de Guevara, « humoriste inconscient » précise l'écrivain…

197. Voici la traduction que Jean-Louis Chevalier propose pour cette épigramme de Walter Savage Landor :

Selon les éternelles lois
(Il est vain d'en chercher la cause),
La même architrave couronne
La porte de la gloire et celle de la tombe ;
Aussi je voudrais bien pour quelque temps encore
Poursuivre mes jeux avec toi, ma mignonne.

198. Sir Francis Darwin (1848-1925) était le fils de Charles Darwin. Botaniste lui-même, il fut l'assistant de son père. Il fut professeur à Cambridge.

199. Vers tiré du poème « Sussex » :

Bare slopes where chasing shadows skim,
And through the gaps revealed,
Belt upon belt, the wooded, dim,
Blue goodness of the Weald.

Il nous semble bien retrouver cette « *blue goodness of the Weald* » dans « La douce abondance des prairies et des arbres dans une brume bleue » qui décrit la campagne anglaise en été dans *Beauté, mon beau souci..* (L.P., p. 610).

200. Hôtel où Larbaud s'était installé à son arrivée à Alicante à la fin de l'année 1916.

201. On retrouve ici la citation de *La Vie de Mélanie, bergère de la Salette*, déjà rencontrée plus haut.

202. Richard Alexander Streatfeild était alors l'exécuteur testamentaire de Butler. À sa mort, en 1919, c'est Henry Festing Jones qui lui succéda.

203. Paul Hallez (1846-1938), naturaliste, professeur d'anatomie et d'embryologie comparée à la faculté des sciences de Lille, orienta ses recherches vers la biologie marine. Il insista sur la nécessité d'étudier les espèces animales dans leur milieu et leurs conditions de vie et de ne pas se contenter de la nomenclature anatomique. Il s'intéressa également au mode d'apparition des mutations.

204. On se souvient qu'il s'agit de l'établissement de bains où Larbaud venait se baigner depuis San Vicente.

205. Nous ne nous attarderons pas sur Góngora (1561-1627) et Quevedo (1580-1645), deux des plus grands écrivains du XVIIe siècle espagnol. Quevedo qui fut, entre autres, un pamphlétaire de talent, s'attaqua notamment à Góngora et à ses disciples. Son ouvrage *Páginas escogidas* figure encore, dans l'édition de 1917 citée ici, dans la bibliothèque hispanique de Larbaud. On y trouve également *Las Soledades* de Góngora, dans une édition toutefois postérieure à cette époque.

206. C'est ici que se trouve le point de bascule en ce qui concerne le titre de la nouvelle à laquelle Larbaud travaille. Jusqu'à maintenant elle a toujours été désignée sous le nom de « Martre », mais l'on voit à cet endroit apparaître un nouveau titre, « Devant l'Ange », en concurrence, pendant les dernières pages de ce journal, avec « Beauté, mon beau souci... », qui deviendra le titre définitif.

207. Larbaud cite ici le poème de S.T. Coleridge qu'il a traduit et publié en 1911, *La Complainte du vieux marin.* Ce vers se trouve au début de la troisième partie :

« There passed a weary time. Each throat
Was parched, and glazed each eye.
A weary time ! A weary time ! »

Un temps pénible s'écoula. Tout gosier
Était desséché, et tout œil vitreux.
Un temps pénible ! Un temps pénible !

208. Wilhelm Roux (1850-1924), anatomiste allemand, élève de Haeckel, professeur à l'université de Halle, fut l'initiateur de l'embryologie expérimentale. Il développa des techniques de recherche spécifiques pour observer les rapports entre embryologie et évolution.

209. Le micromérisme avance que l'association de petites parties aux fonctions différentes permet et explique les propriétés des ensembles plus grands et plus complexes qui les contiennent. Cette théorie s'applique notamment à la génétique et l'on cite les noms de Maupertuis, Buffon, Spencer, Charles Darwin, Haeckel, Béchamp,

Nägeli, De Vries, Hertwig et surtout Weismann comme pionniers du micromérisme génétique.

210. Voir cette lettre en annexe (p. 375). Miró pose à Larbaud cette question concernant Mme Klotz : « Mais malgré tous ses charmes et mérites, son tempérament s'accorde-t-il avec le mien, avec le mien dans las *Figuras* ? »

211. En mai 1907, Larbaud écrivait à son ami Marcel Ray : « J'ai fait des dissertations pour M. Baret qui ont été très approuvées, mais sur des bonhommes qui me rasent (Addison, le docteur Johnson). » Mais l'étude de ces écrivains, qui sont au rang des classiques anglais, est indispensable à tout étudiant de la langue et de la littérature anglaise ! Joseph Addison (1672-1719) fut avant tout un essayiste. Quant à Samuel Johnson (1709-1784), qu'on appelle le docteur Johnson, il est l'auteur du *Dictionnaire de la langue anglaise*, paru en 1755 et d'un imposant travail, *Vies des poètes anglais les plus célèbres*, publié en 1779 et 1780.

Il en allait différemment pour Coleridge ou pour Landor, dont Larbaud publia des traductions...

212. En juillet 1911, Larbaud, en compagnie de Gide et de Miss Tobin, était allé rendre visite à l'écrivain anglais d'origine polonaise, dans sa demeure du Kent.

213. Écrivain dont on sait fort peu de choses, Huarte Navarro (Juan de Dios) est né à San Juan, en Basse-Navarre, vers 1520 et serait mort à la fin du siècle. Son livre *Examen de Ingenios para las ciencias*, publié à Pampelune en 1578, souvent traduit et réédité, lui vaut d'être encore connu. Il tente, dans cet ouvrage, d'établir l'influence du physique sur le moral d'après des données physiologiques. Lecture, pour Larbaud, tout à fait en rapport avec ses préoccupations de l'époque.

214. Larbaud cite ici deux noms de critiques italiens pour lesquels il éprouvait beaucoup d'admiration et en qui il dit « avoir trouvé des maîtres de [son] choix, des guides, des initiateurs, de vraies âmes sœurs » et qu'il considère comme « les chefs de l'École napolitaine, les fondateurs de la critique descriptive » (*Sous l'invocation de saint Jérôme*, « Le Doigt dans l'œil », p. 152, Paris, Gallimard, 1946).

Francesco De Sanctis (1817-1883), critique, professeur de littérature, fit aussi une carrière politique qui lui valut l'emprisonnement à Naples, l'exil à Zurich, et, plus tard, lui permit d'exercer les fonctions de ministre de l'Instruction publique. Il est l'auteur de nombreux essais (dont une *Étude sur Giacomo Leopardi*, que Larbaud ne devait pas ignorer) et d'une monumentale *Histoire de la littérature italienne.*

Benedetto Croce (1866-1952) fut son biographe. Il est, par ailleurs, l'auteur d'une œuvre considérable tant dans le domaine de la philosophie (histoire, esthétique) que dans celui de la critique littéraire. Comme De Sanctis, il mena une vie politique très active : il fut sénateur, ministre de l'Instruction publique. Opposant au régime fasciste, il disparut de la politique entre 1925 et 1944, mais revint jouer un rôle important entre 1944 et 1947. Créateur de la revue *Critica*, il y donna de nombreuses études littéraires sur la Renaissance, le XVIIe siècle et le XVIIIe siècle. Il considérait que la forme et le fond de l'œuvre littéraire sont indissociables. Pour lui, les genres littéraires n'ont pas d'existence propre ; l'imagination et la sensibilité de l'écrivain, façonnées par le contexte historique, leur donnent forme.

215. Deuxième verset du psaume 40 : « Et il posa mes pieds sur la pierre et dirigea mes pas. »

216. Cette ébauche de chronologie ne figure pas dans le *Journal*...

1918-1920

Le manuscrit CXXXVIII autographe « Alicante-Paris-Londres-Alicante » poursuit la période espagnole ; commencé le 1er janvier 1918, il se termine le 17 février 1920. Comme le journal précédent, il a été presque entièrement rédigé en anglais, à l'exception des pages écrites en français en Angleterre en septembre-octobre 1919. Il se compose de cahiers, reliés sous parchemin, à étiquette bleue et comprend 235 feuillets écrits recto verso, sauf les pages de titre « 1919 » et « 1920 ». L'auteur a établi un index qui occupe cinq feuillets. Un certain nombre de pages (nous en avons relevé 128) ont disparu du manuscrit, et huit feuillets présentent des déchirures. Toutefois quelques pages autographes, ôtées à ce document, ont été retrouvées dans le Ms I (pages 164-174) ; elles portent le titre « Un fragment de mon journal ; Madrid, été 1919 ».

Le document est en outre complété par un certain nombre d'éléments que nous avons donnés en annexe (voir pp. 774-789) :

— Pages 80 et 81 : une lettre manuscrite d'Edmund Gosse, datée du 18 février 1918.

— Pages 98 et 99 : une lettre manuscrite de Gabriel Miró, datée du 1er avril 1918.

— Pages 204 et 205 : une lettre manuscrite de Louis Chadourne, datée du 4 juillet 1918.

— Pages 264 et 265 : une carte postale de Ramón Gómez de la Serna, « Malines, la Maison du Diable », dont le timbre porte la date du 5 décembre 1918.

— Pages 421 et 422 : une lettre dactylographiée de Jacques Rivière, datée du 6 septembre 1919.

— Pages 444 et 445 : une coupure du Daily Mirror, *précédée d'une mention de Larbaud : « Clifford's Inn during the war ».*

— Entre les pages 465 et 466, quatre documents : une lettre de Henry Festing Jones, datée du 24 septembre 1919 ; une lettre du même, datée du 25 septembre 1919 ; un bon de lecture pour Erewhon, or

Over the Range *de Samuel Butler (siège B4) ; une lettre manuscrite de A. T. Bartholomew du 2 octobre 1919.*

— Entre les pages 489 et 492, cinq autres documents sont insérés : quatre lettres de Henry Festing Jones, datées des 15, 19, 22 et 29 octobre 1919 ; une lettre dactylographiée de J. G. Commin, 230 High Street, Exeter, datée du 10 octobre 1919, adressée par H. F. Jones concernant des ouvrages de Butler.

— Entre les pages 520 et 521 : une carte manuscrite de Ricardo Viñes, datée du 23 janvier 1920 ; une carte de C. W. Previté Orton, datée du 14 janvier 1920.

— Page 530 : une petite photo de Ricardo Viñes, probablement prise par Larbaud lors de leur excursion à Elche, le 28 janvier 1920.

— Page 531, sur trois feuilles d'une éphéméride espagnole, trois drapeaux sont dessinés et coloriés. La première feuille, du 31 janvier 1919, porte la mention « ¡ nada ! » ; la seconde « Martre's true flag », et la troisième « Luis Losada » (sur ces deux dernières feuilles, les drapeaux, différents l'un de l'autre, utilisent les couleurs jaune, bleu, blanc).

Dans son cahier de notes CCXXXIII, G. Jean-Aubry mentionne ainsi ce manuscrit : « Pour cette année 1918, Diary *tenu par V.L. en anglais et qu'il m'a lu le 20 avril 1933. Je l'ai lu en octobre 1946. » Le journal a été partiellement publié dans le tome I des* Œuvres complètes. *Si l'on prend chaque année séparément, le manuscrit présente :*

— pour 1918, un total de 2 100 lignes, dont 1 195 sont inédites ;

— pour 1919, un total de 2 640 lignes, dont 892 sont inédites ;

— pour 1920, un total de 782 lignes, dont 540 sont inédites.

Plusieurs publications d'extraits de ce journal sont à signaler :

— en 1932, sous la rubrique « Bouts de papier » (titre général pour les articles que Larbaud donnait dans Le Manuscrit autographe*), paraît « Une page d'un journal tenu à Madrid dans l'été de 1919. (Un jugement peut-être un peu hâtif sur* Pride and Prejudice *de Jane Austen) » (*Le Manuscrit autographe, *7e année, n° 40, octobre-novembre-décembre 1932) ;*

— en 1992, des « Fragments de mon journal », préparés pour cette même rubrique « Bouts de papier », mais qui étaient restés inédits, dans L'Herne. Valery Larbaud *(op. cit., pp. 154-161). Ces « Fragments » sont tirés de pages qui avaient disparu du journal, pages du séjour madrilène en mai 1918 ; Anne Chevalier en a retrouvé la copie manuscrite dans le Ms I, où ils occupent les feuillets 164 à 174. Nous les avons réintégrés dans le journal, à la place qui leur revient ;*

— en 1994, Pages de journal (Londres 1919), *parues aux Éditions des Cendres avec une préface de Bernard Delvaille. C'est le journal tenu par Larbaud pendant son séjour à Londres du 24 septembre au 8 octobre 1919 ;*

— en 2004 enfin, Béatrice Mousli a repris dans Valery Larbaud, le vagabond sédentaire *(op. cit.) les lignes du 4 février 1918 dans les-*

*quelles Larbaud compare l'Espagne de 1898 à celle de 1918 (pp. 43-50), ainsi que quelques pages du séjour anglais de 1919, présentées sous le titre « Cambridge, 6 octobre 1919 » (*ibid.*, pp. 103-105).*

Notons également que le texte a fait l'objet d'une préparation, matérialisée par de nombreuses marques, des encadrés, des suppressions au crayon rouge, jusqu'à la date du 30 avril 1918. Mais rien ne semble avoir été tiré de ce travail à l'exception de ce que nous venons de citer.

ALICANTE - PARIS - LONDRES - ALICANTE

1918[a]

Begun at Alicante, calle Mayor, n° 63

[January]

Midnight, January 1. —

I have just eaten the twelve grapes with Doña Dolores, Lola, Pepita and Eduardo. Carmen and Concha had gone to bed. The young señoritas upstairs are doing the same ; we could hear the "jaleito". I have had a telegram from Mother and Aunt, from Valbois. A wet and cold day. I have finished my second reading of *Life and Habit.* The conclusion is an admirable piece of criticism. I am dead tired. I don't know why I write at all. Just to begin the year writing, I suppose.

News of Claudel. — From *El Sol* : "M. Claudel, ministro de Francia, acompanado de sus secretarios, ha marchado al interior de la República, a fin de recorrer las vías ferreas del noroeste del Brasil, hasta Tres Lagoas, en el Estado de Matto-Grosso. Cuando, en el curso de su gira, llegue a São Paulo, conferenciará con el presidente del Estado y el secretario de Hacienda, sobre la exportación del café." Who may be the SECRETARIOS ? Young men of his own, or of Bazin's family ?

A fine passage in Huarte :

"A los ingenios inventivos llaman en lengua toscana caprichosos, por la semejanza que tienen con la cabra en el andar y parecer ;

a. Mention « 1918 » ajoutée au crayon en haut et au milieu de la page (par G. Jean-Aubry ?).

ésta jamás huelga por lo llano, siempre es amiga de andar a sus solas por los riscos y alturas y asomarse a grandes profundidades, por donde no sigue vereda ninguna, ni quiere caminar con compañia. Tal propiedad como ésta se halla en el ánima racional, cuando tiene un cerebro bien organizado y templado ; jamás huelga en ninguna contemplación ; todo es andar inquieta, buscando cosas nuevas que saber y entender. De esta manera de ánima se verifica a quel dicho de Hipócrates : Animae deambulatio cogitatio hominibus. Porque hay otros hombres que jamás salen de una contemplación, ni piensan que hay mas en el mundo que descubrir. Estos tienen la propiedad de la oveja, la cual nunca sale de las pisadas del manso, in se atreve a caminar por lugares desiertos y sin carril, sino por veredas muy holladas, y que alguno vaya delante. Ambas diferencias de ingenio son muy ordinarias entre los hombres de letras : unos hay que son remontados, y fuera de la común opinión juzgan y tratan las cosas por diferente manera ; son libres en dar su parecer, y no siguen a nadie. Otros hay recogidos, humildes y muy sosegados, desconfiados de sí, y rendidos al parecer de un autor grave, á quien siguen, cuyos dichos y sentencias tienen por ciencias y demostración, y laque discrepa de aquí juzgan por vanidad y mentira.

Juntas estas dos diferencias de ingenios, son de mucho provecho ; porque así como a una gran manada de ovejas suelen los pastores echar una docena de cabras que las levanten y lleven con paso apresurado a gozar de nuevos pastos y que no esten hollados, de la misma manera conviene que haya en las letras humanas algunos ingenios caprichosos que descubran a los entendimientos oviles nuevos secretos de la naturaleza y les dén contemplaciones nunca oídas en que ejercitarse, porque de esta manera van creciendo las artes y los hombres saben más cada día" (Chap. VIII, in fin.)

Friday 4. — Going about the harbour this morning I noticed two huge heaps of very large marble slabs, each bearing the inscription "Carrara" and the address "Buenos Aires". Many were broken. I thought of these mountains as I last saw them from the boat during the sea journey from Genova to Leg[horn].

[*Un feuillet manquant.*]

has NOT been accepted yet, nor rejected. So that I don't know what to think about this affair. One thing is clear, and it is that las *Figuras* will not be published till Gaston returns from America. At the same time with her letter, Berthe sends me proofs to correct ; it is the Whitman Book, and I have re-read my introduction, which takes the first 45 pages of the book, and my translations of extracts from *Specimen Days, Democratic Vistas*, etc. The proofs are full of erratas of the first magnitude ; it looks as if the printers did not understand one word of French : "du produit" printed for : "du point de vue", etc. "Adrien" Carnegie ! And Dante's famous line printed thus :

Pouete mente almen CASI ! io son bella !

I don't like my introduction ; and yet I did not find it so bad as I thought it was. I don't like this : "Les écrivains chrétiens [du XIXe siècle] ont été des sentimentaux ou des polémistes, ou les deux." I hate in others that kind of sweeping assertion. Of course it is better than my introduction to Claudel's *Patmore*, but it is very far from what I ought to have done after having read De Sanctis. The translations from the Prose satisfy me ; they are really good. (I did them at Cette in March 1914.) I see they have left Laforgue's mistakes, and I shall correct them. I had told Gide about one of them. But the printer's mistakes are so numerous and so gross that these proofs seem to come from some printing office of the Chinese towns open to European trade. — As to *Enfantines*, the same (mad) printer has not been able to attend to them until quite recently, so that they will bear the date of 1918. — But as to the proofs of the Whitman anthology, I must write to Gide. — Good news from Léon-Paul : "Fargue va dans le monde ; il lit de nouveaux poèmes ; il a beaucoup de succès." Are the "gens du monde" of Paris about to understand what is true poetry ? Well then : Vive la France ! — I spent a dreadful, sleepless night ; but we have had a nice morning. Strolled about the Postiguet and the harbour with Don Ramón. Met Don Trino (Oscar Esplá's father) and Don Paco G. — Día de Reyes : un gentío enorme in the calle Mayor. [*Une déchirure sur cinq lignes*] and I don't care.

Monday. Better. Very ill yesterday ; had to take a cab to go home, as I could not walk without feeling sick. As the crisis began at Don Higinio's, who was then absent, he came in the afternoon, much alarmed by what his sister had told him. He found me better, but still very weak, and busy correcting proofs.

This morning, Don Ramón called. Lent him Frappa's last novel. I am going on with *Examen de Ingenios*. I have bought a small pamphlet of *Cantos populares* just published in the cheap "Novela Corta" collection. I thought they would be better than the majority of them are ; [*Lacune consécutive à la déchirure signalée plus haut.*] (De los pies a la cabeza, etc"). Some are good :

El naranjo de tu patio
Cuando te acercas a él
se desprende de sus flores
y te las echa a los pies.

The second part of this one :

De tu cara sale el sol,
De tu garganta la luna ;
Morenas he visto yo,
Pero como tú, ninguna.

("Many dark-brown girls have I seen — But the like of you, never".) But the greater part of them are dull, silly, or ridiculous. This one for instance :

Dame un diente de tu boca,
De los que tienes delante ;
Me lo pondré en la pechera
Como si fuera un diamante.

(Something like this : "Give me one of your teeth, — One of those you've got in front, — And I'll put it on my breast — As if it were a diamond." "Pechera", exactly is shirt-frill on a shirt-front.) How an English audience would laugh, if it heard such words sung in earnest, with the passionate gestures of the Sevillan GUITARRISTAS !

Friday 11. —

Unwell yesterday and Wednesday ; could not work. Don Ramón. Today, Don Higinio's "santo". I had lunch there ; we were 9, and the three boys. Tonight I found this in *Anthologie des Poètes français contemporains* : (it is a fragment of a poem by René Ghil)

(Ô Gemmules portant mémoire !
sexe-Encéphale de penser !
Cerveau générateur départi rotatoire
Et reptant à travers de l'humide, à taxer
l'être que vous serez d'une valeur égale
aux puissances de lois du Monde, dont, d'astrale
Splendeur aux Yeux, vous serez l'Âme-réflexe)

Of course it is not poetry, but it comes directly from Chapt. XXVII of *Animals and Plants.* Another poem by René Ghil in this same book, "La prière vers l'Orient", is really good.

The "Tellus" from Amsterdam left yesterday, but this morning I was surprised to see another big ship in her place, a large cargo-boat, all painted black and dark grey, and flying the Brasilian flag. I went quite near to where she lays. She looks heavily charged. There was no one on deck. Brazil had already declared "war" on Germany when this ship left Rio-Janeiro, for she does not wear the flag painted on her sides. Her name is : "Rio Amazonas". She lays there, dark and silent, but very fine, and very mysterious, with her green-and-yellow flag waving in the breeze from Africa. I liked her. — On the way back from the harbour I went up to the Town-Hall Library and looked for Juan Huarte in the Spanish-American (old) Cyclopaedia. His life is little known. He was a man from the North Provinces of Spain, Navarra and North-Aragon. He graduated in Huesca. But there seems to exist another version, according to which he would have graduated in Granada, and spent the greater part of his lifetime in Baeza (Province of Jaén ?). At any rate, his book (*Examen de Ingenios*) has been one of the great European books of his (the XVIth) century — something like Kant, Darwin or Nietzsche in the XIXth Century. It was translated into Latin ; later on into French and German. Up to this day it has been much read and studied, the modern erudite literature about it being chiefly Spanish and French. It seems that Gall's theory owes much to it. It gives us an idea of how will look *Life and Habit* three hundred years hence. It contains a theory which was, for the times when it was first propounded, as striking and as adventurous as Butler's *Unconscious Memory* theory. But the fight, in a covert, sly way, — against the Christian dogmas, is at least as prominent in that book as the theory itself — which is not the case with *Life and Habit*. Of course he wrote under and in spite of the terror to "amanecer en la Inquisición", just as those dependents of my family who, writing to me the other days

[*Deux pages manquantes.*]

en fin... (After a Latin quotation) Como si dijera..., etc, etc." It has all the "gracia" and "donaire" of a Spanish lady's talk, with all the appropriateness which came from a fair knowledge of Ciceronian latin. A beautiful mind, a sympathetic, noble, and brave man. Such will appear Samuel Butler, I think, to his readers of the XXIInd Century. The fact that he was a favourite with Feijóo, the translator and Spanish disciple of Voltaire, leaves no doubt as to the libertine intention of the book ; besides there is a whole chapter dedicated to a curious Apology of the Jews. But the libertine intention is not what makes the book worth reading ; it is the MORAL INTENTION, and above all the style. — After lunch I went to the cloister of St Nicholas' ; too wet in this season ; but there were birds singing in the fine trees.

Monday — A glorious, warm weather. Spent an hour (or more) on Samper's terrace, basking in the sun. Don Ramón and Sig. A. were there, and we talked. Sig. Luigi Arduini has written from Palma de Mallorca. I remembered last year, and the visit we paid to Joaquin Dicenta (December 1916). Doña Pepita was there too ; she looked very nice. Strolled all the morning about the harbour and the town, enjoying the sun and the warm breeze from the sea.

I am reading (at night, after supper) Le Dantec's *Évolution individuelle*. It is a "throwing back" of the problem. Of course one readily admits, after "quantitative variation" some kind of "qualitative variation" ; one thinks it is POSSIBLE. But then comes the question : Is there one single instance of "qualitative variation" ? And Le Dantec himself is obliged to confess that it is "very rare", very seldom met with ; "S'il y a encore des monères... elles sont exceptionnelles et rares, et la plupart des plastides existant aujourd'hui sont trop complexes pour que la variation qualitative leur soit facile [!!] ; c'est pour cela que tant de personnes croient à la fixité de l'espèce." However this "lache" (as S. Butler would call it) is of no moment, as it does not bear directly on the problem of Heredity itself, — at least if it leaves aside the Evolution problem. The chapters on "Correlation" are good. — Manolito T. sent back the two books I lent him last summer at San Vicente, and I have re-read Valéry's "Jeune Parque". What a tonic ! While you read it, you feel identified with the life, the "physiological life" of a strong, healthy, beautiful woman ; you partake of her delight, of the motion of her body when she walks or runs, of the circulation of her blood, of her sleep, and of her waking, and of her thoughts. You become this "lasse femme absolue". Sometimes I don't like his use of abstract words. I like "au lointain temporel" (of the stars — but then "temporel" is hardly an abstract word.) But I shall never accept : "la pâle circonstance", nor that line that looks like one by a provincial disciple of Victor Hugo :

Bois qui bourdonnerez de bêtes et d'idées.

But then : "Et de mes bras épais..." "De mes enfers pensifs..." and this :

Les Dieux m'ont-ils donné ce maternel contour,
Et ces bords sinueux, ces plis et ces calices,
Pour que la vie embrasse un autel de délices,
Et mêlant l'âme étrange aux éternels retours,
La semence, le lait, le sang, coulent toujours !!!!

Well, almost each line, taken separately, is a poem by itself, in that wonderful poem. And so TRADITIONAL, too ! Malherbe, Racine, Hugo, Mallarmé (it leaves Baudelaire's prosody quite aside). THIS is France ! The flower and the fruit of France. In poetry, France is supreme. France, or... Paul Valéry ! No, France : only three centuries of French poetry could make "La Jeune Parque" possible ; — and 300 Frenchmen, who are able to understand "La Jeune Parque". DE LOS CUALES PUEDO DECIR, CON ORGULLO, QUE SOY UNO. — In last week's *España* there is a really good, sensible note by Diez-Canedo on Ramón Gómez de la Serna.

Jueves, 17. — Una carta de Mme K[lotz]. Enseguida he escrito a Miró (6 páginas). Luego he mandado el manuscrito de la trad. Del Segundo volumen a Miró. Ido a Benalúa esta tarde ; habia niebla, pero las islas se veían. Veo que he escrito en español casi sin darme cuenta. Estoy muy cansado. Mlle Marg. M. ha muerto esta mañana a las diez y media. Diecisiete años tenia. La habia visto en casa de don Higinio hace muy poco tiempo.

I am dissatisfied with the way in which I have spent this day (Thursday). Am reading Le Dantec, slowly. Worked at the *Note-Books* ; but I feel under the influence of THE MOOD once more. The cause is : the fatigue produced by the strenuous fight against illness ; and by a good blow struck from freedom, justice, right, etc. (two sentimental "affairs" thrown overboard this very week !) On the way back from Benalúa I have thought out these :

GLOSES BUTLÉRIENNES. — L'autre jour je racontais à un vieux célibataire les petites irrégularités d'un jeune homme : qu'il ne paraissait chez lui qu'aux heures des repas, qu'il rentrait presque toutes les nuits à une heure du matin, etc. « Mais c'est ignoble ! dit le vieux célibataire, — ce gamin est une crapule !! » — Avant-hier je lui décrivais les fredaines, un peu plus graves, d'un autre jeune homme. « Quelle honte pour un père, d'avoir un tel fils ! dit le vieux célibataire ; moi, si j'avais un pareil fils, je crois que je l'étranglerais de mes propres mains ! »

En ces deux occasions, ce vieux célibataire s'était senti, pour quelques instants,

[*Cinq feuillets arrachés.*]

[les su]périeurs » disent qu'ils les ont « donnés », tandis que les « inférieurs » avouent qu'on les leur a pris). C'est dans cet esprit — avec ces métaphores transformistes bien en vue — qu'il faut lire Butler. J'ai beaucoup applaudi, vers 1900, une pièce de chez Antoine où une fille sacrifiée par ses père et mère s'écriait : « La famille, c'est l'argent. » Comme si on écrivait « pour » ou « contre » la famille, ou « pour » ou « contre » quoi que ce soit ! [*Une déchirure sur cinq lignes au milieu de la page.*] NOW, I KNOW BETTER.)

Cartagena, Grand Hôtel, Friday 18. — Here I am in Cartagena, with that dear "exutoire" of mine, my diary, that wanted a change too. A real escape : this morning at 12 ½ I heard that my dear Doctor had left for Madrid, and that he would not be back before Sunday or Monday morning. I ran home — through the calle Mayor where the shopkeepers were closing their doors against a tumultuous procession of women asking "a gritos" for a lowering of the prices — and told Doña Dolores that I intended to leave by the 4,5

(Andalucian) train. Travelled first class. [*Lacune consécutive à la déchirure signalée plus haut*] it looks like a tropical or at least Algerian Fontainebleau. I had never seen so many palm-trees together. I imagined a small, very white, very quiet, town in the midst of a large forest of palm-trees. But a little further on, once past the deep gorge, so white and so bare, and which reminds one of the episodes of the Algerian and Tunisian wars, the town appears as it is, that is, twice as large as the palm wood. I saw also the marshy or at least unhealthy plain of Dolores. The lights of Callosa at the foot of a huge mountain, rugged and abrupt. The dinner at the fonda of the Murcia station seemed to me delicious. Here, the Grand Hotel is all right. I feel almost well. How I wanted that change ! But I did not realize how much I wanted it. At first I had the delicious illusion of being a tourist in my own country ; it reminded me of my first travel through Spain in 1898 : I was a schoolboy, had just left ~~Louis-le-Grand~~ or Henry IV or Lycée Banville, in the midst of the winter, and there I was, in an unknown Spanish station by the seaside, with those ragged eucalyptus trees of the Spanish stations, white and rose-coloured houses and terraces a low, whitewashed wall with a railing, and immediately behind, a vast expanse of grey-blue, hazy, Mediterranean. How fresh, how new it all looked ! However it did not last (better thus), and the train had not cleared the station that I felt again at home.

Saturday, 19. — Could not sleep till the light of the day began to make the window look whiter. Woke at 9. Strolled, from 10 to 2 and from 3 ½ to 6, about the principal streets of Cartagena, a few of the by-streets and the harbour. Went in a tram to a suburban place called Dolores (poor and uninteresting). I have felt at home almost at once. Cartagena is a larger Alicante, more industrial, and less “fashionable” or “aristocratic”. It seems larger, too, than Málaga, but it is darker, sadder, less “emotional” or “intellectual” than Málaga. But the harbour, the view from the harbour is finer (and much finer) than Málaga harbour. (There is no Explanada here, nor a Pickman or “Craywinkel” or Who’s it — “Gardens”, as at Málaga. There is a kind of pier or terrace, with a fine Isabeline palace looking down on the harbour, and from that terrace the view is fine, but the terrace is just a little better, — wider, — than the Arrabal Roig terrace.) Electric tramcars ; but they go slowly, and the one I travelled in had got asthma, just as if it had been an old steam tramcar. Streets of : the Carmel, the Spanish Fleet (the best, something better than calle Mayor at Alicante and materially — though not spiritually — better than calle Sierpes at Sevilla) ; of the Four Saints — I saw them in their niches at night, with their little electric lamp, each of them well-painted, standing in his lanthorn-like niche behind the glazed doors, above the heads of the people, at the corner of the four streets. It is a good idea — I mean, having left them, and having re-painted them and glazed their niches ; it must be very characteristic of Cartagena. A native of Cartagena living, say in Montevideo or Valparaíso, should be imagined to think : "When shall I see the Four Saints again ?" It is something like "Peeping Tom" at Coventry, but something richer, more serious, SAINTLIER. Another characteristic trait of Carthagena[a] streets is due to the presence of a regiment of "Infanteria de Marina". One — especially one who is interested in military uniforms — will look at these soldiers with some curiosity : they are, in the Spanish collection of uniforms what may be called "la pièce rare", the kind of lead soldiers of which there are only two or three boxes in the shops. At first you do not find them to differ so widely from "Infanteria" or "Ingenieros" soldiers. But they wear a special cap which, when one has got to know it very well — its shape and colours, — makes them differ very much from all the soldiers of the land army of Spain. Then you know them at once ; you associate with their appearance ideas of "the fleet, the seapower, the defence of the seacoast". But the shops are always the most characteristic [*Deux ou trois mots caviardés*] thing in any city or town. The shops have made the town — except in a very few cases of artificial creation, such as Washington — ; a fair ; a market ; a convent that sold things, spiritual or temporal ; then the permanent fair, and all that has grown around it. The church is far from being so characteristic of the town : in the majority of cases, the church will be found to be the work of an utter foreigner : of a German in Southern France ; of a Frenchman in Northern Germany, etc. Besides, in most cases, the churches are old, too old to be of much use to the tourist who wants to know the whole history of the town, or rather, what, in this history, is really important : their present state.

The most modern of all the shops in Cartagena is a kind of Martine-like drawing-room where they sell "art" linen, "art" jewels, "art" perfumes and "art" Things "for ladies". It is called "Casa Paris", and I suppose it is an imitation of some shop in Madrid. The other shops are, in general, larger and more numerous than those of Alicante and even than those of Málaga ; but they do not seem to be so very inferior to those of Alicante. The "Benavent" of Cartagena had sold all its stock of grey swede gloves. The "Pastor", who lives in a dark lane, of which he makes a kind of Paternoster Row, had very few books, but temptingly arranged on a large table ; however, he keeps a large circulating library, an institution which Alicante will go without for years, I should think. Cartagena, on the whole, is evidently a larger town than Alicante : I noticed it especially in the volume of the noise : I did not perceive the "aldabonagos" of

a. La graphie qu'utilise Larbaud ici (avec *h*) est une contamination du français.

the postman, and the street cry of the "rollero" cannot be heard so distinctly as in Alicante at the same hour of the day (from 4 p.m. to 6 p.m., the "rollero" goes about the streets). But, on the other hand, it is a less "elegant" town ; the gentlemen do not dress so well as those of Alicante, and as a winter-resort, Cartagena is nowhere. Then the old question comes back : why does Cartagena exist at all ? What man can be so unhappy and disgraced as to choose Cartagena as his residence ? Or live in Cartagena if he was born there ? But then we speak for ourselves, or rather in our own name, when we say so. The people who live in Cartagena think that Cartagena is quite a nice place to live in. As a matter of fact, a workman of Cartagena is neither better nor worse than a workman of Valencia. But when we come to the trading class, it is another matter. The best, most up-to-date shop in Cartagena High Street (calle de la Marina Española) would be a second-rate shop in Valencia, a fourth-rate shop in Barcelona, and an ordinary suburban or "barrio" shop in "la Villa y Corte". The same with the persons and the middle-class. There is really no excuse for living in Cartagena when one has the means of living in a larger town. The army and naval officers, the "fonctionnaires" and "gobernador" may believe they have an excuse ; but it is a bad excuse. For my own part, I have spent one day in Cartagena, and before the end of that day, — just a little before supper time, I have felt "ganas de marcharme". I am dead tired, but much better, and MOOD-LESS.

Alicante again. — Sunday 20. — Got up at 5 a.m., travelled 1st class to Murcia where I had breakfast ; then 2nd class to Alicante, seeing the part of the way which I had not seen on Friday, that is, the Huerta of Murcia : immense plantations of orange-trees and lemon-trees, and, here and there a high, rugged mount. All this in a rich winter light, many of the hills being hidden by the white curtains of a luminous, milky, warm kind of mists and clouds. Saw the Segura river at Orihuela ; Callosa, not so impressive by day as it appeared by night ; Elche again, and then Alicante, the Explanada, calle Mayor, and Lola and Doña Dolores looking out of the mirador of my room. The troubles had increased while I was away, and I found Alicante full of Eunuchs in arms ; yesterday they killed several children ; all the shops shall close to-morrow, etc. The ladies are much alarmed. I have found a letter from Berthe L. on my table ; and a half finished page of my translation of S.B.'s *Note-Books*, just as I left it on Friday ; and Le Dantec's *Hérédité* with the bookmark at page 156, where I shall take it up on concluding this entry. "Peace, perfect peace". I may note that I have brought, for Eduardo, photographs of the four "Martyrs" of the prison at Cartagena (Besteiro, etc) and a scapulary, which is not the one I wanted, but which I intend to wear for one month.

Monday 21. — Tonight they gave "the great cencerrada" to the Governor, Sr. Pantoja, the man with the long nose. The noise began at 9 p.m. exactly, all the inhabitants of Alicante, men and women, joining in it ; it was a continual, uninterrupted hissing, till 10, when it ceased.

Saturday, 26. — Unwell and with the Mood again ; a bad week. Still, I have gone about a little (don Ramón ; the hours spent in the armchairs on the terrace of the Casino, looking at the Explanada, the harbour, etc). Worked a little, read a lot. Received and read, almost "de un tirón" the three volumes of Ramón Gómez de la Serna : *Greguerias*, *Senos* and *El Circo*. I liked them immensely, as much as Miró's books. They are made up of thousands of short "notations", seldom exceeding half a page in length ; (yet it can be seen that some belong to the same group, to the same "Essay" — in a way — after the manner of Addison or Charles Lamb ; they have been divided into three, four, or more fragments, which pass off as a "gregueria" each one of them, but we should not mind if they had been left where they stood at first.) They always oscillate between the "Essay", the "pensée" or "réflection" (sic), and the poem in prose after the manner of Baudelaire, yet with more impressionism in it, though it does not go so far in that way as Rimbaud or L.-P. Fargue. It is to emotional life what Nietzsche is to purely intellectual life ; which means that it goes very deep at times. There is a freedom, in the form, in the thought, in the whole style, which is refreshing and does one good. And yet there is an effort after humour, irony, and "pointe" which limits that freedom. It is not Fargue's "ce ciel rêveur qui est le front de toute chose" ; "les rails où fuient des yeux bleus", "la poursuite de fantômes" (applied to the smoke of a railway train (invisible) at full speed through a wood.) But there are good finds. At the same time I have read a few pages, here and there, of Eugenio d'Ors' *Ben Plantada* in Catalan. By the side of Ramón G. de la Serna, it looks full of pedantry, faddism, etc. It does not GIVE anything ; it SUGGESTS a little sensuality, a little freedom, and some kind of style. The "ben plantada" is a girl whose looks, body, ways of talking, going about, and bathing, give a "lliçó de catalanitat". The regionalistic cant, once more. In French, that book would be un-readable ; but the fact that it is written in Catalan gives it an appearance of "something". It made me think of Catalunya independent, a small, neat, well-regulated State, a kind of Mediterranean Belgium ; I handled it for five minutes with some pleasure, as if it had been one of those small silk flags they sell in the toy shops, — a little flag of Catalunya. Besides it reminded me of Sitges and of several "ben plantadas". But on the whole it leaves the impression of being a PRIG's book. — I have finished reading Le Dantec's *Évolution individuelle*, experiencing sometimes that "tension d'esprit" of which he speaks in his Preface. As an explanation, it looks much more satisfactory than Delage's *Théorie des causes actuelles*. His explanation of the transmission of sex is highly imaginative, as is his theory of telegony : images, images, images ; a playing on the word "virulence" ; yet it is subtle and clever. There is not a word about unconscious memory ; his system does without it, or at least, it leaves nothing but a kind of "chemical memory". The only passage which concerns the problem, as understood by Samuel Butler, is this : "Dans *Le Déterminisme biologique*, j'ai été amené à considérer les actes instinctifs comme le résultat de l'activité de parties adultes du cerveau, les actes intellectuels comme le résultat de l'activité des parties du cerveau dont les différents éléments n'ont pas encore contracté, les uns vis-à-vis des autres, des rapports invariables... L'homme, même très vieux, n'a jamais le cerveau tout à fait adulte... Il serait adulte dès l'éclosion chez des animaux n'ayant que des instincts et pas de trace d'intelligence." F[oo]tnote to p. 106. — He is quite clear about "mind" in what he says of the Neo-Lamarckians theories. He quotes the following from Cope's *Primary factors of organic evolution* (Chicago, 1896) : "(5) Movements of the organism are caused or directed by sensation and other conscious states ; (6) Habitual movements are derived from conscious experience ; (7) The rational mind is developed by experience, through memory and classification" — and the Neo-Darwinians views of these same questions ; and he adds : "Pour quiconque adopte la doctrine de la CONSCIENCE ÉPIPHÉNOMÈNE, les trois paragraphes (5), (6), (7) ne sont même pas à étudier, puisque tout acte, volontaire ou involontaire, est déterminé par la structure physique de l'être et des conditions ambiantes ; tout ce qui a rapport aux instincts ou habitudes entre donc, au point de vue de l'hérédité, dans le cadre des caractères physiques de structure" (pp. 194-195). This seems to fling S.B.'s theory to the winds. But then "memory" is an image, a metaphor ; besides, Le Dantec, in *Théorie nouvelle de la vie* speaks of some sort of "physical memory". Thus it is possible that he would admit a MINDLESS theory which, while throwing away Butler's extreme Lamarckian view, would yet work on the same lines as the *Life and Habit* theory ; I mean, applying it only to the cells, to the chemical elements... ? I must re-read Hartog's Introduction.

Sunday. — The Mood, all day. It was awful ; I got up very late, having slept very little, and all my day was spoilt by my morning sleep. Went to see M. I heard that C. was going away, and that a few people know the truth about what passed between me and — at San Vicente. So I left her in the state of mind that can be imagined, and had my attack of the M[ood] very strong, first at Ramiro Square, and then at home.

Thursday, 31. — I am a little better, and I think that the excursion to Cartagena has done me a lot of good ; but still it is not HEALTH. We have a fine weather during the forenoon, but after twelve there comes a fresh breeze and we have cloudy, unsettled afternoons. I have heard more about what made the subject of my last entry. M. was told that "the young lady" was fourteen only, so that I must suppose that they thought I had something to do with her younger sister, and not with her. [*Trois lignes caviardées.*]

This morning I received a letter — sent through the *N.R.F.* review — from the editor of a new French review published in Switzerland, and proposing that I should become one of its contributors. He tells me he has sent me the 1st number of that review, but as yet I have not received it. — I am reading Eugenio Rignano's interesting book on *La Transmissibilité des caractères acquis, hypothèse d'une centro-épigénèse*. It is a book written in French by a Milanese, and there are a few "spropositi", here and there, in his sentences : ROYAUME (in Nat. Hist.) for RÈGNE, DIVERSE instead of DIFFÉRENTE, etc ; and a great many mistakes as concerns the subjunctives. All this makes the book a little hard reading, but it is very interesting. (Rignano is one of the 3 or 4 men mentioned by Marcus Hartog as having expounded theories of life based upon "unconscious memory" and in some ways analogous to Butler's *Life and Habit* theory.) His hypothesis is very well exposed, very clearly I mean ; besides there are many interesting quotations from Oscar Hertwig, Weismann's *Das Keimplasma*, and De Vries' books ; he quotes Delage and Le Dantec too, and Wilhelm Roux. Oscar Hertwig provides him with very interesting facts and some very clever views, and his criticism of Weismann's theory, especially of the Weismannite view of the non-inheritance of acquired characters, is a masterpiece of advocacy in defence of Lamarckian views.

February

Saturday, 2. — Candlemas Day ; the shops, etc, open till 1 ½. The Mood has left me, and I feel somewhat better. Don Higinio, don Ramón ; the usual "paseo" on the Explanada and on to the Baños de Diana ; a fine day, quite "primaveral" as —— would say. Carnival festivities begun : Carmen came back from Campoamor with her hair full of confettis. Eugenio Rignano admirable on, or against, Weismann ; and yet, if Weismann had not given such an extension to the Darwinian theories, a Lamarckian reaction such as that initiated by S.B. and continued by such men as E. Rignano, would have been impossible. (Rignano uses the French verb "douter" as if it were the Italian "dubitare".)

Monday, 4. — A little better, especially this morning. Reading Eugenio Rignano's book, his criticisms and strictures on the systems of Spencer, Herbst, Oscar Hertwig, Orr and Cope. The objection that had already presented itself when I read *Life and Habit* is stated very clearly by E. Rignano : "Les points de ressemblance entre le phénomène mnémonique de l'association ou succession d'idées et celui du développement autogénétique ont déjà été très justement relevés par d'autres, et nous les examinerons d'une façon particulière dans le dernier chapitre [I long to get to this last chapter]. Il nous suffira ici de remarquer que le premier ne peut cependant pas servir du tout à expliquer le second. En effet, non seulement il appartient à un ordre de phénomènes encore... plus complexes que le phénomène même qu'il s'agit d'expliquer ; mais les conditions de genèse et de répétition des deux phénomènes sont différentes » (*La Transmissibilité des caractères acquis*, p. 225.) And yet he does not seem to reject entirely memory, or some sort of unconscious memory. We shall see.

During these past days I have been writing something about Spain. It occurred to me while strolling about the streets at Carthagena. I thought it would be some sort of essay ; but it has turned out to be only a record of personal impressions, recapitulation. I'll copy it out here.

SPAIN
1898-1918

I came to Spain for the first time in the year [1896][a] (I was 15 then). It was only a short excursion, a day spent in San Sebastian. We left Biarritz, Mother and I, by the morning train, and came back at night. I saw that San Sebastian was not so very different from Biarritz as I had imagined it to be. Besides, I had very few ideas concerning Spain. I saw her, confusedly, through Victor Hugo's poems, and some memories of my childhood, as a romantic land and as the grandmother (la abuela) of the American Republics. For me that day in San Sebastian was full of the excitement of being in a foreign town, of noticing the small differences which characterize the same kinds of shops, streets, etc., in the different countries. It must have been on a Sunday, or on a national holiday, since I have retained the impression made upon me by the schakos (?) of the soldiers ; I mean, by the colours of theses schakos ; (unless they

a. Les crochets sont postérieurs à la date de rédaction du journal ; corrigée en marge (sans doute pas de la main de Larbaud) cette date est 1897. De même, deux mots plus loin, le « 15 » est surmonté d'un « 16 ».

used to wear them uncovered every day in those times.) The shape and colours of these schakos are very characteristic, and gave me, more than anything else, the feeling of being in a foreign country. Of course, I could not help noticing that the Spanish soldiers were better dressed than the French ones. The country through which we passed, between Irún and San Sebastian, made such an impression upon me, that I used it in a sort of prose poem which I wrote a little later. I tried to put into it the atmosphere of that part of the Atlantic coast of Spain as it appeared to me on that day. That "thing" was entitled "Hernanda" ; the Spain it tried to depict looked like a kind of romantic Norway or Iceland. There was a good intention in that picture, but it was, as it was bound to be, a complete failure.

We came again to Spain, Mother and I, during the spring of 1898, and we "did" the principal towns in a tour of about six weeks, going as far as Gibraltar and Tangier. Our itinerary was thus : Madrid (with excursions to Toledo and El Escorial) — Cordova — Sevilla — Granada — Ronda — Algeciras — Gibraltar (Tangier, and back to Gibraltar) — Cordova again, — Madrid — Zaragoza — Barcelona, and from there back to France. I was then seventeen and had acquired a few notions about Spain. Roughly, I used to divide — as did many of my contemporaries, — all the nations of Europe, as regards their economical development and degree of civilization, into three classes, corresponding, in some manner, to the classes of the railway carriages : thus I considered Germany (where I had been) and England (from what I had read) as First Class nations ; France was a good Second Class one ; and Spain an old, dingy, dirty Third Class. For instance, I believed what Baedeker had told me : that Spanish hotels were very deficient in comfort and even in neatness ; that it was impossible to go to Spanish "casas de huéspedes" to stay, especially if there were ladies among the travelling parties ; that one ought to take great care not to have any intercourse with the "natives" ; that one had better to provide oneself with English and French medecines before starting on a Spanish tour, as it was dangerous to have anything to do with the Spanish chemists ; that in case of illness it would be sheer folly to send for a Spanish doctor, but that the traveller ought to inquire whether there lived any English, French or German medical man in the town, and send for him ; that, owing to the dirtiness of the railway-carriages and the "habits of the natives", it was absolutely necessary to travel 1st class ; that Spanish cookery could not even be tried by European travellers, etc, etc. I believed that Spain was a kind of more civilized Morocco, where History had come to a standstill about the year 1800 (if not before), and yet that it was well worth ~~going~~ to go[a] and see the country, because of its glorious

a. Le premier mouvement était le bon ; on devrait avoir : « it was well worth going and seeing... »

past, of its art and of its almost African "picturesque", but that in order to see it, the traveller had to undergo some tribulations, consisting in slow and tedious railway journeys, unsavoury food, and almost complete lack of every European comfort, and even a few perils. Paying that price, one could see the Spain of the French Romantic School, the land of "Carmen", the guitars, the bull-fights, the dark girls who wear flowers in their hair, a vast dancing place, a perpetual "feria"... So we adhered closely, Mother and I, to the letter of the law of Baedeker, to the best hotels, to the more "European" parts of the towns where we stayed a few days, etc, taking great care not to come into touch with everyday Spanish life ; yet coming into touch with it in spite of us, on two or three occasions, — for instance, when we had to breakfast or dine at some station refreshment room (at Bobadilla, I remember), or to go for a night to a small FONDA, such as the one at Ronda — the big, expensive "palace" there did not exist then ! — which consisted of the rooms on the upper floor of the station. And on these occasions, Spanish life did not seem to me so extra-European as Baedeker described it.

But I had other notions about Spain ; not taken from the guidebooks, but from books of history, conversations, facts, etc, and, above all, those early impressions and memories of my own childhood, of which I have said a word already. The Spain I imagined was partly the Spain of the French Romantic School, partly a "Reconquista", "Moors-and-Christians" Spain, and partly the Metropolis of Spanish America, the "Abuela". My rapid journey through the Spain of 1898 either confirmed or altered these notions.

It was the year of "el desastre colonial", when the peseta was at its lowest, and when the vanquished regiments were coming back from Cuba, Puerto-Rico and the Philippine Islands, the last vestiges of the sea-power of Spain having disappeared in the disaster at Cavite. I remember the return of the "rapatriados" in their poor colonial uniforms made of a yellowish cotton material with black or dark-blue stripes. At Barcelona, at the end of the Rambla, two of them tried to sell us a few big cigars they had brought with them, they said, from Manila. At Ronda I saw one coming home and the people, friends, relations, that had come to the station to welcome him. Many came home only to die ; and we saw many funerals of those soldiers. (What had become of the brilliant "lanceros de Filipinas" ?, I wonder) And in Madrid, how many old generals there were, on sunny afternoons, pacing up and down the Castellana in their threadbare uniforms ! (As I saw stars on their sleeves, I supposed they were all generals.) I saw the sickly, pale faced King, going out of the Palace with his professor of equitation. He was a pretty child in spite of his sickly appearance. I remember the pearl-grey leggings he wore on that day. When visiting the Armeria and the Escorial, I could not help wondering how a country so poor, so stricken, could keep up so expensive a thing as a court and all the apparel of Monarchy... Of course, the great poverty of the country and the crisis it had just gone through could not but confirm what Baedeker said. And yet I was not entirely taken in by appearances. I did not cease to feel, during all our journey, the two conflicting — jarring, — notes which other travellers have noticed at that time, and after, (Frank Harris, for instance) : the very old and the very modern side-by-side, as if there had really been a gap somewhere in the history of the Peninsula. Electric light, for instance, which seemed to be everywhere in use, even in the poorest parts of the smaller towns, which seemed to have been in use in Spain even earlier than in other more developed countries, constantly made me hear the "new" note, while the few and half ruined villages of Castile seen from the railway-carriage, the dirtiness of so many streets, the poor aspect of so many buildings, shops, etc, and the troops of beggars which used to follow us every time we went out of the hotel, made me hear the "old-world" note. Thus again, the contrast between the old "Hotel de Rome" in Madrid, at the end of calle de Peligros, and the very modern calle de Alcalá nearby. This Hotel de Rome with its patio, was exactly like a good provincial FONDA, only larger. Staying there two or three days, one knew what the Spanish higher-middle-class of the Provinces considered satisfactory in the way of comfort and ~~neatness~~ cleanliness, which was very little indeed ; and yet, there was that magnificent calle de Alcalá, and parts of the "ensanche" already begun, the huge mass of an official building then in construction, — the Ministerio de Fomento, if I remember rightly. In Sevilla too, not very far from the old, very Oriental, Hotel de Madrid, with its two or three patios, its Alhambra-like dining-room, they were building the new town-hall. (I saw it completed, years later, and was surprised to find the stones, which I had seen so dazzlingly white, turned a little greyish already.) But the greatest contrast was when, on the day after we had left Saragossa, we found ourselves in Barcelona. In those days I did not know anything of Catalonia and the Catalan question. I just thought that it was one of the forty-nine Provinces of Spain, so that I looked at Barcelona as at the largest town of Spain after Madrid, and had not the remotest suspicion that it was the metropolis of the — possibly — autonomous State of Catalonia. It seemed to me the largest and most modern of all the Mediterranean towns I had seen : larger and more modern than Marseilles, Genova, or even Naples ; and I gave to "Spain" the credit of having made for herself the finest sea-metropolis of the Mediterranean.

On the whole it seemed as if they had put into the old 3rd Class railway-carriage a quite new and most "up-to-date" lighting or heating apparatus, and as if it could be hoped that, in the course of time, they would modernize it so completely that it would become the most improved type of railway-carriage existing in Europe.

When I came back to France, my old idea of a "Reconquista" Spain had, if not vanished, at least receded to its proper place, and my idea of a Spain that was above all the Discoverer and the metropolis of the New World and of the Newer-World ("el Novísimo Mundo", i.e. the Pacific Sea and the eastern parts of the Malay Archipelago), had gained so much ground that I attributed all that had struck me as so very modern in Spain, partly to the direct influence of America (the Argentine Republic, Chile, Cuba, etc.), partly to an energy proper to the "Spanish race", — an energy which had produced such towns as Buenos-Ayres and Montevideo in America, and Barcelona in Europe. I grew quite optimistic about the future of Spain, and fell in love with a new author who puts in a striking and masterly way the thoughts that had been vaguely shaping themselves in our mind, but which had not, as yet, reached the clearer light of conscience and expression. I used to think : "Only here and in Germany can such new towns be found". I did not know that Madrid is the most recent of our great capitals, but it had impressed me as a very great capital indeed. (I remember our arrival there, in the small hours of the night : the aspect of the first narrow streets, unmistakeably streets of a great metropolis in spite of their being narrow ; then the larger ones, with here and there a still lighted eating or drinking shop, and women loitering about these zones of light ; and high buildings everywhere. A kind of strange, violent Paris ; a "wild" Paris. I was not prepared for that.) I am quite sure, now, that if I had not seen Madrid first, I should not have thought so highly of Barcelona ; I mean, that in my eyes, the great merit of Barcelona lay in the fact that, though it was so fine a city, it was yet but the second town of the country.

As to my cheap idea of a French-Romantic Spain, it had been modified, but little. It had been modernized. I had seen ladies in mantilla, the NOVIAS in the balconies, talking with their NOVIOS standing in the street below ; I had heard many guitars, and in one of the hotels where we had stayed, the señoritas had organized a ball where several of them had danced national dances ; I had been to one or two bull-fights ; and I had seen FERIAS and processions. Yet that was not QUITE like my old pre-conceived idea of Spain. Here too I had got hold of something genuine, imperceived by or unknown to the French ROMANTIQUES ; something which I could not define nor express, but which I felt intensely, and which made me think : I must come again and have another look. However, the dominant impression left upon me was that of a "new-world Spain".

Since then, in the course of a few visits to the Peninsula and during one stay (winter and spring of 1905-1906) I have watched the growth of modern Spain, especially of two Spanish towns

(Madrid and Valencia). (I can now remember their old aspect and compare it with the new.) Meanwhile I had learned more about the history and actual state of Spain. I knew the principal facts about Catalonia and the Separatist movement in general. I read Altamira and extracts from Joaquín Costa's books. Besides I was always remembering my older impressions, comparing them with the new ones I was receiving, drawing from them much more than I had expected to be able to do, given the shortness of my first visit to Spain. Of course Spain never interested me as a NATION, but as a COUNTRY, as one of four countries. In fact I feel, now, that it is mostly Spain-the-Nation who has prevented or rather retarded the growth and development of Spain-the-Country (as everywhere else, I should think.) Many things which had struck and puzzled me during my earlier visits were explained during my stay of 1905-1906. I made my plunge deep into Spanish life, and got sufficiently used to it to like it, though not so much as I liked English life. I got to know the truly Spanish "fondas", the "casas de huéspedes", the ways of middle-class Spaniards, "caciquismo", the political parties, etc. I learnt that Andalucia was the Holy land of tauromachy and the art of dancing. Without seeing Granada again, I understood — having seen it once, — what was its meaning, its character, its function ; the same of Sevilla ; the same of Zaragoza, etc. etc. I rented a Spanish flat in a Spanish house ; I had Spanish servants ; I lived on Spanish "cocina". I got to know pretty well the Spanish steamers and the life one leads on board the "Giralda" or some such boats that go from Barcelona to Santander. By that time I used to speak pretty fluently, having known a little Spanish since I was eleven or twelve years old. I learned a few words of Catalan and of Valencian.

Later on, during the years 1908-1914, when I used to spend the greater part of the summers in England, I liked to compare both countries. While in London, the place of the whole world where I have been most happy, I felt, from time to time, the nostalgia of Spain, and used to go to the Spanish bookshop in Charing X Road, and to a Spanish House or Exhibition (art exhibition) which they opened, one year, at the corner of Conduit Street if I remember rightly. I remember having written in my diary, when I was at Bristol, after having seen St Mary Redcliffe and having had a stroll along Baldwin Street : "Bristol est la rivale pauvre de Séville ; la Séville des pirates." This entry gives the note of my general impression when comparing Spain and England. Both countries are "Farther-West" countries ; each has developed itself a little apart from the continental countries. The one has developed an INSULAR civilization ; the other has developed a PENINSULAR civilization. But Spanish civilization, taken as a whole, that is, in its history, economic, political, artistic, literary, social, etc., is older, richer, greater than English civilization. This, I know, looks a little paradoxical, and is difficult to explain, but the next 50 or 60 years shall explain it. And then, it may be that Spanish life will be as comfortable as English life.

Now, in the year 1918, Spain is the largest of the few European countries which survive intact in the midst of the almost general eclipse of European civilization. She continues, without a break, European History, from which the greater nations have momentarily disappeared. This alone, independently of her increased wealth and greater material development, makes her more European, — morally European, — more Continental, than she had been at any time during the last two centuries. The other day, when I looked on the almost African landscape of Elche, I felt suddenly a great elation of spirits, as I thought of the growth of the Spanish towns, of the "ensanches" on the maps filling up their building "solares" so rapidly, and of the new glories of Madrid, Barcelona, Valencia, Salamanca, etc : Ramón y Cajal, Pi y Suñer, R. Tarró, and so many scholars in every branch of learning ; the artists ; the sculptors, the poets : Miró, Enrique Diez-Canedo (as a critic, at least, "hasta ahora"), Ramón Gómez de la Serna, etc. I thought of the promise contained in that development, in those names, and I said aloud (as I was alone in the railway carriage) : "Elche is a European town, now ! This is a European landscape ; it is ours ! It is ours !"

Sunday, 10. — Since I have finished copying out the above, I have received the batch of books I had ordered from Le Soudier ; not all of them have come, but the greater part of those on my list : J. Combarieu's *Histoire de la Musique* which I wanted both as a manual for my own use and in order to understand and translate better Butler's notes and allusions. I have read already the few pages on Handel, which would not have pleased Butler, to be sure. I am now reading the first chapter of vol. I — Defauconpret's translation of Cooper's *Wyandotté*, in order to compare it with the text (sent by M. Voldoire, who has had the kindness of searching La Thébaïde for it). I have begun that task. — J. de Maistre's *Soirées de Saint-Pétersbourg*, which I knew very imperfectly ; shall read it later on, when I have finished Combarieu's volumes. — Edmond Perrier's *Transformisme*. — Ovide's *Métamorphoses*, as I want to keep in touch with Latin poetry. — On Wednesday I received five copies of *Enfantines*, brand-new, printed at FONTENAY-AUX-ROSES ! and almost without any printer's mistakes (I counted three in the whole book, or at least in the parties of it which I have read) — : Röschen has got her ö (I daresay the printer will be arrested as a German spy). All this means that Marcelle J. has worked hard and has kept closely to my corrections while reading the proofs. I gave a copy to Eduardo, and sent one to E. Diez-Canedo, one to Miró and one to

M. Voldoire. — I have finished reading Rignano's book. The last chapter disappointed all my expectations. Still, it is very clever, on the Lamarckian side. But his three hypotheses are too bold, and too DISCONNECTED. Going up on his "échelle d'air" he "does not doubt" to write such things as the following : "La raison intime de l'attraction sexuelle des deux germes résiderait donc dans LEUR CAPACITÉ DE VIBRATIONS SYNTONIQUES" !! The first hypothesis is based on Roux's and Oscar Hertwig's experiments on half-embryos. The whole book, on the other hand, is based upon Serres' or Fritz Müller's "law" : "Ontogenesis a recapitulation of phylogenesis". But is this a "law" ? is it not another hypothesis ? However, Rignano's criticism of Weismannism is very satisfactory — at least for Lamarckian readers, and his chief argument against Le Dantec strikes me as very clever : he points out that, if differentiations only occur when the cell (or its elements) are in what he calls "condition n°2", the whole process will fatally tend towards DESTRUCTION. This had not occurred to me when I read Le Dantec, which proves that I am very "green" as yet in biological questions. — Rignano gives bad counsels to the French translator of scientific works ; I mean that the example he sets is deplorable : not only is he full of Italianisms, but his technical vocabulary is made almost entirely of crude "frenchifications" of German and English terms. In a translation of a work like *Life and Habit*, so literary, of so high a value as a work of art, this would not do. — I have felt better, and feel better. (Since I have begun wearing the scapulary I bought at Carthagena.) I have worked (the *Note-Books*), and feel quite strong enough to go on working.

Splendid forenoons : Don Higinio, Don Ramón ; hours on the terrace of the casino ; going a little about the Explanada and the harbour. D. José Guardiola called the other day. — Tonight I have been reading a few short tales by Silverio Lanza. They look like Leopoldo Alas's *Cuentos*, only more direct, and with more "sal". I don't think I shall go on with my diary, at least till next month ; I want to leave it aside a little. But before closing it, I must note two things : first, that I read (and then lent to don Ramón) the new book by J.-E. Blanche (*Cahiers d'un Artiste*, part IV) which I received on Wednesday, forwarded through the N.R.F. office. I did not read it entirely ; but there are interesting things in it : the atmosphere, etc, and, to me, the passages which refer to friends and acquaintances of mine : Sonia (Mme Edwards), Saint L. L. (Leger), Valentine Gross, and "les amis de la N.R.F.", les "génies". It was like a few hours spent in Paris, among my French friends. — 2° Carmen G's new departure. A great "acontecimiento" ; I help her to realize her old dream ; it costs me little, and it was worthwhile attempting that "gallant rescue". Last time I saw her, I thought she would "go wrong", but I saw, too, that she was fighting strenuously for "respectability". It will be interesting to see the result.

March

Friday 1. — Since I left writing here, I have had days of almost perfect health, days of illness too, and days when the Mood assailed me. February has been very fine in Alicante, and I have had glorious mornings, those South-Mediterranean mornings, almost too fine, which make one think of Neapolitan songs and cheap German poetry. But it seems as if March would make us pay for all that happiness and warmth. I have felt unwell, both yesterday and today. During the last 10 days I have been reading regularly and working almost regularly. (Combarieu's *Histoire de la Musique* ; I have got to Rameau.) I have received a very kind letter from Ed. Gosse, to whom the N.R.F. had sent my book. This letter is so highly flattering to me that I paste it here ; besides it has the value of an autograph. Gide and Royère have written to me to thank me for the dedications of two of the *Enfantines*. I have received, also, a letter from a young Swiss gentleman, unknown to me ; it is a curious letter, very enthusiastic, especially on *Barnabooth*. He says he has written two books, which he would have sent to me had not the exportation of books (from Switzerland) been forbidden. There is a strain of humour throughout that long epistle, as when he writes : "C'est drôle, à Genève, vous n'êtes pas très connu." I liked that ! I shall answer, but without any show of familiarity. I have answered Mr. Gosse's letter. — Today : read in bed till 10 a.m. ; then to the casino ; then on the Explanada, calle de la Princesa, etc ; then to see D. Higinio, who found me rather unwell. After COMIDA, Concha came back, which took us rather unawares ; but it is a relief, both for Lola and for me. Out between 5 and 6. Home again ; worked at the *Note-Books* till 8 ½.

Sunday 3. — THE MOOD ! First I had a bad night. Tossing about my bed, and then wide awake from 2 to 4 a.m. I got up and took Lemaistre de Sacy from the shelves, as I wanted to see how he has translated "to buy the Holy Ghost with a price" ! But as I could not sleep at all, I read the whole of the Acts "de un tirón". I like the way he has translated : "exceptis vinculis his" : "à la réserve de ces liens". A cold and windy Sunday. I have felt unwell all day. Read much : Combarieu ; this is a curious opinion of his on Haendel : " la grandeur du style, la clarté, la puissance improvisatrice, la netteté du rythme, le mouvement, la vie, et UNE SORTE DE DÉTACHEMENT GÉNÉRAL." A book I received through the N.R.F., a presentation copy with a kind dedication : "... qui m'a fait chérir Fermina

Marquez...” (but what does that mean ?) Anyway, I read about 150 pp. of that book, a novel, and did not like it very much. — Then the T... ladies came, with two of the girls, but not the little girl I like (Carmin). Then I worked a little. But the Mood did not cease to torture me, even when the girls were there ; and then, when they had gone and I had a talk with Doña Dolores, it was as if I was about to cry, though we were speaking about trifles. I kept thinking about —, [*Quatre mots caviardés*] — and yet ? E. came back late tonight ; not a word from her, [*Trois mots caviardés*]. I expected that. Still, it is very hard. I feel ill-used, [*Deux mots caviardés*] ; though I suppose I ought to be glad to have escaped. Nada. Hay que agarrarse... al trabajo.

Tuesday, 5. — A wet day (wind and a pelting rain, no cold). I feel better, both morally and physically, but I did not work today. First, to the casino ; then to D. Hig. where we wrote a letter to Doña C. Coming home, I found a paper, sent through the N.R.F., from Barcelona to Paris, then from Paris to Alicante. It is a number of the *Publicidad* newspaper with a short article by José M. Junoy on... *La Jeune Parque* ! What a pleasure it was to read it ! Junoy himself had sent it to me, knowing I would like it. It is a very short article : twenty lines and a long quotation ; there is in Junoy's manner the kind of modesty there is in Debussy's *Hommage à Rameau*. He confesses that he does not understand very well the general meaning of Valéry's poem. — I went on with Combarieu. — In the afternoon we went, E. and I, in a cab, through the chalky suburbs, to Oscar Esplá's “huerto”, and spent three hours there. He played something of Debussy on the organ ; I liked it, but I should have liked better to hear the *Hommage à Rameau*, about which I have been thinking continually during these past months, hearing it even in my dreams. Then he played on the piano several of his own compositions : one of his *Evocaciones* ; his *Canto de Vendimia* ; the whole of his *Hogar* pieces (short pieces on different moments in various “children's tales”, such as *Caperucita Roja*, *Barba Azul* etc.) At first I did not understand, and I lost the whole of the *Evocation* piece. It was because I had not heard music for a long time ; it only accelerated my thoughts, troubling them, leaving me no time, or no leisure, to attend to the meaning of the music itself. He could not perceive that, and of course I had to say that I liked it very much. But with the *Canto de Vendimia*, I began to be able to follow the music, and my admiration, this time, was not feigned. Of course I understood the “enfantines” pieces better : they are simpler, and I had got used to hear music. It did me a great deal of good. I told him, grossly, what were Butler's views on Handel and J.S. Bach ; O[scar] E[splá] is a Bachian. We spoke of Debussy, Ravel, Florent Schmitt's *Reflets d'Allemagne* ; of G. Miró, and of Juan Ramón

Jiménez, of whom he lent me a book, *Poesías escojidas* (sic). On coming home I read, in Eduardo's book, one of the Nelson Collection, Perrault's *Chaperon rouge* and *Barbe-Bleue* (and found them poor stuff indeed) and a short tale by Hégésippe Moreau, in the same book, *Les Petits Souliers*. Then I opened Juan R. Jiménez's book. I don't like it very much. Of course there are very fine things here and there. That line :

COMO LA FLOR DEL ALMENDRO, COMO LA MEJORANA,

where there is a nice, jammesque "caída" on the word "mejorana". He writes *j* everywhere [*Trois mots caviardés*] instead of *g*, thus : virjen. No importa. But what I don't like is the word RELOJ written RELÓ. I have always liked the *j* of the word RELOJ : "El reloj de Príncipes". RELÓ is vulgar ; it is the automatic or electric clock they've put in Paris and London, in some hotels, where they distribute Time "à domicile". Words like NOSTALJICO, etc, look like the words of some "newly forged" Cuban or Nicaraguan language. There is a poem on LARMS ! He most knows that valley, and Arudy, etc — Esplá's "huerto" looks (or IS really ?) like an old roadside "posada" or "venta" (= inn) around which they have drawn a kind of Andalucian garden (still, there is the characteristic pergola of the farms of the Alicantine Huerta). From the road, it looks quite abandoned, and even ruinous. From the courtyard, it looks like an ordinary farm ; but once inside the house, one is surprised to find so much comfort, and even a grand look of LUXE. The big studio, WITH A CHIMNEY, a bow-window, large windows, the organ, the piano, statues, books, splendid pieces of furniture, takes us at once very far from Alicante. It is Madrid, Paris, London, Vienna, and that in the midst of the Huerta, with an extensive view over the plain, the olive-trees, the sea (Santa-Pola, the bay), the mountains, the Castillo of Alicante, the Madrid Station. There was snow on the sierra. Oscar Esplá does not know how much good he has done me by playing. Of course, as usual, I looked so stupid and found so little to say that when addressing me he talked louder, supposing that I did not understand Spanish very well. However Eduardo told me that Oscar seemed rather pleased with me.

Now that I am well enough to work, I should like to put some order into my mode of living. I have been working at "Martre", but without writing anything : just thinking out two or three chapters, so that now I know them entirely "par cœur". I have left "L'Ange" entirely aside. I don't think it is necessary to write it ; of course it would give me some pleasure. But once written, it would get published, because I could not say no if the N.R.F. people wanted it. But then, I don't think it would really please anyone. Miró is a good example to follow. I have just been reading *Dentro del Cercado* (last night, as I could not sleep). It is a fine work ; every work by Miró is fine ; with him, any plot will do ; around any given plot he will work his wonderful "landscapes-seen-through-various-emotive-lives". But I have not that excuse ; my work is not that kind of work, and I daresay — or hope — that "Henry" for instance, will be the better for my having abstained from writing "L'Ange". Besides, there are other things. Since I have received the Ovid, I have been re-reading almost the whole of *Metamorphoses*, and I have thought of writing some notes or "interpretations" about that poem, as I had projected a short book made of notes on or about or a propos of Catullus. Now I think again of the Catullus book. So that I have : "Martre" ; "Catullus" (I should call it something else, or "Sirmio" as I had thought at first, in 1915.) "L'Ange", "Ovid", "Henry", — and... the translations of *Note-Books* and *Life and Habit* ! I think the best solution is : not to work at anything till I am clear of the *Note-Books*.

Friday, 15. — I have been studying Defauconpret's translation of *Wyandotté*. He skips as much as he can. I could hardly believe it. However he is generally correct in what he translates. His way of Frenchifying things consists in making of one English sentence two or even three French sentences. He shirks some difficulties. I have seen only one mistake in the transl. of the motto at the beginning of chap. IX. — I have been reading, too, Florencio Sánchez's dramas ; three of them. I liked one, *Los Muertos*. —

Sunday 17. — The Mood. A fine morning, but... the Mood ! I suppose I did exactly what I did this day last year. I went to Benalúa to see don Ramón. He gave me one of his recent sketches (ink and "gouache"). Came back early. Then learnt about Carmen, etc. Home again ; the T. and B. girls were there. I left them very soon and went to my room, where I began looking for various words in the little book by Fétis, which I had taken from don R.'s library (just as I did last year !) This morning, I have had letters [*Une déchirure sur quatre lignes.*]

Tuesday 19. — [*Début de ligne fragmentaire.*] [Yes]terday, among a number of letters from France, I received a post-card from Marguerite Audoux, very affectionate, etc. She had chosen a post-card view of Fontenay-aux-Roses, "Collège Ste-Barbe" ! I saw the view first. [*Une ligne biffée.*] She says she has passed her holiday near College Ste-Barbe, which is now occupied by several Belgian families (!!) Marg. Audoux used to go there, and she has re-read *Fermina* there, she says. From that view I can see that the gardens are attended to better than they were when I went there in

1907. To think of Fontenay-aux-Roses, and Mercedes E., and Julio and Pablo S. [*Trois lignes biffées.*] What a kind thought, that of Marg. Audoux, to send me that photo [*Lacune consécutive à la déchirure signalée plus haut.*] today, early, came the pieces of furniture I have bought as presents to Pepita and the other ladies, together with the small and nice rocking-chair I bought for my room. Splendid weather ; the "spirit of delight" everywhere on sea and land. Señorita Elisa and her younger brother had dinner with us. She read one of Florencio Sánchez's dramas, and laughed at the numerous Americanisms there are in those dialogues : "¡ que esperanza !" (= ¡ que ocurrencia !); "cosa linda" ; "no seas pava" (= tonta), "una pavada", etc, etc. She says it is quite fashionable in Madrid to speak with an American accent, using many creole diminutives, etc. I made coffee for her in my new electric apparatus. Later on we went to see Don José ––. Oscar Esplá was there, and I heard him play something by Granados, then part of *La Belle au Bois Dormant* by Ravel, and something by himself. –– was there ; and I felt how much I like her still, in spite of all. Lola found her slimmer. She wore her hair done in a German fashion : two plaits folded over the ears, which gave her, more than ever, that Margarete look which pleases me so much. I had not the happiness of touching her hand. She smiled from where she stood (near Oscar Esplá) and said only "Buenas noches". But when, later on, I was talking (about Butler) with O.E., she looked at me once or twice. She has still that sweet girlish smile, a little "niais" (but I like it), and those looks, the blue eyes, so dreamy, that give so much expression to her face. It seems so strange to think she is a Spanish girl ; I am always about to speak English when I am near her.

Friday 22. — Viernes de Dolores. I HAD FORGOTTEN IT ! We had a grand dinner, with champagne, claret, etc. I went for a walk just after dinner, but passing near the house where Mercedes lives, I went to see her and spent the greater part of the afternoon there. When I came home, I heard that SHE had called (with her aunt and sisters). But señorita L. and others were there, so that I am rather glad I was not at home when she came. Later on, came many children, and my little friend Carmín among them. I made her sit in the small rocking-chair near me, and made her laugh two or three times with the dog. I felt very happy to have her near me ; I like her sweet, radiant, SOLEMN face. Why is it that children have such solemn faces ? (not in the ordinary English meaning of SOLEMN, but in the grander meaning, as in this line of Claudel's : "Et l'Espérance montre sa face solennelle.") they look like that ; like symbolic faces of Virtues and Powers. Is it the mere lack of expression, or the very intensity of their expression ? It is hard to say. Little Carmín, when she sat quite serious and formal, looked like Justice, and when she smiled she looked like Charity. When they were all gone, I felt very miserable. First, because SHE had called when I was not there ; and then because I am in love (in a very fatherly way) with little Carmín, and that I felt very lonely when "my little girl" had said good-bye. — Work, work, the one great remedy. I have finished reading the two big volumes of Combarieu, and have begun Edmond Perrier's *Transformisme*.

Monday 25. — Went to Doña Encarnacion's. SHE was there. One of her uncles took her by her hand and jokingly introduced her to me. She said : "Pero si nos conocemos !" but she did not blush.

Wednesday 27. — Ill all day. It began on Monday night, and increased yesterday. Unable to work. Read. Finished E. Perrier's *Transformisme* and began Le Dantec's *Crise du Transformisme*. I see that De Vries uses the word SPORT as a scientific term, giving it thus "droit de cité" in scientific terminology ; just as KEIMSPLASMA or RÜCKSCHLAG. Still, Darwin's translators used : variation brusque. — The aspirine I have taken makes me feel better.

Abril

Thursday, April 4. — Very ill last week. I feel better now, and no Mood. Got up rather late (8 ½), but went out sooner than usual. Casino, etc. Did not see don Ramón, — nor don Ángel. Going on with Le Dantec's *Crise* ; worked at the *Note-Books* from 3 ½ to 6 ½. Then to Doña Avelina's, who made me "merendar" so much that I have had no supper today. I feel sleepy tonight. Am I really better ? I pray very regularly. I wish I were well.

I have read in a paper (*El Sol* — the U.S.A. Embassy's paper) that a Frenchman named Laskin has just published a book in which he reconciles l'INFÂME with SOCIALISM... Los estragos que hace la epidemia !

Sunday, 7 — Rain ; and the Mood. I had it very strong, these days : self-abasement, paralysis of the will, everything — hasta lo mas [*Un mot caviardé.*] I suppose it is the consequence of the illness during the last week of March. — Very low. — Received a letter from Miró. I paste it here. It is rather hard on my work. But still, if he had thought it absolutely worthless, he would not have written so much ; just thanks. This letter is the best piece of criticism I have ever seen on my books ; it applies to the others, though Miró does not know them. Still, talking of "primores patológicos", his own books are full of such things. With the rain, the pains in my feet and head have come back. I feel sick ; am unable to do anything.

Wednesday, 10 — As soon as I began to get away from the Mood, the dreadful headache came again ; it is ear-ache, almost as bad as at Florence in 1913. Well, taking aspirine, I have been able to work for about 1 hour yesterday, and to give Señorita L. her lesson. She is learning how to pronounce the diphtongues : *en, in,* etc ; the French *j, g, ch.* Sometimes her accent makes me think of Maria Graboroska. I have finished reading Le Dantec's *Crise du transformisme*. There is a criticism of Rignano's position ; Le Dantec calls "unconscious memory" or that which resembles memory (according to S.B. and Rignano) : "un principe mystérieux". So that applies to *Life and Habit* too. In the last chapter he defines very clearly the Lamarckian and Darwinian positions. I can see, now, what Le Dantec would think of *Life and Habit* from a merely scientific point of view. We can already perceive that one day will come when Evolution will be looked at as we look at the early "elemental" theories of the Greek philosophers. There is nothing so fantastical as Le Dantec's theories, nothing more groundless.

Sunday 14. — Better (as to sleep) ; but I cannot get rid of the afternoon headache. I work (at the *Note-Books*), very irregularly. I have had a letter from Gaston Gallimard, dated FEBRUARY 13 ! (from New York). He asks whether I should like to translate the book he sent me, *The Unwelcome Man*, by Waldo Frank. Sorry, I cannot. I had a look at it when I received it (in March) ; I don't like it sufficiently ; and, besides, I think that I have enough to do already with S.B. — Am reading Ribot's book. It seems to differ notably from the English translation used by S.B. The fine mornings we have ! The other day went with don Ramón along the Madrid Road ; the fields are full of flowers ; but it tired me very much. Met Carmen E. and her father ; they have made him a "delegado" and send him to a town in the North (Aragon). Miss D. attends regularly. — The characters of the Mood have changed ; it is more like a paralysis of the will than that kind of brooding. Anyway, it is horrible and I have to waste all my energy in order to fight against it. Sometimes I am even unable to read.

Wednesday 17. — I have spent the last two days in bed, and I feel very weak and FATIGUÉ. Still, I have been able to give Miss D. her lessons — that is, get out of bed for about 2 hours in the afternoon. She is a very willing student, and I have got her to pronounce WELL, about 100 words ; besides I have taught her the Ave María in French, so that she was able, she told me, to recite her rosary half in Spanish half in French, the other day. — In bed, I read the whole of Byron's *Don Juan*. I liked the first cantos pretty well, but the rest is only journalism in verse ; there is a curious automatism, as if every thought, by force of habit, shaped itself readily into a stanza. In my slumber (with fever) during these nights, I have been talking in Byronic's stanzas, saying the most stupid commonplaces in that shape ; I tried to remember a few lines which seemed to me rather curious when I said them, but I could not. I have fought well, since I write this at my table, and dressed. I see, in the paper *El Sol* that the first number of *Hispania* (Mr Cal— [*Un feuillet manquant.*]

April 23. — Shakespeare's day. — Sunny and warm, but windy. Señorita D. came ; I have set her to learn Desbordes-Valmore's "Roses de Saadi". She is going on wonderfully. Las señoras de T. came, too. Thinking over Byron's *Don Juan* : how much he owes to Voltaire ! Has this occurred to someone already ? (I mean Byron's poetry to Voltaire's poetry — not the ideas only, but the art.)

Thursday 25. — Headache coming. There is a good article (for the first time) in this week's *España*, by Gabriel Alomar. "Mi Francia no es aquella que fusila... etc." Well, [*Un nom caviardé*] is stinking in the nose of even the men in his pay !

Saturday, 27. — Better, but, above all, extraordinarily happy ; — almost ELATION — (without any cause). Perhaps the very strong coffee I took after dinner. Anyway, I have worked with a will, and felt happy from 3 ½ to 6 p.m. when Miss D. came for her lesson ; we worked and talked and laughed ; Lola says she is becoming quite a "Francesita". I have even found strength enough to answer Mr Snell's very kind letter (received last week) (about *Enfantines* — asking authorization to reproduce one of them in *L'Humanité*, the socialists' paper). And I have been thinking more and more about "Monsieur Francia". That would be like "beheading" "Henri de Sept." — I don't know what I shall do, but I like that man immensely. It is shaping itself in spite of me. If I had written what I have thought out, I should have at least 100 pp. already. Pazienza, Pazienza ! Doña Luz. came at about 8. — [*Cinq lignes biffées, illisibles.*]

Tuesday. April 30. — A fine, warm day. I had worked rather late, last night, and got up late. Casino, etc. I saw new green-peas from Jijona, bought them and cooked them — while Concha was looking at me con admiración —

[*Deux lignes caviardées, puis cinq feuillets coupés (la pagination reprend à la page 183 du manuscrit). Nous insérons toutefois ici les pages destinées par Larbaud à une publication éventuelle ; nous les avons retrouvées dans le Ms I, et certains recoupements nous permettent de les faire figurer ici.*]

[May]

[...][a] Toreno is a good historian ; at least his narrative is clear and follows closely enough the chronology of events. — It would be too long and too difficult to write about my "ama" Doña Dolores de A. — But I may note a few traits of her daughter, little Lolita. At least I'll try, since I cannot sleep. (I have had awful nights these two weeks, — a kind of moody restlessness, if I may say so, — thinking much about Alicante and —) Well, to begin :

Lolita's Little Ways

She comes where I am sitting and asks for my pencil and a sheet of paper. Then she sits down by my side and says :

— Now, you'll tell me some numbers, and I'll write them down. I hope I am not intruding, am I ? Well, now. But don't tell me very big numbers, because I don't like them ; I like only little ones.

So I dictate : 45, 27, 81...

— Eighty-one ? How shall I write eighty ? An "eight" ? Oh ! Yes, I know. And a "one", is not it ? Now, don't look, please. You know, my Mamma has gone to see Doña Carmen. My hands are "something" dirty. But you don't mind, I suppose. Why is it that you've got so much hair on your hands and arms ? 35 ? A three and a five... Etc. etc...

— Oh, here's Mamma coming back ! I have "felt" her. She's with Filo, the maid, you know. My Mamma never goes out alone by night.

She runs to the balcony and shouts :

— It is forbidden to shout in the street ! ... (To me :) Oh please don't tell Mamma that I have used her red thread. You won't tell her, won't you ?

Enters Doña Lola, all in black, with a thin mantilla pulled halfway down her face (the latest fashion in Madrid).

(I cannot reproduce Doña Lola's Andalusian accent and expressions). Filo shuts the door behind her mistress, and Doña Lola sits down.

a. Nous mettons des [...] partout où Larbaud a signalé que du texte manquait.

— Well, I've seen Carmen. She's better, thank you. What a woman ! Then I have been to St Luis' to say my credos. Well, Lola, now where did you find the red thread with which you've done that ?

(A kind of purse.)

— Mamma, a little girl gave it to me yesterday.

(Lolita looks at me and winks.)

— Well, as I told you, I have been saying my credos at St Luis'. My God, what a pain ! He says he loves me still, but la ! I'm quite sure he follows me like a little dog, wherever I go. He knew I had been with Carmen and Paca to the Hippodrome, the other day. Now ? If he had not dogged my steps all over Madrid, how could he know that ? I don't know what to think. Jealousy is what he has got ; he's dying of jealousy, the poor man !

As soon as little Lolita has heard that her mother has been saying her credos, she runs to the balcony and looks out. She knows from long experience that when her Mamma has spent a quarter of an hour kneeling on the steps of St Luis' (or any other church in the centre of Madrid) at 10 p.m., she must have been followed up to her very door by a male admirer ; and she goes to the balcony to make sure. Then she says :

— Mamma, there's a gentleman down below talking with the watchman. Now, he is giving money to the watchman, Mamma. What can it be, Mamma ?

— Another of those fools who spend their time following ladies about the streets. I wonder what the watchman has told him. Well, I must speak to the watchman tomorrow morning... (To me :) You know : they see a lady kneeling on the steps of a church, they think : "Who may be that lady, and wherefore is she praying ?" Oh my God, how silly are some men ! I had noticed him watching me from across the street, in front of the church.

— Mamma ! That gentleman has just passed by, and he is looking up towards our balcony.

— Well, Lola, don't mind. Pff ! He may spend the whole night looking at my windows I don't care. My God, what a pain ! How I have cried, tonight ! But only when he had been gone. You know, it's the day of his Patron-Saint today. He said to me : "Now, my Lola, I never go out by night. Look at me : I am grown fatter." And, poor man, he looks so pale ! O yes, fatter, indeed ! I have grown thinner, since we quarrelled. My God, what a pain ! When I think of all I have left for him ! He told me : "Now, Lola, do write to your husband ; he will give you good advice. He will tell you that you must go and live in another part of the town, nearer to my house. Do you want money ? Only tell me, and I help you." As if I wanted money ! Pff ! With the rents of my houses in Málaga I have got more than I can spend, and my husband sends me fifty duros every month for the maintenance of Alberto (her son), and then there's all my family plate and jewels, inherited from my great-grandmother and my grandmother and my mother, and my three aunts ! You've seen them, haven't you ? No, I don't care for HIS money. I care for his love, that's all. And to treat me in this way, too ! I think I must consider all that as a thing of the past, and if I had not made a promise to say ten credos I should not say one anymore, because it is useless : he shall never care for me anymore.

— Mamma ! That gentleman is standing at the bottom of the street and he is looking at our balcony.

— Well, leave him, child. How silly you are, child.

— It is you who are silly. Now let me have another of those sweets this gentleman [meaning myself] has brought you tonight.

— O shut up, you silly child. Blessed be the foolish mother who has borne you !

— YOU are that foolish mother !

— Yes, ask the priest about it. You are no daughter of mine. Now, pray ; go to bed ; you've been annoying this gentleman all evening, I am sure. Oh, I do hope he will make it up after all, and come back to me. How I should like to have him always near me, and attend to him and take care of him ! He said : "I know you are a good woman, Lola. I know you don't go with other men." But then, you know, he would keep me indoors all day. And he a bachelor, a man entirely independent. O if I were not married... !

The above sketch is very hastily and imperfectly written. Moreover, it may give a wrong idea of my charming hostess. One could possibly think that she is no better than a "white slave" of the higher class. But this is not the truth. The fact is, that she likes being courted, and followed by welldressed men, and

[*Une page manquante.*]

have them put apart for me ; and I shall work in the "Rare Books Room", which is to the Biblioteca Nacional what the "Large Room" is to the British Museum. Wednesday is San Isidro's day, Madrid's Patron Saint ; so that I shall begin work on Thursday only. I had already drawn a rough list of the books I want, both for verifying words in my translation of Samuel Butler, and for W.S. Landor's Spanish expedition of 1808. — Strolled about the Castellana ; I enjoyed that walk down the splendid avenue : the welldressed men and women, the smell of newmown grass ; there are lawns, — it is almost the smell of London in early summer ; and I could fancy myself walking down Piccadilly and the Green-Park railings. ~~I heard two tall, fair girls, speaking English~~. The weather is glorious ; what a pity I am not well enough to enjoy it as I ought to.

[...] Got up early and went to see don Francisco Rodríguez Marín, who received me with his usual kindness. Then I was shown into "la Sala de Raros", — the Room of the Rare Ones, — I like that, the more so as "raro" in Spanish means, still more than in English, "odd". They have not got *NED*, and they brought me some funny old English dictionaries instead of it ; among them a dictionary of slang words and expressions bearing the date of 1796, into which I had a look : many expressions now in use in literary writing and current among ~~the cultivated classes~~ well bred people once passed as slang, or at least as very colloquial. The former owner of that book (a Spaniard) had pencilled remarks in the margins, trying to show some connection between English and Spanish words (non-Latin ones) but almost all his remarks are patent mistakes. Still I could use for my purpose their copy (an old, thick paper one) of the *Dict. of National Biography* ; thus I knew who Father Smith was. In all I worked for 2 hours in "los Raros" ; then I walked to the Retiro and strolled about the shady avenues, along the lake, etc. Then to Puerta del Sol, where I had dinner.

[...] (San Isidro's Day). — Got up early, but worked in my rooms till nearly 11 a.m. Then went in a "simón" to Parque del Oeste, along the fine Paseo de Rosales, ~~looking over what Ramón Gómez de la Serna so aptly calls "the sea of Castile"~~. There was just a light halo of very thin mist, so that the fine wooded plain and hills looked almost as some Monmouthshire landscapes, but still with more grandeur and the unmistakeable light of the Blessed South. Dinner in Calle de Alcalá. Home. A long talk with Doña Lola, and when she had gone (to Parish's Circo, with little Lolita) I prepared my work for tomorrow in Los Raros. Tea at Caserna's. La Gran Via, etc. My usual light supper at home, and then a smoke and the reading of *Pride and Prejudice*.

[...] I must note ~~a few things~~. The people going to La Pradera ; several goodlooking, dark girls, in mantón de Manila, going there in cabs ; one especially, — she came out of the "casa de viajeros" in front of Doña Lola's flat : a dark dress, — brown, — probably a "vow" dress, — white shoes (feet, very small) and white stockings, the bodice open rather low, showing fine shoulders ; a very high comb ; hair absolutely dark, and much of it, — very young, not 20 I should think, — wrapped in a large mantón de Manila, green, with huge pink and red flowers, very showy to be sure, but not GAUDY. Her mother, — a lady in black, — was sitting near her in the carriage, and in front of them the father, a tall man, dressed in a coarse corduroy shooting-suit, high boots, and a dog-whip in his hands, — to drive the gallants away, I suppose. That man was remarkable, — a Castilan farmer I imagine, cleanshaved, with a firm mouth, and a serious, energetic look ; the daughter was all sweetness and "flecos". The contrast was pleasing ; made me think of Leger's line in *Éloges* : "Un homme est dur, sa fille est douce..." I saw them again when they came back from the "romeria" to their inn.

[...] I begin to feel that Madrid is much more familiar to me now than when I knew Doña Fermina (1906). But then it is not exactly the same Madrid : la Gran Vía has given quite a new aspect to the centre of the town. In fact, I am re-adjusting my old notions of the Madrid of 1898 and 1906 with the new notions of a new Madrid. Almost every day I pass before the Apolo Theatre, where we went once, Mother, my Aunt Jane, Doña Fermina, her husband, and I, in 1906. How well I remember those days !

[...] Spent the greater part of the forenoon with Taine's *History of English Literature* (in French) at the Biblioteca Nacional. I wanted to know how he has translated such titles and names as the Pilgrim's Progress, Hopeful, etc., in order to keep them as he has translated them where they occur in *The Way of All Flesh* and other works of Samuel Butler. But I could not refrain from reading whole chapters of that curious work, which I had not looked up since 1905, when I read it through, — "de un tirón". The chapter on Samuel Butler (the author of *Hudibras*) is written in an abusive tone which makes the reader wonder at Taine's lack of humour. He finds S.B. (as S.B.'s — *Erewhon*'s S.B.'s — father found Shakespeare) "so very coarse" ! He seems to have known Townley's French translation. (I wonder whether Samuel Butler (MY S.B.) had heard of Townley's translation, and whether he had not Towneley's name (in *The Way of All Flesh*) from that knowledge). With more biographical details, Taine's chapter on Bunyan would have been excellent. But after all, it is just a few "idées directrices" about Bunyan. Sometimes it makes me think of a "manuel de conversation" : what one must say about — say — Dickens, if his name is mentioned in the library. Well, I know this is rather unjust ; but then I felt angry, this morning, at so much "hanky-panky" criticism.

A long walk after dinner : calle de Atocha, la Magdalena, Duque de Alba, Embajadores, some lanes then the calle de Toledo, Plaza de la Constitución, calle Mayor, Arenal, Carlos III, the Royal Palace, then back to Puerta del Sol and home. The streets of the Inclusa borough are very picturesque : they slope down in such a way that there is always, at the end of them, but very far in the distance, a vast tract of green country to be seen, fields, clusters of trees ; a low line of landscape and a broad expanse of deep-blue sky. It does not make the town seem smaller, as one would think it should do. The vastness, the great distance, the SERIOUSNESS of those landscapes, make them worthy of being the "fonds de tableaux" of the street of a metropolis. They are less lovely, but grander, than the landscapes at the end of the streets of Florence ;

they look like Velázquez's landscapes ; they have something "grandiose" and "historique", XVIIth Century, about them.

[...] Today I went to the small gallery of the "Amigos del Arte" where there is an exhibition of Portraits of Spanish Women, from Isabel la Católica down to Isabel Segunda. About sixty pictures lent by private galleries, the painters most largely represented being : Juan Pantoja de la Cruz, Alonso Sánchez Coello, Juan Carreño de Miranda, Goya, Vicente López, Rafael Tejeo and Federico de Madrazo. Goya's Tirana was there, but it did not strike me so much as another portrait by him, much less famous, which I had never seen, not even in a reproduction : the portrait of Doña María Gabriela Palafox y Portocarrero, Marchioness of Lazán. It has a very dark background, which is unusual, I think, with Goya's pictures. I could not make out what pleased me so much in that picture. It seems to me that in it Goya triumphantly expressed his idea of "la real hembra". (What would "la real hembra" be, in English ? I wonder. How far from "a bonny lass" ! The "Queenly Female" would not do.) Well, I could scarcely think of anything else today ; I had that picture constantly before my mind's eye, though I worked at home part of the afternoon after my visit to "los Amigos del Arte". — I have just come back form the Zarzuela Theatre ; a poor play, made of two tunes that have caught the fancy of the idle Madrileños ; the whole performance, music, singing, women, the lights, etc., were completely eclipsed, for me, by the memory of Goya's picture.

[...] Hired a simón and went to Las Américas and the Rastro. The statue they've put in the most classical spot.

Went to the National Library this morning. Saw Don Francisco Rodríguez Marín who received me very kindly, thanks to Senator Palomo's introduction. Tomorrow I'll give him a list of the books I want to consult. In the afternoon, lounged about la Gran Via, calle de Alcalá and the Castellana down to the Museo Nacional ; I passed several times under the balconies of the house where Doña Fermina lived when we knew her. I am still under the spell of Goya's Marqueza de Lazán[a].

[...] book what it is. But one expects more, a deeper insight into family life. Still it is alright as it is, and it would be difficult to

a. Ce paragraphe est tiré de lignes ôtées au Ms I et retravaillées pour les « Bouts de papier » que Larbaud donna en octobre-novembre 1932 à Jean Royère pour *Le Manuscrit autographe*. Elles se poursuivaient ainsi : « I have just finished reading Jane Austen's book. Clearly the story is told from Lizzy's point of view. The other people, — except Mr and Mrs Bennet, — are nowhere (Collins too grotesque to be convincing). No landscape, no mystery ; but there is an element of dramatic truth : the question Parents versus Children is touched upon. "Mr Bingley and Jane remained at Netherfield only a twelvemonth. So near a vicinity to her mother and Meryton relations was not desirable even to his easy temper or her affectionate heart." (!!!) »

give a sadder, and a truer, picture. However many readers will not see THAT : Jane Austen put too much conventionality (or, as Samuel Butler would say : suet) about these bitter truths. Some will even prefer the Bingley-Jane group to the Darcy-Lizzy couple... and Jane Austen could have spared us (people of the XXth century) at least 100 pages.

[...] Down the Castellana to the B. Nacional. Four hours in los Raros. Shakespeare. Of course I could not but read much that was not connected with S.B.'s quotations I have got to translate. One feels that there were intellectual fashions, literary and "journalistic" catch-words, etc., just as there are today, and that S. used them, or allowed them to get into his work. "Shakespeare and the intellectual fashions, or cheap philosophy, of his day." But the important fact is : the finding things of general and permanent human interest expressed with a perfection which, by itself, is all-sufficient. — I am still under the spell of Goya's Marquesa de Lazán.

[...] Calles de Preciados, del Carmen, Fuencarral... A close and sultry (= bochornoso) afternoon. On the 2nd floor of the house just in front of this one, a pretty girl, of about 20, a little "toasted" but very well shaped, was bathing. She seemed not to mind to be seen "unveiled", as she had left the window wide open and the "persiana" loose. — I am going on with the re-reading of S.B.'s *Life and Habit*. It will prove to be "un livre difficile" with the general reader. I have had a look into Mrs Hemans' Poems in order to understand S.B.'s quotation from "Casabianca", in *The Way of All Flesh*. They've got a copy (ONE copy) of the 1929 edition : *The Forest Sanctuary and other Poems*. There I found and copied out "Casabianca". It is silly enough, indeed. I read about ten poems. (I had read some of them in the Public Library at Weston-super-Mare, TEMPO FA.) It is full of good intentions ("Kindred hearts") but it cannot help being silly. They've got 50 "poetisas" of that "calibre" en las Américas. Not ONE line worthy to be compared with Desbordes-Valmore. — On leaving los Raros I went to the Botanical garden, — vía calle de Serrano ; a very sweet place. Dinner at the Palace Hotel, then to the Gallery of the Prado. Goya, Greco, Velázquez of course and as usual. Then Van Kessel. — After supper at the Trianon where I heard Raquel Meller. Chocolate A LA FRANCESA and then home.

[...] Ibañez Marin, Toreno, Pi y Margall... Heard from Diez-Canedo that Araquistain is a warm admirer of Samuel Butler's work, and that Alfonso Reyes is translating G.K.C.'s *The Man who Was Thursday*. — Went to the Biblioteca del Senado where I found a copy of *Webster's Dict.* but no *N.E.D.* — There is an atmosphere of almost oppressive luxury in those rooms ; it looks more like a thing to be shown to tourists than a place where to work at leisure. — It is late, and little Lolita is sleeping with her elbows on the table[a]...

[June]

[...] course, but the dust, that dust ! Except "asperges" and strawberries, all the country products are bad : the milk for instance, which made me think, with regret, of the milk I used to drink at the Mallorquina. — The poor little taverns, inns and "restaurants" there are, as it were in the margins of the gardens. However the Fonda de Pastor (Godoy's Palace) seems to be comfortable. All things considered, Aranjuez would be a very nice [place] to come to from Madrid, for a few weeks, in order to copy out a ms. or to finish a book : staying at Fonda de Pastor, going for a walk, every morning and every afternoon, in the gardens, on rainy days visiting rooms of the palace and of Casa del Labrador... I thought of Blenheim : I am quite sure I shall never go again on purpose to Blenheim, and I am even surer that I shall never go again on purpose to Aranjuez.

Alcázar de S. Juan is just as I thought : a small town with a very big station ; it is the Rugby station of central Spain. The FONDA FRANCESA is uncommonly good, neat, and comfortable ; the landlord is a Frenchman, and cooks as well as any CUISINIER of Madrid.

Thursday, 13 — My train starts at 4.5 p.m., and I think I shall go as far as Albacete — I have visited Alcázar. It is a very large village : long streets of "casas de pueblo" ; two or three old hotels of noble families but untenanted, at least by their noble owners. A country-town "casino" ; the ayuntamiento and two large churches of red sandstone and bricks ; some Andalucían-looking houses, with white-washed walls ; one "art-nouveau" house, with a vulgar "Lalique" front, already ruinous[b] — I suppose this is what we owe to the big station. Saw one lady (mantilla, and black lace, black bodice, black skirts). The people speak Castilian. Was videdly reminded of the Rastro : in fact all country-towns are a kind of Rastro ; at least an architectural Rastro is Alcázar. Why do people live here at all ? — Two alguaciles asked me if I belonged to the theatre ; I suppose they had some message for one of the "tournée". There are 3 things in Alcázar : the Rastro-like aspect of the town ; the excellent CUISINE of Fonda Francesa ; and the station. The

a. Fin des pages du Ms I.

b. « ruinous » : sans doute pour « ruined ».

station is everything to the people of Alcázar : their club, their theatre, etc.

Albacete Friday 14, 1 A.M. (Hotel Francisquillo). — Left Alcázar at 5. A very slow train. Travelled 3rd class, so that I saw la Mancha, its landscapes I mean, framed in the cheap wooden frame of an old Spanish 3rd class railway carriage, after having looked at them, in 1905 and again in 1916 framed in the gorgeous frames of the "sleeping-cars". And I saw them better, with more attention, more detail. Záncara ; the sleeping "pueblos" ; the sudden patch of wooded country (at Matas Verdes) ; the windmills ; I saw them first in winter, and then in autumn ; in all seasons they look the same : they are the land species of the family ; while the Dutch ones are a sea-species of windmills (I had already made that remark in my old diaries). The Mancha is at its best now, in this season of the year : interminable plateaus of low vineyards and low corn-fields, patches of red-brown soil, long STEPPES of light-green oat-fields... (I don't think Cervantes chose la Mancha on account of its barrenness, but because it was — as it is — about the most prosaical province of Spain.) I write this after having walked for about 2 hours in the streets of Albacete, the chief town of the Southern part of la Mancha. As soon as I had taken my hat in the dining-room of the hotel I thought : "Coventry ; Montluçon" ; and my two-hours walk about Albacete confirmed me in my impression. The town is better lit than either Coventry or Montluçon ; but it is the same kind of town. They have an avenue (modern) which begins immediately behind the station, and which is to them what the Explanada is to us Alicantines. They have a fine coffee-house ; a few small places with lawns (or rather gardens). I saw the old calle Mayor, and a large, fashionable street (c. de ? Gallego). On the whole Albacete is much better than Alcázar and much worse than Alicante. Everywhere, however, there are unmistakeable signs of the abundance of money which characterizes this epoch in the history of Spain. — I travelled in the same carriage with about a dozen of boys on furlough from Carabanchel Camp ; they were Manchegos (many of them were going to La Roda) ; fine boys. I saw some beautiful girls in the small stations on the way. A rural kind of people, not unlike the people of Warwickshire and Bourbonnais.

Saturday, June 15. — I had thought of staying at least a few hours at Villena, but I felt so tired that I went directly (travelling 2nd class) from Albacete to Alicante, where I arrived yesterday morning at about 8 o'c. Found my home as I left it — except that Doña Dolores was ill in bed. The family upset, etc. She seems to be a little better. Found Concha already come back from Tibi, and this morning Carmen made her appearance, looking thinner.

Today, got up rather late, but feeling better. Worked till about 10. Then went to Benalúa where I saw don Ramón (better) with whom I had a long chat (2 hours). Loreto, his niece, was there. Then we went together to Alicante, and to see don Higinio (whom I had already seen yesterday in the afternoon). Another chat. Then to the terrace of the casino. Home. Out again, and to the casino. Home again. Worked from 4 to 7 ½, when I dressed for the second time in the day, going out for a walk on the Postiguet and in the Ramiro Garden. On coming home I began to read Stanislas Meunier's *Géologie biologique* — the introduction and the first chapter, that give great promise of an interesting book on biology ; with all the apparatus and methods of modern science, he speaks sometimes like Bernardin de Saint-Pierre. — Dined rather late. Then doña Luzgarda came and Eduardo's friend Manolo T. I showed him my new lead soldiers bought at Madrid.

I find Alicante more silent than when I left it for Madrid. Almost sleepy. The warm weather (+ 25 ° centigrade in Calle Mayor this morning at 11 — in the shade) keeps people indoors for the greater part of the day. There are few flowers left, either in Ramiro Square or in Paseito Isabel II. But I like the harbour asleep in the ~~full tremendous~~ broad glare of the sun ; it is Europe with a touch of the Tropics ; the impression of being very far away, of having fallen, from calle de Alcalá to some Cuban or Venezolan[a] place.

I have taken up again the translation of the *Note-Books*, and begun to read a novel by Abel Botelho in the original Portuguese. My French reading will be, for some time, Paul-Louis Courier. I don't think I'll go on with this diary, for I mean to give all my time to S.B. ; reading ; and copying out my notes on S.B. and other subjects (the title of this copybook will be : le Métier). Besides, I hope my days will be all alike, without any disturbance from the outside. Ah, and the study of Portuguese — POR SI ACASO...

The brown girl of the estanco in front of the casino asked me whether I would go to San Vicente this summer ! — The news are : the death of Don Juan Langucha ; the new libreria of Plaza de Elche ; the new pavement of Calle Mayor — almost finished.

July

Tuesday, July 9 (Alicante). I take up my diary after a lapse of 25 or 26 days. I have been well enough, except once or twice, for a few hours ; but nothing very painful. No Mood ; rather "joie de vivre" and even buoyancy. — The fine Mediterranean dawns and mornings. Almost every day, Lola or Pepita woke me at 5 ½, and I

a. Mélange de *venezolano* (espagnol) et de *Venezuelan* (anglais).

got up at once, making coffee, dressing, and to work. I have had PERSIANAS hung in all the windows, so that the heat does not molest us ; besides, there is the sea-breeze, which blows all day long. Of course, it is much better than San Vicente, in every respect. And yet I should have gone to live at San Vicente, if.... What a narrow escape I have had !

I have been two or three times at Benalúa, spending an afternoon at Don Ramón's. I see him almost every day ; he is better, less "neurastenico", and works much, sketching and drawing part of the day. He will be able, I think, to exhibit about 100 sketches in "Bellas Artes". — I have got Carmen (Carmen II) here, so that I have someone to attend to me, doña Dolores being ill in bed, and her daughters always in her room. — Tom, the dog, died yesterday. I did not think his case was so bad, and it was too late when I understood that it was something like gangrene in the mouth. In three days his tongue disappeared, eaten up by the infection. I attended him to his last moment, making him drink, etc. Poor thing : up to the last he showed kindness and gratitude. We did not tell Doña Dolores about it.

On the whole I have kept constantly within the limits of the Peaceful District of the Most Serene Republic, seeing a few friends, going out a good deal in the cooler hours of the days, and working regularly. In the translation of S.B.'s *Note-Books* I have reached chap. XX, that is, page 309. I have had to write many letters, as Gaston G. keeps insisting on my going over with him to New-York : I should deliver lectures, perhaps even work for Copeau's theatre ; they would make me a member of the French High Commission, etc. Especially, I would make heaps of "dollars" with my lectures and articles in the papers : "You would make, certainly, more money than you do at Alicante", writes Gaston ¡ Yo lo creo ! As I spend £40 per month here without taking the discount of 40 per cent into account — which would make about £50 per month. Of course I could spend less ; but, de todos modos, I do not earn NI UN CÉNTIMO. And I don't care to.

I am still reading Stanislas Meunier's book. As yet, I cannot guess what his conclusions will be, but I find him very interesting. It looks as if he were opposed to the conclusions of both Char. Darwin and Lamarck. I have been going on with Abel Botelho's book, *Amanhã* ; I don't like it. I understand it pretty well, but I think the pronunciation must be very difficult. I have been reading, or rather re-reading Paul-Louis Courier. I prefer his letters to his *Pamphlets*. It is worthy of attention that, morally, he was a better man when he wrote the majority of his letters than when he turned to pamphlet writing. The following passages will show what I mean. He writes from Milan, in March 1809 : "Je ne peux plus vivre que dans le beau pays ove il si suona." And again, a little later : "Dès que les neiges des Alpes seront un peu fondues, je partirai pour Paris. Mais c'est bien à regret, je vous assure, que je tourne le dos à l'Italie, et je ne resterai là-bas que le temps qu'il faudra pour m'arranger de manière à n'y revenir de si tôt ; car désormais, madame, ce n'est qu'en Italie que je trouve de la douceur à vivre. L'inclination, comme vous savez, se moque de la nature, ou plutôt devient une seconde nature. La patrie est où l'on est bien, où on a des amis comme vous ; et si mon bonheur est à Rome, il est clair que je suis Romain." In October, same year, after he had deserted from the French Army in Austria : "J'ai quelque souvenance d'avoir été soldat, mais cela est si loin de moi qu'en vérité je le puis ranger parmi les choses oubliées." All his letters are about his work as editor and translator of Greek authors. Then, in 1810 : "J'ai deux ministres à mes trousses, dont l'un veut me faire fusiller comme déserteur ; l'autre veut que je sois pendu pour avoir volé du grec." Later : "Il faut que vous croyiez mon affaire bien mauvaise pour me chercher des protecteurs... J'ai peur, si je redemandais mon livre saisi, qu'on ne me saisît moi-même." Again : (from Rome) : "Je veux maintenant aller à Naples, et de là, si je puis, à Corfou." — And then, this is how he expresses himself in 1820 in one of his *Pamphlets* : "Mon principal établissement est la maison de mon père, à Luynes ; là est le champ que je cultive, et dont je vis avec ma famille ; là, mon toit paternel, la cendre de mes pères, l'héritage qu'ils m'ont transmis ET QUE JE N'AI QUITTÉ QUE QUAND IL A FALLU LE DÉFENDRE À LA FRONTIÈRE." Well, after all, this is but "suet in the pudding" as S.B. would say. His words are spoken dramatically. Still, I don't like "actualité" under whatever shape it is presented to me, and the greater part of Courier's *Pamphlets* are only "actualité" and nothing else. Sainte-Beuve preferred the letters and he was right.

Wednesday 10. — To-day, as I felt I could no longer stay at home without falling ill, or at any rate without growing entirely unable to work, I went to Muchamiel in the tram, and thus saw Santa Faz and San Juan on the way. I liked Santa Faz best. The village consists essentially of one paved square with a few high houses and part of the front of a convent, where one of the Holy Faces is kept (of course the people here say that the one in Rome is not the true one). That square looks like the centre of a small provincial town : one expects to see streets, and city lanes, and more squares, but one finds, just behind the six or seven tall houses, nothing but the glaring wilderness of the Huerta. The dusty road winds through that pale-yellow country, along the white and dusty walls which limit the fields, that is rows and rows of small, stunted almond-trees and olive-trees, with, here and there in the distance, a solitary palm-tree.

San-Juan is a larger place than Santa Faz, but it is rather a vulgar place, something very like San Vicente. Muchamiel, the terminus of the trams, is a characteristic Spanish-Levantine village : the large church, quite monumental, and which would look quite in its proper place in any of the larger county-towns of England : city churches with cupolas covered with dark-blue glazed tiles. The small square, with railings and all, as if intended for people who have little occasion of seeing plants, shrubs and flowers, — and, all around, at the bottom of the few narrow, short streets, there begins the country, with its olive-trees, its almond-trees, its dry African vegetation, and its glare. These Spanish villages look as if they had been intended for towns, only that they have been stunted in their growth. They give a great idea of the wealth of Spain in the past centuries, but they are, for one who would like to go and live there "in the country", as unengaging as possible.

Muchamiel sounds as "Much Honey", and I thought that such was the meaning of the name when I saw it for the first time ; but it seems that it is of Arab origin and signifies something quite different. I saw the small theatre, the diminutive casino, very clean, with modern furniture, etc. The church was closed, so I went, first, to the tobacco "office", and then to an inn, where I had a glass of sarsaparilla syrup with soda water (they charge one penny for a glass) and half an hour's chat with the servant, a very pretty girl, who, seeing that I was a real foreigner (as I spoke Castilian instead of speaking Valencian), treated me with great kindness. Then I waited for the tram. The houses at Muchamiel are very characteristic. There is a large, vaulted entrance, through which is seen the large ground-floor room, which is divided into various compartments, but not by walls nor any partition whatever : the division is rather moral than material : on the left there is a shop, on the right a dining-room ; then another vault, and a sitting room on the left, with a bedroom on the right ; more vaults, a wooden staircase, with glazed tiles (with yellow and blue designs) covering the vertical part of each step. In the background, another door, which opens into a garden or court-yard. It is all very clean, with the three walls and the high vaulted roof whitewashed. But it looks more like XVIth Century stage-scenery than like an English house. Indeed, there is a curtain before the entrance, a large velum, "a grey apron" (as in L.-P. Fargue's poem "... et toutes les maisons ont leur tablier gris"). They remove it, or open it, at sunset, and the calm play, or rather pantomime, can be seen : a woman buying something in the shop compartment, a girl filling with water the bottle (or rather BOTIJO) on the table in the dining-room compartment ; girls leaning over some delicate work such as lace or embroidery ; a mother combing and dressing her daughter's hair on the PROSCE-

NIUM, etc. It looks like a triptych, too, illustrating different periods of a saint's life.

There is quite a number of gentlemen's country seats about, and IN, San Juan and Muchamiel. These are surrounded with beautiful gardens or parks (Santa Elena, at Muchamiel) ; there are groups of palm-trees, and those big, feathery pines of the South. And thick curtains of flowers hanging over and down the old walls. But the white dust is over everything. The girl at the inn told me the names of several families of the gentry ; fine names, most of them.

On the return journey, I had another good look at Santa Faz, where I mean to come again, this time as a pilgrim. It is a very sweet place, and there is something about it which makes it unforgettable : the plain but noble architecture, and, between two tall buildings, a vaulted passage, with a sunny park at the other end. We met many carts, full of laughing boys and girls ; they recline on the bottom of the cart, without minding the continual jolting and the dense clouds of dust. They are fine girls, quite plump, and very clean, and much whiter than the majority of the town-bred girls of this province. The sunset was glorious on the sierras ; and the painted houses looked more yellow and more orange-coloured than ever. — I was in Alicante again at 8 ½ p.m. ; from the tram I saw Carmen (the other one, Carmen III — "adhuc crescens et rude Carmen"). I came home at about 9, with my hair all white from the dust. On the whole (and in spite of the dust [*Une moitié de ligne caviardée*]) it did me a lot of good to go to Muchamiel, but I don't think I shall go there again.

What freedom they enjoyed under the "tyrant" Buonaparte ! The things Courier could write in his letters ! Of course he could never have written thus if there had been a censor ; there is enough, in his letters, to bring a man before two rows of noble murderers, or to make him to be sent to die "en el campo del honor". Decidedly Boney[a] was an angel when compared to our modern Monsieur Nullité.

[*Un paragraphe de six lignes caviardé.*]

I have just finished reading Stanislas Meunier's book. He reproduces some of Quatrefages' strongest arguments against Evolution, in which he does not believe — indeed he thinks it is absolutely untenable. Darwin's Evolutionism he ruins by adding a considerable number of data from the geological record ; the drift of his argumentation is : 1° that the conditions of life have been THE SAME from the earliest geological periods ; 2° that there is no struggle for life in the acception C.D. gave to this expression ; 3° that transition forms between one species and another have, as yet, never been found. Against Lamarck's SENSE OF NEED theory, the

a. Semble être un diminutif pour « Bonaparte »...

fact that conditions of life have always been nearly the same is fatal. This seems to ruin all the bases of S.B.'s *Life and Habit* theory ; but Meunier's explanation as to the origin and apparition of life is not entirely opposed to what S.B. thought about the question. I am glad I have not copied out, as yet, my notes on S.B.'s biological views ; I think there are passages, both in his books and in Stan. Meunier's, that can be compared and found to concord on the main points. "... il nous faut imaginer, pour le phénomène biologique, des centres d'activité à la constitution desquels LA MATIÈRE ne prend aucune part. Dès lors la question de l'apparition de la vie sur la planète se trouve affranchie de la nécessité de faire traverser, à des espaces célestes, de fines particules matérielles [does not Meunier mean : 'de faire traverser, à de fines particules etc., les espaces célestes' ?] Étant exclusivement dynamique, comme l'énergie cristallogénique, l'énergie biologique pourrait se transporter d'un astre à un autre comme font la lumière, la chaleur ou l'électricité" (p. 312).

Monday 15. — Le Bon Dieu soigne Alicante : we have glorious days, with a strong and refreshing sea-breeze blowing — right across from Italy — almost all day long. — On Saturday morning I got a very kind letter from Louis Chadourne ; I paste it here[a]. In the afternoon we went, Eduardo and I, to Santa Faz, where we saw the Holy Face they keep in a small chapel adjoining the church and within the precincts of the convent. I bought a scapulary ; I promised to wear it till the day after my birthday ; then we bought medals for all the womanhood we've got at home (is this English ? It is exactly the Spanish : para todo el mujerío que tenemos en casa). This morning, Pepita woke me at 6, but I slept on till Carmen came with breakfast at 7 ½. Worked till 10 ; then out, to Don Higinio's, where I met Don Ramón. The Horchateria del Pasaje de Amérigo. We talked about contemporary Spanish literature : the influence of R. Darío (whose book, *Los Raros*, he bought and gave me), Ricardo León, Pedro de Répide, the Quinteros, Jacinto Grau, the men of the magazine España, etc. Then to what we call "the station" (of the tram to Benalúa). Home again. Worked from 4 to 9, almost SIN PARAR. I have read a little bit of Darío's *Los Raros* ; it is all about the glorious period of French literature in the XIXth century, 1868-1898, the DÉCADENTS and the SYMBOLISTES. He says, with reason I think, that it was a more important period than any of the preceding ones in the same century. Indeed, by the "influence" test, these French schools seem to have been more important than the whole of the ROMANTIQUE movement (I mean French ROMANTIQUES, of course.) This is self-evident now, and will be more so as time "rolls

a. Voir annexe 4, p. 777.

on" ; but it shows great critical sense in Darío to have dared say it in 1901 or before. (They were articles published in a Buenos-Ayres paper.) This is what I should develop and try to show if I were to accept Chadourne's proposal — it would serve as an introduction to an essay on Miró and another one on Gómez de la Serna, but I don't like to contribute to any of the reviews that are published in other than neutral countries : the mere idea of writing, as it were, under the watchful eye of the Police, makes me sick. Besides I don't know anything about contemporary (and less about older) Spanish literature ; a series of articles — however superficial, on that subject would mean the reading of a mass of rubbish, — and then if I began to like it... ! "Il faut savoir se limiter." — There is a Canadian sailing ship in the harbour, and we see, almost every day, some men of the crew, very drunk, and followed by a small crowd of ragamuffins.

Friday 19. — A great "juerga" day : we dined together, Don H., Don R. and I IN Diana's (the restaurant at the end of the pier), lounging away the whole afternoon till 8 p.m. (which is 7 of normal time). Told him about Gaston's proposals ; he says a winter in New-York would be sure to kill me, adding his favourite saying, that mas vale vivir un año en la vida que cien en la historia. But I don't think I would "make history" in New York either ! There were two Englishmen in Diana. What an afternoon : talk and HORCHATA. Don H's anecdotes, etc. Too much HORCHATA, I could not eat anything tonight at supper. In the translation of the *Note-Books* I have reached page 332.

I am reading a recent book, by Modesto Perez, on Ángel Ganivet ; it gives some particulars about him and his work, but as criticism it is naught. I have just seen the following sentence, which shows what that [*Un feuillet déchiré.*]

I like Pepita's garden at S. V., and have been glad to see the jasmines I remembered so well. She has had it arranged in the Andalucian way, so that it is quite nice, especially during the long evenings of summer. I wish I could say something more. Shall I remember ? I think I shall. — I did not mention here that, late in June, I received a letter from Doña Lola de A— (my hostess, not landlady — in Madrid) telling me she was well, and had made it up with her lover.

Wednesday, 24. — The Mood again, and under its most cruel shape ; the complete indifference, the drifting away from life ; nothing, not even work can shake it ; I am at the bottom of a very deep well, in utter abjection. I wish I could react.

Thursday, 25. — Thank God, I have re-acted, and so well that I have worked and enjoyed myself all day long. It is St James' Day, and in spite of the Sunday-like look of the streets, I have been able to go about without feeling at all unwell or depressed. I began to feel better yesterday, after having written the last entry : I heard a little girl singing such a delightful little song (about the Holy Virgin) that it did me lots of good and made me think of Catullus ; it was a rhythm like that of the Carmen Nuptiale. (I have written to M. Voldoire asking him to send me my copy of Ellis' Catullus — I hope he'll find it, and the police will not detain it too long.) This morning I got up early, still full of that song, — the small, clear voice, so easy, so laughing, — and the manner, that "de soslayo" way of passing by, of smiling ; the thing I like best in Spanish girls, is their way of walking, of talking. "De — or A soslayo" expresses it very well ; I see in the dictionary that it means "obliquely" ; yet there is something more in the Spanish words. — Worked till 11 a.m. when I got a letter from Mme Klotz, which I answered at once (about la Serna and G. Miró). At the bookshop I found Joseph Carner's book, *Llibre dels Poetas*, which, on the recommendation of Díez-Canedo, I had ordered. Met Don Ramón, and we read some of these together, at the Horchateria del Pasaje. My impression is that, if they were written in French, they would look like that kind of poetry which comes from Carcassonne, Albi or Capdenac. A sample :

El yacht, entre las onas, fa sa vía ;
l'eléctrica claror hi es esplendent ;
d'onheu cántides y riures d'alegría
y olor de rosas ha rublert l'ambent.

Hi há una barcassa miserable y vella
plena de molsa, qu'ha batut el vent ;
una captayre y un baldat en ella
s'abrassan y's petonan tendrament.

Y en el yacht fastuós, d'ahont devallan
torrents de llum y aromas d'orïent,
en la coberta lady y lord badallan
els sens llavis tapant dicretament.

This is exactly what one would expect from a provincial disciple of Joséphin Soulary. There is a rather better hymn "A la Mare de Deu del Pí". It is Verdaguer once more, but a more modern Verdaguer :

Oh Verge dels ulls clars
Y dels somriures divins !
Duheu sobre nosaltres
Mi gran perfum de pins.

Don Ramón liked the following, which is only a popular children's song arranged by Carner :

Salta miralta
Trenca una galta,
Salta que salta
Que saltarás.
Trepitjá rosas,
Parla amb estrellas,
Pren papellonas
A cada pas ! Etc.

Well, as yet I have not seen anything of truly EUROPEAN importance among the many Catalan books that have been pointed out to me as very remarkable. Maragall and Eugenio d'Ors are the best, but they look poorly by the side of Miró and Juan Ramón Jiménez. Still, I do not doubt that Catalonia shall produce something great in literature.

Spent the afternoon in my rooms : siesta and more work. Out at 8 p.m. I saw all the little girls I know — the poor little girls of my BARRIO, whom I see every day going to fill their CANTAROS at the fountain — dressed like princesses in honour of the day. It was glorious ; — there is one who looks like an English kiddie-girl. It did me good.

Monday 29. — Yesterday it rained for five or six hours, a great event here. Many streets were transformed into rivers, and the water in the harbour appeared yellow from the mud. Had dinner in the casino, and went to S. Vicente at 4 p.m., coming back in the 8 ½ tram. Villa Avelina. — I have finished reading a book on Cervantes as a geographer. I thought I was to find something interesting in it but I was disappointed. The author, Fermína Caballero, tries to PROVE that Cervantes was a better geographer than Strabo, and fails conspicuously, as was natural. There is, in fact, nothing interesting in that book, which looks like a schoolboy's exercise. They say, somewhere in the notes, that Ticknor quotes it. The title is *Pericia geografica de M. Cervantes.*

In the afternoon I took the train to Elche, where I spent three hours, coming back at 9. A porter from one of the inns proposed to accompany me and I accepted. He took me, through the palm-trees wood, to the villa del Carmen and then to the Curate's garden, where I saw the big palm-tree, and then to the plaza Campello, where he left me. He told me that Don Ángel A. and his niece were staying at the inn. I thought they had gone back to Milano. As Don Ángel, he told me, was at Elda on a short trip, I did not go to pay my respects to "Mariú". After having had a glass of beer, I went for a stroll about Elche. Saw the new bridge over the deep ravine, and came back over the old bridge. It is the more characteristic part of Elche : the houses, churches and a few palaces or old fortress-like buildings, sloping down with the fringe of palm-trees, the whiteness of the walls, the tall green palms, etc. Something quite African, or rather Algerian. To the station, and the large oasis around the station, following the artificial rivulets, or acequias, that water the palm-trees and the fields. Amoena quies. Here and there a few women squatting by the side of an ACEQUIA, washing linen or talking, or a man climbing up one of the slender, tall, palm-trees, with the help of a thick rope and the iron points in his shoes. A few ACEQUIAS were full of running water, rather turbid because of yesterday's rain. I enjoyed these walks. However, the best of Elche can be seen from the train without stepping down from the carriage : the station is in the midst of the larger cluster of palm-trees, and from the iron bridge, just on coming out of the station, the deep ravine and the panorama of the town is seen to advantage. The archaeological Museum has been removed to Madrid. There are a few interesting buildings, but, in general, Elche is without interest. They ought to make the palm-trees plantations reach the sea and surround entirely the town. I am very tired.

I travelled 2nd class. I must not forget the couple, middle-class, man and wife ; the wife quoted Campoamor. My friend Dr Dalebrook, of Sevilla, would think she was an exception. I don't know. Of course, here in Spain, they have "El Tren Expreso" to quote from. I don't know what an Englishwoman would quote, or a French woman.

August

Thursday, August 1. — Got up early ; worked from 9 to 11 ; then to the casino, then to Don Higinio's where I met the L—— ladies and don Ramón. Then to the Horchateria ; and home. Did not go out in the afternoon. Have had two letters, both from London. One, very affectionate, from Gladys ; the other from Dan[iel] O'Connor — of whom I had not heard since 1913. He is a lieutenant in the British Army ; he wants me to go to Ireland with a Mr Hugh Law, M.P., to do propaganda in favour of the Cause of Right, Justice and Civilization — the very last thing I would do, as I pray continually for Ireland and wish with all my heart that she may throw off the yoke of England. I don't think I'll answer that friend's letter. But I'll write to Gladys. — During these last days of July, I have been reading various articles of Ángel Ganivet collected in the recent work on him as "Poet and Journalist" ; I did not like them — except one, "Las ruinas de Granada". I am now reading Joseph de

Maistre's *Éclaircissements sur les sacrifices*. The points of contact and of difference between J. de M. and S.B. are, here, as striking and as numerous as in *Les Soirées*. Don Higinio is reading Pi Suñer's *Unidad funcional* and will lend it to me when he has finished. He told me something of it which seems rather interesting. — Don Ramón's exhibition in Bellas Artes promises to be a success — at least he will sell a good number of his pictures. — In the translating of the *Note-Books*, I have reached group XXIV (page 360). I'll leave it aside for a while, as I must begin to translate la Serna for the review *Hispania*.

Sunday 11. — These last ten days have been mainly dedicated to the translations from R. Gómez de la Serna. I sent the ms. to *Hispania* three days ago. It was a pleasant task. I worked part of the night, while, in a tavern near by, a blind woman sang "Oraciones" in a loud, wild voice, with an accompaniment of guitars. I did all I could to do justice to "Ramón", but I feel that these translations from the Spanish are very inferior to the translations from S. Butler, and I found it rather more difficult. And yet I speak Spanish and nothing but Spanish, and I feel that, when I write here for instance, the English words do not come so readily as they did a year ago. Yet such is the force of habit and the result of a LITERARY knowledge of a language, that I translate S.B. quite easily, or at least without much worry, while a Spanish text gives me a lot of trouble to put into French. — Mme K. wrote to say she has sent her own translations from *Greguerias* and *El Circo* to *Hispania*. —

I must note briefly : the kind visit Don Pedro Salinas paid me, and the long talk we had together (anecdotes about the literary circles of Madrid, etc.) — The arrival of Doña C. and her sister Dolores. My going out at night and to the Teatro de Verano to meet them (as yet, unsuccessfully). For the present I feel a little depressed, with, from time to time, great pains in my head. — At Teatro de Verano I saw *La Calle de la Montera*, a nice comedy (XIXth Century) and one of Echegaray's dramas.

Friday 30. — I have left writing here a rather long time. The heat has been tremendous, and I have not been very well. Could not work. But I have had quite a number of happy days : here, going about with Doña Candelaria and her sister Dolores ; at Don Pedro Salinas' near El Altet (my best days) ; at San Vicente with Don Higinio. The rest was : siestas, nights in the Teatro de Verano, and reading : another short book of poems by Josep Carner, *Els Fruits sabrosos*, much better than *Llibre dels Poetas*, but with some of its defects : affectation, MAUVAIS GOÛT. However he is someone. A book about the old Madrid, by Gutierrez-Solana, a painter ; it is something like "Jarro" the Florentine journalist. And I have just finished reading a very good novel by Pío Baroja, *El Arbol de la Ciencia*, much less superficial than everything I have read by the same author.

September

Monday, September 2. — Days mostly occupied by : 1° the heat ; 2° meeting or avoiding (according to their attitude) doña C. and her sister. Work : nada. And yet, thinking about many things. Rose late. Casino (the family I had noticed going about the Explanada yesterday ; a detail allowed me to know that they were Galician people ; the map ; shall I remember that piece of detective work ?) Don H. where Doña C. had been. Went to Diana and Alianza. Met Don R. Then waited for Doña C's maid. The talk I had with her. The afternoon. Siesta. To night I met them. How silly ! What a manner of losing one's time ! And yet I like it very much.

Villena, Tuesday 3. — A fine morning in Alicante : saw Don Pedro Salinas, who came to say good-bye before going back to Madrid, and thence to Sevilla. A long talk about books, Spanish life, etc. I read a few pages of Butler's *Note-Books* (the note on Soglio) ; he liked it. Then to Don H's ; saw Araceli, more beautiful than ever, and her little sister, her brother, his wife, etc. Little Charito was there too ; gave her the photograph. Saw Doña C. too (twice). At 8 p.m. I left by the CORREO train, and got here at about 10. Hotel Alcoyano. Dinner. A stroll about the badly lit streets. A big, sad, hard "pueblo" ; of course, tries to look like a town. Went to a café "de camareras". The hooligans and the GUAPOS.

Alicante, Sept. 5. Thursday. — Back from Biar, where I spent 6 or 7 hours, really delightful, with Mme K. and Doña Enriqueta. Dined with them. They took me to the garden and round the village. Slept at the small, very clean inn. What I saw this morning from the windows : the large and green valley, the gardens ; olive-trees, vines (the low ones of Castile and Hérault) ; but for the abrupt and arid, cypress-less hills, it would have been Tuscany (la Impruneta, etc.). No palm-trees ; a purer, cooler atmosphere than at and near Alicante ; a less deep blue over the hills. The "carret" to the station ; while waiting for the small train (something like the ones in the Isle of Man) which they call "chicharra" (harvest-fly) the village looked very fine up on the slopes of the PEÑA, with its castle at the top. The light, wonderfully pure and calm, without the glare which comes from the sea acting as a reflector. Country light, georgical, resting patiently on the hills, the walls, the fields, the light-green masses of the olive-trees. A very fine valley, like some in

Provence and about Italy, but still very characteristic, very Spanish (perhaps in the abruptness, aridity and colour of the hills and mountains that limit and surround it). The water, wonderful. Biar is a fountain, with water streaming pure out of the rocks down into the stone BALSAS. The sound of running water is heard almost everywhere about the village. A glass of it is something that cannot compare with any mineral water abroad ; but it must be drunk on the spot, of course. The girls are very pretty. Even the little girls are pretty — which is not common in Spain. Faces of the "Charito" type ; even in England they would look pretty, sunburnt and dark as they are (of course, the "salt" of the brown ones : they look, at first, like the beggar maid among the fair ones ; but little by little sparks begin to fly from the smouldering fire beneath the dark grey ashes, and in the end they eclipse all the others, all the sunny ones, those girls who look as if they were always under a shadow). Not ALL the brown ones, of course ; only those who really look like the beggar maid at first, not the ordinary Spanish flapper ; (I know what I mean, and I am thinking of Araceli, with whom I had the pleasure of shaking hands to-night). Well ; back to Villena in the "chicharra". Once more in the Fonda del Alcoyano. Once more strolling about the streets. The fiestas (the old "embajadas de Villena") ; bands everywhere ; flags, etc (all this mirth and brutality fits very well with the smell of police, spying and mobilization that can be perceived in the air during these [*Une déchirure sur cinq lignes en haut de la page*] a train, two hours late, took me, RENDIDO, to Alicante and home. — Great news (something about a friend — I like him better now I know that. Very sad.) Letters. One from Fargue. Says he'll come — perhaps — with R. Viñes.

I have been reading in a few hours a short book on *Nietzsche et les théories biologiques contemporaines*. I wanted to see how Nietzsche had "re-acted" under the influence of the Lamarckian and Darwinian hypothesis that pervaded the philosophical atmosphere of his day. The book, by a lady, is very perfunctory and gives no great views, nothing really critical, on the subject. It shows, though unintentionally, the poverty of the "great Nietzschean doctrines" ; he was a MORALISTE [*Lacune consécutive à la déchirure signalée plus haut*] times, but according to us whims, and without even attempting to be critical. One passage seemed interesting : "Darwin a oublié l'esprit", but he is alluding to the struggle for life theory : "Le résultat des luttes est au détriment des forts. Darwin a oublié l'esprit." Or course, if the remark had a general character, that would place Nietzsche on the same ground as S. Butler ; but it has not. The author, Claire Richter, seems to ignore S. Butler.

Yesterday (Sunday) dined and spent the afternoon at San Vicente. Many girls came, and there was a great "jaleo" : songs, dances, etc.

— Doña Antonia gone. — I have received some of the books I ordered six weeks ago from Paris ; that book on Nietzsche was one of them. Another is a *Pages choisies* volume of Tristan L'Hermite. I have been translating orally a few poems, — the "Belle Gueuse" among others, of course — to the ladies, who liked them. I have been reading all there is of *Le Page disgracié*, and the letters.

Thursday 12. — The heat, awful. Couldn't do anything. Los baños. Have just spent the night (from 10 ½ to 1 a.m.) on the Explanada with Dolores and Doña Lola ; doña C. went home at about 11 ½ !

Monday, 23. — At last, it rains !

Sunday, 29. — Tonight I start for Madrid.

November

November, 19 (Tuesday), at Alicante again, but now my address is : Canalejas n° 28, 1°. — One month and a half without keeping my diary. I did not take it with me when I went to Madrid, where I spent the last days of September, the whole of October and the first week of the present month. I got to Madrid at about 9 a.m. and immediately went to the Hotel de Roma where I expected to find M[other] and M. Voldoire. Their train had not arrived yet, but I did not know that, so I went round all the principal hotels in Madrid, asking for them. At last, going once more to the Hotel de Roma I learnt that they had just arrived, and had gone for me to calle Barbieri, where I met them. We were to go to Alicante at once, but M. was tired, and then there came the news of the epidemic, and so M. remained at Madrid during all her stay in Spain. She lived at Hotel de Rome, and M. Voldoire and I at calle Barbieri (Doña Lola's). That was as well ; I mean M. staying at Hotel de Roma, — and not going to Alicante, too. There were "hard" days, but on the whole M.'s stay was rather a success. [*Deux lignes caviardées.*] She (and M. Voldoire, of course) left Madrid on the 26th or 27th of October, and then I was quieter and freer. Still, I have enjoyed myself well enough ; going about with M. Voldoire, and showing him the town, museums, etc. We went to the Sinfónica's concerts, etc ; and having plenty of money (owing to M. being at hand) we fared very well. (There is something elating in the mere fact of living near a rich person.) I bought books, visited picture exhibitions, but avoided — I don't know why — the literary people (met Díez-Canedo on the Puerta del Sol, on the morning of my arrival, before having found M.) Saw Ramón Gómez de la Serna, on a rainy day, in the calle de las Infantes. During [*Une déchirure sur quatre lignes au bas de la page*] and the dinner with Mr. Díez-Moren, governor of Toledo ; la Chelito ; my long walks about the Florida (it is what I like best in Madrid) ; the big glasses of milk at la Mallorquina's ; Wyndham Tryon's pictures (this country : Guardalest, Jijona, Altea, etc.) ; the morning walks about the Retiro, etc, etc. And then Doña Lola, and Lolita, and Adora, and the children of calle Barbieri. (Took Lolita out for a drive in a motor-car, the first time she entered one.) Doña Lola's love affairs. — Now, how I got away from calle Mayor and the —–. Last year, about this time, I wrote in my diary that I would not be able to live more than two years with them. It proved true. [*Lacune consécutive à la déchirure signalée plus haut. Les deux premières lignes de la page suivante sont caviardées.*] The Hotel Simon — where they wanted to charge more when they heard that I was about to stay a long time ; so I went away, and Doña Pepita came to terms, and let me her flat, etc. The result is that I am much more at home, "chez moi" (which is still better than "at home"), than I ever was when I lived with the —–. By the end of this week I shall be quite "installé" : the lamps, the carpets, the shelves, the portières, everything will be in its place. — Strange, to see the people with whom I have lived more or less intimately, those I have known at San Vicente, the girls with whom I have flirted, the people I know so well (and they me), as if from a distance (the weeks at Madrid, the epidemic, the political changes, and my new lodgings, in another neighbourhood). I suppose this is what is called "turning a new leaf".

Wednesday, 20th. — A few things I forgot to note, about my five-week stay at Madrid (or was it six weeks ? I think it was.) The visit (with M. Voldoire) to the Museo del Artilleria ; the Cuban girl (Carmen — her strange accent, and her memories of London and Paris) ; the mornings at calle Barbieri, with Doña Lola, who used to come and talk to me while we were breakfasting. At about eleven (a.m.) we went to wait on M., then out for about 2 hours ; again to Hotel de Roma, where we had dinner (or rather lunch) with M. ; the tours with M., in a carriage or a motor-car : Paseo de Rosales, Puerta de Hierro, the whole of la Moncloa, and then the Paseo de Coches, the Fallen Angel (once I went there walking, from the Puerta del Sol, and back, all the way — that was after M. and M. V. had left Madrid). Used to read Shakespeare in a cheap and badly printed Italian (Treves') edition (a new collection, por el estilo de Tauchnitz) ; I had taken De Lanessau's book with me on leaving Alicante, and finished reading it at calle Barbieri. I was seriously ill during the first week of M.'s stay ; the change of air, I suppose. The cough lasted till the doctor came — I mean CIRCA the 25th of October. [*Une ligne et demie caviardée.*]

The journey home ; I was ALONE in the Pullman car. (I had had a box of sandwiches, bocadillos and medianoches, prepared for me at the Mallorquina's ; and tea from the Mallorquina's too — all very good.) The glorious dawn, just after passing La Lucina ; the brusque change from the bitter cold of Castilian winter to the sunny warmth of the Levantine provinces. The first days here. Don Ramón, don Juan B., don Higinio, etc, etc.

Today, a fine and sunny morning, a windy afternoon, and a rainy evening. Missed seeing the ladies C. The carpinteros brought the book-shelves ; all my books are now standing there, in a nice array. Teresita, too, came this evening bringing samples of "terciopelo" for the cushions, and the small checkered[a], white and blue, curtains for the bath-room. It will be all very nice ; and my writing table is now cleared of its litter of papers, books, and rubbish. Got at last the copies of the Walt Whitman book which I had asked Berthe to send me (on the 28th of October !). Berthe herself had sent them. Good Berthe ; she's a true friend, and thinking of her does me a lot of good. Went immediately to don H.'s with a presentation copy, and to don Ramón's, a little later with another one. [*Trois lignes caviardées.*]

Tonight, after having arranged the books on the shelves, I felt very lonely and sad. Thought of [*Nom caviardé.*] I had found an old letter, while rummaging about my papers, yesterday ; thought of many people and of many things, places, etc. So that, when Doña Pepita or her niece asked whether I wanted "alguna cosa mas" I all but answered them in English ; however I checked myself before I had uttered more than one syllable.

Thursday 21. — A wet and windy day. The usual thing. Teresa came to fetch the cushions and portières ; and later came the carpintero. I like to see the harbour under the rain and the grey sky. Walked between the dripping palm-trees. Wrote to Doña Lola de A. and to Berthe L. I like c. Canalejas on a wet day : its neat emptiness, something almost English. I have felt rather well, today. A group of four fine girls (servants, etc.) in the c. Mayor, at about 6 ½ p.m. ; the healthy, laughing faces ; but really pretty.

Yesterday, at night, under a pelting rain, I walked through Plaza Hernán Cortes and memories of these last years crowded upon me at once. Still, I keep thinking and thinking about England. I know very well that, once there, I shall sometimes think of Spain with something of the same longing which I feel now

a. Au lieu de *checked*.

towards England ; but still, I like thinking about the dear old places, London especially, of course. I am alright here, ME ENCUENTRO A GUSTO, but England is the place for me. My thoughts always avoid France, and even Paris, because of my memories of the years 1896-1902, and for other reasons (mainly "family" reasons) ; they "jump over" France and go directly to the white cliffs over there. Briefly, I say : better to be in Spain than to be in France ; but better to be in England than to be in Spain. — I must note a few things. The walks up and down the Explanada, and the fine colours of the clouds reflected on the water of the harbour. All the joy and happiness of the winter world (or rather hemisphere) seems to have escaped from the North and be here, in this luminous and transparent atmosphere. The mornings, the fine quality of the air and the light, at about 8 a.m., the hush, the stillness over the vacant sea, the youthfulness of everything.

Tuesday 26. — Glorious weather this morning on the Explanada. Saw —— ; we met at a crossing and she answered my "Buenos dias". Then to the terrace of the casino, where I met don Ramón. Dinner at don Higinio's — splendid ; the mushrooms from Alcoy. Then [*Un feuillet manquant.*]

Well, but the motive, the pretext, in fact the Bible, is "lo de menos" in Borrow's book. The Fielding-like vividness of evocation is the real MOTIVE of the book. There are strange deficiencies, which show that Borrow did not read much in Spanish, though he must have spoken it pretty fluently : he has very vague notions of Spanish orthography ("arrHe burra", "MarEquita" — of course, read by an English reader it sounds correctly ; many accents are misplaced or useless according to the conventions of Spanish orthography : e.g. Amór. However many mis-spelt words may be printers' mistakes.) Sometimes his Spanish sentences, or translations of Spanish sentences, are quite correct and idiomatic ; so that it is rather strange to see him writing : "A LA casa !" His French sentences are almost always incorrect : he knows the words, he knows the grammar, but he almost always errs when it comes to the order of the words ; and then the auxiliary verbs — that great stumbling-block of all the foreigners, especially Englishmen : "Nous sommes crevés de faim ici." A new edition ought to be printed, where the mistakes which are evidently printer's mistakes should be removed (e.g. calabozAS, when, a few pages farther he writes correctly calabozos), and Borrow's own mistakes corrected in footnotes. The book would be better if it ended at Gibraltar, the Tangier chapters being decidedly inferior to the rest of the work. — I bought it, and began reading it at Madrid, and finished it two or three days ago, and many pages have already disappeared from my memory, leaving an impression of conventionalism and amateurish-ness ; but still a certain number of scenes and PERSONAE will remain a long time in my memory — though I don't think I shall ever re-read the book.

I have received two copies of the review *Hispania* with the translations from Ramón Gómez de la Serna (Mme Klotz's and mine). Did I note that I got a letter from Ramón while I was in Madrid ? I hope I shall see more of him. — I forgot to note, too, that I saw Unamuno on the Puerta del Sol, while I was going to the Post-Office with M. V. —

Wednesday, 27. — Doña Pepita woke me at 8 a.m. The peaceful, sunny morning, and the sea, so quiet, at the bottom of c. Canalejas. Worked from 9 ½ to 11 ½ ; then the usual paseo : Explanada, etc. After dinner, worked for about 2 hours (S.B.), and, immediately after chocolate-time (5 ½) went to Teatro Principal where there was a concert : Mme Jenny Dufau and Don Joaquín Turina. It began with an aria by Handel ; then, after something of J.S. Bach, there came the inevitable "Voi che sapete" ; the remaining part was very good : Debussy, Chausson, Duparc, etc. It was a treat, hearing at the same time the sweetest of Verlaine's lines and the best of Debussy's work. However the public was a truly provincial public, and applauded most the less musical pieces, so that Mme Jenny Dufau, on being BISSED[a] at the end of the concert, sang, especially for the Alicantinos, Gounod's valse in *Romeo and Juliette* ("Je veux vivre dans ce rêve, etc.") Yet, as she sang it very well, I enjoyed it — especially because of the associations (historical and otherwise — a kind of Métra "à l'usage de la haute bourgeoisie.") Bowed to several CONOCIDOS : D. José G., señor P. ; and —— and —— (both).

Saturday, 30. — Fine weather. Between 4 and 5 p.m. I went for a walk about the harbour, going up to the end of the smaller pier, and saw the new boats they've launched during these last months ; some are not entirely rigged, as yet : "Virgen del Carmen", "Elena Bonmaté", fine ships, both of them, and proudly showing the coat of arms of Alicante. Watched the people, the sailors, a fisherman to whom it would seem I bore good luck, since he caught a very big fish while I was watching him. A dog barking and running about the deck of a ship — that always reminds me (why ?) of Dickens' novels, especially of the 1st chapter of *Our Mutual Friend* — though I should be quite unable to say whether there was a dog on the boat where Lizzie and her father rowed down the Thames. — Yesterday, went to the 2nd concert of the Filarmónica ; did not like it very much ; though Jenny Dufau sang better (especially Rossini's *Barbiere*). Turina's music I did not understand ; I heard Señorita ——

a. Larbaud anglicise ce mot français.

say that it was much influenced by Albéniz. Met several acquaintances : Oscar Esplá, who thanked me for having sent him a copy of the Walt Whitman book. Said it was the first time he had read anything ~~by~~ of W.W., whose name, of course, he knew. Don José Guardiola, and Don Emilio Costa were there ; and Dr Navarrete, too. The big POLÍTICO Francos Rodriguez was there. I had seen him at one of the Sinfónica concerts in Madrid, last month. At about 11 a.m., while I was basking in the sun on the casino terrace, he came along, followed by a group of local políticos, and took a seat not very far from me, and I heard him tell a number of good anecdotes. He looks like a hippopotamus, especially when he applauds, in the theatre. Precisely, I had been re-reading Villiers de L'Isle-Adam's article on Gambetta ("Le Socle de la statue" — in the posthumous volume entitled *Chez les passants*). What a good piece of political satire it is ! We had a glorious weather this morning, and I went to the Postiguet before going to the casino, where Don Ramón joined me. I forgot to note something about the girl I met at G.'s the other day. She comes from Hellin, a place in the Province of Albacete near the boundary of Province of Murcia ; that is, half Manchega and half Murciana ; she used a few diminutives in ICO, ICA, but her accent was broad Manchegan — something which is not very far from the broad accent of the Midlands in England. I like it. She has been a widow these five months, and "love" is still something pleasant and conjugal for her, not a job, though she shall soon reach that stage, with the consequent physical deterioration. For the present she is a fine, robust and sweet lass, one of these girls who like being kissed, and who fill your arms with a warm treasure of soft, white and well-shaped limbs, breasts, etc. Her husband was an Alcoyano, and thus she learnt a few Valencian words. When she was gone, G. said to me : "Pobrecita ! me da lástima". However, that girl is full of spirits, and I think she'll be able ro reach some safe situation before she goes quite wrong. — Yesterday I finished reading Revault d'Allonnes' introduction to the *Pages choisies* from Lamarck which I bought at Madrid. He takes the view of S.B. on the Lamarck-Darwin question. But it seems that S.B.'s view is almost generally accepted, nowadays, by the majority of the biologists. Revault d'Allonnes says something that would please S.B. very much ; he writes : "À l'heure présente une demi-justice est rendue à Lamarck. Il est considéré comme 'un précurseur français de Darwin'. LA JUSTICE COMPLÈTE SERAIT DE REGARDER DARWIN COMME UN CONTINUATEUR ANGLAIS DE LAMARCK." (Introd. p. 7) He quotes Lyell to the same effect, and alludes to Francis Darwin's opinion on the subject. S.B. is not quoted nor even alluded to. He admits as "possible" Erasmus Darwin's influence on Lamarck (bringing in the name of Krause as an instance of that opinion, admitted, as he writes "par maints auteurs"). From what he says at the foot of p. 60, it seems that Claire Richter has taken S.B.'s side in the quarrel, but he does not give the title of Claire Richter's book or essay. — About S.B., I must note this. I was translating one ot the notes on "Karma" (the one entitled "The vates sacer"), and could not find the French equivalent of the words "paper fastener". I looked up some words I thought in Bescherelle's dictionary, and made a list of about 8 or 10 words, which MIGHT do. "Crampon" was one of them, but I did not feel very confident in using it, as it seemed to me that it belonged rather to the vocabulary of carpentry than to that of stationery. I asked Don Ramón, and we discussed at great length the Spanish word SUJETADOR and the French word AGRAFE. At last, it occurred to me to enter Marimón's stationery shop, and ask for "sujetadores". After showing me several expensive and bulky binding contrivances, they produced a box in which I found smaller boxes of SUJETADORES of Spanish, American, English and... French make. "Sujetadores" was written on the Spanish boxes, "paper fasteners" on the American and English ones, and — ô joie ! — on the ONE French box I read : "crampons". I bought eight of them — for which I have no use at all for the present — and paid 0,20 céntimo for them ; so that the word "crampon" cost me twenty centimes. But I wanted to make sure. (My surprise, tonight, on finding that Doña Pepita's new cook was the one we had had for a few weeks last year when I lived at calle Mayor. Antonia [*Deux ou trois mots caviardés.*] She is typical of Alicantine servants : lazy, too familiar, and "pamplinera".)

December

3. — Tuesday. — On a thick brown-paper cover which I used for putting my notes away when I worked in the B[ritish] M[useum] reading-room in the years 1911-1914 I have found this :

"αἰὲν ἀριστεύειν καί ὑπείροχου ἔμμεναι ἄλλων"

I suppose it is to this that S.B. alludes, when he says "What a disagreeable person he must have been !", etc. The other inscriptions are curious enough ; I think they are from Seneca : "Hoc mihi satis est cotidie ex vitiis meis demere et errores meos objurgare." And then : "Haec non pro me loquor, ego enim in alto vitiorum sum —, sed pro illo, cui aliquid acti est." I suppose the 2nd quotation referred to the first, but the last does not please me, and sounds rather Tartuffesque. — I do not feel very well, these days, and do what I can to re-act, and be able to work more and enjoy myself more. Desiderata (if I enjoy better health — always !) : Set the 5 Butlers done before May 1919 ; go on thinking about the Sirmio book — or whatever it will be, so as to begin writing it as soon as I am clear of the Butlers. In the meantime — lo que sé (I saw her today as I was passing along Parque Canalejas). Then England where I could work both at W.S.L. and the Sirmio book ; then Paris where I should prepare one of the Butlers for immediate publication (*The Way* probably) ; then here again [*Deux ou trois mots caviardés*] where I could conclude the Sirmio book, and go on with the W.S.L. book (I feel it will do me good to get that work done at last ; a REAL biography, and the best MATIÈRE PREMIÈRE for COMPLETE CRITICISM), and prepare another of the Butlers for publication. Well — ! But : HEALTH.

Friday, 6. — Very unwell, with a severe cold ; caught it this morning, and for Butler's sake, as I came out of my bath, insufficiently dressed, in order to work at a rather difficult page, and sat for about an hour at my table, motionless, with an open window in front of me and the electric stove unlit. However, as yet, no fever, no blood, and, what's best, good spirits. Being unable to work, I read Ovid's *Heroides*.

Sunday 8. — The Purísima's Day. Wind, rain, and cold. Have had two bad nights, with less cough, but with great pains in my sides, articulations, etc. Doña Pepita's motherly cares ; still, she forgets many things. Reading and working (S.B.) by turns, but not long together owing to the pains in my head, and the cold which numbs my fingers. Lamarck. I compared Lamarck's text, or what I have got of it in the *Pages choisies* I bought while at Madrid, with S.B.'s translations of the same in *Evolution, Old and New* ; these translations are good, but very freely done. Yet, from the little I have been able to compare I cannot judge of them. Been comparing, in the same way, Scott's text of *Ivanhoe* with Defauconpret's translation. It is just like Fenimore Cooper's *Wyandotté* by the same translator : skipping and skipping, all the time. About a third part of the text is left untranslated. However what he translates, he translates well, or at least correctly, but he is rather unscrupulous in the way of "arranging", suppressing parts of sentences, etc. I am certainly much more scrupulous and painstaking than Defauconpret, but my scrupulousness acts sometimes as a drawback in the way of SOLTURA and "Gallicity". On the other hand, there are no finds, no happy renderings, in Defauconpret's work ; while there are a few — not many, though — in mine. For good, excellent, rendering, see Viélé-Griffin's in the Walt Whitman's book ! Of course such a high standard cannot be adhered to for a long time, and prose need not to be translated with so much attention paid to the choice of words. Still, I should like to translate Butler in such a way, that anyone, taking any page at random, and giving to its translation a good deal of care, could scarcely do better than I did. My translation of the poem ("The Sleepers") in the W.W. book, is rather flat and tame. I have re-read part of that book, too. The printer's mistakes are awful : "Les critiques qui sont un peu touchés par lui" instead of "... qui sont peu touchés par lui". On another page : "père" instead of "poème" ; in "The Sleepers", "érésypèle" for " érésipèle" (the printer thought of the correct form "érysipèle", or did I write "érysipèle", which is the correct form, instead of the more popular and generally used "érésipèle" ?) Louis Fabulet's translations are very good, too, and Gide's are remarkable ; but Viélé-Griffin's are by far the best. It is a pity that he does not translate other English or American poets.

I like calle Canalejas, — to see it, especially on a wet day ; it looks almost like an English street — a rare and comforting sight here in Spain. I don't think I ever mentioned in my diary my strange neighbours at Calle Mayor, a bachelor with his sister (a spinster) — the way he used to look at our windows, watching and commenting what he saw of our indoor life. It seemed to be his chief occupation. I had nicknamed him "El home xicotet" on account of his short stature, and I used to think of him as "Peeping Tom". Many times I caught him peeping intently at me while I was reading in the mirador. He did not like me to see him when he opened the window in order to take in or to take out the flower-pots he had on the balcony. Sometimes, after having opened it, on seeing me, he retired at once into the room, keeping on the lookout in order to take advantage of my absence to draw in his pots. Then, when he thought the coast was clear, he noiselessly opened his window again and hurriedly removed the flower-pots. Once or twice I purposely showed myself just when he was in the very act of catching hold of the pots, and I daresay he hated me for that. A highly grotesque type ; perhaps I'll make use of him in "Henri".

It is very seldom that we can leave, in the French translation of an English sentence, a French word as it stands in the original, and consequently it very seldom happens that we have the pleasure of writing in a footnote the formula : "En français dans le texte". Today I reached the note in which S.B. says : "Of course I am jealous of the éclat that Flinders Petrie, Layard et Schlieman get for having unburied cities...", and as I had long since made up my mind about keeping the French word in the French translation, I did all I could to keep it. It was not so easy as it seemed. At last I decided to give the sentence the following turn : "Naturellement je suis jaloux de l'ÉCLAT que X, Y et Z ONT ACQUIS pour avoir exhumé des cités..." Still, "éclat" here does not sound quite familiar ; in fact it is rather archaic ; but I have Pascal's authority for it : " Quel homme a eu plus d'éclat que Jésus-Christ ?" It is remarkable to see how foreigners — and especially Englishmen — when they use

French words, use them in a way which is almost always alien to the genius of the French language. "Célébrité", "renommée", "gloire", etc. would have been more truly French, here, than "éclat", which is seldom used alone in that meaning, being generally followed by a genitive. Of course I could have translated it by : "la notoriété ou la célébrité éclatante" but I wanted to keep the French word as it stands in the text, in order to show that, sometimes, Butler uses French words. Many others I found impossible to keep without ruining the French sentence. Still my mind is not quite at rest about my rendering of that "éclat" sentence. I had thought — in order to keep the present tense "get" — of writing : "... de l'éclat dont... sont environnés pour avoir exhumé..." Perhaps I shall choose this last after all. What S.B. means is : "la célébrité éc[lat]ante, bruyante," which they get NOW, in their lifetime. I have been thinking about Whitman's French words, too. When I said (in my introduction to the W.W. book) : "He wishes to speak in lingua trina : English, French, Spanish, the three idioms in use in North America", I was only partly right. In many instances, when he uses French words, he does so because he wants to express himself in "la langue universelle", as, for example, in "Salut au Monde". Now, I think that he picked up some of his favourite French words in the novels of Sir Walter Scott, which he used to read as a boy. "Ennui", for instance, — a favourite word with Scott. I should like to know where he picked up "camerado", which is neither Italian, nor Spanish, nor even Portuguese ; it may be of his own making, and, if such be the case, it shows artistic sense.

Descent, with modification :

Complices de ma servitude,
Pensers où mon inquiétude
Trouve son repos désiré,
Mes fidèles amis et mes vrais secrétaires,
Ne m'abandonnez point en ces lieux solitaires...
Malherbe

Mon plus secret conseil et mon doux entretien,
Pensers, chers confidents d'un amour si fidèle,
Tenez-moi compagnie et parlons d'Isabelle...
Tristan L'Hermite

Wednesday 11. — Fought well against illness, and feel decidedly better. Had my morning and afternoon walks about the harbour, as usual — or rather as on my best days. The colours of the water ! changing every minute. The pale green of the inner harbour, reflected in the large windows of the pink, sunset-suffused façade of the Custom-house building. Later, when I came back from the Postiguet, the harbour looked like a fantastic chasm of pale-gold in the midst of the deep blue, brown and greys (various shades) of the town, the piers and the land on the other side of the bay. And then, the warmth, the sweetness of the air, even at about 6 p.m. And this on the 11th of December. — Met various friends or acquaintances. Don H. told me that Higinito is ill in bed ; but nothing serious ; he'll come tomorrow, and we shall go on with the reading and explication of a letter of P.-L. Courier which interested him as soon as I began making him construe it (the adventure in Calabria) ; bowed to — on her balcony with her sister. Later on had a talk with Don Paco. Worked a little, CON GUSTO. I have been taken by Scott's *Ivanhoe*. Well, it always makes me think of "el circo", and there is a smell of horses and of rice-powder — Medrano and Shaftesbury Avenue ; but I like it precisely for that : the pageants, the action, always so clear and so free from human interest, and then the "bursts of wild music", the "blasts of trumpets". From time to time I had a look at Defauconpret's translation. He is generally correct and accurate, but he skips as much as he translates, and his skipping is quite arbitrary, so that he sometimes omits much which, though not essential to the story, is yet of great artistic value. For instance : Scott wrote : "The contending archers took their station in turn, at the bottom of the southern access, the distance between that station and the mark allowing full distance for what was called a shot at rovers." Dufauconpret translates : "Un bouclier fut placé au bout de l'avenue qui, du côté du midi, conduisait au lieu du tournoi. ON LAISSA UNE DISTANCE CONSIDÉRABLE ENTRE CE BUT ET L'ENDROIT D'OÙ LES ARCHERS DEVAIENT VISER ;" thus omitting a picturesque detail, or expression ("a shot at rovers") which is apt to strike the reader and linger in his memory ; in fact, an ARTISTIC touch. It is not that Defauconpret wanted to shirk a difficulty : there is no difficulty here ; it is just because he wants to abridge, both the novel and his labour. Still I wish I were as bold as he is in changing the order of the words, making one French sentence out of two English ones, giving clear "à peu près" instead of obscure equivalents, etc. There is mastery in that. So that unscrupulousness has its good side. I keep, and want to keep, too close to the text, and many times reject a good "à peu près" and keep a bad equivalent. It is only when a thought pleases me, when I was prepared beforehand to make it mine, when it agrees with me, in fact, that I translate it at once, without trouble, accurately and WELL. At other times, I seldom rise to the occasion and my chief quality is honesty and fair dealing towards the text, translating it "to the best of my ability" (as says the President of the U.S.A.) However, all things considered, I may flatter myself that my work is as good — taken as a whole — as Defauconpret's, but no better ; that is, it is very inferior to the work of such translators as Claudel and the men of the Walt Whitman book. Well, if translating is a test of literary merit, I am condemned by that test. However, I comfort myself by thinking that, when I want to express my own thoughts, I am never at a loss, and the words "come easily" (as Boileau says) and I am master over my vocabulary. The truth is that my chief defects as a translator come either from over-scrupulousness or from lack of enthusiasm.

P.S. — Defauconpret (as well as Viélé-Griffin, Louis Fabulet, etc.) teaches me to be bolder : less timid in straying a little from the text in order to be more idiomatic and terser ; and bolder, sometimes, in KEEPING the English word or expressions, especially when Old French allows it, or is authority for it.

Friday, 13. — A warm morning, a delicious, sunny afternoon. The Explanada, the Postiguet ; the children at Parque Canalejas. The terrace of the casino, from 10 ½ to 12 ; it is the gentlemen's hour (11 to 12) ; few people, all men of means, well-dressed, correct ; later on come the businessmen, the people who come out of the DESPACHOS. [Capdepon] (the casino boots) : "Don Valerio, cómpreme Ud. un decimito para Navidad ; tengo el número entero ; ¿ me lo quiere comprar el Señor ?" etc. Later on come the officers of the Regiment "de la Princesa" ; the terrace is crowded and as soon as Don Ramón F. joins me, we go slowly down the Explanada to the Diana pier, where we sit down, have a smoke, and talk quietly about pictures, books and... Life in general ! I work a little, early in the morning, and again between five and 8 ½, having had, after dinner, what Gide calls "a nap", (from 3 to 4) and having had another "paseo" (today up to the end of the smaller pier) between 4 and five. After supper I work again for about an hour and a half ; then I have a GLASS of very light tea ; then I go to bed and read Ovid till sleep comes over me. I feel much better, and the splendid weather helps me to fight the pains and what little coughing still persists. Yesterday I called on Eduardo, found him better ; Doña Dolores, Lola and Pepita were there ; we had a long and animated chat ; E. said he will come and see me. Met Doña Luzgarda and E. at Jordá and Soler's. Met Don Ángel on the Explanada. I have been thinking of —. Did not see her today. Still the projects or dreams about which I jotted a few lines here the other day, seem to me very WILD to day — I mean as far as — is concerned in them. It is neither her fault, nor MINE, though ; [*Une ligne caviardée*] and after all, it is perhaps better as it is. And so long as I am not in Fr. I am tolerably happy.

Saturday, 14. — A fine morning. The usual thing : lounging about the harbour ; working at home, etc. Several letters ; among them a p.c. from Ramón Gómez de la Serna. I paste it here, as it has the value of an autograph and beautifies this diary. I have re-read in *Hispania* my translations of his “cosas”, and they scarcely deserve such warm thanks. Besides I see Mr. García Calderón has corrected a few things, and especially a bold expression, about which I had thought much and which, after due consideration, I had kept, putting in its place a very tame word. Perhaps, after all, the expression (“ces deux morts de balle”) was too bold and “frisait le ridicule”. Mr G.C. wrote instead : “frappés d’une balle”, which is farther from la Serna’s text than “morts de balle”. — I feel better, and worked con ánimo ; but I slept very little, last night ; I suppose I had fever.

Sometimes Defauconpret is excellent, and though he strays much from the actual wording of the text, we cannot help forgiving him, especially when he improves upon it. For instance, Scott wrote : “‘Holy father’, said the knight, ‘upon whose countenance it hath pleased Heaven to work such a miracle, permit a sinful layman to crave thy name’? — ‘Thou mayest call me... the Clerk of Copmanhurst, for so I am termed in these parts. They add, it is true, the epithet holy ; but I stand not upon that, as being unworthy of such addition. And now, valiant knight, may I pray ye for the name of my honourable guest ?’ — ‘Truly... Holy Clerk of Copmanhurst, men call me in these parts the Black Knight. Many, sir, add to it the epithet of Sluggard, whereby I am no way ambitious to be distinguished.’ The hermit could scarcely forbear from smiling at his guest’s reply”. — Now Defauconpret translates this passage thus : “‘Saint père, sur la figure duquel il a plu au ciel d’opérer un semblable miracle, permettrez-vous à un humble pécheur de vous demander votre nom ? — Oui, da ; on me nomme dans ce canton l’ermite de Copmanhurst. On y ajoute, il est vrai, l’épithère de saint, mais je n’y tiens pas, me trouvant indigne d’une telle addition à mon nom. Et vous, vaillant chevalier, m’apprendrez-vous comment se nomme mon hôte ? — Oui-da, ermite de Copmanhurst. On me nomme dans ce canton le chevalier noir. On y ajoute, il est vrai, l’épithète de fainéant ; mais je n’y tiens pas, me trouvant indigne d’une telle addition à mon nom.’ L’Ermite ne put s’empêcher de sourire de la réponse de son hôte.” And well might he smile, for the knight’s answer in the French translation is much more witty and more to the point than in the English text. The repeating word for word the hermit’s answer is an evident improvement upon the sentence as Scott wrote it. Besides, “dans ce canton” for “in these parts” is so good that I at once jotted it down on my interleaved copy of Elwall’s Dict. (Elwall gives only : pays, parages.) Defauconpret seems to have translated this remarkable chapter XVI of *Ivanhoe* CON AMORE, since it looks very well in the French translation also. However, he skipped the whole of the following chapter (chap. XVII, with the fine ballad : "Joy to the fair !"). Besides, in chapter XV, I find the sentence : "...like a child, who will leave the most serious and needful occupation, TO CHASE THE DOWN OF THE THISTLE THAT DRIVES PAST HIM", translated thus : "...en enfant, qui oublie les affaires les plus sérieuses POUR COURIR APRÈS UN PAPILLON." I need not say that I prefer Scott's "down of the thistle" to Defauconpret's "butterfly". And I need not say that I should never "arrange" a text in that ways, even if, by "arranging" it, I could improve upon it. However, Defauconpret's translation is, historically, an important monument of French literature. It is through Defauconpret that the great majority of French readers and French WRITERS got to know Walter Scott's works, and it is likely that the Italian and Spanish translations of Scott's novels are but translations from Defauconpret's French translation. —

Today (Sunday, 15) as I was taking my usual afternoon "paseo" on Parque Canalejas, I picked up a small copper, or gilt, rosary which was lying on the ground, and as I saw no one, to whom it might belong, near at hand, I took it home. I was already thinking of having an advertisement printed in one of the local papers to the effect that a rosary had been found in Parque Canalejas, etc., when, on showing it to Paquita (Doña Pepita's niece) she exclaimed : ¡ Que casualidad ! Es el mío. She had just missed it on her way to her aunt's. Indeed, it is a curious coincidence. Earlier in the day, I have had the usual walk with don Ramón, and on coming home at about 1 ½, I found a long and kind letter from Gladys. —

Tuesday, 17. — El frío empieza de veras ; pero no es el "frío horroroso" del año pasado. Tal vez, mas tarde vendrá ; por ahora se puede estar, sin gabán, en la terraza del casino, entre las diez y las doce de la mañana ; hay que decir, también, que lo que nos parece frío a nosotros los Alicantinos parecería una temperatura de Mayo o de Junio a la gente de París y de Londres. Even the best description could not give them an idea of it : they wouldn't believe it. And if they suddenly saw what it is, before their eyes : the palm-trees, the harbour, the sky and the sun, the sea, more luminous, more sunny, of a deeper blue than the sea at Brighton in July or August, they would clap their hands and dance for joy. (The poor factory girls of London, Manchester, etc. !) Nosotros, no hacemos caso. On the Postiguet, this morning, I bowed to Encarna, her mother, and little Victoria. Tonight Higinito came for his French lesson ; I made him translate Saint-Amant's sonnet, "La Pipe", and explained it to him. He understood it perfectly, and liked it.

The first important mistake I find in Defauconpret's *Ivanhoe* : "Ill omens dog you both" translated : "Vous êtes deux chiens de mauvais augure." (This may be due, 1° to haste ; 2° to the presence of the word "kennel" in the next sententence.) Farther on : "to look blank" is translated : "pâlir". Dictionaries say "paraître déconcerté" ; yes, it is something between DÉCONCERTÉ and indécis. Anyway, "pâlir" is too strong. — Of course Def. knows what the verb "to dog" means (somewhere he translates it correctly "accompagner" — ; "s'attacher aux pas de..." would be better, though;) —

Going on with *Ivanhoe* in that ways, I find it sometimes too CRUDE as far as the dram[atis] pers[onae] are concerned, — in fact, they are nowhere — just puppets — their garments and apparel, and their "mask" being three-quarters of their personality ; sometimes — in the descriptions, for instance — it is too far from nature, it smacks too much of the stage. So that, if it were not in order to compare that text with its standard French transl[ation], I should only read it — if I read it at all — as a "délassement". Well that's something : the minstrel's tale. Still, I think sometimes of Rimbaud's descriptions ; a short thing like this "Les talus de gauche tiennent dans leur ombre violette les mille rapides ornières de la route humide." THAT is worth all the "greenwood" and pasteboard castles of Scott. "Des prés de flammes bondissent jusqu'au sommet du mamelon." !! "QUAND PLUSIEURS VENTS PLONGENT". What a translator Rimbaud would have been ! — Here is the kind of thing Defauconpret skips. In chap. XLIII (which is chap. XLI of his translation) he translates from the beginning "our scene..." up to "a village wake or rural feast." Then he suppresses all that remains of this paragraph (from "but the earnest desire..." to the word : "dung-hills" — eleven lines in all). That is, he skips moral reflections and political allusions. In many other places, he abridges the text considerably — not that he wants to shirk difficulties — but in order to make the novel shorter and the narrative more rapid.

Sunday 22. — Ill again ; and though I make efforts to go about as usual, I'm unfit to work. Hope I'll be well enough during the Xmas festivities. — Have finish'd reading *Ivanhoe*, both in English and in French. My impression, taking everything into consideration, is that Defauconpret's translation is, on the whole, CORRECT, but that skipping one-third of the book is really skipping too much. What he leaves untranslated is not the best, of course — but still, if it were translated, the whole book would give a fairer idea of Scott's STYLE than it actually does. The French Walter Scott is a "very feeble dilution" of the English Scott. — As to the English Scott — it gave me an impression of being a product of a DECADENT literature ; in fact, of being too artificial. When I read, for the first time, *Waverley* (in 1905 at Copenhagen) I formed a very high idea of Scott's novels. I have not re-read *Waverley*, but I daresay it is really BETTER than any of its numerous successors. — I suppose, too, that Scott's success on the Continent was partly due to political (anti-clerical) reasons. Are his novels to be found on the Roman "Index" ? I should like to know. They were advertised, however, in the quasi-official *Gazzetta di Firenze* about the years 1828-35, (if I remember rightly). — A warm weather, almost too warm. We shall have a tropical Xmas.

24. — Noche buena. — Very "buena" indeed. A fine day. Worked as usual. At 7 p.m. Higinito came, and after having made him construe ½ a page of a tale in *Je sais tout*, I went with him to his parents', where I had been invited. A splendid dinner, or rather DÎNER, but very Spanish, quite "castizo" at the same time. The wines, wonderful, as always at Don H.'s. Unluckily, Joaquinito estaba enfermo. After dinner came several families, with a lot of nice girls (among them Araceli, prettier than ever). There were songs and dances, the maids taking part in them, according to the Spanish custom. The little girl, Elisin, and Araceli's younger brother, Luisito. I have just come home, at 1 ½ a.m. A delightful evening, "con sombra". But it was raining, and we did not go to the Midnight Mass.

Thursday 26. — Thanks to Don Higinio, I have spent these two days, Noche Buena and Xmas, "en famille", spending almost all my time at his house, taking my meals with his family, etc. We have had dances, songs, danzas, villancicos, jotas, etc. I have enjoyed myself very much, especially because I was surrounded by many children some of [*Un feuillet manquant.*]
which they exclaimed joyously :

— ¡ Olé ! ¡ Olé !

Rather cheeky girls, — I should think. Yet it would have pleased W.S. Landor ("Pericles and Aspasia", etc.)

1918's last day. — In a few hours I shall be eating, at Don Higinio's, the twelve grapes. It is a very windy and almost cold night. — Well, I have not time to write at length about this year ; and yet I should sum it up, and strike the balance of it. In all, I have spent, of the 52 weeks, 41 in Alicante, 10 in Madrid, and 1 distributed between Carthagena, two or three towns or places on the way back from Madrid, and the short excursion to Biar and Villena. I have had a rather bad winter, owing, as usual, to ill-health ; and I could not work as much as I wished. The spring was a glorious one, both here and at Madrid. May and June were my best months, both as regards health and work. Then I suffered from the excessive heat of July, August and September, — but even that nuisance was mitigated by 1° good company : Don Ramón, and Doña Candelaria with her sister Dolores, and Don Higinio, and don Pedro Salinas ; 2° the afternoons spent at El Altet (at Mr. Salinas' FINCA) and the excursion to Biar ; 3° reading a little. Then came the news of Mother's arrival at Madrid, and the five weeks (and a few days more) spent there ; M's health good enough, though still subject to short crises ; M. Voldoire's talk ; the museums, the concerts, "Y Madrid alrededor" as "Ramón" says. And Doña Lola, and Lolita, and the "paseos", theatres and bookshops. Then, back to "mi pueblo", and a new life in bachelor's rooms, — a pleasant change after nearly two years of "family" life.

Not having had to fight against great nuisances (except ill-health) I have easily managed to live "quietly but happily" (S. Butler). No "líos" this year, no "great" (or even "small") adventures. And then the really "great" (and pleasant) surprise of a few days ago. But this is another, and more serious, matter. HERE, I [*Un feuillet déchiré.*]
Lhermite (the latter with much pleasure.) I have derived great pleasure, too, from the reciting to myself, aloud, especially on a morning, while dressing or bathing, Valéry's "Jeune Parque" and Saint-Amant fine lines :

Aussi, pleine d'un saint respect,
Quand le jour se rallume,
La terre, à ce divin aspect,
N'est qu'un autel qui fume...

Bref, la nuit, devant ses efforts,
En ombres séparée
Se cache derrière les corps
De peur d'être éclairée,..
Et diminue ou va croissant
Selon qu'il monte ou qu'il descend.

(I should like to study Saint-Amant's prefaces, compare them with other manifestos of the day ; I think I see a protest, in them, against the literary principles of the more "Classiques" writers.)

I have just come from Don Higinio's, where I have been eating the 12 grapes (I am afraid there were 13 in the paper-bag they gave me). There were dances and songs. "¡ Jalea, hija mia, jalea !" Mr. T. (who is deaf) played remarkably well. The girls sang guajiras and habaneras. Doña Avelina sang one, very well. ("Tengo que plantar tabaco — al pie de tu sepultura".) We seldom hear her, and it is a pity. Araceli was there ; I liked her face, at about midnight, flushed and sleepy. I "danced", or rather walked a few paces up and down with Mercedes T. — 1 ½ a.m. We have already entered the year 1919.

1919

Begun at Alicante
Calle Canalejas (otherwise "de las Bóvedas") N° 28. 1° —

January

Friday 3. — Yesterday Amparito, the little cripple, called me as I passed on the Explanada with Don R. A woman — perhaps her mother — carried her in her arms. The poor little thing was all smiles, and when I had given her the usual "monedita" I thought she had wanted to give me "felicitaciones" for the new year, but that she did not dare ; and I thought, too, that I ought to have kissed her. But I did not dare, neither, as she may be, — for all I know — fourteen or fifteen years old. She reminds me of the little cripple at Florence, at the entrance of Ponte-Vecchio, only she is of a fairer complexion, and has not got that deep, strange expression in her eyes — SO WISE. I am almost sure that, at first, the other little beggars and cripples used to taunt her with my assiduity at giving her "moneditas". Once, I thought I heard one of them saying to her, on seeing me coming : "Aqui viene tu novio". However, now it has become a kind of institution. They know, and SHE knows, that she is MY little beggar. — I have forgotten the name of the Ponte-Vecchio one. Amparito's legs are literally crossing each other, and she walks, or rather crawls along, on her knees and hands.

4 — Sábado. — Wind and rain. The harbour looking like a Dutch picture. The cerulean, angry Mediterranean sea. The waves licking the marble steps, and foaming at the end of the pier. It is a novelty, and reminds one of the Ocean. Still, that sea looks more like an angry tyke than as a roaring lion.

Wednesday 8. — I am well enough in spite of TEMPESTADES and HURACANES. A specimen day : got up at 8. At work (S.B.) from 9 ½ to nearly 12. — A long walk (Explanada, los Baños, calle della Princesa, etc.). — After dinner the reading of *Les Provinciales* preparatory to the translation work. A short paseo. Home. Work from 4 to 6, etc. I generally go to bed at 1 a.m., the electric stove being at its best from 10 p.m. to 2 a.m. Reading Pascal and translating *Life and Habit*, — NO MÁS ; but it is ALGO. R'd[a] a small book by Waldo Frank, on Jacques Copeau and "Le Vieux-Colombier", a pre-

a. Probablement mis pour *Read* (au participe passé).

sentation copy. A p.c. from d. Pedro Salinas ; answered. — Yesterday, between dinner time and my afternoon PASEO, I read one of Carlos Arniches' sainetes, and liked it very much. It is the "Novedades" GENRE, and comes in direct succession from the great Ramón de la Cruz. It is more moral, though, or rather more "proper". *El Santo de la Isidra* of course entirely written in the slangy Castilian they speak in the lower parts of Madrid. I liked it better than *El Agua del manzanares, o Cuando el río suena,* which I saw in October last. How difficult it would prove to translate it into English or into French ! For instance when a woman shows another the flower-pots she has got on her window-sill, the other answers admiratively : "¡ Ni el botánico !" the "ni" meaning : "that cannot compare EVEN WITH the Botanical garden". Translated thus : "Well, my dear, not even Kew !" And in French : "Ça dégotte l'exposition du Cours-la-Reine !" it would scarcely give an idea of the delightful terseness of the Castilian expression. — Good as is *El Santo de la Isidra,* there is less characterization, less enthusiasm, in a word less GENIUS in it than in the best sainetes of "Don Ramón". Curiously enough there is more characterization in *Les Provinciales* than in that short play which is founded on characterization alone. RASGOS DE GRAN ESCRITOR, such as this one : "C'est Aristote ! (DIT-IL EN ME SERRANT LES DOIGTS)". And : "Vous commencez à pénétrer. J'en suis ravi." (The clergyman's style, — the tones, mode of speaking, etc. — everything suggested in two or three words.) About that book, I should have too much to write — and it is late. I had not opened it for at least ten years. I daresay it would be possible to translate the whole of *Life and Habit* (except what there is of "Evolution" expressions and technicalities) without using any word or "giro" that were not to be found in *Les Provinciales.* — Tonight, the wind ; to the station in a cab with Higinito — D.H. not coming. "A cualquiera se le ocurre salir a estas horas con el tiempo que hace."

This morning, when, at about twelve, I left my writing table to go for a "paseo", I felt quite confident and almost elated : I had an impression that certainly my translation of *Life and Habit* was my best work, as yet, as a translator. But while I was drinking my cup of coffee just after dinner, María brought me what the postman had left for me, which was a book, by various authors, on Quevedo's *Buscón* ; one of the writers being Mr. Garcia Calderón, who sent me that copy. There I found a good criticism, by a specialist, Mr H. Peseux-Richard, on an Italian transl. of *El Buscón*. And while reading it, I thought about my translations from S.B. and wondered how they would look if submitted to such a critical survey. This damped my enthusiasm. And tonight I have read critically, (just as I read Defauconpret's *Ivanhoe* recently) part of what I had translated during the day. Big mistakes there are none, but I found one or two things which were waiting to be better attended to, shades of meaning which I had not copied exactly. However, concerning a few things about which a critic so strict and exacting as to the respect due to a text might feel inclined to argue, I should have good motives to adhere to my own interpretation. For instance, S.B. says : "Imagine 'what a deal of scorn' would 'look beautiful' upon the Venus of Milo's face if it were suggested to her that she should learn to read". I had thought much about it since I read it for the first time in 1917, and had made up my mind to change the present tense into a past tense. So I translated : « Imaginez "quel poids de mépris" aurait "bellement chargé" le front de la V. de M. si quelqu'un lui avait donné le conseil d'apprendre à lire. » My motive for doing so are : 1° to let the quotation stand as it appears in the original, that is, broken into two parts : "scorn" would "look" ; 2° to give more probability to the hypothesis, by suggesting that the supposition applies as well to the woman who served as a model for the statue as to the statue itself ; 3° to preserve the general harmony of the period.

[*Un feuillet manquant.*]

[...ate] necessity of keeping the PRESENT tense. — It is good to think of such details.

Monday 13. — Better weather. Going with S.B. and reading Pascal — the last letters, not so good, I think, as those of the beginning and the middle of the book. It seems to be much less profound as it is generally considered to be ; the style being the greatest merit of the work. And then, it is one of those books that are made under the eyes of the reader ; a natural growth, much more so than anything by Bossuet, Descartes, etc. It helps me greatly in my work. For instance, I very seldom dared to translate "though" followed by a whole clause, otherwise than "quoique", "bien que" ; now, thanks to *Les Provinciales* I do not hesitate to write : "encore que..."

Today, rec'd a parcel of books from Mr. Voldoire. I thought it was my Catullus at last. Or perhaps my Shakespeare. Alas ! M. Voldoire had made a big mistake : it was the book of the *Shakespeare Apocrypha* ! — the Oxford edition. Never mind ; perhaps I MUST read them ; perhaps a "literary angel" directed M. V's hand.

A few days ago I saw in the harbour the steamship "Cullera" from Valencia, and remembered having seen her for the first time at Cette, in February or March 1914. Today there came three "submarines" and a "crucero" — all Spanish.

Tuesday 21. — Extract from the "General Catalogue" of the *Catholic Bookshop* of Gregorio del Amo, of Madrid : "Vida de la sierva de Dios sor Teresa del Niño Jesús y de la Santa Faz, etc ; o Historia de un alma escrita por ella misma (1873-1897). Edicíon de lujó. Contiene la vida, consejos, y recuerdos, oracíones, cartas, poesías, lluvia de rosas, o algunas curaciónes atribuidas a la intercesión de la Sierva con Dios. Versión castellana, etc. — Edición de medio lujó, con el mismo contenido, 5,50. — Edición popular con el mismo [tanto] que las anteriores, SÍN LAS POESÍAS NI LA LLUVIA, en tela 8°, 3 ptas." It looks like a catalogue of pyrotechnics !

23. Jueves. — Cold weather. Don Higinio in Madrid. Don Ramón among women sewing pretty things for Doña Loreto. Saw him tonight, having gone to Benalúa. He told me he had read in a paper that Diez-Canedo was dangerously ill. There is a short note by him in this week's *España*. It seems that German Botella's discovery is not a hoax. So that we have two great men here in Alicante : he and Esplá. And this is the most indolent and lazy place in Spain ! ¡ Viva Alicante la milior terra del mon ! There is sun in the mornings, but the afternoons are, or rather seem, cold. Amparito, whom I saw tonight, was shivering. Oh, and they've SHAVED Araceli's head ; so that she does not dare to show herself. She cried. "O trop heureux barbier !" And so many blue-black locks !

Oh que de biens perdus ! Ô trop heureux barbier!

My days : up at seven. Getting ready. Reading Pascal. Breakfast, bath (or rather tub) etc. ; at work from 9 ½ to 12. Dress. Out : plaza Ysabel II ; terraza del casino ; Explanada and Postiguet. The balcony. Home etc. More work in the afternoon (S.B.) translating *L. and H.* CON GUSTO, and sometimes with an idea that I am translating it in order that Pascal may read it and not be shocked by the language. But I am afraid that[a] if I cannot get a copy of the 1st edition of Ribot's book, it will be a "conflicto". I have found a few more mistakes in the editing of S.B.'s work — mistakes which HE (S.B.) made and which have been left uncorrected by Mr. Streatfeild. Ayer la lotería me tocó otra vez : diez duros ; I gave two to Capdepon who sold me the DÉCIMO. I have motives for being happy (the lottery has nothing to do with these motives.) I have been thinking of "Henry" — so much that if I had not had S.B. to attend to I should certainly have written once more the chapters on Pauline Consolat.

24. — Hace un frío horroroso. D.H. not come back from Madrid. The usual thing. I am reading Waldo Frank's essay on the Vieux-Colombier. It is good, and shows critical insight. —

Thursday 30. — Today came the news — not certain, though — that England is about to give back Gibraltar to Spain and take

a. Ce début de phrase est écrit au-dessus de quelques mots caviardés.

Ceuta. As I was passing along "plaza de Elche" I heard two workmen who were talking about it. One of them asked : "¿ Es que lo tenían alquilado ?" ("Had they rented it then ?")

A strange coincidence. Two or three nights ago, I dreamt about St Francis of Sales, and that for a rather long time : I was talking with someone about his *Vie dévote*. When I got up, and after having had breakfast, I looked at my calendar in order to see what "saint" it was that day, and I was amazed at finding that it was St Francis of Sales'day ! I am quite sure that I did not know it before, that neither doña Pepita, nor María, nor Araceli, nor anyone had told me, the day before, that tomorrow was St Francis of Sales'day.

The weather, better. Walks on the Explanada, etc. The usual thing. They are painting the small Danish ship "Irene" ; the Danish flags painted on her sides during the war have already disappeared under the black paint ; the word "Denmark" too ; only the ship's name stands, "Irene", in big white characters. I suppose it will be painted over too. The colours painted on the sides of the Spanish boats are disappearing too ; the two big Bilbaïnas colliers have had them painted over. — The days seem, and are, already longer, so that I work more during the afternoons than I did ten or twelve days ago. My work is : S.B. (*Life and Habit*) ; reading Pascal's *Provinciales*, and, sometimes, for instance yesterday, one of Marivaux's plays. I read *L'Heureux Stratagème*, and liked it well enough. Many of the Jesuit Fathers whose works Pascal quotes were Spaniards ; Sánchez, Vasquez, Valentia, and especially Escobar, who was a contemporary and lived at Valladolid. In the Latin quotations from these Fathers, there are curious "Hispanisms". For instance : "Gallina et non vir". This may be Latin : but "gallina" as an equivalent for "coward" is still used today throughout the Spanish world. "Ad insequendam amicam", is exactly : "ir detras de..." There are Spanish traits, here and there, in the quotations. — From time to time I read some pages of Lamarck, and sometimes find curious coincidences (in the expressions used) between him and S.B.

February

Sunday 2. — Belmonte's great day. Of course I didn't go. People came from Madrid, and the casino terrace was impossible. Thought of Charles E. and how he would have liked it. It rained in the afternoon, but they told me the six bulls had been despatched before the first drops fell. The fact that it IS a great day appears from this, that "el hombre de la charamita" is still selling about the streets his sweet and cacauets, at 11 p.m. ! Worked as usual (S.B.) and CON GUSTO. Then at night went to Don H.'s, where I saw Araceli. Must note — which is much more important, that there was a light in the window of —. I should have many things to note ; the great theft, etc. But I am tired.

Monday 3. — Peaceful days, given up to and filled with work (*Life and Habit*), with the reading of Pascal, and occasional reference to the few books of biology I have bought since I began to translate S.B. "Paseos" : the Explanada, Parque Canalejas, los Baños, the piers, etc. Talks with Don Higinio and the members of his family, and his friends ; with Doña Pepita, too, occasionally. These days are growing longer ; I note it in the mornings, when I get up at about 7, and in the late afternoon. It makes me think of "La Récréation du soir". I am well enough ; not VERY well, though. — Belmonte has gone, the Madrileños, gone too. Still, there was more animation than usual, to day, about the streets. Many "paletos" who came to watch the "corrida", have stayed here today in order to buy things, etc.

Saturday 8. — A warm weather, almost too warm, but with a delicious, fresh sea-breeze. This morning, as I was walking along the beach, I had an impression of being at Brighton in June or July. There was just the same warmth in the air, and the SALT, and the smell ; or on the Terraces at Folkestone. This afternoon, about the harbour ; a small steam-boat from Tarragona, "Malvarrosa", and an Italian sailing-boat. Am working hard (S.B., *Life and Habit*) and "con gusto" (there is "gust" in that word, which makes it more appropriate still). However, I keep pretty cool. But I find that I cannot do anything else, not even write letters. — I must note a few things, especially about G.'s "asunto". She had told me something of it last summer when the Coronel died (I met her on the very day he has died). I knew she had the money ; but I believed, and still believe, that he gave it to her. However, when I went to see her yesterday, I found her just come out of the prison, where she had been kept about 3 weeks. Gave her "la enhorabuena". She does not know what's to come out of that "lío". She told me ONE of the local papers (*El Luchador*, the republican or socialist paper) had declared itself in her favour. I had read *El Día* only, and had seen at first sight that it gave only the version of the people who caused her to be "detained". It was curious to see her : she was half ashamed half proud. "The papers had written about her" : "Hasta en Barcelona lo han sabido". She had received many visits, and several "caballeros" had called in order to shake hands with her. Well, [*Deux mots caviardés*] she thought no small beer of herself. Still, her supposed accomplice is in gaol, here or at Madrid, I don't know. I said : "You know, rich people always find the judges well-disposed towards them." To which she answered : "But I too have rich relations who can do me a good turn." Did not feel inclined to philosophize. —

Have received a "questionnaire" from the French review *Lutetia* : "What is a national poet ?" "Who is our national poet ?" Etc. etc. If this had come only three or four years ago, I should have answered, just to write down Claudel's name. But as it is, I don't think it is needed. Claudel is known, and illustrious now, and it would be paying him but a poor compliment to call him a "national" poet. What I should have liked to say is, that French literature being something like Greek and Latin literature, France must do without a "national" poet, just as it would be ridiculous to say that Paris had a local poet. Every French writer is an INTERNATIONAL poet, writes for all Europe, and part of America besides. Switzerland, Sweden, Serbia, may have "national" poets. But France, England, Italy, Germany, Spain, are above that. And the "national" poets of the smaller countries cannot be very great either. Everything "national" is silly, archaic, basely patriotic (or patriotic — that's enough). It was well enough under special circumstances and for special times (Berchet, etc.) but we've done with that, now. There is a country Europe. Now, who may be the national poet of Europe ?!

Oscar Esplá is to deliver a lecture tomorrow at the Ateneo here (or Circulo de Bellas Artes). I am sorrow[a] to see him produce himself as a mere "local" artist. It will be something like the king washing the feet of the 12 poor men.

Monday, 10. — Rain, and a rough sea ; and I am unwell and feverish. Still, working as usual. Had letters. Nothing important. Read in the papers the news of Prince Bibesco's marriage with Asquith's daughter, and suddenly remembered the night I dined with him and Copeau at his house near the river, and my walking back to my flat in Chelsea — the night, the aspect of the river, etc. I had not thought of it ONCE since the very day, or week, when it happened. — Yesterday, at night, a long talk with Doña A. and Araceli.

Have been reading the small "Voiture" anthology I bought while at Madrid some months ago. Thus : opening it at odd times, after breakfast ; at night after work, etc. And I like it much more than I ever thought I would like it. Almost as much as Saint-Amant, and MORE than Tristan L'Hermite. I met again the lines I liked so much when I met them for the first time, and fell in love with them again :

C'est un grand temple d'ivoire
Plein de grâce et de beauté
Sur quelque lieu marqueté
D'une ébène douce et noire.

a. Il semble y avoir un lapsus ici, *sorrow* étant mis pour *sorry*.

But I have found other, and very fine, things. The « placet à une dame » is written in the metre of Baudelaire's « À la très bonne, à la très belle » :

Plaise à la duchesse très bonne
Aux yeux très clairs, aux bruns cheveux...

And then, there is the fine « Épître à M. de Coligny » with things like this :

Sa torche nocière ondoyante,
Dans les ténèbres flamboyante
Lançait mille divins éclairs.

And :

Lorsque, non contre son envie
La ravissante fut ravie.

There is a rich vocabulary, elegant diction, something more than mere correction ; some of the qualities generally attributed to XIXth Century Poets such as A. de Musset ; in fact, personality, and a remarkable artistic personality. The coincidences between many passages of Voiture and Verlaine make me think that Verlaine owes much more to Voiture than it is generally supposed to be the case. Were it not for the "Fables", Voiture would be, or ought to be, considered as a greater poet than La Fontaine. One of our greatest "Lyriques", and the master of many moderns, who have done little to recognize how much they owe to his work. The letters are very good too ; one would do nicely, with drawings by Arthur Rackham ; indeed it is already Rackham's manner and style. Pero, poca gente se da cuento de esas cosas. They don't know how to see the modern in the old, nor the old in the modern.

As a sample of what the local press can do, this — the "finale" of a lyrical article on *La de la Faz serena* — is not half bad :

¿ Qué le pasa a la joven virgen que no sonrie siempre ?

¿ Qué turba la tranquilidad de su alma ?

¿ Por qué la pura alegria de su risa candorosa no alumbra como estrella potentisima las semanales fiestas del Circulo Industrial ?

Alcoy 12 febrero 1919.
(from *El Día*)

13. Thursday. — Work and work. But very unwell. The effort to be better, the day before yesterday, proved useless. I must try again. A fine day, though, quite warm and sunny. Thought of an Essay on J. de Maistre : "L'ami du bourreau" ; but I don't care. Yet

there is something worth being said about the Quixotic attitude of many of the writers of the XIXth Century, and how they believed they could influence public opinion, etc. That was before the days of the cheap newspapers. We, on the other hand, seem to believe that everybody knows everything ; and this, in a way, is a more Butlerian view. — Tonight, at Don H.'s, sweets from Huesca, and Araceli.

Denia. Sunday 16. — Couldn't stay any longer in Alicante : had worked too much and with too little interruption since the first days of January, so I went to see Don H. and told him I should go and spend Sunday in Benidorm. He said : you had better go to Denia ; I know of a good inn there, and I'll give you a word of introduction for the French Consul, etc. etc. So, yesterday, at about 4 ½ p.m. I left calle Canalejas and Doña Pepita. The small "tren de la Marina" ; its green paint notably paler than it was two years ago. I saw all the places I had seen when I came (November 1916) from Valencia to Alicante ; this time by moonlight : the "islote de Benidorm", the Rock of Calpe, the curious calvary of Gata. — D.H. had given me a note for the landlord of Fonda del Comercio, but they had no rooms, the hotel being quite full. So that they sent my luggage and took a room for me at the old Fonda Contri ; it was just what I wanted, and here I am, writing my diary at Fonda Contri, not in the same room as the one I slept in two years ago (2 years, 2 months and a few days). I did not know the landlord's son, the boy who speaks English. He's grown a beard. But when I said : "The first time I was here, there was someone who spoke English", he answered at once — and I remembered his accent : "Oh, are you English, then ?" From that moment, he would not speak anything else when talking with me. I laughed, because he could not find an equivalent to the Spanish word : "palmada". He said : "You know, when you come back to the hotel, please call the watchman, giving two —, thus with your hands, and he'll open the door for you." I remembered the place well enough, especially this morning — just now — the dining-room and hall, the pictures and lithographs. Had forgotten the "mapa de Buenos-Aires" in the hall. There is more animation in Denia than the first time I was there. But it is a vulgar place ; nothing but commercial travellers. I went to a café de camareras, and then about the streets. The "quintos" had come in order to be pressed or recruited or what not, and they made IL CHIASSO. The warm weather. One cannot but think that this place, Denia, a small industrial town, is a mistake, in such a climate, and in the proximity of such scenery. And it is a sad, dirty, unkept, hard "pueblo" — something like Vierzon in the midst of a district like St Raphaël or Fréjus. — As yet I don't know to which place I shall go.

Valencia, café “la Gran Peña”, 11 ½, Sunday. Left Denia at about 11 ½ a.m. and got to Gandía at 2, very hungry. It is a kind of “harvest-fly” or cockroach train, certainly one of the slowest in the world. Had dinner, and then hired a tartana to go and see Avelinita at the French convent. As it was still too soon to go there, I went to St Francis Borja’s palace, and asked to be allowed to visit it. A young man offered himself to take me over the rooms, and I followed him, rather disturbed by this thought : “Shall I or shall I not give him a tip ? He looks like a señorito, but one never knows.” Still, I listened to what he was telling me about the palace, the old university — to think that Gandía has been a “Varsity” town ! The one notable thing he said was the following : “This picture represents St Francis when he left his wife and children to turn a saint.” (“para hacerse santo” — sic). It looked like a quiet irony, but it was only unconscious humour. To be sure, in spite of all his humility, such a great prince as Francis Duke of Borja must have thought that, since he went in for piety at all, he must try and make for himself a dukedom in Heaven. I saw the curious XVIth Century organ, and it occurred to me that if S.B. had seen it, he would certainly have felt a strong temptation to play a few bars of Handel on its old and shaky keyboard. The XVIth Century Gallery, “où tant d’or se relève en bosse”, and with its painted ceilings, is quite a surprise when one comes out of the Medieval halls of the palace. When about to leave, I put out my purse, saw the young man blush, and told him that I should like to give a tip TO THE PORTER, and what did he think of it ? Thus I got out of the difficulty. Then I proceeded to the convent, but the coachman made a mistake and drove me to “las Esclavas”, where the “lío” was explained away by a pretty nun behind a thick “reja”. At last, got to the French convent. Avelinita and all the little girls had gone to St Anthony for a walk, but I saw one Chère Mère (a nice, well educated, blue-eyed Frenchwoman) who was so sorry, etc. so that I promised to call again tomorrow. I had told her that I had got to go to Valencia and as my train left Gandía at 4 ½ p.m. I could not stay till the girls had come back from St Anthony. Indeed, till the Chère Mère made me promise to come back tomorrow, I did not feel inclined to do so. But, having given my word, and finding it almost impossible for me to entertain the idea of spending the night in that dreary place and in the uncomfortable looking “Fonda del Ferro-Carril”, I drove back to the station, in time for the train. Besides I did not like the smell nor the moral atmosphere of the place ; it is an ecclesiastical place, “una ciudad levítica”, and I don’t like such places. It would be too long if I were to explain why it is so. I may say that, in such places, one feels more THE LONELINESS OF THE LORD. So I left

Gandía, got to Carcagente, and thence, in a better train, to Valencia. It looks like a dream. The old station has disappeared ; and the brand-new one (certainly the best in Spain, and one of the best in Occidental Europe — well, it would look, I think, quite as well as the new Edinburgh ones — Waverley, and the other at the other end of Princes' Street). That does not mean that it is beautiful ! It means that it is "quite nice" ; but as to architecture and decoration, it is an epitome of Valencian art, (for better or worse). Still, the effort after making an attractive-looking station IS pleasant to see. What have I written here ? It must be something awful, I mean the syntax. Well this station is like a commentary on that children's song : "Oranges and lemons".

I like the country between Denia and Gandía ; it is already the Valencian Huerta, only the mountains, so bare and abrupt, are much nearer the orange groves. One of the finest cypresses I have seen is in Gandía.

The arrival here. The refreshment room of the new station (the breakfast there — in the old station — twelve years ago !). The going about, prowling everywhere, the men — recruits, or professional hooligans ? — who followed me. ¡ Mare de Deú ! I felt a little frightened ; however, I had presence of mind enough not to show it, and they left dogging me. The adventure with my bag — where this copybook was. Never have I been so near losing it. It is — and it was when I arrived — too late to go and see the French V^ce^ Consul, M. Lanuartres. He lives quite near, though, and I almost thought I would find him in this café. I went to calle de Moratin — I had a dream about it, a few weeks ago, at Alicante : I was going along that street, which looked quite as usual, when suddenly, on reaching the place where they sell flowers, behind café Suizo, I found before me the whole town of Valencia IN RUINS — looking like the photographs of the war, but on a larger scale, a whole metropolis in ruins. Tomorrow I'll start early for Gandía again, and am going out again for a new "paseo" — but this time in more centrical parts.

Gandía again. Monday 17. Night. — After having written the above, went for another paseo, this time without incident nor occasion for "tener miedo". Then to the Olympia "bar", or rather "keller". The girl who wouldn't believe I was not Valenciano ! But whom should I see, but il Sign. P—, the Italian vice-consul ! With the finest girl there — or rather the only one who had GOOD jewels. How I managed in such a way that I avoided paying anything for the cheeky girl who came and sat near me ; persuaded her that my neighbours (two "paletos" of the Huerta) would be just the men for her, and how she made them stand her so many cups of spirits ! I enjoyed it very much. Then to the station. Then how I slept till the train had passed Carcagente, and I had to go on to Alcoy. So that I spent the greater part of the day in Alcoy, a picturesque but very cold place. A kind of Thiers, with much of Coventry about it, too. The shops. "La Sultana". The churches, etc. Spent several hours, sleeping in a big leather armchair, at the Casino Industrial, the one of *La de la faz serena*. Saw the girls going to their classes : la bellísima hija de nuestro querido amigo el diputado provincial, etc. Am sorry for Don R—–, but the girls I have seen in Alcoy are far from being pretty. Too many of those "saltless" blondes. Left at about 7 ½ p.m. The stations are very distant from the town, on the other side of the deep "barranco" or ravine. It was the "chicharra" train, the one I travelled in when I went to Biar last summer. A dirty 2nd class, full of FLEAS. And then, once more, la fonda dell Ferrocarril.

The wonderful summer day we had, today ! The heat, at such places as Onteniente and Cocentaina. Travelled with a family who know Don Ramón. The girl, Amparito. Their accent. Too many things to note, and I am tired. In all these places, the uncommercial traveller is a species unknown to the innkeepers and people in general. So that I felt as if people utterly despised me. But there is some advantage (pecuniary) in being despised.

Alicante, 18. — Back to mi pueblo. The end of my little trip was pleasant and nice enough. This morning in Gandía, went to the French convent, where they did not expect me, and saw Avelenita and the Chère Mère. Took photographs of both Avelinita and the Virgin of Lourdes. Back to the station, and then to Denia, and then, in the marina train to Alicante, seeing Calpe, Benidorm, etc., this time in the glaring sunlight. My first visit, after washing, etc. was for Don Higinio and his family. Well, I have had my fill of trains, landscapes, adventures, and... fleas, and feel as if I were about to take up work again con ánimo. I shall note a few things. The station of Oliva ; the calvaries, with their rows of cypresses, uphill. The decoration of the station at Valencia. They've put, on azulejos, in the big hall, on each column, the words : "Feliz viaje" in as many languages as there are columns : the peninsular languages first : Feliz viajé, Bon viatge (Valencian), bon biatxe (Catalan) and what I suppose is Basque : Oudo ibilli. It is there in French, Italian, Russian, German, Swedish, Arabic, Chinese. But I think [*Six lignes découpées.*]

The only instance which Bescherelle gives of the word "articuler" in its true meaning — which is the meaning S.B. adopts always — is the following, from George Sand : "Elle oublia d'articuler sa pensée, et, le coude appuyé sur le mausolée, l'œil immobile sur les flots, elle n'entendit pas Sténio qui la suppliait de se révéler à lui." It would do well, in china, on a chimney-piece.

20. — This morning met Doña Candelaria, just come from Murcia ; but she goes tomorrow. She came with her mother, leaving Jeronimita and Dolores at home.

21. — Friday — Went to Elche with D. Higinio and Don Vicente Martín Arias, "alcalde de distrito" of Madrid. We saw the Curate's garden (the curate Castaños died three months ago, and it is probable that his [*Lacune consécutive au découpage signalé plus haut.*]
showed us through the rooms. It seems that he has WASTED a lot of money on that restoration, and that the "artists" he set on it were either quite illiterate or — more probably — quite dishonest. However, one or two rooms are alright. We were back at Alicante at 9 p.m. A fine day.

22. — Fine weather — almost too warm. Tired, almost ill ; and with the Mood. Worked little. Went to Benalúa, and saw don Ramón. Tonight, very unwell. My excursions (the long one and the shorter one — that of yesterday) have tired me much more than I thought when I came back.

24. — Another fine day, making the Hotpoint stove useless. I feel better, and work has driven the Mood away. Am battling with one of the hardest chapters in *Life and Habit*. Yesterday, the visit to [*Nom caviardé*], just to bring them a few books : A. Ghiraldo, Gómez de la Serna, and a Villiers de L'Isle-Adam. At night, Araceli and the children. Those wonderful SUMMER days we have !... And I am buying French banknotes at 86 ½ %!! — As I was going home, through plaza Isabel II, I suddenly saw —— with her uncle. I bowed, Don —— said buenos días, and she smiled, but I don't know if in contempt or otherwise. On coming home, found two presentation copies, poems both of them, one by Jean Cocteau, the other by one M. de Supervielle, with drawings by Lhote. — Thinking much about [*Nom biffé*], —— and ——[a].

25. Tuesday. — Feel pretty bad tonight ; and the epidemic has come back in full strength. María said to me : Cuidese mucho, que hay muchos que mueren ahora. Still, I can work, but I feel very poorly.

27. — I write this in bed. Have had to interrupt work, but I feel already better. P[*Mot illisible*] and drugs ; Doña Pepita ; the reading of Ovid ; the *Heroïds* ; from time to time, had a look at part of *Ars*

a. Ici Larbaud renvoie par un signe au « she » de « she smiled » (quatre lignes plus haut).

Amatoria which is in the same vol., and thought it was much better. The views the Romans had about Women. Of course Ovid wrote with an eye on his fair readers.

28. — Another day in bed — except a few minutes — now — while Doña P. is "doing" the alcoba. Better, but still very low. Tried to work. Couldn't. Been reading *Timon of Athens* ; thought it would do me good — but I scarcely could attend to what I was reading — seeing it rather. Don Higinio came ; very kind. Says I'll be better tomorrow. Today the shops closed at 1 ½ p.m., and all the afternoon, there were "corros" of children in the street below. They sang an old tune, very characteristic :

¡ Viva la calle Mayor !
¡ Viva la Reina Isabel
Reina de los Españoles !

I heard the voices of Manola, Carmen, Concha, etc. It made me think of Goya's *Kite*, and of his *Gallina Ciega* too ; I know why.

Sunday, 2. — Better, but not very well. The pains in my head. Still, got up at 11 a.m. Then the children came, Luisito A. dressed as a captain of "Infanteria". They came again after dinner. Took me to the casino. Saw —–, on the way ; the balcony. The terrace of the casino. The MAMARRACHOS ; a few carriages. French people ; many ; the two airmen. Home ; and work till now, interrupted only by the visit the children paid me at 7 ½ ; Concha dressed as a boy ; didn't know her ; looked bigger ; she's got pretty lips ; no me había fijado, till today. Work, very hard ; but this is due to the pains in my head. I am glad I have seen —–. A long talk with Doña Pepita. I wish : 1° I were better ; 2° I had already done what I must do (in S.B.) ; 3° and then a week in Madrid.

March

Monday, 3. — (I forgot to write the word "March" on the preceding page — never mind.) Better, and worked more, ate more, felt happier, and got up earlier. Would have worked even more ; but the children came to fetch me and I had to go with them to the casino. I liked it well enough ; but the "jaleo" made me a little sick. More carriages than yesterday. A few good-looking girls, but many "mamarrachos". I sat near the tall girl I used to call "la viuda simpática", so that I had a good look at her, and she does not look so "sympathetic" when seen "de cerca" than when seen from a distance. Her type is good, her figure striking, but her face and features are rather coarse ; she has got that hale and country-like complexion of the daughters of rich families, especially in England and in France. A very good education, the best manners to be found among the higher classes, but a complete lack of sensibility and what S.B. calls "grace". Good food well assimilated, money and manners — everything that ought to produce "grace", and "grace" is wanting. From what they said I knew — what I had already supposed — that they are not Alicantines. She has got a sister, whom I saw for the first time, more "simpática" than SHE is ; about as tall as she, and the same complexion, but with better features. Married, I suppose. They are between 30 and 35. Saw many acquaintances, etc. — Both on coming out and on walking back home, saw —— on her balcony. Bowed and she smiled. — Must note the following. Read in a paper that, in the prison at Barcelona, a programme has been secretly printed and circulated among the prisoners. It is a humoristic "sheet" purporting to announce a "soirée" given by the prisoners. One of the items is the following : "A lecture on 'the Personality of Octave Mirbeau' by X" (one of the prisoners). Of course the journalist had written "Octavio Mirabeau". (They are political prisoners.)

Sunday, 9. — A letter from M——, with her photo and that of her young friend Olive. Work : S.B. Reading of Pascal's *Provinciales*. The ball tonight. Araceli.

Monday 17. — I must note my short trip to Valencia, the other day. I could no longer stay here, and felt as if I should fall ill again if I stayed any longer. So I started on Thursday at 10 p.m. and got to the Most Loyal at 7 a.m. A windy day, with the dust, etc. Walking about the streets at the different hours of the day. Thinking much about M. Francia (I have begun writing it — but ??...). The famous market-place ; never, when I lived in Valencia, had I spent so much time there, I mean about the market-place. One of the barbers at Plaza de la Reina knew me almost at once, and was able to say that I had not come to his shop since 1916. A few changes ; less and less like the Valencia of "my day". Hired a cab and went to Miramar where I had a good dinner. Then lounged about the harbour. Saw the Austrian or rather Hungarian boat, "Indeficientu", with her "Inter-Allied" flag (three horizontal stripes : white-blue-white). I had seen her the day before at Alicante. Saw many ships. One, not yet "seized", still flies the German flag. Back to la Glorieta in the tram. Walking about again. The bookshops. Bought Baroja's last book (*Las Horas solitarias*, me gusta MUCHO). On plaza de la Reina, the large pastry-shop of 1905-1906 is now a kind of chemist's shop. Oh, those days of the "jamón en dulce", etc. ! I had chocolate at the old and famous place near the corner of calle de

Zaragoza. There is "desanimación", or rather a lack of things in the shops. The Manises shop, where they sold beautiful ornamental vases and urns, has got just one in its windows, and seems to sell only knicknaks and cheap crockery, now. Few books in the bookshops — less than two years ago, and little more than in "my day". I remember calle de Zaragoza in those times, at about 12 or 1 p.m., with the gitanas girls who begged and used to bite their "mantas" while sobbing out : Tengo hambre, señorito. (They did not speak Valencian.) Several people spoke to me in Valencian, as a matter of course ; and I answered in the same language, without experiencing much difficulty. Saw several faces I knew. Met the errand-boy of "Ca. Amorós", who used to bring me what I bought there when I lived at calle de la Nave. He is now a man of about 20, dresses well, and looks the perfect "hortera". A shop where I bought gloves ; I knew the people there, and saw what two years had done for them. Still, at about 6 I felt already "aburrido" y además tired, so that I went to the station "fonda", and had supper while reading the papers. Took the correo train and got back home at 6 a.m. on Saturday. This trip has done me a great deal of good ; and I took up work, almost as soon as I had slept my fatigue away.

Tuesday 18. — Unwell ; still, have worked as normal. I thought the trip to Valencia would have helped me more to get well. Pero, en fin... The headache ; the pains, sometimes in one part sometimes in another. — Looking at —'s photo. Since she sent it, I have spent much of my spare time looking at it. She wrote on it "I not myself". True indeed. But it doesn't matter. Looks less like a girl, more like a woman. There is a pretty English cottage — her present home, I suppose, — in the photo. — As to... the balcony : the day before yesterday I met the little girls, and she said good morning, with that particular smile which may, or may not, mean : I know what you are about ; but — I did not see. — As to — ; met her uncle in the street the other day, before the Valencian "escapade", and asked about her, and finally asked him to transmit my "recuerdos" to her. It was the first time I mentioned her name to anyone of her family since 1917. Well, what is uppermost in my thoughts is "the balcony" ; then much "lower", Whitstable ; and then... don —'s niece. But after all, my work, and thoughts of London, engross me much more ; however, among the many thoughts of London, Whitstable goes for some share. Today is Gabriel Miró's "dia" (San Gabriel) ; and tomorrow the blessed day. There lives a Pepita (other than Doña Pepita) in this street : while I was having supper, I suddenly heard the loud seranata, not far from here.

I have finished reading Baroja's *Horas solitarias*. I like it almost as much as *El Árbol de la Ciencia*. However, he is sometimes very superficial, "primaire" and cheap. The chapters on Häckel, on

Feuerbach, etc., quite bad. Then, he sees only the bad side of Spanish life and Spanish "cosas", never the grand side, the real "culture" there is to be found here. For instance, the clergy and "frailes" do no hold so much room as he thinks they do. Besides, it is painful to see what pains he takes in order to give, to himself first, and then to his readers, the impression that he looks outside of Spain, and is "al tanto" of the "great currents" of European thought and science. He seems to me more than commonly unconscious of his own artistic powers, I mean, of that in which lays his genius as an artist. Yet, much of his criticism of Spanish life and thought is quite true and very suggestive. From what I have read of Baroja, my impression is : that he is a very ARID but very graphic interpret[a] of landscapes and human faces and actions, and that he is a powerful satirist as well. — There is, in *Las Horas solitarias* a judgment on a criticism of George Borrow by Menéndez Pelayo, on which I should like to write and publish something. It seems that Menéndez Pelayo, in his *Heterodoxos* wrote that Borrow, in his *Bible in Spain*, "demuestra una sandia simplicidad y una escasa cultura". "Which is absurd" says Baroja. Not so absurd as he thinks. But it would take me too much time to write about that. I have just read what I wrote in November last about *The Bible in Spain* when I had just finished reading it, and I think I could find nothing of importance to add to what I said in the first paragraphs. The "sandia simplicidad" and the "escasa cultura", together with their correctives, are well expressed. Well, if ever I meet Baroja, I'll tell him about it. Apropos, I should say that Baroja is a greater artist and a more intelligent man than Unamuno ; but, still, both look too much outside of Spain, and too much of their thought is "importé d'Europe". In the case of Baroja, it is much less so ; it is not "importé", rather HE is "IMPORTUNÉ d'Europe", too much pre-occupied about it. Unamuno swallows everything foreign, even the most indigest things ; so that they wear a French, German, English, Portuguese, and especially Danish or Norwegian, label, he thinks it is "ambrosia". Baroja has a larger — much larger — dose of common sense. For instance : "Yo creo que franceses y alemanes luchan actualmente por rutina y aun por cobardía, al menos por cobardía moral ; yo creo que están dominados por una organización terrorista y que no son capaces de oponerse a ella." — This is the best judgment I have read about that shameful period, 1914-1918. — Another serenata ; is it another Pepa ?

Saturday 22. — Felt so ill yesterday that I could not work ; it had something to do with the weather, which was windy and

a. On attendrait ici *interpreter*.

almost cold. Les grandes ventoleras de Marzo. Have been reading Escalante's famous plays *La Escaleta del dimóni*. Today, better, and worked as usual.

Sunday, 23. — Unwell, and with the Mood (especially at night). Yet I worked as usual (S.B.) Have been writing chap I of what was "M. Francia", and is now "L'allongement du jour". It is not, as I thought at first "beheading" Henri de Septimanie. I don't know how it will look ; still what I wrote I wrote CON GUSTO. I shall soon be clear of *Life and Habit*, and will then write more of "L'Al[longement] du J[our]" — Had the Mood very strong tonight, especially after supper. Before supper, went to Don H.'s, where there were a lot of people. The big Aragonese girl (Pilarica, of course) met for the first time Araceli. I noticed how she looked at her ; I liked the constrast between them ; Araceli looked very dark, I mean her face, and her mouth when she laughed. The contrast was between the graceful type and manners of Araceli, the Mediterranean, and the clumsy ways and clumsy appearance of Pilarica, the girl from "la Meseta". I wonder whether Pilarica thought Araceli pretty ? — The thoughts, during the Mood, were these : the balcony, — useless ; Whitstable — nothing I really wish for ; the book —, will turn out worthless. The sight or Araceli was the only thing that interested me a little. — During supper, María, the maid, who had been to a ball, and was still flushed and in high spirits, said to me : "Vd no sale nunca, no se distrae." Poor thing ! After supper, when the Mood was "in full rabia", as I noted it in the margin of my English dictionary two years ago, I remained a long time sitting in an armchair, without any light, except what came, through the open window, from the street-lamp in front. The little girls, Concha, Manola, Lola, "la calle Mayor", etc., were having a high time of it, and sang "Marina", and other songs, and suddenly began "Cantemos al amor de los amores..." and, of course, I thought of Asunción and the convent, that day — ; it seems already an old memory. But this did not make the Mood worse, quite the contrary. It dissipated it, and I could work. — Between whiles I read Charles Diehls's *Manuel d'architecture byzantine*. The descriptions are too short and superficial ; for instance, that of the tomb of Galla Placidia at Ravenne ; besides it is unsympathetic.

[*Quatre pages manquantes.*]

es ¿ porque llevará el pelo corto ?" So that I knew what she was thinking, yesterday, when she looked at Araceli. Araceli herself did not come. — I must note the horrible dream I have had last night. The sense of terror throughout, but graduated, as in one of E.A. Poe's tales. A tale could be made out of it ; it should happen at Hythe, in the house I was about to rent there in May 1914. I suppose the dream came from my having quoted the "refrán" :

"Espantóse la muerta de la degollada", last night, when talking with H. One of the most remarkable dreams I have had for a long time, to be sure.

Tuesday 25. — Alabado sea Dios. Esta noche a las doce y media he acabado la traducción del Inglés al Francés del libro de Samuel Butler *Life and Habit*, habiendo acabado así el trabajo empezado en Sens (Francia) a fines de mayo del año 1915. En 1915 traduje *Erewhon* ; en 1916 *Erewhon Revisited* y parte de *The Way of All Flesh* ; en 1917 *The Way of All Flesh* y parte de los *Note-Books* ; en 1918 los *Note-Books* y empecé *Life and Habit*. Son mas 2 000 páginas.

I have really worked hard, in order to get *Life and Habit* translated before April ; yet I have spared no pains on it, first translating it on a "borrador" copybook (or rather the fragments of 3 copybooks). And then copying out in Indian ink on a copybook I ordered when I was at Madrid in May-June last year. So that I have 2 manuscripts, the Indian ink one being quite neat. I'll have it bound. Of course I shall have still to spend much time on these translations. First, I shall have to prepare *Erewhon* for the press ; then, the other volumes. Hope they'll be all ready before the end of this year. — For the present I want to leave S.B. entirely aside for five or six weeks, which I shall give up, I think, to *Luis Losada*, just to see what I can make for him. Perhaps I ought to note — but I shall certainly remember it — the genesis of the idea of that book (if it turns out to be a book, after all). First, there was "M. Francia", the "asilado" who went to see his old "asilo" in Toledo. His real name was España. I read about it in the papers. Then I got interested about M. C——, whom I met

[*Deux feuillets manquants.*]

26. — Met don Ramón, and he accompanied me on my way back, and spent about an hour with me at home. About J. Costa, he said that he was a writer "de brocha gorda" ; (quite so, I think.) About "Espantóse la muerta de la degollada", he explains it differently from what I thought would be the meaning. He quoted a Valencian "refràn" which seems indeed to explain the Castillan one :

Diú el mort al degollat :
¿ qui t'ha fet eixe forat ?

About *La Escaleta del dimóni* said he did not believe in Escalante nor in any of the Valencian dramatists.

Sunday 30. — We've had a big strike, these days here and throughout Spain. People almost thought a revolution was coming. There was much exaltation on both sides. On Friday morning the workmen were about the Explanada, and forces of police patrolled the streets. There was much excitement on both sides. Went to the casino terrace where there were a few "señoritos" whose talk was all about shooting the workmen, etc, etc. They seemed to think no small beer of themselves for having dared to come out of their houses and sit on the casino terrace. There is much tall talk among those "señoritos". This morning I heard one who, for a long time, kept saying among a group of friends :

— And when I meet him, I'll tell him to face that he is scoundrel, a robber, a criminal ; I'll tell him he is a "granuja" ; I'll tell him to his face he is a "sinvergüenza" ; I'll tell him, etc, etc.

No one said to him : "Well, go and tell him !" Today, it seems that the strike is at an end. But there has been blood shed in Elche, where the work-people tried to remove the rails of the Murcia railway.

Though far from being well, I go on with Luis Losada. The days are beginning to grow very warm ; still, it is rather pleasant. I go on reading Diehl's *Art byzantin*, and find that I knew much more about it than I thought. I suppose it is due to my having thought so much about the works at Ravenna. — I must note about the barber, the other day at Valencia. He said : "When you used to come, we were having 'la reforma'. I said : — Yes, and they had just put the small palm-trees round the washing-stand." He said : — 'T is true ! AND SEE HOW THEY ARE FADED NOW !" (It showed a certain sense of the picturesque.)

Have been reading another of Escalante's plays : *Mentiróla y el Tío Lepa* ; it is the well-known plot of e.g. Corneille's *Le Menteur*, and the chief interest of it lies in the use of Valencian, very idiomatic.

April

Tuesday 1st. — The strike at an end ; the shops open, etc. During the afternoon, a shower. We had not seen a drop of rain these two months. Did not feel inclined to write. Wanted to think over L.L. So that I read much ; in fact TWO books (one a novel of over 350 pp.) — books I bought this morning in order to lend them to —. Had a letter from Whitstable, too. I must write about these books. They bear on my work, I mean my present work (L.L.)

One is a novel published two years ago : *La Pata de la Raposa*, by Ramón Pérez de Ayala. The other is an allegoric dramatic piece, *La Reina Silencio* by Ramón Goy de Silva. — The novel interested me, not so much through its own qualities as from a technical point of view. All the influences that have gone to the making of it are more than usually discernible. The general plan of the novel is that of the classic "novelas picarescas", but this is not a characteristic influence ; the characteristic influences are these : Huysmans' Des Esseintes once more ; then Des Esseintes becomes the other Des Esseintes who plays the chief part in Gustave Kahn's *Le Cirque solaire* (a novel which seemed to me very good when I read it, in 1899 or 1900) ; then there comes some scenes that happen in a prison, and which may have been in part suggested by George Borrow's *Bible in Spain*. Later on there are some London episodes which may come more or less directly from Baroja's *Ciudad de la Niebla* ; the last chapters, where the scene is at Lugano and about the Italian lakes, may have something to do with some novels of Bourget and Boylesve which I have not read but about which I have read criticisms and reviews. The Spanish chapters may have something to do with a novel entitled *Tu Eres la paz*, by — I think — Martinez Sierra (I read it at Perth and Inverness in 1913). In the treatment itself, I think I see traces and reminiscences of the Russian novelists, Oscar Wilde, D'Annunzio, and here and there can be seen some of the "procédés" of the French "naturaliste" school of novelists. All this does not matter. In fact, that novel has got all the elements of a very good novel — and it is not a very good novel — though obviously superior to the general run of novels — Spanish, French, English, etc. I think there are two reasons which prevent this novel — *La Pata de la Raposa* — from being a very good novel. The first reason is that it is a novel of the semi-autobiographical type (the BEST TYPE of contemporary novel) where the author IDEALIZES HIMSELF TOO MUCH. The second reason is that he confides too much in his COLOURS.

By "colours" I mean the picturesque element in a book : the changes of scenery : from Spain to London, from England back to Spain, from the Spanish North-coast to the Italian lakes ; the episodic and secondary characters, drawn too hastily, and almost immediately put aside ; the allusions to books, works of art, etc ; the quotations from various languages, etc. All these "adornos" are very good by themselves so far as they go ; but here they are too much "by themselves" ; they do not "adorn" anything worthwhile. Perhaps, all this comes to say that the novel is too unreal, too idealized, too far from any real human interest. As to "idealizing oneself too much", well ! Alfieri and Stendhal have done that, and they have produced masterpieces. — Out of this lesson I have thus taken (a lesson in novel-writing) I have come to the conclusion that I was right when, before writing anything about Luis Losada, I said to myself : "You must not put in so much colour here as you've done in *Barnabooth*" ;

[*Deux feuillets manquants.*]

a lot of good to write about Luis' adventures : so many things I wanted to say so long ago ; that is, to put in a clear light ; — I must note that Pilar —— ; as to Araceli, she simply hates me.

May

Tuesday, 13. — Nearly a month without writing here. On April 19 went to Madrid, coming back on May 1. Ten pleasant days in Madrid, but without calling on any "conocido". The shops, the tailor, and giving the Ms of *Life and Habit* to the book binder. Worked at "Luis Losada" and read quite a number of books : Prudencio Iglesias Hermida, Baroja, Barbusse's *Clarté,* Claudel's *Le Pain dur,* etc. Once in Alicante again, worked at Losada, and then at "Martre". Couldn't stay any longer in Madrid, THE BALCONY calling me urgently. Yet, once back at Alicante, the Mood assailed me, and I have days of "desesperación". The books she lent me ; and our talk, hers, of the *Fermina Márquez* type : "la santidad".

Wednesday 21. — So many things to note that I don't think I shall be able to put down here the more important facts of the last weeks — perhaps the last of my stay here, this summer, "si Dios quiere". — On Thursday last, Don Ramón's wedding in the Benalúa small church ; then to Diana — the wedding-party and the priest (a nice young man ; told me he was disposed to perform the same ceremony for me "con toda suavidad" !) Things that happened : my two visits to the French consul ; the Japanese poem he read — a fine work, of the XVth century he said ; Verlaine quotes a poem of his (in the "truculent" manner of the "fin-de-siècle" poets) in his *Poètes maudits*. It was the first time I had a literary talk with him. [*Deux lignes raturées.*] The balcony ; an afternoon there, and much talk ; a few things she said pleased me ; however she did not speak again about "la santidad". Use

[*Un feuillet manquant.*]

which he sent me with a kind "dédicace" ; re-reading Pascal's *Pensées*, and poems of Voiture and others ; and, now, reading Beuchat's *Manuel d'Archéologie américaine,* interesting, but rather poor in details, at least as concerns Mexico. — Letters : from Whitstable ; from Berthe L., who is at Pau ; from J. Rivière and Gaston Gallimard about the N.R.F. business, from Louis Chadourne. Answered all ; and wrote to E. Diez-Canedo, who gave, a few days ago, a good notice of the Walt Whitman book, in the newspaper *El Sol.* — This morning, rec'd[a] the ms. of *Life and Habit* splendidly

a. Pour *received.*

bound, in dark-red morocco, by Arias. — Fine weather ; but — the MOOD, which simply shows that I am not well, and must take care. Doña Pepita, very kind. — The great thing is the Balcony.

In the soft sunshine of HER *balcony...*

(W.S. Landor in *Count Julian.*) All my life and thoughts there : "Non sum dignus" ; and then : leaving what she would leave if —–, could —– make her happy ? And then : love, and — no, nothing but love. The loneliness of the Lord. — Oh, I must note when I quoted to her Baudelaire's line :

Et les palmiers d'où pleut sur les yeux la paresse...

about the palm-trees of the Explanada, and what she said. Her pronunciation : antigüedades, with the *e* so well sounded. The way she plays Albéniz and Schumann ; — How many things I could note here ! Too many. Better leave it alone, and keep it in the holy of holies, [*Deux mots caviardés*] which is the proper place for it. However, this I can say : that "Whitstable" is nowhere, now, when I think of the "Balcony" ; just a "passe-temps". As to the rest... well !

Forgot to note that I received, two or three days ago a pamphlet, nicely brought out, a poem by Henri Hoppenot, "Cinquantenaire de Paul Claudel", published at Rio (Brazil). He sent it in September LAST YEAR. There is a photo of the avenue of tall palm-trees, with a group of the author, his wife (I suppose), and Claudel. There is, inside the book, a photo of Claudel's head, very good. There are 50 copies only. — The Peruvian boat, "Iquitos" left yesterday, with Benlliure's monument of General San Martin, and all the marble slabs I had seen so often in my walks about the piers. The "Sac City" of Philadelphia went yesterday, too. I had had a short talk (mostly about tobacco) with two men of the crew, and had found them nicer and better educated men than I expected them to be — in fact nicer than the general run of English bluejackets.

Saturday 24. — Got up early, and worked at the "Projet de Réforme", but without much conviction : rather as a pastime. — Then to see Don Higinio ; then to the casino, where I met Don Ramón. In the afternoon, and at intervals, read Stendhal's *Vie de Napoléon*, which M. Guibert lent me yesterday. There is something vulgar, sometimes, in that book : the conception of life : the military-man's attitude towards women ; besides there is something like untruthfulness and unsincerity in his love of Italy ; or, at any rate, he does not always know how to express it. He could not refrain from mentioning his mistress by name and chat in a book about Napoleon ! Yet, there are great things, a terseness and force which bear the mark of genius. Beuchat's *Manuel.* To write the psychology of historical events ! A psychology of the conquest of Mexico ! To put oneself in the place of the conquered people and in the place of the conquerors ; to see — or to try to see, things as they must have seen them, etc. In fact, to write what has never been written, what is hidden to this day, in the pages, under the apparent and plain meaning, or between the lines, of the books written by Oviedo, Gomara, and others. Thought of it, long ago, when I read Prescott's histories. Been turning over the leaves of Vigny's *Journal d'un poète,* lent by M. Guibert too. Less artistic than Stendhal ; but in both I find something repulsive ; perhaps only "la mancha" of having been a militaryman. — Luisito's wound. — The man who said he wanted to vote for "Pepito Canalejas" (Canalejas' son, a boy of 16). From what he said, I learned that "la presidenta del sindicato de las criadas" is Mme L—'s servant. He is an artisan, and has got a workshop (carpenter), and hates syndicalism, anarchism, etc. "Ya uno no podrá tener una peseta suya en paz. Yo sé donde iré a morir : al asilo. Soy muy amigo de las monjas." (He spoke in Castilian because I was there and he thought I did not understand Valencian.) Later on he said : "You remember la X, the schoolmistress who was so conspicuous for her exalted and 'anarchist' opinions ? Well, now she spends all the day in St Nicholas'." But he made no commentary. I suppose he meant : you see, THEY don't know they own mind.

Monday 26. — Ought to note about yesterday, when I was near — on her balcony, watching the procesión. So that I had her kneeling at my feet. ¡Hombre ! Claro ; como habia procesión. What she said ; her kindness ; since I told her I like Chopin, she plays Chopin. Her little exercises in French, with the dictionary, just like a schoolgirl. Well ; enough about that. She lent me one of Marden's books in a badly-printed Spanish translation. It is sillier than I expected it to be ; just "printed matter". As a document on the lack of culture of the average U.S.A citizen, it is quite remarkable. Poor people ! How unhappy they must be.

27. — A fine breeze, and the smell of the sea. Casino. Don Ramón. I quoted to him a fine stanza of Baïf, and then told him who Moréas was and what kind of poetry he wrote. But he said he was absolutely unable to perceive the rhythm of French poetry. He is reading Ghéon's book ; understands it pretty well. — Am going on with *La Réforme* and the reading of Beuchat's *Manuel.* One gets an impression as if the civilization of the Maya Qu'ichés had been much higher than that of the Aztecs. Still, that book does not give enough details and particulars.

Friday 30. — Finished reading Beuchat. How many things there remain to be looked into, all over South America ! — Found another homonym of the type "Shakespeare — Crollalanza" : Oxenstierna — Cabeza de Vaca. Probably it has been "found" long ago. — Busy writing the "Plan de Réforme". What a way of losing one's time ! — Went to see the French Consul about my passport, and gave back to him the three books he lent me last week. Later, at don H.'s, playing with the children. Hot weather, but a fine sea-breeze. — When I am far from Alicante, with what pleasure I shall re-read this diary, the entries of these last days — written so near —— ; and going out on the balcony (mine) from time to time in order to see whether there is light in ——'s window ! — Yesterday, wrote to Gladys.

May, 31 — After midnight. Too many things to note, if I were to record here all the incidents and details of these last days. On Monday I leave for Paris with the diplomatic papers of the French Consulate ; and am taking with me two Butler mss. And the greater part of my papers. Dentro de menos de cuarenta horas me habré marchado. Cuantas cosas me gustaría escribir aquí... What I leave here. Tomorrow I'll see her for the last time till October or November, si Dios quiere. And then ? I had many things to do, today : the consulate, the Casino, then don Ramón, and our quiet dinner at Diana's with Doña Loreto. Talking about Baudelaire. The first Frenchman who told him about Baudelaire was not absolutely sure about his admiration. In order to re-assure don Ramón, I put it rather strong : "Ese nombre que no se olvidará nunca, él lo había olvidado," etc. etc. We went — los tres — to Teatro de Verano, and saw la Argentinita who's got new songs and dances. But I was under the influence of the Mood ; a tremendous crisis : the feeling of utter loneliness, complete despair, etc. Trying to react. Thinking about tomorrow and ——.

[*Deux feuillets manquants.*]

[June]

Thursday 26. — *La Maison sous les branches*. Oliver's kind women. Am reading Conrad's *Shadow-line*, lent by Marcel Ray. For the first time I have felt in what exactly lays C.'s genius, but as yet cannot express it clearly.

Saturday 28 —. The "Peace" Day ! Who cares about it ? The farce over. Fargue, who came today, had one of his good sayings about it : "Les journées des dupes." Am very unwell, with a severe cold and other "achaques". Mightily helped towards getting better by Yvonne's cares. A nice girl, as fair as Gladys, but taller and more intelligent. Feel quite at home, those days, thanks to her. But, since yesterday, fever and cough, and dozing away the hours. Reading Conrad's *Shadow-line* and the reviews and papers sent from England to the *N.R.F.* Many news : the fire at Hotel du Parc (M[other]'s property, but, I hope, safely insured) ; M[other]'s letter about Ella ; a kind letter from Ella (answered) ; a letter from Whitstable (waiting for me, but — !) —

Fargue called, but looked rather dull, absent-minded, and "distrait" ; should like, I think, to drag me out of home. Too ill for any kind of work. Too ill to attend the Verlaine ceremony, I mean to go and watch it, so near home, rue Descartes. Should have liked to go.

Monday, 30. — A little better, but still unwell, feeling depressed and sick. Wretched weather. Yesterday Marcel Ray had the kindness to call, [*Une ligne caviardée.*] He had been at Versailles and watched the proceedings there. Said it was a jam. There were bottles of Evian water, with the well-known pink labels, on the tables. It looked like anything except a state ceremony. Felt miserable when they were gone ; but Yvonne's kindness helped me along. No work, nothing, yesterday. In the afternoon, in spite of the rain, went to the National Lib., where I worked (Th. Ribot, 1873) for about 2 hours, then, partly walking, partly by tube, went to see Mme Fargue. Léon-Paul was there, and we went out together, he to the "Rythmique", I home. A wet, nasty day.

July

Thursday 3. — Better, but not quite well enough to "enjoy life". My days, rainy cold days which make me think with longing of the days at Alicante.

Et les palmiers d'où pleut sur les yeux la paresse.

(Must note that I sent a copy of Baudelaire to don Ramón) : work at the Nat. Lib. ; a visit to or from some friend : Marcel Ray, Fargue, etc. Home from sunset till broad daylight. — Must note the afternoon, yesterday [*Un ou deux mots caviardés, un nom propre sans doute.*] Claudel was there ; had told [*Un ou deux mots caviardés, probablement le même nom*] that he wanted to meet me. But I was not a long time enough alone with him — Ray and his friend Kastell being there — to tell him about —. Besides I feel always shy before him, thinking of his intellectual greatness. He was made much of by the numerous ladies that had come to see him, but he did not lionize ; I suppose he has seen through all that. They are trying to make a heretic of him ; but he knows a great deal more than all the lot of them [*Une ligne et demie biffée.*] Too tired and unwell, with too many letters to answer or write, to note more here. Wish I were in London already.

Sunday, 6. — The weather, not so bad as last week, and I feel better. This morning, between 11 and 12 ¼, went to the Jardin des Plantes in order to see the Hippopotamus. Found HIM asleep in his pond, looking "magnifico", with his head just a little above the water. A pigeon hopped and stalked about him. While I was watching him, two small boys came along, and one said, rudely addressing his Excellency : "Eh ! haricot vert ! réveille-toi, haricot vert !" But Haricot-Vert did not move. Thought of Ernest Pontifex. — Walked through the garden, looking at the birds and animals. There was a small crowd around the white bears' place. — Came back walking (rue Linné, rue des Arènes, rue Monge.)

Got several letters ; one from M. H. D. Davray, asking whether I should like to become a contributor to the *Anglo-French Review* (Bedford Street, W.C. 2). They pay good prices. — From Gallimard (about Synge). From Whitstable. She wants to run away for good, and should like to come back to me, I think. Impossible. In fact I am too lucky with — that ! One at home who literally dotes on me ; two in England who want to make it up with me and begin anew ; and then, the thought of ELLA ; her kind letter. The French one — – I find her so completely mine, so happy, and so much afraid of even thinking about the end of our temporary "liaison", that I think sometimes, of staying in Paris longer than I ought to. But it certainly would do her a great deal of harm. Better leave her next month, after having made her as happy as possible. Thus, it will be a kind of holiday for her ; a time of which she will think always with pleasure. "Moi, je penserai toujours à vous ; je ne vous oublierai jamais", etc. Yesterday she told me about her first lover, her fiancé who was killed in the war. When she had told everything, she added : "Il avait été cité deux fois à l'ordre du jour." I have never heard anything so sad, so hopelessly sad, as this simple thing. It is better than all my notes about the war. The tone in which she said it ! That is : without any pride, just "comme ça" ; as a mother would say, talking of a dead child : "He had won two prizes at school" ; thus showing the uselessness of it all, and the blind brutality of the social system. There is something very pure and great in Yvonne's soul, and in her affection for me. I am afraid of not being worthy of it, I mean, of letting her see that I am not worthy of it. I must keep thinking that she IS Julie the little shepherdess of my childhood, whom I have met again, and to whom I am able, at last, to do some good. The fact is that, except by A— M—, I have never been loved so truly and so well before. We've got five weeks more to live together. I think that, by this time, it will be convenient for both to cut short this kind of thing. — As to the two English ones : Whitstable too different from what she was in 1912 and 1913 ; there is, first of all, her marriage between us ; and then, from what she tells me, I understand that it is not desirable for me — nor for her — that we should try and begin anew. Besides, she being by my side, I could not work, and I should think of the time when I could work and be so comfortable and happy by her side. — To Gladys, I must keep telling I shall come sooner than I shall really be able to do. Gladys is very much like Yvonne, both physically and morally. Those three must be put entirely aside when the thought of ELLA presents itself to me. — I'll manage it all like that, I know I shall. But there are moments of strong temptation ; especially when I think of Whitstable.

Work. — Have nearly filled all the blanks in the ms. of *Life and Habit*. Have chosen two old poems (one I had never written down, finished it : the one about Florence Villa, W[eston] s[uper] m[are]) to send to M. Vandérem who wanted something for the *Revue de Paris Anthology*. Valéry and Fargue have been asked to send poems, too. Reading English Reviews for the *N.R.F.* Reading Gilbert Cannan's *Mummery*, and like it very much. —

[*Une ligne caviardée.*] Fargue, M. Daragnès, R. Viñès, etc. Couvreux, Gallimard, Copeau, etc. — Today, Sunday, V.'s visit, and the cure[a]. [*Deux lignes raturées.*]

Monday 7. — A little better. Got up at 7 ¼, but went out rather late. Working a little and reading (I have finished Gilbert Cannan's book and begun *Les Pléiades*.) In the afternoon, to Dent's shop, quai des Grands Augustins, to ask about Synge for Gallimard. Then rue Madame. Berthe was there. Was very glad to see her again ; [*Une ligne et demie biffée et une page manquante.*]
Cannan's book already fading away from my memory ; and yet... But I don't think I'll take the trouble of reading it again. — Wrote the notes for *N.R.F.* (on "Anglicisms" and the English reviews) and sent them to J. Rivière. A short walk before dinner and again before supper : down rue Monge, and back through : rue Gracieuse, r. Lacépède, r. Rollin, etc. Rue St Médard, less slum-like than I remembered it. Place Monge, and the Barracks there ; had a vivid memory of 1915, when I walked through that "square". — Letters : from M., this time short and quite sensible ; from Don Ramón F., 12 pp. of news ~~from~~ of Ella, Alicante, Don Higinio and Doña Loreto and my kind friend himself ! Had not received the Baudelaire book yet. Answered Mr. Davray's letter. Just now found a note from Fargue telling me we are to have dinner at Mme Muhl-

a. Écrit au-dessus d'un mot biffé.

feld's tomorrow. — It did me a great deal of good to work at these notes for Rivière ; no mood ; decidedly better.

Thursday 10. — Must note about yesterday. Fargue came to fetch me at the door of the Nat[ional] Lib[rary], and we went to Mrs Mühlfeld's. Paul Valéry and Gide were there ; Jean Cocteau too, and a young officer who is an artist. Mrs Mühlfeld was very kind, and did all she could to make me feel comfortable. They discussed Claudel, and I found them, I mean, especially our hostess and Cocteau, rather hard on Claudel ; they seem to forget all about his great Dramas and his Odes, and to dwell only on Claudel, the man, on his ~~new~~ hobbies, on his table-talk, on his personal appearance, and.... on a few of his most recent poems, that are, indeed, unquestionably inferior to his previous works. I was quite taken aback and ~~humiliated~~ mortified when Mrs. M. said to me that my work was better than Claudel's ; it was just as if she had said : "Anything is better than what Claudel writes", it gave me a just and exact sense of my unimportance, when compared ~~to~~ with such a great writer as Claudel. If only she had said that to Valéry ! And indeed, I sometimes think that Valéry's work is, on the whole, better than Claudel's ; at least, they can be compared together. At night, dining "tête-à-tête" with Gide at his house in Auteuil, we talked about that, and I said "Claudel is a great fact, just as Corneille" ; and this morning I felt that, "one hundred years hence" there will be little difference between P. Claudel and P. Corneille.

Parle, parle, Seigneur : ton serviteur écoute...

I mean that Claudel will have entered that majestic museum of great art : the History of French Literature. The same may be said of Baudelaire, Rimbaud, Fargue, Valéry. There is a great Unity in French literature, in spite of the wide differences there are between its makers. The same of Verlaine, not so far from Voiture, after all. — At Auteuil, Gide received me in his big house, where he was alone with an old spectacled governess, who had cooked a good supper. He was very elegantly and characteristically dressed in a "veston d'appartement" of coffee-coloured velvet, with a waistcoat and trousers of a thick woollen material, coffee-and-milk, with slippers of the finest leather (dark yellow) ; he wore one of his peculiar neck-ties, white and light-brown, and his great dark-grey coat over all that. Showed himself very kind and thought of everything that could be of interest to me, asking about my work, my friends, etc. We had a good long chat together, full of allusions to the days spent at Florence and in England. He told me about his future works : Les *Faux-Monnayeurs* (the young men of good family who — some years before 1914 — forged 10-francs coins), and a novel or tale about an epidemic of suicides in a lycée at Lyons. He has been translating *Anthony and Cleopatra* — or rather "adapting" it — for Mme Rubinstein. He lent me S.B.'s *Shakespeare's Sonnets Reconsidered,* which I did not know ; and told me about Strachey, Traherne (showed me the essay on Whitman by J. Thomson) and told me about some recent English books. (He spent some time at Cambridge last year, and saw the pictures by S.B. that are there — St John's College, I think. — They offered him (Gide) the Professorship of French Literature.) He was, as always, very interesting, with, all along, his curious aloofness from the details and petty things of everyday life. — Except for Mrs Mühlfeld's unmeant offence — but why should I care ? — I have had a very good afternoon and night.

The weather, much better. This morning I had to go to rue de la Pitié to pay a bill, and I walked down to Jardin des Plantes, where I spent ½ an hour looking at His Excellency. I suppose he did not like me to stare at him, and ponderously moved his head to present to me his grand profile. People passed on with just a word, like : "Est-il laid !" A little girl said : "Il me ferait peur." They all went on to "talk" with the elephant. I alone stayed a long time "talking" with the Huge Beast.

Friday 11. — Yesterday afternoon : work at the Nat. Lib. (Montégut's *Shakespeare* and Cuénot's book.) At about 7 went to [*Quelques mots raturés*], where I found Fargue, Pivet, de Lallemand, Daragnès, etc. From the bookshop we went to [*Un mot raturé*] where we had supper, or rather "dîner", excellent. We were all very merry, and talked, played the piano, sang [*Une ligne caviardée*] and recited verses of Valéry, Tristan, Claudel, Saint-Amant till 2 ½ a.m. Fargue was wonderful, catching at once tunes he heard for the first time and playing them at once on the piano. He came along with me up to my door, and walked back to Faub. Saint-Martin in the early dawn. I read in bed, till broad daylight, the first published work of Claudel, which L.-P. Fargue had lent me. It is anonymous, in n° 67 (vol. XXIII) of the *Revue indépendante* (1892). The title is : *Fragment d'un drame* : act IV, scene 1. It is already Claudel's line and Claudel's vocabulary. Strange, to think that it was overlooked, that it passed (I believe) entirely unheeded. Yet, it is clear that the editor (or editors) felt that it was something important, since they gave it the precedence over all the other contributions in that number. Was there no one to write : "A great dramatist and poet has been borne unto us" ? It was Savine's review.

[*Cinq lignes et demie raturées.*] There was a photo of Philippe. [*Une ligne presque entière illisible.*] I had an impression of being still near him ; almost expected him to enter the room. I was taken away from my present ; ten or twelve years back, and memories crowded upon me. [*Une ligne caviardée.*] I don't know if it be due to that, or to my having slept little, but I felt tired and almost sick all day long. Read a little bit of *Les Pléiades*. There are curious slips, as if that book were a first book, and the work of an amateur : a sentence containing three times "il y a", etc. But there are traits that show the great artist : for instance, the three calenders on the terrace on the island of Lago Maggiore : one expects a description, a romantic setting prepared for the three stories : NADA DE ESO : they are to talk in utter darkness ; nothing visible but the stars ! And then when Countess Tonska, in her bed, "lève les bras et croise ses mains sur ses yeux" ! That is wonderful, because of what it leaves untold. — Read the first chapter of S.B.'s *Shakespeare's Sonnets*, lent by Gide. The papers, their absurdity ; what they say about the "Feasts of the Victory", etc. —

Today I was to go with Fargue to have tea at Mrs Mühlfeld's, but I felt so poorly that I went to Fargue's in order to tell him he had got to excuse and explain my absence. Then I came back to "le quartier", where I bought this copybook, and then to the N.R.F. where I met Rivière, Tronche, Couvreux, Raymond Gallimard. There were books for me : Proust's last works, with kind dedicatory words, somewhat exaggerated. Wants to meet me ; my tale "Le Couperet" caused him such an impression that : "après plus d'une année, il en est encore un peu malade" !!! Gaston Gallimard came a little later ; he had just seen Calmann-Lévy about the new prices put on the 3,50 books. The curious conversation he had had with him. Among other pieces of boasting, C.-L. told him that he used to pay 15 francs for a pair of gloves ! I like that detail. He meant to say that he was "enormously rich" and did not care whether he sold books or not.

Came back through the Luxembourg garden, full of a delicious smell. Supper and night at home. Yvonne's sweetness, her kindness to me. Her innocence, and how she expects me both to protect and respect her in spite of —. Her candid way of thinking, doing her duty ; her piety. Indeed I feel I must be worthy of what she gives me. The fair-haired French lasses of the Eastern provinces. How characteristic Yvonne is of that kind of women ! It does me good, after the girls of Valencia and Murcia. [*Deux lignes et demie biffées.*] But there are other aspects too ; her real innocence, her conception of duty and religion, her simple earnestness, her self-respect ; all her French virtues and her French grace ; her poverty ; what she has had to go through and the beauty of her feelings[a] towards me.

But — I was about to say : but this is nothing when I think of the note I got tonight from the balcony. — No : that very thought, — I mean the thought of Ella — makes me feel that I must be kind

a. Ajouté au-dessus d'un mot raturé (qui est probablement le même).

towards Yvonne, respect her as she wants to be respected, protect her against the harm that might so easily come from the fact that I have made her mine, and give her a good but "honest" time, just as she wants to have it, in order not to go wrong when her "holiday" is over. [*Six lignes et demie biffées.*] Of the other books (Samain, Maeterlinck and *Serena Bruchi*) she doesn't not say a word. Hope she got them. Her letters I keep, of course. Today, after getting her p.c. I felt fully satisfied and happy. It was not the "spirit of delight", but rather a quiet feeling of security and peace. Thinking of London, etc. A rather kind letter from Mother ; with an allusion to Ella, showing she begins to think more calmly about the subject.

I like Rivière very much. — I must note about *Janus* a new literary review written in Latin. It does not look as if it were to live long ; besides it costs 20 francs ; but the idea is interesting. Rather showy, and as to Latin —. This afternoon, Fargue at last told me that the motto he had put to his "Vieux Monde" in the *N.R.F.* had been written by himself. I had suspected it, but he had tried to make me swallow his Latin-Runic inscription.

Thursday, 17. — Got so many things to mention here that I shall certainly forget those I should best like to note. The weather, a little better today, and as a consequence I feel stronger and happier. But there are so many friends near or about me that I cannot give to my work all the time I should like to spend on it. I mean : filling up the blanks in the mss of S.B. (Ribot and other quotations) ; preparing the Introduction to *Erewhon* ; and reading as a preparatory course before [*Six lignes déchirées au bas de la page.*] where he "proves" Shakespeare to have been a very young man when he wrote the sonnets, basing his assertion on the fact that he seems to consider a man of 30 as an old man. But it does not tell very strongly, — as I thought it would — against the modern methods of literary criticism and erudition. His own hypothesis are too baseless and his tone too confident. Besides there are irrelevancies, as always with him, — and yet they are not very Butlerian irrelevancies ; I found a good saying that'll do finely in the notes to *Life and Habit*.

Finished reading *Les Pléiades*. Fargue says he does not like that book. [*Deux lignes raturées.*] He says it cannot be compared to Stendhal's work. Of course, it cannot. But there are other qualities. There is a technical side to that book, which disturbs a little the practised reader. One imagines the note in the *Athenaeum* or in the *Times Literary Supplt* about *Les Pléiades*, if it were to appear as a new English novel. Still, there are the descriptions, the drama, and the psychological analysis, which make us look at once upon such a "note" as a profanation, as a piece of gross misrepresentation. *Les Pléiades* MAY be taken for an ordinary novel, which they are not, nor [*Lacune consécutive à la déchirure signalée plus haut.*] Claudel's last work : *L'Ours et la Lune*. Some of his admirers say it is his *Tempest* and his *Midsummer Night's Dream*. As a poem founded on a dream, it is indeed one of the most wonderful feats I have seen. However I am shocked by a somewhat gross and journalistic symbolism ; no, not quite that : rather, there is a deliberately chosen "modernisme" that does, in some measure, mar the effect of the poem. And such words of contemporary journalistic slang, as, for instance : "pinard", "embusqué", which shall be forgotten by the end of 1920. In fact, there is a conflict between the purest poetry, the highest "lyricism" displayed in that work, and the deliberately introduced "actualité". Still, a very great work.

Hours — delicious — with Fargue, [*Un mot raturé*], J.-G. Daragnès (his wonderful *Raven* and his *Gamiani* !) — Today, had dinner at Poccardi's with Marcel Ray and his wife. Then we went together to café Cardinal, where Mr. Castell joined us. Then to a "cinema". Then I walked, alone, down rue de la Michodière, etc. to the Louvre Colonnade ; and then back to Place Saint Michel in a bus. — Evening and night at home. Wrote letters. The letters I have had these days : Whitstable, Gladys, etc. One from Ella, to say she had got the books I sent her 15 days ago. Today one from Mr. Jean Cocteau. — [*Deux lignes et demie raturées.*]

Friday 18. — Got up earlier than usual and worked a little at home. Then out : lounging about r. Monge, Bd St Germain, Bd St Michel, rue Soufflot, r. Clovis and home again. Had Mallarmé's poems sent to Don Ramón. After dinner, out to the Nat. Lib. ; worked from 4 to 6, then lounged about r. Ste Anne, Passage Choiseul, av. de l'Opéra. Home. [*Deux lignes biffées.*] Got the Landors at last. Fine weather. Feeling much better. Sent p.c.s to Ella, Higinito, Avelinita, my Aunt and Gladys. Have finished reading Apollinaire's *Mamelles de Tirésias*. Don't like it very much. What it seems to lack most is precisely what it boasts of : absurdity. Yet the young man, the other day, [*Un nom caviardé*] said it was much better than Claudel's *L'Ours et la Lune*. It is clear that they look on Apollinaire as a "grand maître", and on that play (I mean *Les Mamelles de Tirésias*) as a work of the highest importance. Perhaps they are right ; but I must confess that I don't see the point in that play.

Wednesday, 23. — Cannot keep this diary regularly : too much absorbed into my Parisian life ; find it almost impossible to step aside from the "courant vital" determined by my French friends, and look upon myself as if from a distance, as I do when I am far from Paris. — Work : very little. Friendship, almost too much of that, but it is never too much : what is work — such work as I can do ; — what are books — compared to friendship ? What shall I note : a great deal of time lost, and a few hours in the Nat. Lib. ; dinners, teas, "lunches", walks, etc., mostly with Marcel Ray, L.-P. Fargue, Mrs Mühlfeld, (so kind to me), Paul Valéry, Jean Cocteau, [*Deux lignes raturées*.] Sent some of the works of Erik Satie to Ella. Had a letter from her, two or three days ago. A letter from Gladys. — Met Mr. Ronald Davis ; he said he remembered having seen me at the Authors' Club. Met Henri Hoppenot, too. Mr Ronald Davis had read Landor's *High and Low Life* in the *Monthly Repository* ; seems to know remarkably well all the nooks and corners of English [*Trois ou quatre mots raturés*] literature. — Today had tea (or rather chocolate) "chez Fast" with J. Cocteau and L.-P. Fargue. — Quasie about to be sold, and at a good price (10.000). Felt rather ill yesterday. Want to get my work, mode of working, hours, etc. better arranged.

July, Thursday 31. — Days without writing here ; my time crowded by appointments with friends, and dinners, teas, etc. [*Une ligne et demie raturée*.] Met Claudel several times ; starts tomorrow for Copenhagen. A walk in the Luxembourg Garden with Paul Valéry ; met him several times. Like him very much. Daragnès' presents to Fargue and myself : the complete set of his "Gamiani" etchings. Nights with L.-P. Fargue, more charming than ever, but a dreadful waster of time — especially "night" time ; so that, when I meet him at some friends', I must expect not to go home before 2 or 3 A.M., which means the loss of a whole day, since I must sleep till 12 next day, and spend a wretched and ~~shadowy~~ hazy afternoon. As I cannot go to London as yet, I almost think of spending the whole of next month at Valbois, where I shall have solitude and shall be able to keep to regular hours. — Must note : letters from Don Ramón, Don Higinio, Ella, etc. Yvonne's devotion increasing as the end of her "holiday" is drawing near. — Have been reading Rupert Brooke's poems — the "Collected Poems" edition. — Yesterday, the night at Hoppenot's. Fargue read Valéry's *Soirée avec M. Teste* till 2 a.m. Hoppenot is a delightful man.

August

Saturday, 2. — Forgot to note the visit to the Louvre, the other day, with [*Un nom raturé*]. The Latours, and the few, but excellent pictures they've hung : The Rembrandts, Rubens, Leonardos, etc. ; the Mantegnas I had almost forgotten, and which I saw with so much pleasure.

I don't feel well, and feel rather "excédé". A letter from Gladys ; but I don't feel inclined to go to London as yet ; it is so wet and cold here ; what would it be over there ? — Claudel gone to Copenhagen ;

Mrs Mühlfeld to Deauville. Yesterday, Paul-Émile Bécat made a ~~drawing~~ sketch from me. [*Trois lignes raturées.*]

Sunday 3. — The weather, better ; and Paris in all her glory of vistas and hues. Dinner at Jules Romains' ; enjoyed it very much. Talked about contemporary poetry. J.R. gave a complete narrative of the Brisset "affaire". He is quite sure Brisset never knew, or indeed suspected, that he had been made fun of. From news received by J.R. from Brisset's family, he supposes Brisset is either very ill (i.e. they've put him into an asylum) or dead. I had formed a wrong idea about Romains' part in the Brisset house, but I see he did not act cruelly, as I thought, but rather very kindly. After dinner, we went together to rue de Lappe, and saw the merrymaking in the "bals-musettes" there. J.R. danced with his wife. Then I left them in order to be at home when V. should come. Read J. Romains' *Europe*, and enjoyed some poems. V. came, and seing J. Tiersot's book (or rather primer) on the 1890-1917 period of French Music, said there had been "nothing at all, except Bizet's *Carmen* and Debussy", thus forgetting Lalo, C. Franck and Fauré. I showed him Daragnès' *Gamiani*, but he did not like it, declared it to be "impressionniste en diable". An old Parisian, and a representative, a perfect type of the Parisian cultured bourgeoisie that live about Saint-Augustine's. I enjoyed the hours spent with Jules Romains ; there is something charming about him. He is going fast towards a well-deserved "glory" ; has been already addressed as "cher maître" by younger poets, and will soon reach the ears [of] the highest "bourgeoisie". The other days at Mrs Mühlfeld's, Countess de Noailles said two or three times that she did not like the little she knew of him, and laid great stress upon J.R.'s early theories : Unanimisme, etc. Valéry, Fargue, Claudel and I — especially Valéry, who keeps cooler in conversation — supported him warmly — Valéry, firmly — against our National Poetess's onslaught. I think she'll come round soon. — I enjoyed visiting my old "quartier" : about the Belfort lion, and avenue d'Orléans, and avenue du Parc Montsouris, where I used to go so often about 1903-1904. There has been little or no change.

I should note what Valéry told me about the way he works when writing poetry. In a few words : he considers a poem like *La Jeune Parque* as a succession of fragments ; there is a theme, but there is no "subject-matter", much less is there any "plot". He looks to the critics for an explanation of his own poems. He says poetry is something by itself, sui generis, and never "about" something. "A poem of which you can tell what it is about and sum up is not poetry." — The other day, had the pleasant surprise of meeting Prince Bibesco, whom I had not seen since 1913 in London ; talked about Butler ; grew enthusiastic on *The Way of All Flesh* but did not seem much taken by *Life and Habit.* His wife, NÉE Asquith, was there, the finest woman in the room. — Did I note the meeting with J. Copeau, one night, near Saint-Sulpice's ? He looked rather depressed, but I was glad to see his curious face again. Marcel Ray gone to Alsatia ; had a note from his wife ; says he'll come back this week, and start on his tour through Germany. — I ought to note about the most recent poets, some of whom I meet from time to time. [*Deux mots caviardés.*] The fact that they generally prefer Apollinaire's *Mamelles de Tirésias* to Claudel's *L'Ours et la Lune* makes it hard for me to understand them and what they are about. I can't quite see their position. But the majority of them are very young, and consequently much given to theories. They want, in a way, to be classical. The word "sacrifice" is always on their lips. That is, they want to write "tersely" — an old ideal. [*Six lignes raturées.*]

During these last few days, when thinking about the short tale the N.R.F. people want me to write for the "éditions de luxe", and while I was considering several old projects, I took to thinking about the Liverpool background, and considering how it would do for the "persona" whose first model was A——. Little by little it has taken shape, and I think I'll write it at last. I don't think A——, if he read the thing, which is not probable — would think himself alluded to ; and even if he did, it would not hurt him, as would have done the first sketch I drew from him about the year 1905. I wanted to note this, today, because, precisely when I was driving back from rue de Lappe where I had left Romains, I found a name for that character. A little way down rue du Cardinal Lemoine, I saw a plate with the name : doctoresse Bonsignorio ; and I instantly called A——, or rather the character evolved from A. : Bonsignor, thus : Mr. Bonsignor. Perhaps Arthur Bonsignor would do very well. But while I am in Paris, and in contact with my dear French friends, I shall not be able to do anything. Either Valbois or England, that's what I want. Here, I have not even had time to go to a concert ! Not even time enough to enjoy myself and take what Paris can give me ! And there are several friends or acquaintances whom I have not been able to meet, as I had promised them I would.

Tuesday, 5. — A bad night. The forenoon taken up by letter-writing, and the mad adventure on which I am engaged : getting a decent husband or at least a good and kind employer for Yvonne : helping her, writing her letters for her, telling her how to manage her game, and what cards to play. I think she cannot play successfully, her very innocence and country-like manner telling against her. People are so silly. Mr. —— is just the man for her, and she for the sort of man he is ; but he would readily fall a victim to any scheming and artful girl, rather than see that Yvonne is just the good and nice simple girl who can make a happy man of him and keep nicely his home for him. But the wonderful letters she's got in answer to the advertisement I put in the paper the other day ! Over fifty, ten of the lot being quite interesting ; showing openly the soul of the men who wrote them ; their sentimentalism, their secret hankering after love, their sensual yearnings, their goodness too, and the French "petite fleur bleue" peeping here and there. Soldiers' confessions ; remarks about the war ; reflections on life, etc. etc. A few gentlemen wrote ; a chemist who gave his address, a Count who lives in avenue Henri Martin, provincials who dream of love-adventures. Only two seemed to me worthy of an answer : Mr —, and the man who wrote from Clamart. We shall see, but in spite of the lessons I give her, I don't think Yvonne will be able to get what I want for her. On the other hand, I don't think she will ever go wrong ; she is not that kind of girl, and would never do, as a "gay woman" ; could not even try.

Must note the afternoon, yesterday, and the dinner with Gaston Gallimard and G. Tronche. Today, the afternoon, with Fargue, and our stay at Lucotte's shop, looking at the new lead-soldiers they've got. Had dinner together at Brasserie Médicis (or rather : grill-room), then lounging about the Luxembourg Garden, we met Mr. Marquet, the painter, one of Philippe's friends, and spent the rest of the "soirée" together, I going home early.

Have got the cheque for 10.000, from the bargain I made out of my old Quasie. I don't like the idea of having parted from "her". — A hot and sultry day, today. Yet I felt rather well, and had sweet thoughts about "the balcony". — As to my mode of living, and that whirl of rendez-vous, parties, dinners, and going about with friends and acquaintances, — I know I'll put an end to it very soon ; and so I don't care. I have three ways out of that : a) Valbois (quite inexpensive, and comfortable, but no library, and that feeling of "angoisse" I always feel when alone out in the country.) b) England either London or a small place (expensive ; but then there is solitude AND town-life, and the quiet company of Gladys) ; c) Paris again, after having spent a few days in Bourbonnais, just enough to come back here without any friend knowing of my return (and then : solitude and town-life, allowing me to work just as if I were in Bourbonnais — better, because of the libraries — or in London [*Quelques mots raturés*] — besides, it would be less expensive than England.) — Which of these three "ways out" shall I take ? I shall not know before Friday or Sat. next. Still, I have been working a little at : Martre, Mr. Bonsignor, Luis Losada, and even revising S.B. (mentally !).

Yesterday G.T. told me Claudel said he could not work while living in Paris. Of course : his life is still more crowded than mine by visits, dinners, etc. Besides, there are the petty jealousies, quarrels, “malentendus”, attendant on professional life. A good portion of their time is lost on that. There is a lot of scandal going on ; some people who have got in themselves everything that makes greatness and happiness possible for them make fools of themselves, or are made fools of by other people that ought not to raise their eyes up to them, much less search for their blemishes and ridicules. It turns out to be provincial life in another shape, and, putting aside every artistic consideration, I sometimes see the [*Un feuillet manquant.*] Gobineau’s *Nouvelles asiatiques.* There is some likeness between the opening pages of the first tale and A. Dumas’ Russian novel. I told Fargue of the good things I met in Gobineau as I read : “un fleuve hâté” and such felicities of expression. He owned that “sometimes” Gobineau was not so bad a writer as he seemed to be, but he evidently does not like that kind of work. We had a review of the new tin-soldiers. When he was gone (at about 8 o’c. p.m.) I took another dose, but could not sleep till 11, and a little later got up again. — Well, I must copy out here the fine poem by Charles Cros published in the last number of *Littérature* :

Sur la mort de la duchesse de Chaulnes

Elle est morte, la duchesse
La duchesse aux cheveux longs,
Mêlés, roux, châtains et blonds,
Sa plus réelle richesse.

On l’a tuée avec soin
Au nom de toutes les frimes.
Moi, je trouverai des rimes
Qui s’en vont bien loin, bien loin...

Pour écraser, joie amère,
La vieille affreuse qui mord
Et poursuit jusqu’à la mort
Cette femme, cette mère !

Ils s’aimaient bien tous les deux ;
Et puis la vieille est venue,
Puis une histoire inconnue,
Et deux tombes restent d’eux.

Je bénis vos derniers hôtes,
Belle morte en satin blanc ;
Dans votre regard troublant
Ils n’ont pas cherché de fautes.

Cheveux roux, châtains et blonds,
Notre réelle richesse,
Vous la leur léguez, duchesse,
En allant où nous allons,

Où nous avons l'espérance,
Après le passage noir,
De retrouver, de revoir
Les belles dames de France.

Sunday morning (10th). — A warm weather, rather sultry. It began on Friday. In the afternoon we went to Auteuil, Fargue and I, in order to call on Gide (I wanted to give him back his vol. of *Shakespeare's Sonnets* (S.B.'s book)). Did not find him ; he had already gone to Cuverville. Villa Montmorency looked just like the small, new watering-place before the arrival of the foreigners. Back to rue Saint-Honoré where F. called on J.A. Fontaine. Then tea at Mme Fargue's. I felt already better. — Saturday, perhaps the only day I have passed (since I came here) without seeing any friend. Called on Mrs Ray, but she was out. Lounging, buying lots of things, going to the banks ; thinking about the note on "Ramón" promised to M. Aragon. There is already something of the general browse-up of London Saturdays in the new Paris of today ; but it is just a touch of that. Many shops do not close. Clasens, where I went to buy gloves, does not close before 6 p.m. — Went to r. Richelieu, and entered P. Rosier's shop on my way. I told him about the new Spanish collections : Editorial América, Calleja, Prometeo, etc., and advised him strongly to write for a few books, especially those of R. Gómez de la Serna. Bought from him a book he himself published last year, a collection of Essays by a young Chilean who lives here, D. Joaquín Edwards Bello. Read a few pages of it before going to sleep. After supper, when it was quite dark, I took a taxi, and took Yvonne with me to the Bois de Boulogne. It was a great thing for her, who had never been in a taxi. Poor thing ! We arranged to go out separately and meet on place du Panthéon. It was an exciting adventure for her. She said she had never been so happy in her life. She is as honest and naïve as Ouasie was at 14 (she's 23 and told me I was "old", in the beginnings). Must note that the affair with the young man fell through, as I expected it would [*Une déchirure sur huit lignes*] had a sequel. He wrote her a curious letter, telling her it was only his "charitable intérêt" towards her who[a] had made him propose to her that she should sleep with him, etc. There was the sentence : "... des personnes qui vous sont infiniment supérieures." (meaning himself). That man must be mad.

A fine morning today. The trees in the garden have already lost many of their leaves, and there is more light in my two front rooms. The "jeunes filles" have put on all their Sunday finery, and are almost pretty (oh, but this is not Spain !) As I write, there comes to

a. On attendrait *which* ou *that*.

my hearing the sweet rhythm of some protestant hymns sung in a chapel nearby. There are English people living about here. Early in July, one day, I heard a woman's voice singing "The sweetest flower that blows". — Must note that I have sent to Avelenita the music of the most popular "fox-trotts" (sic) and songs "d'après-guerre" ; things about "poilus" and "Madelon".

As yet I don't know what I shall do, if spend a month (or at least 3 weeks) in Bourbonnais, or come back to Paris "incognito" after a week spent between Vichy and Valbois. At any rate I don't think I'll go to London before September. What with friends, and dinners, and talks with people, I have hardly had time to work, [*Lacune consécutive à la déchirure signalée plus haut.*]
[read]ing poems, passages of Italian and French books, etc. Yesterday, as I felt very ill, — a splitting headache after lunch, — and was afraid of the effects of a siesta, in order to keep awake, I took up Corneille's *Médée*, and read it aloud, the five acts, in about 1 hour ½ — acting it. It seemed to me rather poor and hollow, but the quality of the verse saved it ; yet it seemed poor stuff, just after having read a few scenes of Claudel's *L'Échange*. And yet there is, from time to time, something of Valéry's *Jeune Parque* in *Médée*, but the comparison must not be insisted on or carried very far. It is un-dramatic to a degree, there's no real action, and it would be as poor as any post-romantic play (Richepin, Coppée, Catulle Mendès) were it not for the language. — Today, after lunch, we went in the motor-car to Valbois, and spent 3 hours with my Aunt. I had not seen Valbois since June last.

Monday 18. — A quiet day, spent in La Thébaïde. Finished writing the Note on Ramón Gómez de la Serna ; and the translations from *Greguerías*. Worked a little at the revision of *Erewhon*. Read (re-read) the Introd. to the *Humour of Homer* by H.F. Jones. It would not do to translate it into French for a Preface and general introduction to my translations : too detailed, too English (I mean University traits, etc.) and not "CLEAR" enough. He does not adhere to the chronological order. But quote largely from, that I'll do. — [*Deux lignes raturées.*]

Wednesday, 20 — Keeping the vow (quite easily !) Revising *Erewhon*. — Reading — with great pleasure and [*Mot illisible*] — Furetière's *Roman bourgeois*. — Thinking, once more, about Bruna Lollini. — P.c. from Ella ; a letter from Eduardo I.

Saturday, 23. — Must note the excursion, yesterday Friday, to Moulins, in M.'s motor-car. Mme W. went with us. I wanted : 1st to call on Mr Buriot ; 2nd to buy English tobacco ; As I began, on my way to Mr. B[uriot]'s, to enter the tobacconist's shops, I spent all the time on that serious business, and could not go to Mr. B's who lives in an out-of-way part of Moulins. I had, from Mrs. W., the " encargo" to buy English cigarettes for her daughter. In one of the "tabacs", I asked for two packets, and the lady there said she could not sell more than one packet to each customer. So I told her one was for a "jeune fille", "Well, said she : RAISON DE PLUS ; SI C'EST UNE JEUNE FILLE ELLE NE DEVRAIT PAS FUMER !" How wonderfully, naïvely provincial, quite like Moulins ! However, in the smaller tobacco-shops I found plenty of "Capstan" and "Three Castle" cigarettes, which the people were too glad to sell me. Tea with Mrs W. and Mme Fournier des Corats (the mother of the sculptor) at Buck's, a new shop near "le [*Un mot illisible.*]". — The return journey, alright. I was glad to see old Moulins with its pink-and-black brick houses. — Reading Furetière, revising *Erewhon*. A kind letter from Gladys.

Monday. — Yesterday, at Valbois. Found A. in a rather disagreeable mood ; never mind. Finished reading Furetière's novel, and began reading pages and pages of Chamfort, in order to get "du français dans l'oreille" preparatory to the revision of *Erewhon*. Today I got to page 136. I work very hard at it, and "con ánimo". It is COMING OUT, as a drawing when the artist thickens with his pencil the more important lines. It is just what I am doing with S.B.'s book, and in doing this I find new things in it, deeper meanings, etc. Of course I had seen them when I translated the book, but I had not given to them all the importance and "relief" they have. Of course again, the fact that I have, since then (1915) read 9 or ten books of Butler, of which I have translated four, helps me to understand better many intentions and allusions in *Erewhon*. These I am now bringing out in my translation. It is almost like doing it again, but I don't find that work irksome, and even like it well enough. Sometimes I make finds that give me a short pang of pleasure ; sometimes I enjoy my old finds of 1915, when I come upon them and remember when I got them : Saint-Yorre, the summer days, the war-atmosphere, etc. But the war-atmosphere was not very congenial to that sort of work, nor to any kind of literary work, I should think, and I have detected two or three blunders which I could not possibly have made if I had not been bored by the politics of the day. Talking of blunders, I must note that I looked into a translation from Thomas Hardy's *A Pair of Blue Eyes* by a French lady, and found it not only garbled, but full of the grossest mistakes. In fact, it has nothing at all to do with Thomas Hardy's work. The sight of such unscrupulous translating terrified me, and gave me more "ánimo" to work at *Erewhon*. Not only I have not left one word untranslated, but there is not a shade of meaning which I have not at least attempted to give in the French. — All this means hours and hours in La Thébaïde, turning over the leaves of the big dictionaries, English, French, Latin, Greek, and of many works of reference on special subjects. Thus I found "liniment", etc. Even the French Criminal Code !

About an hour in the garden, talking with M. and Mr. V. — Last night Mme W. and her daughter came to say good bye before starting on an excursion. I talked with Mlle W. about books and éditions de luxe. In order to make my meaning clearer to her, I said something I must note, because it seems to me it is "just the thing" ; she asked whether there were good éditions de luxe brought out in America. And I answered : "Oh, ils ne sont pas encore assez DÉ-SALÉS pour faire de belles éditions." Something like this : "they are too green as yet to produce beautiful books." —

Tomorrow I must break the vow, as I have got to go to the lawyer's. Did I note that I saw Mr. Bonsignor, the other day ?

Friday, 29. — My 38th birthday. We went to Valbois, where my Aunt had prepared one of her best and richest meals, with so many courses that we could not eat enough to please her ; as usual. M. Voldoire came with us in Mother's motor-car, and we went for a good walk in the woods before sitting down to the banquet. Came back here at 5 ½ p.m. Tomorrow morning I leave for Paris and... London (when, I don't know as yet). My stay here has passed quickly enough (17 days), owing to the work I have done among the books in La Thébaïde. Net result : the note on Gómez de la Serna for *Littérature*, for which I had a kind letter of thanks from M. Aragon, the other day ; and *Erewhon* revised up to page 200 (except the footnote, page 199). I leave M. in good health and pleased with my long visit. She has been rather nice, and without any trace of her too frequent "crises". The weather today simply glorious : old Bourbonnais at its best, with a cool wind blowing from the Auvergne ranges — right across the valleys and plains. The rivers, rather low (la Sioule, l'Allier). The other day I broke the "cloture" vow to go to the lawyer's, that is I went out of the precincts of M.'s villa. Thus I saw part of the rue de Paris (rather dirty) and avenue de la Gare, where M. Voldoire lives in a nice house, with a small garden. — Two days ago, being rather tired of Chamfort, I took up Voltaire's novels and re-read *Candide,* and found it rather shallow, — I should say, perhaps, "thin". A short tale, "Le Blanc et le Noir" pleased me better. Voltaire as a poet ; and his influence on French and English romanticism : the Oriental background, the rascals, etc. Byron, Landor.

Sunday 31. 71 rue du Cardinal Lemoine. Once more in my Parisian home. Yesterday M. took me in her m[otor] c[ar] to the station of St Germain des Fossés (Mr. Voldoire accompanied us) and saw me off. Met Yvonne (to whom I had written) at the station (Gare de Lyon), so that I had no trouble about my meals, etc. Found a quiet, misty, grey-blue Paris, and the trees in the garden here almost bare. — Must note that, on the journey, I had taken a book by Kipling, in fact his famous *Jungle Book*, and a man at my side, an officer, was reading another of Kipling's books, his *Plain Tales from the Hills* in French. — Today, a walk before lunch, and work all the afternoon ; the revising of *Erewhon*. Got to page 221. — Am reading De Sanctis, *Leopardi*. Should like to compare it with Chiarini's work. It is De Sanctis at his best. — I hope I'll be able to get soon at the end of *Erewhon*, but it is rather hard, doing again that work, stumbling on the same difficulties. Still, I am improving my translation ; and that for the obvious reason that I know S.B.'s tricks better. I should say "tics" rather than "tricks". — Nobody knows I am here, so that I shall not be interrupted by any friend. Feel rather well.

September

Tuesday, 2 ; — (or rather Wednesday, 3 ; as it is 1 a.m.) Yvonne woke me at 8, and I worked till 10 ; then out : "quartier de l'Opéra", a shopping expedition. Siesta after lunch, and then work again from 4 to 5 ½. Out again, walking : boulevard St Michel, boul. St Germain, down to rue des Saints-Pères and Lucotte's shop, where I spent about 1 hour ; then rue Saint-Guillaume, r. de Grenelle, r. du Vieux-Colombier, r. de Rennes, r. du Four, r. des Canettes, place St Sulpice, r. Garancière, the Luxembourg Gardens, (the Japs I saw there) ; r. Soufflot, r. Clovis, r. Descartes, and home. After dinner, worked from 9 till now. Have got to page 266. I'll soon begin dictating (and spelling) it to a typewriter. — Re'd[a] a bundle of English reviews and papers sent by the *N.R.F.* to Vichy, and sent back to me by Mother. Among the lot, the 1st number of the *Monthly Chapbook*. I have had a look at it, but did not find anything of interest, except a comico-satirical "Triumphal Ode" by Douglas Goldring. One of them sings his own "incomprehension" of Shakespeare's Sonnets ! — I am reading, preparatory to the revision work, Rivarol's *Journal politique national,* and like it very much. Indeed, I think Rivarol a much greater writer than Chamfort.

Thursday 4. — The franc still very low, so low that I hesitate to go to London. Indeed, if it had not been for that, I should have

a. Pour *Received.*

gone last month, because I don't think the difficulties for getting a passport are so great as people say. £1 costs 35 francs. Thus, after all, I am a victim of the war ! Yet I must go, I must see Mr Jones, and get details about S.B.'s life. And that dried-up Paris, with its slow summer life, is depressing to a degree. — Have read acts I and II of Claudel's *Le Père humilié* in the September number of the *N.R.F.* His post-card views of Rome pleased me very much. Have read Rivière's essay on Russian character ; good ; what he says made me think of Huc's books. All this has got much to do with the [size] of the countries. Still reading, with admiration, Rivarol's *History of the French Revolution*. They kept it out of our way, at the "lycée". — Working very hard at *Erewhon* ; got to page 290.

Saturday, 6. — Got to page 315, and found someone willing to type the ms. from my dictation, a pretty "petite dactylo", wonderfully Frenchy, all powder and legs ; hope she'll have as much of orthography as she has of legs. Looked rather cheeky. — After all, I feel I have improved my translation ; it is better, clearer more Butlerian than it was in 1915. But... it is not quite the thing. However, it had to be done, and it must be published. ¿ Que remedio ? — I am rather reconciled to this summer Paris, after all ; it is something like going about in the early dawn ; some aspects let their secrets slip. Have been reading a mass of articles in the recent number of *The Athenaeum, Times Literary Supplement, Fornightly Review,* the American *New Republic*, etc. An article on Valéry's *Soirée avec M. Teste*, rather good — at least intelligent. Wrote, at last, to M. Guibert, and sent him Charles Cros's *Poems*.

Sunday 7 — Hoy he acabado la revisión de mi traducción de *Erewhon* ; alabado sea Dios. I did not go out, as it was Sunday, and I felt rather unwell and sad and lonely in spite [*Un feuillet manquant.*]

unable to utter distinctly the price of my tram ticket, and after having had a hasty supper, I take up work again, and correct the two copies (the blue and the mauve ones) of *Erewhon*. [*Deux mots caviardés.*] And much there is to correct in them : that girl does not know her verbs, nor the tenses, mistakes an "imperfect" for a "passé indéfini", and does not even know what an "accent circonflexe" is : what a murderer of subjunctives she is ! Well at the rate of 30 pages a day, I shall not have it done before the end of next week. However, the translation is benefited by the corrections I am thus obliged to make, for, while reading Miss X's "dactylographie", and putting the accents, etc, I see a few changes possible, that will improve the translation, make it more Butlerian, and give it more "soltura", and I make these changes ; but it is not much, and I am satisfied that I have done my best for *Erewhon*.

I may say that I do not know, as yet, the name of my "petite dactylo". She lives in an attic, on the seventh floor of a big, old, and dirty business-house near the Halles Centrales, — WITH a young man, but she is comparatively "bourgeois", and her reticence about her name, and all her manners, and her manner towards me, make me suppose that there is, in her case, something more interesting than in ordinary "collages".

Thursday, 11. — Another crowded day, with much work done in spite of the heat. Worked at the correcting of Miss X (?)'s typing, which is, in fact, another revision of *Erewhon*. Just while I was so engaged, the man from rue des Écoles brought me the photo of S.B. I gave him last week to put it under glass and in a good frame ; and I have hung it above my writing-desk, with the small New-Zealand flag over it. At 11 ¼ I went in a taxi to "La France" in order to call on Henri Ménabréa and have lunch with him. But I learnt he was no longer there, but they gave me his address. Had lunch alone at Taverne Pousset, a change from home "cuisine", but I found it badly cooked and expensive. Strolled on the boulevards till 2 p.m. (the men who were fighting and I succeeded in separating them, by walking slowly between them with my elbows thrown out). Then went to rue Turbigo, climbing the seven floors, and had one of these dreadful sittings under the heated roof, dictating to Miss X from 2 ¼ to 7 ½ without interruption. We "did" 1 000 lines, up to page 129. Came home at about 8 o'c., so tired and sick that I could not eat. Yvonne's kindness and a good wash-up gave me strength enough to work at the revision of the typed copies, but I have not been able to do anything else. — Found a letter from S.J.S. — ; but this is not Lavinia, and I must see Lavinia again. — In spite of the heat, Paris looks very grand and half-northern half-southern when I come out of rue Turbigo at night ; this is due to the shorter days. There were wonderful athmospheric effects tonight, on the river ; a golden and mellow light on the Cité, and the new part of the Palais de Justice building looked almost as old and as "historical" as the rest of the building. — Last night, as I could not sleep, I read about 100 pages of Rivarol's book. When I said he had his head full of Tacitus, I was quite right : in a certain place he speaks of "l'austérité de ces annales", meaning his own work. Oh, but it is grand, and one of the best historical books I have ever read. Am writing this entry using the mauve ink I use for correcting the mauve typed copy of *Erewhon*, the other being typed in blue ink, and corrected in blue ink too. Shall I remember these busy and sultry days ? My life in Paris without seeing any friends (as all those who could prevent me to work and eat up my time believe I am at Valbois) ; the days, the garden, my flat, now quite cosy, clean, very "barbarous" in its furniture, but with, here and there, a touch of Italian art, or of Italy at least (la sedia), of Spain, of England, and one or two things "de luxe" that would make a stranger think I have had them second-hand. I like these contrasts : the "quartier", quite second-rate and lower-middle class, and yet this garden, and that part, almost unknown, of the "quartier" ; my 950 frcs a-year flat, with its half lower-middle class half aristocratic furniture. In fact, nothing as it would be expected to look, nothing "as usual", nothing absolutely commonplace, or rather the commonplace always near the out of the way and the singular. — Shall I remember ? And the wish to get clear at last of *Erewhon*, and yet to leave it as "well made" as can be. — The thought of London. — Yvonne's last days here ; but what can I do for her ? I am afraid of spoiling her if I leave her a little better off than when I met her (I mean : if I give her, as I could easily, and without any outlay of money, the means of having a room of her own somewhere, and of being thus able to wait for a situation when she fails to find one that satisfies her ; but then, would not this open the door to many temptations that would finally ruin her ?) But her dread of the coming winter almost makes me wish I could stay here and let her continue in her present situation ; but this is not possible and, in fact, I am already tired of her. — I ought to be working instead of jotting down theses notes ; but I am too tired. At any rate, I shall not work at anything else till I am clear of *Erewhon* and have given the "copie définitive" to Gaston Gallimard. Because, when I have done so, I leave at once for England where I shall : 1° write about Schwob as a translator for the *Anglo-French Review* ; 2° See Mr. H.F. Jones and get datas about the biography of S.B. and show him the copy of *Erewhon* I am having typed for him ; 3° write a note for the *N.R.F.* (Rivière wrote about it the other day ; he is near Bordeaux and believes I am at Valbois.) That's the programme. But, before every other consideration, *Erewhon* first. And so many letters I have got to write ; and no letter from Ella.

Friday, 12. — Spent the morning writing letters, and immediately after lunch went to n°15, rue Turbigo. Dictated *Erewhon* from 1 ½ to 7, reading page 165. It does good to my transl[ation] to be thus READ ALOUD ; I have changed a few things : the order of some words, etc., and seen other corrections which I shall presently introduce, when I get to these pages in my revision of the typed copies. The ignorance of my poor little "dactylo" is incredible ; especially her orthography. How is it that people are so ignorant of their own language ? Her "ami" was there when I came, and I noticed at once that she had spoken well of me to him. She seems to get interested in *Erewhon*, at least in what little of it that she can follow, that is : the love-story, which is the worst part of it, I mean the least important in the author's eyes. Of the rest, she understands very little, as I can see from what she puts sometimes on her paper and the mistakes she makes. Her seventh floor, rather interesting ; looks like the berths on board of a third-class emigrants'ship ; there are ugly women and cheeky lasses combing their hair, or going about half-naked ; there are quarrels, kisses, naughty songs, etc. When I left, tonight, I heard a woman make some remark about me ; I heard the words : "Ce gros pépère..." but didn't catch what came before or after. I felt so tired for having been sitting without interruption for so many hours, that I resolved to walk all the way home. It was as if I had a presentiment that I was to have a guest at dinner, because passing near Magrolle's shop on boulevard Sébastopol I bought some "foie-gras", and a few cakes, and later on, in boulevard St Michel, I bought sardines, pickles, sausages, etc. I liked that long walk ; there was something of the North and something of the South about that hot Parisian "crépuscule" ; Amsterdam, Florence, Liverpool and Rome ; a mixture of these towns, and yet something quite unique, and of Paris only. The sight of the Sainte-Chapelle angel did me a lot of good. — Well as I was taking out my papers and preparing to have a look at the typed copies before supper, someone rang the bell, and lo ! it was L.-P. Fargue. Who told him I was here, I don't know. He said ~~he happened to go at~~ he had had something to do near the Panthéon, and it had occurred to him to enter n° 71 and ask the portress about me. So I insisted on his staying with me and having supper with me, and could spread before him a nice little supper of three courses, hors-d'œuvre, fruits and cakes, and wine, French, Italian and Greek. A good ~~long~~ talk with him, ending, as usual, in a long rambling conversation on the forms of "l'Intelligence", the limitations of Reason, "the organization of Intuition", etc, etc. Bergson and Benda, etc. about a few friends ; about *Erewhon*, of which I read him a chapter. He left at about 11, and I told him I could not see him till Wednesday or Thursday next, when the typing is done. — The franc is lower every day ; a pound is worth 37 francs ! Thus I shall not be able to stay longer than a few days in London. [*Deux lignes caviardées et une page occupée par une lettre de Jacques Rivière.*]

Saturday, 13. — Another of those "typing days" which tire me so much. Dictating and seeing Mlle X making horrible mistakes, and I not getting in time to prevent them. I dictate the word "chute" and at once think, or remember, that she'll write it "chutte" with two t's and I see her writing it without having had time to tell her. She insisted on putting an accent on the e of Arowhena ; she did not seem to know what the Gordian Knot was etc, etc. Before we began, when I arrived, panting from my ascension of the seven floors, her "ami" was there, and he tried to be "aimable", and spoke protectingly of my "petit livre" (Butler's *Erewhon* !) They clearly think it is, in a way, mine, and as I look, as usual, very "retraido" and meek, and as there is no boasting nor fuss of any kind about me, they must think that "my little book" is "pas trop mal", but that it is no better than work of an amateurish description. From what the "ami" told me I felt that he did not look on me as a "real" author, but as some debutant writer, anxious to get published, and at the same time not over-confident, since what I have "perpétré" is but a translation. I was mightily amused by their mistake (as concerns S. Butler). Clearly, Mlle X has got interested in what little part of *Erewhon* she could follow and understand, but she would be astonished if she knew that it is one of the great books of modern English literature, and that it speaks highly of someone to have been thought capable of translating it. I was about to let her know that *Erewhon* had sold as few books have. But I felt at once how useless it was. Perhaps she does not think highly of *Erewhon* because there are no French "cochonneries" in it. — Poor little lovers ! I like them ; they are touching in the way they live and work to earn their bread and enough to get a little pleasure, some "banlieue" outing, on a Sunday.

Got a kind letter from J. Rivière, I paste it here.

Monday, 15. — Must note the hours spent yesterday Sunday with Henri Ménabréa, at home first, then having lunch at Grill Room Médicis and then at his lodgings, rue Croix Nivert. I found him looking very well, full of spirits, talking in his best manner, but full of the nostalgia of Italy. He repeated several times that he would do his utmost to find a way of going and living in the Veneto, not at Venice, but somewhere near

Le ricche sponde
Della Brenta felice. (G. Gozzi)

He showed me a mass of mss., notes, sketches, etc. : his pictures ; gave me a portrait, a photo, of Marquess de V. (the original of Putouarey) it is a photo taken in 1913, and he appears without his beard and whiskers "à la Henri-IV". He lent me one of his last works, *La Gemma,* a tale with his familiar Savoie background ; he played on the piano something Russian which I liked. — Today the usual thing. Made an effort towards getting my passport before the end of the week.

On coming home, saw the new N° of the *Revue de Paris*, with the poems they got from us gratis but with the kind intention of making us "known" among their public : Fargue's, Valéry's, Romains', etc ; and I saw that they said I was born in 1879, which, of course, did not please me very much ; and they made me talk of "*Les aubes du soir*" when I had written "*Les ombres du soir.*" But I don't think it is worthwhile to protest. Which do I dislike more : to be thought to have written "the dawns of the evening", or to be thought to have been born in 1879 instead of 1881 ? Well, I shall think about it. — Wrote many letters today : Mother ; Gladys ; the one at Whitstable (not an oyster, no) ; J. Rivière ; Lavinia ; etc. Feel rather unwell and depressed. Saw a fine girl today, near Le Soudier's bookshop ; an American, I suppose, because, talking with her little girl who was looking at a doll inside the window of the next shop, she said : "Mira que LINDA poupée !" If I had had time enough, but I was in a hurry, I should have tried to get myself introduced through the "linda poupée".

Wednesday 17, or rather : Thursday 18, since it is 2 o'c. a.m. — Felt rather better today. The typing of *Erewhon* got to page 313, so that it will be finished tomorrow. But the revision of the typed copies does not go so quickly (p. 214 tonight). Worked during the morning ; after lunch, went to Mrs Fortin's toy-soldiers shop, where I bought some "gardes-françaises" that will do look nicely doing duty around la Virgen de los Desamparados on my cabinet. They are red-stockinged "gardes-françaises". At 5, went to the N.R.F. office where I met Gaston Gallimard, G. Tronche and Jules Romains. Tronche was very kind, and gave me a letter that will facilitate my passport business. He told me of my article on Gómez de la Serna, published today in *Littérature* and lent me a ~~number~~ copy. There are a few mistakes, one of them in the translation : "sous le sourcil humain" instead of "SANS le sourcil humain". On coming back from rue Turbigo (via Bd Sébastopol, place du Châtelet, Bd du Palais, etc.) I bought a ~~number~~ copy of the *Temps* paper, where I saw that M. Paul Souday treated me rather harshly, and certainly unjustly, about Walt Whitman, whose name he writes "WhitmaNN". He says : "On avait été quelque peu surpris de le voir présenté par M. V.L. comme un philosophe hégélien. WhitmanN (sic) est fort peu hégélien et aussi peu philosophe que possible." This shows how that critic has read my introduction to the W.W. book. What I said was that Whitman was full of crude and rudimentary Hegelian ideas or conceptions, nothing more or less. But that does not matter. I re-read my note on "Ramón" and found it "así así". I made an experiment, and read to Yvonne some of the more intelligible "Greguerías", and she seemed to understand and to like them. But then she said that it was all "très bien tourné". I could not induce her to say more about that interesting subject. But she really seemed to appreciate them. — Saw several beautiful women today. Must note that I went to Hellstern's shop to order a pair of shoes. They knew me almost at once as an old "client d'avant la guerre" and treated me very politely, but charged 180 francs — that is, double the former price. In fact when I began to be a customer, their shoes were at 60 and 80 francs. — Going on with De Sanctis' *Leopardi* in the few half-hours I can give to reading between the *Erewhon* work and my "courses". — Gaston G. told me he had given Waldo Frank's novel to L. Chadourne to translate.

Friday 19, 10 ½ p.m. — The change on London is lower, but since yesterday morning I am very unwell, and wonder whether I shall be able to leave Paris on Sunday. In fact, I don't think I shall, because as yet I have not asked formally for a passport ; so that, if I am better and can go, I shall not be able to leave before Wed. or Thursday next. I have suffered horribly yesterday afternoon and today. Pains in my head, and all the usual troubles. — Could work a little, and thus I have reached p. 304 of the typed copies. How wretchedly typed ! It makes me angry to see so much stupidity, and such incapacity. But sometimes it makes me smile ; for instance, when — as is very often the case, — Mlle X shows by two or three mistakes that she has not understood a sentence, she puts at the end a "?" (not on purpose, of course ; it is a slip of her fingers) which comes in very well. But oh ! what can she have "pigé" in what she has thus typed ? It is wonderful ; if I had given her a Spanish or Italian text to type, she could not have done it worse. She clearly does not know her own language. Besides she does it without any attention, and there were five or six instances of words and whole sentences forgotten. And from her talk, I am sure she believes she is almost an "intellectuelle". Well, I shall certainly not have anything to do with her anymore. — This morning, got a note from Dan O'Connor, on a catalogue of Everard Meynell's *Serendipity Shop*. Also, tonight (which did me good) a letter from Ella. She says she wrote a fortnight ago. Yesterday I had a letter from D. Higinio. She (Ella, I mean) has been ill ; better now. — Sent a copy of *Littérature* to R. Gómez de la Serna. In tonight's *Intran*, there was a note about my translation, where they said the *Greguerías* are "curieuses", — NO más. Oh, I wish I were well, and could leave for London before Tuesday.

Monday 22. — Today, to rue Chauveau-Lagarde, where I did not experience much worry, but still, I ought to be proud to have done so much "pour la Patrie" : waiting 1 ½ hour in a draught. So that, having my passport ready, I'll leave tomorrow for London. I have written to Mr. H.F. Jones, and shall wire tomorrow morning to Gladys. The typed copies of *Erewhon* are ready, "brochées" in a rough red paper, and tomorrow before leaving I'll give one to Gaston Gallimard. Spent the afternoon, after rue Chauveau-Lagarde, sending illustrated papers to my Spanish friends. At 5 ½, Chadourne and Mr. André Germain came (I saw him for the 1st time today but Marcel Ray had often spoken of him, so that I was prepared.) Had dinner with Chadourne (the dinner was his) at a nice little restaurant on Quai Malaquais. Later on Fargue, Gaston, Couvreux and Mr. Delamarche joined us, and we spent the rest of the night till 12 ½ together. I cannot believe I shall be tomorrow in London. And yet, it doesn't seem to me I have been so long away. But I shall not stay longer than a week ; the change is too high. Besides the cold season is coming on, and I think of Spain, or at least of the Mediterranean. — I have found time, during these last days, to work at the introduction to *Erewhon* and at a short note for Rivière on Régis Michaud's book and the anthology published by the Poetry Bookshop. — Mr. Germain brought me some numbers of his review *Les Écrits nouveaux*, where I have read, just now, in the intervals between the drinking of several cups of tea and the hard work of "faire la valise", an essay on Alfred Jarry.

Londres, Hotel Clifton, 4 rue Chilworth. — Trop de choses à noter, et cependant… Le voyage (avant : la remise de la copie dactylographiée d'*Erewhon* à Gaston Gallimard, et ma visite à [*Nom caviardé*], à qui j'ai remis enfin le « De Foe sur le Pilori » ; elle ne croyait pas que cela répondait à un fait historique, etc… (Partout ce respect de la loi.) Ici aussi (les Erewhoniens !) la nuit dernière, pas moyen d'obtenir un verre de whisky ; tous incorruptibles, même autour de Covent Garden. La panne de locomotive entre Amiens et Paris ; l'arrivée ici à Victoria vers minuit, et la recherche d'une chambre. Ainsi j'ai repassé, tout à fait « ghost-like », dans bien des rues et des quartiers que j'avais craint de n'avoir pas le temps de revoir. Enfin, achevé la nuit au buffet de la gare de Waterloo, et dormi une partie de la matinée dans un fauteuil de la salle de travail du Cercle des Auteurs. — J'avais télégraphié à 6 ½ à Gladys, de la gare de Waterloo, et j'ai trouvé sa réponse après déjeuner, au cercle. Avant déjeuné, remonté le Strand à pied jusqu'à Clifford's Inn, de sorte que ma première visite a été pour S.B. Il y a un petit appartement à louer, mais dans un autre corps de bâtiments. Je suis entré chez Fifield et j'ai acheté un exemplaire de *A First Year*, que je n'avais pas encore. Redescendu le Strand et allé à la Galerie nat. de Portraits, où je N'ai PAS trouvé la photo du portrait de S.B. par Gogin ; mais j'ai obtenu des indications me permettant de la trouver. Rentré au cercle ; lu les journaux et dormi, et parcouru la préface de Streatfeild. À 7 heures j'étais au rendez-vous fixé par Gladys, à la station du Tube de Marble Arch. Elle avait cherché un petit appartement, mais n'avait pas pu obtenir qu'on le gardât, et comme elle n'était pas sûre de la date de mon arrivée, elle n'avait rien pu retenir. Donc, après le thé, qu'elle m'a servi, et beaucoup de questions, et tout ce que comporte de bavardage une réunion après une si longue séparation, la recherche d'une chambre pour moi pour cette nuit. J'étais presque décidé à aller la chercher, cette chambre, hors de Londres, et comme nous nous étions réfugiés au buffet

de la gare de Paddington, je parlais d'aller passer ma nuit, après avoir accompagné G. chez elle, à Windsor, ou à Slough, ou même à Reading ! (Comme hier, j'ai dit au chauffeur de mon taxi que si nous ne trouvions de chambre nulle part, il ferait peut-être bien de me conduire dans un hôpital.) Enfin nous avons trouvé cette chambre où je suis. J'ai reconduit G. chez elle, et j'ai vu Leslie endormi. Elle disait qu'elle croyait rêver, et en effet, moi aussi je croyais rêver en voyant Leslie. Gladys, toujours aussi étrange et surprenante. Et on dit que les héroïnes de Dostoiewski n'ont pas leurs pareilles dans la vie réelle ! Demain elle cherchera un appartement pour moi, et viendra me tenir compagnie, ou plutôt « tenir » l'appartement. — À présent, l'émotion du retour est passée, et j'ai trop à faire pour m'y livrer. Mais hier soir, à l'arrivée, ce fut assez bien. D'abord, naturellement, à Boulogne et à Folkestone. [*Une déchirure sur douze lignes.*]
refuge en bois, près de la gare d'Euston, avec mon chauffeur, d'autres chauffeurs et de bruyants mais spirituels balayeurs de rue, si bruyants que le patron s'est fâché et a protesté contre le « bloody noise ». Mais ce matin, en sortant du cercle, j'avais l'impression d'être à Londres depuis toujours. Un seul autre très bon moment, surtout d'émotion vive : quand j'ai dit à Gladys de me verser mon thé. — Il fait déjà très froid, plus qu'à Paris. Je suis très fatigué ce soir.

Jeudi 25, n° 20, Clifton Road.

Gladys près de moi pendant que j'écris ceci. Je suis obligé de me le dire. Elle aussi croit rêver. Une journée assez remplie. Quitté l'hôtel Clifton à dix heures du matin, et en omnibus jusqu'à Chancery Lane, puis à Clifford's Inn où j'ai vu M. Emery Walker, au sujet du portrait de S.B. Il a téléphoné à Macmillan : tout était retenu pour la biographie de S.B. par M. H.F. Jones. Mais apprenant qu'il s'agissait de la traduction française de S.B. [*Lacune consécutive à la déchirure signalée plus haut*] qui y était venu et en était sorti quelques minutes avant. Très aimable ; aurait voulu déjeuner avec moi, et m'indiquait plusieurs jours où il est libre. J'ai écrit que [j'irai] demain vendredi à 3 heures chez lui (Maida Vale) ; Revenu depuis Aldwich dans le même omnibus jusqu'à Paddington où j'ai appris que Gladys était venue, et repartie chez elle. Déjeuné seul près de l'hôtel, dans Praed Street. Ensuite une longue promenade à pied à partir de Regent Street, puis en prenant Wardour Street jusqu'à Shaftesbury Avenue, puis Jermyn Street, et de là chez Lock où j'ai acheté un chapeau ; les employés, les mêmes, mais sensiblement vieillis ne m'ont pas reconnu. Songé à aller voir Everard Meynell, mais craint de me trouver pris dans l'aimable tourbillon de Daniel O'C. et ses amis avant d'en avoir fini avec S.B., c'est-à-dire avant d'avoir vu M. H.F. Jones. Donc, à pied par Albermarle Street,

Bond Street, Conduit Street, Regent Street encore, et thé au Monico avec lecture de journaux (le change meilleur). Shaftesbury Avenue, et la plupart des librairies d'occasion de Charing Cross Road, et station à la Bomb Shop où j'ai acheté les n[os] parus de *Coterie,* l'unique n° de *The Owl,* le dernier cahier de la *Poetry Bookshop,* et enfin le livre de M. Gilbert Cannan sur S.B. Ils n'ont pas su me donner l'adresse de M. Cannan ; ils m'ont dit : « He's moving about a great deal ». Ils disaient « Gilbert » en parlant de lui. Du reste je crois que c'est de la Bomb Shop qu'il parle dans *Mummery.* Parcouru ces revues, et dans *The Owl,* tout à fait à la fin, j'ai vu quelque chose de bien. Cela s'appelle *Trivia,* par L. Pearsall Smith, et je vois d'après la bibliog. placée à la dernière page, qu'il a publié chez Constable un vol. à 6 sh. intitulé *Trivia.* Cela ressemble par certains côtés au *Greguerías* de R. Gómez de la Serna. J'ai trouvé très bien une chose de 6 lignes intitulée « The Latch-key ». Retour par Oxford Street chargé de petits paquets. Stations. Me voici repris par Londres. J'ai passé toute une soirée de grande et tranquille exaltation (ou : exHaltation comme écrirait ma dactylographe de Paris). Le spectacle de tant de foules et de tant de trésors derrière les hectares de glaces dressées le long des rues, voilà qui fait songer, plus qu'aucune autre chose, à l'Esprit. Avoir l'Esprit : et tout ce reste nous est donné par surcroît. Unité de la race humaine ; unification de toute la pensée. Songé à S.B. s'installant, à ce qu'il a cru, au centre de l'esprit, comme il vivait matériellement au centre du monde. (Oui, Clifford's Inn, le centre du monde, le centre de la capitale centrale du monde) avec la logique à sa droite et l'analogie (l'échappatoire) à sa gauche. Ainsi Descartes en son temps. Dans le dernier n° de *Coterie,* il y a quelques-unes des *Illuminations* de Rimbaud traduites par Helen Rootham. Et penser que les *Illuminations* ont peut-être été en partie écrites à Londres, et par Rimbaud tout jeune, frais débarqué, avec l'apparence, c'est très vraisemblable, du lycéen de province, enfin un homme que tout le monde ordinaire, — un gamin, pas un homme — à Londres (les cochers, les garçons de restaurants etc.) aurait appelé n'importe comment excepté « that gentleman ». Penser à ce Rimbaud dédaigné, perdu dans la foule, — sa beauté physique à peine remarquée d'une personne sur cent ; sa distinction, son aristocratie, à peine remarquée d'une personne sur dix mille ; et penser à ce livre si méprisé, si méconnu, peut-être plus encore que la personne même de Rimbaud ; — et puis ce coup de théâtre inouï : les *Illuminations* paraissant traduites en anglais dans une des revues les plus luxueuses (à tous les points de vue) en ce mois de septembre 1919 ! Et c'est tout naturel. Mais je vois que Miss ou Mme Rootham a traduit le « pavillon en viande saignante » par « the scarlet pavilion ».

Revenu au Clifton Hotel vers 7 h Gladys était là ; elle avait trouvé l'appartement (c'est Clifton Road, au bout d'Edgware Rd, et près de Maida Vale). Nous y sommes donc allés ensemble, et avons passé plusieurs heures à nous parler du temps où nous n'étions pas ensemble. Elle est là, toujours la même. « Taking care of a fairy » ! Quelle jolie réponse à faire à une question telle que : « Which is your favourite sport ? » — Il est horriblement tard, mais je suis moins fatigué qu'hier. Du reste il fait moins froid.

Vendredi 26. — Je viens de voir M. H.F. Jones chez lui, 120 Maida Vale. Il avait un exemplaire tout neuf de sa Biographie de S.B., qui va être mise en vente la semaine prochaine. Nous avons causé pendant 2 h ½, et à la fin j'étais un peu fatigué, et surtout j'avais froid, même après avoir pris le thé. J'ai eu beaucoup de détails sur S.B. (du reste je les retrouverai en lisant la Biographie, qu'il doit m'envoyer). M. F. Jones a été extrêmement aimable. Il m'a donné un exemplaire de la 1re édition de *A First Year* ; toute la musique (publiée) qu'il a écrite en collaboration avec S.B., c'est-à-dire :

Gavotte, Minuets, Fugues, etc. (1884)
Narcissus
Ulysses

et il m'a promis toute la série des gravures de SA Biographie. — Il m'a montré :

Toutes les photographies de S.B. qu'il possède ;

Les volumes des *Note-Books* complets, où j'ai lu (en les feuilletant) plusieurs notes curieuses qui ne figurent pas dans l'édition des *Note-Books*. Une sur la beauté de Pauli ; une sur une anecdote (« A Yankee ») à propos d'une petite ville (de 1 H.P.) au bord du Mississippi ; et une que j'ai retenue : « God, as he is generally considered now (ou : "today" ; ou "in these days") is but the last witch » ;

Les cartons contenant les lettres de S.B. (les copies qu'il en gardait, sur papier « pelure d'oignon ») et beaucoup de lettres de Miss Savage, qu'il a utilisées dans sa Biographie ;

Plusieurs tableaux de S.B. : des vues de sanctuaires autour du Lac Majeur et du Lac de Côme, une pergola (en tout 5 paysages, dont deux encadrés ensemble).

Il m'a raconté plusieurs anecdotes sur S.B. Une conversation avec Richard Garnett, avec imitation des voix et mimique, le tout excellent. « Well, Mr… Butler… what are you pre-pa-ring ? What… are we to expect from your…. in-ge-nious… pen ? » S.B. : (in a very demure way) : « Well, Sir, I am editing my remains, so that I shall leave nothing for my executors to do. » — Quelques détails : S.B. n'a jamais été en prison ; il a seulement voulu trouver pour Ernest Pontifex un équivalent de ses propres difficultés et du scandale qui eut lieu dans sa famille lorsqu'il renonça à entrer dans les ordres. Il a même, pour se documenter, écrit au directeur de Coldbath Fields pour demander la permission de visiter la prison, et on l'a promené dans toutes les cellules, cours, couloirs, bureaux, etc. Il a demandé quelles devraient être les aptitudes d'un jeune prisonnier de famille bourgeoise, si ce jeune prisonnier ne devait pas être « bullied » ; et on lui a répondu : « S'il est malade et s'il sait jouer de l'orgue, il recevra le traitement le plus favorable qu'on puisse recevoir en prison. » C'est pour cela que S.B. a fait en sorte qu'Ernest fût malade ; or, il savait déjà jouer de l'orgue ; cela allait donc pour le mieux ; — Il m'a parlé de Mrs Boss (Mrs Jupp) ; il a confondu « the haricot vein » avec le passage où elle dit que Pryer n'a pas une seule veine droite dans tout son corps ; mais, se rapportant en pensée, ou plutôt en intention, à ce passage, il m'a dit que Mrs Jupp donnait à cette phrase un sens obscène : elle voulait dire qu'il n'était pas capable de... « dresser ». — C'est aux neveux de S.B. qu'est allée sa fortune (une de ses sœurs mariée à M. Charles Bridges, le frère du Poète lauréat). J'ai vu des lettres du Rev. Thomas Butler (« That's Theobald, you know » m'a dit M. H.F. Jones), et d'une de ses sœurs (« That is Charlotte. ») Il paraît que S.B. allait assez souvent voir sa famille à Langar. « He wanted to keep up appearances ». Il a toujours très bien agi envers son père, sauf dans les questions d'intérêts, où, par suite de l'âpreté de son père, il s'en remettait toujours à son « solicitor ». Mais tout cela, je suppose, doit être dans la Biographie. Comme aussi les relations de S.B. avec Pauli. L'écriture de Miss Savage est extraordinaire, et les bouts de papier sur lesquels elle écrivait ses lettres à Butler sont stupéfiants : on dirait des notes d'une blanchisseuse qui sait tout juste former ses lettres. Mais, de près, on reconnaît une écriture très personnelle et l'écriture de « quelqu'un ». — S.B. n'avait pas de manières (mondaines) ; il était tout à fait « awkward » dans le monde. Pauli au contraire était l'homme du monde accompli. — Dans *Family Prayers*, S.B. faisait remarquer que le fils, — le personnage qui est au fond de la scène, a, si on le regarde de près, une attitude qui peut être interprétée dans un sens quelque peu « naughty » : il a la main en un certain endroit et même tient quelque chose dans cette main à travers l'étoffe du pantalon. (« But it is just as one chooses to look at it. »)

Je lui ai parlé des quelques erreurs que j'ai relevées, et il en a été surpris. Il croit que plusieurs (dans les citations de Darwin) doivent provenir de Darwin lui-même (à vérifier sur les éditions consultées par S.B. : 1876). Mais il a reconnu qu'en effet « same » doit être une erreur de S.B. Quant à « Bishop Gurgoyle » dans *Erewhon Revisited*, il a reconnu qu'en effet c'était une erreur, mais il dit qu'il faut la respecter, et que si on l'avait montrée à S.B., il aurait dit : « Well, you know, he had been made a Bishop in the interval. » — Quant à la citation de *Genesis of Species*, il n'avait pas remarqué que la phrase n'a aucun sens. Il le reconnaît, et me conseille de vérifier dans le livre de Mivart.

Parlant, au hasard, au cours de la conversation, — ou plutôt à propos du livre de Gilbert Cannan (qu'il trouve mauvais, excepté en ce qui concerne *The Way of All Flesh*), il m'a raconté l'affaire Cannan-Barrie, dont j'avais vaguement entendu parler. — Il dit que les seuls critiques qui comprennent bien S.B. sont, jusqu'à présent : Cluttonbrock, Bernard Shaw, et (je crois) Richard Garnett : « They speak of Butler, and not of themselves in what they write about him. »

Le thé et l'entrée d'un petit garçon, le fils de Rose (la housekeeper qui a servi le thé) ont marqué un intermède assez familial et agréable dans notre conversation ultra-littéraire. — Il a trouvé l'article de l'*Athenaeum* sur « The Home of Samuel Butler » très mauvais, et paraissait presque approuver la réponse. Autre chose : Ellen est un personnage purement imaginaire. — Il se peut que S.B. ait pris le dénouement du mariage d'Ernest Pontifex dans Thackeray, qu'il avait beaucoup lu entre son retour de N[ouvelle]-Z[élande] et la composition de *Erewhon*. — Mrs Boss était la housekeeper du neveu de S.B. — Un des frères de S.B. était « a jolly black guard ». Enfin, avant mon départ (vers 6 heures ¼), il m'a donné ses deux volumes sur l'Italie : *Diversions in Sicily* et *Castellinaria* avec d'aimables dédicaces, dont l'une en italien : Ricordo di 120 Maida Vale, 26 Sept. 1919. — Alors, je lui ai dédicacé la copie dactylographiée de *Erewhon* que je lui avais apportée.

Ah, je lui ai parlé aussi des « donc » inutiles ou mal placés, dans les phrases françaises citées dans les *Note-Books*. Il m'a dit qu'il valait mieux les laisser, si possible, et quand c'était possible. C'est Gogin, qui était un peu français (du côté de son père), qui renseignait S.B. sur tout ce qu'il pouvait rencontrer de difficultés soit dans les livres soit dans les lettres en français. Il m'a montré son portrait (celui de M. H.F. Jones) par Gogin ; il ne trouve pas que le portrait de S.B. par Gogin soit très bon. — Enfin il m'a signalé l'article de Jean Blum dans *Le Mercure de France*, en 1910 (il figure dans la bibliographie de sa Biographie, qui a été dressée par M. Bartholomew). — Il m'a enfin — lorsque je lui ai dit que j'avais l'intention d'aller à Cambridge — dit qu'il allait prévenir M. Bartholomew de mon arrivée à Cambridge. Je voudrais y aller demain, mais je crains que la grève des chemins de fer ne m'en empêche. — Il m'enverra à mon adresse de Paris les deux tomes de la Biographie. — Je lui ai recommandé de les envoyer à M. Davray (lui envoyer son adresse) et à Benedetto Croce. (C'est de la part de MacMillan qu'il m'a demandé à qui les envoyer en France et en Italie.) Il faudra que je lui indique aussi Papini ou Prezzolini. — Du reste, je dîne avec lui à son cercle lundi soir. Nous recauserons.

Je crois avoir tout noté, mais sans ordre. D'autres détails me reviendront. À propos de Townley, le traducteur de *Hudibras*, il m'a dit qu'il (S.B.) ignorait probablement l'existence de ce Townley ;

qu'en tout cas il avait voulu donner au personnage de *The Way* un nom suggérant l'idée « of a man about Town », à la manière des romanciers et essayistes et auteurs dramatiques du XVIIIe siècle (Surface, Mrs Malaprop, etc.).

Je suis sorti du 120 Maida Vale avec une excellente impression. —

Ce soir, passé au cercle ; soupé avec G. dans Whitehall ; ensuite au cinématographe dans le Strand. Rentrés par le Tube. — Trouvé, au cercle, une c.p. très aimable de Henri Hoppenot.

Samedi 27 sept. — Le premier jour de la grève des chemins de fer (ça passera : la guerre a bien fini). Les journaux en font de grands éclats ; et un journal de midi portait en manchette « Strike Prospect Staggering ». Mais « it did not stagger me. » Cela m'a empêché d'aller à Cambridge, il est vrai ; mais cela ne m'a pas empêché de passer fort agréablement cette journée forcément perdue ; et j'ai pu esquiver à peu près tous les ennuis de la situation. Le matin, au cercle, d'où j'ai rapporté mes achats de ces derniers jours. Déjeuné avec Gladys et Leslie. Rentrés ensemble à Edgware Rd, et joué une partie de l'après-midi avec Leslie, et j'ai vu un peu où il en est. Il n'y a rien, presque rien, du caractère de son père chez lui ; je n'y découvre que sa mère, mais avec plus d'équilibre et de simplicité. Elle lui avait acheté un jeu de dominos, qu'il appelle des « briques » et dans lesquels il ne veut voir que des « briques », c'est-à-dire les pièces d'un jeu de construction. Il aime les images coloriées, et a barbouillé devant moi un modèle représentant « the cat and the fiddle, the cow jumped over the moon, etc. » Il collectionne et thésaurise dans sa mémoire toutes les manières défectueuses de parler qu'il entend à l'école où il va, ou plutôt dans les rues qui mènent à cette école. « Them soldiers », « ain't it ? », etc., mais pas de gros mots ; sa mère a beau le reprendre, il persiste à parler mal, il en est même fier, et a l'air de penser que c'est être bien naïf que de parler correctement. C'est sa petite fanfaronnade de vice. Il a les mêmes mouvements tout spontanés de reconnaissance et de tendresse qu'a sa mère. Aussi, la même timidité. Mais pas de complications et d'arrière-plans. On peut prévoir ce qu'il fera dans telle et telle circonstance donnée, et on peut savoir s'il est gai ou triste, impatient, content, jaloux, etc. — choses impossibles avec sa mère. — Ce soir après avoir dîné de bonne heure, emmené G. à l'Alhambra, (non, à l'Empire), où on donnait une opérette quelconque, mais qui nous a fait passer un moment. Peu de monde. À la sortie, la difficulté de trouver un taxi ; beaucoup étaient déjà en grève. Après une demi-heure de va-et-vient entre Trafalgar Square et la gare de Charing X, nous avons fini par trouver un taxi complaisant… pour dix shillings. De longues grappes de gens attendaient partout au coin des rues. Du reste, c'est l'aspect le plus notable de la grève jusqu'à présent : beaucoup de monde allant à pied dans des rues où d'habitude on en voit peu, et beaucoup plus de monde que d'habitude attendant aux arrêts des omnibus. Derrière Saint-Martin-des-Champs, il y avait de longues queues, comme à la porte d'un théâtre. Le gouvernement et ses journaux font ce qu'ils peuvent, mais les gens s'en f— : c'est comme le froid, la pluie, ou la guerre : cela se passe ailleurs, et l'important, c'est d'être embêté le moins possible, et s'abriter du mieux qu'on peut. — Pour ma part, j'espère que cela ne m'empêchera ni d'aller à Cambridge, ni de revoir M. H.F. Jones avant mon départ, et que je pourrai envoyer quelques lettres que j'aurais dû écrire plus tôt. Compensation : le franc est moins bas.

Beaucoup songé à tout ce que m'a dit M. H.F. Jones hier. À propos de l'affaire Cannan-Barrie, en général on désapprouve Cannan. À un banquet Butler, il a fait un discours qu'on a considéré comme une bévue : en faisant allusion au refus de S.B. d'entrer dans les ordres, il a dit que tous les grands hommes débutent dans la vie par un « faux pas » (en français) ; et quelqu'un, en se penchant vers M. H.F. Jones, a murmuré : « Lui, a commis un fameux “faux pas” ». Autre anecdote : M. H.F. Jones est allé voir Langar et la cure, et a visité le curé. Conversation sur S.B., dont le curé n'avait rien lu. « Oh ! il faut que je vous envoie *The Way of All Flesh* », lui dit M. Jones. Et il le lui envoya dès son retour à Londres. Il attend encore l'accusé de réception du curé. « But you know, me dit M. Jones, I thought it was natural that, living at Langar parsonage, he should possess a copy of *The Way of All Flesh.* »

J'ai écrit à Mlle L. Richard, à Hayes Court ; mais la grève l'empêchera de recevoir ma lettre. Nous allons rester quelques jours sans communication d'aucune sorte avec le reste de l'Angleterre et du monde. Même, il nous sera difficile de sortir de notre quartier, et nous allons vivre entre Maida Vale et l'Arc de Marbre.

Lundi 29 sept. — La grève continue mais ne s'étend guère. Le changement brusque de température m'a mis en piteux état : bronchite et les douleurs habituelles : la main droite presque inutilisable ; il faut que j'écrive très lentement et même ainsi, chaque mouvement me fait mal. Sans parler de la tête, des jambes et de toutes les articulations. La fièvre, une partie de la nuit dernière. — Hier, nul désir de sortir de mon quartier ; déjeuné et dîné dans Edgware Road, et promené au bord du canal et dans les rues voisines : Hall Place, Hethpool Street, etc., presque des slums, les bas quartiers de Marseille, Oujda et Tanger sans la lumière et la couleur. Ce sont les coins d'extrême nord de Londres, et pareils à des rues de Copenhague et de Stockholm. Les bords du canal sont charmants. — Heures à la maison ; conversations avec G. sur bien des choses. Lecture des revues achetées jeudi : *The Owl, Coterie,* etc., et, la nuit dernière, la moitié du livre de G. Cannan sur S. Butler. Il ne suit pas son sujet ; c'est confus et mal fait, ça donne tout de suite dans les généralités, dans le vague, etc. Cependant il y a quelques bonnes choses, par exemple sur l'humour de S.B. (comparé à celui de Lear et de Lewis Carroll, le seul pur). Mais il dit tout ce que S.B. N'est PAS ; c'est le mauvais système. On dit ce qu'il est, et cela suffit ; mais ce n'est pas toujours commode. — Hier, il y avait des « sayings » de D'Annunzio dans un journal du dimanche : « I see that elementary laws do not apologise. » Oui, mais cela est de Whitman, et non pas de D'Annunzio. Il prêche aussi « le mépris des femmes », croyant que c'est un sentiment viril, et c'est tout le contraire. Il n'a pas trois idées dans la tête, et ce n'est pas son métier. Sa conduite est grotesque et odieuse : chien de guerre — trop bon chien de guerre ; larbin trop zélé ; c'est de l'héroïsme de chou-chou du professeur. X. Y. et Z. (et moi-même dans une certaine mesure) avons fait bien mieux dans le genre opposé, et les journaux (naturellement) n'en parlent pas.

Mardi 30. — La journée d'hier, après avoir écrit ce qui précède. — Allé au cercle, puis remonté le Strand, où j'ai fait quelques emplettes ; au cercle encore ; pas de lettres, naturellement : la grève : isolement complet — dans Londres ! Étonnant : le cœur momentanément isolé de l'organisme entier. — Lu les journaux. — Vers 7 h remonté lentement vers St James's Street, et le New University Club, où M. H.F. Jones m'attendait pour dîner. Excellent dîner, et parlé de S.B., en somme, pendant 2 heures ½. Les sœurs de S.B. : l'une la femme du frère du poète Robert Bridges (Charles Bridges, je crois) ; ne l'a épousé que parce qu'il était malade, et il n'a vécu que quelques semaines après. Quelqu'un a dit : « Ce qu'il y a d'étonnant, c'est qu'il ne soit pas mort le lendemain du mariage. » On pense qu'il n'a pas été consommé. L'autre, la vieille fille, survivante[a], est May Butler. « May is a snake, a fool, and a liar » ; l'autre : « Good natured, but a tremendous fool. » J'ai demandé à M. H.F. Jones : « Which of the too saw an angel ? » Il paraît que ce fut May — du moins c'est ce que S.B. entendit raconter par des gens du village (Langar). May et l'autre ont donné comme résultat Charlotte ; S.B. n'a pas voulu accabler Ernest. — Nous avons longuement parlé d'Ernest. S.B. l'avait d'abord appelé CHRISTIAN : c'est une lettre de Miss Savage qui a donné cette indication à M. H. F. Jones. Il suppose que S.B. a trouvé suffisant d'avoir nommé la mère Christina. Du reste, il détestait le prénom Ernest (et aussi Herbert). Pontifex est le nom d'un grand fabricant de cuvettes de W.C., dans ou aux alentours de Holborn. — Le titre originel de *The Way* était : *Ernest Pontifex, or The Way of All Flesh.* C'est Streatfeild qui a décidé

a. Note de Larbaud : « Jusqu'en 1918, but, curiously enough, Mr Jones always spoke of her as if she were still alive. Ment[ion] conf[irmée]. »

Butler à changer le titre, en faisant valoir que trop de romans contemporains portaient comme titre le nom du personnage principal. Du reste, tout ce que je note là doit se trouver dans la Biographie. — Après le café et la visite du cercle, nous sommes allés à pied jusqu'à la gare de Victoria, où nous avons pris l'omnibus pour rentrer, et M. H. F. Jones m'a accompagné jusqu'à ma porte. Il m'a donné toute la série des gravures et fac-similés qui seront insérés dans la Biographie. Voilà de quoi décorer tout mon appartement de Paris. Il avait aussi apporté l'exemplaire de la 1re édition révisée de *Erewhon*, ou UNE PARTIE des additions ont été marquées « in red chalk » par S.B. Voilà pour hier lundi, et je crois que je n'oublie rien. —

Ce matin, je me suis rendu à l'invitation de M. H.F. Jones, chez lui, à 9 h ½. Déjeuné ensemble. Examiné différents ms. de S.B., surtout celui de *Alps and Sanctuaries*, dont j'ai lu une bonne partie. J'aurais beaucoup à dire au sujet des corrections (c'est-à-dire, en somme, de la façon de travailler de S.B.). C'est un ms. sur fort papier teinté bleu (peut-être du papier à lettres). J'ai vu les ms. de la Biographie. En somme, depuis la mort de S.B., M. H. F. Jones n'a guère cessé de travailler à cette biographie.

Entre 10 ½ et 1 h ½ nous sommes allés au Musée Britannique. L'émotion de rentrer dans cette salle. (Il paraît que beaucoup de choses — mais du musée plutôt que des livres — avaient été envoyées à Aberystwyth, dans le Pays de Galles.) D'abord, nous sommes allés à la Large Room, car j'avais sottement laissé ma carte chez moi, et M. H. F. Jones a dû prendre la peine de me re-présenter, et de me faire donner un bulletin d'entrée. Il m'a présenté à plusieurs de ses amis parmi les bibliothécaires, et notamment à M. Lawrence Binyon, le poète ; j'ai profité de cette occasion pour demander qu'on rectifie l'orthographe de mon prénom sur les catalogues du Musée, et qu'on me rende mon sexe. Ce qui a fait dire à l'un d'eux : « Yes, we will put him straight. » — M. H. F. Jones m'a conduit à la travée B (« B for Butler ») où IL s'asseyait, et nous nous y sommes installés. Alors, j'ai voulu trouver le Frost (John Frost's *Lives of Eminent Christians*, — qui contient une vie de S. T. Coleridge, soit dit en passant). Mais il n'était pas au bout de la travée B, avec les ouvrages de théologie. On l'avait enlevé, sans doute parce que, depuis la mort de S.B., « personne ne le demandait plus ». (Ce mot est de M. H.F. Jones.) Nous avons cherché dans les catalogues, mais ne l'aurions pas trouvé (il y a tant de Frosts !) sans l'aide d'un bibliothécaire qui savait que les livres enlevés des rayons de la salle avaient une marque spéciale. J'ai demandé *Genesis of Species* de St George Mivart, et la ré-édition moderne de *La Vénus physique* de Maupertuis. — Pendant que M. H.F. Jones parcourait le Maupertuis, j'ai cherché tout ce que je voulais voir et vérifier dans *Genesis of Species*. Le passage de la *North British Review* est bien tel que

S.B. l'a recopié, mais il n'est pas clair, et M. H. F. Jones en convient. Je n'ai pas trouvé la note sur « l'horrible anecdote » de la Révolution française ; pourtant il semblait bien que ce fût la 1re édition. Mais je regarderai encore.

Au milieu de nos investigations, on nous a apporté le Frost, et M. H. F. Jones et moi l'avons touché et feuilleté en pensant à S.B. Nous étions assez émus l'un et l'autre. — À la sortie, allés à Chancery Lane, dans un restaurant tranquille, et meublé avec goût. La propriétaire a demandé avec intérêt quel jour allait paraître la Biographie, et a été très aimable avec moi quand elle a su que j'avais traduit 5 volumes de S.B. en français. Ensuite, nous sommes allés à Clifford's Inn, et avons visité l'appartement de S.B. Second étage à droite.

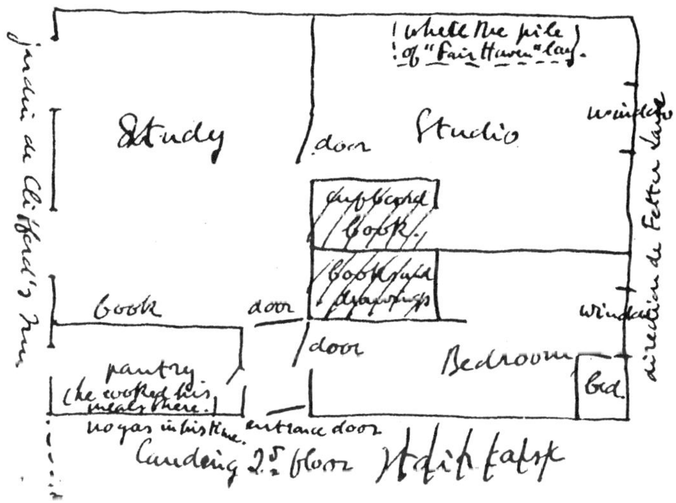

En voilà le plan, de mémoire, d'après ce que j'ai vu et ce que M. H. F. Jones m'a dit. Il y a deux « RECOINS » (hachures). Cheminée dans l'atelier ; cheminée dans la grande pièce. Il paraît qu'on a repeint la chambre ; le reste est demeuré en l'état. — Curieuse visite. C'était la seconde fois que M. H. F. Jones accompagnait quelqu'un, et la première fois, la jeune dactylographe avait fait beaucoup de difficultés pour le laisser entrer. Cette fois encore (c'était la même dactylographe — les patrons n'étant pas là) il a fallu tout lui expliquer. « You know, Mr Samuel Butler lived there. — I don't know him. — Of course ; but you see, he was a writer ; and I was his friend ; and I used to come and see him here many times... Yes, a writer, and this gentleman is a Frenchman who has translated some of Mr Butler's books, and he should like to visit the rooms where Mr Butler lived »... etc, etc. Elle n'y a rien compris, naturellement ; mais elle a vu que nous n'avions pas l'air de cambrioleurs, et nous a laissés entrer, mais nous a suivis de chambre en chambre — plutôt intéressée, je crois, par les explications que me donnait M. H. F. Jones ; du reste c'était pour elle une occasion de quitter son travail pendant un quart d'heure. — Redescendu le Strand à pied, et entré chez Hachette, où j'ai en vain demandé et cherché les *Morceaux choisis* de Walt Whitman, que je voulais offrir à M. Jones, pour le remercier, et aussi pour qu'il lise mon introduction. — Nous avons cherché à rentrer à Maida Vale, mais les omnibus étaient pleins (la grève !) et alors je l'ai invité à venir prendre une tasse de thé à mon cercle. Toute notre conversation a roulé sur S.B. Il me demande : Et comment avez-vous traduit tel passage ? Et avez-vous bien saisi telle allusion, tel jeu de mots ? (Il m'a ainsi donné une bonne indication pour « Entertaining angels » — le jeu de mots de la fin, que je n'avais pas assez mis en lumière, je crois ; et m'a fait revenir à une de mes premières interprétations pour Mrs Humdrum.) Je lui dis : « Croyez-vous que je doive allonger ma note sur Wardour Street, et parler des agences de cinéma ? ... » ou bien : « Telle ou telle expression m'a donné assez de mal ; voici comment je m'en suis tiré ; qu'en pensez-vous ? » — C'est tout à fait charmant, car nous connaissons notre Butler dans tous les coins. Ainsi, il a fini par se décider à corriger les erreurs que j'ai relevées dans *Life and Habit*, et a même trouvé l'omission du mot « innate », et la référence au « last chapter » au lieu de « last chapter but one », des fautes d'inattention assez sérieuses de la part de S.B. — Il m'a aussi donné par avance la véritable leçon du titre de la chanson dans le chapitre « En prison » de *Erewhon* ; c'est « Villikins and his Dinah », et non « Wilkins... » comme S.B. l'a écrit. Il m'a fredonné l'air.

Rentrés à Maida Vale (où sa sœur est arrivée ce matin en automobile), nous avons examiné les additions et différentes versions de *Erewhon*, que je me propose de regarder de plus près. Puis il m'a donné d'autres reproductions du portrait de S.B. par Gogin. Puis il m'a fait lire la fameuse lettre de Christina (je me rappelle quand je l'ai traduite, à Alicante ou peut-être dans les premières semaines du séjour à Villa Rafaela). Elle est telle que S.B. l'a reproduite, seulement elle est signée du nom de sa mère « Fanny Butler ». Document pathétique ! Elle est datée « Langar, Feb. 6. 1841 ». Écriture appliquée, soignée ; enfin un de ces morceaux de « littérature » comme les gens en commettent quelquefois — surtout les femmes ; une espèce d'explosion de vanité, de sottise et de poésie. — J'avais aussi demandé à voir la lettre de l'officier turc, et je l'ai vue ; elle est telle qu'on peut la lire dans les *Note-Books*, à part une rature, où je lis « Howe... » (However) avant « though » (dernières lignes). Elle est écrite à l'encre violette.

Après cela, j'ai pris congé, et me suis excusé de mon importunité, et ai essayé de dire combien j'étais touché de l'accueil admirablement cordial de M. H.F. Jones ; mais il m'a dit : (je traduis, et de mémoire, et mal) : « Depuis que Samuel Butler est mort, j'ai consacré toute ma vie et toutes mes forces à écrire sa biographie, et à le faire mieux connaître. Vous vous intéressez à lui, vous avez traduit cinq de ses livres ; cela suffisait pour que je me mette entièrement à votre service pour tous les renseignements dont vous pouvez avoir besoin. Vous venez à moi au nom de Samuel Butler, dans l'intérêt de Samuel Butler ; vous ne pouvez pas être importun. » Au bout d'un moment, il a ajouté : « Vous me voyez à un moment où je suis un peu énervé et inquiet, parce que le moment approche où mon livre va paraître, et ce livre représente un travail de seize ans, et je sais qu'il déplaira à beaucoup de personnes et les offensera. Mais je ne peux pas faire autrement, et sacrifier la vérité à des considérations de ce genre. Du reste, j'ai dit dans ma préface : "Je suis certain que ce livre ne peut offenser aucune personne VIVANTE" (ou plutôt : "Je suis sûr qu'il n'y a rien dans ce livre qui puisse offenser aucune personne VIVANTE"). » Il a ri en disant ces derniers mots : « any LIVING person » : prenant « living » au sens où le prenait S.B., et faisant allusion à « Charlotte », qui n'est pas, quoique « en vie », une personne « vivante ». — À propos, Miss May Butler prétend n'avoir jamais lu *The Way of All Flesh*, mais à la façon dont elle parle de son frère et de ses livres, et de la Biographie écrite par H.F. Jones, on a tout lieu de croire qu'elle l'a lu.

Après cela, je me suis retiré, et j'ai pris congé de M. H.F. Jones et de sa sœur, qui m'ont invité à dîner pour après-demain jeudi. J'irai travailler à partir de 3 heures chez eux au second étage (comparer les éditions de *Erewhon*). Avant de partir, M. Jones m'a donné un exemplaire de *The Young Visitors*, le petit roman écrit par Daisy Ashford quand elle avait neuf ans. Il connaît Daisy Ashford ; elle est dactylographe chez un de ses amis.

En rentrant à Clifton Road, j'ai lu ce petit livre, et il a dépassé tout ce que m'en avait dit M. Jones. Il n'y a rien de plus amusant et après dîné, je l'ai relu d'un bout à l'autre à haute voix, pour moi et pour Gladys, et nous avons passé une heure de gaîté extraordinaire. Du reste, elle aussi bien que moi, avons senti autre chose qu'un ouvrage d'enfant simplement ridicule, dans ce petit livre. Il y a des qualités évidentes. C'est plus qu'un document. C'est tout à fait comme un dessin d'enfant qui promet, et qui pourrait devenir un grand artiste. Du reste, cela m'a un peu sorti de S.B., et rire beaucoup m'a fait du bien.

Bonne soirée avec Gladys. Hier, c'était autre chose, et je regrette un peu ce que j'ai fait ; mais je défendais ma liberté. Et puis, il y a chez elles toutes (les Anglaises) une telle inaptitude pour tout ce qui n'est pas l'amour ! En fait, elles sont incapables d'autre chose : une rêverie vague et le lit.

Écrit à « Ella » ; mais, avec la grève, la lettre arrivera-t-elle ?

Octobre

Mercredi 1er octobre. — Oublié bêtement mon stylographe à la salle de lecture du Musée Britannique, cet après-midi. — Et oublié aussi de noter, hier, une des choses les plus importantes que m'a dites M. Henry Festing Jones pendant que nous étions à mon cercle. C'est à propos de Miss Savage. Je voulais savoir quelles étaient au juste ses relations avec S.B., et j'ai demandé à M. H. F. Jones si, comme Ernest Pontifex, S.B. avait demandé plusieurs fois « Alethea » en mariage. Alors j'ai appris que Miss Savage n'était pas « une personne à laquelle quelqu'un pût songer pour le mariage ». Elle était difforme ; elle boitait fortement, et marchait en s'appuyant sur une canne. De plus, elle se négligeait, et on aurait pu la prendre pour « une femme de ménage » (« a laundress », « a charwoman »). C'était, on le voyait du premier coup d'œil, « a woman who did not make the best of herself » (physiquement). Elle n'était pas riche, mais seulement assez « à l'aise » pour ne pas travailler. Son père, architecte, avait été admis à concourir pour le pont de Londres. Elle était dépensière. — L'anecdote de l'enterrement, et de la pierre tombale remarquée par S.B. pendant l'enterrement. M. Jones est allé au cimetière il n'y a pas longtemps et a retrouvé cette pierre « looking more wicked than ever, since it had sunk into the earth », et aussi la pierre tombale de Miss Savage. Aucun lien de parenté entre Miss Savage et les Savages du Warwickshire.

Ce matin, déjeuné dans le Strand, puis au cercle, d'où j'ai écrit à Mr. Bartholomew, de Cambridge. Puis au Musée Brit. Où j'ai trouvé quelques expressions ou citations butlériennes (identifié plutôt) dans une concordance biblique quelconque. Puis j'ai lu *La Vénus physique* de Maupertuis. Il n'y a rien sur la Mémoire-Hérédité, et c'est un autre ouvrage que doit citer Edmond Perrier. Mais le livre est amusant. Retrouvé le passage sur les amours du Poisson, cité en note par Yves Delage. Et d'autres choses, telles que :

« C'est cet instant, marqué par tant de délices, qui donne l'être à une nouvelle créature qui pourra comprendre les choses les plus sublimes, et, ce qui est bien au-dessus, qui pourra goûter les mêmes plaisirs » (p. 17).

« Parlerai-je d'animaux dont la figure inspire le mépris et l'horreur ? Oui, la nature n'en a traité aucun en marâtre : le crapaud tient sa femelle embrassée pendant des mois entiers. »

« Une brune aux yeux noirs brille de tout le feu des beautés du Midi... La Française n'a ni la vivacité de celles que le soleil brûle, ni la langueur de celles qu'il n'échauffe pas ; mais elle a tout ce qui les fait plaire. Quel éclat accompagne celle-ci ! ELLE PARAÎT FAITE D'ALBÂTRE, D'OR ET D'AZUR ; j'aime en elle jusqu'aux erreurs de la nature, lorsqu'elle a un peu outré la couleur de ses cheveux... »

Voilà où on voit la supériorité des savants du XVIIIe siècle. Darwin (je veux dire Charles Darwin) n'aurait pas songé à tout cela. Érasme Darwin y a songé ; — Et tout cela n'empêche pas que Maupertuis devance la Pangénèse de Darwin : « Chaque partie fournit ses germes », dit-il. Cela suffit. C'est ailleurs sans doute que je trouverai son ébauche de la théorie de Butler.

Après la bibliothèque, remonté Oxford Street à pied, à la recherche d'une place dans un omnibus allant vers Maida Vale. Quelles belles filles j'ai vues ! Mais la presse était si grande que j'ai fini par me lasser et d'attendre un omnibus moins « complet » et de voir tant de beautés (dont Maupertuis aurait été touché, peut-être au point de trouver que les Françaises pouvaient avoir des rivales à Londres), et j'ai pris un taxi, trop heureux encore qu'il voulût bien me conduire « au bout d'Edgware Rd » (je n'ai pas osé dire Maida Vale, parce qu'il aurait pu trouver que c'était trop loin).

Relu mes notes, etc. Londres me remplit de courage et d'ardeur au travail. Beaucoup pensé à Martre, un peu à Henry, un peu à M. Bonsignor, un peu à « Beauté, mon beau souci... », et fini par décider que le titre de la nouvelle sur M.M.W.T. serait « Car demain nous mourrons ». Mais l'écrirai-je ? Il faudrait que j'aille à Whitstable voir l'héroïne. Du reste, la vraie héroïne serait assez différente du modèle pour que le modèle ne se reconnût pas. C'est curieux, mais j'ai bien tenu ma promesse de ne pas me laisser entraîner vers Whitstable. Il est bien faux en effet que, dans ce cas, « deux vaillent mieux qu'une ».

Reçu un télégramme de Mlle Richard ; demande si elle peut me voir samedi ou dimanche. Oui. Peut-être pourrai-je lui signaler *The Young Visitors*. Mais il faudrait d'abord que la N.R.F. s'y intéressât ; et j'ai trouvé G. si peu chaud en ce qui concerne ses livres. — Pas encore reçu l'exemplaire de *Trivia* acheté à la Bomb Shop l'autre jour. — Le temps s'est radouci, et j'en ressens l'effet : articulations plus souples, douleurs moins vives, etc.

Samedi 4 octobre. — Rien écrit ces deux derniers jours, ici. Douleurs et malaise général. J'ai passé mon temps entre le Musée Britannique et la maison de M. H. F. Jones dans Maida Vale. C'est à cette dernière place que j'ai comparé assez minutieusement la seconde édition de *Erewhon* avec l'édition révisée, par curiosité pure, car je ne peux pas faire de ma traduction une édition critique. Mais cette comparaison était intéressante. J'ai noté non seulement les additions, mais aussi les suppressions et les changements. Il a effacé un certain nombre de passages, et a certainement « poli » son ouvrage. — Ce travail m'a absorbé au point de me fatiguer ; mais surtout j'avais horriblement froid chez M. H. F. Jones, qui paraît ne pas souffrir du tout de ce temps humide et frais, malgré tous ses séjours en Italie. J'avais si froid, que je me sentais complètement hébété après ces séances, et, à table, j'ai bafouillé horriblement. Du reste Miss Jones m'intimide un peu, malgré son évident désir de me bien traiter. En somme, j'ai passé, dans ces conditions-là, toute la soirée de jeudi et une bonne partie de la journée d'hier vendredi, jusqu'à cinq heures. J'étais complètement gelé et il m'a fallu rester devant mon poële à gaz pendant trois heures pour me remettre un peu. J'ai l'impression que M. H.F. Jones et sa sœur m'ont trouvé ennuyeux et assez désagréable, et qu'ils n'ont pas songé un seul instant que j'aurais été beaucoup moins terne, et que j'aurais parlé davantage et mieux s'ils avaient eu du feu dans leurs chambres ; enfin j'espère avoir « réparé » un peu par l'envoi de fleurs et de fruits rares à Miss Jones. À propos d'elle : je ne sais pas ce qu'elle est, mais elle a une très vaste culture : français, italien, suédois, et une connaissance assez grande de la littérature française. Elle avait lu *Jean Barois* de Martin du Gard, et savait l'apprécier. Je me propose de lui donner les livres de M. Proust, dont je lui ai parlé. — J'ai été très indisposé avant-hier et hier ; mieux aujourd'hui. Le matin : tailleur, fleuriste (celui du Savoy Hotel, où j'ai acheté les roses pour Miss —, en 1913 !) essayé de voir M. Davray ; au cercle (les lettres qui m'attendaient, une surtout). Déjeuné seul chez Gatti ; à la Bomb Shop, réclamé *Trivia* ; je l'aurai lundi ; chez Fifield où j'ai payé l'exemplaire d'*Erewhon* que M. Jones avait eu la complaisance de demander pour moi ; et acheté les Butlers qui me manquaient : *The Fair Haven* ; *God the Known*, et le petit livre de M. Jones *A Step Towards Reconciliation*. J'ai appris que *Luck or Cunning* et *Ex-Voto* sont épuisés ; heureusement je les avais fait venir à Alicante. — Au Musée Brit., à la travée B., demandé la 1re édition de *Erewhon* pour voir les additions au Chapitre des Mécontents ; mais il était en mains. Vérifié ce que j'avais dit à M. Jones au sujet du livre de mon grand-oncle, F. Larbaud, dans le catalogue. Je me suis légèrement trompé ; son livre (sur les maladies de la vessie) est de 1802 et mon premier livre inscrit en catalogue (le mauvais Coleridge) est de 1901. — Retour près de mon poêle à gaz, après avoir écrit à D.S.P. ; et soirée comme d'habitude avec Gladys. — Je pourrais noter les légendes sur S.B. dont M. Jones m'a parlé : M. A[a] lui demandant : « Où était au juste la propriété que Butler possédait en Sicile ? » et Israël Zangwill écrivant à propos de l'Albergo Samuele Butler : « It is there that the tired thinker used to come in search of rest and fresh air, among the simple people », etc, etc., dans un endroit où S.B. et M. Jones

a. Note de Larbaud : « Asquith. »

n'avaient passé que 3 jours. J'ai demandé à M. Jones si je pourrais, à l'occasion parler de ces légendes ; il a d'abord hésité, ayant mal compris mon intention (je me suis mal expliqué, le froid me paralysait absolument) ; mais quand, comprenant le malentendu, je l'ai rassuré au sujet de ma discrétion, il m'a tout de suite donné son autorisation. — Reçu une aimable lettre de M. Bartholomew, de Cambridge. — Je ne puis exprimer l'amabilité de M. Jones à mon égard, et toutes les bontés et les attentions qu'il a pour moi. Heureusement je pourrai en dire quelque chose dans mon Introduction.

Dimanche, 5 octobre. — La grève est finie. Je ne l'ai su qu'après dîner, en allant à mon cercle, où une dépêche l'annonçait. Mlle Richard est venue ce matin. Elle a écrit en anglais un essai sur la poésie de Meredith. Je lui ai conseillé de l'offrir à Mac Millan, et de le traduire pour l'offrir à la N.R.F. Je lui ai aussi recommandé le petit livre de Daisy Ashford, qu'elle avait lu ; les nouvelles de O'Henry que m'a recommandées M. Jones (lui rapporter le livre), et *Trivia*, du moins d'après ce que j'ai lu dans *The Owl* ; je lui ai donné les 2 n^{os} de *Coterie* et le dernier *Chapbook* de la Poetry Bookshop, pour qu'elle voie ce qui peut lui plaire dans cette poésie toute récente, — et aussi pour qu'elle ne s'en aille pas les mains vides. Elle admire beaucoup Meredith, non seulement ses vers mais ses romans, et a soutenu son opinion malgré les jugements un peu irréfléchis et arrogants que j'ai portés sur lui en en parlant avec elle. Elle a l'air d'une personne très capable, et je crois n'avoir fait que ce que je devais en lui recommandant d'écrire aux éditeurs anglais et à G. Gallimard. Mais G. a tant de livres en tête qu'il doit forcément en laisser passer de bons et en prendre de mauvais, et il est bien un des meilleurs éditeurs actuellement existants, c'est-à-dire le seul, peut-être, qui désire sincèrement publier de la bonne littérature EN DÉPIT du public. Dans l'après-midi, passé un moment chez M. Jones. Mais j'avais une douleur si violente dans le pied droit, que j'avais pris un taxi pour aller de Clifton Road à Maida Vale, et ce taxi m'attendait, et ma visite devait forcément être brève, puisque nous n'allions pas voir Edmund Gosse, retenu au Pays de Galles par la grève. Justement il y avait ce matin dans le *Sunday Times* un article de Gosse sur P. Claudel, mi-palinodie (pour avoir ignoré si longtemps notre grand poète), mi-défavorable ; du reste il avait l'air de connaître fort peu l'œuvre de Claudel, et n'en parler qu'à cause de la vogue dont il jouit en ce moment en Angleterre. Il y avait le petit coup de patte à Rimbaud et à Mallarmé. C'est curieux, qu'un aussi bel esprit ne puisse pas franchement, ou se repentir d'avoir longtemps ignoré un écrivain très important, ou continuer à l'ignorer, lorsqu'il ne sait pas voir en quoi consiste son importance. Mais enfin Gosse a 70 ans, et il a toujours aimé la littérature française, et il a fait plus qu'aucun autre écrivain anglais pour la faire connaître en Angleterre. En Angleterre même il a été une sorte de mécène intellectuel, et comme critique, quelqu'un de premier ordre. Il faut tenir compte de tout cela. B. Croce est bien moins pardonnable. — Cet article de Gosse était daté des bords de la Wye, et commençait par une charmante description du coin du Pays de Galles où il a passé ses vacances et où il est actuellement « marooned ». M. Jones m'a montré un article (j'oublie le nom du journal) où il était question des publications de la N.R.F. et où les « traductions d'*Erewhon* Butler » étaient annoncées (6 septembre). Le *Times Literary Supplement* avait aussi une note sur la N.R.F. et une note sur les poésies publiées par *La Revue de Paris* (naturellement avec accent sur l'e de mon prénom). L'article de Gosse sur Claudel avait un mot aimable pour la N.R.F.

Je suis rentré à Clifton Road très fatigué et plein de douleurs (surtout le pied gauche). Si je n'avais pas G., tant de quintessence de littérature, s'ajoutant à mes douleurs, me dégoûterait de la vie. C'est étonnant comme ça prend vite l'air d'un métier, d'une affaire, la littérature ! On a envie de dire : N'en jetez plus ! Et on finit par savoir, avec tant de gens, tant de choses si parfaitement inutiles au plaisir de vivre, qu'on a envie de se faire désinfecter, ou tout au moins bien laver, — avec un « champoing » à l'eau du Léthé.

Sorti avec G., et descendu à pied « the » Edgware Road. J'ai appris à G. le mot français « guilledou » et lui ai donné l'étymologie trouvée par Jules Janin[a] (« Will ye do ? ») Elle a pudiquement baissé les yeux, mais cette étymologie lui a plu, et maintenant je lui dis des choses comme celle-ci : « There is a great "guilledou" going on tonight about the Edgware Road ! » Et je lui ai demandé « whether there had been a great "guilledou" le soir de la signature de la paix ». — Nous avons vu pour la dernière fois sans doute Hyde Park fermé et magnifiquement éclairé par les grands réflecteurs de la guerre.

La fin de la grève est une espèce de signature de la paix, et même dans cette maison il y a un peu de « guilledou » en train. On vient de frapper à la porte ; je suis allé ouvrir car il est tard et suis seul dans cette partie de la maison. C'était un soldat du régiment écossais, jeune et beau, qui m'a demandé si Mme B— était ici. Je crois que c'est la belle locataire du 2nd étage. Guilledou ! Guilledou !

Le livre de M. H. F. Jones sur S.B., qui devait paraître vendredi, était annoncé comme paru dans les journaux d'hier et de ce matin. Mais l'éditeur (MacMillan) attendait la fin de la grève. Peut-être sera-t-il enfin mis en vente demain.

Cambridge, lundi 6 octobre. — Me voilà donc enfin à Cambridge, à la vieille auberge ou hôtel « Bull », où j'avais passé quel-

a. Note de Larbaud : « Non, Philarète Chasles. »

ques heures et déjeuné lors de ma première visite. — Le manque de communications et les « tubes » trop peu nombreux pour la foule m'ont retardé, et je n'ai pu prendre que le train de 12.30, qui a mis 3 heures pour aller de la gare de Liverpool Street jusqu'à la gare de Cambrige, en s'arrêtant à toutes les stations.

Il faut noter ce que j'ai remarqué pendant ces jours de grève, et surtout ce matin en face de St John's Wood Station, où les trains du « tube » ne passaient que toutes les demi-heures, et pleins comme des œufs. Des jeunes gens en automobile s'arrêtent et font signe à quelques jolies jeunes filles qui attendent le tramway ; il y a place pour trois, dans l'automobile, et, en se serrant bien, pour quatre. Les trois plus jeunes et jolies montant sans hésitation ; la quatrième, qui est moins jeune et moins jolie hésite, et finit par se retirer, en refermant la portière, doucement et tristement. Mais un des deux jeunes hommes assis sur le siège du devant lui dit qu'elle peut bien monter elle aussi, et elle se décide, et les autres lui font place, mais comme par charité. Pourtant, elle montrait plus de gorge que les autres, mais elle était déjà un peu marquée par les années et « the wear and tear of life » (and passion, I suppose). C'était très curieux, ces jours-ci de voir les hommes en automobiles, les rois du moment, les chevaliers de l'heure, recevoir ainsi d'humbles supplications féminines, et faire leur choix. On sentait tout le jeu du sexe sous le train ordinaire de la vie. Les femmes vieilles et les filles laides ne cherchaient même pas à se faire voiturer, à se faire donner « a lift » par les jeunes gens.

Voyage monotone ; mais la campagne en grands falbalas verts et bruns et rouges, n'était pas mal. En somme, depuis l'automne 1915, je n'avais pas vu la campagne anglaise. Dormi un peu, et lu les nouvelles de O'Henry que M. H. F. Jones m'avait recommandées. C'est G.W. Cable, mais peut-être en plus net, en plus condensé ; il faudrait que je relise « Madame Délicieuse » (est-ce bien ce titre ?) et enfin *Old Creole Days*. J'ai donc fait gratis et par imagination un petit voyage à La Nouvelle-Orléans. Ça doit être intéressant. « Roads of Destiny » est très bien, à part quelques petites erreurs : « la province d'Eure-et-Loir », sous l'ancien régime ? Le conte intitulé « Cherchez la Femme » n'est pas mal.

Enfin arrivé ici, et tout de suite vu M. Bartholomew, qui m'a fait accompagner par un de ses collègues à la collection Butler, dont Gide m'avait parlé, et que j'ai vue assez bien — du reste je la reverrai demain. J'ai vu les premières éditions, les objets qui décoraient les chambres de S.B. à Clifford's Inn ; les copies dactylographiées des *Note-Books*, les n^{os} de l'*Eagle*, le n° du *Mercure de France* contenant l'article de Jean Blum (1910) ; les livres de biologie donnés par M. Streatfeild et par M. H.F. Jones. (On voit avec quel amour ils ont composé cette collection.) Cela m'a fait penser que j'avais oublié de parler du livre d'Yves Delage à M. Jones, et je viens de lui écrire. J'ai vu les tableaux. J'ai vu le portrait (l'auto-portrait) de S.B. dans le Hall, près d'une fenêtre, et d'où il « peut voir les portraits de Wordsworth et du Dr Skinner » (Kennedy).

J'ai écrit ce qui précède dans la lounge room du vieux « Bull », près d'un bon verre de bière qu'une jolie servante m'avait versé avec le plus grand soin ; après quoi je suis allé dîner dans la salle-à-manger. C'est ce grand calme, ce silence confortable et la nourriture prise, dans un air de grande joie, et tout l'essentiel de la vie bien prévu, bien respecté, — voilà la province anglaise (et aussi la Hollande, je crois bien). Cela m'a fait du bien. On ne trouve cela ni en Espagne ni en France. Trop de bruit et de presse.

Je suis allé ensuite faire un tour dans la ville. Beaucoup de GUILLEDOU ici aussi, plus qu'autrefois, je crois bien. L'obscurité obligatoire favorise cela. Tout autour de la place, dans les rues et les ruelles, groupes de « flappers » cherchant des aventures avec quelque « nice gentleman », ou avec quelqu'un des « Varsity boys ». C'était tout le public du cinématographe où j'ai passé une heure environ, avant de rentrer au Bull et de reprendre mon journal.

Donc, avant dîner, vu M. Bartholomew et la collection Butler. J'ai vu les tableaux. Le meilleur est certainement *Family Prayers*. Si Guillaume Apollinaire vivait encore, je lui aurais fait connaître la reproduction de ce tableau dès mon retour à Paris. Il était tout à fait l'homme pour s'emballer sur cet ouvrage, et même en exagérer la valeur. Tel qu'il est, il fait honneur à S.B. — Les paysages (surtout ceux d'Italie) sont plus curieux qu'« enjoyable » : cette extrême minutie, qui paraît contredire absolument la manière de *Family Prayers* — et pourtant, non ; elle est déjà dans *Family Prayers*. — Trop de choses à noter ; le cadeau d'un ami italien, etc. ; la photographie de Hans Faesch ; le portrait de M. H.F. Jones (très remarquable). M. Bartholomew m'a donné (et dédicacé) les deux livraisons parues du catalogue de la Coll. Butler ; et je les ai lues. Détail important : paysage peint pendant le second voyage en Italie (1854). Je ne crois pas qu'ils aient les traductions hollandaise et allemande d'*Erewhon*. Mais je verrai demain.

J'ai fait une bévue qui m'a servi. J'ai voulu voir tout de suite la collection et les tableaux, et re-visiter St John avec la mémoire pleine de tout ce que S.B. en dit dans ses ouvrages, et m'en aller tout de suite, un peu pour passer la soirée avec Gladys, qui du reste croyait que je reviendrais ce soir, et un peu par crainte d'être présenté à beaucoup de gens. J'ai donc passé juste dix minutes avec M. Bartholomew ; une demi-heure à St John's College, et je suis reparti pour la gare dans le taxi qui m'avait amené ; mais déjà je regrettais de n'avoir pas mieux vu les tableaux et feuilleté les livres et papiers. — Or, il n'y avait plus de train pour Londres. Donc je pourrais revoir la collection, et j'aurais ma soirée libre. Télégraphié à Gladys ; envoyé des cartes postales à toutes les personnes qui s'intéressent à S.B. à Paris, et parcouru quelques rues, et acheté un peu de poison pour mes douleurs (cette mixture pour la toux qui est aussi un calmant) et enfin les armes de St John's College, pour les suspendre près des autres souvenirs butlériens qui vont décorer mon appartement de Paris.

Et j'achève cette entrée à côté d'un verre de whisky et soda que m'a servi sans soin une laide servante à lorgnon. Mais quelles belles filles il y a ici, comme à Londres. Je songe avec étonnement à la rage et à la douleur que j'éprouverais si je n'en avais pas une moi aussi. Bon, voilà qui est jeune. Je vais mieux, décidément.

Mardi 7 oct. — Dans un quart d'heure je reprends le train pour Londres. Revu M. Bartholomew, qui a regretté de ne m'avoir pas vu hier soir, et voulait me retenir à déjeuner, mais impossible. Enfin j'ai eu le temps : de me faire raser ; de faire un grand tour en ville ; de noter les additions faites au Chapitre des Mécontents dans la 2de édition d'*Erewhon,* et de relever la page où était « infortuniam », (cela dans le petit bureau de M. Bartholomew, à la grande Bibliothèque (ces gens-là sont charmants ; quelle différence avec nous autres Français, qui sommes, je crois bien, les gens les plus désagréables du monde). Enfin, de lire l'article de Jean Blum dans *Le Mercure de France* (16 mai 1910). C'est un bon article — se retrouver au milieu de tant de matières ! — mais petites erreurs : il croit que la vocation de peintre de S.B. a été subite ; presque un caprice. — Enfin, encore, j'ai revisité les cours de St John's, et entendu mes pas « lick up the wall at the other end of the cloister » dans la troisième cour. Bon, mais il faut partir.

Mercredi, 8 octobre. — Rentré hier soir à Londres, Clifton Road, où Gladys m'attendait depuis plusieurs heures. Le train a quitté Cambridge vers 2 ½, s'est arrêté à toutes les stations et n'est arrivé à la gare de Liverpool Street qu'à 6 h -10. Il y avait une foule énorme en dehors de la gare, et un barrage d'agents qui criaient « No more trains tonight ». Ce que disent les journaux sur le rétablissement du service des voies ferrées est donc faux — du moins en ce qui concerne le Great Eastern, soit parce que c'est la plus désorganisée des compagnies, soit parce qu'elle est la plus prudente. Du reste, sur certains points, des soldats réparaient la voie ; peut-être quelque « sabotage ». Les rails avaient eu déjà le temps de se rouiller un peu. En arrivant j'ai trouvé Hyde Park encore fermé, occupé par les camions et les provisions, et éclairé par les réflecteurs.

D'abord dans un omnibus n° 11 au cercle, où quelques lettres m'attendaient ; puis en taxi à Clifton Road. — Que je note encore quelques choses de Cambridge. Le ton et les manières exquises des personnes qui m'ont si bien accueilli, et cette diction particulière aux Universitaires anglais. Comme nous traversions la seconde cour du Collège Saint-Jean, quelqu'un que nous avons croisé a demandé à M. Bartholomew quand on publiait son Butler ; en effet, il est l'auteur de l'index de la biographie monumentale de S.B. par M. H.F. Jones. Je vois qu'on s'intéresse à S.B. dans son Cambridge. Du reste, sa pensée m'a accompagné partout : Cambridge a tenu tant de place dans sa vie et en tient tant dans son œuvre. Car non seulement la « Cité des Collèges de Déraison » dans *Erewhon* a été écrite avec le souvenir de Cambridge toujours présent, mais aussi Cambridge est dans *The Way of All Flesh* et Cambridge est encore, dans une certaine mesure, « Lunch'stone » dans *Erewhon Revisited.*

Pensé à tout cela en suivant, dans le train, cette route qu'il a dû parcourir si souvent. Aussi, lu d'autres nouvelles de O'Henry. C'est un G.W. Cable plus « fort », plus net : mais je ne sais pas si je ne préférerais pas G.W. Cable ; il faudrait que je le relise.

Ce matin, courses et achats. Londres est vraiment affolante : on y dépenserait une fortune en une semaine. Du reste, en ce moment, on est moins exploité ici qu'à Paris — sauf dans les boutiques du West-End (les grandes : Regent Street, Piccadilly, etc, qui ne marquent pas les prix). Des gilets de chasse à 35 shillings chez un Horne Bros. quelconque dans le Strand valent 2 guinées (les mêmes) dans Burlington Arcade. Des cravates marquées 3,11 dans Regent Street sont à 2,6 dans le Strand. Je sais bien qu'avec le change, les choses me coûtent presque autant qu'à Paris, mais enfin je les paie beaucoup moins cher, et elles sont de bien meilleure qualité, et il y a plus de choix.

J'avais pensé que j'aurais peut-être à souffrir pour la Patrie, et je suis allé me renseigner là-dessus au Consulat de France, Bedford Square n° 18. Mais non, je n'avais rien à faire pour mon passeport. Je n'ai été embêté qu'à Cambridge, et très peu, mais tout de même j'ai vu le mot « Alien » en connexion avec mon nom, la date de ma naissance, ma profession. Cela demanderait quelque cérémonie expiatoire où l'Union Jack jouerait un rôle digne de lui, mais l'outrage a été en quelque sorte effacé par avance, la directrice du Bull m'ayant par distraction passé le registre des Sujets Britanniques, où j'ai signé et inscrit (avec quelle fierté, tu parles !) ma noble nationalité (oh, il y a de quoi être fier !). Alors elle a vu son erreur et m'a passé le registre des « Aliens » — Pourtant ne suis-je pas sujet britannique ? La petite R. n'était-elle pas persuadée que la France est un protectorat anglais ? Problème.

J'étais si fatigué, si malade et si fiévreux hier soir que j'avais peur de ne pas pouvoir me lever ce matin. Cependant je l'ai fait, et, entre deux courses, à 4 heures du soir, je suis allé prendre congé de M. H. F. Jones et de Miss Lilian Jones, à qui j'avais apporté les deux romans de Marcel Proust. Ils m'ont retenu pour le thé, puis je suis rentré vers le centre, ramenant M. Jones jusqu'à l'entrée de Chancery Lane. Il a déjà des échos de la réception faite par les critiques à son livre, et quelqu'un a dit — et lui a fait dire qu'il était un nouveau Boswell. Je suis impatient de lire ces deux volumes.

Le tailleur ; nouveaux achats ; retour à Clifton Road, où G. est venue me rejoindre peu après. Mon malaise a augmenté jusqu'à ce moment, et j'ai certainement une assez forte fièvre. J'ai pris plusieurs des médicaments qui généralement me réussissent, et je fais ce que je peux pour réagir, mais le voyage pour aller à Paris, demain, sera dur et dangereux. Cependant je ne peux pas retarder mon départ ; n'étant pas installé ici, je ne pourrais pas y être malade à mon aise. Gladys fait, du reste, tout ce qu'elle peut, mais elle ne peut pas grand'chose. — Oh, il faut que je note la femme charmante, belle, délicieuse, inoubliable, la douce et raisonnable créature, décente, propre, blonde absolue (l'or clair et la blancheur nette), franche, bien proportionnée, que j'ai vue en sortant d'une boutique dans le Strand, vers 2 heures ½. Elle était avec une amie. Elle a remarqué mon étonnement, et n'a pu s'empêcher de sourire (mais seulement avec les yeux, qu'elle a détournés aussitôt). Un peu les yeux de Gladys, mais les cheveux d'un autre blond, et l'air plus âgée, plus femme faite, que Gladys. J'ai pensé à elle une grande partie de la journée. — La réponse de D.S.P., satisfaisante ; cela ne pouvait pas mieux tourner. — Donc voilà mon séjour à Londres fini. Je ne regrette pas de m'en aller ; il fait trop froid déjà ; il est trop tard dans l'année. — Je regrette de n'avoir vu aucun de mes vieux amis ; mais ils m'auraient empêché de m'occuper de S.B., et j'aime mieux passer mes heures libres avec Gladys. Et puis, pour si peu de temps ! La grève me servira d'excuse si par hasard ils savent que je suis venu. Je regrette de n'avoir pas revu A. Bennett et Daniel O'C., surtout. — Cet après-midi, M. Jones m'a montré une lettre d'Edmund Gosse, écrite du Pays de Galles, regrettant de ne l'avoir pas vu dimanche ; ou plutôt, de n'avoir pas été là pour le recevoir.

C'est très curieux la façon dont j'ai su résister à la tentation d'aller à Whitstable. Ce n'est pas seulement la crainte du danger et ma résolution ; c'est aussi l'ensemble des circonstances : pas assez de loisirs ; la grève ; très occupé par Gladys (plus que je n'aurais cru) ; l'absence de nouvelles et de lettres de Whitstable. Bon ; je suppose que cela va bien ainsi.

Cette nuit de départ (je dois être à Victoria Station demain vers 9 heures) : la chambre avec ses meubles caractéristiques, et ses tableaux : portraits de famille (la jeune fille présentée à la cour), les paysages d'Écosse et d'Irlande (et du Tyrol !), Lady Hamilton souriante derrière son épaule petite et ronde ; le Christ au Jardin des Oliviers ; Andromède et des Burne-Jones ; Gladys en peignoir (après avoir fait mes valises) couchée sur les fourrures devant le feu d'amiante ; les vêtements que je mettrai demain déjà « classés » et rangés sur un pouf ; mes douleurs, ma toux et ma migraine. —

J'oubliais, je crois, de noter que j'ai parcouru *Trivia*, et que je suis un peu déçu (mais c'est une première impression).

Ah ! tout de même, ce n'est pas amusant, de quitter Londres et l'Angleterre.

J'oubliais de noter ceci. Quand j'ai dit à M. H.F. Jones que *Family Prayers* était mal placé dans la chambre où sont les tableaux de Butler à St John's College, il m'a dit : « Ils en sont un peu honteux, vous savez ». (Il est placé de telle façon que, lorsqu'on ouvre la porte, elle le cache.)

Résumé de mon petit séjour à Londres : vu M. H.F. Jones ; obtenu beaucoup de détails sur S.B., et surtout vu presque tous les jours l'homme qui a été l'ami intime de S.B. ; revu Clifford's Inn et visité l'APPARTEMENT ; vu la collection B. à Cambridge ; reçu de M. H.F. Jones des dons précieux concernant S.B. : la série des gravures de son livre ; la musique composée par lui et S.B. ; une première édition de *A First Year* ; vu les manuscrits, vu les tableaux. — J'aurais pu, peut-être, consacrer plus de temps à S.B., et faire un plan pour mon introduction. Mais il y avait Londres et une Londonienne : je ne crois pas que S.B. lui-même aurait trouvé l'excuse mauvaise.

Paris, October 10. — Back to my Parisian home and to Yvonne's tender attentions. — The tedious journey in a crowded carriage. Gladys came to Victoria Station to see me off, and was kind and considerate to the last minute. I felt sorry to leave her. The contrast between the two is amusing, and I should like to enlarge on what I said about English girls, I mean on what I wrote here, a few days ago. For instance, on a certain night, I think that which followed my return from Cambridge, I felt so poorly and was in such a fever that I wanted to drink something hot. I said so to Gladys, who seemed much concerned about my health ; but she said the landlady had gone to bed and there was no one in the kitchen, down below, so that it was impossible to get what I wanted. It was very distressing, etc, etc. Now, Yvonne, in the same circumstances, would have gone immediately down to the kitchen, and lighted the gas stove, and found some tea, and boiled some water, and brought me a big cup of hot tea. Of course, she would have made a great deal of noise and fuss while doing all that, but she would have done it ; while Gladys did not make any fuss, but just did nothing, except pity me very much and look quite sad and helpless. There's the difference between the two kinds of girls, English and French. It was neither laziness nor indifference on Gladys' part ; but a little difficulty was enough to make action seem impossible to her. And she persuaded me that it was ; otherwise I should have insisted and got her to do what I wanted. This inefficiency of English girls (and of the English people in general) is not due to any lack of imagination ; but their imagination is directed along another line. Of course there are exceptions. — On the Channel boat, I went downstairs and had a good siesta on a couch, just above a lady of very attractive appearance, who felt rather sea-sick, but managed to keep decent by eating, or rather sucking, oranges. I could not make out what she was ; but she looked like a Spaniard and spoke both French and English with a foreign accent. Her husband came several times to see how she was, and once he was accompanied by another man who asked the lady "¿ Que tal, Madame ?" But she answered in French. Then came one of the stewards who respectfully and kindly (as if speaking to a child) asked her how she was. She answered in English, and asked him rather childishly if he had ever been sea-sick. "Oh, he said, that's waste of time." That was when I woke up from my nap ; I was seized with a fit of coughing, and she looked up, and evidently thought I was sick, and looked very much afraid lest I should... But the sequel re-assured her. However I fancied that her way of showing her fright was quite a Spanishwoman's way of having "un susto". Later on, I found myself quite near her among the crowd on the deck, and as she looked at me, I said : "¡ Que trabajo !" She muttered some remark in French about being "poussée" by careless people. But, after that, as she was going out of the passport room, she looked at me as if she were rather pleased that I had dared speak to her. — The customhouse at Boulogne ; the old woman-inspectress who made me open my bag after I had told her that I had "rien à déclarer". So she got hold of an empty tobacco tin box, and said triumphantly : "Et ça ! Qu'est-ce que c'est que ça ?" I said very demurely : "Ouvrez-la, Madame." She did so, and only found the reflection of her own ugly face at the bottom of the box. — At the North Station, could not get a taxi all for myself, and shared one with an English lady who was going to rue Boissière. — Home at last.

I have found a few letters which I shall answer today and tomorrow. Yvonne's kind attentions and a very good night have removed part of my "malestar". — Among the letters was a very kind one from Gómez de la Serna. — I don't think I have forgotten anything about my stay in London. Did I note that Mr. H.F. Jones, answering a question I asked him, told me S.B. had no interest at all in Italian literature ? And about the Seven Humbugs of Christendom ? (He named five of them — it is in *Alps and Sanctuaries* — leaving the reader to find the last two for himself. One is Beethoven (the small-print footnote in *Essays on Life and Art*) and... Jesus Christ himself.)

October, Saturday 11. — Felt very poorly this morning, and could not help sleeping after lunch. I sent a "pneumatique" to Dr V. and another to L.-P. Fargue, and they both came tonight and left me in better spirits, though very unwell. During the morning I read a good many poems out of Pearsall Smith's *Trivia* (did I note that Miss Lilian Jones told me they were rather "trivial" ?) Still I liked them very much. Then I read the 1st part of Gide's *Symphonie pastorale* in the last n° of the *N.R.F.* During the afternoon, I wrote about 4 pp. of a note on English books and reviews for the *N.R.F.*, but I shall have to write 2 or 3 pp. more. It will be a rather large "chronique". — Dr V. reassured me and gave me a receipt[a] — some kind of syrup. Fargue gave me news from our friends, and I told him briefly about my stay in London, and showed him *The Owl* review, *Today* etc., and read him some pages of Daisy Ashford's book, and a few poems of *Trivia.* He likes what Pearsall Smith writes. — I told him of Plon's "propositions" (one of the letters I found on my coming back from London ; they wish to publish *Fermina Marquez* in a cheap collection, at 2 francs per vol., and would print 15 000 copies of it. I referred them to M. Fasquelle.) It is M. Henri Massis who wrote to me. I hope it will be done ; but these big prizes are not for me, I am afraid. Nothing shall come out of it, surely. Fargue's book (the new edition of his poems) will come out next week, he says. His visit did me a lot of good, but I am very tired.

Monday 13. — Am still unwell, though a little better, and I have been out for the 1st time this morning (the normal morning exercise : rue Monge, r. des Écoles, Bd St Michel, rue Soufflot, rue Cujas, place du Panthéon, rue Clovis, r. Descartes and home.) — Out again in the afternoon. To the bank, then walking from place St Augustin down to rue de Rivoli, via bd de la Madeleine and avenue de l'Opéra. Bought chocolate at Marquise de Sévigné ; had tea at the [Kardomesh] tea-rooms (no sugar). Then in a taxi to the N.R.F., where I found M. H.F. Jones's two volumes with a kind dedicatory phrase "Wishing him [me[b]] all success with his [my] translations", and the book from the Exeter 2nd hand bookseller (*Erewhon* 8th edition — that is 2nd version, with the black and brown clothbinding of S.B.'s books, — that is, uniform with all the other books of his published during his lifetime, such as I saw them in the library of St John's College.) Mr H.F. Jones himself had the kindness of writing to the Exeter bookseller (James G. Commin, 250 High Street, Exeter). Tomorrow I shall send him a postal order from Cook's (it is only 7/11 with postage).

I found there, waiting for me, too, the 3 photos of Gogin's portrait of S.B. which I bought from Mr. Emery Walker first time I called at his studio in Clifford's Inn ; and gave one to R. Gallimard, the other two for Couvreux and G. Tronche. I met them, of course ;

a. *A receipt* ou *a recipe* ? Il semblerait qu'il y ait ici un lapsus.
b. Ce *me* est ajouté au-dessus de *him* et, plus loin, *my* au-dessus de *his.*

and later on came André Gide, who very kindly inquired about my visit to London and Cambridge, and reassured me about the notes, which I was afraid would be too bulky in the French book. He said I ought not to hesitate about that, and must put all the notes I think useful for the better intelligence of the text, as well as those showing the changes and alterations made by S.B. between the 1st and the 3rd edition. He kindly inquired about "Ella" and my plans, and I told him about it quite frankly. — Later on came Jean Schlumberger ; and later still Jacques Rivière. I gave him my notes for the November number of the *N.R.F.*, and told him about S.B., the younger English poets, and Daisy Ashford's book, which I lent to him, as the others were not very keen about it. (I must note that they had already opened Mr. H.F. Jones' parcel for me, and that they had not noticed that it was addressed to me, so that it was only when G. told me : "Oh, there are some big books we've just received, about Butler", that I knew the precious parcel had come.)

I had a talk about the publication of *Erewhon* with G., and got some definite notions as to what he has done with Streatfeild about securing the copyrights. There will be no difficulties, but I must see that he writes to Fifield as soon as possible. But I wish he were keener about that work, which he himself imposed on me. Gide seems very much more interested in it than G. Of course G. has so many books to attend to ! Well, he had heard, too, about Plon's letter to me (through M. Henri Massis) and he objected at once to the publication of *Fermina* in that collection, said he had some rights over that book, arising from some vague promise he made me, long ago, about getting from Fasquelle a formal authorization to republish it ; said he would give me the equivalent of what Plon would have given me, etc. But he promised nothing definite, while, tonight again, M. Massis, answering my letter, proposes a minimum of 2.500 francs. I don't know what to do ; and I at once thought to myself : Mi gozo en un pozo. G. complains that it will seem that I am parting company with the N.R.F., that it will debase my work, etc. and on the other hand, he does not promise anything concrete. [*Trois mots raturés.*] Of course, I ought not to care about it. But I feel I must get as much money as possible out of my work, WHEN money is offered to me without any intrigue or personal effort on my part ; otherwise, I don't think I would consent to go not even 50 MÈTRES out of my way to get 10.000 francs. I knew that nothing would come out of Plon's offer. And I don't think I shall get anything from G. I do not care greatly about it ; but of course I should like to see my work brought "à portée" of as many readers as possible. And, not even that. It is rather a sort of uneasiness about G.'s dealings with me. I want fair play, and I must get it.

Talking with Gide and then with Rivière did me a lot of good ; also with T., though he sided with G. in order to prevent me from accepting Plon's offer. I prefer greatly to talk about literature than to talk about business. They told me, by the by, that an Englishman had written to them about my two poems in the *Revue de Paris*, but they (Rivière and G.) did not know exactly what it was about. I came to the conclusion that it was Mr. Flint who had written asking whether these poems belonged to some pusblished book of mine. But they were unable to tell me exactly. I am afraid Mr. Flint will reproduce the errors and mistakes in *Revue de Paris* in his *Chapbook*, and say I was born in 1879. — But, once again, why should I care ? No, I only care because I have been obliged to talk about all that for 2 or 3 hours today, otherwise [*Trois mots raturés*] I am quite indifferent to all that, and really think only of enjoying myself. Besides, as long as *Erewhon* is not in the bookshops' windows I shall feel restless and annoyed. My real cause of uneasiness, after all, is about "Ella" and about Gladys.

I have begun reading M. Jones' book, the preface to vol. I, where I have found some of the things he told me. — I don't think I have noted here that he showed me a copy of the German translation of *Erewhon*. I have seen he has made use of the passage of the *Beautiful Book* on New-Zealand, which I had found independently from him, and about which I told him on the night I had dinner with him at his club in St James's Street.

As I walked along the boulevards this afternoon, I felt suddenly a great and violent longing toward London (well, even THE Edgware Road) and, as I cannot dream of going back there, I wished I were already in Spain.

Wednesday 15. — The *Fermina Marquez* business robbed me of a few hours yesterday Tuesday. I went to see M. Fasquelle, and met him at the corner of rue de Grenelle and carrefour du Vieux-Colombier. He was going to the Crédit Lyonnais and I accompanied him in order to tell him about Plon's proposals. I found him willing to accede to what they proposed, but he said the 0,15 they offered was too little and he meant to ask more, both for himself and for me. At the same time, in a shopkeeper's way, he depreciated the goods that come from me, that is, the book he supposed I had up my sleeve. He said that "entre nous", *F.M.* was a book "de très petite vente", and added "Ah ! Il est difficile de se faire un nom !" That was telling me that I am a failure, as a literary man. He even "supposed that I was now living permanently in Paris", insinuating in this way that he thought I had settled down as a regular "literature-monger". It would have been no use to tell[a] him that my Weltansicht is exactly his own : godersela. But as I had come to talk business with him, I could not tell him that I did not care a jot about that

a. On attendrait plutôt *no use telling him*.

very business. And he himself said "Il faut que ce soit une affaire d'argent."

So I went immediately to the N.R.F., where I saw Gaston G. and told him of my interview with M. Fasquelle. So he told me once more of his rights over my book, promised once more that he would give me the equivalent of what Plon was prepared to give me ; that he would buy *F.M.* off from Fasquelle, and publish it at once uniform with my other books, and later on publish it in a cheap popular edition, made an appeal to our old friendship, etc, etc. So that I was obliged to consent to all he wanted : that is : to break at once the "pourparlers" with Plon, and let him rescue the book from "Bibliothèque Charpentier". It will be all very well if he does what he says ; but I am afraid that, out of pure laziness and indifference, he will do nothing, and say that he cannot rescue the book, and finally leave that matter stand. So that I shall have lost the 2.500 or 3.000 I would have got from Plon, and, the book shall be kept ouf of the public's reach. Mrs T. who came in while we were talking the matter over, G., her husband and I said, that she liked the idea of seeing *F.M.* in a popular edition such as that which Plon was preparing ; but they silenced her.

All this bored me, and I went immediately to the tin-soldiers shop in order to comfort my sad heart by buying a few boxes of "gardes-françaises Louis XIV". But there was none. However, five minutes later, I had dismissed all "business" thoughts, and went home quite satisfied with myself and the world in general : thinking of Spain and the palm-trees of Alicante.

In the afternoon, I went to Cook's where I bought a British postal order for the Exeter bookseller ; then posted it (walking from Avenue de l'Opéra to the Madeleine post-office). Then to Hellstern's, who had made such a comfortable pair of shoes for me that I kept them, and went away thinking of writing a laudatory "Ode à M. Hellstern" that would extol the merits of that firm. As it was raining, I took refuge in the Louvre shop, and lounged there for about an hour, getting interested in 2 or 3 ladies come from their Province to buy their winter things ; but, of course, nothing came of it ; nor did I wish it otherwise. Had chocolate and brioches at the Régence Café. Then, walking slowly but comfortably (thanks to the great Hellstern) I went, first to M. Rosier's bookshop — where I was told my article on Gómez de la Serna had brought ONE reader, or would-be buyer, of Ramón's book, but a very keen one, since he had called several times to see whether the books he had ordered had come. M. Rosier was very grateful and kind. Then I went on to rue Saint-Lazare, and called on Lucie G., with whom I had a very long and delightful talk. She invited me to dinner on Saturday next, with L.-P. Fargue. — Home again, where, after supper, I went on reading H.F. Jones' *Life of Samuel Butler.*

Thursday. — Still unwell, and Dr V., who came to see me, thinks there is something the matter, quite serious, with my health. — But this is nothing to what I have had to go through today. The letter from Ella. Evidently written in bed, saying "estoy muy enferma", and the handwriting is enough to see that she is indeed. She thus answers the letter I wrote from London, all about the pleasure of being there, and about Gómez de la Serna, and Scotch and Irish popular melodies, etc. However, how could I know ? Don H. had written to me saying that she was quite well again. And to think that, if V. says I must not go to Spain — I mean, not leave Paris — and undergo some treatment... !

Had to go to rue Royale, and walked a long way, in fact back to Bd St Germain, feeling quite uncomfortable. — Have been reading H.F. Jones' book. But there is the thought of —'s illness and of my own bad health (especially because it may prevent me from going back to Alicante as soon as I wished. I have not found the heart of re-reading that poor letter).

Friday. — A letter from XXX, with news from Alicante (the floods, etc, but he gives details) ; confirms —'s letter ; says it is the consequences of a severe attack of "calentura paludica". His philosophy is wonderful : "Habrá que penser en otra." !!!! So Spanish ! Still it has been better than no news at all, and I feel less depressed than yesterday.

This morning I made a great effort towards settling the Fasquelle-Plon-Gallimard affair. Went to Fasquelle's, and first met M. Madeleine, the poet. From what he said, I understood that F. would never give *Fermina Marquez* over to Gaston's firm. Then saw Fasquelle, who was very kind and genial ; he realised the fact that I don't care, either about the money nor about being talked about (3 "abouts !"). We understood each other as only two members of the Godersela school can understand one another. What he means is to get a little money out of Plon's offer, if he can. But the sequel showed me that he'll just prevent Plon from publishing the book. The sequel, indeed, was that I went straight to Plon's, and called on M. Henri Massis, and told him that F. did not

[*Un feuillet découpé.*]

once outside of the Chatelet theatre, I found once more that cold, lifeless Paris, coal-less, sugar-less, etc, etc. However, at any rate, there's Fargue and "les amis". Still, it is very hard. Debussy's *Sirènes* !

Eran las dos de la mañana
Empezaba a clarear el dia...
Quien será que habrá llamado a mi ventanaaaaa
Oh, Valencia, amor meu, Valencia dels meus amors !

Well I must “me résigner”, Health being the first thing to attend to, and then Butler’s book. I find in Gide an appreciative reader of *Erewhon*, and a strenuous ally. That’s something. — Today it SNOWED. I had not seen snow for 2 or 3 years I think. — I have just strength enough to paste the letters I have recently received from Mr. H.F. Jones. One is from Daisy Ashford.

[November]

Monday, 3. — Much better, and that, in part, because I have worked CON ÁNIMO, thus driving away the Mood. I am rewriting the introduction to *Erewhon* and the other books. — This morning a letter from... Whitstable ! Answered at once. Now, here is a sample of how she writes : “I am in dire disgrace for an ENGLISH woman ! My husband is taking out an order of restitution and I shall not comply, so shall be divorced. Even that I shall be jolly glad of, etc, etc. Shall hope to see you soon as you come over : there is no ‘third party’ anymore... It’s been the nearest touch of hell any woman could go thro’, AND IT’S BEEN A BIG STRUGGLE to be loyal to such a rotter as [her husband’s initials]”, etc, etc. (I suppose she underlined “English woman” to show me she is aware that “on the Continent” things are different. I have underlined the sentence about the big struggle.) A very long letter ; and after having written all the above (and much more POR EL ESTILO) about her husband, she signs HIS NAME ; so that I shall now burn that curious letter. I am almost sure we shall never, — I mean [*Deux mots raturés*] ; and yet I find something fascinating about her. I wonder what she will answer. — My letter is rather ambiguous, so that I may have it either one way or the other, and she’ll not dare show it in case what I feared (and the reason why I was glad NOT to be able to go to Whitstable : I mean the fear of being involved in the case) should occur to her or to him. Besides I have a means of — ; no, better not say anything about all that. But I like writing about it. I must remember. If it were not for her son... and if it were not for the sacred cause of Justice and Freedom and civilization... !!!

Tonight, as it was raining and the snow melting into mud, I did not like to go to the Nat. Lib. And went to the Ste Geneviève Lib., where I had not been, I think, since 1908. Must record an incident. O Vanity ! When I applied for a ticket, showing my Nat. Lib. Ticket as a “pièce d’identité”, I fancied that the librarian, a young man of refined appearance, had written down my name so quickly because he knew it, and I imagined him thinking to himself : Oh ! Here comes a “cher confrère” ; and when he asked “What Christian name ?” I told him, thinking he asked it only to make sure. But lo ! when he gave me my ticket, I read "Valérie Lartaud". O Vanity ! Vanity ! — Well I have seen at last the work of Maupertuis alluded to in Perrier's book. It is *Système de la Nature* and includes a marvellous defence of the positions taken, under the guise of a "Réponse aux objections de M. Diderot". I have been quite carried off my feet by it, at first ; then I reacted ; then I admired. It is splendid, both as a piece of philosophical wit and as a DRAMATIC work. The pure spirit of Pascal. What a wonderful writer Maupertuis is ! As I had suspected when I heard of that work for the first time in E. Perrier's book, it is S.B.'s *Life and Habit* theory foreshadowed, but only touched upon ; the subject of Maupertuis' work (known as "la thèse d'Erlangen") is much vaster, and reaches from the highest principles in Metaphysics down to Lamarck's "laws". Indeed I am quite full of it tonight, and have got it in my memory as we get sometimes the reflection of shining objects on our retina. I wish it were known to many more people, from Gide to Jacques Rivière. But Mr H.F. Jones first. Well, on Saturday Debussy's *Sirènes* and today Maupertuis' *Système de la Nature* — that's enough to keep one warm and in good spirits. How lovable can be the work of man !

December

Friday, 5. — Still here, after the most dreadful month I have ever passed, though without any trouble from the outside. Only bad health, and the Mood. Could not do anything ; could not write letters, nor see friends, nor even go out of my rooms. Still, have kept up appearances, and have written, or rather scribbled an introduction for the Butler books, but never had I written anything under such disadvantage. Am still very low, and cannot hope for a speedy recovery ; even the wish of going away — I mean to Spain — is gone, or asleep, and I feel absolutely ENNUYÉ, without any strength to react. Hope I shall react — but when, and how ? Still I felt I ought to put something about it down here, some record of it. Never have I reached such a depression of energy. Not even the will to wish for anything. No interest either in my work, or my friends, or the "she's" or anything. Just lingering ; wasting away the days. Besides, there are the pains in my feet. I don't wish even to go down rue du Card. Lemoine, and when I go, I suffer so much that it is a kind of hard labour for me. Cannot even shape sentences ; not that the power fails me, but the will. Have at least 10 important letters about my desk — unanswered.

1920

Begun in Paris, January 4, at n° 71, rue du Cardinal Lemoine.

[January]

January 4, 1920. — Came back yesterday morning from Valbois, where I have spent about a week. Feel a little better, but what a month I have had (December) ! At last, I am really about to go to Spain. I liked the contrast between Valbois, where I was on Friday, at about 3 p.m., walking along the brooks under cover of the pines, and rue Auber, where I passed yesterday — Saturday, at about the same hour. But whom should I meet but Mr. Joseph Delcourt, whom I had not met since 1910 or perhaps 1909. He had just come back from Florence, and he asked me about Dan. O'Connor and Mrs Meynell. He is still thinking about a work on Shakespeare's vocabulary and syntax, but has too little spare time to work at it. He had just been reading a notice of my Butler article in the *Liberté* newspaper, and he exclaimed : How strange ! I was thinking of you when our eyes met ! — Been going about a good deal, but could hardly do any of the many things I've got to do before leaving. I am sure the days at Valbois have done me a lot of good, as they were very warm days (for the season), about 10 ° and 12 ° cent. out, and more in the woods.

While at Valbois, I heard (from Eduardo Irles) that M. Amédée Guibert died a few days before Xmas. Also from the same source I heard of the death (in October) of doña Enriqueta de G. Eduardo says that the books of Léon Werth I sent him have made a great impression on himself, Oscar Esplá and Germán Bernácer.

Monday, 5. — Another busy day : the banks ; — in order to see what can be done to defeat the law which prohibits to export sums over 1 000 francs. The means are few — leaving aside the risky ones. Of course I should mind very little going to prison for 8 days — it would rather be an exciting experience — but then I should not reach Alicante before the 11th. I don't know what I shall do ; just pinch, and pinch, and pinch, I think. Well, I feel rather glad to be able to take away from France, and that without breaking their holy laws, as much money as I can. Never have I deserved better old G.'s malediction : "Vous êtes un mauvais Français ! Un Français doit vivre en France !" Oh, how wicked, how wicked ! The fact is the number of intelligent and nice people who loathe living in

France is tremendous. Today I met two or three of them ; but they don't feel at home abroad, for lack of experience, and they continue in Paris. Indeed the only things that make life bearable at all here are the Louvre and the Angel on the roof of la Sainte-Chapelle. — Went to the Spanish consulate, where they treated me very well, and where I began to feel at home. I am really much better, and in good spirits, in fact quite fit for the journey. And I don't feel inclined to note anything here about "business", or even about friends, or even about books. Just enjoying the treat of being in Paris with the prospect of leaving it in a few days — just as I enjoyed it when I was 20.

Since I shall take this copybook along with my other papers to Spain, I may as well copy out here what Shaw writes about S.B. in his Preface ("First aid to Critics") to *Major Barbara* instead of copying it out in my Butler scrapbook, which is already full :

"What is new, so far as I know, is that article in Undershaft's religion which recognizes in Money the first neeed and in poverty the vilest sin of man and society.

This dramatic conception has not, of course, been attained *PER SALTUM*. Nor has it been borrowed from Nietzsche or from any man born beyond the Channel. The late Samuel Butler, in his own department the greatest English writer of the latter half of the XIXth century, steadily inculcated the necessity and morality of a conscientious Laodiceanism in religion and of an earnest and constant sense of the importance of money. It drives one almost to despair of English literature when one sees so extraordinary a study of English life as Butler's posthumous *Way of All Flesh* making so little impression that when, some years later, I produced plays into which Butler's extraordinarily fresh, free, and future-piercing suggestions have an obvious share, I am met with nothing but vague cacklings about Ibsen and Nietzsche, and am only too thankful that they are not about Alfred de Musset and George Sand. Really, the English do not deserve to have great men. They allowed Butler to die practically unknown, whilst I, a comparatively insignificant Irish journalist, was leading them by the nose into an advertisement of me which has made my own life a burden. In Sicily there is a Via Samuele Butler. When an English tourist sees it, he either asks : 'Who the devil was Samuele Butler ?' or wonders why the Sicilians should perpetuate the memory of the author of *Hudibras*."

Bernard Shaw
John Bull's Other Island, etc.
A. Constable and CO, London, 1908 (pp. 161-162)

Valencia, January 11, Sunday. Just come back from a "paseo" all over dear old Valencia, breathing the subtle air "che dal sol s'allegra" and am waiting for the 12 train to Alicante. I have got lots of things to note, since the 8th, (Thursday) on which day I left rue du Cardinal Lemoine. In fact, I wanted to leave on Wednesday, but what with the Seine inundations (the Quai d'Orsay station being closed) and various [*Deux feuillets découpés.*]

Alicante, January 12, 1920 : Canalejas, n° 28. Once more in my flat of calle Canalejas, otherwise "de las Bóvedas". I have just opened the drawers of my writing-table, and found all the things I had left here in June 1919. Some of them I had forgotten, others had been oftener in my thoughts. The calendar block was at June 2 — the day on which I left. I had written on the white part of the leaf : "A quarter past 12 p.m.", and just a little below : "Saw M. between 6 ½ and 8 ½". I could not bring back to my mind the particular circumstances of my "seeing M." ; it was merely a statement of the fact, but I could not identify it, nor remember its quality, and HOW it happened, that is : how I felt. As I have no other calendar, I have opened the old one at January 12, 1919, which happened to be a Sunday. I had not written anything on the leaf : just drawn and painted a black-and-yellow little flag ; but on the preceding day (January 11, 1919, — Saturday) I had noted that I had reached page 52 in my translation of S.B.'s *Life and Habit*. There are other notes on some of the leaves, and the little flags, all different, which bring back very vividly the incidents and atmosphere of the days. I like to be reminded of the last months of my stay here, calle Canalejas. But I felt — at first surprised, and later on rather depressed when I met HER this morning at don H.'s. I did not say what I ought to have said, what I wanted to say. Then Don Ramón came and a little later she left ; I felt depressed and remorseful — without exactly knowing why. I thought she did not like my manner towards her, and I was left with an impression that that first meeting had been unsatisfactory. But I'll go and see her tomorrow. — Just after she had left, appeared Doña C. with her sister Dolores and the little girl. Thus I fell from one surprise into another, and greater, if less pleasant. I did not go near the balcony, except once, and then don N. and don H. were with me. Doña M. was on the balcony with a rather pretty girl whom I did not know. I bowed. But luck put Dolores twice in my way during the afternoon. Both times she looked at me, but I thought I had better not to seem to have seen her (I was far enough, on each occasion, to be quite correct without bowing to her). — Went to Benalúa after sunset, having enjoyed the sight of the harbour for three or four hours. It was glorious. Walked back from Benalúa. Wrote to M., to Gaston G. about the *Erewhon* proofs, and sent a p.c. to Gladys. — At supper, Doña P. came, and we talked about poor Rosario, who had mentioned me during her illness. Then, Doña P. sent the maid away and with a fine twinkle in her eyes said suddenly : "¿ Y como está de amores ?" upon which I felt how unsatisfactory had been the meeting at don H.'s — After dinner, went to see T. had to call at her daughter's door, as she had already gone to bed ; but she got up and received me with every mark of the frankest affection. I asked her about Mercedes, and she said she would invite her for Wednesday afternoon, so that we could meet again. — Thought a good deal about poor Mr. Guibert today, remembering his kindness to me. Don R. told me that someone had told him that his widow was still in Alicante. — Don R. has worked a good deal, painting very nice water-colour views of Benalúa, and writing a few prose-poems about Alicante. Doña Loreto in good health. Seem perfectly happy, both. — The delight of going about in the warm sun ; the sea ; the songs everywhere, the fountains, the palm-trees and that other delight : hearing and speaking that beautiful language. And so many more details, so Alicantine : a child swearing in Valencian, some tremendous blasphemy with such an innocent look ; the intonation in the speech of the people, etc ; etc. Good and kind people.

Tuesday 13. — Doña P. woke me rather late, but I found time to go to the Casino, to Don H.'s where I played with the boys : we had a grand parade of the tin-soldiers I brought from Paris, etc. ELLA had been there, but had left before I came in. She had been very ill again overnight and Don H. gave me sad news. I felt miserable but could not realize —. Doña C. (looking very ill, and so different from what she was when I first knew her) and her sister (more "la real hembra" than ever) were just going out of Don H.'s despacho. We talked a little, just as if we did not remember those summer nights on the Explanada, two years ago. Tonight, as I was walking briskly from one end of the Explanada to the other, I noticed that I had both girls living there : one at the upper end, and the other at the lower end ; but I only looked at the windows of one. Well, but I am quite sure that neither really cares for me, and this being so... I spent about 1 hour with ELLA, the only ELLA ; but was disturbed by the thought of her illness, and by the presence of her sister. She is quite alone there, in her home, I suppose. But I did not feel at ease, could not talk to her as if the others had not been there, hearing what we said. At any rate, I made her laugh, once or twice (telling them things Marcel Ray had told me of Berlin, Warsaw, etc.) — Another unsatisfactory meeting. Then to don H.'s, where I spent ½ hour. I felt rather unwell. Tonight after dinner, went to see Eduardo Irles, whom I found in bed with the "dengue", but better ; and a good hour's talk ; Lola came in. Doña Dolores and Pepita in bed. — Met several "conocidos". Nothing very interesting. Everywhere I met people who greeted me most kindly !

"Bienvenido, don Valerio." Did not find an hour to give to work. But wrote several letters : Mme Klotz (about Don Ricardo Güiraldes, who wrote to me recently about his poems, which are being translated into French by Mme Klotz, etc.) — Have got new details through the papers, about the extraordinary man, Checa. — The strike, here, is over ; but the banks, post-offices, etc, are guarded by soldiers and guardia civil ; — Have tried to see R. (she must wear mourning, and I should like to see her in black, with a veil).

Thursday, 15. — Got up at 7 a.m. ; enjoyed to the full the splendid early morning on the town and the sea. Then wrote letters, and then corrected the first instalment of the proofs of *Erewhon*. The spirit of my young Parisian "dactylo" seems to haunt still the pages she typed, and some of her mistakes, quite recognizable cropped up among the printers' mistakes, adding their share to them. Besides, the whole printing is ugly and unattractive to a degree ; I wonder why Gaston does not care more for the books he publishes ; he ought to publish less, and "do" them better. I am sure I shall be sick when I receive the first copy. I have asked for second proofs, but I am not sure he will send them. [*Une déchirure sur six lignes.*] there was quite a crowd around a shapeless mass of black flesh, on one of the piers, near the custom house. It was a huge torpedo-fish, all mangled, and of course, dead. I had never seen such a big one, not even at Naples. It looked quite the "monstrum horrendum" etc. of Virgil. — This afternoon, after lunch, I went to San Vicente, just to see what it looked like, now. I saw Mr. Gilles' new house, not yet finished. — Met Mariana, but did not enter her house. Looked rather older. — From afar I descried Paquita D. all in black, so that I was rather vague about her family, and did not dare to ask her about her uncle and aunt. But when I went to see her at her house, I found them both there — only looking a little older. She too looks older, but not so much as I had expected ; chatted for about 20 minutes ; and I was not long in knowing who had been her "young man" or rather her partner in her usual summer flirtation last summer. I managed to tell her that I had thought of her, and that "en Londres" on "el dia de su Santo". — It did me good, all the same, to see her ; but she looks better in white than in black. Perhaps she's wearing "hábito", but I did not see the "escudo" nor the "cordon". [*Lacune consécutive à la déchirure signalée plus haut.*]
Besides, al salir de la cochera, un coche descarriló, según pasa 3 o 4 veces cada día. The drivers looked on and said simply : "ha descarrilat". And then, what a "jaleo" ! "Rafael, pita". Rafael did whistle, and the driver hit the mules savagely, and there was a great deal of noise and a cloud of dust. I helped. And at last they put the wheels back into the grooves. — The driver looked sur-

prised when I asked what the fare was. I thought they had altered the prices ; but they had not. That man evidently thought I must know, as he had no idea that I had been nearly seven months "fuera". — Tonight, after dinner, went out and smoked a "puro" while walking up and down the Explanada. Few people there. The mist that had shown all day, out at sea, as a grey bar of clouds — mist from Africa, — had fallen upon the town, and crept into the streets. Chill and damp. Home. Before dinner, went to Don H.'s, and played with the children. — Today (this morning) met ELLA going out alone ; and upstairs I found Doña C. and Dolores. But I scarcely talked to them. Felt as if I did not care very much, and so did not insist. Very, very quiet, indeed. I feel as if there had occurred something — I don't know what, — that had momentarily drawn us apart. (I mean Ella and I — the other one is "fuera del juego".)

Friday, 16. — Another fine day. No letters. Reading Mr Jones's books on Sicily (wrote to him today). Sent the proofs back to G.G. — Going to the Casino, met doña C., Jeronimita and Dolores twice on Plaza Ysabel II. — Went to see Don Paco : later on to Benalúa, where I called on the widow of Mr. A. Guibert. Thus I heard a little about his last illness and death. She's waiting for a "Vapeur" to take her, her three boys and her furniture to Marseilles. — Did not dare to ask her about M. Guibert's mmss. It would be a pity if his translations from the Japanese were lost. But I mean to call on her again before she leaves ; it was rather late when I went (6 ½ p.m.). — Thought much about poor M. Guibert since I came back to Alicante. Remembered him on the platform at the Estación de Madrid when I left for Paris, and he came to see me off. The new consul not yet come ; they told me the French vice-consul at Carthagena has been appointed to take M. Guibert's place. Wish I could be useful to Mme Guibert. Left her my address (she had forgotten it). — Then to Don Ramón, who has taken to Baudelaire, and read to me many poems I knew [*Deux mots caviardés.*] Said he did not understand very well Valéry's book on Léonard de Vinci. Doña Loreto was there. Home ; and after dinner to the Teatro Nuevo. — Thinking of Luis Losada ; must go to the cemetery to see his tomb. Thought of some chapters in the book.

Sunday, 18. — Tonight, feeling well enough and without any wish to work, went to the Salón (?) — Whatsitsname, where there was "cine" and "variétés". House nearly full. A few nice girls with their mammas and novios. I liked the way a woman behind me kept talking and interpreting in very fine speech what was going on in the "film". "Esto es norte americo. ¡ Qué guapo el chico ese ['eisu', Valencian]. Mira, esa debe ser su mujer, en la cama ; ¿ Y tiene un crío, verdad ? ¡ Qué caballos más ligeros tienen ! Ya los atacan los

Indios. ¿ Sesán Indios de verdad, ó Norteamericanos ? ¡ Nás ! ¡ toma ! Ya lo han matao... Y el pobre viejo ese, con su barba y su cabeza calva ; ¿ estará herido ? Parece un San Antonio, San Anton. ¡ Ya se escapo él !.... Otra vez está con la mujer. ¡ Qué cuadro más benito ! Le está enseñando su crío, y él lo besa. Ahora el policia va a matarlo ; no, hombre, no lo mates ; mira : que tiene hijo. Eso es, ponte el revolver eixe en el bolsido, y alárgate ; Y esa, la India ; ¿ será un hombre ? Pero, si lleva trenzas. Ahora va llevarse el susto de María Santísima. Qué pelicula más mala", etc, etc. Her husband who sat near her, sometimes had to explain to her what was going on ; evidently she doesn't know how to read. I heard him say that something on the film reminded him of Cuba (a tree, I think, or perhaps a landscape). Owing to the shortage of tobacco there was a terrible human stench in the teatro tonight ; but I had a strong and not unpleasant odor di femina near me (a young girl, typically Alicantine in her manners and speech), and I rather enjoyed it. There were a few rows, but good-humoured ones. — Must note — for Luis Losada — the passing of the Santísimo, tonight, that is "al oscurecer", in a motor-car. But I shall remember I had already seen the same sight — only it was another motor-car, and [*Une déchirure sur six lignes.*]
what will come of it. Provided I could go and spend two months in England, and a few weeks between Paris and my family, I should not say no. But then —. Saw Ella on Friday and yesterday. — Doña C.'s sister asked Don H. about me. — Do I care ?

[*Une ligne caviardée.*]

Monday. — Out late. Don Ramón came and brought back a few books I lent him last summer before going. — At the barber's met don Eduardo A., come back from Alfafara ; he walked back with me up to Plaza Reina Victoria. — Work in the afternoon. The Casino, etc. ; in the afternoon, later, to Don H.'s, who had been unwell earlier in the day ; found him better. To Benalúa ; in the tram met Mrs Guibert ; but it was hardly the place to ask her about her husband's mmss of Japanese translations. — To Don Ramón ; a long chat : about Werth's books (*Clavel chez les majors,* etc.) Then he asked details about the French presidential elections. I remembered hearing Mr Painlevé, at Mrs M's, one day, saying : "Nous attendons que le Vieux s'en aille." Don R. rather approved of the turn taken by these elections. But I really do not care [*Lacune consécutive à la déchirure signalée plus haut.*] and ought to be given as a text-book in all the schools, throughout Europe.

Tuesday, late at night. A new batch of *Erewhon* proofs, all corrected today, so that they'll be sent tomorrow early to Paris. How difficult it is to get a book properly printed, and more so now than before “la dichosa guerra”. This morning had a talk with Doña C. and her sister ; they have been here in Alicante for two months, and do not talk of leaving. Of course, if I went every morning to Don H.’s I should meet them regularly and play a little with Dolores ; it would be rather pleasant, I daresay, she trying vaguely to catch me, and I quite ready... not to let her have her way. I don’t think she particularly wants to catch me, but of course she would like to bring me quite near the trap, and then let me go in scorn and contempt. But I won’t “marcher” to that extent ; and besides I prefer to get a good hour’s walk on the Explanada, instead of being chilled in that big “sala de suplicios” of Don H.’s — Today, Mrs Guibert’s message. — The sudden re-appearance of Dolores (the one from San Vicente, with Bartolico). Otherwise, idling the time away ; still working a little IN SPITE OF the splendid weather : re-writing *Beauté, mon beau souci...*, this time without Bruna Lollini, which makes quite another book of it. Before going to sleep, in bed, I read Florus, mostly because of the notes in my London edition ; still there are great things, for instance his description of the straits of Gibraltar, the best I have seen. Here it is : “Adde situs ipsius formidinem, vergentia in unum, hinc Hispaniae, inde Mauritaniae litora ; mare et intestinum et externum, imminentesque Herculis speculas, quum omnia indique simul praelio et tempestate saevirent”. It is : IV, 2, 76.

This is one of the very best things I have ever read in the “Correspondencia” of the *Liberal* newspaper. I paste it here. It seems almost too good not to be a joke ; but I don’t think it is a joke ; it is so characteristic of Spanish middle-class women.

Last night’s *Heraldo* received here today, announced from Alicante that on the 27th of this month a troupe would appear at the Teatro Principal, under the management of “Don Ricardo Baeza, and of the translator, Don Oscar Wilde.” Of course it is only a printer’s mistake, and the journalist wrote “Don R. Baeza, the translator of Oscar Wilde.” Still it is amusing, and one may imagine some scholar, three hundred years hence, unearthing that article and showing in an unanswerable way that the legend of Oscar Wilde being still alive in the early years of the XXth century was not a legend at all, but a real fact. — This morning at the barber’s met the father of Oscar Esplá, who was very kind and genial in his “bienvenida” to me. — The money ; the “lío” with Doña Pepita (her niece, Concha, is very ill). — Tonight at the Casino, and after that I had a very interesting experience (Gloria) ; spent about an hour talking with her ; and it came all about in the most ordinary way ; she is, by far, the nicest woman I have met in Alicante, that is in her way and among those of her class (though well educated, to the extent of knowing a few French words).

Well, but what am I doing now, except defending myself with all my might against the consequences of my affection for Ella ? I mean the possible consequences of it. A fight for freedom ; unconsciously carried on, but not the less strenuous for that. And she must know it. No, neither Butler nor Shaw are right : the girl has not always her own way ; there are some men who resist. — Tonight, at a "cine", there was a splendid group of young girls, sparkling black eyes and fine dark complexions, very impressive to look at ; and I looked at them, and did face them bravely, and felt that I did not run any risk, because I saw distinctly the small flaws in them, physical and moral : such and such imperfect feature, and what the expression of the faces and eyes betray. I could have made love to any of them — and enjoyed it very much — but I should never have lost my head over it. — It costs me much to stand away from Ella, but there is what —— calls "la santa libertad", believing that it is thus called in the French version of *La Marseillaise*.

Thursday, 22. — Worked between 10 and 12, then out on the Explanada. Just as I was about to go back to work after lunch, Don H. sent me his valet, begging me to come out to my balcony, and I went, and found him on his balcony, from which "high place" he shouted to me, saying he was going with Doña A. and Avelenita to the Santa-Barbara citadel, and was I ready to go with them. I said I was, and we went. A splendid "paseo", all round the "Castillo", with the town and the harbour and the sea at our feet, all bathed in the wonderful SUMMER light of our Alicantine January. We saw the pine planted by the Queen, and the fine walks they've carried over these rocky and precipitous parts of the mountain. Everything was gold and azure. — On coming home, I found Don Paco, and showed him round my flat, picking up a few of my Latin books for him to have a look at them. — Later on Higinito came, and we went together to the Salón Moderno, where they were giving a new and more or less sensational picture : *Attila* (an Italian film). A few fine girls in the theatre. — Today, a letter from Gladys, and one from M. André Germain ; writes to say that M. François Le Grix wrote to me about an article he wants me to write for *Écrits nouveaux*. I never received that letter. Answered M. Germain's letter. It is a good occasion to publish something about Butler, for instance what I wrote in Paris, the first version of the introd. to the Butler books (of course, revising it, and re-writing it). So that I have my hands full again, and more work than I can attend to if I really want to do it ; but then there is the sum of the warm air of Alicante, and the sea, and the boats, and the castillos, and the children, and friends, and... Gloria (or something like her, but really

Gloria is a very nice girl) — that want to be attended to. — Tomorrow I'm going by rail to Orihuela and Elche with Higinito.

Saturday, 25[a]. — Was too tired to write anything about our excursion, yesterday. I woke at about 3 ½ a.m., and knowing I must be ready to go at 5, I kept myself awake by reading M. Tisserand's *Contes de la Popote*. In the meantime Higinito, in his own bed at home was being kept awake by the mere expectation of the journey (he told me so afterwards, adding that, as they did not allow him to have a light in his bedroom, he had spent the night intensely awake, but very quiet and motionless, and pretending he was asleep). Got up at 5, shaved and dressed by artificial light and after a breakfast of tea and boiled eggs, went out in the rather raw morning, and called at Don H.'s door. And here was Higinito ready, and quite fit for the journey, as I was. Walked to the Andalucia station (where I met Don A. and his mujer, but they travelled 2nd class, and Don A., who did not like me to see them in a 2nd class carriage, explained to me that it was because there were return tickets for 2nd class passengers only ; but I saw easily that it was simply for economy's sake, and that he was ashamed of it, — quite the middle-class provincial, in fact). WE travelled 1st class, for respectability's sake, which is quite "middle-class provincial" too. Besides it was the proper thing to do, since I was travelling with the son of a dear friend. — The splendid sunrise, seen from the train, between Torrellano and Elche : a dark-grey cloud barring the sea and the horizon, the red colour of the sun seen at its base, and the sea so calm, all silver ; and a big steamship with all her lights still aglow ; and then the land, more visible, and whiter from minute to minute, and the stillness of the palm-trees high up against the sky. — We went down and bought newspapers (mostly children's newspapers : T.B.O., *Charlot y Fatti*, etc, — which Higinito calls "periódicos choquantes"), at Elche and at the station of Albatera-Catral. Once more I saw the "pueblos" on that line, and for the first time by daylight, Callosa-de-Segura. At about 8 ½ we were at Orihuela where we had a second breakfast (coffee and ENSAIMADAS, very good) ; Then we strolled about the town, the river Segura is rather large there, and there is a weir, so that one can hear the noise of falling water, a pleasant thing, and one seldom met with, in this part of Spain. At the back of this fine vista of running waters, there are several fine edifices : a villa with a terrace and a beautiful garden with lemon and orange-trees ; then the Bishop's palace, and, behind, the cathedral. Behind, on a very high and steep hill, are the big buildings of the "Seminario". The lack of vegetation, and the

a. Probable erreur de Larbaud ; plutôt le 24.

colour (rather dark) of the stone, produce an impression of hardness and lack of comfort. But Orihuela is not without character ; it is a "levitical city" (una ciudad levítica), on a larger scale than even Gandía, which, once, had a university all for itself ; it is clerical, and consequently, intellectual, though not to a great extent. As Higinito observed (and I was glad to hear him make that remark) it is more like a real town than Elche, though Elche is more populous, and bigger, and richer than Orihuela. The Bishop's palace has a patio, with a patch of grass in the middle of the cloister, a few shrubs and a very tall palm-tree. We visited the casino, which possesses a small library, and two or three porters and waiters in rather showy uniforms. The one who accompanied us showed us the "state-room", or what it may be : a very rich (oppressively rich) room, all silk and satin, pale blue and dark blue ; with heavy armchairs. It is always a surprise to see these Casinos of the Spanish pueblos : even in a small place like Orihuela, one finds in them all the more recent inventions that make, or are supposed to make, for comfort. Why, neither the Authors'Club nor even the National Liberal Club, nor any of the big clubs of Pall Mall or St James's Street, are, relatively to the importance of London, better appointed than these Spanish Casinos. A stranger would think, judging from the comfort and luxurious aspect of them, that this state of things indicates a wonderful refinement in the HOMES of the people who keep them merely to spend a few hours every day in them. As it is, the Casino is generally the only comfortable house there is in the pueblo ; and when one knows what the generality of Spanish homes look like, one wonders how that phenomenon, the Casino, can have come into existence at all. And yet, here it is, a palace, a kind of Parisian or RIVIERAN "Palace Hotel", a club for millionaires, in the midst of the hard, dusty, tree-less, hopelessly rustic small town

Left Orihuela at 10, to arrive at 11 ½ at Elche. As Higinito had never seen it, I took him round the town, just after we had had an early lunch at the Confianza hotel ; but I allowed the hotel porter to accompany us to the "Curate's Garden" and to the "Villa Carmen". Since Cura Castaños died, and since I was there (last spring with Don Higinio and various friends) they have made a few changes, and I daresay, for the better. They have put partitions made of reeds between the plots of grass where the palm-trees stand. They have given names to several trees : "Capellana", "Flammarion" (as a record of the French astronomer's visit to Elche, in the year of the eclipse — I think 1906), etc, and these names are painted in white on very neat "rótulos" of iron, painted blue. The central alley, over which the palms of the smaller palm-trees make a kind of vault, has been named "tunel de los Infantes", etc. At villa Carmen, we went up to the top of the house, where the heat was such, in spite of the open windows, that we had to remove our coats and caps. We had a look at the visitors' book, full of very silly remarks made by people from Andalucia, Catalonia, Aragón, etc ; indeed, there were very few foreign names in it. I liked the orthography of a man who wrote some sort of poem on the palms and the nice view : he said that he felt perfectly happy when, turning from that splendid vista of palms, blue skies and blue sea, he saw them mirrored in the dark eyes of his wife : "en los ojos de mi muger" (muger, with "g", the old spelling).

We went to the "barranco" and took photos of that very Algerian landscape. The heat was oppressive, and so we took refuge into the Casino, and played billiards, and had chocolate and sandwiches at about 5 o'c. — We had to pretend we were not inhabitants of Alicante — that is, in the case they had asked any question. The reason is the members of the Casino of Elche are not admitted within the precincts of the Casino of Alicante, and consequently members of the Casino of Alicante are not allowed to enter the Casino of Elche. But nobody could tell me the cause or the origin of that proscription. However we were not asked any question, but Higinito, who was full of high spirits, talked loudly about Valencia, and, taking the cue, I expressed very audibly the joy I pretended I felt when I remembered that tomorrow we were to see calle de la Paz, the Glorieta garden and the Micalet tower again. So that we must have passed off as pure Valencians, the more so as sometimes I said a few easy words in French, and Higinito answered in the same language. — We saw a wonderful sunset among the tall stems of the palm-trees, and then we went slowly back to the station, where we had about two hours to wait. I sat in the sala de espera, full of old gipsy-women who talked Castilian with a Southern and almost Andalucian accent. A few hours previously, there had been a suicide in Elche : a girl had thrown herself down from the stone bridge to the deepest part of the BARRANCO. That bridge at Elche is like the "pont des suicidés" at the Buttes-Chaumont in Paris : scarcely a month passes without someone jumping from it down into the barranco. Tomorrow[a] Higinito heard some details of the "suceso" ; the girl was 24, and suffered from tuberculosis ; but she did not die on the spot, and there is a tale about the Mayor of Elche having signed a document (when the bridge was built) to the effect that the person or persons who would jump from it down to the barranco and not get killed would receive the sum of 15.000 duros. So that if the girl recovers she will get a small fortune. But I don't know whether there is any truth in that story of the Mayor's promise. — At the station, we met Doña Enriqueta de G. and her sister, with a gentleman, and they travelled with us back to Ali-

a. Lapsus ? On s'étonne de voir *demain* côtoyer un verbe au passé.

cante ; but I felt very tired, and could not enjoy the talk. — Dined at Don H.'s, who took me and another of his guests (an engineer from Madrid) to the Casino. — Slept well, and this morning, I felt better. — I paste here the two letters I got last night and this morning : one from Mr. Previté Orton and a p.c. from Ricardo Viñes, the pianist. I am glad he'll come here. — This afternoon, called on Mme Guibert, leaving the 200 pstas of her silver cups and spoons in her hands (I managed so that she could not be certain I had bought them myself or had sold them to some of my friends) and then I got her permission to try and find a way of publishing her husband's translations from the Japanese. She gave me part of his mmss., and I have been through them tonight. There is very little in them, and I am afraid many of the poems he translated are already known in France ; besides very few are really fine. Yet I shall make a selection and try and get them published by some review that PAYS. On the other hand, she told me she'll unpack the Ms. of his translation of *La Danseuse*, which is a very good thing, and THAT would be a success, if properly managed. I'll offer it either to the *N.R.F.* or to *La Sirène*. That will be a good turn done, both to the memory of M. Guibert and to French literature, letting alone the fact that it will bring a handful of money to Mme Guibert. — She gave me biographical dates about him, which I intend to use in a short introduction. In fact I have made myself literary executor of M. Guibert, and shall try to prevent his name and work from being entirely forgotten. No, even if I did not publish these translations or if they were never published at all, M. Guibert would be known to scholars as one of Verlaine's friends, and one of his "Poètes maudits". Still, the publication of the translations will add much to this, especially *La Danseuse*. But what he really wanted was to publish in the same volumes : the Japanese text ; its transcription in Latin characters ; the music of the songs and poems ; and lastly the translation of each of the poems, with notes both on the Japanese text and on his translations. But the Ms is very incomplete, and [*Trois mots barrés*] the same poems occur often, and most of the notes are purely grammatical. — Well, enough for tonight. I now look to Viñes's arrival, tomorrow.

Sunday. — Viñes here in Alicante ; glad to be together, talking of our Parisian friends ; the sight of his fingers did me a lot of good ; because I look first at his fingers, his wonderful instruments, a miracle of adaptation ; and then at his kind, queer face. He had been to hear Mass, of course, at San Nicolas, having found Santa María's closed. We had coffee at the Casino, and I introduced him to Don Higinio. Then we went to the Teatro Principal, where they directed us to the house of Mr. Oliver Biosca, the president of the Filarmónica Society, then we came back to the Teatro, because

Viñes wanted to have a look at the room. — Got another batch of *Erewhon* proofs. — Tonight, at don H.'s, where I saw Araceli, and basked in the light of her eyes ; she looked at me more kindly than usual, and I talked a great deal, trying to say things that could make a lasting impression on her. The ladies there (especially her mother) saw how I felt when she looked at me, and I caught them smiling, which pleased me. I could not see her body, but from her face I can guess what changes have occurred since last year. She is now nearly 15, and a triumphant young goddess, perhaps darker than ever, but a perfect sun of beauty, all fire and sweetness, bashfulness and splendour. — Everything in the background, after that hour spent near her. Yet, I met Doloretes on the Explanada, and shook hands with her, in the presence of the rather surprised Don Ricardo ; he admitted she was very pretty.

Thursday, 29. — Monday, Tuesday and yesterday have been given up to R. Viñes, with whom I went to Elche yesterday ; we saw the sunrise from the carriage window, a grand sight ; then we "did" Elche, I showing him the Curate's Garden, the villa Carmen, the barranco, etc. We were back here at 12 ¼, and after lunch, we went to Oscar Esplá's where we spent about 4 hours. Esplá played his last compositions, and Viñes played several beautiful pieces by Balakireff and others. We had dinner here, and then I saw him off at the Madrid station. — I felt very low, these past three or four days, and am still unwell and with the Mood ; so I am afraid I proved a very depressing companion and ungenial host. The idea that Viñes felt this depressed me still more, and I am afraid he did not enjoy his stay so much as he had expected ; though I did my best to conceal from him the state I was in. He is so very kind and gentle that he left me with an impression that, after all, I had not bored him so much as I thought I had. There is in him shrewdness, a great sense, and a sense of humour, together with naïveté and an almost childish love of fun. I was surprised at his knowledge of Spanish literature, both contemporary and classic. It was revealed to me, too, that he is a good Latin scholar, and that he is familiar with the writings of the Latin Fathers of the Church, and enjoys them from a literary point of view. — I made him talk about Léon Bloy, Granados, and those of his dead friends in whom I am interested. It is strange to hear a pianist talk so appreciatively and with so much discrimination of French, Spanish, English and Latin writers and poets. I told him what I thought about "las Indias" and the "leyenda negra", and he gave me a copy of a translation of Ch. F. Lummis' book on the subject, with an introduction by Rafael Altamira. His "dedicatoria" is as follows : "A mi buen amigo V.L., quien siente, ama y comprende cual nadie a España y sus grandezas", Ricardo Viñes, Alicante, 27 Enero 1920. —

The two concerts, or rather auditions, were a success, and in the second the Alicantine público rose higher than I had expected them to do, or thought them able to do. I sat just behind Ella, and we talked a good deal during the "descansos". I found her very appreciative of Viñes's interpretation, and of the authors he had selected. Of course, she knew most of the pieces, especially those of Debussy, G. Fauré, Erik Satie, Albéniz and Falla.

Saturday, 31. — Many things to note, and as I feel rather well tonight, shall try and note most of them. — First, Mr H.F. Jones's letter, enclosing copy of a letter from him to Gaston Gallimard (dated November 14, 1919) about the fees of the Butler Books. All the trouble comes, of course, from the rate of the exchange : G. and Streatfeild based their dealings on the ordinary rate, that is 25 francs to a pound. Now, Mr Jones intends to receive pounds, and he supposes G. intends to give him francs. In order to come to an understanding, Mr. Jones proposes that they should split the difference, so that G. should have to pay only 70 francs more for each of the 5 vols.

This letter from Mr. H.F. Jones, G. had left unanswered till now, and had never mentioned it to me. — So I wrote to G., sending him a translation of Mr. J's letter, and asking him to answer it as soon as possible. I suppose G. has had too many things to attend to, especially about the reprinting of Proust's novels, and this is why he did not answer. I hope there shall be no difficulties raised on the part of G. ; but I should like him to be more careful and to attend better to his business. — Have corrected more proofs, and I hope I shall receive more. But shall G. send me 2nd proofs ? There are still many mistakes in the ones I have received lately, and am afraid some of them will crop up again in the book, in spite of my efforts to crush them. I have never had one book yet out that has not some dreadful printer's mistake in it. I don't care very much for my own books, but Butler's books are another matter. I suppose the only way will be to get one copy of each of my published books, original and translated, have them interleaved, and correct them very carefully and in a very neat hand : LIKE THAT, in order that, if they are wanted again after my death, some more scrupulous publisher shall be able to give good editions of them — at last.

Have just bought another block for the year 1920 and pinned it on the wooden frame on my writing-table. Destroyed last year's block, only keeping the three leaves I paste here in order to be reminded of some of last year's months, and the small flags we painted, Higinito and I, a different one for each day. Last year, about this time, I was busy translating *Life and Habit*, but it appears from the pencilled note : ¡ Nada ! that I did not work at it precisely on this very day (January 31).

This week, went twice to a theatre (excepting Viñes's two auditions) : once with Viñes to the "Café cantante " la Giralda, in Paseo Méndez Núnez, where we enjoyed ourselves very much, being among "gente baja", and hearing the lowest kind of music, and obscene songs,... and all the time talking about the conquest of America and "las grandezas de España", going back, from time to time, to Debussy, Albéniz, Paul Valéry, Butler, Miró, Walter Pater, etc, while a big and obscene female was dancing the "rumba", and showing her naked breasts to the audience. Sometimes we shouted lustily, and when the "función" concluded, the waiter invited us to go behind the scene and mix with the "artistas", but we thanked him and went home, this time talking about Barbey d'Aurevilly, Léon Bloy, Villiers, etc. It was a treat, Viñes being one of the most intelligent men I have met ; I mean, one who, outside his own art, is able to understand and appreciate the work of people who express themselves through other and different mediums.

The second time I went to a theatre, I was alone (yesterday, at the Salón Moderno.) I heard three zarzuelas in about 3 hours' time : *Bohemios*, *El Viaje de la Vida* and *Moros y Cristianos*. Very poor, both as to voices and scenery. The *Viaje de la Vida* is laid on board a ship, an Italian ship, and they had got her name wrongly : "Napoli" was alright, but "Besuvio" was a little too Spanish. There is a song which may have been inspired by the title of one of Pierre Louÿs' novels which I have seen in a Spanish translation in the bookshops (*La Femme et le Pantin* : *La Mujer y el pelele*), that is, supposing *El Viaje de* [*Deux feuillets manquants.*]
technical difficulties which they try to scamp or to evade. So that I have written a long and rather "strong" letter to G. G. insisting for having SECOND proofs sent to me. I am afraid he is trying to swindle me again about that : he had pasted a small bit of paper asking me to send him these proofs SIGNED. But I smelt mischief, and thought my signature could be interpreted as a "bon à tirer", and so abstained from signing. If he does not send me second proofs, the book will be wretchedly got up, full of mistakes, and I shall never open it. And if the 5 Butler volumes are printed and published in the same way, — well ! That is, if they ARE, I'll part company with the N.R.F. editions, but the mischief shall have been done, and Butler will have to wait till the copyright is extinct and I am dead, to appear before the French public as he must appear. — I ought not to care so much about all that, but I cannot help it, especially, as it concerns Butler. Gaston ought to publish less books, and DO them better. All this makes me look forward with some fear to the publication of "Martre" and of "Beauté..." But about the Butlers, I feel sometimes tempted to go to France, and to the dirty place where they are doing that printing job (Abbeville, or

something of that kind) and superintend it myself. But would the [*Une déchirure sur six lignes.*]

He was about to write a short review of these plays and of the way Ricardo Baeza and his actors produce and interpret them, and so I told him about the puns on "Ernest" and "earnest", etc, and mentioned Butler's ideas (as presented in *Erewhon* and *Life and Habit,* books Oscar Wilde may have read) as possible sources of Wilde's humourous and satirical remarks in his plays. I wish Eduardo had taken the hint, and I might find S.B.'s name mentioned in his review, in the *Diario de Alicante,* — it would be one of the earliest mentions of S.B. in the Spanish Press. Eduardo told me that he had quoted one of the anecdotes I told him, when we lived at Calle Mayor, about Oscar Wilde. I lent him a copy of the *N.R.F.* with my introduction and the extracts from *Erewhon.*

After having posted the proofs back to G., I went to Don H.'s, where I found Señorita B. and Pilarica ; but the other children had gone to the CINÉ, and I went too, coming home rather late.

I must mention that yesterday I met Doña C. and Dolores at the door of Don H.'s, and we went up the stairs together, and I found that D—. (I'll remember).

Going on with the Lummis's book [*Lacune consécutive à la déchirure signalée plus haut.*]

and naïve admiration for Spain, which ought to make me overlook his big faults, is too silly to redeem his vulgarity. He is not worthy of admiring Spain ; she is too high above him. The reading of such a book reconciles me with literature and purely literary work, makes it appear much more interesting and truly heroic than what is called generally "adventure", and "efficiency" and "action". I supposed Viñes never read it, and what he told me was only what he knew of it from some reviews. Even in his Introduction, Altamira quotes a number of American "authors" — among whom the printed-matter-monger, Marsden or Marden — I forget — as if they were genuine writers and deserved the name.

A great event here : rain ; that is, a very strong wind chasing huge clouds of dust all over the harbour, and then a few drops of warm rain. I enjoyed it, especially the coolness of the air just before the wind rose, and I went round the harbour. A few interesting boats, old friends of mine, most of them : "Beulah" and "Sunset Glow", from St John, Newfoundland ; the "Hebe" from Amsterdam, and many of the familiar sailing ships from Viareggio and Torre del Greco. There is a new boat, an Urugayan one, "Bravo", from Montevideo, but she does not fly her colours. Went round to the end of the last pier, where I saw a Belgian steamer, "Tunisier", from Antwerp. The carabineros and dock people eating their lunch, with their wives and children, squatting between the heaps of goods. Could not help thinking of Luis Losada all the time. Must note that Capdepon, the Casino boots, told me that the gentleman who won the third "premio" owned all the "décimos" of the 4 series of the winning number.

[February]

Saturday, 7. — Rain again, today ; but not much. I feel better, and quite free from the Mood. Working a little, and that CON GUSTO. — Walks about the town ; the Explanada, c. de la Princesa, c. Mayor ; but mostly on the Explanada ; in the mornings, just before lunch, I spend ½ hour on the terrace of the Casino, basking in the warm sun, and looking at the glorious vistas of the harbour and the sea. We are a few "caballeros" who come every forenoon in the Casino Terrace, mostly old men and invalids. Later on come the gentlemen who have been "pent up" all the morning in their "despachos", among whom I sometimes see my funny neighbour of calle Mayor, "Peeping Tom", the one who used to discuss everything he saw us doing, Doña Dolores, Lola, Pepita, Eduardo and I. — I have been several times to the ciné with the children, and enjoyed myself very much, hearing the people's remarks and eating "cacaüets" all the time, enormous paper-bags of them. There is a Francesca Restini film on, in the Moderno ; and for the first time I noticed that she has a very fine [*Deux feuillets coupés.*]
is — and this is the whole truth — that, if it were not for that "arrière pensée" of marriage — the sole cause of uneasiness and possible misunderstanding between us — we should like, and even love, each other very well.

Later on went to the Salón Moderno with the children : Avelinita, Pilarica and Araceli. So I basked for two of three hours in the light of Araceli's face, and was thrilled by her sweet presence near me. Twice I filled her small brown hands with the cheap grilled and salted almonds, nuts and "cacauetes" I generally buy from the stand in front of the Salón Moderno, and several times she spoke to me even when I did not talk to her. Saw them to their door, and went home. — Feeling rather unwell and tired.

Must note that the "Atenea" (Ricardo Baeza's) company left yesterday for Madrid. They gave two or three of Oscar Wilde's plays (in the Spanish translation of R. Baeza), Rostand's *Cyrano de Bergerac* and two of the plays of Jacinto Grau — one of them being *El Conde de Alarcos* which I read two or three years ago, and did not like. They don't seem to have met with a great success here, from what I read in the papers — the "compañia" in general, and especially Grau's dramas. But the poor Alicantine public is no judge, and might as well damn a very good play. I went one night, in order to see how they interpreted Wilde's *Importance of Being Earnest*, and liked it well enough. This morning my laundress came and asked me about a collar which she had put among mine, three days ago, and which, as she told me, belonged to one of "these gentlemen of the Teatro Principal" to whom she had brought back one of my own collars through a mistake, the mark being nearly the same. She added : "Well, they've gone, thank God ! They worried me so !.... ("Cuanto me marcaron estos señores !") That was her contribution to the criticism of modern Spanish Drama.

Tuesday, 10. — A long stroll about the town between 6 and 7. I went to the end of the pier, to have a look at a big Chilean steamship, "Lautaro", from Valparaiso. She was beautifully lit, and looked very pretty ; she did not fly her colours, but the flag-pole had the national star at the top. The harbour was wonderful, all red and gold and yellow and pale blue. Thought of Luis Losada, and WE walked along together, he dreaming of going away, already feeling the motion of the ship through his whole being.

Later on, went a little way up calle de Labradores, and back to calle Mayor and calle de la Princesa. Then I went to the estanco of c. San Francisco, and whom should I meet but Doña Encarnación de C. and Encarnita ! They did as though they had not heard of my arrival here ; but of course they had. We talked for a little while, the "estanquera" joining in our conversation (she is a cousin of Doña Encarnación, I believe). Then Doña E. asked me whether I had been to San Vicente, and I said I had, but there were no friends to call on, then, at this time of the year. Then she said : "No hemos tenido otro verano como este", meaning the summer of 1917 ; and Encarnita said something to the effect that the last one had been "más aburrido !" — The only thing I should have liked to say to her was : how and where is R— (her "rival" then, and the one she tried to —). Now it is impossible to write anything about that ; but I shall remember. How strange it is to live, and see each other, and talk to each other, while knowingly leaving so many things untold — the deepest and most important things of one's life, — and all the time pretending to ignore them ! The facts are : A. snubbed me ; B. who knew all about it, tried to seize the occasion to take the place of A. in my — let's say — affections ; I would not let her, but still enjoyed seeing her, because she knew A., and could be used in order to serve as a go-between and effect a possible reconciliation between A. and I. Then, independently from B., there was a new development in A.'s attitude towards me. But I had already re-acted, and kept as far as I could from A., for fear of being "taken" again. B. saw that, and interpreted it as something favourable for herself. Then I met her in Madrid, and then she saw clearly that I wanted to keep entirely away from the snare. Poor B. : she has not found any "novio", and shall probably never find one ; and she has already acquired some of the characteristics of the spinster. (Not like Paquita, who fights well ; but then I suppose her flirtations keep her "going strong".) And yet B. is a "buena chica", and in spite of her rather stiff figure and dark-brown skin, she is what may be called "una buena hembra" and would make any man happy, both in bed and out of it ; and she has got some money. But there is something in her manner which does not attract.

Just before coming back to c. San Francisco, as I was walking along the Postiguet, I heard a boy's voice shouting to another whom at first I could not see : "¡ Maricon !" and then a few paces farther, I saw the "maricon", or rather the two "maricones". Two youths of say 14 and 16. "She" was a slim, dark, well-shaped fisherboy ; and he a rather ugly and sinister-looking lad. I daresay there's much of that thing going on here (I remember Ed. told me about it, once). I suppose, if many foreigners were to come and spend the winter here, Alicante, sweet, honest and pure Alicante, would not be long in becoming another Taormina.

Two or three days without receiving any letter. I wonder why Gladys does not answer my last p.c. — Worked from 10 to nearly 1 p.m. and in the afternoon read Valéry's *Introduction à la méthode de Léonard de Vinci*, that, read for the first time with attention, "detenidamente". The perfection of speech ; something as great, in its way and scope, as Shakespeare. I liked what he said about Pascal and Bergson. But I liked even more what he writes about such subjects as literary criticism and biography. It is the whole substance of Francesco De Sanctis and the Neapolitan school. Could not think of anything else ; and could not work, after reading such a book. — Went out for a long walk all over Alicante : the Explanada, the Postiguet, and then back through the narrow streets behind St Nicholas'. — Later to Don H.'s, where Araceli unexpectedly came, with her mother and father. And so I sat for about ½ hour near her, under the fire of her eyes (I mean that it was fire for me, not that she intended to shoot me ; but she can see how I feel, and it amuses her). Tonight, feeling too full of Valery's book and of Araceli's sweet presence to be able to work, I went to the Salon de España, where they were doing "Les Barraques", a zarzuela in Valencian. I like that small, cheap and truly plebeian theatre. Just when the play was about to begin, there came a young lady with a little girl, and sat near me. I suppose the mother is some singer or dancer. I asked the little girl, purposely, whether she understood Valencian, and her mother answered for her : "Ninguna de las dos, de manera que nos quedamos en ayunas." She left before the play was concluded, so that I did not propose to escort her to her hotel, or whatever place she may have put up at, as I should probably have done, just to find what kind of woman she was. She was not pretty, and had a lot of "coloretes" on her face. — I have been looking through the copy of Gil's Spanish-Jewish anthology which Don Higinio lent me the other day[a]. It is a collection of the popular "romances" and songs of the Spanish Jews who live at Constantinople. (I remember I went from Péra to see them, more than twenty years ago ; the part they live in is Eyoub, or something like that.) There are things like this :

Vos venid, mi dama,
por la mañana :
beberéis RAKI
con naranjada, etc.

And this :

Hijas de quince años,
hijos en los brazos.
Yo de veinte y cuatro
sin casar y sin gozar.

I noticed the word : "meldar", and found in the dictionary at the end of the volume, that it means "leer", and Rodolfo Gil (p. 47) says that its etymology is obscure, some deriving it from a Hebrew word, some from High German "melden", some from lat[in] meditari : "es muy usado en Oriente y Rumanía en la acepción de leer o estudiar." I found the word "tresalir" used in the same meaning as the French verb "tressaillir". These Spanish Jews seem to have adopted the Aragonese and Murcian diminutives in "ico" and "ica", either because they were more common in the days that preceded their expulsion from Spain, or because the majority of them came from Aragonese or Murcian towns.

Friday, 13. — A great many things to note here, and as I am not equal to the strain of other work, being rather unwell this evening, I'll note them as briefly as possible.

Yesterday, someone came from Don Alfredo's and told me that Doña Dolores de I. had died the day before and that the funeral had taken place during the morning. A few hours later I read the news in the local papers. I am sorry for Eduardo, Lola and Pepita ; they were one of the few families I know whose members really loved each other. I intend to go when they begin to rally a little. How many people I have known here who have died lately ! I think I have forgotten to note here the death of Doña Dora de C——. She

a. Note de Larbaud : « Rodolfo Gil. *Romancero Judeo-Español* ; Madrid, 1911. »

was one of the prettiest ladies of Alicante, but not an Alicantine, an American, but whether from Guatemala or Venezuela I don't know. Of course, people "talked" about her, and her husband was considered as one of the most notorious cuckholds of the town. But that does not mean that he really WAS, and, knowing the world as I do, I am inclined to think that he was not. We had talked of her last time I went to see the I. family and sat near the bed where Doña Dolores was awaiting her death, poor old lady.

Last night, I had a beautiful dream. I was going out of a house where I had left Gladys ; it was at dawn, and I had an impression of starting for a journey, but not a very long one (say : Elche) because I had no luggage, and intended to walk to the station ; Then, in the middle of the street — the empty street, with the whole town asleep all around me, — I looked up into the pale-blue sky and saw, almost above my head, a huge, grey-blue sphere, about five times larger than the apparent diameter of the moon. Someone then happened to be near me, and I seized his arm and shouted : "See : a new world !" Asperities were to be seen on its surface : mountains, seas, but one could not tell exactly what it was. The shadow of the earth screened it from the sun, and it was near enough to the earth not to appear like the moon during an eclipse : it reflected no light whatever, but looked rather as a mountain seen from afar, or as the earth must look from an aeroplane : grey-blue, and very material. Then it began to move, but it was receding, and by degrees it seemed to dissolve into the sky, till at length the moon, very bright, appeared in its place, surrounded by a great pale halo. The whole scene was wonderful : the colours, the atmosphere and the vividness of the dream. I had had, just before, a long conversation with Gladys, but the sequel of the dream caused me to forget it.

A few hours later I received a letter from Gladys ; but I did not see anything else, during the day, connected with the other part of my dream. At any rate, no new heavenly body came into sight !

At 7 ½ a.m. Doña P. woke me with the news that a wire had just come for me, and it proved to be a wire from M. François Le Grix asking me to send as soon as possible both my article on S.B. for *Les Écrits nouveaux* and A. Guibert's translations from the Japanese for *La Revue hebdomadaire*. So I spent the morning copying out these translations and re-writing my short notice on M. Guibert. I am glad I have done that in the cause of his posthumous life. The six or seven short poems I have selected are the best, and three of them are very good. I wonder what the readers of the *Revue hebdomadaire* will think of them. As to my article on S.B. I shall have to copy it out, and re-write many parts of it. Thus I postpone "Beauté...", "Martre", etc, in order to send it as soon as possible to Mr. Le Grix. When I say "etc", I mean, the article promised to

Mr. Davray, and an article — in a way, promised too, — for M. Henri Massis' review.

I have had to correct a few mistakes in Guibert's translations ; but they were only "fautes d'inattention", mostly the orthography of a few words. Strange, that he wrote "blanche chrysanthème" ; but perhaps he did it on purpose. Still I preferred to correct. I had, also, to choose between several versions of one poem, and did it as well as I could. Here is something worth writing : an essay on the art of editing the remains of dead authors. It is something like "valeting".

In spite of so many articles to attend to, I have found time to re-read Valéry's wonderful *Introduction à la méthode de Léonard de Vinci*. Perhaps I shall make what he says about biography and literary criticism the subject of my article for M. Massis' review. Compare Valéry to De Sanctis, etc. — From the *N.R.F.* people, I have received a batch of English reviews : *Times Literary Supplements, Atheneums, Poetry Bookshop's Chapbooks, The Anglo-French Review*, and *The London Mercury*, which contains poems by Robert Bridges, Austin Dobson, Edward Shanks, and a new poem by Nicholas Vachel Lindsay, "Bryan ! Bryan ! Bryan ! Bryan !" ("The campaign of 1896, as viewed by a sixteen-year-old.") There is an article on John Donne. The poem by N.V. Lindsay is not so good as his *General Booth,* but it is certainly the most interesting of the ones published in the n° of *The London Mercury.*

Tonight I went to see G., and little by little I got from her her whole life story. Don Antonio ; the horse ; then her quarrel with her people ; she went and told Don Antonio about it, and he said : Well, would you come and live with me ? (She was 14 then, and he about 40.) She accepted him, and from that day the poor gentleman seems to have led a most miserable life. She told me of all the "malas pasadas" she did to him, and I made her confess that : 1st, it was strange that he did not leave her six months after he had known her ; 2nd that, if she had not given him so many occasions of suspecting her, she might have persuaded him to marry her, and then his 70.000 duros would have been for her, instead of the 10.000 he left her. She said : "Claro, si fuera ahora ; ahora tengo más mundo ; pero entonces no pensaba en esas cosas ; pensaba en divertírme ; pero, que le vamos a hacer ?" And then she told to me more anecdotes, till I felt rather bored, for they were all alike, and she had already given me all I wanted to be able to reconstruct all the story. So I said : "Well, after all, that man has been happy, considering that he enjoyed such a [*Deux mots caviardés*] as you for so many years !" She felt flattered, and thanked me, and so I escaped. [*Une déchirure sur quatre lignes. La page suivante contient des coupures de journaux.*]

The Chilean ship “Lautaro” is gone, but I saw her flying her interesting flag. A French cargo, the “St Charles”, from Cette, has taken her place[a]. A fine day, today ; but I worked for nearly 9 hours at the ms of the larger essay on S.B. for Mr. Le Grix, revising and re-writing it almost entirely, from the first draught of my Introduction, written in Paris in November-December last. I shall have to work at it tomorrow again, and shall be glad if it is safely sent by post on Tuesday. But then, I did not expect Mr Le Grix would WIRE for it. — Reading *The London Mercury* after lunch I found this in a very bad and self-contradicting essay by J.D. Beresford on “Psycho-Analysis and the Novel” : “The supposed biographer — HIS NAME DOES NOT APPEAR — in *Notes from Underground* [Dostoïewski's *Esprit souterrain*, or *Sous-Sol*].” Now, I always understood that “the supposed biographer” was Ordinow or Ordinoff, and that his name appeared — seldom, but at least twice, — in the course of the narrative. In the same number of *The London Mercury* I read a rather long criticism of Compton Mackenzie's novels, which I do not know. What the reviewer writes is bad and meaningless ; what he quotes is not particularly striking. I should have to see for myself what it is like, but then it seems to be a rather hard task, the novels being some 500 pages long at least — some are longer still.

This morning, as I was going down the Explanada, I saw D— and her [*Un mot illisible*] !

They were going down the Explanada, too, and they overtook me (I bowed and said Buenos días, and she bowed, this time without smiling ; I suppose, because she was alone with the [*Un mot illisible*]). I went on, and saw the effect she produced on the men ; even the “hombre elegante” (grown very fat since his marriage) paused and, in spite of the fact that his wife was with him, stared appreciatively at D. But she went her queenly way, “pisando corazones”, and reminded me of Serena Bruchi in Landor's book. Then I thought of my work, and in order to get back to calle Canalejas as soon as possible, I crossed and went towards Simon's Hotel to wait for the up tram. Then I saw her turn to look at me, and felt annoyed, because she must have thought I was following her or trying to see where she lives now. Never mind. There is this in that kind of girls ; they think of marriage, and we think of flirtation ; it is a state of war, at least on THEIR side. We, good souls, mean peace and enjoyment of the good things of life. While I was walking in her “sillage” this morning, I could not help thinking how I should hate her if she were my wife, and what a cumbrous impedimentum that splendid creature would prove to be, in the long run, or perhaps after a month of —. I had just received and read a letter from [*Texte altéré sur une ligne*] [Mother, in which in a very

a. Note de Larbaud : « Her flag. »

nasty way] she tried to persuade me, or to make me believe in the necessity I am in, to give up any intention she supposes I have, of marrying Ella. Well, my best friend could not advise me to a better purpose. True, my best friend would not try and persuade me in a nasty way and with painful and hurting remarks [*Une déchirure altère la fin de quatre lignes*], and [my best] friend would not persuade me, as [Mother] does try to persuade me, to give up in order to marry "une bonne Française bien dotée" ; but surely my best friend would, — and he does — tell me to beware the snare, even the snare of "une mauvaise Espagnole mal dotée". But then M. shall have to wait a very long time before she gets any grandchildren.

I have just seen her pass, with Marujita, on her way to church. The servants of the house opposite my windows made some remarks about the dress of Marujita ; I suppose they found it too showy, and their provincial taste was shocked by the display of naked legs, bare arms, and curly locks of a little girl dressed in the latest fashion, and remarked — rather good-humouredly — on the strange ways of the aristocracy (of course they knew whom they were). Well, it is easy to "fermer le cœur" when one is faced with the word Marriage. And it is quite true that M's bullying and shaking her will at me does not help me to "fermer le cœur". My own will does it all. And then there is work, and the fine weather, and Gloria, and... so many things !

Oh, I must remember that glorious Sunday, Feb. 15 ; a whole afternoon of feast and music, and near Araceli, and what she said, and all the little incidents, so full of meaning.

Asking of Thee only
Love, and love, and love !

Here it is :

Not for power and glory
Do I ask above,
Seeking of Thee only
Love and love and love.

Oh, thank God !

Tuesday 17. — The good thing is, that I am working very hard at the biographical essay on "L'Enfance et la jeunesse de S.B." for M. André Germain's review, and that, in the midst of the feasts, among a crowd of merry-makers, and in a whirl of dissipation. So that the many pleasures I derive from mixing much with two or three very young and attractive girls, — Araceli being the queen of them all, — are to a great extent toned down by the hours I spend at my writing-table. Thus I have bursts of delirious "passion" (as the above) and feel very happy to flirt in a quiet way with youngsters who make confidences to me, and who are not slow to answer my looks and — when I am alone with them — my spoken hints ; and on the other hand I keep much cooler than could be supposed. This is very healthy, and a good hygiene for both the heart and mind. Of course, I see I could go much farther, if I chose ; but then, I am a gentleman, and must not take advantage of the inexperience of these young — too young — little women. I don't mean that they would let me take advantage of it ; but to some extent they should like, for the fun of the thing, to allow me to do or say some rash thing ; and here in Spain, a kiss means what a caress means in England. Besides, circumstances are such, and some people whom I love and respect trust me so entirely and so nobly, that even the thought of behaving otherwise than I do now makes me feel uneasy. Today, I remembered how I kissed Encarnita L., one night, on stepping out of a carriage, behind the back of her mother. Yes, but then I was ten years younger, and the circumstances were not the same. — Besides one look from Araceli is sweeter than a kiss from Encarnita L. ever was. And yet, that stolen kiss was so sweet that I remember it to this day. — Oh, about —— (the new one) : the way the girls have to say in the hearing of a young man, [*Une déchirure sur cinq lignes*.]

Tonight, in the Casino, while we were waiting for the ladies, Don H. and I, I said in as careless a way as I could, that I thought Doña C's stay in Alicante rather long, this year ; and suggested that it was perhaps due to the fact that Dolores was engaged to someone here. He answered : "No. No se va a casar. Se casará con... un Francés, Monsieur Larbaud." I said, laughing : "Eso, no lo creo yo." He was silent. Then I asked : "How old is she, now ?" — "Twenty-one ; that is, she's just over twenty." And after a short pause, he added : "Es buena edad. Buena edad." Then he dropped the subject. — I have got her photo, done two years ago, here between the leaves of this copy-book. She is in all the glory of her young womanhood, with white mantilla and the full dress for going to a corrida. ¡ Qué buena moza ! And she hasn't changed a bit in these two years. — And today, on the terrace of the Casino, while the "coches" and the "mascaras" were passing along the Explanada, I met little Marujita's laughing eyes, and she smiled, as if [*Un mot caviardé*] ——, that is, as she could smile on her aunt's "buen amigo", [*Lacune consécutive à la déchirure signalée plus haut. La page suivante porte le titre « Index of Names », index établi par Larbaud.*]

ALICANTE - PARIS - LONDRES - ALICANTE

1918

Commencé à Alicante, calle Mayor, n° 63

[Janvier]

Minuit, 1er janvier. —

Je viens de manger les douze grains de raisin avec doña Dolores, Lola, Pepita et Eduardo. Carmen et Concha étaient allées se coucher. Les jeunes señoritas de l'étage au-dessus en font autant ; on entendait le « jaleito[a] ». J'ai reçu un télégramme de ma Mère et de ma Tante, de Valbois. Journée humide et froide. J'ai terminé ma seconde lecture de *La Vie et l'Habitude*. La conclusion est un admirable morceau de critique. Je suis mort de fatigue. Je ne sais même pas pourquoi j'écris. Simplement pour commencer l'année en écrivant, sans doute.

Des nouvelles de Claudel[1]. — Dans *El Sol* : « M. Claudel, ministro de Francia, acompañado de sus secretarios, ha marchado al interior de la República, a fin de recorrer la vías ferreas del noroeste del Brasil, hasta Tres lagoas, en el Estado de Matto-Grosso. Cuando, en el curso de su gira, llegue a São Paulo, conferenciará con el presidente de Estado y el secretario de Hacienda, sobre la exportación del café[b]. » [*Deux phrases biffées mais lisibles :*]

a. Espagnol : « tapage », c'est-à-dire cris et battements de mains qui accompagnent le passage à la nouvelle année.

b. « Dans *El Sol* : M. Claudel, ministre de France, accompagné de ses secrétaires, est allé à l'intérieur de la République, afin de parcourir les voies ferrées du nord-ouest du Brésil, jusqu'à Tres Lagoas, dans l'État du Mato Grosso. Quand, au cours de sa tournée, il arrivera à São Paulo, il s'entretiendra avec le président de l'État et le secrétaire des Finances de l'exportation du café. »

Qui peuvent être les SECRETARIOS ? Des jeunes gens de son choix, ou de la famille Bazin ?

Un beau passage dans le livre de Huarte :

« A los ingenios inventivos llaman en lengua toscana caprichosos, por la semejanza que tienen con la cabra en el andar y parecer ; ésta jamás huelga por lo llano, siempre es amiga de andar a sus solas por los riscos y alturas y asomarse à grandes profundidades, por donde no sigue vereda ninguna, ni quiere caminar con compañia. Tal propiedad como ésta se halla en el ánima racional, cuando tiene un cerebro bien organizado y templado ; jamás huelga en ninguna contemplación ; todo es andar inquieta, buscando cosas nuevas que saber y entender. De esta manera de ánima se verifica a quel dicho de Hipócrates : Animae deambulatio cogitatio hominibus. Porque hay otros hombres que jamás salen de una contemplación, ni piensan que hay mas en el mundo que descubrir. Estos tienen la propiedad de la oveja, la cual nunca sale de las pisadas del manso, ni se atreve a caminar por lugares desiertos y sin carril, sino por veredas muy holladas, y que alguno vaya delante. Ambas diferencias de ingenio son muy ordinarias entre los hombres de letras : unos hay que son remontados, y fuera de la común opinión juzgan y tratan las cosas por diferente manera ; son libres en dar su parecer, y no siguen a nadie. Otros hay recogidos, humildes y muy sosegados, desconfiados de sí, y rendidos al parecer de un autor grave, à quien siguen, cuyos dichos y sentencias tienen por ciencias y demostración, y lo que discrepa de aquí juzgan por vanidad y mentira.

Juntas estas dos diferencias de ingenios, son de mucho provecho ; porque así como a una gran manada de ovejas suelen los pastores echar una docena de cabras que las levanten y lleven con paso apresurado a gozar de nuevos pastos y que no esten hollados, de la misma manera conviene que haya en las letras humanas algunos ingenios caprichosos que descubran a los entendimientos oviles nuevos secretos de la naturaleza y les dén contemplaciones nunca oídas en que ejercitarse, porque de esta manera van creciendo las artes y los hombres saben más cada día[2] » (chap. VIII, in fin).

Vendredi 4. — En me promenant dans le port ce matin j'ai remarqué deux gros entassements de grandes plaques de marbre dont chacune portait l'inscription « Carrare » et la destination « Buenos Aires ». Beaucoup étaient cassées. J'ai pensé à ces montagnes, telles que je les ai vues, la dernière fois, du bateau au cours de la traversée de Gênes à Livourne.

[*Un feuillet manquant.*]

n'a PAS encore été accepté, ni rejeté. Je ne sais donc pas quoi penser de cette affaire. Une chose est claire : las *Figuras* ne sera pas publié avant le retour d'Amérique de Gaston[3]. Sous le même pli, Berthe m'envoie des épreuves à corriger ; c'est le livre de Whitman ; j'ai relu mon introduction, qui occupe les 45 premières pages du livre, et ma traduction d'extraits de *Specimen Days, Democratic Vistas*[4], etc. Les épreuves sont bourrées de coquilles de première grandeur ; on dirait que les imprimeurs n'ont pas compris un seul mot de français : « du produit » imprimé pour « du point de vue », etc. « Adrien » Carnegie[5] ! Et le vers célèbre de Dante :

PoUete mente almen CASI ! *Io son bella*[6]!

Mon introduction ne me plaît pas ; et pourtant je ne l'ai pas trouvée aussi mauvaise que je pensais. Je n'aime pas ceci : « Les écrivains chrétiens [du XIXe siècle] ont été des sentimentaux ou des polémistes, ou les deux. » Ce genre de déclaration péremptoire m'exaspère chez les autres. Il va de soi que c'est meilleur que mon introduction au *Patmore* de Claudel[7], mais bien loin de ce que j'aurais dû faire après la lecture de De Sanctis. Les traductions en prose me satisfont ; elles sont vraiment bonnes. (Je les ai faites à Cette en mars 1914.) Je constate qu'on a laissé les erreurs de Laforgue ; je vais les corriger. J'en avais signalé une à Gide. Mais les fautes d'impression sont si nombreuses et si grossières qu'il semble que les épreuves sortent de l'imprimerie d'un comptoir chinois qui commerce avec l'Europe. Pour *Enfantines*, le même imprimeur (fou) n'a trouvé moyen de s'en occuper que très récemment, si bien qu'elles porteront la date de 1918. — Mais pour les épreuves de l'anthologie Whitman, il faut que j'écrive à Gide. — Bonnes nouvelles de Léon-Paul : « Fargue va dans le monde ; il lit de nouveaux poèmes ; il a beaucoup de succès. » Les « gens du monde » à Paris commenceraient-ils à comprendre la véritable poésie ? On peut crier « Vive la France ! » alors. — J'ai passé une nuit d'insomnie épouvantable ; mais nous avons eu une belle matinée. Flâné le long du Postiguet et dans le port avec don Ramón. Rencontré don Trino (le père d'Oscar Esplá) et don Paco G. — Día de Reyes : un gentío enorme[a] dans la calle Mayor. [*Une déchirure sur cinq lignes*] et ça m'est égal.

Lundi. Mieux. Très malade hier ; ai dû prendre un fiacre pour rentrer, car j'avais trop mal au cœur pour marcher. Comme la crise a commencé chez Don Higinio, qui était alors absent, il est venu dans l'après-midi, très inquiet en raison de ce que sa sœur lui avait dit. Il m'a trouvé mieux, mais encore très faible, occupé à corriger des épreuves.

Ce matin, don Ramón est venu. Lui ai prêté le dernier roman de Frappa. Je poursuis la lecture d'*Examen de Ingenios*. J'ai acheté une petite brochure des *Cantos populares* qu'on vient de publier dans la collection bon marché « Novela Corta ». Je croyais qu'ils

a. Espagnol : « Jour des Rois : un attroupement énorme ».

seraient meilleurs qu'ils ne le sont pour la plupart. [*Lacune consécutive à la déchirure signalée plus haut.*] (De los pies a la cabeza, etc") Quelques-uns sont bons :

El naranjo de tu patio
Cuando te acercas a él
se desprende de sus flores
y te las echa a los pies[8].

La seconde partie de celui-ci :

De tu cara sale el sol,
De tu garganta la luna ;
Morenas he visto yo,
Pero como tú, ninguna.

(« Des filles brunes, j'en ai vu beaucoup — mais comme toi, jamais. ») Mais la plupart d'entre eux sont plats, stupides ou ridicules. Celui-ci par exemple :

Da me un diente de tu boca,
De los que tienes delante ;
Me lo pondré en la pechera
Como si fuera un diamante.

(Quelque chose de ce genre : « Donne-moi une de tes dents, — Une des dents de devant, — Et je la poserai sur mon cœur — Comme si c'était un diamant. » « Pechera » désigne exactement le jabot d'une chemise.) Comme les Anglais riraient, s'ils entendaient des GUITARISTAS sévillans chanter de telles paroles d'un air convaincu et passionné !

Vendredi 11. —

Souffrant hier et mercredi ; incapable de travailler. Don Ramón. Aujourd'hui « santo[a] » de don Higinio. J'ai déjeuné là-bas ; nous étions 9, avec les trois garçons. Ce soir trouvé ceci dans l'*Anthologie des poètes français contemporains* (c'est un fragment de poème de René Ghil[9])

(Ô Gemmules portant mémoire !
sexe-Encéphale de penser !
Cerveau générateur départi rotatoire
Et reptant à travers de l'humide, à taxer
l'être que vous serez d'une valeur égale
aux puissances de lois du Monde, dont, d'astrale
Splendeur aux Yeux, vous serez l'Âme-réflexe)

a. Espagnol : fête du saint patron.

Bien sûr ce n'est pas de la poésie, mais ça vient directement du chap. XXVIII de *Animals and Plants*. Un autre poème de René Ghil dans ce même livre, « La Prière vers l'Orient », est très bon.

Le *Tellus* d'Amsterdam est parti hier, mais ce matin j'ai eu la surprise de voir un autre gros bateau à sa place, un grand cargo, entièrement peint en noir et gris foncé, et battant pavillon brésilien. Je me suis approché de l'endroit où il était accosté. Le bateau paraît lourdement chargé. Il n'y avait personne sur le pont. Le Brésil avait déjà déclaré la « guerre » à l'Allemagne, quand ce bateau a quitté Rio de Janeiro car il ne porte pas de pavillon peint sur les flancs. Il s'appelle *Rio Amazonas*. Il est là, sombre et silencieux, mais très beau et très mystérieux, avec son pavillon vert et jaune qui flotte dans la brise qui vient d'Afrique. Il m'a plu. En rentrant du port, je suis allé à la bibliothèque de la mairie et j'ai cherché Juan Huarte dans la (vieille) encyclopédie hispano-américaine. Sa vie est peu connue. Il venait des provinces du nord de l'Espagne, la Navarre et le nord de l'Aragon. Il est diplômé de Huesca[10]. Mais il semble qu'il existe une autre version, selon laquelle il serait diplômé de Grenade, et aurait passé la majeure partie de sa vie à Baeza (Province de Jaén ?). Quoi qu'il en soit, son livre (*Examen de Ingenios*) est l'un des grands livres européens de son époque (XVIe siècle) — quelque chose comme Kant, Darwin ou Nietzsche au XIXe. On l'a traduit en latin ; puis en français et en allemand. Il est toujours très lu et étudié, la critique érudite moderne le concernant étant principalement espagnole et française. La théorie de Gall[11] semble beaucoup lui devoir. Cela nous donne une idée de ce à quoi *La Vie et l'Habitude* ressemblera dans trois cents ans d'ici. Il contient une théorie qui fut, à l'époque à laquelle elle fut exposée pour la première fois, aussi remarquable et audacieuse que la théorie de Butler dans *La Mémoire inconsciente*. Mais le combat voilé et sournois qu'il mène contre les dogmes chrétiens a au moins autant d'importance que la théorie elle-même — ce qui n'est pas le cas dans *La Vie et l'Habitude*. Il va de soi qu'il écrivait sous et malgré la terreur d'« amanecer en la Inquisición[a] », tout comme ces personnes à la charge de ma famille qui, m'écrivant l'autre jour

[*Deux pages manquantes.*]

en fin... (après une citation latine) *Como si dijera*[b]..., etc, etc. » Cela a toute la « gracia » et le « donaire[c] » de la conversation d'une dame espagnole, avec la justesse due à une bonne connaissance du latin de Cicéron. Un esprit cultivé, un homme sympathique, noble

a. Espagnol : « de se retrouver devant l'Inquisition ».
b. Espagnol : « comme on dirait ».
c. Espagnol : *gracia* : « grâce », *donaire* : « charme ».

et courageux. Tel apparaîtra, je pense, Samuel Butler à ses lecteurs du XXIIe siècle. La faveur dont il jouissait chez Feijoó[12], le traducteur et disciple espagnol de Voltaire, ne laisse aucun doute quant à l'intention libertine du livre ; par ailleurs, il y a tout un chapitre consacré à une curieuse apologie des Juifs. Mais ce n'est pas l'intention libertine qui fait que le livre mérite d'être lu, c'est L'INTENTION MORALE, et surtout le style. — Après déjeuner, je suis allé au cloître de Saint-Nicolas ; trop humide en cette saison ; mais des oiseaux chantaient dans les beaux arbres.

Lundi — Temps magnifique et chaud. Passé une heure (ou plus) à la terrasse de Samper, à me prélasser au soleil. Don Ramón et le sig[nor] A[lesina] s'y trouvaient et nous avons parlé. Le sig[nor] Luigi Arduini a écrit de Palma de Majorque. Je me suis souvenu de l'année dernière et de la visite que nous avons faite[13] à Joaquin Dicenta (en décembre 1916). Doña Pepita était là également ; elle était très jolie. Nous nous sommes promenés toute la matinée dans le port et la ville, en profitant du soleil et de la brise tiède qui venait de la mer. Je lis (le soir, après dîner) *Évolution individuelle* de Le Dantec. C'est le « renvoi » du problème. On admet facilement, bien sûr, après la « variation quantitative » une forme de « variation qualitative » ; on pense que c'est POSSIBLE. Mais se pose alors la question : y a-t-il un seul exemple de « variation qualitative » ? Et Le Dantec lui-même est contraint de reconnaître que c'est « très rare », et ne se rencontre guère ; « S'il y a encore des monères... elles sont exceptionnelles et rares, et la plupart des plastides existant aujourd'hui sont trop complexes pour que la variation qualitative leur soit facile [!!] ; c'est pour cela que tant de personnes croient à la fixité de l'espèce. » Quoi qu'il en soit, ce « lache[a] » (comme l'appellerait S. Butler) n'a pas d'importance, car il n'a aucun lien direct avec le problème de l'hérédité, — du moins s'il laisse de côté le problème de l'évolution. Les chapitres sur la « corrélation » sont bons. — Manolito T. a renvoyé les deux livres que je lui avais prêtés l'été dernier à San Vicente, et j'ai relu *La Jeune Parque* de Valéry. Quel stimulant ! À sa lecture on s'identifie avec la vie, la « vie physiologique », d'une belle et forte jeune femme, en pleine santé ; on prend part à son plaisir de vivre, au mouvement de son corps quand elle marche ou court, à la circulation de son sang, à son réveil et à ses pensées. On devient cette « lasse femme absolue ». Parfois l'usage qu'il fait de mots abstraits me déplaît. J'aime « au lointain temporel » (des étoiles — mais « temporel » dans ce cas ne peut être considéré comme un mot abstrait). Mais je n'accepterai

a. Ce mot, que Larbaud a mis entre guillemets, qui ne semble pas déformé, nous pose un problème d'identification.

jamais « la pâle circonstance », ni ce vers qu'on croirait d'un disciple provincial de Victor Hugo :

Bois qui bourdonnerez de bêtes et d'idées.

Mais en revanche : « *Et de mes bras épais...* », « *De mes enfers pensifs..* » et aussi :

Les Dieux m'ont-ils donné[14] *ce maternel contour,*
Et ces bords sinueux, ces plis et ces calices,
Pour que la vie embrasse un autel de délices,
Et mêlant l'âme étrange aux éternels retours,
La semence, le lait, le sang, coulent toujours !!!!

En fait, presque chaque vers, pris séparément, est un poème en soi, dans ce magnifique poème. Et qui reste tellement traditionnel pourtant ! Malherbe, Racine, Hugo, Mallarmé (ce qui laisse de côté la prosodie de Baudelaire). C'est CELA la France ! La fleur et le fruit de la France. En poésie, il n'y a rien au-dessus de la France. La France, ou... Paul Valéry ! Non, la France : il fallait trois siècles de poésie française pour permettre la création de *La Jeune Parque* ; — et les 300 Français qui peuvent comprendre *La Jeune Parque*. DE LOS CUALES PUEDO DECIR, CON ORGULLO, QUE SOY UNO[a]. Dans *España* de la semaine dernière, il y a une très bonne note, sensée, de Diez-Canedo sur Ramón Gómez de la Serna.

Jueves, 17. — Una carta de Mme K[lotz]. Enseguida he escrito a Miró (6 páginas). Luego he mandado el manuscrito de la trad. del segundo volumen a Miró. Ido a Benalúa esta tarde ; había niebla, pero las islas se veían. Veo que he escrito en español casi sin darme cuenta. Estoy muy cansado. Mlle Marg. M. ha muerto esta mañana a las diez y media. Diecisiete años tenia. La había visto en casa de don Higinio hace muy poco tiempo[b].

Je suis mécontent de la façon dont j'ai passé la journée (jeudi). Lecture de Le Dantec, lente. Travaillé aux *Carnets*[15], mais je me sens une fois de plus sous l'emprise de L'HUMEUR. La cause en revient à la fatigue suscitée par mon combat acharné contre la maladie ; et à un grand coup frappé pour la défense de la liberté, de la justice, du droit, etc. (deux « histoires » sentimentales jetées

a. Espagnol : « Dont je peux dire, avec fierté, que je suis. »

b. Sans réfléchir, comme il le dit ici, Larbaud enchaîne directement en espagnol : « Aussitôt j'ai écrit à Miró (6 pages). Puis j'ai envoyé le manuscrit de la traduction du second volume à Miró. Allé à Benalúa cet après-midi ; il y avait de la brume, mais on voyait les îles. Je vois que j'ai écrit en espagnol presque sans m'en apercevoir. Je suis très fatigué. Mlle Marg. M. est morte ce matin à dix heures et demie. Elle avait dix-sept ans. Je l'avais vue chez don Higinio très récemment. »

par-dessus bord cette semaine !) En revenant de Benalúa, j'ai imaginé ces :

GLOSES BUTLÉRIENNES. — L'autre jour je racontais à un vieux célibataire les petites irrégularités d'un jeune homme : qu'il ne paraissait chez lui qu'aux heures des repas, qu'il rentrait presque toutes les nuits à une heure du matin, etc. « Mais c'est ignoble ! dit le vieux célibataire, — ce gamin est une crapule !! » — Avant-hier je lui décrivais les fredaines, un peu plus graves, d'un autre jeune homme. « Quelle honte pour un père, d'avoir un tel fils ! dit le vieux célibataire ; moi, si j'avais un pareil fils, je crois que je l'étranglerais de mes propres mains ! »

En ces deux occasions, ce vieux célibataire s'était senti, pour quelques instants,

[*Cinq feuillets arrachés.*]

[les su]périeurs » disent qu'ils les ont « donnés », tandis que les « inférieurs » avouent qu'on les leur a pris). C'est dans cet esprit — avec ces métaphores transformistes bien en vue — qu'il faut lire Butler. J'ai beaucoup applaudi, vers 1900, une pièce de chez Antoine[16] où une fille sacrifiée par ses père et mère s'écriait : « La famille, c'est l'argent. » Comme si on écrivait « pour » ou « contre » la famille, ou « pour » ou « contre » quoi que ce soit ! [*Une déchirure sur cinq lignes au milieu de la page*] MAINTENANT, JE NE SUIS PLUS AUSSI STUPIDE.)

Carthagène, Grand Hôtel, vendredi 18. —

Me voici à Carthagène, avec mon cher « exutoire », mon journal, qui avait aussi besoin de changement. Une véritable évasion : ce matin à midi et demi, j'ai appris que mon cher docteur était parti pour Madrid, et qu'il ne serait pas de retour avant dimanche ou lundi matin. J'ai couru chez moi — par la calle Mayor où les boutiquiers fermaient leurs portes devant le défilé tumultueux de femmes qui réclamaient « a gritos[a] » une baisse des prix[17] — et j'ai dit à doña Dolores que j'avais l'intention de prendre le train (andalou) de 4 heures cinq. Voyagé en première classe. [*Lacune consécutive à la déchirure signalée plus haut*] cela ressemble à un Fontainebleau tropical ou du moins algérien. Je n'avais jamais vu autant de palmiers à la fois. J'imaginais une petite ville très blanche, très calme, au milieu d'une vaste forêt de palmiers. Mais un peu plus loin, après avoir passé la gorge profonde, si blanche et si nue, qui me rappelle un des épisodes des guerres d'Algérie et de Tunisie, — la ville apparaît telle qu'elle est : deux fois plus étendue que la forêt de palmiers. J'ai également vu la plaine marécageuse, ou du moins malsaine, de Dolores. Les lumières de Callosa au pied d'une énorme montagne, déchiquetée et abrupte. Le dîner à la

a. Espagnol : « à grands cris ».

fonda[a] de Murcie m'a semblé délicieux. Ici, le Grand Hôtel est correct. Je me sens presque bien. Comme j'avais besoin de ce changement ! Mais je ne me rendais pas compte à quel point j'en avais besoin. D'abord j'ai eu l'illusion délicieuse d'être touriste dans mon propre pays ; cela me rappelait mon premier voyage en Espagne en 1898 : j'étais lycéen, venais de quitter ~~Louis-le-Grand~~ ou Henri-IV ou le lycée Banville, au milieu de l'hiver, et je me trouvais dans une gare espagnole inconnue, au bord de la mer, avec les eucalyptus échevelés des gares espagnoles, leurs maisons et leurs terrasses peintes en blanc et rose, entourées d'un mur bas, peint à la chaux, surmonté d'une grille et juste derrière, la Méditerranée, vaste étendue bleu-gris, brumeuse. Que tout cela paraissait frais et nouveau ! Pourtant cela n'a pas duré (cela valait mieux ainsi), et le train n'avait pas quitté la gare que je me sentais de nouveau chez moi.

Samedi, 19. — Pas pu m'endormir avant que la lueur de l'aube ne blanchisse la fenêtre. — Réveillé à 9 heures. Flâné, de dix heures à deux heures et de trois heures et demie à six heures, dans les rues principales de Carthagène, quelques petites rues adjacentes et le port. Suis allé en tram dans une petite ville de la banlieue, Dolores (pauvre et inintéressante). Je me suis senti presque immédiatement chez moi. Carthagène, c'est Alicante en plus grand, plus industrialisé, et moins « élégant » ou moins « aristocratique ». La ville semble également plus grande que Málaga, mais elle est plus sombre, plus triste, moins « émotionnelle » ou moins « intellectuelle » que Málaga. Mais le port, la vue du port est plus belle (et même beaucoup plus belle) que le port de Málaga. (Il n'y a pas d'Explanada ici, ni de jardins « Pickman », « Craywinkel » ou machin-chose, comme à Málaga. Il y a une sorte de jetée ou de terrasse, avec un joli palais isabelin qui domine le port, et de cette terrasse on a une belle vue, mais elle est à peine plus belle — plus large — que la terrasse de l'Arrabal Roig.) Des tramways électriques ; mais ils sont lents, et celui que j'ai pris était asthmatique comme un vieux tramway à vapeur. Des rues : la rue du Carmel, de la Flotte espagnole (la meilleure, mieux que la calle Mayor à Alicante et matériellement — mais pas spirituellement — mieux que la calle Sierpes à Séville) ; la rue des Quatre-Saints — je les ai vus dans leurs niches, le soir, avec leur petite lampe électrique, chacun d'eux bien peint, dans sa petite niche vitrée en forme de lanterne, suspendu au-dessus de la tête des passants, au coin des quatre rues. C'est une bonne idée que de les avoir laissés là, de les avoir repeints et d'avoir vitré leurs niches ; ce doit être très caractéristique de Carthagène. On s'imagine que quelqu'un originaire de Carthagène et qui vit à Montevideo ou à Valparaíso pense : « Quand reverrai-je les Quatre Saints ? » C'est

a. Espagnol : « auberge ».

comme « Peeping Tom » à Coventry[18], mais en plus riche, plus sérieux, PLUS SAINT. Une autre caractéristique des rues de Carthagène tient à la présence d'un régiment de « Infanteria de Marina ». On observera ces soldats avec curiosité — surtout si l'on s'intéresse aux uniformes militaires — : ils sont, dans la collection d'uniformes espagnols, ce qu'on appelle « la pièce rare », le genre de soldats de plomb dont on ne trouve que deux ou trois boîtes dans les magasins. À première vue on ne les distingue pas particulièrement des soldats d' « Infanteria » ou des « Ingenieros[a] ». Mais ils portent un képi particulier qui, lorsqu'on a appris à en reconnaître la forme et les couleurs, les rend très différents de tous les autres soldats de l'armée de terre espagnole. On les reconnaît alors immédiatement et on associe à leur uniforme les idées de « flotte, de pouvoir maritime, de défense des côtes ». Mais les magasins sont toujours ce qu'il y a de plus caractéristique dans toute ville, grande ou petite[b]. Ce sont les magasins qui ont fait la ville — si l'on excepte quelques cas de création artificielle, comme Washington — : une foire ; un marché ; un couvent qui vendait des objets, spirituels ou temporels ; puis la foire est devenue permanente, et tout s'est développé autour. L'église ne caractérise pas autant la ville : dans la majorité des cas elle aura été l'œuvre d'un parfait étranger : un Allemand dans le sud de la France ; un Français en Allemagne du Nord, etc. Par ailleurs, dans la plupart des cas, les églises sont anciennes, trop anciennes pour être utiles au touriste qui cherche à connaître toute l'histoire de la ville, ou plutôt, ce qui, dans cette histoire, est vraiment important : son état actuel.

La plus moderne de toutes les boutiques de Carthagène est un genre de salon de Martine[19] où l'on vend du linge « d'art », des bijoux « d'art », des parfums « d'art » et des Accessoires « d'art » « pour dames ». Elle s'appelle « Casa Paris » et c'est, je suppose, la copie d'une boutique madrilène. Les autres boutiques sont, en général, plus grandes, et plus nombreuses que celles d'Alicante, ou même de Málaga ; mais elles ne semblent pas si inférieures que cela à celles d'Alicante. Le « Benavent » de Carthagène avait vendu tout son stock de gants de suède gris. Le « Pastor », qui vit dans une petite allée sombre dont il fait un « Paternoster Row[20] », avait très peu de livres, mais bien disposés sur une grande table de façon à tenter le client ; toutefois il gère une importante bibliothèque de prêt, institution dont Alicante devra se passer encore longtemps, je pense. Dans l'ensemble Carthagène est manifestement plus grande qu'Alicante ; je l'ai particulièrement remarqué au volume du bruit : je ne distinguais pas les « aldabonagos[c] » du facteur et le cri du « rollero »

a. Espagnol : « soldats du génie ».

b. Les mots manquants, signalés dans l'original anglais, n'altèrent pas ici le sens du texte.

c. Espagnol : « coups de heurtoir (aux portes) ».

dans la rue ne résonnait pas aussi clairement qu'à Alicante à la même heure (entre 4 et 6 heures de l'après-midi, le « rollero » parcourt les rues[21]). Mais d'autre part, c'est une ville moins « élégante » ; les hommes ne s'habillent pas aussi bien que les Alicantins, et comme station d'hiver, Carthagène n'existe pas. Revient alors la vieille question : pourquoi Carthagène existe-t-elle ? Qui peut être assez malheureux et défavorisé pour choisir Carthagène comme résidence ? Ou vivre à Carthagène s'il y est né ? Mais en disant cela c'est de nous que nous parlons, ou plutôt nous parlons pour nous. Les gens qui vivent à Carthagène pensent qu'il y fait bon vivre. En fait un ouvrier de Carthagène ne vaut ni plus ni moins qu'un ouvrier de Valence. Mais quand on en vient aux commerçants, c'est autre chose. La meilleure boutique, la plus moderne, de la Grand-Rue de Carthagène (calle de la Marina Española) ne serait qu'une boutique de second ordre à Valence, de quatrième ordre à Barcelone, et une simple boutique de banlieue ou de « barrio » dans « la Villa y Corte[a] ». Il en va de même pour les personnes et pour la bourgeoisie. On n'a vraiment aucune excuse pour vivre à Carthagène quand on a les moyens de vivre dans une plus grande ville. Les officiers de l'armée et de la marine, les « fonctionnaires », et le « gobernador » peuvent croire qu'ils ont une excuse, mais c'est une piètre excuse. En ce qui me concerne, je n'ai passé qu'une journée à Carthagène, et avant la fin de cette journée, — un peu avant l'heure du dîner, j'ai ressenti le « ganas de marcharme[b] ». Je suis mort de fatigue, mais beaucoup mieux et sans Humeur.

De nouveau à Alicante. — Dimanche 20. — Levé à 5 heures, voyagé en 1re classe jusqu'à Murcie où j'ai pris le petit déjeuner, puis en 2e classe jusqu'à Alicante ; j'ai vu la région que je n'avais pas vue vendredi, la huerta[c] de Murcie : d'immenses plantations d'orangers et de citronniers, et, ici et là, un mont rocailleux. Le tout dans une riche lumière hivernale, un grand nombre de collines cachées derrière un rideau lumineux, laiteux et tiède, de brumes et de nuages. J'ai vu la Segura à Orihuela ; Callosa, moins impressionnante le jour qu'elle le paraissait la nuit ; Elche de nouveau, puis Alicante, l'Explanada, calle Mayor, et Lola et doña Dolores accoudées au mirador de ma chambre. Les troubles s'étaient aggravés en mon absence et j'ai trouvé Alicante remplie d'eunuques[22] en armes ; hier plusieurs enfants ont été tués ; tous les magasins fermeront demain, etc. Les dames sont très inquiètes. J'ai trouvé une lettre de Berthe L[emarié] sur ma table[23] ; et une page, à moitié terminée, de ma traduction des *Carnets* de S.B., telle que je l'avais laissée

a. La « Ville et Cour », expression qui désigne Madrid.
b. Espagnol : « le désir de m'en aller ».
c. Plaine irriguée et fertile.

vendredi ; et *Hérédité* de Le Dantec avec le signet à la page 156, où je vais reprendre ma lecture quand j'aurai achevé cette note. « Paix, paix parfaite[24]. » Je peux noter que j'ai rapporté, pour Eduardo, des photographies des quatre « Martyrs » de la prison de Carthagène (Besteiro, etc) et un scapulaire, qui n'est pas celui que je voulais, mais que j'ai l'intention de porter un mois.

Lundi 21. — Ce soir on a donné la grande « cencerrada[a] » au gouverneur, Sr Pantoja, l'homme au long nez. Le vacarme a commencé à neuf heures précises, tous les habitants d'Alicante, hommes et femmes y participaient ; les sifflements ont continué sans interruption jusqu'à dix heures puis se sont tus.

Samedi, 26. — Souffrant et à nouveau aux prises avec l'Humeur ; une mauvaise semaine. Je suis pourtant sorti un peu (don Ramón ; les heures passées dans les fauteuils de la terrasse du casino à regarder l'Explanada, le port, etc.). Travaillé un peu, beaucoup lu. Reçu et lu, presque « de un tirón » les trois volumes de Ramón Gómez de la Serna : *Greguerias, Senos* et *El Circo*. Ils m'ont énormément plu, autant que les livres de Miró[25]. Ils se composent de milliers de « notations » brèves, rarement plus d'une demi-page ; (pourtant on peut voir que certaines appartiennent à un même groupe, à un même « essai » — d'une certaine manière — à la façon d'Addison ou de Charles Lamb ; ils ont été divisés en trois, quatre fragments, ou davantage, dont chacun forme une « greguería », mais il n'y aurait pas d'inconvénient à ce qu'on les ait laissés là où ils se trouvaient au départ.) Ils oscillent toujours entre l'« essai », la « pensée » ou la « réflexion », et le poème en prose à la manière de Baudelaire, mais en plus impressionnistes cependant, sans aller aussi loin que Rimbaud ou L.-P. Fargue. C'est à la vie émotionnelle ce que Nietzsche est à la vie intellectuelle, c'est-à-dire que cela va parfois très loin. Il y a une liberté, dans la forme, dans la pensée, dans le style tout entier, qui rafraîchit et qui fait du bien. Et néanmoins l'effort à la recherche de l'humour, de l'ironie, et de la « pointe » limite cette liberté. Ce n'est pas « ce ciel rêveur qui est le front de toute chose », « les rails où fuient des yeux bleus », « la poursuite des fantômes » (appliqué à la fumée d'un train (invisible) traversant un bois à toute vitesse), de Fargue[26]. Mais il y a de bonnes trouvailles. En même temps j'ai lu, au hasard, quelques pages en catalan de *La Ben Plantada* d'Eugenio d'Ors[27]. A côté de Ramón G. de la Serna, cela paraît plein de pédantisme, de tics, etc. Cela ne LIVRE rien, mais SUGGÈRE un peu de sensualité, un peu de liberté, et une certaine forme de style. La « ben plantada » est une fille dont l'allure, le corps, la façon de parler, de marcher, et de se bai-

a. Espagnol : « charivari ».

gner, donne une « lliço de catalanitat[a] ». Des clichés régionalistes, une fois de plus. En français ce livre serait illisible ; mais le fait d'être écrit en catalan lui donne l'air d'être « quelque chose ». Cela m'a fait penser à la Catalogne indépendante, un petit État bien tenu, bien réglementé, une sorte de Belgique méditerranéenne ; je l'ai gardé en mains avec plaisir pendant cinq minutes, comme un de ces petits drapeaux de soie qu'on vend dans les magasins de jouets, — un petit drapeau de Catalogne. En plus il me rappelait Sitgés[28] et plusieurs « ben plantadas ». Mais dans l'ensemble il me laisse l'impression d'être le livre d'un fat. — J'ai terminé la lecture d'*Évolution individuelle* de Le Dantec, en faisant parfois l'expérience de cette « tension d'esprit » dont il parle dans sa préface. Comme explication, ça paraît beaucoup plus satisfaisant que *Théorie des causes actuelles* de Delage. Son explication de la transmission sexuelle relève d'une haute imagination, tout comme sa théorie de la télégonie : des images, des images, des images ; un jeu de mot sur « virulence » ; subtil et intelligent pourtant. Pas un mot sur la mémoire inconsciente ; son système s'en passe ou, du moins, n'en laisse rien sinon une « mémoire chimique ». Le seul passage concernant la question, telle que l'entend Samuel Butler, est celui-ci : « Dans *Le Déterminisme biologique*, j'ai été amené à considérer les actes instinctifs comme le résultat de l'activité de parties adultes du cerveau, les actes intellectuels comme le résultat de l'activité des parties du cerveau dont les différents éléments n'ont pas encore contracté, les uns vis-à-vis des autres, des rapports invariables... L'homme, même très vieux, n'a jamais le cerveau tout à fait adulte... Il serait adulte dès l'éclosion chez des animaux n'ayant que des instincts et pas de trace d'intelligence », note à la page 106. — Il est tout à fait clair en ce qui concerne l'«activité cérébrale » dans ce qu'il dit des théories néo-lamarckiennes. Il tire les citations suivantes de *Primary Factors of Organic Evolution* (Chicago, 1896) de Cope : « (5) : Les mouvements de l'organisme sont causés ou dirigés par la sensation et d'autres états de conscience ; (6) Les mouvements habituels proviennent de l'expérience consciente ; (7) l'activité cérébrale rationnelle se développe par l'expérience, grâce à la mémoire et à la classification » — et le point de vue des néo-darwiniens sur les mêmes questions ; et il ajoute : « Pour quiconque adopte la doctrine de la CONSCIENCE ÉPIPHÉNOMÈNE, les trois paragraphes (5), (6), (7) ne sont même pas à étudier, puisque tout acte, volontaire ou involontaire, est déterminé par la structure physique de l'être et des conditions ambiantes ; tout ce qui a rapport aux instincts ou habitudes entre donc, au point de vue de l'hérédité, dans le cadre des caractères physiques de structure » (pp. 194-195). Cela semble réduire à néant la théorie de S.B. Mais dans ce

a. Catalan : « leçon de *catalanité* ».

cas la « mémoire » est une image, une métaphore ; en outre, Le Dantec, dans *Théorie nouvelle de la vie* parle d'une espèce de « mémoire physique ». Ainsi il pourrait admettre une théorie qui exclue le cérébral et qui, tout en rejetant le point de vue tout à fait lamarckien de Butler, fonctionnerait selon les mêmes principes que la théorie exposée dans *La Vie et l'Habitude*, c'est-à-dire s'appliquerait uniquement aux cellules, aux éléments chimiques... ? Il faut que je relise l'introduction de Hartog.

Dimanche. — L'Humeur, toute la journée. Ç'a été affreux ; je me suis levé très tard, ayant très peu dormi, et le sommeil de la matinée a gâché toute ma journée. Suis allé voir M. J'ai appris que C. partait, et que quelques personnes savaient la vérité sur ce qui s'était passé entre moi et —— à San Vicente. Je l'ai donc laissée dans l'état d'esprit qu'on peut penser, et j'ai eu une très forte attaque d'Humeur, d'abord place Ramiro, puis chez moi.

Jeudi, 31. — Je suis un peu mieux, et je pense que l'excursion à Carthagène m'a fait beaucoup de bien ; mais pourtant ce n'est pas la SANTÉ. Nous avons beau temps le matin, mais après midi une brise fraîche se lève et le temps est couvert et instable l'après-midi. J'en ai appris davantage sur le sujet de ma notation d'hier. On a dit à M. que « la jeune demoiselle » n'avait que quatorze ans ; j'en conclus donc qu'on croyait que j'avais affaire à sa jeune sœur, et non à elle. [*Trois lignes caviardées*.]

Ce matin j'ai reçu une lettre — que la *N.R.F.* m'a fait suivre — de l'éditeur d'une nouvelle revue française publiée en Suisse, qui m'offre de collaborer. Il dit m'avoir envoyé le premier numéro de cette revue, mais je ne l'ai pas encore reçu. Je lis l'ouvrage intéressant d'Eugenio Rignano, *La Transmissibilité des caractères acquis, hypothèse d'une centro-épigénèse.* C'est un livre écrit en français par un Milanais, qui contient, à divers endroits, quelques « spropositi[a] » dans ses phrases : ROYAUME (en histoire naturelle) pour RÈGNE, DIVERSE au lieu de DIFFÉRENTE, etc. ; et un grand nombre de fautes sur les subjonctifs. Tout cela rend le livre un peu difficile à lire, mais il est très intéressant. (Rignano est l'un des trois ou quatre hommes mentionnés par Marcus Hartog pour avoir exposé des théories de la vie fondées sur « la mémoire inconsciente », analogues sur certains points à la théorie de Butler dans *La Vie et l'Habitude.*) Son hypothèse est très bien, c'est-à-dire très clairement, démontrée ; elle contient en outre beaucoup de citations intéressantes d'Oscar Hertwig, de *Das Keimplasma* de Weismann, et des ouvrages de De Vries ; il cite également Delage et Le Dantec, ainsi que Wilhelm Roux. Oscar Hertwig lui fournit des faits intéres-

a. Italien : « impropriétés ».

sants et des points de vue très judicieux ; sa critique de la théorie de Weismann, particulièrement de la thèse de Weismann concernant la non-transmissibilité des caractères acquis, est un chef-d'œuvre de plaidoyer en faveur des thèses lamarckiennes.

Février

Samedi, 2 —. La Chandeleur ; les magasins, etc. ouverts jusqu'à 1 h ½. L'Humeur m'a quitté, et je me sens un peu mieux. Don Higinio, don Ramón ; l'habituel « paseo » sur l'Explanada, jusqu'aux Baños de Diana ; une belle journée, tout à fait « primaveral[a] » comme dirait —. Les festivités du carnaval ont commencé : Carmen est revenue de Campoamor les cheveux pleins de confettis. Eugenio Rignano admirable sur, ou contre, Weismann ; et pourtant si Weismann n'avait pas répandu les théories darwiniennes comme il l'a fait, la réaction lamarckienne, telle que l'a commencée S.B., et qu'ont poursuivie des hommes comme E. Rignano, aurait été impossible. (Rignano utilise le verbe français « douter » comme s'il s'agissait de l'italien *dubitare*[b].)

Lundi, 4. — Un peu mieux, particulièrement ce matin. Le livre d'Eugenio Rignano que j'ai lu critique et réprouve les systèmes de Spencer, Herbst, Oscar Hertwig, Orr et Cope. L'objection qui s'était déjà présentée, quand j'avais lu *La Vie et l'Habitude* est très clairement énoncée par E. Rignano : « Les points de ressemblance entre le phénomène mnémonique de l'association ou succession d'idées et celui du développement autogénétique ont déjà été très justement relevés par d'autres, et nous les examinerons d'une façon particulière dans le dernier chapitre [J'ai hâte d'arriver à ce dernier chapitre]. Il nous suffira ici de remarquer que le premier ne peut cependant pas servir du tout à expliquer le second. En effet, non seulement il appartient à un ordre de phénomènes encore... plus complexes que le phénomène même qu'il s'agit d'expliquer ; mais les conditions de genèse et de répétition des deux phénomènes sont différentes » (*Transmissibilité des caractères acquis*, p. 225.) Et pourtant il ne semble pas totalement rejeter la mémoire, ou une sorte de mémoire inconsciente. Nous verrons.

Ces derniers jours j'ai écrit quelque chose sur l'Espagne. Cela m'est venu en marchant dans les rues de Carthagène. Je pensais que ce serait un genre d'essai ; mais ça s'est présenté comme une simple collection d'impressions personnelles, une récapitulation. Je vais le copier ici.

a. Espagnol : « printanière ».
b. *Dubitare*, en italien, signifie « mettre en doute ».

SPAIN
1898-1918

Je suis venu en Espagne pour la première fois en 1896 (j'avais alors 15 ans). Ce fut une brève excursion, une journée passée à Saint-Sébastien. Nous avons quitté Biarritz, ma Mère et moi, par le train du matin et nous y sommes rentrés le soir. J'ai constaté que Saint-Sébastien n'était pas aussi différent de Biarritz que je l'avais imaginé. En outre, j'avais très peu d'idées sur l'Espagne. Je la voyais confusément, à travers les poèmes de Victor Hugo et certains de mes souvenirs d'enfance, comme un pays romantique et la grand-mère (la abuela) des républiques américaines. Ce jour-là à Saint-Sébastien j'étais tout à la joie de me trouver dans une ville étrangère, de remarquer les petites différences qui caractérisent le même genre de boutiques, de rues, etc., dans divers pays. Ce devait être un dimanche, ou un jour de fête nationale car j'ai gardé l'impression que m'avaient faite les schakos des soldats, ou, plus exactement, la couleur de ces schakos (à moins qu'à l'époque ils n'eussent l'habitude de les porter découverts tous les jours). La forme et les couleurs de ces schakos sont très caractéristiques et me donnèrent, plus que tout, le sentiment d'être en pays étranger. Naturellement, je ne pus m'empêcher de remarquer que les soldats espagnols étaient mieux vêtus que les soldats français. Le pays que nous traversâmes, entre Irún et Saint-Sébastien, me fit une telle impression que je le mis dans une sorte de poème en prose que j'écrivis un peu plus tard. J'essayai d'y traduire l'atmosphère de cette région de la côte atlantique de l'Espagne telle qu'elle m'apparut ce jour-là. Cette « chose » s'intitulait « Hernanda » ; l'Espagne qu'elle essayait de décrire ressemblait à une sorte de Norvège ou d'Islande romantique. Cette peinture partait d'une bonne intention, mais c'était, comme il fallait s'y attendre, complètement raté.

Nous sommes revenus en Espagne, ma Mère et moi, au printemps de 1898, et nous avons « fait » les principales villes au cours d'un circuit d'environ six semaines, descendant jusqu'à Gibraltar et Tanger. Notre itinéraire fut le suivant : Madrid (avec des excursions à Tolède et à l'Escurial) — Cordoue — Séville — Grenade — Ronda — Algésiras — Gibraltar (Tanger, et retour à Gibraltar) — Cordoue à nouveau — Madrid — Saragosse — Barcelone, et de là retour en France. J'avais alors dix-sept ans, et j'avais acquis quelques connaissances sur l'Espagne. Comme beaucoup de mes contemporains, je divisais approximativement les nations d'Europe, en fonction de leur développement économique et de leur degré de civilisation, en trois classes, qui correspondaient, d'une certaine façon, aux classes des wagons de chemin de fer : ainsi je considérais l'Allemagne (où j'étais allé) et l'Angleterre (d'après mes lectures) comme des nations de première classe ; la France faisait un bon pays de seconde classe ; et l'Espagne une troisième classe vieille, miteuse et crasseuse. Je croyais notamment ce que le Baedeker m'avait dit : que les hôtels espagnols manquaient beaucoup de confort, et même de propreté ; qu'il était impossible de séjourner dans les « casas de huéspedes[a] », en particulier lorsqu'il y avait des dames parmi les voyageurs ; qu'on devait prendre soin d'éviter tout contact avec les « indigènes » ; qu'il valait mieux se procurer des médicaments anglais et français avant un voyage en Espagne car il était dangereux d'avoir affaire aux pharmaciens espagnols ; qu'en cas de maladie ce serait pure folie de faire appel à un médecin espagnol, mais que le voyageur devrait chercher à savoir s'il n'y avait pas un médecin anglais, français ou allemand en ville et l'envoyer chercher ; que, en raison de la saleté des voitures de chemin de fer et des « habitudes des indigènes », il était absolument nécessaire de voyager en première classe ; que la cuisine espagnole ne devait même pas être goûtée par les voyageurs étrangers, etc., etc. Je croyais que l'Espagne était une espèce de Maroc plus civilisé, où l'Histoire s'était arrêtée autour de 1800 (sinon avant), et que cependant c'était un pays qui valait la peine d'être découvert, en raison de son passé glorieux, de son art et de son « pittoresque » presque africain ; mais que pour le voir, le voyageur devait en passer par certaines tribulations faites de voyages ferroviaires lents et ennuyeux, de nourriture détestable, d'une absence presque totale de ce qui fait le confort européen, et même de quelques dangers. À ce prix, on pouvait voir l'Espagne de l'école romantique française, la terre de *Carmen*, les guitares, les courses de taureaux, les filles brunes aux fleurs dans les cheveux, une grande salle de danse, une « feria » perpétuelle... Nous nous sommes donc soumis, ma mère et moi, à la lettre, à la loi de Baedeker, descendant dans les meilleurs hôtels, dans les quartiers les plus « européens » des villes où nous séjournions quelques jours, etc., prenant grand soin d'éviter tout contact avec la vie quotidienne espagnole ; le faisant néanmoins, à notre corps défendant, en deux ou trois occasions, — par exemple quand il nous fallut prendre notre petit déjeuner ou notre dîner dans un buffet de gare (à Bobadilla, je m'en souviens), ou passer la nuit dans une petite FONDA[b], comme celle de Ronda — son grand « palace » luxueux n'existait pas alors ! — qui consistait en chambres à l'étage, au-dessus de la gare. Et dans ces occasions, la vie espagnole ne m'a pas paru aussi extra-européenne que Baedeker la décrivait.

Mais j'avais d'autres notions concernant l'Espagne ; qui ne venaient pas de guides, mais de livres d'histoire, de conversations,

a. Espagnol : « chambres d'hôtes ».
b. Espagnol : « auberge ».

de faits, etc., et, surtout, des premières impressions et des souvenirs de mon enfance, dont j'ai déjà dit un mot. L'Espagne que j'imaginais était en partie l'Espagne de l'école romantique française, en partie l'Espagne de la « Reconquista[29] », des « Maures et des Chrétiens », et en partie la métropole de l'Amérique hispanique, la « Abuela ». Mon rapide voyage à travers l'Espagne de 1898 vint confirmer ou modifier ces notions.

C'était l'année de « el desastre colonial[30] », où la peseta était au plus bas, et les régiments vaincus revenaient de Cuba, Porto Rico et des îles Philippines, les derniers vestiges du pouvoir naval de l'Espagne ayant disparu lors du désastre de Cavite. Je me souviens du retour des « rapatriados » dans leur pauvre uniforme colonial en coton jaunâtre à rayures noires ou bleu foncé. À Barcelone, au bout de la Rambla, deux d'entre eux ont essayé de nous vendre quelques gros cigares qu'ils avaient rapportés, disaient-ils, de Manille. À Ronda j'en ai vu un qui rentrait chez lui et que les gens, ses amis, sa famille étaient venus accueillir à la gare. Beaucoup ne sont revenus que pour mourir ; et nous avons vu beaucoup d'obsèques de ces soldats. (Qu'étaient devenus les brillants « lanceros de Filipinas[a] » ? Je me le demande.) Et à Madrid, combien de vieux généraux y avait-il qui montaient et descendaient la Castellana[31] dans leur uniforme élimé, par des après-midi ensoleillées ! (Comme je voyais des étoiles sur leurs manches, je pensais qu'ils étaient tous généraux.) J'ai vu le roi, au visage pâle et maladif, sortir du palais avec son professeur d'équitation. C'était un joli enfant, en dépit de son apparence maladive. Je me souviens des leggings gris-perle qu'il portait ce jour-là[32]. En visitant l'Armeria et l'Escurial[33], je ne pouvais m'empêcher de me demander comment un pays aussi pauvre, aussi éprouvé, pouvait s'offrir le luxe de l'entretien d'une cour et de l'appareil d'une monarchie... Naturellement, la grande pauvreté du pays et la crise qu'il venait de traverser ne pouvaient que confirmer les propos de Baedeker. Et pourtant je n'étais pas entièrement trompé par les apparences. Je n'ai pas cessé de percevoir, pendant tout notre voyage, les deux notes contradictoires — discordantes — que d'autres voyageurs ont remarquées à l'époque, et après (Frank Harris, par exemple) : la coexistence du très ancien et du très moderne comme s'il y avait véritablement eu une coupure, à un moment ou à un autre, dans l'histoire de la péninsule. L'électricité, par exemple, qui semblait partout en usage, même dans les quartiers les plus pauvres des petites villes, qui semblait avoir été en usage en Espagne encore plus tôt que dans d'autres pays plus développés, me faisait constamment entendre la note du « nouveau », alors que les quelques villages de Castille, à moitié en ruine, que l'on voyait du train, la saleté de tant de rues, l'aspect délabré de

a. Espagnol : « lanciers des Philippines ».

tant de bâtiments, boutiques, etc, et les bandes de mendiants qui nous suivaient chaque fois que nous sortions de l'hôtel me faisaient entendre la note de l'« ancien monde ». Et aussi, le contraste entre le vieil « Hôtel de Rome[34] » à Madrid, au bout de la calle de Peligros, et la très moderne calle de Alcalá toute proche. Cet Hôtel de Rome avec son patio ressemblait tout à fait à une bonne FONDA provinciale, mais en plus grand. Un séjour de deux ou trois jours permettait de savoir ce que la bonne bourgeoisie de province considérait comme satisfaisant en matière de confort et de ~~netteté~~ propreté, ce qui était effectivement très peu ; et pourtant il y avait cette magnifique calle de Alcalá, et des parties de l'« ensanche[a] » déjà commencées, la masse énorme d'un bâtiment officiel alors en construction, — le Ministerio de Fomento[b] , si je me souviens bien. À Séville aussi, pas très loin du vieil Hôtel de Madrid, très oriental, avec ses deux ou trois patios, sa salle à manger façon Alhambra, on construisait la nouvelle mairie. (Je l'ai vue terminée, des années plus tard, et j'ai été surpris de constater que les pierres, que j'avais vues d'un blanc éblouissant, étaient déjà devenues un peu grisâtres)[35]. Mais le plus grand contraste, je l'ai constaté quand, le lendemain de notre départ de Saragosse, nous nous sommes retrouvés à Barcelone. À cette époque je ne savais rien de la Catalogne et de la question catalane. Je pensais simplement que c'était l'une des quarante-neuf provinces d'Espagne et je regardais donc Barcelone comme la plus grande ville d'Espagne après Madrid, sans me douter le moins du monde qu'elle était la métropole de l' — éventuel — État autonome de Catalogne. Elle m'apparaissait comme la ville méditerranéenne la plus grande et la plus moderne de toutes celles que j'avais vues : plus grande et plus moderne que Marseille, Gênes, ou même Naples ; et j'accordais à l' « Espagne » le mérite de s'être construit la plus belle métropole maritime de la Méditerranée.

Dans l'ensemble on avait l'impression qu'on avait équipé le vieux wagon de 3e classe d'un système d'éclairage ou de chauffage tout nouveau, on ne peut plus « récent », comme si l'on espérait qu'avec le temps on le moderniserait si bien qu'il deviendrait le modèle de wagon le plus perfectionné existant en Europe.

À mon retour en France, ma vieille idée de l'Espagne de la « Reconquista », si elle n'avait pas disparu, avait du moins trouvé sa juste place, et ma conception de l'Espagne comme étant avant tout le « découvreur » et la métropole du Nouveau Monde et du Nouveau-Nouveau Monde (« el Novísimo Mundo », c'est-à-dire l'océan Pacifique et les parties orientales de l'Archipel malais), avait gagné tant de terrain que j'attribuais tout ce qui m'avait frappé par sa modernité en Espagne en partie à l'influence directe de l'Amérique

a. Espagnol : « lotissement ».
b. Ministère des Travaux publics.

(la République argentine, le Chili, Cuba, etc.), en partie à l'énergie propre à la « race espagnole », — une énergie qui avait créé des villes comme Buenos-Ayres et Montevideo en Amérique, et Barcelone en Europe. Je suis alors devenu tout à fait optimiste pour l'avenir de l'Espagne, et je suis tombé amoureux de Barcelone, comme on s'éprend d'un nouvel auteur qui exprime avec force et maîtrise les pensées qui s'élaboraient vaguement dans notre esprit, mais qui n'étaient pas parvenues, jusque-là, à la clarté de la conscience et de l'expression. Je pensais alors : « Il n'y a qu'ici et en Allemagne qu'on peut trouver des villes aussi nouvelles. » Je ne savais pas que Madrid est la plus récente de nos grandes capitales[36], mais elle m'avait certes impressionné comme une très grande capitale. (Je me souviens de notre arrivée là-bas, au petit matin : l'aspect des premières petites rues, incontestablement des rues de grande métropole en dépit de leur étroitesse ; puis les plus grandes, éclairées çà et là par des boutiques où l'on mange, des buvettes, et des femmes qui traînaient autour de ces zones éclairées ; et de hauts immeubles partout. Comme un Paris étrange et violent ; un Paris « sauvage ». Je n'étais pas préparé à cela.) Je suis tout à fait certain maintenant que si je n'avais pas d'abord vu Madrid, je n'aurais pas eu une aussi haute idée de Barcelone ; je veux dire qu'à mes yeux le grand mérite de Barcelone résidait dans le fait que, toute belle ville qu'elle fût, elle n'était que la deuxième ville du pays.

Quant à mon idée banale d'une Espagne vue par l'école romantique française, elle avait été modifiée, mais peu. Elle s'était modernisée. J'avais vu des dames en mantille, les NOVIAS[a] au balcon, parlant à leurs NOVIOS en bas dans la rue ; j'avais entendu beaucoup de guitares, et dans l'un des hôtels où nous avions séjourné, les señoritas avaient organisé un bal où plusieurs d'entre elles avaient dansé des danses nationales ; j'étais allé à une ou deux courses de taureaux ; et j'avais vu des FERIAS et des processions. Pourtant cela ne ressemblait pas tout à fait à ma vieille idée préconçue de l'Espagne. Là aussi j'avais pris conscience de quelque chose d'authentique, que les ROMANTIQUES français n'avaient pas perçu, ou avaient ignoré ; quelque chose que je ne pouvais définir ni exprimer, mais que je ressentais intensément, et qui me faisait penser : il faut que je revienne voir cela. Toutefois l'impression dominante que j'avais était celle d'une « Espagne nouveau-monde ».

Depuis lors, au cours de quelques voyages dans la péninsule et pendant un séjour (hiver et printemps 1905-1906), j'ai observé la croissance de l'Espagne moderne, particulièrement de deux villes espagnoles (Madrid et Valence). (Je me souviens bien de leur aspect ancien et je peux le comparer au nouveau.) Dans l'intervalle j'ai approfondi mes connaissances de l'histoire et de la situation

a. Espagnol : « petite amie, fiancée ».

actuelle de l'Espagne. Je connaissais les grandes lignes de l'histoire de la Catalogne et du mouvement séparatiste en général. Je lisais Altamira et des extraits de livres de Joaquín Costa[37]. En outre, je me rappelais mes anciennes impressions et les comparais avec les nouvelles qui me venaient, en retirant beaucoup plus que ce que j'avais cru pouvoir faire, en raison de la brièveté de mon premier voyage en Espagne. L'Espagne, évidemment, ne m'a jamais intéressé comme NATION, mais comme PAYS, l'un des quatre pays. En fait j'ai maintenant le sentiment que c'est la nation Espagne qui a empêché, ou plutôt retardé, la croissance et le développement du pays Espagne (comme partout ailleurs, je pense). Bien des choses qui m'avaient frappé et intrigué lors de mes premiers voyages ont trouvé une explication pendant mon séjour de 1905-1906. Je me suis complètement immergé dans la vie espagnole, et m'y suis suffisamment habitué pour l'aimer, sans pourtant l'aimer autant que la vie anglaise. J'ai connu alors les véritables « fondas » espagnoles, les « casas de huéspedes », les mœurs de la bourgeoisie espagnole, le « caciquismo[38] », les partis politiques, etc. J'ai appris que l'Andalousie était la terre sainte de la tauromachie et de l'art de la danse. Sans revoir Grenade, j'ai compris — l'ayant vue une fois, — ce qu'elle représentait, son caractère, sa fonction ; de même pour Séville ; de même pour Saragosse, etc. etc. J'ai loué un appartement espagnol dans une maison espagnole ; j'ai eu des domestiques espagnols ; je me suis nourri de « cocina » espagnole. J'en suis venu à bien connaître les vapeurs espagnols et la vie qu'on mène à bord du *Giralda* ou de quelques bateaux de ce genre qui relient Barcelone à Santander. À cette époque je parlais l'espagnol assez couramment, en ayant su quelques rudiments depuis l'âge de onze ou douze ans. J'ai appris quelques mots de catalan et de valencien.

Plus tard, pendant les années 1908-1914, quand je passais une bonne partie de l'été en Angleterre, j'aimais comparer les deux pays. Séjournant à Londres, l'endroit du monde où j'ai été le plus heureux, je sentais, de temps en temps, la nostalgie de l'Espagne, et fréquentais la librairie espagnole de Charing Cross Road, et une maison ou exposition espagnole (exposition d'art) qu'on avait ouverte, une année, au coin de Conduit Street, si je me souviens bien. Je me souviens avoir écrit dans mon journal, quand j'étais à Bristol, après avoir vu St Mary Redcliffe et m'être promené le long de Baldwin Street : « Bristol est la rivale pauvre de Séville ; la Séville des pirates[39]. » Cette notation donne le ton de mon impression générale quand je comparais l'Espagne et l'Angleterre. Ce sont deux pays de « l'extrême Ouest » ; chacun d'eux s'est développé un peu à l'écart des autres pays du continent. L'un a formé une civilisation INSULAIRE ; l'autre a formé une civilisation PÉNINSULAIRE. Mais la civilisation espagnole, prise dans son ensemble, c'est-à-dire englobant son histoire économique, politique, artistique, littéraire, sociale, etc., est plus ancienne, plus riche, plus grande que la civilisation anglaise. Ceci, je le sais, semble un peu paradoxal, et est difficile à expliquer, mais les 50 ou 60 années à venir l'expliqueront. Et alors, il pourrait se faire que la vie espagnole soit aussi confortable que la vie anglaise.

Actuellement, en cette année 1918, l'Espagne est le plus grand des pays européens qui survivent intacts au milieu de l'éclipse presque générale de la civilisation européenne. Elle continue, sans interruption, l'histoire européenne, d'où les nations plus grandes ont momentanément disparu. Cela seul, indépendamment de l'accroissement de sa richesse et de son important développement matériel, la rend plus européenne, — moralement européenne, — plus continentale qu'elle l'a jamais été depuis deux siècles. L'autre jour, quand je contemplais le paysage presque africain d'Elche, j'ai soudain ressenti une grande joie à la pensée de la croissance des villes espagnoles, des « ensanches » sur les cartes qui remplissent si rapidement leurs « solares[a] » de constructions, et des nouvelles gloires de Madrid, Barcelone, Valence, Salamanque, etc. : Ramón y Cajal, Pi y Suñer, R. Tarró[40], et tant d'érudits dans tous les domaines du savoir ; les artistes ; les sculpteurs, les poètes : Miró, Enrique Diez-Canedo (comme critique, au moins, « hasta ahora[b] »), Ramón Gómez de la Serna, etc. Je pensais à la promesse contenue dans ce développement, dans ces noms, et je m'écriais à haute voix (j'étais seul alors dans le wagon) : « Elche est une ville européenne, maintenant ! Ceci est un paysage européen ; il est nôtre ! Il est nôtre ! »

Dimanche, 10. — Depuis que j'ai fini de recopier les lignes ci-dessus, j'ai reçu le paquet de livres que j'avais commandés chez Le Soudier ; tous ne sont pas arrivés mais la majeure partie de ceux qui étaient sur ma liste : *Histoire de la musique* de J. Combarieu[41], que je voulais à la fois comme manuel pour mon usage personnel, et aussi pour mieux comprendre et traduire les notes et allusions de Butler. J'ai déjà lu les quelques pages concernant Handel[42], qui n'auraient certainement pas plu à Butler. Je lis maintenant le premier chapitre du premier volume de la traduction de *Wyandotté* de Cooper par Defauconpret[43], pour le comparer avec le texte (envoyé par M. Voldoire, qui a eu la gentillesse de le rechercher dans La Thébaïde). J'ai commencé cette tâche. — *Soirées de Saint-Pétersbourg* de J. de Maistre, que je connaissais très imparfaitement[44] ; les lirai plus tard, quand j'aurai fini les volumes de Combarieu. — *Transformisme* d'Edmond Perrier. — Les *Métamorphoses* d'Ovide, car je veux garder le contact avec la poésie latine. — Mercredi j'ai reçu cinq exemplaires d'*Enfantines*, tout neufs, imprimés à FONTE-

a. Espagnol : « terrains vagues ».
b. Espagnol : « jusqu'à maintenant ».

NAY-AUX-ROSES ! et presque sans fautes d'imprimerie (j'en ai compté trois dans le livre, ou du moins dans les passages que j'en ai lus) — : Röschen a bien son ö (il ne fait pas de doute que l'imprimeur va se faire arrêter comme espion allemand). Tout cela signifie que Marcelle J[eanniot] a travaillé dur et s'en est tenue à mes corrections en lisant les épreuves. J'en ai donné un exemplaire à Eduardo, et envoyé un à E. Diez-Canedo, un à Miró et un à M. Voldoire. — J'ai fini de lire le livre de Rignano. Le dernier chapitre a déçu mes attentes. Pourtant il est très habile, d'un point de vue lamarckien. Mais ses trois hypothèses sont trop audacieuses, et manquent de logique. En montant son « échelle d'air » il ne « doute » pas[45] d'écrire des choses comme ceci : « La raison intime de l'attraction sexuelle des deux germes résiderait donc dans LEUR CAPACITÉ DE VIBRATIONS SYNTONIQUES » !! La première hypothèse est fondée sur les expériences de Roux et d'Oscar Hertwig sur des demi-embryons. L'ouvrage tout entier, d'autre part, repose sur la « loi » de Serres ou Fritz Müller : « L'Ontogenèse, une récapitulation de la phylogenèse ». Mais est-ce bien une « loi » ? N'est-ce pas une autre hypothèse ? Quoi qu'il en soit, la critique que Rignano fait du weismannisme est très satisfaisante — du moins pour des lecteurs lamarckiens, et son principal argument contre Le Dantec me frappe par sa grande habileté : il fait remarquer que, si des différentiations ne se produisent que lorsque la cellule (ou ses éléments) sont dans ce qu'il appelle la « condition n° 2 », le processus entier tendra fatalement à la DESTRUCTION. Cela ne m'était pas venu à l'esprit quand j'avais lu Le Dantec, ce qui prouve que je suis encore très « néophyte » en ce qui concerne les questions de biologie. — Rignano donne de mauvais conseils au traducteur français de travaux scientifiques ; je veux dire que l'exemple qu'il donne est déplorable : non seulement chez lui les italianismes sont nombreux, mais son vocabulaire technique est presque entièrement composé de « francisations » grossières de termes allemands et anglais. Dans la traduction d'un livre comme *La Vie et l'Habitude*, si littéraire, d'une telle valeur comme œuvre d'art, cela ne passerait pas. — Je me suis senti mieux, et je me sens mieux. (Depuis que j'ai commencé à porter le scapulaire que j'ai acheté à Carthagène.) J'ai travaillé (les *Carnets*), et je me sens assez solide pour continuer à travailler.

Splendides matinées : Don Higinio, don Ramón ; des heures sur la terrasse du casino ; des petites promenades sur l'Explanada et le port. D. José Guardiola est venu l'autre jour. — Ce soir j'ai lu quelques nouvelles de Silverio Lanza[46]. Elles ressemblent aux *Cuentos* de Leopoldo Alas, mais en plus direct, avec davantage de « sal ». Je ne pense pas continuer mon journal, du moins jusqu'au mois prochain ; je désire le laisser un peu de côté. Mais avant de le refermer, il faut que je note deux choses : d'abord, que j'ai lu (puis prêté à don Ramón) le nouveau livre de J.-E. Blanche (*Cahiers d'un artiste*, IVe partie[47]) que j'ai reçu mercredi par les soins de la N.R.F. Je ne l'ai pas entièrement lu ; mais on y trouve des choses intéressantes : l'atmosphère, etc., et, pour moi, les passages qui se rapportent à des amis et connaissances : Sonia (Mme Edwards), Saint L. L. (Leger), Valentine Gross[48], et « les amis de la N.R.F. », les « génies ». J'aurais cru avoir passé quelques heures à Paris, avec mes amis français. — 2° Le nouveau départ de Carmen G. Un grand « acontecimiento[a] » ; je l'aide à réaliser son vieux rêve ; cela ne me coûte pas beaucoup, et ça valait la peine de tenter ce « valeureux sauvetage ». La dernière fois que je l'ai vue, je pensais qu'elle « tournerait mal », mais j'ai constaté, aussi, qu'elle se battait énergiquement pour parvenir à la « respectabilité ». Il sera intéressant de voir le résultat.

Mars

Vendredi 1er. — Depuis que j'ai arrêté d'écrire ici j'ai connu des jours de santé presque parfaite, des jours de maladie, et des jours où j'ai été accablé par l'Humeur. Février a été très beau à Alicante, et j'ai eu des matinées merveilleuses, ces matinées sud-méditerranéennes, presque trop belles, qui font penser aux chansons napolitaines et à la mauvaise poésie allemande. Mais il semble que mars veuille nous faire payer tout ce bonheur et cette chaleur. Je ne me suis pas senti bien ni hier, ni aujourd'hui. Depuis dix jours je lis régulièrement et je travaille de façon presque régulière (*Histoire de la musique* de Combarieu ; j'en suis à Rameau.) J'ai reçu une très gentille lettre d'Ed[mund] Gosse, à qui la N.R.F. a envoyé mon livre. Cette lettre est tellement flatteuse pour moi que je la colle ici ; elle a aussi valeur d'autographe[49]. Gide et Royère m'ont écrit pour me remercier pour les dédicaces de deux des *Enfantines*. J'ai également reçu une lettre d'un jeune Suisse, inconnu de moi ; c'est une lettre étrange, très enthousiaste, particulièrement pour *Barnabooth*. Il dit qu'il a écrit deux livres qu'il m'aurait envoyés si les envois (de Suisse) n'avaient été interdits. Il y a de l'humour dans cette longue épître, comme lorsqu'il écrit : « C'est drôle, à Genève, vous n'êtes pas très connu. » Cela m'a plu ! Je lui répondrai, mais sans manifester aucune familiarité. J'ai répondu à la lettre de M. Gosse. — Aujourd'hui : lu au lit jusqu'à dix heures ; puis au casino ; ensuite sur l'Explanada, calle de la Princesa, etc. ; puis chez don Higinio, qui ne m'a pas trouvé très bien. Après COMIDA[b], Concha est revenue, ce qui nous a pris au dépourvu ; mais c'est un soulagement,

a. Espagnol : « événement ».
b. Espagnol : « repas ».

autant pour Lola que pour moi. Sorti de 5 à 6. Retour chez moi ; travaillé aux *Carnets* jusqu'à 8 h ½.

Dimanche 3. — L'HUMEUR ! D'abord j'ai passé une mauvaise nuit. Me tournant et me retournant dans mon lit, puis complètement éveillé de deux à quatre heures. Je me suis levé et ai pris Lemaistre de Sacy[50] sur les étagères car je voulais voir comment il a traduit « to buy the Holy Ghost with a price » ! Mais comme il m'était impossible de dormir, j'ai lu tous les Actes[51] « de un tirón ». J'aime la façon dont il a traduit : « exceptis vinculis his » : « à la réserve de ces liens ». Un dimanche froid et venteux. Je ne me suis pas senti bien de la journée. Beaucoup lu : Combarieu ; voici une opinion curieuse qu'il émet sur Haendel : « la grandeur du style, la clarté, la puissance improvisatrice, la netteté du rythme, le mouvement, la vie, et UNE SORTE DE DÉTACHEMENT GÉNÉRAL. » Un livre transmis par la N.R.F., un service de presse avec une aimable dédicace : « ... qui m'a fait chérir Fermina Marquez... » (mais qu'est-ce que ça signifie ?) Quoi qu'il en soit, j'ai lu environ 150 pp. de ce livre, un roman, et ça ne m'a pas beaucoup plu. — Puis les dames T... sont venues, avec deux des fillettes, mais pas la petite que j'aime bien (Carmin). J'ai ensuite travaillé un peu. Mais l'Humeur ne cessait de me torturer, même quand les petites filles étaient là ; et ensuite, après leur départ alors que je parlais avec doña Dolores, je me sentais au bord des larmes, bien que nous parlions de broutilles. Je pensais continuellement à — [*Quatre mots caviardés*] — et pourtant ? E[duardo] est rentré tard cette nuit ; pas un mot d'elle [*Trois mots caviardés*.] Je m'y attendais. Pourtant c'est très dur. Je me sens traité sans égards [*Deux mots caviardés*], bien que je croie que je devrais être content de m'en être sorti. Nada. Hay que agarrarse... al trabajo[a].

Mardi, 5. — Journée humide (du vent et une pluie battante, pas de froid). Je me sens mieux, à la fois moralement et physiquement, mais je n'ai pas travaillé aujourd'hui. D'abord au casino ; puis chez don Hig[inio] où nous avons écrit une lettre pour doña C. En rentrant chez moi, j'ai trouvé un journal, transmis par la N.R.F., de Barcelone à Paris, puis de Paris à Alicante. C'est un numéro du journal *Publicidad* avec un court article de José M. Junoy[52] sur... *La Jeune Parque* ! Quel plaisir de le lire ! C'est Junoy lui-même qui me l'avait envoyé, sachant qu'il me ferait plaisir. C'est un très court article : vingt lignes et une longue citation ; il y a chez Junoy le même genre de modestie que dans l'*Hommage à Rameau* de Debussy. Il avoue qu'il ne comprend pas très bien le sens général du poème de Valéry. — J'ai continué Combarieu. — L'après-midi Eduardo et

a. Espagnol : « Rien. Il faut s'accrocher... au travail. »

moi avons pris un taxi pour aller, à travers des faubourgs poussiéreux, au « huerto[a] » d'Oscar Esplá où nous avons passé trois heures. Il a joué un morceau de Debussy à l'orgue ; j'ai bien aimé, mais j'aurais préféré entendre l'*Hommage à Rameau* auquel j'ai pensé sans cesse ces derniers mois, l'entendant même dans mes rêves. Puis il a joué au piano plusieurs de ses compositions personnelles : une de ses *Evocaciones* ; son *Canto de Vendimia* ; l'intégralité des morceaux de *Hogar* (courts morceaux illustrant différents épisodes de divers « contes pour enfants », comme *Caperucita Roja*, *Barba Azul*[b] etc.). Au début je ne comprenais pas, et je n'ai rien entendu du morceau d'*Évocation*. C'était parce que je n'avais pas entendu de musique depuis longtemps ; elle ne faisait qu'accélérer mes pensées, les troubler, sans me laisser le temps, ou le loisir, de m'intéresser au sens de la musique elle-même. Il ne pouvait s'en apercevoir, et bien évidemment il fallait que je dise que cela me plaisait beaucoup. Mais avec le *Canto de Vendimia,* j'ai commencé à pouvoir suivre la musique, et mon admiration, cette fois, n'était pas feinte. Il va de soi que j'ai mieux compris les morceaux d'« enfantines » : ils sont plus simples, et je m'étais habitué à entendre la musique. Cela m'a fait beaucoup de bien. Je lui ai exposé, sommairement, le point de vue de Butler sur Handel et J.-S. Bach[53] ; O[scar] E[splá] est *bachien*. Nous avons parlé de Debussy, de Ravel, des *Reflets d'Allemagne* de Florent Schmitt[54], de G. Miró, et de Juan Ramón Jiménez[55], dont il m'a prêté un livre, *Poesias escojidas* (sic)[c]. En rentrant j'ai lu, dans le livre d'Eduardo, un livre de la collection Nelson, le *Chaperon rouge* et *Barbe-Bleue* de Perrault (et j'ai vraiment trouvé ça très faible) et un petit conte d'Hégésippe Moreau[56], dans le même livre, *Les Petits Souliers*. Puis j'ai ouvert le livre de Juan R. Jiménez. Il ne me plaît pas beaucoup. Il est évident qu'il y a de très belles choses, de-ci de-là. Ce vers :

COMO LA FLOR DEL ALMENDRO, COMO LA MEJORANA,

où il y a une belle « caida » jammesque sur le mot « mejorana ». Il met des *j* partout [*Trois mots caviardés*] au lieu de *g*, comme : virjen. No importa. Mais ce que je n'aime pas c'est le mot RELOJ écrit RELÓ. J'ai toujours aimé le *j* du mot RELOJ : « El reloj de Principes ». RELÓ est vulgaire ; c'est l'horloge automatique ou électrique qu'on met, à Paris et à Londres, dans certains hôtels, où l'on distribue l'Heure à domicile. Des mots comme NOSTALJICO, etc., ont tout l'air de mots cubains ou nicaraguayens qu'on vient d'inventer. Il y a un poème sur LES LARMES ! Il connaît surtout cette vallée et Arudy, etc. — Le

a. Espagnol : « jardin », ici maison de campagne.
b. Espagnol : *Le Petit Chaperon rouge, Barbe-Bleue.*
c. Le *sic* est de Larbaud : on devrait en fait trouver *Poesías escogidas.*

« huerto » d'Esplá ressemble (ou EST en fait ?) à une vieille « posada » ou « venta » (= auberge) autour de laquelle on a dessiné un genre de jardin andalou (pourtant on y trouve la pergola typique des fermes de la Huerta alicantine). De la route elle semble à l'abandon, et même en ruine. De la cour, on dirait une ferme ordinaire ; mais une fois à l'intérieur, on est surpris d'y trouver autant de confort, et même une grande apparence de LUXE. La grande pièce, AVEC UNE CHEMINÉE, un bow-window, de grandes fenêtres, l'orgue, le piano, des statues, des livres, des meubles splendides, nous transporte d'emblée loin d'Alicante. C'est Madrid, Paris, Londres, Vienne, et cela au milieu de la Huerta, avec une large vue sur la plaine, les oliviers, la mer (Santa Pola, la baie), les montagnes, le Castillo d'Alicante, la gare de Madrid. Il y avait de la neige sur la sierra. Oscar Esplá ne sait pas le bien qu'il m'a fait en jouant. Naturellement, comme d'habitude, j'avais l'air si stupide et je trouvais si peu à dire que lorsqu'il s'adressait à moi il élevait la voix, pensant que je ne comprenais pas bien l'espagnol. Néanmoins Eduardo m'a dit qu'Oscar avait l'air de m'apprécier.

Maintenant que je suis assez bien pour travailler, j'aimerais mettre un peu d'ordre dans ma façon de vivre. Je travaille à « Martre », mais sans rien écrire : je prépare simplement deux ou trois chapitres, si bien que maintenant, je les connais entièrement par cœur. J'ai laissé « L'Ange » complètement de côté. Je ne pense pas qu'il est nécessaire de l'écrire ; bien sûr cela me donnerait du plaisir. Mais une fois écrit, il serait publié, parce que je ne pourrais pas refuser si les gens de la N.R.F. le demandaient. Mais alors je pense que personne ne l'apprécierait. Miró est un bon exemple à suivre. Je viens de lire *Dentro del Cercado* (la nuit dernière, car je n'arrivais pas à dormir). C'est un beau travail : tout ce que fait Miró est bien ; avec lui n'importe quel sujet fait l'affaire ; qu'on lui donne un sujet et il créera ses merveilleux « paysages vus à travers diverses sensibilités ». Mais je n'ai pas cette excuse ; mon travail n'est pas un travail de ce genre, et j'ose croire — ou j'espère — que « Henri », par exemple, n'en sera que meilleur parce que je me suis abstenu d'écrire « L'Ange ». Par ailleurs, il y a d'autres choses. Depuis que j'ai reçu Ovide, j'ai pratiquement tout relu des *Métamorphoses*, et j'ai pensé à rédiger des notes ou « interprétations » de ce poème, comme j'avais projeté un petit livre fait de notes, sur, autour ou à propos de Catulle. Actuellement je repense à ce livre sur Catulle. Cela me fait donc : « Martre », « Catulle » (je devrais lui donner un autre titre, ou « Sirmio » comme je l'avais d'abord envisagé en 1915), « L'Ange », « Ovide », « Henri », — et... la traduction des *Carnets* et de *La Vie et l'Habitude* ! Je pense que la meilleure solution c'est de ne travailler à rien tant que je n'en aurai pas fini avec les *Carnets*.

Vendredi, 15. — J'étudie la traduction de *Wyandotté* par Defauconpret. Il saute tout ce qu'il peut. Je pouvais à peine y croire. Toutefois il est généralement exact dans ce qu'il traduit. Sa façon de franciser les choses consiste à faire d'une phrase anglaise deux ou même trois phrases françaises. Il esquive certaines difficultés. Je n'ai vu qu'une seule faute dans la traduction de la devise au début du chap. IX. — J'ai également lu des drames de Florencio Sanchez[57] ; trois d'entre eux. J'en ai aimé un, *Los Muertos*. —

Dimanche 17. — L'Humeur. Une belle matinée, mais... l'Humeur ! Je pense que j'ai fait exactement la même chose que l'an dernier à la même date. Je suis allé à Benalúa voir don Ramón. Il m'a donné un de ses croquis récents (encre et « gouache »[58]). Rentré tôt. Puis appris pour Carmen, etc. À la maison encore ; les jeunes T. et B. y étaient. Je les ai laissées très vite et suis allé dans ma chambre, où j'ai commencé à vérifier divers mots dans le petit ouvrage de Fétis[59], que j'avais pris dans la bibliothèque de don R[amón] (tout comme l'année dernière !). Ce matin j'ai reçu des lettres [*Une déchirure sur quatre lignes*.]

Mardi 19. — [*Début de ligne fragmentaire.*] Hier, au milieu d'un paquet de lettres de France, j'ai reçu une carte postale de Marguerite Audoux, très affectueuse, etc. Elle avait choisi une vue de Fontenay-aux-Roses, le « Collège Ste-Barbe » ! J'ai d'abord vu la photo. [*Une ligne biffée*.] Elle dit avoir passé ses vacances près du collège Ste-Barbe qui est actuellement occupé par plusieurs familles belges (!!) Marg[uerite] Audoux y allait fréquemment, et elle a relu *Fermina*[60] là-bas, dit-elle. D'après cette carte, je constate que les jardins sont mieux entretenus qu'ils ne l'étaient quand j'y suis allé en 1907. Penser à Fontenay-aux-Roses, et à Mercedes E., à Julio et Pablo S. [*Trois lignes biffées*.] Comme c'est gentil de la part de Marg. Audoux de m'envoyer cette photo [*Lacune consécutive à la déchirure signalée plus haut.*] aujourd'hui, de bonne heure, sont arrivés les meubles que j'ai achetés pour les offrir à Pepita et aux autres dames, en même temps que le joli petit fauteuil à bascule que j'ai acheté pour ma chambre. Temps magnifique ; le « spirit of delight[61] » partout, sur terre et sur mer. La señorita Elisa et son jeune frère ont dîné avec nous. Elle a lu un des drames de Florencio Sánchez, et riait des nombreux américanismes qu'il y a dans les dialogues : « ¡ que esperanza ! » (= ¡ que ocurrencia !); « cosa linda » ; « no seas pava » (= tonta), « una pavada », etc, etc. Elle dit qu'il est très à la mode, à Madrid, de parler avec l'accent américain, en utilisant de nombreux diminutifs créoles, etc. Je lui ai fait du café dans mon nouvel appareil électrique. — Ensuite nous sommes allés rendre visite à don José —. Oscar Esplá y était, et je l'ai entendu jouer un morceau de Granados, puis un passage de *La Belle au Bois Dormant* de Ravel, et quelque chose de lui. — était là ; et j'ai senti combien elle me plaît encore, en dépit de tout. Lola l'a trouvée amincie. Ses cheveux étaient coiffés à l'allemande : deux macarons sur les oreilles, ce qui lui donnait, plus que jamais, cet air Margarete qui me plaît tant. Je n'ai pas eu le bonheur de toucher sa main. Elle m'a souri de l'endroit où elle se tenait (près d'Oscar Esplá) et m'a simplement dit : « Buenas noches. » Mais plus tard, alors que je parlais (de Butler) avec O.E., elle m'a regardé à une ou deux reprises. Elle a toujours ce doux sourire de petite fille, un peu niais (mais ça me plaît), et son regard, ses yeux bleus, si rêveurs, qui rendent son visage si expressif. Il semble étrange de penser qu'elle est espagnole ; je suis toujours sur le point de parler anglais quand je suis près d'elle.

Vendredi 22. — Viernes de Dolores[a]. JE L'AVAIS OUBLIÉ ! Nous avons eu un repas somptueux, avec champagne, bordeaux, etc. Je suis sorti juste après le repas, mais en passant près de la maison où Mercedes habite, je suis allé la voir et j'y ai passé la majeure partie de l'après-midi. Quand je suis rentré chez moi, j'ai appris qu'ELLE était venue (avec sa tante et ses sœurs). Mais señorita L. et les autres étaient également là ; je suis donc content de n'avoir pas été à la maison quand elle est venue. Plus tard, il est venu beaucoup d'enfants, et ma petite amie Carmín parmi eux. Je l'ai fait asseoir dans le petit fautcuil à bascule près de moi, et je l'ai fait rire à deux ou trois reprises avec le chien. Je me sentais très heureux de l'avoir auprès de moi ; j'aime son doux visage, rayonnant, SOLENNEL. Comment se fait-il que les enfants ont des visages aussi solennels ? (pas dans le sens anglais habituel de SOLEMN, mais dans un sens plus noble, comme dans ce vers de Claudel : « ... Et l'Espérance montre sa face solennelle. ») C'est à cela qu'ils ressemblent ; comme les visages symboliques des Vertus et Pouvoirs. Est-ce simplement l'absence d'expression, ou l'intensité même de leur expression ? C'est difficile à dire. La petite Carmín, quand elle était assise toute sérieuse et digne, ressemblait à la Justice ; et quand elle souriait on aurait dit la Charité. Quand tout le monde fut parti, je me sentis très malheureux. En premier lieu, parce qu'ELLE était venue alors que je n'étais pas là ; et ensuite parce que je suis amoureux (de façon très paternelle) de la petite Carmín, et que je me suis senti très seul après que « ma petite amie » m'eut dit au revoir. — Le travail, le travail, c'est le seul grand remède. J'ai fini de lire les deux gros volumes de Combarieu, et j'ai commencé *Le Transformisme* de Perrier.

a. Espagnol : vendredi saint.

Lundi 25. — Suis allé chez doña Encarnacion. ELLE y était. L'un de ses oncles l'a prise par la main et me l'a présentée en guise de plaisanterie. Elle a dit : « Pero si nos conocemos[a] ! », mais elle n'a pas rougi.

Mercredi 27. — Malade toute la journée. Cela a commencé lundi soir, et a empiré hier. Incapable de travailler. Lu. Terminé *Le Transformisme* d'E. Perrier et commencé *La Crise du transformisme* de Le Dantec. Je constate que De Vries utilise le mot SPORT[62] comme un terme scientifique, lui donnant ainsi droit de cité dans la terminologie scientifique ; tout comme KEIMPLASMA ou RÜCKSCHLAG[b]. Pourtant les traducteurs de Darwin ont donné « variation brusque ». — L'aspirine que j'ai prise fait que je me sens mieux.

Avril

Jeudi, 4 avril. — Très malade la semaine dernière. Je me sens mieux maintenant, et sans Humeur. Levé assez tard (8 ½), mais sorti plus tôt que d'habitude. Le casino, etc. Pas vu don Ramón, — ni don Ángel. Continue *La Crise* de Le Dantec ; travaillé aux *Carnets* de 3 ½ à 6 ½. Puis chez doña Avelina, qui m'a tant fait « merendar[c] » que je n'ai pas dîné aujourd'hui. J'ai sommeil ce soir. Vais-je vraiment mieux ? Je prie régulièrement. Je voudrais aller mieux.

J'ai lu dans un journal (*El Sol* — le journal de l'ambassade des États-Unis) qu'un Français du nom de Laskin vint de publier un livre dans lequel il réconcilie l'INFÂME et le SOCIALISME... Los estragos que hace la epidemia[d] !

Dimanche, 7 — Pluie ; et Humeur. J'ai eu un fort accès, ces derniers jours : dégoût de moi-même, volonté paralysée, tout — hasta lo más [*Un mot caviardé*[e].] Je pense que c'est la conséquence de ma maladie de la dernière semaine de Mars. — Très affaibli. — Reçu une lettre de Miró. Je la colle ici[f]. C'est une critique plutôt sévère de mon travail. Pourtant s'il l'avait jugé vraiment mauvais, il n'aurait pas écrit autant ; simplement des remerciements. Cette lettre est la meilleure critique que j'aie jamais vue sur mes livres ; elle s'applique aux autres, bien que Miró ne les connaisse pas. Néanmoins, quand on parle des « primores patológicos[g] », ses propres livres en

a. Espagnol : « Mais nous nous connaissons. »
b. Allemand : *Keimplasma*, « matériel génétique » ; *Rückschlag*, « atavisme ».
c. Espagnol : « goûter ».
d. Espagnol : « Les ravages que fait l'épidémie ! »
e. Sans ce mot caviardé, toute traduction est impossible.
f. Voir annexe 2, p. 775.
g. Espagnol : « merveilles pathologiques ».

sont pleins. Avec la pluie, mes pieds et ma tête me font à nouveau souffrir. Je me sens malade ; suis incapable de faire quoi que ce soit.

Mercredi 10 — Dès que l'Humeur a commencé à s'éloigner, l'épouvantable mal de tête est revenu ; c'est un mal d'oreille, presque aussi violent qu'à Florence en 1913. Avec l'aspirine que j'ai prise, j'ai pu travailler à peu près une heure hier, et donner sa leçon à la señorita L. Elle apprend comment prononcer les diphtongues : *en*, *in*, etc. ; les *j*, *g*, *ch* français. Parfois son accent me fait penser à Maria Graboroska. J'ai fini de lire *La Crise du transformisme* de Le Dantec. Il y a une critique de la position de Rignano ; Le Dantec appelle « mémoire inconsciente » ou ce qui ressemble à la mémoire (selon S.B. et Rignano) : « un principe mystérieux ». Cela s'applique donc également à *La Vie et l'Habitude.* Dans le dernier chapitre il définit très clairement les positions lamarckiennes et darwiniennes. Je vois bien, maintenant, ce que Le Dantec penserait de *La Vie et l'Habitude* d'un point de vue purement scientifique. Nous pouvons déjà prévoir qu'un jour viendra où l'on considérera l'évolution comme on le fait des premières théories des éléments des philosophes grecs. Il n'y a rien d'aussi fantastique que les théories de Le Dantec, rien qui manque autant de fondement.

Dimanche 14. — Mieux (pour le sommeil) ; mais je ne parviens pas à me débarrasser de mon mal de tête de l'après-midi. Je travaille (aux *Carnets*), très irrégulièrement. J'ai reçu une lettre de Gaston Gallimard, datée du 13 FÉVRIER ! (de New-York). Il me demande si j'aimerais traduire le livre qu'il m'a envoyé, *The Unwelcome Man* de Waldo Frank[63]. Désolé, je ne peux pas. J'y ai jeté un coup d'œil, quand je l'ai reçu (en mars) ; il ne me plaît pas suffisamment ; et, par ailleurs, je pense que j'ai assez à faire déjà avec S.B. — Lis actuellement le livre de Ribot[64]. Il semble grandement différer de la traduction utilisée par S.B. Les belles matinées que nous avons ! L'autre jour suis allé avec don Ramón le long de la route de Madrid ; les champs sont couverts de fleurs ; mais cela m'a beaucoup fatigué. Rencontré Carmen E. et son père ; on l'a nommé « delegado » et on l'envoie dans une ville du Nord (Aragon). Miss D. vient régulièrement prendre ses leçons. — Les manifestations de l'Humeur ont changé ; il s'agit plutôt d'une paralysie de la volonté que d'une espèce de cafard. De toute façon c'est horrible et je dois gaspiller toute mon énergie pour la combattre. Je suis même parfois incapable de lire.

Mercredi 17. — J'ai passé les deux derniers jours au lit, et je me sens très faible et FATIGUÉ. Néanmoins j'ai pu donner ses leçons à Miss D. — c'est-à-dire sortir du lit pendant deux heures l'après-midi. C'est une élève pleine de bonne volonté, et je suis parvenu à BIEN lui faire prononcer environ une centaine de mots ; en outre je lui ai appris l'Ave María en français, si bien qu'elle a pu, m'a-t-elle dit, réciter son rosaire moitié en espagnol, moitié en français l'autre jour. — Au lit, j'ai lu tout *Don Juan* de Byron[65]. J'ai bien aimé les premiers chants, mais le reste n'est que du journalisme en vers ; il y a un curieux automatisme, comme si chaque pensée, par la force de l'habitude, se mettait d'elle-même en strophe. Dans mon sommeil (fiévreux) ces dernières nuits, je parlais en strophes byroniennes, prononçant les pires platitudes sous cette forme ; j'ai essayé de me souvenir de quelques vers qui me semblaient assez curieux quand je les disais, mais je n'y suis pas parvenu. Je me suis bien battu, puisque j'écris ceci à ma table et habillé. Je vois, dans le journal *El Sol,* que le premier numéro d'*Hispania* (Mr. Cal— [*Un feuillet manquant.*]

23 avril. — Saint-Shakespeare[66]. — Ensoleillé et chaud, mais du vent. Señorita D.[a] est venue ; je lui ai fait apprendre « Les Roses de Saadi[67] ». Elle progresse à merveille. Las señoras de T. sont également venues. En repensant au *Don Juan* de Byron : il doit tant à Voltaire ! Quelqu'un en a-t-il déjà pris conscience ? (que la poésie de Byron ressemble à la poésie de Voltaire — pas seulement les idées, mais l'art.)

Jeudi 25. — Le mal de tête arrive. Il y a un bon article (pour la première fois) dans l'*España* de cette semaine, écrit par Gabriel Alomar. « Mi Francia no es aquella que fusila... » etc. Eh bien [*Un nom caviardé*] en arrive à dégoûter même les gens qui sont à sa solde !

Samedi, 27. — Mieux, mais surtout extraordinairement heureux ; — presque de L'ALLÉGRESSE — (sans aucune raison). Peut-être le café très fort que j'ai pris après le repas. Quoi qu'il en soit, j'ai travaillé avec ardeur, et me suis senti heureux de 3 h ½ à 6 h de l'après-midi, quand Miss D. est venue pour sa leçon ; nous avons travaillé, parlé et ri ; Lola dit qu'elle devient tout à fait une « Francesita[b] ». J'ai même trouvé la force suffisante pour répondre à la très aimable lettre de M. Snell (reçue la semaine dernière) — (à propos d'*Enfantines,* — demandant l'autorisation d'en publier une dans *L'Humanité,* le journal socialiste). Et je pense de plus en plus à « Monsieur Francia ». Ce serait comme « décapiter » « Henri de Sept[imanie] » — Je ne sais pas ce que je vais faire, mais j'aime énormément cet homme. Cela prend forme malgré moi. Si j'avais écrit ce que j'avais préparé, en pensée, j'en aurais au moins déjà

a. Appelée « Miss D. » jusqu'ici.
b. Espagnol : « une petite Française ».

100 pp. Pazienza, Pazienza ! Doña Luz[garda] est venue vers 8 heures. — [*Cinq lignes biffées.*]

Mardi. 30 avril. — Une belle journée chaude. J'avais travaillé tard dans la nuit hier, et me suis levé tard. Le casino, etc. J'ai vu des petits-pois nouveaux de Jijona, j'en ai acheté et je les ai fait cuire — pendant que Concha me regardait con admiración.

[*Deux lignes caviardées puis cinq pages coupées*[68].]

[Mai]

[...] Toreno est un bon historien ; du moins son récit est clair et suit d'assez près la chronologie des événements[69]. — Il serait trop long et trop difficile de décrire mon « ama[a] », Doña Dolores de A. — Mais je puis noter quelques traits de sa fille, la petite Lolita. Du moins je vais essayer, puisque je n'arrive pas à dormir. (J'ai des nuits atroces depuis deux semaines, une espèce d'agitation morose, si je puis dire —, je pense beaucoup à Alicante et à —.) Bon, pour commencer :

Les Petites Manières de Lolita

Elle vient là où je suis assis et demande mon crayon et une feuille de papier. Puis elle s'assied à côté de moi et dit :

— Écoutez, vous allez me dire des nombres et je vais les écrire. Je ne vous dérange pas, j'espère. Bon, allons-y. Mais ne me dites pas de très grands nombres, parce que je ne les aime pas. J'aime seulement les petits.

Alors je dicte : 45, 27, 81...

— Quatre-vingt-un ? Comment vais-je écrire quatre-vingts ? Un huit ? Ah ! Oui, je sais. Et un « un », c'est bien ça ? Écoutez, ne regardez pas, s'il vous plaît. Vous savez, ma Mamma[b] est allée voir Doña Carmen. C'est « abominable » ce que mes mains sont sales. Mais ça ne vous fait rien, je pense. Comment se fait-il que vous ayez tant de poils sur les mains et les bras ? 35 ? Un trois et un cinq... Etc. etc...

— Ah, voilà Mamma qui revient ! Je l'ai « sentie ». Elle est avec Filo, la bonne, vous savez. Ma Mamma ne sort jamais seule la nuit.

Elle court sur le balcon et crie :

— Il est défendu de crier dans la rue !.... (S'adressant à moi :) Ah s'il vous plaît ne dites pas à Mamma que je me suis servie de son fil rouge. Vous ne lui direz pas, promis ?

a. Espagnol : « logeuse ».

b. Écrit ainsi, le mot est italien. L'espagnol donne : Mamá. Peut-on attribuer la confusion au fait que Larbaud a remanié ces pages dans les années 1930, époque à laquelle il parlait quotidiennement italien ?

Entre Doña Lola, tout en noir, une fine mantille tirée sur la moitié du visage (la dernière mode à Madrid).

(Je ne puis reproduire l'accent et les expressions andalouses de Doña Lola.) Filo ferme la porte derrière sa maîtresse et Doña Lola s'assied.

— Bon, j'ai vu Carmen. Elle va mieux, je vous remercie. Quelle femme ! Puis je suis allée à St Luis pour dire mes prières. Bon, Lola, où as-tu trouvé du fil rouge pour faire ça ?

(Une espèce de bourse.)

— Mamma, une petite fille me l'a donné hier.

(Lolita me regarde et me fait un clin d'œil.)

— Comme je viens de vous le dire, j'ai récité mes prières à St Luis. Mon Dieu, c'est affreux ! Il dit qu'il m'aime toujours, mais hélas ! Je suis bien sûre qu'il me suit comme un petit chien où que j'aille. Il savait que j'étais allée à l'Hippodrome avec Carmen et Paca, l'autre jour. Or s'il ne m'avait pas suivie à la trace, comment l'aurait-il su ? Je ne sais que penser. La jalousie, voilà ce qu'il a ; il se consume de jalousie, le pauvre homme !

Aussitôt que la petite Lolita entend que sa mère est allée dire ses prières, elle court sur le balcon et regarde dehors. Elle sait, par expérience, une longue expérience, que lorsque sa Mamma a passé un quart d'heure à genoux sur les marches de St Luis (ou de n'importe quelle autre église du centre de Madrid) à dix heures du soir, elle a sûrement été suivie jusqu'à sa porte par un admirateur ; et elle va au balcon pour s'en assurer. Puis elle dit :

— Mamma, il y a un monsieur en bas qui parle au veilleur de nuit. Écoute, il donne de l'argent au veilleur de nuit, Mamma. Qu'est-ce que ça peut bien vouloir dire, Mamma ?

— Encore un de ces imbéciles qui passent leur temps à suivre les dames dans la rue. Je me demande ce que le veilleur de nuit lui a dit. Bon, il faudra que je parle au veilleur de nuit demain matin... (S'adressant à moi :) Vous savez, ils voient une dame sur les marches d'une église, et ils pensent : « Qui peut bien être cette dame, et pour quelle raison prie-t-elle ? » Ô mon Dieu, que certains hommes sont bêtes ! J'avais bien vu qu'il me regardait de l'autre côté de la rue, en face de l'église.

— Mamma ! Ce monsieur vient juste de passer devant chez nous et il regarde dans la direction de notre balcon.

— Bon, Lola, n'y fais pas attention. Pff ! Qu'il passe la nuit à regarder mes fenêtres, que m'importe ? Mon Dieu, c'est affreux ! Comme j'ai pleuré, ce soir ! mais seulement après son départ. Vous savez, aujourd'hui c'est la fête de son saint patron. Il m'a dit : « Écoute, Lola, je ne sors jamais la nuit. Regarde-moi : j'ai grossi. » Et, le pauvre, il paraît si pâle ! Oh oui, il a grossi, c'est vrai ! Moi, j'ai maigri, depuis que nous nous sommes disputés. Mon Dieu, c'est affreux ! Quand je pense à tout ce que j'ai quitté pour lui ! Il m'a dit : « Écoute, Lola, écris à ton mari ; il te donnera de bons conseils. Il te dira qu'il faut que tu viennes vivre dans un autre quartier de Madrid, plus près de chez moi. Veux-tu de l'argent ? Tu n'as qu'à me le dire et je t'aiderai, moi. » Comme si je voulais de l'argent, moi ! Pff ! Avec les loyers de mes maisons de Málaga j'en ai plus que je ne peux en dépenser, et mon mari m'envoie cinquante douros tous les mois pour l'entretien d'Alberto (son fils), et puis il y a toute mon argenterie, tous mes bijoux de famille, qui viennent de mon arrière-grand-mère, de ma grand-mère et de ma mère, ainsi que de mes trois tantes ! Vous les avez vus, c'est vrai ! Non, peu m'importe son argent. C'est son amour qui m'importe, c'est tout. Et me traiter de cette manière, en plus ! Je crois qu'il faut que je considère tout cela comme une chose du passé, et si je n'avais pas fait la promesse de réciter dix credos, je n'en dirais plus un seul, parce que ça ne sert à rien, il ne m'aimera jamais plus.

— Mamma ! Ce monsieur est arrêté au bout de la rue et il regarde notre balcon.

— Écoute, laisse-le, ma petite. Que tu es sotte, ma petite.

— C'est toi, la sotte. Écoute, donne-moi encore un bonbon de ceux que ce monsieur [il s'agit de moi] t'a apportés ce soir.

— Oh, tais-toi, petite sotte. Dieu aide la stupide mère qui t'a donné le jour !

— C'est toi, cette mère stupide.

— Ah oui ! Demande donc au curé. Tu n'es pas ma fille. Écoute, s'il te plaît, va au lit ; tu as importuné ce monsieur toute la soirée, j'en suis sûre. Oh ! vraiment, j'espère qu'il va faire la paix après tout, et me revenir. Comme j'aimerais l'avoir toujours près de moi, le servir, prendre soin de lui. Il m'a dit : « Je sais que tu es une femme bien, Lola. Je sais que tu ne fréquentes pas d'autres hommes. » Mais vous savez, c'est qu'il me tiendrait enfermée toute la journée. Et lui qui est célibataire, complètement indépendant. Oh, si je n'étais pas mariée... !

Le croquis qui précède est écrit à la hâte, imparfait. Qui plus est, il peut donner une idée fausse de ma charmante hôtesse. On pourrait aller jusqu'à penser que ce n'est guère qu'une « esclave blanche » de haute classe. Mais ce n'est pas la vérité. Le fait est qu'elle aime à être courtisée, suivie par des hommes bien mis et

[*Une page manquante.*]

les ont mis de côté pour moi ; et je vais travailler dans la « Salle des livres rares », qui est à la Biblioteca Nacional ce que la « Grande Salle » est au British Museum. Mercredi, c'est la fête de saint Isidore, le saint patron de Madrid ; aussi ne commencerai-je à travailler que jeudi. J'avais déjà dressé une liste approximative des livres qu'il me faut, à la fois pour vérifier des mots dans ma traduction de Samuel Butler, et pour l'expédition en Espagne de W.S.

Landor en 1808. — Flâné dans la Castellana ; j'ai savouré cette promenade dans la splendide avenue : les hommes et les femmes bien mis, l'odeur de l'herbe fraîchement tondue, — c'est presque l'odeur de Londres au début de l'été ; je m'imaginais dans Picadilly, longeant les grilles de Green Park. ~~J'ai entendu deux grandes jeunes filles blondes parler anglais~~. Le temps est radieux ; quel dommage de ne pas être assez bien pour le savourer comme je le devrais.

[...] Levé de bonne heure et suis allé voir don Francisco Rodriguez Marin qui m'a reçu avec sa bonté habituelle. Puis j'ai été conduit dans « la Sala de los Raros » — la Salle des livres rares, — j'aime ce nom, d'autant plus que « raro », en espagnol, signifie, plus encore qu'en anglais, « curieux ». Ils n'ont pas de *N.E.D.*, et m'ont apporté de drôles de vieux dictionnaires anglais à la place ; parmi eux un dictionnaire de mots et locutions argotiques portant la date de 1796, où j'ai jeté un coup d'œil : beaucoup de locutions aujourd'hui employées dans le style littéraire écrit, et courantes parmi les ~~classes cultivées~~ gens bien élevés, ont autrefois passé pour de l'argot, ou du moins pour du langage très familier. L'ancien possesseur de cet ouvrage (un Espagnol) avait fait des remarques au crayon dans les marges, afin d'essayer de montrer un rapport entre des mots anglais et des mots espagnols (non latins), mais la plupart de ses remarques sont des erreurs manifestes. J'ai tout de même pu faire bon usage de l'exemplaire (ancien et sur papier épais) du *Dict. de biographie nationale,* et apprendre ainsi qui était le père Smith. J'ai travaillé deux heures en tout aux « Raros », puis j'ai marché jusqu'au Retiro et flâné dans les allées ombreuses, au bord du lac, etc. Puis à la Puerta del Sol, où j'ai dîné.

[...] (Fête de saint Isidore). — Levé de bonne heure, mais ai travaillé dans ma chambre jusque vers 11 heures. Puis ai pris un « simón » pour aller au Parque del Oeste, le long du beau Paseo de Rosales[70], ~~parcourant du regard ce que Ramón Gómez de la Serna appelle avec à-propos « la mer de Castille »~~. Il y avait juste un léger halo de brume très mince, si bien que plaine et collines bellement boisées ressemblaient presque aux paysages du comté de Monmouth, mais avec encore plus de grandeur et cette lumière si reconnaissable du Sud Béni. Dîner dans la calle de Alcalá. Retour à la maison. Longue conversation avec Doña Lola, et après son départ (au cirque Parish, avec la petite Lolita), j'ai préparé mon travail pour demain aux Raros. Thé à la Caserna. La Gran Via, etc. Mon habituel souper léger à la maison, puis j'ai fumé et lu *Pride and Prejudice*.

[...] ~~Il me faut noter certaines choses~~. Les gens qui vont à La Pradera ; plusieurs belles jeunes filles brunes, en mantón de Manila, qui s'y rendent en fiacre ; une, en particulier, elle sortait de la « casa de viajeros » en face de l'appartement de Doña Lola : la robe sombre, — brune, — probablement une robe de « vœu », — souliers blancs (pieds, très petits) et bas blancs ; un corsage au décolleté ouvert, montrant de belles épaules ; un très haut peigne ; chevelure abolument noire, et très abondante — très jeune, je dirais moins de 20 ans —, enveloppée dans un grand mantón de Manila vert avec d'énormes fleurs rouges et roses, très tape-à-l'œil assurément, mais pas CRIARD. Sa mère — une dame en noir — était assise à côté d'elle dans la voiture, et devant elles le père, un grand homme vêtu d'un costume de chasse en gros velours côtelé, grandes bottes, un fouet à chien à la main — pour écarter les galants, je suppose. Cet homme était remarquable — un fermier castillan, j'imagine, le visage rasé, la bouche décidée, le regard sérieux et énergique ; la fille n'était que douceur et « flecos ». Le contraste avait de l'agrément ; il m'a fait penser au vers de Leger dans *Éloges* : « Un homme est dur, sa fille est douce[71]... » Je les ai revus quand ils rentraient de la « romeria[a] » à leur auberge.

[...] Je commence à sentir que Madrid m'est beaucoup plus familier maintenant que du temps de Doña Fermina (1906). Mais aussi n'est-ce pas exactement le même Madrid : la Gran Vía[72] a donné un aspect tout à fait nouveau au centre de la ville. De fait, je rajuste mes anciennes impressions du Madrid de 1898 et 1906 sur les idées nouvelles d'un Madrid nouveau. Presque chaque jour je passe devant le Théâtre de l'Apolo, où nous fûmes un soir, ma Mère, ma Tante Jane, Doña Fermina, son mari et moi, en 1906. Comme je me souviens bien de ce temps-là !

[...] passé la plus grande partie de la matinée avec l'*Histoire de la littérature anglaise* de Taine[73] (en français) à la Biblioteca Nacional. Je voulais savoir comment il a traduit des titres et des noms tels que The Pilgrim's Progress, Hopeful, etc., afin de les conserver comme il les a traduits là où ils apparaissent dans *The Way of All Flesh* et d'autres œuvres de Samuel Butler. Mais je n'ai pu m'empêcher de lire des chapitres entiers de ce curieux ouvrage, que je n'avais pas consulté depuis 1905, date à laquelle je l'ai lu d'un bout à l'autre « de un tirón ». Le chapitre sur Samuel Butler (l'auteur de *Hudibras*[74]) est écrit sur un ton injurieux qui fait que le lecteur s'étonne du manque d'humour de Taine. Il trouve S.B. (comme le père de S.B. — du S.B. d'*Erewhon* — le faisait de Shakespeare) « tellement grossier » ! Il semble avoir eu connaissance de la traduction française de Townley. (Je me demande si S.B. (MON S.B.) avait entendu parler de la traduction de Townley, et si ce n'était pas là l'origine du nom de Towneley (dans *The Way of All Flesh*)). Avec plus de détails biographiques, le chapitre de Taine sur

a. Espagnol : « fête ».

Bunyan[75] eût été excellent. Mais après tout, ce ne sont que quelques « idées directrices » à propos de Bunyan. Parfois cela me fait penser à un « manuel de conversation » : ce qu'il faut dire à propos de, disons, Dickens, si son nom se trouve mentionné dans une bibliothèque. Oui, je sais que c'est plutôt injuste ; mais aussi tant de « boniments » critiques m'ont mis en colère ce matin.

Longue promenade après le dîner : calle de Atocha, la Magdalena, Duque de Alba, Embajadores, quelques allées, puis la calle de Toledo, Plaza de la Constitución, calle Mayor, Arenal, Carlos III, le Palais Royal, puis retour à la Puerta del Sol et à la maison. Les rues de la commune de l'Inclusa sont très pittoresques ; leur pente est telle que tout au bout l'on voit toujours, mais tout à fait dans le lointain, une vaste étendue de campagne verdoyante, des champs, des bouquets d'arbres ; la ligne basse du paysage et l'immensité du ciel bleu sombre. Cela ne donne pas l'impression que la ville est plus petite, comme on pourrait le croire. L'amplitude, la grande distance, la GRAVITÉ de ces paysages les rendent dignes d'être des « fonds de tableaux » de la rue d'une métropole. Ils ont moins de charme mais plus de grandeur que le bout des rues de Florence ; ils ressemblent aux paysages de Velázquez ; ils sont empreints de quelque chose de « grandiose » et d'« historique », propre au XVIIe siècle.

Aujourd'hui je suis allé au petit musée des « Amigos del Arte » où se tient une exposition de Portraits de femmes espagnoles, d'Isabelle la Catholique à Isabelle II. Une soixantaine de tableaux prêtés par des musées privés, les peintres le plus abondamment représentés étant Juan Pantoja de la Cruz, Alonso Sánchez Coello, Juan Carreño de Miranda, Goya, Vicente López, Rafael Tejeo et Federico de Madrazo[76]. *La Tirana* de Goya était là, mais elle ne m'a pas fait autant d'impression qu'un autre portrait de lui, bien moins célèbre, que je n'avais jamais vu, même en reproduction : le portrait de Doña María Gabriela Palafox y Portocarrero, marquise de Lazán[77]. Le fond est très sombre, ce qui est rare, je crois, dans les tableaux de Goya. Impossible de démêler ce qui me plaisait tant dans ce tableau. Il me semble que Goya y a triomphalement exprimé son idée de « la real hembra ». (Que pourrait être « la real hembra » en anglais ? je me le demande. Quelle différence avec « a bonny lass » ! La « Queenly Female » ne conviendrait pas.) Bon, c'est à peine si j'ai pu songer à autre chose de toute la journée ; j'ai, en pensée, eu le tableau constamment devant les yeux, et pourtant j'ai travaillé à la maison une partie de l'après-midi après ma visite aux « Amigos del Arte ». — Je viens de rentrer du Théâtre de la Zarzuela ; une pièce médiocre faite de deux chansons très en vogue parmi les Madrileños oisifs ; tout le spectacle, musique, chant, femmes, éclairages, etc., a été entièrement éclipsé pour moi par le souvenir du tableau de Goya.

[...] loué un simón pour aller aux Américas et au Rastro. La statue qu'ils ont mise à l'endroit le plus classique.

Suis allé à la Bibliothèque nationale ce matin. Ai vu Don Francisco Rodríguez Marín qui m'a reçu très aimablement, grâce à la recommandation du sénateur Palomo. Demain je lui donnerai une liste des livres que je veux consulter. L'après-midi, flâné dans la Gran Via, calle de Alcalá et la Castellana jusqu'au Museo Nacional. Je suis passé plusieurs fois sous les balcons de la maison que Doña Fermina habitait quand je l'ai connue. Je reste sous le charme de la marquise de Lazán[a].

[...] livre ce qu'il est. Mais l'on s'attend à une pénétration plus grande, plus profonde, de la vie de famille. Pourtant c'est très bien comme cela, et il serait difficile de faire un tableau plus triste, et plus vrai. Cependant bien des lecteurs ne verront pas CELA ; Jane Austen[78] enrobe ces vérités amères dans trop de conformisme (ou comme le dirait Samuel Butler : de graisse). Certains peuvent même préférer le groupe Bingley-Jane au couple Darcy-Lizzy... Et Jane Austen aurait pu nous épargner (à nous, gens du XXe siècle) au moins 100 pages.

[...] Descendu la Castellana jusqu'à la B. Nacional. Quatre heures aux Raros. Shakespeare. Naturellement je n'ai pu m'empêcher de lire bien des passages sans rapport avec les citations faites par S.B. que j'ai à traduire. On a l'impression qu'il y avait des modes intellectuelles, des clichés littéraires et « journalistiques », etc., exactement comme aujourd'hui, et que S.[79] s'en est servi, ou les a laissés se glisser dans son œuvre. « Shakespeare et les modes intellectuelles, ou la philosophie bon marché, de son temps ». Mais l'important, c'est la découverte de choses d'un intérêt humain général et permanent, exprimées avec une perfection qui, en elle-même, se suffit. — Je suis toujours sous le charme de la marquise de Lazán, de Goya.

[...] Calles de Preciados, del Carmen, Fuencarral... Après-midi renfermé et étouffant (= bochornoso). Au 2e étage de la maison d'en face une gracieuse jeune fille d'environ 20 ans, un peu « pain grillé » mais très bien faite, prenait son bain. Il semblait ne pas lui

a. Voici la traduction que Larbaud a donnée du passage remanié : « Je viens de terminer la lecture de Jane Austen. Il est clair que l'histoire est racontée selon le point de vue de Lizzy. Les autres, — excepté Mr et Mrs Bennet — sont inexistants (Collins est trop grotesque pour être convaincant). Pas de paysage, pas de mystère ; mais il y a un élément de vérité dramatique : le problème des conflits parents-enfants est abordé. “Mr Bingley et Jane restèrent à Netherfield seulement une année. Un voisinage si immédiat avec la mère de celle-ci et leur famille de Meryton n'était pas désirable même pour le caractère facile de Bingley ou LE CŒUR AFFECTUEUX DE JANE” (!!!). »

importer d'être vue « dévoilée », car elle avait laissé la fenêtre grande ouverte et la « persiana » mal assujettie. — Je poursuis la relecture de *Life and Habit*, de S.B. Ce sera « un livre difficile » pour le lecteur ordinaire. — J'ai jeté un coup d'œil sur les Poèmes de Mrs Hemans[80] afin de comprendre la citation de « Casabianca » que S.B. fait dans *The Way of All Flesh.* Ils ont un exemplaire (UN SEUL) de l'édition de 1929 : *The Forest Sanctuary and Other Poems.* J'y ai trouvé « Casabianca » et l'ai recopié. C'est assez sot, pour dire la vérité. J'ai lu une dizaine de poèmes. (J'en avais lu certains à la Bibliothèque Publique de Weston-super-Mare, TEMPO FA.) C'est rempli de bonnes intentions « Kindred Hearts » mais ça ne parvient pas à ne pas être sot. Ils ont 50 « poetisas » de ce « calibre » aux Américas. Pas UN SEUL vers qui puisse se comparer à Desbordes-Valmore. — En quittant los Raros je suis allé au Jardin botanique, — vía calle de Serrano ; c'est un endroit très charmant. Dîner au Palace Hotel, puis au musée du Prado. Goya, Greco, Velázquez bien sûr, comme d'habitude. Puis Van Kessel[81]. — Après, souper au Trianon où j'ai entendu Raquel Meller[82]. Chocolat A LA FRANCESA et puis à la maison.

[...] Ibañez Marín, Toreno, Pi y Margall[83]... Diez-Canedo m'a dit qu'Araquistain[84] est un fervent admirateur de l'œuvre de Samuel Butler et qu'Alfonso Reyes traduit *The Man who Was Thursday* de G.K.C.[85] — Allé à la Biblioteca del Senado où j'ai trouvé un exemplaire du *Dict. de Webster* mais pas de *N.E.D.* — Il règne dans ces salles une atmosphère de luxe presque oppressant ; cela ressemble plus à quelque chose à montrer aux touristes qu'à un lieu où travailler à loisir. — Il est tard, et la petite Lolita dort, les coudes sur la table...

[Juin]

[...] sûr, mais la poussière, cette poussière ! À part les asperges et les fraises, tous les produits régionaux sont mauvais : le lait par exemple, qui m'évoquait, avec regret, le lait que je buvais à la Mallorquina. — Les pauvres petites tavernes, auberges, et « restaurants » qu'il y a, comme s'ils se trouvaient toujours au bord des jardins. Cependant la Fonda de Pastor (le palace de Godoy) semble être confortable. Tout bien considéré, Aranjuez serait un endroit très agréable pour y venir de Madrid, quelques semaines, pour recopier un manuscrit ou terminer un livre ; séjourner à la Fonda de Pastor, faire une promenade, le matin et l'après-midi, dans les jardins, les jours de pluie visiter l'intérieur du palais et la Casa del Labrador... Je pensais à Blenheim[86] : je suis certain de ne jamais retourner exprès à Blenheim, et je suis encore plus certain de ne jamais retourner exprès à Aranjuez.

Alcázar de S. Juan est tout comme je le pensais, une petite ville avec une très grande gare ; c'est la gare de Rugby du centre de l'Espagne[87]. La FONDA FRANCESA est un endroit singulièrement bon, propre et confortable ; le propriétaire est français, et cuisine aussi bien que n'importe quel CUISINIER de Madrid.

Jeudi 13 — Mon train part à 4 h 5 de l'après-midi, et je crois que je vais aller jusqu'à Albacete — J'ai visité Alcázar. C'est un très grand village : de longues rues de « casas de pueblo[a] » ; deux ou trois vieux hôtels appartenant à des familles nobles — mais inoccupés, du moins par leurs nobles propriétaires. Un « casino » de petite ville ; la mairie et deux grandes églises de grès rouge et de briques ; quelques maisons de style andalou aux murs blanchis ; une maison « art-nouveau », avec une façade « Lalique » vulgaire, déjà délabrée[88] — je pense que la grande gare en est responsable. Vu une dame (mantille, et dentelle noire, corselet noir, jupe noire). Les gens parlent castillan. Me suis rappelé, de façon frappante, le Rastro[89] : en fait toutes les petites villes ressemblent au Rastro ; Alcázar est au moins un Rastro sur le plan architectural. Mais pourquoi donc les gens vivent-ils ici ? — Deux alguaciles m'ont demandé si je faisais partie de la troupe de théâtre ; je crois qu'ils devaient avoir un message pour quelqu'un de la « tournée ». Il y a 3 choses à Alcázar : le style Rastro de la ville ; l'excellente CUISINE de la Fonda francesa ; et la gare. La gare représente tout pour les gens d'Alcázar : leur club, leur théâtre, etc.

Albacete Vendredi 14, une heure du matin. (Hôtel Francisquillo). — Quitté Alcázar à cinq heures. Un train très lent. Voyagé en 3e classe, ce qui fait que j'ai vu la Mancha, ses paysages du moins, dans l'encadrement en bois, bon marché, des fenêtres d'un vieux wagon espagnol de 3e classe, après les avoir regardés, en 1905, et encore en 1916, dans l'encadrement somptueux des fenêtres des « sleeping-cars ». Et je les ai mieux vus, avec davantage d'attention, plus en détail. Záncara ; les « pueblos » endormis ; l'irruption de la couleur d'un paysage boisé (à Matas Verdes) ; les moulins à vent ; je les ai vus pour la première fois en hiver, puis en automne ; en toutes saisons ils sont pareils : c'est l'espèce terrienne de la famille ; alors que les hollandais en sont l'espèce maritime (j'avais déjà fait cette remarque dans mes anciens journaux). La Mancha se présente sous son plus beau jour maintenant, en cette saison de l'année : d'interminables plateaux de vignes basses et de champs de blé court, les taches d'un sol rouge-brun, de longues STEPPES de champs

a. Espagnol : « maisons villageoises ».

d'avoine vert-pâle... (Je ne pense pas que Cervantes ait choisi la Mancha pour son aspect désertique, mais parce qu'elle était sans doute — elle l'est toujours — la province la plus prosaïque d'Espagne.) J'écris ceci après avoir marché pendant près de deux heures dans les rues d'Albacete, la ville principale de la partie méridionale de la Mancha. Dès que j'ai pris mon chapeau dans la salle à manger de l'hôtel, j'ai pensé : « Coventry, Montluçon » ; et ma promenade de deux heures dans Albacete m'a confirmé dans mon impression. La ville est mieux éclairée qu'aussi bien Coventry que Montluçon ; mais c'est le même genre de ville. Ils ont une avenue (moderne) qui commence directement derrière la gare, et qui est pour eux ce que l'Explanada est pour nous Alicantins. Ils ont un beau café ; quelques petits endroits avec des pelouses (ou plutôt des jardins). J'ai vu la vieille calle Mayor, et une grande rue élégante (c[alle] de ? Gallego). Dans l'ensemble Albacete est beaucoup mieux qu'Alcázar et beaucoup moins bien qu'Alicante. Partout, toutefois, il y a d'indéniables signes de l'abondance d'argent qui caractérise cette époque dans l'histoire d'Espagne. — J'ai voyagé dans le même compartiment qu'une douzaine de jeunes permissionnaires qui venaient du camp de Carabanchel ; ils étaient originaires de la Mancha (une bonne partie d'entre eux allaient à La Roda) ; de beaux garçons. J'ai vu aussi de belles jeunes filles dans les petites gares sur le trajet. Population campagnarde, pas différente de celle du Warwickshire et du Bourbonnais.

Samedi, 15 juin. — J'avais pensé rester au moins quelques heures à Villena, mais je me sentais si fatigué que je suis allé directement (voyageant en 2nde classe) d'Albacete à Alicante, où je suis arrivé hier matin vers 8 heures. J'ai trouvé mon chez-moi comme je l'avais laissé — à ceci près que doña Dolores était au lit, malade. La famille était bouleversée, etc. Elle semble aller un peu mieux. Concha était là, déjà rentrée de Tibi, et ce matin Carmen a fait son apparition, amincie.

Aujourd'hui levé plutôt tard, mais me sentant mieux. Travaillé jusqu'à dix heures environ. Puis suis allé à Benalúa où j'ai vu don Ramón (mieux) avec qui j'ai longuement bavardé (2 heures). Loreto, sa nièce, était là. Nous sommes allés ensuite à Alicante, puis voir don Higinio (que j'avais déjà vu hier après-midi). Nouvelle conversation. Puis à la terrasse du casino. À la maison. Sorti à nouveau, et au casino. Retour à la maison. Travaillé de 4 h à 7 h ½, puis je me suis habillé pour la seconde fois de la journée, sortant pour une promenade sur le Postiguet et dans le jardin Ramiro. À mon retour j'ai commencé à lire la *Géologie biologique* de Stanislas Meunier[90] — l'introduction et le premier chapitre, qui laissent promettre un livre de biologie intéressant ; avec toute la technique et les méthodes de la science moderne, il s'exprime parfois comme Bernardin de Saint-Pierre. — Dîné assez tard. Puis doña Luzgarda est venue et Manolo T., l'ami d'Eduardo. Je lui ai montré mes nouveaux soldats de plomb achetés à Madrid.

Je trouve Alicante plus silencieuse qu'à mon départ pour Madrid. Presque endormie. La chaleur (+ 25 ° centigrades, à l'ombre, dans calle Mayor ce matin à 11 heures) retient les gens à l'intérieur la majeure partie de la journée. Il ne reste plus beaucoup de fleurs, aussi bien dans le square Ramiro que sur le Paseito Isabel II. Mais j'aime le port endormi dans ~~le plein formidable~~ le large éclat éblouissant du soleil ; c'est l'Europe avec une touche des tropiques ; l'impression d'être très loin, d'avoir échoué de la calle de Alcalá dans un endroit de Cuba ou du Venezuela.

J'ai repris la traduction des *Carnets,* et commencé de lire un roman d'Abel Botelho en portugais[91]. Mes lectures françaises, pour quelque temps, seront consacrées à Paul-Louis Courier. Je ne pense pas que je vais continuer ce journal, parce que je veux donner tout mon temps à S.B., à lire et à recopier mes notes sur S.B. et d'autres sujets (ce cahier s'intitulera le Métier[92]). Par ailleurs j'espère que mes jours seront tous semblables, sans perturbation du monde extérieur. Ah, et l'étude du portugais — POR SI ACASO[a]...

La jeune fille brune de l'estanco[b] devant le casino m'a demandé si j'irai à San Vicente cet été ! — Les nouvelles : la mort de don Juan Langucha ; la nouvelle libreria de plaza de Elche ; le nouveau pavage de calle Mayor — presque terminé.

Juillet

Mardi, 9 juillet (Alicante). Je reprends mon journal après une interruption de 25 ou 26 jours. J'ai été assez bien portant, excepté une fois ou deux, pendant quelques heures ; mais rien de très douloureux. Pas d'Humeur ; plutôt de la « joie de vivre » et même de l'entrain. — Les belles aurores méditerranéennes et les belles matinées. Presque chaque jour, Lola ou Pepita m'ont réveillé à cinq heures ½ et je me suis levé aussitôt, faisant le café, m'habillant, et au travail. J'ai fait mettre des PERSIANAS à toutes les fenêtres, de sorte que la chaleur ne nous incommode pas ; en outre il y a la brise marine, qui souffle à longueur de jour. C'est évidemment bien mieux qu'à San Vicente, à tous points de vue. Et pourtant je serais allé habiter à San Vicente, si... Je l'ai vraiment échappé belle !

Je suis allé deux ou trois fois à Benalúa passer l'après-midi chez don Ramón. Je le vois presque tous les jours ; il va mieux,

a. Espagnol : « au cas où ».
b. Espagnol : « bureau de tabac ».

moins « neurastenico[a] », et travaille beaucoup, passant une partie de sa journée à faire des croquis et à dessiner. Il va pouvoir, je pense, exposer une centaine de croquis aux « Bellas Artes ». — J'ai Carmen (Carmen II) ici, si bien que j'ai quelqu'un pour s'occuper de moi car doña Dolores étant malade et alitée, ses filles sont constamment dans sa chambre. — Tom, le chien, est mort hier. Je ne le pensais pas si mal en point, et il était trop tard quand j'ai compris qu'il avait un genre de gangrène dans la bouche. En trois jours sa langue a disparu, rongée par l'infection. Je m'en suis occupé dans ses derniers instants, le faisant boire, etc. Pauvre bête : jusqu'au bout il m'a manifesté de l'affection et de la gratitude. Nous n'en avons pas parlé à doña Dolores.

Dans l'ensemble je me suis constamment tenu dans les limites du Quartier Paisible de la Sérénissime République, voyant quelques amis, sortant beaucoup aux heures les plus fraîches du jour, et travaillant régulièrement. J'ai atteint le chap. XX de la traduction des *Carnets* de S.B., c'est-à-dire la page 309. Il m'a fallu écrire de nombreuses lettres, car Gaston G[allimard] insiste pour que j'aille le rejoindre à New-York : je donnerais des conférences, travaillerais peut-être même pour le théâtre de Copeau ; ils me feraient membre de la Haute Commission française, etc. En particulier, je gagnerais des tas de dollars avec mes conférences et mes articles dans les journaux : « Vous gagneriez certainement plus d'argent que vous ne le faites à Alicante », m'écrit Gaston. ¡ Yo lo creo[b] ! Car je dépense 40 livres par mois ici, sans compter les 40 % de frais — ce qui ferait environ 50 livres par mois. Je pourrais bien évidemment dépenser moins ; mais, de todos modos[c], je ne gagne NI UN CÉNTIMO[d]. Et je m'en moque.

Je continue de lire le livre de Stanislas Meunier. Jusqu'à maintenant je ne peux deviner quelles seront ses conclusions, mais je le trouve très intéressant. Il donne l'impression de s'opposer à la fois aux conclusions de Char[les] Darwin et à celles de Lamarck. J'ai poursuivi ma lecture du livre d'Abel Botelho, *Amanhã* ; il ne me plaît pas. Je le comprends assez bien, mais je pense que la prononciation doit être très difficile. J'ai lu, ou plutôt relu Paul-Louis Courier[93]. Je préfère ses lettres à ses *Pamphlets*. Il est intéressant de remarquer qu'il avait moralement plus de mérite quand il écrivait la plupart de ses lettres que lorsqu'il est devenu pamphlétaire. Les passages qui suivent vont montrer ce que je veux dire. Il écrit de Milan, en mars 1809 : « Je ne peux plus vivre que dans le beau pays ove il si suona[94]. » Et à nouveau, un peu plus tard : « Dès que les neiges des Alpes seront un peu fondues, je partirai pour Paris. Mais

a. Espagnol : « neurasthénique », mais on dit maintenant « dépressif ».
b. Espagnol : « Je le crois ! »
c. Espagnol : « de toute façon ».
d. Espagnol : « même pas un centime ».

c'est bien à regret, je vous assure, que je tourne le dos à l'Italie, et je ne resterai là-bas que le temps qu'il faudra pour m'arranger de manière à n'y revenir de si tôt ; car désormais, madame, ce n'est qu'en Italie que je trouve de la douceur à vivre. L'inclination, comme vous savez, se moque de la nature, ou plutôt devient une seconde nature. La patrie est où l'on est bien, où on a des amis comme vous ; et si mon bonheur est à Rome, il est clair que je suis romain. » En octobre, même année, après avoir déserté l'armée française en Autriche : « J'ai quelque souvenance d'avoir été soldat, mais cela est si loin de moi qu'en vérité je le puis ranger parmi les choses oubliées. » Toutes ses lettres concernent son travail d'éditeur et de traducteur des auteurs grecs. Puis, en 1810 : « J'ai deux ministres à mes trousses, dont l'un veut me faire fusiller comme déserteur ; l'autre veut que je sois pendu pour avoir volé du grec. » Plus tard : « Il faut que vous croyiez mon affaire bien mauvaise pour me chercher des protecteurs... J'ai peur, si je redemandais mon livre saisi, qu'on ne me saisît moi-même. » Et encore (de Rome) : « Je veux maintenant aller à Naples, et de là, si je puis, à Corfou. » — Et puis, voici comment il s'exprime en 1820 dans l'un de ses *Pamphlets* : « Mon principal établissement est la maison de mon père, à Luynes ; là est le champ que je cultive, et dont je vis avec ma famille ; là, mon toit paternel, la cendre de mes pères, l'héritage qu'ils m'ont transmis ET QUE JE N'AI QUITTÉ QUE QUAND IL A FALLU LE DÉFENDRE À LA FRONTIÈRE. » Eh bien, après tout, ce n'est que de « la graisse dans le gâteau[95] », comme dirait S.B. Il parle de façon théâtrale. De toute façon, je n'aime pas l'« actualité », sous quelque forme qu'on me la présente, et la majeure partie des *Pamphlets* de Courier ne sont que de l'« actualité » et rien d'autre. Sainte-Beuve préférait les lettres et il avait raison.

Mercredi 10 — Aujourd'hui, comme je sentais que je ne pouvais pas rester plus longtemps chez moi sans tomber malade, ou du moins sans devenir complètement incapable de travailler, je suis allé à Muchamiel par le tram, et j'ai vu Santa Faz et San Juan en chemin. C'est Santa Faz que j'ai préféré. Le village consiste essentiellement en une place pavée entourée de quelques maisons hautes et une partie de la façade d'un couvent, où l'une des Saintes Faces est conservée (bien entendu les gens d'ici disent que celle de Rome n'est pas la vraie). Cette place ressemble au centre d'une petite ville de province : on s'attend à voir des rues, des ruelles, et d'autres places, mais on ne trouve, juste derrière les six ou sept grandes maisons, que la Huerta qui s'étend, sauvage et éblouissante. La route poudreuse serpente à travers le paysage jaune pâle, le long des murets blancs et poussiéreux qui limitent les champs, qui ne sont que des rangées sans fin de petits amandiers et d'oliviers chétifs, avec ici et là, dans le lointain, un palmier solitaire.

San Juan est plus grand que Santa Faz, mais c'est un endroit assez vulgaire, quelque chose de tout à fait semblable à San Vicente. Muchamiel, le terminus du tram, est un village levantin espagnol typique[96] : la grande église, tout à fait monumentale, et qui semblerait bien à sa place dans n'importe quel grand chef-lieu de comté d'Angleterre : des églises de grande ville aux coupoles couvertes de tuiles bleu foncé vernissées. Le petit square, avec des grilles et tout, comme s'il avait été conçu pour des gens qui ont peu l'occasion de voir des plantes, des arbustes et des fleurs, — et tout autour, en bas des quelques rues étroites et courtes, commence la campagne, avec ses oliviers, ses amandiers, sa végétation africaine desséchée, et son éclat éblouissant. Ces villages espagnols ressemblent à des projets de villes dont la croissance a été arrêtée. Ils donnent une haute idée de la richesse de l'Espagne aux siècles passés, mais ils sont, pour quelqu'un qui voudrait aller y vivre « à la campagne », aussi peu attirants que possible.

Muchamiel sonne comme « Beaucoup de Miel », et je pensais que c'était la signification du nom quand je l'ai vu la première fois ; mais il semble qu'il soit d'origine arabe et qu'il veuille dire quelque chose de tout à fait différent. J'ai vu le petit théâtre, le minuscule casino, très propre, avec un mobilier moderne, etc. L'église était fermée, je suis donc allé au bureau de tabac, puis dans une auberge, où j'ai pris un verre de sirop de sarsaparilla à l'eau gazeuse (le verre coûte un penny) et bavardé une demi-heure avec la serveuse, une très jolie fille, qui, voyant que j'étais vraiment étranger (car je parlais castillan au lieu de parler valencien), m'a traité avec beaucoup de gentillesse. Puis j'ai attendu le tram. Les maisons de Muchamiel sont très caractéristiques. Il y a une grande entrée voûtée à travers laquelle on peut voir la vaste pièce du rez-de-chaussée, qui se divise en plusieurs espaces, séparés non par des murs ou une quelconque cloison — la division est plus morale que matérielle : à gauche, une boutique ; à droite, une salle à manger ; puis une autre voûte, et un salon sur la gauche, avec une chambre à droite ; de nouvelles voûtes, un escalier en bois dont chaque contremarche est recouverte de carreaux vernissés (aux dessins jaunes et bleus). Dans le fond, une autre porte, qui ouvre sur un jardin ou une cour. Tout est très propre, les trois murs et la haute voûte chaulés. Cela ressemble plus à un décor de scène XVIe siècle qu'à une maison anglaise. Il y a d'ailleurs un rideau devant l'entrée, un grand velum, « un tablier gris » (comme dans le poème de L.-P. Fargue « ... et toutes les maisons ont leur tablier gris »). On l'enlève, ou on l'ouvre, au coucher du soleil, et on peut voir la paisible pièce de théâtre, ou plutôt la pantomime : une femme qui achète quelque chose dans le coin boutique, une jeune fille qui remplit d'eau une bouteille (ou plutôt un BOTIJO) sur la table, dans le coin salle à manger ; des jeunes filles penchées sur un ouvrage délicat de dentelle ou de broderie ;

une mère qui peigne et coiffe la chevelure de sa fille dans le PROSCENIUM, etc. Cela ressemble aussi à un triptyque illustrant les différentes époques de la vie d'un saint[97].

Il y a un bon nombre de résidences de campagne autour, et DANS, San Juan et Muchamiel. Elles sont entourées de beaux jardins ou parcs (Santa Elena, à Muchamiel) ; il y a des bouquets de palmiers, des pins duveteux du Sud. Et d'épais rideaux de fleurs tombent des vieux murs et les recouvrent. Mais la poussière blanche se dépose partout. La jeune fille à l'auberge m'a donné les noms de plusieurs familles nobles ; de beaux noms, pour la plupart.

Au retour, j'ai bien regardé Santa Faz encore et j'ai l'intention d'y revenir, cette fois en pèlerin. C'est un endroit très agréable qui a quelque chose qui le rend inoubliable : son architecture simple et noble, et, entre deux bâtiments, un passage voûté avec un parc ensoleillé à son extrémité. Nous avons croisé beaucoup de charrettes, remplies de garçons et de filles qui riaient ; étendus au fond de la charrette, ils se moquent des continuels cahots et des épais nuages de poussière. Ce sont de belles filles, un peu rondes, et très propres, à la peau beaucoup plus claire que la majorité des citadines de cette province. Le coucher de soleil sur les sierras était magnifique ; et les maisons peintes paraissaient plus jaunes et plus orangées que jamais. — J'étais de retour à Alicante à 8 h ½ ; du tram j'ai vu Carmen (l'autre, Carmen III — « adhuc crescens et rude carmen[98] »). J'étais de retour à la maison vers 9 heures, les cheveux blancs de poussière. En définitive (et en dépit de la poussière [*Une moitié de ligne caviardée*]) cela m'a fait beaucoup de bien d'aller à Muchamiel, mais je ne crois pas que j'y retournerai.

De quelle liberté on jouissait sous le « tyran » Bonaparte ! Ce que Courier pouvait écrire dans ses lettres ! Il va de soi qu'il n'aurait jamais écrit ainsi s'il y avait eu un censeur ; il y en a assez dans ses lettres pour conduire un homme devant deux rangées de nobles meurtriers, ou pour le faire envoyer à la mort « en el campo del honor ». Décidément Boney[a] était un ange, comparé à notre moderne Monsieur Nullité[99].

[*Un paragraphe de six lignes caviardé.*]

Je viens de terminer de lire le livre de Stanislas Meunier. Il reproduit quelques-uns des arguments les plus solides de Quatrefages contre l'évolution à laquelle il ne croit pas — il la pense même insoutenable. L'évolutionnisme de Darwin, il le détruit en ajoutant un nombre considérable de données géologiques ; son argumentation va ainsi : 1°) les conditions de la vie ont été IDENTIQUES depuis

a. Diminutif pour Bonaparte...

les périodes géologiques les plus reculées ; 2°) il n'y a pas de combat pour la vie dans l'acception que C[harles] D[arwin] donne à cette expression ; 3°) les formes de transition entre une espèce et une autre n'ont, jusqu'à maintenant, jamais été trouvées. Que les conditions de la vie ont toujours été pratiquement identiques anéantit la théorie lamarckienne du SENS DU BESOIN. Cela semble saper toutes les bases de la théorie de S.B. dans *La Vie et l'Habitude* ; mais l'explication de Meunier en ce qui concerne l'origine et l'apparition de la vie ne s'oppose pas complètement à ce que S.B. pensait sur le sujet. Je suis content de n'avoir pas encore recopié mes notes sur les conceptions biologiques de S.B. ; je pense qu'il y a des passages, tant dans ses livres que dans celui de Stan[islas] Meunier, que la comparaison permettrait de trouver concordants sur les points principaux : « ... il nous faut imaginer, pour le phénomène biologique, des centres d'activité à la constitution desquels LA MATIÈRE ne prend aucune part. Dès lors la question de l'apparition de la vie sur la planète se trouve affranchie de la nécessité de faire traverser, à des espaces célestes, de fines particules matérielles [Meunier ne veut-il pas dire : "de faire traverser, à de fines particules etc., les espaces célestes" ?] Étant exclusivement dynamique, comme l'énergie cristallogénique, l'énergie biologique pourrait se transporter d'un astre à un autre comme font la lumière, la chaleur ou l'électricité » (p. 312).

Lundi 15. — Le Bon Dieu soigne Alicante : nous avons des journées magnifiques, une forte brise marine, rafraîchissante, venue tout droit d'Italie, souffle — presque toute la journée. Samedi matin j'ai reçu une très gentille lettre de Louis Chadourne[a] ; je la colle ici. L'après-midi nous sommes allés, Eduardo et moi, à Santa Faz, où nous avons vu la Sainte Face qu'on conserve dans une petite chapelle attenant à l'église, dans l'enceinte du couvent. J'ai acheté un scapulaire ; j'ai promis de le porter jusqu'au lendemain de mon anniversaire[100] ; ensuite nous avons acheté des médailles pour toutes les femmes que nous avons à la maison (cela se dit-il ? C'est exactement l'espagnol : para todos el mujerío que tenemos en casa). Ce matin Pepita m'a réveillé à six heures, mais j'ai continué de dormir jusqu'à l'arrivée de Carmen avec le petit déjeuner, à 7 h ½. Travaillé jusqu'à 10 heures ; puis sorti, chez don Higinio où j'ai retrouvé don Ramón. L'Horchateria[b] del Pasaje de Amérigo. Nous avons parlé de littérature espagnole contemporaine : l'influence de R. Darío (dont il a acheté le livre *Los Raros* et me l'a offert), Ricardo León, Pedro de Répide, the Quinteros, Jacinto Grau, les hommes de la revue *España*, etc. Puis à ce que nous appelons « la gare » (de

a. Voir annexe 4, p. 777.

b. Espagnol : établissement où l'on vend et boit du sirop d'orgeat.

tram pour Benalúa). Retour à la maison. Travaillé de 4 à 9, presque SIN PARAR[a]. J'ai lu un peu *Los Raros* de Darío ; il traite de la glorieuse période de la littérature française du XIXe, 1868-1898, les DÉCADENTS et les SYMBOLISTES. Il dit, avec raison, je pense, que ce fut une période plus importante que toutes celles qui l'avaient précédée dans le même siècle. En fait, si l'on s'en tient à l'influence, ces écoles françaises semblent avoir été plus importantes que l'ensemble du mouvement ROMANTIQUE (je parle des ROMANTIQUES français, bien sûr). Cela va de soi maintenant, et sera de plus en plus évident à mesure que le temps passera ; mais c'est la preuve d'un grand sens critique chez Darío d'avoir osé dire cela en 1901 ou avant. (Il y avait des articles publiés dans un journal de Buenos-Ayres.) C'est ce que je développerais et essaierais de montrer si je devais accepter la proposition de Chadourne — cela servirait d'introduction à un essai sur Miró et à un autre sur Gómez de la Serna, mais je ne souhaite collaborer à aucune des revues publiées ailleurs que dans un pays neutre : la simple idée que j'écrirais sous le regard vigilant de la police m'écœure. En outre je ne sais rien sur la littérature espagnole contemporaine (et encore moins sur celle du passé) ; une série d'articles, même superficiels, sur ce sujet impliquerait la lecture d'une quantité d'inepties, — et si alors je me mettais à aimer cela... ! « Il faut savoir se limiter. » — Il y a un voilier canadien dans le port et on voit presque tous les jours des hommes de l'équipage, complètement ivres, suivis d'une petite bande de galopins.

Vendredi 19. — Un grand jour de « juerga[b] » : don H[iginio], don R[amón] et moi avons déjeuné ensemble au Diana (le restaurant au bout de la jetée), flânant tout l'après-midi jusqu'à 8 heures (7 heures à l'heure normale). Lui[101] ai parlé des propositions de Gaston ; il dit qu'un hiver à New-York me tuerait certainement, ajoutant son proverbe préféré que mas vale vivir un año en la vida que cien en la historia[c]. Mais je ne pense pas que je passerais dans l'histoire à New-York non plus ! Il y avait deux Anglais au Diana. Quel après-midi : conversation et HORCHATA. Les anecdotes de don H., etc. Trop d'HORCHATA. Je n'ai rien pu manger au dîner ce soir. Dans la traduction des *Carnets* je suis arrivé à la page 332.

Je lis un livre récent, de Modesto Perez, sur Ángel Ganivet[102] ; il donne quelques renseignements sur l'auteur et son œuvre, mais en tant que critique cela ne vaut rien. J'ai simplement retenu la phrase suivante, qui montre ce que [*Un feuillet déchiré.*]

a. Espagnol : « sans arrêt ».
b. Espagnol : « fête ».
c. Espagnol : « qu'il vaut mieux vivre un an dans la vie que cent dans l'histoire ».

J'aime le jardin de Pepita à S[an] V[icente], et j'ai été content de voir les jasmins dont je me souvenais si bien. Elle l'a fait faire dans le style andalou, ce qui en fait un endroit tout à fait agréable, particulièrement durant les longues soirées d'été. J'aimerais pouvoir dire quelque chose de plus. M'en souviendrai-je ? Je pense que oui. — Je n'ai pas mentionné ici qu'à la fin juin j'ai reçu une lettre de doña Lola de A— (mon hôtesse, pas ma propriétaire — à Madrid) qui me disait qu'elle allait bien, et qu'elle s'était réconciliée avec son amant.

Mercredi 24. — L'Humeur encore, et sous sa forme la plus cruelle ; l'indifférence totale, le sentiment de m'éloigner de la vie ; rien, pas même le travail ne peut m'en sortir ; je suis au fond d'un puits très profond, dans l'état le plus lamentable qui soit. Si seulement je pouvais réagir.

Jeudi 25. — Dieu merci, j'ai réagi, et si bien que j'ai travaillé et que j'ai été heureux toute la journée. C'est la Saint-Jacques, et en dépit de l'aspect dominical des rues, j'ai pu me promener sans me sentir mal ou déprimé. J'ai commencé à me sentir mieux hier, après avoir noté ma journée : j'ai entendu une petite fille chanter une petite chanson si charmante (sur la Sainte Vierge) que cela m'a fait un bien fou et m'a fait penser à Catulle ; c'était un rythme pareil à celui du Carmen Nuptiale de Catulle. (J'ai écrit à M. Voldoire lui demandant de m'envoyer mon exemplaire de Catulle dans l'édition Ellis — j'espère qu'il va le trouver, et que la police ne le gardera pas trop longtemps.) Ce matin je me suis levé tôt, la tête encore pleine de cette chanson, — la petite voix claire, si simple, si gaie, — et sa manière, cette façon « de soslayo » de passer, de sourire ; ce qui me plaît le plus chez les jeunes Espagnoles, c'est leur façon de marcher, de parler. *De*, ou *A soslayo* l'exprime très bien ; je vois dans le dictionnaire que cela signifie « de biais » ; cependant il y a quelque chose de plus dans l'expression espagnole. — Travaillé jusqu'à 11 heures du matin quand j'ai reçu une lettre de Mme Klotz, à laquelle j'ai répondu immédiatement (elle concernait La Serna et G. Miró). À la librairie j'ai trouvé le livre de Joseph Carner[103] *Llibre dels Poetas,* que j'avais commandé sur les conseils de Díez-Canedo. Rencontré don Ramón, et nous avons lu quelques-uns de ces poèmes ensemble, à la Horchateria del Pasaje. Ils me donnent l'impression que, écrits en français, ils ressembleraient au genre de poésie écrite à Carcassonne, Albi ou Capdenac. Un échantillon :

El yacht, entre las onas, fa sa vía ;
l'eléctrica claror hi es esplendent ;
d'onheu cántides y riures d'alegría
y olor de rosas ha rublert l'ambent.

Hi há una barcassa miserable y vella
plena de molsa, qu'ha batut el vent ;
una captayre y un baldat en ella
s'abrassan y's petonan tendrament.

Y en el yacht fastuós, d'ahont devallan
torrents de llum y aromas d'orïent,
en la coberta lady y lord badallan
els sens llavis tapant dicretament.

C'est ce qu'on attendrait d'un disciple provincial de Joséphin Soulary. Il y a un hymne un peu meilleur, « A la Mare de Deu del Pí ». C'est du Verdaguer[104] encore, mais du Verdaguer plus moderne :

Oh Verge dels ulls clars
Y dels somriures divins !
Duheu sobre nosaltres
Mi gran perfum de pins.

Don Ramón a bien aimé ce qui suit, une simple chanson populaire enfantine arrangée par Carner :

Salta miralta
Trenca una galta,
Salta que salta
Que saltarás.
  Trepitjá rosas,
Parla amb estrellas,
Pren papellonas
A cada pas ![105] Etc.

Jusqu'à maintenant je n'ai rien vu qu'on puisse considérer d'importance européenne parmi le grand nombre de livres catalans qu'on m'a indiqués comme tout à fait remarquables. Maragall[106] et Eugenio d'Ors sont les meilleurs, mais ils font piètre figure à côté de Miró et de Juan Ramón Jiménez. Et pourtant je ne doute pas que la Catalogne produise quelque œuvre d'importance en littérature.

Passé l'après-midi dans mes appartements : sieste et travail encore. Sorti à 8 heures. J'ai vu toutes les petites filles que je connais — les petites filles pauvres de mon BARRIO[a], que je vois passer tous les jours pour remplir leurs CANTAROS[b] à la fontaine —

a. Espagnol : « quartier ».
b. Espagnol : « cruche ».

habillées comme des princesses pour la fête. C'était magnifique ; — il y en a une qui ressemble à une petite Anglaise. Cela m'a fait du bien.

Lundi 29. — Hier il a plu cinq ou six heures, un grand événement ici. Beaucoup de rues se sont transformées en rivières, et l'eau du port était jaune de boue. Ai déjeuné au casino, et suis allé à S. Vicente à 4 h, revenant par le tram de 8 h ½. Villa Avelina. — J'ai fini de lire un livre sur Cervantes géographe. Je pensais que j'allais y trouver quelque chose d'intéressant mais j'ai été déçu. L'auteur, Fermína Caballero, essaie de PROUVER que Cervantes était meilleur géographe que Strabon, et échoue manifestement, comme de bien entendu. Il n'y a en réalité rien d'intéressant dans ce livre, qui ressemble à un manuel scolaire. On dit, quelque part dans les notes, que Ticknor[107] le cite. Il s'intitule *Pericia geografica de M. Cervantes.*

L'après-midi je suis allé en train à Elche, où j'ai passé trois heures, revenant à 9 h. Le portier de l'une des auberges s'est proposé de me servir de guide et j'ai accepté. Il m'a emmené, par la palmeraie, à la villa del Carmen, puis au jardin du Vicaire, où j'ai vu le gros palmier, et ensuite à la plaza Campello où il m'a laissé. Il m'a dit que don Ángel A. et sa nièce étaient à l'auberge. Je pensais qu'ils étaient retournés à Milan. Comme don Ángel, m'a-t-il dit, était en déplacement à Elda, je ne suis pas allé présenter mes respects à « Mariú ». Après avoir bu une bière, je suis allé me promener dans Elche. Ai vu le nouveau pont qui enjambe le profond ravin, et suis rentré par le vieux pont. C'est l'endroit le plus caractéristique d'Elche : les maisons, les églises et quelques palais ou bâtiments anciens à l'allure de forteresses, accrochés à flanc de montagne, bordés de palmiers, la blancheur des murs, les grandes palmes vertes, etc. Quelque chose de tout à fait africain, ou plutôt algérien. Allé à la gare, entourée d'une vaste oasis, suivi les petits ruisseaux artificiels, ou acequias, qui irriguent les palmiers et les champs. Amoena quies[a]. Ici et là, quelques femmes accroupies à côté d'une ACEQUIA, à laver du linge ou à parler, ou un homme qui grimpe à un grand palmier svelte à l'aide d'une corde, des chaussures à crampons aux pieds. Quelques acequias étaient pleines d'une eau courante, assez trouble à cause de la pluie d'hier. Ces promenades m'ont plu. Toutefois c'est du train, sans quitter son wagon, qu'on peut le mieux voir Elche : la gare est au milieu d'un grand bouquet de palmiers, et du pont en fer, juste à la sortie de la gare, le grand ravin et le panorama de la ville sont vus à leur avantage. Le Musée archéologique a été transféré à Madrid. Il y a quelques bâtiments intéressants, mais, dans l'ensemble, Elche ne présente

a. Latin : « calme agréable ».

pas d'intérêt. On devrait faire descendre les plantations de palmiers jusqu'à la mer et en entourer totalement la ville. Je suis très fatigué.

J'ai voyagé en 2nde classe. Il ne faut pas que j'oublie le couple de bourgeois, mari et femme ; la femme citait Campoamor. Mon ami le Dr Dalebrook, de Séville[108], penserait que c'est une exception. Je ne sais. Bien sûr, ici en Espagne, on peut citer « El tren Expreso ». Je ne sais pas ce qu'une Anglaise citerait, ou une Française.

Août

Jeudi 1er août. Levé tôt ; travaillé de 9 h à 11 h ; puis au casino, puis chez don Higinio où j'ai rencontré les dames L. et don Ramón. Ensuite à l'Horchateria ; et chez moi. Ne suis pas sorti l'après-midi. Reçu deux lettres, de Londres toutes les deux. L'une, très affectueuse, de Gladys ; l'autre de Dan[iel] O'Connor — dont je n'avais plus entendu parler depuis 1913. Il est lieutenant dans l'armée britannique ; il désire que j'aille en Irlande, avec un certain Mr Hugh Law, député, faire de la propagande en faveur de la Cause du Droit, de la Justice et de la Civilisation — la dernière chose que je ferais, car je prie continuellement pour l'Irlande et je souhaite de tout mon cœur qu'elle se débarrasse du joug de l'Angleterre. Je ne crois pas que je vais répondre à la lettre de cet ami[109]. Mais je vais écrire à Gladys. — Pendant ces derniers jours de juillet, j'ai lu divers articles d'Ángel Ganivet réunis dans le récent ouvrage sur lui comme « poète et journaliste » ; ils ne me plaisent pas — à l'exception d'un seul, « Las Ruinas de Granada ». Je lis actuellement les *Éclaircissements sur les sacrifices* de Joseph de Maistre. Les points de contact et de divergence entre J. de M. et S.B. sont ici aussi frappants et nombreux que dans *Les Soirées*. Don Higinio lit *Unidad funcional* de Pi Suñer[110] et me le prêtera quand il l'aura terminé. Il m'en a dit des choses qui me semblent assez intéressantes. — L'exposition de don Ramón aux Bellas Artes promet d'être un succès — au moins il vendra un bon nombre de ses tableaux. — Dans la traduction des *Carnets* je suis arrivé au groupe XXIV (page 360). Je vais laisser cela de côté quelque temps, car je dois commencer à traduire La Serna pour la revue *Hispania*[111].

Dimanche 11. — Ces dix derniers jours ont été principalement consacrés aux traductions de R. Gómez de la Serna. J'ai envoyé le ms à *Hispania* il y a trois jours. Ce fut une tâche agréable. Je travaillais une partie de la nuit, alors que dans une taverne voisine, une aveugle chantait des « Oraciones[a] » d'une voix forte aux accents sauvages, accompagnée à la guitare. J'ai fait tout ce que j'ai

a. Espagnol : « prières ».

pu pour rendre justice à « Ramón », mais j'ai le sentiment que ces traductions de l'espagnol sont bien inférieures aux traductions que j'ai faites de S[amuel] B[utler], et j'ai trouvé ce travail plutôt plus difficile. Et pourtant je parle espagnol et uniquement espagnol, et je sens que, lorsque j'écris dans ce journal par exemple, les mots anglais ne me viennent plus aussi aisément qu'il y a un an. Mais la force de l'habitude et le résultat de la connaissance LITTÉRAIRE qu'on a d'une langue sont tels que je traduis S.B. facilement, ou du moins sans trop de mal, alors qu'un texte espagnol me donne beaucoup de difficulté à mettre en français. — Mme K[lotz] m'a écrit pour dire qu'elle a envoyé ses propres traductions de *Greguerias* et de *El Circo* à *Hispania.*

Il faut que je note brièvement : l'aimable visite que don Pedro Salinas[112] m'a faite, et la longue conversation que nous avons eue (des anecdotes sur les cercles littéraires de Madrid, etc.) — L'arrivée de doña C. et de sa sœur Dolores. Mes sorties le soir, ma fréquentation du Teatro de Verano pour les rencontrer (jusqu'à maintenant sans succès). En ce moment je me sens un peu déprimé, avec, de temps en temps, de vives douleurs dans la tête. — Au Teatro de Verano j'ai vu *La Calle de la Montera,* une agréable comédie (XIXe siècle) et l'un des drames d'Echegaray.

Vendredi 30. — J'ai arrêté d'écrire ici assez longtemps. Nous avons eu de grandes chaleurs et je n'ai pas été très bien portant. Ne pouvais travailler. Mais j'ai eu un certain nombre de bonnes journées : ici, à me promener avec doña Candelaria et sa sœur Dolores ; chez don Pedro Salinas près d'El Altet (mes meilleures journées) ; à San Vicente avec don Higinio. Pour le reste ce furent des siestes, des soirées au Teatro de Verano, et la lecture : un autre opuscule de poèmes de Josep Carner, *Els Fruits sabrosos,* bien meilleur que *Llibre dels Poetas,* mais avec quelques-uns de ses défauts : affectation, MAUVAIS GOÛT. Mais c'est quelqu'un. Un livre sur le vieux Madrid, de Gutierrez Solana[113], un peintre ; cela ressemble à « Jarro », le journaliste florentin. Et je viens de finir de lire un très bon roman de Pío Baroja, *El Arbol de la Ciencia,* bien moins superficiel que tout ce que j'ai lu du même auteur[114].

Septembre

Lundi, 2 septembre. — Journées principalement occupées par : 1° La chaleur ; 2° Rencontrer ou éviter (selon leur attitude) doña C[andelaria] et sa sœur. Travail : nada. Et pourtant, pensé à beaucoup de choses. Levé tard. Casino (la famille que j'avais remarquée en me promenant sur l'Explanada hier ; un détail m'a permis de savoir qu'ils étaient galiciens ; la carte ; me souviendrai-je de cet élément de travail de détective ?) Don H. chez qui doña C. était allée. Suis allé à Diana et Alianza. Ai rencontré don R[amón]. Puis ai attendu la bonne de doña C. La conversation que j'ai eue avec elle. L'après-midi. Sieste. Ce soir je les ai rencontrées. Comme c'est stupide ! Quelle façon de perdre son temps ! Et pourtant j'aime beaucoup cela.

Villena, mardi 3. Une belle matinée à Alicante : ai vu don Pedro Salinas qui est venu faire ses adieux avant de repartir à Madrid, et de là à Séville. Grande conversation sur les livres, la vie espagnole, etc. J'ai lu quelques pages des *Carnets* de Butler (la note sur Soglio[115]) ; cela lui a plu. Puis chez don H. ; ai vu Araceli, plus belle que jamais, et sa petite sœur, son frère avec sa femme, etc. La petite Charito était également là ; lui ai donné la photographie. Ai aussi vu doña C[andelaria] (deux fois). À 8 heures du soir j'ai pris le train correo[a] et je suis arrivé ici vers 10 heures. Hotel Alcoyano. Repas. Promenade dans les rues mal éclairées. Un gros « pueblo » triste et rude ; essaie naturellement de ressembler à une ville. Suis allé dans un café « de camareras[b] ». Les voyous et les GUAPOS[c].

Alicante, 5 septembre. Jeudi. De retour de Biar, où j'ai passé 6 ou 7 heures, vraiment délicieuses, avec Mme K[lotz] et doña Enriqueta. Dîné avec elles. Elles m'ont emmené au jardin et m'ont montré le village. Dormi à la petite auberge, très propre. Ce que j'ai vu par la fenêtre du compartiment ce matin : la grande vallée verte, les jardins ; les oliviers, les vignes (de l'espèce basse de la Castille et de l'Hérault) ; n'étaient les collines abruptes et arides, sans cyprès, on se serait cru en Toscane (la Impruneta, etc.) Pas de palmiers ; une atmosphère plus pure et plus fraîche que celle d'Alicante et de ses environs ; un bleu moins soutenu au dessus des collines. Le « carret[d] » pour aller à la gare ; en attendant le petit train (semblable à ceux de l'île de Man) qu'on appelle ici « chicharra » (la cigale) le village paraissait très beau, perché sur les pentes de la PEÑA[e] avec son château au sommet. La lumière, merveilleusement pure et calme, n'avait pas l'éclat aveuglant que lui donne la mer agissant comme réflecteur. Lumière de campagne, géorgique, reposant paisiblement sur les collines, les murs, les champs, les masses vert clair des oliviers. Une très belle vallée, comme il en existe en Provence ou en Italie, ici et là, mais très typique, très espagnole (peut-être par le caractère abrupt, aride et la couleur des collines et des montagnes qui la limitent et l'entourent). L'eau, merveilleuse. Biar

a. Espagnol : « le train postal ».
b. Espagnol : « dans un bar à hôtesses ».
c. Espagnol : « beaux garçons ».
d. Valencien : « voiture ».
e. Espagnol : « la roche ».

est une fontaine, où l'eau s'écoule, pure, des rochers dans les BALSAS de pierre. De presque partout dans le village s'entend le son de l'eau courante. Un verre de cette eau ne peut se comparer à aucune autre eau minérale ailleurs[116]. Les jeunes filles sont très jolies. Même les petites filles sont jolies — ce qui n'est pas courant en Espagne. Des visages du type de « Charito » ; même en Angleterre elles sembleraient jolies, hâlées et brunes comme elles sont (bien sûr, le « piquant » des brunes : d'abord on les prend pour la mendiante au milieu des blondes ; et petit à petit des étincelles s'échappent du feu qui couve sous les cendres grises, et elles finissent par éclipser toutes les autres, toutes celles au teint lumineux, ces jeunes filles qui paraissent toujours rester dans l'ombre). Pas TOUTES les brunes, bien entendu ; uniquement celles qui ont d'abord l'air d'une mendiante, pas la jeune Espagnole effrontée qu'on connaît bien ; (je sais de quoi je parle, et je pense à Araceli à qui j'ai eu le plaisir de serrer la main ce soir). Bon ; revenons à Villena dans la « chicharra ». À la Fonda del Alcoyano, une fois encore. Et une fois encore me promener dans les rues. Les fiestas (les anciennes « embajadas[a] de Villena ») ; des orchestres partout, des drapeaux, etc. (Toute cette allégresse et cette brutalité s'accordent très bien avec l'odeur de police, d'espionnage et de mobilisation qu'on sent dans l'air pendant ces [*Une déchirure sur cinq lignes en haut de la page.*] un train, avec deux heures de retard, m'a emmené, RENDIDO[b], à Alicante et chez moi. — Nouvelle étonnante (à propos d'un ami — Je l'aime mieux maintenant que je sais cela. Très triste.) Des lettres. Une de Fargue. Il dit qu'il viendra — peut-être[117] — avec R. Viñes.

J'ai lu en quelques heures un court ouvrage, *Nietzsche et les théories biologiques contemporaines.* Je voulais voir comment Nietzsche avait « réagi » sous l'influence de l'hypothèse lamarckienne et darwinienne qui imprégnait le milieu philosophique de son époque. Le livre, écrit par une femme, est très superficiel et n'expose pas de grandes idées, rien de vraiment critique, sur le sujet. Il montre, mais sans le vouloir, la pauvreté des « grandes doctrines nietzschéennes » ; c'était un MORALISTE [*Lacune consécutive à la déchirure signalée plus haut*], mais selon nous des fantaisies, et sans même essayer d'être critique. Un passage semblait intéressant : « Darwin a oublié l'esprit », mais il fait allusion à la théorie du combat pour la vie : « Le résultat des luttes est au détriment des forts. Darwin a oublié l'esprit. » Évidemment, si la remarque avait un caractère général, cela placerait Nietzsche sur le même terrain que S. Butler ; mais ce n'est pas le cas. L'auteur, Claire Richter, semble ignorer Butler.

a. Espagnol : « ambassades ».
b. Espagnol : « épuisé ».

Hier (dimanche) déjeuné et passé l'après-midi à San Vicente. Il est venu beaucoup de jeunes filles, et on a fait un grand « jaleo[a] » : chansons, danses, etc. — Doña Antonia partie. — J'ai reçu quelques-uns des livres que j'ai commandés il y a six semaines à Paris ; le livre sur Nietzsche en était un. Le volume de *Pages choisies* de Tristan L'Hermite en est un autre. J'en ai traduit, oralement, quelques poèmes, — la « Belle Gueuse » parmi d'autres, bien sûr — aux dames, à qui ils ont plu. J'ai lu tout ce qu'il y avait du *Page disgracié*[118] ; et les lettres.

Jeudi 12. — La chaleur, épouvantable. N'ai rien pu faire. Los baños. Ai passé la soirée (de 10 h ½ à 1 heure du matin) sur l'Explanada avec Dolores et doña Lola ; doña C. rentrée chez elle vers 11 h ½ !

Lundi, 23. — Il pleut enfin !

Dimanche, 29. — Ce soir je pars pour Madrid.

Novembre

19 novembre (mardi), à Alicante de nouveau, mais mon adresse est maintenant : Canaleja n° 28, 1°. — Un mois et demi sans tenir mon journal. Je ne l'ai pas emporté quand je suis allé à Madrid, où j'ai passé les derniers jours de septembre, tout le mois d'octobre et la première semaine de ce mois. Je suis arrivé à Madrid à 9 heures du matin et suis allé directement à l'Hôtel de Roma où je pensais trouver ma M[ère] et M. Voldoire. Leur train n'était pas encore arrivé, mais je ne le savais pas ; j'ai donc fait le tour des principaux hôtels de Madrid pour m'enquérir. Enfin, retournant une fois encore à l'Hôtel de Roma, j'ai appris qu'ils venaient d'arriver, et qu'ils étaient allés me chercher calle Barbieri, où je les ai retrouvés. Nous devions partir pour Alicante aussitôt, mais M. était fatiguée ; puis est venue la nouvelle de l'épidémie[119], donc M. est restée à Madrid toute la durée de son séjour en Espagne. Elle était à l'Hôtel de Rome, et M. Voldoire et moi calle Barbieri (chez doña Lola). C'était aussi bien (que M. soit à l'hôtel — et n'aille pas à Alicante, je veux dire.) Il y a eu des journées « difficiles », mais dans l'ensemble le séjour de M. s'est plutôt bien passé. [*Deux lignes caviardées.*] Elle (avec M. Voldoire, naturellement) a quitté Madrid le 26 ou le 27 octobre, et je me suis trouvé plus tranquille et plus libre. Néanmoins, j'ai bien apprécié de me promener avec M. Voldoire, de lui montrer la ville, les musées, etc. Nous som-

a. Espagnol : « tapage ».

mes allés aux concerts de la Sinfónica, etc. ; et avec plein d'argent à disposition (du fait que M. était là) ça s'est très bien passé. (Il y a quelque chose d'enivrant à vivre auprès d'une personne riche.) J'ai acheté des livres, visité des expositions de peinture, mais évité, je ne sais pourquoi, les gens de lettres (rencontré Díez-Canedo à la Puerta del Sol, le matin de mon arrivée, avant d'avoir trouvé M.). Vu Ramón Gómez de la Serna, un jour de pluie, dans la calle de las Infantes. Pendant [*Une déchirure sur quatre lignes au bas de la page*] et le repas avec M. Díez-Moren, gouverneur de Tolède ; la Chelito ; mes longues promenades sur la Florida[120] (c'est ce que je préfère à Madrid) ; les grands verres de lait à la Mallorquina ; les tableaux de Wyndham Tryon (ce pays : Guardalest, Jijona, Altea[121], etc.) ; les promenades matinales dans le Retiro[122], etc., etc. Et puis doña Lola, et Lolita, et Adora, et les enfants de la calle Barbieri. (J'ai emmené Lolita faire un tour en automobile ; c'était la première fois qu'elle y montait.) Les histoires de cœur de doña Lola. — Et maintenant comment je me suis échappé de la calle Mayor et de la compagnie des —[123]. L'an dernier, à peu près à cette époque, j'ai écrit dans mon journal que je ne pourrais pas vivre plus de deux ans avec eux. Cela s'est révélé juste. [*Lacune consécutive à la déchirure signalée plus haut. En haut de la page suivante, deux lignes raturées*[124].] L'Hôtel Simon — où l'on a voulu me faire payer davantage quand on a su que j'allais rester longtemps ; je suis donc parti, et je me suis entendu avec doña Pepita pour qu'elle me loue son appartement, etc. En conclusion, je suis plus « at home », chez moi (ce qui est encore meilleur que « at home »), que je l'ai jamais été quand j'habitais chez les —[125]. À la fin de la semaine je serai tout à fait installé : lampes, tapis, étagères, portières, tout sera à sa place. — Étrange de voir les gens avec qui j'ai vécu plus ou moins intimement, ceux que j'ai connus à San Vicente, les jeunes filles avec qui j'ai flirté, les gens que je connais si bien (et qui me connaissent si bien aussi), comme s'ils s'étaient éloignés (les semaines à Madrid, l'épidémie, les changements politiques, et ma nouvelle installation dans un quartier différent). Je suppose que c'est ce qu'on appelle « tourner la page ».

Mercredi, 20. — Quelques oublis dans mes notes sur mes cinq semaines (ou six semaines, je crois bien) de séjour à Madrid. La visite (avec M. Voldoire) au Museo del Artilleria ; la jeune Cubaine (Carmen — son accent bizarre, ses souvenirs de Londres et de Paris) ; les matinées calle Barbieri, avec doña Lola, qui venait bavarder avec moi pendant que nous déjeunions. Vers onze heures (du matin) nous allions chercher M., puis nous sortions pendant deux heures environ ; puis à l'Hôtel de Roma où nous dînions (ou plutôt déjeunions) avec M. ; les excursions avec M., en fiacre ou en automobile : Paseo de Rosales, Puerta de Hierro, la Moncloa tout entière, puis le Paseo de Coches, le « Fallen Angel » (j'y suis allé à pied une fois, aller et retour, de la Puerta del Sol — c'était après que M. et M. V. eurent quitté Madrid). Lisais Shakespeare dans une mauvaise édition italienne (Treves), mal imprimée (une nouvelle collection por el estilo[a] Tauchnitz) ; j'avais emporté le livre de De Lanessau en quittant Alicante, et j'ai fini de le lire calle Barbieri. J'ai été bien malade pendant la première semaine de séjour de M. ; le changement d'air, je suppose. La toux a duré jusqu'à la visite du médecin, c'est-à-dire vers le 25 octobre. [*Une ligne et demie caviardée.*]

Le voyage de retour : j'étais SEUL dans le wagon Pullman. (On m'avait préparé une boîte de sandwichs, bocadillos et medianoches, à la Mallorquina ; et du thé, de la Mallorquina également — le tout très bon.) L'aurore splendide, juste après avoir passé La Lucina ; le passage brusque de l'hiver castillan au climat doux et ensoleillé des provinces levantines. Les premiers jours ici. Don Ramón, don Juan B., don Higinio, etc., etc.

Aujourd'hui une belle matinée ensoleillée, du vent l'après-midi, et de la pluie en soirée. J'ai manqué les dames C. Les carpinteros[b] ont apporté les étagères ; tous mes livres s'y trouvent maintenant, en bel ordre. Teresita, aussi, est venue apporter ce soir les échantillons de « terciopelo[c] » pour les coussins, et les rideaux à petits carreaux bleus et blancs pour la salle de bain. Cela fera très bien ; et ma table de travail est maintenant débarrassée de son fatras de papiers, livres et autres. Reçu enfin les exemplaires du livre de Walt Whitman que j'avais demandé à Berthe[126] de m'envoyer (le 28 octobre !). C'est Berthe elle-même qui les a envoyés. Brave Berthe ; c'est une véritable amie, et ça me fait beaucoup de bien de penser à elle. Suis allé immédiatement chez don H. pour lui en offrir un exemplaire, et chez don Ramón, un peu plus tard, pour lui en offrir un aussi. [*Trois lignes caviardées.*]

Ce soir, après avoir disposé les livres sur les étagères, je me suis senti très seul et très triste. Pensais à [*Un nom caviardé*] ; j'avais trouvé une vieille lettre, en fouillant dans mes papiers hier ; pensais à beaucoup de gens, de choses, d'endroits, etc. Si bien que lorsque doña Pepita, ou sa nièce, m'ont demandé si je voulais « alguna cosa mas[d] », j'ai manqué leur répondre en anglais ; mais je me suis repris dès la première syllabe.

Jeudi 21. — Vent et journée humide. Comme d'habitude. Teresa est venue chercher les coussins et les portières ; le carpintero est venu plus tard. J'aime voir le port sous la pluie et le ciel

a. Espagnol : « du genre ».
b. Espagnol : « menuisiers ».
c. Espagnol : « velours ».
d. Espagnol : « encore quelque chose ».

gris. Marché sous les palmiers qui ruisselaient. Ai écrit à doña Lola de A. et à Berthe L[emarié]. J'aime c[alle] Canalejas[127] les jours de pluie, propre et vide, presque anglaise. Je me suis senti assez bien aujourd'hui. Un groupe de quatre belles filles (des servantes, etc.) dans la c[alle] Mayor, ce soir vers six heures et demie ; des filles au visage riant, qui respiraient la santé, mais vraiment jolies.

Hier, à la nuit, sous une pluie battante, je traversais la Plaza Hernán Cortes et les souvenirs de ces dernières années m'ont soudain assailli. Mais je ne cesse de penser à l'Angleterre. Je sais très bien que, lorsque j'y serai, je penserai parfois à l'Espagne, avec la même nostalgie que je sens en ce moment de l'Angleterre ; j'aime évoquer les bons vieux endroits, Londres particulièrement, bien sûr. Je suis bien ici, ME ENCUENTRO A GUSTO[a], mais l'Angleterre est l'endroit qu'il me faut. Mes pensées évitent toujours la France, et même Paris, à cause de mes souvenirs des années 1896-1902, et pour d'autres raisons (surtout des raisons « familiales ») ; elles « sautent » la France et atteignent directement les falaises blanches de l'Angleterre. Pour être bref, je dirai : mieux vaut être en Espagne qu'en France ; mais mieux vaut être en Angleterre qu'en Espagne. Il faut que je note quelques choses. Mes promenades le long de l'Explanada, et les belles couleurs des nuages qui se réfléchissent dans l'eau du port. Toute la joie et le bonheur du monde (ou plutôt de l'hémisphère) hivernal semblent s'être échappés du Nord et se trouver ici, dans cette atmosphère transparente et lumineuse. Les matinées, la qualité subtile de l'air et de la lumière, vers 8 heures, le silence, le calme sur la mer libre, la jeunesse de toute chose.

Mardi 26 — Temps magnifique ce matin sur l'Explanada. Vu — ; nous nous sommes rencontrés à un croisement et elle a répondu à mon « Buenos dias ». Puis à la terrasse du casino, où j'ai vu don Ramón. Déjeuner chez don Higinio — excellent ; les champignons d'Alcoy. Puis [*Un feuillet manquant.*]

Sinon la raison, le prétexte, en fait la Bible est « lo de menos[b] » dans le livre de Borrow[128]. La vigueur de l'évocation à la Fielding est la véritable raison d'être de ce livre. Il y a des insuffisances surprenantes qui montrent que Borrow ne lisait pas bien l'espagnol, bien qu'il dût le parler tout à fait couramment : il a de très vagues notions de l'orthographe espagnole. (« ArrHe burra », « MarEquita[c] » — bien sûr, lu par un Anglais cela paraît correct ; de nombreux accents sont mal mis ou inutiles selon les conventions de l'orthographe espagnole : par exemple, Amór. Cependant il se peut que

a. Espagnol : « je m'y trouve bien ».
b. Espagnol : « le moins important ».
c. Pour « arre burra » et « mariquita ».

beaucoup de ces fautes soient dues aux imprimeurs.) Parfois ses phrases en espagnol, ou la traduction de ses phrases espagnoles, sont tout à fait correctes et idiomatiques, ce qui fait qu'il est étonnant de le voir écrire : « A LA casa ! » Ses phrases en français sont presque toujours incorrectes : il connaît les mots, il connaît la grammaire, mais il se trompe presque toujours pour l'ordre des mots ; et puis il y a les verbes auxiliaires — la grande pierre d'achoppement de tous les étrangers, particulièrement des Anglais : « Nous sommes crevés de faim ici. » On devrait publier une nouvelle édition, d'où l'on enlèverait toutes les fautes qui sont de toute évidence des fautes d'impression (par ex. calabozAs, alors que quelques pages plus loin calabozos est correctement écrit), et où l'on corrigerait en notes les fautes de Borrow lui-même. Le livre serait meilleur s'il se terminait à Gibraltar, les chapitres sur Tanger étant incontestablement inférieurs au reste de l'ouvrage. — Je l'ai acheté et j'ai commencé de le lire à Madrid, et je l'ai terminé il y a deux ou trois jours ; beaucoup de pages se sont déjà effacées de ma mémoire, laissant une impression de travail conventionnel, de travail d'amateur, néanmoins je garderai longtemps en mémoire un certain nombre de scènes et de PERSONNAGES — bien que je pense ne jamais relire ce livre.

J'ai reçu deux exemplaires de la revue *Hispania* avec les traductions de Ramón Gómez de la Serna (celles de Mme Klotz et les miennes). Ai-je noté que j'ai reçu une lettre de Ramón quand j'étais à Madrid ? J'espère que je le rencontrerai plus souvent. — J'ai également oublié de noter que j'ai vu Unamuno à la Puerta del Sol, alors que j'allais à la poste avec M. V[oldoire].

Mercredi, 27. — Doña Pepita m'a réveillé à 8 heures. La matinée paisible, ensoleillée, et la mer, si calme, au pied de la c[alle] Canalejas. Travaillé de 9 h ½ à 11 h ½ ; puis le paseo habituel : Explanada, etc. Après déjeuner, travaillé pendant environ deux heures (S.B.), et, immédiatement après l'heure du chocolat (5 h ½) suis allé au Teatro Principal où se tenait un concert : Mme Jenny Dufau et don Joaquín Turina. Le concert a débuté avec une aria d'Handel ; puis après un morceau de J.-S. Bach, nous avons eu l'inévitable « Voi che sapete[129] » ; le reste du concert était très bon : Debussy, Chausson, Duparc, etc. C'était un régal d'entendre en même temps les vers les plus doux de Verlaine avec le meilleur de la musique de Debussy. Cependant le public était tout à fait provincial et applaudissait surtout les morceaux les moins musicaux, si bien que Mme Jenny Dufau, BISSÉE à la fin du concert, a chanté, tout spécialement pour les Alicantins, la valse de Gounod dans *Roméo et Juliette* (« Je veux vivre dans ce rêve », etc.). Mais comme elle le chantait très bien, j'ai apprécié — tout particulièrement à cause des associations (historiques et autres — un genre de Métra

« à l'usage de la haute bourgeoisie »). Salué plusieurs CONOCIDOS[a] : don José G., señor P. ; et — et — (toutes les deux).

Samedi, 30. — Beau temps. Entre 4 et 5 heures, cet après-midi, je suis allé marcher dans le port, jusqu'au bout de la petite jetée, et j'ai vu les nouveaux bateaux lancés ces derniers mois ; quelques-uns n'ont pas encore leur gréement complet : *Virgen del Carmen, Elena Bonmaté,* de beaux bateaux tous les deux, et qui portent fièrement le blason d'Alicante. J'ai regardé les gens, les marins, un pêcheur, à qui je semble avoir porté chance, car il a pris un très gros poisson pendant que je le regardais. Il y avait un chien qui aboyait et qui courait partout sur le pont d'un bateau — cela me rappelle toujours (pourquoi ?) les romans de Dickens, particulièrement le premier chapitre de *Our Mutual Friend*[130] — mais je serais tout à fait incapable de dire s'il y avait un chien dans le bateau avec lequel Lizzie et son père descendaient la Tamise à la rame. — Hier je suis allé au second concert de la Filarmónica ; ne l'ai pas beaucoup aimé, bien que Jenny Dufau ait mieux chanté (surtout le *Barbiere* de Rossini). La musique de Turina, je ne l'ai pas comprise[131] ; j'ai entendu señorita — dire qu'elle était très influencée par Albéniz. Rencontré plusieurs personnes de connaissance : Oscar Esplá, qui m'a remercié de lui avoir envoyé un exemplaire de Walt Whitman. A dit que c'était la première fois qu'il lisait quelque chose de W.W., qu'il connaissait de nom, bien entendu. Don José Guardiola, don Emilio Costa étaient au concert ; et le Dr Navarrete aussi. Il y avait également le grand POLÍTICO Francos Rodriguez. Je l'avais vu à un des concerts de la Sinfónica à Madrid, le mois dernier. Vers 11 h ce matin, alors que je me prélassais au soleil sur la terrasse du casino, il est venu avec un groupe d'hommes politiques locaux, et s'est assis, pas très loin de moi ; et je l'ai entendu raconter un bon nombre d'anecdotes plaisantes. Il ressemble à un hippopotame, surtout quand il applaudit au théâtre. Je venais précisément de relire l'article de Villiers de L'Isle-Adam sur Gambetta (« Le Socle de la statue » — dans le volume posthume intitulé *Chez les passants*). Quel beau morceau de satire politique[132] ! Il a fait un temps splendide ce matin, et je suis allé au Postiguet avant d'aller au casino, où don Ramón m'a rejoint. J'ai oublié de noter quelque chose à propos de la jeune femme que j'ai rencontrée chez G. l'autre jour. Elle vient de Hellin, dans la province d'Albacete, à la limite de la province de Murcie, c'est-à-dire à moitié de la Mancha et à moitié de Murcie ; elle employait quelques diminutifs en -ICO et -ICA, mais elle avait un fort accent de la Mancha, — assez proche de celui des Midlands en Angleterre. J'aime bien. Elle est veuve depuis cinq mois, et « l'amour » est encore quelque chose d'agréable et de

a. Espagnol : « personnes de ma connaissance ».

conjugal pour elle, pas un emploi, mais elle y viendra vite, avec les dégâts physiques qui en résultent. Pour l'instant c'est une belle fille, robuste et agréable, une de ces filles qui aiment se faire embrasser et qui vous remplissent les bras d'un chaud trésor de membres et de seins moelleux, blancs, bien dessinés. Son mari était d'Alcoy, ce qui fait qu'elle connaît quelques mots de valencien. Après son départ, G. m'a dit : « ¡ Pobrecita ! Me da lástima ![a] » Cependant cette jeune femme est pleine de courage et je pense qu'elle sera capable de trouver une situation sûre avant de mal tourner. — Hier j'ai fini de lire l'introduction de Revault d'Allonnes aux *Pages choisies* de Lamarck[133] que j'ai achetées à Madrid. Il prend en compte le point de vue de S.B. sur la question Lamarck-Darwin. Mais il semble qu'à notre époque le point de vue de S.B. est communément admis par la majorité des biologistes. Revault d'Allonnes dit quelque chose qui plairait beaucoup à S.B. ; il écrit : « À l'heure présente une demi-justice est rendue à Lamarck. Il est considéré comme "un précurseur français de Darwin". » LA JUSTICE COMPLÈTE SERAIT DE REGARDER DARWIN COMME UN CONTINUATEUR ANGLAIS DE LAMARCK » (Introd. p. 7). Il cite Lyell dans le même sens et fait allusion à l'opinion de Francis Darwin sur le sujet. Il ne cite pas, il ne fait même pas allusion à S.B. Il reconnaît « possible » l'influence d'Erasmus Darwin sur Lamarck (donnant le nom de Krause comme exemple de cette opinion, admise, écrit-il, « par maints auteurs »). D'après ce qu'il dit en note, à la page 60, il semble que Claire Richter a pris parti pour S.B. dans la querelle, mais il ne donne pas le titre du livre ou de l'essai de Claire Richter. — Au sujet de S.B., il faut que je note ceci. Je traduisais une des notes sur « Karma » (intitulée « The vates sacer[134] »), et ne parvenais pas à trouver l'équivalent français des mots « paper fastener ». Je cherchai quelques mots auxquels je pensais dans le dictionnaire de Bescherelle, et fis une liste d'environ 8 ou 10 mots, qui POUVAIENT convenir. « Crampon » était du nombre, mais je n'avais pas envie de l'utiliser, par manque de confiance, car pour moi ce mot était plus un terme de menuiserie que de papeterie. J'en parlai à don Ramón et nous nous lançâmes dans d'interminables discussions sur le mot espagnol SUJETADOR et le mot français AGRAFE. Au bout du compte, j'eus l'idée d'entrer à la papeterie Marimon pour demander des « sujetadores ». Après m'avoir montré divers dispositifs d'attache, onéreux et encombrants, on sortit une boîte à l'intérieur de laquelle je trouvai des boîtes plus petites de SUJETADORES de fabrication espagnole, américaine, anglaise et… française. Il était écrit « sujetadores » sur les boîtes espagnoles, « paper fasteners » sur les boîtes américaines et anglaises, et — ô joie ! — sur la boîte française je lus « crampons ». J'en achetai huit — dont je n'ai absolument

a. Espagnol : « Pauvre petite ! Elle me fait pitié ! »

pas l'usage maintenant — et les payai 0, 20 céntimo ; si bien que le mot « crampon » m'a coûté vingt centimes. Mais je voulais être certain. (Ma surprise, ce soir, en découvrant que la nouvelle cuisinière de doña Pepita était celle que nous avions eue quelques semaines l'année dernière quand j'habitais calle Mayor. Antonia [*Deux ou trois mots caviardés.*] C'est le type même de la domestique alicantine : paresseuse, familière à l'excès, et « pamplinera[a] ».)

Décembre

3. — Mardi. — Sur une couverture d'épais papier brun que j'utilisais pour consigner des notes quand je travaillais dans les salles de lecture du B[ritish] M[useum] dans les années 1911-1914, j'ai trouvé ceci :

« αἰέν ἀριστεύειν καί ὑπείροχου ἔμμεναι ἄλλων[135] »

Je suppose que c'est ce à quoi S.B. fait allusion, quand il dit « Quelle personne déplaisante il a dû être ! » etc. Les autres inscriptions sont assez bizarres ; je pense qu'elles sont tirées de Sénèque : « Hoc mihi satis est cotidie ex vitiis meis demere et errores meos objurgare. » Et puis : « Haec non pro me loquor, ego enim in alto vitiorum sum —, sed pro illo cui aliquid acti est[136]. » Je suppose que la 2nde citation se référait à la première, mais la dernière ne me plaît pas, et a une allure plutôt tartuffesque. — Je ne me sens pas très bien, ces jours-ci, et fais ce que je peux pour réagir, pouvoir travailler mieux et prendre davantage de bon temps. Desiderata (si je jouis d'une meilleure santé — toujours !) : avoir terminé les 5 Butler avant mai 1919 ; continuer de penser au livre sur Sirmio[137] — ou autre titre, de façon à me mettre à sa rédaction dès que j'en aurai fini avec les Butler. Et dans le même temps — lo que sé[b] (je l'ai vue hier en longeant le Parque Canalejas). Puis l'Angleterre, où je pourrais travailler aussi bien à W[alter] S[avage] L[andor] qu'au livre sur Sirmio ; puis Paris où je préparerais un des Butler pour une publication immédiate (*Ainsi va*, probablement) ; puis retour ici [*Deux ou trois mots caviardés*] où je pourrais conclure le livre sur Sirmio, et continuer le livre de W.S.L. (Je pense que cela me fera du bien d'en terminer enfin avec ce travail ; une VRAIE biographie, et la meilleure MATIÈRE PREMIÈRE pour un TRAVAIL DE CRITIQUE COMPLET), et préparer un autre des Butler pour la publication. Bon — ! Mais LA SANTÉ.

a. Espagnol : « sotte ».
b. Espagnol : « ce que je sais ».

Vendredi, 6. — Très souffrant, avec un mauvais rhume ; attrapé ce matin, et pour l'amour de Butler, en sortant de mon bain, pas assez habillé, pour travailler à une page assez difficile ; je suis resté assis environ une heure à ma table, sans bouger, avec une fenêtre ouverte en face de moi et le poêle électrique éteint. Néanmoins, jusqu'à maintenant, pas de fièvre, pas de saignement, et, ce qu'il y a de mieux, de bonne humeur. Incapable de travailler, j'ai lu les *Héroïdes* d'Ovide.

Dimanche 8. — Fête de la Purísima[138]. Du vent, de la pluie, et du froid ; ai eu deux mauvaises nuits, avec moins de toux, mais de grandes douleurs aux côtés, aux articulations, etc. Soins maternels de doña Pepita ; mais elle oublie beaucoup de choses. Lecture et travail (S.B.), alternativement, mais jamais longtemps à cause des maux de tête, et le froid qui m'engourdit les doigts. Lamarck. J'ai comparé le texte de Lamarck, ou ce que j'en ai dans les *Pages choisies* achetées à Madrid, avec la traduction que S. B. en donne dans *L'Évolution, autrefois et aujourd'hui* ; c'est une bonne traduction, mais avec beaucoup de liberté. Cependant avec le peu que j'ai pu comparer, je ne peux pas me faire d'opinion. Comparé de la même façon le texte d'*Ivanhoé* de Scott avec la traduction de Defauconpret. Tout comme la traduction de *Wyandotté* du même traducteur : des passages sautés, à longueur de temps. Un tiers du texte échappe à la traduction. Néanmoins ce qu'il traduit, il le traduit bien, ou du moins correctement, mais sa façon d'« arranger », de supprimer des morceaux de phrases, etc., manque de scrupule. Je suis certainement beaucoup plus scrupuleux et rigoureux que Defauconpret, mais mon scrupule joue parfois contre la « soltura[a] » et la « gallicité[139] » de la traduction. D'autre part, il n'y a pas de trouvailles, pas de réussites dans le travail de Defauconpret, alors qu'il y en a quelques-unes — pas beaucoup, toutefois — dans le mien. Pour de la bonne, de l'excellente traduction, voir celle de Viélé-Griffin dans le livre de Walt Whitman ! Bien entendu on ne peut se maintenir à un tel niveau pendant longtemps, et la traduction de la prose ne requiert pas autant d'attention dans le choix des mots. Pourtant j'aimerais traduire Butler de telle façon que quiconque, prenant une page au hasard, et la traduisant avec soin, ne parvienne à faire guère mieux que moi. Ma traduction du poème (« Les Dormeurs ») dans le livre de W.W. est assez plate et fade. J'ai également relu une partie du livre. Il y a d'affreuses fautes d'imprimerie : « Les critiques qui sont un peu touchés par lui » au lieu de « qui sont peu touchés par lui ». Sur une autre page : « père » au lieu de « poème » ; dans « Les Dormeurs », « érésypèle » pour « érésipèle » (l'imprimeur a pensé à la forme correcte « érysipèle », je sup-

a. Espagnol : « facilité ».

pose ; ou ai-je écrit « érysipèle » qui est la forme correcte, au lieu du mot plus courant et habituellement utilisé « érésipèle » ?). Les traductions de Louis Fabulet sont également très bonnes, et celles de Gide sont remarquables ; mais celles de Viélé-Griffin sont de loin les meilleures. C'est dommage qu'il ne traduise pas d'autres poètes anglais ou américains.

J'aime calle Canalejas, — la voir, particulièrement un jour de pluie ; on dirait presque une rue anglaise — spectacle rare et réconfortant ici en Espagne. Je ne pense pas avoir jamais mentionné dans mon journal mes étranges voisins de Calle Mayor, un célibataire et sa sœur (une vieille fille) — la façon que l'homme avait d'observer nos fenêtres, guettant et commentant ce qu'il voyait de la vie de notre intérieur. Ça semblait être sa principale occupation. Je l'avais surnommé « El home xicotet[a] » en raison de sa petite taille, et pour moi c'était Peeping Tom. Je l'ai souvent surpris, absorbé dans sa surveillance, alors que je lisais dans le mirador. Il n'aimait pas que je le voie ouvrir sa fenêtre pour rentrer ou sortir les pots de fleurs qu'il avait sur son balcon. Parfois, après l'avoir ouverte, m'apercevant, il se retirait immédiatement chez lui, guettant mon absence pour rentrer ses pots. Puis, lorsqu'il pensait que la voie était libre, il rouvrait bruyamment sa fenêtre et se dépêchait d'enlever ses pots de fleurs. Une fois ou deux j'ai fait exprès de me montrer juste au moment où il était en train de saisir ses pots, et je crois qu'il m'en a voulu. Un personnage parfaitement grotesque ; je m'en servirai peut-être dans « Henri ».

Il est très rare de pouvoir laisser, dans la traduction française d'une phrase anglaise, un mot français tel qu'il se présente dans l'original, et, en conséquence, il nous arrive très rarement d'avoir le plaisir d'écrire en note la formule « En français dans le texte ». Aujourd'hui je suis arrivé à la note dans laquelle S.B. dit : « Of course I am jealous of the éclat that Flinders Petrie, Layard et Schlieman get for having unburied cities... »[140], et comme j'avais depuis longtemps décidé de garder le mot français dans la traduction française, j'ai fait tout mon possible pour le conserver. Ce n'était pas aussi simple que ça le semblait. J'ai finalement décidé de tourner ainsi la phrase : « Naturellement je suis jaloux de l'ÉCLAT que X, Y et Z ONT ACQUIS pour avoir exhumé des cités... » Néanmoins, « éclat » ici n'est pas très habituel ; en fait c'est plutôt archaïque ; mais j'ai Pascal ici pour faire autorité : « Quel homme a eu plus d'éclat que Jésus-Christ ? » Il est remarquable de voir comment les étrangers — et particulièrement les Anglais — quand ils utilisent des mots français, le font d'une façon qui n'est presque jamais conforme au génie de la langue française. « Célébrité », « renommée », « gloire », etc. auraient été plus authentiquement

a. Catalan : « le petit homme ».

français, ici, que « éclat » qu'on utilise rarement seul avec ce sens car on le fait généralement suivre d'un génitif. J'aurais, bien entendu, pu le traduire par : « la notoriété ou la célébrité éclatante », mais je voulais conserver le mot français tel qu'il apparaissait dans le texte, pour montrer que Butler utilise parfois des mots français. Il y a beaucoup de mots que je ne parviens pas à conserver sans gâcher la phrase française. Pourtant je n'ai pas l'esprit tout à fait tranquille sur ma traduction de cette phrase avec « éclat ». J'avais pensé, pour garder le temps présent de « get », à écrire : « ... de l'éclat dont... sont environnés pour avoir exhumé... ». Je vais peut-être choisir cette dernière traduction après tout[141]. Ce que S.B. veut dire c'est « la célébrité éc[lat]ante, bruyante », dont ils jouissent MAINTENANT, de leur vivant. J'ai également pensé aux mots français de Whitman. Quand j'ai dit (dans mon introduction au livre de W.W.) : « Il veut parler *in lingua trina* français, anglais, espagnol : les trois langues de l'Amérique du Nord », je n'avais que partiellement raison. Dans bien des cas, quand il utilise la langue française, il le fait parce qu'il veut s'exprimer dans « la langue universelle », comme, par exemple, dans « Salut au Monde ». En fait, je pense qu'il a relevé certains de ses mots français préférés dans les romans de sir Walter Scott qu'il lisait quand il était enfant. « Ennui », par exemple, un des mots préférés de Scott. J'aimerais savoir où il a pris « camerado », qui n'est ni italien, ni espagnol, ni même portugais ; il l'a peut-être fabriqué de toutes pièces, et, si c'est le cas, c'est une preuve de sens artistique.

Origine, avec modification[142] :

Complices de ma servitude,
Pensers où mon inquiétude
Trouve son repos désiré,
Mes fidèles amis et mes vrais secrétaires,
Ne m'abandonnez point en ces lieux solitaires...
Malherbe

Mon plus secret conseil et mon doux entretien,
Pensers, chers confidents d'un amour si fidèle,
Tenez-moi compagnie et parlons d'Isabelle...
Tristan L'Hermite

Mercredi 11. — Bien combattu la maladie, me sens résolument mieux. Fait mes promenades du matin et de l'après-midi dans le port, comme d'habitude — ou plutôt comme à mes meilleurs jours. Les couleurs de l'eau ! qui changent à chaque minute. Le vert pâle de l'intérieur du port, réfléchi dans les grandes vitres de la façade du bâtiment des Douanes, qui baigne dans la lumière rose du soleil couchant. Plus tard, à mon retour du Postiguet, le port ressemblait à un énorme gouffre d'or pâle au milieu du bleu, du brun et des différentes teintes de gris de la ville, des jetées, et de la campagne sur l'autre côté de la baie. Et puis la chaleur, la douceur de l'air, même à 6 heures du soir. Et ceci le 11 décembre. — Rencontré divers amis et connaissances. Don H. m'a dit qu'Higinito, malade, était alité ; mais rien de grave ; il viendra demain et nous continuerons la lecture et l'explication d'une lettre de P.-L. Courier qui l'a intéressé dès que j'ai commencé à la lui faire analyser (l'aventure en Calabre) ; salué —— sur son balcon avec sa sœur. Plus tard, discuté avec don Paco. Travaillé un peu, CON GUSTO. J'ai été captivé par l'*Ivanhoé* de Scott. Cela me fait toujours penser à « el circo », avec une odeur de chevaux et de poudre de riz — Médrano et Shaftesbury Avenue ; mais c'est justement pour cela que ça me plaît : les grands spectacles, l'action, tellement clairs, tellement dépourvus de l'aspect « humain », et puis « les violents éclats de musique », « les trompettes retentissantes ». De temps en temps je regardais la traduction de Defauconpret. Dans l'ensemble il est correct et précis, mais il saute autant de texte qu'il en traduit, et il le fait de façon assez arbitraire, si bien qu'il omet beaucoup de choses qui, sans être essentielles à l'histoire, sont cependant d'une grande valeur artistique. Un exemple : quand Scott écrit « The contending archers took their station in turn, at the bottom of the southern access, the distance between that station and the mark allowing full distance for what was called a shot at rovers », Defauconpret traduit : « Un bouclier fut placé au bout de l'avenue qui, du côté du midi, conduisait au lieu du tournoi. ON LAISSA UNE DISTANCE CONSIDÉRABLE ENTRE CE BUT ET L'ENDROIT D'OÙ LES ARCHERS DEVAIENT VISER », omettant ainsi un détail pittoresque, ou une expression (« a shot at rovers ») qui a une chance de frapper le lecteur et de lui rester en mémoire ; une touche ARTISTIQUE, en fait[143]. Ce n'est pas que Defauconpret voulût esquiver une difficulté : il n'y a pas de difficulté ici. C'est tout simplement parce qu'il voulait raccourcir tout ensemble le roman et son travail. Cependant j'aimerais avoir son audace pour changer l'ordre des mots, faire une phrase française de deux phrases anglaises, donner de clairs à peu près au lieu d'obscurs équivalents, etc. Il y a de la maîtrise là-dedans. Ainsi le manque de scrupules a son bon côté. Je reste, et je veux rester, trop près du texte, et souvent rejette un bon à peu près pour un mauvais équivalent. C'est seulement quand une pensée me plaît, quand je me suis préparé à l'avance à la faire mienne, quand elle me correspond, en fait, que je la traduis de suite, sans difficulté, précisément et BIEN. Autrement je m'y risque rarement et ma principale qualité c'est l'honnêteté et la fidélité au texte, le traduisant « au mieux de mes capacités[144]» (comme le dit le président des États-Unis). Néanmoins, tout bien considéré, je peux me flatter de faire un aussi bon travail, dans l'ensemble, que Defauconpret, mais pas meilleur ; c'est-à-dire un travail très inférieur à celui de traducteurs comme Claudel et les hommes du recueil de Walt Whitman. Eh bien, si traduire permet de juger du mérite littéraire, c'est une épreuve qui me condamne. Néanmoins, je me console en pensant que, lorsque je veux exprimer mes propres pensées, je ne suis jamais embarrassé et les mots « viennent aisément » (comme le dit Boileau[145]), et je suis maître de mon vocabulaire. En vérité, mes principaux défauts comme traducteur proviennent soit de mon excès de scrupules soit de mon manque d'enthousiasme.

P.S. — Defauconpret (aussi bien que Viélé-Griffin, Louis Fabulet, etc.) m'apprend à être plus hardi ; moins timide pour m'écarter du texte et le rendre plus idiomatique et plus concis ; et plus audacieux parfois pour conserver le mot ou les expressions anglaises, surtout quand l'ancien français le permet, ou donne autorité pour le faire.

Vendredi, 13. — Matinée chaude, après-midi ensoleillé et délicieux. L'Explanada, le Postiguet ; les enfants à Parque Canalejas. La terrasse du casino, de 10 h ½ à midi ; c'est l'heure des messieurs (de 11 à 12) ; peu de gens, tous des hommes aisés, bien habillés, corrects ; plus tard arrivent les hommes d'affaires, les gens qui sortent des « DESPACHOS[a] ». Capdepon (le garçon du casino) : « Don Valerio, cómpreme Ud. un decimito para Navidad ; tengo el número entero ; ¿ me lo quiere comprar el Señor ?[b] », etc. Plus tard encore viennent les officiers du régiment « de la Princesa » ; la terrasse est bondée et dès que don Ramón F[errerés] me rejoint, nous descendons lentement l'Explanada jusqu'à la jetée de Diana où nous nous asseyons, fumons un peu et discutons tranquillement de peinture, de livres et... de la vie en général ! Je travaille un peu, tôt le matin, et à nouveau entre cinq heures et 8 h ½, ayant fait, après le repas, ce que Gide appelle « un somme » (de 3 à 4), et un autre « paseo » (aujourd'hui jusqu'au bout de la petite jetée) entre 4 et cinq. Après dîner, je travaille encore environ une heure et demie ; puis je prends un VERRE de thé très léger ; ensuite je me couche et je lis Ovide jusqu'à ce que le sommeil m'emporte. Je me sens beaucoup mieux, et le temps splendide m'aide à combattre mes douleurs et le peu de toux qui persiste. Hier je suis allé rendre visite à Eduardo, l'ai trouvé mieux ; doña Dolores, Lola et Pepita étaient là ; nous avons eu une longue conversation animée ; E[duardo] a dit qu'il viendrait me voir. Rencontré doña Luzgarda et E. chez Jordá et Soler. Rencontré don Ángel sur l'Explanada. J'ai pensé à —. Ne

a. Espagnol : « bureaux ».

b. Esp. « Don Valerio, achetez-moi un petit dixième pour Noël ; j'ai le numéro entier ; voulez-vous me l'acheter, monsieur ? »

l'ai pas vue aujourd'hui. Toujours les projets et les rêves au sujet desquels j'ai griffonné quelques lignes ici l'autre jour, me semblent tout à fait FOUS aujourd'hui — je veux dire en ce qui [la] concerne. Ce n'est pas sa faute, ni la MIENNE, pourtant ; [*Une ligne caviardée*] et après tout c'est peut-être mieux comme ça. Et tant que je ne suis pas en France je suis passablement heureux.

Samedi, 14. — Belle matinée. Comme d'habitude : flânerie dans le port ; travail chez moi, etc. Plusieurs lettres ; parmi elles, une carte postale de Ramón Gómez de la Serna. Je la colle ici, car elle a valeur d'autographe et embellit ce journal[a]. J'ai relu, dans *Hispania*, mes traductions de ses « cosas », et elles ne méritent pas d'aussi chaleureux remerciements. Par ailleurs je constate que M. García Calderón a fait quelques corrections, en particulier une expression hardie sur laquelle j'avais beaucoup réfléchi et que, après mûre réflexion, j'avais gardée ; il a mis à la place un mot très atténué. Peut-être qu'après tout l'expression (« ces deux morts de balle ») était trop hardie et frisait le ridicule. M. G[arcía] C[alderón] l'a remplacée par « frappés d'une balle », ce qui s'éloigne davantage du texte de la Serna que « morts de balle ». — Je me sens mieux, et j'ai travaillé con ánimo ; mais j'ai très peu dormi la nuit dernière ; je pense que j'avais de la fièvre.

Parfois Defauconpret est excellent, et bien qu'il s'écarte beaucoup du texte, on ne peut s'empêcher de lui pardonner, surtout quand il l'améliore. Scott, par exemple, a écrit : « "Holy father, said the knight, upon whose countenance it hath pleased Heaven to work such a miracle, permit a sinful layman to crave thy name ? — Thou mayest call me... the Clerck of Copmanhurst, for so I am termed in these parts. They add, it is true, the epithet holy ; but I stand not upon that, as being unworthy of such addition. And now, valiant knight, may I pray ye for the name of my honourable guest ? — Truly... Holy Clerk of Copmanhurst, men call me in these parts the Black Knight. Many, sir, add to it the epithet of Sluggard, whereby I am no way ambitious to be distinguished." The hermit could scarcely forbear from smiling at his guest's reply. » Voici comment Defauconpret traduit ce passage : « "Saint père, sur la figure duquel il a plu au ciel d'opérer un semblable miracle, permettrez-vous à un humble pécheur de vous demander votre nom ? — Oui-da ; on me nomme dans ce canton l'ermite de Copmanhurst. On y ajoute, il est vrai, l'épithète de saint, mais je n'y tiens pas, me trouvant indigne d'une telle addition à mon nom. Et vous, vaillant chevalier, m'apprendrez-vous comment se nomme mon hôte ? — Oui-da, ermite de Copmanhurst. On me nomme dans ce canton le chevalier noir. On y ajoute, il est vrai, l'épithète de fainéant ; mais

a. Voir annexe 5, pp. 778-779.

je n'y tiens pas, me trouvant indigne d'une telle addition à mon nom." L'Ermite ne put s'empêcher de sourire de la réponse de son hôte. » Et il pouvait bien sourire, car la réponse du chevalier dans la traduction française est plus spirituelle et mieux adaptée que dans le texte anglais. La répétition mot pour mot de la réponse de l'ermite est une amélioration manifeste par rapport à la phrase que Scott a écrite. En outre, la traduction « dans ce canton » pour « for these parts » est si bonne que je l'ai immédiatement notée sur une feuille intercalée de mon dictionnaire Elwall (Elwall ne donne que : pays, parages)[146]. Defauconpret semble avoir traduit ce remarquable chapitre XVI d'*Ivanhoé* CON AMORE, car il a également très bonne allure dans la traduction française. Néanmoins, il a totalement sauté le chapitre suivant (chap. XVII, avec la belle ballade : « Joy to the fair ! »)[147]. Par ailleurs, dans le chapitre XV, je trouve la phrase : « ... like a child, who will leave the most serious and needful occupation, TO CHASE THE DOWN OF THE THISTLE THAT DRIVES PAST HIM », ainsi traduite : « ... en enfant, qui oublie les affaires les plus sérieuses POUR COURIR APRÈS UN PAPILLON. » Je n'ai pas besoin de préciser que je préfère le « duvet du chardon » de Scott au « papillon » de Defauconpret. Et je n'ai pas besoin de dire que je n'« arrangerais » jamais un texte de cette façon-là, même si en l'« arrangeant » je pouvais l'améliorer. Toutefois la traduction de Defauconpret est, historiquement, un moment important de la littérature française. C'est par Defauconpret que la grande majorité des lecteurs français et des ÉCRIVAINS français ont découvert les œuvres de Walter Scott, et il est fort probable que les traductions italiennes et espagnoles des romans de Scott ne sont que des traductions de la traduction française de Defauconpret.

Aujourd'hui (dimanche, 15), comme je faisais mon « paseo » habituel au Parque Canalejas, j'ai ramassé sur le sol un petit chapelet en cuivre, ou doré, et comme, alentour, je n'ai vu personne à qui il pût appartenir, je l'ai rapporté chez moi. Je pensais déjà à faire paraître un avis dans l'un des journaux locaux pour dire qu'un chapelet avait été trouvé dans le Parque Canalejas, etc., quand, en le montrant à Paquita, la nièce de doña Pepita, elle s'est exclamée : ¡ Que casualidad ! Es el mio[a]. Elle l'avait perdu en allant chez sa tante. C'est vraiment une curieuse coïncidence. Plus tôt dans la journée, j'avais fait ma promenade habituelle avec don Ramón, et à mon retour chez moi, vers 1 h ½, j'ai trouvé une longue et gentille lettre de Gladys.

Mardi, 17. — El frío empieza de veras ; pero no es el « frío horroroso » del año pasado. Tal vez, mas tarde vendrá ; por ahora se

a. Espagnol : « Quelle coïncidence ! C'est le mien. »

puede estar, sin gabán, en la terraza del casino, entre las diez y las doce de la mañana ; hay que decir, también, que lo que nos parece frío a nosotros los Alicantinos parecería una temperatura de Mayo o de Junio a la gente de París y de Londres[a]. Même la meilleure description ne pourrait pas leur en donner une idée, ils n'y croiraient pas. Et si soudain ils avaient le paysage sous les yeux : les palmiers, le port, le ciel et le soleil, la mer plus lumineuse, plus ensoleillée, d'un bleu plus profond que la mer à Brighton, en juillet ou en août, ils battraient des mains et danseraient de joie. (Les pauvres ouvrières d'usine de Londres, Manchester, etc !). Nosotros, no hacemos caso. Sur le Postiguet, ce matin, j'ai salué Encarna, sa mère, et la petite Victoria. Ce soir Higinito est venu pour sa leçon de français ; je lui ai fait traduire le sonnet de Saint-Amant « La Pipe »[148], et le lui ai expliqué. Il l'a parfaitement compris, et il l'a aimé.

La première faute importante que je trouve dans l'*Ivanhoé* de Defauconpret : « Ill omens dog you both » traduit par : « Vous êtes deux chiens de mauvais augure » (Cela peut être dû, 1° à la hâte, 2° à la présence du mot « chenil » dans la phrase suivante.) Plus loin « to look blank » est traduit par « pâlir ». Les dictionnaires donnent « paraître déconcerté » ; oui, c'est quelque chose entre DÉCONCERTÉ et indécis. Quoi qu'il en soit « pâlir » est trop fort. — Def[auconpret] sait, bien sûr, ce que veut dire le verbe « to dog » (à un endroit il le traduit correctement, « accompagner » — ; « s'attacher aux pas de... » serait meilleur néanmoins[b]). —

Pour continuer ainsi avec *Ivanhoé*, je trouve parfois les personnages trop schématiques, — en fait, ils n'existent pas — ce ne sont que des marionnettes, — leurs vêtements et habillement, et leur « masque » font les trois quarts de leur personnalité ; parfois, comme dans les descriptions, c'est trop éloigné de la nature, ça sent trop le théâtre. Si bien que, s'il ne s'agissait pas de comparer ce texte à sa traduction française courante, je le lirais uniquement — si encore je le lisais — comme un délassement. Le conte du ménestrel, ça c'est quelque chose. Et pourtant, je pense parfois aux descriptions de Rimbaud ; une notation courte, comme celle-ci : « Les talus de gauche tiennent dans leur ombre violette les mille rapides ornières de la route humide[149]. » Ça, ça vaut tous les châteaux en carton-pâte « au milieu de forêts verdoyantes » de Scott. « Des prés de flammes bondissent jusqu'au sommet du mame-

a. Espagnol : « Le froid commence vraiment, mais ce n'est pas le "froid horrible" de l'année dernière. Peut-être viendra-t-il plus tard ; pour l'instant on peut rester, sans pardessus, à la terrasse du casino, entre dix heures et midi. Il faut dire aussi que ce qui nous semble froid, à nous autres Alicantins, paraîtrait une température de mai ou de juin aux Parisiens et aux Londoniens [...]. Nous, nous n'y accordons pas d'importance. »

b. On pourrait traduire par : « Que les mauvais présages vous poursuivent. »

lon » !! « QUAND PLUSIEURS VENTS PLONGENT » Quel traducteur Rimbaud aurait été ! — Voici le genre de chose que Defauconpret saute. Dans le chapitre XLIII (qui est le chapitre XLI de sa traduction), il traduit du début « Our scene… » jusqu'à « … a village wake or rural feast. » Puis il supprime tout ce qui reste de ce paragraphe (de « But the earnest desire… » jusqu'au mot « dung-hills » — onze lignes en tout). Ce sont toutes les réflexions morales et les allusions politiques qu'il saute. Dans beaucoup d'autres endroits, il raccourcit considérablement le texte — non par désir d'esquiver les difficultés — mais pour que le roman soit plus court et l'histoire plus rapide.

Dimanche 22. — Encore malade ; et bien que je fasse des efforts pour mener ma vie habituelle, je ne suis pas en état de travailler. Espère être assez bien pour les fêtes de Noël. — Ai fini de lire *Ivanhoé,* à la fois en anglais et en français. Mon impression, tout bien considéré, est que la traduction de Defauconpret est, dans l'ensemble, CORRECTE, mais cette façon de sauter un tiers du livre, c'est vraiment trop. Ce qu'il ne traduit pas n'est pas le meilleur, bien sûr — mais néanmoins, si c'était traduit, le livre dans son ensemble donnerait une idée plus juste du STYLE de Scott qu'il ne le fait. Le Walter Scott français est une « très faible dilution » du Scott anglais. — Quant au Scott anglais, il me donne l'impression d'être le fruit d'une littérature décadente ; en fait, d'être trop artificiel. Quand j'ai lu, pour la première fois, *Waverley*[150] (en 1905 à Copenhague), je me suis fait une très haute idée des romans de Scott. Je n'ai pas relu *Waverley,* mais il est sans doute MEILLEUR qu'aucun des nombreux livres qui ont suivi. — Je suppose également que le succès de Scott sur le continent était dû, en partie, à des raisons politiques (anti-cléricales). Ses romans figurent-ils à l'Index de l'Église catholique ? J'aimerais le savoir. On en faisait toutefois la publicité dans la quasi officielle *Gazzetta di Firenze* dans les années 1828-35, si je me souviens bien. — Temps chaud, presque trop chaud. Nous allons avoir un Noël tropical.

24. — Noche buena. — Très « buena » assurément. Une belle journée. Travaillé comme d'habitude. Higinito est venu à 7 heures du soir, et après lui avoir fait analyser ½ page d'un conte dans *Je sais tout,* je suis allé avec lui chez ses parents, où j'avais été invité. Un repas magnifique, ou plutôt un DÎNER, mais très espagnol, tout à fait « castizo[a] » en même temps. Les vins, merveilleux, comme toujours chez don H. Malheureusement Joaquinito estaba enfermo[b]. Après le repas plusieurs familles sont venues, avec un grand nom-

a. Espagnol : « authentique ».
b. Espagnol : « Joaquinito était malade ».

bre de jeunes filles (parmi lesquelles Araceli, plus jolie que jamais). Il y a eu des chants et des danses auxquels les bonnes ont participé, selon l'habitude espagnole. La petite Elisin et le jeune frère d'Araceli, Luisito. Je viens de rentrer chez moi, à 1 h ½. Une soirée délicieuse, « con sombra[a] ». Mais il pleuvait, et nous ne sommes pas allés à la messe de Minuit.

Jeudi 26. — Grâce à don Higinio, j'ai passé les deux derniers jours, Noche buena et Noël, « en famille », passant presque tout mon temps chez lui, prenant mes repas avec sa famille, etc. Nous avons eu des danses, des chants, danzas, villancicos, jotas[b], etc. Je me suis vraiment bien amusé, surtout parce qu'il y avait autour de moi beaucoup d'enfants [*Un feuillet manquant.*]
ils criaient joyeusement :

— ¡ Olé ! ¡ Olé !

Des filles assez effrontées, me semble-t-il. Cela aurait certainement fait plaisir à W.S. Landor (« Périclès et Aspasia », etc.)

Dernier jour de 1918. — Dans quelques heures, chez don Higinio, je mangerai les douze grains de raisin. Il y a beaucoup de vent et il fait presque froid ce soir. — Bon, je n'ai pas le temps de faire un compte rendu détaillé de l'année, et pourtant je devrais la résumer et en faire le bilan. En tout, sur 52 semaines, j'en ai passé 41 à Alicante, 10 à Madrid, et une partagée entre Carthagène, deux ou trois endroits au retour de Madrid, et la courte excursion à Biar et Villena. J'ai passé un assez mauvais hiver en raison, comme d'habitude, de ma mauvaise santé ; et je n'ai pas pu travailler autant que je le désirais. Le printemps a été merveilleux, ici et à Madrid. Mai et juin ont été mes meilleurs mois, à la fois pour la santé et pour le travail. Puis j'ai souffert de la chaleur excessive de juillet, août et septembre, mais ce désagrément fut adouci par :

1° la bonne compagnie : Don Ramón et doña Candelaria et sa sœur Dolores, et aussi don Higinio et don Pedro Salinas ;

2° les après-midi passés à El Altet (à la finca[c] de M. Salinas) et l'excursion à Biar ;

3° un peu de lecture.

Puis il y a eu la nouvelle de l'arrivée de ma Mère à Madrid, et les cinq semaines (et quelques jours en plus) que j'y ai passées ; la santé de M. suffisamment bonne, bien que sujette à de brèves crises ; la conversation de M. Voldoire ; les musées, les concerts, « Y Madrid alrededor[d] » comme dit « Ramón ». Et doña Lola et Lolita,

a. Espagnol : « avec une ombre ».

b. *Danzas* correspond à « danses » ; *villancicos*, « chants de Noël » ; les *jotas* sont la musique et les chants populaires d'Aragon.

c. Espagnol : propriété de campagne.

d. Espagnol : « et les alentours de Madrid ».

et les « paseos », les théâtres et les librairies. Puis retour dans « mi pueblo[a] » et une nouvelle vie dans une garçonnière, — un changement agréable après presque deux ans de vie « de famille ».

N'ayant pas eu à affronter de gros ennuis (excepté ma mauvaise santé), j'ai pu, sans difficulté, vivre « quietly but happily[b] » (S. Butler). Pas de « lios[c] » cette année, pas de « grandes » (ou même de « petites ») aventures. Et puis la vraiment « grande » (et agréable) surprise d'il y a quelques jours. Mais ceci est une autre affaire, et plus sérieuse. ICI, [*Un feuillet déchiré.*]
L'Hermite (ce dernier avec beaucoup de plaisir). J'ai également tiré beaucoup de plaisir des récitations que je me faisais, à voix haute, un matin particulièrement, alors que je m'habillais ou prenais mon bain, de « La Jeune Parque » de Valéry et des beaux vers de Saint-Amant :

Aussi, pleine d'un saint respect,
Quand le jour se rallume,
La terre, à ce divin aspect,
N'est qu'un autel qui fume...

Bref, la nuit, devant ses efforts,
En ombres séparée
Se cache derrière les corps
De peur d'être éclairée,..
Et diminue ou va croissant
Selon qu'il monte ou qu'il descend[151].

(J'aimerais étudier les préfaces de Saint Amant, les comparer avec d'autres manifestos de l'époque ; je crois y voir une protestation contre les principes littéraires des écrivains plus « classiques ».)

Je reviens de chez don Higinio, où j'ai mangé les douze grains de raisin (je crois bien qu'il y en avait 13 dans le sac qu'on m'a donné). Il y a eu des danses et des chansons. « ¡ Jalea, hija mia, jalea ![d] » M. T. (qui est sourd) jouait remarquablement bien. Les jeunes filles chantaient des guajiras et des habaneras ; Doña Avelina en a chanté une, très bien. (« Tengo que plantar tabaco — al pie de tu sepultura[e] ».) On l'entend rarement, et c'est dommage. Araceli était là. J'ai aimé son visage, vers minuit, empourpré et ensommeillé. J'ai « dansé » ou plutôt ébauché quelques pas avec Mercedes T. — 1 h ½. Nous sommes déjà entrés dans l'année 1919.

a. Espagnol : « mon village ».
b. Nous avons choisi de laisser ici la citation dans sa langue d'origine : « tranquillement mais de façon heureuse ».
c. Espagnol : affaires de cœur.
d. Espagnol : Tiré d'une chanson populaire : « Vas-y, ma fille, vas-y ! »
e. Espagnol : « Je dois planter du tabac au pied de ta sépulture. »

1919

Commencé à Alicante
Calle Canalejas (ou « de las Bóvedas ») n° 28. 1° —

Janvier

Vendredi 3. — Hier Amparito, la petite infirme, m'a appelé quand je passais sur l'Explanada avec don R[amón]. Une femme — peut-être sa mère — la portait dans ses bras. La pauvre petite était tout sourires, et après que je lui ai donné la « monedita[a] » habituelle, j'ai cru qu'elle voulait m'offrir ses « felicitationes[b] » pour la nouvelle année, mais elle n'a pas osé le faire ; et j'ai pensé aussi que j'aurais dû l'embrasser. Mais je n'ai pas osé non plus, car elle peut bien avoir, pour autant que je sache, quatorze ou quinze ans. Elle me fait penser à la petite infirme de Florence, à l'entrée du Ponte Vecchio, seulement elle a le teint plus clair, et ses yeux n'ont pas cette expression profonde et étrange — si PLEINE DE SAGESSE. Je suis presque sûr qu'au début les autres petits mendiants et infirmes se moquaient d'elle à cause de mes « moneditas » régulières. Une fois, j'ai cru en entendre un lui dire, en me voyant arriver : « Aqui viene tu novio[c]. » Mais maintenant c'est devenu une espèce d'institution. Ils savent, et elle aussi le sait, qu'elle est MA petite mendiante. — J'ai oublié le nom de la petite du Ponte Vecchio. Les jambes d'Amparito s'entrecroisent littéralement, et elle marche, ou plutôt elle avance, en se traînant sur les genoux et les mains.

4 — Sábado[d]. — Vent et pluie. Le port ressemble à un tableau hollandais. La Méditerranée d'un bleu céruléen, en furie. Les vagues lèchent les marches de marbre, et volent en écume au bout de la jetée. C'est une nouveauté, et cela rappelle l'océan. Mais la mer ressemble davantage à un roquet en colère qu'à un lion qui rugit.

Mercredi 8. — Je suis assez bien, en dépit des TEMPESTADES et des HURACANES[e]. Une journée type : levé à 8 h. Au travail (S.B.) de 9 h ½ à presque midi. Une grande promenade (Explanada, los Baños, calle de la Princesa, etc.). Après le repas, la lecture des *Provinciales*, préalable au travail de traduction. Un court paseo. À la

a. Espagnol : « petite pièce de monnaie ».
b. Espagnol : « vœux ».
c. Espagnol : « Voici ton amoureux qui vient. »
d. Espagnol : samedi.
e. Espagnol : « des tempêtes et des ouragans ».

maison. Travail de 4 à 6, etc. Je me couche généralement à une heure du matin, le radiateur électrique fonctionnant au mieux entre 10 heures du soir et 2 heures du matin. Lire Pascal et traduire *La Vie et l'Habitude,* — NO MÁS ; mais c'est ALGO[a]. Lu un petit ouvrage de Waldo Frank sur Jacques Copeau et « Le Vieux Colombier », un exemplaire de presse. Une c[arte] p[ostale] de d. Pedro Salinas ; répondu. — Hier, entre le déjeuner et mon paseo de l'après-midi, j'ai lu une des sainetes[b] de Carlos Arniches, et cela m'a beaucoup plu. C'est le GENRE « Novedades », et c'est l'héritage direct du grand Ramón de la Cruz. En plus moral, néanmoins, ou plutôt plus « convenable »[152]. *El Santo de la Isidra,* entièrement écrit, bien sûr, dans le castillan argotique qu'on parle dans les bas quartiers de Madrid. Je l'ai préféré à *El Agua del Manzanares, o Cuando el río suena* que j'ai vu en octobre dernier. Comme ce serait difficile à traduire en anglais ou en français ! Par exemple, quand une femme montre à une autre les pots de fleurs qu'elle a sur le rebord de sa fenêtre, l'autre, très admirative, lui répond : « ¡ Ni el botánico ! », le « ni » signifiant qu'on ne peut même pas le comparer au jardin botanique. Traduit ainsi : « Well, my dear, not even Kew[c] ! », et en français : « Ça dégotte l'exposition du Cours-la-Reine ! », on n'a aucune idée de la délicieuse concision de l'expression castillane. — Si bon que soit *El Santo de la Isidra*, la peinture de caractères, l'enthousiasme, le GÉNIE, en un mot, y sont inférieurs à ce qu'on trouve dans les meilleures saynètes de « don Ramón ». Assez curieusement il y a plus de peinture de caractères dans *Les Provinciales* que dans cette courte pièce qui repose uniquement sur ce procédé. RASGOS DE GRAN ESCRITOR[d], comme celui-ci : « C'est Aristote ! (DIT-IL EN ME SERRANT LES DOIGTS) ». Et « Vous commencez à pénétrer. J'en suis ravi. » (Le style de l'homme d'Église, — le ton, la façon de parler, etc. — tout est suggéré en deux ou trois mots.) Sur ce livre, j'aurais trop à écrire — et il est tard. Je ne l'avais pas ouvert depuis au moins dix ans. Il serait sans doute possible de traduire entièrement *La Vie et l'Habitude* (sauf les expressions et les détails techniques en rapport avec l'« évolution ») sans utiliser un mot ou un « giro[e] » qu'on ne puisse trouver dans *Les Provinciales*. — Ce soir, le vent ; à la gare en taxi avec Higinito — D. H[iginio] ne vient pas. « A cualquiera se le ocurre salir a estas horas con el tiempo que hace[f]. »

a. Espagnol : « c'est tout ; mais c'est quelque chose. »
b. Espagnol : c'est ce mot qui a donné « saynètes » en français.
c. On peut proposer : « Même Kew ne lui arrive pas à la cheville, ma chère ! »
d. Espagnol : « Traits de grand écrivain ».
e. Espagnol : « tour ».
f. Espagnol : « Mais à qui viendrait-il à l'idée de sortir à cette heure-ci par un temps pareil. »

Ce matin quand, vers midi, j'ai quitté ma table de travail pour faire un « paseo », je me sentais confiant et presque transporté de joie : j'avais l'impression que ma traduction de *La Vie et l'Habitude* était certainement mon meilleur travail de traducteur jusqu'à maintenant. Mais alors que je buvais ma tasse de café juste après déjeuner, María m'a apporté ce que le facteur avait laissé pour moi, un livre, de divers auteurs, sur *El Buscón* de Quevedo[153] ; l'un des auteurs était M. García Calderón, qui m'envoyait cet exemplaire. J'y ai trouvé une bonne critique d'un spécialiste, M. H. Peseux-Richard, sur une traduction italienne de *El Buscón*. Et en le lisant, j'ai pensé à mes traductions de S.B. et me suis demandé ce qu'elles donneraient si elles étaient soumises à une analyse critique de ce genre. Cela a refroidi mon enthousiasme. Et ce soir j'ai fait une lecture critique (semblable à celle que j'ai faite récemment de l'*Ivanhoé* de Defauconpret) d'une partie de ce que j'avais traduit dans la journée. De grosses fautes, il n'y en a pas, mais j'ai relevé une ou deux choses qui méritaient davantage d'attention, des nuances de sens que je n'avais pas exactement rendues. Toutefois, en ce qui concerne quelques points qu'un critique particulièrement sévère et pointilleux sur le respect dû au texte pourrait éventuellement discuter, j'aurais de bons arguments pour défendre mon interprétation. S.B. dit, par exemple : « ... Imagine "what a deal of scorn" would "look beautiful" upon the Venus of Milo's face if it were suggested to her that she should learn to read. » J'y avais beaucoup réfléchi depuis ma première lecture en 1917, et j'avais décidé de transformer le présent en passé. J'ai donc traduit : « Imaginez "quel poids de mépris" aurait "bellement chargé" le front de la V. de M. si quelqu'un lui avait donné le conseil d'apprendre à lire. » Mes raisons pour le faire sont les suivantes : 1°) laisser la citation telle qu'elle apparaît dans le texte original, c'est-à-dire scindée en deux parties : « ... scorn » would « look... » ; 2°) donner une plus grande probabilité à l'hypothèse, en suggérant que la supposition s'applique aussi bien à la femme qui a servi de modèle pour la statue qu'à la statue elle-même ; 3°) préserver l'harmonie générale de la phrase.

[*Un feuillet manquant*.]

nécessité de conserver le PRÉSENT. — Il est bon de penser à ce type de détails.

Lundi 13. — Temps meilleur. Continuer S.B. et lire Pascal — les dernières lettres, moins bonnes, me semble-t-il, que celles du début et du milieu du livre. Cela paraît beaucoup moins profond qu'on ne le considère généralement ; le style donnant tout son mérite à l'ouvrage. Et puis, c'est de ces livres qui se font sous les yeux du lecteur ; une croissance naturelle, bien plus que chez Bossuet, Descartes, etc. Cela m'aide beaucoup dans mon travail. Par exemple, j'osais très rarement traduire *though* suivi d'une proposition, autrement que « quoique », « bien que » ; et maintenant grâce aux *Provinciales* je n'hésite pas à traduire : « encore que ».

Aujourd'hui, reçu un paquet de livres de M. Voldoire. J'ai cru que mon Catulle arrivait enfin. Ou peut-être mon Shakespeare. Hélas ! M. Voldoire avait fait une grosse erreur : c'était le livre des *Apocryphes de Shakespeare* ! — l'édition d'Oxford. Peu importe ; il FAUT peut-être que je les lise ; un « ange littéraire » a peut-être guidé la main de M. V[oldoire].

Il y a quelques jours j'ai vu dans le port le paquebot *Cullera* de Valence, et me suis souvenu l'avoir vu pour la première fois à Cette, en février ou mars 1914. Aujourd'hui sont arrivés « trois sous-marins » et un « crucero[a] » — tous espagnols.

Mardi 21. — Extrait du catalogue général de *La Librairie catholique* de Gregorio del Amo, de Madrid : « Vida de la sierva de Dios sor Teresa del Niño Jesús y de la Santa Faz, etc ; o Historia de un alma escrita por ella misma (1873-1897). Edición de lujó. Contiene la vida, consejos, y recuerdos, oraciónes, cartas, poesías, lluvia de rosas, o algunas curaciónes atribuidas a la intercesión de la Sierva con Dios. Versión castellana, etc. — Edición de medio lujó, con el mismo contenido, 5,50. — Edición popular con el mismo [tanto] que las anteriores, SÍN LAS POESÍAS NI LA LLUVIA, en tela 8°, 3 ptas.[b] » On dirait un catalogue de pyrotechnique !

23. Jueves[c]. — Temps froid. Don Higinio à Madrid. Don Ramón au milieu des femmes qui cousent de jolies choses pour doña Loreto. L'ai vu ce soir, quand suis allé à Benalúa. Il m'a dit qu'il avait lu dans un journal que Diez-Canedo était gravement malade. Il y a une petite note de lui dans l'*España* de cette semaine. Il paraît que la découverte de Germán Botella n'est pas un canular. Nous avons donc deux grands hommes ici à Alicante : lui et Esplá. Et c'est l'endroit d'Espagne où il y a le plus d'indolence et de paresse ! ¡ Viva Alicante la milior terra del mon[154] ! Les matinées sont ensoleillées, mais les après-midi sont, ou du moins paraissent, froides. Amparito, que j'ai vue ce soir, frissonnait. Oh, on a RASÉ la tête d'Araceli ; si bien qu'elle n'ose plus se montrer. Elle pleurait. « Ô trop heureux barbier ! » Et tant de boucles bleu-noir !

a. Espagnol : « croiseur ».

b. « *Vie de la servante de Dieu sœur Thérèse de l'Enfant Jésus et de la Sainte Face, etc ; ou Histoire d'une âme écrite par elle-même (1873-1897)*. Édition de grand luxe. Contient la vie, des conseils, et des souvenirs, des prières, des lettres, des poésies, pluie de roses, ou quelques guérisons attribuées à l'intercession de la Servante près de Dieu. Version castillane, etc. — Édition de luxe, avec le même contenu, 5, 50. — Édition populaire avec le même [contenu] que les précédentes, SANS LES POÉSIES NI LA PLUIE, toilé 8°, 3 ptas. »

c. Espagnol : jeudi.

Oh que de biens perdus ! Ô trop heureux barbier !

Mes journées : debout à sept heures. Me préparer. Lire Pascal. Petit-déjeuner, bain (ou plutôt tub) etc ; au travail de 9 h ½ à midi. M'habiller. Sortie : plaza Ysabel II ; terraza del casino ; Explanada et Postiguet. Le balcon. À la maison etc. Travail encore l'après-midi (S.B.) traduction de *La V[ie] et l'H[abitude]* CON GUSTO, et parfois avec l'idée que je le traduis pour que Pascal puisse le lire sans que la langue ne le choque. Mais j'ai peur, si je ne peux avoir d'exemplaire de la 1re édition du livre de Ribot, que ce ne soit un « conflicto[a] ». J'ai encore trouvé quelques erreurs dans l'édition de l'œuvre de S.B. — erreurs qu'IL (S.B.) a faites et que M. Streatfeild a laissées telles quelles. Ayer la lotería me tocó otra vez : diez duros[b] ; j'en ai donné deux à Capdepon qui m'a vendu le DÉCIMO. J'ai des raisons d'être heureux (la loterie n'a rien à y voir). J'ai tellement pensé à « Henri » que si je n'avais pas dû m'occuper de S.B. j'aurais certainement ré-écrit une fois de plus les chapitres sur Pauline Consolat[155].

24. — Hace un frío horroroso[c]. D.H. pas rentré de Madrid. La routine. Je lis l'essai de Waldo Frank sur le Vieux-Colombier. C'est bon, et ça fait preuve de réflexion critique.

Jeudi 30. — On a annoncé aujourd'hui — sans toutefois le confirmer — que l'Angleterre va restituer Gibraltar à l'Espagne et prendre Ceuta. Comme je longeais la « plaza de Elche » j'ai entendu deux ouvriers qui en parlaient. L'un d'eux a demandé : « ¿ Es que lo tenían alquilado ? » (« L'avaient-ils donc en location ? »)

Coïncidence étrange. Il y a deux ou trois nuits, j'ai rêvé de saint François de Sales, assez longtemps : je parlais avec quelqu'un de sa *Vie dévote*. Au lever, après avoir déjeuné, j'ai regardé mon calendrier pour voir quel « saint » on fêtait ce jour-là, et j'ai été surpris de voir que c'était la St-François de Sales ! Je suis pratiquement certain que je ne le savais pas avant, et que ni doña Pepita, ni María, ni Araceli, ni personne ne m'avait dit la veille que le lendemain on fêtait saint François de Sales.

Le temps, meilleur. Promenades sur l'Explanada, etc. La routine. On repeint le petit bateau danois *Irène* ; les drapeaux danois, peints sur ses flancs pendant la guerre, ont déjà disparu sous la peinture noire ; le mot « Danemark » aussi ; il ne reste que le nom du bateau, « Irène », en gros caractères blancs. Je pense qu'il sera

a. Espagnol : « problème ».
b. Espagnol : « J'ai encore gagné hier à la loterie : dix duros ».
c. Espagnol : « Il fait un froid terrible. »

également recouvert de peinture. Les couleurs sur le flanc des bateaux espagnols disparaissent également ; les deux gros charbonniers de Bilbao les ont fait repeindre. — Les jours paraissent, et sont, déjà plus longs, ce qui fait que je travaille davantage l'après-midi que je ne le faisais il y a dix ou douze jours. Mon travail : S.B. (*La Vie et l'Habitude*), la lecture des *Provinciales* de Pascal[156], et, parfois, notamment hier, une pièce de Marivaux. J'ai lu *L'Heureux Stratagème,* et cela m'a bien plu. Bien des pères jésuites dont Pascal cite les travaux étaient espagnols ; Sánchez, Vasquez, Valentia, et particulièrement Escobar, qui était son contemporain et vivait à Valladolid. Dans les citations latines de ces pères, il y a de curieux « hispanismes ». Par exemple : « Gallina et non vir ». Ce peut être latin ; mais *gallina* comme équivalent de « poltron » s'utilise encore de nos jours partout où l'on parle espagnol. « Ad insequendam amicam » correspond exactement à « ir detras de...[a] ». Il y a des traits espagnols ici et là dans les citations. — De temps en temps je lis des pages de Lamarck, et je trouve parfois d'étranges coïncidences (dans l'usage d'expressions) entre lui et S.B.

Février

Dimanche 2. — La grande journée de Belmonte. Bien entendu, je n'y suis pas allé. Des gens sont venus de Madrid, et la terrasse du casino était impossible. Pensé à Charles E.[157] à qui cela aurait tant plu. Il a plu dans l'après-midi, mais on m'a dit que les six taureaux avaient été mis à mort avant que les premières gouttes ne tombent. On voit que c'est un grand jour à ce détail : « el hombre de la charamita[b] » continue de vendre ses bonbons et ses cacahuètes dans les rues à 11 heures du soir ! Travaillé comme d'habitude (S.B.) et CON GUSTO. Puis le soir suis allé chez Don H., où j'ai vu Araceli. Je dois noter — ce qui est beaucoup plus important — qu'il y avait de la lumière à la fenêtre de —. J'aurais beaucoup de choses à noter ; le vol important, etc. Mais je suis fatigué.

Lundi 3. — Journées paisibles, entièrement consacrées au travail (*La Vie et l'Habitude*), en même temps qu'à la lecture de Pascal, et à la consultation épisodique des quelques livres de biologie que j'ai achetés depuis que j'ai commencé à traduire S.B. « Paseos » : l'Explanada, Parque Canalejas, los Baños, les jetées, etc. Des conversations avec Don Higinio, les membres de sa famille et ses amis ; avec doña Pepita, aussi, de temps en temps. Les jours rallongent ; je le remarque le matin, quand je me lève, vers 7 heures, et en fin

a. Latin : « suivre son amie » ; et espagnol : « aller derrière quelqu'un ».
b. Espagnol : « l'homme au chalumeau ».

d'après-midi. Cela me fait penser à « La Récréation du soir ». Je me porte assez bien ; mais pas TRÈS bien, cependant. — Belmonte est parti, les Madrileños sont partis aussi. Pourtant il y avait plus d'animation que d'habitude aujourd'hui dans les rues. Beaucoup de « paletos[a] » qui sont venus assister à la « corrida » sont restés jusqu'à aujourd'hui pour faire des achats, etc.

Samedi 8. — Temps chaud, presque trop chaud, mais avec une brise marine agréable et fraîche. Ce matin, en marchant le long de la plage, j'avais l'impression de me trouver à Brighton en juin ou en juillet. C'était la même douceur SALÉE de l'air ambiant, et la même odeur ; ou sur les terrasses de Folkestone. Cet après-midi, dans le port ; un petit vapeur de Tarragone, le *Malvarrosa*, et un voilier italien. Je travaille dur (S.B., *La Vie et l'Habitude*) et « con gusto » (il y a *gust*[b] dans ce mot, ce qui le rend encore plus juste). Quoi qu'il en soit, je reste calme. Mais je me rends compte que je ne peux rien faire d'autre, même pas écrire des lettres. — Il faut que je note plusieurs choses, en particulier à propos de l'« asunto[c] » de G. Elle m'en avait touché un mot l'été dernier, à la mort du Coronel (je l'avais rencontrée le jour même). Je savais qu'elle avait l'argent ; mais je croyais, et crois toujours, qu'il le lui avait donné. Cependant, quand je suis allé lui rendre visite hier, je l'ai trouvée sortant de prison, où on l'avait gardée environ 3 semaines. Lui ai donné « la enhorabuena[d] ». Elle ne sait pas ce qui sortira de ce « lío[e] ». Elle m'a dit qu'il y avait UN journal local (*El Luchador*, le journal républicain ou socialiste) qui avait pris position en sa faveur. Je n'avais lu que *El Día*, et j'avais vu, au premier coup d'œil, qu'on n'y donnait que la version des gens qui ont provoqué sa « détention ». C'était étrange de la voir : elle était mi-honteuse, mi-fière. « Les journaux avaient fait des articles sur elle » : « Hasta en Barcelona lo han sabido[f] ». Elle avait reçu beaucoup de visites, et plusieurs « caballeros[g] » étaient venus lui serrer la main. On peut dire qu'elle ne se prenait pas pour de la petite bière. Pourtant celui qu'on pense être son complice est en prison, ici ou à Madrid, je ne sais pas. Je lui ai dit : « Vous savez, les gens riches trouvent toujours des juges bien disposés à leur égard. » À quoi elle a répondu : « Mais moi aussi j'ai de riches relations qui peuvent me rendre service. » Ne se sentait pas portée à philosopher. — Ai reçu un « questionnaire » de

a. Espagnol : « paysans ».

b. De l'anglais *gust* se dégage une espèce d'énergie (on le traduit par « bouffée, accès »...) qui s'ajoute à l'expression espagnole *con gusto* (« avec plaisir »).

c. Espagnol : l'« affaire ».

d. Espagnol : « mes encouragements ».

e. Espagnol : « cette histoire ».

f. Espagnol : « Jusqu'à Barcelone, on l'a su. »

g. Espagnol : « messieurs ».

la revue française *Lutetia* : « Qu'est-ce qu'un poète national ? Qui est notre poète national ? » etc. etc. Si cela m'était parvenu il y a seulement trois ou quatre ans, j'aurais répondu juste pour donner le nom de Claudel. Mais dans l'état actuel des choses, je ne pense pas que cela soit nécessaire. Claudel est connu, il est même illustre maintenant, et ce serait lui faire un piètre compliment que de le désigner comme « poète national ». Ce que j'aurais aimé dire c'est que, la littérature française étant semblable à la littérature grecque et latine, la France doit se passer de « poète national », tout comme il serait ridicule d'accorder un poète local à Paris. Tout écrivain français est un poète INTERNATIONAL qui écrit pour l'Europe entière et aussi pour une partie de l'Amérique. La Suisse, la Suède, la Serbie, peuvent avoir des poètes « nationaux ». Mais la France, l'Angleterre, l'Italie, l'Allemagne, l'Espagne, sont au-dessus de cela. Et les poètes « nationaux » des petits pays ne peuvent pas être très grands non plus. Tout ce qui est « national » est stupide, archaïque, bassement patriotique (ou patriotique — ça suffit). Cela convenait dans des circonstances particulières et à des moments particuliers (Berchet[158], etc.) mais nous en avons terminé avec tout cela maintenant. Il existe un pays qui s'appelle Europe. Qui donc peut être le poète national d'Europe ?!

Oscar Esplá doit donner une conférence demain à l'Ateneo ici (ou au Circulo de Bellas Artes). Cela m'attriste de le voir se produire comme un simple artiste « local ». Cela fera penser au roi lavant les pieds à douze pauvres.

Lundi, 10. — De la pluie, et une mer agitée ; et je suis souffrant et fiévreux. Pourtant, je travaille comme d'habitude. Reçu des lettres. Rien d'important. Appris dans les journaux la nouvelle du mariage du prince Bibesco avec la fille d'Asquith, et me suis soudain souvenu du soir où j'ai dîné avec lui et Copeau dans sa maison près du fleuve, et de mon retour à pied à mon appartement à Chelsea — la nuit, l'aspect du fleuve, etc. Je n'y avais pas pensé UNE SEULE FOIS depuis le jour, ou la semaine, où cela s'était passé. — Hier, en soirée, une grande conversation avec doña A. et Araceli.

Lu la petite anthologie de Voiture[159] que j'ai achetée lors de mon séjour à Madrid il y a quelques mois. Je l'ouvrais de temps en temps, après le petit déjeuner ; le soir après le travail, etc. Et elle me plaît beaucoup plus que j'aurais jamais pensé. Presque autant que Saint-Amant, et PLUS que Tristan L'Hermite. J'ai retrouvé les vers que j'avais tant aimés en les rencontrant pour la première fois, et je m'en suis épris de nouveau :

C'est un grand temple d'ivoire
Plein de grâce et de beauté
Sur quelque lieu marqueté
D'une ébène douce et noire.

Mais j'en ai trouvé d'autres, très beaux. Le « placet à une dame » est écrit dans le mètre de Baudelaire « À la très bonne, à la très belle » :

Plaise à la duchesse très bonne
Aux yeux très clairs, aux bruns cheveux...

Et puis il y a la belle « Epître à M. de Coligny » avec des choses comme celles-ci :

Sa torche nocière ondoyante,
Dans les ténèbres flamboyante
Lançait mille divins éclairs.

Et :

Lorsque, non contre son envie
La ravissante fut ravie.

On y trouve un vocabulaire riche, un langage élégant, quelque chose qui dépasse la simple correction ; quelques-unes des qualités qu'on attribue généralement aux poètes du XIXe siècle comme A. de Musset ; de la personnalité en fait, et une personnalité artistique remarquable. Les coïncidences entre de nombreux passages de Voiture et de Verlaine me font penser que Verlaine doit beaucoup plus à Voiture qu'on ne le pense en général. S'il n'y avait les *Fables*, on considérerait Voiture, ou on devrait le considérer, comme un plus grand poète que La Fontaine. Un de nos plus grands « lyriques », et le maître de bien des modernes, qui ont peu fait pour reconnaître combien ils doivent à ses œuvres. Les lettres sont aussi très bonnes ; l'une d'entre elles serait très bien avec des dessins d'Arthur Rackham ; en fait c'est déjà la manière et le style de Rackham[160]. Pero, poca gente se da cuenta de esas cosas[a]. On ne sait pas voir le moderne dans l'ancien, ni l'ancien dans le moderne.

Échantillon de ce que peut faire la presse locale, — le « finale » d'un article lyrique sur *La de la Faz serena* — n'est pas trop mauvais :

¿ Qué le pasa a la joven virgen que no sonríe siempre ?
¿ Qué turba la tranquilidad de su alma ?

a. Espagnol : « Mais peu de gens se rendent compte de ces choses-là. »

¿ Por qué la pura alegría de su risa candorosa no alumbra como estrella potentísima las semanales fiestas del Círculo Industrial[a] *?*

Alcoy 12 febrero 1919.
(coupure d'*El Día*)

13. Jeudi — Travail encore et toujours. Mais très souffrant. L'effort pour aller mieux, avant-hier, s'est révélé inutile. Il faut que j'essaie à nouveau. Belle journée, cependant, assez chaude et ensoleillée. Pensé à un essai sur J. de Maistre : « L'ami du bourreau » ; mais peu m'importe. Pourtant cela vaudrait la peine de dire quelque chose de l'attitude donquichottesque de bien des écrivains du XIXe siècle, persuadés qu'ils étaient de pouvoir influencer l'opinion publique, etc. C'était avant l'époque des journaux bon marché. Mais nous, en revanche, semblons croire que tout le monde sait tout, ce qui, d'une certaine façon, est une vue plus butlérienne. — Ce soir, chez don H., des confiseries de Huesca, et Araceli.

Denia. Dimanche 16. — Ne pouvais rester plus longtemps à Alicante : avais trop travaillé, avec trop peu d'interruption, depuis les premiers jours de janvier ; je suis donc allé voir don H. pour lui dire que je voulais aller passer le dimanche à Benidorm. Il m'a dit : « Vous feriez mieux d'aller à Denia ; je connais une bonne auberge là-bas, et je vais vous donner un mot de recommandation auprès du consul de France », etc. etc. Donc hier, vers 4 h ½, j'ai quitté calle Canalejas et doña Pepita. Le petit « tren de la Marina » ; sa peinture verte notablement plus pâle qu'il y a deux ans. J'ai vu tous les endroits que j'avais traversés en venant (novembre 1916) de Valence à Alicante, au clair de lune cette fois : l' « islote de Benidorm », le rocher de Calpe, le curieux calvaire de Gata. — Don H. m'avait donné un mot pour le propriétaire de la Fonda del Comercio, mais il ne leur restait plus de chambre, l'hôtel étant plein. On a donc fait porter mes bagages et réservé une chambre pour moi à la vieille Fonda Contri ; c'était juste ce qu'il me fallait, et me voici à écrire mon journal à la Fonda Contri, pas dans la chambre où j'ai dormi il y a deux ans (deux ans, deux mois et quelques jours). Je ne reconnaissais pas le fils du propriétaire, le garçon qui parle anglais. Il s'est laissé pousser la barbe. Mais lorsque j'ai dit : « La première fois que je suis venu, il y avait quelqu'un qui parlait anglais », il m'a tout de suite répondu — et je me suis souvenu de son accent : « Oh, êtes-vous donc anglais ? » À partir de ce moment, il n'a plus voulu parler autre chose que l'anglais avec moi. J'ai ri parce qu'il ne parvenait pas à trouver le mot correspondant au mot espagnol

a. « Qu'est-ce qui lui arrive, à la jeune vierge qui n'a pas toujours le sourire ?
Qu'est-ce qui trouble la tranquillité de son âme ?
Pourquoi la pure joie de son rire candide n'éclaire-t-elle pas comme une étoile très vive les fêtes hebdomadaires du Cercle industriel ? »

« palmada[a] ». Il a dit : « Quand vous rentrerez à l'hôtel, appelez le gardien de nuit avec deux —, comme cela, avec vos mains, et il vous ouvrira la porte. » Je me souvenais assez bien de l'endroit, particulièrement ce matin — à l'instant — la salle à manger et le hall, les tableaux et les lithographies. Avais oublié la « Mapa[b] de Buenos-Aires » dans le hall. Denia est plus animée que lors de mon premier séjour. Mais c'est un endroit vulgaire ; rien que des voyageurs de commerce. Je suis allé dans un café de camareras[c], puis j'ai erré dans les rues. Les « quintos[d] » étaient là pour se faire enrôler ou recruter bon gré mal gré, et ils faisaient IL CHIASSO[e]. Temps chaud. On ne pouvait s'empêcher de penser que cet endroit, Denia, petite ville industrielle, est une erreur sous un tel climat et à proximité d'un tel paysage. C'est un « pueblo » triste, sale, mal tenu, rude — un peu comme apparaîtrait Vierzon dans la région de St-Raphaël ou Fréjus. — Je ne sais pas encore où je vais aller.

Valence, café « La Gran Peña », 11 ½, dimanche. Quitté Denia vers 11 h ½, arrivé à Gandia à 2 h, affamé. C'est un genre de train « moucheron », ou cafard, certainement l'un des plus lents au monde. Déjeuné, et loué ensuite une tartana[f] pour aller voir Avelinita[161] au couvent français. Comme il était encore trop tôt pour m'y rendre, je suis allé au palais de saint François Borgia[162] et j'ai demandé qu'on m'autorise à le visiter. Un jeune homme s'est proposé pour me guider dans les salles, et je l'ai suivi, avec un souci en tête : « Dois-je ou ne dois-je pas lui donner un pourboire ? Il a l'air d'un señorito, mais on ne sait jamais. » Néanmoins j'ai écouté ce qu'il me disait sur le palais, l'ancienne université — quand on pense que Gandía a été une ville universitaire ! La seule chose remarquable qu'il ait dite fut ceci : « Ce tableau représente saint François quand il a quitté sa femme et ses enfants pour se faire saint. » (« Para hacerse santo » — sic), ce sont les propos que j'ai surtout retenus. Cela semblait discrètement ironique, mais ce n'était que de l'humour inconscient. Il est certain qu'en dépit de son humilité, un grand prince, comme l'était François, duc de Borgia, devait croire que, s'il s'adonnait à la piété, il se devait d'essayer de se bâtir un duché au paradis. J'ai vu le curieux orgue du XVIe, et je me suis dit que si S.B. l'avait vu, il aurait certainement été très tenté de jouer quelques mesures d'Handel sur son vieux clavier branlant. La galerie du XVIe, « où tant d'or se relève en bosse », avec ses plafonds peints, est tout à fait surprenante à la sortie des salles

a. Espagnol : « battement de mains ».
b. Espagnol : « carte ».
c. Bar à hôtesses.
d. Espagnol : « recrues ».
e. Italien : « du tapage ».
f. Espagnol : « un cabriolet ».

médiévales du palais. Au moment de partir, j'ai sorti mon porte-monnaie ; voyant le jeune homme s'empourprer, je lui ai demandé ce qu'il penserait d'un pourboire POUR LE CONCIERGE ? C'est ainsi que je me suis tiré d'affaire. Puis je me suis rendu au couvent, mais le cocher s'est trompé et m'a emmené à « las Esclavas », où le « lío » fut expliqué par une jolie nonne derrière une épaisse « reja[a] ». Suis enfin arrivé au couvent français. Avelinita et toutes les petites filles étaient parties en promenade à Saint-Antoine, mais j'ai vu une Chère Mère (une Française aux yeux bleus, aimable et bien élevée) qui était désolée, etc, si bien que j'ai promis de revenir demain. Je lui avais dit que je devais aller à Valence et que mon train quittant Gandia à 4 h ½, je ne pouvais rester jusqu'au retour des petites filles de Saint-Antoine. Et pourtant, jusqu'à ce que la Chère Mère me fît promettre de revenir demain, je ne me sentais pas enclin à le faire. Mais, ayant donné ma parole, et jugeant presque impossible de me résoudre à passer la nuit dans cet endroit lugubre et à la « Fonda del Ferro-Carril » à l'apparence inconfortable, je suis retourné à la gare, à temps pour le train. Par ailleurs, je n'aime pas l'odeur, ni l'atmosphère morale de l'endroit ; c'est une ville ecclésiastique, « una ciudad levítica », et je n'aime pas ces endroits-là. Ce serait trop long d'expliquer pourquoi. Je dirai que, dans de tels endroits, on sent davantage LA SOLITUDE DU SEIGNEUR. J'ai donc quitté Gandia, rejoint Carcagente, et de là, dans un train plus confortable, gagné Valence. Cela ressemble à un rêve. La vieille gare a disparu ; et la nouvelle, flambant neuve (certainement la plus belle d'Espagne, et l'une des plus belles d'Europe occidentale — je crois bien qu'elle est aussi belle que les récentes gares d'Édimbourg — Waverley, et celle qui se trouve à l'autre bout de Princes' Street). Cela ne veut pas dire qu'elle est belle ! Ça signifie qu'elle est « pas mal » ; mais en ce qui concerne l'architecture et la décoration, c'est un condensé d'art valencien (pour le meilleur et pour le pire). Néanmoins l'effort fourni pour construire une gare d'aspect agréable EST plaisant à voir. Qu'ai-je écrit ici ? Ce doit être affreux ; je parle de la syntaxe. Eh bien, cette gare ressemble à un commentaire de cette chanson enfantine : *Oranges et citrons*[163].

J'aime la campagne entre Denia et Gandía ; c'est déjà la huerta valencienne, à ceci près que les montagnes, si désolées et abruptes, sont beaucoup plus proches des orangeraies. Un des plus beaux cyprès que j'aie vus est à Gandia.

L'arrivée ici. Le buffet de la nouvelle gare (le petit déjeuner, dans l'ancienne, il y a douze ans !) J'arpentais les lieux, flânant dans tous les coins ; les hommes — recrues, ou voyous de profession ? — qui me suivaient. ¡ Mare de Deú[164] ! Je n'étais pas très rassuré, mais j'ai eu assez de présence d'esprit pour ne pas le faire

a. Espagnol : « grille ».

voir, et ils ont arrêté de me suivre. L'aventure avec mon sac — où ce cahier se trouvait. Je n'ai jamais été si près de le perdre. Il est — et il était déjà quand je suis arrivé — trop tard pour rendre visite au vice-consul de France, M. Lanuartres[165]. Il habite près d'ici cependant et je pensais presque le trouver dans ce café. Je suis allé calle de Moratin — j'en avais rêvé il y a quelques semaines, à Alicante : je marchais dans cette rue qui semblait tout ordinaire quand, tout à coup, en atteignant la place où l'on vend des fleurs, derrière le café Suizo, j'ai vu devant moi toute la ville de Valence EN RUINE — semblable aux photographies de guerre, mais en plus étendue, toute une métropole en ruine. Demain je partirai tôt pour Gandía, et je vais sortir pour un nouveau « paseo » — mais cette fois-ci dans un quartier plus central.

Gandía à nouveau ; lundi 17. Le soir. Après avoir noté ce qui précède, sorti pour un nouveau « paseo », cette fois-ci sans incident ou occasion de « tener miedo[a] » ; Puis au bar, ou plutôt au « keller[b] », Olympia. La serveuse ne voulait pas croire que je n'étais pas valencien ! Et qui y ai-je vu ? Le signor P., vice-consul d'Italie ! accompagné de la plus belle fille du lieu — ou plutôt de la seule qui portait de BEAUX bijoux. Je me suis débrouillé pour ne rien payer à l'effrontée qui est venue s'asseoir près de moi ; je l'ai persuadée que mes voisins (deux « paletos » de la Huerta) seraient les hommes qu'il lui fallait, et elle s'est fait offrir un bon nombre de verres d'alcool ! Cela m'a bien amusé. Puis à la gare. Je me suis alors endormi jusque après Carcagente, et j'ai dû continuer jusqu'à Alcoy. J'ai donc dû passer une bonne partie de ma journée à Alcoy, un endroit pittoresque mais très froid. Un peu comme Thiers, mais avec beaucoup de Coventry aussi. Les boutiques. La « Sultana ». Les églises, etc. Passé plusieurs heures à dormir dans un grand fauteuil de cuir, au Casino Industrial, celui de *La de la Faz serena*[c]. Vu les jeunes filles qui allaient en classe : la bellísima hija de nuestro querido amigo el diputado provincial[d], etc. Désolé pour don R[amón], mais les jeunes filles que j'ai vues à Alcoy sont loin d'être jolies. Trop de ces blondes « sans piquant ». Parti vers 7 h ½. Les gares sont très éloignées de la ville, de l'autre côté du profond « barranco » ou ravin. C'était le train « chicharra », celui dans lequel j'ai voyagé quand je suis allé à Biar l'été dernier. Un wagon de seconde, sale, plein de PUCES. Et la fonda del Ferrocarril, une fois encore.

La belle journée d'été que nous avons eue aujourd'hui ! La chaleur, dans des endroits comme Onteniente et Cocentaina. Voyagé avec une famille qui connaît don Ramón. La jeune fille, Amparito. Leur accent. Trop de choses à noter, et je suis fatigué. Dans tous

a. Espagnol : « d'avoir peur ».
b. Allemand : « cave ».
c. Voir coupure *El Día*, p. 663.
d. Espagnol : « la très belle fille de notre cher ami le député provincial ».

ces endroits, le voyageur qui ne se déplace pas pour des raisons professionnelles est une espèce inconnue des aubergistes et des gens en général. J'avais donc l'impression qu'on me méprisait profondément. Mais on trouve un avantage (pécuniaire) à se faire mépriser.

Alicante, 18. — De retour dans mi pueblo. La fin de mon petit voyage a été bien agréable. Ce matin à Gandia, je suis allé au couvent français, où l'on ne m'attendait pas, et j'y ai vu Avelinita et la Chère Mère. Pris des photos d'Avelinita avec la Vierge de Lourdes. Retour à la gare, puis à Denia, et ensuite pris le train qui longe la mer jusqu'à Alicante, par Calpe, Benidorm, etc., mais cette fois sous un soleil éblouissant. Ma première visite, après la toilette, etc., a été pour don Higinio et sa famille. Je peux dire que j'ai eu mon content de trains, paysages, aventures et… puces, et que je me sens prêt à reprendre le travail con ánimo. Je vais consigner quelques notes : la gare d'Oliva ; les calvaires, avec leur rangée de cyprès, sur les hauteurs. La décoration de la gare de Valence. Sur chaque colonne, dans le grand hall, on a écrit, sur des azulejos[a] : « Feliz viaje » en autant de langues qu'il y a de colonnes : d'abord les langues de la péninsule, Feliz viajé, bon viatge (valencien), bon biatxe (catalan) et ce que je crois être du basque, Oudo ibilli. Cela figure en français, italien, russe, allemand, suédois, arabe, chinois. Mais je pense [*Six lignes découpées.*]

Le seul exemple que donne Bescherelle du mot « articuler », au sens propre — qui est le sens que S.B. retient toujours — est le suivant, tiré de George Sand : « Elle oublia d'articuler sa pensée, et, le coude appuyé sur le mausolée, l'œil immobile sur les flots, elle n'entendit pas Sténio qui la suppliait de se révéler à lui. » Cela ferait bon effet, écrit sur la porcelaine, sur une tablette de cheminée.

20. — Ce matin rencontré doña Candelaria, qui rentrait de Murcie ; mais elle part demain. Elle est venue avec sa mère, laissant Jeronimita et Dolores à la maison.

21. — Vendredi. — Suis allé à Elche avec d. Higinio et don Vicente Martín Arias, « alcalde de distrito[b] » de Madrid. Nous avons vu le jardin du curé (le curé Castaños est mort il y a trois mois, et il est probable que [*Lacune consécutive au découpage signalé plus haut.*]

nous a guidés dans les salles. Il semble qu'il a GASPILLÉ beaucoup d'argent dans cette restauration et que les « artistes » qu'il a chargés de cette tâche étaient soit illettrés, soit — c'est plus probable —

a. Des carreaux de céramique.

b. Espagnol : « maire d'arrondissement ».

malhonnêtes. Quoi qu'il en soit, il y a une ou deux salles qui sont convenables. Nous étions de retour à Alicante à 9 heures du soir. Une belle journée.

22. — Beau temps — presque trop chaud. Fatigué, presque malade ; avec l'Humeur. Peu travaillé. Allé à Benalúa, et vu don Ramón. Ce soir, très souffrant. Mes excursions (la longue et la courte, celle d'hier) m'ont beaucoup plus fatigué que je ne pensais à mon retour.

24. — Une autre belle journée, qui rend le poêle inutile. Je me sens mieux, et le travail a éloigné l'Humeur. Me bats avec l'un des chapitres les plus difficiles de *La Vie et l'Habitude*. Hier, visite aux [*Un nom biffé*], simplement pour leur porter quelques livres : A. Ghiraldo[166], Gómez de la Serna, et un Villiers de L'Isle-Adam. Le soir, Araceli et les enfants. Quelles merveilleuses journées ESTIVALES nous avons !.... Et j'achète l'argent français à 86 ½ % !! — En rentrant chez moi, par la place Isabel II, j'ai rencontré, tout à coup, —— et son oncle. J'ai salué, don —— m'a dit buenos días, et elle a souri, mais je ne sais si c'est un sourire de mépris ou autre chose. Au retour, trouvé deux exemplaires de presse, des poèmes tous les deux, l'un de Jean Cocteau, l'autre de M. de Supervielle[167] [*sic*], illustré par Lhote. Beaucoup pensé à [*Un nom biffé*], —— et ——[168].

25. Mardi. — Me sens vraiment mal ce soir, et l'épidémie est revenue en force. María m'a dit : Cuidese mucho, que hay muchos que mueren ahora[a]. J'arrive quand même à travailler, mais je me sens vraiment mal en point.

27. — J'écris ceci au lit. Ai dû interrompre mon travail, mais je me sens déjà mieux. [*Un mot illisible*] et médicaments ; doña Pepita ; la lecture d'Ovide : les *Héroïdes* ; de temps en temps, jetais un coup d'œil à des pages de l'*Ars amatoria* qui se trouve dans le même volume, et pensais que c'était bien meilleur. Les idées des Romains sur les femmes. Naturellement Ovide, en écrivant, gardait un œil sur ses lecteurs.

28. — Une autre journée au lit — sauf quelques minutes maintenant pendant que doña P. fait l'alcoba[b]. Mieux, mais encore très faible. Essayé de travailler ; pas pu. Ai lu *Timon d'Athènes*[169] ; pensé que cela me ferait du bien — mais j'arrivais à peine à me concentrer sur ce que je lisais — voyais plutôt. Don Higinio est venu ; très

a. Espagnol : « Prenez bien soin de vous car il y en a beaucoup qui meurent en ce moment. »

b. Espagnol : « l'alcôve ».

gentil. Dit que j'irai mieux demain. Aujourd'hui les magasins fermaient à 1 h ½, et tout l'après-midi il y a eu des « corros[a] » d'enfants en bas dans la rue. Ils chantaient une vieille chanson, très typique :

¡ Viva la calle Mayor !
¡ Viva la Reina Isabel
Reina de los Españoles[170] *!*

J'entendais les voix de Manola, Carmen, Concha, etc. Cela me faisait penser au *Ballon aérostatique* de Goya, et également à son *Jeu de colin-maillard*[171] ; je sais pourquoi.

Dimanche, 2. — Mieux, mais pas très bien. Les douleurs dans la tête. Pourtant me suis levé à 11 h. Les enfants sont venus, Luisito A. habillé en capitaine d'« Infanteria ». Ils sont revenus après déjeuner. M'ont emmené au casino. Vu —— en y allant ; le balcon. La terrasse du casino. Les MAMARRACHOS[172] ; quelques voitures. Des Français, beaucoup ; les deux aviateurs. Chez moi ; et travail jusqu'à maintenant, seulement interrompu par la visite que les enfants m'ont faite à 7 h ½ ; Concha habillée en garçon ; ne l'ai pas reconnue ; faisait plus grande ; elle a de jolies lèvres ; no me había fijado[b], jusqu'à aujourd'hui. Travail, très difficile ; mais les maux de tête en sont la cause. Je suis content d'avoir vu ——. Longue conversation avec doña Pepita. J'aimerais : 1°) aller mieux ; 2°) avoir déjà terminé ce que j'ai à faire (pour S.B.) ; 3°) passer ensuite une semaine à Madrid.

Mars

Lundi, 3. (J'ai oublié d'écrire le mot « mars » à la page précédente — tant pis.) Mieux, et travaillé davantage, mangé davantage, me suis senti plus heureux, et me suis levé plus tôt. Aurais même travaillé davantage ; mais les enfants sont venus me chercher et j'ai dû les accompagner au casino. Ça m'a bien plu ; mais le « jaleo[c] » m'a rendu un peu malade. Plus de voitures qu'hier. Quelques jolies filles, mais beaucoup de « mamarrachos ». Je me suis assis à côté de la grande jeune fille que j'appelais « la viuda simpática[d] », ce qui m'a permis de bien la voir, et elle n'a pas l'air aussi « sympathique » vue « de cerca[e] », que vue de loin. Elle a un beau type, une silhouette remarquable, mais son visage et ses traits

a. Espagnol : « rondes ».
b. Espagnol : « je ne l'avais pas remarqué ».
c. Espagnol : « bruit ».
d. Espagnol : « la veuve sympathique ».
e. Espagnol : « de près ».

sont assez ordinaires ; elle a ce hâle, ce teint qu'on voit, à la campagne, aux filles de familles riches, particulièrement en Angleterre et en France. Une très bonne éducation, les meilleures manières qu'on puisse trouver dans la haute société, mais un manque total de sensibilité et de ce que S.B. appelle « la grâce ». De la bonne nourriture, bien assimilée, de l'argent et de bonnes manières — tout ce qui devrait donner de « la grâce », et « la grâce » est absente. D'après ce qu'elles ont dit j'ai appris — ce que je pensais déjà — qu'elles ne sont pas d'Alicante. Elle a une sœur, que je voyais pour la première fois, plus « simpática » qu'ELLE ; à peu près de la même taille, avec le même teint, mais des traits plus fins. Mariée, je crois. Elles ont entre 30 et 35 ans. Vu beaucoup de gens que je connais. — En sortant de chez moi aussi bien qu'en rentrant, vu — sur son balcon. L'ai saluée ; elle a souri. Il faut que je note l'anecdote suivante. Lu dans un journal qu'à la prison de Barcelone, on a imprimé en secret et fait circuler parmi les prisonniers un programme. C'est une « feuille » humoristique censée annoncer une soirée donnée par les prisonniers. On y trouve ceci : « Une conférence sur la personnalité d'Octave Mirbeau par X » (un des prisonniers). Naturellement le journaliste avait écrit « Octavio Mirabeau ». (Ce sont des « prisonniers politiques ».)

Dimanche 9. — Une lettre de M—, avec sa photo et celle de sa jeune amie Olive. Travail : S.B. Lecture des *Provinciales* de Pascal. Le bal ce soir. Araceli.

Lundi 17. — Il faut que je note mon bref voyage à Valence, l'autre jour. Je ne pouvais plus rester ici et avais l'impression que je tomberais encore malade si je restais plus longtemps. Je suis donc parti jeudi à dix heures du soir et suis arrivé à la Très Loyale[173] à 7 heures du matin. Une journée venteuse, avec de la poussière, etc. Erré dans les rues aux différentes heures du jour. Beaucoup pensé à M. Francia[174] (J'ai commencé à écrire — mais ??...). La célèbre place du marché ; jamais, lorsque je vivais à Valence, je n'y ai passé autant de temps, sur cette place[175]. Un des coiffeurs de la place de la Reina m'a reconnu presque tout de suite, et a pu me dire que je n'étais pas venu dans sa boutique depuis 1916. Quelques changements ; Valence ressemble de moins en moins à la Valence de « mon temps ». Pris un taxi pour aller à Miramar où j'ai bien mangé. Puis flâné dans le port. Vu le bateau autrichien ou plutôt hongrois, *Indeficientu*, avec son pavillon « interallié » (trois bandes horizontales : blanc-bleu-blanc). Je l'avais vu la veille à Alicante. Vu beaucoup de bateaux. L'un d'eux, pas encore « saisi », bat toujours pavillon allemand. De retour à la Glorieta en tram. Flânerie encore. Les librairies. Acheté le dernier livre de Baroja (*Las Horas solita-*

rias, me gusta MUCHO[a]). Sur la plaza de la Reina, la grande pâtisserie de 1905-1906 est maintenant un genre de pharmacie. Oh, l'époque du « jamón en dulce[b] », etc. ! J'ai pris un chocolat dans la vieille maison renommée près de l'angle de la calle de Zaragoza. Il y a de la « desanimación[c] », ou plutôt un manque de marchandises dans les boutiques. Le magasin Manises, où l'on vendait de beaux vases décoratifs et des fontaines, n'en a qu'un en vitrine, et ne semble plus vendre maintenant que des babioles et de la vaisselle bon marché[176]. Peu de livres dans les librairies — moins qu'il y a deux ans, et guère plus que de « mon temps ». Je me souviens de la calle de Zaragoza à cette époque, vers midi ou une heure, avec les jeunes gitanes qui mendiaient et mordaient leurs « mantas[177] » en sanglotant : Tengo hambre, señorito[d]. (Elles ne parlaient pas valencien.) Plusieurs personnes m'ont parlé en valencien, bien sûr ; et j'ai répondu dans la même langue, sans éprouver beaucoup de difficulté. J'ai revu des visages que je connaissais. Rencontré le garçon de courses de « Ca. Amorós », qui m'apportait les achats que j'y avais faits quand j'habitais Calle de la Nave. C'est maintenant un homme d'une vingtaine d'années, bien habillé, et qui a l'air du parfait « hortera[e] ». Un magasin où j'achetais mes gants ; j'ai reconnu les gens qui y travaillaient et j'ai constaté que le temps les avait marqués en deux ans. Cependant vers six heures je me sentais déjà « aburrido », y además[f] fatigué, si bien que je suis retourné à la « fonda » de la gare où j'ai dîné en lisant les journaux. Pris le train correo[g] pour rentrer chez moi à six heures du matin samedi. Ce voyage m'a fait beaucoup de bien, et j'ai repris le travail, presque aussitôt après m'être reposé.

Mardi 18. — Souffrant ; pourtant, travaillé comme d'habitude. Je pensais que le voyage à Valence m'aurait davantage aidé à me rétablir. Pero, en fin[h]... Mal de tête ; douleurs, tantôt ici, tantôt là. — Regardé la photo de —. Depuis qu'elle me l'a envoyée, j'ai passé beaucoup de temps à la regarder à mes moments perdus. Elle y a écrit : « Moi, pas moi-même. » C'est bien vrai. Mais cela n'a pas d'importance. Ressemble moins à une jeune fille qu'à une femme. Il y a un joli petit cottage anglais — sa demeure actuelle, je pense — sur la photo. — En ce qui concerne... le balcon : avant-hier j'ai rencontré les petites filles, et elle m'a dit bonjour, avec ce sourire

a. Espagnol : « il me plaît beaucoup ».
b. Espagnol : « jambon au vin blanc ».
c. Espagnol : « manque d'ambiance ».
d. Espagnol : « J'ai faim, monsieur. »
e. Espagnol : « employé de commerce ».
f. Espagnol : « "saturé", et en outre ».
g. Espagnol : le train postal.
h. Espagnol : « Mais enfin... »

caractéristique qui signifie peut-être, ou pas : je sais ce que vous cherchez ; mais —, je ne l'ai pas vue. Comme pour — ; rencontré son oncle dans la rue l'autre jour, avant mon escapade valencienne, et lui ai demandé de ses nouvelles avant de le charger de lui transmettre mes « recuerdos[a] ». C'était la première fois depuis 1917 que je mentionnais son nom à quelqu'un de sa famille. Celle qui occupe le plus mes pensées, c'est « le balcon » ; ensuite, à un bien moindre degré, Whitstable ; puis... la nièce de don —. Mais, tout compte fait, mon travail et la pensée de Londres m'absorbent bien davantage ; néanmoins, dans mes pensées de Londres, Whitstable a sa part. Aujourd'hui c'est le « día[b] » de Gabriel Miró (San Gabriel) ; et demain le jour béni. Il y a une Pepita (autre que doña Pepita) dans cette rue : alors que je dînais, j'ai soudain entendu une bruyante serenata, pas loin d'ici.

J'ai fini de lire *Horas solitarias* de Baroja. Cela me plaît presque autant que *El Árbol de la Ciencia*. Mais il est parfois très superficiel, « primaire » et facile. Les chapitres sur Häckel, sur Feuerbach, etc., mauvais. Et puis il ne voit que le mauvais côté de la vie espagnole et des « cosas » espagnoles, jamais la noblesse, la culture véritable qui s'y trouve. Notamment le clergé et les « frailes[c] » n'y tiennent pas une place aussi importante qu'il le pense. Par ailleurs il est pénible de voir les efforts qu'il déploie pour donner, d'abord à lui, puis à ses lecteurs, l'impression de s'intéresser à ce qui se passe à l'étranger, et d'être « al tanto[d] » des « grands courants » de la pensée et de la science en Europe. Il me semble parfaitement inconscient de ses pouvoirs artistiques, c'est-à-dire de son génie en tant qu'artiste. Et pourtant sa critique de la vie et de la pensée espagnoles est, en bonne partie, tout à fait juste et très suggestive. D'après ce que j'ai lu de Baroja, j'ai l'impression que c'est un interprète SÉVÈRE mais qui saisit très bien le pittoresque des paysages, des visages humains et des actions, et que c'est en même temps un puissant satiriste. — Il y a, dans *Las Horas solitarias*, un jugement sur une critique de George Borrow par Menéndez Pelayo, sur laquelle j'aimerais écrire et publier quelque chose. Il paraît que Menéndez Pelayo, dans son *Heterodoxos*, a écrit que Borrow, dans sa *Bible en Espagne*, « demuestra una sandia simplicidad y una escasa cultura[e] ». « Ce qui est absurde », déclare Baroja. Pas aussi absurde qu'il le pense. Mais écrire là-dessus me demanderait trop de temps. Je viens de lire ce que j'écrivais en novembre dernier sur *La Bible en Espagne* immédiatement après avoir fini de le lire, et je pense que je ne trouverais rien d'important à ajouter à ce que j'ai

a. Espagnol : « amitiés ».
b. Espagnol : « fête ».
c. Espagnol : « moines ».
d. Espagnol : « au courant ».
e. Espagnol : « montre un esprit simpliste et une culture faible ».

dit dans les premiers paragraphes. La « sandia simplicidad » et la « escasa cultura », aussi bien que leurs correctifs, y sont bien exprimées. Et si jamais je rencontre Baroja, je le lui dirai. À propos, je pense que Baroja est un plus grand artiste et un homme plus intelligent que Unamuno ; mais tous les deux, cependant, regardent trop en dehors de l'Espagne, et une trop grande partie de leur pensée est « importée d'Europe ». Pour Baroja, c'est beaucoup moins vrai : ce n'est pas importé, c'est plutôt lui qui est « IMPORTUNÉ d'Europe », qui s'en préoccupe trop. Unamuno avale tout ce qui est étranger, même les choses les plus indigestes ; si elles portent une étiquette française, allemande, anglaise, portugaise, et surtout danoise ou norvégienne, il les prend pour de l'« ambroisie ». Baroja a plus de bon sens, beaucoup plus. Il écrit, par exemple : « Yo creo que franceses y alemanes luchan actualmente por rutina y aun por cobardía, al menos por cobardía moral ; yo creo que están dominados por una organización terrorista y que no son capaces de oponerse a ella[a]. » Ceci est le meilleur jugement que j'aie lu sur cette période honteuse, 1914-1918. — Une autre serenata ; est-ce une autre Pepa ?

Samedi 22. — Me sentais si malade hier que je n'ai pas pu travailler ; c'était lié au temps, venteux, presque froid. Les grandes ventoleras de Marzo[b]. Lu la célèbre pièce d'Escalante *La Escaleta del dimóni*[178]. Mieux aujourd'hui, et travaillé comme d'habitude.

Dimanche 23. — Souffrant, et en prise à l'Humeur (surtout le soir). Néanmoins j'ai travaillé comme d'habitude (S.B.). Ai écrit le chap[itre] I de ce qui était « M. Francia », et se nomme maintenant « L'allongement du jour ». Cela ne « décapite » pas, comme je le pensais d'abord, Henri de Septimanie. Je ne sais pas à quoi ce texte ressemblera, mais ce que j'ai écrit, je l'ai écrit CON GUSTO. Je serai bientôt débarrassé de *La Vie et l'Habitude*, et je me consacrerai davantage à « L'al[longement] du j[our] ». — J'ai eu une forte crise d'Humeur ce soir, particulièrement après dîner. Avant dîner, suis allé chez don H. où il y avait beaucoup de gens. La grande jeune fille aragonaise (Pilarica, bien sûr) a rencontré Araceli pour la première fois. J'ai remarqué comme elle la regardait ; le contraste entre elles deux m'a plu : Araceli paraissait très brune, je veux dire de visage, et sa bouche quand elle riait. Le contraste résidait dans l'opposition entre la grâce de l'allure et des manières d'Araceli, la Méditerranéenne, et les façons gauches et l'aspect fruste de Pilarica, la jeune fille de « la Meseta[c] ». Je me demande si Pilarica trouvait Araceli jolie. Mes pensées pendant la crise d'Humeur : le balcon, inutile ; Whitstable, rien

a. Espagnol : « Je crois que les Français et les Allemands luttent actuellement par routine ou encore par lâcheté, du moins par lâcheté morale ; je crois qu'ils sont sous la domination d'une organisation terroriste et qu'ils ne sont pas capables de s'y opposer. »

b. Espagnol : « bourrasques de mars ».

c. Espagnol : « du plateau » (donc de la campagne profonde).

que je désire vraiment ; le livre, finalement il ne vaudra rien. La vue d'Araceli était la seule chose qui présentait un peu d'intérêt pour moi. — Pendant le repas, María, la servante, qui avait été au bal et en était encore tout excitée, le visage coloré, me dit : « Vd. No sale nunca, no se distrae[a]. » La pauvre ! Après dîner, quand l'Humeur était « in full rabia », comme je l'ai noté en marge de mon dictionnaire anglais il y a deux ans, je suis resté assis un long moment dans un fauteuil, sans lumière, sauf celle du lampadaire de la rue qui entrait par la fenêtre. Les petites filles, Concha, Manola, Lola, « La calle Mayor », etc. s'en donnaient à cœur joie et chantaient *Marina*, et d'autres chansons ; soudain elles entonnèrent « Cantemos al amor de los amores[b]... », et naturellement, cela m'a fait penser à Asunción et au couvent, ce jour-là ; cela paraît déjà un vieux souvenir. Mais cela n'a pas aggravé l'Humeur, bien au contraire, cela l'a dissipée, et j'ai pu travailler. — Entre-temps j'ai lu le *Manuel d'architecture byzantine* de Charles Diehl. Les descriptions sont trop courtes et trop superficielles ; celle de la tombe de Galla Placidia[179] à Ravenne, notamment ; mais c'est également déplaisant.

[*Quatre pages manquantes.*]

¿ es Porque llevará el pelo corto ?[c] » Si bien que j'ai su à quoi elle pensait hier en regardant Araceli. Quant à Araceli, elle n'est pas venue. — Il faut que je note l'horrible rêve que j'ai fait la nuit dernière, avec un sentiment de terreur, tout du long, mais progressif, comme dans les contes d'E.A. Poe. On pourrait en faire une nouvelle ; elle se passerait à Hythe[180], dans la maison que j'ai failli louer là-bas en mai 1914. Je pense que c'est le fait d'avoir cité le « refrán[d] » : « Espantóse la muerta de la degollada », hier soir, en parlant avec don H. qui a suscité ce rêve. C'est certainement un des rêves les plus marquants que j'aie fait depuis longtemps.

Mardi 25. — Alabado sea Dios. Esta noche a las doce y media he acabado la traducción del Inglés al Francés del libro de Samuel Butler *Life and Habit*, habiendo acabado así el trabajo empezado en Sens (Francia) a fines de mayo del año 1915. En 1915 traduje *Erewhon* ; en 1916 *Erewhon Revisited* y parte de *The Way of All Flesh* ; en 1917 *The Way of All Flesh* y parte de los *Note-Books* ; en 1918 los *Note-Books* y empecé *Life and Habit*. Son más 2000 páginas[e].

a. Espagnol : « Monsieur ne sort jamais, il ne se distrait pas. »

b. Espagnol : « Chantons l'amour des amours » (début d'un cantique).

c. Espagnol : « Parce qu'elle portera les cheveux courts ? »

d. Espagnol : « le "proverbe" : "La morte a peur de la décapitée" ».

e. Espagnol : « Dieu soit loué cette nuit, à minuit et demi, j'ai terminé la traduction du livre de Samuel Butler *Life and Habit*, mettant fin ainsi au travail commencé à Sens (France) fin mai 1915. En 1915 j'ai traduit *Erewhon*, en 1916 *Erewhon Revisited* et une partie de *The Way of All Flesh* ; en 1917, *The Way of All Flesh* et une partie des *Note-Books* ; en 1918 les *Note-Books* et j'ai commencé *Life and Habit*. Au total plus de 2 000 pages. »

J'ai vraiment beaucoup travaillé pour terminer la traduction de *La Vie et l'Habitude* avant avril ; et pourtant je ne me suis épargné aucun effort, faisant une première traduction sur un cahier « borrador[a] » (ou plutôt sur trois fragments de cahiers), et la recopiant ensuite à l'encre de Chine sur un cahier que j'avais commandé quand j'étais à Madrid en mai-juin l'année dernière. Ainsi je possède deux manuscrits, dont l'un, à l'encre de Chine, tout à fait net. Je vais le faire relier. Il va de soi que j'aurai encore beaucoup de temps à passer sur ces traductions. D'abord, il va falloir que je prépare *Erewhon* pour l'impression ; puis, les autres volumes. J'espère qu'ils seront tous prêts avant la fin de l'année. — Pour l'instant j'ai l'intention de laisser S.B. entièrement de côté pendant cinq ou six semaines, que je pense consacrer à « Luis Losada », juste pour voir ce que je peux en faire. Je devrais peut-être noter — mais je vais certainement m'en souvenir — la genèse de l'idée de ce livre (si cela finit par devenir un livre). Il y avait d'abord « M. Francia », l'« asilado[b] » qui est allé voir son vieil « asilo » à Tolède. Son véritable nom était España. J'ai lu cette histoire dans les journaux. Ensuite je me suis intéressé à M. C——, que j'ai rencontré

[*Deux feuillets manquants.*]

26. — Rencontré don Ramón qui m'a raccompagné et a passé environ une heure avec moi chez moi. À propos de J. Costa[181], il dit que c'était un écrivain « de brocha gorda[c] » (tout à fait d'accord). Pour « Espantóse la muerta de la degollada », il donne une explication différente de celle que j'avais imaginée. Il a cité un « refrán » valencien qui semble bien expliquer le proverbe castillan :

Diú el mort al degollat :
¿ qui t'ha fet eixe forat ?

Pour *La Escaleta del dimóni*, a dit qu'il ne croyait pas en Escalante, pas plus qu'en aucun des dramaturges valenciens.

Dimanche 30. — Nous avons eu une grande grève ici ces jours derniers, comme partout en Espagne. Les gens pensaient presque qu'une révolution allait éclater. Il y avait beaucoup d'exaltation des deux côtés. Vendredi matin les ouvriers étaient sur l'Explanada, et les forces de police patrouillaient dans les rues. Il y avait beaucoup d'excitation des deux côtés. Suis allé à la terrasse du casino où se trouvaient quelques « señoritos » qui ne parlaient que de tirer sur les ouvriers, etc., etc. Ils ne se prenaient pas pour de la petite bière pour avoir osé sortir de chez eux et venir s'asseoir à la terrasse du casino. Il y a beaucoup de grands discours chez ces « señoritos ».

a. Espagnol : « cahier de brouillon ».
b. Espagnol : « réfugié politique ».
c. La véritable expression espagnole est *pintor de brocha gorda* : « barbouilleur ».

Ce matin j'en ai entendu un qui, au milieu de ses amis, a répété pendant je ne sais combien de temps :

— Et quand je le verrai, je lui dirai en face qu'il est une fripouille, un voleur, un criminel ; je lui dirai qu'il est une « granujá[a] » ; je lui dirai en face qu'il est une « sinvergüenza[b] » ; je lui dirai, etc., etc.

Personne ne lui a dit : « Eh bien, va donc le lui dire ! » Aujourd'hui on dirait que la grève touche à sa fin. Mais il y a eu du sang versé à Elche, où les ouvriers ont tenté d'enlever les rails de la ligne de Murcie.

Bien que je sois loin d'aller bien, je continue Luis Losada. Les journées commencent à devenir très chaudes, mais cela reste plutôt agréable. Je poursuis la lecture *L'Art byzantin* de Diehl et je découvre que je savais beaucoup plus de choses sur le sujet que je ne pensais. Je le dois, je pense, au fait d'avoir beaucoup réfléchi aux œuvres d'art de Ravenne[182]. Il faut que je note ce que m'a dit le coiffeur l'autre jour à Valence : « Quand vous veniez, nous étions en pleine "reforma[c]". » Je lui ai répondu : « Oui, on venait d'installer les petits palmiers autour du lavabo. — C'est juste, a-t-il dit, ET REGARDEZ COMME ILS SONT FLÉTRIS MAINTENANT ! » (Cela indique un certain sens du pittoresque.)

Lu une autre pièce d'Escalante : *Mentiróla et y el Tío Lepa ;* c'est l'intrigue bien connue du *Menteur* de Corneille, par exemple, mais ce qui m'intéresse surtout dans l'œuvre, c'est l'usage très idiomatique du valencien.

Avril

Mardi 1er. — La grève se termine ; les magasins rouvrent, etc. Pendant l'après-midi, une averse. Nous n'avions pas vu une goutte de pluie ces deux derniers mois. N'avais pas envie d'écrire. Voulais penser à L[uis] L[osada], ce qui fait que j'ai beaucoup lu ; en fait DEUX livres (dont un roman de plus de 350 pp.) — des livres que j'ai achetés ce matin pour les prêter à —. Reçu une lettre de Whitstable, aussi. Il faut que j'écrive quelque chose sur ces livres. Ils portent sur mon travail, je veux dire mon travail actuel (L.L.).

L'un est un roman publié voilà deux ans, *La Pata de la Raposa* de Ramón Pérez de Ayala. L'autre est une pièce de théâtre allégorique, *La Reina Silencio* de Ramón Goy de Silva[183]. Le roman m'a intéressé, non pas tant par ses qualités propres que d'un point de vue technique. Toutes les influences qui sont entrées dans sa

a. Espagnol : « fripouille ».
b. Espagnol : « canaille ».
c. Espagnol : « rénovation ».

composition sont beaucoup plus perceptibles qu'habituellement. Le plan général est celui des « novelas picarescas[184] » classiques, mais ce n'est pas une influence caractéristique ; les influences caractéristiques sont celles du Des Esseintes de Huysmans, une fois encore ; puis Des Esseintes devient l'autre Des Esseintes qui joue le rôle principal dans *Le Cirque solaire* de Gustave Kahn[185] (un roman qui m'avait semblé très bon quand je l'avais lu, en 1899 ou 1900) ; viennent ensuite les scènes qui se déroulent dans une prison, et qui ont pu, en partie, être suggérées par *La Bible en Espagne* de George Borrow. Plus loin il y a des épisodes londoniens qui ont pu être plus ou moins inspirés par *Ciudad de la Niebla* de Baroja ; les derniers chapitres, qui se situent à Lugano et dans la région des lacs italiens, ont peut-être à voir avec des romans de Bourget et Boylesve que je n'ai pas lus mais sur lesquels j'ai lu des articles critiques. Pour les chapitres espagnols, ce peut être avec un roman intitulé *Tu eres la paz*, de Martinez Sierra[186], je crois (je l'ai lu à Perth et Inverness en 1913). Dans le traitement de l'intrigue, je pense discerner des traces et des réminiscences des romanciers russes, d'Oscar Wilde, de D'Annunzio, et ici et là on relève des procédés de l'école française des romanciers naturalistes. Tout cela n'a pas d'importance. En fait ce roman possède tous les éléments d'un très bon roman, et c'est un roman médiocre, bien que supérieur, de toute évidence, à la production courante des romans — espagnols, français, anglais, etc. Je pense qu'il y a deux raisons qui empêchent ce roman — *La Pata de la Raposa* — d'être un très bon roman. La première raison est que ce roman appartient au genre semi-autobiographique (LE MEILLEUR GENRE de roman contemporain) où L'AUTEUR S'IDÉALISE TROP. La seconde raison est qu'il se fie trop à ses COULEURS.

Par « couleurs » j'entends le pittoresque : les changements de lieux, on passe de l'Espagne à Londres, d'Angleterre on revient en Espagne, de la côte nord de l'Espagne on va aux lacs italiens ; les personnages épisodiques et secondaires sont ébauchés, et presque aussitôt laissés de côté ; les allusions aux livres, œuvres d'art, etc. ; les citations en différentes langues, etc. Tous ces « adornos[a] » sont de bonnes choses en elles-mêmes ; mais sont ici trop faits pour eux-mêmes ; ils n'apportent aucune amélioration qui en vaille la peine. Peut-être tout cela porte-t-il à conclure que le roman est trop irréel, trop idéalisé, trop loin de ce qui touche vraiment à l'humain. Pour ce qui est de « s'idéaliser trop », c'est bien ce qu'Alfieri et Stendhal ont fait, et ils ont produit des chefs-d'œuvre. — En dehors de cette leçon que j'en ai tirée (une leçon sur l'art du roman), j'en conclus que j'avais raison, quand, avant de rien écrire de *Luis*

a. Espagnol : « ornements ».

Losada, je me suis dit : « Tu ne dois pas y mettre autant de couleur que tu l'as fait dans *Barnabooth.* »

[*Deux feuillets manquants.*]

beaucoup de bien d'écrire les aventures de Luis : tellement de choses que j'avais depuis si longtemps envie de dire, en fait de mettre clairement. — Je dois noter que Pilar —— ; quant à Araceli, elle me déteste tout bonnement.

Mai

Mardi 13. — Presque un mois sans écrire dans ce cahier. Le 19 avril, suis parti pour Madrid et revenu le 1er mai. Dix jours agréables à Madrid, mais sans voir aucun « conocido[a] ». Les boutiques, le tailleur, le ms. de *La Vie et l'Habitude* donné au relieur. Travaillé à *Luis Losada* et lu un bon nombre de livres : Prudencio Iglesias Hermida, Baroja, *Clarté* de Barbusse, *Le Pain dur* de Claudel[187], etc. De retour à Alicante, travaillé à *Losada*, et à « Martre ». Ne pouvais rester plus longtemps à Madrid, le BALCON m'appelait de toute urgence. Et pourtant, une fois de retour à Alicante, l'Humeur m'a assailli, et j'ai connu des jours de « desesperación ». Les livres qu'elle m'a prêtés ; et nos conversations, la sienne, du type *Fermina Márquez* : « la santidad[b] ».

Mercredi 21. — Tant de choses à noter que je ne pense pas que je pourrai consigner ici les faits les plus importants de ces dernières semaines — peut-être les dernières de mon séjour ici, cet été, « si Dios quiere ». — Jeudi dernier, le mariage de Don Ramón dans la petite église de Benalúa ; puis à Diana — les invités du mariage et le prêtre (un jeune homme sympathique ; m'a dit qu'il était disposé à célébrer la même cérémonie pour moi « con toda suavidad[c] » !). Faits et gestes à noter : mes deux visites au Consul de France ; le poème japonais qu'il a lu — une belle œuvre, du XVe siècle, a-t-il dit ; Verlaine cite l'un de ses poèmes (dans le style « truculent » des poètes « fin-de-siècle ») dans ses *Poètes maudits*. C'était la première fois que je parlais littérature avec lui. [*Deux lignes raturées.*] Le balcon ; un après-midi là-bas, grande conversation ; plusieurs choses qu'elle m'a dites m'ont fait plaisir ; mais n'a pas reparlé de « la santidad ».

[*Un feuillet manquant.*]

qu'il m'a envoyé avec une aimable dédicace ; relis *Les Pensées* de Pascal, et des poèmes de Voiture et autres ; et, maintenant, lis le

a. Espagnol : « personne de connaissance ».
b. Espagnol : « la sainteté ».
c. Espagnol : « en toute douceur ».

Manuel d'archéologie américaine de Beuchat[188], intéressant, mais assez pauvre en détails, du moins en ce qui concerne Mexico. — Lettres : de Whitstable ; de Berthe L[emarié], qui est à Pau ; de J. Rivière et Gaston Gallimard au sujet de la N.R.F., de Louis Chadourne. Répondu à toutes ; et écrit à E. Diez-Canedo, qui a donné, il y a quelques jours, un bon article sur le livre de Walt Whitman, dans le journal *El Sol*. — Ce matin, reçu le ms. de *La Vie et l'Habitude* magnifiquement relié, en cuir rouge foncé, par Arias. — Beau temps ; mais — l'Humeur, qui indique tout simplement que je ne vais pas bien et que je dois faire attention. Doña Pepita, très gentille. — La chose importante, c'est le Balcon.

Dans le doux soleil de SON *balcon...*

(W.S. Landor dans *Le Comte Julien*.) Toute ma vie et mes pensées vont ainsi : « Non sum dignus[a] » ; et puis : quitter ce qu'elle quitterait si –, —– pourrait-il la rendre heureuse ? Et puis : l'amour et — non, rien que l'amour. La solitude du Seigneur. — Oh, il faut que je note que je lui ai cité le vers de Baudelaire :

Et les palmiers d'où pleut sur les yeux la paresse[189]...

à propos des palmiers de l'Explanada, et ce qu'elle a dit. Sa prononciation : antigüedades, avec le *e* si clairement prononcé. La façon dont elle joue Albéniz et Schumann. — Tant de choses que je pourrais noter ici ! Trop. Mieux vaut laisser cela de côté et le garder dans le saint des saints [*Deux mots caviardés*] qui est la place qui lui convient. Néanmoins, voilà ce que je peux dire : « Whitstable » n'existe plus, maintenant, quand je pense au Balcon ; un simple passe-temps. Quant au reste... eh bien !

Oublié de noter que j'ai reçu, il y a deux ou trois jours, une plaquette, soigneusement présentée, d'un poème d'Henri Hoppenot, *Cinquantenaire de Paul Claudel*, publiée à Rio (Brésil)[190]. Il l'a postée en septembre de L'ANNÉE DERNIÈRE. Il y a une photo de l'avenue aux grands palmiers, avec un groupe composé de l'auteur, sa femme (je suppose), et Claudel. Il y a, à l'intérieur du livre, une photo de la tête de Claudel, très bonne photo. C'est un tirage à 50 exemplaires seulement. — Le bateau péruvien *Iquitos* est parti hier, avec le monument du Général San Martin par Benlliure[191], et toutes les plaques de marbre que j'avais vues, si souvent, au cours de mes promenades du côté des jetées. — Le *Sac City* de Philadelphie est également parti hier. J'avais eu une petite conversation (sur le tabac, principalement) avec deux hommes de l'équipage, et les

a. Citation latine d'une prière catholique : « *Domine, non sum dignus...* » (« Mon Dieu, je ne suis pas digne... »).

avais trouvés plus agréables et mieux élevés que je n'aurais cru — en fait plus agréables que le commun des marins anglais.

Samedi 24. — Levé tôt, et travaillé au « Projet de réforme[192] », mais sans beaucoup de conviction ; plutôt comme à un passe-temps. — Puis allé voir don Higinio ; ensuite au casino, où j'ai rencontré don Ramón. Dans l'après-midi, et par intervalles, lu *La Vie de Napoléon* de Stendhal, que M. Guibert[193] m'a prêté hier. Il y a, par moments, quelque chose de vulgaire dans ce livre : la conception de la vie ; l'attitude du militaire vis-à-vis des femmes ; par ailleurs, on sent un manque de vérité et de sincérité dans son amour pour l'Italie ; ou, du moins, il ne trouve pas toujours la bonne façon de l'exprimer. Il n'a pas pu s'empêcher de citer le nom de sa maîtresse, et cela dans un ouvrage sur Napoléon ! Néanmoins il y a de grandes choses, une concision et une force qui portent la marque du génie. Le *Manuel* de Beuchat. Écrire la psychologie des événements historiques ! La psychologie de la conquête de Mexico ! Se mettre à la place du peuple conquis et à celle des conquérants ; voir — ou essayer de voir, les choses comme ils ont dû les voir, etc. En fait, écrire ce qui n'a jamais été écrit, ce qui, jusqu'à ce jour, est resté caché dans les pages, sous un sens clair et manifeste, ou entre les lignes, des ouvrages d'Oviedo, Gomara et autres. Pensé à cela il y a longtemps, quand j'ai lu les ouvrages historiques de Prescott[194]. Feuilleté le *Journal d'un poète* de Vigny[195], prêté également par M. Guibert. Moins artiste que Stendhal ; mais dans les deux il y a quelque chose de rebutant : peut-être chez tous deux simplement « la mancha[a] » d'avoir été militaires. — La blessure de Luisito. — L'homme qui disait vouloir voter pour « Pepito Canalejas » (le fils de Canalejas, un garçon de 16 ans). D'après ce qu'il disait, j'ai appris que « la presidenta del sindicato de las criadas[b] » est la servante de Mme L— Lui est artisan, il possède un atelier (charpentier), et déteste le syndicalisme, l'anarchisme, etc. « Ya uno no podrá tener una peseta suya en paz. Yo sé donde iré a morir : al asilo. Soy muy amigo de las monjas[c]. » (Il parlait castillan parce que j'étais là et qu'il pensait que je ne comprenais pas le valencien.) Plus tard il a dit : « Vous vous rappelez la X, l'institutrice qui se faisait remarquer pour ses opinions extrémistes et "anarchistes" ? Eh bien, maintenant elle passe ses journées à Saint-Nicolas ! » Mais il n'a fait aucun commentaire. Je pense qu'il voulait dire : Vous voyez, ILS ne savent même pas ce qu'ils veulent.

a. Espagnol : « la tache, la marque ».

b. Espagnol : « la présidente du syndicat des servantes ».

c. Espagnol : « On ne pourra pas avoir tranquillement un sou en poche. Moi je sais où j'irai mourir : à l'asile. Je m'entends très bien avec les bonnes sœurs. »

Lundi 26. — Il faut que je note pour hier, quand j'étais près de —— sur son balcon, à regarder passer la procession et qu'elle était à genoux à mes pieds. ¡ Hombre ! Claro ; como había procesión[a]. Ce qu'elle a dit ; sa gentillesse ; depuis que je lui ai dit que j'aime Chopin, elle joue du Chopin. Ses petits exercices en français, avec le dictionnaire, tout comme une écolière. Bon, ça suffit. Elle m'a prêté un livre de Marden, en traduction espagnole, mal imprimé. C'est plus bête que je ne pensais, de l'imprimé, simplement. En tant que document sur l'inculture du citoyen moyen des U.S.A., c'est parfaitement remarquable. Pauvres gens ! Comme ils doivent être malheureux.

27. — Une brise agréable, et l'odeur de la mer. Casino. Don Ramón. Je lui ai cité une belle strophe de Baïf, puis je lui ai dit qui était Moréas[196] et quel genre de poésie il écrivait. Mais il m'a dit qu'il était absolument incapable de percevoir le rythme de la poésie française. Il lit le livre de Ghéon et le comprend assez bien. — Continue avec « La Réforme » et la lecture du *Manuel* de Beuchat. Cela donne un peu l'impression que la civilisation Maya Qu'ichés était beaucoup plus avancée que celle des Aztèques. Néanmoins cet ouvrage ne donne pas suffisamment de détails et de renseignements.

Vendredi 30. — Terminé la lecture de Beuchat. Que de choses là-bas restent à étudier, partout en Amérique du Sud ! — Trouvé un autre homonyme du type « Shakespeare — Crollalanza » : Oxenstierna — Cabeza de Vaca[197]. On a sans doute « trouvé » ça il y a longtemps. — Occupé à la rédaction du « Plan de Réforme ». Quelle façon de perdre son temps ! — Suis allé voir le consul de France pour mon passeport, et lui ai rendu les trois livres qu'il m'avait prêtés la semaine dernière. Plus tard, chez don H., joué avec les enfants. Temps chaud, mais une agréable brise marine. — Quand je serai loin d'Alicante, avec quel plaisir je relirai ce journal, les entrées de ces derniers jours — écrites si près de —— ; et sortir sur le balcon (le mien), de temps en temps, pour voir s'il y a de la lumière à la fenêtre de —— ! — Hier, écrit à Gladys.

31 mai — Après minuit. Trop de choses à noter, si je devais consigner ici tous les incidents et les détails des jours passés. Lundi je pars pour Paris avec les papiers diplomatiques du consulat de France ; et j'emporte avec moi les deux manuscrits de Butler et la plus grande partie de mes papiers. Dentro de menos de cuaranta horas me habré marchado. Cuantas cosas me gustaría escribir aquí[b]... Ce que je laisse ici. Demain je la verrai pour la dernière fois

a. Espagnol : « Mais bien sûr, comme il y avait la procession. »

b. Espagnol : « Dans moins de quarante heures je serai parti. Combien de choses j'aimerais écrire ici... »

avant octobre ou novembre, si Dios quiere. Et ensuite ? J'avais beaucoup de choses à faire aujourd'hui : le consulat, le casino, puis don Ramón, et notre repas, au calme, à Diana avec doña Loreto. Parlé de Baudelaire. Le premier Français qui lui a parlé de Baudelaire n'était pas absolument certain de l'admirer. Pour rassurer don Ramón, j'ai été assez catégorique : « Ese nombre que no se olvidará nunca, él lo había olvidado[a] », etc. etc. Nous sommes allés — los tres[b] — au théâtre de Verano, et avons vu la Argentinita avec son nouveau répertoire de chansons et de danses. Mais j'étais sous l'emprise de l'Humeur ; une crise épouvantable : un sentiment de solitude totale, de désespoir absolu, etc. Essayé de réagir, de penser à demain et —.

[*Deux feuillets manquants.*]

[Juin]

Jeudi 26. — *La Maison sous les branches.* Les gentilles femmes d'Oliver. Lis *La Ligne d'ombre*[198], prêté par Marcel Ray. Pour la première fois j'ai senti en quoi consiste le génie de Conrad, mais je n'ai pas encore pu l'exprimer clairement.

Samedi 28. — Le Jour de la Paix ! Qui s'en soucie ? La farce est finie. Fargue, qui est venu aujourd'hui, a sorti une de ses bonnes formules à ce sujet : « Les journées des dupes. » Suis très mal, avec un mauvais rhume et d'autres « achaques[c] ». Grandement aidé à me rétablir par les bons soins d'Yvonne. Une fille charmante, aussi blonde que Gladys, mais plus grande et plus intelligente. Me sens tout à fait chez moi ces jours-ci, grâce à elle. Mais, depuis hier, fièvre et toux et beaucoup de temps à somnoler. Lu *La Ligne d'ombre* de Conrad et les revues et journaux envoyés d'Angleterre à la *N.R.F.* Beaucoup de nouvelles : l'incendie à l'Hôtel du Parc (propriété de ma M[ère], mais, je l'espère, bien assurée) ; lettre de ma Mère à propos d'Ella ; une gentille lettre d'Ella (répondu) ; une lettre de Whitstable (qui m'attend, mais — !) —

Fargue est venu, mais il avait l'air plutôt éteint, l'esprit ailleurs, « distrait » ; aimerait, je pense, me sortir de chez moi. Trop malade pour faire quoi que ce soit. Trop malade pour assister à la cérémonie en l'honneur de Verlaine, c'est-à-dire aller voir, si près de chez moi, rue Descartes. Aurais aimé y aller[199].

a. Espagnol : « Ce nom qui ne s'oubliera jamais, lui l'avait oublié ».
b. Espagnol : « tous les trois ».
c. Espagnol : « ennuis de santé ».

Lundi, 30. — Un peu mieux, mais encore souffrant, me sens déprimé, malade. Temps épouvantable. Hier Marcel Ray a eu la gentillesse de venir me voir [*Une ligne caviardée*]. Il avait été à Versailles, assister à la cérémonie[200]. A dit qu'il y avait foule. Il y avait des bouteilles d'eau d'Évian, avec l'étiquette rose bien connue, sur les tables. Ça ressemblait à tout sauf à une cérémonie officielle. Me suis senti déprimé après leur départ ; mais la gentillesse d'Yvonne m'a été d'un grand secours. Pas de travail, rien, hier. L'après-midi, malgré la pluie, suis allé à la Bibliothèque Nationale, où j'ai travaillé (Th. Ribot, 1873) pendant environ deux heures, puis, en partie à pied, en partie en métro, suis allé voir Mme Fargue. Léon-Paul était là, et nous sommes sortis ensemble, lui pour aller au « Rythmique », moi pour rentrer chez moi. Sale temps, humide.

Juillet

Jeudi 3. — Mieux, mais pas encore assez bien pour « apprécier la vie ». Mes journées, des journées pluvieuses, froides, qui me font penser avec nostalgie à l'époque d'Alicante.

Et les palmiers d'où pleut sur les yeux la paresse.

(Dois noter que j'ai envoyé un exemplaire de Baudelaire à don Ramón) : travail à la Bibl. Nat. ; visite à un ami, ou visite d'un ami : Marcel Ray, Fargue, etc. Chez moi du coucher du soleil au milieu de la matinée. — Dois noter l'après-midi, hier [*Un ou deux mots caviardés, un nom propre sans doute*] Claudel était là ; avait dit à [*Un ou deux mots caviardés, probablement le même nom*] qu'il voulait me rencontrer. Mais je n'ai pas été assez longtemps seul avec lui — Ray et son ami Kastell étant présents — pour lui parler de ——. En outre je me sens toujours timide devant lui, conscient de sa valeur intellectuelle. Les nombreuses dames venues pour le voir en faisaient grand cas, mais il n'a pas joué à la vedette ; je pense qu'il est revenu de tout cela. On veut en faire un hérétique, mais il en sait beaucoup plus que tous ces gens-là. [*Une ligne biffée*]. Trop fatigué et malade, avec trop de lettres auxquelles répondre ou à écrire, pour écrire davantage ici. J'aimerais déjà être à Londres.

Dimanche, 6 — Le temps moins mauvais que la semaine dernière, et je me sens mieux. Ce matin entre 11 h et 12 h 1/4 suis allé au Jardin des Plantes voir l'hippopotame[201]. L'ai trouvé endormi dans son bassin, l'air « magnifico », la tête sortant tout juste de l'eau. Un pigeon, bien raide, sautillait sur lui. Alors que je le regardais, deux petits garçons sont venus et l'un a dit, en s'adressant grossièrement à Son Excellence : « Eh ! haricot vert ! réveille-toi, haricot vert ! » Mais Haricot-Vert n'a pas bougé. Pensé à Ernest Pontifex[202]. — Traversé le jardin en regardant les oiseaux et les animaux. Il y avait un petit attroupement autour de la fosse aux ours blancs. — Rentré à pied (rue Linné, rue des Arènes, rue Monge).

Reçu plusieurs lettres ; une de M. H. D. Davray, me demandant s'il me plairait de collaborer à *The Anglo-French Review* (Bedford Street, W.C. 2). Ils paient bien[203]. — De Gallimard (à propos de Synge). De Whitstable. Elle veut partir pour de bon, et aimerait, je pense, revenir près de moi. Impossible. En fait je suis bien trop heureux avec — cela ! Une femme chez moi, littéralement folle de moi ; deux en Angleterre qui veulent se réconcilier avec moi et tout recommencer ; et puis la pensée d'ELLA ; sa gentille lettre. La Française — je la vois si totalement à moi, si heureuse, et si effrayée à l'idée même de la fin de notre « liaison » temporaire, que je pense parfois rester à Paris plus longtemps que je ne devrais. Mais cela serait certainement mauvais pour elle. Mieux vaut la quitter le mois prochain, après l'avoir rendue aussi heureuse que possible. Ainsi ce sera comme des vacances pour elle ; une période à laquelle elle pensera toujours avec plaisir. « Moi, je penserai toujours à vous ; je ne vous oublierai jamais, etc. » Hier elle m'a parlé de son premier amant, son fiancé qui a été tué à la guerre. Après avoir tout raconté, elle a ajouté : « Il avait été cité deux fois à l'ordre du jour. » Je n'ai jamais rien entendu d'aussi triste, d'aussi désespérément triste, que cette simple phrase. C'est mieux que toutes mes notes sur la guerre. Le ton sur lequel elle a dit cela ! je veux dire sans fierté, juste « comme ça » ; comme l'aurait dit une mère parlant d'un enfant mort : « Il avait obtenu deux prix à l'école » ; montrant ainsi l'inutilité de tout cela, et la brutalité aveugle du système social. Il y a quelque chose de très pur et très grand dans l'âme d'Yvonne, et dans son affection pour moi. Je crains de ne pas en être digne, c'est-à-dire de lui laisser voir que je n'en suis pas digne. Je dois penser sans cesse qu'elle EST Julie, la petite bergère de mon enfance, que j'ai retrouvée, et à qui je puis enfin faire du bien. Il se trouve que, à l'exception de A— M—, je n'ai jamais été aussi bien, aussi sincèrement aimé. Nous avons encore cinq semaines à vivre ensemble. Je pense que, alors, il sera bon, pour nous deux, d'en rester là. — En ce qui concerne les deux Anglaises : Whitstable est trop différente de ce qu'elle était en 1912 et 1913 ; d'abord, il y a son mariage entre nous ; ensuite, d'après ce qu'elle me dit, je vois qu'il n'est pas désirable pour moi — ni pour elle — d'essayer de recommencer. Par ailleurs, elle à mes côtés, je ne pourrais pas travailler, et je penserais aux moments où je pourrais travailler, être à l'aise, et heureux à côté d'elle. — À Gladys, il faut que je continue de dire que je vais venir plus tôt que je ne pourrai réellement le faire. Gladys ressemble beaucoup à Yvonne, aussi bien physiquement que moralement. — Ces trois femmes, quand la pensée d'Ella se présente à moi, ne comptent plus. — Mais je vais m'en arranger, je le sais. Néanmoins il y a des moments de forte tentation ; particulièrement quand je pense à Whitstable.

Travail. — Ai presque complété tous les blancs dans le ms. de *La Vie et l'Habitude*. Ai choisi deux anciens poèmes (un que je n'avais jamais écrit, l'ai terminé : celui sur Florence Villa, W[eston] s[uper] m[are]) pour envoyer à M. Vandérem qui voulait quelque chose pour l'anthologie de la *Revue de Paris*[204]. On avait aussi demandé à Valéry et à Fargue d'envoyer des poèmes. Lu des revues anglaises pour la *N.R.F.* Lu *Mummery* de Gilbert Cannan[205] ; me plaît beaucoup.

[*Une ligne caviardée.*] Fargue, M. Daragnès, R. Viñes, etc. Couvreux, Gallimard, Copeau, etc. — Aujourd'hui dimanche, visite de V[206]. et la cure. [*Deux lignes raturées.*]

Lundi 7. — Un peu mieux. Levé à 7 h ¼, mais sorti plutôt tard. Travaillé un peu et lu (j'ai terminé le livre de Gilbert Cannan et commencé *Les Pléiades*). L'après-midi chez Dent, quai des Grands-Augustins, pour me renseigner sur Synge[207] pour Gallimard. Puis rue Madame. Berthe [Lemarié] y était. Très content de la revoir. [*Une ligne et demie biffée et une page manquante.*]
Le livre de Cannan s'efface déjà de ma mémoire ; et pourtant... Mais je ne crois pas que je vais me donner la peine de le relire. — Écrit les notes pour la *N.R.F.* (sur « Les anglicismes » et les revues anglaises[208]) et les ai envoyées à J. Rivière. Une petite promenade avant le déjeuner et une autre avant le dîner : descendu la rue Monge et retour par la rue Gracieuse, r. Lacépède, r. Rollin, etc. La rue St Médard, moins misérable que dans mon souvenir. Place Monge, et les casernes ; avais une mémoire très nette de 1915, quand j'ai traversé ce « square ». — Lettres : de ma M[ère], courte cette fois-ci et assez sensée ; de don Ramón F[errerés], 12 p. de nouvelles d'Ella, Alicante, don Higinio et doña Loreto et de mon sympathique ami lui-même ! N'avait pas encore reçu le livre de Baudelaire. Répondu à la lettre de M. Davray[209]. Viens de trouver un mot de Fargue me disant que nous sommes attendus pour dîner chez Mme Mühlfeld[210] demain. — Cela m'a fait beaucoup de bien de travailler aux notes pour Rivière ; pas d'Humeur ; nettement mieux.

Jeudi 10. — Il faut que je note pour hier. Fargue est venu me chercher à la porte de la Bibl. Nat[ionale], et nous sommes allés chez Mme Mühlfeld. Paul Valéry et Gide y étaient ; Jean Cocteau aussi, et un jeune officier qui est artiste. Mme Mühlfeld a été très gentille, et a fait tout ce qu'elle a pu pour me mettre à l'aise. Ils ont parlé de Claudel, et j'ai trouvé qu'ils étaient, particulièrement notre hôtesse et Cocteau, assez sévères pour Claudel ; ils semblent complètement oublier ses grands drames et ses odes, pour s'attarder sur l'homme, ses ~~nouveaux~~ passe-temps, ses propos familiers, son apparence physique, et... sur quelques-uns de ses plus récents poèmes, qui sont, c'est indéniable, bien inférieurs à ses œuvres antérieures. Je suis resté interdit et ~~humilié~~ mortifié quand Mme M. m'a dit que ce que je faisais était meilleur que ce que faisait Claudel ; c'était tout à fait comme si elle avait dit : « Tout vaut mieux que ce que Claudel écrit. » Cela m'a donné une idée juste et précise de ma médiocrité en comparaison d'un écrivain tel que Claudel. Si seulement elle avait dit cela à Valéry ! Et de fait, je pense parfois que l'œuvre de Valéry est, dans l'ensemble, meilleure que celle de Claudel ; du moins peut-on les comparer. Le soir, en dînant en tête-à-tête avec Gide, dans sa maison d'Auteuil, nous en avons parlé et j'ai dit : « Claudel est sans conteste quelqu'un de grand, tout comme Corneille » ; et ce matin j'ai eu la conviction que « dans cent ans d'ici » il y aura peu de différence entre P. Claudel et P. Corneille.

Parle, parle, Seigneur : ton serviteur écoute[211]...

Je veux dire que Claudel sera entré dans cet auguste musée du grand art : l'histoire de la littérature française. On peut dire la même chose de Baudelaire, Rimbaud, Fargue, Valéry. Il y a une grande unité dans la littérature française en dépit des différences énormes qui existent entre ceux qui la font. Même chose pour Verlaine, pas si éloigné de Voiture, après tout. — À Auteuil, Gide m'a reçu dans sa grande maison, où il était seul avec une vieille gouvernante à lunettes qui avait préparé un bon dîner. Il était habillé de façon très élégante et caractéristique d'un veston d'appartement en velours couleur café, avec un gilet et un pantalon d'épais lainage, café au lait, et des pantoufles en très beau cuir (jaune foncé) ; il portait une de ses curieuses cravates blanc et marron clair, et pardessus tout cela son grand manteau gris foncé. S'est montré très gentil et attentif à tout ce qui pouvait m'intéresser, m'interrogeant sur mon travail, mes amis, etc. Nous avons longuement bavardé, faisant de nombreuses allusions aux jours passés à Florence et en Angleterre. Il m'a parlé de ses projets de travail : *Les Faux-Monnayeurs* (de jeunes hommes de bonne famille qui — quelques années avant 1914 — fabriquaient de fausses pièces de 10 francs), et un roman ou récit sur une épidémie de suicides dans un lycée de Lyon. Il vient de traduire *Antoine et Cléopâtre* — ou plutôt de l'adapter — pour Mme Rubinstein. Il m'a prêté *Nouvel Examen des Sonnets de Shakespeare*[212] de S[amuel] B[utler], que je ne connaissais pas ; et m'a parlé de Strachey[213], de Traherne (m'a montré l'étude sur Whitman de J. Thompson), et de quelques ouvrages anglais récents. (Il a passé quelque temps à Cambridge l'année dernière, et a vu les tableaux de S[amuel] B[utler][214] qui y sont — à St John's College, je pense. — On lui a proposé (à Gide) la chaire de professeur de littérature française.) Il a été, comme toujours, très intéressant, en conservant tout du long une curieuse réserve quant aux détails et petits tracas de la vie quotidienne. — À l'exception de l'offense involontaire — mais pourquoi m'en soucier ? — de Mme Mühlfeld, j'ai passé un très bon après-midi et une très bonne soirée.

Le temps, bien meilleur. Ce matin il a fallu que j'aille rue de la Pitié payer une facture, et j'ai marché jusqu'au Jardin des Plantes, où j'ai passé une demi-heure à regarder Son Excellence. Je crois qu'il n'appréciait pas que je le dévisage, et il a pesamment bougé la tête pour me présenter son magnifique profil. Les gens disaient un mot au passage, comme : « Est-il laid ! » Une petite fille a dit : « Il me ferait peur. » Tous continuaient leur chemin pour aller « parler » avec l'éléphant. Moi seul me suis longtemps attardé à « parler » avec l'Énorme Bête.

Vendredi 11. — Hier après-midi : travail à la Bibl. Nat. (le *Shakespeare* de Montégut[215] et le livre de Cuénot). Vers 7 heures je suis allé [*Quelques mots raturés*], où j'ai trouvé Fargue, Pivet, de Lallemand, Daragnès, etc. De la librairie nous sommes allés à [*Un mot raturé*] où nous avons soupé, ou plutôt « dîné », excellent. Nous étions tous très joyeux, et nous avons parlé, joué au piano, chanté [*Une ligne caviardée*] et récité des vers de Valéry, Tristan [L'Hermite], Claudel et Saint-Amant jusqu'à 2 h ½ du matin. Fargue était merveilleux, retenant sur-le-champ les airs qu'il entendait pour la première fois et les jouant aussitôt au piano. Il m'a raccompagné jusqu'à ma porte, et est reparti à pied au Faub. Saint-Martin quand l'aube pointait. J'ai lu au lit jusqu'au plein jour la première œuvre publiée de Claudel, que L.-P. Fargue m'avait prêtée. C'est un texte anonyme, dans le n° 67 (vol. XXIII) de la *Revue indépendante* (1892) qui a pour titre *Fragment d'un drame* : acte IV, scène 1. C'est déjà le vers de Claudel et le vocabulaire de Claudel. Étrange, quand on pense qu'il a été négligé, qu'il est passé (je crois) complètement inaperçu. Pourtant, il est clair que le rédacteur en chef (les rédacteurs) ont senti que c'était quelque chose d'important puisqu'ils lui ont donné la priorité sur tous les autres articles de ce numéro. N'y a-t-il eu personne pour écrire : « Un grand poète dramatique est né parmi nous » ? C'était la revue de Savine[216].

[*Cinq lignes et demie raturées*.] Il y avait une photo de [Charles-Louis] Philippe. [*Une ligne presque entière illisible*.] J'avais l'impression d'être encore près de lui ; m'attendais presque à ce qu'il entre dans la pièce. J'étais emporté loin du présent : dix ou douze ans en arrière ; et les souvenirs venaient en foule. [*Une ligne caviardée*.] Je ne sais pas si c'est à cause de cela, ou parce que je n'avais pas suffisamment dormi, mais je me suis senti fatigué et presque malade toute la journée. Lu un passage des *Pléiades*[217]. Il y a de curieuses erreurs, comme si c'était un premier livre et un travail d'amateur : une phrase avec trois « il y a », etc. Mais il y a des traits qui sont d'un grand artiste : par exemple, les trois calenders sur la terrasse dans l'île du lac Majeur : on s'attend à une description, un décor romantique dressé pour les trois récits : NADA DE ESO[a] : ils vont parler dans l'obscurité la plus complète ; seules les étoiles sont visibles ! Et puis quand la Comtesse Tonska, dans son lit « lève les bras et croise ses mains sur ses yeux » ! C'est merveilleux par ce qui reste inexprimé. — Lu le premier chapitre des *Sonnets de Shakespeare* de S. B. prêtés par Gide. Les journaux, leur absurdité ; ce qu'ils disent sur les « Fêtes de la Victoire », etc. —

Aujourd'hui je devais aller avec Fargue prendre le thé chez Mme Mühlfeld, mais je me sentais si mal que je suis allé chez Fargue lui dire de m'excuser et d'expliquer mon absence. Ensuite je suis revenu dans le quartier, où j'ai acheté ce cahier ; puis à la N.R.F. où j'ai rencontré Rivière, Tronche, Couvreux, Raymond Gallimard. Il y avait des livres pour moi : les derniers ouvrages de Proust, avec une aimable dédicace, un peu exagérée[218]. Veut me rencontrer ; mon récit « Le Couperet » lui a causé une impression telle que : « après plus d'une année, il en est encore un peu malade » !!! Gaston Gallimard est venu un peu plus tard ; il venait de voir Calmann-Lévy au sujet des nouveaux prix indiqués sur les livres à 3,50. La curieuse conversation qu'il avait eue avec lui. Parmi d'autres vantardises, C.-L. lui a dit qu'il achetait habituellement des gants à 15 francs la paire ! J'aime ce détail. Il voulait dire par là qu'il était « énormément riche » et se souciait peu de vendre des livres ou non.

Rentré par le jardin du Luxembourg, rempli d'une odeur délicieuse. Dîner et soirée chez moi. La douceur d'Yvonne, sa gentillesse à mon égard. Son innocence et l'attente dans laquelle elle est que je la protège et la respecte malgré —. Sa façon candide de penser, de faire son devoir ; sa piété. Je sens vraiment que je dois être digne de ce qu'elle me donne. Les jeunes Françaises aux cheveux clairs des provinces de l'Est. Yvonne en est un exemple typique ! Cela me fait du bien après les jeunes filles de Valence et de Murcie. [*Deux lignes et demie biffées*.] Mais il y a également d'autres aspects ; sa véritable innocence, sa conception du devoir et de la religion, son sérieux et sa simplicité, son respect de soi ; toutes ses qualités françaises et sa grâce française ; sa pauvreté ; ce qu'elle a dû endurer, et la beauté de ses sentiments à mon égard.

Mais — j'étais sur le point de dire : mais ceci n'est rien quand je pense au mot que j'ai reçu ce soir du balcon. — Non : cette pensée même, je veux dire la pensée d'Ella — me fait sentir que je dois être gentil pour Yvonne, la respecter comme elle désire être respec-

a. Espagnol : « Rien de tout cela ».

tée, la protéger contre le mal qui pourrait survenir du fait que je l'ai faite mienne, et lui donner du bon temps, mais « honnêtement », simplement comme elle le désire, pour qu'elle ne tourne pas mal quand ses « vacances » seront terminées. [*Six lignes et demie biffées.*] Des autres livres (Samain, Maeterlinck et *Serena Bruchi*) elle ne dit pas mot. Espère qu'elle les a reçus. Je garde ses lettres, bien sûr. Aujourd'hui, après avoir reçu sa c[arte] p[ostale], je me sentais pleinement satisfait et heureux. Ce n'était pas le « spirit of delight[219]» mais plutôt un sentiment tranquille de sécurité et de paix. Pense à Londres, etc. Une lettre assez gentille de ma Mère ; avec une allusion à Ella, qui montre qu'elle commence à penser à tout cela plus calmement.

J'aime beaucoup Rivière. — Il faut que je parle de *Janus*, nouvelle revue littéraire écrite en latin. On n'a pas l'impression qu'elle puisse durer longtemps ; de plus elle coûte 20 francs ; mais l'idée est intéressante. Plutôt tape-à-l'œil, quant au latin —. Cet après-midi, Fargue m'a dit enfin que l'épigraphe qu'il avait mise à son « Vieux Monde » dans *La N.R.F.* était de lui[220]. Je m'en doutais, mais il avait essayé de me faire avaler qu'il s'agissait d'une inscription latino-runique.

Jeudi 17. — Tant de choses à dire ici que je vais certainement oublier celles que je voudrais le plus noter. Le temps, un peu meilleur aujourd'hui, et en conséquence je me sens plus fort et plus heureux. Mais j'ai tant d'amis auprès ou autour de moi que je ne parviens pas à donner au travail tout le temps que j'aimerais y consacrer. C'est-à-dire : compléter les blancs dans les manuscrits de S.B. (Ribot et autres citations) ; préparer l'introduction à *Erewhon* et faire auparavant des lectures pour la préparer. — [*Six lignes déchirées au bas de la page.*] où il « prouve » que Shakespeare était un très jeune homme quand il a écrit les sonnets, appuyant son affirmation sur le fait qu'il semble considérer un homme de 30 ans comme un vieil homme. Mais sa démonstration n'apporte pas de démenti radical — comme je le pensais — aux méthodes modernes de critique et d'érudition. Ses propres hypothèses manquent de fondement et il manifeste trop de confiance en lui. En outre il a des propos hors du sujet, comme toujours avec lui — mais ici ils ne sont pas typiquement butlériens. J'ai trouvé un bon proverbe qui sera très bien dans les notes à *La Vie et l'Habitude.*

Terminé la lecture des *Pléiades*. Fargue dit que ce livre ne lui plaît pas. [*Deux lignes raturées.*] Il dit que cela ne peut se comparer à l'ouvrage de Stendhal. Bien évidemment que non. Mais il y a d'autres qualités. Il y a un côté technique dans ce livre qui perturbe un peu le lecteur expérimenté. On imagine la note dans l'*Athenaeum* ou dans le *Times Literary Supplt* sur *Les Pléiades*, s'il devait paraître comme un nouveau roman anglais. Pourtant il y a les descriptions, le drame, et l'analyse psychologique qui nous font immédiatement considérer une telle note comme une profanation, comme une déformation grossière. On pourrait prendre *Les Pléiades* pour un roman ordinaire, mais il ne l'est pas [*Lacune consécutive à la déchirure signalée plus haut.*] le dernier ouvrage de Claudel : *L'Ours et la Lune*[221]. Quelques-uns de ses admirateurs disent que c'est sa *Tempête* et son *Songe d'une nuit d'été.* Comme poème construit sur un rêve, c'est effectivement une des plus merveilleuses réussites que j'aie vues. Cependant je suis choqué par un symbolisme un peu grossier et journalistique ; non, pas tout à fait cela : plutôt, un choix délibéré de « modernisme » qui, dans une certaine mesure, gâche l'effet du poème. Et des mots de l'argot journalistique contemporain comme, par exemple « pinard », « embusqué », qui seront oubliés à la fin de 1920. En fait, il y a un conflit entre la poésie la plus pure, le lyrisme le plus élevé qui se manifestent dans cette œuvre, et l'actualité qu'on y introduit délibérément. Il n'empêche, une très grande œuvre.

Des heures — délicieuses — avec Fargue [*Un mot raturé*], J.-G. Daragnès (son merveilleux *Corbeau* et son *Gamiani*[222] !) — Aujourd'hui, dîné chez Poccardi avec Marcel Ray et sa femme. Puis nous sommes allés ensemble au café Cardinal, où M. Castell[a] nous a rejoints. Puis dans un cinéma. J'ai ensuite marché, seul, par la rue de la Michodière, etc. jusqu'à la colonnade du Louvre ; et suis revenu à la place St Michel en omnibus. — Soirée et nuit à la maison. Écrit des lettres. Les lettres que j'ai reçues ces derniers jours : Whitstable, Gladys, etc. Une d'Ella, pour dire qu'elle avait reçu les livres que je lui ai envoyés il y a quinze jours. Aujourd'hui une de M. Jean Cocteau. — [*Deux lignes et demie raturées.*]

Vendredi 18 — Levé plus tôt que d'habitude et travaillé un peu chez moi. Puis sorti : flâné dans r. Monge, B^d^ St Germain, B^d^ St Michel, rue Soufflot, r. Clovis et retour à la maison. Fait envoyer les poèmes de Mallarmé à don Ramón. Après déjeuner, sorti à la Bibl. nat. ; travaillé de 4 à 6, puis flâné dans la r. Ste Anne, passage Choiseul, av. de l'Opéra. Rentré chez moi. [*Deux lignes biffées.*] Enfin reçu les Landor. Beau temps. Me sens beaucoup mieux. Envoyé des c.p. à Ella, Higinito, Avelinita, ma Tante et Gladys. Ai fini de lire *Les Mamelles de Tirésias* d'Apollinaire. N'aime pas beaucoup. Ce qu'il y manque est justement ce dont l'ouvrage se flatte : l'absurdité. Pourtant le jeune homme, l'autre jour [*Un nom caviardé*], disait que c'était bien meilleur que *L'Ours et la Lune* de Claudel. Il est clair qu'ils considérent Apollinaire comme un « grand maître », et cette pièce (j'entends *Les Mamelles de Tirésias*) comme un ouvrage de la plus haute importance. Ils ont peut-être raison ; mais je dois avouer que je ne vois pas l'intérêt de cette pièce[223].

a. Castell ou Kastell (comme p. 683) ? Nous n'avons pu trancher...

Mercredi, 23. — Ne puis tenir ce journal régulièrement ; trop absorbé par ma vie parisienne ; il m'est pratiquement impossible de m'écarter du « courant vital » créé par mes amis français, et de prendre du recul par rapport à moi-même, comme je le fais quand je suis éloigné de Paris. — Travail : très peu. Amitié, presque trop, mais il n'y en a jamais trop : qu'est-ce que le travail — le travail qui est le mien ; — que sont les livres — comparés à l'amitié ? Que noter : beaucoup de temps perdu, et quelques heures passées à la Bibl. nat. ; dîners en ville, thés, « lunches », promenades, etc., surtout avec Marcel Ray, L.-P. Fargue, Mrs Mühlfeld (si gentille avec moi), Paul Valéry, Jean Cocteau [*Deux lignes raturées.*] Envoyé quelques œuvres de Satie à Ella. Reçu une lettre d'elle, il y a deux ou trois jours. Une lettre de Gladys. — Rencontré M. Ronald Davis ; il m'a dit qu'il se rappelait m'avoir vu à l'Author's Club. Rencontré Henri Hoppenot aussi. M. Ronald Davis avait lu *Hautes et Basses Classes* dans le *Monthly Repository* ; il semble connaître la littérature anglaise [*Trois ou quatre mots raturés*] dans ses moindres recoins. — Aujourd'hui pris le thé (ou plutôt le chocolat) « chez Fast » avec J. Cocteau et L.-P. Fargue. — Quasie sur le point d'être vendue, et à un bon prix (10.000). Me sentais assez malade hier. Désire mieux organiser mon travail, ma façon de travailler, les heures, etc.

Jeudi 31 juillet. — Des jours sans écrire ici ; mon temps complètement occupé par des rendez-vous avec des amis, et des repas, des thés, etc. [*Une ligne et demie raturée.*] Rencontré Claudel à plusieurs reprises ; part demain pour Copenhague. Une promenade dans le jardin du Luxembourg avec Paul Valéry ; l'ai rencontré plusieurs fois. L'aime beaucoup. Les cadeaux de Daragnès à Fargue et à moi : la série complète des gravures de *Gamiani*. Soirées avec L.-P. Fargue, plus charmant que jamais, mais un terrible gaspilleur de temps — particulièrement de « soirées » ; si bien que lorsque je le rencontre chez des amis, je dois m'attendre à ne pas repartir chez moi avant 2 ou 3 heures DU MATIN, ce qui me fait perdre une journée entière, car je suis obligé de dormir jusqu'à midi le lendemain, et je passe un après-midi épouvantable, l'esprit ~~confus~~ embrumé. Comme je ne peux pas encore aller à Londres, j'envisage presque de passer le mois prochain entièrement à Valbois, où je trouverai la solitude et où je pourrai avoir des horaires réguliers. — Je dois noter : les lettres reçues de don Ramón, don Higinio, Ella, etc. La dévotion d'Yvonne qui s'accroît à mesure que la fin de ses « vacances » approche. — Ai lu des poèmes de Rupert Brooke — l'édition des *Poèmes complets*[224]. Hier, la soirée chez Hoppenot. Fargue a lu *La Soirée avec M. Teste* de Valéry jusqu'à deux heures du matin. Hoppenot est un homme charmant.

Août

Samedi, 2. — Oublié de noter la visite au Louvre, l'autre jour, avec [*Un nom raturé.*] Les Latour[225], et les tableaux, peu nombreux mais excellents qu'on a accrochés : les Rembrandt, Rubens, Leonardo, etc. ; les Mantegna que j'avais presque oubliés, et que j'ai vus avec tant de plaisir.

Je ne me sens pas bien, et assez excédé. Une lettre de Gladys ; mais je ne me sens pas disposé à partir à Londres déjà ; le temps est si humide et si froid ici ; que serait-ce là-bas ? — Claudel parti à Copenhague ; Mme Mühlfeld à Deauville. Hier Paul-Émile Bécat[226] a fait un ~~dessin~~ croquis de moi. [*Trois lignes raturées.*]

Dimanche 3. — Le temps, meilleur ; et Paris dans toute la gloire de ses perspectives et de ses teintes. Déjeuner chez Jules Romains[227] ; passé un très bon moment. Parlé de poésie contemporaine. J.R. a relaté en détail l'« affaire » Brisset. Il est tout à fait certain que Brisset n'a jamais su, ou soupçonné, qu'on se moquait de lui. D'après les nouvelles reçues par J.R. de la famille Brisset, il suppose que Brisset est, soit très malade (c'est-à-dire qu'on l'aurait enfermé), ou mort. Je m'étais fait une idée fausse du rôle de Romains dans la maison Brisset, mais je constate qu'il a agi non pas cruellement, comme je le pensais, mais plutôt avec bonté. Après déjeuner, nous sommes allés ensemble rue de Lappe et y avons vu la joyeuse ambiance des bals musettes. J. R. a dansé avec sa femme. Je les ai ensuite quittés pour être chez moi à l'arrivée de V[ercoustre]. Lu *Europe* de Jules Romains et quelques poèmes m'ont plu. V. est venu, et en voyant le livre de J. Tiersot (ou plutôt le précis) sur la période 1870-1917 de la musique française, il a dit qu'il n'y avait « absolument rien eu, sauf la *Carmen* de Bizet et Debussy » ; oubliant ainsi Lalo, C. Franck et Fauré. Je lui ai montré le *Gamiani* de Daragnès, mais il ne l'a pas aimé, l'a déclaré « impressionniste en diable ». Un vieux Parisien, un représentant, le type même de la bourgeoisie parisienne cultivée qui vit dans le quartier de Saint-Augustin. J'ai apprécié le temps passé avec Jules Romains ; il a quelque chose de vraiment charmant. Il avance à grands pas vers une « gloire » bien méritée ; de jeunes poètes l'appellent déjà « cher maître », et son nom arrivera bientôt aux oreilles de la grande bourgeoisie. L'autre jour, chez Mme Mühlfeld, la comtesse de Noailles a dit à deux ou trois reprises que le peu qu'elle connaissait de lui ne lui plaisait pas et a rappelé avec beaucoup d'insistance les premières théories de J.R. : l'unanimisme, etc. Valéry, Fargue, Claudel et moi — surtout Valéry, qui reste plus calme dans la conversation — l'avons défendu chaleureusement — et Valéry fermement — contre l'assaut de notre poétesse nationale. Je pense qu'elle changera bientôt d'avis. — J'étais content de visiter mon « vieux » quartier : le lion de Belfort, l'avenue d'Orléans, l'avenue du Parc Montsouris, où j'allais si souvent en 1903-1904[228]. Il y a eu peu, sinon pas, de changement.

Je devrais noter ce que Valéry m'a dit sur sa façon de travailler quand il écrit de la poésie. En quelques mots : il considère un poème tel que *La Jeune Parque* comme une succession de fragments ; il y a un thème, mais pas de « sujet », et encore moins de « trame narrative ». Il attend des critiques une explication de ses propres poèmes. Il dit que la poésie est une chose en soi, sui generis, et jamais « à propos » de quelque chose. « Un poème dont on peut donner le sujet et qu'on peut résumer n'est pas de la poésie. » — Eu l'agréable surprise, l'autre jour, de rencontrer le prince Bibesco, que je n'avais pas vu depuis 1913 à Londres ; avons parlé de Butler ; s'enthousiasmait pour *Ainsi va toute chair*, mais ne portait pas beaucoup d'intérêt à *La Vie et l'Habitude*. Sa femme, NÉE Asquith, était là, la plus belle femme de l'endroit. — Ai-je parlé de la rencontre avec J. Copeau, un soir, près de Saint-Sulpice ? Il paraissait plutôt déprimé, mais j'étais content de revoir son curieux visage. Marcel Ray parti en Alsace ; reçu un mot de sa femme ; dit qu'il rentrera cette semaine et qu'il commencera un tour d'Allemagne. — Je devrais parler des poètes les plus jeunes, dont je rencontre quelques-uns de temps en temps. [*Deux mots caviardés*.] Le fait qu'ils préfèrent généralement *Les Mamelles de Tirésias* d'Apollinaire à *L'Ours et la Lune* de Claudel rend difficile pour moi de comprendre qui ils sont et ce qu'ils cherchent. Je ne parviens pas tout à fait à saisir leur point de vue. Mais la majorité d'entre eux sont très jeunes, et, en conséquence, très portés sur les théories. Ils veulent, d'une certaine façon, être classiques. Le mot « sacrifice » est toujours sur leurs lèvres. Cela veut dire qu'ils veulent écrire « sobrement » — un vieil idéal. [*Six lignes raturées*.]

Pendant ces derniers jours, en pensant au petit récit que les gens de la N.R.F. veulent que j'écrive pour les « éditions de luxe », et alors que j'envisageais plusieurs vieux projets, je me suis mis à penser à Liverpool, son décor, et ce que cela donnerait pour le personnage dont le premier modèle a été A——. Petit à petit, cela a pris forme, et je pense que je vais finir par l'écrire. Je ne pense pas que A, s'il lisait le texte, ce qui n'est pas probable — s'y verrait évoqué ; et même s'il le pensait, cela ne le blesserait pas, comme le premier portrait que j'avais fait de lui l'aurait fait en 1905. Je voulais noter ceci aujourd'hui parce que, alors même que je rentrais en voiture de la rue de Lappe où j'avais quitté Romains, j'ai trouvé un nom pour ce personnage. Un peu plus bas dans la rue du Cardinal Lemoine, j'ai vu une plaque qui portait le nom : Doctoresse Bonsignorio ; et j'ai immédiatement pensé à appeler A——, ou plutôt le personnage inspiré de A : Bonsignor ; comme ceci : M. Bonsignor[229].

Peut-être qu'Arthur Bonsignor serait très bien. Mais ici à Paris, et au contact de mes chers amis français, je ne vais pouvoir rien faire. Valbois ou l'Angleterre, c'est ce que je veux. Ici je n'ai même pas eu le temps d'aller à un concert ! Pas même pu prendre du bon temps et profiter de ce que Paris m'offre ! Et il y a plusieurs amis, ou relations que je n'ai pas encore pu voir, comme je le leur avais promis.

Jeudi, 5[230] — Mauvaise nuit. La matinée employée au courrier, et à la folle entreprise à laquelle je me suis engagé : trouver un mari correct ou au moins un bon employeur, gentil, pour Yvonne ; l'aider, écrire ses lettres pour elle, lui indiquer comment s'y prendre, les cartes qu'il faut jouer. Je pense qu'elle ne peut pas réussir seule, son innocence même et ses façons provinciales jouant contre elle. Les gens sont si bêtes. M. — est l'homme qu'il lui faut, et elle, celle qui convient à ce genre d'homme ; mais il tomberait facilement dans les filets d'une fille habile et rusée, sans se rendre compte qu'Yvonne est justement la jeune fille simple et agréable qui peut rendre un homme heureux et tenir correctement sa maison. Mais quelles belles lettres elle a reçues en réponse à l'annonce que j'ai mise dans le journal l'autre jour ! Sur cinquante, il y en a dix qui sont tout à fait intéressantes et qui montrent bien l'âme des hommes qui les ont écrites : leur sentimentalisme, leur secret désir d'amour, leurs aspirations sensuelles, leur bonté aussi, et la petite fleur bleue française qui perce ici et là. Des confessions de soldats ; des remarques sur la guerre ; des réflexions sur la vie, etc. etc. Quelques messieurs ont écrit : un pharmacien qui a donné son adresse, un comte qui vit avenue Henri Martin, des provinciaux qui rêvent d'aventures amoureuses. Deux seulement m'ont semblé mériter une réponse : M. —, et l'homme qui a écrit de Clamart. Nous verrons bien, mais en dépit des leçons que je lui donne, je ne crois pas qu'Yvonne sera jamais capable d'obtenir ce que je veux pour elle. Au demeurant, je ne pense pas qu'elle puisse mal tourner ; ce n'est pas son genre, et elle ne pourrait pas, jouer les « cocottes » ; elle n'essaierait même pas.

Dois noter l'après-midi, hier, et le repas avec Gaston Gallimard et G. Tronche[231]. Aujourd'hui, l'après-midi avec Fargue, et notre halte chez Lucotte pour regarder leurs nouveaux soldats de plomb. Dîné ensemble à la brasserie Médicis (ou plutôt au grill), puis flânerie dans le Luxembourg ; nous avons rencontré M. Marquet, le peintre, un ami de Philippe[232], et passé le reste de la soirée ensemble ; suis rentré tôt.

Reçu le chèque de 10.000, pour la vente de ma vieille Quasie. L'idée de m'être séparé d'« elle » m'est pénible. — Journée chaude et maussade aujourd'hui. Pourtant j'allais plutôt bien, entretenant de douces pensées à propos du « balcon ». — Pour ce qui est de mon mode de vie et du tourbillon de rendez-vous, soirées, repas et sorties avec des amis et des relations, je sais que je vais y mettre un terme très vite, donc je ne m'en soucie pas. J'ai trois façons d'en sortir : *a)* Valbois (peu cher et confortable ; mais pas de bibliothèque, et le sentiment d'angoisse que je ressens quand je suis seul à la campagne.) *b)* l'Angleterre, soit Londres, ou bien une petite ville (cher ; mais alors il y a la solitude PLUS la vie citadine, et la compagnie paisible de Gladys). *c)* Paris à nouveau, après avoir passé quelques jours en Bourbonnais, juste assez pour revenir ici sans qu'aucun ami apprenne mon retour (et alors : solitude et vie citadine me permettant de travailler tout comme si j'étais en Bourbonnais — mieux, à cause des bibliothèques — ou à Londres [*Quelques mots raturés*], en outre ce serait moins cher que l'Angleterre). — Laquelle de ces trois « portes de sortie » vais-je adopter ? Je ne saurai pas avant vendredi ou samedi prochain. Pourtant j'ai travaillé un peu à : Martre, M. Bonsignor, Luis Losada, et même révisé S.B. (mentalement !).

Hier G. T[ronche] me confiait que Claudel disait ne pas pouvoir travailler quand il vit à Paris. Bien évidemment, sa vie est encore plus chargée que la mienne de visites, repas, etc. Par ailleurs il y a toutes les jalousies mesquines, querelles, « malentendus » qui vont de pair avec la vie professionnelle. On y perd une bonne partie de son temps. Beaucoup de ragots ont cours ; certaines personnes qui ont pour elles tout ce qui fait la grandeur et le bonheur se rendent ridicules ou sont tournées en ridicule par d'autres qui ne devraient même pas lever les yeux sur elles, et encore moins scruter leurs imperfections et leurs ridicules. C'est l'esprit provincial, sous une autre forme et, si je mets de côté toute considération artistique, je vois parfois [*Un feuillet manquant*.]
Les *Nouvelles asiatiques* de Gobineau[233]. Il y a quelque similitude entre les premières pages du premier récit et le roman russe d'A. Dumas. J'ai parlé à Fargue des bonnes choses découvertes en lisant Gobineau : « un fleuve hâté » et de semblables trouvailles d'expression. Il a admis que « parfois » Gobineau n'était pas si mauvais écrivain qu'il semblait l'être, mais de toute évidence il n'apprécie pas ce genre d'ouvrage. Nous avons passé en revue les nouveaux soldats de plomb. Après son départ (vers 8 h du soir) j'ai pris une autre dose, mais je n'ai pas pu m'endormir avant 11 h, et je me suis relevé peu après. — Bon, je dois recopier ici le beau poème de Charles Cros publié dans le dernier numéro de *Littérature*[234] :

Sur la mort de la duchesse de Chaulnes

Elle est morte, la duchesse,
La duchesse aux cheveux longs,
Mêlés, roux, châtains et blonds,
Sa plus réelle richesse.

On l'a tuée avec soin
Au nom de toutes les frimes.
Moi, je trouverai des rimes
Qui s'en vont bien loin, bien loin...

Pour écraser, joie amère,
La vieille affreuse qui mord
Et poursuit jusqu'à la mort
Cette femme, cette mère !

Ils s'aimaient bien tous les deux ;
Et puis la vieille est venue,
Puis une histoire inconnue,
Et deux tombes restent d'eux.

Je bénis vos derniers hôtes,
Belle morte en satin blanc ;
Dans votre regard troublant,
Ils n'ont pas cherché de fautes

Cheveux roux, châtains et blonds,
Notre réelle richesse,
Vous la leur léguez, duchesse,
En allant où nous allons,

Où nous avons l'espérance,
Après le passage noir,
De retrouver, de revoir,
Les belles dames de France.

Dimanche matin (10). — Temps chaud, plutôt lourd. Cela a commencé vendredi. L'après-midi nous sommes allés à Auteuil, Fargue et moi, pour rendre visite à Gide (je voulais lui rendre son volume des *Sonnets de Shakespeare* (le livre de S. B.)). Ne l'avons pas trouvé ; il était déjà parti à Cuverville. La Villa Montmorency ressemblait tout à fait à une petite villa thermale, toute neuve, avant l'arrivée des étrangers. Retour à la rue Saint-Honoré où F. est allé voir J. A. Fontaine. Puis thé chez Mme Fargue. Je me sentais déjà mieux. — Samedi, peut-être le seul jour que j'ai passé (depuis que je suis ici) sans voir aucun ami. Suis allé chez Mme Ray, mais elle était sortie. Flânerie, beaucoup d'achats, visite aux banques ; pensé à la note sur Ramón promise à M. Aragon[235]. Il y a déjà quelque chose de l'atmosphère détendue des samedis londoniens dans le nouveau Paris d'aujourd'hui ; mais un soupçon simplement. Beaucoup de magasins ne ferment pas. Clasens, où je suis allé acheter des gants, ne ferme pas avant 6 h du soir. — Allé r. Richelieu et entré dans la boutique de P. Rosier sur mon chemin. Je lui ai parlé des nouvelles collections espagnoles : Editorial América, Calleja, Prometeo, etc., et lui ai fortement conseillé de faire venir quelques livres, tout particulièrement ceux de R. Gómez de la Serna. Lui ai acheté un livre qu'il a édité lui-même l'année dernière, un recueil d'études d'un jeune Chilien qui vit ici, D. Joaquin Edwards Bello. En ai lu quelques pages avant de m'endormir. Après dîner, quand il a fait bien nuit, j'ai pris un taxi et emmené Yvonne avec moi au bois de Boulogne. C'était un événement pour elle qui n'avait jamais pris de taxi. Pauvre petite ! Nous avions prévu de partir séparément et de nous rencontrer place du Panthéon. C'était une aventure sensationnelle pour elle. Elle disait qu'elle n'avait jamais été si heureuse de sa vie. Elle est aussi sincère et naïve que l'était Quasie[236] à 14 ans (elle en a vingt-trois et m'a dit que j'étais « vieux » au début). Je dois noter que l'histoire avec le jeune homme a été un échec, comme je m'y attendais [*Une déchirure sur huit lignes*] a eu une suite. Il lui a écrit une curieuse lettre, lui disant que c'était par pur « charitable intérêt » à son égard qu'il lui avait proposé de coucher avec lui, etc. Il y avait la phrase : « des personnes qui vous sont infiniment supérieures » (le désignant lui). Cet homme-là doit être fou.

Belle matinée aujourd'hui. Les arbres dans le jardin ont déjà perdu une bonne partie de leurs feuilles, et il y a davantage de lumière dans mes deux pièces de devant. Les jeunes filles ont mis leurs beaux habits du dimanche et sont presque jolies (oh, mais ce n'est pas l'Espagne !). Alors que j'écris me vient aux oreilles le rythme doux d'hymnes protestantes chantées dans la chapelle près d'ici. Il y a des Anglais qui vivent dans le quartier. Début juillet, un jour, j'ai entendu une voix de femme chanter « The sweetest flower that blows[237] » — Il faut que j'écrive que j'ai envoyé à Avelinita la musique des fox-trots et des chansons les plus populaires d'après-guerre ; des choses sur les « Poilus », et la « Madelon ».

Je ne sais pas encore ce que je vais faire ; si je vais passer un mois (ou au moins trois semaines) en Bourbonnais, ou revenir à Paris « incognito » après une semaine passée entre Vichy et Valbois. De toute façon je ne pense pas que j'irai à Londres avant septembre. Avec les amis, les repas et les conversations avec les gens, j'ai à peine eu le temps de travailler [*Lacune consécutive à la déchirure signalée plus haut.*]

[lis]ant des poèmes, des passages de livres italiens et français, etc. Hier, comme je me sentais très souffrant, — un mal de tête épouvantable après déjeuner, — et redoutais les effets d'une sieste, pour rester éveillé, j'ai pris la *Médée* de Corneille, et je l'ai lue à voix haute, les cinq actes, en une heure et demie environ — en y mettant le ton. Cela m'a paru assez faible et creux, mais la qualité du vers sauvait tout ; néanmoins c'était vraiment mauvais, immédiatement après la lecture de quelques scènes de *L'Échange* de Claudel. Pourtant il y a, de temps en temps, quelque chose de « La Jeune Parque » de Valéry dans *Médée*, mais il ne faut pas forcer la comparaison ni la pousser trop loin. Cela manque totalement de sens

dramatique, il n'y a pas de véritable action, et ce serait aussi pauvre que n'importe quelle pièce post-romantique (Richepin, Coppée, Catulle Mendès) s'il n'y avait pas la langue. — Aujourd'hui, après déjeuner, nous sommes allés en voiture à Valbois[238] et avons passé 3 heures avec ma Tante. Je n'avais pas vu Valbois depuis juin.

Lundi 18. — Journée tranquille, passée à la Thébaïde. Terminé la rédaction de la note sur Ramón Gómez de la Serna ; et les traductions des *Greguerías*. Travaillé un peu à la révision de *Erewhon*. Lu (relu) l'introd. à *L'Humour d'Homère* de H. F. Jones. Traduire cela en français pour une préface et une introduction générale à mes traductions ne donnerait rien : trop détaillé, trop anglais (c'est-à-dire style universitaire, etc.) et pas suffisamment CLAIR. Il ne suit pas l'ordre chronologique. Mais des citations de cet ouvrage, j'en ferai certainement. [*Deux lignes raturées.*]

Mercredi, 20. — Tenu parole (tout à fait facilement !). Révision d'*Erewhon*. — Lecture — avec grand plaisir et « [*Un mot illisible*] » — du *Roman bourgeois* de Furetière[239]. Pensé, une fois de plus, à Bruna Lollini[240]. — C.p. d'Ella ; une lettre d'Eduardo I[rles].

Samedi, 23. — Dois noter l'excursion, hier vendredi, à Moulins, dans la voiture de ma Mère. Mme W. nous a accompagnés. Je voulais 1°) aller voir M. Buriot[241] ; 2°) acheter du tabac anglais. Comme j'ai commencé, en chemin pour aller chez M. Buriot, par entrer chez le marchand de tabac, j'ai passé tout mon temps à cette affaire importante, et n'ai pas pu aller chez M. B., qui vit dans un quartier éloigné du centre de Moulins. Mme W. m'avait donné l'« encargo[a] » d'acheter des cigarettes anglaises pour sa fille. Dans un des tabacs, j'ai demandé deux paquets, et la dame m'a dit qu'elle ne pouvait pas vendre plus d'un paquet par client. Je lui ai donc dit que c'était pour une « jeune fille ». « EH BIEN, A-T-ELLE RÉPONDU, RAISON DE PLUS ; SI C'EST UNE JEUNE FILLE ELLE NE DEVRAIT PAS FUMER. » Comme c'est merveilleusement, naïvement provincial, tout à fait Moulins ! Néanmoins dans les petits bureaux de tabac j'ai trouvé quantité de cigarettes « Capstan » et « Three Castle » qu'on était trop content de me vendre. Thé avec Mme W. et Mme Fournier des Corats (la mère du sculpteur[242]) chez Buck, une nouvelle boutique près de [*Un mot illisible.*] Le retour s'est bien passé. — J'étais content de revoir ce vieux Moulins avec ses maisons de briques roses et noires. — Lu Furetière, révisé *Erewhon*. Une gentille lettre de Gladys.

a. Espagnol : « commande ».

Lundi. — Hier, à Valbois. Trouvé A[a] plutôt de mauvaise humeur ; peu importe. Terminé la lecture du roman de Furetière, et commencé à lire des pages et des pages de Chamfort, pour me mettre du français dans l'oreille en préparation à la révision d'*Erewhon*. Aujourd'hui je suis arrivé à la page 136. J'y travaille très dur, et « con ánimo ». Cela VIENT, comme un dessin dont l'artiste épaissit les traits les plus importants. Et c'est tout à fait ce que je fais avec le livre de S.B., et en faisant cela j'y trouve de nouvelles choses, des significations plus profondes, etc. Je les avais vues, bien évidemment, quand je traduisais le livre, mais je ne leur avais pas donné toute l'importance et le relief qu'elles ont. Bien évidemment aussi, le fait d'avoir, depuis lors (1915) lu neuf ou dix livres de Butler et d'en avoir traduit quatre, m'aide à mieux comprendre de nombreuses intentions et allusions dans *Erewhon*. Et je les fais maintenant passer dans ma traduction. C'est presque comme si je la refaisais, mais ce travail ne me paraît pas ennuyeux, je dirais même qu'il me plaît assez. Parfois je fais des trouvailles qui me donnent un petit frisson de plaisir ; parfois mes anciennes trouvailles de 1915 me plaisent bien, quand j'y reviens et que je me rappelle le moment où je les ai découvertes : Saint-Yorre, les jours d'été, l'ambiance du temps de guerre, etc. Mais l'ambiance du temps de guerre ne se prêtait pas trop à ce genre de travail, ni à aucune sorte de travail littéraire, dirais-je, et j'ai relevé deux ou trois erreurs que je n'aurais certainement pas commises si je ne m'étais pas senti accablé par les événements politiques de l'époque. En parlant d'erreurs, je dois signaler que j'ai regardé la traduction de *Deux Yeux bleus* de Thomas Hardy[243] par une Française, et j'ai constaté que le texte était non seulement dénaturé, mais bourré des fautes les plus grossières. En fait il n'a absolument rien à voir avec l'œuvre de Thomas Hardy. La vue d'un travail de traduction aussi peu scrupuleux m'a terrifié, et m'a donné plus d'« ánimo » pour travailler à *Erewhon*. Non seulement je n'ai pas laissé un seul mot non traduit, mais il n'y a pas une seule nuance de sens que je n'ai pas, pour le moins, tenté de donner en français. — Tout ceci implique des heures et des heures dans La Thébaïde, à tourner les pages des gros dictionnaires, anglais, français, latin, grec, et de beaucoup d'ouvrages de références sur des sujets spécialisés. Ainsi j'ai trouvé « liniment », etc. J'ai même consulté le code pénal français !

Une heure environ au jardin, à parler avec M[ère] et M. V[oldoire]. Hier soir Mme W. et sa fille sont venues dire au revoir avant de partir en excursion. J'ai parlé avec Mlle W. de livres et d'éditions de luxe. Pour me faire mieux comprendre d'elle, j'ai dit quelque chose qu'il faut que je note, parce qu'il me semble que c'est « tout à fait cela ». Elle me demandait s'il y avait de bonnes

a. Pour *Aunt*, « ma Tante ».

éditions de luxe en Amérique. Et j'ai répondu : « Oh, ils ne sont pas encore assez DÉ-SALÉS pour faire de belles éditions. » Quelque chose de ce genre : « Ils sont encore trop inexpérimentés pour produire de beaux livres. »

Demain je vais devoir rompre mon serment car je dois aller chez le notaire. Ai-je noté que j'avais vu M. Bonsignor l'autre jour ?

Vendredi, 29. — Mon 38e anniversaire. Nous sommes allés à Valbois, où ma Tante avait préparé un de ses meilleurs et plus copieux repas, avec tant de plats que nous n'avons pas pu manger assez pour lui faire plaisir ; comme d'habitude. M. Voldoire est venu avec nous dans la voiture de ma Mère, et nous avons fait une grande promenade dans les bois avant de nous asseoir au banquet. De retour ici à 5 h ½ de l'après-midi. Demain matin je pars pour Paris et… Londres (quand, je ne le sais pas encore). Mon séjour ici a passé assez rapidement (17 jours), grâce au travail que j'ai fait au milieu des livres à la Thébaïde. Résultat net : la note sur Gómez de la Serna pour *Littérature*, pour laquelle j'ai reçu un aimable mot de remerciement de M. Aragon l'autre jour ; et *Erewhon* révisé jusqu'à la page 200 (excepté la note page 199). Je laisse ma M. en bonne santé et contente de ma longue visite. Elle a été assez agréable dans l'ensemble, et sans aucune trace de ses trop fréquentes crises. Le temps aujourd'hui tout bonnement radieux ; le vieux Bourbonnais sous son meilleur jour, avec un vent frais qui vient des monts d'Auvergne à travers les vallées et les plaines. Les rivières, assez basses (la Sioule, l'Allier). L'autre jour j'ai rompu mon vœu de « clôture » pour aller chez le notaire, c'est-à-dire que je suis sorti de l'enceinte de la villa de ma M. Cela m'a permis de voir une partie de la rue de Paris (assez sale) et l'avenue de la Gare, où M. Voldoire habite une jolie maison, avec un petit jardin. — Il y a deux jours, comme j'en avais un peu assez de Chamfort, j'ai pris les romans de Voltaire et relu *Candide*, que j'ai trouvé plutôt superficiel, — peut-être devrais-je dire « mince ». Un petit conte, « Le Blanc et le Noir », m'a plu davantage. Voltaire comme poète ; et son influence sur les romantiques français et anglais ; le décor oriental, les vauriens, etc ; Byron, Landor.

Dimanche 31. 71 rue du Cardinal Lemoine. Une fois encore chez moi à Paris. Hier M. m'a emmené dans son automobile à la gare de St Germain des Fossés (M. Voldoire nous accompagnait) et m'a mis au train. Retrouvé Yvonne (à qui j'avais écrit) à la gare (Gare de Lyon), pour ne pas avoir à me soucier des repas, etc. Trouvé un Paris calme, dans une brume gris-bleu, et les arbres dans le jardin ici sont presque dénudés. — Il faut que je note que, pendant le voyage, j'avais pris un livre de Kipling, en fait son célèbre *Livre de la jungle* ; un homme à côté de moi, un officier, lisait un autre livre de Kipling, ses *Simples contes des collines* en français. — Aujourd'hui, une promenade avant déjeuner, et travail tout l'après-midi ; révision d'*Erewhon* ; arrivé à la page 221. — Je lis le *Leopardi* de De Sanctis. Devrais le comparer à l'ouvrage de Chiarini. C'est du meilleur De Sanctis. — J'espère que j'arriverai rapidement à la fin d'*Erewhon*, mais c'est un travail difficile : tout refaire, achopper sur les mêmes difficultés. Pourtant j'améliore ma traduction ; et cela pour la bonne raison que je connais mieux les « trucs » de S.B. Je devrais dire les « tics » plutôt que les « trucs ». — Personne ne sait que je suis ici, je ne serai donc interrompu par aucun ami. Me sens assez bien.

Septembre

Mardi, 2 ; — (ou plutôt mercredi 3 car il est 1 heure du matin). Yvonne m'a réveillé à 8 heures, et j'ai travaillé jusqu'à 10 heures ; puis sorti : « quartier de l'Opéra », une expédition pour faire des achats. Sieste après déjeuner, puis repris le travail de 4 à 5 h ½. Nouvelle sortie, promenade : boulevard St Michel, Boul. St Germain, jusqu'à la rue des Saints-Pères et la boutique de Lucotte où j'ai passé environ une heure ; ensuite rue Saint-Guillaume, r. de Grenelle, r. du Vieux-Colombier, r. de Rennes, r. du Four, r. des Canettes, place St Sulpice, r. Garancière, les jardins du Luxembourg (les Japs que j'y ai vus) ; r. Soufflot, r. Clovis, r. Descartes, et chez moi. Après dîner, travaillé de 9 heures jusqu'à maintenant. Suis arrivé à la page 266. Je vais bientôt commencer à dicter (et épeler) ma traduction à une dactylo[a]. — Reçu un paquet de revues et de journaux anglais envoyés par la *N.R.F.* à Vichy, et que ma Mère m'a renvoyés. Parmi eux, le premier numéro du *Monthly Chapbook*. J'y ai jeté un coup d'œil, mais je n'ai rien trouvé d'intéressant, sauf une « Ode triomphale » comico-satirique de Douglas Goldring. L'un des auteurs célèbre sa propre « incompréhension » des *Sonnets* de Shakespeare ! — Je lis, pour me préparer au travail de révision, le *Journal politique national* de Rivarol, et je l'aime beaucoup. En fait je pense que Rivarol est bien meilleur écrivain que Chamfort[244].

Jeudi 4. — Le franc toujours très bas, si bas que j'hésite à aller à Londres. Et s'il n'avait pas été aussi bas, je serais allé à Londres le mois dernier, car je ne pense pas qu'on rencontre d'aussi grandes difficultés qu'on le dit pour obtenir un passeport. £1 vaut 35 francs. Je suis donc, après tout, une victime de la guerre ! Pourtant il faut que j'y aille, il faut que je voie M. Jones et que j'aie des détails sur

a. Larbaud a écrit *typewriter* (« machine à écrire ») au lieu de *typist* ; lapsus probable.

la vie de S.B. Et ce Paris desséché, avec sa vie estivale ralentie, est déprimant au possible. — Lu les actes I et II du *Père humilié* de Claudel[245] dans le numéro de septembre de *La N.R.F.* Ses vues de Rome en cartes postales m'ont beaucoup plu. Lu l'essai de Rivière sur le caractère russe ; bon ; ce qu'il dit me fait penser aux livres de Huc[246]. Tout ceci a beaucoup à voir avec la [taille] des pays. Lis toujours, avec admiration l'*Histoire de la Révolution française* de Rivarol. On ne la laissait pas à notre portée au lycée. — Travaille très dur à *Erewhon* ; arrivé à la page 290.

Samedi, 6. — Suis arrivé à la page 315, et ai trouvé quelqu'un qui veut bien taper le manuscrit sous ma dictée, une jolie petite dactylo, merveilleusement française, tout en poudre et en jambes ; espère qu'elle a autant d'orthographe qu'elle a de jambes. L'air assez effronté. — En fin de compte, je crois que j'ai amélioré ma traduction ; c'est meilleur, plus clair, plus butlérien que cela ne l'était en 1915. Mais... ce n'est pas tout à fait ça. De toute façon il fallait que ce soit fait, et il faut qu'on le publie. ¿ Qué remedio ? — Je suis pratiquement réconcilié avec le Paris estival après tout ; on a un peu l'impression de se promener au point du jour ; certains endroits laissent entrevoir leurs secrets. Lu des masses d'articles dans les récents numéros de *The Athenaeum, Times Literary Supplement, Fortnightly Review,* la *New Republic* américaine, etc. Un article sur la *Soirée avec M. Teste* de Valéry, assez bon — du moins intelligent. Écrit, enfin, à M. Guibert, et lui ai envoyé les poèmes de Charles Cros.

Dimanche 7 — Hoy he acabado la revisión de mi traducción de *Erewhon* ; alabado sea Dios[a]. Je ne suis pas sorti, comme c'était dimanche, et je me sentais mal, triste, seul en dépit de [*Un feuillet manquant.*]
incapable de prononcer distinctement le prix de mon ticket de tram, et après avoir dîné rapidement, je reprends mon travail et corrige les deux copies (la bleue et la mauve) d'*Erewhon*. [*Deux mots caviardés.*] Et il y a beaucoup à corriger dans ces copies : cette fille ne connaît pas ses verbes ni ses temps, prend un imparfait pour un passé indéfini, et ne sait même pas ce qu'est un accent circonflexe. Elle assassine les subjonctifs ! Eh bien, à l'allure de 30 pages par jour, je n'aurai pas ma copie avant la fin de la semaine prochaine. Toutefois, la traduction tire profit des corrections que je suis ainsi obligé de faire, car, en lisant la dactylographie de Miss X, en y mettant les accents, etc., je vois des changements possibles qui amélioreront la traduction, la rendront plus butlérienne, et lui don-

a. Espagnol : « Aujourd'hui j'ai terminé la révision de ma traduction de *Erewhon*, Dieu soit loué. »

neront davantage de « soltura[a] », et je fais ces changements ; mais c'est peu, et je suis satisfait d'avoir fait de mon mieux pour *Erewhon*.

Je peux dire que je ne connais pas encore le nom de ma petite dactylo. Elle vit dans une mansarde, au septième étage d'un grand et vieil immeuble, sale, près des Halles centrales, — AVEC un jeune homme, mais elle est relativement bourgeoise ; et sa réticence à donner son nom, ses manières, et son attitude envers moi, me font supposer qu'il y a, dans son cas, quelque chose de plus intéressant que dans les « collages » ordinaires.

Jeudi, 11. — Une nouvelle journée chargée, et beaucoup de travail accompli en dépit de la chaleur. Travaillé à la correction de la dactylographie de mademoiselle X (?), ce qui est, en fait, une nouvelle révision d'*Erewhon*. Alors que j'étais ainsi plongé dans mon travail, l'homme de la rue des Écoles m'a apporté la photo de S.B. que je lui avais donnée la semaine dernière pour la mettre sous verre avec un bon encadrement, et je l'ai suspendue au-dessus de mon bureau avec le petit drapeau de Nouvelle-Zélande. À 11 h ¼ je suis allé en taxi à « La France » pour rendre visite à Henri Ménabréa et déjeuner avec lui. Mais j'ai appris qu'il n'y était plus — on m'a toutefois donné son adresse. Déjeuné seul à la Taverne Pousset, ce qui m'a changé de la cuisine maison, mais c'était mal préparé et cher. Marché sur les boulevards jusqu'à 2 h de l'après-midi (les hommes qui se battaient et que j'ai réussi à séparer, en marchant lentement entre eux, les coudes écartés). Puis je suis allé rue Turbigo, j'ai grimpé les sept étages pour une de ces abominables séances sous les toits brûlants, à dicter à Miss X de 2 h ¼ à 7 h ½ sans interruption. Nous « avons fait » 1 000 lignes, et sommes allés jusqu'à la page 129. Rentré chez moi vers 8 h, tellement las et mal en point que je n'ai pas pu manger. La gentillesse d'Yvonne et une bonne toilette m'ont donné assez de force pour travailler à la révision des pages dactylographiées, mais je n'ai rien pu faire d'autre. — Trouvé une lettre de S. J. S. — ; mais ce n'est pas Lavinia, et il faut que je revoie Lavinia. — En dépit de la chaleur, Paris semble magnifique, mi-nordique, mi-méridionale quand je sors de la rue Turbigo le soir ; c'est à cause des jours qui raccourcissent. Il y avait de merveilleux effets de lumière ce soir sur la Seine, une lumière dorée et douce sur la Cité, et les nouveaux bâtiments du Palais de Justice paraissaient presque aussi anciens et « historiques » que le reste de l'édifice. — La nuit dernière, ne pouvant trouver le sommeil, j'ai lu une centaine de pages du livre de Rivarol. Quand j'ai dit qu'il avait la tête pleine de Tacite, j'avais bien raison : à un endroit il parle de « l'austérité de ces annales » en évoquant son propre travail. Oh,

a. Espagnol : « aisance. »

mais c'est magnifique, et l'un des meilleurs ouvrages historiques que j'aie jamais lus. J'écris ces lignes avec l'encre mauve que j'utilise pour corriger la copie dactylographiée mauve d'*Erewhon*, l'autre étant tapée à l'encre bleue et corrigée à l'encre bleue également. Me souviendrai-je de ces journées étouffantes de travail intense ? Ma vie à Paris sans rencontrer d'amis (puisque tous ceux qui pourraient m'empêcher de travailler et me prendraient mon temps me croient à Valbois) ; les journées, le jardin, mon appartement, bien confortable, propre, d'aspect très « barbare » avec son mobilier, mais avec, ici et là, une touche d'art italien, ou d'Italie du moins (la sedia[a]), d'Espagne, d'Angleterre, et un ou deux objets « de luxe » qui feraient croire à un étranger que je les ai achetés d'occasion. J'aime ces contrastes : le quartier, médiocre et petit-bourgeois, avec pourtant ce jardin, et cet endroit, presque inconnu, du quartier ; mon appartement à 950 frcs par an, et son mobilier mi-petit-bourgeois, mi-aristocratique. En fait, rien qui ressemble à ce qu'on attendrait, rien d'« habituel », rien de vraiment banal, ou plutôt le banal côtoyant l'insolite et l'étrange. — M'en souviendrai-je ? Et le désir de me débarrasser enfin de *Erewhon*, et néanmoins de le laisser aussi « bien fait » que possible. — La pensée de Londres. — Les derniers jours d'Yvonne ici ; mais que puis-je faire pour elle ? J'ai peur de lui nuire si je la laisse un peu plus à l'aise que lorsque je l'ai rencontrée (je veux dire si je lui donne, comme je pourrais facilement le faire et sans mise de fonds, les moyens de se loger quelque part, et de pouvoir attendre de trouver une situation alors qu'elle ne trouve rien qui la satisfait ; mais cela ne serait-il pas la porte ouverte à de nombreuses tentations qui la mèneraient finalement à sa perte ?) Mais sa peur de l'hiver qui vient me fait presque désirer de rester ici pour lui conserver sa situation actuelle ; mais ce n'est pas possible et, en fait, je suis déjà fatigué d'elle. — Je devrais travailler au lieu de griffonner ces notes ; mais je suis trop fatigué. De toute façon je ne travaillerai à rien d'autre avant de m'être débarrassé de *Erewhon* et d'en avoir donné la « copie définitive » à Gaston Gallimard. Parce que quand je l'aurai fait, je partirai immédiatement pour l'Angleterre où 1° j'écrirai sur Schwob « traducteur » pour la *Anglo-French Review* ; 2° j'irai voir M. H[enry] F[esting] Jones pour avoir des renseignements sur la biographie de S.B. et lui montrer la copie d'*Erewhon* que je fais taper pour lui ; 3° j'écrirai une note pour *La N.R.F.* (Rivière m'a écrit à ce propos l'autre jour ; il est près de Bordeaux et croit que je suis à Valbois.) Voilà le programme. Mais, avant toute autre considération, *Erewhon* d'abord. Et toutes les lettres qu'il faut que j'écrive ; et pas de lettre d'Ella.

a. Italien : « le siège ».

Vendredi, 12. — Passé la matinée à écrire des lettres, et immédiatement après déjeuner suis allé au n° 15 de la rue Turbigo. Dicté *Erewhon* de 1 h ½ à 7 h et atteint la page 165. Cela fait du bien à ma traduction d'être ainsi LUE À VOIX HAUTE ; j'ai fait quelques modifications : l'ordre des mots, etc., et j'ai vu d'autres corrections que je ferai lorsque j'atteindrai les pages concernées dans ma révision de la copie dactylographiée. L'ignorance de ma pauvre petite « dactylo » est incroyable ; particulièrement son orthographe. Comment les gens peuvent-ils être aussi ignorants de leur propre langue ? Son ami était là quand je suis arrivé, et j'ai remarqué tout de suite qu'elle avait parlé de moi en bien. *Erewhon* semble l'intéresser, du moins ce qu'elle peut y comprendre, c'est-à-dire l'histoire d'amour — qui est ce qu'il y a de moins bon, j'entends de moins important aux yeux de l'auteur. Pour le reste, sa compréhension est très limitée, comme je le remarque par ce qu'elle écrit sur sa copie parfois et par les fautes qu'elle fait. Son septième étage, bien intéressant ; ressemble aux couchettes de troisième classe sur un bateau d'émigrants, avec d'affreuses femmes, des filles effrontées qui se peignent les cheveux ou se promènent à moitié nues ; avec des querelles, des baisers, des chansons paillardes, etc. Quand je suis parti ce soir, j'ai entendu une femme faire une remarque sur moi ; j'ai saisi les mots : « Ce gros pépère... » mais pas ce qui suivait ou précédait. J'étais si fatigué d'être resté assis sans interruption pendant tant d'heures, que je me suis décidé à rentrer à pied. J'ai eu comme le pressentiment que j'aurais un invité pour le dîner, parce que en passant près de chez Magrolle, boulevard Sébastopol, j'ai acheté du foie gras, et quelques gâteaux ; et plus tard, boulevard Saint-Michel, j'ai acheté des sardines, des pickles, des saucisses, etc. J'ai bien aimé cette longue promenade ; il y avait un mélange de nordique et de méridional dans ce chaud crépuscule parisien ; Amsterdam, Florence, Liverpool et Rome, toutes mêlées, et en même temps une ambiance unique, qui n'appartient qu'à Paris. La vue de l'ange de la Sainte-Chapelle m'a fait beaucoup de bien. — Et alors que je sortais mes papiers et m'apprêtais à regarder les feuilles dactylographiées avant dîner, quelqu'un a sonné à la porte et qui était-ce ? L.-P. Fargue ! Qui lui a dit que j'étais ici, je l'ignore. Il m'a dit qu'il était allé par hazard qu'il avait à faire près du Panthéon, et qu'il avait eu l'idée d'entrer au n° 71 et de s'enquérir de moi auprès de la concierge. J'ai donc insisté pour qu'il reste dîner avec moi, et j'ai pu lui proposer un bon petit repas de trois plats : hors-d'œuvre, fruits et gâteaux, et du vin, français, italien et grec. Une bonne longue discussion avec lui, se terminant comme d'habitude par une longue conversation à bâtons rompus sur les formes de l'« intelligence », les limites de la raison, « l'organisation de l'intuition », etc., etc. Bergson et Benda, etc. ; sur quelques amis ; sur *Erewhon*, dont je lui ai lu un chapitre. Il est parti vers 11 heures, et je lui ai dit que je ne pouvais pas le revoir avant mercredi ou jeudi prochains, quand la dactylographie serait terminée. — Le franc baisse tous les jours ; la livre vaut 37 francs[247] ! Cela fait que je ne pourrai pas rester plus de quelques jours à Londres. [*Deux lignes caviardées et une page occupée par une lettre de Jacques Rivière ; voir annexe 6, p. 779.*]

Samedi, 13. — Encore une de ces « journées dactylo » qui me fatiguent tant. Dicter, voir Mlle X faire des fautes abominables, et ne pas pouvoir les empêcher à temps. Je dicte le mot « chute » et pense aussitôt, ou me souviens, qu'elle va l'écrire « chutte », avec deux *t*, et je la vois l'écrire avant même d'avoir pu lui faire la remarque. Elle voulait absolument mettre un accent sur le *e* de Arowhena ; elle ne semblait pas savoir ce qu'était le nœud gordien, etc., etc. Avant de commencer, quand je suis arrivé tout essoufflé d'avoir grimpé les sept étages, son ami était là, et il a voulu se montrer aimable, parlant sur un ton protecteur de mon « petit livre » (*Erewhon* de Butler !). Il est évident qu'ils pensent, d'une certaine façon, que c'est mon livre, et comme je me montre, comme d'habitude, très « retraido[a] », humble, sans prétention, sans embarras d'aucune sorte, ils doivent penser que « mon » petit livre n'est pas trop mal, mais que ce n'est jamais que du travail d'amateur. D'après ce que l'ami m'a dit, j'ai compris qu'il ne me considérait pas comme un « véritable » auteur, mais comme un écrivain débutant, impatient de se faire publier et en même temps dépourvu d'assurance puisque ce que j'ai perpétré n'est qu'une traduction. Leur erreur (concernant S. Butler) m'a énormément amusé. De toute évidence, Mlle X s'est intéressée au peu d'*Erewhon* qu'elle pouvait suivre et comprendre, mais elle serait étonnée d'apprendre que c'est un des grands livres de la littérature anglaise moderne et que cela place très haut la personne qu'on a pensé capable d'en faire la traduction. J'étais sur le point de lui dire que *Erewhon* s'était vendu comme peu de livres l'ont fait. Mais j'ai senti tout de suite combien c'était inutile. Peut-être n'a-t-elle pas une bonne opinion d'*Erewhon* parce que le livre ne contient pas de cochonneries françaises. Pauvres petits amoureux ! Je les aime bien ; ils sont touchants à vivre et travailler pour gagner leur pain et aussi se payer un peu de plaisir avec une sortie en banlieue le dimanche.

Reçu une aimable lettre de J. Rivière. Je la colle ici[b].

Lundi, 15. — Je dois noter les heures passées hier dimanche avec Henri Ménabréa, chez moi d'abord, ensuite au déjeuner au grill Médicis, puis dans son logement, rue Croix Nivert. Je l'ai trouvé en excellente forme, plein d'énergie, brillant causeur, mais plein de la nostalgie de l'Italie. Il a répété à plusieurs reprises qu'il

a. Espagnol : « réservé ».
b. Cette lettre (voir plus haut) a été collée à la page précédente.

ferait son possible pour trouver le moyen d'aller vivre en Vénétie, pas à Venise, mais dans un endroit qui avoisine.

Le ricche sponde
Della Brenta felice[a]. (G. Gozzi)

Il m'a montré une masse de manuscrits, notes, ébauches, etc. ; ses photos ; m'a donné un portrait, une photo, du marquis de V. (l'original de Putouarey)[248] ; c'est une photo de 1913 et on le voit sans sa barbe et ses favoris « à la Henri-IV ». Il m'a prêté un de ses derniers ouvrages, *La Gemma*, un récit avec le décor de Savoie qui lui est familier ; il a joué au piano un morceau russe qui m'a plu. — Aujourd'hui la routine. Fait un effort pour essayer d'obtenir mon passeport avant la fin de la semaine.

Au retour, vu le dernier numéro de la *Revue de Paris*, avec les poèmes qu'ils ont obtenus gratis, mais dans l'intention louable de nous faire « connaître » de leur public : ceux de Fargue, Valéry, Romains, etc. ; et j'ai vu qu'ils disaient que j'étais né en 1879, ce qui, bien évidemment, ne m'a pas fait très plaisir ; et ils m'ont fait dire « *Les aubes du soir* » là où j'avais écrit « *Les ombres du soir* ». Mais je ne crois pas que cela vaille la peine de protester. Qu'est-ce qui me déplaît le plus : qu'on pense que j'ai écrit « *Les aubes du soir* », ou qu'on pense que je suis né en 1879 au lieu de 1881 ? Il faudra que j'y réfléchisse. — Écrit beaucoup de lettres aujourd'hui : à ma Mère, Gladys ; la femme de Whitstable (pas une huître, non) ; J. Rivière, Lavinia ; etc. Je me sens assez mal et déprimé. Vu une jolie fille aujourd'hui, près de la librairie de Le Soudier ; une Américaine, je pense, parce qu'en parlant à sa petite fille qui regardait une poupée dans la vitrine du magasin à côté elle lui a dit : « Mira que LINDA poupée[b] ! » Si j'avais eu suffisamment de temps, j'aurais profité de la « linda poupée » pour me présenter.

Mercredi 17, ou plutôt jeudi 18, puisqu'il est 2 h du matin. — Me suis senti un peu mieux aujourd'hui. La dactylographie d'*Erewhon* est arrivée à la page 313, si bien que ce sera terminé demain. Mais la révision des pages dactylographiées n'est pas aussi rapide (p. 214 ce soir). Travaillé la matinée ; après déjeuner, suis allé à la boutique de soldats de plomb de Mme Fortin, où j'ai acheté quelques « gardes-françaises » qui feront très bien à monter la garde autour de la Virgen de los Desamparados sur ma vitrine. Ce sont des « gardes-françaises » à bas rouges. À 5 h, suis allé au bureau de la N.R.F. où j'ai rencontré Gaston Gallimard, G. Tronche et Jules Romains. Tronche a été très aimable, et m'a donné une lettre qui facilitera mon affaire de passeport. Il m'a parlé de mon article sur Gómez de la Serna, publié aujourd'hui dans *Littérature*, et

a. Italien : « Les rives fertiles de l'heureuse Brenta. »
b. Espagnol : « Regarde la jolie poupée ! »

m'en a prêté un exemplaire. Il y a quelques erreurs, l'une d'elles dans la traduction : « sous le sourcil humain » au lieu de « SANS le sourcil humain ». En rentrant de la rue Turbigo (par le Bd Sébastopol, place du Châtelet, Bd du Palais, etc.) j'ai acheté un exemplaire du journal *Le Temps*, où j'ai vu que M. Paul Souday me malmenait, certainement injustement, à propos de Walt Whitman, qu'il écrit WhitmaNN. Il dit : « On avait été quelque peu surpris de le voir présenté par M. V.L. comme un philosophe hégélien. WhitmanN (sic) est fort peu hégélien et aussi peu philosophe que possible. » Cela montre comment ce critique a lu mon introduction au livre de W.W. Ce que j'ai dit c'est que Whitman était plein d'idées et de conceptions hégéliennes grossières et rudimentaires, rien de plus ni de moins. Mais cela n'a pas d'importance. J'ai relu ma note sur « Ramón » et l'ai trouvée « así así[a] ». J'ai fait une expérience, et j'ai lu à Yvonne quelques-unes des *Greguerías* les plus intelligibles ; elle a semblé les comprendre et les apprécier. Mais alors elle a déclaré que tout cela était « très bien tourné ». Je n'ai pas pu l'amener à en dire plus sur ce sujet intéressant. Mais elle a vraiment semblé les apprécier. — Vu quelques belles femmes aujourd'hui. Dois noter que je suis allé chez Hellstern commander une paire de chaussures. On m'a reconnu presque immédiatement comme un vieux « client d'avant la guerre » et on m'a traité très poliment, mais on m'a fait payer 180 francs — c'est-à-dire deux fois l'ancien prix[249]. En fait quand j'ai commencé à être client chez eux, leurs chaussures coûtaient 60 et 80 francs. — Continué le *Leopardi* de De Sanctis dans les quelques demi-heures que je peux consacrer à la lecture entre le travail d'*Erewhon* et mes courses. — Gaston G. m'a dit qu'il avait donné le roman de Waldo Frank à traduire à L. Chadourne[250].

Vendredi 19, 10 h ½ du soir. — Le taux du change pour Londres a baissé, mais depuis hier matin, je me sens très souffrant et je me demande si je serai en mesure de quitter Paris dimanche. En fait je ne pense pas que je le pourrai, parce que je n'ai pas encore officiellement demandé un passeport, si bien que, si je suis mieux et que je peux partir, je ne pourrai pas partir avant mercr. ou jeudi prochain. J'ai horriblement souffert hier après-midi et aujourd'hui. Douleurs dans la tête, et tous les problèmes habituels. — Pu travailler un peu et suis ainsi parvenu à la p. 304 des feuilles dactylographiées. Comme c'est abominablement mal tapé ! Cela me met en colère de constater autant de stupidité et une telle incapacité. Mais parfois cela me fait sourire ; notamment quand — et c'est souvent le cas, — Mlle X montre par deux ou trois fautes qu'elle n'a pas compris une phrase, elle met un « ? » à la fin (pas volontaire-

a. Espagnol : « couci-couça ».

ment, bien sûr ; cela lui échappe des doigts) qui tombe très bien. Mais que peut-elle bien avoir « pigé » de ce qu'elle a tapé ainsi ? C'est prodigieux ; si je lui avais donné un texte espagnol ou italien à taper, elle n'aurait pas pu faire pire. De toute évidence elle ne connaît pas sa propre langue. Par ailleurs, elle n'y met aucune attention, et à cinq ou six occasions il y a eu des mots et des phrases entières oubliées. Et, à l'entendre, je suis sûr qu'elle se considère pratiquement comme une « intellectuelle ». Je ne m'adresserai certainement plus à elle. — Ce matin reçu un mot de Dan O'Connor, sur un catalogue de « Serendipity Shop » d'Everard Meynell. Et ce soir aussi (ce qui m'a fait du bien) une lettre d'Ella. Elle dit avoir écrit il y a quinze jours. Hier j'avais une lettre de d. Higinio. Elle (c'est Ella) a été malade ; va mieux maintenant. — Envoyé un exemplaire de *Littérature* à R. Gómez de la Serna. Dans l'*Intran* de ce soir il y avait une note à propos de ma traduction ; on y disait que les *Greguerías* sont « curieuses », — NO más[a]. Oh, je voudrais aller mieux et partir pour Londres avant mardi.

Lundi 22. — Aujourd'hui, suis allé rue Chauveau-Lagarde, où je n'ai pas eu à me faire de souci, mais néanmoins je devrais être fier d'avoir autant fait « pour la patrie » : 1 h ½ d'attente dans un courant d'air. Donc, puisque j'ai mon passeport, je vais partir demain pour Londres. J'ai écrit à M. H. F. Jones, et j'enverrai un télégramme demain matin à Gladys. Les exemplaires dactylographiés de *Erewhon* sont prêts, « brochés » dans du papier rouge tout simple, et demain, avant de partir, j'en donnerai un à Gaston Gallimard. — Passé l'après-midi, après la rue Chauveau-Lagarde, à envoyer des journaux illustrés à mes amis espagnols. À 5 h ½ Chadourne et M. André Germain sont venus me voir (je le voyais pour la première fois aujourd'hui, mais Marcel Ray m'en avait souvent parlé, donc je savais à quoi m'attendre[251]). Dîné avec Chadourne (c'est lui qui a payé) dans un beau petit restaurant quai Malaquais. Plus tard Fargue, Gaston, Couvreux et M. Delamarche nous ont rejoints et nous avons passé le reste de la soirée, jusqu'à minuit et demi, ensemble. — Je n'arrive pas à croire que je serai à Londres demain. Et pourtant je n'ai pas l'impression d'en être resté éloigné si longtemps. Mais je ne resterai pas plus d'une semaine ; le taux du change est trop élevé. En outre la saison froide arrive et je pense à l'Espagne, ou du moins à la région méditerranéenne. J'ai trouvé le temps, ces derniers jours, de travailler à l'introduction d'*Erewhon* et à une courte note de lecture pour Rivière sur le livre de Régis Michaud[252] et l'anthologie publiée par la Poetry Bookshop. M. Germain m'a apporté quelques numéros de sa revue *Les Écrits nouveaux*, où j'ai lu, à l'instant, dans les intervalles entre quelques

a. Espagnol : « C'est tout ».

tasses de thé et le dur travail de « faire la valise », une étude sur Alfred Jarry.

Londres, Hotel Clifton, 4 rue Chilworth[253]. — Trop de choses à noter, et cependant... Le voyage (avant : la remise de la copie dactylographiée d'*Erewhon* à Gaston Gallimard, et ma visite à [*Nom caviardé*], à qui j'ai remis enfin le « De Foe sur le Pilori » ; elle ne croyait pas que cela répondait à un fait historique, etc... (Partout ce respect de la loi.) Ici aussi (les Erewhoniens !) la nuit dernière, pas moyen d'obtenir un verre de whisky ; tous incorruptibles, même autour de Covent Garden. La panne de locomotive entre Amiens et Paris ; l'arrivée ici à Victoria vers minuit, et la recherche d'une chambre. Ainsi j'ai repassé, tout à fait « ghost-like[a] » dans bien des rues et des quartiers que j'avais craint de n'avoir pas le temps de revoir. Enfin, achevé la nuit au buffet de la gare de Waterloo, et dormi une partie de la matinée dans un fauteuil de la salle de travail du Cercle des Auteurs. — J'avais télégraphié à 6 ½ à Gladys, de la gare de Waterloo, et j'ai trouvé sa réponse après déjeuner, au cercle. Avant déjeuné, remonté le Strand à pied jusqu'à Clifford's Inn, de sorte que ma première visite a été pour S.B[254]. Il y a un petit appartement à louer, mais dans un autre corps de bâtiments. Je suis entré chez Fifield[255] et j'ai acheté un exemplaire de *A First Year*[256], que je n'avais pas encore. Redescendu le Strand et allé à la Galerie nat. de Portraits, où je N'AI PAS trouvé la photo du portrait de S.B. par Gogin ; mais j'ai obtenu des indications me permettant de la trouver. Rentré au cercle ; lu les journaux et dormi, et parcouru la préface de Streatfeild. À 7 heures j'étais au rendez-vous fixé par Gladys, à la station du Tube[b] de Marble Arch. Elle avait cherché un petit appartement, mais n'avait pas pu obtenir qu'on le gardât, et comme elle n'était pas sûre de la date de mon arrivée, elle n'avait rien pu retenir. Donc, après le thé, qu'elle m'a servi, et beaucoup de questions, et tout ce que comporte de bavardage une réunion après une si longue séparation, la recherche d'une chambre pour moi pour cette nuit. J'étais presque décidé à aller la chercher, cette chambre, hors de Londres, et comme nous nous étions réfugiés au buffet de la gare de Paddington, je parlais d'aller passer ma nuit, après avoir accompagné G. chez elle, à Windsor, ou à Slough, ou même à Reading ! (Comme hier, j'ai dit au chauffeur de mon taxi que si nous ne trouvions de chambre nulle part, il ferait peut-être bien de me conduire dans un hôpital.) Enfin nous avons trouvé cette chambre où je suis. J'ai reconduit G. chez elle, et j'ai vu Leslie endormi. Elle disait qu'elle croyait rêver, et en effet, moi aussi je croyais rêver en voyant Leslie. Gladys, toujours aussi

a. Anglais : « comme un fantôme ».
b. Le *tube* est le métro londonien.

étrange et surprenante. Et on dit que les héroïnes de Dostoiewski n'ont pas leurs pareilles dans la vie réelle ! Demain elle cherchera un appartement pour moi, et viendra me tenir compagnie, ou plutôt « tenir » l'appartement. — À présent, l'émotion du retour est passée, et j'ai trop à faire pour m'y livrer. Mais hier soir, à l'arrivée, ce fut assez bien. D'abord, naturellement, à Boulogne et à Folkestone. [*Une déchirure sur douze lignes.*]
refuge en bois, près de la gare d'Euston, avec mon chauffeur, d'autres chauffeurs et de bruyants mais spirituels balayeurs de rue, si bruyants que le patron s'est fâché et a protesté contre le « bloody noise[a] ». Mais ce matin, en sortant du cercle, j'avais l'impression d'être à Londres depuis toujours. Un seul autre très bon moment, surtout d'émotion vive : quand j'ai dit à Gladys de me verser mon thé. — Il fait déjà très froid, plus qu'à Paris. Je suis très fatigué ce soir.

Jeudi 25, n° 20, Clifton Road.

Gladys près de moi pendant que j'écris ceci. Je suis obligé de me le dire. Elle aussi croit rêver. Une journée assez remplie. Quitté l'hôtel Clifton à dix heures du matin, et en omnibus jusqu'à Chancery Lane, puis à Clifford's Inn où j'ai vu M. Emery Walker[257], au sujet du portrait de S.B. Il a téléphoné à MacMillan : tout était retenu pour la biographie de S.B. par M. H.F. Jones. Mais apprenant qu'il s'agissait de la traduction française de S.B. [*Lacune consécutive à la déchirure signalée plus haut*] qui y était venu et en était sorti quelques minutes avant. Très aimable ; aurait voulu déjeuner avec moi, et m'indiquait plusieurs jours où il est libre. J'ai écrit que [j'irai] demain vendredi à 3 heures chez lui (Maida Vale). Revenu depuis Aldwich dans le même omnibus jusqu'à Paddington où j'ai appris que Gladys était venue, et repartie chez elle. Déjeuné seul près de l'hôtel, dans Praed Street. Ensuite une longue promenade à pied à partir de Regent Street, puis en prenant Wardour Street jusqu'à Shaftesbury Avenue, puis Jermyn Street, et de là chez Lock où j'ai acheté un chapeau ; les employés, les mêmes, mais sensiblement vieillis ne m'ont pas reconnu. Songé à aller voir Everard Meynell, mais craint de me trouver pris dans l'aimable tourbillon de Daniel O'C[onnor] et ses amis avant d'en avoir fini avec S.B., c'est-à-dire avant d'avoir vu M. H.F. Jones. Donc, à pied par Albermarle Street, Bond Street, Conduit Street, Regent Street encore, et thé au Monico avec lecture de journaux (le change meilleur). Shaftesbury Avenue, et la plupart des librairies d'occasion de Charing Cross Road, et station à la Bomb Shop où j'ai acheté les n[os] parus de *Coterie*, l'unique n° de *The Owl*, le dernier cahier de la *Poetry Bookshop*, et enfin le livre de M. Gilbert Cannan sur S.B. Ils n'ont pas su

a. Anglais : « sacré boucan ».

me donner l'adresse de M. Cannan ; ils m'ont dit : « He's moving about a great deal[a]. » Ils disaient « Gilbert » en parlant de lui. Du reste je crois que c'est de la Bomb Shop qu'il parle dans *Mummery*. Parcouru ces revues, et dans *The Owl*, tout à fait à la fin, j'ai vu quelque chose de bien. Cela s'appelle *Trivia*, par L. Pearsall Smith, et je vois d'après la bibliog[raphie] placée à la dernière page, qu'il a publié chez Constable un vol. à 6 sh. intitulé *Trivia*[258]. Cela ressemble par certains côtés au *Greguerías* de R. Gómez de la Serna. J'ai trouvé très bien une chose de 6 lignes intitulée « The Latch-key ». Retour par Oxford Street chargé de petits paquets. Stations. Me voici repris par Londres. J'ai passé toute une soirée de grande et tranquille exaltation (ou : exHaltation comme écrirait ma dactylographe de Paris). Le spectacle de tant de foules et de tant de trésors derrière les hectares de glaces dressées le long des rues, voilà qui fait songer, plus qu'aucune autre chose, à l'Esprit. Avoir l'Esprit : et tout CE reste nous est donné par surcroît. Unité de la race humaine ; unification de toute la pensée. Songé à S.B. s'installant, à ce qu'il a cru, au centre de l'esprit, comme il vivait matériellement au centre du monde. (Oui, Clifford's Inn, le centre du monde, le centre de la capitale centrale du monde) avec la logique à sa droite et l'analogie (l'échappatoire) à sa gauche. Ainsi Descartes en son temps. Dans le dernier n° de *Coterie*, il y a quelques-unes des *Illuminations* de Rimbaud traduites par Helen Rootham. Et penser que les *Illuminations* ont peut-être été en partie écrites à Londres[259], et par Rimbaud tout jeune, frais débarqué, avec l'apparence, c'est très vraisemblable, du lycéen de province, enfin un homme que tout le monde ordinaire, — un gamin, pas un homme — à Londres (les cochers, les garçons de restaurant etc.) aurait appelé n'importe comment excepté « that gentleman ». Penser à ce Rimbaud dédaigné, perdu dans la foule, — sa beauté physique à peine remarquée d'une personne sur cent ; sa distinction, son aristocratie, à peine remarquée d'une personne sur dix mille ; et penser à ce livre si méprisé, si méconnu, peut-être plus encore que la personne même de Rimbaud ; — et puis ce coup de théâtre inouï : les *Illuminations* paraissant traduites en anglais dans une des revues les plus luxueuses (à tous les points de vue) en ce mois de septembre 1919 ! Et c'est tout naturel. Mais je vois que Miss ou Mme Rootham a traduit le « pavillon en viande saignante » par « the scarlet pavilion »[260].

Revenu au Clifton Hotel vers 7 h. Gladys était là ; elle avait trouvé l'appartement (c'est Clifton Road, au bout d'Edgware Rd, et près de Maida Vale). Nous y sommes donc allés ensemble, et avons passé plusieurs heures à nous parler du temps où nous n'étions pas ensemble. Elle est là, toujours la même. « Taking care of a fairy[b] » !

a. Anglais : « Il bouge beaucoup. »
b. Anglais : « M'occuper d'une fée. »

Quelle jolie réponse à faire à une question telle que : « Which is your favourite sport[a] ? » — Il est horriblement tard, mais je suis moins fatigué qu'hier. Du reste il fait moins froid.

Vendredi 26. — Je viens de voir M. H.F. Jones chez lui, 120 Maida Vale. Il avait un exemplaire tout neuf de sa Biographie de S.B., qui va être mise en vente la semaine prochaine. Nous avons causé pendant 2 h ½ , et à la fin j'étais un peu fatigué, et surtout j'avais froid, même après avoir pris le thé. J'ai eu beaucoup de détails sur S.B. (du reste je les retrouverai en lisant la Biographie, qu'il doit m'envoyer). M. F. Jones a été extrêmement aimable. Il m'a donné un exemplaire de la 1re édition de *A First Year* ; toute la musique (publiée) qu'il a écrite en collaboration avec S.B., c'est-à-dire :

Gavotte, Minuets, Fugues, etc. (1884)
Narcissus
Ulysses[261]

et il m'a promis toute la série des gravures de SA Biographie. — Il m'a montré :

Toutes les photographies de S.B. qu'il possède ;

Les volumes des *Note-Books*[b] complets, où j'ai lu (en les feuilletant) plusieurs notes curieuses qui ne figurent pas dans l'édition des *Note-Books*. Une sur la beauté de Pauli[262] ; une sur une anecdote (« A Yankee ») à propos d'une petite ville (de 1 H.P.) au bord du Mississippi ; et une que j'ai retenue : « God, as he is generally considered now (ou : "today" ; ou "in these days") is but the last witch[c]» ;

Les cartons contenant les lettres de S.B. (les copies qu'il en gardait, sur papier « pelure d'oignon ») et beaucoup de lettres de Miss Savage, qu'il a utilisées dans sa Biographie ;

Plusieurs tableaux de S.B. : des vues de sanctuaires autour du Lac Majeur et du Lac de Côme, une pergola (en tout 5 paysages, dont deux encadrés ensemble).

Il m'a raconté plusieurs anecdotes sur S.B. Une conversation avec Richard Garnett[263], avec imitation des voix et mimique, le tout excellent. « Well, Mr... Butler... what are you pre-pa-ring ? What... are we to expect from your... in-ge-nious... pen ? » S.B. : (in a very demure way) : « Well, Sir, I am editing my remains, so that I shall leave nothing for my executors to do[d]. » — Quelques détails : S.B.

a. Anglais : « Quel est votre sport préféré ? »

b. Les *Carnets* de Samuel Butler.

c. « Dieu, tel qu'on le conçoit maintenant [ou « aujourd'hui » ; ou « à notre époque »] n'est rien d'autre que la dernière sorcière. »

d. « Alors, Monsieur... Butler... que préparez-vous ? Que pouvons-nous attendre de votre... plume... habile ? » S.B. (très modeste) : « Eh bien, Monsieur, je prépare l'édition de mes œuvres posthumes, ainsi mes exécuteurs n'auront rien à faire. »

n'a jamais été en prison ; il a seulement voulu trouver pour Ernest Pontifex un équivalent de ses propres difficultés et du scandale qui eut lieu dans sa famille lorsqu'il renonça à entrer dans les ordres. Il a même, pour se documenter, écrit au directeur de Coldbath Fields pour demander la permission de visiter la prison[264], et on l'a promené dans toutes les cellules, cours, couloirs, bureaux, etc. Il a demandé quelles devraient être les aptitudes d'un jeune prisonnier de famille bourgeoise, si ce jeune prisonnier ne devait pas être « bullied[a] » ; et on lui a répondu : « S'il est malade et s'il sait jouer de l'orgue, il recevra le traitement le plus favorable qu'on puisse recevoir en prison. » C'est pour cela que S.B. a fait en sorte qu'Ernest fût malade ; or, il savait déjà jouer de l'orgue ; cela allait donc pour le mieux. — Il m'a parlé de Mrs Boss (Mrs Jupp) ; il a confondu « the haricot vein » avec le passage où elle dit que Pryer n'a pas une seule veine droite dans tout son corps ; mais, se rapportant en pensée, ou plutôt en intention, à ce passage, il m'a dit que Mrs Jupp donnait à cette phrase un sens obscène : elle voulait dire qu'il n'était pas capable de... « dresser ». — C'est aux neveux de S.B. qu'est allée sa fortune (une de ses sœurs mariée à M. Charles Bridges, le frère du Poète lauréat[265]). J'ai vu des lettres du Rév. Thomas Butler (« That's Theobald, you know[266] » m'a dit M. H.F. Jones), et d'une de ses sœurs (« That is Charlotte. ») Il paraît que S.B. allait assez souvent voir sa famille à Langar. « He wanted to keep up appearances[b]. » Il a toujours très bien agi envers son père, sauf dans les questions d'intérêts, où, par suite de l'âpreté de son père, il s'en remettait toujours à son « solicitor[c] ». Mais tout cela, je suppose, doit être dans la Biographie. Comme aussi les relations de S.B. avec Pauli. L'écriture de Miss Savage est extraordinaire, et les bouts de papier sur lesquels elle écrivait ses lettres à Butler sont stupéfiants : on dirait des notes d'une blanchisseuse qui sait tout juste former ses lettres. Mais, de près, on reconnaît une écriture très personnelle et l'écriture de « quelqu'un ». — S.B. n'avait pas de manières (mondaines) ; il était tout à fait « awkward[d] » dans le monde. Pauli au contraire était l'homme du monde accompli. — Dans *Family Prayers*[267], S.B. faisait remarquer que le fils, — le personnage qui est au fond de la scène, a, si on le regarde de près, une attitude qui peut être interprétée dans un sens quelque peu « naughty[e] » : il a la main en un certain endroit et même tient quelque chose dans cette main à travers l'étoffe du pantalon. (« But it is just as one chooses to look at it[f]. »)

a. Anglais : « malmené ».
b. Anglais : « Il voulait sauver les apparences. »
c. Anglais : « notaire ».
d. Anglais : « gauche ».
e. Anglais : « coquin ».
f. Anglais : « Mais tout dépend de la façon dont on choisit de voir les choses. »

Je lui ai parlé des quelques erreurs que j'ai relevées, et il en a été surpris. Il croit que plusieurs (dans les citations de Darwin) doivent provenir de Darwin lui-même (à vérifier sur les éditions consultées par S.B. : 1876). Mais il a reconnu qu'en effet « same » doit être une erreur de S.B. Quant à « Bishop Gurgoyle » dans *Erewhon Revisited*[a], il a reconnu qu'en effet c'était une erreur, mais il dit qu'il faut la respecter, et que si on l'avait montrée à S.B., il aurait dit : « Well, you know, he had been made a Bishop in the interval[b]. » — Quant à la citation de *Genesis of Species*, il n'avait pas remarqué que la phrase n'a aucun sens. Il le reconnaît, et me conseille de vérifier dans le livre de Mivart[268].

Parlant, au hasard, au cours de la conversation, — ou plutôt à propos du livre de Gilbert Cannan (qu'il trouve mauvais, excepté en ce qui concerne *The Way of All Flesh*), il m'a raconté l'affaire Cannan-Barrie, dont j'avais vaguement entendu parler. — Il dit que les seuls critiques qui comprennent bien S.B. sont, jusqu'à présent : Cluttonbrock, Bernard Shaw, et (je crois) Richard Garnett : « They speak of Butler, and not of themselves in what they write about him[c]. »

Le thé et l'entrée d'un petit garçon, le fils de Rose (la housekeeper[d] qui a servi le thé) ont marqué un intermède assez familial et agréable dans notre conversation ultra-littéraire. — Il a trouvé l'article de l'*Athenaeum* sur « The Home of Samuel Butler », très mauvais, et paraissait presque approuver la réponse. Autre chose : Ellen est un personnage purement imaginaire. — Il se peut que S.B. ait pris le dénouement du mariage d'Ernest Pontifex dans Thackeray, qu'il avait beaucoup lu entre son retour de N[ouvelle]-Z[élande] et la composition de *Erewhon*. — Mrs Boss était la housekeeper du neveu de S.B. — Un des frères de S.B. était « a jolly black guard[e] ». Enfin, avant mon départ (vers 6 heures ¼), il m'a donné ses deux volumes sur l'Italie : *Diversions in Sicily* et *Castellinaria* avec d'aimables dédicaces, dont l'une en italien : Ricordo di 120 Maida Vale, 26 Sept. 1919. — Alors, je lui ai dédicacé la copie dactylographiée de *Erewhon* que je lui avais apportée.

Ah, je lui ai parlé aussi des « donc » inutiles ou mal placés, dans les phrases françaises citées dans les *Note-Books*. Il m'a dit qu'il valait mieux les laisser, si possible, et quand c'était possible. C'est Gogin[269], qui était un peu français (du côté de son père), qui renseignait S.B. sur tout ce qu'il pouvait rencontrer de difficultés soit dans les livres soit dans les lettres en français. Il m'a montré son portrait (celui de M. H.F. Jones) par Gogin ; il ne trouve pas que le portrait de S.B. par Gogin soit très bon. — Enfin il m'a signalé

a. Anglais : « L'évêque Gurgoyle » dans *Nouveaux Voyages en Erewhon*.
b. Anglais : « Oh, vous savez, on l'a fait évêque entre-temps. »
c. Anglais : « Ils parlent de Butler, pas d'eux-mêmes dans ce qu'ils écrivent sur lui. »
d. Anglais : « gouvernante ».
e. Anglais : « une sacrée canaille ».

l'article de Jean Blum[270] dans *Le Mercure de France*, en 1910 (il figure dans la bibliographie de sa Biographie, qui a été dressée par M. Bartholomew). — Il m'a enfin — lorsque je lui ai dit que j'avais l'intention d'aller à Cambridge — dit qu'il allait prévenir M. Bartholomew[271] de mon arrivée à Cambridge. Je voudrais y aller demain, mais je crains que la grève des chemins de fer ne m'en empêche. — Il m'enverra à mon adresse de Paris les deux tomes de la Biographie. — Je lui ai recommandé de les envoyer à M. Davray (lui envoyer son adresse) et à Benedetto Croce. (C'est de la part de MacMillan qu'il m'a demandé à qui les envoyer en France et en Italie.) Il faudra que je lui indique aussi Papini ou Prezzolini[272]. — Du reste, je dîne avec lui à son cercle lundi soir. Nous recauserons.

Je crois avoir tout noté, mais sans ordre. D'autres détails me reviendront. À propos de Townley, le traducteur de *Hudibras*, il m'a dit qu'il (S.B.) ignorait probablement l'existence de ce Townley ; qu'en tout cas il avait voulu donner au personnage de *The Way* un nom suggérant l'idée « of a man about Town[273] », à la manière des romanciers et essayistes et auteurs dramatiques du XVIIIe siècle (Surface, Mrs Malaprop, etc.).

Je suis sorti du 120 Maida Vale avec une excellente impression. —

Ce soir, passé au cercle ; soupé avec G[ladys] dans Whitehall ; ensuite au cinématographe dans le Strand. Rentrés par le Tube. — Trouvé, au cercle, une c[arte] p[ostale] très aimable de Henri Hoppenot.

Samedi 27 sept. — Le premier jour de la grève des chemins de fer (ça passera : la guerre a bien fini). Les journaux en font de grands éclats ; et un journal de midi portait en manchette « Strike Prospect Staggering ». Mais « it did not stagger me[a]. » Cela m'a empêché d'aller à Cambridge, il est vrai ; mais cela ne m'a pas empêché de passer fort agréablement cette journée forcément perdue ; et j'ai pu esquiver à peu près tous les ennuis de la situation. Le matin, au cercle, d'où j'ai rapporté mes achats de ces derniers jours. Déjeuné avec Gladys et Leslie. Rentrés ensemble à Edgware Rd, et joué une partie de l'après-midi avec Leslie, et j'ai vu un peu où il en est. Il n'y a rien, presque rien, du caractère de son père chez lui ; je n'y découvre que sa mère, mais avec plus d'équilibre et de simplicité. Elle lui avait acheté un jeu de dominos, qu'il appelle des « briques » et dans lesquels il ne veut voir que des « briques », c'est-à-dire les pièces d'un jeu de construction. Il aime les images coloriées, et a barbouillé devant moi un modèle représentant « the cat and the fiddle, the cow jumped over the moon[274] », etc. Il collectionne et thésaurise dans sa mémoire toutes les manières défectueu-

a. « Bouleversantes perspectives de grève ». Mais « cela ne m'a pas bouleversé. »

ses de parler qu'il entend à l'école où il va, ou plutôt dans les rues qui mènent à cette école. « Them soldiers », « ain't it ? », etc., mais pas de gros mots — ; sa mère a beau le reprendre, il persiste à parler mal, il en est même fier, et a l'air de penser que c'est être bien naïf que de parler correctement. C'est sa petite fanfaronnade de vice. Il a les mêmes mouvements tout spontanés de reconnaissance et de tendresse qu'a sa mère. Aussi, la même timidité. Mais pas de complications et d'arrière-plans. On peut prévoir ce qu'il fera dans telle et telle circonstance donnée, et on peut savoir s'il est gai ou triste, impatient, content, jaloux, etc. — choses impossibles avec sa mère. — Ce soir après avoir dîné de bonne heure, emmené G. à l'Alhambra, (non, à l'Empire), où on donnait une opérette quelconque, mais qui nous a fait passer un moment. Peu de monde. À la sortie, la difficulté de trouver un taxi ; beaucoup étaient déjà en grève. Après une demi-heure de va-et-vient entre Trafalgar Square et la gare de Charing X [Cross], nous avons fini par trouver un taxi complaisant… pour dix shillings. De longues grappes de gens attendaient partout au coin des rues. Du reste, c'est l'aspect le plus notable de la grève jusqu'à présent : beaucoup de monde allant à pied dans des rues où d'habitude on en voit peu, et beaucoup plus de monde que d'habitude attendant aux arrêts des omnibus. Derrière Saint-Martin-des-Champs, il y avait de longues queues, comme à la porte d'un théâtre. Le gouvernement et ses journaux font ce qu'ils peuvent, mais les gens s'en f— : c'est comme le froid, la pluie, ou la guerre : cela se passe ailleurs, et l'important, c'est d'être embêté le moins possible, et s'abriter du mieux qu'on peut. — Pour ma part, j'espère que cela ne m'empêchera ni d'aller à Cambridge, ni de revoir M. H.F. Jones avant mon départ, et que je pourrai envoyer quelques lettres que j'aurais dû écrire plus tôt. Compensation : le franc est moins bas.

Beaucoup songé à tout ce que m'a dit M. H.F. Jones hier. À propos de l'affaire Cannan-Barrie, en général on désapprouve Cannan. À un banquet Butler, il a fait un discours qu'on a considéré comme une bévue : en faisant allusion au refus de S.B. d'entrer dans les ordres, il a dit que tous les grands hommes débutent dans la vie par un « faux pas » (en français) ; et quelqu'un, en se penchant vers M. H.F. Jones, a murmuré : « Lui, a commis un fameux "faux pas". » Autre anecdote : M. H.F. Jones est allé voir Langar et la cure, et a visité le curé. Conversation sur S.B., dont le curé n'avait rien lu. « Oh ! il faut que je vous envoie *The Way of All Flesh* », lui dit M. Jones. Et il le lui envoya dès son retour à Londres. Il attend encore l'accusé de réception du curé. « But you know, me dit M. Jones, I thought it was natural that, living at Langar parsonage, he should possess a copy of *The Way of All Flesh*[a]. »

a. « Mais vous me connaissez, me dit M. Jones, j'ai trouvé normal qu'habitant le presbytère de Langar, il possède un exemplaire de *Ainsi va toute chair*. »

J'ai écrit à Mlle L. Richard, à Hayes Court ; mais la grève l'empêchera de recevoir ma lettre. Nous allons rester quelques jours sans communication d'aucune sorte avec le reste de l'Angleterre et du monde. Même, il nous sera difficile de sortir de notre quartier, et nous allons vivre entre Maida Vale et l'Arc de Marbre[a].

Lundi 29 sept. — La grève continue mais ne s'étend guère. Le changement brusque de température m'a mis en piteux état : bronchite et les douleurs habituelles : la main droite presque inutilisable ; il faut que j'écrive très lentement[b] et même ainsi, chaque mouvement me fait mal. Sans parler de la tête, des jambes et de toutes les articulations. La fièvre, une partie de la nuit dernière. — Hier, nul désir de sortir de mon quartier ; déjeuné et dîné dans Edgware Road, et promené au bord du canal et dans les rues voisines : Hall Place, Hethpool Street, etc., presque des slums, les bas quartiers de Marseille, Oujda et Tanger sans la lumière et la couleur. Ce sont les coins d'extrême nord de Londres, et pareils à des rues de Copenhague et de Stockholm. Les bords du canal sont charmants. — Heures à la maison ; conversations avec G. sur bien des choses. Lecture des revues achetées jeudi : *The Owl, Coterie,* etc., et, la nuit dernière, la moitié du livre de G. Cannan sur S. Butler. Il ne suit pas son sujet ; c'est confus et mal fait, ça donne tout de suite dans les généralités, dans le vague, etc. Cependant il y a quelques bonnes choses, par exemple sur l'humour de S.B. (comparé à celui de Lear et de Lewis Carroll, le seul pur). Mais il dit tout ce que S.B. N'est PAS ; c'est le mauvais système. On dit ce qu'il est, et cela suffit ; mais ce n'est pas toujours commode. — Hier, il y avait des « sayings[c] » de D'Annunzio dans un journal du dimanche : « I see that elementary laws do not apologise. » Oui, mais cela est de Whitman, et non pas de D'Annunzio[275]. Il prêche aussi « le mépris des femmes », croyant que c'est un sentiment viril, et c'est tout le contraire. Il n'a pas trois idées dans la tête, et ce n'est pas son métier. Sa conduite est grotesque et odieuse : chien de guerre — trop bon chien de guerre ; larbin trop zélé ; c'est de l'héroïsme de chou-chou du professeur. X. Y. et Z. (et moi-même dans une certaine mesure) avons fait bien mieux dans le genre opposé, et les journaux (naturellement) n'en parlent pas.

Mardi 30. — La journée d'hier, après avoir écrit ce qui précède. — Allé au cercle, puis remonté le Strand, où j'ai fait quelques

a. Larbaud, dans ce journal de Londres, francise souvent les noms de lieux ; il faut lire : Marble Arch.

b. Larbaud insère ici une coupure du *Daily Mirror* ; voir annexe 7, pp. 779-780.

c. Ici nous traduirons par « citations ».

emplettes ; au cercle encore ; pas de lettres, naturellement : la grève : isolement complet — dans Londres ! Étonnant : le cœur momentanément isolé de l'organisme entier. — Lu les journaux. — Vers 7 h. remonté lentement vers St James's Street, et le New University Club, où M. H.F. Jones m'attendait pour dîner. Excellent dîner, et parlé de S.B., en somme, pendant 2 heures ½. Les sœurs de S.B. : l'une la femme du frère du poète Robert Bridges (Charles Bridges, je crois) ; ne l'a épousé que parce qu'il était malade, et il n'a vécu que quelques semaines après. Quelqu'un a dit : « Ce qu'il y a d'étonnant, c'est qu'il ne soit pas mort le lendemain du mariage. » On pense qu'il n'a pas été consommé. L'autre, la vieille fille, survivante[a], est May Butler. « May is a snake, a fool, and a liar » ; l'autre : « Good natured, but a tremendous fool. » J'ai demandé à M. H.F. Jones : « Which of the too saw an angel ?[b] » Il paraît que ce fut May — du moins c'est ce que S.B. entendit raconter par des gens du village (Langar). May et l'autre ont donné comme résultat Charlotte ; S.B. n'a pas voulu accabler Ernest. — Nous avons longuement parlé d'Ernest. S.B. l'avait d'abord appelé CHRISTIAN : c'est une lettre de Miss Savage qui a donné cette indication à M. H. F. Jones. Il suppose que S.B. a trouvé suffisant d'avoir nommé la mère Christina. Du reste, il détestait le prénom Ernest (et aussi Herbert). Pontifex est le nom d'un grand fabricant de cuvettes de W.C., dans ou aux alentours de Holborn. — Le titre originel de *The Way* était : *Ernest Pontifex, or The Way of All Flesh.* C'est Streatfeild qui a décidé Butler à changer le titre, en faisant valoir que trop de romans contemporains portaient comme titre le nom du personnage principal. Du reste, tout ce que je note là doit se trouver dans la Biographie. — Après le café et la visite du cercle, nous sommes allés à pied jusqu'à la gare de Victoria, où nous avons pris l'omnibus pour rentrer, et M. H. F. Jones m'a accompagné jusqu'à ma porte. Il m'a donné toute la série des gravures et fac-similés qui seront insérés dans la Biographie. Voilà de quoi décorer tout mon appartement de Paris. Il avait aussi apporté l'exemplaire de la 1re édition révisée de *Erewhon*, ou UNE PARTIE des additions ont été marquées « in red chalk[c] » par S.B. Voilà pour hier lundi, et je crois que je n'oublie rien. —

Ce matin, je me suis rendu à l'invitation de M. H.F. Jones, chez lui, à 9 h ½. Déjeuné ensemble. Examiné différents ms. de S.B., surtout celui de *Alps and Sanctuaries*[276], dont j'ai lu une bonne partie. J'aurais beaucoup à dire au sujet des corrections (c'est-à-dire,

a. Note de Larbaud : « Mais assez curieusement, M. Jones en parlait toujours comme si elle était encore en vie. Men[tion] conf[irmée] »

b. Anglais : « May est une vipère, une sotte et une menteuse. »

« Une bonne fille, mais d'une sottise épouvantable. »

« Laquelle des deux a vu un ange ? »

c. Anglais : « à la craie rouge ».

en somme, de la façon de travailler de S.B.). C'est un ms. sur fort papier teinté bleu (peut-être du papier à lettres). J'ai vu les ms. de la Biographie. En somme, depuis la mort de S.B., M. H. F. Jones n'a guère cessé de travailler à cette biographie.

Entre 10 ½ et 1 h ½ nous sommes allés au Musée Britannique. L'émotion de rentrer dans cette salle. (Il paraît que beaucoup de choses — mais du musée plutôt que des livres — avaient été envoyées à Aberystwyth, dans le Pays de Galles.) D'abord, nous sommes allés à la Large Room, car j'avais sottement laissé ma carte chez moi, et M. H. F. Jones a dû prendre la peine de me re-présenter, et de me faire donner un bulletin d'entrée. Il m'a présenté à plusieurs de ses amis parmi les bibliothécaires, et notamment à M. Lawrence Binyon, le poète[277] ; j'ai profité de cette occasion pour demander qu'on rectifie l'orthographe de mon prénom sur les catalogues du Musée, et qu'on me rende mon sexe. Ce qui a fait dire à l'un d'eux : « Yes, we will put him straight[a]. » — M. H. F. Jones m'a conduit à la travée B (« B for Butler ») où IL s'asseyait, et nous nous y sommes installés. Alors, j'ai voulu trouver le Frost (John Frost's *Lives of Eminent Christians*, — qui contient une vie de S. T. Coleridge, soit dit en passant) mais il n'était pas au bout de la travée B, avec les ouvrages de théologie. On l'avait enlevé, sans doute parce que, depuis la mort de S.B., « personne ne le demandait plus ». (Ce mot est de M. H.F. Jones.) Nous avons cherché dans les catalogues, mais ne l'aurions pas trouvé (il y a tant de Frosts !) sans l'aide d'un bibliothécaire qui savait que les livres enlevés des rayons de la salle avaient une marque spéciale. J'ai demandé *Genesis of Species* de St George Mivart, et la ré-édition moderne de *La Vénus physique* de Maupertuis. — Pendant que M. H.F. Jones parcourait le Maupertuis, j'ai cherché tout ce que je voulais voir et vérifier dans *Genesis of Species*. Le passage de la *North British Review* est bien tel que S.B. l'a recopié, mais il n'est pas clair, et M. H. F. Jones en convient. Je n'ai pas trouvé la note sur « l'horrible anecdote » de la Révolution française ; pourtant il semblait bien que ce fût la 1re édition. Mais je regarderai encore.

Au milieu de nos investigations, on nous a apporté le Frost, et M. H. F. Jones et moi l'avons touché et feuilleté en pensant à S.B. Nous étions assez émus l'un et l'autre. — À la sortie, allés à Chancery Lane, dans un restaurant tranquille, et meublé avec goût. La propriétaire a demandé avec intérêt quel jour allait paraître la Biographie, et a été très aimable avec moi quand elle a su que j'avais traduit 5 volumes de S.B. en français. Ensuite, nous sommes allés à Clifford's Inn, et avons visité l'appartement de S.B. Second étage à droite.

a. Le pronom *him*, qui désigne la personne (Larbaud) et non le nom, induit ici une ambigüité qui amuse Larbaud. Et la traduction « Oui, nous allons le rectifier » peut s'entendre aussi : « nous allons corriger son homosexualité »...

En voilà le plan [*voir plus haut, p. 531*], de mémoire, d'après ce que j'ai vu et ce que M. H. F. Jones m'a dit. Il y a deux « RECOINS » (hachures). Cheminée dans l'atelier ; cheminée dans la grande pièce. Il paraît qu'on a repeint la chambre ; le reste est demeuré en l'état. — Curieuse visite. C'était la seconde fois que M. H. F. Jones accompagnait quelqu'un, et la première fois, la jeune dactylographe avait fait beaucoup de difficultés pour le laisser entrer. Cette fois encore (c'était la même dactylographe — les patrons n'étant pas là) il a fallu tout lui expliquer. « You know, Mr Samuel Butler lived there. — I don't know him. — Of course ; but you see, he was a writer ; and I was his friend ; and I used to come and see him here many times... Yes, a writer, and this gentleman is a Frenchman who has translated some of Mr Butler's books, and he should like to visit the rooms where Mr Butler lived[a] »... etc, etc. Elle n'y a rien compris, naturellement ; mais elle a vu que nous n'avions pas l'air de cambrioleurs, et nous a laissés entrer, mais nous a suivis de chambre en chambre — plutôt intéressée, je crois, par les explications que me donnait M. H. F. Jones ; du reste c'était pour elle une occasion de quitter son travail pendant un quart d'heure. — Redescendu le Strand à pied, et entré chez Hachette, où j'ai en vain demandé et cherché les *Morceaux choisis* de Walt Whitman[278], que je voulais offrir à M. Jones, pour le remercier, et aussi pour qu'il lise mon introduction. — Nous avons cherché à rentrer à Maida Vale, mais les omnibus étaient pleins (la grève !) et alors je l'ai invité à venir prendre une tasse de thé à mon cercle. Toute notre conversation a roulé sur S.B. Il me demande : Et comment avez-vous traduit tel passage ? Et avez-vous bien saisi telle allusion, tel jeu de mots ? (Il m'a ainsi donné une bonne indication pour « Entertaining angels » — le jeu de mots de la fin, que je n'avais pas assez mis en lumière, je crois ; et m'a fait revenir à une de mes premières interprétations pour Mrs Humdrum.) Je lui dis : « Croyez-vous que je doive allonger ma note sur Wardour Street, et parler des agences de cinéma ? ... » ou bien : « Telle ou telle expression m'a donné assez de mal ; voici comment je m'en suis tiré ; qu'en pensez-vous ? » — C'est tout à fait charmant, car nous connaissons notre Butler dans tous les coins. Ainsi, il a fini par se décider à corriger les erreurs que j'ai relevées dans *Life and Habit*, et a même trouvé l'omission du mot « innate[b] », et la référence au « last chapter » au lieu de « last chapter but one »[c], des fautes d'inattention assez sérieuses de la part de

a. Anglais : « Vous savez, M. Samuel Butler habitait là. — Je ne le connais pas. — Bien sûr, mais vous comprenez il était écrivain ; j'étais son ami et je suis venu le voir ici à de nombreuses reprises... Oui, écrivain, et ce monsieur est un Français qui a traduit quelques-uns des livres de M. Butler, et il aimerait visiter l'appartement où M. Butler a vécu... »

b. Anglais : « inné ».

c. Anglais : « Le dernier chapitre » au lieu de « l'avant-dernier chapitre ».

S.B. — Il m'a aussi donné par avance la véritable leçon du titre de la chanson dans le chapitre « En prison » de *Erewhon* ; c'est « Villikins and his Dinah », et non « Wilkins... » comme S.B. l'a écrit[279]. Il m'a fredonné l'air.

Rentrés à Maida Vale (où sa sœur est arrivée ce matin en automobile), nous avons examiné les additions et différentes versions de *Erewhon*, que je me propose de regarder de plus près. Puis il m'a donné d'autres reproductions du portrait de S.B. par Gogin. Puis il m'a fait lire la fameuse lettre de Christina (je me rappelle quand je l'ai traduite, à Alicante ou peut-être dans les premières semaines du séjour à Villa Rafaela). Elle est telle que S.B. l'a reproduite, seulement elle est signée du nom de sa mère « Fanny Butler ». Document pathétique ! Elle est datée « Langar, Feb. 6. 1841 ». Écriture appliquée, soignée ; enfin un de ces morceaux de « littérature » comme les gens en commettent quelquefois — surtout les femmes ; une espèce d'explosion de vanité, de sottise et de poésie. — J'avais aussi demandé à voir la lettre de l'officier turc, et je l'ai vue ; elle est telle qu'on peut la lire dans les *Note-Books*, à part une rature, où je lis « Howe... » (However) avant « though » (dernières lignes). Elle est écrite à l'encre violette[280].

Après cela, j'ai pris congé, et me suis excusé de mon importunité, et ai essayé de dire combien j'étais touché de l'accueil admirablement cordial de M. H.F. Jones ; mais il m'a dit : (je traduis, et de mémoire, et mal) : « Depuis que Samuel Butler est mort, j'ai consacré toute ma vie et toutes mes forces à écrire sa biographie, et à le faire mieux connaître. Vous vous intéressez à lui, vous avez traduit cinq de ses livres ; cela suffisait pour que je me mette entièrement à votre service pour tous les renseignements dont vous pouvez avoir besoin. Vous venez à moi au nom de Samuel Butler, dans l'intérêt de Samuel Butler ; vous ne pouvez pas être importun. » Au bout d'un moment, il a ajouté : « Vous me voyez à un moment où je suis un peu énervé et inquiet, parce que le moment approche où mon livre va paraître, et ce livre représente un travail de seize ans, et je sais qu'il déplaira à beaucoup de personnes et les offensera. Mais je ne peux pas faire autrement, et sacrifier la vérité à des considérations de ce genre. Du reste, j'ai dit dans ma préface : "Je suis certain que ce livre ne peut offenser aucune personne VIVANTE" (ou plutôt : "Je suis sûr qu'il n'y a rien dans ce livre qui puisse offenser aucune personne VIVANTE"). » Il a ri en disant ces derniers mots : « any LIVING person » : prenant « living » au sens où le prenait S.B., et faisant allusion à « Charlotte », qui n'est pas, quoique « en vie », une personne « vivante ». — À propos, Miss May Butler prétend n'avoir jamais lu *The Way of All Flesh*, mais à la façon dont elle parle de son frère et de ses livres, et de la Biographie écrite par H.F. Jones, on a tout lieu de croire qu'elle l'a lu.

Après cela, je me suis retiré, et j'ai pris congé de M. H F. Jones et de sa sœur, qui m'ont invité à dîner pour après-demain jeudi. J'irai travailler à partir de 3 heures chez eux au second étage (comparer les éditions de *Erewhon*). Avant de partir, M. Jones m'a donné un exemplaire de *The Young Visitors*, le petit roman écrit par Daisy Ashford quand elle avait neuf ans. Il connaît Daisy Ashford ; elle est dactylographe chez un de ses amis.

En rentrant à Clifton Road, j'ai lu ce petit livre, et il a dépassé tout ce que m'en avait dit M. Jones. Il n'y a rien de plus amusant et après dîné, je l'ai relu d'un bout à l'autre à haute voix, pour moi et pour Gladys, et nous avons passé une heure de gaîté extraordinaire. Du reste, elle aussi bien que moi, avons senti autre chose qu'un ouvrage d'enfant simplement ridicule, dans ce petit livre. Il y a des qualités évidentes. C'est plus qu'un document. C'est tout à fait comme un dessin d'enfant qui promet, et qui pourrait devenir un grand artiste. Du reste, cela m'a un peu sorti de S.B., et rire beaucoup m'a fait du bien.

Bonne soirée avec Gladys. Hier, c'était autre chose, et je regrette un peu ce que j'ai fait ; mais je défendais ma liberté. Et puis, il y a chez elles toutes (les Anglaises) une telle inaptitude pour tout ce qui n'est pas l'amour ! En fait, elles sont incapables d'autre chose : une rêverie vague et le lit.

Écrit à « Ella » ; mais, avec la grève, la lettre arrivera-t-elle ?

Octobre

Mercredi 1er octobre. — Oublié bêtement mon stylographe à la salle de lecture du Musée Britannique, cet après-midi. — Et oublié aussi de noter, hier, une des choses les plus importantes que m'a dites M. Henry Festing Jones pendant que nous étions à mon cercle. C'est à propos de Miss Savage[281]. Je voulais savoir quelles étaient au juste ses relations avec S.B., et j'ai demandé à M. H. F. Jones si, comme Ernest Pontifex, S.B. avait demandé plusieurs fois « Alethea » en mariage. Alors j'ai appris que Miss Savage n'était pas « une personne à laquelle quelqu'un pût songer pour le mariage ». Elle était difforme ; elle boitait fortement, et marchait en s'appuyant sur une canne. De plus, elle se négligeait, et on aurait pu la prendre pour « une femme de ménage » (« a laundress », « a charwoman »). C'était, on le voyait du premier coup d'œil, « a woman who did not make the best of herself[a]» (physiquement). Elle n'était pas riche, mais seulement assez « à l'aise » pour ne pas travailler. Son père, architecte, avait été admis à concourir pour le pont de Londres. Elle était dépensière. — L'anecdote de l'enterrement, et de la pierre

a. « Une femme qui ne se mettait pas à son avantage ».

tombale remarquée par S.B. pendant l'enterrement. M. Jones est allé au cimetière il n'y a pas longtemps et a retrouvé cette pierre « looking more wicked than ever, since it had sunk into the earth[a] », et aussi la pierre tombale de Miss Savage. Aucun lien de parenté entre Miss Savage et les Savages du Warwickshire[282].

Ce matin, déjeuné dans le Strand, puis au cercle, d'où j'ai écrit à Mr. Bartholomew, de Cambridge. Puis au Musée Brit. Où j'ai trouvé quelques expressions ou citations butlériennes (identifié plutôt) dans une concordance biblique quelconque. Puis j'ai lu *La Vénus physique* de Maupertuis. Il n'y a rien sur la Mémoire-Hérédité, et c'est un autre ouvrage que doit citer Edmond Perrier. Mais le livre est amusant. Retrouvé le passage sur les amours du Poisson, cité en note par Yves Delage. Et d'autres choses, telles que :

« C'est cet instant, marqué par tant de délices, qui donne l'être à une nouvelle créature qui pourra comprendre les choses les plus sublimes, et, ce qui est bien au-dessus, qui pourra goûter les mêmes plaisirs » (p. 17).

« Parlerai-je d'animaux dont la figure inspire le mépris et l'horreur ? Oui, la nature n'en a traité aucun en marâtre : le crapaud tient sa femelle embrassée pendant des mois entiers. »

« Une brune aux yeux noirs brille de tout le feu des beautés du Midi... La Française n'a ni la vivacité de celles que le soleil brûle, ni la langueur de celles qu'il n'échauffe pas ; mais elle a tout ce qui les fait plaire. Quel éclat accompagne celle-ci ! ELLE PARAÎT FAITE D'ALBÂTRE, D'OR ET D'AZUR ; j'aime en elle jusqu'aux erreurs de la nature, lorsqu'elle a un peu outré la couleur de ses cheveux... »

Voilà où on voit la supériorité des savants du XVIIIe siècle. Darwin (je veux dire Charles Darwin) n'aurait pas songé à tout cela. Érasme Darwin y a songé ; — Et tout cela n'empêche pas que Maupertuis devance la Pangénèse de Darwin : « Chaque partie fournit ses germes », dit-il. Cela suffit. C'est ailleurs sans doute que je trouverai son ébauche de la théorie de Butler.

Après la bibliothèque, remonté Oxford Street à pied, à la recherche d'une place dans un omnibus allant vers Maida Vale. Quelles belles filles j'ai vues ! Mais la presse était si grande que j'ai fini par me lasser et d'attendre un omnibus moins « complet » et de voir tant de beautés (dont Maupertuis aurait été touché, peut-être au point de trouver que les Françaises pouvaient avoir des rivales à Londres), et j'ai pris un taxi, trop heureux encore qu'il voulût bien me conduire « au bout d'Edgware Rd » (je n'ai pas osé dire Maida Vale, parce qu'il aurait pu trouver que c'était trop loin).

Relu mes notes, etc. Londres me remplit de courage et d'ardeur au travail. Beaucoup pensé à Martre, un peu à Henry, un peu à M. Bonsignor, un peu à « Beauté, mon beau souci... », et fini par

a. « Qui avait l'air plus affreuse que jamais, car elle s'était enfoncée dans le sol ».

décider que le titre de la nouvelle sur M.M. W.T. serait « Car demain nous mourrons »[283]. Mais l'écrirai-je ? Il faudrait que j'aille à Whitstable voir l'héroïne. Du reste, la vraie héroïne serait assez différente du modèle pour que le modèle ne se reconnût pas. C'est curieux, mais j'ai bien tenu ma promesse de ne pas me laisser entraîner vers Whitstable. Il est bien faux en effet que, dans ce cas, « deux vaillent mieux qu'une ».

Reçu un télégramme de Mlle Richard ; demande si elle peut me voir samedi ou dimanche. Oui. Peut-être pourrai-je lui signaler *The Young Visitors*. Mais il faudrait d'abord que la N.R.F. s'y intéressât ; et j'ai trouvé G[aston] si peu chaud en ce qui concerne ses livres. — Pas encore reçu l'exemplaire de *Trivia* acheté à la Bomb Shop l'autre jour. — Le temps s'est radouci, et j'en ressens l'effet : articulations plus souples, douleurs moins vives, etc.

Samedi 4 octobre. — Rien écrit ces deux derniers jours, ici. Douleurs et malaise général. J'ai passé mon temps entre le Musée Britannique et la maison de M. H. F. Jones dans Maida Vale. C'est à cette dernière place que j'ai comparé assez minutieusement la seconde édition de *Erewhon* avec l'édition révisée, par curiosité pure, car je ne peux pas faire de ma traduction une édition critique. Mais cette comparaison était intéressante. J'ai noté non seulement les additions, mais aussi les suppressions et les changements. Il a effacé un certain nombre de passages, et a certainement « poli » son ouvrage. — Ce travail m'a absorbé au point de me fatiguer ; mais surtout j'avais horriblement froid chez M. H. F. Jones, qui paraît ne pas souffrir du tout de ce temps humide et frais, malgré tous ses séjours en Italie. J'avais si froid, que je me sentais complètement hébété après ces séances, et, à table, j'ai bafouillé horriblement. Du reste Miss Jones m'intimide un peu, malgré son évident désir de me bien traiter. En somme, j'ai passé, dans ces conditions-là, toute la soirée de jeudi et une bonne partie de la journée d'hier vendredi, jusqu'à cinq heures. J'étais complètement gelé et il m'a fallu rester devant mon poêle à gaz pendant trois heures pour me remettre un peu. J'ai l'impression que M. H.F. Jones et sa sœur m'ont trouvé ennuyeux et assez désagréable, et qu'ils n'ont pas songé un seul instant que j'aurais été beaucoup moins terne, et que j'aurais parlé davantage et mieux s'ils avaient eu du feu dans leurs chambres ; enfin j'espère avoir « réparé » un peu par l'envoi de fleurs et de fruits rares à Miss Jones. À propos d'elle : je ne sais pas ce qu'elle est, mais elle a une très vaste culture : français, italien, suédois, et une connaissance assez grande de la littérature française. Elle avait lu *Jean Barois* de Martin du Gard, et savait l'apprécier. Je me propose de lui donner les livres de M. Proust, dont je lui ai parlé. — J'ai été très indisposé avant-hier et hier ; mieux aujourd'hui. Le matin : tailleur, fleuriste (celui du Savoy Hotel, où j'ai acheté les roses pour Miss —, en 1913 !) essayé de voir M. Davray ; au cercle (les lettres qui m'attendaient, une surtout). Déjeuné seul chez Gatti ; à la Bomb Shop, réclamé *Trivia* ; je l'aurai lundi ; chez Fifield où j'ai payé l'exemplaire d'*Erewhon* que M. Jones avait eu la complaisance de demander pour moi ; et acheté les Butlers qui me manquaient : *The Fair Haven* ; *God the Known*[284], et le petit livre de M. Jones *A Step Towards Reconciliation*. J'ai appris que *Luck or Cunning* et *Ex-Voto*[285] sont épuisés ; heureusement je les avais fait venir à Alicante. — Au Musée Brit., à la travée B., demandé la 1re édition de *Erewhon* pour voir les additions au Chapitre des Mécontents ; mais il était en mains. Vérifié ce que j'avais dit à M. Jones au sujet du livre de mon grand-oncle, F. Larbaud, dans le catalogue. Je me suis légèrement trompé ; son livre (sur les maladies de la vessie) est de 1802 et mon premier livre inscrit en catalogue (le mauvais Coleridge) est de 1901[286]. — Retour près de mon poêle à gaz, après avoir écrit à D.S.P. ; et soirée comme d'habitude avec Gladys. — Je pourrais noter les légendes sur S.B. dont M. Jones m'a parlé : M. A[a] lui demandant : « Où était au juste la propriété que Butler possédait en Sicile » et Israël Zangwill[287] écrivant à propos de l'Albergo Samuele Butler : « It is there that the tired thinker used to come in search of rest and fresh air, among the simple people[b] », etc, etc., dans un endroit où S.B. et M. Jones n'avaient passé que 3 jours. J'ai demandé à M. Jones si je pourrais, à l'occasion parler de ces légendes ; il a d'abord hésité, ayant mal compris mon intention (je me suis mal expliqué, le froid me paralysait absolument) ; mais quand, comprenant le malentendu, je l'ai rassuré au sujet de ma discrétion, il m'a tout de suite donné son autorisation. — Reçu une aimable lettre de M. Bartholomew, de Cambridge. — Je ne puis exprimer l'amabilité de M. Jones à mon égard, et toutes les bontés et les attentions qu'il a pour moi. Heureusement je pourrai en dire quelque chose dans mon Introduction.

Dimanche, 5 octobre. — La grève est finie. Je ne l'ai su qu'après dîner, en allant à mon cercle, où une dépêche l'annonçait. Mlle Richard est venue ce matin. Elle a écrit en anglais un essai sur la poésie de Meredith. Je lui ai conseillé de l'offrir à Mac Millan, et de le traduire pour l'offrir à la N.R.F. Je lui ai aussi recommandé le petit livre de Daisy Ashford, qu'elle avait lu ; les nouvelles de O'Henry que m'a recommandées M. Jones (lui rapporter le livre), et *Trivia*, du moins d'après ce que j'ai lu dans *The Owl* ; je lui ai donné les 2 nos de *Coterie* et le dernier *Chapbook* de la Poetry Bookshop,

a. Note de Larbaud : « Asquith. »

b. « C'est ici que le penseur fatigué venait en quête de repos et d'air pur, parmi les gens simples. »

pour qu'elle voie ce qui peut lui plaire dans cette poésie toute récente, — et aussi pour qu'elle ne s'en aille pas les mains vides. Elle admire beaucoup Meredith, non seulement ses vers mais ses romans, et a soutenu son opinion malgré les jugements un peu irréfléchis et arrogants que j'ai portés sur lui en en parlant avec elle. Elle a l'air d'une personne très capable, et je crois n'avoir fait que ce que je devais en lui recommandant d'écrire aux éditeurs anglais et à G. Gallimard. Mais G. a tant de livres en tête qu'il doit forcément en laisser passer de bons et en prendre de mauvais, et il est bien un des meilleurs éditeurs actuellement existants, c'est-à-dire le seul, peut-être, qui désire sincèrement publier de la bonne littérature EN DÉPIT du public. Dans l'après-midi, passé un moment chez M. Jones. Mais j'avais une douleur si violente dans le pied droit, que j'avais pris un taxi pour aller de Clifton Road à Maida Vale, et ce taxi m'attendait, et ma visite devait forcément être brève, puisque nous n'allions pas voir Edmund Gosse[288], retenu au Pays de Galles par la grève. Justement il y avait ce matin dans le *Sunday Times* un article de Gosse sur P. Claudel, mi-palinodie (pour avoir ignoré si longtemps notre grand poète), mi-défavorable ; du reste il avait l'air de connaître fort peu l'œuvre de Claudel, et n'en parler qu'à cause de la vogue dont il jouit en ce moment en Angleterre. Il y avait le petit coup de patte à Rimbaud et à Mallarmé. C'est curieux, qu'un aussi bel esprit ne puisse pas franchement, ou se repentir d'avoir longtemps ignoré un écrivain très important, ou continuer à l'ignorer, lorsqu'il ne sait pas voir en quoi consiste son importance. Mais enfin Gosse a 70 ans, et il a toujours aimé la littérature française, et il a fait plus qu'aucun autre écrivain anglais pour la faire connaître en Angleterre. En Angleterre même il a été une sorte de mécène intellectuel, et comme critique, quelqu'un de premier ordre. Il faut tenir compte de tout cela. B. Croce est bien moins pardonnable[289]. — Cet article de Gosse était daté des bords de la Wye, et commençait par une charmante description du coin du Pays de Galles où il a passé ses vacances et où il est actuellement « marooned[a] ». M. Jones m'a montré un article (j'oublie le nom du journal) où il était question des publications de la N.R.F. et où les « traductions d'*Erewhon* Butler » étaient annoncées (6 septembre). Le *Times Literary Supplement* avait aussi une note sur la N.R.F. et une note sur les poésies publiées par *La Revue de Paris* (naturellement avec accent sur l'e de mon prénom). L'article de Gosse sur Claudel avait un mot aimable pour la N.R.F.

Je suis rentré à Clifton Road très fatigué et plein de douleurs (surtout le pied gauche). Si je n'avais pas G., tant de quintessence de littérature, s'ajoutant à mes douleurs, me dégoûterait de la vie.

a. « Bloqué » (en raison de la grève).

C'est étonnant comme ça prend vite l'air d'un métier, d'une affaire, la littérature ! On a envie de dire : N'en jetez plus ! Et on finit par savoir, avec tant de gens, tant de choses si parfaitement inutiles au plaisir de vivre, qu'on a envie de se faire désinfecter, ou tout au moins bien laver, — avec un « champoing » à l'eau du Léthé.

Sorti avec G., et descendu à pied « the » Edgware Road. J'ai appris à G. le mot français « guilledou » et lui ai donné l'étymologie trouvée par Jules Janin[a] (« Will ye do ? »[290]) Elle a pudiquement baissé les yeux, mais cette étymologie lui a plu, et maintenant je lui dis des choses comme celle-ci : « There is a great "guilledou" going on tonight about the Edgware Road ! » Et je lui ai demandé « whether there had been a great "guilledou[b]" le soir de la signature de la paix ». — Nous avons vu pour la dernière fois sans doute Hyde Park fermé et magnifiquement éclairé par les grands réflecteurs de la guerre.

La fin de la grève est une espèce de signature de la paix, et même dans cette maison il y a un peu de « guilledou » en train. On vient de frapper à la porte ; je suis allé ouvrir car il est tard et suis seul dans cette partie de la maison. C'était un soldat du régiment écossais, jeune et beau, qui m'a demandé si Mme B— était ici. Je crois que c'est la belle locataire du 2nd étage. Guilledou ! Guilledou !

Le livre de M. H. F. Jones sur S.B., qui devait paraître vendredi, était annoncé comme paru dans les journaux d'hier et de ce matin. Mais l'éditeur (MacMillan) attendait la fin de la grève. Peut-être sera-t-il enfin mis en vente demain.

Cambridge, lundi 6 octobre. — Me voilà donc enfin à Cambridge, à la vieille auberge ou hôtel « Bull », où j'avais passé quelques heures et déjeuné lors de ma première visite. — Le manque de communications et les « tubes » trop peu nombreux pour la foule m'ont retardé, et je n'ai pu prendre que le train de 12.30, qui a mis 3 heures pour aller de la gare de Liverpool Street jusqu'à la gare de Cambrige, en s'arrêtant à toutes les stations[c].

Il faut noter ce que j'ai remarqué pendant ces jours de grève, et surtout ce matin en face de St John's Wood Station, où les trains du « tube » ne passaient que toutes les demi-heures, et pleins comme des œufs. Des jeunes gens en automobile s'arrêtent et font signe à quelques jolies jeunes filles qui attendent le tramway ; il y a place pour trois, dans l'automobile, et, en se serrant bien, pour quatre. Les trois plus jeunes et jolies montant sans hésitation ; la qua-

a. Note de Larbaud : « Non, Philarète Chasles. »

b. « S'il y avait eu un grand "guilledou" ».

c. Sont insérées ici deux lettres : de H.F. Jones, en date du 24 septembre 1919, et de A.T. Bartholomew, en date du 2 octobre 1919. Nous les donnons en annexes 8 et 9 (voir pp. 780-782). Entre ces deux lettres se trouve un bulletin de prêt, au nom de V. Larbaud, pour *Erewhon, or Over the Range* de Samuel Butler, 1872.

trième, qui est moins jeune et moins jolie hésite, et finit par se retirer, en refermant la portière, doucement et tristement. Mais un des deux jeunes hommes assis sur le siège du devant lui dit qu'elle peut bien monter elle aussi, et elle se décide, et les autres lui font place, mais comme par charité. Pourtant, elle montrait plus de gorge que les autres, mais elle était déjà un peu marquée par les années et « the wear and tear of life » (and passion, I suppose[a]). C'était très curieux, ces jours-ci de voir les hommes en automobiles, les rois du moment, les chevaliers de l'heure, recevoir ainsi d'humbles supplications féminines, et faire leur choix. On sentait tout le jeu du sexe sous le train ordinaire de la vie. Les femmes vieilles et les filles laides ne cherchaient même pas à se faire voiturer, à se faire donner « a lift[b] » par les jeunes gens.

Voyage monotone ; mais la campagne en grands falbalas verts et bruns et rouges, n'était pas mal. En somme, depuis l'automne 1915, je n'avais pas vu la campagne anglaise. Dormi un peu, et lu les nouvelles de O'Henry que M. H. F. Jones m'avait recommandées. C'est G.W. Cable, mais peut-être en plus net, en plus condensé ; il faudrait que je relise « Madame Délicieuse » (est-ce bien ce titre ?) et enfin *Old Creole Days*[291]. J'ai donc fait gratis et par imagination un petit voyage à La Nouvelle-Orléans. Ça doit être intéressant. « Roads of Destiny » est très bien, à part quelques petites erreurs : « la province d'Eure-et-Loir », sous l'ancien régime ? Le conte intitulé « Cherchez la Femme » n'est pas mal.

Enfin arrivé ici, et tout de suite vu M. Bartholomew, qui m'a fait accompagner par un de ses collègues à la collection Butler, dont Gide m'avait parlé, et que j'ai vue assez bien — du reste je la reverrai demain. J'ai vu les premières éditions, les objets qui décoraient les chambres de S.B. à Clifford's Inn ; les copies dactylographiées des *Note-Books*, les n^os de l'*Eagle*, le n^o du *Mercure de France* contenant l'article de Jean Blum (1910) ; les livres de biologie donnés par M. Streatfeild et par M. H.F. Jones. (On voit avec quel amour ils ont composé cette collection.) Cela m'a fait penser que j'avais oublié de parler du livre d'Yves Delage à M. Jones, et je viens de lui écrire. J'ai vu les tableaux. J'ai vu le portrait (l'auto-portrait) de S.B. dans le Hall, près d'une fenêtre, et d'où il « peut voir les portraits de Wordsworth et du Dr Skinner[292] » (Kennedy).

J'ai écrit ce qui précède dans le lounge room du vieux « Bull », près d'un bon verre de bière qu'une jolie servante m'avait versé avec le plus grand soin ; après quoi je suis allé dîner dans la salle-à-manger. C'est ce grand calme, ce silence confortable et la nourriture prise, dans un air de grande joie, et tout l'essentiel de la vie bien prévu, bien respecté, — voilà la province anglaise (et aussi la

a. « "L'usure et l'outrage de la vie" (et de la passion, j'imagine). »
b. « Se faire reconduire ».

Hollande, je crois bien). Cela m'a fait du bien. On ne trouve cela ni en Espagne ni en France. Trop de bruit et de presse.

Je suis allé ensuite faire un tour dans la ville. Beaucoup de GUILLEDOU ici aussi, plus qu'autrefois, je crois bien. L'obscurité obligatoire favorise cela. Tout autour de la place, dans les rues et les ruelles, groupes de « flappers[293] » cherchant des aventures avec quelque « nice gentleman », ou avec quelqu'un des « Varsity boys[a] ». C'était tout le public du cinématographe où j'ai passé une heure environ, avant de rentrer au Bull et de reprendre mon journal.

Donc, avant dîner, vu M. Bartholomew et la collection Butler. J'ai vu les tableaux. Le meilleur est certainement *Family Prayers*. Si Guillaume Apollinaire vivait encore, je lui aurais fait connaître la reproduction de ce tableau dès mon retour à Paris. Il était tout à fait l'homme pour s'emballer sur cet ouvrage, et même en exagérer la valeur. Tel qu'il est, il fait honneur à S.B. — Les paysages (surtout ceux d'Italie) sont plus curieux qu'« enjoyable[b] » : cette extrême minutie, qui paraît contredire absolument la manière de *Family Prayers* — et pourtant, non ; elle est déjà dans *Family Prayers*. — Trop de choses à noter ; le cadeau d'un ami italien, etc. ; la photographie de Hans Faesch[294] ; le portrait de M. H.F. Jones (très remarquable). M. Bartholomew m'a donné (et dédicacé) les deux livraisons parues du catalogue de la Coll[ection] Butler ; et je les ai lues. Détail important : paysage peint pendant le second voyage en Italie (1854). Je ne crois pas qu'ils aient les traductions hollandaise et allemande d'*Erewhon*. Mais je verrai demain.

J'ai fait une bévue qui m'a servi. J'ai voulu voir tout de suite la collection et les tableaux, et re-visiter St John avec la mémoire pleine de tout ce que S.B. en dit dans ses ouvrages, et m'en aller tout de suite, un peu pour passer la soirée avec Gladys, qui du reste croyait que je reviendrais ce soir, et un peu par crainte d'être présenté à beaucoup de gens. J'ai donc passé juste dix minutes avec M. Bartholomew ; une demi-heure à St John's College, et je suis reparti pour la gare dans le taxi qui m'avait amené ; mais déjà je regrettais de n'avoir pas mieux vu les tableaux et feuilleté les livres et papiers. — Or, il n'y avait plus de train pour Londres. Donc je pourrais revoir la collection, et j'aurais ma soirée libre. Télégraphié à Gladys ; envoyé des cartes postales à toutes les personnes qui s'intéressent à S.B. à Paris, et parcouru quelques rues, et acheté un peu de poison pour mes douleurs (cette mixture pour la toux qui est aussi un calmant) et enfin les armes de St John's College, pour les suspendre près des autres souvenirs butlériens qui vont décorer mon appartement de Paris.

a. Anglais : « étudiants ».
b. Anglais : « plaisants ».

Et j'achève cette entrée à côté d'un verre de whisky et soda que m'a servi sans soin une laide servante à lorgnon. Mais quelles belles filles il y a ici, comme à Londres. Je songe avec étonnement à la rage et à la douleur que j'éprouverais si je n'en avais pas une moi aussi. Bon, voilà qui est jeune. Je vais mieux, décidément.

Mardi 7 oct. — Dans un quart d'heure je reprends le train pour Londres. Revu M. Bartholomew, qui a regretté de ne m'avoir pas vu hier soir, et voulait me retenir à déjeuner, mais impossible. Enfin j'ai eu le temps : de me faire raser ; de faire un grand tour en ville ; de noter les additions faites au Chapitre des Mécontents dans la 2de édition d'*Erewhon,* et de relever la page où était « infortuniam », (cela dans le petit bureau de M. Bartholomew, à la grande Bibliothèque (ces gens-là sont charmants ; quelle différence avec nous autres Français, qui sommes, je crois bien, les gens les plus désagréables du monde). Enfin, de lire l'article de Jean Blum dans *Le Mercure de France* (16 mai 1910). C'est un bon article — se retrouver au milieu de tant de matières ! — mais petites erreurs : il croit que la vocation de peintre de S.B. a été subite ; presque un caprice. — Enfin, encore, j'ai revisité les cours de St John's, et entendu mes pas « lick up the wall at the other end of the cloister[a] » dans la troisième cour. Bon, mais il faut partir.

Mercredi, 8 octobre. — Rentré hier soir à Londres, Clifton Road, où Gladys m'attendait depuis plusieurs heures. Le train a quitté Cambridge vers 2 ½, s'est arrêté à toutes les stations et n'est arrivé à la gare de Liverpool Street qu'à 6 h-10. Il y avait une foule énorme en dehors de la gare, et un barrage d'agents qui criaient « No more trains tonight[b] ». Ce que disent les journaux sur le rétablissement du service des voies ferrées est donc faux — du moins en ce qui concerne le Great Eastern, soit parce que c'est la plus désorganisée des compagnies, soit parce qu'elle est la plus prudente. Du reste, sur certains points, des soldats réparaient la voie ; peut-être quelque « sabotage ». Les rails avaient eu déjà le temps de se rouiller un peu. En arrivant j'ai trouvé Hyde Park encore fermé, occupé par les camions et les provisions, et éclairé par les réflecteurs.

D'abord dans un omnibus n° 11 au cercle, où quelques lettres m'attendaient ; puis en taxi à Clifton Road. — Que je note encore quelques choses de Cambridge. Le ton et les manières exquises des personnes qui m'ont si bien accueilli, et cette diction particulière aux Universitaires anglais. Comme nous traversions la seconde

a. « Et entendu "l'écho assourdi de mes pas à l'autre bout du cloître" » (citation de S. Butler ?).

b. « Plus de trains ce soir. »

cour du Collège Saint-Jean, quelqu'un que nous avons croisé a demandé à M. Bartholomew quand on publiait son Butler ; en effet, il est l'auteur de l'index de la biographie monumentale de S.B. par M. H.F. Jones. Je vois qu'on s'intéresse à S.B. dans son Cambridge. Du reste, sa pensée m'a accompagné partout : Cambridge a tenu tant de place dans sa vie et en tient tant dans son œuvre. Car non seulement la « Cité des Collèges de Déraison » dans *Erewhon* a été écrite avec le souvenir de Cambridge toujours présent, mais aussi Cambridge est dans *The Way of All Flesh* et Cambridge est encore, dans une certaine mesure, « Lunch'stone » dans *Erewhon Revisited.*

Pensé à tout cela en suivant, dans le train, cette route qu'il a dû parcourir si souvent. Aussi, lu d'autres nouvelles de O'Henry. C'est un G.W. Cable plus « fort », plus net : mais je ne sais pas si je ne préférerais pas G.W. Cable ; il faudrait que je le relise.

Ce matin, courses et achats. Londres est vraiment affolante : on y dépenserait une fortune en une semaine. Du reste, en ce moment, on est moins exploité ici qu'à Paris — sauf dans les boutiques du West-End (les grandes : Regent Street, Piccadilly, etc, qui ne marquent pas les prix). Des gilets de chasse à 35 shillings chez un Horne Bros. quelconque dans le Strand valent 2 guinées[295] (les mêmes) dans Burlington Arcade. Des cravates marquées 3,11 dans Regent Street sont à 2,6 dans le Strand. Je sais bien qu'avec le change, les choses me coûtent presque autant qu'à Paris, mais enfin je les paie beaucoup moins cher, et elles sont de bien meilleure qualité, et il y a plus de choix.

J'avais pensé que j'aurais peut-être à souffrir pour la Patrie, et je suis allé me renseigner là-dessus au Consulat de France, Bedford Square n° 18. Mais non, je n'avais rien à faire pour mon passeport. Je n'ai été embêté qu'à Cambridge, et très peu, mais tout de même j'ai vu le mot « Alien » en connexion avec mon nom, la date de ma naissance, ma profession. Cela demanderait quelque cérémonie expiatoire où l'Union Jack jouerait un rôle digne de lui, mais l'outrage a été en quelque sorte effacé par avance, la directrice du Bull m'ayant par distraction passé le registre des Sujets Britanniques, où j'ai signé et inscrit (avec quelle fierté, tu parles !) ma noble nationalité (oh, il y a de quoi être fier !). Alors elle a vu son erreur et m'a passé le registre des « Aliens » — Pourtant ne suis-je pas sujet britannique ? La petite R. n'était-elle pas persuadée que la France est un protectorat anglais ? Problème.

J'étais si fatigué, si malade et si fiévreux hier soir que j'avais peur de ne pas pouvoir me lever ce matin. Cependant je l'ai fait, et, entre deux courses, à 4 heures du soir, je suis allé prendre congé de M. H. F. Jones et de Miss Lilian Jones, à qui j'avais apporté les deux romans de Marcel Proust. Ils m'ont retenu pour le thé, puis je suis rentré vers le centre, ramenant M. Jones jusqu'à l'entrée de

Chancery Lane. Il a déjà des échos de la réception faite par les critiques à son livre, et quelqu'un a dit — et lui a fait dire qu'il était un nouveau Boswell[296]. Je suis impatient de lire ces deux volumes.

Le tailleur ; nouveaux achats ; retour à Clifton Road, où G. est venue me rejoindre peu après. Mon malaise a augmenté jusqu'à ce moment, et j'ai certainement une assez forte fièvre. J'ai pris plusieurs des médicaments qui généralement me réussissent, et je fais ce que je peux pour réagir, mais le voyage pour aller à Paris, demain, sera dur et dangereux. Cependant je ne peux pas retarder mon départ ; n'étant pas installé ici, je ne pourrais pas y être malade à mon aise. Gladys fait, du reste, tout ce qu'elle peut, mais elle ne peut pas grand'chose. — Oh, il faut que je note la femme charmante, belle, délicieuse, inoubliable, la douce et raisonnable créature, décente, propre, blonde absolue (l'or clair et la blancheur nette), franche, bien proportionnée, que j'ai vue en sortant d'une boutique dans le Strand, vers 2 heures ½. Elle était avec une amie. Elle a remarqué mon étonnement, et n'a pu s'empêcher de sourire (mais seulement avec les yeux, qu'elle a détournés aussitôt). Un peu les yeux de Gladys, mais les cheveux d'un autre blond, et l'air plus âgée, plus femme faite, que Gladys. J'ai pensé à elle une grande partie de la journée. — La réponse de D.S.P., satisfaisante ; cela ne pouvait pas mieux tourner. — Donc voilà mon séjour à Londres fini. Je ne regrette pas de m'en aller ; il fait trop froid déjà ; il est trop tard dans l'année. — Je regrette de n'avoir vu aucun de mes vieux amis ; mais ils m'auraient empêché de m'occuper de S.B., et j'aime mieux passer mes heures libres avec Gladys. Et puis, pour si peu de temps ! La grève me servira d'excuse si par hasard ils savent que je suis venu. Je regrette de n'avoir pas revu A. Bennett et Daniel O'C[onnor], surtout. — Cet après-midi, M. Jones m'a montré une lettre d'Edmund Gosse, écrite du Pays de Galles, regrettant de ne l'avoir pas vu dimanche ; ou plutôt, de n'avoir pas été là pour le recevoir.

C'est très curieux la façon dont j'ai su résister à la tentation d'aller à Whitstable. Ce n'est pas seulement la crainte du danger et ma résolution ; c'est aussi l'ensemble des circonstances : pas assez de loisirs ; la grève ; très occupé par Gladys (plus que je n'aurais cru) ; l'absence de nouvelles et de lettres de Whitstable. Bon ; je suppose que cela va bien ainsi.

Cette nuit de départ (je dois être à Victoria Station demain vers 9 heures) : la chambre avec ses meubles caractéristiques, et ses tableaux : portraits de famille (la jeune fille présentée à la cour), les paysages d'Écosse et d'Irlande (et du Tyrol !), Lady Hamilton souriante derrière son épaule petite et ronde ; le Christ au Jardin des Oliviers ; Andromède[297] et des Burne-Jones ; Gladys en peignoir (après avoir fait mes valises) couchée sur les fourrures devant le feu d'amiante ; les vêtements que je mettrai demain déjà « classés » et rangés sur un pouf ; mes douleurs, ma toux et ma migraine. — J'oubliais, je crois, de noter que j'ai parcouru *Trivia*, et que je suis un peu déçu (mais c'est une première impression).

Ah ! tout de même, ce n'est pas amusant, de quitter Londres et l'Angleterre.

J'oubliais de noter ceci. Quand j'ai dit à M. H.F. Jones que *Family Prayers* était mal placé dans la chambre où sont les tableaux de Butler à St John's College, il m'a dit : « Ils en sont un peu honteux, vous savez. » (Il est placé de telle façon que, lorsqu'on ouvre la porte, elle le cache.)

Résumé de mon petit séjour à Londres : vu M. H.F. Jones ; obtenu beaucoup de détails sur S.B., et surtout vu presque tous les jours l'homme qui a été l'ami intime de S.B. ; revu Clifford's Inn et visité l'APPARTEMENT ; vu la collection B[utler] à Cambridge ; reçu de M. H.F. Jones des dons précieux concernant S.B. : la série des gravures de son livre ; la musique composée par lui et S.B. ; une première édition de *A First Year* ; vu les manuscrits, vu les tableaux. — J'aurais pu, peut-être, consacrer plus de temps à S.B., et faire un plan pour mon introduction. Mais il y avait Londres et une Londonienne : je ne crois pas que S.B. lui-même aurait trouvé l'excuse mauvaise[298].

Paris, 10 octobre. Retour dans mon appartement parisien avec les tendres attentions d'Yvonne. Le voyage assommant dans une voiture bondée. Gladys est venue m'accompagner au train à la gare Victoria et s'est montrée gentille et pleine d'égards pour moi jusqu'à la dernière minute. Cela m'a fait de la peine de la quitter. Le contraste entre les deux est amusant, et j'aimerais développer ce que j'ai dit sur les jeunes Anglaises, je veux dire ce que j'ai écrit il y a quelques jours. Par exemple, un certain soir (je pense que c'est le soir qui a suivi mon retour de Cambridge), je me sentais si mal et avais tant de fièvre que je voulais boire quelque chose de chaud. Je l'ai dit à Gladys, qui semblait s'inquiéter de ma santé ; mais elle a répondu que la propriétaire était allée se coucher et qu'il n'y avait personne à la cuisine, qu'il était donc impossible de me procurer ce que je voulais. C'était tout à fait désolant, etc., etc. Maintenant Yvonne, dans les mêmes circonstances, serait descendue immédiatement à la cuisine, aurait allumé le réchaud à gaz, trouvé du thé, mis de l'eau à bouillir et m'aurait apporté une grande tasse de thé chaud. Il va de soi qu'elle aurait fait beaucoup de bruit, beaucoup de remue-ménage en s'exécutant, mais elle l'aurait fait ; tandis que Gladys n'a pas fait d'histoires, elle n'a tout simplement rien fait du tout et s'est contentée de me plaindre beaucoup, l'air tout à fait triste et désemparée. Là se voit la différence entre les deux types de femmes, l'Anglaise et la Française. Ce n'était pas de la paresse, ni de l'indifférence de la part de Gladys ; mais une petite difficulté suffisait à rendre toute action impossible pour elle ; et elle m'a persuadé que ça l'était, sinon j'aurais insisté et j'aurais obtenu d'elle ce que je voulais. Ce manque d'efficacité chez les Anglaises (et chez les Anglais en général) ne vient pas d'un manque d'imagination ; mais leur imagination fonctionne d'une autre façon. Bien sûr il y a des exceptions. — Sur le bateau, pendant la traversée, je suis descendu faire une bonne sieste dans une couchette, juste au-dessus d'une dame très séduisante, qui souffrait un peu du mal de mer mais parvenait à garder bonne figure en mangeant, ou plutôt en suçant, des oranges. Je ne suis pas arrivé à deviner sa nationalité : elle avait l'air espagnol mais parlait le français et l'anglais avec un accent étranger. Son mari est venu plusieurs fois prendre de ses nouvelles, et, une fois, est même venu accompagné d'un autre homme qui a demandé à la dame : « ¿ Que tal, Madame ? » Mais elle a répondu en français. Puis un des stewards est venu et lui a demandé, avec respect et gentillesse (comme s'il parlait à un enfant) comment elle se sentait. Elle lui a répondu en anglais et lui a demandé, de façon un peu puérile, s'il avait jamais eu le mal de mer. « Oh, lui a-t-il dit, c'est une perte de temps. » C'était au moment où je me réveillais de mon somme ; j'ai été pris d'une quinte de toux, et elle a levé les yeux, pensant bien évidemment que j'étais malade et redoutant que je... Mais la suite l'a rassurée. Néanmoins j'ai pensé que sa façon de manifester sa crainte était tout à fait celle d'une Espagnole prise de « un susto[a] ». Plus tard je me suis trouvé près d'elle dans la foule sur le pont, et comme elle me regardait, j'ai dit : « ¡ Que trabajo[b] ! » Elle a marmonné une remarque en français sur le fait d'être poussée sans ménagement par les gens. Mais après cela, en sortant de la salle de contrôle des passeports, elle m'a regardé comme si elle était contente que j'eusse osé lui parler. — La douane à Boulogne ; la vieille inspectrice qui m'a fait ouvrir mon sac après que je lui ai dit que je n'avais rien à déclarer. Elle s'est saisie d'une boîte à tabac vide, en métal, et a déclaré triomphalement : « Et ça ! qu'est-ce que c'est que ça ? » J'ai répondu d'un air très tranquille : « Ouvrez-la, Madame. » Ce qu'elle a fait, pour ne trouver que le reflet de son affreux visage au fond de la boîte. — À la gare du Nord, n'ai pas pu avoir de taxi pour moi seul, et en ai partagé un avec une Anglaise qui allait rue Boissière. — Chez moi, enfin.

J'ai trouvé quelques lettres auxquelles je répondrai aujourd'hui et demain. Les gentilles attentions d'Yvonne et une excellente nuit ont effacé en partie mon « malestar[c] ». — Parmi les lettres il y en avait une, très gentille, de Gómez de la Serna. — Je ne pense pas

a. Espagnol : « frayeur ».
b. Espagnol : « Que c'est pénible ! »
c. Espagnol : « malaise ».

avoir rien oublié de mon séjour à Londres. Ai-je noté que M. H. F. Jones, répondant à une question que je lui posais, m'a dit que S.B. ne s'intéressait absolument pas à la littérature italienne ? Et pour les sept charlatans de la chrétienté ? (Il en a cité cinq — c'est dans *Les Alpes et les Sanctuaires* — laissant le lecteur trouver les deux derniers lui-même ! L'un est Beethoven (la petite note de bas de page dans *Les Essais sur la vie et l'art*) et... Jésus-Christ en personne.)

Samedi 11 octobre. — Me suis senti très mal en point ce matin, et n'ai pu m'empêcher de dormir après le déjeuner. J'ai envoyé un pneumatique au docteur V[ercoustre] et un autre à L.-P. Fargue, et ils sont venus tous les deux ce soir me laissant avec un meilleur moral, bien que toujours très souffrant. Le matin j'ai lu un bon nombre de poèmes dans *Trivia* de Pearsall Smith (ai-je noté que Mademoiselle Lilian Jones m'a dit qu'ils étaient sans intérêt[299] ?) Pourtant ils m'ont beaucoup plu. J'ai lu ensuite la première partie de *La Symphonie pastorale* de Gide dans le dernier n° de la *N.R.F.* L'après-midi j'ai écrit 4 pages d'une note sur les livres et revues anglais pour la *N.R.F.*, mais il faut encore que j'y ajoute 2 ou 3 pages. Ce sera une chronique assez longue. — Le Dr V. m'a rassuré et m'a donné une préparation — un genre de sirop. Fargue m'a donné des nouvelles de nos amis, et je lui ai brièvement raconté mon séjour à Londres, et lui ai montré la revue *The Owl*, et *Today*, etc. Je lui ai lu quelques pages du livre de Daisy Ashford et quelques poèmes de *Trivia*. Ce qu'écrit Pearsall Smith lui plaît. Je lui ai parlé des propositions de Plon (une des lettres que j'ai trouvées à mon retour de Londres : ils souhaitent publier *Fermina Marquez* dans une collection bon marché, à 2 francs le volume, et en imprimer 15.000 exemplaires. Je les ai renvoyés à M. Fasquelle.) C'est M. Henri Massis qui m'a écrit. J'espère que cela se fera ; mais ces gros lots ne sont pas pour moi, je le crains. Rien n'en sortira, c'est certain. Le livre de Fargue (la nouvelle édition de ses poèmes) va sortir la semaine prochaine, me dit-il. Sa visite m'a fait beaucoup de bien, mais je suis très fatigué.

Lundi 13. — Suis toujours souffrant, bien qu'un peu mieux, et je suis sorti pour la première fois ce matin (l'exercice habituel : rue Monge, r. des Écoles, Bd St Michel, rue Soufflot, rue Cujas, place du Panthéon, rue Clovis, r. Descartes et la maison). — Sorti encore dans l'après-midi. À la banque, puis à pied de la place St Augustin à la rue de Rivoli, par le bd de la Madeleine et l'avenue de l'Opéra. Acheté du chocolat à la Marquise de Sévigné ; pris le thé au salon de thé [Kardomesh] (sans sucre). Puis en taxi à la N.R.F. où j'ai trouvé les deux volumes de M. H.F. Jones avec une gentille dédicace : « En lui [me] souhaitant grand succès avec ses [mes] traductions », et le livre du libraire d'occasion d'Exeter (8e édition d'*Erewhon* — c'est-à-dire la 2e version, avec la reliure en toile noir et brun des livres de S.B. — présentant le même aspect que tous ses autres livres publiés de son vivant, comme ceux que j'ai vus à la bibliothèque du Collège St John.) M. H.F. Jones a eu la gentillesse d'écrire lui-même au libraire d'Exeter. (James G. Commin, 230 High Street, Exeter). Demain je lui enverrai un mandat-poste de chez Cook (c'est seulement 7 sh. 11 p. avec l'affranchissement).

J'ai trouvé là-bas, qui m'attendaient également, les 3 photos du portrait de S.B. par Gogin que j'ai achetées à M. Emery Walker la première fois que je suis allé dans son studio à Clifford's Inn et j'en ai donné une à R[aymond] Gallimard, les deux autres à Couvreux et G. Tronche. Je les ai rencontrés, bien sûr ; et plus tard, André Gide est venu, s'est aimablement enquis de ma visite à Londres et à Cambridge, et m'a rassuré sur les notes, que je craignais trop volumineuses dans la version française. Il a dit qu'il ne fallait pas que j'aie d'hésitation sur ce point, et que je dois mettre toutes les notes que je pense utiles à une meilleure compréhension du texte, de même que celles qui montrent les changements et les retouches de S.B. entre la 1re et la 3e édition. Il a gentiment demandé des nouvelles d'« Ella » et de mes projets, et je lui ai parlé tout à fait franchement. Quelque temps après est arrivé Jean Schlumberger ; et encore plus tard Jacques Rivière. Je lui ai donné mes notes pour le numéro de *La N.R.F.* de novembre, et je lui ai parlé de S.B., des jeunes poètes anglais, et du livre de Daisy Ashford, que je lui ai prêté car il n'intéressait pas beaucoup les autres. (Il faut que je note qu'on avait déjà ouvert le paquet que M. H.F. Jones avait envoyé pour moi, et qu'on n'avait pas remarqué qu'il m'était destiné ; c'est donc seulement quand G. s'est écrié : « Oh, il y a de gros livres sur Butler que nous venons de recevoir » que j'ai su que le précieux paquet était arrivé.)

J'ai parlé de la publication d'*Erewhon* avec G[aston] et obtenu des renseignements précis sur ce qu'il a conclu avec Streatfeild pour obtenir les droits de publication[300]. Il n'y aura pas de difficultés, mais je dois m'assurer qu'il écrive à Fifield dès que possible. Toutefois je souhaiterais qu'il s'intéresse davantage à ce travail qu'il m'a lui-même imposé. Gide lui manifeste beaucoup plus d'intérêt que G. Mais G. a à s'occuper de tant de livres ! Il avait entendu parler également de la lettre que Plon m'avait adressée (par M. Henri Massis) et il s'est immédiatement élevé contre la publication de *Fermina Marquez* dans cette collection, a dit qu'il avait des droits sur ce livre, qui viennent d'une vague promesse qu'il m'a faite il y a longtemps d'obtenir de Fasquelle l'autorisation officielle de le republier ; m'a dit qu'il me donnerait l'équivalent de ce que Plon m'aurait donné, etc. Mais il n'a rien promis de précis, alors que, ce soir encore, M. Massis, répondant à ma lettre, me propose un minimum de 2.500 francs. Je ne sais que faire ; et j'ai immédiatement pensé en moi-même : Mi gozo en un pozo[a]. G[aston] proteste que cela donnera l'impression que je me sépare de la N.R.F., que cela va déprécier mon ouvrage, etc. Et d'autre part, il ne promet rien de concret. [*Trois mots raturés.*] Bien sûr, je ne devrais pas m'en soucier. Mais je trouve qu'il faut que je tire autant d'argent que possible de mon travail, QUAND l'argent m'est proposé (c'est-à-dire quand on m'offre de l'argent sans qu'il y ait d'intrigue ou d'effort personnel à fournir de ma part ; autrement je ne crois pas que je consentirais à m'écarter de ma route, ne serait-ce que de 50 MÈTRES pour obtenir 10.000 francs). Je savais qu'il ne sortirait rien de cette proposition de Plon. Et je ne pense pas que j'obtiendrai quoi que ce soit de G. Je n'y attache pas une importance considérable ; mais il va de soi que j'aimerais voir mon ouvrage mis « à portée » d'autant de lecteurs que possible. Et pas seulement ça. C'est comme un malaise dans ces relations de G. avec moi. Je veux qu'on joue franc jeu, et je dois y arriver.

Parler avec Gide, puis avec Rivière m'a fait beaucoup de bien ; avec T[ronche] également, bien qu'il ait pris le parti de G[aston] pour m'empêcher d'accepter la proposition de Plon. Je préfère de beaucoup parler littérature que parler affaires. Ils m'ont dit, à propos, qu'un Anglais leur avait écrit au sujet de mes poèmes dans la *Revue de Paris,* mais ils (Rivière et G[ide]) ne savaient pas exactement de quoi il retournait. J'en ai tiré la conclusion que c'était M. Flint qui avait écrit pour demander si ces poèmes faisaient partie d'un de mes volumes publiés. Mais ils étaient incapables de me répondre précisément. Je crains que M. Flint ne reproduise les erreurs et les fautes de la *Revue de Paris* dans son *Chapbook*, et ne dise que je suis né en 1879. — Mais, encore une fois, pourquoi m'en soucierais-je ? Non, je m'en soucie uniquement parce que j'ai été obligé de parler de tout cela pendant deux ou trois heures aujourd'hui, sinon tout cela m'est parfaitement [*Trois mots raturés*] indifférent, et je ne pense vraiment qu'à prendre du bon temps. D'ailleurs, tant que *Erewhon* ne sera pas à la vitrine des librairies je me sentirai énervé et inquiet. Ma véritable cause d'inquiétude, après tout, concerne « Ella » et Gladys.

J'ai commencé à lire le livre de M. Jones, la préface au vol. I, où j'ai trouvé des choses qu'il m'a dites. — Je ne pense pas avoir noté ici qu'il m'a montré un exemplaire de la traduction allemande d'*Erewhon.* J'ai vu qu'il avait utilisé le passage du *Beautiful Book* sur la Nouvelle-Zélande, que j'avais trouvé tout seul, et dont je lui ai parlé le soir où j'ai dîné avec lui à son cercle de St James's Street.

a. Proverbe espagnol (« Mon plaisir dans un puits ») équivalent de : « Adieu veau, vache, cochon, couvée ! »

En me promenant sur les boulevards cet après-midi, j'ai soudain ressenti un grand et violent désir de Londres (même de THE Edgware Road), et comme il m'est impossible de songer à y retourner, j'ai souhaité me trouver déjà en Espagne.

Mercredi 15. — L'affaire *Fermina Marquez* m'a volé quelques heures hier mardi. Je suis allé voir M. Fasquelle, et l'ai rencontré au coin de la rue de Grenelle et du carrefour du Vieux-Colombier. Il allait au Crédit Lyonnais et je l'ai accompagné pour lui parler des propositions de Plon. Il s'est montré disposé à y accéder, mais a dit que les 0,15 qu'ils offraient étaient insuffisants et qu'il était décidé à demander davantage, à la fois pour lui et pour moi. En même temps, comme un boutiquier, il dénigrait la marchandise que je lui apportais, c'est-à-dire le livre qu'il pensait que j'avais en réserve. Il a dit que, « entre nous », *F[ermina] M[arquez]* était un livre « de très petite vente », et a ajouté : « Ah ! il est difficile de se faire un nom ! », ce qui revenait à me dire que je suis un raté, en tant qu'écrivain. Et même il supposait que je vivais « de façon permanente à Paris », insinuant de cette façon que je m'étais établi comme « marchand de littérature ». Il aurait été inutile de lui dire que ma Weltansicht[a] est exactement la sienne : godersela[b]. Mais comme j'étais venu parler affaires avec lui, je n'ai pas pu lui dire que je m'en moquais éperdument. Et lui-même a dit : « Il faut que ce soit une affaire d'argent. »

Je suis donc allé immédiatement à la N.R.F., où j'ai vu Gaston G[allimard] à qui j'ai raconté mon entretien avec M. Fasquelle. Lui m'a parlé une nouvelle fois de ses droits sur mon livre, m'a promis encore qu'il me donnerait l'équivalent de ce que Plon était prêt à me donner ; qu'il rachèterait *F.M.* à Fasquelle, le publierait dans la même édition que mes autres livres, et plus tard dans une édition populaire bon marché ; il a fait appel à notre vieille amitié, etc., etc. Si bien que j'ai été obligé de consentir à tout ce qu'il voulait, c'est-à-dire : rompre immédiatement les pourparlers avec Plon, et le laisser retirer le livre de la « Bibliothèque Charpentier ». Ce sera parfait s'il fait ce qu'il dit ; mais je crains que, par pure paresse et indifférence, il ne fasse rien et dise qu'il ne peut pas retirer le livre et laisse finalement l'affaire en plan, ce qui fera que j'aurai perdu 2.500 ou 3.000 francs que j'aurais eus de Plon, et que le livre restera hors d'accès du public. Mme T[ronche] qui est arrivée alors que nous étions en pleine discussion, G[aston], son mari et moi, a dit que l'idée de voir *F.M.* dans une édition populaire comme celle que Plon préparait lui plaisait ; mais ils l'ont fait taire.

a. Allemand : « conception du monde ».

b. C'est Larbaud, dans « Beauté, mon beau souci... » qui nous donne la traduction : « *Godersela*, en italien, signifie quelque chose comme : "se la couler douce" » (L.P., p. 610).

Tout cela m'a ennuyé au possible, et je suis immédiatement allé à la boutique de soldats de plomb pour me mettre un peu de baume au cœur en achetant quelques boîtes de « gardes-françaises Louis XIV ». Mais il n'y en avait pas. Néanmoins, cinq minutes plus tard, j'avais écarté toute pensée relative aux « affaires », et suis rentré chez moi content de moi et du monde en général : je pensais à l'Espagne et aux palmiers d'Alicante.

L'après-midi, je suis allé chez Cook où j'ai acheté un mandat-poste pour le libraire d'Exeter ; je l'ai ensuite posté (allant à pied de l'avenue de l'Opéra au bureau de poste de la Madeleine). Puis chez Hellstern, qui m'avait fabriqué une paire de chaussures si confortables que je les ai gardées aux pieds et que j'ai quitté le magasin avec l'idée d'écrire une « Ode à M. Hellstern » qui louerait les mérites de cette firme. Comme il pleuvait, j'ai trouvé refuge aux [Grands] Magasins du Louvre, et j'y ai flâné pendant environ une heure, m'intéressant à deux ou trois dames venues de leur province pour acheter leurs vêtements d'hiver ; mais, bien entendu, il n'en est rien sorti ; et je ne désirais pas qu'il en fût autrement. Pris un chocolat et des brioches au café de la Régence. Puis, en marchant lentement mais confortablement (grâce au grand Hellstern) je suis allé, d'abord, à la librairie de M. Rosier — où l'on m'a dit que mon article sur Gómez de la Serna avait amené un seul lecteur, ou acheteur potentiel, pour le livre de Ramón, mais un acheteur très intéressé, car il était venu plusieurs fois voir si les livres qu'il avait commandés étaient arrivés. M. Rosier était très reconnaissant et aimable. Ensuite j'ai continué vers la rue Saint-Lazare, et rendu visite à Lucie G[allimard][301], avec qui j'ai eu un très long et très agréable entretien. Elle m'a invité à dîner samedi prochain, avec L.-P. Fargue. — Retour à la maison, où, après dîner, j'ai continué la lecture de *La Vie de Samuel Butler* de H. F. Jones.

Jeudi. — Toujours souffrant, et le Dr V., qui est venu me voir, pense que je dois avoir quelque chose de grave. — Mais ce n'est rien à côté de ce que j'ai dû endurer aujourd'hui. La lettre d'Ella. De toute évidence écrite au lit, disant « estoy muy enferma[a] », et son écriture le montre bien. Elle répond ainsi à la lettre que je lui ai écrite de Londres, où j'exprimais le plaisir de m'y trouver, parlais de Gómez de la Serna, des chansons populaires écossaises et irlandaises, etc. Mais comment aurais-je pu savoir ? Don H. m'avait écrit en me disant qu'elle avait recouvré la santé. Et si V[ercoustre] dit que je ne dois pas aller en Espagne — c'est-à-dire m'interdit de quitter Paris — et que je dois suivre un traitement… quand j'y pense !

Dû aller rue Royale et marché une bonne distance, en fait

a. Espagnol : « je suis très malade ».

revenu au bd St-Germain, en ne me sentant pas bien. — Lis le livre de H.F. Jones. Et il y a la pensée de la maladie de —— et ma mauvaise santé à moi (particulièrement parce qu'elle peut m'empêcher de retourner à Alicante aussi vite que je le souhaiterais. Je n'ai pas encore eu le courage de relire cette pauvre lettre).

Vendredi. — Une lettre de XXX, avec des nouvelles d'Alicante (les inondations, etc., mais il donne des détails) ; confirme la lettre de —— ; dit que c'est la conséquence d'une grave crise de « calentura paludica[a] ». Sa philosophie est admirable. « Habrá que penser en otra[b] » !!! Tellement espagnol ! Pourtant cela valait mieux que pas de nouvelles du tout, et je me sens moins déprimé qu'hier.

Ce matin j'ai fait un gros effort pour régler l'affaire Fasquelle-Plon-Gallimard. Suis allé chez Fasquelle et ai d'abord rencontré M. Madeleine, le poète[302]. D'après ce qu'il a dit, j'ai compris que F. ne donnerait jamais *F.M.* à la maison Gallimard. Ensuite vu Fasquelle, qui a été très aimable et cordial ; il s'est rendu compte que je ne me souciais ni de l'argent, ni qu'on parle de moi. Nous nous sommes compris comme seuls deux membres de la Godersela school peuvent se comprendre. Ce qu'il veut c'est obtenir un peu d'argent de la proposition de Plon, s'il le peut. Mais la suite m'a montré qu'il veut simplement empêcher Plon de publier le livre. La suite, en fait, c'est que je suis allé directement chez Plon pour voir M. Massis et que je lui ai dit que F.

[*Un feuillet découpé.*]

une fois sorti du Théâtre du Châtelet, j'ai retrouvé ce Paris froid, sans vie, sans charbon, sans sucre, etc., etc. Mais en tout cas, il y a Fargue et « les amis ». Néanmoins c'est très dur. *Les Sirènes* de Debussy !

Eran las dos de la mañana
Empezaba a clarear el dia…
Quien será que habrá llamado a mi ventanaaaaa
Oh, Valencia, amor meu, Valencia dels meus amors[c] *!*

Eh bien, je dois me résigner. La santé étant la première chose dont il faut s'occuper, le livre de Butler venant ensuite. Je trouve en Gide un lecteur élogieux d'*Erewhon*, et un allié solide. C'est quelque chose. — Aujourd'hui il a NEIGÉ. Je n'avais pas vu de neige depuis 2 ou 3 ans, je pense. — J'ai tout juste la force de coller ici les lettres

a. Espagnol : « paludisme ».

b. Espagnol : « Il faudra penser à une autre. »

c. Chanson valencienne : « Il était deux heures du matin/ Le jour commençait à blanchir…/Qui donc a pu frapper à ma fenêtre ?/Oh, Valence, mon amour, Valence de mes amours ! »

que j'ai reçues récemment de M. H. F. Jones[a]. L'une d'elles est de Daisy Ashford[303].

[Novembre]

Lundi, 3. — Beaucoup mieux, et cela, en partie, parce que j'ai travaillé CON ÁNIMO, chassant ainsi l'Humeur. Je réécris l'introduction à *Erewhon* et aux autres livres. — Ce matin une lettre de... Whitstable ! Répondu de suite. Et voici un échantillon de son style : « Je connais une terrible disgrâce pour une ANGLAISE ! Mon mari me fait donner l'ordre de réintégrer le domicile conjugal et je ne vais pas m'y soumettre, je me trouverai donc divorcée. Même si je m'en trouve ravie, etc., etc. Espère vous voir dès que vous viendrez en Angleterre : il n'y a plus de "tierce personne"... Ça a pratiquement été ce qu'une femme peut traverser de pire, et ÇA A ÉTÉ UN TERRIBLE COMBAT pour rester fidèle à un aussi sale type que [les initiales de son mari] », etc., etc. (Je suppose qu'elle a souligné « Anglaise » pour me montrer qu'elle est consciente que, « sur le continent », les choses sont différentes. C'est moi qui ai souligné la phrase sur le terrible combat.) Une très longue lettre ; et après avoir écrit tout ce qui précède (et bien davantage POR EL ESTILO[b]) sur son mari, elle signe de son NOM MARITAL ; si bien que je vais maintenant brûler cette curieuse lettre. Je suis presque certain que jamais nous, — je veux dire [*Deux mots caviardés*] ; et pourtant je lui trouve quelque chose de fascinant. Je me demande ce qu'elle répondra. — Ma lettre est assez ambiguë pour qu'on puisse l'interpréter d'une façon ou d'une autre, et elle n'osera pas la montrer au cas où ce que je redoutais (et la raison pour laquelle j'étais content de NE PAS pouvoir aller à Whitstable, c'est-à-dire la peur de me trouver impliqué dans l'affaire) se produise pour elle ou pour lui. Par ailleurs j'ai le moyen de — ; non, il vaut mieux ne rien dire de tout cela. Mais j'aime bien écrire là-dessus. Il faut que je m'en souvienne. S'il n'y avait pas son fils... et s'il n'y avait pas la cause sacrée de la justice, de la liberté et de la civilisation... !!!

Ce soir, comme il pleuvait et que la neige se transformait en boue en fondant, je n'ai pas eu envie d'aller à la Bibl. Nat. et je suis allé à la Bibliothèque Ste Geneviève, où je n'étais pas allé, je pense, depuis 1908. Dois noter un incident. Ô vanité ! Quand j'ai demandé un ticket, en montrant ma carte de la Bibl. Nat. comme pièce d'identité, j'ai cru que le bibliothécaire, un jeune homme d'apparence cultivée, avait écrit mon nom très rapidement parce qu'il le connaissait, et je l'ai imaginé, pensant en lui-même : Oh ! Voilà un « cher confrère » qui arrive ; et quand il m'a demandé mon prénom

a. Voir annexe 11, p. 783.
b. Espagnol : « du même style ».

je le lui ai dit, pensant qu'il le demandait pour s'en assurer. Mais hélas ! quand il m'a donné mon ticket j'ai lu : « Valérie Lartaud ». Ô vanité ! vanité ! — J'ai enfin pu voir l'ouvrage de Maupertuis auquel il est fait allusion dans le livre de Perrier. C'est *Système de la Nature* et il comprend une défense admirable des positions adoptées, sous la forme d'une « Réponse aux objections de M. Diderot ». J'ai d'abord été complètement enthousiasmé ; puis j'ai réagi et j'ai ensuite admiré. C'est splendide, à la fois comme morceau d'intelligence philosophique et comme œuvre DRAMATIQUE. Le pur esprit de Pascal. Quel merveilleux écrivain que Maupertuis ! Comme je m'en étais douté quand j'ai entendu parler de cet ouvrage pour la première fois dans le livre d'E. Perrier, c'est la théorie de *La Vie et l'Habitude* esquissée, mais simplement effleurée ; le sujet de l'ouvrage de Maupertuis (qu'on connaît sous le nom de « thèse d'Erlangen ») est beaucoup plus vaste et s'étend des plus hauts principes de la métaphysique jusqu'aux « lois » de Lamarck. J'en suis vraiment tout imprégné ce soir, et j'en garde la mémoire comme on conserve parfois, imprimée sur la rétine, la réflexion d'objets brillants. Je souhaiterais que beaucoup plus de gens connaissent cet ouvrage, de Gide à Jacques Rivière. Mais M. H. F. Jones en premier lieu. Samedi *Les Sirènes* de Debussy et aujourd'hui *Système de la Nature* de Maupertuis — cela suffit à réchauffer le cœur et remonter le moral. Que l'œuvre de l'homme peut être digne d'amour !

Décembre

Vendredi, 5. — Toujours ici, après le mois le plus abominable que j'aie jamais passé, bien que sans perturbations de l'extérieur. La mauvaise santé, simplement, et l'Humeur. Incapable de faire quoi que ce soit : ni écrire des lettres, ni voir des amis, ni même sortir de chez moi. J'ai pourtant sauvé les apparences, et j'ai écrit, ou plutôt griffonné, une introduction pour les ouvrages de Butler, mais jamais je n'avais rien écrit dans une situation aussi défavorable. Reste très déprimé, sans espoir de rétablissement rapide ; même le désir de partir — en Espagne, je veux dire — a disparu, ou s'est assoupi, et je me sens on ne peut plus ENNUYÉ, totalement dépourvu de force pour réagir. Espère que je vais réagir — mais quand, et comment ? Je sentais quand même que je devais en parler ici, en laisser une trace. Jamais je ne me suis trouvé avec un tel manque de ressort. Pas même la volonté de désirer quoi que ce soit. Aucun intérêt, ni pour mon travail, ni pour mes amis, ni pour les « elles », ni pour quoi que ce soit. Traîner simplement ; perdre mes journées. En outre j'ai des douleurs aux pieds. Je n'ai même pas envie de descendre la rue du Card. Lemoine, et quand j'y vais, je souffre tant que ça ressemble aux travaux forcés. Ne peux même pas composer des phrases ; non pas que la capacité me manque, mais la volonté. Ai au moins dix lettres importantes sur mon bureau — en souffrance.

1920

Commencé à Paris, le 4 janvier, au n° 71, rue du Cardinal Lemoine.

[January]

4 janvier 1920 — Revenu hier matin de Valbois, où j'ai passé environ une semaine. Me sens un peu mieux, mais quel mois j'ai connu (décembre) ! Me voici enfin sur le point de partir pour l'Espagne. J'ai aimé le contraste entre Valbois, où j'étais vendredi, vers 3 heures de l'après-midi à marcher le long des ruisseaux sous le couvert des pins, et la rue Auber, où je suis passé hier, samedi, à peu près à la même heure. Et qui y ai-je rencontré ? M. Joseph Delcourt que je n'avais pas revu depuis 1910 ou peut-être 1909[304] ! Il revenait de Florence, et m'a demandé des nouvelles de Dan. O'Connor et de Mrs. Meynell. Il pense toujours à écrire un livre sur le vocabulaire et la syntaxe de Shakespeare, mais il a trop peu de temps libre pour y travailler. Il venait de lire un compte rendu de mon article sur Butler dans le journal *Liberté*, et il s'est exclamé : « Comme c'est étrange ! Je pensais à vous quand nos regards se sont croisés ! » — Suis allé dans divers endroits, mais sans parvenir à faire une seule des choses que je dois faire avant de partir. Je suis certain que mon séjour à Valbois m'aura fait beaucoup de bien, car il a fait très bon (pour la saison), 10 et 12 ° à l'extérieur, et plus chaud dans les bois.

Alors que j'étais à Valbois, j'ai appris (d'Eduardo Irles) que M. Amédée Guibert était mort quelques jours avant Noël. De la même source j'ai aussi appris la mort (en octobre) de doña Enriqueta de G. Eduardo dit que les livres de Léon Werth que je lui ai envoyés ont fait grande impression sur lui, sur Oscar Esplá et Germán Bernácer.

Lundi, 5 — Une autre journée bien occupée : les banques ; — pour voir ce qu'on peut faire contre la loi qui interdit d'exporter des sommes supérieures à 1 000 francs. On a peu de moyens — si l'on met à part ceux qui sont risqués. Bien entendu, ça ne m'ennuierait pas vraiment de passer 8 jours en prison — ce serait plutôt une très intéressante expérience — mais alors je n'arriverais pas à Alicante avant le 11. Je ne sais pas ce que je vais faire ; sans doute économiser, encore et encore. Eh bien ça me fait assez plaisir de sortir de France, et cela sans enfreindre leurs saintes lois, autant d'argent que je le pourrai. Je n'ai jamais mieux mérité la malédiction du vieux G. : « Vous êtes un mauvais Français ! Un Français doit vivre en France ! » Oh, comme c'est méchant, comme c'est méchant ! Il faut dire qu'il y a vraiment un nombre très important de gens, intelligents et tout à fait bien, qui détestent vivre en France. Aujourd'hui j'en ai rencontré deux ou trois ; mais ils ne se sentent pas chez eux à l'étranger, par manque d'expérience, et ils continuent de vivre à Paris. À vrai dire les seules choses qui rendent la vie tolérable ici sont le Louvre et l'ange sur le toit de la Sainte-Chapelle. — Suis allé au consulat d'Espagne, où l'on m'a très bien traité, et où j'ai commencé à me sentir chez moi. Je suis vraiment beaucoup mieux, avec un bon moral, en réalité tout à fait en état de voyager. Et je n'ai aucune envie de rien noter ici sur mes « affaires », ni même sur mes amis, ni même sur les livres. Tout au plaisir d'être à Paris avec la perspective de partir dans quelques jours — tout comme je l'étais quand j'avais 20 ans.

Comme je vais emporter ce cahier avec mes autres papiers en Espagne, je ferais aussi bien de copier ici ce que Shaw écrit au sujet de S.B. dans sa préface (« First aid to critics ») à *Major Barbara*[305] au lieu de le copier dans mon album Butler, qui est déjà plein :

« Ce qui est nouveau, pour autant que je le sache, c'est cet article de la religion d'Undershaft qui reconnaît dans l'argent la première nécessité et dans la pauvreté le plus ignoble péché de l'homme et de la société.

« Cette conception dramatique n'a pas, bien entendu, été atteinte PER SALTUM[a]. Elle n'a pas non plus été empruntée à Nietzsche ou à quiconque né de l'autre côté de la Manche. Le regretté Samuel Butler, dans son domaine le plus grand écrivain anglais de la fin du XIXe siècle, a constamment inculqué la nécessité et la moralité d'un laodicéanisme[306] conscient en religion et d'un sens convaincu et constant de l'importance de l'argent. Cela nous fait presque désespérer de la littérature anglaise de voir une étude aussi extraordinaire de la vie anglaise que celle de Butler dans son œuvre posthume *Ainsi va toute chair* avoir si peu d'écho lorsque, plusieurs années plus tard, quand j'ai mis en scène des pièces auxquelles les suggestions fraîches, libres, d'avant-garde, de Butler ont une part évidente, on m'accueillit avec des caquetages à propos d'Ibsen et de Nietzsche, et encore dois-je me féliciter qu'il ne s'agisse pas d'Alfred de Musset ou de George Sand. Vraiment les Anglais ne méritent pas d'avoir de grands hommes. Ils ont laissé Butler mourir prati-

a. Latin : « d'un bond ».

quement dans l'anonymat, tandis que moi journaliste irlandais, relativement insignifiant, je les menais par le bout du nez en me faisant une réclame qui m'a rendu la vie intenable. En Sicile il y a une via Samuele Butler. Quand un touriste anglais la voit il questionne : "Qui pouvait bien être Samuele Butler ?", ou bien se demande pourquoi les Siciliens veulent perpétuer la mémoire de l'auteur de *Hudibras*[307]. »

Bernard Shaw
John Bull's Other Island, etc.
A. Constable, and CO, London, 1908 (pp. 161-162)

Valence dimanche 11 janvier. Reviens d'un « paseo » partout dans cette bonne vieille Valence, respirant l'air subtil « che dal sol s'allegra[308] », et attends le train de midi pour Alicante. J'ai beaucoup de choses à noter depuis le 8 (jeudi), jour où j'ai quitté la rue du Cardinal Lemoine. En fait je voulais partir mercredi, mais les inondations de la Seine (la gare du Quai d'Orsay était fermée), et divers [*Deux feuillets découpés.*]

Alicante, 12 janvier 1920 : Canalejas, n° 28. À nouveau dans mon appartement de la calle Canalejas, autrement appelée « de las Bóvedas ». Je viens d'ouvrir les tiroirs de ma table de travail et j'ai trouvé toutes les choses que j'y avais laissées en juin 1919. — J'en avais oublié certaines, pour d'autres j'y avais souvent pensé. L'éphéméride était à la feuille du 2 juin — le jour de mon départ. J'avais écrit sur la partie vierge de la feuille : « minuit et quart », et juste un peu au-dessous : « Vu M. entre 6 h 1/2 et 8 h ½. » Impossible de me remettre en mémoire les circonstances exactes de ma « rencontre avec M. » ; c'était simplement un constat, mais je n'ai pas pu identifier cette rencontre, me souvenir de ce qu'elle avait été ni LA FAÇON dont elle s'était déroulée (ce que j'avais ressenti). Comme je n'ai pas d'autre calendrier, j'ai ouvert l'ancien à la page du 12 janvier, qui s'est trouvé être un dimanche. Je n'avais rien écrit sur la feuille : simplement dessiné et peint un petit drapeau jaune et noir ; mais le jour précédent (le 11 janvier 1919, samedi) j'avais noté que j'étais parvenu à la page 52 de ma traduction de *La Vie et l'Habitude* de S. B. Il y a d'autres notes sur certaines feuilles, et les petits drapeaux, tous différents, qui évoquent de façon très vive les incidents et l'ambiance de ces journées. J'aime ce qui me rappelle les derniers mois de mon séjour ici, calle Canalejas. Mais j'ai d'abord été surpris, et plus tard assez déprimé quand je L'ai vue ce matin chez don H[iginio]. Je n'ai pas dit ce que j'aurais dû dire, ce que je voulais dire. Ensuite don Ramón est arrivé et peu après elle est partie. Je me suis senti abattu et plein de remords, sans savoir exactement pourquoi, pensant que mon attitude à son égard lui avait déplu, et j'ai conservé l'impression que cette première rencontre n'avait pas été satisfaisante. Mais j'irai la voir demain. Juste après son départ, doña C. avec sa sœur Dolores et la petite fille ont fait leur apparition. Ainsi suis-je allé de surprise en surprise, plus grande encore, même si elle était moins agréable. Je ne me suis pas approché du balcon, sauf une fois et don. N. et don H. étaient alors avec moi. Doña M. était au balcon avec une assez jolie jeune fille que je ne connaissais pas. Je l'ai saluée. Mais la chance a mis Dolores deux fois sur mon chemin cet après-midi. Chaque fois elle m'a regardé, mais j'ai pensé qu'il valait mieux que je fasse semblant de ne pas l'avoir vue (j'étais suffisamment loin, dans les deux cas, pour ne pas manquer de correction en ne la saluant pas). — Suis allé à Benalúa après le coucher du soleil, après avoir passé trois ou quatre heures à contempler le port. C'était magnifique. Suis rentré à pied de Benalúa. Écrit à ma Mère, à Gaston G[allimard] pour les épreuves d'*Erewhon*, et envoyé une c.p. à Gladys. — Au dîner, doña P. est venue et nous avons parlé de la pauvre Rosario, qui avait parlé de moi pendant sa maladie. Doña P. a ensuite renvoyé la servante et, les yeux pétillant, m'a demandé à brûle-pourpoint : « ¿ Y como está de amores ?[a] », ce qui m'a fait sentir combien la rencontre chez don H. avait été insatisfaisante. — Après dîner je suis allé voir T. J'ai dû m'arrêter chez sa fille car elle était déjà couchée ; mais elle s'est levée et m'a reçu avec toutes les marques de la plus sincère affection. Je lui ai demandé des nouvelles de Mercedes, et elle m'a dit qu'elle l'inviterait mercredi après-midi, de façon que nous puissions nous revoir. — Beaucoup pensé à ce pauvre M. Guibert aujourd'hui, me souvenant de sa bonté à mon égard. Don R. m'a rapporté qu'on lui avait dit que sa veuve était toujours à Alicante. — Don R. a beaucoup travaillé : il a peint de très jolies aquarelles de Benalúa et écrit quelques poèmes en prose sur Alicante. Doña Loreto va bien. Semblent parfaitement heureux tous les deux. — Le plaisir de se promener dans la chaleur du soleil ; la mer, les chansons partout, les fontaines, les palmiers et cet autre plaisir : entendre et parler cette belle langue. Et tant de petits détails, si alicantins : un enfant qui jure en valencien, un abominable blasphème, avec l'air si innocent ; les intonations dans le parler des gens, etc. etc. Des gens braves et gentils.

Mardi 13. — Doña P. m'a réveillé assez tard, mais j'ai trouvé le temps d'aller au casino, chez don H. où j'ai joué avec les garçons : nous avons fait une grande parade avec les soldats de plomb que j'ai rapportés de Paris, etc. ELLA était venue mais était partie avant mon arrivée. Elle avait encore été très malade pendant la nuit et don H. m'a donné de mauvaises nouvelles. Je me sentais malheu-

a. Espagnol : « Et comment vont les amours ? »

reux sans parvenir à me rendre compte —. Doña C. (qui avait l'air très malade, et si différente de ce qu'elle était quand je l'avais vue la première fois) et sa sœur (plus « la real hembra[309] » que jamais) sortaient du despacho[a] de don H. Nous avons parlé un peu, tout comme si nous ne nous souvenions plus de ces soirées d'été sur l'Explanada, il y a deux ans. Ce soir, alors que je traversais d'un bon pas l'Explanada dans toute sa longueur, j'ai remarqué que les deux jeunes filles y vivaient : l'une à une extrémité, l'autre à l'autre ; mais je n'ai regardé que les fenêtres de l'une d'entre elles. Bon, mais je suis presque certain qu'aucune ne s'intéresse vraiment à moi, et puisqu'il en est ainsi... J'ai passé environ une heure avec ELLA, la seule et unique ; mais j'étais troublé par la pensée de sa maladie et par la présence de sa sœur. Elle est seule chez elle, je suppose. Mais je ne me sentais pas à l'aise, ne pouvais lui parler comme si les autres n'avaient pas été là, à entendre ce que nous disions. Quoi qu'il en soit, je l'ai fait rire une ou deux fois (en racontant des choses que Marcel Ray m'avaient dites de Berlin, Varsovie, etc.) — Une autre rencontre peu satisfaisante. Puis chez don H., où j'ai passé une demi-heure. Je ne me sentais pas très bien. — Ce soir, après dîner, suis allé voir Eduardo Irles, que j'ai trouvé au lit avec la « dengue[310] », mais mieux ; une bonne causerie d'une heure. Lola est venue. Doña Dolores et Pepita au lit. — Rencontré plusieurs « conocidos ». Rien de très intéressant. Partout j'ai rencontré des gens qui m'ont salué très aimablement : « Bienvenido, don Valerio ». Pas trouvé une heure à consacrer au travail. Mais écrit plusieurs lettres : à Mme Klotz (à propos de don Ricardo Güiraldes[311], qui m'a écrit récemment au sujet de ses poèmes, que Mme Klotz traduit actuellement en français, etc.). Eu de nouveaux détails, par les journaux, sur cet homme extraordinaire, Checa. — La grève, ici, est terminée ; mais les banques, les bureaux de poste, etc., sont gardés par des soldats et la guardia civil[312]. — Essayé de voir R. (elle doit porter le deuil, et j'aimerais la voir en noir, avec un voile).

Jeudi, 15. — Levé à 7 heures ; pleinement profité de ce splendide début de matinée sur la ville et sur la mer. Puis écrit des lettres, et ensuite corrigé les premiers placards des épreuves d'*Erewhon*. L'esprit de ma jeune dactylo parisienne semble encore hanter les pages qu'elle a tapées, et certaines de ses fautes, tout à fait reconnaissables, ont émergé au milieu des fautes des imprimeurs en y ajoutant leur part. Par ailleurs, l'impression tout entière est vilaine et déplaisante au possible ; je me demande pourquoi Gaston ne soigne pas davantage les livres qu'il publie ; il devrait en publier moins, mais mieux les « faire ». Je suis sûr que je serai malade à la

a. Espagnol : « bureau ».

réception du premier exemplaire. J'ai demandé de secondes épreuves, mais je ne suis pas certain qu'il me les envoie. [*Une déchirure sur six lignes*] il y avait une foule qui faisait cercle autour d'une masse informe de chair noire sur l'une des jetées, près de la douane. C'était une énorme torpille, toute mutilée, et, bien sûr, morte. Je n'en avais jamais vu d'aussi grosse, même pas à Naples. Elle ressemblait vraiment au « monstrum horrendum » etc. de Virgile[313]. — Cet après-midi, après déjeuner, je suis allé à San Vicente, simplement pour voir à quoi cela ressemblait maintenant. J'ai vu la nouvelle maison de M. Gilles, pas encore terminée. — Rencontré Mariana, mais ne suis pas entré chez elle. Avait vieilli. De loin j'ai distingué Paquita D. tout en noir, si bien que je suis resté vague concernant sa famille, et que je n'ai pas osé lui demander des nouvelles de son oncle et de sa tante. Mais quand je suis allé la voir chez elle, je les y ai trouvés tous les deux — l'air uniquement un peu vieilli. Elle aussi a vieilli mais pas autant que j'aurais cru ; bavardé pendant une vingtaine de minutes ; et il ne m'a pas fallu longtemps pour savoir qui avait été son « soupirant» ou plutôt le partenaire de son habituel flirt estival l'été dernier. J'ai trouvé le moyen de lui dire que j'avais pensé à elle, « en Londres » même, « el dia de su Santo[a] ». Malgré tout cela m'a fait du bien de la voir ; mais le blanc lui va mieux que le noir. Elle porte peut-être l'« hábito », mais je n'ai pas remarqué l'« escudo » ni le « cordón »[314]. [*Lacune consécutive à la déchirure signalée plus haut.*]

En outre, al salir de la cochera, un coche descarriló, según pasa 3 o 4 veces cada día[b]. Les cochers ont regardé et déclaré tout bonnement : « Ha descarrilat ». Et ensuite quel « jaleo » ! « Rafael, pita »[c]. Rafael s'est mis à siffler, et le cocher à frapper sauvagement les mules, et il y avait beaucoup de bruit et un nuage de poussière. Je les ai aidés. Et ils ont fini par remettre les roues sur les rails[315] — Le cocher a eu l'air surpris quand j'ai demandé le prix de la course. Je pensais qu'ils avaient modifié les prix, mais non. Cet homme, de toute évidence, croyait que je connaissais le prix, car il ignorait totalement que j'étais parti « fuera[d] » presque sept mois. — Ce soir, après dîner, sorti fumer un « puro[e] » tout en marchant de long en large sur l'Explanada. Pas grand'monde là-bas. La brume qu'on avait vue toute la journée en mer, une barre grise de nuages — brume venue d'Afrique —, était tombée sur la ville, et s'était infiltrée dans les rues. Frais et humide. À la maison. Avant dîner, allé chez don H., joué avec les enfants. — Aujourd'hui (ce matin) vu

a. Espagnol : « à Londres, le jour de sa fête ».

b. Espagnol : « en sortant du dépôt, une voiture a déraillé, cela arrive 3 ou 4 fois par jour ».

c. Espagnol : « quel tapage ! » « Rafael, siffle. »

d. Espagnol : « dehors », donc « que j'avais quitté le pays ».

e. Espagnol : « cigare ».

Ella qui sortait seule ; et en haut j'ai trouvé doña C. et Dolores. Mais je leur ai à peine parlé. Sentais que je n'en avais pas très envie, donc pas insisté. Très, très calme, vraiment. J'ai comme l'impression qu'il s'est passé quelque chose — je ne sais pas quoi, — qui nous a momentanément séparés (Ella et moi, bien sûr — l'autre est « fuera del juego[a] ».)

Vendredi, 16. — Une autre belle journée. Pas de lettres. Lu les livres de M. Jones sur la Sicile (lui ai écrit aujourd'hui). Renvoyé les épreuvres à G[aston] G[allimard]. — En allant au casino, rencontré doña C., Jeronimita et Dolores deux fois sur la place Ysabel II. — Allé voir don Paco ; plus tard à Benalúa, où j'ai rendu visite à la veuve de M. A. Guibert. Ainsi j'ai eu quelques renseignements sur la maladie qui l'a emporté et sa mort. Elle attend un vapeur pour l'emmener, elle, ses trois garcons, ses meubles, à Marseille. — Pas osé lui parler des mss. de M. Guibert. Ce serait dommage que ses traductions du japonais se perdent. Mais j'ai l'intention de lui rendre encore visite avant qu'elle ne parte. Il était assez tard quand j'y suis allé (6 h 1/2). — Beaucoup pensé à ce pauvre M. Guibert depuis mon retour à Alicante. Le revoyais sur le quai de la gare à Madrid quand il était venu m'accompagner à mon départ pour Paris. Le nouveau consul pas encore arrivé ; on m'a dit qu'on a nommé le vice-consul de France à Carthagène à la place de M. Guibert. Souhaiterais rendre service à Mme Guibert. Lui ai laissé mon adresse (elle l'avait oubliée). — Puis chez don Ramón, qui a pris goût à Baudelaire, et m'a lu beaucoup de poèmes que je connaissais. [*Deux mots caviardés.*] A dit ne pas très bien comprendre le livre de Valéry sur Léonard de Vinci. Doña Loreto était là. À la maison ; et après dîner au Teatro Nuevo. — Pensé à Luis Losada ; dois aller au cimetière voir sa tombe. Pensé à quelques chapitres du livre.

Dimanche, 18. — Ce soir, me sentant assez bien et sans envie de travailler, suis allé au Salón (?) — Machintruc, où il y avait ciné et variétés. Presque complet. Quelques belles filles avec leurs mammas et leurs novios. J'ai goûté la façon dont une femme derrière moi parlait sans arrêt en interprétant joliment l'action du film. « Esto es norte americo. ¡ Qué guapo el chico ese ["eisu", Valencian]. Mira, esa debe ser su mujer, en la cama ; ¿ Y tiene un crío, verdad ? ¡ Qué caballos más ligeros tienen ! Ya los atacan los Indios. ¿ Sesán Indios de verdad, ó Norteamericanos ? ¡ Nás ! ¡ toma ! Ya lo han matao... Y el pobre viejo ese, con su barba y su cabeza calva ; ¿ estará herido ? Parece un San Antonio, San Anton. ¡ Ya se escapo él !.... Otra vez está con la mujer. ¡ Qué cuadro más benito ! Le está

a. Espagnol : « hors jeu ».

enseñando su crío, y él lo besa. Ahora el policia va a matarlo ; no, hombre, no lo mates ; mira : que tiene hijo. Eso es, ponte el revolver eixe en el bolsillo, y alárgate ; Y esa, la India ; ¿ será un hombre ? Pero, si lleva trenzas. Ahora va llevarse el susto de María Santísima. Qué película más mala[a], etc., etc. Son mari, qui était assis auprès d'elle, devait parfois lui expliquer ce qui se passait ; manifestement, elle ne savait pas lire. J'ai entendu le mari dire que quelque chose dans le film lui rappelait Cuba (un arbre, je crois ; ou peut-être un paysage). À cause de la pénurie de tabac les odeurs corporelles empestaient le teatro ce soir ; mais une odor di femina forte et non déplaisante se dégageait près de moi (une jeune fille, typiquement alicantine dans son comportement et sa façon de parler), et ça me plaisait. Il y a eu un peu de chahut, mais pas méchant. — Dois noter — pour Luis Losada — le passage du Santísimo, ce soir, c'est-à-dire « al oscurecer[b] », dans une automobile. Mais je m'en souviendrai ; j'avais déjà vu la même chose — c'était simplement une autre automobile, et [*Une déchirure sur six lignes.*]
ce qui en sortira. À condition que je puisse aller passer deux mois en Angleterre, et quelques semaines entre Paris et ma famille, je ne dirais pas non. Mais alors –. Vu Ella vendredi et hier. La sœur de doña C. a demandé de mes nouvelles à don H. — Cela m'importe-t-il ?

[*Une ligne caviardée.*]

Lundi. — Sorti tard. Don Ramón est venu me rapporter quelques livres que je lui avais prêtés l'été dernier avant de partir. — Chez le coiffeur, rencontré don Eduardo A., de retour d'Alfafara ; il m'a raccompagné jusqu'à la Plaza Reina Victoria. — Travail l'après-midi. — Le casino, etc. ; plus tard dans l'après-midi chez don H. qui avait été souffrant au début de la journée ; l'ai trouvé mieux portant. À Benalúa ; dans le tram rencontré Mme Guibert ; mais ce n'était pas vraiment l'endroit pour lui parler des mss de traductions japonaises de son mari. — Chez don Ramón ; une longue conversation : les livres de Werth (*Clavel chez les majors*, etc.). Il m'a ensuite posé des questions sur les élections présidentielles françaises. Je me souvenais avoir entendu, chez Mme M.[316], M. Painlevé dire un

a. Espagnol : « C'est américain. Qu'il est beau ce garçon ! ["eisu", en valencien]. Regarde, ça doit être sa femme, dans le lit ; elle a un enfant, n'est-ce pas ? Comme leurs chevaux sont vifs ! Voilà que les Indiens les attaquent. Est-ce que ce sont de vrais Indiens, ou des Américains ? Allez ! Ça y est, ils l'ont tué. Et ce pauvre vieux, avec sa barbe et sa tête chauve, il est sans doute blessé. On dirait un saint Antoine. Ça y est, il s'est échappé... Le revoilà avec sa femme. Quel beau tableau ! Elle lui montre son enfant, et il l'embrasse. Le policier se prépare à le tuer ; oh non, ne le tue pas ; il a un enfant. C'est ça, mets le revolver dans ta poche et fiche le camp. Et elle l'Indienne, ça ne serait pas un homme ? Mais elle porte des tresses. Mon Dieu, elle va avoir une de ces peurs ; Quel mauvais film ».

b. Espagnol : « à la tombée de la nuit ».

jour : « Nous attendons que le Vieux s'en aille. » Don R. approuvait le tour que ces élections avaient pris[317]. Mais je m'en moque complètement [*Lacune consécutive à la déchirure signalée plus haut*] et devrait être donné comme manuel dans toutes les écoles d'Europe.

Mardi, tard le soir. Un nouveau paquet d'épreuves d'*Erewhon,* toutes corrigées aujourd'hui, si bien qu'elles partiront demain matin de bonne heure à Paris. Comme il est difficile d'obtenir un livre correctement imprimé, et plus encore maintenant qu'avant « la dichosa guerra[a] ». Ce matin, causé avec doña C. et sa sœur ; cela fait deux mois qu'elles sont à Alicante, et elles ne parlent pas de partir. Bien entendu, si j'allais tous les matins chez don H. je les rencontrerais régulièrement et je m'amuserais un peu avec Dolores ; ce serait agréable sans doute, elle essayant plus ou moins de m'attraper dans ses filets et moi tout disposé... à ne pas la laisser gagner la partie. Je ne pense pas qu'elle désire particulièrement m'attraper, mais il va de soi qu'elle aimerait bien m'approcher du piège au plus près, et puis me renvoyer avec dédain et mépris. Mais je ne marcherai pas jusque-là ; et d'ailleurs je préfère une bonne heure de promenade sur l'Explanada à me geler dans la grande « sala de suplicios » de don H. — Aujourd'hui message de Mme Guibert. — La soudaine réapparition de Dolores (celle de San Vicente, avec Bartolico). Autrement, passé mon temps à flâner ; travaillé pourtant un peu EN DÉPIT d'un temps splendide à réécrire « Beauté mon beau souci », cette fois sans Bruna Lollini, ce qui en fait un tout autre livre. Avant de m'endormir, au lit, j'ai lu Florus[318], surtout à cause des notes de mon édition de Londres ; mais il y a des choses magnifiques comme sa description du détroit de Gibraltar, la meilleure que j'aie vue. La voici : « Adde situs ipsius formidinem, vergentia in unum, hinc Hispaniae, inde Mauretaniae litora ; mare et intestinum et externum, imminentesque Herculis speculas, quum omnia undique simul proelio et tempestate saevirent » (IV, 2, 76).

Voici l'une des meilleures choses que j'ai pu lire dans la « Correspondencia » du journal *Liberal.* Je colle la coupure ici[b]. Ça paraît presque trop bon pour ne pas être une plaisanterie ; mais je ne pense pas que c'en soit une ; c'est tellement caractéristique des bourgeoises espagnoles.

Le correspondant du *Heraldo* pour Alicante, annonçait dans le numéro d'hier soir, reçu ici aujourd'hui, que le 27 de ce mois-ci, une troupe se produirait au Teatro Principal, sous la direction de « Don Ricardo Baeza, et du traducteur, Don Oscar Wilde ». Ce

a. Espagnol : Larbaud ironise sur « l'heureuse guerre ».
b. Voir annexe 10, p. 782.

n'est, bien évidemment, qu'une faute d'impression et le journaliste a écrit : « Don R. Baeza, le traducteur d'Oscar Wilde ». Néanmoins c'est amusant, et on peut imaginer un érudit, dans trois cents ans d'ici, déterrant cet article et montrant de façon irréfutable que la légende qui prétendait qu'Oscar Wilde était toujours vivant au début du XXe siècle n'était absolument pas une légende mais la réalité. — Ce matin chez le coiffeur, rencontré le père d'Oscar Esplá, qui a été très aimable et très cordial dans son souhait de « bienvenida ». — L'argent ; le « lío » avec doña Pepita (sa nièce, Concha, est très malade). — Ce soir au casino, et après j'ai connu une très intéressante expérience (Gloria) ; passé environ une heure à parler avec elle ; et cela s'est produit de la façon la plus banale ; elle est, de loin, la femme la plus agréable que j'ai rencontrée à Alicante, c'est-à-dire à sa façon et parmi les femmes de sa classe (bien qu'instruite au point de connaître quelques mots de français.)

Voyons, que suis-je en train de faire maintenant, sinon me défendre, de toutes mes forces, contre les conséquences de mon affection pour Ella ? Les conséquences possibles, j'entends. Un combat pour la liberté, inconsciemment mené, mais pas moins acharné pour autant. Et elle doit le savoir. Non, ni Butler, ni Shaw n'ont raison : la femme n'arrive pas toujours à ses fins ; il y a des hommes qui résistent. — Ce soir, dans un ciné, il y avait un groupe de jeunes filles splendides, aux yeux noirs pétillants, à la belle peau sombre, très impressionnantes à regarder ; et je les ai regardées, je leur ai bravement fait face, et j'ai constaté que je ne courais aucun risque, parce que je voyais distinctement leurs petites imperfections, physiques et morales : tel ou tel trait imparfait, et ce que trahit l'expression de leur visage et de leurs yeux. J'aurais pu faire la cour à n'importe laquelle — et y prendre beaucoup de plaisir — mais je n'en aurais pas perdu la tête. — Il m'en coûte beaucoup de rester à l'écart d'Ella, mais il y a ce que —— appelle « la santa libertad », en croyant que c'est ainsi qu'on la qualifie dans la version française de *La Marseillaise*.

Jeudi, 22. — Travaillé entre 10 et 12 ; puis sorti sur l'Explanada. Au moment où j'allais me remettre au travail, après le déjeuner, don H. m'a envoyé son valet pour me prier de sortir sur mon balcon ; j'y suis allé et l'ai trouvé sur son balcon, et de ce « point élevé » il m'a crié qu'il allait, avec doña A. et Avelinita à la citadelle Santa-Barbara, et m'a demandé si j'étais disposé à les accompagner. J'ai dit oui, et nous sommes partis. Un « paseo » splendide, tout autour du « Castillo », avec la ville, le port, la mer à nos pieds, tout baigné de la magnifique lumière ESTIVALE de notre janvier alicantin. Nous avons vu le pin planté par la reine, et les belles promenades pratiquées sur les parties rocheuses et escarpées de la montagne. Tout était d'or et d'azur. — En rentrant, j'ai trouvé don Paco, et je lui ai fait visiter mon appartement en sortant des étagères quelques livres latins pour qu'il y jette un regard. — Plus tard Higinito est venu et nous sommes allés ensemble au Salón Moderno, où l'on donnait un nouveau film, plus ou moins à sensation : *Attila* (un film italien). Quelques belles filles là-bas. — Aujourd'hui une lettre de Gladys et une de M. André Germain ; il écrit pour me dire que M. François Le Grix m'a écrit pour me demander un article pour *Écrits nouveaux*. Je n'ai jamais reçu cette lettre. Répondu à la lettre de M. Germain. C'est une bonne occasion de publier quelque chose sur Butler, par exemple ce que j'ai écrit à Paris, la première version de l'intro aux livres de Butler (en la révisant et en la ré-écrivant, bien entendu)[319]. J'ai donc encore fort à faire, et plus de travail que je ne puis en faire si je veux réellement m'y mettre ; mais il y a l'air chaud d'Alicante, la mer, les bateaux, les castillos, les enfants, les amis, et... Gloria (ou quelque chose de ressemblant, mais vraiment Gloria est une jeune fille très agréable) — dont il faut s'occuper. — Demain je vais en train à Orihuela et Elche avec Higinito.

Samedi, 25[a]. — Trop fatigué, hier, pour écrire quoi que ce soit sur notre excursion. Je me suis réveillé vers 3 h ½, et sachant que je devais être prêt à 5 heures, je me suis tenu éveillé en lisant les *Contes de la Popote* de M. Tisserand[320]. Pendant ce temps Higinito, dans son lit chez lui, était tenu éveillé par l'excitation du voyage à venir (il me l'a dit plus tard, en ajoutant que, comme on ne l'autorisait pas à avoir de la lumière dans sa chambre, il avait passé la nuit tout éveillé mais sans faire de bruit et sans bouger, faisant semblant de dormir.) Levé à 5 heures, me suis rasé, habillé à la lumière artificielle et après avoir déjeuné de thé et d'œufs à la coque, suis sorti dans l'air plutôt vif du matin et suis allé chez don H. Et Higinito était là, tout prêt pour le voyage, comme moi. Sommes allés à pied à la gare Andalucia (où j'ai rencontré don A. et sa mujer, mais ils voyageaient en 2de classe, et don A., à qui il déplaisait que je les voie dans un wagon de 2de classe, m'a expliqué que c'était parce qu'on ne faisait de billets aller-retour que pour les passagers de 2de classe ; mais j'ai bien compris que c'était simplement par souci d'économie, et qu'il en avait honte, — tout à fait bourgeois de province, en fait). Nous, nous voyagions en 1re classe, par souci de respectabilité, ce qui est également tout à fait « bourgeois de province ». Par ailleurs c'était ce qu'il convenait de faire puisque je voyageais avec le fils d'un bon ami. — Le magnifique lever de soleil, vu du train, entre Torrellano et Elche : un nuage gris sombre qui barrait la mer et l'horizon, la couleur rouge du soleil à sa base, et la mer si calme, tout argentée ; un gros vapeur toutes lumières

a. Probable erreur de Larbaud ; plutôt le 24.

encore allumées ; puis la terre, plus visible et plus blanche de minute en minute, et les hauts palmiers immobiles se détachant sur le ciel. — Nous sommes descendus et avons acheté des journaux (surtout des journaux pour enfants : *T.B.O.*, *Charlo y Fatti*, etc. — que Higinito appelle « periódicos choquantes[a] »), à Elche et à la gare d'Albatera-Catral. J'ai revu les « pueblos » sur cette ligne, et pour la première fois de jour Callosa-de-Segura. Vers 8 h ½ nous étions à Orihuela où nous avons pris un second petit-déjeuner (du café et des ENSAIMADAS[b], très bonnes. Puis nous avons marché en ville. La Segura y est assez large, et il y a un barrage qui permet d'entendre un bruit de chute d'eau, chose agréable et rare, dans cette région d'Espagne. Derrière cette belle perspective d'eau vive, il y a plusieurs beaux édifices : une villa avec une terrasse et un magnifique jardin de citronniers et d'orangers ; puis le palais épiscopal, et derrière, la cathédrale. Plus loin, sur une haute colline escarpée, se trouvent les grands bâtiments du « seminario ». L'absence de végétation, et la couleur (assez sombre) de la pierre, produisent une impression de sévérité et d'absence de confort. Mais Orihuela n'est pas dépourvue de caractère ; c'est une « cité ecclésiastique » (una ciudad levítica), plus étendue même que Gandía, qui, autrefois, avait sa propre université ; c'est une cité ecclésiastique et, par conséquent, intellectuelle, même de façon limitée. Comme l'a fait remarquer Higinito (et j'étais content de l'entendre faire cette remarque), elle ressemble davantage à une vraie ville qu'Elche, bien qu'Elche soit plus peuplée, plus grande et plus riche qu'Orihuela. Le palais épiscopal comporte un patio, un carré de pelouse au milieu du cloître, quelques arbustes et un très grand palmier. Nous avons visité le casino, qui possède une petite bibliothèque et deux ou trois portiers et serveurs en uniformes assez voyants. Celui qui nous a accompagnés nous a montré la « salle de réception » ou quelque chose du genre : une salle très riche, d'une richesse étouffante, entièrement tendue de soie et de satin, bleu pâle et bleu foncé, avec de lourds fauteuils. C'est toujours une surprise de voir ces casinos de villages espagnols : même dans un endroit aussi petit qu'Orihuela, on y trouve les dernières inventions qui font, ou sont censées faire le confort. Ni l'Authors' Club, ni le National Liberal Club, ni aucun des grands clubs de Pall Mall ou de St James's Street, ne sont, comparativement à l'importance de Londres, mieux aménagés que ces casinos espagnols. En les jugeant d'après le confort et l'aspect luxueux qu'ils présentent, un étranger penserait qu'ils témoignent que les maisons de ceux qui les entretiennent,

a. On devrait avoir « periódicos chocantes ». Prononciation d'Higinito ? Erreur de graphie de Larbaud ? Ce sont des *journaux amusants* pour le jeune garçon, peut-être contraint à des lectures plus sérieuses que ces bandes dessinées (*T.B.O.*, le nom de l'illustré est un jeu de mots ; il correspond phonétiquement à : « je te vois ».)

b. Espagnol : « brioches », spécialité des Baléares.

pour n'y passer que quelques heures chaque jour, doivent être d'un confort extrêmement raffiné. Mais, en fait, le casino est généralement la seule maison confortable qu'il y ait dans le pueblo ; et quand on sait à quoi ressemble la grande majorité des maisons espagnoles, on se demande comment ce phénomène, le casino, a pu naître. Et pourtant le voici, un palace, un genre de « Palace Hotel » de Paris ou de la RIVIERA, un club pour millionnaires au centre d'une petite ville on ne peut plus campagnarde, sévère, poussiéreuse, sans ombrage.

Quitté Orihuela à dix heures, pour arriver à 11 h ½ à Elche. Comme Higinito n'avait jamais vu la ville, je lui en ai fait faire le tour, juste après avoir déjeuné à l'hôtel Confianza ; mais j'ai permis au portier de l'hôtel de nous accompagner au « Jardin du Curé » et à la « villa Carmen ». Depuis la mort du curé Castaños, et depuis que je suis venu ici (au printemps dernier avec don Higinio et plusieurs amis), on a fait quelques changements, et sans doute en mieux. On a séparé les carrés de gazon où se tiennent les palmiers par des roseaux. On a donné des noms à plusieurs arbres : « Capellana », « Flammarion » (en souvenir de la visite de l'astronome français à Elche, l'année de l'éclipse — en 1906, je crois, etc.) et ces noms sont peints en blanc sur de beaux « rótulos[a] » en métal, peints en bleu. L'allée centrale, au-dessus de laquelle les palmes des petits palmiers forment une voûte, a été appelée « tunel de los Infantes », etc. À la villa Carmen, nous sommes montés tout en haut de la maison, où la chaleur était telle, malgré la fenêtre ouverte, que nous avons dû enlever nos manteaux et nos couvre-chefs. Nous avons feuilleté le livre d'or, plein de remarques tout à fait stupides de gens d'Andalousie, de Catalogne, d'Aragón, etc. ; en fait il comportait très peu de noms étrangers. J'ai bien aimé l'orthographe d'un homme qui a écrit comme un poème sur les palmes et la jolie vue : il disait qu'il se sentait parfaitement heureux quand, quittant des yeux la magnifique perspective des palmes, du ciel bleu et de la mer bleue pour se retourner vers sa femme, il les voyait se refléter dans les yeux sombres de sa femme : « en los ojos de mi muger » (muger, avec le *g*, l'ancienne orthographe).

Nous sommes allés au « barranco[b] » et avons pris des photos de ce paysage tout à fait algérien. Il faisait une chaleur étouffante et nous avons trouvé refuge au casino et joué au billard, pris un chocolat et mangé des sandwichs vers 5 h. — Il nous fallait faire comme si nous n'habitions pas Alicante — ceci au cas où on nous aurait posé la question. La raison en est que les membres du casino d'Elche ne sont pas admis dans l'enceinte du casino d'Alicante, et en retour les membres du casino d'Alicante ne sont pas autorisés à

a. Espagnol : « écriteaux ».
b. Espagnol : « ravin ».

pénétrer dans le casino d'Elche. Mais personne n'a pu me dire la cause ou l'origine de cette interdiction. Quoi qu'il en soit, on ne nous a rien demandé, mais Higinito, qui était en verve, parlait bien fort de Valence, et, lui donnant la réplique, j'exprimais très clairement la joie que je disais ressentir quand je me rappelais que le lendemain nous reverrions la calle de la Paz, le jardin de la Glorieta et le Micalet. Si bien qu'on a dû nous prendre pour d'authentiques Valenciens, d'autant plus que je disais parfois quelques mots en français et que Higinito me répondait dans la même langue. — Nous avons vu un magnifique coucher de soleil au milieu des troncs de palmiers, puis nous nous sommes dirigés lentement vers la gare, où nous avons eu deux heures d'attente. Je me suis assis dans la sala de espera, pleine de vieilles Gitanes qui parlaient castillan avec un accent méridional, presque andalou. Quelques heures plus tôt il y avait eu un suicide à Elche : une jeune fille s'était jetée du pont dans le RAVIN, à l'endroit le plus profond. Ce pont à Elche est comme le « pont des suicidés » aux Buttes-Chaumont à Paris : il ne se passe pas un mois sans que quelqu'un ne se jette du pont dans le ravin. [Aujourd'hui] Higinito a eu des détails sur le « succeso[a] » ; la jeune fille avait 24 ans et était atteinte de tuberculose ; mais elle n'est pas morte sur le coup, et on raconte que le maire d'Elche aurait signé un document (lors de la construction du pont) stipulant que la personne ou les personnes qui se jetteraient du pont dans le barranco sans se tuer recevraient la somme de 15.000 douros. Cela fait que si la jeune fille se rétablit elle aura une petite fortune. Mais je ne sais pas s'il y a du vrai dans cette histoire de promesse du maire. — À la gare, nous avons rencontré doña Enriqueta de G. et sa sœur, avec un monsieur, et ils ont fait le voyage avec nous jusqu'à Alicante ; mais je me sentais très fatigué et je n'étais pas en état d'apprécier la conversation. — Dîné chez don H. qui m'a emmené avec un autre de ses invités (un ingénieur de Madrid) au casino. — Bien dormi, et ce matin je me sentais mieux. — Je colle ici deux lettres que j'ai reçues hier soir et ce matin : une de M. Previté Orton et une c.p. de Ricardo Viñes, le pianiste[b]. Je suis content qu'il vienne. — Cet après-midi suis allé rendre visite à Mme Guibert, lui remettant en mains propres les 200 pesetas pour ses tasses et cuillers en argent. (J'ai fait en sorte qu'elle ne sache pas si je les avais achetées ou si je les avais vendues à un de mes amis) et j'ai obtenu son autorisation pour tenter de faire publier les traductions du japonais de son mari. Elle m'a remis une partie de ses mss., et je les ai parcourus ce soir. Ils contiennent peu de choses, et je crains que bien des poèmes qu'il a traduits ne soient déjà connus en France ; par ailleurs très peu sont vraiment beaux. Je

a. Espagnol : « événement ».
b. Ici Larbaud a collé divers documents ; voir annexes 13 et 14, pp. 786-787.

vais pourtant faire une sélection et tenter de les faire publier par une revue qui PAIE[321]. Par ailleurs, elle m'a dit qu'elle allait déballer sa traduction de *La Danseuse,* ce qui est une excellente chose, et CELA, bien mené, obtiendrait du succès. Je vais le proposer à la *N.R.F.* ou à *La Sirène*. Ce sera un bon service rendu à la fois à la mémoire de M. Guibert et à la littérature française, sans compter que ça rapportera de l'argent à Mme Guibert. — Elle m'a donné des renseignements biographiques le concernant et je compte les utiliser dans une brève introduction. En fait je me suis institué exécuteur littéraire de M. Guibert, et j'essaierai d'empêcher que son nom et son œuvre ne tombent dans l'oubli. Non, même si je ne publiais pas ces traductions, ou qu'elles n'étaient jamais publiées du tout, les érudits connaîtraient M. Guibert comme un ami de Verlaine, et un de ses « Poètes maudits ». Néanmoins la publication des traductions, particulièrement de *La Danseuse*, y ajoutera beaucoup. Mais ce qu'il désirait vraiment faire c'était publier sous un seul volume : le texte japonais ; sa transcription en écriture romaine ; la musique des chansons et des poèmes ; et enfin la traduction de chacun des poèmes, avec des notes portant à la fois sur le texte japonais et sur sa traduction. Mais le ms est très incomplet, et [*Trois mots barrés*] les même poèmes reviennent souvent, et la plupart des notes sont d'ordre purement grammatical. — Bon, cela suffit pour ce soir. Je m'occupe maintenant de l'arrivée de Viñes[322], demain.

Dimanche. — Viñes ici à Alicante ; contents d'être ensemble, de parler de nos amis parisiens ; la vue de ses doigts m'a fait beaucoup de bien, parce que je regarde d'abord ses doigts, ses merveilleux instruments, un miracle d'adaptation ; et ensuite son visage, gentil et étrange. Il était allé entendre la messe, bien sûr, à San Nicolas, ayant trouvé l'église Santa María fermée. Nous avons pris un café au casino, et je l'ai présenté à don Higinio. Puis nous sommes allés au Teatro Principal, où l'on nous a dirigés vers la maison de M. Oliver Biosca, le président de la Société Filarmónica, d'où nous sommes revenus au Teatro, parce que Viñes voulait jeter un regard sur la salle. — Reçu un autre paquet d'épreuves d'*Erewhon*. — Ce soir, chez don H. où j'ai vu Araceli et me suis baigné dans la lumière de ses yeux ; elle m'a regardé plus gentiment que d'habitude, et j'ai beaucoup parlé, essayant de dire des choses qui laisseraient une impression durable sur elle. Les femmes là-bas (tout particulièrement sa mère) ont perçu ce que j'éprouvais quand elle me regardait, et je les ai vues sourire, ce qui m'a fait plaisir. Je ne pouvais pas voir son corps, mais son visage me permettait de deviner les changements qui se sont produits depuis l'année dernière. Elle a presque 15 ans maintenant, et c'est une jeune déesse triomphante, peut-être plus brune que jamais, mais un soleil de beauté, tout feu et douceur, timidité et splendeur. — Tout était relégué à l'arrière-plan après cette heure passée près d'elle. Pourtant j'ai rencontré Doloretes sur l'Explanada et lui ai serré la main, en présence d'un don Ricardo plutôt surpris ; il a reconnu qu'elle était très jolie.

Jeudi, 29. — Lundi, mardi et hier ont été consacrés à R. Viñes, avec qui je suis allé à Elche hier ; nous avons assisté au lever du soleil de la fenêtre du wagon, une vision splendide ; puis nous avons « fait » Elche, moi lui montrant le jardin du Curé, la villa Carmen, le barranco, etc[323]. Nous sommes rentrés à 12 ¼, et après déjeuner sommes allés chez Oscar Esplá où nous avons passé environ 4 heures. Esplá a joué ses dernières compositions, et Viñes a interprété plusieurs beaux morceaux de Balakireff[324] et d'autres compositeurs. Nous avons dîné ici et ensuite je l'ai accompagné à la gare de Madrid. — Je me sentais très déprimé ces trois ou quatre derniers jours et je ne me sens pas encore bien, avec l'Humeur ; je crains donc de m'être montré un compagnon démoralisant et un hôte peu agréable. L'idée que Viñès l'a senti m'a encore déprimé davantage et j'ai peur qu'il n'ait pas apprécié son séjour ici autant qu'il l'avait espéré, bien que j'aie fait mon possible pour lui cacher l'état dans lequel je me trouvais. Il est si aimable et si gentil qu'il m'a laissé l'impression qu'après tout je ne l'avais pas autant ennuyé que je le pensais. Il y a chez lui de la perspicacité, beaucoup de bon sens et le sens de l'humour, en même temps que de la naïveté et un amour presque puéril de la distraction. J'étais surpris de sa connaissance de la littérature espagnole, tant contemporaine que classique. J'ai également découvert qu'il est bon latiniste, et qu'il connaît bien les écrits des Pères de l'Église, qu'il les apprécie d'un point de vue littéraire. — Je l'ai fait parler de Léon Bloy, Granados, et de ceux de ses amis disparus qui m'intéressent. C'est étrange d'entendre un pianiste parler d'écrivains et de poètes français, espagnols, anglais et latins avec autant de sensibilité et une telle capacité de jugement. Je lui ai dit ce que je pensais de « las Indias » et de la « leyenda negra[a] », et il m'a donné un exemplaire de la traduction du livre de Ch. F. Lummis sur ce sujet, avec une introduction de Rafael Altamira[325]. Voici sa « dedicatoria[b] » : « A mi buen amigo V.L., quien siente, ama y comprende cual nadie a España y sus grandezas », Ricardo Viñes, Alicante, 27 Enero 1920. —

Les deux concerts, ou plutôt les auditions, ont été un succès, et à la seconde, le público alicantin a réagi mieux que je ne m'y attendais ou le croyais capable de réagir. J'étais assis juste derrière Ella, et nous avons beaucoup parlé pendant les « descansos[c] ». Je l'ai trouvée très sensible à l'interprétation de Viñes, et aux composi-

a. Espagnol : « légende noire ».

b. Espagnol : dédicace. « À mon bon ami V.L, qui sent, aime et comprend comme personne l'Espagne et ses grandeurs », Ricardo Viñes, Alicante, 27 janvier 1920.

c. Espagnol : « entractes ».

teurs qu'il avait choisis. Elle connaissait, bien entendu, la plupart des morceaux, particulièrement ceux de Debussy, G. Fauré, Erik Satie, Albéniz et Falla.

Samedi, 31[a] — Beaucoup de choses à noter, et comme je me sens assez bien ce soir, vais essayer d'en noter la plupart. — D'abord la lettre de M. H. F. Jones, qui comporte une copie d'une lettre qu'il a adressée à Gaston Gallimard (datée du 14 novembre 1919) concernant les droits des ouvrages de Butler. Le problème vient, bien sûr, du taux de change : G. et Streatfeild avaient établi leurs transactions sur le taux de change habituel, 25 francs pour une livre sterling. Maintenant M. Jones désire recevoir des livres sterling, et il pense que G. a l'intention de lui donner des francs. Pour parvenir à un accord, M. Jones propose de partager la différence, ce qui ferait que G. ne paierait que 70 francs de plus pour chacun des cinq volumes.

Cette lettre de M. Jones, G. n'y a pas répondu encore, et ne m'en a jamais parlé. — J'ai donc écrit à G. en lui envoyant la traduction de la lettre de M. Jones et en lui demandant d'y répondre dès que possible. Je pense que G. a dû être débordé de travail, avec la réimpression des romans de Proust en particulier[326], et que c'est pour cela qu'il n'a pas répondu. J'espère qu'il ne soulèvera aucune difficulté ; mais j'aimerais qu'il soit plus attentif et qu'il s'occupe mieux de ses affaires. — J'ai encore corrigé des épreuves et j'espère en recevoir d'autres. Mais G. m'enverra-t-il de secondes épreuves ? Il y a encore beaucoup de fautes dans les dernières que j'ai reçues, et je crains que certaines d'entre elles ne se glissent dans le livre, en dépit des efforts que je fais pour les anéantir. Je n'ai jamais encore eu un livre où je ne puisse trouver une abominable faute d'impression. Je ne m'en soucie pas trop pour mes propres livres, mais pour les ouvrages de Butler c'est une autre affaire. Je suppose que la seule solution sera d'avoir un exemplaire de chacun de mes livres publiés, l'original et la traduction, de les faire interfolier, et de les corriger très attentivement et de facon très claire : COMME ÇA, afin que si l'on en veut encore après ma mort, un éditeur plus scrupuleux puisse en donner de bonnes éditions — enfin.

Viens d'acheter une nouvelle éphéméride pour l'année 1920 et je l'ai installée sur le socle en bois sur ma table de travail. Détruit celle de l'année dernière, ne conservant que trois feuilles que je colle ici pour qu'elles me rappellent quelques mois de l'année dernière, et les petits drapeaux que Higinito et moi avons peints : un drapeau différent chaque jour[327]. L'année dernière à cette époque, j'étais

a. Nous sommes à la p. 530 du manuscrit et au milieu de cette page se trouve une médiocre photographie d'un homme à moustache, en chapeau. Larbaud a écrit cette légende : « Ricardo Viñes à Elche (28.1.1920) ».

occupé à traduire *La Vie et l'Habitude*, mais il semblerait d'après la note au crayon « ¡ Nada ! » que je n'y aie pas travaillé précisément ce jour-là (31 janvier).

Cette semaine je suis allé deux fois au théâtre (sans compter les deux auditions de Viñes) : une fois avec Viñes au « Café cantante » La Giralda, sur le Paseo Méndez Núnez, où nous nous sommes beaucoup amusés, mêlés à la « gente baja[a] » pour écouter la musique la plus vulgaire et des chansons obscènes... à discuter, tout ce temps, de la conquête de l'Amérique et de « las grandezas de España[b] », revenant, de temps en temps, à Debussy, Albéniz, Paul Valéry, Butler, Miró, Walter Pater, etc. tandis qu'une grosse femme obscène dansait la « rumba », exhibant ses seins nus au public. Parfois nous nous mettions à crier à pleine voix, et quand la « función[c] » s'est terminée, le garçon nous a invités à aller en coulisses nous mêler aux « artistas », mais nous l'avons remercié et sommes rentrés, parlant alors de Barbey d'Aurevilly, Léon Bloy, Villiers, etc. C'était un régal, Viñes étant un des hommes les plus intelligents que j'aie rencontrés ; j'entends : quelqu'un qui, en dehors de l'art qu'il pratique, est capable de comprendre et d'apprécier l'œuvre de gens qui s'expriment à travers d'autres formes d'art, différentes.

La deuxième fois que je suis allé au théâtre, j'étais seul (hier, au Salón Moderno). J'ai entendu trois zarzuelas[328] en trois heures : *Bohemios, El Viaje de la vida* et *Moros y Cristianos*. Très mauvais, tant pour les voix que pour les décors. Le *Viaje de la vida* se déroule à bord d'un bateau, un bateau italien, et on s'était trompé de nom : *Napoli* convenait, mais *Besuvio* était un peu trop espagnol. Il y a une chanson qui a pu s'inspirer du titre d'un des romans de Pierre Louÿs que j'ai vu en traduction espagnole dans les librairies (*La Femme et le Pantin : La Mujer y el Pelele*) c'est-à-dire, en supposant que *El Viaje de* [*Deux feuillets manquants*.]

difficultés techniques qu'ils essaient de bâcler ou d'éviter. Si bien que j'ai écrit une longue lettre, plutôt « ferme » à G[aston] G[allimard] en insistant pour qu'on m'envoie de SECONDES épreuves. Je crains qu'il n'essaie encore de me berner là-dessus : il avait collé un petit morceau de papier me demandant de lui envoyer ces épreuves SIGNÉES. Mais j'ai flairé la manigance, et pensé qu'on pouvait interpréter ma signature comme un « bon à tirer », je me suis donc abstenu de signer. S'il ne m'envoie pas de secondes épreuves, le livre sera fait de façon lamentable, bourré de fautes, et je ne l'ouvrirai jamais. Et si les 5 volumes de Butler sont imprimés et publiés de la même façon, — eh bien ! s'ils le SONT, je me séparerai des éditions de la N.R.F., mais le dommage sera fait, et Butler devra attendre

a. Espagnol : « petites gens ».
b. Espagnol : « des grandeurs de l'Espagne ».
c. Espagnol : « représentation ».

l'extinction du copyright et ma mort, pour être présenté au public français comme il doit l'être. — Je ne devrais pas me faire autant de souci pour tout cela, mais je ne peux m'en empêcher, surtout quand cela concerne Butler. Gaston devrait publier moins de livres, et mieux les FAIRE. Tout ceci me fait attendre avec appréhension la publication de « Martre » et de « Beauté... ». Mais pour les Butler, j'ai parfois la tentation d'aller en France, dans ce sale endroit où se fait l'impression (Abbeville, ou quelque chose comme ça), pour surveiller le travail moi-même. [*Une déchirure sur six lignes.*]

Il était sur le point d'écrire une brève critique de ces pièces et de la façon dont Ricardo Baeza et ses acteurs les montent et les interprètent, je lui ai donc parlé des jeux de mots sur « Ernest » et « earnest[329] », etc., et mentionné les idées de Butler (telles qu'elles sont présentées dans *Erewhon* et *La Vie et l'Habitude*, livres qu'Oscar Wilde a pu lire) comme source possible des remarques humoristiques et satiriques dans ses pièces. J'aimerais qu'Eduardo ait compris l'allusion et trouver le nom de S. B. mentionné dans son article, dans le *Diario de Alicante* — ce serait une des premières citations du nom de S. B. dans la presse espagnole. Eduardo m'a dit qu'il avait rapporté une des anecdotes que je lui avais racontées, quand nous vivions Calle Mayor, sur Oscar Wilde. Je lui ai prêté un exemplaire de *La N.R.F.* avec mon introduction et les extraits de *Erewhon.*

Après avoir renvoyé les épreuves à G., je suis allé chez don H., où j'ai rencontré Señorita B. et Pilarica ; mais les autres enfants étaient partis au CINÉ, et j'y suis allé moi aussi et suis rentré chez moi assez tard.

Il faut que je mentionne qu'hier j'ai rencontré doña C. et Dolores à la porte de don H., et nous avons monté l'escalier ensemble, et j'ai trouvé que D—— (je m'en souviendrai).

Continué le livre de Lummis [*Lacune consécutive à la déchirure signalée plus haut.*]

et une admiration naïve pour l'Espagne, qui devrait me faire passer sur ses grosses fautes, est trop stupide pour racheter sa vulgarité. Il n'est pas digne d'admirer l'Espagne ; elle est trop au-dessus de lui. La lecture d'un tel livre me réconcilie avec la littérature et le travail purement littéraire, il le fait apparaître plus intéressant et plus véritablement héroïque que ce qu'on appelle généralement « l'aventure », « l'efficacité » et « l'action ». Je suppose que Viñes ne l'a jamais lu, et que ce qu'il m'en a dit venait de ce que la lecture de quelques critiques lui avait appris. Même dans son introduction, Altamira cite un nombre d'« auteurs » américains — parmi lesquels le marchand de papier-imprimé, Marsden ou Marden, je ne sais plus, comme s'ils étaient d'authentiques écrivains et en méritaient le nom.

Un grand événement ici : la pluie ; c'est-à-dire un vent très fort qui soulève d'énormes nuages de poussière partout dans le port, suivi de quelques gouttes d'une pluie tiède. J'ai bien aimé, surtout la fraîcheur de l'air juste avant que le vent ne se lève, et j'ai fait le tour du port. Quelques bateaux intéressants, de vieux amis à moi pour la plupart : *Beulah* et *Sunset Glow*, de St John, Terre-Neuve ; le *Hebe* d'Amsterdam, et beaucoup de voiliers bien connus de Viareggio et Torre del Greco. Il y a un nouveau bateau, d'Uruguay, *Bravo*, de Montevideo, mais il n'a pas hissé son pavillon. Suis allé jusqu'au bout de la dernière jetée, où j'ai vu un vapeur belge, *Tunisier*, d'Anvers. Les carabineros et les dockers déjeunaient avec leurs femmes et leurs enfants entre les piles de marchandises. Je n'ai pu m'empêcher de penser à Luis Losada tout ce temps. Il faut que je note que Capdepon, le garçon du casino, m'a dit que l'homme qui avait gagné le troisième « premio » possédait tous les « décimos » des 4 séries du numéro gagnant.

[Février]

Samedi, 7. — Encore de la pluie aujourd'hui ; mais pas beaucoup. Je me sens mieux, et tout à fait libéré de l'Humeur. Travaille un peu, et CON GUSTO. — Promenades en ville : l'Explanada, c. de la Princesa, c. Mayor ; mais surtout sur l'Explanada ; le matin, juste avant le déjeuner, je passe une ½ heure sur la terrasse du casino, à me chauffer au soleil et à regarder les magnifiques perspectives sur le port et sur la mer. Nous sommes quelques « caballeros » à venir chaque matin sur la terrasse du casino, principalement des hommes âgés et des malades. Plus tard c'est le tour des messieurs qui sont restés « bouclés » toute la matinée dans leurs « despachos », et parmi eux, je vois parfois mon voisin bizarre de la calle Mayor, « Peeping Tom », celui qui commentait tout ce qu'il nous voyait faire, doña Dolores, Lola, Pepita, Eduardo et moi. — Je suis allé plusieurs fois au ciné avec les enfants, et me suis beaucoup amusé à entendre les réflexions des gens, à manger des « cacaüets » sans arrêt, d'énormes sachets de cacahuètes. Il y a un film avec Francesca Restini au Moderno ; et pour la première fois j'ai remarqué qu'elle a une très belle [*Deux feuillets coupés*.]

— et c'est l'entière vérité — s'il n'y avait pas cette arrière-pensée du mariage — la seule cause de malaise et de possible malentendu entre nous — nous nous apprécierions, et même nous aimerions d'amour.

Plus tard suis allé au Salón Moderno avec les enfants : Avelinita, Pilarica et Araceli. Aussi ai-je donc joui pendant deux ou trois heures de la lumière du visage d'Araceli, enivré par sa douce présence à mes côtés. Deux fois j'ai rempli ses petites mains brunes d'amandes, de noisettes et de « cacaüetes » grillées et salées que j'achète généralement à l'étal devant le Salón Moderno, elle m'a parlé à plusieurs reprises, même quand je ne m'adressais pas à elle. Je les ai raccompagnées à leur porte, et suis rentré chez moi. — Me sens assez mal et fatigué.

Dois noter que l'« Atenea » (la compagnie de théâtre de Ricardo Baeza) est partie hier à Madrid. Ils ont donné deux ou trois pièces d'Oscar Wilde (dans la traduction espagnole de R. Baeza), *Cyrano de Bergerac* de Rostand, et deux pièces de Jacinto Grau — l'une d'elles était *El Conde de Alarcos* que j'ai lue il y a deux ou trois ans et que je n'ai pas aimée[330]. Ils ne semblent pas avoir eu grand succès ici, d'après ce que j'ai lu dans les journaux — la « compañia » en général et les pièces de Grau en particulier. Mais le pauvre public alicantin n'est pas bon juge et peut tout aussi bien condamner une excellente pièce. J'y suis allé un soir, pour voir comment ils interprétaient *De l'importance d'être constant*, et cela m'a bien plu. Ce matin ma blanchisseuse est venue me demander un col qu'elle avait mis dans les miens, il y a trois jours, et qui, m'a-t-elle dit, appartient à l'un de « ces messieurs du Teatro Principal » à qui elle avait rapporté un de mes propres cols par erreur, la marque distinctive étant presque la même. « Eh bien, ajouta-t-elle, ils sont partis, Dieu merci ! Ils me donnaient tellement de souci !.... » (« Cuanto me marcaron estos señores ! »). Ce fut sa contribution à la critique du théâtre moderne espagnol.

Mardi, 10. — Une grande promenade en ville entre 6 et 7. Je suis allé à l'extrémité de la jetée, pour regarder un gros vapeur chilien, *Lautaro*, de Valparaiso. Il était magnifiquement éclairé, et paraissait très beau ; il n'avait pas hissé son pavillon mais le mât arborait l'étoile nationale au sommet. Le port était magnifique, tout rouge et or, jaune et bleu pâle. Pensé à Luis Losada, et NOUS avons marché ensemble : il rêvait de partir, ressentant déjà dans tout le corps le mouvement du bateau.

Plus tard, j'ai remonté un peu la calle de Labradores, et suis redescendu calle Mayor et calle de la Princesa. Puis je suis allé à l'estanco[a] de la c. San Francisco, et qui ai-je eu la surprise de rencontrer : doña Encarnación de C. et Encarnita ! Elles ont fait comme si elles n'avaient pas entendu parler de mon arrivée ici ; mais elles le savaient bien sûr. Nous avons parlé un petit moment, l' « estanquera » se joignant à notre conversation (c'est une cousine de doña Encarnación, je crois). Doña E. m'a alors demandé si j'étais allé à San Vicente, et je lui ai dit que oui mais qu'il n'y avait pas d'amis à voir là-bas, à cette époque de l'année. Puis elle a dit : « No hemos tenido otro verano como este[b] », en parlant de l'été 1917. Et Encarnita a ajouté quelque chose du même genre disant

a. Espagnol : « bureau de tabac ».
b. Espagnol : « Nous n'avons pas eu d'autre été comme celui-là. »

que le dernier avait été « más aburrido[a] ! ». La seule chose que j'aurais aimé lui demander était : comment va et où se trouve R—— (sa « rivale » à l'époque, et celle qu'elle avait essayé de —). Aujourd'hui il est impossible d'écrire quelque chose là-dessus ; mais je m'en souviendrai. Comme il est étrange de vivre, de se voir et de se parler en passant consciemment sous silence les choses les plus profondes et les plus importantes de sa vie — en feignant constamment de les ignorer ! Voici les faits : A. me repoussait ; B. qui connaissait toute l'histoire, a essayé de saisir l'occasion pour prendre la place de A. dans mes — disons — sentiments ; je ne voulais pas la laisser faire, mais j'aimais bien la voir parce qu'elle connaissait A. et pouvait m'être utile pour servir d'intermédiaire et pour réussir une éventuelle réconciliation entre A. et moi. Puis, sans que B. entre en cause, l'attitude de A. à mon égard s'est transformée. Mais j'avais déjà réagi, et je restais aussi éloigné que possible de A. de peur de me retrouver encore « captif ». B. s'en est aperçue, et a pensé que mon changement d'attitude lui était favorable. Je l'ai alors rencontrée à Madrid et elle a pu se rendre compte que je cherchais à éviter le piège. Pauvre B. : elle ne s'est pas trouvé de « novio », et n'en trouvera probablement jamais ; et elle commence déjà à se comporter comme une vieille fille. (Pas comme Paquita, qui se défend bien ; mais je suppose que ses flirts l'aident à « tenir le coup ».) Et pourtant B. est une « buena chica[b] », et malgré sa silhouette un peu raide et sa peau brune, elle est ce qu'on peut appeler « una buena hembra[c] » et rendrait un homme heureux, au lit aussi bien qu'en dehors du lit ; et elle a de l'argent. Mais il y a quelque chose dans sa façon d'être qui manque de charme.

Juste avant de rentrer de la c. San Francisco, comme je longeais le Postiguet, j'ai entendu une voix de garçon crier à un autre que d'abord je ne voyais pas : « ¡ Maricon[d] ! » puis un peu plus loin j'ai vu le « maricon », ou plutôt les deux « maricones ». Deux jeunes de, disons, 14 et 16 ans. « Elle » était un garçon pêcheur, mince, brun, bien tourné ; et lui un gars plutôt laid, à l'air mauvais. C'est sans doute quelque chose de courant ici (je me souviens qu'Ed[uardo] m'en avait parlé une fois). Je suppose que si beaucoup d'étrangers devaient venir passer l'hiver ici, Alicante, la douce, honnête et pure Alicante, ne tarderait pas à devenir une autre Taormina.

Deux ou trois jours sans recevoir de lettre. Je me demande pourquoi Gladys ne répond pas à ma dernière c.p. — Travaillé de

a. Espagnol : « très ennuyeux ».
b. Espagnol : « une bonne fille ».
c. Espagnol : « une belle femme ».
d. Espagnol : « pédé ».

10 heures à presque 1 heure de l'après-midi, et l'après-midi, lu l'*Introduction à la méthode de Léonard de Vinci*, et ce, pour la première fois avec attention, « detenidamente[a] ». La perfection de la langue ; quelque chose d'aussi grand que Shakespeare, par sa manière et par son envergure. Ce qu'il dit de Pascal et Bergson m'a plu. Mais j'ai encore plus aimé ce qu'il écrit sur des sujets comme la critique littéraire et la biographie. C'est l'essence même de la théorie de Francesco De Sanctis et de l'école napolitaine. N'ai pu penser à rien d'autre, n'ai pu travailler après une telle lecture. Sorti pour une grande promenade partout dans Alicante : l'Explanada, le Postiguet, puis retour à travers les rues étroites derrière St Nicolas ! — Chez don H. plus tard, où Araceli est venue à l'improviste avec sa mère et son père. Je suis donc resté assis une ½ heure près d'elle, sous le feu de ses yeux (j'entends : le feu pour moi, pas qu'elle ait eu une quelconque intention de me tuer ; mais elle perçoit mes sentiments, et cela l'amuse). Ce soir, trop imprégné du livre de Valéry et de la douce présence d'Araceli pour travailler, je suis allé au Salon de España où l'on donnait *Les Barraques*, une zarzuela en valencien. J'aime ce petit théâtre bon marché, vraiment plébéien. Juste au moment où la pièce allait commencer, une jeune femme est arrivée avec une petite fille et s'est assise près de moi. J'imagine que la mère doit être chanteuse ou danseuse. J'ai demandé, exprès, à la petite fille si elle comprenait le valencien ; et sa mère a répondu pour elle : « Ninguna de las dos, de manera que nos quedamos en ayunas[b]. » Elle est partie avant la fin de la pièce, aussi n'ai-je pas offert de la raccompagner à son hôtel, ou à l'endroit où elle loge, comme je l'aurais probablement fait, simplement pour savoir quel genre de femme c'était. Elle n'était pas jolie, et portait beaucoup de « coloretes[c] » sur le visage. — J'ai feuilleté l'exemplaire de l'anthologie judéo-espagnole de Gil, que don H. m'a prêtée l'autre jour[d]. C'est un recueil de romances et de chansons populaires des Juifs espagnols qui vivent à Constantinople (je me souviens être allé les voir de Péra, il y a plus de vingt ans de cela ; ils vivent dans un endroit qui s'appelle Eyoub, ou quelque chose comme ça). Il y a des choses comme ceci :

> *Vos venid, mi dama,*
> *por la mañana :*
> *bebereis* RAKI
> *con naranjada,* etc.

a. Espagnol : « minutieusement ».
b. Espagnol : « Aucune des deux, ce qui fait que nous ne comprenons rien. »
c. Espagnol : « fard ».
d. Note de Larbaud : « Rodolfo Gil. *Romancero Judeo-Español* ; Madrid, 1911. »

Et ceci :

Hijas de quince años,
hijos en los brazos.
Yo de veinte y cuatro
sin casar y sin gozar[a].

J'ai remarqué le mot « meldar », et j'ai trouvé dans le dictionnaire à la fin du livre qu'il signifiait « leer[b] », et Rodolfo Gil (p. 47) dit que son étymologie est obscure : certains le font dériver d'un mot hébreu, d'autres du haut allemand *melden*, d'autres encore du latin *meditari* : « *es muy usado en Oriente y Rumanía en la acepción de leer o estudiar.* » J'ai trouvé le mot *tresalir* utilisé dans le même sens que le verbe français « tressaillir ». Ces Juifs espagnols semblent avoir adopté les diminutifs aragonais et murciens en « ico » et « ica » soit qu'on les employât communément dans la période qui a précédé leur expulsion d'Espagne, soit que la majorité d'entre eux vinssent de villes d'Aragon ou de Murcie.

Vendredi, 13. — Beaucoup de choses à noter ici, et comme je ne me sens pas le courage de faire face à un autre travail, n'étant pas très bien ce soir, je vais les noter aussi brièvement que possible.

Hier quelqu'un de chez don Alfredo est venu m'annoncer que doña Dolores de I[rles] était morte la veille et que les obsèques avaient eu lieu le matin. Quelques heures plus tard j'ai lu la nouvelle dans le journal local. Cela me fait de la peine pour Eduardo, Lola et Pepita ; c'est l'une des rares familles que je connaisse dont les différents membres éprouvaient un réel attachement les uns pour les autres. J'ai l'intention d'aller les voir quand ils commenceront à se remettre un peu. Combien de personnes que j'ai connues ici sont mortes récemment ! Je pense que j'ai oublié de noter ici la mort de doña Dora de C——. C'était l'une des plus jolies femmes d'Alicante, cependant elle n'était pas originaire d'Alicante, mais d'Amérique, du Guatemala ou du Venezuela, je ne sais. Bien entendu les gens « parlaient » d'elle, et, de notoriété publique, on considérait son mari comme l'un des plus grands cocus de la ville. Mais cela ne signifie pas QU'IL L'ÉTAIT vraiment, et, connaissant le monde comme je le connais, j'ai tendance à penser qu'il ne l'était pas. Nous avions parlé d'elle la dernière fois que je suis allé rendre visite aux I[rles] et que je me suis assis près du lit où doña Dolores attendait la mort, la pauvre vieille dame.

a. Espagnol : « Venez le matin/Madame/ Vous boirez du raki/ avec de l'orangeade » et : « Des filles de quinze ans/avec des enfants dans les bras./ Et moi qui en ai vingt-quatre/seul et sans plaisir. »

b. Espagnol : « lire ». Un peu plus bas : « ce mot est très utilisé en Orient et en Roumanie dans le sens de lire ou d'étudier. »

La nuit dernière j'ai fait un rêve magnifique. Je sortais d'une maison où j'avais laissé Gladys ; c'était à l'aube et j'avais l'impression de partir en voyage, mais pas un long voyage (disons : Elche) parce que je n'avais pas de bagage, et voulais aller à la gare à pied. Puis, au milieu de la rue — une rue vide et la ville entière endormie autour de moi, — j'ai levé les yeux vers le ciel bleu pâle et, presque au-dessus de ma tête, j'ai vu un énorme globe gris-bleu, environ cinq fois plus grand que ne paraît la lune. Il se trouvait alors près de moi quelqu'un à qui j'ai pris le bras et j'ai crié : « Regardez, un nouveau monde ! » On pouvait voir des aspérités à sa surface : des montagnes, des mers, mais on ne pouvait dire exactement ce que c'était. L'ombre de la terre le cachait du soleil et il était suffisamment proche de la terre pour ne pas apparaître comme la lune lors d'une éclipse : il ne réfléchissait absolument aucune lumière mais ressemblait assez à une montagne, vue de loin, ou à ce que doit ressembler la terre vue d'avion : gris-bleu et faite de matière. Puis il commença à bouger, mais il s'éloignait, et petit à petit parut se dissoudre dans le ciel jusqu'à ce que, à la fin, la lune, très brillante, se montrât à sa place, entourée d'un grand halo pâle. L'ensemble de la scène était merveilleux : les couleurs, l'athmosphère et l'intensité du rêve. J'avais eu, juste avant, une longue conversation avec Gladys, mais la suite du rêve me l'a fait oublier.

Quelques heures plus tard, j'ai reçu une lettre de Gladys ; mais de la journée je n'ai rien vu d'autre en relation avec l'autre partie de mon rêve. De toute façon, aucun corps céleste ne s'est présenté à la vue !

À 7 h ½ doña P. m'a réveillé en m'annonçant qu'un télégramme venait d'arriver pour moi, et en fait c'était un télégramme de M. François Le Grix qui me demandait d'envoyer dès que possible à la fois mon article sur S.B. pour *Les Écrits nouveaux* et les traductions du japonais d'A. Guibert pour *La Revue hebdomadaire*[331]. J'ai donc passé la matinée à recopier ces traductions et à ré-écrire mon petit article sur M. Guibert. Je suis content d'avoir fait cela pour la cause de sa vie posthume. Les six ou sept courts poèmes que j'ai choisis sont les meilleurs, et trois d'entre eux sont très bons. Je me demande ce qu'en penseront les lecteurs de la *Revue hebdomadaire*. Pour mon article sur S.B. je devrai le recopier et en réécrire des morceaux. Cela me fait remettre à plus tard « Beauté… », « Martre », etc, pour l'envoyer le plus tôt possible à M. Le Grix. Quand je dis « etc », je parle de l'article promis à M. Davray, et un article — d'une certaine façon, également promis — pour la revue de M. Henri Massis[332].

J'ai dû corriger quelques fautes dans les traductions de Guibert : mais ce n'était que des fautes d'inattention, portant principalement sur l'orthographe de quelques mots. Étrange qu'il ait écrit « blanche chrysanthème » ; mais peut-être l'a-t-il fait délibérément.

Néanmoins j'ai préféré corriger. J'ai également dû choisir entre plusieurs versions d'un poème, et j'ai fait de mon mieux. Voilà une chose qu'il vaut la peine d'écrire : un essai sur l'art d'éditer les œuvres posthumes d'écrivains, quelque chose comme la « toilette » des textes.

Malgré tous les articles dont il faut que je m'occupe, j'ai trouvé le temps de relire la merveilleuse *Introduction à la méthode de Léonard de Vinci* de Valéry[333]. Peut-être ferai-je de ses propos sur la biographie et la critique littéraire le sujet de mon article pour la revue de M. Massis. Comparer Valéry à De Sanctis, etc. — De la *N.R.F.*, j'ai reçu un paquet de revues anglaises : *Suppléments littéraires du Times, Atheneums, Poetry Bookshop Chapbooks, la Anglo-French Review,* et le *London Mercury*[334] qui contient des poèmes de Robert Bridges, Austin Dobson, Edward Shanks, et un nouveau poème de Nicholas Vachel Lindsay, « Bryan ! Bryan ! Bryan ! Bryan ! » (la « campagne de 1896 » vue par « un de seize ans »[335]). Il y a un article sur John Donne. Le poème de N.V. Lindsay n'est pas aussi bon que son « General Booth », mais c'est certainement le plus intéressant de ceux publiés dans ce numéro du *London Mercury*[336].

Ce soir je suis allé voir G[loria], et petit à petit, elle m'a raconté toute sa vie. Don Antonio ; le cheval ; puis sa dispute avec sa famille ; elle est allée tout raconter à don Antonio qui lui a dit : « Eh bien, veux-tu venir vivre avec moi ? » (Elle avait alors 14 ans et lui environ 40.) Elle y a consenti et, de ce jour, le pauvre homme semble avoir mené une vie épouvantable. Elle m'a raconté toutes les « malas pasadas[a] » qu'elle lui a jouées, et je lui ai fait reconnaître que : 1° il était surprenant qu'il ne l'ait pas quittée six mois après l'avoir connue ; 2° si elle ne lui avait pas donné autant d'occasions de soupçon, elle aurait pu le persuader de l'épouser, et alors, ses 70.000 douros auraient été pour elle, au lieu des 10.000 qu'il lui a laissés. Elle a dit : « Claro, si fuera ahora ; ahora tengo más mundo ; pero entonces no pensaba en esas cosas ; pensaba en divertírme ; pero, que le vamos a hacer[b] ? » Puis elle s'est mise à me raconter d'autres anecdotes, jusqu'à ce que j'en sois soûl, car elles se ressemblaient toutes, et elle m'avait déjà fourni tout ce dont j'avais besoin pour reconstituer toute l'histoire. Donc je lui ai dit : « Après tout cet homme a été heureux si l'on considère qu'il a profité d'une telle [*Deux mots caviardés*] que vous pendant tant d'années ! » Elle s'est sentie flattée, et m'a remercié, et j'ai pu m'échapper. [*Une déchirure sur quatre lignes. La page suivante contient des coupures de journaux, voir annexe 15, p. 787-789*]

a. Espagnol : « mauvais tours ».

b. Espagnol : « Évidemment, si c'était maintenant ; maintenant j'ai davantage d'expérience ; mais alors je ne pensais pas à ces choses ; je ne pensais qu'à m'amuser ; mais qu'y pouvons-nous ? »

Le bateau chilien, le *Lautaro*, est parti, mais je l'ai vu arborer son intéressant pavillon. Un cargo français, le *St Charles*, de Cette, a pris sa place[a]. Belle journée aujourd'hui ; mais j'ai travaillé près de 9 heures sur le manuscrit de la grande étude sur S.B. pour M. Le Grix, le révisant et le ré-écrivant presque entièrement, à partir de ma première ébauche d'introduction, écrite à Paris en novembre-décembre dernier. Il faudra que j'y travaille de nouveau demain, et me trouverai content de la faire partir par la poste mardi. Mais je ne m'attendais pas du tout que M. Le Grix TÉLÉGRAPHIE pour la réclamer. — Lisant le *London Mercury*, après déjeuner, j'y ai trouvé ce qui suit, dans un très mauvais article, plein de contradictions, de J.D. Beresford, intitulé « La psychanalyse et le roman » : « Le biographe supposé — SON NOM N'APPARAÎT PAS — dans *Les Notes du souterrain* [*L'Esprit souterrain* ou le *Sous-sol* de Dostoïewski]. » Or j'ai toujours pensé que « le biographe supposé » est Ordinow ou Ordinoff, et que son nom apparaît — rarement, mais au moins deux fois — au cours du récit[337]. Dans le même numéro du *London Mercury*, j'ai lu une assez longue critique sur les romans de Compton Mackenzie[338], que je ne connais pas. Ce que le critique écrit est mauvais et ne veut rien dire ; ce qu'il cite n'a rien de particulièrement remarquable. Il faudrait que je voie par moi-même à quoi cela ressemble, mais cela semble une tâche assez lourde, les romans faisant au moins 500 pages — quelques-uns plus longs encore.

Ce matin, en descendant l'Explanada, j'ai vu D— et son [*Un mot illisible*] !

Ils descendaient également l'Explanada et m'ont dépassé (j'ai salué et dit Buenos días, et elle a salué, mais sans sourire cette fois ; parce qu'elle était seule avec [*Un mot illisible*], je pense). J'ai continué de marcher et j'ai vu l'effet qu'elle faisait sur les hommes ; même le « hombre elegante[339] » (qui a beaucoup grossi depuis son mariage) s'est arrêté un instant et, bien qu'il fût avec sa femme, a posé sur D. un long regard admiratif. Mais elle a majestueusement poursuivi son chemin, « pisando corazones[b] » et m'a rappelé Serena Bruchi dans le livre de Landor. J'ai alors pensé à mon travail, et pour rentrer calle Canalejas au plus vite, j'ai traversé et me suis dirigé vers l'hôtel Simon pour attendre le tram. Alors je l'ai vue se retourner pour me regarder, et cela m'a contrarié, parce qu'elle a dû penser que je la suivais ou essayais de savoir où elle habite maintenant. N'importe. Ces filles-là sont comme ça : elles pensent au mariage, nous pensons au flirt ; c'est l'état de guerre, du moins de LEUR côté. Nous, bonnes âmes, ne cherchons que la paix et la jouissance des bonnes choses de la vie. En marchant dans son sillage ce

a. Note de Larbaud : « Son pavillon. »
b. Espagnol : « broyant les cœurs ».

matin, je ne pouvais m'empêcher de penser comme je la détesterais si elle était ma femme, et quel fardeau cette créature splendide serait pour moi à la longue, ou peut-être après un mois de —. Je venais de recevoir et de lire une lettre de [*Texte altéré sur une ligne*] [ma Mère, dans laquelle, d'une façon très désagréable] elle essayait de me persuader, ou de me faire croire à la nécessité dans laquelle je me trouve de renoncer à toute intention qu'elle m'attribue, d'épouser ELLA. Eh bien, mon meilleur ami ne pourrait pas me donner de meilleur conseil. Certes, mon meilleur ami n'essaierait pas de me persuader de façon désagréable, avec des remarques pénibles et blessantes [*Une déchirure altère la fin de quatre lignes*] et [mon meilleur] ami n'essaierait pas de me persuader, comme [ma Mère] essaie de le faire, de renoncer pour épouser « une bonne Française bien dotée » ; mais assurément mon meilleur ami me dirait de me méfier — et il le fait — du piège, même celui d'« une mauvaise Espagnole mal dotée ». Mais alors M. devra attendre très longtemps avant d'avoir des petits-enfants.

Je viens de la voir passer, avec Marujita, sur le chemin de l'église. Les servantes de la maison qui fait face à mes fenêtres ont fait des réflexions sur la robe de Marujita ; je pense qu'elles la trouvent trop voyante et que leur goût provincial a été choqué par l'étalage des jambes nues, des bras nus et des longues boucles d'une petite fille habillée à la dernière mode, et elles ont commenté — sans méchanceté d'ailleurs — les façons étranges de l'aristocratie (car elles savaient, bien sûr, qui elles étaient). Il est facile de « fermer le cœur[340] » quand on est confronté au mot mariage. Il faut reconnaître que la tyrannie de ma Mère et sa façon de jouer de son testament avec moi ne m'aident pas à « fermer le cœur ». C'est ma VOLONTÉ à moi qui fait tout. Et puis il y a le travail, le beau temps, et Gloria, et... tant de choses !

Oh, il faut que je me souvienne de ce merveilleux dimanche 15 février ; un après-midi entier de fête et de musique, à côté d'Araceli, ce qu'elle a dit et tous les petits incidents, qui signifient tant :

Asking of Thee only
Love, and love, and love !

C'est cela :

Not for power and glory
Do I ask above,
Seeking of Thee only
Love and love and love[341].

Oh, Dieu soit loué!

Mardi 17. — C'est une bonne chose que je travaille intensément à l'étude biographique sur « L'Enfance et la jeunesse de S.B. » pour la revue de M. André Germain, et cela au milieu des fêtes, au sein d'une foule de joyeux drilles, et dans un tourbillon de dissipation. Si bien que les nombreux plaisirs que je tire de la compagnie de deux ou trois très jeunes et jolies filles, — Araceli en étant la reine, — sont en grande partie modérés par les heures que je passe à ma table de travail. Ainsi je connais des phases de « passion » délirante (comme ci-dessus) et me sens très heureux de pouvoir flirter tranquillement avec des jeunes demoiselles qui me font des confidences, qui répondent sans trop de retard à mes regards et — quand je suis seul avec elles, — à mes allusions ; et, d'autre part, je reste beaucoup plus calme qu'on ne pourrait le penser. C'est très sain, une bonne hygiène à la fois pour le cœur et l'esprit. Bien sûr je sais que je pourrais aller beaucoup plus loin si je le voulais ; mais je suis un homme bien élevé et ne dois pas profiter de l'inexpérience de ces jeunes, trop jeunes, petites femmes. Ce n'est pas qu'elles me laisseraient en profiter ; mais jusqu'à un certain point, elles aimeraient, juste pour s'amuser, me laisser faire ou dire des imprudences ; et ici, en Espagne, un baiser vaut une caresse en Angleterre. Par ailleurs, les circonstances sont telles et des gens que j'aime et respecte ont en moi une confiance si entière et si noble, que la pensée même de me conduire autrement que je ne le fais me donne un sentiment de malaise. Aujourd'hui je me suis rappelé comment j'avais embrassé Encarnita L., un soir, en sortant d'une voiture, derrière le dos de sa mère. Oui, mais alors j'avais dix ans de moins et les circonstances étaient différentes. — En outre un regard d'Araceli est plus doux qu'un baiser d'Encarnita L. l'a jamais été. Pourtant ce baiser dérobé était si doux que je m'en souviens encore aujourd'hui. — Oh, en ce qui concerne —— (la nouvelle) : la manière dont les jeunes filles se sentent obligées de parler, lorsqu'elles sont à portée d'oreille d'un jeune homme [*Une déchirure sur cinq lignes.*]

Ce soir, au casino, alors que nous attendions les dames, don H. et moi, j'ai dit d'une manière aussi détachée que possible, que je trouvais le séjour de doña C. à Alicante plutôt long cette année ; et suggéré que cela tenait peut-être au fait que Dolores était fiancée à quelqu'un d'ici. Il a répondu : « No. No se va a casar. Se casará con... un Francés, Monsieur Larbaud. » J'ai répliqué, en riant : « Eso, no lo creo yo[a]. » Il a gardé le silence. Puis j'ai demandé : « Quel âge a-t-elle maintenant ? — Vingt et un ans ; en fait, elle vient d'avoir vingt ans. » Et après une courte pause, il a ajouté : « Es buena edad.

a. Espagnol : « Non, elle ne va pas se marier. Elle se mariera... avec un Français, Monsieur Larbaud. » [...] « Cela je ne le crois pas. »

Buena edad[a]. » Puis il est passé à autre chose. — J'ai sa photo, prise il y a deux ans, entre les pages de ce cahier. Elle est dans toute la splendeur de sa jeune féminité, portant une mantille blanche, en grande tenue pour aller à la corrida. ¡ Qué buena moza[b] ! Et elle n'a pas changé du tout ces deux dernières années. — Et aujourd'hui, sur la terrasse du casino, alors que les « coches » et les « máscaras[c] » passaient sur l'Explanada, j'ai croisé les yeux rieurs de la petite Marujita, et elle m'a souri comme si [*Un mot caviardé*] —, en fait, comme elle pourrait sourire au « buen amigo[d] » de sa tante [*Lacune consécutive à la déchirure signalée plus haut. La page suivante porte le titre « Index of Names », index établi par Larbaud.*]

a. Espagnol : « C'est le bon âge. Le bon âge. »
b. Espagnol : « Quel beau brin de fille ! »
c. Espagnol : les « voitures » et les « masques ».
d. Espagnol : « bon ami ».

ANNEXES

Annexe 1

LETTRE D'EDMUND GOSSE

18 février 1918

En-tête : 17 Hanover Terrace ; Regent's Park, N.W.

My dear Monsieur Larbaud,

Where you are, I don't know, for I have not heard from you since your visit to us at the beginning of the war. But I hope this note will reach you for I have just read your *Enfantines*, and I want to tell you with what extreme pleasure I have done so. No more subtle or more penetrating analysis of the inner life of an adolescent was ever attempted. Your insight, and above all your *memory* of what all the world forgets are absolutely amazing.

When all is good, you have kept the best to the last. I know not whether "Devoir de Vacances" or the "Portrait d'Éliane" is the most assuredly a masterpiece.

In "La Grande Époque" you touch the sublime of infantile romance. It is even [excessive ?] in its richness, but it is with an excuse of divination.

We owe you a debt of gratitude for having written this exquisite book, and I can offer you in return nothing but my heartfelt admiration.

It would give me very great pleasure if you would write and tell me where you are and what you are doing. When shall we meet again ? I live in my dream of "la douce France" once more mistress of the world with her brutal enemies at her feet.

Do you ever see Gide ? Remember, and write a line to, your friend and admirer,

Edmund Gosse

Mon cher Monsieur Larbaud,

Où vous vous trouvez, je l'ignore, car je n'ai pas eu de nouvelles de vous depuis la visite que vous nous avez faite au début de la guerre. Mais j'espère que ce mot vous parviendra car je viens de lire vos Enfantines *et je tiens à vous dire l'extrême plaisir que cela m'a donné. Jamais analyse plus subtile et plus pénétrante de la vie intime d'un adolescent n'a été entreprise. Votre intelligence et surtout votre* mémoire *de ce que le monde entier oublie sont absolument stupéfiantes.*

Quand tout est bon, vous avez gardé le meilleur pour la fin. Je ne sais lequel de Devoir de vacances *ou de* Portrait d'Éliane *est le plus incontestablement un chef-d'œuvre.*

Dans La Grande Époque *vous touchez au sublime du roman d'enfants. Sa richesse en est même excessive, mais c'est avec l'excuse de la divination.*

Nous avons à votre égard une dette de gratitude pour nous avoir donné ce livre exquis, et je n'ai rien à vous offrir en retour que mon admiration la plus sincère.

Vous me feriez un grand plaisir en m'écrivant pour me dire où vous êtes et ce que vous faites. Quand nous reverrons-nous ? Je suis dans mon rêve de la « douce France » maîtresse du monde une fois encore, avec ses cruels ennemis à ses pieds.

Voyez-vous Gide parfois ? N'oubliez pas d'envoyer un mot à votre ami et admirateur,

Edmund Gosse.

Annexe 2

LETTRE DE GABRIEL MIRÓ

Al Sr. Valery Larbaud

Mi admirado amigo : he leído *Enfantines*. Al empezar casi todas sus páginas, se recibe una promesa de superficies apacibles y sencillas evocaciones ; pero luego vamos sumergiéndonos dentro de nosotros mismos. Parece que los ojos de Ud. hayan presenciado lo más íntimo de todas las infancias. Lleva Ud. su análisis a una puntualidad y complacencia casuística que irrita todas las capacidades de la sensibilidad y de la memoria. Pocos libros *de* niños pueden inquietar tanto a los grandes como el suyo. Y no es posible revolverse contra algunas complicaciones densas y precoces, porque, en sí los "casos" son de una biología simplicísima ; y eso es lo terrible ; después, pone Ud. encima su lente ; ¡ que culpa tiene el autor de lo que nosotros veamos ! Las crueldades, los desencantos, la gracia fragilísima, se quedan señalando muchas tristezas de nuestra vida ; porque traspasando los términos de los "documentos" en que está fundado su libro hay una inquietud que nos obliga a establecer un coloquio entre las criaturas de su obra y nosotros. No nos sentimos aludidos por ningún hecho o episodio concreto, pero por ellos nos explicamos algunos primitivos estados de la propia conciencia. — No negaré yo que frecuentemente se descubren primores patológicos ; pero ya se sabe que vivimos a costa de la salud.

La técnica resulta de un esfuerzo de sobriedad y de un poder de proyección admirables. Entre todo resalta, para mí, la emoción de los jardines, de una intimidad de naturaleza que deja en el alma hasta el tacto oloroso de la luz cernida.

Gracias, gracias mil veces por el ejemplar tan generosamente dedicado.

Le saluda, le felicita y abraza un devoto

Gabriel Miró
Barcelona, 1 IV 18

Mon très cher ami,

J'ai lu Enfantines. *En abordant presque toutes vos pages, c'est la promesse d'apparences sereines et d'évocations simples qui vient à nous ; mais ensuite nous plongeons peu à peu à l'intérieur de nous-mêmes. Il semble que vos yeux aient été témoins du plus intime de toutes les enfances. Vous élevez votre analyse à une précision et une délectation qui exacerbent toutes les capacités de la sensibilité et de la mémoire. Peu de livres sur les enfants peuvent inquiéter les grands autant que le vôtre. Et il n'est pas possible de se heurter à de lourdes complications prématurées car les « cas » en eux-mêmes sont d'une nature très simple ; et c'est bien ce qui est effrayant ; puis, vous posez sur eux votre loupe ; mais en quoi l'auteur est-il responsable de ce que nous y verrons ! Les cruautés, les désenchantements, la grâce très fragile dénoncent les nombreuses tristesses de notre vie, car au-delà des mots des « documents » sur lesquels est fondé votre livre, il y a une inquiétude qui nous force à engager le dialogue entre les enfants de votre œuvre et nous-mêmes. Nous ne nous sentons pas visés par un quelconque fait ou épisode concret, mais à travers eux, nous nous expliquons des états originels de notre propre conscience. Ce n'est pas moi qui nierai que bien souvent on découvre des merveilles pathologiques ; mais on sait bien qu'on vit au péril de sa santé.*

Votre art procède d'une volonté de sobriété et d'un pouvoir de projection admirables. Plus que tout, ressort à mes yeux l'émotion des jardins, d'une nature intime qui laisse dans l'âme l'empreinte parfumée de la lumière tamisée.

Merci, mille fois merci pour l'exemplaire si généreusement dédicacé.

Je vous salue, vous félicite et vous embrasse,

Votre dévoué Gabriel Miró

Annexe 3

« BOUTS DE PAPIER »

[Voici un des « Bouts de papier » que Larbaud donna au *Manuscrit autographe* (n° 40, octobre-novembre-décembre 1932) et qui est, remanié, une des pages de journal qui nous manquent dans ces lignes écrites à Madrid en mai-juin 1918 — mais que Larbaud date de l'été 1919 (cet été 1919, on le constate dans le journal, il l'a passé à Paris). Une étude de ces « Bouts de papier » par Jean-Philippe Segonds est parue dans le *C.A.V.L.*, n° 7, mai 1971, pp. 13-55.]

Une page d'un journal tenu à Madrid dans l'été de 1919.
(Un jugement peut-être un peu hâtif sur *Pride and Prejudice* de Jane Austen)

Went to the National Library this morning. Saw Don Francisco Rodríguez Marín who received me very kindly, thanks to Senator Palomo's introduction. Tomorrow I'll give him a list of the books I want to consult. In the afternoon, lounged about la Gran Via, calle de Alcalá and the Castellana down to the Museo Nacional ; I passed several times under the balconies of the house where Doña Fermina lived when we knew her. I am still under the spell of Goya's Marquesa de Lazán.

I have just finished reading Jane Austen's book. Clearly the story is told from Lizzy's point of view. The other people, — except Mr and Mrs Bennet, — are nowhere (Collins too grotesque to be convincing). No landscape, no mystery ; but there is an element of dramatic truth : the question Parents versus Children is touched upon. "Mr Bingley and Jane remained at Netherfield only a twelvemonth. So near a vicinity to her mother and Meryton relations was not desirable even to HIS easy temper or HER AFFECTIONATE HEART" (!!!) It would be difficult to give a sadder, and a truer, picture. Still one wonders : will many readers see THAT ? J.A. puts too much conventionality (or, as Samuel Butler would say : SUET) about these bitter truths. Some may even prefer the Bingley-Jane group to the Darcy-Lizzy couple... And J. Austen could have spared us (= people of the XXth Century) at least 100 pages.

Valery Larbaud

Suis allé à la Bibliothèque nationale ce matin. Ai vu Don Francisco Rodríguez Marín qui m'a reçu très aimablement, grâce à la recommandation du

Sénateur Palomo. Demain je lui donnerai une liste des livres que je veux consulter. L'après-midi, flâné dans la Gran Via, calle de Alcalá et la Castellana jusqu'au Museo Nacional. Je suis passé plusieurs fois sous les balcons de la maison que Doña Fermina habitait quand je l'ai connue. Je reste sous le charme de la marquise de Lazán.

Je viens de terminer la lecture du livre de Jane Austen. Il est clair que l'histoire est racontée selon le point de vue de Lizzy. Les autres, — excepté Mr et Mrs Bennet — sont inexistants (Collins est trop grotesque pour être convaincant). Pas de paysage, pas de mystère ; mais il y a un élément de vérité dramatique : le problème des conflits parents-enfants est abordé. « Mr Bingley et Jane restèrent à Netherfield seulement une année. Un voisinage si immédiat avec la mère de celle-ci et leur famille de Meryton n'était pas désirable même pour le caractère facile de Bingley ou LE CŒUR AFFECTUEUX DE JANE. » (!!!) *Il serait difficile de faire un tableau plus triste, et plus vrai. Toutefois on se demande : beaucoup de lecteurs verront-ils* CELA *? J. A. a enrobé ces vérités amères dans trop de conformisme (ou, comme dirait Samuel Butler : de* GRAISSE*). Certains peuvent même préférer le groupe Bingley-Jane, au couple Darcy-Lizzy... Et Jane Austen aurait pu nous épargner (à nous, gens du* XX*e siècle) au moins cent pages.*

Annexe 4

LETTRE DE LOUIS CHADOURNE

4 juillet 1918

En-tête : L'EUROPE NOUVELLE / 75, rue de Lille

Cher ami,

Je vous ai envoyé dernièrement un article que j'ai publié sur vos *Enfantines*. J'ai tenu à y exprimer tout ce que je pensais. J'espère qu'il vous rappellera mon amitié qu'un long silence de plus d'un an n'a pas diminuée.

Je n'ai eu que bien rarement de vos nouvelles. J'ai peu vu les gens de *La Nouvelle Revue française* ; Gallimard était en Amérique, Fargue, insaisissable, et moi, très occupé.

Pour ce qui est de ma situation actuelle, j'ai été réformé temporairement à la suite de troubles nerveux persistants. Je travaille maintenant à *L'Europe nouvelle* dont je vous fais expédier un numéro. J'y remplis les fonctions de secrétaire général.

Cette revue, comme vous le savez, réserve une part assez large au mouvement des idées. Nous sommes en train d'organiser une rubrique de la Revue à l'Étranger et j'ai tout de suite songé à vous demander votre collaboration. Ne pourriez-vous nous envoyer régulièrement (une fois par mois, par exemple) une chronique sur les Lettres en Espagne. Dans le genre de ce que vous donnez à *La N.R.F.* sur l'Angleterre. D'ailleurs si vous avez [des articles...] touchant les lettres anglaises, n'hésitez pas à me les envoyer. Tout ce qui viendra de vous sera bienvenu.

S'il vous plaît, donnez-nous des articles ayant un intérêt général, d'environ 250 lignes — et des notules bibliographiques sur tout ce qui paraît de notable en Espagne. Le tarif est en principe de 3 f. la page. —

Je serai tout à fait heureux, cher ami, de vous voir collaborer avec nous. Répondez-moi sans tarder. Donnez-moi de vos nouvelles et croyez-moi toujours

Votre très fidèle ami,

Louis Chadourne

Annexe 5

Malines.
La Maison du Diable

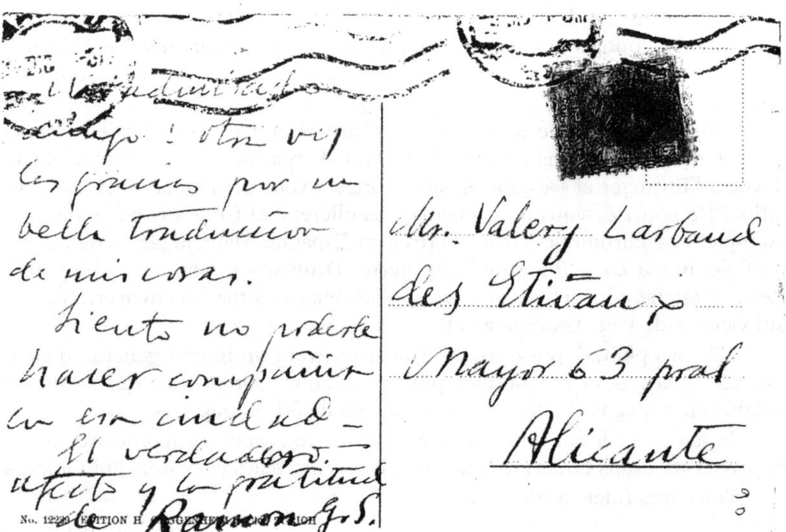
amigo! Otra vez
las gracias por su
bella traducción
de mis cosas.
Siento no poderle
hacer compañía
en esa ciudad.
El verdadero
afecto y la gratitud
de Ramón Gz. S.
Mr. Valery Larbaud
des Etivaux
Mayor 63 pral
Alicante

CARTE POSTALE DE RAMÓN GÓMEZ DE LA SERNA

Timbre de la Poste : 5 décembre 1918
« Malines, la Maison du Diable »
« Mi admirado amigo : Otra vez las gracias por esa bella traduccíon de mis cosas.
Siento no poderle hacer compañia en esa ciudad.
El verdadero afecto y la gratitud de Ramon G.S. »

Annexe 6

LETTRE DE JACQUES RIVIÈRE

Lettre dactylographiée à l'en-tête des Éditions de la Nouvelle Revue française / Paris, 35 et 37, rue Madame — Fleurus 12-27.
Domaine de Saint-Victor
Genon, Gironde
Le 6 septembre 1919
Mon cher Larbaud,
J'espère que vous avez bien reçu toutes les revues anglaises que je vous ai fait adresser. Si vous y trouvez quelque chose qui mérite d'être signalé, faites-moi une petite note, mais ne vous obligez pas à parler de choses qui n'en vaudraient pas la peine.
Je vous rappelle que vous m'avez à peu près promis de me montrer, pour une éventuelle publication dans *La N.R.F.*, le conte que vous êtes en train d'écrire. Je suis vraiment très désireux de pouvoir enfin donner une œuvre de vous.
J'espère vous voir à Paris en octobre.
Je vous serre bien amicalement les mains.

Jacques Rivière

Annexe 7

COUPURE DU *DAILY MIRROR*

Surmontée d'une mention manuscrite de Valery Larbaud : « Clifford's Inn during the war. »

WHERE BRAINS, NOT LOOKS, REALLY COUNT
Efficient Girl Workers at Clifford's Inn
GET ON OR GET OUT !

A Government office, in which brains and diligence rank before personal smartness and seniority, where promotion depends upon the adaptability and working capacity of its staff, was visited by *The Daily Mirror* yesterday.

This particular hive of industry is the Army Spectacle Depot, Clifford's Inn.

Here experiments in artificial eye making are carried on. Hundreds of eyes of all sizes and colours are dispatched to hospitals and pensioners' centres.

This was formerly a German Industry, only one eye out of five hundred being British. It is hoped, however, that there will soon be not need ever to use a German eye again.

ONLY TWO MEN

"Our staff have their own canteen, a tiny lecture hall and a little first-aid room" said the superintendent to *The Daily Mirror.*

"Our staff — which has been reduced from 100 to sixty-five — are entirely female with the exception of myself and one Mons veteran who re-enlisted as handyman.

"Every girl starts at a low figure, and if she shows intelligence and a capacity for work her promotion is steady — generally at the rate of 1s. a week. Really clever girls can reach a good figure.

"If a girl shows no progress, we let her go on for about three months before pointing out her lack of promotion. We then part with her quite amicably."

OÙ C'EST L'INTELLIGENCE QUI COMPTE, PAS L'APPARENCE
Des ouvrières efficaces à Clifford's Inn
AU TRAVAIL OU À LA PORTE !

Le Daily Mirror *a visité hier un atelier créé par l'État où l'intelligence et le sérieux au travail comptent plus que la débrouillardise et l'ancienneté, où l'avancement dépend des qualités d'adaptation et de la capacité de travail du personnel.*

Cette ruche se trouve être le Dépôt d'Optique de l'Armée à Clifford's Inn.

On fait ici des prothèses oculaires expérimentales. Des centaines d'yeux de toutes les tailles et de toutes les couleurs sont envoyés dans les hôpitaux civils et militaires.

C'était précédemment une industrie allemande, un œil sur cent seulement étant britannique. Mais on espère bientôt ne plus avoir besoin de jamais utiliser un œil allemand.

DEUX HOMMES SEULEMENT

« Notre personnel a sa propre cantine, une petite salle de lecture et une petite infirmerie », dit le directeur au Daily Mirror.

« Notre personnel, qui est passé de cent ouvriers à soixante-cinq, est exclusivement féminin, à l'exception de moi-même et d'un ancien combattant de Mons qui s'est ré-engagé comme factotum.

« Toutes les femmes débutent avec un salaire bas et, si elles se montrent intelligentes et capables, l'avancement est permanent — habituellement de l'ordre de 1 shilling par semaine. Les excellentes ouvrières peuvent atteindre des salaires élevés.

« Quand une femme ne progresse pas, nous la gardons environ trois mois avant de lui faire remarquer son absence d'avancement. Et alors nous nous séparons d'elle à l'amiable. »

Annexe 8

LETTRES DE HENRY FESTING JONES

En-tête : 120, Maida Vale, W.9, London

24 septembre 1919

Dear Monsieur Larbaud,

Welcome to London ! I was very glad indeed to receive your letter this evening. I will come tomorrow Thursday morning to the Authors' Club about 11. I hope to find you. I hope you will lunch with me and we can talk things over. You will not see Streatfeild. I regret to say that he died last February. By his will he left me all his interest in Butler's works, mss. and copyrights. It is good news. I know that you have made such progress with the translations. I do not know whether Streatfeild made any formal arrangements with you, I fancy not ; but you will tell me. I have found no documents relating to translations among his papers. I have completed my full memoir of Butler 2 volumes and 1 000 pp. It is to appear in about 2 weeks from now.

Au revoir

Yours sincerely,

Henry Festing Jones

Cher Monsieur Larbaud,

Bienvenue à Londres ! J'ai vraiment été très content de recevoir votre lettre ce soir. Je viendrai demain, jeudi matin, à l'Authors' Club vers 11 heures. J'espère vous y trouver. J'espère que vous pourrez déjeuner avec moi et que nous pourrons discuter longuement. Vous ne verrez pas Streatfeild. J'ai le regret de vous dire qu'il est mort en février. Dans son testament il m'a chargé des intérêts de Butler pour ses œuvres, manuscrits et droits. C'est une bonne nouvelle. Je sais que vos traductions sont bien avancées. Je ne sais pas si Streatfeild avait signé des accords avec vous, je pense que non, mais vous me le direz. Je n'ai trouvé aucun document concernant les traductions dans ses papiers. J'ai terminé ma biographie complète de Butler, 2 volumes et 1 000 pages. Elle doit paraître dans deux semaines.

Au revoir,

Bien sincèrement

En-tête : Authors' Club, 2 Whitehall Court, S.W.1

25 septembre 1919

11 A.M.

Dear Monsieur Larbaud

I am sorry to have been in such a hurry ; I suppose you are only arriving today. If convenient to you will you come to Maida Vale (120) this afternoon. I will be in after 3 P.M. Or I shall be free all day tomorrow Friday until 6 P.M. I will meet you at 120 Maida Vale or here or anywhere you may appoint by letter or telegram. On Saturday I am free all day but I have a Swiss man coming in the evening and on Sunday I am free all day except that I must go out to lunch.

Kind regard and I hope you are having or have had a good journey.

Yours sincerely,

Henry Festing Jones

Cher Monsieur Larbaud,

Je suis désolé d'avoir été si pressé, je suppose que vous n'arrivez qu'aujourd'hui. Si cela ne vous dérange pas, vous viendrez à Maida Vale (120) cet après-midi. Je serai chez moi après 15 heures. Ou encore je serai libre toute la journée demain vendredi jusqu'à 18 h. Je vous verrai au 120 Maida Vale, ou ici, ou en tout endroit où vous me donnerez rendez-vous par lettre ou télégramme. Samedi je suis libre toute la journée mais je dois rencontrer un Suisse le soir, et dimanche je suis libre toute la journée sauf à l'heure du déjeuner.

Mon bon souvenir et j'espère que vous faites ou que vous avez fait bon voyage.

Bien sincèrement

Annexe 9

LETTRE DE A.T. BARTHOLOMEW

En-tête : 26, Northampton Street, Cambridge
October 2, 1919
My dear sir,

Pray do not apologise. I hardly expected you last Saturday ! I hope you will be able to get here before you leave England. Next Saturday is not a very good day for me, as I have an engagement in the afternoon ; but I can manage if that is the best day for you. Furthermore the library at St John's College closes earlier on that day than on others. Please come to the UNIVERSITY LIBRARY, near the Senate House, when you do come. I am always to be found there by 10.30 or 10.45 and will then see what it is best to do. If you can, I should advise you to put off your visit for a few days, as there will then be more trains I expect. It will be a pleasure to see you and to take you to St John's

Yours very truly,

A.T. Bartholomew

Cher monsieur,

Je vous en prie, ne vous excusez pas. C'est à peine si je vous attendais samedi dernier ! J'espère que vous pourrez venir ici avant de quitter l'Angleterre. Samedi prochain n'est pas vraiment un bon jour pour moi, car je suis retenu l'après-midi, mais je peux m'arranger si c'est le jour qui vous convient le mieux. En outre la bibliothèque du Collège Saint-John ferme plus tôt ce jour-là que les autres jours. Venez, je vous prie, à la BIBLIOTHÈQUE DE L'UNIVERSITÉ, *près du Sénat, quand vous arriverez. On m'y trouve toujours vers 10 h 30 ou 10 h 45 ; nous verrons alors ce qu'il convient de faire. Si c'est possible, je vous conseillerais de repousser votre visite de quelques jours, car je pense qu'il y aura alors davantage de trains. Ce sera un plaisir pour moi de vous rencontrer et de vous emmener au Collège Saint-John.*

Sincèrement vôtre,

Annexe 10

LE « LIBERAL »

Hoy hace ocho dias que quedamos en vernos a las cinco, pero hijo con enfermedad y no puedo ir. Ya quizás no me conozcas, pues hijo, he perdido mucho, ya ves como te mando detalles. Recordarás que te dije que era manchega, pues hijo, aqui me tienes. Espero contestación.

[Larbaud] : "It must be read : pero, hijo, con enfermedad ; and not : pero, hijo con enfermedad."

Aujourd'hui cela fait huit jours que nous avions décidé de nous voir à cinq heures, mais que veux-tu, j'étais malade et je n'ai pu venir. Peut-être ne me reconnaîtras-tu pas mais, tu sais, j'ai beaucoup perdu, tu vois comme je te donne des détails. Souviens-toi que je t'ai dit que j'étais de la Manche, ça me décrit bien. Réponds-moi.

[Larbaud] : « *Il faut lire : pero, hijo, con enfermedad ; et non : pero, hijo con enfermedad.* » [Ce que nous traduirons par : « Mais, mon vieux, j'étais malade ; et non : mais, mon fils était malade. »]

Annexe 11

LETTRES DE HENRY FESTING JONES

120, Maida Vale, W.9, London
15 October 1919
Dear Monsieur Larbaud,

I am sending you the facsimile of Butler's letter to Mr. and Mrs Fuller [Maintland] to complete your extra set of the illustrations in my Memoir.

I also send the letter of Miss Daisy Ashford (*The Young Visitors*) I think you and Mademoiselle Richard had better continue the negotiations. [...] Chatto and Windus, Publishers, London will find them. Her address, in case you cannot read it, is 11 Oakley Street, Chelsea, S.W. London. Miss Goodall, of whom she speaks, is Edyth Goodall, an actress whose name in private life is Mrs Leonard Schuster.

I hope you are all right and that you duly received my Memoir on Butler. It seems to me a tremendous production and it costs £2.2.0 which is a tremendous price. I only hope that I have not buried Butler under his own monument as we say. I do not think so because there is so much amusement and gaiety in the book and his letters and notes. Miss Savage's letters are enough to save any book from being tedious. With kind regards

Believe me yours very sincerely

Henry Festing Jones

Cher Monsieur Larbaud,

Je vous envoie le fac-similé de la lettre de Butler à M. et Mme Fuller [Maintland] pour compléter votre collection des illustrations de ma biographie.

*J'envoie également la lettre de Miss Daisy Ashford (*The Young Visitors*) Je pense que vous et Mlle Richard feriez mieux de continuer les négociations. [...] Chatto & Windus, Publishers, London, les trouveront. Son adresse, au cas où vous ne pourriez la lire est : 11 Oakley Street, Chelsea, S.W., London. Miss Goodall, dont elle parle, est Edyth Goodall, une actrice dont le nom dans la vie privée est Mrs Leonard Schuster.*

J'espère que vous allez bien et que vous avez bien reçu ma biographie de Butler. Cela me semble une très grosse œuvre et elle coûte deux livres deux shillings, ce qui est un très gros prix. J'espère simplement que je n'ai pas enseveli Butler sous son propre monument, comme nous disons. Je ne le pense pas car il y a tant d'amusement et de gaieté dans le livre, dans ses lettres et ses notes. Les lettres de Miss Savage suffisent à sauver n'importe quel livre de l'ennui. Avec mon bon souvenir

Croyez-moi bien sincèrement vôtre,

c/o Sir Wm Phipson Beale Bart, K.C.
Drumlamford
Barrhill / Ayrshire
19 October 1919
Dear Monsieur Larbaud,

Thank you very much for your letter and for what you say about the Memoir. There was a very good review of the book by Clutton-Broch in the *Literary Supplement* 16 Oct. and an absurd notice by Robert Lynd in the *Daily News* 16 Oct. Those are the only two that I have seen as yet. I am happy to think that at last Butler will receive the attention which he has always deserved and which he foresaw would one day be paid to him ; and I am deeply thankful that I have lived long enough to see it be coming on and especially that I have been able to finish my book and to know that it is safely published at last.

I will see Fifield as soon as I return that is tomorrow week 27 Oct. and talk over the letters between Gallimard and Streatfeild. I do not see why there should be any difficulty in including *Life and Habit*.

I am glad you received the copy of *Erewhon* all right.

I am much interested to hear your plans for the introduction and notes to your translation of *Erewhon*. I am looking forward very much to receiving the volumes and also the Review.

That librarian at St John's is C.W. Previté Orton.

The Exeter bookseller has some more Butler works which seem to me rather expensive. I have suggested his sending you particulars.

Kind regards,
Yours always,
Henry Festing Jones

Cher Monsieur Larbaud,

Merci beaucoup pour votre lettre et ce que vous dites sur la biographie. Il y avait une bonne critique du livre de Clutton-Broch dans le Literary Supplement *du 16 octobre et une note idiote de Robert Lynd dans le* Daily News *du 16 octobre. Ce sont les deux seules que j'ai vues à ce jour. Je suis heureux de penser que Butler va enfin recevoir l'attention qu'il a toujours méritée et qu'il avait prévu qu'on lui porterait un jour, et je me félicite vraiment d'avoir vécu assez longtemps pour voir cela et particulièrement d'avoir pu terminer mon livre, enfin de savoir qu'il a fini par être bien publié.*

Je verrai Fifield dès que je rentrerai, c'est-à-dire demain 27 octobre et je discuterai de la correspondance entre Gallimard et Streatfeild. Je ne vois pas pourquoi il y aurait des difficultés à ajouter La Vie et l'Habitude.

*Je suis heureux que vous ayez bien reçu l'exemplaire d'*Erewhon.

*Je suis curieux de connaître vos projets pour l'introduction et les notes à votre traduction d'*Erewhon. *J'attends de recevoir les volumes et aussi la critique avec impatience.*

Le bibliothécaire de Saint-John College est C.W. Previté Orton.

Le libraire d'Exeter a d'autres ouvrages de Butler qui me semblent assez chers. J'ai demandé qu'il vous envoie les renseignements.

Mon bon souvenir,
Bien à vous.

En-tête : Maida Vale, W.9
[22 octobre 1919]
Dear Monsieur Larbaud,

I send a letter from the Exeter bookseller with Bartholomew's remarks as to the value. I don't know whether you want the *Erewhon Revisited*. The other two are absurdly too high in price.

Yours very sincerely,
Henry Festing Jones.

[Enveloppe conservée, addressée à *Monsieur Valery Larbaud, Paris, France* — Retournée avec la mention, à l'encre rouge et au dos, « Adresse incomplète ».]

Cher Monsieur Larbaud,

Je vous envoie une lettre du libraire d'Exeter avec les remarques de Bartholomew sur les prix. Je ne sais pas si vous voulez Erewhon Revisited. *Les deux autres sont à des prix ridiculement élevés.*

Bien sincèrement

En-tête : Maida Vale.

[29 octobre 1919]

Dear Monsieur Larbaud

I don't know whether you ever do anything of this kind, but I find myself doing it too frequently as the years go on. I posted this letter to you from Scotland the other day and it has come back "adresse incomplète". I hope to do better with this attempt.

Thank you very much for your two books *Enfantines* and *Walt Whitman* which I shall read with great interest and pleasure I am sure. I found them here on my return from Scotland 2 days ago. There was a notice of my Memoir in *The Nation* of Saturday 25 Oct. signed by H.W. Nevinson, very sympathetic with a vivid account of a visit he paid to Butler in his rooms. Do you want a [?] of all the reviews as they come out, or only the important ones ? Some are quite insignificant.

I have heard from Monsieur Gallimard but he has not yet sent the correspondence between himself and Streatfeild, unless it has gone to Fifield. I will go and see Fifield in a day or two. Yesterday and today I have been too much occupied with my brother who is ill and probably dying. He has been ill for a long time and his death if it happens now — or soon — will not be unexpected.

Gosse is to review the Memoir in *The Edinborough Review* for January. Macmillan has already sold about half the edition and the book was only published on 10 Oct. He is very much pleased with his success and so am I. I receive about a dozen letters every day full of congratulations and admiration. We printed 1 500 copies for England and 750 for America but we do not yet know what has happened in America.

With kind regards

Yours always

Henry Festing Jones.

Cher Monsieur Larbaud,

Je ne sais pas si vous faites parfois quelque chose du genre, mais je trouve que cela m'arrive trop fréquemment au fur et à mesure que les années passent. Je vous ai envoyé cette lettre d'Écosse l'autre jour et elle est revenue avec la mention « Adresse incomplète ». J'espère réussir cette fois-ci.

Merci beaucoup pour vos deux livres, Enfantines *et* Walt Whitman, *que je vais lire avec grand intérêt et grand plaisir j'en suis certain. Je les ai trouvés ici à mon retour d'Écosse il y a deux jours. Il y avait un compte rendu de ma biographie dans* The Nation *du samedi 25 octobre signée de H. W. Nevinson, très sympathique avec le récit plein de vie d'une visite qu'il avait faite à Butler chez lui. Voulez-vous un [compte rendu ?] de toutes les critiques, à mesure qu'elles sont publiées, ou simplement des plus importantes ? Certaines d'entre elles sont vraiment insignifiantes.*

J'ai eu des nouvelles de monsieur Gallimard mais il n'a pas encore envoyé la correspondance qu'il a échangée avec Streatfeild, à moins que ce ne soit parti chez Fifield. J'irai voir Fifield dans un jour ou deux. Hier et aujourd'hui j'ai été trop occupé par mon frère qui est malade et probablement mourant. Cela fait longtemps qu'il est malade et sa mort, si elle survient maintenant ou bientôt, n'aura rien de surprenant.

Gosse doit faire la critique de la biographie dans The Edinborough Review *pour janvier. Macmillan a déjà vendu presque la moitié de son tirage et le livre n'est paru que le 10 octobre. Il est très content de son succès et moi aussi. Je reçois environ une douzaine de lettres de félicitations et d'admiration chaque jour. Nous avons tiré 1 500 exemplaires pour l'Angleterre et 750 pour l'Amérique, mais nous ne savons pas encore ce qui s'est passé en Amérique.*

Mon bon souvenir,

Bien sincèrement.

Annexe 12

LETTRE DE JAMES G. COMMIN

Lettre dactylographiée du libraire James G. Commin, 230, High Street, Exeter, en date du 10 octobre 1919 et adressée à H.F. Jones Esq, 120, Maida Vale, London W9

Dear Sir,

In reference to your esteemed enquiry I beg to report to you the undermentioned books which I shall be happy to secure for you on receipt of your instructions.

Yours faithfully,

James G. Commin.

Butler's *Erewhon Re-visited* 1901 [?...] cloth First edition 15/ (*worth this if a very fine copy*)

— *Life and Habit*, original cloth 1890 36/ (*Not ed. 1 the price ridiculous*)

— *Ex-Voto*, original cloth, 1888 — 35/ (*too much*)

[Mention en dessous :] "The adnotations are in Mr A.T. Bartholomew's handwriting."

Cher Monsieur,

Suite à votre demande de renseignements je me permets de vous signaler les ouvrages mentionnés ci-dessous que je serai heureux de vous procurer dès réception de vos instructions.

Recevez mes sincères salutations.

[Les références sont manuscrites.]

Butler — Nouveaux Voyages en Erewhon, *1901, reliure toile, première édition, 15 shillings. (Cela les vaut si l'exemplaire est impeccable.)*

— La Vie et l'Habitude, *reliure toile d'origine, 1890, 36 shillings. (Pas une 1re édition. Le prix est ridicule.)*

— Ex Voto, *reliure toile d'origine, 1888, 35 shillings. (Trop cher.)*

[*Les annotations sont de la main de Mr A.T. Bartholomew.*]

Annexe 13

CARTE POSTALE DE C.W. PREVITÉ ORTON

En-tête : St John's College Library, Cambridge

14 Jan. 1920

Dear Sir,

On behalf of the Committee I beg to acknowledge, with thanks, the number of *La Nouvelle Revue Française* containing articles by you upon Samuel Butler, which you have kindly presented to the Library.

Yours faithfully,

C. W. Previté Orton, Librarian.

Cher monsieur,

Au nom du Comité, j'ai l'honneur d'accuser réception et de vous remercier pour le numéro de La Nouvelle Revue française *contenant les articles sur Samuel Butler que vous avez écrits, que vous avez offert à la bibliothèque.*

Veuillez agréer l'expression de nos salutations distinguées.

C. W. Previté Orton, bibliothécaire

Annexe 14

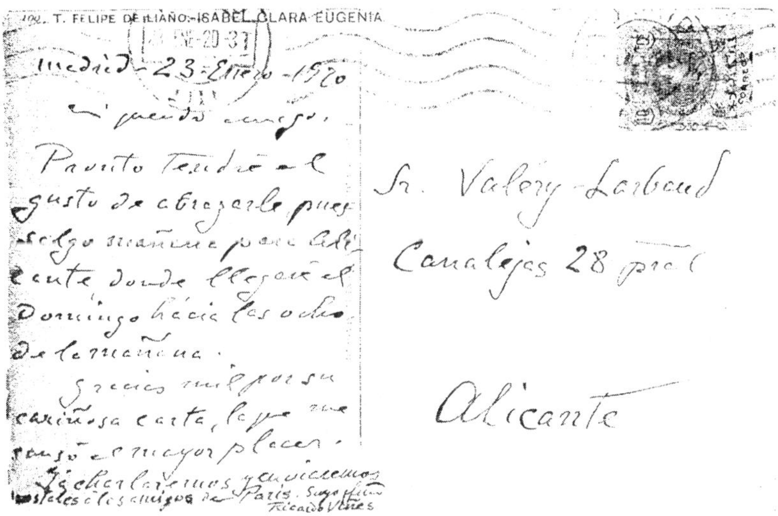

CARTE POSTALE DE RICARDO VIÑES

Madrid 23 Enero 1920

Mi querido amigo,

Pronto tendré el gusto de abrazarle pues salgo mañana para Alicante donde llegosé el Domingo hácia las ocho de la mañana.

Gracias mil por su cariñosa carta, la que me penso el mayor placer.

[*Puis 2 lignes serrées en conclusion en bas de la carte.*]

Annexe 15

COUPURES DE PRESSE

1 — « Viajeros misteriosos »

Alicante 12 (6 t.) — Hace algunos días llegaron a esta ciudad una bellísima dama y un elegante caballero, a quienes se supuso matrimonio ; pero con sorpresa se advirtió que se alojaban en hoteles distintos.

Son muchas las versiones que corren acerca de la procedencia de los viajeros ; se les supone, a ella, princesa rusa, y a él, propagandista bolchevique ; hay quien asegura que se trata de agitadores italianos, colaboradores en el último movimiento social de aquella nación. Lo que sean en realidad no se sabe hasta ahora.

Lo cierto es que los viajeros dan incremento a la curiosidad con su proceder extraño.

Para sus entrevistas escogen siempre lugares apartados de la capital, y han solicitado con gran interés permiso para visitar el Castillo de Santa Bárbara, donde se hallan presos 23 individuos, detenidos con motivo de los sucesos últimos.

Hoy les ha sido denegado el permiso, e inmediatamente han telegrafiado a Valencia pidiendo un automóvil.

La rápida resolución adoptada y el detalle sospechoso de que no hayan alquilado en esta capital el automóvil que desean, ha decidido a la Policía a averiguar los motivos que tiene la interesante pareja para proceder como lo hace y descubrir lo que haya de cierto en los rumores poco tranquilizadores a que han dado lugar.

A la hora en que envío esta información, los personajes tienen ya el automóvil que pidieron a su disposición, y se sabe que proyectan marchar a Valencia esta madrugada.

« De mystérieux voyageurs »

Il y a quelques jours sont arrivés dans cette ville une très belle dame et un élégant monsieur que l'on pensait mariés ; mais on s'est rendu compte, avec surprise, qu'ils logeaient dans des hôtels différents.

Il existe de nombreuses versions qui circulent sur l'origine de ces voyageurs ; on suppose que la femme est une princesse russe, et lui un propagandiste bolchevique. Il y en a qui affirment qu'il s'agit d'agitateurs italiens qui ont participé au dernier mouvement social dans ce pays. Jusqu'à maintenant, on ignore qui ils sont en réalité.

Ce qui est certain c'est que, de par leur étrange conduite, ils alimentent la curiosité.

Pour leurs rencontres, ils choisissent toujours des endroits éloignés de la capitale, et ont demandé, avec un intérêt marqué, l'autorisation de visiter le château de Santa Bárbara où se trouvent emprisonnés 23 individus arrêtés suite aux derniers événements.

À ce jour cette autorisation leur a été refusée et ils ont aussitôt télégraphié à Valence pour demander une voiture.

Cette rapide décision et le fait suspect de ne pas avoir loué dans cette capitale la voiture dont ils ont besoin, ont poussé la police à vérifier les raisons qu'a ce couple d'agir ainsi et à découvrir ce qu'il peut y avoir de vrai dans les rumeurs alarmantes qui circulent à leur sujet.

À l'heure où je vous envoie cette information, ils disposent déjà de la voiture qu'ils ont demandée, et on sait qu'ils projettent de partir à Valence au petit matin.

2 — « Adios, Folletin ! »

Alicante 13 (1 m.) — Ha quedado desvanecida la leyenda que se había forjado alrededor de los dos extranjeros misteriosos a que me he referido en mi telefonema anterior. Se trata de unos turistas aristócratas que realizan un viaje de recreo por España y que están relacionados con conocidas familias españolas y francesas.

El hecho de que quieran visitar el castillo de Santa Bárbara, donde se hallan los presos sindicalistas, y el rumor de que habían llegado a esta región algunos extranjeros sospechosos, dieron lugar a que se crease en su derredor la fantasía, que con estos informes queda desvanecida por completo.

« Fin du feuilleton ! »

La légende qui s'était créée autour des deux mystérieux étrangers auxquels j'ai fait allusion dans mon dernier télégramme téléphoné s'est dissipée. Il s'agit de touristes aristocrates, en voyage d'agrément en Espagne, qui fréquentent des familles espagnoles et françaises très connues.

Le fait qu'ils veuillent visiter le château de Santa Bárbara, où se trouvent les prisonniers syndicalistes, et la rumeur que dans cette région étaient arrivés des étrangers suspects ont donné lieu à cette fiction qui, grâce à ces informations, est totalement éclaircie.

[Et ce commentaire, sous les articles :]

"From *El Sol*, February 1920.

One of the characteristic tricks our Southern imagination plays on us. I suppose I must have had my legend during the early days of my stay, and perhaps it is still current among people who have not [*Déchirure sur quatre lignes.*]"

« De El Sol, *février 1920.*

Un des tours typiques que nous joue l'imagination méridionale. Je pense que j'ai dû avoir ma légende au début de mon séjour, et peut-être court-elle encore parmi les gens qui n'ont pas [...] »

Notes

1. Claudel avait été nommé consul de France au Brésil en novembre 1916 et avait gagné son poste en janvier 1917. Il accomplit le voyage évoqué ici en train, avec le directeur de la compagnie des Chemins de fer du Noroeste do Brasil, poussant son inspection de la ligne du Mato Grosso jusqu'aux rives du Rio Verde. Il devait s'assurer que tout était en ordre pour permettre à la France de respecter le *convenio* signé avec le Brésil, aux termes duquel le Brésil s'engageait à céder à la France trente bateaux allemands réfugiés dans ses ports pendant la guerre ; en contrepartie la France promettait d'acheter au Brésil deux millions de sacs de café.

2. Voici la traduction qu'a donnée André Belamich de cette longue citation : « En langue toscane, on appelle capricieux les esprits inventifs à cause de la ressemblance qu'ils présentent avec la chèvre dans leur allure et leur caractère. Celle-ci, en effet, ne se plaît jamais en terrain plat : elle aime vagabonder toute seule parmi les rochers et les hauteurs, au bord desquels elle se penche, fuyant les sentiers tracés et la compagnie. On retrouve cette propriété dans l'âme humaine, lorsqu'elle possède un cerveau harmonieusement organisé : jamais elle ne se plaît dans la contemplation ; sans cesse elle va et vient, à la recherche de choses nouvelles à apprendre et à comprendre. C'est à cette espèce d'âmes que s'applique le dicton d'Hippocrate : "Animae deambulatio cogitatio hominibus." Il est d'autres hommes qui ne sortent jamais d'une contemplation et ne songent pas qu'il y ait autre chose à découvrir au monde. Ceux-ci ont le caractère du mouton qui ne s'écarte jamais des traces du chef du troupeau, et n'ose jamais s'aventurer dans des endroits déserts et sans chemin. Il lui faut des sentiers battus et quelqu'un qui le précède. Cette différence d'esprit se rencontre ordinairement chez les hommes de lettres. Les uns s'élevant au-dessus de l'opinion commune, jugent et traitent de tout d'une façon singulière. Les autres, humbles, quiets, recueillis, sans confiance en eux-mêmes, sont tout soumis à la pensée de quelque auteur important. Ils le suivent en tous points ; ses dires et ses jugements sont pour eux des évidences irréfutables et tout ce qui s'en écarte leur semble vanité et mensonge.

La réunion de ces deux races d'esprit est fort profitable. En effet, de même que les bergers ont coutume de lancer à la tête d'un grand troupeau de moutons une douzaine de chèvres qui les entraînent à vive allure vers des pâtures nouvelles et intactes, il convient que dans les lettres humaines il y ait quelques esprits "capricieux" qui découvrent aux entendements moutonniers de nouveaux secrets de la nature et leur offrent à méditer des contemplations inouïes. C'est ainsi que prospèrent les arts et que les hommes apprennent chaque jour davantage. »

3. En réalité, cette œuvre ne sera jamais publiée en français dans son intégralité. Néanmoins la revue *Hispania*, qui commença à paraître en 1918, donnera cette année-là quelques pages des *Figuras de la Pasión del Señor* de Miró dans la traduction de Mme Klotz (sous le nom de B. Moreno), ainsi que Larbaud le précise dans son

article de *La NRF* de juillet 1920, « Poètes espagnols et hispano-américains contemporains ».

4. Ces deux ouvrages ont été traduits en français sous les titres *Jours exemplaires* et *Perspectives démocratiques. Specimen Days* (1882-1883) rassemble des notes de journal qui portent sur la guerre de Sécession, mais ne conserve pas l'ordre chronologique ; Larbaud a traduit une trentaine d'entrées et a donné à ce travail le titre « Journées de ma vie ». *Democratic Vistas* (1871) est un pamphlet politique dans lequel Whitman dénonce l'hypocrisie et la corruption de la démocratie américaine. Il a également traduit pour cette publication un extrait de la conférence de Whitman sur la mort d'Abraham Lincoln sous le titre « L'Assassinat du Président Lincoln ».

5. Andrew Carnegie (1835-1919), Américain qui fit fortune dans la métallurgie puis se consacra, après sa retraite en 1901, au mécénat en subventionnant des œuvres et des fondations. Larbaud cite ainsi son nom, dans son introduction à Whitman : « [...] et s'il se trouve quelques auditeurs en Amérique, ce sont des quakers millionnaires de Philadelphie, et c'est M. Andrew Carnegie ! »

6. Voici le vers de Dante que Larbaud cite à la fin de son étude : « *Ponete mente almen com'io son bella* ».

7. Voir le journal de 1912.

8. Traduction des deux premiers quatrains :

L'oranger de ta cour
Quand tu t'en approches
Lâche ses fleurs
Et les jette à tes pieds.

De ton visage sort le soleil
De ta gorge, la lune
Des brunes, j'en ai vu,
Mais comme toi, aucune.

Larbaud donne lui-même une traduction pour le troisième quatrain.

9. René Ghil (1862-1925), poète français, symboliste de la première heure, fit partie du groupe de Jules Laforgue, Gustave Kahn, Stuart Merrill et Robert de Souza. Il créa en 1888 une poésie scientifique et entreprit de mettre en vers libres l'évolution du monde et de l'humanité. Son œuvre de poésie scientifique est divisée en trois parties : *Dire du mieux, Dire des mensonges, Dire de la loi*. En 1909 il publia *De la poésie scientifique.*

10. Huesca fut capitale d'Aragon avant de céder la place à Saragosse. À ce titre la ville possédait une université littéraire.

11. Franz Josef Gall (1758-1828), médecin anatomiste allemand, grand spécialiste du système nerveux, fonda la phrénologie (qui met en relation chaque fonction mentale avec une zone du cerveau et prétend que la forme du crâne indique l'état des différentes facultés).

12. Benito Jeronimo Feijoó (1676-1764) était moine bénédictin. Érudit, critique et essayiste espagnol, il est l'auteur d'un *Théâtre critique universel* en huit volumes. Il fit connaître dans son pays l'activité intellectuelle des autres pays d'Europe, dans un esprit rationaliste.

13. Larbaud évoque dans son journal, le 21 février 1917, cette visite faite à l'écrivain en compagnie du signor Arduini et du signor Alesina.

14. On relève ici la même erreur que lors de la première lecture, et mémorisation, du poème : « Les dieux m'ont-ils *donné* [pour *formé*] ce maternel contour ». Cette erreur est d'autant plus surprenante que Valéry a mis ces deux vers de Corneille en exergue à son poème :

Le Ciel a-t-il formé cet amas de merveilles
Pour la demeure d'un serpent ?

et que Larbaud ne pouvait les ignorer. Cependant la majuscule attribuée à « Dieux » indique bien qu'il s'agit d'une citation de mémoire, avec toutes ses incertitudes...

15. Rappelons que les *Carnets* de Samuel Butler ne seront publiés qu'en 1936 aux Éditions Gallimard, traduits de l'anglais et préfacés par Larbaud. C'est à cette édition que nous ferons référence dans les pages qui vont suivre.

16. André Antoine (1858-1943), fondateur du Théâtre Libre (1887), avait révolutionné la représentation théâtrale à la fin du XIXe siècle. Il imposa à l'acteur une formation où le *faire* l'emportait sur le *dire* et où la notion d'ensemble, de troupe, devenait essentielle, au détriment de l'acteur vedette, qui avait régné jusque-là. Pour lui, également, le décor jouait un rôle de premier plan en donnant du sens à l'œuvre. Le théâtre d'Antoine, très marqué par le naturalisme, domina la scène française jusqu'à la réaction antinaturaliste menée par Jacques Copeau.

17. À partir de 1917, l'Espagne vécut une crise sociale et politique due à l'inflation et à la chute du pouvoir d'achat. En août de cette année-là la grève générale, lancée par l'UGT (Union générale du travail) et les socialistes, avait d'ailleurs été violemment réprimée par l'armée.

18. « Tom l'Épieur » (c'est ainsi que Larbaud le nomme lorsqu'il évoque la légende dans « Coventry ») avait fait un trou dans son volet pour contempler la belle lady Godiva qui traversait la ville de Coventry toute nue sur son cheval blanc. Dans son petit essai sur « Coventry », Larbaud parle de « ses effigies de pierre : deux bustes peints de couleurs vives dans des niches en forme de fenêtres, à deux carrefours » (in Valery Larbaud, *Le Cœur de l'Angleterre*, suivi de *Luis Losada*, textes établis, présentés et annotés par Frida Weissman, Gallimard, 1971, p. 135).

19. Le célèbre couturier Paul Poiret avait créé en 1911 un atelier de décoration, L'Atelier de Martine, ainsi qu'une boutique de décoration qui portait le même nom.

20. Rue de Londres où se trouvent plusieurs librairies et où Larbaud passe ses commandes de livres.

21. Les bruits de la ville espagnole, Larbaud les évoque encore dans « Rouge jaune rouge » : « Chansons qui coulez infatigablement sur les rues et au fond des cours ; larges vols des habaneras qui meurent dans les doux cris de la félicité parfaite ; appels des fêtes de nuit ; eau de neige, eaux des fontaines aux beaux noms ; voix du rollero dans la lumière calmée des après-midi provinciaux [...] » (L.P., p. 913).

22. La présence de ce mot, dans ce contexte, surprend, mais nous l'avons vérifié. Seul le contexte de l'époque (des journaux ou des témoins oculaires...) pourrait nous permettre de mieux comprendre.

23. Cette lettre, datée du 12 janvier 1918, a trait à la publication des *Enfantines*. Tout en confiant à Larbaud qu'il lui est difficile de compter sur l'aide de Fargue et de Marcelle Jeanniot pour la relecture des épreuves, elle le rassure : « Tout sera vu et revu. J'en prendrai le plus grand soin [...]. » Elle ajoute : « Soyez tout à fait tranquille sur toutes les corrections faites par vous, on en tiendra scrupuleusement compte. »

24. Citation d'un hymne anglais de Edward-Henry Bickersteth (1825-1906).

25. C'est ici que se déclenche l'enthousiasme de Larbaud pour Ramón Gómez de la Serna. « Il ne prend qu'avec une nuance de respect frisant la vénération tout ce qui touche à Gómez de la Serna. Il l'a découvert, c'est son bien, sa merveille : il le tient pour un génie », écrira de lui, en 1957, Mathilde Pomès, avec qui il traduisit divers extraits qui parurent sous le titre *Échantillons* en 1923 chez Bernard Grasset. Mais dès 1918, l'année de sa découverte, il publie dans la revue *Hispania* (n°s 3 et 4, juillet-septembre 1918) la traduction de quelques fragments sous le titre « Ramón Gómez de la Serna — *Greguerías* » (d'autres fragments étant traduits par B. Moreno, alias Mme Klotz, et par M. Latour-Maubergeon).

Ramón Gómez de la Serna (1888-1963) fut un auteur prolifique, en même temps qu'un personnage excentrique. Il est l'inventeur de cette forme littéraire, *la greguería*, que Larbaud décrit dans cette page. Jean Cassou fit paraître, en 1924, une traduction d'extraits de *Senos*, sous le titre *Seins*. En 1927, Adolphe de Falgairolle publiera une traduction de *El Circo* (*Le Cirque*). Certains autres de ses ouvrages ont été traduits dans les années 1920, sous l'influence de Larbaud, par Marcelle Auclair et Jean Cassou notamment (*La Veuve blanche et noire*, 1924, avec une préface de Larbaud ; *Cinéville*, 1928 ; *Le Docteur invraisemblable*, 1925 ; *Gustave l'incongru*, 1928) ; et on note à des dates plus récentes (années 1990 et 2000) d'autres traductions d'œuvres de Gómez de la Serna.

26. Toutes citations tirées de *Poèmes* (que Larbaud a plaisir à citer ; voir le journal de 1917) :

« Comme un reflet du ciel au fil de hautes herbes, les rails, où fuient des yeux bleus, vont chercher les yeux roux des voyages [...] » dans « Aeternae memoriae patris » ; « La poursuite des fantômes » dans « Voici tant d'années, Gérard de Nerval » ; « ce ciel rêveur, front de toutes choses » dans « Pourrait-elle s'ouvrir encore ».

27. Eugenio d'Ors y Rovira (1882-1954), essayiste et esthéticien de langues catalane et castillane, publia régulièrement à partir de 1906 des essais appelés *Gloses* qui furent traduits dans diverses langues et lui valurent une renommée internationale. Passionné d'art, il écrivit des ouvrages sur différents thèmes artistiques. Son essai *Le Baroque* notamment obtint un grand écho ; traduit par Agathe Rouart-Valéry et Frédéric Dassas, il a été republié en 2000 (Gallimard, coll. Folio essais).

En 1927, Larbaud traduisit, en collaboration avec Mercédès Legrand, « Trois Natures mortes », texte qui parut dans *Le Roseau d'or*, n° 20, chez Plon, en 1927. Il consacra également à Eugenio d'Ors un article dans *La Revue de Paris* en février 1928 où, présentant le conte philosophique « Caboche », il esquissait une analyse de la pensée de l'écrivain catalan.

La Ben Plantada date de 1912, sa première époque de production catalane.

28. Petite cité balnéaire, au sud de Barcelone, où Larbaud séjourna.

29. La Reconquista, ou Reconquête, désigne un long épisode de luttes des chrétiens contre les Maures pour reconquérir l'Espagne. Commencée en 718 par la bataille de Covadonga (Asturies), la Reconquête ne s'achèvera qu'en 1492, quand le royaume de Grenade, dernier royaume arabe, sera reconquis par les rois catholiques.

30. 1898, l'année où les États-Unis infligèrent une sévère défaite à l'Espagne à Cuba, fut appelée l'année du « désastre colonial ». Le traité de Paris consacra alors la perte des dernières colonies : Cuba accéda à l'indépendance ; Porto Rico et les Philippines furent cédées aux États-Unis. De nombreux colons revinrent alors en métropole. Un mouvement intellectuel important, la « génération de 1898 », vit alors le jour et se manifesta dans les arts.

31. Longue promenade, bordée d'hôtels particuliers et de maisons bourgeoises (maintenant remplacés, depuis la fin des années 1960, par un complexe de bureaux, modèle du genre...), le *paseo* de la Castellana était à cette époque la plus belle promenade de Madrid.

32. Quelques années plus tard, en 1924, Larbaud retravaillera ces notes et publiera « Rouge jaune rouge » dans la revue *Intentions* (n° 23-24, avril-mai 1924, pp. 1-7). En 1927 le texte sera recueilli dans *Crayons de couleurs*, puis dans *Jaune bleu blanc*. Il figure dans la « Bibliothèque de la Pléiade » (pp. 911-917).

On retrouve cette note sur le jeune roi, un peu modifiée, dans « Rouge jaune rouge » : « Une porte s'ouvre, et un très jeune garçon, suivi d'un officier, traverse rapidement, répond à notre salut, disparaît : un petit visage pâle avec de grands yeux cernés, des cheveux bouclés, veston gris-perle, leggings clairs boutonnés sur le devant de la jambe (détail à retenir pour notre usage, nous, son aîné de deux ans) » (L.P., p. 912). Le roi Alphonse XII était mort en 1885 et son épouse, Marie-Christine de Habsbourg, assura la régence pendant la minorité de son fils, le futur Alphonse XIII, né en 1886. Il monta sur le trône en 1902. C'est donc un garçon de douze ans que Larbaud aperçut alors.

33. Larbaud, amateur d'uniformes, de soldats de plomb, ne pouvait manquer de visiter la Real Armería, ou Armurerie royale, qui montre les armes provenant de la collection privée de Charles Quint ainsi que les boucliers de parade de l'empereur. Quant au palais-monastère de l'Escurial, situé à 50 km au nord-ouest de Madrid, il fut commandé par Philippe II à l'image de son royaume, qui était alors la première puissance européenne. Juan Battista de Toledo en dessina les plans ; Juan de Herrera s'en vit confier la construction. Le bâtiment fut terminé en 1595.

34. C'est l'hôtel où descend Mme Larbaud quand elle vient rendre visite à son fils à Madrid.

35. Les lignes qui précèdent ont inspiré le début de « Rouge jaune rouge ». Qu'on en juge : « Toute chose neuve se détachait avec beaucoup de relief dans l'Espagne de 1898. Le Ministerio de Fomento, grand solide rectangulaire en maçonnerie fraîche, aux ouvertures encore sans châssis, la toiture inachevée, apparaissait au bord du pli d'Atocha comme un gros transatlantique récemment lancé dans un port rempli de

vieux cargos. Et à Séville, nos yeux s'étaient heurtés à l'éclat blessant des pierres neuves entassées au fond des allées de palmiers : l'Ayuntamiento en construction ou en réparation. Vingt ans plus tard nous avons revu ces pierres, ternies, imbibées de soleil, comme à travers des verres fumés ; et dans une salle bien chauffée, un peu fanée, du Ministerio de Fomento, un jeune ministre de l'Instruction publique nous a reçu l'autre jour, nous, déguisé en conférencier français de passage dans une capitale étrangère. »

36. C'est Philippe II qui, en 1561, décida de transférer la capitale de son royaume de Tolède à Madrid.

37. Rafael Altamira (né à Alicante en 1866 et mort au Mexique en 1951) fut historien, critique littéraire et écrivain. Larbaud possède quatre éditions (1900, 1902, 1906, 1914) de son ouvrage *Historia de España y de la civilización española* (Barcelone, Libreria de Juan Gili). Joaquín Costa (1846-1911), de formation juridique et historique, est un défenseur du socialisme espagnol. Il publia *Le Collectivisme agraire en Espagne en 1898*. Il fut aussi le promoteur d'une politique hydraulique.

38. Le « caciquisme » désignait le système de contrôle de la vie politique locale par des notables, les caciques, qui disposaient de puissants réseaux de clientèle.

39. Voir, toujours dans « Rouge jaune rouge » : « Souvenirs de cette jeune Espagne dans la vieille Angleterre, de Séville dans Bristol, la Séville pauvre des flibustiers... » (p. 913).

40. Ces premiers noms cités sont des noms de scientifiques : nous avons déjà rencontré Ramón y Cajál, illustre professeur de médecine, dans les pages de 1917 ; Pi y Suñer était professeur de physiologie. Nous n'avons rien trouvé concernant R. Tarró.

41. La lecture de cet ouvrage, qui figure encore dans la bibliothèque de Larbaud, est dictée par son travail sur Butler. Le chapitre VII des *Carnets* porte comme titre « La musique, les tableaux et les livres » et le chapitre VIII « Handel et la musique ».

42. En tête du chapitre VIII des *Carnets*, après le nom de Handel, Larbaud a mis cette note : « Haendel signait parfois : Handel ; (cf. Ernest David, *G.F. Haendel*, Paris 1884). S. Butler adopte partout cette graphie. » Nous suivrons donc dans le *Journal* les graphies (Haendel ou Handel) employées par Larbaud.

43. Larbaud va développer à plusieurs reprises, dans ce journal, des réflexions sur sa propre conception de la traduction à partir des traductions que donne Defauconpret d'œuvres de Fenimore Cooper (ici *Wyandotté*, 1843, récit de l'établissement d'une colonie en pays indien, aux États-Unis) ou, plus loin, de Walter Scott, qui fut le modèle anglais de l'écrivain américain.

Dans l'article « Joies et profits du traducteur » (in *Sous l'invocation de saint Jérôme*, IIe partie : L'Art et le Métier, De la traduction, III) Larbaud, après avoir cité les grands traducteurs des siècles précédents, rend hommage à Defauconpret : « [...] au premier rang, pour l'activité et l'énormité du travail accompli : Auguste-Jean-Baptiste Defauconpret (1767-1843), traducteur de Walter Scott, de Fenimore Cooper, de Miss Burney, de Bulwer Lytton, de Dickens, etc., (en collaboration avec son fils Charles Auguste) » (*O.C*, t. VIII, p. 95).

44. Joseph de Maistre, né à Chambéry, en Savoie, en 1753, administra la Sardaigne pour le compte du roi Victor-Emmanuel Ier, de 1798 à 1802, puis fut envoyé comme ambassadeur à Saint-Pétersbourg, où il vécut de 1802 à 1817. *Les Soirées de Saint-Pétersbourg* est un livre composé de dialogues et de discussions entre l'auteur, un sénateur russe et un chevalier français, qui se réunissent, les soirs d'été, dans une petite maison au bord de la Neva. Cet ouvrage parut en 1821, peu de temps après la mort de son auteur.

45. Larbaud reprend ici à son compte la confusion, relevée plus haut, que fait Rignano entre « douter » et *dubitare* (italien).

46. Silverio Lanza est le pseudonyme de Juan Batista Amoro (1856-1912). Romancier et critique espagnol, volontiers déconcertant, il est l'un des instigateurs du roman psychologique en Espagne. Dans ses essais, il cultive volontiers le paradoxe. On connaît surtout de lui le roman *L'Année triste*, paru en 1883.

47. En mai 1917, Larbaud notait dans son journal l'arrivée des *Cahiers d'un artiste*, IIIe série. L'auteur, Jacques-Émile Blanche (1861-1942), est une personnalité bien connue du monde parisien. Peintre, il fut le portraitiste de nombreux écrivains

(Proust, Gide, Cocteau, Claudel...) et ses portraits nous sont familiers ; écrivain, il a laissé quelques romans, mais aussi des ouvrages de critique et de souvenirs, comme ces *Cahiers d'un artiste*.

48. Valentine Gross épousera, en 1919, Jean Hugo, le petit-fils du poète, et deviendra Valentine Hugo.

49. Cette lettre est le premier des documents annexes (voir p. 774). Edmund Gosse (1849-1928) est l'un des grands critiques anglais du début du XXe siècle. Traducteur et essayiste, il introduisit les écrivains scandinaves et français en Angleterre. Il était également spécialiste de la littérature anglaise des XVIIe et XVIIIe siècles et avait publié *Vie et lettres de John Donne* (1899). Larbaud avait fait la connaissance d'Edmund Gosse en 1911 alors qu'il terminait son étude sur Coventry Patmore, dont le critique anglais avait été l'ami. C'est Gide, qui était en relation avec Gosse, qui lui avait permis de le rencontrer.

50. Louis Isaac Lemaistre de Sacy (1613-1684) fut l'un des plus importants « Messieurs » de Port-Royal. C'est au cours de sa détention à la Bastille (où il fut emprisonné trois ans lors des persécutions menées contre Port-Royal) qu'il entreprit la traduction de la Bible, d'après la Vulgate mais en la comparant également aux originaux grec et hébreu. Cette traduction, bien que condamnée par l'Église, reçut un bon accueil et fut largement diffusée. C'est la traduction de référence de Larbaud.

51. Les Actes des Apôtres, cinquième livre du Nouveau Testament, attribué à Luc.

52. Larbaud avait fait la connaissance de José-Maria Junoy à Barcelone en 1916. Il écrivait alors à Léon-Paul Fargue : « Tous les jours à l'heure du thé je parle de toi et de la plupart de nos amis avec José Junoy, le peintre Sunyer, le sculpteur Casanevas, et un peintre français, Mortier, qui te connaît » (*Correspondance*, *op. cit.*, lettre 134, p. 198).

Pour la période 1918-1923, on trouve onze lettres adressées à Larbaud (plus un article, J 184, et des extraits). La dernière lettre sera envoyée en 1935 ; Larbaud n'aura plus la possibilité d'y répondre.

53. Ce point de vue est exposé dans les *Carnets* de Samuel Butler : « *Si on lie les mains à Handel en lui interdisant d'exprimer l'émotion humaine, et si on les délie à Bach, en le dispensant de rendre des émotions humaines, ou, en d'autres termes, si on enlève à Handel ses moyens et à Bach ses entraves, ces deux musiciens pourront encore se disputer le prix ; mais même dans ces conditions, Handel l'emportera sur Bach* » (*op. cit.*, p. 128).

54. Nous ne nous attarderons pas sur Claude Debussy et Maurice Ravel mais nous signalerons la proximité de Florent Schmitt avec les gens du groupe de la NRF. Dans une lettre que Léon-Paul Fargue envoie, en janvier 1916, à Larbaud, il évoque les réunions quasi quotidiennes de la NRF : « *Viennent : Copeau, Gide, Pierre de Lanux, Pivet, Leger, Hoppenot, Schmitt, en permission, excédé, écœuré, rendu* » (Léon-Paul Fargue-Valery Larbaud, *Correspondance*, *op. cit.*, l. 210, p. 195). Né en Lorraine, à Blâmont, en 1870, Florent Schmitt est mort en 1958 à Neuilly-sur-Seine. Parmi ses œuvres les plus importantes, on retient *La Tragédie de Salomé* (1907 et 1911) et le *Psaume 47* (1904). *Reflets de l'Allemagne* (1905) est une œuvre pour piano à quatre mains, qui se compose de huit valses.

55. Juan Ramón Jiménez (Moguer 1881-Porto Rico 1958). Poète, il commença de publier dès 1900 des œuvres (*Nymphéas* et *Âmes de violette*) dans lesquelles se fait sentir l'influence du modernisme et notamment de Rubén Darío et de Ramón del Valle Inclán. La guerre civile le contraignit à quitter l'Espagne en 1936 et il se réfugia en Amérique, où il finit, en 1951, par se fixer à Porto Rico. Il produisit une œuvre importante, qui fut couronnée par le prix Nobel en 1956. Il a été traduit en français (José Corti, 1990, pour la dernière traduction). Si Larbaud déclare ne pas trop apprécier sa poésie, il citera néanmoins à plusieurs reprises ce vers (voir note *infra* sur Muchamiel).

56. Né en 1810, Hégésippe Moreau mourut pratiquement de faim en 1838. Il fonda à Provins un journal satirique, *Diogène*, qu'il rédigea en grande partie et qui ne connut que quelques numéros. Il laissa des vers et cinq contes dont *Les Petits Souliers*.

57. Florencio Sánchez (Montevideo 1875-Milan, 1910), auteur dramatique et journaliste, fut l'un des principaux fondateurs du théâtre hispano-américain (cette ap-

partenance nous permet de comprendre les réflexions de la señorita Elisa, un peu plus bas). *Los Muertos* (*Les Morts*) fut publié en 1905. Max Daireaux traduisit cette pièce, avec quelques autres, dans un ouvrage, *Théâtre choisi*, qui parut en 1939 avec une préface d'Enrique Díez-Canedo.

58. On retrouve au fonds Larbaud plusieurs œuvres de don Ramón Ferrerés, notamment une scène de rue, dessin à la plume, sur papier ocre, et gouache.

59. Comme à Combarieu, Larbaud s'intéresse à Fétis pour la traduction des *Carnets* dans lesquels il aborde les propos de Butler sur la musique. François-Joseph Fétis (1784-1871) est en effet un compositeur et musicologue belge qui doit sa renommée à ses travaux historiques et théoriques sur la musique. Il écrivit notamment une *Histoire générale de la musique*.

60. Entré en 1891 au collège Sainte-Barbe-des-Champs à Fontenay-aux-Roses, Larbaud y resta jusqu'en juillet 1896. Il se plut beaucoup dans cet établissement à la fréquentation cosmopolite (où il se familiarisa avec l'espagnol parlé par de nombreux camarades) et en fit le collège de *Fermina Márquez*.

61. « L'esprit de joie ». Citation de Shelley que nous avons déjà rencontrée dans les premières pages du journal de 1917.

62. Nous avons vu, dans le journal de 1917, des réflexions autour du mot *sport* et de sa possibilité de traduction en « variation désordonnée » ou « variation brusque ». Il semblerait que le terme admis aujourd'hui soit « mutation spontanée », phénomène découvert par De Vries (1848-1935), botaniste néerlandais.

63. Waldo Frank (1889-1967), romancier américain, critique de la bourgeoisie puritaine et du capitalisme des États-Unis. *The Unwelcome Man*, publié en 1917, fut traduit sous le titre *Le Mal Accueilli*. Quelques années plus tard, en 1923, Larbaud écrira dans le numéro de mars de *La NRF* une note intitulée « *Rahab* de Waldo Frank » où il fait le compte rendu d'un livre, *Rahab*, dans lequel il note l'influence indirecte d'*Ulysse* de Joyce (voir *Domaine anglais*, *op. cit.*, pp. 549-551).

64. Théodule Ribot (1839-1917) est l'un des fondateurs de la psychologie française. Philosophe de formation, il soutient sa thèse sur l'hérédité biologique (*L'Hérédité biologique*, 1873) et ébranle un jury de philosophes spiritualistes. Dès sa publication l'ouvrage obtient un grand succès et se voit traduit dans de nombreuses langues. T. Ribot se voit confier le premier cours de psychologie expérimentale. Ses recherches partent de l'observation de la maladie, les phénomènes de pathologie mentale fournissant l'équivalent naturel de l'expérimentation. Il subordonne la conscience à l'organisme et déclare que la mémoire est « par essence un fait biologique et par accident un fait psychologique. » On comprend donc tout l'intérêt que Larbaud, plongé dans les théories biologiques de Butler, peut trouver à la lecture de Ribot.

65. Ce poème en seize chants, *Don Juan, satire épique*, fut publié entre 1819 et 1824. On le décrit comme un poème burlesque, inspiré de modèles italiens (Pulci, Casti). Et c'est sans doute le traitement ironique du personnage de Don Juan qui favorise chez Larbaud le rapprochement avec Voltaire.

66. *Allen* nous autorise cette traduction :

« *Quel jour sommes-nous ?*

— *La Saint-Shakespeare : 23 avril* » (L.P., p. 730).

On sait de façon certaine que Shakespeare fut baptisé le 26 avril 1564 et on a coutume de fêter son anniversaire le 23, jour de la Saint-Georges.

67. Poème de Marceline Desbordes-Valmore, tiré des *Poésies de 1830*.

68. Nous insérons ici, à la place qui leur revient, des pages qui ont été découpées dans le Ms CXXXVIII (entre la page 104 et la page 183) et recopiées dans le Ms I sous le titre « Bouts de papier », suivi de la mention : « Un fragment de mon journal ; Madrid, été 1919. » Or, « Bouts de papier » est le titre général de courts textes que Larbaud a donnés entre 1928 et 1932 au *Manuscrit autographe* de Jean Royère (voir l'étude de Jean-Philippe Segonds dans le *CAVL* n° 7, mai 1971). Cependant ces pages n'ont jamais paru dans *Le Manuscrit autographe* (à l'exception des remarques concernant *Pride and Prejudice*) et c'est Anne Chevalier qui nous les a fait connaître, dans une traduction de Jean-Louis Chevalier, que nous reprenons ici, dans *L'Herne* (*op. cit.*, pp. 154-161). Elles portent de nombreuses marques de sélection. Relevons au passage que la date, « Été 1919 », est inexacte (volontairement ou non ?) ;

Larbaud a en effet passé tout l'été 1919 à Paris, de juin à la fin septembre. Ses deux séjours à Madrid ont eu lieu en 1918 : l'un au printemps (celui-ci) ; l'autre à l'automne lorsqu'il y retrouva sa mère et M. Voldoire.

69. Francisco de Roja, comte Toreno (1785-1843), homme politique espagnol, dut se réfugier à Paris après 1823. Il consacra alors son temps à écrire une *Histoire du soulèvement, de la guerre et de la révolution d'Espagne*, qui parut en 1835.

70. Le Paseo del Pintor Rosales, bordé sur un de ses côtés par le magnifique et vaste espace de verdure du Parque del Oeste, offre aux Madrilènes une promenade privilégiée et à Larbaud un lieu où s'exalte sa sensibilité. Gran Vía, calle de Alcalá, Castellana, Puerta del Sol, il séjourne dans le centre historique et flâne à loisir dans les beaux quartiers de la ville.

71. Dans le poème liminaire d'*Éloges* de Saint-John Perse, « Écrit sur la porte ».

72. La Gran Vía, commencée au début du XXe siècle, ne sera achevée qu'en 1930 mais, bordée de bâtiments d'architecture grandiose, elle offrait déjà une perspective impressionnante.

73. Cet ouvrage, en cinq volumes parus entre 1864 et 1872, est la première grande histoire de la littérature anglaise publiée. Taine, inspiré par une conception positiviste, rend compte d'un écrivain selon trois facteurs généraux : le climat, la race et le moment historique. Larbaud, qui ne partage pas les idées de Taine en ce qui concerne la critique littéraire, juge donc ce travail « curieux ».

74. Poème héroï-comique, inspiré de *Don Quichotte* et des auteurs satiriques latins, qui rendit célèbre le premier Samuel Butler (1612-1680) et lui valut une pension du roi.

75. John Bunyan (1628-1688) est considéré comme un des maîtres de la littérature religieuse en Angleterre. Prédicateur baptiste, il connut des périodes d'emprisonnement. C'est au cours de l'une d'elles qu'il écrivit *The Pilgrim's Progress* (*Le Voyage du pèlerin*), qu'il acheva en 1684 et qui est considéré comme son chef-d'œuvre.

76. Il va de soi que tous les noms d'artistes cités ici sont ceux de célèbres portraitistes espagnols : Sánchez Coello (1531-1588), élève d'Antonio Moro, en Flandre, fut le portraitiste de la cour de Philippe II. Son élève Pantoja de la Cruz (1553-1608) lui succéda. Juan Carreño de Miranda (1614-1685) fut nommé « Pintor de Cámara » de Charles II. Il a travaillé sous la direction de Velázquez.

Vicente López (1772-1850), peintre à la cour du roi Ferdinand VII, exécuta un grand nombre de portraits dans la seconde partie de sa carrière. Nommé en 1814 « Primer Pintor de Cámara », il devint directeur du Musée du Prado à partir de 1817.

Rafael Tejeo (1798-1856) a laissé notamment de beaux portraits de femmes (*Doña Maria de la Cruz Benitez, Doña Angela Tejeo*).

Federico de Madrazo y Kuntz (1815-1894) fut l'un des artistes les plus célèbres et les plus recherchés du XIXe siècle. Il fut également portraitiste officiel de la cour.

77. Ce portrait d'une jeune femme de l'aristocratie espagnole, la marquise de Lazán, réalisé en 1804, appartient à la période mondaine de Goya, celle où il était peintre de la cour de Charles IV. Peu connu, le tableau se trouve dans une collection particulière et seule une exposition comme celle que visitait Larbaud, qui rassemblait des œuvres venues de divers horizons, pouvait permettre de le découvrir. *La Tirana*, en revanche, portrait d'une actrice en vogue à cette même époque, est un tableau très connu.

78. Jane Austen (1775-1817), fille d'un pasteur anglais, célibataire chargée de la nombreuse famille d'un frère veuf, eut beaucoup de mal à publier ses premiers romans. *Sense and Sensibility* (*Raison et sensibilité*) et *Pride and Prejudice* (*Orgueil et préjugés*), écrits tous deux avant 1800, n'ont paru, anonymement, qu'en 1811 et 1813. Elle connut une gloire posthume, à partir de 1890, date à laquelle on commença à s'intéresser à ses romans, où la peinture de caractères l'emporte sur la narration d'événements. *Pride and Prejudice*, que Larbaud commente ici, étudie les relations de personnages marqués par « l'orgueil et les préjugés » de leur classe, souligne leurs faiblesses et la mesquinerie d'une vie provinciale et monotone. Et tout cela, on le sait, trouve beaucoup d'écho chez Larbaud... Nous donnons en annexe (n° 3, pp. 776-777) la page donnée au *Manuscrit autographe*.

79. Lapsus probablement pour « S.B. », qui est la forme abrégée que Larbaud utilise pour désigner son auteur.

80. Mrs Felicia Hemans (1793-1835) fut une poétesse précoce qui publia son premier recueil de vers avant l'âge de quinze ans et qui connut une grande vogue en son temps. Elle semble définitivement oubliée maintenant.

81. Van Kessel appartient à une famille de peintres qui s'est particulièrement illustrée au cours du XVIIe siècle. Tout nous porte à penser qu'il s'agit ici de Jan le Jeune (Anvers 1654-Madrid 1708), fils cadet de Jan l'Ancien. Il fut peintre de Charles II, puis de Philippe V à Madrid. On le connaît surtout comme portraitiste.

82. Raquel Meller était une chanteuse espagnole très célèbre à l'époque.

83. Francisco Pi y Margall (1824-1901) fut un éphémère président de la République fédérale espagnole en juin-juillet 1873 et dut démissionner devant les soulèvements carlistes et cantonalistes. Homme d'État, il fut aussi écrivain, historien d'art et journaliste.

84. Rose Duroux a relevé la présence de deux ouvrages de Luis Araquistain y Quevedo dans la bibliothèque de Larbaud. Né en 1886 et mort en 1958, il a laissé une œuvre d'essayiste, de romancier et de dramaturge. Il dirigeait, depuis 1916, la revue *España* à laquelle collaborait Díez-Canedo.

85. Larbaud évoque ce livre de Gilbert Keith Chesterton dans la lettre à Paul Claudel que nous avons signalée en 1917 : « Je ne croyais pas que Chesterton s'était peint lui-même dans le personnage principal de son roman allégorique *The Man who Was Thursday (Un nommé Jeudi)*, c'est pourtant la vérité ; au premier abord, il est repoussant : son obésité est une réelle infirmité et lui donne l'apparence d'un glouton et d'un crétin. Sa figure ressemble à la fraise la plus grosse et la plus difforme du panier. Les journalistes anglais, qui n'ont vu que son ventre et sa masse, le comparent au Dr Samuel Johnson ; en réalité, il a le front de Thackeray, mais avec trois couches de graisse superposées. Enfin, au fond de ces bourrelets et de ces cornes, on trouve deux bons yeux bleus, intelligents, et dès lors, tout va bien » (*Domaine anglais, op. cit.*, p. 654).

Larbaud fera la connaissance d'Alfonso Reyes (1889-1959) (dont on voit le nom associé à celui de Chesterton pour la deuxième fois) en 1923 à Madrid et entretiendra avec lui une correspondance suivie (Valery Larbaud/ Alfonso Reyes, *Correspondance 1923-1952*, avant-propos de Marcel Bataillon, édition et notes de Paulette Patout, Librairie Marcel Didier, 1972). Diplomate, Alfonso Reyes fut également un important écrivain mexicain dont la Capilla Alfonsina à Mexico entretient la mémoire. En 1927 Larbaud préfaça le premier de ses livres traduits en français et publié aux éditions de la N.R.F., *Vision de l'Anahuac*.

86. Propriété des ducs de Marlborough dans le Devon.

87. Se poursuit ici la comparaison entre villes espagnoles et villes anglaises. Un chapitre du *Cœur de l'Angleterre* est consacré à Rugby, et ces lignes à la gare : « La gare, une des plus grandes gares d'embranchement du Royaume-Uni, étend son immeuse voûte de verre sur la partie du vallon, à deux kilomètres environ de la ville » (*op. cit.*, p. 55).

88. Il paraît évident que Larbaud a commis ici un lapsus utilisant *ruinous* pour *ruined*. Nous avons pris le parti de traduire par « délabrée ».

89. C'est dans le jardin du Rastro, près de la Porte de Tolède, dans le sud de Madrid, que se tient le marché aux puces.

90. Stanislas Meunier (1843-1925), professeur au Muséum d'histoire naturelle, a, le premier, enseigné la géologie expérimentale comme une branche distincte de la science. Cette discipline avait pour objet d'imiter, en laboratoire, les phénomènes géologiques et les produits variés qu'ils ont engendrés dans les régions de l'écorce terrestre.

91. Abel Botelho (1856-1917) est un romancier portugais, naturaliste à la façon de Zola. Il écrivit une série en cinq volumes, *Pathologie sociale*, qui parut de 1891 à 1910, et dont on trouve le volume III, *Amanhã*, dans la bibliothèque de Larbaud. C'est cet ouvrage dont Larbaud entreprend la lecture. Néanmoins le nom de Botelho ne sera pas cité parmi les noms des écrivains portugais qui ont guidé Larbaud dans la découverte de leur langue (cf. *Divertissement philologique*, L. P., pp. 934-946).

92. Premières notes pour *L'Art et le Métier* ?

93. Paul-Louis Courier (1772-1825), officier de carrière, se plut davantage à l'étude des lettres, et du grec en particulier, qu'au métier des armes. Styliste consommé, il a su introduire dans ses lettres et pamphlets toutes les formes de l'ironie et leur éviter la monotonie en y mêlant récit, dialogue et confidences.

94. Larbaud cite ici Paul-Louis Courier (lettre du 2 mars 1809), qui cite lui-même des vers de Dante, avec une petite altération (*ove* pour *dove*) :

Ahi Pisa, vituperio de le genti,
Del bel paese là dove 'l si suona.

(« Ah ! Pise, honte de tous les peuples du beau pays où résonne le *si* », Dante, *L'Enfer*, chant XXXIII, v. 80).

95. Expression déjà évoquée dans la page de Madrid qui concerne *Pride and Prejudice* de Jane Austen.

96. Muchamiel est l'une des « Douze villes ou paysages », texte qui se trouve dans *Jaune bleu blanc* et qui rassemble de courts morceaux que Larbaud a consacrés à des lieux divers (Angleterre, Écosse, Italie, Bourbonnais, Monténégro) en s'inspirant des différentes époques de sa vie et de son journal. Les lignes consacrées à « Muchamiel » se trouvent aux pages 848-849 dans L.P., en voici le début :

« Muchamiel (province d'Alicante) est la capitale de la Huerta des Amandiers. Le nom sonne comme "Beaucoup-de-Miel" et il fleure comme le vers de Juan Ramón Jiménez :

"Como la flor del almendro, como la mejorana..."

Village déguisé en une petite ville propre et brillante, avec sa grande église jaune d'or à coupole de tuiles vernissées bleu outremer ; avec son petit jardin public, son "square" de cité, — et à cinquante pas dans n'importe quelle direction c'est la pleine campagne. »

97. La métaphore théâtrale est bien développée dans le texte définitif. Qu'on en juge : « Les hautes maisons ont des entrées voûtées, abritées du soleil poudreux des rues par des rideaux de toile bise et grise que gonfle parfois un courant d'air frais venu du patio. Le soir, ces rideaux ouverts, on voit les intérieurs, disposés comme des scènes pour plusieurs actions : à gauche la boutique, à droite la salle de réunion des parents et des visiteurs. En perspective d'autres voûtes, d'autres scènes, jusqu'aux profondeurs vertes du patio. Au second plan, l'escalier avec ses carreaux vernissés bleus à dessins blancs et jaunes [...] »

98. Larbaud détourne ici un vers des *Tristes* d'Ovide : « *Vel quod adhuc crescens et rude carmen erat* » (VII, 22), en retenant *carmen* (« chant ») comme le prénom de la petite fille : « *qui continue de grandir et est à l'état d'ébauche* ».

99. Ce qualificatif désigne-t-il Clemenceau, président du Conseil depuis novembre 1917 ?

100. Donc jusqu'au 30 août, l'anniversaire de Larbaud étant le 29.

101. La suite nous permet de comprendre que Larbaud s'adresse ici au médecin, don Higinio.

102. Modesto Perez, *Ángel Ganivet, poeta y periodista*, Madrid, Lib. Hernando, 1918.

103. Joseph, ou en catalan Josep, Carner (1884-1970) est un poète catalan qui fut le chef de file du « noucentrisme », mouvement littéraire antiromantique. Il fut également traducteur. Il exerça des fonctions de diplomate de 1921 à 1939, et vécut ensuite en exil en Belgique et au Mexique. Il est l'auteur d'une œuvre abondante.

104. Verdaguer et Soulary, l'un Catalan espagnol, l'autre Français, sont tous deux des poètes du XIXe siècle. Jacinto Verdaguer i Santaló (1845-1902) publia de nombreux recueils poétiques, des contes folkloriques et des pièces de circonstance ; ses deux œuvres les plus connues sont l'*Atlantide*, un poème en dix chants, paru en 1877, et le *Canigou*, un récit médiéval à la gloire des Pyrénées catalanes.

Joseph (dit Joséphin) Soulary (1815-1891) fut révélé au grand public par un article élogieux de Sainte-Beuve, qui avait découvert ses premiers recueils, publiés en tirages restreints. Son œuvre, *Éphémères, Figulines, Sonnets, poèmes et poésies*, semble bien tombée dans l'oubli.

105. Nous laisserons le lecteur à sa rêverie sur ces échantillons de poésie catalane, et sur la petite chanson enfantine, aux vers brefs, au rythme saccadé qui, à la ma-

nière d'une comptine, invite l'enfant à sauter, à marcher sur les roses, à parler aux étoiles, à attraper, à chaque pas, les papillons...

106. Joan Maragall (1860-1911) est un des poètes catalans les plus connus de son époque bien que son œuvre se réduise à quatre recueils : *Poésies, Visions et chants, Là-bas* et les *Séquences*. Il est également l'auteur de nombreux articles et essais.

107. George Ticknor (1791-1871) fut le premier professeur de langues modernes à Harvard. Il publia, en trois volumes, une *Histoire de la littérature espagnole* (1849), devenue célèbre.

108. Relation de Séville, d'où Larbaud écrivait, le 22 janvier 1916, à André Gide : « Je vois ici un monsieur, très lettré et très aimable du reste, le Dr Dalebrook, qui déteste Butler. »

109. Cette lettre est datée du 19 juillet 1918. O'Connor demandait par ailleurs à Larbaud s'il désirait être le correspondant de l'hebdomadaire *Everyman* et lui conseillait de se mettre en relation avec W. Evans. Larbaud ne relève pas cette proposition. C'est en 1907 que Larbaud avait fait la connaissance d'O'Connor qui, si l'on en croit G. Jean-Aubry, aurait prêté quelques traits à Maxime Claremoris dans *A.O.Barnabooth*. Né sur l'île Maurice, ancien élève du collège des jésuites de Douai, journaliste, O'Connor introduisit Larbaud dans le groupe des Meynell (le journaliste Wilfrid et son épouse, Alice, poète dont Larbaud évoquera l'œuvre dans son *Journal* en 1934 et 1935).

110. *La Unidad funcional* de Augusto Pi Suñer figure encore dans la bibliothèque de Larbaud, en compagnie de trois ouvrages de poésie (les volumes 4 et 5 d'une anthologie et un autre livre de poésie, *Poema del Mío Cid*, ouvrage de 1913).

111. Larbaud annonçait, le mercredi 17 avril, la parution du premier numéro d'*Hispania*. Cette revue, qui est une émanation de l'Institut d'études hispaniques de l'université de Paris, va paraître de 1918 à 1922. Larbaud va tenir sa promesse et donner à Ventura Garcia Calderón, qui dirige la revue, la traduction de quelques *Greguerias* (voir aussi plus haut, note 25, p. 793).

112. Pedro Salinas (1892-1951) est le seul écrivain que Larbaud eut l'occasion de rencontrer à Alicante. Il avait été lecteur à la Sorbonne de 1914 à 1917, et s'était vu nommer professeur à l'université de Séville en 1918. Sa poésie à la métrique légère chante l'amour. Il a également écrit des nouvelles. Il fut, par ailleurs, le traducteur de Marcel Proust en espagnol et l'auteur d'un certain nombre d'études critiques sur les écrivains espagnols, Rubén Darío et Jorge Manrique notamment. Il quitta l'Espagne quand éclata la guerre civile et mourut à Boston, aux États-Unis, en décembre 1951.

113. José Gutierrez Solana (1886-1945) fut peintre mais également écrivain. Il publia plusieurs ouvrages concernant tout spécialement Madrid, sa vie et ses bas-fonds. Celui que Larbaud évoque ici s'intitule *Madrid, scènes de mœurs (1913-1918)*. Dans sa bibliothèque on trouve un livre publié quelques années plus tard, en 1924, *Dos pueblos de Castilla*. Ramón Gómez de la Serna fit paraître, en 1944, à Buenos Aires, une biographie de Gutierrez Solana.

114. Si on regarde à nouveau l'année 1917, on verra que les jugements que Larbaud a portés sur Baroja jusqu'ici ont été plutôt sévères.

115. La note sur Soglio, « Dimanche matin à Soglio » se trouve au chapitre XVII des *Carnets* : Butler a installé son chevalet dans le village pour peindre ; il observe le village et les villageois, qui se montrent eux aussi curieux de l'étranger. Ce récit, très vif, possède également un aspect fantastique qui en fait un morceau très plaisant (*op. cit.*, p. 205).

116. « Biar, province d'Alicante » est, comme Muchamiel, une des « Douze villes ou paysages ». En voici le texte :

« Sur le versant occidental de sa peña, avec son château au sommet. Blanc et brun, à peine rosé, au couchant. Dans la vallée et sur les pentes, repos de la lumière loin du réflecteur aveuglant de la mer, à l'abri du laminoir (bleu acier) du vent d'Afrique. Elle éclaire avec patience l'herbe tendre, les clôtures de pierre, la descente angélique des oliviers. Biar est une haute fontaine, cent fontaines, coulant de rue en rue, de terrasse en terrasse, avec des reposoirs d'ombre : les grandes balsas de pierre. À Biar, on vit au chant de l'eau courante » (L.P., p. 848).

117. Dans cette lettre, du 21 août, Fargue annonçait à son ami qu'il avait obtenu une mission du gouvernement pour l'Espagne et qu'il comptait s'y rendre en compagnie de Ricardo Viñes (qui devait y faire une tournée de concerts). Larbaud lui répondit de venir directement et de laisser Viñes en chemin à ses concerts ... Larbaud vit Ricardo Viñes, en janvier 1920... mais sans Léon-Paul Fargue.

118. « La Belle Gueuse », poème de prédilection de Larbaud chez Tristan L'Hermite, à partir duquel il déroulera toute une réflexion sur « la généalogie des thèmes de la Lyrique européenne moderne jusqu'au début du XVIIe siècle ». Il prend pour exemple le thème de la belle mendiante, illustré dans le poème de Tristan L'Hermite «La Belle Gueuse », et le compare à un poème italien de Claudio Achillini, « La Mendiante », et à un poème anglais de Philippe Ayres « On a Fair Beggar ». Cette étude, « Trois Belles Mendiantes », paraîtra dans le cahier XXIII de *Commerce*, au printemps 1930, puis sera recueillie dans *Technique* (chap. IV), en 1932, et enfin dans *Sous l'invocation de saint Jérôme* qui, en 1946, rassemblera « Le Patron des traducteurs », « L'Art et le Métier » et « Technique ».

Le Page disgracié (1643) est un roman autobiographique où Tristan L'Hermite raconte sa jeunesse aventureuse.

119. C'est probablement de la fameuse « grippe espagnole » qu'il est question ici, pandémie dont le nombre des victimes dépassa, dans le monde, les 30 millions. Elle venait en fait d'Asie et affecta un grand nombre de pays avant de parvenir en Europe. Du fait de la censure due à la guerre, on en fit peu d'écho en France, où elle sévissait, mais les journaux firent état de ses ravages en Espagne, pays neutre et en conséquence moins soumis à la censure.

120. En fait, sur le Paseo de San Antonio de la Florida, qui se trouve derrière le palais royal, à l'extrême ouest de Madrid. Il porte le nom de la petite chapelle, construite en 1798, qui abrite la dépouille de Goya et dont les murs sont couverts de fresques de l'artiste.

121. Petites localités de la Costa Blanca, c'est-à-dire le pays d'Alicante.

Les œuvres du peintre anglais Wyndham Tryon (1883-1942) exposées dans les musées britanniques (Tate Collection) datent des années 1910 et 1920 et représentent des paysages espagnols.

122. Le Parc du Buen Retiro, un des lieux de promenade favoris des Madrilènes, est l'ancien jardin du palais royal de Buen Retiro (dont il ne subsiste plus qu'un seul bâtiment) ; il s'étend sur plus d'une centaine d'hectares.

123. On comprend qu'il s'agit de la famille Irles.

124. Les circonstances, brièvement relatées, du départ de Larbaud de la famille Irles, se trouvent donc effacées de son journal...

125. Irles, bien sûr.

126. Berthe Lemarié.

127. Sa nouvelle adresse est maintenant : calle Canalejas n° 28, 1°, tout près du port.

128. Pour Borrow, voir le 6 avril 1917.

129. L'air de Chérubin dans *Les Noces de Figaro* de Mozart.

130. Traduit sous le titre *L'Ami commun*, ce roman parut en 1865 ; c'est l'une des dernières œuvres de Dickens.

131. Joaquín Turina (Séville, 1882-Madrid, 1949) composa une musique fortement marquée par ses racines andalouses. Ses études à Madrid le familiarisèrent avec les œuvres pour piano d'Albéniz et de Granados, mais il fut également l'élève de Vincent d'Indy à la Schola Cantorum. On cite de lui les *Danses fantastiques* (1920), œuvre pour piano, et une œuvre pour orchestre, *La Procesión del Rocio* (1909).

Dans l'article qui parut en mars 1921 dans *Les Écrits nouveaux* et qui s'intitulait « La Renaissance des lettres espagnoles » (pp. 74-78), Larbaud évoquait « la découverte de la nouvelle école musicale espagnole : Albéniz, Turina et Falla ».

132. En 1917, Larbaud annonçait son intention de consacrer une étude à Villiers de L'Isle-Adam, et l'on constate ici qu'il poursuit ses lectures et que le projet, s'il n'aboutit jamais, n'était pas encore abandonné.

Les pages qu'il évoque ici parurent en 1890, un an après la mort de Villiers de L'Isle-Adam, et brocardaient « la figure du notoire personnage dont j'ai, peut-être, voulu parler », avertissait l'auteur en préambule.

133. Ce choix de textes, par Revault d'Allonnes, s'intitulait *Lamarck, Jean-Baptiste de Monet de (1744-1829)* et parut en 1910 chez l'éditeur Louis Michaud, Paris.

134. Elle se trouve dans l'avant-dernier chapitre des *Carnets*, le chapitre XXIV, qui précède les « Poèmes », et s'intitule « La Vie future ». Butler indique à ses lecteurs un mode de classement de la correspondance pour éviter qu'elle se perde et pour permettre de la retrouver facilement. Larbaud a donné la traduction suivante : « En passant ensuite deux ou trois crampons à papier à travers ces bandes, on peut relier ensemble cinquante ou soixante lettres [...]. »

135. *Iliade*, chant VI, v. 208 : « Être le meilleur partout, surpasser tous les autres. »

136. Ces deux citations sont effectivement de Sénèque, *De vita beata* (17-18) : « C'est assez pour moi, de retrancher chaque jour un peu de mes défauts et de réprimander mes errements » et, quelques lignes plus bas : « Je ne dis pas cela pour moi — car je suis dans un abîme de vices — mais pour celui qui a obtenu un résultat. »

137. Autrement dit livre sur Catulle (voir le 5 mars 1918).

138. Fête de l'Immaculée Conception.

139. Nous transposons tel quel ce terme « Gallicity », pas plus attesté en anglais qu'en français, mais qui désigne bien le caractère idiomatique du texte de la traduction.

140. Chap. XXIV des *Carnets*. La note a pour titre : « Déterrer des villes mortes ».

141. Il semble s'y être en effet résolu. La traduction publiée est la suivante : « Bien sûr, je suis jaloux de l'éclat dont Flinders Petrie, Layard, et Schlieman sont environnés pour avoir exhumé des villes. »

142. Le rapprochement de ces deux citations est l'illustration de cette idée des « sources littéraires » que Larbaud développera plus tard dans *Technique*. La citation des *Amours* de Tristan L'Hermite donnera son titre à une des nouvelles de *Amants, heureux amants*, « Mon plus secret conseil ». Les stances de Malherbe (XL, Plainte sur une absence) ne donneront pas lieu à un usage ou développement ultérieur, semble-t-il.

143. Dans la traduction parue dans la « Bibliothèque de la Pléiade » (Walter Scott, *Ivanhoé et autres romans*, Gallimard, 2007) par Henri Suhamy, voici ce que donne ce passage : « Une cible fut placée à l'extrémité de l'allée qui, au sud, conduisait à la lice. Les concurrents prirent position chacun à son tour, au bas de cet accès par le sud, la distance entre l'emplacement du tireur et le but permettant un ample trajet vers ce qu'on appelait une cible choisie à volonté », *a shot at rovers* se trouvant traduit par « une cible choisie à volonté ».

144. « To the best of my ability » est une citation du serment que prononce tout président des États-Unis lors de son entrée en fonctions.

145. Doit-on rectifier ici la citation de l'*Art poétique* ?

Ce que l'on conçoit bien s'énonce clairement

Et les mots pour le dire arrivent aisément (vers 153-154).

146. Nous n'avons pas eu l'occasion de signaler jusqu'ici que Larbaud fait généralement intercaler des feuilles blanches, destinées à des notes comme celle-ci, dans ses dictionnaires de langues étrangères (anglais, italien, espagnol).

147. La traduction que Larbaud a achetée à Madrid (*Ivanhoe*, par sir Walter Scott, Paris, Nelson ed., s. d.) ne porte pas la mention du traducteur. Elle saute effectivement tout le chapitre XIV, de même qu'elle ne reprend aucune des épigraphes qui marquent les débuts de chapitres : citations de l'*Iliade*, de l'*Odyssée*, de Chaucer, citations de ballades écossaises — dont Scott avait publié un recueil, *Poésies écossaises*, en 1802-1803 ; « Joy to the fair ! » est probablement une de ces ballades puisqu'elle fut, dit le chevalier à l'ermite, « composée par un jongleur saxon que j'ai connu en Terre sainte ».

148. Sonnet plaisant qui s'ouvre sur ce vers : « Assis sur un fagot, une pipe à la main » et vante les effets positifs du tabac sur le moral du fumeur avant de conclure sur ce tercet au ton un peu amer :

Non, je ne trouve point beaucoup de différence
De prendre du tabac à vivre d'espérance
Car l'un n'est que fumée, et l'autre n'est que vent.

La simplicité de sa structure et de son vocabulaire en faisait un excellent exercice de traduction.

149. Citation tirée du poème « Ornières » dans *Illuminations.*

150. Après s'être intéressé à l'histoire de la région de la frontière écossaise en collectant les ballades populaires, Walter Scott (1771-1832) se tourna vers le roman historique pour continuer de peindre les coutumes et les gens d'Écosse. *Waverley*, paru en 1814, fut le premier des romans historiques qu'il écrivit par la suite en grand nombre et qui lui valurent une grande popularité.

151. Ces deux strophes, séparées par une troisième, sont tirées d'un poème intitulé « Le Soleil levant » dans le premier volume des *Œuvres complètes* de Saint-Amant (nouvelle édition publiée sur les manuscrits inédits et les éditions anciennes, précédée d'une notice et accompagnée de notes par M. C.-L. Livet, Paris, P. Jannet libraire, 1855) ; cet ouvrage appartient à la bibliothèque de Larbaud.

152. Ramón de la Cruz [Cano y Olmedilla], (1731-1795), auteur dramatique madrilène, très fécond, doit surtout sa renommée au genre dramatique appelé « sainete » en espagnol, qu'il transforma totalement. D'un spectacle bouffon, en un acte, destiné à meubler les entractes de longues œuvres dramatiques, il fit un tableau de mœurs où la force du comique s'alliait à la vivacité des dialogues qui donnaient la parole au peuple des bas quartiers.

Carlos Arniches y Barrera (1866-1943) fut effectivement le continuateur de Ramón de la Cruz ; il transposa la vie madrilène en de nombreuses petites « tragédies grotesques ».

153. *El Buscón* de Quevedo parut en 1633. Cette œuvre a connu une publication récente (2001) dans une traduction (ancienne...) de Restif de la Bretonne, *El Buscón, la vie de l'aventurier Don Pablo de Ségovie, vagabond exemplaire et miroir des filous,* Nantes, Le Passeur-Cecofop.

154. Expression que l'on retrouve presque à l'identique dans *Luis Losada* : « Ah ! Ce n'est [pas] pour rien que le Marquis de Molinos, le poëte, a dit que Lucenta était la "millor terra del mon" : le meilleur pays du monde » (*op. cit.*, p. 156).

155. Il n'y aura pas de « chapitres » sur Pauline Consolat, mais on la voit passer, avec « Madame Mère », dans *Amants, heureux amants...* : « Madame Mère l'a appelée Pauline. Joli nom pour une fille de la Province romaine. Lui trouver un nom de famille. [...] Un nom de famille pour mademoiselle Pauline de Septimanie. Consolat. Oui, ça va. Consolat ; en prononçant légèrement le t » (L.P., p. 629).

156. Dans *La Vie et l'Habitude*, Butler s'oppose aux théories darwiniennes exposées notamment dans *De l'origine des espèces*, et c'est sans doute le caractère de réfutation de cet ouvrage qui pousse Larbaud à s'imprégner du style des *Provinciales* de Pascal. Ce dernier avait trouvé dans l'œuvre du jésuite espagnol Antonio de Escobar y Mendoza (1589-1659) une masse d'informations sur la casuistique, qu'il utilisa dans sa défense des jansénistes contre les jésuites.

157. Probablement Charles Eymar, le beau-frère de Marcel Ray.

158. Giovanni Berchet (1783-1851), poète italien qui connut l'exil, à Paris, à Londres, et dans divers pays d'Europe, se fit surtout connaître comme le porte-parole du patriotisme italien.

159. Saint-Amant, Tristan L'Hermite, Voiture, on reconnaît là l'intérêt que Larbaud porte aux poètes du XVIIe siècle, « notre Siècle d'Or, au cours duquel s'est constituée et fixée la langue française », déclare-t-il (*Le Navire d'argent, op. cit.*, p. 235). Mais c'est tout particulièrement aux auteurs qui sont presque tombés dans l'oubli qu'il s'intéresse et qu'il consacre ses articles de *La Nación*, à Jean de Lingendes, Racan, Théophile de Viau, Mme Deshoulières. Voiture, en dépit de l'enthousiasme manifesté ici, ne sera pas du nombre des élus. Poète et épistolier, Vincent Voiture (1597-1648) est un familier de l'hôtel de Rambouillet. Bel esprit, il se considérait comme un homme du monde, un homme de salon et ne fit rien imprimer de son vivant.

160. Peintre anglais, Arthur Rackham (1867-1939) acquit la renommée par ses illustrations d'œuvres publiées dans des collections de luxe comme « livres d'étren-

nes » (*Contes* de Grimm, *Voyages de Gulliver, Alice au pays des merveilles*...) ; il illustra également des œuvres de Shakespeare et de Dickens. Son imagination fertile, son sens du détail le portaient vers le merveilleux.

161. Fille de son ami don Higinio et de doña Avelina.

162. Saint François Borja ou Borgia (1510-1572) fut le troisième général de la Compagnie de Jésus. C'est lui qui créa l'université que Larbaud évoque quelques lignes plus bas pour enseigner et convertir les musulmans du duché de Gandia, dont il était le duc. Il appartient à la fameuse lignée des Borgia qui donna notamment deux papes, Calixte III et Alexandre VI, à la chrétienté.

163. On voit mal le rapport entre cette ronde charmante (bien qu'elle énumère les cloches de différentes églises londoniennes qui accompagnaient de leur glas les condamnés à mort menés au lieu de leur exécution), et la gare de Valence... En voici les deux derniers vers, au rythme bref et saccadé :

Voici un couperet pour te couper la tête
Chip chop chip chop — le dernier est mort.

La décoration de la gare, avec son rythme de colonnes portant toutes le même message, en des langues différentes, évoque peut-être à Larbaud la succession des églises devant lesquelles passait le convoi des condamnés. Mais ce rapprochement ne manque pas d'ironie...

164. Exclamation qui ouvre le poème « Valence-du-Cid » : « *Ay ! Mare de Deu, yo no soc valenciá !* » qui paraîtra sous le titre « Dévotions particulières : Marseille, Valence-du-Cid, Milan » dans le *Journal des poètes* (2ᵉ année, 15 novembre 1931), puis sera réuni en plaquette, avec trois autres poèmes (« À M. Valery Larbaud », « De l'impériale », « Weston-super-Mare ») en 1941, chez Stols, pour le soixantième anniversaire de Larbaud.

165. C'est en 1916, à son arrivée à Valence, que Larbaud avait fait la connaissance du vice-consul de France. Après s'être installé à Alicante, il écrivait à son ami Fargue : « À Valence [...] je voyais tous les jours le vice-consul de France, M. Lanuartres, un des derniers consuls nommé directement, avant l'institution de l'examen » (Valery Larbaud-Léon-Paul Fargue, *Correspondance, op. cit.*, lettre du 25 novembre 1916).

166. Alberto Ghiraldo (1874-1946), poète, romancier et auteur dramatique argentin, connut souvent la prison, tant dans son pays qu'en Espagne, en raison de ses opinions anarchistes.

167. Larbaud aura l'occasion de fréquenter Jean Cocteau (1889-1963) lors de son séjour à Paris, à l'été 1919. Il en a laissé un portrait, en même temps que ceux de Charles Vildrac et Georges Chennevière, dans une de ses chroniques de *La Nacion* (année LVI, n° 19391, dimanche 6 septembre 1925). Voir *Du navire d'argent, op. cit.*, pp. 467-478.

Avec Jules Supervielle (Montevideo, 1884-Paris, 1960), dont on constate ici qu'il vient de rencontrer le nom, Larbaud nouera de véritables liens d'amitié. Une correspondance s'établira entre les deux hommes et Supervielle sera cité à plusieurs reprises dans le *Journal* des années 1930. Rien d'étrange à l'intérêt que Larbaud pouvait porter à un poète partagé entre son pays natal (l'Uruguay) et la France, où il séjournera, à un homme façonné par les immenses espaces de la pampa et les voyages transocéaniques... En 1925, Supervielle dédiera à Larbaud, son « maître et ami », le recueil *Gravitations*.

168. Ce dernier tiret renvoie au « elle » de « elle a souri », mais ne nous éclaire pas sur l'identité de la jeune fille.

169. On peut penser qu'il s'agit ici du drame de Shakespeare, *Timon of Athens* (vers 1608), qui s'inspire du célèbre dialogue de Lucien : Timon, ruiné par la guerre du Péloponnèse, abandonné de ses amis. Ému par ses lamentations, Zeus permet qu'il s'enrichisse à nouveau ; une foule d'amis se présente alors, que Timon, instruit par l'expérience, chasse aussitôt.

170. Dans le texte du recueil *Jaune bleu blanc* intitulé « Rouge jaune rouge » et consacré à l'Espagne, Larbaud a repris ces notes ainsi : « Voici revenir ce jour de printemps, cette date fixe, où sur toute l'étendue de la péninsule, dans les rues de tous les villages et de tous les quartiers, nouvelle invasion de voix chantantes, les pe-

tites filles commencent à sauter à la corde après la classe du soir : "Viva la calle Mayor/Viva la Reina Isabel"... » (L.P., p. 914).

171. Nous comprenons aussi pourquoi ces deux œuvres du peintre Francisco Goya se trouvent citées ici, même si seule la seconde, *Le Jeu de colin-maillard*, subsiste dans le texte que nous avons cité plus haut : « Et qui osera dire qu'il connaît [l'Espagne] ? Pas plus que le visage de la jeune femme en veste cramoisie et en courte jupe jaune, qui nous tourne le dos dans la *Gallina ciega* : un coin de joue toute ronde et brune et un peu rose, visage qu'on devine, qui doit être le plus beau du groupe, qu'on désire, et que personne ne verra jamais » (L.P., p. 915). La *Gallina ciega* est bien évidemment le jeu de colin-maillard.

172. C'est dans le texte intitulé « Sur le rebut » (*Aux couleurs de Rome*, L.P., pp. 1009-1014) qu'on rencontre ce terme s'appliquant à un écrivain sans qualités ni consistance mais qui demande une lettre de recommandation à Marie des Neiges, qui se voit plus tard reprocher son geste : « Qu'est-ce qui t'a prise de m'envoyer un tel *mamarracho* ? Tu connais donc des gens comme ça ? Voilà ce que c'est que d'aller dans le grand monde ? » Le mot ne semble pas attesté (invention de Larbaud ? mot d'argot espagnol ?). Les emplois que Larbaud en fait en font un synonyme de « fat(s) ».

173. Non pas « Très Loyale » mais « *dos veces leal* » (deux fois loyale), titre donné à la ville qui avait repoussé par deux fois les troupes castillanes, par le roi Pierre IV d'Aragon.

174. Felice Francia, le héros de « Amants, heureux amants », nouvelle qui donnera son titre au recueil qui rassemble également « Beauté, mon beau souci... » et « Mon plus secret conseil... ». Larbaud, qui utilisera la forme du monologue intérieur, la dédiera à James Joyce. Elle paraîtra dans *La Nouvelle Revue française* en 1921 (t. XVII, 1er novembre 1921).

175. Larbaud avait séjourné à Valence de novembre 1905 à avril 1906 en compagnie de la danseuse Inga. Il avait loué un appartement au 34, calle de la Nave, près du Parco de la Glorieta. Dix ans plus tard, en janvier 1916, il y passa une semaine et y retourna à l'automne de cette même année.

176. Il y a à Valence une très ancienne tradition de céramique, qui connut son apogée aux XIVe et XVe siècles, fabriquée dans les ateliers de Manises et de Paterna, deux faubourgs de la ville.

177. Voir « Rouge jaune rouge » : « En 1905-1908, dans certaines grandes villes de la péninsule, des gitanes et des mendiantes disaient encore : "J'ai faim" en mordant leur manteau » (L.P., p. 914).

178. Dramaturge et poète, Eduardo Escalante (1834-1895) se consacra surtout au genre des *sainetes* évoqué plus haut avec Ramón de la Cruz et Arniches.

179. Galla Placidia, morte en 450, après avoir, pendant de nombreuses années, gouverné Ravenne et l'Occident, aurait de son vivant fait construire ce mausolée, où son corps n'a jamais reposé. Les mosaïques qu'on y trouve sont parmi les plus remarquables de Ravenne, parvenues jusqu'à notre époque sans altérations.

180. Voir *Journal de 1914* et le séjour dans la région de Folkestone-Hastings.

181. Voir plus haut, note 37, p. 795.

182. En 1912, séjournant à Florence, Larbaud avait beaucoup voyagé dans toute l'Italie du Nord et avait notamment visité Ravenne, qui fut un temps capitale de l'Empire byzantin.

Il semble citer ici un autre ouvrage de Diehl, mais il s'agit probablement du *Manuel d'architecture byzantine*, dont il abrège le titre.

183. Ramón Pérez de Ayala (1881-1962) compte au nombre des écrivains espagnols cités par Larbaud dans ses « Souvenirs d'un conférencier à Paris » (*Le Navire d'argent, op. cit.*, p. 499). Poète, mais surtout romancier, il fit paraître *La Pata de la Raposa* en 1911. Jean Cassou en donna une traduction en français.

La Reina Silencio parut également en 1911. On considère généralement cette pièce comme une tragédie symbolique, de facture très originale. Poète et dramaturge, Ramón Goy de Silva (1883-1962) obtint plus de succès à l'étranger qu'en Espagne.

184. Le roman picaresque, genre typiquement espagnol, connut son heure de gloire aux XVIe et XVIIe siècles. Sous une forme autobiographique, il met en scène un

homme jeune, d'humble origine, impécunieux, qui doit lutter pour vivre et qui promène le lecteur dans des lieux et des milieux sociaux très divers, dont il fait la peinture. Le modèle, et le plus connu d'entre eux, est la *Vie du Lazarillo de Tormes*.

185. Ce roman était paru en 1899. Larbaud l'évoque dans une lettre à Marcel Ray, le 20 décembre 1906. Il dit à son ami, qui réside alors à Dresde : « Si vous allez derrière chez vous, du côté de Planen (par la Münchenerstrasse) vous trouverez sans doute un cirque qui fait penser au *Cirque solaire* (le meilleur bouquin jamais pondu par Gustave Kahn). »

Poète, romancier, essayiste, Gustave Kahn (1859-1936) fonda la revue symboliste *La Vogue* et participa à la direction du *Symboliste* et de la *Revue indépendante*. Il fut l'initiateur du vers libre dans les *Palais nomades* (1887) et en fut aussi le théoricien dans son essai *Le Vers libre* (1912).

186. Gregorio Martinez Sierra (1881-1947), poète, romancier et dramaturge espagnol, œuvra notamment beaucoup pour le théâtre. Traducteur de Maeterlinck, il est aussi l'auteur du livret de *L'Amour sorcier*, célèbre ballet de Manuel de Falla.

187. En 1919, Prudencio Iglesias Hermida publia *Un día y una noche en Londres*. Peut-être est-ce l'ouvrage que Larbaud, tourné vers l'Angleterre, eut l'occasion de lire. Nous trouvons peu de renseignements concernant cet écrivain, qui n'a pas été traduit en français mais qui fit paraître une dizaine de livres entre 1914 et 1920.

Henri Barbusse (Asnières 1873-Moscou 1935) avait obtenu le prix Goncourt en 1917 pour *Le Feu, journal d'une escouade*, qui fit scandale par la peinture crue qu'il faisait de la guerre, la révélant dans toute son horreur. Après avoir vécu cette expérience éprouvante, il se tourna vers la politique militante et le socialisme. En 1919, il publia un roman, *Clarté*, titre qu'il donna également à la revue qu'il fonda cette même année et dont la parution débuta en octobre 1919.

Claudel avait écrit *Le Pain dur*, drame en trois actes, en 1913-1914 et l'avait remis à Gaston Gallimard, en même temps que *Le Père humilié* (qui va paraître en 1919), avant son départ pour le Brésil. (Cf. *Journal*, vendredi 18 mai 1917.)

188. Le titre complet de cet ouvrage est : *Manuel d'archéologie américaine, Amérique préhistorique, civilisations disparues* ; cela nous permet de mieux comprendre les réflexions de Larbaud sur les civilisations aztèque et maya, un peu plus loin. Il parut aux éditions A. Picard en 1912.

189. Citation tirée du premier quatrain du sonnet LXI de *Spleen et idéal*, « À une dame créole » :

Au pays parfumé que le soleil caresse,
J'ai connu, sous un dais d'arbres tout empourprés
Et de palmiers d'où pleut sur les yeux la paresse,
Une dame créole aux charmes ignorés.

On trouve également cette citation au début de la note « À propos de *She* et *L'Atlantide* » (*N.R.F.*, mai 1920) qui se présente sous la forme d'une lettre adressée à André Gide et qui débute ainsi : « Même ici, dans ce paisible coin du Royaume de Valence,

Sous les palmiers d'où pleut sur les yeux la paresse,

Il nous est parvenu des échos de l'"*affaire de l'Atlantide*" » (cf. *Domaine anglais, op. cit.*, « Pages retrouvées », pp. 451-456).

190. Larbaud a connu Henri Hoppenot, auxiliaire au ministère des Affaires étrangères, puis diplomate, en 1916. En janvier 1918, Hoppenot a rejoint, en tant qu'attaché, Paul Claudel au Brésil. Le 6 août 1918, à l'occasion du cinquantenaire de Paul Claudel, il a fait tirer, à cinquante exemplaires hors commerce, ce poème en versets imité des versets claudéliens, à l'imprimerie des Frères Besnard à Rio de Janeiro.

Nous aurons l'occasion de rencontrer le nom d'Henri Hoppenot à différentes reprises dans le journal de Larbaud, notamment en 1933, où son *Giro dell' Oca* mènera Larbaud à Genève chez les Hoppenot ; avec sa compagne Maria Nebbia il y passera une soirée.

191. Si le peintre José Benlliure Gil a son musée à Valence, dans la maison qu'il occupa, son compatriote, Mariano Benlliure, sculpteur, semble être tombé dans l'oubli.

192. Jean-Aubry nous livre cette réflexion : « Sans que nous sachions d'où lui est venue l'idée de cette nouvelle occupation, V.L. travaille, pendant une semaine ou deux, à un PROJET DE RÉFORME DE L'ENSEIGNEMENT » (in *Valery Larbaud, Sa vie et son œuvre, op. cit.*, p. 291).

193. Jacques-Amédée Guibert, né en 1867 et qui allait mourir, de façon assez brutale, à la fin de 1919, avait été nommé consul à Alicante après avoir été en poste plusieurs années en Asie. G. Jean-Aubry nous dit qu'il avait été interprète à la légation de France au Japon en 1891, qu'en 1900 il était retourné à Tokyo comme vice-consul, avant d'être nommé à Hong-Kong, puis à Pakkoï. Nous verrons Larbaud se faire exécuteur testamentaire, à la fin de 1919, et publier des traductions que J.-A. Guibert avait faites de poèmes japonais.

194. William Prescott (1796-1859), historien américain qui se consacra à l'histoire espagnole. Il écrivit notamment *La Conquête du Mexique* (1843) et *La Conquête du Pérou* (1847).

195. Le *Journal d'un poète* est une publication posthume (1867 ; Vigny était mort en 1863). Plutôt qu'un journal, c'est un recueil de notes, de pensées, de poèmes et de projets.

196. Jean-Antoine de Baïf (1532-1589) fut le poète officiel des Valois et, en conséquence, écrivit un certain nombre de pièces de circonstance. Formé à l'humanisme par l'helléniste Jean Dorat, Baïf, esprit novateur, s'est essayé à tous les genres et a laissé derrière lui une œuvre pleine de trouvailles poétiques.

Sous le nom bien français de Jean Moréas (1856-1910) se cache un poète grec, Joannis Papadiamantopoulos, qui fit le choix du français comme langue d'expression littéraire, choix que Larbaud nomme « le choix de Moréas », commentant sa propre décision dans « Excuses pour ce livre », la préface à *Domaine français* (*O.C.*, t. VII, pp. 16-18). Moréas publia, en 1886, dans *Le Figaro*, un manifeste qui formulait la nouvelle esthétique du mouvement symboliste. Il s'orienta assez vite, par la suite, vers un retour à la tradition classique française, créant en 1891, avec un jeune disciple, Charles Maurras, l'école romane, dont le retentissement fut plus limité.

197. Larbaud établit une équivalence entre l'anglais : Shakespeare (*shake-spear* : « secouer la lance ») et l'italien Crollalanza, qu'on peut décomposer et traduire de la même façon (nous avons retrouvé un chevalier de Crollalanza dans la liste des collaborateurs d'une revue éphémère, parue de janvier à juin 1885, *La Minerve*...) ; ainsi, également, entre le nom du poète suédois Johan Gabriel Oxenstierna (1750-1818) (« front de bœuf ») et Cabeza de Vaca (« tête de vache »), nom d'un fameux explorateur espagnol du XVIe siècle.

198. Ce livre de Joseph Conrad (1857-1924), écrit en 1915 et publié en 1917, est le récit autobiographique de son premier commandement, dans l'océan Indien. Larbaud consacra une note, parue dans *La Revue de France*, le 15 mai 1921, à l'occasion des préfaces écrites par Joseph Conrad pour l'édition définitive de cinq de ses romans et recueils de nouvelles. Il y signalait les récentes traductions des ouvrages de l'écrivain (*Nostromo, Sous les yeux de l'Occident*). On peut lire cet article dans l'édition récente de *Domaine anglais* (*op. cit.*, pp. 484-487).

199. Dans sa chronique, parue dans *La Nación* le 27 avril 1924, où il évoque ses premiers souvenirs littéraires (« Premiers souvenirs, Verlaine etc. »), Larbaud mentionne cette cérémonie : « Il y a trois ans on a posé une plaque en marbre avec une inscription sur la façade de la maison où Verlaine est mort, rue Descartes entre la rue Mouffetard et la rue Clovis, tout près du lycée Henri-IV » (in *Du navire d'argent*, *op. cit.*, p. 386). On notera que la date est approximative...

200. Le traité de paix avec l'Allemagne, traité de Versailles, venait d'être signé, le 28 juin, dans la galerie des Glaces du château de Versailles.

201. Larbaud est un ami de l'hippopotame, avec lequel il se sent des affinités. Dans « Devoirs de vacances », une nouvelle d'*Enfantines*, le jeune héros confie : « Pourtant, nous aurions bien aimé aller faire un tour au jardin des Plantes, prendre congé des hippopotames » (L.P., p. 484). À Lisbonne aussi, il le raconte dans sa « Lettre de Lisbonne », il va au jardin zoologique contempler la « divinité béhémothienne » qui ouvre grand la gueule sur l'injonction du gardien (L.P., *Jaune bleu blanc*, p. 921).

202. Ernest Pontifex est le héros de *The Way of All flesh (Ainsi va toute chair...)*.

203. Lettre du 1er juillet 1919 à l'en-tête de la revue où Henry Davray exprimait le désir d'obtenir la collaboration de Larbaud et précisait que la revue payait la copie à raison de 15 shillings la page (fonds Larbaud, Vichy). Larbaud connaissait Henry Davray depuis juin 1911, date à laquelle il lui avait adressé, sur la recommandation d'Arnold Bennett, ami commun, sa traduction du fragment de *Hautes et Basses Classes en Italie* de Walter Savage Landor, publiée à ses frais chez Victor Beaumont. Henry Davray (1873-1944) résidait alors en France et collaborait au *Mercure de France* (il donnait des chroniques dans la revue et dirigea, à un moment, une collection anglaise pour l'éditeur). À l'automne de cette année-là, Larbaud avait à nouveau écrit à H. Davray au sujet de la critique que ce dernier avait donnée dans *Le Mercure de France* de la traduction de poèmes de Coventry Patmore par Claudel avec une préface de Larbaud (voir *O.C.*, t. III, *Domaine anglais*, la note à l'étude sur Coventry Patmore). En 1913, il y avait eu un nouvel échange de correspondance au sujet de la publication d'une nouvelle de Bennett, *The Glimpse*, dont Larbaud avait revu la traduction.

204. Ces poèmes, « Weston-super-Mare » et « De l'impériale », paraîtront quelques semaines plus tard dans *La Revue de Paris*, le 15 septembre 1919. Larbaud évoquera plus loin leur parution.

205. C'est l'étude de Gilbert Cannan, *Samuel Butler. A Critical Study*, publiée en 1915, qui avait fait connaître à Larbaud ce critique et romancier anglais. Traducteur également, Cannan avait traduit en anglais, entre 1910 et 1913, *Jean-Christophe* de Romain Rolland. Il donna, en 1924, une traduction de *Barnabooth*.

206. Nous voyons apparaître ici un nom, désigné par son initiale, qui est celui du docteur Vercoustre, médecin parisien de Larbaud qui s'occupa de sa santé jusqu'à ses graves problèmes de 1935. Nous le rencontrerons très fréquemment dans les années 1930, quand Larbaud séjournera à Paris.

207. Larbaud consacrera une note dans *La NRF* (n° 72, 1er février 1920) à « John Millington Synge and the Irish Theatre » de Maurice Bourgeois. Il y dit que « Synge (1871-1909) reste, dans l'histoire de la littérature anglo-irlandaise, comme le plus grand dramatruge qui soit sorti du mouvement auquel le nom de l'Abbey Theatre de Dublin peut servir d'étiquette ». Béatrice Mousli a recueilli cet article dans les « Pages retrouvées » de *Domaine anglais* (*op. cit.*, pp. 443-446).

Après des études au Trinity College de Dublin, Synge voyagea en Europe. Rentré ensuite en Irlande, il se fixa sur l'île d'Aran, où il nourrit sa langue de l'anglais d'Irlande, de la Bible et de l'imaginaire irlandais. Son œuvre la mieux connue et la plus jouée (encore ces dernières années en France) est *Le Baladin du monde occidental* (1907). Il fut appelé par Yeats à la codirection de l'Abbey Theatre de Dublin. Il mourut à 38 ans des suites d'une intervention chirurgicale.

208. Pour la rubrique « Lettres anglaises » de *La NRF* du 1er août 1919. Le titre exact de l'article était : « Les Anglicismes. — Revues et publications littéraires. »

209. Dans cette lettre, il donne une réponse positive à Henry Davray et propose d'étudier les principaux traducteurs français d'ouvrages anglais depuis le XVIIIe siècle jusqu'à Marcel Schwob. Il envisage, pour commencer, un article sur Baudelaire. En fait, la seule contribution de Larbaud à *The Anglo-French Review* est un article intitulé « Une crise de l'humanisme », en octobre 1920. Il y faisait la critique d'un ouvrage de Ramiro de Maetzu, *La Crise de l'humanisme*, et d'un essai de Jacques Rivière sur la décadence de la liberté.

210. Mme Jeanne Mühlfeld tenait salon chez elle, rue Georges-Ville et réunissait, comme on le constate, écrivains et artistes. Larbaud s'y rendit fréquemment pendant ce séjour parisien.

211. Citation biblique : Samuel I, 3-10.

212. Ouvrage paru en 1899. Larbaud analysera quelques années plus tard les thèses de Butler sur les *Sonnets* de Shakespeare. La préface qu'il écrivit à la traduction des *Sonnets* par Émile Le Brun (Coll. classique des Éditions de la Pléiade, J. Schiffrin, Paris), en 1927, a été réunie à *Domaine anglais* (édition 1998, pp. 617-641).

213. Giles Lytton Strachey (1880-1932) rencontra au Trinity College de Dublin Leonard Woolf, John Keynes, Clive Bell et Thoby Stephen et forma avec eux, en 1904, le groupe de Bloomsbury, qui se réunissait chez Vanessa Stephen (qui épousa

Clive Bell) et sa sœur Virginia (qui devint la femme de Leonard Woolf). Les peintres Duncan Grant et Roger Fry se joignirent à eux. Lytton Strachey se fit connaître plus particulièrement par ses biographies (*Victoriens éminents,* 1918 ; *La Reine Victoria,* 1922 ; *Elizabeth et le comte d'Essex*, 1928...).

214. À son retour de Nouvelle-Zélande, en 1864, Butler « commence sa carrière comme peintre, étudiant dans les ateliers de Cary et de Heatherley et à l'École d'Art de South Kensington. Il expose de temps en temps à l'Académie royale et dans diverses expositions. » Telles sont les précisions que Larbaud donne dans le résumé bio-bibliographique qui précède la traduction des *Carnets* (*op. cit.*, p. 25).

215. Émile Montégut (1825-1895) était un collaborateur de la *Revue des Deux-Mondes*, chargé de la critique littéraire pour la littérature française. Il publia, entre 1865 et 1870, une traduction commentée de l'œuvre de Shakespeare.

216. Savine, éditeur, publiait beaucoup de traductions de textes anglais. Il édita notamment les œuvres complètes d'Oscar Wilde, dont il assura une partie de la traduction et pour lesquelles il rédigea une étude. Nous relevons cette remarque sous la plume de Larbaud, dans une lettre adressée à Marcel Ray en 1905 (29 juillet) : « Pendant que le public français est condamné à connaître de la littérature anglaise et américaine ce que MM. Davray et Savine veulent bien en révéler, donnez-nous quelque chose de sérieux et de sympathique sur la littérature allemande » (*Correspondance, op. cit.*, t. I, p. 121).

217. *Les Pléiades* est une œuvre tardive du comte de Gobineau (1816-1882), diplomate et écrivain français, dont le nom nous est surtout familier pour son *Essai sur l'inégalité des races humaines*, dépourvu de tout caractère scientifique mais dont les nazis ont fait l'usage que l'on sait. *Les Pléiades* parurent en 1874, après bien des difficultés. Ce roman met en scène trois voyageurs qui se rencontrent sur les rives du lac Majeur, « trois calenders, fils de rois » dit l'un d'eux, princes non par leur naissance mais par leur « tempérament hardi et généreux, étranger aux suggestions ordinaires des naturels communs » dont le lecteur suit la progression des amours, plus ou moins contrariées. Très peu lu — la première édition du livre n'était pas encore épuisée en 1919 — il rencontra la faveur du public après la Grande Guerre et connut trois rééditions entre 1920 et 1933.

218. Il venait de recevoir *Pastiches et mélanges* que Marcel Proust lui avait adressé avec la dédicace suivante, qu'il cite en partie un peu plus loin : « À Valery Larbaud. Un admirateur d'*Enfantines*, qui, après un an, est encore un peu malade du "Couperet". Marcel Proust. »

219. Toujours cette même citation de Shelley avec laquelle Larbaud exprime son sentiment d'exaltation. Nous l'avons rencontrée dans le journal de 1917, en mars 1918...

220. Le poème « Vieux Monde » (extrait de *Jeunesse*) était paru dans *La NRF* du 1er juin 1919 (pp. 52-54) précédé de cette épigraphe : « In Sneffels Yoculis craterem kem delibat umbra scartaris Julii intra calendas descende, audas viator, et terrestre centrum attinges. Kod feci. (Parchemin d'Arne Saknussem.) »

221. *L'Ours et la Lune* est loin d'avoir atteint la renommée des pièces de Shakespeare ici citées : la pièce n'a été représentée qu'en 1948 et 1950. Le livre, paru aux éditions de la NRF en juin 1919, portait en couverture la mention : Farce pour un théâtre de marionnettes. Claudel avait composé son œuvre à Rio, en 1917, et déclarait dans une lettre du 10 mai cette année-là : « Comme l'inspiration littéraire est une chose absolument fantaisiste et excentrique, j'écris en ce moment une espèce de bouffonnerie qui recule les limites de l'art en ce genre, mais où il y a cependant pas mal de poésie et même de tristesse ; cela s'appelle *L'Ours et la Lune.* »

222. Jean-Gabriel Daragnès (1886-1950) était peintre, graveur et imprimeur. Son amitié pour Larbaud restera fidèle. En 1941, notamment, il réalisera, pour le soixantième anniversaire de l'écrivain, une plaquette clandestine de l'épisode des *Enfantines* « La Paix et le Salut », que Larbaud avait écartée de la publication en 1914. Cette plaquette fut éditée à vingt exemplaires (Montmartre, J.-G. Daragnès, 29 août 1941, 12 pages).

Nous n'avons pas retrouvé trace des illustrations pour *Le Corbeau* d'Edgar Allan Poe ou pour *Gamiani, ou Deux nuits d'excès* (attribué à Alfred de Musset).

223. La pièce d'Apollinaire *Les Mamelles de Tirésias* avait été représentée en 1917 et publiée en 1918. Guillaume Apollinaire, qui la qualifiait de « drame surréaliste », entendait par « surréalisme » une esthétique qui s'opposait à la représentation réaliste. Bouffonnerie, comme *L'Ours et la Lune*, elle donna à Francis Poulenc le sujet d'un opéra-bouffe, tout comme la pièce de Claudel avait inspiré à Darius Milhaud *Le Trio de l'Ours et la Lune*.

224. Cette édition était parue en 1918 sous le titre *Collected Poems of Rupert Brooke, With a Memoir (Poèmes complets de Rupert Brooke, avec une notice biographique)* qui rassemblait l'édition des *Poèmes* de 1911 et des sonnets inspirés par la guerre, *1914 and other Poems (1914 et autres poèmes)*. Rupert Brooke, né en 1887, fit ses études au King's College de Cambridge où il s'était spécialisé dans le théâtre élisabéthain. Il avait ensuite beaucoup voyagé, en Europe, en Amérique du Nord, dans les mers du Sud. À la déclaration de la guerre, il s'engagea dans la Royal Navy et embarqua en 1915 pour les Dardanelles, où il mourut, sur l'île de Scyros.

225. Œuvres, de Georges de La Tour (1593-1652), c'est la graphie qu'on adopte généralement.

226. Paul-Émile Bécat, peintre et graveur, était un ami de Léon-Paul Fargue, et sa femme, Marie Monnier, était la sœur d'Adrienne Monnier, la libraire des Amis des Livres. Le portrait qu'il fit de Larbaud se trouve au fonds Larbaud à Vichy, mais on le trouve également dans les illustrations du *Larbaud* de Béatrice Mousli (*op. cit.*).

227. Il a déjà été question de Jules Romains, en juin 1917, alors que Gaston Gallimard annonçait son arrivée en Espagne pour une tournée de conférences. Mais ce projet avait échoué, semble-t-il. Larbaud connaissait l'œuvre de Romains depuis 1909 lorsque Charles-Louis Philippe lui avait fait connaître *La Vie unanime*, qui l'avait alors enthousiasmé ; mais cet enthousiasme n'avait pas duré et en 1911 il reprochait à son ami Marcel Ray d'avoir fait un « éloge immérité » de *Mort de quelqu'un*, roman dont l'unanimisme l'avait excédé.

228. Quartier où Larbaud avait habité avec son amie « Isabelle », avec qui il avait vécu et voyagé en 1903-1904.

229. Tout cela donnera naissance à deux textes, bien des années plus tard. Liverpool cédera la place à Birmingham, qui sera le décor de « ... Tan Callando » et ne sera écrit qu'en 1934 ; il paraîtra dans *Au disque vert, textes inédits* de Marcel Arland..., Jean Cocteau..., André Gide..., Valery Larbaud..., Jules Supervielle... (Paris-Bruxelles, Éditions du Disque vert, 1934). Recueilli dans *Aux couleurs de Rome* en 1938, il se trouve dans l'édition de la Pléiade.

Quant à Bonsignor, qui se prénommera Charles-marie, il sera le héros du *Vaisseau de Thésée*, que Larbaud rédigera en novembre-décembre 1931 pour la revue *Commerce*, où il paraîtra dans le n° XXIX, hiver 1932. Ce Texte est le dernier du recueil *Aux couleurs de Rome*. A. (devenu Bonsignor) représente Jacques Aletti, hôtelier à Vichy où l'Aletti Palace, en face de l'Opéra, accueille toujours les clients.

230. En Fait, Si L'on Compte Bien, « jeudi 7 »...

231. Nous avons déjà rencontré Gustave Tronche, et nous le rencontrerons à nouveau dans ce journal. Il était, à l'époque, l'administrateur commercial de la N.R.F.

232. Albert Marquet (1875-1947), peintre de renom, dessinateur et graveur, fut d'abord influencé par le fauvisme avant de privilégier les tons gris. Il se consacra surtout aux paysages, notamment aux paysages urbains. Il avait illustré *Bubu de Montparnasse* de Charles-Louis Philippe. Il est évoqué dans la correspondance de Marcel Ray, qui le voit à Nice accompagné de son ami Matisse.

233. Après *Les Pléiades*, Larbaud poursuit sa lecture des œuvres de Gobineau avec ce recueil de six nouvelles, paru en 1876, dans lequel Gobineau illustre, à travers des récits qui se déroulent dans le Caucase, en Perse, en Azerbaïdjan, en Afghanistan, la relation de voyage et de séjour qu'il avait donnée dans *Trois Ans en Asie*.

234. Cette revue venait d'être fondée par Louis Aragon, André Breton et Philippe Soupault, qui la dirigeaient. Le premier numéro était paru le 1er mars 1919. Larbaud, sollicité par Aragon, collabora au numéro du 7 septembre 1919 avec un article intitulé « Ramón Gómez de la Serna » dans lequel il présentait l'écrivain espagnol et son œuvre et donnait une analyse de la « greguería ». *Littérature* glissera très vite dans l'influence dadaïste, publiant, à partir de mai 1920, les manifestes de Dada. Pour s'en

défaire elle cessera de paraître en août 1921 ; Breton et Soupault lanceront une nouvelle série deux ans plus tard sous le nom de *LITS et RATURES* et la revue s'orientera vers le surréalisme. De nouveaux collaborateurs (Desnos, Crevel, Vitrac...) s'y exprimeront alors. *Littérature* a marqué la révolution de la création littéraire à son époque.

Charles Cros (1842-1888), poète et scientifique, ne connut la gloire de son vivant ni pour ses travaux scientifiques (avant Edison il inventa le phonographe, « paléophone » ; il s'intéressa également à la photographie en couleurs, à l'acoustique...) ni pour son œuvre poétique — qui ne fut publiée dans sa totalité qu'en 1970. Ce sont les surréalistes qui ont permis de le redécouvrir et qui lui ont assuré une renommée posthume.

235. Voir note ci-dessus consacrée à la revue *Littérature.*

236. On comprend tout de suite qu'il s'agit non pas de la voiture, mais de la petite fille qui avait donné son nom à cette voiture.

237. Mais il ne s'agit pas d'une hymne, plutôt d'une chanson populaire : « *The sweetest flower that blows / I give you as we part / For you it is a Rose / For me it is my heart.* »

Dans *Beauté, mon beau souci...*, Queenie demande à son amie Ruby de jouer cet air au piano pour Marc Fournier (L.P., p. 556).

238. Cela signifie donc que Larbaud a choisi d'aller se réfugier à Vichy.

239. D'Antoine Furetière, ecclésiastique et écrivain, on connaît surtout le *Dictionnaire,* paru en 1890, deux ans après sa mort. *Le Roman bourgeois* (1866), à l'opposé des romans à la mode de son époque (*L'Astrée*, ou *Le Grand Cyrus* de Mlle de Scudéry) qui mettent en scène de nobles personnages de l'Antiquité, prend pour héros des personnages issus de la bourgeoisie parisienne, donne dans le burlesque et rompt avec la tradition « précieuse ».

240. Autre projet d'écriture ? Nous n'avons rien trouvé sur Bruna Lollini, dont nous rencontrons ici le nom pour la première fois.

241. Henri Buriot, dit aussi Raymond Darsiles (avant d'être désigné, dans le *Journal* des années 1930 sous le nom de Buriot-Darsiles), était entré en relation avec Larbaud en octobre 1908 ; se recommandant alors de Charles-Louis Philippe, il demandait à Larbaud de bien vouloir lui adresser son ouvrage *A.O. Barnabooth*, pour en faire un compte rendu dans *Le Progrès social* de Moulins. Les propos de l'écrivain à son ami Marcel Ray au sujet d'Henri Buriot étaient peu amènes à l'époque, mais les deux hommes seront par la suite conduits à correspondre régulièrement et Larbaud se sentira une dette d'amitié envers Buriot. Germaniste, professeur au lycée français de Rome avant d'être nommé au lycée Banville de Moulins, il fut l'un des principaux animateurs des *Cahiers du Centre*. En 1909, il avait écrit l'article annoncé sur *Barnabooth,* qui parut dans *Le Progrès social* de Moulins (mars 1909). C'est lui qui fonda, en 1935, l'Association internationale des amis de Charles-Louis Philippe.

242. Le nom de Pierre Fournier des Corats (1884-1953) figure au Bénézit. Sculpteur, il a également réalisé des lithographies. Il est exposé au musée de Vichy.

243. Ce roman, paru en 1873, fait partie des premières œuvres publiées de Thomas Hardy. L'intérêt que Larbaud porte à l'écrivain anglais, qui vécut de 1840 à 1928, s'est manifesté dès octobre 1908 par un article publié dans *La Phalange* : « Les Dynastes », qui sera repris sous le titre « Thomas Hardy, dramaturge » dans *Domaine anglais* (pp. 116-125 dans la nouvelle édition). Il semblerait que la traduction soit l'œuvre d'Ève Paul-Margueritte, qui a également traduit de Thomas Hardy *La Bienaimée*. Ces deux traductions ont connu des publications assez récentes.

244. Le *Journal politique national* de Rivarol, qui couvre en trois séries la période du 12 juillet 1789 au 3 novembre 1790, est un commentaire de l'actualité politique d'alors. Rivarol (1753-1801), esprit brillant, causeur remarquable, s'introduisit dans les salons littéraires parisiens et entra en relation avec diverses personnalités, comme d'Alembert, Buffon, Diderot, mais s'attira beaucoup d'ennemis par son esprit cinglant et ironique. Il choisit de s'exiler en 1792 et mourut à Berlin en avril 1801. Son *Discours sur l'universalité de la langue française* lui valut le prix de l'Académie de Berlin et lui acquit la renommée en 1784.

245. Cette pièce, écrite en 1916, parut d'abord dans les numéros de septembre et d'octobre 1919 de *La NRF* avant d'être éditée, en 1920, aux éditions de la NRF.

246. Voir le *Journal* de 1917 à la date du 2 juin.

247. À titre de comparaison, la livre sterling valait 25,25 F en 1913.

248. Marquis de Virville, rencontré chez le docteur Biernawski (cf. journal de 1903 Paris-Trieste).

249. Entre 1913 et 1919, les prix ont été multipliés par 2,5...

250. Il ne semble pas que cette traduction ait jamais abouti.

251. En 1917, Marcel Ray, qui se trouve alors à Zurich, mentionne André Germain dans une lettre à Larbaud : « André Germain (le fils du fondateur du Crédit Lyonnais, you know ?) m'écrit que Gide est à Zermatt, je tâcherai de le voir » (*Correspondance, op. cit.*, t. II, p. 256). Héritier fortuné, André Germain est le financier et le fondateur des *Écrits nouveaux*, revue pour laquelle il sollicitera Larbaud, qui confie à Marcel Ray, le 15 octobre 1922 : « Germain m'a proposé de m'occuper avec Jaloux, des *Écrits nouveaux*, dont Philippe Soupault (le Dada) est directeur. J'ai accepté, mais je les revois ce soir, et je désire savoir s'il ne s'agirait pas, surtout, d'avoir mon nom sur la couverture, et dans ce cas, je me retire. » À cette revue succédera, en mars 1923, la *Revue européenne* ; Larbaud fera partie de son comité directeur, associé à Germain, Jaloux et Soupault.

252. Cette note paraîtra dans *La NRF* du 1er décembre 1919 ; elle portait, d'une part, sur l'ouvrage *Mystiques et réalistes anglo-saxons (d'Emerson à Bernard Shaw)* de Régis Michaud et, d'autre part, sous le titre « Jeunes poètes et jeunes revues », s'intéressait aux tendances de la poésie anglaise d'après-guerre, que Larbaud évoquera un peu plus loin dans son journal de Londres.

253. Les pages qui suivent (jusqu'au retour à Paris, le 10 octobre 1919) ont été éditées par Marc Kopylov aux Éditions des Cendres, en 1994. Elles portent le titre *Pages de journal, Londres 1919*, et sont précédées d'une préface de Bernard Delvaille. Elles reprennent le texte intégral du manuscrit.

254. À son retour de Nouvelle-Zélande en Angleterre, en 1864, Samuel Butler s'est installé au n° 15, Clifford's Inn, qui fut son domicile définitif.

255. A.C. Fifield, éditeur qui assurera la publication des œuvres de Samuel Butler jusqu'en 1921, date à laquelle la maison Jonathan Cape lui succédera.

256. Premier ouvrage publié de Samuel Butler, en 1863, *Une première année dans la colonie de Canterbury*, est composé de lettres écrites par Butler à sa famille. Nous donnons pour tous les ouvrages de Butler la traduction que Larbaud a proposée dans le « Résumé bio-bibliographique » qui précède sa traduction des *Carnets* (Paris, Gallimard, 1936) ; mais à l'exception des ouvrages que lui-même a traduits et de *Dieu connu et Dieu inconnu* — de traduction récente — la majorité d'entre eux n'ont pas été traduits.

257. Emery Walker est le photographe qui a réalisé tous les portraits de S.B. et les photos de Clifford's Inn.

258. La lecture de ces revues a fourni à Larbaud la matière d'une note à La *NRF*, « Jeunes poètes et jeunes revues », parue en décembre 1919 (cette note a été recueillie dans la dernière édition de *Domaine anglais*, « Pages retrouvées », pp. 437-442). En voici quelques extraits :

« Les *Chapbooks* mensuels de la *Poetry Bookshop*, dont le premier a paru en juillet 1919, et qui sont publiés sous la direction de Harold Munro, remplacent la revue *Poetry and Drama* comme organe de ce groupe intéressant. Nous y retrouvons quelques-uns des poètes de *Georgian Poetry* et d'*Imagistes*, et d'autres dont les noms sont nouveaux pour nous : Rose Macaulay, Charlotte Mew, Siegfried Sassoon, Osbert Sitwell [...]. »

Pour Coterie : « [...] autre revue jeune, *Coterie*, dont deux numéros ont paru (décoration et impression luxueuses) et où nous relevons les noms de T.W. Earps, R.C. Trevelyan, Eric Dickinson, Harold J. Massingham, Russell Green, T.S. Eliot, et dont le second numéro contient des traductions de quelques-unes des *Illuminations* de Rimbaud, par Helen Rootham. »

« *The Owl* (*La Chouette*) est une autre jeune revue dont un numéro seulement a paru jusqu'à présent (celui de mai 1919). Grand format, très beau papier, impression magnifique, amusante couverture rose ornée de chouettes blanches et noires ; [...] À la fin du numéro, quelques poèmes en prose de Logan Pearsall Smith ont arrêté notre attention et nous ont fait désirer lire son recueil *Trivia* (Londres, Constable and CO, 1918). Ce sont de courtes notations d'impressions fugitives, de moments, presque des « *greguerías* » à la manière du poète espagnol Ramón Gómez de la Serna ; mais dans cette espèce de poésie, le tempérament individuel est toute la substance de l'art et l'imitation est impossible. »

En ce qui concerne *Trivia,* Larbaud donnera une note dans *La NRF* du 1er mai 1922 à l'occasion de la traduction de l'ouvrage par Philippe Neel aux éditions Bernard Grasset. (Voir aussi *Domaine anglais, op. cit.*, pp. 506-507).

259. On s'accorde à penser que les *Illuminations* ont été écrites en 1872-1873, période à laquelle Rimbaud a fait plusieurs séjours à Londres.

260. Voir le poème « Barbare » :

« *Bien après les jours et les saisons, et les êtres et les pays,*
Le pavillon en viande saignante sur la soie des mers
et des fleurs arctiques ; (elles n'existent pas.) »

Dans la note concernant *Coterie* (voir plus haut), Larbaud portait cette appréciation : « Ces traductions sont bonnes et ne laissent guère de place pour d'autres. Nous n'y avons relevé qu'une seule faiblesse, ce qu'on pourrait appeler une faute par timidité : "the scarlet pavilion" n'est pas du tout "le pavillon en viande saignante". »

261. *Gavotte, Minuets, Fugues* sont de courts morceaux pour le piano que Samuel Butler avait écrits en collaboration avec Henry Festing Jones en 1885. *Narcisse* est une cantate à la manière de Haendel, dont les paroles et la musique sont également de Samuel Butler et Henry Festing Jones, ainsi que *Ulysses*, qui est un oratorio.

262. Charles Paine Pauli était un ami de Samuel Butler, avec qui l'écrivain fit le voyage retour de Nouvelle-Zélande en 1864.

263. Richard Garnett (1835-1906), conservateur au British Museum et écrivain, possédait une vaste culture littéraire et traduisit des œuvres du grec, de l'allemand, de l'italien, de l'espagnol et du portugais. Il est également l'auteur de travaux littéraires sur Carlyle, Milton, Blake et Emerson et d'une *Histoire de la littérature italienne.*

264. Célèbre maison de correction dans le Middlesex.

265. Nous avons vu, dans le journal de 1917 (11 juin), Larbaud citer des vers de Robert Bridges. Bridges fut poète lauréat en 1913.

Le titre de poète lauréat remonte au Moyen Âge anglais. Le poète lauréat, à partir de Charles Ier, recevait cent livres par an plus un fût de vin ; il devait, en contrepartie, écrire des poèmes sur tous les événements d'intérêt national.

266. Le caractère autobiographique de *Ainsi va toute chair...* amène ces réflexions : « C'est Théobald, vous savez », c'est-à-dire le père du narrateur, Ernest Pontifex, dans le roman. Et, plus loin, « C'est Charlotte. »

La famille Butler habitait le presbytère de Langar, où le père, Thomas, était recteur. Larbaud s'y rendra, lors d'un nouveau pèlerinage Butler en Angleterre, en 1934, et relatera sa visite dans son journal.

267. On comprend qu'il s'agit d'un tableau de Butler, *La Prière en famille*, qui date de 1864.

268. Saint George Mivart (1827-1900), scientifique de renom, proche des milieux darwiniens, en fut exclu après la publication de son livre *On the Genesis of Species* (paru en 1871, la même année mais quelques mois après *Descent of Man* de Darwin). Tout en y admettant de façon générale la théorie de l'évolution, il la refusait pour l'homme qu'il voyait comme une créature de Dieu.

269. Samuel Butler avait fait la connaissance de Charles Gogin pendant ses études d'art. Compagnon de voyage, Gogin illustra (avec Butler et Henry Festing Jones) *Les Alpes et les Sanctuaires du Piémont et du Tessin* ; il est, par ailleurs, l'auteur du portrait de Butler qui figure à la National Gallery.

270. Jean Blum signait Jean Florence. Son article parut le 16 juillet 1910 dans *Le Mercure de France.*

271. Augustus Theodore Bartholomew (1882-1933), comme on va le voir dans ces pages, était bibliothécaire au St John's College à Cambridge. Larbaud restera en relation avec lui jusqu'à sa mort en 1933, qu'il mentionnera dans son journal. C'est

M. Bartholomew qui prit la suite de Henry Festing Jones, à la mort de ce dernier en 1928, comme administrateur des œuvres littéraires de Samuel Butler.

272. Deux critiques italiens, connus à Florence dans le milieu de *La Voce*. Papini (1881-1956) avait fondé et dirigé la revue *Leonardo*, à laquelle succéda *La Voce*, que fonda et dirigea Prezzolini jusqu'en 1914. En 1928, Prezzolini publia dans *Il Matino* (28-29 novembre) un article intitulé « Due amici dell'Italia (Samuel Butler e Valery Larbaud) ».

273. Le nom de ce personnage, « homme de la ville », s'écrit « Towneley » dans le livre de Butler. C'est un camarade de collège d'Ernest Pontifex, auquel ce dernier voue une grande admiration et que sa mère, Christina, voudrait marier à la sœur d'Ernest, Charlotte.

Larbaud revient ici, avec H.F. Jones, sur la question qu'il se posait en allant faire ses recherches à la Biblioteca nacional à Madrid, au printemps 1918.

274. Comptines anglaises que tous les enfants connaissent.

275. La citation (exactement : *I see that* the *elementary laws* never *apologize*), est tirée de *Songs of Myself* de Walt Whitman.

276. Larbaud donne pour traduction à cet ouvrage : *Les Alpes et les Sanctuaires du Piémont et du Tessin.*

277. Robert Lawrence Binyon (1869-1943), bibliothécaire (ainsi que le dit Larbaud) mais aussi bibliographe, historien de l'art et poète. En 1919, il venait de faire paraître *Les Quatre Années*, recueil de poèmes qui contient « Aux morts », poème lu dans toutes les cérémonies anglaises de commémoration de la guerre.

278. Le volume de Whitman avait été publié en 1918 à la NRF.

279. Larbaud a tenu compte de cette correction et on peut lire, dans sa traduction : « [...] rien ne m'était plus facile que de remplir de larmes les yeux d'Yram en chantant : Villikins et sa Dinah, Billy Taylor, La Fille de l'attrapeur de rats et toutes les chansons dont je pouvais me souvenir » (Samuel Butler, *Erewhon*, Gallimard, L'Imaginaire, p. 101).

280. Elle se trouve au chapitre XVII des *Carnets* : « Matériaux pour une suite restée à l'état de projet de *Les Alpes et les Sanctuaires* » dans la note sur « Les Sources chaudes et froides d'Homère » (*op. cit.*, pp. 283-284).

281. C'est en 1870 (ou 71) que Samuel Butler avait fait la connaissance de miss Eliza Mary Ann Savage, dont Larbaud nous fait ici le portrait ; elle fut, outre le modèle de l'« Alethea » dans *Ainsi va toute chair...*, la conseillère de Butler. Elle mourut en 1885. Geoffrey Keynes et Brian Hill éditèrent, en 1935, la correspondance que Butler et miss Savage échangèrent entre 1871 et 1885.

282. C'est-à-dire la famille de Walter Savage Landor. Comme plus haut, Larbaud a adopté l'usage anglais (le pluriel pour les noms propres), que nous respectons ici.

283. De ce projet, il ne semble pas que nous ayons de trace...

284. *Le Havre de paix*, pamphlet édité en 1873. Le titre complet du second ouvrage est *Dieu connu et Dieu inconnu* ; il parut en 1879 dans l'*Examiner*. Il a été traduit en 1988 par Thierry Piélat (Paris, Alba Nova).

285. *Luck or Cunning* (titre que Larbaud traduit : *La Chance ou l'adresse*) et *Ex-voto* parurent tous deux en 1887.

286. Voir journal de 1901.

287. Écrivain anglais (1864-1926) dont les romans décrivent tout particulièrement la vie juive et obtinrent une grande audience à la fin du XIXe siècle. La citation que fait ici Larbaud est tirée de l'ouvrage *Italian Fantasies*, que Zangwill publia en 1910 et qui comporte un chapitre intitulé « Sicily and the Albergo Samuele Butler ».

288. Sur Edmund Gosse, voir plus haut, note 49, p. 796.

289. Voici comment Larbaud rapporte l'erreur de Benedetto Croce : « Vers 1914, l'œuvre de Paul Claudel parvint à la connaissance de Croce, et le résultat de cette rencontre d'un grand poète et d'un grand esprit fut un article dans lequel l'auteur de cette *Estetica* qui nous avait délivrés de bien des préjugés entrés en nous avec l'enseignement et l'exemple, par ailleurs féconds, de Sainte-Beuve, de Taine et de Brunetière, conseillait à Paul Claudel, après l'avoir étiqueté "poète de décadence", de sortir enfin des coteries littéraires et des cafés du Quartier Latin, de prendre sa part des risques et des responsabilités d'une vie active et vraiment virile, de fréquenter des

gens autres que des littérateurs comme lui et, pour cela, de voyager » (*O.C.*, t. VIII, *Sous l'invocation de saint Jérôme*, « Le doigt dans l'œil », Paris, Gallimard, 1953, pp. 152-153).

290. Dans l'article « La question des anglicismes », qu'il donne à *La NRF* en septembre 1920 (voir « Pages retrouvées », *Domaine anglais, op. cit.*, pp. 457-465), Larbaud qualifie ainsi Philarète Chasles : « un angliciste distingué, philologue un peu imaginatif, mais esprit original, qui a laissé sa marque » et il ajoute : « Il a donné quelque part un certain nombre d'étymologies curieuses, — à vrai dire assez difficiles à vérifier [...]. Une de ces étymologies est celle de "guilledou" ("courir le guilledou") [...]. » Toute plaisante qu'elle soit (« Voulez-vous ? »), l'étymologie proposée par P. Chasles n'est pas attestée. Le *DHLF* nous dit que ce terme « est d'origine incertaine. Le mot est peut-être composé du radical de l'ancien français *guiller* "tromper, séduire" [...] et de l'adjectif *doux* au sens de "tendre, agréable" », et ajoute : « Le mot n'est usité que dans courir le guilledou, "aller en quête d'aventures galantes". »

291. William Sidney Porter (1862-1910) écrivit un grand nombre de nouvelles sous le nom d'O'Henry et laissa son nom à un prix de la nouvelle, attribué chaque année depuis 1919. Il trouvait l'inspiration dans la vie urbaine de New York alors que G.W. Cable (1844-1925), originaire de La Nouvelle-Orléans, écrivait des nouvelles portant sur son pays, sa population créole et noire. « Madame Délicieuse » est le titre d'une nouvelle du recueil *Old Creole Days*.

292. Le docteur Skinner, directeur de l'école où son père, Theobald, avait placé Ernest Pontifex dans *The Way of All Flesh*.

293. C'est un terme qui désigne des « jeunes filles délurées ». Marc Fournier, dans « Beauté, mon beau souci... », l'emploie, lorsqu'il se projette dans l'avenir, pour évoquer Queenie : « Qui sait si un jour Queenie ne serait pas, dans son souvenir, tout simplement une d'entre les milliers de ces jolies petites Londoniennes en jupes courtes et cheveux pendant sur le dos [...] mais après tout "just a flapper" et rien de plus ? » (L.P., p. 559).

294. Butler avait consacré un poème (« In memoriam/ 14 février 1895/ À H.R.F. ») à Hans Rudolf Faesch, jeune Suisse de Bâle qui, arrivé à Londres en 1893, fit la connaissance de Butler et de son ami H.F. Jones. Il quitta Londres pour Singapour le 14 février 1895, mal portant au point que ses amis étaient persuadés ne jamais le revoir (d'où le titre du poème). Hans Faesch mourut à l'automne 1903 à Vientiane.

295. La guinée, qui valait 21 shillings, a disparu du système monétaire anglais (tout comme le shilling) lors de la réforme monétaire de 1971.

296. James Boswell (1740-1795), fidèle ami du docteur Johnson, publia en 1791 une *Vie de Samuel Johnson*. Larbaud, dans sa préface à *Erewhon*, évoque la biographie de Henry Festing Jones dans les mêmes termes : « Quelque chose manquait à la gloire de l'écrivain et à la curiosité de ses admirateurs : une bonne biographie. Elle vient de paraître et de l'avis des critiques les plus autorisés, elle est non seulement bien faite, complète et digne de l'homme qu'il nous fait mieux connaître, mais elle constitue par elle-même un monument littéraire si remarquable qu'on l'a tout spontanément comparée à ce grand ouvrage classique, à ce modèle des biographies : *La Vie du docteur Johnson* par Boswell. »

297. Des souvenirs de Londres, nous les avons signalés au passage, se retrouvent dans « Beauté, mon beau souci... » (qui paraîtra, en deux livraisons, dans *La NRF* de juillet et août 1920), notamment cette allusion au tableau d'Andromède : « Vous avez vu le tableau d'Andromède ?

Eh bien vous souvenez-vous d'une petite Andromède de moins de quinze ans, qui n'était pas attachée à un rocher, mais adossée à une porte dont elle tenait la poignée, tandis qu'à ses pieds un monstre..., » rappelle Marc Fournier à Queenie (L.P., p. 583).

298. Ici s'arrête la sélection des *Pages de journal, Londres 1919* aux Éditions des Cendres.

299. On a du mal, en passant de l'anglais au français, à garder le rapprochement *Trivia/ trivial*.

300. Le livre va paraître aux Éditions de la NRF en 1920 sous le titre : *Erewhon, ou de l'Autre Côté des montagnes*.

301. Lucie Gallimard était la mère de Gaston Gallimard. Elle recevait volontiers, on le voit ici, les camarades de son fils, les invitait à sa table, et même, dans sa maison de vacances, à Bénerville. Léon-Paul Fargue lui dédiera *Le Piéton de Paris*.

302. Il doit s'agir de Jacques Madeleine, pseudonyme de Jacques Normand (1848-1931), poète et auteur dramatique.

303. Nous n'avons pas retrouvé la lettre de Daisy Ashford.

304. Larbaud s'était adressé M. Joseph Delcourt, alors professeur au lycée de Montpellier, lors de l'hiver 1906, pour qu'il l'aide à travailler son anglais en vue de la préparation de la licence. Plus tard, en Angleterre, sur sa recommandation, il entra en relation avec Daniel O'Connor et Alice Meynell. S'adressant à Marcel Ray, à l'automne 1907, il le présentait ainsi : « C'est un bien brave homme, très fort comme philologue, mais, je crois, sans idées sur la littérature pure. » En 1909, au cours d'un séjour à Montpellier, il écrivait à Buriot-Darsiles : « Je passe mon temps entre Barcelone et Montpellier. J'ai ici quelques amis dans l'Université, des germanistes et des anglicistes : Marcel Ray, Joseph Delcourt... »

305. *La Commandante Barbara* est une comédie en trois actes de G.B. Shaw, écrite en 1905 et représentée en 1906. Elle oppose Undershaft, riche industriel qui dirige une usine d'armements, à sa fille, Barbara, jeune femme au caractère énergique qui est commandant dans l'Armée du Salut.

306. Cette citation des *Carnets* de Butler (article « La Religion », p. 56, *op. cit.*) éclaire le mot « laodicéanisme » (qui correspond à un mouvement de pensée anglais concernant la religion et la politique) : « Je remarque que les gens les plus distingués et les meilleurs *ne professent, en général, aucune religion, mais qu'ils sont prêts à donner leur amitié aux meilleurs individus de toutes les religions* » (Nous soulignons).

307. Voir plus haut, note 74, p. 798.

308. Citation de Dante, *Divine Comédie*, « Enfer », chant VII, vers 122. Le vers entier donne : « nell'aere doce che dal sol s'allegra » [*dans l'air doux que le soleil réjouit*]. Plongés pour l'éternité dans la boue et l'obscurité du cinquième cercle de l'Enfer, les coléreux en avouant leurs fautes expriment leur nostalgie de la douceur de la vie terrestre que le soleil illumine.

309. Pour Larbaud, le type même de la *real hembra* (terme pour lequel il ne trouve pas d'équivalent en dehors de l'espagnol) c'est *La Marquise de Lazán* peinte par Goya, qui a fait tant d'impression sur lui, en avril 1918, au musée des Amigos del Arte à Madrid.

310. La dengue est une maladie infectieuse virale consécutive à une piqûre de moustique et fréquente, à cette époque, dans le bassin méditerranéen (on la trouve maintenant surtout en Asie du Sud-Est, dans les îles du Pacifique et dans les Caraïbes). Elle se manifeste par de fortes douleurs musculaires et articulaires, un gonflement de la face et un écoulement oculo-nasal, et s'accompagne d'une fièvre qui diminue vers le quatrième jour. On en guérit mais des douleurs et une asthénie profonde peuvent persister.

311. Larbaud avait fait la connaissance de Ricardo Güiraldes lors de son séjour à Paris en 1919, à la Maison des Amis des livres chez Adrienne Monnier, et se prit ensuite d'amitié pour cet écrivain argentin, né en février 1886 et qui devait mourir à Paris le 8 octobre 1927. Par son intermédiaire, il se verra proposer de donner, mensuellement, une chronique au journal argentin *La Nación* sur un sujet de son choix. Ces chroniques ont été rassemblées et annotées par Anne Chevalier dans *Du navire d'argent* (*op. cit.*) et le dernier chapitre de cet ouvrage est l'article que Larbaud consacra à son ami après sa mort, dans *La NRF* du 1er janvier 1928. Mais il n'a pas ménagé sa peine pour faire connaître, de son vivant et après sa mort, cet Argentin qui faisait partie du groupe fondateur de la revue *Proa* en Argentine. En 1920, il présentait son roman *Raucho*, ainsi que des poèmes (publiés en 1915), *El Cencerro de cristal* ; en 1924 parut dans *Commerce* (cahier II, automne 1924) la « Lettre à deux amis », adressée à Ricardo Güiraldes et à sa femme, Adelina — cette lettre sera partiellement reprise dans le deuxième chapitre de *Domaine anglais* ; en 1925 il signa « L'œuvre et la situation personnelle de Ricardo Güiraldes » dans la rubrique « Littérature argentine » de *La Revue européenne* (1er mai 1925). Après sa mort, en 1928, il lui consacra quatre publications, dont des traductions : « Ricardo Güiraldes », article

de *La NRF* du 1er janvier 1928 (repris, nous l'avons signalé, dans *Du navire d'argent*) ; sous le même titre, en avril 1928, dans la *Revue de Genève*, sous la rubrique « Remarques », il présenta l'écrivain à l'occasion de la publication de *Rosaura*, longue nouvelle. Au printemps, dans la revue *Commerce*, il proposa une version bilingue (texte original et traduction sur la page opposée) des *Poèmes solitaires*, dans sa propre traduction ; sous le titre « Ricardo Güiraldes, 1886-1927 », il donna, dans le n° 6 du *Roseau d'or*, un article suivi de *Poèmes mystiques*, également traduits par lui. L'ouvrage le plus connu de Ricardo Güiraldes reste *Don Segundo Sombra*, paru en 1926 et publié, dans une traduction de Marcelle Auclair, revue par Jules Supervielle et Jean Prévost, en 1932, chez Gallimard.

312. Comme nous pouvons le constater, nous sommes à une période de forte agitation sociale en Espagne, comme dans plusieurs autres pays d'Europe, du reste. C'est l'époque où vont se créer les grands syndicats (UGT et CNT) ainsi que le Parti communiste espagnol.

313. Voici le vers de Virgile, tiré du livre III de l'*Énéide* (v. 658) : « *Monstrum horrendum informe, ingens, cui lumen ademptum* » (Monstre horrible, affreux, énorme, privé de la lumière). Il s'applique à Polyphème, le cyclope, auquel Ulysse, après l'avoir enivré, avait crevé l'œil unique.

314. Larbaud nous donne, dans *Luis Losada*, une description de l'habit de vœu que portait Amparito Llorca : « la plupart du temps elle portait l'habit Notre-Dame des douleurs, noir, avec le cordon noir à la ceinture et, au corsage, l'agrafe d'argent représentant le Sacré Cœur de Marie percé de sept poignards » (*op. cit.*, p. 188).

315. On se souvient du tramway, tiré par des mules, que Larbaud prenait pour rejoindre San Vicente. Il s'agit ici du même mode de transport et le rapprochement des mules avec les rails n'a, en fait, rien de surprenant.

316. Probablement Mme Mühlfeld, dont il fréquentait le salon à Paris avant de partir pour l'Angleterre.

317. Paul Deschanel (1855-1922) vient d'être élu président de la République et a chargé Alexandre Millerand de former un gouvernement. Il démissionnera pour raisons de santé en septembre 1920, et c'est le même Millerand qui sera élu à la présidence.

318. Historien latin dont on sait seulement qu'il est du Ier siècle de notre ère, probablement contemporain de Suétone, et qu'il a écrit une histoire romaine en deux livres d'après Tite-Live. Voici la traduction de ces quelques lignes : « Ajoutez à cela ce que les lieux avaient d'effrayant : d'un côté les rivages de l'Espagne, de l'autre ceux de la Mauritanie, se tournant l'une vers l'autre pour s'unir ; la mer intérieure et la mer extérieure, et les colonnes d'Hercule dominant les flots, partout enfin les fureurs de la guerre jointes à celles de la tempête. »

319. Larbaud donnera « L'Enfance et la jeunesse de Samuel Butler, 1835-1864 », qui paraîtra en avril 1920 dans le n° 4 des *Écrits nouveaux*.

320. Les *Contes de la Popote*, livre d'Ernest Tisserand, avaient paru en 1919 aux Éditions Crès.

321. Ils paraîtront dans le n° 8 des *Écrits nouveaux*, en août 1920, sous le titre « Chansons populaires japonaises — J.A. Guibert ».

322. Le pianiste d'origine catalane Ricardo Viñes (1875-1943) faisait carrière en France depuis le début du siècle. Léon-Paul Fargue le rencontra en 1903, en même temps que Maurice Ravel, et une solide amitié se noua entre eux. C'est par Léon-Paul Fargue que Larbaud avait fait la connaissance de Viñes, qui fut l'un des grands pianistes du premier tiers du XXe siècle.

323. Un souvenir de cette excursion est passé dans « Des prénoms féminins », texte donné au *Manuscrit autographe* de Jean Royère en 1927 et recueilli plus tard dans *Jaune bleu blanc* : « Un jour, Ricardo Viñes et moi, nous nous sommes amusés à inventer des prénoms féminins espagnols : il fallait qu'ils fussent à la fois vraisemblables et comiques. En une après-midi passée à flâner dans la palmeraie d'Elche, nous en avons bien trouvé une centaine. Mais le dernier trouvé, le plus beau, le bouquet, ce fut lui qui l'inventa : Doña Contagio » (L.P., p. 886).

324. Mily Balakirev (1837-1910), compositeur russe, pianiste, fut l'un des promoteurs du renouveau musical russe et créa, avec César Cui, le célèbre Groupe des Cinq, qui comprenait, avec eux deux, Moussorgski, Borodine et Rimsky-Korsakov.

325. Nous n'avons rien trouvé concernant l'auteur évoqué ici, en revanche le préfacier, Rafael Altamira, est d'origine alicantine.

La « leyenda negra » (légende noire) est un terme qui fut introduit par un livre de Julián Juderias, publié en 1914 : *La Leyenda negra y la Verdad histórica* (*La Légende noire et la Vérité historique)* où l'auteur dénonce la construction, par la propagande française et protestante, d'une image catastrophique de l'Espagne, dès le XVIe siècle.

326. Marcel Proust venait d'obtenir le prix Goncourt, à l'automne 1919, pour *À l'ombre des jeunes filles en fleurs.*

327. À la page 531 du manuscrit, Larbaud s'est essayé à dessiner des pavillons pour les héros de ses œuvres en cours (Luis Losada et Martre) sur des feuilles d'une éphéméride de l'année 1919.

328. Une *zarzuela* est un petit drame lyrique où la déclamation alterne avec le chant.

329. Larbaud, de toute évidence, évoque ici la pièce d'Oscar Wilde *The Importance of Being Earnest* (avec un jeu de mots sur *earnest,* « sincère » et le prénom Ernest).

330. Voir le journal de 1917, 22 juillet.

331. Les deux articles paraîtront dans les *Écrits nouveaux* : l'article concernant Butler « L'Enfance et la jeunesse de Samuel Butler — 1835-1864 », dans le n° 4, en avril 1920 ; le second, nous l'avons vu plus haut, dans le n° 8, en août 1920. On ne retrouve, chez Larbaud, qu'une seule contribution à la *Revue hebdomadaire*, un article présentant Ramón Gómez de la Serna, qui servira de préface à *Échantillons* qui paraîtra cette année-là, « Ramón de la Serna et la littérature espagnole contemporaine ».

332. Henri Massis (1886-1970) était alors le rédacteur en chef de *La Revue universelle*, qu'il avait fondée avec Jacques Bainville. Il ne semble pas que Larbaud ait tenu sa promesse dans les mois, ou même dans les années qui ont suivi…

333. Paul Valéry venait de rééditer, en 1919, son *Introduction à la méthode de Léonard de Vinci*, initialement parue en 1894, en faisant précéder son texte d'une longue « Note et digression ».

334. Larbaud donne le compte rendu de cette lecture dans son article « Le poète Vachel Lindsay », qui va paraître dans *La NRF* en avril 1920 (on trouve cet article dans les « Pages retrouvées » de *Domaine anglais*, édition 2003, *op. cit.*, pp. 447-450) : « Une des meilleures parmi les jeunes revues anglaises, *the London Mercury*, publiée sous la direction de J.C. Squire et d'Edward Shanks, contient, dans son quatrième numéro, un choix très curieux de poésies, qui réunit heureusement les noms de quatre poètes qu'on a plaisir à voir rassemblés mais qui doivent s'étonner de se trouver rangés dans le même sommaire : M. Robert Bridges, le poète-lauréat ; M. Austin Dobson, qui est probablement le doyen d'âge des poètes anglais contemporains ; M. Edward Shanks et M. Wilfrid Wilson Gibson, deux des plus marquants parmi les chefs de la jeune école lyrique, et enfin un Américain dont on commence à parler beaucoup, M. Nicholas Vachel Lindsay. »

335. Nous reprenons les propres termes de Larbaud dans son article sur N.V. Lindsay (*op. cit.*, p. 449).

336. Larbaud conclut ainsi ses propos sur Vachel Lindsay : « Vachel Lindsay base toute sa poétique sur les intonations de la voix ; d'où son usage fréquent des répétitions, des allitérations et des changements de rythme.

« Après qu'on s'est bien tonifié les nerfs en récitant jusqu'à satiété des strophes de *William Booth* et de *Bryan* (en marchant à grands pas sur une route) on se demande : Qu'aurait pensé le vieux Whitman s'il avait pu voir cette poésie, auprès de laquelle la sienne paraît académique et pompeuse ? Peut-être qu'après avoir un peu froncé le sourcil, il aurait dit en souriant : "Oui, après tout, voilà mon successeur" » (*op. cit.*, p. 450).

337. Voir note du mercredi 11 avril 1917 concernant ce personnage.

338. Compton Mackenzie (1883-1972), écossais, fut l'un des romanciers britanniques les plus en vue dans la période de l'entre-deux-guerres. En 1920 Larbaud aurait

pu lire *L'Impasse* (1913-1914, en deux volumes) ou *Guy et Pauline* (1915), témoignages sur la génération de la fin du XIXe-début du XXe siècle.

339. Pour « el hombre elegante » voir le Jeudi Saint, en 1917.

340. Nouvelle citation de Mélanie, bergère de la Salette.

341. Larbaud cite ici Digby Dolben (à qui il a consacré, en 1912 dans *La Phalange*, un article recueillli ensuite dans *Domaine anglais*). Il reprendra les deux derniers vers (qu'il vient ici de corriger et de compléter avec les deux précédents) dans « ... Tan Callando » (*Aux couleurs de Rome*, L.P., pp. 1062-1074).

III

1931-1935

1931-1932

Le manuscrit CCXXIV, qu'on nomme « D'Annecy à Corfou », se compose de trois cahiers reliés en un volume, sous parchemin, à étiquette bleue. L'ensemble a été paginé de 1 à 501 par Larbaud, semble-t-il, et folioté, postérieurement, de 1 à 261. Propriété de Maurice Saillet, le manuscrit a été acquis par le fonds Larbaud en 1988. Remarquons qu'il ne figurait pas, sur la liste établie par G. Jean-Aubry en août 1949, au nombre des manuscrits trouvés à Valbois. Dans ses cahiers (notamment le CCLXXXIV, pour les années 1930), G. Jean-Aubry cite simplement un « cahier relié » comme source de renseignements, mais il ne nous en donne aucune description.

Ce document présente des déchirures et des signes que certains feuillets ont été arrachés, mais dans une moindre mesure que les deux manuscrits des années espagnoles. On relève l'absence :

— d'un feuillet, à la date du 26 septembre 1931 (pp. 78-79 du manuscrit), à Vichy ;

— de plusieurs feuillets, à Paris, aux dates du 1er octobre 1931 (3 feuillets déchirés, pp. 84-85 du manuscrit), du 9 octobre 1931 (1 feuillet déchiré, pp. 104-105), et du 6 novembre 1931 (1 feuillet déchiré, pp. 142-143) ;

— d'un feuillet, à Naples, le 29 février 1932.

Dans aucun cas on n'observe une rupture de pagination, ce qui semble indiquer que ces mutilations ont eu lieu très tôt après la rédaction du journal.

Il faut également signaler les trois feuillets découpés au début du cahier « Corfou » et quelques pages partiellement déchirées. Ces dernières concernent toutes la journée du 9 septembre 1931 à Annecy (deux feuillets, dont le premier, déchiré en bas, entraîne la suppression de quatre lignes à chaque page, et le second, déchiré en haut, fait perdre trois lignes aux deux pages suivantes). Ici et là, ailleurs dans le journal, on trouve des mots, des lignes, plus rarement des passages entiers, rendus illisibles.

Ce manuscrit est entièrement rédigé en français, à l'exception de quelques passages en langue étrangère (italien, surtout ; anglais et espagnol aussi). Des trois cahiers qui le constituent, les deux premiers offrent un aspect très classique : ils sont écrits sur des cahiers d'écolier, pour lesquels Larbaud a une prédilection marquée. Le premier est un cahier italien, acheté à Pise, il concerne la période du 7 septembre au 23 novembre 1931, et compte 166 pages. Le second, un cahier français, acheté à la librairie Tassel à Paris, en offre 225 ; il couvre la fin de l'année 1931 et le début de 1932 jusqu'à l'embarquement pour Corfou, à Brindisi, le 13 mars 1932. Le troisième cahier a été acheté à Kerkyra et est paginé de 397 à 501. Toutefois, il ne porte aucune mention de date. En revanche, nous avons découvert un autre cahier, le Ms S.E. 12, qui provient de la Société d'émulation du Bourbonnais et contient, entre autres documents, un cahier d'écolier italien, folioté de façon continue de 19 à 46 ; il nous donne une note sur Brindisi, datée du 15 mars 1932, note à laquelle font suite d'autres notes, en date du 17 mars. Nous les avons reprises et intercalées entre la fin du deuxième cahier, à Brindisi, et le début du cahier « Corfou » qui termine ce journal. Les dates ont disparu, les notes se présentent sous forme de descriptions ou de portraits, et n'occupent plus qu'une place réduite, la majeure partie étant consacrée au travail (cinquante-neuf pages pour le travail contre vingt-deux pour les notes...). L'écrivain est alors absorbé par la composition et la publication prochaine de Technique *; il pense aussi beaucoup au recueil qu'il veut composer et qui portera le titre* Sous l'invocation de saint Jérôme *; on y trouve les brouillons de « La Chartreuse de Grenade », « Balistique », ainsi que deux tentatives d'articles (« Ni en vers, ni en prose » et « Sur le même sujet ») auxquelles il faut ajouter un article publié dans* Les Nouvelles littéraires, *« Hommage à López-Picó ». Nous avons rassemblé ces pages dans « Brouillons et copies » (voir p. 965).*

Une lettre de Maria Nebbia (du 3 mars 1947) en réponse à quelques questions de G. Jean-Aubry nous a permis de savoir que le séjour à Corfou s'est achevé entre le 15 et le 20 avril 1932.

En annexes, le lecteur trouvera une lettre manuscrite, de Rome, d'Enrico Falqui, en date du 5 octobre 1931, une lettre manuscrite envoyée de Leysin (Suisse), par Clemencia Miró (fille de l'écrivain Gabriel Miró), datée du 24 octobre 1931, une lettre dactylographiée, de Montevideo, adressée par Gervasio Guillot Muñoz, en date du 19 septembre 1931, et une lettre dactylographiée, envoyée de Paris le 7 février 1932, par Adolphe de Falgairolle, à Rome où Larbaud la reçoit.

Plusieurs coupures de journaux font généralement suite aux réceptions auxquelles il a assisté (une coupure de Il Lavoro fascista, *collée à la page du 16 février ; elle lui a été adressée par son ami*

*Mario Puccini et évoque la réception de Larbaud à l'*Italia Letteraria *et sa présence à Rome. « Saluto a Larbaud », coupure de l'*Italia Letteraria *du 21 février 1932 ; Larbaud juge que l'article doit être d'Enrico Falqui. Un article de Mario Puccini, dans* La Stampa *du 19 février 1932, « Posta della Capitale ». Un article du* Tevere *que Larbaud découvre le 20 février, à son arrivée à Naples, « Ricordi di Marpicati » par Ruggero Orlando. La traduction suédoise du* Moulin d'Inigo Jones, *parue dans le supplément littéraire de* Nya Daglist Allehanda *le 3 janvier 1932 et que Larbaud reçoit à Rome, en février. « L'hommage à López-Picó » que Larbaud a adressé aux* Nouvelles littéraires *et qui a paru dans le numéro du 24 juin 1934). À l'exception du dernier, qui est la conclusion d'un travail fait dans le manuscrit, nous avons choisi de ne pas reproduire ces articles, et d'en donner, en note, un simple résumé.*

Le journal « D'Annecy à Corfou » a fait l'objet d'une publication dans les Œuvres complètes, *où il ouvre le deuxième volume (tome X) du* Journal inédit. *Maurice Saillet, qui fut le propriétaire du manuscrit, avait d'ailleurs dressé un relevé et un compte très précis des lignes qui avaient été éditées à cette occasion : 3 747 pour un total de 8 526 lignes que comportait le manuscrit.*

La première intégrale publiée (car il faut mettre à part la thèse ayant pour objet l'édition critique de ce journal, que nous avons soutenue en 1996) est parue en 1998 : D'Annecy à Corfou, Journal 1931-1932, *édition établie et annotée par Claire Paulhan et Patrick Fréchet, Éditions Claire Paulhan-Éditions du Limon, 1998, 370 pages.*

Des publications d'extraits avaient eu lieu avant cette date ; quelques autres ont été faites depuis :

— *« Diario inedito » dans la* Fieria letteraria *(2e année, n° 50, Rome, 11 décembre 1947). Il s'agit d'une sélection opérée dans le journal tenu à Rome et à Naples, en janvier et février 1932.*

— *« De Civita-Vecchia au Pausilippe », dans* Les Nouvelles littéraires *(juin-septembre 1951). Cet article porte sur la même période que le précédent, mais le découpage est différent.*

— *Récemment, en 2004, dans* Valery Larbaud, Le vagabond sédentaire, *Béatrice Mousli a donné plusieurs extraits de ce journal : passages du séjour à Valbois, septembre 1931 (pp. 325-326), séjour à Milan, janvier 1932 (pp. 247-248), extraits de journal tenu à Rome et Naples, 1932 (pp. 249-257).*

D'ANNECY À CORFOU

1931

Septembre

Annecy[1], 7 septembre, lundi. — Like to begin this copybook at Annecy[a] Alz. 8 h ½. Promenade à pied, seul : rue Royale, les arcades passant devant N[otre]-D[ame] de Liesse, le Canal de Thiou, le jardin, l'autre canal, et retour en partie par la r. Royale en partie par la r. Vaugelas. De nouveau à pied, avec Baboa, refaisant à peu près le même chemin, mais par la rue Royale jusqu'au monument de Sommeillier, et retour par le jardin, l'embarcadère, le Palais de l'Ile[2], la r. J.-J. Rousseau, — r. Royale et au restaurant Labrune[3], excellent (écrevisses, champignons, vin de St Jean[4]). À pied à la gare par la r. Vaugelas pour trouver une voiture à cheval. De 3 à 4 1/2 tour de la ville : la Cathédrale (4 cierges au sacristain devant l'Im[maculée] Concep[tion] pour mon gr[and]-père, ma gr[and]-mère, ma Mère et ma tante Jane). Trouvé le sacristain dans un petit jardin très négligé, derrière la cathédrale ; il m'a donné l'adresse de la maison de « Philothée[5] ». — R. Sainte-Claire ; monté des escaliers ; pas réussi à voir la bibl[iothèque] dont il m'avait parlé, mais curieuse maison savoisienne. S. Joseph ; Hospice ; retour Visitation, hôtel de Ville, allée Prés. Wilson, etc. Nous avons été attentifs à ce qu'a pu connaître mon grand-père Valery. C'est presque tout, moins le quartier de la gare et les monuments Sadi-Carnot, Sommeillier, Saint-François-de-Sales, combattants morts (2 : 71 ; 14-18) ; les palaces, les hôtels. Ma Mère m'avait souvent parlé de l'île des Cygnes, et j'en avais une vague image, et aussi du jardin où elle a dû jouer avec ma tante Jane[6]. Mon gr[and]-père se promenant là avec « Monsieur Sue[7] ». Il n'a pas dû demeurer dans la même maison pendant les années de son exil passées ici. Appar-

a. Anglais : « Il me plaît de commencer ce cahier à Annecy. »

tement dans la maison d'un « M. Lugné » qui aurait été un ascendant de l'acteur Lugné-Poë[8] ? Pas le temps de faire les recherches nécessaires.

La petite *Histoire de Savoie* de Vermale et ?[a] mentionne l'influence des proscrits du Coup d'État sur l'évolution des idées politiques en Savoie. — C'est le cocher, italien mais parlant plus volontiers français (« Sono italiani loro ?[b] ») qui m'a indiqué le monument de « Monsieur Sue ». Il était avant 1918 ou 19 près du Casino, en tête de ce qui s'appelle à présent l'Avenue Président Wilson. On l'a déplacé pour édifier le monument de la guerre 14-18, et on l'a mis sur la place neuve que forment les boulevards ou avenues de St Bernard de Menthon, du Parmelan, et rue Dupanloup ; pas loin de l'asile des vieillards. — Monument romantique : le Juif Errant avec manteau s'envolant, — 3 autres personnages en têtes, et sur un côté, médaillon de bronze avec tête d'Eugène Sue de trois-quarts[9]. —

Nous avons presque froid ; neige sur les montagnes, brume légère sur le lac. Mais impression excellente : la variété, même les différences entre les quartiers : arcades, canaux, ponts, écluses, jardins, le lac, grandes avenues, longues et larges voûtes vertes ; à chaque tournant une jolie perspective, non prévue, amusante, colorée. Baboa[10] pense à Nemours, mais nous convenons que c'est mieux que Nemours, et qu'aucune des petites villes des lacs italiens que nous connaissons.

Les arcades un peu comme celles de Santa Marghe', Portofino Mare[11], etc., mais plus nombreuses, et distribuées partout dans la ville. Elles n'ont pas l'aspect citadin des portiques de Chambéry (la « rue de la Paix » de Chambéry) mais une élégance villageoise, de très beau village de luxe, — applicable à tout Annecy. Les toiles d'Étienne Béchard[12], vues à l'exposition de Chambéry, nous avaient préparés à voir cela. — Les étrangers ne gâtent pas l'atmosphère, ne sont pas déplacés, semblent chez eux, d'Annecy même.

Très contents ; nous resterons peut-être un jour de plus (3) et ne ferons que traverser Genève, puisqu'il [faut][c] être à Paris le 11 et à Valbois le 15 ; et J. Chenevière[13] n'est pas à Cologny, et G. Jean-Aubry[14], s'il est encore à Thonon, est trop en dehors de notre route pour le temps que nous avons.

Poste le matin : courrier de Paris et lettres ayant suivi de Valbois : E. Parturier (son article sur le *Petit Livre d'amour* de Scève (?) dans la *Revue du XVIe siècle*[15]) ; E. Schachmann, de Roumanie[16] ; Jean Schlumberger ; Giuseppe Bonetti ; banques 1 et 3 ; notizie de

a. Note de Larbaud : « F. Christin et F. Vermale, Chambéry 1913. »
b. Italien : « Êtes-vous italiens ? »
c. Ce mot que nous restituons ici a dû être omis en raison d'un changement de page.

Valbois (buone)[a] ; etc. (Lacul Ursu; vorrei vederlo[b]). Le courrier m'a occupé de 6 à 7 ½ p.m. —

Après dîner à l'hôtel, nouveau tour à pied jusqu'à r. du Paquier, et ret[our] par la r. Royale, la poste, la r. d'Italie.

Toute la journée pensé à ma Mère, à mon grand-père Valery (et à « Monsieur Sue ») ; beaucoup plus que lorsque je suis à Genève[17]. Cela tient aux dimensions de la ville. « Ils ont sûrement vu cela. » On est moins anonyme que dans une grande ville ; elle change moins ; on y est plus près du souvenir des gens. À Valbois ma tante, près de sa fenêtre[18], dans son fauteuil, devait souvent revoir le lac, l'île des Cygnes. C'était son enfance ; celle de ma Mère. Quelquefois elle me parlait d'Annecy, brusquement, du milieu de sa surdité. Ma Mère y était revenue, avec mon Père (et moi) quand j'avais deux ans, continuant en voiture vers Genève par le pont de la Caille.

Les bateaux à vapeur, blancs, drapeau de Savoie (très fanés)[19] au mât, français à l'arrière.

Du jardin et des pelouses autour de Sommeillier, la perspective des « adrets » et des « envers »[20], comme un jeu de paravents.

Il y a une rue de l'Annexion. Leur départ, fuyant la France arrivée jusque-là d'une seule coulée. C'était aussi une défaite pour leur parti, l'Empire consolidé. Ils devaient se voir beaucoup entre eux, lisant les journaux de France, cherchant des nouvelles exactes dans les journaux genevois[21].

Malgré le caractère très marqué, — encore plus qu'à Chambéry, — la capitale est Grenoble, à cause de l'Université et de la pop[ulation] plus nombreuse : journaux de Grenoble, etc. Ils sont plus près de Grenoble que de Genève, avec lequel les communications sont mauvaises : en chem[in] de fer il faut changer deux fois, avec des arrêts, les ennuis de la frontière ; plus court faire le tour par Aix et Culoz (changer aussi, et plus cher). Les grosses voitures ne prennent pas les grands bagages. Ennuis aussi à la frontière pour les voitures privées.

Grenoble, beaucoup moins de caractère, même que Chambéry. Un trait commun : les voûtes, les passages voûtés sous les maisons ; perspectives basses, grises et noires. — Annecy : 87 ou 90 rues ou places ou avenues ou ruelles, ou quais le long des canaux. — Vue du lac, je pense, la ligne générale descend des toits du château à l'avenue Eugène-Sue où elle touche le lac.

Préfecture-château-bourgeois, avec parc derrière des grilles ; pour réceptions de Souverains. Casino petit, pour étrangers élégants et discrets ; style petite gare de Passy. — Le quartier de la

a. Italien : « Nouvelles de Valbois (bonnes). »

b. Mélange de roumain (Lacul Ursu, « le lac de l'Ours ») et d'italien (« Je voudrais le voir. ») Nous n'avons pu identifier cet endroit.

gare semble tout neuf, en train de se faire ; maisons de six étages, sous des toits de chalets suisses. Le sacristain m'avait parlé de la bibliothèque florimontane ; au 18 de la r. Sainte-Claire[22] on m'indique une Mlle ?, gardienne ou bibliothécaire, au 2e ét[age] au fond de la cour ; sonné 3 fois sans résultat.

Pas même 18.000 hab[itants][23], et pourtant bien plus attachante que la plupart des villes françaises de 30 et même 50.000. Ou moins ennuyeuse. Intérêt égal à celui des villes italiennes de mêmes dimensions et population. — Un essai de pavage en carreaux jaune clair, assez heureux. — Nous avons bien vu le contraste avec le Bourget[24]; mais rien d'italien ; très parent-pauvre à ce point de vue. — Entendu parler anglais, allemand, italien et un dialecte voisin, probabl[emen][t], de celui d'Amélie Gex[25]. Rien de frappant comme le catalan dans les rues de Granville. — Manque de temps pour nous renseigner sur la Florimontane actuelle, ses membres, ses réunions, ce qu'elle fait. — L'influence salésienne : plusieurs librairies-chasubleries ou vendant des ouvrages catholiques. S[œu]r Thérèse de Lisieux faisant pendant à l'Im[maculée] Con[ception] à la Cathédrale. « Mon éternité. » La mode passe, l'éternité reste. Lancement, etc. ; analogie avec les œuvres d'art, tout le long de l'histoire. Les miracles de N[otre]-D[ame]-de-Liesse, à l'imparfait de l'indicatif sur l'inscription de la façade. — Mon grand-père a vu construire la fontaine de la place (1859). — Balcon de l'hôtel de Sales ; façade de la maison à gauche de N[otre] D[ame] de Liesse. — Capitale des Salésiens. — Dommage que le Palais de l'Isle d'Étienne Béchard[26] coûte trop cher pour nous.

Annecy, 8 sept[embre] ; mardi. — Svegliato 7 ½ ; alz. 8 ½. — Agence Carlton pour billets Genève et Genève-Paris ; e girino[a] r. Royale et poste. À 11 a.m. autobus pour l'embarcadère, et de 11 h 05 à 2, tour complet du lac à bord du *France*[27] où nous avons déjeuné. Le beau peuplier de Veyrier ; Talloires ; Duingt, et surtout Menthon. — On imagine les cités lacustres[28] ; hommes préhistoriques dans une « vallée fossile ». — Nous étions contents ; malgré la brume, quelque chose d'Orta[29] et du Lac Majeur. Quand un paysage lui[30] plaît, je vois tout de suite le rapport qu'il a avec la nature italienne. — L'eau très calme, pas de brise. — Impossible d'apercevoir le tombeau de Taine ; une croix sur une sorte de stèle, près de la rive, sous un rocher, ne devait pas être cela, n'étant ni au n[ord] ni sur la hauteur de Chère. — Nous pensons retourner demain à Menthon pour déjeuner, — surtout pour être encore sur le Lac.

a. Italien : « et un petit tour ». *Giro* qui signifie « un tour » en italien, devient *giretto* à la forme diminutive. *Girino* ne peut avoir, en italien, que le sens de « têtard » ou de « coureur participant au Tour d'Italie » (*Giro d'Italia*). Cet emploi du mot par Larbaud ne correspond donc pas à l'usage.

Au retour, en voiture autom[obile] à la Visitation[31] (il chauffeur ci ha spellati; e non volevano portarci ; troppo vicino[a]). On a éclairé pour nous (et pour deux fr[an]cs) les deux châsses (St François de Sales et Ste Chantal). Donné dix francs pour « pierre et prière ». L'église n'est pas tout à fait terminée. La flèche du clocher est le point culminant de la ligne générale d'Annecy, et non les tours du Château. Cela se voit bien du bateau, qui traverse plusieurs fois d'une rive à l'autre. — St Fr[ançois] de Sales, peut-être le seul grand écrivain représenté en cire et couché, comme un personnage de musée de cires (écrivain français, du moins) : grosse tête et barbe, un peu caricature. Des fidèles doivent croire que ce sont les corps mêmes. Je les ai priés pour mes parents et pour nous deux.

Dans la même voiture à l'Hôtel de Ville pour le Musée, et l'avons renvoyée là. Musée et Bibl[iothèque] au dernier étage, un peu négligé, en désordre, un peu chambres de débarras. Un seul gardien, farouche, autoritaire, presque grossier, donnant des ordres, même pour le pourboire. Incapable de donner le moindre renseignement. Lui ai posé de trois manières différentes la question : Y a-t-il à la Florimontane un fonds Eugène Sue ? Des livres provenant de la bibliothèque d'Eugène Sue ? — « Oui, "nous" avons les livres d'Eugène Sue ; il est mort à Annecy ; regardez le catalogue. » Pas moyen de le faire sortir de là. À la fin, surtout après le pourboire, essai de politesse ; faisant ouvrir la porte de sortie par sa fille, ou sa petite-fille (10 ou 11 ans) qui lui tient compagnie. — Peinture : M. Dieunier (aquarelles et gravures) ; Jacquet, Anna Maret ; F. Salabert (Duingt) : eaux-fortes d'André Jacques (têtes de paysans), et J. Communal (le plus récent, je crois) moins bon qu'à Chambéry ; voilà pour l'école Savoisienne. — Remarqué un assez curieux Bazetti (1764-1831). Le reste… (quelques Allemands). — Copies, plâtres. Quelques Ms et incunables. — Du bric-à-brac ethnogr[aphique] et de matériel d'enseignement, alla rinfusa[32]. Section savoisienne plus intéressante ; collection de costumes locaux (des poupées) de la Florimontane qui paraît spécialisée dans la petite histoire locale ; éléments d'uniformes militaires ; vues anciennes; ainsi le jardin tel qu'il existe date de 1862, donc assez différent de ce que l'endroit pouvait être quand mon grand-père l'a connu ; pourtant on y voit des arbres certainement beaucoup plus anciens. Le quai du Thiou, en face du jardin, avait un aspect plus rustique, et n'était pas « urbanisé » (peupliers). — Portraits de Napoléon et d'Eugénie, remisés là ; mauvais, du reste. — La Bibl[iothèque] fermée, mais on voit la salle de travail (porte vitrée). — Elle contiendrait le fonds de la Florimontane ; mais impossible de se fier à ce que dit le gardien[33]. Je le saurai à Paris, en lisant le livre de Charles Pinel, *Le Vieil Annecy*, — référence trouvée dans Oscar David, *Visages d'Annecy*[34]

a. Italien : « le chauffeur nous a estampés ; et ils ne voulaient pas nous y emmener ; trop près » (le pluriel « ils » désigne les chauffeurs de taxi).

(Lyon, s.d. mais récent) acheté et parcouru aujourd'hui, — peu utile. Voilà le grand inconvénient du manque de temps.

Nous avons traversé encore le jardin entre le Thiou et le Vassé. — Course de Barty[35] sur l'herbe du Champ de Mars, chute sur la tête, trop pesante, et saut périlleux complet, très amusant. Dîné au Casino (médiocre ; perches du lac ; vin de S. Jean). — Soirée au théâtre (cinématographe ce soir ; demain le *Knock* de J. Romains). Rentrés à pied par les rues presque vides, — très animées le matin. —

Nous trouvons aisément notre chemin, avons des points de repère. Baboa me fait remarquer un autre agrément d'Annecy : ville plate, pente insensible de la gare au lac. — Elle aime Annecy et le Lac ; possibilité de passer un mois, 6 semaines d'été à Talloires ou à Menthon, venant souvent à Annecy par le bateau. — Heureux tous deux d'être seuls, absolument l'un à l'autre dans une ville aimable où personne ne peut nous déranger. — Pour cela, un jour de plus ici, et un jour de moins à Genève où il y a beaucoup de monde en ce moment, — amis que je pourrais déranger, et aussi Pelmazoïdes[36] qui pourraient me déranger. C'est dans une ville comme celle-ci que nous sentons le mieux le bonheur d'être ensemble et de ne pas nous quitter un seul instant.

Un peu de courrier le matin, et songé aussi à *La Force et l'Outil*[37]. — Amusés de temps en temps par le livre de Sagehomme, S.J., avec M. D. TB. B. et AB ? *Partage de midi* est D(angereux) ; des Léon Bloy et des Jouhandeau sont M(auvais) ; ce qu'il connaît de moi est M. et D. Il n'est pas sûr que les *Fables* de La Fontaine soient B ? (onnes) ; un respect superstitieux du « classique » lui fait trouver B. presque tout Shakespeare et Racine, et tout P. Corneille. Aussi Baudelaire et E. A. Poe, mais dans des éditions expurgées. Les T.B. (Très-Bons) sont presque tous des inconnus ou des médiocres. Le plus drôle est qu'il s'est mis lui-même dans son livre : Sagehomme, et qu'il a donné des TB. à tous ses ouvrages. Le mélange, sans discernement, tout étant mis sur le même plan, avec des erreurs très divertissantes (*Aimée* de Jacques Rivière attribué à une dame) est vraiment délicieux. Le point de vue est défendable, et il s'agit de protéger des très jeunes gens, et des personnes pour qui la littérature n'existe pas comme telle ; on ne peut qu'approuver l'intention. Mais sa préface donne à entendre que la Grâce seule permet à un écrivain de faire un livre B. ou TB., c'est-à-dire, la plupart du temps, un livre médiocre. Enfin, l'ignorance, la barbarie, les erreurs, les préjugés grossiers, font de ce livre une chose très amusante ; en cherchant les noms des contemporains qu'on connaît, on trouve parfois un B. ou même un TB. qui, probablement, ne serait pas de leur goût, — et qui est parfois aussi mérité[38].

Annecy, 9 septembre, mercredi. — Baboa me fait remarquer qu'il y a un mois presque jour pour jour qu'elle et Letta[39] ont pris leur dernier bain de mer à Marina di Pisa, et l'énorme différence de température entre la côte toscane et la Savoie ; nous vivions presque nus au milieu d'une population presque nue ; et ici nous avons des vêtements d'hiver, et les tricots de laine achetés à Chambéry et à Aix-les-Bains. Pourtant, hier et aujourd'hui très belles journées. — Hier soir de 6 à 7 sur un banc du port, vers Beaurivage[40], regardant le soleil sur les montagnes de l'autre rive, Chavoires, Veyrier, et la neige sur les pentes de la Tournette. Sortie et départ d'un hydravion jaune, aux ailes courtes, dans la direction du Bout du Lac. Un peintre travaillant (les barques alignées, le Lac jusqu'à Veyrier, pas de ciel), sa femme assise dans l'herbe près de lui ; un enfant qui passe regarde et remarque qu'« il a oublié les rames » couchées à l'intérieur des barques. Noms des propriétaires des barques; un nom slave. — La ville s'agrandit à l'ouest, sous le Semnoz, et autour (S[ud] et N[ord]) de la gare. La Visitation dans le quartier de la gare devait donner un tout autre caractère à l'entrée en ville de ce côté-là.

Le petit livre d'O. David ; qu'il est difficile de décrire ! presque rien ne ressort ; il peint le château en rouge et pourpre alors qu'il est généralement gris, jaune du côté S[ud]-O[uest], et le bleu-noir de l'ardoise des toits ; le Palais de l'île est gris pour lui, alors que son toit de tuiles, avivé par les couleurs des maisons voisines, et par le vert du Thiou qu'il divise, donne une note rouge assez vive. — Le Thiou rapide, courant S[ud] N[ord] vers le Fier, grand bruit d'écluses à l'arrière de ce quartier. L'eau verte traversant vivement un très vieux quartier. — Je note : Jean Duffresne / Annécien / *Promenade en zigzag / à travers / Annecy* / Imprimerie commerciale / Annecy / 1931 (p.m.: 18 francs.) Sûrement beaucoup plus complet que *Visages d'Annecy*. — Mais on risque d'acheter beaucoup d'inutilités ; il faudrait des réimpressions de bons ouvrages épuisés. Surtout il faudrait une sorte de guide officiel, dans chaque ville et sa région, fait par un groupe d'érudits et écrivains du pays, comme le beau guide du Portugal ou celui du T.C.[41] d'Italie (mais avec un élément littéraire et artistique). La Florimontane pourrait faire cela, comme les autres académies ou sociétés littéraires locales dans les villes de province qui sont intéressantes (un « Moulins » officiel par un groupe de la Sté d'Émulation du Bourbonnais[42], et vendu par la Sté E.B. elle-même). Partie descriptive, illustrée, tenue à jour ; partie historique, illustrée aussi ; brève anthologie, et bibliographie des ouvrages vraiment utiles ; au besoin, en appendice, les « renseignements pratiques ». Bien présenté, et mis en évidence dans les librairies, on achèterait cela plus volontiers que les *Vieux Annecy, Annecy d'autrefois*, *Promenade en zigzag*, etc. dont l'étranger ne peut pas ne pas se méfier : la dépense, et le risque d'encombrer son bagage et ensuite sa bibliothèque, d'un livre sans intérêt. Les ouvrages de luxe, illustrés, comme ceux qu'on publie à Grenoble et ailleurs (en Auvergne, etc.) depuis quelques années, ne peuvent guère (même pas du tout) servir de guides : le format, le caractère d'ouvrage de bibliothèque et d'album artistique, etc. — Le *Guide officiel d'Annecy*, par l'Académie Florimontane, devrait être TASCABILE[a], et solidement relié, toute la partie actuelle illustrée par la photographie, avec plans et cartes d'un maniement facile, etc. (Il pourrait y en avoir un tirage de luxe, à part.) — J'ai beaucoup de « projets » pour la Florimontane ! Une remise en ordre du Musée, un catalogue du Musée et de la Bibliothèque, et tout ce qui pourrait sortir d'extra-local d'une alliance avec les œuvres salésiennes dans le monde entier, une édition, une bibliographie internationale, une iconographie, de S. François de Sales ; l'étude des séjours et passages des personnages illustres non-savoisiens... Programme-modèle applicable partout, même en Amérique : une belle ré-édition guatémaltèque de la *Rusticatio Mexicana*[43] ! La ré-édition moulinoise ou montluçonnaise d'Achille Allier[44] ! — Il y a un Montaigne en édition bordelaise ; c'est un exemple qui devrait être fécond.

Oggi[b], la journée la plus belle, la seule vraiment d'été que nous ayons eue depuis notre retour en France. En avons bien profité : Alz. 9 .; uscito solo[c] 11-12 ; à 12 h 10 venu prendre Baboa à l'hôtel, et ensemble à pied jusqu'à l'embarcadère, passant par le jardin en terrasse sur la r. Royale et derrière N[otre]-D[ame]-de-Liesse pour lui montrer le Balustre d'Or[45] du monument commémoratif de la rencontre de J.-J. Rousseau et de Mme de Warens. Il lui a plu ; et en effet, il est beaucoup plus expressif que le monument à Eugène Sue et surtout que le mon[ument] aux morts de '14-'18 — (qu'on finira par déplacer, lui aussi, comme on a déplacé celui d'E. Sue, — qui reviendra peut-être là, à l'entrée du merveilleux Paquier ; — on les mettra probablement tous dans les cimetières.) L'idée de la fontaine sous le buste et du Balustre d'Or est excellente. Une ville qui soigne son détail ; qui, dans un très petit espace, a une quantité de choses agréables ou intéressantes, à montrer au passant. Plus qu'à Chambéry, où il n'y a vraiment que les Portiques qui correspondent à l'idée qu'on se fait de Chambéry, de son musée, de sa bibliothèque, du petit centre éditorial qu'il est grâce à Dardel[46]. — Aix n'est pas comparable à Annecy ; plutôt à Vichy : le caractère savoisien réduit à rien, en dehors du paysage ; le luxe importé, la vulgarité riche, l'absence d'élément aristocratique local. À Annecy l'élément aristocratique local domine, et cela n'empêche pas qu'il n'y ait un Palace, un Casino, des maisons de thé anglaises, un mouvement de foule élégante et cosmopolite. Un arc romain (tombeau) à Aix et une tour ducale à Vichy ne suffisent pas à donner un caractère de

a. On retrouvera dans le journal ce terme italien, qui signifie « d'un format de poche ».
b. Italien : « Aujourd'hui ».
c. Italien : « sorti seul ».

stabilité, de tradition et d'originalité à ces villes encore et trop uniquement « d'eaux ». Il y faut l'esprit des habitants mêmes et une certaine façon d'administrer leur ville. On a l'impression que deux hommes ont suffi à faire d'Annecy ce qu'elle reste (A. Favre et St. François de Sales).

[Asi fablando[a]] nous avons pris place à bord du *Mont-Blanc* pour Menthon. Lac ensoleillé ; une partie de l'itinéraire suivi hier, moins la rive Ouest. — Baboa a enfin identifié la Tour, cioè la casa di[b] « Monsieur Sue », que mon mauvais guide indiquait à droite, donc sur la rive O[uest], en sortant du port d'Annecy, et situait dans le voisinage de l'Hôtel Beaurivage. La vigne vierge commence à rosir et à rougir le long des murs de villas qui bordent la rive Est. Très beaux arbres sur les monts de Veyrier. Deux saules admirables, et le peuplier vu hier. Villa neuve, avec le drapeau des propriétaires, jaune-rouge, — peut-être des Genevois.

MENTHON ; arrivés à 1 h p.m. Déjeuné à la terrasse du Pavillon (assez bon) ; à pied par la route au village (600 mètres) ; plaisant et propre, plus que Chaffat et que Barby ; achat de petits souvenirs, et retour au Lac par une jolie route qu'un petit torrent (ce qu'ils appellent une cluse ? « chiusa », et « ciüsa » en génois, dit Baboa en le voyant[47]). Les chorros et leur bruit. Arrêt au bord, sur un banc ; et Barty y boit avec précaution, comme une bête sauvage. — Promenade dans le jardin du Palace, dans le petit parc de l'établissement thermal, et cherchant à localiser le tombeau de Taine. Il nous a été enfin indiqué par la marchande du kiosque de la route qui longe le Lac. On ne le voit pas, mais on distingue le groupe d'arbres, à mi-hauteur du Rocher (ou Roc) de Chère, près duquel il se trouve, entouré d'une grille noire[48]. Le monument au bord du Lac, que nous avions aperçu du bateau en allant vers Talloires, commémore un naufrage (2 jeunes gens en barques, 1920). Ainsi notre pèlerinage Hippolyte-Tainien a été incomplètement exécuté, plus incomplètement même que notre pèlerinage Châteaubriandesque[49] à Saint-Malo, car des fenêtres de notre chambre nous voyions très distinctement son tombeau; mais j'étais alors en beaucoup plus mauvaise santé qu'à présent, et la mer était assez houleuse pendant notre séjour en Bretagne. Ce serait comme angliciste que j'irais faire mes dévotions à la sépulture de Taine[50], parce que, pour le reste de son œuvre, je n'y ai jamais bien mordu ; plutôt : j'ai rejeté assez vite ce que j'avais absorbé ! Ainsi : presque jamais songé à lui devant des tableaux italiens. — Nous admettions l'idée de passer 1, 2 mois d'été à Menthon ; le Dr V.[51] pourrait m'y envoyer l'an prochain... Mais l'établissement est fermé depuis deux ans, — et assez dégradé, il

a. Espagnol (?) : « Ainsi en parlant ». Toutefois on n'a pas l'impression que Larbaud nous rapporte la conversation qu'il tenait avec Maria...

b. Italien : « C'est-à-dire la maison de... ».

semble. Cependant Menthon est agréable par lui-même ; encore un lieu aimé et soigné, avec intelligence, par ses habitants, — probablement par la famille de Saint Bernard, qui réside au château, et donne l'exemple, même aux aubergistes. (Le Palace, incommode, trop haut, brutalement laid.) Embarqué à 4.30 p.m. et arrivés à Annecy (sur le *France*) à 5 h p.m. Bateau plein ; anglais, accent américain (l'anglais domine), français avec le joli accent genevois ; touristes du genre décent et discret. — Le drapeau de Savoie au mât, à travers la fumée ; on est en Danemark[52], mais il suffit de regarder le Lac, les rives ensoleillées, les villages et les entassements alpestres pour que cette croix blanche sur champ de gueules prenne un caractère, une expression savoisienne. Le mornement archaïque tricolore français à l'arrière.

Chance sur toute la ligne ! au débarcadère une voiture à cheval, et le plus brave homme de cocher qu'on puisse imaginer. Mais, comme beaucoup de gens ici, trop pressé de dire : je sais — La Tour ; il a compris celle de l'ancienne église d'Annecy-le-Vieux, dont je lui ai parlé avant d'indiquer le second point de notre itinéraire : la Tour, la maison d'Eugène Sue[53]. De sorte qu'une fois à Annecy-le-Vieux, il s'apprêtait à redescendre vers Annecy par le côté Ouest de la colline. Devant « la Tour » (d'Annecy-le-Vieux) il a enfin vu sa méprise. — Montée de la côte à pied, pour épargner le cheval ; lui, essoufflé, le guidait, aussi à pied, l'arrêtant pour SE reposer. — La flore des talus, très variée et d'une belle venue ; terre excellente, plantes potagères A 1[54]. — Route en pente vers la roche dite « Maltournée ». Parc et maison d'E. Sue à 200 mètres après l'Hôtel Maveria. Probablement peu de changements depuis 1857 ; le parc, que la route coupe près du Lac, très bien tenu (« une famille de Paris »). L'extrémité séparée forme une presqu'île, avec de grands arbres jusqu'à la rive. Propriété étendue, à droite et à gauche du parc ; la maison (« château » en Bourbonnais) est au fond du parc, mais non dans son axe ; très en dehors, dégagée du parc et de l'ombre des arbres, en plein soleil jusqu'à 7 ou 8 h du soir en été, parce qu'elle est en face de la grande échancrure entre le Semnoz et le Parmelan. — La grande véranda vitrée. — La marqueterie du toit d'ardoises. — La tourelle carrée, en arrière à l'Ouest (N[ord]-O[uest]), qui a donné son nom à la propriété. Ma tante Jane me disant : « M. Sue habitait de l'autre côté du Lac. » Des descriptions qu'elle me faisait je n'ai retenu que l'idée d'une maison assez grande, et haut perchée (l'impression de grande hauteur était celle de ma tante et de ma Mère ENFANTS : pour elles, il fallait grimper longtemps et beaucoup.) Vraiment quelque chose d'Annecy m'a été communiqué par ces descriptions, — mais bien plus de Genève, où elles avaient de 14 à 20 ans[55]. « Entrée interdite », pour prévenir toute démarche touristique, sans doute. Mais elles seraient peu fréquentes, d'après ce que dit cet intelligent cocher. « On n'y va guère » ; ou alors c'est pour chercher les propriétaires actuels et les conduire [le diman]che, à l'église d'[Annecy-le-] Vie[ux] [*Quatre lignes incomplètes ou manquantes*] et l'auteur est déclassé. Époque d'abandon qui précède ce qu'on peut appeler un « renouveau critique[56] » : des études qui fixeront la place historique de l'œuvre et d'autres qui feront le partage entre les éléments « vivants » et « morts » de cette grosse masse de prose. Même en ce moment d'abandon extrême, ce n'est pas la disparition totale (au point de vue esthétique) d'un Méry et d'autres célébrités littéraires de « l'Empire » et de l'époque romantique en général.

Eugène Sue ne devait pas séjourner constamment à la Tour : les lettres de lui que j'ai trouvées à Valbois il y a longtemps (« Mon cher Valery[57]... ») [*Lacune consécutive à la déchirure signalée plus haut*] retrouver ces lettres ; ma tante en a détruit beaucoup (ayant valeur d'autographes) en 1902.

Retour en ville par Albigny et le Paquier. Deux ou trois jolies maisons rustiques avec escaliers extérieurs, aériens, suspendus comme des échelles de navires ; des galeries de bois ; du bois découpé. Mon gr[and]-père et ma Mère avaient dû garder le souvenir de ce genre de chalets ; certains détails, à Valbois, dans les choses construites par eux, se souviennent de ces maisons savoisiennes, comme aussi des chalets suisses. (À Valbois, et plus encore à Saint-Yorre.) Du Pâquier, à travers un quartier neuf, à l'hôtel. Rue André Theuriet (à cause de [*Deux lignes manquantes*] [...]sez bon goût, [*Un blanc sur les deux tiers de la ligne*], du moins en harmonie avec la ville. Lycée Berthollet[58], naturellement. (St Fr. de Sales pas assez laïque, et Chappuis[59] trop localement connu.) Très contents du cocher (« Merci infiniment » pour le pourboire) ; regrette de ne lui avoir pas demandé son nom, pour le recommander.

Petites courses avant dîner ; revu plusieurs choses ; déjà capables de nous diriger sans erreur du Lac à la gare, de la rue Sainte-Claire au Paquier[a]. Ce matin, me promenant seul, trouvé enfin postcard monument Eugène Sue et son tombeau au cimetière ; photo récente ; tombeau intact, bien entretenu. (Tout ce qu'on voit fait honneur à la ville.)

In vece di andare al Casino, — stanchi, — siamo rimasti all'albergo ; ed ho passato tutta la sera scrivendo questo[b]. Parcouru *La Stampa, La Suisse*, et d'autres journaux, et vu que nous allions arriver à Genève pour le Jeûne Cantonal[60] ! C'est la 3e fois que cette petite mésaventure m'arrive (une fois avec ma Mère) et je devrais avoir retenu la date. — Le nom de Mavéria (un hôtel, une villa du

a. Larbaud fait un emploi inconstant de l'accent circonflexe sur « Pâquier » (les documents d'Annecy attestent également ce circonflexe mais de façon tout aussi inconstante sur les plans).

b. Italien : « Au lieu d'aller au casino, — fatigués, — nous sommes restés à l'hôtel, et j'ai passé toute la soirée à écrire ceci. »

Paquier), dont le cocher ignorait le sens, et que je rapprochais de « Maurienne », serait le nom dialectal de la « Mal tournée », écrit « Margéria » dans O. David[61] ? Encore une fois le manque de temps pour demander. C'est un mois qu'il faudrait pour connaître un peu Annecy et le Lac. Et les prodigieux « sportifs » (mot digne d'eux) qui « font » Rome en huit jours ! Cependant je me sentais très « Annécien » ce matin, flânant au soleil dans la rue Royale, avec Barty en laisse, et choisissant des cartes postales pour garder, — songeant à Baboa, à la collection qu'elle en fait peu à peu, et pensant que « plus tard », en les revoyant... Mais quelle différence, au point de vue santé, avec les années 28-30, et même Mars et Avril 31, où le traitement de V. commençait à peine à produire un résultat. Per esempio non avrei potuto camminare come l'ho fatto oggi qui, a Menthon, a Annecy-le-Vieux ; appena trascinarmi da una vettura al piroscafo[a]. — Pensé à J. Chenevière, G. Jean-Aubry, E. Schachmann et Giménez Caballero[62] ; un peu à *La Force et l'Outil*. De temps en temps, malgré tant d'occasions de distraction, l'amertume de la perte récente d'Arthur Fontaine[63].

À Annecy-le-Vieux, école de garçons : la date 1866 sur un N un peu effacé : l'habileté de « l'Empire » à se concilier ces Annexés ; dépenses faites, travaux, peut-être avec ostentation (Marianne III sans bruit, mais plus sérieux et davantage, — en partie, il est vrai, en vue de la « défense nationale », — mais la route est faite et les gens du pays s'en servent.) Moins habile après 18 en Alsace, probablement. Le projet du rattachement à la C[onfédération] H[elvétique][64] avait du bon ; mais l'autonomie trouverait tout préparé en Savoie : un pays avec son caractère nettement visible, et fécond.

Ici, on envie les peintres, très nombreux (encore, ce matin, rue de l'Isle). Quel dommage que Mae Muggè[b] soit si indolente[65] et qu'elle ait tant de répugnance à peindre dehors, à cause des gens qui s'arrêtent et regardent. Plusieurs fois j'ai bien senti qu'elle désirait peindre ce que nous voyions.

Genève 10 sept., jeudi (Jeûne Cantonal) — Jeûne et pluie toute la journée. — Alz. 8 1/2; quitté Annecy 10 h 20 ; la mauvaise ligne de la H[au]te Savoie ; changer à Laroche-sur-Fauron[66] ; la pluie à partir d'Annemasse. — Genève, gare des Eaux-Vives, incommode, négligée, pas de porteurs, un seul « commissionnaire » ; il faut téléphoner pour avoir des taxis. Jeûne Cantonal = dimanche = Thanksgiving Day[67], etc. Logés près de Cornavin pour repartir demain et

a. Italien : « Par exemple, je n'aurais pas pu marcher comme je l'ai fait aujourd'hui ici, à Menthon, à Annecy-le-Vieux ; à peine me traîner d'une voiture au bateau. »

b. Cette dénomination signifie de toute évidence « ma femme ». Jean Joinet nous a indiqué qu'il s'agissait là d'une forme du dialecte génois, équivalente au *Mia Moglie* que nous aurions attendu ici.

pour ne rencontrer personne. Nous aurions été contents de rencontrer par hasard A. S. Leger, Marcel Ray[68], et ceux de nos amis qui peuvent être ici ; mais aller demander aux portiers des hôtels s'ils sont logés là, les attendre, les déranger en plein travail, non. D'autre part, rien à faire en ville, et la crainte de rencontrer quelque Pelmazoïde [*Plusieurs mots caviardés.*] Donc, le petit hôtel, les petites brasseries à 3,50 le repas, et le Lac, c'est-à-dire une partie de l'après-midi sur le *Rhône* et sur le *Général Dufour*, Genève-Nyon, Nyon-Genève, et le thé à Nyon près de l'embarcadère. Du pont couvert, revu la petite auberge de Céligny où j'étais allé, à bicyclette, de Divonne, il y a 30 ans. Et Versoix. Baboa contente de voir un grand lac non encaissé dans les montagnes, plus large et plus « libre » que le Lac Majeur. À Nyon (canton de Vaud) les boutiques étaient ouvertes, le Jeûne étant seulement genevois. — Au retour, la pluie ayant cessé, promenade à pied : quais rive gauche, toute la r. du Rhône, le Molard, r. Croix d'Or. Dîner brasserie Royale ; à 9 ½ p.m. tram jusqu'aux Eaux-Vives et retour jusqu'à Cornavin ; exploration de la gare où on fait des travaux ; et à 10 h à l'hôtel.

« Quand nous descendions la Corraterie... » Et la « Boîte à gifles », et le couteau à 100 lames de la rue du Rhône... Mais ici je ne suis pas aussi près d'eux[69] qu'à Annecy ; je songerais plutôt à nos passages ici, ma Mère et moi, entre 1895 et 1910. — Pensé à Elémir Bourges, très présent ici (*Crépuscule des dieux*)[70]. Le souvenir de Joseph Conrad[71] aussi nous est présent. J'ai plusieurs fois songé aux romans de J. Chenevière et de Pierre Girard[72]. Et Genève est par elle-même un décor romanesque.

Il me semble que Genève paraît loin aux gens d'Annecy ; presque un voyage à l'Étranger. Et de fait les communications paraissent faites pour décourager les échanges : presque pas de trains directs, la mauvaise gare des Eaux-Vives ; les autocars qui ne transportent pas les bagages de leurs voyageurs, etc. Le propriétaire du bureau de tabac ne savait même pas ce que c'est que le Jeûne Cantonal.

Je remarque qu'en Suisse française beaucoup de magasins de jouets ont pour propriétaires des veuves.

Sans la pluie (et la fatigue) nous serions allés à S. Pierre entendre les discours des ecclésiastiques protestants en faveur de la S.D.N. et de la « liberté religieuse », — avec l'éloquente abstention de Sainte Romaine Église. C'est pour la musique que nous y serions allés[73]...

Prima di dormire, rileggo con attenzione l'articolo di Eugène Parturier sur l'attribution à Scève du *Petit Œuvre d'amour et Gaige d'amitié*[a].

a. Italien : « Avant de dormir, je relis avec attention le petit article d'Eugène Parturier... »

Domani mattina, corse e compre ; ed alla sera saremo a casa[a].

Parigi, 11 sept. Vendredi. — Courses rues du Rhône, Croix d'Or, etc. Du tram, au retour, aperçu Marcel Ray avec un inconnu, allant vers la Place de Hollande. — Déjeuné au buffet de Cornavin et partis à 13:15 via Culoz, Ambérieu, Bourg et Dijon ; arrivant à 22 ½ à la gare de Lyon, à 11 h à la maison. Pluie toute la matinée et pendant tout le voyage. La nuit dernière un cauchemar très pénible : conversation avec ma Mère, très distinctement suivie (le ton, les inflexions de la voix), moi la sachant morte, mais le lui cachant, et elle à la fin me demandant si elle était morte. Il y avait un mélange de l'état de santé et de force relatives où elle était encore en 29 et des derniers mois de sa vie, — Août et Septembre derniers (30)[74].

Notre inexpérience des conditions nées du change nous a plusieurs fois induits en erreur : nous avons craint de trop dépenser, et à la fin de repas très modestes nous avons donné des pourboires princiers. L'erreur en sens contraire eût été plus déplorable. — Chez le grand papetier de la Corraterie demandé les photos de Ramuz[75], de J. Chenevière et de P. Girard. Réflexion de la vendeuse : quelque chose comme : « On ne s'occupe pas beaucoup, ici [à Genève] de nos auteurs. » Elle semblait connaître leurs noms, et un jeune homme qui était là (un client) paraissait attentif. — Le ton et les manières de pas mal de vendeuses genevoises : serviables, aimables, presque caressants, avec ce joli accent placé à faux, sautillant, cherchant d'instinct la première syllabe, l'antépénultième ; parfois un peu germanique.

Dans le train, dormi, songé à *La Force et l'Outil* ; à « L'Art et le Métier[76] », etc. Lisant des journaux et le *Pie XI* de Mgr. René Fontenelle. Baboa, comme toujours, étudiant les cartes, voyant à regret s'éloigner les fleuves et les montagnes dont elle venait de trouver les noms ; voulant savoir toute la biographie des moindres cours d'eau, et moi bien souvent at a loss[b] pour lui répondre.

Après les belles semaines de Marina di Pisa[77] et les trois belles journées d'Annecy la rentrée à la maison est un peu pénible, ce soir. (L'appartement pourtant très propre, bien chauffé, nous attendant depuis plusieurs jours.) Quelques lettres, dont une de Mme de B[assiano][78], m'attendaient. — Personne de connaissance, et surtout pas de Pelmazoïdes dans le train ; c'est une chance !

Parigi, 12 sept., samedi. — Un poco raffreddato ; ma ho potuto uscire e fare quello che avevo da fare : banca I, Stazione per pren-

a. Italien : « Demain matin, courses et achats ; et le soir, nous serons à la maison. » Le terme *corse* a le sens, sportif, de « courses à pied » et *compre*, qui signifie « achats », se rencontre plus fréquemment sous la forme *compere*. De même, l'italien préférera *e la sera* à *ed alla sera*.

b. Anglais : « en peine ».

dere i bauli, casa ; dopo pranzo dal Dott. V. (15-7) (96)[a]. — Il est assez content de moi, mais m'a donné 3 jours de digitaline. À pied pl. S· Augustin, puis av. de Messine, et de la r. de Lisbonne à la maison par l'S[79]. Pluie ou humidité toute la soirée ; 2 courtes sorties à pied r. Monge. Deux courriers[80] : France, Rép. Argentine, Espagne, Italie, Colombie ; Mme Roze[81] ; V[oldoire][82] ; Guillermo de Torre[83] ; Enrico Falqui et les épreuves de « Les Couleurs de Rome[84] » que j'ai corrigées et renvoyées ce soir même. J'avais plus à dire, mais j'ai voulu faire court. Je voudrais que ce morceau, avec la trad[uction] de G.B. Angioletti en face, dans *Fronte*[85], tombât entre les mains de Mussolini ou de quelque tête importante du Parti. Je crains qu'ils n'aient l'idée de peindre Rome en gris-pauvre, l'aspect nordique (et sordide) étant pour eux quelque chose de prestigieux, de sérieux, d'européen, et les couleurs vives, méridionales, leur paraissant archaïques, démodées, dépourvues de « sérieux ». Il est probable que les Docks de Naples ne sont plus peints en rose. Voilà pourquoi j'ai maintenu ma critique des maisons neuves de la Porte-Latine (toutes marquées du Faisceau[86]) et les noms de Lille et de Roubaix, que j'étais un peu fâché, ou scandalisé, d'écrire dans un morceau consacré à Rome. Écrit et expédié sept lettres ou billets. Couvert des livres, classé des drapeaux (les nouveaux drapeaux des Cantons, « flammés[87] ».)

Parigi, 13 Sept. Dimanche. — L'idée d'aller à Valbois, seul, sous cette pluie, dans ce froid, m'est pénible. Mais surtout la séparation. La quitter, même pour une heure, m'est pénible. Comme j'attendrai ses lettres ! Il le faut pourtant. Cela fait partie de la pratique de la patience : renoncer à tout ce qui peut distraire, comme se cacher, fuir les occasions de recevoir des compliments, de paraître avec avantage, — et tout ce qui peut réveiller l'Ennemi, l'Autre, le Dérangeur, le Grand Pelmazoïde. Mais cette séparation est une épreuve beaucoup plus dure et plus difficile à supporter. Vraiment, elle me tient lieu de tout. C'est-à-dire que l'ayant près de moi, je ne désire plus rien de ce qui ne se rapporte pas à son bonheur. Et il faut pourtant me priver d'elle. Dix jours, quinze jours peut-être, sans elle.

Mauvais temps ; déprimé ; un Paris de vacances froides, ennuyeux et triste. — Sorti dans le quartier après déjeuner ; de 2 ½ à 7 ½ occupé à mettre de l'ordre : collections, papiers. Lassitude, malaise, petits pincements (effet de la digitaline ?). Le rhume, mieux, grâce aux cachets. Les douleurs que j'avais oubliées à Marina di

a. Italien : « Paris, 12 septembre, samedi. — Un peu enrhumé ; mais j'ai pu sortir et faire ce que j'avais à faire : banque I, gare pour prendre les malles, maison ; après déjeuner, chez le Dr. V. (15-7) (96). » (Les chiffres entre parenthèses ponctueront les visites de Larbaud à son médecin : ce sont les valeurs tensionnelles, suivies du chiffre des pulsations, probablement relevées par le médecin au cours de la consultation.)

Pisa et pendant le mois 15 Août-11 Septembre se rappellent à moi. Je n'aurais pas pu travailler aujourd'hui, ni faire une longue promenade. À 8 h p.m. au restaurant, puis au cinématographe, già[a] « des Chinois », devenu « Le Panthéon », et parlant anglais, et très cher, ou plutôt très renchéri ; suite de sottises incroyables.

À l'unique courrier d'aujourd'hui une lettre de G. Jean-Aubry qui m'a fait plaisir. Adressée à Valbois. Il était à Annecy le 7 (lundi). Expédié : un mot de remerciement à Guillermo de Torre (Buenos-Ayres) pour son livre sur la Pinture[b] Espagnole Contemporaine, édité à Montevideo.

Demain préparatifs pour le départ. Pourrai-je seulement travailler à Valbois? Je voudrais tenir mes promesses à *Commerce,* à *La NRF* et au *Manuscrit autographe*[88]. C'est ce dernier qui m'attire le plus ; à cause de son caractère « incognito », secret ; peu de lecteurs mais choisis. Par exemple à Zurich en 28 ils ont traduit une de mes notes publiées là. — D'après la lettre de Mme de B[assiano], *C[ommerce]* vivrait encore une année, au prix des mêmes sacrifices. On s'y intéresse encore, tandis que *La NRF* paraît de plus en plus négligée, et de plus en plus répandue. Sans ma promesse à Jean Paulhan et toutes les marques de vraie amitié qu'il m'a données je n'y publierais plus rien. Et si ma santé me permettait de faire des projets, si je me sentais capable de travailler beaucoup, je voudrais trouver une petite revue débutante ou publiée très à l'écart du grand public. Ma promesse à *La Revue de Paris*, uniquement par amitié pour Thiébaut[89]. Ce serait « L'Art et le Métier », mais pourrai-je la tenir ? Ma vue a beaucoup baissé depuis Juin dernier.

Paris en ce moment est si triste et a l'air si stupide que je serais content de le quitter si je n'y laissais pas Mae Muggè.

Valbois, 18 Septembre (Venerdi). —

Exp. : Baboa ; M. E. Challeton ; G. Pillement[90] ; J.L. Vaudoyer ; Pavlé Wassitch. Je remercie P. Wassitch[91] de ses aquarelles. —

Songeant au « balustre d'or » de la phrase de J.-J. Rousseau et du monument Rousseau-Warens à Annecy, — qui sait si les mots « balustre d'or » ne lui venaient pas directement de Boileau ? Et ainsi Boileau > J.-J. Rousseau > un balustre d'or autour d'une fontaine, à Annecy[92] ! —

Très occupé par Valbois : visite des travaux en train, visite à l'Espinasse, visite des combles, courte promenade jusqu'à l'entrée de la forêt. L'air humilié et convalescent de la campagne après de longs jours de pluie, et sous un soleil affaibli ; rien de la glorieuse maturité de la saison. Encore des traces des orages de Juin. Pas

a. Italien : « anciennement ».
b. Contamination de l'espagnol ?

une heure pour le travail. Je lis avant de m'endormir, — le seul moment où je peux lire, — *Odisea de Tierra Firme*, de Mariano Picón Salas, Vénézuélien vivant au Chili (imprimé à Madrid) envoyé, avec dédicace, de Santiago de Chile. Roman du type historico-social ; la Partie I contient, « romancée », cette remarque : profonde influence des Antilles anglaises, françaises, hollandaises et danoises sur les habitudes des fugitifs et des exilés vénézuéliens et « grenadins » de la guerre d'Indépendance. —

Je termine la fatigante journée par le meilleur : lettre de Baboa relue, et ma réponse.

Valbois, 19 Septembre (Samedi.)

Belle et intéressante lettre d'Emmanuel Lochac[93]. J'aime la façon à la fois sérieuse et détachée dont il prend son travail. Je pense qu'il est « sûr de son affaire », avec raison, et malgré l'opposition qui lui est faite. Par exemple : il est sûr de ne pas céder, quoi qu'il arrive, à la tentation d'écrire partout ; un roman, s'il l'écrit, sera « difficile », ne le fera pas avancer d'un pas vers le grand public ; il est sûr de ne pas écrire pour le théâtre. Il y a tant de gens qui commencent bien, difficiles, et puis ils « coulent » à la façon de certains fromages : un roman facile, des nouvelles lançables directement, des articles de journaux, une pièce de théâtre, etc. Ainsi Henri Bataille[94] : un très bon recueil de poèmes, et puis du théâtre fabriqué, industriel dans le genre « article riche » ; des choses du jour, de l'année ; rien pour le lecteur. C'est ce que je crains pour —— depuis que j'ai vu un article de lui dans un quotidien. Une pastille de couleur sur laquelle on verse des litres d'eau. Inexcusable chez un homme qui n'a pas besoin de travailler pour vivre ; lamentable dans le cas contraire ; mais l'exemple de l'écrivain riche prouve que c'est un instinct, un besoin de se vulgariser, de se rapprocher du grand public, de « couler ». Ils se justifient en songeant à Voltaire et à V. Hugo, et à Goethe, et au petit nombre de ceux qui ont été créateurs dans les « principaux genres ». Mais il y avait coulage chez Volt. et chez V.H. eux-mêmes, avec cette différence qu'ils ne lâchaient pas la corde pour cela, qu'ils continuaient à être bons ailleurs. Et pour Goethe, est-ce que son théâtre jouable, non lyrique, n'est pas bien inférieur au reste de son œuvre ? X. abandonnant la poésie et « pondant » partout, c'est vraiment un homme à la mer. « Il nous lâche. » Mais déjà sa poésie, après son premier (ou second) recueil, se faisait trop vite, et se répétait. De tout cela, pas de danger avec E. Lochac.

Lettre de Marcel Thiébaut ; il me croit rentré à Paris et voudrait me voir. De Jaime de Brunet à propos de son livre et de la situation des écrivains en Espagne depuis la proclamation de la république. Il me croit directeur de la revue *Europe*[95], comme d'autres me croient directeur de *La NRF* ou principal actionnaire (avec Gide) de *La NRF*[96], le résultat est qu'ils sont déçus lorsque leurs livres ne sont pas mentionnés et que leurs MSS. ne sont pas acceptés dans ces revues. Déjà H.M., en 1910, me croyait actionnaire ou commanditaire de *La Phalange*[97], et j'en avais été mortifié : ma copie, alors, n'aurait été acceptée que parce que je contribuais aux frais de la revue. C'était ce que croyait, ou voulait croire, H.M. À présent on confond les revues (*Européenne*[98], *Commerce*) qui portent mon nom sur la couverture, comme membre du Comité d'administration, avec d'autres revues auxquelles j'ai collaboré ; ce n'est plus la même chose.

Mauvaise journée, ennuyeuse et fatigante malgré le temps relativement beau : les courses dans S.Pourçain[99], les achats, avec la liste, de boutique en boutique. Au retour la lettre de Baboa, lue et relue, me consolant un peu de l'absence, avec ses gentilles nouvelles d'elle, du Jardin-Fleuri[100], de la maison, de Barty.

Pas un instant pour travailler. Je lirai avant de m'endormir la suite de l'*Odisea de Tierra Firme*, qui m'intéresse beaucoup. À rapprocher de l'Adivino du Président du prêtre-sorcier de *Bug-Jargal*[101]. Il n'y a pas copie, mais mise en œuvre d'un fait commun à l'Histoire d'Haïti et du Vénézuéla. (Connaît-on les sources, plus ou moins directement historiques, de *Bug-Jargal* ?)

Valbois, Dimanche 20 sept. —

Exp : Baboa ; E. Lochac ; M.Thiébaut —

Ric.: Baboa ; M. Brière.

Le matin et presque toute la journée, brume, mais grande douceur de l'air. Arrangement de papiers, de livres, de la collection, etc. — Courte promenade, le petit « placeret » du bois transformé en une exposition de champignons ; j'en ai compté au moins huit espèces, toutes abondamment représentées. Un cèpe énorme, avec une cicatrice toute fraîche, et non loin un crapaud, sûrement attiré là par les champignons. Quelques-uns sous les sapins, mais plus nombreux, et comme un tapis, brun, mordoré, rose, blanc, gris, rouge, le long des sentiers et dans la partie où la bruyère pousse. Seulement en Suède j'en ai vu de telles invasions sous bois. À Valbois le silence, qui semble si complet pendant la semaine, augmente encore le dimanche. Il y a un silence dominical très sensible dès le matin. On ne croirait pas que les travaux des champs produisent un bruit assez grand pour que leur interruption se remarque de cette façon.

Mieux qu'hier, et plus actif ; jeûné toute la journée pour obtenir ce résultat.

Je voudrais que Mae Muggè entrât dans un Valbois qui lui plût ; c'est-à-dire en ordre, et mieux agencé, en suivant, du reste, et en menant jusqu'au bout ce que ma Mère avait commencé. Il y a beaucoup à faire, comme dépense et surtout comme surveillance et réflexion et choix. Reçu hier et entamé aujourd'hui les « servines » de l'Espinasse : poulets, beurre... (They write it : Servines[a].)

Terminé le livre de Mariano Picón-Salas[102], *Odisea de Tierra Firme*. Le titre est expliqué par le retour des Blancs, fugitifs, exilés politiques, aux Antilles. — Au XVIIIe siècle cette sorte d'ouvrage aurait figuré dans les collections des « Révolutions » : « Les Révolutions du Vénézuela » ; comme « Les Révolutions d'Angleterre », de Suède, de Hongrie, etc., etc. ; mais le sujet est traité par un artiste et prend dès l'origine une allure autobiographique, souvenirs de famille, souvenirs de jeunesse... La satire est moins forte que chez R. Blanco-Fombona[103], et le style peut-être est plus personnel et plus nuancé. Surtout, ce livre explique mieux que ceux de B. F. (du moins pour un Européen) la situation politique, les antécédents. Il y a, en somme, une théorie de l'histoire du Vénézuéla ; et la satire passe au second plan. Ainsi les bárbaros de R. Blanco-Fombona sont mieux décrits, plus complets, que ceux de M. Picón-Salas, qui réussit mieux les types opposés (aristocratie blanche, fondateurs de la République, gouverneurs vraiment « civils » et civilisateurs.)

Leo otra vez la carta de mi Mujer y — buenas noches[b].

Valbois, lunedi 21 Sett. — Lettera di Baboa; di una rivista domandando collaborazione; delle banche, ecc. — Tutto bene a Parigi. — A pranzo, M., il muratore; le sue storie e chiacchiere sopra la gente del paese, e della provincia in generale ; molte vittime della passione della caccia, del giuoco a Vichy, e delle donne. B. rovinandosi per avere 200 cani da caccia, pagando quasi 200.000 a M. per la costruzione del suo canile. Poi le notti bevendo ciampagna e ballando; finalmente morendo nel bosco, col fucile da caccia ancora nella mano. Sono le storie di sempre, coi nomi cambiando, quelle che ho notate in « Le Couperet », al principio. Caratteri forti, ma poco interessanti per la rusticità, la mancanza di coltura[c]. Vichy, per loro una Babilonia davvero, li abbaglia e li rovina; e dentro di Vichy stesso[d], rimangono rurali, di molto inferiori agli stranieri ricchi, non fanno la figura che si potrebbe creder che fanno vedendoli spendere tanto e fare una vita cosi « rumbosa[e] »

a. Anglais : « Ils l'écrivent "Servines". » Le mot, à la ligne précédente, avait été raturé et Larbaud a sans doute voulu le récrire de façon claire. Ce terme « servines » désigne les paiements complémentaires en nature effectués par les fermiers de la région de Saint-Pourçain.

b. Espagnol : « Je relis la lettre de ma Femme et — bonne nuit. »

c. Larbaud semble confondre *coltura*, « culture agricole », et *cultura*, « culture intellectuelle ».

d. Les noms de villes étant au féminin en italien, on attendrait *stessa* ici.

e. Ce mot n'est pas attesté en italien. Les éditions de Robert Mallet et de Claire Paulhan lui ont substitué *rombosa*, adjectif que Larbaud aurait pu créer à partir du substantif *rombo*, « grondement » (tonnerre ou canon). Mais n'y a-t-il pas tout simplement confusion avec *rumorosa*, « bruyante » ?

nei loro « castelli ». Ma al disopra di quelli c'è la classe rappresentata da St G. (nelle storie di M.), la classe dei signori che abitano Parigi una parte dell'anno, e soltanto i mesi d'estate nel Borbonnese[a]. Pensant à « ces Messieurs du Pays », dans l'ensemble, à ces existences de rentiers dominés par leurs penchants ou leurs manies, et ne trouvant de limites que dans le manque ou l'insuffisance de leurs biens temporels, j'ai eu le sentiment d'une « classe fabuleuse », en train de disparaître (les nécessités de la vie actuelle, les taxes successorales) et dont on parlera un jour comme on parle de la chevalerie... Mais ils sont déjà peints dans des livres comme ceux de George Eliot, de Selma Lagerlöf, etc.

J'ai suivi le chemin entre le ruisseau et le bois de sapins, comptant les arbres renversés, cassés ou inclinés par les orages de Juillet. — Mêmes occupations qu'hier ; pas un moment pour travailler. Lecture : un des essais de Euclydes da Cunha[104] dans *Contrastes e confrontos*. Sped : lettera a Baboa, nient'altro[b].

Valbois, mardi, 22 Septembre. — St Pourçain le matin (corse, compre[c]). All day busy with the house, without the possibility of reading or working. Alla sera bruciando cose. Thinking on death ; what we leave after us ; and Tibullus' *Elegy I : Divitias alius...* I do not feel so near them here ; I wonder why ; yet the old servant, la moglie del manente, says : « L'armoire de Madame », that is, the most important one, among twenty, the one with the keys in it. Here, I lived, too ; and MY memories run along those of THEM. I suppose a younger man's feelings would be very different ; his grief not deeper but more acutely felt, and at the same time more haste at taking possession. My dominant thought is : I too am going that way. Besides, if I were alone I would not care much for the things themselves. Perhaps I would not have come back at all to Valbois. I am here for my Wife ; and all I do is dictated by the wish to leave

a. Italien : « Valbois, lundi 21 septembre — Lettre de Baboa — d'une revue demandant ma collaboration ; des banques, etc. Tout va bien à Paris. Au déjeuner, M., le maçon ; ses histoires et ses racontars sur les gens du pays, et de la province en général : beaucoup de victimes de la passion de la chasse, du jeu à Vichy, et des femmes. B. se ruinant pour avoir 200 chiens de chasse, payant environ 200.000 à M. pour la construction de son chenil. Puis passant ses nuits à boire du champagne et à danser ; enfin mourant dans un bois, le fusil de chasse encore à la main. Ce sont les histoires de toujours, en changeant les noms, celles que j'ai notées dans "Le Couperet", au début. Des caractères forts, mais peu intéressants en raison de leur rusticité, de leur manque de culture. Vichy, pour eux, une vraie Babylone, les éblouit et les ruine ; et dans Vichy même, ils restent ruraux, bien inférieurs aux riches étrangers, ils ne font pas l'effet qu'on pourrait croire en les voyant dépenser autant et mener une vie si "tapageuse" dans leurs "châteaux". Mais au-dessus de ceux-là, il y a la classe représentée par St. G. (dans les histoires de M.), la classe des messieurs qui habitent Paris une partie de l'année, et le Bourbonnais seulement en été. »

b. Italien : « Expédié : lettre à Baboa, rien d'autre. »

c. Italien : « courses, achats ».

her a place where she will be comfortable. — Letter from her this morning; my answer posted at S. Pourçain. — I wrote to Enrico Falqui[105] about the essay on Anthologies for *L'Italia letteraria*. Very tired tonight. I'll go on with the essay by Euclydes da Cunha[a]. —

Le rôle que jouent dans notre vie nos pensées les plus profondes, souvent informulées : à partir de 20 ans j'ai pensé : Vivre comme si je devais mourir avant eux (or rather elles : my Aunt and Mother[b]) ; en même temps, mais sans m'y arrêter : Pourtant, si... Mais la première pensée dirigeait tout, et par elle j'ai été indépendant, beaucoup plus que si je m'étais arrêté à la seconde pensée, qui m'aurait maintenu dans un état d'attente, m'aurait fait remettre beaucoup de choses, et les principales, à plus tard. De 17 à 25 ans je m'attendais toujours à mourir bientôt ; et dans toutes les années suivantes je ne comptais jamais sur plus de 2 ou 3 ans de vie. Depuis 1926 je me sens menacé comme à 20 ans, et ne fais qu'espérer avoir le temps de tout laisser en ordre. Ainsi, sans y penser, j'ai suivi le précepte « Vivre comme si on devait mourir » sinon « à chaque instant », du moins dans peu de temps. Cette pensée, ou plus justement, ce sentiment profond, m'a beaucoup soutenu ; à la fois aiguillon et frein, et cause de réflexions, d'attention, etc. Je suppose qu'il existe chez tout le monde, mais non pas au même degré. Chez moi il était favorisé et entretenu par mon état maladif ; l'imagination et la réflexion faisaient le reste. À présent encore. Indépendance : à l'égard de mes antécédents, et de ce que X. et Y. peuvent croire être mes ambitions d'homme de lettres, ou ici, de bourgeois riche (politique) ; indépendance intime aussi, strafot-

a. « Occupé toute la journée par la maison, sans possibilité de lire ou de travailler. Le soir, en brûlant des choses. Pensant à la mort ; ce que nous laissons derrière nous. Et l'élégie de Tibulle : Qu'un autre amasse un trésor d'or fauve... Je ne me sens pas aussi proche d'eux ici ; je me demande pourquoi ; pourtant la vieille servante, la femme du métayer dit : "l'armoire de Madame", c'est-à-dire la plus importante, parmi vingt autres, celle où sont les clefs. J'ai également vécu ici ; et mes souvenirs côtoient les leurs. Je suppose qu'un homme plus jeune ne ressentirait pas du tout la même chose ; son chagrin ne serait pas plus profond mais il serait éprouvé plus vivement, et il se hâterait davantage de prendre possession. Ma pensée dominante : moi aussi je prends ce chemin. En outre, si j'étais seul, je ne me soucierais pas vraiment des choses elles-mêmes. Je ne serais peut-être même pas revenu du tout à Valbois. Je suis ici pour ma Femme ; et c'est le désir de lui laisser un endroit où elle sera bien qui dicte ma conduite. — Une lettre d'elle ce matin ; ma réponse postée à S. Pourçain. J'ai écrit à Enrico Falqui à propos de l'essai sur les anthologies pour l'*Italia letteraria*. Très fatigué ce soir. Je vais continuer l'essai d'Euclydes da Cunha. »

Cette dernière phrase traduite par « Je vais continuer l'essai sur Euclydes da Cunha » a induit en erreur Paulette Patout, éditeur de la correspondance Larbaud-Reyes. Elle en a déduit que Larbaud préparait un essai sur Euclydes da Cunha.

En ce qui concerne l'*Élégie I* de Tibulle, nous avons donné la traduction du premier vers en entier c'est-à-dire : « Divitias alius fuluo sibi congerat auro », alors que Larbaud ne cite que les deux premiers mots. Cette élégie chante l'aspiration du poète à une vie simple où, « se contentant de peu », il serait parfaitement heureux.

b. Le pronom français « elles » est isolé dans une formulation en anglais : « (ou plutôt elles : ma Tante et ma Mère) ».

tenza[a], détachement, indifférence à l'égard de bien des choses qu'on pourrait croire puissantes sur moi ; et en même temps frein : mon devoir envers mon amour, d'abord ; ensuite mon devoir envers la mémoire des miens ; puis ceux de l'amitié, de la profession (sans en considérer les droits). Ainsi je devrais répondre à la revue d'Anvers qui me demande ma collaboration ; lui répondre « non » ; mais lui répondre, e lo farò stasera stessa[b].

Vichy, samedi 26 Septembre. — Hier Saint-Firmin. Il y a un an je recevais la première lettre de Pavlé Wassitch concernant mon livre *Fermina Marquez*, — une curieuse coïncidence. — Je note ce que M. Challeton, le fermier de la Pierre-Rochefort, m'a dit à Valbois sur la belle époque de Brout-Vernet, lorsque la famille Rouher l'habitait une partie de l'année : le dimanche, le défilé des équipages sur la place de l'église, — les châtelains du voisinage voulant rivaliser d'élégance avec les Rouher. —

Manque de temps pour travailler, pour mettre ma correspondance à jour. — Pourtant une heure de promenade à pied avec V[oldoire] : l'ancien parc, le casino, la place du Fatitot[c]. On installe enfin les bronzes du monument aux morts de la guerre 1914-1918. J'ai dit à V. : « Cela est aussi étrange, aussi loin de nous qu'un monument du temps des Pharaons. »

[*Un feuillet déchiré*] européenne concernant les Amériques.

Quante cose fatte dacché siamo ritornati a Parigi; e qui soprattutto ! Cose fatte a Valbois ou per Valbois, — dunque per loro e per Lei[d].

Vichy, Lunedi 28 Sett[embre] — Le notaire, les gens d'affaires, etc. Enfin, l'après-midi, une heure au Grillon, chez Paul Devaux[106], regardant ce qu'il a rapporté de son séjour autour de l'Aigoual, au Vigan, à Mende, pour illustrer *Les Hommes de la route* de Chamson. Il se développe, se déploie, admirablement ; on sort de là aussi enrichi que par un long et attentif séjour dans le pays ainsi interprété. Et pourtant l'éditeur lui a imposé des espaces très restreints : culs-de-lampe, tête de chapitres... Réconforté par cette visite. — To-morrow, at last, partenza per Parigi[e] !

a. Terme italien qui désigne une attitude de mépris affiché.

b. Italien : « et je le ferai ce soir même ».

c. Note de Larbaud : « Pl. du Fatitot, now de la Nation. » *Now* signifie « maintenant » en anglais. (On voit que Larbaud n'a pas exactement retenu le nouveau nom de cette place...) En moins d'un siècle cette place a changé quatre fois de nom. Elle est devenue successivement : place de l'Hôtel-de-Ville le 10 décembre 1865, square des Nations le 18 décembre 1912. Puis, postérieurement à ce journal, place Albert-1er en 1934, pour être maintenant la place du Général-Leclerc, depuis le 22 juin 1948.

d. Italien : « Choses faites à Valbois ou pour Valbois, — donc pour elles et pour Elle. » (Le pronom « elles » désigne sa mère et sa tante ; « Elle » représente sa compagne.)

e. *To-morrow, at last* (anglais) : « demain, enfin » ; *partenza per Parigi* (italien) : « départ pour Paris ».

Parigi, 30 sett. (e « per parecchio »). Casa, al fin ; et le Desideratus Lectus ! But she is, per se stessa, « casa »[107]. — Dernières affaires en Bourbonnais : M. B., M. d'O., M. D., les notaires et avoués, etc. — Du voyage, à noter : l'invasion de mon compartiment par des « gens des troisièmes », à Nevers. Demi-peuple, très petite bourgeoisie ; plutôt apprentis-bourgeois (tous français habitant Paris.) Leur grande et très naturelle politesse, le langage seul trahissant le milieu social auquel ils appartiennent. Mais très grands progrès sur vent'anni fa[a]. Mots, expressions et ton de « caste » en diminution notable. La « personal remark[b] » de la petite fille sur ma valise : « Camembert » ; elle n'y mettait pas de malice ; elle n'avait jamais vu d'étiquettes d'hôtels sur les valises ; n'avait vu quelque chose de semblable que sur les boîtes de fromages, et en effet l'étiquette de l'hôtel de Montpellier que je conserve avec soin à cause de la vue de l'Œuf qu'elle représente ressemble à celles des boîtes de camembert. Cette remarque, très juste, aurait peut-être vexé des bourgeois prétentieux, et les parents ont dû penser qu'elle m'avait vexé : redoublement de la déférence très marquée (mon âge, ma décoration[108], ma qualité de voyageur de « Premières »...).

L'heureux isolement dans la grande foule à l'arrivée. Ieri, già[c].

Courrier : Mexique, Argentine, Suisse, Italie (un lecteur espagnol, de Gênes), France, Espagne. — Aujourd'hui *Creative Criticism / and other essays* / by J.E. Spingarn / a new and enlarged edition / New York / Harcourt, Brace and Co / 1931[109]. Entre hier soir et ce soir, écrit et sped. 10 ou 12 lettres, toutes d'affaires : Vichy, Valbois, ici ; réponse à Hansell Baugh et lettre à ce sujet à Justin O'Brien[110] ; commencé lettre à Marcel Ray à Berlin.

A.M. : girino nel quartiere, a piedi: posta, dattilografia (per *L'Italia Letteraria*), gli orologi da riparare, ecc[d].

P.M.: lungo giro autobus e a piedi; insieme S da V. (90); rendez-vous pris Dr Morax pour les yeux ; S insieme fino alla Maddalena ; io fino alla rue de Sèvres (passando davanti all'appartamento di A. Fontaine) ; a piedi : r. de Sèvres, r. du Cherche-Midi, d'Assas, de Rennes, Vx-Colombier (compre a N.D. de Guadalupe); S piazza Medici ; poi a piedi fino a casa, passando a r. Soufflot (Marcel Thiébaut), r. des Fossés S-Jacques, Thouin, e casa. Poco dopo arriva mi Mujer colle sue compre per la casa. — Lettere ; e due girini nel quartiere, da me, con Barty, prima e dopo di cena. Ordine nelle carte, nei libri ; niente lettura, niente

a. Italien : « il y a vingt ans ».
b. Anglais : « réflexion ».
c. Italien : « Mais c'était hier » (Larbaud rapporte ici les événements de la veille).
d. Italien : « Petit tour à pied dans le quartier : poste, dactylographie (pour *L'Italia letteraria*), les montres à réparer, etc. »

lavoro[a] (en dehors de ces d— letters[b]). Encore un MS pour *Commerce* à lire, trad. des *Él. romaines* de G.[111] ; intéressant.

Paris plus animé ; l'air radouci, et pluie tiède à la tombée du jour. L'odeur d'automne du Luxembourg à travers les grilles.

Noter le mot de Marie B. l'autre jour à Valbois m'annonçant leur intention de quitter le service : « Nous étions avant à Monestier ; nous sommes entrés chez Mademoiselle Jane en 1912 ; nous nous retirerons à Monestier ; ÇA AURA ÉTÉ TOUT NOTRE VOYAGE[112]... »

Sopportato bene, senza molta stanchezza, la camminata, per me lunga, di stasera[c].

Octobre

Parigi, 1 Ottobre. — Casa[d]

Pensé hier et aujourd'hui à Jean Cocteau, avec insistance, — rue Royale où je l'ai rencontré deux fois dans des circonstances remarquables, — et ce soir un journal m'apprend qu'il est atteint de typhoïde, à Toulon où il passait ses vacances. Gentil esprit et bon cœur ; je suis inquiet et je voudrais avoir de ses nouvelles, mais qui est à Toulon en ce moment[113] ?

Paris par beau temps, presque d'été, et, avec l'Exposition Coloniale[114] qui s'obstine à vivre malgré ses palais fondant comme carton-pâte, et la rentrée des lycéens et étudiants, entrando en fuego[e]. Courses seul dans le quartier, sans pardessus, flânant : r. Monge, Square Monge (traversé avec Barty qui sûrement

[*Un feuillet déchiré.*]

[Girau]doux, — et Proust, — et tous les meilleurs (et A. Gide et Claudel et Valéry) ; on dira : bourgeois. Mais Ch. L. Philippe[115] aussi, et — et —, malgré leurs origines populaires, étaient, sont exempts de cette rusticité.

a. « P.M. : long tour en autobus et à pied ; S. ensemble. chez V. (90) ; [...] S. ensemble jusqu'à la Madeleine ; moi jusqu'à la rue de Sèvres (en passant devant l'appartement d'A. Fontaine) ; à pied : rue de Sèvres, rue du Cherche-Midi, d'Assas, de Rennes, Vieux-Colombier (Achats à N.D. de Guadeloupe) ; S. à la place Médicis ; puis à pied jusqu'à la maison, en passant rue Soufflot (Marcel Thiébaut), rue des Fossés-St-Jacques, Thouin, et chez moi. Peu après ma Femme arrive avec ses emplettes pour la maison. — Lettres ; et deux tours dans le quartier, tout seul, avec Barty, avant et après le dîner. Mis de l'ordre dans mes papiers, dans mes livres ; ni lecture, ni travail ». On attendrait plutôt *da solo*, ou *solo*, pour signifier « tout seul » ; plus loin, on aurait attendu *dopo cena*, le *di* ne se justifiant pas ici.

b. L'initiale et le dernier mot sont en anglais : « *d*[*amned*] *letters* », ces « fichues lettres » (qui ont pris tant de temps !...) — le « *mi Mujer* » que l'on trouve trois lignes plus haut est espagnol et signifie « ma Femme ».

c. Italien : « Bien supporté, sans trop de fatigue, la promenade, longue, pour moi, ce soir. »

d. Italien : « Paris, 1er octobre — À la maison. »

e. Espagnol : « pleins de fougue ».

P.M. visite au Dr Morax, qui m'a complètement rassuré, et m'a indiqué les verres dont j'ai besoin. Son mot au Dr V. est tout à fait rassurant en ce qui concerne le traitement passé et futur de V. M'a inspiré une très grande confiance.

Rejoint Baboa à l'endroit qui est, dans le quartier Raspail, notre Portico degli Appuntamenti[a] ; ensemble en taxi pl. de la Sorbonne où j'ai commandé le livre de Van Tieghem sur la piste duquel le livre de Spingarn m'a mis, et acheté le nouveau A. Dauzat, frais publié. Rentrés [à] pied à la maison, r. Soufflot, St Jacques, etc ; compre per la tavola. — La posta della sera mi porta un esemplare di lusso, e con dedica, del *Laure et Laurence* di J. L. Vaudoyer, vero e buono amico... e[b] de la REVUE des Gens Bien Élevés[116].

Parigi, 2 Ottobre. —

Penser à chercher le nom du descendant des Incas que Belgrano[117] voulait faire élire empereur. Comme cela rend Belgrano aimable !

Promised a candle to St Lucy on the 13th of december wherever I may be, except at sea, and then on the day I land[c].

Niente Pelmazoïdi stamattina[d] ; soulagement. Revenant là dessus, je me suis aperçu que j'avais déjà écrit : « Encouragé, il outrecuide », redoublant par la citation du proverbe : Oignez vilain[118]... C'est exactement ce qui s'est passé pour un certain nombre de « vilains de lettres » et pédants de collège qui ont plus ou moins outrecuidé dans la mesure où je les avais encouragés en leur rendant service ou en répondant à leurs avances ; per esempio K. Ou [duplic.][e]. Quant à ceux que j'ai découragés plus ou moins sévèrement ils m'ont, dans la même mesure, « oint » ou, — les moins indignes, — satisfait en se laissant mettre de côté. J'ai admiré la constance de W.V. et de son mari : ses lettres, toujours « cher ami » pendant trois ans, laissées toutes sans réponse, et elle continuant à m'écrire pendant ces trois années comme si nous avions été très intimes ou pouvions l'être encore. Ils représentent mon record en tant qu'infligeur d'affronts et correcteur d'outrecuidants. Je ne regrette qu'une chose, et c'est de ne les avoir pas traités ainsi dès

a. Italien : « lieu de rendez-vous ».

b. Italien : « Achats de nourriture — La poste du soir m'a apporté un exemplaire de luxe, avec dédicace, de *Laure et Laurence* de J.L. Vaudoyer, un véritable et bon ami... et de la REVUE des Gens Bien Élevés. » (On aurait attendu, normalement, la forme *buon*, forme apocopée, obligatoire devant une voyelle.)

c. Anglais : « Promis un cierge à sainte Lucie le 13 décembre, où que je sois, excepté en mer, et en ce cas le jour où je débarquerai. »

d. Italien : « Pas de Pelmazoïdes ce matin. »

e. Italien, mais la terminaison du dernier mot ne nous apparaît pas clairement : *duplic* paraît cependant préférable à *duplie* (qui n'est pas attesté) ; ce pourrait être l'abréviation de *duplicate* (*s.e. copie*) : copies doubles, ce qui donnerait ici : « par exemple K. Ou ses semblables. »

leurs premières avances. Cependant je ne regrette pas de les avoir servis : le mérite m'en reste, et leur indignité les a empêchés de profiter des services rendus. Ce furent des aumônes faites à des importuns. Là encore il y a le mot de Fabrice dans *La Chartreuse de Parme*[119] : « Je n'ai que ce que je mérite : je me suis frotté à la canaille. » Cela m'est arrivé plusieurs fois depuis quarante ans (peut-être, pour la première fois, à l'école), et peut m'arriver encore, malgré mes précautions. Mais, en somme, il n'y a pas grand inconvénient à cela. Le plus grand serait le temps perdu ; mais en défendant mon temps je me défends du même coup contre la « canaille ».

Niente lavoro, o pochissimo oggi ; ma non mi rincrese. Ci vuole sempre molto loisir attorno alla preparazione del lavoro[a]. — Lettre de Mme de B., très bonne et très chère amie, m'encourageant avec une extrême délicatesse, comme toujours ; exactement comme il faut ; sans faire appel à ma vanité, ni à tous les motifs bas qu'une âme grossière pourrait invoquer, comme « vos lecteurs attendent », ou tout ce qui sent le métier, la profession, la carrière, le désir du succès immédiat et matériel. Oh ! ma chère princesse ! La seule pensée de son amitié, une lettre comme celle d'aujourd'hui, écrite de son lit où le médecin la tient confinée, suffirait à me réconforter si j'en avais besoin. Mais je me sens beaucoup moins malade, plus fort pour remonter le courant, et surtout j'ai la compagnie constante de Baboa et le bonheur de l'avoir toujours près de moi, de la voir, de l'entendre (cet après-midi, boulevard Malesherbes, elle regardant et me montrant l'étalage d'une modiste, et moi ne voyant qu'elle dans un miroir placé au fond de la vitrine ; elle s'en est aperçue et a ri.) « In vece di guardare questi capelli[b]... » Sa grâce et sa bonté, spectacle inépuisable, et ma plus grande richesse. — Comme amitié féminine, celle de la Pcesse de B. me suffit, fortifiée d'année en année depuis près de dix ans ; je n'en désire pas d'autre, n'en conçois même pas d'autre possible pour moi... Deux ou trois autres, qui pourraient être de bonne et agréable compagnie me sont, au fond étrangères, déformées ou absorbées qu'elles sont par une existence trop exclusivement intellectuelle ou mondaine. Et quant à celles que j'ai laissé[c] de côté, ou tomber (le moins brusque-

a. Italien : « Pas de travail, ou très peu aujourd'hui ; mais je ne l'ai pas regretté. On a toujours besoin de beaucoup de loisir pour se préparer au travail. » (Noter le lapsus calami : on attendrait ici *rincresce* au lieu de *rincrese.*)

Dans cette phrase entièrement rédigée en italien, la présence du mot « loisir » laisse un peu perplexe, mais ce sont les surprises que nous offre la langue du journal de Larbaud. Après tout, n'est-ce pas, exprimée ici, cette pensée attribuée à Locke : « il faut perdre la moitié de son temps pour pouvoir employer l'autre » ?

b. Italien : « Au lieu de regarder ces chapeaux... » Il y a confusion ici entre le mot *capelli* (cheveux) et le mot proche, *cappelli* (chapeaux).

c. On attendrait plutôt « laissées », mais ici c'est la construction sans accord, admise pour « laissé tomber », qu'a choisie Larbaud.

ment possible), c'était vraiment les moins faites pour avoir [avec] moi des rapports amicaux. Toujours l'étonnement, après le recul obtenu : Comment ai-je pu la (x) — ou les — fréquenter si longtemps[120] ! Mais dans certains cas les débuts étaient bons, et c'est par degrés insensibles que le fond du caractère s'est fait jour, ou que ce caractère s'est gâté : encouragées, elles ont outrecuidé. À présent je ne me conçois pas allant chez — ou chez — ou chez —, et écoutant leurs propos, leurs racontars, le Niagara de petites méchancetés et de grosses sottises qu'elles débitent sans interruption depuis des années. Mais il faut dire aussi que, au temps où je les fréquentais, j'écoutais bien distraitement ce Niagara. — Tout bien examiné, je n'ai laissé tomber personne sans motifs sérieux et sans avoir fait quelques efforts pour supporter les incommodités ou l'ennui, ou les ennuis, que ces mauvaises fréquentations me causaient. D'autre part je m'aperçois que la plupart de ceux que j'ai mis de côté, dont j'ai nettoyé mon chemin, restent mes débiteurs pour des services rendus, — recommandations et encouragements, souvent très efficaces, surtout les premières. Et voilà ce qu'a produit la visite de ce Prof. W., hier matin, avec sa dame : dix ou douze pages sur le Pelmazoïsme et les Pelmazoïdes[121] !

A.M. Girone a piedi, con Barty: Square Monge, r. des Écoles, Clos-Bruneau, des Carmes, Valette, Pl. du Panthéon, r. Clotilde, l'Estrapade, — casa.

P.M. : Poste, pédicure, pharmacie, seul. After tea at home, S (avec mi Mujer) S. Augustin ; l'opticien ; r. de Lisbonne, compre per la tavola ; av. de Messine, e S a casa. — Girino quartiere con Barty dopo cena[a]. — J'aime ces belles journées où l'été semble s'attarder, se prélasser (mot baudelairien !) avec les jardins de Henri IV, le Luxembourg, le Parc Monceau, encore pleins des falbalas, à peine roussis, de Mai. Quel aimable Paris ça forme, ce mélange du beau temps, de l'automne commençant, et de l'animation des rues et des places !

Songé plusieurs fois à J. Cocteau, et prié à diverses reprises pour sa guérison. — Écrit à M. B. à Fleuriel et à Marie B. à Valbois. — Classé papiers d'affaires. — *Revue de l'Amérique latine* ; *A izquierda y derecha* de Salomon Waprin (critique) ; Dauzat ; — Il me faudrait des heures plus régulières, pour tenir mes promesses aux revues et aux gens (le *Sir Thomas Browne* d'O. Leroy, en retard de près d'un an[122]), et pourtant lire pour moi, et sortir, et suivre mon traitement.

Paris, Dimanche 4 Octobre. — Mes nouveaux verres me permettent de lire à peu près sans fatigue. — Reçu la copie du bail de

a. Italien : « Courses pour la table ; avenue de Messine, et S à la maison — Petit tour dans le quartier avec Barty après dîner. »

l'Espinasse, et classé les papiers qui concernent Valbois et les banques. — Read several of Spingarn's essays on criticism, and re-read Philippe Van Tieghem's pamphlet on *Tendances nouvelles*[a]... Corrigé la dactylographie de « Anthologies » pour l'envoyer demain recommandée à Enrico Falqui[123]. — Mon emploi du temps est fixé : très simple, entreprenant peu de choses, laissant place pour mon traitement et des promenades et des visites d'amis ou à des amis, — les meilleurs d'ici : Mme de B. ; M. Ray ; J. Royère ; G. Gallimard ; J. Paulhan ; F. Contreras ; E. Lochac ; M. Thiébaut ; G. Jean-Aubry ; Cipa Godebski[124]. — Il y a place aussi pour les travaux promis, et IN PRIMIS[b] le *Sir Thomas Browne* et le texte pour *Commerce* ; puis les lectures pour les autres, remis au moment où nous serons installés pour l'hiver et le printemps hors de France. (Ce serait Argostoli[125] ; mais tout dépend du Dr V., c'est-à-dire de ma santé.) Parmi ceux-ci ce que j'ai promis à J. Paulhan et à M. Thiébaut. Je tâcherai aussi de voir Ch. du Bos[126], Maurice Martin du Gard[127], Ernest Raynaud[128], Fr. de Miomandre et Jean Cassou[129]. Naturellement, les gens qui demanderont à me voir sans me faire perdre mon temps, ou ceux que j'aurai à voir pour affaires comme Chanvin[130].

Une très belle journée : trois sorties : matin seul dans le quartier ; après-midi à Saint-Cloud avec Baboa, pas trop gênés par la foule comme nous le craignions. Nous avions songé d'abord à Fontenay-aux-Roses[131], mais Mme Roze pouvait venir jusqu'à 4 h, et nous avons dû choisir l'itinéraire le moins long. — Retour vers 7 h p.m., et nouvelle sortie pour dîner dans un restaurant du quartier, emmenant Barty ; retour par Bd S. Germain et rue Monge. Il y avait grande foule pour une représentation ou une conférence en Yiddish au Palais de la Mutualité[132]. Ce bâtiment a changé tout l'aspect de ce coin du Quartier S. Victor. Ma grand-mère maternelle l'avait habité quelque temps, je crois, lorsque son mari était détenu à Ste Pélagie[133]. Elle n'en reconnaîtrait que l'église. — La physionomie de la Porte d'Auteuil et du quartier au-delà se précise ; les maisons neuves s'achèvent ; dans Boulogne aussi, hôtels particuliers et maisons neufs. Contraste entre les petites villas fin du XIXe siècle et des villas modernes, parfois juxtaposées.

Particulièrement heureux, tous les deux, aujourd'hui ; savourant le bonheur d'être ensemble et isolés dans la foule, souffrant à la seule idée d'une séparation de quelques instants. Et tout projet d'où sa présence est exclue me paraît ennuyeux, même une visite d'un ami ou à un ami. J'y songeais avec peine cet après-midi à Saint-Cloud : cette série de gens à voir ; certainement je désire les

a. Anglais : « Lu plusieurs essais de Spingarn sur la critique et relu le pamphlet de Van Tieghem sur *Tendances nouvelles*... »

b. Latin : « surtout ».

voir, mais surtout parce que je sais que je dois quitter Paris dans un temps relativement court, et qu'après, une fois hors de France, — sauf à Gênes et à Rome, — nous serons entièrement, à chaque instant, l'un à l'autre. Si nous avions, comme la plupart de nos « conocidos[a] », la perspective d'une année à passer chez nous, ces visites seraient trois et quatre fois remises à plus tard, et plusieurs n'auraient pas lieu, parce qu'elles interrompraient ce continuel tête à tête qui nous est nécessaire à tous deux. Et cela après dix ans de mariage... Exactement 9 ans et 5 mois après-demain[134]. Je n'y peux songer sans être stupéfait de mon bonheur. — Comme, à Valbois, je disais quelque chose de cela à V[oldoire] : « Oui, me dit-il, vous avez eu de la chance ; vous êtes, comme on dit, bien tombé ! » Je lui ai répondu : « J'ai cherché assez longtemps ! » Il a ri. Et repensant aujourd'hui au chapitre des « Panathénées » de *Luis Losada*[135], je me demandais si je devais avoir quelque regret, par exemple en ce qui concerne Alicante ; mais, tout bien examiné, je ne le crois pas ; — je veux dire le regret d'avoir déçu une certaine personne ; mais, en me rappelant très exactement toutes les circonstances, et le billet qu'elle m'a écrit, — après quatre ou cinq ans de silence, — lorsqu'elle a lu *Amants, heureux amants...*, — j'ai le sentiment que ma conscience peut être tranquille de ce côté-là.

Paris, lundi 5 octobre. — Emploi du temps à peu près exactement suivi ; courses et lectures, un peu de travail ; mais lettres en retard.

Reçu une nouvelle plaquette d'Alfonso Reyes *La Saeta*[136] ; je l'ai « respirée » et son parfum m'a plu.

Paris mardi 6 octobre. — Très belle journée, d'été. Ce soir vers 10 ½ dans le jardin, la chaleur de l'air, les arbres encore couverts de feuilles (leur couleur automnale invisible), et les fenêtres éclairées dans tous les corps de bâtiments, et surtout dans les maisons dont les façades donnent rue Monge, (elles semblent plus près du jardin que dans la journée), tout cela avait la qualité d'un beau soir d'été parisien. Sped. : le MS de M. A. *Sens unique*, avec mes observations, — je l'avais lu à Valbois et à Vichy, mais je ne savais comment formuler mon appréciation. Recommencé 3 fois la lettre. — Rec. : fra altre cose[b] : *Hier schreibt Paris*[137], une anthologie de pages françaises contemporaines, consacrées à Paris, et traduites par Alfred Wolfenstein, sauf les morceaux qui sont de A. Gide, de B. Cendrars et de moi, traduits déjà par d'autres. Il y a 30 auteurs. Aucune permission ne m'a été demandée ; lettre de M. P.L. Flouquet (Bruxelles) pour le *Journal des Poëtes*[138] ; René Bouvier : *Le*

a. Espagnol : « relations ».
b. Italien : « entre autres choses ».

Voyage du Papier autour du Monde, grand album, sans dédicace ; adressé à *La Revue de France*.

Commencé le traitement prescrit par V. pour le foie. — Travaillé un peu. — Lu *Laure et Laurence* de J. L. Vaudoyer[139]. Courses p.m. : M. Blanchard où j'ai vu les aquarelles de Pavlé Wassitch sous-verre, et le plan de Valbois 1894 préparé pour l'encadrement ; r. des Écoles, Bd S. Michel (station et achats aux Presses Universitaires) ; retrouvé Baboa au rendez-vous fixé (La Chope Latine, comme deux étudiants.) À pied ensemble a casa par la r. Soufflot etc.

Parigi, mercoledi. — Cattivissima notte ; meglio alla mattina. — Ric. : 4 libri francesi[a] ; V[oldoire] ; E. Bourgier ; invitations, etc. Sped. : Pavlé Wassitch. — P.M. : Dr V. ; banca ; opticien ; tailleur où je rencontre Marcel Ray et sa femme (Baboa ayant continué seule jusqu'à la maison, où elle m'a attendu avec inquiétude ; elle était venue jusqu'au terminus des autobus pour m'attendre). Ensemble (M. S.[b] et moi) au Perry. — Pris rendez-vous pour Samedi, déjeuner chez eux tous quatre. — Mauvaises nouvelles de Régis Gignoux[140] ; nouvelles de Francis Jourdain, Vildrac, Mme Colette, L.-P. Fargue, Léon Werth. Rien de Cocteau[141]. — Casa alle 6 1/2. — Corse nel quartiere. — Lavorato pochissimo, e letto ; scritto lettere alla notte[c]. Chanvin blessé à la chasse. Su comment l'accident était arrivé à Ronald Davis, et à Mme Colette[142]. — Ce soir au cinématographe r. Monge noi due[d] : voyage de A. Briand et Laval à Berlin ; vu distinctement Leger[143] dans le wagon et dans un groupe à l'arrivée à Friederischsstrasse[144].

Paris, Vendredi 9. — L'approche de l'anniversaire de la mort de ma Mère assombrit pour moi ces journées ; je revis toutes ces heures avec tous les détails... Ce sera après-demain dimanche à 3 h ½ de l'après midi[145]. —

Le petit nombre des amis auxquels j'ai annoncé mon retour commencent à me montrer toute l'affection qu'ils ont pour moi : Jean-Aubry m'écrivant deux ou trois heures après avoir reçu ma lettre ; Marcel Thiébaut sonnant à ma porte vers 6 heures ½ ce soir ; au courrier de ce soir, réponse de Jean Duriau[146] acceptant

a. Italien : « Paris, mercredi — Très mauvaise nuit ; mieux le matin. Reçu : 4 livres français : V. ; E. Bourgier ; invitations, etc. Expédié : Pavlé Wassitch. Après-midi : Dr V., banque... » (L'accent grave, obligatoire sur le *ì* de *mercoledì* a été omis ici. Larbaud l'emploie de façon assez irrégulière).

b. Marcel et Suzanne (Ray).

c. Italien : « À la maison jusqu'à six heures et demie. Courses dans le quartier. Travaillé un tout petit peu, et lu ; écrit des lettres jusqu'à la nuit. » (Larbaud utilise ici le mot *corse* que nous avons traduit par « courses » mais qui est un gallicisme.

d. Italien : « nous deux ».

mon invitation. Mes lettres étaient parties hier à minuit, — ou plutôt je les avais portées à la boîte de la r. Monge vers minuit. — Nous déjeunons demain chez Marcel Ray ; je verrai Jean-Aubry lundi, Jean Duriau mercredi, je reverrai Thiébaut samedi prochain.

Commandé aujourd'hui le papier à lettre etc. de demi-deuil[147] ; j'aurais voulu commencer très exactement ce demi-deuil le 12 ; mais les vêtements ne seront prêts que le 14 ou le 15, le papier le 17. Mais à la réflexion il ne me déplaît pas de prolonger le deuil de quelques jours.

Sped. : le jardinier avec son mois ; le fleuriste pour une gerbe ; Alfonso Reyes

[*Un feuillet déchiré*]

s'ajouter à la tristesse de ces journées où je revis celles d'Octobre 1930, et à quelques petits malaises, m'a fort abattu et m'a remis sur le chemin des pensées les plus pénibles, les plus décourageantes. Et cela, malgré les preuves d'affection que je reçois de mes vrais amis. Vraiment je ne trouve de réconfort que dans ce que je m'efforce de faire pour la mémoire des miens et pour ma femme en qui tout cela est compris, — « cela » : tout ce qui concerne Valbois, et la continuation des obligations envers ce qui me vient de mes parents[148].

Les campanules-pyramidales sont en fleurs dans le jardin, sans avoir été cultivées depuis plusieurs années. Il y en a beaucoup de bleues, et une blanche. Peut-être les descendantes de celles que j'avais semées à la volée, la nuit, il y a plusieurs années.

Paris, samedi 10. — Nous avons déjeuné chez Marcel et Suzanne Ray. Ils avaient eu la délicate pensée de mettre une nappe et des serviettes brodées par ma tante Jane Des Etivaux, qu'elle leur avait données[149].

Paris, dimanche 11 Octobre. — L'après-midi en partie sur la Seine et la Marne jusqu'à Maisons-Alfort[150] ; rentrés dans Paris vers 7 h p.m. par le bateau jusqu'au Châtelet. — She knew what I was thinking about. We had a very quiet day, and such weather as we seldom had in Paris at this time of the year. For me, it reminded me of the day of the funeral (13, monday)[a]. — Ric. : lettere di J. Royère e Enrico Falqui[b].

Paris, lundi 12. — Cattivissima notte, pensando tutti i dettagli di questi giorni dell' anno scorso. Dormito dalle 8 ½ a.m. alle 10 ½

a. Anglais : « Elle savait à quoi je pensais. Nous avons passé une journée très tranquille, et eu un temps que nous avons rarement à Paris à cette époque de l'année. Cela me rappelait le jour des obsèques (lundi 13). » (L'anglais met généralement une majuscule à l'initiale des noms de jours de la semaine. Larbaud l'a oubliée ici.)

b. Italien : « Reçu : lettres de J. Royère et de Enrico Falqui. »

a.m. Dopo pranzo, dal Dott. V., poi dal sarto, poi a casa, tutto con Baboa. Corsa nel quartiere. — Letto. Alle 5 3/4 p.m. visita di G. Jean-Aubry, molto piacevole[a] : ses recherches sur Hubert[151], le peintre suisse qui présenta Beckford à Voltaire ; traits de son caractère ; influence de sa veuve sur Joseph de Maistre. S'occupe aussi de Da Ponte. Entré en relations à propos de Joseph Conrad avec des gens de l'Ile Maurice qui l'ont connu[152]. — Sped. : Banque de France ; Banca n° 3 ; Émile Guillaumin. — Ric. : E. Lochac ; 2 livres ; *Bibliographie / des Œuvres de / Paul Claudel /* par / Benoist-Méchin / et / Georges Blaizot / précédée de *Fragments d'un drame /(1891) /* Paris, A. Blaizot, 1931 ; avec dédicaces des auteurs ; l'ai parcouru ; quelques erreurs et slips of the pen[b] (« Ambassadeur à NEW YORK[153] » ; le poème sur la mort de Ch.-L. Philippe non mentionné à la table, etc. Le très mauvais article de Benedetto Croce mentionné exceptionnellement comme « important »[154]. Très content d'avoir vu Jean-Aubry ; et demain à Versailles Mme de Bassiano, — dépêche reçue ce soir.

Parigi, martedi 12 + 1 (come scriverebbe G. D'Annunzio) Ottobre[c] — Et Versailles. — Nuit un peu meilleure que la précédente. On a apporté la copie dactyl. des trois petites pièces pour *Le Journal des Poëtes* ; ces gens spécialisés dans les copies littéraires ont fait sept fautes dans trente-six versets (le pour ce, cap pour cep ; « ce cap centurionique » ! ![155]). Sortis à 3,20 p.m. (con Barty) ; taxi gare Montparnasse, train pour Versailles (on n'admet pas les chiens dans ceux qui partent du Quai d'Orsay) ; Baboa au parc du château ; continué (voiture à cheval) jusqu'à Villa Romaine. Trouvé Mme de B. tout à fait remise[156]. C'était la fête du Prince (gâteau avec des bougies, leurs années de mariage, non les années du Prince.) Il y avait là : M. Caffi[157], M. Ribemont-Dessaignes[158], le Prince et la Princesse de Beauvau, un homme de lettres dont je n'ai pas saisi le nom (Damas ?). Thé et conversation animée : la crise financière, l'installation graduelle d'un nouveau régime social non capitaliste ; M. Caffi, qui lit le Russe, m'a donné son avis sur les Formalistes : « plutôt qu'audacieux, chinois, byzantins ; s'occupant des auteurs médiocres sur le même plan que des grands écrivains ; et mélange de freudisme[159] ». Bien heureux de revoir Mme de B. et de causer avec elle (Marina di Pisa, Goethe, Jeans[160], etc.) — Repris le train pour la gare Montparnasse où nous étions à 7 3/4, a casa 8. Journée brumeuse, automnale, la première depuis mon retour de Valbois. À

a. Italien : « Très mauvaise nuit, songé à tous les détails de ces jours de l'an passé. Dormi de 8 h 30 à 10 h 30 du matin. Après déjeuner chez le docteur Vercoustre, puis chez le tailleur, puis à la maison, tout avec Baboa. Courses dans le quartier. — Lu. À 5 h 3/4 visite de G. Jean-Aubry, tout à fait agréable. »

b. Expression anglaise (traduction littérale : des dérapages de crayon) que Larbaud affectionne et qui désigne des lapsus calami.

c. Italien : « Paris, mardi 12 + 1 (comme l'écrirait G. D'Annunzio) octobre. »

Versailles, bel effet de la brume sur la façade du château, sur les feuillages. — Ric. : J. Paulhan, Fr. Contreras, 1 livre italien (*Shiva, maestro di danza*, romanzo, par Giuseppe Maggiore, Milan, 1930).

Paris, 14 Oct. mercredi. — Ric. : Pavlé Wassitch (me donne les détails demandés : né à Nisch 1907 ; père lieut[enant]-colonel d'infanterie serbe ; entré aux Beaux-Arts de Belgrade 1922 ; peu de goût pour l'antique et le nu ; songe à la Littérature ; revient à la peinture, travaille 3 ans dans l'atelier de Byelitch ; voyages en Yougoslavie ; étudiant en droit pour vivre ; exposé au salon (unique) de Belgrade ; eaux-fortes pour un Ronsard ; aquarelles pour *Fermina Márquez*[a] et *Carmen* (1929) —)

A.M. Courses dans le quartier, jusqu'à r. S. Jacques. — P.M. : Dott. V. (88, me remet à la digitaline[161]) ; au retour passé chez l'opticien, à la pharmacie, et payer le tailleur ; S. place Médicis (pâtisserie) ; S casa et posta. 5 — 6 3/4 M. et Mme Jean Duriau ; thé et conversation tous quatre : Portugal, Brésil ; ses projets et ses travaux pour la litt[érature] brésilienne ; soutenu par Ribeiro Couto (moralement), mais découragé par la plupart des Portugais et Brésiliens qui pourraient aider à la création d'une revue et d'une société d'études lusitaniennes. Vif succès de son *Vicentinho*[162] de la collection bilingue de Payot ; le projet de l'Anthologie brésilienne en bonne voie de réalisation. — Promenade pl. Monge, rues Gracieuse et St Médard après dîner. — Sped. : dactyl[ographie]. « Dévotions Particulières » à M. J. Follain ; 4 frcs à Burocopy pour cette mauvaise dactylographie ; 700 frcs et lettre à Marie et Jean B. à Valbois. — Travaillé un peu. Temps beaucoup plus frais, et un peu brumeux.

Parigi, giovedi 15 Ott. — Brèves courses le matin, puis après déjeuner. Sped. : M. Voldoire ; M[aîtr]e H. Chateau[163] ; J. Paulhan ; M. Benoist-Méchin (ringraz. per la Bibliografia di Claudel[b].) — Ric. : Vold[oire] ; invitations diverses ; J. Paulhan ; M. Robert Tournaud[164] demandant s'il peut m'envoyer un MS à lire ; lettre officielle de la Dirección de la Biblioteca Nacional de México, signée Enrique Fernández Ledesma, domandandomi my portrait for « una colección de retratos y autógrafos de personalidades destacadas de todos los paises », etc. Il me demande aussi pour lui un autographe. « Destacado », eso si que lo soy, destacado de todos los paises ! Ya lo creo ! ja o creo[c] ! Pour cela, ne sachant quelle course faire à la fin de

a. Jusqu'ici Larbaud n'a pas mis d'accent au patronyme de Fermina. Nous reproduisons la graphie du manuscrit.

b. Italien : « Remercié pour la bibliographie de Claudel ».

c. Italien, anglais, espagnol : « me demandant mon portrait pour "une collection de portraits et d'autographes de personnalités remarquables de tous les pays, etc." Il me demande aussi pour lui un autographe. "Détaché", c'est bien ce que je suis, détaché de tous les pays. C'est sûr ! C'est sûr ! »

l'après-midi, nous sommes allés en taxi chez M. Martinie[165] lui demander de préparer un exemplaire d'un de mes portraits. Longue séance (non : debout) de bavardage, comme toujours : M. Briand, M. Laval, Lord Reading, etc. Veut photographier mi Mujer ; pris rendez-vous pour Disapte[a]. À pied, par la r. Roquépine au Bd. Malesherbes, et par l'S a casa. — Dopo cena lavorato un po'[b] ! — Oublié de noter la lég[ion] d'honneur à Díez-Canedo[166], et oublié de l'en féliciter. — Admiration pour Barty d'une dame qui sortait de la boutique de « La Chimère ». — Songé aux quatre ou cinq choses en train ou en projets ; qu'une seule en sorte et qu'elle soit bonne, c'est tout ce qu'il faut. Espèce de jugement de Pâris. Toujours ainsi : plusieurs ouvrages en « contemplation » ; ma paresse (mais passionnée) les tâte, les éprouve, les goûte, et enfin se concentre sur un seul, et s'y acharne. Ou bien de deux ou trois un seul se forme, absorbant les voisins. Quelles condensations de ce genre, quels LAYERS[c] primitifs à l'origine de, et dans, *A.O.B.*, les trois pièces de *Amants, heureux amants...* (peut-être celles qui ont dévoré le plus de projets, le plus de choses commencées, et même toutes constituées, n'ayant plus qu'à être recopiées.) Parfois cela peut s'exprimer ainsi : A > B (réalisé et publié) ; ou A (inachevé) < B (publié.) Images de ce qui s'est passé dans ma vie sentimentale aussi. (« They were but my visits, but THOU art my Home[167]. ») Seulement, dans le travail il y aura eu autant de « homes » que d'ouvrages publiés. Complètement oublié de dire cela à M. Charensol, l'autre jour ; et il ne pouvait pas le deviner, même si c'est exactement ce qui se passe chez lui, dans son travail. Il a pu emporter l'impression, tout à fait fausse, que je tenais très assiduement my Diary depuis que j'ai l'âge de raison, et que ce Diary était la base même de mon travail, alors qu'il n'en est que l'accessoire, et m'a relativement peu servi, — sinon comme exercice d'écriture (surtout en français entre 18 et 30 ans) ; presque pas comme aide-mémoire et comme « matériau ». Je ne l'ai tenu, en français, que dans les années 1896-97 (voyage en Russie), 1899-1901, irrégulièrement de 1904 à 1910 ; puis en anglais et en français très irrégulièrement entre 1912 et 1920 (régulièrement de 1917 à 1920) ; enfin tout à fait irrégulièrement et sommairement depuis. Actuellement tout en est détruit, et depuis longtemps, sauf la copie abrégée de quelques mois de 1901, de quelques semaines de 1912, et des années 1917-1920 (incomplète.) — Je crains que l'article de M. Charensol n'indique pas exactement ce qu'il y a de très relatif dans la contribution de ces Diaries à mes ouvrages[168]. Del resto non importa[d].

a. *Dissabte*, plutôt que *Disapte*, mot catalan signifiant « samedi ».
b. Italien : « Après dîner travaillé un peu. »
c. Anglais « couches, strates ».
d. Italien : « Du reste cela n'a pas d'importance. »

Mon demi-deuil commence aujourd'hui ; je devrais dire « notre », puisque Baboa aussi a quitté le deuil, qu'elle a porté elle aussi toute l'année, alors que rien ne l'y obligeait.

Parigi, Venerdi 16 Ottobre[a]. — Courses à pied de 11 h à 12 ½ ce matin, jusqu'à la Pl. de la Sorbonne, où j'ai repris mon grand stylographe Whytwarth réparé, — dont je ne m'étais pas servi depuis plusieurs années. Il me rappelle H. F. Jones[169] qui voulait en acheter un pareil, et Ricardo Güiraldes que ses dimensions surprirent. Je crois qu'on n'en fait plus d'aussi gros ; modèle ancien[170]. — dopo pranzo dal Dott. V. (84, ma meglio). Poi con un S et un taxi fino alla Porte Dorée insieme. Nel S c'era W.Δ.T.[b], petit pelmazoïde, qui a été plus ou moins, à un certain moment, influencé par la Mucca-Sporca[c]. Assez hypocrite, talent très débile jusqu'ici, mais s'appuyant sur le fait qu'il est proche parent d'un homme influent. A obtenu ainsi pas mal de choses, mais rien de moi, du moins pour cette raison-là ; il l'a bien vu quand je lui ai renvoyé un de ses MSS dont il m'importunait jusqu'à l'étranger et quand il a trouvé ma porte obstinément fermée. Je l'ai peut-être même trop malmené. Oggi, quando mi sono seduto in faccia a lui perche non c'era di posto altrove, ha guardato tutto il tempo il suo capello sulle ginocchia, e non li ho mai detto di rimetterselo in testa[d]. Paroles mielleuses, attitude tremblante devant le Cher Maître, me priant de le laisser venir un instant chez moi avec mes livres pour les lui signer, — croyant par là me flatter, et en même temps augmentant la valeur marchande de ses exemplaires. La crise de la librairie l'empêche d'écouler sa propre marchandise ; il a un roman rentré et attend le bon plaisir de son éditeur, « près de qui vous m'avez pistonné » m'a-t-il dit. Il m'a dit que cet éditeur, pour parer à la crise, publiait des classiques, et il paraissait trouver que c'était, pour un éditeur de luxe et d'avant-garde, une déchéance ! J'allais lui dire : mais quand vous serez classique à votre tour... La charité a été plus forte : ne faire aux petits pelmazoïdes aucune peine, même légère. À l'Exposition Coloniale (jour de « gala ») visité avec soin : Liban et pays d'Asie Mineure sous mandat français ; Congo Belge (très bien organisé) ; cela entre une visite au jardin zoologique, réduction de celui de Rome et beaucoup moins

a. Italien : « Paris, vendredi 16 octobre. »

b. Italien : « Après déjeuner chez le docteur V[ercoustre] (84, mais mieux). Puis par le S et un taxi jusqu'à la Porte Dorée ensemble. Dans le S il y avait W.D.T... »

c. Italien : « Sale Vache », qu'il faut rapprocher de l'anglais « Dirty Cow ».

d. Italien : « Aujourd'hui, quand je me suis assis en face de lui, parce qu'il n'y avait pas de place ailleurs, il a constamment gardé son chapeau sur les genoux, et je ne lui ai jamais dit de le remettre sur la tête. » Larbaud utilise *in faccia*, gallicisme, là où l'italien met *di fronte* ; en revanche le *di* dans *c'era di posto* est en trop et la forme correcte est *c'era posto*. On trouve également *capello* pour *cappello*. Par ailleurs, la dernière syllabe de *perché* étant tonique, le mot devrait porter un accent aigu.

bien organisé et moins riche, et une heure au thé-dansant du Bagdad. Cité des Informations et sortis vers 7 h p.m. Autobus Gare du Nord ; léger dîner aux Flandres, retour par AR (Gare du Nord-Cité Universitaire) jusqu'à Piazza Medici ; à pied boulevard S. Michel à la recherche de marrons grillés, et à pied a casa. Sorti de nouveau, seul, pour le tour Lacépède. — A.M. acheté le manuel de Daniel Mornet, qui m'a paru superficiel et rebutant, très inférieur en tout cas au Lanson, et paraissant indiquer une baisse dans la culture des grands universitaires[171]. — Ric. : notaire de S. Pourçain. Dr Jardet[172] ; Jean Follain ; le jardinier ; des notes, une invitation ; billets de théâtre ; *Nouvelles littéraires* (article de F. Gregh sur Lisbonne, où il me cite à propos du Terreiro do Paço[173]). Sped : nulla[a].

Parigi, mercoledi 21 Ott[obre] — Samedi : retenus chez Martinie, manqué la visite à Marcel Thiébaut, qui est devenue une visite à Lelong. — Dimanche : Dîner à Fontenay-sous-Bois chez Emmanuel Lochac. — Lundi : expédié la photo à la Bibliothèque Nationale de México, et déception visite Jean Paulhan, retenu, fièvre, Châtenay. Le Mardi, thé chez Jean Royère ; beaucoup de monde, plusieurs anciens collaborateurs de *La Phalange* : Denise était là[174] ; la femme de M. C., consul de France à Monaco, une Monégasque, famille originaire d'Alassio[175], beaucoup causé avec Baboa. — Aujourd'hui, thé chez Francisco Contreras[176] et Mme. Il y avait Don Julio Vicuña Cifuentes, qui s'occupe du folklore chilien, et en particulier du Romancero[177] ; intéressant ; connaît Rojas (*Hombres del Sur*) et Mariano Picón-Salas[178]. Royère est venu un instant ; s'occupe d'une grande bibliothèque d'écrivains-femmes (Marguerite Durand). Baboa causant peinture avec Mme Contreras. — Avant, Dott[ore] V., et le matin tour dans le quartier, rue Soufflot et retour par pl. de la Sorbonne et r. Cujas ; commandé aux Presses Universitaires les 5 volumes de l'*Anthologie des Poëtes français* de Garnier (2 pour le XVIe, 2 pour le XVIIe, 1 pour le XVIIIe). — Reçu beaucoup de choses ces derniers jours : lettres, livres, et même un manuscrit (traduction) à placer ! Mais in primis les tomes V et VI (et dernier) du *Sir Thomas Browne* de Geoffrey Keynes[179], venant de Londres, mais indubitablement commandé pour moi par Mme de B., alors que j'avais pensé qu'elle avait oublié m'avoir donné les 4 premiers tomes, et que je m'apprêtais à me procurer ces deux-là, dès que j'aurais appris qu'ils étaient sortis. Mais elle y avait bien songé, et avait souscrit pour moi. Voilà un de ces traits de délicatesse qui montrent bien la qualité de son amitié.

J'ai vu ces jours-ci combien fortes sont les légendes qui me représentent comme très lié avec des gens que je ne vois plus

a. Italien : « Expédié : Rien. »

depuis longtemps. « Votre ami M.Π.K.[a] », hier chez Royère. Et puis aussi ma qualité de co-directeur ou de collaborateur très influent de *La NRF* ; plusieurs me rendent responsable de tout ce qui s'y publie et tout ce qui s'y refuse. Je maintiens « Alain » et ses « Propos » mensuels ; j'ai imposé X.,Y. et Z. ; j'ai refusé Henri Hertz[180] et beaucoup d'autres !! Ainsi cette revue, avec laquelle mes rapports ont toujours été plutôt distants et intermittents, est considérée par beaucoup de gens de lettres comme dépendant en partie de Gide et de Schlumberger et en partie de moi. (Au fond, les gens qui pensent cela me croient gros actionnaire de la maison[181].) J'ai dit ce qu'il fallait pour rétablir la vérité ; mais je n'y ai sûrement pas réussi.

Aujourd'hui, dans *Paris-Midi*[182], un article « Moulins la charmante et Faguet l'oublié » m'a paru composé par quelqu'un qui a lu *Allen*[183] ; mais c'est un exemple de ces sources que l'intuition seule découvre et dont elle ne peut faire la preuve. Les mots « capitale du Bourbonnais » en vedette dans le premier paragraphe, et aussi « une série de stations thermales », erreur matérielle, mais trace du souvenir des 6 petits portraits de villes bourbonnaises au début d'*Allen*, dont deux sont Bourbon-l'Archambaud et Vichy. La littérature est remplie de ces sources occultes, de ces idées et expressions qui passent d'un auteur à un autre[184]. C'est comme le roman qui avait pour titre *Ayez pitié de ceux qui s'aimaient...* avec la phrase d'Henri Perreyve en épigraphe, vers 1925 ou 26. G.G.[185] lui-même disant, devant moi : « Quel drôle de titre ! » et moi me gardant bien d'indiquer la source probable, — mais pas tellement probable au sens fort du mot[186]. Le temps, extrêmement rafraîchi ; nous avions presque froid en rentrant à pied de chez F. Contreras jusqu'au Luxembourg où nous avons pris l'S. — Appris par les journaux français la mort de M. Pierre Paris[187], aperçu à Alicante et connu à Madrid, où il avait remplacé Henri Mérimée. — Parlé de Miró avec Don Julio Vicuña Cifuentes. Il m'a dit que c'était l'opposition faite par l'archevêque de Madrid qui l'avait empêché d'être reçu à l'Académie en 27. Il paraît que sa mort est due en partie à une erreur des médecins[188].

Sped. : V[oldoire] (reçu 35 000 signé) ; Maurice Parijanine (pour *Des Français en Russie*, bon et intéressant document sur le rapatriement et sur le rôle de Henri Guilbeaux[189], lu hier soir) ; Banque de France pour souscrire à Crédit Foncier 4 %. Ric. : Emanuele Gazzo, devenu éditeur[190] ; V[oldoire] : invitations diverses, catalogues, etc.

a. L'alphabet grec est utilisé, comme à d'autres moments, comme système de cryptage.

Parigi, Giovedi 22 Ottobre. — Due girini solo nel quartiere, e nel pomeriggio giro insieme[a] : Banca n° I ; Printemps ; Passage du Havre ; Martinie pour les deux photos de Baboa, et il en a refait une (deux poses) pour qu'elle ait la série des trois qu'il fait habituellement ; m'en a donné deux de moi anciennes. Retour par l'S a casa. — Tristezza e mezzo [distrùtta[b]] tutta la giornata; il freddo, forse; nessuna voglia di lavorare, neanche di rispondere alle lettere in ritardo, e ricevute oggi (S. Aleramo, un professore di Nuova York che si occupa di letteratura hispano-americana e si raccomanda di F. Contreras[191] ; etc.) Forse meglio dei giorni passati, ma molto piu stanco[c]. — Nouvelle de la mort d'Arthur Schnitzler[192].

Parigi, martedi 27 Ott. — Violentes douleurs toute la matinée et partie de la soirée jusqu'au retour à la maison, après course chez l'agent de change et pour payer les sous-verre à M. Blanchard. — Au retour, pris aspirine 2 fois, et alors mieux et de mieux en mieux, trouvant même assez de force pour travailler à mon courrier, considérablement avancé ce soir. — A.M. : Émile Guillaumin ; P.M. : Prof. H. A. Holmes de New-York ; j'ai répondu à ses questions, mais ce soir je lui ai écrit pour lui donner plusieurs autres renseignements (grand sujet : rapports franco-ibéroaméricains.) Il a vécu, et enseigné en Argentine ; avait Manuel Gálvez[193] pour inspecteur. — Descendu la r. Richelieu à pieds[194], avec Barty ; puis retrouvé Baboa au rendez-vous habituel de la région du Louvre. Le bonheur de nous retrouver même après une séparation d'une heure. Bien improbable que les deux ou 3 personnes qui nous connaissent sachent à quel point nous nous aimons. Ils doivent penser qu'il y a des moments de mauvaise humeur, de reniements intimes, et des scènes, et deux égoïsmes s'affrontant, se heurtant, comme dans la plupart des ménages ; ou, tout au moins, que nous allons parfois chacun de son côté, moralement, — elle toute préoccupée, en ce moment, de la modiste, moi, d'un achat dans une librairie, — ; ils ne peuvent imaginer cette union entre nous de toutes les secondes, elle sans cesse préoccupée de moi, et moi d'elle ; et quelle félicité j'éprouve à l'aimer.

Sped. : nulla ; Ric. : 4 livres (2 italiens, dont *La Prigione* de Mario Puccini[195], dédié à André Gide) ; invitations ; banque n° III ;

a. Italien : « Paris, jeudi 22 octobre. — Deux petits tours seul dans le quartier, et dans l'après-midi tour ensemble. »

b. Difficile d'identifier ce mot. De l'avis de Jean Joinet, italianiste, ce qu'on lit *desutta* correspondrait à *distrùtta* dans le contexte. La construction, quoi qu'il en soit, n'est pas très claire.

c. Italien : « Tristesse et toute la journée à moitié gâchée ; le froid peut-être ; aucune envie de travailler, ni de répondre aux lettres en retard, et à celles reçues aujourd'hui (S. Aleramo, un professeur de New York qui s'occupe de littérature hispano-américaine et se recommande de F. Contreras ; etc.) Peut-être mieux que les jours précédents, mais beaucoup plus fatigué. »

agent de change ; ce soir carte-postale de J.-L. Vaudoyer, de Rome. — Les douleurs rhumatismales, très violentes entre 4 1/2 et 6 h p.m., très probablement prises l'autre soir à l'exposition coloniale (restaurant indien, cuisine sans intérêt et salle non chauffée ; dimanche soir.)

Parigi, 28 Ott. mercoledì. — Journée postale[196] : écrit et expédié une vingtaine de lettres, la plupart en retard, et les plus ennuyeuses ou difficiles à cause du retard ou du côté « affaires » (p. ex. pour Valbois.) Dott. V. alle 3 ½ e ritorno alle 4 ½[a] ; trois petites courses dans le quartier ; pensé au travail, à travers l'ennui des lettres. — Ric. : 4 ou 5 lettres dont celle de Gervasio Guillot Muñoz[197] sur son papier de directeur du Musée des B[eaux]-Arts de Montevideo ; des livres de France ; des catalogues de libraires, etc. Le temps moins froid qu'hier, et les douleurs presque disparues. Baboa lisant tout le livre de J. Chardonne, *Claire*, arrivé hier soir. — Arrivée, ce matin, du MS. de Robert Tournaud : *Le Pays des hommes*. Je chercherai un petit coin dans mes journées pour le lire aussitôt que possible. Cependant je dois, et je voudrais, travailler un peu. J'ai le sentiment, ou peut-être l'illusion, que le traitement de V. me fait faire des progrès vers une bonne santé relative. Alors, après m'être enfin libéré du « Sir Thomas Browne » si souvent repris et abandonné, je m'attaquerai au « Vaisseau de Thésée »[198], ce qui réaliserait un rêve d'au moins une dizaine d'années. Et ainsi je ferais un grand plaisir à Mme de B., et à moi-même.

Parigi, 30 Ott. Venerdì[b]. — Trop mécontent de moi-même hier soir pour rien écrire ; bêtement manqué de parole à Ekrem Rechid[199], m'étant attardé loin de chez moi à l'heure où il devait venir, et est venu. Mais réparé cela cet après-midi après être allé chez le Dr V. Je l'ai trouvé couché, souffrant d'étouffements, de bronchite, etc. Parlé de ses livres et lui-même sur ma demande ; intéressant ; un des très rares écrivains turcs de langue française. Pourrait être, en fin de compte, l'interprète de la Turquie pour le reste de l'Europe, en langue française ; et mieux : rester comme écrivain français de Turquie[c]. Modeste : « La France n'a pas besoin d'Ekrem Rechid » ; surpris qu'un « grand homme » se soit dérangé pour le venir voir, et dans ces conditions. Études en Suisse, en France. J'ai tiré de lui une description succincte de ses livres à placer. La scène en société turque contemporaine. Écrit directement en français. Demandé s'il m'autorisait à parler de ses MSS à Marcel

a. Italien : « Docteur V[ercoustre] à 3 h ½ et retour à 4 h ½. »

b. Italien : « Paris, vendredi 30 octobre ». Larbaud s'est un peu perdu dans le compte des jours ; il a raturé la date qu'il avait spontanément inscrite, « 29 Ottobre, giovedì ».

c. Ici Larbaud a inséré la lettre de Gervasio Guillot Muñoz ; voir annexe, p. 988.

Thiébaut ; a consenti, et j'en ai parlé ce soir même quand Marcel Thiébaut est venu, vers 6 3/4 p.m.

Étant tout près de chez Pierre Sichel[200], déposé ma carte pour arranger un rendez-vous. J'aimerais voir ses dernières peintures, dont J. Royère m'a parlé l'autre jour.

Temps radouci, mais humide ; un joli Paris tout de même, agréable à parcourir en taxi, d'embouteillement en embouteillement, les voitures se flairant les fesses dans le brouillard léger mélangé des deux lumières. — Petits tours Lacépède et Descartes, avec Barty, avant et après la visite de Marcel Thiébaut qui m'a fait un grand plaisir. N'ai remarqué aucune trace des médisances de la Mucca-Sporca[201]. Il ne les a peut-être eues que de seconde main, et en me connaissant mieux il a fini par les oublier ou les mettre de côté.

Ric. : lettre de B. pour la même affaire (cette fois les B A seraient disposés à acheter pour 2.800.000[202]) ; publications de Suisse, Mexique, France ; catalogue Zeurner de Dresde ; *Revue de Paris* où je viens de lire l'article de Jean-Aubry sur Katherine Mansfield, et la chronique de Marcel Thiébaut.

Sped. : Lettres de condoléances à Maurice et Roger Martin du Gard pour la mort de leur Père, apprise ce matin par les *Nouvelles littéraires*[203].

P.M. 2 ¼ — 3 10, visite de M. Olivier Leroy[204] ; beaucoup causé Sir Thomas Browne, composition littéraire, traduction et traducteur, ponctuation personnelle versus ponctuation scolaire. Par suite arrivé un peu en retard chez V. — A rather crowded day, after all ; and very little time to work ; but I feel better, both morally and physically, than yesterday[a].

Pour hier, noter : ric. *D'Ombre et d'Azur* poëmes par Alfredo de Bengoechea[205] ; et ce que m'a dit M. Martinie, le photographe, chez qui je suis allé prendre sa troisième photo de Baboa (très bonne, celle-là) : « Devant l'objectif, elle se contracte, mais on voit quand même, dans le regard et dans l'expression, la douceur, LA BONTÉ. » Cela m'a prouvé que sa longue expérience des portraits lui a vraiment appris à discerner les caractères, et que ce n'est pas jactance de sa part quand il dit qu'il en est capable. J'ai rapporté le propos à Baboa : « Vedi che anche lui ha visto che sei buona ![b] »

Du même, à qui je conseillais de faire un catalogue, — car beaucoup de particuliers désirent posséder de bonnes photos de leurs écrivains, compositeurs, peintres, acteurs etc. préférés, et les achèteraient s'ils savaient où les trouver, — mais il ne traite qu'avec les éditeurs, et pour ainsi dire « en gros », — il m'a dit que Paul

a. Anglais : « Une journée plutôt chargée, en fin de compte ; et peu de temps pour travailler ; mais je me sens mieux, tant moralement que physiquement, qu'hier. »

b. Italien : « Tu vois que lui aussi a vu que tu étais bonne ! »

Valéry lui avait rapporté, en portraits vendus, 200.000 ; mais après Valéry ne viennent que des auteurs de troisième et quatrième ordres (photos achetées pour la réclame par éditeurs et libraires.) Quant aux célébrités politiques, son principal commerce est avec les journaux. L'idée du catalogue destiné à la vente aux particuliers lui paraît mauvaise.

Paris, samedi 31 octobre. — Matinée mouvementée, avec coups de sonnettes : pneumatique, fournisseurs, et un demi-pelmazoïde qui tient beaucoup à passer « un quart d'heure avec » moi pour l'hebdomadaire *Candide* (grand tirage, grande publicité)[206]. Je m'en débarrasse sur-le-champ en faisant dire que je suis sorti ; puis, après-demain, quando la sua voglia sarà già un po'calmata[a], il recevra de moi un mot disant que je suis à la veille de quitter Paris, et que je n'ai pas même une minute à lui donner. Il y a à la fois importunité, indiscrétion (il s'agit non des œuvres mais de l'intérieur, de l'habitat, des écrivains) et enfin ce genre de publicité tapageuse, ce faire parler de soi qui n'amène pas un lecteur intéressant. En même temps il faut ne pas vexer le Cher Confrère qui fait ces enquêtes-là pour gagner sa vie.

P.M. : Visite attendue de François Berthault, toujours très sympathique et qui travaille sans se laisser décourager par le très petit nombre de lecteurs obtenus en six ans, et qui ne paraît pas disposé à se laisser exploiter par la vie littéraire. Est allé à Berlin où le Prof. Wechsel, son admirateur et un de ses tout premiers découvreurs, l'a reçu. D'autre part Raoul Dufy est en train d'illustrer sa *Terre*, — qui est vraiment sa terre au sens campagnard et noble du mot. Ainsi nous avons été amenés à parler campagne, fermiers, tracteurs, etc. Il m'a parlé de ses trois fermes de Ste Suzanne[207], et je lui ai montré une photo de Valbois. R. Dufy[208] était émerveillé du pays, ne s'attendait pas à trouver rien d'aussi beau « du côté du Mans ». Il préfère de plus en plus la campagne à Paris ; « nous sommes saturés de Paris, nous n'y trouvons plus rien d'intéressant ; tandis qu'à la campagne la vie est pleine d'imprévu ; on sent qu'on y agit, qu'il s'y fait quelque chose qui n'a rien à voir avec l'existence mécanique de Paris, que nous connaissons trop. Et puis les campagnards sont devenus tellement plus intelligents depuis la guerre ! » Il a une ferme de 25 hectares louée à 500 frcs l'hectare ; les autres à 200 francs. Il est parti vers Grenelle prendre et corriger les épreuves de son livre chez Corréa. Ne savait pas que Charles Du Bos avait été malade. M'enverra son livre avant le 15, et bientôt un MS que je voudrais bien faire passer à *Commerce* où on l'a déjà refusé deux fois[209]. Content de voir qu'il ne se décourage pas, et que Wechsel et ses admirateurs de Berlin le suivent.

a. Italien : « quand son envie sera un peu calmée ».

Un peu plus tard sortis à pied, mia moglie ed io, e Barty[a] ; r. Soufflot, traversée du Luxembourg déjà très ravagé par les nuits froides de ces deux dernières semaines, mais d'une grande richesse de couleurs fortes, en grosses masses, autour et au-dessus du détail délicat, lumineux, des allées, et des fontaines ; enfin Place S. Sulpice pris un taxi pour nos petites courses du samedi soir. Rentrés tôt ; dîner ; giro r. Monge après 10 heures, seul avec Barty.

Sped. : Lochac, et l'exemplaire du Gobineau qu'il m'avait prêté. — Ric. : P. Sichel ; Ribeiro Couto[210] (une ancienne chronique de lui dans un journal brésilien) ; la lettre du petit — ou demi — pelmazoïde demandant l'interview impossible ; J.G. Daragnès[211] ; *Revue de l'Amérique latine* ; une plaquette d'Émile Henriot éditée par L. Enlart[212] avec un mot de l'un et de l'autre. Je viens de la lire : agréable rêverie romaine dans Nîmes.

Novembre

Parigi ; Día de difuntos[b] (lundi.). — Assez beau temps hier et très beau aujourd'hui ; mais la tristesse de ce jour. Et puis V. me disant enfin que le traitement ne peut pas et ne doit pas être interrompu avant le 12 décembre au plus tôt ; et des douleurs qui semblent justifier ce qu'il m'a dit. Donc le départ pour le séjour en Grèce repoussé d'un mois au moins, peut-être impossible avant la fin de l'année, en admettant que la maladie ne le rende pas, d'ici là, tout à fait impossible. Je suis inquiet aussi à cause d'une douleur dont my wife[c] se plaint. Enfin, sa présence à tout instant me réconforte et m'empêche de céder à la tristesse. — J'ai même travaillé assez longuement et avec ténacité hier et aujourd'hui : lecture du MS. de M. Robert Tournaud, *Le Pays des hommes*, et rédaction de mes observations. Ce MS. repartira pour Talence demain, avec une lettre.

Brèves courses dans le quartier et le petit voyage de l'Av. de Messine chez le Dr V., et retour. Il a fait très doux, avec du soleil couleur des feuilles d'automne, toute la journée. Tout fermé, y compris les banques, et nous n'avions pas pensé à nous munir samedi ; d'où impression de gêne momentanée.

Rien expédié, mais reçu un gros courrier : du Brésil *Monterrey*[213], le journal d'A. Reyes, reproduisant la photo du cimetière de Sète que je lui avais envoyée de Sète même en février 1930 ; *Circoli* de Gênes[214] ; *Barandal* de México ; *Les Cahiers du Sud* de Marseille (avec un fragment de François Berthault[215]) ; le volume annoncé

a. Italien :« ma femme et moi, et Barty ».

b. Le lieu (Paris) est inscrit en italien ; l'expression qui suit est en espagnol : « jour des morts ». Il s'agit donc du lundi 2 novembre.

c. Anglais : « ma femme ».

par E. Gazzo, *La Penombra di Jean-Jacques* par Costantino Granella, de Gênes ; plusieurs n^{os} de l'*Italia letteraria* avec la traduction de mon article du *Ms autographe* par E. Falqui (« Invito alle antologie »)[216] ; fra le lettere[a] : Mme Georges Mallet m'invitant à déjeuner ; Ekrem Rechid me remerciant de ma visite et de l'avoir mis en rapports avec Marcel Thiébaut ; invitations, expositions, etc.

Le travail m'a un peu tiré de ma tristesse et de mon découragement d'hier. Pensé aussi au travail, aux travaux, en train. Moins fatigué. — Mia moglie ha letto la novella di E. Henriot, e come anche lei conosce bene Nîmes, ha fatto la stessa osservazione di me[b]. Elle l'a lue avec plaisir.

Beaucoup de lettres encore en retard ; et il faut leur sacrifier des heures qui iraient si bien au travail.

Marcel Ray a dû rentrer cet après-midi de Washington avec M. Laval[217] ; j'aurais voulu lui téléphoner, mais le bureau était fermé. Sarà per domani[c].

Parigi 6 Nov. Venerdi (mattina 7 ½). Dormi de 1 à 4 a.m. Inquiet pour diverses raisons. Baboa enrhumée, sans fièvre, mais sommeil agité ; moi quelques douleurs, et la nouvelle analyse ne paraissant indiquer aucune amélioration malgré le régime assez exactement suivi depuis un mois. Correspondance en retard, travail impossible. Quelques Pelmazoïdes de diverses grandeurs, me sachant à Paris, paraissent méditer une offensive. Il y a même eu une démarche, d'un comique invraisemblable,

[*Plusieurs lignes biffées et un feuillet déchiré.*]

au brave, à l'honnête et BIEN ÉLEVÉ Léon Hennique[218], dont on fête les 80 ans, et à qui j'ai voulu, à cette occasion, rappeler les encouragements qu'il m'a donnés à mes débuts et les services qu'il m'a rendus. J'ai plaisir à donner du Cher Maître aux vieux « Goncourts » et aux survivants de la génération Symbolonaturaliste, plus qu'à en recevoir de beaucoup de petits ambitieux-niais qui manquent à la fois de talent et d'éducation.

Hier visite de J. Supervielle et Rafael Alberti, en mission du gouv[ernemen]t espagnol, et qui doit passer l'hiver à Paris. Comme j'avais pris rendez-vous avec eux depuis l'avant-veille, j'ai dû écrire à Mme de B. que je ne pourrais pas aller à Versailles, et maintenant je ne sais quand je la verrai. Lorsque je pense à elle un grand désir de travailler me vient. Ma chère princesse, si bonne, si délicate ; quelle consolation, quel réconfort elle m'apporte au milieu des

a. Italien : « parmi les lettres ».

b. Italien : « Ma femme a lu la nouvelle d'E. Henriot, et comme elle connaît également bien Nîmes, elle a fait la même remarque que moi. »

c. Italien : « Ce sera pour demain. »

ennuis que me donnent les « vilains de lettres ». C'est pour lui prouver mon amitié que je voudrais pouvoir travailler.

Parigi, Domenica mattina. — Baboa meglio[a]. Je n'étais pas inquiet, parce qu'elle n'avait pas de température, mais elle a tant insisté pour que je ne la laisse pas seule que j'ai envoyé une dépêche à Versailles et que j'ai passé toute la journée près d'elle, sauf le temps de porter la dépêche r. Cujas et de faire encore 2 ou 3 petits tours dans le quartier.

Je dors très peu parce que j'ai pris la résolution de ne plus attendre le sommeil lorsqu'il n'est pas venu avant le jour. Ainsi hier dormi de 11 ½ p.m. à 4 a.m., levé à 7 h ½. Cette nuit dormi de minuit à 2 heures du matin, levé à 7 ½ après avoir lu, avec quelques intervalles de repos pour les yeux, de 3 à 7 heures. — Douleurs moins fortes et circulation plus régulière, mais toujours grande dépression ; la réflexion recherche et développe tous les sujets d'ennuis ou de soucis, et cela produit une lassitude aussi morale que physique, sous le poids de laquelle tout désir de travailler succombe, et même la nécessité de mettre mon courrier à jour, de remercier un homme qui m'envoie son livre tiré à très petit nombre d'exemplaires, une femme qui m'invite à dîner ou à déjeuner et m'écrit : « Je vous ferai votre régime. » Même l'idée que c'est là faire obra de caridad[b] ne peut m'aider à surmonter ce désintéressement qui reste en dessous, non au-dessus, de l'action. Je ne vois partout qu'obras de caridad, ce côté-là des choses que j'aurais à faire : travailler pour faire plaisir à Mme de B., à Jean Paulhan, à Royère, etc. Rien pour moi. Et malgré cela je ne fais rien, toutes les choses en train me dégoûtent. Même le départ pour la Grèce, maintenant qu'il est retardé, m'apparaît moins comme une délivrance et un temps de repos. La possibilité de disposer rapidement des 2.800.000[219] me semble dépourvue d'intérêt. L'ennui d'avoir à payer le supplément de droits de 60.000 me touche à peine. Il ne reste que le désir de tout arranger pour que Baboa n'ait aucun ennui ; mais comme il faut procéder avec prudence pour qu'elle ait le plus possible, là aussi je me repose sur my will[c] qui lui laisse tout, et sur l'immeuble qui me semble plus sûr que des valeurs, même avec les droits qu'elle aurait à payer.

« Homme de lettres[220] » ; l'adresse de la lettre de l'inspecteur fiscal ; fâcheuse impression ; j'aurais préféré « propriétaire ». « Homme de lettres », cela veut dire qu'on fait métier d'écrire. Drôle de métier. En tout cas, en ce moment, je ne fais certes pas métier d'écrire ! C'est une consolation. Le « Comte de X », comme

a. Italien : « Paris, dimanche matin. Baboa mieux. »
b. Espagnol :« œuvre de charité ».
c. Anglais : « mon testament ».

cela sonne mieux que « de l'Académie française » ! Même si le titre est d'authenticité douteuse. Le Comte X est un homme libre, indépendant de toute fonction ou occupation serviles, tandis que « X, de l'Académie française » est un « écriveur ». Et à plus forte raison « homme de lettres ». Je n'ai pas rougi, mais j'ai été vexé en me voyant affublé de ce titre ridicule et lamentable, et par un percepteur !

Le courrier m'apporte entre autres choses une réponse de Léon Hennique sur laquelle je ne comptais pas du tout et que j'insère ici[221] ; et une lettre de A. A. M. Stols m'annonçant qu'il vient d'être décoré[222]. Le *Journal* m'apprend la mort de Régis Gignoux que Marcel et Suzanne Ray m'avaient fait prévoir. Nous nous étions beaucoup vus avant 14 ; il faisait partie du groupe des amis de Charles-Louis Philippe. Je le considérais toujours comme un ami, et certainement si nous avions eu l'occasion de nous rendre quelque service nous aurions pu compter l'un sur l'autre. J'avais beaucoup pensé à lui depuis que j'avais eu ces mauvaises nouvelles et que j'avais su, en même temps, qu'il ne voulait pas qu'on aille le voir. Je n'ai même pas osé lui écrire, comme l'idée m'en était venue.

Parigi, 9 Novembre, lundi. — Quarante-deuxième anniversaire de la mort de mon Père. Une journée tiède et pluvieuse, finissant par des rafales. — Bonne nuit, mais dormi tard dans la matinée ; un peu de travail ; des lettres en retard ; P.M. : Dott. V. seul, aller et retour jusqu'à Pl. S. Sulpice par l'S., puis taxi pour la pâtisserie et casa parce que je craignais d'être en retard. — Visite de, et bonne et longue causerie avec Émile Henriot. Je lui ai prêté mon exemplaire du *Vathek* de Jean-Aubry[223]. Il a l'intention d'en écrire dans sa chronique du *Temps*. — Après son départ courses dans le quartier ; giro ; lettere ; altro giro, verso le 11 p.m. (Lacépède-Monge, con Bestia Barty)[a]. Il s'est retourné sur le passage d'un nain, qui l'a visiblement surpris ; il ne l'a pas pris pour un enfant, mais a très bien reconnu en lui un homme extraordinaire, monstrueux. — Mi mujer está mucho mejor, ma non è uscita ancora oggi[b].

Parigi, martedi 10 Nov. — Une de ces « journées en larmes », belles qui ont été battues la veille ou dans la nuit, courtisanes fouettées, etc. Presque pas de pluie, un peu de soleil, une tiédeur humide mais légère. 4 heures de l'après-midi, et jusque vers 5 h, il y avait cette douceur de fin d'été exilée, aux Arènes de Lutèce et dans le petit jardin qui les entoure. — Bien dormi mais levé

a. Italien : « promenade ; lettres ; autre promenade, vers 11 heures du soir (Lacépède-Monge, avec la Bête Barty). »

b. La première partie de la phrase est en espagnol (« Ma femme est beaucoup mieux »), la seconde en italien (« mais elle n'est pas encore sortie aujourd'hui »).

tard ; quatre sorties avant et après déjeuner, la dernière après dîner avec Baboa (sa première sortie depuis Vendredi). Travaillé un peu, mais surtout à mon courrier. Visite d'Ekrem Rechid, venu surtout pour me remercier, très généreusement, de l'aide que j'essaie de lui prêter. Il n'a pas réussi à joindre Gaston Gallimard, ni Raymond. Il m'a confirmé ce que Jean Paulhan et Marcel Thiébaut m'avaient dit des embarras de la maison d'édition : désordre grandissant, arrêt ou du moins ralentisse- [*Un feuillet déchiré*][224]
Arènes de Lutèce, et en route « nous » avons rencontré une longue file d'écolières, trois par trois, divisée en deux bataillons ; toutes l'ont regardé comme la beste curieuse qu'il est, et une des « grandes » a dit en arrivant devant lui : « Oh l'horreur ». D'autres auraient voulu le flatter, toucher sa grosse teste, reconnaissant en lui cette apparence, cette qualité de jouet qu'ont trouvées la pâtissière de Dijon (« On dirait un chien pour rire ») et la jeune femme de Marina di Pisa : « Sembra un giocattolo[a]. »

Parigi, mercoledi 11 Novembre. — Le jour de la Victoire ! L'observera-t-on jusqu'à la fin du XXe siècle ? Peu probable ; et pourtant cela serait souhaitable bien que la chose n'ait en elle-même aucun intérêt. — Mauvaise journée : humidité fade et malodorante ; inquiétude au sujet de Baboa, sortie trop [tôt] peut-être après son rhume, et qui s'est plainte à plusieurs reprises de malaises, — visiblement souffrante surtout vers 6-7 p.m. ; enfin moi-même légèrement enrhumé. — Ric. : le MS complet des *Monostiches* d'E. Lochac[225], envoyé par lui ; lettre d'un professeur du Lycée de S. Étienne (Loire) me demandant un volume de luxe avec dédicace, pour être donné en prix aux « Jeux Floraux d'Apollonia »[226] ; publications diverses. — Sped. : nulla. — P.M. : girino, poi Dott. V. avec mi Mujer m'attendant à notre meetingplace de ce quartier ; poi a Passy, ed io da Pierre Sichel dove ho passato l h 20 parlando di pittura, letteratura, ecc, e guardando i suoi ultimi quadri, — mostly portraits of women and girls. Ritrovato Baboa al solito posto di Passy, e insieme a casa. Girini da me sotto la pioggia per piccole compre, ecc. Mi ha fatto piacere vedere Sichel, dopo molto tempo[b].

a. Italien : « On dirait un jouet. »

b. Ce passage où l'italien domine laisse apparaître cependant des mots ou expressions d'espagnol et d'anglais : « Expédié : rien. — Après-midi : petit tour, puis Dr V. avec ma Femme m'attendant à notre point de rencontre de ce quartier ; puis à Passy, et moi chez Pierre Sichel où j'ai passé 1 h 20 à parler de peinture, littérature, etc., et à regarder ses derniers tableaux — principalement des portraits de femmes et de jeunes filles. Retrouvé Baboa à l'endroit habituel de Passy, et ensemble chez nous. Petits tours dans mon quartier sous la pluie pour de petites emplettes, etc. Cela m'a fait plaisir de voir Sichel, après si longtemps » (un *da me* au lieu du *da solo* attendu).

Parigi, 12 nov. giovedì. — Cattiva notte noi due, ma meglio verso le 12, e finalmente ci siamo arrischiati ad uscire verso le 5 p.m. — Inquieti l'uno per l'altro. —

Ho lavorato un poco, ma ancora per me ; lei ha finito di leggere un romanzo di E. Cavacchioli, *Serenata Celeste*, ricevuto poco fa, allo stesso tempo del libro di Mario Puccini[a] ; j'ai « butiné » entre Justin[227] et Cicéron et relisant aussi les *Monostiches* de Lochac. — À 6 ¾ visite de Marcel Thiébaut ; trois quarts d'heure d'une agréable causerie : littérature, voyages, etc. — Ric. : M. Voldoire, avec les factures qu'il a payées ; Eugenio d'Ors ; Émile Guillaumin ; Ekrem Rechid ; et choses de Buenos-Ayres et de Belgique. —

Parigi, Disapte 21 Novembre. — Une interruption de dix jours, sans autre motif que la paresse, et le bref aller-retour Paris-Moulins-Vichy-Moulins-Paris entre mardi soir et jeudi soir. Il s'agissait d'être présent à Moulins lors de la réunion de la « Commission départementale pour l'embellissement, l'extension, etc. des villes » et faciliter, par ma présence, l'obtention de l'« avis favorable » concernant mon projet de lotissement[228]. J'ai supposé que, du moment qu'on m'invitait à me tenir à la disposition de ladite Commission, il valait mieux y aller. Cela m'a donné l'occasion d'entrevoir Paul Devaux, membre de la Commission, venu exprès de Bellerive, et M. Génermont[229], que j'avais déjà rencontré à Moulins. L'avis a été « favorable » après qu'on m'eut posé deux ou trois questions. — Dans l'après-midi, en voiture à Vichy où M. Voldoire, prévenu, nous attendait. Tandis que mi Mujer faisait une promenade aux Parcs avec Mme V., j'allais à la Villa et chez le Notaire. — Les choses paraissent avancer. — Ce voyage m'a permis de ramener la grande malle pleine de livres sans payer, comme bagage. — Retour à Moulins à 7 h ½ p.m. À 9 h j'étais chez M. Buriot-Darsiles[230]. (Son *Waiblinger* refusé par trois éditeurs, y compris la NRF ; mais son *Werther* sur le point de paraître.) Retour dans Moulins nocturne ; et Moulins au matin, avec la brume bleuâtre (les fumées rabattues) très plaisant ; les cours, la traversée de la Collégiale. — Jeudi à 7 h nous étions rentrés,[b] trouvant l'appartement nettoyé, « fait à fond », en notre absence. Et hier à 3 h ½ p.m. j'étais chez le Dr V. — À noter parmi le courrier de ces dix derniers jours : la

a. Italien : « Paris, jeudi 12 nov. — Mauvaise nuit pour nous deux mais mieux vers midi, et finalement nous nous sommes risqués à sortir vers 5 h de l'après-midi. Inquiets l'un pour l'autre. — J'ai travaillé un peu mais encore pour moi ; elle a fini de lire un roman de E. Cavacchioli, *Serenata Celeste*, reçu récemment, en même temps que le livre de Mario Puccini. »

b. Ici se ferment les crochets qui ont été ouverts au début de la journée du 21 novembre. Nous ne savons pas si nous devons les attribuer à Larbaud.

bonne et réconfortante lettre de Mme de B. avant mon départ ; celles de Jean Duriau, Justin O'Brien[231], Manuel Gálvez ; parmi les livres : le *Pythéas* de Brauquier[232] envoyé de la Nouvelle-Calédonie ; le dernier livre de Émile Guillaumin (collection « Les Romans du Nouvel Âge »), un recueil de poésies portugaises imprimé et édité à Cadix, le livre de François Berthault[233], bien édité par Corrêa (je le prends de temps en temps ; musique absorbante ; très fermé et pourtant très simple ; on mettra du temps à venir à ça.) Mes lectures ont été très éparpillées : Justin ; les *Méditations* de Bossuet ; *La Prigione* de Mario Puccini ; *Geografia Literaria* de J. Osorio de Oliveira[234] ; *Le Monde est images* de F. Berthault ; parcourant aussi les livres reçus, et lisant pour le travail en train (Bonsignor, Sir Thomas Browne, l'autographe pour la Bibliotheca Nacional de México.) — Hier, la longue lettre de Francis Jammes, et la réponse difficile, qui m'a occupé toute la matinée[235]. Il voulait porter à *Commerce* sa collaboration jusqu'ici donnée aux *Nouvelles littéraires* (sollicitée par elles, cioè[a] par Maurice Martin du Gard) parce que les *NN.LL.* avaient publié un article « contre Notre-Seigneur ». Du reste les *NN.LL.* n'avaient tenu aucun compte de sa lettre de rupture, avaient publié sa « Rhapsodie » lo stesso[b]. J'ai répondu : that he shall surely find the author of the « blasphemous » paper at *Commerce* as well as in the *Nouvelles littéraires*[c] ; et puis la situation, les difficultés diverses. Enfin je lui ai proposé l'exemple de Paul Claudel, écrivant il y a 3 ou 4 ans une violente lettre de rupture à *C.*, puis nous donnant son « Christophe Colomb[236] » et d'autres textes, comme si « de rien n'était », aqui no paso ná[d]. J'espère que mes arguments l'auront décidé à rester aux *NN.LL.*, où il est publié dans les conditions les plus favorables, qu'il trouverait difficilement ailleurs. Ainsi je pourrai dire à Maurice Martin du Gard (mais je ne le lui dirai pas), non « un citoyen sauvé » mais « un grand collaborateur conservé ». Ce n'est pas d'être publié dans le voisinage d'écrivains médiocres ou dont les idées sont opposées aux nôtres, qui est pénible ; mais de voir notre nom aux sommaires à côté des noms de gens malpropres : [*Trois lignes biffées*] et les gens de cette bande, ou de la même catégorie. Leur mauvaise qualité morale n'est pas évidente ; [*Une ligne biffée*] [on] les prend pour ce qu'ils paraissent, — et on nous les donne pour voisins, pour camarades (« elle vous admire tant ! », « ils vous aiment beaucoup », etc.). Quant au talent, c'est ce qu'on peut appeler des « médiocres encouragés » ; ils font illusion pendant des années ;

a. Italien : « c'est-à-dire ».

b. Italien : « quand même ».

c. Anglais : « qu'il trouvera certainement l'auteur de l'article blasphématoire à *Commerce* aussi bien qu'aux *Nouvelles littéraires* ».

d. Cette expression espagnole vient d'être donnée, entre guillemets, en français.

mais cela n'aurait aucune importance quant au voisinage ; c'est leur [saleté[a]] morale qui nous gêne, qui fait que nous avons horreur de voir leurs noms près des nôtres. Je les imagine tous avec du fumier dans leurs souliers (comme autrefois les paysans, dans leurs sabots, pour avoir chaud aux pieds), fumier moral, mais dont l'odeur m'est sensible.

Loucheur malade[237]. Beaucoup pensé à Régis Gignoux ; lu plusieurs nécrologies, et pensé à nos relations anciennes.

Travail réorganisé, à peu près. — Le fait que nous sommes ensemble suffit à nous rendre parfaitement heureux, et de là me vient le désir du travail.

Parigi, domenica 22 Novembre. — Oublié de noter la publication de mes trois petites pièces, « Dévotions particulières : Marseille, Valence-du-Cid, Milan » dans *Le Journal des Poëtes*, avec l'interview de M. Jean Follain[238]. Ainsi j'ai tenu ma promesse à ces gens qui ont été très polis à mon égard, — d'une politesse de « gens bien élevés ». J'ai envoyé le seul exemplaire que j'en ai reçu à la Princesse de Bassiano à qui les 3 pièces sont dédiées ainsi :

« *A l'amie qui habite*
la rue des Trois Madones. »

Aujourd'hui par exception, pour remplacer mercredi, séance chez le Dr V. (aller et retour par l'S dans un Paris attristé par le dimanche, l'humidité, une lourdeur de l'air) ; visite de Mme Roze ; giro nel quartiere ; puis M. et Mme Lochac, et dîner ensemble da Ferrero. — J'ai décidé de liquider mes lectures pour le plaisir : d'abord le livre de Puccini, puis celui d'Osorio de Oliveira ; ensuite je reprendrai Tacite et Bossuet, en continuant les lectures pour le travail.

Parigi, lunedì 23. — Sous la bonne impression de la soirée passée hier tous quatre ; évocations de poèmes, les têtes pleines de strophes. E. Lochac met Fr. Jammes très haut ; ne comprend pas comment les jeunes peuvent se détourner de son œuvre pour suivre des influences débiles qui les égarent, qui leur font croire que la poésie est improvisation et sauvagerie verbale. Je lui ai cité la phrase curieuse d'un jeune critique des *Cahiers du Sud* faisant une longue et ennuyeuse théorie poétique, expliquant lourdement, avec mauvaise humeur, ce que la vraie poésie devait être (au lieu d'en faire !) et l'opposant à la fausse ou prétendue poésie actuelle : « MM. Giraudoux, Paul Morand, V. Larbaud et Francis Jammes sont poë-

a. Un mot biffé mais dont la longueur, l'accent qui persiste sur la dernière lettre et une boucle qui dépasse un peu évoquent le mot « saleté » ; comme il semble très vraisemblable dans le contexte, nous le restituons.

tes, paraît-il ! » Clairement, il ignorait que Jammes eût écrit en vers ; pour lui Fr. Jammes était le prosateur des *Nouvelles littéraires* ; les grands recueils de Jammes lui étaient inconnus parce qu'ils ont paru à une époque correspondant, ou même antérieure, à sa première enfance. Cela vient peut-être aussi de la guerre : les gens qui avaient 14 ans en 1918 ou même en 1914 n'ont rencontré, en fait de poëtes, que ceux du mouvement cubiste : Apollinaire, Max Jacob, et d'autres qui leur parlaient de Rimbaud, de Mallarmé, d'Isidore Ducasse comme d'ancêtres du temps des cavernes. De là leur faiblesse, leur erreur (l'inspiration « pure », le subconscient), et leur facilité à trouver de la poésie où un lecteur capable de goûter Jammes n'en voit, avec beaucoup d'indulgence, qu'un pauvre semblant. Nous sommes tombés d'accord, L. et moi, sur ce point : qu'ils seraient plus « articulés » s'ils avaient lu et compris Racine et Boileau.

Parcouru, dans *L'Italia letteraria*, qui publie la lettre du Professeur de Gênes et ma réponse (il ne m'enverra pas son livre parce qu'il est persuadé qu'il a fait un ouvrage de haute érudition et a été vexé de me voir le proposer comme exemple de « livre pour le peuple »), un article de T. B. qui étale et propage les pitoyables médisances et vaniteuses sottises dont la Γ a rempli son livre, particulièrement en ce qui concerne Paul Valéry, — ce livre grossier et ridicule où elle publie un plan de son salon littéraire dans lequel elle me fait figurer alors que je n'y suis jamais allé[239]. Cela prouve pas mal de grossièreté et de goût de la petite bassesse, du commérage d'office, chez la T. B. Une personne tant soit peu délicate ne s'attarde pas même à s'occuper pour soi-même de ce livre ; elle pouvait le lire par désœuvrement et « parisianisme », comme je l'ai fait (je l'ai seulement parcouru), mais elle ne devait pas en faire le sujet d'un article. On se demande comment Σ. de Δ a pu avoir pour confidente une telle truie. Et ses poésies tribadiques ! « Mésaventures de l'esprit » chez une dame qui croit en avoir et qui n'est que bête et méchante. Je me félicite de l'avoir dès l'origine tenue à grande distance. J'ai eu justement un mot de T. B. avant-hier, nous disant qu'elle nous attend à notre passage à Rome, au besoin de l'en prévenir par dépêche. Je crois bien que nous l'éviterons, après cet article de *L'Italia letteraria*. Ce n'est guère une personne à présenter à ma femme, beaucoup trop fine et délicate pour n'être pas à la fois ennuyée et choquée par ce fond de grossièreté, d'indélicatesse, de sauvagerie littéraire, qu'elle ne manquerait pas de sentir immédiatement. Dieu nous garde de la rusticité lettrée ! Pour nous il n'y a de tolérable que la Noblesse, les Grands.

Reçu la réponse de Francis Jammes à ma réponse de vendredi : il renonce à son projet, et je pense qu'il se décidera à retourner aux *Nouvelles littéraires*.

La liquidation de mes lectures à-côté est en bonne voie : achevé *La Prigione* (très déçu, préfère ne pas lui en écrire), et presque terminé *Geografia literaria* de José Osorio de Oliveira (agréable et instructif bien qu'un peu superficiel.) J'ai repris le *Dialogue des orateurs*[240], qui sera ma seule lecture pour le plaisir jusqu'à ce que je l'aie achevée. —

Ce matin, écrit des lettres après la lecture du *Dialogue,* et longue séance avec M. Thiébaut[241] le relieur (toujours, et plus que jamais, ce malaise lorsque le relieur emporte nos livres) : la séparation (« ayez pitié de ceux qui s'aimaient et qui ont été séparés » !), et la question : les reverrai-je ? et imaginer le gros paquet rapporté après le décès du propriétaire, tous bien vêtus, nets, neufs, sous leurs jeunes reliures fraîches. Cela m'a fait penser à la note de l'horticulteur, que j'ai payée tout de suite, avec piété et attendrissement, trois ou quatre semaines après la mort de ma Mère, l'an dernier ; (la seule note de dépenses personnelles que j'ai eue à payer pour elle.) J'aurais donné plus de livres à relier (et je me reproche d'en avoir tant donné) si je n'avais pas songé à cette note posthume arrivant au milieu du deuil.

Dopo pranzo, dal Dott. V.[a] ; puis revenu, avec Baboa jusqu'au Bon Marché ; puis en taxi Préf[ecture] de Pol[ice] pour renouveler passeport ; puis à pied (seul) flânant ; Pont S. Michel, Quai S. Michel, les petites rues entre r. S. Jacques et Bd. S. Michel, entrant à S. Séverin pour me reposer et prier. Nombreux ex-voto très récents pour succès à des examens ; il y en a même un en tchèque (ou en slovène ?). On asphalte ; on construit des maisons neuves ; les bordels mêmes se sont fait repeindre ! Rajeunissement par le nom : rue Xavier-Privas. Mais beaucoup de maisons sont telles que Théophile Gautier, Balzac, Nerval et Baudelaire les ont vues, très « de Paris » alors, — et encore à présent. Le crépuscule tombait, la nuit s'est faite autour de ma très lente promenade. Entré chez Messein[242] ; reconnu par l'employé ; Messein n'est là que le mardi et vendredi ; sottement négligé de serrer la main à cet employé (par mauvaise timidité) et j'en suis encore fâché. Les boîtes à livres du quai, trop-plein de l'« inflation éditoriale » de 1925-30 ; rien trouvé.

Parigi, martedi 24 Novembre. — Je ne pensais pas commencer un nouveau cahier à Paris, ni même en France[b]. — Journée de lumière basse, un peu de pluie, une tiédeur humide après une

a. Italien : « Après le repas, chez le docteur V. »

b. Italien : « Paris, mardi 24 novembre ». Ce sont les premiers mots, à la page 3 de ce nouveau cahier (ligné et non plus quadrillé), qui provient de l'Imprimerie, Papeterie, Librairie Fernand Tassel — 44, rue Monge — Paris 5e. Ces précisions figurent, imprimées, sur un rectangle de papier découpé et collé en bas de la première page. En haut de cette page, Larbaud a inscrit : « Journal / Novembre 1931 / (suite) ».

matinée froide. — Nombreux courriers (France, Espagne, Mexique, Italie), et le mien m'a pris trois heures, avec les lettres d'affaires, les fiches des recommandés, etc. Travaillé un peu. Plus fatigué qu'hier. Lectures : Tacite et Bossuet. Il y aurait une belle entreprise : le commentaire moral, « psychologique », du *Dialogue des orateurs* ; ce serait un ouvrage sur la technique littéraire ; une sorte de grand excursus[a] où tout l'ouvrage serait considéré. Par exemple la façon dont Marcus Aper joue avec la notion du temps historique ; et tant de remarques d'une grande et générale portée sur l'histoire littéraire. Et un bon modèle à tenir toujours en vue maintenant que me voici enfin aux prises avec M. Bonsignor[243]. — Petites courses dans le quartier ; Baboa à la maison toute la journée ; débarrassé de plusieurs lettres et envois ennuyeux ou compliqués. — Le brusque départ et la courte absence a dû servir de barrage contre l'offensive pelmazoïde : pas d'importuns ces jours-ci. Mais le courrier est une sorte d'importunité aussi. Pierre Moussarie m'a fait du bien[244].

Paris, Mercredi 25 Novembre. — Journée brumeuse et froide, désagréable, d'hiver sale ; pourtant bel et plaisant effet du cèdre des Invalides, de loin, à travers le brouillard, vers 4 h p.m. — Matinée : courrier, Tacite, Bossuet et les citations regardées dans la Vulgate[245] ; p.m. : Dott. V. (causé un moment) ; accompagné Baboa dalla sua sarta ; poi dal Consolato d'Italia, per il passaporto di mae Muggè[b]. Suivi une meilleure tactique que l'an dernier : mancia al usciere (10)[c] et lui demandant de remettre ma carte au Consul et au Vice-Consul, — lequel, lettré, s'est trouvé me connaître de nom et m'a fort bien reçu, « heureux de cette occasion de [me] rencontrer », etc., me dispensant généreusement de revenir avec ma femme et s'excusant de me faire attendre. Benissimo, W Italia[d], et en effet au bout d'un quart d'heure le passeport était prêt, y compris la mention de la Grèce ; ce 1/4 d'heure même rendu amusant par l'espèce de cérémonie d'un mariage entre Italiens habitant Paris, avec leurs témoins italiens nés à Paris, tous bilingues et parfaitement « francophones ». C'était le Vice-Consul mon lecteur qui présidait, a fait prêter serment aux témoins, etc. En somme en 20 minutes, tout ce qui avait demandé trois courses et dix heures d'attente l'an dernier s'est fait, en partie, grâce à la MANCIA, en par-

a. Latin : « digression ».

b. Italien : « accompagné Baboa chez sa couturière ; puis au consulat d'Italie pour le passeport de ma femme. »

c. Italien : « pourboire à l'huissier ». (On attendrait plutôt *mancia all' usciere.*)

d. Il ne s'agit pas ici d'un véritable W mais plutôt de deux V superposés qui ont le sens de « Vive... ». Le même signe, renversé, a le sens de « Mort à... », « À bas... » (les deux V à l'envers évoquant un M). Le graphisme mural, les inscriptions de propagande utilisent souvent ces signes. (L'italien aimerait un article : *Viva l'Italia.*)

tie grâce à mon nom, ou plutôt au fait que le Vice-Console aveva letto i miei libri[a] ; il m'a même dit qu'il connaissait une dame qui me connaissait, dont il m'a dit le nom, et que je suis bien sûr de n'avoir jamais vue, mais j'ai fait un signe qui pouvait s'interpréter : Ah oui, je la connais parfaitement. C'est curieux ces affaires de passeports, de consulats, pour des gens comme nous qui ne nous sentons d'aucun pays en particulier (ma femme aussi française que je suis italien), le sérieux donné à cette question de nationalité ! — au fond, affaire de police, de « buon governo[b] », rien de plus, mais le vulgaire y ajoute du sentiment, de la fierté, des attendrissements. Au milieu d'Italiens, parlant italien, ayant une femme italienne, — ah, comme j'étais fier d'être italien, pendant ces 20 minutes au Consulat de ma chère patrie italienne !

Pendant ce temps la couturière (un peu italienne aussi) de ma femme, lui apprenait qu'elle avait découvert que je n'étais autre que l'écrivain célèbre « dont elle aime tant les livres », et la priait de me transmettre ses salutations ! Il est vrai que c'est une couturière du quartier de l'Opéra, mais tout de même je ne me doutais pas que mes livres étaient arrivés jusque-là. Mon nom peut-être, mais mes livres, cela est surprenant. Un peu vexant aussi ; mais ça passera, tandis que d'autres tomberont jusqu'entre les mains des « midinettes » (ce mot de journaliste, que personne ne dit, et que Lochac a eu l'extrême audace d'introduire dans un vers.)

Rentrés, chacun de notre côté, assez tôt pour causer avant l'arrivée de M. et Mme Édouard Dujardin[246]. Visite agréable : questions d'intérêts (ses procès, ses démêlés avec le fisc), de santé, de littérature générale, du « monologue intérieur » en particulier (faltaba más ![c]), enfin de la Vulgate, de Jérôme et des Évangiles. Il préfère S. Marc, même comme style. Pas d'allusion à ses importunités au sujet des numéros de *Commerce* manquant à sa collection et que j'avais fini par acheter pour lui en faire cadeau, — et encore il m'en réclamait un qui ne figurait pas sur la liste qu'il m'avait donnée, et qu'il a retrouvé après. C'est la mauvaise impression produite par cette insistance qui m'avait empêché de le revoir plus tôt.

Au courrier le *Werther* de H. Buriot-Darsiles dans la collection Montaigne, bilingue. J'ai parcouru sa préface et ses notes, intéressantes. Songé encore à l'Excursus sur le *Dialogue* de Tacite ; ça pourrait faire 300 pp. Mais surtout travaillé mentalement au « Vaisseau de Thésée ».

a. Italien : « le Vice-Consul avait lu mes livres. »
b. Italien : « bonne administration ».
c. Espagnol : « il ne manquait plus que cela ! ». Tout ce passage semble indiquer que Larbaud n'éprouvait pas pour E. Dujardin une indulgence sans réserve...

Décembre

Premier Décembre, Paris, et encore Paris ; on n'en sort pas. Je « bovaryse éperdument » vers Gênes, Rome, Naples et Argostoli. Je bovarysais tellement que je n'ai plus rien noté ici pendant ces cinq derniers jours de Novembre, qui ont été pourtant assez remplis, avec une visite à Mme de B. à Versailles, une fin d'après-midi chez Émile Henriot, des visites chez moi, assez curieuses ; du travail ; des tableaux ; de la musique ; des livres, — et de plus fréquentes séances chez le Dr V., pour en finir plus tôt et pouvoir tout de même achever l'année au-delà des Monts[247]. Il y a même eu une discussion d'affaires avec des would-be buyers[a] pour le terrain de Vichy. Pendant ce temps une porte me séparait de Francisco Contreras que j'étais obligé de faire attendre. — Des achats ; livres reçus et parcourus ; écrit à José Osorio de Oliveira pour sa *Geografia literaria,* — et d'autres longues lettres. Continué les lectures pour le plaisir : Tacite et Bossuet. — Hier très déprimé, aujourd'hui beaucoup mieux ; j'ai même flâné autour de la Madeleine, rue de l'Arcade, r. des Mathurins, rue Tronchet, m'attendant à chaque instant à rencontrer Cipa Godebski (pressentiment non réalisé, né d'une rencontre déjà ancienne avec lui dans une de ces rues.) Je vais tâcher de revoir quelques amis avant le départ ; j'ai déjà commencé (F. Contreras, et rendez-vous pris avec Jean Royère, demandé à Jean-Aubry, à Maurice Martin du Gard, à Marcel Thiébaut, à Morand revenu d'Amérique et qui m'a envoyé un mot pour m'annoncer son retour). Je voudrais voir aussi Marcel Ray, Cipa Godebski justement, Jean Paulhan ; mais le temps me manquera, ou leur manquera, sûrement ; la date du départ arrivera, et ensuite ils m'accuseront d'être « parti sans rien dire ». Mais cela est inévitable. Et Charles Du Bos, dont je n'ai plus eu de nouvelles depuis Milan, en juillet dernier. Et Paul Valéry (mais il est parti faire une tournée de conférences en province.) Il faudrait se rencontrer « chez des gens », mais il est ennuyeux d'aller « chez des gens », et au fond, on n'a ni le temps ni la tranquillité nécessaires pour causer. — Jean Hugo : « Oui, mais on voit des gens[248] » ; on les voit, en effet, mais on n'a pas le sentiment du contact. J'ai peur de Rome, et même de Gênes, à ce point de vue : ou me cacher ou me trouver dans un tourbillon, et pourtant j'aimerais bien rencontrer X, Y, Z et W, et faire mieux que les « voir ». Heureusement à Rome je retrouverai Mme de B.

Une bonne journée aujourd'hui.

a. Anglais : « acheteurs éventuels ».

Nuit du 8 au 9 décembre, Paris. — Temps froid et humide, poisseux, dégoûtant. Déprimé plus que de raison pour diverses raisons : l'entretien avec P. Valéry hier, beaucoup plus ennuyé que moi, et pour des causes qui le touchent de beaucoup plus près ; cependant il ne perd rien de sa gaîté et de son entrain. M'a montré ses portraits « en anglais » (avec sa robe de Docteur d'Oxford, et dans diverses attitudes.) Sa conférence de l'autre jour, en Sorbonne, était gratuite, c'est-à-dire qu'il n'a rien touché. Il a eu de grosses déconvenues ailleurs. Mais Gaston Gallimard s'est très bien comporté avec lui, bien qu'il n'ait pas voulu (lui, P[aul] V[aléry]) profiter de ses offres. Il y avait sur sa table une boîte de bonbons envoyés par le terrible Pelmazoïde S., qui s'est sûrement présenté à lui, la première fois, comme venant de ma part, et qui, depuis, vient l'importuner et tâcher de le faire s'intéresser à lui et à ses lamentables ouvrages. P.V. me dit : « Il me fait suer sang et eau » quand il vient. L'admirable, c'est qu'il le reçoit. Et même il finit par s'en amuser ! « C'est un fol. » Mais il me tient plus ou moins vaguement responsable des entreprises de ce fâcheux sur son temps et sa patience. J'aurais dû le tenir à l'écart dès le début ; car il a sûrement profité de ce qu'il était reçu chez ma Mère pour se présenter chez diverses personnes comme un de mes amis. Un fol, mais avec l'arrière-pensée de « placer » ses élucubrations insanes et d'une platitude désolante. Il m'avait envoyé des vers pour mon anniversaire, prétendait admirer « follement » (c'est le cas de le dire) mes ouvrages, pour lesquels il n'a certainement que de l'indifférence ; enfin, un malin, lui aussi, qui, un peu plus encouragé, me faisait le coup de la dédicace, ou celui de la préface. Valéry est admirable de patience et de charité. Je voudrais l'imiter, mais mon mauvais état de santé me rend grognon comme un vieux chien ; je dois m'observer avec attention pour ne pas rudoyer les gens.

Il avait vu Mme de B.[249] le matin même. L'idée que je la retrouverai à Rome me fait plaisir. Elle me donne beaucoup d'encouragement à supporter les gens, les choses, les circonstances ; elle-même encore plus ennuyée que moi en ce moment.

Si j'examine les causes de ma mauvaise humeur, je ne trouve rien que la petite déconvenue du côté de Gaston Gallimard qui n'est pas venu aujourd'hui non plus, et m'a encore une fois envoyé son secrétaire. J'ai le sentiment qu'il ne tient pas à me rencontrer, à parler de la question, qu'il voudrait aussi considérer comme réglée, de mes droits d'auteur. J'aurais peut-être mieux fait de lui écrire que j'étais d'accord avec lui, sans l'inviter à venir. Et c'est ce que je ferai s'il ne vient ni demain, ni samedi, ni dimanche. Mais je resterai sur une très mauvaise impression ; mécontent et de lui et de moi-même. Et derrière tout cela je ne peux m'empêcher d'imaginer les intrigues et les racontars de faux amis (MB.K. entre autres)[250].

J'ai cependant beaucoup de sujets de contentement : les preuves de loyale amitié de Marcel Thiébaut et de Paul Morand, prêts à m'aider, et m'aidant effectivement, et avec beaucoup d'empressement et de délicatesse, le premier pour me ménager l'entrée chez Calmann-Lévy au cas où Gaston Gallimard se séparerait de la NRF, et le second pour des lettres d'introduction pour la Grèce, et la décoration de F. Contreras[251]. Thiébaut a bien senti l'autre jour mon état de dépression, — the old « Mood » again[a], — et m'a dit : « Je suis sûr qu'à Valbois vous vous sentez plus libre, plus à votre aise », et il a été surpris quand je lui ai dit que je préférais bien des fois Paris. Et en effet je suis encore plus déprimé, inquiet, attristé, hors de Paris. Ce n'est que hors de France que je me sens à peu près en état d'euphorie[252].

1932

Janvier

25, lundi, Milan. — Depuis 3 jours à Milan. Hier visite aux Grazie et à saint Ambroise (la relique entre celles de S. Gervais et S. Protais)[253]. Passé un moment dans le cloître des Grazie. — Aujourd'hui grandes courses, à pied, en tramway, en autobus et en voiture (encore pas mal de LEGNI[b] à Milan, par bonheur.) —

Changements depuis l'été dernier : les travaux autour de la nouvelle (et horrible) gare centrale, et la démolition de l'ancienne. Hier dimanche beaucoup de Milanais allant voir où cela en est. — Nous sommes heureux d'être à Milan. Le temps est beau, plutôt frais que froid, et nous avons eu tous les jours du soleil, depuis notre retour en Italie.

Mon seul travail : la lecture de Louis Veuillot[254], *Le Parfum de Rome* pour *L'Amour et la Monarchie*[255]. Il a regardé couler l'eau. Coquelet = le petit Gallus = le petit Français. Comme Nietzsche et les autres Allemands contre l'Allemagne, Veuillot contre la France (et de la même façon, par l'effet du même patriotisme). — Critique de la démocratie et de la société moderne très proche de celle des anarchistes de 1880-1910 : la caserne, la guerre forcée, la tyrannie nationaliste, etc. — D'autre part diminué par son parti-pris contre l'Empire païen et en faveur de la Papauté historique. Dante « sous-préfet piémontais », mais il n'a pas pris garde à la conclusion du *De monarchia*[256], qui coïncide avec sa citation des pp. 151-152.

a. Anglais : « cette vieille "Humeur" encore ». Par allusion aux épisodes de dépression chronique dont Larbaud souffrait notamment pendant son séjour espagnol.

b. Italien : « fiacres » (à Milan).

Dans l'autobus N entre 6 et 7 p.m. un groupe de 6 ou 8 converses est monté, accompagné de deux religieuses ; elles avaient pris l'habit aujourd'hui même : le conducteur, ou plutôt le contrôleur des billets (l'employé à qui on les paye et qui ouvre et ferme la porte de sortie) leur a dit, au moment où elles descendaient toutes à la Gare Centrale : « Dunque arrivate stamattina e adesso vestite ? Bene! Auguri[a]. » Il les avait vues ce matin à leur arrivée à la Gare, habillées en « civiles », et les revoyait ce soir dans leurs robes noires et avec leur voile noir autour de la tête, noué sous le menton. Elles semblaient toutes des filles de la campagne ; mains rouges, etc. Elles étaient gaies, heureuses. Une des religieuses avait un visage très fin ; l'autre, grasse, paisible, du type de celle qui a soigné ma Mère de la fin de Juin 1930 à sa mort.

Cet employé du tramway avait beaucoup de « monde », d'usage du monde ; parlait à la plupart des voyageurs, et disait juste ce qu'il fallait, sans indiscrétion ni importunité. — Rien de l'automatisme qu'on voit dans les grandes villes hors d'Italie.

26, [mardi] Milan, retour de Lecco. — Le même rose gelé du temps, mais sur les montagnes et dans la vallée de l'Adda. — La teinte plombée, hivernale, du lac de Côme. — Les longues rues de Lecco sous les globes électriques pendus, comme ici (à Milan). — Cette journée : Letta et ses jouets; Gino malade, etc[257]. —

Pour *A. et M.*[258] : à rapprocher de Dante, les nobles origines de sainte Cécile dans L. Veuillot, p. 393. —

Passage à Merate ; à Monza[259]. — Baboa buona, buona.

Milan, mercredi 27. —

Très particulièrement livre XI, I (Les Martyrs ; deux ambitions.) — Là Veuillot paraît inventer Nietzsche et discuter avec lui. — La prosopopée des Nations : France, Angleterre ; surtout (à citer ?) p. 435 : « Je vis d'autres spectacles de douleur... »

Ensuite la « jeune » Italie et Vitt. Em. II en Père Ubu[260].

Milan, jeudi 28. — J'ai achevé dans la nuit d'hier à aujourd'hui le livre de Louis Veuillot. Grande solidité du style, et vraiment un classique. — Ses différents séjours à Rome se superposent et se confondent un peu dans cette édition définitive ; mais cela contribue à l'intérêt de l'ouvrage considéré dans son ensemble. Au début il se réjouit de l'état « arriéré » (selon Coquelet) du pays : surtout pas de chemins de fer et pas de caserne. À la fin il y a une ligne de Civitavecchia à Rome (on commence la Gare de Termini) et une caserne est inaugurée par Pie IX. — On a souvent envie de dire :

a. Italien : « Alors, arrivées ce matin et maintenant en habit ? Bien ! Tous mes vœux. »

Plus papiste que le Pape. Surtout quand il nie absolument tout le travail des hommes d'État et des Empereurs païens ; comme un chrétien du IIe Siècle ! On dirait qu'il a longtemps ignoré la théorie de la « plénitude des temps[261] », et ce qu'on dit là-dessus, bien avant Dante, Paul Orose[262] et Prudence[263] :

Vis dicam, quae causa tuos, Romane, labores
In tantum extulerit...

Mais à la fin de son livre il y vient, et ainsi il efface un peu l'impression de Barbarie qu'il a produite jusque-là en ce qui concerne la méconnaissance du Paganisme. Il s'élève, arrive jusqu'à une espèce de vue détachée, et il écrit la plus pathétique phrase de tout son livre :

« Et pour terminer, admirez comme l'Église rend bon compte de tout. Tout ce qu'elle fait est plein de magnificence et de hardiesse ; et telle est parfois l'étrange grandeur de la chose, qu'elle semble n'être qu'un pur élan du cœur ou de l'esprit, un rêve de l'homme exalté jusqu'au plus inconcevable délire, une construction de nuages qui ne repose sur rien. Mais regardez : vous reconnaissez aussitôt une structure aussi savante que solide ; tout est bâti comme le dôme de Saint-Pierre ; depuis la première assise posée sur le sol jusqu'à la croix posée sur le faîte, tout se tient, tout se lie et tous les matériaux sont éprouvés. Étudier la foi, quel inénarrable contentement de la raison ! » (p. 522).

(C'est dans le chapitre sur la doctrine de la canonisation.)

Dans le sens « plénitude des temps » il faut relire les chapitres XXI (Paroles de Saint Léon) et XXIII (Ici !) du Livre XII et dernier. —

Son système est simple et très voisin de l'Anarchisme des années 1880-1910 : il oppose l'Ordre à la Force ; d'où un « antimilitarisme » très souvent exprimé et un patriotisme qui est très voisin de l'antipatriotisme des anarchisants de l'époque susdite. S'il n'était pas catholique il serait franchement « anarchiste », parce qu'il est très sensible à toutes les atteintes portées par le pouvoir laïque à la liberté tant individuelle que sociale. Mais étant Catholique il identifie la Liberté avec l'Ordre auquel préside l'Église. Pour lui l'Église est la seule garantie des individus et des groupes sociaux contre la Force, qui se manifeste païennement sous la forme de la tyrannie : impôts excessifs, service militaire, etc. — En somme un anarchiste, un ennemi déclaré de la société civile, mais solidement installé dans la Doctrine Chrétienne et au « centre », c'est-à-dire à Rome, près de Pierre qui à ses yeux est l'unique souverain légitime. — En tout cas son mépris pour le militaire et son dégoût pour le patriotisme tel qu'il est généralement compris et pratiqué font de lui un « anarchiste » beaucoup plus convaincu que la plupart des anarchisants des 20 dernières années du XIXe siècle. —

Aujourd'hui j'ai commencé à lire *La Cittá considerata come principio ideale delle istorie italiane*, de CARLO CATTANEO[264], dans l'édition de G.A. Belloni. — Je lis l'introduction de G.A. Belloni. — Carlo Cattaneo est un disciple de G.D. ROMAGNOSI, auteur de *Vedute eminenti per amministrare l'economia dell' umano incivilimento* (1834).

Pour G.A. Belloni, G.D. Romagnosi, qui réunit en un corps de doctrine Machiavel et Vico et les « surpasse », a fondé en même temps la Science Politique et la Sociologie.

Aujourd'hui journée fraîche et ensoleillée, comme les précédentes depuis notre arrivée. Nous avions pensé partir hier mercredi ; mais nous avons dû attendre la valise restée à Lyon et des nouvelles de Lecco, qui ne sont pas venues. Nous avons donc remis notre départ à samedi . — Notre intention est de partir après déjeuner pour Gênes, où nous passerons, en compagnie d'Emilio[265], cinq ou six heures, jusqu'au départ du rapide pour Rome. Nous arriverons à Pise vers 2:30 a.m. dimanche ; nous en repartirons après déjeuner pour Civitavecchia[266] où nous coucherons ; et ainsi dans la soirée de lundi (S. Ignace, NON S. Ignace de Loyola[267]) nous serons à Rome.

Aujourd'hui : a.m. : lettre à M. E. Canavaggio, qui m'avait envoyé, de la part de Marcel Thiébaut, une traduction d'une nouvelle de Loria refusée par la *Revue de Paris*. — Il l'offrait à *Commerce*, mais *C.* ne publie que de l'inédit, et la nouvelle de Loria avait paru dans *Solaria*[268] ; et puis j'avais trouvé pas mal d'italianismes dans cette traduction. Je l'ai écrit, de Paris, à l'auteur. Il m'a répondu longuement (j'ai reçu sa lettre à Valbois). Je lui ai donc répondu en lui recommandant le plus discrètement, ou le moins désagréablement possible, de lire beaucoup de bon français. Mais cette lettre m'a occupé une grande heure, et nous n'avons pu faire qu'un tout petit « girino » avant le déjeuner. — J'ai dormi (ma névralgie persiste, malgré l'aspirine) 1 h ½ après déjeuner. — Sortis ensemble vers 4 ½, à pied de la Place Parini à la Place de la Scala, et de là à la Galerie où nous avons pris le thé et passé un moment au Biffi.

De là à pied, flânant, à la Place Cordusio, puis par la rue Dante jusqu'au Forum Bonaparte, de là, à droite par les rues de l'Orso et du Mont-de-Piété, à la rue A. Manzoni, — puis le chemin de chez nous. En tout 1 h ½ de marche (le Dr Vercoustre serait content de nous deux) et 1/2 [h] de repos sous la Galerie et au Biffi. —

La maladie de G. nous impose quelques restrictions, et ainsi nous avons renoncé à la soirée à la Scala ; et M. est inquiète. Elle a toute la journée attendu un appel au téléphone de Lecco ou de Calolgio. J'avais téléphoné hier, mais la communication avait été interrompue, de sorte que nous ne savions pas si P. nous appellerait aujourd'hui. Elle n'a sans doute pas eu le temps[269].

On peut encore flâner dans Milan, où les fiacres existent encore, et peut-être plus nombreux qu'en 1922 et 1926, quand les taxis étaient encore peints en rouge ; (ils sont maintenant en vert sombre, comme toutes les voitures publiques, tramways, etc., en Italie, avec une sorte de bande peinte à « mi-corps » aux couleurs de la ville, ici rouge-blanc, comme à Gênes[a], mais le rouge est au-dessus du blanc.) Les tramways et les autobus sont très incommodes en dépit de leurs grandes proportions et de leur apparence « grande ville » qui rendrait ceux de Lyon honteux. — Il y a un nombre étonnant d'appartements à louer, — un palais sur 4, au moins, porte une pancarte pour 1, 2 et 3 et 4 appartements à louer, ou des boutiques. On ne voyait pas cela à nos deux derniers passages, en Juillet et Août derniers. Nous notons aussi le retard dans la mode pour les femmes, moins sensible l'été dernier. Elles sont revenues aux jupes courtes, et les femmes bien habillées nous semblent plus rares que l'an dernier.

On flâne bien agréablement : le spectacle des palais, des perspectives des rues, est un enchantement pour la vue, au sortir de Paris et de Lyon. Nous avons beau être très italiens tous les deux, nous ne nous en lassons jamais. À tout moment je dis à Mariuccia[270] : Voit-on quelque chose comme ça à Paris ? Il n'y a vraiment que la nouvelle Gare Centrale et le palais-garage, vrai jeu de construction pour enfants, pas loin de chez nous, en allant vers la rue de la Moscova, qui nous ont déplu ; mais surtout la Gare Centrale, incommode, lourde, triste, exemple étonnant d'espace perdu, gaspillé (nous y avons soupé, au buffet, en rentrant de Lecco avant-hier, et nous avons compté, au-dessus de nos têtes, la place de trois étages[)]. Cette salle de buffet ressemble à une place publique, à un lieu d'exécutions capitales, et tout ce qui, à l'intérieur, est « buffet », lieu où on mange, est d'une pauvreté et d'une nudité féroces. Les « pastine in brodo[b] » deviennent tout de suite froides, évidemment découragées par l'atmosphère de désert et de désolation où elles se trouvent. J'avais la nostalgie de la gare de Cologne, et j'en parlais à Mariuccia lyriquement.

Ce soir après dîner (les habitués et quatre Anglaises de passage) je suis allé avec Barty prendre le café chez « Com'il è brüt[c] » :

a. Note de Larbaud : « Vérifié à Gênes : la disposition est : Blanc, rouge, blanc » placée à côté de lignes représentant cette disposition, tracées par Larbaud.

b. Italien : « potage aux pâtes » (mais l'italien, au contraire du français, accorde davantage d'importance aux pâtes, accompagnées de bouillon). Les *pastine in brodo* sont, en Italie, ce qu'on sert traditionnellement aux malades.

c. Italien : « Comme il est laid » (dialecte milanais). Barty, chien d'une race peu répandue sans doute en Italie, suscite toujours la réaction des gens : répulsion (ce semble être le cas ici), ou admiration, de la part de jeunes femmes, d'un petit garçon. *Com'il è brüt*, est-ce le nom que Larbaud donne à cet établissement où son chien est toujours accueilli par la même exclamation, ou n'est-ce pas le nom du café ?

le même public : joueurs de billard, et quelques « fly-by-night[a] » (de celles qu'on rencontre aux guichets des postes-restantes) attendant leurs habitués ou peut-être même des gens de passage.

Je vais noter ici mes références au livre de Carlo Cattaneo, alla rinfusa[b], avec mes notes quotidiennes (s'il y a lieu.)

[*Un trait horizontal.*]

Ce soir j'ai résumé mon mois de janvier jusqu'à ce jour, sur mon petit agenda. — Je dois tout de même être satisfait de ma fin d'année 1931 et du commencement de celle-ci[271]. Surtout parce que j'ai pu mener enfin à bien, — ou à pas trop mal, — un ouvrage littéraire, — le premier d'un peu d'étendue que j'ai pu terminer, depuis la mort de ma Mère et la recrudescence de maladie qui l'a suivie. Ces journées et ces nuits de Novembre et Décembre derniers et encore deux autres nuits en janvier avant de sortir de France, ont été vraiment très heureuses (« Le Vaisseau de Thésée »). Après cela j'ai tout naturellement repris et terminé l'espèce de pensum qu'était pour moi l'article sur *Le Chevalier Thomas Browne* (dont je suis encore sans nouvelles.) — J'ai pu aussi tenir ma correspondance à peu près à jour. — J'ai enfin conduit la grosse affaire du lotissement dans une phase décisive : au pis, le fisc sera payé et le million de ma créance sur A. me restera ; au mieux, l'affaire me rapportera de 1.000.000 à 1.500.000 francs en plus de ce 1.000.000. Et en tout cas, je reste propriétaire jusqu'à la fin, c'est-à-dire aussi longtemps qu'un des 15 ou 20 lots n'aura pas trouvé d'acheteur. — À Valbois j'ai fait la réparation la plus urgente, et j'ai arrangé les baux de telle sorte qu'à partir de 1933 le groupe Valbois et S. Pourçain produira 7 000, environ 1.500 francs nets, les impôts étant payés ; j'ai aussi pourvu au remplacement des manenti[c]. — Quant aux affaires « peu sérieuses », i.e.[d] les profits matériels de mon travail d'écrivain, j'ai tout juste touché, depuis le 1er Novembre 31, 504 francs : 100 d'un journal de Stockholm qui a publié une traduction du « Moulin d'Inigo Jones » (peut-être d'après la trad. allemande parue dans *Corona*[272]) et 405 des droits de la traduction française du livre de Joyce, (bien entendu je ne vais pas vérifier le compte que me fait, — le conte ? — l'éditeur ; c'est bien assez de voir son écriture sur son chèque, — la seule chose profitable qu'il y ait à attendre de « la mère M. » comme l'appelle Stols[273].) Et quant au principal, — actuellement en suspens, — c'est-à-dire mon compte chez Gaston Gallimard, les deux volumes qu'il met en train et les droits américains et peut-être

a. Terme anglais que le dictionnaire nous invite à traduire par « écervelées », mais qui semble désigner ici des femmes dont la légèreté est professionnelle.

b. Italien : « pêle-mêle ».

c. Vieux terme italien correspondant au français « manants », pour désigner sans doute les fermiers de Larbaud à Valbois.

d. Abréviation latine de *id est*, signifiant « c'est-à-dire ».

hongrois et tchèques, vont combler mon déficit, et il est probable, d'après ce que G[aston] G[allimard] m'a dit dans notre amicale et très agréable entrevue, que les mensualités pourront reprendre dans six mois. Pour ce qui est de *Commerce*, il ne me déplaît pas de penser que je travaille pour une revue qui ne paie pas.

Du côté amitié j'ai lieu d'être parfaitement content : Leger, Morand ; Marcel Thiébaut ; Marcel Ray ; Édouard Champion ; Paul Valéry ; Jean-Aubry. — Beaucoup de vœux et de marques de sympathie : les Italiens, les Espagnols, les Sudaméricains ; Alfonso Reyes; Justin O'Brien ; Rudmore Brown ; Stols ; plus près : Jean Paulhan, Gaston et Raymond Gallimard, Jean Royère, F. Contreras, la duchesse de La Rochefoucauld, Lochac, Jean Cassou. — Côté ennemis et pelmazoïdes, tranquillité complète, sauf l'insistance de P. de L.[274], et celle, plus timide, de « la mère M. » justement, — mais l'une et l'autre prestement et proprement repoussées.

Et dans peu de jours je reverrai ma chère princesse, — l'amie qui habite / la rue des Trois Madones[275].

Et à présent, avec un sentiment de liberté parfaite et sans limite, nous deux dans notre vrai pays !

Maintenant les desiderata pour cette année :

1° Donner à *Commerce* un écrit à chacun de ses numéros (soit : 3 écrits, dont deux sont en bonne voie[276]) ;

2° Donner « L'Art et le Métier » (à reprendre à peu près entièrement) à *La Revue de Paris*[277] ;

3° Terminer avant la fin de l'année, pour la NRF (c'est-à-dire pour Gaston et Paulhan) *L'Amour et la Monarchie*[278] ;

Voilà pour le travail-plaisir ; au second rang :

a) l'arrangement et les épreuves des deux volumes, *Une nonnain* et *Technique*, demandé par Gaston Gallimard, et de la confection desquels s'occupe son secrétaire, M. E. Boudot-Lamotte (au moment où j'ai quitté Paris il avait tous les textes sauf la Note sur Renan dans le n° 2 de *La Revue européenne*[279]) ;

b) soutenir les MSS de J. Audiberti et de P. Moussarie au comité de *Commerce*[280] ;

c) ma correspondance, les MSS à lire, — ce travail que je pouvais à peine faire l'an dernier à pareille époque.

L'anti-travail :

1° Suivre l'affaire du lotissement ;

2° " du fisc pour Valbois ;

3° les arrangements pour Valbois (longs et compliqués, demandant beaucoup de temps, d'attention et d'argent) ;

4° la coupe de bois à Valbois et le compte de F. Melin ;

5° arrangements pour le départ du jardinier et l'entretien des tombes ;

6° le traitement du Dr. V., à reprendre au début de Mai (il disait même avril !), et qui me prendra deux mois d'été, peut-être trois, au détriment de l'anti-travail en Bourbonnais. — Et l'obligation très probable de le reprendre en automne, c'est-à-dire d'être encore immobilisés à Paris en Novembre et Décembre.

Il est vrai que l'an dernier, — en janvier 31, je n'osais pas regarder si loin devant moi, et que si je le peux à présent c'est bien grâce à ce traitement.

Avec quelle rapidité se font les travaux de la place Parini et des jardins qui vont remplacer les vieux bastions qui étaient encore intacts il y a dix ans, et que nous voyions de nos fenêtres lors de notre premier séjour à Milan ! Il faudrait souhaiter que plusieurs allées soient interdites aux véhicules, sinon ce ne sera pas un endroit pour la promenade, mais un grand espace incommode, comme la place qu'ils ont faite devant leur affreuse gare : un décor pour cartes postales, d'un grand effet en photographie, mais où personne ne songe à s'attarder, et qu'on traverse en hâte et avec la terreur d'être écrasé.

Milan, vendredi 29. —

La préface, en introduction, de G.A. Belloni à C. Cattaneo indique tout de suite qu'on va entendre l'autre son de cloche, — ou ce qui croit l'être ; quelque chose comme la réplique de la science laïque à l'Église. Mais c'est une préface nettement politique, — fascite[a], — qui peut très bien, c'est-à-dire très probablement, tirer de son côté la couverture de C. Cattaneo. Cela me met déjà un peu « en méfiance » à l'égard de Carlo Cattaneo, avant même d'avoir lu la première page. J'y ai beaucoup pensé aujourd'hui, — au corps de doctrine, au fonds d'idée, de L. Veuillot, et à l'état d'esprit « scientifique », sinon de Cattaneo du moins de G.A. Belloni[281]. Réplique de la Force tendant à l'Ordre à la Liberté (selon Veuillot) qui tire son ordre, sa hiérarchie, d'elle-même.

Une journée, celle-ci, qui serait perdue si elle s'était écoulée ailleurs qu'en Italie, où on ne perd que celles qu'on passe dans sa chambre et malade. La matinée tout entière passée à « dédouaner » la valise enfin arrivée, m'a cependant fourni l'occasion de parcourir à pied et en taxi un grand quartier de Milan que je ne connaissais pas. J'ai entendu un prépotent[b] chef de douaniers dire à l'employé de l'agence à qui mon affaire était confiée : Qui non è la bottega del fornaio[c] ! J'ai même vu PESER des tableaux, comme si on les estimait au poids. Et comme j'avais emmené mon chien, et[d] j'avais le spectacle amusant de la réaction des gens, ceux qui aiment les ani-

a. *Slip of the pen* ?

b. Cet adjectif, courant en italien, est peu usité en français ; synonyme de « tyrannique, arrogant », il sert souvent à Larbaud pour désigner les responsables fascistes.

c. Italien : « Ici ce n'est pas la boutique du boulanger ! »

d. *Slip of the pen*, que Larbaud attribue à la sénescence, ou simple marque de l'écriture cursive du journal ?

maux et ceux qui ne les aiment pas. Un douanier m'a demandé s'il aboyait en allemand. J'ai répondu : en écossais[282]. Sur le chemin du retour une dame m'a arrêté pour me demander de le regarder à son aise : Lascimilo vedere[a]. Elle l'a caressé. Le chauffeur qui m'a ramené avec la valise a essayé de me faire dire combien je l'avais payé, ou quel prix fabuleux il pouvait bien valoir ; à quoi j'ai répondu, comme toujours, qu'on me l'avait donné. Enfin il est certain que cette fois-ci Barty a conquis tous les cœurs des Milanaises, et la sympathie de tous les Milanais, qui l'ont regardé. Plus de « Com'il è brüt! » même chez Com'-il-è-brüt. Mais la majorité des gens, qui n'aime pas les animaux, le voit sans le regarder.

L'après-midi, commencement des préparatifs du départ, et de longues promenades sans but dans les tramways 16, 19, et 1, en suivant tout leur itinéraire pour revoir ou voir tous les quartiers. Nous avons cependant fait trois haltes : aux Grazie où nous avons mis des cierges dans la chapelle de S. Antoine de Padoue (pour la valise revenue[283]) et de l'argent dans le tronc du Pain des Pauvres ; au Biffi pour le thé et les lettres à écrire ; au Panarello en sortant de la poste centrale.

Ce soir, à l'hôtel, où nous sommes rentrés vers 9 h pour dîner, arrivée d'un groupe de jeunes filles américaines (U.S.A.) voyageant sous la direction d'une sorte de Professoressa strasbourgeoise de langue française (francophone !). Leur laideur est prodigieuse ; les Milanaises les plus laides semblent des déesses en comparaison de ces filles.

Dans le *Corriere della sera*, nouvelle de la condamnation, pour propagande subversive, de plusieurs communistes, par une sorte de tribunal mixte (militaires et civils) pour la « défense de l'État » : 17 et 15 ans de réclusion aux chefs pour simple distribution de brochures et organisation de groupes. Cela m'a remis sur la piste Veuillot-Cattaneo, et par conséquent *De Monarchia*. La guerre une fois pour toutes : la conquête romaine, — et tout ce qui ne va pas dans ce sens, en fait de guerres, inutile, répétition inutile, gaspillage de temps et de force ; la révolution une fois pour toutes : l'installation de l'Église comme pouvoir régulateur, et tout ce qui ne va pas dans ce sens, inutile, répétition inutile, que ce soit la révolution triomphante actuellement ici, ou la révolution actuellement persécutée ici par cette révolution triomphante. Cela fait trois sortes de dupes ; victimes de la guerre, gens de la révolution triomphante, gens de la révolution persécutée ; de dupes, ou d'inutilités.

De plus : guerre une fois pour toutes, à poursuivre, mais le plus économiquement possible ; et révolution une fois pour toutes à continuer, mais le plus économiquement possible, se trouvent en fait et finalement surfaites, dépassées par une troisième activité ou

a. Italien : « Laissez-moi le regarder. »

nécessité : la civilisation à développer, ou comme dirait, je suppose, Veuillot, le Règne à préparer. Activité, ou nécessité, en même temps individuelles et sociales.

ROMA[a], 31 janvier, dimanche.

Hier samedi 30, à Milan : courses seul le matin : poste : alle Grazie encore une fois pour revoir le Cenacolo et le cloître ; ainsi les dernières heures, comme tout ce court séjour, auront été sous l'invocation de Bramante et de Léonard de Vinci[284]. — Retour à pied, faisant de petits achats.

Partis à 14,55, les bagages expédiés directement à Rome. — Arrivés à Gênes un peu avant 6 h p.m. Emilio nous attendait et nous a conduit, en « reptile » par Circonvallazione a Mare[285]. Les grands travaux continuent et se développent. Le Bisagno est entièrement recouvert, et le Ponte Pila n'est plus qu'un souvenir. Les grands palais du front de mer, que nous avions vus commencés sont maintenant terminés, et on en construit d'autres. La Place de France montre déjà quel magnifique parc elle sera. Partout on construit et on embellit, et des quartiers qui étaient « de banlieue » deviennent de beaux quartiers citadins ; p. ex. celui où Emilio habite à présent. Il semblait difficile d'ajouter de la beauté à Gênes, et cependant elle est en train de se faire. On pouvait redouter de la gâter en la « modernisant », — et on l'aurait dit en voyant les premières tentatives, — mais à présent on s'aperçoit que la percée de grandes places, l'introduction des arbres, et la construction de très hautes maisons n'a rien qui choque auprès des rues profondes de l'ancien centre de la ville. — C'est un bien grand contentement de voir tout cela ; et sûrement, dans une dizaine d'années Gênes sera la plus belle ville du monde après Rome. Elle l'est déjà, mais Naples peut lui disputer ce rang. Hors d'Italie il n'y a que Barcelone qui puisse entrer en comparaison avec les grandes villes italiennes.

Nous avons passé toute la soirée chez Emilio, dînant chez lui et bavardant avec lui et sa famille. Malheureusement Ginevrina[286] était absente. Nous avons promis de revenir à la fin d'Avril, nous détournant de notre route pour les revoir tous. — Emilio m'a remis deux livres arrivés pour moi : un qu'on avait fait suivre de Paris il y a déjà longtemps : *Ensayo de Psicologia de la Adolescencia*[287] par Ezequiel A. Chavez, México 1928 (avec dédicace), et une traduction italienne du *Discours sur les passions de l'amour* de Pascal, par Vincenzo Brinzi, un ami d'Emilio, et Génois comme lui, — ce dernier ouvrage apporté plus récemment, à mon intention, par l'auteur. — Le fiancé de Ginevrina nous a ramenés à la gare P[orta] P[rincipe] dans sa voiture, et nous sommes repartis à minuit quinze.

a. La taille importante des caractères évoque un cri de victoire.

À noter de Gênes l'aspect de la Lanterne[288] en réparation, couverte d'échafaudages qui de loin lui donnent l'aspect d'un grand phallus qui serait tout couvert de poils jusqu'à la pointe ! Je l'ai dit à Emilio, d'une manière discrète et détournée, à cause des dames, et il a été complètement de mon avis.

Il paraît qu'on fait pour plus de 200.000.000 (deux cents millions) de travaux. Nous avons vu un beau crépuscule tomber sur le port où le transatlantique *Rex*, en construction, semblait monstrueux : ses ponts inachevés donnant l'illusion d'un village sur une haute colline.

Nous sommes arrivés à 8,25 a.m. à Civitavecchia, après avoir vu le jour se lever sur la campagne. La matinée était limpide et ensoleillée. Nous avons dit au porteur de nous conduire à l'hôtel le plus proche de la gare, qui s'est trouvé l'hôtel d'Italie, de 3 ou 4e ordre, mais intéressant : grand et vieux palais familial aux immenses chambres, tout à fait ce que j'ai connu en fait d'hôtels dans les villes de provinces du Royaume de Naples il y a trente ans. Plafonds peints, pavé en mosaïque, table-à-toilette en marbre, grands rideaux aux grandes fenêtres, dont l'une ouvrait sur une terrasse, etc.[a] — Une telle absence du confortable auquel on est à présent habitué qu'on était surpris de trouver la lumière électrique. Pourtant la bâtisse ne serait pas tellement ancienne : au milieu du pavé de la chambre il y a, en mosaïque aussi et en très gros chiffres : 1876. Le petit déjeuner aussi rappelait les hôtels napolitains, et méridionaux en général, d'il y a 30 ans : le très petit service en métal blanc et comme graisseux, ou crasseux, le mauvais café et le lait et le beurre en très petites quantités, etc. Mais le déjeuner, au restaurant de ce même hôtel, était excellent, surtout le poisson.

Nous avons dormi de 9 h à 1 h ½ de l'après-midi, ayant tiré les vieux rideaux verts et les épais volets intérieurs devant la fenêtre excessivement ensoleillée, — ce soleil qui entre avec violence, qui vient chercher les gens, dans ce pays, — c'est-à-dire à partir de cette longitude, qui doit être, à peu près, celle de Valence en Espagne.

Je pensais naturellement beaucoup à Louis Veuillot et à ses débarquements ici. J'ai vu toute la ville en me faisant accompagner par son souvenir, et celui du drapeau pontifical sur la forteresse. Mais j'ai aussi pensé à ce que Stendhal[289] avait pu voir, et à ce qu'il avait sûrement vu.

Cela pendant ma promenade, seul, à pied, avant déjeuner (entre 2 h 20 et 3 h-¼ environ) et pendant la promenade en voiture que nous avons faite ensuite tous deux, et qui nous a montré le port et le revers du front de mer avec le centre de la ville.

a. Ce passage, à partir du début du paragraphe sera publié par Georges Charensol dans *Les Nouvelles littéraires* d'août 1951.

Surprise de voir la plaque, au coin de la promenade du front de mer (viale Garibaldi) et de la rue perpendiculaire qui passe le long de l'Hôtel d'Italie : Via S. Fermina[290], et écrit : S. FERMINA. Cette plaque est fixée au mur même de l'hôtel (je l'ai photographiée). Demandé au waiter[a] s'il y avait dans cette rue une église Santa Fermina ; oui ; mais elle ne porte (je l'ai vue et je suis entré) aucune dédicace, et les affiches et avis qui sont à l'intérieur la nomment « de la Sainte Famille ». Je tâcherai de me renseigner ici. Dimanche : impossible de trouver un plan ou guide de la ville.

J'ai photographié aussi la plaque de marbre posée il y a 4 ans (ou 3 ?) en l'honneur de Stendhal[291]. L'inscription le rattache, comme pour expliquer ou excuser la manifestation, au Risorgimento. Il y a de la faiblesse, une concession à la politique, là-dedans. L'Italie ne dormait pas, et le Risorgimento n'a pas été la résurrection que les manuels patriotiques veulent nous y faire voir. Mais ce sont justement des inscriptions comme celles-là qui nous font sentir ces mensonges. Et qui sait si Stendhal n'aurait pas, en tant qu'Italien, très sévèrement jugé le Risorgimento accompli[b] ?

Partis à 6 h p.m. environ par le direttissimo[292] qui arrive à Termini vers 7 h p.m. Tout de suite à Pzza Montecitorio[293], et après un quart d'heure de repos, à pied au Guardabassi et de là, par le Panthéon et via Giustiniani, chez Alfredo[294], via della Scrofa, revenant à pied aussi en passant devant S. M. Maddalena et Pza di Pietra. — Quelques étrangers, mais connaissances, chez Alfredo. — Le contentement d'être à Rome est inexprimable. Bien que fatigués du voyage nous étions d'une gaîté et d'un entrain extraordinaires.

De Milan j'ai écrit à Mme de B. et j'ai envoyé un paquet à Gino ; de Civitavecchia, un mot à M. Voldoire, et des cartes postales à Alfonso Reyes que je crois très Stendhalien, et à Marcel Ray pour qu'il nous envoie de ses nouvelles[295].

Noter mes lectures : Achevé le petit livre de Carlo Cattaneo ; déplorable ! Son Positivisme aboutit à la notion rudimentaire du patriotisme nationaliste du XIXe siècle, avec ses conséquences qui durent encore. Il y a des remarques justes sur le « citadinisme » italien, et on peut tirer profit de presque toutes ses constatations, mais quant à ses opinions sur les faits ainsi constatés, c'est bien à cette « tyrannie de la force » dont parle Veuillot, et à laquelle il oppose l'Église avec son ordre et sa liberté, qu'elles tendent : il croit trouver le secret du succès et de la durée des COMUNI[296] dans le fait qu'ils avaient « les armes », des milices locales, en somme la paix armée, le service militaire obligatoire. Et de là, il va prêcher cette belle doctrine aux nations modernes, — qui n'avaient pourtant pas besoin, même en ce temps-là, qu'on la leur prêchât, et l'Italie s'y

a. Anglais : « garçon de café ».
b. Ce paragraphe sera publié dans le même article des *Nouvelles littéraires*.

acheminait tout droit. Son éditeur lui-même, ce G. Belloni, fascite [*sic*], est surpris de la voir sur le point d'oublier le rôle du droit romain dans l'affranchissement et la prospérité des COMUNI. En fait il ne l'oublie pas, mais il le place bien après la Force, qui, selon lui, a presque tout fait et suffit à tout faire. Voilà bien le type de sociologue du XIXe contre lequel Veuillot aurait lancé toutes les foudres de la Vérité. — Carlo Cattaneo : « Le remède à tout, et le principe de toute civilisation, se trouve dans les bataillons scolaires », voilà, je crois, à quoi revient sa formule. — Mais je le relirai pour les observations justes qu'il contient.

J'ai parcouru le gros livre de Ezequiel Chavez trouvé à Gênes chez Émilio (depuis quand était-il là ? Émilio l'a retrouvé lorsqu'il a remis sa bibliothèque en ordre il y a quelques mois). C'est la compilation de forme courante, avec d'abondantes références et une marqueterie de citations où figurent tous les écrivains contemporains qui se sont plus ou moins philosophiquement ou « scientifiquement » ou même littérairement, occupés du sujet. Il me semble que les vues originales se réduisent à peu de chose, et que l'auteur a plutôt songé à faire de la bonne vulgarisation pédagogique qu'à essayer de renouveler ou de modifier les méthodes d'éducation préconisées par la pédagogie des vingt ou trente dernières années. Mais à cause des faits qu'ils contiennent, et un peu aussi à cause de leur absence de prétentions littéraires, les lectures de ce genre ne sont pas tout à fait sans fruit.

J'ai pris aussi, pour lire dans le train, à cause de son petit format, le roman de Camilo[297], *Romance d'um homem rico*, que je continuerai ici dans les intervalles de mes sorties, car le séjour de Rome, quand il est aussi court que celui que j'y fais cette fois-ci, est trop absorbant par lui-même pour rendre un travail suivi possible. — Encore une fois cette joie profonde : je suis à Rome. J'ai oublié même ma névralgie, qui ne passe pas.

Février

Lundi 1er, Rome. — La joie d'être à Rome, et un peu aussi ma névralgie, m'ont tenu éveillé juqu'à 4 h a.m. environ. — Levé à 9 h ; tour à pied dans le quartier et à la poste où j'ai trouvé un gros courrier (France, Allemagne, Belgique, et le MS de Sylveire[298] annoncé à Milan par M. Voldoire).

Sortis ensemble à 11 h a.m. Tram quartier Ludovisi, puis au Pont Garibaldi, et ensuite à la Porte S. Paul et à la gare d'Ostie.

Déjeuné à Ostie (Scavi) Allo Sbarco di Enea (bon et bon marché, et bonnes gens)[299]. Deux heures à pied visitant les Scavi. Les mosaïques sont encore couvertes de sables (régime d'hiver), et il faut gratter avec les mains pour en voir les fragments. Mais les fouilles n'avancent guère en ce moment. On fait surtout des trous pour planter des arbres. — Manqué le train pour Ostia Mare, mais nous étions fatigués et avons autant aimé rentrer à Rome. — Par trams et autobus au Colisée et à la Place d'Espagne. Puis à pied via Condotti où nous avons pris le thé au Greco[300], puis à Montecitorio en suivant le Corso. Repos d'une heure à la maison lisant le courrier, classant les lettres. —

Sortis à 8 3/4 et dîné dans la petite trattoria de la Piazza di Pietra, puis retour à pied à 11 h. —

Commencé la lecture du Ms de J. Sylveire, *Contre... ?* La lettre qui l'accompagnait, reçue aujourd'hui, me décide à le lire avec soin, et sans épargner les notes au crayon dans les marges. Peut lui être utile.

J'ai écrit à M. Voldoire (réponse) ; à Olga Sigall et Jacques des Gachons à propos de la même demande de trad. (allemande) du *Paul Valéry* de la collection des QUARANTE[301] ; à André Arnyvelde[302]. — La demi-journée aux Scavi d'Ostie nous a empêchés de disperser notre temps dans une Rome que nous aurions voulu parcourir tout de suite en tous sens pour tout revoir (Mariuccia, à peine revenue à la Stazione Ostense, voulait aller : à S. Giovanni Laterano, au « Castello dei Cesari » et à Saint-Pierre[303] !)

On sent que l'argent manque pour les Scavi ; mais ailleurs, c['est]-à-d[ire] dans Rome même, on travaille partout. — Ils ont nettoyé la pyramide de Cestius[304] ; plus un brin d'herbe, et elle a l'air peinte en gris-fer, tant on l'a bien décrassée ; mais l'inscription se lit mieux.

2 Février. Mardi. Rome.

Parcouru la ville en tous sens, avec la fièvre de voir et de revoir ; nos souvenirs[305], les choses qui ont changé, etc. — Tour dans le quartier, à pied : le Panthéon, la Minerve, retour par le Collège Romain où je suis allé regarder la Cour que j'aime[306], S. Ignace, la via de' Burro (le jeu de patience)[307], la Pza di Pietra, etc. — Rentré, et encore, avant déjeuner, par autobus et trams, la Porta Pia, l'Esedra[308], Sainte-Marie-Majeure (dévotions à la chapelle de S. Jérôme, me rappelant tous mes amis traducteurs[309]), et retour par la Pza Venezia, la via della Gatta, station chez Desclée, le Panthéon, et casa. — Après déjeuné[a] téléphoné Villa Caetani ; déconvenue : Mme de B. absente, la Villa louée, et la famille habite le Palais, v. delle Botteghe Oscure. Nous y sommes allés à pied[310], et j'y ai trouvé une lettre d'elle, et une dépêche, envoyées de Sorrente. Elle rentre demain et m'attend à 5 h p.m. au Palais Caetani. Les épreuves du « Vaisseau de Thésée », que je pensais y trouver,

a. Archaïsme courant chez Larbaud.

ne sont pas encore venues, et du bureau de poste du Vatican, ce soir même, j'ai écrit à F. Paillart[311].

Après v. delle Botteghe Oscure, à pied au Capitole. Barty nous accompagnait et je lui ai montré la Louve et l'Aigle[312]. Il a paru dûment impressionné, la Louve aussi, et les badauds souriaient. Du Capitole on voit assez bien les travaux de dégagement du monument Vitt[orio] Em[anuele] et aussi du Forum de Trajan. Nous y sommes allés ; puis en voiture (reptile) [pour] ramener Barty à la maison, puis en autobus à S. Pierre. Deux heures à S. Pierre, à S. Anne, au bureau de poste de la Città del Vaticano où j'ai fait une partie de ma correspondance. Ensuite deux heures de promenade en trams et autobus, jusqu'à la nuit tombée. — Retour à Montecitorio ; dîné Pza di Pietra (après un tour à pied au Corso (Pza Venezia, Pza Colonna). Après dîné, fatigués et très heureux à la maison[313], où j'ai écrit des lettres pressées. — Ma névralgie mieux, et Baboa, qui toussait ce matin et hésitait à sortir, ce soir à peu près guérie.

3 Février, mercredi, Rome.

Plus un moment pour la lecture ; mais Rome remplace tout. En 29 il nous arrivait de passer des heures dans un même endroit, — comme le Capitole par exemple, à regarder, simplement, tourner les ombres. Mais nous avions des semaines et des mois à donner à Rome. Cette fois-ci, c'est une brusque traversée, en route vers ce que nous connaissons moins ou ce que nous n'avons pas encore vu. Sans cet appel à notre curiosité nous nous attarderions indéfiniment ici.

Comme je le prévoyais, je n'ai même plus le temps de lire le roman de Camilo : Rome nous le prend tout. Oggi[a], petit tour matinal à pied (banque, pharmacie, etc.) du côté « in Lucina[314] » ; puis, ensemble, de 11 h à 1 h ¾ aux Musées du Vatican : Sculptures, Tapisseries, Cartes, Chapelle Sixtine, galerie moderne, le Stanze[315]. Déjeuné à 2 h ¼ place Rusticucci ; autobus Pl. de Venise, et à pied par le Corso à Montecitorio. — À 5 h ¼ au Palais Caetani où j'ai eu le grand bonheur de revoir Mme de B. et le Prince. Il y avait Ungaretti[316], G.B. Angioletti, Enrico Falqui, le Cte Visconti Venosta, Mme de Beaumarchais, femme de l'ambassadeur de France au Quirinal[317], et plusieurs autres hommes et femmes dont je n'ai pas bien entendu les noms. Mme de Beaumarchais m'a invité à déjeuner pour samedi, et les gens de l'*Italia letteraria* pour lundi. J'ai été content de me trouver quelques instants dans un milieu sympathique[b] (aux deux sens, anglais et français, du mot.) Les épreuves (2des) du « Vaisseau de Thésée » étaient arrivées le matin même, et Mme de B.

a. Italien « aujourd'hui ».

b. Si, en français, « sympathique » signifie « agréable, aimable », l'anglais *sympathetic* indique un accord de vues, une harmonie, dans laquelle on se sent avec quelqu'un.

me les a remises. J'ai appris par G.B. Angioletti que l'article sur le livre de M. Olivier Leroy avait paru dans *Les Nouvelles littéraires*, ce qui rend inutiles les lettres ou cartes écrites hier, et expédiées ce matin, à Maurice Martin du Gard et à M. Olivier Leroy.

Rentré à pied par la Minerve et le Panthéon, m'arrêtant un instant à S. Maria in Aquiro[318], où a lieu une neuvaine à N.-D. de Lourdes : lumières, sermon, foule. — Après dîné, corrigé les épreuves pour qu'elles partent demain de la poste du Vatican. —

4 février, jeudi, Rome. — Très forte névralgie toute la journée, et Baboa encore un peu enrhumée. Cependant nous n'avons pu résister à la tentation de revoir beaucoup de choses. Et d'abord de 11 h a.m. à 1 h ½ p.m. aux musées du Vatican, revoyant les Stanze, puis les Loggie[319], puis l'appartement Borgia, et enfin la Bibliothèque (la longue galerie non chauffée). — Déjeuné à la Trattoria Romana, côté gauche de la place. Ensuite en voiture au Janicule jusqu'à la plaque de l'Uruguay[320], puis retour, nous arrêtant à S. Onuphre[321] que nous avons visitée. Conversation avec le frère qui reçoit les visiteurs, un Milanais. Le tombeau de Mezzofanti[322]. —

Retour en voiture (reptile) à la maison, en passant par la v. della Vite où j'ai trouvé un gros courrier. Dormi 2 heures après m'être gavé d'aspirine. — Un peu mieux, sortis pour dîner légèrement chez Palmieri. — Retour à pied en passant par le Corso, la Place S. Sylvestre, la Place Colonna.

Écrit des lettres. — Les épreuves du « Vaisseau de Thésée » sont parties ce matin à 10 3/4 de la poste du Vatican pour Abbeville. — Reçu, ré-expédié par M. Voldoire, le n° des *Nouvelles littéraires* contenant l'article sur le livre de M. Olivier Leroy (*Le Chevalier Thomas Browne*)[323].

Rome, 5 février, vendredi. —

Douleurs névralgiques très violentes toute la matinée ; renoncé à sortir et à déjeuner, tandis que Baboa déjeunait au restaurant de notre hôtel. — Sortis à pied (allant décidément mieux) à 3 h ¼ : à la poste, et par le Corso à la Place du Peuple, entrant à Sainte Marie du Peuple[324]. — Ensuite en « reptile » par Ripetta et le Pont Cavour à Porta Angelica où nous avons congédié le reptile. A la poste du Vatican pour recommandées et c[artes] p[ostales] de remerciements pour livres, invitations, etc. — Thé dans un des mauvais cafés de la Place Rusticucci[325] ; mais nous avons revu la très jolie petite fille qui « fa da servetta[326] » aux enfants de la Trattoria Romana.

Descendu à pied Borgo Nuovo[327] et passé le Tibre au Pont Vitt[orio] Em[anuele], puis en reptile à la maison, où j'ai regardé le courrier trouvé via della Vite et dormi un peu.

Sortis de nouveau vers 7 3/4 pour aller à pied dîner chez Palmieri (mon unique repas d'aujourd'hui) d'où nous sommes revenus directement, à pied, sans détours. A la poste il y avait mon courrier de Paris, auquel je réponds ce soir. — A l'hôtel j'ai reçu un appel téléphonique et un mot de Sibilla Aleramo, un mot de Mme de [*Un nom biffé*] et une invitation pour ce soir 10 h chez la Comtesse de Robilant, au Palais Grillo (non : del Grillo[328]). Même la certitude d'y rencontrer Mme de B. n'a pu me décider à y aller, dans l'état où ma névralgie m'a, — pas encore tout à fait, — laissé.

L'heure de flânerie dans le Corso et à la Place du Peuple, et ensuite dans le Borgo, a été aussi agréable que les flâneries d'hier et avant-hier aux musées du Vatican. Et puis au retour nous avons traversé la Place Navone[329].

Avant de m'endormir je vais lire quelques pages du roman de Camilo.

Rome 6 février, samedi.

Souffrant toute la journée : 38 ° le matin, 37 ° 7, enfin 37,5 dans la soirée ; mais des courbatures. Froid pris aux musées du Vatican, dans les salles non chauffées et particulièrement glacées des Cartes Géographiques et de la Bibliothèque. Ainsi une journée entièrement perdue pour ce que nous voulions revoir de Rome. — Renoncé aussi au déjeuner à l'ambassade de France et au rendez-vous au Palais Caetani ; écrit aussi à G.B. Angioletti pour lui faire prévoir que je ne pourrai sans doute pas me rendre à l'invitation de l'*Italia letteraria* lundi. D'autre part j'ai prévenu Mario Puccini[330] de notre présence, et j'ai répondu par écrit aux coups de téléphone et à la lettre de Mme Aleramo[331].

Travail impossible ; cependant j'ai lu plusieurs journaux que Baboa m'a rapportés des deux brèves courses qu'elle a faites avec Barty dans l'après-midi. Mécontente de sortir seule, de déjeuner et dîner seule ; mais elle comprend bien que je fais mieux de ne pas sortir.

J'ai regardé le mouvement de la Pza Montecitorio, comme je l'ai si souvent regardé pendant les autres séjours que j'ai faits depuis 1903 soit au Milano soit au Nazionale[332]. J'ai lu aussi quelques chapitres de *O Romance de um homem rico* de Camilo Castello Branco, arrivant à la p. 155. Je veux retenir cette phrase :

« O templo dos livros immortaes é servido de poucos sacerdotes ; mas, grande gloria lhes é esse culto sem estrondo ! » (p. 134)[333].

Il m'est venu l'idée d'une Note à propos d'une effrontée qui reprocherait à un Poète de la négliger parce qu'elle est pauvre et peu connue ou parce qu'elle mène une existence sociale très modeste, tandis qu'il fréquente « les salons des duchesses ». Elle lui dit « Daignerez-vous me venir voir dans mon humble taudis ? » ou quelque chose comme cela. Elle est persuadée que ce Poëte n'est sensible qu'au luxe, aux aises, à la bonne chère des maisons patriciennes, et que pour lui « les duchesses » ont une importance énorme, parce que sa vanité est flattée lorsqu'il est reçu chez elles. Mais en réalité l'Effrontée en question déplaît à ce Poëte parce qu'elle est mal élevée, qu'elle a des sentiments vulgaires, une familiarité excessive, un ton de pédanterie ridicule dès l'abord, et bientôt insupportable, et qu'il n'a d'elle que les souvenirs d'une infinité de petites méchancetés, de railleries, de « crasses », — tandis que chez « les duchesses » il n'a trouvé que bienveillance, politesse, encouragements discrets, marques d'estime, etc. « Non, Madame, ne comptez pas que vos reproches me fassent changer de conduite. On me verra souvent encore, je l'espère bien, chez les duchesses ; mais jamais au grand jamais dans votre humble taudis. »

Cela prendrait facilement un facile tour *Labruyèresque*. « Une des cent dixièmes Muses me reproche... »

Rome, dimanche 7 février. —

Un peu mieux qu'hier (37 ° 8 au lieu de 38 °) et médication énergique ; mais incapable de sortir et de travailler. Lectures, plutôt « desultory[a] » : achevé *O romance de um homem rico* de Camillo Castello Branco ; achevé aussi le Ms. de Jean Sylveire, *Contre...?* (Notes d'un voyage en Russie, l'an dernier) ; commencé (et l'achèverai sans doute avant de m'endormir) *Le Curé de village* de H. de Balzac. Mais incapacité absolue de travailler, même à la mise à jour de mon courrier.

Conversations par téléphone avec la P[cesse] de B. et avec G.B. Angioletti, tous deux bien affectueux et s'informant de ma santé.

Mariuccia uscita due volte per pochi minuti, cioè per i due pranzi e un girino con Barty nel quartiere dopo dei due pranzi. Buona buona, inquieta quando non è vicina a me, e la vedo sempre ritornare molto prima del momento in cui l'aspettavo[b].

Rome, 8 février, lundi. —

Un trait de grand écrivain, tout simple, et qui risque de passer inaperçu, dans H. de Balzac, *Le Curé de village* (c'est une description de TRAMONTO[c] à la campagne) : « Les moindres actions des êtres animés semblent se teindre alors des douces et harmonieuses couleurs que le couchant jette sur les campagnes et QUI PRÊTENT AU

a. Anglais : « décousues, sans suite ».

b. Italien : « Mariuccia sortie deux fois pour quelques minutes, c'est-à-dire pour les deux repas et un petit tour avec Barty dans le quartier après les deux repas. Bonne, si bonne, inquiète quand elle n'est pas près de moi, et je la vois toujours revenir bien avant le moment où je l'attendais. »

Il conviendrait de remplacer l'expression *dopo dei due pranzi* par *dopo i due pranzi.*

c. Italien : « coucher de soleil ».

SABLE DES CHEMINS UN CARACTÈRE PLACIDE. » (Le mouvement calme, dénoué, de la phrase, et le regard porté d'abord à l'horizon puis ramené aux pieds du spectateur, à la contemplation de ce sable des chemins dont nous revoyons alors le « caractère placide » vu cent fois et cent fois reconnu, et cent fois laissé inexprimé, — par nous.)

Ceci pour « L'Art et le Métier[334] » ; ayant 37 ° 8 et lisant *Le Curé de village* tout de suite après *O Romance de um homem rico*, je confonds un peu les deux romans : Véronique Graslin devient un peu Maria da Gloria et [un] peu Leonor de Brito, selon qu'elle est vertueuse ou coupable ; et comme dans un rêve les comparses des deux livres se mêlent ; Eufemia , la vieille servante et confidente de Maria da Gloria et d'Alvaro avec Aline, ou encore avec la Sauviat, la mère de Véronique. — Au moment où Denise Tascheron reparaît je me demande si ce n'est pas Leonor de Brito, etc.

O Romance de um homen rico a été écrit en 1861 ; celui de H. de Balzac est de 1841.

Oggi, meglio alla sera[a]. J'avais encore 37,7 et me sentais tout « barbouillé » quand la Princesse de B. a téléphoné pour avoir de mes nouvelles. Je n'ai pas eu le courage de descendre (me lever, m'habiller un peu...) et j'ai fait répondre par le chasseur. — Cela a duré jusqu'aux environs de midi ½, quand, après m'avoir fait prendre 2 aspirines, Baboa m'a fait cuire et m'a posé deux emplâtres (j'oublie le mot français pour « papine[b] » ; ce n'est pas compresses, mais quelque chose comme ça.) Dès lors la température a baissé : 37,6, 37,5, 37,3, et finalement, vers 7 ½ p.m., 37, pour revenir à 37,1, après être descendu au restaurant de l'hôtel et y avoir pris « pastine in brodo ». Ç'a été l'unique sortie de ma chambre aujourd'hui.

Hier soir vers 1 ½ a.m. j'ai terminé *Le Curé de village*, et dans l'après-midi d'aujourd'hui j'ai recommencé les lectures pour le travail, reprenant Carlo Cattaneo et commençant les 4 Essais de Francesco Ercole réunis sous le titre : *Dal Comune al Principato*[335]. C'est plus intelligent que Cattaneo, moins fort aussi peut-être, mais avec des limites ; par exemple pourquoi la suppression de la propriété individuelle ne serait-elle pas, en fin de compte et dans certaines conditions favorables, un progrès sur le régime de la propriété individuelle ? Il y a quelque chose de partisan et de peu scientifique à le nier comme il le fait ; on dirait l'attitude d'un courtisan d'un régime capitaliste et bourgeois par lequel il craint d'être persécuté. Mais ce n'est là qu'une première impression. Cattaneo, revu rapidement, me confirme dans une opinion que je m'étais faite moi-

a. Italien : « Aujourd'hui, mieux le soir. »

b. Larbaud a oublié un *p*. Le mot *pappina* (pl. *pappine*) dérive de *pappa*, « bouillie » et désigne les cataplasmes (faits de bouillie de farine de lin).

même (la non-interruption de la vie citadine en Italie, expliquant le fait que l'Italie est le plus civilé[a] des pays européens) et dont il m'indique les raisons historiques. Pour le reste, son machiavélisme (le pouvoir et le droit suivent les armes) me paraît systématiquement tourné dans le sens de la « nation armée ». Je continue Francesco Ercole, au lit, et enfin sans température.

Rome, mardi 9 Février. —

FRANCESCO ERCOLE : *DAL COMUNE AL PRINCIPATO* (Vallechi, Firenze, 1929[336].)

Lu le 1er Essai : « La lotta delle Classi alla Fine del Medio Evo[b] ». — Décrit la révolution agraire qui reporte des campagnes aux villes la domination sur les campagnes ; puis la formation d'un prolétariat urbain exclu des privilèges du Comune et désarmé sous la domination des Popoli grasso, medio et minuto[337]. Exécution du scardassiere[c] florentin Cinto Brandini en 1345 ; tumulto dei Ciompi (à Florence) en juillet-août 1378[338]. —

IIe « Comuni e Signori nel Veneto » : Scaligeri (Verona), Caminesi (Treviso), Carraresi (Padova)[d]. — a) La base démocratique de la Seigneurie ; b) le Vicariat impérial dans ses rapports avec la Seigneurie ; c) Le Comune pendant les passages d'une Seigneurie à l'autre (la Sede Vacante du Comune[e]) ; d) le Comune et le Seigneur pendant l'exercice du Pouvoir Seigneurial.

La Seigneurie est d'origine démocratique ; elle existe par la délégation du Comune entier et l'élection et la succession des Signori sont régies par le même droit politique que les élections et successions du premier empire romain. —

Ici le fait politique est le renversement du contenu du titre de Vicaire Impérial. Le Signore, élu par le peuple (le Comune) est confirmé, simplement, par l'Empereur (ou par le Roi des Romains) ; tandis que les vicaires impériaux de Frédéric II, p. exemple, étaient nommés par l'Empereur, et par l'Empereur imposés aux Comuni. — Cela se vérifie pour les Scaligeri, les Caminesi, et les Carraresi.

Dans le petit livre de A. Meozzi, récent, que j'ai acheté aujourd'hui, j'ai trouvé l'indication d'une autre édition du *D.M.* que

a. C'est le mot italien que Larbaud a utilisé ici pour exprimer l'idée d'éducation et de culture que l'Italie hérite de sa longue tradition de vie citadine. Le dictionnaire atteste un accent grave sur le *i* mais ne met pas d'accent sur le *e*, comme le fait Larbaud.

b. « La lutte des classes à la fin du Moyen Âge ».

c. Ouvrier cardeur.

d. « Commune et Seigneurs en Vénétie ». Les Scaligeri représentent la famille des Scaliger à Vérone ; les Caminesi, la famille des Caminèse à Trévise, et les Carraresi, la famille des Carrara à Padoue.

e. Italien : « la vacance du pouvoir dans la commune ». Larbaud préfère conserver le terme italien *comune*, qui ne recouvre pas la même conception de circonscription administrative que le mot « commune » en France. L'ensemble de l'expression mélange français et italien.

je veux me procurer : celle de R. Alluli, éd. Signorelli, Milan, 1926. — Celle de N. Vianello, que j'ai, est de 1921[339].

Mieux aujourd'hui : température tombée entre 37 °- 37 ° 4. Sorti vers midi : courses pharmacie et librairie Pl. du Panthéon, Pl. di Pietra ; puis ensemble pour déjeuner chez Palmieri. — Rentrés vers 2 3/4 p.m. Dormi un peu, puis lu pour le travail et écrit des lettres ou billets, comme les remercîments au Cte de Gourcuff[340] pour mon diplôme et « ascriptio » dans l'album de leur académie latine ; cela m'a amusé, de dater « Romae ». Courtes conversations au téléphone avec Mme de B. et G.B. Angioletti. — Pluie le matin et à diverses reprises dans l'après-midi. Quelques enfants déguisés, (mardi-gras). Les banques fermées. Mais la librairie de la v. degli Orfani était ouverte (ils m'ont fait une réduction de 50 centimes sur 5 lire[a], sans que je l'aie demandée, et m'ont promis de me procurer le livre de Jérôme Carcopino[341] sur Ostie.)

Dîné au restaurant de l'hôtel. De mieux en mieux le soir et la nuit (2 ¼ a.m. : 37 ° 2). J'ai lu des catalogues de libraires. Je termine la journée avec Francesco Ercole. — Pendant ces courtes sorties je remarque combien n'importe quelle rue de Rome est délicieuse, en dehors des « grandes artères » du type Cavour et Nazionale : à chaque pas des surprises, quelque chose d'intéressant ou seulement d'agréable à voir ; et l'absence de trottoirs aussi est agréable. Ce qui sauve la via Veneto, c'est le détour qu'elle fait, ce grand coude au-dessus de la Place Barberini. Je ne me croyais pas tellement attaché à ce quartier Capranica-Panthéon-Maddalena-Pza di Pietra-via de' Burro[342]. Lorsque j'y passe et que je pense à mon quartier de Paris, pourtant assez aimable en comparaison de plusieurs autres, il me vient une sorte de dégoût et de tristesse à l'idée que je l'habite et que j'y reviens toujours. Louis Veuillot a dû sentir cela, et il en a dit quelque chose à propos des travaux qu'on commençait à Paris, là où il cite Haussmann.

Rome, mercredi 10 février. — Journée presque sans travail mais très remplie. — A.M. : la banque (Credito italiano), le coiffeur Pza in Lucina ; des pharmacies où on me refuse de la saccharine. — Déjeuner à la petite trattoria de la r. du Panthéon ; intéressant milieu populaire : mari et femme et toute la famille fêtant par un déjeuner là l'anniversaire de leur mariage (le 14e anniversaire peut-être, considérant l'âge de leur fils aîné) ; les petites filles Iole et Lidia, Iole surtout intéressante, tête d'ange du Corrège, riant et pleurant tour à tour, très prépotente au fond, mais avec des gestes doux, des regards attendris. C'est le Père qui nous a renseignés sur

a. Le pluriel de *lira* (l'unité monétaire italienne) est *lire* ; c'est ce pluriel, italien, que Larbaud utilise généralement.

la cause du banquet ; nous avons dit : « Auguri[a] », et pour nous remercier il nous a donné des dragées. Iole était un peu ivre.

P.M. : en reptile au Vatican, et retour dans le même reptile au Palais Caetani. La Princesse y arrivait en même temps et a très aimablement salué Baboa. Nous sommes allés ensemble dans sa chambre où nous avons pris du thé en attendant les visites. Parlé de *Commerce*, et j'ai vu que les poèmes de Jacques Audiberti et de Pierre Moussarie avaient des chances de passer dans le numéro de Printemps[343]. Elle et le Prince se sont montrés d'une gentillesse exquise, arrivant même à me rendre possible l'acquisition de la saccharine[344] : il faut que le pharmacien soit couvert par l'ordonnance d'un médecin ; cela sera fait demain matin ; c'est le pharmacien de la famille, Evans, qui se procurera l'ordonnance. Passant aux salons nous avons reçu les visiteurs, parmi lesquels j'ai eu particulièrement plaisir à retrouver Ungaretti, G.B. Angioletti, M. et Mme Émile Mâle[345], et fait la connaissance de M. Jean Allary, direct[eur] du bureau de Rome de l'Agence Havas qui espère pouvoir nous fournir des cartes d'entrée pour après-demain à S. Pierre. Causé un moment avec M. Émile Mâle, aussi avec la femme de l'ambassadeur des U.S.A., celle de l'ambassadeur d'Allemagne et Mlle von Bülow[346] ; aussi avec la duchesse de ? (je n'ai pas saisi son nom), romaine, et qui aime autant Paris que j'aime Rome. — J'ai eu des nouvelles de A. S. Leger, et j'ai su que Marcel Ray avait été promu Commandeur, comme A. S. Leger me l'avait fait prévoir. — Nous avons parlé de la réunion de Vendredi soir, et j'ai pris rendez-vous pour Samedi avec G.B. Angioletti, que je dois revoir, du reste, vendredi.

Retour à pied à travers ce merveilleux quartier, et après un moment passé dans la chambre à couper et parcourir les livres achetés aujourd'hui v. degli Orfani (entre autres l'édition Alluli du *D.M.*[347]), sortis pour aller dîner chez Palmieri. (J'oublie une petite station à S. Maria in Aquiro où une neuvaine de N.-D. de Lourdes met une vie sympathique, foule discrète, sermon, lumières dehors et dedans, tentures de fête, etc.)

Chez Palmieri est venu dîner l'homme politique Delcroix (aveugle et manchot de guerre, orateur etc.)[348] avec sa femme et un groupe de parlementaires et personnages dirigeants, ou en vue, du Fascisme. Un d'eux a lu à haute voix, pour Delcroix, le discours prononcé à Genève, par le ministre Grandi, hier.

Retour à pied au hasard des rues entre la Madeleine et S. Augustin, puis par la Piazza Capranica au Corso où nous avons acheté quelques journaux du soir.

Oublié de noter : achat de figurines de plomb qui manquaient à ma collection italienne : avant-gardiste, fasciste, jeune

a. Italien : « félicitations ».

fascite[a], balilla, garibaldien, avant-gardiste à l'Étranger (ils ne font pas de Petites-Italiennes)[349], et Arlequin dans la série des Maschere[350] ; le vin délicieux de la Trattoria du Panthéon ; mon courrier expédié de la poste du Vatican ; la présence de la femme du ministre de Suède chez Mme de B. ; des nouvelles vagues de Bruno Barilli[351] actuellement dans l'Afrique du Sud ; le bien que G.B. Angioletti m'a dit de Loria ; m'a aussi appris que Giana Manzini[352] était mariée à un journaliste florentin ; m'a dit qu'il croyait savoir que quelques jeunes s'occupaient ou s'étaient récemment occupés du *D.M.* — L'accueil dans le bureau des Lettres de Crédit au Credito italiano, un peu comme en Angleterre. — Grande affabilité de Mme Émile Mâle ; parlé de Bellenaves et de Valbois, Fleuriel, Montmarault[353], etc., — et des Arènes de Lutèce, avec M. Émile Mâle. — Surtout l'extrême gentillesse et toutes les preuves d'amitié que je reçois sans cesse du Prince et de la Princesse de Bassiano, — « je », ou plutôt nous.

Rome 11 février, jeudi. —

Continué Francesco Ercole tard dans la nuit. Quelques paragraphes aussi le matin. — Appelé au téléphone par Mme de B. et ensuite par Mario Puccini ; pris rendez-vous. — Arrivée d'un gros courrier, qui m'oblige à répondre immédiatement et longuement à deux lettres et même à télégraphier dans l'après-midi. (Ci-joint la lettre[b]). C'est un mystère ; je n'ai même pas lu le livre en question ; coupé et distraitement parcouru ; et je me demande même si j'en ai montré à quelqu'un la couverture, qui est coloriée d'une manière amusante. J'ai demandé par lettre avec « express » à 2 l[ire] 50, à M. de Falgairolle de s'informer et de me dire de qui l'auteur a pu apprendre que je désirais traduire son livre[354]. Car il ne s'agit même pas d'un propos comme « Ce livre me plaît beaucoup et si j'avais le temps je le traduirais ». Probablement : ou mystification ou excès d'imagination de la part de l'auteur. [*Trois lignes et demie caviardées.*] Je trouve très généreuse, et vraiment charitable, la lettre de M. de Falgairolle.)

[*Huit lignes caviardées.*]

Mais il y avait aussi de « bonnes » lettres ou communications : Jaime Torres Bodet[355], la Baronne de Brimont[356], Ventura Garcia Calderón[357], etc.

Encore une journée movimentata[c]. Sortis tard pour déjeuner chez Alfredo (le même public cosmopolite de gourmets, et Alfredo manipulant théâtralement ses fettuccine et ses sauces, faisant éteindre la lumière électrique au moment où il flambe l'omelette au

a. Le second *s* de « fasciste » disparaît sous un pâté, comme si Larbaud l'avait ajouté après coup.

b. Voir annexes, p. 989.

c. Italien : « mouvementée ».

kirsch ou au cognac, etc.) à pied ; puis en reptile au Capitole, où je suis descendu pour promener Barty et lui montrer encore la louve, ou plutôt le ménage Loups dans sa cage[358] ; ils sont sortis pour le regarder, et la louve a remué la queue, mais il est difficile de savoir si c'était de rage ou de contentement [*Deux mots illisibles*] politesse ; Barty les regardait avec curiosité, de tout son grand museau, il doit se demander à quelle espèce de chiens ils appartiennent, mais en même temps il en a vaguement peur. J'allais au Capitole surtout pour voir les tapisseries et les drapeaux aux balcons et aux fenêtres (le drapeau de Rome au-dessus du grand escalier, et les 12 drapeaux des Rioni[359] aux balcons des palais latéraux). En effet Rome est pavoisée aujourd'hui et c'est demi-journée de fête, — anniversaire de la Conciliation[360]. Les monuments officiels étaient pavoisés et illuminés, et aussi les palais dépendant du Saint-Siège (p. ex. : via della Pigna, drapeau jaune-et-blanc). Les tramways aussi avaient leurs petites flamines aux couleurs italiennes et romaines, et les taxis ; et pour l'aspect des rues, c'était un dimanche. Il y avait eu, paraît-il, une grande foule sur le parcours du cortège officiel du Palais de Venise au Vatican ; mais quand nous sommes sortis tout était écoulé.

Après le Capitole, en reptile (le même) à la Place S. Sylvestre d'où j'ai télégraphié à M. de Falgairolle, puis à la poste, d'où j'ai expédié les lettres : à M. Voldoire, à M. de Falgairolle, à Marcel Ray. — Mariuccia était allée dans la voiture jusqu'à l'hôtel, et m'a rejoint à la pâtisserie de S. Sylvestre où nous avons si souvent pris rendez-vous en 29[361]. — De là en autobus à la Porta Pia, et en reptile chez les Puccini, via Lima. Nous y avons pris le thé, et bavardé 1 heure ½. Il y avait Corrado Alvaro[362], qui a parlé de son voyage dans les Iles de l'Égée et en Asie Mineure. Beaucoup parlé littérature, aussi. Heureux de nous revoir, et Mariuccia de revoir Sandra et Linda. Mario m'a donné son exemplaire du livre de Luigi Valli sur le gergo de Dante[363]. Ils nous ont invités à déjeuner pour samedi et c'est de chez eux que je partirai, avec Mario, pour l'*Italia letteraria.*

Comme je suis mieux traité ici qu'à Paris ! Mais c'est qu'à Rome il n'y a pas de Mère M., ni les Crasseux de sa bande, ni les Pelmazoïdes tous plus ou moins suscités par ladite bande[364]. Pour une duchesse de La Rochefoucauld, une baronne de Brimont, un Jean Paulhan, un Prince de Beauvau, un Jean Royère, un Marcel Ray, un Marcel Thiébaut, combien de Pelmazoïdes à Paris ! Mais cela vient en grande partie de la mauvaise éducation française ; les bons, ou bien sont des cosmopolites ou des gens qui ont des sentiments délicats, comme était Charles-Louis Philippe, comme est Marguerite Audoux.

En sortant de chez les Puccini, en taxi au palais Caetani. Passé une heure bien agréable avec ma chère Princesse, tête à tête, parlant des amis, de la revue, de Mariuccia, de T.S. Eliot[365]. Elle avait eu la délicate pensée de me faire acheter une provision de cette substance si terriblement prohibée, la Saccharine.

En sortant de chez elle j'ai fait un grand tour à pied dans notre quartier : le crépuscule, les rues tranquilles, çà et là la façade d'un palais pavoisé et illuminé : les torchères électriques, quelquefois deux seulement par fenêtre, d'un effet beaucoup plus saisissant que les rampes de gaz en usage en France. La Pza Madama[366], avec la vaste façade du Sénat ainsi illuminée, était magnifique. Les détours des rues ajoutaient quelque chose de mystérieux à ces illuminations : palais couronnés d'or, sertis de lumières, entrevus au passage, à demi cachés, soudain se déployant à la vue. Mais c'est surtout la Pza Navona qui était belle : sans façades illuminées, mais débarrassée de son mouvement quotidien un peu plébéien, de ses gosses malpropres, et s'étalant dans toute sa magnifique étendue avec ses trois fontaines dont le bruit de torrents, de cascades alpestres, s'entendait plus distinctement que d'habitude. J'ai passé longtemps à me promener là, et surtout près des fontaines, examinant bien celle du centre et cherchant à deviner comment l'effet de grandeur, de « colossal » était produit, — c'est-à-dire jouissant de la pensée qui a fait ce spectacle. Il doit y avoir une combinaison de plans géométriques, des « rentrants » et des « sortants » groupés dans et autour de, deux ou trois cercles concentriques. Ainsi un rocher, support d'une des statues assises, paraît sortir démesurément du plan général, mais c'est un effet d'optique dû à la concentration obligée du regard sur le centre de la caverne d'où le cheval s'élance ; et ainsi dans les plus petits détails il y a cette même contrariété des plans. Aussi, dans les parties supérieures, la façon dont le grand vent des cimes est exprimé. En regardant cette fontaine[367] on est vraiment sur une cime de montagne, et dans une île au milieu de l'océan, et sous les tropiques, et dans une sorte de paradis terrestre et de séjour mythologique[a].

Pendant que j'étais dans ce plaisir un homme s'est approché de moi, — petit bourgeois romain, je pense, — et m'a parlé, en essayant d'exprimer son admiration pour ce monument ; mais il se contentait d'énumérer les figures, les statues, les animaux, les blasons pontificaux, etc. Et ce qu'il paraissait admirer le plus, c'était la difficulté vaincue dans l'agencement des pierres, le travail purement matériel. « Oggi non sono neanche capaci di[b]... » J'ai cherché à identifier le palais où habitait Louis Veuillot, mais je n'avais pas un souvenir assez précis du passage où il donne le nom du palais.

a. Ce paragraphe figure sous la date du 11 février parmi les extraits publiés dans *Les Nouvelles littéraires*.

b. Italien : « Aujourd'hui ils ne sont même pas capables de... »

Rentré par un des trois autobus qui s'arrêtent Place Navone et traversent le Corso dans le voisinage de Montecitorio.

Dîné à la maison, et sortis ensemble pour un tour au Corso et Pl. de Venise à pied, puis en autobus à Saint-Pierre ; aléatique[368] à la Trattoria Romana ; puis en autobus jusqu'à Pza Vittorio Emanuele, traversant l'Escdra, et retour Place de Venise, et à pied à la maison.

Une très heureuse journée malgré les ennuis du courrier le matin : Mme de B. ; Mario Puccini ; et ces instants passés à regarder la fontaine du Bernin dans la Place Navone solitaire. — Place S. Pierre aussi on entendait très distinctement les jets d'eau.

Rome, vendredi 12 Février. —

Hier oublié de noter que la Place Navone ainsi nettoyée par le soir de fête, sans foule, et à la tombée du jour, me faisait penser aux naumachies qu'on y donnait autrefois et qu'on voit sur les gravures anciennes[369]. — Aussi, avant-hier, les propos du groupe Delcroix chez Palmieri : un d'eux ayant prononcé le nom de Paul Valéry, et un autre disant que P.V. a écrit « que la poésie devait être incompréhensible. » — Aussi : inquiétude à cause d'une erreur dans la pagination du « Vaisseau de Thésée » dans les bonnes feuilles de *Commerce* trouvées chez la P^cesse^ de B.

Aujourd'hui : a.m. à S. Pierre pour la cérémonie pontificale : messe dite en présence de Pie XI par le Card. Locatelli pour la Xe année du pontificat actuel. L'église était pleine. Les Gardes-Palatines avaient le nouveau kolbak de poil qui remplace le képi à coiffe rouge avec plumet vert. L'aigrette est amarante, plus foncée que le col et les parements. Le cortège m'a paru moins fastueux que sous Léon XIII (comme nombre de personnages et costumes.) Quand un cardinal passe, « presentat'arm ! » puis, passé, « Riposo ! » (le tratamiento des AA.RR.[370]). La figure et l'attitude du Pape plus sympathiques que celles de Léon XIII (je n'ai vu ni Pie X ni Benoît XV). Naturellement beaucoup pensé à l'A. et la M. On imagine l'entrée et la cérémonie ; 1° vue par une personne dévote et naïve ; 2° vue par un incroyant, un « athée », un protestant, etc. (Il y aurait une belle série de récits à faire, — par Max Jacob p. exemple). Mon impression est celle-ci : comme « splendeur », pompe et déploiement de faste, les grands cirques et les grands « variétés[371] » font beaucoup mieux, montrent des costumes plus frais, etc. Ce qui est vraiment très réussi, et qui touche, c'est précisément ce caractère de luxe modeste, comme d'une bonne maison noble mais modérément pourvue de biens de ce monde, et qui fait tout ce qu'elle peut pour honorer et fêter une circonstance, et faire plaisir à ses hôtes sans les éblouir, sans chercher à les éblouir. Certainement ce n'est pas ce qu'avait vu Stendhal lorsqu'après une cérémonie de ce genre il écrivait : « Et j'appartiens à cette belle religion[372] ! » Le spectacle devait être beaucoup plus riche et imposant. Ici c'est : « On a fait du mieux qu'on a pu », et ce n'est pas imposant, mais touchant : le Pape apparaît dans son caractère de « Père Commun » au milieu de sa famille, et il n'est pas mauvais qu'à ce moment-là on songe que les troupes pourraient être plus nombreuses, avoir une allure et une tenue plus martiales, les costumes et les uniformes être plus frais et plus riches... Il me semble que pas mal de Protestants, et surtout des Anglais et des Américains « moyens », antipapistes farouches, ont insisté sur la « splendeur » de la cérémonie, le déploiement de luxe, la servilité, l'idolâtrie qu'ils croyaient y voir, comme si c'étaient des arguments en leur faveur. On peut imaginer aussi le Protestant, ou l'anticlérical français (du type français) qui, au contraire, ne verrait que les costumes défraîchis, et dénigrerait la simplicité réelle du cortège en disant que cet effet de simplicité n'est pas voulu, que le cortège « jette de la poudre aux yeux », etc. Mais certainement les gens qui étaient dans S. Pierre ce matin ne pouvaient pas avoir d'autre sentiment que celui (même passager, chez les anticléricaux et les hérétiques) de former une famille dont le chef était présent, les regardait, les bénissait, leur parlait. La conclusion aurait pu être : « Et j'appartiens à cette bonne religion[a] ! »

Après la cérémonie, déjeuné Pza Rusticucci, acheté et lu les journaux. Des journaux avaient envoyé des gens avec appareils photographiques pour le cas où le Pape serait venu à la fenêtre bénir la foule, mais l'absence de tenture à la loggia centrale de la façade de S. Pierre avait averti les Romains qu'il n'y aurait rien de tel, et les gens partaient sans se retourner. Nous avons vu le départ de plusieurs Cardinaux, des légations et des ambassades d'Espagne, de Colombie, du Vénézuéla[b], du Chili ; beaucoup de camériers et dignitaires en automobiles et en taxis.

Les gens et l'aspect des uniformes sont rapetissés par les proportions et le luxe de S. Pierre : nous avons pris pour une sorte d'appariteur un monsieur en habit, sans pardessus, sans chapeau, qui attendait près d'une entrée à l'intérieur, comme s'il était chargé de placer les arrivants. Et en effet c'était l'ambassadeur de France qui attendait des pèlerins, ecclésiastiques et laïcs français, pour les conduire à leurs places sur l'estrade réservée aux invités de marque. Je l'avais pensé en voyant à son cou la cravate de commandeur de la Lég[ion] d'Hon[neur], mais je n'en « pouvais croire mes yeux » tant il était amoindri, appauvri de prestance et d'allure par les proportions de l'église et sa lumière. Cet effet était général, même sur l'ensemble du cortège[c].

a. Ce paragraphe figure sous la date du 12 février parmi les extraits publiés dans *Les Nouvelles littéraires*.

b. Nous suivons ici la leçon de Larbaud, mais « Venezuela » ne prend aucun accent en français.

c. Paragraphe également cité dans *Les Nouvelles littéraires*, qui enchaînent ensuite avec l'arrivée à Naples, le 20 février.

Rentrés à Montecitorio par un détour : en tram Place du Peuple, en autobus Place Colonna. Lu les journaux, dormi 2 heures environ, puis examiné les épreuves de la traduction du poème de T.S. Eliot[373] ; la Princesse de B. y avait joint une bible anglaise et une bible française (probablement protestante puisqu'elle est éditée par la S^té^ Biblique de Londres, mais ce n'est pas Ostervald), et je me suis borné à corriger les fautes d'impression du titre et à restituer les citations d'Isaïe d'après cette bible française. Mais je crois qu'il aurait fallu changer « Difficultés » en « Embarras » et « Renoncer » ou « Renoncement » en « Démission », pour être dans le véritable esprit du texte. Ni Mme de B. ni moi n'avons osé prendre une telle responsabilité. Je me mets à la place du traducteur et je sais bien que je serais à la fois irrité et mortifié par une telle intervention, — et faite sans que j'aie été consulté, — dans mon ouvrage. Du reste, en relisant le texte j'ai vu deux ou trois choses qui m'auraient fort embarrassé et dont ce confrère s'était très bien tiré. Mon « Embarras » et ma « Démission » auraient eu l'air d'une correction pédante et pas absolument nécessaire, un pur et vilain manque d'égards, de charité. Je ne regrette donc pas cet « Embarras » et suis satisfait d'avoir maintenu ce « Renoncement » ou « Renoncer ». C'est bon pour la ΣΠ[374] de relever comme de scandaleuses monstruosités les contresens ou les légères inexactitudes qu'elle trouve ou croit trouver chez ses confrères (elle m'a fait cela, et le plus beau est que c'était elle qui se trompait et faisait le contresens !)

Courses à pied dans le quartier, au Corso et à S. Sylvestre. — Dîné à la trattoria populaire du Panthéon, où la nourriture est bonne et le vin meilleur que chez Palmieri et Alfredo. — Rentrés pour nous habiller, puis en taxi au Palais Caetani[375]. Il y avait beaucoup de monde : le Prince et la Princesse de B., Ungaretti, Angioletti, Cecchi et Madame[376], et plusieurs autres confrères romains ; Puccini ; Aloma, devenu ambassadeur d'Espagne au Quirinal et qui m'a longuement parlé de mes ouvrages, me disant qu'on « m'aime beaucoup en Espagne » ; M. et Mme Émile Mâle ; plusieurs personnes de l'aristocratie romaine, etc., etc. Mme de B. et Mme Cecchi ont longuement causé avec Mariuccia, qui a été, elle aussi, présentée à des gens dont elle n'a pas saisi les noms. D'après les conversations j'ai pu voir que beaucoup de gens ont lu avec attention la plupart de mes ouvrages et les connaissent et les comprennent bien. Cette constatation m'est très agréable ; c'est une récompense qui vient s'ajouter au plaisir que le travail m'a donné. J'ai vu aussi qu'ils étaient tous bien disposés à l'égard de Baboa et la recherchaient à cause de moi ; et alors, en causant avec elle, ils (elles en particulier) se montraient sensibles à son charme. Elle était plus que jolie, ce soir, dans la belle lumière de ces magnifiques salons auprès desquels ceux de Paris semblent bien modestes.

Nous venons de rentrer, assez fatigués par cette journée tout entière donnée à la foule ou au monde.

À noter la série de portraits d'écrivains italiens contemporains par Madame Cecchi. J'aimerais la voir à un prochain séjour.

Rome, samedi 13 février. —

Alzati tardi; io giro per portapacchi v. Stamperia con fermata Pza Trevi; stazione da De Agostinis; ritorno Tritone (a piedi). Insieme taxi v. Lima[a]. Déjeuner excellent chez Mario et Sandra Puccini ; ensuite visites, de Corrado Alvaro et le fils de Luigi Pirandello, jusqu'à l'heure d'aller à *L'Italia letteraria*[377]. Présentations et gens retrouvés ; le Prince et la Princesse de Bassiano y sont venus ; il y avait aussi Mme Aleramo ; honneurs faits par M. et Mme G.B. Angioletti. Mme Leonetta Cecchini[378] a fait mon portrait au crayon. — Départ vers 6 heures ; retour via Lima avec M. et Mme Frateili[379] ; encore un moment de causerie ; puis retour taxi casa : Io giro per piccole compre nel nostro quartiere[b]. Puis ensemble à la trattoria du Panthéon pour un très léger dîner. Retour à pied. — Il a neigé cette nuit (12-13 [février]).

Livres achetés, et aussi donnés par le généreux Mario Puccini, et par Mme Fracchia.

Accueil très cordial et très agréable des gens de *L'Italia letteraria*. — Plein accord avec Mme de B. pour la traduction du poème de T.S. Eliot.

Rome, dimanche 14 février.

Toute la matinée jusqu'à deux heures p.m. occupé par le courrier et Francesco Ercole, qui devient de plus en plus intéressant au point de vue *A. et M.* (Chap. 3 : « Impero e Papato nel Diritto pubblico italiano del Rinascimento », Sec. XIV-XV[c].) Texte clair et précis, et un nombre infini de références et de CITATIONS, — il n'y a qu'à se baisser (à baisser les yeux) pour en ramasser, et des plus excitantes. — Mais le courrier m'a interrompu, et j'y travaille encore ce soir.

Déjeuné da Palmieri entre 2 et 3 p.m. Girino a piedi[d] ; puis grandes promenades en autobus et tramways, et à pied : S. Maria in Trastevere[380] (entrés, revu les monuments, l'huile, etc. ; prié pour le r[epos] de l'âme de Charles Le Goffic, un de mes bienfaiteurs, dont j'ai appris la mort par les journaux italiens, hier au milieu de toute cette agitation.) De S. Maria in Trastevere à S. Giovanni Late-

a. Italien : « Levés tard ; j'ai fait un tour pour le livreur v[ia] Stamperia avec un arrêt place Trevi : arrêt De Agostinis ; retour par [la via del] Tritone (à pied). Ensemble en taxi v[ia] Lima. » (De Agostinis était libraire-éditeur).

b. Italien : « Pour moi, tour pour de menues courses dans notre quartier. »

c. « Empire et papauté dans le droit public italien de la Renaissance ».

d. Italien : « Un petit tour à pied ».

rano, avec arrêt et changement d'autobus en tram à S. Maria Maggiore ; thé au café de la Place S. Jean-de-Latran où nous l'avons si souvent pris autrefois. De là à pied au viale Manzoni où nous avons pris le tram pour S. Pierre, vià Colosseo, Aventin, Porta S. Paolo, Porta Portese, viale del Re, Pont Garibaldi (les travaux de l'Ile Tibérine avancent, ou sont entrés dans une nouvelle phase), le quai du Tibre, le P[onte] Vitt[orio] Em[anuele], Borgo Nuovo et Place Rusticucci. Courrier mis à la boîte du Vatican côté S. Anna. De nouveau en autobus pour Pza Independenza, arrêt là, achat de panettone et Marsala, puis dans le même autobus (MB) retour à Place de Venise et à pied a casa.

Dîné dans notre chambre. Continuation du courrier et de l'ordre dans les papiers et la correspondance. Sorti seul (avec Barty) de 10 ¼ à 10 ¾, Pza Colonna, la galerie où je regarde les devantures des librairies et une vente (liquidation) de poupées. — Noter, de chez Zanichelli à Bologne, collection « Gea », *Monografie geografiche*, R. Riccardi « Romania ». —

Rome, lundi 15 Février. — Relevé dans un récent catalogue d'Alcan trouvé ici : Arquedas (A.) *Histoire générale de la Bolivie*, 16 francs ; C. Baez, *Le Paraguay*, 20 frcs. (chercher les textes) ; J. Humbert : *Hist. de la Colombie et du Vénézuéla* 18 frcs (en français) ; Cte M. de Périgny, *La République de Costa-Rica* 10 frcs (en français). — Aussi l'*Érasme* d'A. Renaudet a été publié chez Alcan. — TEXTES et traductions de : G. BRUNO ; CESALPIN ; N. DE CUSA, Machiavel et Pétrarque. —

Pluie froide toute la journée, sans interruption. Mon courrier m'ayant pris une partie de la nuit, levé tard, mis de l'ordre dans les papiers et livres, etc. Sortis pour déjeuner chez Falchetto à 1 3/4 p.m. — De là à pied au Credito Italiano où j'ai lu, en attendant d'être servi, l'article de G[ilbert] K[eith] C[hesterton] dans les *London Illustrated News*. — De là à la Banca d'Italia pour les coupons de Mariuccia. — De là (toujours à pied sous la pluie) à S. Sylvestre, et ensuite chez Alinari[381], où je n'ai pas trouvé la moitié de ce que je cherchais. « La plaque de Bolivar ? Personne ne la demanderait ; Bolivar est pour les Américains du Sud quelque chose comme Garibaldi ici, et encore plus important. Et la plaque de l'Uruguay, qu'est-ce que c'est que ça ? Où est-ce ? Qui s'intéresse à ça, une personne sur 1 000 ! Vous, et puis ? » Mais c'est pour les envoyer à des amis dans l'Amérique du Sud. Et puis il y a bien des Sudaméricains à Rome ? « Oh oui, ils ne manquent pas, mais savez-vous ce qu'ils achètent, Monsieur ? De la fourrure, des nécessaires de toilette, mais des photos, des œuvres d'art, des livres ? Jamais ! les Américains du Nord, oui ; mais ceux du Sud on voit bien qu'ils ne sont pas encore assez évolués pour s'intéresser aux choses de l'esprit. Tenez ! J'ai été jusqu'en 1930, pendant plus de vingt ans, au coin du Corso et de Condotti, Largo Carlo Goldoni, où vous êtes sans doute venu ; j'avais pour voisin un marchand d'objets de cuir ; les Sudaméricains venaient chez moi, regardaient les photos des tableaux et des monuments, combien ? 3,50, trop cher! Et en sortant de chez moi ils allaient acheter pour leurs femmes des sacs à main, en cuir rouge avec fermoir, magàri[a], en or ; combien ? 1 000, 1 500 ; ils payaient et emportaient. Voilà, Monsieur. » Donc, aucune photo de plaques commémoratives ? Pourtant, une série, sur cartes postales... ? Je sais bien que ça n'a pas d'intérêt artistique, mais sûrement il y aurait une clientèle pour cela. Par exemple, la plaque de Waiblinger[382], une des plus récentes, près du Palais Farnèse, les Allemands l'achèteraient ? En avez-vous une ? « Non, bien sûr. » Alors je serai obligé de la photographier moi-même, et comme je ne suis que de passage, si ce temps-là continue... Il a de bonnes choses, et par exemple la partie de la Dispute où se trouve Saint Jérôme ; je l'ai achetée ; et deux bonnes vues, un peu anciennes, de l'Ile Tibérine ; mais sa photo de S. Jérôme des Esclavons date de plus de vingt ans[383]. Il pouvait dauber sur les Sudaméricains, mais lui non plus n'est pas sans reproches. — Cette opinion romaine concernant les Sudaméricains a l'air assez bien ancrée ; l'autre jour Z (jeune poëte) disant : « Elles (les Argentines) vivent au milieu d'un grand luxe ; on les trouve fumant des cigarettes à 1,50 pièce, mais elles n'achètent jamais un livre ! Elles se les font prêter, elles les demandent aux écrivains qu'on leur présente dans les salons ; mais il est évident que pour elles un livre est un objet qu'on n'achète pas. » — Alinari est peut-être un peu vieux-jeu, pompier et académique, et trop sûr de son affaire ; il y aurait place pour une affaire qui photographierait ce qui passe pour hors de la vente courante, et surtout en cartes postales. — Enfin, j'ai encore la ressource de la Place d'Espagne. — J'en avais pour 42,50 chez Alinari ; j'ai dit 40 ; il a répondu Prix Fixe, et s'est montré inflexible.

Las de marcher sous la pluie nous avons pris un reptile au coin de Condotti et sommes allés ainsi à la porte de la Stamperia, puis, par Trevi, à la maison. — Suite de mon courrier et de la mise en ordre, et recherche des photos achetées il y a une dizaine de jours, et que je croyais avoir bien rangées ; trop bien rangées elles étaient ; fouillé partout sans résultat. — Sortis pour courses et petits achats entre 8 et 9 ; dîné dans notre chambre ; je continue mon courrier et terminerai par Francesco Ercole que je suis très impatient de retrouver.

Rome, mardi 16 Février. — Journée moins pluvieuse et moins froide que les précédentes. — A.m. : à la v. della Stamperia pour m'expédier à moi-même 3 paquets de livres lus ou inutiles jusqu'en

a. Italien : « sans doute même ».

mai. Passé par Trevi dont l'eau est arrêtée : on nettoie la grande vasque ; l'effet produit est singulier ; le silence se remarque, même en plein jour. Le soir les réflecteurs sont disposés de la même façon qu'en temps normal ; ils éclairent les sculptures, du reste : une immense, tourmentée, débordante façade de pierre, de pierres[384]. —

Rentré à pied à la maison pour prendre Baboa et ensemble au siège de la Banque d'Italie via Nazionale pour ses coupons. À pied à Trevi où nous avons très bien déjeuné (Pizzeria Napolitana[a] di Trevi, Michele Saviano ; meilleure que Falchetto et même que Palmieri et Alfredo). — En reptile à Pza Montecitorio. À pied v. della Gatta. En MB à S. Pierre et au Vatican. — Dans 33 à la Porta del Popolo, Baboa rentrant à pied par via del Babuino e Pza di Spagna, moi allant chez Sibilla Aleramo. J'y ai retrouvé le Cte Visconti Venosta ; puis sont venus deux jeunes gens : un compositeur de musique dont je n'ai pas saisi le nom, et le Duc Lucio Caracciolo d'Aquara, qui est allé chercher son exemplaire de *A.O. Barnabooth* pour me le faire signer. Une heure d'agréable conversation. J'ai appris que dans une conférence d'un professeur français (M. Gaillard ?) faite hier des passages de *A.O.B.* avaient été lus.

Rentré à pied m'arrêtant Place d'Espagne chez Piale (pas de photos de plaques commémoratives, et à peu près le même fonds que chez Alinari) et à S. Sylvestre pour la poste. — Une heure à la maison. Appel téléphonique de Mario Puccini et pris rendez-vous pour demain (déjeuner chez le Ministre Bottai ; Mario y tient beaucoup, et veut absolument me faire décorer par son gouvernement ; G.B. Angioletti viendra, avec lui, me prendre). — Sortis à pied vers 7 3/4 et dîné (pizza excellente) dal Saviano. En sortant, cinématographe[385], puis caffè de S. Claudio, et enfin casa ; — Ric. : *Il Lavoro fascista* envoyé par Mario Puccini et contenant la coupure collée à la page précédente[386]. Encore une gentillesse de M.P. — Sped. : plus de 20 lettres ou cartes postales, mettant ainsi mon courrier PRESQUE à jour ; et le MS de Jean Sylveire, *Contre... ?* Je termine la journée en lisant Francesco Ercole, que je retrouve avec délices.

Rome, mercredi 17 Février. —

Alz. 9 ¼. — Giro a piedi fino al Tevere dalla parte del Palazzo Borghese, fermandomi a S. Girolamo[387] degli Schiavoni, a S. Rocco e all' Augusteo[b]. Il y avait du soleil, qui réchauffait un peu l'air refroidi par la tramontane ; des gens étaient assis sur les bancs, sous les quatre palmiers du terreplein[c] entre le quai du Tibre et

a. Le nom exact de cet établissement est : Pizzeria Napoletana. Contamination du français ?

b. Italien : « Levé à 9 h ¼. Tour à pied jusqu'au Tibre du côté du palais Borghese en m'arrêtant à Saint-Jérôme-des-Esclavons, à Saint-Roch et au mausolée d'Auguste. »

c. Le mot s'écrit généralement avec un trait d'union, « terre-plein », mais il y a peut-être ici contamination de l'italien *terrapieno*, d'où le mot français est issu.

Ripetta, en face de S. Jérôme des Esclavons où avaient lieu les messes des Quarante Heures et dont la porte avait la tenture rouge frangée d'or. Je suis revenu de l'Augusteo à Montecitorio par le v[icolo] del Divino Amore, la Pza Borghese, la v[ia] dei Prefetti e la v[ia] Metastasio. Il y avait des années que je n'avais pas suivi le v. del Divino Amore. Il n'a pas changé d'aspect. J'avais acheté le *Messaggero*[388] où j'ai lu l'article de Mario Puccini sur Ramón Gómez de la Serna. À 12 ½ il (M.P.) est venu avec G.B. Angioletti, pour me prendre et m'emmener au déjeuner offert par M. Bottai, le Ministre des Corporations[389]. Je me suis trouvé l'hôte d'honneur, entre le Ministre et le S[ous] Secrétaire du Parti[a] ; nous étions quatorze invités. Le déjeuner a été cordial et animé. Bottai est, dans le gouvernement, l'ami des Jeunes, écrivains et artistes, et en dehors de notre hôte, et de deux « gros bonnets » politiques il n'y avait que des écrivains, des critiques, et le compositeur Casella[390]. C'était Mario Puccini, camarade de Bottai (ils se tutoient) qui avait eu l'idée de ce déjeûner ; et il s'agissait de me remercier de ce que j'ai fait pour la littérature italienne, et pour les écrivains comme G.B. Angioletti, Barilli, etc., en France. Cela est très généreux, surtout de la part de Mario Puccini, en faveur de qui je n'ai presque rien fait. Il tient aussi à me faire décorer, et il avait arrangé en même temps l'invitation et une démarche de Bottai au Ministère des Aff[aires] Étr[angères] pour me faire avoir la cravate de la Couronne d'Italie[391]. Après le déjeuner et le départ des « officiels », ceux de mes confrères que je connais le mieux ont eu l'extrême politesse de m'accompagner jusqu'à ma porte (Cecchi m'a dit que le Nazionale était aussi l'hôtel où Max Beerbohm[392] descendait). Le Ministre Bottai est très jeune (35 ans), et ressemble un peu à E. Couvreux[393]. Il a une besogne et une responsabilité énormes, son ministère étant l'un des plus importants. — Il n'y avait que des hommes.

J'étais à peine rentré dans ma chambre et racontais à Baboa ce déjeûner, lorsqu'on m'a annoncé Ungaretti. Il venait s'excuser de n'avoir pu assister au déjeuner. En effet sa place était restée vide ; mais il habite Marino et n'avait pu arriver à temps. Je lui ai dit qu'il était vraiment trop aimable de venir s'excuser ; mais j'ai été content de causer un moment avec lui.

Après deux heures de repos, nous sommes sortis ensemble, Baboa et moi, à pied, jusqu'au Palais Caetani, où j'ai retrouvé le Prince, la Princesse, Ungaretti, Mme de Beaumarchais, et Soffici[394] que je n'avais pas vu depuis très longtemps. Nous avons causé (Mme de Beaumarchais, Soffici et moi) pendant près d'une heure, de questions d'esthétique, de Joyce de la revue *Lacerba*, de la Russie, etc. —

a. Note de Larbaud : « Professore Arturo Marpicati. »

Retour à pied à Montecitorio. Causé au téléphone avec Mario et pris rendez-vous pour demain.

Il y avait, au palais Caetani, M. Leo Longanesi, directeur d'une revue jeune, *L'Italiano*[395], qui paraît à Bologne, et dont la P[cesse] de Bassiano m'a donné un exemplaire. Je l'ai lue presque entièrement ce soir, avant et après dîné (nous sommes allés, en taxi, au restaurant de la Galerie Sciarra, et rentrés à pied).

Je termine la journée en lisant Francesco Ercole.

Il faut que j'obtienne de Mario la liste complète des gens qui ont pris part aux deux réceptions en mon honneur, c'est-à-dire celle de l'*Italia letteraria* et au déjeûner du Ministre Bottai. J'ai entendu dire des choses intéressantes à des gens dont je n'ai même pas saisi les noms (ma névralgie transformée, comme l'autre année ici à pareille époque, et comme à Lisbonne en Février 26, en une presque totale surdité[396]). Et puis je veux leur montrer que je ne suis pas indifférent à toutes ces marques de sympathie et d'attention de la part de confrères et de gens, comme Bottai, que la littérature intéresse. Il y a tant d'anti-littéraires, — même parmi ceux qui écrivent, ou qui croient écrire, et qui passent pour des écrivains (p. ex. le modèle du Robert G. dans « Le Vaisseau de Thésée »[397]).

J'ai déjà les noms suivants (que je connaissais presque tous) : Arnaldo Frateili ; Baldini (*Nuova Antologia*) ; Emilio Cecchi et Mme Leonetta Cecchi, qui a fait mon portrait ; G.B. Angioletti et Enrico Falqui (depuis longtemps en correspondance avec eux) ; Mme Frateili est la sœur de Mme Baldini ; Ungaretti (déjà rencontré à Paris, comme Casella), — bene, domani faremo la lista, Puccini ed io[a].

Rome, Jeudi 18 Février. — Courrier de Paris : invitations et communications; lettres de Justin O'Brien, Olivier Leroy, André Arnyvelde[398], Marcel Ray, M. Enéas Ferraz, consul du Brésil à Boulogne-sur-Mer[399] ; banques; M. Voldoire ; le n° du journal suédois où a paru la trad. du « Moulin d'Inigo Jones » (ils ont traduit la traduction allemande parue dans *Corona*[400]), etc. — Usciti insieme verso l'una p.m. ; pranzo da Palmieri[b] ; ensuite un tour à pied le long du Tibre, de l'Orso au Pont Vitt[orio] Em[anuele], puis Corso Vitt[orio] Em[anuele] où Baboa, qui avait froid, a pris une voiture pour rentrer à Montecitorio pendant que je continuais la promenade à pied au Campo de' Fiori, autour du Palais Farnèse, et au Palais Farnèse[401] même, où j'ai pris congé de M. Émile Mâle ; une causerie d'une heure environ, sur la Grèce, Christophe Colomb, les prochains embellissements de Rome, et finalement Saint Gilbert, patron du Bourbonnais, et les églises qu'il a en Bourbonnais. J'ai

a. Italien : « bien, demain nous ferons la liste, Puccini et moi. »
b. Italien : « Sortis ensemble vers 13 heures ; déjeuné chez Palmieri. »

regretté l'absence de Mme Émile Mâle, qui est un peu souffrante. — Du Palais Farnèse au Palais Caetani en taxi ; une heure avec Mme de B., parlant de beaucoup de choses qui nous intéressent : littérature, pays, œuvres d'art, *Commerce*, etc. Nous nous reverrons à Paris, — mais quand ?

Rentré à Montecitorio, Mario Puccini et Mme étaient déjà arrivés (moi un peu en retard) et causaient avec Mariuccia au salon de lecture. — Longue et agréable causerie. Le livre de Mario, *L'Avventura*, va paraître chez Treves, et il attend d'un jour à l'autre les exemplaires d'auteur de la traduction de son *Colà*, publiée chez Fayard à Paris[402]. Nous avons parlé de Lisbonne, de Jules Romains, de Gide, de Maurois, de Duhamel, etc. Il a eu la bonté de dresser lui-même, par écrit, la liste que je voulais avoir. À présent je connais les noms et les adresses de tous les confrères que j'ai rencontrés ici et avec lesquels j'ai causé. Nous nous sommes dit au revoir, — mais quand ? Cela est encore plus incertain que pour Mme de B. et le Prince, parce qu'il n'a pas l'intention de venir à Paris, trop occupé qu'il est par sa nombreuse famille et son travail.

Eux partis, je me suis étendu sur mon lit et j'ai lu l'article de E.R. Curtius dans *La Revue de Paris*[403] arrivée aujourd'hui, et un article sur Corfou, assez médiocre comme langue et comme sentiment du paysage et de la vie[404] ; il y a aussi cette demi-ironie, ce ton d'incompréhension, qui est si désagréable chez beaucoup de Français parlant de pays étrangers. Beaucoup d'Anglais ont aussi ce défaut, avec d'autres formes, mais le même dans le fond. Seulement ces Anglais-là sont toujours des demi-lettrés chez qui cette barbarie est naturelle et excusable ; tandis que les Français qui l'ont appartiennent à une classe d'esprits plus élevée. Autrement : cette barbarie est, chez les auteurs anglais et de langue anglaise, foncièrement vulgaire, et un signe de caste ; chez les Français, elle est faite d'un mélange de niaiserie et de vanité : « regarder de haut en bas ».

Vers 8 ½, à pied Pza Trevi pour un dîner léger à la Pizzeria Napoletana où nous nous sommes attardés, lisant les journaux. Rentrés à pied, et très vite à cause du froid et de la tramontane. — Donné une heure et demie à mon courrier (les banques, M. Voldoire) et à ce giornaletto[a]. — À présent je vais reprendre mon cher Francesco Ercole.

Je pensais pouvoir donner une réponse à Jacques Audiberti ; mais Mme de B. m'a dit qu'elle avait envoyé ses deux poèmes à Leger de qui elle désire l'opinion avant de rien décider pour *Commerce*[405].

Nous avons annoncé à tout le monde que nous partions demain vendredi ; en réalité il nous faudra bien toute la journée pour faire nos bagages, les dernières courses et nous reposer.

a. Italien : « petit journal ». (Valeur affective dans cet usage du diminutif de *giornale* ?)

La promenade le long du Tibre, au soleil, était délicieuse, malgré l'air vif : les masses architecturales et les fonds de paysages urbains « tournent » si bien, si doucement et si majestueusement, tandis qu'on avance ! Rome vue « d'en bas » est aussi belle et aimable que vue des « points » célèbres comme le Pincio ou le Janicule.

M. Émile Mâle m'a dit que si je ne revenais pas avant un an je trouverais Rome très modifiée. En effet, une partie du projet publiée par un journal du soir, montre des élargissements impressionnants dans notre quartier actuel. Et de la Pza del Parlamento on verra S. Pierre[406].

Trevi est encore à sec, et la grande vasque toute blanche. Les fontaines aussi qui dépendent de l'Acqua Vergine[407] sont à sec.

Rome, Vendredi 19 Février. — Le temps un peu moins froid. Notre dernière journée complète à Rome, et pour combien de temps ? — Levés tard et sortis seulement pour déjeuner : à pied à S. Sylvestre ; en reptile au restaurant Canepa (la fontaine de l'Esedra aussi est à sec). Redescendu à pied la v. Nazionale jusqu'à v. Milano ; reptile au Credito Italiano en passant par SS. Apostoli et les petites rues. De là à pied : achats de journaux et de livres (e. gr.[a] : le plus récent Francesco Ercole : *Da Carlo VIII a Carlo V* ; *In Defence of Women* de Mencken[408] ; un Tourguenieff pour Baboa, ecc.). — À la poste pendant que Baboa m'attendait à la pâtisserie de la via del Gambero. A piedi a casa. — I bauli. Dormito un po'. — Bauli e valigie. — Esco alle 7 p.m. per girino e compre nel quartiere[409] : Pza Capranica, Pza del Pantheon, e ritorno (con Barty)[b]. — De nouveau les bagages et mettre en ordre. — Légère collation dans la chambre, trop fatiguée Baboa ed io troppo svogliato per cenare fuori[c]. — Lecture de Francesco Ercole (*Dal Comune al Principato*, toujours, et avec le même intérêt.)

Acheté l'*Italia letteraria* pour en détacher la reproduction de mon portrait par Mme Emilio Cecchi, l'article (que je crois d'Enrico Falqui, mais qui est peut-être de G.B. Angioletti[)] ; et deux exemplaires de *La Stampa* pour l'article de Mario Puccini, un exemplaire pour moi (article collé ci-contre) et un pour la P[cesse] de Bassiano, que je lui enverrai de Naples où nous serons demain dans la soirée. — Sped. : M. Voldoire ; Banque de France (ordre d'achat) ; Banque n° V. — Je retourne à Francesco Ercole[410].

a. Abréviation de l'expression latine *exempli gratia* (« par exemple »), peu usitée de nos jours.

b. Italien : « Retour à pied. Les malles. Dormi un peu. Les malles et les valises. Je sors vers 19 heures pour faire un petit tour et des achats dans le quartier : place Capranica, place du Panthéon et retour (avec Barty). »

c. Italien : « et moi trop paresseux pour sortir dîner ».

Naples, samedi 20 Février[a]. — Quitté Rome par le train de 14,55. — Une dernière heure de courses et de flânerie dans Rome, seul avec Barty, pendant que Baboa finissait les valises et s'habillait. Je suis allé in Lucina, au Corso, Pza Sciarra, au Collège Romain où j'ai revu la cour[411] sur laquelle donnent les fenêtres de la Bibliothèque. — À 12 ½ nous quittions l'hôtel en taxi avec nos bagages. — À la gare intervention spontanée, en notre faveur, d'un agent de police en uniforme : il craignait que le chauffeur ne demandât un prix exagéré, à cause des bagages, et après une longue discussion, dans laquelle est intervenu un chauffeur qui avait la cocarde aux couleurs de Rome et qui s'est présenté à l'agent comme inspecteur municipal de la corporation des transports en commun, on est convenu que je ne devais payer que 5 l[ire] pour chacune des deux malles et rien pour les 3 grandes valises, rien pour les deux sacs à main, rien pour le chien, mais, en tout, 10 lire pour les bagages + ce qui était marqué au compteur = 13,80. J'ai donné 15 l[ire] et quelqu'un (un porteur, je crois), a approuvé en disant : « È buono[b]. » Cette intervention de la police, probablement due aux instructions données par le gouvernement, m'a certainement épargné une longue discussion avec le chauffeur, et au moins 20 lire d'« estampage », car le chauffeur était prêt à me demander, me demandait déjà, 5 l[ire] par colis (7 colis + le chien) au moment où l'agent s'est approché de la voiture.

Déjeuné mal, et cher, au buffet. — Dormi dans le train jusqu'à Formie, tandis que Baboa regardait, avec sa curiosité géographique habituelle, tour à tour le paysage, la carte, et le guide. Elle a continué après mon réveil, et jusqu'à l'arrivée à Naples. C'est la nouvelle ligne, que je faisais pour la première fois, et je n'ai pu la renseigner un peu qu'à partir de Pouzzoles. — J'ai lu les journaux et Francesco Ercole. Dans le *Tevere* un article de Lucio d'Aquara (le jeune duc de Carracciolo) sur Oscar Wilde et la littérature « esthétique » en général. C'est lui qui, l'autre jour chez Sibilla Aleramo, est allé chercher son exemplaire de *A.O. Barnabooth* pour me le faire signer. Lu aussi les nouvelles de Naples dans le *Mattino*[412], et ce soir l'article, collé ci-dessus, concernant le Prof. A. Marpicati, rencontré au déjeuner offert par le Ministre Bottai, mercredi dernier.

Nous nous éloignons de Rome à regret : Rome elle-même, la Princesse de Bassiano[413], Mario Puccini, et tant de gens qui nous ont montré tant de sympathie. Et la pensée : Quand reverrons-nous la Ville?

Arrivée à 6:15 p.m. dans une partie de Naples toute transformée durant ma longue absence (pas revenu à Naples depuis 1912 :

a. Dans *Les Nouvelles littéraires* on a porté la date sous la forme « Naples, 20 février » et quatre lignes seront retenues sur ces deux pages du 20 février. Nous les signalerons.

b. Italien : « C'est bon. »

20 ans !![414]). Nous sommes descendus à la station toute neuve de Mergellina, et nous sommes logés à l'Hôtel Continental, à Santa Lucia, juste en face du Castel dell' Ovo[415] sur lequel notre balcon et notre grande fenêtre donnent. On commençait à peine cette transformation de S. Lucia à mon dernier séjour, et lors de mon plus long séjour, en 1904, S. Lucia, quartier populaire, était intacte.

J'ai cependant trouvé sans trop d'hésitation notre chemin vers la Pza Plebiscito, et saluant au passage les couilles de Murat, qui n'ont subi aucune diminution, je me suis dirigé vers S. Ferdinando, la Chiaja, le Toledo, la Galerie, Gatti et le Gambrinus, comme si j'avais quitté tout cela avant-hier[416] ; et en effet il n'y a rien de changé. Cela, qui est tout nouveau pour Mariuccia, est très émouvant pour moi, et je me sens un si vif désir de pèleriner dans mon passé napolitain que je crois bien que le séjour à Naples se prolongera au-delà de la semaine que nous avions décidé de lui consacrer. D'autant plus que Baboa ne connaît rien de la ville, et qu'il m'est agréable de la lui montrer. Et puis nous serons bien à nous deux, rien qu'à nous, dans un complet incognito, dont nous avons besoin après l'agitation et la dispersion de notre séjour romain.

De cette première soirée ici j'ai l'impression d'une Naples plus belle et plus propre, et d'une population un peu plus policée comme behaviour[a] ou comme tenue extérieure[b]. Mais : le facchino[c] a trouvé insuffisant mon pourboire, à Mergellina (il a du reste réclamé en vain) ; 3 petits mendiants et un marchand de cartes postales nous ont importunés (en vain) ; le vendeur de la régie des tabacs a essayé (en vain) de me carotter 5 lire en me rendant la monnaie de 100 lire. Mais : le facchino ne m'a pas insulté ; les mendiants se sont désistés assez vite ; personne, dans la galerie, bien que je l'aie traversée seul pour aller du café au tabaccaio[d], ne m'a proposé de voir des « tableaux vivants » ou de me procurer un petit garçon ou une petite fille[417]. Et en effet, le public en circulation sous la galerie avait un air plus civil et plus décent que le public que j'y ai connu il y a 20 et 25 et bientôt 30 ans.

Dimanche 21 Février, Naples. — Nuit agitée (fatigue du voyage, aussi l'excessive chaleur de la chambre) ; levé tard ; girino da me verso Villa Nazionale[418], puis au Castel dell' Ovo où j'ai attendu Baboa qui est venue me rejoindre ; déjeuné ensemble dalla Zi Teresa[419] (assez bon : soupe de poissons aux tomates, excellentes et juteuses tomates sans comparaison possible avec celles de France et du Nord et Centre de l'Italie). P.M. : promenade à pied Villa

a. Anglais : « comportement ».

b. Cette phrase de même que la dernière du paragraphe figurent sous la date du 20 février parmi les extraits publiés dans *Les Nouvelles littéraires*.

c. Italien : « porteur ».

d. Italien : le vendeur de la régie des tabacs, cité quatre lignes plus haut.

Nazionale, gênés par le vent très froid ; mais il y a du soleil. Rencontre d'une dame ayant en laisse un chien de la race de Barty ; « Good afternoon[a] » ; une grande heure à l'aquarium, que Baboa voyait pour la première fois et dont je lui avais décrit les beautés ; elle n'a pas été déçue. La Ceinture de Vénus et le « dirigeable » étaient là, avec leurs transparences de cristal parcourues d'éclairs bleus, rouges et verts, leurs points lumineux. Visité aussi le musée des animaux aquatiques naturalisés, et reçu deux petits hippocampes du gardien en échange de son pourboire. — Salué la statue de Vico et le buste de Francesco de Sanctis[420] (des passants, — soldats, — ont paru un peu surpris, mais n'ont pas ri.) Tram n° 2 jusqu'à la pointe de Pausilippe. Toute la baie dans une légère brume rose, la fumée du Vésuve rabattue d'O[uest] en E[st] par la tramontane et continuant, en s'accumulant, la barrière de nuées qui surplombait l'Apennin, et dont est sortie, blanche, lisse et ronde comme une hostie, la pleine lune. La mer, qui était calme hier soir, était agitée, sombre et mauvaise aujourd'hui. Nous avons d'abord songé à prendre, à Pausilippe, un autobus qui mène à Marechiaro[421], mais le vent froid nous a rejetés vers le refuge d'un tram n° 2 redescendant en ville. Au passage j'ai revu, à louer, — « Si loca », — la petite villa qui m'a servi de modèle pour celle que Lucas Letheil[422] voit et songe à acheter lorsqu'il descend à pied du Vomero à la Gare Centrale de Naples[b]. Le tram 2 nous a conduits à la Pza Dante, en face du Lycée Vitt[orio] Em[anuele] (sa façade rouge) où nous avons goûté dans une pâtisserie, reprenant le tram 18 pour rentrer via Chiatamone, aussi près que possible du Continentale. Nous avons ainsi traversé la Pza Municipio, dont l'aspect est assez changé par suite du dégagement du Maschio Angioino ; j'en avais conservé un souvenir bien différent. — Il y a eu matinée à S. Carlo[423] ; les gens sortaient. — Légèrement soupé dans notre chambre ; après, une heure aux salons de l'hôtel, lisant les journaux italiens, anglais et français, et moi sortant avec Barty pour aller jusqu'à la boîte aux lettres la plus proche (lettre à M. Voldoire, — remettant à demain mon courrier romain.) — Dans les intervalles passés chez nous j'ai lu Francesco Ercole, et maintenant je vais commencer à recopier mes « Pages from a Spanish diary » pour *Le MS autographe*[424], à qui (c.à.d. Jean Royère) décidément je les donne : 1° parce que je lui en avais parlé ; 2° parce que ce genre d'écrit, même filtré et décanté comme ces « Pages » le sont depuis leur seconde copie, est trop casuel[c] pour être publié ailleurs que dans ce recueil anecdotique et de curiosité (*Le MS autog.*).

a. Anglais : « Bon après-midi. »

b. Ce passage, depuis « Visité aussi », figure sous la date du 21 février parmi les extraits publiés dans *Les Nouvelles littéraires*.

c. Le mot est pris dans son sens anglais où *casual* signifie « ordinaire ».

Je viens de coller à la fin de ce cahier les coupures du journal suédois qui contiennent la traduction du « Moulin d'Inigo Jones », et que je conservais loose[425] dans un cahier de notes ; ainsi je la relirai de temps en temps, par une sorte de curiosité pour cette langue que sans doute je ne parlerai jamais. J'ai du moins le plaisir de comprendre parfaitement ce texte. Il me semble que la cadence de la phrase sur la barque est assez heureuse, avec l'avantage sur le français de la brièveté des mots : « ... kanske Englands fran havet mest avlägana bàt, — EN BÀT, FÀNGEN PÀ EN Ö[426] ». — Naturellement, aujourd'hui pendant la promenade au Pausilippe j'ai beaucoup pensé à *Mon plus secret conseil...*, me demandant si je ne ferais pas bien de préciser davantage le paysage de la descente du Vomero ; j'avais rejeté plusieurs détails que ma mémoire conservait parce que je les jugeais inutiles à l'action, et le paysage trop connu, même des lecteurs qui ne sont jamais allés à Naples ; en somme, la descente de Lucas Letheil jusqu'à la via dei Mille où il trouve la carrozza[a], c'est la fameuse carte postale que tout le monde a vue. Cependant je veux refaire cette descente, un jour prochain, pour voir s'il n'y aurait pas une touche ou deux à ajouter. Ce serait peut-être au moment où il imagine l'Indésirable de profil sur le fond du décor du Golfe. Et c'est là justement, que j'ai hésité à mettre plus ou moins. — De même l'autre jour, en rôdant autour de S. Girolamo degli Schiavoni je me suis demandé si ma description, récrite pourtant déjà sur les lieux mêmes en 1929, était suffisante ; p. exemple le petit coin de jardin en terrasse, entre Ripetta et le Lungotevere, avec ses 4 palmiers ? — Pour ce qui est du Vomero dans *Mon plus secret conseil...* je suis certain qu'il n'y a rien à changer, et que l'impression de l'altitude, qui est le point important, est suffisamment donnée. — J'ai fait beaucoup d'autocritique aujourd'hui, songeant aussi, avec assez de satisfaction, au « Vaisseau de Thésée » et à quelques passages non encore écrits de *L'A. et M.* (dans l'état où cela est, j'aurais été bien embarrassé d'en parler à Mario Puccini !). Je me suis borné à répondre : « È una specie di utopia basata sul *D.M.* di Dante[427] » à toutes les questions qui m'ont été posées, et en effet, c'est la description la moins éloignée de l'objet que cela est en train de devenir. En tout cas ne pas oublier la petite femme brune assise au-dessus des têtes de la foule, contre une colonne (côté gauche) le jour de la cérémonie pontificale à S. Pierre. — Quel terrible froid, pour Naples ! La tramontane, ce soir, après le coucher du soleil, Pza Dante, nous mordait les mains[b].

a. À Rome et à Naples, voiture publique à chevaux, à quatre roues, couverte ; la *carrozzella* est découverte.

b. Ce passage, depuis « Naturellement », figure sous la date du 21 février parmi les extraits publiés dans *Les Nouvelles littéraires*.

Naples, lundi 22 Février[428]. — Travaillé une partie de la nuit, in fact it was 4 a.m. when I went to bed, lavorando per il *MS Autographe*, cioè per Jean Royère. — Alzato tardi, e usciti insieme per déjeûner, this time D'A Bersagliera, cioè nell'altro ristorante « sotto ripa » in faccia al Castel dell' Ovo[a]. — Puis promenade à pied Villa Nationale, où j'ai photographié la statue de Vico et le buste de Francesco De Sanctis. Retour à pied le long de la mer, et donné les photos (anche quelle fatte a Civitavecchia, Ostia e Roma[b]) à développer dans une boutique voisine du Continentale. — Une heure dans la chambre, puis sortie en tram 18 jusqu'à la Poste Centrale où j'ai trouvé un petit courrier (nouvelles de Valbois, un mot de Jean Paulhan, une lettre de Giovanni Comisso[429], de San Remo ; etc.) À pied Pza Dante, et tram n° 7 pour le Vomero, jusqu'à Pza Vanvitelli. Assez ému par ce retour « au pays » : mon quartier, mes fenêtres (devenues, depuis, celles de Lucas Letheil dans *Mon plus secret conseil*...). Aucun changement dans l'architecture, mais un plus grand nombre de magasins, et mieux éclairés, tant via Scarlatti que Pza Vanvitelli. La « Grocery » qui était en face de ma fenêtre sur la rue qui mène au funiculaire[430] de la Chiaja, s'est déplacée et a été remplacée par une pâtisserie-caffè, dont l'enseigne est : Unica. Nous avons flâné là un moment, pris un léger goûter, et fait de petits achats de bouche, redescendant en ville par un tram 28, qui fait un long circuit par la via Tasso, le Corso Vitt[orio] Em[anuele], la via dei Mille, v. Domenico Morelli, etc., passant près de l'endroit où Lucas Letheil trouve la carrozzella qui le mène à la Gare Centrale. (J'y ai pensé avec une telle intensité en composant *Mon plus secret conseil*..., j'y suis si effectivement revenu en pensée, qu'à présent mes souvenirs personnels liés à ces endroits-là (mais pas ceux du Vomero même, ceux que j'ai appliqués à la descente de Lucas Letheil seulement) ont cédé la place à ces souvenirs imaginaires ; et je conçois comment beaucoup de légendes ont pu se former ; comment, par exemple, quelqu'un qui n'aurait jamais vu le Pape, ne serait jamais allé à Rome, pourrait, après avoir lu des récits de cérémonies dans S. Pierre et y avoir beaucoup pensé, être certain, après un grand nombre d'années, d'avoir vu le Pape, d'être

a. Mélange de français, anglais et italien : « En fait il était 4 heures du matin quand je suis allé me coucher, après avoir travaillé pour le *MS autographe*, c'est-à-dire pour Jean Royère. Levé tard, et sortis ensemble déjeuner, cette fois chez Bersagliera, c'est-à-dire dans l'autre restaurant en contrebas sur le quai en face du Castel dell' Ovo. » L'expression *in faccia*, là où on attendrait *di fronte*, semble être un calque du français. Larbaud emploie ici, pour désigner le restaurant, la forme populaire napolitaine, qui devait servir d'enseigne au restaurant au début des années 1930, *D'A* Bersagliera pour *dalla* en italien. Aussi célèbre que son concurrent « Zi' Teresa », « La Bersagliera » fut créé en 1917, par une femme de caractère, Emilia Del Tufo. Son enseigne est bien visible, au passage sur la via Partenope devant le Castel dell'Ovo.

b. Italien : « également celles faites à Civitavecchia, Ostie et Rome ».

allé à Rome, etc. Voici l'explication : j'ai fait, en 1904, à plusieurs reprises, entièrement et en parties, cette descente du Vomero à la Chiaja, à pied ; mais toujours dans des circonstances banales, indifférentes ; tandis que j'ai fait faire cette même descente à mon personnage dans des circonstances pour lui exceptionnelles et quasi-dramatiques ; je l'ai refaite avec lui, dans sa peau, partageant ses sentiments, son inquiétude, ses préoccupations etc. ; et il est assez naturel que maintenant les souvenirs de mes promenades de 1904 entre le Vomero et la Chiaja, souvenirs du décor, des lieux, se trouvent indissolublement liés à mon personnage et à son action dans ces lieux ; de sorte qu'en revoyant le coin de la via dei Mille je pense aussitôt à Lucas Letheil trouvant là la première carrozzella de la journée. De même, désormais, les deux fenêtres du premier étage du Grand Hôtel, façade sur la place de l'Opéra, à Paris, seront toujours pour moi celles de la chambre de M. Bonsignor, et il me sera difficile de les revoir sans songer à lui[a].)

Dîner dans la chambre, et soirée aux salons de l'hôtel, moi seul sortant pour un assez grand tour dans ce quartier tout nouveau de S. Lucia que nous commençons à bien connaître (où sont les boutiques, l'église, quels sont les monuments, où sont les boîtes aux lettres, et les consulats de l'Ecuador et du Honduras, etc. ; ce qu'on voit du quai, où vont les rues, etc., etc.)

Pensé à Gérard de Nerval, — et c'est surtout à lui qu'on pense ici, parmi les Poëtes de langue française. J'ai écrit sur c.p. (rue du Pausilippe) à Marcel Thiébaut, deux vers du sonnet napolitain, ajoutant : « Avec Murat, Gérard de Nerval est, de tous les francophones, celui qui a le mieux occupé Naples[431]. »

J'espérais que Baboa commencerait aujourd'hui son tableau du Castel dell' Ovo, mais la lumière ne lui a pas semblé favorable, et elle était un peu fatiguée.

Le temps, moins froid. Les nouvelles de Jean Paulhan m'ont fait plaisir, et la bonne opinion qu'il exprime sur « Le Vaisseau de Thésée »[432].

En lisant les journaux napolitains j'ai appris que nos voisins de compartiment, samedi dernier, dans le direct Rome-Naples, étaient l'ambassadeur de Siam à Rome et sa suite (les 4 jolies petites filles jaunes). Il s'est embarqué hier matin pour Bangkok, ce qui explique les larmes de sa femme, à Termini, lorsque leurs amis romains les ont salués et leur ont porté des fleurs.

La nuit (pleine lune) est d'une limpidité merveilleuse, et la fumée du volcan, qui monte toute droite et blanche, s'étale, très haut, en un vaste anneau plat, légèrement argenté. Hier, quand elle

a. Ce passage, depuis « Nous avons flâné », figure sous la date du 22 février parmi les extraits publiés dans *Les Nouvelles littéraires*.

s'est relevée après cinq heures, elle traversait une couche de nuées roses[a].

Naples, mardi 23 Février. — Travaillé moins tard, et par suite levé plus tôt. Courses dans le quartier. Un homme voulant me donner par écrit le nom de la via Virgilio et hésitant : Virginio ? Virgilio ? Certainement « Virginio » lui était plus familier. « Gloria nomen ! » Aussi le cocher qui nous a suivis un instant l'autre jour en nous parlant un français abominable, et à qui j'aurais dû répondre, au lieu de : « Scusi, sa, non capisco il francese » ! « ... non capisco il tedesco ![b] » L'esprit, sinon de l'escalier, du marchepied ! Mais je m'en servirai peut-être dans *L'A. et la Mon.* — Rentré au salon et écrit lettres et c.p.; déjeûné ensemble dalla Zi Teresa (meilleur que D'A Bersagliera, et la même exposition au soleil ; et puis ils n'appellent pas le client au passage, comme fait A Bersagliera.) — Aussitôt après, tram 18 jusqu'à Capodimonte[433] et retour à Pza Dante. Alors à pied jusqu'à Pza S. Ferdinando (à présent Trieste e Trento), parcourant ainsi tout le Toledo que je voulais montrer en détail à Baboa, avec arrêts dans les églises, devant les cours de palais, au Largo Carità, et léger goûter à la Galerie Umberto Ier. Rentrés par autobus n° 7 de San Carlo à Santa Lucia, après avoir acheté papier-cristal et papeteries diverses chez Stani, Cacace et Amidei successeurs. (Raconté à Mariuccia quelques anecdotes sur les gens qui m'ont servi de modèles pour la famille Cacace dans *A.O.B.*[434]) — Sorti seul entre 6 ¾ et 7 ½ ou 8 p.m. : à la poste, à la pharmacie, au magasin où j'ai donné les photos à développer; puis en remontant, jusqu'à la Pza dei Martiri. Rentré à pied, pour ne plus ressortir que vers 11 heures (jusqu'à la boîte aux lettres). Je termine la journée avec Francesco Ercole.

Aujourd'hui j'ai envoyé : lettres à Mme de B. et à Mario Puccini ; un exemplaire des *Poésies de A.O.B.*, avec dédicace, au Ministre Giuseppe Bottai (remercîments pour son invitation à déjeuner et l'accueil qu'il m'a fait) ; c. ps à M. Voldoire, à Marie et Jean Bridot, à Me H. Chateau, à James Joyce (ma photo du monument à G.B. Vico) et à Jean Paulhan (ma photo du buste de Francesco De Sanctis, — plutôt noirâtre, — photos d'amateur, ou de débutant, toutes[435]). En écrivant à Mme de B. l'idée m'est venue, cette fois tout à fait claire, de scinder en deux parties les pages de mon Diary espagnol que j'ai depuis longtemps détachées pour les publier éventuellement, et que devait éditer le petit Pelmazoïde dont j'oublie le nom et que la Mère M.[436] a encrassé de telle sorte que j'ai dû cesser de le connaître. Il parlait de faire illustrer cela par Marie

a. Ce paragraphe figure sous la date du 22 février parmi les extraits publiés dans *Les Nouvelles littéraires*.

b. Italien : « Excusez-moi, vous savez, je ne comprends pas le français », « ... je ne comprends pas l'allemand ! »

Laurencin[437], etc., mais rien n'en serait sorti, même si la M. ne l'avait pas gâté ! — Je propose donc à Mme de B., en lui montrant tous les inconvénients de la chose, la partie concernant Doña Lola et Lolita, réservant à Jean Royère, c'est-à-dire au *MS autographe*, la partie « journal » à peine arrangée, élaguée, mais rendue lisible. Je vais donc copier une 3e fois la partie « portraits », sous le titre « A lady from Málaga », et si cela vient bien et que Mme de B. me le demande, je le lui enverrai[438]. De todos modos, creo que el resultado será bueno y que quedaré bien con todos. Oui, certainement, « quedar bien » est le grand point[a], — un minimum de charité à la portée de quiconque s'en donne la peine.

Naples, mercredi 24 Février. —

Très mauvaise nuit (trop chaud dans la chambre) ; médecine le matin ; lecture du Francesco Ercole et travail jusqu'à 2 h p.m. Déjeûné de tagliolini in brodo[b] et d'un café D'A Bersagliera ; ensuite (de 3 1/2 à 7 3/4 p.m.) tours infinis en autobus, trams, et à pied, de la Porte Capuane à Piedigrotta et de la Gare Centrale à Montesanto, et des Tribunali à Pza dei Martiri, revoyant beaucoup de choses, églises, monuments, palais, etc. Il y aurait trop à noter. Je crois les impressions et… réimpressions assez vives pour durer. Cependant, noté, mieux qu'autrefois, à côté de Naples capitale, Naples (catholique et civique) imitation de Rome : « Nous aussi nous avons… » Pour la partie ecclésiastique cela se tient très haut ; pour la partie civique (ou civile)[439] c'est la Gare Centrale et Termini. On sent aussi l'application du gouvernement fasciste, la plupart du temps avec de bons résultats. J'avais craint pour les bâtiments du port ; au contraire, l'effort a été fait dans le bon sens. Et la pouillerie a diminué dans la proportion de 75 %. Remarqué aussi un type « moderne » de Napolitains et de Napolitaines, différent de celui de « mon temps ». Ce ne sont même pas les enfants de mon temps, mais les filles des petites filles de mon temps, qui se remarquent en tant que « mujerio[c] » actuel : une génération fine et mince, à front large, aux yeux « qui font le tour » d'une tête petite, à nez proéminent, à bouche et menton étroits, correggiens[d] si on peut dire. Mariuccia, voyant quelqu'un de ces jeunes produits féminins, dit : « Elles ont des figures amusantes ; un peu caricaturales. » Et après une objection de moi : « Oui, mais c'est voulu, et l'effet est donné par les larges franges de cheveux sur les fronts. »

a. Espagnol : « De toute façon je crois que le résultat sera bon et que je m'en tirerai à mon avantage. Oui, certainement, "s'en tirer à son avantage" est le grand point ».

b. En Italie chaque type de pâtes et son usage sont spécifiquement définis ; les *tagliolini* sont des genres de spaghetti mais à section carrée, utilisés en soupe (comme c'est le cas ici) ou accompagnés de sauces au poisson.

c. Espagnol : « type féminin ».

d. Larbaud forme son adjectif sur le nom du peintre italien, Correggio.

Elles veulent et obtiennent un effet de surprise dans « le genre Tanagra[440] ». Celles de mon temps avaient un idéal « matronal », ou « matronien », qui se notait même chez les très jeunes filles. Et cependant le type mince existait aussi, mais à l'état latent, chez les filles du peuple (le popolo minuto). C'est peut-être le signe de l'avènement à l'élégance, à la bourgeoisie, d'une nouvelle génération, cet idéal tanagréen. Deux ou trois ragazze[a], entre 17 et 20 ans, qui avaient, ou exagéraient, ce type, étaient vraiment gracieuses, aujourd'hui. Mais j'ai revu aussi, chez des jeunes femmes, sûrement mariées, avec toute l'allure et la dignité et l'aplomb d'UXORES[b], le type permanent de la robuste — fine beauté — brune, cette beauté « en profondeur » qui ne se révèle que par degrés, mais dont la solidité et, justement, l'éclat permanent, restent dans le souvenir. C'est peut-être vers le Type Grec que tend cet idéal des visages minces ; je me demande si le Type Espagnol a toujours, ici, autant de prestige que de mon temps. Par exemple M.M., et aussi la jeune fille qui m'a servi de principal modèle pour Angiolina Cacace, se flattaient d'avoir il tipo spagnuolo[c], étaient contentes lorsqu'on leur disait qu'elles l'avaient[d]. — (À noter, le garçon des bagages, ici, le premier soir, croyant que nous étions espagnols ; aurions-nous il tipo spagnuolo ? Et serait-ce flatteur pour moi autant que pour Baboa ?)

La fumée du Vésuve rabattue très bas du côté de Sorrente ; un Vésuve maussade et embêté par la tramontane. — Plus j'y pense et plus je suis étonné de la transformation de Piedigrotta et de S. Lucia. Même lire sur la plaque, au coin de l'église de la Madonna di Piedigrotta : « Piazza di Piedigrotta » est une surprise, et comme l'impression d'un « changement à vue » au théâtre. Et l'autre matin, lorsque je suis sorti de l'hôtel, dans l'air frais, un peu brumeux, devant une mer calme et grise, un Vésuve légèrement voilé, sur une via Partenope luisante d'asphalte poli par les pneumatiques, et vide, avec des rues qu'on sentait larges et vides tout à l'entour, et une station de taxis bien rangés au coin de la via S. Lucia, et quelques passants « de luxe » et quelques guides et chauffeurs idem à distance respectueuse des portes des hôtels, — j'ai songé aux grands quartiers de Londres à la même heure quasi-matinale ; Grosvenor Sq. ou Piccadilly transportés ici, et au lieu du Green Park le Golfe de Naples. C'était le même air, le même silence de

a. Italien : « jeunes filles ».

b. Latin : *uxor* (plur. *uxores*), « épouse, femme mariée ».

c. L'adjectif *spagnuolo* est d'un emploi littéraire et un peu ancien. L'italien contemporain dirait plutôt *spagnolo*. On peut comprendre que le « type espagnol » ait persisté à Naples où les Espagnols ont été présents de 1442 à 1860, à de rares intervalles près.

d. Ce passage, depuis « revoyant beaucoup », figure sous la date du 24 février parmi les extraits publiés dans *Les Nouvelles littériares*.

choix, pour lequel il semble que nous ayons payé, et que nous trouverons marqué sur notre note.

Naples, jeudi 25 février. — Le temps est plus tiède, mais encore un peu âpre et brumeux. Arrivée d'un grand paquebot français, le *Paris*[441], qui s'est placé au milieu du port de manière à être vu de toute la ville, et porte son nom sur une sorte d'enseigne électrique qu'on lit très distinctement du Corso Vitt[orio] Em[anuele]. En même temps un gros paquebot anglais est arrivé. Tous deux pleins de touristes pour lesquels on a fait un train spécial pour Pompéi[442].

C'est le premier voyage du *Paris* (venant du Havre et allant à New York.) — Journée meilleure aussi pour nous deux au point de vue santés, cioè meno stanchi[a]. — Déjeuné vers 1 ½ p.m. au Toledo ; puis au Musée National où nous avons regardé toute la sculpture visible au rez-de-chaussée (il y a des salles fermées pour les réparations, dont quelques-unes s'appliquent aux dégâts faits par le tremblement de terre de Mai 1930 (?)[443]. Ensuite à l'entresol où sont les fresques de Pompéi et d'Herculanum. Je désirais beaucoup voir celles qui ont trait à la légende de Thésée, pensant bien y trouver quelques figurations du Vaisseau. Et en effet il y en a une sur chacune des trois fresques qui représentent l'Abandon d'Ariane : dans l'une on ne voit qu'une partie du vaisseau, mais encore amarré, avec une planche qui le relie au rivage ; dans une autre (le n° 11.909) on le voit qui s'éloigne, mais on distingue nettement quatre personnages à l'intérieur, les cordages, et quelques détails de la proue et du gouvernail ; enfin dans une troisième, le vaisseau est déjà très loin du rivage, et sa proue est tournée dans un sens opposé à celui dans lequel elle se trouve sur le n° 11.909. C'est le n° 9212. J'ai fait un schéma de ces deux dernières vues ; celui du haut (ci-contre) est assez exact, mais celui qui est au-dessous, et où je n'ai pas reproduit les 4 personnages, est très mal venu, et ne donne aucune idée de la sveltesse de l'original. Dans les 3 fresques Ariane couchée et pleurant est au premier plan, avec d'autres personnages. Dans 9212, elle est soutenue par une femme qui étend le bras vers le navire, et un amour pleurant tourne le dos à la mer. Il y avait sans doute une convention, une tradition établie, pour la composition de cette scène ; probablement aussi pour la forme du vaisseau ; reste à savoir si les peintres se transmettaient une forme dérivée de la forme de l'« authentique » vaisseau de Thésée. Peu importe ; c'est curiosité pure. Mais j'avais sûrement cette forme présente à la pensée lorsque j'ai imaginé que Bonsignor rapprochait l'idée du Vaisseau de Thésée de l'idée du cygne et de l'esquif de Lohengrin, et que la musique de R. Wagner sur « Mein lieber Schwan » lui rappelait le vaisseau de Thésée. J'ai été content

a. Italien : « c'est-à-dire moins fatigués. »

de voir que ces fresques justifient avec assez de précision la vraisemblance de ce rapprochement. Je les avais donc mieux vues, j'en avais été plus frappé, que je ne le croyais[444]. J'ai retrouvé avec plaisir les autres fresques, celles que je connais et celles que j'avais oubliées ou mal regardées. Toutes ne sont pas visibles, entre autres celles du lupanar, qu'on laissait pourtant voir autrefois (« pourboire au gardien » comme disent les guides) ; mais la ou les salles qui les contiennent sont aussi en réparation, ou en ré-arrangement[445]. J'ai voulu acheter les photos des trois fresques de l'Abandon d'Ariane, mais une me manquait et des deux autres une seule est à peu près satisfaisante, c'est-à-dire assez nette ; l'autre (le vaisseau sur le point de disparaître) est très mauvaise, et il faut avoir vu la fresque pour deviner la présence du vaisseau. Il n'y avait rien de mieux, même dans les magasins des alentours du Musée. Enfin, j'ai pris les photos de 11.909 et de 9212 et celle, assez nette, de la Diane et Endymion qui me plaît[446].

Sortis du Musée National nous avons légèrement goûté au café de la petite Galerie (celle qui me fait toujours penser aux amours de Putouarey et d'Angiolina Cacace, parce que je situais leurs rendez-vous à cet endroit, tandis que j'écrivais cette partie de *A.O.B.*)[447].

De là à pied à la Poste Centrale où j'ai trouvé un petit courrier (Hansell Baugh, Enrico Falqui, Jules Supervielle, — poésies pour *Commerce* ; François Berthault, — le MS inédit que je lui avais demandé pour le proposer à *Commerce* ; etc.). À pied encore à Santa Maria La Nuova pour montrer à Mariuccia l'*Ecce Homo* de Giovanni da Nola[448]. — Puis en trams, flânant, descendant pour voir les églises, plusieurs fois changeant de lignes, et même au hasard, nous avons très agréablement erré dans Naples jusqu'à 7 ½ p.m. environ : de la Porte Capouane à Mergellina, du Rione Amedeo au Jardin Botanique, de la Pza Cavour à la Chiaja, et enfin par la rampe du Corso Vitt. Em., à la nuit faite, regardant au-dessous de nous les rues profondes, avec leurs guirlandes de grosses lampes électriques, les places « de mille feux brillant », le port dans toute son étendue jusqu'aux lumières de Portici, de Torre del Greco, de Torre Annunziata. Au Duomo un jeune organiste, ecclésiastique, en bas rouges, répétait à l'orgue et inondait les nefs d'une merveilleuse harmonie, d'une joie étonnante, qui nous aurait retenus longtemps si nous n'avions craint d'être en retard pour faire, avant le dîner, le tour du Corso Vitt. Em. Il est très agréable d'errer ainsi à deux dans Naples. Notre séjour doit forcément être court, puisque nous devons être à Paris avant le 1er mai et que nous allons du côté des Îles Ioniennes. Nous ne pouvons songer à visiter la ville en détail, ni à la parcourir comme font les touristes qui avalent tout, — on se demande ce qui leur en reste, — en 8 jours. Mais, libres d'obligations sociales, et tout travail remis à plus tard, nous « écoutons » la ville, comme une musique, nouvelle pour Mariuccia, pour moi retrouvée (avec quelques variantes)[a]. Je continue cependant, adagio, adagio[449], la lecture de Francesco Ercole. Et tout à l'heure, avant de dormir, je vais relire avec soin les inédits de François Berthault et de Jules Supervielle.

Naples, Vendredi 26 Février[450]. — Très mauvais, le restaurant élégant du Castel dell'Ovo ; beaucoup plus cher que la Zi Teresa et que D'A Bersagliera où la cuisine est assez bonne ; d'où mauvaise nuit, et lu tard, et par suite levés tard, pour trouver dehors une tramontane glacée, une brume hivernale, les montagnes jusqu'à Sorrente blanchies de neige, le volcan même fumant dans la neige. Mon courrier m'a longuement occupé, et nous avons déjeuné vers 2 ¾ p.m. d'un grand nombre de brioches et de deux grandes tasses de café au lait, dans le café-variété-dancing élégant et glacé de la v. Nazario Sauro, — curieux public d'Anglais à figures de grands viveurs, de cabotins et de poules de demi-luxe, — et large vue sur le port, les montagnes, le Vésuve. De là, porté les choses de F. Berthault et de J. Supervielle, avec le reste de mon courrier, à la poste de la v. Virgilio (les inédits pour *Commerce*, recommandés, avec une lettre, à Mme de B.). — J'ai achevé cette nuit le Saggio III[b] de Francesco Ercole, « Impero e Papato nel diritto pubblico italiano del Rinascimento », clair, frappant et net jusqu'à la conclusion qui embrasse tout dans quelques sentences limpides (toujours un peu embarrassées pourtant comme syntaxe et insertion des incidentes, défaut général du style de l'auteur, ou de son absence de style ; en somme « ça ne dit pas joli », mais la substance y est.) Ses théoriciens sont : Dante, Marsile de Padoue, Cola di Rienzo, Bartolo, Coluccio Salutati[451]. Sur les « iura reservata Principis[c] », Rest. Cartaldi, *De Imperatore*. Mais sa bibliographie est confuse, sans ordre ; il manque à son livre un index des auteurs cités. — En voici quelques-uns : Cohn : *Das Zeitalter der Hohenstaufen in Sigilian*, Breslau 1925. — De Stefano : *L'Idea imperiale di Federico II*, 1927. — Peruzi : *Il De Regimine Xiano di Giacomo Capocci*, Roma 1914. — Sur les publicistes de la théorie théocratique du XIIe s[iècle] ensuite : R.W. and A.I. Carlyle : *The Theories of the Relation of the Empire and the Papacy from the Xth Century to the XIIth Century*, Edinburgh and London, Blackwood and Sons, 1923. — Solmi : *Stato e Chiesa negli scritti politici da Carlo Magno al Concordato di Worms*, Modena 1901. — Flori : *Il Trattato De Regimine Principum e le dottrine politiche di S. Tommaso*, Bologna 1928. — Pour la Translatio : Lord

a. Ce passage, depuis « Au Duomo », figure sous la date du 25 février parmi les extraits publiés dans *Les Nouvelles littéraires*.

b. Italien : l'« Essai III ».

c. Latin : « les droits réservés du prince ». Le titre de l'ouvrage est également en latin : *De l'empereur*.

Bryce : *The Holy Roman Empire*, 1904. — Cipolla (dans *Memorie* della R. Accad. delle Scienze di Torino, vol. 42, pp. 325 sq.) : « Il trattato *De Monarchia* di Dante A. e l'opuscolo *De potestate Regia et Papali* di Giovanni da Parigi ». — Lizérard : *Clément V et Philippe le Bel*, Paris 1910. — Introduction de Francesco Ercole à la trad. du *De Monarchia* par G.B. Siracusa, Palermo 1921. — Vossler : (trad. ital) *La Divina Commedia studiata nella sua genesi ed interpretata*, trad. Jacini, Bari 1910 (Egidio Romano, *De Ecclesiastica Potestate*, est examiné dans Vossler). — Flori : *Dell' idea imperiale di Dante*, Bologna 1921. — Grauert : *Dante und die Idee des Weltfriedens*, Festrede gehalt. in der offentl[ichen] Sitzung der K. Akademie der Wissenschaft, München 1909. — Lapôtre : *L'Europe et le Saint-Siège à l'époque carolingienne*, — contient un examen du *Libellus de imperio potestate in Urbe Roma*, — 1895 Paris (?) — *Quaestiones de Iuris subtilitatibus*, ed. Fitting, Berlin 1894. — Besta, *L'Opera di Irnerio*, Torino 1896. — Jordan, *Dante et la théorie romaine*, Paris ? Date ? 1922 ? (Nouvelle Revue Historique de Droit français, 1921, 1922.) — Le Traité de Constance est joint au Corpus Iuris, dans les *Novelle* de Justinien[452]. — Giovanni da Vitalo : *Liber de Regimine Civitatum*, ediz. Salvemini, in Sanderizi : Bibliotheca Juridica Medii Aevi, Bologna 1888. — Generale : Villari : *L'Italia da Carlo Magno alla Morte di Arrigo VII*, Milano 1910[a].

Naples, samedi 27 Février. — Nuit meilleure ; journée ensoleillée mais plus froide peut-être que celle de Vendredi, après le coucher du soleil. La fumée du Vésuve montant, blanche et épaisse, comme une très haute colonne salomonique[453], dans ciel bleu entre deux zones de nuées gris-blanc. — Déjeuner et dîner à l'hôtel (tous deux fatigués de la cuisine des trattorie). Et entre les repas, les mêmes longues flâneries, à pied, en taxi, et surtout en tramway : Villa Comunale, Rione Amedeo, Pza Mercato, le port, la Vecchia Immacolatella[b], et jusqu'à Torre del Greco où nous avons fait quelques petits achats. Retour avec arrêt à Portici où nous avons goûté. Rentrés à la maison par un tram 35. — Après dîner, seul, grand

a. Traduction des titres cités : *La Sicile à l'époque des Hohenstaufen* (allemand) ; *L'Idée impériale de Frédéric II* et *Le « Du gouvernement chrétien » de Giacomo Capocci* (italiens) ; *Les Théories de la relation de l'Empire et de la papauté du* X*e siècle au* XII*e siècle* (anglais) ; *L'État et l'Église dans les écrits politiques de Charlemagne au Concordat de Worms* (italien) ; *Le Traité « Du gouvernement des princes » et les doctrines politiques de saint Thomas* (italien) ; *Le Saint Empire romain germanique* (anglais) ; le traité *De Monarchia* de Dante Alighieri et l'opuscule *Du pouvoir royal et papal* de Giovanni da Parigi ; *« La Divine Comédie » étudiée dans sa genèse et interprétée* ; *De l'idée impériale de Dante* ; *Dante et l'idée de la paix mondiale*, discours d'inauguration tenu lors d'une séance publique de l'Académie royale des sciences ; *Petit Traité du pouvoir impérial dans la ville de Rome* ; *Questions sur les points délicats du droit* ; *L'Œuvre d'Irnerio* ; *Livre du gouvernement des cités* ; *L'Italie de Charlemagne à la mort d'Henri VII*.

b. Nous corrigeons ce mot, que Larbaud a écrit *Imacollatella* dans cette seule occurrence.

tour à pied : Pza S. Ferdinando, la Chiaja, S. Maria degli Angeli, Politeama Giacosa, descente Pza Carolina, Pza Plebiscito et retour par v. Santa Lucia. — Entre hier soir et ce soir, lu tout le petit livre d'Antero Meozzi, *L'Utopia Politica di Dante*[454], — nous avons parlé ensemble, riant beaucoup, vers 5 h a.m. ce matin. —

Remarqué sur une affiche de « Varietà » : Jheanne (la même erreur que Jhon, appliquée au français)[455]. — Les gens du tram achetant le *Corriere di Napoli* pour les « ruote[a] » (comme nous, du reste). — Le quincaillier de Torre del Greco me fait accompagner par son garçon de courses chez la marchande de « puppe » (les marionnettes[456] du cycle héroïque, nous [en] avons [acheté] 2), mais il me rend une mauvaise pièce de 0,50. — Le charme et l'élégance de Portici, qui m'avaient frappé autrefois, ont encore augmenté, et forment un grand contraste avec Torre del Greco, — la triste et sale (un peu moins sale) banlieue rose, — Saint-Denis ou Les Lilas peints en rose[457] !

Naples, Dimanche 28 Février. — SEBASTIANO VENTO : *La filosofia politica di Dante nel* De Monarchia *studiata in se stessa e in relazione alla pubblicistica medievale da San Tommaso a Marsilio da Padova*[b], — Torino, Bocca, 1921 — 8° pp. 401. — P. 157 del libro di Francesco Ercole (*Dal Comune al Principato*) citaz[ione] del *Memoriale Imperatori Porrectum* (occasionato dal processo di Enrico VII contro Roberto d'Angio[c].) — C'est Lord Bryce qui parle du *D.M.* comme d'une ÉPITAPHE (expression reprise dal Meozzi e da altri). — L'édition moderne de la Reprobatio de Guido Vernani : *De Potestate Summi Pontificis et Reprobatione Monarchiae*[d] (1327) : Florence 1906 (con trad[uzione] di Piccini ; trad[uction] jugée mauvaise par Antero Meozzi) — Mabille, *Pétrarque et l'empereur Charles IV*, Angers 1890. — Sidney Woolf : *Bartolus of Sassoferato : His Position in the History of medieval political thought*[e], Cambridge, 1913. —

Nous sommes particulièrement satisfaits du fornellino[f] acheté hier à Torre del Greco. Neige sur les montagnes et en ville stamat-

a. Les tirages de la roue du loto, un jeu qui n'a pas été modifié depuis cent ans ! Héritier de la tradition italienne, ce n'est pas un tirage national unique ; il comporte dix numéros par ville. À Alicante aussi Larbaud achetait des billets de loterie... et gagnait parfois.

b. *La Philosophie politique de Dante dans le « De Monarchia » étudiée en elle-même et en rapport aux écrits médiévaux de saint Thomas à Marsile de Padoue.*

c. Italien : « P. 157 du livre de Francesco Ercole (*De la commune à la principauté*) citations du *Mémoire offert à l'empereur* (rédigé à l'occasion du procès d'Henri VII contre Robert d'Anjou. »

d. Latin : *Du pouvoir pontifical et de la condamnation de la monarchie.*

e. Anglais : *Bartolus de Sassoferato : sa position dans l'histoire de la pensée politique médiévale.*

f. Italien : « petit réchaud ».

tina. Il Vesuvio coperto di neve, e fumando dentro di una nube spessa e bianca, rosa al tramonto. Landscape de l'époque glaciaire. « Nature », then ought to look cosi. There was a vulcano nella neve, nella nebbia, un freddo intenso, e down nelle valli un troupeau errant d'éléphants velus. Propediem, chissà ?[458] — Beaucoup travaillé en pensée, ces jours-ci, à l'*A. et la M.* ; idées et paroles viennent avec une abondance extraordinaire ; il faudra filtrer beaucoup, et tuer le cochon plus d'une fois, — tuer beaucoup de cochons[459] ! Comme lecture je voudrais sortir de Francesco Ercole, mais je ne peux m'en détacher, malgré sa mauvaise écriture, bien moins claire que celle de Meozzi, qui pourtant n'est pas littéraire, mais honnêtement cursive. J'ai donc commencé aujourd'hui son *Da Carlo VIII a Carlo V*, paru récemment, réservant pour plus tard les deux vol[umes] de son *Pensiero di Dante*. — Aujourd'hui trop froid et trop dimanche pour girare molto[a]. Trois sorties dont une ensemble à la Villa Comunale, à Pza dei Martiri, et retour par Chiatamone à la maison. — Sieste dans la soirée. — Après dîner aux salons où nous avons pris le café et regardé les gens danser. — Reggersi la testa mangiando. — E poi balla. — La Kanzone spagnuola colle parole tedesche[b] ; presque aussi amusante que l'analyse du *De Mon.* par Antero Meozzi, dont nous rions encore.

Comme ce monde des ménagers et directeurs d'hôtels est bien celui que je crois avoir fait entrevoir autour de Bonsignor ! Et les conversations soutenues en même temps en deux et trois langues, et la vie d'hôtel menée par eux-mêmes, etc. — Il nous est agréable d'être à Naples, même avec ce temps ultra-hivernal ; et la vue de la mer sous nos fenêtres, et

Le Pausilippe altier, de mille feux brillant[460]

le soir et la nuit, en face de nous, et le passage des gros navires, et le Vésuve qui est un spectacle de toutes les minutes, et la ville autour de nous[c]. Nous ne savons pas encore si nous resterons ou si nous partirons bientôt. Ce matin nous nous voyions encore ici pendant quinze jours et plus. Mais j'ai hâte de me trouver installé et en mesure de travailler sans être sollicité par les ressources d'une grande ville, et d'être au bout de notre billet, c'est-à-dire à Corfou, — bien que lesdits billets soient valables jusqu'au 3 avril, ce qui nous permettrait de rester ici jusqu'au 1er Avril. Mais ici les musées

a. Italien : « beaucoup se promener ».

b. Ce passage en italien ne nous paraît pas très clair: « Se tenir la tête en mangeant. — Et puis il danse. » L'évocation de « la chanson espagnole avec des paroles allemandes » est, en revanche, très expressive, le *K* à l'initiale du mot italien *canzone* imitant la sonorité allemande.

c. Ce passage, depuis « Comme ce monde », figure sous la date du 26 février parmi les extraits publiés dans *Les Nouvelles littéraires*.

et les églises me prendraient beaucoup de temps, et aussi les théâtres, et le simple désir de flâner par la ville et aux environs, comme nous avons fait ces jours-ci. — Aussi, je pense que le plus tôt sera le mieux, et si le temps s'améliore un peu demain nous partirons après-demain, mais nous hésiterons entre un arrêt à Tarente et un arrêt à Bari, nos billets nous laissant le choix entre ces deux parcours. L'arrêt à Tarente me ferait faire encore une fois ce trajet Naples-Métaponte[461] qui m'a laissé de si vives impressions à cause des circonstances et aussi parce que je l'ai fait 5 ou 6 fois, tandis que je n'ai fait qu'une fois le trajet par Bénévent et Foggia, et ne suis allé qu'une fois à Bari. Je crois décidément que ce sera Bari, beaucoup plus agréable et commode comme ville, que Tarente. En tout cas, le port d'embarquement sera Brindisi. —

Dans les journaux d'hier, encore une condamnation formidable pour propagande communiste : onze ans de réclusion au principal accusé, et des années aux « complices ». Les délits de droit commun sont moins sévèrement réprimés. C'est une grande maladresse, il me semble ; voilà des « Martiri » avec majuscule, et des familles, et des amis et des fils de « Martiri », — et probablement un futur monument et une future Pza dei Martiri. Cela va mal avec tous ces beaux travaux, cette bonne tenue, l'impulsion donnée à la vie civile, la toilette de Naples, la diminution de la mendicité et de la prostitution même à Naples, la police bien faite et bien... policée[a], et des idées excellentes et touchantes comme celle-ci : taxe de séjour énorme dans toutes les villes, EXCEPTÉ À ROME, caput mundi[b], la ville où tout le monde est CHEZ SOI, la ville dont le monde entier est citoyen. D'autre part, cela peut être un artifice, un truc pour inspirer la crainte, un beau jour il y aura une amnistie générale pour les détenus politiques, et dans ce cas le monument aux Martiri restera dans la quatrième dimension. En attendant, ces condamnations, et des tribunaux de ce genre, donnent l'impression que le gouvernement a peur, comme les exécutions à Stamboul sous Habdul-Hamid[462] indiquaient la peur des gouvernants.

À noter le passage, ce matin, d'un groupe nombreux de Petites-Italiennes, avec fanions, bâtons pour l'exercice, se rendant à la caserne du Castel dell' Ovo : la bonne tenue, la propreté, l'ordre, tout indiquant la nation policée, cultivée, soignée et véritablement l'amour et la charité d'un gouvernement qui veut être le serviteur du peuple. Comme Italien, je ne peux que dire merci pour tout cela à ceux qui en sont les auteurs. Mais je crois qu'ils feraient bien de déplacer une part de la sévérité montrée à l'égard des « sovversivi[c] » pour la reporter sur ce qui reste encore de crasse morale et physi-

a. Ce passage, depuis « Dans les journaux d'hier » figure sous la date du 28 février parmi les extraits publiés dans *Les Nouvelles littéraires*.

b. Latin : « la capitale du monde ».

c. Italien : « opposants ».

que dans le Royaume de Naples, et, probablement, des Deux-Siciles. Et tout de même, ils ont déjà bien nettoyé !

Naples, lundi 29 Février. — Le froid moins vif, mais pluie une partie de la journée. A.M. : lu Francesco Ercole, mis papiers en ordre, et fait un tour à pied jusqu'à Pza Plebiscito où je suis entré dans la librairie que fréquentait, en 1903 et 1904, Matilde Serao[463]. Cherché vainement une photo des fresques de l'*Abandon d'Ariane* où le Vaisseau de Thésée serait plus visible que sur celles que j'ai achetées au Musée National. — Les deux repas à l'hôtel. — Dans l'après-midi, la pluie cessant un peu, nous avons recommencé à flâner à pied et par tramways : S. Carlo, Maschio Angioino, Gare Centrale, Porte Capuane, Pz. Carlo III, Pza Cavour, la petite Galerie, Pza Dante, Monteoliveto, la Poste, le Gesù Nuovo, le Toledo, Montesanto, la Riviera di Chiaja, Mergellina, le grand tour du Pausilippe, retour à Chiatamone. — Après dîner, petit tour à pied, seul (avec Barty) dans S. Lucia.

À la poste nous avons trouvé un gros courrier, Paris, France, Belgique, Italie, et la liste des publications arrivées r. du Cardinal Lemoine. Exemplaire édition définitive de *Gravitations*, ex. n° VII, avec dédicace ms de Jules Supervielle[464]. Une dédicace comme ceci (d'un inconnu, livre de vers) : « Collectionneur des saveurs exquises, ami inconnu, perdu dans les grandes orgues du voyage, cet hommage rempli d'admiration et de déférente sympathie. » Troppo ! Troppo ! Mais c'est honnête parce que ça vient avec le volume de poèmes (que je verrai à notre retour en France). J'aime beaucoup moins une lettre adressée à la NRF et qui débute ainsi : « Monsieur, il y a longtemps que je suis entrée chez vous, et je m'y suis trouvée bien. » La suite montre que cela veut dire qu'il y a longtemps que cette dame, cette Madame (« ô Domina, Kyria, Madame, ô Très-Honorable, ô Seigneurie ! ») a lu mes livres et qu'elle y a pris plaisir ; mais la manière de le dire est trop précieuse, et le reste montre qu'il s'agit de MSS à « placer » ; un petit échantillon est joint, trop court et trop peu significatif pour qu'un lecteur puisse se faire la moindre idée du talent de l'auteur.

[*Deux lignes et demie caviardées et un feuillet manquant.*]
empunaisé ? Non, c'est la petite punaise du dernier courrier qui m'a rappelé les autres.

Comme Francesco Ercole est pénible à lire ! La substance est d'une richesse et d'une condensation admirables ; la forme est lamentable. Du cacciucco, une soupe de poissons, succulente, mais pleine d'arêtes[465]. Et quand je pense que j'en ai encore plus de 1 000 pages à lire... Mais il publierait demain un autre volume de 400 pp., que je me hâterais de l'acheter.

Ce matin, dans la via Santa Lucia, une belle victoria au grand trot de deux superbes chevaux noirs, et dans la victoria un monsieur en chapeau gris et une jeune femme en deuil, mince, fine, d'une élégance parfaite. Cela faisait plaisir à voir ; très Naples d'autrefois, de « mon temps », comme ces vieillards en redingotes et en chapeaux hauts de forme, d'une allure et d'une tenue si patriciennes, qu'il m'arrivait de voir dans la Chiaja, au Toledo. Par eux Naples était encore, en Europe, une capitale, comme La Haye, Bruxelles ou Lisbonne, la capitale des Deux-Siciles, pas encore entièrement assimilée au Royaume d'Italie. Sans doute, à présent, Naples est mieux que la capitale des Deux-Siciles : une des 4 ou 5 grandes villes de la Méditerranée ; mais ce caractère purement moral de ville-capitale lui manque[466], et tout ce qui le rappelle, comme cet équipage vu ce matin, est précieux[a]. Ce serait le chef-d'œuvre du Fascisme de redonner l'équivalent de ce caractère aux grandes villes d'Italie. En attendant il annonce de sévères punitions contre les cracheurs et les gens qui salissent les pissotières et les cabinets d'aisance, et en effet, cela était nécessaire. Et même, je ne trouverai pas exagérés 6 mois de réclusion au salaud qui crache dans le tramway. On devrait aussi condamner à une amende de 0,20 ou d'« un pied » (0,25) les parents des enfants mal lavés. — Ce soir, pour la première fois, j'ai vu une petite fille seule dans la rue, et innocemment seule, portant un paquet. Autrefois...

Mars

Naples, mardi 1er Mars. — Le temps un peu radouci, mais encore humide. Le vent (s[ud-] o[uest]) rabattait la fumée du volcan sur le port. Avant midi, tour à pied, seul, dans la direction de la v. Vittoria Colonna, et longue station chez Anderson[467] qui affirme pouvoir me fournir une bonne photo en couleurs de la fresque où se trouve le Vaisseau de Thésée, soit avec, soit sans, les 4 personnages. Les numéros des fresques ont été plusieurs fois changés, et les catalogues n'indiquent rien de précis ; nous avons dû chercher beaucoup avant d'identifier, à peu près, la fresque dont je veux la photo. J'ai payé la commande (qu'il m'enverra à Corfou), et j'ai acheté quelques reproductions. Il m'a montré une partie de sa collection, et de celle d'Alinari (il vend les deux). Les reproductions (photos) en couleurs, des fresques de Pompéi-Herculanum-Stabies[468], sont parfaites. Il a aussi la collection, en photos de plusieurs formats, des dernières fouilles de Pompéi. J'ai passé plus d'une heure au milieu de tout cela. C'est du travail vraiment très bien fait.

a. Ce passage, depuis le début du paragraphe, figure sous la date du 29 février parmi les extraits publiés dans *Les Nouvelles littéraires*.

Après déjeuner, sieste, lecture, petit tour à pied ; et la seconde moitié de l'après-midi, jusqu'à 7 ½ ensemble au Vomero où nous avons goûté Pza Vanvitelli, après avoir fait un tour dans le quartier. Il y a maintenant un service de funiculaire beaucoup plus complet que de mon temps, et Lucas Letheil aurait pu, — pourrait à présent, — s'épargner la descente à pied. Mais c'est la même gare, le même genre de wagons. Des boutiques nouvelles, et mieux éclairées, dans la v. Cimarosa, voilà toute la différence, comme aussi Pza Vanvitelli, — et le rez-de-chaussée du Palais Astori[469] (qui a changé de nom, et, sans doute, de propriétaire). Nous avons fait la promenade, aller et retour, en tramway (28). Au départ de la Pza Vanvitelli, j'ai vu de la lumière à « ma » fenêtre. J'ai vu aussi une des montées et une des scorciatoie[a] que Lucas Letheil a prises pour raccourcir son trajet de la Piazza Vanvitelli à la via dei Mille.

Cette ligne de tramway, qui n'existait pas encore avant 1914, passe aussi devant l'ascenseur du Bertolini's, où je suis descendu deux fois avec ma Mère, une fois au retour d'Athènes et avant de m'installer au Vomero. Ainsi le Bertolini et ses environs immédiats sont liés, pour moi, au souvenir de ma Mère. Je revois surtout une soirée avec elle dans les salons du Bertolini, après dîner, avec un jeune couple de Portugais.

Je poursuis la pénible mais toujours succulente lecture de Francesco Ercole.

Reçu une lettre de Mario Puccini et des nouvelles de nos amis romains[470].

Naples, mercredi 2 Mars. — Le temps s'est considérablement radouci. Avant déjeuner lecture, papiers, et tour dans le quartier, à la poste et dans une agence où j'ai su que nous avions un bateau lundi prochain à Brindisi pour Santi 40[471] et Corfou, du LLoyd Triestino, sur lequel notre place est, sinon retenue, du moins payée (le bon de place, 120 lire or, que j'avais pris à Paris en décembre). —

L'après-midi, sieste, travail, et longue promenade (2 h ½) en carrozzella (le temps radouci le permet), lentement, un peu au hasard, et descendant pour regarder de près les monuments et visiter les églises, les principaux points de notre itinéraire étant : L'Immacolatella Vecchia, S. Giovanni a Mare, Saint-Éloi (travaux en train pour lui restituer complètement son caractère gothique-angevin, le porche déjà très Centre de la France)[472] ; S.M. del Carmine ; Castel Capuano ; Gerolomini[473] (Vico's slab) ; S. Paolo Maggiore ; S. Domenico Maggiore ; Gesù Nuovo otra vez[b] ; S. Chiara (m'a rappelé l'entrevue avec S., en 1904, dans cette église ; j'ai identifié le banc où nous étions assis ; peut-être m'en servirai-je dans

a. Italien : « raccourcis » (*scorciatoia* est un mot féminin).
b. Espagnol : « Gesu Nuovo encore ».

L'A. et la Mon., et j'en ai même fait, mentalement, la substance d'un paragraphe) ; Monteoliveto ; Piazza Municipio ; le traforo ; v. Cabrito[a] ; puis, à pied, alla Perugina[474] et jusqu'à la Chiaja, redescendant par v. Domenico Morelli à Chiatamone et à v. Partenope. — Après dîner, promenade le long de la mer, v. Partenope et v. Nazario Sauro.

Après midi arrivée d'un gros courrier ré-expédié sous 2 enveloppes par M. Voldoire : lettres des banques, invitations, communications, convocations, expositions, etc., etc., lettres insignifiantes, mais une, longue et intéressante, de M. Émeric Fischer[475], qui a lu Graça Aranha et Édouard Dujardin, et un mot de Guillermo de Torre annonçant son prochain départ de B. Ayres pour l'Europe. D'autre part, les 4 premiers placards des 1res épreuves de *Technique*, probablement envoyées par M. E. Boudot-Lamotte, mais sans un mot de lui. La copie qu'il a fait faire du texte des deux articles parus dans *La Revue européenne*[476] y est jointe, et elle est responsable de quelques-unes des énormes et nombreuses fautes qu'une rapide lecture m'a fait voir dans ces épreuves. J'aurai besoin de les corriger 3 ou 4 fois pour les débarrasser de toute leur vermine[477].

Nous espérons pouvoir partir demain par le train de 11, 55 a.m., et je me sens un peu ému à l'idée de refaire, après un si long temps, ce trajet qui a tenu tant de place dans ma jeunesse, et de revoir la gare de Battipaglia, et celle de Tito, et Potenza, et Metaponte. J'aurais volontiers pris le train du matin, qui est celui par lequel Lucas Letheil fait le voyage de Tarente ; mais nous n'avons pas voulu être obligés de nous lever avant le jour et de faire un départ précipité. Nous n'avons pas d'Isabelle à fuir !

Dans la liste des publications arrivées r. du Cardinal-Lemoine il y a le titre d'un roman dont l'auteur me donne son adresse à Naples, mais le nom de l'auteur et son adresse sont illisibles sur la liste. Il ne se doute guère que je suis ici ; mais je suppose qu'il a lu un des articles écrits par des confrères romains à l'occasion de l'accueil qu'ils m'ont fait à Rome. — Ce soir à la pâtisserie (la Perugina) il y avait de bien belles dames napolitaines, du type qui passe peut-être pour espagnol et qui en effet se rapproche de l'idée qu'évoquent les mots *morena* et *real hembra*[478] ; mais il y avait aussi une très fine et mince et svelte jeune fille blonde, et cela, c'est peut-être le « type angevin », la « douceur angevine », conservés chez certaines familles patriciennes. Elle « allait bien » avec le porche de Saint-Eloi[479]. Tout ce mujerio parfumé et soigné admirait la Bestia Barty, qui est vraiment dans la situation des artistes d'avant-garde : « brutto cagnaccio » pour les gamins du peuple et « bel cane » pour les gens de « la haute »[480]. J'ai dit à Mariuccia : Elles te l'envient PRESQUE autant qu'elles t'envieraient un collier de perles. — Mais

a. Plus probablement : via Calabritto.

la Bestia Barty est complètement indifférente à ces hommages, et il lui suffit d'être pour nous « il buon cane Barticcino » et « the good old boy Doggie-Barty ».

Je termine la journée en lisant Francesco Ercole, après avoir écrit deux lettres d'affaires. — Nous avons vu l'*Augustus*, de Gênes, dans le port, arrivé hier ou ce matin de New-York.

Naples, vendredi 4 mars. — Très mauvaise nuit du 2 au 3, et alité hier toute la journée, sans fièvre, mais avec une très forte toux. Médicaments et diète. Nous avons décidé de prolonger notre séjour d'une semaine, et de laisser partir sans nous le bateau de lundi. J'espère pouvoir sortir demain ; le temps est devenu très beau. Il est probable que c'est pendant la promenade en carrozzella, avant-hier, que j'ai pris froid. Nous avons lu toute la journée, Mariuccia *Les Eaux printanières* de Tourguenieff, et moi Francesco Ercole. Ainsi j'ai achevé *Da Carlo VIII a Carlo V*[481], qui est surtout un livre sur Machiavel, sans grande unité d'ailleurs, et qu'un auteur moins scrupuleux aurait pu intituler « Machiavel et son temps », et j'ai commencé la lecture du t. 1 de son *Pensiero Politico di Dante*, qui est un recueil d'articles, de conférences, d'essais, d'importance et d'intérêt variables, mais que je trouve assez excitants, au même titre que l'Essai III de *Dal Comune al Principato*. De temps en temps il me rend de grands services : ainsi, en s'efforçant de démontrer que D[ante] a eu une conscience nette de la nation italienne, il me montre que, si cela est vrai, D[ante] a erré lorsqu'il n'a vu que le peuple italien dans les INCOLAE LATIALES[a]. Mais ma prochaine lecture du *D[e] M[onarchia]*, faite à ce point de vue et à quelques autres, me montrera si mon impression actuelle est exacte. La position de Francesco Ercole est la suivante : Vous dites que Dante n'a rien conçu en dehors de la Florence actuelle et réelle et de l'Empire universel théorique et utopique ; je vous réponds et je vous prouve qu'entre ces deux notions il a nettement inséré celle d'une unité nationale italienne, et d'un primato[b] du peuple italien (il accepte l'interprétation que Kern donne de LIBERI : enfants, fils) sur toutes les gentes[c]. — La mienne est : Je dis que Dante a conçu une unité romaine comprenant tous les pays soumis à l'Empire païen et, après la chute de l'Empire païen et la translation pontificale des Grecs aux Allemands, une unité romaine comprenant toute la chrétienté et toutes les nations régies par le droit romain. — Je voudrais trouver la confirmation de cela, et voir si la thèse d'une extension aux, ou d'une participation des, peuples de droit romain, au primato du peuple italien, n'est pas au moins en germe

a. Latin : « habitants du Latium » (la majuscule à l'adjectif *Latiales* ne se justifie pas en latin).

b. Italien : « primauté ».

c. Latin : « peuples ».

dans le *D[e] M[onarchia]*, ou le *Convivio*, ou les *Lettres*, ou le *De Vulgari Eloquentia*[482]. — Aujourd'hui j'ai lu jusqu'à p. 177, et continuerai avant de m'endormir. — Le livre de Fritz Kern : *Humana Civilitas, Staat, Kirche und Kultur, eine Dante Untersuchung*[a], Leipzig 1913. —

Il y aurait d'abord le passage de la Lettre VII, 3, II : « *quoniam Romanorum gloriosa potestas NEC METIS ITALIAE nec tricornis Europae margine COARCTATUR*[483]. »

Il semble faire grand cas de PASCOLI[484] comme Dantiste ; *Sotto Il velame* (Messina 1900), et *La Mirabile Visione* (Bologna ?). —

Me procurer JOURDAN[485] : *Dante et la Théorie romaine de l'Empire* (Nouvelle revue historique du droit, 1921 pp. 353 et sq., 1922, 191, 354 (3 numéros)).

Aussi : TOYNBEE, *A Dictionary of proper names* AND NOTABLE MATTERS *in the works of Dante*[b], Oxford 1898. —

Malgré le temps assez beau et même chaud vers midi (un peu de pluie dans la soirée) je ne suis pas sorti, Baboa faisant trois petites courses dans toute la journée : poste, journaux, pharmacie. Ainsi j'ai travaillé un peu en dehors de la lecture, corrigeant une 1re fois les épreuves envoyées par M. E. Boudot-Lamotte, répondant aux demandes d'éclaircissements du traducteur anglais (am[éricain]) de « Rachel Frutiger » (M. H. Baugh), et travaillant un peu à mon courrier (Banque de France, M. Voldoire, c[arte] p[ostale] à 2 personnes). Expédié 3 lettres et 2 c.p. ; reçu *La Revue de Paris*.

Vers 5 ½-6 ½ p.m. magnifique lumière sur les monts derrière Torre Annunziata, Vico Equense et Sorrente, le grand coup de pinceau solaire qui donne et rapproche de nous tout le détail du relief éclairé. C'est là qu'on voit de quoi la LUMIÈRE est capable, et la force et l'attention qu'elle a. J'aimerais qu'un « visuel » comme François Berthault pût voir cela

Je voudrais bien trouver ici, sans avoir à l'acheter, *Les Châtiments* de V. Hugo, pour le morceau contre Louis Veuillot[486]. — Demain peut-être à la Bibliothèque, ce qui me donnerait l'occasion de la voir, depuis qu'on l'a changée de place et réorganisée.

En ce moment le Ministre Bottai est en gare de Mergellina, en route pour Syracuse. Cela fait plaisir de voir un homme jeune chargé d'une tâche aussi importante que celle qu'il a assumée. Surtout se sentir affranchi de toute opposition parlementaire[487]. J'aurais aimé l'Instruction Publique, ou encore les Travaux Publics, dans ces conditions-là : un gros labeur d'amour et de charité. Cela rend le Fascisme sympathique. Mais les « prepotenze » de leurs débuts leur ont valu des ennemis irréconciliables auxquels ils ne peuvent plus, ou ne savent plus, opposer que la terreur. Ces enne-

a. *La Société humaine, l'État, l'Église et la culture ; une recherche sur Dante.*
b. *Dictionnaire des noms propres et des sujets importants dans les œuvres de Dante.*

mis leur ont fait une réputation effroyable hors d'Italie. Il y a encore à peine cinq ans, quelqu'un à Paris me demandait si je n'avais pas été « arrêté par les bandes fascistes », comme s'il s'était agi des anciens « bandits de la Calabre » ! Il leur faudra bien encore cinq ans du régime actuel, des travaux, et des soins, actuellement en train, et pratiqués, pour se blanchir un peu à l'Étranger, et y obtenir un peu de l'estime et de l'admiration qu'ils méritent. Une loi d'amnistie, et surtout la suppression de ces tribunaux d'exception, feraient beaucoup pour cela.

Naples, samedi 5 Mars. — Première partie de la nuit, très mauvaise jusqu'à 3 a.m., mais bien dormi à partir de 6 a.m. — Sorti seul entre 11 ½ et 1 p.m. : banque, bureau de tabac, Anderson, papeteries v. S. Caterina et Pza Martiri : belle fille, à la voix sonore et très agréable, ses plaisanteries, etc., achetant des timbres et du sel au bureau de tabac. Acheté rubrica[a] bon papier pour le petit inventaire du *D.M.* commencé cet après-midi (j'y ai travaillé 2 h.). — Pluie toute la journée ; golfe voilé ; mais grande douceur de l'air. — Beaucoup moins souffert qu'hier et surtout qu'avant-hier. — Sieste après déjeûner, puis travail pour *L'Am. et la Mon.* : l'inventaire du *D.M.* et suite de Francesco Ercole (sa réfutation de la théorie Croix-Aigle de Michel-Ange Caetani[488]-Pascoli-Valli) et le continue ce soir. — Lu, aux salons, *La Stampa* et le *Daily Mail* continental ; parcouru *Il Mattino* et la *Rev. de Paris* (Julien Benda sur l'Hist. de France, très attachant, mais un peu diffus, et trop de foi donnée à Camille Jullian, écrivain très partisan). — Da Anderson comprato le Giuocattrici di Astragali[b] monté sur planchette de bois pour l'envoyer à M. E. Boudot-Lamotte en même temps que les bozze di *Technique* corrette, lunedì[c]. Penso inviare anche cose sullo stesso genere a Marcel Thiébaut, Jean-Aubry e Jean Paulhan. To Jean-Aubry it will be Achilles at Scyros, with Ulysses unmasking him, and behind I have written Sir Thomas Browne's phrase : « ... what name Achilles assumed when he hid himself among women... » They hope to be able to get me the photo of the Ariadne affresco with Theseus' ship before Friday next[d].

Naples, dimanche 6 Mars. — Tour à pied avant midi dans le quartier, allant presque jusqu'au bout de la v. S. Lucia, et achetant

a. Italien : « répertoire ».

b. Italien : « Chez Anderson acheté les *Giuocattrici di Astragali* ». (En fait, *giuocatrici:* joueuses d'osselets.)

c. Italien : « les épreuves de *Technique* corrigées, lundi. »

d. Italien : « Je pense envoyer aussi des choses du même genre à Marcel Thiébaut, Jean-Aubry et Jean Paulhan. » Anglais : « Pour Jean-Aubry ce sera Achille à Scyros, avec Ulysse qui lui ôte le masque, et derrière j'ai écrit l'expression de Thomas Browne : "... quel nom prit Achille quand il se cacha parmi les femmes..." Ils espèrent me procurer la photo de la fresque d'Ariane avec le Vaisseau de Thésée avant vendredi. »

des oeillets et de jolies branches de pêchers en fleurs pour Baboa. Intéressante foule du dimanche ; autres allures et autre ton que « de mon temps ». V. Partenope, un petit garçon entre deux jeunes femmes élégantes : Mira que lindo perrito[a] (Barty était avec moi). Il y a toute une foule, en partie exotique en partie aristocratique — locale, qui se trouve à son aise dans ce quartier de S. Lucia et le long du front de mer ; le Rione Amedeo[489] y descend. Du reste on sent l'habitude prise, et cela doit dater de vingt ans, j'imagine. Encore une belle fille avec une belle voix riche et volumineuse, — une employée (peut-être la fille) du bureau de tabac-parfumerie-mercerie. M'a rappelé celle d'hier, avec ses « magàri[b] » si bien prononcés, et l'attrait de ses mouvements. — Payé la note : obtenu L 3[490] de diminution par jour, un succès ! — L'après-midi à Pozzuoli (que je ne sais jamais écrire en français[491]) par un tramway que nous sommes allés prendre, en autobus, devant S. Carlo. — Il y a eu quelques belles heures ensoleillées et assez chaudes avant une grosse pluie tombée une fois la nuit faite. Nous avons vu Bagnoli très transformés et embellis[c], après un Fuorigrotta resté le même comme population, mais fortement modifié par une grande gare et des groupes de maisons neuves. — À Pozzuoli tour à pied dans la ville, que j'ai reconnue sans peine. On y attend une petite flotte de guerre anglaise, et un navire de guerre italien est venu l'attendre[492]. Cela faisait du mouvement dans le port.

Nous avons goûté à la Sirena, sur la terrasse qui donne sur le port. Il y avait des chanteurs, et les gens qui se promenaient en barque venaient sous la terrasse les entendre.

Beaucoup travaillé, mentalement, à *L'Am. et la Mon.*, me racontant à moi-même l'autobiographie du Baron Marin de Cive. Cela m'a promené de Montpellier à Barcelone en passant par Mèze et Sète[d] ; et Mariuccia me voyait rire tout seul. Mais peut-être que rien de tout cela ne va, comme étranger, au moins en apparence, au sujet. Cependant il me plaît de bien connaître le Baron Marin de Cive, d'être capable de raconter sur lui, ou de lui faire raconter, un grand nombre d'anecdotes qui montrent son caractère. C'est comme pour Cartuyvels ou Putouarey : rien de tout cela ne passe dans l'ouvrage écrit, ou presque rien, et pourtant cela est en quelque sorte présent dans ce qui est dit du personnage. — Je me suis aussi occupé de la forme de l'ouvrage. — Je suis assez content de ceci (quand Marin de Cive se cache par crainte de la colère de

a. Espagnol : « Regarde quel joli petit chien. »

b. Mot italien que nous avons déjà rencontré dans la bouche d'Alinari lorsqu'il se gausse des Sud-Américains qui lésinent sur l'achat de photographies et de reproductions mais achètent sans discuter de la maroquinerie avec fermoirs « sans doute » en or.

c. On attendrait plutôt un accord au singulier, Bagnoli étant le nom d'une localité.

d. Ces deux phrases figurent sous la date du 29 février parmi les extraits publiés dans *Les Nouvelles littéraires*.

Roch du Clapas) : « Bien caché au creux de Barcelone, au cœur de l'été ; bien accroché dans les poils de la grande Barcelone-ma-mie ; qui sentent bon la sueur la merde et l'œillet-double ; évitant avec le plus grand soin (ou beaucoup de soin) les beaux quartiers... » Si je fais sauter la plus grande partie de l'autobiographie de Marin de Cive, cela devra sauter aussi, et je le regretterai[493]. Une difficulté avec Maissieux lé Zaimprimeures sera d'obtenir l'absence de virgules dans l'énumération des odeurs du creux de Barcelone-ma-mie !

Remarquables et même beaux types de jeunes garçons et de jeunes hommes, à Pozzuoli et dans le tram ; presque tous appartenant aux diverses organisations fascistes : avant-gardistes (aiguillettes blanches sur la chemise noire), jeunesses fascistes (mouchoirs aux couleurs de Rome noués autour du cou). Même la figure d'un gosse de 14 ans avait un caractère extraordinaire, une puissance d'expression qui arrêtait l'attention. Ces jeunes gens sont heureux de pouvoir mettre cette espèce d'uniforme le dimanche ; cela leur donne tout de suite de l'importance, un air de responsabilité et de maturité, qui est juste ce qu'ils désirent, et cela fait valoir le physique de ceux qui en ont un. C'est très bien trouvé ; parce que c'est plus « homme » que la tenue des boy-scouts ou des bataillons scolaires (le nom même de bataillons scolaires était mal trouvé.) Le gars de 17 ans, Pza Plebiscito, avec sa toque noire, sa chemise noire à aiguillettes blanches, ses culottes gris-vert, ses bottes, et ses gants BLANCS, — quelle allure ! Et il y a aussi des hommes faits, et mûrs même, qui sont contents de se parer de ces uniformes, au moins le dimanche et les jours de revue ou d'exercices ; ils font tout ce qu'ils peuvent pour avoir l'air d'officiers[a], et j'en ai vu un avec la petite tunique noire à brandebourgs noirs et bordée de fourrure, qu'un règlement récent vient d'interdire. Le pantalon long, gris clair à deux bandes noires, et la toque galonnée, avec le fiocco[b] de soie noire, — un officier, mesdames ! Et il était avec sa dame, plein de sérieux, d'importance, et de self-respect. Bien entendu ce sont les gardes-nationales de 1850, mais il y en a moins et on les choisit mieux ; pas une bedaine[494].

Au retour, travaillé à *L'Am. et la Mon.*, continuant l'Inventaire du *D.M.* et regardant Moore[495] et le petit index de Toynbee en attendant de pouvoir me procurer le grand. — Après dîner, nouvelle correction des épreuves des premiers placards de *Technique*, et je termine la journée en achevant la lecture du t. I du *Pensiero Politico di Dante* — Dans les journaux mauvaises nouvelles de la santé d'8[496] ; aujourd'hui pour quelques heures Charlie Chaplin, qui s'embarque demain pour le Japon, est notre voisin de rue (Albergo Excelsior)[497].

a. Ce passage, depuis le début du paragraphe, figure sous la date du 29 février parmi les extraits publiés dans *Les Nouvelles littéraires*.

b. Italien : désigne le gland à franges qui part du sommet de la toque.

Naples, lundi 7 Mars. — En somme toute la première moitié du livre (t. I) de Francesco Ercole sur la Pensée Politique de D[ante] tend à démontrer qu'on ne l'a pas vainement qualifié de Poëte national (italien), et ma tâche est de vérifier cela dans le *D. Mon.* et dans le IV du *Convivio*. — Dans la deuxième moitié de son t. I, F. Ercole réfute longuement la doctrine du « secret » (rédemption par l'Aigle mise sur le même plan que rédemption par la Croix), doctrine partie du grand-père du Prince de Bassiano, recueillie et enrichie par le poëte Pascoli, et formulée avec appareil critique et démonstratif par Valli. Dans le dernier essai du t. I, il montre en quoi la doctrine dantesque de Coluccio Salutati se rapproche ou s'éloigne de cette théorie, à propos de ce qui concerne, dans la *D[ivine] C[omédie]*, le supplice de Brutus et de Cassius[498]. C'est de ces 3 derniers essais que j'ai tiré le plus de profit, mais non sans peine, car la réfutation du « secret » est bien lourdement conduite et bien désagréablement exposée. — J'ai commencé aujourd'hui le t. II, que sa table des matières me fait supposer beaucoup plus intéressant et riche de substance et de documentation, que le t. I. Il est, là, en plein dans le sujet qui m'intéresse. Le Premier Essai est une réfutation de la thèse de Chiandano (= D[ante] n'a connu le Droit romain que par les œuvres littéraires de l'Antiquité et du Moyen-Âge, et non directement ; et ses citations du Code de Justinien sont empruntées à ces œuvres littéraires ou philosophiques, principalement à S. Thomas d'Aquin.) Ercole semble réfuter cette assertion sans beaucoup de difficulté. Je regrette de n'avoir pas de Justinien sous la main. Il y en a un, paru récemment, que j'ai vu à Rome à une devanture de librairie, très commode, en un volume élégant et tascabile.[a] Aujourd'hui j'en ai demandé le prix à la librairie classique qui est près de Monteoliveto : L 100 ! et ils n'en avaient plus un seul exemplaire. —

Soleil toute la journée, mais l'air est vif, presque froid après le coucher du soleil, et les montagnes, du Vésuve à Sorrente, sont couvertes d'amoncellement de nuages.

Petit tour à pied le matin dans S. Lucia. Après déjeuner, sieste, lecture, puis une de ces grandes promenades-flâneries, à deux, à travers toute la ville : Pza Plebiscito où nous avons assisté, avec une centaine de badauds, à la relève de la garde devant le Palais Royal : les bersaglieri relevaient l'infanterie, et leur musique a donné un bref concert devant le palais, une suite d'airs de marche particulièrement « vivaci », comme a dit, derrière nous, une belle et riche voix de jeune popolana[499]. De là, dans l'autobus 1, — tout neuf, aussi beau et commode que ceux de Rome, — à Santa Teresa degli Scalzi, d'où nous sommes redescendus à pied au Musée National.

a. Italien : « maniable ».

Puis dans un tram 13, pris Pza Cavour, au Jardin Botanique, toujours en réparation, et qu'on ne peut voir que du seuil, en haut du perron. — De là à Monteoliveto et à la poste où j'ai trouvé le jeu complet des 1res épreuves de *Technique* en deux paquets. Je les ai lues une première fois : coquilles prodigieuses, — BAS pour BONS, ERATRATIQUE (?) pour STRATÉGIE et 200 choses de ce calibre-là. Et puis j'ai vu que M. E. Boudot-Lamotte n'a pas toujours tenu compte de, ou compris, ou retenu, mes recommandations : je vois des chapitres que j'avais rejetés, et n'en vois pas d'autres que j'avais pourtant inscrits sur la liste qui lui a servi à rassembler tous les chapitres épars dans les revues. Il faudra que je remette ordre à cela. Mais je suis certain que ce livre-là sera aussi plein de coquilles que les autres imprimés à la NRF ; je me demande pourquoi ? Stols et Alberts m'ont beaucoup mieux imprimé, et Levi, et F. Paillart à présent, ne m'ont pas saboté ce que j'ai donné à *Commerce*. Le plus étonnant est que plusieurs des choses ainsi sabotées par les typos de Gaston Gallimard ont été imprimées d'après les impressions de Levi. Cela m'a fait relire avec plaisir ma « Lettre aux imprimeurs » que j'ai fait placer à la fin de *Technique* ; il n'y a pas un mot à y changer, je n'en regrette pas un mot, et elle me venge par avance de toutes les fautes commises par ces Messieurs dans ces épreuves. Penser qu'ils ont imprimé « quatreS » d'après un texte imprimé ! Je pourrais promettre à saint Jérôme pour 100 francs de cierges avec la certitude de n'avoir pas à les acheter, si bien que je corrige mes épreuves ; ou alors ce serait vraiment un miracle accompli par lui, et il mériterait bien les cierges. En somme il faut nous résigner à être aussi mal imprimés que les auteurs antérieurs à l'imprimerie étaient copiés. « Ah, gourdements ! ah, faux furons ! ah, bons à tirer dessus[500] ! » J'ai du reste vu aussi, de temps en temps, des coquilles qui gênent la lecture, dans Francesco Ercole, dont les livres sont aussi imprimés d'après des imprimés, ce qui suppose au moins quatre corrections successives… mais cela n'est pas une consolation.

Après la poste, petit café avec « sala superiore[a] » où il y avait des amoureux, comme dans les petits cafés du même genre à Paris (le « Ballon », rue Chauveau-Lagarde et pl. de la Madeleine) mais il s'agissait d'amours de qualité très inférieure : puttane[b] avec leurs clients. (Ce matin, pour la première fois, j'ai reçu des « propositions honteuses », d'un cocher qui m'a annoncé qu'il pouvait me conduire où il y a des « belle ragazze[c] ». Cela m'a rappelé 1904, mais en même temps la réflexion que c'était la première fois depuis notre arrivée ici m'a fait sentir la différence.) À pied Pza Bovio,

a. Italien : « salle à l'étage », généralement réservée pour les banquets, les mariages…

b. Par pudeur Larbaud a-t-il préféré utiliser le mot italien plutôt que le mot français « putains » ?

c. Italien : « belles filles ».

puis en tram Pza Municipio, et dans un autre tram à S. Lucia. Après dîner, café dans la chambre (acheté aujourd'hui un nouvel appareil, encore plus napolitain que celui que nous avons apporté de Paris, et qui était très fatigué.) — Lecture de journaux ; conversation ; continuation de l'Inventaire du *D. M.*

Ce matin j'ai envoyé les 4 1ers placards des 1res épreuves, corrigés, à M. E. Boudot-Lamotte, et en même temps la photo en couleurs des Giuoccatrici d'Astragali[a] du Musée National, que ma lettre, jointe aux épreuves, lui annonce en le priant de l'accepter en témoignage de ma gratitude pour les soins qu'il donne à l'impression de mon livre. Ce soir, après réception de tous les placards, y compris les 4 déjà renvoyés, je lui ai récrit un mot sur c[arte] p[ostale]. Je me demande si c'est bien lui qui m'a envoyé ces épreuves ; l'absence de toute lettre de lui m'en fait douter. Je me demande s'il est encore à la NRF, et si Gaston, qui change assez souvent de secrétaires, ne s'est pas séparé de lui, ou lui de Gaston. Il paraissait, en décembre dernier, bien disposé à s'occuper avec soin de l'impression de mon livre, et conservait avec soin mes lettres, où je lui indiquais ce qu'il y avait à faire. Par exemple la dédicace de la « Lettre aux imprimeurs » à Bertrand Guégan[501], et l'en-tête de la lettre : « Paris, 6 mai, Saint-Jean à la Porte-Latine », ne figurent pas sur ces placards, malgré la recommandation verbale et écrite que je lui avais faite à ce sujet. On a simplement imprimé d'après l'impression des *Arts et métiers graphiques* où la place avait manqué pour la dédicace et l'en-tête[502]. C'est cela qui me fait douter que E. Boudot-Lamotte soit encore au « secrétariat » de Gaston Gallimard. Ou peut-être malade ? Enfin je suis mécontent et inquiet.

Peu de travail, en somme, ces jours-ci et bien moins que je n'avais pensé en avoir fait à cette date (fête de S. Thomas d'Aquin, justement). Mais c'est qu'une grande ville, quand on n'y est pas installé comme j'y étais en 1904 ou comme je le suis à Paris, constitue une tentation et une distraction permanente ; voir et revoir, et tout de suite, puisque dans quelques jours nous serons partis. Voilà pourquoi j'aurais voulu être à Corfou dès les premiers jours de ce mois. Et il n'y a que là que je me sentirai tout au travail, installé dans mon travail ; c'est-à-dire mettant à profit, donnant forme aux idées qui s'agitent sans cesse, et souvent douloureusement, en moi.

Il faut que je note le jeune couple, très « coppia Baretta[503] », qui était dans le tramway n° 13 (jaune-blanc-jaune, Isabelle-la-Catholique[504]) : visiblement la contrefaçon de l'élégance, « un viveur et une viveuse », cela les décrit exactement, les mots aussi artificiels et contrefaits qu'eux-mêmes l'étaient. Ce soir j'ai réussi à mettre mon chapeau comme l'homme portait le sien, l'aile touchant l'oreille droite, et cachant presque l'œil droit : Barty lui-même s'est

a. Voir plus haut, le 5 mars ; la graphie du titre de l'œuvre est erronée ici aussi.

étonné du changement, et s'est mis à gambader devant moi en aboyant.

Naples, mardi 8 Mars. — Amoroso uso di sapienza ! Abito della buona elezione ! Luce della discrezione nello speculare[505]... Travaillé (*Am. et Mon.*) 2 heures avant midi, avec volupté. Tour à pied avant déjeuner vers 1 h p.m. Description de Barty comme d'une bête féroce à deux hommes qui m'ont demandé di che razza era, ecc.[a], tandis que je suivais le parapet de la v. Partenope. Di buona guardia, ecc. Ya o creo[b] ! D'où ceci : La timide jeune fille condamnée au supplice : — Quel est cet animal auquel vous me livrez ? (voix angoissée et regards pleins de terreur et de dégoût vers Barty). — Le Barty !!! — Ah ! (elle s'évanouit). Ce soir, à la librairie de la v. Santa Caterina, une très élégante dame lui a dit « Cane simpatico ».

Après déjeûner, le temps superbe, ensoleillé, avec léger vent du n[ord-] e[st] repliant la fumée du Vésuve derrière lui-même, dans la direction de Salerne, nous sommes allés au Vomero et de là à S. Martino où nous avons passé 3/4 d'h. au Musée[506], qui est assez décevant en ce qui concerne l'histoire du Royaume. Ainsi, pas une seule représentation du drapeau napolitain sous Murat. D'après le tableau de la bataille de Capri, ce serait le drapeau français de la IIIe République. On montre des uniformes ou défroques portés par Murat (ses aigrettes en verre filé de Murano), les gens de la Rép[ublique] Parthénopéenne, Garibaldi, ecc. Et puis on est persécuté par les gardiens qui s'obstinent à suivre les visiteurs, à leur parler un sabir impossible fait d'anglais d'italien et de français également massacrés. Ils sont très nombreux, et comme l'entrée est gratuite, ils se jettent sur les pourboires, acceptant n'importe quoi depuis L1 jusqu'à 0,20 et peut-être moins. On leur donne même de la monnaie étrangère, et celui du vestiaire voulait me changer une pièce de 2 francs française. Je lui ai dit que cela ne valait rien, et il a été aussi surpris que le gardien de la salle des uniformes et tableaux historiques quand j'ai paru très contrarié et dubitant en voyant le tricolore français dans la bataille de Capri. La plupart des touristes français, ou qu'ils supposent français, doivent avoir une petite attaque, — une petite fausse-couche, — de « potisme[c] » devant ce tableau. (J'ai l'impression que ce drapeau a été repeint, sur le tableau.) Les Domenico Morelli, Miole Dal Bono, etc. ; j'ai assez aimé les têtes d'enfants de Gemito[507].

Sortis de cette foire, (si on pouvait seulement se promener tranquillement dans le grand cloître de Fansago[508] ; mais on est

a. Italien : « de quelle race il était, etc. ».
b. Italien, puis espagnol : « De bonne garde, etc. Je vous l'assure ! »
c. Larbaud a-t-il voulu écrire « patriotisme » ?

chassé de salle en salle par ces terribles gardiens,) nous avons goûté chez « Renzo e Lucia[509] », qui est quelque chose comme le « Castello dei Cesari » de Naples. Nous irons y déjeuner un de ces jours. Le Vomero est plus peuplé, plus riche, plus grand (étendu) qu'en 1904 ; les boutiques y sont plus nombreuses et plus belles ; il y a une grande école (peut-être un lycée) toute neuve ; et la population est de demi-luxe, ou 3/4 de luxe perhaps, — celle du Rione Amedeo de mon temps (les écolières élégantes, court vêtues, jolies, dans le genre de celles qu'on voit pl. des Ternes et à Passy.) Je suis entré dans l'atrium du Palais Astori, et j'ai vu par qui est occupé à présent mon appartement. Et le Palais s'appelle à présent Chiappetti ou quelque nom dans ce genre. — Descente en tram n° 7 à Pza Dante, puis avec 18 à Chiatamone, et à pied a casita[a]. Après un nouveau goûter léger, je suis allé seul faire un grand tour par v. Domenico Morelli jusqu'à la Chiaja, revenant ensuite (après achats dans 2 librairies où j'ai demandé sans succès le *D[e] M[onarchia]* de Siragusa avec Pref. de Francesco Ercole (Palermo, 1921)), à la villa Comunale par la via Calabritto où je suis entré chez Alinari, qui n'avait pas de photo du Vaisseau de Thésée (nous l'avons cherchée dans tous ses albums) mais une bonne photo de l'*Icare*, que je lui ai achetée. De là retour à casita[b] et dîné ensemble à l'hôtel.

Je suis en plein travail (*Am. et Mon.*) mais tout est à l'état confus et dans un désordre actuellement inextricable, et les efforts que je fais pour en sortir sont très pénibles. La lecture du texte et celle de Francesco Ercole, bringing, as they do, fuel to my fire[c], ne font qu'augmenter cette activité et cette confusion. Je crois pourtant que je fais bien d'écrire cela, de persister à l'écrire malgré tout ce que cela peut me coûter de fatigue ; parce que cette voix, si elle est forte, juste et harmonieuse, peut communiquer l'idée du RIPOSO[510], de la félicité terrestre comme préparation à la félicité céleste, en somme « integrare e superare » les deux notions de guerre et de révolution, et montrer comment Dante et les gens qui ont écrit dans un sens analogue, soit pour l'Empire soit pour l'Église, y compris Louis Veuillot, ont désigné, indiqué, prêché, cette « intégration » et « supération ». Il est étrange de voir que pas un des commentateurs de Dante ne songe à se demander si, au sortir de la forêt, ou pour sortir de la forêt, Dante s'est confessé et a communié[511]. Je demande : est-ce parce qu'ils considèrent que cela va tellement de soi qu'il n'est même pas nécessaire de le dire, ou parce que cela ne leur est pas venu à l'idée et qu'ils supposent que

a. L'espagnol se substitue à l'italien : *a casa* est devenu *a casita* et désigne l'endroit où Larbaud se sent chez lui.

b. Les langues se mêlent et la préposition française « à » précède le mot espagnol *casita*.

c. Anglais : « jetant, en fait, de l'huile sur le feu ».

toute la conversion de Dante s'est faite dans son for intérieur, comme chez un protestant ? Et la « luna tonda » ne serait-elle pas une image de l'hostie[512] ?

Reste à savoir si j'aurai assez de forces physiques pour persister. Je me sens assurément beaucoup plus fort, non seulement que l'an dernier à pareille époque, mais qu'à n'importe quel moment depuis 1926 ; et cependant je remarque des lacunes dans mon attention à lire, et mon écriture est beaucoup plus irrégulière, avec des mots oubliés, des fautes d'orthographe, pas mal de confusion dans les phrases au courant de la plume, comme dans les lettres et ici. Il se peut que l'irrégularité de l'écriture vienne en partie de l'irrégularité du pouls, et je crois que je ferai bien de me remettre à la digitaline et à la quinicardine, une fois que nous serons installés à Corfou[513]. Mais voici que cela me remet sur la trace du Baron de Cive[514], et tout un développement me vient sur la façon dont le B. de C. considère sa santé, les idées qu'il a sur sa santé ! Tel est le désordre où ma pensée s'agite ; cela me rappelle la hantise que j'avais de *A.O. Barnabooth*, au Vomero, en 1904. Là aussi je croyais n'en jamais venir à bout, tout cela se présentait avec désordre et jaillissement. Mais alors j'avais 23 ans ! 23 ans, et un calme, une « minerve[a] » à toute épreuve, et un pouls entre 70 et 80.

Je n'avais pas acheté de journal ce matin, et n'ai appris qu'après midi, en montant au Vomero, la mort d'Aristide Briand. Beaucoup songé à lui et à Leger, et à ces moments où j'étais dans le cabinet de Leger tandis que Briand, à l'étage au-dessus, se promenait de long en large en fumant et en préparant mentalement son discours du lendemain ; ou bien il lisait des romans d'aventures. Les journaux italiens disent à l'opinion de voir en lui un homme de compromis et d'intrigue (comme tous les hommes d'État des pays à régime parlementaire libéral), et en même temps un malin qui sous couleur de pacifisme tâchait d'établir l'hégémonie de la France en Europe. Naturellement ils donnent à entendre que sa mort est l'équivalent d'un échec pour la France, parce que tout va mal hors d'Italie, où règne la felicidade terrena, le Riposo[b] ! Ce qu'il y a d'amusant, c'est que vraiment on n'a jamais été mieux en Italie que depuis que le Fascisme s'est installé. Mais, bien entendu, les journaux diraient la même chose même si tout allait mal. Cela, du reste, « prend » jusqu'à un certain point. En Angleterre, en Allemagne, cela serait avalé tout cru, et considéré comme parole d'Évangile. Ils rappellent du reste le rôle anti-catholique de Briand dans la Séparation, son rôle po[li]tique dans la loi des 3 ans de service militaire, et ensuite ses deux revirements : politique pro-

a. Il faut sans doute entendre ce terme dans son sens du XVIIe siècle : facultés intellectuelles.

b. Ce passage, depuis le début du paragraphe, figure sous la date du 29 février parmi les extraits publiés dans *Les Nouvelles littéraires*.

vaticane et « locarnisme »[515]. Mais l'histoire constatera des revirements de même genre lorsqu'elle s'occupera, avec « le recul nécessaire », des hommes d'État italiens d'aprésent. Tout cela est bien fragile à côté du *De Monarchia* !

Brindisi, Dimanche 13 Mars. — Quitté Naples hier à midi 35, laissant le port rempli de navires de guerre anglais ; arrivés à 19 ½ à Bari, trop tard pour trouver Laterza[516] encore ouvert ; promenades à pied et en voiture dans toute la ville qui s'est agrandie sur le même plan, mais n'a pas essentiellement changé d'aspect depuis la dernière fois que je l'ai vue (en 1903 au retour du Monténégro). Partis ce matin ou plutôt à 1 ¾ (le train étant en retard) pour arriver ici vers 5 ½ p.m. Le bon bateau est en retard et ne partira que mardi. Nous irons donc passer la journée de demain lundi à Lecce, par la route. Nous avons déjà acheté des drachmes (4,25, de sorte que pour 25 lire on a 105 drachmes[517]). Nous avons traversé la Pouille couverte d'arbres fruitiers en fleur, mêlés aux oliviers et aux grands caroubiers aux frondaisons fraîches et larges, d'un vert à peine plus foncé que celui du blé qui couvre les grands espaces plats depuis la mer jusqu'à l'horizon. Malgré les descriptions que je lui en avais faites Mariuccia ne s'attendait pas à trouver un pays aussi fertile et aussi largement ouvert. Le côté « africain » aussi l'a frappée : les villages blancs, les maisons à terrasses, les tuguria[a] faits comme les marabouts algériens ; impression fortifiée par les haies de figuiers de Barbarie qui doublent les murs de pierre sèche. —

Beaucoup travaillé à Naples pendant les derniers jours, et principalement à *L'Amour et la Monarchie* : le *D[e] M[onarchia]*, le *D[e] V[ulgari] El[oquentia]*, et le t. II de Francesco Ercole, jusqu'à 3 de l'Essai III, le plus important ; aussi la traduction de Marsile Ficin du *D[e] M[onarchia]*, la comparant à celles de Natale Vianello et d'Alluli. — Aussi des Notes sur divers sujets. —

Il y a eu des moments très agréables, et embellis par un beau temps qui nous était bien dû (à la Bibliothèque, au Pausilippe, à Marechiaro). — Renoncé à l'itinéraire via Taranto à cause du mauvais temps sur l'Apennin ; ainsi passés par Bénévent et Foggia.

À Bari j'ai été frappé de constater la patine acquise par le Théâtre Petruzzelli[518] ; le souvenir que j'en avais était d'une blancheur presque gênante aux yeux.

Pour le voyage j'avais acheté et j'ai lu (achevé ce soir au salon de l'Hôtel International) un livre de H.L. Mencken, *In Defence of Women*[519]. Il me semble que c'est, dans la ligne de Swift et de Sterne, un mélange de Samuel Butler, de Shaw, de Wilde, avec de l'humour « déplaisant » assez automatique, et une toute petite dose

a. L'italien donne *tugurio*, plur. *tugurii* ; Larbaud a utilisé ici le latin *tugurium*, plur. *tuguria* : « hutte, chaumière ».

d'observation personnelle. En somme, faible[520], d'une ligne imprécise et maladroite plus intéressant par le sujet que par les idées ou la manière. Cela m'a surtout montré les contradictions dans lesquelles tombent toujours les écrivains qui prétendent parler de l'homme et de la femme comme d'abstractions. Même chose dans le pauvre livre du Dr Marañon : un caractère donné comme nettement féminin est donné ensuite comme exclusivement masculin, et vice-versa. C'est un écueil qu'ils n'évitent pas. Et cela démontre malgré eux qu'il n'y a pas de caractère ou d'aptitude morale ou intellectuelle qui soit exclusivement ou masculine ou féminine. En somme ce qu'il y a de plus sain dans ce livre de H.L. Mencken, ce sont les réflexions sur le mariage, qui lui viennent de *The Way of All Flesh*[521]. — Mercredi nous serons à Corfou installés pour 3 semaines au moins : travail et rien que travail. Je laisse ce diary de côté pour ce temps.

[*Deux feuillets vierges, puis début d'un nouveau cahier. Nous insérons ici des pages du Ms S.E. 12, qui s'insère entre les dernières lignes écrites à Bari et le cahier de Corfou (les traces de datation nous en donnent la preuve).*]

vasque d'un jet d'eau (à sec actuellement) formant un ensemble architectural qui fait valoir l'ensemble végétal du jardin. C'est la première chose que voient les gens qui arrivent de la ville (de la gare par exemple) et débouchent sur le quai. (Note à Brindisi, 15 Mars 1932)

Dans ce même jardin (entouré d'une grille basse et solide entre des montants de pierre blanche (peut-être la pierre de Lecce ?) il y a un buste de Virgile, en bronze, sur un socle de pierre blanche ; le visage est tourné vers l'Orient[522]. Cet unique monument est d'une discrétion agréable. (Même lieu et même date.)

Traversée. — De Brindisi à Santi 40 ; réveil devant Santi 40 : la côte de l'Adriatique avec sa très touchante et absorbante nudité à partir des Bouches de Cattaro en allant au Sud. Mais le peu de végétation qu'on voit ici paraît de la fertilité en comparaison de la désolation pétrée du Monténégro : de l'herbe, une teinte verte, une mince couche de vert sur les pentes rocheuses, et quelques arbres autour d'un groupe de maisons dans la ville. On voit des restes de l'ancienne ville, à mi-côte, quelques basses masures qui se confondent avec le roc sur lequel elles sont bâties. Le nouveau Royaume[523] (aidé de la SVEA) a construit quelques bâtiments officiels, qui font une espèce de front de mer citadin au vieux port turc. Mais la chose la plus humaine, « de civilisation » qu'on voit, est la route et son mouvement, non celui qu'elle porte, et qui était nul à ces heures de la matinée, mais celui qu'elle fait : du côté de Valona et du

Nord enjambant une colline, puis, ayant traversé la ville, grimpant une pente déserte, faisant un coude, puis s'enfonçant dans la solitude montueuse d'abord, puis montagneuse. Rien de plus émouvant que ces témoignages rares et précieux de civilisation, de volonté des hommes, dans cette région la plus déserte, la plus esseulée de l'Europe. Ce qu'on méprise et néglige ailleurs, ce qui passe inaperçu dans les régions rurales et provinciales des grands pays du Centre, du Nord et de l'Ouest, devient ici objet de notre attention, de notre respect, de notre amour. Les villes, les vraies villes européennes, les grands centres, sont si loin ! Trouver dans cette solitude massive (à dose massive), cette solitude minérale dont la population Arbres elle-même est absente, les pauvres petits accessoires de la civilisation matérielle : un bureau de poste, une école, une auberge, un petit hôpital, une boutique, etc., est une surprise merveilleuse. Là, ces choses prennent toute leur valeur, tout leur prix. J'ai retrouvé mes impressions du Monténégro en 1903. (Peut-être seraient-elles les mêmes dans un poste avancé du Soudan, ou du Congo, ou de l'Est de Madagascar — Mais cette solitude, cette absence même de toute culture seraient, je crois, moins frappantes, plus naturelles, en Afrique, qu'en Europe et à dix heures à peine de navigation de la côte d'Italie ; et par suite les témoignages de la civilisation seraient moins précieux, moins chargés par l'imagination, qu'ici.) Et notre bateau a hissé au mât d'avant le drapeau albanais (rouge-noir-rouge) parce qu'on est dans les eaux territoriales de l'Albanie.

Un peu plus loin (après une demi-heure de navigation environ) le drapeau albanais est amené, et on hisse le drapeau grec. La côte de l'Épire, qu'on laisse assez loin sur la gauche, paraît à peu près aussi désolée que celle d'Albanie ; mais Corfou est très visible à droite, et la côte (sans le Mt Pantokrator[524]) est assez cultivée et peuplée pour qu'on n'ait plus du tout le sentiment que la côte albanaise fait éprouver. Ainsi la vue du drapeau hellène au-dessus de nos têtes ne nous donne pas cette impression de civilisation précieuse et précaire (précieuse parce que sentie précaire, fragile, menacée par la stérilité du sol) qui nous venait de ce drapeau albanais, tout neuf, et « rare », et peu connu, — pavillon d'un petit pays à ses débuts. Le plaisir de voir qu'on est dans les eaux territoriales grecques est d'une autre sorte : celui de nous sentir rentrés dans le domaine d'une civilisation qui s'est reprise, reconstituée, qui ne peut plus que prospérer, que rien ne menace très gravement, et qui dans cinquante ans aura déjà commencé sa part de la grande tâche européenne que la Table Balkanique propose depuis tant de siècles. Tandis que l'Albanie doit avant toutes choses se créer elle-même, s'organiser, s'urbaniser, et qu'en le faisant, c'est une partie du territoire à aménager européennement qu'elle conquiert, puisqu'elle est tout entière située sur ce territoire… Ce que j'ai pu souhaiter de bien et de succès à l'Albanie, ce matin, pendant les quelques heures que nous avons passées à regarder Santi Quaranta du pont du Gastein.

(Corfou, 17 mars 32)

Corfou, la Plateia et le port. — L'ampleur de la Plateia[525] engage à la diviser en zones : Sud : la Bibliothèque ; Centre : statue de Schoulembourg et entrée du Vieux-Fort ; Nord : les arcades ; extrême-Nord : le Musée (ancien Palais Royal.) — Visité la grande salle de la Bibliothèque, salle d'honneur, salle musée, celle où sont exposés les Mss. — Le gardien qui m'accompagne, comprenant très mal l'italien, appelle le Directeur, ou le Bibliothécaire qui en fait les fonctions.

Écrivains ioniens et particulièrement corfiotes (langue populaire et influence italienne prépondérante ; influences anglaise et allemande).

DENYS SOLOMOS (Cte (Vénitien)) études à Crémone, Venise et Pavie. Famille crétoise établie à Zante. *Hymne à la liberté* (1824). *L'Empoisonnée*. De 1828 à 1856 (†) à Corfou (plaque sur la maison).

ANDRÉ KALVOS (1792-1867). Zante ; en 1826 à Corfou, directeur d'école ; études en Italie ; 2 séjours à Londres (2 fois marié, à des Anglaises) m[ort] à Londres. *Lyre* (1824), *Odes nouvelles* (1826).

JACQUES POLYLAS (1824-1896) Corfou et Corfou. Disciple immédiat de Solomos. Études italiennes, et influences philosophie romantique allemande. *Poésies* lyriques, et 3 nouvelles corfiotes : *Les Trois Florins, Le Pardon, La Petite Faute*.

JULES TYPALDOS (1814-1883), Corfou ; autre disciple de Solomos. *Mort de Chamko*.

TERTSÉTIS (1800-1874) Corfou, *Songe du roi Othon*, même école que Typaldos.

GÉRASIME MARKORAS (1826-) *Œuvres poétiques ; Petits Voyages ; Le Serment*. Trad. et étude par Eliseo Brighenti (Biblioteca Universale, Sanzogno, Milano).

ANDRÉ LASKARATOS (1811-1901) ; surtout prosateur ; influences anglaises. Roman satirique : *Les Mystères de Céphalonie*. Tendances protestantes et sceptiques ; excommunié. Disciple de Solomos et Kalvos.

ARISTOTE VALAORITIS, né à Leucade (1824-1879) ; Pise et Paris ; Madouri près de Leucade ; Athènes ; vie politique. Un des plus considérables de la Litt[érature] moderne. Ionien seulement de naissance.

LORENZO MAVILIS (1860-1912), Corfiote (monument à la Plateia) ; tué à la guerre ; disciple de Polylas ; études en Allemagne († bataille de Driskos 1912). *Poésies* (sonnets).

Brève conversation commencée en italien, avec une certaine froideur de sa part : Me ne vado adesso ; la Biblioteca chiude alle due[a] ; il le dit avec embarras, cherchant ses mots. Alors : Lei parla francese, forse ? — Ah oui, j'aime mieux ça ! Et il m'a répété en français, avec facilité ce qu'il m'avait dit : la bibliothèque ouverte de 9 a.m. à 2 p.m. J'ai demandé l'autorisation d'y venir, et il me l'a donnée avec beaucoup d'empressement et de politesse. L'italien, et peut-être les Italiens, lui sont visiblement désagréables. Partout du reste, et sauf dans les boutiques dont les propriétaires sont italiens, le français est la langue étrangère dominante ; non seulement mieux compris que l'italien mais préféré à l'italien. Là, je commence à parler en italien, et quand je vois que ça ne va pas, je prends le français. La jeune fille d'un bureau de tabac-cartes postales ne comprenait pas un mot d'italien, mais sortait timidement, çà et là dans son grec, un mot français ; et surprise et contente lorsque je lui ai dit en grec le total du compte. On leur fait un grand plaisir chaque fois qu'on leur montre que leur langue n'est pas complètement ignorée de l'étranger. Le garçon, (un peu italophone et pas du tout francophone, lui,) du café de la place du port : « In Europa... » ; c'était la première fois que je l'entendais depuis Athènes en 1903-04 ; Il a dit : IN EVROPA..., et non : NELL'EUROPA...

Leur politesse : celle du beau sergent qui nous a accompagnés dans notre visite du Vieux-Fort (acteur, ou plutôt mime, ferait une fortune comme jeune-premier, au cinématographe, et rendrait amoureuses toutes les dactylographes des États-Unis de l'Amérique du Nord ; et 10 % des jeunes hommes que nous rencontrons ici ont cette beauté) une politesse de grand seigneur, discrète, exquise dans toutes ses nuances. Je me sens brusque et grossier, très souvent, soit dans ma façon d'aborder, soit dans mes remercîments. Il faut observer et tâcher d'apprendre. Leur façon d'aborder, de répondre, de prendre congé, paraît le nec plus ultra d'une courtoisie aussi naturelle et UNOBTRUSIVE[b] qu'on peut la concevoir. Plusieurs se dérangent pour accompagner l'étranger qui leur demande son chemin, et ils le font avec un soin non apparent de faire oublier qu'ils se dérangent pour vous ; c'est-à-dire qu'on ne sent même pas chez eux l'intention de vous dissimuler qu'ils vous font une politesse. Quelques exceptions, naturellement ; le libraire des arcades, qui paraît ne comprendre ni l'italien ni le français ; mais peut-être est-il xénophobe ; donne l'impression que vous êtes un intrus dans sa librairie, et que le mieux que vous ayez à faire est de déguerpir au plus vite. (Impression fausse, peut-être.)

a. Italien : « Je m'en vais maintenant ; la bibliothèque ferme à deux heures. » Et plus loin : « Vous parlez français peut-être ? »

b. Anglais : « discrète ».

Le dragoman[a] qui a fait un bout de conversation avec moi hier et avant-hier, en m'accompagnant, mais sans paraître s'attendre à recevoir un pourboire (qui serait une espèce d'aumône, et toutes ses façons montrent qu'il refuserait, serait offensé) m'a demandé si j'étais Florentin, mais sans intention de me flatter, ou alors elle était bien dissimulée ; a paru sceptique quand je lui ai dit Français, ne l'a sûrement pas cru, mais a probablement pensé que je suis un Italien du Nord qui a séjourné en France. (Cela vient de ce qu'il nous a entendus parler constamment italien entre nous.) Il s'est plaint de l'absence des touristes et du marasme général des commerces et industries du voyage. Je me suis plaint de ne pouvoir me faire comprendre partout ; il m'a dit que je m'exagérais cette difficulté parce que la plupart des gens d'ici comprennent une ou deux langues étrangères et que, voyez, vous trouvez ici un Corfiote qui parle italien. Il a traduit le titre du journal grec que j'ai acheté ; je lui ai montré que je comprenais plusieurs titres d'articles et le sens général d'une nouvelle (les élections allemandes[526], etc.), lui disant que de là à parler il y avait loin. Il n'a pas semblé enclin à faire du prosélytisme en faveur du grec. — L'anglais semble à peu près ignoré : la vue de notre chien, qui fait que beaucoup d'anglophones nous adressent la parole en anglais, à Paris et en Italie ne détermine personne à nous parler anglais. P. ex. sur le bateau les Américaines nous demandant la permission de caresser le chien, et engageant la conversation à son sujet, surprises de nous entendre parler entre nous une langue autre que l'anglais. Ici rien de tel ; mais il se peut que la race du chien leur soit inconnue.

Le buste de Lorenzo Mavilis, à la Plateia, est en marbre blanc sur un socle de granit gris ; il n'y a pas d'autre inscription que son nom :

ΜΑΒΙΛΗΣ.

Je reprends le vieil amusement qui consiste à écrire des noms propres non grecs en capitales grecques selon la graphie moderne : ΜΑΡΙΟΥΘΤΙΑ (??) ΒΑΛΕΡΥ, ΜΠΑΡΤΥ[b], etc. —

Capitale des Sept-Iles[527]. — Il y a tant de tailleurs (2 et 3 et 5 dans chaque rue) et de cordonniers, qu'on peut croire que c'est ici que tous les habitants des îles Ioniennes, de l'Épire et peut-être de l'Albanie, qui en ont les moyens, se font habiller et chausser. — Une manucure et « Soins de beauté » et « Coiffeur pour dames », occupant toute une maison. — Les pharmacies, nombreuses, sont comme celles de Cannes, San Remo, etc. : toutes les spécialités italiennes, françaises, allemandes, anglaises ; et « nous avons l'habitude d'exécuter les ordonnances des médecins français et italiens ». Ici, et dans d'autres magasins, on trouve ce qu'on ne s'attendrait

a. *Dragoman* ou *drogman* : interprète, dans les pays du Levant.

b. Transcription en alphabet grec des noms Mariuccia, Valery et Barty.

pas à trouver dans une ville de province de n'importe quel pays d'Occident. Il devait en être ainsi, toutes proportions gardées, au temps de Solomos et de Kalvos. Dans la situation de l'intellectuel provincial français qui va vivre à Nice, à Cannes, ou dans ces parages (ou à Pau, Arcachon, Biarritz) et ainsi « se asoma[a] » à la vie intellectuelle et mondaine de son temps, s'en trouve plus près que le Parisien qui reste dans son milieu petit-bourgeois. —

Eux-mêmes, les nobles et les intellectuels ioniens, très cosmopolites par leur éducation et leur vie même : à demi vénitiens, étudiants italiens, ou bien[b] attirés vers les centres intellectuels d'Allemagne et d'Angleterre. Les personnages (hommes) de la nouvelle de Gobineau[528] sont des nobles aux 3/4 italianisés. — Cela explique aussi Ugo Foscolo, et Tommaseo dans une certaine mesure.

[*Ici un passage concernant « La Chartreuse de Grenade », que nous avons inséré dans « Copies et brouillons », voir p. 972*]

La colle. — Un signe certain de la bonne administration et de la prospérité d'un État est donné par la facilité avec laquelle les timbres-poste, émis par cet État, adhèrent, une fois convenablement humectés, au papier des enveloppes. Les timbres espagnols, entre la guerre de Cuba et les premières années du XXe siècle [*Une ligne et demie biffée*] étaient si faibles à ce point de vue qu'il était prudent de les fortifier par l'adjonction d'un badigeon de colle. Et actuellement (1932) les timbres grecs sont à peu près dans le même cas. Il faut noter, et approuver, les progrès réalisés dans ce sens par les timbres-poste italiens depuis 1910 environ ; [*Plusieurs mots caviardés*.]
à présent, sous le régime fasciste, ils peuvent rivaliser, en fait d'adhérence, avec les émissions des pays les mieux organisés. Ce n'est là qu'un détail en apparence négligeable et auquel il semble puéril d'accorder de l'attention. Mais neuf fois sur dix on remarquera que là où « les timbres ne collent pas bien », immanquablement les routes sont mal entretenues, les trains en retard, les services publics mal faits, les enfants mal élevés, — et le gouvernement débile ou corrompu. ~~(Aussi un chef d'État peut être satisfait si on lui dit : « Sire, vos timbres collent bien. »)~~

[*Ici quelques pages consacrées à « L'Amour et la Monarchie », que nous avons insérées dans « Copies et brouillons », voir p. 969-970*]

En visitant (ou plutôt revisitant) S[an] Nicola de Bari je me suis trouvé dans la situation correspondante, pour les Français en

a. Espagnol : « se met à ».
b. Note de Larbaud : « Ou bien, — et aussi... ».

Italie, à celle des visiteurs anglais de la Chartreuse de Grenade. Le prêtre qui nous (un groupe d'Italiens et nous) faisait visiter le trésor, et à qui j'avais dit que j'étais français parce qu'il m'avait fait signer sur l'album et donner mon adresse, a commencé : « Questo è il Tesoro ; ma veramente non è più quel che era prima ; molti oggetti non ci sono più, rubati che sono stati dai... dai... dai (s'étant rappelé qu'il y avait un Français parmi les visiteurs, il hésitait, mais enfin il a franchi l'obstacle, en me regardant) dai Francesi ; (à moi), scusi, sa, signore, ma lo saprà lei, e non lo dico a scapito della grande repubblica. » J'ai répondu : « Non c'ero io[a] ! » et tout le monde a souri. Il me semble que cela devrait être plus désagréable pour un Français doué d'amour-propre national mal placé que ne l'est pour l'Anglais dans le même cas le « muet témoignage » de la Chartreuse de Grenade : il entend, devant témoins, ses compatriotes accusés de vol, et non de cruauté et de barbarie au cours d'un siècle éloigné ; ces voleurs français ne datent que d'un peu plus de cent ans ; leurs vols n'ayant pas été entièrement restitués (objets détruits, non rendus, perdus, etc.) le Français est indirectement accusé sinon de recel du moins de profiter, dans une infime mesure sans doute, mais enfin, de profiter, de ces vols anciens. On imagine la colère de l'Anglais à qui cela arriverait presque chaque fois qu'il visiterait un trésor de sanctuaire ! Je veux dire : à l'Anglais que les fresques de la Chartreuse mettent en colère. Naturellement, mon amour-propre national étant bien placé, ce vieux « rubati dai Francesi » ne provoque en moi aucune réaction, pas plus que la citation d'un proverbe ou n'importe quelle plaisanterie usée. Et, à la réflexion, je trouve que c'est une bonne chose que l'esprit national ait de petits « sfoghi[b] » comme celui-là. C'est comme « les cosaques mangeurs de chandelles » de la Restauration, et « les Prussiens voleurs de pendules » d'après 1870-71.

[*Ici « L'index des noms », que nous avons inséré dans « Brouillons et copies » (voir pp. 971-972) ; il est suivi d'une ébauche d'article, réflexion sur l'écrivain « grand public » et l'écrivain des « petites chapelles », qui semble n'avoir été ni reprise ni développée ailleurs. À leur suite Larbaud a inséré une traduction en suédois du « Moulin d'Inigo Jones » faite à partir de l'allemand.*]

Devant le buste de Mavilis[529]. — Conversation avec un inconnu, commencée à propos de son chien et du mien, qui se flairaient. En italien, lui avec des hellénismes involontaires, des réflexes com-

a. Italien : « Voici le Trésor ; mais en réalité il n'est plus aussi important qu'autrefois ; beaucoup d'objets ne sont plus visibles, ils ont été volés par... par... par [...] les Français ; [...] excusez-moi, Monsieur, mais vous le savez, et je ne dis pas cela pour faire tort à la grande république. » J'ai répondu : « Ce n'était pas moi ! »

b. Italien : « exutoires ».

mandés par l'habitude, comme Ναι au lieu de Si[a], et un mot que j'ai mal saisi, mais qui signifie « bello ». C'est lui qui a commencé : Un bel cane, questo[b].

Le sien s'appelle Kemal ; il l'a acheté à des soldats grecs revenus de Constantinople, et qui l'avaient volé à un officier supérieur de l'armée turque. Tale quale[c]. Kemal est bon chasseur, arrête le gibier d'une manière étonnante. Il a neuf ans. — Lui-même : sujet italien ; né à Patras (il dit : Patrasso, comme je le disais instinctivement, tandis que E. Brighenti, dans l'introduction à sa traduction de Markoros écrit « Patre ».) Il a fait pendant 20 ans le commis voyageur pour un cartolaio de Milan. J'étais sur le point de demander : De Magistris[530] ? mais j'ai craint de me tromper, de paraître indiscret. (Il a pris beaucoup de la simplicité courtoise, c'est-à-dire de l'extrême courtoisie des Grecs.) Il a ainsi voyagé dans tout l'Orient méditerranéen, de Constantinople à Corfou, et dans tout l'Archipel et à Smyrne et à Beyrouth. Il semble que maintenant il vive ici, retiré des affaires, et chassant. Éprouve un plaisir visible à parler italien, mais il est évidemment « hellénophone » dans sa vie quotidienne. Il ne paraît pas s'apercevoir que je ne suis pas italien, mais il ne m'interroge pas sur ce point, bien qu'il se montre très désireux de détails sur mon chien, et me demande à quel hôtel je suis descendu. Il approuve mon choix, — « bravo », — et me dit que l'autre hôtel (Belle Venise) n'a pas une aussi bonne renommée que le mien pour ce qui est de la cuisine, ou de la nourriture (il vìtto)[531]. Il est allé à Céphalonie[532] più volte[d], mais n'y est pas retourné depuis longtemps. Il ne sait plus les prix des traversées ; je lui dis que je suis venu ici, avec ma mère, il y a 30 ans (en réalité 28), et il se rappelle qu'à cette époque on allait de Patras à Brindisi, en 1re classe (sans les repas) pour 65 francs environ, et de Patras à Corfou pour 25-30 francs. Je lui dis le prix que j'ai payé de Brindisi à Corfou ; il en est surpris et me dit que la drachme « non vale un cavolo » aujourd'hui (en Italie on dit surtout : non vale un fico[e]). La grosse tête de Barty (le chien) lui plaît ; il veut le caresser ; je dis à Barty de lui donner la patte, et j'en profite pour saluer et prendre congé. Après nous nous sommes rencontrés sur la Plateia ; il causait avec un ami ; apparence de bourgeois, retiré des affaires, comme lui. Il m'a fait penser aux bourgeois d'Alicante passant leur après-midi sur la Explanada.

La vue toujours présente de la côte et des monts de l'Épire fait surtout penser à Pyrrhus, et voici ce que dit Pausanias : *Regno igi-*

a. Le premier mot, grec, et le second, italien, expriment tous deux l'agrément : oui.
b. Italien : « C'est un beau chien. »
c. Italien : « Tel quel. »
d. Italien : « plusieurs fois ».
e. Italien : « ne pas valoir un chou » et « ne pas valoir une figue ».

tur jam constituto in Corcyra primum arma movit : quorum quum insulam finibus suis ex adverso situm videret, ne aliquando hostibus pro statione esset, metuebat. — Il y a aussi dans Pausanias, l'histoire d'un taureau d'airain offert par les Corcyréens à Olympie[533]. —

En réalité le texte dit : contre les Corfiotes (ou les Corcyréens) d'abord d'entre les Hellènes. —

[*Ici, remarques et plans concernant* Technique, *que nous insérons dans « Copies et brouillons », voir pp. 965-967*]

Le port de Corfou. — Le bâtiment où se trouve actuellement la poste, long et bas, et peint en rose très clair, et qui d'abord a un caractère religieux, comme d'une chapelle, est une contribution RUSSE[534] à Corfou, ce qui reste de plus saillant (je crois) de l'administration russe dans l'île. Il se peut que le marché date du Haut-Commissariat anglais ; je n'y ai pas vu d'inscription. Le bâtiment de la douane est sûrement moderne et l'ouvrage du Royaume. Il se peut que la poste actuelle ait été pendant assez longtemps la douane et la poste et qu'elle ait compris une chapelle à l'usage des arrivants et des partants. — Le soir, au coucher du soleil, pendant les trois-quarts d'heure qui précèdent le tramonto[535] et le moment où on amène les drapeaux sur les bâtiments officiels et sur les navires en rade, les monts de l'Épire se trouvent éclairés très vivement par les rayons solaires qui les frappent en plein, et alors on distingue leurs couleurs et ils paraissent se rapprocher, à tel point qu'on pourrait les croire rattachés à la chaîne corfiote que domine le Pantokrator. La rade, avec l'île Vido, a toute l'apparence d'un lac. Cela explique bien la crainte de Pyrrhus : « Ne hostibus pro statione esset[a]. » Mais pendant toute la première moitié de l'après-midi, la distance entre l'île et le continent paraît bien ce qu'elle est.

[*Ici un passage concernant* Sous l'invocation de saint Jérôme, *que nous avons inséré dans « Copies et brouillons », voir pp. 967-969*]

En ville. — Les courses, ou plutôt promenades d'aujourd'hui m'ont fait rencontrer mon interlocuteur, italien né à Patras, de l'autre jour ; mais nous n'avons pas causé. C'était chez le principal horloger-bijoutier, rue Eugénios, qui a le plus bel étalage de bijoux en filigrane d'or pour les femmes corfiotes (et peut-être aussi des autres îles ioniennes). Je lui ai porté nos montres à réparer. Là on était italophone exclusivement, mais ils ont eu de la peine à comprendre le mot arrotino[b], que j'ai pourtant prononcé clairement ; j'ai dû montrer mon canif et faire le geste du rémouleur. Alors le

a. Latin : « [Pyrrhus craignait] qu'elle ne servît de base à l'ennemi. »
b. Italien : « rémouleur ».

vendeur m'a montré le chemin, et s'est servi du mot *calle* pour la ruelle qu'il me désignait, — calle comme à Venise. — Le rémouleur, italophone, et parlant aisément ; au retour, pour reprendre le canif aiguisé (3 drachmes) nous avons causé quelques instants ; m'a demandé d'où je venais ; surpris d'apprendre que j'étais français ; a continué en italien, mais au départ m'a dit « merci bien » très clairement et à « au revoir » a répondu « bonne nuit » (il était 7 ¼ p.m. environ). À la poste on a tendance à parler anglais ; je parle français parce que ce sont des fonctionnaires qui peuvent n'être pas ioniens et par conséquent hors de la zone d'influence de l'italien. On m'a répondu : « Vous devez d'abord mettre des stamps[a] » (pour une lettre recommandée.) Mais l'employée qui vend les stamps, qui est sûrement corfiote, s'exprime plus facilement en italien qu'en français. — À la papeterie populaire où j'ai acheté des estampes patriotiques et un portrait-médaillon de S. Spyridion[536], tous italophones et parlant très facilement ; heureux de voir que je lisais et comprenais les légendes des estampes, mais amusés aussi par ma prononciation. Ailleurs (marchands de fruits et salaisons près du Théâtre moderne) on ne comprenait pas *olio d'oliva*[b]. — Vers midi je rencontre beaucoup de lycéens et quelques lycéennes qui sortent des deux Lycées ou Gymnases qui sont près de chez nous. Je me demande quelles langues ils apprennent. Je crois qu'ici le français est la seconde langue de tout ce qui est instruit, et l'italien la seconde langue de beaucoup de gens entre bourgeoisie et peuple, mais non pas de tout le monde dans cette région sociale. Il est probable aussi que les gens instruits connaissent l'italien, comme les Argentins cultivés le connaissent, c'est-à-dire par l'usage courant, à cause de la forte immigration italienne, mais lisant beaucoup moins de livres italiens que de livres français.

Que « la langue suit les armes » est une observation fausse se voit ici : l'influence italienne beaucoup plus forte au XIXe siècle, sous les protectorats ou dominations française, russe et anglaise, — et à côté d'une Italie en pleine crise de risorgimento, — qu'à présent où l'Italie est maîtresse de l'Adriatique. Il est vrai que c'était la suite de l'impulsion vénitienne, de la longue domination armée, de Venise. À présent Athènes a presque complètement remplacé Venise pour les Ioniens.

Ce cahier. — Il semble qu'on ne vend ici qu'un seul type de cahier sous couverture de papier, — le type auquel appartient ce cahier-ci, avec sa couverture bleue. Je le vois partout : chez les marchands de primeurs et dans les bureaux de tabac où ils servent

a. Anglais : « timbres ».
b. Italien : « huile d'olive ».

à tenir les comptes, aussi dans les bureaux des administrations, et surtout entre les mains des écoliers et des lycéens, où j'ai plaisir à le voir, à le reconnaître. Je m'aperçois que c'est pour cela que je choisis très souvent pour mes brouillons, et souvent même pour mes premières copies, des cahiers d'écoliers dans les villes où je me trouve : cela me fait plaisir de voir sur ma table de travail, et de me servir de, ces mêmes cahiers qui sont entre les mains des enfants et de toute la belle jeunesse d'une ville[537].

[*Ici plan pour* Technique, *et brouillon de « La Chartreuse de Grenade », que nous insérons dans « Copies et brouillons », voir p. 969 et pp. 973-979*]

À la poste de Kerkyra[538]. — On garde ce petit bâtiment rose et blanc (on le repeint même en ce moment) dû à l'administration russe (inscription en latin), et qui a dû être aussi la douane, le poste de police, etc., avant la construction de la petite « villa » qui est maintenant la douane. — On ne voit guère ce qu'il pourrait devenir si la Grèce était assez riche, devenait assez riche (je le souhaite, et prie avec ferveur saint Spyridion pour que cela soit, et bientôt) pour faire construire un hôtel des postes digne de la ville et de l'île. Pourtant ce serait dommage de l'abattre ; et la place est assez grande. — Le service est lent ; les bureaux ouvrent tard ; les gens qui attendent s'entassent dans l'espèce de couloir où sont les guichets, entre deux portes, et qu'encombrent les deux petits bureaux vitrés où on vend les timbres. En principe, c'est ouvert toute la journée; en fait il vaut mieux y aller de 5 à 6 h p.m. pour avoir quelque chance d'être servi. On peut frapper vingt fois aux vitres des guichets fermés, de 4 à 5 p.m. sans obtenir de réponse. On aperçoit les employés qui classent les lettres, en buvant de petites tasses de café turc qu'ils font apporter du café voisin. (Dans les banques aussi les employés se font apporter des cafés.) Toute espèce de gens descendent prendre leur courrier ; on voit les Anglais qui résident à Corfou, employés, probablement, de compagnies commerciales. Nous y avons vu une femme horrible, vêtue de haillons, les jambes et les pieds nus, avec un emplâtre sur un œil, le visage et les mains extrêmement sales, qui attendait debout près d'un guichet, mêlée à la foule. Elle paraissait n'avoir rien à faire, et n'être entrée là que pour regarder les gens et s'adresser au mur. Mariuccia en était effrayée et voulait sortir immédiatement. Cependant les gens qui étaient là ne paraissaient ni surpris ni dégoûtés, comme s'ils avaient eu l'habitude de la voir. C'est tout juste si on faisait attention à ne pas la frôler. Elle est restée là toute l'heure que nous avons attendu notre courrier, fait peser nos lettres, etc.

ΕΛΛΑΣ-ΕΛΒΕΤΙΑ[a]. — Arrivée d'un bateau grec (de faible tonnage, mais plutôt un grand yacht) venant de Brindisi et battant pavillon grec, mais ayant aussi le pavillon SUISSE au mât d'avant. C'est un « croisière » suisse, et les gens qui en font partie ont animé la ville toute la journée ; on les entendait parler français et allemand. Les voitures de la Plateia en ont transporté beaucoup à Gastouri, c'est-à-dire à l'Achilleion[539]. Plusieurs ont mangé dans les petits restaurants de la Plateia et dans les hôtels.

Ils avaient eu une traversée Brindisi-Corfou très mauvaise, et plusieurs avaient des figures défaites. On nous a dit qu'un des passagers était mort pendant la nuit, au moment où l'orage était à son paroxysme ; un homme qui voyageait seul, un cardiaque. L'administration du port avait eu à s'occuper de ce cas exceptionnel.

Nous avons vu le bateau à l'ancre dans la rade encore très agitée et sous un ciel d'orage (l'orage a franchi toute l'île, et a dû éclater sur l'Épire, après une grosse giboulée sur la ville). C'était la seconde fois que nous voyions le pavillon suisse en Méditerranée (il y a, ou il y avait, un yacht suisse à Portofino Mare.) Et pour la première fois nous avons vu un pavillon grec tout neuf sur le bâtiment de la douane, à la place du vieux pavillon décoloré, et qui de loin paraissait presque blanc, que nous y avions vu depuis notre arrivée.

Les deux Églises. — On a le sentiment très net, ici (plus qu'à Athènes peut-être, — du moins autant qu'il m'en souvient) — peut-être à cause du voisinage de l'Italie. Grecque ici ; latine de l'autre côté de l'eau, à l'occident. — On nous dit : votre Pâque ; votre fête ; la fête, la Pâque, des Italiens. — Nous parlons latin, et eux grec. Notre italien est le latin qui répond à leur grec moderne. Le français est autre chose ; un latin très exotique, qui n'est déjà plus du latin. — Les gens aussi sont bien les fidèles d'une autre Église ; surtout les femmes de la campagne; cela est sensible à leur démarche, à leurs regards, à leurs attitudes ; différence inexprimable, certainement, mais tout de même sensible. Elles ont en elles, au centre de leur vie, une autre dévotion, une autre forme de Messe.

Et il y a sûrement une espèce de culture religieuse supérieure à celle-là, chez les gens qui savent lire, et qui est différente aussi de la culture religieuse des fidèles de l'Église latine. Et à la base de tout cela, un autre Catéchisme.

Les Chrétiennes d'une autre Messe ; la même, mais dite autrement.

Chez un cartolaio qui vend aussi des objets de piété, il y avait des Bibles et des Nouveaux Testaments en grec, — de la Société Biblique de Londres. Surprise et contentement du marchand lorsqu'il m'entend dire à Mariuccia que ces livres sont la Bibbia e il

a. Grec : « Grèce-Suisse » (ce doit être le nom du bateau qui arrive).

Vangelo[a]. Ils croient toujours que leur langue est complètement ignorée des… Latins.

La maison des fous. — « I matti[b] » nous dit le cocher. Il nous explique que ceux qu'on voit, et qu'une barrière de fils de fer barbelés sépare de la route, sont tranquilles. Les dangereux sont enfermés. Plusieurs s'approchent, nous regardent passer ; un nous sourit avec un vrai et très réussi, très classique, sourire de dément. Ils sont vêtus du même drap khaki que les soldats, de telle sorte qu'ensuite, chaque fois qu'on rencontre un soldat sans armes, en promenade, on se demande si ce n'est pas un fou échappé. — Il y a quelque chose de nettement oriental dans cet arrangement qui ne dissimule pas les « *mentaux*[c] », qui les parque all'aperto[d], près d'une route, à la vue de tous les passants ; quelque chose de turc. Pourquoi pas aussi les prisonniers ? (comme autrefois en Turquie). Tous les gens des bateaux qui font la promenade de l'Achilleion doivent les voir. On est surpris qu'il n'y ait pas un tronc, ou un plateau, pour les aumônes des passants.

Κορήξη ἄσπρο καὶ παχή[e] — En voiture dans la campagne, on voit surtout des femmes, parce que ce sont elles qui travaillent dans les champs (travail de jardin et de verger, plutôt que d'agriculture, et qui leur convient.) J'avais gardé, de mon premier passage à Corfou, une image assez belle de ces femmes et de ces filles (1904, — à présent, les filles que j'ai regardées en allant à Gastouri, — à une époque où l'Achilleion n'avait pas encore été acheté par Guillaume II[540], — ont mon âge). Ainsi, dans mon souvenir, il y avait une grande majorité de beaux corps et de beaux visages. Mais j'avais 22 ou 23 ans, et j'étais moins difficile qu'aujourd'hui. Cette fois-ci je n'ai vu qu'une seule vraiment belle fille, sur une centaine que nous avons croisées sur la route ou vues dans les champs. Les couleurs vives dont elles sont vêtues, le costume qui fait valoir la taille mince et met en valeur, en les séparant nettement, les hanches et les bustes, nous disposent à la rencontre d'une belle fille. La plupart nous déçoivent : quel dommage qu'elle soit laide ! Une jolie fille serait si jolie dans ce costume ! Aussi les jambes et les pieds nus et la démarche que l'habitude d'aller nu-pieds dans les sentiers montagneux donne au corps féminin, contribue à cet effet, — et à cette déception[541]. Et aussi l'environnement : les oliviers, et la verdure et les fleurs sous les oliviers. — Celle que nous avons eu le

a. Italien : « la Bible et l'Évangile ».
b. Italien : « les fous ».
c. Anglicisme ? *Mental*, utilisé comme nom en anglais, désigne en effet un malade mental.
d. Italien : « à découvert ».
e. « La jeune fille blanche et grasse », transcription du grec moderne par Larbaud.

bonheur de voir (17-20 ans peut-être) est arrivée au bord de la route (un peu avant Pérama, au retour de Gastouri, — une route qui ressemble beaucoup à celle de « Santa Marghè » à Portofino Mare) — en descendant avec lenteur et agilité un sentier sous les oliviers dont elle écartait les branches ; la démarche était d'une souplesse et d'une majesté extraordinaires, et le mouvement des bras donnait au buste et à la poitrine une ampleur souveraine dans sa gracilité (une jeune fille, non une femme, visiblement). Vêtue de rose-mauve et de jaune pâle, un foulard rouge-vif jeté sur la tête. C'était une belle apparition ; d'une douceur extrême, qui ne pouvait éveiller aucune sensualité, mais une respectueuse attention, (on n'aurait pas songé à lui sourire). Le regard qui répondait à son regard, à l'instant de la rencontre, ne pouvait pas exprimer autre chose que le respect, sans aucune allusion au sexe et au désir. — En réalité elle n'était exactement ni « blanche » ni « grasse » : hâlée et très justement proportionnée (rapport normal du poids à la hauteur). Et sa beauté était surtout dans la régularité de ses traits, et son air de santé, non éclatante, mais parfaite, tranquille, sans exubérance. — Sous ces oliviers, dans ce paysage si frais, entourée de cette lumière très subtile et baignée de cette odeur inoubliable... Elle était la beauté du monde et sa douceur. On n'avait qu'à remercier Dieu (et peut-être aussi saint Spyridion) de nous l'avoir montrée.

La Koritsi[a] de Pérama, encore. —

Il me semble qu'elle conviendrait pour le thème de la Femme dans *L'A. et la Mon.* si Marin de Cive l'aborde. « Je pars de rien ; je suis parti de rien, — de rien et de... : l'idée de la céramique, l'origine et l'accroissement de la cité, les flancs de la femme... » (L'Ève du Jardin des Plantes ; l'Église grecque ; — Béatrice...

[*Ici notes concernant « La Chartreuse de Grenade », que nous insérons dans « Copies et brouillons » à la suite de la « 1re copie » (voir pp. 978-979).*]

L'ENTERREMENT. — Au tournant de la rue Arsène (celle de la maison de Solomos) nous avons rencontré les croquemorts qui portaient la bière vide dans la maison. La maison de l'Hôtel du Sommeil, Ξενοδοχεῖον Ὕπνου. Peu après (au retour d'une course) nous avons vu le cortège traverser la place du port, entrer sous le cavalcavia[b] de l'hôtel de la douane. Un des petits vapeurs qui font le cabotage de l'île et les services plus ou moins réguliers avec la côte d'Épire, attendait. Il était sous pression, avec son drapeau en berne, un très vieux drapeau, effacé, presque blanc. On a placé le

a. Grec : « jeune fille ».
b. Italien : « passerelle ».

cercueil à l'avant, et les gens du cortège ont pris place au centre et à l'arrière. Puis ils sont partis, à travers la baie, vers l'île.

Je recopie ci-contre le début de « Sur le même sujet », destiné à figurer dans III de *Saint Jérôme*, après « Pour l'inauguration d'une nouvelle ligne », « Renan », etc., « Trois Belles Mendiantes » et « La Chartreuse de Grenade » ——— :

[*Ici se termine le journal « D'Annecy à Corfou » à proprement parler, les pages suivantes étant consacrées à divers articles pour le* Saint Jérôme *(pp. 979-983), et à un brouillon d'« Hommage à López-Picó » (pp. 983-985), article destiné aux* Nouvelles littéraires.]

COPIES ET BROUILLONS

Nous intégrons ici les textes de travail (essais pour le Saint Jérôme *et un article pour* Les Nouvelles littéraires*) qui figurent à la fin du Ms CCXXIV, ainsi que ceux que nous trouvons dans le Ms S.E. 12 (notamment un des seuls vestiges que nous ayons d'un texte disparu,* L'Amour et la Monarchie*, dont il est beaucoup question dans ce journal). Nous présentons ces textes dans leur ordre chronologique.*

Pour ce qui concerne Technique*, où Larbaud élabore différents plans pour son ouvrage, à différents endroits du cahier manuscrit, nous avons choisi de tout regrouper. Il en va de même, mais l'éparpillement est moindre, pour « La Chartreuse de Grenade ».*

Nous reproduisons ces écrits tels qu'ils se présentent, avec un minimum de notes. Ils portent la trace des particularités de l'écriture de Larbaud. On pourra lire les textes définitifs qui figurent dans Sous l'invocation de saint Jérôme*, dont les Éditions Gallimard ont donné une édition récente (coll. « Tel », 1997), à défaut du tome VIII des* Œuvres complètes*, qui sera notre référence.*

TECHNIQUE

Technique. — Je me demande si je dois faire une préface pour *Technique*, le volume dont je corrige les épreuves en ce moment ; en tout cas il la faudrait courte. J'aurais à dire : que je profite du fait que G. Gallimard m'a demandé un volume pour cette collection (dont le nom m'échappe[a]) pour réunir, revoir et compléter ce groupe d'écrits sur la Technique littéraire, et qui traitent : de l'Histoire littéraire comme distincte de la Critique littéraire, de quelques aspects du matériel verbal que l'art poétique met en œuvre, et de certaines questions (secondaires ? accessoires ?) comme — (ou : connexes ?) — comme : l'utilité des Anthologies, la Ponctuation, et enfin les fautes d'impression. J'ajouterais que cette réunion est le prélude (la première démarche vers —) la constitution d'un ouvrage en train, — *Sous l'invocation de S. Jérôme*, — qui contiendra, etc.[b] — Voici la table de *Technique* :

a. Note de Larbaud : « Les Essais ».

b. Larbaud a déjà reçu les premières épreuves de *Technique*, à Naples, c'est donc l'œuvre la plus proche de la publication. Manque de temps ou changement d'opinion ? La préface esquissée ici en est restée à la déclaration d'intention ; l'édition originale (juin 1932) n'en comporte pas.

I. Pour l'inauguration d'une nouvelle ligne.
II. Renan, etc.
III. Emilio Bertana et Vittorio Alfieri.
IV. Trois Belles Mendiantes.
V. La Chartreuse de Grenade[a].
VI. Et tout le reste est littérature...
VII. Max Beerbohm, Stendhal et Massillon.
VIII. Quelques noms géographiques.
IX. Pointes de crayons.
X. Les Filles de l'Harmonie.
XI. Anthologies.
XII. L'Ardent Sanglot.
XIII. Par Omission.
XIV. Coming of Age.
XV. La Ponctuation littéraire.
XVI. Les Écœurants.
XVII. Concurrence vitale.
XVIII. Lettre aux imprimeurs.

Peut-être reporter L'ARDENT SANGLOT entre ? — Ou le laisser où il est La table se présenterait donc ainsi [*Une flèche envoie à la page suivante.*]

TECHNIQUE[b]

I. Pour l'inauguration d'une nouvelle ligne.
II. Renan, l'Histoire et la Critique littéraires.
III. Emilio Bertana et Vittorio Alfieri.

a. « La Chartreuse de Grenade » a été insérée entre « Trois Belles Mendiantes » et « Sur le même sujet », que Larbaud a ensuite barré.

b. La table finalement retenue sera la suivante (pour chaque texte, nous indiquons la première date de publication et la revue où le texte a paru) :

I. Pour l'Inauguration d'une nouvelle ligne (*La Revue européenne*, mars 1923).
II. Renan, l'Histoire et la Critique littéraires (*La Revue européenne*, juin 1923).
III. Emilio Bertana et Vittorio Alfieri (*France-Italie*, 1914).
IV. Trois Belles Mendiantes (*Commerce*, 1930).
V. Et tout le reste est littérature (*Le Manuscrit autographe*, mai-juin 1928).
VI. Max Beerbohm, Stendhal et Massillon (*Le Manuscrit autographe*, mai-juin 1928).
VII. Les Matériaux : quelques noms géographiques (*Le Manuscrit autographe*, mars-avril 1929).
VIII. Pointes de crayons (*Le Manuscrit autographe*, mars-avril 1929).
IX. Les Filles de l'Harmonie (*Le Manuscrit autographe*, mars-avril 1929).
X. Anthologies (*Le Manuscrit autographe*, mars-avril 1930).
XI. Jhon-le-Toréador (*Le Manuscrit autographe*, mars-avril 1930).
XII. L'Ardent Sanglot (essai de statistique) (*Le Manuscrit autographe*, mars-avril 1930).
XIII. Par omission (*Le Manuscrit autographe*, mars-avril 1930).
XIV. Coming of Age (*Commerce*, été 1930).
XV. La Ponctuation littéraire (*Commerce*, été 1930).
XVI. Les Écœurants (*Commerce*, été 1930).
XVII. Concurrence vitale (*Commerce*, été 1930).
XVIII. Lettre aux imprimeurs (*Arts et métiers graphiques*, décembre 1927).
XIX. L'Index (c'est le seul texte nouveau du recueil).

On constate que « La Chartreuse de Grenade » et « Sur le même sujet » ont été finalement écartés du recueil *Technique*, mais que « Jhon-le-Toréador » (chap. XI) a été introduit.

« On a parlé récemment » et « Le Prestige populaire » qui figuraient dans cette même livraison du *Manuscrit autographe*, sont absents, en revanche, de l'édition de *Technique*.

(L'« Étude chronologique des œuvres publiées de Valery Larbaud », établie par Anne Chevalier dans le *Cahier de l'Herne* (pp. 323-384) est ici notre référence.)

IV. Trois Belles Mendiantes.
V. La Chartreuse de Grenade.
VI. Sur le même sujet.
VI. [*sic*] « Et tout le reste est littérature. »
VII. Max Beerbohm, Stendhal et Massillon.
VIII. Les Matériaux : quelques noms géographiques.
IX. Pointes de crayons.
X. Les Filles de l'Harmonie.
XI. Anthologies.
XII. L'Ardent sanglot, essai de statistique.
XIII. Par omission.
XIV. Coming of Age.
XV. La Ponctuation littéraire.
XVI. Les Écœurants.
XVII. Concurrence vitale.
XVIII. Lettre aux imprimeurs.

SOUS L'INVOCATION DE SAINT JÉRÔME

SOUS L'INVOCATION DE S. JÉRÔME. — Actuellement la table m'apparaît ainsi[1] :

Une courte Préface (?)

I. Le Patron des traducteurs.
II. L'Art et le métier (en train).
III. Histoire et critique, — comprenant : I, II, III, IV et V de *Technique*, qui seraient 1, 2, 3, 4 et 5 de cette Partie III.
IV. Notes sur la technique littéraire (?) ou quelque chose de plus court et de plus élégant, mais où le mot Technique entrerait, comprenant : VI, VII, VIII, IX, X, XI, XII, XIII, XIV, XV, XVI, XVII de *Technique*, plus la note sur « Jhon le Toréador », qui serait (XVIII), donc 13 de la Partie IV + une Note où S. Jérôme serait rappelé (qui serait 14) et enfin la « Lettre aux imprimeurs » (XVIII de *Technique*) qui serait 15.

Ainsi :

Préface (?)

I. LE PATRON DES TRADUCTEURS (divisé en chapitres, comme dans *Commerce*.) 20 ou 21 chapitres.
II. L'ART ET LE MÉTIER, (chapitres avec des titres ?) 7 ou 9 chapitres ?
III. ou : L'HISTOIRE ET LA CRITIQUE (plutôt ça), en 6 chapitres.
IV. TECHNIQUE, (et en sous-titre :) DE L'INSPIRATION À L'IMPRIMERIE, en 15 chapitres à la suite de 1 à 14, mais 15 « Lettre aux imprimeurs ») commençant en belle page[2]. (Les chapitres NON NUMÉROTÉS[3])

Un Index des noms propres. La table.

Pas de Préface si possible, mais introduire dans « Le Patron... », où je sais, la dédicace de toutes nos réflexions sur la technique littéraire... etc., à S. Jérôme[4].

Les titres de quelques-unes des notes de la Partie IV pourront être changés : p. ex. : au lieu de « quelques noms géographiques » : LES ÎLES SORLINGUES. —

Le groupement aussi pourra être heureusement modifié ainsi ;

l) Et tout le reste est littérature. — 2) Max Beerbohm, Stendhal et Massillon. — 3) L'Ardent Sanglot. — 4) Anthologies. — 5) Les Filles de l'Harmonie. — 6) Par omission. — 7) Pointes de crayons. — 8) Les Écœurants. — 9) Note sur S. Jérôme (philologique). ~~10) Les îles Sorlingues — 11) Coming of Age. — 12) La Ponctuation littéraire. — 13) Jhon le Toréador. — 10) Concurrence vitale~~ Coming of Age. — 11) Les Îles Sorlingues. — 12) Concurrence vitale. — 13) Jhon le Toréador. — 14) La Ponctuation littéraire. — 15) Lettre aux imprimeurs.

~~J'aperçois une division plus habile :~~

~~(le même ordre est conservé) mais :~~

~~en belle page 1 ——— 9~~

~~en belle page, sous le titre général de~~

~~« Le Matériel Verbal » : 10, 11, 12.~~

~~en belle page 13 et 14~~

~~en belle page 15.~~

Ou mieux :

1. —— 14 se suivant, mais avec un trait après 9. —— Puis, pour 10, ~~Le Matériel verbal,~~ ou : LES MATÉRIAUX : COMING OF AGE ; et ensuite 11 et 12. —— Un trait. —— 13 et 14. —— En belle page 15[5].

Dès à présent je mets : LES MATÉRIAUX : Quelques noms géographiques, comme titre au chap. VIII de *Technique*[a]. — Dans *Sous l'invocation...* ce sera : Les Matériaux : Coming of Age, puisque « Coming of Age » sera la première des notes sur le matériel verbal.

Sous l'invocation de saint Jérôme

(I) Le Patron des traducteurs (les 20 chapitres actuels, ou peut-être 21) à la suite, ligne, numérotés en chiffres romains. Corriger l'impression de *Commerce*, et ajouter les mots consacrant tout le livre à S. Jérôme.

(II) L'Art et le Métier (tâcher de ne pas dépasser 9 chapitres qui seront divisés en 3 parties de 3 paragraphes chacun, les seuls numéros (romains) étant I, II, III)[b].

(III) L'Histoire et la Critique, I, II, III, IV, V et VI, en chiffres romains, avec les titres, et en belles pages.

(IV) Technique, de l'Inspiration à l'Imprimerie[c], de 1 à 14 à la suite mais avec traits sous 9 et sous 12, et 15 étant en belle page.

Index des noms cités. Table.

Un peu plus loin dans le journal de Corfou, après la note qui commence par « Ce cahier » (p. 960), ces quelques lignes font le point sur l'avancement du travail. Saint Jérôme *ou* Technique ? *De toute façon, la seconde œuvre formera une partie de la première.*

[*Cinq lignes raturées.*]

(Partie II) L'Histoire et la Critique

a. Ce sera en fait le chapitre VII, qui ne portera jamais le titre « Îles Sorlingues ».

b. En raison de l'abandon de la troisième partie, « L'Art et le Métier » sera divisé en deux parties et les chapitres seront numérotés de I à XII pour la première partie et de I à XVI pour la seconde.

c. Ce sous-titre ne sera pas repris.

FATTO[a]	I	Inauguration
FATTO	II	Renan,...
FATTO	III	Bertana et Alfieri
« In progress »	IV	La Chartreuse de Grenade
FATTO	V	Trois Belles Mendiantes
En brouillon	VI	Sur le même sujet.

« L'AMOUR ET LA MONARCHIE »

C'est à cet endroit, dans la chronologie de l'écriture, que se situent les lignes du Ms S.E. 12, vestiges de cet ouvrage que Larbaud évoque souvent dans son journal, et qu'il annonce pour une publication prochaine[6].

Amour et Monarchie. — Impossible à quiconque, en Europe et en Amérique, et partout où il y a des Européens et des descendants d'Européens, de se désintéresser jamais, un seul instant, de l'Italie. Elle nous est commune, et l'homme qui la voit comme un pays étranger quelconque est un paysan qui n'est jamais allé à la ville. Son bien-être nous intéresse tous, et cela fait plaisir, nous devrait faire plaisir à tous, de voir qu'elle a trouvé un gouvernement qui s'occupe de sa prospérité, et qui fait de grands travaux, et qui soigne l'éducation et l'instruction des enfants. Il y a un peu d'esprit « maître d'école » dans ce gouvernement, mais bien moins qu'on ne pourrait croire à première vue, car on s'occupe aussi beaucoup des restaurations intelligentes de monuments, et l'enseignement supérieur a voix au chapitre. Un patriotisme entendu comme cela est admissible et digne d'encouragement. Et puis, encore une fois, il nous intéresse tous, nous le partageons, nous l'approuvons, parce que le bonheur de l'Italie et sa prospérité sont le bonheur et la prospérité de l'Europe et de tout Européen ou descendant d'Européens vivant outre-mer. Il y a des à-côtés odieux ou ridicules : condamnations de communistes et de « subversifs » à des peines de régime tyrannique, et directives données aux journaux pour faire croire au public que tout va mal hors d'Italie. On peut aussi trouver qu'il y a trop de discipline militaire dans l'éducation. Mais c'est comme ça qu'on mène les masses, et cela même facilite le triage entre la masse qui accepte et les « mauvaises têtes » qui se dérobent pour former l'aristocratie, et parmi lesquelles se recrutent les gouvernants, les puissances intellectuelles, le clergé, pour qui cette discipline n'est pas faite. Et ces têtes-là démontrent que cette discipline n'est pas faite pour elles en s'y dérobant, sans fracas, mais par ruse et habileté, par un refus constant et obstiné, une sorte de « je veux bien, mais je ne peux pas » qui finit par triompher de tout. Ils sont ceux qui ne se laissent pas mener, et par là démontrent qu'ils sont ceux qui mènent, soit directement, soit VICARIOUSLY[b]. C'est ainsi que j'ai agi, presque malgré moi, mais en sachant très bien ce que je voulais et de quoi je ne voulais pas, à l'égard de la discipline que la III[e] République française essaya jadis d'imposer à mon enfance et à mon adolescence. Et c'est ainsi que je me conduirais à l'égard de la discipline italienne actuelle, si j'étais un jeune Italien, enfant ou adolescent ; je m'y déroberais avec le même entêtement plein de mansuétude et de bonne volonté. Et je m'y dérobe, même à l'âge que j'ai, autant que je peux, mais surtout par indolence, dans ces affaires de

a. Italien : « fait » (part. passé).
b. Anglais : « indirectement ».

[*Une page déchirée.*]

à trente et même vingt ans, m'auraient dégoûté de passer dans ces ruelles : pas une pierre lancée ; pas une main tendue pour avoir des sous ; pas de haillons ; des figures propres, des têtes peignées. Et quelle différence entre les jeunes gens de par ici (les Pouilles) en 1903-1910 et ceux d'à-présent (1932) ! C'est la statue antique débarrassée de la terre et de la rouille. Du coup, voilà les belles jeunesses des pays nordiques enfoncées redevenues rustiques en comparaison de leurs Seigneurs remis à neuf par le Fascisme, — car c'est exactement ça : seigneurs, seniores[a] (dans la Civilisation).

On dit, et c'est peut-être vrai, que tout ce bel effort tend à la guerre, à des agrandissements territoriaux dans l'Est, au Sud ; agrandissements qui ne pourraient se faire pacifiquement, en vertu de ce beau principe qu'une mauvaise guerre vaut mieux qu'un bon arrangement. L'Italie trouverait devant elle une coalition de la France et de l'Angleterre, puissances méditerranéennes, et cela pourrait mettre en guerre les Balkans, l'Orient, peut-être l'Allemagne et la Russie. Et ainsi ce bel ouvrage finirait mal pour tout le monde, et l'Italie pourrait, du jour au lendemain, se trouver dans la situation actuelle de la Grèce.

Si j'examine cette idée, je ne peux que souhaiter que ce désastre n'ait pas lieu, mais il ne me serait pas plus possible de prendre parti entre les deux groupes en guerre qu'il me l'a été de prendre parti entre les deux groupes de la guerre de 1914-1918 ou 20. Souhaiter une rapide

[*Une page déchirée.*]

tout titre valable à ses possessions méditerranéennes et aux mains elle aussi d'un gouvernement périmé etc., etc. ») Et au-dessous de tout ça pan-pan et boum-boum, et grande épidémie de polémite[b] avec centaines de milliers de victimes. Au-dessous, oui, car c'est encore au-dessous de ces sottises. Du reste on pourrait connaître d'avance le résultat, en évaluant les forces de la coalition. Il est probable qu'elles se balanceraient[c], et que ce serait parité nulle, comme TOUJOURS. Le plus important ce serait les choses et les gens retirés à temps de la casse. Tout ce qu'on pourrait souhaiter, tout ce pourquoi on pourrait prier serait : que cela finisse le plus vite possible, n'importe comment, et avec le moins de dégâts possible. Exactement les prières de Marin de Cive en 1914-18 ou 20.

En réalité Marin de Cive rejoignait le bon sens des masses, qui souhaitaient la même chose, mais qui appelaient cette fin souhaitée « la victoire » et en effet l'ont appelée ainsi, de part et d'autre, et de bonne foi, quand elle s'est produite. Marin de Cive songeait aux grandes affaires, à l'Histoire, à l'Empire, et les masses ne se préoccupaient que de leurs petites affaires, au jour le jour, leur cas particulier, permission, filon, embuscade, nouvelles et retour des combattants, le commerce, les bénéfices à faire ; pourtant Marin de Cive et les masses, — à l'exception d'une minorité de profiteurs, souhaitaient la même chose, c'est-à-dire la fin, la paix. La police et l'esprit de terreur généralisé les empêchaient d'ajouter « n'importe comment », mais ce comment, qui ne dépendait en rien d'eux-mêmes, leur était parfaitement indifférent, comme il était à Marin de Cive qui ne voyait dans toute l'affaire qu'une sottise, rien pour l'Esprit, rien pour l'Empire.

a. Latin : « plus âgés ».
b. Création de Larbaud, qui assimile la guerre à une affection aiguë.
c. Anglicisme : « qu'elles s'équilibreraient ».

« L'INDEX DES NOMS »

Le texte qui termine l'ouvrage de la coll. « Les Essais », Gallimard, paru en 1932 s'intitule simplement « L'Index ». Il sera repris, tout à la fin de Sous l'invocation de saint Jérôme, *en 1946.*

Un index convient aux ouvrages du genre de celui-ci, dont l'action tout intellectuelle se passe, ou nous transporte, dans les bibliothèques. Et l'Index lui-même fait songer à un catalogue de bibliothèques, à une petite librairie privée, à une salle d'études où le nom d'un peintre çà et là parmi les noms d'écrivains suggère des toiles accrochées aux murs ou des gravures sous verre ; comme le nom d'un musicien évoquerait un piano ou un petit orgue installé dans un angle. C'est la dernière salle de l'appartement, villa, ou château qu'est le livre, celle qu'on traverse avant d'en sortir, et il arrive que cette liste des noms inscrits sur les parois ramène le lecteur en arrière, le fasse relire un passage où figure un nom qui ~~a frappé~~ vient d'accrocher son attention.

Il arrive aussi qu'un amateur nonchalant ou méfiant commence par cette extrémité sa visite du livre, — pour s'informer de qui, sinon de quoi, il y est question, — et fasse de cette sortie une entrée ; et en effet l'Index, avec sa [*Plusieurs mots caviardés*] bigarrure de noms, d'époques, de genres, d'écoles, est souvent d'un aspect plus attrayant qu'une lourde et longue, — toujours trop longue, — Préface. Et même, si celui qui feuillette l'ouvrage est un homme de lettres contemporain de l'auteur, peut-être ira-t-il tout droit à l'Index pour voir si son nom y est inscrit.

La composition de l'Index est un travail aisé et reposant, un jeu plutôt, et quelque chose comme faire le compte des points après une partie, le compte des as et des atouts qu'on a gagnés ou sauvegardés au cours de la partie. Une vanité jeune peut s'y complaire : « On se dira que nous avons beaucoup lu, que nous connaissons beaucoup d'auteurs dont la fréquentation est le signe d'une culture étendue et délicate. » ~~Une vieille vanité n'est plus guère sensible à ces parures, mais elle reste persuadée qu'il est beau et enviable d'avoir beaucoup lu et de connaître et prati~~quer beaucoup ~~d'écrivains de plusieurs~~ époques et de divers ~~domaines linguistiques. Elle est trop consciente de tout ce qui lui manque pour se vanter de cette richesse, mais elle approuve que d'autres se montrent~~ fiers de celle qu'~~ils ont et on ne lui déplaira pas si on la félicite de la sienne~~. Une ~~vieille vanité~~ vanité mûrie n'est plus guère sensible à ces parures ; elle est trop consciente de tout ce qui lui manque pour se faire gloire des richesses qu'elle a ; mais elle approuve que d'autres se montrent fiers des leurs, parce qu'elle reste persuadée qu'il est beau et enviable d'avoir beaucoup lu et de pratiquer beaucoup d'écrivains de plusieurs domaines linguistiques. [*Plusieurs mots caviardés.*] On goûte aussi, dans le jeu de l'Index, les surprises souvent amusantes que produisent les rapprochements déterminés par l'ordre alphabétique : deux ennemis ou deux amis, un ~~critique près d'un poète~~ poète et son critique, ou encore un classique éternel, plus solide que le marbre, voisinant avec un auteur d'avant-garde encore à peine connu des amateurs les plus hardis.

L'Index est aussi un indice pour l'historien des littératures : si l'ouvrage est de l'auteur qu'il étudie il y trouve des renseignements précieux sur la bibliothèque de cet auteur, et la date de l'ouvrage lui permet d'enrichir l'itinéraire intellectuel de son sujet de plusieurs données certaines : à telle époque il avait lu, ou pris contact avec tels et tels auteurs. C'est là en effet un des éléments les plus importants de la biographie intellectuelle, si souvent négligée au profit de la biographie extérieure, et je n'hésite pas à dire que la véritable biographie d'un écrivain consiste, pour plus de la moitié, dans la liste des livres qu'il a lus, comme la véritable biographie d'un peintre consiste, pour plus de la moitié, dans la liste des tableaux qu'il a regardés.

Si d'autre part il s'agit d'étudier [un] groupe d'écrivains, une école, une époque, la consultation des Index montre quels étaient les auteurs les plus souvent cités par les gens de ce groupe, de cette école, de cette époque ; ceux qu'on y lisait le plus volontiers, ceux qui étaient ~~les plus souvent offerts s'offraient le plus souvent~~ étaient les plus souvent présents aux esprits. Et là où manquent des Index, il y aurait assurément avantage à en dresser : l'Index général des auteurs cités par tel ou tel écrivain pourrait avoir une grande utilité, comme aussi l'Index des auteurs cités dans telle et telle anthologie ou ~~revue~~ publication littéraire.

On y verrait une trace bien nette de la faveur rencontrée à une époque donnée, par l'écrivain ou les écrivains dont on s'occuperait. Et il y a quelque chose d'instructif et aussi de mélancolique dans la lecture des Index, par exemple ceux des Anthologies anciennes.

Voyez le G de l'Index d'une anthologie française de 1773 : Genest, Gilbert, Godeau, Gombauld, Grécourt, Gresset, Guyet. Voyez encore, dans la même, le B, et observez au passage les noms qui furent d'un moment, et ceux qui furent d'une époque, et ceux qui nous font croire à l'immortalité : Baraton, Bardou, Barthe, Benserade, Bernard, Bernis (l'abbé de), Bertaut, Bertrand, Billette de Farrière, Blin, Boileau, Boisrobert, Boissy, Bosquillon, Bossuet, Bouhier, Bouillon, Boursault, Brébeuf, Bret, Bussy-Rabutin. Et maintenant, voyez s'il vous plaît, l'Index de ce livre.

« LA CHARTREUSE DE GRENADE »

Le premier passage se situe dans le Ms S.E. 12.

Pour « La Chartreuse de Grenade »

Osbert Sitwell (*The Man who Lost Himself*, pp. 143-144, ed. Tauchnitz, 1920) :

« Le cloître du monastère, soit dit en passant, était orné d'une suite de fresques représentant... dans leurs diverses particularités les supplices raffinés infligés à des Saints espagnols par des membres de l'Église Anglicane et d'autres institutions de même espèce et d'une cruauté impitoyable. Il était évident que l'artiste avait été extrêmement frappé du grand rôle joué par les femmes hérétiques dans les tourments subis par les saints personnages : chaque fresque, en effet, montrait au moins un représentant du sexe faible en train d'expérimenter quelque nouveau raffinement de torture méthodiste ou épiscopale.

« Au premier abord ces révélations auraient pu surprendre des gens qui avaient appris l'histoire dans les manuels scolaires anglais (after being brought up on English history books, these revelations...), si la férocité des dragons femelles des pensions ne nous avait pas récemment disposés à les croire capables de presque n'importe quoi dans ce genre-là. »

Pour le même : *Diary of an Idle Woman in Spain* : *Journal d'une désœuvrée en Espagne.* Elle pooh-pooh les fresques. (D'une flâneuse.)

Nous trouvons dans le Ms CCXXIV le premier état de « La Chartreuse de Grenade » ; certaines pages n'ont pas été reprises dans la version définitive. Nous nous contenterons de les signaler.

Ci-contre 1re copie de La Chartreuse de Grenade[a]
A. Father Robert Southwell 1560-1598
B. Vicente Cordueto et Sánchez Cotán
C. *Les Tragiques*
D. *Diary of an Idle Woman in Spain*, by Frances Elliot
E. La Collection Romantique

La Chartreuse de Grenade

D'une circulaire adressée par la revue *La Pologne littéraire* à beaucoup d'hommes de lettres je recopie les phrases suivantes :

« La recherche des moyens propres à assurer la paix constitue aujourd'hui la principale préoccupation de l'humanité... »

« Le gouvernement polonais a soumis à l'examen de la Conférence du Désarmement un mémorandum sur le désarmement moral proposant une série de mesures embrassant les domaines de la législation, de la presse, de l'enseignement et de l'art... Nous choisissons parmi ces propositions les plus caractéristiques :

« 1°... ; 2°... ; 3° la révision des manuels scolaires pour en faire disparaître tout ce qui éveille la haine de l'étranger, et l'introduction dans les écoles de tous degrés d'un enseignement sur les buts et l'organisation de la Société des Nations... »

La lecture de ces phrases, et surtout de celle qui concerne la révision des manuels scolaires, m'a conduit assez rapidement, et par quelques détours non illogiques, à la région qu'occupe dans ma mémoire la Chartreuse de Grenade.

Tous les visiteurs de Grenade connaissent cette chartreuse : c'est un point de vue signalé par un astérisque dans tous les guides à l'usage des touristes en Espagne, et le site a été souvent décrit par des romanciers et représenté par des peintres. On sait aussi que le cloître de cette chartreuse contient une suite de fresques dont la technique et le sujet restent gravés dans la mémoire de quiconque les a, ne serait-ce qu'en passant, regardées. On y voit, interprétés avec un réalisme effrayant, les supplices infligés aux victimes des persécutions qui ont accompagné l'établissement de la Réforme en Angleterre et qui ont fait périr un grand nombre de personnages remarquables non seulement par leur foi et leur attachement à l'Église de Rome mais par leurs talents et leur valeur intellectuelle, entre autres Thomas Morus l'auteur d'*Utopia* et le poète Robert Southwell, canonisés depuis, en même temps que leurs compagnons de martyre. Ce sont, pour les Catholiques, les Martyrs Anglais.

Ces persécutions ont eu tous les caractères de la légalité et se sont accomplies au grand jour. Il s'agissait de défendre et de protéger l'Église Anglicane récemment séparée de Rome et qui s'en éloignait de plus en plus ; l'autorité royale s'y est employée avec zèle en usant des moyens de répression

a. En travers de cette page ces notes, à peine lisibles, qui sont en réalité des questions auxquelles Larbaud a apporté quelques réponses : « A) Les [textes] de R. Southwell ; B) Le peintre des fresques de la Chartreuse de Grenade ; C) A. d'Aubigné dans quel livre des *Tragiques* ; D) *Diary of an Idle Woman in Spain*, de qui ? ; E) Titre exact de la Collection Romantique et la page entière. »

alors en usage dans tous les pays civilisés : la confiscation des biens et la mort dans les tortures. D'ailleurs les atrocités peintes sur les murs de la Chartreuse de Grenade ont eu leur contrepartie dans les exécutions qui ont accompagné la persécution anti-protestante sous le règne de Marie-la-Sanglante. Ainsi la présence de ces peintures dans un couvent catholique est aussi naturelle et logique que peut l'être la présence à Oxford du monument aux Martyrs Protestants, ou la glorification de ces mêmes martyrs par Agrippa d'Aubigné dans *Les Tragiques*.

On pourrait donc croire que les touristes anglais instruits qui visitent la Chartreuse de Grenade se trouvent, devant ces fresques dans le même état d'esprit que, par exemple, un touriste français ~~ou allemand ou espagnol, etc.~~ instruit qui regarde un tableau représentant la Saint-Barthélemy ou quelque épisode SANGLANT de la Révolution française ou, encore, les *Horreurs de la guerre* de Goya : Sans colère ni parti-pris (« quorum causas procul habet »), son activité esthétique est seule intéressée, et si, par hasard, il porte un jugement moral sur les sujets de ces ouvrages, c'est une réflexion d'ordre général, philosophique, sur l'Histoire, sur cette Histoire politique qu'un personnage de James Joyce nomme : « ce cauchemar, dont je cherche à m'éveiller ».

Eh bien, non ; et si invraisemblable que cela puisse paraître, beaucoup de visiteurs anglais de la Chartreuse de Grenade portent sur ces fresques un jugement exclusivement moral, ou plutôt national, patriotique. Elles les offensent et, comme feraient des enfants, ils prennent parti contre elles en niant la réalité des faits qu'elles commémorent et en traitant, ouvertement ou couvertement, de grossiers faussaires et de dégénérés fanatiques ~~le peintre~~ l'artiste et les religieux qui lui ont commandé ces peintures et le peuple espagnol [*Un mot caviardé*] qui les laisse subsister. Plusieurs s'efforcent de dissimuler leur irritation sous un ton de supériorité sarcastique, mais elle n'en est pas moins réelle, et bien amusante pour qui en est témoin. Non seulement je l'ai constatée dans les propos que j'ai entendus sur les lieux mêmes, mais je l'ai retrouvée à plusieurs reprises dans des livres où Grenade est décrite, et je crois qu'on pourrait sans peine réunir une dizaine de passages d'ouvrages anglais des XIXe et XXe siècles où cette irritation est visible et qui enrichiraient d'échantillons précieux une « Anthologie de l'amour-propre national mal placé ».

J'en peux signaler un, entre autres, dans *Diary of an Idle Woman in Spain* [*Un mot caviardé*] (deux volumes, collection Tauchnitz ; [*Un mot caviardé*] le nom de l'auteur m'échappe). Cette « Flâneuse » (ou « Désœuvrée ») en Espagne nie simplement et avec une énergie et une intrépidité admirables, la réalité des persécutions anticatholiques en Angleterre aux XVIe et XVIIe siècles. Cela donnerait à penser qu'elle ferait peut-être bien d'employer une part de ses loisirs à se renseigner sur l'histoire de son propre pays, si on ne sentait, sous la vivacité de ses dénégations le dépit, au fond touchant et puéril, d'une vanité nationale blessée et à laquelle on doit sans doute attribuer les jugements défavorables ~~qu'elle~~ que l'auteur prononce, ou qu'elle sous-entend, lorsqu'elle parle du peuple espagnol.

Son livre n'en est pas moins d'une lecture agréable pour qui a connu l'Espagne qu'il décrit et qui est celle des dix ou quinze dernières années du XIXe siècle. Mais on peut imaginer qu'un de ses premiers lecteurs, irrité à son tour par l'ignorance que l'auteur affecte en ce qui concerne les Martyrs Anglais, aurait pu envoyer à la Flâneuse en Espagne un manuel d'Histoire d'Angleterre destiné à éclairer sa religion, c'est à dire son patriotisme. ~~À vrai dire j'aurais peu d'estime pour ce lecteur que j'imagine, et je serais enclin à~~

~~croire qu'il appartient à un milieu social où l'éducation des enfants n'est pas très soignée~~.

À vrai dire j'aurais peu d'estime pour un tel lecteur et serais disposé à croire qu'il appartient à un milieu social où l'éducation des enfants est un peu négligée, mais je ne l'imagine que pour montrer son embarras quant au choix du manuel. Car le fait est que je n'en connais pas un seul qui décrive avec précision les persécutions anticatholiques dont furent victimes les Martyrs Anglais. Tous les signalent, mais sans s'y attarder ; de telle sorte qu'elles passent au troisième ou quatrième plan ~~dans le~~ du récit, et ne peuvent laisser dans l'esprit des élèves qu'un souvenir confus. Celui que j'ai sous les yeux et qui vise à rafraîchir la mémoire des adultes plutôt qu'à instruire ~~les~~ des écoliers, en parle à peine[a]. On y voit que la lutte menée par Henri VIII et le Parlement contre ~~la Papauté~~ Rome eut pour résultat « une victoire du nationalisme moderne sur l'internationalisme médiéval de la Papauté, de la laïcité sur le clergé, de l'État sur l'Église », et que « ce fut aussi une énorme confiscation par laquelle la richesse des plus puissantes corporations (les ordres monastiques), richesse destinée au bien-être général, passa, à travers les mains de l'État, dans celles de parvenus ». Voilà pour le règne d'Henri VIII. Pour celui d'Edouard VI on nous dit qu'« une nouvelle spoliation de l'Église fut accompagnée de tentatives en vue d'introduire des doctrines protestantes. » Pour celui d'Élisabeth on nous apprend que « l'Espagne, qui s'était faite le champion de la Contre-Réforme, — avec son Alva aux Pays-Bas et SES JÉSUITES QUI ALLAIENT BIENTÔT ENVAHIR FURTIVEMENT L'ANGLETERRE, — l'Espagne était de toute évidence l'ennemi national ». (Cette époque de « l'invasion furtive » de l'Angleterre par les Jésuites est précisément celle où la loi du royaume assimilait l'exercice du culte catholique au crime de haute trahison.)

Il est certain que l'auteur de ce manuel veut et croit être impartial, et qu'il évite le ridicule de prendre parti dans les querelles politiques des gens du XVIe siècle. Il fait preuve de clairvoyance, aussi, lorsqu'il oppose le caractère national du Protestantisme au caractère international de l'Église Romaine. Mais de persécution anti-catholique sous d'autres règnes que ceux d'Henri VIII et d'Edouard VI il ne dit pas un mot, alors qu'il donne un paragraphe aux Martyrs Protestants ; et on ne peut s'empêcher de remarquer qu'il s'exprime de telle sorte qu'on pourrait croire que les Jésuites dont il parle, — et parmi lesquels se trouvaient le Bienheureux Robert Southwell et la plupart des Martyrs Anglais, étaient en majorité espagnols.

Pour entendre parler des Martyrs Anglais en dehors des livres des historiens catholiques, et pour nous faire une idée de ce qu'étaient ces exécutions de traîtres (coupables d'avoir célébré la Messe ou d'y avoir assisté), ces orgies de tourments auxquelles une populace ameutée, hommes et femmes, prenait part aidant et encourageant les bourreaux, il faut lire, à défaut ~~des documents et témoignages contemporains~~ sources documentaires plus ou moins difficilement accessibles, les ouvrages de longue haleine des meilleurs historiens anglais modernes. Mais on remarquera qu'eux-mêmes, — voyez Macaulay par exemple, — ne s'attardent guère aux détails des persécutions, et le nombre des victimes et les horreurs des exécutions capitales sont tout juste indiqués chez eux, tandis qu'ils font une place relativement importante aux brûlements des Martyrs Protestants.

a. Larbaud a remanié ce passage dans l'édition définitive.

Cela vient de ce que, en dépit de leur réelle indépendance d'esprit et de l'objectivité de leurs méthodes, tous les historiens sont portés à donner une place moindre aux événements et aux mouvements dont les résultats ont été, ou paraissent, moindres, et à n'y voir que des séries aberrantes de faits. Ainsi les causes perdues dans la réalité historique ont tendance à se perdre une seconde fois dans les arrière-plans des descriptions et des inventaires qu'ils font de cette réalité.

Il n'est donc pas surprenant que ces faits disparaissent à peu près complètement dans les manuels qui tous reflètent en les abrégeant les ouvrages des historiens, et que les gens dont toute l'instruction en fait d'histoire est basée sur ces manuels vivent, à l'égard du passé de leur pays, dans une ignorance relative qui leur permet de se former une conception idéale, arbitraire et fausse, du caractère, de la civilisation et du rôle de leur nation ~~à travers~~ au cours des siècles, et qui les expose à des surprises comiquement désagréables comme celle que réserve à beaucoup d'Anglais une visite à la Chartreuse de Grenade. On en peut sourire mais ce sont des malentendus comme celui-là qui « éveillent la haine de l'étranger », et *La Pologne littéraire*, ou plutôt le mémorandum du gouvernement polonais, en fait avec raison remonter l'origine à l'enseignement et aux manuels d'histoire politique. [*Une ligne raturée.*]

Une curieuse coïncidence ~~me met~~ vient justement de me mettre sous les yeux un passage d'un roman d'Osbert Sitwell qui corrobore l'opinion exprimée dans *La Pologne littéraire*. L'action de ce roman, *The Man who Lost Himself*, se passe en grande partie à Grenade, et il contient de belles descriptions de cette ville, ainsi qu'une admirable évocation de Londres au commencement de l'été. On y trouve aussi, — et je l'attendais, et je le voyais venir, — un récit d'une visite à la Chartreuse de Grenade. En voici une traduction. On remarquera que ce passage ne contient absolument rien qui soit de nature à ~~blesser~~ froisser l'amour-propre d'un lecteur espagnol. La surprise, et la réaction du préjugé national sont notées et sensibles sous l'humour ; mais la cause de cette surprise et l'origine de ce préjugé sont immédiatement désignées, ou plutôt dénoncées, comme on le verra par le membre de phrase que je souligne. Je regrette seulement que l'auteur, en veine d'anachronismes volontaires, n'ait pas, après « ... quelque nouveau raffinement de torture méthodiste ou épiscopale » ajouté : « ou salutiste ».

« Le cloître du monastère, soit dit en passant, était orné d'une série de peintures représentant... dans leurs diverses particularités les supplices raffinés infligés à des saints espagnols par des membres de l'Église Anglicane et d'autres institutions de même espèce et d'une égale cruauté. On voyait que l'artiste avait été extrêmement frappé du grand rôle joué par les femmes hérétiques dans les tourments subis par les saints personnages : chaque fresque en effet montrait au moins un représentant du sexe faible en train d'expérimenter quelque nouveau raffinement de torture méthodiste ou épiscopale. Au premier abord CES RÉVÉLATIONS AURAIENT PU SURPRENDRE DES GENS QUI AVAIENT APPRIS L'HISTOIRE DANS LES MANUELS SCOLAIRES ANGLAIS... (After being brought up on English history books, these revelations might at first have surprised one...) si la férocité des dragons femelles des pensions (il s'agit des vieilles-filles anglaises de passage à Grenade) ne nous avait pas récemment disposés à les croire capables de n'importe quoi, ou presque, dans ce genre-là. »

Ce témoignage spontané est précieux, et on peut être sûr que son auteur approuverait le projet soumis par le gouvernement polonais à la Conférence du Désarmement, comme je l'approuve moi-même bien que ~~je conserve~~ j'aie des doutes sur l'efficacité d'un « désarmement moral » comme préparation à un désarmement matériel.

C'est qu'en effet j'ai vu se développer, aux environs de 1900 et en France, sous une triple influence, renouveau des doctrines humanitaires de la première moitié du XIXe siècle, polémiques développées autour de l'affaire Dreyfus, rayonnement de l'œuvre de Léon Tolstoï, un mouvement d'une certaine ampleur, et qui fut sans doute le précurseur de ce « pacifisme » auquel on s'efforce à présent de donner une espèce de consécration officielle en l'introduisant « dans les domaines de la législation, de la presse, de l'enseignement et de l'art ». Ce mouvement, qui tendait aussi à un véritable cosmopolitisme de culture[a], était sincère et profond, et partait de haut (les « intellectuels », beaucoup de publicistes, une élite de la jeunesse des écoles ;) et à ne considérer que lui on aurait pu croire qu'à ce moment-là une déclaration de guerre aurait déterminé, ou bien un changement de régime et un renversement d'alliances, ou bien, à tout le moins, une émigration comparable à celle que produisit la révocation de l'Édit de Nantes. Dix ans plus tard, comme on l'a vu, il n'en restait plus de traces.

La leçon est à retenir. Et toutefois on ne peut qu'être partisan de tout ce qui tend à donner aux hommes vivant en société une vue plus exacte du passé et des véritables intérêts de cette société, et la notion de son unité fondamentale. L'étude d'un manuel d'histoire impartial, — manuel d'histoire EUROPÉENNE où Rome, Constantinople, la Papauté et le Saint-Empire ne seraient jamais perdus de vue, — pourrait conduire à cette notion un grand nombre d'écoliers et ainsi contribuer à éclairer les peuples, à développer chez eux un peu de ces qualités dont le manque caractérise, selon, Cicéron, l'esprit des masses populaires : CONSILIUM, RATIO et DISCRIMEN...

Et dans cette même direction j'entrevois, à côté de ces manuels, et leur servant d'auxiliaires, des « morceaux choisis » composés de jugements favorables portés par les écrivains de chaque pays sur les nations auxquelles ces manuels seraient destinés. Leur lecture pourrait éveiller chez les écoliers de ces nations un certain matérialisme, ou scepticisme, historique qui mettrait leur esprit en garde contre les égarements du sentiment national et contre les arguments idéalistes, — « barrières insurmontables » — « haine héréditaire » — « opposition de races », etc. — des gouvernants et des publicistes qui font appel à ce ~~patriotisme~~ sentiment lorsqu'il s'agit de préparer ou et de soutenir une guerre. Par exemple, je suis certain qu'on pourrait trouver, dans la littérature française de 1770 à 1870, la substance d'un livre de « morceaux choisis » composé d'éloges et même de glorifications de l'Allemagne et du peuple allemand, — véritables « morceaux patriotiques » allemands écrits par des Français, et qui font un amusant et instructif contraste avec les écrits germanophobes français des périodes où les deux nations ont été en rivalité ou en guerre. En voici un exemple curieux et, je crois, assez peu connu. C'est une page due à la collaboration du Comte de Saint-Simon et d'Augustin Thierry, qu'on trouvera dans le traité *De la réorganisation de la société européenne* (octobre 1814), réédité dans la précieuse Bibliothèque Romantique publiée sous la direction d'Henri Girard. J'en copie l'essentiel :

« Il y a un peuple en Europe que son gouvernement semble reléguer parmi le vulgaire des nations européennes, mais qui s'en éloigne à des distance infinies par son caractère, ses sciences, sa philosophie...

a. Les remarques qui débutent à « C'est qu'en effet j'ai vu » pour se terminer sur cette interrogation n'ont pas été reprises dans le texte définitif.

« La morale la plus pure, une sincérité qui ne trompe jamais, une probité à toute épreuve se rencontrent chez la nation allemande... Jamais un soldat français n'a péri par trahison dans ce pays que désolait la France... Le mérite ne s'y mesure point aux richesses... Une chose remarquable surtout, c'est que cette bonté de naturel, cette simplicité de mœurs, qui est le caractère du peuple, se répand sur les gouvernants : l'autorité arbitraire y est douce et paternelle. »

Un pacifiste demandera-t-il à la Conférence du Désarmement ou à la Société des Nations qu'on fasse apprendre par cœur cette page à tous les écoliers de France et d'Allemagne ?

Mais revenons à la Chartreuse de Grenade, candide et incorruptible témoin d'un de ces crimes collectifs qu'on nomme persécutions. Vraiment je ne crois pas que la colère qu'elle éveille chez les Anglais moyennement instruits qui la visitent et le ressentiment que les expressions de cette colère peuvent provoquer chez quelques lecteurs espagnols de leurs ouvrages, soient jamais, par eux-mêmes, une cause, même lointaine, de guerre entre les deux pays. Aussi longtemps que l'Espagne n'appartiendra pas à un système d'alliances en opposition avec les systèmes d'alliances auxquels l'Angleterre appartient ou peut appartenir, tout danger d'une telle guerre sera chimérique. Mais il est certain que, si quelque jour cette véritable cause de guerre existait, les malentendus produits par ce témoignage et les injures échangées à propos de lui joueraient un rôle dans la préparation sentimentale du conflit et dans la propagande destinée à l'entretenir... Ce n'est rien, au fond, qu'un sujet de caricature politique : un John Bull ricanant : « Grossiers faussaires, fanatiques dégénérés », et un Juan Español vêtu en torero qui s'apprête à occire ce « bull » ; rien de plus, mais cependant une légère piqûre, une petite injection de haine internationale. Autant l'épargner dès à présent aux deux intéressés. Et pour la leur épargner le seul moyen est de préparer le voyageur anglais en Espagne à rencontrer sans surprise et à regarder sans indignation les fresques de la Chartreuse de Grenade.

On voit donc qu'il ne s'agit pas seulement d'expurger les manuels d'histoire, d'en faire disparaître « tout ce qui éveille la haine de l'étranger », mais qu'il convient aussi d'y introduire des précisions actuellement jugées inutiles et des faits qu'on passe encore sous silence. Et c'est justement pour attirer l'attention du lecteur sur cette nécessité que j'ai choisi cet exemple de la Chartreuse de Grenade et de l'effet qu'elle produit sur ses visiteurs anglais, — exemple d'un péché par omission à mettre au compte des auteurs de manuels, alors que les rédacteurs de la proposition du gouvernement polonais n'ont pensé qu'aux péchés par commission. Et cela revient à dire que l'enseignement, dans tous les pays, devrait s'attacher à donner aux enfants des tableaux aussi complets que possible de la vérité historique.

Mais comment obtenir ces tableaux ?

(Remis le développement de ce dernier paragraphe à la suite de la nouvelle copie que j'en fais à part. — C'est la partie la plus utile : revenir sur le sujet de « Inauguration d'une nouvelle ligne » et des «Trois Belles Mendiantes».)

[*Après quelques pages de journal, ces dernières notes pour « La Chartreuse » :*]

Chartreuse. — Les Dix Articles (Henri 8) sont de 1536.

1res Victimes : Sir Thomas More et le Cardinal Fisher, évêque de Rochester, pour avoir protesté contre l'Acte de Suprématie ;

ensuite : Comtesse de Salisbury, parce que mère de Reginald Pole ; les CHARTREUX de Londres (« a large number of them were hanged[a]. »)

Thomas Cromwell, ministre de H. VIII et son vicaire-général, le grand persécuteur du règne. (Exécuté en 1540 par ordre de H. VIII mécontent de son mariage, suggéré par T. Cromwell, avec Anne, fille du Duc de Clèves.)

Édouard VI (Somerset — 1553)

Lady Jane Grey, — Mary, reconnue.

En 1555, persécution des Protestants : 300 victimes de Février 1555 à Novembre 1558 (mort de Mary), parmi ces victimes : Cranmer, Hooper, Ridley et Latimer.

Élisabeth (1558 — 1603)

Les complots catholiques (Jésuites de Douai involved, more or less justly, in them[b]) à partir de 1580.

The Armada 1588.

De 1588 à 1605, discorde grandissante entre les Puritains et l'Église Anglicane. Persécution des Puritains, en même temps que des Catholiques Romains.

Tout le SIÈCLE TUDOR. Les historiens : J.A. Fronde ; Halluin ; Gasquet ; —

NI EN VERS NI EN PROSE

Les concordances, les dictionnaires des personnages des grands romanciers, *L'Art de Vérifier les Dates*, les généalogies des familles impériales et royales, le *Tibulle* de A. Cartault, et tout ce qui ressemble à ce genre d'ouvrages sont bien souvent présents à ma pensée lorsque je lis des biographies, des livres d'histoire (littéraire ou politique), des études critiques et des thèses de Doctorat ès lettres. Et c'est alors que Trois Belles Mendiantes, s'approchant de moi, m'encouragent dans ma rébellion contre la forme de ce que je suis en train de lire : tout ce bavardage, ce racontage, cette prose ou prétendue prose, pour énoncer des faits que ma mémoire enregistre sous forme de listes et de tableaux synoptiques, sans tenir compte un instant du discours par lequel ces faits lui sont apportés, si toutefois ce discours est écrit en cursive et « comme tout le monde écrit ».

(à consulter pour le brouillon[c])

SUR LE MÊME SUJET[d]

Le *Tibulle* de A. Cartault, et les tableaux chronologiques à la fin des manuels d'Histoire littéraire, et *L'Art de Vérifier les Dates*, le dictionnaire des personnages de Charles Dickens (ou de Honoré de Balzac) et les concordances bibliques et autres, et tout ce qui ressemble à ~~cela~~ ce genre d'ouvrages — aussi les arbres généalogiques ~~des grandes dynasties~~, et même *L'Almanach de Gotha*, dont je suis un passionné lecteur, — sont ~~presque constamment~~ bien souvent présents à ma pensée lorsque je lis des biographies, des livres d'his-

a. Anglais : « un grand nombre d'entre eux furent pendus ».

b. Anglais : « (les jésuites de Douai y étant, plus ou moins justement, impliqués) ».

c. Ce texte sera repris et développé dans « Sur le même sujet ».

d. Cet état de texte montre de nombreuses ratures et hésitations. Nous nous trouvons devant un premier jet, un « pré-brouillon ».

toire (littéraire ou politique), des études critiques, et des thèses de doctorat ès lettres. Et je songe aussi, sans regret et sans honte, à un certain discours « pour l'inauguration d'une nouvelle ligne », à une certaine note sur Renan, et surtout à trois belles mendiantes qui s'approchant alors de moi, m'encouragent dans ma rébellion contre la forme de ce que je suis en train de lire : toute cette prose, ou prétendue prose, ~~tout ce poids de matière verbale,~~ ce bavardage, ce racontage à n'en plus finir, pour ~~exposer~~ énoncer des faits, et rien que des faits, que ma mémoire aussitôt se met à enregistrer sous forme de listes, et tâche d'arranger en tableaux synoptiques ~~tableaux qui me semblent comparables à des vitrines de musées nettement et proprement arrangées, qui peuvent se comparer à des~~ comparables aux vitrines d'un musée bien éclairé et bien tenu, à des vitrines ~~contenant~~ où sont exposés et classés des échantillons ~~minéra~~... de roches ou de cristaux, ~~ou encore~~ à des médaillers [*sic*] ~~où se de~~... où toute l'histoire politique d'un pays se développe sous nos yeux en même temps que son histoire numismatique. Mais pour arriver à ce résultat, ma mémoire a dû faire une besogne analogue à celle qu'ont faite les gens qui, sous la direction du conservateur du musée, ont ~~nettoyé~~ débarrassé les cristaux de la terre qui les entourait et les monnaies de la rouille qui les couvrait : elle a dû nettoyer la notice, les faits de la matière verbale qui l'entourait. Et c'est contre la présence de cette matière verbale que s'insurge la paresse naturelle de mes trois belles mendiantes et que proteste mon activité de liseur quasi omnivore mais impatient ~~surtout à qui me~~ de toute taxe sur mon temps ; et c'est la suppression de cette matière verbale que nous demandons. Ma foi, quand il nous arrive de songer au Temps, aux archives, aux sciences, à Trogue-Pompée et à Justin, à une thèse de 800 pages sur l'auteur d'*Euphues*, aux statistiques de l'édition dans tous les pays et à l'encombrement toujours croissant des bibliothèques publiques[a] ;

BALISTIQUE

Cet article est déjà la « 3e copie complète », comme on le lira plus loin, mais ce n'est pas la dernière. Nous avons retranscrit le texte tel qu'il se présente dans le manuscrit, en barrant les variantes. Dorénavant Larbaud travaille sur deux pages : il écrit sur la page de droite, et il réserve la page de gauche aux corrections et ajouts qu'il fait à son texte.

« Balistique » a d'abord paru dans les Cahiers du Sud, *n° 146, décembre 1932, pp. 737-742. Le texte fut ensuite recueilli dans* Sous l'invocation de saint Jérôme, *en 1946.*

Il y a quelques années on n'entendait plus du tout, et on n'écrivait plus guère, le mot *retardement*, qui se rencontre souvent chez nos auteurs des XVIIe et XVIIIe siècles. On l'y ~~rencontre~~ trouve surtout dans le sens que Littré définit : « action de rendre tardif », et il s'oppose à *accélération*. Mais comme ~~le résultat d'une action a tendance à s'exprimer par le même mot que cette action~~ on a tendance à exprimer par le même mot une action et le résultat de

a. Ce brouillon se termine sur un point-virgule, ce qui semble confirmer que Larbaud ait abandonné cette note (dont nous n'avons pas de trace de parution) ; il y reprenait, en les isolant et sous une forme plus concise, certaines idées développées dès 1920 dans « Trois Belles Mendiantes », ou en 1923 dans « Pour l'inauguration d'une nouvelle ligne ». Nous avons néanmoins pu constater que « Sur le même sujet » était introduit, en chapitre VI, dans le second des plans qu'il établissait pour *Technique*, mais il dut y renoncer assez vite puisque, dans une lettre du 9 mai 1932, Jean Paulhan lui écrivait : « Je regretterai "Sur le même sujet". »

cette action, nous le trouvons aussi dans le sens second défini par Littré : « état de ce qui est en retard », et dans cette acception il est ~~presque~~ le demi-synonyme de *retard*, qui a peut-être été moins volontiers employé que RETARDEMENT par les écrivains des règnes de Louis XIV et de Louis XV.

Mais RETARD, qui est un peu comme RETARDEMENT sans perruque, — a beaucoup empiété sur son concurrent au cours du XIXe siècle, et jusqu'à se substituer à lui dans la langue littéraire. Cette extension peut être due au fait que *retard* est plus court et que la fréquence de la locution « en retard » dans la langue parlée a fait pencher la balance de son côté ; et d'autre part un moindre (ou un plus grand ?) souci de propriété, de précision, a fait perdre de vue [*Un mot raturé*] le sens premier de RETARDEMENT qui se voyait concurrencé de ce côté-là, par DÉLAI, RALENTISSEMENT et surtout ATERMOIEMENT. On l'a donc oublié peu à peu, comme en ce moment nous oublions [*Deux mots raturés*] l'aspect que présentait tel ou tel coin du Paris de 1900 et de 1910 ~~qui nous était pourtant très familier~~ : la Place Saint-Augustin par exemple, lorsque la caserne de la Pépinière ~~n'avait pas été remplacée par le vaste bâtiment où se trouve le cercle militaire~~ existait encore. Littré paraît considérer RETARD et RETARDEMENT comme des mots également vivants. Mais les dictionnaires usuels d'aujourd'hui [comme] (*Le Petit Larousse*, etc.) notent « vieux » ou « vieilli » RETARDEMENT.

Ainsi rebuté et invité à faire valoir ses droits à la retraite, RETARDEMENT s'est replié sur ses ~~derniers retranchements~~ dernières lignes et s'est « embusqué », — comme eût dit Arsène Darmesteter ou quelque autre des linguistes de l'âge héroïque, qui personnifiaient si gracieusement les mots. Bien décidé à ne pas ~~mourir~~ disparaître, il s'est engagé dans le service technique des arsenaux et, choisissant une situation qui lui laisse assez d'autonomie, de précision, pour sauvegarder son individualité, il s'est spécialisé dans les projectiles et les explosifs *à* RETARDEMENT.

C'est de là qu'il vient de tenter une sortie, — ou plutôt une rentrée dans l'usage. Timide, certes, la rentrée, mais astucieuse et bien conduite, comme on va voir. J'ai en effet assisté à la toute première phase de sa manœuvre, dont je suis en train de suivre avec beaucoup d'intérêt et de sympathie ~~les conséquences prochaines~~ le développement. Conscient du pouvoir et de l'influence de la langue littéraire sur la langue parlée, s'exagérant peut-être ce pouvoir et cette influence, — et connaissant le goût des écrivains pour les métaphores empruntées aux différentes techniques, — la balistique comprise, — il s'est adressé à la plus haute critique littéraire. Voici exactement comment les choses se sont passées :

Vers 1925 ou 25 [*sic*] j'ai entendu à plusieurs reprises F., poète et un des maîtres du Matériel Verbal français, s'exprimer à peu près ainsi :

« Il y a des ouvrages dont l'influence, toujours passagère, se fait sentir dès leur publication ; on les imite parce qu'ils sont faciles à imiter, qu'on les comprend sans effort et sans étude, et que la mode les impose à l'attention des imitateurs. Mais en général ce ne sont pas les meilleurs, et la rapidité de leur succès est le signe le plus certain de leur caducité. Les meilleurs sont ceux dont l'influence est *à* RETARDEMENT, et dont l'explosion, le contrecoup, se font sentir après un long temps d'apparente inefficacité : leur publication avait passé inaperçue du grand public et de ses critiques dirigeants ; on les croyait morts et enterrés ; et voilà que dix, vingt ans plus tard, on les découvre et on s'aperçoit qu'ils ont exercé sur la meilleure littérature contemporaine une influence considérable. Stendhal, Baudelaire, Lautréamont, Rimbaud, Mallarmé, — comme tous les grands classiques, d'ailleurs, — sont les types de ces AUTEURS À RETARDEMENT... »

(Je crois me rappeler que F. ne se donnait pas comme l'~~auteur~~ inventeur de cette métaphore ; il l'avait rencontrée chez un des théoriciens du Symbolisme ; il a dû me citer sa source, mais je l'ai oubliée) [*Trois mots raturés.*]

Ce propos fut aussitôt recueilli et mis en circulation par des critiques qui l'avaient entendu ou à qui il avait été rapporté ; et entre 1926 et 1930 l'élite des critiques français fit un usage de plus en plus fréquent des expressions : influence à retardement, œuvres et auteurs à retardement.

Jusque-là tout allait bien quant à la logique et à la pureté du langage, enrichi d'une formule frappante et utile, mais assez mal pour RETARDEMENT lui-même qui, tout en ayant considérablement agrandi son « aire sémantique », demeurait encore prisonnier d'une acception restreinte et bien délimitée : malgré l'image, la fonction de l'expression restait technique et savante.

Mais alors il se passa quelque chose de très curieux : à force de se répandre et de se répéter, l'expression finit par pénétrer dans une zone, — les premiers contreforts de l'Ignorance, — où elle fut adoptée SANS ÊTRE COMPRISE et en 1930 ou 31 j'ai eu la surprise de lire dans un journal quelque chose comme ceci : « Le succès des théories de Freud s'est fait sentir jusque dans la production dramatique... Mais cette mode n'a pas duré... Cependant il arrive encore qu'un directeur de théâtre reçoive d'un jeune auteur à retardement un manuscrit », etc. (Je crois même que la phrase exacte était : « un jeune à retardement ».)

Il était clair que dans l'esprit de l'auteur de ces lignes « à retardement » était l'équivalent de « en retard » ou de « attardé ». Quelle méprise ! quel contresens ! Mais on peut constater que ce contresens se répand aussi rapidement que naguère se répandit l'expression correctement comprise et avant-hier encore j'ai lu que telle école ou tendance actuelle n'était au fond qu'un « naturalisme à retardement ». Il est visible que l'expression, même incomprise, a plu : sans qu'on se soit demandé ce qu'elle signifiait au juste, ni d'où elle venait, on a cru ~~y voir~~ et voulu y voir un équivalent nouveau, frappant et ironique de « en retard », un équivalent qui soulignerait ce qu'il y a souvent de ~~comique~~ ridicule dans le fait d'être, ou d'arriver, en retard.

On peut imaginer que l'auteur (ou le contraire d'*auctor* : le « diminueur » ?) responsable de ce « naturalisme à retardement », si on lui reprochait l'emploi qu'il a fait de cette expression, se défendrait en disant qu'elle caractérise légitimement l'effet, le résultat des « influences à retardement » contenues dans le Naturalisme. Nous aurions donc ici un nouvel exemple du glissement par lequel le mot exprimant l'action tend à exprimer aussi le résultat de l'action. Mais l'argument serait spécieux, et controuvé pour les besoins de la cause, qui reste mauvaise en soi : car cet « à retardement » ainsi entendu fait double emploi avec « en retard » et on n'y peut voir que l'incompréhension de la métaphore mise en circulation par F. Les « profanes » ne voient que le retard de l'explosion là où les techniciens considèrent avec satisfaction, et comme une conquête de leur science, le retardement imposé au projectile. De même l'œuvre littéraire contemporaine influencée par Rimbaud ou Mallarmé sera bien en effet chronologiquement « en retard » sur l'œuvre de Rimbaud ou de Mallarmé, et c'est ici la vue du « profane » ; mais pour les critiques lettrés qui ont compris et lancé la métaphore, cette œuvre contemporaine ne pourra être dite « à retardement » que si on la suppose capable d'exercer à son tour une influence à longue échéance. En somme, soutenir que « à retardement » lorsqu'il signifie « en retard » est d'un emploi légitime, c'est jouer sur les mots, — jouer et perdre.

Mais cette perte est tout profit pour RETARDEMENT : à la faveur de cette méprise il se détache de sa spécialisation technique et de ses associations savantes ; il va au ~~langage public~~ parler courant comme un philanthrope va au peuple ; l'image se brouille et s'efface ; et de cette confusion *retardement* sort vainqueur de son concurrent *retard* qu'il a chassé d'une de ses positions les plus saillantes.

Succès bien limité si on songe à l'exiguïté de l'aire sémantique conquise, comparée à la superficie du domaine français ! mais succès considérable si on a égard au degré de désuétude et de vieillissement où le mot était tombé.

Et maintenant que va-t-il faire ? Pourra-t-il profiter de cette victoire locale pour aller plus loin ? Imaginons-le soutenu longtemps par le journalisme le plus répandu. Imaginons qu'il arrive à se faire connaître d'un million de francophones qui prendraient l'habitude de dire « à retardement » où ils disent aujourd'hui « en retard », ou « attardé », — et cela pourrait avoir lieu si une opérette ou comédie très populaire (comme *Phi-Phi* entre 1920 et 1925) prenait pour titre quelque chose comme « Un jeune homme à retardement ». Voilà des conditions bien favorables pour une nouvelle avance. Et ~~cependant~~ pourtant aussi longtemps que le substantif ne se serait pas libéré de la préposition qui fait corps avec lui, il lui serait difficile de lutter avec quelque chance de succès contre « retard » qui est, lui, bien détaché de « en ».

Il se peut qu'il s'en libère, mais à force de temps et d'usage ; et alors on réentendrait et on lirait de nouveau dans l'écriture courante « les retardements de la poste » (Mme de Sévigné). Mais parvenu à ce palier, RETARDEMENT aurait encore beaucoup à faire pour remonter de ce sens second au sens premier, à TOUS VOS RETARDEMENTS SONT POUR MOI DES REFUS (J. Racine) et à « Ce que j'ai à vous dire ne veut pas du tout de retardement » (Molière).

Il est plus probable qu'il s'en ira comme tant d'autres ~~modes~~ [*illisible*] mots imposés par la mode, et qu'il périra enlisé dans le bafouillage pseudo-littéraire [*illisible*] et cela se fera d'autant plus vite que les critiques lettrés, dégoûtés d'une métaphore qu'ils avaient d'abord traitée avec faveur, mais dont le ~~sens propre~~ la signification n'a pas résisté à l'usage, l'abandonneront. Ramenée aux arsenaux et au vocabulaire de la balistique, on pourra vraiment dire qu'elle a fait long feu. Toutefois, en ce moment, la trajectoire n'a pas encore atteint sa flèche, et les paris restent ouverts.

V.L.

(Ceci est la 3e copie complète ; j'en ai fait une 4e sur un carnet d'un format plus petit)[a].

HOMMAGE À LÓPEZ-PICÓ

Cet « Hommage », dont le brouillon occupe les dernières pages du cahier de Corfou, a paru dans Les Nouvelles littéraires *du 24 juin 1932. Larbaud en a détaché la coupure dans le journal et l'a collée à la fin du cahier.*

Un groupe d'admirateurs du poëte catalan Joseph-Maria López-Picó vient de donner, à l'occasion de ses « noces d'argent intellectuelles », — c'est-à-dire pour le vingt-cinquième anniversaire de la publication de son premier recueil, *Turment-Froment*, — une *Anthologie lyrique* (avec portrait par

a. G. Jean-Aubry dans l'inventaire des manuscrits qu'il a dressé fait allusion effectivement à une autre copie manuscrite comportant vingt et une feuilles de carnet. Elle figure au fonds Larbaud dans le recueil *Manuscrits XXVI*.

J. Obiols, Prologue de Carles Riba, Épilogue de A. Esclasans) dont la substance a été puisée dans les vingt-cinq opuscules, tirés à petit nombre d'exemplaires, très soigneusement imprimés et présentés, qui constituent tout ~~son œuvre~~ ce qu'il a écrit. C'était en effet le meilleur et le plus bel hommage qu'on pouvait faire à López-Picó : mettre un ample choix de ses poèmes à la portée d'un public plus nombreux que celui qu'il a pu, et voulu, jusqu'à présent atteindre, et montrer ainsi à tous les lettrés, aussi bien en Catalogne que hors de Catalogne, qu'un grand lyrique vivant représente et continue, avec tous les attributs de la royauté intellectuelle, la haute dynastie, fondée par Verdaguer, des Poëtes Catalans modernes. En même temps le volume compact, où le plus caractéristique, les « sonnets », de l'œuvre de López-Picó, se déroulent dans leur perspective chronologique, répond à un désir, et même à un besoin, des lecteurs qui ont eu le privilège d'être parmi les premiers initiés, et les premiers admirateurs, de cette Muse discrète, solitaire, s'exprimant en une langue connue de peu de lettrés, et ~~comme~~ pareille [à] la Muse décrite par Claudel :

> *la passante chantant des vers, le long de l'eau,*
> *Toute seule, comme un cerf farouche...*

le désir, le besoin, de posséder l'essentiel de son œuvre sous une forme plus maniable, plus transportable, ~~et qui leur permet de~~ et qui leur présente, juxtaposées, les différentes parties de ce chant unique mais qui va toujours s'élargissant, gagnant en richesse et en profondeur. ~~Les~~ Poèmes inspirés par la nature, par la mer, et la ville et le port de Barcelone, les Épigrammes dignes de l'Anthologie, la magnifique série des sonnets de *L'Ofrena*, les poèmes d'amour, ceux du foyer, l'*Elegia*, les poèmes religieux de *Meditacións i Jaculatories*, les impressions d'Italie ~~du carnet de route~~ des *Enyorances del Món...*

Je suis un de ces privilégiés, ~~qui ont pu lire au cours de ces vingt cinq dernières années, ces précieuses plaquettes, ce chant chacune de ces plaquettes éditées pour les initiés~~ et j'ai connu à partir de 1920 ce chant ~~auquel~~ dont mon oreille, d'abord surprise, gardait ~~précieusement comme à son insu~~ le souvenir et la nostalgie. Une à une, au cours de ces années les précieuses plaquettes qui le contenaient sont entrées avec *La Revista* de Barcelone et un ou deux ~~livres de~~ recueils de Josep Carner, ~~et de Carles Riba dans le petit réduit de ma bibliothèque où sont les auteurs catalans et quelques livres de Josep Carner~~ dans le coin des poëtes catalans de ma bibliothèque, — un ~~coin de~~ petit rayon que rendent particulièrement visible les reliures, aux couleurs de la Catalogne, que j'ai ~~choisies~~ fait mettre à ces livres. Mais ce n'est pas cet éclat purement matériel qui m'attire vers ce coin-là.

Je voudrais bien moi aussi, en témoignage ~~de ma gratitude pour Lop et~~ de mon admiration pour López-Picó, contribuer ~~de Paris~~ d'ici, de Paris, à l'hommage de ses admirateurs catalans et je ne vois pour cela pas d'autre moyen que d'essayer de traduire quelque pièce de lui.

Mon audace est grande, car ma connaissance, d'origine plus auditive que ~~littéraire~~ livresque, de la langue catalane est limitée ~~encore que (bien que) le fond (le principal) en soit dû~~ : presque entièrement due à ~~la~~ une pratique quotidienne et casuelle ~~durant~~ pendant quelques brefs séjours à Barcelone. Mais d'autre part ~~je remarque~~ il me semble que ces poëtes catalans d'aujourd'hui, plus peut-être que ceux de la grande renaissance du XIXe siècle, ~~se sont (for) empruntant à la langue parlée et populaire la plus grande p...~~ s'attachent à suivre de près la langue parlée et populaire de leur capitale, ~~et que, par là même un lecteur~~ en sorte qu'un étranger ~~comme moi~~ ne peut manquer d'être frappé de la dignité, ~~et~~ de la beauté ~~lyrique~~ et de la douceur auxquelles ils savent élever ce langage ~~longtemps éloigné litt naguère encore~~ pendant longtemps réservé aux formes ~~inférieures, provinciales~~ plébéiennes et dialectales de la littérature ; si bien qu'en les lisant ~~on~~ nous songeons aux grands lyriques provençaux que cite et que fait parler Dante. ~~J'aurais bien voulu~~ Plusieurs courtes pièces ~~me tentaient~~ m'ont tenté beaucoup un *Cyprès*, une *Danseuse*, quelques *Corrandes*, des *Jeunes Filles*, des *Fontaines*, des *Oliviers*, un *Saint Laurent*, un *Avent*, un *Miserere* pour les morts en mer… Finalement j'ai reconnu que le quatrain suivant était, non le plus beau selon mon goût, mais le plus facile à traduire pour mon ignorance :

La Poésie

Un battement d'ailes fait chaque mot nouveau
Quand, libéré, il prend sa volée franche,
Et fuit de moi comme de son nid l'oiseau
Me laissant un léger tremblement de branche.

En même temps que cette *Antologia lirica*, je recevais de López-Picó lui-même sa XXVIe ~~opuscu…~~ plaquette, récemment publiée, ~~de López-Picó~~ : *Entre els Ocels i els Angels*. Les éditeurs de l'*Antologia* considéraient et souhaitaient que vingt-cinq autres *Opuscles* vinssent s'ajouter aux vingt-cinq jusqu'alors parus. ~~Voici nous le souhaitons aussi~~ Pour ~~notre~~ le plus délicat plaisir des lettrés, et pour la plus pure gloire de la Catalogne nous le souhaitons aussi.

V.L.

(Premier brouillon complet, recopié avec modifications sur un autre carnet ; paru dans *Les Nouvelles littéraires* du 24 juin 1932.)

ANNEXES

LETTRE D'ENRICO FALQUI

En-tête: *L'Italia Letteraria* / Giornale di lettere, scienze ed arti / direzione e amministrazione : Via della Mercede, 39 — Roma (VII) — Telef. 65-846

Roma 9 ottobre 1931

Chiarissimo Larbaud,

ci ha mandato una prosa che sembra scritta apposta per noi. Veramente bella e piena d'un sapore umanissimo che oggi va diventando sempre più raro. Ma oggi s'è quasi perduto il sospetto delle buone letture. Lo so io, che per aver fatto due antologie d'un certo pregio — oso dire — e d'una certa originalità, non ho raccolto che insolenze, tranne i soliti pochi avarissimi complimenti degli amici. Anzi, se permette, di queste mie due antologie (una comprensiva di nostri migliori "Scrittori nuovi" e l'altra degli "sconosciutissimi" eppure straordinari ed eccellenti scienzati italiani dell' 600) le offro un esemplare.

Così Ella potrà — spero — rimaner più tranquillo apprendendo che questa prosa nelle "Antologie" sarà tradotta da me. Mi ci metto d'impegno.

E la pubblicheremo nel quarto numero di ottobre dell' *Italia letteraria*.

Naturalmente le citazioni da Corneille non occorre tradurle. Occorre invece saper restituire al periodo l'originaria ornatezza.

Mi metto subito al lavoro.

Saremmo lietissimi ed onorati di poter pubblicare anche qualche scritto dei migliori artisti francesi d'oggi. A chi potremmo rivolgerci con fortuna ?

Da oggi in poi receverà l'omaggio del nostro giornale e cosi potrà meglio convincersi che vale la pena di aiutarci.

Una cordialissima stretta di mano dal suo

Falqui

[*Au bas de la lettre, d'une autre main (celle d'Angioletti ?), ce salut : « Ossequi e molti auguri ricordandola sempre suo devotissimo. »*]

Bien cher Larbaud,

Vous nous avez envoyé une prose qui semble écrite exprès pour nous. Vraiment belle et pleine d'une saveur très humaine qui aujourd'hui devient de plus en plus rare. Mais aujourd'hui on a presque perdu jusqu'à l'idée de ce que serait une bonne lecture. Je le sais moi, qui pour avoir fait deux anthologies d'une certaine qualité, — j'ose le dire — et d'une certaine originalité, n'ai récolté que des insolences, sauf les quelques habituels compliments rares et très avares des amis. D'ailleurs, si vous le permettez, je vous offre un exemplaire de mes deux anthologies, (la première comprend nos meilleurs écrivains récents et l'autre des archi-inconnus mais pourtant extraordinaires et excellents hommes de science italiens du XVII*e siècle).*

Ainsi vous pourrez, je l'espère, être rassuré en apprenant que c'est moi qui traduirai cette prose des « Anthologies ». Je vais m'y mettre d'arrache-pied.

Et nous la publierons dans le n° 4 d'octobre de L'Italia letteraria.

Naturellement les citations de Corneille, il n'est pas nécessaire de les traduire. Il faut par contre savoir restituer à votre phrase sa richesse première.

Je me mets tout de suite au travail.

Nous serions aussi très heureux et honorés de pouvoir publier également quelques écrits des meilleurs artistes français d'aujourd'hui. À qui pourrions-nous nous adresser avec succès ?

À partir d'aujourd'hui, vous recevrez notre journal en hommage et vous pourrez ainsi mieux vous convaincre que ça vaut la peine de nous aider.

Une très cordiale poignée de main de votre

Falqui

[Au bas de la lettre, d'une autre main : « Salutations et meilleurs vœux, avec mon meilleur souvenir, Votre très dévoué »]

LETTRE DE CLEMENCIA MIRÓ

Valery Larbaud,

Distinguido señor : Mis hermanos me trajeron a mi retiro suizo el ejémplar de lujo de *Semaine sainte*. Conocia ya la edición española de Gustavo Gili (prólogo del critico "Gaziel"). Son preciosos los libros, y las palabras preliminares de usted, magnificas. Cómo le hubieran gustado a mi padre ! Con la ilusión que corrigió las pruebas, esperando tener en sus manos esos pulcros, perfectos ejemplares !

Permaneceré en Suiza hasta el próximo verano que ya volveré a España. A mi paso por Paris quisiera hablar con usted acerca de unas traducciones francesas de las obras de mi padre.

Le ruego transmita a Mr Daragnés mi saludo y le diga que su colaboración en *Semaine sainte* es maravillosa.

A usted, Valery Larbaud, que tan bién sabe ver la claridad y el espíritu de nuestro Levante, que tan conmovido recuerdo sabe garduar a mi padre, le envio en estas lineas el testimonio de mi sincera amistad.

Clemencia Miró

« Beaulieu », Leysin — 24 octubre, 1931

Valery Larbaud,

Cher monsieur,

Mes frères m'ont apporté dans ma retraite suisse l'exemplaire de luxe de Semaine sainte. *Je connaissais déjà l'édition espagnole de Gustavo Gili (prologue du critique « Gaziel »). Les livres sont magnifiques et votre préface est merveilleuse. Comme cela aurait plu à mon père ! Avec le bonheur d'avoir corrigé les épreuves en attendant d'avoir entre les mains ces exemplaires soignés, parfaits.*

Je resterai en Suisse jusqu'au prochain été puis je rentrerai en Espagne. À la faveur d'un passage à Paris, j'aimerais vous parler de quelques traductions françaises des œuvres de mon père.

Je vous prie de transmettre mes salutations à M. Daragnès et de lui dire que sa collaboration à Semaine sainte *est merveilleuse.*

À vous Valery Larbaud qui savez si bien voir la clarté et l'esprit de notre Levant, à vous qui savez garder un souvenir si touchant de mon père, j'adresse, dans ces lignes, le témoignage de ma sincère amitié.

Clemencia Miró

LETTRE DE GERVASIO GUILLOT MUÑOZ

En-tête imprimé : « Republica oriental del Uruguay — Museo nacional de Bellas Artes »

Señor Don Valerio Larbaud

Querido maestro y amigo :

Tengo el placer de enviarle un ejemplar de un folleto que contiene los programas de estudio de los cursos del Instituo de Estudios Superiores de Montevideo. En el folleto referido encontrará V. el programa de un curso de civilización contemporanea que dicte en el Museo Pedagógico todos los viernes de las 17 a las 18. El Consejo directivo del Instituto de Estudio Superiores me dió toda libertad para redactar el programa del curso a mi cargo. Encontrará V en las diversas secciones que lo integra que la litteratura ocupa sitio preferente y se encuentra en buena companía rodeada por algunas questiones de filosofía, de estética general, de historia de las ideas contemporáneas y aún de urbanismo (éste relacionado con ciertos problemas sociales, culturales y estéticos). En mi curso de conferencias, América Latina esta excluida porque por mi iniciativa, se creará un curso especial sobre la nueva literatura iberoamericana. He tomado la palabra "Neología" de la clasificación de ciencias de Ampère. Sin embargo uso este vocablo en su sentido etimológico, el cual difiere del que le da el investigador del electro-dinamismo. En este curso de conferencias me he propuesto estudiar en sus rasgos esenciales el duende y espíritu del siglo XX. Por esta razón, en la sección XI del programa (pag.26) figura Valery Larbaud entre los jefes de ruta del tiempo que vivimos.

Por el mismo correo, lo envío igualmente un ejemplar de una conferencia que pronuncié el año pasado en la Universidad y que acaba de ser publicada. Forma parte de la serie organizada por la Comisión Nacional del Centenario.

Hasta muy pronto, querido y admirado maestro.

Un cordial saludo de Gervasio Guillot Muñoz

Setiembre 19 de 1931

Montevideo, calle Agraciada 3721

Monsieur Valery Larbaud

Cher maître et ami,

J'ai le plaisir de vous envoyer un exemplaire d'une brochure qui contient les programmes d'études des cours de l'Institut d'Études supérieures de Montevideo. Dans la brochure à laquelle je me réfère, vous trouverez le programme d'un cours de civilisation contemporaine que j'ai donné au « Museo Pedagogico » tous les vendredis de 17 à 18 h. Le Conseil directeur de l'Institut d'Études supérieures m'a donné toute liberté pour rédiger le programme du cours qui m'incombait. Vous trouverez dans les différentes parties qui le composent que la littérature occupe une place de choix et se trouve en bonne compagnie entourée de quelques questions de philosophie, d'esthétique générale, d'histoire des idées contemporaines et même d'urbanisme (ce dernier thème en rapport avec certains problèmes sociaux, culturels et esthétiques). Dans mes cours, l'Amérique latine est absente, car, à mon initiative, va être créé un cours spécial sur la nouvelle littérature ibéro-américaine. J'ai emprunté le mot « néologie » à la classification des sciences d'Ampère. Cependant, j'emploie ce mot dans son sens étymologique, lequel diffère de celui que lui donne le chercheur de l'électrodynamisme. Dans ces conférences, je me suis proposé d'étudier dans leurs traits essentiels le génie et l'esprit du XXe siècle. C'est pour cette raison que, dans la partie XI du programme (p. 26), Valery Larbaud figure parmi les chefs de file de l'époque que nous vivons.

Par ce même courrier, je vous envoie également un exemplaire d'une conférence que j'ai prononcée l'année dernière à l'Université et qui vient d'être publiée. Elle fait partie de la série de conférences organisée par la Commission nationale du Centenaire.

À très bientôt, cher et vénéré maître,
Cordialement, Gervasio Guillot Muñoz
Le 19 septembre 1931
Montevideo, calle Agraciada 3721

LETTRE D'ADOLPHE DE FALGAIROLLE

[*En-tête imprimé :*] La Maison des Journalistes
Salon de lecture
Paris, le 7 février 1932

Cher Monsieur Valéry-Larbaud,

Je m'excuse de vous déranger, mais je dois prendre une décision à laquelle vous êtes indirectement mêlé et je dois, avant de rendre une réponse, vous consulter.

Ami de l'écrivain vénézuélien Uslar Pietri, actuellement à Paris, j'ai entendu ce romancier me lire le roman qu'il écrivait *Las Lanzas coloradas* et, enthousiasmé par ce livre, j'en ai annoncé la proche parution dans une revue de Paris. L'auteur a même utilisé mes quelques lignes pour les publier au verso de la couverture de son roman. Tandis qu'on l'imprimait à Madrid, je traduisais de lui un conte que je remis à *Candide* qui l'a accepté et doit le publier incessamment. En même temps je lui demandais l'autorisation de traduire *Las Lanzas*, ce qu'il m'accorda par lettre, que j'ai là sous les yeux. Parti en Espagne en septembre, j'en reviens ces jours-ci. Entre temps, Pietri m'écrivit pour s'assurer que la traduction avançait. Ce matin je suis allé chez lui pour lui lire les 2/3 du roman, ma traduction étant presque achevée. Mais il m'a demandé de renoncer à la terminer et à la publier à la N.R.F. qui l'a acceptée, me disant qu'on lui avait assuré que, pour des raisons qui vous étaient personnelles, vous teniez à traduire son livre. Et il m'a demandé de lui rendre sa parole, son autorisation, et de communiquer ce renoncement à son éditeur.

Je n'ai pas voulu donner de réponse définitive avant de vous consulter. J'estime, j'ai dit, et j'ai écrit que vous étiez notre maître à tous en hispanisme. Je ne suis pas de ceux qui se dédisent. Malgré le travail déjà fait, la certitude qu'il paraîtra à la N.R.F., je suis prêt à renoncer à poursuivre la traduction des quelques pages qui me manquent, prêt à renoncer à remettre le tout à l'éditeur, pourvu que mon remplaçant soit vous.

Je vous communiquerai ce renoncement aussitôt que vous m'aurez confirmé votre désir. Et je me ferais une joie de vous laisser ajouter à la valeur d'une œuvre que j'admire — et j'ai été le premier à l'écrire — le renom de Valéry-Larbaud. Mais je me demande s'il ne s'agit pas de promesses vagues, peut-être d'une conversation mal interprétée et je vous prie très INSTAMMENT de vouloir bien me dire, immédiatement, ce qu'il en est.

Je vous répète que ce sera pour moi une satisfaction de vous laisser faire et signer cette traduction. Je garde en effet la promesse de l'auteur qu'en compensation, il me demandera de traduire sa prochaine œuvre.

Veuillez m'excuser, Cher Monsieur Valéry-Larbaud, de vous importuner de la sorte. Il s'agit de donner une réponse qu'on me demande AVEC URGENCE et je ne puis différer.

Je vous prie de vouloir bien trouver ici l'expression de mes respectueux sentiments.

A. de Falgairolle Paris XIV, 93 Boulevard Brune.

[*Au bas de cette lettre, cette remarque de la main de Larbaud :* « *Answered. A Mystery !* » : « *Répondu. Un mystère !* »]

Notes

D'ANNECY À CORFOU

1. Le nom d'Annecy, qui ouvre ce journal, est encadré en vert dans le manuscrit, comme les autres noms d'endroits où Larbaud séjourne.

2. On trouve aussi fréquemment la graphie « Palais de l'Isle ». C'est probablement le monument le plus typique d'Annecy. Situé au milieu de la rivière, le Thiou, il a une forme triangulaire qui rappelle une proue qui en fend les eaux. Il fut la première résidence du châtelain d'Annecy au XIIe siècle.

3. Ce restaurant se trouvait 5, rue Royale. Il est indiqué dans *Annecy et ses environs*, Guide Diamant, Hachette, 1928, que nous avons retrouvé dans la bibliothèque de Larbaud.

4. Ce vin, peu connu, provient du vignoble savoyard de Saint-Jean de la Porte, qui s'étend sur 360 ha dans la vallée entre Montmélian et Albertville. On le trouve cité dès le XIe siècle. Il avait été retenu par les évêques et les comtes de Savoie.

5. « Philothée » est le nom que saint François donnait à sa cousine, Mme de Charmoisy, à qui il adressait des lettres dont fut tiré, en 1608, un traité spirituel, *Introduction à la vie dévote*. Dans sa préface on relève : « J'adresse mes paroles à Philothée, parce que voulant réduire à l'utilité commune de plusieurs âmes, ce que j'avais premièrement écrit pour une seule, je l'appelle du nom commun à toutes celles qui veulent être dévotes : car Philothée veut dire amatrice ou amoureuse de Dieu. »

Le guide Diamant, cité plus haut (et que Larbaud avait vraisemblablement en main) indique au n° 1 de la rue de l'Isle l'Hôtel de Mme de Charmoisy, la Philothée de saint François de Sales. Et c'est au 18 de la rue Sainte-Claire que se trouve l'Hôtel Bagnorea, bâti par Mgr Gallois de Regard, évêque de Bagnorea. Cet hôtel devint la propriété d'Antoine Favre en 1608 et c'est là que se réunissait, jusqu'en 1610, date de sa dissolution, l'Académie florimontane, qui connut une nouvelle naissance en 1851 et à laquelle Larbaud porte de l'intérêt.

6. L'île des Cygnes, terrain gagné sur les marécages en bordure du lac, devait être alors une construction toute récente puisqu'elle fut aménagée entre 1854 et 1859. Quant au « jardin », ancien jardin public qui occupe une presqu'île entre les canaux du Thiou et du Vassé, il porte actuellement le nom de Jardins de l'Europe et fait face à l'île des Cygnes.

7. Eugène Sue, auteur des *Mystères de Paris* et du *Juif errant* (d'où le monument dont il sera question plus loin à Annecy), alla chercher refuge en Savoie après le coup d'État du prince-président, en 1851, comme un certain nombre de « proscrits du coup d'État », dont le grand-père de Larbaud, maître Bureau des Étivaux.

8. Lugné-Poë (1869-1940) fut une personnalité importante du théâtre. Fondateur du Théâtre de l'Œuvre, il fit connaître en France Ibsen, Strindberg, D'Annunzio, encouragea Jarry, Claudel...

9. Cette statue, après avoir été à nouveau déplacée, dut être complètement démontée du fait du mauvais état dans lequel se trouvaient les pierres qui la constituaient. Le médaillon en bronze est conservé au musée-château d'Annecy.

10. Maria Nebbia, qu'il a connue en 1922 en Italie, partage depuis cette date la vie de l'écrivain. Les petits-enfants de Maria (enfants de son fils Gino) désignaient Larbaud sous le nom de Babbo, qui, en italien, signifie « papa » ; mais on peut imaginer un rapport homophonique entre « Babbo » et « Larbaud », puis la création de « Baboa » pour désigner Maria.

11. Portofino Mare et Santa Margherita Ligure (Santa Marghe' ; c'est bien souvent sous cette graphie que nous trouverons ce nom) sont de petites localités sur la côte ligure, près de Gênes, où Larbaud séjourna à plusieurs reprises et où il fit la connaissance de Maria Nebbia.

12. En fait il s'agit non pas d'Étienne, mais d'Ernest Béchard, peintre et graveur (1891-1930). Sa veuve a fait don au musée-château d'Annecy d'une collection de ses œuvres, que l'on peut y voir.

13. Jacques Chenevière (1886-1976), écrivain suisse que Larbaud appréciait, résidait à Cologny, sur les bords du lac Léman. Larbaud ira lui rendre visite en 1933 et racontera dans *Giro dell' Oca*, journal de ce voyage en Suisse, les promenades et les conversations qu'ils ont eues au cours de son bref séjour à Genève.

14. C'est ici la première mention du nom d'un homme qui fut, jusqu'à sa propre mort, le très fidèle ami de l'écrivain, son biographe (*Valery Larbaud, sa vie et son œuvre : la Jeunesse (1881-1920), op. cit.*) et son éditeur. C'est Jean-Aubry qui entreprit pour Gallimard l'édition des œuvres complètes de Larbaud, mais sa mort, en 1950, ne lui permit pas d'achever cette tâche, qui fut reprise et menée à bout par Robert Mallet.

C'est ainsi que Larbaud présentait G. Jean-Aubry à A.A.M. Stols, éditeur à Maestricht, dans une lettre du 4 mai 1933 : « G. Jean-Aubry, que je connais depuis 1910 et avec qui je suis resté en contact depuis ce temps-là et qui est des meilleurs ÉRUDITS LETTRÉS que je connaisse, a entrepris spontanément une *Bibliographie Raisonnée* de TOUS mes ouvrages » (voir Valery Larbaud-A.A.M. Stols, *Correspondance 1925-1951*, édition établie par Christiane et Marc Kopylov avec une Introduction de Pierre Mahillon, Éditions des Cendres, 1986, p. 285). L'amitié entre les deux hommes est illustrée par la riche correspondance qu'a éditée Frida Weissman (Valery Larbaud-G. Jean-Aubry, *Correspondance 1920-1935*, Gallimard, 1971).

15. Larbaud partageait avec Eugène Parturier un intérêt marqué pour Maurice Scève. Lui-même a consacré plusieurs articles au poète lyonnais : une étude parue dans *La Nación* du 10 août 1924, des « Notes sur Maurice Scève », parues avec des fragments de *Microcosme* dans le Cahier V de *Commerce*, à l'automne 1925, et la préface à *Microcosme*, publié chez Stols en 1928. Ces différents articles contribueront à former le chapitre sur Maurice Scève du *Domaine français* (*O.C.*, t. VII, pp. 66-140). Il prononcera également une conférence sur Radio-Paris, le 11 février 1935 : « Maurice Scève et les poëtes lyonnais ».

16. Emmanuel Schachmann était attaché de presse à la Légation royale de Roumanie. En octobre 1929, il avait adressé une lettre à Larbaud pour se présenter et il y déclarait : « [...] je voudrais vous donner l'envie de faire un voyage en Roumanie, où vos nombreux disciples et amis seraient heureux de vous accueillir » (fonds Larbaud à Vichy).

17. Après avoir séjourné à Annecy de 1852 à 1860, la famille Bureau des Étivaux s'était réfugiée à Genève jusqu'au rattachement de la Savoie à la France (« nouvelle annexion », dit Larbaud) en 1860, où elle demeura quelque temps avant de rentrer définitivement en France — l'amnistie avait été prononcée en août 1859 — et s'installer à Gannat, près de Vichy.

On remarque à nouveau l'utilisation d'une majuscule à l'initiale de « Mère » (et de « Père » plus bas, mais après rature, comme s'il l'avait ajoutée après réflexion). Pour « mi Mujer », « mae Muggè » ou « mia Moglie », diverses expressions signifiant « ma femme », Larbaud procède de même. Est-ce une façon de manifester son respect pour ces femmes et le rôle qu'elles remplissent dans sa vie ? Dans *Rachel Frutiger*, Larbaud a imposé cette majuscule et s'est attiré cette remarque de Marcel Ray (Valery Larbaud-Marcel Ray, *Correspondance, 1899-1937*, t. II, p. 230) : « J'ai lu avec émotion et avec joie votre *Rachel Frutiger*. Vous n'avez sans doute rien écrit de meilleur que ces belles pages solennelles, où la solennité n'est pas dans les mots. C'est pourquoi je me permets de regretter que vous écriviez "ma Mère" avec une lettre majuscule. Je vous assure que c'est absolument superflu ; le mouvement du récit et l'accent des phrases suffisent » (lettre du 14 juin 1914).

18. Mlle Jane, qui résidait à Valbois, était morte au début de l'année 1926.

19. Signalons, au passage, cet accord : adjectif au pluriel et le mot qu'il qualifie, « drapeau » selon toute vraisemblance, au singulier.

20. « Adret » (et son synonyme « endroit ») est le terme généralement employé dans les Alpes pour désigner le versant le plus ensoleillé de la vallée. Il s'oppose à « ubac », qui a pour synonyme « envers » ou « ombrée » et qui est fréquemment un versant forestier, d'où l'image des paravents suscitée par une alternance de pans d'ombre et de lumière.

21. La vie de ces exilés à Genève est évoquée dans *Rachel Frutiger* (cf. L.P., p. 475).

22. C'est là que se trouve l'Hôtel Bagnorea, siège de la première Académie florimontane fondée en 1607, soit vingt-neuf ans avant l'Académie française, par le président Antoine Favre (père du grammairien Vaugelas), lui-même président du Conseil de justice du Genevois, et François de Sales. Cette société littéraire fut créée sur le modèle de celles qui existaient déjà en Italie. Elle ne survécut pas à ses deux fondateurs mais fut cependant reconstituée en 1851. L'édition du *Guide Diamant* de 1928 déclare qu'elle publie une revue historique estimée (c'est la *Revue savoisienne*, qui n'a pas cessé de paraître depuis 1852) et qu'elle possède une importante bibliothèque d'ouvrages sur la Savoie — que Larbaud cherche au 18 rue Sainte-Claire.

23. Le guide de Larbaud atteste 15 004 habitants en 1928.

24. C'est-à-dire le lac du Bourget.

25. Amélie Gex est une poétesse savoyarde. Dans son article « Valery Larbaud et la Savoie » (in *Valery Larbaud et la France*, actes du colloque tenu à Paris-Sorbonne le 21 novembre 1989, publications de l'Institut d'études du massif Central, fascicule XXXIX, 1990), Bernard Bajon parle des promenades que Larbaud fait jusqu'à Chaffat « pour tenter d'identifier la maison de la poétesse savoyarde, Amélie Gex » (p. 60).

26. Le *Palais de l'Isle* mériterait des guillemets chez Larbaud et des italiques dans cette édition. Il s'agit, cela va de soi, d'un tableau du peintre Ernest Béchard représentant ce bâtiment si caractéristique d'Annecy. Peintre régional jouissant d'une certaine notoriété, il demandait sans doute pour son œuvre un prix que Larbaud jugeait trop élevé pour sa bourse.

27. On retrouve ici l'intérêt de Larbaud pour les bateaux. Le *France*, qui était un bateau de 350 HP et qui pouvait contenir 700 passagers, fut racheté par un particulier et ancré au large de la baie d'Albigny, où il coula le 13 mars 1971, par 45 mètres de fond, pour une cause restée indéterminée. Le *France*, le *Ville-d'Annecy*, le *Mont-Blanc*, le *Savoie*, tous ces vapeurs qui naviguaient sur le lac à l'époque de Larbaud ont été remplacés, après avoir été réformés, par le *Libellule*, le *Savoie*, le *Thiou* et le *Belle-Étoile*. Larbaud ne serait donc pas privé de nos jours de sa promenade sur le lac !

28. Vers 1856, on avait commencé à découvrir, à proximité des rives du lac, des stations préhistoriques immergées. Mais ce n'est qu'à partir des années 1940 et jusqu'en 1960 qu'on a pu établir que ces stations lacustres avaient été édifiées à même le sol, sur les plages découvertes par le retrait des eaux.

29. Le lac d'Orta, que Larbaud a visité au cours de ses voyages en Italie, se trouve séparé du lac Majeur, dans lequel il se déverse, au nord, par la chaîne de Mottarone. C'est un des lacs italiens les plus petits mais aussi les plus calmes.

30. Ce « lui » qui n'a pas de référent désigne la personne toujours présente, celle qui participe au « nous », sa compagne, Maria Nebbia.

31. La construction de cette basilique de la Visitation, qui n'était « pas tout à fait terminée » à l'époque où Larbaud la visitait, avait débuté en 1922. Elle ne fut consacrée qu'en 1949. Les reliques de sainte Jeanne de Chantal, qui a suivi saint François de Sales à Annecy et est venue y fonder l'ordre des Visitandines, ainsi que celles de

saint François y reposent. On note la quête et l'hommage permanents que Larbaud rend à saint François à Annecy.

32. Cette expression italienne qui signifie « pêle-mêle » est assez souvent utilisée par Larbaud. Elle a été reprise dans le *Cahier de l'Herne* consacré à Larbaud (*op. cit.*) comme titre à une note de Larbaud sur le désordre dans lequel il fait relier ses manuscrits.

33. Tout ceci a été réorganisé depuis l'époque de Larbaud. L'Académie florimontane ne siège plus à l'hôtel de ville sur le bord du lac, construction des années 1850, mais, comme le conservatoire de musique et l'école des beaux-arts, elle est désormais abritée dans l'ancien évêché, beau bâtiment de la fin du XVIIIe dans la rue Jean-Jacques Rousseau.

34. On retrouve ce livre dans la bibliothèque de Larbaud à Vichy. Mais le livre de Charles Pinel n'y figure pas.

35. Voici la première apparition du chien des Larbaud, qui les accompagnera dans tous leurs déplacements et justifiera bien des sorties.

36. C'est un terme que Larbaud a fabriqué pour désigner les importuns. Il est amusant d'essayer d'en reconstruire l'étymologie. Formé du mot grec *pelma* qui désigne la plante des pieds, ou la semelle des chaussures, et du suffixe *zoïde* évoquant la catégorie animale, il pourrait vouloir dire « individu-semelle ». Une autre façon de dénommer les casse-pieds ?

37. Il s'agit d'une étude qui restera à l'état d'ébauche. Elle a été publiée en 1994 aux Éditions des Cendres par Marc Kopylov, précédée d'une préface de Roger Grenier.

38. Ce livre se trouve encore à Vichy sous la cote F 4761. Sagehomme appartenait à la Société de Jésus (S.J.) et le titre de l'ouvrage était : *Répertoire alphabétique de plus de 7 000 auteurs avec leurs ouvrages au nombre de 32 000 (romans et pièces de théâtre) qualifiés quant à leur valeur morale*, Paris-Tournai, Casterman, 1931. La cotation était la suivante :

E : pour enfants — T.B. : pour tous — B : pour jeunes gens formés — B ? : appelle des réserves plus ou moins graves — D : dangereux, à déconseiller — M : mauvais.

À l'article Larbaud, V., on relève : M : *Amants, heureux amants.* M : *Beauté, mon beau souci.* D : *Fermina Márquez.* M : *Mon plus secret conseil...*

39. Letta est le diminutif d'Angioletta, petite-fille de Maria Nebbia, qui viendra vivre avec sa grand-mère (Baboa) et Larbaud (Babbo) à partir de 1933. Larbaud choisira plus tard d'écrire ce diminutif avec une graphie latine,« Laeta ». L'adjectif latin signifie « joyeuse », mais aussi « source de joie et de bonheur », ce qu'était l'enfant pour le couple de Maria et Larbaud.

40. Hôtel Beaurivage, dont il sera question le lendemain.

41. Touring-Club.

42. Cette Société a toujours son siège à Moulins, où il existe une biliothèque et un musée de la Société d'Émulation du Bourbonnais, place de l'Ancien-Palais. Elle se définit comme une société des lettres, des sciences et des arts. Elle fut fondée en 1845. Elle publie un bulletin et des numéros spéciaux. Elle a consacré un certain nombre d'articles à Larbaud (dix-huit entre 1928 et 1983). Larbaud lui-même y publia une communication en 1927.

43. La consultation du Ms IX au fonds Larbaud (« Petites notes à classer », folio 23) nous a permis de savoir que la *Rusticatio Mexicana* est un texte, que Larbaud a lu en 1931, écrit en latin-guatémaltèque par le père Rafael Landivar, S.J.

44. Achille Allier (1807-1836) est, déclare Larbaud dans une lettre du 7 décembre 1928 à Paulhan, « le seul écrivain bourbonnais du XIXe siècle ». Il est l'auteur de l'*Ancien Bourbonnais*, 2 volumes et 1 atlas, Moulins, Desrosiers, 1833.

45. Le Balustre d'or entoure un petit bassin creusé dans une niche et surmonté du buste de Jean-Jacques Rousseau. Une inscription rappelle que c'est à cet endroit que le 21 mars 1728, muni d'une recommandation du curé de Confignon, Jean-Jacques rencontra Mme de Warens qui sortait de chez elle pour se rendre à la cathédrale : « C'était le jour des Rameaux de l'année 1728. Je cours pour la suivre : je la vois, je l'atteins, je lui parle... Je dois me souvenir du lieu ; je l'ai souvent depuis mouillé de

mes larmes et couvert de mes baisers. Que ne puis-je entourer d'un balustre d'or cette heureuse place ! » (Jean-Jacques Rousseau, *Les Confessions*, livre II, coll. « Folio classique », p. 83).

46. Marius Dardel, libraire et éditeur à Chambéry, s'était spécialisé dans la publication d'ouvrages consacrés à la Savoie. Dans une lettre du 23 septembre 1931 à G. Jean-Aubry, Larbaud note : « À Chambéry j'ai acheté : Claire-Éliane Engel / Docteur ès lettres / *Byron / et / Shelley / en Suisse / et en Savoie* / 1816 / Librairie Dardel / Chambéry / 1930. 111 pages ; frontispices et 3 planches en noir. — Je ne l'ai pas encore lu » (Valery Larbaud-G. Jean-Aubry, *Correspondance, 1920-1935*, N.R.F., Gallimard, p. 93). On trouve, dans la bibliothèque de Larbaud, quelques ouvrages publiés à la Librairie Dardel, qui a disparu voilà une trentaine d'années.

47. « Cluse » est un mot jurassien qui désigne une vallée étroite en gorge. Comme souvent le mot finit par donner au contenu le nom du contenant, c'est ainsi que la cluse désigne le torrent. Maria Nebbia atteste d'un mot très proche en italien. Pour *chorros*, il s'agit d'un mot espagnol qui désigne toute eau qui coule en jaillissant — ce peut donc être un torrent. Remarquons qu'il existe de nombreuses rues « de la Cluse » en Savoie et à Genève.

48. Le tombeau de Taine est une petite chapelle creusée dans le roc sur la face nord du Roc de Chère. Tout ce site est, depuis 1974, classé zone naturelle protégée.

49. Le circonflexe n'est pas attesté sur le *a* de François-René de Chateaubriand (il l'est, en revanche, sur celui d'Alphonse de Châteaubriant). Le tombeau de Chateaubriand est situé sur le Grand Bé, un rocher en face de Saint-Malo.

50. On a vu Larbaud se plonger dans l'*Histoire de la littérature anglaise* de Taine lors de son séjour à Madrid, en avril 1918, et exprimer sur son œuvre de critique une opinion réservée. Il refuse sa conception de la critique historique qui a imprégné l'enseignement universitaire de la fin du XIXe siècle. Philosophe, historien, Taine s'intéressa également à l'art et écrivit, après un séjour en Italie, *Voyage en Italie* (1866), puis plusieurs ouvrages intitulés *La Philosophie de l'art (en Italie,* 1866, *dans les Pays-Bas*, 1868, *en Grèce*, 1869). À partir de 1870, Taine partagea sa vie entre sa retraite de Menthon-Saint-Bernard et Paris, où il mourut en 1893.

51. Le docteur Vercoustre, médecin traitant de Larbaud à Paris, que nous avons rencontré en juillet 1919, sera souvent mentionné. Larbaud confie à son sujet à A.A.M. Stols, dans une lettre du 27 octobre 1931 : « C'est un médecin que je connais depuis trente-cinq ans, et en qui j'ai toute confiance, parce qu'à plusieurs reprises il m'a tiré d'affaires assez sérieuses et inquiétantes » (Valery Larbaud-A.A.M. Stols, *Correspondance, 1925-1951*, Éditions des Cendres, p. 241). Il est généralement désigné par la lettre V., ou encore par Dr V.

52. Le drapeau de Savoie « croix blanche sur champ de gueules » (en héraldique le « champ de gueules » indique le fond rouge) rappelle le drapeau danois, lui aussi à croix blanche sur champ de gueules et suscite cette brève évocation du séjour prolongé en Scandinavie et au Danemark que Larbaud fit en été 1905 avec Ingä, une danseuse allemande qu'il avait rencontrée à Vichy.

53. À la suite du coup d'État du 2 décembre 1851, Eugène Sue avait trouvé refuge à Vignères, hameau d'Annecy-le-Vieux, situé sur une colline et qui domine le lac ; puis il alla habiter la maison dite de la Tour, située en contrebas du village, à mi-côte. On peut encore l'apercevoir depuis la route des bords du lac. Il y mourut le 3 août 1857.

54. Ces deux lettres ne révèlent pas leur sens. S'agit-il d'une classification botanique ou horticole ?

55. On le comprend clairement ici, le Genève de *Rachel Frutiger* est une transposition d'Annecy. Larbaud y évoque les exilés que fréquentait son grand-père : « Les amis de mon Grand-père étaient surtout Monsieur Sue et Monsieur Barbès » (L.P., p. 475), et trace un portrait d'E. Sue : « M. Sue avait, chez son tailleur de Londres, un mannequin modelé sur son corps même ; il avait, chez son bottier de Londres, un moulage de chacun de ses pieds ; et il avait chez son chapelier de Londres, une chose sans nom, qui était la forme de sa tête. M. Sue arriva comme il avait dû partir : avec ses cheveux bien frisés et le jabot de sa chemise bien plissé. Il s'asseyait, un peu voûté, et croisait ses belles mains sur ses genoux croisés. Il était timide et parlait

peu. Il était triste. Mais ce n'était pas d'avoir été jadis expulsé du Jockey-club, ni de voir ses romans aux mains de petits bourgeois avec lesquels il n'avait rien de commun. C'était simplement, de vieillir, et de jeter sur le trottoir de Pall Mall une ombre moins svelte qu'autrefois » (L.P., p. 479).

56. Il y a eu, depuis les années 1970, un regain d'intérêt pour le roman populaire, dont l'œuvre d'Eugène Sue a bénéficié. Plusieurs de ses romans ont en effet été réédités : *Les Mystères de Paris*, chez Hatier en 1970, *Le Juif errant*, dans la coll. « Bouquins » chez Robert Laffont en 1983, ses *Romans de mort et d'aventure*, dans la même collection en 1993. Le nom d'Eugène Sue demeure plus familier que celui d'un Joseph Méry (1797-1866), qui fut un brillant chroniqueur, écrivit des ouvrages et des pamphlets bonapartistes, mais qui est resté dans un oubli aussi total qu'il l'était en 1931.

57. C'est de son grand-père, François Henri Valery Bureau des Étivaux, avec qui Eugène Sue entretenait une correspondance — en partie détruite —, que Valery Larbaud tient ce prénom qui n'a pas de féminin (« Pour tant de *Valéries* qu'il y a dans le monde, pas une *Valerie* (sans accent sur l'*e*) » (*Des prénoms féminins,* L.P., p. 888).

58. Berthollet (1748-1822) est une célébrité laïque de la région annecienne. Né à Talloires, il fut un chimiste de renom sous l'Empire.

59. Chappuis (1499-1555), chanoine de la cathédrale de Genève, conseiller du duc de Savoie Charles III, fut l'ambassadeur de Charles Quint auprès du roi d'Angleterre Henri VIII. En 1549, il consacra une partie de ses biens à doter sa ville natale d'un collège qui porta son nom et eut une grande renommée.

60. Le jeûne cantonal genevois est célébré le jeudi qui suit le premier dimanche de septembre. Le premier jeûne eut lieu en 1567, à l'annonce de la répression contre les protestants de Lyon. D'autres jeûnes furent proclamés après des événements graves (massacre de la Saint-Barthélemy, par exemple). Le jeûne cantonal est devenu annuel depuis 1640. Il a toutefois perdu au cours du dernier siècle son caractère de manifestation religieuse pour devenir une occasion de réjouissance à la faveur des derniers feux de l'été. Une loi du 8 janvier 1966 en a fait un jour férié.

61. Il s'agit (Larbaud l'a-t-il trouvé ?) d'un monolithe qui ferme la baie d'Annecy-le-Vieux et marque la limite avec Veyrier-du-Lac. Plusieurs légendes ont cours autour de ce lieu.

62. Ernesto Giménez Caballero, essayiste espagnol, fonda *La Gazette littéraire* en 1927 et révéla quantité d'auteurs modernes étrangers et les tendances des littératures européennes. Son essai *Génie de l'Espagne* (1932) eut un grand succès.

63. Arthur Fontaine (1860-1931), polytechnicien, inspecteur des Mines, fut président du conseil d'administration du Bureau international du Travail, puis des réseaux de chemin de fer. Après la guerre de 14-18, il fut chargé de l'exploitation de la Sarre et termina à un poste important à la SDN. Il avait de nombreuses amitiés littéraires et artistiques. Le fonds Larbaud possède vingt et une lettres d'Arthur Fontaine à Larbaud.

64. On ne peut oublier que la Savoie fut une des dernières régions, avec le comté de Nice, à être réunie à la France. Au cours de l'époque impériale, une partie de la Savoie avait formé le département du Mont-Blanc et l'autre avait été rattachée au département du Léman. En 1815, la Savoie est retournée au royaume de Sardaigne avant d'être à nouveau annexée par la France, suite à un plébiscite en 1860.

65. C'est la seule pointe de critique (et en est-ce bien une ?) que Larbaud ait manifestée dans ce manuscrit à l'égard de sa compagne, qu'il aimerait voir s'adonner davantage à cette activité pour laquelle elle avait des dispositions (voir Valery Larbaud-Marcel Ray, *Correspondance, 1899-1937*, t. III, p. 82).

66. Dans les documents actuels le nom de cette localité s'écrit : La Roche-sur-Foron.

67. Aux États-Unis, Thanksgiving est un jour férié (le quatrième jeudi de novembre) où l'on fête l'établissement des colons en Amérique. Fête d'action de grâces, c'est le jour où les familles américaines se réunissent pour partager la dinde traditionnelle. Il ne semble pas que Larbaud ait pu vivre un Thanksgiving Day puisqu'il n'est jamais allé aux États-Unis.

68. L'activité diplomatique d'Alexis Leger auprès du ministre Aristide Briand le menait assez fréquemment à Genève, où siègeait la Société des Nations.

Une lettre de Marcel Ray, en date du 17 août 1931, annonce à Larbaud son voyage, en septembre, « comme chaque année à Genève » (Valery Larbaud-Marcel Ray, *Correspondance,* t. III, p. 180).

69. Ce « eux » représente sa mère, sa tante et son grand-père, dont Larbaud évoquait l'exil à Annecy. Ainsi, en dépit de ce qu'il écrivait, c'est à Annecy qu'il rattache les souvenirs touchant sa famille. Ce sont bien également des anecdotes rapportées par sa mère et sa tante qui lui reviennent en mémoire à Genève, mais, transposées dans *Rachel Frutiger,* elles lui apparaissent sous l'éclairage porté par l'écriture ; ainsi le « couteau à 100 lames » évoque le « Couteau-à-vingt-cinq-lames exposé à une devanture » de la rue du Rhône, que les petites Françaises désœuvrées contemplent à loisir (L.P., p. 476).

70. Larbaud consacra à Elémir Bourges (1852-1925), auteur du *Crépuscule des dieux,* une chronique de *La Nación* dans le numéro du 11 décembre 1923. Cette chronique, traduite en français par Marcelle Auclair, avait été publiée dans *La Revue européenne* le 1er mars 1925.

71. Larbaud avait fait la connaissance de Joseph Conrad en 1911 en lui rendant visite avec André Gide, à Orlestone (Angleterre), où il résidait. Mais c'est surtout son ami G. Jean-Aubry, admirateur fervent et traducteur de Conrad, qui lui permit de bien connaître son œuvre.

72. Pierre Girard (1892-1956), comme Jacques Chenevière, est un écrivain suisse à qui Larbaud est lié d'amitié et qu'il rencontrera à Genève avec Jacques Chenevière lors de son voyage en Suisse de 1933. P. Girard reverra Larbaud en 1934, et relatera cette rencontre dans des pages intitulées « Croquis à une table de café ».

73. Un culte a effectivement lieu à Saint-Pierre, en fin d'après-midi, pour marquer le jour de jeûne cantonal.

74. Mme Larbaud était morte le 11 octobre 1930.

75. Charles-Ferdinand Ramuz (1878-1947) est un écrivain suisse de langue française dont le nom nous est resté familier, mais ce n'est pas quelqu'un que Larbaud rencontre régulièrement.

76. « L'Art et le Métier » sera donné à Marcel Thiébaut pour *La Revue de Paris* (40e année, n° 7, 1er avril 1933, pp. 530-554). Sous ce titre sont rassemblés articles et remarques repris par la suite dans *Sous l'invocation de saint Jérôme,* dont la deuxième partie porte le titre « L'Art et le Métier » (dix articles figurent dans cette partie au chapitre « Remarques » et deux seront joints à la troisième partie, « Technique »).

77. Séjour qui a précédé celui d'Annecy, comme en témoigne une lettre de Larbaud à G. Jean-Aubry en date du 4 août 1931.

78. Le nom de Mme de Bassiano, généralement écrit sous la forme Mme de B., sera souvent cité dans le journal. Marguerite Caetani, princesse de Bassiano, recevait toutes les semaines à la Villa romaine à Versailles des écrivains et des artistes. Larbaud, lorsqu'il résidait à Paris, manquait rarement ces rencontres. Mme de Bassiano patronait et dirigeait la revue littéraire *Commerce,* fondée en 1924, qu'elle soutint jusqu'en 1932, date à laquelle la revue cessa de paraître après le cahier XXIX (printemps 1932). Avec Paul Valéry et Léon-Paul Fargue, Larbaud formait le comité directeur de *Commerce.* Il attachait beaucoup d'importance à la revue.

79. Autobus de la ligne S (immortalisée quelques années plus tard par R. Queneau dans ses *Exercices de style*).

80. Dans les années 1960, il y avait encore deux distributions de courrier dans les villes, une le matin, l'autre l'après-midi.

81. Mme Roze peignait des figurines de plomb, et Larbaud lui confiait celles de sa collection. Il l'évoque dans sa correspondance avec Alfonso Reyes (avec qui il partageait son amour des figurines) : « Mon peintre qui est une femme, et qui, je crois vous l'avoir dit, travaille mieux, et pour moins d'argent, que le peintre que j'avais lorsque vous étiez venu en France, est en train d'achever l'état-major mexicain établi d'après les documents que vous m'avez donnés » (Valery Larbaud-Alfonso Reyes, *Correspondance (1923-1952), op. cit.,* p. 90, lettre du 13 juillet 1930).

82. Ce n'est pas le docteur Vercoustre qui est désigné ici, mais M. Voldoire, l'homme de confiance de Nicolas Larbaud et de Mme Larbaud qui accompagna le jeune Valery dans son voyage en Russie, à qui il fit visiter Madrid à l'automne 1918 et pour qui l'écrivain avait de l'amitié.

83. Guillermo de Torre (Madrid, 1900-Buenos Aires, 1972) était entré en relation avec Larbaud en 1923, après lui avoir envoyé son recueil de poèmes *Hélices*. Il lui rendit visite à Paris en 1926 et relata cette rencontre dans un article qu'il publia dans *La Nación* en 1951, « Valery Larbaud, le voyageur devenu immobile », pour les soixante-dix ans de l'écrivain (recueilli dans *Du navire d'argent*, pp. 509-514). Il fut l'un des fondateurs du mouvement ultraïste en Espagne, et aussi de ceux qui établirent des relations entre les mouvements d'avant-garde d'Espagne et d'Amérique ; il publia, en 1925, *Les Littératures européennes d'avant-garde*.

84. Paru en octobre 1931 dans la revue *Fronte*, n° 9, à Rome, sous le titre « I Colori di Roma ». Il forme le premier chapitre d'un recueil qui sera publié en 1938 et porte un nom très proche, *Aux couleurs de Rome*. Il figure dans le tome V des *O.C.* et dans l'édition de la « Bibliothèque de la Pléiade ».

85. G. B. Angioletti (1896-1961), écrivain italien à l'esprit très large et très subtil, soutint en 1959 l'idée de « communauté européenne des écrivains ». Il fut codirecteur de l'*Italia letteraria* à partir de 1928. Il participa à la vie éphémère de *Fronte*, revue créée en 1931 et qui ne connaîtra que deux numéros. De 1946 à 1948, il dirigera la revue *La Fiera letteraria*. Sa correspondance avec Larbaud commença en 1926, à la publication de la « Lettre d'Italie », qu'il avait admirée, dans *Commerce*.

86. C'est-à-dire construites pendant la période fasciste. Il semblerait en effet que la porte Latine, comme d'autres quartiers à la périphérie de Rome, ait été défigurée « par les baraques que le fascisme a fait construire autour de la ville », selon le *Guide bleu de l'Italie du Sud* (édition 1986).

87. À Genève, comme à Naples au début de 1932, Larbaud a fait l'acquisition de soldats de plomb et des drapeaux pointus et ondulés (« flammés ») qui les accompagnent.

88. *Le Manuscrit autographe* est la revue que Jean Royère créa en 1926 et à laquelle Larbaud contribua régulièrement, entre 1926 et 1932, avec la série des « Bouts de papier ». *Le manuscrit autographe* cessa de paraître en décembre 1933 en raison de son tirage insuffisant qui, de l'aveu de Jean Royère ne dépassait pas 550 exemplaires (cf. article de J.-P. Segonds in CAVL, n° 7).

89. Alors secrétaire général de la *Revue de Paris*, Marcel Thiébaut en deviendra plus tard le directeur. Grand admirateur de Larbaud, il lui a consacré plusieurs études d'ensemble intitulées toutes « Valery Larbaud » *(Revue de Paris*, 15 décembre 1932, dans son livre *Évasions littéraires*, Gallimard, 1935, et dans la *Revue de Paris*, à nouveau, en décembre 1955). Larbaud donnera « L'Art et le Métier » à la *Revue de Paris* en 1933.

90. Le nom de Georges Pillement est légèrement souligné de violet. Nous avons trouvé dans la correspondance de Larbaud une lettre du 14 septembre 1931 — à laquelle, selon toute vraisemblance, Larbaud répond ici — où, sur un papier à en-tête du *Figaro artistique illustré*, G. Pillement demande « quelques pages sur le Portugal qu'[ils] aimeraient bien avoir de [Larbaud] pour [leur] servir d'introduction à un numéro qu'[ils consacrent] à ce pays. » Traducteur d'une trilogie de Manuel Gálvez, *La Guerre du Paraguay*, dont le dernier volume vient de paraître, volume choisi par le Pen Club argentin, G. Pillement, qui désire que ce livre soit publié aux Éditions de la NRF, demande à Larbaud de le soutenir auprès de Benjamin Crémieux, ce que Larbaud fera probablement puisque la traduction parut en 1932 avec une préface de Crémieux.

91. Né à Nis (ou Nisch), en Serbie, en 1907, le peintre Pavlé Wassitch était entré en contact avec Larbaud et lui avait adressé des aquarelles, illustrations pour *Fermina Marquez*, qui l'avait fasciné. « Je veux savoir tout sur *Fermina Marquez*. Depuis longtemps cette passion me possède, indécise et indéfinissable », déclarait-il dans sa première lettre à Larbaud. Dans sa réponse à ce courrier du 18 septembre, une lettre du 10 octobre 1931, il retrace sa vie et confie : « Ainsi j'ai fait les eaux-fortes pour les poésies de Ronsard et les aquarelles pour *Fermina Marquez* et *Carmen* (1929) mais la

plupart sont perdues. » On n'a d'ailleurs retrouvé aucune édition de *Fermina Marquez* avec les illustrations de Pavlé Wassitch, pas plus qu'aucune de ses aquarelles au fonds Larbaud.

92. La préoccupation de Larbaud n'est pas ici d'ordre architectural mais se rattache à la réflexion qui a nourri « Trois Belles Mendiantes » (publié dans *Commerce*, n° XXIII, printemps 1920) et qui alimente « Le Fait du prince » : comment une même figure traverse-t-elle différentes œuvres littéraires, portée par différents écrivains ? Comment se modifie-t-elle ? Et qu'est-ce qui fait qu'elle apparaît comme le « fait nouveau » créé par un poète et qu'elle devient le « fait du prince » ?

La référence à Boileau est tirée de *L'Art poétique* : « Ici s'offre un perron ; là règne un corridor, / Là ce balcon s'enferme en un balustre d'or » (Chant I, v. 54-55).

93. On voit ici l'estime que Larbaud portait à Emmanuel Lochac (1886-1956), dont il appréciait beaucoup l'œuvre poétique. En 1926, il avait préfacé son recueil *Le Secret du Belvédère*, et lui avait également consacré un article dans *Les Nouvelles littéraires* (2 novembre 1929). Il y disait notamment : « ... il importait de signaler publiquement [...] ce qu'il y a de qualité poétique originale et de tradition vivante dans l'œuvre d'un contemporain encore très peu connu, et que ni la réclame d'un éditeur, ni la propagande d'une coterie n'a désigné au public lettré ». Une partie de la correspondance Larbaud-Lochac a été éditée par Alain Mercier dans les *C.A.V.L.* (n° 15, 1977).

94. Henry (généralement, plutôt que « Henri ») Bataille (1872-1922), « célébrité de théâtre et de boulevard déjà déclinante, mais poète de talent » que Larbaud cite dans *Le Gouverneur de Kerguelen* comme l'un des trois écrivains morts « pour lesquels [son] admiration et envers lesquels [sa] dette sont [...] personnelles » (L.P., p. 1057).

95. Revue littéraire fondée en 1923 par Romain Rolland et Jean Richard Bloch.

96. Ce sont Gide, Schlumberger et Gaston Gallimard qui ont apporté les fonds pour créer la société de la NRF, en 1911. Larbaud, avec Jacques Rivière et Léon-Paul Fargue, fit partie du groupe fondateur de la revue, mais on constate dans ce journal qu'il ne s'y disait pas particulièrement attaché.

97. Fondée par Jean Royère en 1906, la revue vécut jusqu'en mai 1914. Elle rassembla des collaborateurs d'origines diverses : Viélé-Griffin, V. Litschfousse, Vildrac, J. Romains... Larbaud y publia trois des nouvelles qui seront recueillies plus tard dans *Enfantines* : *Portrait d'Eliane à quatorze ans* (1908), *Le Couperet* (1910), *La Grande Époque* (1913). Il y donna en 1911 la première notice sur Leger dont il venait de découvrir *Éloges*. H.M. pourrait être Henri Ménabréa. Larbaud avait fait le compte rendu d'un recueil de nouvelles dans *La Phalange* (« *Le Muletier et son mulet*, par Henri Ménabréa », 5e année, n° 49, 20 juillet 1910, « Le mois du littérateur », pp. 76-77).

98. *La Revue européenne*, faisant suite aux *Écrits nouveaux*, fut créée en 1923. Larbaud fait partie du comité de rédaction de la revue avec André Germain, Edmond Jaloux et Philippe Soupault (cf. l'article de François Laurent « La création de *La Revue européenne* et la collaboration de Valery Larbaud », pp. 163-169, in *Valery Larbaud*, Espaces et Temps de l'Humanisme, études rassemblées par Auguste Dezalay et Francoise Lioure, Association des publications de la faculté des lettres et sciences humaines de Clermont-Ferrand, 1995).

99. Petite ville proche de Valbois ; Larbaud est naturellement amené à y faire ses courses quand il réside à Valbois.

100. C'est ainsi que Larbaud désigne sa résidence de la rue du Cardinal-Lemoine à Paris. Il l'évoque dans sa « Lettre de Lisbonne à un groupe d'amis » : « ... j'aurai un souvenir tangible de cette belle réunion : un admirable paysage de Guilherme Filipe, dédicacé, et derrière lequel tous les convives ont écrit leurs noms ; un paysage qui, accroché au mur de la chambre où je travaille, à Paris, mêlera victorieusement la clarté du soleil du Portugal à la lumière, souvent morne, du Jardin-Fleuri » (L.P., p. 932).

101. *Bug-Jargal*, publié en 1826, fut le premier roman de Victor Hugo. Il raconte un épisode de la révolte des esclaves à Saint-Domingue.

102. Écrivain vénézuélien (1902-1965), Mariano Picón-Salas fut également professeur et diplomate. Il est l'auteur de livres de critique littéraire, d'histoire et de sociologie.

103. Larbaud, en 1917, évoquait déjà Rufino Blanco-Fombona.

104. Euclydes da Cunha (1868-1909) fut un journaliste et écrivain brésilien dont l'œuvre la mieux connue est *Os Sertoes*, traduite en français en 1947 ; elle a connu une nouvelle traduction en 1993 et figure sous le titre *Hautes Terres : la guerre de Canudos* dans la « Bibliothèque brésilienne », aux Éditions Métailié.

105. Enrico Falqui a été le rédacteur en chef de l'*Italia letteraria* de 1929 à 1936. En 1945 il fonda la revue *Poesia*, qu'il dirigea jusqu'en 1948. Il fut également rédacteur à *Il Tempo* et critique à la *Fiera letteraria* à partir de 1946. Il a publié des anthologies, et des essais bibliographiques et critiques sur les écrivains de son époque.

106. Paul Devaux, ami de Larbaud, est un graveur sur bois bourbonnais qui orna de bois originaux une édition d'*Allen* en 1929. Il avait publié l'année précédente, aux Éditions de l'Élan à Bellerive, un ouvrage auquel Larbaud avait donné une préface : *Paul Devaux, tailleur d'images, présente quelques paysages du Bourbonnais*.

107. Quoique bref, ce passage est très riche. Non seulement les langues se mêlent : italien, anglais, latin, espagnol, mais les références littéraires abondent.

La parenthèse « (e "per parecchio") » (italien) : « (et "pour longtemps") ».

« Casa, al fin » (espagnol) : « La maison, enfin » ; « et le Desideratus Lectus » (latin) : « le Lit désiré ». Il y a en outre ici une référence à un *Carmen* de Catulle, poète latin que Larbaud appréciait et qu'il cite, à plusieurs reprises, dans ses journaux antérieurs, notamment dans son journal espagnol : « Desiderato acquiescere lecto » (en réalité : « Desideratoque acquiescimus lecto »). On trouve dans sa bibliothèque deux exemplaires des *Carmina* de Catulle (texte établi et traduit par Georges Lafaye, Société d'édition les Belles-Lettres, Paris, 1922). Le chant auquel il est fait allusion ici est le chant XXXI, vers 7 à 10 : « O quid solutis est beatius curis, / Cum mens onus reponit ac peregrino / Labore fessi venimus larem ad nostrum / Desiderato acquiescimus lecto. » (Ah qu'y a-t-il de plus doux que d'être libre de tout souci / Quand l'âme dépose son fardeau / Et qu'après nous être épuisés de fatigue chez les étrangers / nous revenons à notre lare / Et que nous retrouvons le repos sur un lit longtemps désiré).

La seconde phrase se décompose en : « Mais elle, elle est » (anglais) ; « à soi seule, la maison » (italien). Cette partie italienne de la phrase masque une citation d'un poème de Matthew Prior que Larbaud avait utilisé dans *Mon plus secret conseil* en y insérant seulement les mots *So, when I am wearied*... Dans l'article « Des citations » (*O.C.*, t. VIII, *S.J.*, p. 250), il commente : « Tant pis, ou tant mieux, si le lecteur y reconnaît le début de l'avant-dernière strophe d'un poème de Matthew Prior, "La Meilleure réponse à Chloé jalouse", strophe que voici : "So when I am wearied with wandering all day, / To thee, my delight, in the evening I come, / No matter what beauties I saw in my way : / They were but my visits, but thou art my home. » (Ainsi quand je suis las d'avoir erré tout le jour, / À toi, *qui fais mes délices*, je viens le soir, / Quelles que fussent les beautés rencontrées en chemin / Elles ne furent que des haltes, toi tu es ma demeure.)

On observe ici un jeu de transpositions tout à fait surprenant : transposition de personne avec le passage de la deuxième personne du singulier, archaïque, *thou art*, à la troisième personne *she is ;* transposition de langue : *home* (anglais) devenu *casa* (italien), tous deux désignant aussi bien l'endroit où l'on s'est fixé que, métaphoriquement, l'amour qu'on a élu.

108. Larbaud n'était pas indifférent aux décorations. On le verra flatté de se voir promettre la cravate de commandeur de la Couronne d'Italie. En 1932, il porte la Légion d'honneur (il avait été fait chevalier en 1925). Il est également commandeur de l'ordre d'Isabelle la Catholique depuis 1927.

109. Joel Elias Spingarn (1875-1939) est considéré comme un important critique américain de la première partie du XXe siècle. Il avait adressé à Larbaud un exemplaire de son ouvrage, que l'on peut traduire par *Critique créative (et autres essais)*, édition revue et augmentée (la première édition avait paru en 1917). Sa lecture a

amené Larbaud à d'autres lectures critiques qu'il évoquera dans sa correspondance avec G. Jean-Aubry (*op. cit.*, lettre 73, p. 95).

110. Hansell Baugh avait été sollicité par Miss Sylvia Bates, professeur à l'Université de New York, qui voulait publier une anthologie de nouvelles à l'usage des établissements d'enseignement secondaire américains. Cette anthologie devait comprendre principalement des œuvres d'auteurs américains ou anglais, mais trois noms avaient été retenus par ailleurs : celui de Thomas Mann pour une nouvelle allemande, celui de Pirandello pour une nouvelle italienne et celui de Larbaud pour une nouvelle française. Hansell Baugh, chargé de la traduction de la nouvelle française avait choisi *Rachel Frutiger* et avait écrit à Larbaud pour obtenir son accord. Larbaud lui avait alors fait savoir que son traducteur américain était Justin O'Brien avec qui il lui avait demandé de prendre contact. Les deux hommes se sont rencontrés, mais le courant n'est pas vraiment passé entre eux. Quoi qu'il en soit, le projet ne vit jamais le jour, Sylvia Bates considérant que certaines des nouvelles étaient trop osées pour les jeunes Américains, et la maison d'édition pressentie, Houghton-Mifflin, ne montrant pas d'enthousiasme particulier pour la publication.

111. On peut penser qu'il s'agit des *Élégies romaines* de Goethe. Ce manuscrit n'a probablement pas été accepté, car nous ne trouvons aucune trace de ce texte dans le sommaire du dernier numéro de *Commerce,* et le nom même de Goethe ne figure dans aucun des sommaires de la revue.

112. Cette réflexion sur le « voyage », dont sa conception personnelle était bien différente, prenait pour Larbaud toute sa saveur et méritait d'être retenue. Jean et Marie Bridot formaient ce couple au service de la famille Larbaud.

113. Au cours de son séjour à Paris, pendant l'été 1919, Larbaud rencontrait assez fréquemment Jean Cocteau, notamment dans le salon de Mme Mühlfeld.

114. Organisée sur une idée du maréchal Lyautey (« *Pour faire aboutir l'idée coloniale, il faut créer l'idée coloniale* »), l'Exposition coloniale, qui se tint à Vincennes de mai à novembre 1931, fut une manifestation grandiose. Le monde entier, et non seulement les colonies françaises, y était représenté.

115. Larbaud reste fidèle à la mémoire de son ami Charles-Louis Philippe disparu en 1909.

116. Cette allusion à une revue des « Gens Bien Élevés » semble éclairée par la note du 22 novembre où Larbaud signale la publication des « Dévotions particulières » dans *Le Journal des poètes*, précisant : « Ainsi j'ai tenu ma promesse à ces gens qui ont été très polis à mon égard, — d'une politesse de "gens bien élevés". »

117. Manuel Belgrano (1770-1820) était un général argentin partisan de l'indépendance, membre de la junte de Buenos Aires, général de l'armée du Pérou, qui arrêta l'offensive espagnole à Tucuman en 1812 et à Salta en 1813.

118. Ce proverbe provient du *Gargantua* de Rabelais : « Oignez vilain, il vous poindra ; poignez vilain, il vous oindra. »

119. Larbaud reprendra ce mot dans « Le Purgatoire de Stendhal », écrit en 1933 et qui figure dans le *Saint Jérôme* (*O.C.*, t. VIII, pp. 224-225) : « On peut croire que Stendhal lui-même vomirait ces admirateurs. Il se dirait peut-être, comme Fabrice del Dongo à Bologne, après l'incident où sa dignité est un peu malmenée : "Je n'ai que ce que je mérite : je me suis frotté à la canaille." En réalité, il n'y est pour rien : c'est cette foule de demi ou simili-lettrés qui se frotte à lui. »

120. Le signe (x) renvoie à une note en bas de page : « *The Dirty Cow, for instance* » (anglais) : « La Sale Vache par exemple. » Les tirets qui suivent le signe (x) ainsi que ceux que l'on retrouve quelques lignes plus bas se substituent aux noms qui viennent à l'esprit de Larbaud et qu'il évite de citer. Néanmoins il n'a pu résister à faire ce renvoi, et le qualificatif peu amène qu'il utilise sera repris (tel quel ou en italien...) et désigne selon toute vraisemblance Adrienne Monnier, directrice de la Maison des Amis des livres, avec qui Larbaud était brouillé depuis 1928 et qu'il accuse de monter une cabale contre lui. On retrouve dans sa correspondance (avec Marcel Ray, avec A.A.M. Stols, par exemple) des témoignages du délire de persécution dont Larbaud a souffert à partir de la fin des années 1920 et qu'on verra se manifester à plusieurs reprises dans ce journal.

121. Seulement quatre pages manuscrites dans le journal.

122. Larbaud, qui avait lui-même traduit pour *Commerce* (cahier XXI, automne 1929, pp. 185-215) des fragments d'un poème de Browne (chap. v de *Hydriotaphia)*, avait promis un article à l'occasion de la publication de la thèse d'Olivier Leroy sur Thomas Browne ainsi que de la publication, en Angleterre, des œuvres complètes de l'auteur. Il pourra enfin tenir sa promesse, et en exprimera plus loin sa satisfaction ; « Le chevalier Thomas Browne » paraîtra dans *Les Nouvelles littéraires* du 30 janvier 1932 (n° 485, pp. 1-2).

123. « Anthologies » est l'un des « Bouts de papier » donnés au *Manuscrit autographe* en 1930 (n° 26, mars-avril 1930). Larbaud a échangé plusieurs lettres avec Enrico Falqui au sujet de la publication de cet article dans *L'Italia letteraria*. Il recevra une lettre d'Enrico Falqui en réponse à cet envoi et l'insérera dans son journal.

124. Il n'y a guère, parmi ces amis, que le nom de Francisco Contreras que nous n'ayons pas encore rencontré. Très présent dans ce journal, l'écrivain franco-chilien était rédacteur de chroniques au *Mercure de France*, « intermédiaire entre la littérature française et les littératures hispano-américaines », selon les propres termes de Larbaud. Il est aussi l'auteur d'une étude sur Larbaud écrite en francais, *Valery Larbaud, son œuvre* (Éditions de la Nouvelle Revue critique, 1930). À l'époque de ces pages, Larbaud vient probablement de lire un des ouvrages de F. Contreras paru peu auparavant, *L'Esprit de l'Amérique espagnole*, Éditions de la Nouvelle Revue critique, coll. « Les essais critiques », 1931 ; nous avons retrouvé, au fonds Larbaud, dans le Ms IX, « Petites notes à classer », des notes de lecture s'y rapportant et que nous aurons l'occasion de signaler plus loin.

125. Le *Guide bleu* de 1932 (que nous avons trouvé dans la bibliothèque de Larbaud) donne d'Argostoli (ou Argostolion) la description suivante : « Chef-lieu de l'île de Céphalonie (la plus spacieuse des îles ioniennes), 8.293 habitants — évêché, fondé en 1757 par les Vénitiens pour servir de port à l'ancienne capitale vénitienne Haghios Georgios, et rebâti en partie après le séisme de 1867 — est séparé de la haute mer par une presqu'île. La ville donne sur le port intérieur, lui-même anse de la grande baie de Livadi. Elle est propre, ombragée, éclairée à l'électricité et alimentée en eau de source. » En fait, ce ne sera pas dans l'île de Céphalonie, mais, un peu plus au nord, dans l'île de Corfou, que Larbaud et Maria iront séjourner.

126. Charles Du Bos (1882-1939) possède en commun avec Larbaud la connaissance de plusieurs langues étrangères et un intérêt marqué pour le domaine culturel de chacune d'elles. Il avait étudié en effet à Oxford, Berlin et Florence et maniait l'anglais, l'allemand et l'espagnol avec aisance. Il fut un proche du groupe de *La NRF*. Outre une abondante œuvre critique, il a laissé un important journal, témoin de sa vie religieuse et intellectuelle.

127. Maurice Martin du Gard était, à l'époque, directeur des *Nouvelles littéraires* avec Jacques Guenne, et il le restera jusqu'en 1936.

128. Ernest Raynaud (1864-1936) était poète. Il participa à la fondation du *Mercure de France* et écrivit de nombreuses chroniques. Il publia *La Mêlée symboliste* (1918-1923), qui apporta une contribution vivante à la petite histoire du mouvement symboliste. Officier de paix, il exerça les fonctions de commissaire dans le XVe arrondissement et laissa des *Souvenirs de police* (1925-1926).

129. Francis de Miomandre et Jean Cassou étaient tous deux traducteurs d'espagnol. Leurs noms sont cités ensemble, avec plusieurs autres, par G. Jean-Aubry dans une lettre à Larbaud où, après la parution de *Sous l'invocation de saint Jérôme*, il suggère à son ami d'organiser une célébration de la Saint-Jérôme et de fonder « une petite association de traducteurs dont le but serait, d'une part de nous signaler l'un l'autre les œuvres intéressantes, d'autre part de former bloc contre les mauvais traducteurs » (Valery Larbaud-G. Jean-Aubry, *Correspondance, 1920-1935*, *op. cit.*, lettre 44, p. 60).

130. Charles Chanvin (1877-1953) faisait partie des proches de Charles-Louis Philippe. Avocat de son état, il reçoit de Léon-Paul Fargue le titre de « Monsieur le Poète Maître Chanvin ». Ainsi que l'atteste une lettre à Marcel Ray (*op. cit.*, tome III, lettre 373 du 13 avril 1931), Larbaud avait requis ses conseils en matière juridique pour tout ce qui concernait le règlement de la succession de sa mère ; cela explique qu'il ait besoin de le voir. Charles Chanvin était également le conseil juridique de

Mme de Bassiano pour la revue *Commerce.* Il figure dans le tableau de J.-É. Blanche, *Les Amis d'André Gide* (musée de Rouen).

131. Sans doute pour un pèlerinage sur les lieux du collège Sainte-Barbe...

132. Le Palais de la Mutualité venait d'être achevé.

133. Dans le discours que le docteur Cornillon prononça sur la tombe de maître Bureau des Étivaux, le 1er décembre 1882, il relatait les circonstances de l'arrestation de l'avocat, après le coup d'État du 2 décembre 1851, en pleine plaidoirie, au tribunal de Moulins, puis son emprisonnement, à Moulins d'abord pendant trois mois, avant qu'il soit emmené au fort d'Ivry, où il resta cinq semaines ; ensuite à Sainte-Pélagie, où il fut détenu deux mois.

134. En fait, il ne s'agit pas de véritable mariage, mais de vie commune, depuis mai 1922. Maria Nebbia, épouse Dolce, de nationalité italienne, ne pouvait alors obtenir le divorce. Larbaud, en dépit de ses efforts et des démarches qu'il pressa ses amis diplomates (Paul Morand, Alexis Leger) de faire, ne parvint jamais à faire régulariser son union.

135. *Luis Losada* est le projet que nous avons vu se dessiner dans les pages de journal des années 1919-1920 mais que Larbaud renonça à terminer, comme il l'explique en 1925 dans les quelques pages intitulées « Sa moitié d'orange », lettre à M. Daniel Gérard, en réponse à une « Lettre à Valery Larbaud », publiées dans la *Revue nouvelle* (1re année, n° 4, 15 mars 1925, pp. 4-9) et reprises dans *Jaune bleu blanc* (L.P., pp. 828-833). Il y évoque ainsi *Les Panathénées* : « Dans ce chapitre IV, intitulé *Sa moitié d'orange*, ou peut-être *Les Panathénées*, tout entier consacré aux tentatives matrimoniales de Luis Losada, — mais vues par lui dans sa mémoire et à vingt ans de distance, — les portraits des jeunes filles, tels qu'ils sont actuellement, sont plus qu'inachevés : ratés. Et pourtant chacune correspond à un seul modèle vivant, et vraiment je n'ai fait que changer leurs noms. »

Le regret dont Larbaud parle ici concernerait-il « Ella », cette femme d'Alicante qu'il idéalisait en 1919 lors de ses séjours à Paris et à Londres, mais pour qui son amour s'évanouit à son retour à Alicante ?

136. *La Saeta* est un poème en prose où Reyes reprend des souvenirs espagnols écrits à Madrid pendant la Semaine sainte 1922. Il fut publié aux Éditions Villas Boas à Rio en 1931 avec des illustrations de José Moreno Villa. Larbaud accusera réception de son envoi à Alfonso Reyes dans une lettre datée du 9 octobre 1931 : « Je viens de recevoir *La Saeta* dans sa belle édition brésilienne, avec les intéressants "trazos" de José Moreno Villa qui commentent si bien votre texte. Merci de tout coeur pour ce beau cadeau. »

137. Ce titre en allemand signifie, littéralement : *Ici Paris écrit*. Le titre complet était *Hier schreibt Paris, Sammelwerk v. heute.* L'ouvrage parut chez Globus Verlag en 1931.

138. Le *Journal des poètes* avait été fondé à Bruxelles, au printemps de 1931, par Pierre-Louis Flouquet (1900-1967). On verra un peu plus loin que Larbaud y donna ses « Dévotions particulières ». Il collabora à nouveau au journal, en 1935, en répondant à une enquête sur le poème en prose.

139. Écrivain et critique d'art, Jean-Louis Vaudoyer (1883-1963) fut le dédicataire de « Trois Belles Mendiantes » en 1930. Larbaud appréciait en lui l'italianiste et le considérait comme l'un des quatre « amants de l'Italie ». Conservateur au musée du Louvre, et, à partir de 1945, au musée Carnavalet, il était un grand connaisseur des arts.

140. Larbaud connaissait de longue date Régis Gignoux, qui faisait partie du « groupe de Carnetin », des écrivains proches de Charles-Louis Philippe. Il mourut quelques jours après cette note, le 9 novembre 1931.

141. Francis Jourdain (1876-1958), Léon-Paul Fargue (1876-1947) et Léon Werth (1878-1955) ont également fait partie du « groupe de Carnetin ». Francis Jourdain, peintre, décorateur de théâtre et illustrateur, Léon Werth, écrivain, et Charles Vildrac, poète et auteur dramatique, ont, comme Larbaud, collaboré aux revues *La Phalange* et *Les Cahiers d'aujourd'hui*. Se trouve ici nommé Léon-Paul Fargue, pour la seule et unique fois dans ce journal, l'ami de jeunesse avec qui Larbaud a, depuis 1924, pris ses distances mais à qui il conserve néanmoins toute son admiration :

« Incompatibilité d'humeurs... Cela n'empêche pas de t'estimer, de savoir très bien ce que tu vaux, et d'être très content de voir que tu travailles », lui écrivait-il le 5 décembre 1924.

142. Le 5 septembre 1931, alors qu'elle séjournait dans le Sud, l'écrivain Colette avait fait une chute qui avait entraîné une fracture du péroné. Elle était accompagnée de Maurice Goudeket, qui fut son dernier mari, et Ronald Davis ne semble pas avoir été présent...

143. Leger occupait alors d'importantes responsabilités auprès d'Aristide Briand et après l'arrivée des nazis au pouvoir avait, avec lui, effectué plusieurs missions diplomatiques en Allemagne.

144. C'est à des détails comme la graphie d'un nom de lieu que l'on perçoit la plus ou moins grande familiarité avec une langue. Larbaud se souvient de cet endroit, mais sa graphie exacte s'est effacée de sa mémoire. Il s'agit bien de *Friedrichsstrasse* (lieu tristement célèbre de la séparation entre Berlin-Ouest et Berlin-Est, après le deuxième conflit mondial).

145. Mme Larbaud était morte le 11 octobre de l'année précédente.

146. Dans une lettre à Alfonso Reyes Larbaud présente Jean Duriau comme « un homme de lettres qui s'occupe particulièrement de littérature brésilienne ». Jean Duriau (1887-1935), après un séjour au Brésil, était, depuis 1922, bibliothécaire en chef au Centre national de la recherche agronomique. C'était un familier de la *Revue de l'Amérique latine* et son nom reste attaché à de nombreuses traductions d'auteurs brésiliens. Il préparait à cette époque, en collaboration avec Georges Raeders, une *Anthologie des conteurs brésiliens* en plusieurs volumes mais il mourut avant d'avoir pu achever son travail.

147. Ces usages sont maintenant révolus. Le grand deuil (que l'on observait en portant des vêtements noirs après le décès du père ou de la mère) était suivi du demi-deuil, période où les marques de deuil diminuaient progressivement.

148. Ces lignes nous renvoient aux propos tenus à Valbois : « I am here for my Wife ; and all I do is dictated by the wish to leave her a place where she will be comfortable » (« Je suis ici pour ma Femme, et tout ce que je fais est dicté par le désir de lui laisser un endroit où elle sera bien »). La fidélité de Larbaud envers les siens lui fait établir une relation entre le passé familial dont il est l'héritier et l'avenir de cette mémoire qu'il veut transmettre à sa femme. C'est de ce désir que se charge l'expression « pour ma femme en qui tout cela est compris ».

149. Lorsque Marcel Ray et sa femme reçoivent Larbaud (ce qui ne peut être très fréquent en raison des nombreux déplacements des uns et des autres), ils ont souvent cette marque d'attention. On lit ainsi dans son journal d'Albanie : « Noter leur gentille attention : le service de nappes et serviettes que nous avons à table est celui que ma Tante Jane leur avait donné lors de leur mariage ; il a été entièrement brodé à jour par elle peu avant que sa vue n'eût commencé à s'affaiblir. »

150. On pense ici au regret émis par Bonsignor dans le « Vaisseau de Thésée » : « J'aurais fait une bien émouvante croisière jusqu'à cette longue allée bordée de grands arbres qui est en face d'Alfort et de Charentonneau, entre la Marne et un canal : Saint-Maurice, je crois » (L.P., p. 1083).

151. Il s'agit en fait de Jean Huber (1721-1786), dit Huber-Voltaire, qui s'est fait connaître par ses scènes de la vie de Voltaire (peintures, dessins, gravures...).

152. C'est sa formation d'angliciste qui conduisait Jean-Aubry à s'intéresser à Beckford. Mais il s'intéressait aussi à ce qui touchait à la musique, d'où ce travail sur Da Ponte, aventurier et littérateur, et connu comme librettiste du *Mariage de Figaro* et de *Don Juan* pour Mozart.

153. Difficile d'être ambassadeur dans une ville qui n'est pas la capitale d'un État ! Claudel avait été vice-consul à New York et à Boston en 1908-1909, et fut, en 1927, ambassadeur aux États-Unis, en poste à Washington, D.C.

154. La parenthèse n'est pas refermée (*Slip of the pen* ?).

Larbaud consacre quelques pages à cet article : « Le Doigt dans l'œil » (*O.C.*, tome VIII, pp. 152-155) : « Vers 1914, l'œuvre de Paul Claudel parvint à la connaissance de Croce, et le résultat de cette rencontre d'un grand poète et d'un grand esprit fut un article dans lequel l'auteur de cette *Estetica* qui nous avait délivrés de bien des préjugés entrés en nous avec l'enseignement et l'exemple, par ailleurs féconds, de Sainte-Beuve, de Taine et de Brunetière, conseillait à Paul Claudel, après l'avoir étiqueté "poète de décadence", de sortir enfin des coteries littéraires et des cafés du Quartier Latin, de prendre sa part des risques et des responsabilités d'une vie active et vraiment virile, de fréquenter des gens autres que des littérateurs comme lui et, pour cela, de *voyager*. »

155. « *Et à votre bras ce bâton de commandement, ce cep / centurionique* » : verset tiré du poème « Valence-du-Cid » (L.P., p. 111) qui, avec « Marseille » et « Milan », forme les « trois petites pièces » publiées dans le *Journal des poètes* (2e année, n° 1, 15 novembre 1931, p. 1). Ces poèmes étaient précédés d'un entretien de Larbaud avec Jean Follain où il est question de Racine, Bossuet, Boileau, Théophile Gautier et Verlaine. Les poèmes « Dévotions particulières » ont été repris dans l'édition de la Pléiade.

156. Ici est collée une photo de Paul Morand sur le pont d'un paquebot. Au coin supérieur gauche, en majuscules : « MIRACULO ! » ; au coin inférieur, en oblique et en minuscules « recuerdos y amistad » (espagnol : « amical souvenir ») avec la signature de Paul Morand. En commentaire Larbaud a écrit : « Paul Morand revenant de Buenos-Ayres à Rio. Allusion au "Miraculo !" des romanciers romantiques français, pour "Milagro !", dont je lui parlais dans une lettre envoyée, avant son départ pour l'Amérique du Sud, de Marina di Pisa. »

157. M. Caffi était le précepteur de la famille Caetani.

158. Georges Ribemont-Dessaignes (1884-1974) a été un proche des surréalistes. Mais il collabora également à la revue *Commerce*, dans laquelle cinq de ses textes furent publiés, le dernier, « Faust », dans le cahier XXVIII de l'été 1931.

159. Les formalistes russes, dont les travaux ont été publiés en 1928, n'ont été traduits en français qu'à partir de 1966. Le titre le mieux connu de leurs travaux est *La Morphologie des contes* de Propp qui s'attache à montrer que les récits populaires fonctionnent tous sur un nombre réduit de structures, ou fonctions, communes dont il fait le catalogue. Tous les récits étant considérés uniquement du point de vue des structures qu'ils utilisent, on comprend la réflexion de M. Caffi. Il ne semble pas toutefois que les formalistes aient été intéressés par les théories freudiennes..., mais ce propos témoigne bien de la défiance éprouvée face à la psychanalyse !

160. Physicien et astronome anglais, sir James Jeans venait de publier *The Mysterious Universe* (1930), dont la traduction française paraîtrait en 1931.

161. Larbaud souffrait probablement de troubles du rythme cardiaque.

162. *Vicentinho* était le récit en prose de la mort d'un enfant par Maria Eugenia Celso (1888-1964), dans une traduction française de Jean Duriau, qui venait de paraître en 1931.

163. Maître Henri Chateau était le notaire de la famille Larbaud à Vichy.

164. Robert Tournaud (1903-1938) avait projeté une thèse de doctorat sur *Charles-Louis Philippe et son temps*. Il avait rencontré Larbaud en 1927 à propos de ses enquêtes sur Philippe. En 1928 et 1929, il avait écrit dans *La NRF* un article sur *Jaune bleu blanc* (1928) et *Allen* (1929). Il avait terminé deux romans, *Jeunesse de Jean Brochard* (1930) et *Le Pays des hommes* (1931) qui ne furent jamais publiés. C'est le manuscrit de ce dernier roman que Larbaud recevra le 28 octobre.

165. Henri Martinie, photographe au 19, rue de Penthièvre à Paris : telle est la précision que porte le négatif n° 150 au fonds Larbaud, sur un portrait de Larbaud. Nous n'avons pas retrouvé le portrait de Maria Nebbia par Martinie.

Larbaud prend le mot « séance » dans son sens strictement étymologique : action d'occuper une place assise, d'être assis. On notera l'usage toujours très précis qu'il fait des mots « station » et « séance ».

166. Larbaud avait été en relations suivies avec Enrique Díez-Canedo pendant ses années espagnoles.

167. Citation d'un vers de Matthew Prior que nous avons déjà rencontré masqué. Matthew Prior fut une lecture des vingt ans de Larbaud (cf. Valery Larbaud-Marcel Ray, *Correspondance 1899-1937*, *op. cit.*, t. I, p. 54). Une édition de ses œuvres se trouve encore au fonds Larbaud : Matthew Prior, *The Poetical Works,* a new edition revised with memoir by Reginald Brimley Johnson.

168. Cet article paraîtra dans *Les Nouvelles littéraires* du 24 octobre 1931 où, sous la rubrique « Comment écrivez-vous ? », Georges Charensol faisait le compte rendu de deux interviews : la première de Valery Larbaud, la seconde d'Alexandre Arnoux. Voici comment il a rapporté ces propos : « Ce journal, à plusieurs reprises, je l'ai interrompu et il n'est pas à la base de mon travail, en ce sens que je le consulte rarement en écrivant, mais il me sert d'exercice, de première élaboration des éléments donnés par la vie courante ; un filtre en quelque sorte. Mais quand je ne le tenais pas, la mémoire remplissait la même fonction. » Relevons également pour le lecteur du journal de Larbaud cette réflexion : « Ce qu'il y a dans ce cahier ? Des mots entendus dans la rue, des bouts de conversation, des réflexions, des paysages. Je préfère ce qu'on écrit chaque soir au carnet sur lequel on prend des notes tout le long du jour. »

169. Henry Festing Jones a disparu en 1928 et c'est A.T. Bartholomew, rencontré à Cambridge en 1919, qui a pris sa suite comme exécuteur testamentaire de Samuel Butler.

170. Larbaud exprime ici son attachement, comme de nombreux écrivains, aux accessoires de l'écriture. Les stylos Whitworth, ou Whytwarth (c'est une autre graphie possible) étaient fabriqués dans les années 1910-1915 par une compagnie anglaise. C'étaient de grands stylos en argent fin, qui sont considérés comme des stylos de valeur par les collectionneurs.

171. Dans une lettre à G. Jean-Aubry, en date du 20 octobre 1931, Valery Larbaud précise : « J.E. Spingarn m'a envoyé son livre *Creative Criticism*, qui m'a fait lire, entre autres choses, le manuel de D. Mornet ; cela me paraît faible, et le témoignage d'un affaiblissement de la culture chez pas mal d'universitaires ; une sorte de régression après le progrès marqué par Lanson, et même par Doumic » (Valery Larbaud-G. Jean-Aubry, *Correspondance 1920-1935*, *op. cit.*, p. 95). En note Frida Weissman précise qu'il s'agit probablement de l'*Histoire de la clarté française* (Payot, 1929) ; Anne Chevalier penche plutôt pour l'*Histoire générale de la littérature française (exposée selon une méthode nouvelle)*, Paris, Larousse, 1925.

172. Le docteur Paul Jardet a soigné Mme Larbaud jusqu'à sa mort.

173. Dans *Les Nouvelles littéraires* du 17 octobre 1931, Fernand Gregh, de retour du Congrès international de la « critique dramatique et musicale », publie un article sous le titre « Retour du Portugal » dans lequel on relève ces lignes : « Je passe sur l'arrivée à Lisbonne, ce grand nom dont rêva notre enfance, sur la place du Palais que Valery Larbaud déclare la plus belle du monde... ».

174. Denise Royère était la petite-fille du poète, et ami de Larbaud, Jean Royère. Ce dernier lui avait envoyé un recueil intitulé *Denise* et Larbaud lui avait adressé une lettre en remerciement. C'est cette lettre, d'abord publiée dans *Le Manuscrit autographe* (6e année, n° 34, juillet-août 1931), qui forme le huitième chapitre de *Aux couleurs de Rome*, intitulé « Denise » (L.P., p. 1018). Elle commence ainsi : « J'ai reçu ce matin *Denise* et c'est jour de fête chez moi, comme fut jour de fête celui où Denise en personne franchit avec vous mon seuil et vint régner, souveraine de droit enfantin et divin, sur l'ombre lumineuse que répand le beau vitrail vert et bleu de mes étés parisiens. »

175. Alassio est une localité située entre San Remo et Savona sur la côte ligure, à l'ouest de Gênes. Maria est génoise et retrouve donc quelqu'un qui connaît son pays.

176. Francisco Contreras se trouvera très malade quelques mois après cette rencontre, en février 1932, et sa femme adressera un courrier à Larbaud pour lui demander de l'aide : en raison d'une crise au Chili leurs revenus ne leur parvenaient plus depuis un an et la vie devenait très difficile. Mme Contreras précise alors : « Actuellement un de nos bons amis du Chili, M. Julio Vicuña Cifuentes, qui est un folkloriste remarquable, s'occupe d'arranger nos affaires et va faire l'impossible pour nous faire parvenir une somme importante qui nous sauverait. » Francisco Contreras se rétablit mais il mourut de façon assez brutale en 1933 et Larbaud lui consacra un article dans *Les Nouvelles littéraires* (12e année, n° 552, 13 mai 1933, p. 1).

Dans le Ms IX « Petites notes à classer », on lit ces lignes relevées, et soulignées, à la lecture du livre de Francisco Contreras *L'Esprit de l'Amérique espagnole* : « À Cuba, il existe un important filon de poésie traditionnelle espagnole en différentes pièces du *Romancero* conservées par la tradition orale. Mais... dans ce pays qui est demeuré jusqu'à ces derniers temps sous la domination de l'Espagne, Chacon y Calvo a retrouvé moins de morceaux de ce genre que Vicuña Cifuentes au Chili. Preuve évidente que le *Romancero* A ÉTÉ IMPORTÉ AU MOMENT DE LA CONQUÊTE » (p. 168).

177. Parmi les notes que Larbaud a prises à la lecture du livre de Francisco Contreras, on lit également ces précisions sur le *Romancero* : « Le *Romancero* a été importé au moment de la conquête. Puis ces poèmes sont uniquement de caractère "romanesque" et ne sont récités que par les enfants en certains jeux, tandis qu'au Chili on en rencontre en plus qui sont de caractère "héroïque ou historique", comme ceux du Cid et de Bernardo del Carpio, et ce sont les vieillards ou les mendiants qui les chantent ou les récitent. » Et cette définition : « Le *Romancero*, expression d'une poésie nationale où l'énergie s'unit au lyrisme, forme comme l'a dit Hegel, "une couronne si belle et si gracieuse qu'on pourrait la placer à côté de ce que l'antiquité a de plus beau". J'ai dit lyrisme parce que les poèmes du *Romancero* sont des manifestations d'une modalité lyrique, celle que j'ai appelée "lyrisme indirect ou figuré", dans lequel rentrent la ballade du Nord et la chanson traditionnelle, parce qu'en toutes ces formes se trouvent l'*élément essentiel* et le *style en raccourci* caractéristiques de la poésie lyrique. »

Vicuña Cifuentes (1865-1936), spécialiste de métrique, est l'auteur de *Estudios de metrica espanola*. C'est également un poète néo-classicisant.

178. Larbaud lisait *Odisea de Tierra firme* de Mariano Picón-Salas, livre qu'il disait l'intéresser beaucoup, quand il séjournait à Valbois, en septembre.

179. La parution de *The Works of Sir Thomas Browne* avait commencé en 1929. Geoffrey Keynes, spécialiste de John Donne, William Blake et Samuel Butler, est devenu, en 1933, à la mort de A.T. Bartholomew, l'administrateur de l'œuvre littéraire de Butler.

180. Le philosophe Émile-Auguste Chartier (1868-1951) donna à *La NRF*, sous le nom de Alain, des chroniques appelées « Propos » entre 1927 et 1934.

Henri Hertz (1875-1966) avait publié *Les Apartés* aux Éditions de la Phalange, dirigées par Jean Royère.

181. C'est Gide qui introduisit Larbaud à *La NRF*. Larbaud apporta, avec Léon-Paul Fargue et André Ruyters, son soutien à Gaston Gallimard tandis qu'André Gide et Jean Schlumberger apportaient des fonds. Par la suite Larbaud collabora à *La NRF* mais s'y trouva beaucoup moins engagé que Gide. Son intérêt le portait ailleurs et, en particulier, à partir de 1924, vers la revue *Commerce*, dirigée en fait par la princesse de Bassiano.

182. Ce quotidien fut fondé en 1911. En 1940, il connaissait un tirage de 150 000 exemplaires. Il semble avoir existé jusqu'à la fin des années 1940.

183. *Allen* fait l'éloge du Bourbonnais à travers la relation d'un voyage automobile du narrateur et de quatre compagnons. Ce texte fut publié dans *La Nouvelle Revue française*, t. XXVIII, 1er février 1927, pp. 135-154, et 1er mars 1927, pp. 296-317. Il se trouve dans l'édition de la Pléiade (pp. 721-774).

184. C'est toute l'idée exposée dans « Trois Belles Mendiantes », essai que Larbaud a donné à *Commerce* (cahier XXIII, printemps 1930, pp. 7-30) et qui forme le quatrième chapitre de *Technique* en 1932. La présence de cette préoccupation dans l'esprit de Larbaud, à une époque où il compose le recueil *Technique*, pourrait être un argument pour l'attribution des crochets à l'écrivain lui-même.

185. Il s'agit fort probablement de Gaston Gallimard.

186. Cette citation apparaissait dans *Fermina Márquez* (L.P., p. 344) : « Joanny se souvenait particulièrement d'une de ces images qu'il avait vues dans le livre de messe d'une petite fille, à la campagne. Au verso, il y avait une prière à la Sainte Vierge, par Henri Perreyve ; et dans cette prière on lisait ceci : "Ayez pitié de ceux qui s'aimaient et qui ont été séparés... Ayez pitié de l'isolement du cœur". » Larbaud voit-il là une référence à *Fermina Márquez* ?

187. Marie, Joseph, Pierre Paris (Rodez 1859-Madrid 1931) était archéologue. Il fut directeur de l'École des hautes études hispaniques de Madrid et fut nommé, en 1917, directeur de l'Office d'enseignement français en Espagne. Larbaud avait sans

doute mieux connu Henri Mérimée, qui l'avait invité à venir faire des conférences à Madrid et à Barcelone en avril 1923.

188. Gabriel Miró Ferrer était mort en mai 1930. On se souvient de l'énergie que Larbaud avait développée, en 1917-1918, pour faire connaître en France l'œuvre de celui qu'il considérait comme un écrivain espagnol majeur, et du peu d'enthousiasme rencontré chez Gallimard. Néanmoins, en 1923, il avait donné à la revue *Intentions* des extraits traduits de *Semaine sainte* (n°s 12 et 13, en février et mars) et en 1925 ce texte parut dans son entier dans une traduction en collaboration avec Noémi Larthe pour laquelle il écrivit la préface (Éditions du Sagittaire, Les Cahiers nouveaux).

189. En 1924, Larbaud s'était associé à un hommage fait à Henri Guilbeaux dans *Les Humbles* (cahiers 6, 7, 8, 9e série, juin-juillet-août 1924, pp. 95-96) en donnant une note, « Pour Henri Guilbeaux ». Bien des années auparavant, en 1908, Henri Guilbeaux assurait la chronique des lettres allemandes dans la revue de Jean Royère *La Phalange*. Pendant la guerre de 1914-1918, il était passé en Suisse et fut considéré comme un agent de la propagande ennemie.

190. Ce courrier, manuscrit et rédigé directement en français, figure au fonds Larbaud. Il est écrit sur un papier à l'en-tête d'Emiliano degli Orfini / Stampatore in Genova, et porte la date du 19 octobre 1931 :

« *Cher Monsieur et Ami,*

Je viens de vous expédier un volume La Penombra di Jean-Jacques *dû à la plume d'un de mes meilleurs amis, Costantino Granella. Du livre je me suis fait éditeur et j'ai adopté le nom d'un imprimeur très cher aux bibliophiles, de cet* ORFINI *qui, en 1472, acheva d'imprimer avec tel Numesteier, le Poème de Dante. Je veux espérer que Barnabooth agréera ce petit présent et voudra aussi en parler à ses amis ; l'éditeur, qui a pour lui une admiration très profonde et une sincère dévotion, en le remercie beaucoup* [sic]. *Et il espère de* [sic] *pouvoir bientôt traduire, et éditer en même temps, ce charmant Journal d'autrefois.*

Je vous répète, Cher Monsieur, mes plus dévoués sentiments, et je suis votre Emanuele Gazzo. »

191. Le professeur qui s'occupait de littérature hispano-américaine (notons au passage que le *h* n'existe pas en italien) se nommait Henry-Alfred Holmes ; il passait l'hiver à Paris pour y effectuer des recherches. Il se présentait « comme amateur des lettres hispano-américaines et françaises venant de la part de [l'ami de Larbaud] Francisco Contreras » et demandait à Larbaud de lui accorder « une entrevue dans laquelle on puisse discuter quelques problèmes littéraires nés de l'influence française sur les lettres hispano-américaines de nos temps ». Larbaud reviendra sur cette affaire le 27 octobre.

192. L'écrivain Arthur Schnitzler (1862-1932) est évoqué dans « Par omission » (« Bouts de papier » paru dans *Le Manuscrit autographe*, n° 6, mars-avril 1930, avec plusieurs autres articles, et repris en 1932 dans *Technique*, puis dans *Sous l'invocation de saint Jérôme* en 1946) comme le « représentant de la forme dite du "monologue intérieur" dans la littérature de langue allemande ».

193. Manuel Gálvez était un écrivain argentin avec qui Larbaud était en relation. Au dire de Paulette Patout, l'éditeur de la correspondance Valery Larbaud-Alfonso Reyes, Larbaud aurait aimé traduire le premier volume de sa trilogie, *La Guerre du Paraguay* (traduite par Georges Pillement). Il soutiendra sa candidature au prix Nobel et, après son échec, lui consacrera un article dans *Les Nouvelles littéraires* (« Lettres argentines : Manuel Gálvez », 12e année, n° 543, 11 mars 1933, p. 6). Cet article sera traduit dans *La Nación* du 9 avril 1933.

194. Ce pluriel comprend-il les pattes de Barty élevées au rang de pieds ?

195. Mario Puccini (1887-1957), écrivain et journaliste italien, est un grand ami de Larbaud. Il lui consacra de nombreux articles dans des revues italiennes. Avec Milan Begovic, écrivain yougoslave, il accompagnait Larbaud, en 1924, dans son pèlerinage à Recanati, patrie de Leopardi (voir *Jaune bleu blanc*, L.P., pp. 810-811). Le premier numéro des *C.A.V.L.* publié aux Éditions des Cendres (année 2000) a été confié à Jean Joinet, qui a édité un dossier intitulé « Lettre d'Italie » avec la correspondance de Mario Puccini et de Milan Begovic avec Larbaud.

196. À cet endroit sont insérées dans le journal deux lettres : l'une, manuscrite, de Enrico Falqui, avec en-tête imprimé de *L'Italia letteraria* ; l'autre, manuscrite également, de Clemencia Miró, de Suisse. Nous les donnons en annexes, pp. 986-987.

197. Gervasio Guillot Muñoz, critique urugayen, avait publié en 1925, en collaboration avec son frère Alvaro, une étude, *Lautréamont et Laforgue*, écrite directement en français, dont Larbaud avait fait un compte rendu élogieux dans *La NRF* du 1er janvier 1926. Sa lettre est insérée dans les pages du 30 octobre, c'est-à-dire deux pages manuscrites plus loin (voir annexes, pp. 988-989).

198. Larbaud donnera effectivement suite à ce projet et « Le Vaisseau de Thésée » sera publié dans le dernier numéro de *Commerce* (n° XXIX, hiver 1932, pp. 17-78).

199. On sait peu de choses d'Ekrem Rechid sinon qu'il est l'auteur de *La Vie de Khaireddine Barberousse* (Gallimard, 1931).

200. Portraitiste, Pierre Sichel, avec qui Larbaud entretenait des relations amicales et épistolaires, a fait un portrait de Larbaud souvent reproduit, auquel Larbaud lui-même fait allusion dans la *Lettre de Lisbonne à un groupe d'amis* : « Trois jours après la visite de Ramon, étant chez la manucure, je vis, sur un guéridon à portée de ma main, un journal du jour où il y avait, en première page, une reproduction du portrait que Pierre Sichel a fait de moi » (L.P., p. 928).

201. Le sentiment de persécution que nous signalions plus haut se manifeste ici de façon très nette (cf. lettre 335 et note in Valery Larbaud-Marcel Ray, *Correspondance, 1921-1937*, t. III, *op. cit.*).

202. Sont-ce les acquéreurs dont parle Larbaud dans une lettre du début de l'année 1931 à Marcel Ray : « [...] maintenant j'ai affaire aux Bernheim et aux Bernard Lévy ; mais je ne veux rien conclure en hâte [...]. Je suis certain que les 8.000.000 dont vous parliez sont bien au-dessus de ce que je peux espérer obtenir » (Valery Larbaud-Marcel Ray, *Correspondance*, *op. cit.*, t. III, p. 176).

203. Maurice Martin du Gard (1896-1970) était directeur des *Nouvelles littéraires*. Roger (1881-1958), déjà écrivain de renom, travaillait depuis 1920 à une œuvre monumentale, *Les Thibault*, qui lui valut le prix Nobel de littérature en 1937, mais qui ne fut achevée qu'après le prix puisque l'épilogue paraîtra en 1940. Leur patronyme identique est en réalité celui de cousins issus de germains.

204. Olivier Leroy est l'auteur d'une thèse sur sir Thomas Browne. Cette conversation rejoint les préoccupations de Larbaud telles qu'elles apparaissent dans le recueil *Technique*, à la préparation duquel il travaille sans doute (ce recueil sera publié en juillet 1932 et Larbaud en reçoit les épreuves au début de l'année 1932 à Rome).

205. Alfredo de Bengoechea s'était vu attribuer le prix Heredia 1930 pour cet ouvrage (probablement sur manuscrit car les poèmes ne furent publiés qu'en 1931 à l'Édition Française Universelle, 17, rue de la Rochefoucauld, Paris). Également traducteur, il avait projeté la traduction de *El Hombre de Oro* de R. Blanco-Fombona, que Larbaud comparait à *Odisea de tierra firme* de M. Picón-Salas. Larbaud avait prévu de faire une préface à *El Hombre de Oro* mais, la traduction ne s'étant pas faite, il n'en eut pas l'occasion (cf. Valery Larbaud-G. Jean-Aubry, *Correspondance*, *op. cit.*, p. 148).

206. Fondé en 1924 par Arthème Fayard, cet hebdomadaire politique et littéraire de droite disparut en 1944. Des écrivains comme Léon Daudet, Pierre Gaxotte et Albert Thibaudet y collaborèrent.

207. François Berthault n'est pas un travailleur de la terre comme l'est Émile Guillaumin, mais, propriétaire agricole, il vit néanmoins à la campagne, dans la Sarthe. Larbaud le connaît depuis 1925, date à laquelle il avait publié son premier livre, *La Terre voluptueuse*, aux Éditions du Monde moderne. C'est probablement de ce livre, qui figure dans la bibliothèque de Larbaud, ainsi que *Vaisseaux solaires* (1936), qu'il est question ici. François Berthault mourut accidentellement en 1934, renversé par une voiture.

208. Raoul Dufy (1877-1953) fut peintre et dessinateur. À partir de 1909, il s'orienta également vers la gravure. La bibliothèque de Larbaud possède huit ouvra-

ges illustrés par lui (parmi lesquels une *Ode* de Claudel et des *Madrigaux* de Stéphane Mallarmé).

209. Ce vœu ne se réalisera pas puisque le nom de François Berthault ne figure pas au sommaire du n° XXIX de *Commerce*, dernier à paraître.

210. Ribeiro Couto (1898-1963), poète et érudit brésilien, était diplomate. Il avait de nombreuses amitiés littéraires ; en poste à Marseille, il s'était lié au groupe des *Cahiers du Sud*. Il était également l'ami de Blaise Cendrars. Pierre Rivas, dans le *C.A.V.L.* n° 34, a publié sous le titre « Une amitié brésilienne » quelques lettres de la correspondance Ribeiro Couto-Valery Larbaud.

211. Clemencia Miró, dans sa lettre à Larbaud, le priait de « transmettre [ses] salutations à M. Daragnès ». J.-G. Daragnès avait illustré et imprimé le texte de son père Gabriel Miró traduit et préfacé par Larbaud, *Semaine sainte*.

212. Il doit s'agir de la nouvelle *Les Occasions perdues*. Émile Henriot (1889-1961), fut écrivain et poète. Il fut également critique littéraire au *Temps* puis, après 1944, au journal qui lui succéda, *Le Monde*.

Louis Enlart, libraire-éditeur, était installé boulevard des Batignolles. En 1926, Larbaud l'avait autorisé à faire une édition de luxe, illustrée, des *Poésies de A.O. Barnabooth*.

213. Ribeiro Couto écrivait dans le numéro de janvier-février 1932 des *Cahiers du Sud*, en parlant d'Alfonso Reyes : « Je connais son bulletin *Monterrey*, ce journal d'un seul rédacteur, Alfonso Reyes, qu'il envoie, de Rio de Janeiro, à quelques centaines d'amis, en Europe et ailleurs. »

214. Cette revue de poésie, fondée en 1931 donc toute récente, était dirigée par Adriano Grande. Son comité de rédaction comportait, entre autres, des écrivains comme Eugenio Montale, Camillo Sbarbaro et Sergio Solmi, que Larbaud connaissait bien.

215. Il s'agit de « Baru », dans le numéro d'octobre 1931.

216. Cet article faisait l'objet de la lettre de Falqui insérée dans le journal (voir annexes, p. 986). En italien, « Anthologies » est devenu « Invitation aux anthologies ».

217. Pierre Laval, alors président du Conseil, s'était rendu à Washington en octobre 1931 pour s'entretenir avec le président Hoover au sujet du moratoire que ce dernier proposait sur la question des réparations, et conclure un accord avec lui. Marcel Ray avait fait partie du voyage comme directeur politique du *Petit Journal*.

218. Léon Hennique (1851-1935), auteur dramatique et romancier, appartenait à l'école naturaliste. Membre de l'académie Goncourt depuis sa création en 1902, il en fut le premier président. Il y avait soutenu Larbaud pour le prix en 1913.

219. Cette somme représente le produit de la vente de la propriété de Vichy.

220. Il est certain que cette adresse ne correspond pas à la définition que Larbaud donne de l'homme de lettres dans *Ce vice impuni, la lecture* : « Non, ce n'est pas une spécialité, ni une profession, c'est une qualité, quelque chose qui tient à l'homme même, qui fait partie de son bonheur, qui peut lui être indirectement très utile mais qui ne lui rapportera jamais un sou, pas plus que sa politesse, son courage ou sa bonté » (*O.C.*, t. III, p. 33).

221. « *Mon cher Valery Larbaud,*

Votre lettre m'a ému profondément et m'a fait un plaisir énorme. Je vous remercie de tout mon cœur et de son affection et de vos gentilles et sincères pensées. Moi non plus, je n'ai pas oublié nos bonnes causeries d'autrefois, quand vous débutiez et que j'avais déja pressenti que vous seriez le rare et bel écrivain que vous êtes devenu.

Merci. Veuillez me croire toujours votre vieil ami

Léon Hennique

42, rue Hamelin-16e. »

222. Jeune éditeur néerlandais, de Maastricht, Alexandre Alphonse Marius Stols est entré en relation avec Valery Larbaud en novembre 1925 pour lui demander « la permission de publier dans [sa] collection d'éditions de luxe [l']œuvre Paris de France ». Ces relations, cette correspondance se poursuivront pendant la maladie de Larbaud, jusqu'aux années 1950. La correspondance a été publiée en 1986 aux Éditions des Cendres : Valery Larbaud-A.A.M. Stols, *Correspondance 1925-1951*. Cette

édition, en deux volumes, le second comportant les notes et l'index, a été établie par Christiane et Marc Kopylov et est précédée d'une introduction de Pierre Mahillon. Nous en extrayons cette lettre du 7 novembre 1931 :

« *Mon cher ami,*

Je viens de recevoir une lettre de Louis Barthou qui m'annonce ma nomination dans la Légion d'honneur. Ma première pensée a été pour vous qui avez bien voulu faire les premiers pas chez notre ami Alexis Leger, qui a obtenu la signature de M. Briand grâce à l'appui de M. Barthou.

Demain je pars en voyage jusqu'au 16. J'espère avoir de vos nouvelles à mon retour.

Bien cordialement à vous,

A. Stols » (t. I, p. 246).

223. Larbaud avait pris, en 1913, dans *La NRF*, la défense de l'écrivain anglais Beckford, à qui l'on contestait la paternité de *Vathek*. Cette édition toute récente (octobre 1931) du « conte arabe », avec un avant-propos de son ami G. Jean-Aubry, « Beckford ou le démon des Fables », ne pouvait donc que susciter chez lui le désir de faire mieux connaître cette œuvre.

224. Larbaud revient, dans sa correspondance avec A.A.M. Stols, sur les difficultés des Éditions Gallimard : « J'entends dire ici que la maison Gallimard a été plus ou moins atteinte à son tour par la crise, et qu'elle a interrompu, au moins pour cette saison, la publication intensive qui la distinguait des autres maisons d'édition. On a même dit que Hachette allait prendre la suite. Mais je ne sais pas ce qu'il y a de vrai et de faux là-dedans. Je reçois toujours régulièrement mes mensualités » (*op. cit.*, p. 247).

225. Un choix de *Monostiches* sera publié en mai 1936 dans *La NRF*. Dans une lettre à Larbaud, en date du 16 juillet 1935, Paulhan déclarait : « Lochac m'a apporté tout un volume de monostiches. (Mais il s'agit de groupes, de synthèses, d'ensembles de... faut-il encore les appeler monostiches). »

Un poème *monostiche*, ou *monostique* (Lochac a conservé la graphie grecque *monostiche*, alors que Littré donne *monostique*, mais l'usage semble avoir maintenant admis *monostiche*) est un poème qui ne comporte qu'un seul vers. La meilleure définition n'est-elle pas celle que Lochac lui-même donne : « Maint poème est la cage où chante un vers captif » ?

226. Les jeux floraux étaient des concours littéraires qui existaient depuis le XIVe siècle et furent remis en faveur au XIXe siècle (Victor Hugo fut lauréat des Jeux floraux de Toulouse en 1819). Nos recherches ne nous ont pas permis de trouver trace de ceux d'Apollonia.

227. Justin, historien romain de l'époque des Antonins, n'est pas reconnu comme un historien de premier plan. Il écrivit une histoire universelle (« sans proportions », dit Jean Bayet dans sa *Littérature latine*).

228. Sa propriété de Vichy trouvant difficilement acquéreur, Larbaud avait imaginé de la vendre en lots. On la divisa en trente lots et, après l'obtention de cet avis favorable, la vente put commencer ; elle se termina en mai 1939 (voir *Correspondance Valery Larbaud-Marcel Ray*, t. III, lettre 371, note 2, p. 335).

229. Marcel Génermont (1891-1983) a été, à partir de 1924, architecte des Monuments historiques de l'Allier et de la Creuse (ce qui explique sa présence à la commission). Érudit et historien, il fut aussi président de la Société d'émulation du Bourbonnais et fonda les *Cahiers bourbonnais* en 1957. (Un article lui est consacré dans le livre de Monique Kuntz et Georges Frélastre, *Hommes et femmes célèbres de l'Allier*, Éditions Bonneton, Paris, 1995, p. 73).

230. En 1930 (lettre du 10 février, Valery Larbaud-Marcel Ray, *Correspondance, op. cit.*, t. III, p. 153), voici ce que Larbaud écrivait à son ami : « J'ai vu récemment M. Buriot-Darsiles, de qui une *Vie de Waiblinger* est en lecture *à La Revue de Paris*, où je l'ai portée, et qui n'est pas pressée de répondre. C'est pourtant une chose intéressante. B.D. est fanatique de son auteur. Il va jusqu'à dire que les notes de voyage de Waiblinger présentent une Italie plus vivante, plus réelle, que les *Reisebilder* de Goethe, qui paraissent froids, archéologiques, à côté du livre de W. Surtout, Buriot-Darsiles a fait une chose qui le remplit de contentement ; il a écrit à Mussolini et à

divers personnages romains qu'il a connus pendant les deux années où il a été professeur au Lycée Chateaubriand, et a provoqué à Rome un mouvement d'opinion en faveur de Waiblinger : le 20 janvier a eu lieu, sur la tombe du poète, une cérémonie officielle, avec l'Ambassadeur d'Allemagne et des représentants du Governorato ; et en avril prochain, on inaugurera une plaque sur la maison où Waiblinger est mort. Et c'est Buriot-Darsiles qui a mis tout cela en mouvement de Moulins ! »

W.F. Waiblinger (1804-1830) était un écrivain allemand hanté par l'Italie et la Grèce. À Rome, Larbaud ira à la recherche de cette plaque de Waiblinger...

231. Justin O'Brien est le traducteur américain de Larbaud, qui le présente ainsi, dans une lettre d'août 1930, à G. Jean-Aubry : « Mon seul contact avec le monde extérieur, je l'ai eu au passage d'un jeune lettré américain, M. Justin O'Brien, de Boston, universitaire qui prépare une thèse sur l'influence du Symbolisme en Italie et qui a beaucoup étudié les poètes italiens antérieurs à Dante ; il prépare aussi un roman, connaît bien les littératures française et italienne contemporaines, et a traduit, entre octobre 1929 et mai de cette année les trois nouvelles qui constituent *Amants, heureux amants...* » (Valery Larbaud-G. Jean-Aubry, *Correspondance, 1920-1935, op. cit.*, lettre 53, p. 72).

232. Louis Brauquier (1900-1976), poète, fut séduit par l'unanimisme. La mer est présente dans toute l'œuvre de ce grand voyageur. Il fut également l'un des animateurs de la revue littéraire *Les Cahiers du Sud.*

233. *Le Monde est images.*

234. José Osorio de Oliveira, « qui est le Directeur Général des Postes du Cap Vert pour le moment », disait Larbaud à son ami Marcel Ray en octobre 1927. Poète et essayiste portugais, il consacra des articles à Larbaud et se trouva parmi les écrivains qui accueillirent Larbaud à Lisbonne en 1926.

235. Dans cette réponse Larbaud donne une définition très claire de son rôle dans *Commerce* : « Du reste, ni Paul Valéry, ni L.-P. Fargue, ni moi ne sommes à proprement parler "directeurs", la revue étant officiellement "publiée par nos soins" et non sous notre direction. Dès l'origine, notre rôle s'est borné à y collaborer plus ou moins régulièrement, à lire et à transmettre au comité de lecture les manuscrits qui nous sont adressés directement, à choisir des textes anciens et peu connus qu'on publie de temps en temps, à proposer des auteurs dont la collaboration nous paraît désirable, et à proposer des textes étrangers à traduire. C'est Madame de B. et le comité de lecture qui décident souverainement en ce qui concerne la composition des sommaires. Et il est arrivé plusieurs fois que des manuscrits recommandés par nous ont été refusés. » Le journal démontre bien ce rôle de consultant : on y voit Larbaud très attaché à défendre et faire publier des textes de Jacques Audiberti et Pierre Moussarie, qui seront finalement refusés.

Le 22 novembre, Jammes lui adressait ce mot :

« *Mon cher ami,*

Je te remercie infiniment de ta bonne lettre qui me dissuade tout à fait du projet que je t'avais soumis. Ne fais donc aucune démarche dans ce sens.

Ton reconnaissant,

F. Jammes. »

(Alors que Larbaud vouvoie Jammes, marquant ainsi le respect qu'il doit à un aîné, Jammes use du tutoiement qui manifeste l'affection qu'il porte à son cadet.)

236. « Le livre de Christophe Colomb », *Commerce*, n° XXI, automne 1929. Est-ce en février de cette même année que Claudel « refuse de collaborer parce que la revue accueille des textes surréalistes » ? (Françoise Lioure, « Paul Claudel-Valery Larbaud. Contacts et circonstances », *Bulletin de la Société Paul Claudel*, n° 65, 1er trimestre 1977). Le « nous » est justifié par les fonctions de Larbaud au comité directeur de *Commerce.*

237. Louis Loucheur (1872-1931), député du Nord et plusieurs fois ministre, était codirecteur du *Petit Journal* avec Marcel Ray. Il mourut quelques jours plus tard, le 24 novembre 1931. Le journal fut racheté par un groupe formé de R. Patenôtre, J. Prouvost et la famille Béghin. Marcel Ray cessa d'y collaborer dès la fin de 1931.

238. L'interview avec Jean Follain fut consacrée à la poésie. Jean Follain y écrivait : « Nul mieux que Valery Larbaud capable d'écrire un poème de plusieurs lan-

gues ne me paraissait devoir comprendre la mystérieuse valeur du mot en poésie. » Par la suite Jean Follain, qui était magistrat de profession, mais également poète, lui adressera ses ouvrages (cf. Valery Larbaud-G. Jean-Aubry, *Correspondance*, *op. cit.*, p. 133).

239. Larbaud utilise ici un système de codage pour masquer sa colère ; il est cependant facile de le déchiffrer. T.B., dont les initiales sont les lettres qui précèdent immédiatement celles-ci, soit S.A. désigne Sibilla Aleramo, qui dit attendre Larbaud et sa compagne à leur passage à Rome. Larbaud ira chez elle en février 1932, mais ne sera pas accompagné de sa femme.

La Γ, selon le même codage mais utilisant l'alphabet grec, représente « la Barney », Natalie Clifford Barney qui avait fait paraître, en 1929, un ouvrage intitulé *Aventures de l'esprit* que nous avons retrouvé dans la bibliothèque de Larbaud. Sur la page de garde figure une reproduction du salon de Natalie Clifford Barney où Larbaud a marqué son nom d'une flèche et ajouté : « Présence purement morale, sans doute ; je ne me rappelle pas être jamais allé chez cette dame. V. Larbaud ». La précision est sans appel.

Plus loin les lettres Σ de K semblent désigner Rémi de Gourmont (1858-1915), écrivain et essayiste, un des fondateurs du *Mercure de France*, qui aima Natalie Clifford Barney d'un amour platonique dont témoigne sa correspondance avec elle qui fut publiée sous le titre *Les Lettres à l'Amazone*.

240. De Tacite. À travers cette discussion à laquelle participent les orateurs Aper, Julius Secundus, Messala et le poète Maternus qui leur donne lecture de sa tragédie, Tacite cherche à montrer les causes de la décadence de l'éloquence.

241. Qu'il ne faut pas confondre avec le directeur de la *Revue de Paris* Marcel Thiébaut, dont il est souvent question dans ces pages ! Curieusement, nous avons retrouvé, dans le volume relié du manuscrit, sur la page brune de couverture, tout à la fin du livre, cette mention au crayon, avec référence de la page « Ayez pitié... ». Mais, même si l'écriture fait penser à celle de Larbaud, rien ne prouve de façon catégorique que ces mots sont de sa main... Cette citation d'Henri Perreyve nous est familière car Larbaud l'a déjà utilisée (dans un tout autre contexte).

242. C'est-à-dire dans la Librairie Léon Vanier, 19, rue Saint-Michel. Messein avait été l'éditeur de la première version de *Barnabooth* en 1908 ; c'était là aussi qu'en 1901 avait été publiée la première traduction de Larbaud, *La Complainte du vieux marin* de Coleridge. Larbaud avait aussi fréquenté la maison plus récemment puisque la première édition de *Domaine anglais*, 1925, était parue chez Messein dans le n° 7 de la coll. « La Phalange ».

243. Cette notation indique que le travail concernant « Le Vaisseau de Thésée », travail auquel Larbaud disait avoir du mal à se mettre, est maintenant engagé.

244. S'agit-il d'une visite, d'une lettre de Pierre Moussarie ? Plus probablement de la réception d'un manuscrit de poèmes. Nous avons retrouvé au fonds Larbaud plusieurs lettres de Pierre Moussarie à Larbaud. En 1933, lui adressant une nouvelle plaquette (*Boules de naphtaline*, pour laquelle Larbaud écrivit une préface), Pierre Moussarie évoque sa première plaquette, *Au vent...* qui lui avait valu une « lettre encourageante » de l'écrivain. Larbaud tenta, mais sans parvenir à le faire publier dans la revue, de soutenir Pierre Moussarie auprès du comité de rédaction de *Commerce*.

245. Ces lectures semblent être en rapport avec le *Saint Jérôme*. L'éloge de saint Jérôme que Larbaud avait écrit sous le titre *Le Patron des traducteurs* avait été publié dans le numéro d'automne 1929 de *Commerce*, mais à l'époque du journal, Larbaud envisage un ouvrage qui rassemblera cet article avec d'autres ayant trait à la traduction et à la critique littéraire ; il ne paraîtra qu'en 1946, grâce aux bons soins de G. Jean-Aubry, et s'intitulera *Sous l'invocation de saint Jérôme*.

246. Édouard Dujardin (1861-1949), essayiste, poète et dramaturge, publia en 1887, un roman, *Les lauriers sont coupés*, que Joyce indiqua à Larbaud en signalant l'auteur comme l'*inventeur* du monologue intérieur. En 1924, Larbaud écrivit une préface à la réédition du roman qui est reprise sous le titre « Édouard Dujardin » dans *Domaine français* (*O.C.*, t. VII). *Les lauriers sont coupés* ont été réédités au Dilettante, en 1989.

Édouard Dujardin fut, par ailleurs, un disciple et un ami de Mallarmé et une des grandes figures du symbolisme. Il fonda *La Revue wagnérienne* en 1885 et *La Revue indépendante* en 1886, ainsi que les *Cahiers idéalistes* en 1917, dont il fut le directeur ensuite. Il fut l'auteur du drame le plus représentatif du symbolisme, *La Légende d'Antonia* (1891).

247. C'est-à-dire en Italie. Le français possède le terme « ultramontain » pour désigner ce (ou celui) qui se trouve au-delà des Alpes.

248. Il nous semble entendre ici la voix un peu railleuse de Jean Hugo, arrière-petit-fils du poète, qui publia en 1984, peu de temps avant sa mort, un livre de souvenirs, *Le Regard de la mémoire* (Éditions Actes Sud), qui lui valut de paraître à la télévision dans une émission littéraire. Jean Hugo (1894-1984), que Larbaud rencontrait à Paris avant la Première Guerre mondiale, était peintre et avait pour amis Cocteau, Satie, Radiguet, Paul Eluard. Une exposition lui a été consacrée, à Montpellier, pendant l'été 1995.

249. Paul Valéry, comme Valery Larbaud, fait partie du comité de direction de *Commerce*, ce qui le met lui aussi en rapports avec Mme de Bassiano.

250. Voici apparaître à nouveau le délire de persécution dont souffre Larbaud et qui lui faisait écrire, dans un courrier à Stols, en 1928 : « J'ai l'impression, je suis presque sûr, que des ennemis que j'ai m'ont nui dans l'esprit de G. Gallimard, et l'ont poussé à me négliger de diverses manières... » (Valery Larbaud-A.A.M. Stols, *Correspondance, op. cit.*, pp. 177-178).

251. Une lettre de Larbaud à Paul Morand, qui porte la date du 5 décembre 1931, figure au fonds Larbaud à Vichy. On y relève ceci : « J'avais une requête à vous faire, mais, transporté en pensée dans votre avion "survole-Andes" (Ronsard n'y aurait pas manqué), je n'y ai plus songé, et cependant je crois que la chose aura votre approbation et votre attention : il s'agirait de donner votre appui aux démarches actuellement en cours pour faire décorer Francisco Contreras, Chilien devenu parisien d'adoption, et qui tient depuis plus de vingt-cinq ans la rubrique "Lettres Sud-Américaines" au *Mercure de France.* Écrivain bilingue il a donné à la littérature française et à la littérature de langue espagnole des romans, des essais, et des livres de critique et d'histoire littéraire, remarquables. Il est en somme, du côté sudaméricain, un des plus actifs et des plus anciens "agents de liaison" littéraires que nous ayons en France. »

Le 8 décembre Paul Morand lui répondait : « J'ai demandé pour vous une lettre à Monsieur Athos Romanos, ancien ministre de Grèce à Paris, et qui est le grand homme de Céphalonie. Son nom ouvre toutes les portes à Argostoli. — Je m'occupe aussi du reste. »

Pour Francisco Contreras, on n'a pas retrouvé de trace de décoration pour 1932, simplement la lettre de sa femme qui faisait état de la maladie de Contreras et des difficultés matérielles que le couple rencontrait.

252. Se trouve inséré à cet endroit dans le cahier un portrait de Larbaud, découpé dans un journal, sous lequel figure la mention : « Disegno di L. C. Pieraccini » (Italien : « Dessin de L.C. Pieraccini », sans doute pour Leonetta Cecchi Pieraccini) et suivi de cette note : « Mon portrait par Madame Emilio Cecchi, fait à Rome à la réception de *L'Italia Letteraria* et publié dans l'*I.L.* du 21 février 1932. »

253. Santa Maria delle Grazie fait partie des églises remarquables de Milan. Elle fut construite à la fin du XVe siècle dans un style de transition entre le gothique et la Renaissance. Saint-Ambroise est un très ancien sanctuaire (construit par saint Ambroise en 386) ; il est considéré comme l'un des plus beaux édifices romano-lombards. Les reliques de saint Ambroise, saint Gervais et saint Protais sont conservées dans une châsse d'argent dans la crypte.

254. *Le Parfum de Rome* de Louis Veuillot date de 1865 mais Larbaud possède l'œuvre dans une édition de 1926 (*Œuvres complètes,* IX, éditeur P. Lethielleux, 555 pages). Dans l'avertissement de François Veuillot qui la précède, elle est qualifiée de « panégyrique enthousiaste et vigoureux de Rome et de la Papauté ». Y apparaissent deux héros antithétiques : Coquelet, personnification du bourgeois voltairien, et Fra Gaudenzio, « le poète et l'amant passionné de Rome, du Pape et de l'Église ».

255. Il sera désormais souvent question de cette œuvre qui semble être restée à l'état de projet car on n'en a découvert que de très courts passages (cf. article de Dietrich Lückoff, « Quelques remarques à propos de *L'Amour et la Monarchie* » in *CAVL*, n° 33, année 1995, pp. 17-33). Une bonne partie des lectures de Larbaud seront en relation avec ce travail et la réflexion à laquelle il le porte ; la lecture de l'ouvrage de Louis Veuillot en est un exemple.

256. Autre ouvrage en relation avec *L'Amour et la Monarchie*, point de départ de la réflexion de Larbaud.

257. Gino Dolce est le fils de Maria Nebbia ; il vit avec sa famille, à Lecco, ville industrielle et touristique des bords du lac de Côme. Une de ses deux filles, Letta (Angioletta), partagera la vie de sa grand-mère et de Larbaud à Paris à partir de 1933.

258. C'est ainsi que *L'Amour et la Monarchie* se trouve le plus souvent désigné.

259. Merate et Monza sont deux localités sur la route qui mène à Lecco. Monza, la plus proche de Milan (15 km au nord-est de la ville), est une cité historique qui joua un rôle important au VIIe siècle, à l'époque des Lombards.

260. Victor-Emmanuel II devint roi de Sardaigne en 1849 en soutenant la politique extérieure de son ministre Cavour, qui visait l'unification de l'Italie qu'il parvint à réaliser. Victor-Emmanuel II fut couronné roi d'Italie en 1861. Après la mort de Cavour, il chercha à imposer son pouvoir personnel (d'où l'identification au Père Ubu ici). C'est lui qui choisit Rome pour capitale du royaume d'Italie en 1870.

261. Dans les plus anciens textes chrétiens, la *plenitudo temporis* désigne l'accomplissement du temps, marqué par la venue du Messie.

262. Paul Orose, historien des IVe et Ve siècles après J.-C., est né à Tarragone, en Catalogne. Clerc, il fut un fidèle disciple de saint Augustin. Larbaud le cite dans le *Saint Jérôme* (*O.C.*, t. VIII, p. 25).

263. Poète latin né à Calahorra, en Espagne, en 348. On le considère comme le créateur du poème allégorique. Larbaud exprime son admiration pour lui dans « Le Patron des traducteurs » (*St J.*, p. 54) : « [...] les connaisseurs devraient admettre sans barguigner qu'un poète comme Prudence est aussi digne d'être lu, étudié, aimé, que Properce ou Tibulle. » La citation qui suit est tirée du *Contre Symmaque* : « Veux-tu que je te dise, Romain, la cause du si grand succès de tes efforts... » (v. 583-584). Ces vers introduisent un développement sur l'union des peuples à l'intérieur de l'Empire romain : « Dieu apprit aux nations venues de toutes parts à incliner leur tête sous les mêmes lois, il apprit à devenir romain à tous... Des lois communes les ont rendus égaux, les ont assemblés sous le même nom, et, après les avoir vaincus, les ont rangés dans des liens fraternels » (v. 602-610).

Ces propos de Prudence, les conceptions de Paul Orose chantent, de façon souvent lyrique — comme Louis Veuillot dans *Le Parfum de Rome* — la gloire de Rome, siège de la chrétienté. Dans le Ms IX (« Petites notes à classer ») Larbaud signale ce passage comme pouvant être « la source primitive de l'idée du *De monarchia* (III) ». Mais il rejoint également les préoccupations « politiques » de Larbaud, qui souhaiterait l'avènement d'un empire qui rassemblât le monde chrétien sous une même bannière ; c'est l'utopie qu'il veut tenter de développer dans *L'Amour et la Monarchie*.

264. Écrivain italien (1801-1869) lié au Risorgimento. D'origine lombarde, il songeait à une fédération de peuples autonomes dans le cadre de l'Empire austro-hongrois, première étape en vue d'une fédération des régions italiennes. Il rêvait d'États-Unis d'Europe, mais face aux voies choisies par le Risorgimento, ses théories sont apparues de plus en plus utopistes. En français le titre de l'ouvrage de Cattaneo serait : *La Ville considérée comme principe idéal des histoires italiennes* (histoires car chaque Cité-État a la sienne propre en raison de la réalisation tardive de l'unité italienne). Et celui de Romagnosi : *Vues éminentes pour administrer l'économie de la civilisation humaine.*

265. Emilio Nebbia, frère de Maria Nebbia, habitait Gênes. C'est avec lui, désigné sous le nom de Vezio, sa femme et leur fille, ainsi que Maria, que Larbaud accomplit, en 1925, le voyage relaté dans *Le Vain Travail de voir divers pays*. Dans ce texte, Larbaud le présente comme un « homme de finance ». Dans une lettre à Larbaud (7 août 1932), E. Gazzo, qui lance alors à Gênes la revue l'*Espero*, mensuel littéraire et artistique, cite le nom de Nebbia comme critique d'art.

266. Civitavecchia se situe à 72 km au nord-ouest de Rome. C'est le premier port du Latium. La ligne ferroviaire Gênes-Rome passe par la côte et Civitavecchia, et le trajet était à l'époque suffisamment long pour pouvoir prévoir une halte de nuit dans cette ville.

267. C'est le saint du jour.

268. Revue florentine fondée en 1926 par Arturo Loria. Elle parut jusqu'en 1936. Y collaboraient des conteurs comme Giovanni Comisso, des poètes comme Eugenio Montale ou Umberto Saba, que Larbaud connaissait et appréciait.

269. Maria (M.) est allée, avec Larbaud, rendre visite à son fils G. (Gino Dolce) à Lecco. P., initiale de Pina pour Giuseppina, est l'épouse de Gino.

270. C'est sur ce diminutif de Maria que se termine, dans *Jaune bleu blanc*, « Des prénoms féminins » : « Et pour ma part, de tous les diminutifs de Marie que je connais, celui que j'aime le mieux, et pour lequel j'ai le plus de dévotion, c'est le diminutif (italien) Mariuccia » (L.P., p. 890).

271. Les lignes qui suivent ne sont pas sans rappeler le catalogue de ses « raisons d'être heureux » que Bonsignor dresse dans « Le Vaisseau de Thésée » (L.P., p. 1081).

272. Cette traduction en suédois, parue dans le journal *Nya Dagligt Allehanda*, sera collée un peu plus loin dans le journal. Émule de *Commerce* en langue allemande, *Corona* avait été créée en 1930 par Martin Bodmer et Herbert Steiner — ce dernier entretint d'ailleurs une correspondance avec Larbaud (éditée par Claude Foucart dans le *C.A.V.L.* n° 19). Les rédacteurs adressèrent leur premier numéro à Larbaud avec cette dédicace : « À Valery Larbaud poète et patron bienveillant des rédacteurs. Herbert Steiner, Martin Bodmer. » C'est sous le titre « Englische Landschaft », dans une traduction de Max Rychner, qu'était paru, en novembre 1931, le « Moulin d'Inigo Jones ». La collection de *Corona* est présente au fonds Larbaud jusqu'en 1939. La revue arrêta sa publication en 1943.

273. C'est d'*Ulysse* de James Joyce qu'il est question. Larbaud avait entièrement revu la traduction faite par Auguste Morel assisté de Stuart Gilbert. Le livre avait été publié en 1929 par la Maison des Amis des livres, donc Adrienne Monnier, que Larbaud, citant Stols, appelle ici « la mère M. ». Voici ce qu'il en disait dans une lettre du 3 avril 1931 qu'il adressait à Stols : « Vous savez que j'ai depuis longtemps cessé toute espèce de relation avec elle... j'ai du reste eu quelques difficultés pour me faire payer les droits de la nouvelle édition d'*Ulysse* l'été dernier... Enfin, en janvier dernier, elle a payé régulièrement » (Valery Larbaud-A.A.M. Stols, *Correspondance*, *op. cit.*, p. 233).

Larbaud fit la connaissance de James Joyce le 25 décembre 1920 par l'entremise de Sylvia Beach, libraire de Shakespeare and Company, et d'Adrienne Monnier. Il découvrit *Ulysse* dans les semaines qui suivirent et cette lecture fut pour lui une véritable révélation : « Je suis absolument fou d'Ulysses. Depuis qu'à l'âge de 18 ans j'ai lu Whitman aucun livre ne m'a inspiré le même enthousiasme », écrivit-il le 22 février 1921 à Sylvia Beach (« Choix de lettres », traduites par Marie Tadié, p. 925, in James Joyce, *Œuvres II*, sous la dir. de Jacques Aubert, Gallimard, « Bibliothèque de la Pléiade », 1995). Une réelle amitié se développa par la suite entre les deux hommes qui se rencontraient et correspondaient. Ainsi Larbaud à Naples n'oubliera-t-il pas son ami Joyce à qui il adressera une photo de l'écrivain italien G.B. Vico.

274. S'agit-il de Pierre de Lanux, ancien secrétaire de *La NRF*, qui fut par la suite délégué à la SDN ? Cela semble fort probable. D'abord amis, les deux hommes se sont éloignés jusqu'à la brouille, par la suite. Le nom de Pierre de Lanux figure sur la liste des gens à rayer du service de presse que Larbaud communiqua à Stols (Valery Larbaud-A.A.M. Stols, *Correspondance*, *op. cit.*, p. 192).

275. Larbaud reprend ici la dédicace à Mme de Bassiano des « Dévotions particulières » récemment données à Jean Follain et au *Journal des poètes*. La villa Caetani, propriété de Mme de Bassiano à Rome, se situait dans la « rue des Trois Madones » (vicolo Tre Madone).

276. Seul paraîtra « Le Vaisseau de Thésée », dans le dernier numéro de *Commerce* (n° XXIX, printemps 1932).

277. Ce n'est pas « L'Art et le Métier », mais « La Chartreuse de Grenade », que Larbaud donnera en 1932 à *La Revue de Paris* (39e année, n° 13, 1er juillet 1932, pp. 19-

28). « L'Art et le Métier » sera donné à la revue l'année suivante (40e année, n° 7, 1er avril 1933, pp. 530-554). Ce texte regroupe des notes qui composeront les chapitres de « Remarques » dans la deuxième partie de *Sous l'invocation saint Jérôme* : « Des archaïsmes », « L'Infinitif de narration », « Vers l'Internationale », « Une vieille recette », « La Langue maternelle », « Tuer le cochon », « La Pierre ponce et la pépite », « Ennius ut noster », « L'Air étranger », « J'ai deux amours ». « Le Purgatoire de Stendhal » et « Des citations », qui figuraient également dans cet article, émigreront dans la troisième partie du *Saint Jérôme*, « Technique ».

278. Ce travail, dont il a déjà été question dans les semaines précédentes, avec les lectures autour de Dante, du *Parfum de Rome*, de Cattaneo et Romagnosi, ne verra pas le jour. Pourtant dans une lettre à G. Jean-Aubry, le 21 novembre 1933, Larbaud déclarera : « Pour le travail, j'ai mené jusqu'au chapitre XV (avant-dernier) de la rédaction définitive (?) de *L'Amour et la Monarchie*, mais à travers bien des difficultés et des crises de découragement » (Valery Larbaud-G. Jean-Aubry, *Correspondance*, *op. cit.*, p. 146).

279. Il ne semble pas qu'on ait donné suite à la publication isolée d'« Une nonnain », qui avait paru dans le cahier XVII de *Commerce*, en automne 1928, dédiée à Gaston Gallimard. Après avoir été recueilli dans *Aux couleurs de Rome*, en 1938, ce texte sera toutefois édité en plaquette en 1946 (Paris, Ides et Calendes). *Technique*, en revanche, verra le jour à la NRF en juillet 1932 dans la collection « Les Essais ». C'est un recueil d'essais déjà parus dans des revues, comme le « Renan » auquel il est fait allusion ici : « Renan, l'histoire et la critique littéraire » qui avait paru dans *La Revue européenne*, 1re année, t. I, n° 4 (semble-t-il et non n° 2, comme Larbaud l'indique ici). Les dix-neuf essais que comprenait le recueil seront tous repris, avec d'autres, dans *Sous l'invocation de saint Jérôme*.

280. Nous savons davantage de choses sur Jacques Audiberti (1899-1965), dont le renom est plus grand que celui de Pierre Moussarie. Dans une lettre du 9 mai 1932 adressée à Valery Larbaud (in Jean Paulhan, *Choix de lettres* par Dominique Aury et Jean-Claude Zylberstein, revu et annoté par Bernard Leuilliot, t. I, *1917-1936, La littérature est une fête*, Gallimard, p. 244), Jean Paulhan écrivait : « Je voudrais bien lire le poème d'Audiberti dont vous me parliez, il y a un mois. Pourquoi ne pas le donner dans *La NRF*, si *Commerce* disparaît. Mais peut-être ne l'avez-vous plus (et je puis en ce cas, n'est-ce pas, écrire à Audiberti ?). » Bernard Leuilliot indique en note qu'il s'agit « sans doute » du « Déserteur de Pizarre... », qui deviendra « Chili, quatorze cent et quelque... » dans *Race des hommes* (Gallimard, 1937).

281. Le livre de Veuillot *Le Parfum de Rome* date de 1865 et celui de Cattaneo de 1834. La préface « fasciste » est de l'éditeur contemporain Belloni.

282. Mme Laeta Pons, petite-fille de Mme Nebbia, qui vécut avec sa grand-mère et « Babbo » à partir de 1933, nous a confié que Barty était un scottish-terrier que Larbaud et Maria étaient allés chercher en Écosse même. Cette origine éclaire la réponse de Larbaud.

283. Valise qui était restée en souffrance à Lyon.

284. Santa Maria delle Grazie fut construite entre 1465 et 1490 par G. Solari, et remaniée par Bramante en 1492 ; ce dernier ajouta alors une partie absidiale, *Tribuno*, qui permet de passer dans le cloître. Le *cenacolo vinciano* était le réfectoire de l'ancien couvent des dominicains (dont l'église faisait partie à l'origine). Sur la paroi du fond, Léonard de Vinci peignit, entre 1495 et 1497, à la demande de Ludovic le More, la plus célèbre image de la Cène (très menacée par l'humidité et qui a été l'objet de nombreuses restaurations et travaux de conservation).

285. Promenade qui mène dans les collines surplombant la ville et qui donne l'occasion de découvrir le magnifique panorama de la baie de Gênes et de la cité tout entière.

286. Fille d'Emilio Nebbia.

287. *Essai de psychologie de l'adolescence* est un gros ouvrage de 480 pages, publié à Mexico en 1928 aux Publicaciones de la Secretaria de Educacion Publica. L'auteur, espagnol, l'a adressé à Larbaud avec cette dédicace : « À M. Valery Larbaud poète, romancier, penseur, ami de tous les hommes. Avec sincère sympathie. EZECHIEL A. CHAVEZ. 1 calle de Rome n° 1, Alexis, D.F., Mexique. Le 1er juillet 1929. »

288. La Torre della Lanterna, emblème de Gênes, s'élève à l'extrémité du vieux port.

289. Stendhal fut consul de France pendant plus de dix ans à Civitavecchia, mais il reste sans doute peu de choses de ce qu'il a connu et même de ce que Larbaud a pu voir au cours de ce voyage car la ville a été détruite pendant la dernière guerre et c'est une nouvelle ville qui est sortie des décombres.

290. Fermina, prénom espagnol, que Larbaud avait donné à la jeune fille qui faisait rêver les collégiens dans la nouvelle qui porte son nom, *Fermina Marquez*, n'est pas attesté en effet comme prénom italien.

291. Cette plaque, apposée en 1924, à l'initiative de la mairie de Civitavecchia, sur la maison de Donato Bucci, où avait logé Stendhal dans les dernières années de son séjour, portait cette inscription :

Arrigo Beyle
(Stendhal)
Fu Console di Francia a Civitavecchia
Dal 1831 al 1842
Amò intensamente l'Italia
Feconda d'ispirazione al suo ingegno
Vario agile profondo
Ne sentì sotto il sonno apparente
e ne rivelò la penosa vigilia
Dell'immancabile Risorgimento
27 Iuglio 1924

« Henri Beyle (Stendhal) fut Consul de France à Civitavecchia de 1831 à 1842. Il a aimé intensément l'Italie, source féconde d'inspiration pour son esprit éclectique, agile et pénétrant. Sous son sommeil apparent, il devina et révéla l'émergence difficile de l'inéluctable du Risorgimento. 27 juillet 1924. » Détruite en même temps que l'immeuble, cette plaque a été fidèlement reproduite et apposée à nouveau sur la maison de Donato Bucci reconstruite, pour le 180e anniversaire de la naissance de Stendhal.

292. Italien : le *directissimo* est le train express et la gare de Termini, la gare centrale de Rome.

293. C'est là, à l'hôtel Nazionale, près de la chambre des députés (Palazzo Di Montecitorio), au cœur de Rome, à partir d'où tous les lieux historiques peuvent se visiter à pied, que Larbaud et Maria Nebbia élisent domicile pour leur séjour romain.

294. Nous retrouverons ce nom à différentes reprises, ainsi que celui de Palmieri. Ce sont principalement les deux endroits où les Larbaud prenaient leurs repas. On ne trouve plus de trace de Palmieri, via della Vite, mais le restaurant Alfredo existe toujours via della Scrofa, près de la place Navone. Il possède maintenant une grande enseigne qui le désigne aux touristes comme « The King of fettucine » !

295. Cette carte figure dans Valery Larbaud-Alfonso Reyes, *Correspondance* (*op. cit.*), à la date du 1er février 1932 : « De la stendhalienne Civitavecchia qui fait songer à tous les Poëtes qui furent et qui sont diplomates, je vous envoie toutes mes amitiés. » Au recto, une flèche avec cette mention : « Via Santa Fermina, la primera que veo fuera de Espana » (Via Santa Fermina, la première que j'ai vue hors d'Espagne).

La carte postale adressée à Marcel Ray n'a pas été retrouvée, mais une allusion y est faite dans une lettre au même Marcel Ray du 10 février 1932 : « Nous nous sommes arrêtés une demi-journée à Civitavecchia d'où je vous ai envoyé une carte postale. J'ai eu la stupéfaction d'y trouver une via Santa Fermina, la première que je voyais hors d'Espagne. »

296. Mouvement communal qui débuta en Italie entre le XIe et le XIIe siècle et qui fit des villes (Florence, Pise, Sienne, entre autres) des organismes politiques autonomes, indépendants de l'Empire ou du pouvoir papal, dirigés par des consuls.

297. Camilo Castello Branco, grand romancier portugais de la période romantique. Larbaud l'évoque à la fin du « Divertissement philologique » (L.P., p. 946) : « Après leurs [Eça de Queiroz et Oliveira Martins] ouvrages, une foule de livres portugais se sont offerts ou ont été offerts à notre curiosité : d'autres classiques du siècle dernier :

Camilo Castello Branco, Ramalho Ortigao... » (La graphie de « Castel[l]o » ne semble pas bien arrêtée. Il en va de même pour le prénom.)

Après avoir traduit en portugais *Le Roman d'un jeune homme pauvre* d'Octave Feuillet (œuvre bien connue de Larbaud puisqu'il y faisait référence dans la nouvelle qui précède le *Journal de Barnabooth,* « Le pauvre chemisier »), Castello Branco, qui n'hésitait pas à lancer un titre qui rappelait un de ses succès antérieurs, avait publié *O romance de um homem rico*. L'ouvrage figure encore dans la bibliothèque de Larbaud à Vichy : Camillo Castello Branco, *O romance de um homem rico* com um prologo de Thomaz Ribeiro, Porto, Livraria Chardron, s.d. Larbaud lisait Castello Branco en portugais ; les Éditions Actes Sud ont publié en 1984 un de ses romans traduit par Jacques Parsi : *Amour de perdition.*

298. Jean Sylveire est un poète dont on n'a plus de trace, semble-t-il. *La Revue nouvelle,* dans son n° 1 du 15 décembre 1924, publia de lui « Météorologie ». Il a adressé à Larbaud plusieurs lettres et notes, archivées au fonds Larbaud. On y retrouve celle-ci, du 19 janvier 1932, qui accompagnait probablement l'envoi dont il est ici question :

« *Cher Monsieur et Ami,*

Je vous en prie, mettez sur le compte de la vie vraiment intraitable (onze déménagements en moins de trois ans, un labeur toujours déçu et des soucis et mille raisons de souffrir), et non de l'inconstance du cœur ou de l'esprit, mon silence d'années.

Accueillez mes excuses — et les notes de voyage que je vous adresse par ce même courrier — avec indulgence.

Je pense à vous souvent, souvent, et je vous aime beaucoup.

Jean Sylveire. »

299. Ostie était, dans l'Antiquité, le port de Rome. Des fouilles (*scavi*, en italien) y ont été entreprises au XIXe siècle. Reprises à l'époque fasciste, c'est surtout entre 1938 et 1942, donc postérieurement à ce voyage, qu'elles furent particulièrement importantes.

« Allo Sbarco di Enea » (« Au débarquement d'Énée ») était un petit restaurant, qui a maintenant disparu, dont le nom rappelait le poème de Virgile qui a fait débarquer son héros à Ostie.

300. Le Caffè Greco, au numéro 86 de la via dei Condotti, est le plus ancien (il date de 1760) et le plus prestigieux café de Rome. Il a accueilli nombre d'artistes et d'hommes de lettres. Larbaud pourrait même y évoquer le souvenir de Stendhal, qui y est venu.

301. Cette étude sur Paul Valéry avait d'abord paru dans *La Revue de Paris* (36e année, n° 5, 1er mars 1929). Jacques des Gachons l'édita ensuite en plaquette, en 1931, dans la collection « Les Quarante » à la Librairie Félix Alcan (dont Larbaud consultera le catalogue un peu plus loin). Cette étude a pris place dans le *Domaine français* (*O.C.*, t. VII, pp. 329-358).

Olga Sigall avait publié une traduction allemande du « Couperet », nouvelle tirée du recueil *Enfantines*, en 1931.

302. André Arnyvelde fonda, en 1931, une revue « rigoureusement hors-commerce », *La Prétentaine.* Le nom de Larbaud figurait sur la liste des abonnés à côté de ceux de Carco, Colette, Dorgelès, Maeterlinck, Milosz, Maurois, et d'autres... Début 1932, Arnyvelde, rencontrant des difficultés, adresse à Larbaud une lettre (en date du 19 janvier) où il expose que « les ressources » qu'il escomptait sont « demeurées au-dessous des dépenses et du découvert chez l'imprimeur » et lui demande de bien vouloir solliciter autour de lui « l'abonnement de deux ou trois de ses amis ». Nous avons retrouvé cette lettre dactylographiée (l'écriture manuscrite d'Arnyvelde est particulièrement difficile à déchiffrer !) dans la correspondance au fonds Larbaud. Larbaud y a porté cette mention : « De Rome 1 II 1932, envoyé chèque 160 francs pour renouveler mon abonnement. »

303. Il semble bien qu'il s'agisse d'endroits diamétralement opposés ! De retour à la gare d'Ostie (stazione Ostense), Maria manifestait le désir d'aller à Saint-Jean-de-Latran (San Giovanni Laterano), au sud-est de la ville, puis à Saint-Pierre, au nord-ouest. Nous n'avons pas réussi à identifier le Castello dei Cesari.

304. La pyramide de Cestius se trouve dans la muraille aurélienne, près de la Porta

Ostiensis (c'est-à dire sur le trajet qu'empruntent Larbaud et sa compagne). L'inscription qu'on y lit est la suivante : « Caïus Cestius Epulon, fils de Lucius, de la gens Poblilia, préteur, tribun de la plèbe, un des sept préposés aux banquets sacrés. »

305. Le précédent séjour de Maria et Larbaud à Rome avait eu lieu au printemps 1929.

306. Cette cour, Larbaud l'a longuement évoquée dans « Aux couleurs de Rome ». C'est, à l'époque, un travail récent (il en faisait la correction le 12 septembre, chez lui à Paris). Le texte se termine sur ces quelques lignes : « Pourtant si, aux approches de la fin, je me trouvais, mais je ne le souhaite pas, dans les mêmes dispositions que ce Médicis mourant à qui on vantait le séjour des cieux et qui répondit : "Pitti m'est suffisant", peut-être dirais-je : "Cette cour du Collège Romain...". »

307. Cette rue était ainsi dénommée en raison des *bureaux* français qui se trouvaient établis pendant l'occupation napoléonienne dans cette artère étroite et sinueuse qui débouche en plein cœur de Rome, sur la place Saint-Ignace. Le jeu de patience fait-il allusion à la disposition étrange des édifices qui semblent s'emboîter comme les éléments d'un puzzle ?

308. Place en hémicycle, aménagée par Gaetano Koch en 1887, la piazza della Repubblica fait écho à la courbe de l'exèdre des thermes de Dioclétien qui lui donne cet autre nom sous lequel elle est connue : piazza Esedra.

309. C'est la première étape du pèlerinage hiéronymien de Larbaud à Rome. Dans le *Saint Jérôme,* ce lieu est ainsi décrit : « À Sainte-Marie-Majeure son corps est absorbé dans le rayonnement de la Crèche, dans la splendeur de l'or des Amériques, dans l'éblouissement des marbres et des neiges de Notre-Dame-des-Neiges » (*O.C.*, t. VIII, « Le Patron des traducteurs », p. 27).

310. Il n'était pas difficile de se rendre de la piazza Montecitorio au palais Caetani à pied. Il suffisait à Larbaud de descendre l'artère centrale de Rome, le Corso, jusqu'à la piazza Venezia où l'on tournait à droite, en bas de la place dans la via San Marco que prolongeait la via delle Botteghe Oscure où, sur la gauche, on trouve le palais Caetani, résidence romaine de la princesse de Bassiano.

311. Félix Paillart, imprimeur à Abbeville, s'est vu confier l'impression des deux derniers numéros de *Commerce* (nos XXVIII et XXIX). Il a été l'imprimeur de *La NRF* de 1920 à la fin des années 30. Dans ses mouvements d'humeur contre les imprimeurs, à Alicante, on a pu lire que Larbaud, irrité par les fautes d'impression sur les épreuves de ses traductions de Butler, voulait se rendre à Abbeville au début de l'année 1920...

312. Voici la description que l'édition 1924 du *Guide Bleu* offre : « Le chemin du milieu, qui sert habituellement aux piétons, est une voie large à cordons, flanquée de parterres et de plantes, au bas de laquelle est la reproduction de deux lions égyptiens [...] ; à gauche, la statue de Cola di Rienzo et les cages pour des aigles et une louve, symboles de Rome. » Ces symboles de « romanité » avaient été ressuscités par le fascisme. La louve en cage s'offrait encore aux yeux des touristes au début des années 1950 et l'aigle, dans une immense volière accrochée tout près de ce qu'on dit être la roche Tarpéienne était également visible. Les cages et leurs animaux ont disparu par la suite et ne sont même plus évoqués dans les guides plus récents.

313. Désigne, cela s'entend, la chambre d'hôtel à l'Albergo Nazionale, Piazza Montecitorio, 131 (précisions données par le guide de Larbaud où l'on retrouve le numéro de téléphone de l'hôtel : 64 971 et l'indication « I è II categoria »). L'expression française est le calque de l'expression italienne *a casa.*

314. La via in Lucina est une petite rue qui débouche au nord sur la piazza del Parlamento. Dans son voisinage immédiat se trouve l'église San Lorenzo in Lucina, qui contient la chapelle Fonseca, œuvre du Bernin, et le tombeau de Nicolas Poussin que Chateaubriand fit élever en 1830.

315. « Je m'égare dans les musées de ce Vatican aux onze mille chambres et aux dix-huit mille fenêtres. Quelles solitudes de chefs-d'œuvre ! », disait Chateaubriand. Il semble que dans cet immense ensemble, les Larbaud aient bien employé leur temps.

« Le Stanze » sont les appartements de Jules II, que Raphaël fut chargé de décorer.

316. Ungaretti (1888-1970), écrivain et poète italien, a été formé à l'école des symbolistes français, notamment Rimbaud et Mallarmé. Échappant à la rhétorique am-

biante, sa poésie tend à l'essentiel, à la pureté originelle des mots pour dire la profonde complexité de l'être. Il avait fait paraître « Notes pour une poésie » dans le cahier XII, été 1927, de *Commerce*, et des « Pensées » de Leopardi, qu'il avait traduites et fait précéder d'une note, dans le cahier XIV, hiver 1927. Sophie Levie, dans son étude *Commerce 1924-1932, une revue internationale moderniste* (Fondazione Camilo Caetani, Roma, 1989), le considère comme le conseiller pour la littérature italienne de *Commerce*.

317. Il y a à Rome deux ambassadeurs : l'un au Vatican, l'autre au Quirinal, palais présidentiel de la République italienne. M. de Beaumarchais occupait cette fonction à l'époque du séjour de Larbaud à Rome et résidait au palais Farnèse, siège de l'ambassade de France. Une plaque a été apposée à sa mémoire à l'église Saint-Louis-des-Français :

« À la mémoire de
Maurice Delarue Caron de Beaumarchais
né à Lyon le 5 septembre 1872
Ambassadeur de France près S.M. le Roi d'Italie
du 21 février 1928 au 3 décembre 1932
mort à Paris le 3 décembre 1932
la colonie française reconnaissante. »

318. Cette église, située place Capranica, tout près du Panthéon, est vouée au culte marial. On y trouve, au-dessus de l'autel de la troisième chapelle de la nef latérale gauche, un tableau « naïf », peint par une main inconnue en 1873, qui serait la première représentation picturale de la Vierge de Lourdes ; ce tableau, entouré de nombreux ex-voto, est particulièrement vénéré des Romains.

319. Comme les Stanze, les Loggie sont l'œuvre de Raphaël, qui acheva un travail entrepris par Bramante ; elles furent réalisées à la demande de Léon X.

320. À l'époque mussolinienne on appréciait beaucoup la pose de plaques. Nous avons déjà vu celle de Stendhal à Civitavecchia. Cette plaque de l'Uruguay se trouve à l'entrée de la Passeggiata del Gianicolo (promenade du Janicule) et porte l'inscription : « Montevideo alla madre della latinità. MCMXXVIII. » Cette plaque est surmontée d'un bas-relief en bronze qui représente un aigle protégeant de ses deux ailes les armes de Rome et de Montevideo.

321. L'église S. Onofrio (en italien) fut fondée en 1439 par les ermites de saint Jérôme (hiéronymites). Comme Sainte-Marie-Majeure, elle est évoquée dans le *Saint Jérôme* : « À Saint-Onuphre au Janicule, malgré le voisinage du couvent de ses Ermites et les fresques du Dominiquin, nous ne nous sentirions pas assez chez lui, mais plutôt chez saint Onuphre, ou chez le Tasse, qui est enterré là » (*O.C.*, t. VIII, « Le Patron des traducteurs », p. 27). Après avoir quitté sa prison de Ferrare, le Tasse vint terminer sa vie dans le couvent qui jouxte l'église. Chateaubriand aussi souhaitait y finir ses jours : « J'aurai un panorama au Capitole où le ministre de Prusse me cédera le petit palais Caffarelli ; à Saint-Onuphre je me suis ménagé une autre retraite », écrit-il dans ses *Mémoires d'outre-tombe*.

La présence de saint Jérôme se manifeste également dans les fresques du Dominiquin qui illustrent la vie du saint, sous le portique qui, à droite, précède l'église.

322. Ce tombeau fut élevé en 1895 par le sculpteur bolonais Francesco Bonola à la mémoire du cardinal Giuseppe Gaspare Mezzofanti (Bologne, 1774-Rome, 1849), un polyglotte passionné qui étudia le latin, le grec, l'hébreu, le sanscrit, l'espagnol, le roumain, le chinois, différentes langues orientales et différents parlers indigènes sud-américains. Un tel personnage ne pouvait laisser Larbaud indifférent !

323. N° 485, pp. 1-2, du 30 janvier 1932.

324. Église du XVe siècle dont l'intérieur est orné de fresques du Pinturicchio, de tableaux du Caravage et dont une chapelle fut dessinée par Raphaël.

325. Cette place s'appelle actuellement piazza Pio XII. Tout le quartier a été profondément modifié depuis les années 1930.

326. Italien : « qui sert de petite bonne ». Cette expression nous rappelle une remarque dans « Le Vaisseau de Thésée » (L.P., p. 1089) : « ... je fus alors, pour la première fois, frappé d'une différence, très connue, qu'il y a entre le français et l'italien pour exprimer l'idée d'exercer un métier, une profession : un Français, — en tout cas

un Français du Nord ou du Centre, — dit qu'il est maçon, chauffeur, garçon de café, etc. ; et un Italien dit qu'il *fait* le maçon, le chauffeur, le garçon de café. C'est-à-dire qu'il refuse d'identifier la notion de son existence avec la notion de son métier... »

327. Borgo Nuovo, Borgo Vecchio et Borgo Spirito, les *borghi*, représentaient un ensemble de rues étroites, médiévales, qui séparaient le Vatican du château Saint-Ange, résidence papale. Tout ce quartier a été détruit (Mussolini y a donné le premier coup de pioche en octobre 1936 mais les travaux ne se sont achevés qu'en 1950) pour laisser place à la via della Conciliazione.

328. Larbaud a bien fait de se corriger. Ce palais fut construit au XVIIIe siècle pour les marquis del Grillo. Le nom est d'ailleurs confirmé par le petit mot à l'en-tête du Palazzo Caetani adressé par Mme de Bassiano à Larbaud : « Vendredi — Cher Ami — Voulez-vous venir à cette réunion ce soir Palazzo del Grillo ? J'y serai et si heureuse de vous voir » (Correspondance du fonds Larbaud).

La comtesse de Robilant appartient à la famille des comtes de Robilant, des aristocrates piémontais qui donnèrent au royaume d'Italie deux illustres généraux, dont l'un devint sénateur. Nous ne possédons pas de renseignement plus précis sur cette personne qui pourrait être l'épouse (ou la fille ?) de ce sénateur.

329. La piazza Navona est une des places de Rome les plus animées. Elle fut aménagée au XVIIe siècle sur l'emplacement du stade de Domitien (86 apr. J.-C.) dont elle reproduit la forme oblongue. Elle est ornée de deux chefs-d'œuvre baroques : la fontaine des Quatre-Fleuves du Bernin et l'église Sainte-Agnès de Borromini.

330. Cette lettre a été éditée par Jean Joinet et figure dans le *CAVL*, nouvelle série, n° 1, p. 93. Elle porte l'en-tête de l'Albergo Nazionale, piazza Montecitorio, et la date du 6 février 1932 :

« *Mon cher ami,*

Nous sommes à Rome depuis quatre jours et pour une semaine. La fièvre de "tout revoir" qui prend ceux qui sont ainsi de passage à Rome nous a rapidement conduits à la fièvre pathologique d'un refroidissement pris dans les galeries vaticanes non chauffées. Nous voici donc en prison dans notre chambre, et pour deux ou trois jours (du moins nous espérons que ce ne sera que pour deux ou trois jours) alors que nous avions pensé vous aller surprendre hier après-midi.

Dès que nous serons en état de sortir nous vous avertirons. Ma température m'a fait condamner rigoureusement ma porte ; je suis à la diète et au silence. Mais c'est le seul moyen de me remettre rapidement sur pieds, — et sur ces pieds d'aller vous voir, bien content de causer avec vous après tant et tant de mois.

À vous et aux vôtres nous envoyons toutes nos meilleures amitiés.

V. Larbaud. »

331. Écrivain italien, Sibilla Aleramo (1876-1960) fut auteur de romans (*Una Donna*, 1907), de poésies et de drames. Elle rencontra Larbaud à Florence en 1912 et noua avec lui des liens d'amitié. En témoigne la présence, dans le choix de lettres que Larbaud fit relier, de la lettre qu'elle lui adressa après le décès de sa mère en octobre 1931.

332. Après son séjour de 1903, Larbaud retourna à Rome en 1922, puis en 1929 (avec Maria). Le Milano est l'autre hôtel où il descendit, piazza Montecitorio.

333. « Le temple des livres immortels est desservi par peu de prêtres ; mais grande gloire leur revient pour ce culte sans ostentation. » Cette citation que Larbaud relève ici nous rappelle ses propres propos sur la « discrète élite » des lettrés qui est « une espèce de clergé régulier, sans nom et sans honneur dans le siècle » (*Ce vice impuni, la lecture, O.C.*, t. III, p. 33).

334. Il ne semble pas que cette idée ait été reprise dans aucun des articles qui composent « L'Art et le Métier ».

335. Titre que l'on peut traduire par : *De la Commune à la Principauté*. Ce sont des essais de publication récente (1929), contrairement aux travaux de Cattaneo qui datent du milieu du XIXe siècle. Leur auteur, Francesco Ercole (1884-1945), fut historien et homme politique. Spécialiste de l'histoire de la pensée politique, il s'est, à ce titre, intéressé à Dante, à Machiavel, au passage, à l'époque de la Renaissance, de la seigneurie à la principauté. Tenant des gouvernements forts et centralisateurs, il fut naturellement attiré par le fascisme. Il fut député du Parti national fasciste de 1929

à 1939 et devint ministre de l'Instruction publique en 1932, comme l'atteste la lettre à Mario Puccini, en date du 28 juillet 1932, publiée dans le *CAVL* n° 1, nouvelle série (*op. cit.*, pp. 103-105) où Larbaud fait allusion à la nomination récente de Francesco Ercole à ce poste, qu'il occupa jusqu'en 1935.

336. Dans le manuscrit, le nom de Francesco Ercole est souligné de deux traits, celui de l'ouvrage d'un seul trait. C'est la lecture de Francesco Ercole (*Dal Commune al Principato*, puis *Da Carlo VIII a Carlo V* et *Il Pensiero politico di Dante*) qui va accompagner et nourrir la réflexion de Larbaud dans les semaines qui vont suivre.

337. À Florence, l'organisation politique reposait sur l'organisation corporative des Arts. On distinguait les Arts majeurs, au nombre de sept, dont les membres composaient le *popolo grasso* (la grande bourgeoisie), et les Arts mineurs, qui groupaient les métiers de la petite et de la moyenne bourgeoisie, *popolo minuto* et *popolo medio* ; ces derniers étaient au nombre de quatorze.

338. Les *ciompi* étaient des ouvriers du textile. Sous la conduite d'un cardeur, Michele di Lando, ils réussirent à prendre le pouvoir le 20 juillet 1378 avant d'être écrasés, fin août, par une coalition de modérés.

339. C'est sous ces deux lettres, *D.M.*, que Larbaud désigne le *De Monarchia* de Dante et une bonne part des lectures qu'il fait (Veuillot, Cattaneo, Ercole...) se fait en référence à Dante et à son projet de travail, *L'Amour et la Monarchie*, inspiré, dit-il, par le *De Monarchia.* On ne retrouve pas dans la bibliothèque de Larbaud l'édition de N. Vianello (*Il Trattato della Monarchia di Dante Alighieri*, Stabilimento Grafico-Editoriale, Genova, 1921), mais on y voit plusieurs éditions du *De Monarchia :* Dante Alighieri, *De Monarchia*, testo e trad. italiana di Ranieri Alluli, pref. di Alluli, Milano, Signorelli, 1926 ; Dante Alighieri, *De la monarchie*, introd. et trad. de B. Landry, Paris, F. Alcan, 1933. Il possède en outre une édition des œuvres complètes de Dante : Dante Alighieri, *Tutte le opere di Dante Alighieri*, riv. dal Dr E. Moore, 2e ed. Oxford, Stamp de l'Università, 1897.

340. Le comte de Gourcuff était président de l'Academia latinitatis excolendae (qu'on peut traduire par Académie de promotion de la latinité) qui avait pour but de « cultiver et propager la pensée latine dans le domaine de la littérature et des arts ».

341. Jérôme Carcopino (1881-1970) fut professeur à la Sorbonne (1920-1937), directeur de l'École française de Rome, où il succéda à Émile Mâle (1937-1940), et secrétaire d'État à l'Éducation nationale et à la Jeunesse (1941-1942), sous le régime de Vichy. Ses travaux sur la Rome antique font toujours autorité.

342. Ces différents endroits, tous proches de la piazza Montecitorio, représentent en fait le quartier où Larbaud réside lorsqu'il est à Rome.

343. Les noms d'Audiberti et de Moussarie ne figurent pas au sommaire du cahier XXIX de *Commerce*, dernier numéro de la revue, paru au printemps 1932.

344. La saccharine est un succédané de sucre qu'on prescrivait aux personnes souffrant de diabète, ce qui, selon toute probabilité, était le cas de Larbaud.

345. Émile Mâle (1862-1954), académicien, fut un historien d'art de renom. Il était spécialiste de l'histoire de l'art du Moyen Âge et titulaire de la chaire d'histoire de l'art à la Sorbonne depuis 1912. Il était directeur de l'École française de Rome.

346. Mlle von Bülow était-elle la fille de l'ancien ambassadeur d'Allemagne à Rome, le prince Bernard von Bülow, mort en 1929 à Rome précisément ? Les von Bülow sont une famille d'hommes politiques et de diplomates, mais on trouve également des écrivains parmi eux (la baronne Frieda et la baronne Margareta von Bülow).

347. L'édition Alluli évoquée plus haut a donc été achetée ce mardi 9 février 1932.

348. Carlo Delcroix, né à Florence en 1896, fut partisan de l'intervention de l'Italie dans la guerre mondiale, en 1915. Volontaire dans le corps des bersagliers, grièvement blessé, il fonda par la suite l'Association nationale des mutilés et invalides de guerre. Il fut deux fois député pendant la période fasciste (en 1924 et 1929). En 1928, il publia à Florence *Un uomo e un popolo*, un essai sur la vie politique inspiré par Mussolini. Les anciens combattants de la Première Guerre mondiale qui augmentèrent les rangs du Parti national fasciste le considérèrent comme une figure emblé-

matique du patriotisme guerrier et du nationalisme. Après la Seconde Guerre mondiale, il fut très sollicité par les partis de la droite fascisante.

349. Créée par Mussolini, l'« Opera Balilla » était chargée de « pourvoir à l'assistance et à l'éducation physique et morale de la jeunesse ». Selon leur âge, les garçons étaient partagés en *Balilla* et *Avanguardisti* (avant-gardistes) ; les filles en *Piccole Italiane* (Petites-Italiennes) et *Giovani Italiane* (Jeunes Italiennes). Tous les uniformes comportaient une chemise noire ; insignes et accessoires changeaient en fonction du groupe d'appartenance.

350. Personnages masqués (de la Commedia dell'Arte). Les *màschere* sont représentatifs d'une ville ou d'une région : Arlequin est originaire de Bergame, Pantalon de Venise, Polichinelle de Naples.

351. Bruno Barilli (1880-1952), compositeur, disciple de Giuseppe Verdi, fut également critique musical, écrivain et journaliste. De lui, Larbaud traduisit « Trois essais » (en collaboration avec Maria Nebbia), publié dans le n° X (hiver 1926) de *Commerce* et « Vieille Parme », n° XIX (printemps 1929) de la même revue. Bruno Barilli lui adressa cette dédicace : « À mon premier traducteur M. Valery Larbaud, fier de ma chance, avec reconnaissance. »

352. Gianna (et non Giana, comme Larbaud l'écrit ici) Manzini est un écrivain italien que Larbaud découvrit en 1930 et dont il traduisit, en collaboration avec Henri Marchand, une nouvelle, « La Femme du sourd » (cette nouvelle figure dans le *Cahier de l'Herne*, pp. 245-249). Il évoque dans « La pierre ponce et la pépite » (in *S. J.*, t. VIII, p. 194) « l'œuvre simple et sans prétention, mais géniale, d'une femme dont je ne sais rien sinon qu'elle se nomme Gianna Manzini et qu'elle habite Florence ». Gianna Manzini a collaboré à l'*Hommage à Valery Larbaud* de *La NRF* en septembre 1957.

353. Toutes, localités du Bourbonnais, du pays d'Allen, région dont sont originaires M. et Mme Mâle.

354. M. de Falgairolle est connu de Larbaud depuis 1923 année de la venue et du séjour à Paris de Ramón Gómez de la Serna. Il ne semble pas cependant que les deux hommes aient été amenés à se fréquenter par la suite. Néanmoins dans l'appendice à *Amants, heureux amants...*, « La Dignité de l'amour » (texte manuscrit retrouvé par Vincent Milligan et qui fut écrit entre 1931 et 1935), Larbaud cite quelques lignes du *Véritable Visage du Poverello*, traduit du catalan par Adolphe de Falgairolle. (L.P., p. 719).

Il semblait incertain de retrouver la trace d'un écrivain vénézuélien probablement tombé dans l'oubli lorsque, à notre grande surprise, nous avons découvert qu'il était encore vivant et considéré dans son pays comme une personnalité très importante. Né en 1906 au Venezuela, il a connu une carrière de diplomate et fut même ambassadeur à Paris. Dans son pays il a été ministre de l'Éducation, puis des Finances (1939-1945), sénateur (1959-1973), et candidat malheureux aux élections présidentielles en 1963. Il a beaucoup publié (poésie, théâtre, essais socio-politiques ou culturels) mais les romans historiques forment la pièce maîtresse de son œuvre ; le dernier en date fut publié en 1990. Arturo Uslar Pietri s'est vu décerner des prix littéraires prestigieux : prix national de littérature du Venezuela, prix Romulos Gallegos et prix Principe de Asturias. Il s'est éteint en mars 2001.

Lanzas coloradas, l'œuvre qu'Adolphe de Falgairolle voyait lui échapper en 1932 fut traduite par Jean Cassou sous le titre *Les Lances rouges* et publiée chez Gallimard en 1933. Le titre figure toujours au catalogue mais est épuisé ; on peut cependant lire Uslar Pietri en français puisque, en février 1995, les Éditions de l'Unesco ont publié un de ses recueils de nouvelles, *Les Vainqueurs*, dans une traduction de Philippe Dessommes Florez (Unesco, Criterion, 1995).

355. Jaime Torres Bodet (1902-1974), poète, romancier et critique mexicain, écrivit un article pour un « Anniversaire de Proust » commémoré par la revue mexicaine *Contemporaneos* (n° 6, novembre 1928). Il fut aussi homme politique et diplomate,

356. La baronne de Brimont, petite-nièce de Lamartine, écrivain elle-même qui signait sous le nom de Renée de Prat, présidait la Société bibliophile des Cent Une et chercha à ce titre, dès 1929, à rencontrer Larbaud dans l'espoir de publier *Barnabooth*. Larbaud donna son accord mais l'opposition de Gallimard les amena à renon-

cer à ce projet. Larbaud proposa « Le Vaisseau de Thésée », que Mme de Brimont trouva trop court pour la collection. La lettre dont il est question ici est sans doute celle du 4 février 1932 dans laquelle Mme de Brimont demandait à Larbaud une rencontre pour lui montrer les publications des Cent Une et, précisant qu'elle n'avait pas « perdu tout espoir d'accueillir une de [ses] œuvres », elle lui proposait un rendez-vous pour le 8 février. Larbaud ne put, bien évidemment, honorer ce rendez-vous. Ils se rencontrèrent cependant en juin de cette même année, puis plus tard encore, on le verra, en janvier 1934 (cf. *Paris-Langar-Genève,* 31 janvier 1934). Aucun projet d'édition commun n'aboutit.

357. Larbaud connaît Ventura Garcia Calderón depuis 1915, date à laquelle Calderón lui avait adressé un questionnaire sur *Don Quichotte*.

358. Dans sa correspondance avec Marcel Ray, Larbaud évoque cette rencontre de Barty et des loups. Le 10 février 1932, il écrit : « J'ai montré la Louve à Barty, et Barty à la Louve, qui a fait de grands sauts dans sa cage tandis qu'il la regardait avec surprise et un peu de *paura.* » Le 11 février 1932 : « Barty doit être amoureux de la Louve. Quand nous lui disons : *la lupa !* il court à la fenêtre pour la voir arriver » (*op. cit.*, lettres 378 et 379, pp. 185-186).

359. Divisions administratives de la ville de Rome en douze quartiers à l'intérieur des murs auréliens. On donne le nom de *quartiere* à tout ce qui s'est développé récemment.

360. Le 11 février 1929, ont été signés les accords du Latran, conciliation (ou réconciliation) entre le Saint-Siège et l'État italien. Par cet acte, l'État, représenté alors par Mussolini, reconnaissait la plénitude de la souveraineté papale sur l'État du Vatican. Un dédommagement était accordé pour la perte des revenus temporels en 1871 et un concordat religieux donnait une position privilégiée à l'Église en matière scolaire et matrimoniale. Ce concordat a été modifié dans un sens plus laïc le 18 février 1984.

361. Lors de leur précédent séjour à Rome de la fin février au début juin 1929.

362. Corrado Alvaro (1895-1956), conteur et romancier italien, a collaboré à de nombreux journaux (*Corriere della sera, Il Mondo,* la revue *Novecento*...). Larbaud avait renoncé à traduire une de ses nouvelles, écrivant, dans une lettre datée du 10 mai 1928, à la princesse de Bassiano : « J'ai lu et relu la nouvelle de Corrado Alvaro. Décidément, c'est trop difficile pour moi. Il y a des nuances qui m'échappent, des choses d'une subtilité que mon italien me fait entrevoir. Je préfère donc renoncer à la traduire. » Mais ce qui, par ailleurs, rapproche les deux hommes ici, c'est un goût commun pour la Magna Graecia où Larbaud s'apprêtait à partir.

363. Il doit s'agir de *Il Linguaggio segreto di Dante e dei « Fedeli d'amore »* qui figure encore dans la bibliothèque de Larbaud à Vichy (Roma, Optima, 1928).

364. C'est Adrienne Monnier qui est à nouveau désignée ici. Doit-on considérer comme « les Crasseux de sa bande », les gens dont il avait, à la demande de Stols, donné les noms pour qu'ils soient rayés des « nominatifs » ? Outre le nom d'A. Monnier, figurent ceux de Sylvia Beach, Pierre de Lanux, Marcelle Auclair-Prévost, Jean Prévost, André Germain, Benjamin Crémieux, Mercedes Legrand, Mathilde Pomès, Edith Weyel, Philippe Soupault, Maurice Courtois-Suffit, Léon Pierre-Quint.

365. Poète anglais d'origine américaine, cousin de Mme de Bassiano, T.S. Eliot (1888-1965) était le conseiller de *Commerce* pour la littérature anglaise. Dans son dernier numéro (cahier XXIX, hiver 1932), la revue publie « Difficultés d'un homme d'État », traduit par Georges Limbour, poème dont il sera question quelques pages plus loin.

366. Sur la piazza Madama se trouve le palazzo Madama, siège du Sénat italien depuis 1871 ; il est sur le chemin qui mène du palazzo Caetani à la piazza Navona.

367. La fontaine des Quatre-Fleuves, due au Bernin, est considérée comme une des plus hautes expressions de son art. Elle a été érigée en 1651 autour d'un obélisque provenant du cirque de Maxence, ce qui concourt à donner cet effet de colossal que décrit Larbaud.

368. Larbaud a francisé ici le mot italien *aleatico*, qui désigne un vin de 14-15 °, liquoreux, aromatique, de couleur rouge rubis. Proche du malvoisie, il est consommé comme vin de dessert.

369. On appelle « naumachies » les joutes nautiques que les Romains organisaient parfois dans les amphithéâtres dont ils inondaient la partie centrale. Mais il ne semble pas que de telles joutes aient pu se tenir dans l'enceinte du stade de Domitien en raison de sa surface plane. Toutefois, après l'aménagement de la piazza Navona sur l'emplacement du stade de Domitien, des jeux aquatiques eurent lieu du XVIIe siècle au milieu du XIXe siècle, particulièrement les samedis et les dimanches du mois d'août. La place, dont le fond légèrement concave était rempli d'eau, était parcourue par les carrosses des prélats et des familles princières qui évoluaient sous les regards de la foule et à la grande joie des enfants qui pataugeaient dans l'eau derrière les attelages. Cette version moderne et pacifique des naumachies est souvent représentée dans les gravures d'époque.

370. Larbaud a utilisé le terme espagnol *tratamiento* plutôt que l'italien *trattamento* pour qualifier les honneurs qui sont rendus aux cardinaux (semblables à ceux rendus aux altesses royales). On trouve d'ailleurs une référence à cette étiquette dans le *S.J.* : « Voilà comment un jour les Cardinaux (les autres Cardinaux) demanderont humblement, et accepteront comme une concession faite aux puissances du siècle, le tratamiento, les prérogatives et les honneurs des Altesses Royales... » (*O.C.*, t. VIII, p. 30).

371. Il y a ici une contamination de l'italien qui, pour un spectacle de variétés (chansons, vaudevilles...), dit *il varietà* ; ce mot de genre masculin demande un accord également au masculin.

372. La citation exacte de Stendhal est celle-ci : « À ce moment, il n'y avait que des croyants autour de moi, et moi-même j'étais d'une religion si belle ! » (in *Rome, Naples et Florence*, coll. « Folio », Gallimard, p. 391). Dans tout le passage que Stendhal consacre à la description de la cérémonie à Saint-Pierre perce une ironie qu'on est loin de retrouver chez Larbaud.

373. Ce poème, traduit par Georges Limbour, parut dans le n° XXIX de *Commerce.*

374. Ces deux majuscules grecques pourraient évoquer la « Signora Pomès ». Mathilde Pomès, première femme agrégée d'espagnol en France (1916), avait rencontré Larbaud en 1920 chez Adrienne Monnier et collabora avec lui à la traduction des *Greguerías* de Ramón Gómez de la Serna. Mais il semblerait que leurs goûts aient divergé par la suite. Mathilde Pomès, sans doute restée proche d'Adrienne Monnier, figura sur la liste des personnes à rayer des nominatifs. La dernière lettre que Larbaud lui adressa, en 1929, ne porte plus l'apostrophe « chère amie », mais est adressée à « chère Mademoiselle Pomès ». Béatrice Mousli a édité la correspondance Larbaud-M. Pomès dans les *CAVL*, n°s 30 et 31, années 1992 et 1993.

375. La correspondance Larbaud-Puccini publie un bref billet de Larbaud, sans date mais que nous pensons être du 11 février, à son ami, où il précise qu'il sera le lendemain vendredi au palais Caetani à 22 h et que « le smoking est de rigueur » (*CAVL*, n° 1 nouvelle série, p. 95).

376. Emilio Cecchi (1884-1966) publia un article sur Valery Larbaud et *Amants, heureux amants...* dans *Il Secolo* à Milan, en 1924. Il y mettait en évidence le procédé du monologue intérieur et signalait l'influence de Samuel Butler et de James Joyce. Critique littéraire, Emilio Cecchi était également un angliciste distingué, que Larbaud cite dans *Le Vain Travail...* (L.P., p. 865) « ... autour d'Emilio Cecchi, il y a un bon nombre d'anglicistes, critiques, commentateurs et traducteurs [...] qui ont fait beaucoup pour répandre la connaissance et le goût de la littérature anglaise dans leur pays... » Larbaud traduira pour *Commerce* (cahier VIII, été 1926), une série de quatre « écrits » d'Emilio Cecchi, *Kaléidoscope.* On a vu dans le journal le portrait de Larbaud fait par Mme L.C. Pieraccini, autrement dit Mme Leonetta Cecchi. Larbaud a découpé ce portrait dans l'*Italia letteraria*, où il avait été publié, pour le coller dans son journal.

377. Larbaud avait de nombreux amis à la revue. Fondée à Milan en 1925 sous le nom de *Fiera letteraria*, dirigée jusqu'en 1929 par E. Fracchia, elle devint *Italia letteraria* pendant les années 30. Après 1945, elle reprit le nom de *Fiera letteraria.* En décembre 1947, la revue publia des extraits du journal italien de Larbaud sous le titre « Diario inedito del 1932 ».

378. *Slip of the pen* par contagion avec « Pieraccini », patronyme de Mme Cecchi ? C'est de Mme Cecchi en tout cas qu'il s'agit. Ce portrait est celui que Larbaud a découpé dans l'*Italia letteraria* du 21 février 1932.

379. Arnaldo Frateili, écrivain et journaliste, avait fait paraître en 1922 dans *L'Idea nazionale* un article très élogieux sur *Barnabooth* et, en 1926, un compte rendu flatteur de « La Lettre d'Italie ».

380. L'église Santa Maria in Trastevere aurait été le premier édifice chrétien ouvert officiellement au culte vers 221. La tradition rapporte qu'en 38 avant J.-C. une source d'huile nauséabonde jaillit à cet endroit et que les Juifs y virent un signe prémonitoire de la venue du Messie. Les mosaïques du chœur, dont celles dues à Pietro Cavallini, le plafond du Dominiquin, le pavement cosmatesque contribuent à en faire un monument remarquable.

381. Alinari s'inscrit dans une tradition familiale de photographes et d'éditeurs de reproductions de tableaux et de monuments. Les frères Alinari avaient débuté dans les années 1850 à Florence et ont ensuite installé une succursale à Naples à la fin des années 1860. Au début du XXe siècle, un de leurs fils, Vittorio Alinari, donna une impulsion à leur entreprise en commercialisant à grande échelle les scènes de genre et les vues panoramiques. (Les illustrations pour cette époque du livre d'Anne-Marie Seronde-Babonaux, *De l'Urbs à la ville. Rome, croissance d'une capitale*, Édisud-Mondes méditerranéens, 1980, sont toutes dues à Alinari.)

382. Waiblinger (1804-1830), écrivain allemand, était un admirateur de Hölderlin, influencé par Byron. Son roman *Phaëton*, ses impressions de voyage et ses poèmes inspirés par les ruines antiques le firent connaître en Italie. Il s'installa à Rome en 1826 et y mourut en 1830.

383. Larbaud concrétise par l'achat de ces cartes postales son pèlerinage romain sur les traces de saint Jérôme. La *Dispute du Saint Sacrement* est le tableau de Raphaël que Larbaud évoque dans le *Saint Jérôme* (*O.C.*, t. VIII, pp. 46-47). Saint-Jérôme-des-Esclavons est la « maison de Saint Jérôme » à Rome : « Ainsi donc, la prochaine fois que nous serons à Rome, nous irons faire visite au Patron des Traducteurs en son église de Saint-Jérôme-des-Esclavons » (*O.C.*, t. VIII, p. 27). La maison proprement dite de Jérôme se trouvait, semble-t-il, sur l'Aventin et non à l'emplacement de l'église qui porte son nom. Cette église avait été consacrée à saint Jérôme, dalmate originaire de Stridon, en raison de la présence dans le quartier de nombreux esclavons réfugiés de Dalmatie et d'Albanie, après la bataille de Kosovo (1387). Le quartier s'appelait d'ailleurs le quartier des esclavons (*rione degli schiavoni*).

384. Cette fontaine est parfois décrite comme « la plus ébouissante des fontaines romaines ». Adossée à la façade du palais Poli, elle fut élevée au XVIIIe siècle par Nicolò Salvi sur l'emplacement d'une des premières fontaines de Rome. Elle forme un ensemble monumental avec les chevaux marins guidés par les Tritons, œuvre de Bracci, qui donnent l'effet tourmenté, débordant, que souligne ici Larbaud. Au-dessus, dans des niches latérales se trouvent, à droite, une représentation de la Salubrité et, à gauche, une représentation de l'Abondance, œuvres de Filippo della Valle.

385. À Annecy, à Paris, à Rome, Larbaud fréquente les « cinématographes », mais il ne cite ni ne commente jamais le film qu'il va voir, sans doute parce que le cinéma n'était à l'époque qu'une simple distraction populaire.

386. Cette coupure, assez brève, porte pour titre « Un ricevimento a Valery Larbaud all' *Italia letteraria* ». On y présente Larbaud comme un écrivain « des plus subtils », représentatif de la France de l'époque ; c'est un Européen, voyageur passionné, nulle part mieux chez lui qu'en Italie et qui, au regard des Italiens, n'a rien d'un étranger.

387. C'est la promenade décrite dans « Le Patron des traducteurs » (*O.C.* , t. VIII, p. 28) : « nous contournerons, dans une zone de grandeur et de silence, le Palais Borghese jusqu'à son extrémité, le clavier du clavecin, qui fait face au quai du Tibre. Arrivés là, c'est à droite, et il nous faut tout de même traverser, après la rue de l'Arancio, la rue Tomacelli. Mais ce n'est qu'un mauvais moment à passer : au coin du trottoir où nous abordons, nous sommes déjà dans le quartier du Mausolée d'Auguste et devant la maison de Jérôme ».

388. Quotidien romain à très grand tirage.

389. Giuseppe Bottai (1895-1959) fut parmi les fondateurs du mouvement fasciste en 1919 et prit une part active à l'organisation de la marche sur Rome. Il se consacra à la réforme corporative et à celle de l'instruction publique. Entre 1935 et 1937, il fut gouverneur de Rome. Membre du Grand Conseil du fascisme, il fut de ceux qui présentèrent l'ordre du jour de Grandi contre Mussolini en 1943. Condamné à mort par un tribunal fasciste et à la détention perpétuelle par la haute cour de justice en 1945, il s'échappa et rejoignit la Légion étrangère. Il revint en Italie après l'amnistie.

Très flatté de l'honneur qui lui a été fait, Larbaud exprimera à plusieurs reprises son admiration pour cet homme jeune chargé d'une importante fonction politique.

390. Alfredo Casella (1883-1947), pianiste, compositeur et chef d'orchestre, contribua par ses interprétations, ses initiatives et ses écrits à faire connaître en Italie et à l'étranger la musique du XXe siècle. Il fut l'un des principaux acteurs de la vie musicale italienne entre les deux guerres. Soutenu par le ministre Bottai, proche du Parti national fasciste, il fut en Italie et à l'étranger l'un des ambassadeurs de la « nouvelle culture ». Il est à l'origine du Festival de musique de Venise et de la Semaine de Sienne. Il a laissé des concertos, des symphonies, quelques œuvres lyriques et de nombreuses pièces pour piano.

391. Mario Puccini obtiendra la décoration pour son ami par un décret du 13 février 1934. Sensible à cet honneur, dans une lettre du 26 avril 1934, Larbaud écrira à Mario Puccini : « L'usage étant de porter les insignes des décorations, je porterai le mien à la boutonnière pendant un nombre déterminé de jours le faisant alterner avec la "Légion d'honneur" et l'"Ordre d'Isabelle la Catholique". Ainsi pendant ces jours-là les gens dans la rue et au restaurant ou au théâtre me croiront italien — et ne se tromperont pas tout à fait. »

392. Max Beerbohm (1872-1956), britannique, était écrivain, journaliste, critique littéraire et caricaturiste. Dans la troisième partie du *Saint Jérôme*, « Technique », Larbaud écrit « Je crois bien que c'est à Max Beerbohm que revient le mérite d'avoir été le premier à prédire, vers 1919 ou 1920, dans *The London Mercury* la décadence ou l'abandon prochain du roman considéré comme forme littéraire » (*O.C.* , t. VIII, p. 221).

393. Emmanuel Couvreux (Maney) ; voir journal octobre 1917.

394. Ardengo Soffici, écrivain et peintre, avait vécu à Paris entre 1900 et 1910 et y avait fréquenté Apollinaire, Picasso, Max Jacob... Il collaborait aux revues *La Voce* et *Lacerba* de Florence. De 1929 à 1940, il fit partie du comité directeur de la revue *Il Frontespizio*.

395. *L'Italiano* est défini comme « periodico della Rivoluzione fascista ». Le fonds Larbaud en possède les numéros qui vont de décembre 1932 à 1936.

396. Le 20 février 1926, Larbaud avait participé à un banquet à Lisbonne. Il le relate dans sa « Lettre de Lisbonne » (in *Jaune bleu blanc,* L.P., pp. 918-933).

Médicalement cette névralgie, associée à une sensation de surdité, fait penser à une névralgie du trijumeau, peut-être d'origine vasculaire, témoin en tout cas de troubles circulatoires. Un tel épisode peut être considéré comme une alerte avant l'accident vasculaire cérébral qui, en 1935, laissera Larbaud infirme.

397. Dans « Le Vaisseau de Thésée » (L.P., pp. 1079-1105), Robert G. est un homme d'affaires qui avait su profiter de Bonsignor tout en faisant courir le bruit qu'il avait été sa victime.

398. Il s'agit des affaires en cours : Justin O'Brien et la traduction de *Rachel Frutiger* par Hansell Baugh ; Olivier Leroy et l'article sur « Le Chevalier Thomas Browne » qui vient de paraître dans *Les Nouvelles littéraires* de janvier 1932 ; André Arnyvelde et l'envoi par Larbaud de son renouvellement d'abonnement à *La Prétentaine.*

399. La bibliothèque de Larbaud à Vichy possède un ouvrage d'Enéas Ferraz, *Adolescence tropicale* (trad. Manoel Gahisto, préface d'Abel Bonnard, Paris, A. Michel, 1931) qui porte la dédicace suivante de l'auteur : « À Monsieur Valéry [*sic*] Larbaud, ce souvenir affectueux d'un rêveur de Là-Bas — où on vous aime beaucoup. Moi je porte [dans] mon coeur, comme un chant très doux et très pur, vos *Enfantines*. »

400. L'hypothèse émise par Larbaud, dans son bilan de la fin janvier, se trouve donc confirmée. Il a mis cette coupure de journal à la fin du deuxième cahier.

401. Le palais Farnèse, siège de l'ambassade de France à Rome, abrite également la bibliothèque de l'École française de Rome, qui est un institut de recherche réservé aux archéologues et aux historiens.

402. Cette traduction, due à L. Leluc, a été publiée en 1932 sous le titre *Colà s'en va-t-en guerre*.

403. « Littérature et vie intellectuelle en France », n° 4 du 15 février 1932 de *La Revue de Paris*.

404. Il ne peut s'agir que de « Tableaux de Corfou », de Jacques Boulenger, dans ce même numéro de *La Revue de Paris*.

405. Cette phrase accrédite les propos de Sophie Lévie (*Commerce, 1924-1932, une revue internationale moderniste*, Fondazione Camillo Caetani, Rome, 1989) qui soutient que Leger était le conseiller le plus écouté de Mme de B. en matière de poésie française.

406. Les édiles ont voulu, pour redécouvrir et exalter la Rome impériale et l'esprit conquérant, dégager les restes de la Rome antique. Les forums de Trajan, César et Auguste ont donc été débarrassés des immeubles qui, au cours des siècles, avaient été édifiés au milieu de leurs ruines. Du Colisée à la piazza Venezia on trace l'artère qui va devenir la via dei Fiori Imperiali, en choisissant de faire de cette place le centre spirituel de la nation. Depuis 1932, le quartier où séjournait Larbaud a lui aussi été bien modifié avec le dégagement des environs du palais Madama et, un peu plus au nord, du mausolée d'Auguste.

407. L'Acqua Vergine est le nom italien que porte l'Aqua Virgo latin, aqueduc construit par Agrippa en 19 avant J.-C., qui alimente la fontaine de Trevi et d'autres fontaines romaines.

408. C'est probablement de ce livre que parlait Paul Morand dans une lettre du 8 décembre 1931 où il disait à Larbaud : « Je vous envoie le livre de Mencken. Emportez-le en voyage, je n'en ai pas besoin pour le moment. » Mais Larbaud l'aura laissé à Paris...

409. C'est à la fin d'une page manuscrite que Larbaud a inséré la coupure d'un article de l'*Italia letteraria* « Saluto a Larbaud », avec, en marge, la mention suivante : « Il "Saluto" è stato pubblicato nell' *Italia letteraria* del 21 di Febbraio 1932, e deve essere di Enrico Falqui. » (« Le "Salut" a été publié dans l'*Italia letteraria* du 21 février 1932 et doit être de Enrico Falqui »). On y loue la discrétion de Larbaud, qui ne se fait pas annoncer avec tapage par les journaux. Il est qualifié de « meilleur des italianistes » grâce à sa compréhension historique et littéraire peu commune de l'Italie et aussi à son maniement précis et aisé de la langue italienne. On évoque les réceptions qui ont été données en son honneur (réception de la princesse de Bassiano, réception avec le ministre Bottai). On souligne son idéal d'être citoyen du monde. L'article se termine sur l'annonce de la publication des essais de *Technique*, dont certains sont consacrés à des écrivains italiens, précise-t-on. En partic sur la même page et sur la page suivante, Larbaud a collé « Posta della capitale » : « La "Posta della capitale" è di Mario Puccini ed è stata pubblicata nella *Stampa* nel Febbraio 1932 », a-t-il inscrit (« Le "Courrier de la capitale" est de Mario Puccini et a été publié dans *La Stampa* en février 1932 »). Puccini y présente l'auteur de *A.O.B.* comme un fin connaisseur de l'Italie, même dans ses campagnes les plus reculées, et de la langue italienne qu'il parle comme s'il s'agissait de sa langue maternelle. Il trace un parallèle entre Larbaud et Stendhal, reçu également, cent ans plus tôt, chez le prince Caetani. Stendhal se voulait citoyen de Milan ; Larbaud pourrait être citoyen de Gênes ou de Rome, ou, mieux encore, citoyen d'Italie. Puccini annonce aussi *Amour et Monarchie*, confessant cependant que Larbaud en a dit peu de chose mais que « le peu a été suffisant pour comprendre qu'il s'agit d'une œuvre originale et rare, peut-être d'une chose qui fera beaucoup de bruit dans l'Europe d'aujourd'hui ».

410. Un autre article, « Ricordi di Marpicati » (« Souvenirs de Marpicati ») a été collé ici. Larbaud a également ajouté cette note en marge : « Article du Tevere sur un livre récent du Prof. Arturo Marpicati, que j'ai rencontré l'autre jour à Rome au déjeuner offert par le Ministre Bottai. Il était assis à ma droite. Nous avons parlé de Naples. » L'article fait le compte rendu de la publication d'un livre de Marpicati, *Por-*

traits et récits de guerre, défini comme un « nouveau livre utile sur le conflit mondial, la guerre vue et vécue par un intellectuel et un combattant ».

411. À son arrivée à Rome, Larbaud va saluer la cour ; il y passe à nouveau lorsqu'il fait ses adieux à la ville.

412. Grand quotidien napolitain.

413. Au fonds Larbaud, dans la correspondance Larbaud-Mme de Bassiano, on a trouvé cette lettre écrite au palazzo Caetani le 10 mars (1932, de toute évidence, mais Mme de Bassiano ne datait jamais complètement le courrier qu'elle écrivait) : « J'ai à vous remercier de tant de choses — vos lettres charmantes — les articles de journaux — manuscrits ! — Je suis SI heureuse que malgré les quelques jours que vous avez dû rester à l'hôtel à vous soigner, vous avez remporté un bon souvenir de Rome et surtout que vous êtes convaincu d'y compter des amis et des admirateurs parmi vos plus dévoués. Il faudrait une visite annuelle au moins ! » (L'usage du subjonctif ne va pas sans créer de difficultés à ceux dont la langue maternelle et son système de conjugaison ignorent ce mode.)

414. On ne trouve pas de séjour attesté à Naples en 1912... Le premier séjour que Larbaud y a fait, au cours d'un voyage en Italie en compagnie de Jean-José Frappa, eut lieu en 1900. Il y est retourné avec l'« Isabelle » de *Mon plus secret conseil...* au début de l'année 1903, puis à nouveau, en 1904, à la suite du voyage en Grèce avec sa mère ; Marcel Ray est alors venu l'y rejoindre. Il a effectivement passé une bonne partie de l'année 1912 en Italie, mais dans le nord du pays (Florence surtout, avec des séjours à Saint-Marin et à Côme, puis à Livourne en fin d'année).

415. Château bâti par les Normands sur l'emplacement, dit-on, d'une villa romaine ayant appartenu à Lucullus, sur la pointe de Santa Lucia où la vue découvre l'ensemble de la baie.

416. Larbaud « pèlerine dans son passé » et les souvenirs des premiers séjours à Naples, évoqués dans *A.O.B.* : la Chiaja (généralement écrite *Chiaia* à Naples) des *Poésies* :

Oh ! qu'il me soit donné, encore une fois
De revoir quelques endroits aimés, comme
La place du Pacifique, à Séville ;
La Chiaja fraîche et pleine de monde.

et la Galleria Umberto I, vaste architecture de fer et de verre, couronnée d'un dôme et construite entre 1887 et 1890. Très fréquentée (bien ou mal) à la Belle Époque, cette galerie reste un lieu de rencontre pour les Napolitains. À deux pas de là, le café Gambrinus est l'établissement où Larbaud situait les rencontres de Putouarey et d'Angiolina dans *A.O.B.* : « Je l'emmenais dans la petite salle du Gambrinus à l'entrée de la Chiaja » (L.P., p. 173).

417. Dans *Mon plus secret conseil...*, Larbaud fait allusion à « l'énorme stock d'innocence défraîchie que les ruffians vendent au détail sous la Galerie, — moyen rapide et économique de connaître et d'étudier la peau du pays, comme un peintre loue des modèles » (L.P., p. 693).

418. Italien : « petit tour seul du côté de Villa Nazionale ». (Villa Reale d'abord, et maintenant Villa Comunale, est un parc, dans lequel se trouve le plus vieil aquarium d'Europe, lui aussi bien « défraîchi », situé à l'est de Santa Lucia, entre la rivièra di Chiaia et la baie ; il présente une grande variété de la faune et de la flore de la baie de Naples.)

419. La forme exacte en dialecte napolitain est : Zi' Teresa (Larbaud a omis l'apostrophe qui remplace le *a* de la forme italienne, *zia*). Ce restaurant est célèbre et toujours présent à Naples, sur les quais du port de Santa Lucia, Borgo Marinaro. Il fut fondé en 1890 et tire son nom de sa première propriétaire, Teresa Fusco, familièrement appelée Zi' Teresa (« Tante Thérèse », mais cette dénomination correspondrait davantage au français « La mère Thérèse »).

420. Ce salut est un hommage à deux écrivains pour lesquels Larbaud éprouve une grande admiration : Gian Battista Vico (1662-1744), auteur d'une œuvre capitale qu'il a lue en italien : *I Principi d'una scienza nuova*, publiée par les Éditions Laterza à Bari ; et Francesco De Sanctis, que Larbaud considère, avec son disciple Benedetto Croce, comme « les chefs de l'École napolitaine, les fondateurs de la critique descrip-

tive » mais dont il fustige (*S. J.*, pp. 152-155) la « mémorable erreur » car Francesco De Sanctis a prétendu que Zola était « un génie de l'envergure des Dante, des Shakespeare, des Cervantes, des Goethe, etc. ».

421. Au pied de la colline du Pausilippe, Marechiaro, joli village de pêcheurs, est un endroit très animé.

422. Lucas Letheil est le héros de *Mon plus secret conseil*... Il cherche à fuir Isabelle, une femme qui « eût été aimable sans les crises de fureur auxquelles elle était sujette », et quitte, au petit matin, la maison qu'ils occupent sur le Vomero. Grâce à la technique du monologue intérieur (ce texte est d'ailleurs dédié à Édouard Dujardin, créateur du monologue intérieur), le lecteur suit toutes les pensées qui accompagnent Lucas Letheil au cours de sa descente vers la gare de Naples : « La tête qu'il [l'Indésirable] ferait si je lui disais que j'ai envie d'acheter cette jolie villa toute neuve, la voilà, penchée au-dessus de Santa Lucia et du grand désert bleu scintillant qui finit dans le ciel tiède. À vendre : vingt mille lire » (L.P., p. 660).

423. Le San Carlo est le célèbre opéra de Naples que Stendhal a évoqué. Situé sur la place Trieste e Trento, il se trouve sur le trajet qui ramène Larbaud et Maria à leur hôtel.

424. Les pages sur lesquelles Larbaud a travaillé ont été reproduites dans le *Cahier de l'Herne* (pp. 154-161). L'article que *Le Manuscrit autographe* a publié dans son n° 40, octobre-novembre-décembre 1932, a été collecté par Jean-Philippe Segonds, avec sept autres « Bouts de papier » et figure dans l'article qu'il a consacré à « Larbaud et *Le Manuscrit autographe* », *C.A.V.L.*, n° 7, mai 1971, pp. 51-54. Ces textes ont retrouvé leur place dans le journal de Madrid, en avril 1918.

425. Anglais : « détachées ». On retrouve effectivement ces pages à la fin du deuxième cahier. Elles portent le titre « Valery Larbaud ». En haut de la deuxième page, Larbaud a ajouté à la main : « Traduction suédoise du "Moulin d'Inigo Jones" (d'après la traduction allemande publiée par *Corona*) parue dans le supplément littéraire de *Nya Daglıgt Allehanda* du 3 janvier 1932 ; reçue à Rome en Février. »

« Le Moulin d'Inigo Jones » avait paru pour la première fois dans *Les Feuilles libres* (n° 39, mars-avril 1925, pp. 143-149). Il fut recueilli en 1927 dans *Crayons de couleurs* et, la même année, dans *Jaune bleu blanc*. C'est dans ce dernier recueil qu'il figure dans le t. I des *Œuvres complètes* et dans la « Bibliothèque de la Pléiade ».

426. Traduction fidèle de : « la barque d'Angleterre la plus éloignée de la mer, peut-être ; barque prisonnière d'une île » (L.P., p. 802).

427. Italien : « C'est une espèce d'utopie basée sur le *D[e] M[onarchia]* de Dante. » Ces remarques sur l'œuvre en cours nous permettent de voir à l'œuvre le processus créatif chez Larbaud. L'expression « songeant à quelques passages non encore écrits » peut signifier que beaucoup de passages ont déjà été écrits, mais cela peut tout aussi bien faire référence aux passages qu'il imagine, élabore et garde en mémoire (la « petite femme brune » ici, par exemple) avant de passer à la rédaction proprement dite. L'expression « dans l'état où cela est, j'aurais été bien embarrassé d'en parler à Mario Puccini » nous confirmerait plutôt dans cette seconde hypothèse.

428. Cette date marque une nouvelle entrée dans la sélection des *Nouvelles littéraires*, mais le texte même de la journée sera pris plus loin.

429. La correspondance Larbaud-Comisso au fonds Larbaud comporte dix-sept lettres, dont trois concernent la période février-mars 1932. Ces trois lettres ont trait à une même affaire, celle du prix Méditerranée créé à l'initiative d'une femme, Bianca Maria Brayda. Ce prix devait récompenser un ouvrage de prose italienne publié entre janvier 1931 et janvier 1932 par un auteur de romans, nouvelles ou descriptions de voyage. Étaient retenus cette année-là : *Qualche Cosa* d'Emilio Cecchi, *Stampe dell' 800* de Palazzeschi et *Piccola Borghesia* d'Elio Vittorino. Giovanni Comisso voulait obtenir l'accord de Larbaud pour participer (le vote par correspondance était admis) au jury du prix Méditerranée.

430. Le funiculaire de Naples, l'un des premiers d'Europe, faisait la fierté de la ville.

431. Plus loin, Larbaud citera le deuxième vers du « sonnet napolitain » des *Chimères*, « Myrtho », qu'il adresse à Marcel Thiébaut :

Je pense à toi, Myrtho, divine enchanteresse
Au Pausilippe altier, de mille feux brillant

Occupation toute pacifique pour Nerval, mais occupation d'ordre politique pour Murat. Grand maréchal d'Empire, beau-frère de Napoléon, il succéda à Joseph Bonaparte, en 1808, sur le trône de Naples et entreprit la réorganisation administrative et économique du royaume. Il fut fusillé à Pizzo en 1815. Sa statue, à l'instar de celles des souverains qui ont régné sur Naples, figure dans une niche en façade du palazzo Reale, piazza Plebiscito, où Larbaud, on l'a vu, le salue au passage à son arrivée.

432. Dans le *Choix de lettres* de Jean Paulhan (t. I, *La littérature est une fête, op. cit.*, p. 242, lettre 191), mais à une date un peu plus tardive — le 9 mai 1932 — on lit ces lignes qui nous donnent une idée de l'opinion que Paulhan exprimait à propos du « Vaisseau de Thésée » : « Où êtes-vous ? Votre lettre de fin mars était pleine de santé, et de joie. Quel plaisir elle m'a fait ; et quel grand plaisir aussi le « Vaisseau de Thésée ». Merci, et merci plus encore du poème qui l'accompagnait. (Est-il interdit de le donner dans *La NRF* ? où il pourrait fort bien conserver la signature de Ch. M. Bonsignor, pour qui ma sympathie s'accroît encore.) Il est bien émouvant et bien beau. » Cédant à Jean Paulhan, pour qui il éprouvait — on le constate dans ce journal — de l'amitié, Larbaud donna « Pour le jazz-band de l'Hôtel Excelsior », poème de M. Bonsignor, dans son article, dédié à Jean Paulhan, « Le Fait du prince » (voir *O.C.*, t. VIII, pp. 213-217).

433. Construit par Charles III, Capodimonte fut à la fois un palais royal et un musée destiné à accueillir les œuvres d'art que le souverain avait héritées de sa mère, Élisabeth Farnèse. Propriété des Bourbons jusqu'en 1860, il passa ensuite à la maison de Savoie et fut la résidence des ducs d'Aoste jusqu'en 1957. C'est actuellement un des grands musées européens qui abrite les œuvres des grandes écoles de peinture italiennes et européennes du XVe au XIXe siècle.

434. La famille Cacace est la famille d'Angiolina Cacace, jeune femme de vingt ans dont Putouarey s'offre les « bons services » contre paiement d'une rente à la famille — qui s'avère être particulièrement étendue : « Tous les types du peuple de Naples m'ont défilé sous les yeux, et c'étaient tous des Cacace », déclare Putouarey (L.P., p. 175).

435. Le fonds Larbaud a conservé certains de ces clichés que Larbaud prenait et arrangeait en cartes postales pour les adresser à ses amis. Ils ne démentent pas, dans leur ensemble, la description qui en est faite ici.

436. Adrienne Monnier.

437. Marie Laurencin (1883-1956), peintre de renom, a été très proche de Larbaud dans les années 1920. On peut voir de ses œuvres dans la bibliothèque de Larbaud, au fonds Larbaud.

438. Le projet pour *Commerce* ne pourra aboutir puisque la revue va cesser de paraître après le numéro du printemps 1932. Quant au *Manuscrit autographe*, il publiera dans les « Bouts de papier » les réflexions de Larbaud sur le roman de Jane Austen *Pride and Prejudice*.

439. L'Italie oppose ce qui appartient à l'Église à ce qui appartient à l'État, ou à la Cité.

440. Du nom d'un village grec où furent découvertes des figurines de terre cuite, caractérisées par leur sveltesse et leur raffinement, à tel point que leur attitude peut parfois toucher au maniérisme. Toutefois les tanagras portaient non pas de « larges franges » mais un classique chignon avec des bandeaux.

441. Le *Paris* comptait, avec le *France* et le *Normandie*, au nombre des fleurons de la Transat. Il fut le premier paquebot à être lancé après la Première Guerre mondiale. Il sombra le 19 avril 1939 à la suite d'un incendie alors qu'il était à quai.

442. Suivent deux croquis du « Vaisseau de Thésée ». Chacun est commenté. Le premier : « Le Vaisseau de Thésée sur la fresque 9212. Le second : Le Vaisseau de Thésée (avec 4 personnages) sur la fresque 11909. » (Sous ce second dessin, une bulle dans laquelle on lit : « tache et raccord ».)

443. La région de Naples est régulièrement victime de séismes et le dernier en date à avoir causé des dégâts dans la ville remonte à 1980. Comme en 1932, suite à ce tremblement de terre, certaines sections du musée sont encore fermées au public. Pour tout ce qui concerne la civilisation du monde classique, le Museo Archeologico

Nazionale à Naples est le musée le plus riche d'Italie, et même d'Europe. On y trouve toujours les fresques et les mosaïques de Pompéi à l'entresol, mais les collections doivent être remaniées (on sait aussi que les œuvres sont restaurées), car on n'y voit plus la fresque de « L'Abandon d'Ariane » ni « Le Vaisseau de Thésée ».

444. La symbolique du « Vaisseau de Thésée » est capitale dans le récit et on peut comprendre le besoin que Larbaud ressent de vérifier la justesse des éléments matériels sur lesquels il a bâti cette symbolique qu'il exprime dans ces phrases : « ... et aujourd'hui encore chaque fois que j'entends ou que je pense à ce motif : [Mein lieber Schwan...!] je revois en moi-même l'image confuse, étrange, admirable, angoissante, que je me suis faite du Vaisseau de Thésée.

« Et je dis bien : en moi-même ; car le Vaisseau de Thésée, qui a fini par disparaître, me semble une belle et noble image de nous-mêmes, de l'Homme dont toute la substance se renouvelle en sept ans. On l'avait si souvent réparé au cours des siècles, qu'il n'y avait en lui plus un clou, plus une planche, qui n'eussent été plusieurs fois remplacés. Mais c'était encore le Vaisseau de Thésée, sa forme, son histoire, l'idée qui y demeurait attachée » (L.P., pp. 1096-1097).

445. Dès leur découverte, les peintures érotiques provenant de Pompéi ou d'Herculanum furent mises en réserve et soustraites à la vue du public. En 1819, semble-t-il, une centaine d'œuvres jugées obscènes (des peintures et des bronzes) furent rassemblées au Real Museo Borbonico dans un « cabinet secret » inaccessible aux femmes et aux enfants et dont la visite n'était « permise aux hommes d'un âge mûr que moyennant une permission spéciale du ministère de la maison du roi » (colonel Famin, *Le Cabinet secret du Musée royal de Naples*, 1857). De nos jours, la salle « érotique », toujours dénommée « cabinet secret », est ouverte à l'ensemble du public.

446. Dans la mythologie grecque, Endymion est un berger d'une rare beauté dont Diane-Séléné tombe amoureuse et à qui Zeus accorde de ne jamais vieillir en restant plongé dans le sommeil éternel.

447. Cette petite galerie, Galleria Principe di Napoli, bâtiment de verre et de fer comme la Galleria Umberto I, fait face au musée. Construite en 1883, c'est la plus ancienne galerie de Naples.

448. Charles Ier d'Anjou, après la construction du Castel Nuovo qui avait nécessité la destruction d'une église dédiée à la Vierge, fit construire cette église. Giovanni Marigliano dit Giovanni da Nola (Nola vers 1488-Naples 1558), sculpteur et graveur sur bois, est l'auteur du retable de Sant'Eustachio dans une des chapelles de l'église. Il fut le sculpteur napolitain le plus fécond de la première moitié du XVIe siècle.

On appelle « Ecce Homo » une représentation du Christ après la flagellation et le couronnement d'épines. Ces deux mots sont les paroles que Ponce Pilate adresse aux Juifs (« Voici l'homme ») en désignant le Christ qui se tient debout, les mains croisées et liées. L'*Ecce Homo* est une figure à laquelle Larbaud est sensible. N'évoquait-il pas, en effet, dans la « Lettre de Lisbonne » : « L'autre objet, plus absorbant encore à contempler [que] fut cet *Ecce Homo* à la tête à demi voilée qu'il y a, parmi bien d'autres œuvres étonnantes des primitifs portugais, au Musée national [...] ce Christ voilé hante l'imagination ; on se sent attiré vers le regard qu'on devine sous ce pan de manteau royal qui ressemble à un suaire, vers ce regard qu'on ne verra jamais » (L.P., p. 920).

449. Est-ce le rappel de la musique entendue au Duomo (la cathédrale, appelée Duano dans *Les Nouvelles littéraires*) qui amène ce terme italien utilisé en musique pour désigner un mouvement lent ? La lecture de Francesco Ercole, qui passionne Larbaud mais dont il déplore souvent le style, est ardue et ne peut se faire que « lentement ».

450. *Les Nouvelles littéraires* utilisent cette date comme entrée, mais le texte qui suit est pris à la date du 28 février dans le journal, comme nous le verrons plus loin.

451. Marsile de Padoue (vers 1285-1343), théologien italien, prit le parti de l'empereur et composa pour lui le *Defensor Pacis* (1324).

Cola di Rienzo (1313-1354), homme politique mais surtout tribun, était désireux de restaurer la grandeur de Rome et organisa une conjuration antinobiliaire. Chassé de Rome par le pape et les nobles, il retrouva le pouvoir en 1354 puis fut assassiné.

Bartolo (1314-1357), jurisconsulte, utilisa la méthode scolastique dans l'étude du droit romain.

Coluccio Salutati (1341-1406) fut chancelier de la République de Florence à l'époque où la cité était le foyer le plus actif de l'humanisme.

452. Larbaud reviendra sur le code Justinien, qu'il essaiera de se procurer à Naples. Justinien (482-565) fut un empereur byzantin du VIe siècle. Entre 528 et 534, il a fait réviser les lois promulguées depuis Hadrien : elles composent le code Justinien. Il a fait reprendre et codifier la jurisprudence romaine : c'est le *Digeste*. Il a également fait publier les Institutes, un manuel de droit. Ce n'est qu'après 534 que furent publiées, en grec, les *Novelle*, recueil de lois originales.

453. Une colonne torse.

454. *L'Utopie politique de Dante* est sans doute le livre de Meozzi que Larbaud a acheté le 9 février à Rome.

455. Il y a ici une référence implicite à l'article « Jhon-le-Toréador » paru dans *Le Manuscrit autographe* dans le numéro de mars-avril 1930, recueilli dans *Technique* en 1932, puis dans le *Saint Jérôme* (pp. 252-255) où Larbaud dit : « J'ai nommé ainsi le très actif petit démon qui, dans tous les ouvrages de toutes les littératures, s'amuse à corrompre et à défigurer les phrases et les citations en langues étrangères. »

456. Les *pupi* (et non *puppe*, comme Larbaud l'écrit ici) sont des marionnettes de grande taille, d'origine sicilienne, vêtues de costumes de couleurs vives et d'armures magnifiques. *L'Opera dei pupi* retrace les épisodes de l'épopée des paladins de Charlemagne (Roland en particulier dans l'*Orlando furioso* de l'Arioste et *Orlando ennamorato* de Matteo Maria Boiardo). Ces marionnettes se produisaient encore en Italie méridionale après la Seconde Guerre mondiale. (On peut lire l'article, accompagné de très belles illustrations, qui leur a été consacré dans la revue *F.M.R.*, n° 59, vol. XI, décembre 1995, « Paladins de Sicile » par Maria Xenia Zevelechi Wells. Les marionnettes qui y sont présentées, avec leurs armures, permettent de comprendre l'attrait que le collectionneur de figurines qu'était Larbaud pouvait éprouver pour les *pupi*.)

457. C'est au XVIIIe siècle, à l'est de Naples, au pied du Vésuve, et grâce à l'intérêt suscité par les fouilles archéologiques que Portici se développa ; de nombreuses villas s'y construisirent et l'endroit devint un lieu de villégiature aristocratique. Torre del Greco, en revanche, s'est consacrée, depuis le XVe siècle à la pêche et au travail du corail et fut habitée par une population beaucoup plus modeste. Giacomo Leopardi y vécut dans ses dernières années, et cette seule fréquentation aurait pu faire trouver grâce à cette localité aux yeux de Larbaud.

458. Est-ce la préoccupation de *L'Amour et la Monarchie* qui suscite la survenue de ces lignes où italien, anglais, français et latin se mêlent ? Elles rejoignent en tout cas ce que Larbaud annonce pour l'œuvre à venir... Traduction : « Neige sur les montagnes et en ville ce matin. Le Vésuve couvert de neige, et qui fume dans un épais nuage blanc, rose au coucher du soleil. Paysage de l'époque glaciaire. "Nature" devait alors paraître ainsi. Il y avait un volcan dans la neige, dans le brouillard, un froid intense, et descendant les vallées, un troupeau errant d'éléphants velus. Bientôt, qui sait ? » On peut lire l'analyse que Dietrich Lückoff fait de ces quelques lignes, qu'il considère comme un « verset plurilingue », dans l'article « Quelques remarques à propos de *L'Amour et la Monarchie* » (*C.A.V.L.* n° 35, année 1995, pp. 17-31).

459. « Tuer le cochon », titre d'une des « Remarques » (XI) de la deuxième partie du *Saint Jérôme* (*O.C.*, t. VIII, pp. 192-193), « L'Art et le Métier ». Larbaud explique ainsi cette expression : « J'y vois encore un exemple et un précepte applicables au métier d'écrivain : éviter la grandiloquence, maintenir l'expression en deçà de l'émotion ressentie et qu'il s'agit de communiquer. En marge d'un brouillon, "tuer le cochon" signifiera : "À récrire en baissant le ton". »

460. Deuxième vers du sonnet de Nerval évoqué à l'arrivée à Naples. Il semble constamment présent à l'esprit de Larbaud, qui le cite, ici ou là, par bribes.

461. C'est le trajet qu'emprunte Lucas Letheil dans sa fuite dans *Mon plus secret conseil*... Des souvenirs, similaires à ceux de la descente du Vomero, s'y rattachent sans doute. Mais la gare de Metaponte est également le lieu de la rencontre, hors scène, avec la « Coppia Barretta », le couple protagoniste des « Deux artistes lyriques » (L.P., pp. 992-997).

462. Habdul-Hamid, ou Abdul-Hamid (1842-1938), souverain de l'Empire ottoman, proclama la monarchie parlementaire à son arrivée au pouvoir en 1876, garantissant alors la liberté individuelle et la liberté des cultes. Mais il revint à un gouvernement despotique, tout en poursuivant d'importantes réformes administratives, et, soucieux de favoriser la religion musulmane, il laissa commettre des violences contre les chrétiens et surtout le massacre des Arméniens. Débordé par le mouvement des Jeunes Turcs, il fut contraint d'abdiquer en 1909.

463. Journaliste et romancière italienne, d'origine napolitaine, Matilde Serao (1856-1927) dirigea de nombreux journaux et laissa une abondante production romanesque. Dans *Mon plus secret conseil...*, Lucas Letheil s'attarde devant un kiosque de livres « comme s'il voulait favoriser le hasard qui pourrait lui faire manquer son train. D'Annunzio. D'Annunzio. Serao, Serao, Serao. C'est elle, Mathilde Serao, la grosse dame brune assise dans la librairie de la Piazza Plebiscito, l'autre jour » (L.P., p. 682.)

464. *Gravitations* est un recueil que Supervielle a publié en 1925 et dédié à Larbaud. On en trouve deux exemplaires dédicacés au fonds Larbaud : l'un de 1925, dans une édition à tirage limité (cote F 2098), qui porte ces mots : « Vous êtes l'inventeur des plus beaux jeux de cartes que l'on donne d'un pays à l'autre, à la hâte, sur les tapis des continents.

À Valery Larbaud, maintenant que l'ouvrage est bien séparé de moi, je me trouve fort audacieux, mon cher maître et ami, de vous l'avoir dédié aux yeux de tous. Puissiez-vous voir dans cet hommage le signe de ma gratitude et de mon admiration les plus émues. Jules Supervielle » ; l'autre est l'édition de 1932 dont il est question ici. Il s'agit d'un tirage sur velin en pur fil et l'exemplaire porte bien le numéro VII (cote 2099). La dédicace est très simple et brève : « À Valery Larbaud, son vieil ami, Jules Supervielle. »

465. Cette soupe présente néanmoins un goût très relevé en raison du piment qu'elle contient — ce qui permet de poursuivre la comparaison avec Ercole...

466. Ces propos rejoignent ceux du président de Brosses qui, le 24 novembre 1739, écrivait à M. de Neuilly : « À mon sens, Naples est la seule ville d'Italie qui sente véritablement sa capitale ; le mouvement, l'affluence du peuple, l'abondance et le fracas perpétuel des équipages, une cour dans les formes et assez brillante, le train et l'air magnifique qu'ont les grands seigneurs : tout contribue à lui donner cet extérieur vivant et animé qu'ont Paris et Londres, et qu'on ne trouve point du tout à Rome » (lettre recueillie par Yves Hersant, p. 28, in *Italies. Anthologie des voyageurs français aux XVIIIe et XIXe siècles*, coll. « Bouquins », Éditions Robert Laffont, 1988).

467. Comme les Alinari, les Anderson, également éditeurs de reproductions photographiques, ont débuté leur activité dans la seconde moitié du XIXe siècle. Installé à Rome, James Anderson (1813-1877), pseudonyme d'Isaac Atkinson, photographe d'origine anglaise, a établi à Naples, dans les années 1870, une succursale spécialisée dans la reproduction d'œuvres d'art antiques. Trois générations se sont succédé jusqu'en 1959, date à laquelle le fonds de photographies a été repris par les Archives Alinari.

468. Herculanum et Stabies, dont le nom est un peu moins familier que celui de Pompéi, furent victimes de la même éruption du Vésuve, le 24 août 79.

469. Larbaud avait logé au palais Astori lors de son séjour de février-mars 1904.

470. Est-ce la lettre du 29 février 1932 (n° 61 in *Lettres d'Italie, CAVL* n° 1, nouvelle série, *op. cit.*) ? Puccini y dit : « Avant-hier mes amis sont venus chez moi et nous avons tous parlé de Larbaud avec nostalgie. J'ai fait une importante distribution de vos livres pour que tout le monde vous connaisse comme je vous connais et vous admire comme je vous admire. »

471. Santi Quaranta (*Saranda* en albanais) est une localité de la côte albanaise située au nord-est de l'entrée du canal de Corfou. Ce petit port, au fond d'une baie, est une escale pour les lignes maritimes Vlona-Corfou-Brindes. Son nom est lié à la présence d'une église du Xe siècle consacrée aux Quarante Saints, c'est-à-dire aux quarante martyrs de Sébaste en Arménie.

472. Est-ce en raison de son origine angevine que l'église San Eligio est désignée sous son nom français ? On ne peut s'empêcher de le penser et de penser aux pages

du *Saint Jérôme* qui portent le nom « Les Matériaux : quelques noms géographiques » (*O.C.*, t. VIII, pp. 271-275).

473. Gerolomini ou Girolamini : église qui se trouve après le Duomo en descendant la via dei Tribunali vers la piazza Dante. Il fallut deux siècles pour la construire : commencée en 1592, elle ne reçut sa façade qu'en 1780. Outre son remarquable décor baroque, c'est la dalle de Vico (*Vico's slab*, en anglais) qui y attire Larbaud.

474. Célèbre pâtisserie-confiserie. Larbaud en apprécie sans doute la spécialité de *bacci* (chocolats truffés)...

475. Cette lettre, du 22 février 1932, figure au fonds Larbaud. Fischer, qui y développe une réflexion sur le symbolisme, Proust et Joyce, termine sur cette question à Larbaud : « Dois-je m'occuper d'abord du Mouvement Symboliste et ensuite de l'œuvre de Joyce, où [mot illisible], ou bien rattacher les deux problèmes à l'œuvre de Proust par une tentative de synthèse ? » Émeric Fischer publiera, sous le nom francisé Émeric Fiser, une *Esthétique de Marcel Proust* (A. Redier, 1933) à laquelle Larbaud donnera une préface, reproduite sous forme de compte rendu dans *La NRF* du 1er octobre 1933. Un manuscrit dactylographié d'Émeric Fischer, « Le Monologue intérieur dans *Ulysse* de James Joyce » se trouve également dans la bibliothèque de Larbaud.

476. *Technique* va paraître en juillet. Les deux articles de *La Revue européenne* sont « Pour l'inauguration d'une nouvelle ligne » (1re année, t. I, 1er mars 1923) et « Renan, l'histoire et la critique littéraire » (1re année, t. I, 1er juin 1923).

477. L'irritation que l'on sent pointer sous ces lignes nous renvoie inévitablement à la « Lettre aux imprimeurs » où Larbaud déclare : « Je suis un très mauvais correcteur d'épreuves : je manque de patience, les premières fautes que j'aperçois m'irritent, me découragent, font que j'accomplis cette besogne fastidieuse avec moins d'attention que si je voyais qu'on a fait quelque effort pour imprimer correctement tout mon texte, et comme, en général, je le sais par cœur, il m'arrive de passer dix fois près d'une coquille, — ô pages ! ô plages ! — sans la remarquer : ma pensée a corrigé spontanément l'erreur, m'a fait voir ce qui n'était pas sur l'épreuve » (*O.C.*, t. VIII, p. 362).

478. Ces deux termes espagnols caractérisent des beautés prisées par les Espagnols : *morena* désigne une brune et *real hembra* désigne la vraie femme (la belle femme au port royal). Voir à ce sujet les pages retrouvées de Madrid et les réflexions comparatives que Larbaud faisait entre l'anglais et l'espagnol. Le 24 février 1932, Larbaud faisant quelques remarques sur l'évolution de l'aspect physique des jeunes Napolitaines se demandait si « le Type Espagnol [avait] toujours ici, autant de prestige que de [son] temps ». Il est certain que la présence aragonaise, du XVe au XIXe siècle, a laissé des traces, tout comme la maison d'Anjou, qui a régné à Naples de 1266 à 1442, y a importé le type angevin.

479. Porche gothique-angevin. Les églises de Santa Chiara, San Lorenzo Maggiore, Donnaregina et l'Incoronata sont également marquées par ce style.

480. Le scottish-terrier qu'est Barty ne représente sans doute pas une race très répandue à Naples dans les années 1930, ce qui explique les réactions contradictoires des gens : de *brutto cagnaccio*, sale petit chien, à ce *bel cane*, beau chien. Pour Larbaud et Maria, il est soit « le bon petit chien Barty » (*il buon cane Barticcino*, en italien) soit « le bon vieux petit Barty » (*the good old boy Doggie-Barty*, en anglais).

481. Voici donc achevés les deux volumes commencés le 28 février et intitulés *De Charles VIII à Charles V.* Ercole est peut-être scrupuleux, mais il n'est pas dénué d'humour, comme ce titre en témoigne. Les souverains ne règnent pas en ordre décroissant, mais appartiennent à des dynasties différentes : Charles VIII est le roi de France qui a conquis Naples en 1495 (pour une brève période) et Charles V est mieux connu sous le nom de Charles Quint, empereur du Saint-Empire. En 1516 il prétend à la couronne de Naples et de Sicile.

482. Œuvres de Dante.

483. Citation, comme l'indique Larbaud, de l'Epître VII de Dante : « puisque la puissance glorieuse des Romains n'est limitée ni par les frontières de l'Italie, ni par la limite de l'Europe tricorne ». (Il semble que le verbe latin soit *coartatur* car la forme *coarctatur* n'est pas attestée).

484. Giovanni Pascoli (1855-1912), le poète de *Myricae, Poemetti, Canti di Castelvecchio* fut aussi un « dantiste » passionné qui s'est parfois fourvoyé dans la recherche systématique de correspondances et de symétries, se limitant souvent à une lecture trop intuitive de *La Divine Comédie*. Les interprétations mystiques que l'on trouve dans *Sotto il velame* [*Sous le voile*] et *La Mirabile Visione* [*La Merveilleuse Vision*] se fondent sur des thèses subtiles et hasardeuses fort contestées du vivant de l'auteur.

485. En fait Édouard Jordan.

486. Louis Veuillot, qui détestait Hugo, s'acharnait contre lui depuis plusieurs années. Hugo, à son tour, lança contre Veuillot des attaques virulentes dans plusieurs pièces des *Châtiments* (L. IV, IV « À des journalistes de robe courte », VII « Un autre » ; L. VII, « La caravane », IV, notamment). Nous citerons simplement le dernier quatrain de « Un autre » :

C'est ainsi qu'outrageant gloires, vertus, génies,
Charmant par tant d'horreurs quelques niais fougueux,
Il vit tranquillement dans les ignominies
Simple jésuite et triple gueux.

487. Le régime fasciste avait en effet bâillonné toute opposition puisque la Chambre des députés, ramenée à 400 membres en 1929, était composée de membres désignés par le Grand Conseil fasciste et choisis sur une liste nationale.

488. Grand-père de Roffredo Caetani, prince de Bassiano. Larbaud explicitera cette théorie quelques pages plus loin.

489. Quartier chic de Naples, situé autour de la piazza Amedeo, entre le Vomero et Santa Lucia ; il domine la baie au-dessus de la Chiaia.

490. Cette façon anglo-saxonne de faire précéder la somme du symbole de la devise avait cours dans l'Italie d'avant la Seconde Guerre mondiale et le signe était pratiquement identique à celui employé pour la livre-sterling (£), sans doute en raison de l'influence de la formation britannique reçue par les grands financiers de l'époque.

491. Pouzzoles, en français, est une localité située à l'ouest de Naples. On remarque cette hésitation constante de Larbaud entre la dénomination française et la dénomination italienne. Dans « Les Matériaux : quelques noms géographiques » (*Saint Jérôme, O.C.*, t. VIII, p. 273) n'écrit il pas : « Il semble que ce soit un honneur, pour les villes, d'être connues sous plusieurs noms » ? C'est sans doute une façon de mieux s'approprier encore tous ces lieux qu'il revoit et qu'il aime.

492. Précision donnée par *Il Mattino* du dimanche 6 mars 1932 : le *Trieste* est le croiseur chargé de rendre les honneurs à la flotte anglaise en visite à Naples.

493. Il semblerait à lire ces lignes que *L'Amour et la Monarchie* soit une œuvre déjà bien avancée, et cela confirme les desiderata exprimés par Larbaud en janvier 1932 : « Terminer avant la fin de l'année, pour la N.R.F. (c'est-à-dire pour Gaston et Paulhan) L'Amour et la Monarchie. »

Dietrich Lückoff analyse ce passage dans son article « *L'Amour et la Monarchie*, une utopie romancée » (in *Valery Larbaud, espaces et temps de l'humanisme*, actes du colloque de Strasbourg rassemblés par F. Lioure et A. Dezalay, Association des publications de la faculté des lettres et sciences humaines de Clermont-Ferrand, 1994, pp. 117-127). Il montre en particulier comment le baron Marin de Cive aurait pu représenter, à la fin de la carrière de Larbaud, le pendant de Barnabooth qui avait inauguré cette même carrière.

494. L'embrigadement de la jeunesse dans ce type de formations paramilitaires (Opera Ballila) était une des bases de l'action fasciste. Larbaud retrouve, dans l'esthétique de l'uniforme, l'attrait qu'il éprouve pour les figurines qu'il collectionne.

495. Il doit s'agir de : Dante Alighieri, *Tutte le opere di Dante Alighieri*, riv. Dal. Dr. E. Moore, 2 ed. Oxford, stamp. dell'università, 1897.

496. Il peut s'agir d'Aristide Briand, qui allait mourir le lendemain.

497. Larbaud fréquentait le « cinématographe ». Il ne précise pas les films qu'il va voir. Mais il connaît bien, sur l'écran, le personnage interprété par Charlie Chaplin. Ainsi lorsqu'il analyse le numéro de la Coppia Baretta dans « Deux artistes lyriques », il essaie d'« imaginer, par exemple, un mime comme Charlie Chaplin dans le

rôle du Superuomo, [...] dans le rôle de l'Extravagant génial, ridicule et triste, moqué par une simple et normale Enfant de la Nature ! » (L.P., p. 991).

498. Dans ce chant XXXIV de l'« Enfer » le monstre ailé, qui représente Lucifer, possède une tête à trois faces. Dans ses trois bouches, il broie Judas l'Iscariote, qui a vendu le Christ, Brutus et Cassius, qui ont assassiné César, vicaire temporel de Dieu puisqu'il fut le premier empereur romain.

499. Les *bersaglieri* sont un corps d'élite d'infanterie légère spécialisé dans le tir et qui se déplace au pas de course. Le premier d'entre eux sonne une trompette, d'où ces airs de marche particulièrement « vifs ».

500. Cette diatribe contre les imprimeurs se termine sur une citation de sa « Lettre aux imprimeurs » : « Ainsi vous n'avez pas épargné même celui-là, notre Jean, et ses *Fables*, notre *Iliade*. Ah, gourdements ! ah, faux-furons ! ah, bons à tirer dessus !! » (*O.C.*, t. VIII, p. 366), citation dans laquelle « faux-furons » est devenu « faux-jurons » dans l'édition Mallet du *Journal* (*O.C.*, p. 102) !

501. Il existe, entre Bertrand Guégan et Larbaud, une correspondance assez importante (30 lettres et billets de B. Guégan à Larbaud, et 38 lettres plus 10 cartes postales de Larbaud à B. Guégan) qui a commencé à la fin de l'année 1926. Guégan, rédacteur aux *Arts et métiers graphiques*, et Larbaud étaient réunis par un même amour de Maurice Scève, dont Guégan publia les *Œuvres poétiques complètes* (Paris, Garnier, 1927). Dans sa correspondance, on le voit conseiller Larbaud en matière de lecture et de correction d'épreuves. C'est lui qui signala à l'écrivain un passage de Sorel, tiré de la préface de *L'Histoire comique de Francion* (1623) dont nous trouvons la trace dans la « Lettre aux imprimeurs » : « Les imprimeurs, se souvenant de leur nom, ont mis BESTES au lieu de PESTES, en d'autres endroits AVANT toict pour AUCUN toict, COUCHE pour CRUCHE, FAUX FURON pour FANFARON, MAISTRES pour MONSTRES, COURAGE pour COCUAGE, MEFFAIT pour MESTIER, GOURDEMENT pour GRONDEMENT, COMMENÇAIT pour CONTENAIT, LA VUE pour LE VENT, PERNICIEUX pour PÉCUNIEUX et une infinité d'autres mots qui corrompent tout mon sens. »

502. La dédicace n'apparaît pas, effectivement, dans l'édition de *Technique* de 1932, mais l'en-tête est présent. Dédicace et en-tête, avec une citation d'Olivier Patru, précèdent la « Lettre aux imprimeurs » dans le *Saint Jérôme* (*O.C.*, t. VIII, p. 356). La référence aux *Arts et métiers graphiques*, revue où ce texte avait paru pour la première fois (n° 2, 1er décembre 1927), a cependant disparu.

503. Couple d'artistes à l'élégance un peu vulgaire tout comme leur répertoire. Larbaud les met en scène dans « Deux artistes lyriques », texte qui date de 1928 (numéro de printemps de *Commerce*, cahier XV). Il figure dans le recueil *Aux couleurs de Rome* (L.P., pp. 986-997).

504. La couleur du tramway crée une association d'idées avec l'Ordre d'Isabelle la Catholique, dont Larbaud était commandeur depuis 1927 et dont le ruban portait ces mêmes couleurs.

505. Ce sont trois citations du *Convivio* (le *Banquet*) de Dante, puisées au hasard des lectures : (III, 12, 12), « Amoureux usage de la sagesse » ; (IV, 17, 7), « Habituelle disposition à choisir ce qui est bon » ; « Lumière de la prudence dans la spéculation. » De ces citations, Larbaud fait des sentences qu'il semble poser comme règles de conduite pour son travail de *L'Amour et la Monarchie*.

506. Le Musée national se trouve à l'intérieur de la chartreuse de San Martino, ensemble baroque qui est l'œuvre de Dosio et Fanzago. Cette chartreuse, située sur la hauteur du Vomero, à côté du Castel Sant'Elmo, domine la baie de Naples. Son musée comporte une section historique, qui illustre les moments importants de l'histoire de Naples, une section artistique, consacrée plus particulièrement à l'art napolitain du XIXe et une très intéressante collection de crèches (qui n'existait peut-être pas encore dans les années 1930).

507. Artistes de la fin du XIXe, début du XXe siècle. Domenico Morelli avait fait scandale en représentant les personnages bibliques vêtus à la façon des Arabes de l'époque. Vincenzo Gemito (1852-1929) a été surnommé le « sculpteur fou ». Peintre et sculpteur, en particulier de ces émouvantes têtes d'enfants que Larbaud admire, il sombrera dans la démence et vivra misérablement dans les rues de Naples.

508. Pour accéder au musée, à l'intérieur de la chartreuse, il faut traverser le magnifique cloître conçu par Fansago (ou Fanzago).

509. Cette pâtisserie, ou salon de thé, porte un nom prestigieux, celui des deux héros du célèbre roman de Manzoni, *Les Fiancés*. C'est actuellement un restaurant, un peu en contrebas de la chartreuse. Le restaurant et la terrasse ombragée adjacente offrent une vue imprenable sur Naples.

510. Le « Riposo » résulterait de l'instauration, sur terre, d'un empire chrétien où régnerait la « félicité terrestre » et qui permettrait « d'intégrer et de dépasser » (*integrare e superare*) les deux notions de guerre et de révolution. On sent Larbaud en proie à une idée presque obsessionnelle tournant autour de la conception d'un empire chrétien à l'image du royaume divin, état de paix et d'amour qu'il voudrait voir se réaliser en Europe dans les années 1930.

511. C'est sur ces vers que débute en effet *La Divine Comédie* :

Sur le milieu du chemin de la vie
Je me trouvai dans une forêt sombre.

512. La « luna tonda » apparaît dans un hendécasyllabe de *La Divine Comédie : « e giá iernotte fu la luna tonda »* (l'« Enfer », chant I, vers 127), « Et déjà la nuit dernière la lune était ronde ».

513. Nous avons fait, au long de ce journal, des observations (sur l'orthographe, les mots oubliés ou tronqués, les phrases interrompues...) qui rejoignent les remarques de Larbaud. Au cours de son voyage il s'est plaint de névralgies mais il semble avoir oublié, jusqu'à maintenant, sa condition cardiaque. Et aucune résolution ne porte sur le régime alimentaire... Doit-on en conclure que ce n'est qu'à Paris, entre les mains de son médecin, que Larbaud observe traitement, hygiène et régime nécessaires à sa santé, et que, sorti, de cette sphère d'influence, il se sent « en vacances médicales » ?

514. Si Larbaud ne prétendait pas être le baron Marin de Cive, pas plus qu'il n'avait prétendu ou voulu être A.O. Barnabooth, on le voit néanmoins prêter à son personnage des traits et des préoccupations qui lui sont personnels.

515. Aristide Briand (1862-1932) fut dix-sept fois ministre des Affaires étrangères et onze fois président du Conseil. En 1905 il fut le rapporteur de la loi de séparation de l'Église et de l'État. En 1923, il déposa un projet de loi portant la durée du service militaire à trois ans. En 1925, il rétablit la représentation diplomatique de la France auprès du Saint-Siège et fut l'artisan, cette même année, des accords de Locarno, par lesquels l'Allemagne reconnaissait les frontières imposées à l'issue de la guerre de 14-18, acceptait la démilitarisation de la Rhénanie et pouvait dès lors entrer à la SDN (1926). Il eut Alexis Leger pour collaborateur de 1925 à 1932.

516. Maison d'édition au sujet de laquelle, dans *Mon plus secret conseil...*, Larbaud déclare : « J'aime les editions de chez Laterza » (L.P., p. 682).

517. Le compte n'est pas tout à fait exact : 106,25 drachmes.

518. Comme la Fenice à Venise, plus récemment, ce théâtre a été détruit, il y a quelques années, par un incendie, ce qui apparut aux Italiens comme une véritable catastrophe. On sait l'origine criminelle de cet incendie mais l'enquête n'a pas encore abouti.

519. Ce livre dont le titre peut se traduire par : *Plaidoyer pour les femmes,* a été acheté à Rome le 18 février, peu de temps avant que Larbaud quitte la ville. C'était un livre qui lui avait été donné par Paul Morand et qu'il avait laissé à Paris.

520. C'est ici que Larbaud a collé, sur six pages de son cahier la « Traduction suédoise du "Moulin d'Inigo Jones" (d'après la traduction allemande publiée par *Corona*) parue dans le supp. litt. de *Nya daglist Allehanda* du 3 janvier 1932, reçue à Rome en Février ». Il en a numéroté les colonnes de 1 à 9.

521. *Ainsi va toute chair*, de Samuel Butler.

522. C'est à Brindisi que mourut Virgile, en 19 avant notre ère, à son retour de Grèce.

523. Il s'agit du royaume albanais avec à sa tête le roi Zog Ier, président de 1925 à 1928 qui s'assura, à partir de 1928, le pouvoir absolu. Il s'allia avec l'Italie mussolinienne avec qui il signa le traité de Locarno qui créait une banque nationale et une société pour le développement économique de l'Albanie, la SVEA (Societa per lo Svi-

luppo economico dell'Albania). Ce traité marque le début de l'emprise italienne sur l'Albanie, qui se termina par l'annexion du pays en 1939.

524. Plus haut sommet de l'île de Corfou, face à la côte albanaise, dont il ne semble séparé que par un détroit, il culmine à 914 mètres.

525. Grande esplanade, plantée d'arbres, devant la Vieille Citadelle.

526. Le maréchal Hindenburg, président depuis 1925, va remporter les élections présidentielles par 53 % des voix contre Hitler, qui n'en obtiendra que 36 %, mais en janvier 1933 Hindenburg sera contraint de proposer à Hitler, le poste de chancelier.

527. Les îles ioniennes sont au nombre de sept : Corfou, Paxos, Ithaque, Céphalonie, Leucade et Zante. Corfou, la plus grande, fut la capitale de l'éphémère République des Sept-Iles à qui les Britanniques, qui s'en étaient vu confier le protectorat, avaient attribué une Constitution. Elles furent rétrocédées à la Grèce le 21 mai 1864 et annexées le 2 juin.

528. Le 31 octobre 1931 Larbaud notait dans son journal qu'il avait renvoyé à E. Lochac le livre de Gobineau qu'il lui avait prêté. Dans ce livre, *Souvenirs de voyage*, il avait lu avec beaucoup de plaisir « Le Mouchoir rouge », qui lui avait donné un avant-goût de la Céphalonie, où il projetait de se rendre.

529. Poète corfiote (voir p. 952). Le Guide bleu, dans son édition de 1932, précise que ce buste se trouvait dans la partie sud de la Plateia.

530. Les papeteries sont, avec les librairies, les commerces de prédilection de Larbaud. Il n'est donc pas surprenant qu'il veuille avancer le nom de cet important *cartolaio* (papetier) de Milan.

531. Une lettre (en date du 3 mars 1947), adressée par Maria Nebbia à Jean-Aubry, apporte quelques précisions sur ce séjour. Elle y déclare notamment qu'ils sont descendus à la Pension suisse, qu'elle qualifie de « très médiocre ».

532. C'est dans l'île de Céphalonie, à Argostolion, que Larbaud avait d'abord projeté d'aller avant de choisir Corfou.

533. La citation de Pausanias est tirée de la *Description de la Grèce*, I, l'Attique (I, 11.6.1) et Larbaud donne ici la traduction latine du passage : « À peine arrivé au pouvoir, il [Pyrrhus] porta les armes contre Corfou : voyant l'île en face de son propre territoire, il craignait qu'elle ne fût prise un jour comme base par des ennemis. » Larbaud ne donne pas le texte grec (dont on ne trouve aucun exemplaire dans sa bibliothèque) mais c'est à ce texte qu'il fait allusion dans la dernière phrase :« Πυρ–ρος δε βασιλευσας πρωτοις επεθετο Ελληνων Κορκυραιοις » (« Les premiers Grecs auxquels Pyrrhus s'attaqua en devenant roi furent les Corcyréens »). Il avait donc le texte bien présent à l'esprit... Le second passage auquel il fait référence (La Phocide, les Locriens ozoles, IX. 2-5) rapporte la légende du taureau qui quittait régulièrement le troupeau pour descendre sur la plage. Le berger le suivit un jour et vit la mer emplie de thons. Sur les conseils de la pythie de Delphes, les Corcyréens sacrifièrent alors le taureau et purent pêcher les poissons qui leur échappaient auparavant. En témoignage de leur gratitude, ils envoyèrent une partie de leur pêche à Delphes (et peut-être aussi le taureau d'airain, mais le texte ne le précise pas).

534. Ce bâtiment, témoignage de la présence russe, contraste avec la courte durée de cette présence : de 1799 à 1807. Corfou devint alors française et le resta jusqu'en 1815 avant d'être placée par le Congrès de Vienne sous protectorat anglais. C'est en 1864 qu'avec les six autres îles Ioniennes elle fut rattachée au royaume des Hellènes.

535. Terme italien qui désigne le coucher de soleil et que Larbaud a déjà utilisé pour parler d'une description de Balzac dans *Le Curé de village*.

536. Saint Spyridion (ou Spyridon, comme l'attestent les guides récents), évêque martyr, est le saint patron de Corfou. Ses reliques sont contenues dans une châsse située dans l'église Haghios Spyridon. Elles y furent apportées en 1489 et le saint aurait miraculeusement sauvé Corfou des Turcs, de la peste et de la famine. Avoir épargné aux Corfiotes tant de maux valut à saint Spyridon de voir son nom donné à plus de la moitié des garçons nés sur l'île, si l'on en croit la tradition.

537. Ce troisième cahier est le plus mince et porte sur sa couverture bleue ces mots, écrits en caractères grecs mais que nous transposons ici : Bibliochartopoleion / Phoka G. Paulatou / Kerkyra. Il réunit effectivement brouillons et notes, mais nous n'avons conservé que les notes... « Copies et brouillons » sont réunis de la page 965 à la page 985.

538. Kerkyra est la capitale de l'île de Corfou ; elle regroupe le tiers de la population de l'île. Dans les circuits de repérage que Larbaud effectue, la poste occupe toujours une place de choix, bien que les bâtiments de poste soient rarement décrits. Mais à Kerkyra, nous connaissons déjà « le bâtiment [...] long et bas, et peint en rose très clair, et qui d'abord a un caractère religieux ».

539. Grande villa que l'impératrice Élisabeth d'Autriche fit construire en 1890 par l'architecte italien Cardita. Elle était dédiée à Achille, dont une statue en bronze se dressait sur une terrasse.

540. Cette acquisition fut réalisée en 1907.

541. Ces réflexions sur la beauté féminine corfiote nous évoquent des vers de *Barnabooth* (L.P., p. 75) :

Il y a quelques années, je fus amoureux de vous toutes,
Comme j'ai été amoureux des bouquetières romaines,
Des jeunes filles de l'île de Marken, qu'on va voir d'Amsterdam,
Des paysannes de Corfou, et même aussi
D'une fausse bohémienne joueuse d'orgue de Barbarie à Londres.
Le déguisement émeut toujours mon coeur de poète,
Et votre vue me fait imaginer des aventures.

COPIES ET BROUILLONS

1. *Sous l'invocation de saint Jérôme* ne paraîtra chez Gallimard qu'en 1946. Cependant avait paru, dans la revue *Poésie 44*, n° 17, décembre 1943-janvier et février 1944, un article intitulé « Sous l'invocation de saint Jérôme » comprenant trois notes : « L'Amour et la Traduction », « Gent irritable », « Traitement de l'irascible ». Elles furent ensuite l'objet d'une publication en plaquette chez Daragnès en 1945. La publication de *Sous l'invocation de saint Jérôme* en 1946 fut assurée par G. Jean-Aubry, qui gardait le souci d'être aussi fidèle que possible aux intentions de Larbaud. L'ouvrage sera repris tel quel dans les *Œuvres complètes* (t. VIII), en 1953. Il se compose de trois parties. Première partie : Le Patron des Traducteurs, en vingt chapitres, mais sans préface préalable. Deuxième partie : L'Art et le Métier, partie subdivisée elle-même en deux : « De la traduction », qui regroupe douze articles et « Remarques » qui en regroupe seize. Les articles de « Remarques » sont ceux que nous avons cités dans la note « L'Art et le Métier ». Ils sont précédés de quatre nouveaux articles : « *Nemo militans Deo*... » et « Le Doigt dans l'œil » (inédits) ; « Il Mattoide » (*Espero*, Gênes, 2e année, n° 1, janvier 1933) et « L.Q. » (*Mirages*, Tunis, n° 1, novembre 1932). Une autre note, « *Les progrès scientifiques* » (inédit) s'intercale entre « *Ennius ut noster*... » et « L'Air étranger », ce qui fait au total cinq nouvelles notes, alors que deux (« Le Purgatoire de Stendhal » et « Des citations ») ont émigré vers la troisième partie. Troisième partie : Technique (nous allons détailler cette dernière partie un peu plus bas). La quatrième partie (placée ici en troisième position) a disparu. Dans le manuscrit, chacun des titres des parties est souligné de deux traits au crayon rouge.

2. En page impaire. Dans le *Technique* de 1932, la « Lettre aux imprimeurs », comme tous les autres chapitres, commence en belle page ; mais cette disposition n'a pas été respectée, semble-t-il, par la suite — pas dans les *Œuvres complètes* (t. VIII) en tout cas.

3. Dans *Sous l'invocation de saint Jérôme* ces chapitres de « Technique » ne sont effectivement pas numérotés. (Tous les soulignages qui figurent sur la page, comme aux pages suivantes, sont de Larbaud.)

4. S'agirait-il de la prière à la fin du « Patron des traducteurs » ?

5. Les divisions que Larbaud envisageait n'ont pas été respectées et la troisième partie du *Saint Jérôme* (« Technique ») rassemble vingt-cinq articles qui se présentent dans un ordre différent de celui du *Technique* de 1932 : « Le Fait du prince » (paru postérieurement à *Technique* dans *La NRF*, t. XXXIX, 1er octobre 1932), « Et tout le reste est littérature » (*Technique*, chap. V), « Max Beerbohm, Stendhal et Mas-

sillon » (*Technique*, chap. VI), « Le Purgatoire de Stendhal » (« L'Art et le Métier », *La Revue de Paris*, avril 1933), « L'Ardent Sanglot » (*Technique*, chap. XII), « Les Filles de l'Harmonie » (*Technique*, chap. IX), « Les Écœurants » (*Technique*, chap. XVI), « Anthologies » (*Technique*, chap. X), « Par omission » (*Technique*, chap. XIII), « Des citations » (« L'Art et le Métier », *La Revue de Paris*, avril 1933), « Jhon-le-Toréador » (*Technique*, chap. XI), « *Coming of Age* » (*Technique*, chap. XIV), « Concurrence vitale » (*Technique*, chap. XVII), « Balistique » (*Cahiers du Sud*, décembre 1932), « Les Fortunes de l'article défini » (inédit), « Les Matériaux ; quelques noms géographiques » (*Technique*, chap. VII), « L'Iguazu » (inédit), « La Ponctuation littéraire » (*Technique*, chap. XV), « Pour l'inauguration d'une nouvelle ligne » (*Technique*, chap. I), « Renan, l'Histoire et la Critique littéraires » (*Technique*, chap. II), « Emilio Bertana et Vittorio Alfieri » (*Technique*, chap. III), « Trois Belles Mendiantes » (*Technique*, chap. IV), « La Chartreuse de Grenade » (*La Revue de Paris*, juillet 1932), « Lettre aux imprimeurs » (*Technique*, chap. XVIII), « L'Index » (*Technique*, chap. XIX). Au total, cette troisième partie comporte six chapitres nouveaux par rapport au *Technique* de 1932.

6. On consultera à ce sujet l'article de Dietrich Lückoff « *L'Amour et la Monarchie*, une "utopie romancée" de Valery Larbaud », *in* A. Dezalay et F. Lioure, *Valery Larbaud, espaces et temps de l'humanisme*, *op. cit.*, pp. 117-127. Et « Quelques remarques à propos de *L'Amour et la Monarchie* », in *CAVL* n° 33, 1995, pp. 17-31.

1933

Les manuscrits « Giro dell' Oca » et « Vaduz » tiennent une place à part dans l'ensemble du journal de Larbaud et possèdent en outre quelques points communs : ils datent tous les deux de l'année 1933 et se situent chronologiquement l'un à la suite de l'autre, du 15 juin au 6 juillet, et chacun d'eux ne couvre que quelques journées ; ils appartiennent (ou appartenaient, jusqu'à un passé très récent) à une même collection privée.

La communication des manuscrits nous a été refusée, et il nous a fallu travailler sur des copies, dont nous avons vérifié la fiabilité. Nous avons eu, toutefois, la possibilité de voir les deux manuscrits. Celui du Giro dell' Oca *n'existe plus comme document séparé. Il a été découpé feuille par feuille ; chacune d'elles est collée face à la page correspondante du texte dans l'édition parue, par les soins de G. Jean-Aubry, chez Ides et Calendes (Neuchâtel et Paris, coll. du Fleuron, 1947, 116 pages). Ce montage doit permettre de constater la fidélité du texte publié par rapport au manuscrit...*

Quant au journal de Vaduz, il se présente sous la forme d'un carnet rayé (12 cm x 18,5 cm) qui porte à l'intérieur une étiquette de la « Papeterie Normand, 32 passage du Havre ». Il comporte 68 feuillets recto verso (136 pages). Des timbres du Liechtenstein bleu (30 Rappen), vert (10 Rappen) et rouge (20 Rappen) sont collés avant le texte. L'écriture en est régulière et il présente peu de ratures.

G. Jean-Aubry a eu connaissance du journal Giro dell' Oca. *Dans les notes de son carnet CLXXXIV pour l'année 1933, on relève : « Journal* GIRO DELL' OCA *[...] avec le brouillon de quelques articles ». Il ajoute, en marge : « [Lu le 6 oct. 1935]. » (Nous ignorons de quels articles il a pu lire le brouillon.) Il note également ce journal dans les journaux consultés pour la période des années 1930 et nous avons vu qu'il l'avait fait publier en 1947, précédé de « En guise de préface », quelques pages de Charly Guyot, écrivain suisse francophone, qui présentent le journal : « Faisant, au mois de juin 1933, un petit tour en Suisse —* Giro dell' Oca, *« tour de l'oie », itinéraire capricieux, comme au jeu qui doit son nom à cet aimable volatile — Valery Larbaud ne songe guère à remplir d'ébauches de poèmes ou de projets de nouvelles ses calepins. » Une page de Pierre Girard, ami de longue date de Larbaud, « Croquis à une table de café », raconte sa dernière rencontre avec l'écrivain et clôt ce petit ouvrage. La datation de ce journal est très claire : il débute le 15 juin à Genève et Larbaud y consigne ses dernières notes le 24 juin (quelques jours avant son départ pour Vaduz).*

En revanche, Jean-Aubry ne mentionne nulle part le second journal, celui que nous appelons « Vaduz ». Il est vrai que ce journal, qui ne comporte aucune date, à l'exception du « 30 juin » — vers le milieu du document, pour la journée d'excursion vers Feldkirch (Autriche) et Buchs (Suisse) — et ne présente pas d'organisation chronologique, s'apparente davantage à un carnet de voyage, de croquis. Une vague indication de temps nous est donnée, en dehors de celle que nous avons citée, lorsque Larbaud signale les passages de troupeaux vers les alpages, précisant qu'on est au « commencement de juillet ». Le carnet se referme à Lugano à une date que la correspondance nous permet de situer : il envoie, le 6 juillet, une carte postale de cette ville à Jean-Aubry. Nous pouvons donc considérer que les pages de « Vaduz » s'étendent du 28 juin au 6 juillet 1933.

Aucune publication du journal de Vaduz n'avait eu lieu avant celle que Béatrice Mousli a donnée dans Valery Larbaud, le vagabond sédentaire *(op. cit., pp. 277-321), édition à laquelle nous avons collaboré et que nous suivons ici.*

Quant au Giro dell' Oca, *nous reprenons l'édition d'Ides et Calendes établie et annotée par G. Jean-Aubry en 1947, ainsi que ses notes (que nous faisons suivre des initiales de G. J.-A.) ; nous les avons augmentées lorsque nous en avons senti le besoin.*

GIRO DELL' OCA

Genève, 15 juin 1933 — La gare de Cornavin presque terminée intérieurement. Rue du Mont-Blanc inchangée. Tours en tramway, de Bel-Air à la rue de l'Escalade puis au Petit-Saconnex (il s'arrête devant l'église), et retour à Cornavin ; puis achats et dîné aux Bergues. Musée Rath, l'Athénée, jusqu'à Champel, etc. L'accent et la figure de la concierge au Palais Eynard[1], parce qu'il était plus de 5 heures quand nous avons sonné, en colère, et surprise de notre audace. Elle a paru ne pas entendre mes excuses. À l'Athénée, revu la salle où j'ai parlé de Samuel Butler en 1921 (ou 1920)[2]. À l'Aula de l'Université il y avait eu le Dies Academicus[3], avec des discours et des prix. Albert Thibaudet[4] était un des rapporteurs pour les prix (les sujets : *Les études classiques de Racine* et une thèse sur *Hubert-Saladin (1798-1881), le mondain, le diplomate, l'écrivain,* par Charles Fournet, un prix de 2 000 = 10 000 francs français)[5]. *La Tribune* qui rend compte du Dies Academicus : « le 5 juin tombait sur le lundi de Pentecôte » et « la construction de la nouvelle bibliothèque universitaire à front de la rue de Candolle ». Du restaurant Bouton (rue Winkelried) passable, téléphoné à Jacques Chenevière et pris rendez-vous pour demain. Il est rentré aujourd'hui de Weimar. Je pensais beaucoup à ses personnages, dans les jardins et autour de l'Université. À l'heure du plein des tramways, quelques « jeunes filles de neige[6] ». Le bleu de l'eau dans l'écluse ; d'épaisses plaques d'eau de ce bleu, presque saphir ; tombe à une vitesse formidable et paraît immobile. On a réparé aussi Notre-Dame (catholique) près de Cornavin.

16, Venerdi — La matinée, courrier, poste, tour rue du Mont-Blanc (8 heures à 9 heures ½). Le reste, jusqu'à midi cinq au Musée, étage peinture. Les Hubers[a], A.W. Toepffers, Agasses, Menns, Ankers,

a. Larbaud met la marque du pluriel aux noms des peintres dont plusieurs tableaux sont exposés.

Vautiers, Hodlers, etc. Trois Marcelin Desboutins[7], Conrad Witz, « Sabina Poppea » (anonyme français du XVIe siècle). Les Corots. *C'è*[a] un Hogarth. Les fonds de P.-L. de la Rive (2e moitié du XVIIIe siècle), Léopold Roberts, italiens et suisses[8]. *C'è* un Nattier. Pastels de Petitot. Un Harpignies. Bustes de Rodo de Niederhausern (un Laurent Tailhade, un Paul Fort, un Verlaine aussi), dans l'atrium. Maurice Barraud, A. Cingria[9] (Vue de Florence). Content de voir Maurice Barraud reconnu. Des choses sans intérêt à sensation (Calame). Retrouvé Vallotton[10].

Vu l'intérieur de l'église russe. P.m. (conduit par Jacques Chenevière) une exposition François Barraud (pas même parents) à la galerie Moos : prétentieux, pas amusant ; préfère l'autre Barraud (ses petites filles pour *Rose Lourdin*, en 1921, m'avaient plu tout de suite)[11]. En somme les Suisses se tiennent assez bien. Aussi de l'anecdote, intéressante par elle-même. Les reproductions en bas, en vente, et cartes postales, montrent que le grand public préfère des « Lutteurs » (sujet local) de Baud. Hodler devait penser à scandaliser. On suppose qu'il y a des Suisses formés à Paris, y ayant vécu, dans ceux du XIXe siècle représentés là.

Flânerie rue du Rhône et rue de la Croix-d'Or, entre Bel-Air et Jardin anglais, les Bergues, les ponts. Deux nouveaux restaurants, passables. De 3 heures ¾ à 5 heures ¾ avec Jacques Chenevière, qui m'emmène à Haute-Rive, sa propriété de Cologny. C'est la région Byron-Shelley de cette rive, à mi-côte. Causé amis, livres, travail, peinture, etc. Pris, par téléphone, rendez-vous avec Pierre Girard. Jacques Chenevière me ramène en ville. Brusque orage, mais court, avec grêle. Nouvelles promenades à pied au hasard. Après dîner, Café du Nord, où vient Pierre Girard, de 9 h à 10 heures ¾ environ. Rentrés à pied ; rues mouillées. Jacques Chenevière a deux nouvelles à sujets parisiens en train, un roman qu'il hésite à continuer. Pierre Girard a un roman en lecture à Paris, une nouvelle en train (sujets genevois)[12]. Cingria (le peintre) d'origine hongroise. Nouvelles de quelques amis et connaissances. Edmond Jaloux parti (de Lausanne) pour Paris ces jours-ci. Albert Thibaudet, non fixé à Genève, y vient pour ses cours à l'Université.

Le type ancien d'écolière[13], le cartable au dos et les tresses sur le cartable, me paraît devenir moins fréquent. Schade[b] ! Il y a beaucoup de chaussettes tombantes sur des sandales.

Après Agasse, rien ici comme animalier, il semble ; eppure con tante vacche[c] ! Mais bien, Agasse[14].

Rocher commémoratif de Byron ; inscription gravée en français.

a. Italien : « il y a ».
b. Allemand : « C'est dommage ! »
c. Italien : « et pourtant avec tant de vaches ! »

Jacques Chenevière rentré de Weimar hier matin, aussi de Heidelberg ; impression pénible : Wurtemberg, Bavière et Bade dominés, humiliés, mais les masses endoctrinées. Nous sommes devant ces nationalismes socialisants, comme les encyclopédistes devant la Révolution française, ou comme les gens de Versailles devant Napoléon ; ne rien faire, ou même aider, pour le bien général. Lettre présentée sur le plateau.

Pierre Girard dit que le public lisant de la Suisse française ignore, ne lit pas les écrivains de la Suisse alémanique.

Achats collection[15] : ils n'ont plus les batailles de l'histoire suisse.

L'importance du bruit de l'écluse, en allant des Bergues à Bel-Air par la passerelle.

En arrivant de France, la cuisine des bons restaurants moyens paraît monotone et triste.

Jacques Chenevière a aimé Saragosse[16].

Trois marchands de jouets antimilitaristes ; les soldats de plomb « très peu demandés », on « ne fait plus attention aux militaires », l'affaire du 9 novembre[17], peut-être ? ou influence S.D.N. ?

17, samedi — Jusqu'à 5 heures ½ p.m. à Genève. Matinée occupée par le courrier, un long déjeuner au café, une promenade à pied sur la rive droite. À 11 heures ¾, je rejoins B.[18] au coin de la rue du Mont-Blanc et nous allons ensemble, en tram, puis à pied, jusqu'à l'avenue Wilson, regardant le mouvement et l'air de ce quartier (quai du Mont-Blanc). Déjeuner à la Régence (assez bien). À pied chez Weber où je trouve et achète, en petit format, un *Morgarten*, un *Morat*[19] et une boîte de musique de chasseurs suisses 1913. Pluie, réfugiés dans des magasins, un café entre Croix-d'Or, Temple-Neuf, rue du Marché et rue du Rhône. Tram à Cornavin pour nous débarrasser d'une valise ; retour par place des Eaux-Vives à l'Université. Une bonne heure là, bâtiments et jardins, entre deux averses, un moment à la Bibliothèque. Sous la pluie dans le tram n° 3 à Champel et Cornavin. Départ à 17 heures 37 dans un wagon allemand.

À Lausanne[20] vers 18 heures ¾. À peine la chambre (celle d'il y a deux ans) retenue, je vais chez Dambach-Gurtner, Petit-Chêne[21]. Peu de choses, mais longue conversation avec le marchand ; il connaît de nom Lelong, est en relations avec plusieurs collectionneurs suisses ; m'a reconnu à cause de notre correspondance. L'accent agréable dont il semble que j'ai été un peu privé cette fois-ci à Genève. Discuté à propos des gardes palatines du Vatican ; les confondait avec les gendarmes, la garde-noble, la garde-suisse ; m'affirmait que cela n'existait pas ; puis quand j'ai dit palast guard il s'est souvenu et m'a fait observer qu'il ne fallait pas dire « garde palatine », mais « garde du palais ». Je me suis bien « gardé » de le contredire. Il m'a semblé que « palatin », pour lui, était « habitant du

Palatinat ». Nous nous sommes embrouillés l'un et l'autre dans les dates de Sempach et de Naefels[22]. Mais il a l'habitude de voir des collectionneurs qui lui ont donné, si on peut dire, un vernis de leur manie (il m'a parlé d'un émigré russe, ancien garde-noble du Tsar). Dîné (alla buona[a], mais assez bien) à la taverne du Continental. Il y a, en Suisse romande, dans la vie courante, quelque chose de la cordialité ou sollicitude, germanique. Sous la pluie, par la « ficelle[23] », puis à pied jusqu'à Bel-Air, mais croyant aboutir à Saint-Laurent. Le Kursaal, et Bel-Air-Métropole (15 étages) achevés. Les cafés pleins (samedi soir) ; à un moment, tous deux réfugiés sous une porte, entre deux vitrines de chaussures, près du ou sur le Grand-Pont, et la pluie balayée par le vent. Le couple qui est venu s'abriter près de nous ; des gens jeunes, étrangers à Lausanne, peut-être français. La femme avait des mots de petite-bourgeoisie provinciale française, et le ton aussi. Dans une accalmie, brasserie de La Cloche ; les explications de la serveuse, grande, blonde, grosses jambes, lèvres minces ; la lenteur du parler et l'accent agréable. Pour « un bock » on dit « une mousse » ; deux hommes buvant des chopes à l'allemande, se regardant et s'arrangeant pour reposer le verre en même temps, mais je n'ai pas vu s'ils avaient donné le coup de pouce sur le rebord (chopes à couvercle). Malgré la pluie, il y avait, dans la foule assise ou marchante, un air de réjouissance, de sage et douce noce du samedi soir, consciencieusement savourée. Gen. Rem.[b] : entre couples, les femmes se montrent conscientes de la présence les unes des autres, se regardent, se sourient du regard si les conversations le comportent, tandis que les hommes affectent de s'ignorer complètement. Ici et à Genève, les gens moins surpris de nous entendre parler qu'à Paris[24]. Oublié de noter, à Genève, la servante du restaurant Bouton qui nous a parlé italien : son accent très dur, mais l'aisance paraissait indiquer ou la langue maternelle ou un long séjour en domaine italien. Rentrés par le tram ; la pluie continue.

Dimanche 18 — Oublié de noter, hier soir, les Salutistes chantant dans les cafés. Aujourd'hui gênés par la pluie : projet d'aller déjeuner à Évian, mais renoncé, une fois en vue du lac très agité et des averses. Quelques accalmies, très courtes, plus tard. En dehors d'une heure et demie passée chez M. H.-L. Mermod[25] à parler livres et peinture, toute la journée s'est passée entre Saint-François et Ouchy. Déjeuné à Ouchy (hôtel d'Angleterre, plaque avec inscription Byron), bon, les filets de perche *presque* aussi bien faits que le pesce persico de Stresa et Pallanza. Remonté deux ou trois fois

a. Italien : « sans façon ».

b. Anglais : abréviation de *general remark*, « remarque générale ».

place Saint-François, nous servant des trois moyens de communication : « ficelle », tram et « trolleybus ».

Visité Saint-François. Il y avait une bible d'Osterwald, 6e édition, 1808, je crois. Je n'étais plus entré dans un temple protestant depuis les obsèques de ma mère[26]. Il y a une grande tristesse, et même contagieuse, dans l'arrangement intérieur de Saint-François : salle de conférence ; la chaire occupe le lieu le plus central, le plus visible ; l'autel ou plutôt deux tables de communion, placées à une extrémité, avec des bancs, encore, en arrière, semble une chose cachée, un peu honteuse, suggère l'idée d'un lavabo, d'un recoin où on refait une espèce de cuisine. Je n'avais pas averti B. et elle a été très surprise ; tout de suite, en entrant, sa génuflexion et son signe de croix m'avaient parus étranges et choquants, sans rapport avec cette église *désaffectée*. L'orgue aussi, comme la chaire, a plus d'importance, est plus en vue que l'« office » où sont les deux tables. Sûrement toute cette économie de l'installation est moderne et d'inspiration protestante-calviniste : aucun caractère religieux, ou plutôt, sensation d'une église profanée. En Angleterre, dans ces cas-là (d'une église antérieure à la Réforme utilisée par le clergé protestant), le caractère religieux est conservé, par un compromis qui n'est pas choquant. Saint-François donne surtout à penser à l'impuissance, au vide, esthétique de la Réforme. Ce n'est du reste pas le cas de Saint-Pierre de Genève : on a conservé quelque chose. À Saint-François on ne voit que la destruction. Le dimanche à Ouchy avec de la gaieté saine, des flonflons et, le soir, des bateaux illuminés abordant et quittant la jetée, avec beaucoup de monde revenant d'Évian, dont on voyait les lumières sur l'autre rive du lac, nous a permis d'effacer très vite en nous la mauvaise impression de Saint-François (nous aurions pu entrer dans un vrai temple protestant, un temple neuf — « C'est ici la maison de Dieu » — pour nous éloigner de cette impression : là, presque toujours, le local est en harmonie avec le culte, avec l'esprit du culte, mais nous n'y avons songé ni l'un ni l'autre). Dîné aussi à Ouchy (restaurant de la Gare), mêmes prix qu'à l'hôtel d'Angleterre, mais très inférieur.

Agréable visite à H.-L. Mermod ; j'ai voulu entertain[a] mes hôtes et crains d'avoir trop souvent pris la parole. Il y avait un autre visiteur, ami de la maison, Vaudois, dont je n'ai pas saisi le nom. J'ai remarqué avec plaisir un fort sentiment local vaudois, et c'est un sentiment « éclairé », une connaissance intime du pays et de son histoire : on réagit contre l'influence bernoise et on jalouse un peu Genève, comme « nous[27] » peut-être au début du XIXe siècle, entre l'Auvergne et le « riche Nevers » ; mais ici (Vaud) c'est beaucoup plus conscient, et c'est encore en vie. Éloge de l'Histoire de Juste Olivier[28], mais ils ont cité, avec plus d'éloges, un autre historien

a. Anglais : « distraire ».

vaudois dont je n'ai pas saisi le nom. Sûrement il y a dans la grande activité « mécénique » de H.-L. Mermod une part de patriotisme vaudois : ses éditions, ses collections, sa petite revue (il ne m'en a pas parlé et peut-être a-t-elle cessé de paraître) ; tout cela tend à développer le côté intellectuel, surtout arts et lettres, de la tradition lausannoise[29]. J'aime beaucoup cela. Il m'a fait voir des cartons remplis de dessins et d'aquarelles de Maurice Barraud, et ses manuscrits de Verlaine, Léon Bloy, etc. Il partait à 6 heures ½ pour Prague et m'a reconduit à la gare où nous nous sommes dit au revoir.

Il me semble trouver ici le type de femmes et de jeunes filles de Maurice Barraud ; elles seraient vaudoises ; ces types de blondes, grandes, solides, bien campées, aux figures fraîches, d'une sensualité profonde et *tranquille*. H.-L. Mermod m'a fait voir *Rose Lourdin* relié avec des aquarelles de Barraud, ma « préface » et une courte lettre que je lui avais écrite il y a 10 ou 12 ans[30] et j'ai eu le sentiment que Rose Lourdin et Rosa Kessler étaient deux petites Vaudoises.

La plaque de l'hôtel d'Angleterre indique que Byron a composé dans cette maison *Le Prisonnier de Chillon*[31]. C'est possible, mais je suppose que cela donne à beaucoup de gens l'idée que Byron est venu habiter là pour composer ce poème et qu'il en est parti une fois le poème achevé, et l'idée que cela se passe de cette façon, que les travaux littéraires sont exécutés entre deux dates précises ; ainsi tout le travail préparatoire, inconscient puis conscient, et le travail de « recopiements » successifs, avec les corrections et repentirs longtemps après que le point final a été mis, s'effacent, sont perdus de vue.

Lundi 19 — Matinée à Lausanne : Ville-Haute, Cathédrale, Université ; redescendu à pied jusqu'à Saint-François. Ces quartiers sont encore plus aériens que Circonvallazione a Monte (à Gênes), parce qu'il n'y a pas d'adossement à la montagne.

Partis à 11 heures 55, arrivés à Berne vers 13 heures ¾. Comme nous avons déjeuné au wagon-restaurant, nous avons pu commencer dès notre arrivée une visite de la ville : à pied la rue centrale, sous les arcades, jusqu'au Nydeckbrücke et à la fosse aux ours, autobus à Ostermundigen, retour à Theaterplatz, café du Théâtre, courrier, concert, à pied aux alentours du Casino à Kornhausplatz, tramway à Weissenbühl, retour par le même tramway (n° 13) à Kornhausplatz et par Kornhausbrücke au Schänzli, dans la salle déserte du Kursaal où nous avons pris le thé en regardant la ville et les collines, et le fond de montagnes ; retour à Theaterplatz, remonté et redescendu à pied Marktgasse ; dîner (excellent mais relativement cher) au café du Théâtre où, bloqués par un retour de la pluie, nous avons passé toute la soirée, rentrant vers 23 heures à la Bubenbergplatz et chez nous.

On a le sentiment d'avoir passé une frontière entre Lausanne et Berne, peut-être un peu avant Fribourg ; ici le français est parlé, mais l'allemand domine dans les conversations de la rue et dans les enseignes des boutiques. Il y a contamination : mots français germanisés, bien qu'ils aient leurs équivalents à racines germaniques, et germanismes dans le français : ainsi l'enseigne et les en-têtes du papier à lettres du café du Théâtre : « Du Théâtre » (il est curieux qu'on ne leur ait jamais fait observer : c'est un pur germanisme, contamination curieuse, mais non imprévisible, de « du » et de zu). Les gens à qui on a affaire sont bilingues, mais leur français est souvent embarrassé. Il y a aussi un dialecte allemand qui doit faire pencher la balance du côté germanique, le français étant ici ce que l'italien est dans la ville de Corfou. J'ai demandé « l'addition » à « Du Théâtre », mais je suppose que si nous allons dans un restaurant plus modeste, il faudra demander die Rechnung. Je me demande si le français n'est pas ici beaucoup plus faible qu'à Anvers devant le flamand ; il l'est sûrement bien plus qu'à Bruxelles. Dans les librairies, les livres français exposés aux vitrines sont dans la proportion d'un quart. En consultant l'Adressbuch j'ai vu que les langues représentées à l'Université sont, après l'allemand qui paraît être la langue dans laquelle les cours se font, le français, l'italien et l'anglais. J'ai noté les noms du titulaire de la chaire de langue et littérature française et du lecteur de français.

Dans l'autobus d'Ostermundigen, au retour, un homme qui « était un peu bu », a remarqué que je parlais français au conducteur (qui du reste parlait français sans accent, comme on l'entend à Lausanne), et a engagé la conversation avec nous : il a passé « quinze ans à Paname », comme ouvrier chez deux ou trois constructeurs d'automobiles, a répété à plusieurs reprises qu'il était content de rencontrer des Français, paraissait d'abord craindre que le fait qu'il était un ouvrier nous empêcherait de lui répondre ; mais en voyant que nous lui répondions, il est devenu très « aimable » et très poli, surmontant de son mieux sa demi-ivresse, la surveillant, et enfin nous saluant, lorsqu'il a quitté la voiture, avec une cordialité à peine exagérée. Il avait tenu à se montrer francophile (« "France quand même !" c'est Gambetta qui a dit ça ; vous connaissez l'histoire, Monsieur ? C'est Gambetta. "France quand même !" » etc.) Il nous a recommandé de « dire à Paname que nous avions rencontré à Berne un ouvrier parisien, oui parisien, et bien que né à Berne, et bernois de naissance... » etc. Cela donne bien l'idée de la place occupée ici par le français, langue étrangère bien que connue ; surtout colonie française très réduite. Pour répondre à la politesse de ce brave Parisien de Berne, nous avons fait en sorte, sans nous consulter, de ne parler que français entre nous tant qu'il a été présent.

Aperçu, dans un jardin de villa privée, très touffu, un chamois (ou peut-être un daim) en pierre peinte.

D'après le public des rues et de « Du Théâtre », il me semble qu'allemand et français coexistent, dans la « bonne société », sans qu'on puisse établir une hiérarchie entre eux ; mais la langue du fond social doit être allemande-dialectale. Les enfants des écoles, autour du Bärengraben, parlaient entre eux une espèce d'allemand. Et j'ai dû bafouiller à deux reprises mes demandes en allemand pour le marchand de carottes à donner aux ours et pour la serveuse du Kursaal ; le français leur était certainement inconnu.

Berne bien tassée sur sa presqu'île est très agréable à regarder de la hauteur du Schänzli.

Mardi 20 — Berne. Oublié de noter le groupe de vieilles dames, en gare de Lausanne et de Berne, une société, peut-être religieuse, qui chantaient en chœur au départ et à l'arrivée. Aussi la « semaine valaisanne », menu spécial « à la carte » de « Du Théâtre » : une longue liste de plats valaisans : soupe aux morilles, gratinés d'asperges aux champignons, excellent. La semaine prochaine sera « en France », mais nous serons à Zurich ou à Vaduz, et cela vaut peut-être mieux pour nous et pour la bonne opinion que nous avons conçue du cuisinier de « Du Théâtre ».

Aujourd'hui, a.m. promenade matinale à pied, seul ; Kesslergasse et la cathédrale. J'ai vu un (ou une) Berne en train de faire son marché, et mêlé à la campagne ; j'ai moi-même acheté, en allemand contre du dialecte, du fromage au cumin. Sortant de la cathédrale, cherché dans les deux meilleures librairies une photo, ou des photos du détail du *Jugement dernier*, introuvable : « Quand il venait beaucoup de touristes, on en avait, mais à présent... » Puis chez le Weber d'ici, où il y avait peu de choses, mais bien peintes : acheté du Frédéric II et une bataille de Neuenegg[32] avec des Bernois assez bien faits, un portrait de Charles-Louis d'Erlach en uniforme vert et chamois et un Général Brune[33] à tout faire. Dans une des librairies, j'ai trouvé divers ouvrages de Jakob Schaffner, A. Steffen, Traugott Vogel, Maria Waser et Cécile Lauber. Rien de R. Faesi[34]. J'ai pris un Jakob Schaffner : *Verhängnisse*, nouvelles. Ces Suisses sont tous édités en Allemagne.

P.m. déjeuné ensemble à la cave de la Kornhaus (assez médiocre, mais honnête, alla buona, et trop cher pour la qualité de la cuisine ; portions, aussi, trop abondantes). C'était la première fois que B. voyait une « cave » du type allemand. Celle-ci n'est guère remarquable que par ses dimensions. Quelques peintures des murs, amusantes. En face de nous, il y avait un banquet d'écolières francophones, de 10 à 13 ans, gentilles, de jolis rires frais, faisant la révérence devant les maîtresses ; sacs de toiles grises et gris-vert au dos, mais rien de « sportif » dans les vêtements. Les tables sont en bois, non recouvertes ; on met la nappe une fois le menu commandé. Serveuses, comme partout où nous sommes allés, restaurants ou cafés. La nôtre, à la Kornhaus (Grenette) était quasi francophone. Promenade à pied, puis tram au Musée historique où nous avons passé deux heures et demie. Intéressant surtout par le côté histoire et anecdotes locales ; *très bien présenté* : étiquettes partout, groupement net, logique et chronologique. C'est vraiment le contact direct avec le passé de Berne, la ville et l'état souverain. Mêmes qualités dans les salles préhistoriques, romaines, orientales et asiatiques. Quelques trous, peut-être, dans la collection des uniformes d'avant la Fédération ; mais elle est riche et copieuse. Fatigués, nous avons renoncé à voir l'exposition des peintres suisses contemporains qui se trouve à droite de l'entrée du Kirchenfeldbrücke, du côté d'Helvetiaplatz. Tram 6 à Burgernziel et retour à Bahnhofplatz : café Jura, d'étudiants, très allemand ; armoiries d'un groupe, en bois sculpté, au mur ; casquettes bleu-clair pendues alentour ; un autre groupe était là, casquettes orange, fêtant un professeur, avec allocutions et chants, debout et assis tour à tour, et buvant à l'allemande.

De là, autobus à Monbijoustrasse où j'ai laissé B. dans une pâtisserie, tandis que je cherchais, à pied, et trouvais difficilement l'ambassade de France ; Henri Hoppenot y était encore[35]. Très heureux de le revoir, et nous ne nous sommes plus quittés de la soirée, lui m'ayant invité à dîner chez lui. Visité les appartements de l'ambassade (ancienne villa d'un banquier bernois ; le rez-de-chaussée arrangé en bureaux, le premier étage en salles de réception : bureau de l'ambassadeur, salons, salle à manger, quelques belles tapisseries et, pour le reste, mobilier du garde-meubles, vases de Sèvres, etc. ; plutôt médiocre après les meubles bernois du Musée historique). Sorti pour reprendre B. dans sa pâtisserie et à pied jusqu'à Neuengasse où Henri Hoppenot et sa femme sont venus nous prendre une demi-heure plus tard pour nous emmener chez eux. Un joli appartement neuf, à deux pas de l'ambassade. Ils avaient eu la délicate idée d'inviter un de leurs amis italiens, M. Conte[36] et de le placer, à table, à côté de B. Longue et agréable conversation : une foule de renseignements sur la vie et la société bernoise, le personnel gouvernant etc. Il y a aussi une aristocratie intellectuelle, en marge de la vie locale, des gens très près de ce qui se fait à Paris comme peinture et littérature, et très au courant de tout le mouvement intellectuel européen, et qu'on « ne rencontre pas » (ce qui semble bien être le cas de la société à laquelle appartiennent Jacques Chenevière et Pierre Girard à Genève, et H.-L. Mermod à Lausanne). L'aristocratie de naissance boude la caste gouvernementale qui est surtout celle à laquelle les gens des légations ont affaire. Il y a des Erlach, etc. qui conservent chez eux des drapeaux de régiments suisses au service étranger, des cadeaux des souverains que leurs aïeux ont servis, etc. Hoppenot a bien senti l'avantage que donne aux travaux des érudits « cantonaux » le fait d'appartenir, non à une province, mais à un État. Lui aussi approuve l'état d'esprit cantonal, le patriotisme des Genevois, des Fribourgeois, des Bernois. Il a vu de belles fêtes commémoratives. La puissance de ces enfantillages : un morceau d'étamine imprimée, des ours dans une fosse cimentée ! — et nous sans drapeau, sans Cerf, volant ou non, sans fête de Saint-Gilbert, rien que Jacquemart[37] dont l'influence ne s'étend pas plus loin que le son de son marteau sur la cloche... Dîner excellent chez Henri Hoppenot, improvisé (j'aurais dû prévenir au moins ce matin) avec du matériel bernois, mais retouché par des mains françaises ; notre premier vraiment bon repas depuis notre entrée en Suisse.

Au Musée historique, pas de gardiens : des *gardiennes*. Attentions et gentillesse de tous les salariés avec qui nous avons affaire et, chez tous, cette aménité simple et naïve qui est germanique, et tout à fait insoupçonnée des Français à qui on n'en a presque jamais parlé.

L'aristocratie de naissance bernoise est composée de descendants de prétoriens au service des rois, particulièrement attachés aux Valois, puis aux Bourbons (de France et de Naples) ; réductions des grands chefs barbares au service des empereurs romains, quelques-uns pouvaient s'élever à l'Empire. Ceux d'ici doivent se croire, non sans arguments en faveur de leur présomption, les égaux des familles princières les plus illustres.

21, mercoledi — Été. La matinée jusqu'à midi et demie, dans Berne : promenade à pied quartier gare, poste, Arbergergasse, etc. Oublié de noter la rencontre, hier, à l'ambassade, de M. Amédée Outrey[38], qui s'occupe de Joachim du Bellay, et avec qui j'ai parlé de Maurice Scève et de l'histoire militaire suisse, ou plutôt bernoise. Achats divers sous les portiques des rues bernoises. Départ (du buffet de Berne) à 13 heures 30 par Vallée de l'Emme (Emmenthal), l'Ilfis, l'Emme blanche, l'Entlebuch et enfin la Reuss. Seuls dans notre compartiment et même dans toutes les 1res du train (c'est le cas depuis Lausanne ; il semble qu'on ne voyage plus en 1re classe en Suisse ; tous les portiers d'hôtel et les porteurs nous demandent : « En seconde ? » comme s'ils n'attendaient que la confirmation de cette hypothèse, as a matter of course[a]). Il est certain que le nombre des « touristes » a beaucoup diminué. Deux Espagnols, à Lausanne, devant l'Hôtel de Ville (la estatua de la justicia dit la mujer). Très peu d'Anglais, pas de Français. Cela, du moins, depuis notre départ de Ginevra[b]. Exactement comme à Corfou l'an dernier. On dirait que les gens se retirent dans leurs « hideux royaumes ». À cela doit correspondre un abaissement de la culture

a. Anglais : « comme une chose naturelle ».
b. Italien : Genève.

moyenne (petite bourgeoisie, gens dans les affaires). On peut envisager des degrés de régression : depuis l'invasion de barbares en armes jusqu'à cette quasi paralysie du « tourisme », en passant par « l'état de guerre » genre 1914-1918, qui constitue un stage intermédiaire dans la « période glaciaire de sottise ». On conçoit le voyage limité à la Diplomatie et à l'Université, le vrai voyage, celui qui n'est pas d'affaires ou de commerce.

Pluie toute la journée, à Berne et ici. Hôtel Central, parce que nous l'avons aperçu du wagon avant de descendre, mais assez près du port, de Pilatusstrasse et du quai de la Reuss. À pied par le Kapellbrücke et le Schweizerhofquai au Kursaal où nous avons pris le thé en écoutant le concert ; naturellement Wagner devait y figurer, à cause du voisinage de Tribschen (transformé en musée wagnérien ; il y a résidé ; 1866-1872). Ensuite grandi giri[a] en autobus et en tramway, ville et banlieue, de la fin de Haldenstrasse à Kriens, rentrant pour dîner au Central (assez bon ; meilleur qu'à Genève et qu'à Lausanne). Après dîner, à pied sous la pluie un peu calmée, Pilatusstrasse, Theaterstrasse (il est fermé), quai de la Reuss, Rathausbrücke, Weinmarkt (la fresque moderne, mal vue dans la nuit), Konmarkt, de nouveau la Kapell et le Kapellbrücke, halte dans un café entre Pilatus et Frankenstrasse (lecture du journal lucernois), rentrant au Central à 10 heures p.m.

Nous trouvons que le caractère un peu « ville d'eaux » de Lucerne l'empêche de paraître aussi provinciale que Berne. B. remarque que depuis Berne (inclus) et déjà à Lausanne, les femmes ne mettent plus de poudre ni de rouge, et s'habillent n'importe comment. Les hommes ne portent pas de guêtres, même par ce temps frais et pluvieux. Nous « faisons plus élégant » que la grande masse des gens que nous voyons dans les rues et les trains. Les mots et noms allemands amusent B. qui fait exprès de les prononcer à l'italienne et à la française. Mais jusqu'à présent, le français a été compris partout où nous sommes allés : librairies-journaux, Kursaal, cafés, tramways et autobus, peut-être plus, ou mieux, qu'à Berne même (Lucerne, ville plus cosmopolite que Berne). C'est-à-dire que de Berne et de Lucerne on ferait une ville parfaite : calme centre d'études et de retraite, et mouvement dans le loisir et l'élégance. Il faut penser que Moulins-Montluçon-Vichy ne donneraient pas ça. Bien, mais Berne et Lucerne ne sont pas du même canton, deux capitales de cantons : la comparaison est impossible. Il faudrait additionner Berne + quoi ? Lucerne + quoi ? La cathédrale (Saint-Léger) illuminée électriquement le soir : les deux tours très blanches sous les hauts capuchons noirs de leurs spires, très grand effet. Aussi les peintures triangulaires sous le toit du Kapellbrücke sont-elles discrètement éclairées par des réflecteurs cachés. En

a. Italien : « grands tours ».

remontant l'Emmenthal, je pensais à la Germanie des Romains, celle de Tacite ; elle devait être quelque chose dans ce genre-là, ou plutôt présenter cet aspect, et pas du tout la wilderness[a] que nous sommes enclins à nous figurer. De même la Bretagne de l'*Agricola*, jusqu'aux Pictes : une juxtaposition de « cantons », mais nulle sauvagerie en dehors des guerres locales ; leur facilité à adopter la toge et tout l'extérieur de la romanité indique une phase de civilisation bien supérieure à celle des indigènes des colonies africaines avec lesquels on est toujours porté à comparer les Barbares des siècles Ier avant J.-C. et Ier-IIIe après J.-C. Il faut imaginer des campagnes bien cultivées comme l'Emmenthal, et d'assez gros bourgs comme Signau et Langnau.

Jeudi 22 — A.m. Promenade à pied, rive gauche de la Reuss, et visite du groupe des églises, musées, bibliothèques, etc.

À midi quinze départ pour le tour du lac sur le *Wilhelm Tell* ; déjeuné à bord. Arrêts à Hertenstein, Weggis, Vitznau, Buochs (Unterwald), Treib, Bersau, Brunnen (Schwyz), Rütli, Sisikon, Tellsplatte, Fluelen où nous avons goûté. Une cascade qui s'y transforme en torrent avait inondé des maisons ; une rue était barrée. Nous avons vu le train allant à Milan et Rome (wagons allemands, hollandais, suisses). Moins d'arrêts au retour, et, sauf à Rütli, qui est d'Unterwald, tous sur la côte de Schwyz et de Lucerne (Fluelen est du canton d'Uri). Au retour, nous nous sommes mis dans la Rauchkabine et sur le pont-arrière pour mieux voir les montagnes. À l'aller, un peu gêné dans le salon des 1res par un phonographe que des jeunes gens qui sont descendus à Vitznau, avaient emporté avec eux. Au retour, des Anglais, dans la Rauchkabine, racontant leur ascension au Rigikulm ; un couple francophone. À Fluelen, comme à Berne et sur le *Wilhelm Tell*, nous avons parlé français sans difficulté ; il est visible que le personnel ayant affaire aux touristes le parle couramment. Une belle et très agréable journée, malgré le commencement pluvieux et la neige qu'on voyait tomber sur les montagnes.

De retour à Lucerne, grande promenade à pied pour voir les façades peintes et la vieille ville, rive droite de la Reuss, après arrêt dans un petit café local à côté de Unter der Egg, et retour, rive gauche, par le Spreuerbrücke. Dans *La Suisse*, compte rendu de l'inauguration du buste d'Arthur Fontaine.

Vendredi 23 — La matinée à Lucerne. Banque, etc. Les églises römisch-katholisch de la rive gauche de la Reuss, très agréables. Des drapeaux peints font une belle décoration murale. Un moment à la bibliothèque cantonale, à regarder ce qu'ils ont dans la salle de

a. Anglais : « aspect sauvage ».

lecture et au catalogue, modeste, mais très bien tenu. Il y avait le Constantin Sauter[39] sur les rayons et j'ai feuilleté aussi une récente (1932) *Literatur-Geschichte der deutschen Schweiz* par Joseph Nadler ; j'ai regardé le chapitre des modernes et j'ai ainsi appris le nom de Max Eduard Meyer[40]. Cette salle de lecture a quelque chose de « chalet suisse », de « tout en bois » assez plaisant ; mais le plancher, sous les pas, pousse des cris stridents. On fait signer les lecteurs (ou les visiteurs) ; un professeur tchèque m'avait précédé ce matin ; pour ne pas être en reste, je me suis qualifié aussi de professeur (il s'était inscrit en français).

Départ de Lucerne vers 2 heures p.m. dans un petit train assez rapide pourtant, où il n'y avait pas de 1res, en sorte que le contrôleur ne nous a pas fait payer le trajet Thalwil-Zurich, qui ne figure pas sur notre billet. On suit la Reuss, puis la Sihl ; on contourne, de Cham à Zoug, le lac de Zoug ; le Rigi reste longtemps en vue.

Arrivés à Zurich 4 p.m. et tout de suite (la chambre retenue) à pied jusqu'au bout de Bahnhofstrasse (c'est bien la Bahnhofstrasse de la poésie de Joyce dans *The Anglo-French Review*), pensant trouver la poste au bout ; mais une partie des bureaux a été transférée à l'autre (nouvelle) poste, près de la gare et de l'autre côté de la Sihl. Donc nous sommes allés goûter à la rotonde vitrée de l'hôtel Baur-au-lac : gâteaux aux fraises, thé, musique, quelques femmes élégantes (une surtout avec son petit garçon et la servante), et le rouge aux lèvres et la poudre reparaissent ; grande ville, civilisation ! Nous nous sentons plus à l'aise et en vêtements un peu défraîchis par le voyage. Il est vrai que déjà à Lausanne, dans le Kursaal et sur les bateaux ; mais ici c'est la rue, c'est toute la ville.

Retour à la gare et de là à pied à la poste de la Sihl où nous avons trouvé un gros courrier via Valbois et via Paris : U.S.A., Espagne, Italie, France et même Suisse, des épreuves à corriger (l'anthologie de la N.R.F.) et une plaquette arrivée parce qu'elle était sous enveloppe : Frédéric Lachèvre, *Le Petit Œuvre d'Amour et Gaige d'Amitié n'est pas de Maurice Scève (La preuve décisive)*, Paris, L. Giraud-Badin, 1933, avec une dédicace de F.L.[41]. Je l'ai parcouru à la brasserie. Pour dépouiller ce courrier, nous sommes entrés au hasard chez « Rösli », petit bar sans alcool où il nous a fallu boire du jus de citron à l'eau de Seltz. Genre populaire et très local, public de joueurs de cartes et de militaires (casernes non loin), phonographe à chansons, serveuses assez filles du peuple. De là tram pris au hasard, longue course, faubourgs nord-ouest et retour à Bahnhofstrasse où nous avons dîné dans une grande brasserie confortable avec orchestre et chants. J'y ai lu les lettres reçues et j'ai fait un peu de courrier. Cherché à téléphoner à M. Herbert Steiner[42] : il n'a pas le téléphone. On construit un pont sur la Sihl. Il est curieux de voir les eaux de Schanzengragen et de la Sihl séparées par un barrage de ciment, d'une couleur si différente ; mais il se peut que les récentes pluies et les travaux du pont rendent la Sihl plus jaune qu'elle ne l'est habituellement. Ici en plein pays germanique, alémanique plutôt, le français tient bon, mais comme une langue apprise à l'école ; l'accent est étranger (plus qu'à Lucerne, plus que dans le petit hôtel de Fluelen) et la contamination plus grande (« chaque » et « chacun » où le français dit « tous »). La cuisine est franchement germanique, mais bonne comme telle, et supérieure à la cuisine que nous avons trouvée en pays de langue française (Genève et Lausanne) ; Berne a fait la transition : allemand et médiocre après français médiocre, de sorte qu'à ce point de vue nous sommes mieux depuis que nous avons franchi la limite des langues. L'hôtel n'est pas satisfaisant : trop de passage ; mais nous craignions de trop nous éloigner de la gare pour si peu de jours.

Samedi 24 — A.m. Promenade à pied de la Gare centrale à la cathédrale ; quai de la Limmat ; petits achats en route (chez Weber, encore moins de choses que dans leurs succursales de Genève et de Berne ; j'ai pris une bataille de Saint-Jacques près Bâle[43], victoire des Confédérés sur les Armagnacs, avec groupe des drapeaux des cantons primitifs, moins Zurich naturellement) ; et les *Poésies* (choisies) de Gottfried Keller[44], que je vais lire ; le livre contient *Der Landvogt von Greifensee* que j'avais commencé il y a plusieurs années, la première phrase m'ayant arrêté ; mais ce sont les poésies que je lirai d'abord, faute de temps pour un récit en prose. Nous nous sommes retrouvés à la brasserie de la Bahnhofstrasse. Un peu de courrier, puis à pied au Musée national jusqu'à l'heure de la fermeture. Très riche d'histoire et d'anecdotes locales et suisses. Le *Wappenrolle*[45] (une réédition fac-simile est en souscription dans les librairies) : le curieux tableau des dignitaires, excellent modèle de résumé historique ; les armes des Lavater, bleu et blanc. Collection d'uniformes moins complète que celle de Berne. Il y a une vitrine de soldats de plomb, la plupart non peints, quelques-uns peut-être antérieurs à 1800 ; d'autres qui peuvent être d'avant 1860 (?). Tout d'un coup un Holbein. Samuel Butler a pu visiter ce musée (inauguré en 1898). On y ajoute un autre corps de bâtiments.

De 4 à 5 heures, grande promenade en tramways, traversant et retraversant toute la ville nord-sud et est-ouest, puis à l'Utoquai, Wiener-Grand-Café, où nous avons regardé les gens qui dansaient. Jeunes filles et femmes aux figures fraîches, guère jolies, vêtues comme celles de Luna-Park à Paris et des bals du Quartier-Latin, mais probablement d'une condition sociale plus relevée ; elles font province : la marche, les mouvements manquent d'aisance. J'ai commandé un taxi pour aller chez M. Herbert Steiner ; là j'ai appris qu'il était encore à Vienne (Autriche) et me suis fait reconduire au Wiener-Grand-Café (10 minutes en taxi, 3 francs, une course de 5 francs à Paris, mais le taxi avait l'apparence d'une voiture particulière). De 6 heures à 7 heures ½, une nouvelle grande promenade en tramway, quartier de l'Université, de Polytechnique, des hôpitaux, et route de Winterthur. Dîné au restaurant de l'hôtel Commercio, tout italien, où les serveuses parlent toutes italien et allemand : public en grande partie italien, mais parlant allemand et lisant des journaux allemands. Il y a vraiment ici rencontre des trois langues. À la sortie, nous avons croisé un officier suisse en compagnie de sa femme et avons entendu (de lui) « Scometto[a]... » And now I'll go to bed and read Gottfried Keller's poems.

a. Italien : « Je le parie. » La phrase suivante, en anglais : « Et maintenant je vais me coucher et lire les poèmes de Gottfried Keller. »

VADUZ

VADUZ — EN VENANT DE SARGANS

(sur la ligne Zurich-Vienne)

On voit à droite une barrière montagneuse très élevée qui paraît toute proche, mais dont le Rhin, invisible, nous sépare ; si bien qu'on ne se rend pas compte, d'abord, que cette barrière montagneuse, qui est une des principales crêtes de la Principauté du Liechtenstein, est hors de Suisse et ne peut être atteinte qu'en franchissant un fleuve déjà assez large.

Du train en marche on passe en revue cette face de la Principauté ; les pentes rapides et boisées ; puis à mi-hauteur le groupe d'édifices aux façades blanches et aux toits l'écusson bleu et rouge que nous allons revoir sur les boîtes aux lettres. Un peu avant Schaan nous croisons une grande diligence peinte en jaune mais avec une bande bleu-rouge sur les côtés, et où j'ai lu le nom de Feldkirch et cru voir celui de Buchs ; ce serait donc un service reliant la frontière autrichienne à la frontière suisse en traversant le Liechtenstein.

Le train de Vienne, que nous avons quitté à Buchs, a dû passer déjà à la gare de Schaan, qui nous semble un gros bourg, avec des boutiques assez nombreuses. La diligence le traverse et prend la route de Vaduz, qui est à peu près parallèle au Rhin et à la montagne, mais plus près de la montagne que du fleuve. Il y a un arrêt à Möliholz, mais presque pas d'intervalle entre les maisons de Schaan et celles de ce village. Quelques voyageurs descendent ; mais nous sommes encore une dizaine dans la voiture.

Ce billet de la diligence donne la liste des localités de la Principauté qu'elle dessert. Entre la rangée des maisons à droite de la route, et le Rhin, la plaine s'incline doucement, très verte, avec des arbres ; on ne voit pas le Rhin, et la rive suisse ne semble pas séparée de la plaine. Nous repassons, en sens inverse, devant la longue façade de l'usine que nous avions vue du wagon. J'avais dit, un peu au hasard, au jeune garçon qui fait fonction de contrôleur et distributeur des billets, que nous allions à l'auberge « Zum Löwen », et il nous a déposés devant la porte ; c'est le premier hôtel à l'entrée de Vaduz, à droite de la route en arrivant de Schaan. (Ni le chauffeur ni le contrôleur n'ont d'uniforme.)

Il n'y avait pas de chambre à deux lits au premier étage, mais en insistant nous avons obtenu qu'on descende un lit du second étage dans la chambre du 1er qui nous a paru plus confortable que celle qu'on nous offrait au second. Elle a deux fenêtres au N[ord] avec vue sur la route et un coin de la vallée, et une fenêtre sur la route. Les meubles sont assez curieux ; il y a une armoire qui semble provenir d'une sacristie, avec les monogrammes du Christ et de la Vierge sur les portes, un canapé énorme à dossier de caoba[a] sculpté ; un bahut avec un grand monogramme du Christ ; une armoire-secrétaire de grandes dimensions et dont la partie qui se rabat est très pesante. L'aménagement, peinture, radiateur, tentures, papier, lavabo, est soigné, et l'ensemble a un caractère entre provincial et rustique, avec quelque chose de viennois et de zurichois. Aux murs, gravures représentant des paysages, insignifiantes ; une gravure du *Zinsgroschen*[1] du Titien qui est à Dresde ; et deux gravures d'Albrecht Dürer, l'une que j'ai d'abord identifiée : le fameux *Hieronymus im Gehäus*[2] (et cela m'a paru de bon augure) ; l'autre que j'avais oubliée et qui est *L'Enfant prodigue gardant les porcs*. Il y a aussi un grand poêle de faïence tout à fait dans le style allemand. « Zum Löwen » a l'air d'une confortable petite maison bourgeoise transformée en auberge sans beaucoup de remaniements. Il y a partout des armoires et des bahuts en bois sculpté ou peint ; des pendules à sujets en bronze doré ; des tableaux assez médiocres mais curieux et qu'on est surpris de trouver là (un autre St Jérôme, peinture à l'huile, tout près de la porte de notre chambre, dans le corridor), et des christs et des vierges (deux dans l'entrée, en bas). Nous craignions de tomber dans une mauvaise auberge d'une rusticité exagérée et nous nous demandions si nous ne serions pas forcés d'émigrer dans l'espèce de quart-de-palace qui doit être l'hôtel élégant de Vaduz (« l'unique hôtel de Vaduz », avais-je lu il y a quelque temps dans un journal parisien à propos de l'attentat contre les Frères [*Un mot illisible*] de Berlin) ; mais nous sommes satisfaits de « Zum Löwen » et de son caractère très local. Il nous semble que nous n'y rencontrerons pas de touristes du genre riche-vulgaire. Et, de fait, les plus conspicuous[b] sont une

a. Espagnol : « acajou ».
b. Anglais : « ceux qu'on remarque le plus facilement ».

famille, — père, mère, et une petite fille d'une huitaine d'années, d'un blond presque blanc, — que nous avons entendue parler tour à tour allemand et français, et qui serait « le professeur américain et sa femme » dont la directrice (ou la propriétaire) nous a parlé quand nous discutions à propos de la chambre. Au restaurant, c'est-à-dire sur la terrasse de bois qui prolonge la salle-à-manger, ils nous ont salués, à la manière allemande et suisse, en passant devant notre table. Leurs bagages (trois grosses malles, à boucles peintes bleu-et-blanc, avec une étiquette « Hamburg ») sont dans le couloir, près de notre porte. Ils ont l'air installés à Vaduz. Cela intrigue toujours, de voir des gens venus de loin s'attarder dans les petits pays comme S. Marin, Andorre et celui-ci.

La directrice et les servantes ne parlent qu'allemand, sauf une qui parle un peu français (elle a une coiffe blanche qui lui enveloppe complètement les cheveux, comme une fille que nous avons vue à Schaan.) L'italien paraît tout à fait ignoré, aussi bien à « Zum Löwen » que dans les boutiques de Vaduz. Mon affreux anglo-allemand est compris assez rapidement.

Nous sommes allés avant dîné[3] jusqu'à la Poste, que nous avons trouvée fermée, et un peu plus loin que le « Café Real » dans la rue principale, qui est la route de Schaan à Trübbach. Achats de cartes postales, timbres-poste, et petits drapeaux du Liechtenstein, bleu-et-rouge ; — ils ne sont pas imprimés, mais cousus, et il n'y a que des petits fanions pour automobiles. Les marchands à qui nous avons eu affaire sont polis et empressés, et do not charge too much[a]. Nous avons rencontré un prêtre d'aspect sympathique, jeune, le regard franc, en soutane très propre. Une petite fille nous a salués. Nous avons, en revenant sur nos pas, pris du vermouth au Café Real, petit et décent, divisé en stalles relativement confortables. Pour dîner j'ai demandé du vin de Vaduz (j'avais vu de la vigne le long de la route). C'est un vin rouge léger, un peu doux-amer, très rustique ; il m'a fait penser à de petits vins catalans un peu jeunes, mais la couleur est beaucoup plus claire ; et à ma femme il a rappelé un vin de la Riviera di Ponente[4].

« Real » est un nom de famille ; il y a le Café Real, et, non loin, un magasin, un bazar, Real.

Des rues et ruelles se détachent de la rue principale ; elles sont plus développées du côté de la montagne[5] ; elles tournent entre des maisons, et quelqu'une doit mener à l'« unique hôtel ». Du côté du Rhin elles deviennent très vite des chemins de campagne. C'est-à-dire qu'on cultive la vallée et qu'on habite les premières pentes de la montagne : toutes les maisons neuves sont de ce côté-là, et il faudrait sans doute un grand accroissement de la population de Vaduz pour que la ville touche la rive du Rhin.

a. Anglais : « ne vendent pas trop cher ».

À droite de la route en allant vers l'église il y a un assez gros bâtiment en construction ; édifice officiel, sans doute, la façade étant déjà ornée des armes de la Principauté.

Nous avons vu deux ou trois hôtels, extérieurement plus « frais » que « Zum Löwen », parce que récemment repeints ou recrépis : Engel (avec enseigne à l'Ange) ; Adler (avec enseigne à l'Aigle)[6].

Le château domine de très haut ; il semble même inaccessible ; on ne voit pas de chemin qui y conduise, et un large espace de forêt et de roc s'étend au-dessous de sa base et des plus hauts toits de Vaduz. Sa grosse tour crénelée que couvre un toit complète la solide assiette des bâtiments aux façades très blanches. L'absence de drapeau signifie sans doute celle du Prince-Régnant.

Beaucoup plus de chevaux de trait et de roulage qu'en Suisse. Troupeaux de vaches au pelage gris-brun très clair ; il y a des gants de peau de suède qui ont cette couleur, agréable à la vue. Elles sont menées par groupes dont quelques-unes seulement ont une clochette. Un troupeau qui passe sous les fenêtres fait le bruit d'un carillon. Il doit y avoir des troupeaux semblables, en marche sur la route de l'autre côté (suisse) du Rhin. L'enfant qui les conduit est un gros petit bonhomme blond-décoloré, avec une figure rose-rouge, grosses joues, tranche de jambon où on aurait piqué deux fleurs bleues. Avec le passage des motocyclettes, d'un camion, et d'une grande diligence jaune-clair, les carillons des troupeaux sont les bruits du matin sur la route de Vaduz.

La nuit on entend le roulement des trains entre Schaan et Buchs ; les montagnes le répercutent et il semble emplir toute la Principauté.

De Vaduz le pays apparaît comme essentiellement composé d'une moitié de la Vallée du Rhin, et comme il est invisible on n'a pas le sentiment d'un obstacle, d'une solution de continuité, d'une frontière naturelle entre le côté O[uest] suisse et le côté E[st] liechtensteinien[7].

Le pont de Trübbach doit détourner en faveur du territoire de la principauté une partie du trafic par route entre Sargans et le Vorarlberg ?

Le bétail est de race suisse : Schweizer Braunvieh[a].

L'édifice en construction à droite de la grand'rue de Vaduz est l'hôtel de la Gemeinde, qui est l'assemblée communale ; en somme l'hôtel de ville, mais il sera presque aussi grand que le Palais du Gouvernement, et je suppose qu'il contiendra différents bureaux, et peut-être la Poste, qui est petitement logée.

a. Allemand : « suissesse brune ».

L'autre construction à droite de la grand'rue (toujours en venant de Schaan) serait destinée à loger la « loterie anglaise », dont on ne veut pas en Suisse ; mais il paraît que le Liechtenstein non plus n'en voudrait pas, et que les arguments contre l'établissement des bureaux de cette loterie seraient basés sur le traité, ou contrat, par lequel le Liechtenstein a confié à la Confédération helvétique l'administration de ses Postes.

Billet du service automobile qui relie Feldkirch (Autriche) et Buchs (Suisse) à Vaduz, en passant par Schaan (Liechtenstein). Les « Rappen[8] » équivalent aux « centimes » de la monnaie suisse (30 Rappen = 1,50 français)

Le bâtiment de la Gemeinde sera un peu en retrait de la ligne générale des façades de ce côté de la Grand'rue ; il pourrait l'être davantage : cette Grand'rue devrait, pour être digne de Vaduz, ville-capitale, et pour la commodité du trafic, être bordée de trottoirs continus ; les piétons sont obligés d'être constamment attentifs aux voitures, camions, motocyclettes et diligences.

Le beau quartier de Vaduz est à l'extrémité de la Grand'Rue en allant dans la direction de Triesen-Balzers-Mäls, c'est-à-dire au sud. Une Buchdruckerei[a], qui imprime surtout des prospectus, des feuillets de propagande et la gazette de Liechtenstein, l'annonce, sur la gauche ; puis, à droite, il y a l'école, et à gauche une maison de belle apparence, avec une plaque indiquant qu'elle a été offerte par le Prince Jean II à son pays pour servir de résidence au chef du Gouvernement (Regierungschef), qui serait actuellement le Dr. Joseph Hoop, signataire de la Préface, — ou plutôt Geleitwort[b], — de la brochure *Schweiz-Liechtenstein, / an der Brücken über den Rhein,* / Alpenland-Verlag, Schaan[c], et qui est certainement récente puisque « 1932 » figure dans la première ligne du Vorwort[d], et qu'il y est question du livre de G. Combarnous publié cette année à Montpellier[9]. Cette maison est assez grande pour loger des bureaux administratifs. Un peu plus loin sur la gauche se trouve le Palais du Gouvernement, avec un grand porche, les armes, non du Liechtenstein mais du prince, entre deux peintures murales de tons plutôt crus, « la justice » et « l'économie »[e]. Une plaque près de la porte indique « Sparkasse[f] », mais d'après ce qu'on m'a dit il y aurait là toute l'administration et même la propagande, le « Syndicat d'initiative » central et officiel. À droite, la ville s'élargit en rues bordées

a. Allemand : « imprimerie ».
b. Allemand : « avant-propos ».
c. *Suisse-Liechtenstein, / les ponts du Rhin*, Maison d'édition de l'Alpenland, Schaan.
d. Allemand : « préface ».
e. Larbaud a porté en note : *Verwaltung* (gouvernement).
f. Allemand : « caisse d'épargne ».

de villas et de jardins, et c'est de ce côté-là peut-être qu'elle ira rejoindre la rive du Rhin. Enfin, tout à fait au bout de la rue et de la ville, à gauche, il y a l'église, précédée d'un petit jardin public, bien tenu et ombragé agréablement. Un double escalier conduit à la plate-forme sur laquelle s'ouvre, au-dessus du jardin public, l'église. Elle paraît être en grande partie moderne et même récente : le clocher et le porche semblent récents, l'intérieur restauré et embelli. Cela a dû se faire aux frais du Prince Jean II ; ses armoiries sont partout à l'intérieur, et jusque sur le vitrail au-dessus de l'autel. Il y a aussi, à droite de l'autel, à la hauteur d'un premier étage, une sorte de « loge » qui lui est sans doute destinée[a]. Les seuls bancs attribués nominalement le sont aux élèves des deux écoles (primaire et primaire-supérieure, si je traduis correctement ce que j'ai lu.) L'ensemble est assez plaisant et les proportions de la nef sont heureuses. Il y a des bénitiers sous le porche et à l'intérieur. Et sous le porche il y a des casiers où sont des brochures pieuses, les plus intéressantes (de courtes biographies) éditées par la Kanisius-Druckerei de Fribourg (Suisse). Les prix sont marqués au crayon sur les couvertures, et on est invité à en prendre et à en verser le montant dans un tronc placé à la base des casiers. J'ai pris et payé de cette façon un *Pie X* de E. Dermont et un *Bernhard von Clairvaux* de l'évêque Schweiwiler. Je ne me rappelle pas avoir vu, ailleurs qu'à Vaduz, une telle preuve de confiance à l'égard des gens ; les portes sont grandes ouvertes et il n'y a aucune surveillance. L'église était vide quand j'y suis entré et pendant tout le temps que j'y ai passé. Au moment où je sortais une hirondelle y est entrée.

DE VADUZ À TRÜBBACH [ET RETOUR]

La route que suit la diligence se tient à égale distance de la montagne et du Rhin, mais un peu avant Balzers elle se dirige obliquement vers le fleuve, tandis que la montagne s'en écarte un peu. Le Rhin est rejeté vers l'O[uest] par la petite chaîne du Fläscherberg et son avant-poste le Ellhorn. Ces montagnes, que domine la Mittag-Spitze, — neige permanente, — semblent fermer sur la vallée et barrer la route de l'Autriche au Sud du Liechtenstein, en sorte que la route, en allant vers le Rhin, se conforme au mouvement général de la plaine.

Les champs inclinés sur le côté E[st] de la route sont surtout donnés à la culture du foin ; des hommes et des femmes le ramas-

a. Note de Larbaud : « Ou plutôt destiné aux Princes Régnants. »

saient soit sur des chars, soit sur des armatures de bois élevées sur le champ même et qui donnent leurs formes aux meules tout en aérant le foin entassé, de sorte qu'il sèche rapidement. On voit une chapelle (St Wolfgang), et un crucifix au milieu d'un champ ; c'est un crucifix encadré dans une sorte de châssis triangulaire monté sur une poutre verticale, assez basse ; on en voit comme cela en Bavière. La route côtoie pendant quelques kilomètres un ou deux canaux d'irrigation dont l'eau rapide est d'une transparence surprenante ; vraiment l'eau cristalline des poëtes et l'eau imitant, dans un lit de ruisseau, son absence.

TRIESEN est un gros bourg, moins allongé que Vaduz mais plus large (toujours du côté de la montagne). C'est un entassement de maisons rustiques et de groupes d'échoppes au carrefour de trois ou quatre chemins et sentiers. Il y a une porte dans une maison d'habitation. La diligence, qui dépend du service des postes, y dépose et y prend le sac du courrier. Triesen est situé, en plaine, assez au S[ud] de Triesenberg qui est bâtie au flanc de la montagne et cachée en partie par les arbres, en partie par les mouvements du terrain rocheux.

LAWENA (qui s'écrit aussi Lavena) n'est qu'une halte ; en réalité, pour y aller, il faudrait prendre à Triesen la route en lacets, et assez longue, qui y conduit. La carte l'indique comme un hameau situé à 1 592 m au-dessus de la vallée du Rhin et au fond de l'espèce de défilé où coule le Lawena-Tobel qui, en approchant du Rhin, devient le Lawena-Röfi, un lit de torrent capable de crues subites et dévastatrices (ce que nous avons vu à Flüelen, au bout du lac des 4-Cantons : murs abattus, blocs de pierre entraînés, maisons inondées, routes coupées, — le tout en quelques heures.)

Avant d'arriver à BALZERS, où il y a un bureau de poste et qui est un bourg assez semblable à Triesen mais construit en plaine, on voit sur une hauteur, très nettement découpé, avec des murs clairs, presque blancs, sous des toits rouges qui paraissent refaits depuis peu d'années, le château de Gutenberg. En avant, du côté N[ord], dans la plaine, une grosse église est en construction[a].

De l'autre côté de la hauteur qui forme le socle de ce Gutenberg blanc et rouge, on traverse MÄLS, qui ressemble à Balzers et paraît d'une importance égale, bien qu'il soit nommé en caractères plus petits sur la carte.

De Mäls la route se dirige tout droit vers le Rhin, qu'elle passe sur un pont de fer recouvert en bois, — les côtés et le toit, — une protection contre le vent, sans doute. La frontière Liechtenstein-Suisse se trouve au milieu de ce pont (rien ne l'indique.)

TRÜBBACH est sur la rive gauche, et commence à la sortie du pont. On y est en Suisse, et le contraste avec les bourgs liechtens-

a. Note de Larbaud : « Achevée récemment, matériaux d'une couleur rosée. »

teinois est frappant. C'est un peu le même contraste qu'entre un bourg français de Bretagne et un village du Kent. Les maisons entourées de petits jardins gardent l'alignement ; il semble qu'on y produise de l'ordre rectiligne et du silence. La route, qui est là aussi la rue principale, est plus large, et les courtes side-streets[a] sont plus droites. Cette impression d'ordre et de silence, de netteté et de « retraimiento[b] » vient surtout de l'isolement des maisons, de la marge de jardin qui les sépare de la rue, de la route. Il faut s'approcher de ces portes, de ces fenêtres, tandis que dans les bourgs du Liechtenstein maisons, portes et fenêtres paraissent s'approcher du passant, se presser autour de lui, le solliciter.

Pendant que la diligence attendait, sur le terre-plain[10] où la gare est construite, un train venant de Sargans et allant vers Buchs et Saint-Gall, nous sommes entrés dans le café le plus proche, qui se présentait un peu comme le bar d'un hôtel anglais de village, non seulement en retrait du front des jardins, mais dépourvu de grandes ouvertures vitrées sur la route, et d'apparence plus fermée que ceux des bourgs de notre Liechtenstein. On nous y a fait payer très cher une demi-bouteille d'un vin blanc de Neuchâtel, qui ressemblait, en plus clair et en plus vif, au fendant[11], et tout aussi bon comme boisson pour l'après-midi, en été. La diligence nous a ramenés à Vaduz en trois quarts d'heure environ.

Compagnons de voyage. — À l'aller, et au retour, rien que des gens du pays ; mais assez différents. Un peu après la sortie de Vaduz, un groupe de paysans, ou plutôt d'ouvriers agricoles, qui sont descendus à Triesen ; vêtements sales ; figures non rasées ; des havresacs au dos ; chapeaux mous décolorés, poussiéreux, crasseux, avec des bouquets de fleurs des champs, — peut-être de la montagne, en tout cas peu communes, placés sur le côté, les tiges maintenues par le ruban ; gros souliers, SCARPONI[c] de chasseurs alpins ; cheveux très blonds, roux et châtain-clair, contrastant avec les teints fortement brunis, ou d'un rose-rouge aigu, presque lumineux. Ils parlaient très haut, — un dialecte germanique où je ne saisissais que des mots très usuels, mais leurs manières et attitudes étaient meilleures que celles qu'annonçaient leur aspect sale et négligé.

De Balzers à Mäls, puis de Mäls à Trübbach, des enfants non accompagnés (c'était l'heure de la sortie des écoles), filles de huit à douze ans, petites figures sérieuses et calmes, courtes nattes blondes, terminées par des nœuds de rubans. Nous en avons vu quelques-unes boire aux fontaines en montant sur le rebord des vasques et en approchant leur bouche du jet tombant des tuyaux.

a. Anglais : « rues secondaires ».
b. Espagnol : « retraite ».
c. Italien : « chaussures de montagne ».

Au retour, de Trübbach à Balzers, un prêtre qui était descendu du train venant de Sargans, — peut-être le curé de Balzers. Il était en redingote, comme les prêtres R.C.[a] en Suisse et en Angleterre (mais peut-être se met-il en soutane lorsqu'il est à Balzers). Homme d'une 60aine d'années, grand, vif et remuant, de manières agréables et distinguées en même temps que « populaires ». Il a aidé une vieille femme à monter ses bagages et paquets dans la diligence, et a causé avec elle à voix très haute, familièrement, dans un allemand mélangé de dialecte. À chaque instant il répondait par un mouvement de la main vers son chapeau aux saluts de gens qui passaient sur les côtés de la route. En même temps il paraissait prêter l'oreille à ce que nous disions, et comme je venais de dire que nous approchions de Balzers, il s'est tourné à demi vers moi et m'a dit : « Mäls prima », de sorte que, quelques instants après, nous causions tous les trois, en italien qu'il parlait facilement et avec un léger accent germanique. La vieille femme était descendue à Mäls, et lui-même est descendu quelques minutes après, à Balzers, après nous avoir dit « Buona sera[b] ». Il s'est éloigné très rapidement, répondant à chaque instant au salut des gens. Cette très courte entrevue (les propos ont été insignifiants tout le temps, le nom d'un sommet de la montagne...) m'a laissé une bonne impression. Il est probable que si la piété des gens de la principauté est grande et vive, cela est dû aux qualités du clergé, à cette familiarité mêlée de bonté active qui nous a paru remarquable chez ce prêtre.

SCHAAN. La gare, qui est l'unique gare de la principauté où on descende pour aller à Vaduz (celle de Nendeln en éloigne trop et je ne crois pas que les rapides s'y arrêtent) donne à Schaan une animation qu'on ne trouve pas à Vaduz. On pourrait même penser que Schaan est plus « ville » que Vaduz. Mais on nous a dit le contraire. L'église avec son haut clocher et le double escalier qui y conduit, entourant le monument (un bas-relief à plusieurs personnages) à la mémoire du prince Jean Ier, est par sa situation dans la perspective qu'on découvre de la route en venant de Buchs, une église très citadine. La largeur de la route, et des rues transversales, le nombre des maisons qu'on voit du carrefour de la route de Vaduz et de la route de Feldkirch à Buchs, tout cela est d'une petite ville, alors que Vaduz, à la fois plus étiré le long de la route, moins large et plus sinueux, et plus disposé sur la pente, a l'aspect d'un bourg assez rustique.

La poste occupe quelques pièces du rez-de-chaussée surélevé de l'hôtel, ou auberge, « de la Poste ». On voit en face un magasin (épicerie, mercerie, papeterie « e diversi[c] ») assez grand et bien approvisionné (produits autrichiens, suisses, allemands, français).

a. Pour *Roman Catholic*, « catholiques ».
b. Italien : « bonsoir ».
c. Italien : « et articles divers ».

Le Café Risch a meilleure apparence que le Real à Vaduz (salle haute et propre, bois ciré, journaux) ; aux murs, des couronnes vertes, prix de concours musicaux, rubans (aux couleurs autrichiennes, allemandes, etc.) encadrées et sous verre ; dans un angle, mais bien visible, un crucifix (je ne me rappelle pas en avoir vu ailleurs dans une salle de café.)

J'ai voulu entrer au Verkehrsbüro[a] de Schaan, et j'ai bien fait. Le directeur, ou président, est un Suisse romand, ex-professeur d'école, ou collège, public en Égypte. Il nous a reçus au second étage de la maison, une villa, grande, et de construction récente ; étendu sur un canapé, pieds enflés, et nous a longuement parlé du Liechtenstein, — hôtels, excursions, conditions d'existence, etc. Il y est installé depuis 9 ans, — venu pour 8 jours, par curiosité et goût des petits États, ayant visité Saint-Marin et passé un mois en Luxembourg. C'est le climat, la facilité de la vie, et en particulier le fameux « forfait » pour les impôts et taxes, réduits au minimum, et sans « inquisition fiscale », qui l'ont décidé à quitter Genève où il était allé après l'Égypte.

(Sa retraite du gouvernement égyptien lui est payée en £, et son installation en Liechtenstein a coïncidé avec la baisse de cette monnaie.) « Si vous avez assez de la France, faites comme moi. »

Nous avons parlé du lotissement des terrains au-dessus de Schaan et de Vaduz, la « Villenkolonie » ; le propriétaire de sa maison, qui est aussi son collaborateur au Verkehrsbüro de Schaan, et qui était là, s'occupe activement de ces lotissements. Ils se vendent 20 francs (suisses = 100 francs français) le mètre. Une Berlinoise en avait acheté, il y a 2 ou 3 ans, 1 000 mètres ; elle en a revendu récemment la moitié, et par cette vente a récupéré les frais de son achat et de la construction de sa maison. Il paraît que la construction est plus chère qu'en France. J'ai demandé si on pouvait avoir un petit lot et une petite maison pour 10 000 fr. suisses. On nous a invités à visiter le lotissement.

Revenus avec M...... (le collaborateur du Prof. L.....) au bureau du rez-de-chaussée, j'ai aperçu sur une table le *Guide to Central Europe* que j'ai acheté à Paris il y a quelques mois, et j'ai pensé que la partie de ce guide qui concerne Liechtenstein et en particulier la propagande en faveur des lotissements, pouvait bien avoir été rédigée par le Prof. L..... ; et cela est d'autant plus vraisemblable qu'il connaît l'anglais et que son « Si vous avez assez de la France... » est dans le ton de ce que le guide dit pour recommander la « Villenkolonie ».

Un point commun entre le Liechtenstein et le Luxembourg : l'abondance et la beauté des roses.

a. Allemand : « office de tourisme ».

Il y a aussi la simple et naïve douceur germanique, peut-être plus sensible dans le Limes[12] qu'à l'intérieur. — Liechtenstein paraît avoir été aussi romanisé que Luxembourg, de cette romanité particulière au Limes — ce qui donnait un mélange romain-germain ; Romains (ou Italiens) loin de chez eux et Germains chez eux mais en contact quotidien avec ces Italiens. Il faudrait connaître très bien, non seulement les emplacements des légions, mais leur composition.

Les gens d'ici ont une tendance à voir partout dans leur pays des noms de lieux d'origine romaine. Ils semblent y tenir beaucoup.

Le charme du Limes, encore sensible ; et l'amorce d'Aix-la-Chapelle, de la Translation[13]... Cela se passe vraiment « au-dessus de toute l'Europe ». Henri de S[eptimanie] pourrait être un « amant du Limes ».

La surprise de voir notre italien compris et parlé, dans la diligence jaune, par ce prêtre. En général il nous semble que pour le peuple d'ici l'italien est aussi lointain, étranger, que le serait le portugais ou le roumain. Et le français, guère moins ; ou plus commun de nom qu'en fait. Ida (la servante de « Zum Löwen ») est la seule. Les autres pensent peut-être que nous parlons un dialecte français, ou même le français.

L'éclairage du Moyen Âge selon les époques. Dans ces petites brochures de propagande et de réclame en quoi consiste la littérature liechtensteinoise actuelle il y a toute sorte de remarques intéressantes à faire. Par exemple on peut noter le contrecoup de la chute de la monarchie autrichienne dans le contraste entre les idées exprimées par l'hymne national où « le long du jeune Rhin

Steht..... Liecht[enstein]
Auf Deutschland Wacht »

Et celles qu'expose la brochure *Schweiz-Liechtenstein* d'Otto Weber. On est allé de la clientèle politique allemande à la clientèle politique suisse. Dans la brochure *Das Fürstentum Liechtenstein im Wort und Bild/ ein Führer*[a], qui est de 1928, l'auteur, parlant des Petits États qui ont eu le bonheur de conserver leur Selbständigkeit[b], ajoute « wie eine ganze Erinnerung aus den Tagen des Mittelalters[c] ». Le langage est assez différent de celui des dernières années du XIXe siècle et même du « Moyen Âge énorme et délicat » de Verlaine[14].

Un regard sur la vallée tranquille et verte entre ses monts boisés sous la couronne d'argent alpestre fait sentir l'inanité de toutes

a. *La Principauté du Liechtenstein en mots et en images, un guide.*
b. Allemand : « indépendance, autonomie ».
c. Allemand : « tout un souvenir de l'époque du Moyen Âge ».

ces appréciations. Ce n'est pas « l'été plus vaste que l'Empire[15] », mais « l'Empire, plus durable que les saisons ».

Au rattachement du Liechtenstein à la clientèle helvétique correspond le rattachement du Luxembourg à la clientèle belge. Accords monétaires et postaux.

Nous n'avons pas encore vu un seul touriste. Ici (Zum Löwen) les seuls étrangers avec nous sont « le Professeur américain » avec sa femme et leur fille ; les gens de passage sont « du pays », c'est-à-dire des confins : Vorarlberg, Saint-Gall, Grisons. Toutes les voitures que nous voyons portent F.L.[a] et l'écusson rouge-bleu de la Principauté ; une seule, arrêtée devant notre porte, avait l'écusson de Saint-Gall.

Chez le coiffeur, — celui qui est installé dans une sorte de kiosque, et le plus visible de Vaduz, j'ai demandé au patron s'il parlait italien, puis s'il parlait français. Non, il vient trop peu d'Italiens à Vaduz pour qu'il vaille la peine ou qu'on ait l'occasion d'apprendre ; et des Français encore moins, Dieu du Ciel ! (Il intercale nicht wahr[b] ? tous les trois mots). Mais le Pfarrer[c] de Balzers, dis-je, parle italien. C'est qu'il est originaire des Grisons. (Il l'a dit sous une forme dubitative, comme s'il ne connaissait pas le curé de Balzers, ou plutôt le prêtre parlant italien auquel je faisais allusion.)

Il confine svizzero[d], — c'est-à-dire Trübbach et Buchs, — fait valoir le Liechtenstein : ce sont bien deux petites bourgades suisses (St-Gall), nettes et propres, qui rappellent beaucoup les petites bourgades anglaises du Sud ; mais elles sont absolument dépourvues d'intérêt ; il y en a 1 000 comme elles dans les 22 cantons. Les boutiques ne vendent même pas d'objets-souvenirs de Buchs, — et qui songerait à se souvenir de Buchs ? Le seul avantage qu'elles aient pour nous sur Schaan et Mäls, c'est qu'on y trouve de la vraie crème, comme partout en Suisse, article qui manque ici comme partout hors de Suisse, la Suisse étant le seul pays où l'expression « café crème » ne soit pas un effronté et habituel, et toléré, mensonge.

Mais l'ennui propre et la médiocrité soignée de Trübbach et de Buchs mettent en relief l'aimable négligence et la cordiale disposition des bourgades de la Principauté.

En Liechtenstein les petits fanions qu'on met, horizontalement, aux portes des hôtels pour faire signe aux diligences de s'arrêter, ont quelque chose, en même temps que d'utile, de plus amusant. Il y a une vie de la rue, à Schaan, à Vaduz, qui manque à

a. *Fürstentum Liechtenstein*, « Principauté du Liechtenstein ».
b. Allemand : « n'est-ce pas ? »
c. Allemand : « curé ».
d. Italien : « la frontière suisse ».

Buchs et à Trübbach. Des gens qui demeurent à causer sur le pas des portes ; la sortie lente et bruyante des écoles ; les enfants buvant aux jets des fontaines ; une ménagère qui bat son chien avec le manche du balai ; une vache qu'un gamin mène boire à l'auge d'une fontaine, traversant la rue, et reconduit à son étable, qui est au fond d'une cour derrière une maison en façade sur la rue.

Cela me rappelle Cettigne en 04[16] : mélange de rusticité et de vie administrative. Cela était plus marqué à Cettigne : des messieurs en redingotes et hauts-de-forme, se rendant au Conseil ou au Palais, parmi des troupeaux et des groupes de paysans. À Vaduz, ce mélange est plus subtilement indiqué ; deviné plutôt que constaté. L'autonomie fait à cela ; à Buchs, à Trübbach, la vie politique est retirée à Saint-Gall ; ici elle est à sa source ; et malgré la grande discrétion qu'elle y met, sans drapeaux flottants, sans uniformes, rien qu'avec F.L. sur les voitures et l'écusson bleu-et-rouge sur les boîtes aux lettres, Vaduz se montre capitale. La plénitude du pouvoir est ici.

Vaduz. L'édifice (et non « palais ») du Gouvernement, est accueillant : banque, bureaux, salle des séances du Parlement, il rassemble tous les organismes de la vie politique et de la plenitudo potestatis[a]. Le fonctionnaire que nous avons rencontré une fois entrés sortait d'une espèce de loge de concierge sur laquelle s'ouvre une porte dominée par l'inscription : Gardien de la Prison. C'était peut-être lui, le Gardien de la Prison.

J'ai demandé à me renseigner sur la bibliographie de la Principauté, et on m'a conduit au premier étage, à la Kanzlei, où on m'a reçu avec beaucoup de politesse et on m'a montré les deux ouvrages actuellement adoptés par la propagande officielle : *Fürstentum Liechtenstein*, Artis-Verlag (Dr. Fleischmann), München, et *Voyages aux États Lilliputiens/ La principauté/ de/ Liechtenstein/* G. Combarnous/ Éditions Les Chênes verts/ Montpellier.

Je voulais les payer, j'en ai demandé le prix ; mais on m'a répondu que c'était gratuit. J'ai donc compensé, par une gratification à l'huissier (francophone) qui m'avait accompagné, ce généreux présent.

Vaduz. Au Verkehrsbüro de Vaduz j'ai trouvé une assez belle série de vues sur cartes-postales, et la *Geschichte des Fürstentum Liechtenstein*[b] de Peter Kaiser dans la dernière édition (Zweite verbesserte Auflage, besorgt von Joh. Bapt. Büchel) de 1923 (im Selbstverlage des liechtensteiner historischen Vereines in Vaduz[c]). Aussi

a. Latin : « la plénitude du pouvoir ». Expression que Larbaud vient d'utiliser en français deux lignes plus haut.

b. *Histoire de la principauté de Liechtenstein.*

c. Allemand : « édité par la Société des historiens du Liechtenstein à Vaduz ».

un autre opuscule illustré, de la propagande, que je n'avais pas encore.

La personne qui fait les fonctions de vendeuse au magasin de Felix Real m'a donné un exemplaire des deux « journaux » de Vaduz : *Liechtensteiner Nachrichten* (vormals *Obereinische Nachrichten*) et le *Liechtensteiner Volksblatt*[a].

Le Peter Kaiser est remarquablement imprimé, et fait honneur à la Sté Historique de Vaduz.

Le grand album de Munich, *Fürstentum Liechtenstein* est un bon effort de propagande ; il est entièrement composé par des gens de Liechtenstein, presque tous hauts fonctionnaires de l'État, avec une préface (« Zum Geleit[b] ! ») du chef du Gouvernement, Dr. Joseph Hoop.

Le livre de Combarnous, — ce doit être un tirage spécial, sans le « Monaco » qui devait en faire partie dans l'édition annoncée en France, — ou du moins un tirage à part, pour lequel on a fait une couverture, une page de titre, et peut-être une pagination, particulières, — se lit facilement ; il est ce que j'ai vu, et peut-être ce qu'il y a de plus complet comme « livre » sur le Liechtenstein ; plein de renseignements utiles pour le touriste et pour qui veut avoir une idée de ce qu'est la Principauté. Sa place, juste après le Peter Kaiser, actuellement, est assurée dans toute future bibliographie liechtensteinoise. J'avais pensé devoir le payer assez cher en France, et je l'ai eu ici pour rien. Il est agréable de penser que le meilleur livre « sur Liechtenstein » est l'ouvrage d'un Français et écrit en français (s'il y avait eu quelque chose de comparable avant 1930, en Autriche et en allemand, ça se saurait), et qu'il soit édité à Montpellier, cela forme un lien entre la Septimanie et Vaduz, assez remarquable et précieux. Cependant l'album édité à Munich contient beaucoup de précisions qui ne sont pas données par le Combarnous. Les 2 sont indispensables comme suppléments au Peter Kaiser. Je me demande si c'est volontairement que Combarnous embellit les noms des hôtels de Vaduz qu'il énumère : l'Aigle d'Or (il est vrai que l'enseigne est dorée, ou plutôt l'aigle sur l'enseigne est doré) ; l'Ange d'Argent (mais l'ange aussi est doré) ; le Vieux Lion, il n'y a pas le mot « vieux » dans l'enseigne ni dans les réclames de Zum Löwen. Du reste, pas de traces de ce genre d'imagination ailleurs ; on sent seulement un homme, d'esprit très « historique », très excité de se trouver en Liechtenstein, et disposé à tout admirer.

Zum Löwen. Plus j'y songe et plus il me semble que je dois loger Henri de Septimanie au « Löwen ». C'est le plus vieil hôtel,

a. Allemand : *Les Nouvelles du Liechtenstein* (anciennement *Les Nouvelles d'Oberein)* et *Le Journal du peuple liechtensteinois*.

b. Allemand : « en avant-propos ! »

sinon en tant qu'hôtel[17], du moins en tant que maison devenue hôtel : 1786 est la date peinte, en chiffres romains et arabes, audessus de l'entrée. L'arrangement est assez confortable et la nourriture assez supportable pour que H[enri] n'ait pas envie d'en changer. Les vieux et curieux meubles suffiraient à le retenir. Par exemple, dans la chambre que nous occupons (n° 5) : le radiateur près d'une des trois fenêtres, et en même temps le vieux poële allemand avec sa bouche s'ouvrant sur le corridor, de sorte qu'on peut le garnir, l'allumer et l'entretenir sans entrer dans la chambre.

Il y a sûrement une clientèle de pensionnaires : des fonctionnaires, peut-être étrangers (suisses) qui s'y réunissent le soir. Nous y avons revu le prêtre en soutane que nous avions rencontré déjà dans la grand'rue de Vaduz.

Vaduz, rues transversales. Les rues transversales du côté est de la Grand'rue, commencent à s'ébaucher. Elles finiront par former des gradins, de la Grand'Rue aux premières hauteurs trop à pic pour être praticables et édifiables. Un tronçon est déjà constitué, avec une bordure de villas à jardins du côté est. C'est au coin que j'ai trouvé le « Consulat impérial de Perse » que je cherchais depuis que j'en avais vu l'indication dans le livre des Téléphones suisses, A.W. Baumann. C'est une villa ayant quelque chose d'un chalet. Au rez-de-chaussée, du côté de la rue nouvelle (et parallèle, à peu près, à la Grand'Rue) il y a une pharmacie. Il est possible que A.W. Baumann soit à la fois pharmacien et consul de Perse. L'écusson (en français et en allemand) est tout neuf ; je n'ai pas vu de portehampe pour un drapeau. Il est curieux que le SEUL pays ayant un Konsulat à Liechtenstein soit la Perse ; le consul ne doit pas avoir grand chose à faire. Il serait intéressant de connaître l'origine de ce remarquable lien entre la Perse et le Liechtenstein. Henri Hoppenot[18] pourra peut-être me l'expliquer.

Saint-Marin et Liechtenstein.

Saint-Marin n'a rien jusqu'à présent de comparable à l'ouvrage de Peter Kaiser, c'est-à-dire une bonne ou du moins copieuse histoire du pays éditée et publiée dans le pays même. Les gros ouvrages historiques et de renseignements sur S[an] Marino ont été publiés hors de S[an] Marino.

Passants. Tandis que j'étais dans le magasin de Felix Real deux jeunes gens (autrichiens peut-être) offraient des tableaux qu'ils avaient peints — sans succès — peints sans succès et offerts sans succès ; il n'y avait pas d'amphibologie. Siebzehn Franken[a] ? Pas même pour siebzig Rappen[b] !

a. Allemand : « dix-sept francs ».
b. Allemand : « soixante-dix centimes ».

Il y a un peintre, Grand'rue, qui vend de mauvais paysages du pays — sa boutique semble toujours fermée, — et qui s'intitule « de la Sté des Beaux-Arts de Paris », ou de France. Oui : de Paris. C'est peut-être une société qui correspond à celle des Gens de Lettres.

Vaduz Wein[a]. Il est rosé plutôt que rouge ; paraît faible, mais par temps frais il vous a vite réchauffé les jambes. On le sert « ouvert » c'est-à-dire en carafe, comme les vins ordinaires suisses et italiens. Le kirsch est bon. Henri[b] boira du Vaduzer Wein[19].

Langues étrangères au Liechtenstein. Tout de même l'italien, à cause du voisinage relatif de l'Engadine, est plus répandu que le français et que l'anglais. Au Verkehrsbüro d'ici (Vaduz) parlé italien.

Infiltrations. Actuelles, moins de la Suisse prise dans son ensemble que de l'Autriche. En détail je dirais : Vorarlberg, Saint-Gall, Grisons, Wurtemberg, Bavière. « Touristiquement » on serait peut-être plutôt que dans la zone alpestre dans celle du lac de Constance.

Les timbres-poste. « Écrivez à vos relations et affranchissez vos lettres avec les timbres rares du Liechtenstein », cela figure sur un des prospectus de propagande que j'ai trouvé ici. Un chapitre leur est consacré dans l'album de Munich, et il y a une brochure, *Histoire de la Poste en Liechtenstein*, que j'ai achetée pour l'envoyer à un ami philatéliste. Il paraît qu'il s'en fait un grand commerce et que cela rapporte plus d'un million à l'État par année (en augmentation). Ceux de la série actuellement en vente dans les bureaux de poste, ici et à Schaan, et probablement à Triesen et à Balzers, sont trop grands, tiennent trop de place sur les enveloppes et surtout sur les cartes postales, obligent à écrire trop bas les adresses. Ils ont plutôt l'air d'objets de propagande que de timbres-poste. (Les marchands s'en font expédier des feuilles entières, et épuisent, en quintuplant, les émissions ; mais aussi on en brûle lorsqu'on met en circulation de nouveaux types.) Il me semble que cette émission en cours actuellement, et du reste confondue pour certaines valeurs, avec des émissions antérieures ou nouvelles de format plus petit, se conforme, pour les couleurs, aux émissions suisses : 5 Rappen vert, 10 Rappen violet, 20 Rappen brun-rouge, 30 Rappen bleu (c'est le timbre pour l'étranger, correspondant au 1,50 français et 1,25 italien, etc.). La tentation de multiplier les émissions doit être grande, et la philatélie elle-même finit par en souffrir[20].

Zum Löwen possède une vieille carte de la Principauté, et une vue ancienne, peut-être antérieure à la construction de Zum Löwen

a. Allemand : Larbaud veut désigner le vin de Vaduz, correctement écrit « Vaduzer Wein » deux lignes plus bas.
b. Henri de Septimanie.

lui-même : très peu de maisons, moins qu'à présent ; cependant on y voit l'église à la place où elle se trouve, et des bâtiments assez étendus où se trouve maintenant l'édifice du Gouvernement[21]. Ni l'une ni l'autre ne sont datées, du moins je n'y ai vu aucune date.

Un prospectus de propagande pour le lac de Constance contient une ½ page d'annonces de Liechtenstein ; on y voit une photo du Rathaus[a] achevé, tel qu'il sera et non tel qu'il est ; peut-être la photo d'une maquette d'architecte.

COMMUNICATIONS. Il y a actuellement trois services réguliers de diligences automobiles :

Feldkirch-Schaan-Buchs-Vaduz ; la voiture jaune clair à bande latérale bleu-rouge, qui fait le service le plus « international » : Suisse, gare, capitale, Autriche ; elle est en bon état, avec des sièges très confortables.

Sevelen-Vaduz-Triesenberg ; la voiture jaune de Naples, une grande Mercedes-Benz, qui met en rapport Sevelen (Suisse) avec Vaduz, mais surtout Vaduz avec le haut bourg de Triesenberg, c'est-à-dire la partie la plus montagneuse, en même temps que peuplée, de la principauté.

Buchs-Schaan-Vaduz, etc. Trübbach, qui est la ligne la plus importante pour la partie vallée du Rhin de l'Oberland[22] liechtensteinois ; la voiture est vieille, peinte en jaune plus foncé que les autres diligences, et l'intérieur est moins confortable et plus dégradé. Cette ligne peut être définie : de Suisse en Suisse par la rive droite, et liechtensteinoise du Rhin.

Ne pas oublier, pour Zum Löwen, la vigne qui entoure immédiatement l'hôtel, et que domine la fameuse terrasse de bois peint en brun sur laquelle on déjeune et dîne quand le temps est assez beau[23]. Cette vigne est belle, et son omniprésence de ce côté-là est une caractéristique de l'hôtel.

Les Roses.

À Buchs aussi il y a de belles roses, mais en ordre dans les jardins médiocres et bourgeois, trop soignés. Ici elles sont plus belles de couleur plus riche, et leur désordre, leur environnement rustique (à deux pas d'étables, de cours de ferme) les font valoir.

Les roses de Luxembourg (la ville de) sont princesses ; celles de Buchs bourgeoises ; celles de Vaduz nymphes, déesses de la mythologie.

a. Allemand : « hôtel de ville ».

DE VADUZ À FELDKIRCH [ET RETOUR]

Vaduz 30 juin 1933

Aujourd'hui, entre 13:20 et 19:30 nous sommes allés de Vaduz à Feldkirch, de Feldkirch à Buchs et de Buchs à Vaduz, c'est-à-dire dans trois pays : Liechtenstein, Autriche et Suisse, avec retour dans le Liechtenstein, et je me suis amusé à envoyer à des amis des cartes postales des trois villes Vaduz, Feldkirch et Buchs portant la même date sur des timbres liechtensteinois, autrichiens et suisses[24]. (Peut servir pour Henri de Septimanie.)

Nous avons fait mettre le drapeau à la porte pour la diligence de Feldkirch, celle qui est peinte en jaune avec la bande bleu-rouge. À partir de Schaan on est dans la plaine, — l'Unterland liechtensteinois. La rue par laquelle on sort de Schaan passe devant l'imprimerie Gutenberg. La route traverse la vallée jusqu'à Bendern dont on ne voit que l'église, et des poteaux indiquant le pont sur le Rhin, dont on est tout près, et qui conduit à Haag, sur la rive gauche (Suisse) et à Gans (Suisse, canton de Saint-Gall).

Après Bendern et jusqu'après Mauren la route va d'O[uest] en E[st] le long du Massif de l'Eschnerberg derrière lequel se trouvent les Gemeinden[a] de Gamprin et de Ruggell (la route qui les dessert entre en Autriche à Bangs). Schellenberg et les ruines de ce château sont situés sur l'Eschnerberg.

On traverse Eschen, où il y a une porte et quelques magasins, et un hôtel. Le bourg est plus dispersé que ceux de la plaine au S[ud] de Vaduz (Triesen, Balzers...) et les maisons sont séparées par des champs et de grands jardins potagers. L'Eschnerberg s'élève assez doucement derrière le bourg.

Mauren est plus grand et plus dispersé, mais présente le même caractère ; beaucoup d'arbres fruitiers entre les maisons ; église neuve ; toujours des églises à haut clocher pointu. On doit y faire une partie des chars à foin de la principauté : le Wagner[b] de Mauren en avait toute une réserve, tous neufs et rangés comme les voitures d'un dépôt du train des Équipages.

Aux bureaux de poste, de simples petites maisons que distingue seulement la boîte aux lettres avec l'écusson bleu-rouge, la diligence dépose et prend le courrier.

De Mauren la diligence se dirige en ligne presque droite vers la voie ferrée Buchs-Feldkirch (elle est simple, ce qui est surprenant, étant donné le fait que c'est la ligne Paris-Vienne et Zurich-Vienne.) On la traverse bien au-dessus de Nendeln (station) qu'on ne voit

a. Allemand : « communes ».
b. Allemand : « charron ».

même pas, et on atteint le pied de la grande chaîne, et la lisière des forêts qui la recouvrent. Un peu plus loin la route est en réparation ; il semble qu'on est en train de l'élargir.

La carte ici indique « Schaanwald » mais cela ne correspond à aucun groupe d'habitations. On suit la voie ferrée d'assez près et bientôt on arrive à la douane et au poteau-frontière.

Les deux douanes sont là : « Suisses dans la Principauté de Liechtenstein » avec les écussons fédéral et princier peints sur la plaque, à gauche de la route ; à droite la douane autrichienne, dont les bâtiments sont plus grands que celui de la douane Suisse-Liechtenstein.

Le poteau-frontière est en fer, et ne porte que l'indication : Frontière de la Principauté de Liechtenstein (en allemand) ; il est à droite de la route, du même côté que la douane autrichienne. Les bâtiments paraissent neufs ou ont eu leurs façades fraîchement peintes, gris-bleu, volets verts.

Les douaniers autrichiens sont en khaki ; ils montent dans la diligence, demandent si on n'a rien à déclarer, et les passeports. Le mien n'ayant pas été visé à Paris, je dois aller à la fenêtre de la douane acheter ce visa ; ayant dit que j'avais l'intention de rentrer dans la même journée en Liechtenstein je ne paie que 1,50 franc suisse. On me demande si j'ai de l'argent sur moi, mais comme on m'avait prévenu, je n'avais qu'une cinquantaine de francs suisses. « Aller ? — Aller. » C'est une sottise de l'administration des finances autrichiennes, car si on pouvait transporter, mettons 100 francs suisses (= 500 francs français) sans craindre d'être inquiété, les marchands de Feldkirch en profiteraient. Nous avons dû surveiller avec soin nos dépenses à Feldkirch, pour avoir de quoi payer notre retour dans la diligence. Il paraît qu'on peut être fouillé et qu'il faut laisser au dépôt les sommes supérieures à 50 francs suisses, sur lesquels le fisc autrichien prélève je ne sais plus quel pourcentage.

On arrive bientôt après à Feldkirch qui nous paraît une grande ville au sortir de la principauté. Elle est triangulaire et comprise entre l'Ill et un bief de l'Ill qui alimente l'usine électrique (la chute artificielle de l'usine est une grande cascade, — le vent soulevant la poussière d'eau fait croire à de la fumée, — derrière un mur assez bas qui la sépare de la rue, comme dans un décor de théâtre). Églises et maisons à fresques, la plupart de couleurs vives et fraîches. L'église paroissiale est grande et assez belle ; un monument aux morts de 1914-1918 s'y adosse : liste des noms dans une sorte de niche, et au-dessus, sous la voûte de la niche, une lampe en forme d'étoile, en verre bleu.

Bregenz, sur le lac de Constance, paraît être la « grande ville » pour Feldkirch.

Une grande rue étroite et sinueuse, sur laquelle s'ouvrent deux rues larges, bordées d'arcades, comme à Berne (et à peu près dans le même style, et de la même largeur) c'est dans la première en venant de la frontière du Liechtenstein que sont les plus beaux magasins (quelques autres sont dans la grand'rue). Elle aboutit à une église qu'une fresque désigne comme dédiée à s[aint] Jean-Baptiste. C'est en quelque sorte la chapelle du lycée. Le livre d'adresses que je consulte au café, et le plan de la ville, indiquent plusieurs institutions d'études : écoles, séminaire, un grand établissement des jésuites, « Stella Matutina », etc. Papeterie importante où on vend des cartes-postales et des alpenstocks ; librairie Franz Unterberger, au coin de la Schwiedgasse (n° 22). Cafés, conditoreien[a], hôtels. Nous avons acheté des cartes-postales, des plans, et des fraises (très belles, on n'en trouve pas de semblables à Vaduz), ces dernières à deux marchands ambulants, devant les arcades du Markstrasse (ou Marktgasse)[b] ; ils parlaient italien ; nous avons demandé à l'un d'eux (une vieille femme, qui nous a dit être du Tyrol italien) de nous indiquer un bon café, et elle nous a conduits dans une excellente pâtisserie, Kreuzgasse (ou strasse). Promenades en ville ; le château ; les traces de la bonne organisation de l'ancien Empire austro-hongrois, détails soignés, voirie bien faite ; des caractères d'ordre et de tenue qui se retrouvaient jusqu'aux Bouches de Cattaro, sans détruire pour cela le caractère local (croate, dalmate, etc., — ici vorarlbergien).

Nous avons attendu la diligence de Liechtenstein au Café Liugg, en buvant du vin du pays. La patronne, que nous avions prévenue, a mis un petit drapeau bleu-rouge dans une des baies vitrées de la salle pour indiquer au conducteur qu'il devait s'arrêter. Partout de la complaisance, des saluts polis, de la gentillesse.

Hier avait eu lieu une procession ; arc de triomphe en fleurs avec inscriptions : Béni sois-tu toi qui viens au nom du Seigneur ; des drapeaux rouge-blanc, blanc-noir, et une bannière aux couleurs pontificales. Une maison (boutique de coiffeur pour dames au rez-de-chaussée) avec l'inscription : Aujourd'hui cette maison a été sanctifiée.

Les gens, et jeunes gens, avec leur pèlerine de tissu de Loden vert purée-de-pois ; des vestes courtes et des bretelles tyroliennes, qu'on ne voit pas à Vaduz.

Dans le magasin de jouets aussi il y avait une vendeuse italophone.

Rentrés en Liechtenstein par la même route. Arrêt à la « Douane Suisse dans la Principauté de Liechtenstein » ; déclaration des fruits achetés à Feldkirch (on ne nous a pas fait payer) et visite des passeports (le douanier les a lus, plutôt par curiosité que pour une autre raison ; peu de gens de pays aussi éloignés que la

a. Allemand : « pâtisserie-confiserie ». Graphie actuelle : *Konditorei*.
b. Allemand : *Strasse*, « rue » ; *Gasse*, « ruelle ».

France passent cette petite frontière sur route.) Schaanwald, Mauren, Eschen, Bendern (pont de bois, marécage, la digue du Rhin qui rend le Rhin invisible), Schaan avec un arrêt devant la poste-hôtel de la Poste ; traversée du Rhin (visible) sur le pont de fer non couvert ; armes de Saint-Gall, et volets peints aux flammes vert-et-blanc de St-Gall ; arrêt à la gare de Buchs : en moins d'une heure nous avons passé d'Autriche en Suisse, et traversé toute la Principauté de Liechtenstein[25]. De la gare de Buchs à Vaduz, via Schaan, on distingue bien l'espèce de petite plaine, de large terre-plain, qui sépare, à l'est, le château de la montagne, et on voit aussi la villa neuve que le Prince s'est fait construire (deux choses invisibles de Vaduz même, c'est-à-dire de la Grand'Rue de Vaduz).

À Feldkirch, au café, rien que des journaux autrichiens : du Vorarlberg, de Vienne ; et les *Nachrichten* de Munich ; il y avait peut-être, en lecture, un journal de Zurich.

Odeur d'encens dans l'église paroissiale de Feldkirch.

Fontaine, à Schaan : bœuf, de cette couleur suède-clair, — ou de certains champignons, — buvant dans la vasque dominée par un saint d'allure médiévale, en pierre non-peinte, au sommet d'une petite colonne torse.

Schaan, avec le lotissement de la Villenkolonie, pourrait bien se développer plus vite que Vaduz ; et il a plus de place en plaine que Vaduz. Avec la tendance qu'on a ici à construire le long des routes, il ne faudra pas un grand nombre d'années pour qu'il n'y ait plus d'intervalle dans les maisons entre Schaan et Vaduz. Alors la capitale serait véritablement Schaan-Vaduz, ou Schaanvaduz.

Il faut monter pour voir le Rhin ; de Vaduz, de toute la partie en plaine de l'Oberland, la DIGUE le rend invisible. Même à Bendern on ne le voit pas, bien qu'on soit à côté.

DIVISIONS DU PAYS

Elles se voient encore dans la disposition géographique : au Nord Schellenberg, au Centre et au Sud, Vaduz. La division actuelle entre Oberland et Unterland, pour les Gemeinden et les Paroisses, est moins géographique. Il y a : de l'ancien Schellenberg : l'Eschnerberg (qui est un petit Oberland) et le plat pays au nord ; Eschen et Mauren, bien que regardant vers le Schaanwald, appartiennent à un massif de l'Eschnerberg. Le Schaanwald, large vallée agricole et prairiale entre l'Eschnerberg et la grande chaîne Rhétique[26], — capitale Schaan ; — le Rheintal[a] ou la Rheinberre, qui va de l'extrémité sud de Schaan jusqu'à Mäls, et se divise en région de la plaine avec Vaduz, Triesen et Balzers, en région des pentes boisées avec Triesenberg, et en région des cimes rocheuses et neigeuses où se trouve le Kurhaus[b] de Gaflei, et ce qu'on pourra faire comme hôtels d'altitude et de sports d'hiver ; le château de Vaduz est situé entre le Rheintal et la région dont Triesenberg est la capitale. Enfin la haute vallée de la Samina est une sorte de colonie alpestre de l'État de Liechtenstein, ce que peuvent être les pays appelés « Misiones [27] » pour les républiques du Pacifique en Amérique du Sud (Henri de S[eptimanie] pourrait user de cette comparaison disproportionnée.) Saminatal, de l'idylle rustique et alpestre mise en réserve.

Ainsi : divisions historiques : Schellenberg, Vaduz[28]. Administratives actuelles : Unterland, Oberland. Géographiques : Schellenberg avec haut (l'Eschnerberg) et bas (Ruggell) pays ; le Schaanwald ; le Vaduz avec trois zones : plaine à vigne, pentes boisées, haute montagne. Saminatal, avec le bourg que forment Klein et Gross Steg au confluent du Malbuntal et de la Samina.

Il y a deux Malbun, un se nomme Vaduzer-Malbun et l'autre, plus en aval, Triesenberger-Malbun ; l'origine doit en être des alpages dépendant de Vaduz et de Triesenberg. En somme le Saminatal est tout à fait rural et bucolique ; et sans le tunnel de la Sücka, qui le relie à Triesenberg et à Vaduz, il serait comme en dehors de la Principauté, et dépendant plutôt des Frastanz, de Feldkirch, du Vorarlberg, que de Liechtenstein.

Dans le Vaduz proprement dit la vallée de la Lawena reproduit en moins grand la vallée de Malbun dans le Saminatal, où la vallée de Malbun au sud et celle du Valorsch au nord, définissent deux régions distinctes.

Un peu partout dans les maisons et les cafés, portraits du Prince actuel François Ier et de la Princesse Elsa, sa femme. (L'héritier présomptif est François-Joseph, actuellement âgé de 27 ou 28 ans.)

LE CHÂTEAU DE VADUZ

Il y a deux chemins, un pour les piétons et un pour les voitures. Le premier rejoint le second dans la forêt. Il n'y a qu'un tournant très brusque ; des garde-fous ont été placés récemment, qui remplacent peut-être des barrières en bois ; quelques parties n'ont

a. Allemand : « vallée du Rhin ».
b. Allemand : « établissement thermal ».

encore reçu que la couche de minium ; d'autres sont peintes en gris-clair. La route est bonne.

L'entrée du château est une porte cochère qui donne accès à une sorte de petit jardin ; la route tourne à droite et traverse une cassure au flanc de la montagne par un pont de bois, couvert de madriers énormes, qu'on voit de la Grand'Rue de Vaduz, et qui mène au pont-levis toujours baissé. Gros portail de métal, ou recouvert en métal, avec petite porte dans le vantail gauche. La cour est en pente assez raide. À gauche, dans le « corps de garde » du château, détaché du reste, ou séparé, des bâtiments, le petit musée militaire : les 100 casques, de la forme de ceux des dragons autrichiens, de 1802, et dans l'autre salle plus petite, les râteliers garnis des fusils de 1866, et, devant une guérite peinte en rouge foncé et blanc (comme certains des volets du château) le soldat de cire (teint cadavérique et expression lamentable) portant l'uniforme de la « dernière guerre » (Liechtenstein–Autriche contre Prusse) : casque cuir bouilli à chenille bavaroise noire, plumet vert ; tunique bleu foncé, à deux rangs de boutons métal blanc, filets rouge foncé, col rouge à 2 fois 3, six écussons blancs ; ceinture cuir noir ; pantalons tête de nègre (allemand de 1860 à 1914 à filets rouges). Cet uniforme a succédé à celui de 1803-1813 qu'on voit sur deux gravures coloriées dans l'armurerie du château : uniforme bleu foncé, tuniques à pans, boutons métal blanc, filets rouges ; haut shako cuir bouilli noir, pompon rouge, blanc pour l'officier. L'uniforme de 1864-66 (sur le mannequin) comporte aussi une fourragère tressée, assez large, du même vert que le plumet du casque.

Le château, intérieurement, se compose de deux étages de salles et de pièces entièrement lambrissées de bois, avec de petits placards ouvrant dans les panneaux ; plusieurs de ces pièces ont des lambris sculptés richement ; les poêles de faïence y occupent une place considérable ; ils se chargent et s'entretiennent de l'extérieur, comme celui de notre chambre d'hôtel. Quelques beaux meubles datés avec incrustations de bois de différentes teintes ; dans la salle à manger du 1er étage, « Compelle intrare[a] » gravé au-dessus de la porte d'entrée, et « Carpe diem[b] » au-dessus d'une porte, à l'intérieur ; grande cheminée ; têtes de cerfs aux murs, et au centre de la pièce, au-dessus de la table.

Tableaux (d'après Van Dyck, o scuola di[c]), Bordone[29] ; portraits ; un incunable (traité de droit canonique), une Bible de Colo-

a. Note de Larbaud : « H[enri] de S[eptimanie] peut y voir une réponse à ce qu'il pense au sujet du compelle intrare. » (Latin : « Faites entrer », citation de l'Évangile selon St Luc (XIV, 28), tirée de la parabole du festin où les invités refusent d'entrer.)

b. Latin : « Cueille le jour », c'est-à-dire « Jouis du présent » (Horace, *Odes*, I, 11, 8).

c. Italien : « ou école de ».

gne, etc. ; peu de choses en dehors de l'armurerie qui occupe deux ou trois salles.

On fait signer les visiteurs (payant 50 centimes suisses par personne) sur un registre. Dans tout le mois de juin un seul nom français ; le reste est suisse, allemand, autrichien en grande majorité ; un nom et une adresse anglais. La vue va très loin sur toute la vallée du Rhin (il est visible dès qu'on s'élève à 40 ou 50 mètres audessus de la Grand'Rue de Vaduz). Pour les fenêtres, le même système de petits châssis qu'à l'hôtel. Salle de la prison, avec les oubliettes, dont les montants ressemblent à ceux d'une guillotine. Le cicerone nous fait voir et toucher l'épée du bourreau, avec ses inscriptions en allemand dont une exempte le bourreau de toute responsabilité ; la théorie est du pur Joseph de Maistre[30]. Il nous fait aussi soupeser des casques, des pièces d'armure, etc. ; et lire les inscriptions d'un fer de hallebarde (Virtute flectitur ictus[a]).

Il paraît que le Prince Jean II[31] habitait encore le château ; il résidait dans une partie qui prend jour du toit, et se compose d'une grande salle surmontée d'une galerie à parapet de pierre autour de laquelle s'ouvrent les pièces qui constituaient son appartement privé et qu'on ne visite pas. Le cicerone (sans uniforme, tenue de jardinier assez négligée) nous fait remarquer que pendant les séjours « des Princes » il y a des tapis partout, et que l'aménagement est plus soigné. La chapelle est la pièce la plus ornée ; petite avec des bancs, et une galerie supérieure avec prie-Dieu.

Le lambrissage en bois dans toutes les chambres et les grands poêles donnent une impression d'efficace protection contre le froid, mais... Mais on comprend que le Prince François ait fait construire, pour ses séjours à Vaduz, une villa un peu en arrière du château (mais il y en a 3, et il est difficile de distinguer laquelle est la sienne) ; de cela le cicerone ne nous a pas dit un mot ; d'après lui, il semblerait que « les Princes » habitent quelquefois le château. Près de l'entrée, mais plus près du mur du donjon que de la porte d'entrée, une très humble petite baraque où on vend des « souvenirs », cartes-postales, vues du château, plaques à edelweiss pour les alpenstocks, portraits de François Ier et Elsa, et chocolat au lait de fabrication suisse.

Nous avons vu des piétons et des automobiles grimper la route ou le chemin qui s'embranche sur la route menant au château, un peu en arrière, et qui, plus haut, se divise en deux branches dont l'une va à Triesenberg et l'autre à Masescha-Gaflei en passant par Rotenboden ; la route qui mène à Triesenberg continue vers la Sücka, où toutes deux se rejoignent.

La nouvelle police. Elle a été réformée depuis peu de temps ; il paraît que les sept agents qui la composent sont encore presque

a. Latin : « Le courage détourne le coup. »

tous à Bregenz (Autriche, lac de Constance), en train de suivre un cours d'instruction professionnelle. Mais Vaduz en a déjà un, que nous voyons passer plusieurs fois par jour à bicyclette dans la direction de Schaan. Son uniforme est de drap vert olive clair (nettement différent du gris-vert des soldats suisses et du khaki des douaniers autrichiens) ; le képi a la forme de celui de l'armée anglaise et l'armée belge actuelles, du même drap vert-olive clair avec l'écusson bleu-rouge du Liechtenstein ; le col est rouge et bleu avec l'écusson de métal blanc (une tour, je crois) : filets rouges aux parements. C'est une innovation dans Liechtenstein ; G. Combarnous a vu un agent, à Vaduz, en civil, avec une casquette à inscription : Polizei, Vaduz.

J'ai eu ce renseignement par la jeune fille qui sert les clients au Café Real. En nous entendant parler l'italien, qu'elle ne connaît pas, l'idée lui est venue de me demander si je comprenais le français, et la conversation a continué en français, qu'elle parle assez facilement. « Le col est rouge et bleu, les couleurs de notre pays. »

Je me suis trouvé à la poste à côté de la jeune fille que nous avions vue l'autre jour au Verkehrsbüro de Vaduz ; elle expédiait une nombreuse correspondance, — peut-être des tracts et éléments de propagande.

Le peintre dont j'ai noté la devanture plus haut est bien de la Société des Artistes de Paris, non de France.

Vaduz a un Tonkino, un cinématographe parlant.

Des fenêtres du château on voit très distinctement le Schwimmbad[a] de l'hôtel qui porte ce mot sur son enseigne : deux grandes piscines rectangulaires, accouplées, dont une seulement était pleine. Personne, à cette heure de l'après-midi, ne s'y baignait.

On voit aussi, distinctement, la route qui, de Vaduz, par le « beau quartier » (école, maison du Chef du Gouvernement, édifice de la Regierung[b], église, villas dans des jardins) conduit obliquement au pont de bois couvert, sur le Rhin, dans la direction de Sevelen (Suisse).

La Villenkolonie, très visible d'une des fenêtres du côté nord du Château : des villas neuves, dans un désordre qui les fait paraître plus nombreuses, et, au dernier plan, comme adossé à la montagne, l'hôtel nouvellement construit par la même société qui fait le lotissement. Façade en partie en brique rouge.

Les armes de la famille de Liechtenstein ne contiennent pas, du moins accolées, les couleurs de la Principauté. Du reste, dans

a. Allemand : « piscine ».
b. Allemand : actuellement dénommé « palais du gouvernement ».

les différents exemplaires qu'on en voit au château, les quartiers n'occupent pas les mêmes places.

La partie musée du château, qui n'est riche qu'en armures et en armes, s'inspire des musées suisses, pour l'arrangement : petites vitrines avec des objets de l'âge de la pierre, du bronze, de l'époque romaine, alémanique, etc. ; quelques éléments de l'ancien costume liechtensteinois.

D'après l'album édité à Munich, le seul couvent nommé serait celui des Religieuses du Précieux Sang à Schellenberg. Mais on voit ici[a] aussi des religieuses. Elles doivent s'occuper de l'enseignement des petits enfants (elles conduisent des groupes de petites filles) des écoles maternelles. Deux habits : cornettes à voiles noirs, et cornettes à voiles blancs.

L'excellente éducation des enfants : beaucoup saluent les étrangers, et ceux qui ne saluent pas regardent discrètement.

La complaisance, pleine d'entrain et même de gaîté, des gens, et sans espoir de mancia[b]. Leur facilité à répondre, à lier conversation ; leur indulgence pour le bafouillage allemand, pseudo-allemand, des étrangers comme moi.

Peintures des volets à l'intérieur : quelques fleurs dans un médaillon ovale sur le fond vert, sur les panneaux inférieurs ; des roses stylisées, jaune ou rose pâle. Mais les maisons plus modernes ont des volets à lames du haut en bas, peints en vert. (En Suisse le volet plein, à l'intérieur, est quelquefois peint aux flammes du canton, — bleu et blanc à Zurich, vert et blanc à St-Gall). Les volets de la tour ronde, au château de Vaduz, sont pleins et décorés de grosses foudres[32] blanches sur fond rouge-foncé.

TRIESENBERG, ET DESCENTE À PIED À TRIESEN

La diligence de Triesenberg, — service postal Sevelen-Vaduz-Triesenberg, — une grosse Mercedes-Benz peinte en jaune-paille, assez confortable à l'intérieur, gravit la route qui dessert la Villenkolonie et le château de Vaduz. De là on voit la villa du Prince, mais on passe, peu après, beaucoup plus haut ; la route est en lacets et monte toujours plus jusqu'au carrefour de la route de Rotenboden. Un peu avant il y avait, sur un côté du chemin, les restes d'une petite voiture écrasée dans une collision récente. On est depuis longtemps au-dessus de la [*Un mot illisible*] de la vigne ;

a. Note de Larbaud : « Vaduz. »
b. Italien : « pourboire ».

la vallée du Rhin et le Rhin emplissent tout ce que la vue embrasse directement et clairement. On voit aussi le coude fait par le cours du Rhin avant le pont de Sevelen, et la grande avancée de plaine du côté suisse. À la sortie des bois, la route est bordée de garde-fous, mais les tournants sont dangereux.

La diligence s'arrête, dans Triesenberg, devant la poste, qui est aussi un hôtel, situé à gauche de la route entre deux autres hôtels, Alpenrose et Edelweiss. Là une voiture découverte, assez grande, mais qui n'a rien d'une diligence, attend la diligence et transporte les voyageurs à Rotenboden, la Masescha et l'hôtel Gaflei (1 500 m. À cet endroit du Triesenberg on est à 1 000 m).

Nous avons pris du kirsch à l'Edelweiss, mais la Gaststube[a] était encombrée et bruyante, avec un phonographe insupportable. Nous avons visité le village, qui est assez dispersé, mais dont le noyau est là, composé de cinq hôtels (les 3 déjà nommés, + le Kulm et le Bären, dont les salles, et les fenêtres du côté Ouest, ont de belles vues sur la vallée du Rhin ; des fenêtres du N[ord] on voit distinctement la Masescha et Gaflei, mais le tunnel qui se trouve audelà de Rotenboden et fait communiquer ce versant du Rhétocon avec la vallée de la Samina, est invisible) — et de la maison d'école, de beaucoup la plus grande et la plus haute construction de Triesenberg, trois étages, murs solides, rangées de fenêtres aux châssis et volets bruns. Elle se dresse sur le côté Ouest de la route ; en face est l'église, le seul clocher en forme de bulbe que nous ayons vu en Liechtenstein ; il est curieusement écrasé, gris-clair ; et fait penser à un oignon ; le cimetière est autour, et un peu en arrière. L'intérieur, avec très peu d'objets de piété, tous modernes, trouve le moyen d'avoir un air de somptuosité et en même temps d'intimité, qui est agréable à la vue. Bannières bien visibles, neuves, dressées près des bancs. L'autel a un certain recul, qui porte toute l'attention sur lui. Au sortir de là, sur le petit terre-plain, on retrouve, sans transition, à 800 mètres de profondeur, toute la vallée du Rhin entre Mäls et Vaduz.

Café sur la terrasse fermée du Bären (hôtel en forme de chalet, « doublé en bois », stalle dans la salle du café, inscriptions brodées en lettres rouges sur des toiles bises ; sacré-cœur et madone dans la salle du café ; arrangement et confort de house-boat, de bateau, avec escaliers commodes, portes massives (toujours les serrures à levier)). La patronne, parce que nous lui demandons quelques renseignements, se croit obligée de s'asseoir près de nous (à la table voisine) et de « faire la conversation », pas du tout scandalisée de mon allemand.

Sur ses indications (une demi-heure de marche) nous avons entrepris la descente vers Triesen, commode, mais qui nous a pris

a. Allemand : « l'auberge ».

environ 1 h ½, faute d'avoir aperçu quelques sentiers de traverse qui auraient abrégé le chemin. Une femme qui les suivait, partie après nous de Triesenberg, a dû arriver bien avant nous à Triesen.

Nous avons suivi d'agréables détours, le plus souvent, d'abord, entre des champs couverts d'un foin plutôt court et maigre et plein de fleurs dont quelques-unes sont celles des Alpes, et entre quelques pans de forêts très épaisses, ensuite entre des champs d'une terre plus riche où des gens coupaient et relevaient un foin abondant dont le parfum semblait remplir toute la vallée.

Un ruisseau bien canalisé et de plus en plus profond et large à mesure que nous descendions, se présentait à nous aux détours de notre descente, après nous avoir surpris de son bruit souterrain (dans des buses (?) de ciment) au sommet de la route. Un peu avant Triesen les sentiers de traverse le suivaient, et nous l'avons franchi sur un pont de bois (provisoire sans doute, et peut-être destiné aux chars de la moisson). Nous avons croisé quelques campagnards travaillant dans leurs champs, et seulement deux touristes (jeunes gens) qui montaient à Triesenberg. Nous avons échangé le salut d'usage : Grüss Gott[a]. Évidemment l'altitude n'autorisait pas le Berg heil[b] !

À un certain moment le chemin (non carrossable) traverse le lit de boue d'un torrent temporaire assez large mais sans profondeur, qui ne laissait suinter qu'un peu d'eau ; la route était sèche et solide, ce qui fait supposer qu'il y a un drainage en-dessous ; mais un peu plus loin la boue suivait un côté de la route, pour reparaître encore de l'autre côté. Là nous avons trouvé une petite couleuvre brune qui se chauffait au soleil, au milieu du chemin ; elle s'est enfuie en faisant des lacets curieusement allongés, et s'est cachée dans une fissure du lit boueux.

Nous voyions maintenant très distinctement et à une centaine de mètres au-dessous de nous le clocher de tuiles brunes de l'église de Triesen, et les sentiers plus nombreux nous rendaient perplexes. Nous avons traversé une bonne route bordée de garde-fous peints au minium et qui devait être celle qui va parallèlement à la route de la plaine à Meierhof et à la chapelle de S. Wolfgang (du moins c'est ce qu'il me semble, d'après la carte). Mais nous avons suivi, le long du ruisseau déjà côtoyé depuis Triesenberg, un sentier qui nous a menés dans le quartier haut de Triesen. Nous avions depuis un bon moment cessé de voir une sorte d'étang ou de réservoir dont la tache bleue, rectangulaire, entourée d'un rideau de sapins élevés, avait été, dans la première partie de la descente, au second plan du panorama étalé à nos pieds.

a. Le bonjour autrichien.
b. Le salut du montagnard.

C'est juste avant d'arriver aux premières maisons de Triesen qu'ayant demandé si le village était bien dans cette direction à un homme que nous croisions, je lui ai donné l'impression que je devais être complètement ivre. Je l'étais un peu, mais de la fatigue de la descente et surtout de la vivacité de l'air (la sensation, quand je m'arrêtais, d'avoir la figure tout près d'un grand feu de joie). « Grüss Gott ! Grüss Gott ! — Nach Triesen ? (désignant du bout de mon bâton ferré la direction que nous suivions). — Ja ! — Danke[a]. » En disant ce dernier mot, j'ai fait un faux pas qui m'a fait porter la jambe droite devant la jambe gauche, en croisant mes pieds dans un mouvement comique, tandis que je me soutenais avec mon bâton, et décomposant le mot en même temps : Dan-ke.

Toutes les maisons paraissaient fermées dans le haut Triesen ; nous avons dépassé (à gauche) la petite Gemeindehaus[b], puis l'église, et nous sommes trouvés derrière une grande usine. Un peu plus bas, et toujours sur la gauche, une chapelle. Mais nous avions hâte de trouver la maison de la poste, que nous savions être sur la grand'route et dans le voisinage d'une auberge. Deux petites filles nous l'ont indiquée, et nous y avons pris un très mauvais « cognac », en attendant la diligence pour Vaduz.

Cette descente, qui ne présente aucune difficulté, est très agréable. Triesenberg ne tarde pas à être complètement invisible (comme il l'est de Triesen et de Vaduz) et Triesen même n'apparaît que lorsqu'on n'est plus qu'à cent mètres au-dessus de son clocher. Mais toutes les montagnes, en arrière, de Gaflei et la Masescha jusqu'à la passe de la Sücka et à cette grande tache de neige en forme de crucifix qui doit correspondre aux découpures de la montagne sous le Rappenstein, restent longtemps visibles dans leur détail, à travers la transparence de l'air léger (au sommet, une garde de sapins, presque ininterrompue, très droite et comme surveillant la plaine). Et, à nos pieds, la vallée du Rhin, côté Liechtenstein et côté Suisse, depuis le pont couvert entre Mäls, et Trübbach jusqu'à Vaduz et au-delà, mais le pont du chemin-de-fer et celui de la route entre Buchs et Schaan ne se voient pas à l'œil nu.

Dans la diligence de Vaduz à Buchs, des Allemands assis près de nous, mari et femme, intéressés par la Liechtensteiner Polizei et ses uniformes neufs. J'ai mieux vu le col de la tunique : la partie sans hachure est rouge, la partie hachurée est bleue avec écusson de métal. Le ceinturon porte, sur la boucle, en couleurs, l'écusson de la Principauté, bleu-et-rouge.

Le dimanche très observé en Liechtenstein ; les gens s'habillent de leur mieux ; les servantes, presque partout, en tablier blanc.

a. Allemand : « Vers Triesen ? — Oui ! — Merci. »
b. Allemand : « mairie ».

Toutes les boutiques fermées, sauf les cafés et le « Tonkino » de Vaduz. Cependant on travaille dans les champs.

Oublié les deux rangs de géraniums autour de la statue du saint au sommet de la petite colonne dominant la fontaine où les enfants et les bœufs se désaltèrent.

[*Un ticket collé.*] Un des 3 billets du trajet Vaduz-Triesenberg.

Liechtensteiner Polizei. — Le sabre-baïonnette comporte une petite dragonne en tresse jaune vif.

Passage de troupeaux de vaches, la nuit, dans la Grand'Rue de Vaduz ; il en passe de 2 heures du matin jusqu'au grand jour (6 ½, 7 environ, commencement de juillet). Celles qui marchent en tête ont une cloche, quelquefois très grosse ; les familles des propriétaires les guident et les accompagnent : le père et les enfants, quelquefois la mère. Tout cela prend le chemin de la montagne, avec une grande rumeur de tintements qui rendent compte de la marche, des mouvements, des arrêts, des hésitations, et de la presse du troupeau.

La nuit dernière ce défilé a commencé, à 2 heures, par un groupe formé de deux vaches ayant chacune une clochette, proportionnée à leur taille (la mère et la fille, peut-être) guidées par un homme et accompagnées d'une petite fille et de deux petits garçons. D'autres groupes, de plus en plus nombreux, ont suivi ; on entendait, mêlé à la musique des clochettes et des cloches, des bruits de conversations, des rires, des appels ou des avertissements aux bêtes, une sorte de cri prolongé qui ressemblait un peu à celui de la chouette. Les hommes avaient des havresacs au dos, comme ceux que portent les alpinistes.

Dans un petit café, à Triesen, ou plutôt dans le café d'un petit hôtel : la salle pleine (9 ou 10 personnes) et pas un mot prononcé pendant près d'un quart d'heure.

Dans tous les cafés un crucifix au mur ou des tableaux de piété populaire (surtout le Sacré-Cœur et la Vierge des Douleurs). Mais, bien entendu, personne ne se signe en entrant.

Sur les autels et dans les ornements des églises (la chapelle du château, les églises et chapelles des bourgs) beaucoup de bois doré. (Triptyques sur les autels, les châssis en bois doré. Autriche, peut-être.)

Du Verkehrsbüro de Vaduz où je vais demander des précisions sur l'uniforme des agents récemment habillés, on me renvoie... au Regierungschef[a] en personne qui, me dit-on, se fera un plaisir de

a. Allemand : « chef du gouvernement ».

me renseigner. À vrai dire j'avais sur moi quelques figurines, et on avait compris l'intérêt que présentait ma demande de renseignements. Mais je me garde bien d'aller déranger ce Regierungschef, qui doit avoir bien d'autres choses à faire. J'ai du reste mieux observé l'uniforme, de la fenêtre du Café Risch, à Schaan. Le drap est bien vert-olive tirant un peu sur le jaune, et paraît plus clair au soleil qu'on ne s'attendrait à le voir quand on l'a vu d'abord à l'ombre : le jaune ressort, et on pourrait dire que c'est un khaki foncé tirant sur le vert. (C'est probablement un drap de fabrication autrichienne, mais qui n'est pas porté par les miliciens autrichiens ; l'uniforme des douaniers de la route de Feldkirch est nettement khaki.) La casquette (type des armées anglaise et belge pour les soldats, espagnole pour les officiers) est de ce drap, avec une chaînette de métal jaune au-dessus de la visière, et, sur la ligne médiane, entre la coiffe débordante et la visière, l'écusson de drap aux couleurs du Liechtenstein : bleu en haut, rouge en bas.

Le col est rouge avec deux empiècements bleu, comme ceci :

laissant en dessous un espace égal à leur largeur, de sorte qu'on a ceci :

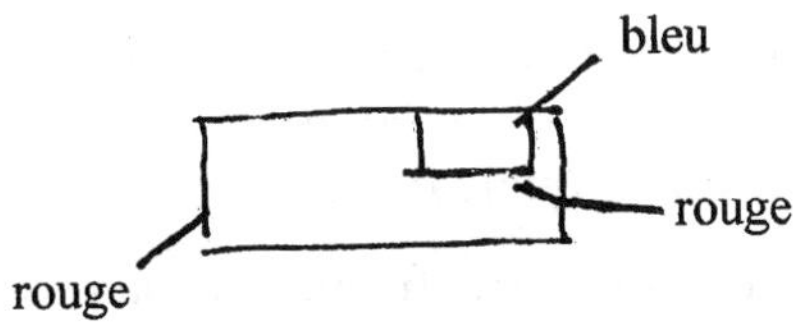

de chaque côté. Sur chaque empiècement applique de métal blanc, une étoile (à ce qu'il m'a semblé). Un seul rang de boutons de métal jaune ; le haut de la fermeture est fileté de rouge. Le ceinturon de cuir marron foncé, avec l'écusson de Liechtenstein *en couleurs* sur la boucle. Parements des manches filetés de rouge. Pas de filets au pantalon. Petite dragonne jaune-vif entre le ceinturon, sous le pan de la tunique, et la garde du court sabre-baïonnette. Tout cela est facile à reproduire.

Balzers. L'hôtel de la Poste est le seul central et sur la route. Garage au rez-de-chaussée ; une porte pleine ouvre directement sur l'escalier qui conduit au 1er étage, sur le palier duquel une plaque émaillée indique le « restaurant », et une autre plaque, plus basse, l'Abort[a].

Pas une inscription sur les portes ; on va un peu au hasard, comme dans un logement privé. Salle de restaurant assez grande, donnant sur la rue ; beaucoup de bois aux murs, bancs de bois (pas de stalles) ; grand crucifix dans un coin.

Même caractère d'habitations privées dans les rares boutiques : porte pleine sur la rue, l'étalage dans les fenêtres. L'église (qui n'est pas, comme je l'avais cru à mon premier passage, en construction, mais bien « en activité » depuis quelques années) est une grande construction rose, derrière laquelle, à peu de distance, s'élève [le] monticule sur lequel est construit le château de Gutenberg. Une rue large, bientôt bordée de vergers et jardins, y conduit, et conduit aussi à l'école de Balzers. Il y a là aussi, comme à Vaduz, entre la route et le Rhin, l'ébauche d'un quartier à rues larges dans un espace ouvert, tandis que le bourg lui-même, dans sa partie ancienne et commerçante, s'étire le long de la grand'route. Au coin de cette rue « vers l'église et l'école » il y a, dans une maison d'apparence bourgeoise, un atelier de tissage mécanique qui fait un grand bruit d'eaux courantes.

Une maison que nous avions vue intacte à notre dernier passage, — avec un pavillon nouvellement construit (avec balcon) et qui empiétait fortement sur l'alignement de la grand'rue (la route), au carrefour de la route vers Trübbach et de la route vers le Luziensteig et [*Un mot illisible*], venait de brûler de fond en comble, et il y avait, entre les murs d'une partie ancienne de la construction, un amas de débris qui fumaient encore.

Le terrain entre Balzers et Triesen à peu près inculte à certains endroits, et surtout en face du débouché de la vallée du Lawena : cailloux, *matas*[b], et ces belles eaux pures canalisées, qui forment ici un réseau plus épais sur moins d'espace, que dans la plaine entre Triesen et Ruggel.

SCHAAN. — Nous nous y arrêtons et y revenons volontiers. L'« entrée » en venant du Rhin est ouverte et plaisante, fait prévoir des rues dégagées, un plus grand développement de perspectives urbaines que Vaduz. L'église juste dans l'axe de la rue par laquelle on arrive du Rhin, avec son socle architectural, l'escalier double, le monument au Prince Jean II, et son haut et mince clocher avec le toit en aiguille, donne un caractère agréable à la perspective, coupée par les terrasses ombragées de deux hôtels et les jardins de quelques villas (dont celle où se trouve le Verkehrsbüro de Schaan). Des fenêtres du Café Risch qui est situé là, entre les 2 hôtels, on a plaisir à voir le mouvement de la route et du bourg : passages fré-

a. Allemand : « les toilettes ».
b. Espagnol : « arbustes ».

quents de voitures et de diligences, groupes de touristes, le trafic qui va vers la gare et vers la poste, et toujours des intermèdes bucoliques : petites filles conduisant un grand bétail brun-gris clair, à clochettes, avec des chiens.

La ligne légèrement oblique de peupliers d'Italie (14, avec des intervalles) qui traverse la perspective de la plaine entre les dernières maisons de la côte, à Vaduz, et la digue du Rhin (mais sans en arriver jusque-là) coupe la perspective, et forme un premier point de repère pour le regard qui embrasse toute la vallée du côté liechtensteinien. Elle limite le second plan, après les vergers, vignes et champs avec villas et chalets distinctement vus, et la vue s'y arrête avant d'entrer dans le troisième plan où se devine Triesen, et dans « les lointains » où sont Gutenberg et Mäls, et les montagnes qui ferment le pays au sud.

[*Un paragraphe entièrement raturé.*]

Si Henri de Septimanie fume des cigarettes Job il ira de temps en temps renouveler sa provision à la gare de Buchs, en prenant la diligence à Vaduz et en traversant Schaan.

À Schaan, le cimetière entoure la chapelle ancienne, très haute, — presque la hauteur d'un clocher de la plaine. — Même arrangement à Balzers (on croit que c'est l'église paroissiale, ce n'est que la chapelle du cimetière). Mais à Triesenberg le cimetière est à côté de l'église, en arrière.

Nous avons revu le « curé de Balzers », du moins le prêtre avec qui nous avons fait le trajet Trübbach-Balzers, et qui m'a parlé en italien. Deux autres prêtres aussi, — peut-être les curés de Vaduz et de Schaan ; tous trois en redingote.

L'aménagement du château de Vaduz représente l'idéal du confort pour le pays : des chambres entièrement *doublées* en bois : plafonds, murs, planchers, recouverts de bois sculptés ou incrustés.

Au Gambrinus de Lugano une des serveuses, qui dans ses moments de loisir tricote un vêtement d'enfant, est Liechtensteinoise. Je l'ai su parce que je lui ai demandé une carte-postale ordinaire, des postes suisses, en lui disant que ce devait être, mais que je n'en étais pas sûr, une c.p. à 10 centimes, mais qu'elle s'informe, pour Vaduz. Elle a paru surprise et émue, et m'a dit : « Oui, pour le Liechtenstein c'est comme pour l'intérieur. Je suis liechtensteinoise. » À partir de ce moment elle n'a plus cessé de parler du Liechtenstein et de Vaduz, tantôt en allemand tantôt en français (elle comprenait très mal l'italien). En français elle a dit « liechtensteinoise » et « ce grand pays ! » avec une ironie sans malice. Elle a dit à propos de Triesen (sa ville natale) : « Chez nous on dit :

VENEDIG IM WASSER, TRIESEN IM DRECK[a]. » Mais son mépris pour son pays d'origine n'était pas exempt d'une certaine tendresse. Elle n'aurait pas avoué qu'elle est Triesenerine. Elle a dit aussi qu'elle était naturalisée suisse (probablement par son mariage avec un Suisse, — l'ouvrage qu'elle faisait paraissant indiquer qu'elle était mère de famille). (Le dicton doit s'appliquer ailleurs.)

Exemple de la propagande (en publicité) pour le Liechtenstein : Liechtenstein, ein Land für Ferientage.

Was suchen Sie im Ferientage ? Exclusive Hotelgesellschaft und ihren Hochbetrieb ? Dann ist Liechtenstein nichts für Sie. Aber wenn Sie einen ruhigen Spazierweg im Tannenwald oder Gelände mit viel Sonne lieben, wenn Sie an einem klaren, wundervollen Landschaftsbilde Freude haben, — Berge und Burgen stehen in dem Bilde, Reben wachsen da und unten fliesset der Rhein, — wenn Ihnen gut bürgerliche, [*Un mot illisible*]. Unterkunft genügt (volle Pension von 6-9 fr.) dann ist Liechtenstein das Land für Sie.

Liechtenstein, ein Land für Rentner und Pensionisten.

Suchen Sie eine Spielbank ? Dann ist Liechtenstein nicht für Sie, denn Liechtenstein hat keine Spielbank. Aber wenn Sie Interesse für geringe Steuern haben (Liechtenstein erhebt 1 % auf Einkommen, und ¾ ‰ auf Vermögen; [auch ist Steuererleichterung möglich]), wenn Sie Ihre Tage in bürgerlichen Pension, oder im eigenen Hause (es kann hier in schöner, sonniger Südlage im Waldnähe vorteilhaft und billig gebaut werden) ruhig verbringen wollen, ohne gerade ausserhalb der Welt zu stehen, — denn bis zum Bad und Kursaal Ragaz ist es nur ½ Stunde, bis ins Engadine 3-4 Stunden, bis nach Zürich 2 und bis an den Bodensee ½ Stunden — und wenn Sie gleichzeitig billig leben wollen, — dann ist Liechtenstein das Land für Sie[b].

a. Allemand : « Venise dans l'eau, Triesen dans la crasse. »

b. « Le Liechtenstein, un pays de vacances.

Que recherchez-vous pour vos vacances ? Uniquement un séjour dans un hôtel à grande animation ? Alors le Liechtenstein n'est pas pour vous. Mais si vous appréciez la promenade tranquille et ensoleillée dans une forêt de sapins ou dans de grandes étendues, si la vue d'un paysage clair et magnifique — montagnes et châteaux font partie du paysage, les vignes y poussent et le Rhin coule en contrebas — vous donne du plaisir, si vous vous contentez d'un confortable hébergement bourgeois (6 à 9 fr. en pension complète), alors le Liechtenstein est le pays qu'il vous faut.

Le Liechtenstein, un pays pour les rentiers et les retraités.

Vous recherchez un casino ? Alors le Liechtenstein n'est pas pour vous, car il n'y a pas de casino au Liechtenstein. Mais si un taux modéré d'imposition vous intéresse (le Liechtenstein prélève 1 % sur les revenus et ¾ ‰ sur la fortune ; mais il y a des allégements possibles), si vous recherchez un séjour paisible dans une pension bourgeoise ou dans une maison individuelle (bien exposée, près d'une forêt, cela peut être ici une bonne solution, économique), sans pour autant vous retirer du monde, vous serez à ½ heure des bains et de l'établissement thermal Ragaz, à ¾ d'heure de l'Engadine, à 2 heures de Zürich et à ½ heure du Bodensee ; et si avec tout cela vous voulez vivre de façon économique, alors le Liechtenstein est le pays qu'il vous faut. »

Ensuite sur les montagnes.

Le drapeau. — Le seul drapeau liechtensteinien aperçu à Vaduz flotte, barrière suspendue, à un mât, entre les pommiers et poiriers du quartier de la plaine, et indique le « Kino » ou un garage. Et cela, seulement lorsqu'il fait beau, en été.

Ne pas oublier la « cantilena[a] » quand les gens disent « A-dieu » et « A-tien ». A... dio !

a. Italien ; désigne la façon monocorde dont le mot est prononcé.

Notes

GIRO DELL' OCA

1. Construit au début du XIXe par le riche financier Jean-Gabriel Eynard, ce palais fut acheté en 1891 par la ville de Genève, qui en fit un musée des beaux-arts. Il est devenu, en 1986, l'hôtel municipal de Genève.

2. C'est en janvier 1921 que Valery Larbaud avait fait, dans la salle de l'Athénée, sous les auspices de la *Revue de Genève*, une conférence sur Samuel Butler dont, depuis plusieurs années, il traduisait les œuvres en français. Cette conférence avait été présidée par Robert de Traz, et Pierre Girard y avait prêté son concours comme pianiste. Pierre Girard nous écrit, à ce sujet : « Il fallait un pianiste pour jouer des compositions (d'ailleurs enfantines) de Samuel Butler ; mais les quelques jeunes filles que je pressentis se récusèrent. C'est donc moi qui, en désespoir de cause, me mis au piano, à l'Athénée. J'ai étudié le piano pendant une dizaine d'années, au Conservatoire, sans devenir pour autant un Rubinstein. Ah ! non. Mais enfin, je fis de mon mieux, ce soir de janvier. Je crois que Larbaud s'amusa beaucoup. Il y eut aussi un monsieur qui, peu captivé par Butler et Larbaud, s'en alla en faisant claquer la porte. » La conférence de Larbaud avait été publiée en une plaquette, par la Maison des Amis du Livre, à Paris, peu auparavant. (G.J.-A.)

3. Le Dies academicus commémore tous les ans, autour du 5 juin, depuis 1904, la fondation de l'université de Genève. À cette occasion se tient une séance solennelle de remise des prix.

4. Albert Thibaudet (1874-1936), critique français, était titulaire de la chaire de littérature française à l'université de Genève. Larbaud le connaissait sans doute personnellement car il était, comme lui, ami de Jean Royère et collaborait à *La Phalange.* Il donna aussi, à partir de 1911, une chronique régulière à *La NRF,* « Réflexions sur la littérature ».

5. Cette thèse avait paru, l'année précédente, à Paris, chez Honoré Champion, sous ce titre : *Un Genevois cosmopolite ami de Lamartine : Hubert-Saladin (1798-1881).* (G.J.-A.).

6. Allusion tout juste déguisée à l'œuvre de Jacques Chenevière, qui avait écrit un roman, publié chez Calmann-Lévy, en 1929, intitulé *La Jeune Fille de neige.*

7. La présence des œuvres de ce peintre au musée de Genève chatouillait agréablement la fibre provinciale de Valery Larbaud, cet attachant artiste étant né à Cerilly (Allier). (G.J.-A.)

8. Il s'agit des « fonds » des tableaux du peintre genevois de la Rive et des sujets « italiens » ou « suisses » des toiles du peintre neuchâtelois Léopold Robert, que possède le musée de Genève. (G.J.-A.)

9. Alexandre Cingria (1879-1945), peintre, mais surtout connu semble-t-il comme maître-verrier et écrivain, était le frère de Charles-Albert Cingria (1883-1954), écrivain suisse également dont les *Œuvres complètes* ont été publiées à L'Âge d'Homme

en 1971. Ils étaient d'origine polonaise par leur mère et turco-dalmate (et non hongroise, comme l'écrit Larbaud un peu plus loin) par leur père.

10. Les tableaux de Félix Vallotton, au musée de Genève. (G.J.-A.) Vallotton est un peintre français d'origine suisse (Lausanne, 1865-Paris, 1925). Il fit partie du groupe des nabis, tout en restant en marge du mouvement, et collabora à *La Revue blanche.*

11. Allusion aux cinq aquarelles de Maurice Barraud que H.-L. Mermod, de Lausanne, avait demandées à l'artiste pour les joindre à un exemplaire du numéro du 1er novembre 1911 de *La NRF,* où avait paru pour la première fois *Rose Lourdin,* l'une des nouvelles du futur recueil *Enfantines.* L'écrivain avait pu voir cet exemplaire et ses illustrations au début de 1921.

12. L'auteur alors de *June, Philippe et l'Amiral, Lord Algernon, Connaissez mieux le cœur des femmes* et *La Rose de Thuringe.* Les nouvelles de Pierre Girard prirent place dans le volume *Valet, dame, roi.* Le roman devait être *Connais ton cœur.* (G.J.-A.)

13. Le type que Valery Larbaud lui-même évoquait dès 1914, dans une de ses *Enfantines, Rachel Frutiger* : « Et je les vis pareilles à celles que j'avais vues d'autres jours, leur cartable au dos et deux nattes par-dessus leur cartable. » (G.J.-A.)

14. Jacques-Laurent Agasse (1767-1849), peintre animalier, est exposé aux musée de Genève.

15. Ceci et plusieurs autres notations ont trait aux soldats de plomb, qui étaient restés, depuis l'enfance, un objet de grand intérêt pour Valery Larbaud. Il leur avait même consacré deux articles, en avril 1913 et janvier 1921, dans la revue *Cahiers d'aujourd'hui,* sous le titre « Questions militaires ». (G.J.-A.)

16. L'écrivain y avait passé aux vacances de Pâques 1898, au cours d'un voyage avec sa mère. (G.J.-A.)

17. Manifestation déclenchée, à Genève, le 9 novembre 1932, à la suite d'une conférence de Georges Oltramare. (G.J.-A.) La manifestation, qui avait rassemblé plusieurs milliers de personnes à Plainpalais, avait été violemment réprimée par la troupe, qui avait causé treize morts et fait soixante-cinq blessés. L'agitation se poursuivit en 1933.

18. Initiale de Baboa, désigne Maria Nebbia.

19. Morgarten : montagne du canton de Schwyz, au pied de laquelle, le 15 novembre 1315, les Suisses des Trois Cantons défirent les Autrichiens. — Morat : petite cité fribourgeoise près de laquelle fut livrée la célèbre bataille du 22 juin 1476, où Charles le Téméraire fut battu par les Suisses confédérés. (G.J.-A.)

Les Jouets Weber (Franz Carl Weber) avaient des magasins dans les grandes villes de Suisse qu'on voit Larbaud visiter au gré de ses séjours dans ces villes.

20. L'écrivain y avait passé deux jours (12-14 juin) deux ans auparavant, en se rendant par Milan à Marina di Pisa. (G.J.-A.)

21. Autre fournisseur de choix en figurines ! Il est question ici du magasin de la veuve Dambach-Gurtner, qui se trouvait 34, Petit-Chêne à Lausanne.

22. Sempach : petite ville du canton de Lucerne, victoire des Suisses et de Winkelried sur Léopold d'Autriche (9 juillet 1386). Naefels : village du canton de Glaris, victoire des Suisses sur les Autrichiens, le 9 avril 1388. (G.J.-A.)

23. La Ficelle est un funiculaire qui fonctionna à Lausanne entre 1877 et 1958, avant d'être remplacée par un train à crémaillère. Depuis 2006 un métrobus a pris la relève.

24. Sa compagne de voyage étant italienne, c'est dans cette langue que Valery Larbaud s'entretenait avec elle, au cours de ce voyage. (G.J.-A.)

25. Henri-Louis Mermod (1891-1962) était éditeur à Lausanne. Il était entré en relation avec Larbaud en 1921 après avoir lu *Rose Lourdin* dans *La NRF.*

26. Elles avaient eu lieu à Vichy, le 14 octobre 1930. (G.J.-A.)

27. C'est-à-dire les gens du Bourbonnais, de l'ancien Duché. (G.J.-A.)

28. Il doit s'agir de l'étude de Juste Olivier, écrivain vaudois (1807-1876) sur *Le Canton de Vaud, sa vie et son histoire.* (G.J.-A.)

29. H.-L. Mermod édita et fit connaître l'écrivain vaudois Charles-Ferdinand Ramuz. La « petite revue » que Larbaud évoque était une publication hebdomadaire, *Aujourd'hui,* qui débuta en décembre 1929. À partir de 1932, *Aujourd'hui* avait pris la

forme d'un cahier, œuvre d'un seul auteur à chaque numéro. En 1936, H.-L. Mermod fut un des fondateurs de la Guilde du Livre.

30. Lettre du 10 mars 1921. (G.J.-A.)

Dans une lettre du 23 février 1921, H.-L. Mermod, qui avait adressé à Larbaud, dans un courrier parallèle, son exemplaire de *Rose Lourdin* accompagné des aquarelles de Maurice Barraud, lui demandait son avis à leur sujet et ajoutait : « Vous me causeriez un vif plaisir si votre complaisance allait jusqu'à recopier le 1er paragraphe de votre nouvelle sur la page qui précède la page de faux-titre. »

La lettre du 10 mars (qui n'a pas été retrouvée) annonçait à Mermod le retour de son exemplaire de *Rose Lourdin*, dans lequel, au lieu du paragraphe demandé, Larbaud avait écrit une note sur les dates et les circonstances de la création de sa nouvelle.

La correspondance de Mermod, ainsi que celles de Pierre Girard et Jacques Chenevière ont été éditées par Bernard Bajon dans son ouvrage *La Suisse et la Savoie de Valery Larbaud*, Slatkine, Genève, 1999.

31. C'est en 1816 que Byron composa ce poème qui est la méditation d'un homme, François Bonivard, emprisonné pour avoir conspiré contre le duc de Savoie. En Albanie aussi Larbaud retrouvera le souvenir de Byron et de son œuvre.

32. Village du canton de Berne, lieu d'un combat entre les troupes françaises et les troupes bernoises, le 5 mars 1798. (G.J.-A.)

33. Général Brune. Commandant, sous le Directoire, de la division Ménard, il fut chargé de l'expédition contre Berne. (G.J.-A.)

34. Jakob Schaffner. Écrivain bâlois, auteur de nombreux romans et nouvelles, qui lui valurent une grande réputation dans les pays de langue allemande. Les autres écrivains nommés par Valery Larbaud sont tous des écrivains suisses allemands contemporains. (G.J.-A.) Schaffner (1875-1944) fut considéré à un moment comme le romancier suisse le plus important mais il perdit ses lecteurs suisses à partir de 1935, en raison de son attitude face au nazisme allemand, qu'il défendait. Il mourut dans un bombardement à Strasbourg.

Robert Faesi, né en 1883, était professeur de littérature allemande à l'Université de Zurich et animait un salon cosmopolite, le « Lesezirkel de Hottingen ». Poète, romancier, auteur dramatique et critique, il écrivit également des biographies, dont une de Gottfried Keller.

35. Actuellement [1946], ambassadeur de France en Suisse. Il était, en 1933, conseiller à l'ambassade de Berne. (G.J.-A.)

36. Alessandro Conte, vice-directeur, à Berne, du Bureau International de la propriété intellectuelle. (G.J.-A.)

37. *Et nous sans drapeau, sans Cerf, volant ou non* : nous, c'est-à-dire le Bourbonnais. Le Cerf-volant : emblème du Connétable de Bourbon, Charles III (voir *Allen*, pp. 89-90). *Jacquemart* : le beffroi de la ville de Moulins. *Saint Gilbert, le Patron du Bourbonnais* : peut-être est-ce le saint qui fonda, au XIIe siècle, le monastère de Neuf-Fontaines, près de Clermont, en Auvergne. (G.J.-A.)

38. Fut consul de France à Jérusalem ; est actuellement [1946] directeur des Archives au Quai d'Orsay. Son étude sur du Bellay a paru dans la *Revue d'histoire littéraire*. (G.J.-A.)

39. Auteur d'une étude sur Avicenne (1912) et d'un *Dante un der Verrat Italiens*. (G.J.-A.)

40. Auteur de *Schach um Europa* (1930). J. Nadler, dans sa *Literaturgeschichte der deutschen Schweiz* (1932), lui consacre les pages 485 à 488. (G.J.-A.)

41. Le grand poète lyonnais du XVIe siècle, dont Valery Larbaud a réédité et commenté les œuvres. (G.J.-A.)

Frédéric Lachèvre, spécialiste de Théophile de Viau, sur qui il avait publié un ouvrage en 1924, chez Champion, bénéficiait de toute l'estime de Valery Larbaud, qui lui avait dédié ses *Notes sur Racan*. Dans une lettre à l'éditeur Stols (16 décembre 1926), Larbaud déclarait : « Il est notre plus grande autorité sur [Théophile de Viau], mais, comme il n'appartient pas à l'Université, qu'il est, en érudition, un partisan, *a free lance*, ces Messieurs de la Sorbonne font silence sur lui, comme sur tous les grands et petits amateurs qui touchent à leur spécialité dont ils croient avoir le monopole. »

42. Herbert Steiner, qui habitait Zurich, partageait avec Martin Bodmer la direction de la revue *Corona* et avait publié en 1932 dans la revue la traduction qu'il avait faite du *Moulin d'Inigo Jones*. Il entretint une correspondance avec Larbaud, qu'il rencontrait au cours de ses passages à Paris. Un extrait de cette correspondance a été publié dans le *C.A.V.L.* n° 19 (février 1981) par les soins de Claude Foucart, qui l'accompagna d'un article : « Valery Larbaud et Herbert Steiner ou le commerce des élites ».

43. Saint-Jacques sur la Birse, canton de Bâle-Ville, lieu d'une bataille livrée, le 26 août 1444, entre les Confédérés et les Armagnacs, commandés par le Dauphin, le futur Louis XI. (G.J.-A.)

44. Gottfried Keller (1819-1890), nouvelliste, romancier mais aussi poète, est considéré comme l'un des grands conteurs de la Suisse alémanique au XIXe siècle. Son influence fut importante sur nombre d'écrivains alémaniques, dont Jacob Schaffner.

45. Armorial ancien, conservé au Musée national de Zurich et qui date de 1340 environ. (G.J.-A.)

VADUZ

1. Il s'agit sans doute du *Christ au denier*, œuvre de jeunesse de Titien (v. 1490-1576), qui se trouve à la Gemälde-Galerie à Dresde.

2. C'est le *Saint Jérôme dans sa cellule*, œuvre célèbre, avec *Le Chevalier, le Mort et le Diable*, et surtout *La Mélancolie*, de la fin de la vie de Dürer (1471-1528), période à laquelle l'artiste s'est plus spécialement consacré à la gravure. Larbaud pouvait-il trouver meilleur présage qu'un saint Jérôme dans sa chambre ?

3. *Le Bon Usage* de Grevisse fait remarquer que « les classiques écrivaient souvent *dîné* pour *dîner*, et Béranger fait encore rimer *dînés* et *donnés* ». Nous avons ici une nouvelle manifestation de l'emploi d'archaïsmes que Larbaud affectionne.

4. Riviera occidentale, qui se situe à l'ouest du golfe de Gênes, région d'où Maria Nebbia était originaire. À l'est de Gênes se trouve la Riviera di Levante.

5. Vaduz présente toujours cette même physionomie d'un habitat plus développé vers la montagne qu'en direction de la plaine. La rue principale (nommée « grand'rue » par Larbaud) s'appelle *Landstrasse* jusqu'au carrefour de l'hôtel Löwen, la section qui suit est la *Herrengasse*, assez brève, à laquelle succède la *Äulestrasse*, puis *Heiligkreuz* et *Austrasse*, que prolonge la route qui mène à Triesen et Trübbach (Suisse).

6. Ces différents établissements existent encore à Vaduz : *Engel, Löwen* et *Real* sont classés dans les hôtels, et *Adler* est actuellement un café-restaurant.

7. Larbaud utilise généralement l'adjectif « liechtensteinien » ; mais il semble qu'on préfère l'adjectif « liechtensteinois » dans la principauté. On pourra donc trouver les deux indifféremment.

8. Les Rappen, en Suisse allemande, correspondent aux centimes de Suisse francophone. Ils sont toujours en usage.

9. Dans une lettre à Jean-Aubry du 28 juillet 1933, Larbaud déclare : « Le séjour à Vaduz a été très agréable. J'y ai lu un *Liechtenstein* dont j'avais vu l'annonce en France ; il est de M. Gaston Combarnous, un Montpelliérain, qui a entrepris une série de *Visites aux États lilliputiens*. Je lui ai écrit de Vaduz pour le remercier des renseignements dans son livre, et ainsi nous sommes entrés en relation » (*Correspondance 1920-1935*, l. 96, p. 129).

10. Nouveau trait d'archaïsme : nous avons ici l'orthographe admise aux XVIe et XVIIe siècles. *Plain* était l'ancienne orthographe de *plein*, ainsi des confusions se sont produites, notamment pour ce mot *terre-plein*.

11. Vin blanc léger et sec cultivé dans le Valais.

12. Le *limes*, mot latin, correspond à la zone frontière de l'Empire romain, mise en place à l'époque du Haut-Empire. C'était une route fortifiée qui entourait l'Empire,

complétée par des axes allant soit vers l'arrière, soit en territoire ennemi ; elle s'appuyait souvent sur un obstacle naturel (ici le Rhin). Elle reliait des défenses ponctuelles : tours, fortins ou camps. Sous la plume de Larbaud, le mot *limes* désigne le territoire qui correspond à cette ancienne zone frontière.

13. La translation de l'Empire (*translatio imperii* en latin) est le déplacement du siège de l'Empire sans lui faire perdre son caractère et sa légitimité fondée en droit. En couronnant Charlemagne empereur, le 25 décembre 800, à Aix-la-Chapelle, le pape réalisa cette « Translation » et reconnut à l'empereur la vocation à regrouper peuples, royaumes et principautés de l'Europe pour les gouverner conformément à la mission spéciale que Dieu lui avait confiée d'où le « au-dessus de toute l'Europe ».

14. Citation du second vers du sonnet X de *Sagesse* :

Non. Il fut gallican, ce siècle, et janséniste !
C'est vers le Moyen Âge énorme et délicat
Qu'il faudrait que mon cœur en panne naviguât,
Loin de nos jours d'esprit charnel et de chair triste.

15. « *L'Été plus vaste que l'Empire suspend aux tables de l'espace plusieurs étages de climats* », Saint-John Perse, *Anabase*, VII.

16. Dans *Mon itinéraire* ce voyage est situé en 1903. Cettigne (orthographe actuelle : *Cetinje*, ancienne capitale du Monténégro) est évoquée dans *A.O.B.* (L.P., p. 228) : « Puis le repos à Cettigne, le grand air slave, l'écrasement sous le ciel, la beauté de la petite plaine verte, où les arbres rares et le gazon réconfortent l'homme des plaines qui retrouve là une colonie de sa patrie... »

17. Un article consacré à Vaduz par Gilles Pudlowski (« Vivre à Vaduz », *Le Point*, 7 novembre 1998, n° 1364, p. 131) évoque l'« historique Löwen », dont le confort est encore apprécié. Mais il semblerait que la date de création de cet établissement est beaucoup plus ancienne que ne le pense Larbaud ; le *Guide touristique 1998*, édité par l'Office national du tourisme de la principauté, qui classe le « Gasthof Löwen » parmi les curiosités historiques de Vaduz, donne pour date de création : 1380.

18. Dans une lettre de Schaan à Henri Hoppenot, datée du 3 juillet 1933, Valery Larbaud pose la question à son ami qui avait séjourné en Perse en 1921 : « Comment se fait-il que la seule puissance représentée officiellement dans la principauté de Liechtenstein, et par un Consulat Impérial, soit la Perse ? » (*C.A.V.L.* n° 35, p. 65. Cette correspondance a été établie et présentée par B. Mousli). Nous ignorons si la question a reçu une réponse, en tout cas elle ne figure pas dans la correspondance publiée. Actuellement le nombre des consulats est de dix-sept ; l'Iran n'en fait pas partie, mais outre des pays européens comme la Grande-Bretagne, l'Espagne, la Suède, la Hongrie ou l'Autriche, pays voisin, on y trouve de nombreux pays africains : République centrafricaine, Lesotho, Rwanda, Sénégal, Tchad, Togo, ainsi que quelques pays d'Amérique : Costa Rica, Pérou, Uruguay.

19. Les crus produits à Vaduz sont le Süssdruck et le Beerli. Le *Guide touristique de la principauté de Liechtenstein* signale également un « Riesling x [et ?] Sylvaner ».

20. On a dû résister à cette tentation car les émissions de séries de timbres sont actuellement au nombre de quatre : mars, juin, septembre et décembre ; l'activité philatélique se poursuit donc dans la principauté. Il est toutefois surprenant que la curiosité de Larbaud ne lui ait pas permis de découvrir le musée de timbres-poste de la principauté de Liechtenstein qui avait été créé seulement trois ans plus tôt, en 1930.

21. En dépit de la précision que donne Larbaud un peu plus haut, ce bâtiment est actuellement désigné sous le nom de « Palais du Gouvernement » (*Regierungsgebäude*).

22. L'*Oberland* (haut-pays) s'oppose à l'*Unterland* (bas-pays), tous deux représentent les deux circonscriptions administratives du Liechtenstein.

23. Habitude qui persiste, l'été, au Löwen.

24. Dans la correspondance Larbaud-Jean-Aubry, à la date du 2 juillet 1933, de Triesenberg, cette carte postale :

« *Mon cher ami, j'espère que vous avez bien reçu les cartes postales que je vous ai envoyées depuis Zurich ; avant-hier je me suis amusé à vous en adresser 3 le même jour de 3 pays distincts : Feldkirch (Autriche), Buchs (Suisse, Saint-Gall), et Vaduz.*

Je vous écrirai à la fin de cette semaine de Milan. Nous allons maintenant rentrer à Vaduz, en descendant à pied jusqu'à Triesen, près du Rhin, mais toujours dans le Liechtenstein.

De mille mètres nous vous envoyons nos amitiés.

V. Larbaud »

25. Rappelons que la principauté fait 25 km du nord au sud et 6 km d'est en ouest.

26. Les Alpes rhétiques sont une partie des Alpes centrales, entre le col du Splügen et le point de rencontre des frontières de l'Autriche, de la Suisse et de l'Italie.

27. Les Misiones, colonisées au XVIIe par les Jésuites, sont une excroissance tropicale de l'Argentine, entre le Brésil et le Paraguay. Plantations arbustives spécialisées (maté, agrumes, thé...) et exploitation forestière sont la base de son économie et de ses ressources. La comparaison avec le Saminatal semble correspondre à une idéalisation romantique de cette province américaine.

28. Schellenberg et Vaduz étaient les deux seigneuries que l'empereur Charles VI éleva au rang de principauté d'Empire sous le nom de Liechtenstein, le 23 janvier 1719. Annexé à la Confédération du Rhin par Napoléon en 1806, le Liechtenstein acquit alors un statut de souveraineté. Au Congrès de Vienne, la principauté entra dans la Confédération germanique ; à la dissolution de celle-ci, en 1866, les derniers liens de droit public avec l'Allemagne furent rompus. De 1852 à 1919, un traité d'union douanière liait le Liechtenstein à la double monarchie austro-hongroise. Actuellement le Liechtenstein comprend 11 communes (*Gemeinden*) réparties entre Oberland et Unterland.

29. Bordone (Trévise, 1500-Venise, 1571) est un peintre disciple de Titien. Il a travaillé à Venise, Trévise, Augsbourg et aussi en France.

30. Joseph de Maistre (1753-1821). Sénateur de Savoie en 1788, il émigra à l'arrivée des Français. Revenu dans son pays, il administra la Sardaigne de 1798 à 1802 puis fut envoyé comme ambassadeur à Saint-Pétersbourg, d'où il ramena *Les Soirées de Saint-Pétersbourg* (1821) que Larbaud évoquait dans son journal en 1918. Sa réflexion, d'inspiration ultramontaine, tourne autour du problème du rôle temporel de la Providence dans le destin des nations. Dans les malheurs et les difficultés survenus après la Révolution française, il voyait une expiation nécessaire qui devait permettre l'établissement de la royauté absolue, mais éclairée.

31. Le prince Johann II a régné de 1858 à 1929 ; lui succéda le prince Franz Ier qui abdiqua en 1938 en faveur de son neveu Franz-Josef II (1938-1989). Le fils de ce dernier, Hans Adam II, est le souverain actuel.

32. En termes de blason, la foudre est un faisceau figuré sur l'écu avec quatre dards en sautoir.

1934

Le manuscrit XXIV, « Paris - Langar - Genève », est un manuscrit autographe, rédigé en français, comme les cahiers des années 1930, et se compose, comme eux, de cahiers reliés sous parchemin, à étiquette bleue. Il comprend 194 feuillets, écrits recto verso et non numérotés — la foliotation, au tampon encreur, n'a pas été faite par Larbaud, car on peut observer qu'elle se poursuit régulièrement lorsque des feuillets ont été arrachés.

L'étude attentive du manuscrit nous permet de constater l'absence d'un certain nombre de feuillets : six d'entre eux ont été arrachés entre les fos 42 et 43 ; sept entre les fos 51 et 52 ; deux entre les fos 92 et 93 ; deux encore entre les fos 96 et 97 ; un feuillet entre les fos 165 et 166. Dans ce dernier cas seulement il n'y a pas de rupture de texte.

Trente-cinq pages manquent donc, au total, à ce manuscrit. En revanche, on n'y remarque pas de déchirures causant la suppression de lignes à l'intérieur des pages. Le texte est clair, régulier et présente peu de ratures dans l'ensemble.

Ce manuscrit contient six photographies prises à Valbois, en octobre 1933 (f. 14), trois cartes postales et trois photographies de Langar, Barnston (collées aux f. 113-114. Nous ne pourrons pas reprendre ces documents.)

On y trouve également une lettre manuscrite du maire de Saint-Yorre, datée du 12 février 1934 (f. 29), une lettre dactylographiée d'Enrique Fernandez Ledesma, de Mexico, datée du 30 janvier 1934 (f. 36), et une lettre manuscrite de Jean Ribier, charron à Breuilly, datée du 1er juillet 1934 (f. 195, dernier du manuscrit).

Un relevé du compte de Larbaud à la NRF, arrêté au 31 décembre 1933 et faisant état d'un solde débiteur de 5 207,02 francs, complète ces documents.

Ce manuscrit, dont la rédaction s'étend du 31 janvier au 2 juillet 1934, figurait sur la liste des « journaux manuscrits trouvés à Valbois » établie par G. Jean-Aubry. Il a fait l'objet d'une édition partielle dans le tome X des Œuvres complètes *(deuxième volume du* Journal inédit*) : 1 227 lignes sur les 2 772 que comporte le manuscrit ont alors été publiées.*

Depuis, quelques extraits ont été publiés :

En 2002, dans le Cahier de l'Herne Valery Larbaud, *on a pu lire « Faulkner. Textes inédits du* Journal *» (pp. 179-181), et « Langar. Textes inédits du* Journal *» (pp. 182-189).*

En 2004, dans Valery Larbaud, Le vagabond sédentaire, *se trouvait un passage du journal tenu à Valbois au printemps 1934 (pp. 326-329).*

PARIS - LANGAR - GENÈVE

Mercredi 31 janvier. — Première nuit à la maison après 2 semaines et 2 jours au Cayré[1]. Grandmuseau même content. P.M. dal Dott. V.[a] et en sortant, à pied par r. de Monceau et Courcelles bd. Haussmann et av. de Friedland. De là taxi Mme de Brimont. Pcesse Schakhovskoy[2] était là. On avait pensé à des lettres (en français, Venise 07) de Rainer Maria Rilke à une jeune (alors) Vénitienne[3]. J'aurais écrit la préface. Mais ni l'une ni l'autre ne tenaient beaucoup à cette publication. Moi non plus, par principe. Alors quelque chose de moi ; sans dire non, j'ai indiqué d'autres choses : Henri J.M. Levet, L.P. Smith (réunion des 2 *Trivia*), *Échantillons*, pour lesquels j'écrirais une nouvelle préface et traduirais 1 ou 2 pages d'inédits ; avant de nous séparer *Échantillons* était choisi, l'autorisation de l'éditeur étant presque certaine. Je suis content, parce que c'est un beau livre, et que l'éd[iteur] aurait dû depuis longtemps réimprimer. I hope it won't bring about a meeting with M.P.[4] ; she was already so depressing when we worked together at that translation ; now she must be absolutely unbearable[b].

J'ai emporté la copie, déjà préparée pour l'impression, de ces lettres de R.M. Rilke. Il paraît que c'est le frère de la jeune femme vénitienne qui les a apportées à Paris et qui tient à les publier. Il voulait même y joindre de ses propres lettres à Rilke. J'ai pensé aux lettres de Philippe à Mme MacKenty[5], et à l'édition qu'elle voulait en faire. — C'est une terrible responsabilité de surcharger l'œuvre d'un écrivain de ces sortes de documents « extérieurs ». Ils intéressent tout juste le biographe, — et encore.

J'ai parcouru les premières, entre mon retour de chez Mme de Brimont et le dîner, et j'écris ceci dans ma chambre, à la place où

a. Italien : « chez le docteur V[ercoustre] ».

b. Anglais : « J'espère que cela n'entraînera pas de rencontre avec M.P. ; elle était déjà tellement assommante quand nous travaillions ensemble à cette traduction ; elle doit être maintenant parfaitement insupportable. »

j'étais assis quand Rilke est venu, un matin, en 23 ou 24[6]. Son visage est une des présences les plus marquées dans cette chambre ; difficile d'oublier cette figure. Je crois l'avoir servi en parlant CONTRE la publication de ces lettres. Il n'avait sûrement pas songé à cette publication. Et puis il faudrait (on avait déjà commencé, au crayon) corriger quelques erreurs de syntaxe ou de construction ou d'accords.

Ce qu'il y a de fâcheux c'est qu'un jeune ne puisse profiter de l'occasion qu'offrent Les Cent Une, et qu'il faille se rabattre sur du vieux, comme *Trivia* ou *Échantillons*, ou ce *Marco Polo*[7] hybride, à demi modernisé, abrégé, qu'elles ont fait illustrer par Mariette Lydis et somptueusement édité. Mais un jeune n'aurait aucun avantage à avoir un livre dans cette collection privée, où personne ne le verrait. Quelqu'un comme Patrice de la Tour du Pin[8] ?

In somma una nuova edizione di *Échantillons* in questa collezione is about the best that could be suggested[a].

Cette lecture des lettres de Rilke va être assez mélancolique.

FÉVRIER

Jeudi 1er. — Mise en ordre des papiers et collections, classant les gravures dans les cartons neufs, et faisant des retouches et réparations aux Napolitains 1812.

À 3 p.m. chez M. G. pour les comptes etc. Rentré à pied en traversant le Luxembourg et en remontant la rue Soufflot. Vent très fort et froid. Très peu de monde au jardin ; pourtant il ne perd jamais tout à fait le caractère de son origine médicéenne. Un seul petit bateau, plat, et large, d'une forme assez nouvelle, sur le bassin ; trois enfants.

Acheté chez Merlin les couleurs qui me manquaient pour les retouches aux figurines.

Entré à Sainte-Barbe pour demander renseignements pour Laeta. Reçu par le secrétaire (M. Blachier) en l'absence de M. Nouvel. J'ai vu, au second étage, porte en face de celle de la chapelle, la salle des enfants, où serait Laeta. Du jaune et du bleu, même les lettres en bois (système saint Jérôme) et les supports pour les chiffres. Ils en ont de 25 à 30, garçons et filles. On ne demande pas de papiers ; le passeport suffirait. Elle pourrait être demi-pensionnaire. Comme fille d'ancien Barbiste elle aurait 10 % de réduction. — J'ai voulu revoir la chapelle. J'ai demandé le nom de l'aumônier

a. Italien puis anglais : « En somme une nouvelle édition de *Échantillons* dans cette collection est la meilleure chose qu'on puisse suggérer. »

actuel. Il y a eu beaucoup de 1res communions l'an dernier. Le tour de la maison (portier, huissiers, M. Blachier) m'a paru dans la tradition, et on y sent la conscience de la vieille tradition, de la célébrité de la Maison.

Laeta, avec une joue un peu enflée, a gardé la chambre, bien tranquille et ne me dérangeant pas. Pendant que je classais les gravures elle me racontait les histoires de ses journaux, à sa manière, oubliant les noms des personnages et les allant demander à Baboa, revenant me les dire, etc.

A.M. et P.M. lu toutes les lettres de Rainer Maria Rilke. La dernière, après 11 ou 12 ans d'intervalle, est de 1925 et de l'Hôtel Foyot[9] où j'étais allé lui rendre sa visite. Les autres vont de 1907 à 1913 et sont pour la plupart datées de : Venise même, Brême ou près de Brême, Paris, Duino. La principale correspondante, « Mimi » (la jeune Vénitienne), puis son frère (non nommé, mais Mme de Brimont l'a vu) ; sa sœur « Nana ». Il y est question du père de ces trois personnes, de la femme et de la fille (Ruth) de Rilke, et de la Pcesse de Turn et Taxis[10] à qui R.M. Rilke semble avoir servi d'intermédiaire dans un achat de tableaux appartenant à la famille de « Mimi ». Mme Rilke paraît avoir rencontré « Mimi » deux ou trois fois à Paris. On ne peut dire qu'il s'agit d'un « amour », — d'une liaison, — de Rilke, mais d'une amitié où il entrait de la tendresse et de l'admiration pour la beauté de la jeune femme. — Il a logé, à Venise, chez ces gens-là, qui louaient une ou plusieurs chambres ; il les a revus plusieurs fois à Paris et une fois à Venise. Il est possible que toutes ses lettres n'aient pas été conservées ou que le frère en ait supprimé, ou gardé, un certain nombre. « Mimi » a dû être pour lui, mais avec beaucoup plus de sang-froid, ce que la jeune hôtelière d'Arona fut pour Samuel Butler. Mais les différences sont : fidélité de R[ilke] pour sa femme, et une moins grande distance « sociale » entre la Vénitienne et Rilke qu'entre S[amuel] B[utler] et l'Aronese[a]. Il lui parle très souvent de l'importance suprême, pour lui, de son travail, et de la nécessité de la solitude et de la paix pour donner toutes ses forces à son travail.

Il se peut qu'il y ait, entre 1907 et 1913, des séjours à Venise et chez elle, ou près d'elle, non mentionnés dans ces lettres. Cependant il y a un séjour à Capri et un séjour en Espagne (Tolède et Ronda) qui montrent que Venise et la Vénitienne n'étaient pas uppermost in his thoughts[b].

Le ton est très Rilke, et me faisait penser à sa voix, à certaines expressions qui revenaient souvent dans ses phrases. (J'avais remarqué « une petite voiture à cheval », — probablement parce qu'il ne retrouvait pas « fiacre », ou parce qu'il ne l'aimait pas.) Sa

a. Sans accent car c'est l'italien que Larbaud utilise ici.
b. Anglais : « sa préoccupation majeure ».

visite, un matin, m'avait surpris, — après l'avoir rencontré une seule fois, chez la Pcesse de Bassiano.

Le français de ces lettres est bon, — de bonne formation, — mais hésitant, avec quelques méprises, mais qui ne sont pas des germanismes flagrants. Une certaine tendance « dubitative » s'exprimant souvent par un subjonctif où il faudrait l'indicatif. « Ait » pour « a ».

Plusieurs allusions à Rodin, — dont il était le secrétaire pendant la période des lettres envoyées de Paris[11]. — Le même halo qu'autour de sa figure. Beaucoup plus « slave » que germanique, si cela veut dire rien de précis.

The lady who was with him at Hotel Foyot, and whom I found alone when I called, was, I believe, Russian[a]. Et je crois que c'est elle qui m'avait écrit une carte postale un peu ironique, au sujet du sens du titre *Mon plus secret conseil*... (elle feignait de ne pas comprendre, ou n'avait pas compris, jouant sur les sens de « conseil ») ; elle me donnait son adresse chez Rilke (en Suisse). J'ai répondu, parce qu'elle semblait se recommander de Rilke[12]. En somme ce doit être à partir de ce moment-là que Rilke, ayant lu *Mon plus secret conseil*... a dû me connaître ; et me retrouvant chez des amis communs à Paris, il aura voulu « faire plus ample connaissance ». Dans la visite à l'H[ôtel] Foyot il n'y a pas eu d'allusion à la carte postale envoyée de Suisse.

Non sono più uscito dopo del mio ritorno da G., cioè dopo delle 5 ½[b].

Pensé au travail et lu un peu dans cette direction. — Aussi achevé la lecture de l'article d'Albert Mousset sur les manuels scolaires d'histoire dans la *R[evue] de Paris* ; — et parcouru *Presença*[13], où j'ai vu qu'Antonio Ferro, « Secretario da Propaganda Nacional » avait fondé cinq prix littéraires (Eça de Queiroz, Alexandre Herculano, Ramalho Ortigaô, Antonio Enes, A. do Quental).

Écrit à Mme Le S[aché] et à G[aston] G[allimard] au sujet des *Ebrei* de Mario Puccini[14].

Vendredi 2. — Trois longues promenades à pied, volontaires les 2 premières, l'autre nécessitée par la grève des taxis et l'encombrement des autobus, métros, etc. —

A.M. : Fossés-Saint-Jacques, r. Malebranche (Mlle Roy), r. St Jacques, Gay-Lussac, pl. Médicis, Bd. S. Michel (achats chemiserie), pl. de la Sorbonne, St Michel, St Germain traversé, briquet réparé, café au lait, retour Cluny, Sorbonne, r. des Écoles. Tout avec Grandmuseau. — Lu un peu pour le travail, et courrier.

a. Anglais : « La dame qui était avec lui à l'hôtel Foyot, et que j'ai trouvée seule quand je lui ai rendu visite, était, je crois, russe. »

b. Italien : « Je ne suis pas ressorti après mon retour de chez G., c'est-à-dire après 5 h ½. »

P.M. Dott. V. (7 + 1). Il venait de faire des pointes de feu à une jeune femme, « Ça sent la viande grillée ». — À pied par Av. de Messine, Bd Haussmann, r. de Berry, Av. Champs-Él. pour serrer la main à Marcel Thiébaut et causer ; ¾ d'heure. — René Laporte était là et m'a remis les placards d'une partie des épreuves de mon livre à paraître chez lui ; aussi les textes, Ms, etc.[15] — Nouvelles de plusieurs amis. — À pied encore jusqu'au métro ; puis de Concorde au Quai du Louvre, suivant la terrasse des Tuileries ; autobus Raspail, longue attente, enfin autobus à la maison. Tout cela par –1° et –2° cent[igrades], mais avec un peu de soleil, et un crépuscule tricolore - national (au pastel) sur la Concorde et l'Étoile.

Avant de sortir pour aller chez le Dott. V., j'avais eu la visite du démarcheur de la banque ; et en mon absence était venu le Docteur R. le Masle (secrétaire des « Amis de 1914 »), mais on ne lui avait pas ouvert. — Laeta et Baboa toute la journée à la maison. La joue de Laeta encore enflée. —

Au courrier plaquette de M. Louis Parrot, *Misery Farm*[16]. Lue. Mais à relire. J'aime ceci :

Le ciel pend
Le monde passe
Peu à peu vient l'autre côté
Mais la honte demeure seule
Sans visage pour la cacher.

Le reste m'est encore fermé, ou vague. Mais ce passage, ce vers détaché et se détachant sur le fond vague de la lecture, pourrait m'acclimater. Il m'a fait penser à reprendre « ... Tan callando » qui, refait, et parvenu, — but who knows[a] ? — à maturité, pourrait être offert à P.-L. Flouquet pour son *Journal des poëtes*[17] qu'il m'a envoyé avec un mot insistant pour que j'envoie quelque chose. J'ai vu dans ce n° l'annonce d'une trad. de Rilke. — Il y avait aussi une revue remplie de racontars littéraires et politiques, avec beaucoup de fautes de syntaxe, de charabia, de jalousie pour les « arrivés » ou ceux qui « vont arriver » (c['est-]à-d[ire] dans les directions officielles, académiques, etc.) genre conversations de café, sans intérêt si ce n'est par les noms cités. Surtout lettres intimes de P. Valéry à Louÿs et à Paul Léautaud, et de Louÿs. Cela veut être jeune et indépendant. Mais une telle insistance sur les salons, l'académie, la politique, les « arrivades[b] », etc., suggère le « vieux raté ». Ces préoccupations, pour ou contre, exprimées, c'est vraiment le côté latrines des Lettres. On voit ça, desséché, fumier fossile, aux mains des infortunés historiens de la littérature, dans un siècle. Bon appétit !

a. Anglais : « Mais qui sait ? »
b. Portugais : « arrivés ».

Sûrement la préoccupation d'une carrière plays havoc with[a] des gens très bien doués et très forts, mais cela ne peut rien contre ce qu'il y a de bon dans l'ensemble de l'œuvre ; c'est une « inspiration » d'un ordre plus humble, voilà tout, mais ce peut être encore de l'inspiration (se catholiciser, ou se patriotiser, ou se gauchiser, ou se droitiser, selon qu'un intérêt d'ambition le veut, c'est encore une recherche de la poésie qu'il peut y avoir dans les sentiments développés autour de ces thèmes.) Je pense que la plupart du temps les gens influents pour lesquels (pour obtenir la faveur, ou la voix desquels) ces ouvrages influencés de politique pratique sont écrits, NE LES LISENT PAS, ne savent même pas ce qu'il y a dedans, mais se décident sur des impressions confuses. Eux, au contraire, se croient non seulement lus, mais surveillés, bien ou mal notés, etc. — Mais l'inutilité des écrits de ceux qui s'attaquent à ces démarches en vue des salons, de l'académie, ou des gros tirages, est vraiment pitoyable ; rien de plus que le soulagement d'envieux. (Ce sont des choses contre G. Duhamel qui m'ont fait noter cela.) En principe ce sont, parmi les arrivés ou arrivants, LES MEILLEURS, qui sont les plus malmenés. On jalouse plus le succès de l'artiste de talent que le triomphe du faux ou médiocre artiste. — Ces lettres de P. Valéry et P. Louÿs ne méritaient pas, non plus, d'être publiées. — On y voit le degré d'intimité entre P. V[aléry] et W.E. Henley. (Il m'en avait dit quelque chose.) En fait P. V. avait de l'influence dans la revue de W.E. Henley[18]. — Les papiers de P. Louÿs n'ont pas beaucoup d'intérêt (« La maladie de Ronsard », — comment P. L[ouÿs] ne se demande-t-il pas s'il n'est pas en présence d'une paraphrase de Pétrarque ou d'un pétrarquisant ?)

Progrès de Laeta. En déjeunant je déclamais :

Le vent toute la nuit n'a pas décoléré[b]

et à la troisième ou quatrième fois elle s'est mise spontanément, à traduire : Il vento, tutta la notte —, poi ho dovuto spiegare la parola « décoléré »[c], mais tout le premier hémistiche avait été compris.

Samedi 3. — Journée entière à la maison. Ordre, classement de papiers, détails peints sur des figurines ; lecture pour le travail et songerie autour du travail ; courrier (très en retard) ; le plus clair résultat : les épreuves pour René Laporte corrigées. Je commence aussi la lecture attentive de Hart.

Joué avec Laeta. Baboa sortie dix minutes pour petits achats dans le voisinage ; même froid vif qu'hier, et rues sans taxis. Les

a. Anglais : « fait des ravages chez ».
b. Note de Larbaud : « Laforgue, et si laforguien ! »
c. Italien : « puis j'ai dû expliquer le mot "décoléré" ».

bonds de la mémoire de Laeta : tout à coup pense à Maglie et à la petite sœur de Maglie. Pour lui montrer mon contentement de sa patience (elle voudrait sortir) je lui donne un Henri III en plomb, rose-noir-or, et en profite pour lui parler de la Pologne et de Jacques Clément[19]. Elle met ensemble Louis XI, Henri III et Napoléon, parce qu'ils ont été « insieme nella Francia » ; si volevano bene, et si davano la mano[a]. Elle doit penser confusément qu'ils étaient meilleurs que des rois non français, et se rappelle l'histoire de la gifle du Roi de Prusse à l'ambassadeur de l'Empereur d'Autriche, — « Faites passer ! » Finalement Louis XI, Henri III, Napoléon, Jeanne d'Arc et la femme peau-rouge vont « pregare PEL bambino Gesù[b] », et s'assemblent autour de la crèche. En les disposant ainsi elle les embrasse l'un après l'autre, — même la Pelle-Rossa[c].

Au courrier un mot aimable de Reyes (rentré à Rio après un voyage) remerciant pour *Le Gouverneur de Kerguelen*[20] ; la réponse de Mme Le S[aché] au sujet de sa trad[uction] d'*Ebrei* ; une lettre d'un journal ou d'une revue du Pérou m'annonçant qu'on va m'en faire le service. (Cette lettre avait été ouverte par la poste, en vertu d'un art. n° 11 ; non sur le côté de l'enveloppe, comme le faisait la censure pendant et un peu après la guerre de 1914-1918, mais en biais. Sans doute pour voir s'il y avait de l'argent non déclaré dedans ? ou parce qu'on sait qu'il y a de l'agitation communiste au Pérou ? Ou quelque employé facétieux, — le Pérou, — l'or du Potose[21], — « Ce n'est pas le Pérou. ») Une lettre de Mme Lacroix.

Répondu à 5 ou 6 lettres urgentes et annoncé ma visite à M. Le Masle pour lundi après le Dott. V. N'importe quelle excuse plutôt que d'accepter d'aller aux « Amis de 1914 ». Surtout pas pour James Joyce qui viendrait escorté de « those W[22] ».

Le retard de mon courrier me tracasse ; c'est un devoir de charité, mais bien pénible à remplir. Il vaudrait mieux que le désir de me concilier des gens, des critiques à l'occasion, me fît remercier avec effusion les personnes qui ont la grande amabilité de m'envoyer leurs livres. Cette vanité me faisant défaut, la paresse l'emporte sur la charité. Je me répète que le temps des réponses aux envois de livres est passé depuis 1918 (ou 14), comme est en train de passer la mode (ou l'usage) des cartes et souhaits de nouvel an. Pourtant le moindre mot, deux lignes, faciles à écrire, feraient souvent un très grand plaisir, seraient un encouragement. Je fais des listes des livres reçus, avec « ringraz.[d] » en marge de plusieurs titres ; puis le temps s'écoule, d'autres livres viennent… Ainsi

a. Italien : « ils ont été "ensemble en France" ; ils s'aimaient bien, et se donnaient la main. »

b. Italien : « prier pour l'enfant Jésus ». Mais Laeta doit avoir de légers problèmes de prononciation et dit *pel* pour *per*.

c. Italien : « Peau-Rouge ».

d. Italien : abréviation de *ringraziare*, « remercier ».

pour cet E.D. qui aujourd'hui m'envoie son dernier (le 5ᵉ ou 6ᵉ depuis son début en 29 je crois), et qui m'écrit : « Je ne sais maintenant quelle dédicace écrire[23]. » Visiblement froissé par mon obstiné silence. Mais sa première dédicace était trop empressée (avec un dessin) et les suivantes étaient trop de quelqu'un qui veut se faire remarquer. D'autre part des gens le lançaient avec des éloges sans proportion avec le mince mérite de son ouvrage de début. « Un nouveau Ch. L. Philippe », etc. J'ai parcouru, en le coupant ce dernier livre ; supérieur au premier, mais rien de plus qu'un « bon roman », et il paraît, rien qu'en France, trente « bons romans » par an. Guère plus précieux qu'un « bon film ». Cela laisse un pénible sentiment de temps perdu, mais non pas de force gaspillée, — plutôt de faiblesse, ou de facilité, étalée, lâchée. — « Lingua blandiens et humanus dies » (S. Augustin[24]) ; j'aimerais savoir où il a pris cet « *humanus dies* » qui donne tant à penser. Ça fait un autre bruit que ce français de pacotille et de bâclage que les éditeurs vendent fromagèrement !

Les épreuves du texte castillan de mon livre pour R. Laporte avaient de 2 à 3 fautes par ligne. Je venais justement de sentir croître ma conviction de la plus grande solidité, et de la plus grande durée probable, de l'espagnol comparé au français et à l'italien ; et cela était curieux de voir la résistance des typographes français (ou francophones) à la langue castillane ; ils la niaient ; leur ignorance n'en laissait rien subsister.

[*Deux photographies (4,5 × 7) en bas du recto de ce folio 14, et dessous, l'annotation suivante :* « Photographies du Musùn faites à Valbois ».

Au verso, quatre photographies (5 × 5), numérotées de 1 à 4 avec ce commentaire :

« Photos prises par Jaïs[25] à Valbois

1. Grandmuseau sur un banc, à Valbois.

2. Valbois.

3. Valbois.

4. de g. à dr. : M. de Ribon, io ed il Musùn, Stols, G. Jean-Aubry.

(octobre 1933) »]

Dimanche 4. — Du livre de Robert-Edward Hart (*Guirlandes pour l'automne,* Port-Louis, île Maurice, 1933)[26] :

Je vivrai pour te contempler
Regard éblouissant du jour,
Dieu pénétrant dans les demeures.
N'es-tu pas le Roi qui visite
Un humble qu'il veut honorer ?

N'es-tu pas l'ombre du Seigneur,
Du Seigneur à l'odeur suave ?
(p. 41, de « Poème malgache » p. 40.)

J'ai lu tout le recueil ; c'est cela qui m'a donné l'impression la plus nette de poésie bien venue. Ça et là, ailleurs, de beaux vers, — alexandrins non rimés. Je ne peux dire que je suis déçu, même par l'absence systématique, à peu près partout, de la rime qui se fait attendre ; cependant cela n'entraîne ni n'attache comme les bons moments semblent le promettre. Je relirai. Le sonnet (en vers blancs) XXIII (sur le thème « le Poëte se promet l'immortalité ») est aussi une chose qui se grave dans la mémoire !

Le sûr musicien des violes brisées[27]... Mais en général les beaux mouvements s'ensablent ou nous échappent. Je relirai. Des notices qu'il a jointes à son envoi le donnent comme un descendant de Pontus de Tyard[28].

J'ai relu deux textes pour *Domaine anglais* avant de les expédier pour copie à Mme Lacroix. Corrigé un peu, et abrégé.

Retrouvé la copie des « Notes sur Racan » ; donc inutile de la faire refaire[29].

Le n° « Hart » de la revue mauricienne *Vergers* que H[art] m'a envoyé en même temps que ses deux plaquettes cite quelques vers qui appartiennent à d'autres recueils. C'est trop « éloge non motivé ». Il y a beaucoup d'abstrait gauchement écrit dans les poèmes, en une langue qui ne semble pas très personnelle. La série des sonnets non rimés ne fait que suggérer Shakespeare sans donner (sinon de loin en loin) une satisfaction parfaite. Mais j'y reviendrai. Si tout était comme les 7 vers sur la lumière !

Deux heures et demie données au courrier aujourd'hui, mais rien que la suite des lettres urgentes ou d'affaires. — Laeta mieux. Je l'ai grondée et fait pleurer deux fois, mais cela ne dure pas, heureusement.

Lundi 5. — Un peu de travail le matin (lecture). — À 3 ½ p.m. dal Dott. V. ; en sortant, au parc Monceau où Baboa et Laeta devaient me rejoindre ; 40 minutes à marcher dans les allées ; puis au C[afé] Valois où elles sont enfin venues ; de nouveau, avec elles, au p[arc] Monceau pour le montrer à Laeta : la « montagne », le « ruisseau » et sa cascade, « il laghetto[a] », le pont, la pyramide, les statues et groupes, les mangeoires pour les oiseaux. Il faut diriger son attention. Elle pensait rencontrer beaucoup de petites filles ; mais arrivée après 4 ½, les enfants n'étaient plus là. — Le vide des rues sans taxis ; mais les voitures privées et les autobus font des vitesses exagérées. — On enlève les plaques à claire-voie qui entou-

a. Italien : « le petit lac ».

rent le pied des arbres, en vue des manifestations de demain. — Portraits de Bonnefoy-Sibour dans les journaux ; je retrouve ses traits oubliés depuis Sainte-Barbe[30]. — Courses dans le quartier, à pied, avec Grandmuseau, au retour, avant et après le dîner. — Beaucoup de gens pensent à la possibilité d'un changement ou d'une modification du régime français. — L'aspect des rues est très anormal, rappelle celui des premiers jours de la semaine d'août 1914 qui a suivi les manifestations « À Berlin » et les départs gare de l'Est ; mais ce n'est pas le calme qui était produit par l'absence d'une grande partie de la population.

Au courrier les remercîments de l'Académie de Tananarive pour *Kerguelen*. L'Emyrne[31] me paraît un grand espoir pour l'avenir de la langue et de la litt[érature] françaises, — plus que l'Afrique Mineure ; comme la Nouvelle-Zélande pour l'avenir de l'anglais. Mais il faudrait entraîner une émigration abondante, et bien installer le français (la langue française) par l'enseignement, les bibliothèques, etc. Cela paraît difficile ; des députés presque illettrés (comme B., et tant d'autres) trouveraient que c'est une disgrâce d'être envoyé là comme gouverneur.

Relu *Ursule-la-laide* dans la plaquette de Louis Parrot[32]. Je n'y vois pas grand'chose ; peut-être des influences comme L.-P. Fargue et Jouhandeau. Trop de soupirs et de plomb dans les phrases (ces disques de plomb qu'on met dans l'ourlet des tentures, des tapis, pour qu'ils « tombent » mieux). Je chercherai dans le reste ce qui est comme « Peu à peu vient l'autre côté »... etc.

Une nouvelle boutique dans mon quartier a pour enseigne : « Pressing du Lycée Henri IV ». C'est très bien ; ce serait encore mieux si « pressing » était en français (je ne lui reproche pas d'être étranger, mais d'être vulgaire).

Non ho scritto niente il 6[a].

Mercredi 7 février 34. —

A.M. Au courrier les *Fragments de sociologie chrétienne* de Tristão d'Athayde[33] traduits par Jean Duriau et George Raeders (Desclée de Brouwer, éditeur), envoyés par J. Duriau ; j'en lis quelques pp. avant déjeuner. Plutôt thomiste qu'augustinien. Mais quelle politique tirer d'Augustin ? Les *OBSERVATIONS* sont justes, p. ex. : il a vu qu'était en train de se développer en féodalité le système des clientèles. Je continuerai cette lecture ; elle doit rencontrer quelque part le *De Regimine Principum* et la *Monarchia* de Dante.

Récits de l'émeute d'hier dans les journaux du matin. L'autobus qui m'a conduit av. de Messine chez V. (9 + 1) était « muet », comme tous les autres (comme on dit la « couverture muette » d'un

a. Italien : « Je n'ai rien écrit le 6. »

livre : les indications d'itinéraire ont été enlevées à tous, peut-être parce que les manifestants les ont arrachées pour s'en armer ; ce sont de longues et minces plaques, qui doivent être assez lourdes). Gardes mobiles à cheval rue de Tournon ; groupes épais d'agents boulevard St Germain, devant la Chambre, sur le pont de la Concorde ; place de la Concorde foule épaisse sur tous les refuges et trottoirs, dans ce qu'on voit des Champs-Élysées, et derrière la terrasse des Tuileries ; — mais on dirait que ce sont plutôt des curieux que des manifestants. Là aussi gardes mobiles à cheval en patrouille, maintenant les chaussées libres ; plus de traces de sang ni des voitures brûlées, ni des lampes renversées, mais du verre et des fragments de ferraille. Même foule épaisse rue Royale et sur le trottoir devant la Madeleine (grilles fermées, mais grand panneau peint, avec le symbole eucharistique, au-dessus de l'entrée de l'église, qui ne semble pas gardée). Bd. de la Madeleine, au loin, très animé ; foule moins dense Bd. Malesherbes à mesure qu'on remonte vers St Augustin. — Le Dr V. me dit qu'il y a eu 20 morts et environ 1 000 blessés[34] ; et quand je le quitte pour reprendre l'autobus avenue de Messine : « Tâchez de ne pas vous faire tuer ! » — Dans l'autobus du retour un homme assis en face de moi parlait seul et semblait très excité, mais je ne distinguais pas ce qu'il disait. Place de la Concorde un groupe de gardes mobiles à cheval passait en patrouille, au pas, comme pour maintenir la chaussée libre, mais ils devaient souvent baisser la tête, des jeunes gens qui les suivaient leur lançant de grosses pierres. Le nombre des curieux (beaucoup de femmes) avait augmenté. Le carrefour Médicis-St Michel-Soufflot présentait le même aspect, à peu de choses près, que la rue Royale. Je suis rentré juste à temps pour déconseiller à Baboa d'aller, avec Laeta, au Bon Marché où elles auraient pu se trouver prises dans quelque bagarre. Je les ai emmenées avec moi faire des courses dans le voisinage, jusqu'à la Place Monge et retour, — tout était tranquille. —

Rentrés vers 6 h pour recevoir M. Le Masle (« Amis de 1914 ») qui m'avait annoncé pour ce soir sa visite. Il avait vu quelque chose de l'émeute de la nuit dernière, et venait de traverser la zone tumultueuse 3 heures environ après moi. M'a apporté les on-dit, tous défavorables à la police et à la répression : morts plus nombreux, enfant tué d'un coup de matraque dans un tramway, etc. Il ne connaissait pas l'acceptation de l'ex-Président Doumergue, mais ses conditions : dissolution et pas d'élections avant six mois. L'acceptation seule, et l'arrivée de Doumergue pour demain matin, ont été annoncées par les éditions tardives des journaux du soir. — Il ne comptait pas sur mon acceptation pour les « Amis de 1914 » mais il m'a fait promettre un « papier » pour lire à la réception qu'ils feront de James Joyce le 25 ou 26 février. M'a laissé un livre dédicacé d'une de ses amies (Odette Arnaud, *Mer Caraïbe*[35], — j'ai parcouru après dîner le chapitre sur l'île franco-hollandaise, Saint-Martin.) Beaucoup de compliments, et de la part de beaucoup de ses connaissances ; mais il paraît très lié avec ΛΠΦ[36] et j'ai cru devoir le mettre en garde contre « la brillante imagination » du Poëte lorsqu'il parle des gens qu'il connaît ou qu'il a connus. M'a un peu agacé en s'obstinant à situer Valbois « dans la Nièvre ». Il souhaite que je réponde à des enquêtes de journaux, voudrait m'emmener voir je ne sais qui et quoi, etc. — Sa visite a été comme une irruption de la vie littéraire dans mon temps qui est si peu accessible à cette vie-là, et vraiment « dans la Nièvre » par rapport à cet aspect de la vie parisienne. Je n'ai pu m'empêcher de lui dire que sans la nécessité de suivre un traitement et d'aller trois ou quatre fois par semaine chez mon médecin, je ne serais certainement pas en France en ce moment. En effet si ma santé me le permettait nous ne serions pas ici, mais aux Antilles, ou aux Açores, ou, au plus près, au Portugal, pour y attendre le printemps. Mais il m'est très agréable aussi d'être à Paris pourvu que la « vie littéraire » m'y laisse tranquille. Il est médecin, mais n'exerce pas ; passionné de littérature ; savait par cœur, et plus exactement que moi, « Ma chambre » de Desbordes-Valmore, m'a repris quand j'ai dit

> « *D'un ruban (marquée)//* SIGNÉE
> *Cette chaise est là*
> *Toute résignée*
> *Comme me voilà*[37] »

et a dit en chœur avec moi que cette fin était déjà verlainienne. — Il est d'Amiens ; a couché dans la chambre où Marceline Desbordes est née, etc. ; songe à faire de l'édition, surtout de Poëtes ; me demanderait à l'occasion des préfaces et des suggestions pour des florilèges des gens du 500 et du 600. J'ai naturellement pensé à Pontus de Tyard, Eustorg de Beaulieu, Anne des Marquets[38], etc. Mais des éditions complètes me plairaient plus que des florilèges. —

Au courrier du soir *Oggi* transformé en revue. Un rappel de l'enquête de *Toute l'édition* avec timbre pour la réponse. *La Proue*. — Je finis la soirée avec Tristão de Athayde.

Jeudi 8. —

Paris plus tranquille depuis le retour de l'ex-Président Doumergue, c'est-à-dire depuis ce matin, car la nuit a fait encore 2 morts et beaucoup de blessés. On souhaiterait qu'il prît des éléments frais pour constituer son ministère. Un extrémisme quelconque pourrait être hostile aux étrangers, and we might be obliged to leave, which would be a great nuisance, not because of my work, but because of my cure. This is a case for M. de Cive to say many Pater and Ave, and I say them for him, — I mean in his stead[a].

Lu tout le livre de Tristão de Athayde ; c'est un résumé du gros ouvrage qu'il m'avait envoyé lui-même du Brésil, ou plutôt des fragments, mais l'ensemble fait un petit livre clair et net. La doctrine est thomiste et n'éloigne pas beaucoup de Dante, parce que Tristão de Athayde met en première ligne la séparation complète du politique, de l'économique, et du religieux, et se déclare nettement antithéocratique, — alors que Dante avait encore à combattre le théocratisme, et le combat en effet dans la *Monarchia*. T. d'Athayde lui donne gain de cause. — J'ai remercié Jean Duriau.

Au courrier du soir 2 livres envoyés par Drieu La Rochelle : trad[uction] du très mauvais D.H. Lawrence, *The Man Who Was Dead*[39], et de lui-même *La Comédie de Charleroi* (mauvais titre) où j'ai lu le chap[itre] « Le Déserteur » (intéressant malgré quelques concessions aux formules « bellicistes »).

Grande tranquillité du Quartier Saint-Victor, tous ces jours passés. Le seul signe d'une émeute quelque part en ville était plutôt le silence et la vacuité des rues qu'une agitation anormale.

P.M. de 2 ½ à 4 ¾ promenade « nous deux Laeta » : au Museum pour le lui montrer et pour voir la collection Frühstorfer (papillons d'Europe et exotiques.) C'était la première visite de Laeta à une grande galerie zoologique. Il est difficile de fixer son attention : comme pour les animaux vivants, elle voudrait toujours voir tout à la fois, paraît à peine remarquer ce qu'on lui montre et dit sans cesse : Et après ? — Ma prima guarda quello che hai davanti[b] ! Elle regarde une seconde et tourne la tête vers la cage ou la vitrine suivante. Ce sont les couleurs que je lui fais remarquer, plutôt que les formes, qui font impression sur elle ; mais il paraît nécessaire de les lui faire remarquer pour qu'elle les voie. J'ai comparé les vitrines des papillons à des boîtes de couleurs, puis certains papillons à des nœuds de cravate : vorrei avere una cravatta come quello, — o quell'altro[c]. Alors elle me dit qu'elle écrira au Père Noël pour qu'il m'en apporte une pareille au papillon. Cependant cela lui a fait regarder 3 secondes de plus le papillon. Tout n'est pas gaspillé : devant l'hippopotame naturalisé elle a dit : C'est vrai qu'il est un peu rose, parce que je lui avais dit, et montré, que l'hippopotame vivant avait certaines parties de la tête (contours de la gueule, etc.) plutôt roses que grises. Il m'a paru impossible de lui parler du mimétisme, mais je lui ai fait remarquer les « papillons-feuilles » et

a. Anglais : « et nous pourrions être obligés de partir, ce qui serait fort ennuyeux, pas à cause de mon travail, mais à cause de mon traitement. Voici une occasion pour M. de Cive de dire bien des *Pater* et des *Ave*, et je les dis pour lui, — je veux dire à sa place ».

b. Italien : « Mais regarde d'abord ce que tu as devant toi ! »

c. Italien : « Je voudrais avoir une cravate comme celui-ci, ou comme celui-là. »

les « papillons-chouettes ». L'idée que tous ces insectes et animaux avaient été vivants l'a beaucoup frappée ; et paraît avoir fortifié chez elle la notion de la mort. Mais nous ? — Oh, nous, nous revivrons. — Au Ciel ? — Oui, au ciel. — Elle a en a reparlé tandis que nous rentrions à la maison, et pour la première fois elle a entendu le mot Purgatoire. J'ai inséré cette idée, en elle, entre la vague notion qu'elle a d'une « renaissance » au ciel, ou d'un transport de la terre au ciel, et une vague idée d'un châtiment dans l'avenir pour les méchants. Cela prend cette forme : Del tutto buoni, andiamo direttamente al cielo ; un po' cattivi andiamo prima al Purgatorio, poi al cielo ; del tutto cattivi andiamo dove i cattivi sono castigati[a] ! — En sortant du Museum je l'ai conduite au sommet du labyrinthe ; comme il y avait beaucoup d'enfants (jeudi[40]) elle aurait voulu jouer avec des petites filles qu'elle voyait dans les allées. — Tasse de chocolat en sortant (elle commence à aimer le chocolat ; il a fallu longtemps). Rentrés en autobus r. du Card[inal] Lem[oine]. Elle a ensuite accompagné Baboa au Bon Marché, rentrant vers 7 h ½, alors que Marcel Thiébaut, qui désirait la voir, était là. Elle lui a montré quelques-uns de ses jouets, et a dit quelques mots français. — M[arcel] T[hiébaut] tout rempli des nouvelles et de la ferveur des manifestations, auxquelles il avait pris part comme « Croix de feu ». Très content du courage des femmes (jeunes filles et femmes du monde dans la foule, en tenue de soirée parce qu'elles avaient prétexté, pour sortir, une invitation en ville). A entendu dire que le Ministère Daladier avait démissionné par contrainte du Président de la République, à la suite d'une visite du président des Croix de Feu annonçant pour hier une descente de tous les anciens combattants en uniforme et peut-être armés.

Travail : révision de la traduction de *La Moglie del Sordo*, de Gianna Manzini par M. H[enri] M[archand][41] ; mais révision en l'absence du texte, que naturellement, je ne sais pas par cœur.

Vendredi 9. —

Veillé très tard, ou très tôt, pour répondre enfin à l'enquête de *Toute l'édition*. Cette enveloppe timbrée me gênait. J'ai mis sur pied, difficilement, — en quatre heures, — une réponse qui me paraît convenable[42]. — A.M. Courrier et un peu de travail ; lecture des journaux, à cause des émeutes. — P.M. Dr V. (10 + 1). Flânerie à pied dans le quartier, qui est celui de M. Tardieu[43], et on voit son portrait, un livre de lui, aux devantures, comme on devait voir le portrait de Mistral dans Avignon, — ou celui de la Tarasque dans Tarascon[44]. — Je note un peu de xénophobie dans l'air, toujours

a. Italien : « Tout à fait bons, nous allons directement au ciel ; un peu méchants nous allons d'abord au Purgatoire, puis au ciel ; entièrement méchants, nous allons là où les méchants sont punis. »

plein de gifles. Je cherchais n'importe quel Tauchnitz pour passer le temps au Valois où j'avais donné rendez-vous à Baboa et où je savais qu'elles viendraient tard ; chez Fontaine, on me répond poliment, mais avec fermeté, qu'on ne vend que des livres français. Mais dans une petite librairie neuve de la r. de Miromesnil, j'ai si bien prononcé le nom de Tauchnitz que la libraire s'est mise à me parler allemand avec une espèce d'effusion, d'empressement. — À son arrivée au Valois, Baboa m'a parlé d'une altercation dans l'autobus entre un vieillard grognon et deux jeunes gens qui parlaient une langue étrangère ; il a conclu par « Sales petits métèques ! » Je comprends, et « comprendre c'est pardonner » ; ils souffrent, ils voient leur ville, leur pays, en mauvaise posture, — des désordres comme autrefois à Barcelone. Mais je n'en suis pas moins inquiet pour ce que j'ai de plus cher.

En attendant Baboa et Laeta j'ai donc commencé la lecture de *Public Faces* par Harold Nicolson[45], choisi presque au hasard, en dehors des Galsworthy, des Somerset Maugham[46] et des femmes. C'est lent, long, empêtré de redites, mais jusqu'à présent pas trop bête. L'épigraphe de W.H. Auden

Private faces in public places
Are wiser and nicer
Than public faces in private places[a]

s'accorde aussi bien aux sentiments actuels des Français ; on souhaite des noms nouveaux, des « compétences » non politiques de profession : un juge à la Justice, un commerçant au Commerce. Opinion des X sur M. Doumergue : une fripouille comme les autres ; tous francs-maçons.

Le journal de M[aurice] M[artin] du G[ard] donne une trad. de la préface du *Dante Vivo* de Papini. Je pense vaguement à écrire quelque chose là-dessus, pour clarifier dans le public ce qui est un peu confus chez Papini, et voir aussi l'effet de mon explication du Velmo.

La trad. de *La Moglie del Sordo* par M. Henri M[archand]. Pas si mal que J[ean] P[aulhan] la trouve. The feeling of the original is well conveyed[b].

Les autobus de nouveau « muets », et sûrement quelques bagarres rive droite pendant que j'écrivais la réponse à l'enquête. Les extrémistes de gauche veulent se revancher de l'espèce de « vic-

a. Anglais : « M. Tout-le-monde en public
est plus sage et plus sympathique
que l'homme politique en privé. »
(Cette traduction conserve le sens mais perd la force et de la concision de l'épigraphe anglaise.)

b. Anglais : « Elle rend bien le texte original » (qui est italien...).

toire » (plutôt par le martyre que par la violence) des émeutiers de droite. « Contre le Fascisme ». Mais il semble qu'il n'y a de chefs ni d'un côté ni de l'autre.

Lundi 12. —

(Grève générale. Dépenses totales chez nous : 10 francs 50 centimes.) Pour la première fois Laeta paraît avoir compris que les lettres, assemblées, représentent des sons déterminés. Jusqu'ici à des questions comme : « B e A, cosa fa ? », elle répondait : « Ra » ou « Pa ». Je répondais : « No : Pa è formato da P e A; ma B e A, cosa fa[a] ? » Elle se taisait ou répondait encore une fois au hasard « Ta » ou même « Ti ». — Puis nous l'avons sevrée de ces « études ». Mais elle y revenait d'elle-même, et d'autant plus volontiers que Baboa feignait de s'y opposer : « Basta colle lettere ! Ci [*Un mot illisible*][b] ! » Enfin elle les a toutes retenues, et elle éprouve du plaisir, spontanément, à épeler, mais sans diviser les mots en syllabes, comme je lui montrais qu'il fallait le faire. Avant-hier et hier soir encore elle s'était mise à épeler *à rebours*, de droite à gauche ; ainsi « Babbo, U e L, cosa fa ? — Ul, et en français ül ». Mais elle tenait un gâteau sec, dit « petit-beurre », à la main, et où je savais qu'il devait y avoir « LU ». J'ai essayé de profiter de cette erreur pour lui bien inculquer la nécessité de lire toujours (ou d'épeler) de gauche à droite ; mais j'étais assez inquiet. Aujourd'hui enfin, voyant sur ma table de travail un numéro de la revue italienne *Occidente*, elle a épelé spontanément, — c'est souvent pour elle un moyen détourné de me faire parler, d'entrer en conversation avec moi quand elle me voit occupé à travailler, mais elle le fait aussi par plaisir, — le mot ROMA qui indique, au bas de la couverture le lieu de publication d'*Occidente*[47] : «R-o-m-a, cosa fa, babbo?» Je me suis demandé un instant si elle n'allait pas lire : A-m-o-r. Mais non ; alors j'ai dit : « R-o-, cosa fa ? — Ra — No. Pensalo bene[c] : R-o ? — Ro. — Bene, e M-a, cosa fa ? — Ma ». De cette façon, en lui faisant reprendre la syllabe déjà acquise Ro, juste avant qu'elle eût oublié « ma », j'ai obtenu d'elle un « Roma » encore un peu dubitatif, mais enfin complet. Alors je l'ai maintenue sur ce mot : «Guardalo bene ; vedi : quattro lettere, divise in due gruppi di due lettere, da sinistra a destra : Roma[d].» Ensuite d'elle-même, elle a épelé et « lu » Paris sur une gomme à effacer. Mais elle s'est arrêtée là : le nom de la marque de la gomme l'a complètement BAFFLED[e] ; c'était, je crois,

a. Italien : « B et A, qu'est-ce que ça fait ? — Ra ou Pa — Non : Pa est formé de P et de A ; mais B et A, qu'est-ce que ça fait ? »

b. Italien : « Ça suffit avec les lettres !... »

c. Italien : « Réfléchis bien ».

d. Italien : « Regarde bien ; tu vois : quatre lettres, divisées en deux groupes de deux lettres, de gauche à droite : Roma. »

e. Anglais : « déconcertée ».

Ennel ; elle l'a épelé, puis a dit que cela se prononçait « Gomma ». (Il y a déjà longtemps, dès ses premiers contacts avec des mots imprimés, qu'elle croit que le nom des objets est écrit sur les objets.) Du moins ROMA et PARIS ont été vraiment lus ; elle peut les retenir comme elle a retenu son propre nom LAETA écrit par moi en très grandes capitales dans la neige, à Valbois : c'est-à-dire comme un DESSIN copiable, reproduisible. Mais pour ROMA, et peut-être pour PARIS le dessin est analysé, décomposé vraiment en syllabes.

Mardi 13 (Mardi-Gras). —

Belle journée, quasi primaverile, e tutta la gente felice[a]. Apaisement général après la journée de grève idem, hier. — « Le Fascisme est vaincu », et tous les partis se flattant de l'avoir abattu : les manifestants de droite les 6 et 7 février, ceux de gauche hier. Visiblement personne ne sait ce qu'est au juste le Fascisme, mais le mot sert d'épouvantail, comme si c'était le nom d'une épidémie politique grave, dangereuse, mortelle. Mais il y a aussi dans cette notion du mépris et de la xénophobie (comme dans « los afrancesados[b] »).

Plusieurs courses dont une longue, et plaisante par ce temps, rue de Dunkerque, Gare du Nord, Bd Denain, et retour. Quelques enfants travestis, beaucoup regardés de Laeta, dans les rues. Cependant, avant midi, comme j'avais acheté pour elle et pour nous des chapeaux pointus en papier, elle n'osait pas mettre le sien, même dans la maison. Un peu surprise et scandalisée par cette frivolité. Devait avoir le sentiment d'accomplir un acte audacieux et absurde, anormal. In fact, just the mood to enjoy fully the spirit of the thing : the Saturnalia[c].

Aucun progrès visible dans la lecture aujourd'hui, et même un certain recul : Come scrivi Roma ? — Ro. Poi ? — A. — Ma dopo del O e prima del A c'è *un'* altra lettera ; quale[d] ? Elle a retenu l'M, mais ensuite elle avait oublié l'A final. Pourtant il lui arrive souvent de « lire » sans y être sollicitée, pour l'amusement de reconnaître les lettres qu'elle voit, sur une enseigne, sur une affiche. Elle les sait toutes maintenant. Le jeu, aussi, de la première lettre d'un mot entendu, l'amuse : elle entend « brioche » et dit « B, brioche ». Ainsi le travail chemine, et il se peut que des progrès rapides se fassent tout d'un coup.

a. Italien : « presque printanière, et tout le monde heureux. »

b. Espagnol : personnes qui imitent les Français, partisans des Français lors de la guerre d'Indépendance, et aux XVIIe et XIXe siècles.

c. Anglais : « En fait, l'humeur qu'il faut pour profiter pleinement de l'esprit de la fête : les Saturnales. » La date fait davantage penser aux Lupercales, qui se tenaient autour du 15 février.

d. Italien : « Comment écris-tu Roma ? — RO. — Puis ? — A. — Mais après le O et avant le A il y a une autre lettre ; laquelle ? »

Peu de travail aujourd'hui : s[aint] Augustin quelques instants pour *L'Am[our] et la Mon[archie]*. Mais le courrier un peu déblayé, les ennuyeuses lettres d'affaires à peu près à jour. — Au courrier la lettre du Maire de Saint-Yorre collée ci-contre[a], *Rococo* de Paul Morand, — adressé à Valbois et ayant souffert du voyage aller et retour, un roman argentin, un mot de Mme L[e] S[aché] à propos de *Ebrei* (Mario Puccini's).

Le trop-plein des rayons et tiroirs rangé dans les malles arrivées vides de Valbois, à réexpédier une fois remplies.

Pensé vaguement à une note sur les deux courts romans d'Édith Thomas[48] reçus et lus l'autre jour ; l'identité de leurs sujets : progrès d'une idée fixe dans des mentalités déficientes ; les provenances : la plus apparente, le monologue intérieur, — l'inscription sur la porte, lue automatiquement, remonte à *Les lauriers sont coupés* (Déjeuner 3.50, dîner...) et a pu être handed down[b] par *Ulysses* (Lestry-gons) ; chez E. Thomas : « le Blount s'en chargera. » Mais la provenance la plus marquée apparaît à la réflexion : JULES ROMAINS, la rigueur de la construction, l'exploitation rigoureuse du thème, de la donnée, — surtout le Jules Romains première manière, et particulièrement *Mort de quelqu'un*. Il y a peut-être aussi quelque influence de G. Duhamel, mais sans trace de la sentimentalité particulière à G. D[uhamel]. À ces apports de bonne lignée se joint un élément faible et trouble qui vient du cinématographe : l'invraisemblance, la superficialité, l'excès de confiance dans le fait posé, décrit du dehors. Cette invraisemblance et le choix d'un sujet peu humain, abstraitement pathologique, gâtent le second récit (*L'Homme criminel*). Au contraire, il faudrait bien peu de chose pour que le premier, *La Mort de Marie* fût très bon. Il EST bon, et certains passages supporteraient une seconde lecture. L'absence, aussi, de toute inconvenance et indécence, est, pour le public à cette date, une nouveauté. — Ainsi faits, cela est très au-dessus de tout ce que j'ai vu en fait de littérature féminine dans ces dernières années en français ; très au-dessus des grosses pâtisseries de Mme R. C., — ou plutôt POTS DE COLLE[49]. Cela peut-il influencer à son tour ? Oui, mais quelqu'un ou quelqu'une qui ignorerait complètement *Les Lauriers*, *Ulysses*[c], Romains, et Duhamel.

Voilà ma « note » faite. Mais je n'aurais aucune envie de la recopier, de la rendre présentable pour *La NRF* ou toute autre revue. Pourtant la première impression, en lisant *La Mort de Marie* est de quelque chose de très bien fait, de riche et d'abondant avec modestie. Ensuite, on aurait envie de reprendre le thème, et de lui donner tout le développement qu'il mérite. Poussez ! Entrez dedans, sacre-

a. Voir annexes, p. 1221.

b. Anglais : « transmise ».

c. Larbaud conserve la graphie anglaise.

bleu ! Plus tard (assez tôt) le tout paraît se dissoudre en ses éléments, en ses conditions historiques : Romains, Duhamel, etc.

Mercredi 14. —

Très bonne journée de flânerie. Avant midi avec Laeta jusqu'à la Pl. de la Sorbonne et aux Presses Universitaires, lui montrant les monuments, les aspects de la rue, les boutiques, etc. (tout à pied.) — P.M. en autobus av. de Messine (12 + 1) ; en sortant, à pied, lentement, avec détours et arrêts, r. de la Bienfaisance, Pl. St Augustin, r. de la Pépinière, les alentours et les allées de boutiques de la Gare Saint-Lazare. La statue mutilée, non encore réparée, voilée de toile cirée noire comme on imagine celle d'un traître, de Déroulède[50], avec le socle maculé d'un liquide noir indélébile, est un réjouissant spectacle, et semble dire : Voilà la juste punition des mauvais poëtes. J'ai remarqué que le liquide, qui a recouvert les inscriptions élogieuses, a laissé intacte la poésie de D[éroulède] lui-même qu'on y avait gravée, une insanité qui a pour refrain « Le soldat » ou « Un soldat ». Cela fortifie la leçon de cette statue maltraitée : on lit le délit et on voit le châtiment. Et le délit s'aggrave du fait que cette mauvaise poésie était écrite pour exciter les gens à la guerre. Il est double : contre les Muses, contre la France et contre l'humanité ! Ceux qui l'ont si bien puni (en plein jour, avec des marteaux, — ils étaient deux) ont fait œuvre non seulement de très courageux critiques, mais de patriotes et de bons chrétiens. (Je pensais justement à Augustin, et je sentais son approbation.) Ce sont de ces exécutions que seuls des « prolétaires » peuvent se permettre ; un critique bourgeois, propriétaire, aurait à payer la casse.

Chocolat et ¼ Vichy au Terminus, puis en autobus Pl. St Michel, de nouveau à pied, avec détours et arrêts, jusqu'au carrefour de l'Odéon, et enfin, combinant les itinéraires de deux autobus, à la maison. — La grève des taxis a du bon, lorsqu'on n'est pas pressé. La douceur de Paris (et du temps) était grande et très prenante. Le travail (la pensée du travail, les retours sur des chapitres, des phrases, des mots, et la vue de la suite) s'y mêlait très agréablement. « Écrivez tous vos vers à Paris » (Sainte-Beuve). Cette bonne journée s'est terminée par la plaisante surprise de trouver dans le courrier du soir une thèse d'une élève d'Ernst Robert Curtius qui a établi un catalogue considérable d'après les desiderata que j'ai formulés dans « Trois Belles Mendiantes » : *Themen der französischen Lyrik in 17. Jahrhundert* par Louise Karpa[51]. Elle termine son livre par un paragraphe sur mes ouvrages, mais elle cite les « Poésies » de *A.O.B.* sans s'être aperçue que le thème de la Belle Mendiante s'y trouve.

Revenant aux réflexions suggérées par les deux longues nouvelles d'Édith Thomas, j'ai compris qu'un lecteur ou un critique dépourvu de l'expérience, de la somme de lectures, suffisantes, et d'observation, doit céder aisément à cette sensation de chose très bien faite, et forte et riche, que j'ai eue sur le moment, dans le temps même de la lecture, et qui s'est modifiée ensuite quand j'ai considéré l'ensemble comme une somme de résultantes, c'est-à-dire comme œuvre historiquement conditionnée. Le lecteur, le critique, à expérience limitée, est exactement dans le cas d'un villageois qui n'aurait jamais vu de très grandes villes, et à qui Nantes ou Lille sembleraient des métropoles imposantes. J'ai vu nettement que c'était là l'unique raison pour laquelle des jeunes gens admiraient tant un livre médiocre où je ne voyais qu'un mélange d'influences mal assimilées, un bafouillage sans inspiration, ni passion, ni style. Ils n'avaient pas lu les œuvres dont ce faible écrit était la résultante, le sous-produit, l'avortement. Il leur suffisait que ce fût quelque chose qui se distinguait de la production courante à l'usage des bourgeois, des endoctrinés, et des soi-disant lettrés. Ils reconnaissaient, avec raison, en cet auteur un artiste indépendant, quelqu'un qui refusait de se faire le fournisseur d'un public, ou du public en général ; mais ils ne pouvaient apercevoir, faute de lectures, l'inanité de l'ouvrage produit par cet indépendant.

Jeudi 15. —

Le soleil d'hier ne s'est plus montré : une brume morose. — À la fin de l'après-midi, Jean Paulhan, et par lui nouvelles de Jules Supervielle, de Gaston Gallimard, de J. Audiberti, et de quelques autres moins intéressants ou que je ne connais pas. Son livre avance ; il songe à en donner 2 textes parallèles (dans *La NRF*.) La politique agite beaucoup les gens de lettres qu'il voit. « La république est peut-être morte. » C'est curieux, cette préoccupation désintéressée pour la politique (mais est-elle tout à fait désintéressée chez tous ?). Tandis que je n'ai qu'une seule idée nette, mais bien nette, sur la situation : Pourvu qu'on n'embête pas les étrangers et que je ne sois pas obligé de quitter Paris et mon médecin.

Au courrier : la plaquette de Pierre Moussarie que j'ai préfacée[52] ; il a eu la gentillesse de m'envoyer l'exemplaire n° 1 (sur un nombre très restreint). J'ai relu avec plaisir ces jolis poèmes, frais, acidulés, avec beaucoup de réminiscences, d'influences, mais voulues et choisies, et le tout chanté dans un ton populaire français, très faubourgs de Paris avec souvenirs de provinces. Aussi : *Espirito Novo*, le premier n° d'une revue brésilienne, que j'ai parcouru[53]. Ils acceptent aussi des textes en castillan. Encore de la politique, « prolétarienne », anti-fasciste, communiste, — toutes les choses de 1880-1900 et jusqu'à 1914, ces vagues choses venues de 1848 et qui ont été dites une fois pour toutes par Lamennais et Walt Whitman, et non pas vaguement. Pendant ce temps le Fascisme, qui est un vrai mouvement démocratique, FAIT quelque chose, au moins pour l'Italie, et le Communisme, moins démocratique mais tout aussi

« quarante-huitard », FAIT quelque chose pour la Russie. EUX, parlent de faire quelque chose pour la Littérature, et écrivent des pauvretés.

Laeta en pleine période d'écriture à rebours. Elle m'apporte un papier où elle avait écrit R Q P S[a], spontanément, pour le plaisir, et croyant me faire plaisir. Elle l'avait fait de mémoire, et m'a dit que c'était SPQR. Je lui ai montré qu'en retournant le papier et en le mettant devant la lampe on lisait SPQR, et que c'était comme cela qu'il fallait l'écrire. Il est curieux que Roma ait été le premier mot qu'elle a épelé, et SPQR la première suite de lettres qu'elle a tâché d'écrire. Il se peut qu'elle ait deviné que ces choses-là me touchaient particulièrement.

Vendredi 16. —

Encore une belle journée, pas froide, très fraîche, avec du soleil à 5 % dans une brume saint-léger-légère[54], mais la matinée attristée par une lettre de Jean-Aubry annonçant du Havre la mort de son père.

Lectures pour le travail, dont *L'Évangile éternel* de Joachim de Flore[55], ou du moins ce qu'il y en a dans le volume publié chez Rieder, — extraits, traduits, et entourés de commentaires forcément suspects à cause de l'esprit général de cette collection (« Les Textes du christianisme »). Il y a des choses qui, à [travers] le français, font penser à Jérôme. Après l'av. de Messine (13 + 1) tour de galeries rue de la Boétie ; poche cose interessanti ; ho visto parecchi Frans Masereel[56] che non conoscevo e che mi piaciono molto ; poi Marc Sterling[b] : des natures mortes où il y a des jouets, des poupées debout ou tombées, qui suggèrent l'enfant qui les a posées là. Sûrement une poupée est un bon sujet pour un peintre, qui saurait et pourrait dire beaucoup de choses à propos de l'objet rigide, déséquilibré, au regard stupide et fixe. Aussi, du même Marc Sterling[57], une tête d'enfant coiffée d'un journal.

Retrouvé Baboa et Laeta à 5 h p.m. au Valois ; de là pl. de la Madeleine, où je les ai emmenées à la bénédiction. Laeta très favorablement impressionnée par les escaliers, le péristyle, les bénitiers, la grandeur de l'église. De là chez Leinen Puech pour les cravates d'Emilio (sa fête, 19 février) ; j'en ai choisi une pour moi. De là aux Trois-Quartiers pour petits achats, et voir les jouets. De là dans un café voisin, et comme le restaurant Prunier était proche, je me suis mis à évoquer des souvenirs, non d'amour, mais de soupes aux poissons : certain cacciucco de Marina di Pisa, et des zuppe di pesce de Rome (Place Trévi, et chez Palmieri) et de Naples. La bouillabaisse de Prunier était un pis-aller en comparaison, mais où

a. Ces lettres sont écrites en miroir dans le texte et correspondent aux initiales que Larbaud affectionnait et qu'il donne ensuite : *Senatus Populusque Romanus*.

b. Italien : « peu de choses intéressantes ; j'ai vu plusieurs Frans Masereel que je ne connaissais pas et qui m'ont beaucoup plu ; puis Marc Sterling... »

trouver ailleurs dans tout Paris, quelque chose qui pût rappeler, je ne dis pas un cacciucco toscan, mais la plus banale soupe de poisson napolitaine ? J'ai donc emmené Baboa et Laeta dîner chez Prunier. Ainsi j'ai assouvi pour six mois, pour un an, ou plus longtemps encore, mon désir de soupe de poisson.

En rentrant, porté à la petite bibliothèque de la r. Lacépède 2 volumes de la série des Detective Tales[a] que Gaston continue à me faire envoyer. La bibliothécaire m'a dit que « cela se lisait bien ». Au courrier du soir : pneumatique de M. Ion Pillat[58] de passage à Paris ; la lettre du Directeur de la Bibliothèque Nationale de México que je colle ici[b] (avec un petit catalogue, bien présenté, de l'exposition d'autographes) ; une plaquette de vers d'un poète vaudois, Auguste Martin[59].

Samedi 17. —

Toute la nuit 16/17 occupée par des rangements de papiers pour faire de la place ; dormi dans la journée ; entre 4 et 5 à Sainte-Barbe pour présenter Laeta à M. Nouvel, etc. Elle ira lundi ; je la conduirai. Elle est très contente, aurait voulu commencer demain dimanche. (Ses notions sur le temps, les dates, les jours, sont encore très vagues ; elle n'en a pas encore senti l'utilité ; pourquoi, puisqu'elle est pressée d'aller « à l'école », ne supposerait-on pas que demain est lundi et non dimanche ?) La petite et rudimentaire vie scolaire qu'elle va mener pendant deux mois précisera en elle l'idée de semaine et de jours fériés. Elle paraît voir dans le fait d'aller à l'école plusieurs choses agréables : d'abord et surtout la compagnie des autres bambine[c], puis la nouveauté (et l'inconnu) : elle aura une vie plus personnelle, moins limitée qu'à la maison ; elle ne sera plus du tout la toute petite, le bébé, qu'elle est encore ; et le signe de cette promotion, pour elle, c'est « la cartella », la petite serviette de cuir dans laquelle je porte quelquefois mes papiers, et qu'elle a souvent voulu porter elle-même, et elle sait qu'elle l'aura pour aller « à l'école ». Elle a vu les petites filles allant ou revenant de l'école avec des serviettes semblables, qui sont pour elle le signe à quoi on reconnaît l'enfant qui n'est plus un tout petit. Il a fallu la décevoir et lui dire que tant qu'elle ne saurait pas écrire elle n'aurait pas besoin de la serviette, — mais aussi que cela dépendait de la maestra[d]. Elle sera en onzième et demi-pensionnaire ; et comme ancien barbiste on me fait 10 % de réduction sur 750 francs par trimestre (cela fera pour 2 mois 450 francs).

Au retour elle me dit avec réflexion, et comme si elle se rendait compte que c'est une espèce de service que Baboa et moi lui ren-

a. Anglais : « romans policiers ».
b. Lettre d'Enrique Fernandez Ledesma (voir annexes, pp. 1121-1123).
c. Italien : pluriel de *bambina* (« petite fille »).
d. Italien : « maîtresse ».

dons : « Si, sono ben contenta di andare a scuola[a]. » Cela m'a beaucoup touché ; je l'ai aperçue dans l'avenir, jeune fille, femme, et se rappelant cette date de sa vie, l'entrée à l'école, — et peut-être quelques-unes des circonstances de sa présentation d'aujourd'hui à M. Nouvel. Elle-même semblait toucher son avenir en disant ces mots. Plus tard, en dînant, elle a répété qu'elle avait l'intention de bien étudier, de tout apprendre. Elle doit penser que le seul fait d'« aller à l'école » lui apprendra tout ce qu'on peut savoir, et sans effort, par une sorte d'opération magique. La Geneviève lui fait toujours une forte impression : elle sait, par moi, que c'est un grand palais plein de livres, où il y a bien plus de livres qu'à Valbois, et que pour y entrer il faut être « grand », et non seulement « grand » mais savoir écrire et parler plusieurs langues. Mais elle ne me croit pas complètement, et chaque fois que nous passons devant la porte, elle cherche à voir, elle espère voir, sortir une petite fille ou un petit garçon. Elle a dit encore : Quand je saurai lire, alors je lirai tous les livres de Babbo dans la bibliothèque à Valbois. (Naturellement elle ne sait pas que Babbo écrit des livres, et elle veut parler de ceux qu'elle voit, rangés sur les rayons, à Valbois.) Je l'ai encore avertie au sujet de la prononciation française de l'alphabet. Elle dira facilement bé au lieu de bi, mais l'h et le k la dérouteront[60]. Elle a résumé ses connaissances : « Je sais toutes les lettere grandi, mais je ne sais pas les lettere bambine. Elles sont difficiles, les lettere bambine ; et il faut aussi les écrire ? » — C'est en somme tout ce que je lui ai appris de juillet à janvier.

M. Nouvel n'a pas demandé de papiers, et n'a pas posé de questions précises quant à l'origine de Laeta ; du moment que je la présente et que je paie la pension, elle est considérée comme fille d'ancien barbiste.

La statue de Ste Geneviève a encore attiré son attention ; alors je lui ai dit que Ste Geneviève était une sorte de Jeanne d'Arc sans épée ni oriflamme, et qui était tellement « brava » que par ses seules prières elle avait obtenu de Dieu que les ennemis s'éloignassent de Paris. Au retour je l'ai conduite à l'intérieur, et nous avons mis trois petits cierges, un pour elle, un pour la Maman et un pour Babbo, devant la chapelle de la Sainte. — Laeta a été beaucoup frappée par la Mise au Tombeau, qui est éclairée par une lampe rose. Je pense que mes explications lui ont fait comprendre pour la première fois l'identité entre Gesù Bambino dans la crèche et Gesù Cristo mort sur la Croix, mis au tombeau, puis ressuscité. Pour la première fois le mot « l'Addolorata » l'a frappée : elle a vu que « la Madonna piangeva », et que « Gesù era morto »[b].

Vers 6 h ½ p.m. visite de M. Ion Pillat, qui m'a apporté le pre-

a. Italien : « Je suis bien contente d'aller à l'école. »
b. Italien : « La Madone pleurait », « Jésus était mort ».

mier tome des œuvres de Mihai Eminescu : *Poesü*, édition de Constantin Botez ; une édition nationale, en somme, très bien présentée (Bucarest, 1933), et les 2 volumes de l'*Antologia Poetilor de Azi*, qu'il a composée avec Perpessicius[61]. Il m'a parlé de ses travaux, de son effort (non isolé) pour rendre le roumain capable d'un style soutenu en même temps qu'intellectuel. Jusqu'au XIXe siècle la langue était exclusivement rustique ; à présent les jeunes sont disciples de Rimbaud et des symbolistes, et accueillent des influences françaises et allemandes contemporaines d'avant-garde. Il y a trop d'écart entre les matériaux et les formes désirées. Il dit : Nous sommes comme les Français à la Renaissance, comme la Pléiade[a] : c'est une tâche analogue que nous avons à accomplir. Je lui ai parlé de l'efficacité des traductions classiques, et de l'*Hommage à Virgile* que j'ai reçu de Bucarest en décembre dernier. Il m'a lu une poésie de Mihai Eminescu. M'a raconté sa conversation avec un capitaine de vaisseau catalan, en Espagne : se comprenant assez facilement, chacun parlant dans sa langue. Il est toujours mêlé à la politique et on lui avait parlé dernièrement de la vice-présidence de la Chambre. Leur vie politique doit comporter plus de loisirs que celle de nos députés, sénateurs et ministres, une moins exclusive spécialisation.

Il m'a de nouveau parlé d'un voyage en Roumanie ; j'aurais la gratuité, sur les chemins de fer, à partir de la frontière, et si je venais seul, je logerais chez lui. On tient beaucoup à me voir et à me recevoir, etc. — Tout avec de grands compliments, de ces éloges écrasants qui décontenancent celui qui les reçoit ainsi à bout portant. Bien que l'orgueil soit flatté, l'impression est pénible. Je me demande pourquoi. Peut-être à cause du caractère testamentaire des ouvrages qui nous valent ces éloges. Peut-être parce que le sentiment, jamais complètement émoussé, de leurs défauts, nous fait penser à la contrepartie de ces éloges, et prendre une moyenne qui

[*Cinq pages déchirées*.]

Le[62] 21 juillet je reçois de G[aston] G[allimard] une lettre me proposant d'écrire une préface pour la traduction (par Maurice Coindreau) d'un autre roman (antérieur à *Sanctuary*) de W[illia]m Faulkner, *As I lay dying*. — J'accepte, tandis que je suis en train de lire *Sanctuary*, me disant que *As I lay dying*, étant de la même main, mérite d'être traduit.

On ne me fournit pas d'exemplaire de *As I lay dying*. C'est Maurice Coindreau qui m'en envoie un en août (32). Je le lis deux fois entièrement, et l'étudie ensuite (août-septembre).

J'écris la préface, et la récris, et la retravaille, entre la fin d'octobre et Noël 32. Je la finis de recopier le 1er janvier 33. (Entre-

a. Note de Larbaud : « La revue qu'il m'a annoncée a pour titre : Pléiade (en roumain). »

temps Coindreau m'avait envoyé les dernières épreuves de sa traduction.) La dernière phrase de ma préface est : « Je souhaite que ce livre (*As I lay dying*) ait assez de succès pour encourager l'éditeur à donner une traduction de *Sanctuary*. »

La Préface est envoyée le 2 janvier, de Valbois, à la dactylographe. Les copies me reviennent le 9 ; je les expédie le 10 : à G[aston] G[allimard], à Jean Paulhan pour insertion dans *La NRF*, et à Maurice Coindreau.

J. Paulhan me dit (m'écrit, à Valbois) que la Préface sera donnée dans la revue (*NRF*) avant la publication dans le volume. Correspondance avec Coindreau aux États-Unis (janvier 1933.)

Plusieurs mois passent, sans que j'entende parler du livre de W[illia]m Faulkner, ni de ma préface.

En juillet (ou août) 1933, une lettre de Maurice Coindreau m'apprend que G[aston] G[allimard] a retardé la publication de *As I lay dying* parce qu'il fait traduire un autre roman de W[illia]m Faulkner et qu'il compte les publier en même temps.

En fin septembre ou octobre 33 je vois des réclames annonçant 2 livres traduits de W[illia]m Faulkner, *As I lay dying* et *Sanctuary*, mais les titres seuls et les noms des traducteurs.

En octobre 33, je vois une annonce de G[aston] G[allimard] pour ces 2 Faulkner, *Sanctuary* avec préface d'A. Malreaux[63], et *As I lay dying* sans indication de préface. J'écris pour demander si ma préface n'a pas été perdue, oubliée, ou quoi ? G. G[allimard] s'excuse par retour du courrier : c'est un oubli du chargé de la publicité[64].

Au début de novembre 1933 Jean Paulhan m'annonce que G. G. a résolu de publier d'abord *Sanctuary*. Je proteste. Mais la décision est irrévocable : *As I lay dying* effraierait le public, etc. Le 1er décembre la préface d'A. Malreaux, — qui venait d'obtenir le prix Goncourt, — est publiée dans *La NRF*.

En décembre 1933 je vois en vente dans les librairies *Sanctuary*, entouré d'une bande annonçant : « Une révélation de Malreaux, prix Goncourt 1933 ». Le succès du livre est grand, W[illia]m Faulkner est « lancé », et un ami me dit : « Si vous rencontrez un livre comme celui-là, signalez-le-moi », — comme si j'avais passé à côté de Faulkner et de *Sanctuary* sans les avoir su apprécier. — En février 34, *As I lay dying* et ma préface attendent encore. (Je n'ai pas reçu d'exemplaire de la trad. de *Sanctuary*, alors qu'en général je reçois toutes les traductions publiées par G. G.)

Ainsi, par la négligence de mon cher ami et éditeur, le petit mérite de « lancer » W[illia]m Faulkner m'a été escamoté. Il est possible aussi que ma mention de *Sanctuary* à la fin de ma préface ait été le point de départ du projet de faire traduire ce livre. Traduit, G[aston] l'a trouvé plus « grand public » que *As I lay dying* (et moins « difficile », encore que très beau). Alors sans me prévenir, sans s'excuser, il a décidé de faire passer *Sanctuary* avant *As I lay dying*. Là-dessus Malreaux ayant obtenu le prix Goncourt, G[aston] lui a demandé une préface, — exploitant ainsi le succès de Malreaux au profit de W[illia]m Faulkner. Tant mieux. Mais un lancement double, les 2 livres de Faulkner en même temps, aurait été plus efficace. Mais en ce qui NOUS concerne, moi et ma vanité d'auteur, la leçon est celle-ci : l'éclat, même passager, jeté sur un nom par le prix Goncourt, est plus exploitable qu'un nom depuis assez longtemps connu mais qui n'est pas aussi présent aux oreilles du « public maximum » (celui du p[ri]x Goncourt) que le nom brusquement éclairé par ce projecteur. Et la leçon vaut pour tous les « arrivés ».

Je pourrais protester, publier dès maintenant ma préface pour *As I lay dying* dans *Les Nouvelles littéraires* par exemple, et mettre le public au courant de cet escamotage (même sans avoir l'air d'y toucher, et d'une manière adroite qui servirait W[illia]m Faulkner, — ou perfide et adroite, en disant que *As I lay dying* est bien supérieur à *Sanctuary*, ce qui servirait à la fois W[illia]m Faulkner et G[aston] lui-même.) Mais l'inélégance de l'escamotage, ce qu'il y a de « procédé commercial » dans l'escamotage, rend par avance inélégante toute protestation. Je ferai mieux : quand G[aston] se décidera enfin à sortir (il est tout imprimé depuis un an) *As I lay dying*, et que ma préface paraîtra, je supprimerai la dernière phrase, celle qui souhaite qu'on traduise aussi *Sanctuary*, et qui prouve l'antériorité de tout le livre (traduit) sur *Sanctuary*[65].

Je crois bien que dans tout cela, au lieu de trouver des remèdes à ma vanité d'auteur, je n'ai fait que la fortifier. Tant pis, du moment qu'elle me demeure, en quelque sorte, extérieure, et ne me détourne pas de l'essentiel : mon plaisir, mi Real Gana.

Relu encore le poème d'Éric Robert-Tissot. Que lui répondre ? L'influence de Saint-John Perse, et en arrière celle de Claudel, de O.V. de L. Milosz, et de quelques pseudo-extravagants du « surréalisme » paraissent sensibles, mais forment une assez distincte personnalité poétique bien supérieure aux dits pseudo-extravagants (plutôt choses, et choses périmées, que noms distincts) mais encore très à la suite des Claudel et des St-John Perse[66].

Dimanche 18. —

Je relis ce qui précède. J'ai écrit avec une rapidité presque égale à la parole, et c'est bien mauvais. Mais je savais ce que je faisais : de tout cela peut sortir, même sans que je le relise, quelques lignes bien venues pour *Saint Jérôme*, quelque « conseil de détachement » ; et c'est aussi dans la ligne de ce que je pense écrire pour *La R*[*evue*] *de Paris* sous le titre de « Batailles littéraires ». La maxime : Préférer notre plaisir à tout, est toujours féconde : scandaleuse et féconde.

Le rôle d'A[ndré] M[alraux] dans cette affaire de publicité reste obscur. A-t-il su que ma préface était prête dès janvier 1933 ? Et qu'on la reléguait pour faire place à la sienne ? Et qu'on exploitait son succès récent ? Il m'a envoyé ses précédents livres avec des dédicaces aimables et même flatteuses, et il a tout à fait oublié de m'envoyer même l'exemplaire de service de son « prix Goncourt »[67]. Cela est sans importance, et je ne vais pas me donner la peine de chercher à savoir ce qui s'est passé au juste. — Il y a autre chose. Comment dans *Saint Jérôme* dire avec douceur, charitablement, que la Cour n'avait pas tout à fait tort de ne pas rechercher la Sorbonne, et que de nos jours encore... Ceci : que dans les milieux littéraires le pourcentage des gens vraiment bien élevés est beaucoup plus limité que dans les milieux « mondains » qu'ils méprisent ? Des gens de lettres mal élevés, j'y pense, j'en pourrais nommer : Un-Tel et Un-Tel, et pourtant intelligents, très cultivés, plus intéressants, en leurs propos, que la plupart des ducs et autres personnages réputés bien nés et « grossiers » (intellectuellement grossiers) ; — plus intéressants, mais moins bien, beaucoup moins bien élevés. And that's the reason why[a]... je me contente de les lire.

Lundi 19. —

Malaise toute la journée, toux, un peu de température, oppression, etc. — A.M. conduit moi-même Laeta à Ste-Barbe, — sa première journée d'école. Elle s'en faisait une telle idée qu'elle devait sûrement revenir un peu déçue, et sa curiosité satisfaite. A même dit : O, domani, non ci vado[b] ! comme elle l'aurait dit du Muséum ou du Jardin d'Acclimatation si on lui avait proposé d'y aller deux jours de suite. Déjeuner avec les « grandes » (de 8 à 10 ans) lui a été pénible. Elle n'a pas su raconter sa journée ; des souvenirs revenaient par bribes, et confondus. Elle avait cependant compris que la maîtresse avait parlé d'un roi qui était tombé en se promenant dans les montagnes et qui était mort (le roi des Belges Albert Ier avant-hier[68]) ; mais elle avait cru que c'était une histoire inventée. On l'a mise tout de suite aux bâtons d'écriture, et elle a écrit la voyelle *i*, qu'elle a reconnue au point. — Rentré à pied en flânant r. Cujas, Bd S. Michel, r. Soufflot, r. S. Jacques etc. Pensé à « Batailles littéraires » et en particulier à l'organisation du thème « Arriver, arrivé, raté » etc. Il s'agirait d'exposer le point de vue de l'« arrivé » de telle sorte qu'il rejoigne, dans sa propre opinion, le « raté ». Le comble de l'ambition : entrer dans une collection de classiques à bon marché, comme celle de Garnier, qui comporte, toujours réimprimés, Beaumarchais et Bernardin de Saint-Pierre, Massillon et

a. Anglais : « Et c'est la raison pour laquelle... »
b. Italien : « Demain, je n'y vais pas ! »

Mérimée, Baudelaire et Scève (récemment entrés) et guère plus de 3 ou 4 auteurs portés là en leur temps par une renommée qui nous paraît supérieure à leur mérite (un Brizeux[69] complet en 5 ou 6 volumes). Penser qu'on a des chances d'entrer là est une présomption qui dépasse toutes les autres, et de beaucoup plus énorme que l'idée de se présenter à l'Académie. En même temps la pensée de ces chances est un encouragement plus tonique que tous les autres : promesse à très longue échéance ; idéal qui élève l'« arrivé » au-dessus de toutes les preuves de sa situation, de son succès, mais qui, par sa hauteur même le ramène dans le voisinage du « raté », des médiocres. Tous égaux devant Garnier ! Seul un extravagant, dans les moments de délire de son estime de soi-même, peut se dire : Qui sait ? moi peut-être ? Accrochages pour les thèmes : Rien n'y fait (pour l'intrigue, la bataille, les rivalités, etc.) ; Tous égaux devant Garnier Frères... ? ?

Reçu des Presses Universitaires les cinq volumes qui mettent mon Ferdinand Brunot[70] à jour (les 4 parties du tomes VI, la 1re partie du tome IX) ; je les ai coupés, lisant çà et là. Aussi les tomes II et III du J. Combarieu (*Hist. de la musique*) qui bouchent deux trous dans ma bibliothèque[71].

P.M. Av. de Messine (15 + 1), et retour direct à la maison, très fatigué, et trop souffrant pour travailler. Donc F. Brunot goûté, et un peu s[aint] Augustin, et quelques chapitres du trop facile et trop inconsistant Tauchnitz, juste au niveau du thermomètre vers 38° centigrades.

Mardi 20. —

Gardé la chambre, avec cachets, sirop, etc. Mieux ce soir. — Au courrier lettre d'un poëte de 20 ans, avec des vers, de Constantine où il fait son service militaire. — Très peu de travail, beaucoup de peinture sur figurines et de mise en ordre de la collection. — Pneumatique d'un compositeur recommandé, de Montpellier, par Charles Eymar, M. Jules Guilbert. — Deuxième jour à Ste-Barbe de Laeta. On les a menées au Luxembourg. « Ti piace studiare, Babbo ? Io no[a] ! » Elle a fait des « lettere bambine ». Un peu égarée, « estrangée », quand elle se retrouve a casa. — Et le centenaire de Béranger[72] ? Il y aurait quelque chose à faire ; une heure de ses chansons très oubliées parce que trop sues, et trop goûtées d'une certaine classe (petite bourgeoisie) — qui serait de la « grande » aujourd'hui. C'est en rangeant une boîte de Kalmouks que cette idée m'est venue :

Pour des Kalmouks durs et laids
Nos filles sont trop gentilles,

a. Italien : « Tu aimes étudier, Babbo ? Pas moi ! »

Nos femmes ont trop d'attraits ;
Ah ! que leurs fils soient français.

Et son influence : Giuseppe Giusti[73], etc.

Mercredi 21. —

Meglio oggi, ma non del tutto guarito[a]. Cependant sorti comme d'habitude pour aller chez le Docteur V. (16 + 1), Baboa m'accompagnant et m'attendant au Valois. Vu, avenue de Messine, un intéressant Trouillebert, *Bords de la Sarthe*, avec un grand ciel très expressif. Il y a chez lui quelque chose de Corot qui est contredit par son tempérament. Les frondaisons sont de Corot, mais le ciel et la solide position du paysage ont un caractère personnel qui retient, s'il n'attire pas[74].

À 5:25 p.m. visite des gens recommandés par Charles Eymar. Un pianiste d'origine américaine (USA) et allemande. Elle, la fille d'un recteur de l'Université de Montpellier. Ils revenaient d'Espagne et vont en Italie. Ils n'avaient rien à me demander ; visite assez CURIEUSE ; mais des gens agréables ; éloge juste et chaleureux de Charles Eymar[75].

Vendredi 23. — Da V. (17 + 1), revenant à pied par la rue de la Bienfaisance, le Bd Haussmann, etc.. — A.M. et aussi dopo cena, molto occupato dalla collezióne[b] : classé les Russes du Ier Empire, tous les états-majors rétrospectifs, tous les Américains modernes moins Bolivie, Paraguay, Ecuador et Pérou. — Cela au détriment de ma correspondance. — Au courrier une carte postale de Manuel Gálvez, vue de l'église (1642) d'Alta Gracia, où il est en ce moment. (Je voudrais avoir le temps de lire le roman que j'ai reçu de là il y a quelque temps, et qui se passe à Alta Gracia.) — De 6 ½ à 7 ½ circa, visite de M. Boudot-Lamotte, qui m'apporte une copie de sa traduction des deux premières parties de Stephen Hudson's *A True Story*[76]. Je vais la regarder avant de dormir. Agréable mélange de brume et de soleil, tout aujourd'hui ; du rose et de l'orangé au long et aux détours des perspectives en grisaille.

Samedi 24. —

Je parcours les épreuves du livre de Stephen Hudson traduit par Boudot-Lamotte. Je reconstitue presque partout le texte, mais le français n'en est pas moins bon, solide, indépendant. Il doit être très bien, ce texte. Différence entre cela, ouvrage bien fait, et le rabâchage de *Public Faces*. — Les cours de E. Jordan en vente[77] ; je songe à m'y abonner ; je les suivrais si je ne craignais

a. Italien : « Mieux aujourd'hui, mais pas complètement guéri. »
b. Italien : « après dîner, très occupé avec ma collection ».

d'occuper inutilement une place. Il est intéressant de le comparer à Francesco Ercole. J'aime me trouver dans la foule estudiantine, où l'élément exotique est bien plus nombreux que « de mon temps », et l'élément féminin aussi. C'est pour eux, comme pour moi, que je redoute une orientation politique comportant de la xénophobie. Pour le reste, peu importe. J'aime aussi imaginer les modes et conditions d'une neutralisation du territoire universitaire, et par quelles rues passerait la frontière, etc. — En rentrant, passé prendre Laeta à Sainte-Barbe, et nous avons fait quelques courses comestibles dans le quartier, elle, Grandmuseau et moi. Difficile de savoir ce que Laeta fait en classe, en récréation, et ce qu'elle a appris comme lettres et comme chiffres. Il est certain que la variété des souvenirs accumulés et assimilés développe en les exerçant ses facultés, raisonnement, imagination, etc. Mais le courant enfantin (ou infantile) des pensées n'est pas troublé par cet enrichissement. Ce soir elle s'est mise à parler des phoques, toujours avec les mêmes questions, de taille, d'habitat, et « s'ils font mal » ? D'où cette question qui nous a bien amusés, — à Baboa : « Caresserais-tu un phoque ? » Comme nous riions, elle s'est justifiée en disant qu'elle voudrait « caresser tous les animaux » ! Pour ce qui regarde sa vie « à l'école », elle est aussi incapable de nous raconter ses journées qu'un soldat est incapable de raconter une bataille. Et ce qui augmente son « inarticulation », c'est que toute cette vie « à l'école » se passe dans une langue qui n'est pas celle qu'elle parle avec nous. Elle devrait, en somme, tout traduire du français en italien, et elle recule devant

[*Six feuillets déchirés.*]

prolixe, encombrée de personnages peu intéressants, dépourvus de relief, et trop de conversations, de changements inutiles de scènes ; traînante aussi. Sûrement II est ce qu'il y a de bien dans le livre. C'est en plus développé, et dans un autre climat social, le mariage de Jude l'Obscur[78]. — Je suis inquiet au sujet de Boudot-Lamotte : on a dû l'opérer hier ou aujourd'hui. J'espère avoir des nouvelles demain.

MARS

1er (Jeudi). —

Much better[a] : marché sans fatigue et mangé avec appétit ; travaillé avec entrain. — le « Philarète Chasles » se dessine clairement[79].

a. Anglais : « Beaucoup mieux ».

— Commencé la lecture du Jordan ; jusqu'à présent rien qui ne soit dans les manuels, ou dans Bryce ou dans Fr. Ercole. —

Repensant à *A True Story* et à l'impression d'un contact avec *Jude the Obscure,* j'ai remarqué, dans III, et très loin de II, la réapparition du geste de la femme de Jude : les faux cheveux noirs posés sur la table à toilette (ou sur la coiffeuse). Ce souvenir probablement (qui sait ?) inconscient chez Stephen Hudson. Cela m'a remis en train vers « L'art et la conduite » : Comment l'œuvre se forme par, et à travers, une quantité innombrable d'imitations, — tout comme les manières, la conduite, de l'enfant, de l'adolescent. Les circonstances sont tout à fait différentes chez Stephen Hudson : cela se passe dans la « haute société » (le III), mais ce TRAIT PATERNEL (la descendance de Thomas Hardy) n'en éclate que d'une manière plus frappante. — Ce III est bien diffus, bien lent, — alors que II est si court et saisissant, et qu'on n'en perd pas un mot. — Il y avait aussi dans *La N.R.F.* reçue ce matin des poésies ayant des traits paternels assez visibles : St-John Perse, Omar Khayyam[80], beaucoup d'orientaleries littéraires, le tout supportant une assez forte dose de personnalité.

Rien de Boudot-Lamotte, mais au courrier du soir l'exemplaire de la trad[uction] de *Sanctuary* que je n'avais pas encore reçu et qu'il m'avait promis de me faire envoyer. Ma préface pour *As I lay dying* y est annoncée. Parcouru les pages du jugement et celles de la fin. J'ai cherché l'exclamation de Popeye, « For Christ's sake[a] », et ne l'ai pas trouvée, puis j'ai vu que les traducteurs l'avaient remplacée par « Merde alors ! ». Cela paraît incroyable, même si l'auteur a voulu que cela fût traduit ainsi. De cette façon tout le personnage de Popeye, dans le souvenir du lecteur, est modifié. Son fatalisme rudimentairement religieux fait place à une espèce de stoïcisme crapuleux. — J'ai oublié de noter, au courrier d'hier matin, une réédition de la *Moll Flanders* de Marcel Schwob[81], chez Gaston G[allimard]. Il a vraiment très bien fait ; on ne la trouvait plus. (Baboa l'a lue d'un trait, entre hier et ce soir.) À côté de cela je vois une longue liste de « livres du jour », de « detective tales », qui doivent beaucoup se vendre, mais sûrement pas aux gens qui achètent *Moll Flanders.*

Samedi 3. —

L'allongement des jours est très sensible ; le couchant est plus vivement éclairé (azur et cuivre par grandes et fortes taches, — se reflétant rose-mauve sur l'asphalte mouillé d'une giboulée encore hivernale.) — Journée très active (correspondance d'affaires, ordre, collection, lectures). — Je veux noter notre après-midi, entre 3 ½ et 6 p.m. au Musée ethnographique du Trocadéro, Baboa et moi. Les

a. Littéralement : « pour l'amour du Christ » mais on pourrait traduire par « ça alors ! ».

jouets indo-chinois, les peintures abyssines de la Mission Dakar-Djibouti. J'ai demandé une photo de la Légende de la Reine de Saba, et de l'entrée du train en gare d'Addis-Abeba[82] ; ils en feront, mais quand ? Il y avait un petit radio-concert de musique dahoméenne et de musique javanaise. Curieuses masses cubiques, symétriques, de la première. La partie chantée de l'autre rappelait, au début, les malagueñas[83], et puis cela chavire dans une étrangeté où mon oreille s'égare ; le tout, parcouru d'une sorte de pulsation électrique, ruban de lumière vive, dorée, qui s'enroule autour du chant (*Udanmas* surtout, et « Boengboelang »).

Au retour pris Laeta à Ste Barbe ; elle avait la tête entourée d'un gros pansement ; mais ce n'était qu'une compresse sur un œil où de la poussière était entrée et qu'elle avait trop frotté.

Au courrier du soir, avec les journaux péruviens, une publication politique *La Lutte des jeunes* or something like that[a] ; un Jouhandeau[84] que j'ai parcouru (presque lu : 40 pages seulement laissées de côté) ; c'est toujours bon et bien fait, on y viendra sûrement beaucoup ; un Paul Morand[85], avec une dédicace que je n'ai pas comprise, allusion politique forse[b], ou reproche, ou blâme, je ne sais. La Préface m'a surpris ; tendance politique, anti-métèque ; cela surprend, non le sens politique, mais qu'il s'occupe de telles minuties. — Je finis la journée avec Édouard Jordan.

Dimanche 4. —

Notre itinéraire à 3 : montagne Ste Geneviève — Saint-Augustin — Montmartre (goûter dans un café, en face de l'entrée du jardin et des terrasses ; il s'agissait de montrer le Sacré-Cœur à Laeta, de lui en faire remarquer la masse, l'aspect « cime neigeuse » et conte oriental), — Saint-Augustin, Av. de Messine et Parc Monceau (Dott. V. 22 + 1), — Madeleine — gare St Lazare — gare de Lyon (dîner chez Ferrero, rue de Lyon, un peu bruyant et plébéien à cause du dimanche, mais contents d'avoir, de revoir, après des mois, un « fiasco a consumo[c] » sur notre table,) — retour à 9 h ¾ p.m. montagne Ste Geneviève.

Lundi 5. —

Mieux, capable de me déplacer beaucoup sans fatigue, et de m'occuper activement. Travail en partie à ma table en partie pendant mes courses de l'après-midi (phrases séduisantes, essayées à haute voix dans le bruit, sur les plates-formes des autobus, puis rejetées enfin comme trop voyantes. Les truffes, trop grosses, en

a. Anglais : « ou quelque chose comme ça ».

b. Italien : « peut-être ».

c. Italien : « une fiasque selon la consommation » (la « fiasque » est cette bouteille italienne à long col, à panse large et garnie de paille), dans le jargon de métier : « à la ficelle ».

trop grand nombre : alexandrins, même bons, dans une prose voulue simple et nette). Ordre dans la collection de figurines : Prusse, Frédéric II et Empire français, Bavière, Bade, etc. ; et les Zurichois de 1798, Neuenegg, dont c'est aujourd'hui justement l'anniversaire. — Courses : Dr V. (23 + 1) ; P^cesse^ Schakhovskoÿ (l'accueil de son chien, qui sentait sur moi l'odeur de Grandmuseau, — son « continuum d'odeurs », — avec le regard qui me le disait clairement : Tu en as un, et il m'est sympathique.) — Marcel Ray, absent, laissé un mot pour qu'enfin nous puissions nous voir. — Traversé le Jardin de la Muette, par la petite allée qui a été si souvent ma promenade quotidienne entre 12 et 14.

Du Valois téléphoné chez E. Boudot-Lamotte, et j'ai eu de bonnes nouvelles.

Ce matin au courrier *Terres divines* de Maurice Martin du Gard[86], et ce soir un mot de José-Maria Junoy[87], et *Toute l'édition* avec ma réponse à leur enquête. Ils donnaient ma photo de chez Manuel qui est de 1925 ou 26[88], avec d'autres têtes. À Laeta : « Regarde si tu ne connais aucune de ces figures. » J'étais inquiet. Mais presque tout de suite, elle a reconnu Babbo. Mariuccia la trouve mauvaise, cette photo.

Préparé les Notes Héroët et Lingendes pour Mme Lacroix. Lapina[89] a trouvé le moyen de faire des fautes en recopiant un texte imprimé qu'il avait sous les yeux : ὁμόζυξ pour ὁμόσυζυξ[90].

Mercredi 7. —

Beaucoup de temps donné aux figurines et un peu aussi à la flânerie par un temps frais et ensoleillé, très plaisant. Av. de Messine (24 + 1) ; Parc Monceau ; puis à pied de la Pl. S[aint-]Sulpice à la maison de thé de la r. de Médicis, entrant r. de Tournon chez Lafille pour des boîtes destinées à ranger les nouveautés de la collection (Portugal 1900, Mexique 1890-1900, Dominicains, Franciscains, Bénédictins, civils de la 1re moitié du XIXe siècle, etc.). Je n'y étais pas allé depuis 1926, et cependant Mme L[afille] m'a reconnu tout de suite, m'a dit mon nom, etc. Je n'avais eu affaire qu'à son mari, dont elle m'a appris la mort, et je n'avais même pas gardé le souvenir de son existence à elle. Cette reconnaissance m'a fait plaisir (« pas si décati »). Achats de livres en route et sous l'Odéon. — Goûté r. de Médicis, puis en autobus à la Geneviève où j'ai passé une heure, puis à pied à la maison. — Un peu de courrier, quelques réponses urgentes, affaires, etc.

L'entrée du Palais-Bourbon me fait, chaque fois que je la vois, penser vaguement au Mexique, évoque l'idée que je m'en fais, et qui est très schématique. Cela vient de ce qu'une des 4 000 coupoles d'églises mexicaines ressemble à cette entrée. Derrière, pour moi, Anahuac surgit, des illustrations vues dans des livres, des tableaux de peintres mexicains exposés à Paris, le souvenir d'Alfonso Reyes, les livres mexicains de ma bibliothèque, Juarez, la chemise de Maximilien au musée militaire de Bruxelles, les sculptures du Trocadéro, « Que grande es México... » etc., etc. Tout cela d'un seul coup, sans perspective, dans l'espace de quelques secondes, et dans une sorte de lumière (ou tache de lumière) d'un blanc éclatant, qui se relie au nom de Vera-Cruz.

Noter (peut-être pour *S[aint] Jérôme*) : au courrier d'hier soir une petite revue avec un article injurieux, bête, bas et sot, plein de jeux de mots vulgaires, quelque chose comme une « tartine d'envie » contre un poëte de mes bons amis. Je pense : Il a donc remporté un succès, on parle donc beaucoup de son œuvre en ce moment ? Et ce matin, au courrier, une autre revue, plus « sérieuse » (la première est proprement une « petite revue de ratés »), contenant un article élogieux, et même chaleureux, sur ce même poëte. Ces numéros m'ont dû être envoyés intentionnellement par les auteurs des articles. — Je ne vois rien, pour le moment, à tirer de là. Mais *S[aint] Jérôme* m'a été très présent toute la journée, comme un ami, comme une personne de laquelle on se dit qu'elle pense à nous, qu'elle nous *tolère*, nous veut du bien, etc.

Dimanche 11. —

Matin soir travail (*S[an] Girolamo*[a], toujours ce début, « Profession ? », ce commencement « sans fin recommencé », comme la mer). Fin de l'après-midi tous 3 à la Madeleine pour entendre les petits chanteurs de la Manécanterie. L'autel était très éclairé, et à chaque instant on voyait les éclairs de magnésium des photographes. Laeta ne voyait absolument rien. Je l'ai soulevée pour lui montrer l'autel. Les femmes regardaient dans les petites glaces de leurs sacs-à-main en les levant, le dos tourné à la cérémonie. — Puis à pied jusqu'à S[aint-]Augustin ; puis Dott. V. (26 + 1). Nous avons parlé des mosaïques d'Ostie. Ensuite Porte Champerret, de là Palais-Royal où nous avons vu les travaux récents. Les rues environnantes, où je n'étais pas allé depuis longtemps, ont changé d'aspect. Les agrandissements des Magasins du Louvre y sont pour beaucoup. Dîné pl. du Théâtre-Français.

Oublié de noter la première dent de Laeta ; elle l'a découverte avant-hier : un tout petit grain de riz dans le vide laissé par l'incisive tombée. Nous lui reprochions de se mettre les doigts dans la bouche ; c'était cela qui la gênait. Elle a beaucoup ri lorsqu'elle s'est aperçue de cette naissance d'une nouvelle dent.

Lundi 12. —

Travail une partie de la journée à ce difficile début du *S. Jérôme* : « Profession » ? Parfois d'un long paragraphe, qui en

a. Italien : saint Jérôme.

entraînait d'autres, je n'ai laissé que trois mots, qu'une allusion ; mais ailleurs la *coulée* recommence. Je concentre de plus en plus autour d'A. de Lombez[91], et c'est un bon conseiller, — mais lui-même a fait plutôt long. — Av. de Messine et Valois (27 + 1), et retour direct Pl. du Panthéon, une heure ¾ à la Geneviève avec A. de Lombez, puis à Ste-Barbe où j'ai pris Laeta, allant ensuite tous deux « al caffè degli Spagnuoli », qui devient de plus en plus « dei Cinesi[a] » ; puis courses ensemble Bd S. Michel, pl. Médicis, etc., et retour a casa nell'autobus. Au courrier du soir un mot de J. Audiberti.

Mercredi 14. —

Tout le temps non pris par les courses et la visite au Dr V. (28 + 1), donné à *S. Jérôme*, avec beaucoup de difficulté et de grands découragements. À 5 ½ p.m. rendez-vous à Helvetia avec Bertrand Guégan, une heure, et reconduit Pl. S. Michel. Au courrier du soir un livre édité à Rio par Alfonso Reyes (*Si el hombre puede artificiosamente volar* de Antonio de Fuente La Pena) : 100 exemplaires seulement, très beau livre, très aimable dédicace[92].

Jeudi 15. —

Payé 163.904 frcs, la dernière tranche des droits de succession. — Une partie de la journée, sans médecin, à retravailler « Profession ? ». Combien de temps il faut pour qu'une chose sorte, se dégage, se dépouille, perde ses bavures ! J'ai été deux fois sur le point de recommencer tout, encore une fois. Le « Gendarme Merda », qui avait « tenu » si longtemps, — dès le second brouillon, — a disparu ; peu de nouveautés dans les « accessoires » ; tout consiste à tâcher de dégager un contour bien net. — Quelques lectures pour et autour du travail en général. — Un peu de courrier. — Le soir grande infraction au Régime : à la Salle Gaveau pour voir danser Helba Huara, péruvienne ; laide et sans charme, mais très savante. Difficile, sans avoir vécu au Pérou, de savoir ce qu'il y a de national dans ce qu'elle fait. Atmosphère « Virreinale », con resabios de Ricardo Palma. Cada baile puede asermejarse a un breve poema más o menos cultista. Muy graciosa la Virgen que llama con sus manos a las ánimas (sólo las manos se mueven[b]). Ses castagnettes sont très expressives, très parlantes et murmurantes, et roucoulantes et clamantes ; mais elle n'en abuse pas. Il me semble que certaines choses auraient déplu, ou fait rire, en Espagne. Ici le public paraissait très intéressé par l'exotisme. Lástima que sea tan fea[c] ;

a. Italien : « *au café des Espagnols*, qui devient de plus en plus *des Chinois* ».

b. Espagnol : « Atmosphère "vice-royauté", avec des relents de Ricardo Palma. Chaque danse peut s'apparenter à un court poème plus ou moins "cultiste". Très amusante la vierge qui appelle de ses mains les âmes (seules les mains bougent). »

c. Espagnol : « Dommage qu'elle soit si laide ».

mais on avait « la danse pure ». Beaucoup de monde dans la salle ; aperçu Émile Henriot et Henri de Régnier. Le jeune F., que je n'avais pas reconnu, sur la figure de qui je n'avais pas su mettre un nom, mais nous nous étions regardés à plusieurs reprises, au foyer, — m'a abordé et nous nous sommes reconnus, ou plutôt, lui m'ayant dit[a] son nom, je l'ai reconnu. — En sortant, soupé légèrement au Weber. (Laeta était restée sous la garde de Marceline et dormait quand nous sommes rentrés, vers minuit trois quarts.) — Au courrier, fra altre cose[b], une sorte de circulaire de G[aston] G[allimard] à propos de la protestation de Cholokhov[93] contre la traduction tronquée de *Podniataia Tselina*. Rien à en tirer pour S[*aint*] *Jérôme* ; histoire de boutique, je pense.

Vendredi 16. —

La mort du P[ce] Sixte de Bourbon nous touche de bien près, et sa sépulture à Souvigny est une grande chose pour nous[94]. Toute la France, par ces immondes journaux, apprend ce qu'est Souvigny, — mais parce que quelqu'un (peut-être dans l'entourage même du P[rin]ce) leur a donné quelques renseignements (hier soir encore un journal parlait de Souvigny comme du « Saint-Denis des Ducs de BOURGOGNE. ») Toute la Famille Impériale est réunie à la maison mortuaire ; elle sera sans doute à Souvigny. J'avais pensé à une sépulture italienne ou autrichienne. Qu'il ait choisi le Bourbonnais me donne une grande reconnaissance pour sa mémoire. Il me semble que maintenant ses livres, avec sa biographie, nous appartiennent.

Nombreuses courses, et Dott. V. (29 + 1). Conduit et ramené Laeta à Ste-Barbe ; les petites classes sont licenciées jusqu'aux vacances de Pâques ; nous aurons donc Laeta avec nous constamment jusqu'au 10 avril. — En rentrant directement de l'Av. de Messine trouvé le paquet des « Patru » expédié de Maestricht par Stols[95], et j'ai commencé aussitôt à préparer mon service de presse, envoyant le 1er exemplaire à Marcel Thiébaut (j'en aurais envoyé à Jean-Aubry et à Marcel Ray s'ils avaient en ce moment une adresse fixe.) — Un peu de courrier urgent, surtout d'affaires, mais aussi d'amitié et de littérature. Au courrier du soir lettre de G. Gallimard pour une autorisation de reproduction de 5 à 6 pp. d'*Enfantines* (« La Grande Époque ») dans un « ouvrage à l'usage des écoles primaires élémentaires » (cela me plaît beaucoup)[96]. Aussi une coupure d'un « argus » quelconque qui croit que je lui donnerai ma clientèle, mais qui m'a intéressé : un gentil paragraphe d'Edmond Jaloux sur la plaquette de Pierre Moussarie (dans *Excelsior*).

a. Cette dernière expression est écrite au-dessus et à la place d'une ligne raturée.
b. Italien : « parmi d'autres choses ».

En fin de soirée visite de J. Audiberti m'apportant un jeu d'épreuves de son très prochain recueil de poésies. Comme toujours sa conversation, à la fois désordonnée, très humaine (— pleine de remarques justes, et d'une critique de lui-même surtout, d'autres aussi, souvent profonde —) et INSTABLE, m'a laissé une impression un peu déprimante. Il est tout plein de politique, annonce « la fin de la République », des journées révolutionnaires en mai prochain, l'installation d'une sorte de Fascisme, mais plutôt que Fascisme à l'italienne, dictature. Les gens font une sorte de nationalisme à base de socialisme qui paraît tout verbal. J'ai cru comprendre la dédicace de Paul Morand qui m'avait intrigué : en me disant : « Les Îles Kerguelen ne sont pas faites pour les chiens », il devait me reprocher d'avoir parlé « irrespectueusement » de Kerguelen, terre FRANÇAISE, d'en avoir décrit avec raillerie le mauvais climat et le caractère désertique, de l'avoir

[*Deux pages déchirées*.]

comme c'est tellement au-dessus de la meilleure parmi la « sage » production courante, on se sent obligé de le défendre envers et contre tous, — et d'attendre que, par l'étude, cela se clarifie en nous.

Samedi 17. —

Journée qui aurait été perdue et manquée si, laissant reposer « Profession ? » et m'en écartant tout à fait, je n'avais trouvé, le soir, au cours d'une promenade nous-deux-Grandmuseau entre rue Monge et le Jardin des Plantes, à la fois le courage et un nouveau plan pour récrire ce morceau. Il sera plus maigre, mais plus net, et capable de laisser le « long souvenir » dont Boileau[97] parle (dans l'esprit du lecteur). Cela mis à part : siestes, paresse, lecture (un livre (intéressant) de Pierre Frédérix sur la Russie) et, en remontant, à rebours, le livre de Paul Morand. C'est une nouvelle amplifiée en roman ; sujet assez frêle et très spécial, — la même satire pourrait s'appliquer à toute autre industrie que celle du cinématographe (à celle des chaussures, ou des vêtements sur mesure, ou de la grande hôtellerie, etc.) ; le ton et les péripéties, aimables, légers, ne sont pas ce qu'annonçait la bande tricolore obscurcie d'un « noir de crime » (mais cela vient de l'éditeur) ; on pense plutôt à une comédie de Labiche, avec de ces « mots de situation » que le lecteur accueille avec plaisir parce qu'il les prévoit (« J'allais le dire »), se sent flatté, et que sa paresse ou son goût de la facilité lui font applaudir au théâtre. (Il y a aussi de ces mots et de ces procédés chez Marcel Proust, mais rares, et ce qui les entoure les soulève, les entraîne, ou les fait passer inaperçus.) On passe un bon moment, et l'écriture est agréable ; mais ce n'est pas du meilleur Morand. De cette lecture je conclus que le sens de sa dédicace peut être que la stérile et polaire Kerguelen serait le lieu d'exil où transporter ces joyeuses fripouilles internationales de l'industrie cinématographique. — J'ai écrit à Pierre Frédérix, à G. Jean-Aubry et à Marcel Ray, diminuant ainsi le paquet des lettres auxquelles j'ai à répondre. —

Pluie et vent après une assez belle matinée. — Au courrier du soir un G.K. Chesterton traduit par Mlle Fournier-Pargoire (de qui l'activité me fait un sensible plaisir[98]) et une traduction de ce très mauvais *Defence of Women* de H.L. Mencken[99], qui ne valait pas la peine d'être traduit, et que P. Morand a eu la grande condescendance de préfacer. — Parcouru les 2 derniers n^os^ de la *Revue anglo-américaine.*

Lundi 19. —

Mécontent de mon emploi (ou plutôt gaspillage) du temps ; surtout des lectures en dehors du travail, mais plus encore de ma paresse à tenir mon courrier à jour. Celui-là est peut-être le plus grave manquement à nos devoirs d'État. Revues : *Oggi, Circoli, Corona* (un sonnet de Inès de la Cruz traduit par Karl Vossler[100]) ; presque tout le livre de Henry Charman, *The Ludwigs of Bavaria,* d'un bout à l'autre *Gioia d'Agava* de Pietro Mignosi (l'impression est bonne, d'une main ferme, récit agréable, bonne héroïne, le paysage sicilien, un bourru bienfaisant, un méchant, pas trop conventionnels ; et c'est nourri de réalité quotidienne, d'observations au jour le jour, qui font vivant ; le parti pris catholique n'est pas gênant ; c'est sûrement plus limpide que Mauriac, mais beaucoup moins dramatique et passionné, moins prenant par les côtés humains. Un bon livre ; il faut enfin remercier Pietro Mignosi, qui depuis plusieurs années m'envoie ses livres sans que je lui aie donné signe de vie. Je dois les avoir tous ou presque tous[101]).

Échos du gentil succès de la plaquette de Pierre Moussarie.

Courses et flâneries, que je ne regrette pas du tout, parce qu'elles me font prendre de l'air et de l'exercice. En sortant de chez le Dr V. (30 ou 31 + 1, je ne sais plus) à *La Revue de Paris* où j'ai porté à Marcel Thiébaut (partant demain pour Monaco et Cannes) la partie II de la trad[uction] de Stephen Hudson par E. Boudot-Lamotte. Vu R. Laporte. Bavardé un moment. Redescendu les Champs-Élysées à pied, avec arrêts dans les Lidos et Claridges pour me mettre à l'abri des giboulées. Puis taxi et autobus jusqu'à S. Sulpice, de là à pied jusqu'au Palais du Luxembourg, puis autobus à la maison.

Lu les récits des journaux des funérailles du P^ce^ Sixte à Souvigny. Il y a quelques erreurs : Postz pour Bostz (le château des Bourbons à Besson) ; et puis l'idiotie du reporter qui écrit machinalement « la *petite* église » en parlant de Souvigny ; pourtant il y était, il l'a vue ; mais le village de Souvigny étant petit, il fallait bien que l'église fût petite[102]. Pendant 8 jours toute la France connaîtra l'existence de Souvigny et soupçonnera celle du Bourbonnais en tant que pays ayant eu des ducs souverains et une sorte d'autonomie, de vie propre. Ce souvenir pourra se prolonger chez 1 pour 1 000 des lecteurs. — Nous avons parlé du Pce Sixte, Marcel T[hiébaut] et moi ; il le connaissait bien comme collaborateur de la revue. — *Le Courrier de l'Allier* a encadré de noir la nouvelle de la décision de la famille au sujet de la sépulture à Souvigny, mais il ne semble pas en faire la principale nouvelle du jour. Demain peut-être il y aura un récit plus détaillé, et en 1re page.

Inattention des lecteurs : un article dans *Paris-Midi* (en général bien faits) sur le livre de Paul Morand : le critique dit qu'il n'y a que 2 personnages français : Kergaël et le Veneur d'Oisel ; or une des surprises de l'intrigue est la « reconnaissance » au cours de laquelle le Veneur d'Oisel laisse échapper qu'il est allemand et se nomme Jägervogel.

30 mars (dans la nuit, Vendredi Saint)

Trop occupé (travail[a], médecin, rendez-vous, etc.) pour écrire ici depuis le 19 ou le 20 III ; et impossible de tout noter. Seulement les agréables entrevues avec des amis : Marcel Thiébaut, Gaston Gallimard, Jean-Aubry, Marcel et Suzanne Ray. Vu aussi René Laporte. Le reste serait trop long à noter. — Enfin le travail est assez « avviato[b] » après des crises de découragement et des nuits accablantes devant le vierge papier que sa candeur défend. — Et demain nous partons pour une fin de semaine à Sens après avoir songé à Bruxelles, à la Bretagne, à Dieppe, à Orléans, à Étampes. — Aujourd'hui beaucoup de temps au travail et beaucoup de courrier, surtout d'affaires et Valbois. Chez le Doct. V. pour 37 + 0, et lui ai payé ses honoraires jusqu'à ce jour (1 900 francs). Au retour entré à S. Sulpice pour entendre l'adoration de la X[c] et voir le reposoir ; beaucoup de monde. Sorti un peu après dîner. Pendant que j'allais [à] Monceau et S. Sulpice, Mariuccia et Laeta sont allées à Saint-Cloud, que Laeta voyait pour la première fois. Au courrier un livre sur la poésie russe des dix ou 15 dernières années, et *Expresiones* d'Antonio Aita[103] (Buenos Aires), où il y a des études courtes sur Ricardo Güiraldes, Paul Morand et moi.

Le chœur de S. Sulpice était excellent (Hagios o Theos) et l'ensemble réglé d'une manière très « solemn ». Crux fidelis :

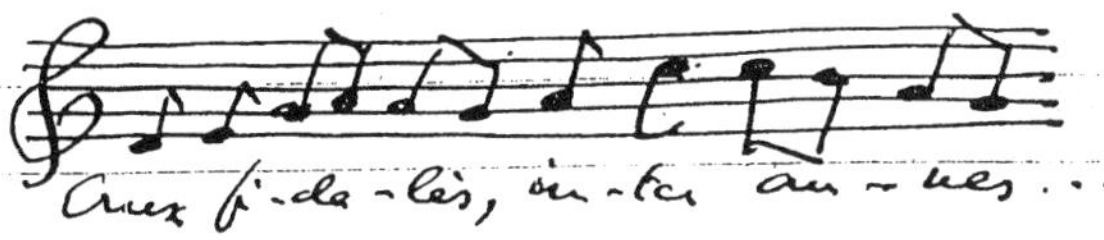

a. Note de Larbaud : « La rédaction définitive de TAN CALLANDO. »
b. Italien : « avancé ».
c. De la Croix.

AVRIL

1er. Sens et Joigny.

Arrivés samedi soir à l'Hôtel de Paris (D'Honneur-Roger[104]) à Sens ; logés dans l'annexe ; ce n'est pas la chambre que j'avais en 1915, mais c'est le même hôtel, avec quelques modifications et embellissements : agrandissement de la salle à manger, et je n'ai pas reconnu le salon de lecture. Ma chambre devait être au-dessus d'une partie de la salle-à-manger. C'est là que j'ai lu, *Erewhon*. J'étais venu de Paris. J'avais beaucoup marché dans tous les sens de Sens. Saint-Étienne m'était resté très présent[105]. Je me rappelle encore : *a)* au musée le vieux gardien expliquant le *Vitellius* de Rochegrosse[106] et disant : « Nous verrons peut-être des choses comme celle-là après la guerre. » *b)* Un pugilat sur les rangs entre deux soldats, sur le pont de l'Île d'Yonne ; d'après les injures et les mots entendus, c'était à propos du départ pour le front de ces deux soldats : l'un reprochait à l'autre d'avoir obtenu par intrigue ou faveur un sursis. L'officier qui commandait le groupe eut de la peine à rétablir l'ordre. *c)* Comme je suivais le Boulevard du [*Lacune incompréhensible*] l'autre aquatique, qui faisaient faire de petites promenades aux gens. L'avion aquatique, peint en jaune, paraissait instable, mal dirigé. Il avait l'air d'une attraction de foire, et l'était probablement. Il y a là une nouveauté, un progrès dans la vulgarisation.

Travaillé la nuit dernière, mais plutôt mécontent du résultat. —

2 avril. Sens. —

La plus grande partie de cette journée donnée à la ville : Saint-Étienne et environs, le trésor, etc. ; ensuite je les montre à Baboa et à Laeta. Tours de ville. Saint-Maurice dans l'Île d'Yonne, que je n'avais pas bien vu en 1915 : le s[aint] Maurice à cheval, l'autel, le relief de pierre peinte représentant sainte Marie-Madeleine. — Reliques de sainte Paule au trésor de la cathédrale[107] ; — la salle Synodale a été ré-organisée et contient plus de choses qu'il y a 19 ans. — Le mouvement très dense des vacances, et par là-dessus une foire dans les rues, ne sont pas favorables à une visite attentive de Sens. Cependant le caractère lévitique[a] de la ville paraît plus accentué qu'autrefois (le clergé plus nombreux, aussi bien dans les rues qu'aux offices).

Paris, 11 avril.

La visite de Sens, le retour (le 3 ou le 4 avril) à Paris, puis les

a. Emploi tout à fait particulier de l'adjectif « lévitique », déjà rencontré dans le journal « Alicante-San Vicente » (« *ciudad levítica* », pour Gandía, notamment), expliqué par l'expression « le clergé plus nombreux dans les rues ».

visites au Dr V., et le courrier, et la préparation des 4 volumes pour la dactylographie (avec recopiages totaux ou partiels de certains morceaux), la rédaction définitive de « Tan callando » et son envoi à Bruxelles[108], etc., m'ont éloigné de ce journal. Je veux donc m'obliger à le reprendre dès maintenant. Aujourd'hui : terminé et expédié à René Laporte la lettre-préface à Marcel Thiébaut pour le petit volume qui doit paraître en même temps que l'étude de Marcel Thiébaut ; j'ai expédié en même temps les pages choisies de mon DIARY[109]. — Lecture de s[aint] Augustin ; revu le morceau « Aller à la Chine[110] » pour *S. Jérôme* ; visite au Dr V. (3 de la nouvelle série ;) grands tours de quartier avant dîner (allant, au retour, prendre Laeta à Ste-Barbe) et après dîner. — Achat du t. I du Racine à envoyer à la Bibliothèque de Breuilly (le colis partira demain) ; j'ai rencontré Pierre Moussarie ; j'ai pensé à du travail (*S. Jérôme*). Aussi à un manifeste anonyme sur le thème « Place aux jeunes ». Il ne pourrait être signé parce qu'il semblerait rechercher pour son auteur une popularité parmi les débutants et les jeunes. Il faudrait que le secret fût bien gardé, et je ne crois pas que j'obtiendrais cela. Donc, je m'abstiens. Mais la question me préoccupe. Il s'agit de savoir, en somme, si le « flambeau » sera transmis, comment, dans quelles conditions, par qui. Mes 4 bouquins en train, et qui finiront tout de même par être prêts, et par aller chez l'imprimeur, m'effraient, comme poids ajouté à celui que j'ai derrière moi : *A.O. B*[*arnabooth*] *; F*[*ermina*] *M*[arquez] *; Enfantines ; Amants, h*[*eureux*] *a*[*mants*] *; J*[*aune*] *b*[*leu*] *b*[*lanc*] ; Allen. Cela fera dix titres (*S. Jérôme ; Actualité ;* les 2 *Vice impuni.*) Et si je ne me décide pas à lâcher *L'Amour et la Monarchie* (qui devrait être une chose de la longueur d'*Allen*, mais qui dépassera cela de beaucoup j'en ai peur) et *Violettes de Parme*, — douze titres ! — Enfin j'ai déjà bien fait traîner ces quatre-là : les 2 *Vices* auraient pu sortir entre 28 et 30. Le *S. Jérôme*, moins dorloté, moins nourri, aurait pu sortir l'année dernière. En somme, en ce qui me concerne, j'ai une assez bonne conscience et mes lecteurs ne peuvent guère se plaindre de mon importunité ! Mais maintenant je regarde partout pour découvrir de la NOUVEAUTÉ JEUNE, quelque chose qui ne soit pas influencé par les gens de ma génération (qui doit être à présent l'influence dominante) et qui soit cependant BIEN. La poésie « prolétaire » du récent (hier ou ce matin) *Journal des poëtes* est sans mérite (il est vrai qu'on ne peut guère juger les choses traduites, mais le morceau français est une imitation purement rythmique des versets rimés de Claudel). Supervielle et Leger étant connus et même illustres (comme Mallarmé ou Corbière en 1890 environ) j'en reviens toujours à Lochac et à Audiberti ; mais l'abondance d'Audiberti m'effraie pour lui, et dans ses procédés, surtout en prose je retrouve quelque chose, et pas de la meilleure qualité, de Huysmans, de Dujardin, surtout de Paul Adam[111]. On en est frappé, même « ébloui », et puis on s'aperçoit qu'on s'en fatigue, comme si chez lui souvent il y avait plus d'effort pour « ne pas parler comme tout le monde » que pour EXPRIMER EN FONCTION DE L'IMPRESSION OU DE LA CONCEPTION. Je souhaite bien vivement me tromper ! — J'aimerais presque autant Charles Massonne s'il ne se drapait pas systématiquement dans un alexandrin de tradition lamartinienne et dans une diction « noble » trop chargée d'adjectifs et de prosopopée. Et puis qui ? Et puis qui ? disent les oiseaux du Jardin Fleuri.

À Sens j'ai oublié de noter la présence du souvenir de X (dont j'ai oublié le nom, mais dont je sais le prénom, — ami de quelques personnes que je voyais souvent alors). Je le connus plus tard, en 1916 je crois. Mais il était à Sens en même temps que moi et dut y passer quelques mois à la caserne où il faisait son service militaire quand la guerre fut déclarée. Un homme de 22 ou 23 ans, grand, vigoureux, etc. Il était décidé à ne pas « partir », et il en trouva le moyen. Il se rappela que le homard, la langouste, etc., lui donnaient, enfant, des crises violentes d'urticaire. Il en acheta un nombre considérable de boîtes, et ne vécut plus que de cette nourriture. Un mois après, au moment où il aurait dû « aller au front », il avait le corps couvert de plaies ; les médecins mettaient des gants de caoutchouc pour le toucher. Il obtint de la sorte une demi-réforme, un long congé, qui lui permit, à Paris, de se « débrouiller ». En 1916 il me dit : « Aussi longtemps qu'il y aura des boîtes de homard en France, je ne craindrai rien ! » Je l'ai revu, par hasard, dans un restaurant près de la gare Saint-Lazare, en 22, avec sa femme, et l'air toujours aussi florissant. J'étais avec Mariuccia à une table voisine. Après reconnaissance et saluts, je lui dis : « Vous aimez toujours le homard ? » ce qui nous fit rire beaucoup, et sa femme aussi, à qui il avait dû raconter cette bonne « histoire de guéguerre ». Je ne l'ai jamais revu depuis.

Jeudi 12. —

Deux visites au Dr W. (ou plutôt à son remplaçant). De la seconde retour en partie à pied, agréable par cette température. Puis tout le restant de l'après-midi avec Laeta au Parc Montsouris où je la menais pour la première fois et que je lui ai fait voir aussi bien qu'elle en est capable. Par malheur on nettoyait le « laghetto » ; mais la cascade et le ruisseau fonctionnaient, et les trains de Sceaux emplissaient de fumée et de vapeur « le vallon boisé ». Sous le beau temps c'était magnifique, aussi bien pour moi que pour elle : pour cent enfants il n'y avait pas vingt grandes personnes ; Montsouris semblait un royaume d'enfants. Guignol (mais les gosses criaient très fort, prenant part aux scènes, interpellant Guignol et ses créanciers, etc.). Ces cris ont décidé Laeta à sortir. Trois grands tours de chevaux de bois ; postures héroïques, valkyriennes, des petites filles cherchant à décrocher des anneaux avec une sorte de tison de fer. On voyait les habitués de ces tournois. Laeta a dû apprendre le maniement de l'arme, et à la fin décrochait assez bien les anneaux. Balançoires, deux séances de suite, avec deux petites filles différentes de figures, de vêtements, de mœurs. Goûter sur la terrasse du restaurant ; découverte du point de vue : la cascade, les beaux arbres ; et tout d'un coup la vapeur blanche du train de Sceaux remplissant un coin du paysage, comme si la carte postale se mettait à brûler par un coin (j'ai vu nettement une impression de ce genre dans son regard ; moins la peur que l'étonnement de voir la réalité en apparence stable subir une telle modification : incendie du décor, ou une irruption de nuages, de ciel, dans la solidité de la terre. Son expression, et l'exclamation qu'elle a poussée m'ont presque fait partager cet étonnement : une vision de rêve en pleine réalité ; quelque chose d'aussi près que possible d'un doute philosophique, de la conception des apparences recouvrant la réalité). Montée de la colline, toujours dans le même royaume d'enfants ; le passage, sans nous, — sous le pont, — d'un train ; essais de pâtés de sable (j'en ai presque réussi un) ; il faut encore (et il le faudra longtemps) lui désigner certains objets que son attention encore inéduquée laisserait complètement en dehors de sa perception : l'observatoire (que j'ai appelé « le Palais arabe ») par exemple ; une merveille de plus, que les pâtés de sable avaient failli voiler entièrement. Retour vers 6 ½ à la maison où Baboa était déjà rentrée venant de chez sa couturière. — Gentilles choses dites par Laeta. Je me reproche souvent de la traiter avec trop de sévérité ; mais si nous ne la réprimandions pas autant elle prendrait vite de très mauvaises habitudes, — surtout manières, signes extérieurs d'éducation et de politesse, plutôt que défauts du caractère. Il y a chez elle une vraie humilité, un vrai désir, tout à fait spontané, de venir en aide, de ne pas gêner, de se rendre utile.

Au courrier du soir CENDRES[112], poèmes, par JEAN AMROUCHE, TUNIS 1934. M'a paru digne de lecture.

Samedi 14.

Journée d'été, trop chaude pour avril. — Courses a.m., en taxi et à pied, avec flânerie entre quais et Bd. S[aint]-Germain (avec Grandmuseau). Comme travail, trouvé deux corrections à faire dans « ... Tan Callando » (voilà que je l'écris comme la dactylographe, après avoir si bien corrigé le C majuscule de callando !) Et j'ai travaillé à la révision de la traduction de *La Moglie del sordo* de Gianna Manzini. Je suis souvent obligé de me conformer au défricheur, Henri Marchand, faute d'avoir trouvé mieux. Mais je suis assez content de mon effort pour DÉSITALIANISER son mot à mot, comme « infidélité » pour « tradimento », etc. Ce travail m'a soutenu à certains moments de la journée où le désespoir d'André dans

« ... Tan callando » me menaçait. Je suis content d'avoir donné une forme à ce désespoir. La révision de *La Moglie* me réconfortait comme ceci : Au moins suis-je bon à ça ; au moins ne suis-je pas tout à fait inutile. Je voudrais faire entrer ce sentiment, bien marqué, dans *S. Jérôme.*

Avant midi déposé l'exemplaire nominatif du *Patru* destiné à B. Guégan chez lui, et celui de Mme de H[arting][113] chez elle, « en mains propres ». L'imprimeur Darantière est venu pendant que j'étais là. Je suis sorti un peu mécontent de moi et de ce contact avec le monde libraire. Aurais-je voulu sentir plus d'« admiration » ? Je ne crois pas ; plutôt ne pas me sentir comme « producteur de la matière première » dans un milieu qui en fait commerce, qui sert d'intermédiaire entre nous et les lecteurs. Je n'aurais voulu parler que de Grandmuseau, des terriers, des bois, de la neige en Bourbonnais, etc. ; je l'ai fait ; mais il a fallu aussi parler boutique : ce que je prépare, ma préface pour W[illia]m Faulkner, et bien entendu le « Patru[114] » lui-même ; mais la préoccupation « libraire » dominait.

Au contraire, ce soir avec E. Lochac (dîné tous les 5 — Laeta présente, — à L'Écrevisse) nous n'avons pas dit un mot qui ne fût « littérature », mais cela n'avait rien de la boutique. Je lui disais des choses comme : « Vous savez qu'INDÉSIRABLE est du XVIIIe siècle ? Oui, quelque chose comme 1754 (j'inventais) et dans une fournée d'anglicismes et de germanismes dont quelques-uns n'ont pas tenu mais pourraient revenir avec les sous-titres du cinématographe américain ? » Et lui : « Je ne peux pas supporter les rimes féminines suivies ; c'est une répulsion physique ; ça me fait mal là » (en mettant la main dans le voisinage du cœur).

En somme, gens du monde matin et soir, mais le matin gens du monde dans le commerce et parmi lesquels, malgré les bois et les terriers, malgré le cadeau que j'apportais, je pouvais passer pour le producteur qui fait la tournée des dépositaires de sa marchandise, ou qui tout au moins « soigne » l'intermédiaire (cela malgré nous, je veux dire Mme de H[arting], Darantière, moi, mais par la seule force des circonstances) ; le soir gens en apparence, par le décor du restaurant, la dépense, les signes extérieurs, « du monde » ; en réalité au-dessus du « monde », occupés de propos que seule l'élite des princes (François Ier et semblables) auraient pu suivre avec intérêt. — Remarqué ceci : devant Lochac je n'ai aucun sentiment de supériorité ; au contraire, je le pense supérieur à moi, et le fait qu'il y a une distance apparente entre nous, lui connu de quelques amateurs de poésie, moi presque « célèbre », me paraît absurde, risible, une chose dont il n'y a pas à tenir compte, une méprise des « gens » ; mais qui me gêne plutôt, parce que cette méprise est momentanée et que dans *n* années, — au paradis de l'anthologie française, — les situations seront renversées ; je les vois donc déjà comme renversées. Reste le passager aveuglement des gens d'aujourd'hui. — Il a terminé ses *Monostiches*, et m'a cité celui de la fin :

« *Tréma des goëlands sur les mâts engloutis.* »

Il pense les donner à la collection de J. Royère. — Il me reproche toujours d'avoir abandonné la poésie ; voudrait me voir continuer à écrire des choses dans la forme et la veine des *Poésies de A.O. B*[*arnabooth*] ; exclusivement poëte, il semble penser qu'il y a déchéance à écrire en prose, ou manque de confiance en soi-même, ou perte de l'esprit d'enfance, ou signe d'impuissance. Je lui ai répondu par une strophe mauvaise relevée par X dans un texte pesant et normalien de Z (homme politique) ; et aussi par cet argument : que mon compte chez mon éditeur est débiteur de 6 000 francs ; bref, que ce n'est ni la loi du moindre effort ni l'exploitation du public qui m'amènent à préférer la composition en prose à la composition en vers. Mon argument le plus solide est que la prose que je tâche d'écrire veut être aussi strictement construite que des vers ou des versets : pas un mot, pas une virgule qui soient disposés sans délibération, et donc aussi inchangeables que les mots et les signes à l'intérieur des vers. — J'ai vu qu'il avait craint que son ignorance de mes ouvrages et son indifférence à leur égard ne m'eussent refroidi en ce qui le concerne, et remarqué ses efforts touchants pour me dire qu'il goûtait telle et telle chose, par exemple les « Trois Madones » ; aussi pour me signaler des articles et citations que je n'avais pas connus, en 1917 dans une revue de guerre, l'an dernier dans *L'Action française*. — M'a dit que MARSYAS avait récidivé (en bien) à son égard ; ce critique a du goût ; il m'enverra le n° où on le cite[115]. — Enfin j'ai fait ce que j'ai pu pour lui prouver qu'il n'y avait aucun refroidissement de notre part à son égard et à celui de Mme Lochac, et je crois que j'ai réussi. Il est vraiment « écorché » ; avait dû imaginer les choses les plus humiliantes pour lui, — et pour nous.

Il songe encore à « Saint-Brandan ». Je serais content qu'il l'écrive maintenant qu'il est débarrassé des *Monostiches*. Le titre est sorti d'une de nos conversations à propos des navigations portugaises, de Christophe Colomb, etc.

En rentrant lu un article sur les éléments de la biographie d'Arnold Bennett, dans la *Revue anglo-américaine* arrivée au courrier du soir[116]. On devrait bien ne pas tant tenir compte du livre de Marguerite qui s'est surabondamment montrée épouse et veuve indigne d'A[rnold] B[ennett] et que je vois comme ceci : pis-aller, mal choisie ; tolérable aussi longtemps qu'elle s'est tenue sagement au ménage, intolérable après sa ridicule émancipation, tous ses travers de pédante, de petite institutrice dévoyée éclatant et florissant d'un seul coup dans la chaleur de la célébrité de son nom et d'un tardif regain de ~~sa~~ sexualité. Au point de vue de la morale conjugale, j'imagine bien qu'A[rnold] B[ennett] n'a pas été sans torts ; mais au point de vue de l'histoire littéraire Marg[uerite] a le tort considérable, et public, d'avoir écrit sur A[rnold] B[ennett] les mémoires de la femme de ménage sur son patron, qu'elle n'était pas qualifiée pour comprendre, ni décrire.

(Je ne suis pas fâché d'avoir écrit cela, et souhaite que ce témoignage, lorsqu'il ne pourra plus nuire à personne, ni faire aucune peine à personne, soit pris en considération. Personnellement je n'ai jamais eu de Marg. que de bons procédés, et ma Mère aussi ; je la regardais seulement, jusqu'à son émancipation, comme une « bonne bête », aimable dans la mesure où elle se tenait quiet[a].)

E. Lochac m'a dit que le livre de Pierre Moussarie lui avait « donné le cafard » pendant un moment ; il voit une lignée Moussarie — Jean Follain et remontant à des gens comme moi, qui chantent comme ça leur vient, et paraissent rejeter dans la vieillerie les poëtes « savants » qui se croient obligés de parler de Neptune, de Lesbos, de Sion (allusion à ses propres vers). Je lui ai fait observer que j'avais des Néréïdes et autres mythologies. Je ne vois pas bien cette distinction : les « ignorants » donnant tort aux « savants ». Il y a ce qui est bon et ce qui est mauvais.

Et lui, Lochac, c'est souvent très bon.

[*Ici Larbaud a collé l'en-tête du restaurant Belloni.*]

Dimanche 15. —

Entre autres courses aujourd'hui, la recherche, « couronnée de succès », du restaurant « À la Petite République de San Marino », que Mariuccia avait aperçu de l'autocar qui nous a conduits à Sens. C'est à droite en venant de la pl. d'Italie, dans l'av. d'Italie, et après la rue de Tolbiac. Une toute petite affaire. Les gens qui étaient là ne parlaient pas italien, mais c'étaient des employés ou des associés. La servante nous a dit que les patrons (Belloni) avaient été établis pendant 6 ans Faubourg St Antoine, et n'étaient av. d'Italie que depuis un an. L'en-tête du menu collé ci-dessus n'a d'original que le titre, le nom et l'adresse ; le reste est du tout-fait imprimé et vendu à la rame pour tous les restaurants. Les prix sont très bas ; et les plats italiens peu nombreux. — La façade est badigeonnée au vermillon ; le nom ne figure que sur la tenture qui fait ombre sur la petite terrasse (trottoir).

En notre absence, manqué la visite de Bertrand Guégan et de Madame.

a. Anglais : « tranquille ».

Dîné Porte Maillot venant de l'avenue de Messine et Porte Champerret par le tram n° 73. Rentrés vers 10 ½. Grand tour quartier nous deux Grandmuseau. J'ai essayé de lui faire comprendre avec :

Domani

Poi

et les ciseaux en mouvement autour de lui, coupant même la pointe d'une pincée de poils, qu'on le porterait demain chez son coiffeur. J'ai ajouté :

Caldo, eh ? Fa caldo !

en tirant la langue et en soufflant comme il le faisait pendant notre promenade, puis j'ai recommencé avec Domani, Poi, et les ciseaux.

Idée d'un article à propos d'une enquête du petit journal de l'éditeur Figuière qui m'en fait le service. Les questions sont :

a) Quel est votre meilleur souvenir littéraire ?

b) Que pensez-vous de la jeunesse littéraire d'aujourd'hui ?

Les réponses tombent toutes (ou presque, — celles que j'ai lues) dans les pièges à vanité : c'est mon premier article, c'est telle ou telle marque d'admiration, de succès, etc. ; et : Adulation à la jeunesse littéraire. — J'ai ébauché une réponse SINCÈRE et sans vanité ; puis j'ai vu que cela pouvait faire un article pour *Les Nouvelles littéraires*. Mais, d'abord, terminer la révision de *La Moglie del sordo*.

Le Luxembourg tout feuillu en deux jours ; Laeta ne le reconnaissait plus ! Beaucoup de bras nus dans le XIIIe, et dans les VIIIe et quartier de l'Étoile, vieux messieurs en vestons noirs et pantalons gris-perle.

Mardi 17.

Douleurs dentaires, une journée sans autre nourriture que lait, café au lait, chocolat (avec Laeta sortant de Sainte-Barbe, à la terrasse du D'Harcourt).

5 ou 6 livres aux courriers d'aujourd'hui : un Luis Alberto Sánchez (*América, novela sin novelistas*) envoyé du Pérou, sinon de Lima[117] ; un recueil de courtes comédies de George Pillement[118], qui m'ont paru amusantes ; le livre d'Olivier Leroy que j'avais recommandé à Gaston Gallimard vers le temps de l'article sur Sir Thomas Browne ; aussi, un très mauvais recueil de vers, par quelqu'un qui ne dépasse pas la langue écrite, un versificateur en vers irréguliers, et qui ose se donner comme points de départ Paul Valéry et Jean Royère. Poème sur « Le 6 Février » :

Mardi

La Troisième République
Est morte.
La garde a tiré

Sur la foule...
On a mitraillé le peuple de Paris
Sur la Place de la Concorde.
La garde a tiré,
Le sang a coulé...
Mille blessés, cent morts,
Est-ce assez ?

L'affreux souvenir nous arrache
Des cris d'horreur.
Face à la taverne
D'escarpes et d'escrocs... etc.

L'inexistence de la poésie semble diminuer l'événement, le réduire aux proportions d'une tuerie de mouches à coups de serviette donnés par un garçon de café dans une auberge de campagne. Voilà ce qu'est vraiment « un art de décadence » ; c'est-à-dire que si toute la poésie de langue française de ces années était comme celle-là, ce serait le cas de parler, avec exactitude, de décadence : le secret de l'art perdu, le langage parlé se substituant au langage littéraire. Tout le recueil est de cette qualité-là, mais les premiers poèmes (si on peut dire) sont rimés. La préface (où P. Valéry et Jean Royère sont cités avec éloges) est raisonnable, lisible, ne laisse pas du tout prévoir cette extrême déficience.

Je termine enfin la révision de *La Moglie del sordo.*

Oublié de noter l'effondrement du projet de René Laporte concernant la publication de l'étude de Marcel Thiébaut et de « Feuillets choisis » en 2 plaquettes. — Je vais tâcher de rattraper cela, persuadé que Marcel Thiébaut peut en tirer quelque profit moral : par exemple le décider à réunir des extraits de ses chroniques de *La Revue de Paris* sur les contemporains. De mon côté, si je trouve le moyen de sortir ces « Feuillets choisis » je n'aurai pas perdu le temps passé à les... choisir.

Mercredi 25 avril. —

Encore une interruption de plus d'une semaine dans ce diary, et bien des choses laissées sans les avoir notées. Il y a eu un peu de fatigue provenant du long traitement du Dr V., terminé aujourd'hui, et payé ; — mais à reprendre en novembre, s. D. q.[a] (Mariuccia venue avec moi a été examinée, et trouvée en meilleure santé que l'an dernier ; presqu'aucun traitement à faire.) Il y a eu aussi : visites, courses, quelques divertissements (?), le courrier ; mais surtout la préparation des 4 volumes : correction des copies reçues de Mme Lacroix et de Mlle Roy ; corrections et remaniements et réfec-

a. Espagnol : *si Dios quiere*, « si Dieu le veut ».

tions d'un bon nombre de notes, MSS[a] et imprimées, données ou à donner à ces dames, surtout le « Maurice Scève », repris, corrigé, expurgé, augmenté de 15 à 20 pages, — et pas encore prêt à être remis à Mlle Roy. Du moins ai-je terminé la révision complète de *La Femme du sourd* et le traducteur, averti par moi, me demande (ce que je souhaitais) de signer avec lui. — Je me suis aussi occupé de la collection des figurines (j'en ai jusqu'ici classé et inventorié 1 800 environ ; et M. Prévôt[119], le peintre, m'en a remis une 40 aine toutes fraîches aujourd'hui (Gaulois, Norvégiens, Mexicains 1900, et Portugais 1895). Achat des 2 Traherne[120] (celui de Bertram Dobell, la prose — *Centuries of Meditations*, que j'ignorais et dont j'ai lu quelques pages, et celui, récent, *The Poetical Works of T.T.*, de Gladys I. Wade ;) ils sont UNIFORM et c'est une bonne acquisition pour ma bibliothèque anglaise. — Pas le temps même de parcourir les livres reçus ces jours-ci, ni de remercier. — Acheté le récent Jérôme Carcopino, et cherché à me procurer ceux qui me manquent et qui sont presque tous épuisés ; vague mais plaisant projet d'écrire un article sur lui, bien meilleur historien de Rome que Ferrero[121]. — Noter 2 sorties de Laeta : au Châtelet (« Rose de France ») et au Jardin d'Acclimatation (zoo des enfants ; une famille lapone sous 2 tentes.) — Mon courrier est en retard, et je ne devrais pas m'amuser à écrire ici.

Samedi 28 avril.

Deuxième journée « huetienne » ; de 1 ½ à 6 ¼ p.m. à la Geneviève, lisant le *De interpretatione* dans l'édition Cramoisy (1661). — Retrouvé Mariuccia à notre rendez-vous, d'où elle est allée prendre Laeta à Ste-Barbe, puis tous 3 à la maison. Une bonne journée, et pour le travail et la santé, et pour la gentillesse de Mariuccia, de Laeta, du temps et de toutes choses. — En mon absence visite du poète Giovanni Descalzo, qui laisse ses *Interpretazioni* (Gênes, *Circoli*, 1934[122].) Au courrier, MS (poésies) envoyé de Montpellier par un Portugais, lecteur à la Fac. des Lettres. L'en-tête de sa lettre : *Junta de Educaçào nacional, Universidade de Montpellier, Curso de Lingua e literatura portuguesa*. Ses vers sont en français[123].

Dimanche, 29 avril.

Belle journée, avec une ondée vers 11 h p.m. Toute consacrée à Laeta, ou presque toute. A.M. : courrier, puis je la conduis à Notre-Dame ; dans la nef jusqu'après la communion, puis aux tribunes d'où elle a vu le défilé du clergé (un évêque avec crosse et mitre en tête, beaucoup de chanoines, ornements somptueux, et le chœur). Elle a été dûment impressionnée, mais plutôt par les couleurs que par les sons. Rentrés à pied par le jardin, les quais, la rue de Poissy,

a. C'est l'adjectif « manuscrites » qu'il faut lire ici.

la rue Monge, faisant de petits achats. — P.M. à Versailles, mais seulement les jardins, qu'elle « avait déjà vus » croyait-elle, l'autre dimanche au Théâtre du Châtelet. Elle n'a du reste presque rien reconnu. Partis de la terrasse vers le bassin des Suisses, puis vers le jardin du Roi, avec arrêt aux chevaux de bois (Quinconce du Midi) ; bassin d'Apollon, Grand Canal vers l'embarcadère, et « navigation » sur le Grand Canal dans le canot à moteur, aller et retour ; puis en remontant vers le palais : le Tapis vert, le Printemps, l'allée de Flore, l'Étoile, le bassin des Enfants, bassin de Neptune, du Dragon, bain de Diane, parterre du Nord, de nouveau la terrasse. Elle a paru, comme toujours, remarquer moins de choses qu'elle n'en a réellement remarqué. Ce qui est mouvement la frappe beaucoup plus que ce qui est spectacle : un aéroplane, les chevaux de bois, le canot à moteur et son sillage, les barques rencontrées sur le Grand Canal. Mais comme elle a couru dans plusieurs allées, il est probable qu'elle en aura gardé une certaine impression. Aussi des fontaines près desquelles nous nous sommes arrêtés pour mieux les voir et les lui montrer. Des arbres de l'allée de Cérès (je crois) elle a dit : « Si baciano per far ombra alla gente » (ou « per dar ombra »...)[a]. Elle s'est montrée infatigable, et a certainement fait deux fois plus de chemin que Mariuccia et moi, avec ses courses dans les allées. Après 6 ½ il n'y avait presque plus personne dans les jardins, où nous sommes restés jusqu'à 7 ¾. — Dîné au Restaurant de Londres. Retour aventureux dans un de ces taxis « P.V. » qui, devant rentrer à vide à Paris, prennent des passagers à 3 francs par place pour les mener jusqu'à la Porte de Saint-Cloud, à toute vitesse. Nous étions six, et sept avec Laeta, — près de 500 kilos de chair et d'os humains, qui lestaient bien la voiture. Baboa avait un peu peur ; mais elle a vite vu que tout allait bien and she enjoyed it, I mean that happy-go-lucky kind of mad driving along the road to Paris[b]. Nous avons voulu rentrer sans taxi et avons successivement pris : le tram n° 1 jusqu'à la Colonnade du Louvre, l'autobus AS jusqu'à l'Hôtel de Ville, l'autobus (ex-tram) Châtelet-Villejuif jusqu'à la rue du Cardinal-Lemoine. Et nous nous demandons ce qu'a pu produire une telle variété de spectacles et d'actions, accumulés en si peu d'heures, dans la pensée et sur la mémoire de Madamigella[c].

Lundi 30 avril. —

Matin et après-midi à la Geneviève, lisant P. D. Huet[124] et prenant beaucoup de notes, — des pages entières. — Déjeuné seul à

a. Italien : « Ils s'embrassent pour faire de l'ombre (ou donner de l'ombre) aux gens. »

b. Anglais : « et elle a aimé cette conduite risquée et un peu folle sur la route de Paris. »

c. Italien : « Mademoiselle ».

Capoulade, en bas. — Ensuite Pl. de la Madeleine ; thé ; tailleur pour dernier essayage ; puis Duc d'Anjou pour rencontrer Giovanni Descalzo. Vient de Hollande et Belgique, rentre bientôt à Sestri Levante. À Buenos-Ayres a visité La Bocca et entendu les noirs et les métis parler génois. Ses maîtres : Dante, Foscolo (surtout), Leopardi, et, fino a certo punto[a], Pascoli ; dans les contemporains Sbarbaro[125]. Causé de 6 à 7 ½. Il allait à l'Opéra. — Bonne soirée à la maison : courrier, livres coupés, collection mise en ordre (Napoléon III), relecture de mes notes Huetiennes. — Lecture du soir, Carcopino.

MAI

1er. Mardi. —

Calme ; et beaucoup de muguet dans les rues, vendu par des chômeurs, et surtout des femmes, filles et fils, de chômeurs. — A.M. : chez M. Octave Charpentier, qui fait des réunions de poésie (récitations) et m'avait écrit le mois dernier à ce sujet. Il est auteur (poésie et prose romanesque), éditeur et imprimeur ; m'a donné 3 de ses ouvrages en échange des *Poésies de A.O.B.* que je lui apportais avec un retard indécent, — mais j'ai RÉPARÉ en portant moi-même l'exemplaire. (Parcouru, et Mariuccia a lu, un des 3 livres : *Malbrouka*, roman de mœurs tunisiennes, — Sud de la Tunisie, nomades.) Ses soirées de poésie ont le grand inconvénient que les auteurs doivent lire eux-mêmes leurs ouvrages, et que le public a le droit de leur poser des questions. Les deux choses vont bien ensemble, et la seconde peut être la punition, méritée, de la première. Jules Supervielle s'y est ardemment dérobé, par téléphone, comme moi, en avril, par lettre, et prétextant une absence tout à fait imaginaire. Je lui ai, ce matin, dit ce que je pensais de cela, et lui ai proposé de lire à ses réunions des poésies de Lochac, de Charles Massonne, R.E. Hart, Jean Amrouche, etc., mais nunca jamás[b] des miennes. D'abord ce serait plus intéressant pour le public, la vanité serait absente, et les réponses du lecteur aux questions des auditeurs seraient une espèce de conférence assez supportable. — Visité l'imprimerie. — M. O. Charpentier a été pendant deux ans commandant d'une partie de l'infanterie de l'armée du Bey, et m'a promis des documents sur les uniformes de la cavalerie, de l'infanterie, et de l'artillerie (qu'il a aussi commandée). — À pied jusqu'à la porte de l'avenue Denfert-Rochereau ; tram rue Gay-Lussac ; Gene-

a. Italien : « jusqu'à un certain point ».
b. Espagnol : « jamais, au grand jamais ».

viève pour avoir Huetii[a] *De Interpretatione libri duo* tout de suite, et n'avoir plus à l'attendre après déjeuner. — Mandat — Contributions de 451,45 pour la r. du Card. Lemoine au percepteur. — Déjeuné bd S. Michel ; Mariuccia vient m'y retrouver ; puis m'accompagne jusqu'à la Geneviève (a braccetto come due studenti[b] rentrant à la maison). Geneviève et Petrus Daniel Huetius de 2 p.m. à 6 ½ p.m., tellement absorbé qu'à la fin une sorte de malaise m'est venu, bouffées de chaleur, transpiration, écœurement ; mais l'acide carbonique dégagé par tant de personnes de tous pays et toutes couleurs devait y être pour quelque chose. L'aération est très défectueuse. J'aurais souhaité que Huet fût à la Réserve, où j'étais si bien pour lire Antoine de Nervèze, dont l'exemplaire n'est sûrement pas plus précieux que ce Huet de 1661. — Sortant à 6 h ½ je me suis trouvé devant la porte de Ste-Barbe en même temps que Baboa, Laeta et Barty. — Ensemble au café, puis a casa. — Courrier. — Beaucoup de visites et de dérangements, ces jours-ci ; invitations refusées ou manquées, etc. — Reçu « Aller à la Chine » (*S. Jérôme*) et « Les Couleurs de Rome » de chez la copiste. — Parcouru le *Bulletin Budé, La NRF,* et au lit, tout à l'heure, suite du J. Carcopino.

Mercredi 2 mai (Dos de Mayo). —

Journée bien remplie et agréable : Huet le matin, Huet l'après-midi (et la Geneviève moins peuplée et mieux aérée qu'hier.) Je note ici les 12 manières trouvées par Huet pour dire, en très peu de pages, d'une manière variée TRANSLATED FROM THE... OF... INTO[c] :

1 Latinas fecit...
2 Romanis auribus intelligenda proposuit...
3 Ex... Latine versam...
4 Romanis verbis explicata...
5 Latinitatem a... meruerunt...
6 Latinae nationi legendum proposuit...
7 in Latinam linguam vertit...
8 liber Latinus a... factus...
9 in Romanum refusus sermonem...
10 Romano sermone explicatus est...
11 Latinis literis (volumen) commendare...
12 Romana oratione non infeliciter exposuit...

Travail à la maison, de 8 ½ à 9 ¾ (après un tour de quartier avec Grandmuseau) ; à la Geneviève de 10 à 11 ½ ; taxi Quai d'Orsay pour voir St-John Perse et prendre rendez-vous ; retour plate-forme autobus au Quartier, où déjeuné seul ; Geneviève ; à

a. Ici, comme un peu plus bas, on trouve le nom de Pierre-Daniel Huet latinisé (en toute logique, puisque cet évêque d'Avranches écrivait en latin).

b. Italien : « bras dessus, bras dessous comme deux étudiants ».

c. Anglais : « traduit du... en. ».

5 ½ au salon de thé où est venu E. du Perron[126]. Causé 1 ½ environ : Java où il est né ; diverses aventures ; Dekker (Multatuli), [Coupercus], etc. Il vient d'achever la trad. hollandaise d'un roman de Malraux, et part demain pour Grenoble. Même lui est préoccupé de politique, et voit des gens qui en parlent sans cesse ; m'a paru scandalisé quand je lui ai dit, avec simplicité et sincérité, que s'il y avait des troubles, j'irais attendre hors de France qu'ils soient passés. Cela me semble la seule conduite raisonnable, et que ceux qui, n'ayant pas d'opinions déterminées et capables d'une réalisation pratique prochaine (= au fond, des intérêts plus ou moins « supérieurs »), s'ils se mêlent de politique ou bien songent à pêcher en eau trouble ou bien sont dupes (types de ceux qui ont cru à la « dernière guerre » en 1914, et maintenant croient à la dernière révolution, — ou bagarre.) — Le milieu ultra-cosmopolite de la Geneviève est bien loin de la politique (peut-être, à voir les figures, plus de 50 % de non-Français). C'est pour eux que je redouterais une « barùffa[a] », pour ce

Grand concours non las
De toutes nations et tous pays divers
Vaquant tout studieux au bien de l'univers[127].

Pas de travée sans au moins un (ou une) exotique, et dans certaines trois et quatre, noirs, jaunes, hindous… J'ai eu, de 3 à 5 ¼ un voisin chinois qui jetait quelques regards sur P.D. Huet. — Dîner à la maison ; tour de quartier avec Barty ; suite du travail avant le lit et J. Carcopino.

Jeudi 3 —

Journée huetienne et un peu cicéronienne. Ma voisine de travée, toute jeune chimiste, se gratte fréquemment les aisselles (elle a les bras nus) ; je finis par comprendre que sa robe, neuve, la gêne, la serre trop, en cet endroit. Treizième formule de Huet pour dire traduit de… par… : X (nom d'auteur à l'accusatif) Romana civitate donare[b]. — Quitté le travail à 5:15 p.m. pour rentrer me changer ; je retrouve Mariuccia et Laeta bd Raspail et nous allons ensemble à l'Excelsior (Porte Maillot) où Jean-Aubry nous rejoint. Son voyage récent : ce mot d'un maître d'hôtel italien à Liverpool : « J'ai trois ans de Manchester, deux ans de Liverpool ; j'ai bien gagné Paris. » Parlant des bavardages et frénésies politiques des littérateurs, surtout « de gauche », il a ce mot heureux : « C'est une sorte de nouveau romantisme ; mais les romantiques avaient lu Delille ;

a. Italien : « bagarre ».

b. Gaffiot cite l'expression *verbum civitate donare*, « donner droit de cité à un mot », utilisée par Sénèque (avec plusieurs références).

ceux-là ont lu *Le Matin* » (le quotidien populaire). Il a remarqué l'« exotisme en Z » dans la littérature française, surtout romanesque, entre 1750 et 1820 : noms de héros et d'héroïnes commençant par Z ou contenant cette lettre. Mais cela remonte peut-être plus haut, en plein Louis XIV. Explication (qui me vient à présent) : Z, en français, lettre particulièrement finale, de l'alphabet et des secondes personnes du pluriel, muette, LOINTAINE. Il trouve *La NRF* de moins en moins lisible. — J'ai mangé avec excès, sans m'en apercevoir et comme machinalement, tout en causant avec Jean-Aubry, et je viens de traverser, après un violent malaise, los cerros de Ubeda[a]. — Au courrier du soir 3 volumes portugais de Victorino [*sic*] Nemésio[128], et un recueil de vers d'Auro D'Alba[129].

Samedi 5[b]. —

Courses le matin : banque, tailleur, coiffeur ; rendez-vous Mariuccia-Laeta midi S. Germain des Prés ; en les attendant j'achète r. Bonaparte un *Page disgracié* et les Quatrains de Marolles[130] qui manquaient à ma collection de la Bibl[iothèque] Elzévirienne (il y a en ce moment extension de la crise aux livres anciens). Départ pour Châtenay-Malabry, tram de Fontenay-aux-Roses, puis autobus ouvrier pour Châtenay (genre autobus de Milan). Déjeuné chez les Paulhan, M. et Mme Groethuysen[131] étant là. Jeu de boules. Pluie ; Laeta heureuse à cause du jardin, des jeux, des animaux ; sensible aussi au cordial accueil des Paulhan. Plus tard surviennent divers hommes de lettres, dont Henri Michaux, puis Jules Supervielle qui me remet un livre arrivé pour moi chez lui, CE MATIN MÊME, de Montevideo. Partis sous la pluie légère, taxi commun (2 francs par place) Porte d'Orléans ; autobus Babylone ; taxi tous 3 à la maison ; mais je m'arrête devant la Geneviève et y travaille de 6 ½ à 8 ¼, terminant la lecture du *De interpretatione* de P.D. Huet. — Tour de quartier (en fête rue Lagrange) après dîner, seul avec Barty. Plusieurs livres au courrier du soir. — J'ai remis à J. Paulhan les poésies françaises de Victorino [*sic*] Nemésio. Bonne journée.

J[ean] P[aulhan] songe à une nouvelle série de « Tableaux de la poésie en France », et paraît ne pas avoir constaté l'échec et l'inutilité des premiers, — débordement triste de prosodie informe accompagné de confidences lamentables. Selon lui cela aurait révélé un « typographe de Lyon » ; et puis, dit-il « il y a eu un bon Supervielle, un Audiberti... » ; mais ceux-là faisaient tache au milieu de cette générale médiocrité. Il songe à mettre Victorino [*sic*] Nemésio dans ce nouveau tableau. Je ne le souhaite pas, — ni

a. Espagnol : « s'éloigner du sujet, divaguer ». Larbaud considère donc que le malaise l'a fait « divaguer ».

b. Note de Larbaud : « Souffrant toute la journée du 4. »

V. Nemésio non plus, je pense. On publiera peut-être cet ensemble[a]. Il paraît attacher de l'importance aux lettres accompagnant les poésies ; mais ni les poésies ni les lettres ne m'ont paru avoir le moindre intérêt. Cela sentait l'évier, le taudis, les latrines[132].

Dimanche 6. — S. Giovanni P.L.

Journée de Laeta : encore une accumulation de spectacles. A.M. : S. Étienne-du-Mont, mais au sermon, médiocre, contre la tiédeur et l'indifférence des fidèles (remarqué les mots : « de simples baptisés »). Elle voyait l'autel, les vitraux, les fidèles, le prédicateur ; surtout une petite fille, sa camarade de Ste-Barbe, avec qui elle échangeait de gentils sourires. — Cluny, en lui montrant Louis-le-Grand, la Sorbonne côté rue S. Jacques, le Collège de France, le square de la Sorbonne, la statue assise de Montaigne, toute blanche et fraîchement inaugurée. Impossible de lui faire regarder très attentivement les choses dans les vitrines, surtout si elles sont petites, mais elle a remarqué les cheminées, quelques meubles, les carrosses, les armures, ceux des objets de faïence qui représentent des animaux ou des « choses fausses » (asperges, noix, poissons dans des plats et des assiettes), les manteaux de l'Ordre du Saint-Esprit, plusieurs madones, les scènes peintes, sculptées ou émaillées de la vie de Jésus, se rappelant ce que le prêtre, au catéchisme, avait dit. Se croyait par moments dans un magasin, voulait acheter un bijou pour « la Maman ». Le jardin, les ruines, les statues ; une madone de pierre lui a plu (le choix était bon.) — La margelle du puits. — Traversée de la Sorbonne côté Faculté des Lettres. Les fresques (les noms d'Athènes et de Rome commencent à lui devenir familiers, ses souvenirs remontant à ce qu'elle a vu et à ce que je lui ai dit à Valbois). Panthéon : les fresques ; celle où Ste Geneviève parle au peuple de Paris, avec ses moniales en blanc derrière elle, paraît lui avoir fait la plus forte impression. Aussi Blanche de Castille, et Jeanne d'Arc sur le bûcher. Interrompu dans mes explications (!!) par un Anglais qui ne savait pas où il était, et à qui j'ai dû expliquer, mais « adultement », ce qu'était le Panthéon. A paru approuver l'État s'emparant d'un monument destiné d'abord au culte catholique ; puis voulait avoir l'explication des peintures ; j'ai trouvé que Lewis the Ninth[b], devant qui nous étions, suffisait ; il ne m'aurait plus lâché, et nous devions rentrer, Laeta et moi, pour déjeuner. Laeta s'attendait à voir « i morti[c] ». Elle voudrait, en somme, voir un mort ; voir comment un mort est fait. — P.M., en taxi (avec Grandmuseau) au Musée colonial : les poissons, les panoramas (Barty laissé au vestiaire). Ce sont les tortues, puis les

a. Note de Larbaud : « En volume (encre et papier seinpatik !). »
b. Anglais : Louis IX.
c. Italien : « les morts ».

grenouilles exotiques, qui l'ont surtout frappée ; puis les villages des noirs et leurs barques. Les petits poissons, même les plus extraordinaires et les plus beaux la retenaient peu. (Un mot d'une femme du peuple devant le plus beau : noir-bleu-ciel-orange : « Ce Paradis terrestre »). Trop de presse (dimanche) ; mais de savoureux mots, intonations, façons de voir, jugements, plébéiens, et de Paris seul. Bois de Vincennes ; le lac ; passé dans les îles en bac (Laeta trouve la navigation trop courte ; Barty, trop longue). Buvette de l'île ; repos ; la foule non gênante, bien meilleure tenue et aspect extérieur, qu'il y a vingt ans. — Rentrés taxi. Attendu, mais n'y comptant pas trop, H. Buriot-Darsiles venu faire une conférence à la Dante Alighieri d'ici. Dîner Restaurant du Cercle ; servante italienne ; Laeta fêtée par elle et par la dame de la caisse. — Achevé la correction des épreuves de « Tan callando » ; partiront demain pour Bruxelles. — Beaucoup pensé à « Emmanuel Lochac » que je me suis mis à refaire complètement. — J. Carcopino.

Mardi 8 mai 1934.

Douzième anniversaire de notre mariage. Nous avions trop de courses à faire pour donner toute la journée à cette fête : rien qu'un petit déjeuner, mais très soigné, au Café de Paris, et surtout : nous décidons de partir ensemble samedi pour l'Angleterre[133]. — Tout le reste de la journée

[*Deux pages déchirées.*]

[conversa]tion avec L[eger] m'a fait du bien : sa notion toujours nette et intransigeante de l'art, etc.

L'intransigeance de L[eger] est non seulement justifiée par son œuvre, mais basée sur une philosophie saine. Ainsi elle n'a rien de commun avec celle de tant de nullités, ou de ratés qui montrent par là leur « vocation de raté », — comme X (a), qui ne laissait rien subsister de H. de Balzac, par exemple, et plus tard de Marcel Proust. (Ce sont eux dont j'ai tâché de condenser l'état d'esprit dans l'Administrateur, ou le Mamarracho de « Sur le rebut »[134]). Ces gens si difficiles, pour qui H. de Balzac est un pauvre scribouilleur, quand ils écrivent à leur tour se montrent au-dessous de toute critique, et en les lisant nous nous sentons rassurés. Tandis que L[eger] a écrit *Éloges* et *Anabase*. Et puis la critique qui se dégage de ses remarques est cohérente, basée sur une hiérarchie des valeurs humaines, des passions, des vertus. Sa remarque à propos de Z : Moins avancé que nous dans le dépouillement des sens, ou dans l'affranchissement de la matière : préférant, « comme un gros chanoine », la bonne chère aux femmes. M'approuvait aussi quand je lui parlais des ravages faits chez les artistes de vocation imparfaite par le besoin de « vivre hors d'eux-mêmes », dans l'opinion du public, — d'où : manie de faire parler de soi, d'attirer les regards,

— d'où l'œuvre poussée en vue de ce résultat. — Et pourtant Dieu sait si je me méfie des gens qui n'ont pas l'admiration un peu facile !

Mercredi 9. —

Courses (gênées par la fermeture imprévue de la banque, mais nombreuses et en divers lieux de Paris), et mise en ordre : des papiers ; des photos ; des choses à encadrer ; des livres qui restent ici, de ceux qui iront au relieur, de ceux qui iront à Valbois ; de la collection de figurines, mieux rangée, mieux répartie, tenant moins de place. Billets commandés ; un nouveau mois de Laeta payé à Ste-Barbe ; choses à mettre sous-verre remises à Blanchard. —

Déjeuné seul dans un petit hôtel des environs immédiats de la Madeleine ; le restaurant est une filiale de la Tour d'Argent, mais très cheap et cependant bon et sain. Je n'y avais jamais fait attention. On a tout à fait le sentiment d'habiter le petit hôtel ; peu de monde ; j'ai pris le café au salon de lecture ; calme et silence. Il y avait une revue avec un article anodin sur Péguy, mais beaucoup de citations. Première impression, à le retrouver : un bafouilleur instructif ; puis : un incontinent parfois agréable et souvent instructif : se fiant trop aux mots il nous apprend à nous en méfier, et en même temps nous en passe. On voit défiler du Michelet, du Tacite, du Pascal... Du côté public, grande façade, très Louvre ; mais il arrive que ça remue, carton. Beaucoup d'idées à grands développements sont faibles, ou fausses, ou indifférentes. Au point de vue moral, très mauvais, mais pas pour nous. Pour nous simplement faux.

Ascension.

« Salutis humanae Sator[135]... »

J'avais pensé donner l'après-midi au Louvre, avec ma liste de choses à voir ou revoir, mais en arrivant « Le musée est fermé aujourd'hui ». Même le chauffeur de mon taxi a protesté : « Si c'est possible, un jour de fête ! » Flâné dans les jardins et les cours, puis en autobus au Châtelet, et flâné dans le quartier, le long des quais, jusqu'à 5 h p.m. Autobus Jardin des Plantes, à pied à la maison par les Arènes. Mariuccia et Laeta à la maison, n'étant pas sorties. — Courrier ; mise en ordre ; un peu de travail, et deux sorties, avant dîner dans le quartier, après jusqu'à la poste r. Cujas et au D'Harcourt pour un chocolat, avec Barty.

Avant midi, chez le coiffeur, grande conversation de Laeta avec Liliane (la fille des patrons), la première conversation en français que je l'aie entendu soutenir, et qui m'a donné une idée de celles qu'elle a à Ste-Barbe. L'accent n'est pas mauvais, sauf pour l'r trop roulé. Elle montrait à Liliane un album que je venais de lui acheter pour qu'elle fût occupée pendant qu'on me rasait, et elle interprétait imaginativement les images. C'était un conte de fées, « La Biche au bois. » J'entendais qu'il était question entre elles deux d'un « garage ». Mais je crois bien que c'est Liliane (4 ans ½) qui a été la première à parler de « garage ». Une fois rentrés j'ai demandé à voir le garage ; c'était un château féodal et féerique.

Oublié de noter, hier, après déjeuner ma visite à la librairie de la Revue du Siècle, rue Tronchet en me promenant. Je pensais y trouver Gérard de Catalogne et lui demander des nouvelles de la publication de la trad[uction] de *A Reliquia* d'Eça de Queiroz par Raeders avec ma préface. Gérard de Catalogne n'y étant pas, j'ai parlé à la vendeuse, et j'ai su que l'ouvrage doit sortir bientôt, en tout cas cette année[136] ; le catalogue l'annonce comme le premier à sortir après une trad. de *Clayhanger* d'Arnold Bennett qui vient d'être mise en vente. Surprise et légère émotion, mais sincère, de la jeune vendeuse, quand je me suis nommé ; compliments et remercîments chaleureux de la lectrice pour *A.O.B.* seul. On y sentait 50 % d'opinion publique assimilée, mais aussi 50 % d'opinion personnelle, d'impressions de lectrice. C'était bien le « long souvenir ». Elle m'avait vaguement identifié au personnage, et fut peut-être déçue de ne me trouver ni jeune ni d'aspect « milliardaire ». Le livre lui paraissait relativement récent, peut-être des 5 ou 6 dernières années ; elle a été surprise quand je lui ai dit (je ne sais plus comment cela est venu) que *A.O.B.* avait paru il y a 21 ans. Sans doute l'avait-elle lu à ses débuts dans la librairie, qui doivent dater de peu d'années, — je lui donne moins de 25 ans ou 25 tout juste dépassés. Il y avait dans la vitrine un exemplaire de ma trad. d'*Erewhon*, très propre, d'aspect tout neuf sous le papier cristal. J'ai vu que c'était de la 6e édition, ce qui indiquerait les derniers 500 du tirage de 1921, — à moins qu'il n'y ait eu un tirage récent que je verrai sur mon prochain relevé de compte chez Gaston. La fraîcheur de l'exemplaire, pour dater de 13 ans, était surprenante.

Il faudrait noter, de Laeta, ses trois préoccupations secrètes, ou plutôt les manifestations qu'elle en donne. Il y a : la naissance (et le mystère sexuel — mais c'est tout un) ; la mort ; la survie. La survie, du reste, se rattache à l'idée de la mort, et c'est nous, moi surtout, qui lui avons fait joindre à l'idée que nous mourrons tous l'idée que cette mort est un passage d'une vie « terrène[a] »

[*Deux pages déchirées.*]

Vendredi 11. —

Encore les courses, mais surtout en vue du départ : banque pour des £, billets, consulat où, grâce au mot de A.S. Leger, nous n'avons presque pas attendu. Et comme en 1932, quand j'étais tombé sur le

a. Emprunt à l'italien, où *la vita terrena* désigne « la vie terrestre ».

vice-consul qui me connaissait comme auteur[137] (il a été envoyé depuis à Athènes) il y a eu devant nous un mariage, le même vice-consul qui venait de nous recevoir procédant à la cérémonie, avec l'écharpe tricolore a tracollo[a]. Enfin, nous avons tout de même un peu souffert pour la patrie. — Étant au magasin « Madélios » (ce grec ineffable[138] !) j'ai entendu un jeune vendeur dire : « Je suis cosseur. » Cela doit signifier « paresseux », la « cosse » étant la paresse. Le mot ne serait pas mal fait ; mais l'image de « cosse » s'y perd, s'y oublie[139]. Elle est moins visible que « minari » dans « mener » et que « sous-venir » dans « souvenir ». C'est de l'herbe folle, mal venue, que les soleils de 2 ou 3 étés brûleront. D'autres images surgiront, et le vieux « fam. » « poil dans la main » est toujours là.

J'avais mis mon insigne de Commandeur[140] pour aller au consulat ; mais personne, en dehors du vice-consul, n'a paru le remarquer. Il ressemble beaucoup à celui de la Lég[ion] d'Honneur, et la différence n'est sensible que pour les gens « cultivés ». Je m'en suis rendu compte dans la rue, dans les boutiques, etc. Il y a : l'homme (ou la femme) qui se dit : Commandeur, — mais étranger, et s'il, ou elle, est français(e), la différence est grande, les ordres nationaux étant plus que partout, mais surtout en France, plus prisés que les étrangers ; — celui qui pense : Commandeur, sans se donner la peine de distinguer si l'ordre est national ou étranger ; enfin la plupart des gens « du peuple » pour qui ce n'est rien de très différent d'un insigne de société de secours mutuel ou de gymnastique ; une chose de bourgeois, pour les bourgeois. Certainement ma rosette de la Lég[ion] d'Hon[neur], mieux connue, et nationale, a plus de — comment dire ? — autorité ? pour la majorité des passants. Mais comme l'insigne de la Couronne d'Italie est très « spiccante[b] », il a peut-être une autorité plus étendue. L'autre, l'espagnol[141], est nettement, et du premier coup d'œil, étranger, exotique (« Il est commandeur dans son pays. »)

Forte chaleur, toute la journée, et le Sacré-Cœur plus lointain, dans une brume gris-bleu.

Samedi 12 ; Londres, Craven Street. —

Une traversée délicieuse (« Canterbury ») qui rappelait à Mariuccia le lac de Zurich (moins la pluie). Arrivée à Victoria, a drink[c], taxi Charing Cross et au Craven Hotel pour être centraux et cheap[d] ([£]9,6

a. Italien. Confusion entre *tracollo,* « chute, dégringolade », et *tracolla,* « en bandoulière ».

b. Italien : « voyant ».

c. Anglais : « une boisson ».

d. Anglais. Difficile de traduire par « bon marché » ici ; ce que Larbaud veut dire, c'est qu'il désire être au centre de Londres, sans que cela lui coûte trop cher. Les chiffres qui suivent, et qu'on retrouve un peu plus loin, ne sont pas précédés du symbole « £ » que nous restituons car ils désignent, de toute évidence, le prix.

par personne). À pied par le Strand jusqu'à Waterloo Bridge, d'où je montre à Baboa le dôme de S. Paul's et le Parlement ; giù par[a] l'Embankment et le jardin, et dîner convenable et cheap ([£]3,6 p. personne + « vin ordinaire » [£]3,9). Bus 15 à Ladbroke Grove par Regent Street, Oxford Street, Marble Arch, *the* Edgware Road[142], etc. Fête du quartier à Bayswater, avec drapeaux, etc., comme celle de la place Maubert que nous traversions encore ce matin. Revenus par le même chemin à Charing Cross ; quelques pas sur le Strand, puis café au Lyons ouvert toute la nuit, foule du samedi soir, très peuple et intéressante pour Mariuccia (« les mécaniciens et les femmes de ménage de Londres »). La comparaison avec Luna Park (Porte-Maillot) s'imposait. — Je commence la lecture du livre de nouvelles de Vitorino Nemésio, *Paço do Milhafre*[143] (Coimbre, 1924.)

Mardi 15, Cambridge. —

Rien noté ces 3 derniers jours, trop remplis par des courses immenses dans Londres, pour donner à Mariuccia une idée non imparfaite de la ville, lui montrer les « sights[b] », etc. Cela s'est étendu de la Tour à Richmond, de Hackney à Acton Green, de Brixton à Hampstead. La plupart du temps on the top of buses[c], mais aussi (la Tour, Knightsbridge, Chelsea, Richmond, le Strand, Piccadilly, Westminster,) À PIED ; comme aussi, naturellement, tous les alentours de Charing Cross de l'Embankment à Shaftesbury Avenue.

Ce matin j'étais le premier visiteur de la National Portrait Gallery, « parentant à » mes victimes : S[amuel] T[aylor] C[oleridge], Coventry Patmore, Samuel Butler, W.S. Landor... J'ai déjà 3 amis à la Nat[ional] Port[rait] Gall[ery] : Edmund Gosse, Joseph Conrad et Alice Meynell. —

Quitté Londres par Liverpool St[reet] St[ation] par le train de 11.50 a.m., déjeunant au wagon restaurant, et arrivant vers 1 ¼ p.m. à Cambridge, au Bull (où il y a des rats)[144]. — Tour de ville, rapide, puis en autobus à Hills R[oa]d, cherchant et trouvant Bateman St[reet], où j'ai déposé un mot chez C.W. Previté Orton[145]. Puis retour à Sidney St[reet], et repos, avec rafraîchissements, au Dorothy Café ; quelques achats ; puis à pied, montrant à Mariuccia l'Église Ronde, les trois cours et les deux ponts de St John's College, et, plus sommairement, les collèges et monuments le long de King's Parade et de Trumpington St[reet], jusqu'au Bull, où j'ai reçu la réponse de C.W. Previté Orton : il m'attendait à St John's « just after 7.30[d] ». Après avoir dîné au Bull, je suis donc allé, seul,

a. Mélange d'italien et de français : *giù per*, en italien, signifie : « le long de ». On accordera le même sens à cette expression.

b. Anglais : « les endroits à voir ».

c. Anglais : « à l'étage des autobus ».

d. Anglais : « un peu après 7 h 30 ».

en taxi, à St John's, avec la valise contenant les Mss de mes traductions de *Life and Habit, The Way of All Flesh* et *Erewhon Revisited.* J'ai rencontré P[révité] O[rton] sous la voûte d'entrée et nous sommes allés ensemble à la bibliothèque où j'ai laissé les 3 mss. Nous avons causé un moment (de H.F. Jones, de A.T. Bartholomew, des souvenirs butlériens). J'ai revisité la salle des peintures de S[amuel] B[utler]. Il y en a une difficile à identifier, que Prévité Orton croit une vue (aquarelle) de Rouen. Les autres aquarelles, du Tessin, de Sicile, sont exactement situées. — Beaucoup songé à H.F. Jones, au très fidèle culte rendu par lui à la mémoire de S[amuel] B[utler], avec une délicatesse extrême, des soins méticuleux ; et A.T. Bartholomew, continuant cette œuvre, corrigeant encore, sur son lit de mort, les épreuves du choix de notes qu'il préparait, et m'écrivant à ce sujet, au crayon, avec une grande sérénité ; me disant qu'il avait pris toutes les mesures nécessaires pour le cas où il mourrait avant d'avoir achevé la préparation de ce livre[146]. Ce sont de très beaux et réconfortants exemples, ceux de H.F. Jones et de A.T. Bartholomew. Sûrement l'histoire littéraire en tiendra compte. Pour H.F. Jones, le motif est l'amitié jointe au sentiment de la haute supériorité intellectuelle de l'ami mort ; chez A.T. Bartholomew, c'est le pur zèle de l'érudit poussé, tout naturellement, sans ostentation, jusqu'à ce qu'on devrait bien nommer : héroïsme. Je suis content d'écrire cela ici, c'est-à-dire aux lieux mêmes où la ténacité de H.F. Jones et le zèle d'érudition de A.T. Bartholomew se sont exercés ; mais je regrette de ne pouvoir (fatigue et hâte, et l'heure tardive) le dire avec la même force que je le sens. Je voudrais bien être certain que Jones SAIT que je suis ici, et que Bartholomew m'a vu déposer les trois Mss. à la bibliothèque ! (C.W. Prévité Orton est moins butlérien que n'était Bartholomew ; connaît moins, ou peut-être apprécie moins, l'œuvre de S.B.)

La collection d'ouvrages sur S.B. n'a pas beaucoup augmenté dans ces dernières années.

Rentré à pied, et portant la valise enfin vide (place pour quelques-uns de nos derniers petits achats), au Bull où Mariuccia m'attendait dans notre chambre. Sortis ensemble ; tour en ville, revoyant les façades, puis au marché, et enfin au cinématographe. Rentrés par les rues assez mal éclairées où se raréfiait de plus en plus la vie estudiantine.

Pas de portrait de S.B. dans le hall de St John's. Cela viendra sans doute. On l'imagine, plus volontiers que Wordsworth, se plaisant aux conversations des étudiants et humant la bonne odeur de cuisine honnête et substantielle qu'il y avait là quand M[ariuccia] et moi y sommes allés.

Je suis content de l'impression produite sur elle par les collèges. Ils ramenaient ses souvenirs de Salamanque, et les comparaisons qu'elle faisait étaient très justes ; ressemblances et différences me devenaient, à travers ses paroles, très sensibles.

Mercredi 16. Nottingham. — The Black Boy Hotel.

Mais d'abord CAMBRIDGE ce matin et jusqu'à 3 ½ p.m. — Tour de ville, seul, à pied, avec achats divers, livres surtout, et d'occasion. Une traduction des *Œuvres latines* de Dante dans la petite collection Dent « à la chouette », reliure, en mauvais état ; mais livre épuisé, me manquait ; et d'autres ; chez Heffer, dans Petty Cury, aussi animé à ces heures-là que la Merceria à Venise, et du même gai mouvement. Revu des choses ; puis rentré au Bull où j'ai trouvé Mariuccia au lounge, se chauffant. Nous avons encore pu voir quelques cours et « backs » de collèges, et passer plus d'une heure, après déjeuner, au Fitzwilliam Museum, que je n'avais jamais si bien vu, mais il y faudrait des heures. Ils ont le portrait de H.F. Jones que j'avais vu chez H.F. Jones lui-même à Maida Vale et dont il m'avait donné une photographie, à présent à Valbois. Mariuccia a été la première à le voir et l'a reconnu ; nous avons eu un instant de vive émotion. Lui qui ne croyait qu'en la « vie posthume », « on lips of living men[147] » se trouvait devant ses amis d'Italie et de France, tout à coup, dans ce musée de Cambridge, où il nous attendait, semblait-il... Le Fitzwilliam est vraiment un bon musée ; pas énormément de choses, ni de très grandes, mais bien choisies, et qui donnent à la pensée un agréable mouvement fébrile, avec de la gaîté, délicate, subtile, faite d'éléments variés. Par exemple les Poussins et les Lancrets ne sont pas des meilleurs, mais ils ont quelque chose d'acquis et gagnent à être vus loin des chefs-d'œuvre de leurs auteurs[148]. Les écoles anglaises sont très bien représentées. Aussi les objets, Chelsea, etc.

Le voyage de Cambridge à Nottingham a été une aventure ; d'abord un record de lenteur ferroviaire, avec TROIS changements : à Ely, à Peterborough et à Grantham. L'homme des billets, à Cambridge, n'avait parlé que d'Ely et de Peterborough, et c'est seulement après Peterborough qu'on nous a avoué qu'il fallait encore changer à Grantham. À peu près seuls, ou seuls, jusqu'à Peterborough, mais de là à Grantham, un wagon surpeuplé, six personnes et des bagages partout. Aucun effort de la part de nos fellow-passengers[a] pour nous faire de la place ; seule une vieille dame assise près de Baboa a eu la gentillesse de fermer la fenêtre qui la gênait. Elle est descendue en même temps que nous à Grantham, et comme nous l'aidions à tendre ses valises à notre porteur commun elle a essayé de dire, et même a dit : GRAZIE ; elle avait compris que ce que nous parlions entre nous était l'italien et aura voulu nous témoigner ainsi sa sympathie pour notre pays. Naturellement,

a. Anglais : « compagnons de voyage ».

Mariuccia ne l'a pas entendue, préoccupée qu'elle était par la sortie des valises.

À Grantham un train partait tout de suite vers Nottingham avec arrêt à Bingham, mais j'en avais assez, et j'avais faim. Nous sommes donc allés au buffet où nous avons pris du thé, des toasts, de la confiture, et du porto. Ensuite à pied jusqu'à l'entrée de la principale rue de Grantham. Retour au buffet où nous avons attendu notre train jusqu'après l'heure de la fermeture du buffet. Arrivés à Bingham sous la pluie après une belle journée, — un peu fraîche pour Mariuccia. L'unique porteur de la petite gare du misérable pueblo veut bien porter nos bagages jusqu'au Chesterfield Arms... où on nous refuse, purement et simplement. C'est-à-dire que la femme de l'aubergiste était malade, et que, comme il n'y a pas de servante mais tout juste le patron et un gamin (son fils, peut-être), notre réception, avec deux lits à faire, aurait donné trop de peine. Et pour aller à Langar ? Pas de voiture. Mais peut-être qu'en téléphonant à nos « amis de Langar », suggère l'aubergiste, ils nous enverraient chercher à Bingham par leur voiture. Quand j'ai expliqué que nous n'avions pas d'amis à Langar les choses ont pris un tour désespéré. Puisque nous allions à Langar « as strangers[a] » nous trouverions encore plus difficilement à nous y loger qu'à Bingham et le mieux que nous avions à faire était de continuer le voyage by train jusqu'à Nottingham ; c'était même le seul moyen de trouver un véhicule pour aller demain à Langar. Tout cela sans une parole d'excuses de l'aubergiste. Il avait cru faire assez en essayant de téléphoner au bureau de poste de Langar, qui n'avait pas répondu. —

Nous avons donc repris, avec notre porteur, sous la pluie, le chemin de la gare, pestant contre la sauvagerie des « provinces anglaises ». Le porteur lui-même se plaignait de la sauvagerie des « petits lieux » : il lui avait fallu toute une journée, à son arrivée à Bingham, pour trouver un logement ; on ne voulait de lui nulle part. — Mais cependant leur intérêt ? — Oh, ce n'est pas leur intérêt qu'ils négligent, c'est la peine (trouble) qu'ils n'aiment pas. Nous avons raisonné la chose entre nous, une fois seuls dans la vilaine petite salle d'attente de la gare de Bingham, à la très faible lueur d'une lampe à gaz qui avait longtemps refusé de s'allumer : Bingham est à peine, comme importance, Fleuriel (Allier) ; imaginons-nous arrivant la nuit à Fleuriel et voulant dormir à l'auberge, et la femme de l'aubergiste étant malade. On (l'aubergiste lui-même) nous aurait conseillé de continuer notre voyage jusqu'à Moulins ou à Montluçon. Et qui sait si l'aubergiste de Fleuriel se serait excusé ? À vrai dire il n'y a pas de gare à Fleuriel ; mais disons Jeuzat ou Voussac, où « l'économique » passe. La même chose aurait eu lieu

a. Anglais : « en étrangers ».

dans les mêmes circonstances. Parce qu'il aurait fallu prendre un « extra », une aide, une femme de ménage, pour faire les lits. Et où la trouver ? et comment, le lendemain, faire conduire les étrangers à, disons, pour Langar : Marcenat, ou Cesset ? Et à Bingham il y avait la proximité de Nottingham.

Nous y étions à 9:45 p.m. et à 10:10, nous étions au grill-room du Black Boy soupant copieusement et buvant une bouteille d'excellent Médoc, pas une demie, une « whole[a] » bouteille. — Reste à savoir comment nous pourrons atteindre Langar demain. Le portier de nuit n'en savait rien ; du moment que le train n'y va pas cela sortait de sa compétence, et demain le Portier, le seul, le vrai, saura nous renseigner. Je suppose que lorsque Samuel Butler rentrait à Langar de Cambridge, ou y allait, en visite chez son père, de Londres, le Révérend « Théobald[149] » l'envoyait chercher par sa voiture et son domestique soit à Botterford soit à Bingham, ou peut-être même (quand il arrivait de Londres) à Nottingham. S.B. avait « des amis » à Langar ; il n'y allait pas « as a stranger ». Bingham n'était pour lui que le petit groupe de maisons de briques, avec la croix du marché, que nous avons vu ; ce qu'est, exactement, Breuilly pour nous quand nous sommes à Valbois, — un hameau qu'on traverse.

Trains déplorables, matériel ferroviaire dont on ne voudrait nulle part sur le continent. Sauf le trajet Peterborough-Grantham dans un express Londres-Sheffield, nous avons constamment voyagé en « chicharra » ou « treno-lumaca[b] », avec wagons du type 1870. — Entre Radcliffe et Netherfield (qui est déjà Nottingham) nous avons eu pour compagnons un jeune garçon et deux filles dont l'accent était assez agréable ; et l'une des filles, celle qui était assise près de Mariuccia, avait une certaine grâce « da contadina[c] », que je voudrais pouvoir fixer. Une sorte de légèreté et de vivacité des mouvements contrastant avec un corps, non pas gros, ni très gras, — 17 ou 18 ans au plus, — mais bien en chair, un peu massif, et calme[d].

Jeudi 17, Nottingham, Langar, Barnstone, Nottingham.

De la grand'ville tout a été facile : un taxi, en moins de 35 minutes, nous a conduits, passé le pont sur la Trent et traversé des suburbs[e] quelconques, via Cropwell Bishop, à LANGAR, où nous avons visité l'église (j'ai photographié l'extérieur, l'intérieur, la chaire,

a. Anglais : « entière ».

b. Le premier mot est espagnol (nous l'avons déjà rencontré à Alicante), le second, italien ; tous deux désignent un tortillard.

c. Italien : « de paysanne ».

d. Note de Larbaud : « Assez "Gio[vanni] Bellini" (retour de la Nat[ional] Gall[ery]). »

e. Anglais : « banlieues ».

l'autel, le fanion de la paroisse de Langar-and-Barnstone, et, du cimetière de l'église, au-delà de la route, six fois au moins, le vicarage[a], maison natale de Samuel Butler). Comme il n'y a aucune boutique à cartes postales dans Langar, nous sommes allés jusqu'à BARNSTONE, à la poste, qui est aussi papeterie, mercerie, parfumerie, etc. Là j'ai raflé toutes les postcards où se voit, après la route et 2 ou 3 maisons, la cure, assez distinctement, la photo ayant été prise en dehors de la feuillaison ; j'ai acheté aussi quelques autres p[ost] c[ard] views[b], sans grand intérêt, de la route entre Langar et Barnstone, et, plus intéressante, car le père de S.B. en était le desservant et a dû y prêcher, la petite église de Barnstone. Les gens du bureau de poste-magasin de Barnstone (il n'y a pas de poste, mais une boîte aux lettres et un téléphone public à Langar) étaient heureusement surpris d'avoir un client si avide de cartes postales (j'ai dépensé, cartes et timbres, environ 8 shillings chez eux), m'ont accueilli chaleureusement, ont appris la raison — et en même temps, je crois bien, l'existence de Samuel Butler et de *The Way of All Flesh* — de mes achats. Ils auraient voulu ou souhaité, que j'allasse faire visite au curé actuel, un auteur aussi, et qui s'occupe d'histoire locale ; en tout cas s'il n'avait encore rien publié, AT LEAST HIS WIFE HAD WRITTEN BOOKS[c], et sûrement ils me diraient des choses intéressantes sur l'auteur qui m'occupait. J'ai dit que le temps me manquait, que je reviendrais, et que, le père de Samuel Butler ayant été vicaire de Langar et Barnstone il y avait très longtemps, le curé actuel ne l'avait certainement pas connu. Leur sentiment était que le « famous author[d] » dont je leur parlais avait été lui-même vicaire de leur paroisse ; et qu'en tout cas le vicaire actuel (et sa femme) valaient aussi la peine d'être connus. (Ils m'ont dit leur nom, mais au retour je me suis aperçu que je l'avais oublié ; no importa[e] : un address-book[f] du comté me le donnera.) Ils étaient deux, mère et fils probablement, et c'était le fils surtout qui parlait. De cette conversation il ressort que personne encore n'est venu (H.F. Jones excepté) à Langar et Barnstone à cause de Samuel Butler, — du moins pas un seul « touriste » acheteur de cartes postales, et recherchant celles qui représentent la cure, — puisqu'il n'existe pas, et n'a jamais existé, de cartes postales représentant la cure seule et telle que j'espère l'avoir photographiée (mais j'attendrai d'être à Paris pour faire développer et tirer). Ils m'ont dit qu'ils vendaient très peu de cartes postales avec vues, et que la meilleure, celle qui représente l'église, épuisée depuis longtemps, n'a pas été

a. Anglais : « presbytère ».
b. Anglais : « vues de cartes postales ».
c. Anglais : « sa femme au moins avait écrit des livres ».
d. Anglais : « l'auteur célèbre ».
e. Espagnol : « ce n'est pas grave ».
f. Anglais : « annuaire ».

renouvelée ; (ils m'en ont donné un exemplaire, le seul qui leur restait ; DONNÉ parce qu'il était SOILED et unfit to be sent by post[a]. C'était une sorte de prime offerte au gros client que j'étais.) Ils ont été dûment impressionnés quand je leur ai demandé si « POST OFFICE, BARNSTONE, NOTTS » était une adresse suffisante au cas où quelques-uns de mes amis, désirant se procurer des vues du pays natal de Samuel Butler, voudraient en faire venir de Barnstone, c'est-à-dire de chez eux. Deux lettres que je leur ai données à affranchir, une pour Paris et une pour l'Italie, leur ont confirmé, avec mon accent, la sincérité de mes propos. J'étais bien le touriste, et, pour eux, LE PREMIER TOURISTE que la renommée d'un certain Samuel Butler (et sans doute Rév[érend] Samuel Butler) attirait de loin, — du continent ! — à Barnstone. Désormais ils attendront les Américains. Tarderont-ils ?

Il se peut que ma visite arrive, par ces gens de la poste, aux oreilles du successeur actuel du « Rev. Theobald Pontifex ». Et peut-être comprendront-ils pourquoi je n'ai pas semblé désirer beaucoup voir leur pasteur, ni sa femme qui a publié des livres.

Nous nous sommes fait reconduire par notre chauffeur à Langar, et à l'Unicorn, la seule auberge, où nous avons pris le thé tandis que j'écrivais les adresses et quelques mots d'explication sur les c[artes] postales, que j'ai mises dans la boîte aux lettres attenante au mur de l'auberge. Je les ai envoyées à des amis butlériens, en France, en Italie, en Hollande, en Belgique, en Espagne, aux États-Unis, au Brésil. Mais il n'y en avait pas assez pour en envoyer à des butlériens situés en dehors du cercle des amis, ni à des critiques français, espagnols, etc., qui se sont occupés de S[amuel] B[utler] soit directement soit à l'occasion de mes traductions. Dommage. Mais aussi le temps m'aurait manqué s'il y avait eu assez de postcards à Barnstone. Nous avons suivi la même route pour rentrer à Nottingham. Ainsi j'ai très bien vu la campagne, qui est celle des chapitres ruraux de *Ainsi va toute chair*. Le temps, après une matinée BURRASCÒSA[b] (il y a même eu dix minutes de neige, qui du reste fondait en tombant) s'était mis au beau ; il était frais, mais ensoleillé, et l'intérieur de l'église était assez clair pour la photographie. — Nous avions quitté le Black Boy à 1 h ¾ p.m., et nous y revenions à 4 h ¼. Coût : 15 sh. + 2,6 de pourboire ; vraiment cheap.

Le reste de la journée : avant Langar courses seul entre Market et Victoria Station, petits achats, flânerie ; après Langar, promenades ensemble, en trolleybus et autobus, et à pied, dans plusieurs directions, Baboa voyant pour la première fois des slums et des street Arabs[c], comme elle avait vu, pour la première fois, à Langar,

a. Anglais : « sali et impropre à l'envoi ».
b. Italien : « de temps variable ».
c. Anglais : « des quartiers de taudis et des gosses des rues ».

une wayside inn (the Unicorn)[a]. Nous avons acheté des fruits au Central Market (que l'employé de l'autobus a nommé New Market). Elle a vu, sous un ciel de maître hollandais, la rue aux pavés gris montant, aride et dure, entre les basses façades de brique rougeâtre et nue. Curieux incident, à noter pour songer toujours à L'EXCEPTION : comme elle me demandait l'origine et les raisons du choix des noms des rues anglaises, après lui avoir donné quelques éclaircissements, j'affirmais que les noms des grands hommes de l'espèce intellectuelle ne sont JAMAIS donnés aux rues, — juste à ce moment-là nous nous trouvons à l'angle de KIRKE WHITE STREET[150] ! Je le lui ai fait remarquer, confessant la présomption de ma sweeping assertion[b]. J'aurais dû dire : rarement.

Après dîné, passé une heure au Victoria Hall, à voir danser les gens, du haut de la galerie. Le spectacle de la gaîté populaire m'a fait du bien. Très peu de filles ou femmes agréables à regarder. La plus belle personne était un jeune homme de 18 à 20 ans ; un vendeur de magasin peut-être, mais les traits, la distinction d'allure, étaient remarquables. Rentrés en taxi au Black Boy. Un peu de courrier ; ceci, et le moment bien gagné de « desiderato acquiescere lecto[151] ».

Le successeur de « Theobald » à Langar cum Barnstone est : le Rév. William Mac Keag O'Kane, B.A. LLB[c] ; il est recteur et sa résidence est le rectorat.

Samedi 19, Londres —

Trop de choses (retour de Nottingham, courses incessantes dans Londres, montrant à Mariuccia[152] les musées (National Gallery, British Museum), les sights, les restaurants, les théâtres... ;) et trop peu de loisir pour les noter. Et il en sera ainsi jusqu'à notre départ, déjà en vue. — Je me limite donc à Langar. Les photos, si elles sont nettes, et les postcards, me serviront pour les églises et le rectorat. De l'aspect des routes et de la campagne, souvenirs très précis. — Rencontre, au retour, de cavaliers, hommes et jeunes filles ou femmes. Courses d'un nombreux gibier, et vols, au passage de la voiture. À notre entrée dans le churchyard[d] de Langar, deux dames sortaient de l'église ; ont paru surprises en nous voyant. Aspect vieille bourgeoisie, — I mean pre-war[e], — province anglaise. Il n'y avait pas de signatures et dates du jour sur le livre des visiteurs de l'église ; donc, très probablement, dames du lieu : peut-être the Rector's wife[f] avec une parente, ou la femme d'un bourgeois du

a. Anglais : « une auberge de bord de route (La Licorne) ».
b. Anglais : « généralisation hâtive ».
c. BA : licencié ès lettres ; LLB : licencié en droit.
d. Anglais : « enclos de l'église ».
e. Anglais : « je veux dire avant-guerre » (de 14-18, bien évidemment).
f. Anglais : « la femme du recteur ».

pays ; il y a justement un ou deux châteaux (au sens bourbonnais du mot) dans l'address-book consulté au Black Boy ; le principal châtelain ancien élève, et gradué[a], d'Oxford. Ce qui expliquerait le mouvement de surprise. (Sera-t-ON revenues, après notre départ constaté, — des fenêtres du rectorat l'Unicorn est très visible, — voir ce que nous avions écrit dans le livre des visiteurs ?) ON m'aura vu aussi fusiller photographiquement le rectorat, de derrière le bas mur du churchyard. — Les gens du post office auraient trouvé naturel que nous allassions faire visite au rectorat ; naturel, peut-être même convenable, presque de rigueur… ? Good morning ; I am very much interested in Langar and especially in the Rectorate as the birthplace of S.B., the author of *Erewhon*, etc…, etc… ; and do you know in which room he was born[b] ? etc., etc. Et demander à voir la chambre ! et à visiter le jardin ! Oh, si *The Way of All Flesh* avait été une peinture idyllique et pieuse de l'existence d'un curé de campagne, tout cela eût été possible. But as it was[c]… Il y avait déjà, il me semble, assez d'indiscrétion à être aperçu photographiant, non pas une, mais six fois, le rectorat. — Toutefois il n'est pas mauvais qu'on puisse savoir, par les gens de la poste, que le mystérieux stranger était venu à cause de S.B., ne se préoccupant que de ce qui, à Langar, — CUM Barnstone, — concernait S.B. ; et que le même stranger n'était que de passage, et n'avait pas le temps de s'arrêter. — Il se peut aussi qu'on ait vu, à la poste, et timbré, mon abondante expédition de cartes postales pour neuf ou dix pays différents (et deux continents). Cela m'ESTRANGE encore davantage. Je suis un peu le délégué d'un groupe international de butlériens, et la cure de Langar intéresse même l'ambassadeur du Mexique à Rio-de-Janeiro[153], à cause de S. Butler. Me voilà hors jeu, moi ET MON INDISCRÉTION. Je ne suis pas venu PRYING[d], mais comme un avant-coureur de la gloire. Même sans le paquet de cartes postales, mon butlérianisme, considéré comme simple HOBBY personnel, acquérait, du fait de mon accent étranger, une valeur internationale. Et sûrement il n'y avait pas de permission à demander pour photographier, du cimetière, le rectorat, la plus belle et la plus CONSPICUOUS[e] maison de Langar. — Cependant il doit être un peu désagréable d'habiter une maison rendue célèbre par un homme dont on ne peut pas approuver les idées ; et ma visite à Langar contient, dans mon souvenir, un élément, assez faible, mais bien réel, d'INTRUSION, qui me gêne. C'est pour cela que j'espère

a. C'est, francisé, le mot anglais *graduate*, « diplômé de l'Université ».

b. Anglais : « Bonjour ; je m'intéresse beaucoup à Langar et tout spécialement au presbytère, maison natale de Samuel Butler, l'auteur de *Erewhon*, etc…, etc… ; savez-vous dans quelle chambre il est né ? »

c. Anglais : « Mais vu ce que c'était… »

d. Anglais : « fouiner ».

e. Anglais : « remarquable ».

n'avoir pas été trop remarqué ; et que je cherche toutes les raisons (j'oubliais mon âge, la présence de ma femme, notre tenue) d'amoindrir dans mon jugement, de MINIMIZE[a], mon indiscrétion.

Langar et Barnstone, vus de loin, c'est quelques pétales d'une rose effeuillée sur une pelouse ; pétales très espacés (les petites maisons de brique rurale) ; avec le rectorat (grande maison très bourgeoise, rose aussi, avec de grandes fenêtres aux châssis blancs, entourée d'un vieux mur et d'arbres élevés, avec des communs, des pelouses ; le tout visiblement ancien ; pas du tout banlieue) et l'église, sûrement monument historique, et la plus grande, la plus solide construction de la paroisse. Du côté de Barnstone, mais à l'extrémité de la commune vers la ligne de Melton Mowbray, les bâtiments et cheminées d'une usine, neufs et gris, couleur du ciment qui s'y fabrique (ciment ? à vérifier ;) — à vérifier aussi mon impression : que ni S.B. ni à plus forte raison son père n'ont vu ces cheminées[b].

[*Dans le bas de cette page, une carte postale : Langar Church — A5581.*

À la page suivante, deux cartes : Barnstone Church (A5584) et Barnstone (A5583).

La page qui suit comporte deux photos de Larbaud : « La cure, Langar. V.L. » *(annotée avec des flèches et l'indication de directions). Et* « L'église, Langar. V.L. »

Une photo, agrandie, occupe le bas de la dernière page. Au-dessus de la photo : « J'ai fait tirer 12 cartes postales de la meilleure des photos prises à Langar, représentant le Rectorat. Les clichés pris dans l'intérieur de l'église n'ont rien donné. — J'ai fait tirer 3 développements de la meilleure du Rectorat. » *Au-dessous :* « Exemplaire de la photo que j'ai fait agrandir (3 exemplaires tirés). »]

Paris, lundi 28 mai[c]. —

Encore l'encombrement des choses à noter. Le retour. L'insistance sur les souvenirs de Langar : la ligne des collines, vers le Sud-Est, à l'horizon ; cela fait un grand morceau de plaine visible, un peu inclinée, naturellement vers la Trent, de Sud-Est en Nord-Ouest. Très différent du Warwickshire, et de la partie que nous en avons traversée, — Rugby, etc., — entre Nottingham et Londres. — Les souvenirs dominants, de Londres : notre promenade à pied dans Chelsea ; les cierges allumés dans Our Most Holy Redeemer[d], au coin de Cheyne Row ; Glebe Place ; Lawrence Street ; l'hôpital,

a. Anglais : « minimiser ».

b. Ce passage, depuis « Samedi 12 », a été publié dans le *Cahier de l'Herne Valery Larbaud*, pp. 182-189.

c. Écrit au-dessus de « dimanche 27 », qui a été raturé.

d. Anglais : l'église Notre Très Saint Sauveur.

l'église, l'Embankment... Une grande nostalgie ; sûrement on doit s'y sentir plus chez soi que dans mon quartier actuel ; n'importe qui ; ici (Quartier Latin) mes souvenirs sont bousculés et se bousculent. À Chelsea ils semblaient m'attendre, comme si rien ne les avait dérangés. Et puis il y a une atmosphère CHELSEAIENNE ; une sorte de douceur cachée ; plus caractérisée que celle d'un « quartier », presque celle d'une petite ville, de l'ancienne ville Chelsea ; surtout, pas du tout banlieue, pas du tout « suburb ». Je crois que Mariuccia a bien senti cela ; et le beau temps y contribuait aussi. La dame qui sortait de Our Most Holy Redeemer's juste au moment où je lui disais : Ecco ! la chiesa cattolica del mio quartiere[a] ! a sûrement compris « chiesa cattolica », et a souri : nous étions des membres de la même famille. Le petit tabernacle de satin blanc, sur l'autel, comme un jouet, une tente pour soldat de plomb. — Aussi les deux promenades à Richmond. — Le legs Mond à la Nat[ional] Gallery. — L'après-midi au British Museum. Baboa dans la salle de lecture. L'huissier ne voulait pas nous laisser passer, mais il a cédé quand j'ai dit : « I have worked day after day, for months, in this room, and I should like to show it to my wife[b]. » Il a immédiatement compris la situation, ce qu'il y avait de sentimental dans la situation. — Pendant nos courses, et les miennes du matin, les livres achetés partout, — et les 2 valises pour les contenir. — La petite fille aux yeux rêveurs, extasiés, — sur un pont, à Regent's Park, — regardant le manteau de petit-gris de Mariuccia. — La politesse et la gentillesse des gens, partout dans Londres, la facilité, la discrétion. — La serveuse d'une maison de café, élégante, dans le Strand : Queenie[154], et jolie. — Mariuccia était sensible à cette facilité aimable des choses et gens de Londres, à ce respect et à ces attentions, non serviles, devant les « signes extérieurs de l'argent ». À Paris les « femmes du peuple » feignent de ne pas voir l'élégance d'une femme, une fourrure chère. Et entre hommes, de quelque condition qu'ils soient, il y a plus de cordialité ; on lie plus facilement conversation.

Ces derniers jours ici (Paris) remplis par les dernières courses, et les visites ou réunions d'adieux. Gens intéressants : Valéry ; M. G. Combarnous, de passage, et préparant son voyage à la Cité du Vatican et à Saint-Marin (longue conversation : Liechtenstein, Andorre, etc. ; tournure d'esprit sympathique) ; le duc de Broglie ; Marcel Thiébaut ; Luc Durtain ; François Berthault ; Mme de Cossé-Brissac ; Mme de Fels ; Paul Morand ; G. Jean-Aubry ; Jules Supervielle ; Jean Paulhan ; les 2 princesses ; Emmanuel Berl[155] ; chez Mme de F[els][156], sur la terrasse, dames aimables qui m'accueillaient

a. Italien : « Voici l'église catholique de mon quartier ! »

b. Anglais : « J'ai travaillé jour après jour, pendant des mois, dans cette salle, et j'aimerais la montrer à ma femme. »

avec des citations de mes ouvrages ; Fabre-Luce ; etc. mais Cossé-Brissac. — Le *Chateaubriand* de Marcel Thiébaut. — E tante cose. Molta gente lavorando, e bene ; molta gente godendo, e bene[a]. Les [troupes ?] chez Henri de Rothschild. Paris vraiment très bien, très « salon de l'Europe ».

Dernières journées de Laeta à Ste-Barbe. Mariuccia l'a trouvée en conversation avec l'aumônier, l'écoutant, paraissant tout comprendre.

Terminé l'inventaire de la collection rétrospective : 4 471 pièces. M. E. Prévost m'en a apporté 30 aujourd'hui, et nous avons organisé le travail pour 5 mois.

Ordre dans les papiers et livres : ce que j'emporte ; ce que je laisse ici ; ce que je donne au relieur. Et déjà la préparation, et le désir, de mon travail de l'été, surtout à Valbois. — Nouvelle de la mort de Jean Bridot, probablement à Saint-Pourçain où on l'avait transporté de Monestier. Il avait été 12 ans au service de ma tante Jane, puis au service de ma Mère, et un an au nôtre[157].

Jeudi 31 mai, Paris. —

The crowded days before leaving[b] : une malle, une caisse, une grande valise, pleines de livres, papiers, gravures (dont quelques-unes déjà encadrées), et objets divers. Et les dernières courses ; et les réunions d'adieux avec quelques amis ; et encore du courrier (une longue lettre à un jeune butlérien qui paraît avoir envie de traduire les *Further Extracts* de A.T. Bartholomew[158]), et les lettres et rendez-vous d'affaires pour les 3 jours que nous allons passer en Bourbonnais. Je continue à noter les livres que les courriers apportent, et j'écris des lettres. Tout cela avec la pensée du travail dans le calme. Aujourd'hui passé ¾ d'heure avec M. Thiébaut le relieur, inscrivant les indications pour les livres qu'il a encore à relier. Il m'en a livré hier pour 842 francs ; j'en ai rendu 4 pour corrections d'erreurs commises par le calligraphe (qui semble distrait : 1933 pour 1923, etc.). Vraiment ce qu'il y a de mieux, de plus frais, de plus solide aussi, — je crois, — c'est la reliure en plein parchemin PEINTE et calligraphiée ; ensuite, le dos parchemin, peint et calligraphié. Si ce n'était pas si cher je ferais relier ainsi tout ce qui en vaut la peine.

Pendant nos courses, chacun de notre côté, Laeta au Luxembourg avec Marceline. Elle en rapporte un ballon bleu avec lequel j'ai joué au moins autant qu'elle. — À un certain moment mes courses m'ont mené si près du coiffeur où Mariuccia devait être à ce moment-là que si je n'avais pas été si pressé je serais allé la sur-

a. Italien : « Et tant de choses. Beaucoup de gens qui travaillent, et qui travaillent bien ; beaucoup de gens qui s'amusent, et qui s'amusent bien. »

b. Anglais : « Les journées bien remplies avant le départ ».

prendre (bien que ce soit un « coiffeur pour dames » où les hommes n'ont pas leurs entrées) ; j'en avais bien envie ; et l'idée de cette démarche d'amoureux m'a fait plaisir.

Une des notes de *Further Extracts* qui ont plu au jeune butlérien de Russell Square est celle où S[amuel] B[utler] dit que tout homme se compare, de temps en temps (« sometimes ») à Jésus-Christ. On saisit bien là cette espèce d'ignorance de la vie religieuse qui rend « inoffensives » beaucoup de ses attaques contre le Christianisme. Naturellement, un chrétien, si sa foi est vive et agissante, se compare très souvent, tout le temps, à J.-C., et remarque avec satisfaction jusqu'aux plus petites circonstances par lesquelles il peut se comparer à Lui : une mortification, une douleur supportée avec patience, etc. — Cette réflexion enlève tout « l'esprit » que S.B. a cru mettre dans cette note.

De même pour Dieu, « the last witch[159] ». Ce n'est que l'expression, forte et heureuse, et scandaleuse à souhait, d'un lieu commun de la prédication chrétienne : l'idée basse que la plupart des fidèles se font de Dieu. Etc. etc.

Ma seule lecture depuis mon retour d'Angleterre aura été le *Bolivar* de Jules Supervielle. Il viendra le reprendre demain et me demander mes impressions.

JUIN

1er. Vendredi. Paris. —

Un article d'A[ndré] Suarès sur Suétone me fait voir, — entrevoir, — deux erreurs : celle de la doctrine universitaire qui ne sait pas admirer et faire admirer le style de Suétone, et celle des connaisseurs, comme Suarès, qui n'ont aucun sens de l'histoire romaine et, pour cela, font un crédit illimité aux *Douze Césars*. Il y a sûrement quelque chose à écrire sur Suétone, qu'on n'a pas encore écrit, — à moins que quelqu'un au XVIe ou au XVIIe siècle n'ait aperçu, malgré l'absence de tous les documents et inscriptions trouvés, compris et systématisés depuis, de quel côté Suétone pèche, et par où il est grand écrivain.

Courses encore une partie de la journée, dans le quartier et à la Gare de Lyon où nous avons expédié les gros bagages et où nous avons dîné, les derniers occupants du buffet, entre 9 ¼ et 10:10 p.m.

Expédition, par Germaneau, d'une malle (livres et gravures sous-verre) et d'une caisse (gros livres, gravures non encadrées, une encadrée,) — petite vitesse, Gare S. Pourçain-s/-Sioule.

Sainte-Barbe : commandé et payé 3 photos du groupe de la 11e ; une prête, livrée aussitôt.

À 5 p.m. visite de Jules Supervielle au milieu des malles, caisses, valises. Tenait à connaître mon opinion sur son *Bolivar*. Je lui ai dit :

que la pièce est, dans l'ensemble, beaucoup plus « Supervielle » que je ne l'avais prévue : il a résisté à la tentation de la documentation historique, très abondante, qu'il a accumulée ; c'est un poids qu'il a soulevé, une attraction qu'il a vaincue ;

qu'on remarquait, à la lecture, — mais sûrement pas à la scène, — le délicat équilibre cherché et trouvé, les pesées successives, l'agencement d'un mécanisme délicat (à la scène on a le résultat : l'impression produite sur l'auditeur, conforme à l'impression qu'on a voulu produire) ;

que j'avais cherché : 1° quelque chose du serment sur le Mont-Sacré, — au moins une allusion ; 2° l'offre de la couronne, et le refus, — au moins une allusion. Il y avait songé, et a même toute prête une scène du Mont-Sacré, et aussi une scène de la réconciliation avec les Espagnols, — mais il hésitait. Enfin nous sommes arrivés à l'idée, encore confuse, d'une courte scène entre Del Toro et le précepteur de Bolivar (entrevue greffée sur la scène de la demande en mariage) dans laquelle le précepteur raconterait courtement, en désapprouvant, le serment sur le Mont-Sacré. Pour l'autre manque, l'offre de la couronne, je lui ai suggéré l'introduction du mot « Sire » dans la scène de Lima, aux environs du prosternement de Vidaurre. « Sire », un mouvement versaillesque ou aranjuezque de l'assistance, esquisse des honneurs royaux, révérences des dames, et le « Non » de Bolivar. Je lui ai dit que cela était important au point de vue du public français, qui ne sait presque rien de Bolivar. En réalité l'offre de la couronne est de Panama ; mais on peut supposer qu'il fut préparé ou renouvelé, par allusions, à certains grands moments de la carrière du Libertador. — J'ai beaucoup insisté, et je crois avec raison, sur l'ignorance à peu près complète des ¾ du public français. — J'ai fait deux objections portant sur des détails : le nom de Premier [Nicanor] (le noir) traduit de Primero, qui ne serait pas compris du public ; je suppose que NICANOR seul suffit ; la scène dansée sans musique entre Bolivar et Manuela ; elle doit être difficile pour les acteurs ; il pourrait y avoir une musique lointaine et faible, dans la coulisse, pour aider les acteurs. Enfin je lui ai parlé des uniformes et de l'opportunité de montrer au moins une fois le drapeau de Bolivar (il a dit qu'il le mettrait près de B[olivar] et son groupe dans la scène du passage des Andes).

Je l'ai complimenté sur l'agencement des scènes et sur l'intérêt dramatique, bien mené et ménagé, de chacune d'elles. Il m'a dit qu'il s'était senti porté et soulevé par la personnalité de Bolivar.

La raison pour laquelle il a rejeté la scène du Mont-Sacré tient à la conception fondamentale de la pièce : la fidélité de Bolivar à Maria-Teresa del Toro vivante et morte. C'est en effet le sujet de la pièce, où l'action, l'œuvre militaire et politique de B[olivar], est une parenthèse, — et on voit bien les proportions d'une telle parenthèse, en elle-même dramatique. C'est de là que nous sommes partis pour le compromis de l'introduction du précepteur racontant le serment sur le Mont-Sacré.

Toujours au point de vue d'un public qui ne sait rien du sujet, j'ai suggéré l'opportunité de faire allusion au SOCIAL STANDING[a] de Bolivar, à sa richesse, à ses relations avec les infants. — C'était me mêler de ce qui ne me regarde pas, car jamais je n'aurais été capable de monter une pièce comme celle que Supervielle a tirée de cet énorme sujet. Lui aussi avait pensé à des scènes qu'il a dû rejeter, comme celle des *Tres Etcéteras* du conte de Ricardo Palma[160].

Du reste il ne songera aux ajouts que lorsque la réception de la pièce au Théâtre-Français[161] sera chose accomplie. Je souhaite qu'ils l'acceptent. J'ai dit à Supervielle, et je le pense très sincèrement : « Ça les réveillera ! »

Il m'a dit qu'il l'a lue au ministre du Vénézuéla, et que l'impression sur les Américains, et les gens des pays bolivariens en particulier, ne peut pas être défavorable. C'est bien ce qu'il m'avait semblé, et c'est pour cela que j'ai pensé à des précisions comme le serment sur le Mont-Sacré, le drapeau[b] et l'offre de la couronne.

En réalité Supervielle est parti d'une proposition, qu'on lui a faite, d'écrire un scénario pour un « film » sur Bolivar, et je me le rappelle me parlant de ce film où les amours de B[olivar] auraient tenu beaucoup de place, et trop de place. Il a renoncé au « film » pour écrire la pièce (« On se déshonore moins », dit-il gentiment), et vraiment il s'en est très bien tiré. Ce qu'il a fait est beaucoup mieux qu'une « biographie dramatisée » comme on en a donné depuis 1920 (il y a eu un *Pasteur* (je crois) et un *Napoléon IV*[162], pauvres choses.) Le personnage et la vie sont vraiment « revécus ».

Grand tour après dîner, seul avec Barty : des glaces, et achats de livres d'occasion aux librairies ouvertes la nuit du Bd. Saint-Michel, — entre autres un petit H. Pontoppidan[163] (*Aus jungen Tagen*) traduit par Mathilde Mann, que j'emporterai peut-être en Savoie.

Ainsi jusqu'au dernier instant j'aurai acheté des livres, — et j'en ai reçu aussi : au courrier de ce soir *Mi compadre* de Fernando González[164], qui m'est envoyé par Bréal[165], — peut-être parce que F. González a été vexé de mon silence au sujet de son dernier livre ? En fait je l'avais inscrit sur ma liste des gens à remercier

a. Anglais : « situation sociale ».
b. Note de Larbaud : « Les Français ne connaissent guère que le chapeau. »

pour des livres, et j'y ai pensé longtemps. Mais cet avant-dernier livre, *El Hermafrodita dormido*, m'a paru inférieur aux précédents.

Nous partons demain à 11 h a.m. — In viam pacis et prosperitatis dirigat nos omnipotens et misericors Dominus ; et Angelus Raphael comitetur nobiscum in via, et cum pace, salute et gaudio revertamur ad propria... Esto nobis in procinctu suffragium, in via solatium, in aestu umbraculum, in pluvia et frigore tegumentum, in lassitudine vehiculum, in adversitate praesidium, in lubrico baculus, in naufragio portus ; ut te duce quo tendimus prospere perveniamus, et demum incolumes ad propria redeamus[a].

(Pour nous, dans cette circonstance, « ad propria » représente à la fois le point de départ, Paris, et le point d'arrivée, Valbois, où nous passerons quelques jours, — et de nouveau Valbois quand nous le quitterons pour la Savoie et de nouveau Paris quand nous quitterons la Savoie pour Valbois, le but du voyage étant Paris après le séjour d'été à Valbois.)

Oublié de noter hier jeudi 31 mai, Charles Du Bos aperçu au D'Harcourt tandis que j'y prenais une tasse de chocolat. Il était avec un couple, des jeunes gens, et causait avec animation. J'étais assez loin, et même quand, pour sortir, je suis passé dans la zone de ses regards il ne m'a pas aperçu.

Sur le point de quitter Paris je voudrais le voir en étranger. Par exemple noter le calme et la tranquillité, imprévus de la plupart des gens pendant les 2 mois qui ont suivi le 6 février. J'avais vu encore en avril un graffito sur une affiche, très « mazarinade » :

NOM DE DI.
QUEL EST CE CHÈQUE TARDI ?

On lisait les affiches des partis ; quelques-uns avaient même loué des palissades pour y coller les leurs. L'association dite des « Croix de Feu » recrutait des partisans ; on les redoutait ; d'autres les souhaitaient comme restaurateurs de l'ordre, ou instaurateurs d'un ordre nouveau. Des gens sensibles et préoccupés d'actualité, comme J. Audiberti, donnaient dans cette politique, ou plutôt dans ces agitations et mouvements divers. On entendait dire « La République est morte » (ou : la IIIe République est morte) et « Le régime parlementaire est fini ». On attendait « une dictature », etc. On paraissait surtout désirer du nouveau, de nouveaux noms de politi-

a. « Que Dieu tout-puissant et miséricordieux nous conduise sur le chemin de la paix et de la prospérité, et que l'ange Raphaël nous accompagne sur la route pour que nous puissons revenir chez nous dans la paix, la santé et le bonheur.

Sois pour nous, Seigneur, un soutien dans notre expédition, un réconfort en chemin, un abri contre la chaleur, une protection contre la pluie et le froid ; une voiture pour la fatigue, un refuge dans l'adversité, un bâton sur le sol glissant, un port dans le naufrage ; pour que, sous ta conduite, nous parvenions à notre but sans encombre et que nous revenions ensuite sains et saufs chez nous. »

ciens, des jeunes, etc. D'après les journaux anglais lus à Londres le jour et le lendemain de la fête de Jeanne d'Arc, le défilé a dû ranimer un peu de cet esprit ; mais tout paraît bien calme à présent. Une affiche des « Croix de Feu » demande des adhérents « pour le maintien de la trêve », ce qui paraît contradictoire avec le langage tenu en février et mars par la même association. La « trêve » ne devait pas durer, etc. Il n'est même plus question de modifier les lois qui règlent les élections législatives. Cela doit être un enseignement pour la jeunesse, une leçon de scepticisme politique : inertie, ou sagesse, des « masses », contre lesquelles (l'inertie ou la sagesse) se brisent les efforts des partis. Après le 6 février, des gens ayant à la fois la Lég. d'honneur et la croix de guerre, et qui ne portaient plus la croix de guerre depuis longtemps, l'avaient remise à leurs boutonnières : on les regardait, et il y avait des commentaires, les uns favorables, les autres non. Il me semble que je vois moins de rubans de croix de guerre avec les rubans et rosettes de la Lég. d'honneur. Aussi : un tailleur-chemisier, qui avait mis au milieu de sa vitrine un uniforme complet de général (ou de maréchal) dès le 7 ou 8 février, l'a retiré trois semaines (environ) après. — Personnellement, ma rosette de la Lég. d'hon. a suscité 2 commentaires en sens contraire : en mars, place S. Sulpice, un ouvrier endimanché a dit à sa femme et à sa fille, en me désignant d'un regard : « Officier », d'un ton plutôt admiratif ; en fin avril deux ouvriers, place S. Germain-des-Prés, passant à côté de moi, l'un dit à l'autre, mais avec un air très détaché, si bien que je n'ai pas compris aussitôt que l'allusion me visait : « Il n'y a pas de taureaux par ici ! » (Cela voulait peut-être dire que des gens « décorés » avaient été molestés ou insultés par des gens des partis d'extrême-gauche ; mais je n'ai rien entendu raconter dans ce sens.) À noter encore les graffiti à la craie, dans mon quartier, et près des pensions où logent beaucoup d'Asiatiques et quelques Noirs : « Liberté pour les colonies ». On les lit encore, mais ils n'ont pas été rafraîchis, et s'effacent lentement.

Lundi 4 juin. Valbois. —

Un très agréable retour à Valbois avec la vue des arbres plantés en notre absence, et ceux qui ont été plantés pendant que nous étions ici, en automne. Déjà pas mal de roses, de plusieurs couleurs. Une nichée d'oiseaux nouveau-nés, dans le tuyau de la vieille pompe cassée ; les pousses tendres de nos sapins ; l'abondance et l'odeur des foins coupés de la réserve. Tout le reste paraît en bon état, et prospère. Dîner improvisé, avec des boîtes de conserve, mais aussi des œufs vraiment du jour, un beurre exquis, une soupe très campagnarde, du pain paysan, et les cerises et les fraises énormes de la réserve. J'ai dit sans réflexion devant Anna qui nous servait : « Ni en FRANCE ni en Angleterre nous n'avons eu d'aussi belles fraises ! » (Comme si Valbois était vraiment l'« État-libre », et sa

« frontière » une vraie frontière ; mais c'est un effet de l'isolement, de la distance, des distances variées, qui nous séparent de nos voisins (des TERRITOIRES de nos voisins) puis du village, et des villages, et de la vallée de la Bouble, elle-même éloignée de la vallée de la Sioule.) Ce dîner sans convives possibles, ou déshonorant pour nous si nous y avions invité des étrangers, et cependant exquis, fut arrosé de Bordeaux 1898 et d'un Château Canteloup de 1878 que nous aurions difficilement trouvé à Paris, ou payé — quel prix ? (Nulle préméditation de gourmet dans ce choix ; simplement, ne trouvant pas la clé de la cave au vin ordinaire, mais celle de la cave aux vins vieux, j'y ai pris à peu près au hasard n'importe quoi, — et bu ce n'importe quoi en remerciant Dieu, et en bénissant la mémoire de mes parents ! (Est-il venu à l'idée de quelqu'un, théologien ou Poëte, que le miracle de Cana dépasse tout ce que la légende attribue à Bacchus ?)

Le contact avec ma bibliothèque m'a donné, avant et après dîner, une fringale de travail, et j'ai fait faire un pas à mon étude sur Alice Meynell (retouchée et augmentée)[166] en relevant, à la fois pour m'en servir et éviter les doubles emplois, tout ce qu'en dit Agnès de la Gorce dans son *Francis Thompson*[167]. J'ai trouvé presque sans les chercher les 2 vol[ume]s dédicacés d'Alice Meynell, — ce qui est de très bon augure. — Deux valises vidées ; une mise en ordre sommaire des choses, livres et papiers, que j'en ai tirés ; enfin deux lettres d'affaires.

La traversée rapide (et coûteuse) de Vichy, entre samedi soir et ce matin, laisse l'impression d'un orage musical dans une foire de Paris portée à la 10e puissance. Haut-parleurs et T.S.F. à tous les carrefours, phonographes chez les coiffeurs ; orchestres dans les cafés, les restaurants, et sur les places ; fanfares d'un bout à l'autre des rues ; et la foule extrêmement variée répandue partout : paysans endimanchés et vieilles joueuses de Monte-Carlo, des Scandinaves et des Arméniens comme chez eux, tenant toute la rue, — beaux groupes de jeunes femmes hongroises (ou tchèques, peut-être) — et ces commerçants en plein air, errant entre la Riviera et Vichy, peut-être très semblables à ceux qui suivaient les légions romaines ; et la musique encore et toujours. Mais c'est une bonne préparation au calme et au silence de l'État-Libre.

Mardi 4[a]. — Valbois

Visite des plantations hors de la réserve, c'est-à-dire dans le bois, et près de la charmille. Déception ; ce long travail n'a donné que de pauvres résultats, sauf dans les endroits où G. d'Origny[168] a fait entourer de treillis les enclos que j'avais déjà fait entourer de fil de fer barbelé ; mais il s'agit de deux morceaux, dont l'un complète

a. Erreur de Larbaud : c'est le mardi 5 juin.

« la corne du bois » vers la Prau, et dont l'autre est assez étendu. Ailleurs (les pins plantés pour boucher les vides) les pousses de 1933 ont été rongées par les lapins alors qu'elles émergeaient de la neige, et que ces animaux n'avaient pas d'autre nourriture. À une de ces places la destruction des ronces pour planter les pins a favorisé les fougères, qui ont complètement colonisé le terrain déblayé ; c'est comme une enclave de leur république, et elles s'y élèvent en groupes gracieux au-dessus des débris jaunis ou noircis des pins rongés.

Ailleurs rien n'a poussé et les pins ont disparu, sauf deux ou trois, çà et là, mais qui se sont semés eux-mêmes et sont sortis de terre après la fonte des neiges, c'est-à-dire quand les lapins avaient d'autres nourritures. Ceux qu'on a plantés sont calcinés. En marge des pins anciens, entre le sentier et le ruisseau, un grand développement de fraises des bois.

Nous avons vu tout cela en compagnie de Mel[in] et de Chal[leton][169], que j'avais invités pour causer de nos affaires et des travaux de Valbois. Plus de 5 heures de conversation agricole : baux, cheptels, la diminution du prix des animaux, les greniers pleins de blé qui ne se vend pas ; les machines de fabrication américaine, et toute espèce de détails sur les rapports entre les cultures et la vie du bétail ; certaines conséquences de la crise : des paiements en nature, comme tant de kilos de viande sur pied, laissant de côté tout calcul en monnaie ; tant de sacs de blé en échange de tel instrument, etc. Aussi des histoires du pays, des jugements sur les fermiers, les métayers, et leurs modes de culture. Il y a beaucoup de faits et de réflexions intéressants, et un état d'esprit que l'esprit citadin ne soupçonne pas. On voit passer aussi des allusions aux embarras ou aux défauts des interlocuteurs. C[halleton] venait de terminer une période de service militaire à Montluçon et avait été stupéfait de l'ignorance des recrues, beaucoup originaires du Midi qui touche à l'Auvergne : il y avait un pourcentage énorme d'illettrés, ne sachant même pas signer, croyant la France gouvernée par un roi, etc. — De C[halleton] j'ai obtenu 1 800 contre 1 750 l'an dernier, alors que le bail est de 2 500 ; et j'ai limité M[elin] à un minimum de travaux, tous à exécuter dans l'enceinte de la réserve.

Laeta retrouvant ses jouets de l'été et de l'automne derniers, quelques-uns oubliés ; il y a là un grand exercice d'attention et de mémoire. Peut-être même un effort vers la lecture, l'essai de mieux comprendre ses albums et livres illustrés et, pour les mieux comprendre, la tentative enfin sérieusement faite d'assembler les syllabes, de se servir, pour déchiffrer les mots, de ce qu'elle a appris presque malgré elle. Nous la voyons absorbée devant ces images, devant ces jouets, son imagination fortement travaillée par le mélange de ses souvenirs en partie éclairés, ou réveillés, par la vue de ces images ; elle les voit aussi avec le recul des cinq mois passés à Paris, leur applique l'expérience acquise pendant ces cinq mois. Elle a sûrement une certaine conscience de cette expérience acquise ; du moins elle la prend en revoyant ces objets qui avaient une certaine place dans son « passé ». Elle les juge autrement ; elle les voit mieux (ou croit les voir mieux). C'est à peu près, et peut-être avec plus d'intensité, ce que nous éprouvons quand nous relisons un livre, ou revisitons une ville, après quelques ANNÉES. Le silence plein de méditation, le front penché, la mèche dont l'extrémité touche la page de l'album ouvert. Il me semble qu'une espèce de gravité, un « poids d'expérience » se marque dans ses regards, dans sa démarche, — et cela lui vient des sentiments et notions produits en elle par ce retour à Valbois, à sa vie de Valbois « autrefois », dans ce passé de la seconde moitié de 1933. — Jusqu'à présent pour elle tout avait été nouveauté, marche en avant. Ce retour lui donne le sentiment du temps écoulé, en elle et hors d'elle. La Savoie sera, dans quelques jours, un retour à un passé encore plus lointain : juillet 1933. — Il est à peu près certain que ces déplacements contribuent à mûrir sa sensibilité et à développer son intelligence.

Nous soignons Barty pour le ver solitaire : jeûne absolu et absorption de vermifuge, demain purgation énergique. Il n'a pas beaucoup insisté pour obtenir de la nourriture ; il a paru seulement surpris, mais sans qu'une idée de punition lui soit venue, comme nous l'avions d'abord supposé. Plutôt, il se croit malade, et fait assez bien le malade imaginaire.

J'ai trouvé le temps d'écrire quelques lettres, de lire mon courrier, de mettre de l'ordre dans des livres et papiers, de trier les choses à emporter en Savoie, de dépouiller entièrement le *A.T. B[artholomew]* de Geoffrey Keynes[170] en vue de la note que je pense écrire à la mémoire de A.T. B[artholomew] (dont j'ai vainement cherché la dernière lettre, au crayon, très belle et très courageuse ; j'ai fini par y renoncer ; je n'oserais pas la citer, sa mort est trop récente, pas plus que la lettre de l'Abbé Brémond, pas plus que celle d'Henri Mérimée[171], si je songeais à écrire quelque chose sur H. Mérimée. Le mieux est de les décrire). C'est à Cambridge que l'idée de cette note s'est précisée. Mais au moment où j'ai reçu la plaquette de *A.T. B[artholomew]* je n'étais pas assez bien portant pour songer à me charger de ce surcroît de travail.

Au courrier, lettre (longue) de Jean Royère ; et une d'Edoardo Firpo m'annonçant son recueil de poésies en génois.

Mercredi 6. Valbois.

Les conversations agricoles d'hier, — et d'aujourd'hui, plus courtes, avec P.[172] et T[ourret][173], — m'intéressent, et j'en garde un souvenir précis. C[halleton], jeune et « technicien », a des idées générales nettes et qui me semblent souvent justes. P[ar] ex[emple] sur la diminution de la consommation du pain à partir de 1919-1920 : il était moins bien fait, et des autorités scientifiques l'ont déclaré nuisible ; on mange beaucoup plus de viande ; le résultat est une diminution de 25 % dans la consommation. M[elin] aussi dit à peu près la même chose pour la bière : de qualité très inférieure à ce qu'on avait avant 1914, et plus de gens buvant du vin. — J'ai payé à P. 300 pour les foins de la réserve, et 50 pour le travail de la vigne. Il a racheté une vigne près de Breuilly. J'ai donné à son fils une vieille selle qu'il voulait m'acheter. — Plus tard à l'Espinasse avec Laeta et Barty ; vu M. et Mme T[ourret] et les deux garçons, grandis, dont le plus jeune, il y a 2 ans, avait pleuré d'horreur en voyant Barty ; il a amplement dépassé cette phase, et va à l'école depuis mars dernier.

Au retour mésaventure de Barty : une vache qui broutait l'herbe du talus a pris peur en le voyant (elle n'a sûrement pas reconnu en lui un chien ; rien qui correspondît à ce que son expérience lui avait appris de la forme des représentants de l'espèce canine ; son attitude était celle d'une bête qui voit un monstre, — peut-être un reptile à grande tête noire et velue, — l'herbe cachait entièrement les pattes de Grandmuseau, — peut-être un effrayant lézard !) En tout cas elle paraissait bien décidée à ne pas le laisser approcher d'elle et, tête baissée, elle se tenait en état de défense, ou peut-être d'attaque. Or, Grandmuseau étant resté en arrière, il fallait bien qu'il passât assez près de la vache. Enfin, grâce à la femme qui la gardait, tout s'est bien passé ; mais il y eut un moment pénible, aussi bien pour Barty que pour moi : il n'osait pas avancer, et en même temps je craignais que la bête, affolée, ne chargeât le manteau rouge de Laeta en même temps que Barty. Je me suis placé bravement entre elle et eux, et enfin Grandmuseau s'est décidé à venir près de nous, et à nous dépasser, tandis que la vache reculait dans le fossé. Laeta ne s'est pas du tout rendu compte du danger ; mais Barty a eu un instant de très grande inquiétude. — Un peu plus loin Laeta m'a demandé :

— E una pastora, questa Signora ?

— Si. Una pastora.

— Oh, è bella[a] !

Cette opinion correspondait à l'espèce d'aura romanesque qui entoure, à ses yeux, le mot « bergère » et le métier de bergère ; elle n'en avait jamais vu, ou du moins elle n'en avait pas vu pendant ces derniers mois à Paris, et pour elle une bergère, c'est Jeanne d'Arc, c'est sainte Geneviève avec son mouton sur la façade de S. Étienne-du-Mont, Jeanne d'Arc et sainte Geneviève

a. Italien : « C'est une bergère, cette dame ?
— Oui. C'est une bergère.
— Elle est belle ! »

sur les fresques du Panthéon. Ainsi une vraie bergère, et vivante, devait être belle.

Encore des rangements de livres et de papiers ; du courrier (4 lettres) ; un peu de lecture (à deux, Mariuccia et moi : les poésies génoises de Edoardo Firpo, *O Grillo Cantado*, reçues au courrier d'aujourd'hui)[174] ; et enfin, et même, un peu de travail.

Dans un catalogue reçu aujourd'hui : BARBARA MATULKA : *The novels of* JUAN *de* FLORES *and their European diffusion* ; New York [1931]. — Il peut y être question de Maurice Scève[175].

En somme nous avons trouvé, et nous laissons, Valbois en assez bon état, et souhaiterions pouvoir y commencer dès maintenant notre séjour.

Jeudi 7 juin. Lyon.

Quand sa blancheur, qui l'ivoire surmonte,
a éclairci le brouillard de Fourvière[176] *!*

Honneur à Scève au Circuit Plancien[177] ! Matinée à Valbois : derniers préparatifs, et ordres pour le travail en notre absence : choses à ranger, choses à nettoyer, choses à peindre. Il y avait ce temps brumeux et doux qui ferait dire : le matin endormi ; paupières entr'ouvertes cachant à demi un regard vif et fier, qui s'est révélé tout d'un coup : soleil entourant le départ. (L'ordre et la propreté, entretenus par Pierre dans les communs ; remercîments d'Anna pour l'almanach polonais, qui l'empêche d'oublier sa langue ; je me demande si elle se le lit à voix haute.)

Déjeuner (M. Voldoire avec nous) et après-midi, à Vichy ; quelques courses à travers la musique, le bruit, une bigarrure d'étrangers. Départ à 18:15.

Trajet Vichy-Lyon. La Palisse-La Pacaudière ; Amplepuis ; des acacias encore fleuris le long des talus ; Roanne et un aperçu des travaux faits autour de la gare et dans le quartier. La montée vers Tarare ; descente vers la Saône, mais la nuit déjà venue. — Lu *Feu et flamme*, cette fois attentivement, en vue de l'essai projeté. Il est intéressant de remarquer ce que nous sentons et comprenons encore, et ce qui déjà nous est étranger, ou qui nous paraît inutile, forcé, insincère, contraire à nos désirs, à nos penchants ; et comme c'est près de Boileau. Relevé une trace à peu près certaine de Catulle (« obdura »[178]).

Arrivés au Circuit Plancien vers 10 p.m., et souper léger chez « Georges » ; Laeta s'endormant à la fin.

Pour : ne pas m'encombrer ; ne pas abuser de notre budget ; ne pas me laisser tenter hors du travail et des lectures projetées, — j'ai fait serment de n'acheter aucun livre jusqu'à la fin de ce mois, et même jusqu'au retour à Valbois, sauf lorsque nous serons, — si nous y passons, — à Genève[a]. Très — jusqu'ici — heureux voyage ; belle masse de sensations et de pensées délicieuses ou simplement agréables : mi mujer, le beau temps, Valbois, Laeta, Scève (je lui ai parlé de Scève), S[amuel] B[utler], A.T. B[artholomew], H[enry] F[esting] J[ones], B. Guégan, Ph. O'Neddy, la campagne entre La Palisse et Tarare...

Penser à signaler à Jules Supervielle le *Miranda* de Philothée O'Neddy. (C'est un POÈME DRAMATIQUE).

Vendredi 8 juin. Chambéry, VIA ALBENS.

Une de ces journées d'inexplicables petites mésaventures (nous sommes-nous levés du pied gauche, etc. ?) En voici le catalogue :

1° On nous avait désigné « La Mère Blanc », quai Fulchiron, comme une autre « Mère Filioux ». Nous nous y faisons conduire, mais craignant de nous tromper nous nous trompons réellement et, — un peu par la faute du chauffeur, — nous allons chez « La Mère Guy », hors de la ville, et nous y faisons un déjeuner mauvais et très cher ; le vin seul étant assez bon ;

2° Nous choisissons mal le chauffeur qui nous conduit à la Tête d'Or, où, entre autres choses, nous voulons faire revoir à Laeta l'éléphant : ce chauffeur conduit sans prudence et se fait dresser contravention ; il ne connaît pas la topographie de la Tête d'Or, nous oblige à chercher à pied la partie zoologique du parc, et nous arrivons trop tard pour voir l'éléphant ;

3° Le train de 18:05 que nous avions choisi nous oblige à changer à Culoz ;

4° Le train omnibus que nous prenons à Culoz n'a qu'un vagon de 1re classe, et du vieux modèle, dont Mariuccia ne veut pas ; les 2des étant pareilles, nous faisons mettre nos bagages et nous installons nous-mêmes, en 3e classe ; et le porteur stupéfait oublie de nous dire que pour aller jusqu'à Chambéry nous devrons changer encore à Aix-les-Bains ;

5° Cinq minutes après être sortis de la gare d'Aix-les-Bains nous nous apercevons que notre train ne se dirige pas vers Chambéry ; renseignements demandés à nos voisins, nous sommes en route pour Annecy ;

6° Nous descendons à la première station où le train s'arrête après que nous avons reçu that piece of information[b] : Albens ; mais comme il n'y a pas de porteur sous la main, nous devons descendre nous-mêmes nos valises, nos effets, et Laeta, et Barty ; la poignée d'une des valises se casse ;

7° Laeta et mois dînons hâtivement d'une soupe et d'une ome-

a. Note de Larbaud : « Ou à Lausanne (enfin : hors de France). »

b. Anglais : « ce renseignement ».

lette dans l'auberge la plus proche de la gare ; Mariuccia, énervée, refuse toute nourriture.

8° Un train descendant nous ramène à Aix, où il faut changer et attendre un train Genève-Nice-Menton via Grenoble ; la pile des valises hâtivement élevée par le porteur dans le couloir s'écroule avec fracas dès que ce train est en marche ;

9° À l'arrivée à Chambéry on nous reconnaît et on nous accueille bien au Terminus déjà en veilleuse, mais : on n'a rien que du très mauvais café à nous servir ; il n'y a plus de cigarettes nulle part, et pas même, me dit-on, au bureau de tabac, — fermé à 10 h p.m., — de la rue de Boigne ; enfin ayant payé les mauvais cafés avec une pièce de 20 francs, la directrice du Terminus me rend la monnaie de 10 francs et affirme que c'est une pièce de 10 francs que je lui ai remise. Elle a bien dit que demain en faisant sa caisse elle reconnaîtrait l'erreur, s'il y en avait une ; mais comme elle a eu l'imprudence d'ajouter « Je ne me trompe jamais », il est bien probable que son amour-propre, se conjuguant avec son intérêt, l'empêchera de me rendre les 10 francs qu'elle a perçus en trop. (Au contraire, je suis certain d'avoir payé avec une pièce de 20 frcs, non parce que « je ne me trompe jamais », mais parce que : n'ayant plus de monnaie j'ai payé avec un billet de 100 frcs le « dîner » de l'auberge d'Albens, et on m'a rendu 1 billet de 50 francs + 1 PIÈCE DE 20 FRANCS + 2 pièces de 10 frcs + 2 pièces d'un franc. Les « dîners » étaient donc en tout de 8 francs ; j'ai laissé 2 francs de pourboire. J'avais donc : 1 billet de 50 + 1 PIÈCE DE 20 FRCS + 2 pièces de 10 frcs. J'ai donné 10 frcs au porteur de la gare d'Albens ; j'ai changé 10 francs au kiosque des journaux d'Aix, payant là 1 frc. J'avais donc 50 frcs b. + 20 FRCS PIÈCE + 5 frcs pièce + 2 + 2 francs en pièces. J'ai donné : les 2 + 2 francs en pièces au porteur d'Aix ; la pièce de 5 francs au porteur de Chambéry. Il ne me restait donc que le billet de 50 francs (dans mon porte-feuille depuis le paiement à Albens) *et* LA PIÈCE DE 20 FRANCS que j'ai remise, pour payer les cafés, à la Directrice du Terminus.)

Et voilà, pour nous, aujourd'hui, notre part des « sciagure umane[a] ». « Dios aprieta pero no ahoga[b] », c'est bien le cas de le dire, et « J'en connais de plus misérables ». Et en effet : le temps a été constamment beau ; Lyon était at its best[c]. J'ai lu très agréablement entre les Brotteaux et Culoz, la correspondance Ernest Havet — Philothée O'Neddy me conduisant aux rives du lac du Bourget tandis que le train lui-même m'y transportait matériellement ; la soupe de l'auberge d'Albens, une sorte de crème d'orge avec des grains d'orge éclatés dans la crème, était délicieuse ; enfin le lac au

a. Italien : « malheurs humains ».
b. Proverbe espagnol : « Dieu étreint mais n'étouffe pas ».
c. Anglais : « Lyon se montrait sous son meilleur jour. »

coucher du soleil était un beau spectacle, avec de grandes étendues de lumières changeantes ou coexistantes : rouge, rose, vert tendre, vert intense.

(Du même jour.) Noter : les conversations des tablées voisines chez « La Mère Guy » : affaires, industrielles et commerciales, la Bourse, les impôts et taxes, — tout cela très voisin, en genre citadin, des conversations agricoles des derniers jours, à Valbois. Les types lyonnais : j'ai bien vu, cette fois-ci, les très fortes, très allongées, ossatures des visages, qui font paraître allongées en avant les pommettes, les nez, les mentons ; cela va avec des orbites enfoncées, mais aussi de grands yeux. Le portrait de Scève pourrait bien indiquer cela et l'origine du type serait la région du M[on]t d'Or. — La stupéfaction, à Culoz, du porteur qui, nous ayant vus descendre d'un wagon de 1re cl. escortés et recommandés comme des voyageurs « de luxe » par le chef de train, a soudain reçu l'ordre de nous installer en IIIe cl., était intéressante à voir : « En Troisième ! — Oui. Madame n'aime pas ces vieux wagons de 1re, sans couloirs. » Il a dû nous juger plutôt sévèrement, et ne m'a pas même remercié pour le pourboire, le même pourtant qui nous vaut des « merci beaucoup » et même « merci infiniment » en temps ordinaire. — Barty plus sensible que Laeta au passage de 1re en 3e reniflait, regardait avec une surprise visible, et une certaine inquiétude : le bruit des roues, plus distinct que sous les tapis des 1res, l'effrayait, et les banquettes lui semblaient moins protectrices que celles des 1res. Et quand, au deuxième embarquement en gare d'Aix, il s'est retrouvé dans un compartiment de 1re, bien éclairé, il a montré sa satisfaction, a remué la queue, et s'est voluptueusement étendu sur la banquette. — L'édition de *Feu et flamme*[179] paraît reproduire exactement l'originale (1833) avec toutes ses particularités et même ses fautes d'impression (p. ex. : *luctum* pour *lectum* dans la citation de Tibulle). Est-ce volontaire, ou une négligence (comme d'avoir donné à l'imprimeur un exemplaire de 1833,) ou des fautes d'impression (il y en a dans l'INTRODUCTION de l'éditeur, Marcel Hervier) qui se seraient ajoutées aux particularités de l'orthographe de l'édition de 1833 ?

Samedi 9 juin. Chambéry et Challes. —

A.m. à Chambéry : grand tour à pied dans la ville, toujours retrouvée avec plaisir ; elle était toute parée de soleil, d'été, de l'activité de trois marchés en plein vent : sur la pl[ace] entre le musée et le Palais de Justice, devant le grand marché, sous les allées entre le monument de Boigne et celui du Centenaire. Audessus de tout cela (gris, blanc pur, vert étant les couleurs de la ville), brillait, d'argent, dans le ciel bleu, la croix sur le Nivolet. Petits achats, surtout rue Boigne, qui est la Bond Street de Ciamberi[a] (et qui suffit à lui garder un charme de capitale ducale ; si notre Moulins avait une rue de Boigne, cela suffirait à la caractériser même pour les passants qui ne se préoccupent ni d'histoire ni d'archéologie, ni de peinture). Découvert des cours et escaliers anciens que je n'avais pas encore vus à mes derniers passages. Entré à la bibliothèque pour voir s'il y avait du Philothée O'Neddy ; rien. J'ai cherché à Dondey, à O, à N. En tournant les fichiers j'ai vu qu'ils n'avaient qu'un seul Paul Valéry, et rien de moi. En somme deux heures de promenade dans Chambéry, très agréable. — Excellente cuisine de l'Hôtel Terminus, bien supérieure à « Mère Guy », mais sans prétentions ni signes extérieurs, et pas un seul de tant d'*Auberges françaises* et d'*Auberges de France* qui s'impriment, ne le signale. Mme la Directrice était là, trônant à la caisse, ayant oublié mes 10 francs escamotés. Jusqu'au bout j'avais espéré les revoir, et m'attendais presque à les voir déduits sur la note.

Taxi en 20 minutes à Challes, et dès 3 h ½ j'étais, avec Laeta, dans le cabinet de consultation du Dr Rochefrette. Il a confirmé les bonnes indications du Dr V. M'a longuement, et d'une manière intéressante, décrit le voyage qu'il a fait à la fin de l'hiver au Maroc, de Tanger à l'extrême Sud. — On nous attendait à l'hôtel ; tout était prêt ; petites attentions délicates : Mme Delachat fait mettre sur ma table (et j'en ai 2 : une pour déjeuner, une pour travailler) un joli sous-main tout neuf. Avant le dîner tout était organisé : nos chambres en ordre (effets et livres dans les armoires, etc.), le traitement organisé (abonnements pris et payés, et même un premier verre d'eau bu : 50 moi, 25 Laeta sans faire la grimace, — la gwimasse). Ce soir aussi, travail organisé et commencé, sur ce sous-main neuf. Nos habitudes reprises. Reconnus partout, salués à chaque porte. Aussi : très peu de buveurs encore, du moins dans les hôtels ; ici, 18 à table au dîner.

Dimanche 10, Challes.

Traitement et travail bien en train. — Après-midi en partie au jardin de l'hôtel dont nous oublions toujours le nom[b], mais ce jardin bien sablé, grand, bien ombragé, est le véritable casino de Challes (le « vrai » est fermé, comme l'an dernier.) Il y avait un banquet de propriétaires agricoles et fermiers. Les types et attitudes de M[elin], de T[ourret], de Ch[alleton], s'y retrouvaient. Et aussi les conversations agricoles. Tout ça en bon français, peut-être meilleur qu'en Bourbonnais entre gens de même milieu[c]. Ils ont mangé, bu et discouru de 1 h ½ à 6 ½ p.m. Un seul violent ; un seul ivre, mais

a. Graphie italienne de « Chambéry ». Bond Street est une des rues commerçantes de Londres.

b. Note de Larbaud : « Beauséjour ».

c. Note de Larbaud : « Les "pays" de Vaugelas. Mais à Vannes aussi le français est mieux parlé qu'à Breuilly. »

terriblement : s'arrachait des pincées de cheveux qu'il avait presque blancs. — Oublié de noter que Laeta, hier matin, a reconnu le Nivolet et la croix, et ce souvenir a déclenché les autres. Elle est rentrée sans heurt dans son mois de juillet 1933, ici. Elle s'était promis de boire l'eau sans répugnance, et elle a tenu cette promesse.

Le procès Saxon versus Latin, et l'Essai d'Alice Meynell : j'ouvre le dictionnaire all[emand]-angl[ais] n'importe où : Empfänglichkeit[180], — l'anglais me répond par 4 mots latins (susceptibility, sensibility, receptivity, disposition for), — pas un mot germanique.

Lundi, 11. — Challes-Chambéry-Challes.

2e jour de cure. Fin de l'après-midi, par le trolley-bus, à Chambéry (de 4 h ¼ à 6 ½ p.m.). Trois lycéennes riant à Barty ; une dit aux deux autres « J'adore cette race ! » (entre 14 et 15 ans ; le groupe était charmant.) Quelques courses et petits achats, flânerie et 2 heures à la terrasse du café-pâtisserie de la rue de Boigne. La rue de Boigne est vraiment pleine des plus agréables qualités citadines : perspectives heureuses, juste ce qu'il faut d'ombre et de lumière, les vieilles cours, ces vieux cafés et pâtisseries ; les vitrines de l'éditeur Dardel, quelques belles boutiques, la proximité de tout, — le palais ducal, le musée-bibliothèque, les belles églises, les promenades ombragées, les quais de la Leisse[a], les principaux magasins, l'autre grande librairie, le magasin d'accessoires pour l'alpinisme, etc. — La librairie de Dardel est probablement un centre intellectuel pour les résidents. La vitrine était pleine de tentations : d'une part les nombreuses éditions Dardel elles-mêmes, d'autre part des occasions soit en fait de livres anciens sur la Savoie, soit en fait de livres modernes d'occasion (un L.-P. Fargue en grand papier, *D'après Paris*, à 12 francs, et d'autres aubaines por el estilo[b]). Mais, fidèle à mon serment, je n'ai acheté qu'une carte départementale, qui n'est pas un livre. Ainsi je suis entré et j'ai vu que les rayons avaient été reconstruits, moins profonds, en lignes plus droites, et passés au vernis blanc-pur. Ils ont aussi renoncé aux étiquettes indiquant les noms des « principaux auteurs ». Plusieurs, dont le mien et celui de Paul Valéry, avec Pierre Benoist, Paul Morand, Jean Giraudoux, François Mauriac, etc., y figuraient il y a 4 et 3 ans ; puis l'usage s'était graduellement perdu, et Valéry et moi avions disparu l'an dernier. À présent il n'y a plus d'étiquettes du tout.

La vie scolaire et lycéenne est sensible aussi, rue de Boigne. Nous avons vu passer de beaux groupes d'enfants. Deux petites

a. Graphie actuelle : Leysse.
b. Espagnol : « de ce genre ».

filles que j'avais remarquées l'an dernier, et que j'avais montrées à Laeta comme exemples de bonne tenue, étaient là, grandies, à quelques tables de nous. Leur père est venu les rejoindre (la mère y était déjà) ; l'aspect m'a semblé, de loin, celui d'un universitaire, sans rien de caricatural ; et de près j'ai vu qu'il avait la rosette de l'Instruction Publique. — L'orgeat de la rue de Boigne est toujours délicieux ; il vaut celui de Florence. Chambéry est la seule ville de France, à ma connaissance, où on trouve de l'orgeat frais d'aussi bonne qualité.

Au retour l'employé du trolley-bus, le même qui l'an dernier paraissait souvent avoir « un verre de trop dans le nez », m'a ENGUEULÉ parce que Grandmuseau hésitait à sauter les marchepieds et que cela retardait le départ de la voiture. J'ai dû prendre la Bestia par la peau du cou et la poser sur le plancher. Naturellement j'ai feint de n'avoir rien entendu ; mais une fois assis j'ai entendu qu'une voix, ou deux, lui reprochaient son manque de respect « pour la Légion d'honneur ». Je n'ai pas entendu sa réponse ; mais lorsqu'il est venu pour les billets il a été d'une grande politesse.

Les travaux (barrages, routes) le long du et dans le lit de la Leisse sont terminés et se présentent bien. — Le camp d'aviation militaire paraît moins actif, et par suite est moins gênant pour les baigneurs et promeneurs de Challes, que l'an dernier.

Le travail, bien organisé, s'accorde exactement avec la cure et les promenades. Ainsi j'ai lu les 4 essays d'Alice Meynell à la terrasse du café sous les portiques de la rue de Boigne, et un cinquième dans le trolley-bus. Les notes et les ébauches sont réservées pour le temps passé dans la chambre : le matin, l'après-midi, et avant le coucher. Et la lecture, au lit, de Henrik Pontoppidan termine la journée. (Les deux fers sur le feu sont : Alice Meynell et Philothée O'Neddy.) Tacite et *Le Temps du paroissien* remplissent agréablement quelques instants vides.

J'ai cru pouvoir, sans rompre le vœu d'abstinence de livres, commander aux « Belles Lettres » les deux vol[ume]s posthumes de Ph. O'N[eddy]. Ce n'est pas « acheter des livres sur place ». Du reste il y aurait des moyens de « tourner la loi » : Mariuccia achèterait pour elle un livre dont j'aurais envie et me le donnerait en rentrant à Valbois.

Jeudi 14. — Challes.

Ce matin arrivée des 2 vols. de « Philothée O'Neddy ». Me voilà maintenant sûr de mon affaire. Ce que j'avais confusément aperçu en 26 ou 27, quand j'avais reçu *Feu et flamme*, s'est précisé, illuminé, etc., par la seule et rapide lecture (en coupant les pages) de 100 à 150 vers pris au hasard (ces hasards du coupe-papier) dans les *Sonnets*, dans *Miranda*, dans les *Velléités philosophiques* : AUGUSTE-MARIE DONDEY est un des bons poëtes, des vrais poëtes, du XIXe siècle. Il s'agit de le montrer, d'abord et avant tout ; ensuite : de lui rendre son vrai nom, escorté[a] de tous ses pseudonymes, et de susciter une édition des œuvres complètes.

J'ai voulu seulement, triste, malade et vieux,
D'un long rythme bercer mon cœur sevré des cieux[181].

Cela et les sonnets d'amour, vite sus par cœur, et l'écho des sonnets « politiques » a enchanté cette journée. La vallée en était plus belle, les ombres du parc et des bois plus limpides.

Avec cela le travail en train : les notes sur Alice Meynell tout en la lisant. J'en suis aux *Enfants*, et j'aperçois un certain manque, plus visible ici (dans ce livre, *The Children*) que dans les autres recueils d'essais ; c'est peut-être une sorte de sécheresse : elle nous fait mieux voir beaucoup de choses, mais non pas les aimer mieux. Pas toujours. Du reste je n'en suis qu'à la moitié de ma lecture.

Il y a un peu plus d'enfants à la « culture physique » : 4 ou 5 garçons et 2 filles (Laeta, et une petite Marcelle, brune, de 5 ans ou 5 ½). Un des garçons est malade, infirme peut-être, et peut-être aussi « arriéré ». Pâle, très maigre, maladroit, peureux pour les sauts et tout ce qui se passe au-dessus du sol. Le plus grand de tous, il est placé le dernier, et ne suit presque jamais le mouvement indiqué par M. Pasco. En maillot comme les autres, il garde pourtant son chapeau de paille, à cause du soleil. Il ne fait pas le pitre, comme « Pierrot », l'an dernier, qui s'amusait à faire rire de ses bévues parfois volontaires. Pierrot, grosse tête, n'était qu'arriéré ; mais physiquement il était normal, et même vigoureux. Celui-ci (Jacques) est étourdi, distrait, peureux, surtout parce qu'il sent sa propre faiblesse. Ce soir il ne se décidait pas à sauter après les autres, et comme M. Pasco le plaisantait et l'encourageait, il a crié : « J'ai trop peur ! » d'une voix vraiment pitoyable. — Après dîner, vers 9 h ½, comme nous étions assis sur la première terrasse de l'hôtel, sa mère est venue, tout angoissée, demander aux gens qui étaient là, et à nous, si on l'avait vu : il avait quitté l'hôtel (de France) il y avait une heure, et n'était pas rentré. La malheureuse le cherchait partout. Et quand nous sommes remontés dans nos chambres des gens le cherchaient dans le parc, dans le village, sur les routes. Sa mère, qui ne peut s'empêcher de venir près du portique pendant qu'on essaie de le faire grimper à la corde à nœuds, parce qu'elle craint qu'il ne lâche à la fois les mains et les pieds, donnait aux passants son signalement : « Un garçon assez grand pour son âge, avec un petit manteau algérien en laine blanche brodée de rouge. »

Laeta est encore trop petite pour s'intéresser à cet infortuné ; elle ne se rend peut-être même pas compte de son infériorité phy-

a. Note de Larbaud : « Non : débarrassé. »

sique et intellectuelle ; elle ne s'en moque du reste pas. Elle est trop attentive aux mouvements qu'elle doit faire, et à les bien faire, pour songer à ses compagnons. Elle s'est particulièrement distinguée à la séance d'aujourd'hui. Des jeunes femmes qui, près de nous, regardaient les enfants, l'ont félicitée quand elle nous est revenue toute rose de l'exercice fait, du soleil et du contentement. — Le matin je la conduis à la source et, un jour sur deux, à la salle d'inhalations. Grandmuseau nous suit. Elle porte ses pyjamas à pantalons pattus, de l'été dernier, de sorte que les gens peu observateurs la prennent parfois pour un petit garçon. Ensuite nous jouons à faire baigner Grandmuseau, à lui faire traverser à gué le ruisseau, après quoi nous le « faisons sécher » en le promenant au soleil. Alors je m'installe sur un banc avec un livre, et le chien dans mon voisinage, couché, tandis que Laeta va cueillir des fleurs et des fraises des bois, mais sans que je la perde de vue. « I fiori mi dicono : bonjour[a] » (naturellement cela ne lui a pas été du tout suggéré, pas plus que, en me montrant les pâquerettes le long d'un chemin : « Vedi, Babbo, queste sono le mie figlie, tutte[b] ! » Les fleurs lui disent « bonjour » et non pas « buon giorno », parce qu'elles sont en France, et doivent parler comme parlent tous les gens à qui nous avons affaire. — Madamigella Laeta change 3 fois de costume par jour, comme si Challes était une grande station thermale, mais cela est dû à la nécessité : du lever à 4 h ½, pyjama vert et blanc ou bleu et blanc alternés ; de 5 h à la fin de la séance de culture physique, en maillot avec le petit manteau de laine aux couleurs du maillot ; puis comme il faut la changer, et parce que les soirées sont fraîches, elle se met (Mariuccia la met) en robe (de toile, tantôt bleue et blanche, tantôt rose et blanche) avec le petit tricot à rayures, en laine, pour la sortie d'après dîner. — Les progrès sont particulièrement rapides en ce moment : la COMBA[c] et sa pratique lui ont pour toujours appris à compter au moins jusqu'à 15, en français et en italien ; le reste suivra avec le progrès des sauts en série. Les lettres ne sont pas oubliées. Elle y revient d'elle-même ; a lu ce soir, spontanément, la seconde syllabe du mot : JONKER, écrit sur un crayon. Il doit se faire un travail de tassement et d'ajustement dans les connaissances acquises avec nous et à Sainte-Barbe. K-E-R, Cosa fa[d] ? — Presque sans hésiter : Ker. Aussi : préoccupée de savoir les noms des fleurs. — Il y a aussi la gentillesse non apprise, spontanée, qui reste la même tandis qu'elle prend, dans ses mouvements, plus d'assurance : elle abaisse devant nous le fil de fer qui limite la pelouse de la culture physique ; elle veut me donner, pour m'en faire une cravate, un retal (coupon ?

a. Italien : « Les fleurs me disent : bonjour ».
b. Italien : « Tu vois, Babbo, ce sont mes filles, toutes ! »
c. Espagnol : « la corde (à sauter) ».
d. Italien : « Ça fait quoi ? »

pezza[a] ?) que je trouve beau parmi ceux que la couturière a envoyés à son intention avec les robes de Baboa. Elle veut donner les fleurs et les fraises qu'elle a cueillies, etc.

Je retourne aux *Children* d'Alice Meynell. Dommage que tant de choses soient intraduisibles, comme Francis Thompson lisant à Viola « a brown tress », et Viola comprenant « a brown dress », ou comme « a thundred dolls »[182]. — De Laeta, rien de tel : pas un mot inventé, et seulement quelques noms propres mal entendus.

Vendredi 15. — Challes-Le Chaffat-Challes. —

Jacques a été retrouvé ; il s'était caché dans le parc ; nous l'avons su ce matin par sa mère, que nous avons rencontrée à la source ; et ce soir il était à la culture physique, seul avec Laeta. — Après déjeuner, promenade à pied, tous 3 (et Barty) au Chaffat en passant derrière le château et en revenant par la route de Barby. Le but de la promenade était la maison d'Amélie Gex[183]. Nous l'avons vue fermée, et à louer. Laeta très occupée des fleurs. Elle retient assez vite leurs noms, et plus ou moins vite selon qu'ils sont plus ou moins expressifs ou capables d'émouvoir sa fantaisie. Si le nom français la frappe plus que le nom italien, elle retient le nom français, et dans le cas contraire le nom italien, qu'il lui arrive de traduire en français (« fleur d'ange »). —

Au Chaffat même, nous avons été surpris d'entendre parler génois (par une paysanne de 16 à 20 ans, visiblement habitante du village.) GÉNOIS, et non piémontais. Après tout la présence de paysans ligures en Savoie n'est pas plus surprenante que celle des Polonais en Bourbonnais, d'Anna à Valbois. Les mêmes causes l'expliquent.

Traitement ; visite (Laeta et moi) au Dr Rochefrette, qui nous a trouvés dans un état satisfaisant. Causé un moment ; il a eu pour client au début de cette saison un écrivain suédois nommé Tussolski (ou Tyssolski ?) avec lequel il est allé faire quelques excursions. Nous avons parlé des origines de Challes, de ses premiers noms. Le cinquantenaire est dépassé. Le centenaire sera aux environs de 1968-1970. Qui sait s'il y aura encore, à cette date, une maison, — une ferme, — à quatre pas de l'« Avenue des Thermes », où nous avons vu battre le blé à la machine l'an dernier et il y a 2 ans ? La dispersion des hôtels permet un grand développement, et ferait prévoir une séparation plus complète du village et de la station thermale. Le principal inconvénient est cette dangereuse et bruyante route nationale (vers Grenoble, Albertville, Modane…) qui sépare la poste, l'église, et quelques hôtels de la partie uniquement thermale de Challes. Cela constitue presque une division en « rive gauche » et « rive droite » si on regarde la route au point de

a. *Retal* (espagnol) et *pezza* (italien) signifient « coupon ».

vue de la pente générale entre Modane et Chambéry. Elle devrait être détournée, ou doublée : le trafic marchandises passant de l'autre côté de la colline où le village et l'église sont bâtis, et le seul trafic voyageurs étant admis sur la grand'route actuelle.

Achevé *The Children* et commencé *Ceres' Runaway* (dans l'exemplaire dédicacé, 13 septembre 1909, — je l'avais parcouru, mais n'en avais pas gardé un seul souvenir bien précis). — Dans *The Children*, sa « composure[a] » est à la fois qualité et défaut. C'est parfois moins « restraint » et « rejection »[b] que défaut d'abondance et de vivacité. Cela est particulièrement sensible dans un livre sur les enfants. On ne les entend ni courir ni « shout[c] ».

Samedi 16. — Challes.

Le traitement, la culture physique pour Laeta (3 enfants aujourd'hui, mais c'est toujours le grand spectacle pour les baigneurs, assis ou debout autour de la pelouse, dont on vient de renforcer les fils de fer, seuls les parents des élèves pouvant y pénétrer). Travail et lectures (A.-M. Dondey et son biographe Ernest Havet ; Alice Meynell ; Pontoppidan). Bains de Grandmuseau et traversée à gué de la Mère (c'est le nom du ruisseau de Challes, selon l'ouvrage de Gabriel Pérouse, *Les Environs de Chambéry*, I et II, Chambéry, Dardel, 1926.) Après dîner, promenade à pied sur la route de Barby. On voit la rougeur du couchant pâlir lentement, et le jour quitter le ciel ; la croix du Nivolet se détache encore en noir sur le fond d'opale, et peu à peu se délimitent 5 ou 6 plans de la même couleur (gris-vert-et-bleu) mais dont chacun présente, à partir du premier, (les arbres, presque noirs, des prairies entre la vieille route et la route nationale) les successives dégradations, de plus en plus claires jusqu'aux dernières montagnes, qui ferment si bien l'horizon de tous les côtés, qu'on ne pressent pas du tout le lac. Et à mesure que ces plans si nets se confondent dans l'obscurité générale, on voit s'allumer et clignoter, à mi-côte, et plus haut, plus loin, quelques lumières d'habitations isolées.

En parcourant les *Poésies posthumes* d'A.-M. Dondey, en particulier les *Rhapsodies du vidame*, j'ai pensé que l'inconnue[d] pouvait vraiment être italienne, ou d'origine italienne. Chaque fois qu'il est question d'elle, l'Italie ou l'italien ne sont pas loin (« Il mio tesoro[e] » etc.) Mais on peut penser qu'il s'agit de dépister, ou encore d'une des conventions de la lyrique romantique : cependant un vers comme : [*Toi*] etc.

a. Anglais : « maîtrise de soi ».
b. Anglais : « retenue » et « refus ».
c. Anglais : « crier ».
d. Note de Larbaud : « Vannina ».
e. Italien : « Mon trésor ».

Dont la voix, modulée au timbre d'Ausonie,
Dans le plus vague accent se révèle harmonie[184]...

semble donner une précision en quelque sorte réaliste, matérielle : un accent italien. Une autre hypothèse serait : une voix qui s'est formée en chantant des paroles d'opéras italiens ? Mais la prose, et surtout *Le Lazare de l'Amour*, me renseigneront sans doute mieux. Au fond, peu importe, BIOGRAPHIQUEMENT ; mais en ce qui concerne la qualité, l'intérêt de l'œuvre, on aimerait y sentir une femme plus réelle, — ou plutôt la « deviner de plus près ». Il y a partout des vers de grand poëte, — ou plutôt des instants de grande poésie qui se résument en un vers que la mémoire retient aussitôt, sur lequel elle se jette :

Puis, un coteau brumeux, plein de funèbres arbres,
DE LONGS SAULES BAISANT DES CROIX, DRAPANT DES MARBRES[185]...

Le petit Jacques, cet après-midi à la culture physique, paraissait plus entreprenant et moins absent. Quand il s'est agi de sauter il a dit : « J'ai joliment peur ! » d'une voix qui tremblait moins que l'autre jour quand il a lancé son pathétique « J'ai trop peur ! » — Sa mère, qui était assise non loin de nous, nous a appris qu'il avait été opéré à la tête, peut-être trépané, assez récemment ; et que c'est pour cela que, par ordre du médecin, il garde son chapeau de paille. — Un autre enfant malade est la petite Odette, au jardin de Beauséjour, que nous avions connue si vigoureuse et active, et même très enfant pour son apparence (nous lui donnions 13 ans ou 12 ½[a] au moins, et cependant elle jouait avec Laeta aux mêmes jeux) et qui cet été est apparue tout enveloppée de châles, la tête couverte, maigrie, s'isolant. D'où la question que nous a tout de suite posée sa mère : « Et votre petite fille à vous, va toujours bien ? » J'avais guidé ses jeux avec Laeta : Ceci est un jardin ; maintenant vous tracez un ruisseau qui passe au milieu, etc. Il y avait un grand sérieux dans ces conseils, dans cette participation à leurs imaginations.

Aujourd'hui Laeta m'a vu ridicule, — peut-être pas pour la première fois, mais elle me l'a dit pour la première fois. Nous étions au milieu d'une allée, quand j'ai entendu le moteur d'une voiture venant derrière nous ; j'avais mon verre d'eau à la main ; Barty n'était pas en laisse. J'ai eu peur en même temps pour Laeta et pour lui ; mais il suffisait de dire à Laeta de se ranger sur un côté de l'allée pour qu'elle ne risquât rien, tandis que le chien pouvait s'élancer vers moi juste devant la voiture. J'ai donc couru gauche-

a. Note de Larbaud :« Elle en avait 11 ½, qu'elle paraît à présent. »

ment du côté où j'avais rangé Laeta au côté où Barty se trouvait ; cela devant la voiture en marche, et avec l'attention à ne pas répandre l'eau du verre. Quand le danger a été passé et que notre groupe s'est reformé, Laeta m'a dit : « Oh, babbo, hai fatto ridere la gente[a] ! » En réalité il n'y avait personne dans le voisinage ; à moins qu'elle n'ait vu sourire le chauffeur, « la gente » était elle-même, qui n'osait pas dire : M'hai fatto ridere[b].

Dimanche 17. — Challes-Chambéry-Challes.

Temps plus chaud, mais toujours très beau. — Achevé la lecture méthodique de la prose d'Alice Meynell, et celle des lettres d'A.-M. Dondey (c'est-à-dire celles de lui et à lui, qui sont à la fin des *Œuvres posthumes* en prose,) et lu les 2 fragments du roman qu'il a successivement intitulé *Entre chien et loup* et *Sodome et Solime* : « L'Escarcelle et la Rapière » et « L'Abbé de Saint-Or » (le 1er paru en mai 1839, le second en octobre 1839.) — Environ trois heures à Chambéry : orgie d'orgeat rue de Boigne et lente promenade, tous 3 et Grandmuseau, dans les aimables petites rues, sous les prairies aériennes et la croix blanche du Nivolet. Retour vers 6 heures p.m. ; et 1 heure au jardin de Beauséjour, où on nous salue comme si nous étions des clients de l'hôtel. La petite Odette était là, non plus emmitouflée de châles, mais habillée comme pour sortir, — toutefois avec un manteau.

Excursus[c] sur « The Unready » (d'Alice Meynell, dans *Ceres' Runaway*). — J'ai le sentiment qu'on ne sort pas de la lecture des essais enfantins d'A. M[eynell], — et en particulier de celui-ci, — avec plus d'attention, de respect, et d'amour, pour l'enfance, — ou plutôt pour les enfants. Il est vrai qu'elle les défend dans *Children in Burlesque* ; mais ailleurs elle passe à côté du fait que les enfants sont beaucoup plus profondément humains, et proches des grandes personnes, du caractère, ou de l'esprit, ADULTE, qu'ils ne le semblent. Beaucoup plus loin d'une simple « nature humaine en croissance », et infiniment plus loin du jeune animal. UNREADY seulement en apparence générale. — Certains mots, dans certaines circonstances, nous font bien sentir cela.

J'en ai un exemple chez Laeta, — et j'aurais voulu le noter plus tôt ; mais il remonte à 1931, à une époque où j'étais trop malade pour écrire en dehors du peu de travail que je pouvais faire (« Les Couleurs de Rome » et l'article, souvent recommencé, sur le *Sir Thomas Browne* d'Olivier Leroy.) Elle avait à peine 4 ANS. C'était à la fin de notre séjour à Marina di Pisa (juillet 1931). On nous l'avait remise, à Milan, dans un état de quasi-rusticité quant aux maniè-

a. Italien : « Oh, babbo, tu as fait rire les gens ! »
b. Italien : « Tu m'as fait rire. »
c. Latin : « digression ».

res, à la tenue à table, etc. (le caractère était déjà docile, délicat, tout aimable, comme à présent.) J'avais cru devoir réformer ces fautes de civilité par la raillerie, dont on n'avait pas encore usé à son égard. Je me moquais de sa façon de tenir sa fourchette, son verre, de s'essuyer les lèvres, etc., etc. Et en effet, après ce premier long séjour avec nous, ses manières s'étaient beaucoup améliorées.

J'y pensais justement, et je m'en félicitais, tandis que nous étions au buffet de la gare de Pise, attendant le Rome-Milan qui allait nous ramener où nous l'avions prise et où nous la laisserions. C'était le mauvais Rome-Milan, qui passe entre 2 et 3 heures du matin en gare de Pise. Nous avions plusieurs heures à attendre dans ce buffet, nous étant fait conduire de Marina di Pisa à Pise, en voiture, vers 11 heures. — Laeta était très éveillée, assise en face de moi. À un certain moment, Mariuccia s'étant levée pour choisir des sandwiches ou un petit flacon de liqueur pour la route, Laeta, comme si elle profitait de cet instant de tête-à-tête, me dit soudain :

« Burla, [*Un mot caviardé*], burla[a] ! »

[*Deux lignes caviardées.*]

Je fus tellement stupéfait que je lui fis répéter sa demande, et elle la répéta.

Devant « une grande personne » j'aurais perdu contenance et me serais senti justement et durement mortifié. Je lui répondis que je n'avais pas à « burlare » puisqu'en ce moment sa tenue était irréprochable. Mais je m'étais vu, soudain, en face d'une grande personne qui, après réflexion, se venge, d'un seul mot, de toutes les blessures qu'on a pu faire, par la moquerie, à son amour-propre. En fait, elle venait de surmonter toute la mauvaise humeur, — non, exactement : LA PEINE — que mes moqueries lui avaient causée ; elle y était devenue indifférente ; et elle choisissait le moment où je n'étais pas du tout dans l'état d'esprit où on peut avoir plaisir à se moquer, pour me dire, d'un seul mot : « Moque-toi donc : tes railleries m'amusent ; je m'ennuie, elles me distrairont. » Aucune réflexion de Mariuccia n'y était pour rien ; j'en étais bien sûr, parce que nous ne nous étions pas quittés un seul instant pendant tout le séjour à Marina di Pisa, et parce que Mariuccia elle-même prenait part, quoique moins activement, à ces railleries réformatrices. Laeta avait donc trouvé ce mot toute seule, et l'avait dit juste au moment voulu.

Cependant je ne pense pas que l'intention de blesser, l'esprit de vengeance, ait inspiré ce mot. Elle ne l'avait pas cherché pour me blesser. Il exprimait son sentiment véritable et tout naïf : « Après tout ses railleries sont supportables ; j'y suis devenue indifférente ; pourquoi, en ce moment, ne trouve-t-il rien à dire de drôle sur ma tenue ? — Burla, [*Un mot caviardé*], burla ! »

a. Italien : « Moque-toi, moque-toi ! »

Mais après tout je me demande si je n'aime pas mieux trouver cette explication que de regarder en face une autre hypothèse : mes moqueries l'avaient peut-être mortifiée à tel point, si souvent et si profondément, qu'elles avaient fini par provoquer en elle cette riposte vengeresse, ce mot voulu blessant et destiné à m'imposer silence ! Je l'avais fait souffrir au point d'éveiller en elle, bébé de quatre ans, — pendant une seconde de réflexion lucide, LA GRANDE PERSONNE ! — Je n'ai rien trouvé d'aussi poignant que cela dans tous les essays d'A. Meynell sur les enfants. Heureuse, si elle n'avait jamais eu une telle occasion de remarquer cette présence profonde de la grande personne chez ses enfants ; heureuse de ne s'être jamais chargée d'une telle cause de remords.

Elle écrit plutôt sur l'enfance que sur les enfants. Je ne l'écrirais pas. Mais je pense pouvoir écrire qu'elle GÉNÉRALISE ; qu'il n'y a pas d'INDIVIDUS enfants au cours de *The Children* et des 4 autres « essais enfantins » de ses recueils[186].

Sûrement une bonne partie de notre amour et de notre respect pour les enfants est fait du remords des peines que nous leur avons infligées : par caprice (parce qu'ils étaient importuns et nous « mal lunés ») ; pour les corriger de petits défauts ou de mauvaises habitudes ; par un mépris, trop clairement exprimé, de leur faiblesse et de leur « unreadiness[a] », ou lenteur à comprendre.

Mais on peut penser qu'ils se passeraient bien d'un amour et d'un respect acquis de cette façon ! Ou qu'ils en feraient, et justement, peu de cas. Toutefois cet amour et ce respect de leur PERSONNE est là, bien vrai, bien humain, et ils n'en ont pas d'autres à leur service.

Mais cela explique aussi leur recherche des serviteurs, et surtout quand il s'agit de petites filles, des servantes. Les servantes ne les réprimandent pas, leur parlent avec respect ; elles prennent donc cette vague sympathie servile pour un sentiment de vraie affection. Une servante intrigante peut en profiter, si elle y voit quelque avantage.

Nous marchons, Laeta et moi, la main dans la main, ou elle se pend à mon bras. Je me sens plus amoureux d'elle que le plus tendre chevalier peut l'être de la plus belle et de la plus vertueuse des dames. Je lui veux un bien infini ; je tombe, à son égard, dans une sorte d'« enfantolâtrie », — mais dans le même instant je lui reproche sans ménagement d'avoir posé une question stupide, ou de mettre ses doigts malpropres dans sa bouche.

a. Anglais : « impréparation, immaturité ».

Lundi, 18. — Challes-Annecy-Challes.

Traitement terminé à 2 h ½ p.m. nous partons en autocar pour Annecy. Pannes à Chambéry, à Aix-les-Bains, à Rumilly. Arrivés à 4,45 p.m. à Annecy, nous renonçons à nos places de retour dans l'autocar, et passons la fin de la journée, jusqu'à 9 p.m. dans, et autour de, Annecy, nous faisant conduire, pour dîner, à Chavoires (au-delà de la maison d'Eugène Sue et de la Margéria) chez Burin, petite terrasse sur le lac, juste en face d'Annecy, dont les contours et les détails se PRÉCISAIENT à mesure que le jour baissait. Dîner simple, vins du pays, mais tout excellent (A. Burin, propriétaire et chef, est un ancien cuisinier de la cour impériale de Russie ; mais il est savoyard.) Le taxi qui nous y avait conduits est venu nous reprendre à 8 ¾, juste à temps pour le train qui nous a ramenés à Aix, où nous avons pris le train de Nice pour Chambéry ; de là taxi à Challes.

[*Ici Larbaud a collé l'en-tête du restaurant L'Ermitage à Chavoires.*]

Avant le dîner promenade en taxi sur l'autre rive du lac, puis flânerie à pied dans les rues centrales. Regardé bibelots, gravures et livres chez l'antiquaire de la r. du Pâquier (Forain[187]). Le plus intéressant était un *Nice et Savoie* de grand format, 2 volumes, reliure toile rouge, dont il a plusieurs exemplaires et desquels il détache les gravures, ce qui est du pur vandalisme. J'aurais acheté les vol[ume]s, non les gravures ; mais où les mettre dans nos valises ? J'aurais voulu avoir plus de temps, et chercher un exemplaire de la vue de la maison d'E. Sue qui est à Valbois et qui vient de mon grand-père Valery, — par curiosité et pour en savoir le prix actuel, non pour l'acheter. —

Beaucoup de mouvement, piétons et voitures, beaucoup d'étrangers, l'allem[and], l'angl[ais], l'ital[ien] parlés un peu partout. Grands autocars bleu-ciel ramenant à Genève une multitude d'écoliers et d'écolières. Embellissements et constructions terminées depuis notre dernier passage. La ville est beaucoup plus gaie et active que Chambéry, avec un SÉRIEUX presque égal et beaucoup plus grand, mieux établi, qu'à Aix. Rien de français, si on prend, comme type de ville française Orléans, Tours ou Brives. Juxtaposition d'une vieille résidence savoisienne, la deuxième ville du duché, et des quartiers modernes de villes provençales, niçoises, comme Cannes ou Menton ou Juan-les-Pins, ou encore Monte-Carlo. On est content de lui voir cet air de bonheur et de gaîté avec ce caractère ancien et ducal, de pays à part, autonome au moins moralement. — J'y suis toujours occupé de la pensée des années que mon grand-père, ma Mère et ma tante Jane y ont vécues. À Chavoires je pensais aussi à Eugène Sue et à Taine. On imagine une survie où les moindres faits de notre vie charnelle, même ceux qui ont été presque aussitôt oubliés de nous dans cette vie charnelle, nous apparaîtraient dans toute leur précision, tous leurs détails, avec leurs causes et leurs conséquences, et les endroits où ils ont eu lieu nous demeurant présents, visibles à la fois tels qu'ils étaient in illo tempore[a] et tels qu'ils sont et deviennent. J'imaginais donc ceux auxquels je pensais présents avec moi sur cette terrasse en face du panorama d'Annecy, et dans les rues du vieil Annecy et dans les rues modernes.

Peu de travail aujourd'hui. Lu ou relu quelques poèmes d'Alice Meynell. Mais j'ai pensé aussi à la forme à donner au « Dondey ». Pour m'endormir, à présent, le Pontoppidan, qui n'est cependant pas somnifère.

Mercredi 20. Challes.

Onzième jour de cure, — interrompue pour Laeta par la varicelle, sans gravité et tout de suite soignée ; mais elle reste au lit, et nous ne sortons que pour de brèves courses et moi pour boire à la source. — Le Dr Rochefrette vient. — Travail : lecture de plusieurs poèmes d'Alice Meynell ; j'achève l'*Histoire d'un anneau enchanté* de Dondey de Santeny (j'en viens à préférer ce nom[188]), avec grande attention au vocabulaire.

Pluie toute la journée ; mais soirée calme et magnifique : de notre terrasse nous assistons au défilé d'un grand ciel or et bleu, glissant d'Ouest en Est par-dessus la crête de la montagne qui surplombe le parc et que domine la chapelle Saint-Michel. Tous les verts, bien rafraîchis, lavés, leurs plans nettement séparés, depuis les grands arbres du parc jusqu'à la toison d'arbustes qui couvre le mur montagneux, reçoivent, avant la nuit, comme une bénédiction, la lumière de ce vaste ciel en mouvement. Un fort parfum de foin coupé, de prairies mouillées, d'étables lointaines, pénètre avec l'air frais dans tous les corridors et les moindres recoins de l'hôtel. Bonne de Savoie ; ô bonne Savoie ! Savoie la bonne !

Vendredi 22. — Challes.

XIIIe jour de cure pour nous, et Laeta, guérie, nous a accompagnés à Beauséjour où elle a joué. À l'hôtel une dame nous a félicités en la voyant : « Elle nous manquait à la salle-à-manger. » Belle journée calme sur la vallée où l'été est rentré, mais le fond, à l'Est, est plus enneigé qu'avant ces quelques journées pluvieuses et fraîches ; cette neige neuve en longues nervures et en creuses coulées sur la grande muraille rocheuse de la Maurienne est agréable à voir : elle semble refléter le bleu du ciel (et le soir, son or) comme ferait l'eau ; elle tresse, à mesure qu'elle fond, une couronne d'argent au paysage. Cette vue m'a donné une assez forte nostalgie de la Tarentaise où nous ne sommes plus allés depuis notre saison de 32 ; et je pense que, dès que Laeta aura repris son traitement, nous irons passer une après-midi à Brides, ou tout au moins à Moutiers, via Albertville.

a. Latin : « à cette époque-là. »

En dehors du traitement et de quelques courses et promenades (au village, sur la route de Barby, sur la route nat[ion]ale), travail : essai de traduction d'un des courts poèmes d'Alice Meynell (« Advent Meditation »), assez malvenue ; lecture de la moitié, environ, des chroniques théâtrales de Dondey ; nouvelle, et peut-être définitive, à coup sûr plus solide, rédaction des 2 1ers paragraphes du « Dondey de Santeny ». Pontoppidan n'a pas été négligé pour cela, et même *Le Petit Dauphinois*[189] a été parcouru.

Aujourd'hui j'ai remarqué que la réédition de *Feu et Flamme* était le TOME XIII (je dis : 13 !) de la IIe série de la Bibliothèque Romantique. Décidément... ! (et un VENDREDI).

Samedi 23 — Challes.

Visite au Dr Rochefrette, qui me trouve beaucoup mieux que l'an dernier à ce jour de la cure. (Je le remarque aussi à mon écriture : les progrès, en fait de régularité, se sont montrés au retour d'Angleterre et surtout à partir de Valbois.) Cependant, aujourd'hui, grande fatigue et travail désespéré sur le « Dondey de Santeny » : désordre, disproportions, chutes dans les digressions ; — il en vient toujours, comme dans une barque qui fait eau. J'étanche des paragraphes entiers, qui rentrent sous une autre forme. Ça devient un livre[190] ! Ça s'étale, ça foisonne, ça embrasserait, pour un peu, tout le Romantisme. Passé toute la journée à élaguer, puis à refaire d'un bout à l'autre, le II, récrit déjà hier et une partie de la nuit. Le III est raté, étouffé, mort sous les corrections. J'ai voulu passer outre, et je viens de m'arrêter en plein IV, comme pris dans un fourré et sans plus distinguer de route, ni devant ni derrière moi.

Noter mes rêves des 4 ou 5 dernières nuits ; tous ayant plus ou moins trait à ma mort : dispositions à prendre, etc. Et toujours la nuit, sous des lampes, des éclairages artificiels : au lit, porté sur une civière, lévitation horizontale. Le dernier, sans idée ou image de mort, mais dans un théâtre très obscur, m'a suggéré une image pour « Dondey ».

Comme la composition définitive de « Tan callando » m'a été plus facile, dans le mois ou les cinq semaines comprises des deux côtés de Pâques ! Il est vrai que j'ai oublié certaines nuits de difficultés et d'arrachement de cheveux ; mais j'étais comme porté par le sujet (comme pour « Honneur des hommes[191] ») ; pas d'inondation ; rien en trop ; les choses venant à leur place, en leur temps, tout droit. — À présent, avec « Dondey », je me débats dans un marécage mouvant. Pourtant, sujet dont il y a quelque chose de bien à extraire.

Dimanche 24 (la Saint-Jean). Challes.

Fatigue, bouderie, mauvaise humeur, tristesse lucide, à cause de la mauvaise marche du « Dondey », — presque toute la journée. Précisément jusqu'à la nuit tombée, tandis que du jardin de Beauséjour nous regardions un feu de joie et ses vicissitudes sur la colline au-delà de la grand'route. Je pensais à *Vannina*, et me rappelant la date, voyant ce feu, je l'ai positivement invoquée, appelée à mon secours. Et un peu plus tard, en rentrant à notre hôtel, j'ai vu clairement que je m'étais mis trop tôt en route, sans avoir tout lu et bien lu, sans posséder ready at hand[a] tous les éléments nécessaires ; d'où : le manque de proportions, la marche incertaine, le marécage intellectuel. Aussitôt I, II, III, IV, et même V se sont nettement dessinés, du moins leurs cadres, leurs limites. C'est un grand point. J'ai repris, plus confiant, ma lecture et relecture des poésies (*Poésies posthumes* ET *Feu et flamme*) tout en continuant la « Critique théâtrale », déjà très avancée. Bref je sors d'un commencement d'inondation, du genre le plus mortifiant qui puisse menacer un auteur : un commencement d'inondation de ma prose ! Alabado sea Dios, y San Juan[b].

Comment peut venir, à Challes, une brève mais très vive nostalgie de Londres :

D'une jeune fille (ou femme) qui s'habille avec prétention et très mauvais goût, et par là s'enlaidit à plaisir, alors que vêtue plus simplement elle serait peut-être agréable à voir, je dis à Mariuccia :

— Sai chi è ? L'ho trovato adesso.

— ... ? (Elle pensait que j'allais dire : la Tale dei Tali.)

— È il mostro del Loch Ness[c] !

C'était méchant, et je l'ai senti aussitôt. Mais déjà je revoyais, dans la vitrine d'une agence de voyages, pas loin de Pall Mall, des représentations caricaturales de ce « Monstre » aperçu l'hiver dernier par des touristes dans les eaux du Loch Ness, en Écosse. L'agence invitait les passants à prendre un billet pour l'Écosse afin de courir leur chance d'apercevoir eux aussi le monstre. Je me suis donc retrouvé devant cette vitrine, entouré d'un paysage formé par la région de Trafalgar Square, Downing Street, le Strand, etc., sous la même lumière d'après-midi que lorsque nous avions regardé cette vitrine. L'illusion était presque aussi complète qu'en rêve. Cela, pendant une fraction de seconde, peut-être. Puis la conscience a tout détruit, mais en créant, à mesure qu'elle détruisait la vision, le désir d'être là, et le regret de ne pouvoir y être sur-le-champ.

a. Anglais : « sous la main ».

b. Espagnol : « Loué soit Dieu, et saint Jean. »

c. Italien : « Sais-tu qui c'est ? J'ai trouvé à présent. — Unetelle ? — C'est le monstre du Loch Ness ! »

Challes-Chambéry-Challes, 25 juin. — Seizième jour de cure. — Nuit complète d'insomnie (24-25) mais dans le ravissement du travail, sans cependant me lever du lit. Les notes sur D[ondey] de S[anteny] se faisaient, se découvraient en enfilade devant moi, avec leurs limites, leurs divisions et subdivisions, leurs titres (dès longtemps entrevus ; exactement : entre Lyon et Chambéry il y a 18 jours). Bien entendu, tout cet arrangement est une forme destinée à éviter l'aspect « étude », comme pour le « Racan[192] » du reste ; mais je varie encore plus, avec mes titres. Sur ces cadres les phrases venaient déjà se poser, s'organiser. Cependant j'aurais voulu dormir, mais les notes NE LE VOULAIENT PAS ; il fallait leur donner audience, les inventer, les choyer. C'était enivrant, et ma confiance touchait à la témérité, à la mégalomanie. « Je m'écarte, je vais détrôner le Sophi » : les plus agréables *Causeries du lundi* ne présenteront rien d'aussi fort, d'aussi varié, d'aussi complet dans une brièveté exemplaire… Le plus beau, c'est qu'au réveil j'étais dans le même état d'esprit, la mégalomanie mise à part. Heureusement j'ai dormi un peu entre 7 ½ et 9 ¾ et après le déjeuner. — Deux heures dans l'après-midi, après la cure, à Chambéry. J'avais emporté *Miranda*[193]. — Au retour, entre 6 et 7 p.m., courrier. — Pluie après dîner, et tonnerre lointain.

Ce matin, autour du casino, avec Laeta et lui montrant les papillons, elle a spontanément évoqué le Muséum, et notre visite à la grande collection que nous avons vue là ensemble : Queste grandi farfalle morte[a]. Ainsi donc tout ne se perd pas. (Ce qui serait terrible, c'est si tout demeurait… !) Elle a eu un joli mot : Un papillon blanc, c'est qu'il a fait sa 1re Communion.

Bien entendu il faut trouver cela tout naturel ; se récrier, admirer, même dire : Brava, ce serait l'encourager à chercher de ces mots. Elle en trouverait d'absurdes et deviendrait peu à peu, à force d'affectation, une petite fille insupportablement maniérée. D'autant plus qu'elle est sensible au rythme des vers qu'elle m'entend réciter, et plus encore au chant et à la musique. Le grand TEST, pour son éducation, c'est que ses façons d'être, de se tenir, de parler, ne suggèrent ni la « fille de bourgeois » ni la « fille d'artistes », mais qu'elles aient, avec le naturel et la simplicité du peuple, une retenue et une correction parfaites, qui du reste s'accordent très bien avec son caractère serviable, modeste et généreux. Mais pour cela je peux me fier à la bonne éducation et au bon sens de Mariuccia. C'est moi qui pourrais la gâter et faire d'elle, si je me laissais aller un intolérable petit-prodige.

Grandmuseau aussi a donné aujourd'hui deux preuves d'une mémoire tenace. Le photographe est revenu avec sa famille et leurs

a. Italien : « Ces grands papillons morts ».

chats siamois, et a rouvert sa boutique près du parc. En passant devant j'ai dit : Sono ritornati i gattini siamesi[a]. Il ne les avait plus vus depuis deux ans (notre saison de 32) et nous ne lui en avions pas parlé depuis des mois. Il a immédiatement reconnu les mots « gattini siamesi » et a regardé du côté où on les voyait, les gattini siamesi, il y a deux ans ; et il les a cherchés dans la boutique du photographe, et chaque fois que nous passons par là il les cherche ; or, il ne les a pas encore aperçus. — L'autre preuve est sa peur lorsqu'il a dû passer près d'un attelage de bœufs arrêté devant le bureau de tabac. Il n'osait plus avancer, et me regardait avec ses yeux de grand terrorisé ! Il s'était rappelé un incident, avec une vache qui avait eu peur de lui, au bord d'un chemin, il y a près d'un mois, à Valbois. Les bœufs, courbés par le joug, avaient à peu près la même attitude que la vache inquiète et menaçante. — J'ai compris aussi ce que signifie pour lui « paura » : ce n'est pas le SENTIMENT de la peur, mais L'OCCASION, LA CAUSE, de ce sentiment. Il nous a d'abord entendus dire entre nous, lorsqu'il avait peur : « Barty ha paura[b] », et il a très vite retenu le groupe de sons « paura » ; mais il le rapporte toujours à une cause qui, produisant en lui la peur, nous le fait prononcer à propos de lui. Donc pour lui : paura = pericolo[c]. Et en effet un nom pour un sentiment est un pur luxe humain ; il n'en a que faire. PAURA est un avertissement : Gare ! Attention !

26 juin, mardi.

Challes-Albertville-Moutiers-Salins - BRIDES-LES-BAINS - Salins-Aigueblanche-Albertville-Challes.

Toute une journée sans une minute, et presque sans une pensée, donnée au travail ; cela ne m'était pas arrivé depuis longtemps. —

Partis à 1 ¼ p.m. (emportant l'eau de nos verrées de l'après-midi). Arrêts à : Albertville (tour de ville, halte au café, achats de bâtons, cartes postales, et le livre de Joseph Garin *La Région d'Albertville*, 1928. Je vois ce soir, en rentrant, qu'Henri Ménabréa y est cité, et ses *Avares* mentionnés ; j'ai justement envoyé à Henri Ménabréa des GREETINGS[d] d'Albertville, avec allusion à son *Histoire de Savoie*, qu'on y voit partout en vente, comme l'an dernier) — Moutiers (tour de ville à pied, achat d'un bâton, etc.) — enfin Brides, où nous avons passé près de 3 heures, avec promenades, flânerie aux bords du Doron, à la terrasse de l'hôtel des Thermes, et petits achats : les indispensables bâtons ferrés, et les 2 volumes de Léon Vercoutère, *En Tarentaise*. — Au retour : Salins, où nous avions

a. Italien : « Ils sont revenus, les petits chats siamois. »
b. Italien : « Barty a peur ».
c. Italien : « peur = danger ».
d. Anglais : « salutations ».

pensé pouvoir dîner d'écrevisses ou de truites au « Savoie », mais il n'y en avait pas ; même déconvenue à Aigueblanche ; enfin Albertville où nous avons assez bien dîné, mais sans écrevisses ni truites non plus, à l'Hôtel Million, revenant à Challes vers 10 heures p.m. Un peu avant Montmélian nous avions rencontré un immense troupeau de moutons, et avions dû nous arrêter pour le laisser passer, de sorte que notre voiture semblait prise dans une mer vraiment moutonnante, un écoulement de dos blancs de chaque côté de nous, qui n'en finissait pas, tandis que nous voyions, en avant, une foule toujours renouvelée de crânes blancs et d'yeux verts qui reflétaient en plein la lumière de nos phares ; cela faisait, dans la nuit, et sous le lever de la lune, comme une seule bête mythologique toute couverte d'yeux brillants. Quelques petits agneaux traînant leurs hautes pattes inexpérimentées, et un homme portant une lanterne rouge, fermaient la marche.

Un peu après Albertville en remontant, vers Tours[-en-Savoie] ou La Bathie, quand les vallées commencent à se resserrer, et les montagnes à se coudoyer, et que l'eau galope de plus en plus au plus près de la route, et chante de plus en plus haut, et que les vallées paraissent joindre les mains devant les voyageurs ; puis, et surtout, à partir de Moutiers avec ses hauts toits et ses grands arbres, j'ai le sentiment de revenir au vrai pays de mes souvenirs compris, au-delà de ma dixième année, entre la mort de mon Père et mon entrée à Sainte-Barbe-des-Champs[194]. Cela est très net, très précis pour moi, à partir de Moutiers : je reconnais, je retrouve des détails que je ne pourrais pas désigner, mais dont la somme me rend tous les souvenirs des arrivées, de Brides, par la route, en voiture, avec ma Mère et Germaine Grille[195] : c'était la ville, la civilisation retrouvée, une impression d'abondance, de calme, de sécurité : surtout les aspects d'une place plantée d'arbres largement étalés, vieux et donnant beaucoup d'ombrage, et les vieilles maisons, leurs toits, et la présence de l'eau courante à travers cette ancienne immobilité des demeures et des ombrages. (Moutiers est aussi savoisienne que Londres est anglaise, ou que Sitjes est catalane.)

Le sentiment d'abondance devait, alors, provenir en partie, pour moi, de la présence d'un bazar où on trouvait des jouets. J'avais dû y acheter la petite barque où je faisais naviguer « le grand Dembat[196] », à Brides, sur les « rigoles » qui longeaient la route du côté de la montagne ; et une petite malle, ou plutôt une boîte (une sorte de baguier) en forme et en apparence de malle, que ma Mère avait conservée, et que j'ai encore à Valbois. J'ai souhaité que le bazar où nous avons fait nos achats fût celui-là même.

Toute la route de Salins à Brides est située dans mes souvenirs d'enfance, malgré l'« électrobus », le chemin de fer, et les « rigoles » taries. (Du reste le chemin de fer est assez discret.) J'ai remarqué aujourd'hui l'analogie que présentent les détours, l'escarpement boisé d'un côté de la route, et les ombres dont elle est accompagnée, avec la route de Santa-Margherita Ligure à Portofino-Mare. Sûrement j'ai dû, la première fois que je suis allé de Santa-Marghè à Portofino Mare, RECONNAÎTRE d'une manière tout à fait subconsciente la route de Salins à Brides, et quelque chose en moi a dû être surpris de voir, en regardant à gauche, au lieu du ravin et du mur montagneux de l'autre rive, la Méditerranée. Je n'avais pas deviné, démasqué cette comparaison secrète et sans mots, il y a deux ans.

À Brides même, malgré tous les changements, l'essentiel demeure : le fracas incessant, continu, des deux Dorons, et cette façon qu'ils ont de paraître courir en sens inverses. J'ai dû m'y tromper au début des deux étés où nous sommes venus à Brides, ma Mère et moi, c'est-à-dire en 1890 et 1891 : la même eau bondissante paraissait couler en deux sens opposés, et remonter vers Salins après être descendue le long du Parc des Thermes. Je devais m'y embrouiller d'autant plus facilement que les Dorons étaient les premiers grands torrents de haute montagne que je voyais de près, dans le bruit et dans l'intimité desquels je vivais quotidiennement. Les eaux courantes de La Bourboule et du Mont-Dore ne m'avaient pas préparé à un tel spectacle de ruées furieuses et de clameurs, pas plus que ce que j'appelais « la montagne des nains », — parce que les promeneurs, visibles au sommet sur le fond du ciel, paraissaient, vus des fenêtres de l'hôtel (à La Bourboule) tout petits, — ne m'avait préparé aux Alpes.

Une partie des caractères topographiques, aussi, demeure : le groupe Hôtel des Thermes, établissement, jardin et constructions en amont, sur l'espèce de plate-forme entre le Doron de Bozel, la route départementale et le Doron des Allues. Il faut toujours monter (mais plus commodément qu'autrefois) pour aller de cette plate-forme à la grand'route (en train de devenir grand-rue). J'avais l'impression de gravir la pente d'un ravin à embuscades de guerre coloniale, quand j'allais de l'hôtel à la maison où le masseur suédois, M. Pouten (revu plus tard, — 1908 — à Paris dans de curieuses circonstances) me pétrissait dans ses mains qui me paraissaient énormes. (Je me demande si Laeta se souviendra de son professeur de culture physique de Challes, M. Yves Pasco, comme je me souviens de M. Pouten.) Sa force, et son accent, me faisaient une forte impression, et j'étais toujours confusément surpris qu'il ne fût pas nègre : j'étais encore tellement ignorant à cette époque de mon enfance que le mot « suédois », quand ma Mère l'avait prononcé à propos de M. Pouten, quelques jours sans doute après notre première arrivée à Brides, m'avait tout naturellement suggéré l'idée d'un homme noir.

Le Chalet (des Thermes, je crois, et qui était alors l'annexe de l'Hôtel des Thermes) n'a pas changé de forme ; c'est le même toit de style « suisse » ; il est encore adossé au Doron des Allues ; on a dû seulement modifier son rez-de-chaussée, y ouvrir des boutiques, le bureau des Wagons-Lits, etc. — Le souvenir de la nuit que j'y ai passée, lorsqu'un commencement d'incendie dans l'hôtel-établissement-de-bains avait alarmé les gens de l'hôtel, m'est encore présent, et j'en ai bien retrouvé le caractère exact, primitif, en regardant le toit, aujourd'hui. On y avait envoyé tous les enfants, ou plutôt on les y avait conduits ou portés enveloppés dans des couvertures, tandis qu'on éteignait le feu (ce devait être du linge qui avait pris feu, dans une machine à le sécher ou à le désinfecter). Ma Mère et une autre dame avaient été les premières à donner l'alarme, l'odeur de roussi les ayant éveillées. Ce fut une Anglaise, logée dans cette annexe, qui me recueillit. Le fait de dormir dans son lit, avec elle, ne m'aurait pas, par lui-même, laissé une forte impression, si je ne l'avais pas vue se déshabiller après qu'elle m'eut installé dans le lit. Cette scène tint mon attention en éveil et j'en suivis les phases avec curiosité. Enfin l'impression faite sur moi fut assez durable pour que, plus tard, à Sainte-Barbe, en 1892 ou 93, j'en aie parlé à mes petits camarades comme d'une espèce d'initiation. Nous faisions les roués, et il s'agissait de prouver que nous savions « Com'è fatta la donna[a] ». En fait je crois bien que cette dame, me pensant endormi déjà, s'était comportée comme si elle eût été seule.

La lumière de la conscience flétrit une bonne partie de nos souvenirs : je veux dire qu'elle leur ôte leur sève vivante et fraîche, ne laissant, à leur place, que des souvenirs de souvenirs, — ce qui explique l'erreur de l'homme à qui on avait raconté la bataille de Waterloo quand il avait quinze ans, et qui, à soixante-quinze ans, était sûr d'y avoir pris part. Elle réduit nos souvenirs vrais à l'état de souvenirs de faits racontés, de paroles entendues. Ainsi JE SAIS que sur cette route de Brides à Salins je me suis trouvé, à l'âge de 8 et 9 ans, assis sur le strapontin ou le siège avant d'un landau, en face de ma Mère et de Germaine Grille qui avait à peu près le même âge que moi. Je sais, de toute certitude, que la présence, la vue, de cette petite fille, me comblaient de bonheur, etc., — MAIS je me le suis redit si souvent dans les mois et les années qui suivirent, que je ne peux plus retrouver la vision primitive, ni les traces en moi du sentiment primitif et vivant dont cette certitude est LE RÉSULTAT et non LA REPRODUCTION. Je ne peux pas dire : « Je revois le mouvement de sa main qui, dans un geste fréquent chez elle, écartait doucement quelques brins de ses cheveux noirs, très fins, qui avaient tendance à couvrir sa tempe droite. » Je sais que j'ai vu ce geste, mais JE NE LE REVOIS PLUS. Le sentiment, même alors que mon amour était encore vivant (en 1891-92), avait été

a. Italien : « Comment une femme est faite ».

remplacé par la NOTION. La notion l'avait peu à peu absorbé en elle, et comme desséché. Je sais que je lui ai dit un jour, mais JE NE M'ENTENDS PLUS LUI DIRE (et j'avais préparé bien à l'avance cette phrase, et j'avais hésité plusieurs jours à la lui dire) : « Puisque la douche mouille toujours vos cheveux, vous devriez demander après, à la baigneuse, un séchoir. » (Dans ma pensée c'était une espèce de compliment sur la longueur et la beauté de ses cheveux ; il me semblait aussi qu'une telle « personal remark[a] » me rapprochait d'elle : je n'aurais jamais eu l'audace de les toucher, ses cheveux ; mais lui en parler était comme un « acte équivalent », the next thing to it[b].

Cependant le souvenir, même desséché par la conscience, est précieux ; on peut espérer qu'il n'est pas entièrement passé de l'impression reçue à la notion acquise ; et que la notion est une sorte de centre, de signal, que peuvent rejoindre un jour ou l'autre tels ou tels éléments de la sensation primitive non encore parvenus à la conscience, ou qui ont échappé à sa lumière. Mais à mesure qu'ils y arrivent, et l'instant de leur passage, de leur arrivée, révolu, les voici desséchés. L'art, qui ne tend qu'à reconstituer, pour les conserver et les communiquer, la sensation et le sentiment et l'idée EN VIE, est bien, en ce sens, « le salut ». Par une marche inverse on va de la notion à l'image, à l'idée, au sentiment. Mais comme on n'y arrive jamais, qu'on ne fait qu'en approcher plus ou moins, et qu'une fois qu'on en a reconquis quelque bribe il faut encore « se tourner vers le peuple » pour communiquer, à travers les hasards du langage, cette bribe, quelles tonnes[c] de minerai pour une pincée de cet or !

[*Plusieurs mots caviardés*.] Surtout rien ne donne mieux la sensation du néant que ce dessèchement des images en notions. Mais si on imagine LE CONTRAIRE : aucune sensation ne devenant jamais notion ! Alors on entrevoit, au-delà de ce néant, quelque chose comme « l'appel de Dieu ».

Ce nouveau voyage à Brides a eu, plus que le premier (1932)[197], le caractère d'un pèlerinage ~~vers~~ à cette époque de mon enfance. J'avais emporté quelques figurines, civils et officiers : l'« Eugêsos[d] », le successeur légitime du « Grand Dembat », — le « Grand Dembat » d'à présent, était de cette « mission ». Je l'ai mis, avec sa suite, sur le parapet du pont de bois du Doron de Bozel, dans la haute clameur des eaux, exposé au vent du torrent et au tremblement du pont, comme en 1890-91 j'y exposais « le Grand Dembat ». Et j'ai même photographié ce groupe de héros. (Laeta me regardait faire, et paraissait comprendre, et approuver, ce jeu de Babbo.) —

a. Anglais : « une remarque la touchant d'aussi près ».
b. Anglais : « ce qui s'en approchait le plus. »
c. « Tonnes » a été écrit au dessus de trois mots biffés.
d. Note de Larbaud : « S.T.S.M. Hutton X., F.R. »

J'ai tenu à ce qu'elle-même eût, de son passage à Brides, un souvenir de fête, et lui ai laissé choisir, sans opposition, une belle et assez coûteuse poupée habillée dans le costume des paysannes de la Tarentaise.

Une « idée » que je retrouve encore assez vivante, c'est le prestige qu'avaient pour mon imagination les noms de certains villages ou lieux-dits, ou noms géographiques, qui revenaient souvent dans les propos des buveurs : Bozel, Pralognan, la Vanoise, — et en général tous les buts d'excursions, — qui pour moi n'étaient pas tout à fait différents, — seulement en degré, non en nature, — des buts des explorations dont je lisais les récits : les régions mal connues du « Continent Noir », Tombouctou-la-Mystérieuse », etc. Il y avait une poésie héroïque dans ces mots, et de fait quelques-uns correspondaient à des paysages admirables. « La Vanoise » par exemple. Et aussi « Balandaz », une des plus belles cascades de la Tarentaise, et celle dont j'avais approché le plus près, jusqu'à m'étourdir de son bruit et m'inonder de sa poussière liquide. Et loin de Brides, à Paris par exemple, ces noms avaient, en outre, le charme de se trouver mêlés à mes « souvenirs d'amour » : Germaine Grille les connaissait, les avait prononcés, ils lui étaient, comme à moi-même, familiers, alors que personne autour de moi ne les connaissait ! Quelqu'un, un inconnu, qui aurait dit, — à Paris, à Sainte-Barbe, — : « Pralognan » ou « Balandaz » m'aurait été tout de suite sympathique, — à moins qu'il n'eût éveillé ma jalousie.

J'ai parlé de Balandaz au libraire des arcades, qui habite Brides, m'a-t-il dit, depuis 12 ans (il n'y vient, de Beaulieu-sur-Mer, qu'en été). Il paraît qu'on se met à écrire « Ballande » ou « Balende » (sur la carte d'état-major, dans le livre de Léon Vercoutère), tandis que lui a toujours entendu prononcer « Balandaz ». — Ce serait une évolution semblable à celle du nom de Brides même, qui fut « Bridaz » (= Bridges, ponts, celtique.)

~~En somme~~ Il y a, en somme, deux endroits où mes souvenirs d'enfance sont « bien conservés », et où, par conséquent, je situe plus aisément qu'ailleurs mon enfance : Brides et Fontenay-aux-Roses. — Cela s'explique par ce fait : qu'ils n'ont pas été, par la suite, recouverts par des souvenirs acquis à différentes dates, à différentes époques de ma croissance. À Paris et en Bourbonnais, images vivantes et notions se confondent pour moi dans un désordre chronologique inextricable. Il y en a de 1886, de 1896, de 1906, et de toutes les années comprises entre celles-là. Tandis que les deux étés à Brides et les trois années scolaires à Fontenay-aux-Roses sont demeurés à part, bien délimités, bien séparés des retours (Fontenay-aux-Roses après 1900, Brides en 1932). De là vient que dans l'espèce d'autobiographie enfantine que j'ai écrite entre 1913 et 1914 et que j'ai détruite depuis, Brides et Fontenay-aux-Roses tenaient, ensemble, autant de place, ou presque autant, que le Bourbonnais et Paris.

Mercredi 27 juin. Challes. —

Toute la journée « Dondey » : lectures, re-lectures et travail mental sur les 9 chapitres. *Miranda* : après le I qui déçoit terriblement, avec ses faiblesses d'agencement et ses énormes invraisemblances, II et III sont à la fois dramatiques, solides et de belle qualité en tant que discours en vers. — L'espèce de préoccupation de Dondey par cette idée du « mort vivant » et du vivant cru mort, est curieuse : elle est tout le sujet du *Lazare de l'amour* et tout le « plot[a] » de *Miranda*. L'idée de l'ensevelissement moral (ou social) est dans *Feu et flamme* et dans *Les Visions d'un mort vivant.* On voit à peu près ce qu'en tirerait une « explication » freudienne : une sorte d'appréhension sexuelle, la crainte de ne pouvoir, après une première FUTUATIO[b], et en présence d'une femme à demi satisfaite, recommencer ; mais au-delà de cette crainte, une certitude inconsciente du succès, de la « résurrection du désir physique ». Mais c'est une de ces explications simplistes qui ne mènent à rien, comme toutes celles de la doctrine, en fait d'analyse d'œuvres littéraires, jusqu'à présent. Elles uniformisent rigoureusement les motifs de toutes les œuvres qui, par conséquent, devraient toutes se ressembler, à quelques détails près. Pour eux, dans *Miranda*, don Brennus serait le Père, Miranda, la Mère, Rinaldo, l'inconscient de l'auteur. Dans *Le Lazare de l'amour* ces trois personnages ou éléments seraient : le mari, la marquise, Saint-Contest. On peut l'admettre, mais on n'est pas plus avancé pour cela dans la connaissance de la genèse de l'œuvre. On peut admettre aussi que le JEU DE CACHE-CACHE est un jalon intermédiaire entre le complexe d'Œdipe et la hantise du personnage cru mort et qui ré-apparaît vivant. Quant aux terreurs du sein maternel, aux « visites » du père, aux fèces de l'enfant (qui sont l'or, les présents, toute largesse faite) je ne les vois guère dans les différentes parties de l'œuvre, soit en vers soit en prose. — Sûrement si la théorie ne s'étend pas de manière à rattacher le « sein maternel », et les « fèces », et le complexe d'Œdipe, à travers les jeux, à l'œuvre en élaboration, elle n'apportera rien de solide à la critique littéraire ou artistique. — Et que deviendra le complexe d'Œdipe dans une société, prévisible, où les enfants, dès la naissance séparés de leurs ~~mère~~ parents, seront élevés dans les pouponnières de l'État ? C'est déjà le cas de tous les enfants que leur mère n'a pas allaités, et qui ont eu plus affaire à des nourrices et à des servantes qu'à leur mère et à leur père. C'est

a. Anglais : « intrigue ».

b. Le nom n'est pas attesté dans le dictionnaire Gaffiot mais on y trouve *fututio* (n. f.) : rapport de sexe.

mon cas ; et même j'ai eu successivement deux nourrices et ensuite une série de « bonnes », que j'ai pu « aimer » et dont j'ai pu « jouir » sans l'ombre même d'une rivalité à redouter ! Les freudiens qui se mêlent de critique littéraire (si on peut dire) paraissent tous croire que l'écrivain qu'ils abordent a grandi entre son père et sa mère et sans avoir de contact physique avec d'autres personnes, exerçant leur libido sur la mère qui les a allaités et leur jalousie, plus ou moins mêlée de libido, à l'égard de leur père. Il est possible que les auteurs qu'ils ont étudiés (?) ainsi jusqu'à présent aient eu une « nourriture » exclusivement familiale. Mais que feront-ils quand ils aborderont un peintre ou un écrivain qui se sera trouvé soustrait à ces contacts familiaux ? Ou si on découvrait qu'un de ceux qu'ils ont si magistralement « œdipés » a été élevé dans des conditions qui excluent toute possibilité de formation d'un complexe d'Œdipe ? Que Dondey de Santeny, par exemple, — après qu'ils lui auraient dressé son horoscope œdipien, — a été « mis en nourrice » à la campagne, et que chez sa nourrice, veuve de date récente, ou fille-mère, ou mère d'un enfant posthume, il n'y avait personne qui pût jouer le rôle du père ? D'OÙ VIENDRAIT ALORS DON BRENNUS ? — Par contre il y a sûrement un souvenir de collège dans le « Fragment Moyen Âge » de *Mosaïque* : un camarade surpris en train de lire un « livre défendu », le bouleversement causé par cette découverte, et, — peut-être, — le désir de le dénoncer. Mais la seconde partie, le discours du confesseur :

Tel homme est un athée, et non pas un méchant

a plutôt un caractère apologétique.

Revenant à ce beau voyage d'hier au pays de mes souvenirs, au pays de mes neuf et dix ans, plein de montagnes verdoyantes, de cascades vertigineuses, de vallées, de prairies et de torrents sans les grandes aires neigeuses des cimes, — cette Savoie, mais dans sa partie la plus reculée, ses retranchements les plus réservés, — je vois que mes souvenirs, pour être devenus, et assez tôt, de sensations (ou souvenirs vrais) notions (ou souvenirs consciemment connus pour tels, conservés, catalogués par la mémoire aux ordres de la volonté), ne doivent pas être considérés comme desséchés, flétris, intellectualisés. La notion, aboutissement du processus QUI COMMENCE DÈS LA PERCEPTION DE LA SENSATION, car la volonté est là, déjà, qui dirige notre attention et la concentre sur tel ou tel foyer émetteur de sensations plutôt que sur tel autre, — comme s'il y avait choix, composition, organisation sommaire de ce qui sera un souvenir, — sur le geste de l'enfant écartant ses cheveux de sa tempe plutôt que sur les mouvements co-existants des ombres sur le chemin et des rameaux agités par le vent frais de la Vanoise, — cette notion contient en puissance, — en sommeil, — tous les éléments qu'elle résume, et peut devenir comme le lien d'un faisceau, le point de convergence des sensations que la POÉSIE, au-delà d'elle, et dans l'avenir, peut, ou pourrait, prolonger, recréer. La poésie, c'est-à-dire une attention égale en intensité à celle qui a présidé à la constitution du souvenir, — si on est capable de cette attention. Alors je revois vraiment, projetée au-delà de la notion, l'idée, l'image, du geste de l'enfant ; et si je suis capable de l'exprimer en paroles, je l'ai recréé, je lui ai donné une forme durable, théoriquement impérissable (en peinture cela est plus sensible) qui est, — du moins ici-bas, — sa perfection, ce à quoi cette sensation tendait.

Soirée d'une extrême limpidité, aujourd'hui : le fond de la vallée, du côté opposé au couchant, apparaissait avec une netteté singulière, et la grande barrière des montagnes neigeuses semblait s'être rapprochée : dans une lumière rose, le reflet de l'Ouest, on distinguait tous les détails de l'armature rocheuse et nue, les surfaces, murs, escarpements minéraux, gris-rose, et le réseau des plaques et des coulées de neige. Cette netteté, cette précision dans la visibilité, a duré une demi-heure ; au bout de laquelle, très vite, toute la chaîne s'est effacée, a reculé dans une lointaine [*Un mot caviardé*] confusion sur laquelle la nuit est tombée.

Hier Laeta a vu la montagne, — celle qui domine le parc de si haut, — VOLER dans le ciel de la matinée. C'est-à-dire qu'elle a fixé son regard sur les nuages en marche, assez longtemps pour les voir comme immobiles, tandis que c'était la montagne qui paraissait en mouvement. Mais l'illusion était volontaire ; elle avait cherché à se la procurer en voulant voir les nuages immobiles, et en renversant la tête en arrière. Elle était contente de sa découverte, — qui m'a fait un grand plaisir. Et la preuve que l'illusion était accueillie comme telle, c'est qu'elle m'en a fait part en commençant par le mot : PARE — (Pare che la montagna si muove[a]).

Ce que l'enfant voit au réveil, de son lit : au lieu de la ligne d'horizon divisant la fenêtre en une moitié de terre et une moitié de ciel, une fenêtre toute remplie par la montagne, une paroi montagneuse portant, du haut en bas de la fenêtre, le moutonnement vert des arbustes qui la recouvrent. Le contraste avec les caractères généraux du paysage HABITUEL est si grand : la terre au lieu du ciel, qu'il ne peut pas ~~lui don~~ le laisser indifférent.

Son intérêt pour les fleurs, les plantes. Elle distingue très bien, et assez justement, les plantes de formes particulièrement ÉLÉGANTES. Ce matin je lui ai annoncé, pour quand elle saurait lire et écrire, les joies et les merveilles de la Botanique (elle entendait ce

a. Italien : « Il semble que la montagne bouge. »

mot pour la 1re fois ; se l'est fait répéter) ; la lui ai définie, et lui ai esquissé la classification linnéenne.

Jeudi 28 juin. Challes. —

Dernière visite au Dr Rochefrette, qui me conseille de terminer la cure, ma tension baissant, ce qui est signe de saturation. Mais Laeta continue jusqu'au 21e jour (samedi.) La pluie une grande partie de la journée. Rangements et préparatifs de départ. Toutes les heures libres consacrées au « Dondey de Santeny » lisant, relisant lui-même et Ernest Havet, et récrivant encore deux fois le chap. II, dont je ne suis guère plus content. Je l'ai quitté, à bout de forces, la vue même brouillée de fatigue.

Vendredi 29 juin. Challes.

Pluie jusqu'au soir, et froid. Après dîner la promenade à pied à Chaffat, « le tour de la maison d'Amélie Gex », dans un beau mélange de montagnes aux cimes voilées et de nuages floconneux en mouvement le long des pentes ou ~~suivant~~ remontant avec lenteur les vallées. (Laeta peu sensible à ce spectacle qui, je crois, à son âge, m'intéressait beaucoup.) Hors quelques courses (poste, bureau de tabac) Dondey de Santeny toute la journée et avant et après minuit. Je crois avoir enfin I et II, soit les 10 1res pages à peu près définitives. Laus Deo[a], et ouf !

Samedi 30 juin. — Challes - Aix-les-Bains - Challes.

Dernier jour de cure pour Laeta, et note de l'hôtel payée. De 3 à 7 h p.m. excursion en voiture : Le Bourget (visite de l'église) et Aix, les deux ports[198], flânerie dans la ville (pavoisée pour « le congrès du Rhumatisme »), divers petits achats, et goûter à la Rotonde. Travail : « Dondey de Santeny », très péniblement le premier paragraphe de III.

JUILLET

Dimanche 1er juillet : Challes-Chambéry-Genève.

A.M. : dernier verre d'eau de Laeta, adieux et pourboires. Départ en voiture, pour Chambéry. Déjeuner au Terminus (excellent.)

P.M. : chemin-de-fer par Culoz et Bellegarde malgré nos billets par Annecy et Annemasse : le second trajet est le plus intéressant, mais il est lent et incommode (changement en route, et arrivée à la

a. Latin : « Dieu soit loué ».

mauvaise gare des Eaux-Vives) ; nous nous sommes laissé tenter par l'itinéraire le plus court et le plus facile. Arrivés Genève vers 4 h p.m. De Cornavin vers rive gauche à pied ; station dans l'Île J.-J. Rousseau, puis à la terrasse du Café du Nord. Impressions agréables : grande ville retrouvée, le frais courant d'air du Rhône, les cris des sirènes (qu'on n'entend plus au bout du deuxième jour). Dîner au Globe (assez bien), et rentrés doucement, à pied, à Cornavin. Entre 10 ½ et minuit retouches à ce que j'ai écrit hier du « Dondey », et finalement je le récris.

J'avais tâché de préparer l'attention de Laeta au passage d'une frontière. C'est justement la première que j'ai passée (à Bellegarde) après avoir su ce que c'était : je m'attendais à voir quelque changement imprévu, quelque chose, au moins, qui correspondrait à la bordure de couleur dégradée qui, sur les cartes d'Europe, souligne le tracé des frontières politiques. Je devais avoir l'âge de Laeta et avoir regardé, par goût, des atlas. Elle est moins avancée à ce point de vue. Mais les drapeaux que je lui ai fait dessiner et colorier aux crayons ont rempli la même fonction, pour elle, en cette circonstance, que les cartes politiques pour moi. Elle savait qu'elle verrait flotter, au lieu du drapeau français, deux drapeaux (Suisse fédéral, et Canton de Genève) qu'elle connaît bien, et qu'à cela elle reconnaîtrait qu'elle avait changé de pays. Comme c'était dimanche, elle n'a pas tardé, après Bellegarde et le long tunnel, à les découvrir elle-même. Sa première impression genevoise est sommaire : on dirait Paris.

Deux cafés CRÈME, — chose inconnue à l'ouest de Genève : en France, en Angleterre, en Espagne, en Portugal. Sûrement on n'en trouve ni à Bellegarde ni à Annemasse. C'est un mystère. À Paris il faudrait sans doute la faire venir de Suisse par avion, pour en avoir. Celle qu'on achète en pots, même la meilleure, une fois mise dans le café lui donne un goût intolérable. Ainsi dès que nous sommes en Suisse, nous nous rappelons le « café-crème » comme une des bonnes choses du pays, introuvable ailleurs ; et pourtant le café n'est pas très bon.

Nous avons compté les femmes habillées en vert et celles qui étaient habillées en blanc (rien que du vert ou rien que du blanc) que nous avons vues ou rencontrées : réunies dans Plainpalais en deux bataillons elles auraient figuré un immense drapeau du Canton de Vaud. L'an dernier aussi nous avions remarqué ce goût des Genevoises pour le tout-vert et le tout-blanc.

D'un couple parlant italien et passant près de nous rue du Rhône nous avons recueilli ce mot, de la femme : SAI, QUELLA SALÌTA CHE SCENDE[a]...

a. Italien : « Tu sais, cette montée qui descend... »

2 juillet. — Genève-Lausanne-Genève. (Aller par le lac, retour par le train.)

Après des courses dans Genève, une grande partie de la journée sur le lac et 1 h ½ environ à Lausanne, où je voulais voir ce qu'il y avait comme figurines chez Dambach-Gurtner (« le Grand Dambach »). Peu de choses et par suite, peu de dépense chez lui. M'a cédé une des boîtes des chevaliers-gardes russes (1900-1910) peints pour l'ex-officier de chevaliers-gardes qui est son client. Mais il m'a appris la création récente d'une fabrique suisse qui, paraît-il, fait très bien et surtout les Suisses de Cantons early XIX th Century[a] ; le prix est très élevé, mais il me ferait une réduction. Je tâcherai d'avoir d'autres renseignements par Weber. (Ici « Weber » est monosyllabique comme chez Musset et Dondey de Santeny ; en France cette tradition s'est perdue à mesure que Weber remontait du peuple dans l'élite.)

Nous avons surtout suivi la côte Sud du lac, ne touchant qu'à Nyon et à Lausanne de l'autre côté. Ainsi nous avons bien vu la côte savoisienne (et shelleyenne), d'autant plus qu'on s'arrête presque partout. De Thonon à Évian la façade de la Savoie ne manque pas d'allure, et Amphion[199] rachète la banalité du reste. Naturellement nous nous mettions nel giardin dell'asino[b], choisissant les propriétés qui nous plaisaient ou les embellissant. Surtout pas de route entre le parc et notre port privé sur le lac ; assez en retrait une réduction exacte de Valbois, avec un canal traversant le jardin et allant du perron au port ; notre sémaphore, notre petit phare, notre flottille, et le drapeau jaune-bleu-blanc flottant sur la rive. Ce serait « une colonie valboisienne ». Ce ne serait du reste pas la première fois que le Jaune-Bleu-Blanc flotterait sur le Léman. Il y a même flotté « au XIXe siècle » (1890, je crois). — Entre Évian et Lausanne, musique sur le pont, des Italiens, mais le chanteur a chanté en allemand. Non loin de nous des gens, francophones, comparaient des stations thermales, Évian, Aix-les-Bains, et probablement Vichy, car j'ai entendu, sur un ton d'ironie : « ... les bords de l'Allier ». Sûrement Évian et Aix ont dans leur rive lacustre un élément décoratif que Vichy ne pourra jamais avoir, même si on élargissait de beaucoup le lit de l'Allier en face de la « plage » du parc du Soleil. Cela m'a fait songer à une comparaison entre Savoie et Bourbonnais, qui n'est pas à l'avantage de notre pays, mais cela tiendrait : Chambéry - Moulins, Aix-les-Bains - Vichy, l'un compensant l'autre ; mais Annecy-Montluçon ! Cependant : Rumilly - Varennes-sur-Allier ; Brides-les-Bains - Bourbon-L'Archambault, ou plutôt Néris... L'infériorité se montre partout, sauf pour Aix-Vichy, mais seulement sous le rapport de la « population thermale[200] ». Au point de

a. Anglais : « Début du XIXe siècle ».

b. Italien : « dans le jardin de l'âne », traduction littérale. Le sel et le sens de l'expression italienne nous échappent.

vue sites, sans équivalents : la montagne bourbonnaise et la Tronçais[a] ; mais la Maurienne, mais le Mont-Blanc, mais les deux grands lacs et les plus petits... Et puis cette rive du Léman... Il y a tout de même quelque chose qui vient de l'histoire politique et non de la géographie, et encore en faveur de la Savoie : elle a été plus longtemps autonome et soignée par ses souverains, tandis que depuis la réunion à la couronne de France jusqu'à Napoléon III, qui ne s'y est occupé que de Vichy, le Bourbonnais a été ABANDONNÉ. Ainsi l'histoire, comme la géographie, favorisent la Savoie. — Peu de gens, chez nous, doivent avoir présent à la pensée le lien qui unit Annecy à Moulins : Jeanne de Chantal[201]. Cette résidence des saints explique en partie notre intérêt pour les petits pays annexés aux « nations » actuelles. Sans eux, qui nous montrent qu'on y peut faire sa vie, y agir, augmenter leur beauté et leur richesse, y accroître la civilisation, on se dirait que c'est temps perdu que s'intéresser à des « régions », à des villes, dont on peut se passer et où, du moment qu'on a Paris, Londres, Rome, etc., on ne songerait pas du tout à se fixer. Le souvenir des exilés aussi va dans le même sens : si, comme eux, nous étions contraints de résider à Annecy, ou Chambéry, ou Rumilly... ? Alors, vivent la Florimontane et l'Académie de Savoie ! Et là nous rejoignons les habitants, les familles patriciennes du pays, dans leur amour pour ces institutions, et les musées, et les bibliothèques, et surtout « la capitale ».

Sur le lac, songé à mon grand-père et aux sites peu changés qu'il a vus. De précis je ne sais que l'anecdote de sa petite chienne Miss, qu'Eugène Sue lui avait donnée, et qui s'est noyée en passant d'un embarcadère sur un bateau, en face du jardin anglais. Je suppose que le nom d'Ouchy devait leur rappeler, à lui et à ma grand'mère, à ma Mère et à ma Tante Jane, leur propriété de Louchy (non encore vendue en ce temps-là, je crois.) « Allons à Louchy » pour « Allons à Ouchy[202] ». De tous les noms de la topographie genevoise qui revenaient dans les récits de ma Mère et de ma Tante, c'était celui de la CORRATERIE qui me frappait le plus, quand j'étais enfant, même après avoir vu la Corraterie. Il me semblait que la Corraterie du temps où mes grands-parents habitaient Genève devait être plus grande, plus large, plus imposante que je ne l'avais vue. C'était, je pense, parce que le nom me suggérait le bruit d'une grande quantité de voitures montant et descendant sur des pavés sonores, et aussi un grand volume de voix, de bruits de pas, et une activité citadine tout à fait remarquable.

Malaise stomacal et gastrique toute la journée ; je me suis donc mis à la diète, et j'ai trouvé bon de dépenser en livres, chez Naville, le prix des repas que j'aurais faits aujourd'hui. Le paquet étant lourd et encombrant j'ai donné, sans y penser, mon nom et mon adresse. L'employé m'a aussitôt reconnu, bien que je n'eusse pas

a. La forêt de Tronçais.

donné mon prénom, et nous avons causé un moment, non de littérature, mais de Genève, dont je lui disais du bien. Il a aussitôt dénigré Lausanne, comme à Lausanne on a tendance à dénigrer Genève. Tout ce qu'il disait en faveur de sa ville était juste ; n'empêche que Lausanne sur son étagère et avec ses ponts vertigineux, est bien agréable aussi.

Descendant le quai des Bergues, deux vieilles dames qui nous regardaient venir [*Un mot raturé*] paraissaient commenter notre apparence, et quand nous sommes passés près d'elles, l'une a dit à l'autre, comme conclusion de son examen : Yes, they are English[a]. Nous nous sommes demandé quel détail, de notre mise ou de notre manière de marcher, avait pu déterminer cette conclusion.

Malgré le malaise, qui remonte à la période de saturation de l'eau de Challes, l'après-midi sur le bateau restera un bon souvenir ; mi Mujer tan buena y tan guapa[b], la Laetina attentive au beau paysage, et des pensées vers le travail : Dondey de Santeny, Alice Meynell, *L'Amour et la Monarchie...*, et vers des amis, et vers d'anciens souvenirs, — je me sentais aussi FELIX[c] que l'hôte et seigneur de Ripaille.

3 juillet. — Genève.

Flânerie, promenades à pied et en voiture à cheval, un peu dans toute la ville, y compris le quartier de la S.D.N. où nous avons visité pour la 1re fois le palais de l'I.L.O.[203] (en français B.I.T.), ce qui a été un pèlerinage à la mémoire d'Arthur Fontaine : son buste, sa photographie encadrée dans le bureau présidentiel, son fauteuil dans l'hémicycle des Séances. Je pense toujours à notre dernière conversation, avec tristesse et regret. Si j'avais pu le savoir si près de sa fin (mais il semblait à peine vieilli) je lui aurais parlé tout autrement. Je lui aurais montré plus d'amitié aussi, (celle que vraiment j'avais pour lui, seulement combattue, dans ses manifestations, par la crainte de le déranger). Le buste ne m'a pas paru exprimer tout de lui (n'était-ce pas, pourtant, celui que je crois avoir vu chez lui ? Donc il a été fait d'après le modèle vivant). Un certain plissement des paupières, qui exprimait beaucoup de finesse intelligente et en quelque sorte tendrement sceptique et revenue de bien des choses. Il y avait aussi chez lui une bonne et généreuse naïveté qui le rendait presque déférent parmi les gens de lettres, ses amis, même beaucoup plus jeunes que lui, et parmi les peintres. — Je pense à présent que TERMIER a dû lui dire, mieux et avec infiniment plus d'autorité que moi, ce que j'aurais dû lui dire à propos de Dante, alors que j'ai cherché à l'amuser en faisant de l'esprit. Cela peut diminuer mon regret, ma faute. Mais rien ne peut remplacer pour moi cette amitié reposante, paternelle, délicate.

a. Anglais : « Oui, ils sont anglais. »
b. Espagnol : « ma femme, si bonne et si belle ».
c. Latin : « heureux ».

Deuxième jour de quasi-jeûne, avec un mieux sensible pour résultat. Cette fois j'ai dépensé en figurines ce que j'ai épargné au restaurant. Chez Weber j'ai vu les produits de la nouvelle fabrique suisse (Hofmann, de Zürich), et j'ai acheté une boîte des *Hussards du Canton de Lucerne, 1817.* La peinture est aussi bonne, au moins, que celle de Mme Roze ou de E. Prévôt, et les documents (du Musée de Zürich) sont très sûrs. Ils ont en train une belle série de l'armée fédérale de 1862, avec un magnifique général Dufour. Il y en avait aussi au Chaperon Rouge[204]. Je resterai donc en contact. S'il y avait une fabrique comme celle-ci dans chaque pays, et faisant pour chaque pays ce que Hofmann fait pour la Suisse, les collectionneurs seraient heureux.

Ces courses diverses, sans dessein bien prémédité, entre rue Croix d'Or et quai des Bergues, les poches gonflées de petits achats, et puis en voiture, vers Plainpalais ou descendant la Corraterie, et les repos aux terrasses des cafés et au Jardin Anglais où Laeta a joué et couru, etc., remplissent agréablement une journée. Il y a partout une belle et claire jeunesse en mouvement, l'allure naturelle, de beaux torses libres que fait valoir une démarche sans affectation. Mais le type vaudois (I mean vaudoise[a]) est plus marqué, plus vigoureux d'apparence, et mieux racé : les grandes et fortes blondes au teint chaud.

Laeta a su lire le mot Genève sans aide aucune. Elle a ri et pleuré tour à tour. De même que ses défauts de prononciation en italien, qui reparaissent quelquefois alors que nous pensions les avoir supprimés [à] tout jamais, un ou deux défauts moraux, contractés antérieurement à notre prise en mains de son éducation, reparaissent de loin en loin : la contradiction par exemple, et surtout quand elle a pour mobile l'envie ou le désir de donner à entendre qu'on se méfie, que les gens veulent tromper, mais qu'on n'est pas dupe (Non è mica d'argento[b], pour une tasse d'argent à Valbois ; Non è mica la stessa[c], pour un verre d'eau de Challes qu'elle buvait plus lentement que d'habitude.) Ainsi pour le Victoria-Hall aujourd'hui : le cocher insiste pour que nous le visitions, en nous disant que c'est la plus grande salle de concerts d'Europe. Y étant, nous disons entre nous, et devant elle, que la salle Gaveau est plus grande et non moins bien aménagée, mais que, bien entendu, nous dirons au brave cocher que c'est la plus grande et la plus belle que nous avons jamais vue. Et, remontés en voiture, à peine avions-nous fait ce compliment charitable, Laeta s'écrie d'un ton mordant : Non è guari grande[d] ! — Ce qui lui a valu, de Mariuccia : Tu, taci sempre[e], et de moi : O, stupida ! Il n'y a que par des mortifica-

a. Anglais : « je veux dire vaudoise ».
b. Italien : « Elle n'est pas du tout en argent ».
c. Italien : « Ce n'est pas du tout la même ».
d. Italien : « Elle n'est pas très grande ! »
e. Italien : « Toi, continue de te taire ».

tions comme celles-ci qu'on peut espérer la corriger de ce défaut. En réalité ce n'est pas un travers de son caractère, et il n'y a pas, en elle, le fond d'amertume et d'envie que de telles remarques feraient supposer : ce n'est qu'IMITATION. Elle a entendu de semblables réflexions dans des circonstances semblables, ou à peu près semblables, et lorsqu'elle les retrouve, elle croit qu'il convient d'y répondre de cette façon-là. Le Non è guari grande ! d'aujourd'hui était un retour d'autant plus fâcheux de ce défaut d'éducation qu'elle nous avait entendus dire que nous nous garderions bien de désillusionner le cocher. Peut-être croyait-elle que c'était faiblesse de notre part, et non savoir-vivre, et qu'en donnant ce démenti elle faisait preuve de force d'âme ?

Passé l'après-dîner en tête-à-tête avec Pierre Girard au Café du Nord[205]. Un peu plus et je le manquais : ma carte postale de Lausanne lui donnant rendez-vous ne l'a joint que par hasard, et tard ; en sorte qu'il est arrivé au rendez-vous au moment où je songeais à m'en aller. Je l'ai trouvé en bonne santé et, m'a-t-il semblé, engraissé. Longue conversation : ses affaires personnelles, ses projets, *Ulysses* de James Joyce, Jean Giraudoux, George Eliot, Charlotte Brontë, nouvelles récentes de Jacques Chenevière et d'Edmond Jaloux, les uniformes suisses de 1862, Shakespeare, la Savoie, le Bourbonnais, Paris, la politique, etc., etc. Repassé l'eau ensemble, et ensemble jusqu'en haut de la rue du Mont-Blanc, nous disant au revoir à Paris cet hiver.

Beaucoup pensé à Dondey, à Vannina, et aux livres de Dondey, aujourd'hui toute la journée, — et comme il arrive pour les choses dont nous sommes le plus préoccupés, j'ai complètement oublié d'en parler à Pierre Girard. Ou peut-être, un « frein moral » fonctionnant à mon insu, parce que, subconsciemment je savais que si j'abordais ce chapitre je l'en assommerais pendant tout le temps de notre entrevue, j'ai, tout aussi subconsciemment, voulu ignorer ce sujet ? — Quant à Pierre Girard, les affaires financières qu'il a dû traiter l'ont empêché d'écrire, et même de songer à écrire, pendant toute cette dernière année.

La foire aux échanges, place du Port, était curieuse ; c'est la conséquence de ce qu'on a fait à Paris : tableaux exposés par les peintres, non vendus, mais échangés contre divers objets. Il y avait des choses assez fraîches, avec les influences qu'on pouvait prévoir. Un paysage de maisons au bord de la mer, en teintes plates curieusement juxtaposées, était fait d'une mosaïque de morceaux de laines. Le soleil et la foule incommodaient les gens, et quand nous sommes revenus on transportait les toiles dans une maison voisine. Les peintres, hommes et femmes, ont dîné au restaurant où j'ai accompagné Mariuccia et Laeta.

La tradition du café-crème se perd, à Genève (elle y était moins forte qu'en Suisse alémanique). Il faut préciser : « double crème ». Nous avons boycotté deux cafés où il n'y en avait pas.

Dans *La Tribune* de ce jour, noms et prénoms des lauréates des écoles de Genève. Quelques-uns sont jolis. Et il y a les noms patriciens connus hors de Genève, qu'on retrouve précédés de prénoms féminins : Irène de Candolle, etc. — Remarqué le prénom : Pâquerette, désuet en France, et c'est dommage, vraiment. Moins de ces prénoms « exotiques » qui étaient assez particulièrement suisses-romands, genevois, et aussi wallons : Daisy, Carmen, etc.

Par moments il me semble connaître Dondey, l'homme, à travers l'œuvre, comme je connais Pierre Girard, homme et œuvre à la fois. Je crois entrevoir des gestes, des attitudes, une certaine conduite dans certaines circonstances.

Laeta, toute joyeuse d'envoyer une carte postale à sa maîtresse de Sainte-Barbe, avec « Souvenirs de Laeta » écrit par elle, d'après mon « dessin », d'une écriture, — en capitales, — toute de travers.

À la fin de cette semaine nous serons à Valbois, s.D.q.[a], pour toute la fin de l'été et tout octobre. Alors le travail reprendra, plus régulier qu'à Challes, et j'espère mener tout à bien. Mais je m'en tiendrai au principe : une seule chose à la fois. Ainsi « Dondey » seul ; puis « Alice Meynell » seule. Intermède : la préface pour l'Aldo Capasso traduit par Armand Guibert[206]. De nouveau *Domaine anglais* jusqu'à la fin de la révision et des ajouts. Si comme je pense, il reste du temps, *Domaine français*[207]. Tant pis : le *St Jérôme* et les « nouvelles » en projet attendront. Mais je travaille toujours beaucoup plus lentement que je ne m'y attendais[b]. Comment, me connaissant, ai-je pu imaginer que l'« Alice Meynell » et le « Dondey » seraient terminés à Challes ? Et j'avais même pensé qu'il me resterait du temps pour m'occuper du « Lochac » et du « Charles-Louis Philippe »[208] ! Le résultat est : Alice Meynell bien lue et mentalement ébauchée (mais quelle distance, et quel travail, de l'ébauche à la chose finie !), et « Dondey » bien lu et assez bien commencé. Mais pour « Dondey » j'ai grandement présumé : d'abord il s'agissait de commenter *Feu et flamme* seul ; je n'ai fait venir les deux livres posthumes que par curiosité, sans m'être dit qu'il était impossible de parler de *F. et F.*, sans connaître les deux posthumes. Ensuite j'ai cru pouvoir attaquer le début, la question du nom, et *F. et F.*, sans avoir tout lu (et bien lu) des posthumes. Et après, j'étais étonné de constater que rien ne marchait ! mais c'est seulement à présent que je peux commencer le « Dondey » ! — Enfin l'illusion que je pouvais m'y mettre : 1° Après la seule lecture de *Feu et flamme*, des lettres, et de l'introduction de Marcel Hervier ; 2° après

a. Espagnol : *Si Dios quiere*, « si Dieu le veut ».

b. Écrit au-dessus de quelques mots raturés qui pourraient être : « me suis promis de le faire ».

la lecture superficielle des posthumes, — m'aura servi à passer outre aux premières difficultés de l'entreprise. C'est une bonne impatience, et utile. Le travail se fait parce qu'on est tellement sûr de le pouvoir faire qu'on le croit déjà presque fait. C'est un peu ce qui m'est arrivé pour Coventry Patmore[209] : je lisais à mesure que j'écrivais ; par suite je me trouvais à chaque tournant obligé de revenir en arrière, de relire, et de reconsidérer. Cette fougue est peut-être plus favorable au travail qu'un plan bien tracé. En tout cas elle met dans le travail une certaine quantité de passion qui fait qu'on se sent vivre. — Mais pour être tout au travail, j'abandonne toute espèce de journal jusqu'à ce que j'aie derrière moi les deux *Domaines* prêts pour l'éditeur.

[*Une lettre du charron de Breuilly a été ajoutée ici au manuscrit ; voir Annexes, p. 1223.*]

ANNEXES

LETTRE DU MAIRE DE SAINT-YORRE

Le 12 février 1934
Monsieur Valery Larbaud
71, rue du Cardinal Lemoine V^e^

Monsieur,

J'ai l'honneur de vous accuser bonne réception de votre lettre du 7 février, et du recueil des Mémoires de M. Nicolas Larbaud ancien maire et fondateur de la Station d'eaux minérales de Saint-Yorre.

Très sensible à votre délicate attention, je vous exprime en mon nom personnel et au nom de l'Assemblée Municipale mes bien vifs remerciements, pour le volume que vous avez bien voulu attribuer aux archives de la Mairie de Saint-Yorre.

Je suis heureux de vous faire connaître que depuis longtemps déjà le Conseil Municipal, sur ma proposition, a décidé, avec votre agrément, de consacrer la mémoire de M. N. Larbaud en érigeant son buste soit dans la Salle Commune, soit sur une place publique.

À cette occasion, je ne manquerai pas le moment venu, de vous demander de vouloir bien vous joindre à nous pour cette cérémonie à laquelle la population sera invitée.

Veuillez agréer, Monsieur, l'expression de mes sentiments les plus distingués.

[*Signature indéchiffrable*[a].]

a. Nous savons que M. J. Dupuy a été maire de St.-Yorre de 1929 à 1944.

LETTRE D'ENRIQUE FERNANDEZ LEDESMA

México, D.F.
30 de enero de 1934

Al señor don Valerio Larbaud,
71, r. du Cardinal Lemoine (Ve)
Paris, Francia

Mi grande e ilustre amigo :

Debía usted de haber recibido mis letras a raiz de la llegada de su bello autógrafo. Pero tareas de carácter imperativo, que no han faltado, me privaron siempre de formular, con alguna calma, los renglones efusivos que merecen, siempre, su noble personalidad y los acendrados productos de su espíritu.

Su autógrafo, mi querido e ilustre amigo, — es uno de los que figuran en primera línea en nuestra colleción, no ya por la calidad de su autor, ni por los halagueños conceptos que se digna dedicar a mi país, sino por el volumen de pensamiento, por la gravidez de espíritu — que se desprenden de la bella prosa, — tan destilada y acendrada — del eminente escritor. En el catálogo de nuestra PRIMERA EXPOSICION DE AUTOGRAFOS DE HOMBRES ILUSTRES EXTRANJEROS, — desprendí un pasaje breve de su texto. Lo encontrará usted en las líneas subrayadas de rojo que rematan el pie de cada página.

Hemos hecho nuestra primera exposición de autógrafos y retratos. Además, notas exegéticas, críticas y biobibliográficas, que completan el « lote » de cada autor. El golpe de vista es soberbio y la inauguración fué magnífica. Asistió el Cuerpo Diplomático y tuve el honor de sentar a mi derecha al Exmo. Sr. Ministro de Francia. Ya le enviaré, sobre este bello particular, fotografías y recortes de revistas y diarios. Le acompaño, tambien, la cartulina que contiene el bello programa desarrollado en la ceremonia de apertura.

Va hacia usted, por este mismo correo, mi último libro *Viajes al Siglo XIX*, que apareció hace unos cuantos meses. El ejemplar dedicado a usted ha dormido mucho tiempo en una de las gavetas de mi escritorio. Hasta hoy, que le doy cuenta de nuestra exposición, incorporo el volumen a esta balija, donde van varias cosas para usted y, en primer término, mi desbordante agradecimiento.

Deseo que mi libro le complazca. Son trozos de nuestra vida mexicana retrospectiva tratados un poco modernamente, con el anhelo de encontrar una ecuación equidistante entre el arte y la historia. En última resolución, la historia queda sólo como fondo para dejar el paso de primer plano a la ficción, siempre estructurada en verdad de ambiente y de caracteres. — Deseo, mi querido e ilustre amigo, se digne darme su opinión sobre estos mis *viajes*. Quiero también recibir de usted una breve lista de críticos de letras que se interesen por la producción literaria de México y que se ocupen de ella. ¿ Sería apoyar demasiado en la generosa bondad de usted ?

Dígame si le interesan algunas cosas de nuestra historia, para enviarle algunos libros, entre ellos la epopeya bibliográfica del Dr León : *Bibliografía Mexicana de Siglo XVIII*. Apenas me diga algo sobre este particular, me apresuraré a servirlo.

Adios, mi querido y grande amigo. Reciba usted, a la manera mexicana, un estrecho abrazo de su lejano camarada que, con la mayor efusión admirativa, estrecha sus manos.

Enrique Fernandez Ledesma

Mon très cher ami,

Vous auriez dû recevoir ces quelques mots dès l'arrivée de votre bel autographe. Mais des travaux urgents, et ils n'ont pas manqué, m'ont empêché d'écrire dans le calme, ces lignes enthousiastes que méritent toujours votre noble personne et les œuvres si raffinées de votre esprit.

Votre autographe, mon très cher ami, est un de ceux qui figurent au premier rang de notre collection, non pour votre qualité d'auteur, ni pour les jugements flatteurs que vous daignez adresser à mon pays, mais pour la puissance de votre pensée, pour la profondeur de votre réflexion qui se dégagent de la belle prose si pure et raffinée de l'éminent écrivain que vous êtes. Dans le catalogue de notre PREMIÈRE EXPOSITION D'AUTOGRAPHES D'HOMMES ILLUSTRES ÉTRANGERS, *j'ai détaché un court passage de votre texte. Vous le trouverez dans les lignes soulignées en rouge au bas de chaque page.*

Nous avons fait notre première exposition d'autographes et de portraits. En outre, des notes exégétiques, critiques et bibliographiques complètent le « lot » de chaque auteur. Le coup d'œil est superbe et l'inauguration fut magnifique. Le Corps diplomatique y assistait et j'ai eu l'honneur d'avoir à ma droite Son Excellence le ministre de France. Je vous enverrai, concernant cet éclatant événement, des photographies et des coupures de revues et de journaux. Je vous joins également le bristol qui contient le beau programme de la cérémonie d'ouverture.

Par ce même courrier, je vous adresse mon dernier livre Viajes al siglo XIX *qui est sorti il y a quelques mois. L'exemplaire qui vous est dédié a longtemps dormi dans un des tiroirs de mon bureau. Ce jour même où je vous rends compte de notre exposition, j'ajoute le volume dans cette valise qui contient plusieurs choses pour vous et, en premier lieu, ma vive gratitude.*

Je souhaite que mon livre vous plaise. Ce sont des tranches de notre vie mexicaine d'autrefois traitées un peu sur un ton moderne et j'ai voulu trouver un équilibre entre l'art et l'histoire. En résumé, l'histoire n'est qu'une toile de fond pour laisser une place de premier plan à la fiction construite en vérité en fonction des personnages et de leur milieu. Je souhaite, mon très cher ami, que vous daigniez me donner votre avis sur mes Viajes. *Je veux également recevoir une liste brève de critiques littéraires susceptibles de s'intéresser à la production littéraire du Mexique et de s'en occuper. Serait-ce trop faire appel à votre grande bonté ?*

Dites-moi si vous êtes intéressé par quelques aspects de notre histoire afin que je vous adresse des livres, entre autres l'épopée bibliographique du Dr León : Bibliographie mexicaine du XVIIIe. *Dès que vous me l'aurez fait savoir, je m'empresserai de vous rendre ce service.*

Au revoir mon très cher ami. Votre lointain confrère vous embrasse, comme le font les Mexicains, et débordant d'admiration, reste votre dévoué serviteur.

LETTRE DE JEAN RIBIER

Breuilly le 1er juillet 1934

Cher Monsieur le comte Larbaud,

Hier le 30 juin, votre métayer Touret est venu me disputer pour l'alignement d'un champ qui joint le mien. Je lui ai dit que je vous en parlerai lorsque vous viendrez à Valbois, et comme il m'embêtait toujours je l'ai un peu remballé en lui disant qu'il n'était pas le propriétaire, que je vous parlerai à vous-même. Monsieur Touret s'est retiré d'un air un peu menaçant. Je crois que s'il y a des rectifications à faire que nous pouvons les faire sans avoir tant d'interprètes.

C'est pour une borne ; cette borne d'après mes anciens parents serait été arrachée. Comme je le connais pas bien, nous pourrions en prendre connaissance ensemble car je n'aime pas les disputes. Mais il n'y a rien de pressé.

Veuillez agréer, Monsieur le Comte, mes sincères salutations.

Ribier Jean, charron, Breuilly

Notes

1. L'hôtel Cayré existe encore au 4 boulevard Raspail. C'est l'endroit où Larbaud se réfugiait à Paris lorsqu'une raison ou une autre (nettoyage, ou travaux) l'obligeait à quitter son appartement de la rue du Cardinal-Lemoine.

2. La princesse Schakhovskoy dirigeait la société féminine de bibliophilie Les Cent Une avec la baronne de Brimont ; elles recherchaient la collaboration de Larbaud. Le fonds Larbaud à Vichy possède une lettre de la « princesse Hélène Schakhowskoy » invitant Larbaud à venir la rencontrer chez elle avec la baronne de Brimont pour discuter d'« une préface pour [leur] prochain livre » (12 février 1935).

3. Ces lettres ont été éditées à Milan en 1941 sous le titre : *Lettres à une amie vénitienne.* Elles ont fait l'objet d'une nouvelle édition en 1985 (trad. Robert Simon, Gallimard).

4. C'est en collaboration avec Mathilde Pomès que Larbaud avait traduit *Échantillons* de Ramón Gómez de la Serna. L'ouvrage avait été publié en 1923 dans la collection « Les Cahiers verts » chez Grasset. Les *C.A.V.L.* n°s 30 et 31 ont été consacrés à la correspondance Larbaud-Mathilde Pomès, éditée par Béatrice Mousli. Cette correspondance ne s'est guère poursuivie après la publication d'*Échantillons*, ce qui éclaire la réflexion que fait ici Larbaud au sujet de son ancienne collaboratrice.

5. La *Correspondance Valery Larbaud-Marcel Ray* (t. II, L. 120) nous renseigne sur les manœuvres de cette riche amie de Philippe, qui avait publié, après la mort de ce dernier, un article dans *Le Mondain* (8 janvier 1910, « Charles Louis Philippe inédit »).

6. On trouve une lettre du 11 mars 1925, adressée par Larbaud à Rilke, où il s'annonce pour lui « rendre [sa] si aimable visite » le lendemain vers 6 heures de l'après-midi.

7. *Le Livre de Marco Polo, gentilhomme vénitien, 1271-1295*, publié d'après l'édition française de 1556, par André Jaulme, Paris, Les 101, société de femmes bibliophiles, 1932.

8. Patrice de la Tour du Pin (1911-1975) avait publié un recueil de poèmes en 1933, *La Quête de joie* (Paris, La Tortue), qu'il avait adressé à Larbaud avec cette dédicace : « À Monsieur Valery Larbaud qui passe si près de mon plateau du Gâtinais dans son voyage d'Allen. Hommage de l'auteur. »

9. Rilke séjourna à l'hôtel Foyot du 8 janvier au 18 août 1925 après avoir passé deux mois au sanatorium de Val-Mont dans le canton de Vaud en Suisse.

10. Rilke avait fait la connaissance de la princesse de la Tour et Taxis (écrit ici Turn, et qu'on peut également trouver sous la forme Thurn und Taxis) en 1909. Ils échangèrent une correspondance, publiée à Paris en 1960 dans une traduction de Pierre Klossowski. En 1988, cette correspondance fit l'objet d'une réédition chez Albin Michel sous le titre *Correspondance avec Marie de la Tour et Taxis.*

11. Rilke fut secrétaire de Rodin de la mi-septembre 1905 au 12 mai 1906.

12. Cette personne serait-elle Mme Volkart, cousine de Werner Reinhart, qui avait acheté le château de Muzot pour y installer Rilke qui, dans les années 1920, écrivait :

« Je suis le seul habitant de cette solide maison de pierre vieille de plusieurs siècles, seul avec une gouvernante qui pourvoit à mes besoins aussi silencieusement que je me laisse pourvoir... » ?

13. *Presença*, bulletin publié à Coimbra portant comme sous-titre : *fõlha de arte e critica*, dirigé par un collège composé de Branquinho Da Fonseca, João Gaspar Simões, José Régio. Il débuta en 1927. On retrouve la collection complète jusqu'en juin 1935 au fonds Larbaud. Il est question ici du n° 40 de décembre 1933, où l'article de la page 15 est consacré à Antonio Ferro.

14. *Juifs*, en français. Cet ouvrage parut en 1931 en Italie, Éditions Ceschina, Milan, 1931.

Jean Joinet, dans le 1er cahier intitulé *Lettres d'Italie* de la nouvelle série des *Cahiers Valery Larbaud* (Éditions des Cendres, 2001), reproduit la lettre où Puccini demande à Larbaud de bien vouloir introduire Mme Le Saché aux Éditions Gallimard pour y publier cet ouvrage. Nous avons retrouvé chez un collectionneur privé la lettre que Larbaud évoque ici :

« *1er février 1934*

Chère Madame,

J'apprends par une lettre de Mario Puccini que vous avez traduit son roman EBREI et que vous songez à l'offrir aux Éditions de la N.R.F. Ce serait, je crois, une bonne acquisition pour la collection étrangère de Gaston Gallimard.

Par ce même courrier je lui écris pour lui recommander tout particulièrement cette traduction, et sans doute il conviendrait de lui proposer le MS très prochainement.

Veuillez, je vous prie, chère Madame, me rappeler au bon souvenir de Monsieur Le Saché et agréer pour vous-même mes respectueux hommages. »

Jean Joinet, dans une note (113, p. 144), précise que le projet n'aboutira pas, « Mme Le Saché renonçant à poursuivre la traduction qu'elle avait entreprise ».

15. René Laporte (1905-1954) était ainsi présenté par Larbaud à son ami A.A.M. Stols dans une lettre du 15 mai 1933 : « René Laporte, 57, avenue Malakoff, Paris ; auteur du groupe surréaliste, éditeur d'une revue à Toulouse et d'ouvrages de divers surréalistes à Paris. »

Dans une lettre précédente (4 mai 1933), Larbaud avait évoqué le projet dont il est ici question : « M. René Laporte est en train de préparer un tirage restreint d'un volume qui contiendra : 1° l'étude de Marcel Thiébaut (*Valery Larbaud*) parue dans *La Revue de Paris* du 1er au 15 décembre ; 2° des inédits et semi-inédits de moi : *a)* Notes critiques parues dans *La Revue de France* en 1922 et 1923 ; *b)* fragments d'un article en espagnol paru dans *La Nación* de Buenos Aires en 1923 ou 1924 ; *c)* trois poésies parues dans le *Journal des poètes* en 1931 ; *d)* fragments d'un *Diary* en anglais (inédits) ; *e)* court essai inédit, spécialement écrit pour ce volume : *La Dignité de l'amour* ». René Laporte, qui était directeur des Éditions des Cahiers libres, ne parviendra pas à réaliser ce projet.

16. L'itinéraire de Louis Parrot (1906-1948) n'est pas banal. Autodidacte, il débuta comme commis-libraire à Poitiers ; il fut ensuite lecteur de français à l'université de Madrid, journaliste. Durant la semaine de la libération de Paris, il réalisa l'exploit de rédiger entièrement seul le journal *Ce soir*. Il publia des recueils de poèmes, *Misery Farm* (1934-1945), *Mystères douloureux* (1945), *Œil de fumée* (1953) et écrivit des nouvelles et des livres de souvenirs parmi lesquels *Ursule-la-laide*, dont il sera question plus loin.

17. Pierre-Louis Flouquet (1900-1967) fonda à Bruxelles cet « hebdomadaire de poésie : création, information et critique » qui parut d'avril 1931 à juillet 1935, avec une interruption en 1933.

18. William Ernest Henley (1849-1903), poète anglais, se fit connaître comme journaliste, critique d'art et directeur de revues. Larbaud lui a consacré un essai dans *Domaine anglais* (*O.C.*, t. III, pp. 162-213). S'il y loue les qualités du critique littéraire, y évoque, sans s'attarder, son œuvre théâtrale, en collaboration avec R.L. Stevenson, il analyse longuement son œuvre poétique et conclut : « Mais quelle que soit sa place dans cette histoire littéraire, quelques pages de cette œuvre appartiennent dès maintenant à l'anthologie idéale du Domaine anglais. » En ce qui concerne les relations

de Paul Valéry et de William E. Henley, une note signale que Paul Valéry rencontra William E. Henley à plusieurs reprises pendant un séjour à Londres.

L'essai sur Paul Valéry (*Domaine français, O.C.*, pp. 329-358) évoque la collaboration de Paul Valéry à *The New Review* : « Et comme William Ernest Henley avait insisté pour qu'il donnât un texte à sa revue, *The New Review,* Valéry écrivit l'essai intitulé “La Conquête allemande”. »

19. Pour en savoir autant que Laeta, souvenons-nous qu'Henri III (1551-1589), troisième fils d'Henri II et de Catherine de Médicis, fut élu roi de Pologne en 1573 ; il s'enfuit de Pologne en juin 1574 pour succéder sur le trône de France à son frère, Charles IX. Jacques Clément (env. 1567-1589), dominicain, ligueur fanatique, assassina Henri III à Saint-Cloud lors du siège de Paris et fut ensuite massacré par des gentilshommes de la Maison du roi.

20. *Le Gouverneur de Kerguelen* était paru dans le numéro de mai 1933 de *La NRF* et avait été édité en plaquette, cette même année, pour la collection « Les Amis d'Edouard » (Abbeville, Paillard, 1933).

21. Il doit s'agir de Potosi, ville de Bolivie qui, exploitant une mine d'argent fabuleuse, fut la ville la plus riche d'Amérique entre 1572 et 1650.

22. Il s'agit probablement des amis d'Adrienne Monnier.

23. Comme Charles-Louis Philippe, Eugène Dabit (1898-1936) était issu d'un milieu très modeste puisque ses parents étaient ouvriers ; à quatorze ans il fut apprenti ferronnier, puis électricien, avant de s'adonner à la peinture, qu'il délaissa pour la littérature après le succès d'*Hôtel du Nord*. La dédicace d'*Un mort tout neuf* (Paris, Gallimard, 1934) est effectivement très brève : « À Valery Larbaud je ne sais, maintenant, quelle dédicace écrire...E. Dabit. » La même année Dabit avait fait parvenir à Larbaud un autre ouvrage, *L'Ile*, publié chez Gallimard également, et avait écrit : « J'ai eu du regret, Valery Larbaud, de ne vous voir qu'un instant chez Jean Paulhan. Peut-être une autre fois. Peut-être, un peu, si vous lisez ce livre, retrouverez-vous certain esprit méditerranéen... E. Dabit. » Un seul ouvrage parviendra à Larbaud après cette date, par le service de presse, et sans dédicace cette fois, *Journal intime (1928-1936)*, Paris, Gallimard, 1939. Il sera alors trop tard, pour l'un et l'autre écrivain... Eugène Dabit avait succombé à la scarlatine à Sébastopol, en août 1936, au cours d'un voyage en URSS. André Gide, qui, avec d'autres écrivains, participait à ce voyage dédia à la mémoire d'Eugène Dabit son *Retour de l'URSS*.

24. Cette citation est tirée de *La Cité de Dieu*, ouvrage paru en trois volumes dans la coll. « Classiques » Garnier (il n'y a pas de date) et sous la traduction de L. Moreau. Il faut donner une citation plus étendue du texte latin : « *Sed ea potius infirmitate, qua delectat lingua blandiens et humanus dies, et reformidatur vulgi judicium et carnis excruciatio vel peremptio.* » Après avoir évoqué les raisons que les croyants invoquent pour échapper à leur « devoir de réprimande » face aux « méchants », Augustin conclut : « C'est cette faiblesse qui se complaît aux paroles flatteuses, au faux jour des jugements humains, qui redoute l'opinion du monde, les meurtrissures et la mort de la chair. » Et l'on voit bien que la portée de « *humanus dies* » est beaucoup plus large que ne le laisseraient penser ces mots sortis de leur contexte...

25. Lucien Jaïs, libraire (60-62, rue François-Ier), était le dépositaire de Stols à Paris depuis la fin de l'année 1927.

26. Robert-Edward Hart (1891-1954), est un poète mauricien d'expression française. Il occupait les fonctions de bibliothécaire et conservateur du Museum de l'Institut de Maurice. Il a publié en France à partir de 1920 et collaboré à diverses revues parmi lesquelles *Le Mercure de France* et le *Journal des poètes*. Le recueil que Larbaud évoque ici figure encore au fonds Larbaud.

27. Voici ce sonnet XXIII :

Je songe avec douceur que le hasard d'un soir
Peut revivre pour ceux dont l'âme est large ouverte
Aux vents où flottent tous les pollens de l'amour.
Je songe tendrement aux miracles possibles.
Qui vit de son désir appelle l'aventure,
Et le plus bel amour est celui de demain.
Le sûr musicien des violes brisées

Garde des doigts savants à l'éveil des téorbes.
Même si je devais, dans cette chambre vide,
Demeurer l'esseulé que seul le dieu visite,
Mon cœur vivrait encor de reflets et d'échos.
Mais, par-delà l'horreur présente de l'exil,
Je pressens, ayant fui tout amour égoïste,
Un peuple, sous mes doigts, de jeunes fronts pensifs.

28. Pontus de Tyard (1521-1605) fut un ami de Maurice Scève. Il écrivit *Erreurs amoureuses*, *Vers lyriques*. La dernière œuvre qu'il publia s'intitulait *Nouvelles Œuvres poétiques*. L'*Anthologie des poètes français des origines à nos jours* (Fernand Mazade, Librairie de France, s.d.), que l'on trouve en trois volumes — il en manque un — sur les rayonnages de la bibliothèque de Larbaud, cite quelques-uns de ses poèmes.

29. Larbaud rassemble les textes de son *Domaine français*, en même temps que ceux du *Domaine anglais* (voir la résolution qui conclut ce journal : « Mais pour être tout au travail, j'abandonne toute espèce de journal jusqu'à ce que j'aie derrière moi les deux *Domaines* prêts pour l'éditeur). « Les Notes sur Racan », parues d'abord en espagnol (« Poetas franceses antiguos : Racan ») dans *La Nación* en août 1924, reprises ensuite en 1927 dans *La Revue de Paris*, ont fait l'objet d'une monographie en 1928, éditée par A.A.M. Stols.

30. Adrien G.-A. Bonnefoy-Sibour (1881-1950), ancien condisciple de Larbaud à Sainte-Barbe, fit une carrière préfectorale. Le 3 février 1934 (c'est-à-dire deux jours avant cette note) il fut appelé à la préfecture de police de Paris en remplacement de Jean Chiappe. Il eut ainsi à faire face aux troubles du « 6 février » auxquels, on le voit, on se préparait. Il quitta ce poste peu après.

31. Nom que l'on donnait, jusqu'au début du XXe siècle, aux Hautes-Terres, région de la capitale Antananarivo, à Madagascar. Ce pays, Imerina en malgache, était le pays des Merina, qui réussirent à créer l'unité politique de Madagascar au cours du XIXe siècle.

Les propos de Larbaud peuvent être justifiés par l'importante activité scientifique de l'Académie malgache, qui s'est poursuivie tout au long du XXe siècle et par la richesse culturelle de l'île, qui possèdait en particulier une littérature orale très vivante fascinant des hommes comme Jean Paulhan, qui à la suite d'un long séjour à Madagascar publia, en 1913, un ouvrage intitulé *Les Hain-Tenys merinas*.

32. Cette plaquette figure au fonds Larbaud. Elle fut publiée à Poitiers et parut en janvier 1934. Parrot l'adressa à Larbaud avec cette dédicace : « Ursula, desposada et virgen pura. Mostraba su figura, en una pieza pintada su cabeza. » Garcilaso de la Vega.

« À Monsieur Valery Larbaud

Cher Monsieur, J.-R. Bloch me dit que vous aimerez Ursule-la-laide. Trouvez dans ce petit livre l'affectueux témoignage de ma bien vive admiration, je la partage avec mes amis espagnols de Poitiers et nous aimons tous Fermina.

Avec les meilleures pensées de

Louis Parrot. »

33. Tristão de Athayde (de son nom Alceu Amoroso Lima), essayiste brésilien, a plusieurs de ses ouvrages encore présents dans la bibliothèque de Larbaud : une série de trois volumes, sur quatre, d'*Estudos* (Rio de Janeiro, A. Orden, 1928-1930) dédicacés ; *Freud* (Rio de Janeiro, Centro D. Vital, s.d.) ; *Tentaviva de itinerário* (Rio de Janeiro, Centro D. Vital, s.d.) ; *Esboço de uma Introducção à Economia Moderna* (Rio de Janeiro, Centro D. Vital, 1930).

Ribeiro Couto écrivait de lui, en août 1929, dans *Jornal do Brasil* : « Jamais sa critique ne tombe dans l'information ; elle demeure active, fervente, interprétative, comparative, digressive. »

34. Cette journée du 6 février 1934 fit, en réalité, 16 morts et des centaines de blessés, autour de la place de la Concorde. Ce fut la plus grande journée parisienne de colère depuis la Commune, et le gouvernement Daladier, formé le 30 janvier, démissionna le 7 février. La violence des ligues d'extrême droite (Jeunesses patriotes, Camelots du roi, Solidarité française) qui provoquèrent délibérément des émeutes sanglantes au cours de cette journée favorisa l'émergence de l'antifascisme et un début

de rassemblement de la gauche, car des masses considérables se réunirent derrière les chefs socialistes et communistes et deux journées de grève générale, à Paris et en province, eurent lieu le 9 et le 12 février. Un nouveau gouvernement, d'union nationale, succédant à celui de Daladier, sera alors constitué par Doumergue.

35. Arnaud (Odette), *Mer caraïbe*, Paris, Denoël et Steele, 1934. Ce sont des notes de voyage à Saint-Domingue, la Guadeloupe, Saint-Martin, Saint-Barthélemy, la Martinique, dans les années 1920. En voici la dédicace : « Pour Valery Larbaud / pour un amateur riche ces notes d'un amateur pauvre, avec ma très grande admiration. Odette Arnaud »

36. Les initiales, à peine déguisées sous ces lettres grecques, nous laissent entrevoir le nom de Léon-Paul Fargue.

37. Ce poème est tiré du recueil *Bouquets et prières*. En voici la dernière strophe dans son entier :

Vis-à-vis la mienne
Une chaise attend :
Elle fut la sienne,
La nôtre un instant ;
D'un ruban signée,
Cette chaise est là,
Toute résignée,
Comme me voilà !

Marceline Desbordes-Valmore (1786-1859), poète et femme de lettres, naquit à Douai. Elle fit une carrière d'actrice et de cantatrice avant de se retirer en 1833. C'est en 1819 qu'elle publia son premier recueil de vers, *Élégies et romances*, qui connut plusieurs rééditions et fut suivi d'autres recueils, *Les Pleurs* (1833), *Pauvres Fleurs* (1839), *Bouquets et prières* (1843). Elle écrivit également des contes pour enfants et un livre autobiographique, *L'Atelier d'un peintre, scènes de la vie privée* (1833).

38. Pour Pontus de Tyard, voir plus haut, n. 28. Le même ouvrage de Fernand Mazade nous fournit quelques renseignements sur Eustorg de Beaulieu, mort en 1552. C'était un prêtre catholique, puis calviniste, un homme gai, éloquent et un bon musicien. On ne le met pas au nombre des grands poètes mais on apprécie néanmoins certaines de ses ballades, rondeaux et chansons. Nous avons trouvé trace d'Anne des Marquets dans un ouvrage du début du siècle (autour de 1910) : *Les Muses françaises. Anthologie des femmes-poètes (1200 à 1891)*, en deux volumes, de morceaux choisis et de notices biographiques par Alphonse Séché, chez l'éditeur Louis Michaud, Paris. De noble extraction (mais on ne connaît pas la date de sa naissance), celle qu'on appelait la « belle religieuse » fut célébrée par différents poètes (Gilles Durant, Ronsard, Dorat et Scévole de Sainte-Marthe), qu'elle connut avant d'entrer au couvent. On nous dit qu'elle « parlait avec facilité le grec et le latin, et [...] ne croyait pas la piété incompatible avec la poésie ». Elle mourut à un âge avancé en 1588.

39. Laffont-Bompiani donne comme titre à cet ouvrage *The Man Who Died* (Londres, 1931) et signale qu'une première édition était parue, en 1930, à Paris, sous le titre *Le Coq échappé* (*The Escaped Cock*). D.H. Lawrence (1885-1930), écrivain anglais, prônait une morale fondée sur le respect de la vie instinctive où donc la sensualité s'exprimait pleinement. Cela valut une longue censure à un roman, pratiquement contemporain de *L'Homme qui était mort, L'Amant de lady Chatterley*. Le thème du roman que Larbaud a lu est celui de la quête du Christ, ressuscité avec un sentiment de vide et de déception, quête de l'élan vital et de la véritable vie. La rencontre avec une prêtresse d'Isis, à qui il s'unit dans une véritable extase mystique, lui révélera la signification réelle de la vie.

Quant à *La Comédie de Charleroi*, c'est un recueil de plusieurs nouvelles, paru en 1934 chez Gallimard : « La Comédie de Charleroi », « Le Chien de l'écriture », « Le Voyage des Dardanelles », « La Fin d'une guerre » et, la nouvelle sur laquelle Larbaud s'est arrêté, « Le Déserteur ». Toutes ces nouvelles ont trait à la guerre 1914-1918 et expriment l'expérience douloureuse de Drieu la Rochelle au long de cette période, amèrement reconsidérée avec le recul des années.

40. Jusque vers les années 1970, le jeudi était ce qu'est maintenant le mercredi, le jour de liberté des écoliers.

41. Cette nouvelle parut dans *La Nouvelle Revue française* le 1er juillet 1934 (t. XLIII, pp. 43-49) sous le titre « La Femme du sourd » trad. de l'italien par Henri Marchand et Valery Larbaud. Elle a été reprise dans *L'Herne*, pp. 245-249.

42. La question de l'hebdomadaire *Toute l'édition* était la suivante : « Quel est votre livre anglais, c'est-à-dire quel est l'ouvrage auquel vous retournez le plus volontiers, et qui, lors de sa première lecture, a produit sur vous le plus d'impression ? »

La réponse de Larbaud fut publiée dans le n° 274, du 4 mai 1935, avec celles d'autres écrivains tels Jacques Bainville, François Mauriac, Henri de Régnier, Paul Morand, Henri de Montherlant, Francis Carco, Claude Farrère... : « Je crois que la meilleure et la plus sincère réponse que je peux faire à votre question consiste dans l'envoi de cette photographie de ma bibliothèque anglaise : environ 5.000 volumes, ouvrages littéraires presque tous, et de *Beowulf* au dernier recueil de Stephen Spender. Sans doute je ne les aime pas tous également, mais il n'en est aucun dont je voudrais me séparer. Je suppose que cette chambre est un territoire britannique au même titre qu'un Consulat. En tout cas, du plancher au plafond, l'Anglais du Roi y règne. » Et la photo de la bibliothèque de Larbaud illustrait la page où figuraient les réponses.

43. André Tardieu (1876-1945), homme politique de droite, fut, entre 1926 et 1932, plusieurs fois ministre ; il fut président du Conseil en 1929-1930 et en 1932. La politique réformiste, fondée sur le progrès économique et social, qu'il mena fut mise en échec par la crise économique qui atteignit la France à partir de 1931. Après les journées de février 1934, il fit partie de l'équipe gouvernementale choisie par Doumergue.

44. Que faut-il penser de ce rapprochement entre Tardieu, Mistral et le monstre qu'on appelle « la Tarasque » ? La Tarasque (qui a donné son nom à Tarascon) répandait la terreur sur les eaux du Rhône, renversant les embarcations et dévorant les habitants des berges du fleuve. Sainte Marthe, venue des Saintes-Maries-de-la-Mer, parvint à débarrasser la région du monstre : lui présentant la croix et l'aspergeant d'eau bénite, elle parvint à le neutraliser avant de le livrer à la fureur de la foule, qui le lapida.

45. Le nom d'Harold Nicolson (1886-1968) n'a pas connu chez nous la postérité de J. Galsworthy et S. Maugham. Diplomate, journaliste, écrivain et homme politique anglais, il épousa la romancière Victoria Sackville-West, amie de Virginia Woolf. De son œuvre, on retient surtout les travaux de critique et de biographe.

Wystan Hugh Auden (1907-1973), auteur de l'épigraphe, est un poète aux convictions politiques très radicales dans ces années 1930. Il appartenait à un groupe de jeunes poètes (Christopher Isherwood, Stephen Spender, Cecil Day-Lewis, Louis Mac Neice...) résolu à changer tout à la fois le monde et la prosodie anglaise. Il a laissé une œuvre importante.

46. John O.M. Galsworthy et Somerset Maugham se signalent tous deux par leur production abondante. De Galsworthy (1867-1933), romancier et dramaturge anglais, qui obtint le prix Nobel de littérature en 1932, on retient *La Saga des Forsyte*, dont la publication commença en 1906 et se poursuivit, au long de nombreux ouvrages, jusqu'en 1928. On ne se souvient plus guère de son théâtre (*La Boîte en argent* (1909), *Justice* (1910), *Évasion* (1925)...) qui connut cependant le succès. John Galsworthy fut un grand ami de Joseph Conrad.

Somerset Maugham (1874-1965), écrivain anglais également, vécut de nombreuses années en France. Ses fonctions d'agent secret, les nombreux voyages qu'il fit, inspirèrent largement son œuvre. On considère *Servitude humaine* (1915) comme son chef-d'œuvre, mais on retient également d'autres romans tels *La Lune et Sixpence* (1919), *Le Voile peint* (1925), *Des gâteaux et de l'ale* (1930), *Le Fil du rasoir* (1945). Il est en outre l'auteur d'un grand nombre de nouvelles, souvent adaptées à l'écran.

47. Revue italienne, on l'aura deviné, fondée à Rome en 1932, dirigée par A. Ghelardini. Figurait dans ce numéro (octobre-novembre 1933) une lettre que Larbaud avait adressée à l'écrivain Ettore Settani et que ce dernier avait fait publier dans la revue (après avoir demandé l'autorisation de Larbaud, mais en remaniant un peu le texte de la lettre...) pour présenter son œuvre au public italien, pour qui le nom de Larbaud pouvait paraître comme une recommandation sûre. (Voir *C.A.V.L.* n° 24, dossier de Jean Joinet sur E. Settani et Larbaud.)

48. Édith Thomas (1909-1970), écrivain français, historienne de formation, s'intéressa particulièrement aux femmes et à la condition féminine. Elle publia un certain nombre d'ouvrages sur les femmes qui ont fait l'Histoire, plus particulièrement celles qui participèrent à des mouvements sociaux et révolutionnaires. *La Mort de Marie,* qui fut publié en 1934, était un roman.

49. Nous nous sommes longtemps demandé quel nom cachaient ces initiales et à qui s'adressaient ces propos peu amènes. Jean-Philippe Segonds nous a suggéré une solution séduisante : « Vie et mort de Rose Colonna » est le nom d'un cycle de trois romans (*Rose Colonna*, 1930, *Violette Marinier*, 1931, *Le Bonheur*, 1932) de Marie-Anne Comnène, épouse de Benjamin Crémieux (qui figurait sur la *liste noire* — que Larbaud avait communiquée à Stols en septembre 1928). Ces trois volumes publiés à la NRF avaient causé quelques problèmes au sein de la maison d'édition, où personne ne voulait se charger de la rédaction de notes concernant ces ouvrages... Jean Paulhan avait tenté d'obtenir quelques lignes de Larbaud, qui s'était dérobé. Marie-Anne Comnène avait fait l'envoi d'un exemplaire de *Rose Colonna* avec cette dédicace : « À Madame Maria de Nebbia, à M. Valery Larbaud, cette *Rose Colonna* avec l'amitié et le souvenir de M.A. Comnène. 27 mai 1930. » L'utilisation de ces initiales serait tout à fait conforme aux procédés de cryptage de Larbaud.

50. Paul Déroulède (1846-1914) fut avant tout un écrivain patriote, type même de l'esprit revanchard d'après 1870 qui avait pour seule idée de regagner l'Alsace et la Lorraine. Son œuvre est marquée par ce patriotisme fervent : *Chants du soldat* (1872), *Marches et sonneries* (1881), *De l'éducation militaire* (1882)... Il fonda la Ligue des patriotes, qu'il anima jusqu'à sa mort.

51. Cette thèse a été publiée en 1934 (Homburg/Saar). Valery Larbaud débutait ainsi les « Trois Belles Mendiantes » (*O.C.*, t. VIII, pp. 323-338) : « Un ouvrage de critique vraiment “scientifique” dont le manque se fait sentir, c'est une sorte de Répertoire des thèmes que nous rencontrons si souvent chez les Lyriques modernes à partir de Pétrarque, et plus particulièrement dans la Poésie occidentale des XVIe et XVIIe siècles, et jusqu'au début du XVIIIe. » Dans une note, il fait allusion aux travaux de Louise Karpa.

52. *Boules de naphtaline* qui vient de paraître aux Éditions de la Bouteille à la Mer. La préface de Larbaud contient un quatrain, « Kaiserstrasse », éliminé de l'édition 1913 des *Poésies* de Barnabooth.

53. *Espirito Novo*, revista mensal de Arte, Litteratura, Economia e Sciencia. Cette revue était dirigée par João Calazans et A.M. Lage. À une série d'articles littéraires succédait une seconde partie (A situação dos paizes latino-americanos) composée d'articles consacrés à Cuba (dont une contribution d'Henri Barbusse, « O terror em Cuba », un article « O tyranno de Cuba » de John Dewey, ou « Despotismo » de Antonio Espina), puis une nouvelle série où l'on relève les titres « Luta de classes», « Mujer proletaria » qui provoquent la réaction de Larbaud. La dernière partie de la revue était consacrée aux critiques, peinture avec Diego Rivera, musique avec Villa-Lobos et cinéma avec le *Don Quichotte* de Pabst, un article sur la poésie brésilienne de Murilo Mendes et des notes de lecture (Marie Bonaparte, Clara Zetkin, Panait Istrati et D.H. Lawrence).

54. Larbaud s'amuse ici à mêler la qualification de la brume au nom de son ami Alexis Saint-Leger Leger (dit Alexis Leger).

55. Joachim de Flore (vers 1132-1202), calabrais, moine cistercien, fonda, en 1196, avec l'approbation du pape Clément III, un ordre nouveau. Dans ses écrits (*Concordia Novi et Veteris testamenti*, *Tractatus supra quator Evangelia*) il expose une théorie de la fin des temps qui aura un retentissement sur la spiritualité franciscaine et une influence durable sur la tradition « millénariste » : il annonce l'avènement d'une société qui réalisera, après l'âge du Père (*Ancien Testament*) et l'âge du Fils (histoire actuelle), le véritable âge de l'Esprit.

Dante évoque dans sa *Divine Comédie* « la flamme de l'abbé calabrais qui souffle l'esprit de prophétie » (*Paradis*, XII, 139-141) et le situe au « ciel du soleil » dans la deuxième couronne de lumière avec Jean Chrysostome, Anselme, Bonaventure et le prêtre Nathan qui fit roi Salomon.

56. Frans Masereel, peintre, dessinateur, graveur, né en Flandres en 1889, fonda à

Genève les Éditions du Sablier où il publia, entre autres, Barbusse et Romain Rolland. Il illustra également Georges Duhamel, Vildrac et Maeterlinck. *Mon livre d'heures*, paru en 1919, fut, parmi ses œuvres, une des plus remarquées.

57. Marc Sterling, né en 1898, s'établit à Paris en 1923. C'était un peintre de l'école russe ; son œuvre comporte de nombreuses natures mortes.

58. Voici la teneur de ce pneumatique du 16 février 1934 (en-tête de l'hôtel d'Alayrac, 2, rue Monsigny, Paris, 2e) :

« *Cher Maître,*

Arrivé hier pour seulement quelques jours à Paris, je m'autorise de votre si cordial accueil d'il y a un an — lors de mon dernier passage en France — pour vous prier de bien vouloir m'indiquer une heure où je pourrai vous voir sans trop vous déranger, et vous remettre les quelques livres roumains que je vous avais promis.

Recevez, cher maître, l'expression de mes sentiments d'admiration et de dévouement

Ion Pillat »

Ion Pillat était député et représentait son pays à la SDN. Poète et traducteur (Francis Jammes, Moréas et Saint-John Perse), il était également président de la Société des gens de lettres de Roumanie.

59. Cette plaquette porte la cote F 1535 au fonds Larbaud ; elle a été éditée à Lausanne, Librairie centrale et universitaire, 1933. L'exemplaire adressé à Larbaud portait l'envoi suivant : « À Monsieur Valery Larbaud pour le remercier du plaisir très rare que m'ont révélé ses œuvres et lui dire une admiration aussi vivace que, déjà, ancienne. Auguste Martin. » Nos recherches n'ont débouché sur rien qui puisse nous permettre d'en savoir davantage sur ce poète vaudois.

60. Le recto du feuillet (f° 40) est recouvert d'un relevé de compte de la NRF (arrêté au 31/12/1933) qui montre un solde débiteur de 5 207,02 francs. On constate que seules les ventes des *Poésies de Barnabooth* et de *Fermina Marquez* ont produit des droits (d'un montant total de 637,50 francs) au cours du 2e semestre de l'année 1933. On remarque qu'un feuillet a été coupé ici, mais qu'il n'y a pas de rupture de continuité dans le texte. Était-ce pour permettre une meilleure insertion du relevé de compte de la NRF ?

61. Les deux volumes de cette anthologie figurent encore dans la bibliothèque de Larbaud : *Antologia poetilor de Azi*, Ion Pillat si Perpessicius, Treizecisicinci chipuri de Marcel Iancu.

62. Ici commence un passage publié dans le *Cahier de l'Herne, Valery Larbaud*, p. 179. Ce passage, qui va jusqu'à « mi real Gana », reprend le dimanche 18 février et le jeudi 1er mars, a été publié sous le titre « Faulkner. Textes inédits du *Journal* » (pp. 179-181). Contrairement à l'édition de *L'Herne*, nous avons décidé d'y conserver la graphie erronée du nom d'André Malraux ; Larbaud connaissait Malraux depuis de longues années (on retrouve 22 lettres de Malraux à Larbaud — touchant généralement à des questions d'édition des œuvres de Larbaud — qui vont de l'année 1926 à l'année 1929). Est-ce vraiment sans malice que Larbaud écrit ici, fautivement, le nom de son jeune confrère, *Malreaux* ?

63. Le *e* a fait l'objet d'un ajout au-dessus du nom !

64. Nous avons retrouvé cette lettre, en date du 20 octobre 1933 :

« *Mon cher Valery,*

Je viens de recevoir votre mot. Inutile de vous dire que je m'étais aperçu moi-même de l'erreur qui a été commise dans l'annonce du roman de Faulkner pour lequel vous avez bien voulu écrire une préface. J'ai donné l'ordre immédiatement de rectifier cette erreur. C'est une erreur d'ordre typographique, Hirsch qui vient de se faire opérer de l'appendicite, n'a pas eu le temps de recevoir les épreuves lui-même et c'est ainsi que la mention de la préface a pu sauter au tirage.

Je suis bien sincèrement navré de ce qui s'est passé et je vous prie de croire à ma difèle [sic] amitié.

Gaston Gallimard. »

65. L'édition de *Tandis que j'agonise*, dont Larbaud nous entretient ici, paraîtra en 1934 chez Gallimard (coll. « Du Monde entier »). Le *Domaine anglais* (1936) a repris la préface sous le titre « Un roman de William Faulkner ». Cette préface a donc pris place dans les *Œuvres complètes* (t. III), ainsi que dans la plus récente édition du *Domaine anglais*, celle de Béatrice Mousli, en 1998.

Dans une lettre à Jean-Aubry, datée du 19 août 1934, Larbaud évoque ainsi la conclusion de cette affaire :

« J'avais oublié de vous signaler, pour ma bibliographie, la publication, à la fois tardive et inattendue (au moment où elle a eu lieu) de la traduction de *As I lay dying* de W. Faulkner, traduite par Maurice Coindreau, et que j'ai préfacée. Paulhan, qui voulait la faire passer dans la revue, n'a même pas été prévenu. (C'est ma préface, non la traduction, qu'il voulait faire passer ; et je n'ai pas pu même corriger la fin de ladite préface, dans laquelle je conseille, en été 34, de faire traduire et de publier *Sanctuaire* paru en décembre 33 ; heureusement les typographes ont copié la date de mon MS, 1932). » (Valery Larbaud-G. Jean-Aubry, *Correspondance*, *op. cit.*, lettre 124).

66. Eric Robert-Tissot, 23 ans, avait, à la suite d'un envoi de poèmes, été encouragé par Larbaud l'année précédente. En 1934, il lui adresse « cette espèce de poème, d'après des impressions de diverses villes ». Il confesse son « manque de lecture » et déclare : « la poésie m'a été révélée comme quelque chose d'infiniment merveilleux et désirable par Rimbaud. »

67. Cela ne semble pas tout à fait exact puisqu'on trouve dans sa bibliothèque deux exemplaires dédicacés de *La Condition humaine* (prix Goncourt 1933), une édition originale, numérotée 175, « À Valery Larbaud avec le particulier hommage d'André Malraux » et un exemplaire hors commerce, numéroté 1708, comportant cette mise en garde : « Le précédent exemplaire destiné à Valery Larbaud ne lui étant pas parvenu, je serais reconnaissant à la personne qui voudrait barboter celui-ci d'en choisir de préférence un autre. A.M. » Suit une dédicace un peu fantaisiste : « Sur la tour du temple de Saba, il y a des cocottes et petits bateaux de papier. Nous en avons rapporté : ils étaient faits de pages de *Barnabooth*, ce qui prouve que vous êtes lu aussi par les meilleurs fantômes. — Complicement. André Malraux. »

68. Passionné d'alpinisme, le roi s'était tué au cours d'une escalade. Albert Ier (1875-1934) avait pris le commandement en chef de l'armée belge pendant la Première Guerre mondiale. Surnommé « le roi chevalier », il jouissait d'un grand prestige parmi son peuple.

69. Le nom d'Auguste Brizeux (1806-1858) n'est pas véritablement passé à la postérité. Il donna une traduction en prose de *La Divine Comédie* de Dante, mais reste avant tout un poète breton. Son épopée rustique *Les Bretons* (1845) fut d'ailleurs couronnée par l'Académie française. Il publia également un volume de chants en langue bretonne, *Telen Armor* (*Harpe d'Armorique*) et une *Histoire des Indo-Armoricains* (1854).

70. Ferdinand Brunot (1860-1938), *Histoire de la langue française des origines à 1900*, qui parut en neuf tomes entre 1905 et 1943 (Larbaud en possédait les 13 premiers volumes, le dernier étant la première partie du tome IX). Œuvre inachevée, elle fut poursuivie par Charles Bruneau, son successeur à la Sorbonne, pour la période 1800-1886 (3 volumes, publiés de 1948 à 1953).

71. Autre œuvre impressionnante et érudite que cette *Histoire de la musique (des origines à la mort de Beethoven)*, 3 volumes, Paris, 1913-1914, et 1916 pour le dernier volume (posthume), de Jules Combarieu (1859-1916) que Larbaud lisait en 1918.

72. Pierre Jean de Béranger (1780-1857), chansonnier, jouit au XIXe siècle d'une popularité égale à celle de Hugo ou de Lamartine et ses chansons eurent une grande influence sur la petite bourgeoisie et le peuple. La publication de ses recueils de *Chansons* lui valut de faire de la prison à plusieurs reprises sous la Restauration.

73. Giuseppe Giusti (1809-1850), poète italien, est effectivement un contemporain de Béranger. On trouve dans ses poésies, de genres très variés, une inspiration satirique et patriotique qui favorise le rapprochement avec le chansonnier français.

74. C'est sur ce rapprochement avec Corot, et sur une méprise au départ, que s'est bâtie la réputation du peintre Paul Désiré Trouillebert (1829-1900), dont un tableau avait été vendu à Alexandre Dumas pour un Corot. Le Bénézit est plus sévère que Larbaud : « On ne peut accorder à Trouillebert que le mérite de la production de peintures agréables, plaisant beaucoup à un nombreux public peu exigeant. C'est pourquoi ses peintures conservent malgré les changements de mode un attrait constant. »

75. Dans une lettre datée du 5 mars 1934, Charles Eymar remercie Larbaud pour l'envoi d'une brochure qui lui montre que son ami ne lui tient pas rigueur de lui

avoir adressé « le ménage californien ». Le jeune homme, Gilles Gilbert « qui est un excellent pianiste, a l'intention, après une tournée en Europe, de donner des concerts en Amérique du Sud ». C'est cette raison qui l'a amené à rencontrer Larbaud, pensant qu'il pourrait l'appuyer auprès de personnalités (écrivains ou journalistes) de Buenos Aires ou de Rio. On peut imaginer que la timidité n'a pas permis à ces jeunes gens de s'exprimer clairement...

76. L'*s* est, on le reconnaît, la marque du complément déterminatif (cas possessif, en anglais) : « deux premières parties de *A True Story* de Stephen Hudson ». Cette traduction, parue en 1935 chez Gallimard, fut adressée quelques mois plus tard par Boudot-Lamotte à Larbaud avec l'envoi suivant : « *À Valery Larbaud, au "patron des traducteurs", je suis fier — puisque cet honneur m'est dévolu — de présenter ce livre, même à travers ce faible ouvrage de traduction auquel il a bien voulu s'intéresser avec indulgence et utilité et qui n'attend plus que sa consécration (en tremblant).*

Avec toute mon admiration, ma reconnaissance et ma respectueuse amitié.

E. Boudot Lamotte Paris 25.1.1935 »

77. Les cours d'Édouard Jordan pour le certificat d'études supérieures d'histoire du Moyen Âge à la Sorbonne, *Les Institutions ecclésiastiques. La Papauté et le gouvernement de l'Eglise de 1048 à 1447*, ont été publiés en 1933 en 5 fascicules (« Les Cours de Sorbonne », Centre de documentation universitaire, 3 place de la Sorbonne, Paris V[e]) et figurent encore dans la bibliothèque de Larbaud. En 1932 déjà, Larbaud s'intéressait aux travaux de Jordan et cherchait à se procurer *Dante et la théorie romaine de l'Empire.*

78. *Jude the Obscure* (1896), du romancier anglais Thomas Hardy. Larbaud établit ici une comparaison (qu'il va reprendre un peu plus loin) entre *A True Story* et *Jude the Obscure.*

79. Nos recherches ne nous ont pas permis de trouver trace d'un travail de Larbaud sur Philarète Chasles. En revanche nous avons constaté dans sa bibliothèque la présence de quatre livres d'études de cet auteur, portant sur le domaine anglais : *L'Angleterre politique, Littérature et mœurs de l'Angleterre, Littérature et mœurs des Anglo-Américains, Études sur Shakspeare* [*sic*], *Marie Stuart et l'Arétin*. La connaissance approfondie que possédait Philarète Chasles (1798-1873) de la littérature européenne (il était titulaire de la chaire des littératures étrangères de l'Europe moderne au Collège de France) et ses nombreux ouvrages sur le sujet ne pouvaient manquer de susciter l'intérêt de Larbaud pour cet esprit érudit et brillant.

80. Omar ben Ibrâhim al-Kayyâmi, dit Kayyam, est le plus célèbre des poètes persans. On ne connaît que la date de sa mort, 1132. Il possédait également une culture scientifique universelle.

Est-ce aux « Poèmes » d'Henry de Montherlant, publiés dans *La NRF* du 1er mars 1934 (n° 246, pp. 430-440) que Larbaud fait allusion ici ? Ils devaient paraître en mars 1934 dans un ouvrage intitulé *Encore un instant de bonheur.*

81. Marcel Schwob (1867-1905), essayiste, conteur et érudit, était aussi traducteur de l'anglais et donna des traductions de Shakespeare, Defoe, De Quincey, appréciées à son époque.

82. La voie ferrée Addis-Abeba-Djibouti fut achevée en 1917.

83. La *malagueña* est une danse espagnole, d'esprit flamenco ; elle est originaire de Málaga. Construite sur un rythme ternaire, elle peut alterner avec le chant (et c'est de ce chant qu'il est question ici) et s'accompagner de castagnettes.

84. Il s'agit probablement d'*Images de Paris*, Gallimard, 1934. On en trouve, dans la bibliothèque de Larbaud, un exemplaire hors commerce (n° 50), il porte une dédicace très simple : « Pour Valery Larbaud hommage et meilleur souvenir. Marcel Jouhandeau. »

85. L'envoi de *France la doulce* (Gallimard, 1934) est effectivement un peu sibyllin. Qu'on en juge : « À Valery Larbaud ; les îles Kerguelen ne sont pas faites pour les chiens. P. Morand »

86. *Terres divines*, Flammarion, 1933. L'exemplaire du fonds Larbaud est dédicacé « À mon ami Valery Larbaud en témoignage d'affectueuse admiration son fidèle Martin du Gard. »

87. Larbaud avait rencontré José-Maria Junoy en 1916. Dans son journal, le

5 mars 1918, il évoquait l'article que Junoy a consacré à *La Jeune Parque* de Paul Valéry et qu'il lui a adressé.

Nous avons déjà rencontré Junoy, journaliste à *La Vanguardia* à Barcelone, où il tenait la rubrique littéraire, dans les années espagnoles de Larbaud. En janvier 1935, destinataire de la carte de vœux de Larbaud avec le poème « Neige », il l'avait publiée sous le titre « Notas al margen : Un mensaje original de Valery Larbaud » dans le « Correo literario ». En juin de la même année, dans ce même « Correo literario », il fera état de la publication des *Carnets* de Samuel Butler, dans la traduction de Valery Larbaud, à la NRF.

88. Cette photo fut réalisée chez Manuel Frères (rue Dumont d'Urville à Passy) en 1927, à la demande d'Édouard Champion, qui désirait « offrir à plusieurs grandes universités [américaines] et à de grands centres particulièrement fréquentés, les portraits des hommes les plus marquants de notre littérature actuelle ».

89. C'est aux Editions Lapina que parurent en plaquette, en 1927, les notes sur « Antoine Héroët » après une première publication dans *Commerce* en 1926 (Cahier IX, automne 1926, pp. 184-194).

90. L'édition du *Phèdre* de Platon dans Les Belles Lettres (édition Léon Robin, 1933) et le *Domaine français* (édition 1953) donnent la même leçon : 'O δὲ ὁμόξυς ἀυ μετὰ τοῦ ἡνῦόχου πεὸσ ταῦτα μετ´ αἰδοῦς και λόγου ἀντιτείνει. (« Mais, d'un autre côté, le compagnon de jeux (ὀμόξυς) se joint au cocher pour opposer à cette concession une résistance qu'inspirent la réserve et la réflexion »).

Le dictionnaire grec de Bailly n'est pas d'accord non plus avec Larbaud puisqu'il donne à ὀμόξυς la signification « compagnon de joug » avec la référence de Platon, *Phaedros*, 256 a, référence de la citation de Larbaud. Nous avons également examiné l'exemplaire le plus ancien, donc le plus connu du *Phèdre* chez Larbaud (Platonis/ Convivium Phaedrus / ex recognitione/ Caroli Friderici Hermanni/ Edition sterotypa/ Lipsiae/ in aedibus B.G. Tuebneri/ MCM) qui donne également ὀμόξυς.

91. Larbaud avait fait l'acquisition en mars 1934 du *Traité de la paix intérieure* (nouvelle édition, Paris, Librairie saint François, 1922, Nouvelle Bibliothèque franciscaine) du père Ambroise de Lombez.

92. Ce livre, édition d'un texte de 1676, figure toujours dans la bibliothèque de Larbaud. Alfonso Reyes l'avait dédicacé à son ami : « Los cien amigos / Ejemplar / ofrecido por Alfonso Reyes / a / Valery Larbaud, complice en el amor de libros curiosos. »

93. Mikhaïl Cholokhov (1905-1984), prix Nobel de littérature en 1964, passe pour être l'auteur de *Le Don paisible*, un livre épique en quatre volumes, qui a eu un grand retentissement à l'époque de sa sortie (entre 1928 et 1940). C'est d'ailleurs avant la Seconde Guerre mondiale qu'est parue la meilleure part de l'œuvre de l'écrivain. Depuis les années 1970 le portrait de Cholokhov s'est bien terni, la légende du jeune auteur génial, retraçant à 22-23 ans l'histoire de la Première Guerre mondiale et de la lutte des classes en Russie ayant cédé la place aux soupçons d'imposture : Cholokhov ne serait pas le véritable auteur du *Don paisible*.

94. Sixte de Bourbon (1886-1934) était le quatorzième enfant, mais le sixième fils (d'où son nom) de Robert de Bourbon. Prince de Parme, il naquit en Suisse. Grand voyageur, il visita certains pays d'Afrique, du Moyen-Orient, il parcourut l'Europe centrale, et publia plusieurs ouvrages inspirés par ses voyages. Pour les Bourbons se posait le problème de la nationalité : étaient-ils espagnols, autrichiens ou italiens ? Mais être Bourbon, n'est-ce pas avant tout être bourbonnais ? Et c'est sans doute ici, dans le choix de Souvigny, ce qui touche le plus Larbaud dans son propre attachement au Bourbonnais.

95. Ces *Patru* portaient pour titre complet, Olivier Patru. *La Vie de Monsieur d'Ablancourt*, suivie du *Discours* et des *Lettres de Monsieur d'Ablancourt à Monsieur Patru*, préface par M. Valery Larbaud, Maestricht, A.A.M. Stols, 1934. Ce même 16 mars, Larbaud adressait la lettre suivante à Stols :

« *Mon cher ami,*

je viens de recevoir nos Patru. Ils sont délicieux à voir, à toucher, à lire ! Recevez tous mes compliments. J'ai commencé à mettre sous enveloppes adressées le service de presse ; je vous renverrai lundi les vôtres signés ; j'en porterai quelques-uns moi-même chez des amis. — Oui certes je serai content d'en avoir quelques-uns de plus. Je n'avais pas songé à Pierre Champion, qui, depuis, m'a fait cadeau de son grand ouvrage sur Villon. Pour d'autres aussi, — enfin tous ceux que vous pourrez. Merci d'avance, et bien amicalement à vous. »

Suivent deux listes (« amis personnels » et « propagande ») des personnes à qui Larbaud désire envoyer un exemplaire de la plaquette.

96. Larbaud a-t-il jamais su que ce projet avait été réalisé ? Il semble s'agir du manuel de P. Avisseau *Textes choisis et illustrés pour l'explication, la lecture et la récitation françaises ; Classe de sixième, année préparatoire des E.P.S.*, Paris, 1939, Éditions école et collège. On y trouve effectivement un extrait de « La Grande Époque » sous le titre « L'Ère des grandes découvertes » (« L'ère des grandes découvertes commença. [...] et les navires, en passant devant eux, les saluaient de trois coups de canon. ») Ce même texte fut repris dans une édition ultérieure (1943). Toutefois en 1941, un extrait *d'Allen* a également été donné dans un recueil de lectures et de dictées « d'auteurs bourbonnais et thèmes bourbonnais » dont les textes ont été réunis par Marcel Génermont sous le titre *Bourbonnais mon beau pays* (Moulins, Imprimeries réunies).

97. Ce « long souvenir » (*L'Art poétique*, chant I, vers 54-55) que Larbaud aime à évoquer.

98. Venait de paraître chez Gallimard, en mars 1934, *Le Poète et les Lunatiques* de G.K. Chesterton dans une traduction de Jeanne Fournier-Pargoire, traductrice de l'anglais, en relation avec Larbaud dont elle sollicitait des conseils sur les œuvres à traduire et à qui elle soumettait ses traductions.

99. On se souvient que Larbaud avait lu ce livre en 1932 (Brindisi, 13 mars). Il résumait ainsi son opinion : « En somme, faible, d'une ligne imprécise et maladroite ; plus intéressant par le sujet que par les idées ou la manière. »

100. C'est dans la revue *Corona* qu'était paru, en 1931, « Le Moulin d'Inigo Jones » ; Larbaud l'évoquait, ainsi que sa traduction en suédois (dans la revue *Nya Dagligt Allehanda*) dans son récapitulatif du mois de janvier 1932.

Juana Inès de la Cruz (1648-1695) est un personnage assez singulier. De son nom Juana de Asbaje, la jeune Mexicaine était pourvue de tous les dons et aussi curieuse de littérature, de science que de théologie. Elle préféra bientôt la retraite d'un couvent de hiéronymites à la cour du vice-roi. Elle fut l'auteur de quelques œuvres dramatiques et de nombreuses œuvres poétiques, précieuses et mystiques. Vossler avait publié à Munich, en 1924, un livre à son sujet : *Die « Zehne Muse von Mexico » (La « dixième muse de Mexico »)*. Le sonnet qui parut dans le numéro de février 1934 portait pour titre : « An die Hoffnung ».

101. Pietro Mignosi, né en 1898 à Palerme, dirigeait dans les années 1930 le groupe de catholiques siciliens rassemblés autour de la revue *La Tradition*. L'*Anthologie des narrateurs italiens contemporains* de Fiumi et Bestiaux lui consacre un article. Quatre de ses ouvrages figurent dans la bibliothèque de Larbaud, dont ce *Gioia d'Agava* (Catane, Ed. Moderno, 1934) qui porte la dédicace suivante : « All'ilustre Valery Larbaud con viva stima e cordialita. P. Mignosi ». Le plus ancien, *Il Prossimo* (Palerme, Ed. del Ciclope), date de 1928.

102. On se souvient du « sous-verre » de Souvigny dans le « vestibule d'Allen » : « Souvigny est la grande église du pays, et la cathédrale de Moulins n'y peut rien. Souvigny, métropole religieuse, source intellectuelle d'où est sortie toute l'histoire de nos sires et de nos ducs... » (*O.C.*, t. V, p. 17).

103. Rose Duroux, dans l'inventaire qu'elle a établi du « Domaine espagnol » de Larbaud (*C.A.V.L.* n° 36, année 1999), a relevé six ouvrages d'Antonio Aita dans la bibliothèque de Larbaud, dont deux exemplaires d'*Expresiones*, précédés d'un prologue de Larbaud. Trois ouvrages de référence sur la littérature argentine sont également présents dans les rayons des usuels.

104. Grâce à l'obligeance de M. Étienne Dodet (adjoint au maire de Sens, chargé des Affaires culturelles), nous avons pu bénéficier de renseignements détaillés sur cet hôtel, dont l'histoire est associée à celle de la cathédrale puisqu'il en hébergea le chapitre jusqu'en 1796. Il fut ensuite un relais de poste, puis auberge et restaurant. En 1915, à la date de la première visite de Larbaud, le propriétaire en était M. Roger D'Honneur ; ses successeurs, M. et Mme Sandre, reprirent l'hôtel en 1933. Quelques

mois après le passage de Larbaud, le *Guide gastronomique de la France* du constructeur automobile Ford en vantait « l'excellente cuisine » et la spécialité de M. Sandre, « le canard au Pommard ». Mais Larbaud n'en mentionne pas la table.

105. Première cathédrale gothique du XIIe siècle. Son autel fut consacré en 1164 par le pape Alexandre III.

106. Georges Rochegrosse (vers 1859, El Biar, Algérie-1938) est un peintre d'histoire qui a évolué d'un académisme théâtral et violent (*Andromaque*, 1883) au symbolisme, puis à l'orientalisme. Son *Vitellius* représente Vitellius au moment où, après avoir été acclamé empereur par l'armée de Germanie à la mort de Galba, il fut massacré par la foule à Rome.

107. Dans le trésor de la cathédrale de Sens, legs de Charlemagne à son cousin Magnus, archevêque de Sens, on ne peut s'étonner de constater que Larbaud porte son intérêt aux reliques de sainte Paule. Née en 347, cette Romaine qui comptait au nombre, nous dit Larbaud, « des plus pieuses, sages et savantes patriciennes », suivit, en 384, Jérôme dans son exil à Bethléem, où elle fonda un couvent avec sa fille Eustochium. Elle y mourut en 404. Jérôme écrivit son épitaphe.

108. Ce texte paraîtra dans *Au disque vert, textes inédits* de Marcel Arland..., Jean Cocteau..., André Gide..., Valery Larbaud..., Jules Supervielle..., Paris-Bruxelles, Éditions du Disque vert, 1934. En 1936 il sera recueilli dans *Aux couleurs de Rome*. On le trouve dans l'édition de la Pléiade et les *O.C.*

109. Ce sont des pages du journal de 1917 (Alicante-San Vicente). La sélection correspondant au choix définitif se trouve sans doute dans le Ms I (f°s 142-163), où l'on voit une version corrigée de la copie pour l'imprimerie ; une copie au carbone (contenant davantage de pages, donc moins sélectionnée) se trouve dans le Ms X (f°s 82-109). Ce projet de publication avec R. Laporte n'aboutira pas, Larbaud le dit un peu plus loin.

110. Le titre définitif en sera « Aller en Canada ». Ce morceau paraîtra le 1er août 1934 dans *La Revue de Paris* (n° 15, pp. 661-664). On le trouve dans le tome VIII des *O.C.*, *Sous l'invocation de saint Jérôme*, où il avait été recueilli en 1946 : 2e partie, « L'Art et le Métier », B. « Remarques », pp. 177-183.

111. Paul Adam (1862-1920), romancier et auteur dramatique, débuta avec des romans réalistes, se chercha dans le symbolisme, les sciences occultes, et trouva sa voie dans le roman épique ; il composa, en quatre volumes, une fresque de l'époque napoléonienne, *Le Temps et la Vie*. À la fin de sa vie, il reviendra à la peinture de la société contemporaine en évoquant la guerre de 14-18. Philippe Van Thieghem dit de lui qu'il a « l'imagination grandiose et la plume véhémente ».

112. Jean Amrouche (1906-1962), né en Algérie d'une famille kabyle et chrétienne, se fera connaître grâce à *Cendres* et à *Étoile secrète*, qui paraîtra en 1937. Ces deux recueils présentent une dimension mystique à laquelle Larbaud pouvait être sensible. Amrouche, qui fonda en 1944 la revue *L'Arche*, et s'établira à Paris, deviendra en 1958 rédacteur en chef du *Journal parlé*. Il démissionnera de ses fonctions pour raisons politiques et servira par la suite d'intermédiaire entre le général de Gaulle et Ferhat Abbas.

113. Mme Madeleine de Harting dirigea de 1925 à 1950 la librairie La Porte étroite, rue Bonaparte. Elle publia également des plaquettes « À l'enseigne de La Porte étroite » dans les années 20, et notamment publia les *Notes sur Maurice Scève* que Larbaud lui donna en 1926.

114. Larbaud était l'auteur de la préface du livre publié par Stols (voir plus haut note 95). Le texte de cette préface sera repris sous le titre « D'Ablancourt et Patru », dans *Domaine français* (1941) ; il figure dans *O.C.*, t. VII, pp. 204-208.

115. Marsyas, pseudonyme de Sully-André Peyre (1890-1961), poète occitan, avait fondé une revue poétique dont il était le seul rédacteur et qui portait le nom de *Marsyas*. Cette revue parut mensuellement de janvier 1921 à octobre 1942 et reprit sa publication, en janvier 1946, pour arrêter définitivement, après la mort du rédacteur, en mai 1962. Un poème de Lochac, décédé lui-même quelques années plus tôt, figure au dernier numéro que Sully-André Peyre avait composé avant sa mort. Éditeur également, il publia plusieurs ouvrages de poésie de Lochac entre 1938 et 1958.

116. La *Revue anglo-américaine* (11e année, n° 4, avril 1934, PUF) publiait un article de Louis Tillier intitulé « Arnold Bennett ou de la mutilation volontaire ». Il faisait suite à la publication des *Journals* et de plusieurs livres consacrés à Arnold Bennett dont *My Arnold Bennett*, by Marguerite his wife, aux Éditions Ivor Nicholson.

117. Cet ouvrage, encore présent dans la bibliothèque de Larbaud avec cinq autres du même auteur, avait effectivement été publié à Lima en 1933, à la Libreria Peruana.

118. On trouve cet ouvrage dans la bibliothèque de Larbaud. Publié en 1934, il porte le titre *Sur les tréteaux du ciel.*

119. M. E. Prévôt (83, rue d'Angoulême, Paris XI) était, avec Mme Roze, le peintre de figurines de Larbaud. Dans son carnet d'adresses, Larbaud a noté qu'il « fabrique des boîtes de carton pour collectionneurs de soldats de plomb ».

120. Thomas Traherne (1634 ?-1704), poète et essayiste anglais. Les deux ouvrages dont il est question ici sont *Centuries of Meditation*, Londres, Bertram Dobell, P.H. and A.D. Dobell, 1927 ; et *The Poetical Works of Thomas Traherne*, edited with preface and notes by Gladys I. Wade, Londres, Dobell, 1932.

121. En avril 1934, la liste des livres achetés, dressée par Larbaud, nous signale l'acquisition de trois livres de Carcopino : *Ostie* (Paris, Henri Laurens, 1929) ; *Points de vue sur l'impérialisme romain (*Paris, Le Divan, 1934) ; et *Études romaines. La Basilique pythagoricienne de la porte Majeure* (Paris, L'Artisan du Livre, 1926).

122. Giovanni Descalzo (1902-1951), poète et journaliste italien, était un grand voyageur et aimait évoquer l'océan comme le montrent plusieurs de ses recueils, dont *Interpretazioni* (la première édition de cet ouvrage semblerait remonter à 1932, et non 1934 comme l'indique Larbaud).

123. Il s'agit de Vitorino Nemésio.

124. Pierre-Daniel Huet (1630-1721). Né à Caen où il fit ses études chez les Jésuites, P.D. Huet séjourna quelques années à la cour de la reine Christine, en Suède. Il fut aussi précepteur du dauphin et à ce titre chargé de la mise en œuvre d'une série d'éditions critiques de textes latins (pour en faciliter la traduction à l'élève) qui donna lieu à l'édition des 64 volumes de la collection « Ad Usum Delphini ». Plus tard il fut nommé évêque d'Avranches puis obtint du roi l'abbaye de Fontenay. *De interpretatione*, réflexion théorique sur l'art de la traduction, fut son premier ouvrage. On s'intéresse encore à P.D. Huet puisqu'un colloque lui a été consacré en novembre 1993, à Caen. En 1996, sont parus ses *Nouveaux Mémoires pour servir à l'histoire du cartésianisme*, aux Éditions Séquences, dans une édition présentée et annotée par Claudine Poulouin.

125. Camillo Sbarbaro (1888-1967), poète italien, vécut en marge des courants poétiques de son temps. Publia plusieurs ouvrages : *Résines* (1911), *Pianissimo* (1920), *Liquidations* (1928). L'ensemble de son œuvre a été réuni en 1948 sous le titre *Copeaux (Trucioli).*

126. Eddy Du Perron (1899-1940) fut l'ami d'André Malraux et de Pascal Pia. Il était également très lié avec l'éditeur A.A.M. Stols. En 1923, il découvrit *Barnabooth*, qui fut pour lui une véritable révélation. Il rencontra Larbaud quelques années plus tard et traduisit en néerlandais *Le Pauvre Chemisier* (1931). En 1934, il était sur le point de s'atteler (ou travaillait déjà) à la traduction de *Fermina Marquez*, qui devait paraître en 1935.

127. Ces vers tirés du *Microcosme* de Maurice Scève sont cités dans les « Notes sur Maurice Scève » (*O.C.*, t. VII, p. 136).

128. Vitorino (et non Victorino, comme Larbaud l'écrit ici) Nemésio est né sur l'île de Terceira aux Açores en 1901 et mort à Lisbonne en 1978. Poète, écrivain et universitaire, il a mené une carrière remarquable, sur le plan tant universitaire que littéraire. Il fut un temps chargé d'enseignement à Montpellier, rejoignit ensuite Louvain, et plus tard fut élu à plusieurs reprises doyen de la faculté des lettres de Lisbonne. Il fut également président du comité de l'Alliance française pour le Portugal. D'abord inspirée par les Açores (*Gros Temps sur l'archipel*), sa poésie tardive fut marquée par la préoccupation religieuse (*Le Verbe et la Mort*, 1959). La correspondance V. Larbaud-V. Nemésio a été publiée par les soins de Pierre Rivas dans *Arquipelago Delgada Açores 1985* (pp. 93-114).

Le Ms S.E. 6 nous renseigne sur ces trois ouvrages. Il s'agit de : *Varanda de Pilatos*, romance, Livrarias Aillaud e Bertrand, Paris-Lisbonne, 1927 ; de *Sob os signos de agora*, Temas portugueses e brasileiros, Coimbra, Imprensa de Universidade, 1932 ; et *Paço do milhafre*, contos, prefàcio de Alfonso Lopes Vieira, desneho de Eva Aggerholm, Coimbra, Imprensa de Universidade, 1924.

129. *Ofelia*, A. Mondadori Editore, s.l. n.d.

130. *Le Page disgracié* (1643) apparaît comme l'un des tout premiers essais d'autobiographie romancée. C'est l'œuvre du poète Tristan L'Hermite (1601-1655).

Michel de Marolles (1600-1681), ecclésiastique et écrivain français, publia un grand nombre de traductions du latin et des vers, qu'il composa dans sa vieillesse. Son œuvre, autant en poésie qu'en traduction, ne semble pas jouir d'une très grande estime.

131. On ne s'étonne pas de trouver Bernard Groethuysen chez Paulhan puisqu'il est membre du comité de lecture de la NRF. D'origine russo-néerlandaise, né en 1880 à Berlin, il est mort en 1946 à Luxembourg. Philosophe et essayiste, il a sacrifié son œuvre au profit de ses fonctions de lecteur et d'introducteur des lettres ; c'est lui qui a fait connaître Kafka en France par les traductions de Vialatte. On lui doit également la découverte de Robert Musil (*Les Désarrois de l'élève Törless* et *L'Homme sans qualités*). Il a collaboré à la revue *Commerce* et a fait partie en 1935, à sa création, du comité de rédaction de la revue *Mesures*. De son œuvre on retient *Les Origines de l'esprit bourgeois* (deux volumes, 1927 et 1930), *Dialectique de la démocratie* (1932), et un ouvrage, paru à titre posthume, à caractère plus littéraire que philosophique : *Mythes et portraits* (1947). On peut également noter qu'il était l'ami de Marcel Ray, qui écrivait en 1907 à Larbaud: « vous êtes avec Philippe et Groethuysen [...] l'un des trois amis dont le commerce est une excitation bienfaisante pour moi. Je n'en ai encore jamais trouvé un quatrième. »

132. La série « Tableau de la poésie en France » a paru dans les numéros d'octobre et novembre 1933 (nos 241 et 242) de *La NRF*. On présente ainsi le projet dans le premier numéro : « Il s'agissait précisément de dégager tant d'inventions ou de découvertes et de les mener au jour. Il fallait apprendre à quoi sert la poésie, d'où elle sort, comment elle frappe, et quelles raisons d'écrire se donne un poète — qui peut être inconnu, et risque, après tout, de le demeurer ; qui n'attend nécessairement de son œuvre ni gloire, ni amours, ni richesse ; qui n'écrit même pas toujours de très bonne poésie. » Dans chaque tableau le poème est précédé d'une présentation de l'auteur par lui-même. Et dans le n° 241, Jacques Audiberti, « reporter, 33 ans », définit ainsi la poésie : « Je tiens la poésie, et la mienne, pour une technique de l'orgueil, de notre orgueil d'être les pères et les enfants de Dieu. »

Du deuxième tableau nous retiendrons les noms de Georges Schéhadé, « secrétaire près le Haut-Commissariat de Beyrouth, 19 ans » ; Francis Ponge, « 27 ans, oisif » ; Jean Tardieu, « employé à la rédaction d'un journal technique, 29 ans ». Supervielle y apparaît aussi, ainsi que Fernand Gregh. Quant au typographe que Paulhan disait avoir découvert, il s'appelait Faust Casado et ne semble pas avoir laissé d'œuvre...

133. Dans la lettre du 28 avril à Jean-Aubry, évoquée plus haut, Larbaud parlait ainsi de son projet de voyage : « Pour l'Angleterre, la date n'est pas fixée, ce sera surtout un voyage à Cambridge pour remettre les MSS de mes traductions de S[amuel] B[utler] à St John's College : une semaine, pas plus, afin de pouvoir, la cure de Challes finie, être à Valbois le 1er juillet. J'irai, je pense, seul, Mariuccia restant pour veiller sur Laeta. »

134. « Sur le rebut » a paru la première fois dans *Commerce* (cahier XI, printemps 1927) ; en 1938, ce texte a été recueilli dans *Aux couleurs de Rome*. Il figure dans les *O.C.*, t. IV, ainsi que dans L.P. (pp. 1007-1014). Marie des Neiges, artiste qui se voit contrainte de donner à l'« administrateur » une lettre de recommandation, s'attire de la personne auprès de qui elle a recommandé, contre son gré, un homme, la remarque suivante : « Qu'est-ce qui t'a pris de m'envoyer un tel mamarracho ? Tu connais donc des gens comme ça ? »

135. Incipit de l'hymne de l'Ascension, que des compositieurs comme Gregorio Allegri et Claudio Monteverdi ont mise en musique.

136. La préface de Larbaud à *La Relique* avait paru en mai 1933 dans *La Revue du siècle* (n° 2, pp. 42-45) sous le titre « Eça de Queiroz » mais Gérard de Catalogne ne

parviendra pas à publier cette traduction qui tenait à cœur à Larbaud et à laquelle il avait apporté sa collaboration. *A Reliquia* ne sera publié qu'en 1942 aux Nouvelles Éditions latines (F. Sorlot). Voir à ce sujet le *C.A.V.L.* n° 34, réalisé par Pierre Rivas et son article « V. Larbaud et les traductions d'Eça de Queiroz », pp. 21-27.

Il serait bon néanmoins de dire quelques mots sur le grand romancier portugais que Larbaud présentait comme « un maître, [...] un des grands romanciers européens du XIXe siècle », dans « Écrit dans une cabine du Sud-Express/ entre Guarda (Portugal) et Alsasua (Espagne) » (L.P., p. 949). José Maria Eça de Queiroz (1845-1900), journaliste politique, puis diplomate, faisait une peinture réaliste et même naturaliste de la société portugaise de son temps. Certaines de ses œuvres tel *Le Cousin Basile* (1878) firent scandale. Un grand nombre d'entre elles ont été traduites en une dizaine de langues et quatorze ont été publiées en France depuis 1997, dont *La Relique*, dans la traduction de Raeders et avec la préface de Larbaud, en 1999, aux Nouvelles Éditions latines, ce qui témoigne de l'intérêt que l'on continue de porter à son œuvre.

137. Voir supra la journée du 25 novembre 1932 où Larbaud raconte sa visite au consulat.

138. Ce magasin d'habillement masculin de luxe existe toujours à Paris, boulevard de la Madeleine. Il fut peut-être créé par un Grec..., mais rien ne permet de traduire ce nom propre.

139. On peut rapprocher « cosseur » de « cossard » (1898) dont il semble être une altération. Le terme « cosse » pour « paresse » ne serait lui-même qu'un dérivé de « cossard » et apparu vers 1900, si l'on en croit le *DHLF*. « Cossard » a résisté « aux soleils de deux ou trois étés », mais « cosseur », qui n'est pas attesté, a tout l'air de s'être consumé.

140. C'est une distinction toute récente puisque Larbaud a été fait commandeur de la Couronne d'Italie en 1934.

141. C'est en 1927 que Larbaud avait été nommé commandeur de l'ordre d'Isabelle la Catholique.

142. Toutes ces rues forment le quartier où Larbaud aimait à se promener. Il insiste particulièrement sur Edgware Road : c'est en effet une rue proche de l'endroit où il séjournait à l'automne 1919 et qu'il évoque également dans *Beauté, mon beau souci...*

143. Cet ouvrage est l'un des six ouvrages de Nemésio présents dans la bibliothèque de Larbaud. Il comporte une préface d'Alfonso Lopes Vieira et porte la dédicace suivante : « À Monsieur Valery Larbaud, hommage respectueux. Vive admiration Montpellier. »

144. En dépit des rats, Larbaud reste fidèle à l'hôtel Bull puisqu'il y a séjourné en 1919 (le 6 octobre) lors d'une première visite à la collection Butler et au collège St John.

145. M. Prévité Orton était le conservateur de la bibliothèque de St John's College à Cambridge, responsable par conséquent du fonds Samuel Butler. Plusieurs lettres, toutes de remerciements, adressées à Larbaud à la suite des différents dons qu'il fit au fonds, figurent dans la correspondance à Vichy. La première lettre remonte à 1920 ; la dernière est celle du 5 juin 1934, accusant réception du don du 15 mai et remerciant le donateur au nom du conseil d'administration de la bibliothèque.

146. Cette lettre figure dans la correspondance déposée au fonds Larbaud ; elle date du 30 décembre 1932. A.T. Bartholomew y remerciait Larbaud pour ses vœux et évoquait les gros problèmes de santé auxquels il était confronté. Il mourut en 1933.

147. Citation tirée d'un sonnet de Butler figurant, avec quelques autres, à la fin des *Carnets* et que Larbaud a traduit. Il porte le titre « La Vie après la mort » et se termine ainsi (trad. Larbaud) :

Pourtant nous nous rencontrerons et nous séparerons, et nous rencontrerons encore
Où les morts se rencontrent : sur les lèvres des vivants.

148. Le musée Fitzwilliam de l'université de Cambridge, fondé en 1816 à la suite d'un legs du vicomte Fitzwilliam, est l'un des grands musées du Royaume-Uni et possède des collections très variées (antiques, livres anciens, peinture, arts décoratifs...).

Si on connaît le peintre Poussin (1594-1665), qui fit carrière à Rome, le nom de Lancret (1690-1743) est sans doute moins familier. Élève de Gillot, il travailla ensuite dans le goût de Watteau et fut reçu en 1719 à l'Académie comme « peintre de fêtes galantes ». Il fut très apprécié à travers l'Europe. Le musée Fitzwilliam possède quelques tableaux de ces deux peintres, mais surtout des dessins et des études.

149. Autrement dit Thomas Butler, père de l'écrivain. Theobald Pontifex est le pasteur rigide, à l'esprit étroit, de *The Way of All Flesh.*

150. Henry Kirke White (1785-1806), un poète anglais, fit ses études à Cambridge, mourut jeune, et de ce fait ne put laisser une œuvre importante.

151. Cette citation latine, nous l'avons déjà rencontrée à plusieurs reprises depuis les années espagnoles. Elle est tirée des *Carmina* de Catulle : « trouver le repos dans le lit tant désiré ».

152. Larbaud avait écrit « Baboa », qu'il a raturé pour lui substituer « Mariuccia ». Laeta étant absente, sa compagne ne porte plus le titre de « Baboa », elle redevient, toute à lui, « Mariuccia », le diminutif « pour lequel [il a] le plus de dévotion ».

153. Il s'agit d'Alfonso Reyes.

154. Personnage principal de « Beauté, mon beau souci... ».

155. Un certain nombre de ces personnes nous sont déjà connues. Nous nous arrêterons seulement sur Luc Durtain et Emmanuel Berl.

Luc Durtain, pseudonyme d'André Nepveu (1881-1959), était médecin de formation. Poète et romancier, il fit partie du groupe de l'Abbaye. Après avoir publié des recueils de poésie (*Pégase*, 1908), des romans en vers (*Lise*, 1918) et des romans, il donna, à partir de la fin des années 1920 et dans les années 1930, des impressions de voyage à l'étranger.

Emmanuel Berl (1892-1976) est un des esprits brillants du XXe siècle. Issu de la grande bourgeoisie israélite, il était apparenté à Bergson et à Henri Franck. Journaliste et écrivain, il fonda en 1926, avec Drieu La Rochelle, un hebdomadaire, *Les Derniers Jours.* Il collabora ensuite à *Monde* de Barbusse et à *Europe* sous la direction de Jean Guéhenno. Gaston Gallimard lui confia *Marianne*, hebdomadaire politique et artistique qui exerça une certaine influence dans les années 30 et que Berl dirigea de 1932 à 1937. Entre 1937 et 1939, il rédigea et publia seul *Pavés de Paris*. C'est lui qui écrivit les deux premiers discours du maréchal Pétain à Vichy en juin 40, mais, dès le mois d'août, il rompit avec le régime de Vichy. Son œuvre se compose de récits, comme *Sylvia* (1952), *Rachel et autres grâces* (1965) et d'essais politiques et historiques, dont une *Histoire de l'Europe*, publiée en deux volumes en 1946 et 1947.

156. Marthes de Fels, épouse du directeur de *La Revue de Paris* et collaborateur du *Temps* et du *Journal des débats*, recevait chez elle les écrivains ; elle est l'auteur de plusieurs livres, dont un ouvrage sur Claude Monet.

157. On se souvient du joli mot de Marie Bridot, rapporté et souligné par Larbaud le 30 septembre 1931, lorsqu'elle annonça leur départ (à elle et à Jean, son mari) de Valbois : « Nous étions avant à Monestier ; nous sommes entrés chez mademoiselle Jane en 1912 ; nous nous retirerons à Monestier ; ça aura été tout notre voyage... »

158. Ce jeune butlérien se nommait Jean Castet. Dans sa première lettre (il y en aura cinq au total, la dernière datée du 22 septembre 1935), il exprimait son intérêt pour les *Further Extracts from his Note-Books* (*Nouveaux Extraits de ses carnets*, carnets de Samuel Butler, bien entendu), recueillis par A.T. Bartholomew. Il déclarait à Larbaud : « Il reste dans ce qui était inédit jusqu'ici, une matière extrêmement attachante dont la version française pourrait garder un grand charme. Il est impossible que cette sélection et cette traduction vous laissent indifférent, même si vous n'avez pas l'intention de les faire vous-même. Dans ce cas peut-être accepteriez-vous d'en être le guide et le conseiller ? Je prends la liberté de vous envoyer des passages que j'ai eu plaisir à traduire çà et là au cours d'une première lecture un peu désordonnée. »

159. Voir la citation que Larbaud fait à ce propos, le 26 septembre 1919, à Londres : « *God, as he is generally considered now [ou : « today » ; ou « in these days »] is but the last witch* » (Dieu, tel qu'on le conçoit maintenant [ou « aujourd'hui » ; ou « à notre époque »] n'est que la dernière sorcière).

160. Ricardo Palma (Lima 1833-1919), péruvien, fut écrivain mais mena aussi une carrière politique (il fut notamment secrétaire d'État entre 1868 et 1872). Son ouvrage le plus connu semble être *Traditions péruviennes*, traduit en plusieurs langues, qui évoque la vie péruvienne à l'époque de la colonie.

161. Cette pièce en 3 actes et 11 tableaux fut montée en 1936 et présentée au public, le 1er mars, par la Comédie-Française, mais la pièce ne remporta pas un grand succès. Elle fut publiée cette même année chez Gallimard avec une farce en un acte, *La Première Famille*.

162. Le *Pasteur* était de Sacha Guitry, dont il marquait les véritables débuts dans le cinéma. Quant au *Napoléon IV* il doit s'agir de l'adaptation de la pièce de Maurice Rostand, qui était lui-même scénariste, pièce en quatre actes et en vers qui avait été produite au Théâtre de la Porte Saint-Martin en septembre 1928 et qui fut publiée cette même année par Flammarion.

163. Henrik Pontoppidan (1857-1943) est un écrivain danois qui tenta de peindre, dans ses romans, la vie danoise à la campagne mais, déçu et pessimiste lui-même, en donna un tableau amer et désabusé. En 1917, ex-aequo avec Gjellerup, il se vit décerner le prix Nobel. Larbaud évoquera sa lecture dans une lettre du 19 août 1934 à G. Jean-Aubry : « Peu lu en dehors de ce qui concernait mon travail. Une nouvelle de Pontoppidan, traduite du danois sous le titre *Aus jungen Tagen* dans les éditions de l'Inseln... »

164. Fernando Gonzáles, né en 1902, est un poète espagnol. Il reste cinq de ses ouvrages, tous dédicacés, dans la bibliothèque de Larbaud. Y figure *Mi compadre* (Barcelone, Ed. Juventud, 1934) mais aussi *El Hermafrodita dormido* (1933, chez le même éditeur).

165. Il pourrait s'agir d'Auguste Bréal, dont Marcel Ray parlait en ces termes à Larbaud, le 27 février 1916 : « Il y avait jadis aux alentours de la Giralda un peintre du nom de Breal (je l'écris sans accent parce que c'est plus español) — fils du linguiste et ami de Francis » (*Correspondance*, t. II, p. 253). Son père, linguiste renommé, professeur de grammaire comparée au Collège de France, était Michel Bréal. Auguste Bréal avait fréquenté l'École alsacienne en même temps que Gide et était l'ami de Philippe Berthelot.

166. La « Note sur Francis Thompson » parue dans *La NRF* (n° 56, 1er août 1913, pp. 319-324) avait été écrite à l'occasion de la publication de *The Works of Francis Thompson* (Londres, Burns and Oates, 3 vol., 1913) et *Francis Thompson* par S. Rooker (Londres, Herbert et Daniel, 1913) ; elle portait également sur un troisième ouvrage, celui-ci d'Alice Meynell, *Poems*. Cette dernière partie n'a pas été reprise dans *Domaine anglais* (ni ailleurs, semble-t-il), mais Béatrice Mousli la donne en note à son édition (*Domaine anglais, op. cit.*, p. 665).

On trouve huit ouvrages d'Alice Meynell — tous parus dans les premières années du XXe siècle ou à l'extrême fin du XIXe — dans la bibliothèque de Larbaud, dont les deux ouvrages dont il sera question plus loin : *Ceres' Runaway & Other Essays*, Londres, Constable & Co, 1909, qui porte l'envoi suivant : « Valéry [*sic*] Larbaud with the very kind regards of the author/ Sept. 13th, 1909 » ; *The Children*, Londres et New York, John Lane, The Bodley Lane, 1897.

167. Agnès de la Gorce, *Francis Thompson et les poètes catholiques de l'Angleterre*, Paris, 1932.

168. Guy d'Origny est un voisin. Il habite le château de Fleuriel et Valery Larbaud le rencontre régulièrement lors de ses séjours à Valbois.

169. Nous avons déjà rencontré ces deux hommes dans le journal « D'Annecy à Corfou ». F. Melin, entrepreneur à Voussac, faisait des travaux d'entretien dans la propriété de Valbois. E. Challeton, était le « fermier de la Pierre-Rochefort », dont Larbaud rapportait, à l'automne 1931, les propos concernant les rivalités entre châtelains de la campagne bourbonnaise autour de Valbois. Les carnets de Larbaud portent le détail « des servines et bail » que son fermier lui devait.

170. A.T. Bartholomew avait été l'administrateur des œuvres littéraires de Samuel Butler après la mort de Henry Festing Jones. La note que Larbaud envisageait d'écrire semble restée à l'état de projet.

171. L'abbé Brémond vient de disparaître, en 1933. Nous avons cité, dans le journal de 1912, la lettre qu'il avait adressée à Larbaud après avoir reçu son *Domaine anglais*.

Henri Mérimée, directeur de l'Institut français de Madrid, avait, en 1923, invité Larbaud à faire des conférences à Madrid et à Barcelone.

172. S'agit-il de Pierre Pinet, domestique de Valbois avec sa femme depuis le 15 mars 1932 ?

173. J.-B. Tourret était le fermier du domaine de l'Espinasse.

174. Cet ouvrage (Genève, All'Insegna della Tarasca, 1931) était adressé avec cet envoi : « Al poeta Valery Larbaud questo umile omaggio — E. Firpo »

175. Maurice Scève avait traduit et fait imprimer, en 1535, *Grimalte et Gradissa*, inspiré d'un conte de Bocacce, *Fiammetta*, un des deux romans à succès, avec *Histoire de Grisel et Mirabella* (1495), de Juan de Flores. Cette traduction fut le premier ouvrage publié de Maurice Scève.

176. Ces vers de *Délie*, de Maurice Scève, sont cités dans *Domaine français*, « Notes sur Maurice Scève » (p. 96).

177. Le Circuit plancien désigne la ville de Lyon (*Lugdunum*), fondée en 43 de notre ère par le proconsul romain Munatius Plancus, qui l'avait ceinte d'un rempart. En même temps nous avons ici une citation de Scève :

De notre bien la Fortune envieuse
Trouble ma paix, par trois lustres joyeuse,
Renovelant ce mien feu ancien.
Dont du grief mal l'Âme toute playeuse
Fait résonner le circuit Plancien.
(*Délie*, CXII)

178. Larbaud reviendra sur ce rapprochement dans la conclusion de son essai sur Dondey de Santeny lorsqu'il évoque l'attitude du poète (« absence », « éloignement farouche ») face à la religion, attitude qu'il compare à celle de Catulle au chant 8, qui s'encourage à « tenir bon » :

Sed obstinata mente perfer, obdura.
Vale, puella. Iam Catullus obdurat... (8, 11-12)
(« Affermis ton âme, supporte, tiens bon
Adieu, femme. Désormais Catulle tient bon »
(trad. Georges Lafaye)

179. Recueil de poèmes de Théophile Dondey de Santeny (dit Auguste-Marie Dondey, et aussi Philothée O'Neddy), sur qui Larbaud prépare un essai qui paraîtra dans *La Revue de Paris* (n° 5, 1er mars 1935), sera édité en plaquette (Tunis, Mirage, 1935) et figure dans *O.C.*, t. VII, pp. 224-274.

180. Le français traduit également de la même façon : susceptibilité, sensibilité, impressionnabilité, réceptivité, prédisposition.

181. Vers des *Poésies posthumes*, cités page 231 du *Domaine français* dans l'essai intitulé « Théophile Dondey de Santeny » (pp. 224-274), *O.C.*, t. VII.

182. *A brown tress* : « une boucle brune » ; *a brown dress*, « une robe marron ». *Thundred* est un mot-valise composé de *thousand* (« mille ») et de *hundred* (« cent »).

183. Larbaud évoquait déjà, le 7 septembre 1931, à Annecy, la poétesse savoyarde Amélie Gex (1835-1882), auteur de poésies (en français et en savoyard), de contes et nouvelles. D'idées républicaines, elle collaborait à l'hebdomadaire « rouge », *Le Père André*, et défendait aussi la cause du féminisme.

184. Vers également cités dans l'essai sur Dondey de Santeny.

185. Vers tirés de *Feu et flamme*, qui ouvrent un passage longuement cité dans *Domaine français* (pp. 261 et 262).

186. L'édition du *Domaine anglais* de 1936 ne comporte pas d'article sur Alice Meynell. C'est donc un projet sans suite. Dans sa note de *La NRF*, en août 1913 (« *The Works of Francis Thompson — Francis Thompson*, par S. Rooker, — *Poems*, par Alice Meynell »), Larbaud se réjouissait que l'éditeur Burns et Oates ait mis en vente un recueil de poèmes d'Alice Meynell en même temps que *The Works of Francis Thompson*. Voici ce qu'il écrivait alors à propos d'Alice Meynell : « Dans l'œuvre de Mme Meynell, le rythme seul, souvent, distingue sa prose de ses vers. Les influences, si nombreuses et si visibles chez Thompson, sont presque insensibles chez Alice Meynell. Elle a d'abord trouvé sa voie, et l'a suivie avec patience. Et avec succès [...] » (*Domaine anglais*, *op. cit.*, 1998, p. 665).

187. Jean-Louis Forain (1852-1931), peintre, dessinateur et graveur français, connut une certaine notoriété grâce à son activité de dessinateur dans différents jour-

naux et revues. Attaché aux scènes de la vie parisienne, il a laissé un témoignage intéressant sur son époque.

188. Larbaud le préfère aux pseudonymes Philothée O'Neddy et Auguste-Marie Dondey.

189. Presse locale.

190. Ce travail couvre quand même cinquante pages, et fera l'objet d'une plaquette publiée par les soins d'Armand Guibert (Tunis, Mirages, 1935). Il sera également publié la même année dans *La Revue de Paris* (42e année, n° 5, 1er mars 1935).

191. « Honneur des hommes » avait paru dans *La Nouvelle Revue française* (t. XL, n° 233) le 1er février 1933. Il a été repris dans *Sous l'invocation de saint Jérôme* (1946), où il figure dans la 2e partie, « L'Art et le Métier ». « Tan callando... » date de 1934 et avait été donné *Au disque vert* qui rassemblait, outre celui de Valery Larbaud, des textes inédits de Marcel Arland, Jean Cocteau, André Gide, Jules Supervielle... (Paris-Bruxelles, Éditions du Disque vert, 1934). Il fut ensuite recueilli dans *Aux couleurs de Rome* (1938) et se trouve dans ce recueil dans les *O. C.* et la « Bibliothèque de la Pléiade ».

192. Les « Notes sur Racan » (titre que porte l'étude dans *Domaine français*) furent d'abord écrites pour *La Nación*, où elles parurent en 1924. Larbaud reprit et augmenta ce travail pour *La Revue de Paris* (34e année, n° 21, 1er novembre 1927, pp. 42-54).

193. Poème des *Poésies posthumes* que Larbaud décrit ainsi : « Dédicace (en vers) à une enfant, près de laquelle chante le poète » (*Domaine français*, p. 250).

194. Nicolas Larbaud est mort en 1889 et Valery est entré au collège Sainte-Barbe-des-Champs en 1891.

195. Larbaud évoque des souvenirs qui remontent à 1890. Germaine Grille, petite fille de son âge, dont la mère avait été victime, en Algérie, d'un crime passionnel qui avait fait grand bruit, était venue à Brides avec sa jeune sœur et sa tante. Madame Larbaud s'était prise d'intérêt pour les enfants et les emmenait en promenade.

196. Dembat est un personnage imaginaire à qui Milou, dans « Le Couperet », fait vivre d'étonnantes aventures, meublant ainsi sa solitude et son ennui : « Ce n'est pas assez de dire que Dembat est l'ami intime et le frère de Milou. Il est Milou lui-même, mais invisible et devenu homme [...]. Dembat est un homme d'action : il va voir comment le monde est fait. Il a un casque blanc sur la tête ; il s'avance à travers le Fouta-Djallon ; il visite les pays des Peuls et des Toucouleurs. Quatre fois déjà on l'a vu remonter le cours du Niger dans une chaloupe à vapeur, avec sa petite escorte de laptots et de tirailleurs sénégalais » (L.P., pp. 410-411).

197. C'était également à l'occasion de sa cure à Challes-les-Eaux que Larbaud était allé à Brides, à la fin du mois d'août, probablement le 29 (G. Jean-Aubry accuse réception de sa carte de Brides le 31 août).

198. Aix possède deux ports sur le lac : le Petit Port, consacré surtout aux activités nautiques et sportives, et le Grand Port, où se trouve l'embarcadère des croisières sur le lac du Bourget.

199. Toute proche d'Évian, Amphion-les-Bains fut, avant l'invention de la source Cachat, une station balnéaire fréquentée par les grands de Savoie et d'Italie qui venaient y boire les eaux (ferrugineuses). Anna de Noailles, qui y passait ses étés, pendant son enfance et sa jeunesse, en a chanté la douceur et les paysages.

200. Rapport certainement inversé de nos jours ! Aix rivalise avec Dax pour le titre de ville thermale la plus fréquentée de France, alors que Vichy est sans doute située loin derrière maintenant.

201. Jeanne-Françoise Frémyot de Chantal naquit à Dijon en 1572. Veuve en 1601, elle suivit saint François de Sales, avec qui elle fonda la congrégation de la Visitation de Marie à Annecy, en 1610. Elle mourut à Moulins en 1641.

202. Louchy, proche de Breuilly, en plein vignoble de Saint-Pourçain, se trouvait sur la route de Valbois. C'est sur cette commune que l'arrière-grand-père maternel de Larbaud, Claude Pariot, possédait des terres et des vignes ainsi qu'une « assez importante maison à La Pèlerine » (voir J.-P. Segonds, *L'Enfance bourbonnaise de Valery Larbaud*, p. 25).

203. International Labour Office = Bureau international du travail.

204. Autre magasin de figurines, situé au 58 de la rue du Rhône à Genève, et tenu par Mme Paul Jacot, sans doute une veuve, ce qui amenait Larbaud à déclarer, en septembre 1931, qu'il avait remarqué que « en Suisse française, beaucoup de magasins de jouets ont pour propriétaires des veuves ».

205. C'est la rencontre racontée par Pierre Girard en postface au *Giro dell' Oca* dans l'édition d'Ides et Calendes.

206. *La Nuit et autres poèmes* parut en 1935, à Tunis, aux Éditions des Mirages, précédé de la préface de Larbaud.

207. Pour le *Domaine anglais* Larbaud parle de « révision et d'ajouts » car il avait déjà fait l'objet d'une première édition en 1925 (Paris, Messein, 1925, et *La Phalange*, n° 7) dont Jean Royère avait revu le choix. La nouvelle édition, « revue et augmentée » de plusieurs articles : « Introduction à l'œuvre de Samuel Butler », « Digby Dolben », « Deux Notes sur Edgar Poe », « La Biographie littéraire d'E.A. Poe en France », « Un Roman de William Faulkner », « James Joyce », parut en 1936. Les *O. C.* (t. III) reprennent cette édition de 1936 et y ajoutent un « Appendice » qui comprend : « Sir Thomas Wyatt », « Les Sonnets de Shakespeare », « À propos de James Joyce et d'*Ulysse* » et « Jules Vallès : la rue à Londres ». Nous avons eu l'occasion de citer l'édition de Béatrice Mousli, parue en 1998, toujours chez Gallimard. Elle a considérablement grossi puisque le volume réunit, outre le premier *Domaine*, des « Pages retrouvées » qui comportent les études de l'« Appendice » auxquelles s'ajoutent de nombreuses autres qui doublent pratiquement l'ouvrage.

Pour le *Domaine français*, Larbaud n'était pas arrivé aussi loin dans sa préparation et la première édition ne paraîtra qu'en 1941.

208. Le travail sur Alice Meynell, ou sur Emmanuel Lochac ne semble pas avoir été mené à bout. En revanche le « Dondey » figure dans le *Domaine français*, de même qu'un article sur Charles-Louis Philippe, reprise de la conférence que Larbaud avait faite à Moulins le 27 avril 1911.

209. L'article consacré à Coventry Patmore ouvre les essais du *Domaine anglais*.

1934-1935

Ce manuscrit n'était pas à Valbois en 1949, néanmoins G. Jean-Aubry en a eu communication puisqu'il le cite parmi les « journaux » tenus par Larbaud, journaux dont, entre autres documents (correspondances diverses et nombreuses), il a tiré les notes pour la biographie de l'écrivain qu'il avait en projet. Ce journal se trouve toujours dans une collection privée, mais le propriétaire a eu l'obligeance de nous en permettre l'accès pour notre travail.

Commencé le 5 novembre 1934, il se poursuit jusqu'au 2 avril 1935. Il a été tenu sur un épais cahier ligné, mais sa présentation diffère des manuscrits précédents et montre bien toute l'importance que Larbaud accorde à son journal comme document de travail : encadrés, en tête de page, en marge, se trouvent des noms d'écrivains, de romans en cours de lecture, de lieux visités, de thèmes de travail, qui permettent un repérage rapide et facilitent l'utilisation des notes.

Des documents de divers ordres ont été insérés dans ce journal :

— à la page du jeudi 3 janvier 1935, une carte postale de l'hôtel du Draak, qui porte au verso cette annotation : « Le Dragon, Mountains-on-Seam » (le nom de l'hôtel est traduit en français ; celui de la ville, Berg-op-Zoom (« Montagnes-sur-Lisière »), en anglais ;

— à la page du 18 janvier, c'est un fascicule de quinze pages qui a été encarté. La première page représente une photo avec des mains de paysans croisées sur un outil. En gros caractères elle porte le nom de l'auteur, Baltasar Dromundo, et le titre, El Arte y la revolucion mexicana. *Au verso du fascicule : « La obra de arte que no sirve a los intereses del proletariado, es una expresion cultural de los saboteadores de la revolucion » (« L'œuvre d'art qui ne sert pas les intérêts du prolétariat est une expression culturelle des saboteurs de la révolution ») ;*

— à la page du mardi 22 janvier, une vignette représentant un dessin de Geneviève Tronquay, camarade de classe de Laeta ;

— à la page du 23 février, deux dessins au crayon noir de Laeta ;

— précédant la date du 29 janvier, se trouve une lettre de l'Union hypothécaire et électrique ;

— montée sur onglet, une lettre du 31 décembre 1934, adressée à Larbaud par le directeur de la Editorial Ercilla.

— à la date du 19 février, montés sur onglet, un feuillet dactylographié comportant une copie du poème italien « Bella Mendicatrice », et une enveloppe libellée à l'adresse de Larbaud par M. E. Brockhaus ;

— à la date du 1er mars, montée sur onglet, une lettre dactylographiée de Lionello Fiumi en date du 28 février 1935 ;

— à la date du 17 mars, une lettre manuscrite sur papier orange, en date du 25 février 1935, du secrétaire du Pen Club de Buenos Aires ;

— à la date du 19 mars, un feuillet double, imprimé, monté sur onglet, pétition du vice-recteur de l'université de Salamanque pour soutenir la candidature de Miguel de Unamuno au prix Nobel de littérature ;

— à la page du 23 mars, un double feuillet, sur papier mauve, lettre en date du 21 mars 1935 de Marcel Hervier ;

— sur la dernière feuille du cahier se trouve collée une lettre manuscrite d'Édouard Maynial, du 21 mars 1935 également.

Nous donnons en annexe uniquement les lettres que Larbaud a insérées dans son journal, avec leur traduction s'il s'agit de documents en langue étrangère, et sans notes complémentaires.

Ce manuscrit a été publié, de façon partielle, dans le tome X des Œuvres complètes (Journal inédit, *vol. II*).

En 1999, une édition intégrale : Valbois - Berg-op-Zoom - Montagne Sainte-Geneviève. Journal 1934-1935, *établie et annotée par Claire Paulhan et Patrick Fréchet, a paru aux Éditions Claire Paulhan-Éditions du Limon. Claire Paulhan notait alors avoir retranscrit un texte de plus de 415 000 signes, alors que l'édition précédente n'en comportait que 178 000. Elle a inséré dans son édition des pages qui lui ont été confiées par Laeta Pons (la petite-fille de Maria Nebbia, que Larbaud et sa compagne avaient recueillie), pages que nous reprendrons ici.*

Des fragments du journal du 28 au 30 décembre 1934 ont été publiés en 1947 dans Érasme *(2e année, n° 19-21, juillet-septembre 1947, pp. 289-295), puis en plaquette l'année suivante par l'éditeur Stols. Et Béatrice Mousli les a repris, à quelques lignes près, dans son* Valery Larbaud, le vagabond sédentaire *(pp. 331-335).*

En février 1953, dans La NRF, *1re année, n° 2, un montage de quelques pages du journal de 1934-1935 a paru sous le titre « Pages de Journal ».*

VALBOIS - BERG-OP-ZOOM - MONTAGNE SAINTE-GENEVIÈVE

« Des jours que mon erreur donne à ma vanité » G. de Brébeuf.

1934

[Novembre]

Valbois, 5 novembre MCMXXXIV. (Matinée pluvieuse et tiède, de pluie très fine, de très bon matin, et la douceur de l'air surprend à cette heure et après 3 ou 4 jours d'hiver cru et noir. J'écris dans mon bureau, content de recommencer un journal à Valbois. La trouée de Fleuriel, au-dessus de la rouille des bois, rouille et fauve, montre ses plans fuyants un peu brouillés et plus adoucis que jamais, à travers cette petite pluie. Tout est, se montre, très pleine campagne, avec grands tapis verts bordés de haies encore sombres, ton sur ton ; la tour de Chenillat haute et loin (l'Étranger) ; au contraire Lespinasse paraît plus près, est plus distincte ; je vois bien, sans lorgnette, les fenêtres ouvertes ; c'est encore Valbois, le territoire du Hvalbar, la Province (une des 2 Provinces) de l'État-Libre du Hvalbar ; c'est chez nous, et la frontière est au-delà. W il Hvalbar[a] !)

Avant notre départ je veux faire le catalogue des travaux, dans les deux Ordres, accomplis depuis près de 4 mois que nous sommes ici[1].

I. Ordre sacerdotal :

Tout juillet et la moitié d'août : « Dondey de Santeny », jour et nuit, et, de beaucoup, le plus gros travail de ces 4 mois, et par le nombre des heures et par la préoccupation, l'excitation, la vigi-

a. Larbaud reprend ici l'abréviation italienne pour *Viva*. Quant à *Hvalbar*, ne doit-on pas y voir un mot-valise, un peu recomposé : Valbois-Larbaud ?

lance. Enfin le 16 Août, porté la copie définitive à Mme L.[2], à Moulins — lui envoyant ensuite, jusqu'à la fin du mois, par lettres, des corrections de détail.

Du 16 Août au 15 Septembre environ : 2 pages, « GÊNES ET LA LIGURIE », ou « EX-VOTO, SAN ZORZO » commandées par la revue de l'agence ENIT[3] (1 000 francs ; me rembourse les 2/3 de la note du relieur) ; et PRÉFACE (gratuite) POUR la traduction française, par A. Guibert, de QUELQUES POÈMES D'ALDO CAPASSO : assez dur, surtout la préparation, comme je n'avais encore rien lu d'A[ldo] C[apasso] comme poëte ; (en même temps j'ai repris la note hiéronymienne «Quoniam non cognovi litteraturam...» mais je l'ai vite abandonnée, pour me conformer au principe : une seule chose à la fois [4]).

Du 16 Septembre au 2 Novembre : la RÉVISION FINALE DES *CARNETS* DE S[AMUEL] B[UTLER][5] reprise et terminée (mais relisant tout), et recopiant le chap. XXV (les poèmes) tout entier, à cause des ratures ; le 19 Octobre, de Moulins, expédition du MS complet moins chap. XXV, expédié le 26. — Intermède à mi-chemin dans la révision des *Carnets* : 2 pages sur FRANZ HELLENS[6] demandées (gratuitement) par l'éditeur hollandais Boucher, de La Haye. — Mon INTRODUCTION POUR LES *CARNETS* a marché en même temps que la révision *eorumdem*[a], mais le travail décisif a eu lieu après l'envoi du MS. J'ai fini cette nuit la copie définitive, qui part aujourd'hui pour Moulins et la dactylographe.

Résumé : « Dondey de Santeny » (commencé en Juin) 92 pp., copie envoyée récemment à Marcel Thiébaut. — Introduction à ma traduction des *Carnets* de S[amuel] B[utler] 40 pp. — Préface pour Aldo Capasso : 12 pp. — Article ENIT : 2 pp. ½. — Notice « Franz Hellens » 2 pp. ½.

LECTURES : MSS envoyés par leurs auteurs (consultations !) : 2 ROMANS, 1 VIE DE LEOPARDI (MSS français), 1 LIVRE D'IDÉOLOGIE (MS en espagnol, uruguayen)[7].

(V[oldoire] me reprochant toujours de ne pas me faire payer les préfaces, je lui ai parlé des MSS, et lui ai dit : Alors, pourquoi, chaque fois qu'on me propose, ou qu'on m'envoie, un MS à lire, ne demanderais-je pas 100 ou 500 francs pour le temps passé à le lire ? Il n'a rien trouvé à répondre. Mais sûrement, en bonne justice, nous devrions plutôt nous faire payer pour lire les MS envoyés dans ces conditions-là que pour écrire des préfaces ou des articles comme ce « Franz Hellens », qui sont une occasion de dire ce que nous pensons d'un sujet littéraire ou d'un auteur.) Puis, on est toujours libre de refuser ce travail, — MSS à lire ou préfaces à écrire, — et je ne me suis pas gêné pour le faire quand il s'agissait de médiocres que je connaissais pour tels ; mais à l'égard d'un con-

a. Latin : « de ceux-ci ».

frère inconnu, sauf cas de force majeure (trop à faire, ou souffrant) le refus est un manque de charité plus désagréable pour nous-mêmes que le consentement et le travail qui en résulte. La *Vie de Leopardi* (une jeune femme[8]) aurait voulu une Préface ; son livre étant quelconque j'ai accepté en principe de faire une courte préface (occasion de parler du Poëte) mais j'ai demandé ce que l'éditeur était disposé à payer, et j'attends encore la réponse, — Dieu merci. En somme V[oldoire] n'aurait guère de reproches à me faire : des 150 pp. environ écrites cet été (Juin-Octobre) 14 ½ seulement sont gratuites ; 2 sont payées à 500 francs la page, et les autres dans les environs de 50 francs. Mais si je lui disais que, payées ou non, j'aurais par plaisir et quand même écrit 130 de ces pages, il aurait une piètre idée du patron ! (mais en ce sens, il l'a toujours eue, cette piètre idée, le brave et excellent homme ; ou alors il croyait que ce que j'écrivais n'avait pas de valeur marchande et que j'étais encore bien content d'être imprimé pour rien).

Le MS uruguayen aussi demande sa Préface gratuite ; mais l'auteur est « *gente bien* » et l'occasion ne me déplaît pas.

LECTURES D'IMPRIMÉS : beaucoup et diverses, et souvent abandonnées avant le point final ; ou simples et courts prélèvements, en passant devant un rayon. Les plus attentives, pour le travail ou en rapports avec lui : ROMANTIQUES pour « Dondey de Santeny » ; MONTAIGNE pendant la Révision des *Carnets* ; à peu près tout ALDO CAPASSO et beaucoup de FRANZ HELLENS au moment où je m'occupais d'eux. Français, Latin, Anglais, Allemand, Catalan, Espagnol, Italien, Portugais. La « goûte » de ce que je recevais. Souvent commencé la journée par le BRÉVIAIRE, surtout les leçons du jour. (Le gant de crin à l'eau de Cologne.) Montaigne m'a paru le plus solide.

BIBLIOTHÈQUE DE VALBOIS : de Juillet au 31 octobre elle s'est augmentée de :

en juillet	36 (contre 64 en Juin)
en août	31
en sept.	8
en octobre	60

(Au 4 novembre j'en suis à 5, tous envoyés, France et Ecuador.)

Sur ce total de 135 pour les 4 mois, j'en ai acheté 43, français, catalans et anglais. Les envoyés venaient surtout de : France, Italie, Espagne, Belgique, Portugal, Brésil, Mexique, Pérou, Ecuador, Argentine[9]. — Mes achats ont porté sur :

Histoire, monographies, Français XVIIe, XVIIIe et XIXe ; une seule curiosité : Livre d'Or de la République de S[an] Marino, avec dédicaces des Régents au Président Millerand (1922), relié au nom du même Millerand (150 francs).

Retour de 60 à 70 reliés, de la rue Clovis[10], et de Moulins (Ouvrard).

Classement : presque rien dans les Salles I et II ; mais toute la Salle III a été sortie et reclassée après époussetage, — courbatures, — Laeta m'aidant un peu. Mais cet arrangement devra être modifié pour les Américains et le XXe siècle anglais. Cependant il est à peu près définitif pour le reste. —

D'autre part, le classement des Revues a fait de grands progrès cette année : toutes les étrangères qui ne marchent pas avec la bibliothèque ont été réunies à la Salle IV ; les françaises des communs et des combles sont en partie triées ; j'ai fait de la place et supprimé du poids en donnant à la B[ibliothèque] Municipale de Saint-Pourçain tout ce que j'avais d'*Europe*, et une année complète de *La Revue de Paris*. (Le reste des livres de Droit de mon Grand-Père Valery, dont plus de la moitié avait été portée[a] à cette institution, y a été déposé ces jours-ci ; je leur ai aussi remis, comme d'habitude, les « détectives[b] » reçus.)

II. Ordre administratif

1° Domaines. Réparations de fenêtres et portes à Lespinasse ; peinture (par le fermier) de quelques barrières. Cultures bien faites. Lespinasse me paie (en partie en travail sur la Réserve) 3 000 au lieu de 4 000, et Pierre-Rochefort les 2/3 du bail. — Contestation pour bornes[11] à la frontière s[ud]-e[st] (domaine de Lespinasse) réglée à l'amiable par l'arbitrage de l'Instituteur, en présence des parties. J'ai assisté au mesurage et à la cérémonie du replacement des bornes ; les limitrophes m'ont offert une partie de leurs terrains en vente. (Refusé.) Une nouvelle carte de Valbois (il n'y en avait qu'une, de 1897) est en préparation.

2° Réserve. Suite de la remise en bon état des chemins et allées, des murs, prairie, jardins ; beaucoup de main-d'œuvre, et les maçons. Le nettoyage, l'ordre et le rendement ont fait de grands progrès. Les alentours des communs dégagés et nettoyés ; le parc mieux entretenu. Remplacement des arbres fruitiers morts ; plantation de nouveaux sapins et cèdres, d'arbustes, de rosiers, etc. Une amélioration : agrandissement du petit jardin et construction d'une grande volière (pigeons, faisans, la volaille des servines, divers oiseaux) enclose dans le petit jardin, avec rideaux de charmes. Ré-emploi constant de matériaux anciens : portes, fers, grilles, pieux, etc. ; moellons pris sur le territoire de Valbois, l'entrepreneur ne fournissant que le ciment, quelques briques, et le travail (3 hommes pendant 15 jours). J'ai travaillé avec eux, et seul, aux peintures, dépassant le programme que je m'étais fixé : 24 bancs et sièges, et 4 tables, de jardin ; près de 100 mètres de grilles et de treillis ; toute l'armature de fer de la volière ; 11 portes ou barrières ; l'abri de ma tante Jane ; des tuyaux ; le reste des

a. Note de Larbaud : « À la fin de 1933. »
b. Transcription de l'anglais *detective stories*, « romans policiers ».

inferriate[a] du château. (Délicieux travail en plein air, au soleil ; avec ce sentiment du Karma, — la peinture tient environ trois ans, et il en faut encore au moins 4 pour qu'on n'en voie plus de traces, — et la satisfaction de l'ouvrage accompli, visible ; et, je crois bien aussi, la valeur d'exemple : on travaillait moins dans Valbois en 1932 et 33 que cette année, parce que je n'étais pas assez bien portant pour me livrer à tant d'activité : on voit le Prince grimper aux échelles, manier le pinceau pendant des heures, etc., on voit le résultat de son travail : la porte ou la grille décolorée qui se met à paraître neuve, le vieux banc terne qui se met à briller sous la couche d'émail vert, et on se met à racler les cours et les allées, à refaire au cordeau le contour des massifs et des pelouses, etc. — Commentaire pratique de Machiavel !)

3° CHÂTEAU. Dix journées de tapissiers et plâtriers, Mariuccia et moi surveillant tout le travail et donnant les indications. Résultats satisfaisants. Surtout nettoyages, réparations et restaurations. Le principal : restauration et remise à neuf sans détérioration de la série des sièges Louis XIV, XV et XVI (le tapissier tellement satisfait de son travail qu'il le laissait en montre dans sa boutique de Saint-Pourçain au lieu de nous le livrer ;) — le reste des meubles de l'arrière-grand-père Claude Pariot. — Je note aussi les échelles de bibliothèques dont j'ai trouvé et réalisé la formule : un escabeau ordinaire, en bois blanc, de bazar ; on y fait ajouter 2 petites roues légères (en métal) et caoutchoutées, et un montant de bois, fixé par 2 boulons à la plate-forme, ou dernière marche de l'escabeau, et incliné selon le même angle que le montant qui supporte les marches (côté droit, bien entendu) ; on fait vernir en vernis-noyer tout le meuble = 150 francs pour l'escabeau de 5 marches, 200 pour l'escabeau de 10 marches. On fait transporter cela du bazar chez le tapissier, qui enveloppe chaque marche séparément d'une moquette de la même couleur, exactement, — noyer foncé, — que le meuble = 50 francs pour 5 marches (temps et moquette compris) et 75 pour 10 marches (mais il a dû me faire une réduction parce qu'il y avait 3 échelles). Donc : 200 francs pour la petite échelle, et 275 à 300 pour la grande. C'est le type de celles du British Museum qui m'a inspiré, mais ce que j'ai fait faire est : aussi solide, beaucoup plus léger, et incomparablement plus élégant.

4° COLONIES. SAINT-POURÇAIN. Avenue Pasteur : rien de nouveau : PARIS, rue de Babylone : rien de nouveau : VICHY, rue Nicolas-Larbaud : décision prise faire bâtir une maison de rapport au n° 10 ; devis 420.000 francs ; soumission pour les fouilles et la maçonnerie (commencées ces jours-ci) 144.000. (Le résultat étant incertain, je ne peux encore compter cette entreprise comme une

a. Italien : « grilles ».

réussite administrative, mais le placement paraît, à pourcentage égal, meilleur qu'un placement en banque.)

En raison des résultats bien visibles de mon administration à Valbois même, je me suis promu Officier de Deuxième Classe de l'Étoile du Hvalbar, et dès mon retour à Paris je ferai modifier en conséquence mon insigne.

T.D.L. Motifs : Santé suffisante dès mon arrivée (venant de Genève). Beau temps ; et récemment encore, en huit jours, l'automne s'est installé avec tant d'éclat et de ciel bleu qu'on marchait dans le relief d'une médaille, ou d'un bouclier, d'or ; et le petit Sarcet, immobile sous les feuilles, était un Pactole. — L'équilibre instable et vivant, bleu + jaune = vert, mais il ne faut pas s'y fier, s'est rompu, tout le bleu rejoignant le ciel, et l'or jaune restant suspendu. — En Juillet, le 14, une nuit très pure avec sept feux d'artifice en vue. — En Septembre, manifestation outremer-foncé de la Montagne Bourbonnaise qui se haussait, d'un seul bloc, au-dessus des premier et deuxième plans bariolés, de Sud-Est en Sud-Ouest. — Comme à chaque automne depuis trente ans (ou peut-être quarante) les 3 peupliers de la Prau ont été les premiers à donner le signal de l'or : de leur fond de prairie, invisible entre la butte et la montée des bois, ils élevaient leurs cimes jaunes sur la verdure encore intacte des chênes, un matin, sans avertissement donné la veille. — Vers la fin d'Octobre, pendant 3 jours, Chenillat est devenu le centre de tout le paysage au-dessus duquel il se dressait comme une enclave de couleurs vives et contrastées : des saules aux têtes rouges et roses, des peupliers jaune très pâle, — jaune de Naples, d'autres jaune vif, alternant avec des chênes et des sapins restés verts et vert-noir ; et au milieu de cette garde multicolore, la Tour paraissait avoir repris son rôle des temps anciens, — comme Nicolas de Nicolaï a pu la voir sous Charles IX : la grande habitation des Bois, le village-forteresse au cœur de la forêt ; cette garde était tout ce qui lui restait de sa chevalerie au milieu du sol défriché. (On écrivait Chenillac, assez souvent ; la famille paraît avoir joué un rôle prépondérant dans toute la région, surtout forestière, comprise entre Voussac et Louchy ; quelques bénéfices ecclésiastiques en dépendaient.)

Quelques bonnes promenades dans les bois, seul ou tous trois. La rive gauche du Sarcet, — la nôtre, — nous paraît plus agréable parce qu'elle est mieux orientée. Les grandes étendues forestières de la rive droite sont toujours plus ou moins dans l'ombre, ou sous des rayons rasants. Dès qu'on retraverse le Sarcet de notre côté, le soleil donne en plein et les sous-bois sont plus riants.

Notre activité dans et autour de la maison, et mon travail, nous ont donné sans cesse un sentiment de « vie intense » (l'expression fut à la mode vers 1900 ; il y a eu un livre intitulé *Au pays de la vie intense*, mais ce titre ne faisait que répéter la formule en vogue, qui paraît avoir été d'origine journalistique, à moins qu'elle ne remonte à Paul Bourget, entre 1895-1900). Par instants, lorsque nous nous arrêtions, c'est-à-dire dans nos rares moments de repos complet, lorsque nous cessions même de nourrir en nous-mêmes nos projets, nos réflexions sur ce qu'il y avait à faire dans un moment, le lendemain, etc., nous sentions refluer sur nous l'air provincial, la vie provinciale des villages et des petites villes, quelque chose comme l'atmosphère d'une zone d'ennui, de médiocrité, de paresse résignée. C'était pourtant loin ; il y avait beaucoup de campagne à l'état pur entre nous et ces villages et petites villes, mais nous nous sentions menacés. Nous étions des scaphandriers, ou les premiers hommes dans une autre planète, avec une ample provision d'air métropolitain, actif, vivifiant autour de nous, mais nous sentions qu'il aurait suffi d'une minute de relâchement, d'inattention, pour que cet air allât se perdre dans la zone irrespirable. Surtout, cet air nous le fabriquions nous-mêmes, par le moyen d'une mystérieuse vertu, ou propriété, qui, pour peu qu'elle fût touchée, cesserait de produire l'atmosphère dont nous vivions, et qui nous maintenait dans un état d'ivresse lucide et calme, et d'attention à tous nos moyens et modes d'action. Ce danger d'écrasement, ou d'asphyxie, donnait un certain piquant à notre existence. Certainement tout Valbois était saturé d'air métropolitain (qui doit émaner aussi des hautes régions de la Bibliothèque, quand nous sommes absents), mais un voyage hors de Valbois, dans nos scaphandres, nous procurait toujours un agréable frisson de crainte : à Vichy nous risquions de devenir des étrangers qui ne savent pas comment tuer le temps de leurs 21 jours de cure, en dehors des heures de traitement ; à Montluçon nous pouvions nous perdre dans une sorte de foire mi-agricole mi-industrielle ; à Moulins, devenir des habitués de café et des joueurs de belote ou de manille ; à Gannat, à Lapalisse, à Chantelle, des bohèmes de petite ville, les épaves d'un cirque qui a fait faillite, des montreurs d'ours... Mais, bien enveloppés de notre air métropolitain, et en répandant de larges effluves autour de nous, nous vainquions les émanations délétères qui nous assiégeaient, revivifiant même tout ce qu'il y avait d'atomes métropolitains endormis dans les églises, les musées, les bibliothèques publiques, les théâtres, les librairies. Moulins, vue et parcourue dans ces circonstances, était délicieuse, et l'esprit du « Voyage Sentimental » était présent et vivant en elle. Montluçon, Vichy, et même Gannat et Chantelle devenaient des lieux de séjour privilégiés, et enfin tout ce qu'elles ne sont pas pour leurs habitants. Mais surtout Moulins était charmante, — et elle l'est davvero[a] !

a. Italien : « vraiment ».

À présent, c'est-à-dire, pour nous deux, depuis une dizaine de jours que nous avons tourné nos visages vers le départ, et particulièrement, pour moi, depuis que j'ai mis le point final à mon MS définitif de l'« Introduction » aux *Carnets*, notre réserve et notre courant d'atmosphère citadine ont rejoint la zone parisienne, et nous nous sentons entraînés par cet appel d'air. C'est comme si nous n'étions venus que pour prendre ce dont nous pourrons avoir besoin, en fait de vêtements, livres, etc., à Paris. Cependant nous n'oublions pas, pour cela, de laisser les instructions nécessaires pour le maintien de l'ordre, de la propreté et de la bonne administration de l'État-Libre en notre absence. Je rédige le programme d'entretien, d'élagage, de peintures, etc., qui s'exécutera cet hiver et au printemps prochain. Tout ce programme tend à effacer toutes les traces de la déshabitation plus ou moins complète des années 1929-1931, dont beaucoup ont déjà ~~complètement~~ entièrement disparu. — Il n'y a rien qui donne une plus vive sensation de puissance que cette application, non pas à embellir, mais seulement à mettre et à maintenir dans un bon état d'entretien, le fragment de monde matériel qui nous entoure immédiatement et sur lequel nous pouvons exercer une action matérielle. Un sauvage est sûrement content de la place nette qu'il a faite autour de lui ou de sa case. J'ai moi-même éprouvé, et j'ai vu qu'on éprouvait autour de moi, de la satisfaction, lorsque, grâce aux soins que j'ai donnés à cette question, toutes les portes, portails et barrières, sans exception, se sont mis à s'ouvrir et à se refermer facilement, sans résister, ni traîner, ni racler leurs seuils, et que les serrures et loquets bien réajustés, convenablement graissés, ont fonctionné avec exactitude, sans grincement ni hésitation, et comme par leur volonté propre, et avec plaisir. (Les gens, par ici, semblent habitués aux portes qui ferment mal, — comme aussi aux toiles d'araignées ; — une porte qui ferme bien leur paraît un idéal à peu près inaccessible ; et s'il en est bien ainsi chez eux, c'est en grande partie de leur faute : ils oublient ou négligent toujours de les refermer derrière eux s'ils doivent y repasser pour revenir chez eux ; une barrière de champ reste ouverte aussi longtemps que l'homme travaille dans ce champ et pendant des demi-journées. On dirait que leur raisonnement est : À quoi bon refermer la barrière derrière moi, puisqu'il me faudrait la rouvrir quand je ressortirai ? (Cela semblerait indiquer une paresse féminine, « créole » ; mais ce n'est que négligence.) Cependant les gonds de la barrière qui reste longtemps ouverte s'affaissent, se relâchent, et le moment arrive bientôt où les deux éléments du loquet ou de la serrure ne sont plus en face l'un de l'autre ; ce mal leur paraît irréparable, et au lieu d'appeler un serrurier, ou de redresser eux-mêmes le montant affaissé, ils ferment tant bien que mal avec un fil de fer, ou achètent une chaîne avec un cadenas. S'ils traitent ainsi leurs machines agricoles...)

Pour en finir avec ce séjour :

Déceptions en ne voyant pas venir des amis que nous attendions ; mais d'autre part, plus de temps à donner au travail et aux travaux ;

Un deuil : la nouvelle affreuse de la mort de François Berthault, écrasé sur une route par une automobile[12] ;

Visite de et à nos bons voisins Guy d'Origny ;

Mon courrier tenu à jour, grâce aux limites dans lesquelles peu à peu je l'ai réduit, en ne répondant qu'aux lettres qui le méritent ;

Le mariage d'une jeune habitante de l'État-Libre avec un tonnelier des environs de S[aint]-Pourçain, qui l'a emmenée « à l'Étranger » ;

Suite de l'ordre mis dans les papiers et paperasses accumulés par mes parents et grands-parents, — avec destruction de tout ce qui est sans intérêt présent ni futur (il en reste encore 2 malles pleines, mais comme je crains de détruire des choses intéressantes, il faut que j'examine chaque chose d'assez près ; — j'ai bien donné à cela une heure chaque soir pendant quinze jours) ;

Les conversations avec les ouvriers, — surtout les écoutant ; (ils doivent me trouver peu « parlatif », comme ils disent) ;

Bonnes nouvelles de plusieurs amis en voyage, ou de l'étranger ;

État sanitaire de Valbois satisfaisant ; enfants grandis, grande amélioration chez des gens qui à leur entrée paraissaient plutôt débiles[a] ;

Laeta en progrès physique marqué : bicyclette de jardin, promenades, occupations rustiques. Son caractère aussi se développe ; les deux parts, la bonne et la mauvaise ; mais la bonne semble l'emporter de beaucoup sur la mauvaise : un curieux mélange d'extrême douceur et de très sensible bonté, avec quelques brusques sorties d'entêtement, de mauvaise humeur, de malice. Développement intellectuel : «Babbo, quale è l'ultimo dei numeri ? Di tutti i numeri[b] !» Naturellement la réponse, qui ne l'a pas du tout satisfaite, est restée incomprise ; mais sans doute fait-elle son chemin. — Facultés d'observation : je passais en revue un groupe d'Infanterie portugaise de Goa 1895 ; elle me demande ce qu'ils sont : « Des soldats coloniaux portugais. » « Oui, je le pensais » (que c'étaient des soldats coloniaux), « parce qu'ils ont cette chose blanche sur la tête » (le casque colonial). Et peu après : « Mais ils ont une pointe sur leur casque » (je lui avais dit le mot casque), « et ceux du *Journal des voyages* n'en ont pas. » C'était vraiment assez difficile à voir pour une enfant de cet âge. (Je lui ai expliqué la différence entre petite et grande tenues militaires.) — Nous avons

a. À prendre ici dans le sens de : « en mauvaise santé. »

b. Italien : « Babbo, quel est le dernier des nombres ? De tous les nombres ? »

décidé de ne plus l'ennuyer avec l'alphabet et la lecture jusqu'à sa rentrée à Sainte-Barbe.

Valbois, 6 XI —

Journée d'oisiveté complète ; pas même une lettre. De 4 à 6 p.m. visite de M. et Mme d'Origny. Après dîner quelques petits détails des préparatifs de départ. Temps maussade et lumière basse.

Valbois, 7 XI —

Le froid automnal bien installé dans la campagne ; pas d'illusion possible ; on l'accepte et on accueille sa pureté sévère. Sous l'épaisseur grise, sans fissure, amoncelée partout, du ciel, les bois cuivrés se dépouillent. De la fenêtre de Laeta, après la pelouse verte tachetée de feuilles ocre-jaune, et la grille, cette ligne des bois à droite et à gauche, et en face indiquant le vallon du Sarcet ; mais au-dessus les champs d'un beau vert émeraude entre les haies ; cela monte doucement, en s'atténuant et en se brouillant, jusqu'à la ligne d'horizon ; mais à gauche (ouest) le profil d'une haute futaie s'élève en gris-bleu. Paysage penché, déversé comme d'un tombereau ; cette futaie l'équilibre, relève la ligne de contour, annonce autre chose, en forêt, Collettes et Vacheresse. Dans toute cette étendue, pas une ville jusqu'à Commentry ; rien que des villages de grand'route, de ces villages appliqués à la route nationale, haltes, auberges, bureau de poste, et les rues latérales se perdant tout de suite dans les champs. Le sentiment de l'existence de ces grandes étendues sans villes est agréable : Ennui et Vulgarité sont loin. Nous nous pénétrons bien de cela, du spectacle de ce grand disque vert-cuivre-gris-bleu, avant Paris.

Les derniers livres arrivés, coupés et couverts. En les coupant des mots sautent jusqu'à moi, comme les étincelles d'un feu plus ou moins obscur. Romans ; toujours des romans, et 250-300 pages ; situations et personnages étant donnés, cela paraît s'écrire de soi-même, dans la molle coulée et le demi-sommeil d'une invention relâchée. Comme si les mots ne coûtaient rien. Inutile de chercher « l'écriture automatique » : la voici ; c'est le roman « moderne ». L'inutile, la chose qui vaut le moins la peine. Un de ceux-ci a cru devoir appeler son héroïne : Ukulele, et le malheureux récrit ce nom à toutes les pages, plusieurs fois dans chaque page ; on ne voit que ces quatre syllabes partout. « Ah ! » dit U-ku-le-le. Quel pensum ! Mais c'est probablement la seule difficulté qu'il ait rencontrée dans ses 250-300 pages. Ça veut être une histoire légère et fraîche de jeunes gens et jeunes filles. Un chapitre semble se passer à Vichy : j'ai reçu le mot Vichy parmi ces étincelles, mêlées à tant de fumée.

Un dernier tour au bois dans l'après-midi, avec Laeta ; dans le bruit des feuilles sèches très épaisses, non encore tassées comme après la neige. À la maison Mariuccia, sans prendre une minute de repos, fait tout mettre « en état d'absence » : rangement de l'argenterie, des vêtements, mise des housses à plus de 50 sièges et canapés, les derniers ordres à donner, etc.

Vu Chal[leton] un moment ; paraît disposé à payer à la date régulière la ferme réduite de ce second semestre ; peut-être la ferme entière de [19]35, dit-il. Conversation agricole.

Mains qui ne peuvent rester oisives : fâché de n'avoir pu envoyer dès maintenant le volume des notes sur Jean de Lingendes à la revue bourbonnaise[13], je rédige ce que j'avais dit l'autre jour à H. Buriot-Darsiles, et j'en fais un article que je leur envoie : « À propos des Éditions bourbonnaises ». C'est donc un écrit à ajouter, en dernière heure, à [la] liste des mois de Juin-Octobre, le 6e (op. 6), ou le 7e si je compte la révision générale des *Carnets* pour un écrit. Le tableau est donc :

I. Dernière révision générale des *Carnets* de SAMUEL BUTLER ;
II. « Dondey de Santeny » ;
III. Introduction à la traduction des *Carnets* de S. Butler ;
IV. Préface pour Aldo Capasso ;
V. « Franz Hellens» ;
VI. « Ex-Voto : San Zorzo » ;
VII. À propos des Éditions bourbonnaises.

Tout cela va revenir, à Paris, sous forme d'épreuves à corriger, — une immense besogne abrutissante, qui est quelque chose comme crier trois fois tout cela dans l'oreille d'un sourd. (Tout cela : 575 à 600 pp. de printed matter[a].) Je dois donc tenir compte du temps à donner à cette besogne dans la fixation de mon programme pour Paris du 15 novembre à Noël. J'envisage, — toujours sur le principe d'une seule chose à la fois :

1° Recopier, en revoyant et corrigeant, toutes les « Notes sur Maurice Scève » ; (Intermède : préface urugayenne.)

2° Révision et augmentation des notes sur Antoine Héroët ;

3° Reprendre les notes hiéronymiennes et aller de l'avant jusqu'à ce qu'elles soient terminées.

Au courrier de ce matin un livre envoyé de Caracas, et qui a l'air d'un premier livre. Je l'emporte, avec le livre écuadorien et avec le Julio Bernacer déjà commencé[14]. Ce castillan de 3 crus différents, et si différents ! Je pense y trouver des points d'appui concrets pour ma préface uruguayenne. Mais c'est surtout affaire de curiosité.

a. Anglais : « matière imprimée ».

Dans les soins que Mariuccia donne aux choses de la maison (linge, argenterie, meubles, etc.) je sens très nettement, bien qu'elle n'en dise rien, une espèce d'hommage filial à la mémoire de mes Parents. C'est ainsi qu'à Rapallo, en 25 ou 26, je l'avais vue toute une journée occupée à nettoyer elle-même l'argenterie de sa Mère ; elle ne l'aurait laissé faire à personne, non par méfiance, mais pour en avoir, devant elle-même, toute la peine et tout le mérite.

Para San Jeronimo[a]

Les bagages faits, avec les étiquettes mises, et tous les derniers détails domestiques réglés avec soin, la manie écrivante revenant avec force, je note ce qui pourrait concerner le caractère, ou l'homme TOUT EN FAÇADE. (À propos de choses relues le mois dernier, et pour *S. Girolamo*, forse[b].)

Avant de le rencontrer j'avais beaucoup entendu parler de lui : il avait réussi à persuader un groupe de jeunes gens qu'il était un esprit puissant et original, et dont il fallait attendre des œuvres remarquables, surtout en critique, en philosophie, — "a Carlyle sort of man" in somma[c]. Je demandai ce qu'il avait écrit. Rien encore, ou peu de chose ; mais dès qu'il s'y mettrait...

Je fais sa connaissance et je le trouve grinçant, avec de brusques mouvements d'enthousiasme ou d'aversion, — mais tout cela dans le domaine intellectuel, avec appel constant à des principes, normes, préjugés, une sorte d'arsenal d'idées générales. Il étale sa passion pour ces idées, son horreur pour celles qui leur sont opposées. P[ar] ex[emple] un mauvais ou faible écrit d'intentions « révolutionnaires », « syndicalistes » reçoit son approbation, et un bon livre où il croit voir des idées ou des sentiments opposés à son idéologie lui paraît détestable. Il exprime tout cela avec violence et un pittoresque outré et voulu où les jeux de physionomie, les gestes, la rage, etc., ajoutent beaucoup au sens des paroles.

Je remarque son effort constant pour être toujours au-dessus de — ou contre — la chose en question. Il est contre toute littérature non « prolétarienne », a priori ; et pour toute peinture où il croit voir des tendances matérialistes. (Il ne fait que suivre des modes, des tags[d], qu'il gonfle et exagère.) Son mépris pour les Lettres agace les gens qui ont une vocation littéraire, mais leur persuade qu'il est au-dessus de cet art qu'il méprise, — au-dessus, — c'est-à-dire dans une région intellectuelle d'où il n'aurait qu'à descendre un peu pour produire des œuvres débarrassées de tous les poncifs littéraires, donc d'une originalité dont aucune œuvre littéraire contemporaine ne donne seulement l'idée. — On lui reproche de se disperser dans des conversations ; on cite quelques mots de

a. Espagnol : « pour *Saint Jérôme* ».
b. Italien : « *Saint Jérôme* peut-être. »
c. Anglais puis italien : « "un homme du genre de Carlyle" en somme. »
d. Anglais : « clichés ».

lui (peu, — c'est plutôt : Si vous l'entendiez ! Si vous le VOYIEZ parler !) On parle de sa vaste in-

[*Six pages arrachées.*]

ont dû le penser plus tard, quand la médiocrité de X. n'a plus fait de doute pour personne.)

La note peut se construire sur un début comme : Un éditeur qui, tel qu'un sultan des contes, se déguiserait pour se mêler aux groupes des jeunes hommes de lettres encore inédits...

Le caquet : tout son caractère se réduisait au caquet.

Paris, 10 XI

Hôtel Cayré, app[artement] 51, en attendant que la maison soit nettoyée, mais nous y avons passé l'après-midi, rangeant les choses apportées ou rapportées de Valbois. J'y ai catalogué, coupé et couvert 10 vol[ume]s et 2 brochures arrivés à diverses dates en notre absence (tout venant de Paris, et porté à la main : J.-L. Vaudoyer, Duhamel, J. Chardonne, G. Pillement[15], et des inconnus).

Hier 9, anniversaire de la mort de mon Père. — Départ de Moulins à 2 : 2 p.m., arrivée à Paris à 6 ¾. Vives douleurs côté droit pendant tout le voyage ; encore aujourd'hui, mais moins vives. — De la gare à la maison, bien chauffée ; le courrier ; puis au Cayré. Nuit bonne.

Aujourd'hui, tout le temps pris par la maison, mais deux promenades à pied, avec Grandmuseau, entre Bd S[aint]-Germain et Pl. S[aint]-Sulpice. J'aurais voulu aller à *L'Otage* de P. Claudel à la C[oméd]ie-Française[16], mais la douleur persistante m'en a empêché. Temps pluvieux.

Notre quartier inchangé ; quelques devantures de boutiques repeintes ou « modernisées ». Le Soufflot rouvert, mais dans le style chevaux-de-bois, rouge et zinc et fer-blanc avec trop de lumière.

Aussi, parmi les livres m'attendant, Marcel Griaule, son voyage en Éthiopie[17].

Pensé encore, en me promenant, au « Caractère », à l'homme tout en caquet. En somme : son caquet promettait l'avènement d'une Littérature nouvelle (prolétarienne, syndicaliste, etc.) n'ayant rien de commun avec ce qu'on avait jusque-là nommé « Littérature », — et voilà que tout son rôle dans l'histoire littéraire aura consisté à rendre presque populaire, — ou aussi populaire qu'il pouvait l'être, — André Gide, qu'il détestait et méprisait.

À peine rentré r. du Cardinal Lemoine Valbois me paraît à des distances infinies. Plus loin que Londres et que Bruxelles, ou que n'importe quelle capitale comprise entre Berlin et Dublin, entre Copenhague et Lisbonne. Il pourrait être aux antipodes, dans une colonie. J'en ai des souvenirs de « campagne coloniale », c'est-à-dire d'une « campagne » d'organisation, de nettoyage, de mise en valeur, de rangement, dans quelque colonie à climat tempéré.

Cazador de sombras

Paris, hôtel Cayré, 11 XI. (Dimanche). —

Journée en partie passée à la maison, ne rentrant à l'hôtel que pour dîner. Courrier. Des coupures envoyées par José-Maria Junoy m'apprennent la mort récente du P. Miguel d'Esplugues[18], qui venait de publier un livre que je tâcherai de me procurer : *Missatge d'Israel.* — Collection de figurines : au palais les dames romaines, les sénateurs, les vestales, reçoivent l'Eugêsos et l'Eugêsoia ; groupe de courtisans civils et militaires : les hastates[a] d'une légion gardent les portes et les terrasses et rendent les honneurs à LL.MM[b]. — Temps pluvieux et tiède. Entre Bd Raspail et r. du Card[inal] Lemoine, rien n'apparaît des fêtes, commémorations et défilés.

Suite de la lecture du J[ulio] B[ernácer]. Monotonie des deux adjectifs dont chaque substantif mis en vedette est accompagné, et qui paraissent s'appuyer l'un à l'autre comme deux ivrognes. Pris séparément chacun serait faible ou vague ; l'auteur se fie à leur accouplement pour exprimer quelque chose, et y réussit parfois. Bien des paragraphes inutiles et des choses prévues. Il paraît que la moitié au moins du livre s'occupe surtout de la moitié d'orange et de Como Dios manda[c], — la grande affaire de la jeunesse espagnole, en somme. Jeunes filles à la pêche au novio, jeunes gens plus ou moins tontos[d]. Celui-ci l'est assez. Ne voit pas que la frivolité des muchachas (et elles n'en ont guère) n'est qu'une tactique de la pêche mêlée à la gaîté de la jeunesse, et que les plus frivoles, les plus légères (intellectuellement) sont en général celles qui font les meilleures épouses. Aucun portrait de jeune fille qu'on puisse retenir, sauf peut-être Maruja Albornoz à cause de quelques mots bien placés et d'un maillot rouge avec cape jaune-citron. — Les premiers chapitres, alicantins, promettent de belles imitations de la phrase savante et assourdie de Gabriel Miró ; mais ensuite (pas constamment pourtant) on marche sur un chaume de cursive espagnole « littéraire » (mais simple). Naturellement je me laisse prendre aux descriptions de la TERRETA et d'Alicante. Là, il y a de bonnes choses. Ceci est bien vu : « La sombra de las palmeras hervia de gentes endormingadas[e] » — et toute la promenade dans le port. Je m'amuse aussi à identifier les lieux décrits (la Plaza del Ayuntamiento[f], etc.) J'en suis à la page 141.

a. Larbaud a conservé ici le terme latin *hastatus*, « porteur de javelot », où le français utilise généralement le terme « hastaire ».

b. Leurs Majestés.

c. Espagnol : « comme Dieu l'ordonne », c'est-à-dire « comme il faut ».

d. Espagnol : *novio*, « fiancé » ; *tontos*, « sots ».

e. Espagnol : « L'ombre des palmiers grouillait de gens à moitié endormis. »

f. Espagnol : la place de la Mairie.

Douleurs moins fréquentes et moins fortes, mais encore gênantes. Aucune envie de marcher ni même de me déplacer beaucoup.

Penser au P. Miguel d'Esplugues ; à ce qu'il pouvait penser de moi. Influence de G.K. Chesterton, perhaps[a], chez lui ?

Repensé au « Caractère », mais cette fois p.p.c.[b] : à la facilité des « amitiés de la jeunesse », etc. Aujourd'hui, il me suffirait de l'avoir vu une seule fois pour l'étiqueter « pelma[c] » sans appel. Mais ALORS il excitait ma curiosité, paraissait aller dans le sens de mes auto-accusations. C'est parce que les années m'ont découvert son insignifiance que je fuirais son semblable si je le rencontrais.

Paris, Hôtel Cayré, 12 XI.

Cazador de sombras

Achevé le livre de J[ulio] B[ernácer] la nuit dernière. Travail appliqué, honnête, sans essais d'esbroufe ; et qui par là se fait estimer. Mais vu des stylistes, de Gabriel Miró (qu'il cite et alors on entend la muse, — et la musique), c'est INUTILE ; un geste à peine ébauché ; le sujet est seulement indiqué, et de très loin. « El artista inolvidable[d] » dit-il après avoir cité Miró (qu'il ne nomme pas, sans doute parce qu'il sait que tous ses lecteurs penseront à Miró après avoir lu cette phrase), — cet hommage est touchant : comme s'il sentait la distance qui le sépare du maître. Cette faiblesse de bonne foi et de sage application rend cette lecture, malgré tout, instructive.

Lecture de revues et journaux (*La Revue du XXe siècle* gia *Revue du siècle* revivida[e] ; ils me continuent le service.)

Courses : pour voir M. G. St. Guéorguieff[19] (le traducteur bulgare de Ronsard) qui avait laissé un mot chez moi le 7 ; chez Lelong[20] (en autobus) : trouvé Norvège et Suède (infanterie défilé) 1908 assez bien peints ; état-major ancien à cheval (moules agrandis, bons), et des civils diverses époques. Flâné dans le quartier de la Gare du Nord. Temps pluvieux. Après dîner, r. Théodore de Banville chez Jean-Aubry enrhumé ; de 9 ¾ à 11 ¼ environ : bavardé : m'a lu de bonnes choses de lui : portraits de femmes historiques peu connues, à demi oubliées, telle que Mme Poivre (l'amour de Bernardin de Saint-Pierre à la Réunion). Il en cherche d'autres, non Anglaises (il a déjà une 1re Lady Hamilton, Lady Blessington, etc.) je lui ai suggéré Sa Patrocinio, Violante do Cêo. (Y penser)[21]. J'attends, pour me mettre au travail, d'être réinstallé à la maison ; mais cette vie d'hôtel dans Paris (dans cet hôtel assez « intime », mi-diplomatique mi-américain, — d'Américains vivant en Europe) est, pendant quelques journées ainsi gaspillées, instables, courtes et légères, assez agréable.

a. Anglais : « peut-être ».

b. Pour prendre congé.

c. Abréviation de « Pelmazoïde », terme inventé par Larbaud pour désigner un certain type d'importun.

d. Espagnol : « L'artiste inoubliable ».

e. Italien et espagnol : « autrefois *Revue du siècle* ressuscitée ».

Paris, mardi 13 XI.

(Hôtel Cayré). — Mauvaise journée (douleurs, et pluie). Visite-interview de M. G. St. Guéorguieff. — Promenade nous 3 entre 2 averses. Petit café Babylone ; conversation du voisin de table, importance de ses propos : j'ai téléphoné... (à la Chambre des Députés pour savoir « comment cela allait » ; aux bureaux d'une grande compagnie industrielle pour demander confirmation des bruits qui couraient au sujet de sa faillite prochaine, etc.). Un étranger aurait pu croire qu'il gouvernait la France.

Paris, mercredi 14 XI.

(Hôtel Cayré). — Fatigué de l'hôtel et désirant être à la maison (nous y serons demain). — Courses : S[a] à la maison ; S à la banque ; puis à pied, flânant beaucoup, regardant de la peinture, depuis Place S. Agustín jusqu'à la Revue de Paris, par la r. de la Boétie, rue du Colisée, etc. Chez un coiffeur, conversation de valets, ou concierges, ou maîtres d'hôtel de maisons riches : noms connus (politique, monde) cités, avec des anecdotes scandaleuses (sans doute grossies) et les débauches d'une « grande dame » d'âge mûr... — ¾ d'heure de bavardage avec Marcel Thiébaut, et vu René Laporte. — Retour à pied av. des Ch[amps]-Élysées, puis S[aint]-Philippe-du-Roule ; autobus U jusqu'au Bd Raspail ; goûter ; à pied de nouveau Bd S. Germain, rue de Rennes, X Rouge, et enfin S hôtel Cayré où m'ont bientôt rejoint Mariuccia et Laeta. Encore après dîner tour autobus : Gobelins, Porte Champerret, bd Raspail. — Conversation criée de 2 Anglaises, derrière nous au restaurant de l'hôtel : une démontre qu'elle est apparentée à la famille royale d'Angleterre, par une généalogie très compliquée, mais vraisemblable ; cependant l'insistance qu'elle y met rend l'argumentation peu convaincante.

Jean Schlumberger

Parcouru, puis enfin lu, le petit traité de Jean Schlumberger[22], reçu avant-hier. Exposition très claire du « problème religieux » vu de nos jours sous ses deux faces : croyants, incroyants. — Si peu que je connaisse le sujet, je note pourtant quelques erreurs, ou manques de renseignements sur le côté R[oman] C[atholic] ; — la plus grosse est l'oubli des JUSTES. Je voudrais lui écrire à ce sujet : car il dit que s'il apprenait que le Pape estime que les non-baptisés peuvent être sauvés, cela lui enlèverait un « grand poids », ou enfin lui donnerait une meilleure opinion de l'Église catholique. Je lui enlèverais ce poids. Mais je ne sais plus le texte ni le lieu où il est question de ces Élus dont, au Jour du Jugement, on se demandera d'où ils sont venus, — et qui sont les Justes.

Samuel Butler

Travaillé un peu ce soir. D'abord, lettre au jeune traducteur des *Further Extracts* de S. B. Sa notice en tête des fragments qu'il

a. Autobus de la ligne S.

donne à *Europe*[23] ne m'a pas plu (il a eu du moins l'attention de me la soumettre en m'écrivant qu'il tiendrait compte de toutes mes critiques) parce qu'il y parle trop vaguement de mes travaux butlériens, citant seulement une phrase d'une interview, où je dis que « j'ai donné dix ans à Samuel Butler ». Je lui demande : donnés à le lire ? à penser à lui ? et j'ajoute que j'ai bien mérité que, dans cette circonstance, il soit fait mention de mes traductions des 5 plus importants ouvrages de S. B.. Je l'avertis que j'en parle dans mon introduction à ma traduction des *Carnets*, mais que « j'aimerais n'être pas seul à me rendre justice ».

Au fond c'est par impatience de jeunesse et inconsciemment qu'il voudrait à la fois se recommander de moi et m'éliminer, mais plus encore m'éliminer que se recommander de moi. D'où le choix de cette phrase, qui indique seulement que je me suis occupé de S. B. pendant une dizaine d'années (recommandation pour ses propres traductions) mais qui passe sous silence le fait précis que j'ai traduit 5 ouvrages de S. B. (désir d'élimination du précurseur) ; et aussi cette manière de dire d'abord, au lieu de me nommer : « l'auteur de *A.O. Barnabooth* », et seulement ensuite « M. Valery Larbaud », où je vois le désir inconscient de NE PAS me nommer. Du reste, sa « subconscience » devait le lui reprocher confusément, car sa lettre montre bien qu'il entrevoyait la possibilité de « critiques » de ma part. Je les lui ai donc faites avec clarté et franchise, et non sans un peu d'amertume volontairement marquée. Ma lettre, en somme, est rédigée de manière à faire émerger à sa conscience claire les « sombres desseins » de son inconscient.

Il se peut aussi que son enthousiasme pour ce qu'il a traduit lui fasse mettre les *Further Extracts* au-dessus d'*Erewhon* et de *The Way of All Flesh*, et au-dessus des *Note-Books*, comme si *Further Extracts* étaient la quintessence de S. Butler.

D'autre part le début de sa Notice, — présentation de S. B. et jugement sur lui, — est EXCELLENT. Je lui dis seulement que « je la trouve très bien », et que je suis heureux que ce soit un Butlérien aussi convaincu et aussi clairvoyant qui me succède, comme traducteur de S. B., en France. Enfin je l'invite à venir me voir pour nous entendre aux mieux des intérêts de S. B., en lui donnant à entendre que ce qui doit passer avant tout dans cette affaire, c'est la fortune de S. B. en France. Et en effet, la réalisation de son désir inconscient : ne faire connaître que le Butler de *Further Extracts* en laissant autant que possible dans l'ombre celui d'*Erewhon*, de *Nouveaux Voyages*, de *La Vie et l'Habitude*, de *Ainsi va toute chair*, et des *Carnets*, servirait mal la renommée française de S. B.. Je lui dis aussi que je souhaite que sa trad. des *Further Extracts* soit acceptée chez G. Gallimard, afin que tout le Butler traduit soit chez le même éditeur, et que je ne verrais pas d'inconvénient à ce qu'elle passât avant ma traduction des *Carnets*, si elle était achevée d'imprimer

Samuel Butler

avant. Cela, pour bien lui marquer que je n'en fais pas uniquement une question d'amour-propre ; et en fait je défends le Butler des grandes œuvres contre la tentative d'empiètement du Butler des *Further Extracts.*

Deuxième travail : un premier essai de réduction du « Dondey de Santeny » aux dimensions demandées par Marcel Thiébaut, mais pour *La Revue de Paris* seulement, bien entendu. Je supprime tout ce qui ne tend pas à donner le meilleur de Dondey : partie de l'analyse de *Feu et flamme*, parties des analyses des poèmes mineurs de *Mystica Biblion*, tout *Miranda*, toutes les *Œuvres en prose*, parties des citations et des digressions à propos des *Visions* et des *Velléités*, un tiers de la conclusion. En tout 337 lignes, qui font 14 pages de la copie, qui se trouve ainsi réduite à 47 pp. Les 61 pp. donnaient 36 pp. de *La Revue de Paris* ; les 47 donneraient environ 28 de la revue ; je procéderai donc à un deuxième élagage pour arriver à 25 et moins si possible, bien que Marcel T[hiébaut] dise 25[24]. J'ai trop d'intérêt à ce que Dondey soit présenté dans *La R*[*evue*] *de Paris* plutôt que dans *La NRF* (qui le prendrait probablement sans coupures) ou dans une revue spécialisée, qui demanderait des coupures toutes différentes de celles qu'il faut pour *La R*[*evue*] *de Paris*. Mon intérêt matériel serait de transporter les 61 pp. à *La NRF* où elles feraient 35 à 50 ou 60 francs. Je préfère n'avoir que 20 pp. à 50 francs et que Dondey aille partout où va *La R*[*evue*] *de Paris*. — Je m'en accommode d'autant plus volontiers qu'il y aura sans doute ensuite la publication en plaquette à Tunis, et certainement la publication en volume à la NRF et que de l'une et de l'autre je ferai un service très généreux. — C'est à la fois the boon and the bane[a] de ces grandes revues à public très étendu comme *La R*[*evue*] *de Paris* : the boon, en ce qu'on y peut faire connaître un auteur intéressant à condition de le présenter superficiellement ; the bane, en ce qu'une étude soignée, complète, « érudite », y est déplacée, inattendue, rebutante, — ou plutôt en ce que nous n'y trouvons jamais de ces études-là.

Dondey de Santeny

La boue légère de Paris, cet après-midi et ce soir dans mes deux longues promenades à pied, m'était agréable à fouler, après cinq mois passés ailleurs. Peu m'importait d'arriver dans le cabinet de Marcel Thiébaut en « poète crotté » fraîchement débarqué de la campagne, encore en complet-veston de homespun clair sous un pardessus brun plutôt du matin que de l'après-midi. Il y avait ce « vent mouillé du sud-ouest » qu'un vers de Claudel[25] a indissolublement identifié, pour moi, à certaines journées, comme celle-ci, de Paris. Quelques femmes, — non professionnelles, — dont j'ai

a. Anglais : « l'avantage et l'inconvénient » ; l'expression anglaise contient une allitération en *b* et une opposition de deux monosyllabiques au contenu vocalique différent.

rencontré le regard, ont eu, non pas the glad eye[a], mais l'air gentiment, cordialement, amusé, bien entendu « âge en rapport » ; les moins de 40 ans ne me voient plus. Dans un petit journal, chez le coiffeur de bas étage, une annonce disait : « De tous les signes de la vieillesse, le plus pénible, le plus douloureux... » Quelle erreur ! Le regard pur d'adultère sur les belles filles de 20 à 30 ans, le regard non belligérant, est un idéal, un bonheur idéal, enfin atteint, réalisé.

Paris, jeudi 15 XI.

Première nuit à la maison. — Douleurs. — Niente lavoro : scoraggiato[b]. Rencontre de Jean Paulhan. Au courrier les 2 derniers Jules Romains, *Hommes de bonne volonté*[26], VII et VIII. Je les ai parcourus, en lisant 200 à 250 pp. sur 600. Aussi une grosse thèse sur H. von Kleist, d'un inconnu[27]. — Edmond Prévost[28], arrivé trop tôt, n'a pu attendre. — Le même temps pluvieux.

Jules Romains

Ces « romans » de J. R. se feuillettent, se retournent comme un journal. C'est presque partout intelligent et vif, bien que mon goût de condensation me fasse souvent chercher l'algèbre de tout cela. C'est bien l'espèce de « livres », qui ne seraient plus des romans, mais essais-journal-intime-mémoires poétiques, que nous désirions vers 1900-02. On sent quelquefois l'auteur dramatique, l'homme qui a beaucoup pratiqué le dialogue de théâtre. Cette lecture me plaît, me délasse, me laisse libre de la quitter, de la reprendre (et c'est là une qualité, qui est aussi chez Proust et chez Duhamel).

Le dernier n° de la *Revue anglo-américaine* m'apporte la nouvelle de la mort d'André Brulé, avec son éloge par L. Cazamian, et plusieurs notes de lui, les dernières, et toutes récentes[29]. Je ne l'avais jamais rencontré, mais son travail m'était sympathique, et je lui avais envoyé une carte de visite avec mes félicitations lorsqu'il avait été décoré, il y a un peu plus d'un an, et il m'en avait remercié.

Le *Heinrich von Kleist* reçu ce soir est de l'auteur du long, trop long MS lu cet été à Valbois (une mince histoire en 300 pp. de monologue intérieur). Il ne m'en a donc pas voulu de mes critiques ; et le fait de s'occuper de Kleist d'une manière si exhaustive (590 pp. in-8) me le rend plutôt sympathique.

Paris. Vendredi 16 XI

Demi-diète (plutôt demi-jeûne) avec bon résultat. Courses autobus et un peu à pied tout l'après-midi. —

a. Anglais : « l'œil aguicheur ».
b. Italien : « Aucun travail : découragé ».

Au courrier plusieurs livres, et les n^os manquants (1911, 12) de la *Revue germanique*[30]. Réponse du jeune traducteur de *Further Extracts*. Il paraît que c'est la rédaction de *Europe* qui lui avait coupé l'essentiel de sa notice sur S. B. en ce qui me concerne : l'énumération de mes traductions de S. B. — d'où la phrase « J'ai donné 10 ans... »

Samuel Butler

[*Une page arrachée.*]

cer cela. Le titre est *Éléments*. (Il se peut que ce soit la revue projetée, et que le commanditaire, — qui a eu le bon nez, — a transportée déjà de la Maison des Amis des Livres à une librairie plus sérieuse et moins plébée[a]).

Une calme journée de Paris, nous trois, sans nous quitter une minute, sauf lorsque je restais sur la plate-forme de l'autobus, fumant et jouant à me procurer la sensation de l'immobilité par rapport à la rue : j'y suis arrivé, et j'ai vu les tours de S[aint]-Sulpice surgir dans le ciel à une distance énorme l'une de l'autre. Lentement, comme poussées hors de la terre, tandis que la lune toute jeune et laiteuse les dépassait soudain à la vitesse d'un boulet, ou comme une alouette. Même impression pour d'autres monuments, fonds de rues, etc.

Jorge Icaza

Commencé *Huasipungo*, le livre écuadorien (Jorge Icaza)[31]. Le pourcentage des mots indiens est assez élevé ; surtout, plusieurs de ces mots reviennent à chaque page, et cela rend la lecture difficile ; il faut deviner le sens de ces mots d'après le contexte. Naturellement, pas de vocabulaire à la fin ; ils y ont renoncé. Par contre, le castillan déformé par les Indiens est assez clair : LLOVER est SHUVER (qui rencontre, assez curieusement, le portugais).

Jules Romains

Les Hommes de bonne volonté deviennent, plus nettement dans ces deux nouveaux tomes, VII et VIII, un « roman » normalien ; de l'École Normale ; de la Rue d'Ulm. Et c'est ce que la série devait être : le monde du début du XXe siècle vu par le fils (assez abstrait) de l'instituteur français devenu normalien, comme la série proustienne est le monde des années 1885-1920 vu par « un fils de la bourgeoisie riche ayant ses entrées dans le grand monde ».

Les noms des personnages de J. R. sont toujours un peu choquants, au sens de l'esp[agnol] chocante[b], et cela est voulu, cherché. Il y aurait un essai sur Jules Romains à écrire rien qu'en étudiant les noms de ses personnages[32].

Un Anglais serait surpris de ce mélange de l'université, du COLLEGE, avec la capitale. On n'a peut-être rien d'équivalent hors de Paris, du moins en Europe.

Dans une des revues reçues au courrier de ce soir, réponses à une enquête. La question était sotte, — exprès peut-être, — et,

a. Adjectif en usage jusqu'en 1788 : « moins peuple ».

b. « Drôle, surprenant ».

comme il convenait, la plupart des réponses, — toutes, — sont pleines de sottises plus ou moins réjouissantes.

Paris, samedi (17 novembre 1934)

Courses dans l'après-midi ; sauf le Dr V[ercoustre], je n'ai rencontré aucune des personnes que je devais voir ; mais ce fut une occasion de flâner agréablement entre le Bd Malesherbes et l'Av. de Friedland, puis aux alentours de la Gare Saint-Lazare, et de descendre à pied, du côté de la Librairie Brentano, l'Av. de l'Opéra.

V. assez content de moi, ayant trouvé le pouls à 72 contre les 85-95 de l'hiver et du printemps derniers, et la tension max 15 min 9 ; mais l'indice faible. Il m'a dit qu'en mai dernier il ne me considérait pas encore comme tiré d'affaire, tandis qu'à présent il est surpris de mes progrès.

Encore des douleurs sourdes toute la journée, mais rien, selon V., d'inquiétant. Régime et traitement.

À 8 ½ p.m., visite du traducteur des *Further Extracts* de S. B. Il n'est pas aussi jeune que j'avais cru, et il n'est pas universitaire. Il s'est déclaré seul auteur des coupures qui m'avaient paru le fait de quelqu'un de la rédaction d'*Europe*. Enfin nous avons rédigé ensemble ce qui me concerne dans sa notice ; j'ai supprimé les « grand écrivain », et tous les compliments de ce genre, et j'ai mis à la place la bibliographie de mes traductions de S. B. avec le nom de l'éditeur, etc. De cette façon mon rôle de précurseur, l'importance de mon action dans l'histoire de la fortune de S. B. en France, et l'annonce de la publication prochaine des *Carnets*, sont mis en une juste lumière, et c'est tout ce que je voulais. — En somme je crois sa version ; il avait d'abord mis deux paragraphes me rendant justice et me couvrant, inutilement, de fleurs ; on lui a demandé d'abréger, et il a coupé un des deux paragraphes (celui où mes traductions étaient énumérées), ne laissant subsister de l'autre que la citation vague « J'ai donné dix ans... » accompagnée d'un gros compliment qui ne faisait pas du tout mon affaire. Cependant la vue des deux versions donnerait bien l'impression qu'elle m'avait produite : coupures destinées à réduire, par le vague, mon rôle dans les études butlériennes, et à me payer, en même temps, d'un hommage d'allure arbitraire et malaisé à comprendre.

Samuel Butler

Il m'a laissé un jeu d'épreuves de ses 20 pp. de traductions de *Further Extracts* ; avec à peu près autant de pages qu'il a promises à *La Revue bleue*, c'est tout ce qu'il a jusqu'à présent traduit de ce livre. Il se demande même s'il le traduira tout entier. Je lui ai prêté une des 3 copies de mon introduction aux *Carnets* (copies reçues ce matin de Moulins) et lui ai donné un nouveau rendez-vous pour jeudi prochain. Je tiens à suivre de près l'affaire.

Il n'a pas connu H.F. Jones ; ni A.T. Bartholomew ; ne connaît ni Brian Hill ni Geoffrey Keynes[33]. Seulement Jonathan Cape, l'éditeur, dont il n'a d'autorisation que pour ces 40 ou 50 pp. de *Further Extracts.*

Jorge Icaza

Achevé la lecture de *Huasipungo*, de Jorge Icaza. — Sa simplicité directe et sans prétensions[a] le maintient au bord du précipice journalistique par un miracle d'équilibre inconscient. Mais ce n'est pas la maîtrise d'un styliste. Comparer, dans le bel orage des pages 84-87 : « Abre la boca el cielo enseñando sus entrañas de luz[b]», avec « Le poumon sulfureux de la foudre rose » de Claudel. La concision aussi sauve ce livre de la médiocrité. Quelques négligences de bâcleur çà et là : à quelques lignes de distance ceci : « ... clavados en el andén de la angustia » et « ... con cojera que se apoya en las muletas de la furia[c] » (il doit tenir cette figure de rhétorique de Ramón Gómez de la Serna, qui l'emploie à satiété, et qui n'est pas fine). Mais ça se lit très bien, ça attire même le lecteur blasé que je suis. Quelle distance, aussi, de la *Maria* de Jorge Isaacs[34] à *Huasipungo* ! D'autre part Jorge Icaza ne songe pas assez au lecteur étranger, non-écuadorien, européen (car un Colombien, un Péruvien, doivent, j'imagine, tout comprendre et voir les descriptions à travers leurs expériences locales). En tout cas un lecteur européen voudrait voir de plus près le village écuadorien, la caseria[d] du grand propriétaire terrien (Don Alfonsito), les chozas et les huasipungos[e] des Indiens. Le huasipungo même n'est pas nettement (juridiquement) défini. Est-ce une « concession » héréditaire de terrain ? Il le semble ; mais la base légale n'est pas expliquée, sans doute parce qu'elle est trop connue de tous les lecteurs écuadoriens, et des Pays Bolivariens en général. — Aucune trace de nos naturalistes ou réalistes : Zola, etc. — Ce serait plutôt Pereda[35], Pérez Galdós? L'exploitation et les souffrances des Indiens ne paraissent pas systématiquement surfaites. — Pas d'influences cinématographiques, non plus. — Récit tout droit, découpé en épisodes brefs et bien menés. — Les Blancs oppresseurs, et le couple indien Andrés-Cumshi (Conceptión ?) avec leur guagua[f], — les vrais personnages centraux (imaginer cela mis en « boîte de soldats de plomb ») — laissent un souvenir assez vif. Les comparses du village aussi. Le paysage, moins —, pour le lecteur européen, sans doute. Jusqu'au bout certains mots indiens et déformations indien-

a. Contamination ? Tout en ajoutant un accent, Larbaud a utilisé ici la graphie anglaise du mot qui conserve le même sens dans les deux langues.

b. Espagnol : « Le ciel ouvre la bouche, montrant ses entrailles de lumière ».

c. Espagnol : « ... cloués au bord de l'angoisse », « ... avec la boiterie qui s'appuie sur les béquilles de la furie ».

d. Espagnol : « maisonnée ».

e. Espagnol : « les huttes et les parcelles ».

f. Hispano-américain : « bébé ».

nes de ce castillan (plutôt mêlé d'aragonais que d'andalou) embarrassent le lecteur espagnol. Je me demande si la graphie sh n'= pas j français : Casha pour Calla, comme en Argentine. Le cri de la révolte finale : Nucanchic huasipungo ! paraît quichué[36] pur, et aucune traduction n'est donnée. (Le demander à l'auteur en lui écrivant pour le remercier.)

Paris 18-19 XI

Tout Dimanche sans sortir — ordonnance de V., — et lisant.

Julian Padron

Lu entièrement : Julian Padron *La Guaricha, novela*, Editoriale Élite, Caracas 1934[37]. GUARICHA est à rapprocher de l'Argentine CHINA ; plus précisément, c'est la petite Indienne rustique et à demi esclave des montagnes du Venezuela continental : elle paraît repoussante et sans attrait, mais l'homme qui l'a séduite, qui s'« enguariche », ne peut plus s'en détacher. La même chose se passe en ce qui concerne l'attrait de la terre même où naissent et grandissent las Guarichas, de sorte que « La Guaricha » est cette terre, entre le Llano de l'Orénoque et la haute montagne, cette terre mi-savane mi-cordillère, qui est en effet le principal personnage de ce livre descriptif. (« guaricha » est aussi un terme vezzegiatif[a] : un amoureux dit à sa fiancée blanche : GUARICHA, comme M. disait à Dolores : India, Gitana, etc.

Le vocabulaire et la syntaxe sont plus riches que ceux de *Huasipungo* et, dans un certain sens, plus CASTIZOS[b]. Ou moins simples. Le castillan parlé des personnages est plus « civilisé » aussi ; on dit USTED et non VOS, PUES et non PES. Mais la lecture est considérablement entravée pour moi par un nombre très grand de substantifs désignant des choses autochtones, faune et flore du Venezuela ; et par la spécialisation d'emploi de mots castillans, p[ar] ex[emple] : FUEGO n'est employé que dans l'expression « armas de fuego[c] », partout ailleurs c'est CANDELA, — la candela du fogón[d], la candela des pipes ou des cigarettes, la candela qu'on allume pour les écobuages dans le Llano et sur les pentes de montagnes (on limite ces incendies de défrichement par une « guardarraya[e] »).

Plutôt que novela[f], suite de 5 + 5 + 6 « tableaux », chaque groupe précédé d'une sorte de prologue en prose lyrique du genre « primitif », un peu trop voulu de ce genre, un peu trop « littéraire » dans le sens de littéraire cherché et non trouvé. Les tableaux sont reliés par la présence continue d'un couple de défricheurs, José Mayo et

a. Emprunt à l'italien : *vezzegiativo* signifie « affectueux ». Il s'agit donc d'un diminutif affectueux.

b. Espagnol : « purs ».

c. Espagnol : « armes à feu ».

d. Espagnol : « flamme du foyer ».

e. Espagnol : « un bornage coupe-feu ».

f. Espagnol : « roman ».

sa femme Tilde, et leurs enfants, surtout l'aîné, qui finit victime du paludisme du Llano. La vie de son père se déroule, devant le lecteur, entre deux guerres civiles auxquelles il prend part. Certains personnages intéressants, comme Zarache, le négociant-usurier arménien installé au village qui sert de marché au canton, ne paraissent que dans un tableau. Un bal, dont la description est entremêlée à la « leçon de choses » : culture du café. — Un orage encore (je me fais une collection d'éclairs sud-américains) : « Sobre la montaña sangra la noche, apuñalada por los rayos que abortan las nubes preñadas[a] », (beau, mais plus recherché que l'éclair de Jorge Icaza dans *Huasipungo*). — Scènes d'intérieurs, scènes de travail en forêt et dans les « cafetales » (il faudrait un équivalent français : « plantations de café » est long et détourné.) — Quelques dialogues ; quelques coplas[b]. — Pas de « problème indien », semble-t-il : la peonada[c] de José Mayo est bien traitée, il travaille avec eux, se bat avec eux, à coups de poing ; pas de fuete[d], pas de supplices comme dans *Huasipungo*. Seuls les fugitifs politiques connaissent la faim. Il y a un fonds d'héroïsme (= endurance) chez les gens, hommes et femmes. Un seul passage, mais bien amené et bref, sur le manque de voies ferrées dans le Llano et près de la montagne. — Surtout la partie descriptive vaut, les hommes restant à l'échelle du paysage : on voit la savane et la montagne, les ranchos[e], les cafetales, le réseau des cours d'eau, le village-marché, les routes, et au loin le Llano, bleu et sans limites comme une mer.

En somme cela est plus artistement fait que *Huasipungo*, mais plus trouble, d'une ligne de contour moins nette. Il y a des répétitions. Étant plus « artiste », c'est plus riche. C'est aussi moins réductible au cinématographe et à la boîte de soldats de plomb.

Ce qui me frappe le plus, c'est l'absence d'imitation européenne. On est toujours dépaysé. Le paysage n'a rien de romantique. Mais cette qualité est plutôt négative : absence de. (C'est déjà un grand progrès, — un progrès vers l'indépendance littéraire). Rien de nettement positif dans le sens création. C'est un peu : du castillan en vrac. La matière y est ; il manque une élaboration plus complète.

Pas de « problème gringo » non plus, dans *La Guaricha*. Sauf l'Arménien naturalisé, tout le monde est vénézuélien (ou vénézolan).

Guillaume Apollinaire

Lu aussi la brochure *Apollinaire en Ardenne* (par Christian Fettwes, Bruxelles 1934, mais l'auteur me l'envoie de Verviers). Une

a. Espagnol : « Sur la montagne saigne la nuit, poignardée par les rayons qui font avorter les nuages engrossés ».

b. Espagnol : « couplets ».

c. Espagnol : « l'équipe d'ouvriers agricoles ».

d. Espagnol : « fouet ».

e. Espagnol : « petites fermes ».

aventure d'extrême jeunesse de Guillaume Apollinaire aux environs de Spa (à Stavelot et dans la région de Malmédy encore allemande).

Julian Padron

Dès qu'ils n'ont pas les yeux bien fixés sur un spectacle concret dont la description les occupe entièrement, les prosateurs de l'Am[érique] du Sud (de langue espagnole) tombent dans ce vague abstrait, ce langage « gazeux », qui enlève même au mot « pared[a] » toute substance. Témoins ces 3 prologues en prose lyrique de *La Guaricha.*

Paris, mardi 20 XI

Je commence à être puni de mon travail de cet été : corrections d'épreuves, hier et aujourd'hui : celles de la préface pour Aldo Capasso, renvoyées cet après-midi à Tunis, et celles de la note sur Franz Hellens, qui seront renvoyées demain matin à La Haye. — Correction, aussi, des copies de l'introduction à ma traduction des *Carnets* de Samuel Butler ; une a été remise hier à Jean Paulhan ; demain une autre sera envoyée à Gaston Gallimard. — Ce travail ennuyeux, et qui parfois, en me faisant « revivre » les affres du travail, non ennuyeux, de production me fatigue et m'enfièvre, est largement compensé par de longues flâneries, A ZONZO, per le strade di Parigi[b]. Aujourd'hui : tous 3, déjeuné dans le quartier S. Augustin ; puis seul, — avec Grandmuseau, de la Pl. S. Augustin aux Champs-Élysées, entre chien et loup, le chien étant Grandmuseau heureux de se retrouver sous des arbres et se rêvant peut-être à Valbois, parce que je lui disais, comme au bois : Non scappare[c] ! Et, entre 5 ½ et 7 p.m., grand tour, avec arrêts devant les librairies, Bd S. Germain, r. de Buci, r. Danton, Place S. Michel, etc. Rencontre Léon D., et beaucoup causé en marchant Bd Malesherbes. — De nouveau, tous 3, après dîner, autobus K, Pl. de la République, etc.

Trop de courses à faire et pas assez d'entrain pour me remettre au travail. Une seule lecture, intermittente, genre bréviaire : le t. II récemment paru, et acheté hier, de l'Aulu-Gelle de la Collection Garnier. L'éditeur-traducteur est Maurice Mignon, connu en 1911 ou 12 à Florence[38]. Cela va dans le sens de mes notes hiéronymiennes.

Paris, 21 XI

Froid vif et vivifiant, mêlé de soleil. A.M. : chez le tailleur, et redescendu à pied, avec Grandmuseau, la Rue Royale, puis ébats jusqu'à midi aux Champs-Élysées, côté Avenue Gabriel ; ensuite au Quartier Latin, rentrant, de la rue de Cujas à la r. du Card. Lemoine,

a. Espagnol : « mur ».
b. Italien : « au hasard, dans les rues de Paris ».
c. Italien : « Ne te sauve pas ! »

au milieu des sorties des cours et des écoles. L'après-midi encore, mais seul, après la visite au Dr V., quartier Monceau, puis autour de S. Sulpice cherchant, — mais c'était plutôt un prétexte pour flâner que je me donnais à moi-même, — le livre du P. d'Esplugues. (Stupéfaction d'un vendeur, chez Gabalda, entendant demander un livre EN CATALAN !).

Visite du secrétaire de rédaction de la revue de « grand luxe ». Ce n'est pas Schneider du Creusot qui la commandite ; ou du moins le secret est bien gardé, mais il n'a pas bronché quand j'ai prononcé ce nom. D'après la conversation, l'esprit est un peu rive droite, et on n'est pas très bien renseigné. Exclusions mal justifiées, inclusions idem ; on se défend de suivre la mode et on méprise le « snobisme » (ce vieux mot éculé, d'anglais hautain traîné dans la boue continentale), mais on dit que Gide « n'est plus à la mode », que la renommée de Maritain était faite de « snobisme », etc. En fait la mode littéraire va par zones de lecteurs : les 200.000 ; les 100.000 ; les 50.000 ; les 10.000 ; les 5.000, les 1.000, qui sont les vrais connaisseurs, les gens qui comptent. *Éléments*[39] appartient à la zone des 10.000 avec effort pour se renfermer dans la zone des 5.000. D'où le choix des auteurs qu'ils ont annoncés dans leur prospectus et dont la plupart sont de la zone des 1 000, avec extensions plus ou moins constantes vers les zones des 5 000 et des 10.000, mais quelques-uns sont de la zone des 5 000 sans être de celle des 1 000.

Ainsi *Éléments* pèche par un léger défaut d'information et par rivedroitisme (!), tandis que la revue à laquelle j'ai par principe refusé d'avance ma collaboration pèche par le mauvais choix de son administration, — choix effrayant parce que la « popolana[40] » y voudra faire entrer ses « copines » et peut-être y collaborer elle-même. J'ai donc promis quelque chose, sans préciser, à *Éléments*, pour février 35 ; et il s'est trouvé que Paul Valéry avait répondu de la même manière. La revue elle-même paraît n'avoir pas encore assez d'abonnés pour aller plus de 3 à 4 mois. Elle paiera pourtant les collaborations environ 3 francs la ligne, ou 500 francs pour 200 ll. et 1 000 pour 400 ll. Ils paraissent ne pas désirer des débutants ni des « inconnus » (= des gens connus de la 1re zone, ou d'une partie des 1 000). J'ai combattu cela, et j'ai indiqué les *Cahiers du Sud* comme un endroit où trouver des débutants et inconnus intéressants, et j'ai beaucoup recommandé Saint-John Perse (il lui écrira à *La NRF* comme s'il ignorait son vrai nom) et Emmanuel Lochac, de qui j'ai donné l'adresse.

Nous avons été bien peu ensemble aujourd'hui, Mariuccia et moi et Laeta.

La différence énorme qui paraît entre 7 ans et 11 ans, par exemple. Déjà 9 ans, à côté des 7 de Laeta, paraît une grand-mère ! Ce matin à la petite poste, une enfant entre 11 et 12 ans, — sûrement pas plus, — s'intéressait à Grandmuseau, avait envie de le caresser, et j'avais le sentiment d'avoir affaire, de parler, à une jeune fille ! L'attitude seule, la façon de regarder, était toutes différentes de ce qu'auraient été, en pareil cas, celles de Laeta : il y avait plus de réserve, plus de prudence, une attention plus réfléchie, un sourire, tandis que Laeta aurait ri, aurait parlé au chien, se serait baissée vers lui. Celle-là s'inclinait, simplement, gardait la distance, n'aurait rien dit si je n'étais pas intervenu.

Je regarde de temps en temps la traduction de Maurice Mignon en face de son Aulu-Gelle[41]. Pas de contresens, bien entendu ; mais une certaine raideur et simplification des contours. Aussi des choses qui surprennent : les GRACCHES pour les Gracques ; les mots ajoutés parfois mal choisis : dans l'anecdote des prisonniers romains envoyés par Annibal au Sénat pour traiter d'un échange et qui avaient juré de revenir, en cas d'échec de leur mission, au camp carthaginois, deux seulement étant restés à Rome parce qu'ils avaient « tourné » la loi du serment (en rentrant aussitôt après au camp, pour en sortir de nouveau « injurati[a] », pour : « eos tamen, qui ad Hannibalem non redissent, usque adeo intestabiles invisosque fuisse, ut taedium vitae ceperint, necemque sibi consciverint », il a : « Mais il ajoute que les deux lâches se virent l'objet d'un tel mépris et d'une telle haine, que dégoûtés de la vie, ils se donnèrent volontairement la mort. » Tout le début de la phrase ne correspond à rien dans le texte, et « les deux lâches » ne convient pas du tout ; on ne peut guère les accuser de lâcheté ; plutôt de fourberie ; ils sont « intestabiles » (le terme est légal : on ne peut recevoir leur témoignage) et « invisi[b] » parce qu'on les soupçonne toujours de faire quelque restriction mentale. La fin de la phrase : ... de la vie..., la mort, est très lourde et maladroite. **Aulu-Gelle**

Cela se rapporte, mais de loin encore, à la détérioration de l'instruction publique. Le français des journaux, avec l'aide des typographes, paraît se corrompre de plus en plus ; les désinences et les accords ne sont plus observés ; on lit souvent l'infinitif là où il faut le participe passé : « il avait envoyer » ; beaucoup

[*Une page arrachée.*]

[juge]ments portés sur lui étaient assez autorisés, pour qu'un universitaire absolument dépourvu de goût personnel, d'initiative de lecteur, et de sens critique, pût s'occuper de lui à coup sûr, et se sentir soutenu par la masse d'opinions déjà accumulées autour de l'œuvre de cet auteur. — Ceux d'à présent, partant de 1900 comme de la date la plus lointaine, trouvent le « recul » dans la critique des journaux et des revues, et dans la réclame des éditeurs.

a. Latin : « sans avoir juré ».
b. Latin : « odieux », c'est-à-dire objets de haine.

Aulu-Gelle

Attirant, chez Aulu-Gelle, la présence devinée, invisible, de sa bibliothèque ; surtout lorsqu'il renvoie à un passage d'un auteur, grec ou latin, que nous avons perdu, et ne le cite pas, — tandis qu'après cela il cite Euripide ou Virgile tels que nous les savons par cœur. On y voit le rayonnement d'œuvres comme celles de Nigidius, de L. Cornelius Sisenna, de Licinius Calvus. Il avait son Varron[42], près de lui, comme les gens des XVIIIe et XIXe siècles avaient leur Bayle[43].

Paris, jeudi 22 XI

Beaucoup mieux ; encore une excellente, et presque froide, journée de paresse. — Déjeuné chez Marcel Thiébaut dans son nouveau logement de la rue du Pré-aux-Clercs. Nous étions 5 ; il y avait une femme, et Emmanuel Boudot-Lamotte. Appétit et bonne chère. — Promenade à pied, en zig-zags, dans le quartier, r. des Saints-Pères, Bd S. Germain, S. Germain-des-Prés, rues Bonaparte, de Seine, Jacob, allant et revenant, r. Cardinale, r. Guénégaud, le Quai, etc., voyant beaucoup de peinture et en trouvant peu à goûter. Arrêts aux librairies. Entré à la Monnaie pour voir les dernières « éditions », et il y avait un Ravel assez bon, son grand long profil curieusement stylisé. La Monnaie devrait procéder comme certains photographes de notabilités, et on devrait pouvoir y trouver des médailles de toutes les célébrités, au moins les françaises. — Retour au Bd S. Germain par la r. de l'Ancienne Comédie. — Taxi r. Gay-Lussac et la Librairie Espagnole pour commander le livre du P. Miguel d'Esplugues. — À 5 p.m. à la maison ; lu, bricolé, fino all'arrivo del giovane traduttore di *Further Extracts*[a]. Maintenant c'est l'entente parfaite, et tout va bien en Erewhon. Je l'ai encouragé à continuer et à terminer la trad[uction] de *Further Extracts*. Je le vois très bien me succédant comme traducteur de S. B. Je lui ai parlé aussi du *Diary* (ou des *Diaries*) parisien d'Arnold Bennett[44]. Il pourrait y avoir là des choses intéressantes pour un public français : A[rnold] B[ennett] a connu tant de gens à Paris. — Petit tour à pied dans le quartier, avec Grandmuseau, avant dîner.

Samuel Butler

Oublié de noter Edmond Prévost et les Norvégiens, (R[égimen]t d'Infanterie de la Garde, 1900-10, chapeaux à plumes et pantalons gris à 2 bandes blanches, très caractéristiques, ibseniens, bjornsoniens) qu'il m'a apportés avant-hier. Il peint de mieux en mieux, et ses affaires paraissent aller mieux aussi.

« Les plis sinueux des vieilles capitales » s'identifie bien à tout ce quartier de voluptueuse flânerie picturo-libraire compris entre r. du Bac, Quai, Bd S. Germain et r. de l'Ancienne-Comédie, et même jusqu'au Bd S. Michel. Surtout par des journées froides,

a. Italien : « jusqu'à l'arrivée du jeune traducteur de *Further Extracts.* »

courtes, non trop brumeuses, comme celle-ci, for which Gloria in excelsis Deo[a].

Je me suis trouvé seul à défendre Claudel à propos de *L'Otage*, et j'y ai tôt renoncé parce que les attaques ne m'ont pas semblé fair[b] ni de gens au-dessus des modes. Les noms : TURELURE impossible et puéril. SYGNE DE COÛFONTAINE « coco », démodé, « art-nouveau », etc. Mais dans la pièce Turelure existe assez pour faire admettre son nom « impossible », et Sygne de C. a été formé d'après Mlle de Saint-Cigne (ou Cinq-Cygnes) de Balzac dans *Une ténébreuse affaire*, et il me semble que là aussi le caractère du personnage et la situation dramatique soulèvent le nom au-dessus des modes démodées de l'époque où il a été inventé par Claudel. Du reste « Sygne », de quelque façon que cela s'écrive, est un nom qui convient très bien à un personnage de dialogue : bref, doux et fort, un peu secret, avec les idées associées de l'oiseau et de « signe ». Plusieurs situations aussi leur paraissaient « coco » et ridicules. Cela était sincère, et ni la renommée grandissante de P[aul] C[laudel], ni sa situation sociale, ni sa prochaine entrée à l'Académie, n'y étaient pour rien. **Paul Claudel**

Ils ne lui opposaient personne ; ce n'était pas contre un Racine de leur goût et de leur enthousiasme que je criais Vive notre vieux Corneille. Les autres aussi, que je ne défendais pas, ont eu leur part des « coco » et de la nullification.

Paris. Samedi 24, XI

Hier. — Vu de la plate-forme d'un autobus P[aul] L[éautaud] ; il avait un manteau sans manches, à capuchon, d'un brun monacal, et un chapeau en homespun, dont le mélange donnait, à distance, un gris-clair agréable ; il le portait arrondi et la coiffe baissée. Il peut se permettre cela : parce qu'il a du talent et parce qu'il s'est arrangé pour que sa renommée ne dépasse pas la 1re zone. Cependant je n'approuve pas cette manière voyante de se vêtir ; elle ressemble à un procédé facile d'écriture. On y voit la crainte de paraître quelconque, — une faiblesse ; alors que la force doit produire un désir contraire ; se connaissant original et bien soi, on veut paraître quelconque. P[aul] L[éautaud] est fort. Son français est de bonne qualité, presque toujours, et sa pensée nette et active. Sa façon de vivre, d'être, est un modèle pour tous les artistes. Elle indique : « Plus on a de talent, plus on éprouve de plaisir à exercer ce talent, et plus on doit s'effacer, le cacher, demeurer socialement anonyme. » Aussi, d'autre part, cette ALARDE DE ORIGINALIDAD[c] qui consiste à s'habiller comme il fait, est choquant chez lui. On peut

a. Anglais et latin « pour laquelle loué soit Dieu au plus haut des cieux. »
b. Anglais : « loyales ».
c. Espagnol : « étalage d'originalité ».

croire qu'il se dit : « Sur 20.000 personnes qui me voient chaque jour dans la rue, trois ou quatre savent qui je suis, me respectent, me tiennent pour un des meilleurs prosateurs français contemporains, et sont, par conséquent, indulgentes pour ma façon de m'habiller ; les autres me prennent pour quelque rapin besogneux, et cela m'amuse. » En fait, l'idéal d'écrivain qu'il représente à mes yeux n'est gâté que par deux défauts : quelques boutades de mauvaise humeur çà et là, et cette manie vestimentaire qui indique chez lui le désir de ne pas passer tout à fait inaperçu. D'ailleurs il était presque élégant, en comparaison de la touche de gratte-papier noir et malpropre que je lui ai vue quelquefois.

Je l'ai comparé à Φ, qu'on appelait « le bon poëte Φ », un poëte sans œuvre, ou presque, habile pasticheur et archaïsant, mais rien de plus. Lui aussi, — que je n'ai jamais rencontré, — devait avoir quelque infirmité vestimentaire ; du moins on le supposait, à le voir très souvent cité par de nombreux camarades dont les conversations, les notes et échos imprimés, formaient toute sa réputation. Lui-même, de temps en temps, publiait, ou faisait publier, quelque remarque caustique, quelque petit aboiement aux talons de confrères dont le succès (ou un succès) l'agaçait. Quand cette vague Académie Lyrique[45] où Royère m'a fait entrer s'est fondée, il a mis en circulation une remarque d'« indépendant » contre ce qu'il prenait pour notre « arrivisme » ; il demandait quel uniforme nous nous donnerions, comme si c'était là une réflexion mordante ; c'était précisément celle que j'avais faite, mais comme une plaisanterie sans intention méchante, en remerciant le secrétaire qui m'avait annoncé mon élection. Sûrement Φ avait été fâché qu'il ne fût pas question de lui dans la liste de ces Académiciens d'une Académie-fantôme (ou presque), et cette demande : Quel uniforme porteront-ils ? était ce qu'il avait trouvé de plus méchant à dire, comme sfogo[a] à sa déception. Il y a toujours, dans Paris, un ou deux de ces « bons poëtes » dont le nom est souvent cité, dont les « mots » circulent, et qui se donnent comme des indépendants irréductibles, volontairement bohèmes, éloignés avec emphase de tout ce qui est honneurs, positions officielles, salons littéraires, etc. Tout cela semble indiquer du talent, et on acquiesce sans examen au bien que disent de lui ses camarades qui le croient un grand homme ; et puis, quand on va voir l'œuvre on trouve de sages pastiches, des exercices de collégien qui a bien lu Villon, Marot et Mellin de Saint-Gelais[46]. — P[aul] L[éautaud], qui a produit une œuvre, représente la réalité, méconnue, de l'ombre et de la figure que sont ces « bons poëtes ».

Ces pasticheurs et archaïsants qui font tant parler d'eux et qui se croient méconnus doivent penser qu'ils représentent la tradition,

a. Italien : « exutoire ».

qu'ils la prolongent, qu'ils sont les seuls vrais poëtes français de leur temps ; et ils croient que les poëtes « modernes » et d'« avant-garde » sont des ignorants qui n'ont jamais lu les poëtes des XVe, XVIe et XVIIe siècles. J'ai remarqué que les plus insignifiants d'entre eux avaient un faible pour Mathurin Régnier.

Excellent début de note dans les *Nuits Attiques*, livre XI, 3, sur « pro ». « Quando ab arbitriis negotiisque otium est, et motandi corporis gratia aut spatiamur aut vectamur, quaerere nonnumquam apud memetipsum soleo res ejusmodi... velut at, quod nuper in Praenestino recessu, vespertina ambulatione[a]... » etc. Après cela, peu importe que la note ne soit faite que d'une suite de remarques sans conclusion. L'homme pensant dans un temps et dans un lieu déterminés nous fait place à côté de lui sur une route, à la tombée d'un jour de sa vie. (La traduction a supprimé, ou elle oublie, la vespertina ambulatio, et « vectamur » est imparfaitement rendu par « je me promène à pied (spatiamur) OU AUTREMENT » : il a cru raccourcir, mais au contraire il faut s'arrêter pour rejoindre, par réflexion, le sens de « vectamur ». Il est vrai que VECTOR n'a pas d'équivalent français : ce peut être à cheval, ou en litière, ou en voiture. Il vaudrait mieux donner plus d'importance à l'idée de promenade en disant :... et que, pour prendre de l'exercice, je fais des promenades, soit à pied soit autrement (ou : soit par d'autres moyens de transport). **Aulu-Gelle**

Encore P[aul] L[éautaud] et les « bons poëtes X. » — Il faut être un écrivain de grand talent pour prendre l'attitude « indépendante » et refuser d'avance les « honneurs » et les situations sociales privilégiées. Ou bien, et c'est le cas le plus fréquent, il faut avoir, avec beaucoup de vanité et une trop haute opinion de soi, le sentiment confus d'une infériorité sociale. On trouve aussi l'attitude indépendante adoptée comme une tactique : l'artiste pense qu'on (ses camarades, ses admirateurs, le public en général) lui saura gré de se tenir à l'écart. Mais une véritable indépendance n'est pas si intransigeante ; elle accepte ou refuse, selon son humeur du moment, les honneurs, les invitations, les situations sociales, qui se trouvent assez à portée de sa main pour qu'elle les obtienne sans grand dérangement ; elle croirait, en les refusant, toujours, manquer de charité et de bienveillance, ou paraître orgueilleuse et infatuée de l'idée qu'elle a d'elle-même. En somme, l'artiste de quelque valeur, après avoir fait un minimum de démarches pour faire connaître ses premiers livres, ou tableaux, ou morceaux de musique,

a. Latin : « Quand les jugements à rendre et mes affaires me laissent du loisir, et que, pour prendre de l'exercice, je fais des promenades, soit à pied, soit autrement, j'ai coutume de m'interroger sur des questions de ce genre... ainsi, séjournant récemment à Préneste, au cours de la promenade du soir... »

rassemble autour de son ouvrage assez de connaisseurs, de sympathisants et

[*Deux pages arrachées.*]

que plusieurs autres, tels que « l'homme en baudruche » ou tant de gens qui ont eu des pièces jouées un peu partout.

La journée d'hier : « Franz Hellens » publié dans *Les Nouvelles littéraires*, et placé, par une délicate attention de Maurice Martin du Gard, dans le voisinage d'une autre « pièce de circonstance » de Paul Claudel[47]. — Visite au Dr V. ; puis à Jean-Aubry ; puis laissé ma carte chez le Cte Zucchini-Solimei qui avait fait une visite r. du Card. Lemoine en mon absence ; puis à Radio-Paris pour savoir ce qu'on attend de moi au sujet de la radio-diffusion d'une courte « causerie » sur Maurice Scève. Ce sera entre le 15 I 35 et le 1er II[48]. J'ai vu l'auditorium où je parlerai. Une petite pièce toute tendue de rideaux de velours ; on est assis à une table ; l'appareil récepteur est à plus d'un mètre du visage du conférencier. J'aurai plaisir à lancer de là quelques dizains de la *Délie* par toute la France, avec quelques renseignements sur Scève et ses éditeurs modernes : Bertrand Guégan, Eugène Parturier, etc. — Entre ces courses, flâneries à pied quartier Opéra, r. St Honoré, r. de Rivoli, r. Jean-Goujon, etc.

Aujourd'hui : courrier d'affaire ; conduit Laeta à Ste Barbe où sa maîtresse l'a revue avec plaisir ; et payé la pension jusqu'au 1er Janvier. Avant 5 heures, tous trois, chez le vétérinaire pour Grandmuseau indisposé depuis deux jours (embarras gastrique).

Deux livres au courrier du matin : Argentine et France (mais le français vient de Rome). Je les ai parcourus ; l'argentin (une femme, qui m'avait déjà envoyé un recueil de poèmes) me paraît mériter un peu d'attention[49] ; le français est faible. Il y avait aussi un bulletin envoyé par l'INSTITUTE OF FRENCH STUDIES de la Columbia University, New York ; et envoyé par l'auteur d'un livre que je compte chercher parce que, s'il est fidèle à son titre, il

[*Trois pages arrachées.*]

d'aller à Ste Barbe prendre Laeta. Tout y est faible : les idées, le langage, la conclusion ; aussi mauvais que les plus insignifiants « alcans » d'avant 1914-18. Et c'est un des grands maîtres de la jeunesse, paraît-il[50].

Au courrier du soir un volume de poésies envoyé de Portugal. J'avais justement commencé, hier soir, la lecture d'un des livres

José Régio

portugais emportés de Valbois : *Jôgo da Cabra Cega* par José Régio[51]. Se présente comme un quelconque roman jusqu'ici (p. 21), mais une seule page contient plus de substance que tout le volume d'Henri Delacroix.

Je trouve commode, pour traverser la rue S. Jacques entre Place de la Sorbonne et Sainte-Barbe, de prendre le corridor de la Sorbonne, côté Faculté des Sciences. Là aussi, beaucoup d'étudiantes. Une jeune géologue blonde ! Je suppose qu'il n'y a pas, en sciences, de choses comme « le chien dans la littérature française de 1830 à 1845 ». Je veux dire : pas de niaiseries et de recherches absolument inutiles comme celles que peuvent inventer les professeurs de Lettres (et de Psychologie). Sûrement l'enseignement des sciences ne peut pas être, si minutieux qu'il soit, complètement stupide comme celui de l'histoire littéraire ! Quant à la psychologie, d'après ce livre d'H. Delacroix on pourrait croire que c'est le genre d'études qui se rapproche le plus du gâtisme précoce.

Laeta ramenée AU DESSIN par cette reprise de contact avec la classe. Elle a d'abord fait quelques « lettere bambine » : a, i, o[52] ; mais tout de suite après elle m'a demandé du papier et le taille-crayon pour ses crayons de couleurs. Toujours la même difficulté à obtenir d'elle un récit de sa journée à Sainte-Barbe. Des bribes lui en reviennent peu à peu, mais rien n'est clair.

Paris, 27-28 XI

Achevé José Régio, *Jôgo da Cabra Cega*. Le plus intéressant des 4 livres emportés de Valbois, parce que **José Régio**

Cazador de Sombras : intentions non réalisées ; reste à la surface du sujet ;

Huasipungo

La Guaricha : tout en faits

Jôgo da Cabra Cega : faits entièrement subordonnés à l'examen de conscience et à l'oraison mentale.

Schéma de réduction aux éléments : la Conscience, l'*Eu* ; Pedro Serra. — Le chœur autour de la *Cabra Cega* (Tout à votre propre vanité, vous ne voyez pas les autres) : *o Grupo* (intellectuels de café). —

L'instrument du progrès moral et le directeur du jeu : Jaime Franco. — Victimes et comparses : la logeuse de Pedro Serra ; Mlle Dora ; le père et la mère de Pedro Serra.

Du *Neveu de Rameau* (+ les introspectifs du roman russe du XIXe siècle, particulièrement le héros du *Sous-sol*[53]) aux contes galants du XVIIIe mais ces scènes-là sont décrites dans un tout autre esprit (introspectif ; oraison ; une idée de Dieu toujours présente, — ce qui ne se conçoit pas chez les petits « polissons » du XVIIIe Siècle).

Pas d'influences étrangères (non-portugaises) visibles ; en dehors des très générales déterminantes qui ont fait prendre à l'auteur le chemin de l'examen de conscience.

Le style est attachant. Les morceaux descriptifs, courts et rares, bien venus. Dialogues trop longs. En général, livre trop allongé par des répétitions. Ponctuation remarquable : !, ! :

Après l'Ego, Jaime Franco personnage central. Un peu de Méphisto. Chevalier d'industrie, souteneur, escroc, maître-chanteur :

partiellement intellectuel, « philosophe » (*Neveu de Rameau*). Développement (?) d'un personnage mineur qui apparaît chez Eça de Queiroz.

Phases : 1° Pedro Serra petit employé-intellectuel (professeur libre), le premier bourgeois de sa famille, — mais la famille serait bourgeoise en Amérique : traditions « corporatives », attaches déjà sorties du menu peuple. Vie de garçon sage, régulière en-dehors des discussions du Groupe et des examens de conscience, minutieux et bien conduits, auxquels ces discussions donnent lieu.

2° Rencontre de Méphisto-Franco et de ses confidences cyniques : effet de déniaisement (trop) immédiat, dont la description est conduite (un peu) en comédie : se complaît à imaginer la mort de ses parents, un moyen de tuer son père, cardiaque ; viole sa logeuse et la tourmente (moralement) cruellement (scènes un peu longues dans le souvenir du lecteur, mais le dessin en est attachant).

3° Reconquête momentanée de l'équilibre moral par la catharsis qui consiste à composer un portrait littéraire de Jaime Franco à qui il s'identifie.

4° Retombe sous l'influence de Méphisto à travers Mlle Dora (la maîtresse, prostituée, qui entretient Méphisto). Nouvelle catharsis, plus complète que la composition du portrait de Jaime Franco, par le « jeu de la chèvre aveugle » proprement dit : (trop) longue scène délirante d'explications avec chacun des personnages du Groupe, — scène très dostoïevskienne (*Le Sous-Sol*).

5° Scène finale avec Jaime Franco et le patron du café-maison-de-rendez-vous, — deux personnages « heureux dans le mal », et dont Pedro Serra prend la mesure, — les dépassant dans son sens personnel, les laissant en arrière ; mais jusqu'au bout Franco-Méphisto même et surtout lorsqu'il montre à Pedro Serra comment il « opère » en qualité de souteneur et d'escroc, dirige le jeu, dirige la conscience de Pedro Serra.

6° Crise du retour à l'équilibre moral, et au Bien. Une grosse invraisemblance (le télégramme mal lu et la confusion mentale qui fait croire à Pedro Serra qu'il a écrit et envoyé la lettre destinée à tuer son père). La hantise du suicide (comme dans *A Capital* d'Eça de Queiroz). Le « retour au bercail ».

Cette réduction fait apparaître les ficelles que le style et l'arrangement cachent sous l'illusion du spontané et de la vie quotidienne. Dans le souvenir du lecteur, trop de dialogues et de répétitions. Le livre trop long : qui songerait à le relire ? Dans la mémoire, l'excès de gestes, de visages pâlissants et rougissants, de gifles échangées, de fronts en sueur, et de scènes de café en général, fait une masse de répétitions inutiles. — Sans *Le Neveu de Rameau*, Jaime Franco serait invraisemblable. Les gens du Groupe ne sont pas très nets malgré le grand nombre de fois où ils nous sont montrés. — La logeuse sentimentale et dévote doit être un peu conventionnelle dans les romans portugais. — L'ensemble est cependant très lisible une fois, et le style donne une impression de richesse et précision.

José Régio

La lecture d'un livre comme *Jôgo da Cabra Cega* fait du bien en fortifiant (ou en excitant) chez nous l'attention à la vie, à autrui, et la souffrance de notre vanité, et le déni de la charité. — C'est cela qui fait que des romans contemporains ne sont pas encore tout à fait illisibles. Mais combien de minerai pour un peu d'« Ore » !

Sans parler du récit et de l'étalage en 300 pages, ils sont « romans » encore dans ce sens que les personnages sont des chevaliers, des seigneurs, tous étant pris par leur côté intellectuel, même quand ils ne sont pas des intellectuels purs, par inclination ou par profession. L'intérêt s'est déplacé de l'homme d'épée à l'homme de plume, par degrés, avec un entre-deux. Quels chevaliers, quels seigneurs, succéderont à ceux-là ?

[*Deux pages arrachées.*]

Dondey de Santeny

Toute la journée du 29 (jeudi) occupée par l'arrangement définitif de la réduction du « Dondey de Santeny » pour *La Revue de Paris*. Marcel Thiébaut venant à 6 ½ p.m. je tenais à la lui remettre. Cette réduction m'a fait voir quelques choses à retrancher et à ajouter pour l'impression en plaquette, puis en volume.

Bonne et longue causerie, entre 6 ¾ et 7 ¾ avec Marcel Thiébaut, parlant de beaucoup de choses, parisiennes et littéraires. Lui aussi est sollicité de divers côtés en faveur de cette *Vie de Leopardi* dont j'ai dû lire le MS cet été à Valbois ; et comme moi, il la juge quelconque.

Après dîner tour à pied, seul avec Grandmuseau encore tout joyeux de se sentir convalescent, et apte à uriner et à déféquer : a new lease of life[a]. Rues Monge, des Écoles, Bd S. Michel, rue Soufflot, Place du Panthéon, rue Clovis e casa ; avec arrêts librairie Picard et Capoulade (chocolat et ¼ Vichy). Lectures de journaux ; articles nécrologiques et anecdotiques sur Philippe Berthelot. Le meilleur, comme compréhension, est celui de Paul Morand[54]. Les anecdotiques sont involontairement caricaturaux, et inutiles.

Courrier en retard ; travail à peu près nul ; lectures désordonnées ; visites nécessaires non faites (ainsi Leger, que j'aurais plaisir à voir, et que je DOIS voir pour M. Georges St Guéorguieff à qui je l'ai promis et qui a un besoin urgent de la bourse de séjour du Ministère des A[ffaires] É[trangères]), — mais c'est faiblesse physique, sommeil très irrégulier. Je le vois à mon écriture ; la vue aussi est affaiblie, fatiguée vite.

a. Anglais : « une nouvelle jeunesse ».

Paris, 30 XI (Venerdi)

Le retard apporté à répondre aux lettres n'est pas toujours regrettable. Celles que je colle ici en sont la preuve. It is BUMPTIOUSNESS rather than OUTRECUIDANCE, — but all the same[a]...

[*Deux pages arrachées ; les documents annoncés ont disparu.*]

à la lettre de l'[*Un mot illisible*], et montre partout ces deux documents.

CAFETAL, los Cafetales. — Je viens d'en trouver l'équivalent français, attesté en 1792, dans Ferdinand Brunot, tome VI, vol. I, p. 339, n. 3 : CAFEYRIE (s). Qui se modernise facilement : Cafërie. « Aux Caféries du Brésil » ferait une bonne enseigne. — Vraiment le meilleur dictionnaire de la langue française serait (ou sera ?) le lexique général de l'*Histoire* de Ferdinand Brunot[55].

Quelques pp. plus loin, une bonne graphie de La Condamine[56] pour la lettre espagnole jota : Hh (double h) : Hhévé (Jeve).

Décembre

Paris. Samedi, 1er XII

Suite des nuits mauvaises : dormi de 11 h ½ p.m. à 2 ½, 3 h a.m. : le sommeil ne revenant pas, je me lève avec l'intention d'attendre le jour, et alors je sortirai ; mais au lever du jour la fatigue est venue (sans que j'aie fait autre chose que lire, ou écrire dans ce carnet) et je me couche avec l'intention de me relever au bout d'une heure ou deux, mais je dors jusqu'à 10 ½ 11 h a.m ; même si j'ai eu la force de sortir du lit. Ainsi l'après-midi devient pour moi la matinée, et le sommeil auquel je cède entre 10 ½ et 11 h p.m. est une sorte de sieste après dîner. J'ai du moins profité de cet état de choses, la nuit dernière, pour répondre à quelques-unes des lettres les plus urgentes. Il y a dans cet horaire perte de temps et fatigue, surtout de la vue, et je vais tâcher de réagir. Mais j'ai eu des périodes d'in-

[*Deux pages arrachées.*]

[...]manes. Ceci est bien :

Ribeiro Couto

Manhà nevoenta, manhà boa.

UM POUCO FRIA, delicada...

Choses concrètes, simplement dessinées comme dans *Songs of Innocence*[57] (The little boy — Full of joy : the little girl — sweet and small, etc.) Ses « pluies » sont assez bien réussies dans ce genre. Moins l'exclamation très anti-poétique, j'aime ceci, comme début :

Oh ! a doçura DOS DIAS ASSIM...

a. Anglais : « C'est de la suffisance plus que de l'outrecuidance, — mais quoi qu'il en soit... »

Thèmes qui vont de ceux de François Coppée (mais aussi des Intimistes, de Sainte-Beuve, Desbordes-Valmore, Hugo, Verlaine) à Jules Laforgue, à Francis Jammes. Cela, et le ton, doivent être neufs dans la poésie brésilienne. Il le dit :

Minha poesia é toda mansa,
Nâo gesticulo, nâo me exalto...
Meu tormento sem esperança
Tem o pudor de falar alto.
... Eu, porém, sou da minoria...[58]

Quelques traces de « parlé » ; répétitions encore « éloquentes », théâtrales ; mais là même la sourdine persiste, et l'amour et le respect des mots.

Encore Passy et des recherches d'appartements l'après-midi avant la visite de 6 ½ p.m. au Dr V. (que j'ai trouvé relisant Fustel de Coulanges). Revu ainsi le n° 6 de la rue Eugène Manuel, très patiné, et où j'ai essuyé les plâtres en 1910, pendant les inondations[59]. Passé devant chez Leger, devant chez Marcel Prévost, devant les anciens domiciles de Bergson et de Royère. Rien trouvé de tentant et dans nos prix, sauf rue de Chernowicz, et encore...

Dîné dans une brasserie presque neuve de la Porte Champerret, après le coin de l'avenue Stéphane Mallarmé. Le maître d'hôtel, parlant à un habitué, a dit, pour les musiciens du petit orchestre, en habit de cérémonie : « Le Gouvernement. » Laeta avec nous toute la journée, et toute la journée sans nous quitter. Mariuccia tâo boa e eu[a].

Paris, lundi 3 XII —

Meilleur emploi du temps, au moins au point de vue sommeil. Dormi sans interruption de 1 h ½ a.m. à 10 a.m. ; et promenade de 11 à 12 ½, passant à Sainte-Barbe, puis r. de la Sorbonne, Bd S. Michel, rue Soufflot, etc. Grandmuseau m'accompagnait. — P.M. : Dr V. (m'a trouvé pouls 90, contre 72 à la première visite.) — De nouveau Passy et des appartements av. Mozart, r. Singer, r. des Vignes, etc. La pluie persistante nous oblige à nous réfugier dans un café de la Pl. de Passy. — Puis chez Marcel Ray, de qui j'avais eu enfin un mot au courrier du matin. Nous avons pris rendez-vous pour mercredi soir, à l'hôtel où il sera, son déménagement s'achevant demain mardi ; et jeudi ils partent, par la route, pour Tirana. Ils emportent une partie de leurs meubles à la Légation. M'a raconté son arrivée à Durazzo et son premier court séjour à Tirana. Photos de la remise de ses lettres de créance, et de la Légation de

a. Portugais : « Mariuccia si bonne et moi. »

France. Marcel en grand uniforme, tout chargé de broderies d'or, passant devant les troupes albanaises au port d'arme, etc. C'est agréable de voir un ami ainsi, en quelque sorte, relié et doré sur tranches, dans une situation à la fois sûre et socialement brillante. Mais lui, en voit aussi les inconvénients, l'éloignement de Paris, la petitesse de la résidence (d'après ses descriptions et les photos, une sorte de Cettigne (de 1904[60]) multipliée par 3) etc. Je crois qu'il préférait sa présidence de la Commission du Danube, malgré les longs déplacements. Enfin, j'espère bien que le Dr V., et les circonstances, nous permettront d'aller le voir à Tirana.

Paul Claudel

La candidature de Claudel à l'Académie se précise, et on voit çà et là des « manifestations hostiles » comme il y en a presque toujours contre les candidatures des écrivains qui dépassent de beaucoup le niveau académique. Je ne sais plus (ça a si peu d'importance en histoire littéraire) si Hugo et Lamartine, Musset et Vigny, ont été brimés de cette façon, et si on les a fait attendre : mais enfin les seules élections contestées, jugées, par le public en général, scandaleuses, indignes de l'Académie, et en quelque sorte frauduleuses, ont été, de mon temps, celles de Henri de Régnier et de Paul Valéry. Toutes les médiocrités, et les gens « de 1er ordre sans plus » sont entrés là au milieu de l'approbation générale. La coupure que voici, prise entre une 20aine qui me sont passées sous les yeux, indique ce qui se prépare pour Claudel[a] :

Notre ambassadeur à Bruxelles, M. Paul Claudel, dont L'Otage *vient d'entrer, toutes bannières déployées, au répertoire de la Comédie-Française*[61]*, pose sa candidature au fauteuil qu'a rendu vacant la mort de Louis Barthou.*

La nouvelle est officielle.

Est-ce à dire que l'Académie française comptera bientôt trois auteurs dramatiques au lieu de deux, deux seulement depuis la disparition de François de Curel et de Porto-Riche : Henri Lavedan et Maurice Donnay.

Je n'en sais rien, n'étant pas dans le secret des immortels.

Aussi bien, M. Claudel ne se présente pas comme auteur dramatique exclusivement, et il a raison, bien que le théâtre lui doive, avec L'Annonce faite à Marie *et* L'Otage*, d'autres ouvrages, tels que* Le Pain dur *et* Le Père humilié*, outre* Les Choéphores *et* Les Euménides*, traduits du grec.*

C'est un bagage, évidemment, mais auquel les académiciens étrangers à la scène préféreront peut-être les Poèmes *ou les* Feuilles des saints *de M. Claudel, qui a plus d'une corde à sa lyre.*

a. Nous recopions ici ladite coupure.

Quant aux auteurs dramatiques, M. Claudel ne leur est pas, que je sache, beaucoup plus familier... Mais ils ont entendu parler de lui. Ils vont faire connaissance, à la première visite du candidat, tout au moins.

Reste l'ambassadeur. Celui-ci, en Chine et à Washington, a donné la plus vive satisfaction à Philippe Berthelot, qui le protégeait. Il n'est plus là, malheureusement, et l'accueil fait à L'Otage *ne suffit pas pour emporter la majorité des suffrages.*

Si l'élection de M. Claudel entr'ouvrait la porte à d'éminents auteurs dramatiques qui battent la semelle devant, l'auteur de L'Annonce faite à Marie *s'honorerait en disant au premier de ces messieurs : « Donnez-vous donc, à votre tour, la peine d'entrer ! »*

Lucien Descaves

Mais, en somme, ces querelles sont affaires de village, de petites gens de village. Cependant je ne comprends pas pourquoi Claudel fait cet acte de modestie (par esprit de mortification peut-être ?)

(Je me demande quels sont ces « éminents auteurs dramatiques » qui « battent la semelle » devant la porte de l'Académie. Mais je vois bien que le génie est toujours méconnu, quels que soient les « honneurs » qui lui sont attribués.)

Dans le même ordre d'idées littéraires, reçu aujourd'hui une petite revue de Jeunes-Mécontents qui ne fait qu'apporter une rumeur de plus dans la querelle villageoise. Les vers qu'ils publient sont sans mérite, et ils écrivent : « Mais, pour essayer de faire œuvre qui dure il ne faut pas rester isolés. » Il me semble que c'est tout le contraire. La recommandation montre, à elle seule, ce que les mauvais poèmes indiquaient : 95 pour 100 de vaniteuse ambition et 5 pour 100 d'amour

[*Une page arrachée.*]

ont vu les premiers en train de boire autour du comptoir.

Paris, mardi 4 XII

Santa Barbara, et Laeta avec nous, en congé[62]. La fête est, comme de mon temps, pour les internes ; mais elle nous est revenue, hier soir, avec un petit nœud en papier, rose et vert, dans les cheveux, et un petit bonnet en papier rose.

Acheté, et lu en partie, *La Grande-Bretagne* du Prof[esseur] Louis Cazamian pour augmenter mon petit rayon de voyageurs français en Angleterre. C'est à la fois un guide sommaire et un essai de description des régions anglaises, galloises et écossaises, y comprises les Orcades et les Shetlands. En somme beaucoup moins, et un peu plus, qu'un vrai guide. Il remarque avec raison que le paysage, campagne et villes, de Grande-Bretagne, est trop négligé des continentaux ; et je crois qu'il serait en effet difficile de faire une anthologie française, ou italienne, ou espagnole, et peut-être aussi allemande, de morceaux se rapportant à toutes les régions de l'île. On aurait beaucoup de « Londres » et très peu de Midlands, un certain nombre de pièces écossaises, mais bien peu sur les Lacs et sur le Pays de Galles. — Le début du XIXe siècle fournirait peut-être plus de morceaux que les 30 premières années du XXe ; — Le livre de L[ouis] C[azamian], sans prétentions littéraires, est écrit dans une cursive un peu molle et terne, qui rebute ; mais sa lecture m'a cependant donné une violente nostalgie de certaines régions et de certains lieux : le Weald, Rye et Winchelsea, le Somerset, Peel dans l'île de Man, Édimbourg, Inverness, la bibliothèque publique de Glasgow, etc. C'est-à-dire qu'il me suffit de voir le nom inclus dans une phrase plus ou moins descriptive pour que ma pensée revienne là, et retourne aux années 1909-14 et aux souvenirs que j'en ai, toujours frais, et forts, et pleins de toutes sortes de tendresses diverses, quelques-unes inexplicables, comme un tournant de LANE[a] dans le Warwickshire, une rue en pente raide à Peel ou à Port-Erin, le bar de White's à Liverpool, la servante du Blue Angel à Abergavenny, Lundy vu du rivage avant d'arriver à Barnstaple, etc. ; d'autres —. Suivant cette pente des souvenirs, j'ai décidé de ne pas donner en volume « Tan callando » et « Pour une muse de douze ans », — trop confidentiels[63].

Sir Walter Scott

Autre remarque : la réduction de « l'aire de lecture » de Sir Walter Scott à l'Écosse et aux lieux d'Angleterre où se passent les actions de ses livres. LÀ on les lira toujours. C'est une curieuse destinée que ce passage de l'aire de lecture européenne, avec une aire d'influence à peu près aussi étendue, à l'aire de lecture locale, nationale.

Paris. Mercredi 5 XII

Dîné avec Marcel Ray et Mme. Laeta avec nous. Ils partent demain, par la route, pour Tirana, via Bari et Durazzo. — Au courrier, longue et intéressante lettre d'Aldo Capasso ; et une autre de Jules Supervielle. Hier, demande de collaboration de la *Kölnische Zeitung*. — Visite d'appartements neufs à louer dans la région Porte de Champerret. — Dr V. (pouls 92). — Le n° III de *Lirica*[64] avec des vers inédits de Lochac et d'Archibald Mac Leish, et « La Neige » avec une faute d'impression juste sur un mot en italien ! — Temps d'une douceur écœurante et lassante.

Paris. Jeudi 6 XII

Malaise toute la matinée ; étouffements au réveil. Un seul travail : correction des épreuves de l'avant-propos à la traduction des *CARNETS* DE SAMUEL BUTLER, ré-expédiées le soir même. — Vers 6 ½ rendez-vous nous 3 au salon de thé de la r. Médicis ; Bertrand Guégan, qui nous voit de la porte vitrée, entre, et nous causons

a. Anglais : « ruelle ».

pendant ¾ d'heure de nos travaux. — Après dîner, fatigué, un peu de courrier ; collections, etc.

Paris. Vendredi 14 XII

Une semaine passée sans rien noter. Travail : corrections d'épreuves ; préparation définitive de *Domaine anglais* pour le remettre, si possible, avant la fin de l'année à Gaston Gallimard, et ainsi il paraîtrait à peu près en même temps que les *Carnets* de Samuel Butler. Cette préparation consiste à : 1° rejeter tous les petits chapitres et notes qui grossiraient énormément le volume (qui en feraient peut-être 2 tomes) sans lui donner beaucoup plus de valeur, d'utilité, de POIDS (intellectuel) ; 2° revoir sévèrement, et abréger toutes les fois que cela est possible, les chapitres et notes conservés. Les choses rejetées concernent : W.S. Landor ; Carlyle ; W[illia]m Morris ; R.L. S[tevenson] ; H.K. Vielé : *Eugene Field* ; Aubrey Beardsley ; Alice Meynell ; J.M. Synge ; Edward Fitzgerald ; Richard Aldington ; Vachel Lindsay ; T.S. Eliot ; James Joyce ; les *Sonnets* de Shakespeare, et 2 ou 3 Notes. Je garde :

1. Ce Vice impuni, la lecture...
2. Domaine anglais
3. COVENTRY PATMORE
4. SAMUEL BUTLER
5. DIGBY DOLBEN
6. W.E. HENLEY
7. THOMAS HARDY
8. JOSEPH CONRAD
9. ARNOLD BENNETT
10. H.G. WELLS
11. « La poésie anglaise en 1921 » ?
12. E.A. POE
13. WALT WHITMAN
14. « La poésie américaine en 1921 » ?
15. James Stephens
16. JAMES JOYCE.

En somme : toute la substance (revue et abrégée autant que possible) du volume provisoire de 1925, — moins la note sur Francis Thompson (rendue inutile par le livre d'Agnès de La Gorce[65]) et plus les titres : 4. 5. 11. 12. 14. 16. — J'ai eu du mal pour arriver à cette décision. J'hésitais entre deux solutions extrêmes : ne rien publier, laisser le livre provisoire de 1925 à l'état d'ouvrage « rare » pour bibliophiles, et en rayer toute la substance de la liste de mes œuvres complètes, — ou bien, compléter la plupart des simples et brèves notes (p. ex. : Alice Meynell, T.S. Eliot, etc.) pour en faire des études, ou du moins des chapitres. Des études un peu détaillées sur les 12 ou 13 auteurs éliminés auraient fait 2 volumes avec celles que j'ai conservées. Mais à quels moments, dans la masse de mes travaux en train, aurais-je pu compléter ces notes ? Cela supposerait un tome II de *Domaine anglais* paraissant longtemps après le tome I, et un encombrement de tout mon travail. C'est de là que je revenais à l'idée de supprimer entièrement *Domaine anglais*. Ensuite, de ce zéro je revenais à la notion d'UTILITÉ : l'étude sur Coventry Patmore fut la première écrite en France (et peut-être, jusqu'à présent, la seule, au moins de cette étendue) : le « Samuel Butler », guide assez précis à l'œuvre de S[amuel] B[utler], est une bonne introduction générale à mes traductions et à celles qui pourront suivre : « Digby Dolben » est encore unique en France. Agnès de La Gorce l'ayant laissé de côté : « W.E. Henley » aussi est unique : 7. 8. 9 et 10 ont devancé la critique continentale, et ne sont pas inutiles ; le « Walt Whitman » et le « James Joyce » ont quelque importance, l'un comme LANDMARK[a] dans la critique whitmanienne française, l'autre comme présentation d'*Ulysses*. Pour ce groupe de 12 études ou notes, je ne dois donc pas craindre d'abuser de la patience des lecteurs. Restent XI et XIV, dont le caractère d'actualité (devenu rétrospectif) m'incline à les supprimer, et c'est sans doute à quoi je me déterminerai, pour alléger le volume. Cela ferait 378 pp. de dactylographie, — donc de 300 à 320 pp. (avec l'index) d'imprimé. Et ainsi je serai délivré d'un des 4 ouvrages en train, sans avoir, pour cela, alourdi l'ensemble de mes ouvrages d'un volume inutile. Mais ce travail de révision, au milieu de l'agitation de ma vie parisienne, est extrêmement fastidieux[66].

Lectures : le Dr V. me prête une sorte de drame qu'il admire beaucoup : *La Fille du Ciel*[67], par Pierre Loti et Judith Gautier. Je le lis en une heure et demie, rentrant de chez lui, et le lui rapporte le lendemain. La fin rappelle *Hernani*. Cela supporte la lecture. Mais, au point de vue « utilité »...

John Dos Passos

Nineteen Nineteen, de John Dos Passos[68], lu en désordre, c'est-à-dire en prenant les chapitres dans l'ordre où ils paraissent avoir été écrits. L'influence des *Dynasts* de Thomas Hardy[69] me paraît évidente ; mais John Dos Passos a l'avantage de traiter une matière, — la guerre de 1914-1918, — qu'il a, en quelque sorte et partiellement vécue, et le désavantage d'y mettre moins d'art que Thomas Hardy ; beaucoup de pages pour ne rien dire, ou bien peu de choses.

Guillaume Crétin

Œuvres poétiques complètes de Guillaume Crétin dans l'édition de Kathleen Chesney[70], achetées en exemplaire neuf, non coupé, pour un prix très inférieur au prix marqué. J'avais pensé le garder pour plus tard, — bonne acquisition pour ma bibliothèque, — mais je n'ai pu résister à la curiosité de voir ce que les gens qui m'intéressent (surtout Héroët et Scève) ont pu y prendre. Ils l'avaient

a. Anglais : « repère ».

sûrement lu. On comprend que Scève lui ait préféré Lemaire de Belges. Sa rime équivoquée est atroce ! On se dit que ces gens-là — les Rhétoriqueurs de cette force-là, — celle de G. Crétin, — ont simplement MAINTENU la Poésie, comme dans un jeu on maintient la balle, ou le volant, en mouvement ; ils ont fait entendre des rythmes et des rimes ; mais ils ont dégoûté les délicats, et les esprits doués d'initiative, de leurs formes : chant royal, ballade, rondeau, et de leurs rimes-calembours. — Cependant j'y reviendrai. Pierre de Nesson et Villon m'y conduisent : Héroët et Scève, — la sortie, — m'y ramènent, ou plutôt y ramènent ma curiosité de leurs origines.

Le Bréviaire ; des livres reçus et goûtés en les coupant : Juan Manuel Ruiz Esparza (mexicain) ; Drieu la Rochelle ; Sibilla Aleramo ; Aldo Capasso[71] ; des revues ; acheté et parcouru, mais dès que j'en aurai le temps je le lirai, le livre de W. von Wartburg[72], qui me paraît intéressant.

Sorties. — Personnes vues ou rencontrées with pleasure[a] : J.-G. Daragnès ; Mme de Harting. Trop de choses à noter, et mon courrier en retard. Seulement Laeta au Théâtre du Petit Monde, — le Théâtre Sarah-Bernhardt rempli d'enfants, et des enfants aussi sur la scène ; ce n'était pas le Jeudi Saint de W[illia]m Blake[73], mais quelque chose de familier, — une immense nursery. Il est vrai que les enfants français sont OVERDRESSED[b], et plus on va au Sud plus ils le sont, jusqu'aux chapeaux emplumés qu'on leur voit en Espagne et même à Rome ; et dans les Pouilles cela aboutit, pour les petits garçons, au froc monacal et au cordon des habits de promesse, — mais cela est mieux que les chapeaux emplumés des petites filles espagnoles. — J'appelle une ouvreuse, ou une vendeuse de bonbons : Mademoiselle ? Deux petites filles de 7 et 8 ans se retournent, croyant que c'est à elles que s'applique ce Mademoiselle. — Impossible de voir l'impression produite sur Laeta par la pièce (*Bécassine aux bains de mer*) ; elle devait pourtant comprendre à peu près tout le dialogue, et reconnaissait, comme tous les enfants présents, les personnages des albums : Bécassine, Mme de Grand-Air, la petite Loulotte, etc.[74]. Cependant elle riait peu. Elle s'est demandé, au commencement, si les enfants-acteurs étaient vivants ou si c'était des pantins. (Le personnage de Loulotte était tenu par la petite Gaby Triquet.) Nous étions seuls dans une loge de la 1re galerie. Vers le milieu du III elle a voulu manger, et son attention s'est relâchée, jusqu'au moment où la vendeuse de bonbons a apporté le chocolat. Elle a semblé alors tout à fait indifférente à la pièce. — Il est toujours aussi impossible de savoir ce qu'elle a fait, ce qu'elle a pu apprendre, dans sa journée à Sainte-Barbe. Quand c'est moi qui vais la prendre je lui trouve un air plus

a. Anglais : « avec plaisir ».
b. Anglais : « ont des tenues trop habillées ».

calme, moins égaré, que l'an dernier, mais elle ne répond précisément à aucune de mes questions : ce qu'elle a fait ? quelles lettres elle a écrites ? à quoi elle a joué ? ce qu'a dit M. l'abbé ? etc. Seulement pendant le dîner, ou après, des bribes de phrases ou de chansons lui reviennent, et elle les prononce à voix haute, ou dans un demi-sommeil. Ou encore, elle nous raconte une histoire que la maîtresse a racontée ; mais elle fait un effort visible pour traduire en italien ce qu'elle a entendu en français.

J'ai réussi à changer en mieux mes heures de veille et de sommeil : mais, dormant aux heures les plus calmes, mon travail se trouve ralenti. — Paris est assez morne en ce moment. Il y a comme une invasion d'air provincial : une sorte d'engourdissement.

Dans un récent courrier, une lettre de M.W. (après 12 ou 13 ans de silence complet). Rentrée depuis peu de l'Afrique du Sud à Londres, et mariée pour la 3e fois, ayant avec elle son fils du second lit. Elle me donne son adresse avec son nom actuel (celui de son mari, de qui elle ne me dit rien). Me demande de mes nouvelles, et paraît vouloir rentrer en relations, au moins par lettres. Nous avons décidé que le mieux était de ne pas répondre.

I had thought of her, a few days before, recalling a remark of hers about the smell of violets, the last time we met, when she was about to leave for South Africa. That must have been at Whitstable in 1919[75].

I cannot say that I do not care. I was moved, when I knew that she was still thinking of me as of someone not belonging entirely to the past, someone she could meet as an old friend, perhaps introduce to her husband (to whom she might have told everything). However, for me, she belongs to the past. I am too much in love, and too secure in that love, to wish to meet her again. The letter was not addressed here : it might have been lost, or never reached me. Just like the post-card of « Inga » from Bremen, sent in 1921, and which I found in September last, among letters addressed to Mother, — who had intercepted it, or forgotten to forward it to me[a].

a. Anglais : « J'avais pensé à elle, quelques jours auparavant, en me rappelant une remarque qu'elle avait faite à propos de l'odeur des violettes, la dernière fois que nous nous sommes vus, peu de temps avant son départ pour l'Afrique du Sud. Ce devait être à Whitstable en 1919.

Je ne peux pas dire que cela me laisse indifférent. J'ai ressenti quelque chose quand j'ai su qu'elle pensait encore à moi comme à quelqu'un qui n'appartenait pas totalement au passé, quelqu'un qu'elle pouvait revoir comme un vieil ami, peut-être présenter à son mari (à qui elle a peut-être tout raconté). Quoi qu'il en soit, en ce qui me concerne elle appartient au passé. Je suis trop épris et mon amour me protège si bien que je ne désire pas la revoir. La lettre n'était pas adressée ici ; elle a pu se perdre, ou ne jamais me parvenir. Tout comme la carte postale d'« Inga », envoyée de Brême en 1921, que j'ai retrouvée en septembre dernier parmi les lettres adressées à ma Mère, — qui l'avait interceptée, ou oublié de me la faire suivre. »

John Dos Passos et Thomas Hardy

Il y a beaucoup plus de souplesse, d'approximation à la vie, à la nature, dans *Nineteen Nineteen* de John Dos Passos que dans *The Dynasts* de Thomas Hardy. Hardy traite une matière déjà élaborée par l'histoire, le roman, la légende, de tout le XIXe siècle, et les personnages historiques tiennent chez lui presque toute la place. Il évoque ; il n'a pas VU. John Dos Passos puise dans ce qu'il a vu, et, en consultant les journaux du temps, il reconstitue ses pensées et impressions contemporaines de la publication de ces journaux. Il a dû songer à écrire un des meilleurs et des plus complets « livres de guerre », en profitant d'un recul de 15 à 18 ans. Cela fait une espèce de grand récit picaresque, d'une lecture agréable mais qui nous laisse assez froids, qui intéresse peu l'homme en nous. L'attention aux détails insignifiants et locaux nous détourne de la « morale » de son histoire : l'énorme sottise des événements, la Fatalité Bête, et les âmes individuelles, sages, à l'échelle humaine, entraînées dans le mouvement de cette fatalité. Chez Thomas Hardy, au contraire : la leçon morale est trop souvent répétée, mise devant nous, insisted upon[a] ; et ses personnages purement historiques ne nous sont pas assez intérieurement présentés.

Paris. Dimanche, 16 XII

Ettore Settani

Journée pluvieuse et tiède. J'en ai profité pour achever la lecture des 2 MSS : Ettore Settani et Emeric Fiser ; ils partiront demain ; ma table en sera enfin débarrassée. — Le Settani est une déception ; n'importe quel chapitre de ce *Didimo* pourrait s'insérer n'importe où dans *Gianni Randone*. C'est toujours le même livre. Les mêmes images « trépidantes », saccadées de secousses purement mécaniques. Mais dans *Gianni Randone* il y avait une espèce d'unité, un centre, une intention satirique bien marquée et qu'on suivait avec intérêt ; les femmes surtout étaient bien dessinées (on pensait aux Syracusaines). Dans ce *Didimo* tout paraît dispersé ; le manque d'unité n'est compensé par aucune finesse de détail, et malgré quelques situations voulues scandaleuses ou horribles, l'attention est vite lassée. — Il m'a bien fallu le lui dire. Je n'ai trouvé, comme adoucissement, que de rejeter une partie de ma déception sur le fait que la copie, très mal faite, m'avait été difficile à lire ; mais j'ai dû avouer que ce nouvel ouvrage n'ajoutait pas grand'chose à *Gianni Randone.* J'en suis fâché : il a été mal traité par la critique ; on a saisi, ou interdit, *Gianni Randone* ; il comptait beaucoup sur moi pour l'appuyer auprès d'éditeurs français ; il avait même publié ma lettre à lui sur *Gianni Randone* dans *Occidente* (sans ma permission[76]) — (et en la modifiant légèrement) : etc. etc. J'aurais bien voulu pouvoir lui dire que son nouveau livre

a. Anglais : « soulignée ».

était bon, ou du moins que c'était un autre *Gianni Randone* ; mais C'EST *Gianni Randone* avec d'autres noms, d'autres situations, et des qualités en moins, alors que j'avais espéré que ce serait autre chose et quelque chose de mieux, de plus nettement sorti. Le personnage, à travers ses lettres, et ses actes d'impulsif : sa résidence, une cabane qu'il s'est construite dans un site peu accessible et très sauvage de Capri, et ses brusques et rapides voyages à Paris (croyant, peut-être, que mes lettres lui donneraient accès chez les éditeurs ?) — tout cela me fait penser à Gilbert Cannan[77]. — Cependant ce n'est pas une raison parce que son MS m'a donné beaucoup de peine à lire et parce que je l'ai trouvé inférieur à son premier livre, pour désespérer de lui. Il est certain que deux ou trois chapitres, soit de *Gianni Randone* soit de *Didimo*, traduits en français ou en anglais, feraient une forte sensation, et paraîtraient tirés d'œuvres très remarquables[78].

Gustave Lanson

Hier samedi, mort de Gustave Lanson, 77 ans[79]. Héritier de Sainte-Beuve et de Taine, mais d'une part seulement de leurs richesses. Moralement, un excellent serviteur de l'Histoire Littéraire, plein de droiture et de bonnes intentions. Son manuel d'Hist[oire] de la Litt[érature] française, contemporain des *Contemporains* de Jules Lemaître[80], a eu sur les élèves de l'Enseignement Secondaire et sur « le public » en général, une influence dont on n'a pas idée, et que les futurs historiens de la Litt. franç. ne soupçonneront pas. C'était le premier manuel vraiment INTELLIGENT qu'on voyait paraître, avec un texte abondant, des vues d'ensemble audacieuses, un style actif, vif, désinvolte, qui faisaient pardonner les limitations universitaires, normaliennes, visibles dans certaines classifications arbitraires, et dans quelques jugements cavaliers sur des contemporains (« Mallarmé... dont la valeur est bien mince », etc.). Il nous donnait l'impression d'être enfin devant quelqu'un, — un professeur, — qui savait de quoi il s'agissait ; un professeur très dégourdi, déniaisé, « à la hauteur » (à la hauteur de nos 18 ans enivrés de Symbolisme), enfin très différent du type « ancien », que représentait un certain Doumic, enseveli dans un pédantisme obscur et rebutant. — (Je ne sais pas comment le manuel de Doumic a pu se vendre encore après la publication de celui de G. Lanson[81].) J'ai une lettre de Lanson, en réponse à l'envoi de la petite plaquette de mes *Notes sur Maurice Scève*[82] publiées par Mme de Harting. Il y protestait contre quelque chose du début, et je crois avoir tenu compte de cette protestation, dont les termes étaient simples, modestes, très touchants étant donné l'âge et l'autorité de Lanson.

Gustave Lanson et Ch. Péguy

Les attaques « sauvages » de Péguy contre Lanson (dans *L'Argent*, je crois[83]) n'étaient disgracieuses que pour Péguy. Il n'y répondit pas et fit bien. — Il serait intéressant de regarder les modifications introduites dans les derniers chapitres du *Manuel* de Lanson, à mesure que les contemporains de 1900 devenaient historiques ; par exemple les modifications successives concernant Dumas fils ou Verlaine, Émile Zola ou Mallarmé. Il a dû les faire avec honnêteté et droiture, sans palinodies, et peut-être avec un entêtement non dépourvu de dignité. — J'ai acheté trois fois, au moins, son *Manuel*, dans 3 rééditions différentes, mais je les ai donnés ou prêtés (à perte), gardant, je crois, le plus récent, où Gide, Valéry et Claudel sont mentionnés (je ne sais plus comment).

Gustave Lanson

Il y a sûrement dans le *Manuel* de Lanson, des affirmations, des familiarités, de légères outrecuidances, qui en font, à certains égards, un ouvrage de jeunesse, — et pour la jeunesse. Le ton d'un homme qui a pénétré, à force de compréhension, dans l'intimité de la pensée des écrivains dont il parle. Tout cela nous paraissait « très fort », nous changeait complètement des manuels, remplis d'une froide doctrine officielle, auxquels l'enseignement nous avait habitués. Les chapitres sur Corneille, sur Voltaire, étaient d'une nouveauté surprenante, surtout pour des élèves qui n'avaient jamais ouvert *Les Causeries du lundi*[84]. C'était « si bien » que nous ne remarquions pas ce que signifiaient les échecs de cette critique lorsqu'elle abordait les contemporains encore discutés, comme Mallarmé. Nous acceptions sans regimber cette trouvaille (du moins nous y voyions une trouvaille) des « attardés », — Agrippa d'Aubigné était un « attardé », et cette chambre de débarras : « Les Précieux ». C'est beaucoup plus tard, en reprenant le *Manuel* de Lanson après nos lectures de Sainte-Beuve, que ces manques nous sont apparus ; mais nous avions déjà retiré tout le profit du *Manuel* de Lanson, et c'était lui qui avait conduit nos lectures jusqu'à Sainte-Beuve. — Les journaux qui sans doute s'occupent de lui, à propos de sa mort, pour la première fois, se contentent de donner au menu peuple son nom, ses titres universitaires et une liste de ses principaux ouvrages. Ils parlent aussi de sa « modestie » en disant, pour en donner la preuve, qu'il avait refusé de se présenter à l'Académie Française. Encore l'Académisme ! Mais n'était-il pas Membre de l'Institut ? et qu'est-ce que l'« académie » pouvait ajouter à sa gloire ? Comme travailleur intellectuel il pourrait être envié de bien des membres de l'Académie, qui n'ont rien fait, même comme « ouvrages d'imagination », d'aussi bon et d'aussi solide que le *Manuel,* et qui n'ont rien produit, en fait d'ouvrages d'érudition, d'aussi utile que la *Bibliographie de la littérature française*, base et fondation de toute future bibliographie sur ce même sujet. (Elle, — la sienne, — est sommaire, mais le plan est bon.) Après tout, il n'était peut-être pas Membre de l'Institut (Inscriptions et Belles-Lettres) : mais cela n'a aucune importance. D'autant moins d'importance qu'il avait tous les honneurs universitaires qu'on peut imaginer, — ces honneurs discrets, mal connus du gros monde, et par là plus frappants lorsqu'ils lui sont, dans une cérémonie, par hasard, révélés.

Paris. Lundi 17 XII

Il y a sûrement un parti anti-académique (une tendance anti-académique) parmi les philologues, et aux Inscriptions et Belles-Lettres même : spécialistes de l'histoire de la langue et de la littérature, ils regardent l'Académie Française comme une troupe d'amateurs assemblés au hasard et sans aucun égard même au mérite individuel des membres. Ils n'ont pas complètement tort. Je vois dans W. von Wartburg (dont j'ai lu plusieurs chapitres ces jours-ci) que le Dictionnaire de l'Académie a une grande autorité dans la bourgeoisie intellectuelle française : j'en doute ; c'est l'opinion d'un étranger assez mal renseigné, et j'ai noté chez lui d'autres erreurs sur l'emploi ou le sens de certains mots. (Mais, d'une manière générale, son *Évolution et structure* est assez agréable à lire.) En général les gens consultent Littré, en appellent à Littré ; avoir recours au Dictionnaire de l'Académie, cela paraît le fait de personnes mal informées, de parvenus, de nouveaux-riches, d'étrangers. Ou bien on le regarde comme un recueil de curiosités. On y trouverait des mots et des sens « admis » au moment où ils disparaissaient, et d'autres rejetés comme désuets qui sont encore bien en vie. En somme, « ce n'est pas sérieux ». Cette recherche inquisitoriale, ces proscriptions, n'ont valu que pour un temps, — celui de l'épuration et de la fixation de la langue classique ; contre les patois, les jargons, les vocabulaires spéciaux, les excès des italianisants et latinisants ; — police de SETTLEMENT[a], affaire de commencements. Au point où nous en sommes, la philosophie historique doit être substituée à ces jeux pleins d'arbitraire. Le Murray[85] pourrait servir de modèle, mais avec plus d'exemples ; on aurait ainsi à la fois l'histoire, les sens, — la morphologie et la sémantique historiques, — ET LE « BON USAGE » ; en somme, ce que les gens cherchent, et trouvent souvent, chez Littré. Mais Littré a peu de mots, peu de sens, des étymologies fantaisistes. — On comprend que des gens comme Lanson et Brunot méprisent le travail du Dictionnaire de l'Académie, et le but de ce très vain travail, et les méthodes, ou le manque total de méthode, de ces amateurs et de ces ignorants. Ainsi F. Brunot devrait, avec Vendryes, et Marouzeau[86], etc. être à l'Académie Française, — il y a de belles pages chez F. Brunot, des pages qui valent bien celles des meilleurs romanciers, historiens, et autres littérateurs académiciens ;

W. von Wartburg

F. Brunot, Lanson, Littré

[*Une page arrachée.*]

Dondey de Santeny

Bonne journée de travail et de santé (effet, — enfin, — du traitement, et de la quinicardine). Revu encore une fois, et expédié à Tunis, le *Dondey de Santeny* complet, pour l'impression en pla-

a. Anglais : « d'établissement » (sous-entendu : de la langue).

quette. Les MSS de Fiser et de Settani, partis. — Reçu *Approximations.* Sixième série de Charles du Bos (études sur Goethe, Bérulle et Paul Claudel). Commencé à lire un article de Hans Carossa dans le dernier n° de *Corona*, reçu hier.

Paris. Mercredi 19 XII

A.M. Correction des secondes épreuves du « Dondey » de *La Revue de Paris* : visite de la part du Directeur de la banque ; courrier d'affaires. P.M. Dr V., courses diverses métro, autobus, taxi, à pied. (Madeleine, Châtelet, S Sulpice, Bd St Michel, Sainte-Barbe, casa.) Le temps est tiède et humide, uno o dos aguaceros al fin de la tarde[a]. Pl. S Sulpice, la fontaine donnait toute son eau, qui brillait en grandes nappes et voiles contrariés par le vent, et faisait un grand bruit frais sur les pierres et sur elle-même dans les vasques ; on l'entendait dans toute la place, que je n'avais jamais vue si romaine que ce soir : la suggestion d'une place romaine était irrésistible et très plaisante. La nuit n'était pas tout à fait venue et tous les réverbères étaient déjà allumés. Je me demande quelle autre place de Paris peut avoir un caractère aussi romain : peu ont des fontaines, et celles qui en ont sont trop grandes pour qu'on entende l'eau résonner ainsi, les murs des maisons renvoyant le son.

Dimanche 23 XII

Reçu un paquet d'exemplaires du numéro spécial de la revue de l'Enit, contenant mon bref article sur la Ligurie (« Ex-voto, San Zorzo »). Ils ont fait une faute, répétant 2 fois le mot « villages » où j'avais écrit « petites villes et villages ». L'article de J. Carcopino a des fautes plus graves, et une sur le mot Governatoràto[b], que les typographes italiens n'ont pas su reconnaître. L'ensemble est assez mal présenté, assez cheap[c] d'aspect, mal broché, et l'encre des photos noircit les doigts[87].

Le Dict[ionnaire] L[atin]-Franç[ais] de Gaffiot, que j'avais commandé aux Presses Universitaires, est une déception, et à peine l'ébauche de ce que pourrait être un Dict[ionnaire] latin-français illustré. Le papier est mauvais, les mots sont très sommairement traités, les illustrations, rares et réduites, donnent une forte impression de pauvreté, de négligence et d'inutilité. Par contre le t. VIII de l'Hist[oire] de F. Brunot est tout à fait digne des précédents tomes. Je n'ai pu m'empêcher de le goûter longuement tout en coupant les pages.

Hier soir je suis allé chez Daragnès prendre « La Neige[88] », qu'il a eu l'extrême amabilité de vouloir m'imprimer et orner d'un

a. Espagnol. : « une ou deux averses en fin d'après-midi ».
b. Italien : « Gouvernement ».
c. Anglais : « bon marché ».

bois pour m'en faire des Xmas cards[a]. Il n'y a qu'une faute d'impression, sur le premier mot, et trois accents ou signes manquants, que j'ai mis à la main, et le grattoir m'a débarrassé de la faute sans trop de dommage pour l'excellent papier d'Arches, le sien, avec son filigrane qui, pour les connaisseurs, tiendra lieu de signature, — car il a complètement oublié de signer le bois en trois couleurs représentant les deux dômes et le clocher de Ste Marie Majeure. Comme je le lui reprochais amicalement il m'a répondu que c'était par habitude d'illustrer des livres, qui, tous, portent son nom comme illustrateur sur la couverture, ce qui le dispense de signer chaque gravure. Ce bois est une belle chose, très enlevée en l'air, et s'accordait bien avec le César Franck que jouait la T.S.F. dans l'atelier, tandis que je le regardais.

Il a fait une allusion au sujet des ennuis dont il me parlait, d'une façon assez mystérieuse, dans une lettre qu'il m'avait écrite en 29 (ou 28), et à la suite desquels il s'était volontairement mis à l'écart de beaucoup de gens, faux amis, curieux, parasites, etc. Je suppose qu'il a dû s'apercevoir, comme cela m'est arrivé, qu'il était envié par un tas de confrères médiocres, — et plus que moi, car il prêtait à cela de deux manières : par son succès, et par la richesse que lui procurait ce succès : sa maison, son yacht, etc. On ne pouvait pas lui pardonner une telle supériorité. Il a donc, comme moi, fermé sa porte, et laissé les gens sonner, ou écrire, sans prendre la peine de répondre. De cette façon il a, comme moi, fait un triage de ses fréquentations, les limitant à un petit nombre d'amis sûrs, comme Giraudoux, l'abbé Léonce Petit, etc. D'autre part, il passe une partie de ses étés en mer, surtout dans les îles grecques, dont il est devenu un habitué. Il traverse la France dans sa voiture, pour aller s'embarquer dans un port de Provence ; et c'est ainsi qu'en mai dernier il a pris la route du Bourbonnais, arrivant en vue de Valbois, mais n'osant pas, à cause de l'heure matinale, arriver jusqu'à la porte. Du reste nous étions encore, à cette date-là, en Savoie, et je le lui ai dit. Il a insisté pour que nous allions déjeuner chez lui, un jeudi, le mois prochain.

C'est une grande chose, d'avoir réussi à former autour de nous cette zone d'isolement et de silence, que ne peuvent franchir les Pelmazoïdes et les gens de la Liste Noire. Je suppose que lui aussi a dû, un peu, mais très peu, par vanité, surtout par charité et simple civilité, rendre service à des indignes : débutants à encourager, petites dettes de reconnaissance, etc., et s'apercevoir ensuite que non seulement on ne lui en tenait aucun compte, mais que c'étaient justement ceux qu'il avait le plus généreusement accueillis ou aidés qui étaient les plus prompts à le trahir et à le dénigrer. Et comme il a un caractère fin et sensible, il a dû en souffrir encore plus que

a. Anglais : « cartes de Noël ».

moi. — Vraiment la victoire finale remportée par l'isolement volontaire et le système des coups de sonnettes et des lettres laissés sans réponse ne compense pas la peine éprouvée au commencement, lorsqu'il a fallu appliquer ce régime à des gens longtemps regardés comme des amis (« l'épigone » pour moi, par exemple). Il faut un certain temps pour s'apercevoir qu'en réalité on n'a rien perdu, qu'on a même beaucoup gagné à les écarter. Ce sont d'heureux sacrifices de l'égoïsme à lui-même ; seulement ces sacrifices sont plus douloureux à notre âge qu'entre 18 et 30 ans. — Il prépare une grande exposition de ses œuvres au Pavillon de Marsan, et cela lui donne beaucoup d'ouvrage.

Idée de quelques pages, complètes par elles-mêmes, et dans la ligne de *Aux couleurs de Rome*, suggérée par les promenades de ces dernières soirées, surtout Pl. S. Sulpice dans le crépuscule d'hiver. Le sentiment de l'instabilité et de l'insécurité d'une société laïque ; le refuge aux sanctuaires ; « hors de l'église pas de salut ».

[*Trois pages arrachées.*]

Porte des Sablons et Neuilly. La maîtresse de pension pour chiens est la femme d'un gardien du Bois, et la pension elle-même (10 frcs par jour) est une de ces petites maisons des gardes du Bois. **Anversa** Il y avait 6 ou 8 chiens de différentes tailles, et un jeune « grand-museau », petit terrier écossais noir avec lequel le nôtre a tout de suite fait connaissance. Il s'attendait à ressortir avec nous, et aura dû nous attendre, plus ou moins anxieusement, jusqu'à la nuit. P.M. Courses diverses, préparatifs, 20ᵉ (+ 2) visite au Dr V., puis à la Gare du Nord. Nous étions seuls dans notre Pullman de l'Oiseau Bleu, et il n'y avait pas dix voyageurs dans tout le train. Les douaniers belges visitent les bagages un peu après Creil ; les passeports sont demandés deux fois, mais non visés. Le train ne s'arrête qu'à Bruxelles gare du Midi et à Anvers, qui est le terminus, et où 5 voyageurs en tout et pour tout (nous 3 compris) sont descendus. — Avenue de Keyser illuminée, ampoules électriques multicolores dans les arbres ; une foule gaie dans un air beaucoup plus frais et vif que celui de Paris dans la matinée et à notre départ.

J'avais demandé au maître d'hôtel du Pullman l'adresse d'un hôtel modeste et tranquille près de la gare centrale, et il m'avait indiqué le Century Hôtel, où nous avons été surpris de nous trouver au milieu d'un vaste hall plein de soupeurs, ou réveillonneurs, en habits et en robes très décolletées ; et le Century, grande bâtisse qui paraît neuve, — 10 étages, — n'a rien de modeste, encore que les prix ne soient pas exagérés.

À pied jusqu'à la Place de la Victoire, puis en taxi à la Cathédrale, assez tôt pour être relativement bien placés pour la Messe de Minuit. Beaux sons de cloches : orgues et chants admirables : beaucoup de fidèles, nefs et bas-côtés remplis, et beaucoup de communiants, hommes et femmes, — peut-être plus d'hommes que de femmes, et un nombre remarquable d'hommes jeunes.

Retour en taxi av. de Keyser, et recherche d'un restaurant où souper (nous avions seulement pris le thé dans le train). Il y avait encore beaucoup de monde, et très gai, dans les rues, et beaucoup de cafés étaient pleins, mais les « impies » avaient soupé entre 11 heures et 12 h ½ et les gens pieux, même non-communiants, avaient dû rentrer directement des églises chez eux : on buvait beaucoup, partout, mais on ne soupait plus. Nous avons enfin obtenu un assez bon dîner, pas très cher, dans le sous-sol du plus grand établissement de danses de la place de la Gare Centrale (il nous a semblé qu'on dansait aux trois étages supérieurs, tous illuminés). Des couples venaient s'isoler dans ce sous-sol (avec billards) où nous soupions très confortablement. Le public était de moyenne bourgeoisie : moins de plastrons blancs qu'au Century et moins de dos nus. Il y avait un assez grand nombre de belles filles et femmes du type flamand, nettement blondes et très blanches. Cette couleur dominait, faisait presque une majorité imposante, de telle sorte que toutes les images de l'alcôve qui se présentaient aux hommes avaient un puissant caractère de netteté, d'absence d'ombres : l'amour était proposé dans des conditions de propreté maxima, et Imogen était tirée à mille exemplaires : ... « fair lily, whiter than the sheets[a] ! »[89]... Les maris des blondes, les habitués et familiers de la blancheur blonde, avaient le spectacle d'un monde entièrement conquis à leur manière de voir, à leur opinion, ou d'une immense promotion dans la Toison d'Or. C'était bien le souvenir que m'avait laissé mon premier passage à Anvers[90]. Du reste, c'est comme en Toscane ; le prestige de la Peinture est sur tous ces corps et sur tous ces visages ; on les voit toujours un peu à travers les peintres du pays.

Rentrés à 3 heures a.m. dans notre appartement du Century, nous avons dû attendre que Laeta fût endormie pour remplir notre devoir de Père Noël, et arranger la poupée et son trousseau, et la crèche, devant le radiateur. Elle s'était tellement agitée pendant le voyage, dans ce grand wagon vide, que nous avions pensé qu'elle s'endormirait dès que nous serions arrivés. Mais le spectacle de la Messe, et les orgues et les chants et les lumières, puis le souper et le mouvement joyeux tout alentour, l'avaient maintenue bien éveillée : — aussi peut-être l'attente impatiente de la visite nocturne du Père Noël. Elle y croit encore ; aucun de ses petits camarades de Ste Barbe ne l'a détrompée. Cette année elle n'avait pas « écrit » au Père Noël ; elle lui avait fait une demande mentale, et sa croyance aura été fortifiée : elle a dit que les cadeaux étaient bien ceux

a. Anglais : « Lys clair, plus blanc que les draps ! » (Shakespeare, *Cymbeline*).

qu'elle avait commandés, en particulier les robes bleue et rose de la poupée. — Mais il y a toujours une marge incertaine, une région crépusculaire, et qui s'agrandit, entre ce qu'elle comprend et ce qu'elle ne comprend pas. J'ai touché cette région il y a 2 ou 3 jours, à propos des numéros justificatifs de la revue d'Enit contenant mes deux pages sur « San Zorzo » : Pourquoi ces numéros étaient-ils « tous le même » ? et pourquoi m'en avait-on envoyé un si grand nombre ? — Non te lo posso spiegare ; non capiresti ; è uno di questi misteri dei grandi, che i piccoli imparano poco a poco, come imparano a lèggere[a]. Le rire entendu qui a répondu à cette remarque m'a prouvé que j'avais atteint un point sensible ; que j'avais exprimé sa propre expérience. Et sûrement parmi ces « misteri » autour desquels sa pensée secrète doit tourner, il y en a de très importants, IN PRIMIS[b] ceux de la mort et de la naissance.

Aujourd'hui mardi[c], très active journée anversoise, de science anversoise ; il me faut tout rapprendre de la topographie, et rafraîchir des souvenirs bien pâlis, et en même temps montrer la ville à Mariuccia et, — ce qu'elle en peut voir et comprendre, — à Laeta. Ce fut donc : de petits tours à pied entre l'Av. de Keyser et la Place Verte ; de grands tours en tramways depuis la Place Verte jusqu'à la Gare du Sud et le long du port en remontant l'Escaut, la visite du Steen, une heure environ au Musée Plantin, jusqu'à la fermeture, mais depuis vingt minutes nous rôdions dans les salles assombries, — les seules éclairées étant les deux où sont exposées les magnifiques reproductions des MSS à figures éditées par la Société Nationale qui s'y consacre. Même Laeta s'intéressait à ces « images » si bellement coloriées dont quelques sujets souvent reproduits, comme la Nativité et la Passion, lui sont familiers. — Vu aussi, au passage, quelques façades, le clocher de la Cathédrale de divers points de vue, la Boerentoren[91] etc. Enfin ce soir nous avons d'Anvers, topographie, monuments, aspects des rues et des gens, une idée plus nette et plus forte que celle que j'avais conservée. J'ai vu une librairie flamande-hollandaise, et une librairie belge-française. J'ai lu le quotidien *Neptune* de ce matin ; le français en est assez pur, ni plus ni moins incorrect, ou plutôt vulgaire, que celui des grands quotidiens de Paris. C'est dans une publication telle que le *Guide d'Anvers* (très sommaire) de l'éditeur A. de Boek, que j'ai trouvé des belgicismes caractérisés, comme « au-delà de 120.000 volumes », qui n'est pas incorrect, mais qui est moins « français » que « plus de », et surtout ce « donc » qui est un véritable solécisme : « Pour l'Enseigne-

a. Italien : « Je ne peux pas te l'expliquer ; tu ne comprendrais pas ; c'est un des mystères des grands, que les petits apprennent petit à petit, comme ils apprennent à lire. »

b. Latin : « surtout ».

c. Deux jours ont passé sans que Larbaud note précisément les dates.

ment Primaire il y a sur le territoire de la ville (à l'exclusion des faubourgs DONC) au-delà de cent écoles pour garçons ou pour filles. » Cet emploi de « donc » doit être l'origine de la faute fréquemment commise par les étrangers dans leurs citations de phrases françaises parlées, — et par exemple dans « Avez-vous DONC déjeuné à peu près selon vos idées, Messieurs ? » attribuée par Samuel Butler à une vieille aubergiste française. Il est vrai que Butler a pu reproduire ce qu'il avait entendu, si cette brave femme était flamande. Mais ailleurs chez lui, et chez pas mal d'écrivains (surtout romanciers) anglais et de langue anglaise, et chez des auteurs allemands, on trouve de ces « donc » non français, en réalité belges.

Ce soir au restaurant vraiment « modeste » où nous avons légèrement dîné, il y avait un ménage curieux : le père asiatique sans mélange, la mère flamande et sans doute anversoise, et l'enfant, un petit garçon de 8 ou 9 ans, représentant une moyenne assez heureusement prise entre les deux races parentes : blanc légèrement teinté de jaune, et les yeux un tout petit peu bridés, — cela surtout visible lorsqu'il souriait (un sourire vraiment très joli, d'une qualité subtile et rare.)

Le spectacle du port dans l'air à peine voilé, doucement ensoleillé, était précieux. Nous avons assisté au départ d'un navire danois, le *Meonia*. On visitait un grand courrier du Congo, le *Léopoldville*, d'Anvers. — En remontant vers Hoboken les quais n'ont plus aucun caractère « anversois ». Lorsque nous sommes revenus de cette excursion et que nous nous sommes retrouvés devant la Gare du Sud, nous avons été d'accord pour dire : « Nous revenons d'O Bispo (faubourg de Lisbonne) et nous revoici devant la Gare de Brignola (la seconde gare de Gênes). »

Anvers, mercredi, 26 XII

Anvers

Tiédeur revenue, avec des ondées, et le pavé humide toute la journée, — pour nous une seule promenade en ville avec 3 haltes pour déjeuner, goûter et dîner. Églises, dont S. Jacques[92] ; Boucherie ; Hôtel de Ville[93] ; petites rues et recoins ; place S. Nicolas (exposition d'un aquarelliste contemporain, Julien Séverin, dans une des maisons de cet endroit délicieux : un « Escaut » et une vue de Lierre assez agréables) : tours et retours au hasard entre le quai, le Meir, la Longue Rue Neuve et le Quartier de la Gare Centrale ; c'est en regardant le plan, APRÈS, que nous apprenons le nom des lieux que nous avons vus, et que nous comprenons leurs places dans l'ensemble du « Casco » de la ciudad[a]. Cela comporte sans doute l'inconvénient de faire beaucoup de pas inutiles, et chaque fois que nous avons eu l'occasion de nous asseoir, nous nous sommes sentis éreintés, avec des douleurs dans la plante des pieds ;

a. Espagnol : l'ensemble du « centre-ville ».

mais il y a une compensation dans les surprises de certains tournants, et dans certains aspects et profils de rues, de monuments, etc. En somme, plaisir beaucoup plus grand que celui que nous aurions retiré d'une visite systématique basée sur une liste faite d'avance d'après le guide. Nous nous sommes réglés uniquement sur les belles heures de bronze de la Cathédrale dans le ciel humide ; visite d'églises et de monuments jusqu'à la fermeture de 4 h p.m. ; promenades à pied, au hasard, jusqu'à la nuit faite : promenades « jusqu'au bout » dans des tramways pris au hasard, jusqu'à 7 ½ p.m. Après dîner, un peu de « vie nocturne » dans le quartier de la Gare. Audition, dans un café, d'un chanteur polyglotte assez curieux, en culotte, bas et béret de velours, suggérant, malgré la coupe et l'étoffe modernes, le costume d'un troubadour. Guitare, mais qui ne marquait que le rythme des refrains et des débuts de strophes. Il a chanté en flamand, en italien, en français et en allemand ; le boniment était en flamand.

Il y a quelque chose de la bonhomie et de la facilité de vivre du peuple de Londres, ici. Comme je reste sur la plate-forme des tramways pour fumer avant de rejoindre ma femme et Laeta à l'intérieur, très souvent l'employé qui fait payer me parle le premier, avec beaucoup de cordialité. Ils commencent en flamand, je réponds en français, et alors le français devient notre Koiné[a] (sauf une seule fois, et alors l'anglais a servi, mais pas très bien). Ce soir (ligne de Merxem) il m'a montré les photographies de ses deux chiens, qu'il avait dans son porte-feuille : un énorme berger du pays, et un chien de chasse devant un tableau d'une douzaine (au moins) de perdreaux. Je lui ai parlé de Pierrot et de Grandmuseau[94].

Peu d'écrivains belges de langue française dans les librairies ; dans une seule un Verhaeren en 6 volumes numérotés (reliés). Les flamands et les hollandais en nombre à peu près équivalent aux français (ouvrages littéraires seuls ; car les « détectives » et la pornographie, tous français, forment à peu près la moitié de la marchandise).

Anvers. Jeudi, 27 XII

Cure de peinture et architecture flamandes ; ce sont elles, peut-être, qui communiquent cette énergie et cet élan à la marche, malgré la pluie, dans tout le Casco, toute la journée. J'ai même eu un supplément de forces et d'initiative pour regarder ce qu'il y a dans deux ou trois librairies (rue des Tanneurs), chercher à me procurer des originales des Max Elskamp[95] antérieurs aux recueils du « Mercure », et déposer ma carte chez Ludo van Bogaert[96], un bibliophile avec qui je suis en relations depuis plus de dix ans, par lettres (c'est

Anvers

a. Grec : désigne la langue commune du monde grec à l'époque hellénistique et romaine.

lui qui a commencé). Il doit avoir une belle collection de Français contemporains.

Il a bien fallu aussi que j'achète un manuel d'histoire de la Litt. Néerlandaise, « voor schoolgebruik[a] », mais un gros volume de bibliothèque, broché, imprimé sur bon papier, avec des tableaux et des bibliographies très soignées. Seulement, il faudrait pouvoir le comprendre ! Je devine le sens de quelques phrases, et j'ai à peu près entendu ce qui concerne les deux seuls mentionnés que je connaisse personnellement, J. Vriamont[97] et E. du Perron. Tout cela se présente bien, et d'une manière assez alléchante : deux grandes divisions du Domaine : Nord (Hollande), Sud (Flandres) et Afrique du Sud (2 éditeurs de Pretoria sont nommés). Mais la place donnée aux temps modernes rend méfiant : tout le Moyen-Âge jusqu'aux « Wegbereiders der Renaissance[b] » tient en 66 pages ; le Siècle d'Or (De Gouden Eeuw) tient entre p. 74 et p. 126. Le Romantisme est atteint à la p. 158, et tout le reste, PLUS DE 200 PP. est donné aux modernes et aux contemporains. C'est trop, beaucoup trop ; et il doit y avoir des erreurs comme nous en trouvons dans nos thèses ultramodernes où Marcel Proust est donné comme un Ancêtre tandis que Flaubert et France disparaissent dans des gouffres d'insondables ténèbres antiques. Il doit y avoir aussi la critique « libraire » dans le manuel, c'est-à-dire celle qui reflète le succès commercial des auteurs.

En tout cas la partie néerlandaise des librairies est bien garnie et tient tête à la partie française, assez bravement. Les gens paraissent faire une grande consommation de livres français reliés, et bien reliés, mais dans le genre cossu. Leur choix est meilleur que celui du public français ; les franches médiocrités ne sont pas mêlées dans une aussi grande proportion aux bonnes et solides choses. Il y a plus d'écrivains des dix dernières années que d'écrivains du jour ou de l'année. Une grosse arrière-garde (reliée) de Loti, de France, de Maupassant, de Zola, et pas mal de Symbolistes. Aussi des Classiques, et dans de bonnes éditions. Verhaeren. Peu de Max Elskamp ; peu de Franz Hellens. Beaucoup de Maeterlinck[98]. Peu, vraiment très peu, de Claudel. Je ne suis guère représenté, — au V. et tout de suite après Paul Valéry, — que par une soi-disant 24e édition de *A.O. Barnabooth* sous une couverture visiblement renouvelée et piètrement imprimée. Il y a beaucoup plus de Jules Romains et de Duhamel que de Mauriac et de Montherlant, et je n'ai rien vu de gens comme L.-P. Fargue, P.-J. Jouve, Eluard, etc.

Bien entendu, cela ne veut pas dire grand'chose, et des « absents » de bonne qualité peuvent avoir des admirateurs pas-

a. Néerlandais : « pour l'enseignement ».
b. Néerlandais : « précurseurs de la Renaissance ».

sionnés, dont la ferveur est bien plus désirable et précieuse que la demande d'une clientèle nombreuse et sans initiative.

J'ai aussi cherché, dans mes courses enthousiastes d'après l'heure de fermeture des musées et églises, la Société, ou ASOCIACIÓN BELGO-AMERICANA qui m'a envoyé diverses publications, dont un « Hommage à Bolivar », il y a déjà quelques années. Je ne l'ai pas trouvée, mais mes démarches m'ont donné encore une fois l'occasion de constater la gentillesse et la serviabilité des gens d'Anvers.

Passé une heure de grande tranquillité, à peu près seul, dans la Cathédrale, — tandis que dans d'autres églises-musées des sacristains courent, devant le visiteur payant, pour tourner les commutateurs, éclairer les tableaux et les chapelles, épiant l'instant où vous aurez fini de regarder pour tout éteindre, etc. La description des tableaux demande l'imparfait, non le présent ; je m'en suis rendu compte en regardant les Rubens, les M. de Vos, les Venius[99], etc. « Les bourreaux FAISAIENT des efforts prodigieux, terribles, épuisants, pour ériger la Croix, etc. », ou « le pied troué, déchiré, détruit, bleui du froid de la mort, touchait l'épaule blanche, douce et tiède, de Sainte Madeleine, etc. ».

L'Assomption du Maître-Autel, avec les anges rayonnant autour de la Ste Vierge, est un soleil charnel. Le contraste entre ces corps glorieux et ceux des personnages humains qui sont au-dessous, foulant la terre, « in the light of common day[a] », est très frappant, et il est très difficile de comprendre comment il est obtenu. Sûrement Rubens a mis en œuvre deux lumières différentes, l'éternelle, et celle du soleil. Nous reconnaissons LA NÔTRE du premier coup d'œil jeté, même de loin, sur la partie inférieure de la toile.

Max Elskamp m'est très présent, cette fois-ci, plus que la première, dans mes courses et promenades anversoises. Pourtant, la première fois, mes lectures étaient toutes récentes,

Dans la ville qu'endimanchent
Les drapeaux des consulats[100].

(Cependant, ces jours-ci on ne voyait que les innombrables hampes, hautes et nues, des balcons.) Aussi, dès que le ciel s'éclaircit un peu, je retrouve, comme une musique lointaine, des « Salutations » à l'aquarelle, des Madones bleues sur des ciels bleu-tendre.

Verhaeren se tient à l'écart. Même le mouvement du port, et l'Escaut lorsque nous l'avons traversé dans le bac, en revenant de la Tête de Flandres où nous étions allés, en taxi, par le tunnel (au **Anvers**

a. Anglais : « dans la lumière du jour ordinaire ».

retour notre taxi était sur le bac), ne m'ont rien rappelé de précis des « Villes tentaculaires » ou des Poèmes consacrés par Verhaeren à la Flandre. Simplement, le désir d'en relire quelques pages, pour voir[101].

Et James Ensor[102]. J'aurais voulu le montrer à Mariuccia qui n'avait pas pu m'accompagner au Musée, et nous y sommes revenus juste une heure avant de quitter Anvers ; malheureusement trop tard ; le Musée venait de fermer. Ensor a été une des lumières de ma 18e année, une des grandes aventures, bien consolantes, de cette triste et mauvaise année dans un lycée de province. Je ne sais plus comment nous l'avions découvert, Paul Colombier[103] et moi.

Anvers, si riche intellectuellement, et si longtemps, et encore à présent : peinture, architecture, sculpture, et littérature dans deux domaines linguistiques, — et sans Université, ni Académies, ni même grandes écoles. (Elle aurait pu, depuis trois siècles, se payer tout cet académisme et tout ce conservatisme[a], — il est clair qu'elle n'a pas voulu.) Cela fait penser aux Prix de Rome fruits-secs, aux Prix Goncourt en moyenne médiocres, à Normale Supérieure qui n'a pas produit un seul grand artiste du langage, etc. Cette richesse non recherchée d'Anvers, il est bon et plaisant de la constater : l'argent et le plaisir ont tout fait ; l'étude, mais l'étude pour le plaisir, sans idée de carrière ni de profits. C'est généralement ainsi que les choses se passent : tous les élèves de la rue d'Ulm passent l'agrégation et font des carrières plus ou moins brillantes, mais pas un dont l'œuvre, en quelque genre que ce soit, éveille cet intérêt passionné, cet amour, que seules les belles œuvres, et durables, s'attirent, — pas un n'arrive à être AIMÉ POUR LUI-MÊME ! Un seul est refusé à l'agrégation, n'arrive pas à la passer, — et c'est Jean Giraudoux ! De même, vingt ou trente villes montent à grands frais des universités, des conservatoires, des écoles de tous les arts, et produisent des médiocrités ; tandis qu'Anvers... etc. (Et LYON.)

Il n'y a pas eu que la richesse. Il y a eu *S.P.Q.A.*[b]. L'autonomie. Sinon toujours de fait, du moins réelle dans l'esprit des Anversois. On s'en rend compte surtout à l'Hôtel de Ville. Elle n'admet, au-dessus d'elle, que S.P.Q.R. : c'est-à-dire l'Empereur, ou, à la rigueur, son lieutenant, son délégué. Mais elle préfère l'Empereur. Et quand il vient, quand César fait son entrée, Anvers met ses plus belles filles à poil pour l'accueillir et lui faire cortège dans ses rues. (Même par temps humide, comme ces jours-ci, impossible de marcher dans les rues d'Anvers sans penser à ce cortège de Charles Quint : des rues où la nudité féminine a passé en triomphe, dans

Anvers

a. Note de Larbaud : « Sa contribution à Louvain ? »

b. Sur le modèle du « S.P.Q.R » (*senatus populusque Romanus*, « le sénat et le peuple romain ») que Larbaud affectionne, il compose ici un « S.P.Q.A. » (*senatus populusque Anversus*, « le sénat et le peuple d'Anvers ».

les splendeurs d'un cortège allégorique, ne sont pas comme les rues des autres villes.)

Je l'avais confusément senti à mon premier passage, mais après ma visite à l'Hôtel de Ville cette fois-ci, j'en ai eu la certitude : à Anvers on n'est pas plus en Belgique qu'en Hollande, ou qu'en Angleterre, ou même qu'en Flandres, on est dans le territoire de S.P.Q.A., qui pourrait au besoin, mais non pas forcément, être la capitale d'une Principauté ou d'un Royaume de Flandres.

J'écris ceci à

Berg-op-Zoom, vendredi 28 XII

C'est en revenant de la Tête de Flandres et du Musée fermé que nous avons décidé de nous diriger vers la Zélande plutôt que vers Bréda. La traversée de l'Escaut a été pour quelque chose dans cette décision : mieux voir l'estuaire, les terres basses, le mélange en grand de l'eau et du ciel. Aussi, le trajet plus court (en autocar), et les heures de l'horaire plus commodes. On change de voiture à Putte, après avoir porté et ouvert les bagages à main dans la petite douane hollandaise. Route dans la nuit noire. Arrivés ici (Hôtel Français, en face de la gare, très modeste mais assez bon), nous avons fait un tour à pied jusqu'à la Place Centrale, et avons été surpris de trouver la ville plus grande que les guides et les atlas ne nous l'avaient fait pressentir. Cela tient en partie à la garnison ; on voit des soldats vert-réséda et des marins dans les rues ; en partie au fait que la ville se respecte, se tient bien, laisse ses magasins éclairés jusqu'à 9 h ½ et 10 h p.m. — Nous avons repéré la Groote Kerk, la poste, l'Hôtel de Ville, les 2 ou 3 rues les plus animées et les plus commerçantes, finissant une journée aux deux tiers anversoise et pour un tiers Berg-op-Zoomienne, au Café de l'Hôtel du Draak. — Le français, ici, ne sert plus, même à l'Hôtel Français, dont l'enseigne seule est FRANÇAISE : mais on se débrouille très bien avec l'anglais mêlé de quelques mots allemands ; et du reste en écoutant attentivement je parviens à comprendre des phrases simples. Ils écoutent l'italien comme si c'était du latin de haute époque.

Berg-op-Zoom

Berg-op-Zoom, 29 XII (samedi) —

A.M. Exploration, et prise de contact avec la ville. Un petit café de Groote Markt, des achats dans la rue la plus commerçante (cartes-postales, cartes de souhaits, bonbons), 3 ou 4 visites au Bureau de Poste pour timbrer et envoyer une partie de mes vœux et lettres de Nouvel An (parlant anglo-allemand partout, sauf à la confiserie où il s'est trouvé que le français était mieux connu que l'anglais) ; — cela m'a suffi pour me faire une idée des quelques monuments (Hôtel de Ville en réparation, la façade indéchiffrable, ou presque, sous les échafaudages) et de la faune de Bergopzoom. C'est à la

Berg-op-Zoom

petite ville anglaise du type le plus commun qu'elle ressemble le plus, avec cette grande différence qu'elle paraît plus peuplée, plus importante, qu'une quelconque ville anglaise de même nombre d'âmes. L'aspect est plus solide, les boutiques plus grandes. Je pensais à une combinaison de Warwick, mais sans montée et sans château, et de Richmond. Cela s'applique aussi aux villages et petites villes que nous avons traversés, dans l'après-midi, en allant, par la route à Bréda : Steenbergen, Kruisland, Oud-Gastel, Oudenbosch, Etten (de là jusqu'à Bréda on pourrait se croire dans une très longue banlieue de Bréda) ; il est assez difficile de déterminer, du premier coup d'œil, leur nombre d'habitants ; la plupart semblent certainement plus grandes qu'elles ne sont, et aucune n'a l'air « déguisée en village », comme les petites villes anglaises. Les églises, qui sont des bâtisses considérables, paraissent encore plus hautes et plus massives, par contraste avec le peu d'élévation de la plupart des maisons qu'elles dominent, et qui sont de jolis jouets peints : briques rose clair, châssis blanc de neige, volets et montants de différents verts, souvent ornés de filets jaunes ou rouges ou cramoisis. Il y a aussi des toits, très inclinés, couverts de tuiles verdies de mousse. Sous le ciel gris qui répand une lumière d'atelier de photographe, ces couleurs prennent une grande vivacité, meublent bien le paysage, et font ressortir la solidité des églises de pierre. Berg-op-Zoom, de même que les plus grandes agglomérations que nous avons traversées, est moins bariolée que les villages et les hameaux, et Bréda, plus grande que Berg-op-Zoom, l'est moins encore. Mais, même dans de petites villes de population légèrement inférieure à Berg-op-Zoom, les vitrines des boutiques, larges, bien éclairées, seraient, en Angleterre, des vitrines de boutiques de villes plus importantes que celles-ci. On voit des lumières rouges, même lorsqu'il ne s'agit pas de cafés. Les cafés, et ce qui correspond aux pubs anglais, sont, comme en Angleterre, sans vitrines, ni grandes baies vitrées : petites fenêtres, et rideaux tirés dès que la lumière artificielle est allumée à l'intérieur.

Berg-op-Zoom

Autre caractère anglais de petite ville : grandes écolières (de 13 à 16 ans) adossées aux devantures des boutiques, les mains dans les poches de leurs manteaux, causant longuement avec des gamins de leur âge, debout devant elles, et les mains dans les poches de leurs pantalons, sur le trottoir ; il faut passer entre eux. À la poste aussi, dans l'entrée, entre les deux doubles portes, gamines assises sur la barrière métallique qui sépare le côté Entrée du côté Sortie ; c'est un jeu ; elles laissent pendre, ou balancent de longues jambes ; il leur arrive d'ouvrir la porte, en riant, pour les sortants.

P.M. Déjeuner tous trois au restaurant de l'Hôtel « De Draak », qui doit être le seul vraiment bon. Cuisine honnête ; viande excellente ; l'ensemble plus anglais que français ou qu'allemand ; moins de variété et de science culinaire que dans les restaurants, de prix équivalents, d'Anvers. Pour 1,50 on vous sert une soupe, une bouchée ou petit vol-au-vent, un plat de poisson ou de viande, un dessert, des fruits. Les hors-d'œuvre et le fromage paraissent être choses accessoires, qu'on ne peut avoir qu'en mangeant à la carte. Avec le plat de viande, contorno[a] de pommes de terre et, en ce moment, de choux de Bruxelles légèrement parfumés à la noix muscade. Le Draak cuisine beaucoup mieux, et pour un prix sensiblement INFÉRIEUR, que le Français, bien que le Français ait une apparence nettement de « troisième ordre ». Le Draak est certainement le premier hôtel (chambres un peu plus chères, mais bien meilleures que celles du Français) et son grand café est, ou nous a paru, le lieu de réunion des bourgeois les plus « distingués » de la ville. Il est entre l'Hôtel de Ville et la grande librairie du pays.

Bréda

Après déjeuner nous avons pris un taxi pour aller au bord de l'estuaire, under a drizzling rain[b] ; mais le spectacle était merveilleux, tout en gris, ciel, eau, terres zélandaises, un mélange admirable dans la violence du vent, la pluie en grain marin, l'immense déploiement des nuées ; — le Fleuve Océan bombardé par Caligula[104] !

Au retour, nouvel arrêt au Postkaantoor[c] où je deviens un familier de l'employé qui pèse les lettres et des deux jeunes femmes qui vendent les timbres ; avec elles je risque, sandwichés entre des phrases anglaises, les mots twee, drie, brieven, et zegels[d]. Enfin, on se comprend !

Revenus au Français nous hésitons entre deux autocars, l'un pour Tholen, l'autre pour Bréda. Va pour Bréda. Deux grandes heures d'une très bonne route (pourtant secondaire, semble-t-il) et dans un véhicule bien suspendu, de sorte que le voyage nous a été beaucoup plus agréable que celui de Saint-Pourçain à Clermont-Ferrand en juillet, ou août, dernier, plein de cahots, de coups de frein, et dont nous étions revenus exténués. Quelques beaux fonds de paysages ruraux entre les villages et hameaux coloriés. Arrivée à Bréda à la tombée de la nuit. De l'avenue de la Gare à la Groote Kerk, les boutiques de la place (cartes-postales et carte routière chez le grand libraire, qui a quelques livres français, — les 4 derniers « prix littéraires » de la saison), les rues qui partent de cette place ; un café ; un bureau de tabac, — achat de timbres-poste, de cigarettes javanaises (excellentes) et essai de conversation avec el Señor del Estanco[e], — puis retour, à travers un parc public, à l'avenue de la gare et au dernier autocar pour Berg-op-Zoom.

a. Italien : « garniture ».
b. Anglais : « sous un crachin continu ».
c. Néerlandais : « bureau de poste ».
d. Néerlandais : « deux, trois, lettres et timbres ».
e. Espagnol : « avec le Monsieur du Bureau de tabac ».

Bréda

Bréda nous a paru ceinturée d'eau, pénétrée d'eaux profondes, calmes, dont le déploiement contribue à donner plus de solidité à la masse urbaine centrale. Nul doute possible : la ville est trois fois plus « ville » que Berg-op-Zoom ; il y a 3 cafés équivalant au Draak, 3 pâtisseries comme la meilleure de la rue la plus commerçante de Berg-op-Zoom, etc. Et les faubourgs paraissent se prolonger presque jusqu'à Etten.

À l'aller, Laeta amusée par deux moulins, dont l'un tournait (un peu déçue ; elle les avait imaginés plus hauts et plus grands), et par quelques coiffes zélandaises, avec les grands ornements de cuivre, poli comme l'or, de chaque côté du front des femmes. Elle a essayé ensuite, de dessiner des OLANDESINE[a] et des maisons-jouets.

Dans l'autocar, entre Steenbergen et le changement pour Fijnaart (Fine Art[b] !) il y avait un colonial néerlandais de type nettement asiatique, peut-être un demi-sang. — Au retour, il n'y avait plus de doute possible au sujet de l'importance des pays traversés : les simples villages étaient misérablement éclairés, et les petites villes ne présentaient plus que quelques vitrines éclairées. — Cet autocar suit constamment la voie ferrée, sur route, d'un tram à vapeur, Stoomtram, qui dessert les petites villes et villages au Nord de la grand'route directe de Berg-op-Zoom à Bréda ; peut-être remplace-t-il ce tram à vapeur, car nous ne l'avons rencontré nulle part, et l'autocar s'arrête très exactement devant les stations du tram. Il y attend des correspondances, de Fijnaart, de Willemstad, etc. — C'est la Province de Nord-Brabant, et le grand centre d'attraction doit être Rotterdam, puis Dordrecht, dont j'ai gardé un souvenir assez précis pour les deviner, sentir leur aimant, au-delà des campagnes que nous traversions. Il y a vraiment, à partir de la frontière belge, de Putte, par exemple, un autre versant, hollandais ; et Berg-op-Zoom n'est en aucune manière apparenté à la banlieue d'Anvers. Cela est remarquable ; Anvers étant plus près d'ici que Rotterdam, il semble que les gens d' ici qui veulent « aller en ville » devraient plutôt prendre le train ou l'autocar pour Anvers. L'explication est peut-être dans le fait administratif, — puisque la même langue est parlée des deux côtés de la frontière.

Berg-op-Zoom

Pas un seul cinématographe dans Berg-op-Zoom, ni, à ce qu'il nous a semblé, dans Bréda. C'est un soulagement de ne plus voir ces affreuses sales gueules sur les murs, et de ne plus entendre les sonnettes, de n'être plus aveuglé par les lumières qui invitent les passants à les regarder grimacer sur la toile blanche. La T.S.F. dans des cafés, et notamment au Draak, est toute la distraction des Berg-op-Zoomiens.

a. Italien : « petites Hollandaises ».

b. Larbaud rapproche l'anglais *Fine Art* (beaux-arts) du néerlandais *Fijnaart*, nom d'une localité.

Après le spectacle de l'estuaire, ma meilleure impression de la journée a été la sortie de l'hôtel et la promenade à pied de la gare à Groote Markt ; les maisons basses et la grosse tour de l'église, et dans le ciel très vaste et dépouillé, gris uniforme, de grands vols chavirants de mouettes dans le vent haut, tout parfumé de la marée. (Il doit y avoir des vers de Max Elskamp où passe ce vent, et où se déploient ces horizons de Zélande.)

Bruxelles. Dimanche 30 XII

Sorti de l'Hôtel Français ce matin à 9 h ½ pour un dernier tour dans Berg-op-Zoom. Recherche de timbres-poste et de cigarettes ; une boutique de tabac était ouverte ; visite de l'église R[oman] C[atholic], toute neuve, bien située à un carrefour qui lui fait un background[a] d'avenues et d'arbres ; belles proportions, mais ornementation intérieure un peu voyante ; chemin de Croix daté de 1927 ou 28, tout frais, signé d'un nom comme Wynand Gedaerts (?), qui a supprimé la foule (guère plus de deux personnages par station, plus un Jésus d'un type sémitique à rendre tous les mangeurs de Juifs de l'Europe orientale enragés). Impossible de trouver les 3 cierges que je voulais mettre, — j'en verse le prix (approximatif) dans le tronc du denier de S. Pierre. Dans l'attente des vitraux ils ont mis des vitres d'un beau vert à toutes les fenêtres. — Rentré au Français, je lis, — j'essaie de lire, — le journal local, et j'observe le mouvement des trains dominicaux dans la petite gare. — C'est l'absence à peu près complète de bow-windows qui donne aux rues de ces villages hollandais un profil, une perspective, verticaux très différents de ceux des rues des villages anglais. De plus, ils s'étalent largement, poussant leurs lignes de maisons basses très loin de la place centrale le long de toutes les routes et de tous les chemins qui rayonnent autour. Ainsi l'aire bâtie est plus étendue que ne laisserait croire l'aspect de la région Groote-Kerk - Hôtel-de-Ville. **Berg-op-Zoom**

À 11 h ½ nous quittons Berg-op-Zoom pour Anvers par l'autocar, et retraversons de jour le pays dont nous n'avions rien vu à l'aller. Encore là de longs villages de maisons peintes, mais la population est moins dense que dans la région comprise entre Berg-op-Zoom et Bréda ; on voit plus de RUS[b], et de plus près, et moins exactement cultivée : bois de sapins et de chênes, avec des taillis dont les couleurs, brun-jaune, jaune-roux, mauve, brun-rose, sont, comme celle des maisons, avivées, insisted upon[c] par la clarté uniforme tombant du grand ciel gris. J'ai vu un mauve, en particulier, qui avait, sur un fond vert-sombre de sapinière, une acuité poi- **Berg-op-Zoom**

a. Anglais : « fond ».
b. Latin : « campagne ».
c. Anglais : « soulignées ».

gnante, et quelque chose de l'éclat fragile des teintes d'aurore. Ailleurs, d'épaisses haies, non taillées, de lauriers.

Comme il arrive toujours quand on sait qu'on se dirige vers une frontière, le pays paraît s'étendre démesurément : on s'attend à voir le poteau, et les douaniers, d'un instant à l'autre, et on conçoit une fière idée de la superficie du pays dont on va sortir, et dont la sortie n'apparaît jamais. On cherche à saisir avec certitude la vision des derniers cent mètres du territoire politique où on se trouve encore. Il n'y a rien qui allonge un voyage par la route plus que cette attente et cette attention. Et cependant à midi nous reconnaissions la partie de la grand-rue de Putte où se trouvent les douanes hollandaise et belge ; et presque en même temps l'autocar s'arrêtait à vingt mètres au-delà du poteau de fer, peint aux couleurs belges, à partir duquel on est, incontestablement, dans le royaume de S.M. Léopold III. En même temps arrivait, dans la direction opposée, le tramway d'Anvers. Descente, et court passage dans la petite salle de la douane belge pour la visite des bagages à mains. Notre autocar nous attend un peu plus loin. Le signal de l'arrêt obligatoire consiste en deux gros madriers posés en travers de la route, l'un à droite, l'autre à gauche et barrant les rails du tramway anversois comme d'un obstacle improvisé par une émeute ou aux premiers jours d'une guerre. Le premier bureau de postes belge est là ; mais il y a aussi un postkaantoor hollandais, et l'église de Putte est en Hollande. Du reste il y a une quarantaine de mètres entre le poteau noir-jaune-rouge et le poteau rouge-blanc-bleu (ce tricolore hollandais, prototype de tous les drapeaux républicains, — France, Paraguay, — et qui n'est vraiment indigène qu'en Hollande). On se demande à quel État ressortissent les habitants de cette marge comprise entre les deux poteaux, et comme toujours une vague velléité nous vient, de passer 2 ou 3 jours dans un tel village-frontière pour voir comment les choses administratives fonctionnent ; mais l'autocar attend, et la grand ville appelle ; ce sera pour une autre fois. Cependant on aurait pu déjeuner à l'auberge comprise entre les deux poteaux-frontière et apprendre avec certitude dans quel pays on déjeunait. On ne voit guère que deux avantages : le coût des lettres et colis postaux sensiblement diminué par le passage d'une poste à l'autre, puisqu'on peut « jouir » du tarif intérieur dans deux pays, et, pour un fugitif criminel ou politique, l'asile offert par la ligne idéale qui peut, en quelques enjambées, le séparer inviolablement des gendarmes qui le poursuivent.

Berg-op-Zoom - Anvers

Au départ l'autocar était plein de gens de Berg-op-Zoom, dont quelques-uns sont descendus en route bien avant Putte. À Putte il restait quelques jeunes gens qui sans doute allaient passer leur dimanche à Anvers, un jeune ménage, et quelques nondescripts[a].

a. Anglais : « gens ordinaires ».

Après Putte, Anvers aussi, comme la frontière hollando-belge, se fait désirer. Quelques « beaux-châteaux », comme dit Laeta, assez prétentieux, et 20 minutes avant Anvers des villas bourgeoises avec des noms français, ou encore, en grosses lettres peintes sur la façade, les prénoms des propriétaires, comme « Georges » et « Jeanne », et il y en a même une qui porte quatre prénoms. C'est, poussé à l'absurde, la pratique de donner, comme en Espagne, le prénom de l'épouse à la « finca[a] ». Il y a 3 zones de ces habitations suburbaines des Anversois : d'abord (en partant de Putte), les « châteaux », quelques-uns entourés de fossés pleins d'eau ; puis les grandes villas à prénoms, enfin les petites maisons de plaisance, avec des abris de formes cocasses, et peints de couleurs vives, dans leurs petits jardins. La banlieue d'Anvers, au moins de ce côté, est à peu près inexistante, et l'autocar s'arrête près de la gare centrale alors qu'on s'en croyait encore assez loin. Il était à peine midi ¾. **Anvers**

Anvers. Assez animée malgré le Dimanche. À peine restaurés par quelques boissons chaudes nous nous faisons conduire au Grand Musée[105], où je montre enfin à Mariuccia (et à Laeta) les James Ensor. Comme nous avions plenty of time[b] nous en avons profité pour regarder tous les modernes du rez-de-chaussée, que je n'avais pas encore vus. Est-ce que tout cela restera ici ? Il y a d'affreuses grandes machines, plus ou moins à sujet, qui paraissent très aimées du grand public, et qui sont une affliction pour la vue et pour la pensée. On a le sentiment que les Primitifs et les Rubens et les autres grands Flamands ont été relégués à l'étage supérieur pour faire place à ces grandes machines. **Anvers**

[1935]

[Janvier]

Paris, jeudi 3 janvier 1935.

Commencé l'année à Bruxelles, où nous sommes arrivés d'Anvers, seuls dans notre wagon, — un peu après 6 h p.m., et à partir de ce moment-là nous n'avons fait que flâner dans les rues centrales, nous mêlant à la foule des gens qui fêtaient la fin de 34 et le premier jour de 35. Un tramway, pris au hasard, nous a conduits à Uccle. Nous avons traîné de restaurants en cafés et cinématographes (« enfants admis ») jusqu'à 11 h du soir le 30 et jusqu'à 2 heures du matin le 31-1er, soupant modestement, mais dans un

a. Espagnol : « ferme ».
b. Anglais : « beaucoup de temps ».

milieu petit-bourgeois plein de gaîté naïve et franche, à la Brasserie du Luxembourg, où des vues de Vianden et d'Echternach nous rappelaient des souvenirs déjà lointains mais précieux[106]. Jamais Laeta ne s'était couchée si tard ; la vue des gens qui dansaient, le bruit, la musique, les chants, les accessoires de cotillon, le vin mousseux, l'avaient peu à peu transportée de joie, et elle dansait toute seule, une grande fleur de papier à la main, sur la galerie où nous étions paisiblement assis. Dans les rues mêmes, et toute la journée du 31, l'air de loisir et de fête était très sensible ; plus qu'à Paris, je crois, parce que toute la population se concentre dans les rues qui relient le plus directement les deux gares, et parce que, décidément, l'allégresse bruxelloise est plus franche et libre que la gaîté parisienne. Il me semblait retrouver le Boulevard Anspach d'avant 1914.

Les magasins étaient ouverts et j'ai fait quelques tours de boutiques de jouets, de souvenirs, de livres, de gravures, etc. Deux boîtes de figurines de Heinrichsen à une devanture m'avaient fait croire que je trouverais quelques pièces intéressantes ; mais c'étaient les 2 dernières, et elles n'étaient pas intéressantes, et d'un prix exagéré.

J'avais décidé de ne voir personne, et pour cela j'avais envoyé de Berg-op-Zoom ou de Bréda mes vœux aux Bruxellois que je connais, pensant que ces jours de fêtes, qu'on passe en famille, ne sont pas jours convenables pour les visites ; et chez Franz Hellens j'aurais eu l'air de venir me faire re-remercier pour le petit article. Je ne pouvais donc pas aller non plus chez J. Vriamont, qui l'aurait dit à Hellens. (En rentrant, trouvé dans le courrier qui m'attendait une lettre, justement, de J. Vriamont, avec ses vœux, et un renouvellement de l'invitation déjà ancienne à venir faire une conférence à Bruxelles[107].)

Bruxelles

De la ville nous n'avons vu que ce long centre d'une gare à l'autre, avec la place de l'Hôtel de Ville, qui a fait une assez forte impression sur Laeta (des maison dorées !) et les passages. Mariuccia avait déjà vu, avec moi, en 23 ou 24, les musées, les églises et les principaux monuments. Du reste il n'y fallait pas songer, mais s'abandonner au mouvement joyeux de la foule. Quelques femmes, dans les rues et aux bals, m'ont fait songer à Stevens[108] ; j'aurais aimé en revoir ; je me rappelle les avoir aimés à une époque où on était tout à Cézanne et à Van Gogh, et où il fallait être pour ou contre, sans partage, — de telle sorte que j'ai dû me persuader que mon goût pour Stevens était une perversion, ou le reste d'un penchant puéril pour les chromos. Je me demande ce que j'en penserais à présent. Ils ont dû gagner quelque chose aux grands changements dans les modes féminines.

Le peuple bruxellois (la petite bourgeoisie) est bien aimable. Ils ont l'ivresse attendrie, mais non pleurarde ; fraternelle plutôt. Au « Luxembourg » un jeune homme de type rimbaldien, un ange plein de chopes, s'est jeté à mon cou pour me supplier, en me tutoyant, de le laisser s'asseoir à notre table. Mais il était à une phase de son ivresse qui faisait de lui un danger pour la propreté de notre table et de nos vêtements, et le garçon qui l'avait aperçu et jugé en expert, l'a mis à la porte, sans brusquerie, mais sans ménagement de politesse : « Alleï, fous le camp, t'es trop soûl, fous le camp... » Il est parti sans rien dire. Boulevard Anspach, comme nous sortions ayant gardé sur nos têtes les chapeaux de papier distribués aux clients de la Brasserie (on en vendait aussi dans la rue, de plus modestes, pour les gens, sans doute, qui n'avaient pas les moyens de souper dans les cafés où on en distribue) un autre jeune homme s'est détaché d'un groupe et m'a serré dans ses bras en criant : « Oh, le Polonais ! le Polonais ! » puis m'a quitté sans que j'aie eu le temps de lui demander le sens de cette exclamation. Nous avons pensé que c'était la forme du chapeau de papier qui lui semblait polonaise. **Bruxelles**

Les gens du menu peuple n'ont pas encore perdu cette habitude, dont se moquaient tant les Français avant 1914, de tutoyer les gens tout en leur donnant du Monsieur : « Tu sais, Monsieur, pour une fois, etc. » Un contrôleur de tramway m'a parlé de cette façon. Elle a quelque chose d'enfantin qui est plaisant.

Cette tradition de raillerie française à l'égard de la Belgique, quelles peuvent en être les origines ? Elle ne semble pas antérieure à la création du Royaume de Belgique ; et 1914 paraît l'avoir à peu près complètement rejetée dans le passé. Elle avait quelque chose de bas et de disgracieux pour les Français ; peut-être d'origine chauvine : la « grande nation » se moquant du petit royaume. J'ai été content lorsque j'ai vu que les Belges y répondaient, en accusant, par exemple, les Français de « fransquillonner », c'est-à-dire de prononcer le français d'une manière incorrecte, ou moins correcte que les Belges. Mais, bien entendu, cette prétention même prêtait à la raillerie des Français. Mais ce n'était pas affaire de gens du commun : il y a, par exemple, un livre de Mirbeau[109] plein de moqueries sur les Belges, et on en trouverait dans des auteurs antérieurs à Mirbeau, et qui le valent. Des brusqueries ou des maladresses policières à l'égard des républicains exilés sous Napoléon III, et plus tard la condamnation de Verlaine[110], — aussi, plus tôt que cette condamnation, les fragments du pamphlet projeté par Baudelaire[111], — avaient rendu intellectuel le courant populaire de dérision, fortifié par les belgicismes, l'accent, — qu'on trouve du reste déjà dans la région de Lille, et un chauvinisme qui me semble subsister dans une certaine presse exagérément anti-allemande que j'ai aperçue pendant ces derniers jours (c'était exagéré jusqu'au plus franc ridicule, l'anti-germanisme des journaux français les plus cocardiers.) Mais, à côté de ces moqueries qui allaient au menu peuple, à la petite bourgeoisie, à la police, et au chauvinisme de Belgique, il y avait un courant de très haute estime pour plusieurs écrivains belges de langue française : Maeterlinck et Rodenbach[112] in primis[a] ; puis ceux qui furent publiés au « Mercure de France » : Eeckhoud, Mockel, Hubert Krains[113], et d'autres. Il y avait même « la cote d'amour », dans les milieux littéraires français d'avant-garde, en faveur des poëtes et romanciers belges. Après Maeterlinck, Max Elskamp fut le poëte belge par excellence, pour les écrivains de la génération de Charles-Louis Philippe. Être belge était alors une recommandation. Un illustrateur comme Félicien Rops[114] y fut aussi pour quelque chose. Et l'éditeur Edmond Deman[115]. Il est possible aussi que la renommée de Rimbaud y ait contribué indirectement, — Rimbaud considéré pour le lieu de sa naissance, comme belge dans un sens large, non strictement national.

Après les premiers épisodes de guerre, en 1914, on entendait dire : À présent on ne pourra plus se moquer des Belges[116] ; et il est vrai qu'il a fallu cela pour interrompre la tradition. Mais en réalité, quelques belgicismes mis à part, et le chauvinisme de quelques Belges, il n'y avait jamais eu de quoi justifier ces moqueries. Au contraire ; il y avait plutôt de quoi souhaiter que toute la France fût organisée et tenue comme la Belgique ; ou qu'elle eût une ou deux provinces qu'on pût comparer, pour l'administration, la longueur et l'activité des réseaux de chemins de fer, les commodités de la vie et les richesses artistiques, à la Belgique ; ou que Lyon et Bordeaux fussent d'aussi belles villes, et aussi riches des bienfaits de l'autonomie, que Bruxelles et Anvers.

Nous avons retrouvé Paris, au soir du 1er janvier, dans toute la vacuité morne d'un lendemain de réveillon, les rues vides sous la pluie, les cafés somnolents. Il y avait sûrement moins de passants entre la rue Montmartre et la rue Royale que la veille à Bruxelles sur le Boulevard Anspach (mais Bruxelles devait être à peu près dans le même état). — Dépouillement et classement d'un gros courrier. Une visite, le 2 au matin, repoussée efficacement par la réponse de la servante : M. n'est pas ici ; écrivez. (Il n'a pas laissé son nom et n'a pas écrit.) J'étais, du reste, allé reprendre Grandmuseau à sa pension du Bois de Boulogne, et le ramenais comme un Prince dont on a payé la rançon. Sa joie, modérée sur le moment où il m'a revu, a duré assez longtemps, mais elle a surtout éclaté après son déjeuner, lorsqu'il est venu près de moi sur le divan ; c'est qu'il retrouvait à la fois ses coussins, ses habitudes, sa pâtée, et les Maîtres. Le Maître, tout seul, et hors de la maison, et dans la rue parisienne où tant d'odeurs occupent les nerfs, était moins « lui » qu'à la maison, dans le décor familial, parmi les meubles connus. De temps en temps il quittait son coussin, sans avoir été

a. Latin : « principalement ».

appelé, revenait près de moi assis à ma table de travail, taquinait un peu mes souliers et mes guêtres, puis appuyait la grosse teste sur le bas de ma jambe : il venait de penser encore une fois à son exil et à la maison retrouvée.

Oublié de noter, à Anvers, les entrées des « innocents » dans les cafés : 3 ou 4 enfants poussent la porte, commencent à chanter très faux une chanson sur le Massacre des Innocents, ou plutôt sur les Rois Mages (« Drie Koningen, drie koningen ») mais un garçon les repousse tout de suite à la rue. Ces petits incidents contribuaient à l'animation de ces journées. Personne ne souhaitait sérieusement les entendre : leurs voix étaient trop discordantes.

Anvers

Paris, 4 I (vendredi)

Beaucoup de temps perdu avec le courrier, sans l'avancer beaucoup. Hier j'ai achevé la lecture des 31 courtes nouvelles contenues dans *The Doll's House* de Katherine Mansfield[117] ; je l'avais acheté le 31 XII à Bruxelles, et commencé dans le train-bloc allant à Paris. C'est le premier ouvrage d'elle que je lis, et je ne suis pas déçu. La meilleure nouvelle, de beaucoup, est « Carnation »; elle est dans sa meilleure manière ; je voudrais l'avoir écrite. Assez au-dessous, mais encore intéressante, il y a « Something Childish but very Natural » (un peu trop long mais la fin admirable), « The Little Girl », « A Cup of Tea », « The Doll's House » itself, « Taking the Veil », et « The Fly ». Dans les autres, comme celles qui se passent en Nouvelle-Zélande et pendant la guerre de 1914-18, il y a des éléments dramatiques assez encombrants, et ailleurs encore de la sensiblerie que tout l'art de la narratrice ne fait pas accepter on the face of it[a]. Les plus intemporelles sont les meilleures, et celles qui sont faites d'impondérables et de rêverie éveillée ; parmi celles-là les meilleures me paraissent être celles qui ont pour sujet ou prétexte des enfants ou des êtres à peine adolescents. — Ce qu'elle se propose : peindre l'instant, le mood[b], la distraction, avec le minimum de mots et de poids, est très difficile, et il n'est pas surprenant qu'elle n'y réussisse pas toujours. Cela fait, dans l'ensemble, une belle collection de papillons, et me donne envie de voir l'autre recueil, et peut-être son Diary[c] ; quant aux Lettres je les achèterai pour avoir dans ma bibliothèque tout ce qui a paru d'elle à l'Albatross Verlag, mais je ne les lirai probablement pas. Du reste le Diary lui-même ne peut être, comme tous les Diaries, qu'un très primitif brouillon des œuvres, même de celles-là, dont les meilleures donneraient à un critique superficiel l'idée qu'elles sont directe-

Katherine Mansfield

a. Anglais : « d'emblée ».

b. Anglais : « l'humeur ».

c. Anglais : « journal intime ». Larbaud utilise parfois *Diary* pour désigner son propre journal.

ment, ou presque, extraites d'un Diary. — Le moins bon est la satire sociale ou individuelle, comme dans « Two Tupenny Ones, Please », et « The Black Cap ». La bonne écriture seule les rend lisibles. Tandis que dans « The Doll's House », « Taking the Veil » et surtout « Carnation » forme et substance sont parfaitement liées, et vivent ensemble. Si je n'étais pas si fatigué et encombré de travaux en train, j'aimerais bien traduire « Carnation ». It would be a labour of love[a]. — À la première lecture, au premier contact, on sent l'odeur de la femme ; son style [*Une déchirure rend quelques mots illisibles*] livre au lecteur mâle comme leur [*Quelques mots illisibles*] en livre d'autres ; les réticences, ce qu'elle ne dit pas, les démarches de sa pensée, tout cela est d'une intimité extraordinairement rendue sensible. Ensuite, en relisant des paragraphes, en les ruminant, on y pense moins, et cet élément de nudité, de sexualité, se fond dans l'impression d'ensemble laissée par le style.

Regardé un peu, en m'aidant d'un petit dictionnaire néerlandais-français, le manuel d'histoire de la Litt[érature] Néerland[aise] acheté à Anvers. On ne peut pas ne pas se méfier des renseignements donnés par les ouvrages de ce genre. Pour les contemporains je cherche, instinctivement, les gens « douteux » sur lesquels les jugements portés paraissent absurdes, incohérents, incertains, et à qui la place, le nombre de lignes, est mesuré : il me semble que les plus intéressants doivent être ainsi traités, se trouver parmi ceux qui sont ainsi traités, et non parmi ceux dont la description et l'éloge sont sûrs d'eux-mêmes et tiennent de la place.

Ma vue a encore baissé dans ces derniers mois : les petits caractères du Dict. Nederlandsch-Fran[*Une déchirure rend la fin du mot illisible*] me sont très difficilement lisibles, et je dois avoir recours à la loupe, ce qui double la fatigue, très sensible, et l'effort, de ma lecture.

Le retard d'une partie de mon courrier est volontaire. Je ne tiens pas à faire savoir que je suis rentré, pour ne pas me trouver pris dans les visites, rendez-vous, etc. Ainsi nous savourons quelques jours encore de solitude à deux, de vie à deux en cachette.

Dass wir aufs innigste vermählt,
Und ich der Deine, du die Meine,
Dass ich von allen nur die Eine,
Und diese Eine mich gewählt[118]

[*Une page arrachée*.]

dire que ce n'était pas un assez bon souvenir pour que j'aie même songé à y faire allusion. E, difatti[b], c'est le souvenir d'une duperie

a. Anglais : « Ce serait un travail pour le plaisir ».
b. Italien : « Et, en effet ».

dont j'ai été victime : je servais d'enseigne, et j'avais encore l'extrême bonté de remercier la personne, la boutiquière exploitant les écrivains, qui me faisait servir d'enseigne à sa librairie[119].

J[ean] P[aulhan] a fait paraître mon Avant-Propos dans le n° de janvier de *La NRF*[120]. Je n'y ai trouvé qu'une faute d'impression (QUELQUE MOIS pour quelque*s* mois), que j'ai dû laisser passer moi-même.

La prononciation néerlandaise me paraît pleine de mystères. Dans le voyage de Berg-op-Zoom à Bréda, j'ai entendu nettement « Fine-Art » pour ce qui s'écrit Fijnart [*sic*] ; mais quand j'ai demandé au conducteur s'il fallait changer de voiture pour Bréda, j'ai bien saisi, à la fin de sa réponse, le mot « bleben », que j'ai interprété, avec raison : *bleiben*, rester, et j'ai dit à Mariuccia et à Laeta : Non abbiamo da cambiare[a]. Je vois à présent, dans le dictionnaire, que ce « bleben » s'écrit « blijven ». — Mais c'est l'infinitif, et il se peut que « bleben », ou « bleven » soit une flexion, p. ex. la 3e personne plurielle du prés. de l'indicatif. — C'est vraiment humiliant de ne pas entendre une langue qui a tant de titres de noblesse, et que Juste Lipse, et Descartes, et Bayle[121], ont dû parler tous les jours, avec les gens de leur famille, de leur entourage ; avec leurs fournisseurs ; avec leurs amis ; et Descartes avec sa maîtresse.

Paris, samedi 5 I

Courrier (reçu, classé, — expédié, hors de Paris, et pour cause). Il y avait un tirage à part d'un article du *Bulletin de la S[océié]té de Linguistique de Paris*, — *En apprenant le turc*, — envoyé de Constantinople par l'auteur, Prof. Dr Leo Spitzer[122], avec dédicace (il contient une citation de mon « Divertissement philologique ») ; je l'ai lu ; et j'ai parcouru des journaux français, pour le peuple, et toujours pleins de fautes d'impression qui indiquent des confusions de mots et de sens, et des tendances à la simplification, p. ex. il est rare que les participes passés s'accordent en genre et en nombre « la femme qu'il avait vu ; les hommes qu'on a rassemblé », sans parler de la confusion, déjà ancienne dans les petits journaux, entre l'imparfait et le passé indéfini dans les verbes de la 1re conjugaison : « À ce moment je me trouvais pris entre deux colonnes de manifestants ; je regardais, et j'aperçus... » etc. On voit cela de plus en plus fréquemment ; les imprimeurs paraissent y tenir beaucoup ; et sans doute corrigent-ils les auteurs qui écrivent : « je me trouvai, je regardai. »

Sorti vers 5 h p.m. pour quelques petites courses et, avant d'aller prendre Laeta à Ste Barbe, plus d'une heure et demie chez le relieur, lui indiquant par écrit le genre et la couleur de chaque

a. Italien : « Nous n'avons pas besoin de changer. »

reliure à faire, et les titres exacts ; et je n'ai pas eu le temps de terminer cette tâche. En général il fait très exactement ce que j'indique ; c'est moi qui oublie les détails importants comme la couleur des têtes ou des tranches. Je lui ai donné environ 70 volumes à relier, et les 3 cahiers de mon précédent Journal (en 1 seul volume, sous le titre : Paris-Langar-Genève).

Il y avait eu une belle cérémonie à St Étienne du Mont, avec l'Archevêque de Paris ; j'aurais voulu y conduire Laeta ; mais il était trop tard. Comme l'église était encore grande ouverte nous l'avons traversée, et sur ma recommandation Laeta a demandé à Gesù Bambino[a] (dans la Crèche encore installée) de l'aider à vite apprendre à lire. Je me demande si ce n'est pas la première fois qu'elle prie, délibérément, pour demander quelque chose. Ce sont là des expériences qui peuvent la faire réfléchir et la tourner vers ce qu'on appelle l'introspection. Je pense que c'est par ces prières de demande que les enfants commencent à sentir Dieu présent en eux-mêmes ; un Miroir pensant, conscient, sensible, en eux-mêmes. Je lui ai, aussi pour la première fois, montré les épitaphes de Pascal et de Racine, « un grande scrittore, un grande poeta[b] ». Ce sont des mots qu'elle m'a souvent entendu prononcer ; leur sens lui échappe complètement, mais elle doit y attacher des sentiments de respect, à peu près comme, il y a un an, elle en attachait au nom et à la fonction de « bergère »[123].

En fait de progrès dans la connaissance de la vie, sa plus récente conviction est : QUE LES PETITS garçons sont CATTIVI[c] tandis que les petites filles sont BEN PIÙ GENTILI[d]. Surtout, elle relie la CATTIVERIA[e] des petits garçons avec une plus grande facilité, — qu'elle leur attribue aussi, — à s'instruire. Nous lui avons du reste fait reconnaître qu'il y avait des exceptions à la première règle, c'est-à-dire des petits garçons qui sont sages et des petites filles qui ne le sont pas ; et que la CATTIVERIA des petits garçons (elle disait I MASCHI quand nous l'avons prise avec nous, mais nous lui avons appris à dire toujours BAMBINI[f]) n'était pas forcément la cause de leur plus grande facilité à s'instruire ; qu'au contraire les BAMBINE[g], étant, en majorité, plus sages, devraient apprendre plus vite. Oui, mais DEVRAIENT ! Son observation n'est pas si naïve ; et si elle distinguait clairement sa pensée elle nous répondrait que la CATTIVERIA des petits garçons lui paraît être un effet de leur plus vive péné-

a. Italien : « l'Enfant Jésus ».

b. Italien : « un grand écrivain, un grand poète ».

c. Italien : « méchants ».

d. Italien : « bien plus gentilles ».

e. Italien : « méchanceté ».

f. *I maschi* correspondrait à la dénomination « les gars » alors que *bambini* désigne « les petits garçons ». C'est sur ce point de niveau de langue que Larbaud insiste.

g. Italien : « petites filles ».

tration d'esprit. À l'égard de cette CATTIVERIA elle-même, elle a deux sentiments : l'un de supériorité (NOUS sommes plus sages qu'eux) et l'autre de convenance (il convient qu'il en soit ainsi, il convient que les petits garçons soient turbulents et malicieux ; cela fait partie de leur essence, de leur sexe).

Elle a abandonné, comme des problèmes de métaphysique (qu'ils sont), ses désirs de connaître les mystères de la naissance et de la mort ; peut-être n'y songe-t-elle même plus. Mais sa curiosité, et son jugement, se reportent sur les données immédiates de la vie courante. Le résultat de cette attention a été la constatation de la différence entre les petits garçons et les petites filles, et un essai de description de cette différence. C'est là un grand progrès en philosophie. Dès l'éveil de la plus faible pensée, il y a un besoin infini d'un savoir total[a]. Mais quel travail pour classer, hiérarchiser, les notions conquises une à une ! — Les 3 étapes suivantes sont bien nettes : 1°) Désir (qui n'ose se formuler) de VOIR UN MORT, — croyant que cette vue la renseignerait, — et ce soir encore à S. Étienne du Mont elle m'a demandé si Racine était enterré debout dans le mur, ou le pilier derrière, ou à côté de son épitaphe ; 2°) Babbo, quel est le dernier de tous les nombres ? 3°) Les petites filles sont plus sages que les petits garçons.

Bien entendu, la disposition sexuelle a été présente — peut-être dès les premiers pas ; non pas la libido, mais le comportement féminin, des réactions très simples, mais essentiellement féminines, à la plupart des actions du dehors. À côté de la conduite filiale à mon égard (et qui serait la même chez un petit garçon) il y a une certaine indulgence mi-admirative mi-dédaigneuse pour l'homme (« Perche sei un uomo[b] »), qui n'entre pas du tout dans les motifs de sa conduite à l'égard de « la Mamma ». On a en moi une confiance sans réticences ; on m'excuse ; on me plaint ; on ne me dit jamais « Non ! » en tapant du pied ; si je me fâche un peu fort, on exprime son dépit par un air de dire : « C'est un extravagant ; il n'y a rien à faire ; laissons-le gronder et n'y faisons pas attention. » Peut-être reconnaît-elle en moi une sorte de grande CATTIVERIA qui est permise aux « grandi », à la race des pères de famille.

Cette année la vie scolaire paraît l'agiter moins et lui donner une plus grande stabilité de caractère ; ce que nous appelons sa pédanterie, son penchant à « fare la sapiente[c] », qui ne se manifestait que de loin en loin, ne se manifeste plus du tout ; et ses petites crises d'entêtement se font plus rares. (Elles revenaient pendant les derniers jours passés entièrement avec nous, à Bruxelles.) En général, en France, les gens qui la voient et qui ont affaire avec elle,

a. Note de Larbaud : « Le syncrétisme n'est jamais pur. »
b. Italien : « Parce que tu es un homme ».
c. Italien : « faire la savante ».

depuis sa principale maîtresse à Ste Barbe jusqu'à des fournisseurs chez qui elle va soit avec la servante soit avec nous, la trouvent « d'une douceur extraordinaire ». Elle l'est dans sa conduite avec les autres, avec nous ; surtout, elle n'est pas égoïste, comme beaucoup d'enfants (et comme je l'étais) ; elle pense aux autres ; me demande si elle ne marche pas trop vite quand je me plains de douleurs dans les jambes ; est empressée à rendre de menus services aux gens, si elle le peut, comme ramasser un objet qu'on aura laissé tomber, et le rendre, maintenir une porte ouverte pour que les gens qui viennent derrière elle n'aient pas la peine de la rouvrir, etc. Elle était déjà ainsi disposée. Avec nous elle a pris, dans les rapports quotidiens, un TON, et des manières, plus fins, et a perdu complètement la tendance à disputer, à répondre, à vouloir avoir le dernier mot.

Je lui dis que S. Ignace de Loyola a été élève de Sainte-Barbe[124]. Cela ne signifie pas grand chose pour elle, qui ne sait pas encore ce qu'a pu être S. Ignace de Loyola ; mais elle en est quand même dûment impressionnée, car elle sait que les Saints représentent tout ce qu'il y a de plus digne d'admiration dans l'humanité. Après, mais très loin après, il y a les Poëtes, et, à une distance égale à celle qui sépare les Poëtes des Saints, il y a Napoléon et quelques autres Rois (y compris le Roi Nègre de la Crèche). Je crois pouvoir me flatter d'avoir établi dans son esprit cette hiérarchie : ordre du cœur, ordre de l'esprit, ordre de la puissance. Leurs différences lui sont certainement sensibles sinon connues. Mais le terrain des Saints avait été préparé en elle par le culte de la Madonna, que —— lui avait enseigné de très bonne heure, et qui consistait en deux actes : la récitation de l'AVE avant de s'endormir, et le baiser donné aux images de la Madonna sur des cartes et dans des livres. Ce baiser a eu, certainement, un très grand rôle dans son éducation intellectuelle. Elle paraissait le pratiquer instinctivement, et ne se trompait jamais, — p. ex. elle n'aurait pas baisé l'image d'une Reine, ni même d'une Sainte auréolée, en croyant que c'était la Madonna. Ainsi dans l'album que je lui ai donné ces jours-ci, — un abécédaire où chaque lettre est l'initiale du nom d'un saint ou d'une sainte, qu'une image en couleurs représente, — à la page qui représente S. Ignace de Loyola en prière devant une statue (qui paraît animée) de la Vierge avec l'Enfant Jésus, elle baise l'image de la Vierge, mais elle ne baise pas l'image de l'Ange cuirassé et armé qui apparaît, à la page suivante, à Jeanne d'Arc enfant.

Dans cet album ce sont, naturellement, les Saints enfants qui retiennent le plus son attention. Je lui ai demandé de me dire auquel allaient ses préférences, et elle a désigné S. Véronique Giuliani (les autres sont : Ste Geneviève, Jeanne d'Arc, Stanislas Kostka, S. Louis de France, Ste Odile, et St Yves). Naturellement, ce choix n'est déterminé que par l'image elle-même, qui représente la petite sainte habillée comme les personnages « royaux » qu'elle a vus au Châtelet dans *La Rose de France*[125].

Paris. 10 I

Dimanche, lundi, mardi, et hier jusqu'à 5 h p.m. au lit, avec un accès de grippe très épuisant bien que la température n'ait pas dépassé 38.4. Courrier, travail, traitement, etc., interrompus. — Visite de Marcel Thiébaut hier à la fin de l'après-midi ; les autres repoussées ou ajournées. — Faiblesse grande encore aujourd'hui jeudi. Il m'est aisé de voir à quoi mon activité doit se limiter pour être efficace : tel travail, une seule entreprise en un temps, et affranchissement de toutes les corvées mondaines. C'est ainsi qu'il m'a fallu écrire 10 lignes pour empêcher la Baronne B. (que je croyais disparue, sinon décédée[126]) de m'inscrire sur la liste d'une de ses réunions littéraires qui ont repris et paraissent, d'après les programmes qu'elle m'envoie, très actives. Écrire 10 lignes pour repousser une telle invitation, c'est déjà faire un trop grand effort. Sur le moment j'ai songé à la laisser m'inscrire et à faire comme si je n'avais reçu ni sa lettre ni ses programmes, et, naturellement à ne pas y aller. Enfin j'ai fait l'effort de charité nécessaire pour ne pas commettre une telle grossièreté à l'égard d'une personne dont je n'ai jamais eu à me plaindre. Mais, souffrant et affaibli comme je l'étais, il m'en a coûté beaucoup. — Il est bien difficile, habitant Paris, d'échapper à des ennuis de ce genre, et, de nouveau dans mon lit, je songeais à Rome, et même à Barcelone ; en même temps qu'aux empêchements « parisiens » : le Dr V., et l'éducation de Laeta. — Une grosse bévue de B[ertrand] G[uégan][127] s'ajoutait à mon fardeau d'ennuis, augmentant mon découra-

[*Une page arrachée.*]

leur mortification pour avoir donné cette preuve d'ignorance, et en partie du fait qu'ils auront difficilement compris la gravité de leur bévue. Je m'en tiens à cela, et dès qu'ils feront une démarche quelconque pour venir à nous, j'y répondrai, mais en me tenant sur mes gardes.

Paris, lundi 14 I

Encore des journées au lit ; maintenant la chambre ; mais une grande fatigue demeure. — Courrier divers : le chanoine Dimnet[128], Paul Morand, Jean-Louis Vaudoyer, etc. Une lettre de B. G[uégan] s'excusant de sa bévue, et en des termes qui m'ont confirmé dans mon premier sentiment : erreur tout à fait involontaire. Si nous avons pu en douter, la faute en est, en partie, aux relations qu'ils ont eues, qu'ils ont peut-être encore, avec la femme qui a tant et si vainement travaillé à nous séparer, Mariuccia et moi. L'erreur paraissait inspirée, « soufflée », par cette femme[129].

La souffrance, la fatigue, la perception plus nette du voisinage de la mort, comme une leçon, ou une prière, sue par cœur mais qu'on relit dans un livre au lieu de la réciter mentalement, m'ont beaucoup occupé. J'étais aussi, et le suis encore, très au-dessous du niveau du travail, dans une grande paresse sérieuse, qui est en général bienfaisante. Mais il faudrait qu'assez de forces me reviennent assez vite pour rattraper les journées perdues.

Lectures au lit, depuis dimanche 6 janvier :

SAMUEL HAZARD : *Santo Domingo, past and present, with a glance at Hayti*[a] , London 1873. — Un vol. de 500 pp. acheté d'occasion le mois dernier. Il est illustré par l'Auteur, Américain du Nord, qui accompagnait une mission officielle envoyée par le Gouvernement de Washington pour savoir si le peuple Dominicain était disposé à demander d'être admis dans la Fédération des U.S.A. Il a fait, par mer, le tour de la République, de Puerto Plata à Santo Domingo avec escale à Samarra ; puis il est allé, à cheval, de Santo Domingo à Puerto Plata via Cotuy, Mocha, Santiago, Monte Christo. De là, par mer, au Cap Haïtien et à Port-au-Prince, puis aux lacs situés à la frontière entre les deux républiques, revenant embarquer pour les EE. UU.[b] à Port-au-Prince. Tout cela à l'époque de Baez et de la lutte entre Baez et Cabral. La moitié du livre est donnée à l'histoire d'Hispaniola d'après Washington Irving[130], Moreau de St Méry, etc. Il a dû lire aussi Charlevoix, le livre de D'Alaux sur Soulouque, peut-être Raynal. Sa bibliographie est du reste abondante, et comporte même un livre hollandais. Le plus intéressant, naturellement, est son voyage et ses descriptions[131].

PIERRE DE LABRIOLLE : *Réaction païenne*, étude sur la polémique antichrétienne du Ier au IVe siècle, Paris 1934. Une exposition très claire et sans parti pris de l'histoire que Boissier avait ébauchée en passant, dans « La Fin du paganisme » : ou plutôt accessoirement traitée.

HUMBERTO TEJERA : *Cinco Águilas blancas*[c], Mexico 1932 (reçu ces jours-ci, sans dédicace, de Mexico). Se donne comme une publication posthume d'une partie des papiers du frère de l'auteur (Vinicio Tejera). — Les 5 aigles blancs sont les 5 pics neigeux des Andes de Mérida, au Vénézuela. Un des nombreux pamphlets contre la dictature de « Juan Bisonte [132] ». L'auteur est moins artiste que R. Blanco-Fombona, mais paraît déformer beaucoup moins la réalité. Il y a, çà et là, des poésies. Innombrables fautes d'impression, même dans l'errata. Çà et là, des bonnes choses (évocations de la campagne du côté de la frontière colombienne, et aussi des « règnes » de Guzmán Blanco et de Castro[133]). Comme lecture de

a. *Saint-Domingue, passé et contemporain, avec un regard sur Haïti.*
b. Les États-Unis.
c. *Cinq Aigles blancs.*

faits racontés, très intéressant. La langue est solide : peu de gallicismes ;

[*Une page arrachée*[a]]

Mais déjà « Badinguet[134]» était « l'empereur des paysans ». Ce sont les circonstances, l'économie politique et le besoin de tutelle des peuples qui veulent ces formes. S'ils les acceptent, c'est qu'ils les méritent. On ne peut ni approuver ni désapprouver les partis pris de ces « asilados » et desterrados[b] vénézolans. En tout cas, ces *Cinco Águilas blancas* sont d'une langue et d'un style supérieurs à *La Guaricha* ; et on a, en le fermant, le sentiment que les Vénézolans qui vivent, plus ou moins a la fuerza[c], hors de leur pays, sont plus lettrés et plus artistes que ceux qui sont d'accord avec le régime de « Juan Bisonte ».

Mario Puccini : *Comici,* romanzo, Milan, 1935. — Le plus récent livre de M.P. : 470 pp. pour le récit d'une anecdote assez légère. J'ai moins aimé cela que *Gli Ultimi Sensuali,* qu'il m'a envoyé l'été dernier[135]. Les personnages, sauf 2 ou 3, ont beaucoup moins de relief et d'épaisseur[d] de caractère ; l'action est ralentie par trop de dialogue peu substantiel ; la langue est souvent commune. J'ai quelquefois été tenté to skip[e].

Parcouru, feuilleté, goûté, beaucoup de publications, journaux, revues, livres, etc., reçus aux courriers de ces derniers jours. Cela, et un peu de courrier, est tout ce que je suis capable de faire.

Visite de M. St. Guéorguieff, qui passe en revue un groupe de Gardes à cheval en tenue de gala, et d'infanterie en tenue de campagne, de Bulgarie (1910-12). Il me fait observer que le drapeau national est fixé à la hampe de deux manières : la bande rouge en haut en temps de guerre ; la bande blanche en haut en temps de paix. Il me pose des questions-pièges auxquelles je ne peux pas répondre : quelle est votre saison préférée ? quelle est l'heure de la journée qui vous plaît le plus ? Questions d'album, en apparence seulement. Je lui suppose une théorie là-dessus. D'autres questions me donnent à penser qu'il n'a pas lu entièrement, ni bien attentivement, les livres des gens qu'il met dans son énorme anthologie.

L'Intran[136] de ce soir a une note, ou un écho, sur mon Avant-Propos aux *Carnets* de S[amuel] B[utler]. C'est une citation qui paraît prise au hasard, avec un commentaire qui semble indiquer que l'auteur n'a pas lu le reste de mon écrit, et n'a pas compris la citation qu'il en a extraite.

Petits progrès de Laeta en lecture-écriture. Elle en est aux consonnes accouplées tour à tour à chacune des voyelles : Za, Zé, Zi, Zo,

a. Cette page a été communiquée par Mme Laeta Pons à Claire Paulhan, chez qui nous la reprenons.

b. Espagnol : « réfugiés » et « exilés ».

c. Espagnol : « de force ».

d. Fin de la page communiquée par Laeta Pons.

e. Anglais : « de sauter (des pages) ».

Zu ; et commence à entrevoir le système phonétique ; elle a écrit, puis lu, et, comme récompense, je lui ai fait chercher et trouver sur la carte, le mot Honolulu. Elle a parlé davantage, ce soir, de sa vie scolaire. Il y a trois Geneviève, deux Nicole, une Monique ; il y a une Jeannette, qui est cattiva[a] ; par exemple, elle a dit à Laeta que sa serviette d'écolière était laide ; Laeta n'a pas une sensibilité maladive : elle a deviné aussitôt l'intention de la blesser, et a réagi contre cette attaque au lieu d'en souffrir comme d'une mortification. Elle a décliné aussitôt toute responsabilité quant à la laideur de sa serviette en répondant que c'était « celle de son papa » (HO RIPOSTO CHE ERA LA TUA[b]), et en effet je m'en suis servi quelque temps pour porter mes lettres à la poste, avant de la lui donner. Elle en avait été très fière.

Paris. Mercredi 16 I

Courtes sorties à pied, hier et auj[ourd'hui]. Il me reste un enrouement, de la toux, et une grande faiblesse, avec découragement consécutif, contre lequel j'ai lutté en travaillant un peu à la préparation de ma conférence sur les Lyonnais, en vue de laquelle j'ai acheté un 2e ou 3e exemplaire de l'édition de Bertrand Guégan, dont les 500 ex. semblent loin d'être épuisés[137].

Temps radouci, presque tiède. Mes promenades d'aspirant-convalescent inspectant les travaux d'agrandissements de Polytechnique et du Collège de France. Le découragement se marque par des réflexions telles que : « Une pierre, ou une brique que j'y porterais, une truellée de ciment que j'y mettrais, vaudraient mieux que tout ce que je peux faire dans "l'ordre sacerdotal" actuellement. »

Les progrès de Laeta dans la lecture sont très flottants, sujets à des reculs inexplicables. De même le « monologue collectif » chez elle tient encore, selon les jours, une place importante. Aujourd'hui il était chanté, ou chantonné.

Au courrier du soir le paquet des épreuves de *Dondey de Santeny* venant de Tunis.

Hier soir pour la première fois j'ai réussi à mettre en contact avec sa compréhension l'idée du fait que le Bambin Gesù et ses parents étaient PAUVRES. Réponse : « Ah, si ?[c] » Je le lui avais dit à propos de l'hôtel où nous sommes descendus à Anvers et à propos de sa Crèche toute neuve, mais cela n'avait pas tenu, — n'avait peut-être même pas été entendu.

Paris. Vendredi. 18 I

Encore de mauvaises nuits, avec étouffements et quintes, et réveils pleins de lassitude. Cette réflexion : Et encore déranger des

a. Italien : « méchante ».
b. Italien : « j'ai répondu que c'était la tienne ».
c. Réponse en italien.

gens, et les embêter, avec nos obsèques ! Imaginant ces démarches hâtives, compliquées, pleines de soins contradictoires, des proches survivants ; ces corvées. Ne pas pouvoir leur alléger ces tâches absurdes, ces deux ou trois journées d'envahissement du domicile par les « fournisseurs spéciaux », les soucis administratifs, sociaux, postaux de politesse et de cérémonial... Heureusement que les délais sont limités. Ensuite les paperasses et le notariat. J'imaginais le pauvre vieux M. Vold[oire] succombant sous la charge de cette ultime et pour lui, à son âge, énorme, affaire administrative.

En même temps, lorsque le mieux paraît se fixer, découragement et mécontentement devant le travail en retard, et rendu difficile par l'affaiblissement : un souci plus écrasant que ne serait le travail lui-même dans ces mêmes conditions d'infériorité ! Avoir corrigé, en les relisant 2 fois de près, les épreuves du *Dondey de Santeny* pour l'édition tunisienne, avoir répondu à 2 ou 3 lettres, d'affaires ou de politesse, m'a semblé une série de prouesses, — mais l'instant d'après la masse de ce qui reste à faire, et comme courrier, et comme affaires, et comme travail, et comme relations sociales, me viene encima como si fuera una montaña[a].

Nouvelles diverses : la mort de Schuffenecker le peintre, jadis, vers 1901-1902, rencontré dans le milieu de l'*Œuvre d'art international*, avec Hawkins, Bourdelle, Nicolas Deniker, Raymond Meunier,

[*Une ou deux pages arrachées, et insertion d'une brochure de 8 pages consacrée à un article de Baltasar Dromundo : « El Arte y la revolucion mexicana ».*]

Mécislas Golberg, etc.[138]. — Mon ancien Directeur au *New Weekly*, R.A. Scott-James[139], devient Directeur du *London Mercury*, — Giménez Caballero[140] nommé titulaire de la Chaire du Cardinal Cisneros à l'Université de Madrid.

Le « pamphlet » collé ci-contre[b] m'a été envoyé par son auteur[141] (que je ne connais pas, même par l'intermédiaire d'amis ou de conocidos[c]) ces jours-ci. Il est curieux de voir qu'un ennemi de la Religion est aussi un ennemi juré de l'Art dans ce qu'il a d'essentiel : la liberté et l'insociabilité. Si on jugeait d'après cet écrit le prolétariat mexicain, on devrait le redouter et le mépriser plus que les Romantiques n'ont redouté et méprisé la Bourgeoisie ; en fait, ce prolétariat serait une Grande Bourgeoisie exaspérée, disposée à rétablir l'absolutisme monarchique et des moyens de gouvernement comme l'Inquisition. Par bonheur, le passage sur les « miles de corridos y miles de guitarras, — QUE PUSO DE MODA LA REVOLUCIÓN[d] » nous rassure (« Ah, vous êtes toujours ce vieil anarchiste

a. Espagnol : « cela s'abat sur moi comme si c'était une montagne ».
b. La brochure citée un peu plus haut.
c. Espagnol : « relations ».
d. Espagnol : « Les milliers de ballades et les milliers de guitares — que la Révolution a mises à la mode ».

des années 80 » me dirait J.C.) et nous empêche de rester « corridos[a] » devant ces projets d'utilisation de l'art.

On imagine les desiderata 3 et 5[142] de ce programme réalisés, ou plutôt mis en action, et voici que l'Artiste trouve en face de lui une Société Prolétarienne, un État Prolétarien substitué à la Société Bourgeoise et la continuant avec plus de rigueur encore. Alors un Dondey de Santeny de 2030 (ou de 1960) se met à ridiculiser « le chauve prolétaire », la bedaine du Prolétaire, la goinfrerie et la paillardise du Prolétaire, le matérialisme et le mauvais goût prolétariens, le Prolétaire-philistin, le Prolétaire-catoblépas[b]...

« El arte dirigido » semble calqué sur « la pensée dirigée » mal compris [*sic*]. Il est possible que cette idéologie soi-disant révolutionnaire, mais qui ne l'est que dans l'ordre matériel, c'est-à-dire bien peu, — une simple redistribution de la production et de ses moyens, comme en URSS, et cela n'a rien de dangereux, au contraire, — soit ennemie de la « pensée artistique », qu'elle croit opposée à la pensée dirigée, et qu'elle croit supprimable au profit de la pensée socialisée. C'est de là qu'ils partiraient en guerre contre l'Église, considérée comme réservoir et gardienne de la pensée artistique. Mais ils n'ont pas l'air de voir si loin, et il doit s'agir d'une affaire d'intérêt, de « gros sous » ; le clergé mexicain doit être riche et assez peu franciscain : mais pourvu, nom de Dieu ! qu'ils ne fassent pas de dégâts dans les églises de Tresguerras !

Insulter le Prolétariat, « scandaliser les Prolétaires », « la bêtise prolétarienne », etc. ; enfin « prolétaire » et « prolétariat » partout où les Romantiques, et Flaubert disaient « la bourgeoisie », « le bourgeois ». Il y aurait une réponse amusante à faire à ce brave anti-religieux mexicain du District Fédéral. Un hommage à la Révolution Russe comme datant de 1848 ; chapeaux bas devant Lamartine, Ledru-Rollin, Lénine, Jaurès, Victor Considérant, tous hommes de 48, et nos ancêtres : hommage à Karl Marx, ce grand Romantique, etc. ; mais DEPUIS il y a eu le Symbolisme. — C'est-à-dire, considérer le Communisme comme déjà installé partout et personne ne songeant à « revenir en arrière », et les poëtes, les peintres, etc., toujours à l'avant-garde, s'insurgeant contre l'exploitation prolétarienne de leurs talents.

Paris. Samedi. 19 I

Better than yesterday[c]. Une bonne partie de mon courrier à jour ; et un peu de travail. Petit tour, nous deux et Grandmuseau, dans le quartier des Arènes, rue de Navarre, rue Quatrefages, place

a. Jeu de mots sur ce terme qui est un nom en mexicain et désigne une chanson, une « ballade ». Pris comme adjectif, il signifie ici : « accablés ».

b. Animal légendaire à long cou grêle dont la tête traîne à terre chez les Grecs, le catoblépas est le symbole de la bêtise humaine.

c. Anglais : « Mieux qu'hier. »

du Puits de l'Ermite avec ses pauvres palmiers frileux, coiffés de caisses rembourrées ; la Mosquée ; le Jardin des Plantes jusqu'à la sonnerie de la fermeture ; goûter au café « Le Cèdre », et retour par rue Monge, rue Gracieuse, place Contrescarpe. Cette partie de notre quartier s'arrange peu à peu ; la rue Gracieuse n'est plus le terrible dust-hole[a] qu'elle était encore il y a 4 ou 5 ans. Il est agréable, aussi, de lire sur la porte des Arènes, du côté rue Monge, que les travaux de réfection ont été faits en 1917-1918 ; les travaux désintéressés, — urbanisme, aménagements, et, à plus forte raison, arts, lettres, etc., — faits en temps de trouble, — révolution, guerres, épidémie, — gagnent à cela un accroissement de prestige. Ainsi les livres d'érudition publiés dans les pays belligérants pendant les années 1914-1919. J'ai été content d'avoir l'occasion, dans mon AVANT-PROPOS aux *Carnets* de S.B., de donner les dates entre lesquelles mes traductions ont été faites : 1915, 16, 17, 18 et 19.

Au courrier de ce soir, parmi des revues et des livres, *La Proue*, revue de poëtes[143] : ils sont 200, tous français ou de langue française, et je n'ai rien vu qui existe en tant que poésie. C'est tout juste moins lamentable que la « réception des clochards » à *La NRF* l'an dernier[144]. Il y a des appréciations qui remplissent de pitié le lecteur, et d'autres qui l'effraient, comme celle-ci : « A.L.L. : Son œuvre est énorme. Chaque année nous apporte son roman puissant, nouveau, souvent audacieux. » Ce doit être quelqu'un comme l'homme qui m'a donné l'idée de « Quoniam non cognovi litteraturam... » un de ces dix mille refaiseurs de *Sacs et parchemins*, du *Roman d'un jeune homme pauvre*, du *Maître de forges*[145]. J'ai été surpris de voir quelques bons noms au sommaire ou dans la liste des collaborateurs, comme Paul Palgen[146]... Bien entendu, ils ignorent L.-P. Fargue, Jules Supervielle, les Surréalistes, comme le personnage de « Quoniam non cognovi... » ignorait Gide, Claudel et Proust. En effet c'est très loin d'eux. Ils sont ailleurs ; quelques-uns mettent « membre adhérent de la Société des Gens de Lettres » sur leurs cartes de visite ; ils doivent se dire que Verlaine, et Baudelaire et Mallarmé et Rimbaud étaient, de leur vivant, aussi inconnus qu'ils le sont. En somme ils s'ignorent. Et c'est justement pour cela que j'ai lu tout ce qu'il y a d'eux dans ce numéro, avec l'espoir que sur le grand nombre je trouverais peut-être un ou deux noms à retenir ; je n'ai pas eu ce plaisir.

Paris, mardi 22 I

Encore fatigué, mauvaises nuits, journées gâtées par des malaises, des douleurs. Cela me fait refuser une invitation pour rencontrer, à déjeuner, au Ritz, Stephen Hudson. Dans l'après-midi visite de Gilles Guilbert, le pianiste, de sa femme, toujours comme deux oiseaux sur la branche, les tournées de concerts leur imposant des itinéraires extravagants, comme Madrid - La Haye, Rome

a. Anglais : « nid à poussière ».

- Prague, Paris - San Francisco, etc. Cependant ils ne manquent jamais de s'arrêter à Montpellier, que Gilles G. sait apprécier (« la ville, peut-être, après Rome, qui me plaît le plus »)[147].

Notre unique sortie a été pour prendre Laeta à Ste Barbe, avec quelques courses dans le quartier et un arrêt, tasse de chocolat, au d'Harcourt. Laeta nous apprend qu'elle a été 1re, mais ne sait pas dire en quoi, et me donne un dessin d'une camarade plus âgée (8 ½ ou 9 ans), Geneviève Tronquay, qui est presque une spécialiste, puisqu'elle a été 1re en Dessin[148]. Il semble que le « Bateau près d'une île » soit un essai de copie. — Il est toujours aussi difficile de savoir ce qu'elle étudie et d'en voir le résultat.

Quelques indices paraissent montrer que le système de Decroly[149] réussirait avec elle : elle saisit le Gestaltqualität des pages et de certaines notes. Pendant que j'étais alité j'ai reçu des catalogues de librairies d'occasion[a] ; et un jour que j'en parcourais un, et qu'elle était venue me voir dans ma chambre, elle m'a surpris en me disant :

— Babbo, vuoi il crayon rouge[b] ?

C'est-à-dire qu'elle avait vu, d'un seul coup d'œil, que la brochure que j'avais entre les mains était de celles qu'habituellement je lisais avec un crayon de couleur près de moi (pour marquer les numéros que je désirais acheter, ou qui m'intéressaient).

En géographie aussi (et je ne crois pas qu'elle ait encore vu un seul atlas en dehors de Valbois ou d'ici) elle sait trouver l'Italie (à coup sûr), la France (à peu près à chaque fois) et sur la carte de France, désigner Paris, — mais je doute qu'elle décompose le nom de Paris en ses lettres : elle reconnaît la FORME du mot PARIS ; comme elle reconnaît maintenant, écrits de ma main en cursive (en « lettere bambine ») le nom de Grandmuseau, les prénoms de quelques-unes de ses camarades, etc. À vrai dire c'est son propre nom LAETA, quelle a su reconnaître d'abord, et uniquement d'après sa forme, son aspect, lorsque je l'avais écrit avec un bâton sur la neige, l'autre hiver, à Valbois (1933-34). Ainsi donc le système de Decroly pourrait donner des résultats au moins aussi rapides que l'enseignement ordinaire. Jusqu'à présent, outre la connaissance de tout l'alphabet en majuscules d'imprimerie, d'une partie de l'alphabet en minuscules d'imprimerie et de cursive anglaise, elle sait écrire (c'est-à-dire dessiner) le prénom de Lili. Mais on ne peut pas savoir tout le travail d'assimilation qui se fait en elle.

(Lorsqu'elle écrivait les mots à rebours, et cela lui arrive encore parfois, il est certain qu'elle ne percevait aucune Gestaltqualität, — ou alors seulement celles de chaque lettre séparément.)

a. Ici se trouve insérée une lettre dactylographiée à en-tête de l'Union hypothécaire et électrique, qui propose un terrain gratuit à Majorque. Larbaud commente cette proposition plus loin.

b. Italien : « Babbo, tu veux le crayon rouge ? »

À côté de la « justification à tout prix » dont parle J. Piaget[150], et qui exclurait l'idée de hasard, il y a une grande confiance dans le hasard : pour s'épargner la peine de lire une phrase, qu'elle me demande d'écrire, à peine a-t-elle déchiffré les 2 premières syllabes du premier mot, qu'elle essaie de deviner le reste de la phrase. — En tout cas, elle a dépassé le stade où elle croyait qu'un mot écrit sur un objet était le nom de cet objet, comme « livre » au lieu du titre, au dos d'un livre, « crayon », au lieu du nom de la fabrique, sur un crayon, etc.

Elle ne dirait plus que ça lui est égal de ne pas savoir lire son *Corriere dei piccoli*[151], et qu'elle aime autant, ou mieux, se borner à regarder les images. Elle a compris que l'explication qu'elle nous faisait lui lire ajoutait beaucoup au sens (rêvé par elle) des images. C'est-à-dire qu'elle a senti que sa rêverie sur les images était moins satisfaisante, riche de contenu, et même peut-être, PRÉCISE, que les explications (les légendes) que nous lui lisons.

Aux courriers d'aujourd'hui un numéro du *Boletim de Ariel* de Rio de Janeiro, envoyé par Ribeiro Couto avec une lettre m'annonçant sa prochaine arrivée en Europe (secrétaire de la Lég[ation] du Brésil à La Haye[152]), et d'abord à Paris. — Ce *Boletim de Ariel* contient un article sur son Œuvre Poétique par Francisco de Assis Barbosa, et une chronique sur sa réception à l'Académie Brésilienne. La lecture de ce *Bol*[*etim*] est intéressante, d'un niveau bien supérieur à ce qu'on voyait venir de là-bas il y a 20 et peut-être même 10 ans. Les listes des éditeurs montrent une grande activité en fait de publications d'ouvrages brésiliens : archéologie, histoire, biographie nationale (une *Vie de l'amiral Saldanha da Gama* par l'amiral A. Thompson), histoire et critique littéraire, etc. Des centres éditoriaux assez productifs se révèlent en-dehors de Rio : Sao Paulo et Bahia. Les traductions sont nombreuses et non trop sottement choisies. Pour Noël et 1er janvier, pas mal de livres d'enfants, dont quelques-uns brésiliens et sur des sujets brésiliens. Cela fait plaisir.

Au même courrier, lettre d'un éditeur chilien me proposant de faire traduire ceux de mes livres que je lui désignerais, et m'offrant 10 % et 5 % de droits d'auteur. Ils se vantent d'avoir publié 500 volumes en 2 ans ½ et 2.000.000 d'exemplaires. La lettre, avec l'aveu qu'elle contient, comme aussi la palinodie, me paraît assez intéressante pour être insérée dans ce cahier[a]. Je répondrai directement en priant cet « estimado amigo[b] » dont j'ignorais l'existence, de s'adresser à Gaston Gallimard. Il semble bien que là aussi (Chili) l'édition est devenue assez active : mais j'aimerais mieux recevoir un bulletin de souscription à une belle édition chilienne des Classiques Espagnols que cette proposition qui ne fait guère que flatter, et pas tellement, mon amour-propre d'auteur, bien sûr que les Chi-

a. Voir annexes, pp. 1400-1401.
b. Espagnol : « ce cher ami ».

liens qui peuvent apprécier ce que je fais peuvent aussi me lire directement en français.

J'insère aussi (arrivée aujourd'hui 22) la lettre de l'agence[a] qui offre à des écrivains (peut-être aussi à des peintres et musiciens) des terrains gratuits à Mayorque. Ayant 600 lots, ils ont dû adresser leur circulaire à 600 « personnalités ». Guilbert, le pianiste, dit que ce n'est pas une escroquerie, et que cela se fait en Amérique, p. ex. en Californie. Les acheteurs ou propriétaires des terrains donnés se rattrapent par des commissions que leur paient les architectes, les compagnies qui amènent l'eau et la lumière, etc. Je ne songe même pas à y aller voir. Un tel entassement de littérateurs serait inhabitable, — supposer que j'aie pour voisins quelques Pelmazoïdes ! — et s'il s'agissait d'un refuge en cas de guerre ou de révolution, cette « cité des intellectuels » serait trop visible, trop exposée. On s'« embusque » seul, pas à deux. Mais il est certain que ceux qui ont choisi l'Espagne entre 1915 et 1918 ont été de remarquables précurseurs. Ceux qui ont pris la Suisse étaient beaucoup moins bien partagés. (En temps de guerre, les industriels qui m'ont adressé cette circulaire auraient été sûrement inquiétés.)

Paris. Mardi. 29. I.

Laissé passer plusieurs choses sans noter ; j'avais éloigné ce cahier pour donner tout mon temps à la Préface au livre de José G. Antuña[153], et les difficultés que je trouve dans la rédaction de cette Préface, avec le découragement qui en résulte, me ramènent à l'écriture facile de ce journal. — J'ai commencé lourdement par deux phrases coupées d'incidentes (cicatrices, points de sutures) qui n'en finissent pas, et dont la construction ne serait tolérable qu'en latin, et tout de suite après je me lance dans une série d'arpèges et de staccato. Il me faut tout reprendre de la base, et le froid, une assez mauvaise nuit, et de l'inquiétude au sujet de Laeta qui s'est éveillée ce matin avec de la toux et une forte température, me paralysent. Du moins ai-je relu, pendant ces journées non notées, l'Introduction de Bertrand Guégan à son édition de Scève, et de nouveau tout le MS, de José G. Antuña.

Je note, alla rinfusa[b] :

Visite de Stephen Hudson, venu avec E. Boudot-Lamotte[154] à l'issue du déjeuner où je n'avais pu aller. Ses jugements sur la Littérature française, qu'il connaît bien, sont très nets, et excluent tout ce qui peut paraître entaché de facilité et de concession à un public, Y COMPRIS AU PUBLIC FRANÇAIS at large ; I mean that he excludes all that is not STRICTLY EUROPEAN[c] ; et je dis bien strictly,

a. Voir annexes, pp. 1401-1402.

b. Italien : « pêle-mêle ».

c. Anglais : « y compris au public français en général ; je veux dire qu'il exclut tout ce qui n'est pas rigoureusement européen ».

car les vrais juges et connaisseurs européens sont moins nombreux et plus exigeants que les lecteurs français de seconde zone[a]. Si on se conformait à ces appréciations, tout le « personnel écrivant » du Domaine Français actuel se réduirait à moins de dix noms, et tous à peu près inconnus de notre public de seconde zone. Il exécute, c'est-à-dire exclut et tient pour inexistants, des auteurs que retiennent encore les gens de la première zone et plusieurs bons juges. Il est tout prêt à « renoncer à » Jules Romains depuis que la série des *Hommes de bonne volonté* a commencé à paraître, bien qu'il ait beaucoup aimé *Lucienne* et *Le Dieu des corps*. Il a tout à fait rejeté André Maurois[155], en dépit du grand succès et de l'autorité qu'il a eus en pays de langue anglaise. Il l'avait vu quelques jours avant de venir chez moi et A[ndré] M[aurois] lui ayant dit qu'il préparait un roman qui, dans son intention, serait « a kind of modern *Coningsby* », il avait perdu tout ce qui lui restait d'intérêt pour cet écrivain. « Can you imagine that ! Who could care for a modern *Coningsby* ? Why, if *Coningsby* had not been written by Disraeli, who should care about it ? Whom could you find who had read it ?[b] », etc. Il m'a fait beaucoup et de très grands éloges de mes ouvrages. Il tenait surtout à me remercier d'avoir encouragé E. Boudot-Lamotte à continuer sa traduction de *A True Story* et de l'avoir introduite, au moins partiellement, à *La Revue de Paris*.

Stephen Hudson

Il est sourd, et s'était assis tout près de moi, du côté de sa meilleure oreille, après s'être excusé d'être trop fatigué pour parler français. Je n'ai pas été à la hauteur des circonstances, étant moi-même assez fatigué ; j'ai reçu avec trop de froideur ses compliments, et j'ai tout à fait oublié de lui demander à quoi il travaillait, ou quels étaient ses projets, — c'est-à-dire que j'ai commis la faute de le laisser m'en parler le premier, bien qu'il m'eût posé « la question confraternelle » (et j'ai répondu pour régler tout de suite l'affaire, que j'écrivais la Préface au livre d'Antuña). Avant son départ je lui ai offert un exemplaire de « La Neige » avec mes vœux et le bois de Daragnès, en lui disant que c'était « a jumble of languages[c] ».

J'ai été content de le voir, non par curiosité, mais parce que j'ai senti en lui (d'après son livre) un littérateur de la même variété que moi, c'est-à-dire « riche amateur », et qui, comme moi, — sauf pour mes Préfaces ! — ne s'est jamais FORCÉ, n'a jamais écrit que pour son plaisir, rebutant toute idée et tout projet qui ne s'est pas présenté à lui comme un plaisir assez vif pour avoir le caractère,

a. Larbaud écrit généralement « zône » (ajoutant un circonflexe en raison du mot grec dont « zone » est issu : ζωνη). C'est une graphie que nous avons également rencontrée chez Drieu la Rochelle.

b. Anglais : « Pouvez-vous imaginer cela ? Qui s'intéresserait à un *Coningsby* moderne ? Pourquoi voudrait-on écrire un tel livre ? Et si *Coningsby* n'avait pas été écrit par Disraeli, qui s'en soucierait ? Qui pourrait-on trouver qui l'ait lu ? »

c. Anglais : « un méli-mélo de langues ».

non, les caractères, d'une haute entreprise amoureuse. C'est du reste ce qu'a fait Joyce, et ce qu'ont fait bien des gens, sans être riches ; de sorte que la variété « riche amateur » est plutôt un état d'esprit qu'un fait social, économique. Cependant il convient de remarquer que Stephen Hudson et Logan Pearsall Smith, et Proust, et Gide, et moi[a], avons entendu, dans notre enfance, les domestiques nous dire : « Avec tout l'argent que vous aurez, vous n'avez pas besoin de travailler », et cela qui peut être dangereux, et qui l'est sans doute dans la plupart des cas, a été pour nous une vraie bénédiction. La réponse que nous avons alors plus ou moins clairement formulée : « Oui, mais c'est pour mon plaisir d'enfant riche que je travaille », a été la première affirmation de notre vocation. Il est possible, du reste, que Joyce et les autres écrivains qui, en dépit de toutes les circonstances et de toutes les tentations, n'ont écrit que pour leur plaisir, aient eux aussi entendu ce « Vous n'aurez pas besoin de travailler » : une origine noble, quelques petites rentes, suffisaient à donner aux serviteurs l'idée d'une condition relevée, d'une « grosse fortune ». Et cela suffit à donner l'esprit « riche amateur » : une certaine largeur de vue, et d'horizon, en présence des circonstances et à l'égard de l'argent : une certaine insouciance du lendemain ; l'habitude de préférer le plaisir au gain matériel, la liberté avec de petites ressources à une servitude sociale qui fait vivre dans une grande aisance. C'était donc moins la « fortune » de mes parents que l'idée de cette « fortune » qui m'a soutenu et porté, alors qu'en réalité mes moyens financiers étaient assez modestes. (Et Marcel Proust, à peu près vers le même temps que je mettais mes bijoux au Mont-de-Piété de Toulouse ou de Cologne, vendait les potiches de sa grand-mère !) L'idée que mes parents étaient millionnaires, et que je le serais un jour m'a permis, plus que les 2 500 à 3 000 francs or que j'ai eus à partir de vingt et un ans, d'échapper à une carrière déterminée (l'École Normale, puis l'École de Rome, par exemple, et l'Enseignement) et au « beau mariage à Saint-Philippe du Roule », et à telle ou telle spécialisation mondaine. Littérairement elle m'a permis de choisir « la Rive Gauche » et ce qu'on appelait « la littérature à côté » (c'était alors le meilleur du Symbolisme, et de ce qui n'était pas « à côté » rien n'est resté,) alors que si je n'avais pas eu l'esprit « riche amateur », j'aurais peut-être plié ma vocation à une carrière boulevardière ou académique, cherchant à prendre la suite de quelque importante firme, comme Claretie, ou Richepin, ou Coppée… ou Déroulède ! — Tout cela se résume, peut-être, en ce qu'on pourrait appeler un « complexe de supériorité », en un « complexe de situation privilégiée », — quelle que soit l'origine de ce « complexe ». Cette origine est sûrement et visiblement la même chez Stephen Hudson et chez moi : nous som-

Stephen Hudson

a. Note de Larbaud : « Et Henry J.M. Levet. »

mes des rescapés de notre situation économique sociale initiale (rescapés, c'est-à-dire évadés).

Visite d'un jeune imprimeur milanais, ALBERTO TALLONE, apud me a Darantiero[156] mandatus, artis suae amantissimus et, ut opinor, magna spes[a]. Il m'a montré un beau travail qu'il vient de terminer sur les presses de Darantière à la Vallée aux Loups : les *Canti* de Leopardi en 2 volumes, impression d'une pureté bodonienne. Il m'a dit avoir imprimé à Milan un Racine ; et il va partir pour l'Angleterre où il imprimera un Keats. Il compte faire ainsi le tour de l'Europe, y compris les petits pays. Je l'y ai vivement encouragé (après les compliments bien dus à son travail et à ses projets) lui parlant des Pays Scandinaves et des œuvres mineures des grands écrivains (Cervantès, Camoès), et, naturellement, de Maurice Scève. Il est aussi en rapports avec le Prof[esseur] Paul Hazard[157].

Vu de la peinture ; entendu de la musique ; été au théâtre, au cinématographe ; mais rien de particulier à noter.

Dondey de Santeny s'imprime à Tunis ; E. Boudot-Lamotte m'a dit que les 1res épreuves des *Carnets* me seraient envoyées bientôt ; vu A.S. Leger… dans les journaux illustrés et au cinématographe ; on le voit sortant, avec le Ministre Laval, de « Chez Alfredo », à Rome, tandis qu'Alfredo lui-même, et son fils, habillé en bersagliere, saluent M. Laval[158] ; reçu une gentille lettre d'E.R. Curtius en réponse à « La Neige » ; de Tirana, une lettre de Marcel Ray, qui lit Horace dans son exemplaire de Bodoni en atten-

[*Quatre pages arrachées.*]

un taxi dans le quartier : de 12 à 1 h p.m. suite de la copie définitive avec corrections : déjeuner ; aussitôt après, de 2 à 3 p.m. FIN de la copie. — Dans l'autobus S chez le Dr V. Traversé la Pl. de la Concorde où il y avait manifestation commémorative de l'échauffourée de l'an dernier (c'est peut-être une des causes, que la presse tait, de l'absence des étrangers cette année à Paris, et qui se fait bien sentir dans le mouvement moindre de la circulation) ; il y avait des fleurs devant une des fontaines, et des gens du municipio[b] lavaient des taches de minium que les manifestants nocturnes avaient faites aux socles des statues de quelques villes ; un côté du pont était encore tout rose, comme en marbre rose. — Après le Dr V., achat des gants ; passé rue de Lille prendre nouvelles de Marcel Thiébaut, encore alité, mais la fièvre baisse ; puis chez la Dactylographe où je me suis soulagé de mon MS. La copie sera prête mardi prochain (12) et pourra partir ce jour-même, ou le surlendemain, jeudi 14, pour Montevideo, avec le MS du livre de José G. Antuña et une lettre excusant mon retard. J'en fais faire 2 copies pour en proposer

a. Latin : « qui m'a été envoyé par Darantière, très amoureux de son art et, à ce que je crois, de grand avenir. »

b. Italien : « la mairie ».

une à *La NRF*, au cas où Paulhan la jugerait intéressante pour ses lecteurs ; le titre serait « Notre Amérique », comme une allusion à un livre de Waldo Frank[159]. J'avais songé à des choses comme « Cierra España », y cosas por el estilo, cosas « con medida », pero que no me gustan ; se trataba soltanto de chocar, di far colpo ; no vale la pena ; mejor pensa siempre al « discret lecteur »[a].

Mon travail m'a tenu claquemuré, moins physiquement que moralement, c'est-à-dire que j'étais incapable d'écrire une lettre à un ami, et même de répondre à une lettre, incapable de lire, enfin incapable de tout ce qui pouvait me distraire de ce morceau en train, — ma justification, ma raison de vivre, mon aimable tourment ! Les sorties, cependant, furent assez fréquentes et diverses, mais courtes (par exemple la visite à Ribeiro Couto récemment arrivé du Brésil et prêt à repartir pour prendre possession de son poste à La Haye), mais le travail mental continuait, groundbass of all my motions[b]. Je ne note rien de tout cela. Je me demande comment Arnold Bennett faisait pour tenir son Journal au courant, notant chaque jour l'emploi de son temps, ses rencontres, etc., — même pendant qu'il composait *Old Wives' Tales* ou *Clayhanger*.

Mlle Roy[160] dit que mon écriture n'est ni plus ni moins irrégulière qu'il y a 8 et 10 ans ; j'en doute. Elle est plus hâtive ; j'ai tendance à écraser la voyelle *e*, et quand elle est finale, à lui mettre une sorte de petit crochet, signe de fausse fermeté, je pense ; et cette manie de mettre des *s* du pluriel où il n'en faut pas ; c'est à la fois un signe de la préoccupation de ne pas l'oublier où il le faut, et peut-être aussi l'indice d'une volonté en lutte contre la fatigue.

Ribeiro Couto et José Régio

Ribeiro Couto avait lu, pendant la traversée, le livre de José Régio, *Jôgo da Cabra Cêga*, qui lui a fait une très forte impression. Il dit que l'ouvrage est beaucoup plus autobiographique que je ne l'avais pensé. Je l'avais cru rétrospectif en tant que basé sur des sources autobiographiques ; l'œuvre d'un Professeur de Coïmbre, titulaire d'une chaire, qui avait utilisé dans ce roman des souvenirs de ses années estudiantines.

Dans la façon dont j'ai écrit *Clayhanger* à la page précédente, il y a un souvenir et une imitation inconsciente de l'écriture d'Arnold Bennett (les déliés, les liaisons larges, légères, un peu orientales dans leurs courbes).

a. Un peu de français et quelques mots italiens viennent altérer ces lignes en espagnol : « comme "En avant l'Espagne", et des choses du même style, des choses "avec mesure", mais ça ne me plaît pas ; il s'agissait seulement de choquer, de porter un coup ; ça n'en vaut pas la peine ; il vaut mieux toujours penser au "discret lecteur". » (« Cierra España » était le cri de guerre des chrétiens dans leur lutte contre les Maures.)

b. Anglais : « comme un accompagnement de basse à tous mes gestes ».

[Février]

Paris. Jeudi. 7. II.

A.M. — Courrier (lu, et écrit), puis commencé une relecture complète de la *Délie*, achevée ce soir, et qui a dû prendre 6 heures environ.

P.M. — Courses, à pied et en taxi, avec Grandmuseau émoustillé par le froid vif qu'il fait : rue François-Ier à Radio-Paris pour savoir si on doit commencer les conférences par « Mesdames, Messieurs », et voir un texte quelconque de conférence pour me rendre compte des limites, c'est-à-dire combien de pages dactylographiées constituent une conférence de 20 minutes. On m'a fait voir une conférence récente de René Lalou[161] sur François Mauriac : 6 pp. de 30 lignes, plus 2 pp. ½ ou 3 de citations ; mais je pense mêler les citations à mon texte. Profité du taxi pour voir diverses galeries de peintures, r. de La Boëtie, r. du Colisée, etc. Quelques reliures, tout à fait dans le genre de 1910 : rien de changé, peut-être un peu moins prétentieux. Chez Rosenberg deux bons Gauguin (dont une femme blonde) que je ne connaissais pas encore. Ramené r. Madame où je pensais trouver encore les Neillot[162] à la fondation Blumenthal, j'ai traversé à pied un Luxembourg à peu près vide dans un air très pur, très dépouillé, avec les vitres des maisons, de l'autre côté, — celles de la pl. Médicis, et de la rue Soufflot, toutes aglow[a] du reflet vif et joyeux d'un soleil couchant quasi printanier. Flânant ensuite r. de Médicis j'ai acheté les deux Katherine Mansfield qui me manquaient. En taxi à la maison ; et jusqu'à ce minuit lecture de la *Délie*, dont la musique m'environne encore. Il me faut, malheureusement, choisir les dizains dont la langue a le moins vieilli, et où il y a le moins d'équivoques possibles à la lecture. Sans quoi, les explications de mots et de constructions de phrases seraient trop longues. Je voudrais

[*Deux pages arrachées.*]

[...]ve : le temps que prend la lecture d'un dizain ; le choix des dizains ou fragments de dizains à lire ; choix difficile : les meilleurs, sans doute, mais pris seulement parmi ceux dont la langue, vocabulaire et syntaxe, est le moins éloignée de celles que parlent et lisent les centaines de mille de « Français moyens » qui m'écouteront ; or, la plupart des meilleurs sont écrits dans un français que Monsieur Moyen n'entend guère, ou n'entend pas. Enfin, la rédaction de la causerie proprement dite : le début refait vingt fois, le plan modifié sans cesse, pour faire tout tenir, citations (1 minute ½ par dizain récité) et partie parlée, dans les 20 minutes réglementaires. Des 34 dizains recopiés sur des cartons quadrillés achetés ad

a. Anglais : « rougeoyantes ».

hoc, ou plutôt commandés, car ils ne sont d'aucun des formats usuels des fiches, j'en garde 6 et les fragments de 3. Égale 8 minutes. Enfin, même ce soir, je n'ai pas encore mon début. Pour y mieux penser j'ai peint ou retouché des figurines : dames en costumes du XVIe siècle, cavaliers qui pourraient aussi bien être Scève que Montaigne ou Philibert Delorme. Un peu de courrier d'affaires. Entre 5 et 6 promenade à pied (précédée d'une chute dans l'escalier trop bien ciré, heureusement tombant tout de suite sur le dos, et glissant ainsi, en une seconde, jusqu'au paillasson, sans me faire d'autre mal qu'une légère foulure au poignet gauche[163]). — Rue Clovis, Pl. du Panthéon, r. Soufflot, r. Cujas pour la poste, Bd St Michel, pl. de la Sorbonne, r. de la Sorbonne, rue des Écoles, passant le long du Collège de France pour voir les travaux, puis descendant au petit terre-plein où est le buste de Ronsard, salué au passage avec oraison demandant son aide pour la « causerie », puis les travaux de Polytechnique, et enfin casa : toute cette marche dans le beau froid vif, qui paraît m'avoir, avec l'iode, tout à fait libéré des étouffements nocturnes que j'avais encore il y a dix ou quinze jours. — Et toute la soirée, avant et après dîner, Scève et *Délie*. Mon intention est bien de laisser da un lato[a] Labé et Du Guillet, mais il faut tout de même leur donner quelques fleurs puisque les gens de Radio-Paris ont inscrit, non Scève seul, comme je l'aurais souhaité, mais les POËTES LYONNAIS, sur l'annonce de leur programme, ou journal, or what it may be[b]. C'est leur conseiller, René Lalou, qui leur a donné mon nom en même temps que la liste des sujets de « causeries », et c'est lui, sans doute, qui a eu cette fâcheuse idée d'encombrer Scève de ces deux Belles Dames... Enfin, si, comme le croit Bertrand Guégan, Pernette est vraiment Délie, et que Scève ait couché aussi avec Labé, il ne sera pas trop fâché qu'on parle encore d'elles à propos de lui ; mais, ne disposant que de 20 minutes, elles me gênent bien.

J'ai déclamé plus de cinquante fois chaque dizain choisi, et vingt fois au moins les autres. Je m'exerce aussi à prononcer Lyon comme un dissyllabe : Li-ion, qui est la vraie prononciation, celle des Lyonnais (ils accentuent même, légèrement, Li). À Paris on dit Lion, et on finira par dire Yon.

Ces agrandissements et embellissements de Polytechnique et du Collège de France ont quelque chose de rassurant au milieu du marasme et de l'ennui qui sont partout dans l'air à cause des affaires qui ne vont pas, des taxes trop élevées, des « menaces de guerre », et tellement sensibles à Paris, dans ce Paris à peu près sans étrangers, et où les étrangers sont regardés de travers comme en 19 et 20. Polytechnique prend les proportions du Vatican ! Le

a. Italien : « de côté ».
b. Anglais : « ou quelque chose du genre ».

Collège de France se débarrasse des bicoques misérables dont il était entouré. On peut déjà imaginer une

[*Sept pages arrachées.*]

pour tant de politesses, et pour une sympathie qui paraissait sincère et que j'estimais en raison de l'estime que j'avais pour quelques-unes de ses pages, ou plutôt pour ses travaux d'« intermédiaire ». Mais je n'allais tout de même pas me laisser entraîner dans un procès littéraire. Il le comprit, et son indignation fit long feu, se contenta de vagues excuses de ces encore plus vagues plagiaires.

S[aint] J[érôme]

Cependant l'impression que j'en gardai contribua à ma décision de lui interdire ma porte, lorsqu'enfin j'en arrivai là.

Il y a vraiment dans tout ce qui se rapporte au « mendiant de pontification » quelque chose, prise sur le vif, des malpropres mœurs de la « gens-de-lettraille », qui rejoint les lettres satiriques de S. Jérôme sur la prêtraille de son temps.

Tout cela, — écrit comme préparation, mise en train, à la « causerie » sur Maurice Scève ; — au lieu de la rédiger. Mais je ne cesse d'y songer, et derrière, à travers, tout ce bavardage au vol du stylographe, elle s'organise et se condense.

Paris. Mercredi 13 II —

Débarrassé de la « causerie » sur Scève, et de la fatigue qu'elle m'a laissée, lundi soir et hier, je me remets à mon courrier, avec l'espoir d'en venir à bout en peu de jours : après quoi, reprise de la préparation de la copie de *Domaine anglais* ; cette tâche terminée, je passerai à l'achèvement de la préparation des « Notes sur quelques poëtes français », ce qui me ramènera à Scève[164]. — Demain la copie du livre de José G. Antuña, avec celle de ma préface, partent pour Montevideo. R.O.U. (Je mets toujours R.O.U.[a] pour que les gens de nos postes s'y habituent comme ils se sont habitués à U.S.A.).

Maurice Scève

« Radio-Paris », maison de paroles ; on y vend des paroles ; les marchands m'ont paru d'importants seigneurs, tous Commandeurs, et qui, leur causerie faite, prennent leur chèque vert (le papier de la Banque de France) au petit bureau sur le palier. J'avais oublié la Censure, et n'avais pas compris que c'était pour cela, à cause de cette formalité, qu'on me demandait « quelques jours à l'avance » le texte. Enfin M. Versini (ou Versigny) s'est contenté, dès mon arrivée, dix minutes avant de commencer, de regarder les 19 cartons sur lesquels j'avais écrit la copie définitive de ce que j'allais lire. Il n'y a pas eu d'accroc et j'ai su, par des lettres, qu'on m'avait aussi bien entendu en Province qu'à Neuilly et que dans le corridor voisin de la pièce, toute en tentures de velours jaune, où je lisais. — En somme j'ai résumé : la vie posthume de Scève ; la position de son œuvre entre les Grands Rhétoriqueurs et Ronsard ;

a. Republica Oriental del Uruguay.

l'influence de Pétrarque, et le grand demi-siècle d'or de Lyon (Lion) ; en quoi consiste l'originalité et la puissance de Scève, et son Œuvre (insistant sur *Microcosme* mais ne citant que des dizains de la *Délie* — 310, 375, 208, fin de 346, début de 128, 344 et 345 (les deux Luths), 397, et début de 449 pour finir sur une belle note). M. Versini m'a dit que toutes les citations étaient claires, sauf 397 (TOUTE FUMÉE...) qui était sûrement difficile pour beaucoup d'auditeurs. — En somme, repassant dans ma mémoire ma « causerie », que je sais par cœur, j'ai le sentiment qu'elle a dû être assez attrayante, et pas tellement difficile. Je suis content d'avoir parlé de la CONTRIBUTION directe et indirecte (via Ronsard) de Scève à l'« ouvrage collectif de civilisation» qu'est « le français que nous écrivons encore aujourd'hui ». Il était nécessaire, étant donné l'immense multitude du public de ces « radio-diffusions » de faire remarquer en passant, mais comme une chose naturelle, À QUOI SERVENT LES POÈTES : leurs œuvres ont, de proche en proche, une grande influence sur la formation de la langue, etc. Cela, avant de continuer les citations, toujours tirées de la *Délie*, — ils n'auraient rien compris à *Microcosme* (l'invocation à la France ? les 3 vers sur Paris ? l'invocation à la Grèce ? J'y avais bien songé ; mais la préparation, les quelques mots d'explication à glisser sans en avoir l'air, comme je l'ai fait pour les dizains et fragments des dizains 208, 346, 128, 344-345, était bien difficile à amener). — Enfin la « causerie » a été un difficile et délicat ouvrage de condensation et d'ajustage ; le montage d'un petit mécanisme ; ne rien oublier d'essentiel ; laisser une image nette et précise. Arriver à ceci : « ... le poëte lyonnais du 16e siècle, qui est aussi un des grands poëtes de la France. » — Je suppose qu'il y avait beaucoup d'auditeurs non-lettrés pour qui le sujet classe l'écrivain : poèmes d'amour = romance sentimentale. Il fallait donc les déniaiser, et vite ; — donc : 1° *Microcosme* AUSSI (poème « sérieux », scientifique, religieux) ; 2° contribution à la formation et à l'embellissement du LANGAGE. La netteté dans la brièveté à laquelle je suis arrivé m'a facilité L'ACTION, c'est-à-dire la lecture à haute voix : mots à mettre à l'effet, changements de ton pour les citations, etc.

Maurice Scève

Enfin : la rédaction d'un télégramme dans lequel il faut dire le plus de choses avec le moins de mots possible, puis la lecture bien conduite et expressive du dit télégramme : le plus de sens dans un minimum de sons. Encore : le nombre de renseignements donnés à l'auditeur devait dépasser le nombre des appréciations critiques, j'ai donc donné à ces appréciations le caractère de renseignements, etc. En somme : schéma de tout ce qu'il importe qu'on sache de Maurice Scève, plus un choix d'échantillons qui le fassent valoir tout en étant pris parmi les plus clairs pour le gros public. Et, dans la lecture, la lutte contre les équivoques : « ... mes maux tu lui récites » et non « mes mots » ; « ... de moi plaints, pleurs et mortelle tristesse » : dire « plaints »[165]

[*Une page arrachée.*]

Paris, jeudi 14 II —

Un peu de courrier, et une heure d'attente à la poste (celle de la rue de l'Epée-de-Bois, dans son neuf, mais qui ne serait qu'un bon petit bureau auxiliaire dans un Paris mieux tenu) pour expédier une lettre recommandée, le gros paquet recommandé contenant le MS du livre de José G. Antuña et celui de ma préface, et une carte-postale par avion pour Antuña. En passant, vu les travaux de la rue Saint-Médard. Mais dès 1919 il y avait déjà un changement d'atmosphère très perceptible dans la Mouffetard des années 1900-1910. Sûrement, notre quartier s'arrange. Ce qu'il y a de fâcheux, c'est que les choses dignes d'être conservées, comme l'enseigne du Gros-Chêne, le coin de la rue du Pot-de-Fer, y passeront, alors qu'en les entretenant, en les nettoyant, repeignant, embellissant à l'entour, elles garderaient à tout ce qu'on fera de neuf un caractère de vieux-monde et de milieu du XIXe siècle, que les inventions des 30 dernières années vont bientôt rejeter dans une antiquité touchante.

Au courrier. Lettre de la Pcesse Tchakhowskoÿ[166] écrivant aussi de la part de Mme de Brimont : invitation, et vague allusion à une préface qu'elles me demanderaient pour un livre des Cent-Une. Mais je n'y songe même pas. Basta de esas cosas, al menos cuando se trata de libros franceses, y publicados en Francia. Eso, regardless, not of cost, but of fee. Acepto, y hago sin la menor esperanza de pagamento, prefaciones como la del libro de Aldo Capasso, o la del libro de Antuña, porque el asunto me gusta, tengo algo que decir ; pero ni aún por mil francos escribiria eso género de prefaciones que consisten en llenar dos páginas de vaguedades y consideraciónes medio insulsas medio loadoras que no quieren decir nada. ¿ Cómo no lo ven esas buenas almas de bibliofilos (y bibliofilas) ? Ellos mismos saben que la prefación no sirve sino para darles un pretexto para inscribir mi nombre sobre la tapa de su libro, — o librote[a]. Et naturellement, elles pensent bien que je l'écrirais pour rien parce qu'elles ne sont pas éditrices, mais que nous

a. Espagnol, avec un peu d'anglais (et quelque confusion autour de *prefacio*, devenant *prefación*...) : « Ça suffit tout ça, du moins quand il s'agit de livres français, et publiés en France. Cela, sans considérer non pas le coût, mais les honoraires. J'accepte, et je fais sans le moindre espoir de paiement des préfaces comme celle du livre d'Aldo Capasso, ou celle du livre d'Antuña, parce que le sujet me plaît, que j'ai quelque chose à dire ; mais pas même pour mille francs je n'écrirais ce genre de préface qui consiste à remplir deux pages de banalités et de considérations mi-insipides, mi-flatteuses qui ne veulent rien dire. Comment cela ne vient-il pas à l'esprit de ces belles âmes d'amoureux (et d'amoureuses) des livres ? Ils savent bien que la préface n'est rien d'autre qu'un prétexte à inscrire mon nom sur la couverture du livre — ou du bouquin. »

serions entre gens du monde. Eh bien alors, PAS MÊME pour rien ! — Il y a aussi le dernier *Bulletin Budé* : peu d'articles intéressants ; mais les sommaires des revues classiques anglaises, allemandes, françaises, italiennes, belge, hollandaise, roumaine, espagnole, hongroise, avec toute leur activité, sont toujours une lecture réconfortante. Je vois aussi que la collection Bernat Metge, de Barcelone, continue (Visca Catalunya[a] !) et qu'on travaille bien un peu partout « en notre Europe ».

À 6 h ½ p.m. visite de Marcel Thiébaut, tout à fait remis, ayant même fêté sa convalescence par une agréable tournée montmartroise. Je venais de terminer la lecture de ce mou et fade *Érasme*, et nous en avons causé ; Pierre de Nolhac lui en avait dit beaucoup de bien, et il allait le lire, — il songe aussi à écrire un article sur Érasme à propos de ce livre ; je l'ai un peu désenchanté. En effet il n'y a presque rien sur l'œuvre même d'Érasme ; tout est tiré des livres d'Allen (c'est-à-dire des Lettres éditées par Allen[167]), et tout est en « gestes », dans l'histoire de l'action (ou inaction) d'Érasme entre la Papauté et Luther. On ne peut pas s'empêcher de se dire que tout cela traite du « lait répandu », — et même de se dire qu'Érasme aurait dû accepter d'entrer au service de Rome, remettant à plus tard la réforme qu'il projetait. Mais ce qui n'est pas SPILT MILK[168] dans Érasme, c'est son ŒUVRE, c'est L'HISTOIRE DE SA PENSÉE, non politique, non du temps, mais de toujours. Or, de cela, rien du tout « non un iota », dans le livre de Th. Quoniam[169]. C'est sans doute par amitié que Pierre de Nolhac[170] fait l'éloge de ce non pauvre, mais mince livre.

Paris. Vendredi. 15. II.

Courrier. Longue lettre à Marcel Ray, à qui j'envoie le petit traité de Marouzeau qui donne l'historique de la prononciation du latin dans l'Enseignement français, et les derniers développements de la question[171]. Le courrier aussi me prend plus de temps que je n'avais pensé. — Temps humide mais tiède. Au courrier du matin, un livre du Professeur Félix Boillot, de Bristol[172] avec dédicace me disant qu'il a entendu la « Causerie » sur Scève. Et R. Lalou m'écrit pour m'en demander une autre, sur Stendhal, mais une suffit ; et je ne sais rien de Stendhal, en comparaison de ce que je connais de Scève. — Visite au Dr V. ; Monceau ; rue Royale, flânerie sous les portiques de la rue de Rivoli (j'abandonne mon parapluie, hors d'usage, sous la galerie du Ministère de la Marine) ; puis à l'association Budé, où j'achète l'opuscule de Marouzeau, et la Litt[érature] Latine de Jean Bayet, qui me paraît assez bien faite[173]. — Entré aux Quatre Chemins pour voir les gouaches de Pierre Kéfer ; quelques-unes sont plaisantes à l'œil, mais très « pessimistes » ;

a. Catalan : « Vive la Catalogne ! »

Pierre Kéfer

l'érosion, la destruction, des solitudes sans fin ; aussi de la volonté pure, avec des arrangements de devanture d'opticien. Ses aqueducs et colisées lui viennent, je pense, de Chirico. Rien entendu d'intéressant dans le public qui était là, et où il n'y avait, heureusement, personne de ma connaissance. À la devanture, un gentil Raoul Dufy, un peu empâté sur la droite : le bleu des ombres est le même que celui de la mer et cela est bien vu, il me semble. — Au retour vers la Pl. St Sulpice (où les eaux de la fontaine jouaient) acheté autant pour moi que pour Laeta, une vie « officielle » d'Anne de Guigné, avec reproduction de ses dessins, de ses devoirs, de ses petits billets au Bambin Gesù, le tout rédigé pour les enfants. Cela fait souhaiter le succès de son procès à Rome ; comme on aimerait se mettre sous la protection d'une Sainte Enfant si près de nous, et si évangélique en toute chose !

Maintenant, chaque soir après dîner, je fais répéter à Laeta, sa leçon de la journée, et elle fait quelques progrès. Mais l'effort, l'énergie qu'elle développe pour ce travail de lecture, l'agitent terriblement ; en effet cet effort d'attention se disperse (toujours le désir de DEVINER le mot à lire, sans le regarder, ou à peine ; un moindre effort non rencontré), et se dépense en une grande agitation des bras, des jambes, de la tête. Ce qu'il y a de remarquable, c'est qu'elle aura commencé par lire la cursive anglaise, et non les lettres imprimées, que je lui avais apprises tout d'abord. — Elle rit en voyant les dessins et les devoirs, mais surtout les dessins, d'Anne de Guigné, comprend qu'ils ressemblent aux siens, et commence à trouver drôle qu'on les ait « mis dans un livre ».

Paris. Samedi. 16. II.

Courrier la plus grande partie de la journée, mais aussi lecture des journaux, du Jean Bayet, de *La Revue du XXe siècle* (cherchant des Jeunes !) et de la Vie d'Anne de Guigné. De 5 ½ à 6 ¾ chez la Pcesse Schakhowskoÿ, où Mme de Brimont est venue assez tard. Il y avait beaucoup de monde, les Slaves dominant nettement, et des ménages anglo-slaves, franco-slaves. On attendait J.-G. Daragnès qui n'est pas venu, ou qui est venu après mon départ. Il y avait aussi un élément africain, le Caïd Ben-Gabrit (ou Ghabrit). Dans une partie de la compagnie on parlait des gens appartenant à des familles régnantes en les distinguant par leurs prénoms (Georges = le Pce Georges de Grèce ; Marina = la Duchesse de Kent, etc.). On faisait, malgré tout, « gens de la Cour ». Puis ce dialogue entre princesses slaves :

— Oh, ma chérie, te voilà ! Et comment, tu as gardé l'insigne de notre couvent ? Elle a gardé l'insigne du couvent où nous avons été élevées ! Mais je ne savais pas que tu l'avais encore !

(Une sorte de broche en or bruni, portrait de sainte sur émail, aigle bicéphale)

— Mais non ; je l'ai fait refaire ; c'est une copie, mais très exacte.

— Et par qui donc ?

— Par X (un nom slave) ; il avait tous les documents, il en a déjà fait pour plusieurs anciennes élèves.

Tout cela très touchant ; avec une grande gentillesse, sans attendrissements qui auraient pu sembler de comédie.

Propos intéressants, mais tôt perdus dans la confusion des voix, d'un archéologue ayant vécu dans les couvents du Thibet ; régime monacal ; légumes bouillis et sucrés. — Il y avait une atmosphère de naïveté touchante, de vanité sans malice, atténuée par les circonstances. Française parlant d'un couvent de Bénédictines auxquelles elle s'intéresse ; elles sont logées, mais n'ont que 50 francs par mois et par tête pour se nourrir ; et elles ne quêtent que pour achever la construction de leur chapelle. [*Trois lignes biffées.*] I wonder why[a]. Cela suppose, chez cette Française, une association d'idées entre le Christianisme et le vieil ordre social qui est en train de disparaître. Ego autem nego[b]. « Je suis la Vie, etc. » et la vie est plus forte que tout. — Enfin j'ai nettement refusé à Mme de Brimont la préface demandée (2 pages, 1 page ½. — pour un Du Bellay décoré par J.-G. Daragnès) et nous n'avons plus parlé que, elle de Saint-Point, moi de Valbois, et plantations, et oiseaux et arboriculture[174]. J'ai eu le sentiment qu'on me savait gré d'avoir pris la peine de me déranger pour refuser. Mais à la fin j'étais un peu déprimé par l'entourage décidément un peu vieux. Du moins ai-je dit bien nettement à Madame de B[rimont] : « Pourquoi ne pas demander cette préface à un jeune homme ? Il y en a sûrement qui s'intéressent à Du Bellay ; et sur le nombre il y en aurait peut-être bien un À DÉCOUVRIR. »

À pied du Square Lamartine à la Gare de Passy, où j'ai retrouvé Mariuccia, et poi insieme a casa, dove c'era già Laeta colla serva[c].

Anne de Guigné

Repensé à la vie d'Anne de Guigné (par Marie Fargues[175], bon livre d'enfants, pour les enfants, écrit par quelqu'un qui n'est pas artiste, mais qui a compris qu'il fallait se placer du point de vue de l'enfant). Sans doute c'est AUSSI une affaire, — de librairie, d'édition d'images, et qui peut se développer au moyen de pèlerinages à la maison des Guigné à Annecy, à leur villa de Cannes, etc. Un autre Lourdes, avec billets d'entrée pour voir les jouets et les cahiers de « Nénette », etc. On peut déjà se demander à qui vont les profits de la vente des livres et des images avec la neuvaine. Probablement aux éditeurs, — tout comme les profits des livres des Mallarmé, des Baudelaire, après comme avant la date de l'entrée au

a. Anglais : « Je me demande pourquoi. »

b. Latin : « Or moi je dis que c'est faux. »

c. Italien : « et puis ensemble à la maison, où Laeta se trouvait déjà avec la servante. »

Domaine Public. Et même s'ils allaient à la famille d'Anne, cela ne retrancherait absolument rien au fait essentiel : la vie d'Anne de Guigné sur la terre, et les miracles sur sa tombe. Les gens qui seront les premiers à crier au charlatanisme et à l'exploitation de la crédulité seront ceux qui vivent, — comme éditeurs et auteurs de l'exploitation littéraire du sentiment anti-chrétien.

« Ce que vous avez caché aux sages. » Cela vient juste à point ; à l'enfance du XXe siècle, des saints enfants. Mais aussi cette association des jouets, des jeux puérils, à la sainteté. — On dira : Il y en a eu des centaines, et des milliers comme Anne de Guigné, sont-ils donc tous saints, et pourquoi celle-là sur les autels, et non ceux-ci ? Mais en effet il y en a des milliers « inscrits sur les registres de Dieu, et non dans le souvenir du monde » ; et qui ne se dit qu'on peut à coup sûr compter sur la protection des enfants morts ? L'effet de la canonisation d'Anne sera de sanctifier l'enfance des hommes dans l'esprit de beaucoup de gens ; de les faire réfléchir là-dessus.

Anne de Guigné

Gens pieux, sinon dévots, mais pour qui la Religion est étroitement liée à des choses comme « la Patrie » et « la propriété individuelle » et les convenances bourgeoises ; et gens, ennemis de la Religion, pour qui aussi, Religion-Patrie-Propriété vont ensemble ; un enfant, — pour qui ni Patrie, ni Propriété n'a de sens, — répond, des autels où on le place, à cette erreur, à cette profanation.

Mort de Henri Hauvette. Mort de Maurice Croiset. Même les journaux les plus plébéiens annoncent l'événement au Français-Moyen ; et il peut se trouver des fidèles qui les jugent dignes d'une prière. On pense qu'ils ont dû mourir satisfaits de leur vie, de l'emploi de leur temps ; encore que leurs travaux doivent vieillir, qu'ils le savent, et même qu'ils le souhaitent. Je n'avais jamais fait que voir Maurice Croiset, mais son manuel m'avait été livre de chevet pendant longtemps, et il m'arrivait encore de le consulter[176]. Pour Hauvette, c'est à lui que je rapporte le plus beau souvenir de ma vie d'étudiant, le 18 d'explication grecque qu'il m'a donné à la Licence, et sa question : C'est en France que vous avez appris le Grec[177] ? — Oui (en réalité j'étais surtout un autodidacte ; les classes ordinaires, quelques répétitions, mais beaucoup d'études privées, nocturnes, et pas seulement en France). — Et on dit que nous n'avons plus d'hellénistes en France ! J'étais dilaté d'orgueil, et les candidats qui venaient après moi n'étaient pas très contents. Même à l'Économat, ce 18 de Grec avait fait sensation ; peu de gens de la rue d'Ulm en avaient eu autant ; c'était, un peu, la revanche de l'étudiant amateur, de l'irrégulier, de l'helléniste « bohème », sur les Bien-Sages. — Il est vrai qu'Hauvette, italianisant[178], avait moins

Henri Hauvette Maurice Croiset

d'autorité, comme examinateur, qu'un des grands Hellénistes, — et précisément un Croiset, — de cette époque-là (1900-1910).

Anne de Guigné

On voit bien, chez Anne de Guigné, la part de l'imitation et celle de la création originale. Imitation (et odieuse), l'exclusion de la petite fille « païenne », qui n'avait pas de croix, ou de médaille, visible sur elle, « Ne l'invitons pas ; elle n'a pas de médaille ; c'est un païen. » Sa biographe a senti ce que cela avait d'horrible, et elle ajoute que, plus tard, « Nénette » aurait, au contraire, invité « le païen » pour lui montrer combien les Chrétiens sont gentils, etc. Mais Jésus, et la Croix, pouvaient être empreints dans le cœur et la pensée du « païen » sans médaille, et n'être pas dans le cœur de telle ou telle petite amie de « Nénette », à qui des parents dévots avaient mis une médaille ou une croix au cou. — Voilà pour la part de l'imitation et de l' « influence morale », de l'endoctrinement haineux, orgueilleux, persécuteur. — D'autre part il y a la réponse à la question : Où réside le Saint-Esprit ? — Dans l'âme des Justes — et, si on peut dire que cela a été SOUFFLÉ, plus ou moins directement, à l'enfant, il y a le désir de l'obéissance, les mortifications, etc.

Paris. Dimanche. 17. II (Septuagésime.)

Mauvaise nuit, douleurs, compliquées par celles que je ressens encore de ma chute dans l'escalier. Ne pouvant dormir, Cicéron et 2 poésies de Hölderlin. — Levé trop tard pour faire faire un tour à Laeta avant le déjeuner. Une lettre du notaire m'apprend que la crise cardiaque

[*Une page arrachée*[a].]

de M. Voldoire a été plus grave que sa lettre ne l'indiquait ; elle l'a pris dans la rue, et sous la forme d'une syncope. C'est probablement ce qui m'attend, retardé seulement par les piqûres du Dr V. Encouragement à ne pas gaspiller le temps, et à tirer toute l'utilité possible de ce que j'ai de forces et d'attention au travail, heureux d'avoir ces 4 ou 5 livres [en] train, n'attendant plus que d'être complétés.

S[aint] Jérôme

Cela m'a conduit à envisager une autre forme pour la première étude de S[*aint*] *Jérôme* et le travail comme moyen d'échapper à la peur et au désespoir, d'abord, à l'origine (et c'est la vraie origine), ensuite, et bien au second plan et non sur la même ligne, la justification sociale. En somme : Moi et mon plaisir avant tout, — accessoirement la communauté humaine ; Moi et la communion des Saints ; Moi Seul étant responsable pour Moi. Toujours « le Plaisir avant tout », et non le devoir envers les hommes.

Titre d'un article de journal : « M. écrivain. » Il semble que depuis le voyage de St John Perse à Rome, l'ambassade arrose la

a. Cette page a été communiquée par Mme Laeta Pons à Claire Paulhan, chez qui nous la reprenons.

presse française. On croit donc que l'opinion publique compte pour quelque chose ? En tout cas c'est de l'argent bien employé, placé dans les poches de nos — jusqu'à un certain point, — demi-confrères. Cela m'a rappelé mon bizarre rêve : Comme je me trouve à Rome, M. me fait inviter à une conférence littéraire qu'il [a organisée[a]] dans une sorte d'académie, ou comme serait le siège de l'*Italia letteraria* ; j'y vais, il parle — de quoi ? — peut-être du *De Monarchia*, ou du *Convivio* ; et tandis qu'il parle il épie sur ma figure l'effet qu'il produit sur moi. Je sais que, si j'applaudis avec force, si je me montre bon public, il me donnera quelque décoration importante, un titre de noblesse, je ne sais quoi enfin qui surpasse de beaucoup ma commanderie. Or, j'essaie bien de feindre un vif intérêt, et j'applaudis[b] avec force. Mais il voit dans mes regards ma déception, et quelque chose comme le reflet des banalités qu'il débite, de l'érudition à bon marché qu'il étale, etc. Et quand il a fini, et qu'il s'en va, je sens dans son dernier regard un mécontentement secret, et je sais que je n'aurai pas, que je n'aurai jamais, le haut grade, le titre important qui m'a été promis. Et je m'excuse auprès de ses amis, dont quelques-uns sont les miens, en essayant de leur faire croire qu'au milieu du terne discours dantesque il y avait çà et là, des aperçus féconds, « le point de départ d'un renouvellement de la critique dantesque », etc. Mais je le fais avec si peu de conviction que mon rêve s'efface ou se transforme en quelque autre fantasmagorie, sans lien avec Rome ni avec M. — En réalité il aurait pu, en travaillant beaucoup, et en ne faisant que cela, devenir un écrivain honorable, peut-être même créateur ; mais il faut être tout à fait peuple pour ne pas se dire que la « déformation professionnelle » a dû, et depuis longtemps, intervenir, et bouleverser et détruire tout ce qu'il pouvait y avoir chez lui de dispositions vers les Lettres ; journaliste, agitateur politique ; ensuite l'état actuel : Richelieu, et un peu chef de police, et bureaucrate, et professeur de gymnastique. De même chez Napoléon ; à partir du 18 Brumaire, toujours et malgré tout un peu « gendarme »[179].

Paris. Lundi. 18. II.

Mort de Pierre d'Exideuil, apprise ce soir par un journal ; une bien pénible surprise. La disparition des gens comme A. Brûlé et Pierre d'Exideuil est une grande perte pour les Études Anglaises. On pensait qu'ils avaient encore beaucoup d'années à donner à leurs travaux, surtout P. d'Exideuil, qu'on pouvait presque regarder comme au début de sa carrière. Il m'avait envoyé son livre sur Thomas Hardy[180] et, quelques années après, il était venu lui-même ici, sur rendez-vous, pour me demander ma collaboration au numéro

Pierre d'Exideuil

a. Mots rétablis par Claire Paulhan.
b. Fin de la page communiquée par Laeta Pons.

des *Cahiers du Sud* sur la Dramaturgie Elizabéthaine. J'avais profité de cette occasion pour lui exprimer mon estime et lui dire que je l'avais signalé, comme un collaborateur angliciste très désirable, à la Direction de *La NRF.* Sans cette visite (en 1931 ou 32) j'aurais aujourd'hui le regret vraiment amer, de ne lui avoir donné aucun signe de la bonne opinion que j'avais conçue de ses travaux. Nous devrions toujours penser à la possibilité de voir disparaître des gens plus jeunes que nous, et ne pas les traiter comme si nous étions certains de nous en aller avant eux. Mais dans tous les cas nous devrions leur faire signe, lorsque nous les approuvons, et ne pas leur marchander nos encouragements, auxquels ils tiennent comme venant d'aînés, — et ils nous le prouvent, qu'ils y tiennent, en nous envoyant leurs livres. En général, nous pensons, plus ou moins consciemment, que ce serait plutôt servir NOTRE mémoire, et leur laisser une sorte de SATISFECIT d'aînés, qu'ils montreraient plus tard (« X disait ceci de tel et tel de mes ouvrages »), et c'est ainsi que notre penchant à lutter contre notre vanité se fait le complice de notre paresse. Nous devrions, au contraire, penser que le jeune confrère aussi est mortel, qu'il peut ne pas nous survivre, et qu'en lui faisant connaître le bien que nous pensons de lui nous augmentons, non seulement son courage et sa confiance en lui-même, mais surtout la somme de satisfaction qu'une vie, qui peut être courte, aura contenue. Enfin j'ai la consolation d'avoir exprimé à celui-ci ma sympathie, et d'une manière tout à fait évidente, sans réticences, tête-à-tête. L'article nécrologique était bien fait, donnait une idée juste, bien que très sommaire, de son ouvrage et de son activité. Il laisserait un livre inachevé ; il faudra que je suive cela.

Pierre d'Exideuil

Son Thomas Hardy dédicacé est dans la partie de ma bibliothèque anglaise qui contient les Études Critiques concernant un seul écrivain, à côté d'autres études sur Thomas Hardy. On fera sûrement, tôt ou tard, une histoire des Études Anglaises en France, soit dès les origines, soit pour chaque demi-siècle à partir des origines. La place de Pierre d'Exideuil y est marquée. Nous y serons ensemble. — Quant à ma promesse de collaborer au numéro spécial des *Cahiers du Sud* (assez bien traité, mais avec un rien de sévérité universitaire, dans *La Revue anglo-américaine*), je ne peux pas regretter de ne l'avoir pas tenue ; j'étais alors absolument incapable de tout travail un peu suivi ; j'avais, du reste, des travaux promis antérieurement ; enfin, même si j'avais été en bonne santé, il m'aurait fallu de 4 à 6 mois d'études et de lectures et relectures pour livrer quelque chose de propre. (J'avais promis un Thomas Middleton[181].)

Je me rappelle bien sa visite au Jardin Fleuri. Il était venu accompagné (m'avait-il prévenu ? Je crois que oui) d'une jeune femme qui cherchait depuis longtemps à entrer en relations avec moi, et qui m'avait fait écrire par diverses personnes, m'avait envoyé des articles d'elle où elle parlait de moi, et m'avait écrit sur un ton qui m'avait paru « inspiré », c'est-à-dire désinvolte et comme d'une personne un peu effrontée à qui on a dit qu'elle devait prendre ce ton pour plaire à l'écrivain qu'elle voulait connaître. C'était, de la part des inspirateurs, bien mal me connaître, et c'était aussi rendre à cette personne un mauvais office. Mais j'ai pensé, plutôt, que c'était UNE inspiratrice, et qu'il s'agissait, une fois de plus, d'être désagréable à Mariuccia en m'envoyant une « sirène ». Quoi qu'il en soit, j'ai bien marqué, pendant toute la visite, que c'était à Pierre d'Exideuil que j'avais affaire, et je lui ai témoigné d'autant plus de déférence et d'intérêt que je cherchais à tenir à distance la jeune intruse. Elle a dû sortir de chez moi tout à fait déçue par mon indifférence à son égard. Au fond, cette jeune personne a été une des victimes de la — ; une victime des manœuvres de la — contre mon bonheur et contre la paix de mon ménage[182]. Présentée autrement, m'écrivant sur un autre ton, je me serais comporté beaucoup plus confraternellement à son égard. — Mais, bien entendu, Pierre d'Excideuil n'a été pour rien dans tout cela.

Nos courses de cet après-midi, après la visite au Dr V., nous ont conduits à la Bibliothèque Nationale, aux Passages Vivienne, au Palais-Royal dont les travaux ne sont pas encore achevés, de sorte que là aussi, comme aux Passages Vivienne, il y a un air d'abandon, de Vieux-Paris poussiéreux, négligé, sale. Une grande affaire, et belle, serait de dégager tout à fait le Palais-Royal par l'agrandissement des trois rues latérales, et d'y transporter la Bibliothèque Nationale, à laquelle la Cour des Comptes et le Théâtre-Français feraient place. La Cour des Comptes pourrait aller à la Bibliothèque actuelle, et le Théâtre-Français à la place de l'Hôtel du Louvre. L'ensemble ainsi obtenu constituerait un puissant contrepoids au mouvement vers l'Ouest.

Mise en vente du tome III et dernier de l'Aulu-Gelle des Classiques Garnier. Je l'ai acheté chez mon papetier de la rue Monge, sans escompte, alors que si j'avais attendu à demain je l'aurais eu pour 15–1,50 d'escompte aux Presses Universitaires. J'ai obéi à l'instinct de tenir immédiatement une proie ; Grandmuseau ferait le geste rituel de la recouvrir. — Courrier d'affaires (suite) : demander les mémoires des travaux de Valbois ; presser l'architecte de la maison de la rue Nicolas Larbaud, à Vichy, et ici le gérant de la rue de Babylone. D'autre part, la liste des Services et Nominatifs du *Dondey de Santeny* à M. Armand Guibert, à Tunis, et commande avec provision à mon libraire de Londres. — Au courrier de ce soir signe d'amitié de Robert de Traz : son dernier livre, *Le Pouvoir des fables*[183].

En train de relire avec attention (attention aux dangers possibles) le *Diagnostic des aptitudes chez les écoliers*, de Éd[ouard] Claparède[184]. Ces méthodes, entre les mains de gens dépourvus **Ed. Claparède** d'esprit de finesse, peuvent faire des ravages. Il est vrai que Claparède prend beaucoup de précautions, mais je veux voir s'il en prend assez. Il paraît, en tout cas, plus éloigné que Piaget d'un certain dogmatisme.

Paris. Mardi. 19. II.

Suite du courrier, y compris une longue réponse à une enquête au *Journal des poëtes* de Bruxelles. J'étais très en retard avec eux, ayant même laissé sans réponse des demandes pressantes et répétées de collaboration, après avoir aussi manqué à des promesses de collaboration. L'enquête, assez sotte, comme presque toutes. Définir LE poème en prose ; que doit-il être, de quelle longueur, dans quels ton et rythme, etc. ? et enfin « le poème en prose » pourrait-il se vendre ? — Ma réponse tend à supprimer l'objet même de l'enquête ; il n'y a pas « le » poème en prose ; et il m'est totalement égal qu'il se vende ou non. On voit qu'ils n'ont jamais lu Croce, qu'ils croient encore aux genres[185], et pourtant qu'ils ignorent que le *Télémaque* de Fénelon a été le premier ouvrage dont on a dit que c'était un poème en prose. J'ai donc insisté sur le *Télémaque,* le faisant marcher de front avec les *Poèmes en prose* de Baudelaire et les *Illuminations* de Rimbaud ; soulignant ainsi mon opinion, qui est : que l'enquête est absurde et vaine[186].

Cela fait 3 grandes pages, peut-être de quoi remplir les 2/3 d'une de leurs pages, — un gros morceau. Ainsi je paie d'un coup ma dette à leur égard. Mais la chose est telle-

[*Deux pages arrachées. Un poème dactylographié est inséré ici : « Bella Mendicatrice » d'Alessandro Tassoni ; au bas du feuillet Larbaud a noté :* « Communiqué par M. Ernst Brockhaus, de Bochum, élève de E.R. Curtius, le 19 février 1935. »]

Paris. Jeudi. 21. II.

Ed. Claparède

Courrier : encore 7 lettres, toutes réponses en retard ; une seule d'affaires (notaire), le reste pour faire plaisir, ou ne pas faire de peine, à des gens. — La nuit, ne pouvant dormir, achevé la lecture du Claparède. Beaucoup de remarques (à noter que la Vie d'Anne de Guigné montre qu'elle aurait — qu'elle a, — passé avec succès, le test moral de Mlle Descoeudres : distribution des bonbons en nombre impair pour un nombre pair d'enfants[187]), et en somme il est à la fois circonspect et modéré ; plus d'ouverture d'esprit que chez Piaget, assurément. — Je me suis placé au point de vue de l'aptitude littéraire, ou plutôt des textes qui s'y rapportent indirectement. Si ces réflexions prennent une forme claire et nette, j'en ferai peut-être quelque chose.

Avant midi, visite tardive (trop près de l'heure du déjeûner) à René Lalou, mais je n'ai pas dépassé, ou de très peu, une demi-heure, malgré la présence d'un invité, universitaire (jeune) d'origine bourbonnaise et qui connaît un peu la région valboisienne (Bransat, Louchy, Voussac, — mais ni Breuilly, ni Valbois). Son nom : Gillet. Il connaît Olivier Leroy[188]. — Flânerie sur le quai, puis au restaurant du Théâtre Sarah-Bernhardt, où Mariuccia et Laeta sont venues me rejoindre.

Tout l'après-midi au théâtre, empli d'une belle foule enfantine. *Robinson Crusoé,* arrangement pour enfants, où la petite Gaby Triquet faisait Robinson Crusoé, et y était moins bonne que dans le rôle (plus court) de Loulotte dans *Bécassine.* Laeta riante et contente, sauf pendant deux minutes où elle a eu un de ces petits mouvements de « pessimisme » que j'ai observés chez elle, mais qui sont beaucoup moins fréquents que lorsque nous l'avons prise avec nous : elle avait trop chaud, elle était trop à l'étroit, elle ne voyait pas bien parce qu'il y avait devant elle le chapeau « d'une femme » (DI QUESTA DONNA[a]). Aussi, de brusques exigences : bonbons, accessoires de cotillon, petites poupées, vendus par les ouvreuses. Nous avons énergiquement réprimé ces deux mouvements ; au premier : « Tu pourrais être à la maison, et couchée, au lieu d'être ici » ; au second, refus énergique, « justement parce que tu le demandes ».

Je pense que c'est l'excitation produite par le plaisir et les agréments du spectacle, qui faisait reparaître ces petits travers. (Ma correction est : Non è bello lagnarsi così per poca cosa. Non è bello domandare ; parfois j'ai ajouté : Pensavo comprartelo, ma già che lo domandi, sarà per un'altra volta[b].) Du reste ces rebuffades n'entament pas sa douceur naturelle ; tout au plus fait elle « le geste de se mettre à pleurer », et l'instant d'après, résignée, elle est toute au spectacle. — Quels beaux groupes d'enfants, partout dans la salle, les corridors, le foyer ! — Un peu avant déjeuné, vu l'auteur et directeur du « Théâtre du Petit Monde », M. Pierre Humble, qui sortait du théâtre et traversait la Place du Châtelet. — Ses adaptations ne sont qu'habiles (pour ramener le chœur d'enfants et le corps de ballet où ils ne seraient pas explicables, il introduit un rêve du personnage principal : ainsi Robinson à l'île déserte rêve qu'il revoit ses petits camarades de Londres), mais sa fidélité aux livres d'images, de voyages, etc., fait de ses découpages des choses qui certainement satisfont la grande majorité des petits spectateurs. — Le rôle de Gaby Triquet était vraiment trop long et fatigant (surtout la partie de chant) pour une enfant de cet âge. — Ce respect qu'inspire, malgré leurs petits défauts et tous leurs « enfantillages », la PERSONNALITÉ des enfants, paraît donner raison à la Gestaltpsychologie contre les excès « cliniques » des testeurs et « percentileurs » d'enfants. On reconnaît l'âme présente, et la

a. Italien : « de cette femme ».

b. Italien : « Ce n'est pas beau de pleurnicher pour si peu de chose. Ce n'est pas beau de demander. [...] Je pensais te l'acheter, mais puisque tu le demandes, ce sera pour une autre fois. »

majesté humaine, plus frappante encore dans cette faiblesse et cette imbécillité. Sûrement la canonisation d'Anne de G[uigné] peut servir à mieux faire sentir cela, d'une manière plus consciente, aux parents et aux adultes en général.

Laeta, comme sans doute la plupart des enfants, admet le « truc » du rêve comme chose qui va de soi, et n'y voit du reste aucun « truc ». Elle ne suit pas encore très bien l'intrigue, et à chaque fin d'acte, ou de tableau, demandait si « c'était fini ».

Douleurs sourdes toute la journée, et hier, et, en somme, depuis au moins une semaine. Je dois être de nouveau saturé par les piqûres de V, et j'ai décidé de les interrompre, mais après l'avoir revu et avoir entendu ce qu'il en pense.

De nouveau sollicité par la jeune universitaire qui m'avait envoyé un MS à Valbois en Août (ou Sept.) en me demandant une préface. J'avais eu le tort de ne pas refuser nettement, et de soulever un obstacle trop faible en disant que je désirais savoir qui serait l'éditeur et combien il serait disposé à me payer la préface. Elle n'avait plus écrit, et je me croyais débarrassé d'elle. (J'aurais écrit, peut-être, une courte préface, non sur (ou pour) son livre, médiocre, mais sur l'Auteur étudié dans ce livre.) — Depuis j'avais su qu'elle avait sollicité [*Un nom caviardé, remplacé* par] X, se faisant recommander par « des gens invraisemblables » (importants socialement ou politiquement, mais étrangers aux Lettres). Et puis elle a dû lire des phrases élogieuses de Jean Cassou, l'autre jour, à propos de ma Préface au recueil d'Aldo Capasso, et elle a dû penser : « Voilà vraiment le préfacier QU'IL ME FAUT. » D'où sa démarche. Cette fois ma réponse ne lui laisse plus aucun espoir. Il est vraiment pénible de faire de ces refus indispensables ; même quand l'ouvrage est médiocre, et quand l'auteur prend cette attitude de sollicitation triomphante, irrésistible :

MOLTO CHIEDEA LA LINGUA ALLETATRICE[189]

[*Deux dessins de Laeta. De la main de Larbaud, au recto du premier :* « L'armée des Psylles marchant contre l'Auster (Aulu-Gelle, *Nuits Attiques*, livre XVI, 11), *et au verso :* « Dessin de Laeta sur un sujet donné » ; *sur le second :* « Laeta moi Grandmuseau en promenade », *et au verso :* « Dessin de Laeta exécuté sur commande ».]

Manque de charité dans ce qui précède, et la misquotation[a] du vers de Tassoni est une sottise. Je devais me contenter de faire un refus poli, et ne rien noter de cela ici (même comme je l'ai fait, sans nommer personne). Je le laisse subsister, mais la retrouver

a. Anglais : « fausse citation ».

dans ces feuillets me sera une mortification, — une de ces choses qui nous font voir notre fragilité.

Paris. 23. II. (samedi).

Depuis hier en possession des 22 premiers placards des premières épreuves des *Carnets* de S. B. ; c'est le très sympathique M. E. Boudot-Lamotte qui me les a apportés. En même temps le rédacteur anonyme de « La Revue des revues » dans le dernier n° de la *Revue anglo-américaine* donne un bon coup de griffe à mon « Avant-Propos » qu'il a lu dans *La NRF*. Il a trouvé mes réflexions sur la mévente de mes traductions de S. B. « amères et fort vaniteuses ». En cela je ne lui donne pas tort. Mais je n'y changerai rien dans le sens résignation et modestie : il importe que le Traducteur se fasse valoir, et qu'il dise très haut tout le bien qu'il pense de l'Auteur qu'il a pris la peine de traduire. Ce qui, dans cette brève analyse m'a vexé, c'est qu'on ait pu trouver « ironique » ce que je dis de l'appréciation de F.C. Danchin sur *Ainsi va toute chair*[190]. Cette impression a dû être produite par la phrase : « Comme satisfecit, c'était beaucoup mieux que je n'avais osé espérer » ; et surtout par le mot « satisfecit », rappelant que mon critique est un universitaire, un professeur qui donne des notes, des bons points et des mauvais points. Venant après l'énoncé des reproches faits par « beaucoup d'hommes de lettres et la plupart des poëtes » aux traductions produites par les « spécialistes universitaires », cette phrase devait piquer l'amour-propre d'un « spécialiste universitaire ». Je la supprime donc, non pour flatter les-dits spécialistes, qui prennent parfois un ton assez « pédagogue » dans leurs comptes rendus des travaux dus à des anglicistes non universitaires, et se font valoir un peu trop entre eux, mais parce que je ne voudrais pas qu'un lecteur quelconque pût voir de l'ironie dans ce paragraphe, que j'avais écrit et récrit à plusieurs reprises, et avec une grande attention, et que j'avais maintenu dans la copie finale, justement afin de montrer à mon lecteur l'importance qu'un Traducteur consciencieux attache au jugement des « spécialistes vraiment qualifiés », et pour lui dire que ces spécialistes sont ceux qui écrivent dans ces revues si peu connues du public, et même de beaucoup de lettrés ; la *Germanique* et l'*Anglo-américaine*, — dont j'étais vraiment content de pouvoir citer si ostensiblement les noms. Ainsi donc, la phrase au « satisfecit » sautant, le paragraphe se termine avec la citation de l'appréciation de F.C. Danchin, que tout ce qui précède annonce comme un témoignage des plus autorisés et d'un poids certain en faveur de l'exactitude de mes traductions. — Sans cet avertissement je laissais subsister cette cause d'un malentendu assez fâcheux, et je vais donc adresser, par l'intermédiaire du Secrétariat de la Revue, un mot de remercîments à mon « égratigneur ».

S. Butler

Parcouru la *Revue a*[*nglo*]-*a*[*méricaine*], et remarqué la fin du Nekrolog de Lanson par Louis Cazamian, où il me semble voir un écho de ce que j'ai écrit dans le paragraphe sur la famille internationale des Butlériens et les « messages échangés par-dessus les frontières, les mers, etc. ». Mais ce peut-être une simple coïncidence : le sentiment grandissant, chez beaucoup d'entre nous, gens d'études, que nous formons, au-dessus des classes populaires récemment éveillées au nationalisme, une aristocratie moralement affranchie de tout nationalisme. Cela dit à propos de Gustave Lanson, si « français », si « tradition-française » dans son idéal de thèses élégantes et fleuries ! — Mais ce qui est « français », en réalité, ce sont les simples intérêts matériels des majorités populaires, d'une part liées à l'État français par les retraites, les indemnités de chômage etc., et d'autre part affolées par les menaces des autres nationalismes.

Cela est assez bien exprimé dans la phrase de Salluste que j'ai retrouvée aujourd'hui dans le t. III des *Nuits Attiques* : « Homini potentiam querenti egentissimus quisque opportunissimus[a]. » — En intéressant matériellement les majorités populaires à chacun des États qui les gouvernent, on les a vraiment attachées à ces États. Aucun membre de ces classes, en Europe, aujourd'hui, ne peut se dire qu'il « serait aussi bien ailleurs » et se déclarer citoyen du monde. « Ailleurs » il serait beaucoup moins bien, puisqu'à la barrière naturelle (et pour beaucoup infranchissable) des langues se sont ajoutés les écarts de change entre les monnaies, la xénophobie cultivée par les dirigeants, les mesures policières et passeportiques qui « refoulent » les « indésirables ». — Mais c'était déjà la politique de Napoléon III sous l'« empire libéral » ; et ce fut, avec des variantes, la politique royale. L'egentissimus quisque n'étant pas toujours, n'étant presque jamais, le plus pauvre, mais celui qui, très dénué, désire, avec le plus de force sortir de son dénuement. Mais NOUS, et sans doute aussi beaucoup des dirigeants cultivés, voyons le caractère provisoire de cet attachement de l'egentissimi cujusque[b], et des nationalismes actuels. Bon pour le peuple. Nos intérêts suivent l'Homme, l'universel ; nos besoins sont autres, et ceux d'entre nous qui « vont au nationalisme » avec sincérité le font en PROTECTEURS et en guides du peuple, sans être eux-mêmes, dans le cœur ni par l'esprit, des « nationaux ». (Je suppose que c'est le sentiment des dictateurs actuels et de leurs sous-ordres, et aussi celui de Jules Romains[191], par exemple, dans ses discours en Allemagne, en Octobre ou Novembre dernier.)

a. Latin : « Pour l'homme en quête de pouvoir, les plus pauvres sont les plus utiles. »

b. *Egentissimi cujusque* est décliné, en latin, au cas qui convient (génitif : complément de nom). Comme *egentissimus quisque*, il signifie « le plus pauvre ».

Toute une journée de diète et à la chambre ; résultat : douleurs beaucoup moins vives. Le traitement continue, mais avec une autre formule et non plus celle dont je suis saturé. J'avais donc besoin de ce repos physique complet. — Rien que des lectures : Aulu-Gelle, revues et journaux, un des livres de poésies reçus ces jours-ci (Jean Cayrol, *Ce n'est pas la mer*, de bons vers çà et là, et une bonne atmosphère poétique, mais il y a aussi beaucoup d'indistinct ; à certains tournants, Francis Jammes ; c'est à suivre[192]) et quelques-unes des *Crónicas de Gerardo Rivera* envoyées par l'auteur, J.J. Domenchina[193].

Jean Cayrol J.J. Domenchina

Parcouru aussi, entre hier et aujourd'hui, le livre de XX, très intéressant, et tout, — au fond, — sur le thème romantique, très enrichi, très subtilisé, de l'ART-DIEU[194]. Ce genre d'écrit, lorsqu'il a, comme ici, de la valeur, qu'il ne vient pas d'un esprit vulgaire, me cause toujours un curieux malaise. Pourquoi une telle ferveur religieuse vraie, que j'approuve, que je ressens moi-même, se détourne-t-elle si fermement de l'Église ? Au lieu de s'y rapporter, de s'y joindre, et de l'enrichir ? Cela me donne une sorte de vertige, comme le passage d'un équilibriste sur une corde tendue au-dessus d'un précipice. L'attitude de S. Butler, de tous les raisonneurs de la Raison-Souveraine, est nette, et salubre à considérer, car nous les suivons jusqu'au bout de leur chemin, ET ALORS LES DÉPASSONS. Mais ces mystiques de l'Art-Dieu nous dépassent sur quelques-uns de nos propres chemins, tout en nous montrant bien que le centre où ils tendent n'est pas le nôtre, n'est pas celui où nous rapportons, et envoyons au-devant de nous-mêmes, nos aspirations, nos « élans » pourtant si proches de ceux-là. — J'entends celui-ci me dire : à l'église ? ! Pourquoi pas aux Galeries Lafayette ou au Bazar de l'Hôtel de Ville ? « Sans doute cela provient de l'idée qu'ils se font de l'Église, bien qu'ils soient capables de lire les mystiques chrétiens, et de les comprendre, et de les aimer, — et qu'ils le prouvent. Ce n'est pas non plus un signe de conformisme que je désirerais d'eux, [*Deux lignes biffées*] mais qu'ils reconnaissent que leur sentiment religieux s'adresse au même immense firmament théologique vers lequel, malgré nous, obstinément, nous tendons. Il y a ce grand Acervus[a], ce Tas, ce Trésor de la Grâce, et voilà qu'ils vont faire chacun séparément son petit tas, disperser son trésor dans un gouffre vertigineux ! Comme je voudrais pouvoir le prendre par la main, et lui dire : Veni, adoremus[b] ! (D'autant plus qu'il est, je crois, juif, — frère aîné.) Mais je rapporte, naturellement, tout ce qui est religieux dans les œuvres à l'ACERVUS. C'est seulement dans leurs réflexions sur l'Art-Dieu, et leurs théories, que leur refus

L'Art-Dieu

a. Latin : « tas ».
b. Latin : « Viens adorer ! » (paroles de chants liturgiques communes à différentes prières).

d'être rapportés à l'Acervus me trouble, comme le spectacle d'un gaspillage désolant. C'est pourquoi, aussi, je ne peux m'empêcher de mettre la Sainteté, sous quelque forme qu'elle apparaisse, comme par exemple dans le vers de Voltaire : « J'ai fait un peu de bien ; c'est mon meilleur ouvrage », — très au-dessus des plus belles œuvres d'art. (Je voudrais trouver une forme pour ÉCRIRE l'essentiel de ces sentiments en présence du gaspillage de ces tenants de l'Art-Dieu.)

Paris. Dimanche. 24. II.

Mieux quant aux douleurs, mais la saturation n'a pas disparu pour cela. Diète assez stricte, et longue sieste dans l'après-midi. Incapable de travailler assis, j'en ai profité pour lire tout le Ms envoyé par Charles Massonne, et, me sentant mieux à la fin de la journée, pour lui écrire au sujet de ce MS (l'espèce de consultation qu'il me demandait). C'est une tâche de moins, et qui a été vite accomplie, sans que je me sois pour cela privé d'Aulu-Gelle, presque toujours amusant, et actuel, en quelque sorte ; plus que les journaux de la journée, assurément.

Le MS de Ch. Massonne est une galerie de portraits de jeunes hommes avec leurs réflexions et leurs états d'esprit ; ce sont nettement des intellectuels, des clercs — quelques-uns sont des artistes. Il y a leurs femmes, leurs maîtresses, mais sans visages, et confondues avec les paysages, du reste très variés (France, Angleterre, Italie, Hollande). Intéressant par sympathie et l'heureuse bouderie de la jeunesse, mais non troublant comme le roman de José Régio. Cependant cela se tient de telle sorte, est si sûrement écrit, et voulu tel, qu'il n'y a rien qu'on puisse souhaiter d'y voir autrement dit et décrit. Ce qui pourrait être heureusement modifié, c'est la présentation : le titre très mal choisi, et vague, et qui n'exprime presque rien de ce qu'on trouve dans le livre ; les chapitres trop compacts, et la plupart de leurs titres, insignifiants. Il y a aussi un ou deux prénoms de personnages qui, pour une raison ou pour une autre, ne conviennent pas. En somme je doute que l'intérêt pour ces personnages et leurs propos et leurs actes subsiste longtemps après la lecture dans la mémoire du lecteur. Pourtant la chose est fine et agréable, d'une bonne langue, et çà et là on retrouve quelques-uns des thèmes de la poésie de l'auteur : les tombeaux païens, le pays de Lamartine, les ciels en mouvement, etc. À vrai dire ses vers, quelques-uns, sont beaucoup mieux réalisés que ces pages de prose. La lettre par laquelle il m'annonçait son MS montre qu'il s'en rend compte. — La rencontre d'un ouvrage comme celui-là (l'ouvrage de prose), si fin, si agréable, si bien écrit, si rempli de qualités rares, et en même temps à peu près impubliable parce que, sans atteindre un seul lecteur de la zone des 10.000, il ne sera cependant pas RETENU par ceux des deux premières zones, bien qu'il leur doive plaire, nous fait mieux sentir la profondeur de l'abîme où tombent les livres qui trouvent leur milieu favorable dans la zone des 100.000, — je veux dire : ceux qui le trouvent immédiatement, et que les zones supérieures à celles des 5 000 laissent immédiatement tomber. — Mais c'est là une raison de plus pour faire tout le possible en faveur du MS de Ch. Massonne et de voir si, tout de même, il n'y aurait pas moyen de le publier. Car si, d'autre part, son œuvre en vers se développe (et alors elle arrivera sûrement aux premières zones) les gens seront contents d'avoir aussi, du même auteur, ce très agréable traité en prose. Accessoirement, ce sera aussi une revanche du bon français sur le mauvais. Il est à peu près certain que les vers de lui que j'ai fait passer à *La Revue de Paris*[195] ont touché au moins quelques connaisseurs, et qu'il est beaucoup moins inconnu qu'il ne le croit. Mais, au contraire, il m'écrit qu'il compterait sur ce « roman » pour entraîner la publication de son recueil de poésies ! Et pendant ce temps-là, une foule de cacographes, ou de médiocres plus ou moins encouragés, sont sollicités par les éditeurs.

Grands progrès de Laeta en lecture : lorsque son désir soutient son attention, elle parvient à déchiffrer des mots, — comme, ce matin, quelques noms de pays dans la page en couleurs des Pavillons du *Petit Larousse*.

Paris. Lundi. 25. II.

Mieux, mais loin de bien. Le Dr V. cependant était assez content. Il explique tout par l'arthritisme, et par l'iodisme inévitable. —

Nouvelle demande de M. Alphandéry pour *La* ~~*Revue*~~ *apicole* (ou *Gazette A*). Comme je n'avais pu tenir ma première promesse, en 30, j'ai accepté ; il s'agit d'un petit article, et je pense l'écrire tout de suite[196].

Après V. mon grand tour (grand pour moi) de quartier : r. Monge, r. des Écoles, Bd S. Michel, Pl. de la Sorbonne, et retour via r. Soufflot, l'Estrapade, etc. Propos d'étudiants. Une étudiante à un camarade :

— À Carcopino (= au cours de Carcopino) cinq minutes à l'avance il n'y a plus une place de libre !

Cela fait plaisir[197].

Causant avec V. des familles Labbé et Lermoyez qu'il voit beaucoup, j'ai compris pourquoi je n'ai conservé aucune relation suivie dans mon milieu familial, et pourquoi j'ai à peu près complètement cessé de voir la plupart des familles (hommes politiques, diplomates, médecins, peintres, et tout le milieu Protestant) que nous fréquentions. C'est que je les sentais toujours sous l'influence des jugements portés sur moi par mon entourage familial immédiat, de mes 17 à mes 25 ou 30 ans ; ils reflétaient exactement les propos que ma Mère et les gens de son entourage immédiat avaient mis en circulation. (Je me demande si ce n'était pas Victor Cornil[198] qui avait commencé cette espèce de campagne de dénigrement contre moi.) Je les sentais prévenus, et qu'il y avait en eux une telle masse d'impressions défavorables en ce qui me concernait (mon caractère, ma conduite, ma « brutalité », et la somme que tous ces racontars, médisances, et calomnies formaient : une caricature dont un des principaux traits était l'inaptitude à toute une vie intellectuelle) qu'il était inutile d'essayer d'y rien changer. Tous mes propos, toute ma conduite devant eux, seraient interprétés dans le sens de la version qu'ils avaient de moi. Un jeune homme plus souple, plus habile, plus préoccupé de se gagner la bonne opinion de son milieu social, aurait sans doute pu réagir, et montrer, ou suggérer, combien le portrait qu'on avait fait de lui était peu ressemblant. Mais je n'avais aucune souplesse, et je me contentais d'exécrer ces gens-là, et de les éviter autant que je le pouvais. Ou peut-être en ai-je tellement souffert, que j'étais arrivé à les « supprimer » en ce qui me concernait, c'est-à-dire à mettre entre eux et moi une barrière infranchissable de mépris. « Ils ne comptaient pas » : tous « bourgeois » ou « philistins », et dès lors il était, sinon agréable, du moins naturel et honorable d'être là à ce point méconnu par eux. — Une seule fois, une amie de ma famille, une vieille dame, mais qui vivait en Province et ne pouvait avoir aucune influence sur notre milieu parisien, m'a dit, au cours d'un voyage où je m'étais trouvé dans le même wagon qu'elle, que « j'étais bien différent de ce que les gens me croyaient et que si on écoutait Mme — sans me connaître moi-même, on ne se douterait jamais que je pouvais être un jeune homme si raisonnable, si poli, si instruit, etc. » J'en étais stupéfait. Mais cela, — ce succès « local », — ne me donna pas le désir d'entreprendre ailleurs, et dans le milieu parisien, — le plus important, — ma « réhabilitation ». Je ne songeais qu'à fuir ce milieu, à esquiver les visites, les réunions où je l'aurais retrouvé.

Je ne crois pas avoir jamais faibli, et m'être dit qu'après tout on avait raison contre moi : la caricature était trop grossière pour cela ; j'y retrouvais trop peu de moi-même, et trop d'éléments, de traits, qui étaient le contraire de moi-même.

Je suis sûr, aussi, que cette persécution qui a assombri toute mon adolescence, n'a eu pour résultat que d'attrister mon caractère sans le mûrir, et de l'aigrir un peu, — du moins autant que le caractère d'un adolescent peut s'aigrir. Elle m'a plutôt maintenu dans un état de sourde rébellion, qui a finalement servi à me donner le courage de m'affranchir du joug familial. Il n'y a rien eu de semblable à ce qui se passe chez un personnage d'Arnold Bennett, — je crois que c'est Clayhanger, — qui se sentant mal jugé des gens de son milieu, voit en cela un défi à « bien faire », à devenir

« quelqu'un » (I'll show them ! They shall see[a] !). Et en effet ce n'était pas un défi à « bien faire », mais un écrasement, une exécution sans jugement. D'ailleurs si j'avais pris cette réprobation unanime de mon milieu familial pour un défi, j'aurais plaisir aujourd'hui à y reparaître avec le nom que j'ai acquis et une renommée qui bouleverse tous leurs anciens pronostics sur mon avenir. Mais je n'y voyais qu'une persécution atroce, qui ne me donnait que mépris et horreur pour les persécuteurs. Ainsi donc, aujourd'hui, si le mépris a disparu, quelque chose de l'horreur subsiste, qui n'est même pas de l'aversion, même pas de l'antipathie, mais une confuse impression d'ennui, de gens et de salons ennuyeux dont il vaut mieux se tenir loin ; de tout petits « pelmazoïdes ». Cela, — suite de la conversation avec le Dr V., — m'a fait penser que si je considère ma vie je trouve : jusqu'à l'âge de douze ans (mon départ de Sainte-Barbe), assez heureux malgré une mauvaise santé ; de 13 à 17 ans de moins en moins heureux, et vraiment très malheureux de 17 ans à ma majorité ; à partir de ma majorité jusqu'à ce jour, non seulement heureux, mais beaucoup plus heureux que je pensais devoir l'être, et infiniment plus heureux, sans doute que je ne l'ai mérité.

À vrai dire mon affranchissement même augmente le dénigrement et les calomnies, et de vagues échos m'en reviennent encore, mais très affaiblis et plus ou moins accommodés à ce qu'on sait de l'ensemble de ma vie ou à certains passages de mes écrits qu'on suppose « autobiographiques ». Mais du moment que je ne voyais plus mes persécuteurs nulle part, ou que j'avais la possibilité de les tenir tout à fait à l'écart, je ne voyais plus en eux que de ridicules « ilotes[b] » (qu'ils n'étaient du reste pas, mais de braves gens faciles à endoctriner et peut-être, aussi, contents de pouvoir me citer à leurs fils comme un modèle à ne pas suivre).

Paris. Mardi. 26. II.

Suite du courrier, qui est loin d'être encore à jour. Travaillé aux Abeilles. — Mon tour de quartier ; comme il ne franchit pas le Boulevard S. Michel, il est tout entier situé dans le Ve arrondissement. — Rentré vers 5 p.m. pour recevoir Lucien Leluc[199], que j'attendais. M'enverra prochainement un *Enfant prodigue* en vers ; cherche un sujet de pièce pour la Comédie-Française, où son lever de rideau sur *Watteau* peut lui ménager une entrée (on l'a joué à l'occasion du centenaire de Watteau ; il est encore inédit). Causant de cela, nous avons pensé que le XVIIIe siècle vénitien, florentin, génois, ou parmesan, pourrait fournir de bons sujets. Je lui ai dit

a. Anglais : « Je vais leur montrer ! Ils vont voir ! »

b. Personnes réduites au dernier degré de l'ignorance (en référence à cette population réduite en esclavage par les Spartiates et qui vivait dans l'abjection et la misère extrêmes).

qu'il serait intéressant de mettre à la scène Du Tillet, Condillac, Frugoni[200], etc. Je crois que ce serait très joli. — Après dîner, correction des épreuves de la « Causerie sur Maurice Scève », envoyées par Radio-Paris. L. Leluc avait entendu ma conférence à bord d'une voiture en marche, entre Asnières et la place Saint-Augustin. — Leçon de lecture de Laeta. — Courrier encore, et les Abeilles.

Crue de la Seine ; suite des ouragans ; crainte de recevoir de mauvaises nouvelles de l'État-Libre[201] ; il y a déjà eu une réclamation du locataire de la maison de S[aint]-Pourçain.

Paris. Jeudi. 28. II.

Terminé les Abeilles (« Le Hameau des abeilles ») sur lesquelles j'avais passé la journée d'hier et la nuit jusqu'à 5 h du matin. Je viens d'achever (minuit ¾) la copie définitive pour la Dactylographe. — Courses : Av. de la Motte-Piquet, où je noue des relations avec un peintre de figurines[202] ; r. de Vaugirard, où je rencontre, sur rendez-vous, José Bergamin[203], avec qui j'ai passé près de 2 heures ; enfin à 5 h ½ p.m. à la maison ; et à 6 h ½ vient Marcel Thiébaut.

Mise en vente de *La R*[*evue*] de Paris du 1er Mars contenant « Dondey de Santeny ».

March

Paris. Vendredi. 1er. III.

Courrier ; le principal : réponse à Lionello Fiumi[a], qui me demande des renseignements pour une Anthologie de la Poésie française qu'un éditeur italien lui a demandée ; je lui propose de l'aller voir[204]. — Après le Dr V. et Monceau, retour à la maison et grand tour du Quartier, descendant la Montagne Ste-Geneviève par les petites rues pour voir les travaux en train. On pourrait faire quelque chose de très bien, et qui en même temps donnerait un grand caractère à la pente du côté rue des Écoles et boulevard S. Germain.

Devant le Collège de France croisé Joseph Bédier[205]. Il regardait Grandmuseau que je tenais en laisse, puis son regard m'a rencontré ; il m'a vaguement reconnu, je pense, mais sans pouvoir, sûrement, « mettre un nom sur ma figure » ; je l'ai salué, et il a répondu. — Chocolat au d'Harcourt, puis retour par la rue Soufflot, etc. Avant de rentrer la première fois j'avais porté « Le Hameau des abeilles » à la Dactylographe. — Après dîner, suite du

a. Voir la lettre de Lionello Fiumi, insérée ici par Larbaud, en annexes, pp. 1403-1404.

courrier, et couvert des livres, — tous ceux que j'avais reçus depuis dix ou douze jours.

Paris. Samedi. 2. III.

Suite du courrier, après une assez mauvaise nuit. Il est loin d'être liquidé. Enfin, c'est un effort de charité. Je ne me suis guère interrompu, à la maison, que pour feuilleter et goûter les Anthologies récemment arrivées de Londres : *Recent Poetry* de la Poetry Bookshop, et l'Anthologie Australasienne de Percival Serle[206]. Le titre indique que Nouvelle-Zélande et Tasmanie sont représentées en même temps que l'Australie. Certaines biographies compliquent la classification : des Poëtes nés en N. Zélande ont émigré en Australie, et vice-versa. Je n'ai rien rencontré qui m'ait beaucoup frappé, et qui se soit fait retenir. De même chez les Anglais. Même de Stephen Spender je n'ai encore rien trouvé qui m'ait donné un sentiment de réelle grandeur[207]. Mais j'y reviendrai. **Stephen Spender**

Après déjeuné, Mariuccia et moi aux Gobelins pour voir l'exposition des tapisseries péruviennes, la plupart pré-colombiennes, ouverte depuis 2 jours. Le principal organisateur, Raoul d'Harcourt, était là avec le Directeur, François Carnot, escortant et servant de guides à un personnage anglais accompagné d'une femme ; il n'y avait pas foule, et on voyait bien. Il y a des envois de collectionneurs et antiquaires de divers pays, et de Musées (Munich, Bruxelles, Lyon, et naturellement le Trocadéro et les Arts Décoratifs). Le classement est par régions et par styles, mais les styles sont assez difficiles à distinguer pour les profanes. On a l'impression qu'ils étaient capables de tout styliser et d'aller aussi loin que possible dans ce sens tout en gardant assez de l'essentiel pour que l'objet ou l'être représenté soit reconnaissable. Laeta, à qui j'ai montré les quelques photographies à la fin du catalogue, a reconnu tous les « bonshommes », poissons, oiseaux, grenouilles, fleurs, sans hésitation. Il y a aussi des bijoux, des vases et des masques d'or, de la poterie comme j'en avais déjà vu à Gênes (à présent c'est à Nervi) et au Trocadéro. Contemplation très absorbante. Il y a beaucoup de choses à débrouiller, filiations à établir, époques à fixer. On pourrait être guidé par le principe de décadence ; mais il peut y avoir eu Classicisme dans une région, et décadence dans une autre, et même primitivisme dans une troisième, à la même époque. Il semble qu'il n'y ait pas une seule circonférence complète, ni rien qui s'y inscrive, dans les motifs antérieurs à la Conquête européenne. Le cri des lamas exprimé par un tube ou une bande sortant de leur gueule est très remarquable.

On avait mis, pour garnir un mur et renseigner en gros les visiteurs, une carte peinte d'après quelque, ou quelques cartes du XVIe ou XVIIe siècle, mais arrangées. Elle montrait les emplacements des fouilles et les lieux de provenance des tissus. Le peintre avait mis çà et là des sauvages, pour indiquer que le Centre et l'Ouest du Continent étaient incivilisés, tandis que le Pérou et tout le Tahuantisuyu[208] étaient des pays de civilisation avancée ; or, à l'endroit correspondant au Chaco[209], il a représenté deux bandes de sauvages guerroyant ; on se demande si c'est voulu, ou si c'est une coïncidence. — Il y avait un impressionnant cluster[a] de drapeaux français et péruviens au-dessus de la grande entrée des Gobelins, mais les drapeaux péruviens étaient sans écusson. — Nous avons profité de cette visite pour revoir le Musée et voir les nouvelles œuvres (les Sert[210]) exposées au rez-de-chaussée.

De l'Avenue des Gobelins on voit, au sommet de notre Montagne Sainte-Geneviève, immédiatement au-dessous de la « Couronne de colonnes » du Panthéon, les nouvelles bâtisses des rues Lhomond, d'Ulm, etc., qui font un très bel effet, parce qu'elles sont hautes et longues, et d'un aspect massif, digne de Rome. Autrefois c'était un assez misérable JUMBLE[b].

Nous sommes allés goûter Place du Palais-Royal, au Rohan, puis sommes rentrés à la maison rapportant des masques et des chapeaux de papier pour amuser Laeta.

Au courrier du soir, le papier de luxe du livre de Capasso que j'ai préfacé[211], et les deux luxes du *Dondey de Santeny* complet (le mien et celui de M. Armand Guibert), venant de Tunis. L'achevé d'imprimer est du 20 février. L'ouvrage se présente bien.

Paris. Dimanche. 3. III.

Suite du courrier toute la journée, malgré un état de malaise constant, qui m'a tellement déprimé que j'ai renoncé à la piqûre du Dr V. pour aujourd'hui : c'était plus que je ne pouvais supporter. Enfin, cette besogne du courrier avance ; le tas des lettres diminue, et s'il n'en arrive pas trop ces jours-ci je serai à jour.

De 8 à 10 ¾ p.m. dîner avec Jean-Aubry chez Noël Péters[212] et longs bavardages. Je l'ai saisi entre deux tournées de conférences ; il part mercredi, et sera à Gênes vers le 15. Nous l'avons ramené à la porte de Godebski.

Continué à parcourir l'Anthologie australasienne. Combien une anthologie ressemble à un musée !

Ce que je n'ai pas osé dire dans ma longue lettre à M. Armand Guibert à propos des *Dondey de Santeny* reçus hier soir, c'est le plaisir que j'éprouve à avoir un livre imprimé et édité à Tunis, avec le nom de Tunis sur la couverture. Mais n'est-ce pas, en partie, cela qui m'a déterminé à lui promettre, d'abord une préface, puis un texte ? Néanmoins ce motif secret, et peu explicable, entre à présent dans la somme de reconnaissance que je dois à A[rmand]

a. Anglais : « groupe ».
b. Anglais : « fatras ».

G[uibert], et que j'ai essayé de lui exprimer dans ma lettre d'aujourd'hui.

Paris. Lundi. 4. III.

Un peu moins souffrant qu'hier, mais encore bien incommodé. Obtenu enfin du Dr V. cette affirmation : 50 piqûres par an est un minimum, — ou plutôt : « C'est bien, tout juste. » Il était arrivé à dire : toute l'année sans interruption, ce qui revenait, en déduisant 2 mois d'été, à 192 piqûres par an ! (= 9 600 francs). Et cela en dépit de la saturation et des maux qu'elle entraîne. Donc c'est bien ce que j'avais pensé ; 30 du 1er janvier au 10-15 Mars, puis 20 du début de Novembre à Noël, comme cet hiver. (En 1931 il m'en a fait 107, et en 1932, 50 ; 1934 a été une forte année : 70 entre début de l'année, et fin de l'année.) Il soignerait tout par les piqûres : un rhume, une coupure, un furoncle, la chute des cheveux, etc.

Courrier toute la journée, et quelques courses, et tour des librairies avec achats, le reste du temps. Mais une visite au Dr V. signifie, en somme, tout un après-midi perdu pour le travail, et même pour les courses lorsque la piqûre m'a endolori une jambe.

Courrier grossi par les instructions à donner à propos des dégâts faits à Valbois par les orages ; mais cela paraît moins grave que nous avions pu le craindre. Il paraît cependant que la salle I de la Bibliothèque a eu des infiltrations au plafond, et que des livres étaient en danger. J'attends la lettre de Mel[in], qui s'est offert pour les toits à réparer aux domaines, pour savoir exactement le mal fait.

Un mot de Jacques Chenevière[213], récemment arrivé à Paris. Au courrier du soir un livre de Luc Durtain.

Porté les 2 *Cahiers de Barbarie* à mon relieur : parchemin, titre peint au dos, et « Tunis » en rouge très visible. J'avais rêvé de choses comme celle-là : éditions algéroises, marocaines, tunisiennes ; Marrakech, Tunis devenant des centres bibliophiliques ; voilà ces villes plus françaises que jamais, « européennes », remêlées à la vie intellectuelle de l'Empire romain.

Paris. Mardi. 5. III.

Courrier (compliqué par celui du matin), mais aussi correction des Placards 1, 2 et 3 des *Carnets*. — Dans l'après-midi courses (avec Grandmuseau), Bd des Italiens, rue Richelieu, etc., puis École de Guerre, La Motte-Picquet, etc. — J'ai confié la peinture d'un état-major à pied prussien de 1813 et d'un état-major à cheval espagnol de 1810 au nouveau peintre de figurines découvert l'autre jour ; pour voir ce qu'il sait faire[214].

Au courrier, lettre de Claude Aveline[215] me prévenant des traductions faites par une de ses amies, de 3 nouvelles de Gianna Manzini — insuffisantes (les traductions) et je le dis sans détours ;

le n° de novembre-décembre de la 1re année du *Bourbonnais littéraire,* sorti avec un retard de 2 mois, et contenant la lettre écrite à propos des Éditions Bourbonnaises pendant les derniers jours passés à Valbois[216] ; un premier « essai de traduction commentée » du Professeur F. Boillot, de Bristol (« Le Manchy » de Leconte de Lisle)[217].

Lettre, aussi, de l'étudiante vénitienne en réponse à mon envoi d'une bibliographie. Il paraît que sa thèse n'est pas « L'Italie chez Stendhal, Barrès et V.L. », mais « L'Œuvre de V.L. » dans son ensemble. C'est vraiment décourageant, et j'ai bien fait de lui appliquer (parce qu'elle était recommandée par XXX, de qui je me méfie) la fin de non-recevoir. Comment faire une thèse sur un écrivain contemporain ? Surtout lorsqu'il a 4 ou 5 livres « en préparation », dispersés dans 6 ou 7 revues, peu accessibles pour la plupart, et enfermés dans ses cartons ? — Pour la présentation fâcheuse, elle s'explique assez bien : Giovanni Comisso, me croyant toujours en relations avec les XXX, l'a recommandée à eux en lui disant que c'était le meilleur moyen de m'atteindre, une fois à Paris[218]. — Tout cela est fâcheux, et vient de cette déplorable tendance « moderniste » de l'Enseignement Supérieur actuel : la Litt. française commence avec Marcel Proust ; et comme M[arcel] P[roust] a été surétudié, on cherche autour de lui, et on découvre... Gide, Claudel, Jammes, Valéry, puis V.L. et André Malraux, et le dernier « Prix Goncourt ». Mais... Corneille ?

Paris. Mercredi. 6. III.

Courrier (le paquet diminue, et je contente des gens qui devaient déjà penser qu'ils n'auraient pas de réponse.) — Correction des épreuves des *Carnets* : repris placards 3 ; et fait placards 4, 5, 6, et le début de 7. Grosse besogne ; c'est en somme une dernière révision ; « pensitator verborum[219] », j'ai Littré à côté de moi en permanence, le dictionnaire de Charles Petit[220], les *8 000 Verbes français,* une grammaire, et même le Lewis and Short. J'ai fait quelques corrections. Mais je suis gêné par l'étroitesse des marges des placards. Cependant, — heureusement, — il y a moins de fautes que dans les livres imprimés entre 1919 et 1925. E. Boudot-Lamotte m'annonce la fin des placards pour demain. C'est seulement en les voyant que je me rendrai compte de la grosseur du livre. En tout cas, la mise en page que j'ai demandée, et que les typographes ont bien comprise et suivie, me paraît meilleure, plus attrayante, que celle de l'édition anglaise de 1912 ; les gros caractères mettaient tous les titres, indistinctement, à l'effet ; et cela engageait le lecteur superficiel à se trouver souvent déçu. Ma mise en page, tout en gardant quelques gros titres où ils sont justifiés, se contente de petites italiques en tête d'alinéa la plupart du temps, et la modestie de ce caractère fait valoir en même temps le contenu des Notes, et leur abondance. Et puis, c'est une grande économie d'espace, de papier, de pages. Je dois dire que je suis bien compris et bien secondé par les imprimeurs, cette fois-ci. Je leur enverrai mes remercîments. — En réalité « ma » mise en page est un harmonieux mélange de celle de l'originale de 1912, et de celle des Nietzsche du « Mercure de France ». — Le papier des placards est bon ; le seul défaut est l'exiguïté des marges latérales. — Je ne suis du reste pas au bout de mes peines : il y a cette — typographiquement — terrible affaire des citations musicales.

J'ai rayé GUSTOSO[a] la phrase où il y avait, dans mon Avant-Propos, le mot « satisfecit ». Oui : il y avait là un léger et très passager sourire, mais un évident manque de charité.

Presque tout l'après-midi, après le voyage à Monceau chez le Dr V., courses, la plupart à pied (qui sûrement m'ont fait du bien) : Madeleine, r. Boissy d'Anglas, Concorde, Rivoli, Pl. Vendôme (où je n'ai pas trouvé M. Ion Pillat, mais laissé un mot), r. Saint-Honoré, r. Duphot, Madeleine, r. Tronchet, retour r. Royale, au Weber, où Jacques Chenevière m'attendait. En route, salué 2 personnes de connaissance. R. St Honoré, passant devant la librairie Camille Bloch, je suis entré pour lui recommander les *Cahiers de Barbarie,* Armand Guibert, et *Dondey de Santeny*. C'est le seul moyen que j'aie d'aider Armand Guibert matériellement, et en même temps je travaille pour l'entrée de Dondey dans la mémoire des amateurs du Romantisme. Il y avait bien 6 ans que je n'avais vu M. Camille Bloch. Nous avons causé pendant ½ h. Lui aussi cherche un Jeune. Il dit qu'en poésie il n'y a plus rien eu depuis Valéry et G. Apollinaire ; qu'il avait partagé l'engouement pour les Surréalistes et leurs environs, mais qu'en les relisant, ou lisant, à présent il n'y trouve plus que cendres, etc. Je crois qu'il sait par cœur toutes les poésies et pas mal de prose de Paul Valéry. — 1 h ½ au Weber avec Jacques Chenevière ; parlé de Genève et de Lausanne, de nos amis, de son roman terminé dont il cherche encore le meilleur titre[221]. — Rentré directement de r. Royale à la maison, à temps pour dîner. — Après dîner, leçon de lecture à Laeta, courrier encore, et épreuves encore.

Au courrier du matin, un livre dédicacé « au Traducteur de Sir Thomas Browne ». Cela m'a fait plaisir. — Et un MS. — J'en ai actuellement 3 à lire, dont 2 ne valent pas grand'chose, et 1 rien du tout, d'après ce que j'en ai aperçu en le feuilletant. Et des demandes de préfaces ! Il me faut cultiver l'art de refuser charitablement.

Samuel Butler

S. B. comme moraliste peut être loué de quelque manière comme celle-ci : excellent pour nous empêcher de faire l'Ange ; assez bon pour nous empêcher de faire la Bête.

a. Italien : « avec plaisir ».

Un mot de Z.Z. m'apporte la première opinion exprimée sur Dondey en conséquence de mon étude dans *La R*[*evue*] *de Paris*. Il se déclare déçu par les citations. Mais quand je me rappelle d'autres jugements de lui, et ce qu'il a distingué comme « poétique » jusqu'à présent, et les hésitations qu'il a eues devant Lochac par exemple, je n'attache que peu de poids à son jugement. Oui, sans doute, Dondey paraît bien vieilli, démodé, etc., — surtout aux gens à qui les Classiques (mais ils n'osent pas l'avouer) paraissent antédiluviens. Mais je doute qu'on puisse trouver dans toute la cendre dont parlait Camille Bloch, 200 vers ou versets qui puissent paraître à un connaisseur, non entiché de « moderne », aussi existants que les 200 bons vers (ou assez bons vers) de Dondey que je cite dans mon étude.

Dondey de Santeny

Paris. Jeudi. 7. III.

Pas de courrier, mais corrigé les placards 7, 8, 9, 10, 11 et 12. C'est-à-dire qu'il m'en reste dix actuellement, ceux qu'avait annoncés E. Boudot-Lamotte n'étant pas venus. Le placard 12, c'est la page 84 de l'édition de 1912. Toutes (presque) ces pages ont un caractère involontairement religieux, et ramènent la pensée à la métaphysique de s[aint] Thomas ; mais S. B. paraît l'avoir ignoré. Voici un dessin de son attitude générale :

Samuel Butler

— Vous (philistins, bourgeois, anglais, victoriens, etc.) dites : Pardonnez-nous nos offenses comme nous pardonnons à ceux qui nous ont offensés ; et parce que vous dites cela très haut, vous vous croyez vertueux et en droit de persécuter les mécréants ; mais vous ne pardonnez JAMAIS les offenses qu'on vous a faites. Moi, je refuse hautement de réciter cette prière, de prononcer ces mots (et je m'y refuse d'autant plus ostensiblement que je sais que par là je blesse votre hypocrisie persécutrice), et je proclame que je ne pardonne pas les offenses qui me sont faites ; mais en réalité il m'arrive QUELQUEFOIS de les pardonner.

(Mais c'est là un dessin de son attitude générale ; il ne m'a pas été suggéré par les belles pages sur les atomes et sur l'esprit et la matière, les vibrations, etc.).

Dans l'après-midi, 2 heures chez Lionello Fiumi, examinant avec lui ses listes des noms à insérer dans l'Anthologie qu'il prépare. Rien que des Français de France ; les Belges, Suisses, Égyptiens, — je lui ai suggéré les Haïtiens, — etc., iront dans une Anthologie séparée. Nous nous sommes trouvés d'accord sur les noms à insérer, et j'ai évité de m'opposer à l'insertion de quelques noms auxquels il paraissait tenir, et qui ne me semblent pas correspondre à des œuvres vraiment bonnes et marquées d'une forte personnalité. Je lui ai dit que « je ne connaissais pas » ou « trop peu » ceux dont il était question dans cette catégorie-là ; et je me suis dit à moi-même qu'après tout il pourrait trouver chez ces gens-là quelque pièce, çà et là, digne d'une Anthologie devant représenter la Poésie française contemporaine en Italie. — Lui aussi a été déçu par ses coups de sonde rétrospectifs chez les « Dadas » de 1920 et leur suite les « Surréalistes » ; il est arrivé à cette conclusion : « C'était un mouvement sans œuvres », en se hâtant d'ajouter, par un reste de l'ancienne admiration, par une sorte de superstition : « Mais, comme mouvement, très intéressant. » C'était bien l'impression que j'avais eue, et l'opinion que je m'étais formée, entre 1919 et 1925, — mais alors j'attendais encore des œuvres. Maintenant je doute même que le « mouvement », en tant que mouvement, fût intéressant. Je crois qu'il a servi : 1° à appeler fortement l'attention de beaucoup de gens, alors abrutis par les années de guerre, vers la Littérature et vers le fait que la Poésie était quelque chose d'absolument libre, de « sauvage », de violent, d'anti-rationnel, etc. ; 2° à conduire des lecteurs jusqu'alors rebelles à l'étude et à la compréhension des Symbolistes les plus « hermétiques », que les vagues productions volontairement incohérentes des « Dadas-Surréalistes » singeaient. — Nous avons relu ensemble des vers des chefs du Mouvement, — et des vers pas tellement anciens, — avec un sentiment d'ennui et de fatigue inexprimables !

Jules Supervielle lui avait fourni déjà une assez longue liste, où il avait mis Henry J.M. Levet ; je n'ai donc eu à plaider que pour Leger, Lochac, et Audiberti. Enfin je lui ai dit combien nous devions tous lui être reconnaissants, à lui Lionello Fiumi, de prendre la peine, étant poëte lui-même, de nous traduire pour nous faire connaître des amateurs italiens de poésie ; et que nous aimions infiniment mieux savoir notre ouvrage entre ses mains de poëte qu'entre les mains d'un traducteur « spécialiste » et simplement érudit.

Rentré chez moi à 5 h p.m., M. Ion Pillat vient à 5 h ½, et nous parlons de Littérature roumaine jusque vers 7 h, prenant rendez-vous pour demain au Weber, où il m'apportera un exemplaire de son dernier ouvrage. Il insiste toujours pour que j'aille enfin en Roumanie.

Paris. 8. Vendredi. III.

Couché très tard ; levé tard. Pas de courrier, mais ni celui du matin ni le second ne l'ont augmenté. Nouvelles plus rassurantes de Valbois, réparations des toits faites. —

P.M. Dr V. (24e piqûre, restent 6). (Avant, à la maison, visite de M. Edmond Prévost m'apportant un groupe de Chasseurs à pied hollandais grande tenue 1895, et quelques porte-drapeau de divers pays). Retour Madeleine, puis à pied r. Royale, r. St Honoré, Boissy d'Anglas, d'Anjou, etc. ; allant et revenant. Demandé par curiosité pure, en prétextant le choix éventuel d'un cadeau à faire, les prix de certains étuis à cigarette en argent avec cartes géographiques gravées, villes marquées par de petites pierres, etc. Et en maniant ces étuis vraiment très bien faits, massifs, très soignés (de 1 500 à 2 000 francs l'un) j'ai pensé combien plus belle est une bonne poésie, par exemple quelque élégie de Francis Jammes, des octosyllabes de P.-J. Toulet, des vers de Lochac, etc. Quant aux anciens, comme les dizains de la *Délie*, les hymnes de Racine, et même des choses de Paul Valéry, je ne les voyais qu'en or massif. — Croisé, rue de Surène, un homme jeune, gros et grand, au visage gros et brutal, qui parlait seul et assez haut, avec une mimique paraissant exprimer le dégoût, la colère. Je l'ai ensuite, dix minutes après, recroisé B. Malesherbes et il monologuait encore ; j'ai prêté l'oreille, à son passage près de moi, et j'ai entendu quelques sons qui semblaient être ou bien : « Va chier ! » ou bien « Achille ! » Pourtant, si bizarre que cela paraisse, étant donné sa figure de brute, il me semble bien qu'il a dit : Achille.

Au Weber (toujours trop plein ; je devrais donner mes rendez-vous du centre au Bar de l'Hôtel Crillon) où M. Ion Pillat vient me rejoindre et me donne un précieux exemplaire de son recueil de Sonnets : *Scutul Minervei* (Bucarest, 1933) avec une aimable dédicace en roumain. Causé de différentes choses. M'a donné des nouvelles de Leger qu'il avait vu ce matin, et de celles de Lucien Fabre, Marc Chadourne[222], etc. qu'il avait rencontrés hier. Je l'ai déposé av. de l'Opéra, puis me suis fait conduire Bd S. Germain — Pl. Maubert, d'où rentré a casa a piedi sotto una nevicata non molto fitta[a], mais que le vent poussait avec violence. — Après dîner, leçon de lecture à Laeta, et correction des placards 13, 14, 15, 16 et 17 ; les 2 derniers particulièrement à surveiller à cause des citations musicales. Le reste a été déposé par E. Boudot-Lamotte ou par son ordre chez ma concierge. Il y en a 48. Le caractère du corps du texte est juste à la limite de ce que je peux lire avec mes lunettes ; pour les footnotes[b] il me faut prendre la loupe (tout en gardant mes lunettes) et c'est un surcroît de fatigue pour ma vue déjà affaiblie.

Cela fait plaisir, de corriger des épreuves où il y a vraiment peu de fautes et qu'on sent avoir été imprimées par des gens qui COMPRENNENT ce qu'ils impriment. C'est bien différent des années 1919-25 et 26. Pourtant la dactylographie est bien de la même année que celles de *Ainsi va toute chair*, de *La Vie et l'Habitude* et de mes propres ouvrages publiés en ces années-là. Leur corps de métier avait été idiotisé par la guerre : « ... Quibus quam plurimum adsit audaciae, mentis quam minimum » (Erasme, Μωρίας Εγκωμίον)[223].

a. Italien : « à la maison à pied sous une neige pas trop dense ».
b. Anglais : « notes de bas de page ».

Au courrier du soir, *Sol*, 1er n° d'une revue universitaire bruxelloise[224], avec le début d'une étude sur Petrus Borel par Maurice-A. Arnould, qui paraît admirer, mais en tant que « poeta minor », Edmond Rostand, à moins que ce ne soit Cyrano, car il dit « le Cyrano d'E. Rostand », comme si E. Rostand était l'inventeur ou même le découvreur de Cyrano. Il cite Dondey sous le nom de Théophile Dondey de Santeny, très correctement. C'est probablement parce qu'il a vu mon « Dondey » de *La Revue de Paris* qu'il m'a fait envoyer ce n° de *Sol*. L'ensemble du n°, jeune et agréable. Ils paraissent encore donner dans le Surréalisme comme on l'a fait à Paris entre 1920 et 1925, et sans s'apercevoir que les seules œuvres du mouvement sont les manifestes, la mise en circulation des bonnes intentions et des idées justes. Ou plutôt ils s'en aperçoivent « subconsciemment ».

Dans *Les Nouvelles littéraires* de cette semaine, à la Revue des Revues, résumé rapide de *Dondey de Santeny*.

Paris. Samedi. 9. III.

Neige dans le Jardin Fleuri + absence de courses à faire = toute la journée à la maison = courrier (dont 1 MS renvoyé à l'auteur pour correction) + correction des épreuves des *Carnets*, arrivant jusqu'au début du placard 31.

Tout bien examiné, ma traduction me paraît meilleure qu'elle ne l'était dans mon souvenir. Elle n'est pas excellente, mais c'est du français qui se tient assez bien à côté de l'anglais de S. B. Je remarque aussi que mon Avant-Propos n'est pas discordant, et qu'il prépare bien le lecteur à la fois aux « beautés » du livre et aux faiblesses de S. B. (son anti-christianisme systématique, son anti-platonisme, sa fermeture d'esprit en ce qui concerne la poésie biblique, et la poésie en général, et ses petits accès de dogmatisme et de sottise). Les beautés, du reste, compensent, et bien au delà, les faiblesses ; et je les trouve de plus en plus solides et « bienfaisantes ». **Samuel Butler**

J'ai regardé aussi le début d'une traduction française de *El Obispo leproso*[225] qu'on a offerte à *La NRF* et que J. Paulhan m'envoie pour que je lui donne mon avis. J'ai donné, enfin, sa répétition de lecture à Laeta. Elle perd difficilement une tendance à prononcer les « m » comme des « p », et je me demande quelle a pu être la cause de cette confusion si tenace, alors que l'M (le « tabouret ») avait été une des premières majuscules à lui rester dans la mémoire. J'ai imaginé ceci : 1° quand elle a connu et « su » l'M elle n'associait pas encore les NOMS des lettres avec leur PRONONCIATION, qu'elle ignorait ; 2° la nécessité de faire un grand effort pour commencer la lecture d'un mot quelconque lui a donné l'habitude de les commencer tous par une forte expiration, et « p » est une des lettres qui demandent la plus forte expiration ; elle a dû, dans les commencements (avec moi et en classe) commencer tous les mots par cet effort : un explosif et prolongé « p—aaa » (presque un ϕ grec) ; 3° l'm (minuscule) est peut-être, à la vue d'un commencement, la moins caractéristique des lettres : elle ressemble à l'n, elle se perd dans des groupes comme mu et mon ; elle ne sort pas assez de la ligne, etc. ; ainsi donc, au début, c'est sur l'm que le « phaaa ! » explosif s'est maintenu le plus longtemps, — d'où l'actuelle confusion.

Au courrier de ce soir, remercîments de M. Georges Alphandéry pour « Le Hameau des abeilles ».

Paris. Dimanche. 10. III.

Mauvaise demi-journée ; mieux dans l'après-midi. Sortis tous 3 (et Grandmuseau) vers 6 ½, ma troppo tardi già per andare da Dott. V.[a] Nous sommes donc allés dîner dans le quartier de l'Opéra, et avons fini la soirée dans un cinématographe.

Humberto Zarrilli

A.M. Devant rester étendu et ne déjeunant pas, lu un n° des *Anales de Instruccion Primaria* de Montevideo, envoyé par Humberto Zarrilli, je suppose[226]. Il y a une courte monographie (un Nekrolog) et une page de citation du paidologue argentin Victor Mercante, contemporain de Binet et Simon, mais de l'ancienne école ; des explications de disques musicaux pour les enfants, et surtout une pièce pour acteurs enfants, de caractère éducatif, par Humberto Zarrilli. Il dit avoir écouté et accepté les suggestions des petits acteurs au cours des répétitions, auxquelles les parents étaient admis. Sa pièce est intitulée *La Conquista del Fuego*[b] ; Eschyle et l'Évangile y sont cités. C'est très ingénieusement fait ; il me semble pourtant que les discours de la Narradora[c] devant le rideau sont parfois un peu longs. Deux ou trois jolies phrases poétiques. La liste des acteurs, à la fin, est intéressante par le mélange des noms : Catalans, Castillans, Italiens, Portugais ou Brésiliens, Slaves, Français, Anglo-Saxons, Basques, etc. Dans le groupe des petites danseuses, une Sol Sabat Ercasty[227] et une Susana Antuña, qui doivent être les filles ou les nièces des écrivains ainsi nommés.

Samuel Butler

Mon seul travail (sans courrier) a été la suite de la correction des bozze[d] des CARNETS : 32, 33, 34, 35, 36, et commencé 37 (donc, plus que onze). Les 32[e] et 33[e] avaient été confiés à des typographes plus négligents ou moins intelligents, et m'ont donné de la peine. Je fais quelques modifications, surtout dans l'ordre des mots ; je découvre des répétitions de mêmes mots que je supprime ; j'ai réarrangé deux phrases, etc. Dans la Note sur « Gumption » je suis revenu à ma première version du mot : Savoir-Faire, qui est plus

a. Italien : « mais déjà trop tard pour aller chez le docteur V. »
b. Espagnol : *La Conquête du feu.*
c. Espagnol : « la Narratrice ».
d. Italien : « épreuves ».

couru et plus net qu'Entregent. Murray est parfois reconsulté ; le Charles Petit me rend quelques services sur des points où l'Elwall m'avait déçu.

On n'en finirait jamais, et peut-être qu'on gâterait en voulant trop perfectionner. En tout cas, on comprend la nécessité du Collaborateur Futur, du Réviseur au bout d'un demi-siècle. Mais il pourra dire que son ouvrage aura été bien préparé. — Quoi qu'il en soit, j'ai eu, ce soir même, une leçon d'attention. Dans la Note sur « Pienza » j'avais admis le mot VIALE sans sourciller, d'autant plus qu'il est répété 2 fois sous cette forme et que H.F. Jones l'a mis tel quel dans l'Index de son édition. J'avais pensé que ce Viale était une fresque, ou plutôt une grande tapisserie à de nombreux personnages, et le contexte, même regardé avec soin, ne contredit pas l'idée d'un vaste tableau en tapisserie. Cependant j'aurais dû me méfier, chercher Pienza dans un Guide du Touring-Club italien, ou bien consulter un ouvrage sur les tapisseries italiennes ; ou bien, tous ces moyens de me renseigner exactement failing[a], écrire à cet Institut de Pienza. J'avais donc, à travers toutes mes révisions, laissé « Viale ». Et cependant un doute me restait, à cause de la date (très vague) indiquée : du XIIe au XIIIe siècle. Mais là n'était pas la difficulté. C'est en reconsidérant tout le morceau, que le mot PIVIALE s'est présenté à moi comme une illumination subite. Mariuccia étant en face de moi à ma table de travail, je lui ai demandé :

— Cosa è esattamente un piviàle ? So che dev'essere uno dei vestiti dei preti, et si chiama PLUVIÀL in francese ; ma si fanno dei piviàli con degli ornamenti all'ago[b] ?

Oui, et elle-même en avait vu faire par les religieuses du couvent où elle avait fait ses études, et les avait même aidées à en broder un, qui avait été donné à l'évêque.

J'étais donc enfin tout à fait sûr de mon affaire, et j'ai restitué PIVIÀLE dans cette Note, alors que pendant combien de temps encore les éditions anglaises du texte porteront ce Viale fautif. — Je pense que l'erreur ne peut avoir que deux causes : ou bien Butler a mal écrit le mot dans le MS de sa Note, et Jones n'a pas su le déchiffrer ; ou bien Butler n'a pas saisi le mot entier quand il l'a entendu prononcer (pour la première fois peut-être) par la personne de Pienza qui lui a montré ce pluvial[228].

Naturellement j'ai été content d'avoir amélioré encore une fois (dans *Erewhon* et dans *Life and Habit* j'avais découvert de petites erreurs matérielles dans ce genre-là) le texte même de S. B. ; mais en même temps je me suis dit qu'un peu plus d'attention **Samuel Butler**

a. Anglais : « échouant ».

b. Italien : « Qu'est-ce exactement qu'un pluvial ? Je sais que ce doit être un vêtement de prêtre, et que cela s'appelle pluvial en français ; mais brode-t-on les pluviaux ? »

donnée à cette Note aurait dû me conduire à cela beaucoup plus tôt, et du vivant même de H.F. Jones, qui aurait pu en tenir compte dans la Shrewsbury Edition ; — comme il a dû tenir compte aussi de mon ÉMENDATION à propos de Briarée dans une autre Note.

J'écris à Jonathan Cape pour lui faire part de cette émendation.

On entrevoit, dans des occasions comme celle-là, quelles ont été les joies des premiers restitueurs des textes classiques, à la Renaissance, et la somme de bonheur qui a rempli leur vie. C'est vraiment le soleil de la pensée débrouillant les ténèbres.

On imagine qu'ils devaient se jeter à genoux et remercier avec transport « La Lumière qui éclaire tout homme venant au monde ». Peut-être aurais-je dû le faire ? Mais un plaisir de cette qualité-là, sans trace de péché, et qui vient de la vérité découverte, doit remonter tout droit à Sa Cause.

Paris. Mardi. 12. III.

Hier j'ai eu l'occasion de sentir la justesse du sentiment exprimé dans le dizain 216 de la *Délie* :

En divers temps...

J'étais allé seul chez le tailleur, pour essayer les vêtements qu'il me fait. Et quelque temps après, retrouvant Mariuccia, je lui ai parlé de cet essayage comme si elle y avait été présente, en sorte qu'elle ne comprenait pas de quoi il était question !

Toute occupée en contraires séjours...
Car tu y vis et mes nuits et mes jours[229]...

Ensuite je suis allé flâner rue de Tournon devant les vitrines des libraires, antiquaires et marchands de gravures. Droz avait des choses bien tentantes, et entre autres deux gros manuels d'Hist[oire] litt[éraire], un espagnol et un portugais, récemment parus à Madrid et à Coïmbre, et ayant très bonne apparence ; mais j'ai résisté à la tentation, c'est-à-dire que j'en ai remis l'achat à une date où je saurai que je peux le faire sans déranger mon budget. La vitrine de Droz est toujours bien arrangée et garnie, sans excès, de choses à divers titres désirables. Mais il y avait aussi, trônant, ce médiocre *Érasme* que P. de Nolhac, on ne sait pourquoi, porte aux nues.

Puis je suis allé dans les galeries de l'Odéon. On s'y rend bien compte de ce qui est demandé, en fait de littérature, cette année, ou même ce mois et cette semaine. Il y a toujours ce grand flot passager de romans qui vont directement à la zone des Vingt-Mille, avec des livres d'histoire récents qui vont aussi au même public et ne doivent pas valoir mieux (simples résumés, agréablement présentés, des travaux sur la période dont ils traitent), mais qui sont des ouvrages franchement et sans honte alimentaires. Ils doivent faire une forte concurrence aux romans et recueils de nouvelles ; et en effet le chaland appartenant aux Vingt-Mille, en les suivant, se dit qu'au moins le livre d'histoire, tout en le distrayant, lui apprendra quelque chose, « ornera son esprit », tandis que le roman... Mais beaucoup de très jeunes gens, et de femmes, ou encore des hommes jeunes qui ont le goût des Lettres et qui espèrent découvrir quelque chose de bon, achètent les romans. Je ne saurais dire exactement ce qui en est pour les Dix-Mille, mais je suppose que les Cinq-Mille passent assez loin, tant des Romans que de l'Histoire alimentaire ; ils achètent les romans qui leur ont été recommandés par un lecteur de leur zone, et ils savent que sur chaque époque, aspect, règne, etc., de l'Histoire, il y a des travaux originaux qui rendent à la fois possibles et inutiles les livres alimentaires à couvertures illustrées.

Ceux d'entre nous qui ont atteint les Vingt-Mille et au-delà ont leur étiquette. J'ai remarqué que Gide ne l'avait pas. Ni Valéry ni Claudel, mais cela n'a rien de surprenant. Du reste la NRF, même au temps où elle publiait beaucoup de livres, n'a jamais eu une très grande place sous l'Odéon, et hier elle n'était représentée que par trois rayons assez peu fournis de littérature (les « documentaires » y tenaient de la place). Cela vient, je pense, du fait que son OUTPUT[a] est dirigé à la fois trop haut, trop au-dessus des Vingt-Mille (par les Gide, Claudel, etc., qui couvrent et décorent la simple « marchandise ») et (par les romans policiers, la collection « Détective », etc.) trop au-dessous. Ainsi Grasset est plus proche de la clientèle de l'Odéon. Et cela montre que malgré tout ce que les lecteurs de la NRF ont accepté d'inférieur et de commun, et malgré l'extension des renommées de Gide, Valéry et Claudel, la NRF est restée, à peu près, dans la zone des Dix-Mille comme extension maxima.

Le flot des romans tout neufs à l'étalage, et celui des romans de ces dix ou quinze dernières années dans les boîtes aux livres d'occasion, donnent à l'homme de lettres qui ne s'est pas spécialisé dans ce genre de production un spectacle réconfortant, et une bonne conscience. Il aurait pu, encouragé et même pressé comme il l'était par les critiques et les éditeurs, tomber dans cette espèce de prostitution, et tout près de la littérature alimentaire. Il s'en est gardé parce qu'il n'a suivi que son plaisir. On a pu lui dire : Balzac, Dickens, Fontane, Pérez Galdós, etc. Mais il savait, d'instinct, que cela ne se recommence pas, que cela appartient à un temps, à un

a. Anglais : « sa production ».

siècle, qui en reste orné et plein de gloire ; mais pourquoi recommencer au siècle suivant ?

Je doute qu'un seul vrai roman, avec ses 350-400 pages, sous forme de récit, avec intrigue et personnages, écrit ou publié après 1910 environ, subsiste comme monument de la Littérature, soit en France, soit en Angleterre. Ceux de Gide ne sont pas de « vrais » romans, ou bien parce qu'ils n'atteignent pas les 350 pages, ou bien parce qu'ils manquent d'intrigue dramatique ; quant à ceux de Bennett et de Wells, ils subsisteront moins comme romans que comme faisant partie de l'ensemble de leur œuvre. Non ; je dois me tromper ; LE « roman » arrivera jusqu'à nos jours, à peu près ; pour disparaître, en tant que forme grossièrement extérieure vivifiée par de grands ou de bons écrivains. Mais ce qu'il y a de certain, c'est que « le roman », par suite de l'excès et de la faiblesse des productions qui revêtent encore cette forme, n'atteint guère au-dessus (un commerçant, un libraire purement commerçant, dirait au-dessous) de la zone des Vingt-Mille. Plus exactement : le prestige du mot « roman » est tombé jusqu'aux Vingt-Mille.

J'ai vu aussi un exemplaire à très bon marché d'un petit livre dont la couverture disait : Ch. Baudelaire / *Histoires extraordinaires* — une bande empêchait de voir le reste, et je n'ai pas osé y toucher de peur de la déchirer. Cela veut dire que le nom de Baudelaire est devenu si populaire qu'un éditeur effronté n'hésite pas à présenter à son public les traductions de Baudelaire comme des ouvrages originaux. (Je suppose qu'il y avait en sous-titre : « traduites de l'anglais et d'Edgar Poe » ou quelque chose comme cela.) On tente une espèce de confusion. Comme on pourrait, comme on a pu, donner : « Amyot / *Vie des hommes illustres* / traduites de Plutarque ». Je me demande si un jour, selon ce train, on ne verra pas : V.L. / *Les « Carnets » de Samuel Butler* / traduits de l'anglais / etc. J'en doute grandement ; mais enfin... Et puis, réflexion faite, je ne le souhaite pas du tout.

Un auteur très ambitieux passant sous les galeries de l'Odéon, et voyant ce qui « va directement (et indirectement) aux Vingt-Mille » doit se féliciter de ne pas s'y voir représenté, et se dire qu'il y sera représenté dans 50 ans. Cela lui donne le sentiment d'être un voyageur dans le temps, et en avance de 50 ans sur son temps, — ou plutôt sur le temps des 20.000. (Par ce qui « va indirectement aux 20.000 », je veux dire les Classiques.) Mais s'il songe au Temps et à l'Ewigkeit[a]... il rentre en lui-même, et revient au simple plaisir de vivre, de voir, de respirer l'odeur de la rue parisienne mêlée à celle du Jardin du Luxembourg, et au plaisir, plus grand sinon plus simple, de louer Dieu pour tout cela. Cette louange est l'objet

a. Allemand : « éternité ».

même de ses ouvrages. Ainsi, même s'il ne les publiait pas, le but qu'il vise serait atteint.

Entre hier et ce soir (mardi, minuit) j'ai corrigé les placards 37, 38, 39, 40, 41, 42, 43, 44 et 45 des *Carnets*. Il m'en reste donc 3, que je corrigerai sans doute demain si je ne suis pas trop dérangé ; mais j'aurai encore à préparer et à aller dicter à Mlle Roy les pages de titre et « du même auteur ». Enfin je pense terminer samedi ; et alors je me remettrai, pour la finir, à la préparation, pour l'imprimeur, de « Domaine anglais ».

Je laisse donc de côté, impitoyablement, jusque-là, les MSS à lire et petites besognes de charité confraternelle que j'ai à faire, — sauf en ce qui concerne la lecture de la traduction du début de *El Obispo leproso* qu'on a soumise à J. Paulhan et sur laquelle il désire avoir mon opinion. Et comme je vois Paulhan demain, je la lirai ce soir même avant de m'endormir.

Beaucoup mieux aujourd'hui qu'hier et que tous les jours d'avant ; mais en faisant ce soir, entre 4 ¾ et 6 h, mon tour de Quartier Latin, en revenant, je tournais le coin de la r. Soufflot et de la r. Cujas, presque en face de la porte de Ste Barbe, j'ai été pris d'une sorte d'éblouissement soudain, avec un sentiment de vertige : le pavé semblait descendre à pic devant moi, et tout, alentour, était brouillé ; j'ai essayé de fixer fortement mon regard, j'ai tapé du pied, et presque sans transition je me suis retrouvé dans un état normal, et seulement avec un reste de peur, qui m'a fait presser le pas pour rentrer à la maison. À aucun moment je n'ai senti mon cœur, et la tête restait libre, en sorte que je pense que c'est plutôt un trouble de la vue. Déjà les verres du Dr Morax sont devenus trop faibles pour me permettre de lire les caractères des footnotes des placards des *Carnets* ; je dois avoir recours à la loupe, et cela me fatigue beaucoup.

Entre 3 et 3:40 p.m., visite du jeune homme qui m'avait envoyé un article sur *Work in Progress*[230]. L'article était assez prétentieux et imprécis. Le mot qui me demandait un rendez-vous était à la fois artificiellement « original » et, je crois, naturellement impoli. J'avais donc fait attendre copieusement ma réponse, ayant des choses beaucoup plus pressées à faire. Je m'attendais à une sorte de « Goyave », mais j'étais tout armé d'indulgence, pensant qu'il pouvait y avoir un abîme de timidité juvénile derrière l'affectation et le sans-gêne. En réalité, la « goyavité » de celui-là n'était pas très accentuée ; plutôt que l'originalité facile de Goyave, il affectait le sérieux, la froideur et la distance. Son discours a été : « Joyce profondément découragé par l'indifférence des gens à l'égard de *Work in Progress*, et ce découragement a pour conséquence que son caractère s'assombrit, et qu'il ne travaille presque plus : 10 pages (ou 10 lignes ?) dans ces deux dernières années, alors qu'au début, il écrivait avec une rapidité relative. Donc il fallait faire quelque chose : par exemple un numéro spécial d'une revue, en son honneur, avec une collaboration nombreuse ; cela encouragerait Joyce et lui ramènerait un public plus nombreux et plus chaud. » C'est donc pour cela, en vue de ce numéro, que ce jeune homme, sans avoir parlé de son projet à Joyce, venait me demander ma collaboration. En même temps il m'a annoncé que son livre, *Position de James Joyce* (je crois bien, sans l'article), était à l'impression[231].

Comme il se donnait un peu l'air TO RUN[a] Joyce, j'ai objecté que l'homme qui avait écrit *Ulysses* pouvait être « bien tranquille », et qu'un homme de son âge, et illustre comme il l'est, devait trouver tout naturel de laisser PASSER avant lui (mon intonation montrait que je jouais sur les deux sens du mot « passer ») tout ce flot de littérature jeune qui était pressée de se montrer. Ensuite, admettant que Joyce pût être jusqu'à un certain point déçu de voir qu'on parlait peu de *Work in Progress* après qu'on avait tant parlé d'*Ulysses*, j'ai dit qu'en effet l'idée d'un numéro spécial était, dans tous les cas, excellente, et que je n'y refuserais pas ma collaboration ; mais qu'il fallait d'abord trouver une revue qui consentît à faire ce numéro. J'ai ajouté qu'il me semblait convenable de réunir des noms importants, des noms de « pontifes » ; il pensait à des gens comme Louis Gillet[232], mais je lui ai dit que j'entendais par « pontifes » les spécialistes, et j'ai nommé Cazamian, en ajoutant que pour les gens de *La Revue anglo-américaine* Joyce était déjà un Classique, qu'ils parlaient de lui comme ils auraient parlé de Sir Thomas Browne, et que sans doute ils apporteraient le même respect à l'examen de *Work in Progress*. Je n'ai pas pu savoir, d'après ses réponses, s'il était bien au courant des opinions de *La Revue anglo-américaine*, ni même de son existence, — en tout cas il n'en paraissait pas faire autant de cas que de *La Revue des 2 Mondes*. — Quant à ma collaboration je lui ai dit qu'elle ne serait pas très utile, parce que je ne connaissais *Work in Progress* que par les lectures que m'en avait faites Joyce et par les fragments publiés à part qu'il m'avait adressés : « Si j'avais à passer un examen dont le sujet fût *Work in Progress*, je serais sûrement recalé. » Ou bien il faudrait que je relise et que j'étudie tout ce qui en a été publié, et je n'avais pas le temps de faire cela. J'ai donc, finalement, promis 2-3 pp. sur les impressions d'un homme qui vient de lire « Anna Livia Plurabelle » ; et dit que, pour m'y mettre, j'attendrais d'avoir reçu de lui (le jeune homme) un mot me disant que la revue était trouvée et le n° spécial sur le point d'être fait. Je lui ai représenté aussi (mais pas assez nettement, je crois) que le public ne pouvait guère se pas-

a. Anglais : « d'administrer, de s'occuper de (l'œuvre de) Joyce ».

sionner pour, et faire du bruit autour d'un livre qui n'était pas encore terminé, publié, et chez les libraires. — Enfin me voici chargé d'une nouvelle promesse de tâche qui ne me séduit guère et pour laquelle je ne suis pas très qualifié. Les lecteurs du n° spécial (s'il se fait) verraient du moins que les plus chauds admirateurs de *Ulysses* ne se sont pas désintéressés de *Work in Progress*, et cela fera plaisir à Joyce.

J'ai pensé à dire cela à mon visiteur, heureusement ; et puis j'ai ajouté des paroles modérément flatteuses au sujet de l'article qu'il m'avait envoyé, mais ce « modérément » ne signifie pas qu'il y avait des réticences, soit dans mon ton soit dans mes paroles, mais une vraie et juste approbation : son article m'avait intéressé, il montrait qu'il connaissait bien *Work in Progress* et son esprit, et pour cette raison, mon attention et ma sympathie étaient déjà acquises à son livre, lequel, du reste, pourrait faire autant que le n° spécial pour ramener du monde autour de Joyce (j'ai dit cela autrement). Naturellement, s'il s'attendait à m'avoir sidéré d'admiration par son article, il a dû être déçu.

En somme son comportement aurait été tout à fait convenable s'il n'avait pas un peu trop pris l'air de protéger la renommée de Joyce, et s'il n'avait pas parlé d'un ton assez tranchant des gens qui lui avaient, en somme, refusé son article (ou chapitre de livre) à *La NRF*. Cependant, malgré toute sa réserve et sa distance, il m'a laissé une impression de manque de maturité et de très grande suffisance.

L'impression de suffisance m'avait été laissée déjà par la lecture de son article. Il ne dit pas qu'il est un des très rares, ou le seul, des lecteurs de *Work in Progress* qui ont parfaitement compris ce livre, et cependant c'est ce qu'on a le sentiment qu'il a dit après l'avoir lu. Il y a là, grossièrement représenté par ceci, quelque chose comme : « Joyce est un dieu ; vous ne pouvez pas le comprendre ; mais je vais tout de même essayer de vous l'expliquer. » Et de temps en temps : « Je crois bien que tout ceci, — *Work in Progress* et ce que je dis, — est trop fort pour vous. » En somme, de grands mots, des voiles sacrés agités, des feux de Bengale dans la coulisse, etc. Tout cela assez « goyave ». — Tout de même, il faut attendre le livre avant de le juger.

Du moins j'ai eu quelques nouvelles de Joyce : sa vue ne va ni mieux ni plus mal qu'à son dernier retour de Zürich ; il aurait des ennuis du côté de la santé de Lucia et des affaires de Georges[233]. Mais au point de vue argent, pas d'ennuis. Rien que ce découragement que je n'accepte que sous bénéfice d'inventaire et avec des réserves (ce pourrait n'être qu'un PRÉTEXTE, très grossi, pour les visites, rendez-vous, démarches, de son jeune « encourageur », et une façon tolérable, sinon plausible, de se mettre en avant). Enfin, des 3 parties de *Work in Progress* la Ire et la IIIe sont terminées, il n'y a plus qu'$^1/_3$ environ de la IIe à écrire.

J'ai dit carrément que si je ne voyais pas J[ames] J[oyce] plus souvent, c'est surtout parce que je crains de le déranger, et ensuite parce que je ne tiens pas à rencontrer des gens qu'il voit beaucoup, comme, par exemple, son éditrice pour *Ulysses*. (Je m'étais dit qu'il venait peut-être de la part de cette éditrice, mais comme j'ai dit la vérité, je ne crains pas qu'il la lui répète à elle ou à Joyce, — si toutefois il est assez « rapporteur » et « porte-paquets » pour le lui dire, à elle.) Il m'a dit que Joyce ne la voyait plus guère ; et que du reste il ne voyait presque plus personne, se sentait très isolé, — et de nouveau le découragement, etc. En tout cas, s'il ne voit « plus guère » la B[each], il la voit encore trop pour que je ne craigne pas de la rencontrer chez lui, ou que tous mes propos et mes projets ne lui soient rapportés par Joyce... Comment n'a-t-il pas su voir à quel point la B[each] et l'autre[234] l'ont exploité, mal et indignement traité, bafoué, dénigré, lui et sa femme, et sa vie de famille ; et criant à tout venant qu'il les ruinait, que tout l'argent qu'il avait venait d'elles, et que « les grands hommes, ça coûte cher ». Et pendant tout ce temps-là, elles vivaient d'*Ulysses*, et achalandaient leurs librairies avec son nom et avec sa personne, — lui donnant, — comme à moi et à quelques autres, — des rendez-vous pour des motifs futiles, et en réalité pour le montrer à leurs clients.

(Dommage que ces basses comédies « libraires » soient indignes de « S. Jérôme » ; ou bien il Le faudrait lui-même, Jérôme, pour les décrire, — comme il décrit le prêtre ou le moine captateur d'héritage en train de vider le pot-de-chambre du riche malade.)

Paris. Mercredi. 13. III.

Alabado sea Dios[a]. J'ai non seulement terminé aujourd'hui la correction des 1res épreuves des *Carnets*, mais j'ai dicté à Mlle Roy les pages de titre, couverture, « du même auteur », etc., et expédié le tout, recommandé, à M. Boudot-Lamotte, avec une longue lettre lui exprimant mes desiderata : des 2des épreuves le plus tôt possible, et paginées, etc. — J'ai même lu le petit « talk[b] » de Miss Marjorie Lovell envoyé par le Pr. F. Boillot, et j'ai rédigé mes observations sur sa traduction du « Manchy » de Leconte de Lisle[235]. — Enfin je suis allé chez le Dr V. ; j'ai fait deux courses, et nous avons tous dîné avec les Paulhan chez Noël-Peters. — Beau temps toute la journée. — V. explique mon étourdissement d'hier par le soleil de Mars, sans plus.

Jean Paulhan m'ayant apporté les épreuves de « Notre Amérique » (la Préface pour *El Nuevo Acento* de José G. Antuña) je viens de les corriger une première fois.

a. Espagnol : « Dieu soit loué ! »
b. Anglais : « exposé ».

XXXX m'a envoyé le catalogue de la vente de sa bibliothèque. Il y a une grande tristesse là-dedans. Est-il gêné ? Manque-t-il de place ? Et le moment n'est pas favorable à une vente brillante. Il y a quelques années il avait fait une curieuse manifestation : un de ses livres avait été envoyé par lui à ses confrères muni d'un feuillet détachable sur lequel sa dédicace était écrite ; et une note expliquait que cela était destiné à faciliter la vente, sans mutilation et sans honte, de son livre par ceux à qui il l'envoyait. Il semblait railler ainsi les gens de lettres qui vendent les livres qu'on leur envoie. Naturellement, n'ayant, Dieu merci, jamais vendu aucun de mes livres, j'ai conservé cet exemplaire avec sa dédicace sur feuillet détachable. — Je n'ai du reste pas compris la signification exacte de cela. Je n'aurais, pour ma part, voulu rien faire de semblable.

Il y a tant de vanité, et de vanités, et de petites occasions d'un pitoyable orgueil ou d'une pitoyable irritation pour des mortifications ridicules, dans la vie littéraire, et dans les affaires de la Littérature, qu'on est heureux de s'enfoncer dans le travail pour s'en défendre et pour y échapper.

Paris. Jeudi. 14. III.

Courrier ; suite des petits travaux ; correction des épreuves de « Notre Amérique », fin de la lecture (bien superficielle) de la thèse de Justin O'Brien, dont les conclusions me sont parvenues au courrier du soir avec une lettre de lui. (Hier j'ai remis à Jean Paulhan une brève note m[anu]s[crite] sur les fragments de la traduction de *El Obispo leproso*, conseillant à l'éditeur de l'accepter après une révision générale de la copie actuelle. Le traducteur est une femme, agrégée d'espagnol, un nom comme Sarraquine, Basquaise.)

Courses : à la Madeleine pour petits achats ; à l'aller vu Mme de Harting à qui j'ai remis un *Dondey de Santeny* ; au retour j'en ai remis un à Camille Bloch, qui m'a dit avoir écrit à Armand Guibert. Enfin je vais faire tout ce que je pourrai en faveur de la généreuse entreprise d'A. Guibert, et tirer tout le parti possible des 60 exemplaires qu'il m'a envoyés pour le service. Sans parler des exemplaires envoyés par la poste avec dédicace et de ceux que je remettrais, ici, « en mains propres » à des gens, je pense le porter à quelques librairies et le leur dédicacer, tout en leur parlant des *Cahiers de Barbarie*, d'A. Guibert, — et de Dondey ; en tout cas ils auront l'adresse des *Cahiers de Barbarie* sur la couverture, et pourront écrire pour en faire venir. « Le dernier des Romantiques intéressants restés en panne » me paraît une formule « libraire » assez bonne pour désigner le contenu de mon livre. Et c'est à peu près ce qu'il est aussi à l'égard des universitaires. Enfin, l'important, c'est que A. Guibert écoule son édition, d'abord ; le livre, je pense, fera bien son chemin tout seul, lentement sans doute, mais il le fera.

J'ai trouvé J[ean] P[aulhan] déprimé, hier soir ; et sa dépression, à la fin de la soirée m'avait gagné. Il a, du reste, été souffrant une partie de Janvier et Février ; mais il y a aussi cet air d'une grande revue littéraire où survit, en dépit de la forme commerciale et administrative prise par l'affaire, la tradition des réunions et parlotes de collaborateurs. Cela doit être bien déprimant. D'après ce que m'a dit A., qui pourtant y va, les propos sont d'une médiocrité lamentable, et on n'y rencontre guère, tenant séance et s'y attardant, que les plus médiocres. Cela commençait déjà dans les anciens locaux de la rue de Grenelle, et du vivant de Jacques Rivière ; et il semble (d'après A.[236]) que cela soit devenu irrespirable. J[ean] P[aulhan] est plus ou moins obligé de vivre là-dedans, et cela fait autour de lui, et de ses travaux de Directeur, par eux-mêmes assez fastidieux, une zone d'ennui, de mesquinerie, de platitude, dont il doit se sentir, par moments, accablé. (Nos réunions d'avant 1914, dans les 3 petites chambres de l'installation primitive, — au rez-de-chaussée, au coin de la rue Honoré-Chevalier et de la rue Madame, — avaient un caractère aventureux, et ne comportaient que peu de gens de lettres, une dizaine au plus et tous, comme dirait Dondey, « artistes dans le cœur ».) En tout cas, c'est un grand inconvénient pour un Directeur de revue, et du temps perdu, que les parlotes interminables. On ne voit rien de tel, et rien de tel n'est possible, à *La Revue de Paris.* On sent, dans les propos de J[ean] P[aulhan], à la fois son effort pour rester en dehors de ce milieu, et ce que pourtant il en garde malgré lui, comme un châtelain trop isolé qui ne saurait s'abstraire complètement des états d'esprit et des propos des gens de son village et de ses fermiers. Mais le plus déplorable est le retard que cela met dans son grand travail, toujours en train, qui avance, dont il est parfois content et parfois mécontent, mais dont le but et le dessin général n'apparaissent pas clairement à travers ce qu'il en dit : « Décrypter le langage ». Cela le conduit à des enquêtes du côté des grammaires des langues de l'Insulinde, et le point de départ serait dans ses travaux sur la littérature malgache. Enfin je serai content le jour où il me dira que ce livre est achevé, et va paraître. Non seulement parce que j'ai beaucoup d'affection pour lui, mais parce que j'ai une vive curiosité de sa pensée qui, jusqu'à présent, dans tout ce que j'ai lu de lui, m'a paru voilée, lointaine[237].

J'ai eu deux visites : Roditi, qui est venu me parler des Panoramas des littératures modernes, qu'il dirige au « Sagittaire ». Il va bientôt m'envoyer celui de la Littérature Tchèque[238]. Je lui ai indiqué Marcel Bataillon[239] comme un collaborateur ou conseiller désirable pour le Panorama Portugais, et E. Du Perron pour le Panorama Néerlandais. Il m'a annoncé la mise en

[*Deux pages arrachées.*]

subject of my *Dondey de Santeny.* J'ose dire que je m'en suis tiré assez maladroitement, et la vendeuse, confuse et rougissante (Mlle Weil) a été sur le point de refuser ma dédicace et mon exemplaire même. Il était surtout difficile de lui faire comprendre que j'étais tout à fait désintéressé, matériellement, dans cette affaire (l'idée que j'avais volé cet exemplaire a dû lui traverser l'esprit). Enfin elle a été convaincue lorsque j'ai dû lui dire que j'ignorais le prix de vente de mon propre livre. Elle a donc téléphoné à la Librairie Van den Berg, et nous avons appris que c'était 12 francs. Enfin je suis parti en lui disant que je plaçais Dondey sous sa protection et elle m'a remercié gentilment[a] de mon cadeau. Pendant que j'étais là un professeur dont je n'ai pas saisi le nom est venu téléphoner à Ferdinand Brunot, et j'ai entendu la voix de mon vieux et illustre Maître dans le creux de l'oreille dudit professeur. J'étais assez ému.

J'ai encore 9 exemplaires libres, que je compte placer presque tous de cette façon. — J'ai réservé le n° 1 pour M. Hervier[240]. J'en envoie un à la Bibliothèque Royale de Bruxelles, qui n'a pas le « Petrus Borel » d'Aristide Marie[241].

Paris. Samedi. 16. III.

Travail nul ; quelques instants de lecture (Bréviaire, Edmond Huguet[242] *L'Évolution des mots depuis le XVIe s.*, les livres et revues arrivés aux courriers). Tout l'après-midi en courses, surtout pour Dondey de Santeny : r. de Grenelle ; Guillaume Budé ; Exposition Gregorio Prieto aux 4-chemins ; E. Parturier (mais la peur du vertige dans son escalier me ramène, honteux et confus, dans la loge de la concierge, où je laisse mon exemplaire dédicacé) ; librairie Van den Berg (où ils disent ignorer encore le prix de l'exemplaire du *Dondey de Santeny*), Bd Edgar-Quinet, et cimetière Montparnasse où j'arrive trop tard pour photographier la tombe ; r. Huyghens, thé et brioche à la Coupole ; tour dans Montparnasse ; retour taxi rue Soufflot, et à pied a casa, où j'arrive à 7 h p.m., en étant parti à 2 h ¾ p.m., après une heure passée avec Claude Aveline, parlant d'un tas de choses, et de ses écrits en train. Total : 6 exemplaires bien placés ; mais j'aurai à retourner chez E. Fasquelle.

Courrier : réponse à un des envois de MS. — Reçu : Lochac, Audiberti, Gilles Guilbert (le pianiste), Maurice-A. Arnould (l'auteur du « Petrus Borel » de Bruxelles[243]) ; de Bruxelles aussi une lettre d'une traductrice qui ne s'était plus fatta viva[b] depuis l'été 33, et m'avait envoyé un campione[c], une traduction de je ne sais plus quoi (peut-être quelque chose de moi, en tout cas un texte qui m'était très familier) mais mal faite, et que je lui avais renvoyée en

a. Forme archaïque (XIIe siècle).
b. Italien : « manifestée ».
c. Italien : « échantillon ».

la décourageant. Je n'y suis sans doute pas arrivé, car elle m'annonce sa venue à Paris et me demande un rendez-vous. Petite Pelmazoïde. C'est une Américaine du Nord mariée à un Belge (ou Hollandais) et qui ne sait ni l'anglais ni le français. Si elle compte sur moi pour ausbessern[a] sa gabegie verbale, puede montarse en Colón[b]. Mais le plus embarrassant au courrier de ce matin, est la lettre ci-contre[c], qui pose un problème que seul mon médecin pourra résoudre, et qui me donne beaucoup à penser ; — beaucoup plus que l'invitation roumaine.

Paris. Dimanche. 17. III.

Journée pluvieuse. Terminé tous les petits travaux (Lionello Fiumi ; commentaire sur la traduction anglaise du « Manchy » ; mot pour Miss Lovell ; fin de la préparation du service du *Dondey de Santeny*). En fait de MSS à lire ou à commenter par lettre je n'ai plus, sur ma table, que celui de [Justin O'Brien]. C'est du reste celui dont le commentaire m'embarrasse le plus : comment envelopper l'inutilité de ce travail universitaire à la mode ? C'est bien plutôt un test qu'un travail, et c'est justement parce que c'est un TEST que l'étudiant qui en est dupe (on le lui présente comme un travail utile) doit être charitablement maintenu dans son illusion. « L'Adolescent dans la Littérature moderne » (ou contemporaine). Cela n'atteint aucune réalité, même par un détour compliqué, — le détour par les laissés-pour-compte de la librairie des 40 ou 50 dernières années : 500 romans ou recueils de nouvelles même pas mort-nés, mais qui n'ont jamais existé que librairement, comme papier imprimé, comme marchandise. Il les a tous lus et examinés, classés, distribués selon un principe qui essaie, en vain, d'être historique et qui ne peut rien avoir de critique. L'ensemble a une odeur de moisi, de chiffons mouillés... Du temps lamentablement perdu[244]. Et toute la faute en est à cette manie de modernisme et de contemporanéité qui s'est emparée des universités entre 1920 et 1930, comme par réaction contre l'esprit de routine et l'ignorance systématique du contemporain qui distinguait l'université avant ces années-là. Mais l'apparence seule est changée : c'est la même lourde et patiente sottise systématiquement appliquée à des sujets contemporains au lieu de l'être aux sujets considérés comme « classiques ». Le résultat c'est cette longue thèse, — un ouvrage inutile sur une masse d'ouvrages inexistants littérairement. Et sûrement [Justin O'Brien], mis sur un sujet intéressant et capable de RENDRE, historiquement et au point de la critique, pourrait faire un excellent travail. Je ne pardonne pas à cette stupidité universi-

a. Allemand : « corriger ».
b. Espagnol : « elle peut toujours courir ».
c. Voir annexes, pp. 1404-1405.

taire le gaspillage qu'elle lui a fait faire de son temps et de sa peine. Le moins je lui en dirai et le mieux cela vaudra. Et c'est pour la même raison que j'abandonne complètement à elle-même la jeune Vénitienne qui a été chargée par son professeur de faire une thèse sur moi ; ce n'est, là aussi, qu'un test scolaire.

Ne sachant comment finir l'après-midi avant d'aller à Monceau, nous avons entrepris le tour des Boulevards Extérieurs dans l'autobus de Petite-Ceinture, de la Porte de Champerret à la Porte d'Orléans, où nous sommes descendus, prenant un taxi pour arriver juste à temps av. de Messine. — Immédiatement après la piqûre, douleurs. Heureusement c'est la 28e et il n'y en a plus que 2.

Développements dans la politique. Il semblerait que la manœuvre de 1914 va être recommencée, et les gens, sans doute, s'imaginent que cette fois elle réussirait. Ils ne savent pas que la guerre est autre chose, qu'il y en a presque tous les jours dans les faits-divers, et qu'il y en a eu une attaque, assez circonscrite en Février 1933, à Paris. Pour eux c'était une émeute, un mouvement HUMAIN, où les volontés humaines étaient pour quelque chose. Curieux, que personne, dans le monde scientifique, n'ait encore songé au caractère épidémique de la guerre, alors que le mot même d'épidémie contient l'indication de la guerre, comme une maladie des peuples (la « polémite[245] »). Il semblerait que cette fois elle se développerait surtout en Orient, si elle se déclare.

Paris. Lundi. 18. III.

Renoncé aux deux dernières piqûres de V. (29 et 30) ; il a beau dire, la saturation est complète, et les douleurs qu'elle produit ne peuvent pas de [*sic*] ne pas nuire à l'organisme. Du reste cela fait, en 5 mois, 48 piqûres, sans parler de celles qui étaient destinées à prévenir l'effet de l'irritation de la peau. Dans ces quatre ou cinq dernières semaines les douleurs suivaient presque immédiatement les piqûres, et elles étaient de plus en plus vives. J'irai les payer mercredi, et ciao... du moins jusqu'à la fin de l'automne.

Edmond Huguet

Peu de travail. Suite de la lecture du livre d'Edmond Huguet. C'est une sorte de systématisation, assez sommaire et élémentaire, de son grand *Dictionnaire de la Langue du XVIe siècle*. en train chez Champion ; ce qu'on peut imaginer, comme livre, de plus aisé à écrire et à lire. Plutôt que synthèse il y a groupement de mots ayant changé de sens, et par suite groupement de citations. La plupart de ces citations ont de la saveur et du parfum, et sont d'une délicieuse fraîcheur. Une lecture qui ressemble à un cake, l'espèce de cake la plus riche en fruits ; plus de fruits que de pâte. Il fait une bonne place aux Traducteurs : non seulement Amyot, mais Seyssel, Le Roy, F. Bretin, Saliat, Le Maçon[246], etc. Cela fait plaisir. On rêve d'une Collection des Grands Traducteurs.

Tout l'après-midi en courses pour Dondey : Librairie Gallimard (exemplaire dédicacé à M. Roland Saucier) ; E. Fasquelle (causerie avec Jacques Madeleine, qui me rend *Le Parasite* avec une belle dédicace[247] et me donne les 2 volumes de Dondey parce que je lui avais dit que les miens étaient « de travail » et salis en conséquence). Il ne m'a pas dit combien d'exemplaires au juste il reste, et je ne pouvais pas insister, car E. Fasquelle peut vouloir en réserver un certain nombre ; mais il pense que si mon livre en fait vendre, Dondey n'en profitera guère actuellement, parce que les frais de réimpression seraient trop considérables : 10 000 francs par volume (= 20 000) et aucune possibilité de vendre tout ce nouveau tirage, — ou plutôt cette nouvelle édition. Cependant on pourrait voir s'il n'y aurait pas moyen de faire, chez un éditeur entreprenant, des morceaux choisis, ou une édition du *Mystica Biblion*[248]. J. Madeleine était en train de lire mon livre qui l'intéressait et lui plaisait par lui-même : Tunis comme lieu de publication, etc. Lui aussi est un vieil admirateur de Dondey. En redescendant j'ai rencontré Eugène Fasquelle, toujours aimable, et le même : riant beaucoup, et même d'avoir ignoré le vrai nom de « Philothée O'Neddy[249] ». (Il m'avait, dès hier, envoyé un mot de remerciements.) Il m'appelle toujours « transfuge », mais il m'a raccompagné jusqu'à la porte avec de grandes marques de cordialité[250].

Comme j'avais encore du temps, je me suis fait conduire au Cimetière Montparnasse pour reconsidérer la question de la tombe. La jardinière de métal qui est devant, supportée par la grille, empêche d'obtenir une bonne photographie sur laquelle les noms se détacheraient nettement. Je me demande toujours ce qu'il y aurait à faire, et j'en reviens à l'idée d'une couronne de laurier en bronze avec l'inscription : AU POËTE. Ce serait le meilleur moyen de signaler la tombe d'une manière durable ; mais il faudrait que cette couronne fût très solidement fixée, — et où ? à la Croix ? cela ne me choque pas, mais cela « se fait-il » ? (le demander à un Prêtre ?) — car le cimetière paraît assez mal surveillé ; tous les gardiens sont dans l'allée centrale, et on peut se promener une heure entre les tombes de la VIe division, sans en rencontrer un seul.

En sortant, un moment au Dôme, puis à la librairie Van den Berg. Ils ont décidé de vendre le livre 12 francs. Le plus étonnant est qu'Armand Guibert a complètement oublié de leur indiquer le prix ! C'est vraiment le comble du désintéressement, et peut-être que cela n'est jamais arrivé, jusqu'ici, à un éditeur.

Mon petit tour d'après-dîner m'a mené rue Rollin, comme il arrive un soir sur trois, de sorte que j'ai été toute la journée avec Dondey ou dans ses parages. L'école de garçons est terminée, toute blanche, toute neuve, toute en verre, avec les armes de la Ville de Paris sculptées dans la pierre (ou le plâtre ?). « École Dondey de Santeny » devrait être son nom ; mais cela, aussi, « se fait-il » ?

Paris. Mardi. Saint-Joseph.

Le « service » de *Dondey de Santeny* me prend beaucoup plus de temps que je n'avais pensé. Il a rempli tout mon après-midi :

À pied : à la poste pour un paquet de service [de presse] à l'étranger ; à Henri-IV pour l'exemplaire de M. Édouard Maynial[251] ; à la Geneviève pour l'exemplaire de M. Henri Girard[252] ; en taxi : rue Suger, rue de Seine, quai de l'Horloge (chez Mlle Marcelle Lesage, la libraire) ; à Carnavalet pour l'exemplaire de Jean-Louis Vaudoyer ; de nouveau à la poste[a] pour l'exemplaire de Ferdinand Brunot, et enfin[b] aux Presses Universitaires de France où je me suis entendu avec le vendeur, M. Albert Gazier, pour une manifestation Dondey de Santeny à l'étalage (*Feu et flamme, Poésies posthumes, Œuvres en prose* dans la vitrine, avec ma plaquette tunisienne au-dessous). Cette fois je m'y suis bien pris pour lui offrir l'exemplaire dédicacé. Passant Bd Raspail, j'ai pu constater que la Librairie Gallimard n'avait encore rien sorti de Dondey à sa devanture. Je pense que les après-midi de demain et d'après-demain seront pris aussi par ce colportage et le courrier qui en fait partie (aujourd'hui 4 lettres pour accompagner des exemplaires). Je n'avais fait cela, mais sur une bien moins grande échelle, que pour *Trivia* et *Échantillons*[253] (pour les Butler, j'avais derrière moi tous les grands moyens de la firme Gallimard, et seuls le service abondant et les dédicaces m'avaient occupé ; pour les Scève et le volume Lingendes-Héroët, les éditeurs s'en chargeaient ; et pour mes ouvrages originaux ne concernant personne en particulier, je n'aurais certainement pas fait une seule démarche). Là, il s'agit de lancer Dondey de Santeny (les 3 volumes et mon étude) contre vents et marées, en plein marasme libraire, et sans être soutenu par une firme faisant autorité sur le marché de Paris.

Chez Marcelle Lesage j'ai appris qu'elle était très souffrante, et j'ai dit que je passerais prendre de ses nouvelles ; mais j'ai laissé son exemplaire dédicacé en priant le vendeur de le lui faire parvenir, avec toute sorte de compliments et de vœux d'une prompte guérison. Elle est bien la libraire, aimable, discrète, bien élevée, cultivée sans ostentation, qui pourrait le mieux soutenir une chose comme cet ensemble des trois Dondey et de mon étude[254].

Chez Guégan, Lalou et Jean-Louis [Vaudoyer], j'ai laissé ma carte pour montrer que j'avais porté moi-même. À la Geneviève j'ai vu Henri Girard qui, avant d'avoir lu mon nom sur mon livre, m'a reçu plutôt en fonctionnaire qu'on vient déranger ; mais ensuite il m'a fait un très grand plaisir par la chaleur de son accueil et par son éloge de mon « Dondey de Santeny » qu'il avait lu dans *La*

a. Note de Larbaud : « En autobus. »
b. Note de Larbaud : « À pied. »

Revue de Paris ; et mon plaisir de cet éloge a été d'autant plus grand que la suite de notre (longue) conversation m'a montré que c'était la seule chose qu'il avait lue de moi, puisqu'il ignorait tous les titres de mes ouvrages, et m'attribuait des livres à succès dont je ne suis pas l'auteur. Le sujet de mon « Dondey » rentrant dans sa spécialité (Études Romantiques), il l'avait lu, et m'avait ainsi, pour la première fois, rencontré en tant qu'écrivain. La satisfaction qu'il en avait eue m'était donc tout particulièrement sensible ; c'était l'appréciation d'un premier lecteur, indépendante de toute considération de renommée, d'autorité, etc. — Il m'a prêté les épreuves de l'Antoni Deschamps qui aurait dû sortir dans sa « Bibliothèque Romantique » si le malheur des temps n'avait pas interrompu cette collection, et il m'a suggéré l'idée d'écrire un « Antoni Deschamps »[255]. Well, who knows ? At any rate, not just now[a].

En même temps que je faisais ainsi dans Paris-ma-grand-ville le métier de colporteur ès-lettres, j'échappais déjà par la pensée à toute vie parisienne, et mieux que par la pensée : car j'ai profité de mon itinéraire pour passer à l'agence des billets prendre la réponse concernant le prix de l'itinéraire Paris-Chambéry via Milan-Venise-Trieste-Durazzo, et l'ayant reçue, et sachant que 4 500 ou 4 600 nous porteront jusqu'à Durazzo et de Durazzo zurück[b] à Chambéry, — Ciamberi, — pour un peu j'aurais dansé dans la rue (le prix est, navigation comprise, [*Indication biffée*[c]] (× 2 = 4 370) +, à vue de nez, le ½ billet de Laeta Paris-Milan et Milan-Chambéry). J'avais craint que ce ne fût beaucoup plus cher.

Au courrier du soir deux recueils de poésie ; je les ai goûtés en les coupant, et leur goût était fade ; aussi, un MS à lire ! — court, heureusement.

Dans les propos de diverses personnes, et dans des lettres, on sent une néo-germanophobie latente, comme entre 1912 et 1914. Le « mal du siècle », pour le XXe, serait-il la polémite, tout simplement ? Cependant on ne voit pas encore, comme aux environs de 14, les explosions de violence individuelle, les rixes, le besoin de se battre. Il est vrai que les journées de février 33[d], et ce qui avait précédé, ont dû servir de trop-plein et de décharge, en ce qui concerne Paris.

J'ai enfin reçu, et parcouru en le coupant, le livre du P. Miguel d'Esplugues, *El Missatge d'Israel*.

J'insère ici cette circulaire, reçue ce matin, comme un bon exemple de beau style universitaire, et à cause du vénérable sceau de l'Université de Salamanque[e].

a. Anglais : « Et qui sait ? De toute façon pas dans l'immédiat. »

b. Allemand : retour.

c. Note de Larbaud : « 2185, 1st class, boat and train. » Indication biffée dans le journal et donnée, clairement, en bas de page.

d. Il s'agit, bien entendu, de février 1934 !

e. Voir annexes, pp. 1405-1407.

Paris. Mercredi. 20. III.

Edmond Huguet (suite) où j'ai retrouvé avec plaisir ces 3 vers de Ronsard que j'avais oubliés :

Francus, vêtu d'armes toutes dorées,
Des mains d'un maître artisan labourées
Comme le feu d'un tonnerre luisait[256].

Courrier (d'affaires) le matin. Visite de [*Un nom biffé*] qui reste une heure. Il est de ces Poëtes que rien, ou presque rien, ne satisfait : à les entendre on croirait que rien, en dehors de leur ouvrage, ne mérite le nom de poésie, parce que rien ne se trouve dans une certaine ligne (d'inspiration, de spontanéité, de laisser-aller, de grâce, de déraison, d'instinct primitif, de subconscient, etc.) hors de laquelle il n'y a que verbiage confus ou propositions mathématiques. En réalité ils sont, dans le fond, remplis de doutes semblables en ce qui concerne leurs propres ouvrages. Cela, pour les bons Poëtes. Les mauvais tracent plutôt une ligne de difficulté, de volonté, de conscience, de raidissement contre le spontané, de méfiance à l'égard du laisser-aller et de l'inspiration.

Dans les deux cas cette espèce de critique « en l'air » est parfaitement oiseuse ; le moins ils en font et le mieux cela vaut, parce qu'ils semblent béatement contents de leur propre ouvrage et se montrent injustes à l'égard d'autrui, et fatiguent l'attention. Ils l'exciteraient, au contraire, s'ils illustraient leurs critiques de citations précises. Du moins pardonne-t-on cette espère de dogmatisme et de Prahlerei[a] à ceux d'entre eux qui ont écrit de bons vers. — Peut-être X était-il aigri, momentanément, par mon manque d'enthousiasme pour ses derniers poèmes « en vers asymétriques », et en particulier ceux qu'il a offerts à *La Revue de Paris*, en réponse à la demande que Marcel Thiébaut lui a adressée sur mon conseil. Ce qu'il y a chez lui, ce sont des chutes très dures dans une certaine espèce de tout-fait qui a quelque chose de l'élégance recherchée, et pas assez recherchée, d'un maître d'école. Ainsi dans

J'étais bien esseulé

le mot « esseulé » a ce genre de prétention trop facile ; de même « je gage », dans cette fin de poésie :

Cryptologue plein d'intérêt
Qui s'adressait à moi, je gage ;

a. Allemand : « vantardise, hâblerie ».

de même « amie » dans

> *Tu viens à notre secours,*
> *Divagation amie.*

Si cela était supporté, entraîné, par le reste du poème, on y verrait un raffinement, des intentions subtiles, un effet de pauvreté volontaire. Cela lui arrive souvent ; mais ce n'est pas le cas ici. Une discrète insignifiance, qui rebute la sensibilité attentive, se termine par une platitude. Et cette platitude est de celles qui semblent être, en rhétorique, ce que sont, dans le vêtement masculin, les nœuds de cravate tout faits, rigides, aux plis cousus, avec un élastique et une boucle pour les maintenir autour du faux-col. C'est particulièrement ce « je gage » final, si loin de son sens étymologique (« Que gagez-vous ? »), qui se dénonce comme « recherche de mauvais goût », comme « nœud tout-fait ». (Je suppose que l'équivalent anglais serait : I trow, qui — oui, supporté par tout le mouvement du poème, serait PEUT-ÊTRE tolérable.) Le plus curieux, c'est que, lorsqu'il est dans sa bonne veine, ces pauvretés prennent un éclat et une allure de grande poésie, tendre, chantante et douloureuse, dont peu de poètes, dans sa génération, sont capables.

Samuel Butler

Ces exemples de chutes m'ont fait penser à celles de S. B., comme sa comparaison entre le Réseau de Chemin-de-fer et la Rédemption : pour faire un mot, — dans l'espoir de faire un mot, — il veut oublier que « le Dieu des Philosophes », aussi bien que celui des théologiens, est par définition omniscient et omniprésent, et il espère le faire oublier à son lecteur. — Avec les erreurs sur « Jutland » et sur « Vueti » ou « Waitee », dont il se confesse et s'excuse agréablement, il était vraiment descendu au niveau de l'Anglais moyen, qui s'imagine que des mots anglais ont pu être adoptés par des gens du peuple sur le Continent en dehors des ports et des régions maritimes. Comment ce Waitee serait-il venu dans le Tessin ? et par où ? et pour quelle raison aurait-il supplanté le synonyme dialectal tessinois ? Fantasmagorie d'ignorant. Et Jutland, a land that JUTS[a] ! L'étymologie — calembredaine typique du littérateur du XIXe siècle. — Ailleurs c'est la belle phrase sur ceux qui meurent pour les autels et ceux qui en vivent ; comme si ceux qui en vivent n'étaient jamais exposés à mourir pour eux ! ou pouvaient à coup sûr ne se trouver jamais dans le cas de mourir pour eux. — Et puis la grande erreur de croire (comme pour l'origine de Vueti) que le danger pour la civilisation, ou le progrès, résidait dans les hommes d'Église et les hommes de science. — Et puis les grandes « mystifications » : Jésus, la femme auteur de l'*Odyssée*...

a. Anglais : « Jutland, une terre qui s'avance ».

Cependant, ce qu'il bâtit là-dessus est souvent, dans le détail, excellent. Oui, il faut accepter l'artiste, [*Un nom biffé*[a]], Butler, — tel qu'il est.

Le reste de l'après-midi en courses, toutes pour Dondey de Santeny à l'exception d'un essayage chez le tailleur. Demain tout le service par la poste sera terminé et il ne restera plus que 2 exemplaires à porter à leurs destinataires parisiens. De l'omnibus, en passant rue de Tournon, j'eus la satisfaction de voir un exemplaire à la devanture de chez Droz. — Je pense donc pouvoir me remettre demain, et pour la terminer, à la préparation de la copie de « Domaine anglais ».

Au courrier, une lettre du Prof. F. Boillot qui a reçu mon commentaire à son « essai de traduction » du « Manchy » de Leconte de Lisle ; il a l'intention de le publier à la suite du sien dans *La Revue de l'enseignement des langues vivantes*[257]. Sa lettre, dictée, a un amusant lapsus, qu'il a volontairement laissé sans correction : « Butler Yarner » pour « Butleriana » ! (« To spin a yarn[b] » ; il est possible qu'un argotique « yarner » pour « un blagueur à long souffle » ou « un parleur fastidieux et intarissable » existe.)

Intéressante, cette manie assez spécialement anglaise de croire possible l'adoption d'un mot anglais par une population continentale de l'intérieur, et même là où aucune occupation anglaise (historique) prolongée ne semblerait lui donner une présomption de réalité. C'est peut-être une forme de l'insularisme qui rencontre ainsi l'ignorance des gens du peuple dans les pays continentaux : ces popolani et ces popolane[c] de Paris pour qui toutes les langues étrangères sont assimilables à des patois, la seule vraie langue de civilisation étant celle qu'ils parlent. Ainsi la servante qui, m'ayant demandé comment se dit « chaise » en anglais, sur ma réponse, *chair*, a dit quelque chose comme : « Alors c'est une espèce de patois. » Du reste chez S. B., et chez W.S. Landor, et d'autres où j'ai relevé de ces mots crus d'origine anglaise et entendus, plus ou moins exactement, dans des régions non maritimes du Continent, il y a surtout l'effet de la grande ignorance linguistique des gens de lettres du siècle dernier. À présent nous en savons tous assez pour nous méfier et de nos oreilles et de nos déductions chaque fois que nous entendons, par exemple hors du Domaine Français, un mot qui paraît la déformation d'un mot français.

Le plus amusant est que, pour ce qui est de *chair*, la servante parisienne n'avait pas absolument tort, puisque le mot est d'importation normande. Mais si elle m'avait demandé comment se dit

a. Le poète dont Larbaud vient de parler.
b. Anglais : « raconter une histoire, broder ».
c. Italien : « hommes et femmes du peuple ».

tête, ou livre, ou main, aurait-elle encore dit que l'anglais est une espèce de patois ?

[*Un nom biffé*] aujourd'hui m'a fait « repasser » une théorie que j'avais déjà, et plusieurs fois, rencontrée : Il y a 15 000 ans l'homme a découvert la Religion ; il y a 2 000 ans, la Sensibilité ; au XVIIIe siècle, le Sentiment de la Nature ; vers 1870 le Symbolisme ; et de nos jours nous le voyons découvrir l'Inconscient et le Songe : « Ainsi Lamartine ne peut comprendre Rimbaud qui trouve de la poésie dans une pissotière ; ils appartiennent à deux mondes différents et sans communication. » — Il serait curieux de reconnaître la source, ou les sources, de cet arrangement trop bien ordonné pour être vrai, et qui paraît supposer, ou impliquer, un progrès, une ligne de progrès dans les Arts. La critique de cette théorie pourrait, aussi, conduire à quelque vue intéressante sur le sentiment esthétique. Cela ramène aussi à l'Art-Dieu, et à l'« Évangile dépassé ». Mais visiblement l'Évangile n'est pas dépassé.

Paris. Jeudi. 21. III.

Courrier ; mais pour le reste, journée dépensée sans compter, pour l'amour de Paris et du printemps. Nous deux mon chien, d'abord en taxi pour traiter l'affaire du locataire récalcitrant du 52 r. de Babylone avec le gérant. Là aussi il donne l'impression d'un grand parleur qui cherche, tout en ayant les moyens de régler son loyer, à en payer le moins possible. J'ai demandé au gérant s'il avait des gens (femme ou compagne ou parents ou enfants) à sa charge ; il n'en a pas. Son loyer a été abaissé de 8 000 à 6 000 ; il voudrait payer 3 500 et menace de quitter ; nous avons décidé qu'il était juste de lui proposer 5 500, 5 000 au maximum de rabais, et sinon, qu'il s'en aille. Le gérant a paru me trouver plutôt large, mais sans me désapprouver, au contraire. De là, à pied, grande flânerie r. Bréa, Vavin, Montparnasse, Raspail (entré chez Budé, et appris de Mlle Gill que 3 exemplaires de *Dondey* avaient été vendus depuis hier) ; r. de Sèvres, quartier S. Sulpice où j'achète la petite vie d'Agnès Charvet, l'autre Nanette (la concurrence à Anne de Guigné) pour Laeta ; r. S. Sulpice, r. de Tournon où je remercie Mlle Weil pour avoir mis son *Dondey de Santeny* à la devanture (on n'a pas encore acheté) ; r. de Médicis ; fleurs achetées au coin de la Pl. Edmond Rostand et du Bd S. Michel ; en taxi à la maison, où Mariuccia et Laeta rentrent peu après moi. Une belle journée de Paris. Revu en passant les toiles de Gregorio Prieto[258], avec des effets peut-être un peu gros, et un souci bien visible de composition ; mais on les retient (on retient le détail des touches, de la distribution des couleurs et des lumières) ; les tableaux d'intérieurs pompéiens m'attirent particulièrement ; mais comme je sais mal voir la peinture !

Gregorio Prieto

Au courrier du soir quelques remercîments déjà pour les *Dondey* ; du côté Université l'accueil est très chaleureux, et dépasse mes prévisions. Sûrement E. Fasquelle va vendre un certain nombre des exemplaires restants de l'originale des *Poésies posthumes* et de celle des *Œuvres en prose.* — Aussi un n° d'un journal « Frontiste », qui a dû m'être envoyé par Bergery[259]. Ils osent parler de « l'encerclement de l'Allemagne » et dénoncer la manœuvre des néo-alliés ; mais ils n'y peuvent rien, et moins encore que les communistes ou socialistes à tendances communistes de 1914, car ils sont moralement liés à la politique de Moscou, et Moscou a bien l'air de mener le jeu contre l'Allemagne, et beaucoup plus ardemment, et avec de beaucoup plus grands moyens que le Moscou de 1914. Le mot d'ordre sera : Contre le « fascisme hitlérien », et on les fera marcher avec enthousiasme ; il s'agira de « délivrer l'Allemagne d'un gouvernement déshonorant, etc. ». En somme l'affaire paraît encore mieux montée qu'en 1914, et avec plus de chances de réussite qu'en 1918. Mais quelle réussite ? Cependant, tout cela n'est pas encore l'épidémie, qui n'éclaterait même pas, — si l'incubation n'était pas « à terme », — en cas de déclaration officielle de guerre. (En 14, l'épidémie de polémite avait éclaté quelque temps avant la déclaration officielle de la guerre.)

Le journal des Frontistes s'appelle *La Flèche*, et leur insigne (sur un brassard) est une flèche. Est-ce Bergery qui a inventé ça ? — Mais tout cela, pour et contre, semble faire partie de la même sottise.

Paris. Vendredi. 22. III.

Mi gozo en un pozo[a]. Cette dernière visite au D. V., pour prendre congé et lui verser ses honoraires, a tout remis en question : tachycardie (96 pulsations) et hypertension (max. 19). Et pourtant je me sens relativement assez bien portant ; ma longue promenade d'hier avait été agréable, sans palpitations, et accompagnée d'un sentiment de force et de calme. Mais il paraît que je pourrais rester en panne durant le voyage, et qu'une série de 12 piqûres et d'autres médicaments est indispensable. Et comme la cure en Savoie l'est aussi et qu'il faut qu'elle n'empiète pas sur notre séjour à Valbois, il faut renoncer aux 6 semaines que je comptais remplir de Venise, d'Adriatique et d'Albanie. Les deux semaines restant seront passées entre Milan et Venise avant la Savoie. Cela fait jusqu'au 2 Mai encore à Paris ; du 3 au 18 ou 20 : Valbois. Milan, Venise (si possible), Milan, Chambéry, pour commencer la cure en Savoie le 21 ou 22 Mai, donc la fin de la cure le 11 ou 12 Juin. Genève peut-être, et entre 15 et 20 Juin installation à Valbois.

Ne souffrant pas, ou beaucoup moins qu'en Novembre-Décembre-Janvier-Février, et enfin tout le temps qu'ont duré les 2 premiè-

a. Espagnol : « Mon plaisir dans un puits », c'est-à-dire : « Adieu veau, vache, cochon, couvée ! »

res séries de piqûres, mon seul ennui vient de l'obligation de renoncer à l'Albanie, et, à l'arrière-plan, de l'inquiétude au sujet du recul constaté par V. dans l'amélioration de la circulation. Je me résigne donc et prends cela comme un ordre de rester à Paris pour travailler à la préparation des copies des livres prêts pour l'imprimeur, et dont je n'aurais pu m'occuper ni en voyage ni pendant le séjour en Savoie. Il y a aussi de petites consolations ; j'avais acheté quelques gros livres que je regrettais de ne pouvoir lire tout de suite et que je remettais pour le temps de Valbois ; je les lirai maintenant, entre mes heures de travail. — Et puis, du moment que M[ariuccia] va bien et que nous sommes ensemble, peu importe que nous soyons à Paris ou à Tirana.

[*Larbaud a collé ici un article découpé dans* Les Nouvelles littéraires. *La rubrique « Correspondance » y répondait à des questions de lecteurs (sans reproduire celles-ci). Une de ces réponses concerne Dondey :* « On a de Dondey de Santeny, sous le pseudonyme de Philothée O'Neddy : *Feu et flamme*, Paris, Dondey-Dupré, 1833 ; *Œuvres en prose*, Charpentier, 1878 ; *Poésies posthumes*, Charpentier, 1877. Tous ces ouvrages sont probablement épuisés et ne peuvent se trouver que chez les libraires d'occasion. » *Larbaud a cerclé cette information d'un trait d'encre et l'a annotée :* « J'écris pour rectifier. »]

Cette demande paraît bien être une conséquence de mon étude dans *La Revue de Paris*. Si tel est le cas, on voit avec quelle négligence et quel manque d'attention elle a été lue par le questionneur et par l'auteur de la réponse, car j'ai nettement indiqué que les originales des *Poésies posthumes* et des *Œuvres en prose* n'étaient pas encore épuisées, et je mentionne plus de dix fois la réédition de Marcel Hervier, en 1926, de *Feu et flamme* dans la « Bibliothèque romantique ». On dirait que, dans cette petite affaire, tout le monde veut faire comme si la publication de mon étude dans *La Revue de Paris* n'y était pour rien. Mais en réalité ce n'est qu'inattention. Ou bien, et c'est l'explication la plus simple, le questionneur a entendu quelqu'un parler de Dondey de Santeny d'après mon étude dans *La Revue de Paris* (en effet, il y a bien des chances pour que [*Une ligne et demie raturée*] le questionneur eût entendu parler de « Philothée O'Neddy », et non de Dondey de Santeny, si l'origine de son information n'était pas dans *La Revue de Paris*). Et d'autre part, l'auteur de la réponse peut très bien n'avoir pas eu la moindre connaissance de mon étude, et avoir consulté l'ouvrage de Crépet[260] à l'article « Dondey de Santeny », — mais *Feu et flamme* seul y est cité, je crois. Mettons que cela vient (la réponse) plutôt d'un mélange de Crépet et d'une Bibliographie comme celle de Thieme[261] (?). Je me suis trop hâté de me plaindre, et c'est une plainte ridicule, de persécuté-mesquin.

Je colle ici la réponse de Marcel Hervier, l'éditeur de *Feu et flamme* dans la Bibliothèque romantique[a]. — Le persécuté-mesquin pourrait s'amuser (et se tourmenter) en cherchant des intentions dans des mots et membres de phrases tels que : « AU BOUT DE QUELQUES ANNÉES », « un document UTILE aux historiens... », « pousser la réhabilitation UN PEU plus loin... », et imaginer que M[arcel] H[ervier] regrette — ou ne regrette pas, — de n'avoir pas dit un seul mot du *Mystica Biblion* dans son introduction à *Feu et flamme*. Mais rien de tout cela, — suggestions de la manie de la persécution, et intentions de M[arcel] H[ervier] — ne mérite d'être considéré.

Avant de préparer et d'emballer pour le renvoyer à [*Un nom biffé*], le MS de la thèse de [Justin O'Brien], je l'ai de nouveau parcouru, et me suis rendu compte de la méprise que j'avais commise en considérant cette thèse comme un ouvrage de critique ou d'histoire littéraires : c'est une recherche de PSYCHOLOGIE SOCIALE : les nombreux ouvrages examinés et classés y sont étudiés comme des documents de psychologie sociale, abstraction faite de tous leurs caractères proprement littéraires. Dès lors il est naturel que le plus grand nombre de livres, romans, nouvelles, publiés entre 1910 et 1930, et dans lesquels l'adolescence (ou des personnages adolescents) est décrite, soient passés en revue et classés, sans aucune référence à leur qualité en tant qu'œuvres littéraires. Et il est naturel aussi qu'un travail de ce genre soit tout à fait étranger à la critique et à l'histoire littéraires. Et il est naturel aussi que pour la grande majorité des gens qui étudient, les œuvres littéraires soient considérées, uniquement, comme des « documents », le point de vue esthétique et l'appréciation esthétique étant le point de vue et le fait d'une élite très restreinte, celle pour qui les ouvrages sont écrits. — Mais je crains, d'autre part, que les maîtres universitaires de [Justin O'Brien], et [Justin O'Brien] lui-même, ne soient persuadés que cette recherche sur « L'adolescent dans le Roman de 1910 à 1930 » est un ouvrage d'histoire littéraire, confondant ainsi la psychologie sociale avec l'histoire de la littérature. Je ne sais pas comment je vais pouvoir dire cela à [Justin O'Brien], mais comment lui parler de sa thèse sans lui dire quelque chose dans ce genre-là ?

Je crois qu'à moins d'un grand changement en mieux je ne pourrai pas accepter l'invitation du Pen Club de Buenos Ayres. Enfin, je n'en parlerai au Dr V. qu'à la fin du nouveau traitement.

Mais... C'est bien fait. Je suis, ces jours-ci aussi mécontent de moi que mon médecin l'est de mon cœur. La suffisance de Z., la petite pédanterie d'Y., m'irritent, alors que je devrais considérer ma suffisance et mes petites (ou grandes) pédanteries ; puis, pour

a. Voir annexes, p. 1407.

remédier à mon irritation je tombe dans le mépris de ceux qui en sont cause ; et ainsi, comme en ce moment même où je me vautre avec complaisance dans ma mesquinerie, je passe mon temps à me désapprouver. Ainsi donc ma déception en ce qui concerne le voyage projeté et ma santé doit me paraître une punition bien méritée. Et je veux l'accepter pour telle.

Mais qu'il est difficile d'agir avec justice et douceur, et de telle manière qu'on ne puisse rien se reprocher quant à la satisfaction de soi-même et au mépris des autres ! Et ce Confiteor intime ne suffit pas à lui seul, parce que l'instant d'après on retombe. Il n'y a que le travail, avec le désir de l'accomplir aussi bien que possible, et le ferme propos de ne se préoccuper EN RIEN de la façon dont il est accueilli, remerciant sans effusion pour les applaudissements, et acceptant comme des leçons méritées les STRICTURES[a], les critiques, et mêmes les DISTORTIONS[b] et les ignorances volontaires.

Et le mieux serait de les passer, les uns et les autres, complètement sous silence ; cela ferait une balance entre la vanité satisfaite et la vanité blessée. Je prends donc la résolution de ne plus rien noter de ce qui concerne la réception, bonne ou mauvaise, de *Dondey de Santeny*, mais seulement des faits matériels qui importent à la « réhabilitation » du Poëte, comme : le nombre d'exemplaires vendus, les articles publiés, etc.

Mais Boileau se serait-il, par charité, interdit de noter, même sans intention de mettre cela dans une Satire, le cas intéressant, mais non surprenant, ni rare, de ce très honnête homme, dont les vers sont TOUS écrits comme les plus mauvais et les plus insignifiants qu'a pu écrire Dondey, et qui cependant m'envoie, sur les citations de mon étude, une appréciation dédaigneuse ? Puis-je m'interdire de penser, de noter : Comme il pourrait être content, s'il avait écrit seulement 200 vers d'une valeur égale à ceux que j'ai cités de Dondey ! — ? Oui ; mais quand on n'a aucun penchant pour la Satire, mieux vaut le silence, décidément.

Paris. Dimanche. 24. III.

À peine sort-on, va-t-on chez un ami, on rencontre dix personnes dont quatre au moins vous invitent ou à déjeuner ou à les aller voir, ou à aller avec elles au théâtre, etc. Voilà toute notre semaine engagée : déjeuners, dîners, rendez-vous, thés, etc. Heureusement plusieurs me croiront, à partir du 1er Avril, naviguant vers l'Albanie. Mais cette semaine sera désastreuse quant au travail, et pourtant Boudot-Lamotte, rencontré ce soir chez Marcel Thiébaut (où il y avait M. E. Schachman et Massigli[262] et une traductrice de Somerset Maugham dont je n'ai pas retenu le nom) m'annonce pour dans

a. Anglais : « reproches ».
b. Anglais : « altérations ».

2 jours les 2ndes épreuves de *Carnets*, et je lui ai renouvelé ma promesse de lui remettre le MS de « Domaine anglais ». Du moins ai-je accompli à peu près mon devoir d'entremetteur littéraire, communiquant les vers d'E. Lochac à Lionello Fiumi et à Marcel Thiébaut, et ai-je écrit les lettres les plus urgentes que j'avais à écrire. — Mauvaise journée, aujourd'hui, et qui donne raison au Dr V. : fatigue et lourdeur, migraine, ennuis physiques divers ; et je ressens encore une douleur de ma chute dans l'escalier.

Grands progrès de Laeta en lecture : elle y prend goût, lit elle-même les inscriptions des timbres-poste de sa « collection », des étiquettes, le titre d'un livre. Je lui dis : « Vedi a che è utile ? Capisci che vedi meglio, più cose, adesso ? Questo titolo, un mese fa, non era che una macchia rossa su quel libro[a]. » Elle m'a répondu : « Sì, VEDO PIÙ CHIARO[b]. — Elle a été fière, aussi, de me montrer qu'elle a retenu, d'une conversation que j'ai eue devant elle il y a bien trois semaines et plus avec le relieur, les mots tête dorée, dos, les plats ; elle les appliquait mal, mais elle les avait retenus ; je les lui ai expliqués.

Paris. Dimanche. 31. III.

J'aurais trop de choses à noter si je voulais revenir en arrière ; nous traversons un temps de dissipation : invitations, quelques-unes refusées, mais d'autres qui ne pouvaient l'être, et surtout les nôtres, pour être polis et « quedar bien[c] ». Mais c'est aussi dans ces moments-là que le Travail nous apparaît comme une cime éclairée par l'aurore et le centre glorieux de nos pensées, de notre vie. Attendant les 2des épreuves des *Carnets* de Samuel Butler, je mène de front les Notes Hiéronymiennes et la préparation de « Domaine anglais » pour l'imprimeur. Je crois avoir enfin trouvé la bonne voie pour les Notes de « L'Art et le Métier » proprement dit ; j'en ai refait quelques unes, et ça marche assez bien. Entre-temps, et pour rester en contact avec la Littérature et me reposer l'esprit, je lis ou relis du Cicéron, et j'ai trouvé, ou retrouvé, mais SENTI pour la première fois ceci :

« Ac mihi quidem videntur hunc omnia esse referenda iis qui praesunt aliis (c'est de la *Cyropédie* de Xénophon[263] qu'il vient de parler), ut ii, qui erunt in eorum imperio, sint quam beatissimi ; quod tibi et esse antiquissimum et ab initio fuisse, ut primum Asiam attigisti, constante fama atque omnium sermone celebratum est. EST AUTEM NON MODO EIUS QUI SOCIIS ET CIVIBUS, SED ETIAM EIUS QUI SERVIS, QUI MUTIS PECUDIBUS PRAESIT, EORUM QUIBUS PRAESIT COMMODIS UTILITATIQUE SERVIRE[264]. »

a. Italien : « Tu vois à quoi ça sert ? Tu comprends que tu vois mieux, plus de choses, maintenant ? Ce titre, il y a un mois, n'était qu'une tache rouge sur ce livre ».

b. Italien : « Oui, j'y vois plus clair ».

c. Espagnol : « rester en bons termes ».

Lisant ceci, et considérant la date de publication de mon papier, « Le Hameau des abeilles », comme la date voisine de celle de sa composition, un critique serait persuadé que j'ai écrit ces pages APRÈS avoir lu cette longue épître de Cicéron (Q. FR. I. 1). Je crois, du reste que la phrase sur les animaux irait assez bien dans « Nous 2 mon chien[265] ». Je verrai à l'y mettre.

Aujourd'hui, un dimanche froid, maussade et somnolent, après une nuit à peu près sans dormir, agitée par le dîner d'hier soir, et peut-être par le traitement en train. Aussi l'inquiétude au sujet de la santé de Voldoire, qui a eu une nouvelle crise, et en fait de tension dépasse de beaucoup celle qui alarme, en ce qui me concerne, le Dr V., et m'oblige à renoncer à l'Albanie. Aussi, j'étais assez excité par la lecture du recueil des *Corridos de la Revolucion*[266], reçu hier soir de México, ou plus exactement de Pachuca. — Nous sommes donc sortis vers 6 heures p.m. (heure d'été) et avons pris un taxi pour porter à la Gare de Lyon ma lettre à M. Voldoire afin qu'il l'ait, avec son chèque, demain lundi et 1er Avril. Puis nous avons erré assez longuement dans le quartier situé au N. de la Gare de Lyon, entre Gare de Lyon et Avenue Daumesnil, que nous connaissions très mal. Il y a là un mélange de Marseille, de l'Auvergne, de Toulon, avec des ruelles étroites où tanguent des marins un peu ivres ; il est vrai que c'était dimanche, et aux environs de l'heure du dîner. Nous sommes al-

[*Deux pages arrachées.*]

Antoni Deschamps

[Anto]ni Deschamps[267], que M. Henry Girard m'a prêtées. Lecture assez agréable. C'est plein de bons sentiments, la situation est intéressante, touchante même. Mais son alexandrin est assez cursif ; s'il y a de la vulgarité chez Dondey, il y a chez lui (Antoni Deschamps) de la mollesse. *Les Italiennes* valent un peu mieux, et c'est plutôt cela qu'il aurait fallu rééditer d'abord ; ou bien l'ensemble de ses œuvres : un volume pour son Dante et un volume pour ses Poésies. Mais je ne me sens pas enclin à faire pour lui ce que je viens d'essayer de faire pour Dondey. J'ai le sentiment que, tout en ayant sûrement sa place dans la poésie romantique, entre Soumet[268] et le moins bien venu de Sainte-Beuve, il est moins artiste que Dondey. Après tout, ce n'est que l'impression résiduelle d'une première lecture. Dans le premier morceau il y a : « ... regardé par l'épée ». On attend beaucoup d'autres choses comme celles-là ; or, elles sont en petit nombre. Mais il faut relire.

La vente de la bibliothèque de M. Louis Barthou, dispersant dans le public, comme placements de capitaux et objets de spéculation, des choses qui devraient revenir aux collections et bibliothèques publiques, est attristante. On voit, d'autre part que c'était la collection d'un spéculateur, d'un placeur de fonds, et aussi d'un lettré pas très... policé, pas très formé, — d'un campagnard plus ou moins parvenu dans la vie intellectuelle ; L'HOMME DE CAMPAGNE, expression des tireuses de cartes, va assez bien pour ce truffage de livres. On devrait penser qu'une collection où il y a des MSS de cette importance, ne devrait être formée que pour être donnée au public. Je l'avais vu quelques fois ; il était assez grossier, assez peu « monsieur ».

Nous avons, aujourd'hui, ce que Mariuccia nomme « la lumière de Lecce » ; une clarté dure, concentrée par un ciel couvert de nuages et projetée sans transition sur les choses ; assez méditerranéenne, et même ionienne, en somme.

J'ai travaillé aux Notes hiéronymiennes, et surtout à « Traitement de l'irascible », qui vient difficilement à bien et à bref.

Il y a des choses bien tentantes dans le dernier catalogue de Quereuil : un Defauconpret intéressant, assez rare et pas cher ; un Durand de Saint-Pourçain, *Super Sententias Petri Lombardi*, Lugduni apud Hectorem Penet et Nicolaum Petit 1533 (mais 300 francs) et je serais content de le ramener dans le voisinage du pays natal de l'Auteur[269] (je ne crois pas que la Bibliothèque Municipale de S. Pourçain possède rien de lui, ni peut-être aucun particulier dans les environs) ; deux incunables dont un Saint Bernard ; un La Mothe le Vayer complet en 15 vol., Jean Guignard 1684 (200 francs), etc. Je suis bien tantalisé ; et pour ne pas succomber à la... tantalisation, je n'irai même pas les voir. Car l'homme vit AUSSI de pain, et je me trouverais gêné pour d'autres choses. Inutile même de songer à réduire, et délaissant le Defauconpret[270] que je ne désire pas tellement, et m'autorisant à dépenser 300 au maximum, je me trouverais pris entre l'envie de posséder le La Mothe le Vayer, qui serait une confortable addition à la Valboisienne[271], et l'envie de ramener en Bourbonnais un Durand de Saint-Pourçain qui, par ailleurs, comme plus ou moins adversaire de la Monarchie Universelle, n'est guère mon ami. Le patriotisme (300 francs) l'emporterait sans doute sur l'amour des Lettres Classiques (200 francs), parce que je me dirais que je retrouverai plus facilement un La Mothe le Vayer qu'un Durand de St-Pourçain. J'espère aussi, vaguement, que je serai récompensé de mon abstention par la rencontre d'un autre La Mothe le Vayer moins cher, etc. Toutes ces considérations nous ramènent aux Bibliothèques Publiques, non plus comme bienfaiteurs, mais comme clients.

[Avril]

Paris. Mardi. 2. IV.

Toute la journée, moins une sortie avec Grandmuseau jusqu'à la poste de la rue de l'Épée de Bois et retour par la rue Monge, donnée inlassablement et avec un grand plaisir, aux notes hiéronymiennes, revoyant « Traitement de l'irascible[272] » et récrivant tout le début de « Verborum Pensitatores », qui, cette fois, se dessine selon mes intentions, et marche tout droit, sans s'encombrer de digressions. — Cependant je les laisserai de côté, pour me donner exclusivement à la préparation de « Domaine anglais » en même temps que je corrigerai les épreuves des *Carnets* de S[amuel] B[utler] que E. Boudot-Lamotte vient de m'envoyer par la poste, et que j'aurai probablement demain. Je travaillerai le matin à « Domaine anglais » et l'après-midi et après dîner à la correction des épreuves. — C'est pour cette raison aussi que je profite de l'épuisement des pages de ce cahier pour ne plus rien noter de mes journées et de mon travail.

Ce soir, dîner, Mariuccia et moi, chez Gaston Gallimard où il y avait, outre sa femme, sa Mère, son frère Raymond, et la Princesse Schakowskhoÿ ; très agréable soirée ; nous avons parlé d'une collection des grands Traducteurs Français en commençant par Amyot, Perrot d'Ablancourt, Mme Dacier[273], et en passant ensuite à une seconde série à partir du XVIe siècle. Rentrés à minuit.

Courrier abondant, matin et soir, mais presque pas de réponses à faire. Toujours rien, depuis la lettre de M. Armand Guibert, concernant les *Dondey de Santeny* envoyés. Une lettre de M. Henri Girard revenant à la charge pour une étude sur Antoni Deschamps : « ... Si vous vouliez lui consacrer une étude, de l'ampleur et de la qualité de celle dont vous avez honoré Philothée O'Neddy, le vœu de Paul Bourget, qu'il me confia jadis, et le mien, seraient exaucés. »

I don't think I shall try[a]. En tout cas, l'étude serait forcément plus courte.

Au courrier du soir un recueil de poésie, dont une m'est dédiée, d'un poëte portugais, Alberto de Serpa[274], que j'ai dû rencontrer à Lisbonne. Cette poésie est intitulée « Temporal ».

Temps presque froid, avec des averses. Laeta est allée à Ste Barbe vêtue comme en Janvier. Pourtant les bourgeons des arbres du Jardin Fleuri ne cessent de s'ouvrir ; leurs progrès sont sensibles d'un matin au suivant.

Demain, visite de M. Edmond Prévost qui m'apportera les dernières figurines qu'il a peintes (état-major Napoléon III à pied, entre autres). Ma préface au livre de J.G. Antuña paraît dans *La NRF* du 1er Avril. Le travail enivrant des Notes Hiéronymiennes m'a aidé à résister victorieusement au désir d'aller chez Quereuil voir les incunables et les autres livres. Je lis à mes moments perdus le livre de Marcel Thiébaut, *Évasions littéraires,* dont les chapitres sur Victor Jacquemont et sur Restif de la Bretonne me plaisent beau-

a. Anglais : « Je ne pense pas que je vais essayer ».

coup. Oublié de noter que j'ai vu M[arcel] T[hiébault] hier soir ; il a trouvé d'intéressantes lettres — intéressantes comme documents d'histoire anecdotique — d'Edmond About.

Je ferai relier en face de cette dernière page la lettre du Professeur Édouard Maynial relative à *Dondey de Santeny*[a].

a. Voir annexes, p. 1408.

ANNEXES

LETTRE DU DIRECTEUR DES ÉDITIONS ERCILLA

Santiago (Chile), 31 de diciembre de 1934

Mr. Valery Larbaud
71, rue du Cardinal Lemoine, Paris (V). — France. —

Muy estimado amigo :

Hace algún tiempo fundé la Editorial Ercilla, que ha lanzado 500 libros en dos años y medio. Ella ha tenido una doble labor : traducir e imprimir obras inéditas. Dadas las condiciones jurídicas actuales, el negocio de la traducción ha sido y sigue siendo explotado por las editoriales indoamericanas, sin ninguna taxativa ni escrúpulo. Yo mismo lo he hecho asi, amparado por el desamparo de las leyes. Ni las condiciones financieras de la editorial, ni el volumen de las ediciones, ni las prácticas establecidas, ni, finalmente — y perdone el aparente cinismo — la impunidad otorgada por la ley, invitaban a proceder de ajeno modo.

Pero, la Editorial Ercilla se encuentra ya en situación distinta. Queremos seguir nuestra labor mixta de reeditar libros agotados, de traducir sólo lo que no esté traducido y de lanzar obras inéditas. Y, al mismo tiempo, queremos que nuestras ediciones TODAS se encuentren AUTORIZADAS por los autores, y PAGADAS todas a sus autores. En buena cuenta, le ofrecemos a usted — y lo propio haremos con otros escritores franceses, alemanes, ingleses, norteamericanos, italianos, rusos, etc., — una oportunidad para que NUNCA MÁS SEA PIRATEADO, y que obtenga sus lógicas y merecidas ganancias de escritor, a cubierto de todo fraude.

Hemos pensado, pues, que podríamos firmar con usted un contrato para traducir las obras que conviniéramos, bajo las condiciones siguientes :

1° La Editorial Ercilla adquiere el derecho EXCLUSIVO de traducción al idioma castellano de las obras que se convenga.

En retribución, usted percibirá el 10 por ciento bruto del precio de cada ejemplar vendido. Será su representante en ésta, para controlar las ventas, el agente consular de su país en Santiago o el Banco de Chile, institución solvente y respetable.

2° Si se hubiera traducido en España, adquiriría la exclusiva para los demás paises de habla española, pero solo pagaríamos el 5 por ciento.

Me gustaría conocer su opinión sobre este asunto y que quisiera Ud. comprender en toda su auténtica valía el propósito que abrigo. Creo que llegaremos a un acuerdo. Y espero que usted sea uno de los colaboradores de la formidable empresa cultural en que me hallo empeñado, como lo demuestran los DOS MILLONES de libros que hemos lanzado en 30 meses de tarea.

J. Laureano Rodrigo, director

Cher ami,

J'ai créé il y a quelque temps les Éditions Ercilla, qui ont lancé 500 livres en deux ans et demi. Cette maison d'édition a eu une double tâche : traduire et imprimer des œuvres inédites. Étant donné les conditions juridiques actuelles, le commerce de la traduction a été et continue d'être exploité par les maisons d'édition indo-américaines, sans règle ni scrupule. J'ai moi-même agi ainsi, protégé par la carence des lois. Ni les conditions financières de l'édition, ni le volume des publications, ni les pratiques établies, ni, finalement — pardonnez-moi ce cynisme apparent — l'impunité accordée par la loi, n'invitaient à procéder différemment.

Mais les Éditions Ercilla se trouvent maintenant dans une situation tout autre. Nous cherchons à poursuivre notre travail tout à la fois de réédition de livres épuisés, de traduction de ce qui n'a pas encore été traduit et de lancement d'œuvres inédites. Et, en même temps, nous désirons que nos éditions obtiennent toutes l'AGRÉMENT des auteurs, et soient toutes PAYÉES à leurs auteurs. Au total, nous vous offrons — et nous ferons de même avec d'autres écrivains français, allemands, anglais, nord-américains, italiens, russes, etc., — la possibilité de NE PLUS JAMAIS ÊTRE PIRATÉ, et d'obtenir, en bonne logique, vos droits d'auteur mérités, à l'abri de toute fraude.

Nous avons donc pensé que nous pourrions signer avec vous un contrat pour la traduction des œuvres sur lesquelles nous nous serions mis d'accord aux conditions suivantes :

1° Les Éditions Ercilla acquièrent l'EXCLUSIVITÉ des droits de traduction des œuvres choisies en langue espagnole.

Vous percevrez, comme rétribution, 10 % brut du prix de chaque exemplaire vendu. En cette affaire, pour contrôler les ventes, vous serez représenté par le consul de votre pays à Santiago ou par la Banque du Chili, institution garante et respectable.

2° Si l'œuvre a déjà été traduite en Espagne, les Éditions Ercilla obtiendraient l'exclusivité pour les autres pays de langue espagnole, mais nous ne paierions que 5 %.

J'aimerais connaître votre avis sur cette affaire et j'aimerais que vous accordiez un total crédit à la proposition que j'ai formée pour vous. Je crois que nous parviendrons à un accord. Et j'espère que vous serez l'un des collaborateurs de la formidable entreprise culturelle dans laquelle je me trouve, comme le montrent les DEUX MILLIONS de livres que nous avons lancés en 30 mois d'activité.

J. Laureano Rodrigo, directeur

LETTRE DE L'UNION HYPOTHÉCAIRE ET ÉLECTRIQUE

Union hypothécaire & électrique
Société de crédit et de redevance
Capital frs. 50 000 S.A.
11, rue de Vienne, Paris 8

Paris, le 21 janvier [1935]
Monsieur Valery Larbaud
71, rue du Cardinal Lemoine
Paris 5e

Monsieur,

Vous plairait-il de devenir propriétaire *gratuitement* d'un terrain dans un pays idéal, que vous connaissez peut-être, dont vous avez certainement entendu parler — en termes enthousiastes — par un de vos amis ?

La MALLORCA DEVELOPMENT C°, comme son nom l'indique, désire favoriser le mouvement touristique et le développement général des îles Baléares.

Dans ce but, elle nous a demandé de rechercher des « personnalités » qui seraient heureuses de posséder dans un paradis créé par la nature, un « nid » éventuel loin des dangers multiples que l'avenir nous réserve peut-être.

Dans l'île de MAJORQUE, près de sa capitale : PALMA, nous avons choisi 600 lots, et nous serions heureux de vous offrir l'un d'eux.

Nous ne vous demandons pas de prendre l'engagement de construire, nous vous demandons simplement de passer 11, rue de Vienne à Paris, prendre possession de votre lot.

Dans nos bureaux, nous vous soumettrons la liste des personnalités qui ont déjà accepté notre offre. Vous constaterez qu'il s'agit seulement d'une « élite ». En ces temps difficiles, il est assez surprenant d'offrir « gratuitement » un objet de valeur, mieux une propriété destinée à se valoriser fatalement, puisque dans une île, le terrain disponible est — par définition — limité. Vous vous demandez donc légitimement, quel est *notre intérêt*.

Tout simplement créer un noyau de propriétaires sélectionnés dont un certain nombre ira certainement visiter un jour « ses terres » et là... le charme et l'enchantement de MALLORCA feront le reste.

Un voyages aux BALÉARES n'est ni plus long ni plus coûteux qu'un voyage à NICE.

Nous n'exigeons rien de vous. Aucune obligation, vous construirez uniquement si vous en avez le désir.

Le fait d'être propriétaire vous obligera tout au plus à payer 2 francs d'impôt par an. Où trouverez-vous un fisc aussi peu exigeant ?

Bien plus, si vous désirez « vendre » demain ce terrain que nous vous *donnons* aujourd'hui, vous serez parfaitement libre de le faire.

Notre offre est donc fort claire. Pour vous, sans aucun risque, sans aucune obligation, un terrain dont la valeur augmentera chaque jour. Pour nous, l'espoir, lointain peut-être — que vous vous construirez un « nid » soit pour vos vacances, soit pour votre vieillesse, soit pour les êtres qui vous sont chers.

Notre proposition est absolument commerciale. Nous sacrifions en votre faveur un bénéfice immédiat, dans l'espoir légitime d'un bénéfice différé, tout en nous assurant une première clientèle d'élite.

Profitez donc immédiatement de notre offre *valable jusqu'au 26 janvier 1935*. Venez nous voir, 11, rue de Vienne vous y trouverez des photographies, des plans, tous renseignements touristiques et climatiques et... votre terrain.

Veuillez agréer, Monsieur, nos très distinguées salutations.

Union hypothécaire & électrique

BELLA MENDICATRICE

Dei tesori d'amor ricca e felice
Ma di quei di fortuna ignuda e priva,
Cinta vil gonna e sospirosa giva
Bella dei cori altrui mendicatrice ;

Poco chiedea la lingua allettatrice
Mentre i suoi mali in dolci modi apriva,
Ma il guardo peregrin l'alme rapiva
Con occulta virtú che dir non lice.

O ricchezze d'amor povere e sole,
Che giova aver di perle e di rubini
La bella bocca e nelle luci il sole ?

Che giova l'ambra e l'oro ai crespi crini
Se poi fortuna ingiurïosa vuole
Che a sì vile mercè costei s'inchini ?

(Rime di Alessandro Tassoni raccolte si u codici e le stampe da Tommaso Casini, Bologna 1880.)

Belle mendiante

Des trésors d'amour riche et comblée
Mais de ceux de fortune dépouillée et démunie,
Ceinte d'une pauvre jupe et soupirant, elle allait
Belle mendiante des cœurs

Ses mots charmeurs demandaient peu de chose
Tandis qu'avec grâce elle montrait ses maux,
Mais son beau regard ravissait les âmes
Avec un secret pouvoir qu'il vaut mieux taire.

Ô richesses d'amour pauvres et oubliées,
À quoi bon avoir cette belle bouche
De perles et de rubis et dans ces yeux le soleil ?

À quoi bon l'ambre et l'or dans ces cheveux bouclés
Si l'injurieuse fortune exige
Qu'elle s'incline devant une si piètre aumône ?

Traduction de Jean Joinet, 2007.

LETTRE DU DIRECTEUR DE LA REVUE « DANTE »

Dante
Revue de culture latine
32, avenue de l'Opéra
Paris (2)

Paris, le 28 febbraio 1935
M. Valery Larbaud
71, rue du Card. Lemoine
Paris 5

Le Directeur
Illustre e caro Poeta,

Un'importante casa editrice di Roma mi ha confidato la composizione — lusinghiera ma quanto terribile missione ! — d'un'antologia della poesia francese moderna, in italiano beninteso. Io vorrei, naturalmente, rappresentare anche Lei, ed ho già tradotto, anzi, l'acclusa lirica, che Le mando in visione (potro' pubblicarla anche in « Dante »). Non possiedo le poesie di Barnabooth e, se potesse prestarmele, tradurrei, col Suo beneplacito, qualche altro pezzo.

In pari tempo, conoscendo il Suo alto valore di critico, oltre che di poeta, vorrei domandarLe qualque consiglio : quali sarebbero, secondo Lei, *i nomi indispensabili*, a partire dai simbolisti e fino ai surrealisti ? *fra i giovanissimi*, quali nomi Le sembrano più raccomandabili ? giacchè ho intenzione, se possibile, di giungere fino a Follain, a Marc, a La Tour du Pin.

Inutile aggiungere che questi consigli mi permetto di chiederglieli a titolo del tutto amicale, senza ch'essi abbiano nulla d'impegnativo per Lei. Ma mi renderebbe un gran servizio, servendomi essi di preziosi punti d'appogio nel mio lavoro. Grazie dunque in anticipo e voglia credere, illustre et caro Poeta, alla mia costante e devota ammirazione.

Suo
Lionello Fiumi

Illustre et cher poète,

Une importante maison d'édition de Rome m'a confié la réalisation — mission flatteuse mais combien terrible ! — d'une anthologie de la poésie française moderne, en italien bien entendu. Je voudrais, naturellement, vous y faire figurer, et j'ai même déjà traduit le poème ci-joint, que je vous demande de regarder (je pourrai le publier également dans Dante*). Je ne possède pas les poésies de Barnabooth et, si vous pouviez me les prêter, je traduirais, avec votre autorisation, d'autres poèmes.*

En même temps, connaissant votre grande valeur de critique, et non seulement de poète, je voudrais vous demander conseil : quels seraient, d'après vous, les noms indispensables, *en partant des symbolistes pour arriver jusqu'aux surréalistes ?* parmi les tout jeunes poètes, *quels noms vous semblent les plus recommandables ? puisque j'ai l'intention, si cela est possible, de parvenir jusqu'à Follain, Marc et La Tour du Pin.*

Inutile d'ajouter que ces conseils, je me permets de vous les demander à titre tout à fait amical, sans aucun engagement de votre part. Cela me rendrait un grand service, vos avis me servant de précieux soutiens dans mon travail. Je vous remercie donc par avance et vous prie de croire, illustre et cher poète, à mon admiration constante et dévouée.

Bien vôtre
Lionello Fiumi

LETTRE DU PEN CLUB

P.E.N. Club
de Buenos Aires
Asociación Internacional de Escritores

Correspondancia al
Secretario : Antonio Aita
Calle Yerbal, 2855
Buenos Aires
Buenos Aires Febrero 25 de 1935

Mi querido compañero :

El Congreso de los P.E.N. Clubs reunido recientemente en Edinburgo ha designado a esta ciudad como sede del XIV Congreso que debería reunirse en 1936. Hace mucho tiempo que los escritores argentinos esperan su visita a nuestro país. Por otra parte usted mismo ha expresado su deseo de visitarnos.

Me propongo invitar a Ud. oportunamente para que concurse a esa reunión como huésped de honor del P.E.N. Club de Buenos Aires. Todos los gastos de traslados y permanencia en mi país seran por cierto a nuestra cuenta.

Tiene ud. en la Argentina un círculo muy numeroso de lectores y admiradores fieles que deseárian su presencia con mucho placer. ¿Podríamos contar con su visita para entonces ?

¿Recibió usted mi último libro *Indagaciones* ?

Lo saluda muy cordialmente su compañero muy devoto

Antonio Aita

Mon cher collègue,

Le Congrès des P.E.N. Clubs, récemment réuni à Édimbourg, a désigné notre ville comme siège du XIVe *congrès qui devrait se réunir en 1936. Il y a longtemps que les écrivains argentins attendent votre visite dans notre pays. D'autre part, vous avez vous-même exprimé le désir de venir nous rendre visite.*

Je me propose de profiter de cette occasion pour vous inviter à vous joindre à cette réunion comme hôte d'honneur du P.E.N. Club de Buenos Aires. Tous les frais de voyage et de séjour dans mon pays seront, bien entendu, à notre charge.

Vous avez, en Argentine, un très grand cercle de lecteurs et d'admirateurs fidèles qui désireraient vivement votre présence. Pourrions-nous compter sur votre visite à ce moment-là ?

Avez-vous reçu mon dernier livre, Indagaciones *?*

Votre bien dévoué collègue très cordialement à vous,

Antonio Aita

CIRCULAIRE DE L'UNIVERSITÉ DE SALAMANQUE

DON MIGUEL DE UNAMUNO Y JUGO, CANDIDATO AL PREMIO NOBEL DE LITERATURA DE 1935

Salamanca, Febrero, 1935

Muy distinguido señor mío :

La Facultad de Letras y la Universidad de Salamanca, propusieron al comenzar el año, como candidato para el Premio Nobel de Literatura 1935, a Don Miguel de Unamuno y Jugo. Esta propuesta ha sido aprobada ya por el Comité Nobel correspondiente de la Academia Sueca.

Ya que tuvimos la iniciativa, a nosotros corresponde recabar ahora el mayor número de adhesiones a la candidatura que propugnamos. El objeto, pues, de este mensaje, es invitar a esa entidad a que coopere espiritualmente a esta causa, esencialmente hispánica por la condición de español de nuestro Unamuno, y universal, por el valor de su obra.

No pretendemos enumerar los méritos y circunstancias que concurren en Don Miguel de Unamuno, los cuales le hacen merécedor del galardón que para él solicitamos. Son de todos conocidos.

Pocas figuras como la suya suscitan una corriente tan unánime y justa, de admiración y respeto. Los setenta años de su vida diáfana y fecunda ; sus cuarenta y cinco años de magisterio en esta Universidad ; las obras publicadas, en las que los principales géneros literarios se hallan representados — poesía, novela, teatro y ensayo — alguno de los cuales, como este último, le deben mucho de su actual forma y reiterado cultivo ; y, finalmente, su constante lección de civilidad y ciudadanía, luchando en favor de todo lo noble y humano, sitúan a Don Miguel en la cumbre de toda veneración.

La concreción de ésta pudo apreciarse en Octubre de 1934, con ocasión de ser jubilado oficialmente de su cátedra de Salamanca. En aquellos días, fue la ciudad el hogar circunstancial y emocionado que acogió a todos cuantos venían a rendir homenaje a Don Miguel ; el Jefe del Estado, los universitarios más señeros, y el pueblo, hicieron patente su coincidencia en el tributo de admiración que le dedicaron.

Aparte de este panorama de ámbito nacional, la figura y la obra de Unamuno, han rebasado las fronteras de la patria, y la progresión creciente de sus admiradores, es nuevo caudal ganado para la cultura hispanica; en América española — que ve en Don Miguel una figura excelsa de la raza — y en los pueblos cultos de todo el mundo que han leído a Unamuno traducido a sus lenguas vernáculas.

Por todo esto, si estima justa la adhesión de esa entidad a la candidatura de Don Miguel de Unamuno y Jugo, para el Premio Nobel de Literatura 1935, agradeceré a usted que dentro del plazo más breve que le sea posible, se sirva transmitirla a esta dirección :

Comité Nobel de Literatura.
Svenska Akedemien.
Stockholmo. — Suecia.

Anticipándole las más expresivas gracias, aprovecho la ocasión para reiterarme suyo a.a., q. e. s.m.,

Esteban Madruga Jimenez
Vicerector de la Universidad

Salamanque, février 1935

Mon très cher monsieur,

La Faculté des Lettres et l'Université de Salamanque ont proposé, au début de l'année, Don Miguel de Unamuno y Jugo comme candidat au prix Nobel de littérature 1935. Cette proposition a déjà été approuvée par le Comité Nobel correspondant de l'Académie suédoise.

Comme nous avons pris cette initiative, il nous incombe maintenant de recueillir le plus grand nombre d'adhésions à la candidature que nous soutenons. Et ce message a pour objet de vous inviter à vous joindre à cette action, à accorder votre soutien moral à cette cause, hispanique avant tout, en raison de la grande valeur en tant qu'Espagnol de notre Unamuno, et universelle, par le mérite de son œuvre.

Nous ne prétendons pas énumérer les mérites et les qualités que Don Miguel de Unamuno rassemble et qui le rendent digne de la récompense que nous sollicitons pour lui. Ils sont connus de tous.

Il y a peu de personnalités comme la sienne qui soulèvent un courant d'admiration et de respect aussi unanime que légitime. Soixante ans d'une vie claire et féconde ; quarante-cinq ans d'enseignement dans cette Université ; les œuvres publiées, où les principaux genres littéraires se trouvent représentés — poésie, nouvelle, théâtre et essai — qui lui doivent beaucoup, comme le dernier cité, quant à la forme et au regain de pratique actuelle ; et, pour finir, sa constante leçon d'honnêteté et de civilité dans sa lutte en faveur de tout ce qui est noble et humain, font de Don Miguel l'homme le plus digne de vénération.

On a pu clairement en prendre conscience en octobre 1934, à l'occasion de la célébration officielle de son départ en retraite à l'Université de Salamanque. En ces circonstances, la ville fut le lieu de rassemblement qui accueillit dans l'émotion tous ceux venus rendre hommage à Don Miguel ; le chef de l'État, les professeurs d'Université les plus éminents et le peuple se sont réunis en un même hommage pour lui manifester l'admiration qu'ils lui portaient.

Si l'on quitte le domaine national, la figure et l'œuvre de Unamuno ont dépassé les frontières de la patrie, et la progression croissante de ses admira-

teurs est un enrichissement nouveau et important pour la culture hispanique ; en Amérique hispanique — où Don Miguel représente le type par excellence de la race [espagnole] — et chez tous les peuples cultivés du monde qui ont lu Unamuno traduit dans leurs différentes langues.

Pour tout cela, si vous êtes d'accord avec la démarche de notre université pour proposer la candidature de Don Miguel de Unamuno y Jugo pour le prix Nobel de Littérature 1935, je vous serais reconnaissant de bien vouloir le communiquer, dans les plus brefs délais, à cette adresse :

Comité Nobel de Littérature
Académie suédoise
Stockholm — Suède

Avec mes très vifs remerciements par avance, je profite de l'occasion pour me redire votre ami,

Esteban Madruga Jimenez
Vice-recteur de l'Université

LETTRE DE MARCEL HERVIER

Paris, 21 mars 1935

Monsieur,

J'avais lu avec le plus vif intérêt dans *La Revue de Paris* votre étude sur Théophile Dondey de Santeny et je viens de recevoir avec plaisir le tirage luxueux que vous m'avez adressé. Je vous suis très reconnaissant et de cet envoi si délicat puisque votre dédicace s'inscrit sur le premier des exemplaires d'hommage et de la place que vous voulez bien m'accorder dans votre étude même. Je vous en remercie vivement.

Je suis heureux que mon travail ait au bout de quelques années ramené l'attention d'un fin lettré sur un poète pour le tirer de l'ombre. Votre dessein concorde avec le mien. Mais vous avez suivi une voie qui vous est propre. En remettant en lumière l'œuvre de début de Philothée O'Neddy, je n'avais voulu que montrer une forme de l'inspiration romantique à une certaine date, curieuse et intéressante, et, selon le but de la collection de mon ami Girard, apporter un document utile aux historiens du romantisme. Vous avez songé à pousser la réhabilitation un peu plus loin en exposant le développement postérieur et secret du talent de Dondey et vous l'avez fait avec un souci de précision et une finesse littéraire auxquels on doit rendre hautement hommage.

Je ne doute pas que soient appréciées ces qualités, et je souhaite avec vous que la renommée de notre auteur en tire bénéfice.

Je vous remercie encore une fois des plaisirs que vous m'avez procurés et vous prie de croire à mes sentiments les meilleurs de confraternité littéraire.

M. Hervier

LETTRE D'ÉDOUARD MAYNIAL

21 mars 1935

Monsieur et cher Confrère,

J'avais lu, avec une extrême curiosité, dans *La Revue de Paris* du 1er mars, votre passionnante étude sur Dondey de Santeny. J'avais même été si frappé par ce que je considère comme une véritable révélation, que j'en avais parlé autour de moi à quelques lettrés, leur inspirant le désir de lire votre article. Vous comprendrez donc facilement quel grand plaisir vous m'avez fait en m'offrant par une pensée si délicate, cette étude complète, enrichie par de nouveaux apports, dans l'élégante édition tunisienne. Tout à fait sensible à votre aimable intention pour un inconnu, je vous en remercie de tout cœur.

Tout ce que vous écrivez est de qualité, et si je n'ai pas l'honneur de vous connaître personnellement, ce que je regrette, je ne laisse rien échapper de votre œuvre, parce que je suis toujours sûr d'y retrouver, avec une personnalité d'artiste que j'aime, une culture rare dans les Lettres d'aujourd'hui.

Il n'y a pas bien longtemps que je parlais de vous devant de grands jeunes gens de Mathématiques Spéciales, au lycée Henry IV, — que j'essaie d'intéresser aux formes les plus instructives et les plus originales de la poésie moderne. J'espère leur avoir fait aimer Barnabooth.

Pour en revenir à Dondey, votre étude change du tout au tout la physionomie d'un écrivain dont la postérité n'a retenu que quelques excentricités de jeunesse et dont elle a oublié ou ignoré l'œuvre véritable. Je l'avoue, je ne connaissais ce poète que par la réédition de la Bibliothèque romantique ; — encore est-ce mon amitié pour Henri Girard qui m'avait incité à lire l'ouvrage publié par Marcel Hervier — et Dondey n'était pour moi que O'Neddy, bien que j'eusse déjà senti, je m'en souviens, quelques résonances d'une beauté singulière, dans ses vers oubliés.

Encore un jugement à réviser — et, il faut bien en convenir, ce sont en général les critiques universitaires qui sont ou pressés, ou aveuglés par des préjugés en quelque sorte professionnels et qui contribuent à fausser l'histoire littéraire. Mettre O'Neddy à côté de Petrus Borel, sans y regarder de plus près, cela est une solution commode, dans les classifications hâtives d'un manuel. Le danger, c'est que ces formules durent, quand elles ne sont pas corrigées, textes en mains, par un grand lettré de votre classe.

Vous m'avez inspiré l'envie de lire de Dondey tout ce que je ne connais pas ; et je le ferai.

Encore une fois, Monsieur et cher Confrère, toute ma reconnaissance pour votre aimable envoi et toutes mes félicitations pour cette remarquable étude. Croyez à mes sentiments de sympathie toute dévouée.

Édouard Maynial

Notes

1. Larbaud est un adepte des bilans et programmes ; il ressent le besoin de récapituler, à certains moments, les travaux accomplis, qu'il classe en différentes catégories : travail proprement dit (travail littéraire), gestion financière et administrative, relations amicales. Et il établit le catalogue de ses projets : « travail-plaisir » (la littérature) et « anti-travail » (gestion, santé). Ce besoin, il le prête également à ses héros Bonsignor dans *Le Vaisseau de Thésée* (L.P., p. 1091) et Lucas Letheil dans *Mon plus secret conseil...* (L.P., pp. 668-671).

2. Mme A. Lacroix, 8, rue du Quatorze-Juillet à Moulins, était la dactylographe à qui Larbaud confiait son travail lorsqu'il était dans le Bourbonnais.

3. « Gênes et la Ligurie » étaient pour Larbaud une ville et une région auxquelles s'associaient des souvenirs heureux (sa rencontre avec Maria Nebbia) et la description séduisante qu'il en fait sous ce titre dans *Italie-Voyages* (décembre 1934, pp. 33-34) les définit d'emblée comme « l'arc de l'Amour ». Le titre « Ex-Voto : San Zorzo » est celui que porte le texte dans le recueil *Aux couleurs de Rome*, où il fut repris en 1938.

4. Il ne semble pas que cette note ait été menée à terme. On rencontre une mention dans le Ms IX, 1, f° 127 du 2e carnet « Petites Notes à classer ». Larbaud cite ainsi le psaume LXX de la Vulgate :

Quoniam non cognovi litteraturam
Introibo in potentias Domini,
Domine, memorabor justitiae tuae solius.

Et il donne ensuite la traduction du Bréviaire : « Parce que je n'ai pas connu une science [vaine], j'entrerai dans les puissances du Seigneur... »

5. C'est ici l'aboutissement du travail de Larbaud sur Butler, travail que nous avons suivi à partir de 1917 et qui s'est terminé avec la publication complète, chez Gallimard, en 1936, des *Carnets*. En 1920 Larbaud avait donné à la revue *Les Tablettes* (Saint-Raphaël, Var, novembre 1920, pp. 264-266) la traduction d'extraits de ces *Carnets*. En 1923, dans *La Revue de Paris* (30e année, n° 16, 15 août 1923, pp. 748-762), son article « Samuel Butler, 1835-1902. Notes et souvenirs » présentait la vie de Butler et l'illustrait de nouveaux extraits. En 1927, ce fut *La Revue européenne* (nouvelle série, n° 11, novembre 1927, pp. 385-405) qui en publia, sous le titre « Vérité et convenance », quelques extraits. Mais c'est en 1935, dans *La NRF* (t. XLIV, 1er janvier 1935, pp. 83-98), que parut ce que Larbaud désigne ici sous le nom d'« Introduction pour *Les Carnets* » et qui servira d'avant-propos à l'édition complète de 1936.

6. Cela faisait déjà quelques années que Larbaud connaissait l'écrivain belge Franz Hellens (1881-1972), directeur de la revue *Le Disque vert*, à laquelle Larbaud avait collaboré en 1924 (« Freud et la littérature », 2e année, 3e série, 1924, numero spécial, pp. 109-111).

Les deux pages évoquées ici sont parues en guise de préface à *La Mort dans l'âme* chez Boucher, à La Haye, en 1935. Elles avaient été publiées auparavant dans *Les*

Nouvelles littéraires du 24 novembre 1934, dans le n° 632. Ce même jour Franz Hellens exprimera sa reconnaissance à Larbaud : « Je viens de lire dans *Les Nouvelles littéraires*, presque en même temps que sur l'épreuve que m'envoie l'éditeur hollandais, les lignes si amicales que vous avez écrites sur mon œuvre ».

7. La correspondance avec G. Jean-Aubry nous donne de plus amples renseignements sur ces deux manuscrits. « Vie de Leopardi » est une « thèse, par une jeune femme, parente de Joseph Viple, l'historien du Bourbonnais », déclare Larbaud dans une lettre du 19 août 1934. Il a reçu le second un peu plus tard puisque, le 28 octobre 1934, il exprime l'intention de lire « un MS, reçu ces jours-ci de l'Amérique du Sud, envoyé par l'auteur (critique de talent, du reste) qui me demande une préface ». Cette préface de Larbaud à *El Nuevo Acento*, de José G. Antuña, paraîtra dans *La NRF* du 1er avril 1935 sous le titre « Notre Amérique ».

8. On trouve le nom de cette jeune femme dans le carnet d'adresses de Larbaud : « Mlle Juliette Bertrand, 115, rue Saint-Dominique — (Étude sur Leopardi — Demande de préface) ».

9. Un petit manuscrit (S.E. 6) qui porte le titre « Bibliothèque / Mouvement des Livres » établit la liste de tous les ouvrages achetés par (A) ou donnés à (D) Larbaud au cours de l'année 1934, mois par mois, chaque page portant le total des livres inscrits avec report à la page suivante et comptabilisation à la fin du mois.

10. Le relieur Thiébault était installé 9, rue Clovis.

11. Voir la lettre de Jean Ribier du 1er juillet 1934.

12. La correspondance avec G. Jean-Aubry évoque cet événement (lettre 124 du 19 août 1934). Larbaud dit avoir reçu une lettre de Mme Berthault lui annonçant la mort de son mari : « Elle ne me donnait pas de détails, mais je crois comprendre qu'il a été renversé par une voiture. Il était très sourd, à la suite d'une blessure de guerre, je crois. » Il porte alors sur son ami disparu un jugement élogieux : « C'était un homme très sympathique, et un poète de valeur ; quelqu'un de marquant, dans la lignée de Rimbaud, et dans sa génération, comme L.-P. Fargue, — mais sans aucune ressemblance entre eux, mais quelqu'un de cette qualité-là ; vous voyez ce que je veux dire. » Et il déclare alors envisager un article « François Berthault » pour son *Domaine français*, mais aucune suite ne semble avoir été donnée au projet.

13. *Le Bourbonnais littéraire*. L'article de Larbaud y paraîtra dans le n° 7, novembre-décembre 1934 (pp. 14-16). Quant aux notes sur Jean de Lingendes, issues d'une communication qu'il avait donnée en 1924 à une séance de la Société d'émulation du Bourbonnais et publiées, en extraits, dans le *Bulletin de la Société d'émulation du Bourbonnais* (juillet-août 1927), puis intégralement chez Lapina, la même année, elles paraîtront dans *Le Bourbonnais littéraire* (nos 9, 10, 11, 12) en 1935 et figureront en 1941 dans le *Domaine français*, puis dans *O.C.*, t. VII, tout comme le « Dondey de Santeny », les « Notes sur Maurice Scève » et « Antoine Héroët ».

14. Le livre envoyé de Caracas est de Julián Padrón, *La Guaricha* (Caracas, Ed. Elite, 1934) ; le livre écuadorien *Huasipungo* de Jorge Icaza est également paru en 1934 (Quito, Impr. Nacional) ; celui de Julio Bernacer s'intitule *Cazador de Sombras* (Barcelone, Ed. Juventud, 1933).

15. Jean-Louis Vaudoyer, *Italiennes* (Plon, 1934) ; Georges Duhamel, *Chronique des Pasquier / Vue de la Terre promise* (Mercure de France, 1934) ; Georges Pillement, *La Vraie Georgina et l'autre* (Bernard Grasset) ; Jacques Chardonne, *Les Destinées sentimentales : I. La Femme de Jean Barnery ; II. Pauline* (Bernard Grasset). Tous ces livres sont dédicacés.

16. *L'Otage* avait été créé en 1914, au Théâtre de l'Œuvre, par Lugné-Poe et salué par Larbaud : « La Saison théâtrale vient de prendre fin sur un événement de première grandeur, la représentation de *L'Otage* de Paul Claudel, par la compagnie de l'Œuvre. Tout le monde a naturellement eu conscience de l'importance de l'événement, et les critiques ont fait de leur mieux pour faire comprendre au grand public ce que le nom de Claudel signifie dans l'histoire du théâtre en France » (*Lettres de Paris pour le New Weekly (mars-août 1914)*, *op. cit.*, p. 84). La pièce fut reprise ensuite différentes fois au cours des années 1920. C'est Émile Fabre, alors administrateur de la Comédie-Française, qui, en 1933, proposa à Claudel de mettre la pièce en scène au Français dans une distribution qui comprenait : Marie Ventura, Jean

Hervé, André Bacqué, Georges Le Roy, Ledoux. En 1939 la Comédie-Française la programma à nouveau, avec la même distribution. Le 6 février 1939, dans une allocution qu'il donnait sur Radio-Luxembourg, Claudel concluait ainsi ses propos : « Au moment où le Pape se trouve placé au centre même de la crise européenne, il m'a semblé que la reprise de *L'Otage* avait un caractère d'actualité. »

17. Marcel Griaule (1898-1958), grand ethnologue français, est connu pour ses travaux sur les Dogons. Il avait effectué en 1928 une mission en Abyssinie d'où il rapporta un récit de voyage romancé, *Les Flambeurs d'homme* (1934), ouvrage qui reçut le prix Gringoire en 1935. Il l'avait adressé à Larbaud avec une dédicace.

18. Miguel d'Esplugues (1870-1934), Catalan, père franciscain, fonda en 1907 la *Revista de Estudios franciscanos* et exerça une grande influence sur les milieux intellectuels catalans. Larbaud semble avoir connu personnellement le père d'Esplugues, mais aucune trace de ses ouvrages (ni de correspondance) n'a pu être trouvée dans sa bibliothèque.

19. L'adresse parisienne et l'adresse à Sofia de M. Georges St Guéorguieff figurent toutes deux dans le carnet d'adresses de Larbaud, qui note que M. Guéorguieff était directeur honoraire au ministère de la Justice de Bulgarie et qu'il préparait un livre sur la littérature française. Un même amour des soldats de plomb réunissait les deux hommes.

20. Parmi les quatorze adresses de fournisseurs et peintres de figurines du carnet de Larbaud, M. E. Lelong, « l'enchanteur au béret bleu, rue de Dunkerque » (L.P., *Enfantines*, « La Grande Époque », p. 460), est le seul dont le nom soit souligné.

21. Dans le Ms IX, I, carnet sur lequel Larbaud jette des notes de lectures ou de travail, dans le désordre, on lit, au folio 82 (verso) : « ANACAONA (Soror Violante do Cêo a décima musa portuguésa (1602-1693) — a plus écrit en espagnol qu'en portugais) était poétesse et composait des chansons et des airs sur lesquels dansaient les Indiens de S. Domingo (Hispaniola). »

22. Jean Schlumberger, *Sur les frontières religieuses* (NRF, 1934). Ce livre portait une dédicace.

23. Cette notice et la traduction des fragments sont parues dans le numéro d'*Europe* du 15 décembre 1934. L'année suivante *La Revue bleue, politique et littéraire* publiera un article intitulé : « Nouveaux Extraits des *Carnets* de Samuel Butler», présentés et traduits par Jean Castet, dans le n° 17 du 7 septembre 1935.

24. Larbaud a tenu parole puisque l'article « Théophile Dondey de Santeny », paru le 1er mars 1935 dans *La Revue de Paris* (n° 5), occupait 24 pages (pp. 74-96).

25. Vers tiré de *Cinq Grandes Odes* : « Et le vent mouillé du sud-ouest qui souffle sur Paris à l'époque du Carnaval » (cinquième ode, « La Maison fermée »).

26. Cette œuvre de Jules Romains, dont la publication aux Éditions Flammarion, débutée en 1932, allait se poursuivre jusqu'en 1947, comprendrait 27 volumes. En 1932, dans sa préface aux deux premiers volumes, *Le 6 octobre* et *Crime de Quinette,* Jules Romains déclarait qu'ils étaient « le début d'un roman de dimensions inusitées ». Il avait pour projet de « peindre le monde de son temps » en alliant la vue d'ensemble et la perception aiguë du détail, en facilitant la prise de conscience de « tout un pathétique de la dispersion, de l'évanouissement, dont la vie abonde, mais que les livres se refusent presque toujours, préoccupés qu'ils sont, au nom de vieilles règles, de commencer et de finir le jeu avec les mêmes cartes ».

27. Roger Ayrault, *Heinrich von Kleist*, Paris, Librairie Nizet et Bastard, 1934.

28. Parfois écrit Prévôt, il s'agit du peintre de figurines.

29. Louis Cazamian, professeur à la Sorbonne, avait fondé, avec Charles Cestre, en 1923, la *Revue anglo-américaine* qu'ils dirigeaient et dont André Brulé était le secrétaire général. Au sommaire du numéro d'octobre (XIIe année, n° 1) figuraient les dernières notes d'A. Brulé sur Sterne, Oliver Goldsmith, Somerset Maugham, T.S. Eliot, D.H. Lawrence, Ezra Pound, F.R. Leavis, Miles F. de Montmorency et Roger Fry.

30. La *Revue germanique*, dirigée par Léon Mis et F. Piquet, d'abord éditée chez Alcan, puis chez Taillandier, parut trimestriellement de 1905 à 1939.

31. Jorge Icaza (1906-1978), écrivain écuadorien de premier plan, fut considéré comme le chef de file du mouvement littéraire « indigéniste ». C'est d'ailleurs *Huasipungo* (Quito, Impr. Nacional, 1934) qui l'imposa en 1934 ; il y dénonçait la condi-

tion servile des Indiens. Traduit en français par Georges Pillement en 1938 sous le titre *La Fosse aux Indiens*, ce livre lui avait valu une renommée internationale. L'année précédente il avait adressé à Larbaud un recueil de contes, *Barro de la sierra* (Quito, Ed. Labor, 1933).

32. Ce peut être la présence d'un index des personnages à la fin du volume VIII (*Province*) qui a donné cette idée à Larbaud. Cet index récapitule tous les noms de personnages, ainsi que les références de leurs occurrences, dans les volumes I à VIII. Il y a ainsi matière à une belle étude !

33. On reconnaît dans cette énumération les noms des butlériens anglais.

34. Jorge Isaacs était cité dans le journal de 1917 comme un des rares écrivains sud-américains (avec Sarmiento) qui avaient, jusqu'alors, séduit Larbaud.

35. José Maria de Pereda (1833-1906). Des « Souvenirs d'un conférencier à Paris » (voir *Du navire d'argent*, *op. cit.*, p. 497) nous retenons ce propos de Larbaud : « Les plus belles pages de Pereda, celles qui sonnent le moins faux, sont les descriptions de son pays ; pas toutes, mais, avec un peu d'attention et de soin, on pourrait extraire de ses romans un bel album d'images de la côte de Santander et des Asturies. »

36. On dirait *quichua* ou *quetchua* ; ce mot désigne la langue indienne, qui comprend différents dialectes, et qui est parlée en Argentine et sur les hauts plateaux du Pérou et de la Bolivie.

37. Ce livre, dédicacé, figure encore dans la bibliothèque espagnole de Larbaud avec un autre ouvrage du même auteur, *Candelas de verano*, lui aussi dédicacé et publié en 1937 chez le même éditeur.

38. Larbaud avait acheté, en février 1934, le tome I des *Nuits Attiques* qui venait de paraître.

39. *Eléments* s'annonçait comme une publication mensuelle de grand luxe, réservée aux seuls abonnés et affichait une liste de collaborateurs aux noms prestigieux tels Paul Valéry, Jules Supervielle, Maurice de Vlaminck, Jean Rostand, Jean Giraudoux, Georges Duhamel, Valery Larbaud...

40. Le terme italien *popolana*, que Larbaud emploie parfois de façon élogieuse pour décrire « une femme du peuple », prend ici un sens péjoratif ; il désigne Adrienne Monnier (pour qui l'écrivain ne manque jamais de qualificatifs dépréciatifs) qui s'apprêtait à lancer la revue *Mesures*, dont le premier numéro paraîtra en janvier 1935.

41. Aulu-Gelle, Romain de Rome, né vers 130 de l'ére chrétienne, est un érudit qui, à Athènes, mettait à profit ses nuits pour consigner des notes de lecture sur les sujets les plus divers : histoire, littérature, science. Ses *Nuits Attiques* occupèrent ainsi vingt volumes.

42. De Nigidius Figulus nous connaissons uniquement la date de sa mort : 45. Il est considéré avec Varron (116-27 av. J.-C.) comme l'un des deux grands savants de son temps ; il fut le fondateur du néopythagorisme romain. Varron, illustre par son savoir, fut l'ami de Cicéron ; il se vit préposé par César à la première bibliothèque publique. Il produisit une œuvre considérable (74 ouvrages comptant 620 livres) qui traite des sujets les plus variés, et dont il ne reste plus que des fragments : 3 livres de l'*Économie rurale* (*Rerum rusticarum libri*) ; deux du *De lingua latina* ; et des fragments dispersés des *Satires Ménippées* et des *Antiquités*.

L. Cornelius Sisenna (vers 120-67 av. J.-C.) est considéré comme l'historien de son époque (il écrivit 12 livres sur la guerre entre Marius et Sylla).

Licinius Crassus (et non *Calvus*) (140-91 av. J.-C.) est un orateur que Cicéron se reconnaissait pour maître.

43. Pierre Bayle (1647-1706) possédait une érudition historique prodigieuse et exerça une influence notable sur les écrivains français du XVIIIe, surtout les philosophes, et sur Voltaire en particulier.

44. Les *Diaries* d'Arnold Bennett s'intitulent en fait *Journals*. Ils avaient paru, en Angleterre, en trois volumes couvrant trois périodes. L'année suivante, en 1933, une édition en un volume, *The Journal of Arnold Bennett, 1896-1928*, a été publiée à New York par Viking Press.

45. En avril 1933, *Comoedia* avait annoncé la naissance de l'Académie lyrique. On y lisait alors : « M. Valery Larbaud ayant été élu membre du Conseil constituant de

l'Ordre des Poètes de langue française et M. Victor-Émile Michelet ayant été élu bâtonnier à l'unanimité des votants, l'Académie lyrique est définitivement constituée. » Parmi les membres de ce « Conseil de l'Ordre », on relevait, entre autres, les noms de Jean Royère et Paul Valéry.

46. Mellin de Saint-Gelais (1491-1558) fut poète de cour et disciple de Marot. Il séjourna en Italie d'où il ramena des formes poétiques qu'il introduisit en France, notamment le sonnet.

47. *Les Nouvelles littéraires* du 24 novembre 1934 publiaient aussi un texte intitulé « Pan et Syrinx ou l'invention de la gamme », argument adapté par Paul Claudel de vers d'Augustin de Piis (1755-1832) pour une cantate de Darius Milhaud.

48. Cette causerie eut lieu le 11 février 1935, et Larbaud y consacre quelques réflexions dans son journal à la date du 13 février. Sous le titre « Maurice Scève et les poètes lyonnais », le texte en fut publié dans *Les Cahiers de Radio-Paris* (6e année, n° 3, 15 mars 1934, pp. 215-219). Malheureusement l'enregistrement, qui aurait pu nous permettre de connaître la voix de l'écrivain, n'a pas été conservé.

49. Il s'agit de Wally Zenner ; son livre *Soledades*, publié à Buenos Aires (« El Ateneo ») en 1934, comporte un envoi : « A Valery Larbaud. A sus horas de fervor, intentan ir estas soledades, con mi mejor palabra a W. Zenner ». Le livre qui suit sur la liste de Larbaud est : *Bacchanale en sourdine* (Nouvelles Éditions Argo, 7, rue Honoré Chevalier, Paris 6e) ; il a été déposé avec une « visiting-card ».

50. Larbaud venait d'acheter l'ouvrage d'Henri Delacroix, doyen de la faculté des lettres de Paris, *L'Enfant et le Langage* (Paris, Alcan, 1934).

51. José Régio (1901-1969) faisait partie du comité directeur de la revue portugaise *Presença*. En 1930, il avait adressé à Larbaud un recueil de sonnets, *Biografia* (Illustraçoes de Jùlio, Coimbra, Presença, 1929). En 1934 il lui fit parvenir ce roman, paru aux Éditions Presença toujours, avec la dédicace suivante : « À Valery Larbaud, en témoignage d'admiration pour l'artiste, le critique, et l'esprit ouvert aux quatre vents du monde, j'offre une reconnaissance portugaise. José Régio. Coimbra, 1934 ».

52. Pour Laeta les *lettere bambine* sont les minuscules, qu'elle trouvait difficiles en février 1934... !

53. C'est un peu cette idée que Larbaud reprend dans une lettre à Marcel Ray du 11 avril 1935 où il évoque ses lectures récentes parmi lesquelles « un assez bon roman de José Régio, du groupe de Coïmbre, *Jôgo da Cabra Cega*, plutôt "dostoïevskien", mais sans imitation ».

54. Paul Morand avait travaillé sous les ordres de Philippe Berthelot (1866-1934), secrétaire général du Quai d'Orsay, et lui portait une estime dont il témoigne en particulier dans son *Journal d'un attaché d'ambassade* (La Table Ronde, 1947). On peut lire l'article dont il est ici question dans *Rond-Point des Champs-Élysées* (Grasset) où il a été repris en 1935.

55. Le *Dictionnaire historique de la langue française* (Dictionnaires Le Robert, 1992) propose, quant à lui, le nom « caféière » (1797), ou le mot « cafèterie » (1791) pour désigner une plantation de café.

56. Savant français du XVIIIe siècle, Charles-Marie de la Condamine (1701-1774) s'était vu confier la tête de l'expédition envoyée au Pérou par l'Académie des sciences pour mesurer la longueur d'un arc de méridien de un degré sur l'équateur. Il séjourna quelques années en Amérique du Sud puisque, parti en 1735, il ne regagna la France qu'en 1751, rapportant avec lui des observations importantes.

57. *Songs of Innocence* (1789), *Les Chants d'innocence*, réunis en recueil avec *Songs of Experience* (1794), sont de courts poèmes où William Blake se laisse entraîner par le plaisir des mots, des images (il était aussi dessinateur et graveur) et des rythmes. Larbaud avait dans sa bibliothèque une édition de 1906 de *The Poetical Works* (Chatto & Windus) en deux volumes.

58. Ces citations poétiques de Ribeiro Couto nous causent quelques difficultés car nous restons démunis devant la traduction de poèmes. Donner le sens ? C'est toujours possible, mais ce n'est pas là que réside la poésie, nous le savons. Conserver cet assemblage unique du sens et du son, sa musicalité, tout ce qui crée l'effet poétique, voilà la difficulté. Pour la satisfaction intellectuelle, mais sans la caution d'un poète, voici comment peuvent se traduire ces vers :

« *Matinée heureuse, matinée bonne,*
un peu froide, délicate... »
« *Oh la douceur des jours pareils...* »
« *Ma poésie est toute douce,*
Je ne gesticule pas, je ne m'exalte pas...
Mon tourment sans espérance
Craint de parler fort.
... Moi, cependant, j'appartiens à la minorité. »

59. Larbaud avait emménagé dans cet appartement et s'était attiré cette remarque de son ami Marcel Ray : « Vous auriez pu choisir, pour le nom de la rue, un meilleur poète » (Valery Larbaud-Marcel Ray, *Correspondance* t. II, 1910-1920, *op. cit.*, p. 13). Ce mauvais poète, Larbaud l'avait personnellement rencontré sous l'habit d'inspecteur général ; en tournée à Moulins en 1897, Eugène Manuel avait félicité le jeune Larbaud, alors en classe de rhétorique, pour sa traduction en vers français d'un morceau grec de Tyrtée.

Pour ce qui est des inondations, elles atteignirent, en janvier 1910, des records. Un immeuble sur six, à Paris, fut touché par les eaux qui parvinrent jusqu'à l'Opéra Garnier.

60. En 1904, Larbaud fit un séjour en Grèce avec sa mère et revint par l'Italie où Mme Larbaud le quitta, à Naples. C'est l'année précédente, en 1903, au cours du voyage avec l'« Isabelle » de *Mon plus secret conseil...*, qu'il était allé à Cettigne. Du journal qu'il tint, il reste l'évocation de « Rjéka (Montenegro) » dans « Douze Villes ou paysages » (*Jaune bleu blanc*) et cette brève description de Cettigne : « Cettigne avec ses rues trop larges et une place où il y a bien une douzaine d'arbres, nous parut une vraie capitale » (L.P., p. 849).

61. On peut lire dans *Les Mémorables* de M. Martin du Gard et le chapitre intitulé « Claudel à la Comédie » (Gallimard, 1999, pp. 877-879) le portrait plaisant de Paul Claudel à une représentation de *L'Otage* à la Comédie-Française : « Paul Claudel, l'autre soir au Français, pendant l'entracte, était heureux, solide, l'œil madré sous les lunettes, adossé à la porte de sa loge, entouré comme à la sacristie après le mariage d'un de ses enfants ; on eût juré qu'il voyait jouer *L'Otage* pour la première fois, lui qui marche sur ses soixante-cinq ans et sa pièce sur les vingt-cinq. »

On sait que Claude Farrère l'emporta sur Claudel à l'élection du 28 mars 1935. « Grande indignation pour l'échec de Claudel », écrivit alors Larbaud, le 11 avril 1935, à son ami Marcel Ray (*op. cit.*, t. III, p. 249).

62. Le 4 décembre est la Sainte-Barbe (ou Barbara), donc la fête de l'école de Laeta.

63. Ces deux textes ont été recueillis, en 1938, dans *Aux couleurs de Rome*, dont ils seront respectivement le treizième et le quatorzième chapitre.

Nous avons déjà pu constater l'attrait qu'exerçaient Londres et la Grande-Bretagne sur Larbaud. Ces lignes font écho à celles de Sandgate, en 1914, mais nous renvoient également à l'œuvre posthume, retrouvée et éditée par Frida Weissman, *Le Cœur de l'Angleterre* (*op. cit.*).

64. *Quaderni di Lirica*, 1re année, n° 3, novembre 1934. Aldo Capasso, pour qui Larbaud a préfacé *La Nuit et autres poèmes*, faisait partie du comité directeur (avec G.B. Angioletti et Carlo Linati) de la revue qui, cette année-là, succédait à *Espero.*

65. Agnès de La Gorce, *Francis Thompson et les poètes catholiques d'Angleterre*, Plon, 1932.

66. La première publication de *Ce vice impuni la lecture / Domaine anglais* avait eu lieu chez Messein (1925, Paris, La Phalange, 7) ; la nouvelle édition parut en fait en 1936. L'ordre des différents articles est un peu remanié, par rapport à celui que Larbaud nous expose ici, et le domaine s'organise en trois champs littéraires géographiques : Angleterre, États-Unis et Irlande (les deux premiers chapitres restant « Ce vice impuni, la lecture » et « Domaine anglais ». On trouve ensuite :

Angleterre : « Coventry Patmore », « Introduction à l'œuvre de Samuel Butler », « Thomas Hardy, dramaturge », « Digby Dolben », « W.E. Henley », « Un roman de Joseph Conrad », « Note sur Francis Thompson », « Un manuel littéraire d'Arnold Bennett », « Deux Romans de H.G. Wells ».

États-Unis : « Deux notes sur Edgar Allan Poe », « Walt Whitman », « Un roman de William Faulkner ».

Irlande : « Notes sur James Stephens », « James Joyce ».

En 1951, G. Jean-Aubry, qui a préparé l'édition, y a ajouté un appendice comprenant cinq chapitres : « Sir Thomas Wyatt », « Les *Sonnets* de Shakespeare », « À propos de James Joyce et de *Ulysse* », « Jules Vallès — *La Rue à Londres* » et « Le domaine anglais de Valery Larbaud » (liste bibliographique de tous les travaux de Larbaud touchant au domaine anglais).

Une dernière édition, due à Béatrice Mousli, a vu le jour plus récemment, en 1998. Publiée chez Gallimard, elle reprend le *Domaine anglais* de 1936 et y ajoute 358 « pages retrouvées » (dont les quatre articles de l'« Appendice » de 1951) dans lesquelles réapparaissent une bonne partie des « choses rejetées ».

67. *La Fille du Ciel, drame chinois* (Calmann-Lévy, 1911).

68. *1919* de l'écrivain américain John Dos Passos, paru en 1932, est le second volume de la trilogie *USA* (qui comprend également *42e parallèle,* 1930, et *La Grosse Galette*, 1936), trilogie qui faisait dire à Jean-Paul Sartre, dans un article de *La NRF* en 1938, que Dos Passos était « le plus grand écrivain de notre époque » — opinion que, manifestement, Larbaud ne partage pas...

69. Propos qui nous ramènent au *Domaine anglais* puisque le chapitre consacré à Thomas Hardy porte comme titre « Thomas Hardy dramaturge (1840-1928) » et que Larbaud y étudie précisément *Les Dynastes*, « drame des guerres napoléoniennes en trois parties, dix-neuf actes et cent trente scènes » (*Domaine anglais*, édition B. Mousli, p. 116).

70. Les œuvres de Guillaume Crétin, réunies et publiées en 1525, année de sa mort, et 1526, n'ont connu de réédition qu'en 1932 grâce à Kathleen Chesney. Poète français, il est considéré comme le type même du « Grand Rhétoriqueur » appartenant, comme Jean Molinet, Jean Marot et André de la Vigne, à cette école du début du XVIe siècle. Au cours de cette période les Arts poétiques se disaient Arts de rhétorique, ce qui entretenait la confusion entre poésie et éloquence. Les rhétoriqueurs cherchaient surtout à frapper l'oreille, d'où l'utilisation de rimes riches, redoublées, intérieures et équivoquées, et, agents de propagande politique des seigneurs qui les protégeaient et les faisaient vivre, à convaincre.

71. Trois ouvrages de Juan Manuel Ruiz Esparza sont présents dans la bibliothèque de Larbaud, tous trois publiés à Mexico (Ed. Cultural) et dédicacés : *Caolin* (1931), *Biografia impersonal* (1933) et *Lintel* (1934). Ce dernier porte l'envoi suivant : « Para el maestro Valery Larbaud, devotamente, M. L. Ruiz Esparza. »

Début 1934, Drieu la Rochelle avait adressé à Larbaud sa *Comédie de Charleroi*. Il publiait, en novembre, deux autres ouvrages chez Gallimard : *Journal d'un homme trompé* et *Socialisme fasciste*.

Sibilla Aleramo, qui avait rendu visite à Larbaud à son hôtel, à Rome, en 1932, vient de lui faire parvenir son dernier livre : *Cronaca (o fantasia)*, Rome, Ed. d'Italia, 1934. Et Aldo Capasso, pour qui il vient de rédiger la préface au recueil de poèmes *À la nuit*, lui envoie son œuvre critique, *Saper distinguere* (Gênes, Degli Orfini).

72. Walter von Wartburg, linguiste suisse d'expression allemande, spécialiste des langues romanes, est l'auteur d'un *Dictionnaire étymologique de la langue française* qui fait encore référence et dont la publication commença en 1922. En 1934, il fit paraître *Évolution et structure de la langue française* (Leipzig et Berlin, B.G. Teubner).

73. Allusion au poème « Holy Thursday » de *Songs of Innocence.*

74. Héroïne d'histoires illustrées destinées aux fillettes, Bécassine fit son apparition en 1905 dans *La Semaine de Suzette*. Caumery (pseudonyme de Maurice Languereau) était le narrateur des aventures de Bécassine, que Joseph Pinchon (1871-1953) illustrait ; ce personnage de jeune Bretonne à la tenue caractéristique (robe verte et gilet rouge couverts d'un tablier blanc, bonnet de toile blanche) fit les délices de nombreuses générations et laissa son nom comme qualificatif pour désigner une jeune fille naïve et sotte, tout juste sortie de sa campagne et totalement ignorante du monde. Ses aventures ont été adaptées à la scène.

75. Et pourtant dans ce journal tenu en Angleterre, on a vu Larbaud se féliciter, à la fin de son séjour, de n'avoir pas repris contact avec la femme de Whitstable !

76. Le n° 24 des *C.A.V.L.* présente un intéressant travail de Jean Joinet sur Ettore Settani ; l'affaire de cette lettre, un peu remaniée pour sa publication dans la revue *Occidente,* puis utilisée plus tard comme préface aux *Hommes gris,* y est détaillée.

77. Gilbert Cannan, qui a traduit, en 1924, *A.O. Barnabooth* (Londres, Dent) est une connaissance de longue date, mais difficile à croiser. Larbaud voulant rencontrer Cannan, au cours de son séjour londonien de 1919, l'avait demandé à la Bomb Shop, librairie que Larbaud fréquentait et où Cannan était bien connu. On lui avait simplement répondu que « Gilbert » bougeait beaucoup...

78. Dans le cahier évoqué plus haut, Jean Joinet édite la correspondance de l'écrivain italien et de Larbaud. Nous y retrouvons la lettre dont il est ici question, datée du 17 décembre 1934 ; Larbaud y dit : « Diverses affaires, et des travaux pressés m'ont retardé dans ma lecture de *Didimo,* sans parler de ma vue assez fatiguée dans ces derniers mois. Le petit caractère de la copie, et les nombreuses fautes qu'elle contient, ont augmenté les difficultés de cette lecture. C'est en partie pour ces raisons-là, sans doute, que je n'ai pas goûté ces pages autant que *Gianni Randone.* On voit bien que c'est du même auteur, mais je n'ai pas l'impression que le livre puisse ajouter beaucoup à la bonne opinion que *Gianni Randone* a fait concevoir de vous. » À cette appréciation très mitigée, Settani répond : « Je vous remercie vivement de vous être donné la peine de lire le texte dactylographié de mon *Didimo.* Si vous saviez toutefois combien m'a été utile votre jugement qui m'incite à ne plus publier un livre de ce genre, tout en me poussant à travailler plus sérieusement. »

Jean Joinet relate la carrière « malchanceuse » d'Ettore Settani (Capri 1901-1985), qui connut des difficultés à la publication de son premier roman, dont il est ici question, *Chi ha ucciso Gianni Randone* (1932). Ce roman fut davantage apprécié — en partie grâce à Larbaud — en France, où les Éditions Rieder publièrent en 1937 *Les Hommes gris* et en 1938 un recueil de nouvelles, *L'Amour conjugal.* À la fin de sa vie, Settani abandonna l'écriture pour la peinture.

79. Gustave Lanson (1857-1934), à qui Larbaud rend hommage, fut professeur à la Sorbonne et auteur d'un manuel évoqué ici et publié en 1894, *Histoire de la littérature française,* maintes fois réédité et utilisé dans les classes jusque dans les années 1960. Dans son article « Pour l'inauguration d'une nouvelle ligne » (*Sous l'invocation de saint Jérôme, op. cit.,* pp. 283-299), Larbaud prend en exemple les tableaux chronologiques qui se trouvent à la fin du manuel de Lanson pour préconiser la réalisation de nouveaux manuels de littérature, sans verbiage, comportant des « tableaux de faits catalogués » bien lisibles, qui guideraient le lecteur dans sa découverte personnelle de la littérature.

80. Jules Lemaître (1853-1914), professeur, fut également critique, romancier et auteur dramatique (il ne laissa pas de grande œuvre dans ces deux derniers domaines). Ses articles de critique littéraire furent rassemblés dans la série des *Contemporains* — que Larbaud évoque ici — qui comprend huit volumes publiés entre 1886 et 1918.

81. René Doumic (1860-1937) avait publié en 1886 (la même année que le premier volume des *Contemporains* de J. Lemaître) une *Histoire de la littérature française.* Mais le jugement de Larbaud sur Doumic n'a pas toujours été aussi négatif qu'il apparaît ici. Il écrivait en effet, en octobre 1931, à G. Jean-Aubry, évoquant un manuel de critique littéraire de Daniel Mornet : « [...] cela me paraît faible, et le témoignage d'un affaiblissement de la culture chez pas mal d'universitaires ; une sorte de régression après le progrès marqué par Lanson, et même par Doumic » (Valery Larbaud-G. Jean-Aubry, *Correspondance (1920-1935), op. cit.*, p. 95).

82. Le texte de ces *Notes* avait d'abord paru, en espagnol, dans *La Nación* (10 août 1924), puis été repris dans *Commerce* en automne 1925. Il fut publié en 1926 à l'Enseigne de la Porte étroite (10, rue Bonaparte, Paris) et connut un tirage confidentiel (650 exemplaires).

83. Charles Péguy, ancien élève de Lanson, s'était d'abord attaqué à son maître dans le numéro des *Cahiers de la Quinzaine* d'avril 1913 à l'occasion de la parution d'un livre de Lanson, *Trois Mois d'enseignement aux États-Unis* (Hachette, 1912). Il

déclarait alors : « Qui n'a pas connu la douceur de M. Lanson ignore ce que c'est que du vinaigre sucré ; et du fiel en confiture. » Son article fut ensuite repris dans *L'Argent*.

84. Sainte-Beuve (1804-1869), publia en quinze volumes, de 1851 à 1862, les recueils de ses *Causeries du lundi* parues, à partir de 1849, dans *Le Constitutionnel*, puis de décembre 1852 à août 1861 dans *Le Moniteur*.

85. C'est à sir James Augustus Henry Murray (1837-1915), lexicographe anglais, que l'on doit le grand dictionnaire de la langue anglaise connu sous le nom de *Oxford English Dictionary*. Ses huit gros volumes, dont la publication s'étale entre 1888 et 1914, plus le supplément 7 (1903-1908), sont présents dans les rayons des usuels de Larbaud.

86. Joseph Vendryès (1875-1960) et Jules Marouzeau (1878-1964) étaient linguistes ; le premier, spécialiste des langues celtes, le second latiniste.

87. Cette revue s'appelle *Italie-Voyages* (« livre de propagande touristique » écrit-il à M. Ray).

88. Quelques jours plus tôt, le 5 décembre, Larbaud notait la réception du n° 3 de *Lirica*, revue dans laquelle était publié ce poème plurilingue (on y décèle la présence de onze langues européennes !) qu'il a fait illustrer par son ami le graveur Daragnès pour l'envoyer comme carte de vœux à ses amis — en proposant une réduction au français ! On trouvera plusieurs études consacrées à ce poème dans le *C.A.V.L.* n° 19, février 1981 (pp. 37-74). On ne peut malheureusement recommander la lecture du poème dans l'édition de « La Pléiade » car il est entaché de trop de fautes.

89. Dans *Cymbeline* (1610), Shakespeare met en scène Imogène, héroïne dont la vertu est éprouvée et qui sort victorieuse des soupçons dont on l'accable ; elle représente un symbole de pureté, « fair lily ».

90. Ce voyage, en septembre 1901, avec Marcel Ray, occupe les premières pages du *Journal*.

91. Revenons un peu sur cette visite du centre d'Anvers et les divers endroits où Larbaud s'arrête :

La place Verte (Groenplaats), dominée par la statue de Rubens, longe la cathédrale Notre-Dame, imposant édifice dont la tour, que Larbaud signale à l'attention de Maria et Laeta, s'élève à 123 mètres. C'est la plus grande cathédrale gothique des anciens Pays-Bas (Flandre et Pays-Bas actuels).

— Sur la place Meir, qui fait suite à la rue Meir — elle-même continuation de l'avenue De Keyser — à l'angle de Schoenmarkt et Eiermarkt (on se trouve là dans l'endroit le plus animé de la ville), se dresse le Boerentoren, immeuble Art déco achevé depuis peu ; tout comme les belles façades de la Renaissance flamande, il retient le regard de Larbaud.

— Les bords de l'Escaut sont proches avec la vieille forteresse du Steen (le plus ancien édifice de la ville qui n'a pas été épargnée par les incendies et les démolitions) ; prison pendant des siècles, elle est convertie en musée de la Marine.

— Le musée Plantin-Moretus, ancienne demeure de la famille d'imprimeurs qui possédait la librairie la plus célèbre d'Europe à partir du XVIe siècle, expose les presses les plus anciennes au monde, des manuscrits et quelques toiles de Rubens.

92. Dans l'église Saint-Jacques, édifice gothique tardif (XVIIe siècle), la sépulture de Rubens occupe la chapelle Notre-Dame, ornée d'une œuvre du peintre, *La Vierge entourée de saints* (1634).

93. La Boucherie, ou Maison des Bouchers, édifiée en 1503, était la maison de la guilde des Bouchers (impérativement regroupés dans un quartier très circonscrit) ; maintenant transformée en musée, ses collections illustrent la vie quotidienne à Anvers au XVIe siècle.

Anvers possède un magnifique hôtel de ville à la façade Renaissance (1560), dessiné par Cornelis Floris de Vriendt.

94. Pas de chien de chasse, bien entendu, chez Larbaud. Simplement l'animal de compagnie, presque humain, dont son maître cherche à percer la psychologie, compagnon de promenade (et parfois de voyage) : Barty ou Grandmuseau. Et, à la campagne, un chien de garde, rustique, berger allemand appelé Pierrot.

95. Larbaud évoque Max Elskamp (1862-1931) dans une des *Lettres de Paris* (*op. cit.*) : « Peu connu hors des cercles littéraires parisiens, Max Elskamp est, après Verhaeren et Maeterlinck, le plus original des poètes de l'école belge. Sa poésie, précise, assez peu abondante, populaire et naïve dans sa forme et dans sa langue, et cependant éloignée de toute vulgarité est très remarquable. Par certains côtés elle reflète la vie de son auteur, né dans une sombre demeure du quartier aristocratique d'Anvers, et dont le père était un riche armateur » (lettre 8, 9 mai 1914, pp. 57-58).

Le Mercure de France publia en 1898 le recueil des cinq premiers livres de poèmes d'Elskamp : *Louange de la vie. Dominical. Salutations dont d'angéliques. En symbole vers l'apostolat. Six chansons de pauvre homme pour célébrer la semaine de Flandre.*

96. Le docteur Ludo Van Bogaert, neurologue anversois, avait mis en relation Larbaud et l'éditeur Stols.

97. Joris Vriamont (1896-1961), écrivain belge de langue néerlandaise, était considéré par A.A.M. Stols comme un « frère-en-éditions ». Il dirigeait les Éditions Un Coup de dés... à Bruxelles et entra en relation avec Larbaud dans le milieu des années 1920.

98. Poète, dramaturge, essayiste, Maurice Maeterlinck (1862-1949) se lia avec les symbolistes et commença sa carrière en France. Il publia *Les Serres chaudes* en 1889, la même année qu'une pièce de théâtre, *La Princesse Maleine*, qui obtint un grand succès et qui mettait en œuvre, au théâtre, les idées symbolistes. Il est passé à la postérité avec son *Pelléas et Mélisande* (1892) que Debussy mit en musique. Maeterlinck obtint le prix Nobel en 1911.

99. Outre l'*Assomption de la Vierge* et l'*Érection de la croix*, que Larbaud évoque ici, plusieurs autres tableaux de Rubens sont présents dans la cathédrale Notre-Dame, notamment un triptyque, *Descente de croix*, *La Présentation de Jésus au temple*, une *Visitation* et une *Résurrection du Christ*.

Martin de Vos (env. 1531-1603), cité ici, est un disciple du Tintoret et l'auteur de grands triptyques.

Venius, ou Otto Van Veen (1556-1629), fut l'un des maîtres de Rubens avant son départ pour l'Italie.

100. Deux vers d'un quatrain du poème « De joie » (recueil *Dominical*) cités avec un lapsus (*Dans* pour *À*) :

Bonnes gens, il fait grand dimanche
Et de gels et de verglas
À la ville qu'endimanchent
Les drapeaux des consulats.

101. Émile Verhaeren (1855-1916) est né près d'Anvers et célébra sa Flandre natale, son peuple dans ses œuvres (*Les Flamandes*, 1883 ; *Toute la Flandre*, 1904-1911) ; il peignit également avec lyrisme les paysages industriels et les machines (*Les Villes tentaculaires*, 1895 ; *Les Forces tumultueuses*, 1902). Il fréquenta les ateliers d'artistes et connut notamment James Ensor (*Sur James Ensor*, réédité en 1990 aux Éditions Complexe). Il collabora également à *La Phalange* de Jean Royère.

102. James Ensor (1860-1949) peut être considéré comme un précurseur de l'expressionisme, mais il échappe à toute tentative de classification et resta isolé par rapport aux recherches artistiques de son temps. Son œuvre majeure est sans doute *L'Entrée du Christ à Bruxelles* (1888), très novatrice et, par conséquent, mal acceptée, qui fut longtemps à Anvers et a émigré aux Etats-Unis. Dans son essai sur James Ensor, publié en 1908, Verhaeren conclut : « Quelqu'un qui reste aussi durablement jeune ne vieillira jamais. Il porte en lui la résurrection incessante. Il vit de lui-même, mystérieusement. Déjà il ne connaissait plus la mode, voici qu'il ignore le temps. »

103. Rappel de l'époque du lycée de Moulins où Paul Colombier, Vichyssois lui aussi, fut son condisciple.

104. Larbaud évoque ici un souvenir des *Vies des douze Césars* de Suétone : parti en expédition, Caligula fit déployer ses troupes et disposer ses machines de guerre sur le rivage de l'océan comme pour une attaque contre les eaux (livre IV, chap. XLVI).

105. C'est le musée royal des Beaux-Arts qui expose la peinture flamande, des primitifs flamands à Quentin Metsys, Rubens pour arriver au XIXe-XXe siècle avec James Ensor et les expressionnistes flamands.

106. Larbaud et Maria Nebbia avaient séjourné du 12 juillet au 12 août 1927 à Echternarch, au Luxembourg, « un mois de vraies vacances », écrivait le 30 août 1927 Larbaud à G. Jean-Aubry.

107. Dans cette lettre, datée du 31 décembre 1934, Vriamont évoque une rencontre avec le directeur de la Maison d'Art de Bruxelles qui dit avoir été en pourparlers avec Larbaud afin d'organiser une conférence et il ajoute : « Tâchez donc de venir à Bruxelles. Nous serons très heureux de vous y voir... »

108. Peintre belge, Alfred Stevens (1823-1906) se rendit surtout célèbre par ses portraits de femmes. On trouve cette note sur Stevens sous la plume de Baudelaire : « Alfred Stevens (prodigieux *parfum* de peinture. Timide, — peint pour les *amateurs.*) »

109. Il s'agit de *La 628-EF8* (1907) du nom de l'automobile avec laquelle il fit un voyage en Belgique. Ce récit se montre peu indulgent pour les Belges et leur capitale.

110. En juillet 1873, Verlaine, ivre, avait tiré sur Rimbaud. Éloigné, par mesure de sécurité, puis écroué à la prison des Petits-Carmes, il sera condamné à deux ans d'emprisonnement et 200 francs d'amende pour coups et blessures par le tribunal correctionnel de Bruxelles.

111. Ce pamphlet, très virulent, expression du ressentiment profond de Baudelaire contre la Belgique qui a déçu ses espoirs, est un projet non abouti dont les notes et documents sont réunis dans les *Œuvres complètes* sous le titre de « Pauvre Belgique ». Ils furent publiés pour la première fois en 1952 dans l'édition des *Œuvres complètes de Charles Baudelaire* (Conard, éditeur) et repris dans l'édition de la « Bibliothèque de la Pléiade » en 1961.

112. Larbaud connut très tôt l'œuvre de Maurice Maeterlinck puisqu'il confie dans ses « Notes sur Maurice Scève » (*Domaine français, O.C.*, t. VII, p. 87) que, d'un rapide voyage à Lyon, en 1897, il avait « rapporté le riche butin de deux petits livres : *Les Serres chaudes* de Maurice Maeterlinck (1895) et la *Délie* de Scève [...] (1862) ».

Représentant du symbolisme, ami de Stéphane Mallarmé, Georges Rodenbach (1855-1898) publia de la poésie et des romans dont l'un, *Bruges la morte* (1892), le rendit célèbre.

113. Georges Eeckhoud (1854-1927), d'abord proche des Parnassiens, s'orienta très vite vers l'écriture réaliste dans ses romans qui font la peinture des mondes paysan, ouvrier et des milieux réfractaires. Parmi ses œuvres on peut citer : *Kees Doorik* (1883), *Kermesses* (1885) et *Nouvelles Kermesses* (1887), *Le Cycle patibulaire* (1892) ; un de ses romans, *Escal-Vigor* (1899), lui valut un procès retentissant.

Albert Mockel (1866-1945) se rattachait à l'école symboliste. Il publia en 1891 *Chantefable un peu naïve* et, en 1902, *Clartés*. Il consacra un livre à son compatriote Verhaeren : *Un poète de l'énergie, Émile Verhaeren* (1918).

Hubert Krains (1862-1934), d'origine très humble, débuta comme ouvrier agricole et termina sa vie professionnelle comme directeur général des Postes de Belgique. Il fut un conteur célèbre publié, dès 1887, dans *La Wallonie*. Son œuvre la plus connue est *Le Pain noir*, qui fut publié par le Mercure de France en 1903.

114. Peintre et graveur, Félicien Rops (1833-1898) jouissait d'une grande célébrité en France à la fin du XIXe siècle. Il fit des gravures pour *Les Diaboliques* de Barbey d'Aurevilly, dans lesquelles on retrouve les tendances symbolistes de l'époque ; il illustra aussi *Les Épaves* de Baudelaire qui, dans *Pauvre Belgique*, déclarait : « En Belgique, pas d'Art ; l'Art s'est retiré du pays. Pas d'artistes, excepté Rops » (*O.C.*, « Bibliothèque de la Pléiade », *op. cit.*, p. 1427).

115. Edmond Deman (1857-1918), libraire à Bruxelles, édita les symbolistes et d'abord Mallarmé. Il publia la traduction des *Poèmes d'Edgar Poe* par Stéphane Mallarmé (Bruxelles, 1888) et donna la première édition, longuement et minutieusement préparée par Mallarmé lui-même avant sa mort, des *Poésies de Stéphane Mallarmé* (Bruxelles, 1899), dont Félicien Rops fit le frontispice.

116. Dès août 1914, l'Allemagne, au mépris de la neutralité belge, envahit la Belgique dont l'armée résista valeureusement à l'offensive allemande et retarda sa progression vers la France.

117. Katherine Mansfield naquit à Wellington, en Nouvelle-Zélande, en 1888, et mourut à Fontainebleau en 1923. Envoyée à Londres, au Queen's College, pour y parfaire son éducation, elle y passa trois ans (1903-1906). Cependant dès 1908 elle retourna en Angleterre et, dès lors, sa carrière se déroula entre l'Angleterre et la France, où elle mourut de tuberculose à 35 ans. Katherine Mansfield choisit la nouvelle comme mode d'expression et y excella. En 1934, *The Doll's House and Other Stories* venait d'être publié par Albatross Verlag de Hambourg, et fut suivi de *The Garden Party* (Albatross Verlag, 1932) ; ces deux recueils avaient été publiés dix ans plus tôt en Angleterre. Katherine Mansfield avait épousé en 1918 John Middleton Murry, critique et essayiste anglais, qui édita le *Journal of Katherine Mansfield* (1927), puis les *Letters* (1928). Albatross Verlag avait repris ces éditions respectivement en 1933 et 1934.

118. Ces quelques vers, qui, pour Larbaud, traduisent sa relation à Maria, sont tirés d'une des poésies tardives (1799-1800) de Novalis, connue en français sous le nom de « Poème à Julie ». Éric Blondel nous en propose cette traduction :

... que nous soyons au plus intime mariés,
Et que je sois Tien et toi Mienne
Qu'entre toutes je n'en aie élu qu'une
Et que cette Unique m'ait élu.

119. Allusion à Adrienne Monnier.

120. Cet avant-propos à l'édition des *Carnets* (qui ne paraîtront chez Gallimard qu'en 1936) occupe les pages 83 à 98, t. LXIV, 1er janvier 1935 de *La Nouvelle Revue française*.

121. Nous possédons généralement quelques notions de l'histoire et de l'œuvre du savant et philosophe français René Descartes (1596-1650), auteur du fameux *Discours de la Méthode*, qui séjourna en Hollande de 1628 à 1649, mais le Néerlandais Juste Lipse (1547-1606), un des humanistes les plus célèbres de son temps, professeur à Leyde, puis à Louvain, est peu connu en France. Quant à Pierre Bayle, nous savons l'influence qu'il exerça sur les philosophes au XVIIIe, notamment par son *Dictionnaire historique et critique* (1695-1697).

122. L'Allemand Leo Spitzer (1887-1960) est un des grands noms de la stylistique du XXe siècle. Spécialiste des langues romanes, il a contribué au renouvellement de la critique littéraire. Ses *Essais de sémantique historique* (1948) et ses *Études de style* (1928) ne furent traduites en français qu'en 1970. Contraint à l'exil en 1933, il s'était réfugié à Istanbul. En 1936, il gagna les États-Unis et s'installa à l'université John Hopkins de Baltimore.

123. Voir le 6 juin 1934, à Valbois.

124. Ignace de Loyola (1491-1556), religieux espagnol, fondateur de la Compagnie de Jésus, fut étudiant au collège Sainte-Barbe de 1529 à 1534.

125. Opérette à grand spectacle dont la musique était de Sigmund Rombert, les chants d'Albert Willemetz, sur un livret de André Mouézy-Eon.

126. S'agit-il de la baronne Brault, que Léon-Paul Fargue évoquait en ces termes, dans une lettre à son ami Valery Larbaud, le 11 juin 1911 : « La Baronne B. est bien gentille, mais avec sa revue, elle n. fait n. déféquer des ronds de chapeaux carrés dans du nitrobétanophtolate de barium ! » (Léon-Paul Fargue-Valery Larbaud, *Correspondance (1910-1946), op. cit.*, p. 83).

127. Bertrand Guégan et son épouse (celle-ci, on le voit dans la correspondance au fonds Larbaud à Vichy, entretenait d'excellentes relations avec Maria Nebbia, à qui elle proposait des sorties dans Paris) avaient envoyé, en guise d'étrennes, un petit paquet adressé à *Madame Nebbia*, ce qui avait déclenché un vif mouvement d'humeur chez Larbaud qui, dans la lettre de remerciements, ajoute cette parenthèse : « Pourquoi diable avez-vous, dans votre envoi, donné à Mariuccia son nom de jeune fille ? On dirait que c'est de mon beau-frère qu'il s'agit. » Bertrand Guégan avait alors fait parvenir à Larbaud un mot d'excuse : « Excusez mon lapsus et dites à Madame Valery Larbaud combien j'en suis désolé. L'affolement dans lequel je vis depuis que je prépare cette histoire de la médecine me fait brasser à un rythme accéléré des milliers de noms égyptiens, grecs, persans, arabes ; et l'ingurgitation trop rapide de ces

vocables nouveaux développe en moi une amnésie dont je suis le premier à me plaindre » (lettre G.494).

128. Angliciste, traducteur de George Eliot, l'abbé Ernest Dimnet (1866-1954) était connu de longue date de Larbaud, qui l'évoquait dans l'article qu'il consacrait au *Literary Taste* d'Arnold Bennett publié dans *La Nouvelle Revue française*, n° 68, 1er août 1914. Nous avons retrouvé sa lettre datée du 6 janvier 1935 qui répondait à l'envoi du poème « La Neige » :

« *Cher Monsieur Larbaud,*

En rentrant des États-Unis j'ai trouvé votre touchant multiloquium, car ce tour de force est touchant.

Vos oreilles ont-elles tinté un clair soir de New York où Ph. Soupault et moi parlions de vous en faisant les cent pas près du Parc ?

Il faudra que je ne vous manque plus cette année mais il faudra aussi que vous ne soyez pas toujours comme les chats qui veulent être où ils ne sont pas.

Très bonne année car vous êtes un ami.

Ernest Dimnet.

J'ai relu Fermina Marquez *: la sincérité ne date pas.* »

129. Il s'agit encore d'Adrienne Monnier, avec qui B. Guégan était en relations dans les années 1927-1928.

130. Seul, parmi les quelques noms cités ici, Washington Irving (1783-1859) est l'auteur d'une œuvre conséquente. Essayiste américain, né à New York, il débuta avec des récits satiriques et spirituels qui firent sa réputation (*Histoire de New York par Diedrich Knickerbocker*, 1809). Il passa dix-sept ans de sa vie en Angleterre où il continua de travailler dans la même veine et publia, en 1820, *Le Livre d'esquisses de Geoffrey Crayon*. Nommé attaché d'ambassade en Espagne en 1820, il écrivit alors plusieurs ouvrages à caractère historique dont *L'Histoire de la vie et des voyages de Christophe Colomb* (1828). Il retourna ensuite aux États-Unis et se consacra à de grandes biographies : *Olivier Goldsmith* (1849), *Mahomet et ses successeurs* (1849-1850), et *Washington* (1859).

131. On peut constater l'attrait et l'intérêt de Larbaud pour tout ce qui touche à l'histoire de l'Amérique du Sud. De nombreuses notes dans ses carnets déjà évoqués (Ms IX et Ms XLV) y ont trait.

Rappelons quelques faits relatifs à l'histoire d'Hispaniola. Baptisée « La Espanola » lors de sa découverte par Christophe Colomb, cette île des Grandes Antilles est devenue Hispaniola, mais son nom américain était Haïti. On prit ensuite l'habitude de l'appeler du nom de sa capitale, Saint-Domingue (Santo Domingo). Les Espagnols occupaient la grande plaine sud-est de l'île et les Français, après s'être installés sur l'île de la Tortue, occupèrent les plaines de la partie occidentale d'Hispaniola. La colonie française conquit son indépendance en 1804 et prit le nom de Haïti ; la partie espagnole devint indépendante quelques années plus tard, en 1844, sous le nom de République dominicaine.

132. Surnom donné au dictateur vénézuélien Juan Vincente Gomez, qui détint le pouvoir de 1908 à 1935.

133. Antonio Guzmán Blanco prit le pouvoir en 1870, à la suite de la *revolución azul* (révolution bleue), et le conserva pendant dix-huit ans. S'opposant à la hiérarchie ecclésiastique, il créa un véritable état civil (organisation de l'administration, institution de l'enseignement primaire gratuit et obligatoire, mise en place du registre d'état civil et du mariage civil), encouragea le développement économique du Venezuela, fit tracer des chemins et des routes, développa les voies ferrées ; il sut également attirer les capitaux et conçut une unité monétaire, le bolivar.

Le caudillo Cipriano Castro, président du Venezuela de 1899 à 1908, fut le prédécesseur immédiat de Juan Vicente Gomez (Juan Bisonte). Il parvint à tenir tête aux Européens (Allemands et Anglais) qui imposaient un blocus au Venezuela pour obtenir le paiement de la dette extérieure du pays et, avec l'aide des États-Unis, parvint à obtenir la solution de la crise. En 1908, malade et devant se rendre en Europe pour y être opéré, Castro se vit dessaisi du pouvoir par son vice-président, Juan Vicente Gomez, politicien rusé et sans scrupules, qui administra le Venezuela d'une main de fer, supprima les libertés publiques, poursuivit, emprisonna ou exila les opposants à son régime et s'empara, pour lui et ses amis, des plus riches parcelles du territoire. C'est sous son « règne » qu'on découvrit et commença à exploiter le pétrole, et Gomez accorda des avantages aux consortiums pétroliers dans les années 1920. À l'époque qui nous occupe, il ne lui restait que quelques mois à sévir sur le pays puisqu'il mourut en décembre 1935.

134. Sobriquet désignant Louis-Napoléon Bonaparte, Napoléon III.

135. Le 6 janvier 1935, Mario Puccini accusait réception de la carte *Neige* et des vœux de Larbaud. Il demandait si son ami avait reçu son roman *Comici*. « C'est un monde petit et grand : j'ose espérer qu'on le sentira vivant et poétique », écrivait-il. Quelques mois auparavant, en septembre 1934, il se désolait de l'accueil réservé aux *Ultimi Sensuali* : « [...] aux *Ultimi sensuali* est revenue la même part d'ingratitude qu'à presque tous mes livres : c'est-à-dire le silence presque absolu de la critique, indifférence non pas partielle, mais totalement absolue du public. Tant pis ! Et continuons malgré tout à aller de l'avant. Mais c'est un fait qui m'humilie et qui m'afflige ; on se sent toujours plus seul et plus désarmé » (Correspondance Valery Larbaud-Mario Puccini, établie, traduite et annotée par Jean Joinet in *C.A.V.L.* nouvelle série, n° 1, 2001).

136. Le journal *L'Intransigeant*.

137. Il existe en effet trois exemplaires du livre au fonds Larbaud. Il fut publié à la librairie Garnier Frères en 1927 dans la collection « Selecta » des classiques Garnier et s'intitulait *Œuvres poétiques complètes de Maurice Scève / Délie, La Saulsaye, Le Microcosme / Arion et poésies diverses*, réunies pour la première fois par Bertrand Guégan.

138. Dans *Mon itinéraire*, le début de l'année 1902 se présente ainsi : « Hiver : [...] Fréquentations littéraires. Atelier du sculpteur Bourdelle ; réunions d'intellectuels anarchistes, de littérateurs, de peintres. (Cela avait commencé dès mon retour à Paris en 1899 et remontait à l'année passée à Henri-IV : je retrouvais les mêmes camarades) » (*op. cit.*, p. 30).

Ce sont ces « camarades » qui avaient entraîné Larbaud dans le milieu de *L'Œuvre d'art international*, revue fondée en 1901 par Jean Sévère, employé de l'Assistance publique et poète amateur. À sa mort, un Italien, Francesco Zeppa, et Marcel Clavié, employé à la préfecture de la Seine, prirent la direction de la revue. C'est ainsi que Larbaud fit la connaissance d'Henry Bataille et du sculpteur Émile Bourdelle (tous deux montalbanais comme Clavié) ainsi que des peintres Louis Welden Hawkins (1849-1910) et Émile Schuffenecker (1851-1934).

Mécislas Golberg, au dire de Larbaud, « était de toutes les avant-gardes » ; il fut un proche des poètes André Salmon et Guillaume Apollinaire. Mais celui dont Larbaud semble avoir été le plus proche est Raymond Meunier qui, dans sa jeunesse, venait en vacances chez lui à Vichy ; il lui consacra un compte rendu dans la *Revue européenne* (n° 21, 1er novembre 1924) à la sortie de son livre *Les Tourmentés, souvenirs d'un psychologue*. C'est avec lui que vers 1900 il avait fait une saison aux Champs-Élysées considérés comme station thermale, expérience qu'il évoque dans « Paris de France » (*Jaune bleu blanc*, L.P., p. 790) ; cette cure fit également l'objet d'un article de Raymond Meunier intitulé « Le Charme de Paris », publié en première page du journal *La Liberté*, le 7 septembre 1923.

139. Nous avons cité plus haut, en parlant de *L'Otage* de Paul Claudel (10 novembre 1934), l'article du *New Weekly* du 20 juin 1914. Larbaud fait état de cette collaboration dans les pages de son journal de 1914.

140. Ernesto Giménez Caballero était de ces figures, avec J. Chenevière, G. Jean-Aubry et E. Schachman, qui occupaient la pensée de Larbaud se promenant à Annecy, le 9 septembre 1932.

141. Ce document de propagande d'inspiration trotskiste (c'est au Mexique que Trotski trouva refuge quelques mois plus tard) développe une conception de « l'art dirigé » qui soulève une vive réaction chez Larbaud, qui procède par amalgame : l'ennemi de la religion (en l'occurrence l'auteur du pamphlet, Baltasar Dromundo) est également ennemi de l'art ; et la société prolétarienne qu'il prône fonctionne sur le modèle de la société bourgeoise ; comme cette dernière, elle exerce son oppression

sur l'individu. Seule trouve grâce aux yeux de Larbaud l'alliance de la musique mexicaine et de la révolution...

142. Ces desiderata préconisaient : la soumission totale de l'artiste au destin politico-social du prolétariat (3) ; le contrôle absolu exercé par l'État sur l'art, associé à l'exigence pour l'art d'être d'utilité sociale (5).

143. *La Proue, Revue des Poëtes Libres et Recréateurs*, fondée en 1929 et dirigée par Marcel Chabot, était publiée chez l'éditeur Albert Messein. Le n° 34 (juillet-décembre 1934) avait pour titre « La Poésie libre — Les hommes libres » et présentait des poèmes d'une cinquantaine d'auteurs ; aucun de leurs noms n'est passé à la postérité.

144. Allusion à la publication, dans les nos 241 et 242 d'octobre et novembre 1933, du « Tableau de la poésie en France », que Larbaud caractérisait alors de « débordement triste de prosodie informe accompagné de confidences lamentables »...

145. A.L.L., ou A.L. Lally, écrivain présenté dans le cahier 34 de *La Proue*, n'a pas laissé d'œuvre impérissable, même si elle fut abondante. On peut sans doute tenir les mêmes propos sur les auteurs des trois œuvres citées.

Jules Sandeau (1811-1883) publia *Sacs et parchemins* en 1851. Sa longue carrière et sa production abondante ne l'ont pas protégé de l'oubli. Néanmoins on sait que c'est lui qui amena George Sand à la littérature. Ils signèrent ensemble, en 1831, un roman, *Rose et Blanche ou la Comédienne et la Religion*, du pseudonyme de Jules Sand, d'où Aurore Dupin tira ensuite son nom de plume.

Georges Ohnet (1848-1916) est un écrivain et auteur dramatique dont l'œuvre est actuellement totalement méconnue. Son *Maître de forges*, roman porté à la scène, fut toutefois un grand succès populaire.

Le nom d'Octave Feuillet (1821-1890) enfin, auteur du *Roman d'un jeune homme pauvre*, ne peut être ignoré des lecteurs de Larbaud puisque son héros, « le célèbre Jeune Homme Pauvre », est un des protagonistes du conte qui ouvre *A.O. Barnabooth*, « Le Pauvre Chemisier ».

146. Paul Palgen (1883-1966), un poète luxembourgeois d'expression française, avait publié, en 1931, *La Pourpre sur les crassiers*, « poème du fer et de la mine » et, en 1933, *Quanabara, la baie aux trois cent soixante îles*, « poèmes du Brésil ».

147. Ce jeune pianiste, Gilles Gilbert (c'est sans doute la prononciation anglaise qui contamine la graphie de Larbaud), et son épouse avaient rencontré Larbaud l'année précédente (le 21 février, voir *Paris - Langar - Genève*).

148. Sur une page découpée tout exprès, Larbaud a collé la petite vignette, dessin à l'encre de Geneviève Tronquay, qui représente un cochon et que Laeta lui a donnée.

149. Ovide Decroly (1871-1932), médecin et psychologue belge, est un des pionniers de la psycho-pédagogie du XXe siècle. Il fonda d'abord, en 1901, un institut pour enfants déficients, puis, en 1907, il créa une école pour enfants normaux. La psychologie decrolyenne part de l'observation des enfants et s'intéresse autant à l'éducation intellectuelle qu'à la formation morale et au développement des aptitudes physiques. Les pratiques pédagogiques qu'il met en œuvre valorisent la fonction de globalisation (*gestaltqualität* sous la plume de Larbaud) et il est l'un des promoteurs de la méthode globale d'enseignement de la lecture qui a tant fait parler d'elle dans la seconde partie du XXe siècle !

150. Decroly, Piaget, on remarque que les références pédagogiques de Larbaud sont issues de travaux de pointe, œuvres de psychologues rigoureux et exigeants. Jean Piaget (1896-1980), philosophe qui se spécialisa dans la psychologie de l'enfant, fut en 1921, à l'Institut Jean-Jacques Rousseau de Genève, le principal collaborateur du psychologue Claparède. Il développa et fit connaître la psychologie génétique et cognitive et publia un grand nombre de travaux qui firent autorité au XXe siècle. Quelques-uns avaient déjà paru à cette époque tels *Le Langage et la Pensée chez l'enfant*, *Le Jugement et le Raisonnement chez l'enfant*, *La Représentation du monde chez l'enfant*. Sa méthode de travail était fondée sur une démarche expérimentale très scrupuleuse.

151. *Courrier des petits*, publication périodique italienne à destination des enfants.

152. Ribeiro Couto demeura plusieurs années en poste à La Haye et termina sa carrière diplomatique à Belgrade. Il resta fidèle à Larbaud comme en témoigne cette dédicace, en 1949, sur le livre *Mal du pays*, publié à Paris, qu'il adresse à Larbaud : « À Valery Larbaud, en hommage à sa grandeur, son obscur admirateur et ami reconnaissant, Ruy Ribeiro Couto du Larbaud Club Belgrade XII 1949. »

153. Cette préface paraîtra dans *La NRF* du 1er avril 1935 (pp. 606-615) sous le titre : « Notre Amérique. À propos du livre de l'écrivain urugayen José G. Antuña, *El Nuevo Acento*. »

154. On se souvient qu'un an auparavant E. Boudot-Lamotte, secrétaire de Gaston Gallimard, avait traduit un livre de Stephen Hudson, *A True Story*, qu'il avait soumis à l'appréciation de Larbaud.

155. André Maurois (1885-1967) est actuellement oublié, mais il a joui, jusqu'à sa mort, d'une grande notoriété. Il s'était fait connaître au sortir de la guerre 1914-1918 par *Les Silences du colonel Bramble*, puis *Les Discours du docteur O'Grady*, ouvrages inspirés par ses activités d'interprète pendant la guerre. Après quelques romans, il s'est tourné vers l'écriture de biographies (dont une *Vie de Disraeli* en 1927). Il s'est également intéressé à l'histoire et l'une de ses dernières œuvres est une *Histoire parallèle des USA et de l'URSS* (1962), dont le volet URSS a été traité par Louis Aragon.

156. Maurice Darantière, « Maistre imprimeur à Dijon » (c'est l'en-tête d'une de ses lettres à Joyce), avait imprimé *Ulysses*.

157. Paul Hazard (1878-1944) était alors professeur au Collège de France, où il tenait la chaire de littérature moderne comparée ; c'était un grand spécialiste de la littérature italienne.

158. Secrétaire général du Quai d'Orsay, Leger était amené à accompagner le ministre des Affaires étrangères dans ses déplacements (ici, du 4 au 7 janvier 1935, pour la signature d'un accord avec Mussolini dans lequel, entre autres points, Laval laissait au Duce la liberté d'action sur l'Éthiopie) et Larbaud s'amuse sans doute de le voir sortir de « Chez Alfredo », établissement qu'il fréquentait régulièrement au cours de ses séjours à Rome.

159. En 1918 Gaston Gallimard avait sollicité Larbaud pour une traduction de *The Unwelcome Man* de Waldo Frank, à laquelle il s'était refusé, accaparé qu'il était alors par ses traductions de Samuel Butler. En 1919, l'écrivain américain avait publié *Notre Amérique*, paru en France en 1920.

160. La dactylographe parisienne de Larbaud.

161. Universitaire, critique littéraire, René Lalou avait publié une *Histoire de la littérature française contemporaine, 1870-1922*, sur laquelle Larbaud avait fait un compte rendu dans *La Nouvelle Revue française*, 1er février 1923, et à laquelle il avait consacré, dans *La Nación* en juin 1923, une chronique qu'il concluait ainsi : « [...] ce manuel est un guide critique de la littérature française contemporaine. C'est aussi à ce jour le seul que nous ayons et que nous puissions offrir à toute personne française ou étrangère qui désire connaître cette période [jusqu'à 1922] de notre production littéraire » (*Du navire d'argent*, *op. cit.*, pp. 59-67).

162. Le nom de Louis Neillot (1898-1973) ne figure pas au nombre des peintres majeurs du XXe siècle. Néanmoins ce Vichyssois d'origine a fait une carrière très honorable ; il participa à de nombreux salons et se vit confier, en 1939, l'organisation de l'exposition du centenaire de Cézanne, peintre qu'il considérait comme son maître. Une salle du musée de Vichy lui est consacrée ; elle regroupe, avec quelques portraits, des paysages d'Allier.

163. Voici cependant ce que Larbaud dira de cette chute quelques jours plus tard, dans une lettre du 16 février adressée à son ami G. Jean-Aubry : « [...] une chute dans mon escalier, avec contusions et ébranlement interne, a fait de moi, pour quelques jours, un demi-paralytique » (*op. cit.*, p. 186).

164. Préparation pour *Domaine français*, qui ne paraîtra qu'en 1941. Ces « Notes sur quelques poètes français » sont la reprise d'un article paru dans *Du navire d'argent* (n° 6, 1er novembre 1925) qui s'intitulait « Stratégie littéraire : une campagne (1923-1925) », article publié l'année suivante, 1926, en plaquette chez Stols, sous le titre « Préface à un recueil de notes sur quelques poëtes français ». À quelques remaniements près, ce texte, intitulé cette fois « Excuses pour ce livre », servira d'intro-

duction au *Domaine français*. Larbaud y explique comment il fut amené à écrire ses chroniques pour le journal argentin *La Nación* et ce qui dicta son choix de poètes.

165. Le 15 février, Larbaud à Marcel Ray : « Il m'a semblé travailler, pendant cinq ou six jours, à un télégramme où il fallait, en 20 minutes, dire le plus de choses possible avec le moins grand nombre de mots. La lecture elle-même, surtout celle des citations, choisies parmi les moins difficiles, mais encore pleines d'archaïsmes et d'équivoques pour l'oreille, a été une épreuve éreintante, (... "Mes *maux* tu lui récites" ; "De moi *plaints*, fleurs, et mortelle tristesse" ; et éphémère = quotidien, etc.) » (*Correspondance, op. cit.*, t. III, p. 240). Le texte de cette conférence a été publié dans *Les Cahiers de Radio-Paris*, 6e année, n° 3, 15 mars 1934, pp. 215-219.

166. Princesse avec qui nous avons déjà fait connaissance le mercredi 31 janvier 1934. Larbaud écrivait alors son nom : Schakhovskoy, ce qui semble être la graphie la plus fréquente.

167. P.S. Allen est l'éditeur de la correspondance d'Érasme, *Opus Epistularum Des. Erasmi Roterodami*, dont la publication en douze tomes s'est étalée de 1906 à 1958 aux Presses universitaires d'Oxford.

168. Larbaud a traduit, littéralement, cette expression anglaise deux lignes plus haut : « lait répandu ». En fait, si l'on veut bien comprendre son propos, il faut restituer l'expression dans son intégralité : *It's no use crying over spilt milk* : inutile de se désoler sur ce qui est arrivé et qu'on ne peut changer !

169. Camille-Théodore Quoniam , *Érasme*, Desclée de Brouwer, 1935.

170. Ancien conservateur du musée de Versailles, érudit et historien, P. de Nolhac était connu pour ses travaux sur le XVIe siècle. À la veille du quatrième centenaire de l'anniversaire de la mort d'Érasme (1536), un certain nombre de publications étaient en cours, et Pierre de Nolhac lui-même préparait une traduction de l'*Éloge de la folie* qui devait paraître en 1936 chez Garnier.

171. Jules Marouzeau, professeur à la Sorbonne, avait publié, en 1930, une étude sur « La Prononciation du latin » dans une revue pédagogique, *L'Éducation*. C'est cette étude, reprise en plaquette aux Belles-Lettres en 1931, que Larbaud envoie à son ami Marcel Ray qui s'interrrogeait sur « le progrès du travail philologique sur la prononciation du latin » (lettre du 22 janvier 1935, *op. cit.*, t. III, p. 235).

172. Félix Boillot était alors directeur de l'université de Bristol. Il entretenait avec Larbaud des relations épistolaires depuis 1927 et venait de recevoir la carte de vœux « La Neige » de Larbaud.

173. Cette *Littérature latine* (coll. « Méthode moderne d'Humanités latines », Armand Colin), a fait autorité puisque, toujours en usage dans les universités, elle a connu en 1996 une neuvième édition.

174. Petite-nièce de Lamartine, Mme de Brimont avait hérité du domaine et du château de Saint-Point, à la gestion desquels elle s'intéressait.

175. Marie Fargues retrace la vie exemplaire de cette jeune enfant, morte à onze ans, dans *La Petite Anne de Guigné* (Éditions du Cerf, 1932). Dans ce qu'on peut appeler une postface l'auteur définit ainsi son projet : « Je n'ai eu qu'un but en écrivant ce livre : donner aux petits chrétiens qui le liront l'amour et le désir du bien. Rien ne vaut un modèle. Nénette nous a été "montrée", suivant l'expression d'un de ceux qui l'ont connue, comme un exemple vivant de ce que la grâce peut faire dans une petite âme uniquement soucieuse d'être fidèle. »

On note chez Larbaud un intérêt marqué pour ces « saintes enfants ». Qu'on se rappelle, notamment, le court article du *Domaine français* « Notes sur *La Vie de Mélanie, bergère de la Salette, par elle-même* », publié pour la première fois dans *La NRF* (1er avril 1912) et ces lignes : « Dès qu'on a commencé à lire l'histoire de cette petite fille, on se sent soulagé, et libéré des ténèbres de la culture et du savoir » (*O.C.*, t. VII, p. 275).

176. Avec son frère Alfred (1845-1923), Maurice Croiset (1846-1935) fut un helléniste remarquable. Tous deux furent les auteurs d'une *Histoire de la littérature grecque* en 5 volumes (1887-1899) qui fit référence. Il fut professeur au Collège de France.

177. Dans une lettre du 21 juillet 1907, adressée à Marcel Roy, Larbaud, encore dans l'attente des résultats de ses examens, racontait cet épisode sur le vif :

« Jeudi 18 : Grec avec Hauvette. Un passage de l'*Odyssée*. Je fus *très brillant*. Hauvette, d'enthousiasme, m'arrêta au bout de 16 vers et me demanda si c'était en France que j'avais si bien appris le grec. Glorieux, en vérité ! Mais tout dépend de la note qu'il m'aura mise. » (*op. cit.*, t. I, p. 189).

178. Henri Hauvette (1865-1935) était spécialiste de Dante, à qui il a consacré plusieurs ouvrages.

179. Ce M. désigne Mussolini ; l'allusion au « professeur de gymnastique », reprise différentes fois sous la plume de Larbaud pour parler du régime fasciste en Italie, ne peut que nous conforter dans cette opinion.

180. *Le Couple humain dans l'œuvre de Thomas Hardy*, éditions de la Revue Nouvelle, 1928.

181. La seule lettre de Pierre d'Exideuil que l'on trouve au fonds Larbaud est relative à ce sujet et date du 26 novembre 1932 :

« *Cher Monsieur,*

La préparation du numéro élizabethain est dès maintenant très avancée. Nous attendons avec une impatience particulière les pages que vous avez bien voulu accepter de consacrer à Middleton.

Je vous serais spécialement obligé de bien vouloir les envoyer à votre plus prochaine convenance à Mademoiselle Georgette Camille, 40 rue du Bac.

Croyez, cher Monsieur, à mes sentiments dévoués et bien reconnaissants.

d'Exideuil. »

Ce numéro spécial des *Cahiers du Sud* parut en juin-juillet 1933. Il était dirigé par Pierre d'Exideuil et Georgette Camille.On n'y trouve naturellement pas trace de la collaboration de Larbaud.

182. Bien que toujours masquées, on reconnaît ici des allusions à Adrienne Monnier.

183. Publié chez Grasset en 1935, *Le Pouvoir des fables* porte cette dédicace : « À Valery Larbaud qui a écrit *Enfantines*. En admiratif hommage. Robert de Traz. »

184. Larbaud poursuit ses lectures psycho-pédagogiques. Édouard Claparède (1873-1940) a été un des premiers maîtres de Jean Piaget à l'université de Genève, où il a fondé l'École de psychologie et de sciences de l'éducation. Il est, en 1935, l'auteur de nombreux ouvrages de psychologie ainsi que le fondateur, avec T. Flournoy, en 1901, des *Archives de psychologie*. Il s'est beaucoup intéressé aux problèmes de l'éducation et de l'orientation scolaire et professionnelle. *Comment diagnostiquer les aptitudes chez les écoliers* fut publié en 1924 aux Éditions Flammarion, mais c'est l'édition revue et augmentée de 1933 que Larbaud possédait.

185. La position de Benedetto Croce (dont le nom est cité dans le *Journal* dès 1917) en ce qui concerne les genres littéraires est que ces genres n'ont pas d'existence propre ; ils sont la forme que prennent l'imagination et la sensibilité de l'écrivain dans un contexte historique donné.

186. La réponse de Larbaud fut publiée dans le *Journal des poètes*, 5e année, n° 5, 25 juin 1935, Bruxelles. Elle est effectivement datée du 19 février 1935.

187. Claparède expose ce test, parmi d'autres, dans le chapitre VI : « Physionomie mentale (Tests d'aptitude) », § 12 : Le jugement moral (p. 287). Ce test de Mlle Descoeudres avait été publié dans l'*Intermédiaire des éducateurs*, en mai 1919, sous le titre « Le Partage, un test de vie morale ».

188. Auteur d'une thèse, *Le Chevalier Thomas Browne* (1931) à propos de laquelle Larbaud écrivit un article dans *Les Nouvelles littéraires* en janvier 1932.

189. Citation d'un vers du poème d'Alessandro Tassoni « La Belle Mendiante », que Larbaud a modifié : au lieu de « Sa langue tentatrice réclamait peu », il a écrit : « Sa langue tentatrice réclamait beaucoup ».

190. F. Danchin, dans la *Revue germanique*, n° 1, janvier-mars 1922, avait discuté la traduction du titre de *The Way of all Flesh* par *Ainsi va toute chair*. Il y avait eu, par la suite, un échange de correspondance entre le traducteur et l'auteur de l'article et, dans sa lettre du 3 mars 1922, F. Danchin reconnaissait que si le titre choisi par Larbaud portait à confusion « [il] serai[t] bien embarrassé de trouver un titre parfait et qu'en général il est horriblement épineux de traduire les titres ». Il concluait en

disant qu'il était « heureux de [l'] avoir taquiné sur le titre de [sa] traduction puisque cette taquinerie [lui avait] valu une lettre de [Larbaud] ».

191. Pacifiste, Jules Romains prônait le rapprochement entre les peuples et s'était rendu, en novembre 1934, à l'université de Berlin, où il avait exposé ses vues sur l'entente franco-allemande. En 1935 il publia un ouvrage intitulé *Le Couple France-Allemagne*. Mais lorsque la guerre eut éclaté, il quitta la France pour s'occuper de la propagande de la France Libre.

192. Il s'agissait de la première publication, aux Cahiers du Fleuve, de Jean Cayrol (1911-2005), dont l'œuvre, sans abandonner la poésie, se tournera vers le roman et sera marquée, après la guerre, par son expérience des camps à Mauthausen.

193. Outre les *Crónicas de « Gerardo Rivera »*, (Madrid, M. Aguilar, 1935), trois autres ouvrages des J.J. Domenchina figurent dans la bibliothèque espagnole de Larbaud, tous sont dédicacés. Le dernier, *Poesias completas*, lui fut adressé en 1936.

194. Thème que Larbaud développe dans son essai sur Dondey de Santeny, dont il dit qu'il « avait adopté avec enthousiasme une autre donnée de l'idéologie romantique : la Poésie, "sœur jumelle de Dieu", servant de médiatrice entre la Création et le Créateur », et il cite ces vers (*O.C.*, t. VII, p. 232) :

— Est-ce qu'épris enfin d'un plus sublime anour,
L'homme régénéré ne crîra pas un jour :
Devant l'Art-Dieu que tout pouvoir s'anéantisse.
Le poëte s'en vient ; place pour sa justice ?

195. Charles Massonne est du nombre de ces jeunes poètes que Larbaud estime et voudrait faire connaître. Il évoque son nom à plusieurs reprises dans son journal, mais se tait en 1934 sur la publication, qu'il avait favorisée, de quatre poèmes de Charles Massonne dans *La Revue de Paris* du 1er avril 1934.

196. Il fut effectivement écrit sans délai puisque Robert Mallet indique qu'il fut terminé le 28 février 1935. Ce texte bref, intitulé « Le Hameau des abeilles », parut dans *La Gazette apicole* en avril 1935. Repris dans *Aux couleurs de Rome*, il figure dans le tome V des *O.C.* (pp. 167-171) et dans la « Bibliothèque de la Pléiade » (pp. 1015-1017).

197. Jérôme Carcopino (1881-1970) enseignait alors l'histoire romaine, dont il fut l'un des grands spécialistes au XXe siècle, à la Sorbonne. Il fut également directeur de l'École française de Rome. Toutefois il se rallia, entre 1940 et 1944, au régime de Vichy et exerça les fonctions de ministre de l'Éducation nationale et de la Jeunesse dans le gouvernement Pétain en 1941-1942. En 1945, il bénéficia d'un non-lieu et fut réhabilité en 1947.

198. Le docteur Cornil avait été nommé subrogé tuteur de Larbaud.

199. Poète, auteur de pièces courtes (*Watteau, le départ pour les îles*, 1937, *À la mer*, 1936), Lucien Leluc était également traducteur de l'italien et avait notamment collaboré, quelques années plus tôt, à la traduction en français du roman de Mario Puccini *Quatre-vingt dix Ans*.

200. Seul Carlo Innocenzo Frugoni (1692-1760), fait partie du XVIIIe siècle italien ; poète, il vécut à la cour de Parme et composa avec abondance et facilité une poésie pseudo-classique.

Du Tillet (1720-1791) et l'abbé de Condillac (1715-1780) sont deux proches de Diderot. Condillac écrivit de nombreux articles pour l'*Encyclopédie*.

201. L'« État-Libre » désigne Valbois. Dans une lettre à Marcel Ray, du 11 avril 1935, Larbaud évoque un « grand ouragan qui a, le mois dernier, crevé des toits, ravagé le jardin, démoli le moulin à eau, etc. » (*Correspondance, op. cit.*, t. III, p. 245), ce qui le contraint à rejoindre Valbois au début de l'été.

202. M. Gaston Auger-Stève, 9, avenue de la Motte-Piquet, noté dans l'agenda de Larbaud comme faisant de la « peinture fine de soldats d'étain ».

203. José Bergamin (1895-1983), critique et essayiste espagnol, fonda la revue *Cruz y Raya*, qu'il dirigea jusqu'en 1936. Opposant au franquisme, il vécut en exil à partir de 1939. Sept de ses ouvrages ont été recensés par Rose Duroux dans la bibliothèque espagnole de Larbaud et deux sont datés de 1934 : *La Cabeza a pájaros* et *La Estatua de don Tancredo*.

204. Lionello Fiumi (1894-1973), poète, romancier, critique et essayiste italien, fut en correspondance avec Larbaud à partir de 1927. En 1932 il devint directeur de la revue *Dante*, « revue de culture latine », et le restera jusqu'en 1940. Larbaud avait donné à cette revue, publiée en France et en français, « Ma dette envers l'Italie » en octobre 1932. L. Fiumi était l'auteur avec Armand Henneuse de l'*Anthologie de la poésie italienne contemporaine*, parue à Paris, « Les écrivains réunis », en 1928, et donna, quelques années plus tard, avec Eugène Bestaux, une *Anthologie des narrateurs italiens contemporains* (Delagrave, collection « Pallas », 1933) qui porte en dédicace : « Al grande maestro Valery Larbaud in devoto omaggio Lionello Fiumi. Eugène Bestaux. »

205. Joseph Bédier (1864-1938), écrivain, grand médiéviste, occupa de 1903 à 1936 la chaire de littérature française du Moyen Âge au Collège de France. Son étude sur l'origine des chansons de geste, *Les Légendes épiques* (1908-1915), qu'il considérait comme son œuvre la plus importante, lui valut une renommée internationale.

206. Le titre complet du premier ouvrage est *Recent Poetry 1923-1933* ; celui de l'ouvrage de Percival Serle, *An Australasian Anthology : Australian and New Zealand Poems*.

207. Jeune poète anglais (il avait alors 24 ans), Stephen Spender venait de publier deux recueils, que Larbaud lisait alors : *Vienna* (1934), sur les Autrichiens opprimés, et *L'Élément destructeur* (1935).

208. Ou Tawantinsuyui : « l'empire des quatre quartiers », empire inca fondé dans les Andes centrales par Inca Yupanqui. Cet empire assura l'unité de la région en 1438 et 1532, date de l'arrivée des conquistadores espagnols.

209. Vaste plaine au pied des Andes, limitée au nord par l'Amazonie et au sud par la pampa ; elle se partage entre l'Argentine, la Bolivie et le Paraguay et fut le théâtre, à partir de 1932, de sanglants conflits entre la Bolivie et le Paraguay lorsque l'on soupçonna la présence de richesses pétrolières dans la région. La paix entre le Paraguay et la Bolivie fut signée en 1935.

210. José Maria Sert y Badia (1876-1945), peintre catalan que Larbaud connaissait de longue date, avait une renommée internationale ; il réalisa notamment la décoration de la cathédrale de Vich (Espagne). Ami de Claudel, il illustra l'édition originale du *Soulier de satin* (4 volumes, Gallimard, 1928-1929) avec 4 frontispices ; il était le dédicataire de cette œuvre.

211. *À la nuit et autres poèmes*, coll. « Les Cahiers de Barbarie ».

212. Restaurant parisien, 22, passage des Princes, 2e arrondissement.

213. Jacques Chenevière, de passage à Paris, présentait ses excuses pour avoir laissé Larbaud sans nouvelles et accusait réception du poème « La Neige » (« Votre dernier envoi, "La Neige", m'a fait un Noël scintillant, et émouvant »). À sa demande de rencontrer l'écrivain, celui-ci répondit en lui fixant un rendez-vous le 6 mars au Weber, à partir de cinq heures et quart.

214. Il doit s'agir de M. Gaston Auger-Stève (voir plus haut note 202).

215. Claude Aveline (1901-1993) commença sa carrière comme éditeur d'art dans les années 1920 et se consacra à l'écriture romanesque à partir de 1930. Séduit par le cinéma parlant, il collabora comme critique à des revues telles *La Revue hebdomadaire, Revue bleue* et *Commune.* Militant d'extrême gauche dès ces années, il fut très vite conscient des menaces fascistes. Avec Jean Cassou et Marcel Abraham il fonda, en août 1940, un groupe, Français libres de France, qui s'intégrera au mouvement Résistance du musée de l'Homme ; à la Libération, il participa à la création du journal *Combat.*

216. Lettre dont le titre était justement « À propos des éditions bourbonnaises ». Elle parut dans le n° 7, daté de novembre-décembre 1934, de la revue. Au projet qu'entretenait la Société d'émulation du Bourbonnais de publier une *Histoire générale du Bourbonnais*, Larbaud suggérait d'ajouter un *Dictionnaire de biographie bourbonnaise* et un ouvrage illustré, *La Demeure bourbonnaise.*

217. Poème de Leconte de Lisle pris dans le recueil *Poèmes barbares*, c'était un tiré à part de la *Revue de l'enseignement des langues vivantes* (Paris, H. Didier et Cie, 1935) que Félix Boillot envoyait à son correspondant avec cette dédicace : « À Valery Larbaud en toute amicale gratitude pour sa précieuse collaboration ». Il lui avait

déjà fait parvenir, la même année, un tiré à part dans la même revue d'une autre traduction commentée : « Essai de traduction anglaise. N° 2 Le Rat qui s'est retiré du monde... ».

218. Giovanni Comisso, qui avait écrit à Larbaud, en janvier 1935, au sujet de cette jeune femme, l'avait également adressée à Benjamin Crémieux et à sa femme, la romancière Marianne Comnène (les XXX). Or, à la suite de sa brouille avec Adrienne Monnier, Larbaud avait cessé toute relation avec tous ceux qu'il pensait proches de la libraire ou susceptibles d'être influencés par elle. Les Crémieux étaient, dans son esprit, de ceux-là et la jeune femme, se recommandant d'eux, ne pouvait être bien accueillie par l'écrivain...

219. Cette expression latine que Larbaud emprunte à Aulu-Gelle signifie « peseur de mots ». Elle donnera lieu à une réflexion sur la pesée des mots, autrement dit le travail de la traduction, note hiéronymienne qui aura pour titre « Les Balances du traducteur », parue dans *Écrits du Nord* (Bruxelles, 1re année, n° 1, juin 1935), avant d'être reprise dans *Sous l'invocation de saint Jérome*, en 1946 (2e partie, « L'Art et le Métier », IV). Elle figure donc dans les *O.C.*, t. VIII, pp. 98-101.

220. *Dictionnaire anglais-français*, Hachette, 1934.

221. Jacques Chenevière avait commencé, en 1933, un roman qui fut publié chez Calmann-Lévy et s'intitula *Connais ton cœur.*

222. Marc Chadourne (1895-1975), romancier, essayiste, administrateur colonial et professeur d'université aux États-Unis, était le frère de l'écrivain Louis Chadourne que Larbaud avait connu en 1912 à l'Institut de français de Florence et avec qui, ensuite, il s'était lié d'amitié.

Lucien Fabre (1895-1952), poète et romancier dont la renommée n'est pas parvenue jusqu'à nous, obtint le prix Goncourt en 1923 pour son roman *Rabevel ou le Mal des ardents.*

223. *Éloge de la folie*, chap. XXIII : « Des hommes qui ont beaucoup d'audace et peu de réflexion. »

224. Cette revue, dont ce fut le seul et unique numéro, était éditée par la faculté de philosophie et de lettres de l'Université libre de Bruxelles. L'hypothèse que Larbaud formule ici quant à l'envoi de la revue paraît très vraisemblable si l'on considère que son essai sur Dondey débutait par cette question, empruntée à Marcel Hervier : « Aurons-nous été plus heureux en demandant plus de justice, et dans le mouvement poétique qui suivit 1830, Philothée O'Neddy tiendra-t-il le rôle qui lui appartient à côté de Petrus Borel ? » Il pouvait donc paraître tout à fait justifié à Maurice-A. Arnould de lui faire connaître sa propre étude, « Petrus Borel, le lycanthrope », sur un poète qui « risquerait fort de dormir à jamais parmi la nombreuse cohorte des poètes oubliés, si l'indiscrète curiosité des érudits ne venait faire revivre, à intervalles irréguliers, cette figure originale quoique effacée ».

225. Le roman de Gabriel Miró Ferrer, *L'Évêque lépreux* en français, avait été publié en 1926 à Madrid. On sait tout l'intérêt que Larbaud portait à cet écrivain qu'il avait connu à Alicante en 1916, mais il n'avait pu, absorbé qu'il était par la traduction des œuvres de Samuel Butler, répondre à son désir de traduire ses œuvres. Toutefois, soucieux de promouvoir Miró, qu'il considérait comme « le meilleur écrivain qu'ils aient [en Espagne] depuis Becquer et Larra », il avait essayé d'inciter Gaston Gallimard à les faire traduire et à les publier, sans beaucoup de succès, semble-t-il, puisque la première traduction française de *L'Évêque lépreux* a été faite par Jean-Baptiste Grasset en 1994 (Paris, Stock, « Nouveau Cabinet cosmopolite »).

226. Les ouvrages de Zarrilli sont présents dans la bibliothèque de Larbaud. Il s'agit de livres de lecture (*1er, 2e, 3e et 4e Livre de lecture*, Montevideo, Palacio del Libro, 1927) ; en 1928, de *Libro de imágines* (Montevideo, El Siglo Ilustrado). Enfin, en 1949, il adressa encore *Pasion de la imagen* (Montevideo, sn).

227. On note la présence, dans la bibliothèque hispanique de Larbaud, de sept ouvrages dédicacés de Carlos Sabat Ercasty, dont *Lirica* (Montevideo, Garcia Morales, 1933).

228. Cette note sur Pienza, « A Pienza », se trouve dans le chapitre XVII des *Carnets.* Voici, dans sa traduction, le passage auquel Larbaud se réfère : « [...] on me conduisit au meilleur pensionnat de jeunes demoiselles, le Conservatorio di San Carlo, di-

rigé par la Signora (ou Signorina, je ne sais lequel des deux) Cesira Carletti, pour y voir l'étonnant Piviale* du XIIe ou du XIIIe siècle donné à Pienza par le Pape Aenéas Sylvius Piccolomini (Pie II) et volé quelques années plus tard, mais retrouvé. * Pluvial, ou chape. *(N.tr.)* » (Samuel Butler, *Carnets, op. cit.*, p. 279).

229. Voici le début de ce dizain :

En divers temps, plusieurs jours, maintes heures,
D'heure en moment, de moment à tousjours
Dedans mon âme, ô Dame, tu demeures
Toute occupée en contraires séjours.
Car tu y vis et mes nuits et mes jours.

230. *Work in Progress* sera publié en 1939 (Londres, Faber & Faber) sous le titre définitif de *Finnegans Wake*. Ce travail faisait l'objet, depuis 1922, de publications partielles. « Anna Livia Plurabelle » en était un épisode, publié en mai 1931 dans *La NRF* (n° 212) dans une traduction d'équipe à laquelle Joyce avait lui-même collaboré. On y trouvait, entre autres, les noms de Samuel Beckett, Adrienne Monnier et Philippe Soupault.

231. Nous n'avons pas trouvé trace de ce livre.

232. Académicien barbu et imposant, Louis Gillet (1876-1943), critique de *La Revue des deux mondes*, pouvait, vu son aspect, passer pour un « pontife ». Larbaud le connaissait de longue date puisqu'il avait écrit, en 1921, un article sévère sur la biographie de Samuel Butler par Henry Festing Jones. En 1925, dans la même *Revue des deux mondes*, il avait donné un article peu élogieux sur Joyce, « Du côté de chez Joyce » (1er août 1925), mais il avait revu son jugement dans un article du 15 août 1931, « M. James Joyce et son nouveau roman ». Il fit également paraître, en 1941 (Marseille, Sagittaire), *Stèle pour James Joyce*.

233. La vue de Joyce était alors très basse, proche de la cécité. Lucia, sa fille, souffrait de maladie mentale et les accès de sa maladie entravaient la vie de l'écrivain et contraignait le couple à des résidences proches des endroits où Lucia était soignée. Quant à son fils, Giorgio, outre les problèmes conjugaux qui le menèrent au divorce, il semblait rencontrer des problèmes professionnels et financiers qui pesaient également sur la vie de l'écrivain.

234. Sylvia Beach et Adrienne Monnnier. Sylvia Beach avait créé la maison d'édition Shakespeare and C°, du nom de sa librairie, pour éditer, en anglais, l'œuvre de Joyce. Quelques années plus tard, en 1929 parut la traduction française à la Maison des Amis des Livres d'Adrienne Monnier. Cette traduction avait été effectuée par Auguste Morel en collaboration avec Larbaud et Stuart Gilbert et avec l'arbitrage de James Joyce. C'est à la suite de ce travail qu'intervint la brouille entre Larbaud et Adrienne Monnier. Dans une lettre, datée du 4 mai 1933 et adressée à Larbaud, Joyce avait annoncé que Miss Beach n'était plus son éditeur et que l'Albatross Press avait repris *Ulysse* et lançait sur le marché international sa 13e édition.

235. Dans la lettre du 4 mars 1935 qui accompagnait son envoi, le professeur Boillot présentait à Larbaud ses traductions comme un moyen pour faire percevoir à ses étudiants les nuances et les subtilités du français et non pas comme des traductions poétiques achevées mettant en œuvre toutes les ressources de la prosodie et de la versification.

236. S'il n'y a pas cryptage, il peut s'agir de Marcel Arland, qui a participé, dès les années 20, aux comités de lecture de la NRF aux côtés de Jean Paulhan.

237. Après un séjour à Madagascar, Paulhan, qui s'était intéressé aux joutes oratoires traditionnelles malgaches, avait publié, en 1913, un recueil de poésies proverbiales tirées de ces manifestations *Les Hain-Tenys merinas*. Ayant engagé alors une réflexion linguistique et littéraire, il la fera aboutir dans *Les Fleurs de Tarbes*, ouvrage qui ne parut qu'en 1941. Dès 1927 il avait annoncé son ouvrage comme achevé, mais il l'avait ensuite remanié et donné en lecture chez Adrienne Monnier, en mai 1936, avant de le publier dans *La NRF* (juin-octobre) cette même année.

238. Édouard Roditi, né en 1900, Américain de formation britannique (Oxford), était arrivé à Paris en 1927 pour y poursuivre une carrière de critique littéraire et artistique débutée à Londres. Il rencontra Léon Pierre-Quint, qui assurait la publication de panoramas des littératures, subventionnés par les gouvernements des pays

qu'ils représentaient. Une *Histoire de la littérature tchèque*, rédigée par Hanus Jelinek parut ainsi, en trois périodes (des origines à 1850, de 1850 à 1890 et de 1890 à nos jours) en 1931, 1933, 1935. Les noms suggérés par Larbaud ne seront pas retenus pour les panoramas qui paraîtront. (Voir François Laurent et Béatrice Mousli, *Les Éditions du Sagittaire*, Paris, IMEC, 2003).

239. Larbaud connaissait Marcel Bataillon depuis quelques années au moins puisqu'il évoque sa présence au banquet de Lisbonne (1926) : « Il y avait là [...] notre compatriote Marcel Bataillon, l'hispaniste qui a traduit l'*Essence de l'Espagne*, de Miguel de Unamuno » (« Lettre de Lisbonne », L.P., p. 931).

240. Marcel Hervier était l'éditeur de *Feu et flamme*, paru dans la « Bibliothèque romantique » (Les Belles Lettres, 1926).

241. Aristide Marie, *Pétrus Borel le lycanthrope, sa vie, son œuvre*, Paris, 1922. Marcel Hervier, dans l'édition évoquée dans la note ci-dessus, établit un rapprochement entre Pétrus Borel, poète Jeune-France (1809-1859) et Dondey de Santeny.

242. Edmond Huguet (1863-1948) était professeur de philologie française à la faculté des lettres de l'Université de Paris. Son *Dictionnaire de la langue française du seizième siècle* avait commencé de paraître en 1925 ; le cinquième et dernier tome parut après sa mort, en 1958. Outre *L'Évolution du sens des mots depuis le XVIe siècle*, (Droz, 1934), il avait publié *Le Langage figuré au seizième siècle* (Hachette, 1933) et publiera *Mots disparus ou vieillis depuis le XVIe siècle* (Droz, 1935).

243. Étude de la revue *Sol* (voir plus haut note 224).

244. Et pourtant pas si perdu que cela puisque Théodore Zeldin, dans le tome I de son *Histoire des passions françaises — Ambition et amour*, chap. « Les enfants », Le Seuil, coll. « Points Histoire », 1980, p. 390, fait référence au travail de Justin O'Brien sur l'adolescent dans le roman français (*The Novel of Adolescence in France*, New York, 1937).

245. Les événements semblent plus lointains à Larbaud qu'ils ne le sont réellement car il les évoquait dans son journal des 12, 13 et 14 février 1934. En ce qui concerne l'étude scientifique du phénomène de guerre, il faut croire que l'idée était malgré tout dans l'air du temps puisque le sociologue français Gaston Bouthoul (1896-1980) inventa, quelques années plus tard la « polémologie » (1945) et fonda l'Institut français de polémologie où, avec l'aide de chercheurs et d'étudiants, il dirigea un certain nombre d'ouvrages. Il voulait montrer que la guerre est un phénomène psychologique, une impulsion agressive, propre au comportement humain et que l'on doit étudier selon les méthodes de recherche développées en sciences humaines. Son ouvrage *Les Guerres, éléments de polémologie*, parut en 1951.

246. Amyot (1513-1593) est le traducteur des *Vies des hommes illustres* de Plutarque. Claude de Seyssel est pour Larbaud « un des grands traducteurs du XVIe siècle » (lettre du 2 juin 1935 à Jean-Aubry, *op. cit.*, p. 192). Filbert Bretin (1540-1595), médecin et poète français, fut traducteur des *Œuvres* de Lucien de Samosate, que Larbaud connaît bien. Antoine Le Maçon traduisit, en 1545, *Le Décameron* de Boccace.

247. Jacques Madeleine était l'éditeur des œuvres de Tristan L'Hermite (1601-1655) *Plaintes d'Acante* et *La Mort de Sénèque*, et venait d'éditer chez Droz, en 1934, la seule comédie de cet auteur, *Le Parasite*.

248. Recueil de poèmes de Dondey de Santeny.

249. Pseudonyme de Théophile Dondey de Santeny, dont il est l'anagramme.

250. C'est chez Fasquelle que *Fermina Marquez* avait été édité. On se souvient des tractations Fasquelle-Gallimard-Plon, à l'automne 1919, ou tout au moins des désirs et des espoirs de Larbaud.

251. Édouard Maynial enseignait la littérature en classes supérieures au lycée Henri-IV et était un ami d'Henri Girard. Il accusa réception du don de Larbaud dans une lettre que ce dernier conserva avec le manuscrit et qui figure ici en annexe.

252. Henri Girard (1877-1935), dont Larbaud rapportera la mort quelques semaines plus tard, était conservateur de la bibliothèque Sainte-Geneviève. Il dirigeait la collection « Bibliothèque romantique » aux Presses françaises et Société d'édition Les Belles Lettres. Il avait consacré une thèse au poète romantique Émile Deschamps (Champion, 1921) et aurait aimé que Larbaud entreprît sur Antoni Des-

champs, frère d'Émile, un travail comparable à celui qu'il avait réalisé sur Dondey. Larbaud déclina sa proposition.

253. Deux œuvres et deux auteurs que Larbaud avait découverts avec enthousiasme : en janvier 1918 pour Gómez de la Serna et *Échantillons* ; en septembre 1919 pour *Trivia* de Logan Pearsall Smith.

254. Marcelle Lesage était également éditrice et elle s'était vu promettre par Larbaud les *Notes sur Racan,* texte paru dans *La Revue de Paris* en 1927 et qui fut en fait publié par Stols, en plaquette, en 1928. Elle n'obtint rien d'autre de Larbaud.

255. Le 14 avril 1935 Larbaud répondait à Henri Girard : « [...] je ne me sens pas disposé à écrire sur Antoni Deschamps ; il m'attire moins que n'a fait Dondey, bien que je trouve chez lui beaucoup d'expressions heureuses et fortes. Du reste j'ai, en ce moment, du travail pour plus d'un an » (*C.A.V.L.* n° 21, p. 8, correspondance entre Henri Girard et Larbaud éditée par Philippe Girard).

256. Edmond Huguet, dans l'ouvrage que lisait alors Larbaud, citait ces vers de *La Franciade* (l'*Énéide* de Ronsard) pour étudier l'évolution du mot « labourer » dont l'emploi ici met bien en valeur le sens de « ouvragées ».

257. Dans le tiré à part une mention du professeur Boillot précisait qu'il avait joint à son travail les commentaires « ingenious and searching » (subtils et pénétrants) que Larbaud avait faits sur certaines de ses interprétations. Ces commentaires étaient en français, suivis des initiales de leur auteur.

258. Peintre espagnol, originaire de la Mancha, qui fut l'ami de Federico Garcia Lorca.

259. Gaston Bergery (1892-1974) dirigeait l'hebdomadaire *La Flèche,* organe du Parti frontiste, issu de l'union entre le Front commun contre le fascisme et le mouvement Troisième Force.

260. Jacques Crépet, éditeur des *Œuvres complètes* de Baudelaire.

261. Hugo Paul Thieme avait publié la troisième mise à jour de sa *Bibliographie de la littérature française de 1800 à 1930,* chez Droz en 1933. La première édition avait eu lieu en 1907, à Paris, chez H. Welter.

262. René Massigli était un collègue de l'ami de Larbaud Marcel Ray. Ancien élève de l'École normale supérieure, il était agrégé d'histoire et était entré dans la carrière diplomatique en 1919. En 1935, il était directeur adjoint des affaires politiques et commerciales au ministère des Affaires étrangères.

263. Comme *La République* de Platon, *La Cyropédie,* longue œuvre de Xénophon, dessine le projet d'une cité idéale. Toutefois elle propose aussi une pédagogie du chef et une théorie du commandement : comment former un chef apte à commander tout en étant admiré et aimé de ses subordonnés. Cicéron reprend ici les idées de Xénophon : il dit à son frère que les chefs doivent s'efforcer de rendre le plus heureux possible ceux sur qui ils exercent leur pouvoir ; que c'est cette qualité que tous lui reconnaissent et qui fait sa réputation, qu'il a mise en pratique de tout temps et notamment depuis qu'il est arrivé en Asie ; que la seule chose qui importe à un chef, quels que soient ceux qu'il a sous son commandement, des alliés ou des citoyens, mais aussi des esclaves, et même des bêtes privées de parole, c'est de défendre leurs intérêts et leur bien-être.

264. Lettre de Cicéron à son frère Quintus, gouverneur de la province d'Asie, *Correspondance,* XXX (Q. FR. I, 1), t. I, édition Constans, Les Belles Lettres, 1934.

265. Titre d'un article que Larbaud avait en tête mais qu'il ne semble pas avoir jamais véritablement mis en forme.

266. Nous n'avons pas trouvé trace de cet ouvrage mexicain dont le titre pourrait se traduire : *Ballades de la Révolution.*

267. Antoni Deschamps (1800-1869), frère d'Émile Deschamps à qui Henri Girard avait consacré, en 1921, une étude : *Un bourgeois dilettante à l'époque romantique,* fut poète, proche de Hugo et des jeunes romantiques. Il publia en 1829 une traduction en vers de la *Divine Comédie* de Dante et donna à la *Revue des Deux Mondes* des « Études sur l'Italie » qui furent rassemblées en 1835. Ses *Poésies* furent publiées avec celles de son frère en 1841.

268. Alexandre Soumet (1788-1845), poète et auteur dramatique, marqué par l'inspiration religieuse, représente la génération qui précéda immédiatement le romantisme.

269. Évêque du Puy, puis de Meaux, où il mourut en 1334, le dominicain Durand de Saint-Pourçain fut célèbre pour ses travaux de théologie. Larbaud ne céda pas à la « tantalisation », écrivant à Marcel Ray, le 11 avril 1935 : « J'ai trouvé quelques occasions, mais j'ai dû laisser passer les plus chères (pas à la vente Barthou, bien sûr ! chez les bouquinistes) : un incunable pour 450 francs ; une édition princeps de Durand de Saint-Pourçain, un La Mothe le Vayer en 12 volumes in-12. Mais "l'homme vit aussi de pain" ! » (Valery Larbaud-Marcel Ray, *Correspondance*, *op. cit.*, t. III, p. 249).

270. Traducteur de Fenimore Cooper et Walter Scott, dont Larbaud a longuement analysé la technique de traduction, dans son journal de février 1918.

271. Ce nom, forgé sur le modèle de l'Ambroisienne de Milan, n'est pas sans conférer une certaine noblesse à la bibliothèque de Larbaud.

272. L'essai « Traitement de l'irascible » parut, sous le titre « Sous l'invocation de saint Jérôme », avec « L'Amour et la Traduction » et « Gent irritable » dans *Poésie 44*, n° 17, décembre 1943-janvier-février 1944. Ces trois articles furent repris, en 1945, dans une plaquette qu'édita Daragnès. En 1946 ils ont été inclus dans *Sous l'invocation de saint Jérôme* (2e partie : « L'Art et le Métier, De la traduction », XI), et on les trouve naturellement dans les *O.C.* (pp. 129-133).

273. Anne Lefèvre Dacier (1654-1720) édita et traduisit Callimaque. Son nom est attaché à la seconde querelle des Anciens et des Modernes que sa défense d'Homère, *Cause de la corruption du goût* (1714), déclencha.

274. La bibliothèque de Larbaud contient trois ouvrages d'Alberto de Serpa : *Varanda* (Coimbra, Presença, 1934) ; *20 Poemas da noite*, et *Descrição* (Coimbra, Presença, 1935). C'est ce dernier livre dont il est question ici si l'on en juge par la dédicace : « À Valery Larbaud. La poésie de la page 51 n'est qu'une faible épreuve de ma grande admiration. Un souvenir du Portugal et de votre A. de S., Porto 1935. »

1935

Le manuscrit CCLXXIV, qui porte le titre, donné par son auteur, « La nostra settimana albanese » (« Notre semaine albanaise »), n'était pas présent à Valbois en août 1949. G. Jean-Aubry le cite toutefois au nombre des journaux dans lesquels il a puisé des renseignements.

Sa présentation est identique à celle des autres manuscrits de journaux : cahiers reliés sous parchemin, à étiquette bleue. Il comporte 174 feuillets, dont les derniers, à partir du feuillet 166, sont écrits sur un papier bleu, de dimension réduite, cousu en cahier, dont la première page porte l'en-tête de l'Hôtel Royal Danieli. Ce journal débute le vendredi 7 juin à Challes-les-Eaux, où Larbaud fait sa cure annuelle, et se termine à Venise le dimanche 7 juillet. Le séjour albanais lui-même commence le 27 juin et prend fin le 5 juillet (le compte n'en est pas facile car, après une indication au départ de Bari « en mer, mercredi 26 juin », Larbaud ne donne plus aucune date...).

L'écriture, dans ce document, est régulière, sans surcharges et les ratures sont peu nombreuses (il s'agit la plupart du temps de mots réécrits au-dessus de la ligne). Pas de feuillets arrachés, pas de pages déchirées.

Quelques documents y sont insérés :

— un timbre brun de 5 cent, Poste Italiane, figurant la louve allaitant Romulus et Remus (f° 2) ;

— une photographie de « Mariuccia et Laeta, quai du Rhône, Genève, juin 1935 » (f° 14) ;

— une feuille publicitaire d'Alexander Mariottis dont le recto, en couleurs, présente la chronologie historique de Saint-Marin ainsi que la reproduction de quelques bâtiments, statues ou personnages célèbres (f° 40) ;

— deux tickets pour la Mostra de Rimini (f° 47) ;

— un ticket de bagages (« valixhe ») pour le Brioni *(f° 63) ;*

— deux lettres de Philippe Van Thieghem (f°s 118-122) ;

— un laissez-passer, dactylographié en écriture cyrillique, établi le 2 juillet à Tirana (f° 164) ;

— papier bleu, timbré au dos : timbre rouge 1 dinar et timbre orange 0,50 (f° 165) ;

— facture de boissons sur le Srbin, *1re classe, datée du 4. VII. 1935 (f° 166).*

Nous reproduisons les lettres de Philippe Van Thieghem en annexe. Les autres documents sont simplement signalés à l'endroit où ils apparaissent.

Une sélection de « La nostra settimana albanese » (le tiers environ du manuscrit) a été publiée dans le tome X des Œuvres complètes *(vol. 2 du* Journal inédit, *pp. 353-407). Elle commence à l'arrivée en Albanie, à Durazzo, le 27 juin 1935, et se termine, sur le bateau, le samedi 6 juillet.*

La seule autre publication que nous connaissions de ce manuscrit vient compléter cette sélection. Nous la trouvons dans Valery Larbaud, le vagabond sédentaire *(*op. cit.*) de Béatrice Mousli. Elle restitue tout le début de ce journal, de Chambéry à l'arrivée à Durazzo, et donne également le paragraphe concernant l'arrivée à Venise : « Ma plus belle arrivée à Venise aura été celle de ce matin ».*

*Ces deux éditions ne comportent pas de notes. Celle de Robert Mallet (*Œuvres complètes*) donne cependant la traduction des mots et expressions en langues étrangères.*

LA NOSTRA SETTIMANA ALBANESE

Chambéry
Challes
Genève
Challes
Milan
Rimini
S. Marino
Rimini
Bari
En mer (S.S. *Brioni*)
TIRANA
En mer (S.S. *Srbin*, S.S. *Barletta*)
Trieste
Venise

Chambéry, vendredi[1]. — Il me plaît de commencer ce journal sous les portiques de la rue de Boigne, à trente pas de l'Octo et de la librairie Dardel, et presque en face de l'enseigne du relieur Cordery[2]. — Première journée vraiment d'été depuis notre retour en Savoie. — On tâche de faire toutes les courses à l'ombre en ne passant que par les cours et les voûtes des maisons ; une telle traversée de toute la ville, sans suivre aucune rue, doit être possible.

Aujourd'hui j'ai commencé à reprendre par écrit le chapitre de S[*aint*]*t* J[*érôme*] sur Lord Woodhouselee[3]; j'essaie de raccourcir le plus possible et de condenser 5 ½ pp. d'écriture serrée en 3 pages du cahier relié en toile bise, c'est-à-dire 4 pp., 4 ½, de la copie pour la dactylographe. — Pour lire aux moments perdus j'ai avec moi Ernesto Montenegro, *Puritania,* Santiago de Chile 1934[4], que je pense terminer ce soir. C'est mieux que ce que le titre paraissait annoncer, mais j'ai dépassé les chapitres qui m'ont le plus intéressé : New Mexico et le séjour dans la Province de Québec. — Je prendrai ensuite *Singulier,* apporté ce matin à l'hôtel, dédicacé par

« une dame ». En le coupant j'ai vu que les comptes rendus que j'en avais lus au moment de la publication m'en avaient donné une idée assez juste. Une sorte de haute, ou grande Élégie, entre Properce, Pétrarque et Patmore ; un essai d'une nouvelle Krönung[a] de la Femme ; seule la lecture me dira si l'essai a réussi.

J'ai vu l'auteur[5] hier ; je croyais que c'était la première fois que je le rencontrais ; mais il m'a dit que nous nous étions trouvés ensemble à Paris chez X. Je le croyais plus âgé, parce que son album, *Carcasses divines*[6], l'avait rendu très tôt célèbre dans — on dirait « la Haute Littérature » si cela ne faisait penser à « la Haute Couture ». Puis il m'a envoyé sa traduction de Gracián, et devant ce choix, ce genre de travail, ses longs silences, sa faible production, mon estime l'a rangé parmi les rares auteurs désintéressés, et par suite intéressants, que nous ayons. En causant avec lui, chez lui (il habite là depuis 3 ou 4 ans, et dans la solitude que paraît décrire *Singulier*) j'ai eu le sentiment que nous sommes contemporains à quelques années près, que nous avons fréquenté le restaurant Maxim's, le Bols du Boulevard et le bar Calisaya, à peu près vers les mêmes années. Nous nous sommes rencontrés aussi dans la même admiration pour le vieil esprit de Fernand Vandérem[7]. Notre conversation déployait une série de perspectives parisiennes comprises entre 1925 et 1895, comme les feuilles d'un paravent, ou comme un éventail, qu'il m'a montré sur le papier duquel il y a un quatrain autographe de Mallarmé, d'une écriture grande et appliquée, étrennes de 1895 à une Dame. Dans ses phrases il intercale un « ha ? » mi-question mi-exclamation discrète, qui déroute un peu, à l'abord. Il m'a reçu dans son cabinet de travail, puis m'a montré sa chambre, avec une seule grande baie au cintre large, côté levant du château, toute remplie des verdures différentes de plusieurs beaux arbres, qui cachent en été un fond composé des collines du côté de Chignin et Montmélian, et au-delà la grande barrière de la Maurienne, encore aussi neigeuse, ces jours-ci, qu'elle doit l'être en hiver, et toute rose au coucher du soleil. — J'étais curieux de savoir comment il avait connu ma présence dans son voisinage : par une dame qui m'avait vu à l'Établissement thermal et à qui le Directeur avait appris mon nom et mon adresse, — dame logée près du château et mère de la petite fille de 8 ans qui joue parfois avec Laeta. Il semblait même en savoir davantage. — C'est surtout pour noter cette rencontre d'un homme remarquable que j'ai voulu commencer ce journal aujourd'hui.

L'exemplaire de *Singulier* qu'il m'a fait porter ce matin m'a engagé dans quelques réflexions à propos des Maisons d'Édition et de leurs fortunes et de leurs différents status[b] sociaux. Il m'a rap-

a. Allemand : « un couronnement ».

b. Larbaud utilise le mot latin *status*, que les puristes préfèrent à « statut », pour désigner la position, la situation de fait d'un individu ou d'une personne juridique.

pelé le temps où le « Mercure de France » et « Léon Vanier » étaient les principaux éditeurs pour nous ; et encore et plus nettement j'ai senti que le vieux « Mercvre » n'a pas démérité. Il a restreint son output[a] au moment où il risquait d'être envahi par une cohue de vulgarités ; il s'est réservé ; il a continué sa collection de « Pages choisies ». Au contraire, notre NRF s'est laissée aller ; la cohue y est entrée, les romans bâclés, la littérature « pour tous les goûts », etc. Ce n'est pas ce que Gide, ni Schlumberger, ni [Charles-Louis] Philippe, ni les premiers collaborateurs de la revue, ni moi, avions souhaité, — et ni Gaston Gallimard sans doute. Il y a eu entraînement, nécessité de donner du travail aux imprimeurs, trop de confiance dans la publicité, les prix littéraires, les renommées improvisées, les médiocrités gonflées, etc. Parfois je regretterais que les gens du « Mercure » m'aient renvoyé à Fasquelle et à la NRF, si je n'étais pas rassuré dans ma pudeur d'écrivain par la constatation que je suis quand même du groupe des fondateurs, dont aucun n'a vraiment atteint le grand public. (Cela n'est pas bon pour *St. J[érôme]* mais je l'ai écrit parce que j'en pourrai peut-être tirer quelque petite note sur le status moral des maisons d'édition.)

Challes, samedi. — Revu André Rouveyre, et causé avec lui, une heure, sur la terrasse de l'hôtel. Je l'avais cru traducteur de Baltazar Gracián[8] ; en réalité les traductions sont de Victor Bouillier, et l'une d'elles, de *L'Homme de cour*, est une réédition, qu'il a préfacée. Mais il a beaucoup, et bien, écrit sur B[altazar] G[racián], — si bien, qu'ayant lu son Introduction aux *Pages choisies* de B[altazar] G[racián], je l'avais cru aussi le traducteur des dites *Pages choisies*[9]. Il a dissipé cette erreur. Mais elle m'avait d'abord conduit à penser que le titre, *Singulier*, était une allusion à : « ¡Que singular te deseo ! », phrase que je m'attendais même à trouver mise en épigraphe à *Singulier*. — La liste « du même auteur » en tête de ce livre produit une excellente impression, par le petit nombre d'œuvres publiées, et le fait que la plupart sont épuisées : 10 recueils ou suites de dessins, trois volumes d'écrits personnels ; quatre études ou préfaces consacrées à Baltazar Gracián, et une liste de Chroniques « non réunies par l'auteur », le tout compris entre 1906 et 1930, et puis ce premier roman (si on peut dire), *Singulier*, de 1934. Cette sobriété, accompagnée du haut renom acquis dès ses premiers dessins, prédispose favorablement à la lecture (que j'ai commencée) de *Singulier*. — Nous avons parlé : des petits acacias-boules de l'avenue des Thermes, qui venaient d'être plantés quand nous sommes venus pour la première fois à Challes, et qui sont maintenant très touffus, avec une très dense tête ronde, et d'un joli vert frais ; des philosophes et de leur style ou de leur manque de style ; il me

a. Anglais : « sa production ».

croyait, I wonder why[a], lecteur de Spinoza ; je lui ai parlé de Blondel[10] ; nous sommes tombés d'accord sur le beau style de Schopenhauer ; Apollinaire[11] ; Charles-Louis Philippe ; le peintre Marquet[12] ; le Style en général ; son travail en train : un effort pour « composer », pour s'éloigner de l'« au jour le jour »; Sir Thomas Browne (à propos de B. Gracián) ; La Rochefoucauld (à propos du même) ; Mallarmé, etc. Il part mercredi pour la Belgique où il représentera le « Mercure de France » à l'inauguration d'un monument à G. Apollinaire en Ardenne, et comme je serai mardi toute la journée à Genève, j'irai donc le voir lundi pour lui dire au revoir, car lorsqu'il reviendra à Challes je n'y serai plus.

Il faut noter ceci, exemple de la sensibilité de l'imagination chez quelques enfants (beaucoup peut-être). L'autre jour, par un temps assez beau, nous regardions la grande barrière de la Maurienne toute neigeuse de la cime au pied, et dans toute son étendue, et j'ai dit à Laeta : « Dal mezzo dell'estate vediamo l'inverno[b]», elle m'a regardé rapidement, comme surprise et touchée de la justesse de l'expression, et m'a dit avec beaucoup de conviction : « E'vero ! » J'avais cru la phrase trop littéraire pour son intelligence (on pourrait trouver quelque chose d'approchant dans Ovide ou dans Gongora), mais pas du tout ; elle est entrée de plain-pied et d'un seul coup dans cette espèce d'ellipse, et les deux saisons opposées et brusquement rapprochées lui ont été présentes dans une brève illumination. — Mais lorsque, ensuite, j'ai voulu à la fois souligner et expliquer l'image en disant quelque chose d'« enfantin » comme : « C'est le Pôle Nord ; il est venu nous trouver », elle a dit mollement : Oui, et comme par politesse. La phrase littéraire l'avait plus directement atteinte.

Mardi, 11 juin. Genève

Par Aix-les-Bains, Albens, Saint-Félix, Annecy, Cruseilles, Saint-Julien et le faubourg de Carouge en fête, ou décoré des restes d'une fête de quartier, — drapeaux et écussons des Cantons. — Nous nous sommes fait conduire directement à La Régence, où nous étions un peu avant 1 h p.m., et avec un bel appétit excité par le grand air et le grand soleil de la route, et l'arrêt dans Annecy toujours aimable, et que la foire de ce jour elle-même ne gâtait pas, mais animait agréablement. (Nous avons pu voir des maisons achevées qui en étaient à peine au rez-de-chaussée l'an dernier[13], et beaucoup de constructions nouvelles ; envoyé quelques cartes du Balustre d'Or à des amis ; il n'y en a « pas encore », m'a-t-on dit, du tombeau et du portrait d'Anne de Guigné.) Grands paysages entre Annecy et la frontière suisse : les immenses terrasses boisées des montagnes ver-

a. Anglais : « je me demande pourquoi ».
b. Italien : « Du milieu de l'été on voit l'hiver ».

tes jusqu'au ciel ; ouvertures de vallées à perte de vue, mais bien encadrées de montagnes ; aussi les jeux de la perspective, rapprochant deux châteaux ou églises sur des hauteurs en réalité séparées par de grands espaces vallonnés ; et puis au-delà du damier rouge des toits de Genève, l'ouverture bleue du Léman. — Après le déjeuner excellent (toujours quelques citoyens de la Société des Nations), flânerie jusqu'aux marchands de jouets, Weber et Chaperon-Rouge, où j'ai vu les dernières éditions de la maison Hofmann de Zurich, et j'ai acquis des choses assez rares, et qui auraient même paru irréalisables il y a quelques années : grenadiers genevois et bernois de 1803, gardes de Fribourg de 1828, infanterie fédérale de 1862... ; mais le catalogue énumère plusieurs autres raretés cantonales et historiques, que ni Weber ni le Chaperon-Rouge n'avaient en magasin. Suite de la flânerie et halte au Café du Nord. Très gais tous 3, et parfaitement heureux d'être à Genève, sous la moitié d'aigle et la clé. — Pendant le trajet, et même dans les rues de Genève, je me suis surpris à travailler mentalement à deux ou trois chapitres de *St Jérôme*, retouchant des phrases, organisant quelques paragraphes, et sûrement le paysage y était pour quelque chose, un peu comme certaines musiques, qui parfois aident à composer avec plus d'ampleur et d'aisance ; un grand encouragement venait des hautes « terrasses boisées » et du déroulement des vallées. Dans le mouvement de la ville, soit que nous y flânions, soit que nous la traversions en voiture, il y avait comme une confirmation des choses trouvées en route, l'assurance qu'elles étaient communicables, qu'elles avaient cours, auraient cours, dans ces générations de passants et passantes des belles rues genevoises. De la descente de la Corraterie jusqu'à l'arrêt devant le restaurant du Quai du Rhône, j'ai ressenti une exaltation bienheureuse. – Et toujours, ici et à Annecy, le souvenir de mes Parents et Grands-Parents, de petits incidents racontés par ma Mère et ma Tante, etc.

(Challes, même jour). Repris notre voiture vers 4 ½ p.m. et à partir de Saint-Julien suivi pour la première fois la route Viry-Frangy-Seyssel-Motz-Ruffieux-bord du lac du Bourget - Aix-les-Bains - Chambéry. C'est-à-dire que jusqu'à Chaudieu, où on atteint Le Bourget, tout était nouveau pour nous. Arrêt à Seyssel, restaurant Laravoire, petite terrasse sur le Rhône et bouteille de Seyssel[14] mousseux à travers lequel il était plaisant de regarder le volumineux passage du Rhône, — songeant aussi à *St Jérôme* à cause de Claude de Seyssel[15], etc. — Pluie d'orage à partir de Seyssel, mais nous étions bien abrités dans la voiture et nous avions pris soin d'emporter des manteaux. — Petits incidents : à l'aller un peu d'émoi chez Laeta, qui s'était fait une idée terrible du Pont de la Caille, de sorte qu'il restera peut-être dans son souvenir comme il est resté dans le mien à travers une anecdote que racontait ma Mère : un petit manteau à capuchon, une « pèlerine », que j'avais laissé tomber du haut du pont (de l'ancien pont suspendu) quand j'avais trois ou quatre ans, un jour que nous y passions avec mon Père (il faisait une cure à la Caille[16]). Je n'en avais pas gardé le souvenir, mais ma Mère me l'avait si souvent raconté (et mon chagrin d'avoir perdu cette « pèlerine ») que les mots « Pont de la Caille » sont restés unis à la masse de mes souvenirs d'enfance. — Au retour, l'obligeance polie d'un douanier suisse à qui j'ai remis, pour les mettre à la poste, des cartes postales que j'avais oublié de mettre dans une boîte aux lettres à Genève et que j'aurais été obligé d'affranchir de nouveau s'il m'avait fallu les envoyer une fois rentré en France. Il s'est offert lui-même pour les jeter dans une boîte suisse. — À la douane française, visite de la voiture, où j'avais, non dissimulés, les paquets contenant mes précieuses acquisitions militaires ; il a fallu descendre, ouvrir les boîtes, expliquer qu'il s'agissait d'une collection, et non d'un commerce, etc. On a pesé, avec, puis sans, leur boîte, les Grenadiers Bernois de 1803. Enfin on m'a fait payer 5 francs 70 (français) pour les 5 boîtes à 5 francs suisses. C'est la première fois que cela m'arrive ; l'an dernier, rentrant d'Angleterre en France, on m'avait fait ouvrir les boîtes des soldats anglais massifs, et beaucoup plus lourds que ceux-ci, et on ne m'avait rien fait payer. Du reste, aujourd'hui, l'employé s'est comporté avec politesse, et nous avons causé un instant. Il était persuadé que mes figurines étaient de fabrication nurembourgeoise ; je lui ai appris l'existence de la fabrique zurichoise. — J'ai noté avec intérêt que l'écusson de Savoie, qui se trouve placé au-dessus de toutes les plaques indicatrices des routes et des villages dans toute la Savoie, est dédoublé au-dessus des plaques indicatrices des villages-frontières : c'est-à-dire qu'il est savoisien dans sa moitié supérieure, et français dans sa moitié inférieure.

Challes, lundi. —

Dernière journée complète de notre séjour en Savoie[17]. Le Dr Rochefrette, assez content de moi, et il a écrit dans ce sens au Dr Vercoustre. Terminé ma cure hier, saturé. C'était le 18e jour, et le 21e depuis notre arrivée. Le temps a été assez changeant ; hier il faisait froid, et la Maurienne a encore beaucoup de neige. — Tout a passé très vite, et notre saison me paraît avoir été plus courte que celle de l'an dernier[18] ; impression fausse, mais qui doit provenir du fait que nous sommes arrivés dix jours plus tôt, et que, par conséquent, nous avons joui d'une plus reposante solitude, aussi bien à l'hôtel que dans toute la station. À l'hôtel nous étions les seconds arrivants. — Bien que j'aie limité mes heures de travail, que j'aie un peu empiété sur les après-midis[a], et que je n'aie jamais dépassé

a. Le Conseil supérieur de la langue française, dans son rapport de décembre 1990, admet ce pluriel. On voit que Larbaud, qui aime les archaïsmes, peut aussi se trouver très en avance sur son temps...

minuit et demie, sauf une ou deux fois où je me suis couché à 1 heure a.m., j'ai accompli plus que je n'avais prévu : terminé les chapitres : TRAITEMENT DE L'IRASCIBLE, LES LIVRES CONSULAIRES, A. FRASER TYTLER, L'AMOUR ET LA TRADUCTION, EL CUENTO DE NUNCA ACABAR[19], tous, du reste, depuis assez longtemps élaborés et retouchés à diverses reprises, mais enfin récrits et recopiés définitivement, amenés jusqu'à l'état où je ne peux plus rien pour eux et où le mieux serait l'ennemi du… passable. D'autres chapitres, sans avoir été récrits, sont, mentalement bene avviati[a], tels que « Profession ? », « Pierre-Daniel Huet », « Le Traducteur et l'Acteur »[b], etc. C'est TYTLER qui m'a donné le plus de mal : le premier brouillon complet, qui datait déjà de sept ans (au moins) et que j'avais laissé de côté parce que je n'en étais pas encore là, était comme une chambre en désordre, et il m'aurait peut-être été plus facile de le refaire sans l'avoir sous les yeux. J'ai dû beaucoup élaguer. Du reste j'ai des coupes assez considérables à faire, pour que tout rentre dans les bornes d'un livre non ennuyeux ; le long chapitre sur Fr. De Sanctis devra sauter et se réduira à deux ou trois phrases, et ainsi de suite. — J'ai tenu mon courrier à peu près à jour, mais il est encore en retard. — Trois ou quatre fois par semaine, entre 6 et 7 p.m., j'ai donné à Laeta une leçon de français et d'italien : dictée et lecture. Elle s'est montrée assez attentive, et comprend vite ; aussi, l'acquis est définitif ; par exemple le son K, en français c et qu, en italien c et ch. Il suffit de lui dire : Attention ! un *K* italiano ! Cependant elle sait plus d'orthographe française que d'orthographe italienne (qu'elle n'a étudiée qu'avec moi), et elle aurait tendance à franciser, aussi souvent que cela est tant soit peu possible, l'orthographe des mots italiens. De même, elle lit plus facilement et plus volontiers des mots français que des mots italiens. Cela peut avoir été favorisé par le prestige des mots français, ceux de l'école, du dehors, trouvés plus beaux que les italiens, ceux de tous les jours entre nous et à la maison. Elle emploie par goût des gallicismes énormes, et dit presque toujours « restare » à ses divers temps, en italianisant les terminaisons, au lieu de « rimanere ». Enfin, pour la lecture d'un texte simple dans l'une et l'autre langue, elle ne trouve plus d'obstacles que dans sa paresse ou son défaut d'attention.

Yves Pasco étant arrivé avec un grand retard cette année, Laeta n'a pris que cinq leçons de « culture physique » ; mais ses progrès sont marqués, — en comparaison de l'an dernier. — Elle a aussi beaucoup joué, d'abord au jardin de l'Hôtel Beau-Séjour, qui est, et sera aussi longtemps que le Casino demeurera fermé, le lieu d'amusement et de flânerie le plus agréable de Challes. Nous y allons

a. Italien : « en bonne voie ».

b. Larbaud a pour habitude de souligner les titres des ouvrages achevés (majuscules dans la présente édition) et d'écrire entre guillemets ceux qui sont en cours.

même plus volontiers que nous n'allions au Casino lorsqu'il était ouvert. Laeta y retrouve Odette et des filles de buveurs ; depuis quelques jours cependant, Odette étant partie ou restant seule à Beau-Séjour, c'est ici[20] qu'elle joue, et avec des enfants du pays, plus rudes et rustiques, pratiquant des jeux plus violents ; elle en paraît enivrée, et ses manières se détériorent un peu. (Cela est immédiatement sensible.) Ils, — les enfants bien élevés, — doivent éprouver une sensation d'affranchissement, d'expansion de leur personnalité, dans l'imitation des enfants mal élevés ; mais si cette imitation ne se prolonge pas, si les mauvaises fréquentations sont très épisodiques, les bonnes manières reviennent aussi vite qu'elles étaient parties. Et penser que toute notre vie nous sommes plus ou moins soumis à ces imitations successives ! Des peintres, par exemple : Aubrey Beardsley, Whistler, aujourd'hui Picasso[21]... Les plus sensibles étant les plus « imitatifs », mais s'appropriant les « manières » d'autrui si bien et si complètement que leur manière propre s'en nourrit, les dévie, les déborde, même entre imités et imitateurs de force, de génie, égaux. — Où et comment redevient-il soi, se retrouve-t-il, et plus Whistler, plus Picasso que jamais ? « Dieu donne l'accroissement. » — Chez les petites filles l'imitation, l'influence, des petits garçons, paraît être avasalladora[a] ; mais il paraît aussi qu'elles s'en remettent assez vite, si j'en juge par Laeta. Les organisations « rigides », — comme l'oie, — ne donnent pas grande prise aux influences, leur sont très peu perméables. [*Une photo de Laeta et Maria Nebbia, façonnée en carte postale, a été insérée ici. Au dos : « Mariuccia e Laeta quai du Rhône Genève juin 1935. »*] Ainsi le « don d'imitation » serait une faculté qui tend au mieux, à l'enrichissement, et, sous son apparence de faiblesse, une force, — en somme une de las tantas[b] « ruses de la Nature ». Alors, plus l'imitation serait spontanée, involontaire, inconsciente, et plus elle serait « maîtrisante », accapareuse et transformeuse de la chose imitée ? Imiter superficiellement, ou mal ou... serait le fait d'un esprit (d'une sensibilité) médiocre. Ici encore : « Se perdre pour se trouver, et se trouver pour se perdre. » Les organisations rigides se perdent peu, et par suite se retrouvent aussi rigides qu'avant leur « perte » manquée.

Petits développements de l'histoire challésienne : les trottoirs, dans la partie thermale du village, améliorés par un goudronnage mêlé de pierre concassée et passée au rouleau ; une drague (de l'espèce terrienne) creusant vite et droit une assez large et profonde tranchée destinée à assécher les prés humides et marécageux des deux côtés de la grand'route entre Chaffat et La Ravoire (à peu près cette direction). On va la regarder travailler, avec ses mouvements

a. Espagnol : « irrésistible ».
b. Espagnol : « une des nombreuses ».

d'animal mangeur de terre, fouillant le sol, s'y enfonçant d'un geste sûr, décidé, jusqu'aux épaules, puis relevant son grand col articulé, s'ouvrant, crachant sa terre à côté d'elle, tantôt d'un côté, tantôt de l'autre, mais toujours à la même distance de son corps qui est une petite cabine ou guérite montée sur roues ; elle se vide bien, se secouant pour se faire gueule nette, et, vide, elle montre une seconde ses longues dents de métal, tourne en se balançant un peu comme une trompe d'éléphant ; puis, d'un mouvement dont l'ampleur et la légèreté surprennent, elle replonge dans sa tranchée. On l'a vue près de la grand'route, puis dans les prés du terrain d'aviation militaire, puis sous des saules, comme si elle avait voulu se mettre à l'ombre. Même de la partie rurale et haute du village, on va la regarder faire son métier, ses gestes, ses deux levées de terre et de vase recrachées. — La salle des fêtes, construction municipale que les « étrangers » ne fréquenteront guère que si le Casino reste inexploité, est presque terminée quant à la maçonnerie. Tout cela se fait sans doute avec le produit de la taxe de séjour et une partie des impôts payés par les hôteliers. Il paraît qu'il y aura des bains et des douches au sous-sol de la Salle des Fêtes, mais à l'usage de la population sédentaire. Il n'est pas encore question de détourner la grand'route ; on doit penser qu'elle est encore plus utile que gênante. Les hôtels-cafés qui en sont riverains profitent du passage des gens altérés, et on n'aimerait guère monter jusqu'à l'église pour aller attendre les autocars de Grenoble et d'Albertville. Ils doivent croire aussi que les gens qui traversent apprennent à connaître Challes comme station thermale et peuvent désirer y venir faire une cure. Mais c'est sans doute une erreur ; ne viennent que les gens qui sont envoyés par leur médecin, et ils y viendraient même s'il n'y avait que des maisons de paysans et une mauvaise auberge. V. m'y a envoyé cinq ans de suite sans avoir la moindre idée, et sans se soucier le moins du monde, du site, du nombre et des ressources des hôtels, du paysage, des « amusements » ou du voisinage de Chambéry, ou même du fait que c'est en Savoie. Mais : « C'est une station sérieuse », et cela lui suffit. Or il représente l'opinion d'une élite de médecins-consultants parisiens. C'est donc chez lui et chez ses confrères qui pensent comme lui, que se trouve la future prospérité de Challes, — et l'argent qui permettra de détourner la grand'route bruyante, aussi dangereuse qu'un torrent, et de transformer en villas et en hôtels les dernières fermes comprises dans le village et les maisons de paysans qui forment la masse du village haut. — J'ai redit le mot du Dr Vercoustre au Dr Rochefrette : « C'est une station sérieuse. » Il (le Dr R.) a été récemment nommé Conseiller Municipal ; mais ils ne sont que quatre « bourgeois » contre une majorité de huit ou dix « cultivateurs » qui ne croient pas encore à Challes, qui jalousent les hôteliers, qui commencent à regretter le temps où il n'y avait que cent buveurs par an, et qui ne savent pas au juste quoi faire avec le produit de la taxe de séjour. — Il y aurait aussi, chez certains administrateurs, un préjugé en faveur des « amusements » ; ils se sont peut-être réjouis de l'installation du terrain d'aviation militaire, plutôt nuisible qu'attrayant à cause du bruit et de la crainte des accidents ; en tout cas ils avaient projeté de transformer la mare du parc en une piscine à ciel ouvert, — une « plage de Challes », — croyant peut-être que des gens viendraient s'installer ici, au lieu d'aller à la mer, pour le seul plaisir de voir les dames se baigner. En réalité il me semble que beaucoup dépend des hôteliers, plus encore que du Conseil Municipal ou de l'Administration de l'Établissement ; bien loger et bien nourrir, sans les exploiter, les gens que les médecins leur envoient. Cette année ils essaient de faire une Société des Amis de Challes, et il y a des affiches qui nous demandent de devenir membres payants du Syndicat d'Initiative. C'est une maladresse ; nous aimons bien notre petit Challes, nous lui souhaitons toute espèce de prospérités, nous lui faisons une efficace propagande orale (« Vous ne vous enrhumerez plus de tout l'hiver »), mais nous trouvons qu'en payant la taxe de séjour nous lui exprimons très suffisamment notre sympathie. — Au fond leur plus grand ennemi, ici même, c'est le BRUIT, et leur politique devrait consister à entourer tous leurs hôtels et toutes leurs villas de parcs ombreux ou du moins de grands jardins paisibles. Si j'étais Maire de Challes[22]...

Je croyais que les Français de l'Afrique du Nord, nombreux tout l'été, étaient la clientèle la plus exotique de la station, et j'ai été surpris, l'autre jour, d'entendre parler anglais chez le marchand-de-journaux-libraire. En réalité, lors de ma dernière visite à André Rouveyre, il m'a montré, sur l'écorce d'un arbre de son parc, au château de Triviers, une inscription gravée au couteau que je déchiffre ainsi :

JANE
CUM BARTHOLOMEW
DOWNS
89

La croissance de l'arbre a dilaté les lettres ; CUM surtout est difficile à lire ; on hésite entre cette lecture et CON italien ou espagnol ; une sorte de nodosité a contracté l'M et un éclatement aurait transformé l'U en O. CUM est vraisemblable de la part d'un homme ayant eu une éducation universitaire, ou de la part d'un ecclésiastique (« with » lui aurait paru vulgaire et grossier). Sur l'écorce d'un autre arbre, un orme je crois, il y a une étoile nettement découpée... Un couple d'Anglais envoyés ici par leur médecin et ayant, pour leur saison, loué Triviers, et s'y attardant jusqu'aux confins de l'hiver ; en 1889, — l'année de la mort de mon Père. Donc, Challes connu des médecins anglais moins de cinquante ans après la découverte de la source sulphureuse[a]. — Un autre avantage de Challes c'est d'être en pleine bonne et belle Savoie, dans un coin, en repli, bien caractérisé comme savoisien, à six kilomètres de la capitale ducale, en vue bien nette de la Maurienne, entre Granier et Nivolet : un paysage exempt de toute feature[b] basse ou commune, de n'importe où. — Die Schwefel Königin[c] ; son tableau de comparaison, dans le hall de l'établissement ne mentionne pas cette Schwefelbrunnen[d] des environs de Francfort, dont Goethe parle dans *Dichtung und Wahrheit*[23]. Elle n'était peut-être pas tellement sulphureuse.

Suite du bilan de ce séjour en Sabaudia[e]. Lu, en dehors du travail hiéronymien, trois livres :

Puritania, de Ernesto Montenegro, chilien ; agréable lecture, à peu près nette de journalese[f] (son castillan paraît assez pur à côté de ce qu'on reçoit, comme prose, du Chili) : intéressant et instructif. J'ai écrit pour remercier et lui dire le bien que j'en pense ; mais oublié de remercier pour le final hommage, très touchant, oui, émouvant, à la culture européenne.

Valentin Conrart[24], par Mabille de Poncheville ; Éd[itions] du « Mercure de France » ; une entre tant de biographies débiles, à remplacer par des itinéraires bien faits : en haut de page tous les faits connus et datés aussi précisément que possible ; au-dessous, leur commentaire : explications, éclaircissements, rattachements à d'autres faits datés ; enfin conclusion-résumé. Au contraire, on a une Causerie du Lundi[25] assez languissante (une *saintebeuverie*, mais le mot serait bassement outrageant pour le Maître, d'ailleurs irresponsable), un peu romancée, cinématographisée, par un conteur qui malgré lui se donne les airs d'un revenant de l'époque « évoquée », et sa langue tourne au pastiche. Aussi peu que possible pour moi. J'ai perdu la suite des dates, sinon des faits ; mon attention s'est relâchée ; je n'ai pas eu la preuve que Perrot d'Ablancourt fût allé si souvent voir Conrart à Athis, ou du moins, quoiqu'on ait voulu me l'y faire voir, je ne l'y ai pas vu, — et à peine Mlle de Scudéry. Je me suis ennuyé comme à un cours de Sorbonne pour la Licence et non pour l'Agrégation, un cours en vue d'un examen trop général et superficiel, où de la would-be[g] littérature et du would-be esprit détournait et irritait mon attention sérieuse d'étu-

a. Graphie que le *Dictionnaire historique de la langue française* date de 1270. Larbaud l'utilise peut-être pour rester dans l'esprit du latin *cum*...

b. Anglais : « caractéristique ».

c. Allemand : « La reine du soufre ».

d. Allemand : « source sulfureuse ».

e. Nom latin de la Savoie.

f. Larbaud désigne, sous ce terme, une langue truffée de clichés, telle qu'on la trouve dans certains articles de presse.

g. Anglais : « prétendu(e) ».

diant qui « veut s'instruire ». Il me semble que dans ces entreprises-là, le seul moyen d'être intéressant et instructif c'est d'être aussi « moderne » que possible, aussi peu que possible « de l'époque » ; en bref, amener Conrart parmi nous, au XXe siècle, et non pas essayer de nous transporter au XVIIe siècle près de Conrart. (Non, ça ne va pas bien ; mais c'est dans cette direction-là ; être moderne, moderne, moderne, dans la description, narration, explication, etc., — de l'ancien.) — Non ; pas cela non plus ; « moderne » est mal choisi, peut prêter à confusion ; je veux dire « humain », direct, et pur de tout essai de reconstitution, de « recréation d'atmosphère », etc. Enfin, un autre exemple-à-ne-pas-suivre, une leçon de critique, — ce qu'elle ne doit pas être, ni tenter ; — un écriteau : fausse route.

Singulier, d'André Rouveyre. Impossible d'en parler brièvement. Peut-être, trop abstrait à force de pureté et de désir de sincérité et de vision claire. Il y a bien « Krönung » de la Femme, mais c'est une Assomption trop ennuagée : on ne La voit pas bien, — Lui non plus. Surtout : le sentiment religieux, réel, partout perçu, et cependant pas assez précisément décrit. L'impression que le « verbe » ne réussit pas à « se faire chair » et à « vivre parmi nous »[26]. Et pourtant c'est BIEN ; c'est incommensurable avec beaucoup de choses auxquelles même des critiques sensibles se laissent prendre tous les jours. Il est possible que la tiédeur de mon adhésion vienne du fait que l'œuvre me touche de si près et est basée sur une situation qui ressemble tant à la mienne quant à la solitude à deux, à l'amour partagé et mis au-dessus de toute considération, ou satisfaction, ou ambition mondaines ou sociales, et qu'en même temps je me sente mieux partagé, plus heureux, mieux aimé et — oui, sans doute, — plus amoureux, au point d'être inconscient de quelque sacrifice que ce soit fait par moi à mon amour, par elle à notre amour. Il lui arrive, — au héros de *Singulier,* — de s'apercevoir qu'il renonce pour elle au monde, et qu'elle est tentée par le monde. Leur sacrifice est, chez Lui joyeux, chez Elle, par moments, douloureux ; tandis que chez nous il est inconscient, et qu'il n'y a pas, à proprement parler, sacrifice. — Mais je n'en finirais pas, — et un bonheur aussi grand, et constant, et flawless[a], que le nôtre n'a pas besoin de se décrire, de se raconter. Cependant, le fait que *Singulier* m'offre ces points de comparaison me donne à penser qu'il y a dans ces abstractions, une grande et profonde image de la vie.

Milan, jeudi soir.

Tout ce que j'ai écrit à propos de *Singulier* est faible et confus. Il a un élément dramatique (la différence d'âge et une sorte de révolte latente, de résistance, chez la [*Un mot biffé*] femme) qui [*deux mots biffés*] est absent de notre situation ; notre accord est si

a. Anglais : « sans tache, sans impureté » (se dit d'un diamant).

complet et si constant que la seule chose que nous puissions redouter est la Séparation, l'unique séparation possible ; car en face des autres séparations, temporaires, nous sommes bien armés, et notre « sacrifice », « renoncement au monde », etc., n'a pour cause que l'impossibilité où nous sommes de passer plus de quelques HEURES l'un sans l'autre. Sûrement c'est là l'épreuve de l'amour partagé : ni elle ni moi ne pouvons être heureux là où nous ne sommes pas ensemble. Nous renonçons sans aucune peine à tout divertissement que l'un de nous pourrait prendre à l'exclusion de l'autre. L'invitation la plus agréable, la plus flatteuse, qui ne serait faite qu'à elle ou qu'à moi, serait refusée sans une seconde d'hésitation. « Sans toi je m'ennuie partout. » Cela, de sa part, dès l'origine ; chez moi, peu à peu, avec quelques résistances voulues mais qui étaient surtout dirigées contre mon penchant. Il m'arrivait de vouloir passer quelques jours sans elle alors que rien ne m'obligeait à me séparer d'elle pour ces quelques jours. Je prenais une sorte de congé sentimental dont je fixais la durée et je croyais ainsi éprouver un sentiment de liberté ; je faisais une espèce de retraite dans le célibat ; mais je n'étais pas arrivé à la moitié de mon congé que je me hâtais de la rejoindre. C'était bien assez des jours et des semaines de séparation forcée ; et depuis qu'il n'y a plus d'obligation de cette sorte nous ne nous sommes jamais quittés pour plus de dix ou douze heures. « Parting's well paid with soon again to meet[a]. » Jamais une contradiction, jamais la moindre dispute. Nous avons l'un et l'autre acquis une science consommée de l'ajustement de nos volontés ; de telle sorte que nous pouvons, sans restriction de pensée, dire : elle « Je suis la maîtresse », moi « Je suis le maître » — chez nous. Le héros de *Singulier* se plaint quelquefois de l'empiétement de sa Dame sur son travail, aussi bien mental que pratiquement actif : une discussion trouble et fausse le développement de ses pensées, ou bien un caprice d'Elle l'entraîne loin de sa table de travail. Rien de cela chez nous ; je travaille quand, et comme, et où je veux. Et aussi longtemps que je travaille sa pensée ou sa présence me soutiennent, m'encouragent, mettant toutes mes pensées et tous mes efforts dans une région de paix active, réconfortante ; et « le monde », et autrui (la pensée du monde, la pensée d'autrui) nous seraient tout à fait étrangers, imperceptibles[b], tant nous sommes étroitement unis, tant nous vivons l'un pour l'autre, [*Une ligne et demie caviardée*] si je n'étais pas demeuré sensible à sa présence, à sa personne ; si bien qu'un peu de vanité (non, de fierté) parfois me touche, et que, comme aujourd'hui, traversant avec elle la galleria et comparant le couple que nous formions aux autres couples de

a. Anglais : « Les retrouvailles rapides sont un bon dédommagement à la séparation. »

b. Larbaud avait d'abord écrit : « non perceptibles ».

notre génération, je me dis : « J'oppose sans déplaisir ma Génoise à leurs Milanaises. » Credo che basta cosi[a] : mais je suis assez content d'écrire cela ici, dans la ville même où nous avons, en Mai 1922, passé notre nuit de noces.

C'est notre dernière journée avec Laeta jusqu'à la fin de Septembre. Demain G[ino] et P[ina][27] l'emmèneront, et elle ne semble pas envisager cette séparation avec tristesse, — d'autant moins qu'elle n'a pas une notion bien exacte des temps appelés « semaine » et « mois ». Ce soir nous l'avons conduite au Lido, où elle a été, surtout, dans le Jardin d'Enfants, aussi éblouie et heureuse que je l'ai été toute la matinée à Brera. Le Lido, à présent, surpasse de beaucoup, comme lieu de plaisir bruyant et remuant, le Luna Park de Paris ; il y [a] une « vraie plage » avec du vrai sable marin, et une machine qui imprime à l'eau douce et innocente, — probablement dérivée du Naviglio[28], — les mouvements et le grondement des vagues de la mer. — La vue de G[ino], et la certitude d'être dès demain dans son autre famille l'avait un peu exaltée, joyeusement, à la fois comme une grande aventure et comme un retour à son passé plus enfantin. Cependant, au retour du Lido, elle m'a parlé avec affection de sa maîtresse de Sainte-Barbe, espérant recevoir de ses nouvelles, ou lui envoyer quelque message ; et avant de s'endormir elle m'a spontanément promis de lire les livres que je lui ai achetés, et d'écrire ou de recopier des phrases dans notre « Manuel de Conversation franco-italien », — notre œuvre en collaboration ! Sa petite mémoire, sa petite sensibilité, sont bien nettes et RANGÉES ; son petit cœur n'est pas distrait ; elle est toute heureuse, et curieuse, de revoir ses amies grandies, Gianna, Olga, etc., et de recommencer à jouer avec elles ; mais elle sait aussi qu'elle me fera plaisir en étudiant et en faisant des progrès en lecture italienne et française.

Beaucoup flâné ces deux jours, passant les matinées et les heures les plus chaudes à l'Ambroisienne et à Brera[29]. J'ai regardé de près les miniatures de l'Ambroisienne ; malheureusement on n'a pas encore mis, et on ne paraît pas décidé à mettre, des sièges dans ces belles salles neuves. Je les ai vues traversées au pas de course, à la suite d'un guide impitoyable, par un monsieur qui parlait, — à qui le guide parlait, — espagnol, et qui était mulâtre. Il était bien vêtu et avait une belle jumelle neuve en bandoulière sur son veston gris-perle tout frais. Je les ai rejoints dans la salle Flamande, où son guide lui a rapidement désigné les Breughels : El Aire ! El Fuego ! El Agua ! La Tierra ! sans lui laisser même le temps de les voir. Du reste le visiteur ne paraissait pas disposé à s'attarder ; il devait lui suffire d'avoir établi, moyennant finances, un contact visuel d'un fragment de seconde avec les chefs-d'œuvre du musée pour être parfaitement

a. Italien : « Je crois que ça suffit comme cela ».

sûr d'avoir fait son devoir de touriste cultivé. Et penser qu'il venait d'Amérique pour faire ça ! « Lo he visto todo[a]. » Il aurait mieux fait de se promener dans Milan. Un défilé de « patios » et de façades comme celui de Borgo Nuovo suivi à pied sans se presser lui aurait laissé de plus durables impressions et l'aurait instruit, ou déniaisé, davantage. Il a donné moins de temps aux Bergognone et aux Boltraffio[30] qu'un « consommateur » n'en donne au journal illustré que le garçon de café lui apporte. Ce matin aussi, à Brera, il y avait un couple de touristes remarquables : des Français, mère et fils je pense. Ils paraissaient décidés à tout dénigrer. J'ai entendu le fils dire : « Ce n'est qu'une copie » devant je ne sais plus quelle toile, non des meilleures du reste, mais où quelque détail n'ayant rien à voir avec l'art du peintre les avait frappés. « Tu en es sûr ? » dit la mère. « Mais oui, tu vois bien : IMITATORE ; ça veut dire que c'est une copie. » Ils traversaient des salles entières sans regarder autre chose que le plancher ; ensuite je les ai retrouvés devant des toiles de troisième ordre où des détails qu'ils devaient trouver piquants les avaient retenus dans leur course. Comme un certain nombre de toiles célèbres sont à Paris en ce moment, ils devaient penser que ce qui restait ne valait pas grand'chose.

Une toile qui ne m'avait pas tellement frappé jusqu'ici, la petite *Tentation de saint Antoine* de Tiepolo[31], donnée par un collectionneur viennois, m'a fait une très vive impression, et je suis revenu en arrière pour la revoir. Ensuite j'ai voulu m'en procurer une photo, mais ils ne l'avaient ni au musée même ni chez les dépositaires les mieux fournis d'Alinari et d'Anderson.

On va démolir la petite galerie parallèle à la via Monte-Napoleone ; je ne m'étais pas attendu à cela ; elle n'était pas inutile, ni inconfortable ; Hoepli et Paravia y étaient bien, et je n'y allais guère sans acheter, ou avoir envie d'acheter, quelques livres. Son étroitesse allait assez bien avec la flânerie « libraire » ; on y avait peut-être un peu trop chaud, mais elle avait un assez joli caractère d'époque. Hoepli, d'après une affiche, s'installera dans le voisinage de la Grande Galerie ; Paravia y est déjà établi dans une des grandes maisons à portique qui ont changé l'aspect de ce retroscena[b] de S. Carlo. Aurait-on l'intention de « dégager » S. Carlo ? Il est probable que cette église, une fois isolée, perdrait beaucoup de son caractère, et manquerait aux habitués de Milan. — Du moins l'ensemble des vie[c] S. Pietro all'Orto, Soncino Merati, et S. Paolo, n'a pas changé ; l'ombre et le mouvement à l'ombre y sont agréables.

Le S. François de bronze et la fontaine, sur la place devant S. Angelo, intriguaient beaucoup Laeta, et ce soir nous avons eu

a. Espagnol : « J'ai tout vu. »
b. Italien : cette « arrière-scène ».
c. Italien : « rues ».

l'occasion de l'y conduire. Elle s'est mise tout près de la statue et a vu les fleurs que les dévots lui portent tous les jours ; ensuite, encouragée par nous, elle lui a touché la main. Je pense qu'un détail comme cette statue penchée sur une belle fontaine doit donner à un enfant de cet âge une bonne idée de la beauté de la ville qu'elle parcourt ; et le fait même que la fontaine n'est pas, bêtement, au centre de la place, et qu'elle est ombragée etc. Cela, peut-être, la prépare à regarder avec intelligence et sensibilité des architectures et des peintures d'une inspiration plus complexe et plus enrichissante.

Milan, vendredi soir. —

Nous avons remis Laeta à G[ino] et P[ina] qui sont partis avec elle vers 3 h ½, après avoir déjeuné avec nous au Convento Vecchio. Nanni était là, et déjà elle jouait à cache-cache avec lui, avec des exclamations françaises (« C'est pas fini ! Pouce ! » etc.) que l'autre, naturellement ne comprenait pas. L'instant de la séparation l'a trouvée déjà toute tournée vers, — looking forward to[a] —, son ancienne vie recommencée, la pensée des amies qu'elle va revoir, etc., et à peine effleurée d'une vague tristesse à l'idée de notre absence, que du reste elle croit devoir être courte, dix jours ou un mois étant pour elle à peu près la même longueur de temps. Elle quitte en moi le Babbo qui étudie par plaisir et qui souhaite qu'elle étudie, et aussi le critique des mœurs, qui lui recommande sans cesse de ne faire ni la MONELLA ni la BAMBINA PICCOLA[b]. Je crains que la compagnie de Nanni ne développe chez elle une renaissance du « monellisme » ; mais soit que nous la reprenions avec nous, soit que nous la confiions alle Dame Inglesi[c], les bonnes manières et le decorum reprendront leur empire. Le fond du caractère me paraît excellent, bien droit, pur, limpide.

Avant d'aller rejoindre G[ino] et P[ina] je l'ai conduite au Jardin Public voir les animaux. Les mois passés à Valbois lui ont rendu familiers les animaux de basse-cour et, les connaissant mieux, elle s'y intéressait, — aux poules, aux canards, etc., — plus qu'aux lions, ours et phoques ; c'est ainsi que nous lisons plus volontiers les livres dont la langue nous est plus familière. On a laissé libres non seulement les paons mais les pélicans, et nous en avons rencontré un marchant avec calme et gravité parmi un groupe de visiteurs et de promeneurs ; soudain Laeta s'est vue nez à bec avec le grand oiseau gauche, et elle s'est serrée contre moi ; puis, comme quelqu'un s'est mis à caresser le bec du pélican, elle a été rassurée et m'a dit : « Hai avuto paura, vero, Babbo[d] ? » Le

a. Anglais : « impatiente de ».
b. Italien : « ni la coquine, ni le bébé ».
c. Italien : « aux Dames anglaises ».
d. Italien : « J'ai eu peur, n'est-ce pas, Babbo ? »

groupe en marche des visiteurs avec quelques beaux enfants et le pélican au milieu, avait beaucoup de caractère, et m'a fait, je ne sais trop comment, songer à Longhi[32].

Après le départ de Laeta, longue flânerie à deux dans les environs du Duomo. Une chose qui paraît absente de *Singulier*, et qui n'est effleurée qu'en passant, dans une phrase qui passe très vite (quelque chose comme : « Garde bien la Vierge espagnole que je t'ai donnée ! ») est tout à fait présente au fond réel de notre situation, bien que nous n'en parlions presque jamais, et Elle moins encore que moi. Ainsi nous pensions tous deux, mais sans rien nous en dire, à notre visite et à notre prière au Duomo avant et après notre nuit de noces, il y a treize ans. Et même, ces deux visites, nous les avions faites sans nous en dire la vraie raison, faisant semblant d'entrer au Duomo en « touristes », sans la moindre arrière-pensée, comme par hasard ; — et nous avions si bien l'air de touristes qu'un marchand ambulant dont nous avions refusé les cartes postales, à l'entrée de la cathédrale, nous a dit : « Noffin' doin[a] ? », nous prenant, peut-être, pour des Yankees. Après tout il se peut que dans *Singulier* Rouveyre ait volontairement passé sous silence, comme ineffable, tout ce qui se rapporte au Service de Dieu.

La chaleur nous vivifie, et il nous semble, après l'hiver de Paris et le printemps de Savoie, sortir d'un appareil frigorifique. Nous supportons sans fléchir le feu du haut après-midi, qui est pourtant sérieusement occupé à faire transpirer le peuple milanais, — « le vaillant peuple scandinave », — (j'oublie l'exacte expression de Dante), — le feu de l'été ausonien qui « fait venir l'écume entre les cuisses des femmes », comme dit le « Zeneise risu rêu[b] ».

Nous avons calmement dîné à la terrasse du Savini ; ensuite un tour extérieur du Parc en fiacre. Il semble qu'il y ait plus de fiacres que dans les années 1920-1929, et ils n'ont pas trop l'air désespéré d'exemplaires d'une race qui s'éteint. Je me suis peut-être trop dépêché d'écrire « les derniers fiacres milanais » ; il me semble qu'il en faudra toujours, au moins dans le centre des grandes villes italiennes, où il n'y a pas de grandes distances entre les monuments intéressants et où presque toutes les rues sont une joie pour les yeux et l'esprit. Déjà ils manquent à Paris et à Londres. Ou bien on devra inventer des automobiles capables de les remplacer, de les égaler ou de les dépasser en fait de lenteur et de commerce intime avec la rue.

a. Mauvais anglais que Larbaud transcrit presque phonétiquement et qu'on pourrait rétablir ainsi : « Doing nothing ? », c'est-à-dire : « Vous ne faites rien ? »

b. Expression dialectale génoise : « le Génois qui rit rarement ». Elle est tirée d'une expression proverbiale chère aux Génois : « *Mi sun Zeneise, risu rêu, strinsu i denti e parlu cheu* » (« Je suis Génois, je ris rarement, je serre les dents et je dis les choses clairement »).

Il me semble partout voir des amis et connaissances de Rome ; surtout Ungaretti et Marpicati[33] ; je suppose que c'est parce que leurs traits sont si vivement gravés dans ma mémoire que je les reconstruis spontanément sur les moindres éléments de ressemblance qui me frappent.

Joli mot d'un fonctionnaire de l'état-civil à L[ecco], lorsque G[ino] lui a dit qu'il donnait à sa fille le prénom de Ginevra !

— Allora, la mia prossima la chiamaro Pescarenico[a] !

(GENÈVE comme prénom féminin est encore plus étrange depuis que la Société des Nations existe ; ou bien le père semble un fanatique de cette institution, ou bien on peut se demander : pourquoi pas Milan ou Gênes ou Naples ? D'où la spirituelle caricature : Pescarenico. Au contraire, Roma, donné comme prénom par beaucoup de parents à l'époque du Risorgimento, et signifiant à la fois l'anticléricalisme et les aspirations des patriotes italiens, a bien pris et s'est perpétué ; mais aussi le sentiment esthétique y était pour quelque chose.)

Rimini. Samedi soir. —

Quitté Milan à 3 h p.m. par le direttissimo pour Brindisi, auquel nos billets nous donnaient accès. Piacenza, Fidenza, Parme, Modène, Bologne, Faenza, Forli, Cesena, — arrivant ici in orario[b], c. à d. vers 7 h ¾ p.m. Beaucoup travaillé mentalement, en route, à deux chapitres de *S. Jérôme* ; mais aussi avec digressions vers Henri de Septimanie. Le spectacle de l'arrangement et des travaux agricoles, surtout depuis le passage du Pô jusqu'à Faenza, m'a certainement aidé. J'ai réorganisé quelques paragraphes, et plusieurs phrases se sont présentées sous un nouvel aspect. Il se peut que « L'Acteur et le Traducteur » bénéficie de la peinture que j'ai regardée, du mouvement des rues de Milan, et des champs de blé mûr à l'ombre des vignes-ormeaux, comme « L'Amour et la Traduction[34] » a bénéficié du paysage savoisien et de ces deux jolis morceaux de D[éodat] de Séverac[35] entendus dans le jardin de Beauséjour, à Challes, et qui, — ces deux morceaux, — ont dénoué comme par enchantement les difficultés qui m'arrêtaient dans la composition de ce chapitre.

J'ai oublié un trait de Laeta, hier, avant son départ, au Convento Vecchio. Comme on parlait du Jardin d'Enfants du Lido, elle a dit, en s'adressant à moi, et en me souriant : « Le jardin des éléphants », une plaisanterie de moi qui l'a d'abord surprise puis amusée, et qui consiste à dire « éléphant » pour « enfant ». C'était fait comme pour me montrer que, bien qu'elle fût déjà tout orientée

a. Ginevra est Genève en italien. Le fonctionnaire réplique : « Eh bien j'appellerai ma prochaine fille Pescarenico ! », du nom d'un village de pêcheurs des bords du lac de Côme.

b. Italien : « à l'heure ».

vers ses vacances loin de nous, elle n'oubliait pas, et n'oublierait pas nos petits mots pour rire. En y songeant je me suis rappelé ma Mère qui, dans les derniers mois de sa vie, me répétait des paroles plaisantes que nous avions dites, même bien des années avant, comme pour me montrer qu'elle ne les avait pas oubliées, et peut-être aussi comme pour me remercier de lui avoir fourni de ces petites occasions de rire. Et en effet ces rappels de mots plus ou moins drôles évoquaient parfois des époques caractérisées par des séjours ou des voyages que nous avions faits ensemble, et dont certaines circonstances avaient suscité ces plaisanteries : notre séjour à Athènes, des saisons à la mer ou dans des stations thermales, des vacances à Valbois, où j'avais répété jusqu'à satiété ces mots. (Sa mémoire, moins sous l'influence de sa volonté et de sa réflexion, apparaissait dans toute sa richesse, comme si tout son passé lui eût été constamment présent ; d'où ces tirades de Corneille et de Racine que je ne lui avais pas entendu réciter depuis plus de vingt ans.) Dans l'allusion de Laeta, il devait y avoir le même désir d'évoquer notre passé commun, et de me dire qu'elle en gardait le souvenir. En y songeant, hier soir et ce matin, je me suis senti très ému. Le sourire disait adieu, et merci, et « notre langage à nous », nos petits secrets, non compris des autres...

Nous sommes descendus à l'hôtel près de la gare, où nous étions allés coucher pour deux nuits après avoir accompagné H. F. Jones au train et avant d'aller voir Mario Puccini à Ancône. Je crois voir quelque chose de caractéristique de la côte adriatique, d'ici à Brindisi, dans les contrastes formés par le nom pompeux de l'hôtel, la simplicité, de directrices d'un bon mais assez modeste boarding-house[a], des deux propriétaires, et le costume et l'aspect général de l'unique femme de chambre, toute en satin noir, en dentelles et tulles blancs, et telle qu'on n'en voit de semblables qu'au cinématographe. Cette côte est pourtant aussi « vieux pays » que la Vénétie, et cependant certains petits détails, çà et là, m'y donnent unc impression passagère de dépaysement, — surtout ces heurts entre luxe et médiocrité, et, plus au Sud, de Bari à Lecce, un sens du confortable assez différent de celui qu'on a dans la région tyrrhénienne et centrale de l'Italie. Ainsi l'accueil de Bari, qui promet tant comme grande ville « moderne », et dont les restaurants, les cafés, les boutiques, l'air même de la rue, déçoivent. Comme si la « douceur de l'Europe » y était, sinon moins sensible, mais d'une qualité un peu différente, — le bonheur y étant moins bien organisé, plus précairement organisé qu'en Lombardie et en Toscane. À vrai dire, dans Rimini même, cela est à peine perceptible, — moins perceptible assurément qu'il y a vingt et trente ans ; la plage, de plus en plus fréquentée, a tiré la ville vers la mer, a rempli de belles

a. Anglais : « une pension ».

palazzine[a], de jardins, d'avenues ombreuses tout l'espace jadis vide compris entre la gare et le CASCO ANTIGUO[b]. Marina di Pisa, sur l'autre mer, est peu de chose en comparaison de ce grand front de mer illuminé, avec terrasses à l'infini, Kursaal, hôtels, villas, etc. J'imagine que la population stable a plus que doublé depuis 1900.

Nous nous sommes fait conduire au restaurant du Faro, qui a changé de nom (« della Torre ») mais que notre cocher, d'après nos indications, a tout de suite identifié. Il est encore en bois, mais ce n'est plus la grande baraque que nous avons connue ; repeint à neuf, re-planchéié, avec de grandes baies sur le port des bateaux de pêche, bien éclairé, etc. ; et on y mange toujours aussi bien et à des prix aussi modiques : pour 31 lire, service compris, nous avons eu : soupe de poisson, pasta al sugo[c], 2 soles de belle taille, fromage, fruits, café et un exquis vin rouge ordinaire ; tout cela bien servi, ni trop pressé ni trop lent, et devant une grande baie ouverte qui donne juste sur la sortie des bateaux de pêche, que nous[d] avons vus se préparer pour la pêche nocturne, déployer leurs voiles brunes ou mi-partie brun mi-partie pourpre, ou jaune-clair et rouge-brique, — silencieux défilé de grands drapeaux sur l'eau de plus en plus noire. « Nous nous embarquerons sur la mer des ténèbres[36]. » Çà et là une lanterne allumée au pied d'un mât, et de loin en loin une voix, sans rudesse, une voix d'homme cultivé, donnant ou transmettant des ordres. Cela donnait envie de les suivre, de s'embarquer pour la nuit sur un de ces bateaux, comme le héros d'une forte nouvelle de Mario Puccini. Évoquant des circonstances semblables dans d'autres ports, à Belle-Île, à Marina di Pisa, à Portofino Mare, etc., nous avons savouré une grande félicité, ne regrettant pas du tout d'avoir résisté à la tentation de nous arrêter à Parme ou à Bologne. Au sortir de Milan il nous fallait ce repos dans cette fraîcheur. J'ai pensé : ON SE RÉSIGNE à vivre en France, en Angleterre, en Espagne ; ON EST CONTENT de vivre en Italie. J'ai dit : Nous avons aussi cette autre mer, et d'ici à la Tyrrhénienne c'est tout plein de beauté et de bonheur. — Cependant, comme nous parlions de cuisine, et que j'étais tenté de dénigrer l'anglaise, nous avons discuté, et sommes tombés d'accord sur l'égalité entre ce que nous avions au Faro, ou plutôt à la Torre, GIÀ[e] Faro, et ce que nous avons eu l'an dernier au Black Boy de Nottingham. Seulement il me semblait que nous aurions pu obtenir ici ce qu'on nous avait servi au Black Boy, tandis qu'au Black Boy ils n'auraient jamais pu nous donner la ZUPPA DI PESCE[f] que nous avons eue ici. Et

a. Italien : villas, maisons élégantes, de construction nouvelle.

b. Espagnol : « la vieille ville ».

c. Italien : « pâtes au jus ».

d. Larbaud a inséré un « les » ici, au-dessus de la ligne, mais il ne semble pas opportun.

e. Italien : « anciennement ».

f. Italien : « soupe de poisson ».

quelle misère que la BOUILLABAISSE à côté de celle-là ; et à côté du CACCIUCO[a] toscan de Marina di Pisa !

Nos fenêtres donnent juste sur la partie de la gare, — au-delà d'un terrain en construction, — où se trouvent les vagons[b] bleu-et-blanc du « trenino[c] » de Saint-Marin. (Ils disent le TRENINO, et non le funiculaire, comme certains journaux l'ont appelé au moment de son inauguration, lorsque nous sommes passés ici en revenant de Corfou.) Ces vagons sammarinois, et aux couleurs de la République, font vivement sentir les progrès accomplis depuis la patache à chevaux, et les landaus de 1901[37], en passant par la diligence automobile. Nous avions mis au moins 4 heures, XXX[38] et moi, en 1901 pour aller de Rimini à S. Marino[39], dans un vieux landau à deux rosses. Il fallait être alors un touriste assez fantaisiste pour faire ce voyage. XXX ne m'y a suivi qu'à contrecœur, et son argument était que « personne n'y allait ». Il semble qu'à présent personne ne vient à Rimini sans faire cette promenade ; on pouvait encore hésiter au temps de la diligence automobile, mais à présent qu'on voit ces vagons... Nous sommes curieux de voir quels changements a pu apporter dans la vie sammarinoise ce « trenino », et nous avons décidé de le prendre demain matin et d'aller passer la journée sur le Titano[40]. J'y emporterai ce cahier, pour noter sur les lieux mêmes ce qui m'aura paru intéressant dans cet ordre de faits.

Saint-Marin. Dimanche.

Ce trenino est vraiment la réalisation d'un rêve pour qui a connu et aimé S. Marino dès le début de ce siècle, Quand « la démocratie » demandait, par des inscriptions peintes sur la Porte S. François, « le suffrage universel ». Peut-être avais-je imaginé, plutôt qu'une voie ferrée, un funiculaire, comme plus aisément faisable, et par analogie avec le Tibidabo de Barcelone. Mais le trenino est beaucoup mieux. Son trajet est par lui-même une très belle excursion, et on ne peut guère trouver qu'elle dure trop. La frontière qui, par la route, passait à peu près inaperçue, de telle sorte qu'on se demandait encore si on était en Italie lorsqu'on arrivait déjà à Serravalle, est à présent marquée par une première petite gare, « Dogana[d] », où le trenino s'arrête, mais il n'y a ni demande de passe-ports[e] ni visite des bagages. On s'arrête aussi à la gare de Serravalle, mais la suivante, Domagnano-Montelupo, est un arrêt facultatif ; nous l'avons brûlé. À partir de la gare du Borgo, qui porte le nom de Borgomaggiore, on attaque la montée qui, en voi-

a. Soupe de poisson de la côte méditerranéenne.

b. Larbaud adopte ici la forme usitée au XIXe siècle.

c. Italien : « petit train ».

d. Italien : « douane ».

e. Cette graphie avec trait d'union, très nette, en milieu de ligne dans le manuscrit, unique, ne semble pas attestée ailleurs que sous la plume de Larbaud ici...

ture comme en automobile, donnait toujours quelque inquiétude aux voyageurs. Mais une grande partie de ce trajet se fait en tunnel, avec juste ce qu'il faut de voie à ciel ouvert pour admirer le paysage. Tout le voyage est un jeu de cache-cache avec le Titano, qu'on trouve tantôt à droite tantôt à gauche au sortir des tunnels, et qu'on voit, de plus en plus près, dans tous ses détails. La gare de la capitale, et l'avenue qui la relie à la Porte S. François, sont très bien aménagées.

Les résultats du trenino se voient immédiatement et à chaque pas. Les murailles et les trois tours ont été réparées et restaurées, — on répare en ce moment la troisième. La poste, naguère encore humble maison de village, a été entièrement reconstruite, et dans un style qui en fait le digne vis-à-vis du Palais du Gouvernement. Sa petite tour d'horloge a été exhaussée, embellie, et munie d'une belle cloche. Il y a aussi le monument à saint François et un monument aux caduti[a]. Entre cette Poste et le Palais du Gouvernement, le Pianello[41] s'est comme éveillé : un restaurant s'est largement et élégamment ouvert dans le bâtiment qui fait face au parapet ; on y parle allemand et français ; un portier en belle livrée se tient à l'entrée. L'Hôtel du Titano (le patron nous a reconnus) s'est embelli et surélevé, s'ajoutant une terrasse dont la superstructure, — colonnes supportant un velum, — est de niveau avec le rez-de-chaussée de la poste. — Le nombre des osterie[b] paraît avoir augmenté, et on y entend, un peu partout, la TSF, mais un peu indistinctement. Les boutiques de souvenirs - timbres-poste - petits drapeaux, sont plus nombreuses, et quelques-unes sont de vrais magasins. Ils paraissent aussi avoir pris conscience de la demande des poteries sammarinoises, et on en voit beaucoup, de plusieurs sortes, pas toutes, bien sûr, de très bon goût, mais certains plats et pots sont très bien. J'ai même trouvé une plaque — une de métal pour alpenstock, avec armoiries de la République, comme celles qu'on trouve en Suisse, en Allemagne, en Luxembourg, etc. — Le magasin du Cav. Reffi est fermé, malheureusement. Mais un autre negozio[c], vicino alla Porta S. Francesco[d], s'est ouvert, et j'y ai même vu un livre, édité à Milan, que je me propose d'acheter en redescendant vers la gare. Bien entendu, ce n'est pas *Il Trono dei poveri* de Marino Moretti[42] ! — Il y a aussi un nouveau guide, de 1932, qu'on trouve en italien et en allemand[43]. Il semble que les Allemands aient pris le chemin de S. Marino, comme touristes, en grand nombre ; car on entend parler allemand dans les boutiques, et même entre des servantes du Titano ; et en ce moment, et depuis près d'une heure,

a. Italien : « morts de la guerre ».
b. Italien : « petits restaurants ».
c. Italien : « magasin ». Ces magasins, on le devine, sont des librairies !
d. Italien : « près de la porte Saint-François ».

la TSF est tout allemande, — musique, titres, causeries, nouvelles, etc. On pense à Portofino Kulm avant 1914.

J'écris ceci dans la grande salle à manger-café-salon de thé, du Titano, qui est toute neuve, et qui a dû être acquise, ou du moins aménagée, par la direction du Titano, depuis l'inauguration du trenino.

Rimini, même jour.

En sortant de la grande salle nouvelle de l'Albergo del Titano et en suivant la via Garibaldi nous sommes allés à l'Ara dei Volontari, pour nous une nouveauté, et magnifique, avec un décor de rampes et de parapets qui a changé complètement l'aspect de ce côté de la rue en face du Collegio (via Giosue Carducci). Une délégation italienne, avec fanion, et précédée de miliciens en grand uniforme (celui que j'ai donné à copier à M. Edmond Prévost) y venait déposer une couronne. Tous ces hommages aux volontaires sammarinois de 1915-18, et aux deux morts, sont choses postérieures à notre dernier séjour. — Nous sommes allés au musée, où le custode[a] m'a bientôt reconnu comme le visiteur auquel il avait montré et [*pour qui il avait*] endossé l'uniforme rouge et vert de la Guardia di Rocca de 1900-1914. Par lui j'ai eu des nouvelles du Prof. Onofrio Fattori, souffrant ; je l'ai chargé de le saluer de ma part, et j'ai exprimé, avec l'espoir que mes propos lui seraient rapportés, la reconnaissance que je lui garde pour son accueil à l'Archivio. Le musée aussi a été ré-arrangé. Le catalogue de la bibliothèque n'est pas à jour ; il paraît que tous les livres modernes, — donc les exemplaires de *A.O. Barnabooth* et de *Jaune bleu blanc* que j'ai remis ou envoyés à la bibliothèque, — sont déposés dans une salle en attendant qu'on en fasse l'inventaire et qu'on en dresse le catalogue.

J'avais oublié de noter quelques embellissements dans la ville haute, [*Un feuillet collé : « Ricordo della Repubblica di San Marino per l'inaugurazione del Palazzo del Consiglio » (« Souvenir de la République de San Marin pour l'inauguration du Palais du Conseil »). Dans le tiers supérieur de la feuille, on énumère les principales dates de l'histoire sammarinoise et les deux tiers inférieurs sont consacrés à la représentation des principaux monuments et personnages de la ville. Ce document, distribué par le bazar Alexander Mariottis, se présentait en langue allemande au verso et énumérait ses principaux articles en vente.*] et le prolongement de la route commencée durant notre dernier séjour, — route circonvallazione a monte[b] si on peut dire. Bientôt tous les créneaux des murs seront restaurés ; la tour du Montale (la dernière des Trois Cimes) est tout enveloppée des échafaudages de la réparation. Aussi la Rupe, dont le restaurant ne dépend plus de l'Hôtel du Titano, s'est améliorée comme maçonnerie et arrangements. Le Cantone[44] est demeuré intact

a. Italien : « gardien ».
b. Italien : « le boulevard de ceinture du mont Titano ».

et tel que je l'avais vu en 1901. J'étais heureux et assez ému de me retrouver là.

Les visiteurs de ce dimanche étaient :

une COMITIVA[a] d'une quarantaine de personnes, hommes et femmes, presque tous portant l'insigne du Parti Fasciste, et qui ont déjeuné en même temps que nous sur la terrasse du Titano ;

quelques touristes de langue allemande, — peu : 3 ou 4, et de langue italienne ; — aussi à la terrasse du Titano ;

un groupe très nombreux de miliciens fascistes qui se sont répandus dans les petits cafés et osterie[b] de la ville ; assez bruyants et quelque peu grossiers dans leurs conversations avec les gens des boutiques à souvenirs et à tabac.

Avant de reprendre le chemin de la gare nous nous sommes assis à une des tables de la Piazzetta[c] devant le café du Titano, et précisément à la place où nous étions il y a onze ans avec Henry Festing Jones, tandis que nous attendions la petite Ford disloquée qui nous a ramenés à Rimini[45]. Il n'y avait de changé que la destination de l'édifice juste en face de nous, — le Palazzo Bergami Belluzzi, — qui était alors, mais provisoirement, aménagé comme un casino-salle des fêtes (les miliciens fascistes de la grande manifestation garibaldienne y avaient dansé), et qui porte maintenant une plaque indiquant que c'est le siège des « Scuole Elementari Governative[d] ». (Le Prof. Onofrio Fattori désapprouvait cette intrusion d'un casino dans l'austère vie sammarinoise.)

Il y avait eu, et il y allait avoir encore, une commémoration garibaldienne, – la prochaine avec le concours d'Ezio Garibaldi. On revoyait les affiches avec VIVVA L'EROE DEI DUE MONDI[e] ! (S. Marin s'est fait une spécialité du culte garibaldien, peut-être du vivant même du héros, en tous cas tout de suite après sa mort. Les étrangers, vers 1901, n'y entendaient parler que de lui, et il se trouvait toujours quelque vague guide-et-quémandeur pour faire appel à leurs sentiments, en faveur de quelque vieux survivant des Mille, demeuré, ou revenu, à S. Marin ; d'où le paragraphe de *A.O.B.* où Putouarey se laisse taper en se demandant confusément s'il ne s'agirait pas, par hasard, de Garibaldi lui-même[46], réfugié dans son extrême vieillesse sur le Titano, et y mourant de faim. C'était bien l'impression qu'on avait.) De toute façon, on tient plus que jamais à faire preuve d'italianité ; l'Ara dei Volontari en est la preuve. Ce loyalisme de gens qui pourraient être indifférents est très touchant.

a. Italien : « un groupe ».

b. Italien : « tavernes ».

c. Italien : « petite place ».

d. Italien : « écoles primaires publiques ».

e. Italien : « Vive le héros des deux mondes ! » La graphie de *Vivva* – où on attendrait *Viva* – est un peu surprenante et ne semble pas attestée. On peut sans doute la rapprocher de « W l'Italia » pour *Viva l'Italia*.

Du reste le respect de la Souveraineté sammarinoise a été un des premiers traits qui m'ont fait faire confiance au Fascisme à ses débuts, alors que j'étais en France et mal informé de ce qui se faisait en Italie. (Encore en 1924, on me demandait si je n'avais pas été arrêté et dévalisé par « les Faschistos »!)

J'imagine que la majorité des visiteurs de langue allemande sont suisses et autrichiens. Comme je faisais clouer la petite plaque sammarinoise sur mon bâton ferré qui en avait déjà quatre, dont une est lo scudo[a] helvétique, un cheeky lad[b] qui se trouvait dans la boutique a mis le doigt dessus et m'a demandé se era svizzero[c]. Mais c'était pour me montrer qu'il le savait. — Enfin, le peu d'anglais qu'on voyait dans les réclames et aux portes des cafés, trattorie et boutiques, a été remplacé par de l'allemand. Le nouveau guide, de Francesco Balsimelli et du Cav. Eugenio Reffi, n'existe qu'en italien et en allemand. Que peut-il bien y avoir sur S. Marin dans la Littérature allemande ? Ce serait intéressant à rechercher. À moins qu'il ne s'agisse que d'une propagande dans les journaux ?

Le livre, que j'ai acheté, est en réalité une anthologie de la Littérature sammarinoise et italienne sur San Marin : *Terra di San Marino*, par Manlio Gozi, édité à Milan (on regrette qu'il ne soit pas imprimé et édité à San Marin, comme le guide et comme le *Cenno Storico*[d] du Prof. Onofrio Fattori). Il est très bien fait et on comprend qu'il ait été adopté par le Gouvernement comme livre de lectures pour les Écoles. Les origines, l'histoire politique et artistique, le paysage, les coutumes, les traditions et légendes, — tout cela, dans un ordre excellent, est illustré par des textes anciens et modernes, supplémentés par des chapitres de l'auteur de la raccolta[e]. Il y a aussi des poésies d'auteurs sammarinois. La bibliographie, pour ce qui concerne les ouvrages en italien, est assez abondante. En somme c'est clair, agréable et instructif. Le seul défaut est qu'on a dû prendre beaucoup de pages dans des discours, comme celui de G. Carducci[47], et qui renchérissent encore sur lui dans la louange et l'exaltation patriotique. Cela peut faire sourire beaucoup d'étrangers, même assez cultivés, au lieu, comme il le faudrait, de les faire réfléchir. Nous, qui aimons S. Marin comme si nous étions des Sammarinois honoraires, partageons tout à fait les sentiments de cet Innocenzo Cappa qui écrit :

« ... *nella tua fragilità forti indestruttibile, nella tua umiltà sapiente, nella tua debolezza eroica, dono del Santo,* *MIRACOLO DELLO SPIRITO, GEMMA FULGENTE DELL'IDEALE UMANO*[48] *!* »

a. Italien : « le blason ».
b. Anglais : « un petit malin ».
c. Italien : « s'il était suisse ».
d. Italien : « notice historique ».
e. Italien : « du recueil ».

Mais l'étranger qui n'a pas pris, dans l'Histoire, le même chemin que nous, et qui pense « nationalement », et qui trouve tout simplement RIDICULES les petits États comme Liechtenstein, Monaco, Andorre, et celui-ci, éclate de rire devant ce « *miracolo dello Spirito* » et cette « *gemma fulgente dell'ideale umano* ». S'il avait lu le *De Monarchia*... Mais il ne l'a pas lu, ou pas compris. Et par suite il se demande, et bientôt ne se demande plus, si de telles louanges ne sont pas une caricature. Au contraire Marino Moretti, dans *Il Trono dei poveri*, fait preuve d'un plus habile amour de S. Marin, — et c'est pour cela qu'il est considéré ici (à S. Marin) comme un détracteur, et innommé dans *Terra di San Marino* ; par malheur, après son intéressant début à S. Marin, le roman tourne à la banale histoire du jeune provincial plus ou moins dévoré par la Capitale (Rome, je crois, ou Milan). Enfin, il faut espérer que le discret lecteur de cette anthologie voie qu'on a pris ces morceaux dans des Éloges et des Apologies parlées, dans des Louanges oratoires, et qu'elle a été composée par un patriote pour des patriotes. La lecture intelligente du simple guide de Balsimelli, avec l'importance donnée aux décorations, ordres de chevalerie, brevets de noblesse et de cittadinanza[a], et enfin à tous les moyens dont dispose S. Marin pour récompenser ses bienfaiteurs étrangers, [et, en même temps, les simples et très significatifs événements de son Histoire[b]] donne une idée plus juste de la réalité sammarinoise et de ce qui fait sa véritable grandeur. On peut sourire du don de la statue du Pianello récompensé par le titre de Duchesse d'Acquaviva, mais si on aime S. Marin dans son passé, dans son présent, dans la beauté de son site, etc., on ne peut s'empêcher de remercier la mémoire de cette généreuse Duchesse d'Acquaviva. « Ne riez pas, Archibaldo ! » dit Putouarey[49].

Le retour à Rimini, au-dessus des campagnes quadrillées de jaune et de vert, qu'on rejoint, comme se pose un avion, un peu après Serravalle, est très agréable. Cette fois on s'est arrêté à Domagnano-Montelupo, et j'ai souhaité que cette gare devienne l'origine d'une florissante station thermale sammarinoise, ou du moins quelque chose comme Mondorf en Luxembourg[50]. Après le miracle du trenino, on ne doute plus de rien !

Nous avons, comme tout le monde, fait notre cure de timbres-poste, et j'ai envoyé la carte postale de la confraternité sammarinoise à G. Combarnous ; et aussi un mot à Laeta, la première « lettre » qu'elle aura jamais reçue, adressée à son nom et contenant un message pour elle. Je crois que cet événement et la surprise qu'il lui fera, l'encourageront à lire et à écrire, même pendant ses vacances.

a. Italien : « (brevet de) citoyenneté ».

b. Nous reproduisons ici des signes qui ont tout l'air d'avoir été ajoutés, après coup, sur le manuscrit.

À noter encore l'extension donnée à la vente de la « torta[a] », bonne industrie touristique ; il y a même la « torta del Pianello ».

La cuisine de l'Albergo del Titano n'a pas dégénéré ; les lasagne vertes al sugo[b] étaient délicieuses, et aussi le capretto[c] rôti. Le PECORINO est maintenant servi et prôné comme le fromage du pays, alors qu'autrefois il fallait le demander et refuser à plusieurs reprises le gruyère. Leur moscato aussi est maintenant remis par eux-mêmes à l'honneur.

La ville résonnait des chants de miliciens, et de la TSF. Tout le monde semblait heureux d'être à S. Marin, et nous l'étions, non seulement d'y être, mais de le trouver si florissant. J'ai pensé à plusieurs choses dont je n'ai rien voulu dire dans le chapitre de ma *Lettre d'Italie* intitulé « Sous le drapeau bleu et blanc[51] » ; mais j'écrirais toute la nuit. Seulement ce que m'a dit H.F. Jones de la visite que S. Butler et lui avaient faite à S. Marin en 1902 : « He was already too ill to enjoy it[d]. »

Fin de la soirée à Rimini : promenade en ville jusqu'à la Place Cavour, puis en tramway jusqu'au terminus de Bellariva et retour à notre hôtel où nous avons dîné.

Rimini. Lundi, 4 h ½ p.m.

Une autre chose, se rapportant à H.F. Jones à S. Marin avec nous, que je ne pouvais faire entrer dans *Lettre d'Italie*, est l'offre qu'il me fit, très gentiment et délicatement, de me prêter de l'argent. Il ne s'expliquait pas un si long séjour du Traducteur français de S. Butler à S. Marin ; je devais être positivement et très littéralement « on the rocks[e] » pour rester près d'un mois dans la Sérénissime République ! Il comprenait très bien cela de la part d'un improvident[f] Poëte, — plus aisément que ma prédilection pour le Rock itself (le Titano). Il fut surpris de voir que nous avions encore de quoi continuer notre voyage vers Ancône et Recanati. Dans son bon cœur et le sens délicat, qui était le sien, de l'amitié, il était prêt à nous rapatrier jusqu'à Paris.

J'écris ceci pour profiter des 2 heures, ou 3, d'attente que nous avons encore avant de reprendre le Direttissimo pour Bari où nous arriverons demain matin vers 5 h ½ a.m. Nous venons de passer une heure délicieuse, au frais, dans le Tempietto dei Malatesta[52]. Nous étions assis sur un des bancs, et de temps en temps nous nous levions pour aller regarder un détail des sculptures, qui sont

a. Italien : « gâteau ».

b. « Lasagnes vertes à la sauce ». Mélange très larbaldien des langues !

c. Italien : « chevreau ».

d. Anglais : « Il était déjà trop malade pour l'apprécier. »

e. Anglais : « fauché » (avec jeu de mots *on the rocks* / *the Rock itself* : sur les rochers / le Rocher lui-même).

f. Anglais : « imprévoyant, prodigue ».

très « inspirantes ». J'ai salué avec plaisir ma vieille connaissance, le petit éléphant, qui, même isolé dans une reproduction photographique, serait un merveilleux morceau. On s'éloigne à regret d'une telle église, et on envie les dévotes, — « le Marie » — de la ville, qui peuvent aller y prier tout leur saoul tous les jours.

À midi ¾ nous étions allés, de la Pl. Cavour par le tram au Kursaal, puis à pied au restaurant de la Torre, où nous avons eu un excellent déjeuner pour 34 lire, à la même table qu'avant-hier soir. Dans une des grandes baies vitrées s'encadrait l'azzurra vision di San Marino[53] ; les Tre Penne[a] très distinctes, et le flanc couronné par le Pianello. On a le sentiment que le Titano pourrait porter une ville au moins aussi peuplée que Rimini, et même la Capitale de toute la région. Ensuite nous avons suivi à pied la terrasse le long de la plage ; on nous a proposé des cabines de bains, mais, encore trop près de notre repas, nous avons préféré aller prendre un second café à l'ombre, à côté du Kursaal.

Avant midi, — entre 10 h et 12 ¾, nous sommes allés à pied jusqu'à la Pl. Cavour pour visiter l'exposition des Peintres Riminesi du XIV[e] siècle, qui était, avec S. Marin, une des choses qui nous avaient fait break our journey qui piuttosto che a Bologna[b]. Elle en valait la peine, et je colle ici nos deux billets d'ingresso[c] en souvenir de cette belle et provisoire Anthologie picturale. (Personne ne pense jamais à conserver ces sortes de documents.) On a suivi l'ordre chronologique, depuis 1300 jusqu'à 1396 ou 1400. Les morceaux viennent, non seulement des musée et églises de Rimini, mais de toute la région et de plusieurs grandes villes italiennes, et même 4 villes étrangères sont représentées par des envois tirés de musées ou de collections particulières : Amsterdam, Londres, Moulins, Munich. Les peintres, anonymes ou non, de la première moitié du siècle offrent une idée de perfection, d'actualité qui ne laisse rien à désirer, — le comble du « moderne » ; ensuite on voit apparaître des répétitions maladroites, de la déclamation, des effets visiblement « rebuscados[d] », avec des fautes, comme des mains énormes, des têtes trop grosses pour les corps, des yeux louches ; il y a même des choses qui tournent à la simple décoration. Mais les premières têtes sont admirables. J'ai pensé à Dante en voyant les sujets : tout est évangélique, et rien n'est patriotique ; Jérôme brille par son absence encore plus que dans l'œuvre de Dante où il n'est pas cité, je crois, ou même alluded to[e], plus de trois fois. Les Anges, Archanges, Apôtres, et quelques Saints très anciens, ou très modernes comme Dominique et François, mais tout l'entre-deux est passé sous

a. Italien : « les Trois Plumes » ; elles désignent les trois « cimes » de Saint-Marin.
b. Anglais et italien : « arrêter nos pas ici plutôt qu'à Bologne ».
c. Italien : « d'entrée ».
d. Espagnol : « recherchés ».
e. Anglais : « évoqué ».

silence. Les crucifixions représentent très humainement la mort, mais les Plaies sont volontairement abstraites, théologiques si on peut dire : le Sang de la Plaie au flanc jaillit en éventail, et apparaît aussi mêlé à l'Eau représentée par quelques gouttes et filets blancs mêlés aux rouges. Il y a aussi de l'intellectualisme dans les voiles de Jésus en Croix : tous, un seul excepté (et peut-être a-t-il été retouché) sont transparents, et comme en tulle ou en mousseline, et tels que, normalement, le sexe devrait être plus ou moins visible, et aucun prétexte n'est cherché pour justifier le fait qu'il est absolument invisible. C'est, en somme un voile tout à fait idéal que les peintres, sachant aussi bien que nous que Jésus dut être crucifié nu, tout comme les deux Larrons, nous invitent à poser, et posent pour nous, sur cette partie du Corps de J.-C. Un de ces voiles est passementé d'or, mais il est aussi transparent que les autres, et cet or ne pourrait rien cacher ; on ne cherche pas à dissimuler, comme on l'a fait aux siècles suivants ; on refuse, d'accord avec toute pensée chrétienne, de voir. On peut penser que le Jésus Crucifié de Dante, Celui qu'il considérait en pensée, était voilé de cette façon-là.

C'est une bonne idée, celle d'avoir systématiquement réuni les peintres de Rimini ; ainsi on peut les considérer en eux-mêmes, sans mêler au plaisir qu'ils nous donnent des idées de traditions et d'influences étrangères.

Bari, mardi soir.

Je pensais devoir écrire ce journal en mer, mais un incident passaportique, — le mot « Albanie » manquant à un de nos passeports, — nous a retenus ici. —

Quitté Rimini vers 8 h p.m. Tout le trajet jusqu'à Bari sans dormir, mais nullement incommodé ; peut-être aurais-je dormi à partir de Foggia, mais l'aube commençait à poindre, et la beauté du paysage m'a tenu agréablement éveillé. Les longs bois d'oliviers et de caroubiers, les tuguria blancs, la mer, les entrées éblouissantes dans les bourgs et les villes toutes blanches, — je retrouvais tout cela avec joie ; et bientôt ma femme, que la belle clarté avait réveillée, s'est jointe à moi pour admirer cette campagne que nous avions laissée avec quelque regret il y a trois ans, au retour de Corfou.

Nous avons retrouvé Bari avec moins de plaisir. Le retard moral et civil de la population n'y est pas moins sensible qu'à nos derniers passages. Nous avons commis l'erreur de croire que nous pouvions nous accommoder d'un hôtel de deuxième ordre, le Leone d'Oro, juste en face de la gare[54]. À peine entrés là nous avons souffert mille importunités de deux ou trois faquins de diverses espèces : un faquin ordinaire qui avait voulu, malgré nous, se charger seul de tous nos bagages, au lieu de s'adjoindre un « confrère » ; un faquin de l'espèce gardien de nuit d'hôtel qui nous a demandé brutalement nos passeports, et nous a fait payer séance tenante les cafés (détestables) qu'il a montés dans notre chambre ; enfin un faquin mi-cicérone mi-policier, qui d'abord s'est mis à me parler en anglais (et quel anglais) et m'a proposé de m'accompagner au consulat britannique, à la compagnie de navigation, etc., tout cela sur un ton d'autorité et de familiarité insupportable. J'ai eu toutes les peines du monde à lui faire entendre, d'abord que j'étais français, ensuite que je n'avais pas besoin de ses services parce que M. Chastand[a], le Consul de France, était averti de notre arrivée, et attendait ma visite. La vue de mon passeport français l'a plus ou moins convaincu en ce qui concernait ma nationalité, et alors il s'est mis à me parler dans un italien qui ne valait guère mieux que son anglais ; (il m'a dit ensuite, — et c'était son idée fixe, qu'en me voyant et en m'entendant parler italien il avait pensé que j'étais un Anglais résidant à Malte, — et c'est bien la première fois qu'on trouve que je parle l'italien avec l'accent anglais ; mais cet expert n'a pas une grande autorité. J'imagine qu'il est Levantin, car il est aussi interprète pour la langue turque). Quant à admettre qu'un consul pouvait être averti de mon arrivée, ça, jamais ! Je devais mentir comme un effronté aventurier, et sans lui on ne me recevrait pas au Consulat de France. La chambre était d'une propreté douteuse, et tous les arrangements de l'hôtel rappelaient l'Italie pouilleuse et vermineuse de la fin du siècle dernier et des dix ou douze premières années de celui-ci. Nous avons renoncé assez tôt à dormir et après une brève toilette, nous avons quitté cette chambre, qui ne nous a plus servi que comme une consigne pour nos bagages. Excellent accueil de M. Chastaing [*sic*], que Marcel Ray avait prévenu, et du Consul d'Albanie que M. Chastaing avait prévenu à son tour. Il n'a pas voulu me faire payer les droits du visa albanais, et m'a fait entendre que c'était au nom de son pays qu'il agissait ainsi, ajoutant que j'ai beaucoup d'admirateurs dans toute l'Albanie, — mais je pense que c'est là un trait de politesse orientale. C'est du reste un homme fin, aux manières agréables.

En sortant de chez lui nous avons fait un sérieux effort pour découvrir enfin un bon restaurant dans Bari. J'ai demandé une adresse au garçon d'un grand café, se conosceva un ristorante veramente buono, ed anche alla buona, senza pretese, Lei sa, il tipo DELLA VERA ET BUONA TRATTORIA ITALIANA. — QUESTO, Signore, NON ESISTE QUI A BARI ; c'è un buon ristorante, sì ; ma di lusso : l'Adriatico[b].

Cette opinion désintéressée confirmait notre expérience. Nous sommes donc allés, sans beaucoup d'entrain, au « ristorante di

a. Note de Larbaud : « Chastand (famille protestante). »

b. Italien : « s'il connaissait un restaurant vraiment bon, mais sans façon, sans prétention, du genre *bon et authentique petit restaurant italien*, vous savez. — *Cela*, Monsieur, *n'existe pas ici à Bari* ; il y a bien un bon restaurant, mais c'est un restaurant de luxe : l'Adriatico. »

lusso », qui est tout neuf, dans un style casino de grande plage, et dont les affiches paraissaient dès l'abord promettre plus de musiciens et de danseuses nues, ou demi-nues, que bons plats, — et les principaux et plus nombreux clients semblaient bien être ces mêmes musiciens et danseuses. L'ensemble du repas n'était pas mauvais, mais il n'y avait pas cette succulence, cette savoureuse simplicité, ce « juste à point » qu'on trouve en Piémont, en Lombardie, en Ligurie, en Toscane, à Naples, et, en n'allant pas dans les grands hôtels, dans les Marches. C'était une cuisine plutôt pseudo-napolitaine, qui ne donnait pas le sentiment qu'elle nourrissait son mangeur. Nous avons refusé l'entrecôte grillée : le plus fin rasoir ne lui aurait pu faire la plus petite entaille ; et l'explication-excuse du maître d'hôtel a été :

Qui non macellano ogni giorno : bisogna contentarsi di quel che c'è[a] !

On nous a remplacé ces rochers par un plat froid tout fait : poulet en gelée. La gelée était assez bonne, mais le poulet avait été nourri aussi mal qu'on voulait nous nourrir. D'ailleurs, nous nous étions attendus à une plus grosse addition, et le café était vraiment bon.

Flâné à pied, en voiture (toujours les petits landaus, assez confortables), à deux terrasses de cafés. Beaucoup de marmaille criarde, brutale, malpropre ; et aussi des popolani aux habits sales et déchirés. Tandis qu'à Rimini beaucoup de très belles femmes et des hommes d'une réelle élégance (et d'une élégance originale, ITALIENNE, discrète et agréable à l'œil) — et c'étaient des Riminesi, des gens de la ville, et non des baigneurs, des gens de la plage, — donnaient aux vieilles rues un aspect de ville cultivée, « D'Annunziesque », les belles grandes rues neuves de Bari, et leurs déploiements de grandes façades modernes, toute leur richesse fortement étalée, sont meublées d'une foule mesquine et triste et pauvre, aussi bien en fait d'habits qu'en fait de manières. Ils n'ont pas l'air d'être le peuple de cette ville ; ils y sont dépaysés. Le regard attend les belles femmes bien parées, les hommes en vestons frais et aux pantalons bien repassés, — et ne les voit pas paraître. Du Fascisme, qui a tant fait, — et continue à tant faire, — pour développer Rimini dans la beauté et l'ordonnance d'une capitale méditerranéenne, — ils n'ont pris que ces superbes décors et dehors, ce front de mer qui doit étonner, — qui étonnait déjà, il y a trois ans, — les gens que les bateaux amènent d'Orient, d'Égypte, des Îles Ioniennes, et qui doit leur faire penser : Voici l'Occident, voici l'Europe ; de ce côté une grande ville claire et majestueuse lui sert d'entrée. Ni la propreté élémentaire, le respect de soi-même et des autres, la politesse franche et virile, et toutes les autres qualités civiques cultivées et

a. Italien : « Ici on n'abat pas tous les jours ; il faut se contenter de ce qu'il y a ! »

encouragées par le Fascisme, ne se font encore sentir ici. Sans doute il y a des gens à la fois cultivés et riches, donnant leurs loisirs à des curiosités désintéressées, à de dignes plaisirs ; mais ils ne sont qu'une petite minorité, et sans influence sur la masse. On doit s'ennuyer ferme, à Bari ; et cependant toute la ville matérielle paraît faite pour une vie et des habitudes de fines et hautes jouissances. Ce contraste est pénible. Une ville admirable est, en quelque sorte, vide, sans intérêt une fois qu'on en a vu les rues et les monuments.

Vraiment l'accueil à l'hôtel moyen est bien significatif. Un Leone d'Oro situé en Lombardie ou en Toscane nous aurait offert une halte agréable, propre, avec des égards, des soins discrets et efficaces. Ici un étranger ne peut aller où vont les gens du pays ; il doit se résigner à suivre le commun des touristes bien pourvus d'argent aux hôtels de premier ordre, et aux palaces. De là vient qu'il se sent vraiment étranger, et, presque, comme un Européen dans une ville d'une colonie récente. Je pensais : Ce n'est pas une ville de province, mais de colonie, italienne. J'avais la nostalgie de la Toscane, de la Lombardie, de Parme, de Modène, de Bologne, de... l'Italie.

Quelqu'un m'a dit aujourd'hui, — nous avons pris le thé et passé deux heures chez le Consul de France, où il y avait des gens, — que les Pouilles, et en particulier la région et la ville de Bari, — « ont été longtemps isolées ». Bari l'est encore : un Poëte qui était là ignorait jusqu'au nom d'Umberto Saba[55] ; il était plus loin de Trieste qu'un lettré de langue française vivant, mettons à Zurich, ne l'est de Paris. Et entre les lettrés d'ici, peu nombreux, semble-t-il, et un peu repliés sur eux-mêmes, mal aérés, et le peuple d'ici, on pressent une distance égale à celle qui sépare les Athéniens parisianisés de la petite bourgeoisie athénienne sédentaire.

Cependant je ne crois pas que le Fascisme perde son temps, sa peine et son argent, à si bien embellir Bari. Il est vraisemblable que la ville, peu à peu, élèvera les habitants jusqu'à elle, les formera, les civilisera. Ce sera un curieux phénomène, et le contraire de ce qui se passe dans la plupart des cas, où ce sont les habitants qui « plasment[a] » leurs villes et les embellissent à leur image.

Bari est inconnue, ou presque, dans les pays que je connais : France, Suisse, Belgique, Angleterre, Espagne, et elle n'est guère connue que « commercialement » en Pays de langue allemande. En 1903 j'avais le sentiment que je la découvrais, et j'ai rapporté en France la nouvelle de ma découverte : une grande ville très moderne autour d'un noyau moyenâgeux, etc. L'existence, dans cette ville, d'une Maison d'Édition comme Laterza, me donnait à

a. Cette création de Larbaud semble inspirée de l'italien *plasmare*, « modeler, façonner ».

penser qu'il devait y avoir un « élément intellectuel » important et intéressant, en dépit de l'absence d'une université et d'un musée illustre. C'était « la moderne Italie » qu'il serait sot de dédaigner ou d'ignorer exprès. Mes passages et séjours successifs m'ont amené à admirer plus que jamais la belle ville moderne, — mais je sais à présent qu'il faudra attendre encore avant qu'elle vaille la peine d'être découverte comme centre artistique et intellectuel vivant. — Lecce est cent fois plus connue, et à juste titre.

On peut espérer aussi en l'Université de création mussolinienne (1925, je crois). Mais elle n'a pas encore de faculté des Lettres. Il n'y a qu'une sorte d'Institut Supérieur, rattaché plus ou moins à une École de Commerce (qui fait partie de cette université). C'est là qu'enseigne M. Nicola Cacudi, — rencontré ce soir chez M. Chastaing, — qui publie une *Rassegna di Studi Francesi*[a], qui a un peu le caractère de la *Revue germanique* et de la *Revue anglo-américaine*. Je voudrais pouvoir l'aider, lui recruter des lecteurs et collaborateurs, etc. ; je lui ai promis de lui donner des textes, par exemple quelques notes hiéronymiennes. Il ne me déplairait pas de les voir paraître à Bari, dans cette revue très à l'écart, et qui du reste ne paie pas ses collaborateurs. Je verrai cela. N. Cacudi est un fervent admirateur de Gabriel Faure, dont je n'ai pas lu grand'chose.

L'oubli du Vice-Consul[b] parisien nous a occasionné un fâcheux contre-temps. Nous étions déjà installés à bord du *Brioni*, vers 9 heures p.m., nos bagages dans notre cabine, etc., lorsque les vérificateurs des passeports se sont aperçus de cet oubli qui rendait notre départ pour Durazzo impossible. Il était trop tard pour aller à la Questure qui seule avait qualité pour arranger cela. Ma qualité de « courrier diplomatique » aurait pu, à la rigueur, permettre mon départ, mais seul. Mais, bien entendu, je n'allais pas laisser ma femme à Bari. Il nous a donc fallu faire remonter nos bagages, les faire remettre sur une voiture, et rentrer en ville, et toute la journée de demain ne sera peut-être pas de trop pour faire inscrire le mot « Albanie » sur le passeport où il manque. Ces braves gens se sont excusés de leur mieux, mais ils ne pouvaient contrevenir aux règlements. Cette fois nous nous sommes fait conduire à un des deux ou trois hôtels pour étrangers, le Miramare. Le plus fâcheux est que nous craignons que Marcel Ray, à qui le Consulat de France a annoncé par dépêche notre arrivée pour demain à Durazzo, ne vienne de Tirana nous y attendre. En tous cas, aussitôt que possible, nous lui avons expédié un télégramme lui apprenant notre

a. Revue d'études françaises.

b. Note de Larbaud : « Il est persuadé que nous allons tous les ans en Grèce ! — et il avait mis "Grèce". »

retard, et nous espérons qu'il l'aura cette nuit ou demain matin de bonne heure.

Mercredi soir, 26 juin, en mer[a].

J'avais craint que l'insertion supplémentaire du mot « Albanie » sur notre passeport ne me prît beaucoup de temps, mais grâce à M. Chastand[b] cela s'est fait en moins d'une demi-heure, et sans que ma femme ait eu à se déranger. Le Questeur, comm. Antonio Panariello, m'a fort aimablement reçu. Il est philatéliste, et il a jadis voyagé en Bretagne. Ces affaires de passeport sont une seccatura[c] qui fait perdre beaucoup de temps, non seulement aux voyageurs mais surtout aux « autorités » qui ont à s'en occuper. Comme taxe et comme moyen de police, c'est un archaïsme, un usage de l'Europe ancienne, et le temps où le passeport n'était obligatoire qu'en Russie paraît, de ce point de vue, une époque plus civilisée que celle-ci. Les autorités s'excusent de ne pouvoir me laisser passer parce que le mot « Albanie » ne figure pas, — par suite d'un oubli d'une autre autorité, — sur mon passeport ; je m'excuse de n'avoir pas ce mot ; je m'excuse de déranger encore, à ce propos, le Consul et le Questeur, qui s'excusent de ne pas pouvoir me dispenser de cette formalité, etc., etc.

En revenant de la Questure à l'Hôtel Miramare j'ai, tout à fait par hasard, acheté un exemplaire du *Corriere della Sera* qu'un camelot me tendait, et quelques minutes plus tard j'y lisais la nouvelle de l'horrible mort d'Henri Girard, administrateur de la Bibliothèque Sainte-Geneviève, tombé du toit de la bibliothèque dans la cour de Sainte-Barbe. Il était allé voir lui-même l'état de la toiture, ou vérifier des réparations qu'on y avait faites ; en sorte qu'il est, littéralement, mort victime du devoir, en défendant les livres confiés à sa garde. L'accident a eu lieu un peu avant midi lundi dernier (avant-hier). À ce moment-là nous étions à la Mostra della Pittura Riminese del Trecento. J'avais justement pensé à lui la veille, à Saint-Marin : je voulais lui écrire, ou du moins lui envoyer quelque signe de sympathie, afin de reprendre plus aisément mes relations avec lui lorsque nous serions tous les deux à Paris, relations à peine commencées en mars ou avril dernier : trois longues conversations à la bibliothèque et une rencontre, à la messe de onze heures du matin, à S. Étienne-du-Mont. Ma dernière visite était des premiers jours de mai ; je lui avais rapporté l'exemplaire de son *Émile Deschamps* qu'il m'avait prêté, et je lui avais apporté, en signe de remercîment pour son accueil et les services qu'il m'avait rendus, quelques-uns de mes livres, dédicacés. J'avais aussi pensé

a. Note de Larbaud : « Sur le *Brioni*. »

b. Mot corrigé. Automatiquement, Larbaud avait écrit Chastaing.

c. Italien : « un tracas ».

qu'il me rendrait l'exemplaire des *Vers d'exil* d'Étienne Arago que je lui avais apporté quelques semaines plus tôt, mais il avait manifesté le désir de le garder encore : il me le rendrait à mon retour à Paris, à la rentrée. Je le lui avais laissé bien volontiers. Mais comme je ne me rappelais pas si je lui avais dit que je ne comptais pas rentrer à Paris de tout l'été, je voulais lui envoyer, au cours de mon voyage, quelque courte lettre ou carte postale pour lui montrer que j'étais trop loin de Paris pour qu'il pût compter sur une visite prochaine de moi. Une carte postale me semblait un message trop familier, et je comptais lui écrire de Tirana. J'ai de nouveau songé à cela dans la nuit de lundi à mardi, dans le train entre Rimini et Bari, et j'évoquais avec beaucoup de netteté ses traits, ses manières, ses propos ; je formais le projet de cultiver son amitié, de le voir plus souvent lorsque je serais à Paris, etc. La mort de Jean Duriau et cette mort-là, dans ces circonstances, — et l'une et l'autre survenues dans ce même mois de juin, m'ont été deux coups pénibles. Toute ma journée d'aujourd'hui a été assombrie par la pensée de cette mort si terrible et si imprévue, comme l'avait été, à Challes, la journée où j'avais appris, par une lettre de sa veuve trouvée dans mon courrier de Paris, la mort de Jean Duriau. (Chose curieuse : j'avais emporté de Paris, et j'ai encore dans une enveloppe, avec d'autres lettres auxquelles je réponds, en voyage, dès que j'ai un moment de loisir, deux lettres de Jean Duriau, reçues cet hiver à Paris, qui ne comportaient pas de réponse immédiate, ni précise, mais que je voulais relire avant de lui écrire à mon tour. J'avais beaucoup d'estime pour son travail désintéressé en faveur des littératures brésilienne et portugaise moderne, et le considérais comme un ami, que j'aurais voulu voir plus souvent ; le fait qu'il était allé habiter à Versailles m'avait empêché de nouer avec lui des relations plus suivies.)

Tout notre après-midi a été occupé par de menues courses, et surtout par l'attente de l'ouverture des bureaux et des magasins, qui restent fermés, presque tous, de 1 h p.m. à 4 h, 4 h ½, et même 5 h p.m. Tout le monde fait la sieste, et, comme me l'a dit un coiffeur : « Bari sembra un paese[a] » ; très peu de passants, neuf boutiques sur dix fermées. Cependant la chaleur n'était pas insupportable ; la brise de mer coulait dans toutes les rues.

Depuis notre arrivée à Bari, j'étais surpris de m'y orienter assez difficilement ; je reconnaissais assez bien les rues principales, mais un point de repère me manquait : la petite église située dans la via Vittorio Veneto, à peu près au tiers de la longueur de cette rue très centrale, à partir du Corso Vittorio Emanuele et de la Piazza Umberto I (le grand square qui est devant l'Université). Enfin je l'ai reconnue encastrée dans un magnifique block-palais, tout en mar-

a. Italien : « Bari semble un village ».

bre, et où se trouvent des bureaux de Cie de Navigation Adriatica, d'autres offices ou magasins, et même des appartements. Cependant sa façade a gardé le caractère ecclésiastique, et a été embellie ; les boutiques et appartements sont derrière et sur les côtés, de telle sorte qu'ils ne semblent pas être accolés à une église ; tout cela a été très habilement fait, car il n'y avait que deux autres moyens de changer la situation : ou bien démolir l'église, trop petite, — une église de petite ville, — déplacée dans la plus belle rue de Bari, — et la reconstruire sur des fondations cinq ou six fois plus grandes, ou bien l'entourer d'un square, où elle aurait fait, d'ailleurs, une assez pauvre figure. Autrefois il y avait, derrière elle, et sur ses côtés, un marché, qui lui aussi paraissait déplacé, comme un morceau de village dans la grande ville. J'en ai causé avec un garçon de café, qui m'a dit que la vieille église était « antiestetica » et le marché « anti-igienico ».

Passé la fin de l'après-midi sur la terrasse latérale de l'Adriatica, où nous avions le spectacle du front de mer vers le Sud et de l'activité purement sportive du Vieux-Port : barques à voile ou à rames, conduites par de beaux jeunes hommes, par des enfants et par des jeunes femmes. Vu de là Bari est admirable, et on peut dire que tout le front de mer et tout le quartier du port sont superbes. — Il ne reste plus que l'îlot formé par le Vieux Bari, autour de S. Nicola, et les environs immédiats de la Gare Centrale, qui ont besoin d'être « fascisés ». C'est de là que viennent ces enfants en guenilles qui passent entre les tables des cafés en cherchant les bouts de cigarettes et en se grattant désespérément la tête. Mais on travaillait déjà, il y a 3 ans, à leur faire un Vieux-Bari plus propre et non moins moyenâgeux d'aspect, et ces travaux paraissent continuer.

Tirana, jeudi matin.

[*Larbaud a collé ici, entre deux pages du journal, le ticket de passage, rédigé en albanais, sur le* Brioni. *C'est ici que débute, à la p. 353 du deuxième volume du* Journal inédit *(O.C., t. X), « Notre semaine albanaise ».*]

Bonne traversée sur le *Brioni*, petit bateau neuf et propre. Marcel était sur le quai avec sa voiture, son chauffeur, son agent. La douane ; le marché de Durazzo (rappelle celui de Corfou) ; hommes en fez blancs ou noirs, femmes voilées.[56] Abricots gros comme — des cerises ; cerises, ou plutôt merises grosses comme — de petits noyaux de cerises. Route Durazzo-Tirana : cailloux jetés sur la chaussée et que le passage des voitures doit tasser, mais on n'est pas trop secoué. Cigognes dans les champs. Traversée d'un village ; rappelle, en plaine, Njegus au Monténégro en 1903-04[57]. Mais la campagne est arrosée et bien cultivée ; quelques maisons sur des collines, quelques bois d'oliviers. Tirana s'annonce par des casernes, sur la droite, et le hangar de l'aviation, camouflé comme un navire de guerre. Arrivée à la Légation, où Suzanne nous reçoit, et où Marcel a fait hisser, en notre honneur, un drapeau neuf. On l'amène après notre entrée, pour ne pas provoquer la surprise des autres légations qui demanderaient par téléphone en l'honneur de qui et de quoi le drapeau a été hissé, et si elles en doivent faire autant. — Accueil charmant de nos amis. — L'absence du mot « Albanie » sur le passeport a été cause que Marcel a fait deux fois le voyage Tirana-Durazzo, à 7 h du matin ; notre dépêche expédiée de Bari à 10 h du soir mardi ne lui a pas été remise assez tôt pour lui apprendre, avant son très matinal départ de Tirana, qu'il ne nous trouverait pas à Durazzo. Les fameuses « autorités » l'avaient donc vu arriver dans sa voiture à fanion tricolore, nous cherchant, nous demandant, — et quelqu'un d'entre eux obligé de répondre qu'on nous avait « refoulés » à Bari ; ce qui explique leur accueil à la coupée, hier soir, tous les bras levés, salut aux refoulés par excès de zèle, nouvelles et muettes, mais éloquentes, excuses. Marcel dit qu'ils auraient pu nous laisser passer, et que l'affaire se serait facilement arrangée à Durazzo par la Légation d'Italie.

Tirana, vendredi matin. —

La journée d'hier : visite de Tirana en partant à pied du Boulevard Mussolini où est la Légation de France. Même dans ces larges et nouvelles rues du centre le système des cailloux, non concassés et jetés sur les chaussées, s'enfonçant comme ils peuvent lorsqu'il pleut ou lorsqu'une lourde voiture les tasse, est le grand principe de la voirie. Je crois me rappeler qu'en 1903 les rues, — très larges aussi, — de Cettigné, étaient mieux entretenues (il est vrai qu'alors les voitures étaient moins lourdes et moins nombreuses : quelques diligences et quelques landaus). Sur une assez grande distance il existe, au milieu de la chaussée, un trottoir en ciment. De jeunes arbres donnent de l'ombre à ces avenues, et on voit assez de verdure pour n'établir plus aucune comparaison avec l'ancienne Cettigné. Il y a encore quelques demeures villageoises de style (si on peut dire) turc. Marcel, à son arrivée, avait songé à s'installer dans un pittoresque « han[58] » situé un peu en retrait de l'avenue, près du centre, après les bâtiments de la Croix Rouge et avant le Parlement : un mur surmonté d'un toit débordant, avec une porte sur laquelle la toiture fait un arc assez joli, et derrière ce mur quelques constructions basses, situées comme au hasard, en dehors de l'axe de cette porte, — un peu comme les bâtiments d'habitation et d'exploitation d'une ferme, — et avec quelques arbres dans les intervalles ; en dehors du mur, mais tout près, il y a deux beaux cyprès. S'il avait acheté cela, et le terrain où sont les cyprès, il aurait pu arranger une résidence qui aurait été la plus pittoresque légation de Tirana, et aurait préservé d'une démolition plus ou moins prochaine une construction typique de la vieille Tirana. Mais non seulement les arrangements et réparations eussent coûté fort cher, mais l'achat du terrain aurait été ruineux parce qu'on aurait abusé de la situation officielle du Ministre de France. Du reste, le loyer qu'il paie pour la légation où nous sommes, 37.000 francs, est très exagéré.

Nous avons regardé les fresques des deux mosquées anciennes du centre[59]. Il paraît que ce sont les deux seules mosquées du monde qui soient peintes à fresques[a], et c'est, pour qui a vu celles de Constantinople, de quelques villes turques, ou ex-turques, et de l'Afrique du Nord, une très agréable surprise. Les deux monuments, avec leurs portiques à colonnes, leurs porches, leurs tombeaux, leur puits, sont d'une élégance et d'un charme très frappants, et sûrement la plus haute expression de la CIVILTÀ[b] qu'on trouve dans Tirana. On serait content de trouver un lieu de repos, frais et ombragé, en face de ces mosquées, pour les contempler à l'aise. Ces fresques décoratives, motifs floraux et « tableaux » représentant des villes, des palais, des ports, — sont d'un aspect réconfortant au milieu du désordre de la ville en formation. Il paraît qu'on a, dans les travaux de percement d'une des avenues, démoli une troisième mosquée de ce genre-là ; comme quoi les efforts de la civilisation produisent quelquefois les mêmes résultats que ceux de la barbarie.

Nous avons vu le fameux quartier, — tout neuf, — des Ministères. Ils ont été bâtis à grands frais par des entrepreneurs italiens qui ont dû pactiser avec des politiciens concussionnaires, et construire pour dix millions de lire des bâtisses qui n'en valent pas quatre. L'ensemble est dur et mesquin ; on dirait le quartier neuf, hâtivement et à bon marché construit pour des locataires petits-bourgeois, d'une ville toscane de troisième ordre, — le placement immobilier qu'aurait pu faire, à Pistoia ou à Marina di Pisa, un capitaliste florentin[60]. Il faudra beaucoup de verdure et des fontaines et des jets d'eau dans des pelouses bien entretenues pour arranger tout cela et en voiler la nudité pénible d'élévations d'architecte, de tableaux muraux pour école enfantine. (C'est le contraste avec les deux vieilles mosquées qui suggère ces images scolaires.)

Le casino militaire et un café avec jardin ombragé sont remarquables. Le premier pourrait résumer ce qu'on a fait de mieux dans le sens de la modernisation, à Tirana ; l'autre fait penser à quelque trattoria italienne « con giardino », mais avec je ne sais quelle déformation dans le sens oriental, qui est assez plaisant. Nous y serions allés si nous n'avions pas la ressource du Club de Tennis, qui est le rendez-vous de la « gente bien » (presque toute formée

a. Note de Larbaud : « Il y en a aussi à Elbasan. »

b. Italien : « civilisation ».

des membres du corps diplomatique et de quelques officiers-instructeurs). Là il y a de l'ombre et un air de loisir élégant. Mariuccia y avait l'impression de se trouver dans une petite station thermale où les étrangers commencent à venir, quelque chose comme Challes, mais un Challes où le village se trouverait mêlé à la région thermale de la station. Le groupe des bridgeurs est enfermé dans une sorte de petit pavillon — cage en treillis, — contre les moustiques, car ils jouent assez tard. Nous étions sur des fauteuils de bois et de toile, entre le bâtiment du café et les deux courts du tennis. Les caddies sont deux petites filles musulmanes en longues jupes blanches (leurs parents n'ont pas voulu qu'elles portassent des culottes ou des jupes courtes, ce qui les gêne pour ramasser les balles, — et en même temps cela donne à ce tennis un aspect tout particulier, qu'on ne trouverait pas en Occident).

Avant de nous rendre, en voitures de place, à ce Club de Tennis, nous avons visité le Musée-Bibliothèque. — Le Musée consiste en quelques sculptures grecques, romaines, byzantines [*Deux mots biffés*] provenant des fouilles de Durazzo et d'Apollonie. Un bas-relief représente un personnage considéré par quelques archéologues comme un Hercule étouffant Python ; Marcel pense que ce pourrait bien être un Priape. Il y a un admirable aigle byzantin, le même que la Collection Budé a adopté pour sa collection de textes grecs byzantins. Il est d'une majesté et d'une pureté qui l'élèvent au-dessus de toute époque déterminée. Le premier étage[a] comporte une salle où se voient des armes, parmi lesquelles le casque de Skanderbeg et ses épées[61], ou des épées de son époque, dans une vitrine, et aussi des étoffes et des poupées en costumes albanais de diverses provinces. La Bibliothèque a deux salles garnies de livres. Dans l'une les livres albanais ou se rapportant à l'Albanie. Hobhouse est là, relié en un seul volume. Aussi l'exemplaire photographié du plus ancien livre albanais connu, un Missel, dont l'original est à la Vaticane. La bibliothécaire nous a montré aussi l'édition (1632) de la traduction (posthume) de Chalcondyle par Blaise de Vigenère[62] (lien inattendu entre l'Albanie et le Bourbonnais, entre Tirana et S[aint-]Pourçain-sur-Sioule). L'autre salle contient les livres qu'on prête, littérature et sciences, et les livres pédagogiques et les manuels scolaires. La plupart, ou tous, sont des dons ; les plus beaux de ces dons viennent d'Allemagne : série des écrivains classiques allemands en éditions modernes très convenables, et reliés. Quelques italiens, français, anglais, grecs modernes. — Peu de latins. — Un assez grand nombre de lecteurs, étant donné l'exiguïté des salles. — Des fenêtres de derrière on voit assez bien l'enclos et les bâtiments du Palais Royal, plus grand, plus ombreux,

a. Note de Larbaud : « On monte directement du jardin au 1er étage par une sorte de perron. »

mais moins pittoresque, — et du reste bien moins ancien, — que le Palais Princier de Cettigné l'était en 1903-04.

Halte à la Librairie de l'Argus, la plus grande des deux qu'il y a dans Tirana (l'autre est journaux-librairie, à peu près de l'importance de celle de Challes[a]). Livres français, italiens, albanais ; quelques revues et journaux allemands.

Là, à l'entrée de la rue Royale, nous avons pris deux fiacres qui nous ont conduits au Club de Tennis. Celui que les dames ont pris était relativement neuf et confortable, le nôtre assez délabré, avec un plancher recouvert de fer-blanc sur lequel on glisse. Cette station de voitures marque à peu près le centre de la vie active urbaine. C'est beaucoup plus mouvementé, peuplé, et, somme toute « urbain » que ne l'était en 1903 Cettigné.

Pendant cette promenade à pied nous avons croisé quelques groupes d'écoliers et d'écolières. Il me semble avoir vu — et j'ai entendu chanter en défilant, — des « Piccole Albanesi » habillées et disciplinées sur le modèle des « Piccole Italiane », et il y a sûrement des bataillons scolaires, des [*Un mot biffé*] « Balilla » albanais, vêtus aux couleurs nationales : ~~corsage rou~~ chemise rouge, culotte noire à bande rouge. Les jeunes filles du Lycée ont un uniforme noir à col blanc, très décent[63].

Au Club de Tennis il y avait une assez nombreuse réunion de diplomates avec leurs femmes. Celle du Ministre Serbe est romaine ; c'est la voisine de légation de [*Un mot biffé*] Marcel et de Suzanne. On parle indifféremment italien et français ; parfois anglais ou allemand ; mais le français et l'italien sont les deux langues les plus en usage. Il y avait là, aussi, une jeune femme albanaise, professeur au lycée de jeunes filles, qui a fait ses études à Vienne. Qui la croirait Albanaise ? Elle a conservé quelque chose de l'étudiante des Universités allemandes. Je l'avais tout d'abord crue Française, parce qu'elle parle un français très idiomatique, et que son italien avait un léger accent, indéfinissable.

Une odeur, qui n'est pas celle de Corfou, mais qui paraît être du même genre, est répandue partout dans Tirana. Elle paraît d'origine végétale, comme serait celle du cèdre des crayons ; ou bien elle émane de quelque plante en fleur très répandue sur les collines et les montagnes voisines. Il me semble en être moi-même pénétré ; de telle sorte que je me suis demandé d'abord si elle ne provenait pas de l'eau de Cologne que j'emploie pour me frictionner au gant de crin, et dont j'ai fait remplir de nouveau ma bouteille avant de quitter Challes. Mais l'odeur est bien extérieure à ma personne, et sensible aussi bien dans la campagne que dans Tirana. Naturellement Marcel et sa femme y sont insensibles, après neuf

a. Note de Larbaud : « Je n'avais pas encore vu la librairie de Lumo Skendo. »

mois de résidence. Mariuccia la sent aussi, et dit qu'elle ressemble à l'odeur des extraits concentrés de camomille.

Aujourd'hui j'ai fait, seul, une promenade en ville, m'arrêtant pour boire un tamarindo au café-jardin situé après la Caserne Skanderbeg, en face du Parlement. J'ai changé là mon premier « napoléon » (= un billet de cent francs français = 100 lek[64]). J'ai revu les deux mosquées et leurs fresques, puis je me suis très facilement orienté vers le Musée-Bibliothèque, où j'ai longuement causé avec le bibliothécaire, M. S. Kolea, qui m'a permis de regarder de près le *Chalcondyle* de Blaise de Vigenère (1632), sur lequel je compte envoyer une courte note à la Société d'émulation du Bourbonnais. M. S. Kolea m'a invité à prendre une tasse de café turc, excellent, et meilleur que celui de Corfou. Je me suis aperçu que j'avais oublié une IIIe salle : celle où il m'a reçu, et qui contient les dictionnaires, encyclopédies, et ouvrages de référence. Il est d'avis que les encyclopédies sont les livres les plus utiles pour les petites bibliothèques, il désirerait en avoir plusieurs, que les gouvernements étrangers pourraient offrir à la Bibliothèque nationale albanaise (qui est celle-ci). La seule revue française vraiment estimée est *La Revue des Deux-Mondes*.

En sortant de là je suis revenu à la mosquée de Sulejman Pasha (la Vieille Mosquée) et j'en ai de nouveau fait le tour. Puis je suis allé à la librairie de l'Argus où j'ai acheté pour 31 lek une certaine quantité de cartes postales et un livre albanais : Kr(isto) Flogi / *Dëshmorët e Rilindjes / ore / Spopé e Korcës* / Tiranë / Shtëpija Botonjëre « Luarasi » / 1935. C'est un poème ; il est probable que je ne serai jamais capable de le lire, mais je serai content de l'avoir dans ma bibliothèque. L'auteur est un avocat.

Marcel, Suzanne, et Mariuccia sont venus en voiture me rejoindre à l'Argus, et nous avons fait une belle promenade sur la route d'Elbassan, jusqu'à une source naturelle très pure et très fraîche qui se trouve à droite de la nouvelle route, un peu après avoir laissé sur la droite la forteresse de Petrela, qui domine la vallée de l'Arzen[65]. On traverse plusieurs fois cette rivière sur de beaux ponts. Le caractère des montagnes et collines est assez alpestre, et nous rappelait la vallée qui s'étend de Montmélian aux faubourgs de Chambéry.

La source jaillit du flanc de la colline qui domine la route. Deux tubes versent l'eau dans une auge de pierre cimentée, et le trop-plein s'écoule par une canalisation souterraine dans l'Arzen[a].

Il y a là un tout petit bâtiment, mi-ferme mi-auberge, où se voient, dans une fenêtre, quelques bouteilles de bière allemande et japonaise, et quelques liqueurs ou sirops grecs. Mais les gens vien-

a. Note de Larbaud : « Cela paraît supposer que la canalisation est très longue ; en fait elle forme un ruisseau sur le côté de la route. »

nent surtout pour boire l'eau, et il y a pour les clients deux abris formés de poteaux qui soutiennent un toit plat composé de lattes recouvertes de feuilles sèches ; ces deux abris sont situés à une certaine distance l'un de l'autre, sur deux plates-formes naturelles au flanc de la colline. On y monte, de la route, par un large sentier, plus commode qu'un escalier de pierres, neuf, qui porte directement de la route à la première plate-forme où se trouve l'abri le plus bas, et la maison-auberge. Le propriétaire ne parle que l'albanais, et nous avons eu de la peine à lui faire comprendre que nous voulions, pour le chauffeur de Marcel, un verre de plus. Il a fini par dire : « Nja got » (du moins c'est ce qu'il nous semble avoir entendu), mais je lis dans un manuel de conversation que « un verre » se dit « një bardàk ». Nous (Baboa et moi) avons cru reconnaître le mot génois qui signifie « verre » : « gotto ». Il a une sorte de plateau de métal, pourvu d'une anse de métal, et avec deux plates-formes, sur lesquelles il dispose les verres qu'il va remplir à la source. Nous ne voulions pas boire l'eau pure, craignant qu'elle ne fût trop froide, et nous y avons mis quelques gouttes de Louso[66], qui est une sorte de mastic (et de fabrication grecque). La bouteille de Louso était la propriété d'un client que nous avons trouvé là : le propriétaire-gérant du meilleur hôtel de Tirana, le *Continental*, où Marcel et Suzanne ont passé les trois premiers mois de leur séjour à Tirana, pendant qu'ils faisaient aménager la Légation. C'est un Piémontais, de manières agréables et discrètes. — Au bout d'un moment, lui parti, nous avons vu passer deux autocars du service régulier pour Elbassan, tous deux pleins de voyageurs albanais ; quelques-uns sont descendus pour boire de l'eau. Deux ou trois voyageaient sur le toit des voitures, n'ayant pas trouvé place à l'intérieur. — Un peu plus tard une automobile a amené le Ministre des Affaires étrangères, avec son fils et sa belle-fille. Tous trois s'expriment très facilement en français (le jeune homme a fait ses études aux facultés de Bordeaux et de Toulouse). Marcel Ray a beaucoup d'estime pour les talents et la probité de ce Ministre. Nous avons bavardé un moment avec eux tandis qu'ils buvaient leurs verres d'eau. — L'adjonction du Louso à cette eau fraîche et légère lui donne un goût d'anis assez fin, assez semblable aux anis espagnols.

La route est bonne et large, et le paysage qu'elle traverse, coupant à plusieurs reprises l'Arzen, est admirable de verdure et pour la douceur de ses contours. Ni Cettigné, ni Santi-Quaranta ne m'avaient préparé à un tel spectacle ; j'attendais une universelle aridité, et c'est, au contraire, une abondante végétation partout, et parfois jusqu'aux sommets les plus élevés. Beaucoup de tortues le long de la route, et la traversant ; elles sont assez grosses, et en Angleterre on les mangerait ; mais ici personne ne les considère comme [*Un mot biffé*] comestibles. Elles se voient, sur les côtés de la route, par groupes, et marchant assez activement ; on conçoit, en les voyant, la fable de La Fontaine, « Le Lièvre et la Tortue », comme une chose moins irréelle : la tortue est un animal qui fait partie du paysage, où il se meut, et où il peut rencontrer le lièvre ; dans nos pays d'Occident c'est un article qu'on achète au marché, ou dans les boutiques où on vend des poissons et des oiseaux rares, et qu'on apporte dans le jardin [*Écrit au-dessus d'un mot biffé*], où il est supposé manger les limaces, et où il se nourrit de salade. C'était amusant de les voir ainsi en liberté, et surtout traversant méthodiquement la route, et assez vite pour ne pas se faire écraser.

Sur la route, bon nombre de paysans en fez blanc et en culottes bouffantes, à pied ou, parfois, à dos d'âne. Des femmes les accompagnent, qui se voilent immédiatement lorsqu'elles aperçoivent notre voiture. Même une petite fille, qui venait avec sa mère dans la direction opposée à la nôtre, s'est brusquement voilée. — À l'aller, un bel oiseau vert-clair et jaune, — quelque martin-pêcheur, — a traversé la route devant nous.

Rentrés dans Tirana, qui, du dernier détour un peu élevé de la route, apparaît dans toute son étendue et comme une assez grande ville avec beaucoup de jardins et de verdure autour d'elle et à l'intérieur[a], nous avons revu le petit jardin public, le Palais de la Reine-Mère, le mur d'enceinte du Palais royal, la Vieille Mosquée, et nous avons suivi, puis remonté, le large boulevard Zog[67], tout asphalté et divisé en deux chaussées par ~~des~~ un trottoir~~s~~ central~~ux~~, cimenté~~s~~, très large, bordé de petites pelouses plantées d'arbres. C'est, de beaucoup, la plus belle rue de Tirana, et la seule où les voitures roulent sans cahots. Elle est située dans l'axe de l'hémicycle des Ministères, mais elle s'interrompt, à l'autre extrémité, au seuil d'une sorte de petit faubourg avec des murs de briques. Les côtés ne sont que partiellement bâtis : peu de grandes maisons ; quelques cafés, dont un, Marcella, assez élégant ; beaucoup de longs murs de briques cachant des terrains vagues ; mais l'achat de ces terrains serait sans doute une bonne affaire, car il est probable que les plus beaux magasins, hôtels, cafés, hôtels particuliers, de Tirana, dans dix ans, se trouveront là. C'est vraiment une voie de capitale.

Actuellement Tirana est pleine de contrastes intéressants entre les restes de la ville turque d'avant 1925 et la modernisation des rues, palais, maisons, jardins qu'on pousse assez activement. Il y a des disparates, mais qui ne choquent pas, et le passant qui regarde autour de lui donne libre cours à son imagination, tout en jouissant de ce qu'il voit.

Noter la visite de la jeune Madame Vrioni, ce matin à la Légation. Elle a fait toutes ses études à Paris, et a vécu aussi à Rome. Maintenant, depuis son mariage, — depuis 5 ans — elle habite son

a. Note de Larbaud : « D'abord le tombeau de la Reine Mère, sur une hauteur, à un coude de la route ; gardé par deux sentinelles. »

vaste château-palais oriental de Bérat, et va, avec sa petite fille, prendre des bains de mer à Durazzo tous les étés. Elle est Albanaise et Musulmane ; conduit elle-même sa voiture ; parle un français correct ; s'habille bien ; doit désirer revoir Paris et Rome. Elle sortait de chez la coiffeuse où elle avait passé quatre heures. Elle n'a pas accepté l'invitation de Marcel qui la priait de rester déjeuner à la Légation ; elle avait rendez-vous avec une amie, et rentrait dans la soirée à Durazzo. — Les Vrioni sont une des plus vieilles et des plus illustres familles albanaises, égale en noblesse et en puissance à celle du Roi.

Tiranë, samedi.

Beaucoup des constructions neuves DE TIRANA paraissent avoir été apportées telles quelles des villes occidentales et centrales où elles sont indigènes, et posées sur le terrain de la ville turque, où on a taillé et coupé pour leur faire place. C'est ainsi qu'on a démoli [*Un mot biffé*] non seulement de vieilles bâtisses, mais une mosquée peinte à fresques. C'est ainsi que l'avenue (ou boulevard) Zog part d'un groupe de petits murs de briques et d'un fouillis d'arbres et de maisons basses. Chacun peut imaginer un village, un bourg, une petite ville qu'il connaît bien, transformés ainsi. Il n'est pas mauvais que les quartiers, les maisons importantes, soient dispersés ; cela permettra un plus grand et plus libre développement.

La plus jolie des Légations est celle des États-Unis d'Amérique. Elle paraît avoir été transportée toute bâtie de quelque exposition d'arts décoratifs mais son jardin, ses plantes grimpantes, la fixent dans le paysage, et paraissent [*Un mot biffé*] être là pour nous assurer qu'on ne la transportera pas ailleurs un jour ou l'autre. Elle est accueillante et plaisante d'aspect et de couleur (un badigeon d'un jaune soutenu mais non éclatant).

Cette dispersion des quartiers fait de Tirana une ville très étendue pour sa population encore restreinte. De la route d'Elbassan[68] (ou Elbasan) elle paraît une assez grande ville enfouie dans la verdure. Elle m'a fait penser à des villes comme Leamington et Aix-les-Bains. En y pénétrant on voit qu'elle est à la fois ancienne et en construction, assez orientale et très occidentale, turque, italienne, et européenne — commune à la manière des stations thermales. Le cercle des collines et des montagnes l'encadre bien. Assurément le site a été bien choisi.

La chaussée de chemin de fer entre Durazzo et Tirana a été complètement faite ; il n'y aurait plus qu'à poser les rails ; la route de Durazzo la coupe une ou deux fois par des passages à niveau. *« Mais il est probable que la ligne ne sera pas construite avant longtemps, si elle l'est jamais ; et alors ce serait une ligne Rome-Constantinople, avec transport des trains sur les bateaux Bari-Durazzo. En attendant, si les routes sont bonnes et bien entretenues, le trafic par voitures et camions suffira, et ne sera pas déficitaire. L'Albanie sera le premier pays sans chemins de fer, mais aussi sans que l'absence des chemins de fer indique un retard dans l'aménagement économique. Dans le reste de l'Europe la voie ferrée se transforme de plus en plus en un chemin pour voitures automobiles, et les "autorails" finiront bien par remplacer les trains. Enfin la voie ferrée n'est plus indispensable, si elle n'est pas encore vieillie comme moyen de communication* » (Opinion de Marcel Ray).

Nous sommes surpris de trouver tant de variété, et une qualité si occidentale et française, dans les repas que nous avons ici, à la Légation de France, et les compliments que nous en pouvons faire à nos amis sont au-dessous de ce que nous pensons. Nous nous étions attendus à certaines restrictions, et à voir les conserves tenir une grande place dans les repas. En fait nous mangeons mieux qu'à Bari, dove « *non macellano ogni giorno* »[a]. Il est vrai que S[uzanne] et Marcel doivent donner beaucoup d'attentions et de soins à cela : il leur faut écrire à Bari pour avoir des légumes frais qui ne se trouvent pas ici ; il leur faut tenir de près les relations avec les fournisseurs, commander longtemps à l'avance, être en [*Un mot biffé*] communications suivies et attentives avec ~~Bari~~ Durazzo pour le poisson, etc. Mais enfin tous ces soins donnent d'excellents résultats.

En même temps la ville en profite, non seulement par la dépense faite mais aussi par l'activité communiquée aux fournisseurs, et l'éducation que cela leur donne. Sûrement sans les Légations et les quelques grandes familles occidentalisées, Tirana serait un village où il faudrait se contenter de riz et d'olives, de mauvais fruits rabougris, et d'un morceau de chevreau une fois tous les quinze jours. Les Légations renforcent et développent à ce point de vue, l'action de la Cour et des grandes familles. D'ailleurs leurs arrangements intérieurs servent aussi d'exemples et fomentent le confort. Marcel, avec ses meubles, ses tableaux, la décoration de ses appartements, donne à tous ses visiteurs albanais l'exemple [*Un mot biffé*] et le type d'un intérieur occidental de bon goût. La Légation est un petit musée de peinture moderne et d'ameublement de style. (Noter leur gentille attention : le service de nappes et serviettes que nous avons à table est celui que ma Tante Jane leur avait donné lors de leur mariage ; il a été entièrement brodé à jour par elle peu avant que sa vue n'eût commencé à s'affaiblir ; ainsi ce service, ouvrage de ma Tante, peut servir de modèle aux invitées albanaises de Suzanne.)

Peut-être qu'un signe du développement de l'Albanie comme pays indépendant, — de l'albanisation de l'Albanie, — est donné

a. Italien : « où "on n'abat pas tous les jours". » (Citation des paroles du serveur au restaurant de Bari.)

par la tendance à restituer leurs noms albanais aux villes. Je commence à écrire : Tiranë ; j'ai envie d'écrire et de dire pour « Durazzo », « Durrës », ce qui permet le jeu de mots : durch Durrës, les deux se prononçant à peu près de la même manière[69].

Marcel m'indique une seconde librairie dans Tiranë : Lumo Skendo, ancien diplomate albanais qui s'est installé libraire. Certains éditeurs de Paris impriment des feuilles de réclame à son nom.

Une des fenêtres de notre chambre donne juste en face du minaret de la nouvelle petite mosquée en ciment armé. Nous voyons et entendons le muezzin qui appelle à la prière. J'ai commencé la lecture du mémoire de Marcel sur les Communautés religieuses en Albanie (mémoire écrit pour le Quai à la demande du Ministère français des Colonies). Il semble qu'il y ait plus de contacts entre les sectes musulmanes et les deux églises, romaine et grecque, qu'il n'y en a entre les sectes protestantes et les catholiques en Suisse. Le jeune État albanais est nettement laïque.

Nous avons refait cet après-midi l'excursion d'hier à la source au bord de la route d'Elbasan, à environ 50 kilomètres de Tirana. Nous avons bu la bière japonaise, qui paraît faire une sérieuse concurrence à celle de Korça[a] (celle du pays). Nous avons fait quelques pas sur la route vers Elbasan, jusqu'à un coude d'où on a une belle vue sur la vallée de l'Arzen, en aval, vers Tirana. Presque tout le flanc de la vallée est couvert d'oliviers qui paraissent aussi bien cultivés que ceux des Pouilles. — La flore paraît assez différente de celle de l'Italie ; on reconnaît les mêmes familles, mais non les mêmes plantes prises individuellement. Beaucoup d'abeilles sauvages sur une sorte de bourrache aux feuilles étroites et longues. Il y a aussi de grandes et grosses bruyères, et de très hautes fougères. — Il doit y avoir plusieurs espèces de tortues. Nous avons, en voiture, passé tout près d'une tortue de couleur jaune claire qui traversait la route ; une autre, de couleur brune foncée, s'est trouvée juste au milieu de la route, mais la voiture a passé sans lui faire de [*Un mot biffé*] mal parce qu'elle n'était pas assez grosse pour que le fond la touche ; elle en a été quitte pour la peur. Il se peut qu'un jour leur abondance les fasse capturer puis élever pour être exportées, ou pour l'industrie de l'écaille.

En rentrant à Tirana nous nous sommes arrêtés devant l'agence [*Un mot biffé*] de la Cie Cosulich où il y a un dépôt de toiles et laines brodées dans le pays ; nous avons vu de jolis napperons, une belle nappe à thé avec ses petites serviettes, des sacs à mains en tapisserie de laines multicolores. Nous achèterons quelques napperons et petits tapis de table, qui sont très bon marché (5,10 et 20

a. Note de Larbaud : « Celle de Korça, bien meilleure. »

lek) ; la nappe (80 lek) nous embarrasserait et pourrait être frappée de droits d'entrée, soit en Italie soit en France.

Il y avait beaucoup d'animation dans les rues que nous avons suivies (Rue Royale, Rruga Dibra), — et une animation un peu désordonnée et assez orientale : voitures de place roulant sans précautions à travers la foule des gens à fez blancs et à pantalons bouffants ; vendeurs ambulants de mets préparés ; ménagères qui rapportent sur leurs têtes, de chez le rôtisseur, des plats à base de farine de maïs et de lait, composés à la maison et cuits en ville ; on vend aussi de ces boulettes faites de poisson et de différentes viandes hachées, comme en Turquie. — Je me suis fait arrêter devant la librairie Lumo Skendo et j'y ai acheté des cartes postales que je n'avais pas trouvées à l'Argus ; j'ai jeté un coup d'œil sur les livres, presque tous français, et ceux-là tous marchandise libraire : les pot-boilers[a] d'histoire et de voyages et quelques succès du jour ; aussi des manuels de cuisine, de photographie, de jardinage, etc. — M. Lumo Skendo m'a spontanément parlé italien, mais comme j'étais pressé je me suis borné au choix et à l'achat des cartes postales.

Marcel m'a prêté quelques livres français sur l'Albanie, et j'ai lu quelques livres italiens ; aucun n'est au courant ; un livre de 1921 ou même de 1930 est déjà « vieilli » en ce qui concerne la description des villes et le tracé des routes. Les plans et cartes du guide de Léon Rey, qui est de 1930, indiquent en pointillé, comme « en projet », la route d'Elbasan que nous avons suivie hier et ce soir, et ce qui concerne la topographie de Tirana n'est plus à jour. Les changements, qui sont presque tous des progrès, matériels, sont extrêmement rapides (ou l'ont été entre 1920 et 1933 ou 34, — ils paraissent ralentis pour le moment[70]). Cependant, malgré les routes plus nombreuses et assez bonnes, il est difficile de faire des excursions de plus d'une journée parce que les hôtels, dans la plupart des villes de province, sont défectueux ; ainsi, paraît-il, à Scutari. Il faut donc, si on veut aller un peu loin, partir de Tirana de bon matin pour y rentrer à la nuit tombante. — Cependant il semble bien que l'Albanie sera un jour un pays de tourisme et de résidence, hivernale dans certaines régions, estivale en d'autres, et qu'une partie des ressources du budget proviendra des voyageurs étrangers, comme en Suisse et en Italie. Comme le voyage sera plus coûteux que celui de la Suisse pour les Occidentaux, il y viendra des gens mieux pourvus d'argent, et aussi des artistes, des gens cultivés qui préféreront dépenser davantage et voir, et vivre au milieu d'un pays moins encombré et moins organisé en vue de leur exploitation. Des routes vraiment bonnes, c'est-à-dire pareilles à celles d'Occident et du Centre germanique, et des hôtels convenables dériveraient une

a. Anglais : « les (ouvrages) alimentaires. »

part appréciable bien que restreinte, du tourisme italien ; c'est-à-dire que les gens voyageant en Italie seraient tentés d'ajouter l'Albanie à leur « tour ». Un Ministère de l'Hôtellerie, avec M. Bonsignor à sa tête, et des fonds fournis par les agences de voyages, pourrait faire beaucoup pour cela. Alors il y aurait une longue période pendant laquelle on pourrait, de Londres, de Paris, de Berlin, de Milan, aller passer ses vacances en Albanie, s'y faire des résidences de printemps, etc.

De ce mouvement de kaléidoscope des alentours du Bazar nous nous sommes fait conduire au Tennis Club, rendez-vous des Diplomates, Officiers-Instructeurs, etc. Les joueurs de bridge étaient dans leur cage grillagée ; nous étions six ou sept personnes assises dans des fauteuils en face des deux courts de tennis ; Mlle Mitsura (je crois avoir bien saisi son nom, cette fois-ci), la jeune Albanaise, professeur au Lycée de Jeunes Filles de Tirana, est venue. Elle nous a dit des choses intéressantes sur la région de Scutari et de Pouka[71], et elle nous a traduit un programme du Cinématographe de Tiranë ; nous avons ainsi appris l'existence d'une compagnie dramatique d'amateurs de la ville qui jouent des pièces (surtout des comédies et levers de rideau) en albanais.

D'après ce que Marcel a entendu dire, les deux meilleurs écrivains albanais contemporains seraient deux Franciscains, dont l'un habite Scutari et dont l'autre vit à Rome. L'un serait historien ou folk-loriste[a], l'autre, poète épique[72].

Tiranë, dimanche.

(J'écris *Tiranë*, mais il y a peut-être un locatif ; on ne sait jamais.)

A.M. Levé à 7 h ¾ ; de 8 ½ à 10, grand tour seul, en ville : de nouveau les quartiers du centre, puis le Bazar et les petites rues commerçantes où on ne rencontre guère de passants vêtus à l'européenne ; boutiques à nourritures locales, beaux fruits (figues et abricots, mieux qu'à Durrës) ; gens faisant leur marché, etc. — À l'église grecque, entendu les ⅔ du service après avoir placé un petit cierge d'½ lek sur un des deux porte-cierges (au bout d'un moment, lorsque les cierges sont à demi consumés, ou même plus tôt, le sacristain (qui sonne la cloche, en dehors de l'église, devant l'entrée, en tirant sur la corde) prend ces cierges, les éteint en plongeant la mèche dans un petit récipient, où il y a de l'eau, attaché au porte-cierges, et remet les bouts éteints dans le plateau du porte-cierges). Le public était intéressant : les hommes à gauche, les femmes à droite, mais il y avait quelques hommes à droite ; quelques soldats et gradés, pas d'officiers supérieurs ; quelques bourgeois

a. Adjectif que Larbaud forme à partir du nom anglais *folk-lore* (écrit avec trait d'union à son époque).

« substantiels » habillés à l'européenne ; quelques hommes et femmes du peuple dont le costume a quelques caractères locaux (surtout chez les hommes d'aspect le plus pauvre) ; quelques enfants, dont un ou deux en uniforme des Bataillons Scolaires (chemise rouge, culotte noire avec ou sans bande rouge). Quelques bourgeoises étaient habillées avec une certaine recherche. Les gens étaient placés sans qu'il y eût « acception de personnes » ; je m'étais placé dans une des stalles du pourtour, vers le fond, à gauche, et j'avais pour voisins immédiats un sous-officier en tenue assez soignée et un homme qui paraissait un ouvrier non endimanché, qu'on aurait été choqué de voir dans un accoutrement si négligé dans une église d'Occident. Il est resté comme moi, constamment debout, suivant avec attention l'office et se signant fréquemment (trois fois de suite, très vite). Mais d'autres s'asseyaient. D'autres, après avoir allumé et placé leur cierge, soit sur le porte-cierges soit dans une petite caisse remplie de sable et posée sur le dallage de l'église au pied des icônes, et avoir baisé et touché du front les icônes, 3 tableaux à l'huile, sous verre, placés sur un même chevalet ou iconostase ~~porte-icône~~, et dont le plus petit, — une Annonciation, — était le plus fréquemment vénéré, demeuraient un moment debout, et s'en allaient (mais ce n'étaient pas de simples curieux). Il y avait un groupe assez nombreux de gens debout entre les deux rangs de stalles qui limitent l'espace devant l'autel. — C'était le premier office grec que j'entendais dans une église de petite ville, et je l'ai trouvé plus émouvant que ceux que j'ai entendus à Paris, en Russie, et [*Un mot biffé*] à Athènes. Les voix étaient assez justes, et l'élocution du Prêtre était bien nette. Cela paraît une chose moins retouchée et embrouillée que la Messe, et, sans me laisser aller au prestige du grec, l'ensemble, au point de vue de la sonorité, est plus impressionnant que la Messe latine. (Il est vrai aussi que le manque d'habitude peut nous surprendre, — mais, tout de même, cet office me paraît plus clair pour un profane, — pour un païen par exemple, — que notre Messe romaine. Le baisement des icônes est un usage un peu répugnant que la discipline romaine abolirait. Je ne m'y suis pas soumis, mais comme j'avais vu des entrants faire une génuflexion, je l'ai faite avant de sortir, et me suis signé trois fois en imitant d'aussi près que possible, leur manière.)

C'est le mémoire de Marcel qui m'a décidé à entrer à l'église grecque plutôt qu'à l'église romaine, vers laquelle se dirigeaient des gens mieux vêtus et même élégants. Cette grande tolérance religieuse qui fait que l'Islam et la Chrétienté ne sont pas hostiles l'un à l'autre en Albanie, et y font assez bon ménage, m'a permis de céder sans scrupules à ma curiosité, qui allait à la messe en grec et au public orthodoxe de Tiranë ; il suffisait de faire acte de chrétien, et je l'ai fait ; et je me demande même si, au cas où le schisme disparaîtrait, je n'écouterais pas plus volontiers la Messe grecque que la Messe latine. Il serait bien beau, et ce serait peut-être un progrès dans la culture de la Chrétienté, si les Deux Langues pouvaient être ainsi répandues dans le monde entier.

Il est assez difficile de « flâner » dans les rues anciennes de Tiranë : on a trop à faire pour marcher avec un peu d'aisance sur le mauvais pavé. Il s'agit de veiller : 1° à ne pas se fouler un pied ; 2° à cheminer de telle sorte que chaque pas qu'on fait ne semble pas une protestation et un reproche à l'adresse des Tiranais, dont la municipalité entretient si mal les rues ou les laisse encore dans un état si primitif et colonial. Enfin, près de la Vieille Mosquée j'ai appelé une carrozza et me suis fait conduire à la Poste ; j'avais des lettres et cartes postales à faire timbrer et à expédier. Le jeune cocher, un beau garçon en pantalon bouffant, en ceinture rouge qui lui faisait une taille fine, et en fez blanc (sale), ne savait qu'un mot, le mot français « Sûrement » qui, pour lui, signifiait « Oui » et montrait qu'il avait cru comprendre mon italien. Il a compris « Posta », mais quand il s'est agi de lui faire entendre que je désirais aller à la Légation de France après m'être arrêté au café con giardino qui est situé entre la Rruga Mretneshe Nariës et le boulevard Mussolini, il n'a même pas osé dire « Sûrement ». Mais il y avait près de là un gamin de treize à quatorze ans qui paraissait comprendre l'italien et qui m'a servi, avec gentillesse et une politesse discrète et respectueuse, d'interprète. (À la poste l'employé parlait correctement italien ; il me paraît impossible d'employer une autre langue, et j'ai l'impression que le français doit être pour eux ce que le hollandais est pour nous Français.)

Cette course en voiture m'a permis de revoir une partie de la ville, et de constater que le dimanche semble y être jour férié officiel ; beaucoup de magasins fermés, et à tous les bâtiments de la ville ou de l'État le drapeau albanais national (ou royal) : l'aigle noir, surmonté d'une étoile blanche, sur fond rouge. (Ces couleurs paraissent aussi populaires et « naturalisées » en Albanie que le tricolore italien en Italie, ou le blanc-et-bleu à Saint-Marin ; ainsi le fouet des cochers est orné de trois pompons rouge-noir-rouge.) On ne voit que sur les bateaux et les barques, dans le port de Durrës, le drapeau « commercial » et maritime, tel qu'il flottait au mât d'avant des bateaux, aussi longtemps que nous naviguions dans les eaux albanaises quand nous sommes allés aux îles Ioniennes et quand nous en sommes revenus : bandes horizontales rouge-noir avec étoile blanche-rouge.

Le café où j'ai pris, pour ½ lek, un bon café turc, et qui me paraît après le Club de Tennis (privé) le meilleur et le plus européen, comme clientèle et comme organisation, est appelé « Casino » sur le plan du guide de Léon Rey ; et je crois avoir, copiant sans réflexion ce guide [*Un mot biffé*] écrit ici qu'il était situé après la Caserne Skanderbeg. En réalité le bâtiment qui était la Caserne Skanderbeg lorsque, en 1930, Léon Rey a fait son guide, est à présent, mais je ne sais depuis combien de temps, le Lycée de Tirana. (C'est une erreur du même genre que celle de XX.XXX. qui, après avoir passé quinze jours à Florence, et faisant, rentré à Paris, un récit de ses impressions, écrivait un long paragraphe sur la nudité austère de la façade de Santa-Croce, d'après un guide vieilli, alors que depuis plusieurs années déjà la façade de Santa-Croce, qu'il avait pourtant bien dû voir, était recouverte de beaux marbres de couleurs vives. — À vrai dire, Tiranë, avec tant de changements dans la topographie de ses quartiers et dans la destination de ses édifices, présente encore plus de pièges de ce genre que Florence. « Ah ! je vous y prends, à copier votre vieux guide ! »)

Jusqu'à présent je n'ai qu'à me louer de mes rapports avec les gens albanophones purs ; ce cocher s'est comporté très décemment et avec beaucoup de politesse, sans chercher à profiter du fait que je n'entends pas sa langue. J'ai dû lui donner un pourboire inusité et auquel il ne s'attendait pas ; son remercîment a été, avec élan, quelque chose comme un salut au général ou à quelque haut dignitaire (il est possible qu'il m'ait pris pour Marcel, qu'il ne connaît peut-être pas très bien). En général les gens sont aimablement serviables, les passants plus jeunes cèdent le haut du pavé aux plus âgés, mais sans distinction entre « Européens » et gens du pays vêtus à l'orientale, c'est-à-dire sans la moindre trace de servilité, même de la part des plus pauvres.

La Llana, la rivière de Tiranë, n'occupe pas une place importante dans la ville actuelle. La route d'Elbasan la traverse sur un pont situé au-dessus du Palais Royal, du Jardin Public triangulaire, du Palais de la Reine-Mère et du Champ-de-prières bordé de hauts cyprès. Son eau est en ce moment très basse et trouble, grisâtre. C'est un ruisseau en marge de la ville.

Excursion à Elbasan.

Sortant de Tirana nous nous apercevons que nous avons devant nous la voiture du Ministre de Yougoslavie, et que devant cette voiture il y en a une autre, dépourvue de toute indication ou numéro, — donc une voiture de la Cour. Nous ralentissons, comme le fait le Ministre de Yougoslavie, pour que la voiture de la Cour reste en tête. Elle tourne dans la direction du tombeau de la Reine-Mère, simple monticule de pierres orné de fleurs et de larges rubans de soie aux couleurs d'Albanie, gardé jour et nuit par deux sentinelles (le tombeau sera recouvert d'un monument actuellement en projet). Elle s'arrête à l'entrée du tertre, un valet et un officier descendent et un des jeunes princes, neveu du Roi Zog Ier, descend à son tour, vêtu d'un veston et pantalon crème ceinturé de noir, col en dentelle ; il porte un bouquet de fleurs. Comme nous dépassons à ce moment-là l'entrée du tertre, nous saluons tous.

Route connue coupant la vallée de l'Arzen, jusqu'au tournant après la source et la petite auberge. Peu après commence la montée par de longs lacets jusqu'à 800 mètres. La route, toute neuve, est large et bonne, mais elle ne paie pas de mine : elle n'a rien de ces apprêts que nous avons l'habitude de voir aux routes nationales ou royales d'Occident, pas d'accotements, peu de fossés, et même aucun fossé en dehors des travaux de maçonnerie destinés à soutenir les talus et à détourner les eaux de l'hiver, peu de garde-fous, sinon dans les tournants les plus dangereux. On dirait une piste, et il est certain qu'en Italie, en France, en Angleterre, il faudrait un certain courage pour l'entreprendre ; on préférerait faire un long détour plutôt que de grimper avec elle le long des flancs à pic de la montagne et de prendre des séries de virages en terrasses, — sans parapets, — sur le vide. Nul rouleau n'y a passé ; son lit de cailloux non concassés se tasse au hasard des passages de voitures lourdes, souvent de grosses pierres l'encombrent et çà et là des éboulements obligent les voitures à se détourner. Cependant, dans sa partie essentielle : chaussée large et solide et ferme, à déclivités modérées, elle est bonne, et même meilleure que la route de Durrës à Tiranë.

On quitte assez tôt la zone des oliviers, mais les flancs de la montagne restent boisés, et l'ensemble du paysage est bien fourni de verdure. La montagne qu'on gravit sépare le bassin de l'Arzen de la plaine d'Elbasan et du ~~grand~~ bassin du Shkoumbi[73], qui divise l'Albanie en deux parties à peu près égales. La route monte au col et suit parfois l'arête étroite du sommet, de telle sorte qu'on pourrait se croire sur un pont aérien qui domine deux gouffres dont les fonds et les horizons [*Un mot biffé*] seraient deux cartes de géographie en relief. Le spectacle est imposant, à gauche et à droite. On croit voir toute l'étendue de l'Albanie, et en réalité on en voit une grande partie, surtout dans les directions Sud, Sud-Est et Est, jusqu'à la frontière de Yougoslavie.

Les à-pic n'ont pas le pittoresque de ceux de Saint-Marin : en se penchant on ne voit aucune apparence d'habitation, et de nulle part on ne découvre la mer ou un des grands lacs. Ce n'est pas non plus le genre de vue qui évoque le vers de Vigny : « Les [*Un mot biffé*] grands pays muets longuement s'étendront[74]. » Ils ne s'étendent pas ; de toutes parts ils se hérissent, se soulèvent, se cassent, des chaînes déchiquetées se dressant derrière d'autres chaînes, déchiquetées, dentelées, vaste tumulte désordonné et immobilisé dans son désordre. La distance seule les abaisse au regard qui les [*Un mot biffé*] contemple de si haut, mais au fond de tout l'immense paysage, comme le Président de cette assemblée de montagnes, et relevant, à l'horizon, d'un seul coup, jusqu'au ciel, la terre, se dresse, massif, presque carré, comme une énorme tour, comme l'assise ruinée de ~~quelque~~ Babel tout en pierre, sans un arbre visible à cette distance, le Tomor. [*Deux lignes raturées.*]

Ce côté n'a plus du tout le caractère alpestre de la partie de la vallée de l'Arzen ~~de Tirana ou 60 ou 80 kilomètres en remontant~~ qui m'avait rappelé le paysage entre Montmélian et Chambéry : une série de falaises aériennes en escaliers, une échelle musicale. Le regard ne parvient pas à organiser ce qu'il voit en un système de chaînes parallèles. On dirait de gigantesques ornières confondues, entremêlées. Le Tomor seul, monstrueusement géométrique, ~~nous~~ offre à nos yeux un repos lointain et redoutable. Tout cet ensemble, le Tomor excepté, est assez pourvu de végétation et de verdure, du moins en cette saison. Si ce paysage était nu et désertique comme le Monténégro, on crierait d'angoisse en le découvrant.

D'un de ces « ponts aériens » que forme la route sur l'arête [*Un mot biffé*] de la montagne, — Marcel les appelle très bien : des isthmes, — on découvre enfin[a] la vallée d'Elbasan et les méandres du large lit du Shkoumbi. On distingue quelques minarets et quelques toits dans la verdure, au pied des contreforts de la montagne, mais en approchant davantage on voit que ces contreforts s'arrêtent à plusieurs kilomètres du Shkoumbi, et qu'Elbasan est au beau milieu de sa plaine. Les lacets de la route s'allongent, Elbasan demeurant toujours en vue et se précisant. Sur la droite on découvre enfin un groupe d'habitations qui ressemble, de loin, à une réunion d'énormes fourmilières ; en effet les « maisons » sont faites de bois et de branchages secs, et construites sans ordre ni plan les unes près des autres dans un espace enclos de haies et de branchages. C'est un village de Tziganes. Là on atteint le niveau de la plaine et on est rentré, depuis quelques centaines de mètres, dans la zone des oliviers.

Le sommet du col est marqué par une maison de refuge qui sert aussi de logement à un détachement de gendarmerie ; une fontaine et un monument, — une dalle de pierre blanche dressée, avec une inscription et les armes d'Albanie sculptées en relief, indique le point le plus haut de la route d'Elbasan. Un peu plus loin il y a un poste de gendarmerie installé dans une petite maison-abri avec une sorte de terrasse dominant la route et tout le pays au-delà vers le sud (les gendarmes n'étaient pas visibles lorsque nous sommes allés à Elbasan, mais au retour trois d'entre eux étaient assis sur la terrasse (en galerie) et se sont levés pour nous saluer à [notre] passage, à cause du fanion français de la voiture de Marcel). Ce sont, avec la route et ses travaux d'art, les seules traces d'habitation que nous ayons rencontrées depuis les premières rampes de la montée vers le col jusqu'au village tzigane. Cependant nous avons croisé ou aperçu çà et là quelques petits troupeaux de chèvres, quelques ânes et quelques jeunes veaux, à peine aussi grands que les chiens de l'espèce « bergers-allemands », — gardés par un homme ou par quelques enfants, — mais leurs habitations devaient être très éloi-

a. Note de Larbaud : « à gauche, vers l'Est. »

gnées. On remarque trois sortes de terrains dans la tranchée de la route en montagne : des terrains rouges, allant d'un rose-violacé au rouge brique ; des terrains jaunes, et des terrains gris-bleu. Les deux premiers portent une abondante végétation, arbres et plantes et graminées ; le terrain bleu paraît assez stérile, et ne porte que des pieds espacés d'un arbuste aux tiges faibles, peu ou non ligneuses, qui paraît y ramper.

Dès qu'on commence à découvrir Elbasan, on aperçoit, de l'autre côté de la vallée, et protégée du côté de l'est par un mont assez élevé, en forme d'hémicycle, et verdoyant une très longue bâtisse qui ressemble à une caserne.

[*Un passage, entre crochets, est barré, manifestement de la main de Larbaud (nous en comprendrons la raison plus loin) :* « C'est un établissement de bains sulphureux, de construction assez récente. Je n'ai pu savoir au juste si c'était la station thermale de Llixha, que les guides que j'ai sous les yeux situent à 12 ou 14 kilomètres d'Elbasan. Cet établissement semble être à une distance d'Elbasan inférieure à 12 kilomètres, et même à 10. »]

La route traverse, en plaine, après la ~~bordure~~ frange des oliviers qui couvrent tous les monts, à l'entour d'Elbasan, d'une belle et riche végétation à dômes, gris-vert et cendre-bleue, des champs bien cultivés, maïs et blé, où des groupes assez nombreux de paysans travaillaient. Il y en avait un, formé d'un homme et de trois femmes, en costumes albanais-musulmans, d'une propreté, d'une fraîcheur, et d'une élégance, extrêmes. Les femmes, avec des voiles blancs enroulés à leur front et à leurs épaules, et des robes flottantes de couleurs claires avec broderies ou ganses étroites de couleurs plus vives, auraient pu aussi bien être dans un jardin et jouer au jardinage ; l'habitude que nous avons de voir, en Occident, ~~certaines~~ la plupart des besognes d'agriculture faites par des gens qui mettent leurs plus mauvais habits pour [*Un mot biffé*] travailler nous faisait considérer avec étonnement le champ de blé cultivé par des dames en costumes de promenade du matin sur une plage ou dans une station thermale luxueuse ; d'autant plus que deux des femmes, non voilées, mais qui étaient trop loin de nous pour que nous pussions bien voir leurs visages, avaient des formes et des mouvements d'une grâce et d'une jeunesse singulières. Nous en avons aperçu d'autres, et aussi, en revenant, sur les premières pentes de la montagne, de petites bergères, dont les habits et la tournure nous faisaient penser à nos campagnes occidentales comme à des pays de laideur et de barbarie.

La route traverse, non pas le Shkumbi, qui coule à l'est d'Elbasan, mais un de ses affluents (ou deux de ses affluents), lits torrentiels où l'eau, presque partout réduite à un filet, stagnait. Le premier pont est sans parapet ; le second est en ciment, et de construction récente ; après l'avoir franchi on entre dans Elbasan.

La rue par laquelle on entre a d'abord la même largeur, à peu près, que la route, et trois grandes maisons bourgeoises, avec leurs jardins derrière de hauts murs, paraissent annoncer une riche ville de province, — surtout la première de ces maisons, à gauche, qui serait en France, le château du bourg, la principale demeure seigneuriale. Un peu plus loin, c'est le réseau serré des petites rues étroites, mal pavées, sans trottoirs ou avec des trottoirs de ciment tout neufs, et trop hauts, assez semblables aux ruelles du quartier du Bazar de Tirana. Ces rues sont assez régulièrement parallèles et perpendiculaires, comme si la ville, — un gros bourg de 10.000 habitants, paraît-il, — avait été construite sur un plan moderne, ou du moins un plan de l'époque où on a commencé à « tracer les rues au cordeau », car elles sont très étroites, en comparaison ~~avec les~~ des rues, même les moins larges, qu'on bâtit à présent. — Petites maisons basses et d'un blanc-gris, à peu près de la même couleur que le pavé de la rue. C'est un gris plus clair que celui des maison de l'ouest de l'Angleterre (Somerset, Devon), mais rien, même pas le plus vif soleil, ne suggère la blancheur des « villes orientales », — ou des villes des Pouilles. La ville, bien qu'en majorité musulmane, chômait le dimanche. Beaucoup de boutiques parmi les plus grandes (boutiques de tissus, d'objets de ménage) étaient fermées, mais non les bouchers, ni les boulangers, ni les marchands de gâteaux et de cigarettes. Ces petites boutiques-là ont leurs éventaires débordant sur la rue ou sur l'étroit trottoir. C'est le système d'étalage, ouvert à tous les vents et à toutes les mouches, des vieilles petites villes orientales, et cependant il m'a semblé qu'il y avait assez de propreté et d'ordre dans ces étalages, et les boutiques de pain, de galettes, de plats cuits, de fruits, étaient nombreuses et bien approvisionnées.

Nous avons suivi quelques-uns de ces couloirs gris-clair, qui me rappelaient des ruelles des villages de l'île de Man plutôt que n'importe quoi d'autre au monde. Nous avons vu une des nombreuses mosquées, — du dehors, car elle était cadenassée. C'était, en fait de mosquée, l'équivalent d'une petite église de village occidental. Elle avait son minaret intact. Une autre, du même air, avait son minaret tronqué, la partie supérieure, tombée ~~dans~~ pendant un tremblement de terre, n'a pas été reconstruite. Il ne semble pas que le muezzin puisse y monter pour appeler à la prière, et cependant la galerie circulaire n'a pas été complètement démolie.

Au-delà d'un arc de brique, reste [*Un mot raturé*] d'une ancienne muraille d'enceinte, nous avons vu l'église grecque, assez substantielle et qui semblait, en effet, ce qu'on pouvait attendre d'une ville de 10.000 habitants qui n'est pas exclusivement musulmane, et Préfecture de Province[75]. Il y avait aussi, de ce côté-là, des maisons sans autre ouverture que la porte et quelques jours élevés dans la partie correspondant au rez-de-chaussée, tandis que plusieurs des fenêtres de l'étage supérieur étaient grillagées, ou plutôt fermées par un volet fixe, en bois, à claire-voie ; ces fenêtres étant celles de la partie harem de la maison. En redescendant vers le centre d'Elbasan, une rue plus large, nous avons vu deux « villas » entourées de murs, hautes de deux étages, avec ces mêmes fenêtres « voilées » au premier étage ; mais, l'ensemble de la maison étant plus considérable et d'une architecture plus « bourgeoise », les volets à claire-voie avaient une forme plus élégante, et leur bois était peint de vert-clair ou de jaune pâle, — tandis que dans les petites maisons du bourg le bois n'avait pas été peint.

Dans cette rue nous avons rencontré deux femmes vêtues de noir et voilées de blanc. Le contraste était d'un curieux effet (à Tirana on ne voit que des voiles noirs). Marcel a songé aux anciens masques vénitiens. De loin, cela paraissait effacer, et presque supprimer, la tête de la femme ; une décapitée ; à coup sûr un spectre. De plus près le visage transparaissait assez nettement. Une de ces deux dames, en nous voyant, s'est un peu dissimulée derrière sa servante, une femme non voilée, qui portait dans ses bras un petit garçon de 2 ans, 2 ans ½ peut-être, vêtu d'un petit maillot de laine à broderies de couleurs, d'un haut bonnet de coton à pompon, roulé autour du front ; il avait l'air d'un petit polichinelle, d'une grande poupée d'étoffe, — d'autant plus que ses pieds étaient extraordinairement petits. Il chevauchait le bras de sa bonne, regardant en arrière, par-dessus son épaule. Nous nous sommes retournés pour voir sa figure, et la mère, peut-être flattée par cette marque d'attention, nous a rapidement souri, — ou du moins a souri à Mariuccia.

Nous sommes revenus ainsi, à pied jusqu'à la petite place où nous avions laissé la voiture, à l'ombre des maisons et d'un grand arbre, unique en ce lieu. Cette place paraît être le centre de la ville, car il n'y a pas de quartier « moderne », et tout doit être encore comme il y a cinquante, ou qui sait ? cent ans, — sauf les plaques avec les noms des rues en albanais[76], peut-être. Byron et Hobhouse[77] ne s'y trouveraient pas très dépaysés. (Ces plaques de rues et l'électricité [exceptées], naturellement.)

Il y a un marchand de fruits et de tabac dont l'éventaire est sur le coin de cette place et de la rue que nous avions suivie au-delà de l'arc de brique. J'y ai acheté des cigarettes « Diamant » à 1 lek le paquet de 20. J'ai dit au marchand « Un pacco di queste », en prenant moi-même le paquet qui était sur l'éventaire. Il m'a fait signe de le reposer, et, ouvrant la caisse placée sous l'éventaire il y a pris un paquet frais ; voyant cela, et pour exprimer ma satisfaction, je lui ai acheté deux paquets (ou plutôt boîtes).

Ayant soif, nous sommes entrés au café de l'Hôtel Bristol, qui est la principale maison donnant sur cette place. (« L'Hôtel Bristol, — et des Mouches », dit Marcel ; ce pourrait être l'enseigne alternative de bien des cafés et petits hôtels albanais !) Il y avait quelques hommes du pays, buvant et jouant aux cartes. Nous avons demandé 2 bouteilles de bière de Korça, et l'avons trouvée supérieure à la bière japonaise. Elle est du reste bien présentée, à l'occidentale, avec des étiquettes bien imprimées. Comme nous voulions en faire boire à Théo (le chauffeur) nous avons demandé un verre de plus, — en italien, naturellement. Le garçon (mais ce devait être le jeune patron du Bristol) ne comprenait pas et nous étions embarrassés lorsque Baboa a trouvé le tranquille courage de prononcer le mot génois *gotto* ; aussitôt l'ordre a été compris, le verre apporté, rempli, porté au chauffeur ; et sûrement le patron du Bristol aura raconté que dans la journée Son Excellence le Ministre de France était venu avec un autre monsieur et une dame albanaise, ou qui parlait albanais !

Sortant du Bristol, vers 6 heures p.m., nous avons constaté que les gens d'Elbasan avaient terminé leur sieste ; la place et les rues voisines s'animaient ; des groupes de promeneurs traversaient ; des enfants des bataillons scolaires, rouge-et-noir, garçons et filles, défilaient dans un ordre un peu bouleversé ou « dispersé » par les inégalités profondes du pavé et des trottoirs. Il y avait aussi quelques hommes correctement vêtus à l'européenne, un Hadji[78] très soigné, en vêtement blanc, et à la sortie d'Elbasan nous avons rencontré une élégante dame en vêtement européen et peut-être, sinon parisien ou romain, de Raguse. (Agréable mélange de vieille et de jeune Albanie : le vieux Elbasan turc éclairé à l'électricité et pourvu d'un Hôtel Bristol dont pas mal de villages français ou anglais se contenteraient ; le Hadji, les hommes en fez blanc et pantalon bouffant, les enfants des bataillons scolaires aux couleurs nationales, la jeune dame à la dernière mode d'Occident, se promenant seule, rentrant seule dans le vieil Elbasan turc aux dames voilées de blanc…)

Retour en 2 heures par la même route, croisant une autre voiture près du col et les deux autocars de service Tirana-Elbasan et Tirana-Elbasan-Korça. Coucher de soleil sur les écrans successifs, bruns et bleus, des chaînes désordonnées sur lesquelles règne le Tomor ; à un certain moment ce soleil rouge s'appuyait à une montagne, s'aplatissait derrière, montrant un front à deux cornes, épiant le Tomor blême, et qui noircissait lentement. Redescente des longs lacets de route rouge-jaune-bleue vers la vallée de l'Arzen où nous retrouvons les oliviers. À un tournant, les lumières de Tirana dispersées dans la verdure ; la tour d'horloge allumée ; nous répondons par l'allumage de nos phares ; nous croisons d'autres voitures, des gens à pied, un petit troupeau de chèvres qui paraissent promener des bougies, — leurs yeux reflétant nos phares, — au sommet d'un talus. La lampe en veilleuse et les gendarmes de garde au tombeau de la Reine-Mère, sur le tertre. La Légation des

États-Unis ; celle d'Allemagne illuminée ; le Champ-de-prières, la vieille mosquée ; les avenues de Tirana avec beaucoup de lumière et une foule lente et épaisse sur le boulevard Zog, — à 8 h ½ à la tour d'horloge la voiture s'arrêtait devant la Légation de France.

Les tourterelles, plus nombreuses à Elbasan qu'à Tirana ; on les entend lorsqu'on passe le long des murs des jardins invisibles. — Elbasan est entouré de verdure, et de loin, de haut, paraît aussi feuillue que Tirana ; de près, les jardins étant clos, on ne voit que la pierre grise et les enduits gris-blanc des murs. — Inhabitable pour un voyageur européen ; cependant, de 18 à 45 ans j'aurais « risqué le coup » et j'aurais essayé de passer une semaine au Bristol. Après tout, Potenza... Je ne dis pas Cettigné, où Vonko Voulétitch était propre et avait une bonne cuisine européenne[79]. Quelques voyageurs hardis et jeunes devraient tenter l'aventure d'Elbasan et du Bristol ; s'y installer pour un mois ; leurs réclamations, observations et exigences contribueraient à l'occidentalisation de l'hôtel, qui serait assez tôt digne d'une ville de 10.000 habitants et Préfecture.

Une eau boueuse et grise coulait dans les ruisseaux latéraux de quelques rues ; mais [*Plusieurs mots raturés*] il est possible qu'elle ne soit pas toujours aussi trouble ; nous avons vu, hors de la ville, des fossés qu'on avait récemment CURÉS ; l'opération de voirie devait se poursuivre ailleurs et troubler l'eau des ruisseaux des rues d'Elbasan.

On comprend l'enthousiasme de beaucoup d'Albanais pour le mouvement Jeune-Turc, enthousiasme qui a retardé leur indépendance en les rattachant à Constantinople contre les Serbes et les Grecs à un moment où ces alliances chrétiennes auraient pu les séparer de l'Empire turc[80]. Il n'y a sûrement pas d'hostilité ni de méfiance à l'égard des mœurs et des commodités occidentales, et ceux et celles des leurs qui s'habillent et vivent à l'occidentale ne sont pas désapprouvés, encore qu'ils ne semblent pas être suivis avec empressement. Le comportement des gens du peuple à notre égard les met de plain-pied avec nous : ni servile, ni méprisant, et parfaitement droit, honnête. Ils ne se sentent ni inférieurs ni différents. Leur costume c'est, en plus compliqué dans la différence extérieure, le chapeau indévissable (ou la casquette indévissable) de nos contadini[a] des villages bourbonnais ; mais pas plus que cette habitude de garder la tête couverte chez eux et chez les autres, cette manière de s'habiller ne signifie un propos délibéré de se montrer et de se sentir différents des gens vêtus à l'~~Europe~~ occidentale. (Mon emploi des mots « à l'occidentale » au lieu de « à l'européenne » m'est imposé par la réalité : je les sens européens par le

a. Italien : « ruraux ».

caractère, l'ouverture d'esprit, la tolérance, la sagesse, la curiosité, le désir du mieux-être et du savoir, le goût latent des arts et des lettres : européens non occidentaux, ou en voie d'occidentalisation ; mais l'occidentalisation n'est, ne sera, qu'une accélération d'un ensemble d'activités mentales et de désirs, qui sont déjà en eux.)

Nous avons examiné, Marcel et moi, l'itinéraire de Byron en Albanie, d'après ses notes au Canto II de *Childe Harold* et en ayant sous les yeux la plus récente carte routière officielle de l'Albanie. Tepeleni[81] semble être le point extrême de son voyage au Nord ; mais il a parcouru plusieurs des routes ou sentiers qui sont au Sud de Tepeleni, et toute la partie habitée par une majorité d'Albanais de l'actuelle Grèce du Nord et du Nord-Est et du Sud de la Yougoslavie. — Lues après ces notes, les Stanzas du Canto II sonnent assez pompeusement, mais leur classicisme exaspéré de passion et d'exclamation, — ce classicisme qui était le Romantisme, — a un grand caractère prophétique et « avenir entrevu dans la brume des années », qui convient encore au pays tel que nous le voyons. Il devrait y avoir des Rruga (pluriel ?) Byron et des Rruga Hobhouse dans toutes les villes albanaises, surtout les irrédentes de Grèce et de Yougoslavie. Les mérites de Byron et de Hobhouse sont grands : avoir de l'argent pour le voyage ne suffisait pas, il y fallait un certain courage moral et physique, et des yeux d'artistes ; et pour tirer de ce voyage une Albanie nettement exprimée pour le reste de l'Europe, il fallait être Byron et, fino a certo punto[a], Hobhouse. La gloire qui va à deux diplomates français, — Rruga d'Estournelles de Constant et Rruga Jounart[82] (ou un nom comme ça) — pour avoir soutenu efficacement l'indépendance de l'Albanie dans les ajustements de 1920, remonte d'elle-même à Byron et à Hobhouse. (Il en va ~~presque toujours~~ TOUJOURS de même dans les affaires politiques : cherchez le Poète.)

Ce n'est pas Llixha[83] qu'on voit à l'est d'Elbasan, mais une caserne. Llixha est invisible d'Elbasan, bien qu'elle n'en soit distante que de 12 à 14 kilomètres. Je l'ai appris ce soir par M. Léon Rey, avec qui nous avons dîné. Il vient de rentrer de Paris pour la saison des fouilles qu'il dirige à Apollonia.

Audience de M[arcel] R[ay] au Palais Royal. L'étiquette veut qu'il s'y présente en jaquette, chapeau haut-de-forme, et cravate noire-et-blanche (la Cour est en deuil). Le Roi Zog l'a retenu une heure et demie. Les principales affaires à traiter étaient la question des Proviseur et Professeurs du Lycée français de Korça, fonctionnaires albanais et comme tels menacés d'une réduction de leurs traitements, et l'opportunité de réunir dans un seul musée archéologi-

a. Italien : « jusqu'à un certain point ».

que, à Vallona, les produits des fouilles d'Apollonia. Le Roi s'est montré plein de bonne volonté, et souhaiterait même de pouvoir centraliser à Tirana les produits de toutes les fouilles : Apollonia, Butrinto (faites par les Italiens, et où jusqu'à présent on a trouvé les plus belles œuvres d'art) et Durazzo s'il était possible d'y reprendre les fouilles (M. Léon Rey avait déjà fait des sondages, mais il y aurait beaucoup de terrains à exproprier, et, à son avis, la partie la plus intéressante de la ville antique est submergée). Comme le Roi règle tout, et que, comme on dit ici, il nomme jusqu'aux caporaux de l'armée, les projets et questions auxquels il s'intéresse doivent prospérer, — dans la mesure où les disponibilités du Trésor le permettent.

Pas un mot des affaires intérieures, non plus, bien entendu, que du remaniement ministériel dont on parlait ces jours-ci. Il a demandé à Marcel s'il avait visité de nouvelles régions de l'Albanie, et Marcel lui a parlé de notre excursion à Elbasan. Il a désiré connaître quelle impression cette promenade avait produite sur moi (Marcel lui ayant dit que l'ami avec qui [*Un mot raturé*] il était allé à Elbasan était un homme de lettres français). Marcel lui a répondu en lui rapportant, comme une « rêverie de poëte », ce que j'avais dit au retour : que, dans une Europe réorganisée et libre de toute menace de guerre intérieure, j'imaginais bien l'Albanie devenue, à cause de son climat méditerranéen et de la beauté de ses paysages, un grand et haut asile d'Études, en particulier grecques et byzantines, etc. Mais, naturellement, cela ne pouvait pas satisfaire un Roi de ce temps-ci, car cela supposerait une autorité supra-nationale en Europe, — une hérésie ! — et la réponse royale a été, très prompte : que l'Albanie était AUSSI, ou peut-être D'ABORD, une Nation. — D'autre part, tous ses propos, et l'énorme travail dont il se charge, montrent un grand amour de son pays. Il doit rêver, comme moi, et avec bien plus de passion et surtout de précision, aux réformes à faire ; aux routes à construire ; aux ports à aménager ; aux industries à développer ; à l'instruction publique ; aux moyens d'amener l'eau [*Trois mots biffés*] dans les principales villes qui n'ont pas d'égouts, et à mille détails que sa connaissance du pays lui représente sans cesse.

L'enceinte du Palais est plus grande qu'elle ne le paraît vue de la ville, et les appartements royaux sont immenses. Il y a un salon aussi grand que toute la surface couverte par la Légation de France, et le cabinet de travail où le Roi reçoit est de la même étendue, avec huit fenêtres sur les jardins. Il y a peu de meubles. Le Roi est assis sur un fauteuil d'ébène devant un très grand bureau d'ébène. Il a dispensé Marcel des trois saluts que l'étiquette exige, venant à sa rencontre jusqu'à la porte de son cabinet de travail, et lui tendant la main. Il était vêtu d'un complet-veston croisé noir, linge blanc, cravate noire, et le seul tableau accroché au mur était un portrait (très mauvais) de feu la Reine-Mère.

Les photographies du Roi qu'on trouve chez les marchands de cartes postales de la ville ont été prises de telle sorte que l'image qu'elles donnent de S[a] M[ajesté] ne correspond pas exactement à l'aspect qu'il présente à qui le voit de près et face à face. Il est plus mince et moins grand qu'on ne s'attendrait à le trouver, et paraît aussi plus jeune, presque « petit jeune homme ». Ses traits n'ont rien de très caractérisé au point de vue national ; on pourrait le prendre pour un Français. En dehors de l'albanais il ne parle que l'allemand, mais sans facilité, entremêlant parfois dans ses phrases quelques mots français, tels que « merci » lorsque Marcel lui a renouvelé ses condoléances pour la mort de la Reine-Mère. Enfin le projet d'un Musée central pour les antiquités de toutes les fouilles, françaises et italiennes, d'Albanie, lui tient à cœur, et il est tout à fait d'accord là-dessus, — « ne rien laisser sortir », — avec tous ceux qui veulent du bien à l'Albanie[84].

Promenade dans Tirana ; — notre « Misereor super turbam[85]. » —

Nous avons décidé d'aller seuls, Mariuccia et moi, jusqu'au bureau de l'Agence Cosulich, où on centralise, pour les vendre, des nappes, napperons, sacs, brodés et tissés par des femmes albanaises (surtout dans la région de Skutari). C'est une Anglaise qui s'occupe de cela. Elle donne de l'ouvrage aux mains oisives et, sans rien prélever pour elle-même en fait de commission, elle fait gagner un peu d'argent à ces brodeuses. Du moins c'est ce qu'on nous a dit.

Comme il faisait encore assez chaud nous avons pris une carrozza, la seule en vue au sortir de la Légation de France. Le cocher, d'aspect très rustique, ne comprenait pas l'italien, et j'ai dû me contenter de lui montrer la direction à suivre. Cette petite scène a provoqué les remarques, à très haute voix, d'une sorte de grosse commère qui nous observait du trottoir, sur la droite du boulevard Mussolini ; ces remarques étaient faites en albanais, mais le ton en était nettement ironique ou satirique, non à l'égard de l'ignorance du cocher, mais à l'égard de la nôtre. Le cocher a pris part à son hilarité et, pour nous séparer de lui, je l'ai fait arrêter devant le « café con giardino », qui paraît et doit être, le plus décent de Tirana. Je l'ai payé là, avec un pourboire raisonnable, qu'il a accepté sans remercier. Après avoir pris des rafraîchissements assez convenablement servis, — et ce jardin triangulaire est, à la fin de l'après-midi, assez ombreux et frais, — nous sommes repartis à pied dans la direction de la Vieille Mosquée. Le pavé, qu'un Occidental foule avec difficulté, est intolérable pour les pieds d'une Occidentale, et, tout en continuant courageusement notre route le long du Bazar, nous avons compris qu'une dame ne peut pas sortir à pied dans Tirana. La foule cependant n'est pas volontairement gênante [*Un mot biffé*]. Wells, dans *The Research Magnificent*, qui est de 1915, fait une description des gens de la rue albanaise qui ne correspond plus à l'état actuel de Tirana, ni à rien de ce que nous avons vu à Elbasan. « They mob, and they pelt[a]. » Ce n'est plus cela, mais « they stare[b] », — pas beaucoup plus que dans bien des petites villes de province en Occident, surtout en France, en Angleterre et dans les Pays-Bas, — et surtout dans des provinces à l'écart du mouvement des voyageurs, — l'Auvergne par exemple ; et même en Bourbonnais, à Chantelle, we have been stared at[c] ; — pas beaucoup plus, c'est-à-dire un peu plus ; comme beaucoup de petits-provinciaux ils ne savent pas regarder avec discrétion, mais ils n'ont pas conscience de la faute de CIVILTÀ[d] qu'ils commettent, tandis que les petits-provinciaux d'Occident en ont conscience, et espèrent qu'on ne les verra pas regarder avec tant d'attention et de curiosité. Ce ne sont pas tant les gens en costume oriental qui « stare », que des gens, peut-être des résidents étrangers de classes inférieures, habillés à l'occidentale.

Mais là n'est pas le principal désagrément provenant des gens de la rue tiranèse. Le principal, c'est le spectacle même des haillons et de la saleté et de la misère [*Un mot raturé*] d'une grande quantité de gens du bas peuple, enfants des deux sexes et jeunes gens et vieillards, mêlés à cette foule, coudoyant les passants, jouant et courant entre les promeneurs, se roulant sur les trottoirs et le pavé. Le vent avait changé de direction, et la belle odeur émouvante que j'avais rencontrée partout jusqu'à présent avait disparu, remplacée par des relents atroces.

Même la Rue Royale, celle où sont quelques-unes des plus belles boutiques et le cordonnier « fournisseur de la Cour », était impraticable pour une Occidentale. Nous avons donc pris la moins sale des carrozze que nous avons vues, et nous sommes fait conduire au bureau de la Cosulich cette fois sans parler au cocher, lui montrant simplement la direction à suivre, et frappant avec ma canne le marchepied pour lui faire signe d'arrêter.

Nous avons acquis pour 105 lek divers napperons brodés et une nappe à thé, très joliment ornée, avec ses douze serviettes appareillées.

Nous avons risqué un nouveau voyage à pied dans la direction de la grande avenue Zog. Mariuccia hésitait beaucoup à s'asseoir à la terrasse d'un des cafés qui sont là ; et en effet, à la terrasse du premier il n'y avait pas un public décent. Le second, — Marcella, — paraissait moins mal fréquenté, mais nous avons eu soin de nous asseoir à l'écart, — d'ailleurs stared at par quelques clients. Presque tous ces gens-là (rien que des hommes) étaient vêtus à l'occiden-

a. Anglais : « ils s'attroupent et lancent des pierres. »
b. Anglais : « ils dévisagent ».
c. Anglais : « on nous a dévisagés ».
d. Italien : « éducation ».

tale, mais leur condition sociale inférieure se montrait dans leurs manières, leur voix et leurs rires très élevés. Cela me faisait penser à Oran en 1905. Nous avons compris [*Trois mots raturés*] que les cafés de l'avenue Zog sont infréquentables par les gens de notre classe. (On sent vivement, ici, les différences de classe, et on est automatiquement rejeté et enfermé dans celle à laquelle on appartient, alors qu'en Occident on a et on entretient l'illusion de l'égalité chrétienne.) Cependant nous sommes restés là environ une demi-heure, parce que le spectacle de l'avenue Zog était intéressant.

Nous voyions directement, et non plus des Légations et des voitures des Légations, la vie populaire quotidienne de Tiranë ; le mélange des costumes albanais et occidentaux, les passages bruyants des carrozze délabrées, les promenades des femmes voilées de noir, quelques-unes pieds-nus dans des socques[86] assez hautes, qui faisaient, sur le ciment du trottoir central, entre les arbres, un joli bruit, un agréable claquement. Un couple en voiture (carrozza) est passé, l'homme en costume albanais, — le costume de Scutari, laine blanche à ganses noires, — la femme toute en bleu foncé, et voilée. Le voile bleu paraissait la couvrir de la tête aux pieds ; cependant la forme féminine apparaissait nettement, et indiquait la jeunesse et une certaine grâce. — Les gens les moins mal vêtus étaient les militaires ; eux, du moins, avaient appris à marcher, à se tenir convenablement, à saluer. Les groupes de passants mêlés orientaux-occidentaux, étaient assez rares. On pouvait imaginer trois camarades de village, occidentaux, dont l'un, qui a vécu à la ville, ne s'habille plus comme la majorité des villageois. Cependant ce n'était pas tout à fait la même différence. Ou bien il faudrait imaginer que ce citadin de village, tout en adoptant une tenue « de ville », n'a pas bien attrapé les manières de la ville, et paraît plus vulgaire, plus campagnard, que ses camarades sans cols et en blouses. De loin en loin passait [*Deux mots raturés*] un homme, ou même un couple, de notre haute caste ; mais comme la marmaille loqueteuse, et les miséreux oisifs circulaient là comme ailleurs, nous avons conclu que l'avenue Zog, malgré son beau ciment lisse, et son trottoir central ombragé et fleuri, et sa largeur de Champs-Élysées, et sa longueur sans proportion (jusqu'à présent) avec la ville, ne pouvait pas être encore un lieu de promenade [*Un mot biffé*] à pied pour les gens de notre rang. Même si nous devions passer deux ans à Tiranë, on ne nous y verrait qu'en automobile, et par hasard, parce que nous aurions quelque course à faire de ce côté-là. — On nous a dit qu'un des Ministres étrangers se promenait ostensiblement sur le trottoir central de l'avenue Zog, en chapeau dur, complet-veston bleu marine, souliers noirs, guêtres beiges et gants clairs. Je comprends bien le sens de cela, et la preuve d'amour qu'il [*Un mot biffé*] donne ainsi à Tiranë, à l'Albanie. Mais il faut remarquer qu'il est célibataire, et on peut se demander si, étant marié, il se promènerait avec Madame la Ministresse sur l'avenue Zog.

Non, il n'est pas possible de se montrer bien vêtu et dans une tenue correcte au milieu d'une population encore misérable et dégradée, et dont la misère et la dégradation sont peut-être augmentées par la vie citadine. Il y a là une question de décence et de charité, encore plus qu'une question d'inconvénients personnels. En Occident, dans la plupart des villes de province, c'est un devoir de s'habiller convenablement : on prêche d'exemple et on augmente, ou élargit, ou élève, le sentiment de la dignité de la vie sociale dans cette ville. Ici une telle intention serait vaine et prématurée. Le c[orps] d[iplomatique] vit à part et entre soi ; ne fait que traverser, et dans ses automobiles, la ville ; envoie ses kawass[a] faire les courses, même s'il ne s'agit que d'une boîte de cigarettes à acheter au coin de la rue. Les Légations sont autant de morceaux des pays qu'elles représentent, comme « en plongée » dans Tiranë, séparées de Tiranë par une sorte de cloche isolante composée de situation officielle et d'immunité diplomatique, et elles n'ont affaire qu'au Roi. De là l'existence du Club de Tennis, seul lieu de réunion possible en ville, parce qu'il est privé ; de là aussi, pour l'aristocratie du pays, le Cercle Militaire et son jardin clos ; de là le fait qu'on ne se rencontre par hasard que hors de la ville, et à 30 ou 40 kilomètres de la ville, au bord de l'Arzen, à la source-auberge de la route d'Elbasan, où nous avons rencontré le Ministre des A[ffaires] é[trangères] et où nous avons vu « les Tchécoslovaques », c'est-à-dire les membres de la Légation tchécoslovaque.

La faible population et le caractère silencieux, endormi, de Cettigné, permettaient d'utiliser les rues comme moyens de promenades, ou de passages, à pied. Ici où la ville se transforme et où la population tient une place active, la rue n'est faite que pour [*Un mot biffé*] la sortie des automobiles vers la campagne.

Certes je suis content de dépenser un peu d'argent dans Tirana, et je voudrais pouvoir en dépenser bien plus ; mais je ne ferais aucun bien en y menant une vie citadine. La ville n'est pas encore prête pour une telle vie. Elle ne le sera sans doute que lorsqu'un peu d'aisance aura retiré le bas peuple de sa misère et de sa brutalité. — Le Roi lui-même, en ne sortant jamais de l'enceinte de son Palais, — dans les jardins duquel il doit chronométrer ses marches hygiéniques, — donne l'exemple. Le jour où il sortirait en automobile découverte pour ~~remonter et redescendre~~ descendre et remonter avec lenteur, ne serait-ce qu'une seule fois, l'avenue qui porte son nom, — ce jour-là Tiranë serait promue au rang, non seulement de capitale, mais de « ville » au sens centro-occidental du mot.

a. Albanais : « domestiques ».

Je viens de relire le chapitre albanais du roman de H.G. Wells. L'itinéraire de ses personnages, — son fameux « couple », — est jalonné par : Cattaro - Cettigné - Rjeka - Podgoritza (ou Podgoritza - Rjeka) - Skutari - Kroïa - ... - Elbasan - Ochrida - Presba - Monastir, « where they reach a railway and get back to the world of their own times again[a] ».

Ce qu'il a vu de la partie monténégrine ne devait pas être très différent, en 1913 ou 14, de ce que j'avais vu en 1903. Un Monténégro relativement civilisé, avec des auberges très simples, mais habitables, un niveau de vie matérielle qui ne différait pas de celui de la province russe ou tchèque de la même époque. L'entrée dans la barbarie coïncidait avec le passage de la frontière (alors) turque, c'est-à-dire avec l'entrée en Albanie. Mais la différence entre la barbarie armée qu'il décrit, la brutalité sanglante, le vendette[b], les assassinats, etc., et la barbarie désarmée et paisible que nous voyons à l'avenue Zog, que nous avons vue sur les routes, et à Elbasan, est immense. L'Indépendance organisée a produit la Paix ; et vraiment cela s'est fait très vite. Le brigandage a complètement disparu ; un dernier essai, il y a quelques années, a été suivi de quelques pendaisons solennelles qui ont mis fin à l'Albanie de H.G. Wells. « Les routes, dit Marcel, sont aussi sûres que celles de Hollande. » C'est un résultat qui fait paraître aisée la tâche qui reste à accomplir : suppression de la malaria, de la saleté et de la misère ; l'application de ce remède populaire, de maître d'école, le Fascisme, peut venir à bout de la fièvre et de la saleté (déjà les gens ont si bien pris l'habitude de la quinine quotidienne, que le chauffeur de Marcel prétend qu'ils sont tous plus ou moins sourds et qu'il faut corner très fort pour les avertir de l'arrivée d'une voiture). Contre la misère le Fascisme ne peut pas grand'chose, — on le voit bien en ce moment en Italie même, — mais le fait que la population est très clairsemée, et qu'il y a beaucoup de place, peut rendre efficaces, mieux qu'en Italie, les mesures destinées à augmenter la production agricole, à encourager le travail, et à le discipliner dans le sens de la collaboration sociale. Le fonds du caractère albanais paraît énergique et droit. J'ai vu de la brutalité, mais ni servilité ni bassesse.

Une autre différence, énorme, entre l'Albanie décrite par H.G. Wells et celle d'à présent : la tolérance religieuse entre les sectes. — Par ailleurs la condition des femmes n'est pas encore au niveau moyen de la civilisation. (Les dames albanaises, même non voilées, même chrétiennes, même occidentales d'éducation, ont tendance à faire, très vite, bande à part, dans les réceptions du c[orps] d[iplo-

a. Anglais : « où ils atteignent la voie ferrée et retrouvent leur monde et leur époque ».

b. Italien : pluriel de *vendetta*.

matique]. — Anecdote, aussi, d'un riche Albanais d'ici appelant un médecin pour examiner sa femme, — la monogamie est bien établie, — et le médecin disant qu'une opération serait urgente. — Je réfléchirai. Quelques jours après, le médecin rencontrant le mari lui demande sa réponse, lui rappelle qu'il y a urgence. — Oui, j'ai réfléchi ; mais elle a déjà quarante ans ; ÇA N'EN VAUT PAS LA PEINE.) Cela doit dépendre en partie des femmes elles-mêmes. Il ne semble pas que les Albanais, même en province (la jeune et élégante promeneuse rencontrée hors de la ville, l'autre jour à Elbasan) trouvent à redire à une jeune fille ou jeune femme qui, ayant fait ses études à l'Étranger, s'affranchit des coutumes islamiques et vit librement, justifiant son indépendance par une situation sociale utile et honorable, par exemple Professeur de lycée comme Mlle Mitsura, ou femme d'un Albanais distingué, élevé comme elle, — comme la belle-fille du Ministre des A[ffaires] é[trangères].

Reparlant de Byron avec Marcel Ray, il a le sentiment que les Albanais étaient pour lui des GRECS, et parmi les meilleurs, les plus indépendants et les plus fiers, les moins « enturqués » des Grecs. Pourtant il lui était impossible de prendre leur dialecte pour un dialecte d'un grec même aussi dégradé qu'on le peut concevoir. Peut-être que la Grèce que concevait Byron était tout ce qui, du cap Matapan et des îles au Danube, était à la fois dominé officiellement par l'Empire turc et en lutte plus ou moins ouverte contre lui.

Il serait intéressant de préciser cela au moyen d'un examen minutieux de tout ce que Byron et Hobhouse ont écrit sur leurs voyages dans les Balkans du Sud, en Albanie, Épire, Grèce proprement dite. Peut-être voyaient-ils, — ou Byron surtout voyait, — une fédération des « Grecs » dont l'Albanie aurait fait partie. En tout cas, à vue de nez, son Albanie n'aurait pas été l'État Souverain qui s'est formé au cours des vingt dernières années, et dont le premier noyau a été la République de Korça appuyée sur les troupes de Sarrail[87].

M. Léon Rey. — C'est l'auteur du petit guide de 1930 que j'ai souvent consulté, — plus souvent que le livre d'Almagià, — pour me renseigner sur quelques points qui me paraissaient obscurs dans la topographie de l'Albanie et les plans de Tirana et d'Elbasan. — Il dirige aussi, et rédige en grande partie, la revue *Albania,* imprimée à Paris très luxueusement, chez Leroux. Surtout il est archéologue (ancien élève de l'École des Chartes) et a fait des fouilles à Durazzo ; actuellement il dirige celles d'Apollonia (Pojani), et les résultats en sont publiés, avec de belles illustrations, dans *Albania*. Il habite Paris la moitié de l'année ou davantage ; voyage dans les Balkans et surtout en Yougoslavie, où il fait des conférences, comme conférencier bénévole, sur des sujets français (il en fait aussi chaque hiver sur l'Albanie, à la Sorbonne). [*Se trouvent insé-*

rées ici deux lettres de Philippe Van Tieghem[a].] Il vient en Albanie pour la saison des fouilles qui coïncide avec les mois les plus chauds, — je crois du 1er juillet au 1er octobre. Il a 35 ouvriers sous ses ordres, et des collaborateurs ; un épigraphiste, etc. Mais, en somme, il vit à peu près isolé à Pojani pendant toute la saison des fouilles, dans des conditions assez primitives et insalubres. Le village des approvisionnements est Fieri, qui n'est relié à Pojani et aux fouilles que par des sentiers, et il n'a même pas l'avantage de la proximité de la mer, dont Pojani est séparée par des dunes et des marécages. Le ravitaillement (par des chevaux ou des mulets) est difficile et la nourriture laisse beaucoup à désirer. — Il a dîné avec nous à la Légation, et il était content de manger des pommes de terre frites, dont il allait être privé pendant des semaines[88]. —

Il a deux passions : l'Archéologie et l'Albanie. Pour l'Archéologie, les résultats des fouilles et la ténacité avec laquelle il les poursuit, montrent que c'est une passion récompensée. Quant à l'Albanie, après l'avoir parcourue et inventoriée au point de vue des œuvres d'art, — mosquées peintes à fresques[89], bois sculpté, art albanais-musulman du XVIIIe siècle, — il s'en est fait un des plus actifs propagandistes en France — d'où ses conférences en Sorbonne et ce qui, dans sa revue *Albania* est consacré à l'Albanie moderne. (Il a une subvention de 60.000 francs du gouvernement français, mais une partie de cette somme est destinée par lui à sa revue, indispensable pour[b] enregistrer l'histoire et le résultat des fouilles.) Cette fois-ci il arrivait avec un projet de cinématographie devant servir à faire mieux connaître l'Albanie en France (et ~~peut-être~~ aussi hors de France) : un « film documentaire » renseignant sur le pays sous ses différents aspects. Pour monter cela il souhaitait d'obtenir du gouvernement albanais une avance de 50.000 lek (= 50.000 francs), qui serait remboursée par les bénéfices, avec l'adjonction de 35 % sur les bénéfices réalisés au-delà des 50.000. Il serait désirable qu'il pût garder la direction des prises de vues, parce que l'administration albanaise aura tendance à insister sur les aménagements et la modernisation (avenue Zog, routes, ponts, usines, quai de Durrës, etc.) alors qu'il convient de montrer beaucoup de paysage et un certain nombre de vues citadines (bisognerà fare di modo che non si vedano troppo i pezzenti e gli straccioni del centro di Tirana[c] !) et les belles vieilles mosquées, et quelque chose des fouilles, tant françaises qu'italiennes. (J'ai suggéré une revue passée, hors de Tirana, par le Roi.) Aux dernières nouvelles, Léon Rey étant revenu dans la matinée, causer avec Marcel Ray de

a. Voir annexes, pp. 1532-1535.

b. Les deux mots qui précèdent, écrits au-dessus d'une rature illisible, ont été reportés au bas de la page par Larbaud qui désirait qu'on puisse clairement les lire.

c. Italien : « Il faudra faire en sorte qu'on ne voie pas trop les gueux et les va-nu-pieds du centre de Tirana ! »

cette affaire, le gouvernement ne pouvait disposer des 50.000 francs nécessaires, mais proposait de faire faire une avance par une banque, qui deviendrait ainsi créancière de l'entreprise.

Léon Rey est un homme d'une quarantaine d'années, très grand, avec un long nez mince et busqué, une grande figure énergique, le teint brûlé ou rougi par le grand air et les intempéries de Pojani. Il était venu dîner en pantalon noir de dinner jacket, spencer blanc, souliers vernis noirs, chaussettes blanches, chemise blanche et cravate noire ; le « smoking » des villes chaudes.

Il s'occupe aussi de la réception des touristes des croisières, comme France-Orient et Guillaume Budé. Il avait songé à faire poser, d'accord avec les autorités yougoslaves, une plaque commémorant le séjour de Loti en rade de Cattaro, vers 1880 ou 85, séjour qui a été l'origine d'un des premiers livres de Loti, dont j'oublie le titre, et que je n'ai pas lu. Ce projet paraît avoir rencontré quelques difficultés d'ordre diplomatique ou plus simplement local. — Enfin Léon Rey apparaît comme un efficace et actif agent français volontaire de l'occidentalisation de notre chère Albanie ; — une occidentalisation sans profits matériels pour la France, et qui ne tend qu'à faire du pays un décent État moderne européen, pourvu de toutes les commodités de l'Occident, mais ni transformé en une Suisse touristique orientale, ni dépouillé de ses richesses archéologiques et artistiques. —

C'est aussi mon vœu. Et si on me demandait pourquoi j'aimais l'Albanie en un temps où je n'en avais rien vu que la ligne bleue du lac de Skutari en descendant de Cettigné vers Rjeka, et pourquoi je l'aime encore plus après l'avoir vue, je dirais que c'est parce qu'elle est un beau petit morceau de notre Europe, trop longtemps négligé et tenu à l'écart, morceau d'une Europe en friche qu'il importe d'aménager, de cultiver, de pourvoir, tout simplement, de « tout le confort moderne » pour commencer, et de tout le niveau de vie, morale et intellectuelle, auquel les Européens ont droit.

C'était un sujet de honte pour nous tous que cette Balkanie non aménagée, à demi-barbare, impraticable, sordide, à une heure de vol de l'Italie, à 3 heures de vol de Vienne. Cela donnait à notre continent une marge quasi-coloniale, quelque chose comme un terrain de débarras plein de détritus, d'eaux croupies, de ronces et d'orties, dans le voisinage immédiat du plus beau Parc et Jardin du monde (l'Italo giardino, il giardin dell'Impero[a]) ; alors que l'Amérique du Nord s'était déjà assez décemment organisée et nettoyée sur toute son étendue, et que l'Amérique du Sud, avec des terrains vagues beaucoup plus étendus, mais aussi plus éloignés de ses centres de civilisation, n'attendait que d'avoir une population assez nombreuse pour se nettoyer et s'installer décemment à son tour.

a. Italien : « le jardin italien, le jardin de l'Empire ».

On dira : mais il y a aussi la Grèce, la Yougoslavie, la Bulgarie, dont le territoire est en grande partie encore de l'Europe en friche. Pourquoi leur préférer l'Albanie ? Je ne la leur préfère pas ; mais je considère que les trois autres États balkaniques (et la Roumanie) sont assez puissants, assez riches en énergies humaines, en centres déjà solidement installés dans la civilisation, pour qu'on puisse espérer que chacun farà da se, se débrouillera, colonisant puis aménageant ses marches encore mal européanisées ; tandis que l'Albanie est petite et seule, sans VILLES au sens centro-occidental du mot, et à peine née d'hier. On voudrait pouvoir tout lui donner : des livres, des Musées, des Écoles, et tous les instruments de la civilisation matérielle, depuis les liquides insecticides jusqu'aux machines les plus perfectionnées dans le sens économie du travail humain. — Je pense que M. Léon Rey sent tout cela, et qu'il s'y donne dans toute la mesure de ses forces, sans arrière-pensée nationaliste-française, — sauf peut-être un sentiment d'émulation internationale, — et il doit penser avec fierté que ni les Allemands ni les Anglais ni les Italiens ni les Espagnols n'ont une revue telle qu'*Albania*.

Tout de même, un chemin de fer serait nécessaire. Les voitures, même les plus rapides et les meilleures et les plus grandes sur les routes les plus belles et les mieux entretenues, ne remplacent pas le chemin de fer, — ou disons l'autorail. On y voyage plus commodément, avec moins de fatigue. On est plus à l'abri des intempéries, moins esclaves de la route, moins à la merci d'un incident de la circulation. Si ferme que soit la voiture, ou l'autocar, on y est traîné sur la chaussée, on entre malgré soi dans les préoccupations du chauffeur : se garer, avertir ; on souffre de l'irrégularité des changements de vitesse, etc. Bon pour une promenade, une excursion, et bon, — l'autocar, — pour des relations quotidiennes et postales entre centres urbains et villages. Une ligne Durrës-Tirana-Elbasan-Korça-vers Monastir peut-être, et une ligne Skutari-Kroia-Tirana-Elbasan-Berat-Volona-Argyrocastro[90] - Santi-Quaranta, transformerait le pays plus vite que le réseau des routes à autocars[91].

On me dit que la vendetta existe encore, et nous avons rencontré, dans une de nos promenades en voiture sur la route d'Elbasan, un paysan armé. Il y a eu une fusillade en Avril ou Mai, Rruga Dibra, et en face de la Librairie de Lumo Skendo. Mais l'affaire a paru d'autant plus scandaleuse qu'elle est, à présent, d'un genre exceptionnel.

On (l'Instruction publique, organisée ou bénévole) s'occupe des enfants. Mlle Mitsura nous a parlé d'un bal masqué donné pour des filles et des garçons de 8 à 15 ans. Et ce soir nous avons vu dans les rues centrales beaucoup de petites filles vêtues de robes de papier avec des volants alternativement violets et mauves. Elles faisaient un joli bruit en marchant. Les figures étaient propres, les allures gracieuses[a]. Beaucoup de blondes et de châtaines-claires.

Promenade, nous deux, en CARROZZA conduite par un cocher jeune et assez citadin, parlant un peu italien (quand il a dit : un poco, je lui ai répondu : un poco basta[b]). Sa voiture n'était pas très (ou trop) sale. Nous lui avons fait suivre la route de Durrës jusqu'au delà du cimetière musulman qui est à droite, puis revenir, et gagner, par les rues transversales, notre boulevard Mussolini[92], que nous avons suivi jusqu'au moment (vers ce qui est marqué « Institut Pasteur » sur le plan du guide de Léon Rey) où il devient la route de Kavaja. — Revenus à la Légation de France, nous sommes allés à pied rejoindre Marcel et Suzanne au Club de Tennis, où il y avait les habitués de tous les jours (M. de Paolis, Mlle Mitsura, la femme du Ministre de Tchécoslovaquie, qui est Romaine) et le Ministre de Grèce, qui du reste doit quitter la Légation de Tiranë pour celle de Sofia.

La nuit dernière, ayant terminé à l'aube mes notes, je me suis couché très las, et mon sommeil a été agité de rêves très nets et mouvementés, qui m'ont réveillé en sursaut et comme j'avais la bouche sèche je me suis demandé si je n'avais pas la fièvre, dont tout le monde ici est plus ou moins menacé, surtout en été ! Mon thermomètre m'a rassuré. Mais on parle beaucoup des moustiques et de la fièvre dans le c[orps] d[iplomatique], au Club de Tennis[93].

On me dit qu'un certain nombre de jeunes attachés fréquentent la terrasse de « Marcella », à l'avenue Zog. Sûrement ils peuvent faire beaucoup, par l'exemple de leur tenue et de leurs manières, pour donner un meilleur ton à l'avenue Zog. — Nous préférons le casino ou Kursaal — dont nous ne savons vraiment pas le nom « officiel » et qui est pour nous « le café triangulaire » à cause de la forme de son jardin. Il nous paraît moins vulgaire, comme clientèle, et mieux fourni en fait de boissons, que « Marcella ». On y voit des gens vêtus à l'occidentale, d'aspect assez décent, et quelques « Orientaux » qui paraissent de riches campagnards. Les petites tables et les fauteuils d'osier sont à l'ombre assez maigre des jeunes arbres (acacias). Presque tous les arbres de Tirana, sauf quelques grands, vieux, et beaux cyprès, sont de plantation récente, et donnent aux rues et aux jardins où ils se trouvent, un air d'improvisation ; arbres d'exposition temporaire.

Beaucoup de soldats, se promenant deux par deux, se tiennent par le petit doigt, — geste affectueux et gracieux[94].

a. Note de Larbaud : « C'étaient des élèves des Écoles Primaires. »
b. Italien : « quand il a dit : un peu, je lui ai répondu : un peu ça suffit ».

L'adoption du grigio-verde italien est regrettable. Il faut regarder la casquette (ou képi) pour se rendre compte qu'ils ne sont pas des soldats italiens[95]. (Il y a aussi, comme tenue d'été peut-être, une sorte de toile grisâtre.) Cols rouges (gendarmerie), cols orangé, vert, bleu-roi, pourpre, ou, certains sous-officiers, mi-partie noir mi-partie cramoisi. — Tout cela manque d'« albanisme ». (Nous l'avions déjà remarqué à Santi-Quaranta, lorsque les officiers de douaniers [*sic*], — guardia di finanze, — étaient montés à bord de notre bateau.) Des cartes postales photographiques vendues en ville montrent qu'il doit y avoir des uniformes de gala, avec des couleurs plus vives, et un certain style qui fait songer à l'armée hongroise actuelle ; mais ni Marcel ni, — à plus forte raison, — nous-mêmes, ne les avons vus.

En général, le costume ~~européen~~ occidental est citadin ; le costume oriental, campagnard. Il est rarement trouvé à l'état pur et traditionnel ; il y a des combinaisons : veston occidental et pantalons collants, ou mi-collants, en laine blanche à ganse noire. Le fez blanc est porté par la plupart des musulmans, peuple et petits-bourgeois, avec le costume occidental. — Il faudrait arranger cela comme en Suède ou en Hollande, ou, mieux, EN ÉCOSSE[a]. Si j'étais Albanais je risquerais l'habit, chemise et cravate blanches, gilet blanc, linge empesé, et pantalons de laine blanche avec ganses noires. Cela correspondrait à l'habit noir avec le kilt. En réalité le costume, par lui-même, ne classe pas ; ce sont la propreté et les manières qui font les différences sociales. On pourrait donc tout essayer, et faire en sorte que le costume occidental n'envahisse pas toute la population tous les jours de l'année.

Mais cela, pour Tiranë, concerne surtout les hommes ; les femmes en costume oriental sont toutes, à Tirana, du peuple et de la petite bourgeoisie, et leur costume est celui des femmes turques d'avant la suppression légale du voile : sacs de charbon à pantalons. Celles qui s'habillent ainsi se déclarent nettement les inférieures sociales des Albanaises musulmanes qui s'habillent à l'occidentale : aucune Légation ne les a jamais reçues, et leurs maris y sont inconnus en tant qu'invités ; (eux-mêmes, elles-mêmes, n'y viendraient pas ; ils se voient, peut-être, entre eux). Il n'y aurait donc, pour les dames albanaises, pour les représentations de gala au futur Opéra de Tiranë, que les costumes campagnards des diverses provinces, — comme en Grèce et en Suède, — et les élégantes paysannes musulmanes que nous avons vues dans le champ de blé, l'autre dimanche, près d'Elbasan, nous font penser que ce serait un beau et gracieux spectacle.

a. La mise en vedette de « Écosse » est-elle de Larbaud ? Le mot est encadré au crayon (comme tous les mots, expressions ou paragraphes qui ne sont pas reproduits dans la version des *O.C.*, t. X) et, en petits caractères, au-dessus d'« Écosse », on lit « France ». L'allusion au kilt, un peu plus bas, justifie la première leçon.

C'est probablement ce qui se passera : les costumes orientaux masculins seront laissés aux contadini, et will die out poco a poco[a], — et ce sera grand dommage, — tandis que le costume oriental paysan des femmes sera adopté, pour les fêtes et les grandes réceptions, par les dames de la Capitale.

Exploitation du sentiment religieux des ~~Musulmans~~ Albanais musulmans. Gens de La Mecque venant recruter les pèlerins, et proposant aussi des pèlerinages par procuration, dont le prix est élevé (5, 10.000 lek = francs français). Le versement de cette somme donne droit au titre de Hadji, avec brevet, et le prestige que le titre a encore.

Byron pensait à l'empire d'Alexandre, à Skanderbeg ; il voyait Ali-Pasha[96] et sa puissance. Après les Macédoniens, les Albanais répandant de nouveau l'hellénisme en Orient. Ses Notes tendent à cela. Bien loin de l'aménagement européen auquel nous pensons, occidentalisation matérielle préparant l'extension de l'Europe intellectuelle en Europe même.

Des Français parlent avec humeur du prestige grandissant de l'Allemagne en Yougoslavie. On se croirait en 1913, et ça sent les Marolles[97]. Mais le prestige, bien justifié, de l'Allemagne, c'est le nôtre aussi. Als Frank ich bin Deutsch[b]. Un compliment à l'Allemagne va aussi à la France, à l'Angleterre, à l'Italie. De même, la France est l'Allemagne. Nos cultures occidentales sont solidaires ; c'est l'évidence même. Les oppositions sont artificielles, disputes de valets opposant Champagne à Picardie, etc. « Nous » c'est tout ce qui travaille en Europe pour l'Europe. Nous sommes Allemands en France, Italiens en Allemagne, Espagnols en Italie, Français en Allemagne, Anglais en Espagne, etc. Cela est vrai ; mais trop d'entre nous l'oublient. Hoch Deutschland[c] !

Une série de courses dans Tirana, — la poste, un bureau de renseignements, une banque — constitue une petite expédition, à peu près inutile, car tout cela pourrait se faire mieux et plus vite sans quitter la Légation, en faisant téléphoner ou en envoyant les kawass. Mais c'est, aussi, intéressant parce qu'on se trouve de plain-pied avec la vie de la ville. Jeune cocher en guenilles ; carrozza peu délabrée[d] ; capisce qualche parola d'italiano, ma ben poche[e]. — Toujours quelque curieux s'approchant, dialoguant avec votre cocher, pour peu que vous vous attardiez à essayer de lui

a. Anglais et italien : « aux paysans et disparaîtront petit à petit ».

b. L'allemand n'est pas une langue que Larbaud possède bien. Il aurait dû écrire : « *Als Franke bin ich Deutscher* », « En tant que franc, je suis allemand ».

c. Allemand : « Vive l'Allemagne ! »

d. Ou : « un peu délabrée » ?

e. Italien : « il comprend quelques mots d'italien, mais bien peu ».

faire comprendre où vous voulez aller, où il doit passer. Devant la Poste ils commentaient mes indications sur l'itinéraire à suivre et, entre-temps, visiblement, ils ont commenté mes habits, me regardant comme ils eussent regardé un mannequin ou une gravure de mode ; ils paraissaient, du reste, approuver mon costume. Leurs regards et leurs gestes étaient expressifs de leurs paroles albanaises : « C'est assez bien, ce pantalon gris clair et ce veston brun-clair ; la cravate vert-amande, pas mal non plus ; et tu as vu ses souliers en peau de daim à petits trous ? Ça doit être léger et commode, etc. etc. ; » Après tout, je prêchais d'exemple, comme le « parfait élégant » des *Carnets* de S[amuel] B[utler] — « À voir » si quelque Albanais s'habillera comme moi, ou cherchera à s'habiller comme moi un jour prochain !

Le plus difficile a été la visite à la « banca italiana ». D'abord pour la trouver il nous a fallu faire tout le boulevard (ou l'avenue Zog), et enfin m'arrêter courageusement devant un café (non « Marcella », mais le plus voisin de la Grande Place, du côté de la [*Un mot biffé*] Préfecture-Hôtel de Ville. Café turc pour moi à une table, et café turc porté[a] à mon cocher. Un seul garçon sur 2 parlant italien, je lui demande où est la banque italienne. L'Oisif dégourdi, — vêtu à l'occidentale, le Fannullone[b] de type napolitain-marseillais, s'approche, prend part à la conversation, sait où est la « banca italiana », et, officieux, me propose de m'y accompagner ; s'assied à ma table ; refuse le café que je lui suggère ; m'offre une cigarette ; puis, sans attendre le café parce qu'il est midi moins le quart, on saute en voiture jusqu'à la « banca italiana », qui est tout près. — La « banca italiana » se montre aussi indigne de la noble présence d'un homme d'une Haute Condition que la plupart des établissements publics de Tiranë. Je devais, pour changer un billet de 500 lire contre 5 billets de 100 lire, faire téléphoner, et non pas même faire annoncer mon extraordinaire et presque scandaleuse visite (comme serait celle d'une Excellence des Légations, — le monde sublime auquel j'appartiens) mais envoyer un kawass en livrée, ou convoquer d'urgence le directeur à la Légation. Entrant ainsi, et accompagné du Fannullone, je suis reçu et traité comme un indigène, — albanais, italien, juif, grec, allemand, yougoslave, — de Tirana. Le caissier ne veut même pas voir mon billet, tant il est persuadé qu'il est faux ; d'un ton méprisant (celui qu'on emploie, pour peu qu'on soit fonctionnaire « européen », avec tous les indigènes,) il me dit que le gouvernement italien retire ces billets de 500 lire de la circulation, et ne les accepte plus comme monnaie valable. (C'est un mensonge ; il se méfie des billets de 500 lire qui circulent dans Tiranë.) Le Fannullone me dit alors qu'il y a

a. Note de Larbaud : « sur mon ordre ».
b. Italien : « fainéant » (type de la *commedia dell'arte*).

un « cambiavalute » ici présent, dans le bureau de la banque, et me le désigne. C'est un personnage hautain et méfiant qui me traite de très haut, comme si j'étais un solliciteur ou un mendiant, ou quelque aventurier miséreux qui va lui proposer une affaire sordide. Je lui demande s'il veut bien me donner 5 billets de 100 lire contre un billet de 500 lire. Il me toise avec dédain : « Non faccio questi affari[a] ! » Comme si je lui avais proposé un marché infâme. En réalité il voulait dire qu'il était changeur de monnaies internationales, disposé, peut-être, après examen très attentif de mon billet, à me le changer en lek albanais. Mais tous ont pris l'habitude de ce ton destiné à chasser les solliciteurs ; ils ne savent pas s'exprimer autrement. C'est Tlemcen, c'est, plutôt que Tlemcen, Lalla-Marnia en 1905. Comme hôte de mon cousin Foubert, médecin-major à Lalla-Marnia[98], j'étais de la famille princière, et le seul fait d'aller en personne faire une course telle que poster mes lettres à la poste, était un scandale. Pour qui donc se prend ce grand seigneur ? Il ne devrait pas se déranger ; après tout il est peut-être le domestique du Médecin-Major, et nous nous étions trompés sur sa Condition ; ou bien, peut-être, il a trop bu et ne sait plus ce qu'il fait. À peu près la même chose ici : un Seigneur du Monde des Légations ne doit rien faire par lui-même, sinon il déchoit.

J'ai ramené le Fannullone au café, où nos cafés, celui de mon cocher et le mien, nous attendaient, un peu refroidis. Le Fannullone n'était pas un aigrefin, mais un type d'Albanais débrouillard et qui est sorti de son pays : son italien était passable ; il avait vécu en Italie, avait passé deux mois à Paris, six mois à Londres. Il s'est dit commissionnaire, et n'attendait certainement aucun pourboire de moi. Du reste, de même qu'il me racontait sa vie et me renseignait sur lui-même, il m'interrogeait avec naïveté : d'où je venais ; si j'étais à l'Hôtel Continental ; si je pensais m'installer en Albanie, etc. Mais cette indiscrétion était celle d'un enfant ; curiosité pure, et, m'ayant parlé avec plaisir de lui-même, il ne doutait pas que je n'eusse à mon tour plaisir à lui parler de moi. Enfin, dans le café même, je me suis séparé de lui en exprimant le regret d'avoir été cause qu'il s'était dérangé pour rien, et en le remerciant. Ce n'était pas le faquin-interprète-guide-pour-étrangers-maquereau du genre du Levantin de Bari ou comme on en trouve à Naples ; en m'abordant il ne pensait qu'à passer un moment et à satisfaire la curiosité que je lui inspirais comme étranger dans une ville où tout le monde se connaît[b] ou est connu. Il y avait dans sa tenue et ses manières un certain respect de lui-même, et il devait se tenir pour un respectable membre de sa profession dans Tirana.

a. Italien : « Je ne traite pas ces affaires ! »

b. Note de Larbaud : « Il ne devait pas non plus être de la police car il n'a pas cherché à savoir ce que je faisais à la banque. »

En retrouvant ce soir « les Italiens » au Club de Tennis j'ai eu l'explication du refus de changer mon billet de 500 lire à la « banca italiana » (dont le titre officiel serait « Banque d'Albanie »). Il y a interdiction d'exporter d'Italie les coupures de 500 et 1 000 lire, et par suite ces coupures sont pratiquement démonétisées hors d'Italie (des spéculateurs en faisaient commerce, les cédant à la parité du franc français). Cependant, on ne comprend pas très bien pourquoi une banque, acceptant un de ces billets, ne le pourrait pas rapatrier en Italie ; cela semble indiquer une situation de la lire analogue à celle de la drachme il y a 3 ans. En tous cas, mon billet de 500 lire avait tout l'air, non d'être faux, mais d'avoir été transporté en contrebande hors du territoire italien, et il est probable que je ne pourrai le changer qu'à Venise, où personne ne saura si je ne viens pas de Milan ou de Bologne sans avoir jamais quitté l'Italie continentale. Pour ce caissier, et pour ce changeur professionnel, je devais être un contrebandier de grands billets italiens, et ils devaient me trouver bien audacieux de venir jusque dans une banque respectable tenter d'exercer mon commerce délictueux. Les billets de 100 lire sont seuls admis ; on peut emporter d'Italie 2 000 lire (maximum) mais en billets de 100 lire. Ni Marcel ni moi n'en savions rien, et un des kawass de la Légation, envoyé partout, cet après-midi, pour changer ce fameux billet, n'en a pu obtenir la monnaie, et même on lui a dit que ce qu'il tentait là était illégal et dangereux, et que c'était surprenant, de la part d'un kawass de Légation, etc. Les « Italiens » eux-mêmes sont soumis à ces règlements ; on leur fait quitter jusqu'à leurs chaussures pour voir s'ils n'emportent ou n'apportent pas de contrebande sous forme de grands billets, etc. — Quoi qu'il en soit, tout cela n'explique pas complètement le ton dont on m'a parlé à la « banca italiana », alors qu'on m'y prenait pour un indigène de Tirana. C'est le ton que les fonctionnaires français avaient, en 1905, avec les Arabes et les Français-Algériens dans une ville-frontière comme Lalla-Marnia. Or, ce mépris, qui est barbare, est provoqué par une plus grande barbarie de la population qui en est l'objet. Et c'est un cercle vicieux [*Un mot biffé*] qui ne produit en fin de compte qu'une augmentation de barbarie : l'indigène, pour peu qu'il ait de la finesse et de la sensibilité, méprise le fonctionnaire grossier qui le maltraite, et d'un mépris plus entier, plus justifié à ses propres yeux que le mépris inconscient du fonctionnaire à son égard. Je regrette de n'avoir pas traité avec plus de bienveillance le Fannullone bien intentionné et naïvement officieux et indiscret. Mais je crois, tout de même, que j'ai dû lui paraître très différent des « Européens » qui méprisent en bloc tous les indigènes, et qui le leur font voir le plus naturellement du monde.

Visite de M. Xavier de Courville, directeur du Lycée français de Korça[99], et de sa femme, née Casadesus (le compositeur ou son frère), qui ont déjeuné à la Légation. — M. X. de Courville a été le fondateur de *La Petite Scène*. — Il y a 500 élèves, tous Albanais, et l'enseignement est donné en français, jusqu'au baccalauréat inclusivement. Le personnel, presque tout français, est suffisant. L'Albanais y tient lieu d'une des deux langues étrangères. — Korça semble à la fois plus provinciale et moins coloniale que Tiranë ; mais son petit monde officiel y vit aussi entre soi et fermé que le monde diplomatique et gouvernemental ici. C'est-à-dire que la vie urbaine y est aussi impraticable qu'à Tiranë. Cependant les 500 élèves n'étant pas tous « du monde », mais en majorité enfants du peuple, l'action indirectement exercée, à travers eux, sur la vie sociale, donne peut-être plus de résultats, dans le sens occidentalisation, que l'isolement superbe (et forcé) du monde officiel d'ici. Les professeurs sont plus près de l'Albanie que le c[orps] d[iplomatique], tout en étant plus loin de ses « centres nerveux » (le roi, le gouvernement).

Cependant leur situation est assez délicate. Étant fonctionnaires albanais, payés par le Gouvernement albanais, ils craignent ~~parfois~~ d'être critiqués à propos de leur train de vie, et de s'exposer soit à être enviés s'ils font trop de dépenses, soit à être méprisés s'ils n'en font pas assez ; le trop et le pas assez étant bien difficiles à déterminer, et d'autant plus que « l'argent seul compte ici ». Il y a aussi des préjugés provinciaux-occidentaux d'il y a un siècle. M. de Courville ayant dit que sa femme était une « artiste », qu'elle avait chanté dans des concerts, — et en effet elle chante fort bien — le mot « artiste » a fait scandale : c'était presque une injure, et dire une chose pareille n'était pas d'un mari qui respecte sa « dame ». — On accueille avec un sentiment d'admiration et de tendresse les nouvelles et les petits racontars concernant ce foyer d'instruction allumé en Albanie, et dans la province albanaise ; ces débuts de la reconquête de l'Europe irredenta[a]. La même admiration et la même reconnaissance vont à tous les autres Well-wishers[b], ou plutôt bienfaiteurs, de l'Albanie, les professeurs albanais formés à l'étranger, les Jésuites italiens qui ont un collège ici, les parents qui y envoient leurs enfants, les instituteurs qui ont affaire à une matière première si longtemps demeurée à l'état brut[100], ou détériorée par l'absence de tout gouvernement, aux Ministres albanais qui travaillent pour leur pays, au Roi.

L'unique rouleau à vapeur, qui a servi pour la chaussée de la ligne de chemin de fer dont les rails n'ont pas été posés, a été abandonné sur la route de Durazzo, où il se rouille et gêne la circulation. Il marchait au charbon, et il n'y a que du bois dans le pays. Cependant il y a des rouleaux à vapeur (et d'autres machines qui

a. Italien : « non libérée ».
b. Anglais : « Ceux qui souhaitent du bien » (et s'opposent à ceux qui font le bien).

seraient indispensables ici, comme les dragues du type que nous avons vu à Challes) qui marchent à l'essence. Marcel dit qu'avec douze seulement, la construction du réseau de routes serait menée à bien deux fois plus vite. — On voit aussi, abandonnés le long de la même route, ou entassés sur les bords de la route d'Elbasan, les rails des Decauville qui ont servi à la construction de ces routes. On ne les entrepose même pas ; ils ne paraissent plus utilisables, et leur transport coûterait trop cher.

Kroïa domine de très haut, à flanc de montagne, la vallée qui s'étend de Tiranë à Durrës. Elle paraît tout près de Tiranë [*Un mot biffé*] vue de la route de Durrës, au Nord-Ouest. En réalité la route fait tant de détours qu'il y a une distance de 37 kilomètres, pour 15 à vol d'oiseau.

Visite de M. W., un des jeunes professeurs du Lycée Français de Korça, depuis un an chargé de la chaire de Langue française. Il paraît satisfait de l'année scolaire qui vient de se terminer. Sa tenue, sa mise, ses manières [*Un mot biffé*] sont d'un professeur de Lycée français brillant et capable. Les élèves du Lycée de Korça sont traités comme ceux de nos bons lycées de Province, et on peut espérer de bons résultats, et assez proches.

L'affaire du « film albanais » semble en mauvaise voie ; non seulement l'argent manque mais on fait « des objections ». Il se peut que les dirigeants de l'Albanie n'osent pas encore la montrer au monde. On attendrait que le « plan quinquennal », de réformes surtout administratives et agricoles, élaboré par le Roi, fût réalisé... Il me semble pourtant qu'on pourrait montrer les routes et les paysages qu'elles traversent et dominent ; les plus belles mosquées, quelques églises grecques et catholiques ; les fouilles et leurs résultats ; puis, d'une manière anecdotique, les travaux agricoles ; une série de vues, en médaillons, des villes principales ; l'armée et le Roi ; quelques fêtes populaires bien choisies et préparées ; défilés d'enfants des écoles ; — le tout sans insister sur l'«occidentalisation » en train, ni sur les côtés fâcheux et « coloniaux » des restes de l'«orientalisation » turque. « Ils ne veulent pas qu'on voie les haillons », mais les haillons pourraient être mis de côté. — Une scène comme celle du champ de blé près d'Elbasan serait charmante et montrerait « l'Albanie au travail » sous un jour favorable et VRAI. L'«Albanie paresseuse » serait simplement rejetée out of the view[a], comme provisoire, attardée, inutile. Ce ne serait qu'un mensonge à temps, si on peut dire. Il est probable, et de tout mon cœur je souhaite, que dans dix ans l'Albanie aura outgrown her rags[b], et que la Tiranë chaotique, bouleversée, à demi coloniale, —

a. Anglais : « hors de vue ».
b. Anglais : « sera sortie de ses haillons ».

mais Bari l'est encore, coloniale, dans la proportion de 3 à 4 %, — à demi occidentale, que j'ai essayé de noter ici, aura un certain intérêt rétrospectif qui étonnera un jeune Albanais qui ne l'aura pas connue, ou qui l'aura à peine entrevue dans son enfance, et oubliée devant la réalité toute différente où il passera son adolescence. Toutes les rues seront cimentées, sans que pour cela on ait démoli les petites rues anciennes ; les quartiers seront raccordés, la topographie en ordre, la rivière Llana aménagée ou canalisée ; les arbres auront grandi ; l'avenue Zog, le boulevard Mussolini, seront bordés, sur toute leur étendue, de grandes maisons confortables, de villas avec de beaux jardins ; le jeune Albanais, rentrant après un séjour d'études à l'étranger, trouvera encore dans son propre pays un Musée d'antiquités albanaises qu'on ne pourra voir qu'à Tiranë, et une Bibliothèque Nationale où il pourra lire les travaux concernant l'Histoire de son pays, et tous les ouvrages écrits, — en plus grand nombre chaque année, — sur l'Albanie. La Littérature de langue albanaise aura une audience en Europe, des auteurs traduits dans les grandes langues de civilisation. Il y aura un Théâtre Royal, une Salle de Concerts, on parlera d'édifier un musée de la peinture albanaise. Le c[orps] d[iplomatique] formera, avec l'aristocratie albanaise, une société libérale, ouverte, élégante, curieuse des manifestations de la culture ; et les membres de cette société passeront inaperçus dans les rues, feront eux-mêmes leurs courses en ville, iront même de leur pied[a] à leurs Banques, à la Poste, au Bazar. Les progrès faits depuis dix ans d'indépendance, quinze au plus, permettent d'espérer un tel progrès dans une nouvelle période de dix années. De Londres et de Paris les agences y enverront des touristes américains qui trouveront propre et décent et pittoresque sans barbarie ce coin de notre continent. Quelque écrivain anglais, ou français, ou allemand, ou ... viendra y passer quelques mois pour achever dans une belle et confortable solitude, ~~son~~ le livre auquel il ne pouvait plus travailler dans l'agitation d'une grande capitale. — Et cependant, tels auront été les débuts de ce grand nettoyage ; les constructions, les travaux de voirie, les fouilles des Italiens ; les fouilles des Français, et leur lycée de Korça ; les efforts et le dévouement et l'abnégation des Albanais ayant étudié à l'étranger, ceux des Ministres consciencieux, ceux du Roi Zog. La dépense [*Un mot biffé*] faite, et les exemples ou modèles donnés, par le c[orps] d[iplomatique] y auront eu leur part, sans parler des moyens[b] qu'auront fournis au jeune État, sur la recommandation des Ministres étrangers, plusieurs grands ou moyens [*Un mot biffé*] pays.

a. Expression non attestée mais que l'on comprend clairement comme l'équivalent d'« aller à pied ».

b. Deux lignes sont raturées (et illisibles) sur le manuscrit. Nous avons reproduit, à partir d'ici, le texte écrit au-dessus de ces lignes.

Marcel regrette que je ne puisse[a] rester à Tiranë jusqu'au 14 juillet. Je manque ainsi la réception, vers 11 heures du matin, non seulement du c[orps] d[iplomatique] mais de toutes les Autorités civiles, religieuses et militaires de l'Albanie, y compris le « Pape » des Baktashis[101]. Il en a eu des descriptions par son prédécesseur.

Avec Marcel à la Légation de Serbie, — Yougoslavie, — (la vieille habitude[102]), pour faire viser le passeport de sa femme et les nôtres, puisque nous allons ensemble, — et avec la femme du ministre de Tchécoslovaquie, — jusqu'à Raguse[103]. — Conversation entre Marcel et le Ministre sur la politique intérieure de l'Albanie, à laquelle tous deux veulent du bien, mais, naturellement, dans la mesure où ce bien ne peut nuire aux intérêts des pays qu'ils représentent. Grand compte est tenu des projets et de l'énergie du Roi ; mais aussi de certaines rivalités d'influences entre les grands ou moyens pays intéressés. On peut dire, on pourra dire, que l'Europe se sera organisée et complétée malgré « les nombreux serviteurs qui ravagent la vigne ». Cependant il y a eu détente. Avant la guerre de 1914-18 l'Albanie était laissée en friche sans espoir de la moindre culture, à cause des rivalités trop puissantes qui ne permettaient à aucun pays de s'occuper d'elle. C'est bien ce qu'a noté H.G. Wells dans son chapitre albanais. « Qu'elles crèvent toutes ! » Elles n'ont pas crevé, mais elles se sont un peu dégonflées ; affaiblies, réduites, quelques-unes éclatées en morceaux, elles se font moins peur. En somme, on peut croire et espérer que plus elles sont faibles, et plus l'Europe est forte. Disparues, éliminées, ce serait la libération.

En mer. — Entre Zara et Fiume. À bord du *Barletta* (Cie Adriatica).

Quitté Tirana hier à 6 h a.m. dans la voiture de la Légation avec S[uzanne] R[ay] ; [*Un mot biffé*] prenant congé de Marcel, qui ne pouvait, faute de son chiffreur[104] et de son Premier Secrétaire, laisser la Légation. C'est jour de marché à Tirana, et la route de Durazzo, comme celles qui en sont les affluents, (Kroïa, Skutari) sont animées du passage fréquent des groupes de campagnards avec leurs petits ânes chargés des produits qu'ils vont vendre. Quelquefois l'homme ou les enfants, ou la femme est sur l'âne ; plus souvent tous vont à pied. La petitesse des ânes : l'homme à califourchon sur le dos de quelques-uns paraît beaucoup plus grand [*Une ligne raturée*] que sa monture, et d'un poids supérieur. Tous sont en costume oriental plus ou moins pur ; c'est, presque uniquement, la forme de la veste qui est marquée d'occidentalisme,

a. On lit un « non », au-dessus de la ligne, sur le manuscrit, qui n'est pas de la main de Larbaud. Les dix-neuf pages manuscrites qui suivent sont totalement inédites.

comme si plusieurs d'entre ces campagnards avaient acheté des vestons de confection italienne ou yougoslave ; mais tous ont le fez blanc et soit le pantalon plus ou moins bouffant, soit la culotte collante blanche à ganses noires. Le costume des femmes est tout oriental, mais la plupart ont des vêtements de travail, non de fête ; cependant les nombreux mouchoirs rouges et robes à motifs brodés ou imprimés rouges sur des fonds crème et blanchâtres, donnent à l'ensemble des groupes qui succèdent aux côtés de la route les couleurs dominantes : blanc, rouge, grisâtre et brun.

(Pourquoi un régiment de la garde n'aurait-il pas, en grande tenue, au lieu de la casquette ou képi gris-vert de forme vaguement hongroise, le fez blanc ? Il suffirait de mettre un écusson à l'aigle et aux couleurs d'Albanie pour lui donner un caractère à la fois national et militaire.)

À propos de ce défilé des paysans en route vers le marché de Tirana, nous avons entendu raconter une histoire comique et assez touchante. Le Ministre d'Allemagne, après avoir fait ses visites officielles aux Ministres albanais et à ses collègues du c[orps] d[iplomatique], aurait fait une seconde visite plus intime, ou moins officielle, habillé en costume albanais de la région de Skutari, avec sa femme habillée aussi en Albanaise. On ajoute qu'il avait loué un âne, et qu'il le chevauchait tandis que la Ministresse le suivait à pied, afin de copier exactement les coutumes du pays ; (mais si nous avons vu des femmes à pied et des hommes montés sur l'âne, nous avons vu aussi la femme sur l'âne et l'homme à pied). Cette visite a causé partout une grande surprise et un peu d'hilarité. On dit même qu'ils auraient été ainsi de Tirana à Durazzo[105] saluer le Ministre de la Grande-Bretagne, la femme faisant tout le chemin à pied. Enfin on dit que, s'étant rendus chez des Albanais notables de Tirana, la maîtresse de maison, en les voyant, et sans les avoir reconnus, aurait dit très haut en français à sa femme de chambre : « Je vous ai déjà dit que je ne voulais plus voir de ces mendiants entrer jusque dans le vestibule ! » La personne à qui j'ai entendu raconter cela paraissait rapporter des propos qu'on lui avait tenus. Il est possible qu'il y ait, à l'origine de cette caricature, quelque aventure vestimentaire réelle de ce diplomate et de sa femme au début de leur séjour en Albanie.

Nous traversons Ciak[106], qui nous paraît un bourg plus étendu et moins mal tenu qu'à notre premier passage ; mais alors la dernière ville que nous avions vue était Bari. Maintenant nous avons acquis une vision des choses à l'échelle de l'Albanie. On traverse des bourgs et des villages, en France, en Angleterre, en Allemagne, qui ne sont ni plus ni moins mal tenus que Ciak ; — et par exemple l'affreux village d'Irrel, en Prusse Occidentale (sur la route de Bitburg à Echternach[107]) est plus laid, plus sale, plus sauvage, que

Ciak, — seulement, dans ces pays-là on sait qu'ils sont sans importance et ne donnent aucune image du degré de civilisation du pays où ils se trouvent : petites agglomérations rustiques autour d'un relais ou d'une auberge à un carrefour ; tandis que, à l'échelle de l'Albanie, Ciak est une espèce de petite ville, comme Njégus l'était (et doit l'être encore) au Monténégro. C'est une petite ville, et nous la voyons comme telle, parce que Tirana est la capitale, parce qu'Elbasan est ville principale et préfecture. — Donc, heur et prospérité à Ciak, et que, dans 10, 15 ou 20 ans elle soit une florissante petite cité, et une station où les trains de Durrës et Tiranë s'arrêteront 5 minutes.

Nous franchissons le pont (fabriqué à Belleville ou à Fives-Lille) sur l'Arzen, dont le débit est encore assez abondant, et plus qu'en amont de Tiranë. La même vision « à l'échelle du pays », que nous avons acquise, nous fait reconnaître l'importance du pont et du débit de l'Arzen ; mais considéré absolument, le paysage est assez riant et fertile.

Un peu avant Ciak on a une vue de Durrës, qu'on perd ensuite. Lorsqu'on la retrouve, plus distincte, un amphithéâtre dont les gradins inférieurs seuls sont garnis de maisons, quelques autres n'ayant que des spectateurs clairsemés, et la villa royale, rouge-grise-blanche, avec sa tour faite comme une sorte de canon dressé vers le ciel, domine l'ensemble du haut d'une pente déserte, ou à peu près. En voyant la vaste ouverture de la baie, et l'ampleur des lignes du paysage, on pense qu'il y aurait là l'emplacement d'une belle et grande ville maritime. Il est, du reste, probable que si elle avait été définitivement choisie pour Capitale, Tirana restant simple bourg-préfecture, elle serait très différente déjà de ce qu'elle est ; car les progrès dans les premiers aménagements ont été rapides. Lorsque Marcel R. est venu prendre possession de sa Légation, les bateaux abordaient le long d'une jetée de bois sans parapets, et sa grande voiture a dû passer très lentement sur cette espèce d'échafaudage précaire ; les lames disjointes de son parquet étaient si espacées qu'on avait le vertige. C'était en Novembre dernier (34) ; en juin de cette année (35), nous avons abordé à quai, — un quai assez large et bien construit.

Il n'y a que quelques barques de pêche, et peut-être quelques petits vapeurs caboteurs comme ceux qui font des services plus ou moins réguliers entre Corfou et l'Épire. Ils portent le drapeau commercial albanais : rouge-noir avec étoile blanche-rouge, que je n'ai jamais vu qu'en mer, — partout ailleurs c'est le drapeau « royal », aigle bicéphale noir, surmonté d'une étoile blanche, le tout sur fond rouge. — Ni yacht, royal ou non, ni rien qui ressemble à un navire de guerre ; et le Maroc, en 1896, avait une espèce de croiseur, assez gros, dans le port de Tanger. Il est vrai qu'il y a des dépenses plus urgentes.

Nous avons passé près d'une heure à la terrasse d'un café [*Un ou deux mots raturés*] assez semblable à quelque petit café de la nouvelle Tarente, mais celui-ci est un des « grands » cafés de Durrës. Passages de campagnards (peu nombreux), de gens de Durrës en fez blanc et vêtements occidentaux ; une ou deux gitanes en gros pantalons bouffants, plissés à la taille, de cretonne imprimée. — Au bout d'une demi-heure nous étions là six ou sept personnes des Légations : le Secrétaire de la Légation Yougoslave, sa femme et sa fille ; Mme Cermak et son mari (Ministre de Tchécoslovaquie) ; nous ; le Ministre d'Italie, qui repartait pour Tiranë ; M. Spendjopoulos, agent consulaire de France à Durrës, et le petit Miloszko, le fils de M. et Mme Cermak. — Des passagers arrivés par le *Brioni* ont, un peu plus tard, occupé les tables voisines.

C'est une des plus larges rues de Durrës (et, en fait, le commencement de la route de Tiranë) ; dans la direction du port, elle a à gauche, le Jardin Public, petit, encore à demi tracé, derrière des grilles. Les meilleures maisons, toutes neuves, rappellent les faubourgs de Bari. Quelques-unes, plus anciennes, doivent leur importance au fait qu'elles ont été Légations lorsque Durrës était encore, théoriquement, Capitale. Une seule Légation, celle de Grande-Bretagne, est encore à Durrës ; les autres sont devenues des Consulats, — mais d'autres Consulats se trouvent aussi à Tiranë.

M. Spendjopoulos, agent consulaire de France, est un homme très serviable et dont nous n'avons qu'à nous louer. Il est de naissance et d'origine grecques, mais il a toujours habité Durrës. Pendant la guerre de 1914-20, un bombardement autrichien a détruit sa maison, tué sa femme et sa fille, et blessé grièvement un de ses fils. C'est ainsi qu'il a obtenu aisément la naturalisation française et le poste d'Agent Consulaire. Mais on lui a fait, d'autre part, des promesses qui n'ont pas été tenues ; il a séjourné en France quelques mois pour rappeler aux A[ffaires] É[trangères] ce qu'on lui avait promis, mais n'a rien ou presque rien obtenu (je crois, une bourse au lycée de Perpignan pour un de ses fils). À Paris il était l'hôte de M. Léon Rey, qui le remercie pour des renseignements dans la Préface de son petit *Guide de l'Albanie*. C'est, dans la conversation, un homme très actif [*Un mot biffé*] et dont le commerce m'a rappelé certains personnages rencontrés à Tarente, à Athènes, à Corfou ; il se dépense beaucoup, se dérange pour les autres, avec un zèle qui semble un peu brouillon, — mais enfin ce zèle nous a épargné des courses et des démarches, tant à nous qu'à nos compagnons. J'ai causé un moment avec lui, et il m'a fait savoir qu'il était, lui aussi, partisan des voies ferrées : « Tant qu'il n'y aura pas un chemin de fer en Albanie, elle restera un pays oriental. »

Nous avons aperçu M. Léon Rey, qui se prépare à partir pour ses fouilles de Pojani. Nous ne le reconnaissions pas : il était déjà vêtu comme il doit l'être dans ce lointain lieu-dit où ne va aucune route : chemise et pantalon blancs. Il fait quelques provisions à Durrës et prend quelques dispositions. Il emmène une domestique, cuisinière-bonne-à-tout-faire-intendante, qui a été au service de M. Spendjopoulos.

Nous avions, ma femme et moi, des billets Durazzo-Venise pour la Cie italienne Adriatica, dont le bateau arrivait à midi et partait à 3 heures p.m. Mais, pour être avec Suzanne Ray et Mme Cermak, qui allaient passer quelques jours à Raguse, et qui s'embarquaient sur le bateau d'une des lignes yougoslaves, le *Sbrin*, nous avons pris des billets Durazzo-Raguse sur ce même bateau. Nous y avons pris place dès qu'il a accosté, et j'ai vu décharger la cargaison destinée à l'Albanie : une grande quantité de pneumatiques pour automobiles : le ravitaillement de tous les autocars postaux du pays. — J'aurais mieux aimé voir décharger des rails de chemin de fer ! Il y a quelque chose de précaire dans ces relations par la route. Sûrement l'entretien d'une route, d'un réseau de routes, est une affaire plus compliquée, et plus coûteuse à la longue, que la construction d'une voie ferrée. — Le trajet Durrës-Tiranë et l'excursion Tiranë-Elbasan, dans la belle et grande voiture de Marcel, ont été très agréables ; mais s'il nous avait fallu prendre les autocars, nous y aurions renoncé, du moins après le premier trajet Durrës-Tiranë. Les routes sont encore trop cahoteuses. Et même dans un pays de bonnes routes, voyager toujours ainsi est fatigant. Aussi un éboulement (toujours possible et menaçant) peut interrompre tout le trafic sur une route aussi importante pour l'Albanie que celle de Tiranë-Elbasan-Korça. La crevaison d'un pneumatique, l'épuisement de l'essence, seraient des accidents très fâcheux, dans un pays où les villes et les postes d'essence sont si éloignés les uns des autres. Il est bon qu'on augmente le nombre des routes, et qu'on entretienne et perfectionne celles qui ont été faites dans ces dix dernières années ; mais il ne me semble pas que cela dispense l'Albanie d'une ou deux lignes de chemin de fer. S'il y avait seulement celle qui a été tracée, et où il n'y a plus qu'à poser les rails [*Trois mots biffés*], il n'est pas douteux que ceux qui connaissent la route et ses cahots, et ses virages, et l'éloignement des postes d'essence et des garages sur son parcours, préféreraient le train.

Passeport, passeport. Tout le monde a « passeport » on the brain[a]. À qui le remettre ? L'avez-vous fait viser ? Va-t-on nous le rendre ? On entend cela d'un bout à l'autre du voyage, sur le bateau. On pourrait croire que les membres du c[orps] d[iplomatique], leurs femmes, leurs enfants, leurs domestiques, sont exempts de cette seccatura[b]. Mais non : Suzanne Ray, Madame Cermak, doivent montrer leurs passeports, les donner à viser, les remettre aux

a. Anglais : « en tête ».
b. Italien : « ce tracas ».

autorités, les attendre à la descente du bateau, etc. La seule chose dont le « passeport diplomatique » (= la Lettre de courrier) nous délivre, c'est la visite des bagages ; mais encore vous demande-t-on cette lettre de courrier, et quelquefois il faut la porter jusqu'au bureau de la Douane.

Du pont du *Srbin* (qui vient d'Athènes) nous regardons s'éloigner la baie de Durrës, la colline où est la Villa Royale, la plage, sous cette colline, vers le N.-O., qui est la grande distraction et le repos des Dames albanaises que leurs maris n'emmènent pas en voyage. Il n'y a que des cabines de bains ou des tentes, sur cette plage, et le Roi n'y a qu'une sorte de bungalow démontable ; pas un café, pas un restaurant, pas même une auberge. On apporte ses provisions de Durrës, dans la voiture, encore trop heureux que la voiture puisse arriver jusqu'à la plage.

Histoires de l'Olympe, i.e. de la vie des Légations. Marcel R. paraît être le seul « intellectuel » de cet Olympe ; les autres, fonctionnaires sans plus. — De là vient que la grande distraction est le jeu, — le bridge, — dans la cage, grillagée de treillis contre les moustiques, du Club de Tennis. Et du jeu, les dettes, d'où les GUAI[a], surtout dans le jeune monde des attachés. On apprend que les X réduisent leur train de maison ; ils font rapatrier la bonne de leurs enfants, remplacent la cuisinière française par une servante grecque ou italienne qui sait faire un peu de cuisine, etc. ; ou bien ils renoncent au voyage qu'ils avaient projeté pour leurs vacances. Avec nous, mais en seconde classe, se trouvait la bonne d'enfants des Z, une Autrichienne, bien triste d'avoir dû quitter sa place et la petite fille qu'elle [*Un mot raturé*] servait.

Mais tout cela se passe si haut, si loin de la vie quotidienne de l'Albanie ! J'en reviens toujours là : qu'un gouffre sépare encore la « gente bien » occidentale de Tiranë, de l'ensemble de la « nation » albanaise, — les gouvernants exceptés. Je peux rencontrer le Ministre des A[ffaires] é[trangères] sous le hangar de l'auberge de la route d'Elbasan, et boire avec lui un verre de la belle source fraîche et limpide, — mais à 40 kilomètres de Tiranë. Dans Tiranë même je ne peux même pas sortir en carrozza pour porter mes lettres à la poste, je ne peux même pas me promener sur l'avenue Zog. Tous les regards ~~posés~~ qui me suivent expriment l'étonnement [*Deux mots raturés*], et me renvoient à l'Hôtel Continental, aux Légations, à l'Olympe. Même si le pavé était partout praticable, comme il ne l'est que dans l'avenue Zog, il en serait ainsi. Et pourtant ce n'est pas la faute des gens de Tiranë : on n'est pas, comme on l'était à Naples (à moins qu'on parlât italien) en 1900-1910, escorté d'une troupe de petits mendiants, et on n'est pas « pelted[b] » comme Wells

a. Italien : « tracas, ennuis ».
b. Anglais : « criblé de pierres ».

dit qu'on l'était en 1915. On SENT seulement qu'on est déplacé, qu'on ne fait pas ce que l'opinion publique attend d'un « noble étranger », et à chaque sortie on s'expose à se voir escorté d'un Fannullone officieux qui, ne sachant bien aucune des langues que vous parlez, s'obstine à vous servir d'interprète, de grand-vizir, de battistrada[a], — et Byron en avait un ou deux à ses gages, je crois, — et il n'aurait jamais pu aller en Épire et jusqu'à Tepeleni sans cette escorte. Ce qui fait un des charmes de la vie occidentale, c'est qu'on y passe inaperçu, qu'on peut aller partout sans se sentir déplacé [*Un mot biffé remplacé par le précédent*], et entrer boire un bock dans un bar au sortir [*Un mot biffé*] d'une réception chez un Duc. Les gens savent regarder, et chaque citoyen peut être un souverain voyageant incognito. Mais surtout on n'y rencontre jamais une quantité de gens en haillons et de « pobres de solemnidad[b] » telle qu'on n'ose se montrer à eux. Ce qui déconcerte, ce n'est pas, au fond, l'insistance de regards curieux et méfiants ; c'est le spectacle d'une misère qui s'étale [*Un mot biffé*] inconsciemment, qui déborde, qui occupe toute la vie civile… Et c'est à cela qu'il importe de remédier. Et il n'y a rien, dans le caractère de ce peuple albanais, qui paraisse devoir être rebelle à ce remède : l'argent. À Naples, tout l'argent du monde n'y aurait rien fait ; il a fallu le Fascisme et sa police, le bain obligatoire et la marche en rangs. On se dit qu'à Tiranë et en Albanie, l'argent suffirait.

Alors un Occidental dans Tiranë ne serait, — ne sera — plus comme un petit prince, tout vêtu de velours et de dentelles, brusquement enfermé dans la cour de récréation d'une école de village.

Ce qu'on voit de la côte Nord de l'Albanie est assez verdoyant et devrait être fertile. Avec la côte monténégrine commence ~~les grands~~ l'abomination de la désolation, et on pense à l'Albanie comme à un jardin ombreux, un parc superbe.

Je me demande à présent si je n'ai pas sottement dédaigné les « agents » de Byron en Albanie : D'Estournelles de Constant et Justin Godart. Marcel avait mis dans notre chambre *L'Albanie en 1921* de J. Godart, avec préface de D'Estournelles de Constant. Je l'ai parcouru, et il m'a semblé qu'ils ont été d'excellents, et conscients, et zélés serviteurs de l'Indépendance albanaise. Il est à souhaiter qu'ils aient fondé une tradition « albanophile » dans la Diplomatie et la politique françaises.

Au moment où le *Srbin* prenait le large, j'ai encore une fois senti la belle odeur qui m'avait frappé dès mon arrivée dans Tiranë. Elle est bien certainement caractéristique à l'Albanie, du moins en été ; mais les gens qui habitent le pays y sont trop habitués pour la sentir. On pourrait dire : l'odeur d'une jeune et belle fille brune sor-

a. Italien : « guide ».
b. Espagnol : « nécessiteux ».

tant d'un bain très chaud ; mais en réalité elle n'évoque rien de particulièrement féminin.

Le *Srbin* n'est pas un bon bateau. Tout juste propre ; service négligé ; cuisine passable ; cabines exiguës, etc. Le *Barletta* où j'écris ceci, — et il ressemble tout à fait au *Brioni*, est bien meilleur. Neuf, du reste. Mais aussi le service est soigné, les arrangements élégants, l'ordre parfait. Pour un supplément de moins de 180 lire nous avons une suite de deux cabines et salle de bains très confortables et de dimensions commodes. D'après ce que j'ai vu dans les ports où nous avons fait escale, ces bateaux des compagnies italiennes ont remplacé, comme les meilleurs de l'Adriatique, les bateaux qui naviguaient sous le pavillon austro-hongrois avant 14, — et même ils les remplacent avec avantage ; tandis que les bateaux yougoslaves représentent ce qu'étaient les bateaux italiens d'alors, qu'on évitait de prendre toutes les fois qu'on pouvait trouver, pour le même trajet un bateau allemand (= austro-hongrois.)

Nos escales : Antivari ; Gravosa (port de Raguse = Dubrovnik) ; Spalato ; Sebenico ; Zara ; Lussin Piccolo, que nous venons de quitter[108].

(Écrit le lendemain, samedi, entre Fiume et Pola, ayant déjà dépassé Abbazzia.)

ANTIVARI — Je ne l'avais pas vu en 1903, étant revenu de Cettigné m'embarquer à Cattaro pour Bari. Il a dû, depuis, s'enrichir de quelques maisons et d'un quai. Il y a aussi une petite gare, terminus maritime de l'unique ligne monténégrine. L'ensemble m'a rappelé Gravosa en 1903, mais avec moins de verdure et des contours plus rigides. Il y avait quelques hommes habillés à l'occidentale avec le béret rouge et noir qui fut celui des soldats monténégrins sous Nicolas Ier. Ici, quelques Allemands (Autrichiens ou Suisses) qui s'étaient mis en costumes de bain quelques heures plus tôt, sont descendus se baigner ; 3 hommes et 4 ou 5 femmes. Ils n'ont pas entendu l'appel du *Srbin* (SRBIN) et ont failli rester à Antivari, surtout une grosse femme, ganz kommode[a], qui est arrivée juste au moment où on retirait la passerelle. — Aller à Cettigné par Antivari (le train jusqu'à Rjeka, je suppose, puis la route jusqu'à Cettigné,) doit ~~être~~ produire une impression analogue à celle qu'on a lorsqu'on y va des Bouches de Cattaro ; cependant [*Deux mots raturés*] le petit nombre des habitations d'Antivari doit mieux préparer le voyageur à l'aspect désertique du haut Monténégro. — D'autre part, le seul fait qu'une voie ferrée existe, avec les services réguliers que cela suppose, doit diminuer l'impression de sauvagerie. Il est probable que si Cettigné était restée capitale, il y aurait une gare à Cettigné[109].

a. Allemand : « tout à fait à l'aise ».

RAGUSE. — Gravosa, vue après le coucher du soleil, m'a paru beaucoup plus peuplée qu'en 1903, et tous les bords de la baie, qui ne doit plus être aussi « verte et rose[110] » que je l'ai dit dans les *Poésies de A.O.B.*, sont construits et bordés de quais. Le mouvement maritime est actif : plusieurs entrées et sorties de bateau pendant les 3 heures que nous avons passées là. — Suzanne Ray et Mme Cermak (avec Miloszko et la bonne) allaient à la plage, qui est dans la direction opposée à Raguse. Nous nous sommes dit au revoir sur le bateau, puis le fonctionnaire des passeports s'étant trompé, nous ayant donné les leurs, nous nous sommes retrouvés à terre et c'est là, chaque groupe dans une voiture, que nous nous sommes séparés.

Nous ne sommes même pas entrés dans la vieille Raguse, restant assis à un des grands cafés qui sont sur l'espèce d'esplanade devant la porte Nord de la ville. Raguse-Dubrovnik est, pour qui vient de Tirana et doit y rentrer dans quelques jours, une ville capable de fournir toutes les commodités et quelques-uns des plaisirs de l'Occident. Nous ne pouvions guère, la nuit et en quelques heures, faire autre chose que ce que font tous les gens de la ville qui peuvent sortir des murs et prendre l'air sur une large esplanade, en buvant frais et en écoutant un assez bon orchestre. Vue de la mer, et même la nuit, la ville est si jolie dans sa limite, sur sa pente douce qui la verse à la mer (le réseau des lumières la dessinait nettement), qu'on a envie d'y revenir, et qu'on se dit qu'on y reviendra. Et puis... Tout le voyage, à partir d'Antivari, était pour moi rétrospectif et assez mélancolique. J'ai senti plusieurs fois « the pang of all the partings gone — and partings yet to be[a] ». Trente-deux ans après ! Sévère examen de conscience et inquiétude quant à la Sentence. Une fois encore, mécontent de moi-même et me condamnant sincèrement, je me suis senti réconforté par l'idée, sinon du travail accompli, du moins du travail en train. Les mêmes lieux, revisited[b], me suggéraient un parallèle : alors (1903) je ruminais *A.O. Barnabooth*, vivant avec lui, et je rédigeais un journal dont j'ai tiré plus tard quelques phrases ou idées de phrases, et par exemple, textuellement, le « Rjeka » publié dans *Jaune bleu blanc*[111] ; avant-hier je ruminais *Sous l'invocation de saint Jérôme*, vivant avec le Patron des Traducteurs, et je rédige ce journal informe, au vol ininterrompu du stylographe. Et je pensais au début du *De Monarchia*, et qu'il est malaisé de juger si on a « veillé utilement au Monde » ; encore que l'intention, du moins, est déjà un réconfort.

SPALATO. — Je dormais ; Mariuccia l'a vue et l'a trouvée belle ; je regrette de n'avoir pas rafraîchi, ne serait-ce que par un regard à travers le hublot le souvenir que j'en ai.

a. Anglais : « le pincement de cœur à la pensée de toutes les séparations passées — et de celles encore à venir ».

b. Anglais : « revus ».

SEBENICO. — On s'arrête 2 heures. Nous sommes descendus du *Barletta*, et bien que nous fussions sans bagages, on prétendait nous faire passer à la douane. Le « passeport diplomatique » nous a épargné cette inutile corvée, et les fonctionnaires n'ont pas eu à se déranger. — À part quelques maisons sur le port, rien ne semble de construction récente dans Sebenico. C'est toujours la même ville-maison de 60 étages, ou 80, dont les rues sont des couloirs et corridors à ciel ouvert ; self-contained[a], comme Raguse, mais peut-être plus compacte encore, et à pic au lieu d'être en plan incliné. Nous avons fait un bref tour qui nous a menés de ruelles en passages devant des porches d'églises, la maison natale de Tommaseo[112], le petit jardin public avec la statue de Tommaseo, et enfin, las du soleil surplombant la ville endormie, à la terrasse de l'hôtel Krka, une des bâtisses neuves du port. Envoi de cartes postales, achat de petits objets locaux. Sebenik continuait à dormir quand nous avons remonté l'échelle du *Barletta*. Nous y laissions, près du Krka, une belle voiture vert-clair battant pavillon suédois, ou du moins bleu à croix jaune.

ZARA. — Ni la côte monténégrine (le port d'Antivari à part) ni la côte dalmate n'ont ~~paru~~ changé d'aspect. Le Monténégro est toujours le royaume de la pierre grise et nue, la côte dalmate est toujours la grande extension de carton-pâte très avarement barbouillé, çà et là, d'un peu, très peu, de végétation basse et verdâtre. On se dit que, pourtant, il serait possible d'y planter des pins maritimes ; ils ont bien pris dans les îlots qui ornent si bien l'entrée et la baie de Sebenico. Bref, il semble que jusqu'ici le gouvernement yougoslave n'ait rien fait de plus que ce qu'avait fait le gouvernement autrichien. — Je reconnaissais à peine Zara, au contraire. Le front de mer paraît tout neuf, et le port a dû être amélioré. La maison du Marasquin Luxardo[113] a été rebâtie ou embellie. Comme on est en Italie, les passeports ne sont pas demandés aux voyageurs, même étrangers, qui sont censés venir tous d'Italie ; mais en réalité les passeports, tous entre les mains du Commandant du bateau, sont envoyés à la Questure, comme s'il y avait passage de frontière. Nous avons fait une promenade à pied dans les couloirs à ciel ouvert de cette autre ville-maison, qui, à peu près plane, rappelle Venise. Calle Florio, P[iaz]za delle Erbe, la cathédrale, une église, la colonne romaine..., enfin repos après avoir acheté des cigarettes « Tre Stelle » à 0,80 le paquet de 20 (alors que leur prix en Italie continentale est de 5 lire, — imaginer un Italien de Bologne ou de Rome qui viendrait habiter Zara pour y trouver à ce prix économique ses cigarettes favorites), — à la terrasse d'un bon café sur le front de mer, en face de l'île yougoslave [*Trois ou quatre mots biffés*] qui semble fermer ce petit coin d'Italie. Un buste de V[ictor]-E[mmanuel] III porte l'inscription : « Al

a. Anglais : « ramassée sur elle-même ».

Re liberatore[a] ». Est-il considéré ainsi par les Slaves de Zara ? Car enfin on voit des noms slaves sur un certain nombre de boutiques. Au fond, peu importe : la situation semble la même qu'en 1903, l'allemand seul ayant disparu comme langue officielle (elle n'était qu'officielle) et sa place ayant été prise par l'italien qui n'avait alors qu'une existence de fait. C'est peu de chose, et bien fantastique. On peut même se demander si la « Double Monarchie[114] » n'aurait pas fait autant (la guerre de 14-20 n'ayant pas eu lieu) [*Une ligne raturée*] pour Zara que l'Italie, officiellement installée, n'a fait. Peu importe qui administre, pourvu que l'administration maintienne et augmente le bien-être. Quoi qu'il en soit, nous avons l'impression de retrouver à Zara l'Occident et l'Italie, — plus et mieux qu'à Bari, et j'ai donné libre cours à ma reconnaissance dans la belle cathédrale où nous sommes entrés en passant. Zara aussi est une ville où on se dit qu'on pourrait revenir passer quelque temps, en automne ou au printemps peut-être ; on y travaillerait dans un calme bien protégé par les rues étroites et ombreuses, bien limité par la ceinture bleue de la mer ; et je crois que si j'y avais passé autrefois une ou deux semaines, je lui garderais la même reconnaissance qu'à Weston-super-Mare, Alicante, ou Côme. (Côme et Zara, plus NOBLES.)

LUSSIN PICCOLO. — Le *Barletta* y est arrivé vers minuit ; nous ne sommes pas descendus. Le petit port était endormi et peu éclairé. J'avais gardé un souvenir plus gai de Lussin Piccolo : sous la lune un grand et long jardin où de jeunes Viennois et Viennoises se promenaient aux sons d'un orchestre (mais il se peut que mon souvenir ait, assez tôt, confondu Cherso, Veglia, Lussin Piccolo et Lussin Grande[115]).

Dans l'ensemble on peut dire que l'Italie se montre une digne héritière de la Double-Monarchie. La Yougoslavie ne paraît pas avoir donné encore toute sa mesure, en fait d'aménagement de la portion d'Europe que les traités lui ont confiée. (Il faut dire « confiée » et non pas « donnée », pas plus en parlant de l'Italie que de la Yougoslavie ; c'est au fond, comme « expressions géographiques » que les pays comptent vraiment : comme « expressions » ou « puissances » politiques, on ne pourrait s'y fier, leur faire confiance, et même les aimer, que si elles formaient, dans leur variété, un seul corps. L'Italie est, encore et toujours, la plus belle expression géographique du Monde ; comme expression en puissance politique, on peut, momentanément, lui faire confiance. Et quant au partage de la Méditerranée, si cela avait dépendu de moi, je lui aurais donné, — non : confié, — tout l'Orient méditerranéen !)

a. Italien : « Au roi libérateur ».

L'Albanie dwindles away[a] à mesure que nous allons vers le Nord, même dans les témoignages matériels de son existence. Dès l'échelon yougoslave de Dubrovnik elle s'effaçait. Pas un Albanais à bord de ce bateau. Les gens qui vont jusqu'à Trieste avec nous sont tous partis du Pirée ; les autres allaient de Corfou à Raguse, de Raguse à Sebenico. Au restaurant des 1res deux familles gréco-italiennes tiennent la plus grande place. Les maris et pères sont des Grecs, les femmes sont lombardes. Il y a deux petites filles, Mariella et Duccia, 4 et 5 ans, qui me rappellent Laeta à ces âges ; elles parlent grec entre elles, italien et grec avec leurs parents, italien avec nous, comme Laeta parle indifféremment italien et français. La plus petite, Duccia, est le souffre-douleur de son aînée, et leur mère préfère visiblement cette aînée. Cependant Duccia est plus calme et plus gentille ; ~~mais~~ et elle a si bon caractère qu'elle est toujours gaie malgré tout. — Un autre passager remarquable est un Anglais qui vient aussi du Pirée. Ses manières, et surtout le fait qu'il écrit sans cesse, — nous nous succédons à l'unique table à écrire de la véranda vitrée du pont, et il nous arrive d'écrire tous les deux en même temps dans deux coins de cette véranda, — me font imaginer en lui un confrère, car lui aussi écrit dans un cahier, à toute vitesse, — peut-être notant hâtivement, comme moi, des impressions de voyage toutes fraîches. Entre temps he brushes up his Italian, I suppose[b], car il a entre les mains un manuel intitulé *Brush up your Italian*. Je l'ai remarqué pour la première fois hier à Sebenico. Il mange aussi à la salle à manger des 1res, mais deux compagnons de voyage, dont une femme, sont en seconde classe.

(La cuisine du *Barletta* est assez bonne, — incomparablement meilleure que celle du *Srbin*, — je reprocherais seulement au chef de trop orner ses plats : il les contourne de torsades de purée de pommes de terre colorées en vert ou en rose pâle, et d'autres fioritures du même genre, qui font ressembler les plats de viandes grillées à des pièces montées de pâtisserie.)

L'Albanie, but principal de ce voyage, me reste très présente. Je n'ai cessé de comparer son paysage à celui des côtes que nous avons longées. Ce n'est guère que depuis Zara que nous avons le spectacle d'une terre aussi fertile et verdoyante. Les côtes monténégrines et dalmates étaient désertiques en comparaison des côtes albanaises, du moins entre Durrës et Dulcigno ; et depuis Abbazzia, et maintenant que nous longeons l'Istrie, nous retrouvons l'aspect de l'Albanie. Grand espoir pour notre Albanie !

a. Anglais : « s'efface petit à petit ».

b. Anglais : « il revoit son italien, je suppose ». Un peu plus loin, le titre du manuel est : *Révisez votre italien*.

Trieste, nuit de samedi à dimanche. Nous venons de passer cinq heures [*Deux mots raturés*] dans Trieste ; dîné à l'Hôtel de la Ville, où j'étais descendu en 1903, et où j'avais retrouvé le Prince monténégrin de Louis-le-Grand, et son oncle, ancien élève de St-Cyr. J'avais retrouvé aussi des gens de connaissance dans un cirque. J'étais heureux à l'idée de voir Cettigné. Aujourd'hui j'ai surtout rencontré le souvenir des morts et des absents. Scipio Slataper[116], connu chez Louis Chadourne à Florence, a sa rue. Italo Svevo[117] a son petit monument. Joyce est à Paris. Un brave cocher nous a promenés dans une Trieste où bien des choses ont changé en trente-deux ans, et surtout depuis le Fascisme. Cela va bien. Jérôme lui-même, Dalmate, n'était chez lui, même absent, qu'à Rome. Mais la Rome de 1935 est encore bien seule, politiquement. Et pourtant la statue, non détruite, d'un des derniers Césars, peut nous donner quelque espoir : « Gut und Blut, für Dich[118] ! » Le grand refuge, et la consolation, — l'intention de « veiller utilement au monde », va nettement dans ce sens. — Et puis, au-dessus de tout, il y a toujours le Président de la République Florentine.

[*Ici se termine le journal de Larbaud. Suivent : un document en cyrillique, avec un timbre officiel, daté du 2 juillet 1935, à Tirana ; une page de carnet sur laquelle figurent quelques chiffres (comptes...) et sont collés deux timbres (albanais ?) ; une facture de boissons prises à bord du* Srbin *(la facture, datée du 4 juillet 1935, écrite en caractères romains, porte la mention de la classe (I) ; le texte qui sert de chapeau à la facture est traduit en français : « Les passagers sont priés de reporter tous désirs ou plaintes éventuelles au revers de ce feuillet en le posant dans la cassette de contrôle, se trouvant à tel but à bord ») ; quelques feuillets de papier bleu dont le premier porte l'en-tête de l'Hôtel Royal Danieli à Venise et sur lesquels Larbaud a rédigé les notes ci-dessous (f*[os] *166-174).*]

NOTES COMPLÉMENTAIRES RÉDIGÉES À VENISE, HÔTEL DANIELI — DIMANCHE SOIR

Dès notre arrivée à bord du *Barletta*, j'ai dû, pour payer le supplément de la cabine de luxe, changer le fameux billet de 500 lire, et cela s'est fait sans anicroche, comme la chose la plus naturelle, la plus légale du monde. Il suffirait donc à la Banque d'Albanie de remettre aux caissiers des bateaux italiens qui font escale à Durrës leurs billets de 1 000 et 500 lire contre des coupures de 100 et de 50 lire, pour s'en débarrasser. Cette affaire reste obscure, et me rappelle des difficultés du même genre dans des villages anglais, où les billets de £10 et au-dessus étaient suspects, et où il fallait indiquer et écrire son adresse même pour ceux de £5.

Madame Cermak, la femme du Ministre de Tchécoslovaquie, est réputée la plus belle femme du monde diplomatique de Tirana ; j'accorderai plutôt ce titre à Madame P., de la Légation yougoslave, une blonde massive et ferme, aux yeux gris-vert, clairs et qui regardent droit, mais avec une sorte de réserve, de lourdeur, et de pudeur, qui ont du charme et de la force. Mais la conversation de Mme Cermak est délicieuse de naïveté et de naturel ; on ne peut s'empêcher de penser aux Italiennes d'après Mme de Staël et d'après Stendhal. Elle est Romaine et a été l'élève des « Dorotee », comme Mariuccia (elles ont été surprises de se trouver condisciples, étant les seules Italiennes à bord du *Srbin*.) — De Mme P., la Yougoslave, Suzanne R. dit qu'on ne peut, même en la voyant vêtue à l'occidentale, s'empêcher de l'imaginer toujours habillée du costume de fête des femmes serbes, et l'observation est assez juste.

J'ai bien vu ce qui fait qu'actuellement une certaine classe de gens, — disons les « gens du monde » (occidental) — est déplacée à Tirana et dans la vie albanaise actuelle. Mais j'ai vu aussi que rien, dans la vie albanaise, dans le caractère albanais, ne s'oppose à l'acclima[ta]tion et à la résidence d'une classe « de luxe » en Albanie ; — cette classe qui élève, par le seul exemple de sa tenue et de ses manières, le ton et les mœurs de l'ensemble d'une population. Le seul obstacle serait dans l'esprit de harem chez les femmes, mais j'ai vu que toutes celles qui sont de familles riches et qui sont sorties jeunes de leur pays sont tout à fait affranchies de cet esprit, et se sentent tout naturellement supérieures aux femmes voilées. Il est vrai que ce sont des Princesses, de fait sinon selon le Gotha (mais peut-être sont-elles inscrites au Gotha, après tout). Cependant ces familles-là sont moins riches qu'avant l'Indépendance ; mais d'autre part, avec le développement des affaires, cette classe princière pourra se renforcer, et une haute bourgeoisie se former, dont les femmes seront aussi affranchies que ces Princesses.

D'ailleurs, en ce qui concerne la plus fine fleur de l'aristocratie, — les arts, — il est rassurant de penser que les deux meilleurs écrivains albanais contemporains sont deux Franciscains ; cela met l'avantage du côté de Rome. Mais encore, cela peut provoquer une féconde émulation chez le clergé musulman.

Il y a aussi l'unité de la langue. Il ne m'est pas possible (ni, jusqu'à présent, à Marcel Ray) de savoir jusqu'à quel point le Ghègue diffère du Tosque[119] ; mais il paraît que les journaux de Tiranë, comme *Besa*, sont lus et compris dans tout le pays. L'orthographe de la langue écrite commune paraît fixée, et elle est logique, donc facile à apprendre et à maintenir. — Le conservateur de la Bibliothèque Nationale, M. S. Kolea, aurait dit à plusieurs personnes qu'il est en possession de 40.000 mots pour son grand Lexique. —

Aussi, l'attachement des Albanais à leur langue, même s'il complique nos rapports avec les cochers de Tiranë, est un bon signe.

Il paraît que la plupart des lettrés musulmans savent l'Arabe classique et le Turc. Mais l'Arabe est la langue théologique, et ne tient que la place de l'Hébreu chez nous. Le Turc, depuis l'indépendance, s'oublie ; les générations au-dessous de 40 ans l'ignorent.

Curieuse destinée de l'Albanais, écrit indifféremment, et parfois aux mêmes dates, en caractères grecs, en caractères turcs, en caractères latins. (Peut-être aussi dans les caractères dits hiéronymiens des Écritures dalmates ? J'ai été sur le point de le demander à M. Kolea, mais à ce moment un visiteur a interrompu notre conversation.)

L'employé de la Cosulich qui vend les tissus brodés m'a dit qu'il parlait neuf langues (il est Albanais). Nous avons parlé italien, français et anglais. J'ai oublié de lui demander quelles étaient les cinq autres langues (en dehors de son albanais maternel) qu'il connaît. — En somme, l'italien demeure, après l'Indépendance, l'espèce de Koïné[120] « extérieure » qu'il a toujours été dans tout l'Orient méditerranéen (où il a dû succéder, directement et graduellement, au latin). Dans le Sud, on doit savoir le grec, et dans le Nord le serbe. Le français est « de luxe » et ne peut guère servir qu'aux relations (encore bien limitées) intellectuelles, et aux gens qui vont vivre en Occident. Il est presque aussi loin du peuple albanais que l'espagnol, — aussi loin que l'allemand.

Ils paraissent avoir une certaine facilité à apprendre et à parler les langues étrangères. Leur accent, en italien, est plutôt rustique ou vulgaire qu'étranger.

Pour le moment la politique albanaise consiste à chercher de l'argent pour développer le pays. On joue l'Italie contre la Yougoslavie, et réciproquement, selon les circonstances. C'est en effet à peu près tout ce qu'on peut faire. Le Roi, qui tient tout en mains comme un Dictateur, pratique ce jeu de bascule tout en se gardant bien de faire des concessions qui engageraient l'indépendance de son pays[121]. (Il a dit à Marcel plusieurs choses dans ce sens-là, et j'ai oublié, je crois, de noter l'opinion qu'il a exprimée sur le Lycée Français de Korça : il en attend des AGRONOMES et des INGÉNIEURS, et non pas des avocats.)

Quelques Ministres albanais corrompus : pro-yougoslaves ou pro-italiens personnellement intéressés, aux dépens de l'Albanie. Il y a eu, récemment, un scandale à propos des tabacs ; un Ministre en faisait lui-même la contrebande ; on a étouffé l'affaire, mais renvoyé le Ministre. L'usage du bakshish[122] turc ne serait pas tout à fait une chose du passé.

Admiration du Roi pour, et confiance en : l'Angleterre, la France et l'Allemagne. À noter qu'il exclut, — sans doute comme voisin immédiat et plus ou moins encroaching[a], l'Italie. — Ces admirations ne vont d'ailleurs qu'aux moyens techniques, aux développements des sciences appliquées. Des Arts, Littérature comprise, il ne saurait, bien entendu, être question. Et c'est une vue assez raisonnable.

Je regrette de n'avoir pas vu le Lycée Français de Korça et l'établissement des Jésuites italiens. J'ai oublié de demander à M. Xavier de Courville s'il existait un dictionnaire albanais-français, et si quelqu'un du Lycée y songeait. — (M. de Courville, descendant d'un Vice-Roi (de la dynastie d'Anjou) d'Albanie[123].)

Penser que Venise, Trieste, n'ont que des Consulats ; Tiranë, des Légations. Petites Légations, à vrai dire ; mais enfin le fait qu'elles sont là donne à Tiranë le rang de Capitale d'État, et c'est un grand avantage.

Il semble qu'aucune femme de Ministre étranger n'ait encore été reçue par le Roi, et bien peu même l'ont aperçu dans ses rares déplacements.

Il faudrait une histoire de l'occupation française de Korça, basée sur les documents officiels, et des Notes prises, par des Français et des Albanais, au jour le jour.

En réalité, j'avais demandé aux libraires de l'Argus une Histoire d'Albanie à l'usage des Écoles, lorsqu'ils m'ont « collé » cet exemplaire d'un poème (ou recueil de poèmes) récemment paru ; et j'aurais voulu voir des livres de classe. Ils ont paru ou bien ne vouloir pas comprendre, ou bien donner à entendre qu'il n'y avait encore, en ce genre d'ouvrages, rien de valable ou de bien fait.

Penser à écrire à Lumo Skendo.

Une opinion de XXX sur le physique du Roi : « un gringalet ».

Oublié de noter le buste de l'officier victime de l'attentat de Vienne (contre le Roi). C'est le seul monument élevé à un homme, jusqu'à présent, dans Tiranë. Il n'a rien de très remarquable. Le socle est entouré d'une sorte de très petit jardin triangulaire, à un carrefour. Cela est récent, et on y remarque la même apparence d'improvisation en vue d'une « exposition » qu'on remarque dans les autres constructions et travaux d'urbanisation de Tiranë.

Rêveries patriotiques albanaises. Je pense aux gens riches de ma connaissance que je pourrais intéresser à l'Albanie, aux travaux

a. Anglais : « envahissant ».

qu'il y a à faire dans Tiranë et dans le reste du pays. La voirie de Tiranë ; le chemin de fer ; les hôtels ; un petit casino sur la plage de Durrës ; la Bibliothèque ; le Musée centralisant les trouvailles de M. Léon Rey et M. Ugollini à Butrinto, etc. etc.

Ma plus belle arrivée à Venise aura été celle de ce matin, vers 6 heures et jusqu'à 8 heures. Le *Barletta* abordant au quai à la Giudecca, au son de toutes les cloches dominicales, dans le silence de la lagune. Les bagages embarqués sur une gondole qui, en 1 h ½, par beaucoup de petits et grands canaux, nous a menés, d'abord à la Gare Centrale pour y déposer un passager qui avait pris place en même temps que nous, puis à la petite entrée, sur le canal latéral de l'Hôtel Danieli. Venise était à peine éveillée, et il y avait partout un calme et un silence admirables ; interrompu seulement, aux demies et aux quarts, par les cloches. Nous croisions quelquefois une gondole chargée de fruits ou de provisions pour le marché, et sur le Grand Canal les tout premiers bateaux-omnibus commençaient à circuler. C'est là seulement, pendant cette très courte traversée du Grand Canal au-dessus du Rialto, avant de reprendre le réseau des petits canaux, que nous avons vu une Venise précisément datée de cette année et de ce siècle. Tout le reste était une Venise matinale du XVIIIe siècle, ou du temps d'A. de Musset.

Les officiers d'ordonnance du Roi ; grigio-verde, mais avec des aiguillettes à grosses torsades d'or. On les rencontre parfois le soir, ou à la tombée du jour, dans les rues de Tiranë. Ils sont deux, peut-être trois.

L'uniforme des agents de police du service de la rue, à Tiranë ; uniformes bleus avec du vert ou du jaune (filets). La forme de la casquette différente de la forme du képi militaire. À Paris, à Milan, on les prendrait plutôt pour des livreurs de grands magasins.

Le MANQUE DE CHARBON empêche les petits Decauvilles de marcher. Il faut attendre d'avoir la force électrique nécessaire à tout le pays.

À Tirana. — Les incendies annoncés par des coups de fusils et de révolvers. Il n'y a pas de conduites d'eau, ni de pompiers. Des gens vont chercher l'eau dans les puits, à la Llana. On s'arrange comme on peut. Il y en a eu un pendant notre séjour, pas très loin de la Lég[ation] de France. La cause, en général, est la cuisine en plein vent (maïs grillé, mets à la tomate, etc.) au coin des rues.

Difficulté, pour Marcel et Suzanne, de trouver un fanion tricolore français pour leur voiture. Nous leur en cherchons un ici ; il n'y a que des fanions italiens.

ANNEXES

On s'explique difficilement la présence, dans ce journal, de deux lettres de Philippe Van Thieghem, datées de 1932 et en relation avec la parution de Technique *cette année-là, d'autant que Larbaud s'est trouvé dans l'incapacité de s'occuper de ses écrits à peine quelques semaines après la fin de la « Semaine albanaise ».*

Philippe Van Thieghem a notamment dirigé, en 1968, un important Dictionnaire des littératures, *publié en quatre volumes aux Presses universitaires de France dans la collection « Quadrige ».*

PREMIÈRE LETTRE DE PHILIPPE VAN TIEGHEM

Bourron, Seine et Marne

Ce 29.7.32

Monsieur,

J'ai lu aussitôt votre *Technique* que vous avez eu l'amabilité de m'envoyer.

Votre dédicace m'intrigue. Vous vous y dites fort continûment mon lecteur assidu. Votre esprit ne ferait-il pas confusion avec mon père, Paul Van Thieghem, dont les ouvrages sont nombreux et portent sur les sujets mêmes qui sont ceux de vos premiers chapitres, en particulier sa dernière petite *Littérature comparée* chez Colin, (collect. Colin n° 144) ? Pour moi, moins pourvu d'âge, de titres, de compétences, j'ai collaboré deux ans aux *Nouvelles littéraires* sous la rubrique « Histoire littéraire et littérat[ure] comparée » ; et puis je m'en suis dégoûté. J'ai publié une plaquette aux Belles Lettres sur les *Nouvelles Tendances en Histoire littéraire* il y a deux ans ; j'ai donné une édition des *Contes* de Voltaire chez Rocher, en 4 volumes, un vol. chez [Malpère] sur *La Nouvelle Héloïse*, et il vient de paraître dans *la Revue de litt*[*érature*] *compar*[ée] un article sur les FORMALISTES RUSSES en collaborat[ion] avec [Mlle Gourfinkel]. Divers articles dans cette revue et dans la *Revue d'Histoire litt*[*éraire*], voilà tous mes titres. Ils sont modestes vis-à-vis des choses que j'aurais à dire ; ils sont grands vis-à-vis d'une paresse que la gloire universitaire ne parvient pas à exciter.

Je saisis avec joie l'occasion que m'offre votre envoi pour vous dire quel admirateur je suis de votre œuvre. Votre érudition des livres, des hommes et des pays font [*sic*] une tache rallumante dans l'obscurantisme littéraire contemporain. Vous démontrez qu'on peut savoir beaucoup en restant l'artiste le plus pur et flattez en moi l'amour de l'art parfait avec celui des fondations solides. La rareté de vos écrits qui pour celui qui vous admire [incite] à relire, faute de mieux, ce qu'il a lu de vous et à en mieux toujours apprécier la justesse n'est pas le moindre lien qui vous attache le lecteur et le rend proprement assidu. Votre estime a souvent été le critère de mes amis et je n'en saurais fréquenter qui vous ignorât ou vous contemnât.

J'ai débuté comme professeur de Première à Moulins, d'où votre souvenir n'a pas disparu et c'est là que j'ai été initié à votre œuvre par Joël Dumas.

Je ne me recommanderai pas à vous de mes titres plus proprement littéraires et des œuvres de théâtre ou d'imagination que le nom de René [Régemorte?] n'a pas encore fait passer à la postérité.

Je reviens aux questions techniques qui me préoccupent tant.

Dans votre premier chapitre, vous reprochez aux auteurs de thèses de mêler l'histoire littéraire à la critique et de faire de la mauvaise critique au lieu de faire de la bonne histoire. Je n'ai d'abord pas été de votre avis. J'ai longtemps regretté l'effroyable sécheresse de ces nomenclatures déguisées que sont tant de thèses. J'ai souvent exprimé dans mes chroniques des *Nouvelles* le désir de voir l'auteur dominer plus son sujet, et laisser voir ce qu'il avait dans le crâne. J'avoue que je pencherais maintenant vers vous. Les cas où les auteurs se laissaient aller à interpréter leurs documents m'ont déçu comme artiste par la pauvreté de leurs vues ou la banalité de leur expression. Si bien que maintenant la qualité d'une thèse me semble évidemment d'apporter des faits nouveaux. Je vous renvoie à ce sujet à l'article de mon beau-frère René Bray paru cette année dans la *Revue d'Hist*[*oire*] *litt*[*éraire*] sous ce titre : « Critique et Histoire littéraire ».

Quant à votre idée d'un répertoire donnant des faits bruts, deux réalisations sont en voie. L'une est le *Répertoire littéraire chronologique international* dont la première section (Invent[ion] de l'imprimerie à 1600) s'achève et paraîtra probablement en 1933, par les soins de la Commission internationale d'Histoire litt. mod., dont mon père est secrétaire général. Ce répertoire présentera par année les faits littéraires DE TOUT ORDRE (y compris les faits historiques ou de culture ayant influé sur l'œuvre littéraire) pour TOUTES les littératures d'origine européenne.

La seconde est une collection projetée de monographies des grands écrivains de tous pays donnant tous les résultats actuellement acquis par l'érudition et ce qui les concerne, faits biographiques, influences, sources, circonstances... de façon à éviter au travailleur de chercher ces données dans un nombre toujours croissant de [*Un mot coupé par le pli*] pleins d'ailleurs de répétitions ou peu au point. Cette collection ~~serait~~ dont l'idée première revient à M. J. Hankiss, professeur hongrois, serait publiée également sous les auspices de la commission susdite.

Votre chapitre sur les Thèmes (p. 80...) répond à une pratique souvent usitée par certains comparatistes. J'ai justement sous les yeux une thèse roumaine intitulée *Carpe Rosam* : étude de ce motif dans la renaissance française et italienne - cf. également Ramiro Ortiz... cf. aussi le chapitre du livre précité de mon père : Thèmes, types et légendes.

P. 131, l. 10, Fr. Jammes ? ou plutôt Verlaine ? [*quelques mots illisibles*] lecteur de thèses qui même en vacances, me remontent.

Croyez-moi, Monsieur, votre respectueux et attentif admirateur.

Ph. Van Tieghem

SECONDE LETTRE DE PHILIPPE VAN TIEGHEM

Ce 16.9.32

Cher Monsieur,

Les Belles Lettres ne m'ont fait parvenir qu'hier votre lettre écrite le 16 août ! Cela ne m'étonne pas d'eux ! J'avais renoncé à espérer une réponse, ou je vous pensais en voyage.

Je suis extrêmement flatté de l'intérêt que vous prenez à ce que j'ai pu écrire. Je n'ai pas mon texte sous la main, mais voici ce que je voulais dire : l'accord se fera vite, non pour donner une hiérarchie de valeur dans les ouvrages à valeur esthétique, mais pour discriminer les ouvrages qui ont eu en vue la recherche d'une beauté de ceux qui ne sont que des documents. Même si Faguet voit en Baudelaire un pauvre versificateur sans valeur, il ne niera pas que les poésies de B[audelaire] appartiennent à la littérature et sont faites (même si elles n'atteignent pas le but aux yeux de F[aguet]) en vue de créer de la beauté littéraire, de faire une œuvre d'art. J'appelle matière de l'hist. litt. la littérature ; et — littérature non pas TOUT ce qui est écrit, mais ce qui est écrit en vue de produire une impression esthétique, même si cet effort aboutit à un échec. Or la plupart des œuvres auxquelles nos savants contemporains consacrent leurs thèses sont des œuvres sur lesquelles personne (même pas l'auteur de la thèse, surtout pas lui, souvent) ne songerait à dire que cela peut être bien ou mal écrit, que l'auteur a voulu faire une œuvre d'art. Ce contre quoi je lutte, chaque fois que j'en ai l'occasion, livre ou c[ompte] r[endu], c'est contre cet envahissement de l'hist. litt. par une matière extra-littéraire, notoirement extra-littéraire, de l'avis de ceux mêmes qui ont passé des années sur elle.

Je songe aussi avec des frémissements de honte à la base des cheveux aux erreurs effroyables que j'ai pu commettre dans mes jugements esthétiques n'ayant compris qu'à l'amour de Swann que Proust était un génie, etc. Mais les erreurs que nous [vous] signalons portent surtout sur des contemporains. Y aura-t-il quelqu'un pour soutenir que le Serment de Strasbourg appartient à la littérature et non à la linguistique ou à la phonétique ? Que les rapports des ambassadeurs français à Parme appartiennent à la littérature et non à l'histoire ? (Thèse de Bédarida). Que, dans un énorme ouvrage publié en 1930 : W.G. Moore, *La Réforme allemande et la littérature française*, les 99/100e des ouvrages français cités n'appartiennent nullement à la littérature, mais uniquement à la propagande religieuse, l'histoire religieuse ? Il est incroyable de voir qu'une thèse (d'ailleurs TRÈS remarquable) comme celle de Carcassonne sur une question purement politique d'histoire des idées politiques au XVIIIe siècle, habilite pour enseigner la LITTÉRATURE française (que Carcassonne enseigne fort bien d'ailleurs ; mais c'est parce qu'il est lui).

Il y a peut-être surtout une réforme verbale à faire ; mais je crois que le vocable d'histoire littéraire doit être réservé aux ouvrages portant sur des textes littéraires ou y conduisant, non historiques, philosophiques, religieux ; ou bien tout cela, mais, en plus, littéraires, c'est-à-dire ÉCRITS. Et l'accord se fera, je crois assez rapidement, pour reconnaître que quantité de textes étudiés par l'histoire littéraire sont un affreux magma sans prétention artistique.

J'avais entrepris, juste après mon agrégation, une thèse qui devait être vaste sur le Déisme au XVIIIe siècle. Très intéressant. Mais quand j'ai vu que sur quelques centaines de livres à lire ou étudier, aucun ou presque n'avait le moindre rapport avec l'idée que je me faisais d'un texte littéraire, j'ai renoncé, peut-être par paresse, mais en transformant cette paresse en principe selon la ~~méthode~~ genèse habituelle des idées.

Je viens (entre ma première lettre et celle-ci) de reprendre en quelques mots mon idée dans le c[ompte] r[endu] de la *Mystique de Baudelaire* de Pommier, que m'a confié Mornet pour la *R.H.L.* où il paraîtra ... dans un an, en louant Pommier d'être parti d'un TEXTE, et d'avoir mis l'histoire littéraire au service de ce texte, au lieu de faire comme si souvent, de vastes, d'immenses ouvrages d' « histoire littéraire » dont l'incidence sur l'œuvre littéraire est nulle : thèse toute récente de V. Pinot sur *La Chine en France* AVANT *Voltaire* ; thèse plus ancienne de Bédarida sur *Parme et la France* (statistiques d'importation de dentelles et d'exportations de fromage ; j'exagère, mais peu).

Excusez mon bavardage. Ne pourrons-nous reprendre le sujet à Paris où je serai rentré le 26 septembre ?

Croyez, cher Monsieur, à ma respectueuse, quoiqu'indiscrète admiration.

Ph. Van Tieghem

Notes

1. G. Jean-Aubry date le début de ce journal du vendredi 7 juin 1935.

2. Larbaud évoque ce lieu dans sa lettre du 6 juin à G. Jean-Aubry et l'achat en librairie fait « la dernière fois que je suis allé rue de Boigne et que j'ai traversé ce que les Chambériens appellent l'"Octo", id est la place Octogone, qui est aussi fameuse à Chambéry que l'œuf à Montpellier » (G. Jean-Aubry-Valery Larbaud, *Correspondance 1920-1935*, *op. cit.*, lettre 143, p. 196).

3. Dans une lettre du 15 décembre 1928 à Emmanuel Lochac, Larbaud écrivait : « Je suis surpris de ne vous avoir jamais parlé de mon Saint Jérôme. Félicitez-vous : j'ai dû embêter bien des gens, depuis 1920, date où l'idée de ce petit livre m'est venue. C'est un ouvrage sur l'art de traduire. Je voudrais faire une chose qu'on pût comparer au livre de Lord Woodhouselee, *On the principles of Translation* (1590). »

Cet article dont le titre est « A. Fraser Tytler » (*O.C.*, t. VIII, pp. 117-121) parut en 1946 dans *Sous l'invocation de saint Jérôme*. Il se termine ainsi : « Et certes je quitterais la vie avec moins de regret si je pouvais être assuré d'avoir, en écrivant ce livre consacré à saint Jérôme, donné à la littérature française un ouvrage qu'on pût un jour comparer à celui de A. Fraser, lord Woodhouselee. »

4. Cet ouvrage figure dans la bibliothèque de Larbaud à Vichy sous la cote ES 724. Son titre complet est : *Puritania : fantasías y crónicas norteamericanas*.

5. André Rouveyre (1879-1962), dessinateur et romancier, avait laissé un mot, non daté, sur papier à en-tête du Grand Hôtel des Bains qui disait :

« *J'ai appris que vous êtes de passage. J'aurais été heureux de vous serrer la main ; pour quoi je suis passé.*

J'habite ici tout l'été. J'ai une propriété ici. Je n'ose vous prier en rien, ne fût-ce que de me permettre la joie intime du son de la voix. Mais, bref, si je savais un peu de vos habitudes nonchalantes — peut-être — ici, j'irai de grand cœur vous retrouver, ici ou là. À moins que vous ne passiez chez moi en vous baladant. Par exemple avant le déjeuner ou après. D'ailleurs à vrai dire je suis presque constamment là où j'habite depuis 15 ans. C'est une vieille maison-forte avec de grands arbres.

Enfin, ce mot pour que peut-être j'aie, de manière ou d'autre, la joie de vous voir.

Vôtre de tout cœur,

André Rouveyre

Château de Triviers, Challes. »

(Griffonné ensuite d'une écriture plus relâchée : « *Tout l'après-midi je suis là, sauf une brève balade toujours la même vers 5 h et toujours rentré à 5 ½.* »)

6. Se trouve également dans la bibliothèque de Larbaud, à la cote F 5403 : *Carcasses divines : portraits et monographies dessinés par Rouveyre : 1906-1907*, Paris, J. Bosc, 1907. Ouvrage en 3 parties (I, 54 planches ; II, 6 planches ; III, 35 planches).

7. Larbaud consacra à Fernand Vandérem (1864-1939) un article (*La NRF*, 1er août 1921), à l'occasion de la publication de son recueil de chroniques « *Le Miroir des lettres*, par Fernand Vandérem ». En 1922, Fernand Vandérem donna à *La Revue de*

France une série d'articles sur les manuels d'enseignement littéraire, où il exposait des vues proches de celles de Larbaud et qui inspirèrent à ce dernier un article qui parut dans *La NRF* du 1er décembre 1922, « Fernand Vandérem et les manuels d'histoire littéraire ». En mars 1923, Larbaud dédia à Fernand Vandérem « Pour l'inauguration d'une nouvelle ligne », une réflexion sur la critique et l'histoire littéraire, parue dans la *Revue européenne*. C'est ce texte qui ouvrait *Technique* (1932) et que l'on retrouva dans *Sous l'invocation de saint Jérôme* (*O.C.*, t. VIII) en 1946.

8. Le jésuite Baltasar Gracián (1601-1658) fut un moraliste et essayiste espagnol dont l'influence sur la pensée morale en France et en Europe fut grande. Son œuvre a fait l'objet d'une édition récente, en un seul volume qui rassemble ses *Traités politiques, esthétiques, éthiques*, traduits de l'espagnol, introduits et annotés par Benito Pelegrin (Seuil, 2005).

9. Il ne semble pas que le titre exact soit celui-ci. On trouve en effet dans la bibliothèque de Larbaud, sous la cote Es 1164, un ouvrage de Baltasar Gracián qui porte le titre *Pages caractéristiques*, précédées d'une étude critique par A. Rouveyre ; traduction originale et notices de Victor Bouillier, Mercure de France, 1925, collection d'auteurs étrangers. Il porte d'ailleurs un envoi autographe d'André Rouveyre : « À Valery Larbaud, hommage des auteurs de la traduction et de l'étude. Avec le souvenir fort cordial d'André Rouveyre. » Quant à *L'Homme de cour* (Es 1163), la fiche précise : « Maximes traduites de l'espagnol sur l'édition originale de 1647, par de la Houssaie, précédée d'une introduction par André Rouveyre. Paris, B. Grasset, 1924, 19 cm, 271 p. (Les Cahiers Verts). »

10. Maurice Blondel (1861-1949), philosophe français aux fortes convictions chrétiennes, avait fait publier, en 1934, *La Pensée* et faisait paraître, en 1935, *L'Être et les êtres*.

11. André Rouveyre avait illustré le recueil d'Apollinaire *Vitam impendere amori*, paru en 1917 au Mercure de France.

12. Albert Marquet avait peint en 1904 un *Portrait de Rouveyre*, qui fut apprécié.

13. À la faveur de son séjour à Challes, Larbaud était allé passer quelques heures à Annecy le lundi 18 juin.

14. Ce vin est issu d'un vignoble d'origine monastique (comme beaucoup des vignobles savoyards) et bénéficie d'une appellation d'origine contrôlée. Il se présente sous deux formes : roussette et seyssel, et représente une bonne source de revenus pour Seyssel.

15. Dans sa lettre du 6 juin à G. Jean-Aubry, Larbaud évoque Claude de Seyssel, grand traducteur du XVIe siècle et dit : « Il fut un peu le Guillaume Budé de Louis XII. » Il ajoute, à l'intention de son ami : « Voici une phrase que vous aimeriez : "Peut-être les grandes dignités de Seyssel furent-elles les récompenses de simples traductions, tant les traductions avaient alors de prix" » (G. Jean-Aubry-Valery Larbaud, *Correspondance 1920-1935, op. cit.*, L. 143, p. 196).

16. Larbaud a évoqué ce pont Charles-Albert, beau pont de 192 m de longueur, 6 m de largeur, suspendu à 12 câbles en fil de fer longs de 300 m, jeté sur la gorge encaissée des Usses (Guide Diamant, *Annecy, son lac et ses environs*, Hachette, 1928), mais pas l'existence de l'établissement des bains de la Caille, relié au pont par une route. Les sources de la Caille ont une foule de propriétés. Que l'on en juge : « Les eaux thermales (28 à 30°) de la Caille, sulfureuses, sulfhydriquées, sulfhydratées et alcalino-calciques, sont toniques, fondantes, apéritives et diurétiques. Elles cicatrisent promptement les plaies et les blessures. Elles sont employées en bains, douches et boisson dans les maladies du système osseux et des articulations, les affections cutanées, les scrofules, engorgements glandulaires, la débilité, les rhumatismes chroniques, les maladies du larynx et de la poitrine » (Guide Diamant, 1928).

17. Nous sommes le lundi 17 juin 1935 : Larbaud n'a pas commencé ce journal au début de son séjour à Challes.

18. Le séjour à Challes avait duré du 9 au 30 juin 1934.

19. Ces cinq essais figurent dans la deuxième partie de *Sous l'invocation de saint Jérôme* : « Les Livres consulaires » (V), « L'Amour et la Traduction » (VI), « El Cuento de nunca acabar (VII), « A. Fraser Tytler » (VIII) et « Traitement de l'irascible » (XI).

20. C'est-à-dire à l'Hôtel des Bains, où Larbaud avait coutume de séjourner.

21. Aubrey Beardsley (1872-1898), dessinateur et illustrateur anglais en révolte contre le conformisme et le bon goût, exprima les langueurs ambiguës de l'Art nouveau dans des dessins aux arabesques compliquées, mêlant le japonisme à la mode au macabre baudelairien. Il mourut à Menton, à l'âge de vingt-six ans, mais exerça une influence considérable dans le domaine de l'art jusqu'à une période très avancée du XXe siècle.

James Abbott Mac Neill Whistler (1834-1903), peintre et graveur américain, se forma et débuta sa carrière d'artiste en France. Très influencé par Courbet et Manet mais aussi par l'art japonais de l'estampe, il rejeta, après 1867, le réalisme de Courbet et évolua vers une peinture de l'extrême raffinement des couleurs, faisant habilement varier les rapports de tons.

Nous évoquerons rapidement Picasso (1881-1973), que sa créativité et son activité artistique intense, jusqu'à un âge très avancé, font considérer comme l'une des figures majeures de l'art au XXe siècle. En 1935, son œuvre, à la pointe des évolutions et révolutions apparues dans le domaine des arts plastiques et picturaux, était déjà fort conséquent.

22. Challes est restée une station thermale (qui soigne, outre les affections des voies respiratoires, les affections gynécologiques), mais la petite ville est maintenant une banlieue de Chambéry.

23. En français, *Poésie et vérité*, œuvre parue entre 1811 et 1830, où Goethe relate ses jeunes années.

24. Valentin Conrart, né en 1603 et mort le 13 septembre 1675 à Paris, fut l'objet, dans les années 1935-1937, de plusieurs études orientées vers son activité de fondateur et de premier secrétaire de l'Académie française. Du reste, le titre complet de l'ouvrage de Mabille de Poncheville était *Valentin Conrart, le père de l'Académie française*.

25. Larbaud fait ici allusion à la grande œuvre critique de Sainte-Beuve *Les Causeries du lundi*, série d'articles publiés à partir d'octobre 1849 dans *Le Constitutionnel* ; ces articles, poursuivis dans *Le Moniteur* de décembre 1852 à août 1861, furent réunis en 15 volumes entre 1851 et 1862.

26. Allusion ici à l'Évangile selon saint Jean (1, 14).

27. Les parents de Laeta, Gino étant le fils de Maria Nebbia.

28. Rivière qui passe à Milan, affluent de l'Adda.

29. La pinacothèque Ambrosiana conserve des œuvres du XVe au XIXe siècle avec un intérêt particulier pour les écoles lombarde et vénitienne de la Renaissance. Une salle entière y est consacrée à Breughel (ami personnel du cardinal Frédéric Borromée, qui fit construire le Palazzo dell'Ambrosiana en 1609 et l'augmenta d'une pinacothèque pour abriter ses collections en 1618).

La pinacothèque de Brera est le musée le plus important de Milan, un des musées les plus prestigieux au monde par la richesse et la variété de ses collections. Le bâtiment, construit pour les Jésuites au début du XVIIe siècle, fut transformé en galerie nationale ouverte au public par Napoléon en 1809. Son fonds s'est composé, au départ, d'œuvres d'art saisies sur ordre de Napoléon dans les églises et les collections privées de Lombardie, Vénétie, Émilie-Romagne et des Marches. Il s'est enrichi et possède notamment une remarquable collection d'œuvres du XXe siècle.

30. Giovanni Antonio Boltraffio ou Beltraffio (Milan 1467-1516), peintre italien qui a étroitement collaboré avec Léonard de Vinci qui, à son départ de Milan, lui confia la direction de l'académie qu'il avait fondée. Plusieurs de ses portraits sont exposés à la pinacothèque de Brera.

Ambrogio da Fossano, dit le Bergognone ou Borgognone (v. 1451-v. 1522), est un peintre lombard qui a dirigé un atelier à Milan. Célèbre à son époque, il fut éclipsé ensuite par Léonard de Vinci et Bramante.

31. Giambattista Tiepolo (Venise, 1696-Madrid, 1770), considéré comme le plus grand peintre de Venise au XVIIIe, est l'un des derniers grands décorateurs baroques italiens. Le « petit » tableau qu'évoque Larbaud n'est donc pas un des plus caractéristiques de son art.

32. Pietro Falca, dit Longhi (Venise, 1702-1785), se consacra à une peinture de genre évoquant les aspects divers de la vie quotidienne, populaire ou mondaine.

33. Larbaud les avait rencontrés tous deux à Rome en février 1932.

34. Ce texte attendra quelques années avant d'être rassemblé et publié, avec deux autres articles : « Gent irritable » et « Traitement de l'irascible », sous le titre « Sous l'invocation de saint Jérôme » dans *Poésie 44,* n° 17, décembre 1943-janvier 1944. Il sera repris ensuite dans l'édition de 1946 de *Sous l'invocation de saint Jérôme* (II, « L'Art et le Métier », « De la traduction ») et figure ainsi dans le tome VIII des *O.C.*

35. Déodat de Séverac (1872-1921), compositeur français, trouva son inspiration dans le Roussillon — on retrouve ici un lien avec le paysage… — et laissa un certain nombre d'œuvres pour piano. Il ne semble pas très joué de nos jours.

36. Citation de Baudelaire, *Les Fleurs du mal,* CXXVI, « Le Voyage », VII.

37. La patache était une mauvaise diligence à deux roues, mal suspendue mais dans laquelle on voyageait à peu de frais ; le landau est également une voiture hippomobile.

38. Il s'agit de Jean-José Frappa, fils de M. José Frappa chez qui Larbaud habitait à Paris (quand il n'était pas dans l'appartement loué boulevard Haussmann par sa mère). Le voyage dura alors six semaines (selon les dires de Larbaud dans *Mon itinéraire*), au printemps de cette année 1901, et ils visitèrent Gênes, Pise, Rome, Naples, Florence, Rimini, San Marino, Bologne, Venise et Milan.

39. Nous allons voir, pour Saint-Marin, les dénominations italiennes et françaises se mêler. San Marino (parfois écrit S. Marino) est la désignation italienne de cette principauté (troisième plus petit État européen). San Marin (ou S. Marin) appartient à la langue parlée. Les habitants de la principauté sont généralement appelés Saint-Marinois en français. L'appellation italienne est *Sammarinese,* ce qui peut donner en français l'adjectif « sammarinois ».

40. Le Titano, ou Monte Titano, sommet proche de Saint-Marin, culmine à 789 m.

41. Le Pianello était « une grande terrasse dallée, avec un parapet de pierre qui domine un vaste désordre de montagnes, la plus grande place de la cité de Saint-Marin, la seule place de la Cittá où [Vorace] eût pu tenir à l'aise, mais où on n'avait pas osé laisser la voiture, Vorace » (*A.O.B.*, L.P., p. 180).

42. Marino Moretti était né en 1885 à Cesenatico en Romagne, ville très proche de Saint-Marin. Il commença par publier des poèmes *crépusculaires* (comme Govoni, Fausto-Maria Martini) puis se consacra, après la Première Guerre mondiale, au roman et à la nouvelle. Sa production fut abondante (Lionello Fiumi et Eugène Bestaux, *Anthologie des narrateurs italiens contemporains,* coll. « Pallas », Paris, Librairie Delagrange, 1933, pp. 259-266 ; Benjamin Crémieux, *Littérature italienne,* coll. « Panorama des littératures contemporaines », Paris, Kra, 1928).

43. Il s'agit probablement du guide qui se trouve dans la bibliothèque de Larbaud : Francesco Balsimelli, *Repubblica di San Marino, Guida storica illustrata (con aggiunta della riviera adriatica)*, 1932, S.T.O.M. Miramare di Rimini, dont l'éditeur était justement le Cav. Uff. Eugenio Reffi.

44. Larbaud décrivait le *Cantone* dans *A.O.B.* (L.P., p. 186) : « nous avons découvert, au bout de la rue qui passe, au fond du Pianello, entre les basses portes de fer du Palazzo et la ligne des maisons, le Cantone, petite place de terre battue, plantée de quelques acacias, et dont le parapet de pierre pend au flanc du rocher, juste au-dessus des petits toits rouges et des petites rues blanches du Borgo, à trois cents mètres sous nos pieds. »

45. Rappel ici de la rencontre avec Henry Festing Jones que Larbaud rapporte dans la « Lettre d'Italie » (*Commerce,* n° III, hiver MCMXXIV ; elle a été recueillie dans *Jaune bleu blanc* et figure dans La Pléiade) :

« — We'll risk it ! dit H.F. Jones en prenant place dans la petite Ford, très délabrée, que la compagnie du Kursaal nous avait louée pour redescendre vers Rimini. Et en effet, cette descente participe à la fois des montagnes russes et de l'aviation. Avec un grand bruit de ferraille, nous tombons du ciel dans la plaine. J'admire Jones qui a encore assez de présence d'esprit pour me faire une parodie irrésistiblement comique du style de W. H. Hudson. Ah ! enfin Serravalle, enfin le poteau-frontière, et la route presque droite et presque plane jusqu'à la mer. Et nous nous retrouvons sains et saufs sur le quai de la gare de Rimini, où Jones va s'embarquer dans le rapide pour Milan et la Suisse » (L.P., pp. 809-810).

46. Giuseppe Garibaldi (1807-1882) est l'une des figures les plus populaires du Risorgimento. Il semble que ce fut en 1849, après la chute de la République de Rome, que Saint-Marin lui offrit asile avec le reste de ses troupes. L'expédition des Mille n'eut lieu qu'en 1860, quand Garibaldi réunit un corps de mille volontaires vêtus de chemises rouges et marcha sur la Sicile, dont il se rendit maître en mai avant de conquérir Naples, en septembre de la même année. Il reconnut ensuite Victor-Emmanuel II, roi du Piémont, comme maître de l'Italie lorsque celui-ci s'avança sur Naples à la fin d'octobre 1860. Garibaldi fut alors, en quelque sorte, évincé du pouvoir, mais il ne fut pas facile de disperser ses troupes. Il termina ses jours en Sardaigne, dans l'île de Caprera.

47. Giosué Carducci (1835-1907), poète italien pétri de culture antique, fut le chantre de l'Italie nouvelle, réunifiée. Il laissa une œuvre abondante, tant en prose, avec de nombreux discours officiels, qu'en poésie. Il reçut le prix Nobel de littérature en 1907, peu de temps avant sa mort.

48. Innocenzo Cappa (Turin 1875-Milan 1957) fut sénateur du royaume (1929), puis membre de la Commission de l'éducation nationale et de la culture populaire de 1939 à 1943. En 1938, il publia *Confessioni di un parlatore.* Après la Seconde Guerre mondiale, il fut déchu de son mandat de sénateur en raison de son soutien au fascisme.

Jean Joinet nous propose la traduction suivante pour ce passage : « ... dans ton indestructible (et forte) fragilité, dans ta sage humilité, dans ton héroïque faiblesse, don du Saint, miracle de l'esprit, gemme éclatante de l'idéal humain ! » Il nous signale toutefois que le mot *forti* (qui ne semble pas contestable dans le manuscrit) ne convient pas.

49. Putouarey avait expliqué à Barnabooth que cette statue avait été « donnée [...] par une riche bourgeoise allemande qui reçut en récompense le titre de duchesse d'Acquaviva » (L.P., p. 186).

50. Mondorf-les-Bains, à la frontière française, 2 000 habitants, ville thermale et touristique.

51. Le chapitre s'intitule en fait « Sous le drapeau blanc et bleu ». il est tout entier consacré au séjour à Saint-Marin : « Vingt jours à Saint Marin. Un long séjour pour une aussi petite République » (L.P., pp. 808-810).

52. Les Malatesta ont été la famille régnante à Rimini du XIIe au XIVe siècle. Ce temple, plus exactement l'église San Francesco, a été construit par Léon-Baptiste Alberti sur la commande du condottiere Sigismondo Pandolfo (1417-1468). C'était au départ un monument quasi païen consacré à Isotta, la maîtresse puis dernière épouse de Sigismond.

53. Citation utilisée dans *Lettre d'Italie* : « Mais de Rimini brûlante, ce que Pascoli a si bien nommé : "l'azzurra vision di San Marino", offrait une grande tentation » (L.P. p. 808).

54. Larbaud n'a pas suivi les conseils que lui prodiguait, dans une lettre du 4 juin 1935, son ami Marcel Ray : « si vous devez passer une nuit à Bari, descendez à l'Hôtel Miramar qui est un peu moins mauvais que l'Oriente ; mais surtout allez sans tarder faire un bout de visite au consul, M. Paul Chastand, qui se mettra à votre disposition et fera retenir vos places sur le bateau » (Valery Larbaud-Marcel Ray, *Correspondance 1899-1937*, *op. cit.*, p. 258).

55. Umberto Saba (1883-1957), poète italien, vivait à Trieste. Il a rassemblé son œuvre de 1900 à 1945 dans son *Canzoniere* (1945) et a publié en 1948 *Histoire et chronique historique de mon Canzoniere*, témoignage sur le processus de la création artistique.

56. Ici s'arrête l'extrait du *Journal* édité par Béatrice Mousli dans Valery Larbaud, *Le Vagabond sédentaire*, textes choisis et présentés par Béatrice Mousli, La Quinzaine littéraire-Louis Vuitton, coll. « Voyager avec... », Paris, 2003.

57. En 1903, Larbaud avait visité Trieste, la côte autrichienne de l'Adriatique, les bouches de Cattaro, Cettigne, Bari, et l'année suivante il était allé à Patras, Corfou,

Brindisi, ce qui lui avait fait côtoyer les mêmes rivages. Il évoque d'ailleurs Njégus dans les poésies de Barnabooth :

Mais Njégus est un village et blanc, clair et gai,
Dans une vallée à peine sèche des eaux du déluge
(Europe, IV, v. 55-56, L.P., p. 73.)

58. G. Louis-Jaray définit le *han* comme une auberge (*Au jeune royaume d'Albanie / Ce qu'il a été — ce qu'il est,* Hachette et Cie, 1914, p. 52), mais ses définitions sont parfois approximatives ; on peut donc considérer que le *han* est une maison de type traditionnel.

59. G. Louis-Jaray, dans une description de Tirana publiée en 1914, décrit trois mosquées : la grande mosquée, « une autre mosquée qui ferme une rue où la circulation est déjà active » et la « vieille mosquée ». Un guide actuel n'en cite plus qu'une, la mosquée d'Ethem Bey, au centre de Tirana (G. Gardes, *Le Guide de l'Albanie,* La Manufacture, 1995). Aucune des descriptions n'évoque les fresques dont parle ici Larbaud.

60. Après que Tirana fut désignée capitale en 1920, le roi Zog Ier se préoccupa de lui donner une allure de capitale occidentale et fit appel à l'architecte italien Armando Brasini (1879-1965) pour y construire ces édifices officiels qui portent la marque de l'influence italienne de l'époque mussolinienne.

61. Skanderbeg est le héros national albanais. George Kastriote, dit Skanderbeg, fut envoyé comme otage à la cour du sultan, converti à l'islam et éduqué à l'école des pages. Nommé *beg* (ou *bey*) de la région côtière, il se souleva contre le sultan et s'empara de la forteresse de Kruja, sur laquelle il fit flotter sa bannière à l'aigle bicéphale, qui reste le drapeau de l'Albanie aujourd'hui. Il prit la tête d'une ligue de féodaux, la Ligue de Lezha, et repoussa toutes les offensives du sultan de 1443 à 1468. Les dissensions entre féodaux affaiblirent sa position et il mourut terrassé par la maladie à Lezha le 17 janvier 1468.

62. Le *Dictionnaire universel des littératures* (2de édition, Paris, 1884, Librairie Hachette) de G. Vapereau présent dans la bibliothèque de Larbaud dit de Blaise de Vigenère : « Traducteur français, né le 5 avril 1523, à Saint-Pourçain, mort le 19 février 1596. Il fut secrétaire d'ambassade à Rome. Ses traductions, vantées par ses contemporains, sont très infidèles, d'un style dur et barbare. Voici les principales : *Commentaires de César* (1576, in-folio et in-4, plusieurs fois réimprimé) *; Histoire de la décadence de l'Empire grec,* par N. Chalcondyle (1577, in-4) ; première décade des *Histoires* de Tite-Live (1580, in-folio) ; *Jérusalem délivrée* du Tasse (1595, in-8) ; *Art militaire* d'Onasander (1605, in-4) ; *Vie d'Apollonius Thyanéen* de Philostrate (1611, 2 vol. in-4) ; etc. On cite en outre de lui quelques écrits de circonstance et un *Traité des chiffres* (1585, in-4). »

Ces quelques éléments nous permettent de comprendre l'intérêt que Larbaud portait à Blaise de Vigenère. Dans le manuscrit IX (2, fos 155-169) on trouve d'ailleurs deux poèmes de Vigenère, copiés de la main de Larbaud.

Quant à Chalcondyle Laonikos (prénom qu'il avait choisi en changeant son nom de baptême, Nikolaos), il naquit vers 1423 à Athènes et mourut en Italie vers 1490. On le considère comme le premier historien de la Grèce moderne.

63. Zog Ier avait, dès son arrivée au pouvoir, cherché un soutien auprès de Mussolini. Les Italiens prirent pied en Albanie dès 1926 et signèrent en novembre le traité « d'amitié et de sécurité » de Tirana, suivi, un an plus tard (22 novembre 1927), d'un traité d'« alliance défensive » qui donnait à l'Italie, pour vingt ans, le contrôle des forces armées albanaises. Il ne faut donc pas s'étonner de retrouver en Albanie, calquées sur celles qui existent en Italie, ces brigades de jeunes.

64. Le *Lek* est l'unité monétaire albanaise.

65. Le nom de cette rivière est, chez Louis-Jaray, Arzeu. Nos contemporains semblent avoir adopté Erzen. Elle prend sa source dans la Malesia de Tirana.

66. On écrit plutôt *ouzo* actuellement. C'est une boisson anisée que l'on boit notamment en Grèce. En revanche le *mastic* est une liqueur orientale parfumée à la gomme de lentisque.

67. Ce boulevard, cela va de soi, a changé de nom. C'est probablement la grande artère qui traverse la ville du nord au sud et qui porte maintenant le nom de boulevard Deshmoret e Kombit.

68. Le nom de cette ville était autrefois El-Bassam, d'où la graphie Elbassan que nous avons rencontrée à plusieurs reprises. Elbasan est la forme généralement usitée.

69. Cette albanisation s'est poursuivie : Durazzo s'appelle dorénavant Durrës, Korça est devenue Korces...

70. Le désir de Zog de faire évoluer son pays sur le mode occidental le poussa, pour obtenir des capitaux, à vendre des concessions minières à des compagnies étrangères et à contracter, avec l'Italie fasciste, une dette qui alla croissant. Cette politique explique les transformations rapides survenues dans le pays, mais est également la cause de l'annexion de l'Albanie par l'Italie, en avril 1939.

71. Respectivement Skhöder et Pukë actuellement.

72. Le poète épique habitant la région de Scutari est Gjegji Fishta (1871-1940), qui prit l'habit franciscain. Il enseigna dans les écoles de l'ordre de Zadrima et participa à la vie politique au début des années 1920. Son ouvrage le plus important est un poème épique de trente chants en octosyllabes, *Le Luth de la montagne*. Nous n'avons pu trouver l'historien ou le folkloriste correspondant à ce que dit Larbaud.

73. Le nom de ce fleuve s'écrit actuellement Shkumbin. Larbaud hésite entre les graphies Shkoumbi et Shkumbi.

74. « La Maison du berger », III, *Les Destinées*.

75. La ville d'Elbasan, dans les années 1930, comptait près de 14 000 habitants (aujourd'hui environ 80 000). L'ancienne muraille qu'évoque Larbaud est en fait l'enceinte de la forteresse qui entourait le cœur de la ville et qui correspond aux fondations d'un *castrum* romain à l'intérieur duquel voisinent l'église catholique, la cathédrale orthodoxe et la mosquée du Roi.

76. L'élaboration de l'alphabet albanais fut longue et difficile en raison de la cohabitation de trois types de population : musulmane, catholique romaine et orthodoxe. Ce n'est qu'en 1908, au Congrès de Monastir, que les représentants réunis des différentes régions d'Albanie adoptèrent un système, simplifié en 1917, qui donna l'alphabet utilisé depuis lors. Les plaques sont donc probablement postérieures à cette date.

77. Les noms de lord Byron et de son ami Hobhouse (lord Broughton) sont fréquemment cités quand on évoque les voyageurs du XIXe siècle en Albanie. Lord Byron (1788-1824) est la personnalité romantique anglaise la plus marquante. Il entreprit avec son ami Hobhouse un voyage qui dura deux ans et qui les mena notamment en Albanie, où Byron commença le poème qui lui valut la gloire : *Le Pèlerinage de Childe Harold*, en quatre chants, dont les deux premiers furent publiés en 1812, le troisième en 1816 et le quatrième en 1818.

78. Titre donné à un musulman qui a fait le pèlerinage à La Mecque.

79. C'est ainsi que dans le poème « Europe », IV (L.P., p. 74), Larbaud évoque cet hôtel :

... Dans l'immense port d'Extrême-Orient, je revois
De la fenêtre de la salle à manger du Grand Hôtel, à Cettigne,
Les maisons basses et peintes en couleurs ternes,
Et la tristesse des villes slaves, plus triste
D'être dépaysée dans ce pays.
L'énorme chien du Grand-Hôtel Vuletich — Turc, *je crois — il me semble*
Le revoir couché au soleil, bonne bête couleur de café au lait.

80. Son attachement au christianisme altère un peu le jugement de Larbaud car ce n'est pas ainsi qu'on voit maintenant toute cette affaire. Les Jeunes-Turcs (1876-1912) regroupaient des intellectuels et des officiers, libéraux et réformateurs, qui désiraient faire évoluer l'Empire ottoman vers un régime constitutionnel. Pour les Albanais « le dilemme était de s'engager contre l'Empire au côté de peuples chrétiens qui déniaient l'existence d'une nationalité albanaise ou de se ranger sous les bannières du sultan mais d'obtenir de lui en contrepartie la reconnaissance de cette nationalité » (G. Castelan, *L'Albanie*, P.U.F., coll. « Que sais-je ? », édition mise à jour 1994, pp. 10-11). Les Albanais adoptèrent la seconde attitude (il faut reconnaître qu'en 1878 les Serbes, les Bulgares, les Monténégrins et les Grecs avaient pratique-

ment démembré l'Albanie), se rapprochant des Jeunes-Turcs, dont ils s'éloignèrent en 1902 en raison des positions ultranationalistes de ces derniers.

81. Tepeleni ou Tepelenë (graphie qui semble actuellement préférée) est une place forte érigée sur une colline au confluent du Drin et de la Vjosa. Byron y séjourna, en compagnie de Hobhouse, du 19 au 22 octobre 1809 et y rencontra Ali Pacha, grande figure albanaise.

82. Dans l'édition des *O.C.* Robert Mallet a corrigé en « Rruga Godart ». Mais Larbaud, à ce moment-là, ne connaissait probablement pas le nom de Justin Godart, dont il ne découvre le livre qu'une fois le séjour bien entamé. Godart fut envoyé en Albanie en 1921, par la Fondation Carnegie, pour une mission d'enquête et il devint un ardent défenseur de l'Albanie. Il publia en 1922 un compte rendu de son voyage : *L'Albanie en 1921*. Des rues portent son nom en Albanie, à Vlorë et à Shkodër.

83. La station thermale de Lixhat (orthographe actuelle) fut bâtie dans les années 1930, mais ses eaux sulfureuses sont connues depuis l'Antiquité pour avoir un effet bénéfique sur les rhumatismes et les maladies de peau.

84. Il paraît opportun d'ajouter à ce portrait un aperçu sur la carrière politique de ce personnage. Né en 1895 (il avait donc quarante ans en 1935) Ahmet bey Zogolli, dit Zogu, était le fils d'un chef de tribu du pays musulman de Mati et descendait d'une famille qui avait donné un grand vizir et des pachas à l'Empire ottoman. Son père s'étant révolté, il fut pris comme otage et élevé à la cour d'Abdul Hamid. Il alla à l'école militaire de Vienne et participa aux guerres balkaniques. En 1920, il se rendit au Congrès de Lushnja, en patriote, à la tête de quelques centaines de montagnards. Il devint alors, à vingt-six ans, ministre de l'Intérieur du gouvernement de Sulejman Delvina et assura son pouvoir en incorporant ses guerriers privés dans la gendarmerie de l'État. Il se proclama Premier ministre le 24 décembre 1922. Il fut contraint à l'exil en 1923 et se réfugia à Belgrade. Ses troupes mercenaires franchirent les frontières, au nord et au sud, les 10 et 14 décembre 1924. Il fut élu président par un parlement croupion en janvier 1925 et se vit confier de très larges pouvoirs. Dès 1925 il se rapprocha de Mussolini en signant à Rome un accord pour la création d'une Banque d'Albanie (Banca Nazionale d'Albania) et un second accord pour la création d'une Société pour le développement économique de l'Albanie, qui lui permettait d'obtenir de l'Italie un prêt de 70 millions de francs-or. En 1926, il signait le Pacte de Tirana, traité italo-albanais « d'amitié et de sécurité » par lequel l'Italie garantissait le statu quo politique, juridique et territorial de l'Albanie. Il devint roi en août 1928 sous le nom de Zog Ier. Il tenta, en vain, de se libérer de la pression de Rome auprès de qui il avait souscrit un nouveau prêt de 100 millions de francs-or mais, en juin 1934, la présence de 22 navires italiens devant Durrës le contraignit à renoncer à toute velléité de résistance. En mars 1939, Mussolini lançait à Zog un ultimatum auquel le roi ne put faire face, et le 7 avril, à l'aube, les Italiens débarquaient dans les ports d'Albanie, tandis que Zog prenait la fuite, emportant avec lui une partie du trésor de l'État.

85. Évangile selon saint Marc, VIII, 2 : « J'ai pitié de la foule. »

86. Voir les lignes consacrées aux socques (chaussures à semelles de bois) dans le journal « Côme - Saint-Yorre ».

87. Il n'apparaît pas tout à fait juste que l'épisode de Korça (Koritza) ait été le premier noyau de l'État albanais qui avait obtenu la reconnaissance de ses frontières à la Conférence de Londres en 1913, après l'effondrement de l'Empire ottoman. Cette reconnaissance n'avait pas mis fin à la convoitise des Monténégrins, Serbes et Grecs qui revendiquaient chacun des portions de territoire. Pour compliquer la situation, les grandes puissances de l'époque avaient également des vues sur le territoire albanais. Ainsi, le Traité de Londres d'avril 1915 accorda aux Italiens la souveraineté sur le port de Vlora (Vallona) et la région environnante. En 1916, les armées austro-hongroises étaient à Scutari (Skodër) et Durazzo (Durrës). C'est alors que le général Sarrail s'avança vers l'ouest, à la tête de l'armée d'Orient, pour faire la jonction avec les Italiens ; il atteignit Koritza en octobre 1916. Toute l'Albanie était alors occupée. À la fin de la guerre de 14-18, les Albanais essayèrent de se faire entendre à la Conférence de la Paix. Ils parvinrent à réunir à Durrës un congrès de 48 délégués qui formèrent

un « gouvernement provisoire » qui put défendre à Paris, à la Conférence de la Paix, l'indépendance de l'Albanie. Au printemps 1920, après de longues discussions qui ne permirent pas de trouver un accord, on en revint aux frontières de 1913. En janvier 1920, des patriotes réunirent le Congrès de Lushnja et désavouèrent le gouvernement de Durrës, suspect de sympathie pour Rome ; ils affirmèrent la volonté d'indépendance des Albanais en élaborant une nouvelle constitution. Un Haut Conseil d'État, composé de quatre régents issus des quatre confessions (catholique, orthodoxe, sunnite et Bektashi musulman), dirigea le pays et confia le gouvernement à Sulejman Bey Delvina, tandis qu'à la Chambre et au Sénat était dévolu le pouvoir législatif. Désireux d'obtenir la reconnaissance du pays en droit international, et de se prémunir contre de nouvelles tentatives d'invasion, le gouvernement demanda son admission à la Société des Nations ; l'Albanie y fut admise le 27 décembre 1920.

88. Auteur du premier guide sur l'Albanie, en 1931 (et non 1930), Léon Rey avait pris (en 1924) la suite des Autrichiens (1914-1918) sur le site d'Apollonia, près du village de Pojan (ou Pojani). Après une longue période d'absence, les Français peuvent, depuis quelques années, retourner sur ces lieux et c'est actuellement Pierre Cabanes qui a repris et qui dirige les recherches.

89. La coexistence de plusieurs cultes en Albanie a favorisé les influences réciproques et les mosquées, à l'instar des églises, y sont ornées de peintures extérieures, en frise haute autour du bâtiment, sous le toit, et également sous les porches.

90. Vœux qui ne tenaient pas compte de la topographie de l'Albanie...

91. Jusqu'en 1947 l'Albanie demeura le seul pays d'Europe qui ne possédait pas de chemin de fer. Depuis, le réseau s'est développé au rythme des plans quinquennaux et le réseau de voies ferrées se dessine de l'extrême nord (Hani i Hoti, à la frontière du Monténégro), en suivant le littoral, jusqu'à Vlorë (ancienne Valona) au sud, après une incursion vers l'est, à Tirana. Une voie traverse également le pays d'ouest en est, en suivant la vallée du Shkumbi, passant par Elbasan, jusqu'au lac d'Ohrid, frontière avec la Macédoine, où elle s'arrête à Pogradec.

92. Boulevard où se situe la légation de France.

93. Les plaines littorales, dont la région de Tirana fait partie, étaient alors mal drainées et la malaria y sévissait de façon endémique.

94. Il s'agit d'une habitude héritée des Turcs.

95. Cela s'explique sans doute par le fait que le traité « d'alliance défensive », conclu avec Mussolini en 1927, donnait pour vingt ans aux Italiens le contrôle des forces armées albanaises.

96. À l'instar de Skanderbeg, Ali Pacha de Tepelenë (1740-1822) est une des grandes figures de l'histoire albanaise. Cynique, cruel et ambitieux, il savait utiliser les Européens pour parvenir à ses fins et étendre son territoire, le pachalık de Ioanina. Relevé de ses fonctions par l'empereur ottoman Mahmoud II, il mourut décapité après s'être rendu à la fin du siège de Ioanina, où il s'était vaillamment défendu. Byron le décrit ainsi dans une lettre à sa mère du 11 novembre 1809 : « Son altesse a soixante ans ; il est très gras, pas très grand, mais il a un beau visage, des yeux bleu clair et la barbe blanche ; ses manières sont très douces, et en même temps il possède cette dignité qui paraît générale chez les Turcs. Il a l'air de tout, sauf de ce qu'il est réellement, car c'est un tyran sans remords, coupable des cruautés les plus affreuses, très brave, et si bon général qu'on l'appelle le Bonaparte mahométan... »

97. Terme qui nous ramène à l'époque de la guerre 1914-1918, quand Larbaud et Léon-Paul Fargue évoquaient, dans leur correspondance, les obligations militaires. En 1935, il sent, dans cette animosité contre l'Allemagne, les signes avant-coureurs de la guerre, comme en 1913.

98. Souvenirs d'un voyage en Algérie où Larbaud était allé vendre de l'eau de Saint-Yorre pour faire plaisir à Mme Larbaud : « [...] c'est mon premier et mon dernier acte de commerçant avant la fondation de *Commerce.* — Cette affaire (Saint-Yorre), administrée plutôt comme une firme familiale que comme une affaire industrielle, ne m'a jamais intéressé, pas plus que l'exploitation agricole de Valbois », écrit Larbaud en 1926 dans *Mon itinéraire* (*op. cit.*) pour l'éditeur A.A.M. Stols.

99. La situation de ce lycée, à Korça plutôt qu'à Tirana, s'explique par l'histoire de la présence française dans cette ville (occupée par le général Sarrail en 1913).

100. Dans les années 1920, le taux d'analphabétisme en Albanie était le plus élevé d'Europe : 90 %. En 1935, il restait certainement fort à faire...

101. On rencontre plus souvent le mot *bektashis.* Les Bektashis sont membres d'une confrérie musulmane de derviches tourneurs fondée en Turquie au XVe siècle, très active en Albanie, où le chef hiérarchique, le Grand Dédé, Salih Nijani, s'était réfugié en 1930. C'est une religion syncrétique partie de l'islam, influencée par le christianisme et conservant aussi des croyances antérieures à ces religions. On peut en retenir comme traits principaux un grand esprit de tolérance, la quête morale du bien et la croyance en la métempsychose. Les fidèles se retrouvent autour de *tekké* (couvents).

102. Serbie, Croatie et Monténégro n'ont en effet été réunis dans la République de Yougoslavie qu'après la Première Guerre mondiale. L'habitude n'est pas encore prise pour Larbaud, qui a voyagé dans ces pays au début du siècle.

103. Actuelle Dubrovnik.

104. Le chiffreur est un employé du Service du chiffre, « bureau civil ou militaire où l'on chiffre et déchiffre les dépêches secrètes » (*Grand Robert de la langue française*, 2e édition, 2001).

105. Distantes de 41 km...

106. Le nom de cette petite localité s'écrit actuellement *Shijak* ; elle est proche de Durrës.

107. Tout près de la frontière est du Luxembourg.

108. Les noms italiens de ces divers lieux n'ont plus cours depuis longtemps ; Antivari se nomme désormais Bar, Spalato est Split, Sebenico Sibenik (dont Larbaud donnera la variante Sebenik), Zara est Zadar et Lussin Piccolo Otok Losinj.

109. Cetinje a perdu son rôle de capitale du Monténégro après la Première Guerre mondiale.

110. *Ah ! donnez-moi le vent du soir sur les prairies,*
Et l'odeur du foin frais coupé, comme en Bavière
Un soir, après la pluie, sur le lac de Starnberg,
Ou bien encore les sentiments que j'avais il y a un an
Regardant de la passerelle de mon yacht
S'ouvrir la baie verte et rose de Gravosa
(*Nevermore*, L.P., p. 48).

111. Court texte de quinze lignes, « Rjeka » est l'une des « Douze Villes ou paysages » que Larbaud évoque dans *Jaune bleu blanc* (L.P., pp. 846-849). « L'abomination de la désolation » s'y exprime ainsi : « Le paysage est si aride qu'on se retourne pour regarder un arbre, et qu'on s'intéresse à la vie précaire d'un buisson, d'un carré de terre où il y a de l'herbe » (p. 849).

112. Niccolo Tommaseo (1802-1874), né en Serbie, est un poète, romancier et essayiste italien. Il connut une vie très agitée en raison de ses opinions politiques libérales, qui lui valurent l'exil et la prison à plusieurs reprises. Son œuvre poétique fut publiée en 1872 dans un recueil, *Poésies.* À Paris, il composa ses romans *Le Duc d'Athènes* (1837) et *Foi et beauté* (1840) et acheva son traité *De l'Italie* (1835). Il recueillit également des *Chants populaires toscans, corses, grecs, illyriens* (1841).

113. Larbaud ne pouvait ignorer le marasquin de Zara, fabriqué à partir de la marasque, petite cerise acide du bassin méditerranéen. La Maison Luxardo est une entreprise familiale, fondée à Zara en 1821 et qui s'illustre dans la production de cette liqueur à Torreglia, près de Padoue, depuis la Seconde Guerre mondiale.

114. La monarchie austro-hongroise.

115. Ces îles du littoral dalmate ne sont plus désignées sous leur nom italien : Cherso est maintenant Cres, Veglia, Krk et les deux îles Lussin (piccolo et grande) s'appellent Losinj.

116. Scipio Slataper (1888-1915), né à Trieste, est un écrivain italien. Étudiant à Florence, il appartint au groupe de la revue *La Voce*. C'est son journal, *Mon Carso* (1912), qui l'a rendu célèbre. Il mourut au front en 1915.

117. Italo Svevo est le pseudonyme d'Ettore Schmitz (1861-1928), écrivain de langue italienne, également né à Trieste. Il commença par publier un roman influencé par le réalisme, *Une vie* (1892), puis *Vieillesse* (1898), et renonça ensuite à la littérature pendant plus de vingt ans. La publication de *La Conscience de Zeno*, en 1923, le fit connaître du public international. Après avoir échoué pour faire admettre Svevo à *Commerce*, Larbaud se tourna vers *Du navire d'argent*, qui publia sa traduction de deux fragments de *Sénilité*, en mai 1926. Entre 1925 et 1928, Larbaud et Svevo échangèrent une correspondance, parue en Italie mais encore inédite en français.

118. Le Kaiser (ou Caesar, mot latin dont il dérive), autrement dit l'empereur d'Autriche, était célébré dans le « Kaiserlied », l'hymne impérial autrichien de 1797 à 1918. Sur une musique de Josef Haydn, les paroles de Lorenz Leopold Haschka disent :

Gut und Blut für unsern Kaiser,
Gut und Blut fürs Vaterland !
(Nos biens et notre sang pour notre empereur,
Nos biens et notre sang pour la patrie !)

Larbaud reprend en partie ces paroles : « Nos biens et notre sang, pour toi ! »

119. C'est le fleuve Shkumbi qui établit la frontière entre les deux groupes linguistiques. Le tosque est parlé au sud du fleuve, ainsi que dans certaines régions de Grèce et certains villages de l'Italie du Sud ; le ghègue est pratiqué dans le Nord, au Kosovo et dans divers lieux de Dalmatie et de Macédoine. Le système graphique, rappelons-le, a été fixé en 1917.

120. La *Koïné* (du grec : « langue commune ») était la langue commune au monde grec à l'époque hellénistique et romaine. Le latin lui succéda.

121. Indépendance qui n'était déjà plus qu'illusoire car les prêts que Zog avait obtenus de l'Italie (le dernier de 100 millions de francs-or en 1931) le livraient, pieds et poings liés, à l'Italie, dont les conseillers allaient bientôt être présents dans toutes les administrations albanaises.

122. Ce mot, dont l'orthographe n'est pas tout à fait fixée, emprunté au turc, désignait le pourboire, mais aussi, et c'est le cas ici, le pot-de-vin.

123. Le *Regnum albaniae* (Royaume d'Albanie) fut proclamé en 1272 par Charles Ier d'Anjou, frère de saint Louis, mais il eut une existence tout à fait éphémère.

INDEX

Avertissement

Nous ne pouvons quitter le Journal *de Larbaud sans offrir au lecteur les index qu'il attend d'y trouver et que Larbaud nous impose :*

> « Et l'index lui-même fait songer à un catalogue de bibliothèque, à une petite librairie privée, à une salle d'étude où le nom d'un peintre, çà et là parmi les noms d'écrivains, suggère des toiles accrochées aux murs ou des gravures sous verre, comme le nom d'un musicien évoquerait un piano ou un petit orgue dans un angle. C'est la dernière salle de l'appartement, villa ou château, qu'est le livre, celle qu'on traverse avant d'en sortir [...]. »
>
> « L'Index », *Sous l'invocation de saint Jérôme*

En achevant notre visite nous pourrons ainsi constater toute l'étendue et la diversité du catalogue de la bibliothèque de l'écrivain. Des personnes qu'il a côtoyées, nous conserverons quelques portraits, de simples esquisses, ou parfois simplement une ligne d'ombre. Et nous n'avons eu garde d'oublier les lieux, nommés, évoqués, traversés ou habités, qui, pour Larbaud, ont tant d'importance. C'est donc un triple index que l'on proposera ici, avec le désir d'être utile au lecteur.

Index des titres

Cet index répertorie séparément les titres des articles, essais, poèmes et nouvelles non rassemblés en volume (composés en romain entre guillemets) et ceux des œuvres. La mention *n.p.* qui figure après certains titres indique qu'ils n'ont pas été publiés.

TITRES DE VALERY LARBAUD

Articles, essais, poèmes et nouvelles

« 200 chambres, 200 salles de bains » : 171, 190, 192.

« A. Fraser Tytler » : 1437, 1443, 1537.
« À propos des Éditions bourbonnaises » : 1259, 1428.
« Actualité » (*n.p.*) : 1143.
« Alice Meynell » (*n.p.*) : 1216, 1219, 1243.
« Aller à la Chine » (« Aller en Canada ») : 1143, 1154, 1237.
« Anthologies » : 854, 869, 966, 967, 968, 987, 1002, 1010.
« Antoine Héroët » : 1135, 1235, 1259.

« Balistique » : 980, 983.
« Ballads and songs » (trad.) : 49.
« Beauté, mon beau souci... » : 368, 369, 381, 384, 395, 397, 724, 752, 762, 768, 812, 817.
« Bouts de papier » (*Le Manuscrit autographe*) : 776.
« Bouts de papier » (*n.p.*) : 611-619.

« Cahiers appartenant à... » (*n.p.*) : 344.
« Charles-Louis Philippe » : 1219.
« *Coming of age* » : 966, 967, 968.
« Concurrence vitale » : 966, 967, 968.
« Coventry Patmore » : 1220, 1245, 1289, 1290.

« D'Ablancourt et Patru » : 1138, 1146, 1235, 1237.
« De l'impériale » : 809.
« Des prénoms féminins » : 819.
« Deux artistes lyriques » : 71, 945, 1034.
« Deux notes sur E.A. Poe » : 1289.
« Deux romans de H.G. Wells » : 1289.
« Devant l'Ange » (*n.p.*) : 368, 369, 377, 397, 605.
« Devoirs de vacances » : 344, 346, 392.
« Dévotions particulières » : 859, 875, 1005.
« Digby Dolben » : 127, 128, 138, 386, 1289, 1290.
« Divertissement philologique » : 1319.
« Dolly » : 344, 387, 392.
« Dondey de Santeny » : 1199, 1200, 1201, 1202, 1208, 1212, 1213, 1216, 1218, 1219, 1249, 1251, 1259, 1266, 1283, 1296, 1297, 1326, 1327, 1335, 1349, 1360, 1362, 1365, 1369, 1379, 1381, 1382, 1384, 1385, 1386, 1389,

1390, 1392, 1394, 1398, 1399, 1407, 1408, 1411.
« Douze villes ou paysages » : 56, 800.

« El cuento de nunca acabar » : 1443.
« Elsa » : 34, 35, 49.
« Emilio Bertana et Vittorio Alfieri » : 966, 969.
« Emmanuel Lochac » (*n.p.*) : 1158, 1219.
« Et tout le reste est littérature » : 966, 967, 968.

« Florence Villa » : 685, 809.
« Franz Hellens » : 1250, 1259, 1273, 1280.

« Gênes et la Ligurie (ou « Ex-voto : San Zorzo » : 1250, 1259, 1297, 1301, 1409.

« Henry de Septimanie » (*n.p.*) : 283, 288, 293, 373, 377, 398, 605, 610, 644, 658, 673, 724.
« Hernanda » (*n.p.*) : 594.
« Hommage à López Picó » : 983, 985.
« Honneur des Hommes » : 1200, 1244.

« Introduction à l'œuvre de Samuel Butler » : 1250, 1256, 1289, 1290, 1319, 1325, 1329, 1353, 1369, 1420.

« James Joyce » : 1289, 1290.
« Jean de Lingendes » : 1135, 1235, 1410.
« Jeunes poètes et jeunes revues » : 813.
« Jhon-le-Toréador » : 966, 968.

« L'Allongement du jour » ou « M. Francia » (*n.p.*) : 673, 675.
« L'Amour et la Traduction » : 1443, 1454.
« L'Ardent Sanglot » : 966, 967, 968.
« L'Art et le Métier » : 840, 842, 888, 900, 968, 997, 1395.
« L'attaque de Galata » : 33, 34.
« L'Enfance et la jeunesse de Samuel Butler » : 754, 768, 772, 819.
« L'Heure avec la figure » : 387.
« L'Index des noms » : 971, 972.
« La Chartreuse de Grenade » : 956, 964, 966, 967, 969, 972, 973-979.
« La Colline du dimanche » (*n.p.*) : 344.
« La Force et l'outil » : 832, 838, 840, 994.
« La grande époque » : 119, 1138.
« La Mujer vestida » : 286, 291, 342, 378.
« La Neige » : 1288, 1297, 1333, 1335.
« La Ponctuation littéraire » : 966, 967, 968.
« Le Chevalier Thomas Browne » : 365, 887, 897, 1002, 1195.
« Le couperet » : 845.
« Le Gouverneur de Kerguelen » : 1109, 1112, 1227.
« Le Hameau des abeilles » : 1358, 1360, 1370, 1396, 1427.
« Le Métier » (*n.p.*) : 621, 799.
« Le Moulin d'Inigo Jones » : 887, 915, 921, 1016, 1031.
« Le Patron des traducteurs » : 967.
« Le poëte » : 34.
« Le Traducteur et l'Acteur » (*n.p.*) : 1443, 1454.
« Le Vaisseau de Thésée » : 865, 879, 887, 895, 897, 907, 915, 921, 923, 927, 1032, 1033.
« Les Anglicismes – Revues et publications littéraires » : 685, 809.
« Les Balances du Traducteur » (« Verborum pensitatores ») : 1398, 1429.
« Les Couleurs de Rome » : 841, 1154, 1195.
« Les Écœurants » : 966, 967, 968.
« Les Filles de l'Harmonie » : 966, 967, 968.
« Les Livres Consulaires » : 1443.
« Lettre aux Imprimeurs » : 944, 945, 966, 967, 968.
« Lettre d'Italie » : 1463, 1541.

« Marguerite Audoux » (« L'Atelier de Marie-Claire ») : 83.
« Martre » (*n.p.*) : 283, 288, 291, 293, 294, 296, 303, 326, 332, 377, 397, 609, 678, 695, 724, 762, 768.
« Max Beerbohm, Stendhal et Massillon » : 966, 967, 968.

« Ni en vers ni en prose » : 979.
« Note sur Francis Thompson » : 1179, 1242, 1289.
« Note sur James Stephens » : 1289.
« Notes sur Maurice Scève » : 1151, 1259, 1294.
« Notes sur Racan » : 1111, 1202, 1244.
« Notre Amérique » (Préface à *El Nuevo Acento*) : 1289, 1332, 1333, 1336, 1341, 1378, 1379, 1398, 1410.
« Nous deux mon chien » : 1396.

« Ovide » (*n.p.*) : 605.

« Pages from a Spanish diary » : 920.
« Par omission » : 966, 967, 968.
« Philarète Chasles » (*n.p.*) : 1132.

« Pierre-Daniel Huet » : 1443.
« Pointes de crayon » : 966, 967, 968.
« Portrait d'Éliane à 14 ans » : 182, 193, 344, 395.
« Pour l'inauguration d'une nouvelle ligne » : 964, 966.
« Pour une muse de douze ans » : 1288.
« Préface à *Boules de Naphtaline* » : 1122, 1231.
« Préface pour Aldo Capasso » : 1250, 1259, 1273, 1352.
« Profession ? » (*n.p.*) : 1136, 1137, 1139, 1443.
« Projet de réforme » (*n.p.*) : 680, 681, 808.
« Propos de table » : 119.

« Quarante-sous » : 34.
« Quelques noms géographiques » (« Les îles Sorlingues ») : 966, 967, 968.
« *Quoniam non cognovi litteraturam* » (*n.p.*) : 1250, 1409.

« Rachel Frutiger » : 344, 392, 939, 995.
« Ramón Gómez de la Serna » : 696, 700, 707, 708, 811.
« Renan, l'Histoire et la Critique littéraire » : 888, 964, 966, 1017.
« Rose Lourdin » : 347, 350, 393, 394, 1046, 1050, 1096.
« Rouge jaune rouge » : 793, 794, 795, 805.

« Scheveningue morte saison » : *53*.
« Sirmio » : 605.
« Sur le même sujet » (*n.p.*) : 964, 967, 969, 979, 980.
« Sur le rebut » : 1158, 1239.

« Thomas Hardy, dramaturge » : 1289, 1415.
« Traitement de l'irascible » : 1397, 1398, 1433.
« Trois belles Mendiantes » : 964, 966, 967, 969, 1007, 1121, 1231.

« Un manuel littéraire d'Arnold Bennett » : 1289.
« Un roman de Joseph Conrad » : 1289.
« Une nonnain » : 888.
« Une renaissance de la poésie américaine » : 1289.

« Valence-du-Cid » : 805.
« Walt Whitman » : 1289, 1290.
« Weston-super-Mare » : 685, 809.
« William Ernest Henley » : 1289, 1290.

Œuvres

A. O. Barnabooth : 51, 52, 54, 119, 121, 138, 141, 602, 678, 860, 913, 918, 924, 928, 948, 1121, 1143, 1147, 1153, 1160, 1265, 1304, 1408, 1459, 1460, 1523, 1540.
Allen : 83, 84, 863, 1000, 1007, 1143.
Amants, heureux amants : 190, 191, 658, 670, 804, 806, 855, 860.
Amour et la Monarchie (L') (*n.p.*) : 882, 888, 907, 910, 921, 924, 932, 936, 940, 941, 942, 946, 947, 949, 963, 969, 970, 1015, 1037, 1115, 1120, 1143, 1147, 1153, 1160.
Aux couleurs de Rome : 1299.

Ce vice impuni, la lecture. Domaine anglais : 1111, 1143, 1219, 1220, 1289, 1290, 1339, 1375, 1389, 1395, 1398, 1414.
Ce vice impuni, la lecture. Domaine français : 377, 1143, 1219, 1220, 1245.
Cœur de l'Angleterre (Le) : 56, 386, 793, 799.

Enfantines : 50, 56, 306, 315, 322, 343, 344, 345, 346, 347, 348, 372, 377, 392, 396, 581, 600, 602, 610, 741, 793, 1143.

Fermina Marquez : 50, 124, 377, 387, 603, 606, 678, 736, 737, 739, 741, 848, 859, 1143.

Jaune bleu blanc : 56, 143, 818, 1143, 1459, 1523.

Luis Losada : 56, 381, 393, 675, 676, 678, 695, 804, 818, 855, 1003.

Mon itinéraire : 50.
Mon plus secret conseil... : 59, 921, 922, 1106.

Pages arrachées à un journal de route : 59, 144.

Septimanie : 143, 190, 191, 192.
Sous l'invocation de saint Jérôme (Notes hiéronymiennes) : 964, 965, 967, 969,

1013, 1128, 1129, 1136, 1137, 1138, 1143, 1146, 1219, 1259, 1260, 1261, 1273, 1339, 1346, 1378, 1395, 1397, 1398, 1439, 1441, 1447, 1454, 1469, 1523, 1538, 1540.

Tan callando : 56, 811, 1107, 1141, 1143, 1145, 1146, 1158, 1200, 1237, 1288.

Technique : 888, 937, 940, 942, 944, 965, 967.

Vaisseau de Thésée (*Le*) : 56, 693, 694, 695, 700, 724, 811.
Violettes de Parme (*n.p.*) : 1143.

TITRES D'AUTRES AUTEURS

Articles, essais, poèmes et nouvelles

« A cup of tea » : 1317.
« A la Mare de Deu del Pi » : 629.
« Alla luna » : 55.
« Anna Livia Plurabelle » (*Finnegan's Wake*) : 1376.

« Barbe-Bleue » : 604.
« Bella mendicatrice » : 1350, 1402.

« Carmen nuptiale » : 628.
« Carnation » : 1317, 1318.
« Conversation de Léon-Paul Fargue et Valery Larbaud sur Henry J.M. Levet » : 73, 83.

« Difficultés d'un homme d'État » (T.S. Eliot) : 909, 1026.

« El arte y la revolución mexicana » : 1327, 1328.
« Épître à M. de Cologny » : 662.

« Il trattato *De Monarchia* di Dante A. e l'opusculo *De Potestate Regia et Popoli* » : 930.

« La Belle Gueuse » : 635, 802.
« La pipe » : 650, 803.
« La Prière vers l'Orient » : 583.
« La tête de femme de Palma » : 38.
« Le bateau ivre » : 117.
« Le Chaperon Rouge » : 604.
« Le lièvre et la tortue » : 1478.
« Le livre de Christophe Colomb » (P. Claudel) : 874, 1012.
« Le Matador des cinq villes » : 111, 113, 114, 120, 122, 128, 136.

« Le Socle de la statue » : 640.
« Les Dormeurs » : 643.
« Les petits souliers » : 604.
« Les poètes de sept ans » : 117.
« Les Roses de Saadi » : 610, 797.

« Midi » : 38.

« Ode triomphale » : 701.
« On the Brighton Road » : 124.

« Réfutation du déisme » : 35, 60.
« Retour du Portugal » (F. Gregh) : 862, 1006.
« Roads of Destiny » : 729.

« Salut au Monde » : 645.
« Solitude » : 113.
« Something childish but very natural » : 1317.
« Sur la mort de la duchesse de Chaulnes » : 695, 696.

« Tableau de la Poésie en France » : 1156, 1239.
« Taking the veil » : 1317, 1318.
« The black cap » : 1318.
« The doll's house » : 1317, 1318.
« The fly » : 1317.
« The Latch-key » : 712.
« The little girl » : 1317.
« Two tupenny ones, please » : 1318.

« Viaje de bodas » : 342.
« Vieux Monde » : 689, 810.

Œuvres et titres de presse

A Capital : 1282.
À contre-fil : 37.
A Dictionary of Proper Names and Notable Matters in the Work of Dante : 939.
A First Year in Canterbury : 710, 713, 734, 813.
A izquierda y derecha : 853.
A Midsummer Night Dream : 38.
A Reliquia : 1160, 1239.
A Step Towards Reconciliation : 726.
A True Story : 1131, 1133, 1333.
A.T. Bartholomew : 1181.
Actes (Les) : 603.
Action française (L') : 1147.
Agricola : 1056.
Aimée : 832.
Ainsi va toute chair (The Way of All Flesh) : 615, 618, 642, 674, 693, 715, 717, 719, 722, 732, 745, 950, 1163, 1167, 1170, 1265, 1353, 1368.
Albania : 1502, 1503, 1505.
Alpes et les Sanctuaires du Piémont et du Tessin (Les) : 306, 346, 357, 393, 719, 736, 814.
Amanhã : 622.
América novela sin novelistas : 1149.
Amours des plantes (Les) : 335.
An Australasian Anthology : 1361, 1362.
Anabase : 1071, 1099, 1158.
Anales de Instrucción Primaria : 1370.
Âne d'or (L') : 143.
Animaux et les Plantes (Les) (The Variation of Animals and Plants under Domestication) : 309, 312, 324, 357, 358, 583.
Anna Karénine : 41.
Annonce faite à Marie (L') : 1286, 1287.
Anthologie des poètes français : 862.
Anthologie des poètes français contemporains : 582.
Antoine et Cléopâtre : 686.
Antologia Poetilor de Azi : 1126.
Apocryphes de Shakespeare : 657.
Apollinaire en Ardenne : 1272.
Approximations : 1297.
Appunti : 123.
Aréthuse : 182.
Argent (L') : 1413.
Argus de la presse (L') : 113, 119, 122.
Ars Amatoria : 668.
Art byzantin (L') : 676.
Arts et métiers graphiques : 945.
As I Lay Dying (Tandis que j'agonise) : 1126, 1127, 1128, 1232.
Athenaeum : 689, 715, 769.
Attila : 754.
Au pays de la vie intense : 1255.
Aus jungen Tagen : 1176.
Avares : 1203.
Avventura (L') : 916.
Ayez pitié de ceux qui s'aimaient : 863.

Ballon aérostatique (Le) : 669.
Barandal : 868.
Barbier de Séville (Le) (Rossini) : 640.
Barraca (La) : 291, 292.
Barraques (Les) : 766.
Bartolus of Sassoferato ; his position in the History of medieval political thought : 931.
Beautiful Book : 738.
Bécassine aux bains de mer : 1291, 1351.
Ben Plantada : 590, 794.
Bernhard von Clairvaux : 1065.
Bible (La) : 362, 638.
Bible en Espagne (La) : 295, 381, 672, 677.
Bibliographie de la littérature française : 1295.
Bibliographie des œuvres de Paul Claudel : 858.
Bohemios : 761.
Boletim de Ariel : 1331.
Bolivar : 1174, 1175, 1242.
Bords de la Sarthe : 1131.
Bourbonnais littéraire (Le) : 1364, 1259, 1410.
Bréviaire (Le) : 1251, 1291, 1381.
Brush up your Italian : 1526.
Bug-Jargal : 844.
Bulletin Budé : 1154, 1342.

Cahiers d'un artiste : 602, 796.
Cahiers de Barbarie : 1363, 1365.
Cahiers du Bourbonnais : 73.
Cahiers du Sud (Les) : 144, 868, 875, 1348.
Calle de la Montera : 632.
Candide : 700.
Candide (hebdomadaire) : 867, 990, 1009.
Canti (Leopardi) : 1335.
Canto de Vendimia : 604.
Cantos Populares : 581.
Capitan Fracassa : 284.
Carcasses divines : 1438, 1537.
Carmen : 595, 692, 859.

Carnets (*Note-Books*) : 585, 589, 601, 603, 605, 608, 609, 621, 622, 627, 631, 633, 674, 713, 715, 722, 729, 792, 795, 796, 801, 803, 815, 817, 1250, 1251, 1259, 1265, 1269, 1273, 1288, 1289, 1335, 1353, 1363, 1364, 1369, 1374, 1375, 1378, 1395, 1398, 1429, 1509.
Cartes postales et autres textes : 74.
Castellinaria : 715.
Causeries du lundi : 1202, 1295, 1447, 1539.
Cazador de Sombras : 1262, 1263, 1281, 1410.
Ce n'est pas la mer : 1355.
Cendres : 1145.
Cenno storico : 1461.
Cent Meilleurs Poèmes lyriques (*Les*) : 352.
Centuries of Meditations : 1151, 1238.
Ceres' Runaway : 1193, 1195.
Cerezas del Cementerio (*Las*) : 286, 288, 329, 378.
Chalcondyle : 1477.
Chance ou l'Adresse (*La*) (*Luck or Cunning*) : 306, 328, 329, 338, 339, 340, 726, 815.
Chants héroïques de la Rome antique (*Les*) : 42, 55.
Charles Darwin et ses précurseurs français : 306, 307, 308, 336.
Charlo y Fatti : 755.
Chartreuse de Parme (*La*) : 852.
Chateaubriand : 1173.
Châtiments (*Les*) : 939.
Chez les passants : 640.
Children in Burlesque : 1195.
Choéphores (*Les*) : 1286.
Cinco águilas blancas : 1324.
Cinquantenaire de Paul Claudel : 679, 807.
Circoli : 868, 1010, 1140.
Cirque solaire (*Le*) : 677, 807.
Cité de Dieu (*La*) : 1110.
Città considerata come principio ideale delle istorie italiane : 885.
Ciudad de la niebla (*La*) : 334, 390, 677.
Claire : 865.
Clarté : 678, 807.
Clavel chez les Majors : 751.
Clayhanger : 1160, 1336, 1358.
Clément V et Philippe le Bel : 930.
Cola : 916.
Colonia (*La*) : 327, 333.
Comédie de Charleroi (*La*) : 1115, 1229.
Comici : 1325.
Commerce : 842, 844, 850, 854, 867, 874, 879, 885, 888, 903, 907, 916, 928, 929, 944.
Comte Julien (*Le*) : 679.
Coningsby : 1333.
Conquista del Fuego (*La*) : 1370.
Contemporains (*Les*) : 1294.
Contes de la popote : 754, 818.
Contrastes e confrontos : 846.
Contre ... ? : 895, 899, 913.
Convivio : 939, 943, 1347.
Corbeau (*Le*) : 690, 810.
Corona : 887, 915, 1140, 1236, 1297.
Corres (*La*) : 340, 345.
Corridos de la Revolución : 1396.
Corriere dei Piccoli : 1331.
Corriere della Sera : 890, 1470.
Corriere di Napoli : 931.
Coterie : 711, 712, 718, 726, 813.
Courrier de l'Allier : 1188.
Courrier français : 74, 79.
Coventry Patmore : 581.
Creative Criticism (*and other Essays*) : 849.
Crépuscule des dieux (*Le*) : 39, 839.
Crise du transformisme : 608, 609.
Cronicas de Gerardo Rivera : 1355.
Cuentos (L. Alas) : 601.
Curé de village (*Le*) : 899, 900.
Cymbeline : 1417.
Cyrano de Bergerac : 764.
Cyropédie : 1432.

D'après Paris : 1188.
Da Carlo VIII a Carlo V : 917, 932, 938.
Daily Mail : 940.
Daily Mirror : 718.
Dal Comune al Principato : 900, 901, 917, 931, 938.
Dama errante (*La*) : 333, 334, 390.
Danseuse (*La*) : 758.
Dante (revue) : 1404.
Dante et la théorie romaine de l'Empire : 930, 939.
Dante und die Idee des Weltfriedens... : 930.
Dante vivo : 1117.
Das Fürstentum Liechtenstein in Wort und Bild. Ein Führer : 1070, 1072, 1073.
Das Keimplasma : 592.
Das Zeitalter der Hohenstaufen in Sigilian : 929.
De Imperatore : 929.
De interpretatione : 1151, 1154, 1156.
De l'importance d'être constant : 762, 764, 819.
De Monarchia : 882, 890, 901, 903, 904, 921, 930, 931, 932, 938, 939, 940, 942, 943, 945, 947, 949, 1023, 1112, 1115, 1347, 1462, 1523.

De potestate summi pontificis et reprobatione monarchiae : 931.
De regimine christiano di Giacomo Capocci : 929.
De regimine principum e le dottrine politiche di San Tommaso : 929, 1112.
De vulgari eloquentia : 939, 949.
Débats (*Les*) : 118, 138.
Délie : 1280, 1337, 1338, 1340, 1368, 1372.
Dell'Imperiale di Dante : 930.
Democratic (*Vistas Perspectives démocratiques*) : 581, 792.
Dentro del Cercado : 605.
Der Landvogt von Greifensee : 1058.
Der Mäcen : 38, 52.
Dernières Colonnes de l'Église (*Les*) : 363, 396.
Des Français en Russie : 863.
Descendance de l'Homme (*La*) (*The Descent of Man, and Selection in Relation to Sex*) : 310, 312, 315, 316, 317, 319, 338.
Description de la Grèce : 958, 1040.
Dëshmorët e Rilindjes ore Spopé e Korcës : 1477.
Déterminisme biologique : 591.
Deux yeux bleux (*A Pair of Blue Eyes*) : 699, 812.
Diagnostic des aptitudes chez les écoliers : 1349.
Dialogue des orateurs (*Le*) : 876, 878, 879, 1013.
Diario de Alicante : 351, 762.
Dichtung und Warheit : 1447, 1539.
Dictionnaire anglais-français (Charles Petit) : 1364, 1371.
Dictionnaire Bescherelle : 641, 667.
Dictionnaire de biographie nationale : 614.
Dictionnaire de l'Académie : 1296.
Dictionnaire de la langue française (Littré) : 1364.
Dictionnaire de la langue française du XVIe siècle : 1383.
Dictionnaire Elwall : 649, 1371.
Dictionnaire latin-français (Félix Gaffiot) : 1297.
Dictionnaire Lewis and Short : 1364.
Dictionnaire néerlandais-français : 1318.
Dictionnaire Webster : 618.
Didimo : 1293, 1294.
Die Insel : 54.
Dieu connu et Dieu inconnu : 726, 815.
Dieu des corps (*Le*) : 1333.
Discours sur les passions de l'amour : 891.
Diversions in Sicily : 715.
Divina Commedia studiata nella sua genesi ed interpretata : 930.
Divine Comédie (*La*) : 943.
Doloras : 351.
D'ombre et d'azur : 866.
Don Juan : 610, 797.
Don Quichotte : 340, 343.

Eaux printanières (*Les*) : 938.
Ebrei : 1106, 1109, 1120.
Échange (*L'*) : 697.
Éclair (*L'*) : 170.
Éclaircissements sur les sacrifices : 631.
Écrits nouveaux : 999.
Écrits nouveaux (*Les*) : 709, 754, 768, 802, 813, 818.
Effort (*L'*) : 74.
El Abuelo del Rey : 286, 287, 288, 306, 329.
El Agua del Manzanares : 655.
El Arbol de la Ciencia : 632, 672.
El Buscón : 656, 804.
El Ciclope (O. Esplá) : 322.
El Circo : 590, 632.
El Conde Alarcos : 340, 391, 764.
El Día : 283, 660, 663.
El Diablo mundo : 351, 394.
El Hermafrodita dormido : 1177.
El Luchador : 660.
El Nómada (revue de Cordoue) : 352.
El Nuevo Acento : 1378.
El Obispo leproso : 1369, 1375, 1379, 1429.
El Santo de la Isidra : 655.
El Sol : 371, 579, 608, 610, 678, 1369, 1429.
El Viaje de la Vida : 761.
Elegias (Ventura Ruiz Aguilera) : 356.
Élégies (Tibulle) : 846.
Élégies romaines (Goethe) : 850, 1001.
Éléments : 1269, 1274, 1412.
Éloge de la folie : 1368.
Éloges : 84, 615, 798, 1158.
Els fruits sabrosos : 632.
Empire chinois (*L'*) : 343, 345, 360.
Empoisonnée (*L'*) : 952.
Émules de Darwin (*Les*) : 322, 330, 335, 336, 337, 339.
En Tarentaise : 1203.
Enchaînements du monde animal dans les temps géologiques (*Les*) : 345, 393.
Encyclopédie Espasa : 342.
Enéide (*L'*) : 331, 382, 390.
Enfant et le langage (*L'*) : 1413.
Enfant prodigue : 1359.
Enfant prodigue gardant les porcs (*L'*) : 1061.

Ensayo de Psicologia de la Adolescencia : 891.
Entre chien et loup : 1195.
Environs de Chambéry (*Les*) : 1193.
Epistulae (*Lettres*) (Dante) : 939.
Erasme : 911.
Érasme (Théodore Quoniam) : 1342, 1372.
Erewhon : 293, 294, 301, 314, 318, 330, 339, 380, 391, 615, 674, 675, 689, 697, 699, 700, 701, 702, 703, 704, 705, 706, 707, 708, 709, 710, 715, 722, 723, 725, 726, 727, 730, 731, 732, 737, 738, 741, 742, 747, 748, 752, 758, 762, 817, 1142, 1160, 1170, 1265, 1371.
Escaleta del Dimoni (*La*) : 673, 675.
España : 323, 329, 330, 362, 387, 585, 610, 626, 657.
Espirito Novo : 1122, 1231.
Essai sur la littérature anglaise : 115, 137.
Essai sur la topographie médicale de Mèze : 165.
Essais (*Les*) (Montaigne) : 372.
Essais (Unamuno) : 295.
Essais sur la Vie et l'Art (*Les*) : 736.
Essay on the Literature, the Arts, and the Manners of the Athenians : 34, 49.
Eugène Field : 1289.
Euménides (*Les*) : 1286.
Europe : 692, 843, 999, 1252, 1265, 1268, 1269, 1411.
Europe et le Saint-Siège à l'époque carolingienne (*L'*) : 930.
Évangile éternel (*L'*) : 1123.
Évangiles (Le Nouveau Testament) : 879, 961, 1370.
Évasions littéraires : 1398.
Ève future (*L'*) : 349.
Evocaciones : 604.
Évolution des mots depuis le XVIe *siècle* : 1381.
Évolution et structure de la langue française : 1296.
Évolution individuelle (*L'*) : 371.
Évolution individuelle et hérédité : 345, 355, 584, 591.
Évolution, autrefois et aujourd'hui (*L'*) : 309, 314, 315, 317, 328, 335, 338, 341, 643.
Examen de Ingenios para ciencias : 371, 372, 398, 581, 583.
Excelsior : 1138.
Expresiones : 1141.
Ex-voto : 294, 726, 815.

Fabian Airón : 342.
Fables (*La Fontaine*) : 662, 832.
Facundo : 329, 389.
Family Prayers : 714, 730, 734, 814.
Faust : 36, 51.
Femme et le Pantin (*La*) : 761.
Feu et Flamme : 1183, 1186, 1189, 1200, 1201, 1208, 1219, 1266, 1385, 1392, 1393.
Feuilles de saints : 1286.
Figaro (*Le*) : 284.
Figuras de la Pasión del Señor : 306, 310, 313, 322, 329, 342, 346, 347, 368, 370, 375, 385, 580.
Fille du ciel : 1290.
Filosofia politica di Dante nel De Monarchia studiata in se stessa e... : 931.
Flèche (*La*) : 1391.
Forest Sanctuary and Other Poems : 618.
Formation des êtres organisés (*La*) : 342.
Fragment d'un drame : 687, 858.
Fragments de sociologie chrétienne : 1112.
France-la-doulce : 1134, 1234.
Francis Thompson et les poètes catholiques de l'Angleterre : 1179, 1270, 1276.
Fraternity : 107, 108, 109, 110, 112, 116, 135.
Fray Gerundio : 351.
Fronte : 841.
La Frontiera : 109.
Further Extracts : 1173, 1174, 1264, 1265, 1266, 1268, 1269, 1270, 1276.

Gamiani : 690, 691, 692, 810.
Gavottes, Menuets, Fugues (S. Butler – H.F. Jones) : 713, 814.
Gazette apicole (*La*) : 1357.
Gazzetta di Firenze : 651.
Gedächtnis als eine allgemeine Funktion der organisierten Materie : 358, 396.
Gemma (*La*) : 707.
Genesis of Species : 715, 720.
Geografia Literária : 874, 877, 880.
Géologie biologique : 620.
Gianni Randone : 1293, 1294.
Gil Blas : 363.
Gioià d'Agava : 1140.
Gli ultimi sensuali : 1325.
Granada la Bella : 329, 331, 333.
Grande-Bretagne (*La*) : 1287.
Grandes escritores de América : 329, 335, 389.
Gravitations : 934, 1035.
Greguerias (*Échantillons*) : 590, 632, 698, 708, 709, 712, 793, 819, 1103, 1104, 1385.
Guaricha (*La*) : 1271, 1272, 1273, 1281, 1325, 1410.
Guida generale : 66.

Guide Baedeker : 595, 596.
Guide d'Anvers : 1301.
Guide de l'Albanie (Léon Rey) : 1486, 1518.
Guide de l'Hérault (1914) : 154.
Guirlandes pour l'automne : 1110.

Habit vert (*L'*) : 35.
Hamlet : 42.
Heinrich von Kleist : 1267.
Heraldo : 752.
Hérédité : 590.
Hérétiques (*Les*) : 309.
Hernani : 1290.
Héroïdes : 643.
Heterodoxos : 672.
Heureux Stratagème (*L'*) : 659.
Hier schreibt Paris : 855.
Hieronymus im Gehäus : 1061, 1098.
High and Low Classes in Italy (*Hautes et basses classes en Italie*) : 349, 380, 394, 691, 809.
Higiene y Belleza : 326, 378, 391.
Hispania : 610, 631, 632, 639, 648, 791, 793, 801.
Histoire d'Angleterre depuis l'avènement de Jacques II : 55.
Histoire d'un anneau enchanté (*L'*) : 1199.
Histoire de la Colombie et du Venezuela : 911.
Histoire de la langue française des origines à 1900 (F. Brunot) : 1130, 1284, 1297.
Histoire de la législation romaine : 345, 393.
Histoire de la littérature anglaise : 615, 798.
Histoire de la littérature française (G. Lanson) : 1294, 1295.
Histoire de la littérature néerlandaise : 1303, 1318.
Histoire de la musique : 600, 602, 795, 1130, 1233.
Histoire de la poste en Liechtenstein : 1075.
Histoire de la Révolution française : 702.
Histoire de Mèze : 163, 165.
Histoire de Rasselas, prince d'Abyssinie : 43, 56.
Histoire de Savoie : 828, 1203.
Histoire générale de la Bolivie : 911.
Histoire populaire des communes du département de l'Hérault : 163.
Histoire romaine : 123, 125, 126.
Histoires extraordinaires : 1374.
Hogar : 604.
Hollandais volant (*Le*) (*Le Vaisseau fantôme*) : 41, 55.
Homère : 39, 53.
Hommage à Bolivar : 1305.
Hommage à Rameau : 603, 604.
Hommage à Virgile (*L'*) : 1126.
Homme criminel (*L'*) : 1120.
Homme de cour (*L'*) : 1439.
Hommes de bonne volonté (*Les*) : 1267, 1268, 1333, 1411.
Hommes de la route (*Les*) : 848.
Horas solitarias (*Las*) : 670, 672.
Huasipungo : 1268, 1271, 1272, 1281, 1410.
Hubert Saladin (1798-1881), le mondain, le diplomate, l'écrivain : 1045, 1095.
Hudibras : 615, 716, 746, 798.
Humana civilitas, Staat, Kirche und Kultur : 939.
Humanité (*L'*) : 610.
Humoradas : 351, 395.
Humour d'Homère (*L'*) : 698.
Hymne à la liberté : 952.
Hymnes traduites du Bréviaire romain : 353.

Idea imperiale di Federico II (L') : 929.
Idearium español : 281, 296, 298, 333, 378.

Il lavoro fascista : 913.
Il linguaggio segreto di Dante e dei « Fedeli d'Amore » : 905, 1027.
Il trono dei poveri : 1458, 1462.
Iliade : 68.
Illuminations (*Les*) : 712, 804, 813, 1350.
Images de Paris : 1134, 1234.
Imitation de Notre-Dame de la Lune (*L'*) : 71.
In Defence of Women : 917, 949, 1140, 1236, 1414.
Institutions ecclésiastiques (*Les*). *La Papauté et le gouvernement de l'Église...* : 1131, 1133, 1134, 1234.
Interpretazioni : 1151.
Intransigeant (*L'*) : 709, 1325.
Introduction à la méthode de Léonard de Vinci : 766, 769, 819.
Iphigénie en Tauride : 34, 49.
Italia da Carlo Magno alla morte di Arrigo VII : 930.
Italia letteraria : 847, 849, 869, 876, 896, 898, 905, 910, 915, 917, 1026, 1347.
Italiano : 915.
Italiennes (*Les*) : 1396.
Ivanhoé : 643, 646, 649, 650, 651, 656, 803.

Janus : 689.
Jardin botanique : 317, 386, 390.
Jardin des plantes de Montpellier : 176.
Je sais tout : 651.
Jean Barois : 725.
Jean-Arthur Rimbaud, le poète : 117, 118, 137.
Jeu de colin-maillard (*Gallina Ciega*) : 669, 806.
Jeune Parque (*La*) : 305, 306, 309, 311, 383, 584, 585, 603, 652, 693.
John Bull's other Island : 746.
Journal (Marie Bashkirtsheff) : 43, 56.
Journal d'un poète (*Le*) : 680, 808.
Journal des poètes (*Le*) : 855, 858, 875, 1003, 1107, 1143.
Journal politique national (*Le*) : 701, 812.
Journals (A. Bennett) : 1412.
Juan José : 284, 378.
Jude l'Obscur : 1132, 1133.
Jugement dernier : 1052.
Jugement dernier des Rois (*Le*) : 33, 49.

Kidnapped : 334.
Knock : 832.
Kölnische Zeitung : 1288.

La de la Faz serena : 662, 666.
Lacerba : 914.
Lanzas coloradas : 989.
Laure et Laurence : 851, 856.
Lazare de l'Amour (*Le*) : 1194, 1208.
Leçon d'anatomie (*La*) : 38.
Lectures on Physiology : 345.
Le monde est images : 874.
Le Petit Œuvre d'amour et Gaige d'amitié n'est pas de Maurice Scève : 1057.
Les lauriers sont coupés : 1120.
Lettres à Fanny Brawne (*Les*) : 113, 136.
Libellus de imperio potestate in Urbe Roma : 930.
Liber de Regimine Civitatum : 930.
Liberal : 752.
Liberté : 744.
Libro de Sigüenza (*Le Livre de Sigüenza*) : 337, 341, 383, 391.
Liechtensteiner Nachrichten : 1073.
Liechtensteiner Volksblatt : 1073.
Ligne d'ombre (*La*) : 682, 808.
Lionnes pauvres (*Les*) : 34.
Lirica : 1288, 1417.
Literatur-Geschichte der Deutschen Schweiz : 1057.
Littérature : 695, 700, 707, 709, 812.
Littérature latine : 1342, 1425.
Lives of Eminent Christians : 720.
Livre de la jungle (*Le*) : 700.
Llibre dels Poetas : 628, 632.
Lloyd's Weekly News : 351, 360, 366.
London Illustrated News : 911.
London Mercury : 769, 770, 1327.
Los Intereses creados : 159, 188.
Los Raros : 626, 627.
Los Trabajos del Pío Cid : 284, 329, 378, 389.
Lucienne : 1333.
Lutetia : 661.
Lutte des jeunes (*La*) : 1134.
Lyre : 952.

Madame Angot ou la Poissarde parvenue : 33.
Maison sous les branches (*La*) : 682.
Maître de forges (*Le*) : 1329.
Major Barbara : 745, 817.
Malbrouka : 1153.
Mamelles de Tirésias (*Les*) : 690, 693, 811.
The Man who Was Thursday : 618, 799.
Manuel d'archéologie américaine : 679, 680, 681, 807.
Manuel d'architecture byzantine : 674, 676, 806.
Manuscrit autographe (*Le*) : 818, 842, 869, 920, 922, 925.
Marco Polo : 1104.
Maria : 389, 1270.
Mariage de Figaro : 40.
Marie-Claire : 283.
Marquise de Lazán : 616, 617, 798, 817.
Matin (*Le*) : 1156.
Mattino (Il) : 918, 940.
Max Havelaar : 53.
Médée : 34, 35, 50, 697.
Méditations (*Les*) (Bossuet) : 874.
Meilleurs Poèmes de Campoamor (*Les*) : 351.
Mémoire inconsciente (*La*) : 306, 309, 322, 323, 336, 388, 583.
Mémoires (*Cajál*) (*Recuerdos de mi vida*) : 349, 356, 357.
Ménagerie (*La*) : 39.
Menteur (*Le*) : 676.
Mentiróla y el Tío Lepa : 676.
Mer Caraïbe : 1113.
Mercure de France : 716, 729, 731.
Messagero : 914.
Métamorphoses (*Les*) : 600, 605.
Mi compadre : 1176.
Microcosme : 1340.
Mirabile Visione (*La*) : 939.
Miranda : 1184, 1189, 1202, 1208, 1244, 1266.
Misery Farm : 1107.
Missatge d'Israël : 1262, 1386.

Moglie del Sordo (*La*) (*La Femme du sourd*) : 1116, 1117, 1145, 1146, 1149, 1150, 1151, 1230.
Moll Flanders : 1133.
Monografie geografiche : 911.
Monostiches : 872, 873, 1011, 1147.
Monterrey : 868.
Monthly Repository : 691.
Moros y Cristianos : 761.
Mort de Chamko : 952.
Mort de Marie (*La*) : 1120.
Mort de quelqu'un : 1120.
Mosaïque : 1210.
Muertos (*Los*) : 606, 797.
Mujer y el pelele (*La*) : 761.
Mummery : 685, 712.
Mundo gráfico : 295, 341.
Mystères de Céphalonie : 952.
Mystica Biblion : 1266, 1384, 1393.

Nación : 379, 817.
Narcissus (S. Butler – H.F. Jones) : 713, 814.
Nation (*La*) : 301, 379.
Néo-lamarckiens et Néo-darwiniens : 320.
Neptune : 1301.
Neveu de Rameau (*Le*) : 1281, 1282.
New Republic : 702.
New Weekly : 144, 184, 1327, 1422.
Nice et Savoie : 1198.
Nietzsche et les théories biologiques contemporaines : 634.
Nineteen nineteen : 1290, 1293.
Nómada : 290, 322, 323, 326, 328, 347, 368, 379.
North British Review : 720.
Nourritures terrestres (*Les*) : 175.
Nouveau Monde (*Le*) : 349.
Nouveau Testament (Le) : 290, 337.
Nouveaux Voyages en Erewhon (*Erewhon Revisited*) : 288, 293, 294, 314, 315, 380, 386, 674, 715, 732, 1163, 1265.
Nouvel examen des sonnets de Shakespeare : 686, 688, 696, 810.
Nouvelle Héloïse (*La*) : 115.
Nouvelles asiatiques : 695, 811.
Nouvelles littéraires (*Les*) : 862, 866, 874, 876, 892, 897, 1128, 1149, 1280, 1369, 1392, 1413.
Nouvelles Poésies (A. de Musset) : 296.
Novelle : 930.
NRF (*La*) : 112, 118, 122, 136, 139, 144, 323, 327, 333, 344, 592, 682, 685, 689, 702, 704, 736, 737, 758, 762, 809, 813, 842, 843, 844, 863, 1007, 1120, 1122, 1127, 1133, 1154, 1156, 1274, 1319, 1329, 1336, 1348, 1353, 1369, 1377, 1398.
Nuevo Mundo : 295.
Nuits Attiques : 1279, 1354, 1412.
Nuova antologia : 915.

O Grillo cantado : 1183, 1243.
Obermann : 289, 291, 292, 296, 297, 303, 379.
Occidente : 1117, 1230, 1293.
Odes nouvelles : 952.
Odisea de Tierra Firme : 844, 845.
Odyssée : 69, 1388.
Œuvre d'art international (*L'*) : 71, 1327, 1422.
Œuvres choisies (Whitman) : 581, 637, 640, 643, 645, 647, 721.
Œuvres en prose (Dondey) : 1266, 1385, 1391, 1392.
Œuvres latines (Dante) : 1164.
Œuvres posthumes (Dondey) : 1195, 1385, 1391, 1392.
Oggi : 1114, 1140.
Old Creole Days : 729, 816.
Old Wives' Tales : 1336.
Opera di Irnerio (*L'*) : 930.
Origine des espèces (*L'*) : 297, 298, 304, 306, 312, 338.
Orthodoxie : 309.
Otage (*L'*) : 1261, 1277, 1286, 1287, 1410.
Othello : 41, 51.
Our Mutual Friend : 640, 802.
Ours et la Lune (*L'*) : 690, 693, 810.
Oxford New English Dictionary (Murray) : 614, 618, 1296, 1371.

Paço de Milhafre : 1161, 1240.
Page disgracié (*Le*) : 635, 1156, 1239.
Pages caractéristiques (Baltasar Gracián) : 1439, 1538.
Pages choisies de Lamarck : 641.
Pages choisies de Tristan L'Hermite : 635.
Pagidas escogidas (Quevedo) : 368.
Pain dur (*Le*) : 306, 384, 678, 807, 1286.
Pamphlets : 622, 623.
Paraguay (*Le*) : 911.
Parasite (*Le*) : 1384.
Pardon (*Le*) : 952.
Parfum de Rome (*Le*) : 882, 884, 1014.
Paris-Midi : 863, 1007, 1141.
Partage de midi : 832.
Parthénogénèse : 345.
Pata de la Raposa (*La*) : 676, 677, 806.
Paul Valéry : 895.
Pavane de la Belle au Bois Dormant : 607.
Pays des Hommes (*Le*) : 865, 868.

Pèlerinage de Childe Harold : 1495.
Penombra di Jean-Jacques (*La*) : 869, 1008.
Pensées (*Les*) : 678.
Pensiero politico di Dante : 932, 938, 942, 943.
Père humilié (*Le*) : 306, 384, 702, 813, 1286.
Pericia geográfica de M. Cervantes : 630.
Petit Dauphinois (*Le*) : 1200.
Petit Œuvre d'amour et Gaige d'amitié (*Le*) : 828, 839.
Petite Faute (*La*) : 952.
Petite scène : 1512.
Petits voyages : 952.
Pétrarque et l'empereur Charles IV : 931.
Phalange (*La*) : 323, 844, 862, 999.
Philaster : 37, 51.
Philosophie zoologique (Lamarck) : 340, 386.
Philosophie zoologique avant Darwin (*La*) : 305, 341, 342, 345.
Piccolo : 66.
Pie X : 1065.
Pie XI : 840.
Pléiades (*Les*) : 685, 687, 689, 690, 811.
Plume (*La*) : 33, 35, 42, 49, 55.
Podniatoia Tselina : 1138.
Poèmes (Léon-Paul Fargue) : 172, 190, 301, 386, 509, 590, 624, 793.
Poèmes en prose (Baudelaire) : 1350.
Poèmes saturniens : 329, 389.
Poems of Sidney Lanier : 37, 51.
Poesias Escogidas (J. Ramón Jimenez) : 604.
Poésies (L. Mavilis) : 952.
Poésies (Gottfried Keller) : 1058.
Poésies (J. Polylas) : 952.
Poesü : 1126.
Poètes maudits (*Les*) : 678.
Poil de Carotte : 356.
Porte étroite (*La*) : 347, 354, 357, 387, 394.
Position of James Joyce : 1376.
Pour l'Empereur ! : 33.
Pourquoi nous ressemblons à nos parents : 367.
Pouvoir des Fables (*Le*) : 1349.
Presença : 1106, 1226.
Pride and Prejudice (*Orgueil et Préjugés*) : 614, 798.
Prigione (*La*) : 864, 874, 877.
Primary factors of organic evolution : 591.
Principes de biologie : 338.
Prisonnier de Chillon (*Le*) : 1050, 1097.
Promenade en zig-zag à travers Annecy : 833.
Propos (Alain) : 863.
Proue (*La*) : 1114, 1329, 1427.
Provincia di Como (La) : 109.
Provinciales (*Les*) : 655, 657, 659, 670, 804.
Public Faces : 1117, 1131.
Publicidad : 603.
Puritania : 1437, 1447.
Pythéas : 874.

Quaestiones de juris subtilitatibus : 930.

Rassegna di studi francesi : 1469.
Réaction païenne : 1324.
Recent Poetry (1923-1933) : 1361.
Reflets d'Allemagne : 604.
Reina Silencio (La) : 676, 806.
Reppublica di San Marino, Guida storica illustrata : 1540.
République de Costa-Rica (*La*) : 911.
Revue anglo-américaine (*La*) : 1140, 1147, 1238, 1267, 1348, 1353, 1354, 1376, 1469.
Revue Bleue : 1269.
Revue de France (*La*) : 855.
Revue de l'Amérique latine (*La*) : 853, 868.
Revue de l'enseignement des langues vivantes : 1389.
Revue de Paris (*La*) : 685, 707, 727, 738, 842, 866, 885, 888, 916, 939, 940, 1106, 1128, 1140, 1150, 1252, 1264, 1266, 1283, 1297, 1333, 1357, 1360, 1366, 1369, 1380, 1385, 1387, 1392, 1407, 1408.
Revue des cours scientifiques (*La*) : 324.
Revue des Deux Mondes : 1376, 1477.
Revue du XXe siècle : 1263, 1343.
Revue européenne (*La*) : 844, 888, 937, 999.
Revue germanique : 1268, 1353, 1411, 1469.
Revue hebdomadaire (*La*) : 768.
Revue indépendante : 687.
Rhapsodies du Vidame : 1193.
Robinson Crusoé : 1351.
Rococo : 1120.
Roman bourgeois : 698, 699, 812.
Roman d'un jeune homme pauvre (*Le*) : 1329.
Romance d'um homem rico : 894, 898, 899, 900.
Romancero judeo-español : 766.
Roméo et Juliette (Gounod) : 639.
Ronde de nuit (La) (ou *La Compagnie du capitaine Frans Banning Cocq*) : 40, 54.
Rose de France (*La*) : 1323.

Rusticatio Mexicana : 834.

Sabina Poppea : 1046.
Sacs et Parchemin : 1329.
Saeta (La) : 855, 1003.
Sagesse : 52, 1070, 1099.
Salutations dont d'angéliques : 1305.
Samuel Butler, a Critical Study : 711, 715, 718, 809.
Sanctuary : 1126, 1127, 1128, 1133.
Santo Domingo, Past and Present, with a Glance at Hayti : 1324.
Satiricon : 51.
Saül : 38.
Schweiz-Liechtenstein : 1064, 1070.
Scutul Minervei : 1368.
Semaine Sainte : 383, 987.
Senos : 590.
Sens unique : 855.
Séraphîta : 174.
Serena Bruchi : 349, 394, 689.
Serenata Celeste : 873.
Shiva, maestro di danza : 859.
Si el hombre puede artificiosamente volar : 1137, 1235.
Simples contes des collines : 701.
Singulier : 1437, 1438, 1439, 1448, 1449, 1453.
Sir Thomas Browne (G. Keynes) : 862.
Sir Thomas Browne (O. Leroy) : 853, 854, 897, 1149.
Sirène (*La*) : 758.
Sirènes (*Les*) : 741, 743.
Soirée avec M. Teste (*La*) : 691.
Soirées de Saint-Pétersbourg : 600, 631.
Solaria : 885, 1016.
Soledades (Las) : 368, 397.
Songe d'une nuit d'été (*Le*) : 690.
Songe du roi Othon : 952.
Songs of Innocence : 1284, 1413, 1415.
Sonnets (Dondey de Santeny) : 1189.
Sonnets de Shakespeare (*Les*) : 701, 1289.
Sonnets torrides : 84.
Sotto il Velame : 939.
Sous-Sol (*Le*) : 770, 1281, 1282.
Souvenirs d'un voyage dans la Tartarie, le Tibet et la Chine pendant les années 1844, 1845 et 1846 : 360, 385.
Specimen Days (*Jours exemplaires*) : 581, 792.
Stampa (La) : 837, 917, 940.
Stato e Chiesa negli scritti politici... : 929.
Suisse (*La*) : 837, 1056.
Sunday Times : 727.
Super sententias Petri Lombardi : 1397.
Sur les tréteaux du ciel : 1149, 1238.
Symphonie pastorale (*La*) : 736.
Systema naturae (*Le Système de la Nature*) : 337, 743.

T.B.O. : 755.
Télémaque : 1350.
Tempête (*La*) : 690.
Temporal (A. de Serpa) : 1398.
Temps (*Le*) : 708, 871.
Temps du paroissien (*Le*) : 1189.
Tendances nouvelles... : 854.
Tentation de saint Antoine (Tiepolo) : 1451.
Terra di San Marino : 1461, 1462.
Terre voluptueuse : 867, 1009.
Terres divines : 1135, 1234.
Tevere (Il) : 918.
The Anglo-French Review : 684, 704, 769, 1057.
The Children : 1190, 1192, 1193, 1197.
The Dynasts : 1290, 1293.
The Eagle : 729.
The Fair Haven (*Le Havre de Paix*) : 726, 815.
The Ghost Ship : 122, 138.
The Holy Roman Empire : 930.
The Ludwigs of Bavaria : 1140.
The Man who Lost Himself : 930.
The Man who Was Dead : 1115, 1229.
The Novels of Juan de Flores and their European Diffusion : 1183.
The Owl : 711, 712, 718, 726, 736, 813.
The Poetical Works of Thomas Traherne : 1151, 1238.
The Poetry Bookshop Monthly Chap-book : 701, 711, 726, 738, 769, 813.
The Research Magnificent : 1497.
The Rhyme of the Ancient Mariner (*La Complainte du Vieux Marin*) : 34, 50, 349, 397.
The Theories of the Relation of the Empire... : 929.
The Times Literary Supplement : 689, 727, 769.
Themen der französischen Lyrik in 17 Jahrhundert : 1121, 1231.
Théorie des causes actuelles : 370, 591.
Théorie nouvelle de la vie : 348, 350, 355, 357, 592.
The Unwelcome Man : 609, 708, 797, 813.
The Young Visitors : 723, 725, 736, 737.
Things Will Take a Turn : 39, 54.
Times : 36.
Timon d'Athènes : 668, 805.
Tirana (*La*) (*Goya*) : 616, 817.
Today : 736.
Tous toqués : 36.
Toute l'édition : 1114, 1116, 1135, 1230.
Transformisme (*Le*) : 600, 607, 608.

Transmissibilité des caractères acquis : 323, 387, 592, 593.
Tres Etcéteras : 1176.
Tribulat Bonhomet : 349.
Tribune de Genève (*La*) : 1045, 1219.
Trivia : 712, 725, 726, 734, 736, 814, 1103, 1104, 1218, 1385.
Tu eres la paz : 677.

Ulysse (Joyce) : 1016, 1120, 1290, 1376, 1377, 1378.
Ulysses (S. Butler - H.F. Jones) : 713, 814.
Une Parisienne chez les anthropophages : 371.
Une ténébreuse affaire : 1277.
Unidad funcional : 631, 801.
Ursule-la-laide : 1112, 1228.
Utopia politica di Dante : 931.

Vache au taureau (*La*) : 40.
Valentin Conrart, le père de l'Académie française : 1447.
Vannina : 1201, 1218.
Vathek : 871.
Vedute eminenti per amministrare... : 885.
Velléités : 1277.
Velléités philosophiques : 1189.
Vénus physique : 357, 365, 720, 724.
Verdad y el Error en la doctrina de la evolución (*La*) : 357.
Vergers : 1111.
Verhängnisse : 1052.
Vicentinho : 859, 1005.
Vie de l'amiral Saldanha da Gama : 1331.
Vie de Leopardi : 1250, 1251, 1283, 1410.
Vie de Leopardi (De Sanctis) : 701, 708.
Vie de M. d'Ablancourt (*La*) : 1138.
Vie de Mélanie Calvet, bergère de la Salette (*La*) : 358, 396, 397.
Vie de Napoléon (*La*) : 680.
Vie de Samuel Butler : 740.
Vie de Waiblinger : 873, 1011.
Vie des douze Césars (*La*) : 1174, 1226, 1418.
Vie des hommes illustres : 1374.
Vie dévote (*La*) : 658.
Vie et correspondance de Charles Darwin : 330.
Vie et l'Habitude (*La*) (*Life and Habit*) : 294, 298, 306, 314, 336, 338, 342, 355, 371, 372, 374, 380, 579, 583, 592, 593, 601, 605, 609, 618, 626, 655, 656, 658, 659, 660, 668, 673, 674, 675, 678, 679, 685, 689, 693, 721, 743, 746, 761, 762, 804, 1163, 1265, 1368, 1371.
Vie montpelliéraine : 170.
Vieil Annecy (*Le*) : 831, 833.
Vieille Histoire : 114, 137.
Villes mortes du golfe de Lyon (*Les*) : 163, 189.
Visages d'Annecy : 831, 833.
Visions : 1266.
Vita di Giacomo Leopardi (*La*) : 119, 121, 123, 125.
Vitellius : 1142.
Voyage du papier autour du monde (*Le*) : 855.
Voyage historique et pittoresque autour de l'étang de Thau : 165.
Voyage sentimental (Le) : 75.
Voyages aux États Lilliputiens. La Principauté de Liechtenstein : 1072.
Vulgate (La) : 878, 879.

Wappenrolle : 1058.
Watteau, le départ pour les îles : 1359.
Waverley : 651, 804.
Werther : 873, 879.
Where Sea-Gulls Gather : 186.
Work in Progress (Finnegan's Wake) : 1375, 1376, 1377, 1430.
Wyandotté : 600, 606, 643.

Zinsgroschen : 1061, 1098.
Zoonomia : 335, 336, 386, 390.

Index des noms cités

ABOUT, Edmond : 1399.
ABRIC, Léon : 76.
ACQUAVIVA (duchesse d') : 1462.
ADAM, Paul : 1143, 1237.
ADDISON, Thomas : 370, 398, 590.
ADLER, M. : 35.
AGASSE : 1045, 1046, 1096.
AITA, Antonio : 1141, 1236, 1405.
AJALBERT, Jean : 80.
ALAIN : 863, 1007.
ALAJOUANINE, Théophile : 136, 187.
ALAS, Leopoldo (dit CLARÍN) : 303, 383, 601.
ALAUX, Gustave d' : 1324.
ALBÉNIZ : 640, 679, 760, 761, 802.
ALBERT Ier : 1129, 1233.
ALBERTI : 869.
ALCAN : 911.
ALDINGTON, Richard : 1289.
ALEMBERT, d' : 813.
ALERAMO, Sibilla : 864, 876, 898, 910, 913, 918, 1013, 1022, 1291, 1415.
ALESINA, Angelo (Signor) : 284, 285, 584, 792.
ALFIERI : 180, 192, 677.
ALINARI : 911, 912, 1027, 1035, 1451.
ALI PASHA : 1508, 1549.
ALIX : 336.
ALLARY, Jean : 903.
ALLEN, Grant : 340.
ALLEN, P.S. : 1342, 1425.
ALLIER, Achille : 834, 994.
ALLULI, R. : 902, 949.
ALMAGIÀ : 1502.
ALOMA : 909.
ALOMAR, Gabriel : 610.
ALPHANDÉRY, Georges : 1357, 1370.
ALPHONSE XII : 308, 384, 398.
ALPHONSE XIII : 794.
ALTAMIRA, Rafael : 599, 759, 795, 819.
ALVARO, Corrado : 905, 910, 1025.
AMO, Gregorio del : 657.
AMPARITO (la petite infirme) : 654, 657.
AMROUCHE, Jean : 1145, 1153, 1237.
AMYOT, Jacques : 1374, 1383, 1398, 1431.
ANCHÈRES, Daniel d' : pseud. de Jean de SCHELANDRE.
ANDERSON : 935, 940, 1035, 1451.
ANGIOLETTI, G.B. : 841, 896, 897, 898, 899, 902, 903, 904, 909, 910, 913, 914, 915, 917, 998.
ANKER : 1045.
ANTOINE, André : 586, 793.
ANTOINE, Étienne : 191.
ANTUÑA, José G. : 1332, 1333, 1335, 1339, 1341, 1378.
APOLLINAIRE, Guillaume : 690, 693, 730, 811, 876, 1365, 1440.
APULÉE : 345, 393.
ARACELI : 633, 634, 652, 653, 657, 658, 659, 661, 663, 668, 670, 673, 674, 678, 758, 763, 766, 771, 772.
ARAGO, Étienne : 1471.
ARAGON, Louis : 696, 700, 811.
ARANHA, Graça : 937.
ARAQUISTAIN, Luis : 618, 799.
ARDUINI, Luigi (Signor) : 284, 285, 322, 584, 792.
ARÈNE, Paul : 80.
ARIAS, Vicente Martín (don) : 667.
ARISTOTE : 655.
ARLAND, Marcel : 811.
ARNAUD, Odette : 1113, 1229.
ARNICHES, Carlos : 655, 803.
ARNOULD, Maurice-A. : 1379, 1381.
ARNYVELDE, André : 895, 915, 1019.
ARQUEDAS, A. : 911.
ASCHER : 42.

ASHFORD, Daisy : 723, 726, 736, 737, 742, 817.
ASQUITH (M.) : 726.
ASQUITH (Mlle) : 661, 693.
ASSIS BARBAROSA, Francisco de : 1331.
ATHAYDE, Tristão de : 1112, 1114, 1115, 1228.
AUBIGNÉ, Agrippa d' : 1295.
AUCLAIR, Marcelle : 53, 793, 818, 997.
AUDEN, Wystan Hugh : 1117, 1230.
AUDIBERTI, Jacques : 888, 903, 916, 1017, 1122, 1137, 1139, 1143, 1156, 1177, 1367, 1381.
AUDOUX, Marguerite : 76, 83, 138, 283, 606, 905.
AUGUSTIN, saint : 1110, 1112, 1120, 1130, 1143.
AULU-GELLE : 1273, 1275, 1276, 1349, 1355, 1356, 1412.
AURO D'ALBA : 1156.
AUSTEN, Jane : 617, 798, 800.
AVELINE, Claude : 1363, 1381, 1428.
AZORÍN (alias José Martinez Ruiz) : 303, 380, 383.

BABOA (v. Nebbia, Maria).
BACH, Jean-Sébastien : 604, 639, 796.
BAEZ, C. : 911, 1324.
BAEZA, Ricardo : 752, 753, 762, 764.
BAÏF, Jean-Antoine : 681, 808.
BAJON, Bernard : 993.
BALAKIREFF : 759, 819.
BALDINI : 915.
BALSIMELLI, Francesco : 1461, 1462.
BALZAC : 174, 877, 899, 1158, 1277, 1373.
BANVILLE, Théodore de : 80, 353, 395.
BANYULS (M.) : 329.
BARBEY D'AUREVILLY : 362, 761.
BARBIER, Édouard : 312, 358, 385.
BARBUSSE, Henri : 678, 807.
BARILLI, Bruno : 904, 914, 1024.
BARNEY, Natalie Clifford : 876, 1013.
BAROJA, Pío : 303, 333, 334, 368, 379, 380, 383, 390, 632, 670, 672, 673, 677, 678, 801.
BARRANDON (M.) : 163.
BARRAUD, François : 1046.
BARRAUD, Maurice : 1046, 1050, 1096.
BARRÈS, Maurice : 126, 362, 1364.
BARRIE (Sir) James : 717.
BARSCH, Paul : 38, 52.
BARTHOLOMEW, A.T. : 716, 724, 726, 729, 730, 731, 732, 814, 815, 1163, 1173, 1181, 1184, 1240, 1242, 1270.
BARTHOU, Louis : 1286, 1396.
BARTOLO : 929, 1034.
BASHKIRTSEFF, Marie : 43, 56.
BASSIANO, Marguerite Caetani (princesse de) : 55, 840, 842, 852, 854, 858, 862, 865, 869, 870, 874, 875, 880, 881, 888, 893, 895, 896, 898, 899, 900, 902, 903, 904, 905, 907, 909, 910, 914, 915, 916, 917, 918, 924, 925, 929, 997, 1106.
BASSIANO, Roffredo (prince de) : 896, 903, 904, 910, 914, 916.
BATAILLE, Henry : 378, 843, 999.
BATAILLON, Marcel : 1380, 1431.
BAUCHE, Henri : 127, 128, 141.
BAUDELAIRE : 126, 296, 306, 585, 590, 662, 679, 682, 683, 685, 686, 750, 809, 832, 877, 1130, 1313, 1329, 1344, 1350, 1374, 1419.
BAUGH, Hansell : 849, 928, 939, 1001.
BAUMANN, A.W. : 1074.
BAYET, Jean : 1342, 1343.
BAYLE, Pierre : 1276, 1319.
BAZETTI : 831.
BEACH, Sylvia : 1378, 1430.
BEARDSLEY, Aubrey : 300, 1289, 1444, 1539.
BEAULIEU, Eustorg de : 1114, 1229.
BEAUMARCHAIS : 295, 1129.
BEAUMARCHAIS (Mme de) : 896, 914.
BEAUMONT, Francis : 51.
BEAUMONT, Victor : 50, 380, 394.
BEAUVAU (prince de) : 858, 905.
BÉBÉS : 110, 113, 117.
BÉCAT, Paul-Émile : 692, 811.
BÉCHAMP, Étienne : 362, 397.
BÉCHARD, Ernest : 828, 830, 992, 993.
BECKFORD, William : 182, 301, 858.
BÉCQUER, Gustavo Adolfo : 287, 378.
BÉDIER, Joseph : 1360, 1428.
BEERBOHM TREE, (Sir) Herbert : 335, 390.
BEERBOHM, Max : 914, 1028.
BEETHOVEN : 736.
BELAMICH, André : 791.
BELGRANO, Manuel : 851, 1001.
BELLAY, Joachim du : 1054, 1344.
BELLO, Andrés : 329, 335, 389.
BELLO, Joaquín Edwards : 697.
BELLONI, G.A. : 885, 889, 894.
BELMONTE : 659, 660.
BEN GABRIT (caïd) : 1343.
BENAVENTE, Jacinto : 159, 188, 288, 351, 379.
BENDA, Julien : 705, 940.
BENGOECHEA, Alfredo de : 866, 1009.
BENLLIURE, Mariano : 679, 807.
BENNETT, Arnold : 113, 115, 120, 123, 125, 128, 136, 193, 733, 809, 1147, 1148, 1160, 1276, 1336, 1358, 1374.
BENNETT, Marguerite : 1147, 1148.
BENOIST-MÉCHIN : 858, 859.

BENOIT, Pierre : 1188.
BERANGER : 1130, 1233.
BERCHET : 661, 804.
BERESFORD, J.D. : 770.
BERGAMIN, José : 1360, 1427.
BERGEN (ou BERGHEM), Nicolaes : 40, 54.
BERGERY, Gaston : 1391, 1432.
BERGOGNONE : 1451, 1539.
BERGSON, Henri : 705, 766, 1285.
BERL, Emmanuel : 1172.
BERMOGEIGER : 119.
BERNÁCER, Germán : 744.
BERNÁCER, Julio : 1259, 1262, 1263.
BERNARD (saint) : 1397.
BERNARD, Claude : 355.
BERNARDIN DE SAINT-PIERRE : 621, 1129, 1263.
BERNHARD, Sarah : 330.
BERRICHON, Paterne : 117, 118, 137.
BERTHAULT, François : 867, 868, 874, 928, 929, 939, 1010, 1172, 1257, 1410.
BERTHELOT, Philippe : 1283, 1287.
BERTHOLD : 360.
BERTHOLLET : 996.
BERTRAND, Aloysius : 81.
BÉRULLE, Pierre de : 1297.
BESCHERELLE : 641, 667.
BESTA : 930.
BEUCHAT, Henry : 679, 680, 681.
BIBESCO (prince) : 661, 693.
BICKERSTETH, Edward-Henry : 793.
BIERBAUM, O.J. : 40, 41, 54.
BIERNAWSKI, Louis : 37, 43, 51.
BINET, Alfred : 1370.
BINYON, Lawrence : 720, 815.
BIOSCA, Oliver : 758.
BIZET : 692.
BLACHIER (M.) : 1104.
BLAIZOT, Georges : 858.
BLAKE, William : 1291.
BLANCHARD (M.) : 856, 864, 1158.
BLANCHE, Jacques-Émile : 305, 602, 795.
BLANCO, Guzmán : 1324.
BLANCO-FOMBONA, Rufino : 329, 335, 389, 845, 1324.
BLASCO IBAÑEZ, Vicente : 291, 380.
BLESSINGTON (Lady) : 364, 396, 1263.
BLOCH, Camille : 1365, 1366, 1379.
BLONDEL, Maurice : 1440, 1548.
BLOY, Léon : 283, 362, 363, 377, 396, 759, 761, 832, 1050.
BLUM, Jean (dit FLORENCE, Jean) : 716, 729, 731, 814.
BODENSTEDT : 39.
BOEK, A. de (éditeur) : 1301.
BOÈS, Karl : 33, 34, 41, 49.
BOGAERT, Ludo van : 1303, 1418.
BOILEAU : 647, 842, 876, 1139, 1183, 1236, 1394.
BOILLOT, Félix (professeur) : 1342, 1364, 1378, 1389, 1425, 1429, 1430, 1432.
BOISSIER, Gaston : 1324.
BOLIVAR, Simon : 911, 1175, 1176.
BOLS : 40, 1438.
BOLTRAFFIO : 1451, 1539.
BOMB SHOP (librairie) : 711, 712, 725, 726.
BONETTI, Giuseppe : 828.
BONNEFOY-SIBOUR, Adrien : 1112, 1228.
BONNET : 323, 388.
BORDES, Charles : 182, 193.
BORDONE : 1082, 1100.
BOREL, Petrus : 1369, 1381, 1408.
BORGIA, François (saint) : 664, 805.
BORROW, George : 295, 381, 638, 639, 672, 677.
BOSS (Mme) : v. JUPP.
BOSSUET : 311, 656, 874, 875, 878, 880.
BOSWELL : 733, 816.
BOTELHO, Abel : 621, 622, 799.
BOTELLA, Germán : 657.
BOTEZ, Constantin : 1126.
BOTH : 39, 40.
BOTTAI (ministre) : 913, 914, 915, 918, 924, 939, 1028.
BOUCHER (éditeur) : 1290.
BOUDOT-LAMOTTE, Emmanuel : 888, 937, 939, 940, 944, 945, 1131, 1132, 1133, 1135, 1140, 1276, 1332, 1333, 1335, 1353, 1361, 1366, 1368, 1378, 1394, 1398.
BOUILLIER, Victor : 1439.
BOULIECH : 164, 168.
BOURDELLE, Émile : 1327.
BOURGES, Élémir : 39, 53, 839, 997.
BOURGET, Paul : 53, 362, 363, 677, 1255, 1398.
BOURGIER, Émile : 856.
BOUVIER, René : 855.
BOYER : 34.
BOYSLEVE, René : 677.
BRAMANTE : 891.
BRANDÈS, Georg : 284, 378.
BRANDINI, Cinto : 901.
BRAULT (baronne) : 1323.
BRAUQUIER, Louis : 874, 1012.
BRÉAL, Auguste : 1176, 1242.
BRÉBEUF, Guillaume de : 1249.
BRÉMOND, Henri (abbé) : 126, 127, 140, 1181, 1242.
BRETIN, Filbert : 1383, 1431.
BRETON, André : 811, 812.
BREUGHEL, Jan : 38, 1450.
BRIAND, Aristide : 51, 856, 860, 948, 997, 1039.

BRIDGES, Charles : 714, 719.
BRIDGES, Robert : 317, 386, 714, 719, 769, 814, 819.
BRIDOT, Jean : 1173.
BRIDOT, Marie : 850, 853, 859, 924.
BRIÈRE (M.) : 844.
BRIGHENTI, Eliseo : 952, 957.
BRIMONT (baronne de) : 904, 905, 1024, 1103, 1105, 1225, 1340, 1343, 1344.
BRINZI, Vincenzo : 891.
BRISSET : 692.
BRIZEUX, Auguste : 1130, 1233.
BROCA : 336.
BROCKHAUS, Ernst : 1350.
BROGLIE (duc de) : 1172.
BRÖNTE, Charlotte : 1218.
BROOKE, Rupert : 691, 811.
BROWN, Rudmore : 888.
BROWNE, (Sir) Thomas : 1365, 1376, 1440.
BRULÉ, André : 1267, 1347.
BRUNE (général) : 1052, 1097.
BRUNEL, Pierre : 138.
BRUNET, Jaime de : 843.
BRUNETIÈRE, Ferdinand : 38, 40.
BRUNO, G. : 911.
BRUNOT, Ferdinand : 1130, 1233, 1284, 1296, 1381, 1385.
BRYCE (Lord) : 930, 931, 1133.
BUDÉ (éditions) : 1390.
BUFFON : 316, 317, 320, 335, 338, 361, 397, 813.
BUGIARDINI, Giuliano : 296, 382.
BUNYAN, John : 616, 798.
BUREAU DES ÉTIVAUX (Mme) : 854, 1215, 1441.
BUREAU DES ÉTIVAUX, Jane : 40, 51, 108, 113, 115, 116, 118, 119, 120, 125, 579, 615, 690, 698, 699, 700, 827, 829, 836, 837, 850, 857, 993, 997, 1173, 1198, 1215, 1252, 1441, 1481.
BUREAU DES ÉTIVAUX, Valery : 37, 51, 55, 827, 829, 830, 837, 991, 992, 995, 996, 997, 1198, 1215, 1252, 1441.
BURIOT-DARSILES, Henri : 73, 698, 812, 817, 873, 879, 1158, 1259.
BURNE-JONES : 733.
BURNS, Robert : 34, 50, 300, 301.
BUTLER, May : 714, 719, 722.
BUTLER, Samuel (1612-1680) : 615, 746, 798, 817.
BUTLER, Samuel (1835-1902) : 131, 135, 140, 284, 287, 289, 291, 294, 297, 298, 301, 303, 306, 307, 309, 312, 313, 314, 315, 317, 318, 319, 320, 322, 323, 324, 328, 330, 335, 336, 338, 339, 340, 341, 342, 343, 345, 346, 348, 355, 357, 358, 363, 367, 368, 369, 370, 372, 377, 380, 384, 385, 386, 387, 388, 393, 583, 584, 586, 589, 591, 592, 593, 600, 604, 607, 609, 613, 615, 617, 618, 621, 622, 626, 631, 632, 633, 634, 641, 642, 643, 644, 645, 653, 656, 658, 659, 660, 664, 667, 669, 670, 673, 674, 675, 681, 686, 688, 689, 693, 696, 699, 702, 703, 704, 706, 710, 711, 712, 713, 714, 715, 716, 717, 718, 719, 720, 721, 722, 723, 724, 726, 727, 728, 729, 730, 731, 732, 733, 734, 736, 737, 741, 743, 744, 745, 746, 753, 754, 760, 761, 762, 768, 770, 792, 795, 796, 797, 801, 803, 804, 809, 810, 813, 814, 815, 816, 817, 949, 1045, 1058, 1095, 1105, 1162, 1163, 1166, 1167, 1168, 1170, 1171, 1174, 1184, 1264, 1265, 1266, 1268, 1269, 1276, 1288, 1289, 1302, 1353, 1355, 1365, 1366, 1369, 1371, 1385, 1388, 1389, 1395, 1398, 1409, 1463, 1509.
BUTLER, Thomas (R.) : 714, 1166, 1167, 1171, 1241.
BYELITCH : 859.
BYRON (Lord) : 51, 610, 700, 1046, 1048, 1050, 1492, 1495, 1502, 1508, 1521, 1543.

CABALLERO, Fermína : 630.
CABANEL, Alexandre : 180, 192.
CABLE, G.W. : 729, 732, 816.
CABRAL : 1324.
CACUDI, Nicola : 1469.
CAETANI, Michel-Ange : 940, 943, 1037.
CAFFI : 858, 1005.
CAILLAVET, Arman : 50.
CAJÁL, Ramón y : 349, 352, 353, 356, 357, 394, 600, 631, 795.
CALAME, Alexandre : 1046.
CALIGULA : 1309.
CALLEJA (éditeur) : 309, 347, 352, 354, 356, 357, 368, 393, 395.
CALMANN-LÉVY : 688, 882.
CAMOES, Luis de : 1335.
CAMPOAMOR, Ramón de : 296, 351, 382, 394, 631.
CANALEJAS, Pepito : 680.
CANAVAGGIO, M.E. : 885.
CANDELARIA (doña) : 632, 633, 635, 637, 652, 667, 747, 748, 750, 752, 762, 772.
CANDELARIA, Dolores : 632, 633, 635, 637, 652, 747, 748, 750, 752, 762, 772.
CANNAN, Gilbert : 685, 711, 712, 715, 717, 718, 809, 1294.
CANZAC (M. de) : 157, 168, 169.
CAPASSO, Aldo : 1219, 1251, 1288, 1291, 1341, 1362, 1414.
CAPDEPON : 647, 658, 763.
CAPE, Jonathan : 813, 1270, 1372.

CAPPA, Innocenzo : 1461, 1540.
CARACCIOLO D'AQUARA, Lucio (duc) : 913, 918.
CARCOPINO, Jérôme : 902, 1023, 1151, 1153, 1154, 1155, 1158, 1238, 1297, 1357, 1427.
CARDUCCI, Giosué : 34, 50, 108, 135, 1461, 1540.
CARLYLE, A.I. : 929.
CARLYLE, R.W. : 929.
CARLYLE, Thomas : 295, 362, 381, 1260, 1289.
CARNEGIE, Andrew : 581, 792.
CARNER, Josep : 628, 629, 632, 800.
CARNOT, François : 1361.
CAROLUS-DURAN : 183, 193.
CAROSSA, Hans : 1297.
CARREÑO DE MIRANDA, Juan : 616, 798.
CARRIÈRE : 127.
CARROLL, Lewis : 718.
CARTALDI : 929.
CASELLA : 914, 915, 1028.
CASSOU, Jean : 379, 383, 793, 806, 1352.
CASTAÑOS (curé) : 667, 756.
CASTELAR, Emilio : 327, 363, 388.
CASTELL ou KASTELL (M.) : 683, 690.
CASTELLO BRANCO, Camilo : 894, 896, 898, 899, 1018.
CASTRO, Cipriano : 1324, 1421.
CATALOGNE, Gérard de : 1160.
CATTANEO, Carlo : 885, 887, 889, 890, 893, 894, 900.
CATULLE : 325, 388, 605, 628, 657, 803, 1183, 1241, 1243.
CAUVY (M.) : 163.
CAVACCHIOLI, E. : 873.
CAYROL, Jean : 1355, 1427.
CAZAMIAN, Louis : 1267, 1287, 1288, 1354, 1376, 1411.
CECCHI, Emilio : 909, 914, 915, 1026.
CECCHI, Leonetta (Mme) : 909, 910, 915, 917, 1026.
CENDRARS, Blaise : 855.
CERMAK (Mme) : 1518, 1519, 1523, 1528.
CERMAK, Miloszko : 1518, 1523.
CERVANTÈS : 620, 630, 1335.
CESALPIN : 911.
CÉZANNE : 1314.
CHADOURNE, Louis : 119, 122, 123, 125, 126, 128, 129, 138, 141, 334, 383, 390, 626, 627, 679, 708, 709, 1527.
CHADOURNE, Marc : 1368, 1429.
CHALCONDYLE, N. : 1475, 1542.
CHALLETON, Émile : 842, 848, 1180, 1181, 1187, 1243, 1259.
CHAMFORT : 679, 700, 701.
CHAMPION (éditions) : 1383.
CHAMPION, Édouard : 888.
CHAMSON, André : 848.
CHANTAL (sainte) : 127.
CHANTAL, Jeanne de (sainte) : 831, 993, 1215, 1244.
CHANVIN, Charles : 854, 856, 1002.
CHAPERON-ROUGE (figurines) : 1441.
CHAPLIN, Charlie : 942.
CHAPPUIS : 837, 996.
CHARDONNE, Jacques : 865, 1261, 1410.
CHARENSOL, Georges : 860, 892.
CHARLEVOIX, Pierre-François-Xavier (père) : 1324.
CHARMAN, Henry : 1140.
CHARMOISY (Mme de) : 991.
CHARPENTIER, Octave : 1153.
CHARRY, Jean de : 296.
CHARVET, Agnès : 1390.
CHASLES, Philarète : 728, 816, 1234.
CHASTAND (ou CHASTAING) (M.) : 1466, 1468, 1469, 1470.
CHÂTEAU, M[e] : 120, 859, 924.
CHATEAUBRIAND : 115, 137, 835, 995.
CHAUCER : 363.
CHAUSSON, Ernest : 639.
CHAVEZ, Ezechiel A. : 891, 894.
CHENEVIÈRE, Jacques : 828, 838, 839, 840, 992, 1046, 1047, 1053, 1218, 1363, 1365, 1428.
CHESNEY, Kathleen : 1290, 1415.
CHESTERTON, Gilbert Keith : 309, 333, 334, 372, 384, 618, 799, 911, 1140, 1236, 1263.
CHEVALIER, Anne : 53, 144, 193, 379, 382, 797.
CHEVALIER, Jean-Louis : 193, 396, 797.
CHIANDANO : 943.
CHIARINI, G. : 119, 121, 123, 124, 125, 701.
CHIRICO, Giorgio de : 1343.
CHOLOKOV, Mikhaïl : 1138, 1235.
CHOPIN : 681.
CHRISTIN, F. : 828.
CICÉRON : 583, 873, 1346, 1395, 1396, 1432.
CINGRIA, Alexandre : 1046, 1095.
CIPOLLA : 930.
CLAPARÈDE, Édouard : 324, 388, 1349, 1350, 1426.
CLARETIE, Jules : 1334.
CLAUDEL, Paul : 126, 127, 128, 139, 141, 149, 306, 345, 384, 393, 579, 581, 607, 647, 661, 678, 679, 683, 685, 686, 687, 690, 691, 692, 693, 695, 697, 702, 727, 791, 796, 799, 807, 809, 811, 815, 850, 874, 1004, 1010, 1128, 1143, 1261, 1266, 1270, 1277, 1280, 1286, 1287, 1295, 1297, 1304, 1329, 1364, 1373, 1411.
CLAVEL-BALLIVET (imprimeur) : 163.
CLUTTONBROCK : 715.

COCTEAU, Jean : 668, 685, 690, 691, 805, 811, 850, 853, 856, 1001.
COHEN (Mme) : 175.
COHN : 929.
COINDREAU, Maurice : 1126, 1127.
COLERIDGE : 50, 349, 370, 381, 397, 398, 720, 726, 1162.
COLETTE : 856, 1004.
COLOMBIER, Paul : 1306.
COMBARIEU, J. : 600, 602, 603, 607, 1130.
COMBARNOUS, Gaston : 1064, 1072, 1073, 1084, 1098, 1172, 1462.
COMISSO, Giovanni : 922, 1364, 1429.
COMMUNAL, J. : 831.
COMTE, Auguste : 180.
CONDILLAC, Étienne Bonnot de : 1360, 1427.
CONRAD, Joseph : 180, 370, 398, 682, 808, 839, 858, 897, 1162.
CONRART, Valentin : 1447, 1448, 1539.
CONSIDÉRANT, Victor : 1328.
CONSTABLE (éditeur) : 712.
CONTE, Alessandro : 1053, 1097.
CONTRERAS, Francisco : 854, 859, 862, 863, 864, 880, 882, 888, 1002, 1006.
COOPER, Fenimore : 600, 795.
COPE : 363, 372, 591, 593.
COPEAU, Jacques : 128, 136, 141, 306, 346, 350, 394, 622, 659, 661, 685, 693, 793, 796.
COPPÉE, François : 698, 1284, 1334.
CORBIÈRE, Tristan : 1143.
CORNEILLE : 676, 686, 697, 792, 832, 1277, 1295, 1364, 1455.
CORNIL, Victor (Dr) : 1358.
COROT, Jean-Baptiste : 1046, 1131.
CORRÊA (éditeur) : 867, 874.
CORRÈGE (le) : 902.
COSTA, Joaquin : 599, 675, 795.
COULEVAIN, Pierre de : 364.
COURIER, Paul-Louis : 621, 622, 625, 646, 800.
COURVILLE, Xavier de : 1511, 1512, 1530.
COUTO, Ribeiro : 859, 868, 1010, 1284, 1331, 1336, 1424.
COUVREUX, Emmanuel (Maney) : 350, 394, 685, 688, 709, 737, 914.
CRACKANTHORPE, Arthur : 127, 140.
CRÉMIEUX, Benjamin : 139, 1429.
CRÉPET, Jacques : 1392, 1432.
CRÉTIN, Guillaume : 1290, 1291, 1415.
CROCE, Benedetto : 371, 398, 716, 727, 815, 858, 1004, 1350, 1426.
CROISET, Maurice : 1345, 1346, 1425.
CROS, Charles : 695, 702, 812.
CRUSOÉ, Robinson : 46.
CRUZ, Inès de la : 1140, 1236.
CRUZ, Ramón de la : 655, 803.
CUÉNOT : 687.
CUREL, François de : 1286.
CURTIUS, Ernst Robert : 916, 1121, 1335, 1350.
CUSA, N. de : 911.
CUVIER, Georges : 342, 391.

DABIT, Eugène : 1110, 1227.
DACIER (Mme) : 1398, 1433.
DA CUNHA, Euclydes : 846, 847, 1000.
DAIREAUX, Max : 797.
DALADIER, Édouard : 1116, 1164.
DAL BONO, Miole : 946.
DALEBROOK (Dr) : 631, 801.
DAMBACH-GURTNER (figurines) : 1047, 1096, 1214.
DANCHIN, F.C. : 1353.
D'ANNUNZIO, Gabriele : 677, 718.
DANTE : 126, 186, 311, 581, 792, 800, 817, 882, 883, 884, 905, 921, 929, 938, 943, 947, 948, 1112, 1115, 1153, 1216, 1396, 1453, 1464, 1465.
DA PONTE, Lorenzo : 858, 1004.
DARAGNÈS, Jean-Gabriel : 685, 687, 690, 691, 692, 810, 868, 987, 988, 1291, 1297, 1333, 1343, 1344, 1426.
DARANTIÈRE, Maurice : 1146, 1335, 1424.
DARDEL (éditeur) : 834, 995, 1188, 1437.
DARESTE : 336.
DARÍO, Rúben : 292, 300, 301, 343, 344, 347, 350, 352, 378, 380, 395, 396, 626, 627, 796, 801.
DARWIN, Charles : 297, 309, 310, 313, 315, 316, 317, 324, 328, 336, 338, 340, 349, 350, 357, 358, 359, 365, 372, 385, 390, 391, 393, 397, 583, 608, 622, 625, 626, 634, 641, 715, 724.
DARWIN, Erasmus : 317, 335, 336, 386, 390, 641, 724.
DARWIN, Francis : 365, 397, 641.
DAUZAT, A. : 851, 853.
DAVID, Oscar : 831, 833, 838.
DAVILER, Charles-Augustin : 191.
DAVIS, Ronald : 691, 856.
DAVRAY, Henry D. : 684, 685, 716, 726, 768, 809, 810.
DEBUSSY, Claude : 603, 604, 639, 692, 741, 743, 760, 761.
DECROLY, Ovide : 1330, 1423.
DEFAUCONPRET : 600, 606, 643, 646, 647, 648, 649, 650, 656, 795, 1397.
DE FILIPPI, Filippo : 327, 389.
DEFOE, Daniel : 710.
DELACROIX, Henri : 1280, 1281.
DELAGE, Yves : 349, 355, 357, 358, 359, 360, 361, 363, 365, 366, 367, 369, 370, 372, 591, 592, 724, 729.
DELAMARCHE (M.) : 709.

De Lanessau : 637.
Delcourt, Joseph : 179, 192, 744, 817.
Delcroix : 903, 907, 1023.
Deleuze : 335.
Delorme, Philibert : 1338.
Delvaille, Bernard : 59, 74, 813.
Deman, Edmond : 1316, 1419.
Deniker, Nicolas : 1327.
Dermont, E. : 1065.
Déroulède, Paul : 1121, 1231, 1334.
Deruy (M.) : 117, 122.
De Sanctis, Francesco : 50, 364, 398, 581, 701, 708, 766, 769, 920, 922, 924, 1030, 1443.
Desbordes-Valmore, Marcelline : 353, 618, 797, 1114, 1229, 1284.
Desboutin, Marcellin : 1046.
Descalzo, Giovanni : 1151, 1152, 1238.
Descartes : 656, 712, 1319.
Descaves, Lucien : 1287.
Deschamps, Antoni : 1386, 1396, 1398, 1432.
Descoeudres (Mlle) : 1350.
Des Garets, Marie-Louise : 136.
De Stefano : 929.
Devaux, Paul : 848, 873, 1000.
De Vos : 38.
De Vries : 369, 398, 592, 608, 797.
De Witte : 38, 40.
Dicenta, Joaquìn : 284, 285, 378, 584.
Dickens, Charles : 107, 350, 616, 640, 795, 805, 1373.
Diderot : 313, 368, 743, 813.
Didot : 311.
Dielh, Charles : 674, 676, 806.
Dieunier (M.) : 831.
Diez-Canedo, Enrique : 323, 354, 356, 387, 395, 585, 600, 601, 618, 628, 636, 657, 679, 797, 799, 860.
Diez-Moren (gouverneur de Tolède) : 636.
Dimnet (chanoine) : 1323, 1424.
Disraeli, Benjamin : 1333.
Dobell, Bertram : 1151.
Dobson, Austin : 769, 819.
Do Cêo, Violante : 1263, 1411.
Dolben, Digby : 138, 820.
Dolce, Angioletta (dite Laeta) : 832, 883, 894, *passim* 1103-1223, *passim* 1251-1398, *passim* 1437-1453, 1462.
Dolce, Gino : 883, 885, 893, 1015, 1450, 1452, 1454.
Dolce, Pina : 885.
Domenchina, J.J. : 1355, 1427.
Domenech : 310.
Doña Fermina : 615, 617.
Doña Pepita (logeuse) : 636, 637, 639, 641, 643, 649, 658, 659, 663, 668, 669, 679, 747, 753, 768.
Dondey, Auguste Marie (dit Dondey de Santeny ou Philothée O'Neddy) : 1184, 1185, 1187, 1189, 1193, 1195, 1199, 1200, 1208, 1210, 1214, 1219, 1328, 1366, 1369, 1380, 1384, 1396, 1398.
Donnay, Maurice : 1286.
Donne, John : 769.
Dos Passos, John : 1290, 1293, 1415.
Dostoïevski : 363, 382, 711, 770.
Dou, Gérard : 38, 54.
Doumergue, Gaston (président) : 1113, 1114, 1117.
Doumic, René : 1294.
Douwes Dekker, Édouard : 38, 52.
Drieu la Rochelle, Pierre : 1115, 1291, 1415.
Dromundo, Baltasar : 1327.
Droz (éditeur) : 1372, 1389.
Du Bos, Charles : 854, 867, 880, 1002, 1177, 1297.
Dufau, Jenny : 639, 640.
Duffresne, Jean : 833.
Dufy, Raoul : 867, 1009, 1010, 1343.
Du Guillet, Pernette : 1338.
Duhamel, Georges : 916, 1108, 1120, 1121.
Dujardin, Édouard : 879, 937, 1013, 1143.
Dumas, Alexandre : 695, 1295.
Duparc : 639.
Du Perron, Charles-Edgar (dit Eddy) : 1155, 1238, 1304, 1380.
Durand de Saint-Pourçain : 1397, 1433.
Durand, Marguerite : 862.
Dürer, Albert : 1061.
Duriau, Jean : 856, 857, 859, 874, 1004, 1112, 1115, 1471.
Duroux, Rose : 378, 389, 392, 799.
Durtain, Luc : 1172, 1363.
Du Tillet, Mathias : 1360, 1427.

Eça de Queiroz, José-Maria : 1106, 1160, 1240, 1282.
Echegaray, José : 288, 379, 632.
Éditions des Cendres : 139, 817.
Edwards (Mme) : 602.
Eekhoud, Georges : 1316, 1419.
Eliot, George : 846, 1218.
Eliot, T.S. : 814, 906, 909, 910, 1025, 1289.
Ella : 682, 684, 685, 688, 689, 690, 691, 698, 704, 709, 723, 737, 738, 740, 741, 746, 747, 748, 750, 751, 753, 771.
Ellis : 628.

ELSKAMP, Max : 1303, 1304, 1305, 1418.
ELUARD, Paul : 1304.
EMINESCU, Mihaïl : 1126.
ENES, Antonio : 1106.
ENLART, Louis : 868, 1010.
ENSOR, James : 1306, 1313, 1419.
ERASME : 1342, 1368, 1425.
ERCOLE, Francesco : 900, 901, 902, 904, 910, 912, 913, 915, 916, 917, 918, 920, 924, 925, 929, 930, 932, 934, 936, 938, 940, 943, 944, 947, 949, 1003, 1022, 1132, 1133.
ERLACH : 1053.
ERLACH, Charles-Louis d' : 1052.
ERLSBERG : 362.
ESCALANTE : 673, 675, 676, 806.
ESCHYLE : 1370.
ESCOBAR : 659, 804.
ESPLÁ (veuve) : 300, 325.
ESPLÁ, Oscar : 322, 329, 385, 581, 604, 605, 606, 607, 640, 657, 661, 744, 759.
ESPLÁ, Trino (don) : 311, 581, 753.
ESPLUGUES, Miguel d' (père) : 1262, 1263, 1274, 1276, 1386, 1410.
ESTOURNELLES DE CONSTANT : 1521.
EURIPIDE : 1276.
EVANS : 903.
EXIDEUIL, Pierre d' : 1347, 1348, 1349, 1426.
EYMAR, Charles : 173, 180, 190, 342, 659, 804, 1130, 1131.

FABRE, Albert : 163, 164, 165.
FABRE, François-Xavier : 180, 192.
FABRE, Lucien : 1368, 1429.
FABULET, Louis : 644, 647.
FAESCH, Hans : 730, 816.
FAESI, Robert : 1052, 1097.
FALGAIROLLE, Adolphe de : 793, 904, 905, 989, 990, 1024.
FALLA, Manuel de : 760, 802, 807.
FALQUI, Enrico : 841, 847, 854, 857, 869, 896, 917, 928, 986, 1000.
FANSAGO (ou FANZAGO) : 946, 1038.
FARGUE (Mme) : 683, 696.
FARGUE, Léon-Paul : 73, 74, 75, 76, 77, 78, 79, 80, 81, 84, 112, 113, 117, 118, 119, 120, 122, 123, 125, 126, 128, 136, 137, 138, 139, 172, 181, 187, 190, 301, 306, 315, 357, 368, 379, 383, 386, 388, 394, 581, 590, 624, 634, 682, 683, 685, 686, 687, 688, 689, 690, 691, 692, 694, 695, 696, 705, 707, 709, 736, 740, 741, 793, 796, 802, 805, 811, 817, 818, 856, 997, 1003, 1112, 1114, 1188, 1304, 1329.
FARGUES, Marie : 1344.
FASQUELLE, Eugène (éditeur) : 736, 737, 739, 741, 1381, 1384, 1391, 1439.
FATTORI, Onofrio (Pr) : 1459, 1460, 1461.
FATTORINI (la) : 124.
FAULKNER, William : 1126, 1127, 1128.
FAURE, Gabriel : 1469.
FAURÉ, Gabriel : 692, 760.
FAVRE, Antoine : 835, 991, 993.
FAYARD (éditeur) : 916.
FEIJOÓ : 584, 792.
FELS, Marthe de : 1172.
FÉNELON : 311, 1350.
FERMINA (doña) : 294, 345, 615, 617.
FERNANDEZ LEDESMA, Enrique : 859, 1124, 1242.
FERRAZ, Eneas : 915, 1028.
FERRERÉS, Ramón (don) : 296, 298, 302, 313, 328, 342, 348, 349, 351, 352, 354, 356, 357, 360, 361, 362, 363, 368, 371, 581, 582, 584, 593, 601, 602, 606, 608, 609, 620, 621, 626, 627, 628, 629, 631, 633, 637, 638, 640, 641, 647, 649, 652, 654, 657, 666, 668, 675, 678, 680, 681, 682, 683, 685, 690, 691, 746, 747, 750, 751, 752, 797.
FERRERO : 1151.
FERRO, Antonio : 1106.
FÉTIS : 606, 797.
FETTWES, Christian : 1272.
FEUERBACH : 672.
FEUILLET, Octave : 1329.
FICIN, Marsile : 949.
FIELDING, Henry : 46, 638.
FIFIELD : 710, 726, 737, 813.
FIGUIÈRE (éditeur) : 1149.
FIRPO, Edoardo : 1181, 1183.
FISCHER (ou FISER), Emeric : 937, 1293, 1297.
FISHTA, Gjegi : 1543.
FITZGERALD, Edward : 42, 55, 1289.
FIUMI, Lionello : 1360, 1366, 1367, 1382, 1395, 1404, 1428.
FLACCO, Orazio : v. HORACE.
FLAUBERT : 363, 1303, 1328.
FLEISCHMANN (Dr) : 1072.
FLERS, Robert de : 50.
FLETCHER, John : 51.
FLINDERS PETRIE : 644, 803.
FLINT (M.) : 738.
FLOGI, Kristo : 1477.
FLORE, Joachim de : 1123, 1231.
FLORI : 929, 930.
FLORUS : 752, 818.
FLOUQUET, Pierre-Louis : 855, 1107, 1226.
FOLLAIN, Jean : 859, 862, 875, 1148.
FONTAINE, Arthur : 137, 838, 949, 996, 1056, 1216.

FONTAINE, Philippe : 137.
FONTANE, Theodor : 1373.
FONTENELLE : 368.
FONTENELLE, René (Mgr) : 840.
FORAIN : 1198, 1243.
FORMIGOS LATORRE, Higinio (don) : 283, 284, 285, 286, 287, 290, 294, 296, 302, 303, 306, 309, 310, 311, 314, 316, 322, 325, 326, 329, 331, 333, 337, 343, 344, 346, 347, 348, 349, 351, 352, 354, 356, 359, 362, 370, 372, 377, 378, 581, 582, 585, 593, 601, 602, 603, 620, 626, 627, 631, 632, 633, 637, 638, 646, 651, 652, 655, 657, 658, 659, 663, 667, 668, 673, 674, 680, 681, 685, 691, 709, 740, 746, 747, 748, 749, 751, 752, 753, 756, 757, 758, 762, 766, 772.
FORMIGOS, Avelenita : 306, 322, 664, 665, 667, 690, 697, 753.
FORMIGOS, Avelina (doña) : 608, 653, 753.
FORMIGOS, Higinito : 321, 343, 344, 646, 650, 651, 655, 690, 754, 755, 756, 757, 760.
FORSTER : 365.
FORT, Paul : 1046.
FORTIN (Mme) (figurines) : 707.
FOSCOLO, Ugo : 955, 1153.
FOUBERT : 1510.
FOURNET, Charles : 1046.
FOURNIER DES CORATS (Pierre) : 812.
FOURNIER DES CORATS (Mme) : 698.
FOURNIER-PARGOIRE (Mlle) : 1140.
FRA ANGELICO : 38.
FRACCHIA (Mme) : 910.
FRANCE, Anatole : 42, 1304.
FRANCK, César : 692, 1298.
FRANCKEN : 38.
FRANÇOIS DE SALES (saint) : 658, 831, 834, 835, 837, 991, 993.
FRANK, Waldo : 609, 655, 658, 708, 797, 1336.
FRAPPA, Jean-José : 33, 34, 35, 37, 42, 49, 50, 342, 344, 371, 392, 581, 1540.
FRAPPA, José : 33, 34, 43, 49.
FRATEILI, Arnaldo : 910, 915, 1027.
FRÉCHET, Patrick : 825.
FRÉDÉRIX, Pierre : 1139, 1140.
FRÉMINE : 80.
FROMENTIN, Eugène : 39, 53, 54.
FROST, John : 720.
FROST (Miss) : 41, 42.
FRUGONI, Carlo Innocenzo : 1360, 1427.
FUENTE LA PENA, Antonio : 1137.
FURETIÈRE : 698, 699, 812.
FUSTEL DE COULANGES : 1285.
GACHONS, Jacques des : 895.
GACHUPINA (la) : 288, 290.
GALDÓS, Benito Pérez : 288, 379.
GALL : 583, 792.
GALLA PLACIDIA : 674, 806.
GALLIMARD, Gaston : 112, 118, 128, 136, 139, 306, 313, 315, 322, 323, 341, 343, 345, 346, 348, 368, 383, 393, 394, 581, 609, 622, 627, 679, 684, 685, 688, 694, 704, 707, 708, 709, 710, 725, 727, 737, 738, 739, 747, 748, 750, 760, 761, 762, 807, 811, 854, 863, 872, 881, 882, 887, 888, 944, 945, 1106, 1122, 1124, 1126, 1127, 1128, 1133, 1138, 1141, 1149, 1160, 1273, 1289, 1331, 1398, 1439.
GALLIMARD, Lucie : 740, 817, 1398.
GALLIMARD, Raymond : 688, 737, 872, 888, 1398.
GALLIMARD/NRF (éditions) : 136, 137, 141, 873, 882, 944, 945, 990, 999, 1057, 1265, 1373, 1385, 1439.
GALLIO, Tolomeo (cardinal) : 135.
GALSWORTHY, John : 108, 109, 110, 112, 113, 116, 135, 1117.
GÁLVEZ, Manuel : 864, 874, 1008, 1131.
GAMBETTA : 640.
GANIVET, Ángel : 284, 285, 296, 303, 311, 329, 331, 333, 377, 389, 627, 631.
GARCIA CALDERÓN, Ventura : 343, 344, 347, 350, 392, 648, 656, 801, 904.
GARIBALDI, Ezio : 1460.
GARIBALDI, Giuseppe : 946, 1460, 1540.
GARIN, Joseph : 1203.
GARNETT, Richard : 713, 715, 814.
GARNIER FRÈRES (éditeur) : 1129, 1349.
GARNIER (abbé) : 33.
GAUDRY : 345, 393.
GAUGUIN, Paul : 1337.
GAUTIER, Judith : 1290.
GAUTIER, Théophile : 877.
GAZIER, Albert : 1385.
GAZZO, Emanuele : 863, 869, 1008.
GEMITO, Vincenzo : 946, 1038.
GÉNERMONT, Marcel : 873, 1011.
GEOFFROY SAINT-HILAIRE, Étienne : 317, 345, 365, 386, 390.
GEOFFROY SAINT-HILAIRE, Isidore : 317, 337, 390.
GERMAIN, André : 709, 754, 772, 813.
GEX, Amélie : 830, 993, 1192, 1243.
GHÉON, Henri : 681.
GHIL, René : 582, 583, 792.
GHIRALDO, A. : 668, 805.
GIDE, André : 126, 139, 175, 180, 191, 323, 344, 347, 352, 354, 356, 357, 360, 368, 380, 387, 392, 393, 394, 395, 398, 581, 602, 644, 647, 685, 686, 688, 696,

729, 736, 737, 738, 741, 743, 796, 801, 807, 811, 813, 843, 850, 855, 863, 864, 916, 1261, 1274, 1295, 1329, 1334, 1364, 1373, 1374, 1439.
GIGNOUX, Régis : 115, 856, 871, 875, 1003.
GIL, Rodolfo : 766, 767.
GILBERT, Gilles (v. GUILBERT, Jules).
GILL (Mlle) : 1390.
GILLES (M.) : 322, 323, 388, 749.
GILLET, Louis : 1376, 1430.
GIMÉNEZ CABALLERO, Ernesto : 838, 996, 1327, 1424.
GINISTY, M. : 34.
GIOPPINO : 111, 114, 116, 132, 133.
GIOTTO : 38.
GIRARD, Henri : 1385, 1396, 1398, 1408, 1431, 1470.
GIRARD, Pierre : 839, 840, 997, 1046, 1047, 1053, 1095, 1096, 1218, 1219, 1245.
GIRAUDOUX, Jean : 850, 875, 1188, 1218, 1298, 1306.
GIUSTI, Giuseppe : 1131, 1233.
GLADYS (DAY) : 149, 186, 187, 193, 287, 292, 293, 294, 308, 320, 325, 332, 333, 341, 348, 354, 378, 388, 631, 649, 681, 682, 684, 690, 691, 692, 695, 698, 707, 709, 710, 711, 712, 716, 717, 718, 723, 726, 728, 730, 731, 733, 734, 738, 747, 754, 765, 768.
GOBINEAU : 695, 810, 811, 868, 955.
GODART, Justin : 1521.
GODEBSKI, Cipa : 113, 119, 120, 123, 136, 137, 138, 854, 880, 1362.
GODOFRE, Guillaume : 164.
GOETHE : 335, 843, 858, 1297, 1447.
GOGIN, Charles : 393, 710, 715, 722, 737, 814.
GOLBERG, Mecislas : 1327, 1422.
GOLDRING, Douglas : 701.
GOMARA : 680.
GÓMEZ DE LA SERNA, Ramón : 363, 384, 389, 395, 396, 585, 590, 600, 614, 627, 628, 631, 632, 636, 639, 648, 668, 696, 697, 698, 700, 707, 708, 709, 712, 735, 740, 793, 801, 814, 819, 914, 1270.
GOMEZ, Juan Vicente (dit Juan Bisonte) : 1324, 1325, 1421.
GÓNGORA : 368, 397, 1440.
GONZALEZ, Fernando : 1176, 1242.
GOSSE, (Sir) Edmund : 602, 727, 733, 796, 815, 1162.
GOUBET, M. : 340.
GOUNOD : 639.
GOURCUFF (comte de) : 902, 1023.
GOY DE SILVA, Ramón : 676, 806.
GOYA : 378, 616, 617, 618, 669, 798, 802, 806, 817.
GOZI, Manlio : 1461.
GOZZI, G. : 707.
GRABOROSKA, Maria : 609.
GRACIÁN, Baltazar : 1438, 1439, 1538.
GRANADOS : 607, 759.
GRANDI (ministre) : 903.
GRANELLA, Costantino : 869.
GRASSET, Bernard (éditeur) : 1373.
GRATIOLET : 336.
GRAU, Jacinto : 340, 391, 626, 764.
GRAUERT : 930.
GRECO, le : 618.
GREGH, Fernand : 862.
GRENIER, Roger : 994.
GRIAULE, Marcel : 1261, 1410.
GRIBOUVAL : 37, 51.
GRILLE, Germaine : 1204, 1206, 1208, 1239, 1244.
GROETHUYSEN : 1156.
GROSS, Valentine : 602, 796.
GROZ, Charles : 180, 192.
GUARDIOLA ORTIZ, José (don) : 285, 286, 288, 302, 310, 311, 314, 316, 321, 322, 323, 325, 326, 327, 328, 330, 331, 332, 338, 340, 344, 390, 601, 640.
GUÉGAN, Bertrand : 945, 1038, 1137, 1146, 1148, 1280, 1288, 1323, 1326, 1332, 1338, 1385, 1420.
GUEVARA, Padre Ladrón de (S.J.) : 363, 396.
GUIBERT (Mme) : 750, 751, 752, 757, 758.
GUIBERT, Amédée : 580, 581, 702, 704, 747, 750, 758, 768, 808, 819.
GUIBERT, Armand : 1219, 1245, 1250, 1349, 1362, 1364, 1379, 1384, 1398.
GUIGNARD, Jean : 1397.
GUIGNÉ, Anne de : 1343, 1344, 1345, 1346, 1350, 1352, 1390, 1425, 1440.
GUILBEAUX, Henri : 863, 1008.
GUILBERT, Jules : 1130, 1329, 1330, 1332, 1381.
GUILLAUMIN, Émile : 76, 81, 83, 84, 858, 864, 874.
GUILLOT MUÑOZ, Gervasio : 865, 988, 989, 1009.
GÜIRALDES, Ricardo : 758, 817, 861, 1141.
GUTIERREZ-SOLANA : 632, 801.
GUZMÁN BLANCO, Antonio : 1324, 1421.
GYGÈS : 315, 386.

HAACKE : 362.
HABDUL HAMID : 933, 1035.
HACHETTE (Éditions) : 721.

HAECKEL (ou HÄCKEL), Ernst : 312, 328, 337, 339, 350, 362, 363, 367, 372, 385, 391, 397, 672.
HAENDEL : 600, 603, 604, 639, 664, 795, 796, 814.
HAGUENIN, M. : 42.
HALLEZ, Paul : 367, 397.
HALS, Frans : 38, 39, 53, 54.
HAMILTON (Lady) : 1263.
HAMILTON, Antoine de : 301, 382.
HAMP, Pierre (Henri Bourillon, dit) : 114, 115, 116, 137.
HANKIN, St John : 184, 193.
HARCOURT, Raoul d' : 1361.
HARDY, Thomas : 140, 699, 812, 1133, 1290, 1293, 1347, 1348.
HARPIGNIES : 1046.
HARRADEN, Béatrice : 39, 53.
HARRIS, Frank : 596.
HART, Robert-Edward : 1108, 1110, 1111, 1153, 1227.
HARTE, Francis Bret : 43, 56.
HARTING (Mme de) : 1146, 1237, 1291, 1294, 1379.
HARTOG, Marcus : 309, 336, 363, 390, 592.
HAUVETTE, Henri : 1345, 1425.
HAVET, Ernest : 1185, 1193, 1212.
HAWKINS, Louis Welden : 1327.
HAZARD, Paul : 1335, 1424.
HAZARD, Samuel : 1324.
HEINE, Henri : 39, 52, 55.
HELLENS, Franz : 1251, 1304, 1314, 1409.
HEMANS, Felicia : 618, 798.
HENCKELL : 38, 52.
HENLEY, William Ernest : 140, 1108, 1226.
HENNIQUE, Léon : 363, 869, 871, 1010.
HENRIOT, Émile : 868, 869, 871, 1010, 1138.
HERBST : 593.
HERCULANO, Alexandre : 1106.
HERING, Ewald : 320, 323, 328, 358, 363, 369, 370, 387, 388, 396.
HÉROËT, Antoine : 1290, 1291, 1385.
HERTWIG, Oscar : 592, 593, 601.
HERTZ, Henri : 863, 1007.
HERVIER, Marcel : 1186, 1219, 1381, 1392, 1393, 1407, 1408, 1431.
HERVIEU, Paul : 362.
HILL, Brian : 815, 1270.
HIS : 360.
HOBHOUSE : 1475, 1492, 1495, 1502, 1543.
HODLER : 1046.
HOEPLI : 1451.
HOFMANN (figurines) : 1217, 1441.
HOGARTH : 1046.
HOLBEIN : 39, 1058.
HÖLDERLIN, Friedrich : 1346.
HOLMES, H.A. (Pr) : 864, 1008.
HOOCH, Pieter : 40.
HOOP, Joseph : 1064, 1073.
HOPPENOT, Henri : 679, 691, 716, 796, 807, 1053, 1054, 1074, 1099.
HORACE : 56, 1335.
HOSTOS, Eugenio : 329, 335, 389.
HUARA, Helba : 1137.
HUARTE, Juan : 371, 372, 398, 579, 583.
HUBER, Jean (dit Huber-Voltaire) : 858, 1004, 1045.
HUC, Évariste Régis : 313, 343, 345, 346, 360, 361, 385, 702.
HUDSON, Stephen : 1131, 1133, 1140, 1329, 1332, 1333, 1334, 1424.
HUET, Pierre-Daniel : 1152, 1154, 1155, 1156, 1238.
HUGO, Jean : 880, 1014.
HUGO, Victor : 176, 585, 594, 843, 939, 1284, 1286.
HUGUET, Edmond : 1381, 1383, 1387, 1431.
HUMBERT, J. : 911.
HUMBLE, Pierre : 1351.
HUXLEY, Thomas Henry : 312, 333, 337, 339, 385.
HUYSMANS, Karl Joris : 363, 677, 1143.

IBSEN, Henrik : 41, 54, 745.
ICAZA, Francisco A. de : 315, 385.
ICAZA, Jorge : 1268, 1270, 1272, 1411.
IGLESIAS HERMIDA, Prudencio : 678, 807.
IGNACE DE LOYOLA : 1322, 1420.
INGA : 141, 806, 1292.
IRLES, Dolores (doña) : 283, 284, 287, 288, 289, 290, 291, 293, 302, 303, 304, 310, 331, 341, 350, 351, 377, 579, 603, 620, 622, 647, 763, 767.
IRLES, Eduardo : 283, 284, 285, 287, 288, 289, 291, 292, 296, 300, 301, 308, 309, 310, 311, 313, 314, 315, 316, 322, 326, 337, 338, 342, 348, 349, 351, 352, 353, 354, 357, 358, 370, 377, 386, 390, 579, 590, 601, 603, 604, 605, 620, 626, 647, 698, 744, 748, 762, 763, 767.
IRLES, Lola : 284, 285, 287, 290, 291, 292, 293, 294, 298, 301, 302, 303, 308, 316, 343, 359, 579, 586, 607, 610, 621, 647, 748, 763, 767.
IRLES, Pepita : 284, 290, 291, 293, 301, 302, 308, 311, 316, 321, 324, 351, 579, 586, 607, 610, 621, 647, 748, 763, 767.
IRVING, Washington : 1324, 1421.
ISAACS, Jorge : 329, 389, 1270, 1412.
ISABELLE II : 289, 351, 356, 616.
ISRAELS : 38.

JACINI : 930.
JACOB, Max : 876, 907.
JACQUEMART : 1054.
JACQUEMONT, Victor : 1398.
JACQUES, André : 831.
JACQUET : 831.
JAÏS, Lucien : 1110, 1227.
JALOUX, Edmond : 813, 1046, 1138, 1218.
JAMMES, Bernadette : 126, 139.
JAMMES, Francis : 84, 107, 110, 125, 126, 127, 128, 129, 139, 140, 141, 286, 396, 874, 875, 876, 1284, 1355, 1364, 1368.
JAMMES, Ginette (Mme) : 125, 126, 127, 139, 140.
JANIN, Jules : 728.
JARDET, Paul (Dr) : 862, 1006.
JARRY, Alfred : 710.
JAURÈS, Jean : 1328.
JEAN-AUBRY, G. : 49, 50, 59, 83, 84, 144, 187, 378, 392, 801, 808, 828, 838, 840, 854, 856, 857, 858, 866, 871, 880, 888, 940, 992, 997, 1099, 1110, 1123, 1138, 1140, 1141, 1155, 1156, 1172, 1263, 1280, 1362, 1537.
JEANNIOT, Marcelle : 289, 293, 350, 379, 380, 601, 793.
JEANS : 858, 1005.
JÉRÔME, saint : 879, 912, 944, 1123, 1464.
JIMENEZ, Juan Ramón : 380, 604, 629, 796, 800.
JOHNSON, Samuel : 56, 378, 398.
JOINET, Jean : 1008, 1416, 1422.
JONES, Henry Festing : 307, 315, 361, 367, 384, 393, 397, 698, 701, 704, 709, 711, 713, 714, 715, 717, 719, 720, 721, 722, 723, 724, 725, 726, 727, 728, 729, 730, 732, 733, 734, 736, 737, 738, 740, 741, 742, 743, 750, 760, 814, 815, 816, 1163, 1164, 1167, 1184, 1270, 1371, 1372, 1455, 1460, 1463, 1540.
JONES, Lilian (Miss) : 723, 725, 732, 736.
JORDAENS : 38, 39.
JORDAN, Édouard : 930, 939, 1037, 1131, 1133, 1134.
JOUHANDEAU, Marcel : 832, 1112, 1134.
JOURDAIN, Francis : 77, 84, 283, 856, 1003.
JOURDAIN, Franz : 84.
JOUVE, Pierre-Jean : 1304.
JOYCE, James : 887, 914, 924, 1057, 1109, 1113, 1218, 1289, 1334, 1376, 1377, 1378, 1430, 1527.
JUAREZ : 1136.
JULLIAN, Camille : 149, 940.
JUNOY, José-María : 603, 796, 1135, 1234, 1262.
JUPP (Mrs) : 285, 290, 307, 378, 714, 715.
JUSTIN : 873, 874, 1011.
JUSTINIEN : 930, 943, 1034.

KAHN, Gustave : 677, 792, 807.
KAISER, Peter : 1072, 1073, 1074.
KALVOS, André : 952, 954.
KANT : 583.
KAPURTHALA, Rajah de : 78, 84.
KARPA, Louise : 1121.
KAYYAM, Omar : 42, 55, 1133, 1234.
KEATS : 113, 1335.
KEFER, Pierre : 1342, 1343.
KELLER, Gottfried : 1058, 1059, 1098.
KERN, Fritz : 938, 939.
KEYNES, Geoffrey : 815, 862, 1007, 1181, 1270.
KIDDIE : 310, 312, 315, 316, 321, 323, 325, 326, 331, 332, 344.
KIPLING, Rudyard : 49, 366, 701.
KIRKE WHITE, Henry : 1241.
KLEIST, Heinrich von : 1267, 1411.
KLOTZ (Mme) : 323, 326, 328, 342, 346, 347, 348, 349, 350, 360, 368, 370, 388, 398, 585, 628, 632, 633, 639, 748, 791, 793.
KLUYSKENS, François : 336.
KOEKKOEK : 38.
KOLEA, S. : 1477, 1528, 1529.
KÖLLIKER : 337, 356, 390.
KOPYLOV, Christiane : 139, 992, 1011.
KOPYLOV, Marc : 813, 992, 994, 1011.
KRAINS, Hubert : 1316, 1419.
KRAUSE : 641.
KRUDENER (Mme de) : 301, 382.
KURTZIG (Frau) : 42, 43, 55.

LABÉ, Louise : 1338.
LABICHE, Eugène : 1139.
LABRIOLLE, Pierre de : 1324.
LACHÈVRE, Frédéric : 1057, 1097.
LA COMTESSE : 171, 177, 180, 181, 187, 192.
LA CONDAMINE, Charles Marie de : 1284, 1413.
LACOSTE : 127.
LACROIX (Mme) : 1109, 1111, 1150, 1250, 1409.
LAETA (v. DOLCE).
LAFILLE (figurines) : 1135.
LA FONTAINE : 299, 662, 1425, 1478.
LAFORGUE, Jules : 62, 78, 284, 341, 581, 792, 1284.
LAGERLÖF, Selma : 846.
LA GORCE, Agnès de : 1179, 1289, 1290, 1414.

LALLEMAND, de : 687.
LALO : 692.
LALOU, René : 1337, 1338, 1342, 1350, 1385, 1424.
LAMARCK : 317, 328, 335, 336, 340, 365, 372, 386, 622, 641, 643, 659, 743.
LAMARTINE : 35, 82, 1286, 1328, 1390.
LAMB, Charles : 296, 381, 590.
LAMBERT, Albert : 33.
LAMENNAIS : 1122.
LA MOTHE LE VAYER, François : 1397.
LANCRET : 1164, 1240.
LANDOR, Charles : 294.
LANDOR, Henry Savage : 294.
LANDOR, Walter Savage : 131, 132, 134, 135, 292, 294, 340, 349, 357, 365, 366, 370, 380, 396, 398, 614, 642, 652, 679, 700, 770, 809, 815, 1162, 1289, 1389.
LANIER, Sydney : 37, 51.
LANSON, Gustave : 862, 1294, 1295, 1296, 1354, 1416.
LANUARTRES (M.) : 666, 805.
LANUX, Pierre de : 796, 888, 1016.
LANZA, Silverio : 601, 795.
LAPINA (éditeur) : 1135.
LAPORTE, René : 385, 1107, 1108, 1110, 1140, 1141, 1143, 1150, 1226, 1264.
LAPÔTRE : 930.
LARBAUD, F. : 726.
LARBAUD, Isabelle (Mme) : 35, 36, 37, 38, 40, 42, 49, 51, 54, 107, 108, 110, 112, 113, 115, 116, 117, 118, 119, 120, 121, 122, 123, 125, 126, 128, 139, 140, 147, 151, 183, 579, 594, 615, 635, 636, 637, 652, 685, 689, 698, 699, 700, 701, 707, 747, 771, 794, 827, 829, 836, 837, 839, 840, 844, 856, 876, 881, 883, 887, 936, 957, 992, 997, 1004, 1048, 1148, 1173, 1198, 1204, 1205, 1206, 1215, 1292, 1358, 1441, 1442, 1455.
LARBAUD, Nicolas : 51, 120, 829, 992, 1204, 1221, 1244, 1261, 1442.
LARGUIER, Léo : 75.
LA ROCHEFOUCAULD (duchesse de) : 888, 905, 1440.
LARRA, Mariano José : 287, 378.
LARTHE, Noémi : 384.
LASKARATOS, André : 952.
LASKIN : 608.
LATERZA (éditions) : 949, 1039, 1468.
LA TOUR DU PIN, Patrice de : 1104, 1225.
LA TOUR, Georges de : 692, 811.
LATOUR-MAUBERGEON (M.) : 793.
LAUBER, Cécile : 1052.
LAURENCIN, Marie : 924, 1032.
LAUTRÉAMONT (Isidore Ducasse, dit le comte de) : 876.
LAVAL, Pierre : 856, 860, 869, 1335.
LAVEDAN, Henri : 1286.
LAVERNIÈRE, Pierre de : 77.
LAW, Hugh : 631.
LAWRENCE, D.H. : 1115.
LAYARD : 644, 803.
LÉANDRE : 78.
LEAR, Edward : 718.
LÉAUTAUD, Paul : 1107, 1277, 1278, 1279.
LECONTE DE LISLE : 1364, 1378, 1389.
LE DANTEC, Félix : 310, 319, 320, 321, 345, 347, 348, 349, 350, 355, 357, 360, 371, 372, 387, 584, 585, 590, 591, 592, 601, 608, 609.
LEDRU-ROLLIN : 1328.
LE GOFFIC, Charles : 910.
LEGRAND, Mercédès : 794.
LE GRIX, François : 754, 768, 770.
LELONG : 862.
LELONG (figurines) : 1263, 1410.
LELUC, Lucien : 1359, 1360, 1427.
LE MAÇON, Antoine : 1383, 1431.
LEMAIRE DE BELGES : 1291.
LEMAISTRE DE SACY : 362, 603, 796.
LEMAITRE, Jules : 1294, 1416.
LEMARIÉ, Berthe : 348, 370, 393, 581, 589, 637, 638, 679, 685, 802.
LE MASLE, R. (Dr) : 1109, 1113.
LENAU : 36, 51.
LÉNINE : 1328.
LENTHÉRIC, Charles : 163, 189.
LEÓN, Ricardo : 626.
LEOPARDI, Giacomo : 55, 119, 123, 124, 138, 1153, 1335.
LERMOYEZ : 1357.
LE ROY, Louis : 1383.
LEROY, Olivier : 853, 866, 897, 915, 1149, 1351.
LE SACHÉ (Mme) : 1106, 1109, 1120.
LESAGE, Marcelle (libraire) : 1385, 1432.
LE SOUDIER : 600, 707.
LESLIE (fils de Gladys) : 150, 710, 716, 717.
LEVET (Mme) : 73, 75, 76, 77, 78, 79, 80.
LEVET, Georges (M.) : 74, 75, 76, 77, 78, 79, 80.
LEVET, Henry J.M. : 73, 74, 75, 76, 77, 78, 79, 80, 83, 84, 361, 396, 1103, 1367.
LEVI : 944.
LHOTE, André : 668.
LICINIUS CRASSUS : 1276, 1412.
LINDSAY, Vachel Nicholas : 769, 819, 1289.
LINGENDES, Jean de : 1385.
LINNÉ : 337, 390.
LIOURE, Françoise : 51, 136.
LIPSE, Juste : 1319, 1420.
LIZÉRARD : 930.

LOCHAC, Emmanuel : 843, 844, 854, 858, 862, 868, 872, 873, 875, 876, 879, 888, 999, 1143, 1146, 1147, 1148, 1153, 1274, 1288, 1296, 1367, 1368, 1381, 1395.
LOMBEZ, Ambroise de : 1137, 1235.
LONGANESI, Leo : 915.
LONGHI : 1453, 1540.
LÓPEZ CAMPELLO (Dr) : 311, 313.
LÓPEZ, Vicente : 616, 798.
LORIA : 885, 904.
LORTIC : 120.
LOTI, Pierre : 53, 1290, 1304, 1504.
LOUCHEUR, Louis : 875, 1012.
LOUŸS, Pierre : 761, 1107, 1108.
LOVELL, Marjorie : 1378, 1382.
LOYAU : 34.
LUBBOCK (Sir) John : 312, 385.
LÜCKOFF, Dietrich : 1015.
LUCOTTE : 694, 701.
LUGNÉ-POË : 828.
LUMMIS, Ch.F. : 759, 762.
LYDIS, Marietta : 1104.
LYELL : 641.

M. (prince) : 64, 66.
MABILLE : 931.
MABILLE DE PONCHEVILLE : 1447.
MAC LEISH, Archibald : 1288.
MAC MILLAN (éditeur) : 711, 716, 726, 728.
MACAULAY, Richard : 42, 55.
MACHIAVEL : 885, 911, 938, 1253.
MACKENTY, Emma (Mme) : 1103, 1225.
MACKENZIE, Compton : 770, 819.
MADELEINE, Jacques : 741, 817, 1384, 1431.
MADRAZO, Federico de : 616, 798.
MADRUGA JIMENEZ, Esteban : 1406.
MAETERLINCK, Maurice : 42, 55, 689, 807, 1304, 1316, 1418.
MAGGIORE, Giuseppe : 859.
MAILLET, Benoît de : 307, 320, 384.
MAINTENON (Mme de) : 299.
MAISTRE, Joseph de : 600, 631, 663, 795, 858, 1083.
MÂLE, Emile : 903, 909, 915, 917, 1023.
MALHERBE : 585, 645, 803.
MALLARMÉ, Stéphane : 53, 80, 585, 690, 727, 876, 1010, 1143, 1294, 1295, 1329, 1344, 1438, 1440.
MALLET (Mme Georges) : 869.
MALLET, Robert : 143.
MALOINE (éditeur) : 323.
MALRAUX, André : 1127, 1128, 1129, 1155, 1233, 1364.
MANN, Mathilde : 1176.
MANOLO : 283, 300, 311.
MANRIQUE, Jorge : 801.
MANSFIELD, Katherine : 866, 1317, 1337, 1420.
MANTEGNA : 692.
MANZINI, Gianna : 904, 1024, 1116, 1145, 1363.
MARAGALL, Joan : 629, 801.
MARAÑON (Dr) : 950.
MARCHAND, Henri : 1116, 1117, 1145.
MARDEN : 681, 762.
MARET, Anna : 831.
MARIE, Aristide : 1381, 1431.
MARIETA : 314, 316.
MARÌN, Francisco Rodriguez : 614, 617.
MARÌN, Ibañez : 618.
MARITAIN, Jacques : 1274.
MARIUCCIA (v. NEBBIA, Maria).
MARIVAUX : 659.
MARKORAS, Gérosime : 952, 957.
MAROLLES : 1156.
MAROT, Clément : 1278.
MAROUZEAU, Jules : 1296, 1342, 1417, 1425.
MARPICATI, Arturo : 914, 918, 1454.
MARQUET, Albert : 694, 811, 1440, 1538.
MARQUETS, Anne des : 1114.
MARSILE DE PADOUE : 929, 1033.
MARSYAS : 1147, 1237.
MARTIN DU GARD, Maurice : 854, 866, 874, 880, 897, 1002, 1117, 1135, 1280.
MARTIN DU GARD, Roger : 729, 866, 1009.
MARTIN, Auguste : 1124, 1231.
MARTINEZ SIERRA, Gregorio : 677, 807.
MARTINIE : 860, 862, 864, 866, 1005.
MARTY, de : 34.
MARX, Karl : 1328.
MASCHKE (Misses) : 41, 42, 43, 55, 56.
MASEREEL, Frans : 1123, 1231.
MASSIGLI, René : 1394, 1432.
MASSILLON, Jean-Baptiste : 1129.
MASSIS, Henri : 736, 737, 741, 768, 769, 819.
MASSONNE, Charles : 1144, 1153, 1356, 1357, 1427.
MATULKA, Barbara : 1183.
MAUGHAM, Somerset : 1117, 1230, 1394.
MAUPASSANT, Guy de : 1304.
MAUPERTUIS : 342, 345, 358, 365, 368, 370, 391, 397, 720, 724, 743.
MAURIAC, François : 1140, 1188, 1304, 1337.
MAURIÈS, Patrick : 59.
MAUROIS, André : 916, 1333, 1424.
MAUVE : 38.
MAVILIS, Lorenzo : 952, 954, 956.
MAXIMILIEN (empereur) : 68, 1135.
MAYNARD : 353, 395.
MAYNIAL, Édouard : 1385, 1399, 1408, 1431.

MAZARIN (duchesse de) : 299, 382.
MAZZINI, Giuseppe : 110, 136.
MÉLANIE (bergère de la Salette) : 771, 820.
MELIN, F. : 888, 1180, 1182, 1187, 1242, 1363.
MELLER, Raquel : 618, 798.
MEMLING : 38, 39, 52.
MÉNABRÉA, Henri : 37, 51, 125, 703, 706, 844, 999, 1203.
MENCKEN, H.L. : 917, 949, 950, 1140.
MENDÈS, Catulle : 698.
MENÉNDEZ-PELAYO : 335, 390, 672.
MENN : 1045.
MEOZZI, A. : 901, 931, 932.
MERCANTE, Victor : 1370.
MERCURE DE FRANCE (éditions) : 1303, 1365, 1439.
MEREDITH : 726, 727.
MÉRIMÉE, Henri : 863, 1181, 1242.
MÉRIMÉE, Prosper : 39, 1120.
MERMOD, Henri-Louis : 1048, 1049, 1050, 1053, 1096, 1097.
MERRILL, Stuart : 792.
MÉRY, Joseph : 837.
MESDAG : 38.
MESSEIN, Albert (éditeur) : 140, 877, 1013.
METSYS, Quentin : 37, 38, 52, 1419.
MEUNIER, Raymond : 1327.
MEUNIER, Stanislas : 620, 622, 625, 626, 799.
MEYER, Kuno : 346, 393.
MEYER, Max-Eduard : 1057, 1097.
MEYNELL, Alice : 744, 817, 1162, 1179, 1188, 1189, 1190, 1192, 1193, 1195, 1196, 1199, 1200, 1219, 1242, 1289.
MEYNELL, Everard : 709, 711, 801.
MICHALET (M.) : 114.
MICHAUD, Régis : 709, 813.
MICHAUX, Henri : 1156.
MICHELET, Jules : 42, 1159.
MIDDLETON, Richard : 122, 123, 124, 125, 138.
MIDDLETON, Thomas : 1348.
MIGNON, Maurice : 1273, 1275.
MIGNOSI, Pietro : 1140, 1236.
MILHAUD, Darius : 811.
MILOSZ, O.V. de : 1128.
MILTON : 137.
MIOMANDRE, Francis de : 343, 854, 1002.
MIRBEAU, Octave : 283, 362, 377, 670, 1315.
MIRÓ, Gabriel : 286, 288, 290, 303, 304, 306, 309, 310, 311, 313, 315, 322, 323, 328, 329, 337, 340, 342, 347, 352, 356, 368, 370, 378, 379, 383, 384, 385, 388, 389, 398, 585, 590, 600, 601, 604, 605, 608, 627, 628, 629, 672, 761, 863, 987, 1008, 1262, 1263.
MISTRAL, Frédéric : 379, 1116.
MITSURA (Mlle) : 1476, 1484, 1502, 1505, 1506.
MIVART, St George : 715, 720, 814.
MOCKEL, Albert : 1316, 1419.
MODERN, Max : 42, 43, 55.
MONET, Claude : 46.
MONNIER, Adrienne : 811, 861, 866, 887, 888, 905, 924, 925, 1001, 1025, 1032, 1109.
MONNIER, Claire : 387.
MONNIER, Marie : 811.
MONTAIGNE : 372, 834, 1251, 1338.
MONTALEMBERT : 311.
MONTALVO, Juan : 329, 335, 389.
MONTÉGUT : 687, 810.
MONTHERLANT, Henri de : 1304.
MOORE, E. (Dr) : 942, 1037.
MORAND, Paul : 875, 880, 882, 888, 1120, 1134, 1139, 1140, 1141, 1172, 1188, 1283, 1323, 1413.
MORAX (Dr) : 849, 851, 1375.
MORÉAS, Jean : 34, 49, 80, 681, 808.
MOREAU DE SAINT-MÉRY : 1324.
MOREAU, Hégésippe : 604, 796.
MORELLI, Domenico : 946, 1038.
MORETTI, Marino : 1458, 1462, 1540.
MORING (Mrs) : 184, 193.
MORNET, Daniel : 862, 1006.
MORRIS, William : 1289.
MOULINIÉ : 297.
MOUSLI, Béatrice : 138, 140, 384, 809, 811, 825, 1415.
MOUSSARIE, Pierre : 878, 888, 903, 1013, 1122, 1138, 1143, 1148.
MOUSSET, Albert : 1106.
MOZART : 40, 55.
MÜHLFELD (Mme) : 685, 686, 687, 688, 691, 692, 751, 809, 818.
MULLER, Fritz : 601.
MURAT (maréchal) : 923, 946.
MUSSET, Alfred de : 116, 296, 351, 381, 662, 745, 810, 1214, 1286, 1531.
MUSSOLINI : 841, 1347.

NADLER, Joseph : 1057.
NÄGELI : 360, 367, 369, 371, 398.
NATTIER : 1046.
NAUDIN : 312, 324.
NAUROUZE, (Mme) Jacques : 33.
NAVILLE (libraire) : 1215.
NEBBIA, Emilio : 885, 891, 894, 1015.
NEBBIA, Maria (alias Mariuccia, Baboa) : *Passim* 824-1020, *passim* 1045-1059, *passim* 1104-1223, *passim* 1253-1398, *passim* 1437-1534.

NEEL, Philippe : 814.
NEILLOT, Louis : 1337, 1424.
NELSON, éditions : 353.
NEMESIO, Vitorino : 1151, 1156, 1157, 1162, 1238.
NERVAL, Gérard de : 306, 353, 877, 923.
NERVÈZE, Antoine de : 1154.
NESSON, Pierre de : 1291.
NICOLAÏ, Nicolas de : 1254.
NICOLSON, Harold : 1117, 1230.
NIEDERHAUSEN, Rodo de : 1046.
NIETSZCHE : 583, 590, 634, 745, 882, 883, 1365.
NIGIDIUS : 1276, 1412.
NOAILLES, Anna de : 692.
NOAILLES, H. de : 147.
NOËL, Eugenio : 314, 385.
NOLHAC, Pierre de : 1342, 1372, 1425.
NOUVEL (M.) : 1104, 1124, 1125.

O'BRIEN, Justin : 849, 874, 888, 915, 1001, 1012, 1379, 1382, 1393.
O'CONNOR, Daniel : 193, 631, 709, 711, 733, 744, 801, 817.
O'HENRY : 726, 729, 732, 816.
O'NEDDY, Philothée (v. DONDEY).
OGLIASTRONI : 80, 84.
OHNET, Georges : 1329, 1426.
OLIVIER, Juste : 1049, 1096.
OLOMBEL (M[e]) : 155, 168.
ORDINOV : 770.
ORIGNY, Gérard d' : 1179, 1242, 1257, 1258.
OROSE, Paul : 884, 1015.
ORR : 363, 593.
ORS, Eugenio d' : 590, 629, 794, 873.
ORTIGAÔ, Ramalho : 1106.
ORTOLAN, Elzéar : 345, 393.
OSORIO DE OLIVEIRA, José : 874, 875, 876, 880, 1012.
OUTREY, Amédée : 1054, 1097.
OVIDE : 600, 605, 643, 647, 668, 800, 1440.
OVIEDO : 680.
OWEN, Richard : 335, 345, 392.

PADRON, Julian : 1271, 1273.
PAILLART, Félix : 896, 944, 1020.
PAINLEVÉ (M.) : 751.
PALGEN, Paul : 1329, 1423.
PALMA, Ricardo : 38, 1137, 1176, 1241.
PALOMO (sénateur) : 617.
PANARIELLO, Antonio : 1470.
PANTOJA DE LA CRUZ, Juan : 616.
PANTOJA (Señor) (gouverneur) : 12.
PAOLIS (M. de) : 1506.
PAPINI, Giuseppe : 716, 815, 1107, 1112, 1226.
PARAVIA (libraire) : 1451.
PARIJANINE, Maurice : 863.
PARIOT, Paul : 1253.
PARIS, Pierre : 863, 1007.
PARTURIER, Eugène : 828, 939, 992, 1280, 1381.
PASCAL : 644, 655, 656, 658, 659, 670, 678, 743, 766, 804, 891, 1159, 1320.
PASCOLI, Giovanni : 137, 939, 940, 943, 1037, 1153.
PASTEUR : 336.
PASTOR : 309, 329, 356.
PATER, Walter : 761.
PATMORE, Coventry : 126, 139, 140, 141, 185, 193, 796, 809, 1162, 1220, 1437.
PATOUT, Paulette : 799.
PAUL (saint) : 362.
PAULHAN, Claire (éditeur) : 136, 825.
PAULHAN, Jean : 842, 854, 859, 862, 870, 872, 880, 888, 905, 922, 924, 940, 994, 1117, 1122, 1127, 1172, 1267, 1273, 1319, 1336, 1369, 1375, 1378, 1379, 1380, 1430.
PAULI, Charles : 713, 714, 814.
PAUSANIAS : 957.
PAYOT (éditions) : 859.
PEARSALL SMITH, Logan : 712, 736, 814.
PÉGUY, Charles : 1159, 1294, 1416.
PEREDA, José Maria de : 1270, 1412.
PÉREZ BOJART, J. : 342.
PÉREZ DE AYALA, Ramòn : 676, 806.
PÉREZ GALDÓS, Benito : 1270, 1373.
PÉREZ, Modesto : 627, 800.
PÉRIGNY (M. de) : 911.
PÉROUSE, Gabriel : 1193.
PERPESSICIUS : 1126.
PERREYVE, Henri : 863.
PERRIER, Edmond : 297, 305, 307, 341, 342, 343, 345, 358, 365, 382, 383, 600, 607, 608, 724, 743.
PERROT D'ABLANCOURT, Nicolas : 1398, 1447.
PERUZI : 929.
PESEUX-RICHARD, H. : 656.
PETIT, Léonce (abbé) : 1298.
PETITOT : 1046.
PÉTRARQUE : 911, 1108, 1340, 1438.
PÉTRONE : 36, 51.
PHILIPPE, Charles-Louis : 83, 116, 136, 137, 139, 363, 687, 694, 811, 812, 850, 858, 871, 905, 1103, 1110, 1439, 1440.
PÍ Y MARGALL, Francisco : 618, 798.
PIAGET, Jean : 1331, 1350, 1423.
PIALE : 913.
PICASSO : 1443, 1456.
PICCINI : 931.
PICÒN SALAS, Mariano : 843, 845, 862, 1000.

PILLAT, Ion : 1124, 1125, 1231, 1365, 1367, 1368.
PILLEMENT, Georges : 842, 998, 1149, 1238, 1261, 1410.
PINEL, Charles : 831, 994.
PIVET, Léon : 687, 796.
PLATON : 43.
PLON (éditions) : 736, 737, 738, 739, 741.
PLUTARQUE : 1374.
POE, Edgar Allan : 126, 674, 810, 832, 1374.
POIRET, Paul : 793.
POIVRE (Mme) : 1263.
POLYLAS, Jacques : 952.
POMÈS, Mathilde : 389, 793, 909, 1026, 1103, 1225.
PONCET : 34.
PONTEVÈS-SABRAN : 155.
PONTOPPIDAN, Henrik : 1176, 1189, 1193, 1199, 1200, 1242.
PONTUS DE TYARD : 1111, 1114, 1228.
PORTO-RICHE, Georges de : 1286.
POTTER, Paul : 38, 40.
POULENC, Francis : 811.
POUSSIN : 1164, 1240.
POŸLO, Anne : 391.
PRADA, Manuel Gonzalés : 329, 389.
PRALOIS, Jean-Baptiste : 148, 149, 150, 155, 156, 157, 158, 160, 162, 166, 167, 169, 172, 173, 182.
PRESCOTT : 680, 808.
PRESSES UNIVERSITAIRES DE FRANCE : 1130.
PRÉVITÉ ORTON (M.) : 757, 1162, 1163, 1240.
PRÉVOST : 53.
PRÉVOST, Jean : 818.
PRÉVOST, Marcel : 1285.
PRÉVÔT (ou PRÉVOST), Edmond (figurines) : 1151, 1173, 1217, 1238, 1267, 1276, 1367, 1398, 1411, 1459.
PREZZOLINI : 716, 815.
PRIETO, Gregorio : 1381, 1390.
PRINCESSE DE GALLES (Caroline de Brunswick) : 108, 135.
PRIOR, Matthew : 121, 1000, 1005.
PRIVAT : 164.
PROPERCE : 1437.
PROUST, Marcel : 688, 725, 732, 760, 796, 810, 819, 850, 1139, 1158, 1267, 1303, 1329, 1334, 1364.
PRUDENCE : 884, 1015.
PUCCINI, Mario : 864, 873, 874, 875, 898, 904, 905, 907, 909, 910, 913, 914, 915, 916, 917, 918, 921, 924, 936, 1008, 1106, 1120, 1325, 1422, 1455, 1456.
PUJOL : 300.

QUASIE : 75, 83, 119, 138, 697, 812.
QUATREFAGES, Armand Bréau de : 292, 297, 307, 308, 312, 315, 319, 320, 322, 324, 326, 327, 328, 330, 333, 335, 336, 337, 339, 347, 349, 357, 380, 625.
QUENTAL, A. do : 1106.
QUEREUIL (libraire) : 1397, 1398.
QUEVEDO : 368, 397, 656, 804.
QUINTEROS : 626.
QUONIAM, Théodore : 1342.

RABELAIS : 180.
RACINE : 353, 585, 832, 876, 1143, 1277, 1320, 1321, 1335, 1368, 1455.
RACKHAM, Arthur : 662, 804.
RAEDERS, Georges : 1112, 1160.
RAISY, C. de : 34.
RAMEAU : 602.
RAMUZ, Charles-Ferdinand : 840, 997.
RAVEL, Maurice : 604, 607, 818.
RAY, Marcel : 34, 35, 36, 37, 38, 39, 40, 41, 42, 43, 50, 51, 52, 53, 55, 56, 118, 126, 135, 136, 137, 138, 139, 140, 174, 182, 190, 193, 345, 381, 398, 682, 683, 690, 691, 693, 709, 748, 807, 810, 811, 812, 813, 817, 839, 840, 849, 854, 856, 857, 869, 871, 880, 888, 893, 903, 905, 915, 997, 1135, 1138, 1140, 1141, 1285, 1286, 1288, 1335, 1342, 1466, 1469, 1472, 1515, 1517, 1520, 1528, 1529, 1531.
RAY, Suzanne (née Eymar) : 190, 690, 693, 696, 856, 857, 871, 1141, 1288, 1473, 1476, 1477, 1481, 1506, 1515, 1523, 1528, 1531.
RAYNAL (abbé) : 1324.
RAYNAUD, Ernest : 341, 342, 391, 854, 1002.
READING (Lord) : 860.
RÉCHID, Ekrem : 865, 869, 872, 873, 1009.
RECLUS, Élisée : 343, 392.
REDON, Odilon : 127.
REFFI, Eugenio (cavaliere) : 1461.
REGIO, José : 1280, 1281, 1283, 1336, 1356, 1413.
RÉGNIER, Henri de : 118, 138, 1138, 1286.
RÉGNIER, Mathurin : 1279.
REGULUS : 339, 391.
REMBRANDT : 38, 53, 54, 692.
RENAN, Ernest : 329, 335.
RENARD, Jules : 356.
RENARD, Maurice : 337, 390.
RENAUDET, A. : 911.
RÉPIDE, Pedro de : 626.
RESTIF DE LA BRETONNE : 804, 1398.
RESTINI, Francesca : 763.
REVAULT D'ALLONNES : 641, 803.

REY, Léon : 1483, 1487, 1495, 1496, 1502, 1503, 1504, 1505, 1518, 1519, 1531, 1545.
REYES, Alfonso : 309, 618, 799, 855, 857, 868, 888, 893, 997, 1010, 1109, 1135, 1137.
RIBEMONT-DESSAIGNES, Georges : 858, 1005.
RIBON (M. de) : 1110.
RIBOT, Théodule : 609, 658, 683, 689, 797.
RICCARDI, R. : 911.
RICCI, Corrado : 151, 187.
RICHARD (Mlle) : 718, 725, 726.
RICHEPIN, Jean : 698, 1334.
RICHTER, Claire : 634, 641.
RIEDER (éditeur) : 1123.
RIENZO, Cola di : 929, 1033.
RIGNANO, Eugenio : 320, 323, 328, 387, 592, 593, 601, 609, 795.
RILKE, Rainer Maria : 1103, 1104, 1105, 1106, 1107.
RIMBAUD (Mme) : 118.
RIMBAUD, Arthur : 78, 117, 118, 138, 140, 284, 306, 590, 650, 651, 686, 712, 727, 813, 876, 1126, 1316, 1329, 1350, 1390.
RIVAROL : 701, 702, 703, 812.
RIVE, P.L. de la : 1046.
RIVIÈRE, Jacques : 111, 113, 115, 136, 679, 685, 688, 689, 702, 704, 706, 707, 709, 737, 738, 743, 809, 862, 1380.
ROBERT, Léopold : 1046.
ROBERT-TISSOT, Éric : 1128, 1233.
ROBILANT (comtesse de) : 898.
ROBIN : 328.
ROBINET, René : 307, 320, 384.
ROCHEFRETTE (Dr) : 1187, 1192, 1199, 1200, 1212, 1442.
ROCHEGROSSE, Georges : 1142, 1237.
RODENBACH, Georges : 1316, 1419.
RODIN : 362, 1106.
RODITI, Édouard : 1380, 1430.
RODÓ, José Enrique : 315, 329, 343, 385, 392.
RODRIGUEZ, Francos : 640.
ROHMER, Lucien : 182.
ROJAS : 862.
ROLAND (Dr) : 35, 36.
ROMAGNOSI, J.D. : 885.
ROMAINS, Jules : 322, 323, 692, 693, 707, 811, 832, 916, 1120, 1121, 1267, 1268, 1304, 1333, 1354, 1427.
ROMANES, Georges : 324, 338, 340, 391.
RONSARD : 351, 859, 1108, 1263, 1339, 1340, 1387.
ROOTHAM, Helen : 712, 813.
ROPS, Félicien : 1316.
ROQUE RUIZ (Dr) : 349.
ROSA, Salvatore : 34, 50.
ROSIER, P. (libraire) : 696, 740.
ROSSETTI : 55.
ROSTAND, Edmond : 53, 764, 1369.
ROTHSCHILD, Henri de : 1173.
ROUHER : 848.
ROUSSEAU, Jean-Jacques : 180, 329, 368, 834, 842, 994.
ROUVEYRE, André : 1438, 1439, 1446, 1448, 1453, 1537.
ROUX, Wilhelm : 369, 397, 592, 601.
ROY (Mlle) : 1106, 1150, 1151, 1336, 1375, 1378.
ROYÈRE, Denise : 862, 1006.
ROYÈRE, Jean : 56, 120, 138, 602, 819, 854, 857, 862, 863, 866, 870, 880, 888, 905, 920, 922, 925, 998, 1147, 1149, 1150, 1181, 1278, 1285.
ROZE (Mme) (figurines) : 841, 854, 875, 997, 1217.
RUBENS : 38, 180, 192, 692, 1305, 1313, 1419.
RUBINSTEIN, Ida : 686.
RUGGIERO, Ortensia : 137.
RUIZ ESPARZA, Manuel : 1291, 1415.
RUYSDAEL : 38, 54.

SABA, Umberto : 1468, 1541.
SAGEHOMME (S.J.) : 832, 994.
SAILLET, Maurice : 825.
SAINT LEGER LEGER ou LEGER, Alexis (pseud. Saint-John Perse) : 84, 126, 128, 140, 306, 313, 345, 394, 602, 615, 796, 798, 839, 856, 888, 903, 916, 948, 997, 1004, 1128, 1133, 1143, 1154, 1158, 1160, 1274, 1283, 1285, 1335, 1346, 1367, 1368.
SAINT-AMANT : 650, 652, 661, 804.
SAINTE-BEUVE : 353, 379, 623, 1121, 1284, 1294, 1295, 1396, 1416.
SAINT-EVREMOND : 296, 297, 298, 299, 300, 303, 382.
SAINT-GELAIS, Mellin de : 1278, 1413.
SAINT-SIMON : 39.
SALABERT, F. : 831.
SALIAT, Pierre : 1383.
SALINAS, Pedro (don) : 632, 633, 652, 655, 801.
SALLUSTE : 1354.
SALUTATI, Coluccio : 929, 943, 1034.
SAMAIN, Albert : 689.
SÁNCHEZ (S.J.) : 659.
SÁNCHEZ COELLO, Alonso : 616, 798.
SÁNCHEZ, Florencio : 606, 796.
SÁNCHEZ, Luis Alberto : 1149, 1238.
SAND, George : 289, 379, 667, 745.
SANDEAU, Jules : 1329, 1426.

SARCEY, Francisque : 342, 392.
SARMIENTO, Domingo : 329, 389.
SARRAIL (général) : 1502.
SATIE, Erik : 691, 760.
SAUCIER, Roland : 1384.
SAUTER, Constantin : 1057, 1097.
SAVAGE (Miss) : 713, 714, 719.
SAVINE : 687, 810.
SBARBARO, Camillo : 1153, 1238.
SCÈVE, Maurice : 828, 839, 992, 1054, 1097, 1130, 1183, 1238, 1243, 1280, 1290, 1291, 1332, 1335, 1338, 1339, 1340, 1342, 1360, 1385.
SCHACHMANN, Emmanuel : 828, 838, 992, 1394.
SCHAFFNER, Jakob : 1052, 1097.
SCHAKOVSKOY (princesse) : 1103, 1135, 1225, 1341, 1343, 1398.
SCHEFFER, Ary : 38.
SCHELANDRE, Jean de : 38, 40, 53.
SCHLIEMAN : 644, 803.
SCHLUMBERGER, Jean : 394, 737, 828, 863, 1264, 1411, 1439.
SCHMITT, Florent : 604, 796.
SCHNEIDER : 1274.
SCHNITZLER, Arthur : 864, 1008.
SCHOPENHAUER : 35, 1440.
SCHUFFENECKER, Émile : 1327.
SCHUMANN : 679.
SCHWOB, Marcel : 704, 809, 1133, 1234.
SCOTT, Walter : 643, 645, 646, 648, 649, 651, 795, 803, 804, 1288.
SCOTT-JAMES, R.A. : 193, 1327.
SCUDÉRY (Mlle de) : 1447.
SECCOMBE : 122.
SEGONDS, Jean-Philippe : 797.
SELWYN : 135.
SEMON, Richard : 320, 323, 328, 387.
SENANCOUR : 379.
SÉNÈQUE : 642, 803.
SERAO, Matilde : 934, 1035.
SERLE, Percival : 1361.
SERPA, Alberto de : 1398, 1433.
SERRES : 601.
SERT, José-Maria : 1362, 1428.
SETON Merriman : 122.
SETTANI, Ettore : 1293, 1297, 1416.
SÉVERAC : 155.
SÉVERAC, Déodat de : 1454, 1540.
SÉVERIN, Julien : 1302.
SEYSSEL, Claude de : 1383, 1431, 1441, 1538.
SHAKESPEARE : 370, 610, 615, 617, 637, 657, 689, 701, 744, 766, 797, 805, 808, 809, 811, 832, 1111, 1218.
SHANKS, Edward : 769, 819, 820.
SHAW, George Bernard : 715, 745, 746, 753, 817, 949.
SHELLEY, Percy Blythe : 34, 35, 36, 49, 50, 287, 378, 797, 810, 1046.
SICHEL, Pierre : 866, 868, 872, 1009.
SIGALL, Olga : 895.
SIMON, Théodore : 1370.
SIRACUSA, G.B. : 930, 947.
SISENNA, Cornelius L. : 1276, 1412.
SIXTE DE BOURBON (prince) : 1138, 1140, 1141, 1235.
SKANDERBERG : 1475, 1508, 1542.
SKARBINA : 78.
SKENDO, Lumo : 1482, 1483, 1505, 1530.
SKIOERBORG, F.V. : 52.
SLATAPER, Scipio : 1527, 1546.
SMITH (Father) : 614.
SMITH, Logan Pearsall : 1103, 1334.
SNELL, Karl : 337, 610.
SOFFICI, Ardengo : 914, 1028.
SOLMI : 929.
SOLOMOS, Denys : 952, 954.
SONZOGNO (éditeur) : 37.
SOTHERAN : 294, 345, 381.
SOUDAY, Paul : 708.
SOULARY, Joséphin : 629, 800.
SOUMET, Alexandre : 1396, 1433.
SOUPAULT, Philippe : 811, 812, 813.
SOUZA, Robert de : 792.
SPENCER, Herbert : 312, 338, 340, 385, 397, 593.
SPENDER, Stephen : 1361, 1428.
SPENDJOPOULOS (M.) : 1518, 1519.
SPINGARN, J.E. : 849, 851, 854, 1000.
SPINOZA : 39, 1440.
SPITZER, Leo : 1319, 1420.
SPYRIDION (saint) : 959, 960, 963, 1018.
ST GUEORGUIEFF, Georges : 1263, 1264, 1283, 1325, 1410.
STAËL (Mme de) : 1528.
STEEN : 39.
STEFFEN, A. : 1052.
STEINER, Herbert : 1057, 1058, 1098.
STENDHAL : 67, 123, 677, 680, 689, 892, 893, 907, 1001, 1018, 1342, 1364, 1528.
STENGELIN, Alphonse : 35, 50.
STERLING, Marc : 1123, 1231.
STERNE, Lawrence : 75, 949.
STEVENS, Alfred : 1314, 1419.
STEVENSON, R.L. : 140, 334, 1289.
STOLS, A.A.M. : 139, 871, 880, 887, 944, 992, 1010, 1110, 1138.
STRABON : 630.
STRACHEY, Lytton : 686, 809.
STRASBURGER : 360.
STREATFEILD : 367, 397, 658, 710, 719, 729, 737, 760.
STRINDBERG, August : 37, 39.
SUARÈS, André : 139, 1174.

SUE, Eugène : 392, 827, 828, 829, 831, 834, 835, 836, 837, 991, 995, 996, 1198, 1215.
SUÉTONE : 1174, 1418.
SUÑER, Pí y : 600, 631, 795, 801.
SUNYER (peintre) : 796.
SUPERVIELLE, Jules : 668, 805, 811, 818, 869, 928, 929, 934, 1122, 1143, 1153, 1156, 1172, 1174, 1175, 1176, 1184, 1288, 1329, 1367.
SVEVO, Italo : 1527, 1547.
SWIFT : 949.
SWINBURNE : 55.
SYLVAIN, M. : 33, 34.
SYLVAIN-MARÉCHAL : 33, 49.
SYLVEIRE, Jean : 894, 895, 899, 913, 1019.
SYMONS, Arthur : 127, 140.
SYNGE, John Millington : 684, 809, 1289.

TACITE : 703, 875, 878, 879, 880, 1056, 1159, 1189.
TAILHADE, Laurent : 41, 54, 1046.
TAINE : 295, 615, 798, 830, 835, 895, 1198, 1294.
TALLONE, Alberto : 1335.
TARDIEU, André : 1116, 1230.
TARDIEU, Eugène : 77.
TARRÓ, R. : 600.
TASSE (Torquato Tasso, dit le) : 37.
TASSONI, Alessandro : 1350, 1352.
TAUCHNITZ : 41, 54, 637, 1117, 1130.
TEJEO, Rafael : 616, 798.
TEJERA, Humberto : 1324.
TEJERA, Vinicio : 1324.
TEMESVÀRY, Ferenz : 37.
TERMIER : 1216.
TERTSÉTIS : 952.
TEUBNER : 123.
THACKERAY, William : 715.
THAW, Blair : 34.
THIBAUDET, Albert : 1045, 1046, 1095.
THIÉBAUT, Marcel : 385, 842, 843, 844, 849, 854, 856, 857, 862, 866, 869, 872, 873, 880, 882, 885, 888, 905, 923, 940, 997, 998, 1107, 1116, 1138, 1140, 1141, 1143, 1150, 1172, 1173, 1250, 1264, 1266, 1276, 1283, 1323, 1335, 1342, 1360, 1387, 1394, 1395, 1398, 1399.
THIEME, Hugo Paul : 1392, 1432.
THIERCELIN (Dr) : 371.
THOMAS (Dr) : 350.
THOMAS, Edith : 1120, 1121, 1230.
THOMPSON, Francis : 1192.
THOMPSON, J. : 686.
THURY : 337.
TIBALDI, Pellegrino : 135.
TIBULLE : 846, 1186.
TICKNOR, George : 630, 801.
TIEPOLO, Giambattista : 1451, 1539.
TIERSOT, J. : 692.
TIRABOSCHI : 311, 385.
TISSERAND, Ernest : 754, 818.
TITE-LIVE : 123, 125, 126, 140.
TITIEN : 38, 1061.
TITUS, Manlius : 126, 140.
TOBIN, Agnès : 127, 140, 398, 808.
TOEPFFER, A.W. : 1045.
TOLSTOÏ : 42, 43.
TOMMASEO, Giuseppe : 955, 1524, 1546.
TORENO, Francisco de Roja (conde) : 611, 618, 798.
TORRES BODET, Jaime : 904, 1024.
TOULET, Paul-Jean : 1368.
TOUR ET TAXIS (ou Turn und Taxis) (princesse) : 1105, 1225.
TOURGUENIEV, Ivan : 917, 938.
TOURNAUD, Robert : 859, 865, 868, 1005.
TOURRET, Jean-Baptiste : 1181, 1182, 1187, 1243.
TOWNLEY : 615, 716.
TOYNBEE : 939, 942.
TRAHERNE, Thomas : 686, 1151, 1238.
TRAZ, Robert de : 1349.
TREVES (éditeur) : 637.
TRIQUET, Gaby : 1291, 1351.
TRISTAN L'HERMITE : 635, 645, 653, 661, 687, 802, 803, 804.
TRONCHE, Gustave : 688, 694, 695, 707, 737, 738, 739, 811.
TROOST : 38.
TROUILLEBERT, Paul Désiré : 1131, 1233.
TRYON, Wyndham : 636, 802.
TURINA, Joaquín (don) : 639, 640, 802.
TYPALDOS, Jules : 952.

UGOLLINI (M.) : 1531.
UNAMUNO, Miguel de : 295, 333, 352, 380, 381, 639, 673, 1405.
UNGARETTI : 896, 903, 909, 914, 915, 1019, 1454.
USLAR PIETRI, Arturo : 989, 990, 1024.

VALAORITIS, Aristote : 952.
VALENTIA (S.J.) : 85, 659.
VALERA, Cipriano de : 290, 379.
VALÉRY, Paul : 191, 305, 306, 309, 310, 311, 357, 383, 394, 584, 585, 603, 652, 685, 686, 687, 692, 693, 697, 702, 707, 750, 761, 766, 769, 819, 850, 867, 876, 880, 881, 888, 907, 997, 1107, 1108, 1149, 1150, 1172, 1187, 1188, 1274, 1286, 1295, 1304, 1364, 1365, 1368, 1373.

VALLE-INCLAN, Ramón del : 352, 379, 380, 394, 796.
VALLI, Luigi : 905, 940, 943.
VALLOTTON : 1046, 1096.
VAN DEN BERG (libraire) : 1381, 1384.
VANDÉREM, Fernand : 685, 1438, 1537.
VAN DER HELST : 40.
VAN DYCK : 38, 54.
VAN DYCK (École de) : 1082.
VAN EYCK : 38.
VAN GOGH : 1314.
VAN GOYEN : 38, 54.
VANIER, Léon : 50, 1439.
VAN KESSEL, Jan : 618, 798.
VAN OSTADE : 39, 54.
VAN REES : 360.
VAN THIEGHEM, Philippe : 851, 854, 1532, 535.
VARIGNY, H.C. de : 330, 350.
VARRON : 1276, 1412.
VASQUEZ (S.J.) : 659.
VAUDOYER, Jean-Louis : 842, 851, 856, 864, 1003, 1261, 1323, 1385, 1410.
VAUTIER : 1046.
VELÁZQUEZ : 616, 618.
VENDRYES, Joseph : 1296, 1417.
VENIUS : 1305, 1418.
VENTO, Sebastiano : 931.
VERCOUSTRE (Dr) : 692, 736, 740, 809, 835, 841, 851, 854, 856, 857, 859, 862, 865, 866, 868, 871, 872, 873, 875, 877, 878, 880, 885, 888, 895, 1103, 1107, 1109, 1111, 1113, 1116, 1131, 1138, 1140, 1141, 1143, 1150, 1187, 1269, 1280, 1285, 1286, 1290, 1297, 1299, 1323, 1335, 1342, 1346, 1349, 1352, 1357, 1358, 1360, 1362, 1363, 1364, 1367, 1370, 1378, 1383, 1391, 1392, 1393, 1395, 1396, 1442, 1445.
VERCOUTÈRE, Léon : 1203, 1208.
VERDAGUER : 629, 800.
VERDI : 41, 55.
VERDIER, Arthur : 182.
VERHAEREN, Émile : 1304, 1305, 1306, 1418.
VERLAINE : 52, 118, 180, 380, 389, 639, 662, 678, 682, 686, 758, 808, 1046, 1050, 1070, 1284, 1295, 1315.
VERMALE, F. : 828.
VERMEER : 38.
VERNANI, Guido : 931.
VERNE, Jules : 337.
VERSINI (ou VERSIGNY) : 1339, 1340.
VERWORN : 360.
VEUILLOT, Louis : 283, 362, 377, 882, 883, 889, 890, 891, 892, 893, 894, 906, 939, 947.
VIANELLO, Natale : 902, 949.
VIARMA DE LIMA : 340.
VICENTE, M. (don) : 310, 320, 347.
VICO, Giambattista : 885, 920, 922, 924, 936, 1030.
VICUÑA Cifuentes, Julio : 862, 863, 1007.
VIÉLÉ, Herman Knickerbocker : 1289.
VIELÉ-GRIFFIN, Francis : 643, 644.
VIGENÈRE, Blaise de : 1475, 1477, 1542.
VIGNY, Alfred de : 680, 808, 1286, 1488.
VILDRAC, Charles : 856, 1003.
VILLARI : 930.
VILLIERS DE L'ISLE-ADAM : 349, 362, 363, 394, 640, 668, 761, 802.
VILLON, François : 379, 394, 1291.
VINCI, Léonard de : 335, 692, 750, 891.
VIÑES, Ricardo : 634, 685, 757, 758, 759, 761, 802, 818.
VIRGILE : 390, 749, 818, 950, 1276.
VIRVILLE (marquis de) : 707, 813.
VISCONTI VENOSTA (comte) : 896, 913.
VITALO, Giovanni da : 930.
VIVIANI, René : 36, 51.
VOGEL, Traugott : 1052.
VOGT, Carl : 324, 326, 327, 337, 388.
VOITURE : 661, 662, 678, 686, 804.
VOLDOIRE (M.) : 118, 119, 120, 122, 138, 600, 601, 628, 635, 636, 637, 639, 652, 657, 699, 700, 841, 848, 855, 856, 863, 873, 893, 894, 895, 897, 905, 915, 916, 917, 920, 924, 937, 939, 998, 1183, 1250, 1251, 1327, 1346, 1396.
VOLTAIRE : 342, 364, 368, 382, 392, 584, 610, 700, 843, 858, 1295, 1356.
VON BULÖW (Mlle) : 903.
VON LILIENCRON, Detlev : 38, 40, 52, 54.
VOS, Martin de : 1305, 1418.
VOSSLER, Karl : 930, 1140.
VRIAMONT, Joris : 1304, 1314, 1418.
VRIONI (Mme) : 1479, 1480.

WADE, Gladys : 1151.
WAGNER, Richard : 55, 1055.
WAIBLINGER, W.F. : 912, 1027.
WALKER, Emery : 119, 711, 737, 813.
WALLACE, A.R. : 336, 337, 387.
WALLACE, J.R. : 322, 387.
WAPRIN, Salomon : 853.
WARENS (Mme de) : 834, 994.
WARTBURG, Walter von : 1291, 1296, 1415.
WASER, Maria : 1052.
WASSITCH, Pavlé : 842, 848, 856, 859, 998.
WEBER : 38.
WEBER (figurines) : 1047, 1052, 1058, 1096, 1214, 1217, 1441.
WEBER, Otto : 1070.
WECHSEL (professeur) : 867.

WEIL (Mlle) : 1381, 1390.
WEISMANN, August : 310, 319, 320, 350, 359, 365, 369, 370, 371, 387, 398, 592, 593.
WEISSMAN, Frida : 56, 381, 387, 797, 992.
WELLS, H.G. : 109, 337, 390, 1374, 1497, 1500, 1515, 1520.
WERTH, Léon : 123, 139, 283, 346, 744, 751, 856, 1003.
WHITMAN, Walt : 41, 42, 43, 55, 131, 135, 145, 341, 344, 391, 581, 637, 640, 643, 645, 647, 679, 686, 708, 718, 721, 792, 815, 820, 1122.
WHITSTABLE : 672, 673, 676, 679, 682, 684, 685, 690, 707, 725, 733, 742, 1292.
WIEHE, Charlotte : 37.
WIERTZ : 52.
WILDE, Oscar : 677, 752, 753, 762, 764, 810, 819, 918, 949.
WITZ, Conrad : 1046.
WOLFENSTEIN, Alfred : 855.
WOLZOGEN : 40.
WOOLF, Sidney : 931.
WORDSWORTH, William : 629, 1163.

Xénophon : 124, 1395.

YOUNG, Edward : 191.
YOUNG, Narcissa : 175.
YSSANJOU (M.) : 371.
YSSANJOU (Mlle) : 367.
YVONNE : 682, 683, 684, 688, 691, 694, 697, 700, 701, 703, 704, 708, 734, 735.

ZANGWILL, Israël : 726, 815.
ZANICHELLI : 911.
ZARRILLI, Umberto : 1370, 1429.
ZOG Ier : 1487, 1495, 1496, 1497, 1513, 1514, 1520, 1529, 1530, 1542, 1543, 1544.
ZOLA, Émile : 41, 54, 291, 362.
ZUCCHINI-SOLIMEI (comte) : 1280.

Index des lieux

Abergavenny : 1288.
Aberystwyth : 720.
Açores : 1114.
Addis-Abbeba : 1134.
Adria : 69.
Adriatique : 61, 63, 64, 65, 66, 68, 1391.
Afrique : 310, 583, 749, 1292, 1303, 1446, 1474.
Agde : 154.
Agost : 312.
Aigueblanche : 1203-1204.
Aigues-Mortes : 175.
Aix-la-Chapelle : 1070.
Aix-les-Bains : 829, 833, 834, 1184, 1185, 1186, 1198, 1212, 1214, 1244, 1480.
Alassio : 862.
Albacete : 619, 620.
Albanie : 950, 951, 952, 954, 1391, 1392, 1394, 1396, 1465, 1466, 1469, 1470, *passim* 1472-1521, 1526, 1528, 1530.
Albate : 115.
Albens : 1184, 1185.
Albertville : 1192, 1199, 1203, 1204.
Albi : 628.
Alcázar de San Juan : 619, 620.
Alcoy : 638, 641, 666.
Alger : 122, 123, 166, 304, 310.
Algérie : 148, 586.
Algesiras : 594.
Alicante : 173, 283-303, 348-373, *passim* 579-820, 855, 863, 957, 1262, 1525.
Allemagne : 67, 583, 594, 598, 661, 693, 882, 894, 948, 955, 1052, 1354, 1391, 1475, 1508, 1516, 1530.
Alpes : 44.
Alsace : 693.
Alta-Gracia : 1131.
Ambérieu : 840.
Amérique : 300, 329, 581, 596, 597, 645, 661, 681, 700, 767, 834, 890, 903, 911, 953, 1081, 1168, 1273. 1451, 1504.
Amiens : 1114.
Amphion : 1214, 1244.
Amplepuis : 1183.
Amsterdam : 39, 40, 583, 705, 1464.
Andalousie : 285, 599, 756.
Andorre : 1062, 1172, 1462.
Angerville : 81.
Angleterre : 47, 183, 184, 291, 304, 320, 341, 346, 348, 594, 599, 631, 634, 638, 642, 658, 661, 677, 684, 686, 694, 695, 704, 727, 734, 751, 772, 845, 883, 948, 1049, 1068, 1158, 1174, 1178, 1200, 1213, 1287, 1288, 1307, 1308, 1335, 1356, 1374, 1442, 1456, 1478, 1488, 1491, 1498, 1508, 1516, 1530.
Annecy : 827, 828, 829, 830, 831, 832, 834, 835, 836, 837, 838, 839, 840, 842, 1184, 1198, 1199, 1212, 1214, 1215, 1344, 1440.
Annemasse : 1212, 1213.
Antilles : 845, 1114.
Antivari (Bar) : 66, 1522, 1523.
Anvers : 37, 38, 848, 1051, 1299, 1307, 1309, 1310, 1311, 1312, 1313, 1316, 1317, 1318, 1326.
Apollonia : 1475, 1495, 1496, 1502, 1518.
Aragon : 583, 756, 767.
Aranjuez : 618, 619.
Arcachon : 955.
Arcueil : 81.
Argentine : 598, 841, 849, 1251, 1271, 1280.
Argostoli : 854, 880.
Arles : 182.
Arta (golfe d') : 69.

Arudy : 604.
Ashford : 186.
Asie Mineure : 63, 905.
Athènes : 64, 124, 148, 174, 329, 936, 953, 959, 961, 1157, 1161, 1455, 1485, 1518, 1520.
Australie : 1361.
Auteuil : 686, 696.
Autriche : 61, 64, 65, 69, 623, 1064, 1065, 1073, 1075, 1076, 1077, 1080, 1082, 1084.
Auvergne : 123, 834, 1049, 1180, 1396, 1498.
Auxerre : 81.
Avallon : 81.

Bade : 1047.
Baeza : 583.
Bagnoli : 941.
Bahia : 1331.
Balandaz : 1208.
Balaruc : 153, 158, 159, 162, 163, 166.
Bâle : 118.
Balzers : 1064, 1065, 1066, 1067, 1068, 1071, 1075, 1077, 1081, 1090, 1091, 1092.
Bangkok : 923.
Bangs : 1077.
Barcelone : 65, 150, 178, 179, 183, 294, 300, 313, 341, 349, 364, 381, 589, 594, 596, 597, 598, 599, 600, 603, 660, 670, 891, 941, 942, 1117, 1323, 1342, 1457.
Barcola : 64, 68.
Bari : 932, 949, 955, 956, 1288, 1437, 1455, 1463, 1465, 1466, 1467, 1468, 1469, 1471, 1472, 1473, 1481, 1510, 1514, 1516, 1518, 1522, 1525.
Barnstaple : 45, 1288.
Barnstone (v. Langar).
Basento : 45.
Basses-Pyrénées : 80.
Battipaglia : 937.
Baud : 1047.
Bavière : 1047, 1066, 1075.
Beaucaire : 163.
Beaulieu-sur-Mer : 1208.
Belgique : 591, 873, 894, 1153, 1168, 1251, 1307, 1315, 1316, 1440.
Belgrade (Serbie) : 42, 859.
Bellagio : 110.
Bellegarde : 35, 1212, 1213.
Bellenaves : 904.
Bellerive : 873.
Bendern : 1077, 1080.
Bénévent : 933, 949.
Benidorm : 302, 663, 667.
Bérat : 1479.
Berg-op-Zoom : 1307, 1308, 1309, 1310, 1311, 1314, 1319.
Berlin : 39, 41, 42, 61, 126, 341, 748, 849, 856, 867, 1061, 1112.
Berne : 1050, 1054, 1055, 1056, 1058, 1078.
Besson : 1140.
Beyrouth : 957.
Béziers : 154, 155, 178, 182.
Biar : 633, 634, 652, 666, 801.
Biarritz : 594, 955.
Bilbao : 659.
Bingham : 1165, 1166.
Bitburg : 1516.
Blenheim : 618, 619.
Blevio : 109.
Bloomsbury : 350.
Bobadilla : 595.
Boën : 76.
Bologne : 915.
Bordeaux : 177, 704, 1316, 1478.
Botterford : 1166.
Bouches de Cattaro : 68, 69, 950, 1079, 1504, 1522.
Boulogne : 711, 735.
Boulogne-sur-Mer : 915.
Bourbon-l'Archambault : 129, 863, 1214.
Bourbonnais : 75, 620, 695, 697, 700, 836, 846, 849, 889, 915, 1138, 1146, 1173, 1187, 1192, 1208, 1215, 1218, 1298, 1475, 1498.
Bourg-en-Bresse : 840.
Bourg-la-Reine : 81.
Bouzigues : 153, 154, 155, 159, 162, 163, 166.
Bozel : 1208.
Bréda : 1301, 1308, 1309, 1310, 1311, 1314, 1319.
Bregenz : 1078, 1084.
Brême : 40, 1105, 1291.
Brenta : 707.
Brésil : 164, 306, 579, 583, 679, 859, 868, 915, 1115, 1168, 1251, 1331, 1336.
Bretagne : 181, 835, 1056, 1067, 1141, 1470.
Breuilly : 1143, 1166, 1182, 1351.
Brides : 1199, 1203, 1204, 1205, 1206, 1207, 1208, 1214.
Brighton : 650, 660.
Brindisi : 45, 69, 933, 936, 949, 950, 957, 961, 1455.
Bristol : 45, 46, 599, 1342, 1344.
Brive : 129, 1198.
Broek : 40.
Bruges : 37.
Brunate : 110, 116.
Brunnen : 1056.

Bruxelles : 37, 935, 1051, 1136, 1141, 1143, 1158, 1261, 1299, 1311, 1313, 1314, 1316, 1321, 1350, 1361, 1381.
Bucarest : 1126.
Buchs : 1060, 1063, 1064, 1067, 1068, 1071, 1072, 1076, 1077, 1080, 1088, 1092.
Buenos-Aires : 580, 597, 627, 664, 873, 937, 1153, 1393.
Bulgarie : 1505.
Buochs : 1056.
Butrinto : 1496, 1531.

Cadix : 874.
Calabre : 646.
Callosa de Segura : 586, 589, 755.
Calolgio : 885.
Calpe : 663, 667.
Calvados : 128.
Cambridge : 716, 717, 724, 726, 728, 731, 732, 734, 737, 1162, 1164, 1166, 1169, 1181.
Canada : 185.
Cannes : 954, 955, 1140, 1198, 1344.
Canton de Vaud : 1049, 1213.
Capdenac : 628.
Capri : 946, 1105, 1294.
Carabanchel : 620.
Caracas : 1259.
Carcagente : 665, 666.
Carcassonne : 628.
Cardiff : 47, 158.
Carrare : 580.
Carthagène : 371, 586, 587, 588, 589, 590, 592, 593, 601, 652.
Castille : 596, 614, 633.
Catalogne : 591, 597, 599, 629, 756.
Cavite : 596.
Céligny : 36, 839.
Celles : 128.
Centre : 184.
Céphalonie : 957.
Cerilly : 129.
Cernobbio : 108, 109.
Cesset : 1166.
Cette (Sète) : 82, 147, 149, 150, 152, 153, 154, 155, 156, 158, 159, 160, 162, 165, 166, 167, 168, 170, 171, 172, 182, 186, 294, 868, 941.
Cettigne (Cettinje) : 64, 69, 1072, 1099, 1286, 1473, 1475, 1478, 1494, 1500, 1504, 1522, 1527, 1546.
Ceuta : 658.
Cévennes : 182.
Chaco : 1362, 1428.
Chaffat : 835, 1444.
Challes : 1186, 1187-1212, 1216, 1217, 1219, 1437, 1439, 1440, 1442, 1443, 1446, 1447, 1475, 1476.
Châlon-sur-Saône : 81.
Cham : 1057.
Chambéry (Ciamberi) : 828, 829, 831, 833, 834, 1184, 1185, 1186, 1187, 1188, 1189, 1193, 1195, 1202, 1212, 1215, 1386, 1391, 1437, 1445, 1477, 1489.
Chantelle : 1255, 1498.
Châteauneuf : 81.
Chateldon : 129.
Châtenay : 862.
Châtenay-Malabry : 1156.
Chavannes-de-Bogis : 36.
Chavoires : 833, 1198.
Cher : 76, 113, 115.
Cherso (Cres) : 1525.
Chester : 46.
Chiarrola : 64, 68.
Chiasso : 107, 108, 109, 112, 117.
Chili : 598, 908, 1331.
Chine : 313, 345, 1287.
Ciak (Shijak) : 1516, 1517.
Civitavecchia : 883, 885, 892, 893, 922.
Clamart : 694.
Clamecy : 76.
Clermont-Ferrand : 128, 129, 1309.
Cocentaina : 666.
Coïmbre (Coimbra) : 1336, 1371.
Cologne : 1334.
Cologny : 828, 1046.
Colombie : 840, 908.
Côme : 107, 108, 109, 110, 111, 112, 113, 114, 115, 116, 117, 118, 119, 1525.
Commentry : 1258.
Congresbury : 46.
Constantine : 1130.
Constantinople : 766, 957, 1474, 1494.
Copenhague : 41, 651, 691, 692, 718, 1261.
Coppet : 36, 37.
Cordoue : 352, 594.
Corfou : 623, 916, 932, 935, 936, 945, 948, 950, 951, 952-964, 1051, 1054, 1457, 1465, 1472, 1476, 1477, 1517, 1518, 1526.
Corse : 78.
Cosne-d'Allier : 81.
Cosne-sur-l'Œil : 76.
Côte-d'Or : 81.
Coventry : 81, 346, 588, 620, 666.
Crassier : 36.
Crimée : 168.
Croatie : 69.
Cuba : 596, 598, 751, 955.

Culoz : 829, 840, 1184, 1185, 1186, 1212.
Cusset : 125.
Cuverville : 696.

Dakar : 1134.
Dalmatie : 69.
Danemark : 836.
Deauville : 692.
Delft : 38.
Denia : 663, 664, 665, 667.
Devonshire : 45, 1491.
Dieppe : 1141.
Dijon : 81, 840, 872.
Divonne : 35, 36, 37, 839.
Djibouti : 1134.
Dolores : 586, 587.
Dordrecht : 38, 1310.
Douvres : 44.
Downs : 304.
Dresde : 866, 1061.
Dublin : 184, 1261.
Duingt : 830.
Duino : 1105.
Durazzo (Durrës) : 1285, 1288, 1386, 1469, 1472, 1475, 1479, 1482, 1484, 1486, 1488, 1496, 1502, 1512, 1515, 1516, 1517, 1518, 1520, 1526, 1527, 1531.
Dymchurch : 185.

Echternach : 1316, 1516.
Écosse : 184, 301, 1201, 1288, 1507.
Édimbourg : 151, 665, 1288.
Égypte : 1069.
El Altet : 632, 652.
Elbasan (ou Elbassan) : 1483, 1487, 1488, 1489, 1490, 1492, 1493, 1494, 1495, 1496, 1498, 1500, 1502, 1507, 1513, 1517, 1543.
Elche : 306, 589, 600, 630, 667, 676, 754, 755, 756, 757, 759, 767.
Elda : 630.
Elham : 184.
Ellhorn : 1065.
El Palamo : 308.
Ely : 1164, 1228.
Emme blanche : 1054.
Emmenthal : 1054, 1056.
Emyrne : 1112.
Entlebuch : 1054.
Épire : 951, 954, 957, 958, 961, 963, 1517, 1521.
Équateur (ou Ecuador) : 923, 1251.
Eschen : 1077, 1080.
Eschnerberg : 1077, 1080, 1081.
Espagne : 65, 127, 158, 173, 177, *passim* 194-372, *passim* 579-820, 841, 843, 849, 878, 908, 909, 1057, 1105, 1126, 1131, 1137, 1168, 1213, 1251, 1291, 1332, 1456.
Étampes : 1141.
Éthiopie : 1261.
Etten : 1308, 1310.
Eupatoria : 168.
Eure-et-Loir : 729.
Europe : 65, 69, 335, 581, 594, 597, 661, 673, 752, 865, 935, 937, 948, 951, 1070, 1268, 1331, 1335, 1342, 1354, 1467, 1470, 1496, 1504.
Évian : 1048, 1049.
Exeter : 737, 740.
Eyoub : 766.

Feldkirch : 1060, 1064, 1068, 1076, 1077, 1078, 1079, 1080, 1081, 1090.
Ferrandina : 45.
Fieri : 1503.
Fijnaart : 1310, 1319.
Flandre : 1303, 1306, 1307.
Fläscherberg : 1065.
Fleuriel : 853, 904, 1165, 1249.
Florence : 35, 113, 114, 126, 128, 295, 339, 609, 616, 654, 686, 705, 744, 1189.
Flüelen : 1056, 1058, 1066.
Foggia : 933, 949.
Folkestone : 44, 184, 185, 660, 711.
Fontainebleau : 586.
Fontenay-aux-Roses : 600, 606, 854, 1156, 1208.
Formie : 918.
Fourchambault : 80.
France : 65, 67, 69, 82, 111, 115, 162, 179, 293, 299, 306, 310, 330, 348, 579, 585, 594, 595, 606, 610, 638, 648, 661, 730, 745, 757, 834, 841, 849, 855, 865, 878, 882, 883, 887, 894, 906, 908, 919, 948, 954, 1047, 1051, 1054, 1057, 1069, 1073, 1080, 1109, 1140, 1144, 1155, 1161, 1164, 1168, 1178, 1180, 1189, 1251, 1264, 1265, 1269, 1280, 1290, 1298, 1312, 1316, 1321, 1330, 1340, 1345, 1356, 1374, 1442, 1456, 1466, 1468, 1483, 1488, 1498, 1503, 1504, 1508, 1516, 1518, 1530.
Fréjus : 664.
Fribourg : 1051, 1065.
Frontignan : 153, 162.

Gach : 160.
Gaflei : 1081, 1083, 1086, 1088.
Gamprin : 1077.
Gand : 37.
Gandía : 664, 665, 666, 667, 755.
Gannat : 1255.

Gans : 1077.
Gastouri : 961, 962, 963.
Gata : 663.
Gênes : 580, 597, 849, 855, 868, 876, 880, 885, 886, 891, 892, 894, 938, 1050.
Genève (ou Ginevra) : 37, 110, 602, 828, 829, 832, 836, 837, 838, 839, 840, 1045, 1047, 1048, 1049, 1053, 1054, 1055, 1058, 1069, 1184, 1198, 1212, *passim* 1213-1220.
Germanie : 1056.
Gibraltar : 594, 639, 658, 752.
Gien : 81.
Glasgow : 1288.
Grantham : 1164, 1165, 1166.
Granville : 830.
Grao-de-Valence : 82.
Grau-du-Roi : 82, 175.
Gravosa : 1522, 1523, 1546.
Graz : 69.
Grèce : 177, 868, 870, 882, 915, 960, 1340, 1495, 1502, 1505, 1507.
Grenade : 43, 328, 334, 583, 594, 599.
Grenoble : 123, 829, 833, 1155, 1192.
Grisons : 1071, 1075.
Grosbois : 81.
Gross Steg : 1081.
Guatemala : 767.
Guérigny : 76.
Gutenberg (château de) : 1066, 1091, 1092.

Haag : 1077.
Haarlem : 39.
Haïti : 35, 844.
Halensee : 42.
Hambourg : 40, 1062.
Hastings : 185, 323, 349, 387.
Heidelberg : 1047.
Hérault : 170, 182, 633.
Herculanum : 926, 935.
Hermance : 36.
Hertenstein : 1056.
Highgate : 46.
Hispaniola : 1324.
Hollande : 40, 730, 1153, 1168, 1303, 1307, 1312, 1356, 1501, 1507.
Hombourg-les-Bains : 40.
Honduras : 923.
Hongrie : 64, 65, 845.
Huesca : 583, 663.
Hythe : 184, 185, 186, 674.

Île-de-France : 150.
Île de Lundy : 45, 1288.
Île de Man : 184, 634, 1288, 1491.
Île de Pâques : 46.
Île Maurice : 858.
Îles de la mer Égée : 905.
Îles Ioniennes : 928, 954, 1040.
Îles Kerguelen : 1139.
Ilfis : 1054.
Ilfracombe : 45, 1288.
Inverness : 677.
Irlande : 631.
Irrel : 1516.
Irún : 301, 594.
Islande : 594.
Issanka : 163.
Istrie : 63, 66, 1526.
Italie : 62, 64, 65, 66, 69, 126, 147, 148, 177, 315, 318, 623, 626, 639, 661, 706, 715, 730, 833, 840, 849, 878, 883, 889, 893, 901, 919, 935, 940, 951, 954, 956, 959, 961, 1057, 1122, 1131, 1164, 1168, 1193, 1251, 1330, 1356, 1367, 1456, 1457, 1469, 1482, 1483, 1486, 1488, 1501, 1504, 1508, 1510, 1511, 1524, 1525.

Jaén : 583.
Java : 1155.
Jeuzat : 1165.
Jijona : 288, 290, 379, 611.
Joigny : 81, 1142.
Juan-les-Pins : 1198.

Kensington : 46.
Kent : 185, 1067.
Kerkyra : 960.
Kew : 655.
Kiel : 41.
Klein : 1081.
Korça : 1482, 1493, 1495, 1502, 1511, 1513, 1529, 1530, 1541.
Kroïa : 1513, 1515.

La Bâthie : 1204.
La Bourboule : 129, 1205.
La Charité-sur-Loire : 80.
Lac de Côme : 713, 883.
Lac de Constance (ou Bodensee) : 1075, 1076, 1084.
Lac Léman : 1215.
Lac Majeur : 688, 713, 830, 839.
La Haye : 38, 40, 42, 43, 935, 1329.
Lalla Marnia : 1510, 1511.
Lande de Lunebourg : 40.
Langar : 717, 719, 722, 1165, 1166, 1167, 1168, 1169, 1170, 1171.
Langnau : 1056.

Languedoc : 168.
La Nouvelle-Orléans : 729.
Lapalisse : 1183, 1184, 1255.
La Réunion : 1263.
La Roche-sur-Foron. (Laroche-sur-Fauron) : 838.
La Roda : 620.
Las Palmas : 347.
Lattes : 174.
Lausanne : 43, 1047, 1050, 1051, 1052, 1053, 1054, 1055, 1057, 1058, 1214, 1216, 1218.
Lawena : 1066.
Leamington : 327, 389, 1480.
Le Bourget : 830, 1185, 1212, 1441.
Lecce : 949, 950, 1397, 1455, 1469.
Lecco : 883, 885.
Le Havre : 1123.
Leith : 151.
Le Mans : 867.
Le Peyrou : 171, 175, 176, 179, 182.
Les Brotteaux : 1185.
Le Vigan : 848.
Lez : 175, 177, 179, 180.
Liechtenstein : *Passim* 1060-1094, 1172, 1462.
Ligurie : 1297.
Lille : 841, 1122, 1315.
Lima : 1149.
Lisbonne : 862, 915, 916, 935, 1261, 1302, 1398.
Liverpool : 43, 148, 693, 705, 1155, 1288.
Livourne : 367, 580.
Llandaff : 47.
Llanthony : 119.
Llixha (Lixhat) : 1490, 1495, 1544.
Lombardie : 1455.
Londres : 44, 45, 46, 47, 62, 112, 118, 121, 150, 184, 185, 287, 291, 292, 294, 299, 302, 309, 318, 325, 329, 334, 341, 343, 366, 367, 599, 604, 605, 614, 631, 636, 638, 650, 661, 672, 677, 683, 689, 691, 692, 693, 695, 697, 700, 701, 704, 706, 708, 709, *passim* 710-736, 739, 740, 749, 752, 755, 862, 926, 1161, 1162, 1166, 1169, 1171, 1178, 1201, 1204, 1215, 1261, 1288, 1292, 1303, 1453, 1464, 1483, 1510, 1514.
Los Angeles (USA) : 290.
Louchy : 1215, 1244, 1254, 1351.
Loupian : 163.
Lübeck : 41.
Lucanie : 45.
Lucerne : 1055, 1058.
Lugano : 118, 677, 1092.
Lunel : 178.
Lurcy-Lévis : 76.
Lussin Piccolo (Otok Losinj) : 1522, 1525.
Luxembourg : 1069, 1071, 1076, 1462.
Luynes : 623.
Lyminge : 184.
Lyon : 80, 82, 120, 294, 686, 885, 886, 1156, 1183, 1185, 1202, 1306, 1316, 1338, 1340, 1361.

Macédoine : 63.
Mâcon : 81, 82.
Madrid : 38, 150, 291, 298, 314, 323, 325, 343, 352, 354, 356, 359, 372, *passim* 586-652, 655, 657, 658, 659, 660, 661, 669, 675, 678, 750, 843, 863, 1329, 1372.
Maisons-Alfort : 857.
Majorque : 1332.
Málaga : 287, 367, 587, 588, 613.
Malbun : 1081.
Mäls : 1064, 1066, 1067, 1068, 1071, 1081, 1086, 1092.
Mancha : 619, 620, 640.
Manchester : 650, 1155.
Manille : 596.
Marcenat : 1166.
Marina di Pisa : 833, 840, 842, 872, 1195, 1196, 1456, 1474.
Marino : 914.
Marken : 40.
Maroc : 304, 595, 1187.
Marrakech : 1363.
Marseille : 65, 147, 149, 150, 166, 177, 182, 364, 597, 868.
Masescha : 1083, 1086, 1088.
Matas Verdes : 619.
Mauren : 1077, 1080.
Mégare : 174.
Melilla : 323, 387.
Melun : 81.
Mende : 848.
Mendips : 46.
Menthon : 830, 832, 834, 835, 836, 838.
Menton : 78, 79, 173, 1198.
Mer d'Irlande : 47.
Mer Noire : 69, 168.
Merate : 883.
Mésos : 164.
Métaponte : 933, 937.
Meton Mowbray : 1171.
México : 679, 680, 859, 862, 868, 874, 1124, 1396.
Mexique : 288, 849, 866, 878, 1135, 1170, 1251.
Méza : 164.
Mèze : 147, 151, 153, 154, 155, 156, 157, 158, 159, 160, 161, 162, 163, 164, 165, 167, 168, 169, 181, 182, 941.
Mézel : 164.

Mézenz : 164.
Mézin : 164.
Mézo : 164.
Mézy : 164.
Midi : 177, 179.
Midlands : 640, 1288.
Milan : 65, 67, 109, 117, 622, 630, 880, *passim* 882-891, 894, 957, 1056, 1195, 1335, 1386, 1391, 1437, 1448, 1454, 1483, 1531.
Miramar : 68.
Modane : 1192, 1193.
Möliholz : 1060.
Moltrasio : 109.
Monaco : 862, 1073, 1140, 1462.
Mondorf-les-Bains : 1462, 1541.
Monestier : 850, 1173.
Monmouth : 47, 614.
Monnickendam : 40.
Mont Saint-Clair : 151, 152, 153, 154, 155, 156, 158, 160, 166, 167.
Montagne Noire : 127.
Mont-Blanc : 35, 1215.
Montbrison : 76, 77, 78, 79, 81.
Mont-Dore : 1205.
Monte-Carlo : 149, 302, 355, 1179, 1198.
Monténégro : 949, 950, 951, 1472, 1489, 1501, 1517, 1522.
Montereau : 81.
Montevideo : 587, 598, 842, 865, 1156, 1165, 1214, 1335, 1339, 1370.
Montluçon : 620, 1055, 1255.
Montmarault : 904.
Montmélian : 1204, 1438, 1477, 1489.
Montpellier : 36, 147, 151, 152, 154, 155, 156, 157, 158, 159, 160, 161, 162, 163, 165, 170, 172, 173, 176, 177, 178, 179, 180, 181, 182, 183, 184, 364, 372, 849, 941, 1064, 1073, 1130, 1131, 1329.
Monza : 883.
Morat : 1047, 1096.
Morgaten : 1047, 1096.
Moscou : 1391.
Moulins : 80, 121, 129, 698, 833, 863, 873, 1055, 1165, 1186, 1215, 1250, 1251, 1255, 1261, 1269, 1464.
Moutiers : 1199, 1203, 1204.
Muggia : 68.
Munich : 1073, 1075, 1080, 1085, 1464.
Murcie : 315, 360, 587, 589, 640.

Naefels : 1048, 1096.
Nantes : 1122.
Naples : 45, 68, 147, 175, 302, 597, 623, 841, 880, 892, 917, 918, 949, 1054, 1076, 1123, 1510, 1521.
Narbonne : 155, 178, 182.
Navarre : 583.
Nemours : 828.
Nendeln : 1068, 1077.
Néris-les-Bains : 125, 1214.
Netherfield : 1166.
Neuchâtel : 1067.
Neuenegg : 1052, 1097, 1135.
Neuilly : 35, 1339.
Nevers : 75, 76, 80, 849, 1049.
New York : 40, 306, 609, 622, 627, 864, 926, 938, 1280.
Nice : 180, 955.
Nièvre : 75, 1114.
Nîmes : 175, 176, 178, 179, 180, 182, 183, 868, 869.
Nisch : 859.
Njégus : 1472, 1517, 1542.
Nogent-sur-Marne : 75.
Noirétable (vallée de la Dore) : 76.
Norvège : 594.
Nottingham : 1164, 1165, 1166, 1168, 1171, 1456.
Nouvelle-Calédonie : 874.
Nouvelle-Zélande : 703, 715, 738, 1112, 1317, 1361.
Nyon : 36, 839, 1214.

Obcina (Opicina) : 64.
Oberland : 1076, 1080, 1081, 1099.
Obispo : 342.
Odessa : 64, 168.
Oliva : 667.
Onteniente : 666.
Oran : 147, 1499.
Orange : 182.
Ore : 185.
Orihuela : 589, 754, 755, 756.
Orléans : 81, 1141, 1198.
Orta : 830.
Orthez : 125.
Ostende : 37, 38.
Ostie : 894, 902, 922, 1136.
Ouchy : 1048, 1049, 1215.
Oudjda : 718.

Pachuca (Mex.) : 1396.
Palatinat : 1047.
Palavas : 82, 174, 175, 177, 180, 181.
Palma de Majorque : 345, 584.
Parcent : 307.
Paris : 32, 33, 34, 37, 43, 45, 64, 65, 67, 75, 77, 78, 80, 81, 110, 118, 120, 124, 149, 150, 165, 172, 181, 183, 184, 284, 288, 293, 295, 302, 305, 310, 348, 349, 350, 370, 581, 587, 598, 602, 603, 604, 605, 622, 635, 638, 642, 650, 661, *passim* 682-710, 711, 712, 716, 730, 732,

passim 736-746, 750, 751, 752, 757, 770, 828, 836, *passim* 840-882, 886, 888, 889, 915, 916, 928, 936, 940, 944, 945, 954, 1046, 1048, 1051, 1057, 1058, 1075, 1077, 1078, 1084, 1103-1161, 1167, 1168, 1171-1178, 1179, 1181, 1182, 1208, 1213, 1215, 1218, 1253, 1254, 1256, 1258, *passim* 1261-1300 et 1314-1399, 1453, 1470, 1471, 1479, 1483, 1510, 1514, 1518, 1527, 1531.
Parmelan : 836.
Passy : 829.
Patras : 69, 957, 958.
Pau : 679, 955.
Pays de Galles : 304, 720, 727, 733.
Pays-Bas : 1498.
Péra : 766.
Perama : 963.
Pérou : 1109, 1149, 1251, 1362.
Perpignan : 1518.
Perse : 1074.
Perth : 677.
Peterborough : 1164, 1166.
Philadelphie : 679.
Philippines : 596.
Pignola (Basilicate) : 45.
Pirée : 147, 1526.
Pise : 885, 1196.
Poiseux : 76.
Pompéi : 926, 935.
Pont du Gard : 183.
Port-au-Prince : 1324.
Portofino Mare : 828, 961, 963, 1205, 1456.
Porto-Rico : 596.
Portugal : 833, 859, 1114, 1213, 1251, 1280.
Potenza : 937, 1494.
Pougues-les-Eaux : 80.
Pouilles : 1491.
Pouilly : 81.
Pouka (Pukë) : 1484.
Pouzzoles (Pozzuoli) : 918, 941, 942.
Prague : 1050, 1329.
Pralognan : 1208.
Pretoria : 1303.
Provence : 69, 182, 183, 633, 1298.
Prusse : 1082.
Pueblo Nuevo del Mar : 82.
Putte : 1307, 1310, 1312, 1313.
Puy-Guillaume : 76, 124.

Quéserre : 160.

Radcliffe : 1166.
Raguse (Dubrovnik) : 66, 1493, 1515, 1519, 1522, 1523, 1524, 1526.
Rapallo : 1260.
Ravenne : 69, 674, 676.
Recanati : 119, 121, 123.
Reuss : 1054, 1056.
Richmond : 1308.
Rimini : 1437, 1454, 1455, 1457, 1460, 1462, 1464, 1465, 1467.
Rio-de-Janeiro : 345, 393, 583, 1109, 1170.
Rjéka : 1504, 1522, 1523, 1546.
Roanne : 80, 1183.
Rome : 43, 623, 702, 705, 838, 841, 855, 864, 876, 880, 881, 883, 885, *passim* 891-917, 922, 933, 942, 943, 1056, 1119, 1123, 1151, 1157, 1215, 1275, 1280, 1291, 1323, 1330, 1335, 1343, 1347, 1362, 1454, 1479, 1484, 1527, 1528.
Romney Marsh : 186.
Ronda : 594, 596, 1105.
Rotenboden : 1083, 1085, 1086.
Rotterdam : 38, 1310.
Roubaix : 841.
Rouen : 1163.
Roumanie : 1126, 1367, 1505.
Roussillon : 172.
Royaume de Naples et des Deux-Siciles : 934, 935.
Rugby : 619, 1171.
Ruggell : 1077, 1081, 1091.
Rumilly : 1198, 1214, 1215.
Russie : 36, 168, 914, 1123, 1139, 1470, 1485.
Rütli : 1056.
Rye : 185, 1288.

Saint-Cloud : 854.
Saint-Denis-de-l'Hôtel : 81.
Saint-Domingue : 1324.
Saint-Étienne : 76, 79, 80, 872.
Saint-Gall : 1067, 1071, 1072, 1073, 1080, 1085.
Saint-Gix : 36.
Saint-Gothard : 118.
Saint-Malo : 835.
Saint-Marin : 1062, 1069, 1074, 1172, 1437, 1457, 1458, 1461, 1462, 1463, 1464, 1486, 1488, 1540.
Saint-Point : 1344.
Saint-Pourçain-sur-Sioule : 76, 844, 846, 847, 887, 1173, 1174, 1252, 1253, 1257, 1309, 1360, 1397, 1475.
Saint-Raphaël : 664.
Saint-Sébastien : 594.
Saint-Yorre : 76, 118, 119, 120, 124, 125, 126, 127, 343, 699, 837, 1120.
Salamanque : 600, 1163.
Saminatal : 1081.
San Francisco : 1329.

San Juan : 316, 340, 623, 624, 625.
San Remo : 147, 364, 367, 922, 954.
San Rocco : 115.
San Vicente : 285, 288, 290, 295, 298, 300, 302, *passim* 303-347, 584, 592, 621, 624, 628, 630, 632, 635, 636, 749, 764.
Sancoins : 76.
Sandgate : 184, 185, 186.
Santa Faz : 623, 624, 626.
Santa Margherita Ligure (Santa Marghe') : 828, 963, 1205.
Santa Pola : 605.
Santander : 599.
Santi Quaranta (Saranda) : 936, 950, 952, 1478, 1507.
Santiago du Chili : 843.
São Paulo : 1331.
Saragosse : 594, 597, 599, 1047.
Sargans : 1060, 1063, 1067, 1068.
Sauverny : 36.
Savoie : 707, 828, 829, 833, 836, 838, 1176, 1177, 1181, 1192, 1210, 1215, 1218, 1298, 1391, 1392, 1437, 1442, 1445, 1447, 1453.
Sax : 327, 389.
Schaan : 1060, 1061, 1062, 1063, 1064, 1068, 1069, 1071, 1075, 1076, 1077, 1080, 1081, 1084, 1088, 1090, 1091, 1092.
Schaanwald : 1078, 1080, 1081.
Schellenberg : 1077, 1080, 1081, 1085.
Scheveningue : 39.
Schleswig : 41.
Schwyz : 1056.
Scutari SHKODÈR : 1483, 1484, 1497, 1499, 1504, 1515, 1516.
Sebenico (Sebenik) : 1522, 1523, 1526.
Semnoz : 833, 836.
Sempach : 1048, 1096.
Sens : 81, 1142, 1144.
Septimanie : 82, 1073.
Serbie : 661.
Sestri Levante : 1153.
Sevelen : 1076, 1084, 1085, 1086.
Severn : 46.
Séville : 45, 150, 293, 344, 380, 587, 594, 597, 599, 631, 633.
Seyssel : 1441.
Sheffield : 1166.
Shorncliffe : 186.
Shrewsbury : 46.
Siam : 923.
Sicile : 726, 746, 750, 1163.
Signau : 1056.
Sisikon : 1056.
Sitgés : 591, 1204.
Slins : 1203, 1204, 1205, 1206.
Smyrne : 957.
Sombernon : 81.
Somerset : 46, 1288, 1491.
Sommeillier : 829.
Sorrente : 895, 943.
Souvigny : 129, 1138, 1140, 1141, 1236.
Spalato (Split) : 1522, 1523.
Spreewald : 118.
Stabies : 935.
Stamboul (Istanbul) : 933.
Steenbergen : 1310.
Stockholm : 718.
Suède : 661, 844, 845, 904, 1507.
Suisse : 107, 304, 348, 592, 602, 661, 839, 849, 865, *passim* 1045-1059, 1060, 1063, 1064, 1065, 1066, 1068, 1071, 1075, 1076, 1077, 1080, 1084, 1088, 1106, 1213, 1217, 1332, 1458, 1483, 1504.
Swansea : 122.
Syracuse : 939.

Tahuantisuyu : 1362, 1428.
Talence : 868.
Talloires : 830, 832, 835.
Tananarive : 1112.
Tanger : 594, 639, 718, 1187, 1517.
Tarare : 1184.
Tarbes : 182.
Tarente : 69, 923, 937, 949, 1518.
Tarragone : 660.
Tasmanie : 1361.
Tellsplate : 1056.
Tepeleni (Tepelenë) : 1495, 1521, 1544.
Tessin : 1163.
Thalwil : 1057.
Thau (étang de) : 160, 161, 162, 163, 166, 167.
Thiers : 76, 123, 127, 128.
Thonon-les-Bains : 828, 1214.
Tibi : 620.
Tintern Abbey : 47.
Tirana (ou Tiranë) : 1285, 1286, 1288, 1335, 1392, 1437, 1469, *passim* 1472-1521, 1527, 1528, 1530, 1531, 1542.
Tito : 937.
Tlemcen : 1510.
Tolède : 324, 594, 636, 675, 1105.
Torno : 109.
Torrellano : 754.
Toscane : 634, 833, 1300, 1455.
Toulon : 367, 850, 1396.
Toulouse : 38, 151, 177, 178, 182, 1334, 1478.
Tournus : 81.
Tours (Loiret) : 1198.
Tours-en-Savoie : 1204.
Treib : 1056.

Tresguerras : 1328.
Triesen : 1064, 1066, 1067, 1075, 1077, 1081, 1086, 1087, 1088, 1089, 1091, 1092.
Triesenberg : 1066, 1076, 1081, 1083, 1085, 1086, 1087, 1088, 1089, 1092.
Trieste : 61, 62, 63, 64, 65, 66, 67, 68, 1386, 1437, 1468, 1526, 1527, 1530.
Troyes : 75.
Trübbach : 1062, 1063, 1065, 1066, 1067, 1068, 1071, 1072, 1076, 1088, 1091, 1092.
Tulle : 129.
Tunis : 166, 1266, 1273, 1296, 1326, 1335, 1349, 1362, 1363, 1384.
Tunisie : 586, 1153.
Turquie : 66, 829, 840, 848, 850, 865, 1483.
Tyrol : 61, 1079.

Unterland : 1077, 1080, 1081, 1099.
Unterwald : 1056.
Uri : 1056.
U.R.S.S. : 1328.
Uruguay (R.O.U.) : 911, 1339.
U.S.A. : 608, 648, 681, 1057, 1324, 1332, 1339.

Vaduz : 1052, *passim* 1060-1094.
Valbois : 42, 76, 108, 126, 579, 691, 694, 695, 697, 698, 699, 700, 704, 744, 828, 829, 837, 841, 842, 843, 844, 846, 849, 853, 854, 855, 857, 858, 882, 887, 888, 904, 922, 1057, 1110, 1114, 1119, 1120, 1125, 1127, 1141, 1157, 1164, 1166, 1173, 1177, 1178, 1183, 1184, 1186, 1189, 1192, 1198, 1200, 1214, 1217, 1219, *passim* 1249-1261, 1273, 1280, 1283, 1298, 1330, 1344, 1349, 1351, 1356, 1360, 1363, 1364, 1367, 1391, 1392, 1427.
Valence (Espagne) : 127, 147, 286, 291, 293, 294, 309, 344, 589, 598, 600, 657, 663, 664, 665, 666, 667, 670, 671, 676, 688, 746, 757, 892.
Valladolid : 659.
Vallée de l'Arzen : 1477, 1482, 1488.
Vallona (Vlora) : 950, 1496.
Valparaiso : 587.
Vanoise : 1208.
Varsovie : 748.
Vatican : 1172.
Veglia (Krk) : 1525.
Vénétie : 706.
Venezuela : 767, 844, 845, 908, 1176.
Venise : 61, 62, 64, 67, 68, 69, 706, 958, 959, 1105, 1164, 1386, 1391, 1437, 1511, 1524, 1527, 1530, 1531.
Vera Cruz : 1136.
Verdanson : 181.
Versailles : 683, 858, 859, 869, 870, 880, 1047, 1152, 1471.
Versenoix : 36.
Versoix : 36, 839.
Veyrier : 830, 833, 835.
Vézelay : 76.
Vianden : 1314.
Vichy : 37, 76, 80, 118, 119, 120, 121, 122, 123, 125, 126, 127, 128, 178, 183, 697, 834, 845, 848, 849, 855, 864, 873, 880, 1055, 1179, 1183, 1215, 1253, 1255, 1258, 1349.
Vienne (Autriche) : 65, 66, 69, 605, 1060, 1077, 1080, 1504, 1530.
Vierzon : 664.
Villafranqueza : 294, 301.
Villena : 620, 633, 634, 652.
Villeneuve : 81.
Vitznau : 1056.
Vizezy : 79.
Vorarlberg : 1063, 1071, 1075, 1080, 1081.
Voussac : 1165, 1254, 1351.

Warwick : 1308.
Warwickshire : 304, 346, 620, 1171, 1288.
Washington : 588, 869, 1287, 1324.
Weald : 1288.
Weggis : 1056.
Weimar : 1045, 1047.
Wells : 46.
Weston-super-Mare : 119, 343, 618, 685, 1525.
Westphalie : 40.
Winchelsea : 185, 1288.
Wurtemberg : 1075.
Wye Valley : 119.

Ygrande : 76, 129.
Yonne : 75.
Yougoslavie : 859, 1488, 1495, 1502, 1505, 1508, 1525, 1546.

Záncara : 619.
Zara (Zadar) : 66, 1522, 1524, 1525, 1526.
Zélande : 1307, 1311.
Zoug : 1057.
Zurich : 842, 1052, 1057, 1058, 1077, 1080, 1085, 1161, 1217, 1377.
Zuydersee : 40.

Avant-propos 9
Remarques sur l'établissement du texte 25
Remerciements 27

I. 1901-1914

1901, 1902, 1907, 1908 (?) 31

Ambustae capsarum reliquiae 33
Ambustae capsarum reliquiae II 44
Notes 49
Ambustae capsarum reliquiae 49
Ambustae capsarum reliquiae II 56

1903 59

Venise - Trieste 61
Notes 71

1911 73

Journal de Quasie 75
Notes 83

1912 85

Como and Saint-Yorre 87
Côme et Saint-Yorre (traduction française) 107

Une journée 130
Notes de Côme et Saint-Yorre 135

1914 143

Journal de Septimanie 147
Fragments d'un journal détruit 184
Notes 187
Journal de Septimanie 187
Fragments d'un journal détruit 193

II. 1917-1920

1917 197

Alicante - San Vicente 201
Alicante - San Vicente (traduction française) 283
Annexes 374
Notes 377

1918-1920 399

Alicante - Paris - Londres - Alicante 403
Alicante - Paris - Londres - Alicante (traduction française) 579
Annexes 774
Notes 791

III. 1931-1935

1931-1932 823

D'Annecy à Corfou 827
« Copies et brouillons » 965
Technique 965
Sous l'invocation de saint Jérôme 967
« L'Amour et la Monarchie » 969
« L'index des noms » 971
« La chartreuse de Grenade » 972
Ni en vers ni en prose 979
Sur le même sujet 979
Balistique 980
Hommage à López-Picó 983

Annexes de « D'Annecy à Corfou » 986
Notes 991
D'Annecy à Corfou 991
Copies et brouillons 1041

1933 1043

Giro dell' Oca 1045
Vaduz 1060
Notes 1095
Giro dell' Oca 1095
Vaduz 1098

1934 1101

Paris - Langar - Genève 1103
Annexes 1221
Notes 1225

1934-1935 1247

Valbois - Berg-op-Zoom - Montagne Sainte-Geneviève 1249
Annexes 1400
Notes 1409

1935 1435

La nostra settimana albanese 1437
Annexes 1532
Notes 1537

INDEX

Index des titres 1553
Index des noms cités 1567
Index des lieux 1589